Hans J. Lieber (Hg.)

Politische Theorien von der Antike bis zur Gegenwart

Hans J. Lieber (Hg.)

Politische Theorien von der Antike bis zur Gegenwart

Fourier Verlag • Wiesbaden

Fourier Verlag GmbH, Wiesbaden
1. Auflage 2000

Veröffentlicht mit freundlicher Genehmigung der Bundeszentrale für politische Bildung, Bonn, im Programm des Günter Olzog Verlages

Günter Olzog Verlag GmbH, 8000 München 19

Umschlaggestaltung: Gruber & König, Augsburg
Satzherstellung: Froitzhein, Bonn
Druck- und Bindearbeiten: Graphischer Großbetrieb Pößneck (Thüringen)
ISBN 3-932412-06-0

Inhalt

In memoriam Alexander Schwan

Einleitung

Das vorliegende Buch ist für Aufgaben der politischen Bildungsarbeit verfaßt. Daraus ergeben sich Aufbau und Vorgehensweise. Zunächst einmal ist seine Absicht eine historisch-orientierte Information als Grundlage politischer Aufklärung der angesprochenen Leser. Es wird dabei von der Voraussetzung ausgegangen, daß Demokratie liberaler Tradition und Aufklärung nicht nur geschichtlich, sondern auch der Sache nach unabdingbar zusammengehören. Demokratie als politisch-gesellschaftliche Ordnung liberaler Tradition ist, will sie funktionieren, grundsätzlich auf eine kritisch geschärfte Rationalität aller ihrer Mitglieder angewiesen. Aufklärung, verstanden als Einheit sachorientierter Information und in Mündigkeit gründender Kritik, bildet die Basis für die Erringung eigenständiger politischer Urteilsfähigkeit. Diese jedoch begründet letztlich das Funktionieren von Demokratie.

Es gibt also einen funktionalen Zusammenhang von liberaler Demokratie, Aufklärung und politischer Bildungsarbeit, von dem auszugehen ist und den es bewußt zu machen beziehungsweise zu halten gilt. Dies trifft als Aufgabe besonders auf eine Gesellschaft wie die deutsche zu, die vermittels ihrer geschichtlichen Schicksale bis in unser Jahrhundert hinein ihr eigenes Verhältnis zu Demokratie und Aufklärung und damit zugleich auch zur bürgerlich-revolutionären Tradition des Liberalismus aus eigener Kraft immer nur unzureichend zu bestimmen vermochte.

Wenn politische Bildung in der Demokratie also auf Aufklärung zielt und zugleich in Aufklärung gründet, dann spielt dabei die kritische Bewußtmachung und Aneignung der Geschichte politischen Denkens und politischer Theorie sicher eine zentrale Rolle. Politische Theorie als systematische Reflektion über Bedingungen, Ziele und Rechtfertigungsprinzipien politischen Handelns ist ja selber mit einer der Gestaltungsfaktoren politischen Lebens – neben anderen, wie etwa ökonomischen, gesellschaftlichen, kulturellen etc. Die Geschichte der politischen Theorie bewußt zu machen, wird so selbst ein Stück praktizierter politischer Aufklärung.

Wenn dies aber zutrifft, dann erhebt sich die Frage: Wie weit muß in der Geschichte der politischen Theorien zurückgegriffen werden, wenn damit eine für die Gegenwart – und die politisch-geistige Orientierung in ihr – fruchtbar werdende Aufklärung geleistet werden soll? Es liegt nahe, den historischen Rückgriff für die neuzeitliche Gesellschaft dort ansetzen zu lassen, wo diese selbst es unternimmt, Politik insgesamt nicht mehr aus Transzendenzbezügen abzuleiten und zu rechtfertigen, sondern aus Strukturen und Normen, die sie aus sich selbst hervorbringt und zu begründen hat: also mit dem politischen Denken der Renaissance und des auf sie folgenden neuzeitlichen Rationalismus zu beginnen.

Von der Sache her wäre ein so geartetes, historisch rückgreifendes Vorgehen durchaus begründbar. Dennoch legt sich das vorliegende Buch eine solche historische Beschränkung auf die politische Theorie der Epoche, die gemeinhin als Neuzeit bezeichnet wird, nicht auf. Es will nicht nur eine Geschichte politischer Theorien und politischen Denkens der Neuzeit sein, sondern es greift bis in die griechisch-römische Antike zurück, die selber noch in vielfältiger Weise mit dem modernen politischen Denken verbunden ist.

Zwar hat die politische Theorie der Antike nur noch in einer historisch sehr vermittelten Weise eine Bedeutung für zeitgenössisches politisches Denken. Es bleibt aber die Tatsache, daß der Gedanke der Volksherrschaft und der Gedanke wechselseitiger Verpflichtung von Bürger und Staat auf das griechische und römische Denken zurückverweisen. Mag immer dabei der Begriff des Bürgers, wie er in der Antike unter den Bedingungen der Sklaverei verstanden und praktiziert wurde, sich grundsätzlich von dem Verständnis des Staatsbürgers in modernen parlamentarisch-repräsentativen Demokratien liberal-rechtsstaatlicher Verfassung unterscheiden: Das politische Denken der Antike bleibt bedeutsam genug, um im Rahmen politischer Bildung als Erbe aufbereitet und angeeignet zu werden – und sei es auch nur in jener räumlich sehr komprimierten Weise, wie in dem vorliegenden Buch.

Der Darstellung der politischen Theorie in Mittelalter und Renaissance ist demgegenüber hier ein breiterer Raum zugestanden. Sofern mittelalterliches politisches Denken im praktizierten Betrieb politischer Erwachsenenbildung überhaupt vorkommt – und das ist selten genug –, wird es in der Differenziertheit seiner Bemühungen etwa um die Anerkennung der Eigenständigkeit des »Politischen« neben anderen Lebensbereichen bis hin zur theoretischen Begründung und Rechtfertigung der Dualität von Kaiser und Papst mit ihren gesamteuropäischen Konsequenzen kaum hinreichend gewürdigt. In diesem Zusammenhang über das verbreitete Klischee vom »finsteren« Mittelalter hinauszukommen, gebot ein breiteres und detaillierteres Eingehen auf diese historische Epoche. Nur dadurch konnte es dann auch gelingen, die in der Renaissance sich durchsetzende politische Theorie nicht nur als Bruch mit dem Mittelalter, sondern als in einem gleichsam dialektischen Spannungsverhältnis von Diskontinuität und Kontinuität zu ihm stehend verständlich zu machen.

Mit Rationalismus und Aufklärung beginnt im engeren Sinne neuzeitliche politische Theorie: Die Frage nach einer nicht transzendent, sondern in der Ratio des Menschen zu begründenden Legitimität von politischer – und das heißt jetzt eindeutig staatlicher – Macht wird radikal gestellt. Vertragsstaatstheorie, Naturrechtstheorie, Konzeptionen von Gewaltenteilung, von Gleichheits-, Freiheits-, Eigentums- und weiteren Menschenrechtsgarantien, von Volkssouveränität, Machtdelegation und andere sollten Antwort darauf geben. Im Kontext dieser Reflektionen politischer Theorie entsteht die Vision einer liberalen, rechtsstaatlichen, parlamentarisch-repräsentativen Demokratie moderner Prägung in ihrer ganzen Attraktivität und doch zugleich auch schon inneren Problematik.

Und mehr als das: Weil die Konturen der politischen Theorien des Rationalismus und der Aufklärung in jenen zwei Jahrhunderten erarbeitet werden, in denen im Zuge ökonomischer Erstarkung das Bürgertum als Klasse neben dem bis dahin dominierenden Adel und Klerus politisches Profil gewinnt, verschmilzt die politische Theorie dieser Zeit mit sehr realen gesellschaftlich-politischen Veränderungstendenzen. Sie wird mehr und mehr zur Grundlage des politischen Bewußtseins eines nach Befreiung von feudalen Fesseln drängenden Bürgertums und kulminiert schließlich Ende des 18. Jahrhunderts in der großen Französischen Revolution, deren historische Auswirkungen die politisch-gesellschaftliche Struktur Europas von Grund auf verändern. Politische Theorie bleibt damit im Verlauf dieser Veränderungsprozesse auch in

Europa nicht mehr nur Theorie, sondern wird sehr unmittelbar praktisch, nachdem in ähnlicher Weise und Tendenz die liberale, demokratische politische Theorie der Aufklärung schon im amerikanischen Unabhängigkeitskrieg und der Konstituierung der Vereinigten Staaten von Nordamerika ihre praktische Konsequenz gefunden hatte.

Gerade in der hier sich zeigenden Verwobenheit von politischer Theorie und politischem Denken einerseits und realen politisch-gesellschaftlichen Prozessen und den sie tragenden und gestaltenden Kräften und Gruppen andererseits zeigt sich, daß Ideengeschichte niemals nur Geschichte von Ideen sein kann, sondern das politisch-soziale Umfeld, in dem Ideen und theoretische Konzeptionen entstehen und wirken, mitberücksichtigen muß – und zwar auch dann, wenn man nicht einseitig idealistischen oder naturalistischen Kausaltheorien als Deutungsprinzipien und Interpretationsmethoden anhängt. Was für die Theoriegeschichte von Rationalismus und Aufklärung besonders evident ist, gilt natürlich auch für die dieser Zeit vorangehenden historischen Epochen und ebenso, wenn nicht noch nachdrücklicher, für die ihr nachfolgenden. So ist es nur konsequent, wenn im vorliegenden Buch die Darstellung oder zumindest Skizzierung solcher strukturellen Bezüge der jeweiligen Theoriegeschichte auf realgesellschaftliche politische Entwicklungen als methodisches Prinzip verfolgt wird.

Die politische Philosophie des 19. Jahrhunderts ist durchweg auf das Ereignis bezogen, mit dem das 18. Jahrhundert zu Ende ging: die Französische Revolution. Aus der Auseinandersetzung mit ihren Prinzipien (Liberté, Egalité, Proprieté) wie auch mit deren politisch-gesellschaftlichen Auswirkungen bezieht sie ihre Impulse: als Konservatismus wie als Liberalismus, Sozialismus oder auch als Anarchismus. Alle diese Positionen dürfen als je unterschiedliche Versuche gelten, die mit der Französischen Revolution entstandenen politisch-gesellschaftlichen Probleme als solche aufzuweisen, in ihren Ursachen zu erkennen und sie einer Lösung zuzuführen. Dabei müssen sie sich jedoch der Tatsache stellen und sie in ihre Reflektionen miteinbeziehen, daß mit der Französischen Revolution gesellschaftliche, ökonomische und politische Entwicklungsprozesse zur vollen Entfaltung freigesetzt worden sind, die weder mit einer Neubelebung und Neubestimmung vorrevolutionär geltender politischer Visionen zureichend anzugehen sind noch mit einem wie auch immer evolutionär veränderten Festhalten an den Prinzipien der Revolution, vor allem dem Vertrauen in ein widerspruchsfreies Miteinander der realgesellschaftlichen Auswirkungen des Freiheits- und Gleichheitspostulats.

Die Dynamik der ökonomischen Prozesse der Industrialisierung läßt die sogenannte soziale Frage nicht nur als Thema sozialistischer politischer Theorie entstehen. Das Problem der sozialen Sicherung und politisch verantwortlichen Beteiligung beziehungsweise Einbeziehung der zahlenmäßig ansteigenden lohnabhängigen Massen des Proletariats am gesamtpolitischen Prozeß muß – aufgrund seiner traditionszersetzenden Gewalt sowie des zunehmenden Drucks zum Wandel politischer Herrschaftsformen – auch von liberalen sowie konservativen Positionen aus thematisiert werden.

Konservatismus, Liberalismus und Sozialismus bleiben in vielfachen Differenzierungen und unterschiedlichen Akzentuierungen auch im 20. Jahrhundert die dominanten beziehungsweise repräsentativen politischen Theorien, was nicht zuletzt am politischen Parteiengefüge unserer Zeit sichtbar wird. Jedoch werden sie seit Ende des 19. Jahrhunderts zunehmend überlagert oder ergänzt durch neue und anders geartete Probleme, die für das politische Denken der Zeit Bedeutung erlangen. Da ist zunächst das Bemühen um die wissenschaftstheoretische Grundlegung einer eigenständigen Sozialwissenschaft (Soziologie) in Abgrenzung gegen Geschichtswissenschaft ebenso wie gegen Sozialphilosophie, Nationalökonomie und Jurisprudenz. Die Diskussionen um diesen Problemkomplex mußten natürlich auch Auswirkungen auf Themen und Argumentationen der politischen Theorien haben. Das gilt etwa für den berühmten sogenannten »Werturteilsstreit in den Sozialwissenschaften«.

Der Erste Weltkrieg und die mit seinem Ende, dem Zerfall der deutschen, österreichisch-ungarischen und russischen Monarchie einhergehende Konstituierung parlamentarischer Demokratie angelsächsischen Typs oder rätedemokratischer Struktur in diesen Teilen Europas läßt in vielfacher Perspektive die Diskussion um die Grundlagen, Möglichkeiten und Entwicklungsperspektiven moderner Demokratien zum zentralen Thema politischer Theorie werden. Das Aufkommen und die Durchsetzung des Faschismus in Italien, des Bolschewismus in Rußland und des Nationalsozialismus in Deutschland geben diesen Diskussionen um Möglichkeiten wie auch innere Selbstgefährdungen moderner Demokratie ein besonderes Gewicht – und zwar beginnend schon in den zwanziger Jahren, besonders konsequenzenreich dann nach dem Zweiten Weltkrieg im Rahmen der ihm folgenden weltpolitischen Konflikte und Spannungen. Schließlich drängt die ebenfalls mit dem Ende des Ersten Weltkrieges zögernd einsetzende, nach dem Zweiten Weltkrieg besonders mächtig werdende Auflösung der traditionellen Kolonialreiche zur politisch-theoretischen Diskussion von Phänomenen des Imperialismus, des Kolonialismus und der Dekolonialisierung ebenso wie der Möglichkeit und Problematik von institutionellen Organisationen internationaler Friedenssicherung. Nationalismus und eine auf den Nationalstaat bezogene Politik – Erbschaften des 19. Jahrhunderts – erweisen sich als zentrale Herausforderungen für Politik und politisches Denken im 20. Jahrhundert.

Angesichts dieser Sachverhalte schien es für die Gestaltung des vorliegenden Buches angezeigt, bei der Darstellung der politischen Theorie im 20. Jahrhundert eine besondere Verfahrensweise einzuschlagen. Ohne die für die vorangehenden Jahrhunderte verfolgte historische Betrachtungsweise aufzugeben, wird daher versucht, die Vielfalt der politisch-theoretischen Diskussionen nach bestimmten systematischen Gesichtspunkten geordnet darzustellen, und zwar nach solchen, die sich aus den Diskussionen als besonders dominant und strukturierend bis in die jüngste Gegenwart hinein gleichsam von selbst ergaben.

Das geschieht in den letzten Kapiteln des vorliegenden Buches. Dieses Vorgehen hat freilich die Konsequenz, daß verschiedene Positionen innerhalb der politisch-theoretischen Diskussionen und deren Repräsentanten in je unterschiedlichen Problemzusammenhängen wie auch in je unterschiedlichen Perspektiven mehrfach behandelt und dargestellt werden. Dieser Sachverhalt wird hier bewußt nicht nur in Kauf genommen, sondern als positives Element der Darstellung bejaht. Er belegt ja doch geradezu exemplarisch die Differenziertheit und strukturelle Interdependenz von Positionen der politischen Theorie in unserem Jahrhundert.

Der am Beginn dieser Einleitung erwähnte Zweck des vorliegenden Buches, nämlich einen Beitrag zur politischen Bildungsarbeit zu leisten, schließt ein, daß die Art der Darstellung des zu unterbreitenden historischen Materials dem Leser die Durchsicht erleichtert und ihn zugleich zu weiterführender Beschäftigung anregt.

Diesem Ziel dienen die gelegentlich etwas umfangreich ausgefallenen Anmerkungen sowie die den einzelnen Kapiteln beigegebenen Bibliographien, um dem mit der dargestellten Materie zumeist nicht oder nur unzureichend vertrauten Leser ergänzende beziehungsweise weiterführende Literatur zu nennen. Eine auch nur annähernde Vollständigkeit in der Nennung einschlägiger Literatur ist dabei nicht beabsichtigt.

Die Einhaltung der genannten Bearbeitungsprinzipien des umfangreichen historischen Materials durch die verschiedenen Mitarbeiter zu sichern, erfordert ein hohes Maß an vergleichender und auch gelegentlich korrigierender redaktioneller Mithilfe bei der Erstellung der Textfassung des Buches. Sie mit Umsicht geleistet zu haben, ist das Verdienst von Ansgar Klein. Ihm gebührt dafür der Dank des Herausgebers und der Mitverfasser des Buches.

Während der Arbeit an diesem Buch verstarb nach langer, schwerer Krankheit Alexander Schwan. Er hat das von ihm übernommene Kapitel über die politischen Theorien des Rationalismus und der Aufklärung als erster von allen Mitarbeitern fertiggestellt. Als er dieses Kapitel zur Bearbeitung übernahm, wußte er um seine Erkrankung und wohl auch darum, daß seine Zeit begrenzt war. So hat er alle Energie, die ihm verblieb, auf die Fertigstellung seines Beitrages verwandt. Er wurde zur letzten größeren Publikation aus seiner Feder. Den Druck selbst hat er nicht mehr erlebt. Es ist für den Herausgeber und die anderen Mitarbeiter des Bandes eine gern und dankbar übernommene Verpflichtung, das vorliegende Buch dem Andenken Alexander Schwans zu widmen.

Hans-Joachim Lieber

Wilfried Nippel

Politische Theorien der griechisch-römischen Antike

1. Die Entstehung der politischen Theorie im klassischen Griechenland

1.1 Einige Anmerkungen zur Eingrenzung des Themenbereichs

Eine Darstellung der politischen Ideen der Antike müßte im Idealfall mehreren Ansprüchen in gleicher Weise gerecht werden. Die Entstehung und Entwicklung diverser theoretischer Konzepte zur Erfassung der politisch-sozialen Realität unter immanent-theoriegeschichtlichen Gesichtspunkten sollte verbunden werden mit der Analyse jeweils synchroner Verflechtungen. Konkret wäre der Zusammenhang zwischen bestimmten Vorstellungen vom politischen Leben, wie sie im Selbstverständnis einer Gesellschaft beziehungsweise von bestimmten Gruppen bestehen, und anspruchsvollen theoretischen Konstruktionen herzustellen; ferner der Wirkungszusammenhang zwischen der politischen Ereignis- und Strukturgeschichte einerseits, der Ideengeschichte andererseits herauszuarbeiten; und schließlich wären noch die Wirkungen, die von den antiken Theorien auf die spätere europäische Tradition ausgehen, jeweils einzubeziehen.

Diese Anforderungen lassen sich in jedem Fall nur sehr eingeschränkt erfüllen. Das hängt zum einen mit der notorisch schlechten Überlieferung zusammen, die auch bei den (aufs Ganze der Antike gesehen) besser dokumentierten Zeitabschnitten nie ein genügendes Ausmaß von Informationen für alle zu erörternden Themen bietet. Zum anderen lassen sich zwar literarische Traditionen mit philologischen Methoden (bis zu bestimmten Grenzen) nach allgemein anerkannten Regeln aufdecken; das Bedingungsverhältnis zwischen »Real-« und »Theoriegeschichte« kann jedoch, wenn man nicht von dogmatischen Annahmen über den Vorrang der einen oder der anderen ausgehen will, nur in umfassenden gesellschaftshistorischen Analysen plausibel begründet werden. Diese müßten sich auf die Vielzahl der griechischen Poleis der archaischen und klassischen Zeit, auf die Sonderentwicklung Athens, das Alexanderreich und seine Nachfolgestaaten, schließlich die römische Republik und das römische Kaiserreich beziehen.

Dennoch soll im folgenden das Verhältnis von Real- und Theoriegeschichte in den Vordergrund gerückt werden, auch wenn dies nicht ohne Vereinfachungen und ohne mitunter apodiktisch klingende Bewertungen gehen wird – dies um so mehr, als hier ein Überblick auf sehr begrenztem Raum gegeben werden muß. In der je unterschiedlichen Nähe beziehungsweise Distanz des politischen Denkens zu den jeweiligen Verhältnissen liegt jedoch eine wesentliche Voraussetzung für die Mannigfaltigkeit der antiken Tradition des Nachdenkens über die Formen der politischen Organisation menschlicher Gesellschaft. Diese reichhaltige Tradition hat wiederum die Rezeption diverser Theorie-Elemente in den verschiedenen Phasen der Geschichte der westlichen Zivilisation bis in die Gegenwart ermöglicht. Zugleich ist damit auch bedingt, daß sich das politische Denken der Antike in diversen literarischen Genres niedergeschlagen hat und aus dieser – unterschiedlichen literarischen wie gesellschaftlichen Konventionen gehorchenden – Überlieferung in späterer Zeit aufgenommen worden ist. Auch deshalb wurde hier eine Darstellungsweise gewählt, die sich nicht auf die »großen Werke« eines Platon, Aristoteles oder Cicero konzentriert. An leicht zugänglichen und zuverlässigen Darstellungen dieser Art besteht zudem kein Mangel.

1.2 Zur gesellschaftlichen Funktion des politischen Denkens

Die Entfaltung des griechischen politischen Denkens vollzog sich in enger Wechselwirkung mit der besonderen Entwicklung Athens, an deren Ende erstmals in der Weltgeschichte eine Ordnung stand, die auf der aktiven Mitwirkung der gesamten Bürgerschaft aufbaute. Der Weg zur Demokratie ergab sich allerdings nicht durch die Umsetzung von Idealvorstellungen über eine gerechte Ordnung, die es in der Zukunft zu verwirklichen gelte, sondern aus einer Vielzahl von Reaktionen auf diverse Herausforderungen. Doch wäre die Entwicklung zur Demokratie ohne intellektuelle Antizipationen nicht möglich gewesen, auch wenn das Ziel als Ganzes nicht vor Augen stehen konnte.

Hinsichtlich der Entwicklung gefestigter staatlicher Strukturen gilt dies in der archaischen Zeit (achtes bis sechstes Jahrhundert v. Chr.) nicht allein für Athen, sondern für die Vielzahl der Poleis. Nach der Überwindung des Königtums galt es angesichts eines als Gruppe wenig stabilen Adels, eine Versachlichung von Herrschaft zu erreichen, durch die auch die Spannungen zwischen der Grundbesitzerelite und der von Deklassierung (durch Verschuldung) bedrohten Masse der Kleinbauern, mancherorts zudem die Gegensätze zwischen altem Adel und neuen Eliten aufzufangen waren. Gründungen von Kolonien erforderten die Festlegung eines Grundbestandes von Strukturen im vorhinein. Für die Lösung der Probleme im Mutterland wie für die kolonialen Neugründungen war eine politische Reflexion gefordert, in der die Erkenntnis sozialer Zusammenhänge, intellektuelle Distanz zum Bestehenden sowie Wissen um das Machbare zusammenkamen. Es bildete sich ein Typ des Experten heraus, der als Berater oder auch als Bevollmächtigter für Gesetzeskodifikationen und Neuordnungen der staatlichen Strukturen beziehungsweise als Schlichter von inneren Konflikten herangezogen wurde. In der von den Sieben Weisen – denen zugleich enge Beziehungen zum Delphischen Orakel nachgesagt wurden (bei dem eine Vielzahl von Informationen aus der gesamten griechischen Welt zusammenkam) – ausgehenden Tradition hat sich diese Rolle politischer Experten niedergeschlagen[1].

1 Diogenes Laertius 1,22ff.; Plutarch, *Solon* 3ff.; Cicero, *De re publica* 1,12. – Hinweise zur Zitierweise auf S. 44.

Solon von Athen (ca. 640 – ca. 560 v. Chr.), der in den wechselnden Listen der Sieben Weisen einen festen Platz hatte, wurde 594/93 v. Chr. als Archon mit besonderen Vollmachten zur Neuordnung des Gemeinwesens bestellt. Solon hat sich zur Erlangung dieses Auftrags, zur Begründung seiner Maßnahmen wie zu ihrer späteren Rechtfertigung unmittelbar an die gesamte Bürgerschaft gewendet. Er tat dies mittels Gedichten (Elegien), die er auf der Agora vortrug; beim ersten Mal erreichte er die Aufmerksamkeit für dieses gänzlich ungewöhnliche Verfahren, indem er sich als wahnsinnig gewordener Herold präsentierte[2].

In seinen Gedichten gelang Solon die Vermittlung gesellschaftsimmanenter Zusammenhänge; er stellte heraus, daß es eine politische Sphäre mit eigenen Gesetzmäßigkeiten gebe. Die Gefahr von Bürgerkrieg und Tyrannis resultiere notwendig aus der Unterdrückung der Bauern. Da die Folgen alle treffen würden, müßten sich auch alle für das Gemeinwesen verantwortlich fühlen und den vorhersehbaren Ablauf zu unterbrechen suchen. Für die *Eunomie,* die »Wohlordnung« des Gemeinwesens, hielt Solon Eingriffe in den gesellschaftlichen Status quo (zumal die Aufhebung der Schuldknechtschaft) für unumgänglich. Diese fanden jedoch ihre Grenzen zugleich darin, daß die Ordnung als Ganzes nicht in das Belieben der Bürger gestellt war, sondern als von den Göttern vorgegeben galt. Den einzelnen Gruppen konnte daher nur zugeteilt werden, was ihnen aus dieser Sicht rechtmäßig zukam; weiterreichenden Forderungen (wie der nach Neuaufteilung des Bodens) sollte dagegen nicht nachgegeben werden[3].

Auch wenn Solon den Gedanken der Verantwortung der gesamten Bürgerschaft noch vom Ausnahmezustand her konzipiert und die politische Führung durch die Aristokratie nicht in Frage gestellt hatte, so lag darin doch eine Forderung, die nicht ohne Folgen bleiben konnte, wenn sie erst einmal in größeren Kreisen der Bürgerschaft Verankerung gefunden hatte. Zunächst zeigte allerdings die Herrschaft des Tyrannen Peisistratos und seiner Söhne (von 561/60 bis 511/10 v. Chr., mit Unterbrechungen), daß Solon die Instabilität der politischen Strukturen noch nicht dauerhaft hatte überwinden können. Nach dem Sturz der Tyrannis, von deren Kult- und Baupolitik durchaus das Polisbewußtsein fördernde Wirkungen ausgegangen waren, erwies sich ein solcher Bedarf an breit gestreuter politischer Mitwirkung. Kleisthenes konnte 508/07 v. Chr. eine tiefgreifende Neugestaltung der politischen Ordnung Athens gegen eine von Sparta militärisch unterstützte Adelsfronde durchsetzen, da ihm die breite Masse der Bürgerschaft folgte. Die artifizielle Neugliederung der Bürgerschaft setzte eine Konzeption von Strukturen voraus, die die politische Mitwirkung breiterer Bürgerschichten auf Dauer stellen sollten; ihre Durchsetzung wäre ohne die Vermittelbarkeit dieses Gedankens an eine entsprechend disponierte Bürgerschaft nicht möglich gewesen.

Mit der Kleisthenischen Verfassung verband sich der Begriff der *Isonomie,* der an Stelle von *Eunomie* gesetzt wurde. Mit *Isonomie* wurde nicht allein Rechtssicherheit und Gleichheit vor dem Gesetz, sondern darüber hinaus Gleichberechtigung auch in Fragen der politischen Gestaltung verbunden.

---

2 Plutarch, *Solon* 8,2.

3 Solon, Fragmente 3.5.24 (zit. nach: Griechische Lyrik in deutschen Übersetzungen, hrsg. v. Walter Marg, Stuttgart 1964, S. 35–39).

Die neue Ordnung Athens hat sich in den Perserkriegen glänzend bewährt. Die Siege über die Perser hatten eine außen- wie innenpolitische Dynamik bisher unbekannten Ausmaßes zur Folge. Die stärkere Einbeziehung der breiten Masse der Bürgerschaft ging einher mit der Steigerung der Häufigkeit und Reichweite von Volksbeschlüssen. Immer öfter ergab sich eine Kollision mit bis dahin unangefochten geltenden Konventionen. Das bewirkte auch Besorgnisse und Spannungen. Diese haben sich, soweit für uns greifbar, besonders in der Tragödie niedergeschlagen, sei es in einzelnen Szenen mit aktuellen Anspielungen, sei es gelegentlich auch unmittelbar durch die Auswahl und Gestaltung des mythischen Stoffes, wie im Falle der *Eumeniden* des Aischylos, die wenige Jahre nach der politischen Entmachtung des Areopags (462/61 v. Chr.), des altehrwürdigen Ratsgremiums, den Mythos von dessen Einsetzung aufgriffen.

Die Tragödien wurden beim offiziellen Kultfest des Dionysos aufgeführt. Verantwortlich war der Obermagistrat der Stadt, dem Stücke zur Auswahl vorgelegt wurden. Die Kosten wurden von wohlhabenden Bürgern getragen, der Chor aus Mitgliedern der Bürgerschaft gebildet. Über die Prämierung der Autoren entschied eine Bürger-Jury; den Aufführungen wohnte ein sehr großer Teil der Bürgerschaft bei. Das alles bedingte, daß politische Aussagen für die Bürger sowohl verständlich wie – wenigstens in Grenzen – akzeptabel sein mußten; es konnten weder esoterische Theorien entwickelt noch Frontalangriffe auf die von der Mehrheit getragene Ordnung vorgebracht werden. Möglich waren aber sehr wohl die Warnung vor Gefahren und die Mahnung zur Mäßigung[4].

In der zweiten Hälfte des fünften Jahrhunderts v. Chr. zeigten sich neue Deutungsakzente der Entwicklung Athens. Es gab deutliche Kritik an bestimmten Erscheinungen der Demokratie, etwa an der dominierenden Stellung des Perikles, später an der Rolle der auf ihn folgenden Redner (Demagogen), die Entscheidungen der Volksversammlungen herbeiführten, ohne zugleich als Amtsinhaber auch die Verantwortung für diese Beschlüsse zu übernehmen. Kritik galt auch der Rolle der Volksgerichte, die durch Losverfahren aus allen sich meldenden Bürgern gebildet wurden und deren Geschworene Tagegelder erhielten. Vorhaltungen dieser Art wurden besonders in der Komödie artikuliert. Sie schlugen jedoch – bei den der Tragödie entsprechenden Aufführungsbedingungen – nicht in eine grundsätzliche Infragestellung der Demokratie um. Die Kritik deckte sich allerdings partiell mit dem Mißbehagen von Teilen der athenischen Oberschicht, die sich nicht den demokratischen Regeln für eine politische Führungsrolle fügen wollten. Aber auch in diesem Milieu wurde, selbst wenn man die Demokratie als eine parteiische Herrschaft des niederen Volkes empfand, im allgemeinen anerkannt, daß es zu dieser Verfassung keine realistische Alternative gebe. Das läßt sich besonders aus einer unter dem Namen des Xenophon überlieferten Schrift über die Verfassung der Athener (wahrscheinlich aus den Anfangsjahren des Peloponnesischen Kriegs) entnehmen, die sich leider hinsichtlich des Verfassers, ihrer Intentionen und ihres literarischen Genres nicht genauer einordnen läßt[5].

Der Aufstieg Athens zur Hegemonialmacht, die bei gegebenem Anlaß massiv in die inneren Verhältnisse ihrer Verbündeten eingriff, aber auch die Vorbildwirkung,

---

4 Aischylos, *Eumeniden* 696ff.

5 Ernst Kalinka, Die pseudoxenophontische Athenaion Politeia, Leipzig 1913.

die von der athenischen Demokratie ausging, führten in der athenischen Einflußsphäre zu inneren Spannungen. Diese nahmen schließlich im Peloponnesischen Krieg (431–404 v. Chr.), der zu Polarisierungen in ganz Griechenland führte, an Intensität und Ausdehnung noch zu. Gegensätze zwischen demokratischen und oligarchischen Kräften, zwischen Sympathisanten Athens und solchen Spartas, zwischen Verfechtern einer Anlehnungs- und solchen einer Autonomie-Politik verbanden sich mit Spannungen zwischen den sozialen Klassen. Anhaltende Instabilität war vielerorts die Folge, wiederholte Verfassungsumstürze konnten sich bis zum Bürgerkrieg steigern, der mit der Vernichtung oder Vertreibung der unterlegenen Faktion endete.

Die Gestaltung der politischen Ordnung wurde zu einem Problem von existentieller Bedeutung. Es forderte Überlegungen heraus, wie sich die politische Ordnung stabilisieren und die sozialen Spannungen abbauen ließen. Dazu mußte man hinter der Vielfalt der Verhältnisse und Entwicklungen bestimmte Grundstrukturen und Ablaufmuster erkennen können.

Eine Reflexion dieser Art findet sich zum ersten Mal im Kontext der sogenannten Sophistik, einem Phänomen der Zeit zwischen 450 und 380 v. Chr. Die Sophisten haben die rationale Analyse nach Art der ionischen Naturphilosophie auf soziale Phänomene übertragen. Sie entwickelten erstmals allgemeine Theorien über die soziale Natur des Menschen, über Wesen und Entstehung der Polis und des Rechts, der Kultur überhaupt, über die Eigenarten unterschiedlicher Typen von politischer Verfassung – diese Feststellungen können unabhängig von der Einschätzung der Fragen getroffen werden, für wie authentisch man die Wiedergabe ihrer Lehren durch ihre Gegner, namentlich Platon, hält – die Schriften der Sophisten selbst sind verloren gegangen – und wie hoch man die innere Verwandtschaft ihrer Theorien veranschlagt. (Einzelheiten über die einzelnen Theoriebestände folgen im nächsten Abschnitt; hier geht es zunächst darum, deren Voraussetzungen in der gesellschaftlichen Position der Sophisten zu benennen.)

Die Sophisten waren professionelle Lehrer, die rhetorische und politisch-kulturelle Fachkenntnisse vermittelten. Die bekanntesten Protagonisten stammten nicht aus Athen: Protagoras (ca. 490 – nach 421 v. Chr.) kam aus Abdera in Thrakien, Gorgias (ca. 485 – nach 400 v. Chr.) aus Leontinoi in Sizilien, Hippias aus Elis auf der Peloponnes, Thrasymachos aus Chalcedon in Bithynien und so weiter. Sie haben an verschiedenen Orten gelehrt, besondere Wirkung aber jeweils durch längere Aufenthalte in Athen erzielt, das in der perikleischen Ära zum kulturellen Zentrum der gesamten griechischen Welt, zur »Schule von Hellas«[6] geworden war. Als Fremde konnten sie an ihren jeweiligen Aufenthaltsorten keine eigene politische Aktivität entfalten; bei ihrem in Privathäusern abgehaltenen Unterricht brauchten sie jedoch (wenigstens in Athen) keine Rücksicht auf gesellschaftliche Tabus zu nehmen. Die Nachfrage nach ihrem Angebot war um so größer, je mehr in öffentlichen Institutionen durch Abstimmung nach vorausgegangener freier Diskussion entschieden wurde[7]. Die Sophisten konnten die Technik liefern, sich unter diesen Umständen zu behaupten, jeden möglichen Standpunkt zu einer Sache vertreten[8] und gegebenen-

6 Thukydides 2,41,1.
7 Platon, *Hippias maior* 304 a–b.
8 Seneca, *Epistulae Morales (Briefe an Lucilius)* 88,43; Cicero, *Brutus* 46f; Diogenes Laertius 9,51.

falls auch mit Rhetorik »die schlechtere Sache zur stärkeren machen zu können«[9]. Sie boten im Prinzip ihre Lehre jedermann an – der die Muße dazu hatte und die hohen Honorare zahlen konnte. Auf der »Grenze zwischen Politik und Philosophie«[10] verbanden sie Theorie und Praxis.

Die spezifische Konfrontation von athenischer und außer-athenischer Erfahrung sowie die Gleichzeitigkeit von Nähe und Distanz zum System der Demokratie ergaben die Bedingungen der Möglichkeit dafür, daß die Sophisten verallgemeinerbare Theorien zur politischen Anthropologie entwerfen konnten. Die Vermittlung geschah im internen Unterricht und durch Schriften für ein gebildetes Publikum. Reflexion über Grundsatzfragen wendet sich an eine Bildungselite. Das gilt nicht nur für die Sophisten: Thukydides wollte mit seinem Geschichtswerk Einsichten in die Gesetzmäßigkeiten politischer Abläufe vermitteln; sein Werk erforderte das Studium durch den Leser, es eignete sich nach seiner eigenen Feststellung nicht – wie noch die Geschichten Herodots – zum öffentlichen Vortrag[11]. Während Sokrates mit seinen bohrenden Fragen auf der Agora seine Mitbürger zum Nachdenken bringen wollte, schrieb Platon für ein gebildetes Publikum. Aristoteles verfaßte einerseits Schriften für diesen Kreis, andererseits nur für den internen Unterrichtsgebrauch gedachte Abhandlungen. (Durch besondere Umstände der Überlieferung sind nur letztere erhalten). Rhetorische und philosophische Ausbildung trennten sich im vierten Jahrhundert v. Chr.; das blieb im Prinzip die gesamte Antike hindurch so. Isokrates (436–338 v. Chr.), ein Schüler des Gorgias, gründete eine Rednerschule, aus der – »wie aus dem trojanischen Pferd«[12] – zahlreiche Politiker hervorgingen. Er selbst betätigte sich nicht als Rhetor. Seine Musterreden und Flugschriften spiegeln eine Distanz zu bestimmten Erscheinungen der athenischen Demokratie; deren Selbstverständnis läßt sich den Reden der Rhetoren-Politiker (wie Demosthenes) entnehmen.

Die Grundsatzfragen wurden von den Philosophen traktiert. Platon (428/27 – 349/48 v. Chr.) gründete seine Schule, die Akademie, die (ebenso wie die Rhetorenschule des Isokrates) eine große Attraktivität für junge Männer aus der gesamten griechischen Kulturwelt hatte. Diese Schulgründung war eine Konsequenz aus seiner Erfahrung mit der politischen Realität. Der Sprößling einer altadligen athenischen Familie hatte der Demokratie reserviert gegenübergestanden, schließlich besondere Hoffnungen auf das oligarchische Regime von 404/03 v. Chr. gesetzt, in dem verschiedene seiner Verwandten und Freunde prominente Rollen spielten. Doch das Terrorregime der »Dreißig Tyrannen« wirkte desillusionierend. Die ungeliebte Demokratie hatte zwar mit der großzügigen Amnestie für die Anhänger und Mitläufer der Oligarchie einen verheißungsvollen Start, doch wurde dieses Bild (für Platon) durch den Prozeß und die Hinrichtung des Sokrates (399 v. Chr.) getrübt. Platon kam zu der Einsicht, daß alle bestehenden politischen Regimes schlecht seien. Besserung sei nur zu erhoffen, wenn entweder die wahren Philosophen an die Macht kämen oder die politisch Mächtigen zu Philosophen würden[13].

---

9 Aristoteles, *Rhetorik* 1402a 23ff.
10 Platon, *Euthydemos* 305c.
11 Thukydides 1,22,4.
12 Cicero, *De oratore* 2,94.
13 Platon, *7. Brief* 324b–326b.

Die Abwendung von aktiver politischer Betätigung ließ die Erfüllung des Wunsches nach politischer Wirksamkeit nur unter Konstellationen zu, in denen man die Verhältnisse selbst grundlegend nach Maßgabe der Theorie umgestalten konnte. Daß man als Gesetzgeber gebraucht würde, konnte höchstens im Ausnahmefall geschehen; Platon soll dieses Angebot für die Einrichtung von Megalopolis erhalten haben (einem von Theben betriebenen Zusammenschluß zahlreicher Orte in West-Arkadien), dann aber abgesagt haben, als man ihm doch nicht die völlige Gestaltungsfreiheit konzedieren wollte[14]. Näherliegend war die Möglichkeit, als Berater eines autokratischen Herrschers tätig zu werden. So ist Platon 366 und 361 v. Chr. dem Ruf seines Freundes Dion, des Schwagers und Schwiegersohns des mächtigen Tyrannen Dionysios I., gefolgt, an den Hof von dessen Nachfolger Dionysios II. nach Syrakus zu kommen. Der Versuch, in den Faktionskämpfen in Sizilien Einfluß zu nehmen (wobei offen bleibt, was Platon sich davon versprochen hat und was er sich bei halbwegs realistischer Einschätzung der Situation davon hätte versprechen können), endete mit einem völligen Fehlschlag.

Andere Mitglieder der Akademie haben Beziehungen zu verschiedenen Herrschern unterhalten; so besonders zu Hermias, dem Tyrannen von Atarneus und Assos (im nordwestlichen Kleinasien), der sie einlud, dort eine Schule nach dem Vorbild der Akademie zu gründen; Hermias konnte sich davon Reputation versprechen. Aristoteles und anderen, die nach dem Tode Platons die Akademie verließen, nachdem dessen Neffe Speusippos Nachfolger als Schulhaupt geworden war, bot sich hier eine neue Wirkungsstätte (347–345 v. Chr.). Aristoteles (384–322 v. Chr.) aus Stageira auf der Halbinsel Chalkidike, Sohn eines Leibarztes am makedonischen Königshaus, wurde zwischen 343/2 und 340 v. Chr. von Philipp II. von Makedonien mit der Erziehung des Prinzen Alexander beauftragt. Seine Verbindungen zu Makedonien hat er auch nach der Rückkehr nach Athen gepflegt, wo er 335 v. Chr. seine eigene Schule, das Lykeion (auch der Peripatos genannt) gründete. Nach dem Tode Alexanders mußte er deshalb Athen verlassen, um einem Prozeß zu entgehen. Der Herrscher und der Philosoph – diese Konstellation bleibt in verschiedenen Varianten auch in den folgenden Jahrhunderten ein Grundmuster für die Wirkungsmöglichkeit von Theoretikern – oder für ihren Traum davon.

1.3 Die zentralen Gegenstände und Aussagen der politischen Theorie

Die Polis war Bezugspunkt aller Theorien zur Vergesellschaftung der Menschen. Polis bezeichnete ursprünglich die Burg und die dazu gehörende Siedlung, dann die Stadt sowohl im Sinne eines von Mauern umgebenen Siedlungszentrums als auch im Sinne eines aus Stadt und Hinterland bestehenden Gemeinwesens. Als konstitutiv für eine Polis als Gemeinwesen gilt: Die Polis ist ein kollektiv verantwortlicher, zu verbindlichen Entscheidungen im Inneren und gemeinsamem Handeln nach außen befähigter Verband, dessen Ordnung auf Recht und Gesetz beruht. Die Polis steht unter dem Schutz einer Gottheit, die ihren Bestand verbürgt. Die Mitglieder des Polis-Verbandes, die Bürger, sind das konstitutive Element des Gemeinwesens, nicht

14 Diogenes Laertius 3,23.

die Stadt oder die Stadtmauern. Die Qualität einer Siedlung als Ort politischer Vergesellschaftung zeigt sich in der Existenz eines Amts- und Ratsgebäudes, von Gymnasien und Tempeln. Andere Organisationsformen, vor allem die sich über größere Gebiete erstreckenden Wehrverbände, die mit dem Sammelbegriff des *ethnos* erfaßt wurden, haben für die politische Theorie keine große Bedeutung erlangt (obwohl sie durchaus differenzierte Strukturen zeigen konnten).

Die Ambivalenz des Polis-Begriffs spiegelt sich auch in den Theorien über die Entstehung der Polis wider. Nach dem Mythos des Protagoras haben die ursprünglich vereinzelt lebenden Menschen sich zum Schutz gegen die wilden Tiere in Poleis – das heißt hier: in befestigten Siedlungen – zusammengefunden. Diese Zusammenschlüsse konnten jedoch nicht von Dauer sein, da es den Menschen an der politischen Tugend fehlte; erst als Zeus ihnen *aidos* (Respekt vor den anderen) und *dike* (Gerechtigkeit) als Voraussetzung von Ordnung, Zusammenhalt und Freundschaft untereinander verliehen hatte, konnte die Polis als stabile Vereinigung bestehen[15].

Der Gedanke, daß die Not die Menschen dazu bringe, sich zum Schutz gegen die Tiere zusammenzuschließen und damit sich selbst über das Niveau des Tieres zu erheben, liegt verschiedenen – besonders auf Demokrit (ca. 460 – ca. 370 v. Chr.) zurückgehenden – umfassenden Kulturentstehungslehren zugrunde. Platon geht ebenfalls von einer Auffassung des Menschen als Mängelwesen aus. Ein erster Zusammenschluß der Individuen zum Ausgleich ihrer Autarkie-Defizite ist nur eine Form bloßen »Zusammenwohnens«, die Vereinigung in einer »Schweine-Polis«[16]. Erst ein Zusammenschluß, der eine über die Befriedigung elementarer Bedürfnisse hinausgehende Arbeitsteilung ermöglicht, erfüllt den Maßstab eines Gemeinwesens. Doch unterliegt diese »üppige Stadt«[17] wiederum der Gefährdung ihrer inneren Stabilität durch Verfallserscheinungen. Aristoteles hat gegenüber utilitaristischen Erklärungen der Polisentstehung aus bloßen Nutzenabwägungen die These vom Menschen als einem von Natur aus zum Leben in der politischen Gemeinschaft angelegten Wesen (*zoon politikon*) betont. Dieser – aus seiner biologischen Theorie abgeleiteten – Auffassung ordnet er den anderen Gedanken, daß der Zusammenschluß in der Polis zur Sicherung der physischen Existenz geschehen sei, mit der Formel unter, daß die Polis zwar um des Überlebens willen entstanden sei, um des guten Lebens willen jedoch bestehen bleibe[18].

Zu den durchschlagenden Erkenntnissen des fünften Jahrhunderts v. Chr. zählte die Erfahrung der Relativität des Rechts. Der *nomos* – das heißt Gesetz und Sitte, die man so lange als unveränderlich und von den Göttern vorgegeben angesehen hatte – erwies sich als von den Menschen selbst gemacht. Diese Erfahrung ergab sich in verschiedenen Zusammenhängen. Durch die Ethnographie eines Hekataios von Milet (ca. 550 – ca. 480 v. Chr.) und die ethnographisch fundierte Historiographie Herodots (484 – nach 430 v. Chr.) wurde man mit völlig anderen Rechts- und Moralvorstellungen bei fremden Völkern konfrontiert. Herodot illustriert die Feststellung, daß alle Völker jeweils ihre eigenen Sitten und Gesetze für die besten

15 Platon, *Protagoras* 320c ff.
16 Platon, *Politeia* 369c, 372d.
17 Ebd., 372d.
18 Aristoteles, *Politik* 1253a 1 ff., 1252b 29f., 1278b 24, 1281b 32ff.

halten, am Beispiel des indischen Stammes, der seine Verstorbenen verspeist, das Ansinnen, die Toten zu verbrennen, jedoch mit Abscheu zurückweisen würde[19].

In Athen reflektierte man die Spannungen, die zwischen dem positiven Recht und den durch Tradition und Religion auferlegten sittlichen Verpflichtungen entstehen konnten. In den *Hiketiden* (Schutzflehenden) des Aischylos (wahrscheinlich 463 v. Chr. aufgeführt) wird der durch Herkommen verbürgte Anspruch der Danaiden auf Asyl erst durch die Entscheidung der Volksversammlung (in Argos) realisiert, die dabei auch mögliche außenpolitische Konsequenzen zu bedenken hat. In der *Antigone* des Sophokles (442 v. Chr. aufgeführt) gerät die religiöse Verpflichtung, das Familienmitglied zu bestatten, mit dem unbestreitbaren Recht der Regierung, ein Bestattungsverbot gegenüber dem Landesverräter zu verhängen, in unauflöslichen Konflikt. Festzuhalten ist, daß man aufgrund einer Kollision zwischen positivem Recht und – durch »ungeschriebene Gesetze« eingeforderten – sittlichen Verpflichtungen nicht grundsätzlich die Geltung des Polis-Gesetzes in Zweifel zog. Sophokles läßt sich jedoch als Mahner zur Mäßigung und Selbstbeschränkung bei Rechtsschöpfung wie Rechtsdurchsetzung verstehen, die derartige Kollisionen vermeiden.

Auch der innergriechische Vergleich erwies, daß in jeder Polis ein anderes Recht galt; Protagoras soll dazu gesagt haben, gerecht sei jeweils das, was in einer Polis dafür gehalten werde[20].

Angesichts dieser Erkenntnisse stellte sich die Frage nach dem Geltungsgrund der Gesetze. Eine Möglichkeit lag darin, sie auf eine Übereinkunft unter den Bürgern zurückzuführen. Die Vorstellung eines Vertrages unter den Bürgern, sich gegenseitig nicht zu schaden und kein Unrecht anzutun[21], konnte verbunden werden mit den schon erwähnten Theorien von der Polisgründung, die den tierhaften Zustand des Menschen überwindet. (Explizit ist dies allerdings erst für die – auf ältere Traditionen zurückgreifende – Kulturentstehungslehre des römischen Autors Lukrez im ersten vorchristlichen Jahrhundert bezeugt[22].) Der Vertragsgedanke läßt sich – wie die modernen Ausprägungen von Thomas Hobbes bis Jean-Jacques Rousseau erkennen lassen – hinsichtlich der Geltung des staatlichen Rechts unterschiedlich ausgestalten.

Platon hat dem Sokrates für seine Entscheidung, sich der Hinrichtung nach seiner Verurteilung nicht durch die Flucht zu entziehen, eine Auslegung des Vertragsmodells im Sinne der Gehorsamspflicht gegenüber den Gesetzen und deren Vollzug zugeschrieben. Allerdings in einer einzigartig dastehenden Variante, nach der der einzelne, sofern er in der Stadt lebt, dadurch einseitig die Verpflichtung gegenüber den Gesetzen anerkenne[23]. Zwischen positivem Recht und Gerechtigkeit tut sich für Sokrates keine Lücke auf; die Geltung der Gesetze liegt im Verfahren ihrer Setzung durch die Bürgerschaft beschlossen[24]. Dieser radikale Gesetzespositivismus wurde im Selbstverständnis der athenischen Gesellschaft durch den Glauben an die Übereinstimmung mit den ungeschriebenen Gesetzen sowie durch die traditionsstiftende

---

19 Herodot 3,38.
20 Platon, *Theaitetos* 167c, 172b.
21 Platon, *Politeia* 359a; Epikur, *Hauptlehren* Nr. 31ff. (überliefert durch Diogenes Laertius 10,150f.)
22 Lukrez, *De Rerum Natura* 5, 1015ff.
23 Platon, *Kriton* 50a–52d.
24 Xenophon, *Memorabilia (Erinnerungen an Sokrates)* 4,4,12ff.

Wirkung, die auch vom positiven Recht ausging, ausbalanciert[25]. In der Überlieferung ist nicht eindeutig zu erkennen, ob der Vertragsgedanke auch in dem Sinne ausgelegt worden ist, daß aus Zweck und Modalitäten des Vertrages Grenzen für den Geltungsbereich staatlicher Regelungen gezogen wurden. Eine von Aristoteles dem (ansonsten weitgehend unbekannten) Sophisten Lykophron zugeschriebene Äußerung, das auf Übereinkunft basierende Gesetz sei »Garant wechselseitiger Rechtsansprüche«[26], wird oft in diesem Sinne verstanden; ganz gesichert ist die Deutung dieses Satzes jedoch nicht.

In der sophistischen Diskussion wurde dem auf Übereinkunft beruhenden *nomos* die invariante Natur, *physis,* entgegengestellt. Sie gibt dem einzelnen ein Recht zur unbedingten Verfolgung des Eigeninteresses, das mit den staatlichen Gesetzen drastisch beschnitten wird[27]. Das positive Recht entspringt nach Ansicht bestimmter Sophisten dem Interesse der Schwächeren, die sich durch vertragliche Übereinkunft schützen wollen[28]. Wieweit sich die Starken dieser Fessel entwinden können, ist eine Frage der Effektivität der Rechtsdurchsetzung in einer Polis[29]. Mit dem Recht des Stärkeren läßt sich jedoch auch das Gesetzesrecht begründen, wenn man unterstellt, daß jeweils die Herrschenden – in der Demokratie die Masse, in der Oligarchie die Elite, in der Monarchie der Herrscher – die Gesetze nach Maßgabe ihres eigenen Interesses geben[30]. Die sozialintegrative Wirkung der Gesetze ist dann gewahrt, wenn die Herrschenden das Interesse der jeweils Beherrschten mitberücksichtigen, sich am Gemeinwohl orientieren[31].

Im Verhältnis unter Staaten konnte man dagegen bedenkenloser mit dem Recht des Stärkeren operieren[32]. Hier begegnet auch das Argument, daß für zivilisatorisch unterlegene Völker die Unterwerfung in deren eigenem Interesse liege; es gründet bereits in Aristoteles' Behauptung, die Barbaren seien Sklaven von Natur[33], und führt über die Verteidigung der wohltätigen Wirkungen der römischen Weltherrschaft[34] bis zu neuzeitlichen Rechtfertigungen von Kolonialherrschaft.

Bemerkenswert an diesen Konzeptionen der Sophisten ist, daß Naturrecht nicht für ein Normensystem steht, an dem Gesetzesrecht derart gemessen werden kann, daß sowohl seine Geltung durch die Übereinstimmung mit materialer Gerechtigkeit begründet wie zugleich die Grenzen seiner Verbindlichkeit abgesteckt würden. Setzung positiven Rechts erscheint vielmehr allein als Ergebnis von Herrschaft, die »Anerkennung der Gesetze beruht auf ihrer Strafgewalt«[35].

25 Thukydides 2, 37,3; Xenophon, *Memorabilia* 4,4,19; (Pseudo-)Demosthenes 25,16.
26 Aristoteles, *Politik* 1280b 10–12.
27 Platon, *Protagoras* 337d.
28 Platon, *Gorgias* 483b.
29 Antiphon, Fragment B 44 (Fragmente der Vorsokratiker, hrsg. v. Hermann Diels/Walther Kranz).
30 Platon, *Politeia* 338a ff.; *Nomoi* 714c.
31 Platon, *Politeia* 342e; Aristoteles, *Politik* 1279a 17ff., 1282b 17.
32 Thukydides 3,37ff.; 5,89ff.
33 Aristoteles, *Politik* 1252b 5ff., 1255a 3ff., 29ff., 1256b 25ff., 1339b 39ff.; Plutarch, *Moralia* 328B.
34 Cicero, *De re publica* 3,36; *De officiis* 2,27; Vergil, *Aeneis* 6,853.
35 Cicero, *De re publica* 3,18.

Die Erkenntnis der Relativität des Rechts steht auch hinter der Entwicklung einer Typologie von Verfassungen. Im Laufe des fünften Jahrhunderts v. Chr. hat sich jenes Dreierschema – Demokratie, Aristokratie (Oligarchie), Monarchie (legitimes Königtum/Tyrannis) – herausgebildet, das für die politische Theorie bis zum Beginn des modernen Konstitutionalismus kanonisch war und dessen Begrifflichkeit bis heute fortlebt. In den Begriffen Demokratie, Oligarchie, Aristokratie spiegelt sich die Erfahrung wider, daß nicht nur zwischen sich selbst regierenden und von einem Tyrannen beherrschten Poleis zu unterscheiden war, sondern daß es auch strukturelle Unterschiede zwischen politischen Ordnungen gab, in denen die Gesamtheit der Bürgerschaft die Entscheidungen traf, und solchen, in denen dies einer qualifizierten Minderheit vorbehalten blieb.

Die Begriffe haben nicht nur deskriptive Funktion, sondern sind auch wertbesetzt. Aristokratie ist eine positive Kennzeichnung anstelle des neutralen bis pejorativen Begriffs der Oligarchie. Demokratie war entsprechend der Ambivalenz von *demos,* Volk, mit unterschiedlichen Konnotationen versehen: entweder als Bezeichnung für die Herrschaft der Gesamtheit der Bürger oder aber polemisch als Kennzeichnung der Dominanz des niederen Volkes, der Masse, des Pöbels. Klassifikationsbedürfnis und wertender Vergleich, die Frage nach der (relativ) besten Verfassung, kommen in der Verfassungstypologie zusammen.

Das älteste Zeugnis für eine solche Typologie läßt bereits eine fortgeschrittene Stufe der Abstraktion erkennen. Es ist die sogenannte Verfassungsdebatte im Geschichtswerk Herodots[36]. Herodot stellt hier eine Diskussion der Großen des Perserreiches dar, die nach den Thronwirren im Anschluß an den Tod des Großkönigs Kambyses (522 v. Chr.) darüber diskutieren, welche Verfassung sie im Perserreich einrichten wollen. Beim bekannten Fortgang der persischen Geschichte versteht sich, daß die Entscheidung zugunsten der Monarchie fallen mußte. Es steht außer Zweifel, daß hier eine griechische Diskussion in einen exotischen Kontext versetzt worden ist. Sicherlich ist auch Herodot, dem abstrakte Erörterungen im allgemeinen fremd sind, hier einer Vorlage gefolgt. Die Suche danach ist müßig: Die geläufige Charakterisierung als »sophistisches Gedankengut« ist zutreffend, wenn man sie im Sinne des oben charakterisierten spezifischen Diskussionsklimas versteht, das eine Verallgemeinerung primär athenischer Erfahrungen ermöglichte.

Auffällig ist, daß die persischen Debattenredner bei Herodot sich ausführlicher mit der Kritik an den konkurrierenden Formen beschäftigen, die Vorzüge der jeweils befürworteten Verfassung dagegen mit teils zufälligen, teils wenig überzeugenden Argumenten verfechten. Daß in der Demokratie alle an den Entscheidungen beteiligt seien, in der Aristokratie die Besten, in der Monarchie der eine Beste, sind tautologische Behauptungen. Beachtenswert ist vor allem die Rechtfertigung der Demokratie (wobei anzumerken ist, daß der Begriff selbst vermieden wird).

Sie findet sich ähnlich in einer Szene der *Hiketides* (Schutzflehenden) des Euripides (wahrscheinlich 421 v. Chr. aufgeführt)[37] sowie in der Gefallenenrede des Perikles bei Thukydides[38]. Die Volksherrschaft bietet Rechtssicherheit und Gleichheit; deshalb kann sie auch für sich »den schönsten Namen«, nämlich *Isonomie,* in

36 Herodot 3,80–82.
37 Euripides, *Hiketides* (*Die Schutzflehenden*), 402ff.
38 Thukydides 2,37.

Anspruch nehmen. Die Regierenden werden hier abwechselnd durch das Los bestellt; sie sind der Gesamtheit gegenüber verantwortlich. Alle Bürger, ob arm oder reich, können an den politischen Entscheidungen teilhaben. Rechtssicherheit und politisches Partizipationsrecht machen gleichermaßen die Freiheit aus. Bemerkenswert ist, daß Freiheit und Gleichheit in diesem Verständnis als evidente Werte hingestellt werden, die offensichtlich keiner weiteren Herleitung bedürfen. Das heißt, sie werden nicht aus einer dem positiven Recht übergeordneten Weltordnung deduziert, nicht aus »natürlichen und unveräußerlichen Menschenrechten« hergeleitet wie im neuzeitlichen Konstitutionalismus. Sie finden ihre Stütze somit allein in der Übereinstimmung der Bürger, die sich aus der praktischen Erfahrung mit der eigenen Ordnung und aus dem Wissen um die Alternative – das sich vor allem im Gegenbild der Tyrannis niederschlägt – speist.

Die praktische Bewährung der Demokratie wurde zunächst von ihren Gegnern in Zweifel gezogen. Die Unvernunft und Wankelmütigkeit der Menge wird angeführt; oder es wird darauf verwiesen, daß das Volk sich einem Volksführer anvertraut, der sich schließlich zum Tyrannen aufschwingen werde (ein Vorwurf, der von politisch frustrierten Aristokraten gegenüber Perikles artikuliert worden war).

Die demokratische Position ist gegenüber dem bei Herodot und Euripides repräsentierten Stand nicht mehr wesentlich weiterentwickelt worden. Von pragmatischer Natur ist auch das wohl zur Abwehr von Kritik verwendete Argument, in der Masse summiere sich die Urteilsfähigkeit der einzelnen[39]. Eine grundsätzlichere Rechtfertigung des demokratischen Prinzips ist allein von Protagoras entwickelt worden, der die Teilhabe aller an der politischen Tugend postulierte und der darüber hinaus die durch Sozialisation bewirkte Einübung der politischen Fähigkeiten betonte[40].

Vorangetrieben wurde die Demokratie-Diskussion wesentlich von seiten der Kritiker. Im Laufe des Peloponnesischen Kriegs breitete sich in Teilen der athenischen Oberschicht das Gefühl aus, daß die politische Gleichheit de facto zu einer einseitigen Interessenpolitik der breiten Masse führe, für die sie die Kosten in Form von Kriegssteuern und Liturgien (ein Freiwilligkeits- und Besteuerungselemente verbindendes Finanzierungssystem für die Flotte und die öffentlichen Spiele) zu tragen hätte. Ihr Eindruck verdichtete sich in Folge der Katastrophe der nach Sizilien entsandten athenischen Flotte. 411 und 404 v. Chr. wurden vorübergehend oligarchische Regimes etabliert, die programmatisch beabsichtigten, die politische Teilhabe an die militärische und politische Leistungsfähigkeit der Bürger zu koppeln[41]. Die Praxis dieser Juntas hat, wie oben schon erwähnt, jede Alternative zur Demokratie in Athen nachhaltig diskreditiert. Was blieb, war ein in bestimmten Sozialmilieus fortbestehendes Unbehagen daran, daß die wohlhabenden Bürger die finanziellen Lasten zu tragen hatten (und in Athen taten sie es wirklich – auch dies ein Ausnahmefall in der Weltgeschichte), ohne daß ihnen dies mit einem Privileg auf Ämter prämiert worden wäre, die (wenn schon nicht Macht) wenigstens eine soziale Ehrenstellung verliehen[42].

---

39 Aristoteles, *Politik* 1281a 40 – b 38; vgl. Thukydides 6,39,1.

40 Platon, *Protagoras* 322d – 323c, 325c ff.

41 Thukydides 8,65,3, 8,97,1; Aristoteles, *Athenaion Politeia (Staat der Athener)* 29,5; Xenophon, *Hellenika (Griechische Geschichte)* 2,3,48.

42 Aristoteles, *Nikomachische Ethik* 1095b 22f., 1163b 2ff.; *Politik* 1266b 38ff., 1308b 31 – 1309a 9.

Diese Vorbehalte der athenischen Oberschicht gingen auch in die von theoretischer Seite artikulierte Kritik an der Demokratie ein, nur daß hier grundsätzlich die Prinzipien der Demokratie in Zweifel gezogen wurden. Sokrates hatte schon betont, daß man in der Politik wie in allen anderen Lebensbereichen über Fachkenntnisse verfügen müsse, und deshalb die Anwendung des Loses bei der Ämterbesetzung kritisiert: Schließlich wolle ja auch niemand den gleichen Modus bei der Bestellung eines Steuermanns, eines Zimmermanns oder eines Flötenspielers walten lassen[43]. In vielfachen Varianten begegnet in der politischen Theorie des vierten Jahrhunderts v. Chr. der Gedanke, daß eigentlich die tugendhaften, die gebildeten, die über Muße verfügenden Bürger das Sagen haben sollten. Aristoteles hat eingeräumt, daß dies praktisch auf eine Privilegierung aufgrund von Reichtum und/oder Abstammung hinauslaufen müsse[44]. Das Argument konnte grundsätzlicher gegen den Gleichheitsgedanken der Demokratie gewendet werden: Wer die an Sachverstand, Bildung, Tugend, Herkunft oder Reichtum Ungleichen gleich behandle, verletze mit der schematischen Egalität den wohlverstandenen Gleichheitsgedanken[45].

Eine grundsätzliche Kritik galt auch der uneingeschränkten Entscheidungskompetenz der Volksversammlung. Der Sokrates-Schüler Antisthenes (ca. 455–360 v. Chr.) schlug den Athenern ironisch vor, doch durch Volksbeschluß aus Eseln Pferde zu machen[46]. Aristoteles kritisierte immer wieder, daß man sich in der Demokratie mit ad-hoc-Beschlüssen der Volksversammlung über die auf Dauer geltenden Gesetze hinwegsetze[47]. Diese Kritik hatte im fünften Jahrhundert v. Chr. für Athen eine gewisse Berechtigung. Es ist jedoch kein überzeugendes Gegenkonzept zu der Lösung zu sehen, die (seit 403 v. Chr.) eine klare Hierarchie zwischen Einzelfallbeschlüssen der Volksversammlung und den nur in erschwertem Verfahren abänderbaren Gesetzen vorsah. Ein solches Gegenkonzept kann sich nur auf die Annahme eines außerhalb der Polis stehenden autoritativen Gesetzgebers stützen, der möglichst über die Einsicht in eine höhere Weltordnung verfügt[48].

Schließlich erwartete die demokratiekritische Theorie auch, daß die Staatsmänner die Bürger zur Besserung und zum tugendhaften Leben erziehen. Diese Erwartung konnte eine Demokratie nicht erfüllen, die stolz darauf war, die Privatsphäre ihrer Bürger zu achten und jedem im Rahmen der Gesetze zu erlauben, »zu leben, wie er will«[49] (auch wenn es keine aus überpositivem Recht abgeleitete Schranken für staatliche Regelungen geben konnte). Die Diätenzahlungen, die so vielen Bürgern überhaupt erst die Realisierung ihres Rechts auf politische Partizipation ermöglichten, wurden von der Kritik als Korrumpierung des Volkes beklagt[50].

Alles in allem lief auch die grundsätzliche Kritik an der Demokratie auf den Vorwurf hinaus, daß sie in Wahrheit die Herrschaft des niederen Volkes beziehungs-

---

43 Xenophon, *Memorabilia* 1,2,9.

44 Aristoteles, *Politik* 1301b 3.

45 Platon, *Politeia* 558c; Platon, *Nomoi* 756b – 758a; Isokrates 7,21ff.; Aristoteles, *Politik* 1280a 7ff., 1301a 26ff., 1301b 28ff.; Cicero, *De re publica* 1,43, 1,53.

46 Diogenes Laertius 6,8; Platon, *Phaidros* 260c.

47 Aristoteles, *Politik* 1292a 1–38.

48 Platon, *Nomoi* 715b – d; Aristoteles, *Politik* 1287a 28ff.

49 Thukydides 2,37,2 – die Kritik: Platon, *Politeia* 557b; Platon, *Laches* 179a; Isokrates 8,103; Aristoteles, *Politik* 1310a 33ff., 1317b 11–13, 1318b 40, 1319b 30.

50 Platon, *Gorgias* 515e.

weise – wie es Aristoteles scharf faßte – die der Armen über die Reichen darstelle[51]. In dieser Sicht verfehlte die Demokratie damit einen utilitaristisch gefaßten Gerechtigkeitsgedanken, der vom gemeinsamen Nutzen von Herrschenden und Beherrschten auszugehen habe.

Wenn man die Kriterien einer am Gemeinwohl orientierten Herrschaft, der Gesetzesbindung der Regierenden, ihrer Verantwortlichkeit und Eignung auf die Verfassungstypen übertrug, dann ergab sich die Möglichkeit, zwischen jeweils guten und schlechten Varianten der Grundformen zu unterscheiden, das Drei- in ein Sechsverfassungsschema zu überführen[52]. Während man bei der Unterscheidung zwischen einem legitimen Königtum und einer Tyrannis an einen allgemeinen Sprachgebrauch anknüpfen konnte[53], kam man hinsichtlich der Volksherrschaft in terminologische Schwierigkeiten. Obwohl Platon die Unterscheidung zwischen guter und schlechter Demokratie in der Sache anführt, trifft er keine begriffliche Differenzierung[54]. Aristoteles will die positive Variante mit dem allgemeinen Begriff für Verfassung, *Politeia,* belegen und die Bezeichnung Demokratie für die negative Ausprägung verwenden[55]. Erst bei Polybios (zweites Jahrhundert v. Chr.) begegnet eine terminologische Differenzierung: Der guten Demokratie wird die *Ochlokratie,* die Pöbelherrschaft, gegenübergestellt[56]. Die künstlichen terminologischen Differenzierungen konnten sich sämtlich gegenüber dem allgemeinen Sprachgebrauch nicht durchsetzen.

Von den (noch zu erörternden) Gesamtentwürfen politischer Ordnung abgesehen, konzentrierte sich die Theorie auf Überlegungen, wie der Instabilität der Verfassungen, die zugleich Spiegel sozialer Spannungen war, abgeholfen werden könnte: Ein in der Tat drückendes Problem vieler mittlerer und kleiner Poleis. Die *Politik* des Aristoteles bietet reiches Material; ihr liegen die von Aristoteles und seiner Schule durchgeführten empirischen Erhebungen, die Beschreibungen der Verfassungen von insgesamt 158 Staaten, zugrunde (erhalten ist jedoch nur die Darstellung der athenischen Verfassung). Der Leitgedanke der Stabilisierung wird so ernst genommen, daß selbst über die Konsolidierung der Tyrannis – der anerkannt schlechtesten aller Ordnungen – nachgedacht wird[57].

Für die Abschwächung des Gegensatzes zwischen Demokratie und Oligarchie, verstanden als Ausdruck der konkurrierenden Ansprüche von Armen und Reichen, spielt Aristoteles eine Vielfalt oft scharfsinniger institutioneller Arrangements durch. Sie sollen in einer Demokratie den Reichen das Gefühl der diskriminierenden Zurücksetzung, in einer Oligarchie den Armen das des völligen Ausschlusses von jeder politischen Teilhabe nehmen und zielen auf eine Mischform von Demokratie und Oligarchie, die ihren jeweiligen Ansprüchen gerecht werden kann. Abstufungen

---

51 Aristoteles, *Politik* 1279b 11ff.; 1291b 7ff.; vgl. Platon, *Politeia* 422e.
52 Platon, *Politikos (Staatsmann)* 291d–292a, 302c–303b; Aristoteles, *Politik* 1279a 25 – b 10; Aristoteles, *Nikomachische Ethik* 1160a 31 – b 22; Aristoteles, *Eudemische Ethik* 1241b 27–32.
53 Xenophon, *Memorabilia* 4,6,12.
54 Platon, *Politikos* 292a.
55 Aristoteles, *Nikomachische Ethik* 1160a 34f.
56 Polybios 6,4,6.10, 6,57,9.
57 Aristoteles, *Politik* 1313a 34 – 1314a 29.

von Rechten, symbolische statt effektive Partizipation, Koppelung von Amt und Liturgie, Kombinationen von Wahl- und Losverfahren bei der Ämterbesetzung beziehungsweise von Diätenzahlungen und Geldbußen (bei Verweigerung der Übernahme von Amtsfunktionen) und vieles andere mehr werden eingehend erörtert[58].

Es geht mithin um die Vermittlung zwischen dem Bürgerbegriff der Demokratie, der im Recht auf politische Partizipation sein Zentrum findet, und dem Bürgerrechtsverständnis von Oligarchien, das zum Teil Differenzierungen zwischen elementaren und qualifizierten Rechten vornimmt[59]. So empirisch gesättigt alle diese Ausführungen auch sind – das Problem ist jeweils, daß ihre Realisierung die Figur des Gesetzgebers voraussetzt, der mit umfassender Vollmacht eine Ordnung herstellt, die den unverrückbaren Rahmen für den politischen Prozeß vorgibt. Entsprechend groß ist auch die Bewunderung für die großen Gesetzgeber der archaischen Zeit wie Solon in Athen, Lykurg in Sparta, Charondas und Zaleukos in Sizilien beziehungsweise Unteritalien[60].

Die Gesetzgeberfigur wird auch bei den Entwürfen von Idealstaaten vorausgesetzt, die seit Mitte des fünften Jahrhunderts v. Chr. konzipiert worden sind. Hippodamos von Milet, der Architekt und Städteplaner, wird von Aristoteles als der erste Theoretiker bezeichnet, der das Modell eines besten Staates entworfen hat. Ihm zur Seite stellt Aristoteles den Entwurf des Phaleas von Chalcedon. Gemeinsam ist beiden, daß sie von Überlegungen über die angemessene Zahl von Bürgern in einem Staat ausgehen (zehntausend nach Hippodamos) und Vorkehrungen zur Sicherung der Besitzverhältnisse als Voraussetzung der Stabilität der Ordnung überhaupt treffen wollen[61]. Aristoteles kritisiert diese Entwürfe als zu lückenhaft und verworren. Er bietet in Buch VII der *Politik* einen eigenen Entwurf an, der systematischer und detaillierter die Fragen nach angemessener Bürgerzahl, ständischer Differenzierung, aber auch nach der geeigneten topographischen Lage einer Stadt diskutiert, die politisch stabil und ökonomisch autark sein soll. Es sind Überlegungen, wie man sie bei einer Koloniegründung anzustellen hat.

Eine solche Gründungssituation wird auch in Platons Alterswerk *Nomoi* (Gesetze) fingiert. Dieser Entwurf eines »zweitbesten« Staats regelt das gesellschaftliche Leben in jedem Detail durch gesetzliche Vorschriften. In der Fülle von Regelungen hat sich eine immense Kenntnis der Rechtsverhältnisse in einer Vielzahl von Poleis niedergeschlagen. Platon war mit diesem Konzept von seinem ersten Modell, dem der *Politeia,* abgerückt. Zwar fügt sich auch die *Politeia* mit Kollektivbesitz anstatt Privateigentum, mit der Einführung behördlich gelenkter Paarungen und gemeinschaftlicher Aufzucht der Kinder an Stelle dauerhafter Ehen und Familien sowie mit der Differenzierung von Ständen nach gesellschaftlichen Funktionen (der Kriegerstand der Wächter, innerhalb dessen noch zwischen den eigentlichen Militärs und den Herrschern unterschieden wird, sowie Bauern und Handwerker) der Tradition solcher Staatsentwürfe ein. Doch darf nicht übersehen werden, daß die Ausführungen im einzelnen nicht politisch-soziale Institutionen betreffen. In der von Platon konzipierten Ordnung ist für Politik im Sinne eines durch Institutionen vermittelten

58 Aristoteles, *Politik,* Bücher IV–VI.
59 Aristoteles, *Politik* 1275a 1 – b 22, und zahlreiche Stellen in den Büchern IV–VI.
60 Aristoteles, *Politik* 1273b 27 – 1274a 28, 1296a 20–22.
61 Aristoteles, *Politik* 1266a 30 – 1269a 29.

Ausgleichs von Interessen gar kein Platz. Es kommt ihm allein auf die Erziehung der Wächter an. Auch ist das eigentliche Thema des Dialogs die Frage nach der Gerechtigkeit. Die im Gedankenexperiment entworfene beste Stadt soll nur die Beantwortung dieser Frage bezüglich einer größeren Einheit als dem Individuum ermöglichen[62]; die ständische Differenzierung der Bürgerschaft ist zugleich ein Spiegelbild der Bestandteile der Seele[63]. Die *Politeia* ist somit nicht nur eine politische Theorie, sondern auch eine Allegorie der menschlichen Psyche.

Die Frage nach den Realisierungsmöglichkeiten seines Staatsentwurfs hat Platon in der *Politeia* mit der Formel von den Philosophenkönigen beantwortet[64]; der Entwurf der *Nomoi* sieht hierfür eine Konstellation vor, in der sich ein junger autokratischer Herrscher durch einen weisen Gesetzgeber für die erstrebte Umgestaltung gewinnen läßt[65]. Diese beiden Modelle haben auch in der Folgezeit das Bild von den Wirkungsmöglichkeiten politischer Theorie geprägt.

2. Rezeption und Veränderung der klassischen politischen Theorie: Hellenismus und Rom

2.1 Die neuen Rahmenbedingungen und Funktionen politischer Theorie

Die politische Theorie hatte im vierten Jahrhundert v. Chr. sowohl bezüglich der Analyse der Realität wie hinsichtlich der Fähigkeit zur Konzipierung alternativer Denkmodelle ihren Höhepunkt erreicht. Ihre weitere Geschichte in der vorchristlichen Antike zeichnet sich im wesentlichen durch Tradierung der gegebenen Theoriebestände und ihre Anpassung an veränderte Umstände aus.

Der Verlust an theoretischer Innovationsfähigkeit läßt sich aus verschiedenen Faktoren erklären. Zum ersten waren seit der Sophistik die Grundsatzfragen tiefschürfend erörtert worden und dies auf einem Abstraktionsniveau, das die Anwendbarkeit der Konzepte auch auf neue Verhältnisse begünstigte. Zum zweiten war mit der zunehmenden Abkoppelung vom Selbstverständnis der athenischen Gesellschaft eine entsprechende Hinwendung zu »akademischer« Diskussion verbunden gewesen. Beides hatte sich schon bei Aristoteles insofern niedergeschlagen, als seine Ausführungen in der *Politik* durchgehend Auseinandersetzungen mit anderen Theoretikern (von der Sophistik bis in die eigene Zeit) darstellten.

Gegen Ende des vierten Jahrhunderts v. Chr. war die politische Theorie endgültig die Sache der Philosophen-Schulen geworden. Zu den von Platon und Aristoteles gegründeten Schulen waren noch diejenigen von Epikur – »Kepos« (Garten), im Jahre 306 v. Chr. – und Zenon – »Stoa« (Halle), um 300 v. Chr. – getreten. (Die Namen beziehen sich wie im Falle von »Akademie« und »Lykeion« beziehungsweise »Peripatos« auf die Räumlichkeiten, in denen der Unterricht stattfand.) Zwar stellten

62 Platon, *Politeia* 368e–369a.
63 Platon, *Politeia* 441c.
64 Platon, *Politeia* 473c–d.
65 Platon, *Nomoi* 709e–710e.

die athenischen Philosophenschulen (außer derjenigen Epikurs) keine sektenähnlichen, dogmatisch auf die Lehren ihrer Gründungsväter verpflichteten Gemeinschaften dar, doch zeigten sich im Laufe der Zeit gewisse Tendenzen zur Bildung von Orthodoxien oder jedenfalls zur Konzentration auf die Sicherung des eigenen Traditionsguts.

Die bei jedem Wechsel des Schulhaupts prekäre Situation (die Schulen hatten privatrechtlichen Status, Gebäude und Sammlungen wurden durch Testament des Schulhaupts weitergegeben) sowie die untereinander herrschende Konkurrenz förderten noch solche, die Innovationsfreudigkeit hemmende Tendenzen. Hinzu kam, daß Athen zwar das Zentrum für Philosophie blieb (und zwar die gesamte Antike hindurch, bis zur Auflösung der Philosophenschulen durch Justinian im Jahre 529 n. Chr.), daß es aber seit der Einrichtung von Bibliothek und »Museum« in Alexandria (zu Beginn des dritten Jahrhunderts v. Chr.) und der späteren Nachahmung in Pergamon (zweites Jahrhundert v. Chr.) kulturwissenschaftlich-philologische Forschungsstätten gab, die ebenfalls wissenschaftliche Talente anzogen. Und diejenigen, die von auswärts nach Athen kamen, fanden – selbst wenn sie wie die ersten Stoiker aus Randgebieten der hellenisierten Welt stammten – in Athen nicht mehr eine einzigartige politische Kultur vor, die die Theorie herausforderte.

Für die weitgehende Stagnation der politischen Theorie entscheidend geworden ist jedoch sicherlich die einschneidende Veränderung der politischen Strukturen durch das Alexanderreich und seine Nachfolgestaaten. Aus der Perspektive der Griechen setzten sich diese Strukturen mit der Etablierung der römischen Vorherrschaft (seit der Besiegung Makedoniens 168 v. Chr.) nahtlos fort; der innerrömische Umschwung von der Republik zum Principat war demgegenüber von eher sekundärer Bedeutung.

Die Polis hatte seit dem späten vierten Jahrhundert v. Chr. im Schatten der großen Hegemonialmächte ihre Bedeutung als autonom handlungsfähige Einheit verloren, wenngleich die Einbeziehung in die neuen Herrschaftsstrukturen nicht notwendig mit dem förmlichen Verlust von Unabhängigkeit einhergehen mußte, sondern sich auch durch vielfältige Formen indirekter Beherrschung vollziehen konnte. Athen zum Beispiel hat formal seinen Status als freie Stadt bis in die römische Kaiserzeit wahren können. Die Eingliederung in die neuen Reiche erfolgte über die Einbindung der jeweiligen einheimischen Eliten; Demokratien wurden durch Oligarchien ersetzt. Die Institutionen der Polis konnten dann weitgehend unverändert bestehen bleiben, nur daß den breiten Schichten der Bürgerschaft, die einen hohen Zensus nicht erreichten, die politischen Mitwirkungsrechte beschnitten oder genommen wurden, wenn sie nicht sogar (wie in Athen im Jahre 322 v. Chr.)[66] ganz ihren Bürgerstatus verloren. Die Verfassungsfrage stellte sich insofern nicht mehr beziehungsweise mancherorts nur noch in dem Sinne, daß eine Alternative in der Beherrschung durch einen neuen Typ von Tyrannen erfahren wurde (so besonders in Kleinasien).

In dieser veränderten Welt waren die sozialen Eliten bei weitem nicht mehr so sehr durch Politik und Kriegführung beansprucht, wie dies in der Ära der autonomen Stadtstaaten der Fall gewesen war. Insofern waren sie, wie schon der Historiker

66 Diodor 18,18,4; Plutarch, *Phokion* 28,4.

Polybios (ca. 200 – ca. 120 v. Chr.) festgestellt hat, mehr als je zuvor für Kultur und Wissenschaft freigesetzt[67].

Für politische Philosophie bestand jedoch nur geringer Bedarf. Für die unmittelbaren Adressaten monarchischer Herrschaft reduzierte sich das Problem auf die Frage nach der Qualität des Herrschers beziehungsweise seiner Herrschaftspraxis. Aus der Sicht der Poleis kam es primär darauf an, sich mit dem jeweiligen Vertreter des Reiches zu arrangieren – das war, wie Plutarch um 100 n. Chr. feststellte, eben keine Konstellation, die noch mit den Bedingungen politischen Handelns im perikleischen Athen vergleichbar gewesen wäre[68].

Zur Orientierung konnten viel besser Lehren – wie die Epikurs und der Stoa – dienen, die darlegten, wie der einzelne unter den obwaltenden Bedingungen ein glückseliges und tugendhaftes Leben zu führen vermag. Politisches Engagement wurde als eine Option angesehen, die sich wahrnehmen ließ, wenn keine Hindernisse im Wege standen[69]; es galt nicht mehr als Grundbedingung vollendeten menschlichen Lebens. Die Entwicklung einer Ethik, die tugendhaftes Leben innerhalb eines Rahmens ermöglichte, der selbst nicht zur Disposition stand, begründete die besondere Attraktivität des Stoizismus für die sozialen Eliten vom Hellenismus bis in die hohe römische Kaiserzeit.

Die Stoa, die sich in ihren Anfängen noch durch drastische Absagen an alle gesellschaftlichen Konventionen ausgezeichnet hatte, entwickelte später eine Pflichtenethik, die sittlich verantwortbares Handeln in der je gegebenen sozialen Rolle ermöglichte[70]. Einschlägig sind die Pflichtenlehren in Ciceros Schrift *De officiis,* die ihrerseits auf ein Werk des Panaitios (ca. 185–108 v. Chr.) zurückgeht, oder die Aufzeichnungen der Lehren von Musonius (ca. 30–100 n. Chr.) und Epiktet (ca. 55–135 n. Chr.). Ambrosius (ca. 340–397 n. Chr.) hat später unter Rückgriff auf Cicero eine christliche Variante vorgelegt.

Die stoische Ethik ermöglichte eine Hinnahme des politisch-sozialen Status quo bei gleichzeitiger Wahrung von innerer Freiheit und intellektueller Distanz. Der stoische Weise kann einem Herrscher dienen, ohne sich mit dem Regime zu identifizieren[71]. Er kann sich, wie Cicero im Jahre 49 v. Chr. überlegte, auch zur Mitarbeit unter einem Tyrannen entschließen, um Schlimmeres zu verhüten[72], er kann sich aber genauso aus freier sittlicher Entscheidung dieser Situation entziehen, so wie Cato, der mit seiner Selbsttötung Caesar die Chance nahm, die Gnade des Siegers walten zu lassen[73]. Der eigentlich der Republik nachtrauernde Senator wird auch im Principat seine Pflichten gewissenhaft erfüllen[74], zumal auch dann, wenn er einsieht, daß

67 Polybios 3,59,3f.
68 Plutarch, *Moralia* 813E.
69 Seneca, *De otio (Über die Muße)* 3,2 (zu Epikur und Zenon); Diogenes Laertius 7,121 (zu Chrysipp).
70 Epiktet, *Encheiridion (Handbuch der Moral)* 17.
71 Chrysipp bei Plutarch, *Moralia* 1043B – D (Stoicorum Veterum Fragmenta, hrsg. v. Hans von Arnim, Bd. III, Fragment Nr. 691).
72 Cicero, *Briefe an Atticus* 9,4,2; Quintilian, *Institutio Oratoriae (Die Ausbildung des Redners)* 3,5,8.
73 Plutarch, *Cato d. J.* 66,2.
74 Epiktet, *Dissertationes (Lehrgespräche)* 1,2,19ff.

gewolltes Märtyrertum dem Gemeinwesen keinen Nutzen bringt[75]. Die innere Freiheit, im Extremfall würdevoll und gelassen in den Tod zu gehen, wird er sich jedoch nicht nehmen lassen[76]. Selbst Sklaven können innerlich frei sein[77] – die Institution der Sklaverei wird von dieser Einsicht natürlich als solche nicht berührt[78].

Der Stoizismus war nicht mehr nur eine philosophische Lehrtradition, er wurde vielmehr zu einer Weltanschauung, die die Mentalität der Eliten nachhaltig zu prägen vermochte. Um als Stoiker zu gelten, brauchte man auch nicht mehr die Hochschule in Athen – oder die von Poseidonios (135–51 v. Chr.) unterhaltene Filiale auf Rhodos – besucht zu haben.

Der Stoizismus konnte auch das Selbstverständnis von Herrschern wie Antigonos Gonatas (makedonischer König 276–239 v. Chr.) oder Mark Aurel (römischer Kaiser 161–180 n. Chr.) bestimmen. Von Antigonos Gonatas stammt die Formel vom Königtum als »ehrenvoller Knechtschaft«[79]; gemeint ist die Selbstverpflichtung des Herrschers auf verantwortungsvolle Regierung (im aufgeklärten Absolutismus sollte das »erster Diener des Staates« heißen). Wieweit in diesen beiden Fällen die Bewertung der Herrscher als »Philosophenkönige« auch an ihrer Regierungspraxis überzeugend Anhalt finden kann, ist sicherlich eine andere Frage, wenngleich das Prädikat hier nicht nur eine klischeehafte Verzeichnung der Realität wie in anderen Fällen (so bei dem Aristoteles-Schüler Demetrios von Phaleron, der 317–307 v. Chr. mit Hilfe Makedoniens autokratisch Athen beherrschte) darstellen dürfte.

Es versteht sich beinahe von selbst, daß gerade im Hinblick auf die Stoiker auch wieder die Figuration »der Herrscher/Staatsmann und sein Philosoph« auftaucht. Sie läßt sich historisch nachvollziehen vom Zenon-Schüler Persaios am Hofe des Antigonos Gonatas über die Beraterrolle des Sphairos sowohl beim ägyptischen Herrscher Ptolemaios II. wie beim spartanischen Reformkönig Kleomenes III. (237–221 v. Chr.), über die Beziehungen des Panaitios zum römischen Feldherrn Scipio Aemilianus, die Freundschaft des Blossius von Cumae mit Tiberius Gracchus und gleich anschließend sein Engagement beim Aufstand des Aristonikos in Pergamon (132/131 v. Chr.) bis hin zur Funktion Senecas als Erzieher und langjähriger Minister Neros.

Die Aussage, daß es sich jeweils um Stoiker handle, macht nur dann wirklich Sinn, wenn sie auf dieses spezifische Rollenverständnis abhebt; sie überzeugt im allgemeinen nicht, wenn damit die inhaltliche Prägung einer bestimmten Politik durch stoische Konzepte gemeint ist. An den Risiken der intellektuellen Beraterrolle hat sich im übrigen seit dem vierten Jahrhundert v. Chr. nichts verändert; der praktisch einflußreiche Philosoph muß sich (wie zum Beispiel Seneca)[80] den Widerspruch zwischen Praxis und Lehre vorhalten lassen; der Beweis für persönliche Integrität läßt sich überzeugend am besten erbringen, wenn der Philosoph selbst ein Opfer der Verfolgung durch den Tyrannen wird[81].

---

75 Tacitus, *Agricola* 42,4.
76 Tacitus, *Annalen* 16,34f.
77 Dio Chrysosthomos, Rede Nr. 15.
78 Cicero, *Paradoxa Stoicorum* 33ff.
79 Aelian, *Varia historia* 2,20; vgl. Seneca, *De clementia* 1,8,1.
80 Cassius Dio 61, 10,2; Seneca, *De vita beata (Vom glückseligen Leben)* 17,1.
81 Philostratos, *Das Leben des Apollonios von Tyana* 7,1 und die Beispiele in den folgenden Paragraphen ebd.; darunter der Fall des Zenon von Elea aus dem 5. Jahrhundert, der zahlreiche literarische Ausgestaltungen erfahren hat; vgl. Diogenes Laertius 9,25ff.

Im Stoizismus näherten sich besonders seit dem Ubergang von der Republik zum Principat die griechische und römische politische Tradition an. In der römischen Republik hatte sich keine von der eigenen politischen Praxis abstrahierende Theorie entwickelt. Ihr politisches System hatte sich über Generationen hinweg angesichts einer Vielzahl von Herausforderungen bewährt. Es war einerseits in den Grundzügen früh und dauerhaft festgelegt worden, verfügte andererseits aber über eine erstaunliche Anpassungsfähigkeit an sich gänzlich verändernde Bedingungen – von den Anfängen des Stadtstaates bis zur Beherrschung von Italien und schließlich des gesamten Mittelmeerraumes. Politisches Denken in Rom war gleichzusetzen mit dem akkumulierten Wissen der Aristokratie um eine Regierungskunst der gehegten inneraristokratischen Konkurrenz und gesamtgesellschaftlichen Integration sowie einer mit geringem Aufwand auskommenden Herrschaftstechnik nach außen. Die Kanonisierung dieses Wissens in einem Komplex von Verhaltensmustern und Wertvorstellungen, dem *mos maiorum* (Sitte der Vorfahren), stabilisierte das Bewußtsein einer ungebrochenen Kontinuität durch alle Veränderungen hindurch.

Weder für die Elite noch für die breite Masse der Bürgerschaft gab es Anlaß, den Grundkonsens über die Richtigkeit der Ordnung in Zweifel zu ziehen. Kategorien wie *libertas* (Freiheit) und *civitas* (Bürgerrecht) sind stets unter den Prämissen der bestehenden Strukturen verstanden, deshalb nie universalistisch-egalitär ausgelegt worden. *Libertas* bedeutete für die Aristokratie die freie Konkurrenz um die politische Führung und den Ausschluß von Machtkonzentration in den Händen einzelner[82]. Für die breite Masse der Bürgerschaft bedeutete sie ein angemessenes Maß an Mitwirkung durch ein abgestuftes Stimmrecht[83] und die kollektive Vertretung ihrer Interessen durch eine Institution wie das Volkstribunat[84], ferner den Schutz vor der Willkür des Magistrats (durch das Provocationsrecht, das den Einsatz magistratischer Zwangsmittel beschränkte)[85] sowie formale Rechtsgleichheit.

Die Möglichkeit, intellektuelle Distanz zu den eigenen Verhältnissen zu gewinnen, ergab sich erst mit der Übernahme griechischer Bildung seit dem zweiten Jahrhundert v. Chr. – im Zuge einer bemerkenswerten Akkulturation der Sieger an die Besiegten. Daß griechisch geprägte Ideen unmittelbar in die römische Politik eingeführt worden wären, ist jedoch entgegen manchen Behauptungen nicht festzustellen. Auch die Popularen der späten Republik, die den Vorrang der Entscheidungen des Volkes gegenüber dem Senat propagierten, haben sich nicht auf den Demokratiegedanken bezogen, sondern dies mit dem Rückgriff auf die Tradition der Ständekämpfe legitimiert[86]. Populare Politik mit der Agitation der Volksversammlung wäre jedoch nicht möglich gewesen ohne die Übernahme der rhetorischen Techniken der Griechen.

Politiktheoretische Werke über den »Staat« und die »Gesetze« hat erst Cicero mit *De Re Publica* und *De Legibus* (zwischen 54 und 51 v. Chr. geschrieben) vorgelegt, die dem Vorbild der beiden großen Werke Platons, *Politeia* und *Nomoi,* folgen. Diese

82 Livius 2,1.
83 Cicero, *De re publica* 2,39f.; Livius 1,43,10; Dionysios von Halikarnaß 4,21,1.
84 Polybios 6,16,5; Plutarch, *Tiberius Gracchus* 15,2ff. und die Belege in der folgenden Anmerkung.
85 Cicero, *2. Rede gegen Verres* 5,163; Livius 3,45,8.
86 Cicero, *Academica* 2,13; *De oratore* 2,199.

Werke stehen zum einen im Kontext der Bemühungen um eine lateinische Literatur, die in allen Genres nun das Niveau der griechischen Vorbilder zu erreichen suchte[87]; sie waren zum anderen bereits Produkt der Einsicht in eine Krise des republikanischen Systems. Cicero hat mit ihnen auch bestimmte Reformkonzeptionen entwikkelt, doch bleibt er letztlich bei seiner Auffassung, daß das überkommene Verfassungs- und Rechtssystem der römischen Republik die beste aller politischen Welten darstelle.

Erst zur Zeit des Principats konnten römische politische Traditionen und griechisches Gedankengut insofern konvergieren, als die Kultivierung der republikanischen Fassade des neuen Regimes mit der Konzeption einer verantwortungsvollen, sich selbst beschränkenden Monarchie übereinstimmte.

2.2 Neue Elemente der politischen Theorie

Die seit dem fünften/vierten Jahrhundert v. Chr. entwickelten Theorien sind in hellenistischer Zeit in einer umfangreichen (jedoch nur in Fragmenten erhaltenen) Literatur weiter behandelt worden. Im folgenden Abschnitt sollen nur die – gegenüber dem in »klassischer« Zeit erreichten Stand – neuen theoretischen Elemente hervorgehoben werden.

Auffälligstes Zeichen für das Auseinanderfallen von tatsächlicher realpolitischer Entwicklung und theoretischer Reflexion scheint zunächst zu sein, daß die neuen Herrschaftsformen nicht mit angemessenen Modellen erfaßt werden. Schon bei Aristoteles ist auffällig, daß die Rückwirkungen des Aufstiegs Makedoniens auf die Welt der Polis nicht thematisiert werden. Allerdings könnte man gegen dieses Argument einwenden, daß die irreversiblen Konsequenzen des Alexanderreiches noch nicht erkennbar gewesen sein mußten und daß gerade den Griechen gegenüber die Fortdauer von Autonomie und Freiheit ihrer Poleis verkündet worden war.

Wenn es auch später keine den neuen Realitäten adäquaten Darstellungen gegeben hat, dann muß man einräumen, daß dies in der Natur der Sache lag (wie sich gleichermaßen an den Schwierigkeiten der modernen Forschung erkennen läßt). Denn einerseits war die Vielfalt der Verhältnisse zwischen Herrschern und Städten nicht auf klare Muster zu bringen, und zum anderen waren die Reiche nicht auf im eigentlichen Sinne politische Strukturen – das heißt Institutionen, in denen nach festgelegten Regeln Entscheidungen herbeigeführt wurden – gegründet. Das Land wurde als durch Kriegsrecht erworbenes persönliches Eigentum des Herrschers betrachtet; in Ägypten und im ehemaligen Perserreich knüpften die Herrscher zudem an vorgegebene Traditionen eines sakralen Königtums an. Eine umfassende Erklärung dieser Systeme hätte (ebenso wie für das Römische Reich) eine Kombination aus Verfassungstheorie, Völkerrecht und Theorie des Herrscherkults sein müssen.

Auf dem Gebiet der Verfassungstheorie trat naturgemäß die Lehre von der Monarchie in den Vordergrund. Das begann schon im vierten Jahrhundert v. Chr., als die Monarchien an den Randzonen der griechischen Welt – in Makedonien, Sizilien,

---

87 Cicero, *Gespräche in Tusculum* 1,5; *De Finibus Bonorum et Malorum (Von den Grenzen im Guten und Bösen)* 2,67; *De Legibus* 1,5 – 9; Quintilian, *Institutio oratoriae* 10,1,85ff.

Cypern, auch Persien – auf Grund der veränderten machtpolitischen Konstellationen besondere Beachtung fanden. Die bis dahin geltende Auffassung, daß legitime Königsherrschaft ein Phänomen einer überwundenen Epoche sei, ließ sich ebensowenig aufrechterhalten wie die Unterstellung, daß (Il-)Legitimität und (Un-)Verantwortlichkeit im Falle von Alleinherrschaft jeweils aneinander gekoppelt sein müßten. Als entscheidend aus Sicht der Monarchielehre stellte sich die Herrschaftspraxis dar – ungeschadet des Vorhandenseins oder Fehlens eines Rechtstitels. Beim Fehlen institutionalisierter Kontrollen war dieses Beurteilungskriterium gleichbedeutend mit der Frage nach dem Charakter des Herrschers. In allen literarischen Genres läßt sich das Bild des guten Herrschers einerseits, das des Tyrannen andererseits finden. Für den einen stehen die Topoi des gerechten, milden, weisen, die Sitten und die Rechte der Untertanen achtenden und um ihr Wohl besorgten Herrschers, für den anderen das Stereotyp des gewalttätigen, habgierigen, unberechenbaren, sich über Sitte und Herkommen hinwegsetzenden Herrschers (als dessen Prototyp besonders Dionysios I. von Syrakus angesehen wurde).

Wie die Herrschaft jeweils konkret ausfiel, war jedoch nach Ansicht der Monarchietheorien letztlich davon abhängig, ob es gelang, dem Monarchen das Bild des guten Herrschers so nahezubringen, daß er es in Form einer Selbstbindung für seine Regierungspraxis übernahm. Die Theorie der Monarchie entfaltete sich somit bevorzugt im Genre des Fürstenspiegels. Indem man einem Monarchen alle guten Eigenschaften des idealen Herrschers vor Augen führte, mochte man sich entsprechende Rückwirkungen auf dessen eigenes Verhalten erhoffen. Die Beispiele reichen von den *cyprischen Reden* des Isokrates und der *Kyropädie* des Xenophon über neupythagoreische Gleichsetzungen monarchischer Herrschaft mit der Ordnung des Kosmos[88], über Verknüpfungen mit dem Herrscherideal des Alten Testaments im Umfeld der jüdischen Gemeinde von Alexandria[89] bis zum Herrscherlob der römischen Kaiserzeit. Wenn Seneca mit seiner an Nero adressierten Schrift *De Clementia* (in der sich die Metapher des Spiegels findet[90]) diese Tradition in römische Verhältnisse übersetzte, dann war damit zugleich impliziert, daß der römische Principat – trotz aller republikanischen Fassade – eine autokratische Herrschaft darstellte. *Clementia* (Milde, Gnade) kann nur der üben, der – wie der Familienvater oder wie der Sieger im Krieg – über rechtlich nicht beschränkte Gewalt gegenüber den Unterworfenen verfügt. Senecas Feststellung, daß sich allein aus der Praxis die Unterscheidung zwischen gutem Königtum und Tyrannis ergebe[91], unterstreicht dies.

In der römischen Republik war demgegenüber noch jede Form von Streben nach Alleinherrschaft als Tyrannis denunziert worden; die eigene Tradition der Überwindung des Königtums kam mit der aus der griechischen Rhetorik übernommenen Tyrannenlehre zur Deckung. Der Tyrannisvorwurf hat entsprechende propagandi-

88 Texte (nur im griechischen Original) bei Holger Thesleff, The Pythagorean Texts of the Hellenistic Period, Åbo/Finnland 1965, S. 71ff., S. 79ff., S. 187f.

89 Der Aristeasbrief, in deutscher Übersetzung in: E. Kautzsch, Die Apokryphen und Pseudepigraphen des Alten Testaments II, Tübingen 1900, S. 1–31; Philo von Alexandria, *Legatio ad Gaium* (*Gesandtschaft an Caligula,* in: Die Werke in deutscher Übersetzung VII, Berlin 1964), S. 41ff., S. 140ff.

90 *De clementia* 1,1.

91 Ebd., 1,11,4.

stische Verwendung in den inneren Konflikten der späten Republik (und auch bei der Rechtfertigung der Ermordung Caesars) gefunden.

Funktionale Äquivalente zu Fürstenspiegeln stellen in der Kaiserzeit die *Panegyrici* (Lobreden) auf den Kaiser dar, die bei offiziellen Anlässen – Regierungsantritt, Regierungsjubiläen, Amtsübernahme der Consuln und so weiter – immer wieder gehalten wurden (die Tradition hält sich bis in die Spätantike). Überliefert ist der *Panegyricus* des jüngeren Plinius auf Trajan aus dem Jahre 100 n. Chr., mit dem sich die ebenfalls vor Trajan gehaltenen griechischen Reden des Dion Chrysostomos über das Königtum vergleichen lassen. In der stereotypen Zuschreibung von Herrschertugend und der immer wieder erneuerten Festlegung auf die Überreste republikanischer Formen lag die einzige Chance zur Hegung der Monarchie.

Die Veränderung der politischen Verhältnisse hat sich auch in einem neuen Verständnis von Demokratie und Bürgerfreiheit niedergeschlagen. Da Demokratien mit breitgestreuter politischer Partizipation durch mehr oder weniger gemäßigte Oligarchien abgelöst wurden, bezeichnete »Demokratie« (inzwischen im allgemeinen Sprachgebrauch zu einem positiv besetzten Begriff geworden) nunmehr nur noch nicht-monarchisch regierte beziehungsweise formal autonome Gemeinwesen. In der Kaiserzeit konnte der Begriff dann auch zum Synonym für die Ergebnisse der guten Regierungspraxis werden, so daß ein Rhetor wie Aelius Aristides (zweites Jahrhundert n. Chr.[92]) und ein Historiker wie Cassius Dio (ca. 150–235 n. Chr.[93]) von der Verbindung von Demokratie und Monarchie sprechen konnten. Eine parallele Verschiebung erfuhr im Lateinischen der Bedeutungsgehalt von *libertas* nach der Etablierung des Principats. Der Begriff stand nun für die Sicherheit der Senatoren vor einem kaiserlichen Willkürregiment und für das materielle Wohlergehen des Volkes, das sich kaiserlicher Fürsorge erfreute. Tacitus gebraucht anläßlich der Regierung Kaiser Nervas (96–98 n. Chr.) die Formel von der Verknüpfung von Principat und *libertas*[94].

Eine bedeutsame Erweiterung der Verfassungstheorie findet sich in der Theorie der Mischverfassung, wie sie im VI. Buch seines Geschichtswerks bei Polybios vorgestellt wird. Polybios verbindet hier Elemente der Verfassungstheorie des vierten Jahrhunderts v. Chr. mit einigen spezifischen Modifikationen, um den außenpolitischen Erfolg Roms erklären zu können, das selbst nach einer solchen Katastrophe wie der Niederlage gegen Hannibal bei Cannae (im Jahre 216 v. Chr.) in kaum fünfzig Jahren zur Weltherrschaft aufgestiegen sei[95]. Der Funktionswandel der Verfassungstheorie bei Polybios ist somit ebenfalls ein Spiegel der veränderten Machtverhältnisse im griechischen Raum. Wieweit die neuen theoretischen Elemente seine eigene Erfindung sind oder ob sie auf (uns unbekannte) Vorgänger aus hellenistischer Zeit zurückgehen, muß – und kann – man offenlassen.

Polybios legt die notwendige Instabilität der einzelnen Grundformen von Verfassungen dar. Er entwickelt – theoretisch nicht ganz konsistent – eine Lehre der Kulturentstehung und der Staatsbildung (zur Kompensation der physischen Schwäche der Menschen). Diese Theorie verbindet er mit dem Sechsverfassungsschema (erst-

---

92 *Eis Romen* (Die Romrede des Aelius Aristides, hrsg. u. übers. von Richard Klein, Darmstadt 1983) 38.90.
93 Cassius Dio 56,43,4.
94 Tacitus, *Agricola* 3,1.
95 Polybios 1,1, 6,1.

mals mit terminologischer Differenzierung zwischen guter und schlechter Volksherrschaft), um daraus für die Verfassungen einen mit Naturnotwendigkeit immer wieder ablaufenden Kreislauf von der Alleinherrschaft bis zur Ochlokratie herleiten zu können[96]. Die Theorie über den Verfassungswandel hat mit der Annahme eines zwangsläufig ablaufenden Zyklus bei Polybios eine in der Überlieferung einzigartig dastehende Fassung erfahren. Von den solcherart zum Verfall bestimmten Einzelverfassungen hebt sich dann um so mehr die gegenüber Verfallserscheinungen resistente Mischverfassung ab.

Auch für dieses Modell gab es gewisse Vorläufer. Die Theorie des vierten Jahrhunderts v. Chr. war von der Stabilität der spartanischen Verfassung fasziniert gewesen und hatte die Erklärung darin gesehen, daß Sparta mit dem Nebeneinander der Institutionen Doppelkönigtum, *Gerousia* (Rat der Alten) und *Ephorat* (fünf jährlich gewählte höchste Beamte) Elemente von Monarchie, Aristokratie und Demokratie in sich vereine. Man hatte dies verschiedentlich auch mit einer Theorie der Machtkontrolle durch Konkurrenz von Institutionen (am Beispiel des Verhältnisses zwischen Königtum und Ephorat) verknüpft[97]. Polybios baute nun diesen Gedanken zu einem umfassenden Modell eines Gleichgewichtssystems zwischen Institutionen aus, in dem durch multilaterale Kontrollen ein vorgegebener Zustand der Machtverteilung stabilisiert wird. So sollte Machtmißbrauch mit allen seinen Folgen für den Bestand der Verfassung ausgeschlossen werden[98]. Polybios überträgt dieses Modell weiter auf die römische Verfassung, die ja nicht als das Werk eines großen Gesetzgebers (wie Lykurg in Sparta) gelten kann, sondern historisch gewachsen ist[99]. Polybios zeigt an der Funktionsweise von Magistratur, Senat, Volksversammlung (und Volkstribunat), daß bei allen wesentlichen politischen Entscheidungen in Rom jeweils alle diese Institutionen beteiligt sind, so daß sich einerseits ständige wechselseitige Kontrolle, andererseits ein Zwang zu beständiger Kooperation ergebe. Der Erfolg Roms liegt für ihn in eben dieser Elastizität seines politischen Systems begründet: In Zeiten des äußeren Erfolgs bewährt es sich als Kontrollmechanismus, der den korrumpierenden Wirkungen der Macht vorbeugt, in solchen der Gefährdung von außen als ein Kooperationsmechanismus, der eine Zusammenfassung aller Kräfte ermöglicht.

Polybios hat damit zweifellos einen wesentlichen Zug des römischen politischen Systems erfaßt, auch wenn er darüber die gesellschaftlichen Voraussetzungen seines Funktionierens zu wenig beachtete: In den verschiedenen Institutionen begegnen sich immer wieder die Mitglieder ein und derselben politischen Elite, nur in verschiedenen Rollen. Dennoch steht dieser Versuch einer auf die Verfassungswirklichkeit zielenden Analyse (was immer man im einzelnen daran auszusetzen haben mag) in der antiken Literatur einzigartig da. Und gerade weil Polybios ein etwas mechanistisches Modell der Machtverschränkung konstruiert hat, ist seine große historische Wirkung möglich geworden. Besonders in der amerikanischen Verfassungsdebatte hat Polybios für die Konzeption der *checks and balances* Pate stehen können, und zwar

---

96 Ebd., 6,3 – 10.

97 Platon, *Nomoi* 682e – 685a, 690d – 693c, 712d – 713a; Aristoteles, *Politik* 1265b 33 – 1266a 1, 1270b 5ff.

98 Polybios 6,10.

99 Ebd., 6,11–18.

sowohl für Modelle, die ein Gegengewicht zum Volk in einer natürlichen Aristokratie favorisierten, wie für diejenigen, die in einem System der wechselseitigen Kompetenzverflechtung zugleich eine Lösung für das bundesstaatliche Problem sahen.

In der Antike ist Cicero in seinen staatstheoretischen Werken Polybios' Darstellung der römischen Verfassung und ihrer historischen Entstehung (Polybios' Ausführungen dazu sind leider verloren gegangen) gefolgt. Bemerkenswert ist hier, daß der Gedanke der wechselseitigen Kontrolle staatlicher Organe ganz zurücktritt – Cicero hat schon die dysfunktionalen Wirkungen in Zeiten fortgeschrittener Desintegration der Nobilität erfahren. Statt dessen steht der Gesichtspunkt der gesellschaftlichen Integration im Vordergrund.

Die wesentliche Funktion der Mischverfassung besteht darin, daß sie dem Anspruch des Volkes auf *libertas* Genüge tun kann, ohne die politische Führung durch die Nobilität in Frage zu stellen[100]. Gerade dem Volkstribunat kommt (wie dem Provocationsrecht) eine Funktion als symbolische Repräsentation der Rechte des Volkes zu, die das Einräumen wirksamer politischer Partizipation (im Sinne der klassischen Demokratie) erübrigen soll[101]. Cicero steht damit sicherlich in der Tradition des herkömmlichen römischen Verständnisses von Bürgerfreiheit. Mit seiner starken Akzentuierung der symbolischen anstelle der partizipatorischen Komponente antizipiert er jedoch bereits zu einem erheblichen Maß die Entwicklung im Principat.

Was die Grundlagen politischer Ordnung betrifft, so werden die beiden geläufigen Erklärungsmuster – menschliche Schwäche beziehungsweise natürlicher Geselligkeitstrieb – beibehalten und zuweilen, so bei Cicero, miteinander verbunden[102]. Neue Akzente gab es hingegen in der Rechtstheorie. So ist bei Cicero das utilitaristische Verständnis von Gerechtigkeit mit dem dazugehörigen Konzept von der »Gemeinsamkeit des Nutzens« in die Staatsdefinition aufgenommen worden[103]. Eine weitere Konsequenz aus der Übernahme des Utilitarismus-Gedankens in römische Rechtsvorstellungen war die Entwicklung einer Gemeinwohldoktrin (*utilitas publica*), mit der sich Eingriffe in individuelle Rechte legitimieren ließen[104] und die zu einer allgemeinen Staatsräson-Doktrin erweiterbar war[105]. Darin lag eine gegenläufige Tendenz zu der Auffassung einer naturrechtlichen Fundierung des positiven Rechts.

Der Gedanke des Naturrechts als einer für alle vernunftbegabten Menschen in der natürlichen Weltordnung erkennbaren Norm war von der Stoa gepflegt worden; er verband sich mit der Vorstellung einer alle Menschen umfassenden Rechtsgemeinschaft. Damit war prinzipiell möglich, das positive Recht an den Vorgaben der Vernunft, wie sie sich im Naturrecht auffinden ließen, zu messen[106]. Doch blieben dies abstrakte Aussagen, da eine Umsetzung der Naturrechtskonzeption in spezifizierte Rechtsnormen ausblieb. Man unterstellte vielmehr, daß die Rechtsordnungen der Völker schon mehr oder weniger mit diesem Naturrecht übereinstimmten.

Cicero hat den stoischen Naturrechtsgedanken aufgenommen, um das römische Recht als das Recht einer weltumspannenden Gemeinschaft präsentieren zu können.

---

100 Cicero, *De re publica* 2,56–57; vgl. 2,39.
101 Cicero, *De legibus* 3,24–25.
102 Cicero, *De re publica* 1,39.
103 Ebd.
104 Cicero, *De officiis* 3,30.
105 Tacitus, *Annalen* 4,38,1; 14, 44, 4; 15, 44, 5.
106 Cicero, *De legibus* 1,42; 2,13.

Dies ging einher mit der Rechtfertigung der römischen Herrschaft. Die Konzeption des *bellum iustum* (des gerechten Kriegs), die in der römischen Tradition ursprünglich nur dafür stand, daß sich die Römer an ihre eigenen sakralrechtlichen Formen der Kriegserklärung hielten, wurde zu einem Prinzip materialer Gerechtigkeit umgedeutet[107]. Die römischen Juristen haben das Naturrecht mit dem *ius gentium,* den allen Völkern gemeinsamen Rechtsvorstellungen, gleichgesetzt. Diese Argumentationsstrategie geriet an einem Punkt in Schwierigkeiten: Die Sklaverei galt als Bestandteil des *ius gentium,* aber auch als *contra naturam;* das Rechtsinstitut der Sklaverei wurde aber deshalb nicht in Frage gestellt[108].

Wenn die natürliche Weltordnung und das Recht der Staaten im Prinzip in Übereinstimmung standen, dann brauchte man auch nicht mehr die Figur des einsichtsvollen Gesetzgebers, dem man die Konzeption einer wahrhaft gerechten Ordnung zuschreiben konnte. Ein Nachhall auf die Idealstaatsentwürfe des fünften/vierten Jahrhunderts v. Chr. hat sich noch in den Utopien aus hellenistischer Zeit (wohl aus dem dritten Jahrhundert) gefunden, in denen Darstellungen alternativer Ordnungen in die Form des Abenteuer- und Reiseromans gekleidet wurden. Der Historiker Diodor (erstes Jahrhundert vor Christus) hat uns zwei dieser Schilderungen überliefert. In der *Sonneninsel* des Jambulos (ein Vorbild auch für Morus und Campanella) findet sich das Motiv der Güter- und Frauengemeinschaft, bei der auf Euhemeros zurückgehenden Schilderung einer *Heiligen Insel* das Konzept einer gesellschaftlichen Arbeitsteilung zwischen den Ständen[109].

Wieweit sich hinter diesen Darstellungen die verbreitete Sehnsucht nach einer das Privateigentum überwindenden egalitären Gesellschaftsordnung verbirgt – wie oft (mit unterschiedlicher Bewertung) angenommen worden ist –, wird man kaum definitiv entscheiden können.

3. Christlicher und weltlicher Staat

Das Bewußtsein einer kontinuierlichen Identität von Imperium Romanum und zivilisierter Welt hat einer kritischen Reflexion der strukturellen Veränderungen von Monarchie und Reichsverwaltung in der Zeit vom zweiten bis zum vierten Jahrhundert n. Chr. im Wege gestanden. In den *Panegyrici* der Spätantike wurden die Topoi vom gerechten Herrscher weiterhin gepflegt. Der Gedanke der zivilisatorischen Weltmission Roms wurde angesichts der Bedrohung durch »Barbaren« verschärft. Krisenerfahrungen wurden mit der Vorstellung von der Ewigkeit Roms aufgefangen.

Auch das Christentum hat zunächst keine neuen Elemente in das politische Denken eingebracht. Herrschaft des Kaisers und gesellschaftlicher Status quo waren nicht in Frage gestellt. Grundsätzlichere Stellungnahmen zur staatlichen Ordnung wurden den Christen seit dem späten zweiten Jahrhundert angesichts der Vorwürfe und ersten Verfolgungen auf Grund ihrer vermeintlichen – in der Ablehnung des Kaiserkultes und auch des Wehrdienstes zum Ausdruck kommenden – Illoyalität

107 Cicero, *De officiis* 1,34–38.
108 Digesten 1,5,4,1.
109 Diodor 2,55 – 60; 5,41–46.

abverlangt. Die christliche Apologetik begnügte sich nicht allein mit Beteuerungen der Loyalität und dem Appell an kaiserliche *clementia* (Güte), sondern begann – schon bei Melito von Sardes in einer Verteidigungsschrift an Mark Aurel (177[110]) und bei Origines (ca. 185–254[111]) – aus dem zeitlichen Zusammenfall von Augustusfrieden und Geburt Christi eine heilsgeschichtliche Bedeutung des Imperium Romanum herzuleiten. Einen Höhepunkt erreichten diese Tendenzen naturgemäß nach der »konstantinischen Wende« von 313, der Anerkennung und anschließenden nachhaltigen Förderung des Christentums durch die Kaiser seit Konstantin. Besonders Eusebius von Caesarea, der Hoftheologe Konstantins, propagierte diese Auffassung.

Angesichts des Ausbleibens des eschatologischen Friedensreiches, in dem die Schwerter zu Pflugscharen umgeschmiedet werden können, zeigte sich dann stärker eine Tendenz, die Übereinstimmung der staatlichen und kirchlichen Interessen bei der Wahrung der politischen Einheit durch Maßnahmen gegen Heiden und Häretiker einzufordern, so bei Ambrosius (ca. 340–397), dem Bischof von Mailand (seit 374). Die Identifizierung von Christentum und Römischem Reich mußte angesichts der Einnahme Roms durch die Westgoten (410) in die Krise geraten; die alten heidnischen Vorwürfe, daß das Christentum den Bestand des Reiches untergrabe, lebten wieder auf.

Augustin unternahm es, mit seinem Werk über die *Civitas Dei* (Gottesstaat) die Verbindung zwischen Christentum und römischem Staat aufzulösen und den Staat von Heilserwartungen zu entlasten. Er hat nurmehr die Funktion, das Chaos zu verhindern, in das eine vom Sündenfall gezeichnete Menschheit sonst unweigerlich verfallen würde. Auch unter christlichen Herrschern kann es allenfalls eine Annäherung an die Gerechtigkeit geben. Auch dauernden Frieden kann es auf Erden nicht geben. Hinsichtlich der unvermeidlichen Kriege kann man allerdings zwischen gerechten und ungerechten Kriegen unterscheiden; Augustin nimmt hier die Konzeption Ciceros unter veränderten Vorzeichen wieder auf[112]. Seine Feststellungen zur Funktion des Staates und zum (gerechten) Krieg haben die Lehren der Kirchen bis in die Gegenwart geprägt.

Die politische Theorie der Griechen in allen ihren Varianten, das Staatsdenken der Römer und Augustins Lehre haben die Traditionen vorgegeben, auf die sich auch alle spätere politische Theorie bezogen hat.

---

110 Eusebius, *Kirchengeschichte* 4,26,7–11.
111 Origines, *Gegen Celsus* 2,30.
112 Augustin, *De Civitate Dei* 19,7.21.24; ders., *Retractationes* (*Die Retraktationen in zwei Büchern,* Paderborn 1976) II,43.

Hinweise zur Zitierweise: Für die Zitierung der griechischen und lateinischen Quellen gelten bestimmte Konventionen, die hier kurz erläutert seien. Bei Autoren, von denen nur ein Werk überliefert ist, genügt der Name (zum Beispiel Herodot), bei anderen wird der Werktitel zusätzlich angeführt (zum Beispiel Cicero, *De Re Publica*). Die Stellenangaben richten sich nach bestimmten, je nach Genre des Werks differierenden Schemata, unter anderem Buch, Kapitel, Paragraph (Thukydides 2,37,1), Buch und Paragraph (Cicero, *De oratore* 2,97), Nummer des Briefes und Paragraph (Seneca, *Epistulae morales* 88,43), Verszahlen (Euripides, *Hiketides* 402) oder auch Seitenzahlen (und Zeilenangaben) maßgeblicher moderner Ausgaben (so für das Gesamtwerk von Platon und Aristoteles: Platon, *Gorgias* 484a; Aristoteles, *Politik* 1278 a 1). Entscheidend ist, daß diese – auf den ersten Blick vielleicht verwirrende – Vielfalt in der Praxis ermöglicht, eine angegebene Stelle in jeder modernen Textausgabe und (im Regelfall) in jeder gängigen Übersetzung eindeutig identifizieren zu können, da sich diese konventionellen Einteilungen dort jeweils angegeben finden (so führen alle Platon- oder Aristotelesausgaben die angeführten Seitenzahlen). Praktisch alle genannten antiken Quellen sind in diversen deutschen Übersetzungen, oft auch in Taschenbuchausgaben greifbar, viele auch in zweisprachigen Ausgaben (besonders in den Reihen Sammlung Tusculum und Reclam Universal-Bibliothek).

Literaturhinweise

Die folgende Auswahl enthält neben einigen Überblicksdarstellungen vornehmlich neuere Untersuchungen, die für die im Text gesetzten Schwerpunkte und Bewertungen einschlägig sind. Spezialliteratur zu einzelnen »Klassikern« wurde nicht aufgenommen; hierfür wird auf die Darstellungen und Bibliographien in den entsprechenden Kapiteln der Sammelwerke: Hans Maier/Heinz Rausch/Horst Denzer (Hrsg.), Klassiker des politischen Denkens I, München 1969^{3}; Ottfried Höffe (Hrsg.), Klassiker der Philosophie I, München 1985^{2} verwiesen. Für die Geschichte der politischen Begriffe sind die Lexika: Otto Brunner/Werner Conze/Reinhart Koselleck (Hrsg.), Geschichtliche Grundbegriffe, Stuttgart 1972ff.; Joachim Ritter/Karlfried Gründer (Hrsg.), Historisches Wörterbuch der Philosophie, Basel 1971ff.; Elisabeth Charlotte Welskopf (Hrsg.), Soziale Typenbegriffe im alten Griechenland und ihr Fortleben in den Sprachen der Welt, Berlin (Ost) 1981ff., einschlägig.

1. *Allgemeine Darstellungen*

Aalders, Gerhard J. D., Political Thought in Hellenistic Times, Amsterdam 1975.
Guthrie, William K. C., A History of Greek Philosophy, 6 Bde., Cambridge 1962–1981.
Schneider, Carl, Kulturgeschichte des Hellenismus, 2 Bde., München 1967.
Sinclair, Thomas A., A History of Greek Political Thought, London 1967^{2}.
Weber-Schäfer, Peter, Einführung in die antike politische Theorie, 2 Bde., Darmstadt 1976.

2. *Weiterführende Literatur*

Adam, Traute, Clementia Principis. Der Einfluß hellenistischer Fürstenspiegel auf den Versuch einer rechtlichen Fundierung des Principats durch Seneca, Stuttgart 1970.
Baldry, Harold C., The Unity of Mankind in Greek Thought, Cambridge 1965.
Bichler, Reinhold, Politisches Denken im Hellenismus, in: Iring Fetscher/Herfried Münkler (Hrsg.), Pipers Handbuch der Politischen Ideen, Bd. 1, Frühe Hochkulturen und europäische Antike, München–Zürich 1988, S. 439–484.
Bleicken, Jochen, Staatliche Ordnung und Freiheit in der Römischen Republik, Kallmünz 1972.

DERS., Zur Entstehung der Verfassungstypologie im 5. Jahrhundert v. Chr., Historia 28 (1979), S. 148–172.
BROWN, PETER, Die letzten Heiden. Eine kleine Geschichte der Spätantike, Berlin 1986.
BRUNT, PETER A., Stoicism and the Principate, Papers of the British School at Rome 43 (1975), S. 7–35.
DEMANDT, ALEXANDER, Der Fall Roms. Die Auflösung des Römischen Reiches im Urteil der Nachwelt, München 1984.
FINLEY, MOSES I., Antike und moderne Demokratie, Stuttgart 1980.
DERS., Das politische Leben in der antiken Welt, München 1986.
DERS., Plato and Practical Politics, in: Aspects of Antiquity, Harmondsworth 1977², S. 74–87.
FUHRMANN, MANFRED, Die antike Rhetorik, München – Zürich 1984.
DERS., Die Romidee der Spätantike, Historische Zeitschrift 207 (1968), S. 529–561.
GARNSEY, PETER/WINTON, R. I., Political Theory, in: MOSES I. FINLEY (Hrsg.), The Legacy of Greece, Oxford 1984, S. 37–64.
GEHRKE, HANS-JOACHIM, Die klassische Polisgesellschaft in der Perspektive griechischer Philosophen, Saeculum 36 (1983), S. 133–150.
HUMPHREYS, SALLY, »Transcendence« and Intellectual Roles: the Ancient Greek Case, in: Anthropology and the Greeks, London 1978, S. 209–241.
JONES, ARNOLD H. M., The Athenian Democracy and its Critics, in: Athenian Democracy, Oxford 1975⁶, S. 41–72.
KERFERD, GEORGE B., The Sophistic Movement, Cambridge 1981.
DERS. (Hrsg.), The Sophists and their Legacy, Wiesbaden 1981.
KÖSTER, HELMUT, Einführung in das Neue Testament im Rahmen der Religionsgeschichte und Kulturgeschichte der hellenistischen und römischen Zeit, Berlin 1980.
KULLMANN, WOLFGANG, Der Mensch als politisches Lebewesen bei Aristoteles, Hermes 108 (1980), S. 419–443.
LOTZE, DETLEV, Die Teilhabe des Bürgers an Regierung und Rechtsprechung in den Organen der direkten Demokratie des klassischen Athen, in: ERNST KLUWE (Hrsg.), Kultur und Fortschritt in der Blütezeit der griechischen Polis, Berlin (Ost) 1985, S. 52–76.
LYNCH, JOHN P., Aristotle's School, Berkeley 1972.
MAIER, BARBARA, Philosophie und römisches Kaisertum. Studien zu ihren wechselseitigen Beziehungen in der Zeit von Caesar bis Marc Aurel, Wien 1985.
MAIER, FRANZ-GEORG, Augustin und das antike Rom, Stuttgart 1955.
DERS., Niedergang als Erfahrung und Begriff: Die Zeitgenossen und die Krise Westroms 370–470, in: REINHART KOSELLECK/PAUL WIDMER (Hrsg.), Niedergang. Studien zu einem geschichtlichen Thema, Stuttgart 1980, S. 59–78.
MARROU, HENRI I., Geschichte der Erziehung im klassischen Altertum, München 1977.
DERS., Augustinus und das Ende der antiken Bildung, Paderborn 1982.
MARTIN, JOCHEN, Zur Entstehung der Sophistik, Saeculum 27 (1976), S. 143–164.
MAZZARINO, SANTO, Das Ende der antiken Welt, München 1961.
MEIER, CHRISTIAN, Entstehung des Begriffs Demokratie, Frankfurt/M. 1970.
DERS., Die Entstehung des Politischen bei den Griechen, Frankfurt/M. 1980.
DERS., Autonom-prozessuale Zusammenhänge in der Vorgeschichte der griechischen Demokratie, in: DERS./KARL GEORG FABER (Hrsg.), Historische Prozesse, München 1978, S. 221–247.
DERS., Die Entstehung einer autonomen Intelligenz bei den Griechen, in: SAMUEL N. EISENSTADT (Hrsg.), Kulturen der Achsenzeit, Frankfurt/M. 1987, Bd. 1, S. 89–127.
DERS., Die politische Kunst der griechischen Tragödie, München 1988.
MOMIGLIANO, ARNALDO, Hochkulturen im Hellenismus, München 1979.
NIPPEL, WILFRIED, Mischverfassungstheorie und Verfassungsrealität in Antike und früher Neuzeit, Stuttgart 1980.
DERS., Aufruhr und »Polizei« in der Römischen Republik, Stuttgart 1988.
DERS., Bürgerideal und Oligarchie. »Klassischer Republikanismus« aus althistorischer Sicht, in: HELMUT KOENIGSBERGER (Hrsg.), Republiken und Republikanismus im Europa der Frühen Neuzeit, München 1988, S. 1–18.
DERS., Griechen, Barbaren und »Wilde«, Frankfurt/M. 1990.

OLSHAUSEN, ECKART, Das politische Denken der Römer zur Zeit der Republik, in: IRING FETSCHER/HERFRIED MÜNKLER (Hrsg.), Pipers Handbuch der Politischen Ideen, Bd. 1, München–Zürich 1988, S. 485–520.

OSTWALD, MARTIN, From Popular Sovereignty to the Sovereignty of Law. Law, Society and Politics in Fifth-Century Athens, Berkeley 1986.

RAAFLAUB, KURT, Freiheit in Athen und Rom: ein Beispiel divergierender Begriffsentwicklung in der Antike, Historische Zeitschrift 238 (1984), S. 529–567.

DERS., Die Anfänge des politischen Denkens bei den Griechen, in: IRING FETSCHER/HERFRIED MÜNKLER (Hrsg.), Pipers Handbuch der Politischen Ideen, Bd. 1, Frühe Hochkulturen und europäische Antike, München–Zürich 1988, S. 189–271.

DERS., Politisches Denken im Zeitalter Athens, ebd., S. 273–368.

RILINGER, ROLF, Das politische Denken der Römer: Vom Prinzipal zum Dominat, in: IRING FETSCHER/HERFRIED MÜNKLER (Hrsg.), Pipers Handbuch der politischen Ideen, Bd. 1, Frühe Hochkulturen und Europäische Antike, München–Zürich 1988, S. 521–593.

ROSEN, KLAUS, Griechenland und Rom, in: HANS FENSKE/DIETER MERTENS/WOLFGANG REINHARD/KLAUS ROSEN, Geschichte der politischen Ideen. Von Homer bis zur Gegenwart, Frankfurt/M. 1987[2], S. 19–139.

SHAW, BRENT, The Divine Economy: Stoicism as Ideology, Latomus 65 (1985), S. 16–54.

SPAHN, PETER, Mittelschicht und Polisbildung, Frankfurt/M. 1977.

DERS., Das Aufkommen eines politischen Utilitarismus bei den Griechen, Saeculum 37 (1986), S. 8–21.

STEINMETZ, FRITZ, Staatengründung – aus Schwäche oder natürlichem Geselligkeitsdrang?, in: PETER STEINMETZ (Hrsg.), Politeia und Res Publica, Wiesbaden 1969, S. 181–199.

VATAI, FRANK L., Intellectuals in Politics in the Greek World, London 1984.

WATSON, GERARD, The Natural Law and Stoicism, in: A. A. LONG (Hrsg.), Problems in Stoicism, London 1971, S. 216–238.

WIRSZUBSKI, CHAIM, Libertas als politische Idee im Rom der späten Republik und des frühen Prinzipats, Darmstadt 1967.

JÜRGEN MIETHKE

Politische Theorien im Mittelalter

1. Einführende Bemerkungen

Die Einheit der Mittelmeerkultur, die die Geschichte der Antike gekennzeichnet hatte, ließ sich in der Folgezeit nicht aufrechterhalten. Drei große Kulturkreise folgten auf die antike Welt: das byzantinische Reich, die arabisch-islamischen Staaten und die christlich-fränkischen Reichsbildungen West- und Mitteleuropas. Alle drei Kreise blieben nicht auf die Grenzen der antiken Zivilisation beschränkt, alle drei wurden sie dankbare Erben der griechisch-römischen Welt. Gewiß wäre es ungerecht, wollte man sie alle nur als Erben der Antike schätzen oder auch ausschließlich an der ihnen überkommenen Aufgabe messen, Leistungen und Errungenschaften der Antike für sich selber nachzuvollziehen und sie damit auch an die Moderne weiterzuvermitteln. Damit wäre kein einziger von ihnen hinreichend bestimmt. Trotzdem scheint unsere übliche Einteilung der Geschichte in Altertum, Mittelalter und Neuzeit, wie sie sich seit dem späten 17. Jahrhundert allgemein durchgesetzt hat, eben dies vorauszusetzen, indem den Jahrhunderten zwischen 500 und 1500 nurmehr der Namen einer (finsteren) »mittleren Zeit« zwischen dem Glanz der »klassischen« Antike und dem Licht der Neuzeit zugewiesen wird.

Die Aufgabe, die politischen Theorien des »Mittelalters« knapp vorzustellen, kann im Rahmen einer gerafften Darstellung weder universalhistorisch noch enzyklopädisch gelöst werden. Obwohl die Welt des Abendlandes mit Byzanz und dem Islam in wechselnd intensivem und sich im Laufe des Jahrtausends insgesamt verstärkendem Austausch stand, hat es eine einheitliche Entwicklung in den drei Kulturkreisen dennoch nicht gegeben. Da sich aber Geschichte, auch Ideengeschichte, nicht etwa vornimmt, die zu einer bestimmten Zeit überhaupt vorfindlichen Phänomene zu erfassen, sondern Zusammenhänge und Entwicklungen offenlegen will, wird hier auf eine Behandlung byzantinischer und arabischer Traditionen verzichtet, die nur in Ausnahmefällen auf das Abendland eingewirkt haben.

Weitere Einschränkungen sind zu machen, um mögliche falsche Erwartungen von vornherein zu dämpfen. Auch innerhalb der abendländischen Kultur ist hier kein enzyklopädisches Tableau beabsichtigt. Es geht keinesfalls um eine umfassende Darstellung des »politischen Denkens« des ganzen Zeitalters, das sich in Dichtung und Kunst, in Gestaltung von Festen und Ritualen, in Rechtsordnung und Herrschaftsrepräsentation, in Predigten und Volksweisheiten ausprägen kann. Es sollen vielmehr die »politischen Theorien« zum Gegenstand gemacht werden, Texte also, die mit theoretischem Anspruch die politische Lebenswelt ihrer Zeit erfassen wollten. Selbst dabei freilich soll nicht ehrgeizig versucht werden, die Namen jeglicher Autoren politischer Theorie des Mittelalters zuverlässig auch anzuführen und durch ein beigegebenes Etikett in Zusammenhänge einzuordnen. Hier soll vielmehr exemplarisch an wichtigen Repräsentanten die epochale Situation politischer Theorie im Mittelalter veranschaulicht werden, um damit deren Leistungen wie auch Grenzen zu verdeutlichen. Deshalb müssen die Argumentationen einzelner ausgewählter Theoretiker wenigstens angedeutet werden.

Politische Theorie im modernen Sinne kannte das Mittelalter nicht. Der politische Diskurs verselbständigte sich, wie zu zeigen sein wird, nur ganz allmählich. Eine »theoretische« Bemühung, die politischen Phänomenen galt, ist im Mittelalter überhaupt erst in jener Bildungsbewegung seit dem 11. Jahrhundert zu beobachten, die auch auf anderen Feldern theoretischer Auseinandersetzung einen tiefen Einschnitt markiert und ihr methodisches Rüstzeug an den damals entstehenden Hohen Schulen Europas ausbildete. Vorher gab es zwar beachtliche Ansätze, aber, mit wenigen Ausnahmen, keine vom allgemeinen politischen Denken abhebbare »politische Theorie«. Die politische Ordnung der Gesellschaft war noch ungetrennt und ununterscheidbar Teil des allgemeinen Lebens.

Immerhin wird politische Theorie später nicht aus einem Nichts erwachsen. Schon im Frühmittelalter bilden sich nicht allein Problemkonstellationen, sondern auch Traditionsstränge aus, die nicht nur erste Antworten formulieren, sondern mit solchen Antworten gerade die Fragen festlegen, auf die dann auch später politische Theorien noch Antwort geben mußten. Wir wollen hier nur mit wenigen Andeutungen auf solche Traditionsstränge hinweisen, ohne uns auf eine eingehende Analyse einlassen zu können.

1.1 Die Bedeutung der Kirche

Personelle Träger und prägende Kraft bei solchen – auf theoriegeschichtliche Überlieferung gerichteten – Entwicklungen waren Männer der Kirche. Jedenfalls wissen wir fast ausschließlich von Klerikern und Mönchen, die an diesen Bewegungen Anteil nahmen. Laien bleiben für uns stumm. Die Erklärung dafür liegt darin begründet, daß die Kirche – jedenfalls nördlich der Alpen – zunächst fast ausschließlich institutionell die Schriftlichkeit verwaltete und damit in privilegierter Weise Zugang zu den kulturellen Traditionen der Antike behielt. So konnte sie allein mit einiger Chance auf anhaltenden Erfolg dauerhaft Traditionen ausbilden. Die Kirche blieb für lange Zeit der wichtigste, wenn nicht der einzige Hüter des antiken Erbes, wie es ihr mit den Überlieferungen aus der Alten Kirche überkommen war: aus Kirchenväterschriften und aus jenen klassischen Texten, die in die Überlieferungswege der Kirche Eingang gefunden hatten.

Es ist deutlich, daß die Kirche diese Funktion der Traditionsvermittlung nicht etwa als neutrale Instanz oder in der selbstlosen Rolle eines bloßen Zwischenträgers erfüllen konnte. Wie hätte das auch geschehen können? Vielmehr erbrachte sie diesen Dienst in ständiger Auseinandersetzung mit ihrer eigenen Aufgabe und im Blick auf ihre eigenen Erfahrungen und Bedürfnisse. Die langwierige und geduldige Arbeit der Aneignung und Weitergabe der antiken Texte wäre ohne diese Voraussetzungen gar nicht denkbar gewesen. Daß trotzdem die von der Antike überkommenen Ansätze unter den neuen Bedingungen andere Gestalt annahmen, sich auf die andersgearteten Umstände beziehen lassen mußten und dabei zum Teil ihr Aussehen stark änderten, das versteht sich. Manches freilich blieb auch erhalten und bot in der fremdgewordenen Umwelt später, wie hier zu verfolgen sein wird, Ansatz zu neuen Entwicklungen.

Doch müssen wir bedenken, daß die Kirche damals, wie auch der Staat, keineswegs als festumrissene soziale Institution im modernen Sinne zu begreifen ist. Sie selbst verstand sich nicht als eigenständige Organisation, jedenfalls nicht in Entgegensetzung zur staatlichen Ordnung. Im Hinblick auf die Herrschaftsordnung wußte sie sich von dieser wohl unterschieden, aber empfand sich doch als ihr beigeordnet innerhalb eines größeren Ganzen. Im damaligen Verständnis galten Kirche und Staat nicht als gegeneinander und gegenübergestellt, sondern als nebeneinander gestellte Doppelinstanz. »Zwei (Instanzen) sind es, erhabener Kaiser, durch welche diese Welt regiert wird, die geheiligte Autorität der Bischöfe und die königliche Gewalt, unter denen das Gewicht der Priester um so schwerer wiegt, als sie auch für die Könige der Menschen selbst vor dem göttlichen Gericht Rechenschaft legen müssen. Du weißt ja, geneigtester Sohn, daß du, wenn du auch an Würde dem ganzen Menschengeschlecht vorangesetzt bist, doch deinen Nacken den Vorstehern göttlicher Dinge fromm neigst und von ihnen die Rechtfertigung deines Heils erbittest...«[1] Schon diese berühmte Formel Papst Gelasius' I. hatte, an der Einheit des römischen Reiches orientiert, die »geheiligte Autorität der Bischöfe« und »die königliche Amtsgewalt« des Adressaten eher einander zugeordnet gesehen als alternativ gegenübergestellt. Der Papst beanspruchte für den Priester zwar das größere Gewicht im Blick auf dessen Verantwortung vor dem Jüngsten Gericht, wagte aber doch nicht, die höchste »Würde« des Kaisertums auf Erden in Abrede zu stellen.

Hier kann auf diesen berühmten Text nicht eingegangen werden. Das Mittelalter jedenfalls hat sich in dieser Formel noch lange wiedererkannt, weil sie so schwebend und unpräzise, nur rhetorisch effektvoll und scheinbar ausgeglichen war und erhebliche Akzentverlagerungen vertrug. Hartnäckig hielt es an ihr fest, auch dann noch, als sich längst die reale Basis des Verhältnisses von weltlicher und geistlicher Gewalt gründlich geändert hatte. Wir müssen uns daran erinnern, daß die lockeren Sätze jenes Papstbriefes die kirchlichen Amtsträger keineswegs in eine Gegnerschaft zum Herrscher zwangen, welcher die Kirche damals wohl noch gar nicht gewachsen gewesen wäre. Vielmehr hielt der Text beide Seiten geradezu zur Kooperation an und stilisierte den Priester zu einem kooperationsfähigen Partner, der der politischen Herrschaftsordnung als eigenständige Kraft gegenübertrat. Ja, andeutungsweise gab die Formel der priesterlichen Würde einen höheren Rang als dem weltlichen Herrscher, ohne vorerst irgendwelche Folgerungen aus dieser Behauptung zu ziehen. Für die Zukunft wurde es sehr wichtig, daß die politische Herrschaftsordnung hier keineswegs mit dem Kaiser und seiner Würde identifiziert schien: Auch der Kaiser übte »königliche Gewalt« (*regalis potestas*). So konnte sich der priesterliche Anspruch auf Mitverantwortung später auch an alle anderen (nichtkaiserlichen) Inhaber herrschaftlicher Gewalt richten. Die »geheiligte Autorität« jedes Bischofs konnte sich

1 In einem Brief aus dem Jahr 494 an den oströmischen Kaiser Anastasius I., in: Eduard Schwarz (Hrsg.), Abhandlungen der Bayerischen Akademie der Wissenschaften, Philosophisch-historische Abteilung, NF 10, München 1934, S. 20; auch etwa in: Heinrich Denzinger (Hrsg.), Enchiridium symbolorum, 32. Aufl., bearbeitet von Adolf Schönmetzer, Freiburg i. B. 1963 u. ö., nr. 347; oder bei Carl Mirbt (Hrsg.), Quellen zur Geschichte des Papsttums, bearbeitet von Kurt Aland, Tübingen 1967⁶, S. 222f., nr. 462.

somit neben (und über) jede – zunächst als solche unbestrittene – weltliche Gewalt stellen.

Damit hielt der berühmte Text die Zukunft offen. Nicht zuletzt deshalb ließ er sich auch später so gut als Autorität in verschiedenster Richtung gebrauchen. Günstig für seine Wirkungsgeschichte erwies es sich, daß hier die kirchliche Sphäre und die Herrschaftsordnung sich keineswegs als festumrissene jeweils eigene Organisation gegenübertraten, sondern als Personen, als Amtsträger. Bischof und König verstanden sich als Träger verschiedener Ämter in einem größeren Ganzen, dem christlichen Volk Gottes.

In einer Situation allgemein schwacher Organisationsstrukturen – und diese Lage herrschte im ganzen Mittelalter vor – konnten die kirchlichen Amtsträger freilich ihrerseits der politischen Ordnung nicht entfliehen. Sie bekamen es mit den Ansprüchen der politischen Herrschaftsträger bisweilen intensiver zu tun, als ihnen lieb sein konnte. In einer Welt, die nur äußerst fragile institutionelle Ansatzpunkte kannte, welche über die primären Gruppenbindungen des Soziallebens hinausreichten, wie sie Großfamilie und Verwandtschaftsverband zur Verfügung stellen, mußte jede Organisationsform mit eigenständiger Bindekraft zusätzliche Chancen für die Absicherung der eigenen Position versprechen. Die Kirche war daher zwangsläufig in die Auseinandersetzungen um Selbstbehauptung und Machterweiterung einbezogen. Im Verhältnis von »Staat« und »Kirche« stellte sich wohl weniger die Frage, ob der Versuch gemacht werden würde, solche zusätzliche Stabilisierungschance wahrzunehmen, eher, wann, von wem und in welcher Form dieser Zugriff erfolgen würde.

Die Verfassungsgeschichte der frühmittelalterlichen Reichsbildungen in ganz Europa zeigt, daß der Machtfaktor, den die Kirche in ihrer bloßen Existenz potentiell darstellen mußte, für die Herrscher wichtig, ja unentbehrlich geworden ist. Das kirchliche Deutungsmonopol der biblischen Aussagen über den Herrscher und sein Amt mußte im Interesse einer Legitimierung der Macht zusätzlich Grund für einen ständigen Zugriff der Herrscher auf die Kirche sein. Die Formen und Wege dieser Konvergenz der Interessen sind hier im einzelnen nicht darzustellen. Für die Geschichte des politischen Denkens und politischer Theorie wurde es aber entscheidend, daß mit dieser Konstellation zugleich auch die Rahmenbedingungen abgesteckt waren, die einer theoretischen Reflexion politischer Phänomene damals gesetzt waren.

Der Herrscherhof war der Ort, wo Ansätze einer politischen Theorie sich am leichtesten entfalten konnten: in Rühmung der herrscherlichen Leistung, in Mahnung an den Herrscher, sein Amt »richtig« zu üben, schließlich in Festlegungsversuchen eines konkreten politischen Verhaltens.

2. Karolingische Fürstenspiegel

Gewiß hatte der römische Papst Zacharias im 8. Jahrhundert den Griff des fränkischen Hausmeiers Pippin nach einer eigenständigen Herrschaft im Frankenreich wirksam unterstützt, als er dem Karolinger auf seine Anfrage hin ausrichten ließ, »es sei besser, daß der Mann König genannt werde, der die Amtsgewalt habe, als jener, der ohne königliche Amtsgewalt blieb. Damit die (Welt-)Ordnung nicht gestört werde, befahl er kraft seiner apostolischen Autorität, daß Pippin König werde.«[2] Und nicht nur als richtungweisendes Orakel hat der römische Bischof damals die rechte Ordnung aufrechterhalten helfen. Fränkische Bischöfe haben 751 den Karolinger auch zum König gesalbt; drei Jahre später hat wiederum ein Papst, diesmal war es Stephan II., diese feierliche Zeremonie der Königsweihe an Pippin mit Einschluß seiner Söhne in St. Denis wiederholt. »Von Gottes Gnaden König der Franken« (*gratia dei rex Francorum*) ist der Titel, den der Herrscher selber in seiner Kanzlei von sich gebrauchen ließ, und es ist deutlich, daß der Akt kirchlicher Königssalbung solcher Legitimation greifbaren Ausdruck verlieh. Über die Frage freilich, wie weit die kirchliche Handlung das Herrschaftsrecht selber begründen konnte, finden sich damals noch keine Erörterungen. Vielmehr hat die Kaiserkrönung Karls des Großen durch den Papst am Weihnachtsfest des Jahres 800 gezeigt, daß diese Probleme noch ungeklärt schlummerten. Erst sehr viel später sollte dieser Akt einsinnig interpretiert werden. Karl der Große selber hat anscheinend die Begründung seiner eigenen Herrschaft keineswegs mit dieser Krönung von 800 in unmittelbaren Zusammenhang gebracht. Ohne Zweifel konnte die kirchliche Handlung allein auch keineswegs ein Herrschaftsrecht begründen. Die komplizierten Formeln der Selbsttitulatur zeigen deutlich ein Selbstbewußtsein des Monarchen, das sich wohl doch als theokratisch und gottunmittelbar beschreiben läßt. Auch am 11. September 813, als Karl den kaiserlichen Namen und die (mit-)kaiserliche Würde in Aachen an seinen Sohn Ludwig weitergab, handelte der Kaiser selbst, ohne kirchliche, geschweige denn päpstliche Mitwirkung zu suchen.

Bei der Betrachtung ihres Verhältnisses zueinander geht es keineswegs um einen Gegensatz zwischen »Staat« und »Kirche«. Die Kirche blieb die universale Ordnung, in die der Herrscher wie die priesterlichen Amtsträger gleichermaßen eingefügt waren, auch wenn die Herrscher eine unbestrittene Kirchenhoheit in Anspruch nehmen konnten. Wenn wir moderne Kategorien gebrauchen wollen, können wir die Stellung der Karolinger selber in ihrem Reich und gegenüber den Amtsträgern der Kirche des Reiches als massives Staatskirchentum charakterisieren. Der fränkische Herrscher verfügte über alle Mittel der Bistümer, Stifte und Klöster, auch über die wirtschaftlichen und militärischen, in unmittelbarem Zugriff. Aber nicht »der Staat« hielt hier »die Kirche« in der Hand. Der Herrscher gebot den Amtsträgern der kirchlichen Personenkreise, die sozialgeschichtlich den gleichen Gesellschaftsschichten entstammten wie die weltliche Herrschaftselite des Reichsadels.

Diese Konstellation sollte noch lange fortdauern. Fast unvermeidlich aber war, daß die kirchlichen Amtsträger den Herrscher nach dem Sinn seines Herrschaftshandelns im Lichte der christlichen Überlieferungen zu fragen begannen. Die schon antike Form des Herrscherlobes bot einen ersten Ansatz; die ebenso alte Herrschermahnung gesellte sich sehr bald dazu. Im Ergebnis haben die sogenannten karolingischen Fürstenspiegel einen wichtigen Schritt auf dem Weg zu einer politischen Theorie unter den Bedingungen des Frühmittelalters getan und eine literarische Form entwickelt, die es erlaubte, das Erbe der Kirchenväter mit den Forderungen des Tages in charakteristischer Weise zu vermitteln.

Nicht Karl der Große selbst hat der Gattung offenbar zum Leben verholfen, obwohl auch er schon von Theologen seines Hofes wie Alkuin mit Forderungen aus christlicher Verpflichtung konfrontiert worden war. Es ist der aquitanische Hof seines Sohnes Ludwig gewesen, wo der erste »karolingische Fürstenspiegel«[3] entstanden ist. Sein Verfasser, Smaragd von St. Mihiel, Mönch, Schulleiter und schließlich (seit etwa 805) Abt seines Klosters, gehörte offenbar dem aquitanischen Kreis der monastischen Reformer um Benedikt von Aniane an, der schließlich 816, von Ludwig dem Frommen unterstützt, die gesamte klösterliche Welt des Frankenreiches der gestrengen *norma rectitudinis* (Norm der Richtigkeit) unterwerfen wollte.

Mit einem eigenen Kommentar (von etwa 817) zur Regel Benedikts hat Smaragd diese Bestrebungen auch literarisch unterstützt. Schon zuvor war er schriftstellerisch tätig gewesen. Sein literarischer Nachruhm gründet jedoch vor allem auf der *Via regia* (Königsweg[4]), einer Schrift von etwa 810, in der er den Adressaten, wahrscheinlich eben Ludwig, als Herrscher von Aquitanien auf seine Verpflichtungen hinweist, die ihm aus seiner Taufe wie jedem anderen Christen entstehen. Es ist bezeichnend, daß Smaragd selbst wenig später ganze Passagen seines »Fürstenspiegels« in einem weiteren Traktat, dem *Diadema monachorum* (Mönchskrone, einem »Mönchsspiegel«), fast unverändert wiederverwenden kann: Die Christenpflichten des Herrschers unterscheiden sich naturgemäß von den Christenpflichten eines Mönches nur in spezifischen Details. Der »Königsweg« ist für den König, wie im Grunde für jeden Christen, der Weg der christlichen Tugendübung, der die Christen allesamt kraft des in der Taufe übertragenen königlichen Priestertums zum himmlischen Reich führen soll.

Spezifische Herrschertugenden tauchen nur ganz am Rande auf. Es überrascht nicht, daß sie aus allgemeinen Christentugenden abgeleitet werden, aus Gottes- und Nächstenliebe und aus der Gerechtigkeit. Der königliche Weg ist der Weg jedes Christen zur Vollendung. Nur verpflichtet dieser Weg den König in höherem Grade, weil er andere auf diesem Weg zu leiten hat. Leuchtende Vorbilder solch christlichen Herrschertums bietet das Alte Testament: Salomon und Hiob werden genannt, und immer wieder David.

Der König als der vorbildliche Christ und als hervorragendes Glied der Kirche richtet sich nach seinen Einsichten. Weil er etwa erkennt, daß Unfreiheit und Sklaverei nicht von Natur aus bestehen, sondern auf Grund des Sündenfalls eingerichtet wurden, soll der König die Sklaven (*servi*) freilassen und sich darin als erlöster Christ bewähren[5]. Gewiß geht es dem Verfasser hier vor allem um die Sklaverei »aus Gefangenschaft«, das heißt um die Versklavung der im Krieg Unterlegenen, die

---

2 Annales regni Francorum, ad annum 749, in: Reinhold Rau (Hrsg.), Quellen zur karolingischen Reichsgeschichte, Bd. 1, Darmstadt 1956, S. 14.

3 Dazu vor allem Hans-Hubert Anton, Fürstenspiegel und Herrscherethos in der Karolingerzeit, München 1968; auch Otto Eberhard, Via regia, Der Fürstenspiegel Smaragds von St. Mihiel und seine literarische Geltung, München 1977.

4 Smaragd von St. Mihiel, Via regia, in: Jacques Paul Migne (Hrsg.), Patrologiae cursus completus, series latina, Bd. 102, Paris 1857, Sp. 931–970.

5 Ebd., c. 30, Sp. 967 f.

aufgehoben werden soll, nicht, und jedenfalls nicht in gleichem Maße, um alle Hörigen und Abhängigen der »normalen« Gesellschaft. Gleichwohl läßt die scheinbar anachronistische Forderung aufhorchen. Sie zeigt die zu den Zeitumständen querstehende Potenz der christlichen Tradition ebenso, wie sie beweist, daß es dem Verfasser in seinem Entwurf auf eine allgemeine Christenlehre, zugespitzt auf den König, ankam. Gewiß hat diese allgemeine Tendenz auch den Erfolg des Werkes beflügelt; hier konnte man sich Rat holen, auch wenn man nicht in königlicher Stellung war. Auch wenn spezifisch politische Überlegungen kaum zu finden sind, zeigt sich in dem Werk doch der Versuch, das ganze christliche Leben dem Gesetz des Evangeliums zu unterwerfen und damit auch die Könige zu konfrontieren. Ein Gegensatz zwischen Herrscher und Kirche wird hier noch nicht einmal in Ansätzen sichtbar. Die Vorstellung von Eintracht und Harmonie beherrscht das Feld.

2.2 Jonas von Orléans und Wala von Corbie

Der Zerfall der Reichsorganisation, der noch während der Regierungszeit Ludwigs des Frommen sichtbar wurde, ließ die Kirche sich ihrer selbst und ihrer besonderen Interessen mehr und mehr bewußt werden. Schon weniger als eine Generation nach Smaragd liegen Texte vor, die das deutlich erkennen lassen. Ebenfalls seiner Herkunft nach Aquitanier war Jonas von Orléans, der früh schon in ein Kloster eingetreten war. 818 machte ihn Ludwig der Fromme zum Bischof von Orléans, was Jonas bis zu seinem Tode (842/43) bleiben sollte, nicht ohne Ludwig auf Dauer Ergebenheit und Anhänglichkeit zu bewahren. Hatten wir in Smaragd von St. Mihiel einen Autor angetroffen, der die Überlieferungen monastischer Lebensführung auf den christlichen König übertragen hatte, so meldet sich in Jonas ein Autor zu Wort, der wohl mit monastischer Tradition vertraut war, der aber Stellung und Bedürfnisse des fränkischen Episkopats unmittelbar in die Debatten einbringen konnte. 825 reiste der Bischof von Orléans im Auftrag des Kaisers nach Rom, wo er die fränkische Auffassung zum Bilderstreit dem Papst zu verdeutlichen versuchte. Vor 828 schrieb er für den ihm offenbar nahestehenden Grafen Matfrid von Orléans einen Laienspiegel *De institutione laicali*, in dem er dem gesamten Laienstand den Weg zur christlichen Vollkommenheit zeigen wollte.

Auf mehreren Reichssynoden versuchte die Kirche, die damals als solche empfundene allgemeine Reichskrise durch eine Überprüfung der Situation und des Verhaltens aller Instanzen zu überwinden. Fast fieberhaft tagte man in Versammlungen und Synoden. In Aachen 828/29 legte der Abt von Corbie, Wala[6], in Paris 829 der Synode ein Reformprogramm vor[7], das den Schäden abhelfen sollte. »Protokollant« der Synode von Paris war wahrscheinlich Bischof Jonas von Orléans, der in den Akten der Versammlung ein sicherlich persönlich getöntes Programm niederschrieb.

---

6 Lorenz Weinrich, Wala, Graf, Mönch und Rebell, Lübeck 1963, S. 60–62, S. 92f.; H. H. Anton (Anm. 3), S. 202ff.

7 Die Akten der Pariser Synode, in: Albert Werminghoff (Hrsg.), Concilia aevi Carolini, Bd. 2 (Monumenta Germaniae Historica, Concilia 2/2), Berlin 1908, S. 606–680. Vgl. besonders H. H. Anton (Anm. 3), S. 204–211.

Beide Reformprogramme, das des Abtes Wala und das des Bischofs Jonas, zielen auf einen ähnlichen Punkt. Beide versuchen, die unbeschränkte Kirchenhoheit des Herrschers einzugrenzen und damit der Kirche einen größeren eigenen Spielraum zu sichern. Gewiß ist noch von keinerlei Gegensatz beider Sphären die Rede; es geht eher um ein Gegenüber als um ein Gegeneinander. Aber allein schon darin, daß hier ein Nebeneinander beider Instanzen institutionell angezielt wird, ist ein Schritt nach vorn zu sehen. Abt Wala von Corbie hatte in Aachen den Bischöfen neben Gebet, Predigt und Sakramenten auch die selbständige und ungestörte Verwaltung des Kirchengutes als eigenes Recht auftragen wollen. Er hatte dafür die Kirche zu einer eigenen geistlichen *respublica* (Herrschaftsbereich) unter der Herrschaft Christi selbst erklärt, die der irdischen *respublica* unter dem König gegenüberstehe. Damit wurden aber Überlegungen zu einer gegenseitigen Abgrenzung und Kooperation beider Bereiche notwendig. Hatte man früher schon den je verschiedenen Auftrag beider Seiten bedenken können, so achtete Wala jetzt auf gleichsam juristische Kompetenz: Es werden förmlich Eingriffsrechte festgelegt. Dem König wird zwar das Sorgerecht für die Bestellung von tüchtigen Leitern (*rectores*) in der Kirche eingeräumt, die das Volk Gottes fromm und uneigennützig regieren, aber in die Verwaltung des Kirchengutes soll der König sich nicht laufend einmischen. Seine Aufgabe ist es, Gerechtigkeit zu üben und seine Untertanen durch seine herrscherliche Berichtigung (*correctio*) auf den richtigen Weg zu bringen und dort zu halten. Die Bischöfe unterstützen ihn dabei. Bisweilen muß der König auch Kirchengut zur nötigen Verteidigung der königlichen *militia* (Kriegsdienste) verwenden. Gleichwohl sollen die Bischöfe scharf auf eine Trennung der Sphären achten.

Dieser Versuch, den allzu harten, spürbaren Zugriff des Herrschers auf die Kirche durch eine Umschreibung des Amtsauftrages von Bischof und König zu mildern, wird in noch breiterer Front von den Akten der Pariser Synode unternommen, die wenig später Jonas von Orléans redigiert hat. Dieses Schriftstück ist eher eine kompakte Reformdenkschrift als ein Beschlußprotokoll, da es offenbar der Trennung von kirchlichen und weltlichen Aktivitäten ebenso dienen will wie der doppelten Aufgabe, die kirchlichen Amtsträger aus den Verstrickungen in die weltlichen Kämpfe zu lösen und die weltlichen Amtsträger an ihre Christenpflichten zu erinnern. Inhalt der bischöflichen Amtsgewalt ist es, in apostolischer Vollmacht die frommen Fürsten auf den richtigen Weg zu weisen. Neben das Recht auf Ermahnung setzt der Text noch eine allgemeinere Reflexion über die Verfassung der Kirche. Diese wird (mit paulinischen Belegen) als ein Leib unter dem Haupt Christus beschrieben. Aber dieser eine Leib hat nicht nur ein Haupt, er kennt zwei verschiedene »herausragende Personen« (*eximiae personae*), die priesterliche und die königliche (wie unter wörtlicher Anführung jenes Gelasiusbriefes festgestellt wird[8]). Beide nehmen in ihrem Bereich die höchste Position ein. Auch hier geht es nicht darum, dem Bischof einen klaren Führungsanspruch gegenüber dem weltlichen Herrscher zuzuschreiben. Die Bischöfe wollen sich vor allem gegenüber den wachsenden Leistungsansprüchen des Herrschers ihre – durchaus nicht schrankenlose – Freiheit wahren. Sie gestehen dem Herrscher zu, daß ihm die Kirche zu Leitung und Schutz anvertraut sei, aber wollen sich gleichwohl nicht in ihrer eigenen Sphäre völlig von ihm bestimmen lassen.

8 Ebd., c. 3, S. 610f.

Darum liefert die Denkschrift eine nähere Beschreibung der *persona regalis*, der königlichen Person in der Dualität des kirchlichen Leibes. Indem das Amt des Königs (in acht dichten Kapiteln), gestützt auf einen reichen Fundus von Autoritäten, vor allem von Kirchenväterstellen umrissen wird, versucht die Schrift dem König nun nicht nur einen entsprechenden Tugend- und Lasterkatalog vor Augen zu rücken; sie unternimmt es, den Herrscher auch an diese Vorgaben der Herrscherethik unmittelbar zu binden. Schon im ersten Kapitel wird nicht nur mit Isidor von Sevilla der König daran erinnert, daß der Begriff *rex* (König) nur in frommer, gerechter und barmherziger Leitung sich erfüllt; dem Herrscher wird auch gesagt, daß er, wenn er sich daran nicht halte, kein König, sondern ein Tyrann sei. Damit wird der Herrscher nicht nur in seinem individuellen Gewissen an seine Amtspflichten gebunden, sondern sein Amt selbst wird letztlich von der Erfüllung der Amtspflichten abhängig gemacht. Die gesamte Regierungstätigkeit des Herrschers wird einer ethischen Betrachtung unterworfen: Mit dem Begriff des Tyrannen, der im üblen Gebrauch des Amtes sein ihm von Gott unmittelbar übertragenes Herrschaftsrecht mißbraucht, wird dem König auch seine mögliche Verfehlung energisch vor Augen geführt, ohne daß schon eine ausgeprägte Widerstandslehre gegen den Tyrannen entwickelt oder auch nur angezielt worden wäre. Hier diente vielmehr ebenfalls Isidor von Sevilla mit seiner Unterscheidung als Auskunft, daß Gott den Tyrannen ihre Herrschaft nicht gegeben, sondern sie nur zugelassen habe.

Wir brauchen das Scheitern dieser Reformaktionen in der politischen Praxis nicht zu verfolgen. Für unseren Zusammenhang genügt es festzuhalten, daß in diesen Synoden des fränkischen Reichsepiskopats der beharrliche Hinweis auf die Anforderungen der Herrscherethik zur politischen Herrschaftsbegrenzung verwandt worden ist. Jonas von Orléans selbst hat wenig später (etwa 831) in einem Fürstenspiegel *De institutione regia*[9] für Pippin von Aquitanien, den Sohn Ludwigs des Frommen, diesen Ansatz weiterverfolgt. Die Rolle der Bischöfe, des *ordo episcopalis*, wird betont herausgestellt – Mahnung, Kontrolle und priesterliche Überwachung aller –, und so erweist sich auch diese Schrift als Ausdruck des neuen Selbstbewußtseins des Reichsepiskopats in der Krise des Karolingerreichs.

Es mag sich von selbst verstehen, daß es auch im ferneren Verlauf des 9. Jahrhunderts keineswegs an weiterer Indienstnahme politischer Ethik für praktische politische Zwecke fehlen sollte. Keinesfalls beteiligten sich daran etwa nur Geistliche aus dem aquitanischen Teilreich, wenn auch die westfränkischen Reichsteile und das Mittelreich den Löwenanteil an solchen Bemühungen trugen.

3. Das 10. Jahrhundert: Atto von Vercelli

So sehr die Sehnsüchte und Bedrängnisse des Jahrhunderts in dieser reichen Literatur durchscheinen: Die Tradition, die in den karolingischen Fürstenspiegeln begründet wurde, führte nicht nur dazu, daß politische Ethik im Mittelalter noch für lange Zeit

9 Jean Reviron (Hrsg.), Les idées politico – religieuses d'un évêque du IXe siècle: Jonas d'Orléans et son De institutione regia, Paris 1930, S. 119–194.

die vorwiegende Form politischer Reflexion, das herrschende literarische Genus politischer Schriften bleiben sollte. Sie brachte im 10. Jahrhundert auch noch als späte Blüte eine Schrift hervor, die in den Darstellungen zur Geschichte des politischen Denkens allzu häufig zu Unrecht unterschlagen wird: das *Polipticum quod appellatur perpendiculum*[10] des Atto von Vercelli, von 924 bis 960 Bischof dieser Stadt und gelehrter Verfasser einer ganzen Reihe von Briefen, Predigten und Schriften (die uns in zwei zeitnahen Codices aus dem bischöflichen Scriptorium von Vercelli noch heute zur Verfügung stehen).

Aus dem langobardischen Adel stammend, verfügte Atto in seinem 948 aufgesetzten Testament über weitgedehnte Grundherrschaften in den Alpentälern nördlich Mailands. Auch seine politische Karriere weist ihn in seinem Wirkungskreis über sein kleines Bistum hinaus. Zunächst gehörte seine Loyalität dem burgundischen Karolingernachfahren Hugo von Vienne, der seit 926 mit eiserner Faust in Oberitalien seine Königsherrschaft übte und vergeblich nach der Kaiserkrone strebte. 945 ging Atto aber, wie andere Zeitgenossen und Amtskollegen, zur Partei des Markgrafen Berengar von Ivrea über, der es dann aber zunächst vermied, den Thron für sich selbst zu usurpieren, sich vielmehr mit der faktischen Herrschaft und dem Titel eines »(höchsten) Ratgebers des Königs« ([*summus*] *consiliarius regis*) zufrieden gab. Wohl im Einvernehmen mit Berengar hat Atto dann am Hofe Lothars, des Sohnes des 948 verstorbenen Hugo von Vienne, als Mitglied des königlichen Rates, wenn auch wohl doch nicht als Leiter der königlichen Kanzlei, Platz genommen. Atto hat sich dann aber nach dem überraschenden Tode Lothars (949) aus dem politischen Leben zurückgezogen, dem neuen Herrscher jedoch, diesmal in der Tat Berengar, seine Anerkennung bewahrt. Vor der durchgreifenden Umgestaltung der Verhältnisse im Königreich Italien durch Otto den Großen 962 ist der Bischof von Vercelli gestorben.

Neben diesem uns nur schemenhaft greifbaren aktiven Leben steht ein umfangreiches literarisches Oeuvre, darunter auch zwei »politische« Werke: zunächst ein Traktat (nach 843) *De pressuris ecclesiasticis* (Die Bedrückungen der Kirche[11]), in dem Atto klar und unnachsichtig die zeitgenössischen Formen laikaler Adelsherrschaft über die Kirche und das Kirchengut zurückweist. Ist diese Schrift als ein historischer Brennspiegel zeittypischer Praktiken für den Historiker wertvoll, so liefert der zweite politische Traktat eine politische Theorie von Herrschaftsgewinn und Herrschaftserhalt im 10. Jahrhundert.

Das *Polipticum quod appellatur perpendiculum* (Vielblätterbuch, genannt Senkblei) erschwert freilich einen Zugang, und tat das auch schon zur Zeit seiner

10 Atto von Vercelli, Attonis qui fertur Polipticum quod appellatur perpendiculum, hrsg. von Georg Goetz, in: Abhandlungen der Sächsischen Akademie der Wissenschaften, Philosophisch-historische Klasse 37, 2, Leipzig 1922 (mit dt. Übersetzung); vgl. vor allem Percy Ernst Schramm, Ein ›Weltspiegel‹ des 10. Jahrhunderts. Das ›Polypticum‹ des Bischofs Atto von Vercelli, jetzt in: ders., Kaiser, Könige, Päpste, Bd. III, Stuttgart 1967; Suzanne Fonay Wemple, Atto of Vercelli. Church, State and Christian Society in Tenth Century Italy, Rom 1979. Den erneuten Versuch, Atto den Text abzusprechen, den Carla Frova, Il polittico attribuito ad Attone vescovo di Vercelli: tra storia e grammatica, in: Bullettino dell'Istituto Storico Italiano per il Medio Evo e Archivio Muratoriano, 90 (1982/83), S. 1–75, machte, halte ich für verfehlt.

11 Edition und Untersuchung bei Johannes Bauer, Die Schrift »De pressuris ecclesiasticis« des Bischofs Atto von Vercelli, Diss., Tübingen 1975.

Entstehung bewußt und mit kühler Überlegung. Der Autor wandte nämlich in extremer Hartnäckigkeit das manirierte Stilmittel der sogenannten *scinderatio* (Zerreißung) an, mit der schon Grammatiker im 7. Jahrhundert ihre Texte nur Eingeweihten hatten verständlich halten wollen. Atto schüttelt die einzelnen Satzglieder so energisch durch und trennt sinngemäß Zusammengehöriges so unerbittlich, daß ein Leser sich die einzelnen Wörter wie in einem Puzzlespiel geduldig zusammensetzen muß, bevor an ein Verstehen überhaupt zu denken ist. Doch nicht genug damit. Der Autor wählt darüber hinaus eine weitere Form der bewußten Verrätselung, die er ebenfalls spätantiken Vorbildern entlehnte: Wo er nur konnte, ersetzte er die gebräuchlichen Vokabeln durch dunkle, schwierige und jedenfalls seltene Wörter, die er offenbar verschiedenen, zum Teil noch heute in der Bibliothek von Vercelli vorhandenen Wortlisten entnahm. So wirkt der doppelt verrätselte Text wie ein verschlüsselter Kassiber, der sich nur eingehenden Bemühungen öffnet.

Daß nicht nur gelehrte Spielerei der Grund für diese sprachlich kodierte Fassung des Textes war, sagt Atto selbst seinen Lesern in einer Anmerkung: Er habe befürchtet, das Werk könne noch vor einer Vollendung seinen Feinden in die Hände fallen. Nachdem er aber noch einen zweiten geplanten Teil hinzugefügt habe, sei nunmehr dem Publikum Zugang zu dem Werk erlaubt. Dabei aber habe er erfahren müssen, daß der Text auch für Gelehrte unverständlich geblieben sei. Daher habe er sich bemüht, ihn zugänglicher zu machen[12]. Im selben Codex (der aus dem Scriptorium des Bistums Vercelli stammt und mit Attos Monogramm als ihm zugehörig erwiesen ist) ist auch eine weitere Fassung der Schrift überliefert, die die Doppelverschlüsselung einigermaßen aufhebt: Die *scinderatio* des Textes ist zu einem »normalen« fortlaufenden Latein umgeformt und die dunklen Glosseme sind durch überschriebene oder an den Rändern der Seite angebrachte Erläuterungen verdolmetscht.

Dieses Verfahren der Selbstglossierung eines Textes durch seinen Autor war im 9. Jahrhundert bei gelehrten Werken nicht unüblich gewesen, Ausdruck und Folge gewiß der »Doppelsprachigkeit« gelehrter Tätigkeit in einer Zeit, da Latein auch in Italien schon eine Fremdsprache war. Damit macht der Autor von vornherein deutlich, daß er seinen Text keinesfalls als bloße Geschichtserzählung versteht, denn die hätte er nicht zu verrätseln brauchen. Atto erhebt theoretischen Anspruch, wenn er es unternimmt, in seinem Traktat die Technik des Machtgewinns und der Machterhaltung unter tyrannischer Herrschaft nüchtern und schonungslos offenzulegen. Dem Autor offenbart sich ein wahrer Teufelskreis von Missetat, Gewalttat und Rechtsbruch, die einander unentrinnbar folgen, wenn einmal die Herrschaft in tyrannischer, ungerechter Weise angetreten ist. Atto verzichtet auf die Forderungen von Tugend oder auf die Schilderung von Tugendmustern. Er zitiert auch keine Autoritäten aus der Patristik oder dem Kirchenrecht; allein die evidente Deskription gibt seinem Vortrag Überzeugungskraft. Als ein Brief an einen (uns unbekannten) Empfänger stilisiert, soll der Traktat darüber belehren, wie sich die Hölle vermeiden ließe.

Als Gipfelstellung in der irdischen Gesellschaftsordnung gilt die Herrschaft. Sie kann durch göttliche Berufung, durch Volkswahl, kraft Erbrecht oder durch Usurpation errungen werden. Atto legt zuerst allein in nüchterner Kausalanalyse die Folgen einer Usurpation bloß, ohne den moralischen Zeigefinger zu heben. Der Kampf um den Thron zwischen zwei usurpatorischen Prätendenten hat zur Folge, daß

12 G. Goetz (Anm. 10), S. 4.

die Helfer auf Kosten des Besiegten belohnt werden müssen. Der nun entbrennende Machtkampf aller gegen alle wird eingehend und ungeschminkt geschildert. Es stellt sich heraus, daß eine üble Tat die nächste mit Plausibilität und fast zwangsläufig hervorruft. Die Magnaten werden vernichtet, die *milites* (Vasallen) leben in Unterdrückung, das Gerichtswesen im Lande verkommt, die Fürsten erheben neue Würdenträger aus dem Nichts, und damit beginnt das Wechselspiel auf einer anderen Stufe der sozialen Leiter von neuem. Es kompliziert sich noch, und auch eine ausländische Intervention kann keine dauerhafte Lösung bringen. Der Kreislauf der Tyrannei und Bedrückung, des Kampfes aller gegen alle hebt von neuem an: »Das Laster hört nicht auf, wiederum erheben sich andere und rotieren in gleichem Tun.«[13]

Hält man die Kämpfe um die italienische Krone im zweiten Viertel des 10. Jahrhunderts bis zum ersten Italienzug Ottos des Großen von 951 neben das hier stark verkürzt wiedergegebene »Modell« Attos, so zeigt sich in der Tat, daß dieser sich streng an die trübe Wirklichkeit Oberitaliens in der ersten Hälfte des 10. Jahrhunderts hält. Fast jede Machenschaft, die er nennt, können wir heute, der notorischen Quellenarmut der Zeit zum Trotz, mit konkreter Anschauung unterlegen, und das in der »richtigen« Reihenfolge. Doch ist der Traktat nicht als Chronik gedacht. Die theoretisch erfaßte stille Folgerichtigkeit des Geschehens macht den Text so eindrucksvoll. Wie eine Tragödie ohne Ausweg erscheint die Verstrickung der Handelnden. Wenn Herrschaft einmal auf die abschüssige Bahn des Unrechts geraten ist, so kann daraus nur Unheil folgen: Unfriede, Habsucht, Gewalttat und Not verketten sich zum Verhängnis. Es gibt keine Aussicht auf Besserung, wenn nicht die Grundlagen geändert werden. Unter usurpierter Herrschaft stirbt das Böse nicht aus.

Seiner gleichsam röntgenographischen Analyse der in erstaunlicher Klarsicht sozialgeschichtlich aufgefaßten Machtkämpfe, die eine Gesellschaft im Übergang zeigt und die Situation Italiens vor der ottonischen Intervention in helles Licht setzt, fügt Atto noch unvermittelt einen zweiten Teil hinzu: eine Beschreibung der nicht usurpiert-tyrannischen, sondern legitimen Herrschaft. Das legitim gewonnene und geübte Fürstenamt hält, so schreibt Atto[14], die wankende Weltordnung aufrecht, da es in der von Gott selbst gesetzten Ordnung gründet und in den geschichtlich gebildeten gottgegebenen Abstufungen der gesellschaftlichen Ordnung wurzelt. Die drei Formen legitimen Herrschaftserwerbes kehren hier erneut wieder: Göttliche Erwählung, Wahl durch den Hochadel und Erbschaft geben das Recht auf Herrschaft. Aber dem rechten Anfang muß ein rechter Fortgang in rechter Übung folgen. Gott hat unter den Menschen Abstufungen geschaffen, doch auch die Könige und Fürsten sind Menschen, sind als solche in der kreatürlichen Lage aller. So müssen sie auch alle anderen an ihrem Platz beschützen, die Priester Gottes achten, mit den Großen die Regierung führen, den Stand der *milites* (Krieger) wahren und im Volke für das Recht sorgen. Nur dann erfüllen sie ihre Aufgabe.

Dieses »blasse« Programm, das tyrannische Macht mit legitimer, ja legitimistischer Herrschaft kontrastiert, trägt ohne Zweifel stark konservative Züge. Es wirkt auf uns viel weniger anziehend als die realistische Analyse der verfahrenen politischen Lage zuvor, die die empirische Wirklichkeit der Politik – in Abscheu gewiß, aber mit genauester Beobachtung und sondierender Analyse – in den Blick nimmt.

---

13 Ebd., c. 12, S. 20f., S. 42.
14 Ebd., c. 12, S. 21, S. 43.

Gleichwohl sollten wir uns nicht darüber hinwegtäuschen lassen, daß der schonungslose Realismus des ersten Teils nicht ohne den eher traditionellen Maßstab, wie er im zweiten Teil umrissen ist, denkbar ist. Hier wird dem »Senkblei«, das Atto laut dem Titel seiner Schrift an die Verhältnisse seiner Zeit anzulegen verspricht, seine Richtung und Maßgenauigkeit vermittelt. Zudem zeigt diese Folie ihre Herkunft aus karolingischer Herrscherethik und christlicher Ständelehre.

Eine breite Wirkung konnte die Schrift nicht entfalten, zumal schon ihr Verfasser alles getan hatte, einen Zugang zu seinem Text zu erschweren. Aber auch die ottonische Neuordnung der italienischen Verhältnisse mochte die erhellende Kraft der analytischen Argumente in einer stark veränderten Gegenwart verdunkeln. Der Text blieb in seinem Kodex in Vercelli weitgehend unbeachtet. Erst die historische Wissenschaft seit dem 18. und frühen 19. Jahrhundert sorgte für Drucke und das philologische Interesse an der Weiterwirkung spätantiker Wortlisten für eine kritische Ausgabe. Handgreiflich beweist der Traktat aber die kritische Potenz der Tradition karolingischer Fürstenethik.

4. Das Zeitalter der Kirchenreform und des Investiturstreits

Das 11. Jahrhundert hat nicht bruchlos fortgesetzt, was ihm als Tradition überkommen war[15]. Gestützt auf monastische Erneuerungsbewegungen sollte eine allgemeine Reform die Kirche nicht nur von Verformung und Mißbrauch befreien; die Reform setzte eine Neubestimmung des Verhältnisses von geistlicher und weltlicher Gewalt voraus. Die Aufgaben des Herrschers standen dabei durchaus nicht im Vordergrund der Aufmerksamkeit. »Freiheit« der Kirche gegenüber aller Fremdbestimmung war das Schlagwort, und damit war zunächst jeder adlige Eigenkirchenherr ebenso gemeint wie der König, der im Geben und Nehmen die Bischöfe einerseits mit großen Mitteln und Einkommenschancen ausstattete, andererseits in Friedens- und Kriegszeiten auf die Ressourcen der kirchlichen Grundherrschaften empfindlich angewiesen blieb.

Im allgemeinen Umbruch der Verhältnisse war die Kirchenreform des 11. Jahrhunderts für die Entfaltung einer eigentlichen politischen Theorie nicht eben förderlich. Diese vielleicht überraschende Feststellung läßt sich verstehen, wenn wir bedenken, daß die harten Konflikte, in die die Reformer alsbald mit Vehemenz eintraten, wohl ständig eine theoretische Reflexion hervorriefen, da sie nach Begründung und Legitimation oder nach Widerlegung und Ablehnung geradezu verlangten. Aber die Richtung, aus der man sich für Handlungen und Haltungen Begründung erhoffte, hatte mit dem, was später politische Theorie sein sollte, nur indirekt zu tun. Die Forderungen des göttlichen Rechts, die angemessenen Formen der kirchlichen Organisation, der Umgang mit der sakramentalen Wirklichkeit in der Kirche, alles das hatte wohl sehr tiefgreifende Auswirkungen im politischen Raum, konnte aber von

15 Letzte zusammenfassende Darstellungen mit reichen Literaturhinweisen durch Hermann Jakobs, Kirchenreform und Hochmittelalter 1046–1215, München 1988^2; Gerd Tellenbach, Die westliche Kirche vom 10. bis zum frühen 12. Jahrhundert, in: Bernd Moeller (Hrsg.), Die Kirche in ihrer Geschichte, Bd. II, Lieferung F 1, Göttingen 1988.

ihm her nur schwer unmittelbar theoretisch in Angriff genommen werden. So ist es wohl kein Zufall und nicht einmal Nachlässigkeit, wenn die römischen Reformer bei ihrem weltumgestaltenden Vorhaben keine plastischen Vorstellungen davon hatten, wie denn nun konkret künftig das Verhältnis der gereinigten Kirche zur Welt aussehen sollte. Ihnen genügte es offenbar, eine scharfe Trennungslinie zwischen der als hierarchisch verfaßt gedachten Amtskirche einerseits und der Welt der Laien andererseits zu ziehen und damit die kirchlichen Amtsträger von der Welt so weitgehend wie möglich auszugrenzen und abzugrenzen. Der Schlachtruf der Reformer, ihre Forderung nach »Freiheit der Kirche« (*libertas ecclesiae*), war zuvorderst negativ bestimmt und sollte vornehmlich Freiheit von laikaler Einwirkung und Überfremdung erreichen.

In der Lebenswirklichkeit der Zeit war damit das Programm umfassend genug, um heftigste Konflikte hervorzurufen. Es ging gar nicht allein um den Streit mit dem König über die Besetzung der Bistümer und Reichsklöster, auch wenn der Ruf nach einer den kanonischen Bestimmungen voll entsprechenden Wahl der Amtsträger, nach einer *electio canonica*, sehr früh in der Reformbewegung auftritt und sich durchgehend als Kernbereich der Programmatik erkennen läßt. Diese Forderung sollte jedoch ganz allgemein in der Kirche verwirklicht werden. Deshalb betraf sie, wie die Forderung nach Freiheit, auch jede andere Form herrschaftlichen Zugriffs auf kirchliche Ämter und Vermögen, traf die adlige Eigenkirche, das Eigenkloster, die einzelne Pfarrei. Der Kampf wurde geführt gegen wirkliche und angebliche Mißbräuche, die sich zum Schlagwort der »simonistischen Häresie« verdichteten, gegen die man radikal vorgehen wollte. Das Kirchenrecht und die Theologie hatten den Abscheu gegen simonistisches Verhalten theoretisch seit langem ausgearbeitet, wobei insbesondere die griffigen Definitionen Papst Gregors I. (590–604) sich als zukunftsträchtig erwiesen. Das Neue im 11. Jahrhundert war, daß nun auch herkömmliche Formen der Adelsherrschaft in der Kirche dem Verdikt absoluter Ablehnung unterworfen wurden, daß jede Einmischung von Laien – und das bedeutete für die Reformer: von Nichtamtsträgern der Kirche – nicht nur als verdächtig, sondern als verboten galt.

Hier ist nicht zu prüfen, wie diese Radikalisierung und Neudefinition uralter Forderungen sich erklärt, wie hier Traditionen monastisch-asketischer Weltflucht für die gesamte Kirche verbindlich wurden. Auch die zweite Front, an der die Reformer den Kampf aufnahmen, ihre Ablehnung des sogenannten *Nikolaitismus*, der Priesterehe, weist in diese Richtung. Damals wurde erstmals in der Kirchengeschichte die Forderung nach dem Zölibat aller Priester in grundsätzlicher theoretischer Schärfe und ausnahmsloser Allgemeinheit erhoben und fand aus den verschiedensten Motiven gerade bei den Laien weiten Widerhall, auch wenn es mit der praktischen Durchsetzung dieses Prinzips noch bis über das Ende des Mittelalters hinaus große Schwierigkeiten geben sollte.

Mit der Selbstausgrenzung der Amtskirche und ihrer Etablierung als Kern der kirchlichen Heilsanstalt wurde auch das Verhältnis zur sozialen und politischen Verfassung, zur Herrschaftsgewalt des Laienadels wie zur Kirchenherrschaft des Königs, in neuer Weise problematisch. Gerade weil sich die Reformer keineswegs auf den Weg einer immer distanzierteren Weltflucht machten, sondern vielmehr beanspruchten, die Welt notfalls neu nach ihren Prinzipien zu ordnen – die sie aber als uralte und im eigentlichen Sinn des Wortes ursprüngliche Forderungen aus göttlichem

Recht verstanden –, hatten ihre Postulate so tiefgreifende Wirkungen. Die Spiritualisierung der Kirche brachte im 11. Jahrhundert einen gewaltigen Schub im Willen zur Spiritualisierung auch der Welt und gab den Tendenzen in der Kirche zur Weltbemächtigung ungeahnten Nachdruck.

4.1 Gregor VII.

An Papst Gregor VII. läßt sich das zeigen. Die 27 knappen Sätze, die er gegen Ende seines zweiten Pontifikatsjahres (1075) als *Dictatus papae* in sein Briefregister eintragen ließ[16], machen dies überdeutlich. In markanten Formulierungen sind hier Vorrechte des römischen Bischofs und Papstes und der römischen Kirche programmatisch – wenn auch in einer uns nicht durchschaubaren Systematik – zusammengestellt, wie sie die kirchenrechtliche Tradition hier und da verstreut schon zuvor formuliert hatte. Gleichwohl ändern die traditionellen Forderungen und Ansprüche allein in ihrer neuen Zusammenstellung zwangsläufig ihren Charakter. Aus dem jeweiligen ursprünglichen Kontext herausgerissen, sind sie nicht eine bloße Zusammenfassung alter Traditionen, so sehr sie dies wohl auch in der Intention Gregors VII. selbst hatten sein sollen, sondern sie wirken wie das programmatische Fanal einer neuen Zeit. Der Papst wird tendenziell zum einzigen legitimen Entscheidungsträger in der Kirche: Sein Urteil ist unüberprüfbar, er aber darf jeden anderen Richterspruch noch einmal auf die Probe stellen.

Wir brauchen die politischen Züge und Gegenzüge im deutschen Investiturstreit hier nicht im einzelnen auszubreiten, in dem sich verschiedene Handlungsfäden und Konfliktstoffe miteinander verknäuelten, bis schließlich der König an der Spitze der deutschen Bischöfe den Papst und dieser auf einer römischen Synode den König als amtsenthoben erklärten. Heinrich konnte zwar durch seinen eiligen und taktisch geschickten Bußgang nach Canossa (1077) den unmittelbaren politischen Schaden dieser Absetzung zunächst begrenzen, hatte sich damit aber der priesterlichen Verantwortung Gregors erst einmal gebeugt.

Für die politische Theorie wichtiger als die zweite Bannung Heinrichs (1080), wichtiger als die Wahl eines Gegenkönigs im deutschen Reich (1077) und die Wahl eines Gegenpapstes auf Veranlassung des deutschen Herrschers (1080), wichtiger auch als das quälend langgezogene Hin und Her der militärisch-politischen Auseinandersetzungen wurde ein Brief, den Papst Gregor VII. 1081 in dieser seiner letzten Phase des Kampfes zur Rechtfertigung seines Tuns an seinen Anhänger Bischof Hermann von Metz geschrieben hat[17]. Dieses Schreiben gehört zu den am besten überlieferten Briefen Gregors VII. überhaupt, weil es nicht nur im päpstlichen Briefausgangsregister verzeichnet wurde, sondern auch selbständig kursierte, in Chroniken und Streitschriften benutzt wurde und sogar mit seinen Formulierungen

---

16 Erich Caspar (Hrsg.), Das Register Gregors VII., in: Monumenta Germaniae Historica, Epistolae selectae 2, Bd. 1, Berlin 1920–1923, S. 201–208, nr. II 55 a; dt. Übersetzung etwa in: Jürgen Miethke/Arnold Bühler, Kaiser und Papst im Konflikt. Zum Verhältnis von Staat und Kirche im späten Mittelalter, Düsseldorf 1988, S. 62, nr. I 1.

17 E. Caspar (Anm. 16), Bd. 2, Register VIII 21, S. 544–563; dt. Übersetzung bei J. Miethke/A. Bühler (Anm. 16), S. 63–67, nr. I 2.

von den Rechtssammlungen ausgeschlachtet worden ist. Hier führt der Papst in ruhigem Ton seine Argumente und die früher nur angedeuteten Präzedenzfälle auf und umreißt damit das Verhältnis von Kaiser und Papst, wie es seiner Auffassung nach sein sollte.

Auch die berühmte Formel seines Vorgängers Gelasius' I. hat Gregor dabei aufgegriffen, freilich in charakteristischer Zuspitzung und radikaler Einseitigkeit. Gelasius I. hatte noch beide Instanzen, die herrscherliche Amtsgewalt und die geheiligte Autorität des Priesters, nebeneinander gestellt. Im sublimen Spiel einer geschliffenen Rhetorik gestand er dem Kaiser einerseits den unbestrittenen Vorrang im ganzen Menschengeschlecht zu, erinnerte den Herrscher andererseits aber auch daran, daß er in eschatologischer Perspektive – weil der Priester beim Jüngsten Gericht Rechenschaft auch für ihn ablegen müsse – gehalten sei, seinen Kopf in Demut zu beugen und vom Priester sein Heil zu erwarten. Gregor VII. zitiert nun zwar wörtlich; indem er aber jeden Bezug auf die oberste Stellung des Kaisers im Menschengeschlecht schweigend übergeht, bleibt letztlich nur die Forderung übrig, den Nacken vor dem Priester zu beugen. Die eschatologisch-sakramentale Begründung wird noch genannt, sie spitzt aber sichtlich einen unmittelbar praktischen Anspruch zu, zumal ihr das Gegengewicht der Anerkennung der selbständigen Würdestellung des Kaisers mangelt. Dem späteren Mittelalter ist dieser wichtige Präzedenzfall und die ehrwürdige Formulierung des Gelasius praktisch fast ausschließlich in der spezifischen Sicht Gregors VII. gegenwärtig geblieben, weil Gratian in sein Dekret die zugespitzte Depeschenfassung Gregors VII. aufgenommen hat[18].

Die Politik Gregors VII. hatte demnach durchaus auch für die mittelalterliche politische Theorie nachhaltige Folgen, auch wenn sich aus den Ideen und Programmen der Reformer nicht unmittelbar Ansatzpunkte für ihre Entfaltung ergaben. Die Selbstabgrenzung der Amtskirche stellte darüber hinaus aber auch allgemein die Position politischer Herrschaft neu zur Debatte. Auch als Aufgabe des Herrscheramtes gestellt war die genauere Unterscheidung zwischen »Geistlichem« und »Weltlichem«, zwischen *spiritualia* und *temporalia*. Sie bereitete schon bei der Regelung der alltäglichen Praxis so ungeheure Schwierigkeiten und setzte jahrzehntelange Diskussionen und Begriffsarbeit der Juristen in Gang, bis die Basis für die Konkordate des 12. Jahrhunderts gefunden war. In der Tat kann man als den wichtigsten Impuls der Kirchenreformer für das politische Denken mit guten Gründen die Erörterung der Position des Herrschers selbst ansehen, die in neuer Schärfe durch Gregors VII. Entscheidungen herausgefordert wurde.

Bei den Anhängern Gregors VII. wurde im logischen Verfolg der Leitlinien gregorianischer Politik nicht ohne Konsequenz das königliche Amt seiner herkömmlichen sakralen Weihe weitgehend entkleidet, zumindest in seiner Sakralität an die Amtskirche gebunden gesehen. Manegold von Lautenbach (gestorben nach 1109), der durch ein offenbar tiefgreifendes Bekehrungserlebnis sich von der Welt der Schulen abgewandt zu haben scheint und gegen 1080 zum energischen Gregorianer wurde, hat Gregors Haltung gegen Anhänger Heinrichs IV. beredt verteidigt. Hatte sich der Leiter der Trierer Domschule, Wenrich, in einer Kampfschrift (um 1081) dagegen gewehrt, daß der Papst den König abgesetzt hatte, so will Manegold eben

---

18 Decretum Gratiani, Causa 15, quaestio 6, c. 3, in: Emil Friedberg (Hrsg.), Corpus Iuris Canonici, Bd. I, Leipzig 1879, Sp. 756.

das als völlig gerechtfertigt dartun. Das Königtum gilt Manegold als ein funktionales Amt und nicht als substanzielle Eigenschaft des Trägers: »Und um hier ein Beispiel aus niedereren Sphären anzuführen: wenn jemand einem anderen um angemessenen Lohn seine Schweine zur Hut anvertraut, und ihn später findet, wie er sie nicht hütet, sondern stiehlt, schlachtet und zugrunde richtet, würde der ihn nicht bei Einbehaltung des versprochenen Lohnes mit Schimpf und Schande von der Schweinehut verjagen? Wenn das schon in niederen Sphären so gehandhabt wird, daß man nicht einmal als Schweinehirt sich hält, wenn man die Schweine nicht hüten, sondern verderben will, so wird mit umso größerem Recht aus gerechtem und wahrheitsgemäßem Grund jeder, der die Menschen nicht regieren will, sondern sie auf Abwege zu schicken versucht, jeglicher Gewalt und Würde beraubt, die er über Menschen erhalten hat, je größer der Abstand ist, der zwischen der menschlichen Natur und der der Schweine liegt.«[19]

Gewiß war hier die Desakralisierung des Herrscheramtes, die Entzauberung der herrscherlichen Stellung des Königs noch keineswegs an ihr Ende gelangt. Daß sie aber kräftige Fortschritte gemacht hatte, läßt sich gewiß nicht leugnen. Das nüchterne Maßnehmen an der Amtsaufgabe war damals nicht absolut neu. Schon Isidor von Sevilla hatte zu Beginn des 7. Jahrhunderts in seiner berühmt gewordenen Etymologie in unübersetzbarer Knappheit formuliert: *rex a recte regendo* (König kommt vom richtigen Herrschen). Hier aber war dieser althergebrachte Denkansatz nicht nur eine kritische Anfrage an die Ausübung der Herrschaft; er begründete Herrschaftswechsel und Absetzung. Er war zum politischen Instrument geworden, weil er einen absoluten Maßstab abgeben zu können schien.

4.2 Der »Normannische Anonymus«

Daß auf der Gegenseite solche Sicht der Dinge nicht sofort Gegenliebe fand, müssen wir erwarten, können es aber auch im einzelnen zeigen. Es konnte durchaus auch der Versuch gemacht werden, begrifflich und theoretisch die Stellung eines *christus domini*, eines »Gesalbten des Herrn«, eines Königs zu fassen. Die vielleicht extremste und gewiß eigenwillige, aber in stringenter Folgerichtigkeit entwickelte Verteidigung des Königs liegt in Texten vor, die die Forschung einem »Normannischen Anonymus« zuweist[20].

---

19 Manegold von Lautenbach, Ad Gebehardum Liber, hrsg. von Konrad Francke, in: Monumenta Germaniae Historica, Libelli de Lite, Bd. 1, Berlin 1891, S. 300–430; das Zitat c. 30, S. 365, 18–25. Dazu vor allem Wilfried Hartmann, Manegold von Lautenbach und die Anfänge der Frühscholastik, in: Deutsches Archiv, 26 (1970), S. 47–145, und Horst Fuhrmann, »Volkssouveränität« und »Herrschaftsvertrag« bei Manegold von Lautenbach, in: Festschrift für Hermann Krause, hrsg. von Sten Gagnér/H. Schlosser/W. Wiegand, Köln 1975, S. 21–42.

20 Letzte vollständige Edition (nicht unproblematisch) durch Karl Pellens (Hrsg.), Die Texte des Normannischen Anonymus, Wiesbaden 1966 (vgl. den kritischen Kommentar von Walter Ullmann, in: Historische Zeitschrift, 206 (1968), S. 696–703). Facsimile des Codex unicus durch Karl Pellens und Ruth Nineham, Wiesbaden 1977. Dazu vor allem Heinrich Boehmer, Kirche und Staat in England, Leipzig 1899; Ernst Hartwig Kantorowicz, The King's Two Bodies. A Study in Medieval Political Theology New York 1957, und ders.,

Um die Wende vom 11. zum 12. Jahrhundert entstanden, sind diese Texte in einer einzigen, offenbar der ursprünglichen Handschrift überliefert, deren Geschichte bis ins 16. Jahrhundert freilich dunkel bleibt. Es sind Schriften sehr verschiedener Länge, unterschiedlicher Thematik, verschiedener literarischer Form und wohl auch je unterschiedlichen Reifegrades. Noch hat sich nicht ausmachen lassen, was ihr »Sitz im Leben« ist, in welcher sozialen Situation sie entstanden, welche konkreten Absichten sie transportierten. Doch wie immer es mit einer Antwort auf die Frage der Rahmenbedingungen stehen mag: Die Texte faszinieren durch ihre analytische Kraft, den subtilen Scharfsinn ihrer Argumentation, zeigen die volle Beherrschung der in den zeitgenössischen Schulen üblichen Methoden und weisen in eine ungewöhnliche, auch im Mittelalter freilich letzthin folgenlose Richtung.

Die Texte machen sich nicht zur Verteidigung des deutschen Herrschers, des römischen Königs oder gar des Kaisers auf; sie blicken auf den englischen König nach der normannischen Eroberung der Insel. In ihnen meldet sich jemand zu Wort, der den Gregorianern die Identifikation des Königs als eines reinen Laien keinesfalls abzunehmen bereit ist. Schon die im Mittelalter unter dem Namen des Heiligen Ambrosius verbreiteten Paulinenkommentare des sogenannten »Ambrosiaster« (aus dem Ende des 4. Jahrhunderts), die auf eine lange Traditionsreihe der Antike zurückgriffen, spielten mit den schillernden Formeln der Gottesebenbildlichkeit des Menschen (gemäß der Schöpfungsgeschichte) und der Gottesebenbildlichkeit des Königs (gemäß antiker Herrschertradition). In einem zentralen Traktat behandelt der Normannische Anonymus »Die Weihe der Bischöfe und Könige« (*De consecratione pontificum et regum*[21]). Sein Denken lebt von Entsprechungen, verfolgt Analogien und wesenhafte Identitäten, ist gerade nicht wie das Gregors VII. auf juridische Kompetenz, sondern auf spekulative Deutung gerichtet.

Schon an den Königen des Alten Testaments läßt sich zeigen, so meint der Verfasser, daß sie in Vorausdeutung auf Christus eine doppelte Person (*gemina persona*) hatten: Die gesalbten Könige im Alten Testament waren kraft ihrer einen Person Menschen in ihrer Natur (*ex natura*), kraft ihrer anderen Person durch die Gnade (ein) »Christus, das heißt Gott-Mensch«. Der Autor spielt hier mit dem Wort *Christus*, das er einmal als »Gesalbter« übersetzt, ein andermal als Eigennamen des Erlösers versteht. Gestalt und Figur Christi, die die christologische Arbeit einer jahrhundertealten Theorieentwicklung beschäftigt hatten, konnten ihm nun Stichworte für ein angemessenes Verständnis auch des Königtums geben. Christus hat zwei Naturen, eine göttliche und eine menschliche, die sich in einer königlichen und einer priesterlichen Funktion verwirklichen und nach außen in Erscheinung treten. Als König ist Christus eins mit dem Vater und also göttlich, als Priester ist er Mensch. Diese Aufspaltung ermöglicht nun unserem Autor, die christologischen Argumente sinngemäß auf den König zu übertragen. Gewiß, unser Autor hütet sich, etwa von

---

»Deus per naturam, Deus per gratiam«, A note on Medieval Political Theology (zuerst 1952), jetzt in ders., Selected Studies, Locust Valley/N.Y. 1965, S. 121–137; George Huntsfield Williams, The Norman Anonymus of 1100. A. D., Cambridge 1951; Wilfried Hartmann, Beziehungen des Normannischen Anonymus zu frühmittelalterlichen Bildungszentren, in: Deutsches Archiv, 31 (1975), S. 108–143. Problematisch die Deutung von Karl Pellens, Das Kirchendenken des Normannischen Anonymus, Wiesbaden 1973.

21 K. Pellens (Hrsg.) (Anm. 20), Traktat »J 24«, S. 129–180.

zwei Naturen des Königs zu sprechen. Der König hat nur, wie die Könige des Alten Bundes, eine doppelte Person, die ihm jedoch Anteil gibt am Bilde Christi. Der König ist Christi Ebenbild nicht nur in der königlichen Würde, die er trägt; er ist auch Christi Ebenbild in dessen priesterlicher Funktion. So ist jeder König nach Christus »König und Priester« (*rex et sacerdos*), »Figur und Bild Christi und Gottes« (*figura et imago Christi et dei*). Wie Christus eins ist mit dem Vater kraft seiner Natur, ist der König, vergöttlicht durch die königliche Salbung, eins mit Christus und dem Vater; nur war Christus Gott von Ewigkeit her und von Natur aus, während der König Gott ist *per gratiam*, durch Gnade.

Solche Christusmystik erlaubt es dem Anonymus, konsequent den Streit seiner Zeit zugunsten des Königs zu entscheiden. Zwar ist auch der Bischof geweiht, aber der Bischof hat im Gegensatz zum König zunächst Teil an der priesterlichen Funktion Christi, die Christus, den Gott-Menschen, als menschliche Natur ausdrückt. Der König ist *imago Christi* hinsichtlich dessen Gottheit, der Priester *imago Christi* hinsichtlich dessen Menschheit. Aber das gilt nicht exklusiv. Denn auch die Bischöfe haben mit ihrer Schlüsselgewalt Teil an Christi königlichem Regiment, während die eigentliche Leitung und das Königreich nicht ihnen, sondern den Königen zusteht. Die Könige bilden ihrerseits auch die priesterliche Funktion Christi mit ab, dürfen Sünden vergeben, Brot und Wein im Akt der Königsweihe darbringen, Glaubenslehren verkünden, Konzilien einberufen. Als höchster Regent »im Gemeinwesen des allmächtigen Gottes, das heißt in der heiligen Kirche und in dieser Welt«, herrscht der König[22]. Mit Händen ist zu greifen, wie hier der König als das Abbild des königlichen Gott-Menschen die noch undifferenzierte Gesamtheit der Welt-Kirche beherrscht.

Der gregorianischen Politik und Geisteshaltung mußte diese Theorie ganz und gar zuwider laufen. Die Christusmystik und Königsvergottung, die der Normannische Anonymus so eindrucksvoll vertritt, ist nur als extreme Reaktion auf Tendenzen seiner Zeit zu begreifen. Freilich konnten diese Texte in ihrer eigenen Gegenwart keine erkennbaren Wirkungen entfalten; sie blieben für die Zukunft folgenlos. Nicht der König als *imago Christi et dei*, wie sie ihn begriffen, vielmehr der römische Bischof als *vicarius Christi* und *vicarius dei*, der Papst als Stellvertreter Christi und Gottes, wurde zum beherrschenden Thema der politischen Theologie des späteren Mittelalters, während eine Königsmystik erst in der frühen Neuzeit wieder in den Vordergrund der Aufmerksamkeit politischer Theorie rückte. Gregor VII. hat für diese kommenden Entwicklungen die entscheidenden Weichen gestellt. Die Texte des Normannischen Anonymus dagegen, der sich ohne Erfolg gegen diese Entscheidungen stemmte, bezeugen noch mit seinen Antworten, die ohne Echo geblieben sind, jene Fragen, die sich den Zeitgenossen des Umbruchs der Reformzeit aufdrängten.

22 Ebd., S. 149.

5. Das 12. Jahrhundert

5.1 Die Rolle der Wissenschaft und der Universitäten

Der Kampf um die Freiheit der Kirche, den die Reformer mit unterschiedlichen Gegnern so leidenschaftlich geführt hatten, konnte die Probleme nicht lösen. Die Beharrungskräfte der alten Ordnung waren zu mächtig, die Verwurzelung der kirchlichen Verfassungsstrukturen in der gesellschaftlichen Umwelt erwies sich als zu fest, als daß sich die Absonderung der Amtskirche reinlich hätte vollziehen lassen. Eine wirkliche Scheidung von Geistlichem und Weltlichem erwies sich als unmöglich. Es mußte jedoch eine praktische Lösung gefunden werden. Die langwierigen Bemühungen um einen Ausgleich, wie er dann in den sogenannten »Konkordaten« des beginnenden 12. Jahrhunderts – im deutschen Herrschaftsgebiet im Konkordat von Worms (1122) – schließlich erreicht werden konnte, gaben der künftigen Entwicklung aber eine neue Basis. Die intellektuellen Anstrengungen, die zur gedanklichen Vorbereitung dieses Ausgleichs nötig geworden waren, gaben nun ein größeres Selbstvertrauen, wenn sich das Interesse auf andere Problemzonen richtete.

Die Entwicklung der politischen Theoriegeschichte tritt aber nicht allein deshalb mit dem 12. Jahrhundert in eine neue Phase ein. Damals änderte sich nicht nur die Ausgangslage, es änderten sich auch die Rahmenbedingungen des Lebens überhaupt und damit der theoretischen, auch der politiktheoretischen Arbeit. Wachstum, Mobilität, Siedlungsbewegung, Stadtentstehung, neue Strukturen in Herrschaftsordnung und Sozialverfassung: Mit diesen Stichworten ist das Zeitalter oft beschrieben worden. Menschen füllten und überfüllten nicht nur ihre alten Siedlungsräume, sie kamen in Bewegung, eroberten neue Zonen für die agrarische Produktion, fanden und erprobten neue Formen ihres Zusammenlebens und suchten auch neue Formen der Selbstverständigung.

Das 12. Jahrhundert erwies sich allgemein als eine Zeit, in der die Lebensverhältnisse in besonderem Maße plastisch schienen, in der verschiedene neue und alte Möglichkeiten nebeneinander gestellt und über die regionale und kleinräumige Vielfalt hinaus erprobt werden konnten, die ohnedies das Mittelalter so stark geprägt hat. Mit gutem Grund hat man daher von der »Vielgestalt« dieser Zeit sprechen können. Für die Theoriegeschichte veränderten sich die Rahmenbedingungen grundlegend durch eine institutionelle und durch eine geistesgeschichtliche Wandlung, die für alle Wissensgebiete, auch für die politische Theorie, unübersehbare Folgen hatte. Geistesgeschichtlich pflegt man den neuen Aufbruch als »Renaissance des 12. Jahrhunderts« zu umschreiben, als neue Hinwendung zur antiken Überlieferung in verschiedensten Bereichen, als Durchbruch eines neuen »Humanismus«. Davon blieb auch das Nachdenken über Politik nicht unberührt. Hier wollen wir aber vor allem auf die völlig neue Qualität achten, die die allmählich entstehende Universität grundsätzlich für jede theoretische Arbeit institutionell heraufführte, da sie hinfort die Methoden, Hilfsmittel und Grundtexte aller Wissenschaften bestimmte und auch die sozialen und literarischen Formen der Arbeit tiefgreifend beeinflußte.

Die Verdichtung des Netzes von Schulen, das schon die Zeitgenossen am Ende des 11. und Beginn des 12. Jahrhunderts konstatierten, brachte für sich allein genommen noch nicht die korporativ verfaßte und in genossenschaftlicher Selbstbestimmung agierende europäische Universität hervor. Vor allem entstand die Universität nicht schlagartig aufgrund bewußter Gründungsakte, sondern in einem langwierigen und sehr komplexen Prozeß. Allein die Tatsache freilich, daß sowohl in Bologna als auch (wohl wenig später) in Paris – und mit wiederum leichter Zeitverzögerung auch in Oxford – unter recht unterschiedlichen lokalen Bedingungen Hochschulen entstanden sind, die durchaus zu Recht alle »Universitäten« heißen und bei aller Verschiedenheit im einzelnen doch unverkennbar tiefgreifende institutionelle Gemeinsamkeiten aufweisen, kann zeigen, daß nicht bloßer Zufall den gesamten Prozeß steuerte.

Ihren vorläufigen Abschluß fand etwa in Paris die Bewegung erst an der Wende zum 13. Jahrhundert, und auch in Bologna wird man nicht früher von einer Universität sprechen können. Doch die neue Form der wissenschaftlichen Organisation bereitete sich jahrzehntelang vor. Auch wenn Irnerius und selbst noch Gratian nicht an der »Universität« von Bologna unterrichtet haben, so haben sie mit ihrer Arbeit am Römischen und am Kanonischen Recht doch die Inhalte und Methoden der universitären Lehre und Arbeit noch jahrhundertelang geprägt. Das gleiche gilt für Peter Abaelard oder Petrus Lombardus in Paris, von denen der eine die Methode der scholastischen Theologie tiefgreifend beeinflußte, der andere das am weitesten verbreitete Lehrbuch systematischer Theologie im Mittelalter verfaßte. Wo sich mehr als eine Schule findet, an der verschiedene Magister und Doktoren nebeneinander arbeiteten und in konkurrierender Kollegialität ihren Unterricht hielten, da bildete sich offenbar jene kritische Masse intellektueller Potenz, aus der die Universität entstehen konnte. Damit soll keineswegs behauptet werden, daß andere Faktoren nicht auch wesentlich darüber mitentschieden, wo eine Universität entstand. Aber es genügte eben offensichtlich nicht, daß eine Schule von einem bedeutenden Lehrer geleitet wurde. Das hatte sich in Chartres unter Fulbert und Ivo, in Laon unter Anselm und Radulf gezeigt. Die stetige Konkurrenz wie der kollegiale kontinuierliche Austausch ließen nicht allein ein gemeinsames Bewußtsein entstehen, aus dem sich korporative Organisationsformen entwickeln konnten; auch die methodischen Möglichkeiten in den verschiedenen Wissenschaften wuchsen.

Es braucht nicht unterstrichen zu werden, daß sich auch in den Jahrhunderten vor der Entstehung der Universität bedeutende intellektuelle Leistungen zeigten und auch in Zukunft nicht jede intellektuelle Leistung streng auf die Universität bezogen sein sollte. Mit der Universität aber erhält die Methode einen ganz neuen, einen eigenständigen Rang. Weil Fortschritte der Erkenntnis in der Ausdifferenzierung bestimmter Gegenstandsbereiche und in der Spezialisierung auf bestimmte Disziplinen erreicht wurden, gliederten sich jetzt die großen Fachgebiete als Fakultäten, so durchlässig auch im einzelnen ihre Grenzen noch lange gegenseitig bleiben sollten. Jede Fakultät schuf sich ihre eigenen Instrumentarien, bestimmte die Grundtexte des Unterrichts und die Kommentare zu diesen Grundtexten, die im Unterricht benutzt wurden.

5.2 Scholastische Methode

Allen Fächern gemeinsam war prinzipiell eine Methode, die wir ohne Abwertung »scholastisch« nennen können. Die Wissenschaft der mittelalterlichen Universitäten ist eine Buchwissenschaft, die sich auf Texte bezieht. Bei der Theologie ist das besonders evident, da das Bibelbuch die Basis theologischer Arbeit schon vorher gewesen war. Auch daß man diesen Text durch Kommentare erläuterte, war uralte Übung. Selbst die Vorgehensweise, daß man an den Rand des Textes und zwischen die Zeilen Erläuterungen notierte, Interlinear- und Marginalglossen schrieb, war an sich keine Erfindung des 12. Jahrhunderts, sondern viel älterer Brauch. Aber jetzt verfestigte sich diese Form der Kommentierung. Vor allem wurde jetzt die lange Auslegungstradition fixiert, zuerst, wie es scheint, in der Schule von Laon, und später auch anderwärts, vor allem in der werdenden Universität von Paris. Das geschah in der sogenannten *Glossa ordinaria*, einer großen Kompilation des überlieferten Stoffes, die Vers für Vers am Text entlang voranschritt und gewissermaßen zum Regelkommentar der Bibel avancierte, weil man dort die Meinungen der Kirchenväter und die Ansichten der modernen Magister in aller Knappheit zu jedem Bibelvers finden konnte. Die spätere Entwicklung in der Exegese wird diese Kompilation nicht umarbeiten, vielmehr sie zur Grundlage für ihre eigene Arbeit nehmen.

Das gleiche Verfahren einer Wort-für-Wort-Kommentierung machten sich, in seiner Stringenz schon etwas früher als die nordfranzösische Exegese, auch der Jurist Irnerius und seine Schüler in Bologna zunutze, als sie sich seit dem späteren 11. Jahrhundert wieder mit dem Römischen Recht zu beschäftigen begannen. Auch sie kommentierten den zu ihrer Zeit schon über 500 Jahre alten Text der großen Kodifikation Kaiser Justinians (von 528–534) in notfalls Wort für Wort voranschreitenden Glossen, die sich allmählich zu Glossenapparaten auswuchsen. Sie wandten die Methode an, die auch die Theologen gebrauchten, um aus den widersprüchlichen Aussagen der Tradition ein wissenschaftlich haltbares Urteil zu gewinnen: Begriffszergliederung und systematische Analyse, Vergleich von Parallelstellen und Lückenergänzungen. Und auch die Experten des Kirchenrechts gingen ganz ähnlich vor, wenn hier auch zunächst keine geschlossene Sammlung von autoritativer Geltung vorhanden war. Aber zur gleichen Zeit wurden zunächst die Sammlungen der kirchenrechtlichen Tradition aus authentischen, apokryphen (und zum Teil auch gefälschten) Konzilscanones, Synodalbeschlüssen, Papstdekreten und Kirchenväterzitaten im Geiste der neuen Systematik angelegt, wie besonders die großen mehrfachen Anläufe des Franzosen Ivo von Chartres (gestorben 1116) erkennen lassen. Schließlich setzte sich die letzte dieser schon systematisch grundierten Kompilationen, die große Sammlung des Bologneser Magisters Gratian (entstanden ca. 1140), in der Praxis und an den Schulen endgültig durch.

Schlagartig und wie auf Verabredung hin hören Kompilationen, die neues Material aus dem alten Fundus hinzufügen und die Anordnung des Stoffes neu vornehmen, nach Gratian auf. Nur ganz wenige Beispiele sind uns noch bekannt, und wo sie überliefert sind, da bleiben sie sozusagen in der Bibliothek des Kompilators stecken, erreichen weder die wissenschaftliche Öffentlichkeit noch die gerichtliche Praxis. Denn dort wird künftig ausschließlich Gratians Dekret gebraucht. Die wissenschaftliche Durchdringung, Glossierung und Interpretation des hier bereitgestellten Stoffes erfolgte dabei natürlich nach denselben Methoden, wie bei den Juristen des Römischen Rechts, den »Glossatoren«. Gleichzeitig und parallel arbeiteten, teilweise an denselben Orten – vor allem in Bologna, aber auch anderwärts – die Dekretisten wie die Legisten an der systematischen Erschließung der jeweiligen Rechtsbücher und führten damit in Europa ein neues Zeitalter herauf: das einer wissenschaftlichen Rechtskultur.

Die scholastische Methode des Umgangs mit Texten läßt sich in allen Wissensgebieten verfolgen, die von dem universitären Aufbruch erfaßt wurden. Buchwissenschaft blieb die scholastische Wissenschaft, gewiß. Aber weil man die teilweise historisch schon sehr weit entfernten Texte mit dem ernsten Willen las, sie als gültige Autoritäten zu verstehen, war die wissenschaftliche Erschließung zugleich immer auch eine Übersetzung der Texte in den eigenen Wirklichkeitshorizont hinein, war die eigene Erfahrung, vor allem aber die eigene Einsicht unabdingbare Voraussetzung für ein Gelingen. *Ratio, auctoritas* und *experientia* (Vernunft, Autorität und Erfahrung) sind die drei Quellen der Erkenntnis nach scholastischer Auffassung. So unterschiedlich im einzelnen ihr gegenseitiges Verhältnis bestimmt wurde, hielt man grundsätzlich an allen drei Maximen ständig fest.

5.3 Die Stellung der politischen Theorie

Was bedeutete dies für die politische Theorie? Zunächst müssen wir feststellen, daß die Politik nicht in den Unterricht der Universitäten als eigenes Fach aufgenommen wurde. Schon im Kanon der theoretischen Disziplinen, den die Spätantike der mittelalterlichen Schule übergab, im Kreis der sieben *Artes liberales,* war von Politik nicht explizit die Rede gewesen, und seither war kein Grund erkennbar geworden, sie als eigene Disziplin aufzufassen. Gleichwohl wäre es ein Irrtum zu glauben, daß damals die Universität keinerlei Bedeutung für die Theorie von der Politik gewann: Es erweiterte sich der Kanon der »Leitdisziplinen«, an die sich politische Theorie anlehnen konnte. Es wuchs auch der Kreis der Texte, auf die man zumindest Rücksicht nehmen mußte. Und außerdem änderten sich Publikum und Autoren; damit änderte sich der soziale Ort der politischen Theorie.

Immer mehr ist politische Literatur auf die Universitätsbesucher, Universitätsgelehrten und Universitätsgebildeten angewiesen, die als Autoren und als Publikum, als Verfasser und Leser, Benutzer, auch Übersetzer dieser Literatur nachweisbar werden. Die Texte, die zunehmend theoretischen Anspruch stellen, werden ganz überwiegend in der lateinischen Gelehrtensprache geschrieben. Das bleibt gegenüber dem früheren Mittelalter gleich. Aber es ist jetzt das Latein der Universitäten. Die Methode orientiert sich am scholastischen Traktat und der scholastischen Quaestion, der Materialfundus und die Argumentationsmuster werden zunehmend scholastisch. Die Texte bedürfen für die Laien, auch für die Herrscher und für deren Hof, einer Übersetzung, vor allem einer sprachlichen. So wird es eine Stileigentümlichkeit der politischen Theorie des Spätmittelalters, daß sie in der Regel in der schweren Rüstung der zeitgemäßen wissenschaftlichen Argumentation einherkommt, daß sie sich an den jeweils neuesten Entwicklungen der Wissenschaften zu orientieren versucht, daß sie nicht nur theoretisch, sondern auch gelehrt ist und von Gelehrten, oft den gelehrtesten Autoren ihrer Zeit, verfaßt worden ist.

Dem gelehrten Publikum, an das sie sich zunächst richten, entsprechen die Autoren selbst. Nur in wenigen Fällen hat ein Verfasser eines politischen Traktats im Spätmittelalter eine Universität nachweislich nicht von innen kennengelernt. Die Texte transportieren ohne Frage, bei allen Unterschieden und Gegensätzen im einzelnen, die Erwartungen und Ambitionen, die Interessen und den Horizont jener Gruppe von Menschen, die diese Texte hervorbrachten, sie lasen und benutzten, jener »Bildungsaristokratie«, die sich zunehmend im späten Mittelalter als eigene Schicht fast überall in Europa wahrnehmen läßt.

So verbindet sich die Geschichte der politischen Theorie mit der Sozialgeschichte der europäischen Universität in besonders enger Weise. Die Geschichte der Universitätsbesucher und der Universitätsgraduierten ist in besonderer Nähe zur Sozialgeschichte der politischen Theorie zu sehen. Der Konnex zur Universität ist darum weit enger, als ihn »nur« die methodische Nähe oder die gleiche Textbasis bewirken könnten. Und wenn dies von der sozialgeschichtlichen »Außenseite« der Beziehungen gilt, so kann erst recht die methodische und inhaltliche Beziehung der politischen Theorie zu den Universitätswissenschaften nicht eng genug gesehen werden. Damit emanzipiert sich politische Theorie zwar noch nicht zur Selbständigkeit, sie hat nun aber eine größere Wahlfreiheit in der Anlehnung an die universitären Disziplinen.

Im Frühmittelalter war es vor allem die Theologie als theoretische Leitwissenschaft par excellence gewesen, die das methodische Vorbild, die Grundtexte, die wesentlichen Autoritäten und auch den hermeneutischen Rahmen für politische Theorie geliefert hatte. Seit der Entstehung der mittelalterlichen Universität treten auch die anderen Fakultäten neben die Theologie, vor allem die juristische und die Artes-Fakultät (die lange nach dem Ende des Mittelalters sich zur philosophischen Fakultät entwickeln sollte).

Zunächst und vor allem war es die Jurisprudenz, die neben der Theologie für neue Anstöße sorgte. Das hatte wiederum recht komplexe Gründe. In gewissem Sinne spaltete sich das Kirchenrecht als eigene Disziplin offenbar erst im Laufe des 12. Jahrhunderts von der Theologie ab: Noch Gratian scheint sich zeitweilig als Vertreter einer *Theologia practica externa* (einer praktisch angewandten Theologie) verstanden zu haben. Die Grundsätze, die die Kirchenväter vertreten hatten, fanden sich zwar nicht in voller Länge, wohl aber in zahlreichen und vielfältigen Exzerpten in den Kompilationen, auch im Dekret Gratians. Vor allem konnte man dort immer wieder Augustins Positionen zur Kenntnis nehmen und blieb so den frühmittelalterlichen Bemühungen auf den Spuren. Die Kirchenjuristen sahen sich mit den praktischen politischen Konsequenzen der kirchlichen Ansprüche und Rechtspositionen in ihrer täglichen Arbeit am häufigsten konfrontiert und hatten hier eine verantwortliche Antwort zu suchen. Die römisch-rechtlich orientierten Juristen, die sogenannten *Legisten* (von den *leges*, den »Kaisergesetzen« so bezeichnet), verfügten demgegenüber über einen lange verschüttet gebliebenen Fundus von Texten aus der Antike, der sie mit vergessenen Vorstellungen oder Theoremen konfrontierte. So waren die Juristen beider Rechte damals besonders darauf vorbereitet, sich an der theoretischen Arbeit auch auf politischem Felde zu beteiligen, stärker vielleicht als alle anderen Disziplinen, wenn auch prinzipiell alle anderen Wissenschaften zumindest nicht ausgeschlossen blieben und die Theologie natürlich allein schon ihrer ehrwürdigen Tradition wegen noch um ihre Antworten gefragt wurde.

Der neue Aufbruch der abendländischen Wissenschaften der Universität wurde wiederum von den sozialgeschichtlichen Trends unterstützt, wurde doch die Rechtswissenschaft seit dem 12. Jahrhundert zusammen mit der Medizin unter die gewinnbringenden Wissenschaften, die *scientiae lucrativae*, gerechnet. Damals war die Jurisprudenz am ehesten in der Alltagspraxis einsetzbar. In den Herrschaftsapparaten der kirchlichen Prälaten und weltlichen Herrscher fanden Juristen ihren Platz. Und wenn auch der Prozeß der Juridifizierung der Herrschaftsausübung sehr langsam vor sich ging, waren für die zunächst nicht sehr zahlreichen Universitätsgebildeten mit juristischen Kenntnissen die möglichen Karrierechancen breiter gestreut als für die Absolventen der anderen Fakultäten.

5.4 Der »Policraticus« des Johannes von Salisbury

Fragen der politischen Theorie standen auch hinfort keineswegs im Zentrum der theoretischen Bemühungen. Sie blieben Randfragen im Wissenschaftsbetrieb – auch und gerade in den Fakultäten der »Leitwissenschaften«, damals also der Jurisprudenz und der Theologie. Diese These läßt sich auch an einem der bedeutendsten Entwürfe des 12. Jahrhunderts ablesen, an dem *Policraticus* des Johannes von Salisbury[23]. Johannes war, als er um 1159 sein umfangreiches Buch abschloß, ein Absolvent der neuen französischen Schulen, ein Repräsentant der neuen Bildungsschicht.

Um 1115/20 geboren, hatte Johannes von 1136 bis 1147 in Frankreich – in Paris und vielleicht auch in Chartres – bei bedeutenden Lehrern Unterricht genossen: Danach hatte er eben jene Karriere eines methodisch geschulten Klerikers eingeschlagen, von der schon die Rede war. Sie führte ihn in wechselnde Stellungen, wobei es eher einem Zufall zuzuschreiben war, daß er seinen Weg an den Höfen kirchlicher Prälaten suchte und fand. Nach seinem Studium scheint er zuerst als Mitglied des äbtlichen Stabes im Kloster des Peter von Montiers-la-Celle (in der Diözese von Troyes) Aufnahme gefunden zu haben, von wo er, mit einem Empfehlungsschreiben des einflußreichen Zisterzienserabtes Bernhard von Clairvaux ausgerüstet, nach England zurückkehrte. Dort 1147/48 in den Haushalt des Erzbischofs Theobald von Canterbury (1138-1161) eingetreten, unternahm Johannes von 1149 bis 1159 nicht weniger als fünf Reisen im Auftrag seines Erzbischofs an die päpstliche Kurie nach Rom.

Seine ständigen Reisen nach Rom belegen die Zentralisierungstendenzen in der Kirche des 12. Jahrhunderts und die Bedeutung, die gelehrten Mitgliedern des Stabes bei dieser Entwicklung zukam. Rom zeigte sich bestrebt, auch die entfernteren Landeskirchen kraft seines Jurisdiktionsprimates immer stärker an sich zu ziehen und an seine Entscheidungen zu binden. Die wissenschaftlich ausgebildeten Kleriker schienen am ehesten in der Lage, die lokalen Interessen in der Zentrale auch

---

23 C. C. J. Webb (Hrsg.), Ioannis Saresberiensis episcopi Carnotensis Policratici sive de nugis curialium et vestigiis philosophorum libri VIII, Bd. 1–2, Oxford 1909; Neudruck Frankfurt/M. 1965 (Der Policraticus des Johannes von Salisbury); eine dt. Übersetzung existiert nicht; vgl. aber englische Teilübersetzungen bei John Dickinson, The Statesman's Book, New York 1927; libri III–V in Auswahl übersetzt bei Murray F. Markland, New York 1979. Zur Biographie und zur Interpretation vor allem Wilhelm Berges, Die Fürstenspiegel des hohen und späten Mittelalters, Leipzig 1938, S. 131–143, S. 291–293; Gunnar Stollberg, Die soziale Stellung der intellektuellen Oberschicht im England des 12. Jahrhunderts, Lübeck 1973; Tilman Struve, Die Entwicklung der organologischen Staatsauffassung im Mittelalter, Stuttgart 1976, S. 123–148; Max Kerner, Johannes von Salisbury und die logische Struktur seines Policraticus, Wiesbaden 1977; Michael Wilks (Hrsg.), The world of John of Salisbury, Oxford 1984; Peter von Moos, Geschichte als Topik. Das historische Exemplum von der Antike zur Neuzeit und die Historiae im Policraticus Johanns von Salisbury, St. Ottilien 1988.

angemessen zur Geltung zu bringen. Johannes' Tätigkeit beim Erzbischof war nicht besonders spezifiziert. Er war anscheinend für die Korrespondenz und für Rechtsfragen zuständig, hatte sich demnach auch mit juristischen Qualifikationen versehen. Seine Stellung zu Theobald war schließlich derart vertraut, daß dieser ihn als einen seiner vier Testamentsvollstrecker einsetzte.

Nach dem Tode Theobalds (1161) blieb Johannes auch beim Nachfolger, dem bisherigen königlichen Kanzler und früheren Mitglied des Haushalts seines Vorgängers, Thomas Becket, dem Johannes seinen *Policraticus* zwei Jahre zuvor gewidmet hatte. Johannes versah Spezialaufträge, Gesandtschaften, schrieb Briefe, bis er auf Veranlassung des Königs 1163/64 ins Exil gehen mußte, kurz bevor sich auch der Erzbischof nach seinem harten Konflikt mit dem König nach Frankreich zu verfügen hatte. Allen Behühungen des Johannes von Salisbury, eventuell nach England zurückkehren zu können, ist vor der schließlichen Wiederannäherung zwischen König und Erzbischof kein Erfolg beschieden gewesen. Mit Thomas Becket aber kam er dann in die Heimat zurück, wurde auch am 29. Dezember 1170 zum Augenzeugen seiner Ermordung im Dom. Danach lebte er offenbar von seinen Pfründen, bis er 1176 zum Bischof von Chartres gewählt wurde. Vorgeschlagen hatte ihn für dieses Amt der Erzbischof von Sens Wilhelm, ein Bruder des französischen Königs Ludwig VII. Am 25. Oktober 1180 ist Johannes als Bischof von Chartres gestorben.

Der stürmischen Zeit zum Trotz ist das die Musterkarriere eines Mannes, der offensichtlich nicht durch hohe Geburt begünstigt war. Seinen Aufstieg vollzieht der gebildete Kleriker im Herrschaftsapparat, gestützt und gehalten von einem Netz vielfältiger persönlicher Beziehungen und Verbindungen mit Studienfreunden, Geistesverwandten und hohen Gönnern. Und dieses Netz erweist sich auch als fest genug, die dramatische Krise des säkularen Konflikts zwischen Erzbischof und König für ihn persönlich abzufangen. Der *vir plebeius*, als den er sich selbst mehrfach bezeichnete, endet schließlich als veritabler Bischof einer angesehenen Diözese in der französischen Königslandschaft der Ile de France.

Policraticus sive de nugis curialium et vestigiis philosophorum (Policraticus oder die eitlen Beschäftigungen der Höflinge und die Lebensspuren – das heißt die Lehren – der Philosophen), so ist die Schrift überschrieben, die in der modernen Ausgabe fast 800 Seiten Text umfaßt. Der Untertitel der Schrift ist verständlich. Er möchte das neue soziale Phänomen – den Fürstenhof und die Prälatenkurie – als Welt des Scheins und der Nichtigkeit dartun und die Lehren über das rechte Leben gegen deren Leere ins helle Licht rücken. Die Höflinge, die ihr Leben als leeres Theater aufführen und wirklichen Taten (*res gestae*) ausweichen, verfehlen ihre eigentliche Bestimmung, indem sie den Fürsten schmeicheln, sich den Künsten der Astrologie, der Jagd und ihren Leidenschaften hingeben. Sie führen nur ein Scheinleben, sind Schauspieler in einer Komödie, die dem Spiel einer blinden Fortuna folgt. Nur weil sie fast alle traurig enden, gleicht ihr Leben eher einer Tragödie als einer Komödie, während die Zuschauer, Gott und die wenigen wahrhaft Weisen, dem erstaunt zusehen.

In der scharfen Unterscheidung der Welt der Fortuna und der Welt der *res gestae*, der (wirklichen) Taten, liegt mehr als nur eine Metapher. Sie ist als eine sittliche Unterscheidung gemeint: Alle Menschen streben nach dem Glück, aber nur wer recht handelt, kann wahrhaft glücklich sein. Der zeittypisch gewählte Obertitel *Policraticus* mag eben dies bedeuten: Ein *poly-craticus* »vermag viel«, weil er sich von den Lehren und Lebensspuren der Philosophen leiten läßt und den Nichtigkeiten der Hofleute entflieht. Freilich ist auch die andere Bedeutung damit nicht ausgeschlossen und soll es wohl auch nicht sein, die dem »Beherrscher der Polis«, dem Mann im Getriebe der Politik, ein sinnhaftes und sittliches Leben empfiehlt.

Johannes will in seinem Buch das wahre Leben anstreben. Das heißt aber zugleich, daß er die natürliche und sittliche Weltordnung erklären muß, will er sein Ziel erreichen. Das Problem der Naturnotwendigkeit und Willensfreiheit wird in breiten Erörterungen über die Astrologie und kosmische Gesetzmäßigkeiten aufgegriffen. Die Philosophie richtet sich auf das Wahre und auf das Gute: Erkenntnis und Vollkommenheitsstreben gehören zusammen. Gott schuf die Welt, damit jeder an seiner Vollkommenheit gemäß seiner Möglichkeit teilhaben könne. Insofern ist Gottes Gesetz für die Welt die *aequitas*, die angemessene und zumessende Gerechtigkeit, die als kosmisches Prinzip dem Menschen gleichwohl zur Verwirklichung aufgegeben bleibt. *Aequitas, quae cuncta coaequiparat ratione... in omnes aequabilis tribuens unicuique quod suum est* (Die Gerechtigkeit, die alles an der Vernunft mißt, ist gegen alle Dinge gleichermaßen gerecht, indem sie jedem das Seine zuteilt[24]). Dem einzelnen bleibt die Aufgabe, sich willig in den Stufenbau des Seins einzuordnen.

Im sozialen Leben wird jedem sein Platz durch sein *officium* (Amt) zugeordnet, durch seine Funktion, wobei freilich diese Funktion nicht ohne die moralisch-sittliche Komponente auskommt: Das *officium* hat dem Entwurf der Gesamtordnung zu entsprechen. Darum ist *aequitas* zugleich immer auch Gottes Gesetz, das sich in den Offizien der gesellschaftlichen Ordnung verwirklicht.

Johannes entfaltet diesen Gundgedanken vor allem in einem energischen Rückgriff auf die Organismusmetapher, wie sie ihm in einer – erstmals freilich nur von ihm zitierten und auch später niemals in weiterreichenden Exzerpten aufgegriffenen – Schrift (Pseudo-)Plutarchs vorgegeben ist, die er ausführlich heranzieht. An der Spitze des Gemeinwesens steht der Herrscher. Er ist das Haupt des Gesamtkörpers. Der königliche Rat, antikisierend als »Senat« bezeichnet, erfüllt die Funktion des Herzens; Richter und Provinzvorsteher haben die Aufgaben der Augen, der Ohren und der Zunge zu erfüllen; Bedienstete und Bewaffnete werden mit den Händen verglichen. Die nähere Umgebung des Fürsten hat die Seiten zu vertreten; Finanzbeauftragte entsprechen dem Bauch und den Eingeweiden, während die Bauern und die Handwerker, die den gesamten Körper tragen, die Füße darstellen[25].

An sich war dieses Bild keineswegs neu. Da gab es antike Vorbilder; etwa bezeichnete Paulus die Kirche als Leib Christi. Was den Gebrauch des Organismus-Modells bei Johannes von Salisbury von diesen Vorbildern, denen er wichtige Einzelheiten seines Entwurfes verdankt, letztlich unterscheidet, ist die ausführliche Durchführung und intensive Nutzung des Gedankens. Johannes bleibt bemüht, einerseits die ethische Verpflichtung zur Einbindung jedes einzelnen an seinem Platz im Gemeinwesen zu unterstreichen, andererseits dieses Gemeinwesen gerade nicht als Kirche zu konstruieren, sondern als – »naturhafte«, der platonisch verstandenen Ordnung des Weltganzen entsprechende – Gesamtordnung zu verstehen, die gerade nicht primär von der Kirche her konstruiert und gedacht ist.

Johannes hat hinsichtlich des Verhältnisses der Kirche zum Gemeinwesen nicht im entferntesten an einen Dissens beider Instanzen denken wollen. So wie der mensch-

24 Policraticus, in: C. C. J. Webb (Hrsg.) (Anm. 23), IV 2, Bd. I, S. 237.
25 Ebd., V 2, Bd. I, S. 283; dazu besonders T. Struve (Anm. 23).

liche Körper von der Seele regiert wird, so haben diejenigen, die uns den *cultus religionis* (die Religionsübung) lehren, die Aufgaben der Seele des Gemeinwesens zu erfüllen. Daher muß man den »Leitern der Religionsübung« auch die schuldige Verehrung entgegenbringen. Eine hierokratische Tendenz der Betonung priesterlicher Autorität wird in solchen Aussagen ganz handgreiflich und kann sich andernorts bis zu dem Hinweis verdichten, daß der König nicht nur »Gottes Diener«[26] sei, daß er vielmehr als *sacerdotii quidem minister* (Diener der Amtskirche) betrachtet werden müsse[27]. Doch diese Aussagen, die gut zu den gregorianischen Traditionen passen wollen, können doch nicht verdecken, daß bei aller Rücksicht auf die Kirche und ihre Bedürfnisse die Grundlage des gesamten Zusammenhanges nicht durch die Amtskirche vermittelt ist, sondern in einer – platonisch verstandenen – Schöpfungslehre ruht. Diese verrät zwar ein überaus stark entwickeltes Harmoniebedürfnis und unterstreicht immer wieder die Forderung nach Harmonie und gegenseitigem Geben und Nehmen, sieht aber gerade dieses Wechselspiel unabhängig von kirchlicher Entscheidung als eigenständiges System.

Insofern gewinnt und hält die politische Ordnung bei Johannes von Salisbury eine gewisse Selbständigkeit gegenüber geistlichen Ansprüchen. Diese Ordnung kann auch mit ganz »unkirchlichen« Traditionen beschrieben und erklärt werden. Das Römische Recht und sein Naturrechtsbegriff, die Stellung des Herrschers über dem Gesetz, vor allem die Bindung des Herrschers an die *publica utilitas*, an das Gemeinwohl, das hier ganz unkirchlich definiert wird, all das läßt im *Policraticus* einen oft beschworenen »Naturalismus« zu Wort kommen. Dieser bleibt zwar ethisch eingebunden, aber beginnt sich schon aus kirchlichen Bindungen zu lösen, so sehr der Autor auch selbst eine kurialistisch-hierokratische Politik vertreten haben mag.

Zwar ist der Fürst an die positiven Gesetze – Maximen des Römischen Rechts entsprechend – nicht gebunden, um so mehr aber an die göttlichen Vorgaben, an die *aequitas*, die Gerechtigkeit, die sich im gegenseitigen Geben und Nehmen realisiert. Wer sich als Herrscher nicht daran hält, wird zum Tyrannen. Es kennzeichnet Johannes unbefangenen Blick und die Konsequenz seines Ansatzes, daß er dieses in seinem Jahrhundert schon klassische Theorem mittelalterlichen politischen Denkens nicht nur seinerseits aufgreift und beibehält, sondern daß er auch, radikaler als seine Vorgänger, darüber nachdenkt, welche Mittel gegen einen solchen Tyrannen zur Verfügung stehen.

Am weitesten entfernt sich unser Autor von seinen Vorgaben, wenn er – zum ersten Male geschieht das im Mittelalter ausdrücklich, wenn auch nicht in letzter Entschiedenheit – die ultima ratio des Tyrannenmordes nicht nur zuläßt, sondern sogar zu fordern scheint. Es entspricht den Forderungen der Gerechtigkeit, den gestörten Zusammenhang des *aequum et iustum* zu restituieren: »Den Tyrannen zu töten ist nicht nur erlaubt, sondern billig und gerecht.«[28]

---

26 Vgl. Römerbrief 13, 6.

27 Policraticus, in: C. C. J. Webb (Hrsg.) (Anm. 23), IV 3, Bd. I, S. 239.

28 Ebd., III 15, Bd. 1, S. 232; vgl. u. a. W. Berges (Anm. 23), S. 58f., S. 142f.; Richard M. Rouse/Mary A. Rouse, John of Salisbury and the doctrine of tyrannicide, in: Speculum, 42 (1967), S. 693–709; Max Kerner, Johannes von Salisbury und die logische Struktur seines Policraticus, Wiesbaden 1977, S. 193–202. Anders Jan van Laarhoven, The socalled theory of tyrannicide of John of Salisbury, in: Michael Wilks (Hrsg.), The World of John of Salisbury, Oxford 1984, S. 319–342.

Hier brauchen wir nicht zu verfolgen, wie Johannes, erschrocken gleichsam über diese Konsequenz, an anderer Stelle diese Aussage sofort wieder differenziert und einschränkt, und wie er die Tötung des Tyrannen seinerseits an den Vollzug eines sittlichen Amtes bei den Tyrannenmördern zu binden versucht. Wir können jedoch feststellen, daß sich in dieser tastend und vorsichtig vorgetragenen Lehre Konsequenzen aus einer naturrechtlichen und sittlichen Verankerung des Staatswesens zeigen, die stärker zu Buche schlägt als aller »Naturalismus« der Betrachtung.

Verlassen wir Johannes von Salisbury und seinen *Policraticus*, auch wenn er uns noch lange festhalten könnte. Die Schrift hatte eine breite Wirkung auf das politische Denken. Allein seine handschriftliche Verbreitung ist ganz außergewöhnlich groß, wie eine neuere Auszählung erwiesen hat, die nahezu 100 Manuskripte vom 12. bis zum 15. Jahrhundert für den umfangreichen Text ermittelte[29].

Eine ganze Gattung politischer Literatur hat sich an diesen Text angeschlossen, die darum bemüht war, die hier erreichten Positionen zu erörtern und den Faden weiterzuspinnen, der hier seinen Anfang genommen hatte. Im Hoch- und Spätmittelalter finden wir häufig politische Theorie in Gestalt politischer Ethik und damit Traktate, die als Handlungsanweisung für den Fürsten und für alle politisch Tätigen formuliert waren. Sie leben aus dem Versuch, die Maximen politischer Handlungsnormen teils aus der Tradition, teils aus einer Analyse des politischen Lebens zu begründen und zu entfalten.

Naturgemäß konnten keineswegs alle Autoren die theoretische Geschlossenheit und schon gar nicht die breite Belesenheit ihres unmittelbaren oder mittelbaren Vorbildes, des *Policraticus*, festhalten, wiederholen oder gar übertreffen. Sie konnten aber den Materialfundus erweitern, Argumente ausarbeiten, neue Ideen einführen, auf Probleme ihrer eigenen Zeit eingehen und auch die Fürstenethik – durch stärker ausgearbeitete Rücksichtnahmen auf die Interessen der anderen Stände als Bestandteile des Gemeinwesens – erweitern.

6. Das 13. Jahrhundert

6.1 Die Pariser Fürstenspiegelkompendien aus dem Kreis um Vinzenz von Beauvais

Die Fürstenspiegel waren so erfolgreich, daß sie mit guten Gründen als die vorherrschende Gattung bezeichnet werden können, in der politische Theorie sich dem Publikum im Spätmittelalter präsentierte. Zumindest bis zum Ende des 13. Jahrhunderts kann das gelten, und auch in den Jahrhunderten danach, bis tief in die Neuzeit hinein, wurde die Gattung dann nicht mehr vergessen. Es sind immer weiter Fürstenspiegel geschrieben, gedruckt und vor allem auch gelesen worden. Und Johannes von Salisbury hatte an diesem Erfolg der Gattung einen gewichtigen Anteil.

Im 13. Jahrhundert, das auf so vielen Wissensgebieten die enzyklopädische Übersicht suchte, wurde in der Tat in Paris der Versuch gemacht, alle Texte, die in

29 Aimon Linder, The Knowledge of John of Salisbury in the Late Middle Ages, in: Studi medievali III, 18 (1977), S. 881–932.

der Überlieferung und in der zeitgenössischen Diskussion irgend für die Fürstenermahnung und die Ausbildung eines guten Regenten brauchbar schienen, in einem großen Traktat zu sammeln. Der Versuch ist am Ende gescheitert. Wir kennen nur noch Bruchstücke und eher zufällig erhaltene Überreste, aber diese beweisen, daß wir es mit einem ungewöhnlich reichhaltig geplanten Sammelwerk zu tun haben, das in breiter Anlage eine sehr große Zahl von Autoritäten und Gesichtspunkten berücksichtigen wollte.

Der Dominikaner Vinzenz von Beauvais (gestorben 1264), dessen enzyklopädischem Eifer wir die größte Wissenssammlung des 13. Jahrhunderts, das *Speculum maius* verdanken, ist auch in unserem Bereich tätig geworden. Hatte er in seiner großen Enzyklopädie in drei mächtigen Teilen den Wissensstoff seiner Zeit dargestellt, im *speculum naturale* eine Summe der Naturphilosophie, im *speculum doctrinale* eine geschlossene Präsentation des scholastischen Lehrstoffes und im *speculum historiale* die Weltchronistik vom Beginn der Geschichte bis zum Jahre 1250, so hat er, wie er im Vorwort eines Teilstückes um 1250 selbst dem Leser mitteilt, »aus Liebe und zur Ehre unseres erlauchten Königs ... ein *opus universale* (ein allgemeines Werk) über den Stand (*status*) des Fürsten und den des ganzen königlichen Hofes und seine Haushaltung, sowie über die Verwaltung des Gemeinwesens und die Leitung des ganzen Königreichs nicht alleine aus der Heiligen Schrift, sondern aus den Lehren der katholischen Lehrer sowie aus den philosophischen und poetischen Texten zusammengestellt.«[30] Und etwa zehn Jahre später heißt es in der Vorrede eines anderen Teilstücks über dasselbe Unternehmen: »Mir erschien nützlich, das von den vielen Büchern, die ich gelesen habe, was sich auf die Sitten der Fürsten und ihrer Höflinge bezieht, kurzgefaßt in einem Band zu sammeln und in Kapitel zu gliedern, damit ich und die anderen Ordensbrüder von jener Materie, über die bisher so erstaunlich wenig geschrieben wurde, etwas Besonderes und Einschlägiges griffbereit hätten, so daß wir darauf bei jeder sich bietenden Gelegenheit zurückgreifen könnten, besonders dann, wenn sich uns die Aufgabe stellte, Fürsten, Rittern, Ratgebern, Bediensteten, Baillis, Prälaten und all den anderen, die bei Hofe weilen oder draußen im Lande (*foris*) das Gemeinwesen verwalten, Auge in Auge oder öffentlich angemessen zu raten, was ihrem Leben ziemlich und ihrem Seelenheil förderlich ist, so wie es jedem nach seinem Stande zukommt.«

Eine konkrete ethische Generallinie in politischen Fragen »für jedermann an seinem Ort« ist also das Programm, ein Beicht- und Predigtspiegel gleichsam für die politische Welt und ein Nachschlagewerk für die Beichtpraxis und Predigttätigkeit der Dominikaner. Große Exzerptmengen müssen dafür nach einem festen Plan gesammelt worden sein. Nicht nur Vinzenz selbst ist beim Exzerpieren tätig geworden, auch andere Ordensbrüder legten Hand an; es scheint das Werk einer ganzen Forschergruppe, ein geisteswissenschaftliches Großforschungsunternehmen gewesen zu sein, das eine mehr als ein Jahrzehnt andauernde Sammeltätigkeit – parallel zu anderen

30 Zu den Pariser Fürstenspiegelkompendien vgl. vor allem W. Berges (Anm. 23), S. 185–195, S. 304–313; die beiden Zitate hier S. 305 (von 1250/52) und S. 307 (von 1260/63). Wichtige Ergänzungen zur Verfasserschaft des »Pseudothomas« bei Antoine Dondaine, Guilleaume Peyraut. Vie et œuvres, in: Archivum fratrum praedicatorum, 18 (1949), S. 162–236, bes. S. 220–230.

enzyklopädischen Vorhaben des Kreises – in Anspruch nahm. Am Ende kam aber nicht die allumfassende »Datenbank« zu Tage, von der man alle nützlichen Informationen hätte abrufen können. Am Ende waren von Vinzenz von Beauvais (gestorben um 1264) selbst und von seinem Ordensbruder Guillelmus Peraldus (gestorben 1274) nur erste Anläufe gemacht worden, die Stoffmassen in Buchform zu fassen. Diese Schriften hatten durchaus ihren Erfolg; das große Ereignis, als das sie geplant gewesen waren, sind sie aber gewiß nicht geworden. Aus dem Willen, Fachwissen zu sammeln und bereitzustellen, war – angesichts der Schwierigkeiten, die Masse der *scientia*, des Wissensstoffes, noch mit der *sapientia*, der gottgewollten Weisheit, zur Deckung zu bringen – nur ein kaum mehr erkennbares Fragment entstanden. Der große Plan in seiner fragmentarischen Realisierung jedenfalls konnte die ursprünglichen Absichten nicht erfüllen, einen »abschließenden« Fürstenspiegel zu produzieren. Es sollte sich aber zeigen, daß damit die Möglichkeiten des Fürstenspiegels als Typus nicht erschöpft waren.

6.2 Die Leitwissenschaften

6.2.1 Die Rolle des Kirchenrechts

Schwierigkeiten bereitete es gewiß auch, daß an der Universität die Wissenschaften sich mit ganz anderen Fragen als mit Politik oder politischer Ethik beschäftigten. Diese Wissenschaften zeigten sich freilich im 13. Jahrhundert zunehmend in der Lage, für politische Reflexion Stoff zu liefern.

Die Rechtswissenschaft, und in ihr vor allem die Kanonistik, hatte die Rechtsbeziehungen in der Kirche zwischen ihren verschiedenen Gliedern theoretisch zu durchdringen. Zusätzlich zu Gratians Dekret hatten die Kanonisten mit der wachsenden Menge des von der Kurie in Form päpstlicher Rechtsentscheidungen ausgehenden neuen Rechts zu tun, das gesammelt, geordnet, erörtert und wissenschaftlich bearbeitet werden mußte. Den sogenannten *Dekretisten*, den Juristen, die sich besonders mit Gratians Dekret befaßten, treten zunehmend die *Dekretalisten* an die Seite, Juristen, die sich mit den päpstlichen Dekretalen und deren Sammlungen beschäftigten – nach derselben Methode vorgehend wie die Dekretisten. Diese Juristen haben für die Kirche kirchliches Verfassungsrecht formuliert, an der päpstlichen Zentralstellung allein schon durch ihr Material orientiert.

Die Entwicklung des kirchlichen Verfassungsrechts im einzelnen zu verfolgen, würde uns tief in die Konflikte des 12. und 13. Jahrhunderts eintauchen lassen. Hier waren rechtstechnisch Fragen zu klären, die durchaus die politische Theorie tangierten, aber natürlich nicht mit ihr zusammenfielen. Die Amtskirche wurde teilweise in der juristischen Theorie so weit juridifiziert, daß nichtjuristische Zeitgenossen ihre vorwiegend theologisch motivierte Kritik nicht unterdrücken mochten. Aber das Kirchenrecht als Regulierungsmittel war so effizient, daß es unwiderstehlich schien. Die Zahl der päpstlichen Dekretalen, die zumeist einer Anfrage bei der Kurie entsprachen, wuchs noch im 12. Jahrhundert in vorher ungeahnte Dimensionen. Allein Alexander III. (1159-1181) hat circa ein Fünftel aller der Dekretalen ausgegeben, die seit den Zeiten der alten Kirche bis zum Ende des 12. Jahrhunderts bekannt geworden sind.

Solche massenhaften und trotzdem rechtserheblichen Texte bedurften zu ihrer Hantierung und Benutzung erfahrener und geschulter Kompetenz. Für eine kirchliche Karriere war bald das Studium des Kirchenrechts verheißungsvoller als das der Theologie. Bischofssitze, Kardinalstitel, selbst der päpstliche Stuhl standen Kanonisten mindestens ebenso weit offen wie Theologen. Gerade im 12. und 13. Jahrhundert beginnt die große Zeit wesentlicher Karrierechancen, die eine gediegene juristische Qualifikation eröffnen konnte.

Die Auseinandersetzung zwischen dem Papsttum und der weltlichen Gewalt – zunächst des römischen Kaisers, später auch der anderen Könige und Fürsten der Christenheit – führte die Kirche und die Kirchenrechtsexperten zu einer immer genaueren Ausarbeitung ihres Verständnisses davon, wie die Kirche als Personenverband organisiert sein sollte, wie sich die Kompetenzen in ihr verteilten, welche Ansprüche die Kirchenleitung auf Gehorsam hatte. Bedeutende Juristenpäpste, vor allem Innozenz III., auch Innozenz IV. und manche andere, haben in ihren Entscheidungen und deren Begründungen, die sie der Mit- und Nachwelt mitteilten, dafür gesorgt, daß sich ein Komplex von Vorstellungen über die Rechtsgestalt der Kirche herausbildete, der Autorität gewann. Die Kirche galt mehr und mehr als rechtlich verfaßter Verband, dessen Rechtsbeziehungen sich ganz im höchsten Bischof, dem Papst, zentrierten. Wie das begründet und konstruiert wurde, war gewiß im einzelnen verschieden und wurde auch lebhaft diskutiert.

Zentrale Bedeutung gewann die Vorstellung, daß der Papst als Spitze und Mittelpunkt des Systems zu gelten habe. Rechtsbegriffe wie der einer *plenitudo potestatis*, einer Vollgewalt des höchsten Amtes, in dem sich alle kirchliche Kompetenz erfüllte, halfen erheblich zu dieser Konzentrationsbewegung. Es ist Ausdruck und Ergebnis solcher Tendenzen, daß es dem Papst als dem Nachfolger Petri gelang, in seiner Selbsttitulatur den gewandelten Verhältnissen Rechnung zu tragen. Der Titel eines *successor Petri* (Nachfolgers des Apostels Petrus) war weitgehend bedeutungslos geworden. Seit dem Ende des 12. Jahrhunderts, endgültig mit dem Pontifikat Innozenz' III. (1198-1215), kann der höchste Bischof für sich die Bezeichnung *vicarius Christi* (Stellvertreter Christi), die zuvor jeder Priester kraft seiner Sakramentsverwaltung beanspruchen durfte, monopolisieren. In der gesamten Kirche setzte sich die Anschauung durch, daß nur in diesem – auf den Papst beschränkten – Gebrauch des Titels der hohe Anspruch, der in ihm lag, eine angemessene Grundlage habe. Dabei wurde der Titel jetzt präzise aus dem Wesen juristisch faßbarer Stellvertretung erklärt. Er beruhte auf der Übertragung des Primats in der Kirche an Petrus. So galt der Titel als Summe und Inbegriff aller Kompetenzen des Papstes und sollte die Fülle der Vollmacht des Gottmenschen Christus auf den Papst übertragen.

In einem jahrzehntelang ausgetragenen Konflikt hatte sich die andere Position universalen Anspruches in der Christenheit, der Träger des Kaisertitels, trotz größter Anstrengungen gegenüber dem kurialen Gegenspieler nicht behaupten können. Innozenz IV. konnte auf dem Konzil von Lyon (1245) aus päpstlicher Machtfülle *sacro praesente concilio* (in Gegenwart des heiligen Konzils) den Staufer Friedrich II. seiner Kaiserwürde entsetzen. Weil Friedrich 1250 einige Jahre vor seinem päpstlichen Gegner starb, konnte der Papst sich schließlich als Sieger im lange unentschieden geführten Konflikt fühlen. Für geraume Zeit blieb auch künftig das Papsttum mit seinem universalen Anspruch allein auf dem Plan.

Die durch die Ausschaltung des Kaisers gerissene Lücke füllte keineswegs das

»siegreiche« Papsttum aus. Vielmehr traten sehr bald die sich allmählich konsolidierenden europäischen Nationalkönigreiche in die Bresche. Die an der Kirche als juristisch verstandenem Verband gewonnenen Prinzipien ließen sich mit relativ geringem Aufwand auch auf weltliche Herrschaftsverbände übertragen. Das Kirchenrecht erwies sich somit als ungemein wirkungskräftiges Paradigma für politisches Denken und politische Theorie und trug unbeabsichtigt dazu bei, die politische Herrschaftsordnung zu verselbständigen.

6.2.2 Die Rolle der Theologen: Die Hierarchienlehre

Nicht allein die Juristen haben im Verfolg ihrer eigenen wissenschaftlichen Ziele der politischen Theorie indirekt vor- und zugearbeitet. Auch die anderen Fakultäten hatten Ansätze zu bieten, die sich später verwenden ließen. Auch hier müssen wir uns auf einige exemplarische Anmerkungen beschränken.

Die Theologie, auf ihrem Weg von der frühscholastischen Methode zu den hochscholastischen Synthesen, hatte eine Fülle von theoretisch-systematischen Problemen zu lösen und hat sich ganz gewiß mit politischen Fragen nicht in primärem Zugriff befaßt. Eine Fragestellung freilich war ihr seit ihren Anfängen unmittelbar aufgegeben: Sie mußte auch über die Kirche selbst nachdenken, über ihre Fundamente, ihr Leben und ihre Lebensordnung, und sie mußte das tun auch jenseits und neben aller juristischen Kompetenzanalyse.

Die Schwierigkeit für uns liegt darin begründet, daß die Theologie eine eigene Kirchenlehre (*Ekklesiologie*) erst spät entwickelt hat. Als eigenständiges Feld der Reflexion mußte sich die Lehre von der Kirche erst allmählich emanzipieren. So sollen hier nicht die Fortschritte im ekklesiologischen Denken im Zusammenhang ihrer verschiedenen Teilstücke verfolgt werden – auch wenn die Klärungen, die die unermüdliche Arbeit zu der Lehre von den Sakramenten, vom priesterlichen Amt, von Buße und Schlüsselgewalt, von Beichte und Absolution erzielte, ganz gewiß politische Implikationen hatten.

An einem Beispiel aber soll die Wirkung der offenen Fragen einer theologischen Lehre von der Kirche auf die politische Theorie beleuchtet werden. Wir wenden uns dem Begriff der *Hierarchie* zu. Das Wort, griechischen Ursprungs und aus der Zusammensetzung des »Heiligen« und des Wortes für »Herrschaft« abgeleitet, kommt im Neuen Testament nicht vor. Die mittelalterliche Theologie fand es aber in den Schriften des sogenannten Pseudo-Dionysius Areopagita, Texten, die seit dem beginnenden 6. Jahrhundert bekannt waren und die beanspruchten, von jenem Dionysius zu stammen, der nach dem Zeugnis der Apostelgeschichte[31] von Paulus selbst bekehrt worden war. Erst die Renaissance, die philologische Kritik eines Lorenzo Valla und Erasmus, hat diesen Anspruch als unbegründet erwiesen. Im Mittelalter hat man diese frühestens seit der Mitte des 5. Jahrhunderts entstandenen Schriften jedenfalls ohne Zögern für Texte eines Apostelschülers genommen und ihnen einen hohen Wert als Autorität beigemessen.

31 Vgl. Apostelgeschichte, 17, 34.

Nicht nur ständig erneuerte Versuche, diesen Texten in einer lateinischen Fassung gerecht zu werden, zeigen, welch hohen Wert man ihnen beimaß. Die Reihe der bedeutenden Theologen, die sich dieser Texte annahmen, ist lang und wahrhaft ansehnlich. Hugo und Richard von St. Viktor, Robert Grosseteste, Albertus Magnus, Thomas von Aquin und Bonaventura, Meister Eckhart und Nikolaus von Kues bezeugen neben vielen anderen, wie stark sich die mittelalterlichen Theologen immer wieder zu diesen Schriften hingezogen fühlten.

Pseudo-Dionysius hatte auf der Grundlage neuplatonischer Emanationsspekulationen über das Hervorgehen aller Dinge aus dem vollkommenen, göttlichen Einen in seiner Schrift *De caelesti hierarchia* (Über die himmlische Hierarchie) die Welt der reinen Geistwesen systematisch darzustellen versucht. In einem gestuften System werden die Klassen und Ordnungen der Engel in drei Haupthierarchien mit jeweils drei Untergliederungen von oben nach unten (aus verstreuten Hinweisen der Heiligen Schrift und neuplatonischen Ansätzen) aufgeführt, wobei jedes einzelne Glied, in sich vollkommen, an seinem Platz an Gottes Sein und Wirken beteiligt ist. Durch die Vermittlung der Glieder der höheren Ordnung erhalten die ihr folgenden ihren Anteil an der göttlichen Erleuchtung. Gott will, daß die Oberen durch die Mittleren die Unteren zu ihm selbst führen und leiten, erleuchten und vollenden.

Diese überwiegend statische Ordnung, die Tätigkeiten in einen geschlossenen Zusammenhang bringt und eine absolut stabile Orientierung erlaubt, war anziehend genug, auch wenn sie sich nur spekulativ mit der Ordnung von Gottes jenseitiger Welt beschäftigte. Geradezu unwiderstehlich aber wurde diese Spekulation offenbar deshalb, weil in einer zweiten Schrift *De ecclesiastica hierarchia* (Über die kirchliche Hierarchie) in der irdischen Ämterordnung der Kirche die genaue Entsprechung der transzendenten Hierarchie der Engel identifiziert wird. Auch hier herrschen die Dreierschemata vor. Bischöfe, Priester und Liturgen etwa oder Mönche, Gemeinde und Katechumenen stellen jeweils eine Stufe in sich dreigliedrig dar, und wiederum meint der Text, auch hier müßten die Unteren durch die Mittleren zu Gott geführt werden. Es ist klar, daß diese Auslegung ursprünglich die sozialen Verhältnisse und die Gemeindeordnung der Alten Kirche vor Augen hatte: Auf das Mittelalter wollte sie nicht ohne weiteres passen. Vielleicht gerade deshalb war der Gedanke so faszinierend, die irdische Ordnung der Kirche mit der Stufung der Engelchöre nicht nur in einer fernen Entsprechung, sondern in engster Analogie zu sehen. Die Kirche als himmlische Ordnung: Darüber waren sehr tiefe Gedanken und auch Gedanken von sehr unfrommer Absicht möglich. Für die Theologen jedenfalls bot sich hier ein weites Feld (das von der heutigen Wissenschaft noch nicht umfassend genug aufgearbeitet worden ist[32]).

---

32 Vor allem David E. Luscombe hat sich verschiedentlich zur Pseudodionys-Rezeption geäußert; vgl. etwa ders., The Lex divinitatis in the bull Unam sanctam of Pope Boniface VIII., in: Church and Government in the Middle Ages, Essays presented to Christopher R. Cheney, hrsg. von Christopher N. L. Brooke u. a., London 1976, S. 205–221. Dazu vor allem Yves Marie Joseph Congar, Aspects ecclésiologiques de la querelle entre mendiants et séculiers dans la seconde moitié du XIIIe siècle et le debut du XIVe siècle, in: Archives d'histoire doctrinale et littéraire du moyen age, 36 (1961), S. 35–159; auch Jürgen Miethke, Die Rolle der Bettelorden im Umbruch der politischen Theorie an der Wende zum 14. Jahrhundert, in: Stellung und Wirksamkeit der Bettelorden in der städtischen Gesellschaft, hrsg. von Kaspar Elm, Berlin 1981, S. 119–153.

Hier ist nur wichtig, daß der Anspruch, der bei Pseudo-Dionysius so klar gestellt war, durchaus auch eine politische Funktion haben konnte und jedenfalls für eine politische Theorie wesentliche Vorüberlegungen bereitstellte. Wenn schon Gott in seiner Weltregierung auf eine streng abgestufte Heerschar von Mitwirkenden angewiesen war, dann konnte die große Zahl von Mitwirkenden im Herrschaftsapparat der Kirche auch auf ihren Mittelpunkt bezogen werden, letztlich auf Gott, aber natürlich zunächst auf den Papst als seinen Stellvertreter. Das Modell war auch direkt auf die politische Ordnung anzuwenden. Der Pariser Theologe Wilhelm von Auvergne hat es in den dreißiger Jahren des 13. Jahrhunderts explizit auch auf weltliche Herrscher ausgedehnt. Während in der kirchlichen Hierarchie den höchsten Grad die Kardinäle, die mit dem Papst zusammenarbeiten, und den untersten die einfachen Priester einnehmen, entsprechen den Engelschören in ihren Abstufungen auch *nobiles* und *milites* (die Adligen und Ritter, wie wir wohl übersetzen müssen). Thomas von Aquin wird später virtuos die Gedanken des Pseudo-Dionysius einsetzen, um die Kirchenverfassung zu durchleuchten (und um gegen die Angriffe des Pariser Magisters Wilhelm von Saint-Amour die Existenzberechtigung der Bettelordensverbände in der Kirche zu rechtfertigen).

6.2.3 Die Rolle der Artisten: Die Aristotelesrezeption

Wenn wir die Medizin einmal beiseite lassen – die freilich auch einen, wenn auch zunächst bescheidenen Beitrag zur Vorbereitung politischer Theorie über die Organismusmetapher zu leisten vermochte –, so bleibt als letzte Fakultät, die in ihrem Beitrag zur politischen Theorie zu prüfen ist, die Fakultät der *Artes* übrig. Längst hatte sich diese propädeutische Fakultät zumindest in Paris – und danach in etwas anderer Weise auch in Oxford – aus dem Zwang befreit, etwa ausschließlich die alten sieben *Artes liberales*, die »Freien Künste« der spätantiken Wissenschaftsgliederung zu betreiben. Gewiß, *Trivium* (Grammatik, Rhetorik und Dialektik) und *Quadrivium* (Arithmetik, Geometrie, Musik und Astrologie) konnte man auch weiterhin an der Universität lernen; nur spannte den Rahmen der Disziplinen nicht mehr das alte Schema, sondern eine Tafel mit neuen Inhalten.

---

33 So nannte man später (als weitere Übersetzungen aus dem aristotelischen Organon als Logica nova vorlagen) das Corpus der von Boethius übersetzten logischen Schriften des Aristoteles: Kategorien, De interpretatione und die Isagoge des Porphyrius.

34 Fernand van Steenberghen, Aristotle in the West, the Origins of Latin Aristotelism, Louvain 1955 (Neudruck ebd. 1970); ders., Die Philosophie im 13. Jahrhundert, München 1977; vgl. auch die Zusammenfassungen in: Anthony Kenny/Norman Kretzmann/Jan Pinborg (Hrsg.), The Cambridge History of Late Medieval Philosophy, Cambridge 1982. Eine Handschriftenübersicht über Kommentare zur Politik bei Christoph Flüeler, Mittelalterliche Kommentare zur Politik des Aristoteles und zur pseudo-aristotelischen Oekonomik, in: Bulletin de philosophie médiévale, 29 (1987), S. 193–239; vgl. auch Jozef Brams/Willy Vanhamel (Hrsg.), Guillaume de Moerbeke, Recueil d'études à l'occasion du 700e anniversaire de sa mort (1286), Leuven 1989. Demnächst eindringlich Christoph Flüeler, Rezeption und Interpretation der aristotelischen »Politica« im 13. und 14. Jahrhundert, Studien, Texte, Quellen, Phil.Diss. (masch.), Freiburg/Schweiz 1989 (die im Druck in der Reihe »Bochumer Studien zur Philosophie« 1991 erscheinen soll).

Seit dem 12. Jahrhundert eroberten die Universitäten Stück für Stück das weitläufige Gelände der aristotelischen Schriften, das in der *Logica vetus*[33] über die spätantiken Übersetzungen noch teilweise dem Westen gegenwärtig gewesen war, und das dann Schritt für Schritt in deutlich unterschiedenen Schüben durch Übersetzungen aus dem Arabischen und aus dem Griechischen, teilweise auch in Konkurrenz untereinander, dem lateinischen Westen bekannt geworden ist[34].

Nach Logik und Dialektik, nach Metaphysik und den naturphilosophischen Schriften kam die praktische Philosophie des antiken Philosophen, den die Gelehrten des lateinischen Mittelalters seit dem 12. Jahrhundert »den Philosophen« schlechthin zu nennen sich angewöhnt hatten, als allerletzte Sparte zum Zuge, und auch hier zuerst die (Nikomachische) Ethik, von der am Ende des 12. Jahrhunderts die ersten lateinischen Auszüge als *Ethica vetus* erkennbar werden, bis 1220 dann – als *Ethica nova* bezeichnet – eine weitere Fassung erscheint. Etwa 1240 dann wird eine lateinische Paraphrase aus dem Arabischen für uns greifbar, bevor ein Engländer, der Bischof Robert Grosseteste von Lincoln, noch vor der Jahrhundertmitte (um 1246/47) – diese und ähnliche Vorarbeiten zusammenfassend – eine vollständige *Ethica*, aus dem Griechischen übersetzt, vorlegte. Erst über ein weiteres Jahrzehnt später, um 1260, übertrug der niederländische Dominikaner Wilhelm von Moerbeke, der auch in persönlicher Verbindung zu Thomas von Aquin stand, die *Politik* aus dem Griechischen. Jetzt konnte dieser Text auf die politische Reflexion im Abendland in seiner eigenen Gestalt zu wirken beginnen. Diese späte Ankunft wurde aber durch die Intensität in gewissem Sinne wieder aufgewogen, mit der man sich auf dieses Angebot neuer Argumente und Überlegungen, auch einer bis dahin unbekannten wissenschaftlichen Methode stürzte. Um 1265 ist eine erste Paraphrase durch den deutschen Dominikanermönch Albertus Magnus zu datieren. 1267/72 hat auch Thomas von Aquin einen scholastischen Kommentar zu dem Text begonnen (den er freilich unvollendet ließ). Der niederländische Gelehrte Siger von Brabant hielt noch vor 1270 in Paris Vorlesungen über die *Politik* an der Artes-Fakultät.

Schon von Beginn an zeigt sich damit ein Phänomen, das auch in Zukunft immer wieder zu beobachten sein wird. Die Rezeption der politischen Philosophie des Aristoteles ist keineswegs die ausschließliche Domäne der Artisten. Auch die Theologen, insbesondere die Bettelordenstheologen, die in ihren Ordensstudien im Rahmen ihres gelehrten Werdegangs sich intensiv mit dem aristotelischen Corpus auseinanderzusetzen hatten, haben einen bedeutenden Anteil gehabt, theoriegeschichtlich zunächst wohl den wichtigeren. Der Auftakt war jedenfalls in beiden Bereichen fulminant. Gleichwohl gelang es der aristotelischen *Politik* nicht mehr, sich einen ganz festen Platz im Curriculum der propädeutischen Fächer an der Artes-Fakultät zu sichern; sie blieb ein Wahlfach, wurde nicht regelmäßig oder in den großen Pflichtkursen gelesen, blieb auf die Neigung von Hörern und Dozenten angewiesen. Damit ist auch die Hinterlassenschaft an universitärem Schrifttum über die *Politik* aus dem 13. und 14. Jahrhundert gegenüber der Fülle an logischen und naturphilosophischen Traktaten, Kommentaren und Quaestiones vergleichsweise bescheiden.

Völlig verfehlt wäre es aber, daraus nun den Schluß zu ziehen, daß auch die Wirkung auf das politische Denken sich in engen Grenzen hielt. Allein die Geschlossenheit der aristotelischen Methode, an die sich der Student in einem langwierigen Lernprozeß von den ersten Tagen seines Artes-Studium an hatte gewöhnen müssen, mußte ihm auch die politische Philosophie des Philosophen anziehend machen. Das

Angebot, hier in schlüssigen Argumenten unabhängig von Bibel und Kirchenlehre auf die Vernunft allein sich stützende Überlegungen über das politische Leben der Menschen zu finden, war unwiderstehlich. Aristoteles hatte seine politische Philosophie vom griechischen Stadtstaat her entwickelt. Die Stadtentwicklung und eine kräftige kommunale Bewegung in den Stadtlandschaften in Norditalien, Südfrankreich, in den Rheinlanden und anderwärts in Europa unterlegten den Argumenten des Philosophen lebendige Anschauung. Die Entfaltung der europäischen Monarchien machte die Aufgabe nur um so reizvoller, die vernünftigen Prinzipien auch auf die gewandelten Verhältnisse der modernen Flächenstaaten anzuwenden.

Diese Aufgabe freilich war mit scholastischen Kommentaren, die sich naturgemäß vornehmlich einer genauen Textauslegung widmen mußten, nicht eigentlich befriedigend zu leisten. Es mag noch ein Zufall gewesen sein, der Thomas von Aquin dazu veranlaßte, seinen Politikkommentar nicht zu vollenden. Insgesamt gesehen konnte die evidente Pflicht einer Übersetzung aristotelischer politischer Philosophie in die eigene Gegenwart hinein durch einen Kommentar jedenfalls nicht gelingen.

6.3 Der Fürstenspiegel des Thomas von Aquin

Es kennzeichnet Thomas von Aquin, daß er diese Situation anscheinend schon bei seiner ersten Berührung mit dem Text der *Politik* durchschaut hat. Er hat sich als einer der ersten des Textes nicht nur bemächtigt, sondern ihn auch in seine theologische Arbeit rasch und intensiv integriert.

Glänzendes Zeugnis dafür ist und bleibt der Fürstenspiegel, den er etwa gleichzeitig mit dem Kommentar der *Politik* in Angriff genommen hat, etwa 1265/67[35]. Die Tradition des Typus hatte Thomas gewiß im Dominikanerkloster von Paris zur Zeit seines Studiums dort kennengelernt, am Ende des großen enzyklopädischen Unternehmens seiner Ordensbrüder. Daß er sich an dem Großunternehmen auch beteiligt hätte, ist unwahrscheinlich. Nicht eine Liste von Verhaltensregeln, und sei sie auch noch so spezifisch auf die Situation des Fürsten zugeschnitten, ist sein Ziel. Er will den theoretischen Zusammenhang darstellen, der einem Verhalten überhaupt Orientierung und Ziel geben kann, er will das Verhalten aus Einsicht in die wissenschaftlich erfaßten Grundlagen der Politik steuern. Die methodischen Möglichkeiten dazu sieht er in der *Politik* des Aristoteles.

---

35 Eine kritische Neuausgabe ist endlich erschienen: Thomas von Aquin, De regno ad regem Cypri, hrsg. von Hyacinthe F. Dondaine, in: Sancti Thomae de Aquino Opera omnia iussu Leonis XIII p. m. edita, vol. XLII, Rom 1979, S. 421–471. Dadurch sind alle älteren Ausgaben überholt. Die ältere Übersetzung ins Deutsche von Friedrich Schreyvogel (1923), zuletzt Stuttgart 1975 (Reclam, nr. 9326), ist brauchbar. Für die Interpretation immer noch maßgebend: Wilhelm Berges (Anm. 23), S. 195–211, S. 317–319; vgl. auch die knappe Zusammenfassung von Sofia Vanni Rovighi, in: Luigi Firpo (Hrsg.), Storia delle idee politiche, economiche e sociali, vol. II, tomo 2: Il medioevo, a cura di Ovidio Capitani, Mario delle Piane, Paolo Delogu, Francesco Gabrieli, Raoul Manselli, Bruno Paradisi, Agostino Pertusi, Giovanni Tabacco, Sofia Vanni Rovighi, Cesare Vasoli, Torino 1983, S. 463–495. Flüeler (Anm. 34) datiert »Deregno« mit neuen Gründen auf 1271/73. An der oben gegebenen Interpretation ändert sich freilich kaum etwas. Widmungsempfänger war dann natürlich nicht Hugo II (wie Anm. 36 angenommen), sondern Hugo III.

Seine neue systematische Absicht erklärt Thomas im Widmungsschreiben, gerichtet an den König von Zypern[36]. Er wolle der königlichen Hoheit ein Geschenk machen, das auch seinem eigenen Beruf angemessen sei, und schreibe daher dem König einen *liber de regno*, ein Buch über das königliche Amt. Die Schrift, die da den theoretischen Ansprüchen des gelehrten Berufes entsprechen sollte und die in den meisten Druckausgaben unter dem Titel *De regno ad regem Cypri* (Über das Königreich, dem König von Zypern gewidmet) oder *De regimine principum* (Über die Regierung der Fürsten) zu finden ist, ist jedoch nach fast einhelliger und überzeugender Auffassung der Forschung nicht in ihrem gesamten Text von Thomas von Aquin verfaßt. Mitten in einem Kapitel[37] brechen die ältesten Handschriften ab. Wir wollen uns hier allein auf den authentischen Teil der Schrift konzentrieren.

In den ersten Sätzen des Textes umreißt Thomas sein Ziel. Er will, so verspricht er dem Leser, den Ursprung des königlichen Amtes (*regnum*) und alles, was zu ihm gehört, nach der Heiligen Schrift, den Meinungen der Philosophen und nach dem Vorbild rühmlicher Herrscher sorgfältig sammeln und niederschreiben. Anders als seine Tradition macht der Aquinate nicht die Etymologie des Wortes »König« zum Ausgangspunkt seiner Überlegungen. Er geht aus von der anthropologischen Verfassung des Menschen als eines geselligen Wesens, und analysiert, was unter dieser Voraussetzung *regimen*, Leitungsfunktion in der Gesellschaft, heißen kann. Von der Verschiedenheit seiner natürlichen Bestrebungen zerrissen, bedarf schon der einzelne Mensch einer Direktion, die die Vernunft ihm gibt, welche von Natur aus jedem Menschen gegeben ist. Lebten die Menschen in Einsamkeit und isoliert voneinander, so genügte diese Leitungsfunktion der Vernunft für ihr Leben völlig. Jeder wäre sich selbst König *sub Deo summo rege* (unter Gott als höchstem König), jedenfalls insofern die Menschen sich von dem Lichte ihrer Vernunft leiten ließen.

Aber eben aus der Struktur der Vernunft läßt sich zeigen, daß auch Aristoteles zu Recht den Menschen von Natur aus ein *animal sociale et politicum* genannt hat, ein geselliges und zu politischer Organisation veranlagtes Wesen. Denn die Vernunft ersetzt dem Menschen die instinkthafte Verhaltenssicherheit, die die Tiere schützt, nur in der Form einer groben Allgemeinerkenntnis seiner Lebensnotwendigkeiten. Der Mensch kann durch die Vernunft aus allgemeinen Grundsätzen zu einer zutreffenden Erkenntnis der Einzeldinge gelangen, deren er zu seiner Lebensfristung bedarf. So drängt diese Veranlagung den Menschen zu geselligem Leben, damit der Mensch dem Menschen behilflich sei und einer diese, ein anderer jene Erkenntnisaufgabe wahrnehmen könne. Die Vernunftbegabung selbst gibt einen Fingerzeig. Ist der Mensch doch kommunikativ nicht allein in jenem allgemeinen Sinn, in dem auch ein Hund durch sein Gebell seinem Zorn Ausdruck geben kann, sondern im präzisen Sinn vernünftiger und artikulierter Verständigung, so daß ein Mensch seine Erkenntnisse einem anderen im Sinne umfassender Verständigung sprachlich vermitteln kann.

Wenn der Mensch demnach auf Grund seiner anthropologischen Voraussetzungen – entsprechend seinem instinktfreien, vernünftigen, erkenntnisvermittelten Weltverhältnis und seiner kommunikativ-sprachlichen Verfassung – dazu veranlagt ist, in

36 Es handelt sich wohl um den jungen Hugo II. (1251–1267), begraben in der Dominikanerkirche in Famagusta.

37 In der Regel als II 4 nummeriert, in der kritischen Ausgabe (Anm. 35) aber jetzt II 8.

Gesellschaft seiner Artgenossen zu leben, so läßt sich eine solche Vielheit von Menschen als geordnete Gesamtheit nur dann begreifen, wenn sie zusammengehalten und geordnet wird. Thomas wählt Beispiele, die dieser Forderung entsprechen: einmal den Organismus, in dem eine *vis regitiva* (eine Leitungskraft) dafür sorgt, daß nicht die Einzelkräfte auseinanderstreben; sodann die Ordnung des Weltalls, wo eine Rangfolge von Leitungsfunktionen zu beobachten ist. Im Menschen regiert die Seele den Leib und durch die Vernunft werden die affektiven Seelenteile geleitet. »Auch gibt es unter den Gliedern eines Leibes ein *membrum principale* (ein führendes Organ), das alles in Bewegung hält, sei es nun das Herz oder das Haupt.«[38]

Bezeichnender als diese Schwierigkeit, sich zwischen Haupt und Herz, einer Differenz im traditionellen Gebrauch der Organmetapher, klar zu entscheiden, ist an dem Text die Energie, mit welcher die *vis regitiva* als notwendige Funktion aus der Gesellschaftlichkeit des Menschen abgeleitet erscheint. Allein damit wird aus der Vielfalt eine Gesamtheit, aus der Mannigfaltigkeit bloßer Singularitäten eine geordnete Einheit. Die Leitung soll die Gesellschaft zu einem angemessenen Ziel (*finis conveniens*) lenken. Wenn sie das nicht vermag, ist sie funktionsuntüchtig. Denn als geordnete Einheit hat sie einen ihr zukommenden Zweck, ist also (aristotelisch gesprochen) eine eigene *Entelechie*, der es aufgegeben ist, ihren naturgesetzten Zweck prozeßhaft zu verwirklichen. Es ist deutlich, daß der Gesamtzweck der Gesellschaft sich keineswegs aus der bloßen Summe der mannigfaltigen singulären Zwecke der einzelnen Menschen ergibt. Das *bonum commune* (Gemeinwohl) ist von dem *bonum proprium* (Eigennutzen) der einzelnen deutlich unterschieden.

Damit muß sich aber jede menschliche Gesellschaft an der Frage messen lassen, ob ihre Struktur dieser Grundgegebenheit ihrer Verfassung entspricht, ob ihre Art der Herrschaftsausübung diesen Anforderungen auch gewachsen ist. In der Gesellschaft freier Menschen muß die Leitung der Freiheit entsprechen. Thomas führt an dieser Stelle die aristotelische Lehre von den Regierungsformen und ihren Perversionen ein und kann damit einen sehr weit gefaßten Begriff des Tyrannen entwickeln. Auch für die von Thomas im Anschluß an Aristoteles so genannte *democratia*, die als gewaltsame Unterdrückung per *potentiam multitudinis* (durch die Macht der Menge) definiert wird und der *politia* (der guten Staatsform der Gesamtherrschaft) gegenübergestellt erscheint, muß gelten: *Sic enim populus totus erit quasi unus tyrannus* (denn derart wird das ganze Volk ein einziger Tyrann sein[39]).

Ebenfalls Aristoteles nachbuchstabierend führt Thomas auch die Stufen der Vergesellschaftung schulgerecht auf, nur geht er bereits über die oberste aristotelische Ebene, die der Polis, der *civitas*, der Stadt hinaus, wenn er auch die *provincia*, das Territorium nennt, das »hinsichtlich aller Lebensnotwendigkeiten selbsterhaltungsfähig« ist, wobei, mittelalterlichen Bedingungen entsprechend, es vor allem das Problem der militärischen Autarkie ist, das er als Argument anführt[40].

Die Definition, mit der Thomas sein erstes Kapitel abschließt, legt mit dieser so stringent entwickelten Begriffsbestimmung zugleich auch die Basis für die künftige Argumentation: »König ist, wer die Menschengesellschaft einer Stadt oder eines Territoriums leitet, und zwar des Gemeinwohls wegen.« Somit tauchen schon in dem

---

38 Thomas von Aquin, De regno ad regem Cypri (Anm. 35), I 1, S. 450 a/b.
39 Ebd., I 1, S. 450 b.
40 Ebd., S. 451 a.

ersten, hier ausführlicher referierten Kapitel der Schrift die Axiome der thomasischen Theorie auf: die prozeßhaft-teleologische Auffassung der menschlichen Tätigkeit, die anthropologische Verankerung der menschlichen Vergesellschaftung und schließlich die scharfe Unterscheidung von Gemeinwohl und Eigennutz. Alle drei Axiome entnahm Thomas der aristotelischen Tradition. Die *Politik* rezipierte er aber ersichtlich nicht als isolierten Text, sondern stellte sie in den Gesamtrahmen der aristotelischen Philosophie und seiner eigenen Arbeit.

Die Monarchie als beste Gewähr für Frieden und Eintracht ist für Thomas am Ende seiner allgemeinen Darlegungen eine gut begründete Forderung – gut begründet in Vernunftgründen und in göttlichem Recht. Aristoteles hatte die Hauptwerkzeuge geliefert, aber Thomas hat sie ausgefeilt und an seine Zwecke angepaßt. Die Monarchie als beste Regierungsform soll so eingerichtet werden, daß sie vor dem Abgleiten in Tyrannis bewahrt werden kann. Denn wie die Monarchie die prinzipiell beste Staatsform ist (darin ging Thomas über Aristoteles jedenfalls hinaus), so ist die Tyrannis ohne Frage die schlimmste. Das aristotelische Schema der drei Verfassungsformen und ihrer Perversionen ist also keineswegs gleichgewichtig in seiner moralischen Bewertung.

Zur Tyrannenlehre hat Thomas das aristotelische Kriterium dankbar benutzt, nach dem sich Tyrannen dadurch von legitimen Herrschern unterscheiden lassen, daß sie für ihren Eigennutz, nicht für das Gemeinwohl, tätig sind. Thomas weigert sich aber, in seiner längeren Tyrannenabhandlung[41] dem Tyrannenmord Rechtfertigungsgründe zu geben, im Gegenteil. Der apostolischen Lehre entspreche solch ein Gedanke ganz und gar nicht, schreibt Thomas; der Gerechte muß leiden und die Märtyrer der Alten Kirche haben dies mit ihrem Blut besiegelt. Gewiß muß man alle Vorkehrungen treffen. Schon bei der Wahl muß man jenen Kandidaten zum König erheben, der Tyrannis nicht erwarten läßt. Auch muß die Regierungsarbeit (*gubernatio*) so eingerichtet werden, daß dem regierenden König keine Gelegenheit zur Tyrannis bleibe. Leider hat Thomas solche (verfassungsmäßigen) Beschränkungen der königlichen Gewalt nicht näher beschrieben. Aber gegenüber Tyrannen, wenn man sie denn nicht hat verhindern können, empfiehlt er letztlich nur Geduld. Widerstand kann den Gewaltherrscher zu noch größeren Untaten provozieren. Ein schlimmerer Tyrann kann dem jetzigen folgen. Jedenfalls darf man den Tyrannen nicht töten.

Privatleute dürfen den Tyrannenmord schon gar nicht begehen, da er unabsehbare Gefahren heraufbeschwört. Gewiß, Thomas erörtert Wege, wie einem Tyrannen beizukommen sein mag. Die »Menge«, die ihn zum Herrscher gewählt hat, kann ihn der Herrschaft auch entsetzen und wird damit nicht ihre geschworene Treue brechen, so wie die Römer Tarquinius Superbus verjagten. Wenn ein *superior* (ein Oberer) vorhanden ist, der den König eingesetzt hat, so muß dieser Abhilfe gegen den Tyrannen schaffen. Letztlich aber, wenn menschliche Mittel nichts fruchten, muß man sich an Gott wenden, der seinem Volk in der Verfolgung beisteht. Gott kann das Herz des Tyrannen wandeln oder den Tyrannen vernichten. So tue das Volk Buße, damit es von der Tyrannei durch Gott befreit zu werden verdiene: *Tollenda est igitur*

41 Ebd., I 6, S. 455 a–456 b.

culpa, ut cesset tyrannorum plaga (die Sünde muß abgetan sein, damit die Pest der Tyrannen aufhöre[42]).

Man wird diese theologische Lösung des Problems respektieren müssen, wenn wir auch gerne gewußt hätten, wie die tyrannenfeste Einrichtung der Regierung aussehen sollte, die Thomas als Riegel vor die Entartung einer Herrschaft schieben wollte. Die Zurückhaltung des Aquinaten hat auf die katholischen Debatten um das Widerstandsrecht bis in unser Jahrhundert hinein einen tiefgreifenden Einfluß behalten. Auffällig ist, daß Thomas das allgemeine Widerstandsrecht doch insoweit zuläßt, daß auch er in bestimmten Fällen eine Absetzung ins Auge faßt. Zwar sagt er nicht, mittels welcher Prozeduren und in welcher Weise das möglich sein soll. Gewiß denkt er dabei eher an die kommunalen Stadtstaaten Oberitaliens als an die europäischen Königreiche. Seine Aussage freilich ist bezeichnend genug für die Nüchternheit, mit der Thomas politische Phänomene in den Blick nimmt.

Wenn die politische Ordnung als Abbild des Mikrokosmos durch ihre einheitliche Leitung der menschlichen Gesellschaft dazu verhilft, ihr naturgegebenes und gottgewolltes Ziel zu erreichen, so hat sie darin ihre selbständige Existenzberechtigung. Alles, was diesem Ziel dient, fällt in ihre Kompetenz. Daher hat die Herrschaft nicht allein die Aufgabe, den Menschen ihres Bereichs zur Selbsterhaltung zu verhelfen. Da der Mensch nicht nur Lebewesen, sondern vernünftiges Lebewesen ist, fällt ihr durchaus auch die Pflicht zu, den Menschen ein Leben in Erfüllung ihrer vernünftigen, und das heißt sittlichen Anlagen zu ermöglichen. Die *perfectio naturalis* also, die natürliche Vollendung, gehört noch zum genuinen Auftrag des Staates. Zum letzten Ziel, zur *perfectio supernaturalis*, leitet auf Gottes Einrichtung hin nicht der König (wenn er auch keinerlei Hindernisse aufrichten darf); dazu ist das *sacerdocium* eingesetzt, das Priestertum, das seinerseits eine höchste Leitung hat: den Papst.

Das Verhältnis von Papst und Herrscher ist von Thomas nur prinzipiell, nicht in konkreter Konfliktanalyse behandelt worden. Die prinzipielle Scheidung und Unterscheidung ist dabei ganz eindeutig und für Thomas unstrittig. Beide Seiten haben jeweils in ihrem Bereich Selbständigkeit und Unabhängigkeit voneinander. Aber wie die Zwecke des Einzelmenschen in einer teleologischen Hinordnung auf das letzte Ziel des menschlichen Daseins orientiert werden müssen, so müssen auch die Zwecke des Gemeinwesens in einer teleologischen Zuordnung und Unterordnung untereinander verstanden werden. Wie die Selbsterhaltung dem sittlichen Leben (dem *vivere secundum virtutem*) dienen soll und muß, und wie das sittliche Leben dem höchsten Ziel der Gottesschau dient, so muß auch in der gesellschaftlichen Organisation alles auf das letzte Ziel hin geordnet werden.

Solche Hinordnung nun ist bei Thomas keineswegs eine substantielle und absolute Unterordnung in allen Belangen, sondern wird zweckhaft verstanden. Thomas stellt sich das Verhältnis offensichtlich so vor, daß die weltliche Gewalt eigenverantwortlich Bedingungen der Möglichkeit priesterlichen Wirkens bereitstellt und im übrigen im Rahmen ihrer Zuständigkeit für die Selbsterhaltung und das sittliche Leben der Gesamtheit uneingeschränkt bleibt. Im Ernstfall bleibt weltliche Herrschaft damit freilich sekundär und instrumental, nachgeordnet in der teleologischen Hierarchie der Zwecke des menschlichen und gesellschaftlichen Daseins. Sie hat keine Wider-

42 Ebd., S. 456 b, S. 466 f.

spruchsmöglichkeit gegen berechtigte Weisungen der – wenn auch nur teleologisch, so nichtsdestoweniger entscheidend übergeordneten – geistlichen Instanz.

Thomas hat sich weder in seinem Fürstenspiegel noch in seinen anderen Schriften die Frage gestellt, wer im Konfliktfall darüber zu entscheiden habe, wann eine berechtigte Weisung der geistlichen Leitung vorliegt und wann eine illegitime Grenzüberschreitung. Auch in seiner (früheren) Sentenzenvorlesung (von ca. 1252) hat Thomas keine Antwort gegeben: »Die geistliche Gewalt und die weltliche leiten sich beide aus der göttlichen Gewalt her; und darum ist die weltliche Gewalt der geistlichen insoweit unterworfen, als sie ihr von Gott unterstellt ist, das heißt in den Angelegenheiten, die das Seelenheil betreffen. In Angelegenheiten aber, die das bürgerliche Wohl betreffen, muß man der weltlichen Gewalt mehr gehorchen als der geistlichen nach jenem Herrenwort (...) ›Gebt dem Kaiser, was des Kaisers ist!‹«[43] So setzt Thomas eigentlich schon voraus, daß jeder Betroffene diese feine Unterscheidung zwischen *salus animae* (Seelenheil) und *bonum civile* (bürgerlichem Wohl) richtig zu treffen weiß, ohne selber eine Anleitung dafür zu geben oder auch nur anzudeuten, wie sie gefunden werden könnte.

Dies scheint eine entscheidende Schwäche der thomasischen Lehre. Zutiefst ist sie eine harmonische Theorie für harmonische Verhältnisse. So konnte sie in konkreten Streitfällen schon kurz nach ihrer ersten Formulierung kaum einheitliche Orientierung vermitteln. Auf sie konnten sich auch gegensätzliche Positionen mit objektiv guten Gründen berufen. Ein sicheres Indiz dafür ist es, daß das labile Gleichgewicht, das Thomas noch peinlich genau und austariert in seinen Formulierungen eingehalten hatte, sehr bald – noch in der Generation seiner Schüler und Nachfolger – nach beiden Seiten hin vereinseitigt worden ist. Die Unentschiedenheit der theoretischen Distanz haben etwa sein Ordensbruder Tolomeo von Lucca (gestorben 1326/27) oder der Augustinereremit Aegidius Romanus (gestorben 1316) zu einem konsequenten Papalismus zugespitzt, während sich der Pariser Dominikaner Johannes Quidort (gestorben 1306) trotz seinem grundsätzlichen Anschluß an Thomas von Aquin, den er in ausführlichen zentralen Passagen wörtlich, wenn auch ungenannt zitiert, nicht davon abhalten ließ, einen Royalismus unerbittlicher Härte zu entwickeln.

Die eigentliche Bedeutung des thomasischen Entwurfs liegt in der entschlossenen und erfolgreichen Hinwendung zur aristotelischen Sozialphilosophie und deren theoretisch stringenter Anwendung auf mittelalterliche Lebensverhältnisse. Damit war die politische Theorie methodisch auf eine neue Basis gestellt, die sich, auch unabhängig von den unmittelbaren Wirkungen der Schrift, bis ans Ende des Mittelalters und weit darüber hinaus als tragfähig erwies. Die aristotelische Basis wird künftig keiner politisch-theoretischen Bemühung ganz fehlen, so sehr auch andere Quellen zusätzlich Anregungen und Leitgedanken vermitteln. Daß Thomas als einer der ersten den Weg bahnte, gehört zu den bleibenden Verdiensten seines an theoretischen Leistungen so reichen Lebenswerkes.

43 Thomas von Aquin, In II^um librum Sententiarum, distinctio 44, quaestio 2, articulus 3, responsio ad quartum, hrsg. von Robert Busa, in: S. Thomae Aquinatis Opera omnia, ut sunt in indice thomistico, Stuttgart 1980, t. I, S. 257b); vgl. Matthäus 22, 21.

6.4 Der Fürstenspiegel des Aegidius Romanus

Freilich konnte nicht der Text des Thomas selbst die Vermittlung übernehmen. Dazu war er zu fragmentarisch und wohl auch zu knapp. Andere Texte haben die politische Theorie des Aristoteles dem mittelalterlichen Publikum in aller Ausführlichkeit vorgestellt, zum Teil auf Wegen, die Thomas gebahnt hatte. Wir können uns das an dem vielleicht meistgelesenen, jedenfalls am dichtesten überlieferten Werk mittelalterlicher Politiktheorie verdeutlichen, am Traktat *De regimine principum* des Augustinereremiten Aegidius Romanus, auch er ein Bettelmönch und also ein Theologe, auch er an der Universität Paris ausgebildet. Aegidius, aus Rom und offenbar aus einfachen Verhältnissen stammend, verdankt seine Karriere vor allem seinem Orden, in dem er seine reichen intellektuellen Gaben, sein glänzendes formales Talent, seinen immensen Fleiß und seine weitgespannten geistigen Interessen in großem Stil entfalten konnte. Um 1243/47 geboren, 1258/60 in den erst kurz zuvor gebildeten Orden der Augustinereremiten eingetreten, war er zum Studium nach Paris geschickt worden, wo der junge Orden seit 1259 ein eigenes Haus besaß. Aegidius selbst sollte, verzögert durch Schwierigkeiten mit dem Pariser Bischof, 1285 der erste *magister theologiae* der Augustinereremiten in dieser damals zentralen Universität der Christenheit werden.

Bei Thomas von Aquin hatte Aegidius nach 1269/72 gehört, seinen akademischen Weg aber war er weitgehend selbständig, wohl unter der unmittelbaren Aufsicht eines Theologen aus dem Weltklerus gegangen. Dem Bakkalar blieb die Promotion zum Doktor der Theologie zunächst versagt, weil der Bischof von Paris, Stephan Tempier, 1277 nicht nur eine gewaltige Liste von 219 angeblichen Glaubensirrtümern veröffentlicht hatte, sondern wenig später auch Aegidius Romanus, der sich mutig zur Verteidigung einiger der angegriffenen Positionen bereitgefunden hatte, einer scharfen Zensur unterwarf und – vergeblich – dessen Widerruf verlangte. Aegidius blieb daher zunächst die Lehrerlaubnis verwehrt, die in Paris vor einer Promotion der bischöfliche Kanzler erteilen mußte. 1279 kehrte Aegidius aus Paris nach Italien zurück, wo er bis 1285 bleiben sollte.

An sämtlichen Generalkapiteln seines Ordens und an den Kapiteln seiner römischen Provinz hat er 1281 bis 1285 teilgenommen, dreimal (1283, 1284, 1285) hat er die Funktion geübt, als Wahlbeauftragter die Nominierung der Ordensoberen vorzunehmen. 1285 findet Aegidius schließlich den Weg zurück nach Paris, da sich der Papst Honorius III. selbst, offenbar auf Aegidius' eigene Intervention hin, für ihn eingesetzt hatte. Er nahm das ersehnte *magisterium* in Empfang, nachdem er einen anscheinend sorgfältig ausgehandelten Widerruf vollzogen hatte. Der Verband dankte ihm das überschwenglich. Schon 1287 wird auf dem Generalkapitel zu Florenz bestimmt, es solle unverbrüchlich gelten, daß alle Gelehrten des Ordens »die Meinungen, Lehrsätze und Urteile«, die Aegidius »schon geschrieben« habe »und noch niederschreiben« werde, persönlich vertreten und mit allem Eifer auch verteidigen sollten[44].

---

44 Gedruckt etwa bei Heinrich Dénifle-Émile Chatelain (Hrsg.), Chartularium universitatis Parisiensis, Bd. 2, Paris 1881 (Neudruck Brüssel 1964), S. 12, nr. 542.

Dieser maßlose Beschluß des Zentralgremiums des jungen Ordens beleuchtet in seiner Überspitzung die Chancen des Ordenswesens in der Öffentlichkeit des 13.Jahrhunderts: Als Personenverband geschulter und wissenschaftlich gebildeter Männer konnte ein Orden als einheitlicher Multiplikator auftreten und sich so besondere Chancen ausrechnen. Hier war sogleich der erste Pariser Ordinarius zum Schulhaupt deklariert worden, dessen noch gar nicht publizierte Werke für die Ordensangehörigen vorweg verbindlich gemacht werden sollten. Das zeigt doch auch die groteske Überanstrengung der im Konkurrenzverhältnis der Bettelorden untereinander als Spätankömmling leicht übereifrigen Augustinereremiten. Die großen etablierten Orden der Franziskaner und Dominikaner etwa konnten damals so nicht vorgehen. Die Dominikaner werden erst in mehreren Anläufen (Mailand 1278, Paris 1286, Saragossa 1309, Metz 1313) eine – noch dazu wesentlich schwächer formulierte – Konzentration auf die Lehre des immerhin inzwischen (1274) längst verstorbenen Thomas von Aquin erreichen. Und der Franziskanerorden, der größte mendikantische Verband, hätte es am Ende des 13.Jahrhunderts wohl nicht wagen können, seine verschiedenen großen Ordenslehrer ordensintern schlechthin verbindlich zu machen. Gestalten wie Roger Bacon, Duns Scotus oder Wilhelm von Ockham hätten sonst nicht ihre eigenständigen Schriften niederschreiben können, wenn die Meinungen eines Alexander von Hales oder Bonaventura so absolut gesetzt worden wären.

1292 wird Aegidius, wie demnach leicht zu verstehen, *unanimiter et concorditer* (einstimmig) auf einem römischen Kapitel zum Generalprior seines Ordens gewählt. Und damit war die steile Karriere dieses Mannes noch nicht zu Ende. Papst Bonifaz VIII. wird Aegidius 1295 zum Erzbischof von Bourges providieren, einer Stadt, die beanspruchte, den Primas von Aquitanien zu stellen. Daß Aegidius schließlich der Kardinalspurpur versagt blieb, obwohl er in der Regierungszeit Bonifaz' VIII. mehr an der Kurie als an seinem Amtssitz zu finden war, mag mancherlei Gründe gehabt haben. In seiner letzten Lebensphase bis zu seinem Tode (1316) lebte der Erzbischof jedenfalls in einer besonderen Spannung mit Papst Clemens V. (1305-1314), der vor seiner Erhebung als Erzbischof von Bordeaux der unmittelbare Nachbar und Konkurrent von Erzbischof Aegidius von Bourges gewesen war.

Es wäre gewiß verfehlt, in diesem wohl fruchtbarsten Theologen seiner Generation einen originären Denker zu vermuten. Aber sein weitgespanntes Œuvre zeigt Aegidius als sensiblen, gewandten und unermüdlichen Schriftsteller, der auf den verschiedensten Gebieten Positionen erreichte, die durchaus nicht nur kompilatorisch fremde Gedanken zusammenfügten, sondern mit formaler Gewandtheit und ohne Scheu vor Schritten in neue Richtungen vielfältige Anregungen vermitteln konnten. Die einzelnen Schriften zeigen jeweils in sich selbst eine hohe formale Kohärenz, was sie in scholastischer Zeit besonders attraktiv erscheinen lassen mußte, auch wenn ihr Zusammenhang untereinander nicht immer (und besonders wenig in den politischen Schriften) wirklich erreicht wurde.

Aegidius' Werk ist als große Vermittlungsleistung vielleicht eher dem Umfang als seiner Originalität nach wirklich bedeutend, ohne daß hier geleugnet werden soll, daß Aegidius in wichtigen Bereichen der Naturphilosophie und Erkenntnistheorie Anregungen für künftige Entwicklungen gegeben hat. Hier soll das alles nicht erwogen werden. Seine politisch-theoretische Bemühung darf immerhin beanspruchen, das wohl meistgelesene Buch mittelalterlicher Politiktheorie überhaupt hervorgebracht zu haben. Sein Fürstenspiegel *De regimine principum* ist in einer fast unglaublichen

Dichte über Europa hin verbreitet[45]. Der einzigartige Erfolg des Buches macht uns ein kurzes Eingehen auf dieses Werk zur Pflicht, mehr vielleicht als seine theoretische Bedeutung.

Aegidius widmet diese Schrift im Prolog dem Thronfolger Frankreichs, der dann 1285 als Philipp IV. (le Bel) siebzehnjährig den französischen Thron besteigen sollte, und schreibt ausdrücklich, er sei von diesem zu einer solchen Schrift aufgefordert worden. Zu Unrecht hat man immer wieder daraus den Schluß gezogen, Aegidius habe als Prinzenerzieher am französischen Hof gewirkt und diese Schrift für Philipp auch eigens verfaßt. Die Widmung legte das Buch dem Thronfolger ans Herz, der damals (die Schrift ist auf 1277/79 zu datieren) neun bis elf Jahre alt war, so wie auch sonst Autoren hochgestellten Standespersonen ihre Schriften anzuempfehlen pflegten. Auch Thomas von Aquin hatte den jungen König von Zypern angesprochen. Solche Widmung verpflichtete den Adressaten nicht eigentlich; allenfalls mochte er sich moralisch dazu gedrungen fühlen, dem Autor zu danken und etwas für die Verbreitung der Schrift zu tun, zumindest eine Handschrift an seinem Hofe aufzubewahren. Die breite Wirkung der Schrift weist zudem darauf hin, daß das Buch, wenn nicht am Hofe des französischen Thronfolgers, so doch sehr bald in wissenschaftlich orientierten Kreisen häufig gelesen und benutzt wurde. Die volkssprachlichen Übersetzungen zeigen, daß es nicht ausschließlich für lateinkundige Gelehrte vorteilhaft schien, das Werk zur Kenntnis zu nehmen. Auch diejenigen, die »nur« die Landessprache beherrschten, sollten oder wollten davon profitieren.

Wegen der Veränderlichkeit der menschlichen Handlungen lassen sich, so Aegidius, über den Gegenstand der praktischen Philosophie keine eindeutigen und gewissen Aussagen machen, sondern nur solche statistischer Wahrscheinlichkeit. *Figuraliter et typo*, in Gleichnissen und mit beispielhaften Aussagen, will der Autor vorgehen und ausgehend von der stets lückenhaften einzelnen Erfahrung zu den allgemeinen Maximen gelangen, so daß Einzelerfahrung und Maximen einander erhellen können. Das aber könne nur eine »figurale und grobe« Methode erreichen – ein exemplarisches Vorgehen, wie wir übersetzen dürfen.

Diese nichtdemonstrative, rhetorische Beweismethode eher des Überredens als des Überzeugens hat nach Aegidius aber auch deshalb ihr Recht, weil sie neben dem Gegenstand der wissenschaftlichen Bemühung auch deren Zweck entspreche. Weil sie nicht so sehr auf Wahrheit als auf Vervollkommnung zielt, nicht so sehr auf theoretische Erkenntnis als auf praktisches Tun, sich nicht so sehr an den Intellekt als an den Willen richtet, kann politische Untersuchung auch von Anstößen in die richtige Richtung getrieben werden, die nicht bis ins Letzte ausgearbeitet sind (da sie bis ins Letzte als Aussagen über menschliche Handlungen gar nicht ausgearbeitet sein können). Wenn aber eine »grobe« (*grossa*) Methode hier vonnöten ist – denn die praktische Philosophie erträgt keine streng wissenschaftliche Untersuchung –, so habe dies zumindest den Vorteil, daß von dieser Wissenschaft auch jene Laien Gewinn erwarten dürften, die in wissenschaftlichen Subtilitäten unerfahren seien, zumal sie das, worum es hier geht, auch in besonderem Grade betreffe.

45 Aegidius Romanus, De regimine principum, hier benutzt nach dem Druck von Hieronymus Samaritanus, Rom 1607 (Neudruck Aalen 1967). Zu Handschriften und Druckausgaben Gerardo Bruni, Le opere di Egidio Romano, Florenz 1936; ders., Saggio bibliografico sulle opere stampate di Egidio Romano, in: Analecta Augustiniana, 24 (1961), S. 351–355. Zur

Es ist unmöglich, im einzelnen den Ausführungen des Aegidius zu folgen, die dieses methodische Programm in die Tat umsetzen. Der Einteilung aristotelischer Wissenschaftssystematik folgend, behandelt er im ersten Teil das *regimen ipsius*, die Leitung des Einzelmenschen, im zweiten Teil das *regimen familiae*, die Leitung des Haushalts, die Oekonomik, und schließlich im dritten Teil dann das *regimen regni*, die Leitung eines Reiches, die Politik. Dieser Aufbau erscheint ihm sowohl *rationalis*, der Vernunft entsprechend und logisch, als auch natürlich, denn im Voranschreiten vom Einfachen zum Komplizierteren entspricht er dem Weg der natürlichen Entwicklung vom Unvollkommenen zum Vollkommenen.

Die Einheit der Welt ergibt sich auch bei Aegidius aus dem finalen Prinzip; auch er kennt eine Hierarchie der Zwecke, die freilich nicht teleologisch, sondern graduell und damit nichtaristotelisch gestuft gedacht ist. Der differenzierte Versuch des Thomas, das schwierige Gleichgewicht von Natur und Gnade festzuhalten, wird bei Aegidius zu einem monistischen *ordo*-System, das sich stufenförmig zu großen Einheiten aufbaut. Der einzelne ist für sich bereits eine Einheit, gewinnt sein volles Sein aber erst in der Teilhabe an der höheren Einheit, um deretwillen er existiert.

Aegidius geht so vor, daß er die Vergesellschaftungsformen am Beispiel der Lebenswelt des *princeps*, des Herrschers, durchmustert, denn dieser muß sich zuerst selbst beherrschen, bevor er sein Reich richtig regieren kann. Bezeichnend genug fügt Aegidius hier eine Reflexion im Blick auf seine sicherlich zahlreichen Leser ein, die sich mit einer nichtfürstlichen Position in der ständischen Gesellschaft abfinden mußten: Für alle, die nicht als Fürsten geboren sind, ist es wichtig, sich so zu verhalten, daß auch sie des *regimen* würdig werden. Gestützt auf diesen Trost kann Aegidius seine gesamte Sozialphilosophie auf den König zentriert darlegen.

Anders als bei Thomas von Aquin ist sein Bemühen nicht mehr auf einen Ausgleich der Forderungen von Gnade und Natur, Offenbarung und Vernunft, übernatürlichem Heil und gemeinem Wohl gerichtet. Für Aegidius ist der König nicht nur die Spitze und das Exempel des sozialen Systems. Er wird zu seiner substantiellen Verkörperung. Im König gehen die untergeordneten Stufen und Ebenen gleichsam auf. Gott, dem höchsten allgemeinen Gut, dient der König wie jeder andere Mensch. Er kann darum zu Recht bevorzugter Gegenstand der Betrachtung bleiben, weil er gleichsam der eigentliche Mensch, jedenfalls aber der »vollkommenste« Mensch ist.

Ganz unaristotelisch wird dieser Gedanke dann von Aigidius mit der Tradition der antik-frühmittelalterlichen Vorstellungen von der Gottesebenbildlichkeit des Königs verschmolzen. Mit aller wünschenswerten Klarheit formuliert Aegidius es mehrmals in seinem umfänglichen Text, daß der Fürst als Gottes Diener sogleich in eine fast göttliche Stellung entrückt erscheint: *rex quasi semideus* (der König als Halbgott).

Interpretation siehe Wilhelm Berges (Anm. 23), S. 211–228, S. 320–328; sowie Friedrich Merzbacher, Die Rechts-, Staats- und Kirchenauffassung des Aegidius Romanus, in: Archiv für Rechts- und Sozialphilosophie, 41 (1954/55), S. 88–97. Zur Biographie Richard Scholz, Die Publizistik zur Zeit Philipps des Schönen und Bonifaz VIII., Stuttgart 1903, S. 32–42; Ugo Mariani, Chiesa e stato nei teologi agostiniani del secolo XIV, Rom 1957, S. 133–131; zuletzt Robert Wielockx, Aegidius, Opera omnia, Bd. 3, 1, Florenz 1985. Der Text ist (nach freundlicher Auskunft von Professor Francesco del Punta und Dr. Concetta Luna, die in Pisa die kritische Ausgabe der Opera omnia des Aegidius vorbereiten) derzeit in seiner lateinischen Fassung in 284 Manuskripten bekannt, hinzu kommen noch 78 Textzeugen der volkssprachlichen Übersetzungen.

Der wahre Regent soll sich nicht allein, wie schon Thomas von Aquin gefordert hatte, darum bemühen, in stärkerem Maße Gott gleichförmig zu werden; er ist kraft seiner Stellung als König bereits Gott näher und ähnlicher als seine Untertanen.

Eine solche Betrachtung kann für die Beschreibung der Staatsfunktion nicht folgenlos bleiben. Im ganzen umfangreichen Buch findet sich keine Offizienlehre, die, wie immer auch abgestuft, jedem an seinem Platz im hierarchisch geordneten Sozialkörper die Prinzipien seines sittlich rechten Handelns nennt. Selbst die Kirche mit ihrer irdischen Hierarchie wird nicht eigens behandelt. Das Verhältnis von weltlicher und geistlicher Gewalt kommt einfach nicht vor in Aegidius' Fürstenspiegel. Ja, einmal wehrt Aegidius es ausdrücklich ab, sich über die innerkirchliche Amtshierarchie zu äußern[46]. Wenn er seine Leser auffordert, sich selbst ihre Gedanken zu machen, so ist das um so auffälliger, als er sich sonst nicht gerade als ein Freund knapper Andeutungen zeigt, sondern in erschöpfender Breite seine Themen abhandelt. Sein Blick ist offenbar so sehr auf den Fürsten zentriert, daß er alle anderen Traditionen entweder auf diesen hin orientiert oder beiseite läßt.

Diese Schwerpunktsetzung soll an der Gesetzeslehre[47] nicht weiter verfolgt werden, obwohl hier durchaus wichtige Aspekte auch der rechtsgeschichtlichen Entwicklung des 13. Jahrhunderts angesprochen scheinen, das in ganz Europa ein Jahrhundert der Kodifikationen gewesen ist[48]. Mit aristotelischem Instrumentarium stellt jedenfalls Aegidius fest, daß Gesetze, die die Menschen auf das Gemeinwohl hin ordnen, notwendig nicht von jedermann erlassen werden können, sondern entweder von der Gesamtheit, vom *totus populus* (dem ganzen Volk), oder vom *principans* (vom Herrschenden) zu verantworten sind. Die aristotelische Frage, der auch Aegidius nicht ausweichen kann, ob ein Gemeinwesen besser durch den besten König oder durch das beste Gesetz regiert werden könne[49], beantwortet er – wie zu erwarten ist, anders als der griechische Philosoph – zugunsten des Herrschers, der, zwischen dem positiven Recht und dem Naturrecht stehend, sich allein nach der *recta ratio* (der Vernunft) und damit nach dem Naturrecht in seinen Handlungen richtet. So ist der Fürst der *lex scripta*, dem kodifizierten Recht, nur insofern unterworfen, als es Naturrecht festschreibt. Darüber hinaus steht er über der *iustitia legalis* (der Gerechtigkeit der Gesetze) und braucht das (positive) Gesetz nicht zu achten, zumal dort nicht, wo er es nicht achten darf.

Aegidius hat mit der so gefaßten Vorstellung des Verhältnisses von Fürst, Naturrecht und positivem Gesetz noch eine Antwort auf die Frage zu geben, warum in einem derart perfekten System denn überhaupt noch die göttliche Offenbarung nötig sei. An diesem Punkte kommt Aegidius zum einzigen Male zentral auf die Existenzberechtigung der Kirche zu sprechen. Aegidius kannte in Paris, wie er sagt, »Leute, die in Anmaßung ihrer Rationalität behaupteten, die Theologie sei überflüssig, seitdem wir die (aristotelische) Wissenschaft von der Natur besitzen, in welcher über alles Seiende wissenschaftliche Auskunft gegeben wird, und die behaupteten, das

46 Aegidius Romanus, De regimine principum (Anm. 45), I, 2.32, S. 147.
47 Ebd., III. 2. 24sqq., S. 517ff.
48 Vgl. etwa Armin Wolf, Die Gesetzgebung der entstehenden Territorialstaaten, in: Helmut Coing (Hrsg.), Handbuch der Quellen und der Literatur der neueren europäischen Privatrechtsgeschichte, Bd. 1, München 1973, S. 517–803.
49 Aegidius Romanus, De regimine principum (Anm. 45), III. 2. 29, S. 531.

evangelische und göttliche Gesetz sei überflüssig, da wir das menschliche und natürliche Gesetz haben, welches alle Laster offensichtlich verbietet und alle Tugenden vorschreibt.«[50]

Wir wollen die Antworten des Aegidius hier nicht nachbuchstabieren. Sie stützen sich vor allem darauf, daß das Naturgesetz und das positive Recht nur die äußere Handlung, nicht die Gesinnung regeln (*prohibent manum, non animum*), das heißt sie hemmen die Hand, nicht die Gesinnung. Zudem führt Aegidius die Irrtumsfähigkeit menschlicher Vernunft ins Feld, die der göttlichen Mitteilung als sicheren Leitfadens bedürfe. Und schließlich fehle dem Naturgesetz die Möglichkeit, das letzte Ziel, die höchste Vollkommenheit, das übernatürliche Heil aus sich selbst zu erreichen, das allein in der *lex evangelica ac divina*, dem göttlichen Gesetz des Evangeliums, gegeben sei[51].

Eine Zweckehierarchie wie bei Thomas ist also die letzte und durchschlagende Antwort, ohne daß diese Finalität mit dem Partizipationsmodell irgendwie vermittelt würde. Aegidius ist es nicht völlig gelungen, seine Gedanken in eine nicht allein glatte Folge, sondern in eine systematische Ordnung zu bringen. Er benutzt die aristotelischen Argumente, wo nötig auch gegen deren ursprüngliche Absichten, entschlossen zugunsten des zeitgenössischen Fürstenstaates. Seine Lehre vom *princeps* (Fürsten) als der *lex animata* (dem lebendigen Gesetz), als des *quasi semideus* (Halbgottes), als *intellectus sine concupiscentia* (begierdefreie Einsicht) ist letztlich Grundlage seiner Gesetzgebungslehre, nicht Ergebnis einer Analyse der zeitgenössischen Verfassung. Die aristotelische Grundlegung einer »Volkssouveränität«, einer Letztzuständigkeit der Gesamtheit für die Gesetzgebung, ist zwar nicht verschwiegen, aber sie wird als eine schlechte Verwirklichung der Idealform von vornherein im Bereich allein akademischer Diskussion belassen. Die *persona communis* des Fürsten verdrängt die *communitas* von der Bildfläche und läßt dem Untertanen nur noch die Tugend der *oboedientia*, des Gehorsams, allenfalls noch die Beratung des Herrschers, der aufgrund seiner kosmologischen Stellung die letzte Entscheidung zu treffen hat.

Solange diese Prämissen als Selbstverständlichkeiten gelten konnten, blieb der Fürstenspiegel des Aegidius ein attraktives Buch, stellte er doch während der fortschreitenden Entfaltung des Fürstenstaates des Spätmittelalters und der frühen Neuzeit insbesondere den Universitätsgelehrten eine griffige Doktrin zur Verfügung, die von dem Glanz der aristotelischen Tradition zusätzlich geadelt schien. In der prästabilierten Harmonie dieses Entwurfs, der so empirisch vorzugehen schien, verschwanden die alltäglichen Schwierigkeiten, überwölbt von dem allgemeinen Weltzweck.

7. Kaiser und Papst im Spätmittelalter: Die Traktate »De potestate papae«

Ein neuer unmittelbarer »Schub« für politische Theorie entsteht aus einer zunächst ganz untheoretischen Situation: aus der praktischen Politik und ihren Kämpfen, in

50 Ebd., III. 2. 30, S. 535.
51 Ebd., III. 2. 30, S. 536f.

diesem Fall aus dem Griff des Papsttums nach der Herrschaft über die spätmittelalterliche Christenheit. Die zunehmende Selbstausgrenzung der kirchlichen Amtshierarchie seit den Tagen der Kirchenreform des 11. Jahrhunderts hatte sich zum Kampf zwischen jenen Instanzen ausgeweitet, die traditionell in der Gesamtkirche einen universalen Anspruch stellen konnten: Papsttum und Kaisertum. Seinen dramatischen Höhepunkt hatte dieses Ringen in den Jahrzehnten der Regierungszeit des letzten Stauferkaisers Friedrich II. (1215–1250) erreicht. Papst Innozenz IV. (1243–1254) hatte 1245 auf dem Konzil von Lyon den kaiserlichen Gegner abgesetzt, *ex plenitudine potestatis*, aus seiner päpstlichen Gewaltenfülle heraus, wie er anmerkte. Wenn auch damit der Kampf noch keineswegs entschieden war, so bedeutete doch der Tod Friedrichs II. (der 1250 mitten in großen militärischen Plänen unversöhnt mit der Kirche starb), daß schließlich das Papsttum allein auf dem Felde übrig geblieben war und wie der Sieger scheinen mußte. Über 50 Jahre lang, bis 1312, ist dann kein Kaiser mehr gekrönt worden, aber Päpste hat es weiterhin nur unterbrochen von den Sedisvakanzen gegeben, deren längste etwa drei Jahre dauerte.

So mochte es aussehen, als habe das Papsttum das Kaisertum niedergerungen. Das Selbstbewußtsein der päpstlichen Kurie griff weit aus. Die Formulierungen wurden immer deutlicher. Hatte noch Johannes von Salisbury im 12. Jahrhundert indigniert gefragt, wer denn die Deutschen zu Richtern und Herrschern über Europa erhoben habe, so war an der Kurie hundert Jahre später die Sprache noch viel eindeutiger. Der deutsche Kanoniker Alexander von Roes, der damals an der Kurie im Haushalt des Kardinals Jakob Colonna lebte, berichtet in einer Denkschrift[52] entsetzt, er habe kürzlich an der Kurie in Viterbo beim Lesen der Messe feststellen müssen, daß die herkömmliche Fürbitte für den Herrscher im Meßbuch aus der päpstlichen Kapelle einfach fortgelassen war. Und nicht genug damit, die französischen Kleriker im Gefolge des Kardinals Simon de Brion, des späteren Papstes Martins IV., müssen damals den deutschen Kurialkleriker mit der spöttischen Frage herausgefordert haben, warum wohl der Papst das römische Reich durch Karl den Großen von den Griechen ausgerechnet auf die Deutschen übertragen habe, »ein so grop und ungeschickt volck, die sich selbß wedder an iren kleyderen noch an irem wandel regyren koennent; wie koennent die das rich der gantzen cristenheyt gewisen und ußrihten?« (So hat es eine Übersetzung des 15. Jahrhunderts verdeutscht[53]).

Alexander ließ sich von der bedrängten Lage des Reiches zu einer spekulativen Geschichtsdeutung anregen, die dem Reich (*imperium*) neben der Amtskirche (*sacerdocium*) ein universales Weltamt in der Universalkirche zudachte. Daneben hat er, für das 13. Jahrhundert bezeichnend genug, als drittes Weltamt die Universität (*studium*), die neuen universitären Wissenschaften, angesehen. »In diesen drei, der

52 Alexander von Roes, Schriften, hrsg. von Herbert Grundmann/Hermann Heimpel, Stuttgart 1958; lateinischer Text mit dt. Übersetzung, hrsg. von Herbert Grundmann/Hermann Heimpel, Die Schriften des Alexander von Roes, Hannover 1949. – Dazu Herbert Grundmann, Über die Schriften des Alexander von Roes, (zuerst 1950/51) jetzt in: H. Grundmann, Ausgewählte Aufsätze, Bd. III (Schriften der Monumenta Germaniae Historica, 25), Stuttgart 1978, S. 196–274; Hermann Heimpel, Alexander von Roes und das deutsche Selbstbewußtsein des 13. Jahrhunderts, (zuerst 1936) jetzt in: Hermann Heimpel, Deutsches Mittelalter, Leipzig 1941, S. 74–104, S. 211 f.

53 Alexander von Roes, Memoriale, in: ders., Schriften (Anm. 52), c. 14, S. 104; mittelhochdeutsche Übersetzung ebd., S. 195 f.

Amtskirche, dem Reich und der Universität, wird wie von drei Kräften die heilige katholische Kirche geistlich belebt, gemehrt und geleitet, und dieselbe Kirche wird mit diesen dreien als mit dem Fundament, der Wand und dem Dach im Bau vollendet.«[54] Die alte Einheit der Christenheit schien in diesem Symboldenken noch einmal herbeigezwungen, das sich durch eine originelle Verknüpfung von geschichtlichen Nachrichten und Herkunftssagen zu einem geschlossenen Entwurf verdichtete. Aber die neue Zeit machte sich nicht allein in der Aufnahme der Universität als dritter Kraft neben den ehrwürdigen Potenzen der geistlichen und weltlichen Hierarchie unverhohlen bemerkbar. Sie prägte den Geschichtsentwurf des Kölner Kurialklerikers auch insofern, als er seine drei Weltämter auch noch als nationale Sonderaufträge verstand, wenn er den Italienern das *sacerdocium*, den Deutschen das *imperium* und den Franzosen das *studium* zuwies. Es darf nicht gefragt werden, was die Engländer, die Spanier, Katalanen und Aragonesen, was die slawischen Reichsbildungen zu solcher Exklusivität zu sagen gehabt hätten; erst recht darf die Frage nicht gestellt werden, wie sich etwa eine Universität von der Bedeutung Bolognas im »französischen« Studium ausgenommen haben mag. Der Verfasser zwingt symbolisch die Kräfte seiner Erfahrungswelt zusammen in ein geschlossenes Bild von hoher Anschaulichkeit. Sensibel markiert er die Wandlungen seiner Zeit und schafft eine originelle Vision nostalgischer Traditionszugewandtheit, die zwar die Zukunft im Bilde zu fassen versuchte, aber nicht fixieren konnte.

Den Kräften, die hier angesprochen wurden, gehörte aber die Zukunft, wenn auch der traditionelle Rahmen der einheitlichen Christenheit sich bald als trügerisch erwies. Wenngleich das römisch-deutsche *imperium* mit dem Tode Friedrichs II. zunächst scheinbar verschwunden war und noch jahrzehntelang um seine innere Verfassung und politische Ordnung zu ringen hatte, blieb in den Königreichen Europas wie auch im deutschen Reich der König als Herrschaftsträger erhalten, der längst begonnen hatte, seine Ansprüche zu formulieren. Die Kräfte des *studium*, die gerade neu entstandenen Wissenschaften, machten sich zur Weltbemächtigung auf – freilich nicht nur in Frankreich –, stellten sich dabei auch überall in den Dienst der sich konsolidierenden Herrschaftsapparate. Und das Papsttum, die Spitze der Amtskirche, das *sacerdocium* in der Kräftetrias des Alexander von Roes, mußte weiterhin mit diesen beiden Potenzen rechnen, auch wenn es in der Auseinandersetzung mit dem *imperium* nach dem Tod Friedrichs II. zunächst allein auf der Bühne geblieben schien.

Die Kurie freilich hat das, anders als der deutsche Kleriker, zunächst nicht bemerken wollen oder können. Weniger in der praktischen Politik, in der die Schwierigkeiten und Probleme verschiedenster Größenordnung den Alltag bestimmten, sondern in der kontinuierlichen Pflege des eigenen Selbstverständnisses als der Spitze der Weltkirche macht sich dies bemerkbar.

Am Ende des 13. Jahrhunderts wurden die Konsequenzen, die aus dieser Lage gezogen werden konnten, in zwei Pontifikaten extremer Gegensätzlichkeit sichtbar. Die kurze Regierungszeit Papst Coelestins V. (1294) und die konfliktreiche, fast ein Jahrzehnt lang währende Herrschaft Papst Bonifaz' VIII. (1294–1303) endeten beide in einem Desaster – aus ganz verschiedenen Gründen, aber doch sichtbar für Zeitgenossen und Nachwelt. Daß Coelestin V., der schlichte Einsiedler und Gründer

54 Ebd., c. 25, S. 126f.

einer monastischen Kongregation, die sich zwischen benediktinischen und mendikantischen Traditionen placierte, auch wegen persönlicher Unzulänglichkeiten sich seinem Amte nicht gewachsen fühlte, quittierte er mit dem bis dahin unerhörten Schritt des Amtsverzichts und machte damit alle Hoffnungen auf eine spirituelle Erneuerung der Kurie und Kirche zunichte (oder ließ sie sich steigern zu einer utopisch-eschatologischen Erwartung eines Engelpapstes, der endzeitlich all diese Aspirationen erfüllen werde). Seit dem Anfang des 14. Jahrhunderts ist diese Erwartung eine feste Figuration unter den religiösen Bewegungen und Bewegten am Rande des von der Amtskirche noch kontrollierbaren Spektrums; oft reicht sie darüber hinaus in die Sphäre der in die Häresie gestoßenen oder in ihr sich bewegenden Strömungen der Christenheit.

Ganz anders der Nachfolger Bonifaz VIII.: Als geschäftserfahrener Kardinal – nach langem Studium des Kirchenrechts in Bologna und langjähriger kurialer Praxis – trat er sein Amt mit dem bewußten Willen an, die von einer rastlosen, wenn auch diffusen kanonistischen Wissenschaft formulierten Ansprüche seiner päpstlichen Stellung an der Spitze der Amtskirche nun auch ohne Abstriche in die Wirklichkeit zu überführen. In der Tat läßt sich in seinen zahlreichen – von einem typischen deklamatorischen Pathos durchdrungenen – Verlautbarungen, die die Entscheidungen seiner energischen Politik begleiteten, kaum je einmal eine Formulierung finden, die nicht in den Jahrzehnten und Jahrhunderten zuvor schon als Argument auffindbar wäre. Und doch zeigte es sich auch bei Bonifaz VIII. erneut, daß bei der Durchsetzung von Ansprüchen allein die beharrliche Summierung und energische restlose Formulierung schon eine neue Qualität bedeuten können.

Die Zeitgenossen jedenfalls haben das sehr schnell empfunden und fühlten sich von der päpstlichen Politik zum Teil verstört. Schlagartig treten, zuerst an der Kurie in Rom um die Jahrhundertwende, Schriften ans Licht, die den absoluten Anspruch des Papstes auf bestimmende Richtlinien für weltliche Herrschaftsträger mehr oder minder kühn formulieren[55]. Sehr früh wird um 1300 – in bewußter Anonymität – ein Traktat des Dominikaners Tolomeo von Lucca vorgelegt. Der Franziskanerkardinal Matteo d'Acquasparta schließt sich wenig später mit einer Konsistorialansprache vor den Abgesandten des französischen Klerus und des französischen Hofes – auf dem Höhepunkt des päpstlichen Konflikts mit dem Frankreich des Philippe le Bel – an. Der damalige kuriale Kanonist und spätere Bischof von Reggio in der Emilia, Heinrich von Cremona, folgt ebenso, wie, mit der theoretisch wohl bedeutendsten Schrift dieser Frühphase der Literaturgattung an der Kurie, Aegidius Romanus – gerade noch rechtzeitig, um für die berühmte päpstliche Bulle *Unam sanctam*[56], jene

---

55 Eine Übersicht gibt etwa Jürgen Miethke, Die Traktate »De potestate papae« – ein Typus politiktheoretischer Literatur im späteren Mittelalter, in: Les genres littéraires dans les sources théologiques et philosophiques médiévales, hrsg. von Robert Bultot/Léopold Génicot, Louvain 1982, S. 198–211; vgl. auch ders., Politisches Denken und monarchische Theorie. Das Kaisertum als supranationale Institution im späteren Mittelalter, in: Joachim Ehlers (Hrsg.), Ansätze und Diskontinuität deutscher Nationsbildung im Mittelalter, Sigmaringen 1989, S. 121–144.

56 Gedruckt etwa bei Georges Digard (Hrsg.), Les registres de Boniface VIII., Bd. IV, Paris 1906, Sp. 888–890, nr. 5382. Dt. Übersetzung bei J. Miethke/A. Bühler (Anm. 16), S. 122–124, nr. V 1; oder bei Dante Alighieri, Monarchia, lateinisch/dt. Studienausgabe, hrsg. von Ruedi Imbach/Christoph Flüeler, Stuttgart 1989, S. 349–355.

extremste Fassung offiziell verkündeter Weltgeltung eines päpstlichen Herrschaftsanspruches im Mittelalter, Formulierungshilfe zu geben.

Das Thema aller dieser Schriften ist neu: *De potestate pape, De potestate ecclesiastica* sind sie überschrieben und machen zu ihrem Gegenstand genau die Frage, wie weit die päpstliche Gewaltenfülle reicht. Systematisch schreiten sie, ganz im Sinne des Papstes, den Kreis möglicher Kompetenzen ab, schrecken vor keiner Überspitzung zurück, zeigen sich ohne Rücksicht auf ängstliche Gemüter. Die Bulle *Unam sanctam* kann als frühe Zusammenfassung dieser Bemühungen gelten.

Aber natürlich blieb das Thema keineswegs auf die Kurie beschränkt. Der Konflikt des französischen Hofes mit Bonifaz VIII. sorgte dafür, daß die Gegenseite, die sich gegen päpstliche Ansprüche wehren wollte, nicht stumm blieb. In Paris standen Schreibfedern und Köpfe zur Verfügung, die den kurialen Prätentionen auf der gleichen Ebene wissenschaftlicher Argumentation und mit derselben Rüstung scholastischer Begriffszergliederung und auf der Grundlage derselben juristischen, theologischen und philosophischen Traditionen zu antworten in der Lage waren, mit denen ihre Gegner am päpstlichen Hof an die Öffentlichkeit getreten waren.

Zwei anonyme Schriften – dem Brauch der Zeit entsprechend muß man darunter Gemeinschaftsarbeiten von Pariser Gelehrten verstehen – wiesen zeitlich wohl am frühesten die papalen Argumente ausführlich zurück, bezeichnenderweise in der Form einer scholastischen Universitätsquaestion. Die Quaestio *Rex pacificus Salomon* (nach den Anfangsworten so benannt) und die sogenannte *Quaestio in utramque partem* (Quaestion nach beiden Richtungen) machten ganz offensichtlich den Anfang. Der Dominikanertheologe Johannes Quidort von Paris hat (fast) gleichzeitig eine umfängliche und hochbedeutsame Streitschrift »Über die königliche und päpstliche Gewalt« vorgelegt, der noch eine große Nachwirkung in der Zeit des Konziliarismus beschieden war.

Mit all dem hatte die Diskussion aber erst begonnen, keineswegs war sie schon an ihr Ziel gelangt. Darum hörte sie auch mit dem Ende des unmittelbaren Konflikts, selbst mit dem Tod Bonifaz' VIII. kurz nach dem Attentat von Anagni, nicht auf. Das Thema blieb für die politiktheoretische Arbeit ein halbes Jahrhundert beherrschend und vermochte alle anderen Themen deutlich in den Hintergrund zu drängen. Auch noch die großen Traktate des 14. Jahrhunderts – Dantes *Monarchia* ebenso wie des Marsilius von Padua *Defensor pacis* und der *Dialogus* Ockhams – gehören unmittelbar in diesen Zusammenhang. Damit sind ohne Zweifel höchst bedeutsame Leistungen spätmittelalterlicher Politiktheorie genannt. Diese Texte sind aber nur die weithin sichtbare Spitze der gesamten Gattung, der sich eine ganze Bibliothek von achtbaren und weniger bedeutenden Traktaten anschließt.

Bis ins 15. Jahrhundert hinein tritt politiktheoretisches Nachdenken vorwiegend im Rahmen der Bemühungen um das Problem *De potestate papae* in Erscheinung. Wir müssen das ernst nehmen, können aber natürlich hier nicht enzyklopädisch ein nuanciertes Bild schildern, das in farbigen Details auch nur die wichtigsten Positionen vorstellt. Wir gehen darum wiederum exemplarisch vor und beschränken uns auf einige Anmerkungen zu herausragenden Leistungen in etwa chronologischer Folge, ohne daß dabei immer die Bezüge auf den Diskussionszusammenhang festgehalten und verdeutlicht werden können, in dem diese Schriften stehen und an dem sie bewußt und unbewußt partizipieren.

7.1 *Das Zeitalter Bonifaz' VIII.*

7.1.1 *Aegidius Romanus: »De ecclesiastica potestate«*

Zwei frühe Beispiele sind Aegidius Romanus und Johannes Quidort, deren Texte beide um 1302 entstanden sind, wobei der Traktat des Aegidius vor der Redaktion der Bulle *Unam sanctam* angesetzt werden muß, der Traktat des fränzösischen Dominikaners vielleicht kurz nachher, aber jedenfalls noch vor dem Attentat von Anagni (im August 1303). Freilich bezieht sich Johannes nicht evident auf den Traktat des Aegidius, wenn er auch energisch der kurialistischen Position, die dieser vertritt, widerspricht. Schon in diesem ersten hier knapp zu charakterisierenden Paar haben wir also Bruchstücke einer polemischen Streitschriftenliteratur vor uns, innerhalb derer die Traktate in energischer Frontstellung gegeneinander antreten und in diametral unterschiedlicher Beleuchtung sich auf Vorgänger, Mitstreiter und mögliche Nachfolger beziehen, ohne daß sie völlig in diesen gegenseitigen Bezügen aufgingen.

Aegidius hat in der feinfühligen Aufmerksamkeit für das Gebot der Stunde, die ihm eigen war, zu den ersten gehört, die das neue Thema systematisch angingen. Der Erzbischof von Bourges arbeitete an der Kurie um 1302 eine Streitschrift aus, *De ecclesiastica potestate*[57], die sich mit seinem eigenen Fürstenspiegel nicht leicht auf eine Linie bringen läßt. Während Aegidius in seinem Fürstenspiegel versucht hatte, auf dem Boden der aristotelischen Ethik und Politik seinem wissenschaftlich interessierten Publikum den Fürstenstaat theoretisch zu entwickeln, ist sein Ziel jetzt ein ganz anderes. Er will die Herrschaftsansprüche der geistlichen Gewalt des Papstes gegenüber weltlichen Herrschaftsträgern begründen und beschreiben. Während die Kirche im Fürstenspiegel keineswegs zur näheren Erörterung vorgesehen war und nur bisweilen am Rande Erwähnung fand, verschwindet in dem Traktat von 1302 praktisch die staatliche Herrschaftsorganisation völlig in der kirchlichen Gewalt. Im energischen und strukturellen Monarchismus beider Schriften finden sich gewiß starke formale Parallelen, aber das reicht nicht aus, die Basis einer kohärenten politischen Theorie abzugeben.

Der Traktat ist mit seinem ersten Satz an Papst Bonifaz VIII. in einer sprachlichen Fassung adressiert, die in ihrer kurialen Devotion kaum überbietbar scheint. Für den Papst allein ist die herkömmliche Demutsformel gebraucht, von göttlicher Gnade an seinen Platz gestellt worden zu sein. Der Erzbischof von Bourges bekennt sich seinerseits dazu, seine eigene Stellung päpstlichem »Erbarmen« zu verdanken, und bezeichnet sich als des Papstes *humilis creatura* (demütige Kreatur).

---

57 Aegidius Romanus, Tractatus de ecclesiastica potestate, hrsg. von Richard Scholz, Leipzig 1929 (Neudruck Aalen 1961). Nach dieser Ausgabe ins Englische übersetzt von R. W. Dyson, Giles of Rome on Ecclesiastical Power, Woodbridge/Suffolk 1986. Zur Interpretation etwa Wilhelm Kölmel, »Regimen christianum«: Weg und Ergebnisse des Gewaltenverhältnisses und des Gewaltenverständnisses (8. bis 14. Jahrhundert), Berlin 1970, S. 291–360; Heiner Bielefeldt, Von der päpstlichen Universalherrschaft zur autonomen Bürgerrepublik. Aegidius Romanus, Johannes Quidort von Paris, Dante Alighieri und Marsilius von Padua im Vergleich, in: Zeitschrift für Rechtsgeschichte, Germanistische Abteilung, 73 (1987), S. 70–130, hier S. 70–82.

Theoretisch versucht Aegidius, den Zentralbegriff der juristischen Kompetenzbeschreibung des päpstlichen Amtes, die *plenitudo potestatis* (die Gewaltenfülle), systematisch näher zu bestimmen. In einer Folge von Identifikationen beginnt er damit, daß er die biblischen Aussagen über die Vollkommenheit mit Hilfe der Distinktion von persönlicher Vollkommenheit und *perfectio secundum statum* (Vollkommenheit kraft ständischem Rang) erläutert und damit die Person von ihrer sozialen Rolle zunächst unterscheidet, um dann aber um so energischer alle Aussagen der Heiligen Schrift zur Vollkommenheit auf die *perfectio secundum statum* zu beziehen. Damit läßt Aegidius die Person faktisch mit ihrer sozialen Rolle zusammenfallen und kann alle persönliche Unvollkommenheit im Glanz des Amtes aufgehoben sehen. Der zweite Schritt seiner Identifikationen erinnert ebenfalls an die Rolle des Königs im Fürstenspiegel. Im päpstlichen Amt ist die Summe und der Inbegriff aller kirchlichen Ämter und Aufgaben zu sehen: *Totum posse, quod est in ecclesia, reservatur in summo pontifice* (alles Vermögen der Kirche ist im Papst versammelt[58]). Die Einschränkung, daß nur jenes Vermögen, das in der Kirche ist, im Papst gebündelt und personifiziert erscheint, ist nötig, da Gott allein die Fülle der Gewalt *simpliciter* (schlechthin) für sich beanspruchen kann. Doch verbindet den Papst als Gottes Vikar auf Erden mit Gott eine unmittelbare Beziehung. Tendenziell wird seine Vollmacht damit mit Gottes Macht identisch. Schließlich wird über Pseudo-Dionysius Areopagita die kirchliche Hierarchie mit der hierarchischen Ordnung der Welt in eins gesetzt. Wenn dann noch die Legitimität jeglichen politischen Handelns von einer juristischen Beziehung auf die kirchliche Amtshierarchie abhängig gemacht wird, ist ein System von großartiger Geschlossenheit und geradezu utopischer Anspruchsfülle gezimmert, das sich auch in Zukunft hinsichtlich seiner rigiden Geradlinigkeit und seiner schlichten Direktheit in der Formulierung päpstlicher Prätentionen von den Ansichten keines Gesinnungsgenossen übertreffen lassen sollte.

Dem Papst als dem *summus hierarcha* (höchsten Hierarchen) auf Erden rechnet Aegidius nicht nur die höchste und direkt vollziehbare Leitungsbefugnis in der Kirche zu; er überträgt ihm unmittelbar auch die Verantwortung für alle Herrschaftsübung in der Welt, weil alle legitime Machtausübung von kirchlicher Billigung abhängig sei und im Papst die kirchlichen Möglichkeiten zentriert erscheinen. Das hier entworfene Bild der kirchlichen und päpstlichen Weltregierung ist theologischen Konzeptionen der göttlichen Regierung im Weltall nicht nur nachgebildet, sondern benutzt diese ausdrücklich als Vorbild und Analogie: Wie Gott als erste Ursache auch unmittelbar in den normalen Lauf der Dinge eingreifen kann und Wirkungen der *causae secundae* (der nachgeordneten Ursachen) jederzeit unmittelbar im Wunder selbst setzen kann, so kann auch der Papst seine Regierung auf doppelte Weise üben: Einmal, indem er innerhalb der Kirche etwa den Legitimationsgrund für alle Ämter und Einrichtungen der Kirche zur Verfügung stellt, aus dem sie ihre Handlungsvollmacht herleiten. So wie die Sonne über Gerechte und Ungerechte scheint, so ermöglicht der Papst durch sein bloßes Dasein das Wirken von guten und schlechten Prälaten. Andererseits kann der Papst auch das Wirken der nachgeordneten Instanzen unmittelbar selbst ersatzweise vornehmen, indem er diese in ihrer Tätigkeit nach eigenem Gutdünken

58 Aegidius Romanus (Anm. 57), III 9, S. 193.

suspendiert. An ihrer Statt vollzieht er dann gültige Akte. Er vermag etwa ein Domkapitel eine Bischofswahl in den herkömmlichen Formen vollziehen zu lassen, kann jedoch mit gleicher Rechtsgültigkeit diesen Akt auch an sich ziehen und ohne jede Wahl die Besetzung eines Bistums vornehmen. Die rechtliche Wirkung ist nicht nur die gleiche, der unmittelbare Vollzug durch den Papst muß sogar – da näher an der Legitimationsquelle als die Tätigkeit der herkömmlichen Organe – als eigentlich angemessen erscheinen.

Aegidius hat diese These zwar zunächst im Blick auf die Stellung des Papstes in der Kirche formuliert. Auch die Tradition, auf die er sich stützte, hatte vornehmlich diese Blickrichtung. Das eigentliche Interesse unseres Autors liegt aber vorwiegend anderwärts. Während er die zentrale und »höchste« Kompetenz des Papstes innerhalb der Amtskirche eher voraussetzt als systematisch entfaltet, kommt es ihm ganz offenbar darauf an, diese auch auf das Verhältnis des Papstes zu den weltlichen Herrschern zu übertragen. Seine letzte Identifikation, die der Kirche mit der Gesellschaft schlechthin, ermöglicht ihm diesen Schritt und fundiert einen umfassenden Herrschaftsanspruch des Papstes in der Welt und über die Welt. So erstreckt sich die Teilhabe des *Vicarius Christi* an der Weltregierung des Gottmenschen Christus auch auf die Hoheit über die Herrschaftsordnung der Welt.

Jede aristotelische Reflexion auf das *animal sociale et politicum* liegt Aegidius hier fern. Legitime Gewalt, und zwar sowohl Verfügungsrecht über Sachen als auch Herrschaftsrecht über Personen, kann seiner Meinung nach nur dort existieren, wo Gott sie angeordnet und eingesetzt hat, also, so folgert Aegidius kühn, nur innerhalb der Kirche. In der Kirche aber gibt es zwei Gewalten, die geistliche des Priesters und die weltliche des Fürsten. Aegidius muß also nur noch beide Gewalten miteinander vergleichen, um zu einem Ergebnis zu gelangen. In umständlichen Beweisgängen stellt Aegidius fest, daß die geistliche *potestas* der weltlichen *potestas* gegenüber durch einen Würdevorrang ausgezeichnet ist – ja, da ein Würdevorrang noch keine Unterordnung der weltlichen unter die geistliche Gewalt bedingen müßte, daß in der Kirche, verstanden als der gottgewollten Ordnung, das Priestertum dem Königtum auch zeitlich in der Heilsgeschichte vorausgegangen ist, und daß jedes Königtum seine Legitimation aus dem Priestertum beziehen mußte oder doch beziehen müßte. Das Fazit liegt damit auf der Hand: Da alle Gewalt der Kirche im Papst kulminiert, ja gegenwärtig gedacht werden muß und real gegenwärtig ist, liegt im Papst auch die Summe der priesterlichen Gewalt und somit der Ursprung jeder denkbaren Legitimation politischer Herrschaft.

Sicherlich haben wir bei unserer knappen Rekapitulation die grandiose Scheinstringenz, die in Aegidus' Traktat waltet, etwas vereinfacht, doch wohl nicht verzerrt. Aegidius hat aus der einheitlich gedachten Welt und der einheitlich gedachten Kirche den unmittelbaren Herrschaftsanspruch des kirchlichen Hauptes abgeleitet. Die Konsequenz seiner Gedankenführung ist, wenn es auf die realen Verhältnisse des späten 13. und frühen 14. Jahrhunderts nicht so sehr ankommt, gewiß eindrucksvoll. Aber wenn man auch nur einen seiner Identifikationsschritte nicht nachzuvollziehen gewillt ist, kann die Theorie nicht mehr als zwingender Beleg für papale Ansprüche herhalten.

Auf der anderen Seite ist es nur zu verständlich, daß Papst Bonifaz VIII. sich von der in dieser Schrift entwickelten Theorie durchaus verstanden fühlen konnte und bei der Formulierung der wohl berühmtesten Bulle politischen Anspruchs, *Unam sanc-*

tam, entweder auf Aegidius' Traktat zurückgriff oder Aegidius selbst an ihr maßgeblich mitwirken ließ. Jedenfalls ist selten eine politische Theorie so unmittelbar in offizielle Formulierungen eingegangen, wie es hier geschah. Die zeitgenössische Öffentlichkeit freilich hat, wie es scheint, den Traktat nicht vorbehaltlos akzeptiert. Seine handschriftliche Bezeugung und spätere Verwendung lassen ihn hinter weniger geradlinigen, dafür aber auch weniger anstößigen Texten (wie dem Traktat des Aegidius-Schülers Jakob von Viterbo *De regimine Christiano*) zurückbleiben. Die Konsequenz aber, mit der hier papalistische Theorie formuliert wurde, macht uns den Text besonders wertvoll.

7.1.2 Johannes Quidort von Paris

Auch Zeitgenossen freilich kritisierten den aegidianischen Entwurf eines papalistischen Weltherrschaftsanspruchs und ähnliche Hervorbringungen des päpstlichen Hofes energisch und mit Nachdruck. Anläßlich des Konflikts Papst Bonifaz' VIII. mit Philipp dem Schönen formuliert, fanden die papalistischen Thesen von Seiten der französischen Universitätsgelehrten eine durchaus ebenbürtige Antwort. Wir beschränken uns exemplarisch auf die Vorstellung der Position des französischen Dominikaners Johannes Quidort, eines Bettelordenstheologen, der sein Leben an der Pariser Universität zugebracht hat[59]. Das Datum seiner Geburt ist unbekannt. Es scheint eher gegen 1250 als gegen 1270 gewesen zu sein. Spät erst, schon als renommierter Magister der *Artes,* in den Dominikanerorden eingetreten, gehörte er der theologischen Fakultät erst seit seiner theologischen Promotion (1304) an, hatte sich aber offenbar schon zuvor energisch für seine Ansichten eingesetzt. 1305 wegen einer eigenwilligen Abendmahlslehre vom Bischof von Paris und einer Theologenkommission zensuriert und mit einem Lehrverbot belegt, appellierte er gegen diese Maßnahmen an Papst Clemens V. und starb an der Kurie in Bordeaux am 22. September 1306, bevor über diese Appellation entschieden war.

Seine Schriften bezeugen, daß er ein streitbarer Mann war, der literarischen und persönlichen Fehden nicht auswich, sondern energisch Position bezog, so für seinen Ordensbruder Thomas von Aquin gegen dessen franziskanische Kritiker, auch anderwärts gegen Arnald von Villanova und dessen unmittelbare Eschatologie, schließlich natürlich in seiner »Apologie« gegen die Kritiker seiner Abendmahlslehre. Wenn er also im Streit zwischen dem Papst und dem französischen König Partei ergriffen und einen Traktat veröffentlicht hat, so kann das nicht überraschen.

---

59 Johannes Quidort von Paris, Über königliche und päpstliche Gewalt (De regia potestate et papali), hrsg. und übersetzt von Fritz Bleienstein, Stuttgart 1969. (Dazu vgl. aber die Rezension von Jürgen Miethke, in: Francia, 3 [1975], S. 799–803.) Zur Interpretation vor allem: Jean Leclercq, Jean de Paris et l'ecclésiologie du XIVe siècle, Paris 1942; Helmut G. Walther, Imperiales Königtum, Konziliarismus und Volkssouveränität: Studien zu den Grenzen des mittelalterlichen Souveränitätsgedankens, München 1976, S. 147–155; Albert Podlech, Die Herrschaftstheorie des Johannes von Paris, in: Der Staat, 16 (1977), S. 465–492; Janet Coleman, Medieval Discussions on Property: »Ratio« and »dominium« according to John of Paris and Marsilius of Padua, in: History of Political Thought, 4 (1983), S. 209–228; H. Bielefeldt (Anm. 57), S. 82–94.

Auf seine Haltung wirft ein Schlaglicht, daß Johannes Quidort, anders als der damals in Paris lebende englische Franziskaner Johannes Duns Scotus, es nicht abgelehnt hat, sich durch seine Unterschrift mit der Forderung des königlichen Hofes nach einem Konzil zur Klärung des Streits zwischen Papst und König zu identifizieren: An sechster Stelle ist sein Name in der langen Reihe von 132 Dominikanern aus St. Jacques zu finden, die sich – dem Wunsch des Hofes entsprechend – für dieses Postulat erklärten[60]. Einer seiner Gegner im späteren Abendmahlsstreit wird der Erzbischof von Bourges, Aegidius Romanus, sein. Wer wird entscheiden wollen, wie weit in diesem Konflikt auch andere alte Rechnungen aus den Tagen Bonifaz' VIII. beglichen werden sollten?

Die dürftigen Daten geben kein allzu scharfes Bild. Jedenfalls hat Quidort in den hektischen Monaten der Zuspitzung des Konflikts zwischen Papst und König eine herausragende Rolle als führender Vertreter der Universität Paris gespielt, hat öffentlich Partei ergriffen und seine Position auch einer Öffentlichkeit verständlich zu machen versucht. Vielleicht hat er sogar an der Meinungs- und Willensbildung des Pariser Hofes mitgewirkt. Eine solche Rolle, wie wir sie von den Universitätsgelehrten des späteren Mittelalters wohl kennen, setzen wir allerdings für die Wende zum 14. Jahrhundert nur selten voraus.

Im Vollzug solcher Aktivitäten jedenfalls ist auch wohl jener Traktat entstanden, der die bekannteste und bestimmt ihrer Überlieferung nach erfolgreichste Schrift Quidorts werden sollte, *De regia potestate et papali* (Über königliche und päpstliche Gewalt). Schon der Titel weist, freilich in wissenschaftlicher Entrücktheit, auf den Konflikt zwischen Bonifaz VIII. und Philipp dem Schönen hin. Ganz genau können wir den Text nicht datieren. Johannes scheint das Buch in der zweiten Hälfte des Jahres 1302 oder den ersten Wochen des Jahres 1303 niedergeschrieben zu haben, offenbar bevor die Bulle *Unam sanctam* in Paris bekannt geworden ist. Freilich sind in den Text Vorarbeiten eingegangen, die in dem Traktat ihre eigenen Umrisse noch andeuten, so daß er nicht das Werk weniger Tage oder Wochen ist. Johannes schreibt in einer knappen, präzisen, ja wortkargen Sprache. Der Text ist durchaus nicht in jeder Zeile originell in jenem Sinne, daß Johannes Quidort jede Formulierung selbst gefunden, jedes Argument allein und originär gebildet hätte. Ganze Abschnitte übernimmt er wörtlich, andere doch sinngemäß aus einschlägigen Vorlagen, vor allem aus dem Fürstenspiegel des Thomas von Aquin. Trotzdem ist der Traktat kein Sammelsurium halbverdauter Zitate; Johannes greift vielmehr mutig zentrale Punkte aus der Kontroverse heraus und gibt ihnen eine selbständige Lösung, indem er auf thomistischer Basis eine tragfähige Antwort entwirft und dabei Positionen bezieht, die Thomas selbst so noch nicht formuliert hatte.

Im ersten Kapitel seiner Schrift bereits macht Johannes durch ein langes (freilich verdecktes) Zitat aus Thomas von Aquin klar, was er von diesem gelernt zu haben glaubt: Er begründet die Selbständigkeit der politischen Ordnung gegenüber kirchlichen Ansprüchen mit aristotelischen Mitteln. In kühler Distanz, fast trocken, trägt er die thomistischen Positionen vor, auf seinen eigenen Zweck hin zugespitzt, doch meist in den Worten des Thomas selbst. An die Stelle einer metaphysisch oder

---

60 Vgl. Antoine Dondaine, Documents pour servir à l'histoire de la province de France, l'Appel au concile (1303), in: Archivum fratrum praedicatorum, 22 (1952), S. 381–439, hier S. 405.

heilsgeschichtlich begründeten Überordnung der geistlichen über die weltliche Gewalt, wie sie Aegidius vertrat, setzt er mit Entschlossenheit eine »dualistische« Konzeption. Diese theologisch motivierte Auffassung der Gleichursprünglichkeit (wie wir es nennen können) beider Gewalten und ihrer prinzipiellen Gleichrangigkeit ist keineswegs nur ein ideologisches Konzept zur Verteidigung des französischen Königs und der Anschauungen seines Hofes. Sie ist vielmehr eine theoretische Positionsbestimmung, die vielfältige konkrete Parteinahmen auch später noch zulassen und in ihrer kühlen analytischen Schärfe noch eine lange Nachwirkung haben sollte.

Die Gleichursprünglichkeit beider Gewalten schließt zwar ein Ein- und Unterordnungsverhältnis zwischen den beiden nicht schlechterdings aus, verlangt es aber auch nicht und macht es somit systematisch überflüssig. Ohne Wenn und Aber kann Johannes einen Würdevorrang der geistlichen Gewalt konstatieren und konzedieren, ohne daraus hierarchische Überordnung zu folgern. Die etwas schwankenden Äußerungen des Thomas von Aquin vereinseitigt Quidort und hält sich an Zitate, die auf der Linie seiner eigenen Positionsbeschreibung liegen, so wenn er etwa an einem Zitat aus Thomas Sentenzenkommentar entlang formuliert: »Denn die geringere weltliche Gewalt verhält sich zur größeren geistlichen nicht so, daß sie etwa von ihr stammte oder sich aus ihr herleitete, so wie sich die Amtsgewalt eines ›Prokonsuls‹ zu der des ›Imperator‹ verhält, welcher in allem höher steht als jener. Vielmehr entspricht das Verhältnis beider dem der Befugnisse eines *›pater familias‹* (Haushaltungsvorstandes) zu denen eines *›magister militum‹* (Militärbefehlshabers), die nicht auseinander abgegleitet sind, sondern beide aus einer höheren Gewalt.«[61]

Dies Argument ist von weitreichender Konsequenz. Gerade wegen ihres gleichen Ursprungs in dem einen Gott können beide Gewalten unbeschadet eine je verschiedene Stuktur haben. Gehört das Priestertum ganz der Heilsgeschichte und der Sphäre der *spiritualia*, der geistlichen Dinge, an, so gründet das *regnum*, die Königsherrschaft – das heißt für Johannes Quidort so wie für Thomas von Aquin die politische Organisation der menschlichen Gesellschaft – ganz in den ontologischen Voraussetzungen des menschlichen Daseins. Während das Priesteramt als Vermittlung zwischen Gott und Menschen erst mit der Erscheinung Christi in sein eigentliches Recht und damit ins Dasein getreten ist, gibt es kraft Naturrecht Könige, und somit politische Herrschaft, seit dem ersten Auftreten des Menschen. Die Notwendigkeit politischer Organisation folgt aus der natürlichen Veranlagung des Menschen, des *animal sociale et politicum* (des gesellschaftlichen und politischen Lebewesens), was bereits Aristoteles gezeigt hat und was Quidort mit langen Passagen aus dem Fürstenspiegel des Aquinaten darlegt[62]. Die konkreten Formen der Herrschaftsübung im Königreich haben sich unabhängig von kirchlicher, von päpstlicher oder priesterlicher Einwirkung entfaltet, sie gehören dem *ius gentium* an, das heißt jenem Recht, das allen Völkern, den Christen und Heiden gleichermaßen, gemeinsam ist. Johannes benutzt ein schlagendes historisches Argument zur Stütze seiner These: Frankreich als Missionsland war vor seiner Christianisierung bereits politisch organisiert. »Königliche Amtsgewalt als solche und in ihrer Ausübung gab es früher als die päpstliche

61 Johannes Quidort (Anm. 59), c 5, S. 88 (unter Benutzung von Thomas von Aquin, In II Sent. d. 44, quaestio 2 (Anm. 43).
62 Ebd., c. 1–5, S. 75–90.

Gewalt, und es gab Könige in Frankreich, bevor es hier Christen gab.« Die Legitimität der Herrschaftsübung rührt nicht vom Priestertum und damit vom Papst, *sed est a deo et a populo regem eligente in persona vel in domo* (sondern stammt von Gott und vom Volk, das den König als Person oder in der Dynastie gewählt hat). Jede andere Auffassung müßte zuverlässige und ausdrückliche Aussagen der Heiligen Schrift anführen können, die es jedoch nicht gibt. So kann Quidort denn die Auffassung seiner Gegner scharf als *ridiculosum* kennzeichnen, als lächerlich, unbegründet und unwissenschaftlich[63].

Daß er beide Gewalten mit einer je unterschiedlichen Struktur ausgestattet sieht, erlaubt es Quidort auch, die jeweilige innere Organisation unabhängig voneinander zu entwickeln. Er kann damit einerseits an der Einheit der Weltkirche festhalten und doch zugleich dem werdenden Nationalstaat Frankreich ein eigenständiges Daseinsrecht außerhalb jeder Weltkaiservorstellungen zubilligen, die Bonifaz VIII. dem französischen Souveränitätsstreben aus römisch-rechtlichen Traditionen am 30. März 1303 noch einmal in einer Konsistorialansprache zugunsten des deutschen Herrschers Albrecht I. scharf entgegenhalten sollte[64]. Der einheitlichen Universalkirche mit dem Papst als oberstem Bischof und Stellvertreter Christi – dem Garanten der Glaubenseinheit – an der Spitze steht nach Quidorts Meinung auf der weltlichen Seite keineswegs ein allumspannendes weltliches Kaiserreich gegenüber. Gott hat zwar die eine Kirche gewollt und gesetzt, nicht so den Weltstaat. Die Menschen fühlen keineswegs den natürlichen Trieb oder die Verpflichtung aus göttlichem Recht, sich auf einen höchsten Weltherrscher hin ordnen zu lassen[65].

Die Vielfalt verschiedener voneinander unabhängiger Staaten, die der französische Autor hier begründet, ergibt sich, wie die eine Weltkirche, aus der aristotelischen Anthropologie: Die Seelen sind in der Einheit der menschlichen Wesensform verbunden und haben somit dieselbe wesentliche Seinsqualität, um auch die Einheit der menschlichen Gattung zu begründen. Die körperlichen Unterschiede zwischen verschiedenen Menschen dagegen gehen sehr viel weiter: Klimazonen und Konstitutionstypen schaffen schon ein unterschiedliches Aussehen, und das bedingt auch soziale Verschiedenheit. Zudem sind für beide Gewalten die Sanktionsmöglichkeiten durchaus unterschieden, weil sich sprachliche Kommunikation und körperliche Zwangsgewalt unterscheiden. Eine geistliche Strafe ist *verbalis* (spachlich) und trifft daher mit derselben Leichtigkeit und Sicherheit die Nahen wie die Fernen. Die körperliche Zwangsgewalt dagegen kann Entferntes nicht so einfach erreichen, »da sie handgreiflich ist; ist es doch einfacher ein Wort auszustrecken als die Hand.« Schließlich findet sich zwischen Kirche und Staat ein grundlegender Unterschied in der Besitz- und Vermögensstruktur: Die Kirche hat ihr Eigentum als Gemeineigentum, das von einer einheitlichen Gewalt verwaltet und disponiert werden muß. Bei den Laien dagegen »ist jeder Herr seines Eigentums, weil er es sich durch eigene Anstrengung erworben hat«[66]. Jeder ist sein eigener Verwalter; einer zentralen

63 Ebd., c. 19, S. 172; vgl. c. 10 und 11, S. 112 und S. 169.

64 Der Text wurde von Jakob Schwalm herausgegeben, in: Monumenta Germaniae Historica, Constitutiones, Bd. 4/1, Berlin 1906, S. 138ff., nr. 173; dt. Übersetzung (in Auszügen) bei J. Miethke/A. Bühler (Anm. 16), S. 128–130, nr. V 3; vgl. ebd., S. 36ff.

65 Ausführlich in: Johannes Quidort (Anm. 59), c. 3, S. 82.

66 Ebd., c. 3, S. 82.

Fürsorge bedarf es nicht. Selbst der König hat keinen unmittelbaren Zugriff, wie an anderer Stelle unterstrichen wird: »Solche Güter haben keine innere Zuordnung zueinander oder auf ein gemeinsames Haupt, ... und daher hat weder der Fürst, noch der Papst ein Eigentumsrecht oder die Verfügung darüber.«[67]

In der Gesellschaft von Eigentümern kann es freilich Hader geben und gibt es Streit. Um solche Konflikte zu schlichten, ist eine politische Ordnung nötig, die eine gerechte Entscheidung über strittige Ansprüche ermöglicht, die Unrecht bestraft und in Notfällen für das Gemeinwohl Entscheidungen trifft. »Und deshalb wird ein Fürst vom Volk eingesetzt, ... damit er als Richter Recht und Unrecht unterscheide und als Rächer der Ungerechtigkeit walte, auch abmesse, was er von den einzelnen für die gemeinsamen Bedürfnisse fordern kann.«[68]

Die klare Unterscheidung von *dominium* (Eigentumsrecht) und *iurisdictio* (Herrschaft) ist eine wichtige vorwärtsweisende Leistung der Theorie des Johannes Quidort, die in der aristotelisch-thomistischen Zurückführung der Herrschaftsfunktion auf das *bonum commune* zwar vorgebildet und ermöglicht, aber eben noch keineswegs ausgeformt worden war. Wie Johannes von hier aus eine deutlich populistische Theorie der Herrschaftsbildung entfaltet, weiterhin unter Verwendung thomistischer Begriffsvorgaben, weiterhin aber auch in Verschärfung und Klärung ihrer Zusammenhänge, die Thomas nicht erreicht hatte, das soll hier im einzelnen auf sich beruhen. Daß Herrschaft und politische Organisation dem Menschen jedenfalls von Natur aus zukommen, das steht für Quidort außer Zweifel. Daß aber ein bestimmter Mensch die Herrschaft über andere Menschen führt, das geschieht *per consensum hominum* (durch Zustimmung der Menschen), durch *electio* (Wahl) des Königs beziehungsweise eines königlichen Hauses.

Auch in der Kirche ist die Entscheidung darüber, wer Papst wird, von den Menschen durch einen Wahlakt zu treffen. Darum kann bei Ungenügen eines Amtsinhabers – die Drohung gegen Bonifaz VIII. ist hier mit Händen zu greifen – bei dem von Gott gesetzten Amt ein Verfahren zur Amtsenthebung eingreifen, in dem diejenigen, die die Wahl vollziehen, auch die Absetzung übernehmen. Wie im einzelnen die Gewichte verteilt werden, ist hier nicht so wichtig. Entscheidend bleibt, daß trotz aller Unterschiede in der Organisationsstruktur beider Sphären jedenfalls den Amtsträgern beider Seiten Eingriffsrechte in die andere Sphäre bleiben, wenn die sozusagen »normalen« Korrektionsmöglichkeiten nicht mehr greifen und das *bonum commune*, das in der aristotelisch-thomistischen Tradition die Gesellschaftsordnung überhaupt begründet und erzwingt, dadurch in Gefahr gerät. So kann Quidort dem französischen König in kaum verhülltem Appell zurufen: »Es ist dem Fürsten erlaubt, den Mißbrauch des geistlichen Schwertes so zurückzuweisen, wie er es vermag, auch durch sein materielles Schwert, ... denn sonst trüge er sein Schwert ohne Grund.«[69] Damit hat Quidort offenbar, auch wenn er dem Papst theoretisch analoge Rechte gegenüber dem weltlichen Herrscher zugesteht, eine Gewaltaktion – wie das Attentat von Anagni (1303) – nicht nur vorweg gebilligt, sondern theoretisch begründet, ja anscheinend sogar gefordert. Die *via media*, die mittlere Straße, die Johannes

---

67 Ebd., c. 7, S. 96f.
68 Ebd., c. 7, S. 97.
69 Ebd., c. 20, S. 179; vgl. Römerbrief 13, 4.

methodisch sucht[70], ist zur Begründung radikaler politischer Maßnahmen durchaus fähig. Die Mäßigung in der Theorie, das Augenmaß im argumentativen Vorgehen brauchte eine energische Praxis keineswegs zu hindern, scheint sie hier vielmehr heraufzuführen.

7.2 Eine neue Phase: Die Debatten des 14. Jahrhunderts

Die parallele Konstruktion beider Gewalten aus dem Gedanken der Gleichursprünglichkeit und Gleichberechtigung, doch mit dem Ergebnis unterschiedlicher innerer Strukturen, mußte im realen Konflikt dem *gladius materialis* des Herrschers, der realen Waffe des Königs, gegenüber der »verbalen« Waffe des Priesters ein entscheidendes Übergewicht lassen, und das sollte sie wohl auch. Hier brauchen wir auf die reale Lösung des politischen Konflikts nicht einzugehen, nicht auf Anagni oder Vienne, auch nicht auf den Templerprozeß, der die Templer den Preis des Ausgleichs zwischen Kurie und französischem Hof blutig zahlen ließ, oder auch auf die Übersiedlung der Kurie nach Avignon in den Strahlbereich der französischen Politik.

Das zugespitzte Interesse an der Organisationsgewalt des Papstes in Kirche und Welt und an dem Herrschaftsanspruch der Kirche über die Welt wurde durch die politische Katastrophe Bonifaz' VIII. jedenfalls keineswegs obsolet. Auch in den kommenden Jahrzehnten blieb das Thema *De potestate papae* auf der Tagesordnung und wurde mit gleichbleibendem Eifer, ja in Traktaten von wachsendem Umfang erörtert. Es ist, als hätte die kuriale Theorie das Scheitern der politischen Ansprüche Bonifaz' VIII. schlicht übersehen, als hätte sie nicht wahrgenommen, wie wenig sich die Welt päpstlichem Willen fügte. An der Kurie erschienen ungerührt weitere Traktate, die unermüdlich, dem mühseligen praktischen Lavieren der Nachfolger Bonifaz' VIII. zum Trotz, von der höchsten Gewalt des Stellvertreters Christi sprachen. Die Kurie erwies sich in aller Regel als Zentrum solcher Bemühungen. Immer wieder findet sich ein Autor ermuntert, durch seine Stellungnahme zu diesem Problem Aufmerksamkeit am päpstlichen Hofe auf sich zu lenken. Die Orden, insbesondere die Bettelorden, wetteiferten geradezu miteinander, in immer neuen Varianten die päpstliche Amtsgewalt zu beschreiben.

Aufmerksamkeit kann die ganze Debatte schon allein deshalb beanspruchen, weil auch ganz anders gerichtete Traktate in sie eingriffen, Traktate, die – in der Falllinie der Entwicklung zum neuzeitlichen politischen Denken liegend – schon lange als Glanz- und Höhepunkte des mittelalterlichen politischen Denkens gegolten haben. Denn naturgemäß ließ sich das Thema keineswegs an der Kurie festhalten. Die Kritiker meldeten sich wie zu den Zeiten Bonifaz' VIII. weiter zu Wort. Und unter diesen Kritikern finden wir die Italiener Dante Alighieri und Marsilius von Padua und den Engländer Wilhelm von Ockham, die meist zu den »Klassikern« der mittelalterlichen politischen Theorie gezählt werden.

70 Ebd., c. 1 (Prooemium), S. 72.

7.2.1 Dantes »Monarchia«

Zu dieser Gruppe von Schriften gehört auch Dantes bedeutender politischer Traktat, die *Monarchia*[71]. Auch wenn der Florentiner Dichter sich in manchen Punkten deutlich von den anderen Verfassern unterscheidet, gehört er doch in den Gesamtzusammenhang unserer Debatte. Dante ist kein Theologe, erst recht kein Bettelmönch, wie die meisten der anderen Autoren unserer Literatur. Er hat auch niemals eine Universität besucht. Seine Schrift steht gleichwohl unzweifelhaft auf dem Boden der Gelehrsamkeit seiner Zeit. Die Bettelordensschulen seiner Vaterstadt Florenz haben dem jungen Adligen offenbar eine höchst gediegene scholastische Bildung vermittelt. Er war nicht ein ungelehrter Laie, auch wenn er, Intellektueller und Schriftsteller, kein »Kleriker« war. Jedenfalls kennt und nutzt Dante philosophische, kanonistische, legistische und theologische Argumente und verknüpft sie in einer durchaus selbständigen, wirksamen Weise. Ob er freilich den Traktat des Johannes Quidort kannte, ist nicht erweislich. Auch sonst hat er eine Position, die in der Debatte etwas »exzentrisch« wirkt, was aber seinem Text nicht die Bedeutung nehmen kann.

Wann die *Monarchia* entstanden ist, ist umstritten. Zu wenig klare Hinweise hat der Verfasser selbst auf die Situation gegeben, in der er schrieb. So hat die Forschung vielerlei Ansätze zwischen 1307 und 1321 (dem Todesjahr des Dichters) versucht. In den letzten Jahrzehnten haben gewichtige Stimmen für eine Spätdatierung auf die Zeit »nach 1316« plädiert und damit den grandiosen Entwurf aus dem Umkreis des italienischen Abenteuers des deutschen Königs Heinrich VII. von Luxemburg (1310–1313) wieder herausgenommen, in den man früher die Kaiserspekulation Dantes gerne gerückt hatte.

Auch Dante geht ausdrücklich von aristotelischen Grundlagen aus. Anders aber als seine Vorgänger, die die zeitgemäße Tendenz zu partikulären politischen Ordnungen aus der – am griechischen Stadtstaat orientierten – Erörterung des griechischen Philosophen übernahmen, versuchte Dante, das römische Kaisertum als notwendige, wenn nicht heilsnotwendige Institution zu erweisen und ihm eine geschlossene theoretische Grundlage zu geben. Noch bei Aegidius Romanus war vom Kaiser keine Rede mehr gewesen, und Johannes Quidort hatte die Notwendigkeit des Kaisertums ausdrücklich geleugnet, auch wenn an einigen Punkten seines Traktats der *imperator*

---

71 Dante Alighieri, Monarchia, hrsg. von Pier Giorgio Ricci, o. O. (Mailand) 1965 (hiernach zitiert); lateinisch/dt. Ausgabe (wie Anm. 56), hier vorzügliche und reichliche Literaturhinweise; – zur Datierung vgl. Friedrich Baethgen. Die Entstehungszeit von Dantes »Monarchia«, in: Sitzungsberichte der Bayerischen Akademie der Wissenschaften, Philosophisch-historische Klasse, 1966, 5, München 1966; Pier Giorgio Ricci, Monarchia, in: Enciclopedia Dantesca, 3 (1971), Sp. 983–1004; zuletzt Carlo Dolcini, Crisi di potere e politologia in crisi, Da Sinibaldo Fieschi a Guglielmo d'Ockham, Bologna 1988, S. 427–438. – Von der Literatur sei hier nur genannt: Fritz Kern, Humana civilitas, Leipzig 1913; Bruno Nardi, Nel mondo di Dante, Rom 1944, und ders., Saggi di filosofia dantesca, Firenze 1967; Michele Maccarrone, Il libro terzo della Monarchia, in: Studi danteschi, 33 (1955); Ernst Hartwig Kantorowicz, The King's Two Bodies, A Study in Medieval Political Theology, New York 1957, S. 451–495; Herbert Grundmann/Otto Herding/Hans Conrad Peyer, Dante und die Mächtigen seiner Zeit, München 1960; Gustavo Vinay, Interpretazione della »Monarchia« di Dante, Firenze 1962; H. G. Walther, Imperiales Königtum (Anm. 59), S. 222ff.; H. Bielefeldt; Universalherrschaft (Anm. 57), S. 94–101.

Romanorum, sozusagen als traditionelles Versatzstück der Argumentation, noch flüchtige Erwähnung gefunden hatte. Dante zentriert seinen Text, den er, auch im Titel ungewöhnlich und eigenwillig, mit *Monarchia* überschreibt, um Amt und Aufgaben des Imperators als *monarcha totius mundi* (Weltherrscher).

Scholastisch zergliedert Dante seine Untersuchung in drei Fragen und prüft zuerst, ob zum *bene esse mundi,* zum Wohlsein und Wohlgeordnetsein der Welt, das Amt des Weltherrschers nötig sei. Dann prüft er, ob das Volk der Römer von Rechts wegen das Imperium erlangt habe. Und schließlich geht er der Frage nach, ob die *auctoritas* der (römischen) Weltherrschaft unmittelbar von Gott abhänge oder von seinem Diener und Stellvertreter, konkret von der Kirche und vom Papst vermittelt sei. Dante will die Wahrheit der weltlichen Herrschaft, die, wie er einmal feststellt, »von allen unbehandelt gelassen« worden sei[72], ans Licht bringen. An eigenständigen und originellen Gedanken fehlt es seiner Schrift nicht, die auch ausdrücklich praktische Absichten hat[73].

Das aristotelische Schema der Herrschaftsbildung wird – ganz unaristotelisch – mit der allgemeinen Weltherrschaft über das *regnum* hinaus gekrönt und abgeschlossen. Die Universalität der imperialen Herrschaft über alle Menschen wird dann aber gemäß dem aristotelischen Ansatz anthropologisch verankert: Vom Menschen, seiner Natur und seinem Ziel her versucht Dante die Notwendigkeit einer einzigen einheitlichen politischen Organisation des Menschengeschlechtes nicht nur als wünschenswert, sondern als notwendig zu erweisen. Gott hat den Menschen providentiell zwei Ziele gesetzt, »die Glückseligkeit dieses Lebens, die in dem Wirken der eigenen Tüchtigkeit *(virtus)* beruht und die durch das irdische Paradies bildlich dargestellt wird; und die Glückseligkeit des ewigen Lebens, die in der Anschauung des göttlichen Anblicks beruht, zu welcher eigene Tüchtigkeit nicht aufsteigen kann«[74].

Damit geht Dante klar über die Zweckehierarchie des Aquinaten hinaus (den er kannte). Das Ziel des natürlichen Menschen ist hier der ewigen Glückseligkeit – als eine davon unabhängige, selbständige Glückseligkeit – deutlich nicht nachgeordnet, sondern beigeordnet und hat selbständigen Wert. Konstruieren kann Dante diesen irdischen Endzweck, da er die Lehre des Averroes vom universalen Intellekt auf seine eigenen Absichten hin umbiegt und zuspitzt. Das höchste Ziel muß dem gesamten Menschengeschlecht von Gott gesetzt sein. Jene Tätigkeit des Menschengeschlechts aber, die kein einzelner Mensch, auch keine Hausgemeinschaft, keine Nachbarschaft, Stadtgemeinde und kein einzelnes Königreich vollziehen kann, ist die vollkommene Verwirklichung der Erkenntnisfähigkeit. »Und weil diese Fähigkeit durch einen Menschen oder eine Teilgemeinschaft nicht gänzlich in die Wirklichkeit gesetzt werden kann, muß die Gesamtheit der Menschen es sein, durch welche diese gesamte Fähigkeit verwirklicht wird.«[75]

Entschlossen folgert Dante, daß nur in einer gemeinsamen politischen Ordnung, in der politischen Einheit des Menschengeschlechts, solche totale Verwirklichung der

---

72 Dante Alighieri (Anm. 71), I i 5, S. 135; vgl. I i 3, S. 134.

73 Ebd., S. 135. Dante spricht von einer *noticia utilissima* (sehr nützlichen Kenntnis), die er verbreiten will, und sieht seine Anstrengungen *utiliter mundo* (zum Nutzen der Welt) aufgewandt.

74 Ebd., III xv 7, S. 273.

75 Ebd., I iii 8, S. 142.

menschlichen Erkenntnisfähigkeit möglich sei. Nur so sei Friede in Freiheit denkbar, zumal der Weltkaiser keinen Konkurrenten mehr habe und also ohne eigenes Begehren die universale Eintracht herstellen könne. Was er schon in seiner *Comedia* ausgeführt hatte[76], wiederholt Dante in der *Monarchia*[77]: daß solch ein Idealzustand einmal auf Erden schon erreicht war – unter der Herrschaft des Augustus, als Gott selbst Mensch zu werden geruhte, und als unter einer *monarchia perfecta* die Welt befriedet und das Menschengeschlecht in der Ruhe des Friedens glücklich war.

Dante gebraucht eine Metapher aus der Tradition der theologischen Lehre von der Kirche, wenn er die Einheit der Menschheit wie die Glaubenseinheit der Universalkirche durch den unzertrennten Rock Christi bezeichnet sieht[78]. Er kommt auch bei der Beschreibung der irdischen Glückseligkeit nicht aus ohne die Anleihe beim »irdischen Paradies«. Eine Begründung staatlicher Selbständigkeit war ohne Aufnahme religiöser Motive und ohne Anlehnung an die religiöse Heilslehre gegenüber der kirchlichen Tradition nicht so einfach zu bewerkstelligen. Ein gleichgewichtiger, gleichursprünglicher Ansatz der weltlichen Gewalt wird aber zumindest theoretisch erreicht, indem die staatliche Ordnung nach dem Bilde der Kirche gedacht erscheint. Hatte Aegidius Romanus die staatliche Ordnung in die Kirche hineingezogen, so macht Dante den Weltstaat gewissermaßen zu einer zweiten Kirche, um ihn unabhängig neben die Kirche stellen zu können. Freilich gibt er seinem Staat auch – im Vorgriff auf später erst einsetzende Diskussionen – eine in Ansätzen rechtsförmige Gestalt.

Ersichtlich ist bei Dante vom römischen Reich des beginnenden 14. Jahrhunderts, vom Kaisertum, wie es der Luxemburger Heinrich VII. erst 1312 noch einmal errungen hat, kaum die Rede. Es geht um die Obertöne der politischen Traditionen, die hinter dieser Politik standen und die hier mit scharfem Ohr, nicht ohne Griff nach neuen und ungewöhnlichen Argumenten, beleuchtet werden. Die Zuwendung zur römischen Geschichte und Literatur, zu Cicero, Livius, Horaz, Lukan, Ovid und immer wieder Vergil kündigt eine ganz andersartige Argumentationsweise an, als sie die scholastische Methode ermöglichte: Sie weist auf den Humanismus voraus. Im dritten Teil des Buches, dort, wo die Argumente der papalistischen Gegner, insbesondere die der Kirchenjuristen, kritisch geprüft werden, findet sich dann das Bild gezeichnet, das die Einheit des unter einem Kaiser geeinten Menschengeschlechts mit der Einheit der Kirche im Glauben gleichsetzt. Das »irdische Paradies« ist das Ziel politischer Organisation: Kaiser und Papst müssen sich als Menschen an ihrer menschlichen Substanz messen lassen, in ihrer Herrscherrolle aber sind sie nur an Gott selbst zu messen, das bedeutet an ihrer universalen Aufgabe[79].

Auch wenn Dante ganz am Ende seines Textes die Eintracht zwischen Weltstaat und Weltkirche beschwört, indem er den Monarchen nun wenigstens »irgendwie« *(quodammodo)* auf die ewige Glückseligkeit hingeordnet erscheinen läßt[80], war diese Lösung ebensowenig politisch, wie sie praktische Wege weisen konnte. Sie entsprach einer Vision. Aber ist eine Politik ohne Visionen realisierbar?

---

76 Dante Alighieri, Paradiso VI, 73 ff.
77 Dante Alighieri (Anm. 71), I xvi 1 ff., S. 168 f.
78 Ebd., I xvi 3, S. 169.
79 Ebd., III xi, S. 261–265.
80 Ebd., III xv 17, S. 275–282.

Über die zeitgenössische Wirksamkeit der Schrift des großen Florentiners wissen wir nur sehr wenig. Ihre eigentliche Wirkung scheint sie erst lange nach dem Tode ihres Autors entfaltet zu haben. Sie ist in Italien noch in den zwanziger Jahren des 14. Jahrhunderts politischer Verfolgung durch einen päpstlichen Legaten und auch literarisch einer polemischen »Widerlegung« durch den papalistischen Dominikaner Guido Vernani gewürdigt worden; Cola di Rienzo, der abenteuerlich romantische Tribun Roms in der Mitte des 14. Jahrhunderts, scheint in der Zeit seiner Gefangenschaft in Prag einen Kommentar zur *Monarchia* geschrieben zu haben[81]. In die Debatte *De potestate pape,* in die die Schrift Dantes gehört, ohne sich in ihr zu verlieren, sind ihre Argumente in ihrem Jahrhundert sonst nicht spürbar eingegangen. Der Traktat bleibt in gewissem Sinne in dieser Debatte randständig, bis er im 15. und 16. Jahrhundert unter ganz anderen Rezeptionsbedingungen eine breitere Wirksamkeit entfalten konnte.

7.2.2 *Marsilius von Padua*

Es zeigte sich schnell, daß mit dem Entwurf Dantes die Möglichkeiten des Themas noch keineswegs erschöpft waren. Sofern die *Monarchia* überhaupt bekannt wurde, war sie doch keineswegs die einzige Möglichkeit, die traditionell »dualistische« Position im Streit zwischen Papst und Kaiser, zwischen der Kirche und den Staaten Europas, theoretisch zu begründen. Auch die weiteren Spielarten der Gattung, die wir hier noch betrachten wollen, konnten freilich auf grundlegende Ergebnisse der bisherigen Debatte nicht verzichten, vor allem nicht auf die Benutzung der aristotelischen Sozialphilosophie zur Begründung eines eigenständigen Rechts der politischen Organisation. Keineswegs aber mußte die Lösung des Johannes Quidort maßgebend bleiben, der in staatlich-politischer und in kirchlicher Organisation zwei in sich wesentlich verschiedene, nach verschiedenen Organisationsprinzipien eingerichtete Sphären erblickt hatte. Dantes Entwurf einer »Doppelkirche« zielte wohl ohnedies weniger auf eine praktische Lösung aktueller Konflikte. Jeder neue Streit zwischen der Kurie und den Staaten Europas mußte aber das Thema wieder aktualisieren und neue Lösungsversuche begünstigen.

Seit dem Auftreten Heinrichs VII. war auch das römisch-deutsche Reich wieder ein Anwärter für möglichen Streit mit der Kurie. Nach jahrzehntelangen Konsolidierungsbemühungen hatte sich mit diesem Herrscher wieder ein *rex Romanorum* in Rom zum *imperator* krönen lassen. Schon der Aufbruch zum Italienzug hatte die Phantasie beflügelt, und auch die Erfahrungen in der harten Realität der oberitalienischen Konflikte sollten die Anziehungskraft der Kaiserwürde keineswegs abschwächen, zumal der frühe und plötzliche Tod Heinrichs (am 24. August 1313) die Probleme seiner letzten Unternehmungen eher zudeckte als offenlegte. Den deutschen Herrschern der Folgezeit war jedenfalls ein Konflikt mit der Kurie wieder ganz nahe gerückt. Demgegenüber war das Verhältnis des päpstlichen Hofes zu Frankreich seit dem Tode Bonifaz' VIII. wieder in windstillere Zonen geraten. Das Verhältnis zwischen Kirche und Staat wird in den folgenden Jahrzehnten vor allem am Gegen-

81 Pier Giorgio Ricci, Il commento di Cola di Rienzo alla Monarchia di Dante, in: Studi medievali III, 16 (1965), S. 665–708; Text S. 679ff.

über von Papst und Kaiser durchdekliniert, ohne daß freilich die Könige der Nationalstaaten Westeuropas gänzlich aus dem Blickfeld geraten.

Der langjährige Kampf Ludwigs »des Bayern« (1314–1347) mit den Päpsten in Avignon war dazu angetan, vielfältigen Konflikten als Kristallisationspunkt und Anlagerungsfläche zu dienen. 1314 in einer (wieder einmal) gespaltenen Wahl von den Kurfürsten des Reiches zum König erhoben, hatte der Wittelsbacher sich zuerst in jahrelangem mühseligem Ringen gegen seinen Habsburger Gegenspieler Friedrich von Oesterreich militärisch und politisch durchsetzen müssen, was etwa ein Jahrzehnt in Anspruch nahm. Mit der Kurie stieß Ludwig erst zusammen, als er sich Anfang der zwanziger Jahre anschickte, in die politischen Verhältnisse Reichsitaliens, das heißt der oberitalienischen Stadtlandschaft, energischer einzugreifen.

Das allmähliche Anwachsen des Konflikts soll hier nicht dargestellt werden. Jedenfalls wurde mitten in den ersten Jahren einer sich anbahnenden Auseinandersetzung zwischen Kurie und deutschem Hof eine Schrift in Paris abgeschlossen, die den Konflikt zwischen Kirche und Staat wiederum mit neuen Augen zu sehen lehrte. Sie entwickelte neue und bis dahin unerhörte Thesen und wird heute noch als Sturmvogel der Moderne im politischen Denken apostrophiert. Im Juni 1324 beendete in Paris der italienische Arzt, Magister der *Artes* und Student der Theologie, Marsilius von Padua, seinen *Defensor pacis*[82]. Der Autor darf wohl als bedeutendster Sozialtheoretiker des scholastischen Aristotelismus im lateinischen Spätmittelalter bezeichnet werden.

Über den Lebensweg dieses Mannes sind nur wenige sichere Daten bekannt. Das früheste Zeugnis belegt ihn als Rektor der Pariser Artistenuniversität für die drei

82 Marsilius von Padua, Defensor pacis, mit einer vollständigen dt. Übersetzung, hrsg. und übersetzt von Horst Kusch/Walter Kunzmann, Berlin 1958; eine Auswahl aus dieser Übersetzung, hrsg. von Heinz Rausch, (Reclam nr. 7964/66), Stuttgart 1971. Aus der umfänglichen Literatur sei hier nur genannt: Johannes Haller, Zur Lebensgeschichte des Marsilius von Padua, in: Zeitschrift für Kirchengeschichte, 48 (1929), S. 166–199; Alan Gewirth, Marsilius of Padua, The defensor of Peace, vol. I: Marsilius of Padua and Medieval Political Philosophy, New York 1951; Nicolai Rubinstein, Marsilius of Padua and Italian Political Thought of his Time, in: Europe in the Later Middle Ages, hrsg. von John R. Hale/J. Roger Highfield/Beryl Smalley, London 1965; John K. Hyde, Padua in the Age of Dante, Manchester 1966; Carlo Pincin, Marsilio, Torino 1967; Ludwig Schmugge, Johannes Jandun (1285–1328), Untersuchungen zur Biographie und Sozialtheorie eines lateinischen Averroisten, Stuttgart 1968; Heinz Rausch, Marsilius von Padua, in: Klassiker des politischen Denkens, hrsg. von Heinz Rausch/Horst Denzer, Bd. I, München 1968, S. 172–197, S. 389–391; Georges de Lagarde, La naissance de l'esprit laïcque au déclin du moyen âge, Bd. III, Paris 1970; Jeannine Quillet, La philosophie politique de Marsile de Padoue, Paris 1970; Friedrich Prinz, Marsilius von Padua, in: Zeitschrift für Bayerische Landesgeschichte, 39 (1976), S. 39–77; Gregorio Piaia, Marsilio da Padova nella riforma e nella controriforma, Fortuna e interpretazione, Padova 1977; Dolf Sternberger, Die Stadt und das Reich in der Verfassungslehre des Marsilius von Padua, in: Sitzungsberichte der Wissenschaftlichen Gesellschaft an der Johann Wolfgang Goethe-Universität Frankfurt a. Main 18, 3, Stuttgart 1981, S. 87–147; ders., Drei Wurzeln der Politik, Frankfurt/M. 1984; H. Bielefeldt, Universalherrschaft (Anm. 57), S. 94–101; Carlo Dolcini, Crisi di potere (Anm. 71), S. 251–426; Jürgen Miethke, Marsilius von Padua, die politische Philosophie eines lateinischen Aristotelikers des 14. Jahrhunderts, in: Lebenslehren und Weltentwürfe im Übergang vom Mittelalter zur Neuzeit, Politik – Bildung – Naturkunde – Theologie, hrsg. von Hartmut Boockmann/Bernd Möller/Karl Stackmann, Göttingen 1989, S. 52–76.

Monate von Dezember 1312 bis März 1313. Das läßt auf ein Geburtsdatum um 1290 schließen. Das Pariser Rektorenamt bezeugt auch eine gewisse Wohlhabenheit, und in der Tat stammt Marsilius aus einer Familie, die seiner Vaterstadt Padua schon einige Zeit lang schriftkundige Notare und kommunale Amtsträger gestellt hatte.

Marsilius entschied sich für das Studium der Medizin. Vor seinem Pariser Rektorat muß er zum *magister artium* promoviert gewesen sein; sein Leben lang hat er sich danach tituliert. Dagegen ist nicht deutlich, wie, wo und wie lange er Medizin studiert hat, die er, Gewohnheiten seiner Zeit entsprechend, niemals mit einer Promotion abschloß, aber in Paris und in München als Arzt praktiziert hat. Auch theologische Vorlesungen hat Marsilius gehört, auch hier, ohne einen eigenen Grad dieser Fakultät zu erreichen. Von etwa 1315 bis 1320 war Marsilius offenbar zeitweise im Dienste oberitalienischer *signori,* besonders des Matteo Visconti von Mailand und des Cangrande della Scala, des Herrn von Verona, den viele in Padua damals als Bedrohung der eigenen Unabhängigkeit fürchteten. Marsilius wirkte am französischen Königshof (also sozusagen vor Ort in Paris) und auch an der Kurie in Avignon.

Um 1320 wandte sich Marsilius nunmehr ausschließlich der Wissenschaft und ärztlichen Praxis zu. 1324 hat er den *Defensor pacis* vollendet, vielleicht beraten von seinem Freund Johannes Jandun. Der Text, der dem deutschen Herrscher Ludwig dem Bayern gewidmet ist, kursierte zunächst an der Pariser Universität und wurde wenig später noch in Paris in die Volkssprache übersetzt. Zwei Jahre dauerte es, bis der Traktat die Aufmerksamkeit des bischöflichen Inquisitors auf sich zog. Dessen Vorladung entzogen sich Marsilius und Jandun im Sommer 1326 durch eine fluchtartige Abreise. Sie fanden schließlich Aufnahme am deutschen Hof. Der Papst verurteilte am 23. Oktober 1327 offiziell und feierlich fünf aus dem *Defensor pacis* exzerpierte Sätze als häretisch.

Am Hofe Ludwig des Bayern hielten sich Marsilius und Jandun bis zu ihrem Tode auf. Sie begleiteten Ludwig auf seiner abenteuerlichen Romfahrt und nahmen teil an seiner Politik, sind vielleicht auch Berater bei der außergewöhnlichen »stadtrömischen« Kaiserkrönung gewesen, der Ludwig sich am 17. Januar 1328 unterzog. Jedenfalls scheinen sie im Kreis der konkurrierenden Beratergruppen Einfluß gewonnen zu haben und wurden vom Herrscher mit Aufgaben betraut. Jandun (gestorben 1328) ließ sich noch kurz vor seinem Tod zum Bischof von Ferrara erheben, Marsilius diente in Rom als Sonderbeauftragter in geistlichen Angelegenheiten *(vicarius in spiritualibus)* und später in München als Leibarzt bei Hof. Dort hatte er sich nach dem gescheiterten Italienzug stärkerer Konkurrenz anderer Berater immer wieder zu stellen, den »normalen« Räten eines mittelalterlichen Herrschers, Prälaten und Adligen seines Landes, und zusätzlich auch noch den Franziskanerdissidenten um Michael von Cesena, Bonagratia von Bergamo und Wilhelm von Ockham, die im September 1328 zum Kaiser gestoßen waren, dessen Schutz sie, wie zwei Jahre zuvor Marsilius und Jandun, gewonnen hatten.

Offensichtlich gelang es Marsilius nie wieder, so zentral – wie vielleicht in den hektischen Wochen der römischen Feierlichkeiten – Entscheidungen der kaiserlichen Politik unmittelbar zu bestimmen. Freilich ließ ihn der Kaiser auch niemals definitiv fallen, obwohl er das taktisch hin und wieder in seinen Verhandlungen der Kurie in Avignon in Aussicht gestellt zu haben scheint. Vor dem 10. April 1343 ist Marsilius in München gestorben. Auch Marsilius arbeitete als Universitätsgelehrter mit den zeitgemäßen wissenschaftlichen Mitteln seines Jahrhunderts. Die aristotelischen

Begriffe werden von ihm nicht schulmäßig entwickelt, sondern auf die eigene Welt analytisch angewandt, die in ihrem historischen Abstand zur Zeit des griechischen *philosophus* wenigstens im Ansatz schon begriffen scheint. Aristotelische Begriffe liefern den Schlüssel zu den Krankheitsherden der Gegenwart. Es macht auch heute noch den Reiz des Traktates aus, wie sich hier die aristotelische Philosophie und die Lebenswelt des 14. Jahrhunderts wechselseitig beleuchten.

Gesetzeslehre, Herrschaftsformen, Vergesellschaftungsstufen, politische Ethik, all das übernimmt Marsilius mit ausführlichen Zitaten aus den Hauptschriften des griechischen Philosophen, aber er wendet es derart auf seine zeitgenössischen Verhältnisse an, daß sowohl die oberitalienischen Stadtrepubliken des beginnenden 14. Jahrhunderts als auch die westeuropäischen Königreiche und sogar das deutsche *imperium Romanum* im Lichte der aristotelischen Theorie ein neues, ein gemeinsames, ein moderneres Aussehen gewinnen.

Gewiß hat Marsilius die aristotelischen Begriffe der politischen Verfassung formalisiert und damit dynamisiert. Er hat die bei Aristoteles noch lebendige Frage nach der Bedeutung der Vernunft für die Ordnung der Gesellschaft weitgehend beiseite geschoben zugunsten der Beschreibung effizienter Prozeduren der Entscheidungsfindung – ein wesentliches Moment des Eindruckes der »Modernität«, den seine Theorie noch heute machen kann. Marsilius hat sich auch von allen möglichen Seiten Unterstützung geholt, von den Juristen, den Kanonisten und den Theologen, und sich keineswegs allein auf aristotelische Argumente beschränkt. Grundlage ist aber immer wieder der aristotelische Text, den er sehr genau kennt und sehr ausführlich zu Wort kommen läßt. Noch im späten Mittelalter wird der *Defensor pacis* von einem Autor wie Nikolaus von Kues als handbuchartige Zusammenfassung aristotelischer Sozialphilosophie verwandt werden können.

Nach den Darlegungen des Marsilius erfolgt die Vergesellschaftung des Menschen nicht deshalb, weil der Mensch als ein *animal sociale* auf Gemeinschaft und Geselligkeit verwiesen ist. Als einzelner ist der Mensch, so meint Marsilius, der – mechanisch verstandenen – Beanspruchung durch Unwetter und Lebenskampf nicht gewachsen und bildet deshalb mit seinesgleichen Gesellschaft. Eine Auflösung der politischen Ordnung müßte alle Gefahren neu erwecken, denen der Mensch durch seine Vergesellschaftung entfloh. Das Leben in der Gesellschaft hat folgerichtig für Marsilius zunächst die *sufficientia vitae,* eine ausreichende Lebensfristung, zum Zweck und bestimmt sich von daher. Die Einsicht in diese Zwangslage aber war die Voraussetzung für den voluntativen Akt des geselligen Zusammenschlusses, der also willentlich und nur sekundär »natürlich« ist[83]: Hier zeichnen sich die Vertragstheorien der Neuzeit ab.

Aus seiner Zwangslage bildet der Mensch Gesetze, Regeln seines Zusammenlebens mit Artgenossen. Auch bei dieser Analyse formalisiert Marsilius aristotelische Formulierungen. Mit Aristoteles' Definition hält er fest, daß ein Gesetz zum Gesetz wird durch die zwingende Gewalt, die seine Befolgung sanktioniert. Auch die vernünftigste Vorschrift ohne zwingende Gewalt kann unmöglich ein Gesetz sein. Selbst ein unvernünftiges Gesetz, versehen mit solcher Sanktion, ist ein richtiges Gesetz – kein vollkommenes zwar, das räumt Marsilius ein, aber ein gültiges. Noch

---

83 Marsilius von Padua (Anm. 82), I, 4, 3.

Dante hatte in seiner *Monarchia* wenige Jahre zuvor ganz im Gegenteil noch konstatiert, Gesetze, die nicht zum gemeinen Besten dienten, »können nur dem Namen nach Gesetze, in Wirklichkeit aber keine Gesetze sein«[84]. Marsilius räumt zwar ein, daß es sich hier nicht um *leges perfectae* handelt, an ihrer Geltung aber läßt er keinen Zweifel[85]. Zwingende Gewalt geht auf den zuständigen Gesetzgeber zurück. Zuständiger Gesetzgeber aber kann – und damit geht Marsilius weit über Aristoteles hinaus, der hier keine so entschiedene Stellungnahme zeigte – »allein die Gesamtheit der Bürger oder ihr gewichtigerer Teil« sein[86].

Mit dieser Ableitung ist der Kernbereich von Marsilius' politischer Theorie erreicht: Die Gesamtheit als Gesetzgeber ist berechtigt, zwingende Sanktionen den Gesetzen beizugeben, da sie sich nur selber zwingt. Sie kann und wird freilich die Durchsetzung des Gesetzes der *pars principans,* dem führenden Teil der Gesellschaft, übertragen. Diese *pars principans* hat die Zwangsgewalt nur kraft Delegation durch den Gesetzgeber. Nach dem Gesetz der Notwendigkeit einer arbeitsteiligen Differenzierung können nun auch die anderen funktionalen *partes* der politisch verfaßten Gesellschaft bestimmt werden. Die Verfassung, die so entsteht, hat nicht primär die Freiheit im Blick – wenn auch Marsilius mehrfach Knechtschaft und Tyrannis verwirft –, sondern vielmehr eine funktionstüchtige Ordnung, die als solche gewiß auch vernünftig sein soll. *Pax* und *tranquillitas,* Friede und Ruhe als Ziel gesellschaftlichen Zusammenlebens, werden nicht ohne Grund schon im Titel und im ersten Satz des Buches betont angesprochen. Einer Lösung des lebensbedrohlichen Haders seiner Zeit zwischen Kirche und Staat glaubt Marsilius durch eine klare Kompetenzzuweisung näher zu kommen. Wenn deutlich ist, was jede Instanz darf, wird auch die Verfassung ihren Zweck wieder erfüllen. Die Störung des Friedens wird behoben werden können.

Somit stellt sich auch der *Defensor pacis* in seiner Grundrichtung in die Debatte *De potestate papae.* Allen Ansprüchen der Kirche und des Papstes gegenüber hält Marsilius eisern an dem in der Gesetzeslehre erreichten archimedischen Punkt seiner Theorie fest: Gesetze stützen sich auf die von der Gesamtheit zum Zwecke ihrer Selbstorganisation ausgehende Zwangsgewalt. Auch staatliche Ordnung stützt sich demnach primär nicht auf Wahrheit und Recht, sondern formell auf die zwingende Gewalt, die die Gesetze sanktioniert und ihnen damit auch gegen Widerstände zur Geltung verhilft. Wahrheit und Gerechtigkeit machen eine Ordnung gewiß vollkommener, vielleicht auch dauerhafter, sie können aber nicht unmittelbar und für sich die Ordnung schon bestimmen, sondern nur dann, wenn sie formell als Inhalt der Gesetze vom zuständigen Gesetzgeber (das heißt von der Gesamtheit der Bürger oder ihrem wichtigeren Teil) sanktioniert worden sind. Nicht daß das Gesetz eine Wahrheit formuliert, macht es zum Gesetz, sondern sein Erlaß durch das dazu kompetente Organ. Im wesentlichen kommt es Marsilius immer wieder darauf an, daß auch kirchliche Aussagen über Gottes Willen in der politischen Ordnung nicht unmittelbar bindend sein können, so richtig auch Gottes Willen darin erfaßt worden sein mag: Allein formelles Recht, vom kompetenten Gesetzgeber erlassen, hat fraglose Geltung. Demgegenüber ist seine Übereinstimmung oder Nichtübereinstim-

84 Dante Alighieri (Anm. 71), II v 3, S. 185.
85 Marsilius von Padua (Anm. 82), I, 10, 5.
86 Ebd., I, 12, 5.

mung mit dem Gesetz Gottes zunächst einmal sekundär. Die Kirche hat zwar eigene Sanktionsmöglichkeiten, sie kann ihren Gläubigen Lohn und Strafe im jenseitigen Leben ansagen und damit eine Befolgung ihrer Gebote fördern. Für das diesseitige Leben kann sie aber nur das vorschreiben, was ihr der dafür allein kompetente – weltliche – Gesetzgeber ausdrücklich erlaubt.

Marsilius stellt mit seiner energischen Position die Auffassungen der papalistischen Traktate geradezu auf den Kopf. Bei ihm verschwindet die kirchliche Handlungsfähigkeit in der politischen Ordnung. Diese Tendenz, die die zeitgenössische Wirklichkeit des 14. Jahrhunderts freilich weit überforderte, gibt der Theorie des Marsilius insgesamt ihr so »modernes« Aussehen und hätte sich auch allein von den aristotelischen Mitteln seiner Analyse her nicht entwickeln lassen. Nicht zu Unrecht haben deshalb manche Interpreten in diesem Ansatz des Paduaner Mediziners und Philosophen einen Vorgriff auf die moderne Trennung von Staat und Kirche erblickt. Die entschlossene Einbeziehung der Kirche in den aristotelisch verstandenen Gesellschaftsraum und die Unterwerfung der Kirche unter die gleichen Prinzipien, denen auch die politische Ordnung zu folgen hatte, hat später – in der Zeit der Konzilien – den Konziliaristen manch wichtiges Argument in die Hand gespielt, das sie durchaus zu nutzen wußten. Waren die Juristen schon lange von der Geltung des Rechts in beiden Sphären ausgegangen, wurde hier vorgeführt, daß auch die Lehren des *philosophus* für ein Verständnis der Kirchenverfassung nutzbar gemacht werden konnten.

7.2.3 Wilhelm von Ockham

Mit ganz andersartiger Zielrichtung lebte am Kaiserhof Ludwigs des Bayern in München neben Marsilius der Franziskaner Wilhelm von Ockham, ein Mann, dessen politische Theorie ihrer Bedeutung nach der des Paduaners nicht nachsteht. Auch von Marsilius von Padua sind (vielleicht) einige »akademische« Schriften überkommen. Es ist aber unstrittig, daß dieser Autor seine historische Bedeutung dem *Defensor pacis* verdankt. Anders ist das bei Ockham. Hier streiten sich noch heute die Gelehrten, von welchen seiner Werke die größere historische Wirkung ausging, von den *Opera theologica et philosophica* aus der Zeit seiner Universitätskarriere in England oder von seinen *Opera politica* aus seinen Münchener Jahren[87]. Mit beiden

87 Von Wilhelm Ockhams Opera politica sind bisher 3 Bde. erschienen: Bd. I^2, II, III, alle hrsg. von Hilary Seton Offler, Manchester 1974, 1956, 1963; Bd. IV soll 1990 erscheinen. Daneben sind hier benutzt der Inkunabel-Druck des Dialogus von Johannes Trechsel, Lyon 1496 (Neudruck in: Guililmi de Ockham Opera plurima, Bd. I, London 1962); ferner das Breviloquium, in: Richard Scholz (Hrsg.), Wilhelm von Ockham und sein Breviloquium, in: Monumenta Germaniae Historica, Schriften 6, Leipzig 1943 u. ö.; schließlich der Traktat De imperatorum et pontificum potestate, in: Richard Scholz (Hrsg.), Unbekannte kirchenpolitische Streitschriften aus der Zeit Ludwigs des Bayern, Bd. II, Rom 1914, S. 453–480. – Zu Biographie und Werkinterpretation u. a.: Léon Baudry, Guillaume d'Occam, Sa vie, ses œuvres, ses idées sociales et politiques, Bd. I: L'homme et les œuvres, Paris 1949; Georges de Lagarde, La naissance de l'esprit laïcque au déclin du moyen âge, Bd. IV–V, Paris 1962–1963; Wilhelm Kölmel, Wilhelm Ockham und seine kirchenpolitischen Schriften, Essen 1962; Jürgen Miethke, Ockhams Weg zur Sozialphilosophie, Berlin 1969; Arthur

hat Ockham tiefgreifenden Einfluß auf die kommende Entwicklung geübt. Hier wird nur von den politischen Schriften die Rede sein, zumal sie von seinen akademischen Schriften, deutlicher als bei anderen Autoren, zu trennen sind. Ockham beginnt seinen Weg als politischer Denker nämlich plötzlich mit einer Parteinahme im sogenannten »theoretischen Armutsstreit«, der den Franziskanerorden mit Papst Johannes XXII. seit 1322 zusammenstoßen ließ. Zuvor hatte Ockham kein ersichtliches Interesse an Politik oder Sozialphilosophie gezeigt, selbst nicht an sozialethischen Fragen oder denen der Rechtstheorie.

Die wenigen Daten seines Lebens, die wir kennen, sind rasch angeführt. Ockham, zwischen 1285 und 1290 wohl in einem Ort, dessen Namen er trägt, nur 35 km südwestlich Londons aus nichtadliger Familie geboren, war früh in den Franziskanerorden eingetreten. Er verdankte seinem Orden die Karriere. Von den Franziskanern wurde er zum Studium geschickt und hat vor allem in Oxford eine stetige, wenn auch keineswegs blitzhafte akademische Karriere gemacht. All die zeitaufwendigen Studien, die einem Bettelordenstheologen damals abgefordert wurden, hat er hinter sich gebracht und hatte sich auch zusätzlich, in der von Bettelmönchen nicht selten verlangten Wartefrist bis zum Magisterium der Theologie, wohl in einem Franziskanerstudium an der Ausbildung jüngerer Ordensbrüder in der aristotelischen Philosophie beteiligt. Seine akademischen Schriften bezeugen diesen Weg. Quantitativ und qualitativ ragen sie aus dem Schulschrifttum der Zeitgenossen hervor, obwohl sie nur den verheißungsvollen Beginn eines akademischen Weges begleiten, dem der förmliche Abschluß versagt geblieben ist.

Eine Denunziation, der junge Gelehrte vertrete gefährliche Irrtümer, ja häresieverdächtige Lehren, veranlaßte Papst Johannes XXII., in Avignon eine Untersuchungskommission von Theologen einzusetzen, die diese Vorwürfe untersuchen sollte. Das war an sich nichts Ungewöhnliches. Theologen an den Universitäten des späteren Mittelalters hatten sich daran gewöhnen müssen, daß ihre Rechtgläubigkeit nicht nur von ihren gelehrten Kollegen angezweifelt wurde, sondern daß auch die Amtskirche zur Prüfung schritt. Bei Aegidius Romanus und Johannes Quidort war uns das auch schon begegnet. Es hatte sich mittlerweile ein einigermaßen festes Verfahren herausgebildet, das bei solchen Prüfungen angewandt wurde. Etwas überspitzt könnte man den Häresieverdacht das Berufsrisiko damaliger theologischer Wissenschaftler nennen. Ockham hat in Avignon, spätestens 1324 dort eingetroffen,

---

Stephan McGrade, The political thought of William of Ockham. Personal and institutional principles, Cambridge 1974; knapp: Ruedi Imbach, Wilhelm von Ockham, in: Klassiker der Philosophie, hrsg. von Otto Höffe, Bd. I, München 1981, S. 220–244; und Jürgen Miethke, Ockham und die Institutionen des späteren Mittelalters, in: Ockham and Ockhamists, hrsg. von E. P. Bos/H. A. Krop, Nijmegen 1987, S. 127–144; ders., Wilhelm von Ockham, in: Martin Greschat (Hrsg.), Gestalten der Kirchengeschichte, Band IV, Stuttgart 1983, S. 155–175; Werner Voßenkuhl, Wilhelm von Ockham, Gestalt und Werk, in: Otl Aicher/Gabriele Greindl/Werner Voßenkuhl (Hrsg.), Wilhelm von Ockham, Das Risiko, modern zu denken, München 1986, S. 98–187. Zuletzt 3 Beiträge in: Wilhelm Voßenkuhl/Rolf Schönberger (Hrsg.), Die Gegenwart Ockhams, Weinheim 1990 [Wilhelm Kölmel, Perfekter Prinzipat? Ockhams Fragen an die Macht (S. 288–304); Jürgen Miethke, Zur Bedeutung von Ockhams politischer Philosophie für Zeitgenossen und Nachwelt (S. 305–324); Hilary Seton Offler, The 'Influence' of Ockham's Political Thinking: The First Century (S. 338–365)].

mit der Kommission Berührung gehabt, der wohl der Denunziant als Ankläger, nicht aber als Verteidiger ein Mitglied des Franziskanerordens angehörte, und hat sich, wie es scheint, in einem öffentlichen Konsistorium verteidigen können. Zwar hat die Theologenkommission eine bedenklich lange Liste von Artikeln erarbeitet, und hat »Irrtümer«, »offene Irrtümer«, »gefährliche« und »lächerliche« Lehren, auch »häretische« Sätze in Ockhams Sentenzenvorlesung entdeckt. Auch ein weiteres Gutachten, das der Zisterziensertheologe Jacques Fournier, der spätere Papst Benedikt XII., damals erstellt haben muß, ging offenbar für Ockham nicht positiv aus. Aus uns unbekannten Gründen ist aber eine offizielle oder auch nur eine offiziöse Verurteilung nie erfolgt. Der spätere Siegeszug von Ockhams Erkenntnistheorie, Logik und Naturphilosophie an den spätmittelalterlichen Universitäten machte dann ohnedies jeden Gedanken an eine Verurteilung obsolet.

Trotzdem setzte der Prozeß Ockhams theologisch-philosophischen Schriften ein Ende und brachte ihren Autor auf eine ganz andere Bahn. Ockham wurde zum Verfasser politischer Streitschriften, wobei diese ihrerseits an Umfang und Bedeutung unter der politiktheoretischen Literatur des Spätmittelalters herausragen. Als nämlich der Generalminister des Franziskanerordens, Michael von Cesena, am 1. Dezember 1327 in Avignon eingetroffen war, hat er offenbar sehr bald dem gelehrten Bruder aus Oxford befohlen, sich in die Dokumente des Armutsstreits, in die Verlautbarungen des Ordens und die des Papstes, wohl auch in die vielfältigen polemischen Schriften dazu zu vertiefen. Ockham erkannte, daß der Papst selbst der Christenheit häretische Meinungen aufzuzwingen sich anschickte, und er bezog eindeutig Partei. »Gegen die Irrtümer und Häresien dieses Pseudopapstes habe ich ›mein Antlitz dargeboten wie einen Kieselstein‹[88]«, so schreibt er später[89]. An diesem prophetisch verstandenen Widerstand gegen die päpstlichen Ansprüche hat Ockham sein Leben lang festgehalten.

Aus Avignon ist das Häuflein der Franziskaner um Michael von Cesena im Mai 1328 geflohen. Im Herbst desselben Jahres hat es offiziell den Schutz des deutschen Herrschers und römischen Kaisers Ludwig des Bayern erhalten, der in einen politischen Konflikt ganz anderen Ursprungs mit dem Papst verstrickt war und der sich nun nicht ohne besondere Erwartungen mit den Feinden seines Feindes als Schutzherr verband. Auch als sich herausstellte, daß der Franziskanerorden, entgegen allen Hoffnungen der Flüchtlinge, sich in seiner großen Mehrheit nicht von dem Gehorsam gegen Papst und Kurie abbringen ließ, blieben Michael von Cesena und seine Begleiter, darunter eben auch Ockham, am kaiserlichen Hof, auch sie – wie Marsilius – als Berater bisweilen konsultiert, auch sie dazu gezwungen, das Ohr und das Interesse des Herrschers jedesmal neu zu gewinnen.

Es kennzeichnet Ockhams Konsequenz und seine theoretische Klarsicht, daß er sich in der Verteidigung der Ordensauffassung nicht damit begnügte, Autoritäten und Argumente einer damals schon fast einhundertjährigen Diskussion um die Armut für seine Auffassung ins Feld zu führen. Ockham brachte das Problem auf eine theoretische Ebene und bezog hier Positionen, die er bis an sein Lebensende beibehalten

---

88 Vgl. Jesaja 50, 7.

89 Wilhelm von Ockham, Epistola ad fratres minores, in: ders., Opera politica (Anm. 87), Bd. III, hier: S. 15.

konnte und beibehalten hat, auch als er dann ganz andere Fragen seiner klarsichtigen Analyse unterwarf.

Um die franziskanische Armut zu untersuchen, stützt er sich auf eine Vielzahl von Traditionen. Ockham versucht, die Strukturen, die er sich deutlich gemacht hatte, der gelehrten Öffentlichkeit seiner Zeit so unausweichlich wie nur möglich vor Augen zu stellen, ihr eine *materia cogitandi* (Stoff zum Nachdenken) zu geben und das Ergebnis dieses Nachdenkens so deutlich wie möglich vorweg in die richtige Richtung zu lenken. Wir können nur wenige Fäden aus dem dichten Gewebe von Argumentationen verfolgen, die Ockhams politische Theorie charakterisieren. Sein Einstieg beim Armutsstreit läßt ihn mit einer Urstandlehre des Eigentums beginnen, die ihm als Maßstab und genetisches Modell zugleich dient. Vor dem Sündenfall im Paradies hatte der Mensch eine freie Herrschaft, die der Stellung des vernünftigen Wesens im Kosmos der Schöpfung entsprach und die Ockham mit der Stellung der Engel vergleicht. Widerstandslos fügten sich die unvernünftigen Wesen der vernunftgeleiteten Herrschaft des Menschen. Mit dem Sündenfall verlor der Mensch diese Position: Der Widerstand der Objekte und die Konkurrenz der Artgenossen stießen ihn von seiner unbeirrbaren Herrschermacht. Er mußte sich fortan mit einer bloßen Gebrauchsbefugnis an den anderen Geschöpfen begnügen, einer *potestas utendi,* die er zwar schon zuvor implizit besessen hatte, die er jetzt aber – weit von der ursprünglichen Verfügungsmacht entfernt – mit den unvernünftigen Tieren den Pflanzen gegenüber teilen muß.

In dieser Lage entsteht das Eigentum. Gott räumte dem gefallenen Menschen die Möglichkeit ein, sich gegenüber seinen Artgenossen durch Ausgrenzung besonderer Gegenstände Sondernutzungsrechte in Verabredung zu sichern, die ihm bessere Lebenschancen ermöglichen. Somit ist das Eigentum zwar von Gott als Möglichkeit eingeräumt und erlaubt, nicht aber in seiner konkreten Form von Gott auch eingesetzt. Dieser Unterschied ist wichtig. Wäre das Eigentum nämlich göttliche Stiftung, so könnte niemand anderes als Gott irgendwelche Änderungen am Eigentumsrecht vornehmen. Als menschliche Verabredung aber ist das Eigentum historisch geworden, hat sich auch historisch gewandelt und ist, so scheint es, weiterer Wandlungen durchaus fähig. Es gehört in seiner gegenwärtigen Gestalt nicht zur kreatürlichen Grundausstattung des Menschen und kann daher im Falle kreatürlicher Not keine absolute Schranke sein. Ein Verhungernder darf sich »fremder« Speisen bedienen, die ein anderer im Überfluß hat. Damit tut er nichts anderes, als sein natürliches, kreatürliches Gebrauchsrecht an den Dingen wahrzunehmen, dem gegenüber die vom Eigentümer errichteten Schranken durchlässig werden. Im Notfall gilt also die ursprüngliche, von den Hilfskonstruktionen der Gesellschaft unverstellte Zuordnung. Das Eigentum erleichtert dem Menschen im Normalfall das Leben, darf sich aber im Notfall nicht gegen das Leben auswirken. Der Notfall, der *casus necessitatis,* wird in Ockhams politischer Theorie methodisch immer stärker die Aufgabe haben, als Nagelprobe auf ursprüngliche Verhältnisse im Gedankenexperiment zu dienen.

Wir lassen hier die Überlegungen beiseite, die Ockham auf der Basis dieser Vorstellungen darüber anstellt, inwiefern ein Franziskaner auf alles Eigentumsrecht radikal verzichten kann und sich trotzdem, ohne zum Eigentümer zu werden, für seine dringenden Bedürfnisse durch Almosen beschenken lassen kann. Für unseren Zusammenhang wichtiger ist, daß Ockham in Analogie zum Eigentumsrecht auch die Herrschaft des Menschen über den Menschen, also politische Institutionen allgemein, begreifen lernt. In einer relativ späten Schrift, dem *Breviloquium* (von ca. 1340), wird er schließlich Eigentum und Herrschaft, *dominium* und *iurisdictio,* als Doppelbefugnis *(duplex potestas)* beschreiben, als Befugnis, Eigentum zu gewinnen, und Befugnis, sich durch die Einsetzung von Herrschern politisch zu organisieren[90]. Ockham führt diese Befugnis, die eine Gestaltungsfreiheit des Menschen als eines sozialen Wesens umschreibt, nicht wie Aristoteles allein auf die Natur des Menschen zurück, verknüpft sie schon gar nicht, wie Aegidius Romanus, als Legitimation von Herrschaft mit den Sakramenten der Kirche. Gott hat diese Doppelbefugnis, so heißt es ausdrücklich, allen Menschen, »nicht nur den Christen, sondern auch den Ungläubigen«, zugesprochen[91]. Sie gehört zur anthropologischen Grundausstattung.

Wenn Herrschaft so auf die Gesamtheit als konstituierende Größe bezogen erscheint, so nimmt es nicht Wunder, daß hier das Notrecht des Widerstandes ganz unmittelbar aktuell werden kann. Ockham drückt das selbst so aus: »Der König steht im Regelfall über seinem gesamten Reich. Und dennoch ist er im besonderen Fall seinem Reich unterworfen. Denn im Fall der Not kann das Reich seinen König absetzen und im Gefängnis verwahren, und das kraft Naturrecht.«[92] Nicht daß Ockham dem Reich ein Widerstandsrecht gegen den König einräumt, ist hier auffällig, denn im 13. und 14. Jahrhundert sind in Deutschland, England, Frankreich und in den iberischen Königreichen Herrscher abgesetzt worden. Bezeichnend ist, daß er diese politische Maßnahme aus dem Naturrecht legitimiert.

Damit wird Herrschaft nicht zur Disposition gestellt. Ockham verwendet viel Mühe darauf, immer wieder zu unterstreichen, daß ein Herrscher durch seine Einsetzung ein subjektives Recht an der Herrschaftsübung gewinnt, das ihm ohne Verschulden oder ohne sonstigen wichtigen Grund nicht genommen werden darf. Ockham ist kein Revolutionär und redet nicht der Anarchie das Wort. Er will hier genau gelesen sein, wenn er von einem *casus necessitatis* spricht. Im Fall der Not werden die Schranken des Eigentums durchlässig. Im Fall der Not wird das subjektive Recht des Herrschers an der Herrschaftsübung unwirksam, da hier das Versagen der Einrichtungen klar wird, die ja gerade zur Vermeidung des Notfalls eingesetzt sind. Im Falle der Not ergibt sich die äußerste Probe auf das Funktionieren der menschlichen Institutionen. Wenn ein Notfall gegeben ist, erwacht das nackte natürliche Recht des Menschen und zerbricht alle später vernünftig und sinnvoll aufgerichteten Schranken. Der Hungernde ernährt sich von »fremdem« Brot. Das Volk, dem sein Herrscher nicht zu helfen vermag, kann, ja muß sich selbst helfen. Die natürliche Organisationsbefugnis lebt als Widerstandsrecht erneut auf und macht die normalerweise gültigen Schranken der Gehorsamsverpflichtung durchlässig.

Bei Ockham muß sich Herrschaft nicht nur selber an einer Herrscherethik messen – das war der traditionelle mittelalterliche Versuch, die Herrschaftsausübung zu bändigen –; bei Ockham muß Herrschaft sich – im Notfall – auch von dem Beherrschten an ihrer Funktionserfüllung messen lassen. Politische Ethik erscheint umgesetzt in Rechenschaft aus Verantwortlichkeit, und das im Ansatz bereits prozedural. Das alles ist noch weit von ausgearbeiteten, gar von demokratischen Prozeduren entfernt.

90 Wilhelm von Ockham, Breviloquium (Anm. 87), III 8, S. 128.
91 Ebd., S. 128: non tantum fidelibus, sed etiam infidelibus.
92 Wilhelm von Ockham, Octo quaestiones, II 8, in: Opera politica (Anm. 87), Bd. I, S. 83.

Und doch kündigen sich hier politische Verfahren an, die erst nach langer Zeit verwirklicht werden sollten.

Ockham entwickelt seine politische Theorie nicht als Theorie des Staates, sondern als Sozialtheorie am Modell der Kirche, weil er aufgebracht ist von der Ungeheuerlichkeit der päpstlichen Irrlehren und Ansprüche. Gleichwohl hat Ockham mit seinem Instrumentarium der kritischen Analyse situativer Handlungserfordernisse die politische Theorie von der Frage nach der besten Staatsform zur Frage nach den Notwendigkeiten des politischen Handelns weitergeführt. Das sollte in den Krisen des späten 14. Jahrhunderts seinen politischen Schriften eine besondere Nachwirkung sichern.

8. Das spätere 14. Jahrhundert: John Wyclif

Die Auseinandersetzungen zwischen dem Frankreich Philipps des Schönen und Papst Bonifaz VIII. haben ohne definitiven Schlußstrich geendet. Theoretisch blieb der Kampf unentschieden. Praktisch und politisch hatte der französische Hof seine Position zwar siegreich behaupten können und hatte auch noch durch die Drohung mit einem Ketzerprozeß gegen die Rechtgläubigkeit des 1303 verstorbenen Papstes Bonifaz' VIII. der Kurie und Papst Clemens V. eine Billigung des brutalen Vorgehens gegen den Templerorden abringen können. An der Kurie aber waren trotzdem weiterhin Traktate *De potestate papae* erschienen, die die Ansprüche Bonifaz' VIII. – systematisch und von dem praktischen Scheitern seiner Politik ungerührt – erneut in eher abgerundetem als eingeschränktem Umfang vertraten. Die Kämpfe zwischen Kaiser und Papst zur Zeit Ludwigs des Bayern endeten dann ebenfalls nicht in einer Klärung der theoretischen Auffassung des kaiserlichen Amtes oder päpstlicher Ansprüche gegen das Imperium. Vor einer Entscheidung im deutschen Bürgerkrieg, den der mit Hilfe der Kurie gegen den Wittelsbacher zum römischen König erhobene Luxemburger Karl IV. (1346) sofort eingeleitet hatte, starb Ludwig der Bayer bei einer Jagd im November 1347 und überließ, da seine Anhänger einen aussichtsreichen Prätendenten gegen den Luxemburger so rasch nicht zu finden vermochten, Karl IV. das Feld.

Karl IV. jedoch, obwohl an den Anfängen seiner Herrschaft etwa von Wilhelm von Ockham noch als *rex clericorum* (Pfaffenkönig) verhöhnt[93], hat eine andere Taktik der Auseinandersetzung mit kurialen Ansprüchen gewählt als sein Wittelsbacher Gegner und Vorgänger. Hier brauchen wir nicht zu prüfen, wie weit seine taktische Ausgangslage – er war zunächst dringend auf die Unterstützung der Kurie angewiesen – ihm diese Haltung nahelegte. Jedenfalls suchte der König auch später nicht die direkte Konfrontation, sondern eine vorsichtige Verteidigung seiner Rechte. Er widersprach kurialen Posaunenstößen nicht, aber setzte, unbeirrt von ihnen, seine eigene Politik fort, versuchte auch, die Rechtsgrundlagen seiner Herrschaft unabhängig von der Kurie festzuhalten und öffentlich herauszustellen. Die berühmte *Goldene Bulle* von 1356[94] ist dafür nur das bekannteste, nicht das einzige Beispiel.

93 De electione, in: R. Scholz (Hrsg.), Unbekannte Streitschriften (Anm. 87), S. 358, 34.

94 Der Text der Goldenen Bulle findet sich in: Wolfgang D. Fritz (Hrsg.), Monumenta Germaniae Historica, Fontes iuris germanici antiqui, Bd. 11, Hannover 1972, und in:

Vor und nach seiner Kaiserkrönung, die Karl IV. in Rom aus der Hand von Kardinallegaten gemäß langfristig getroffener Absprachen am Osterfest des Jahres 1355 empfangen hatte, hat er auf Maßnahmen verzichtet, die seine Vorgänger in italienische Konflikte verwickelt hatten. Karl IV. griff nicht von sich aus in die Streitigkeiten der mittleren und kleineren Mächte in Oberitalien ein, die freilich stark genug gewesen waren, die italienische Politik Heinrich VII. und Ludwigs des Bayern zum Scheitern zu bringen. Karl IV. betätigte sich als Aussteller (gut bezahlter) kaiserlicher Privilegien an oberitalienische Empfänger und setzte in Deutschland »nur« durch, daß in einem umständlich vorbereiteten und auf zwei Reichstagen in Nürnberg und Metz feierlich verkündeten Gesetz der äußere Ablauf und die rechtlichen Voraussetzungen der Wahl eines deutschen Herrschers, des römischen Königs und künftigen römischen Kaisers – wie sich zeigen sollte, endgültig – fixiert wurden. Die *Goldene Bulle* von 1356 sollte in der Neuzeit zu einem »Reichsgrundgesetz« avancieren, obwohl sie doch nichts anderes tat, als die Wahl des Herrschers festzulegen, ihren Hergang, die Identität und Zahl der Wähler. Die Wahlberechtigten wurden durch Zusatzbestimmungen möglichst eindeutig gemacht und in ihrer durch kaiserliche Privilegien herausgehobenen und durch Erbgang in klarer Sukzession weitergegebenen Stellung in der Reichsverfassung auch für die Zukunft gesichert. Und das alles geschah, ohne mit einem einzigen Wort des Papstes und der römischen Kurie zu gedenken. Beide kamen einfach nicht vor in dem Text, der sich über einen päpstlichen Approbationsanspruch und all die damit verbundenen Theorien der Kurie eisig ausschweigt.

Gewiß, bei einer Bewertung müssen wir uns an zwei Gesichtspunkte von Gewicht erinnern. Einmal bedeutete ein Verschweigen der Ansprüche noch nicht sofort ihre endgültige Widerlegung. Die Kurie hat sich denn auch sogleich sichtbar gesträubt, die *Goldene Bulle* ohne Widerspruch zu akzeptieren, und hat auch zwanzig Jahre später, bei der Nachfolgeregelung im deutschen Reich zugunsten des Sohnes Karls IV., Wenzel, an ihren Ansprüchen festzuhalten versucht, die sie dann auch in der Zeit des Schisma und der Reformkonzilien nicht grundsätzlich aufgegeben hat. Trotzdem hat die große Krise des papalen Systems im Schisma den päpstlichen Anspruch doch so weit ausgehöhlt, daß er während des 15. Jahrhunderts dann zu einer reinen Formalität verblaßte.

Zum anderen trat die Politik Karls IV., die in der *Goldenen Bulle* mündete, auch nicht ohne alle Vorläufer auf den Plan. Es war sogar, so könnte man sagen, ihre Stärke, daß sie eine Haltung der Reichsstände, wie sie sich im Weistum der Kurfürsten zu Rhense 1338 und den ähnlichen Erklärungen der Jahre 1338 und 1339 gezeigt hatte, konsequent fortzusetzen schien. Theoretische Überlegungen und Schriften, wie der *Tractatus de iuribus regni et imperii* des Lupold von Bebenburg[95], damals

---

Monumenta Germaniae Historica, Constitutiones, Bd. 11/7, Weimar 1988, S. 535–633 (mit frühneuhochdeutscher Übersetzung); ins moderne Deutsch übersetzt etwa von Lorenz Weinrich, in: Quellen zur Verfassungsgeschichte des Römisch-Deutschen Reiches im Spätmittelalter, 1250–1500, Darmstadt 1983, S. 315–395. Vgl. dazu etwa Armin Wolf, Das Kaiserliche Rechtbuch Karls IV., in: Ius commune, 2 (1969), S. 1–32; Bernd-Ulrich Hergemöller, Fürsten, Herren und Städte in Nürnberg 1355/56. Die Entstehung der »Goldenen Bulle« Karls IV., Sigmaringen 1983.

95 Zu ihm, dessen Tractatus bisher nur in alten Drucken zugänglich ist (z. B. bei Simon Schard, De iurisdictione, auctoritate et praeeminentia imperiali ... scripta collecta, Basel 1566,

doctor decretorum und Kanoniker in Mainz und Würzburg, später dann Bischof von Bamberg – und als solcher an den Vorbereitungen der *Goldenen Bulle* ohne Zweifel intensiv beteiligt –, hatten zudem den Boden bereitet. Lupold etwa hatte dem deutschen Herrscher ein Reichsstaatsrecht zur Verfügung stellen wollen, das das Reich ausdrücklich aus der ungeklärten Zwitterstellung herausführen sollte, die noch Dante – dessen *Monarchia* Lupold aber wohl nicht gekannt hat – so handgreiflich dazu gebracht hatte, bei allen praktisch-aktuellen Absichten doch in einem Traum von universalen Anspruch seine Zuflucht zu suchen. Lupold wollte die Herrschaftsrechte des deutschen Herrschers so unzweideutig begründet sehen wie die Rechte des französischen Königs. Er argumentierte auf der Basis des kanonistischen Korporationsrechts und einer selbständigen historischen Überlegung vorwiegend juristisch, nicht politisch-theoretisch.

Im deutschen Herrschaftsgebiet bemühte sich politische Theorie künftig nicht mehr primär darum, den Streit zwischen päpstlichen Ansprüchen und kaiserlichem Selbständigkeitsstreben zu klären, zumal sich beide Seiten mit der Unentschiedenheit der Situation zu begnügen schienen – aus Erschöpfung gewiß, und doch wohl auch in der Hoffnung, auf die Dauer jeweils die besseren Karten in der eigenen Hand zu halten. Die »Verstaatungsprozesse« im Reich wie in den übrigen Territorien Europas wurden nicht primär von der politischen Theorie vorangetrieben, so wichtig diese zuerst auch gewesen war, sondern durch praktisches Verwaltungshandeln, in der Durchbildung des Rechtsganges, im Wege der Rezeption der gelehrten Rechte, durch die Intensivierung der Herrschaftsmittel, auch durch die Ausformung und Nutzung kirchlicher Strukturen als Landeskirche. Das alles geschah im Spätmittelalter überall in Europa, wenn auch in unterschiedlichem Rhythmus, unterschiedlicher Intensität und mit unterschiedlichen Ergebnissen im einzelnen.

Die politische Theorie wandte sich im weiteren Verlauf des 14. Jahrhunderts anderen Aufgaben zu. Dazu zählten auch die Anforderungen des alten und gewissermaßen »klassischen« Genus der »Fürstenspiegel«, denen zeitgemäß zu genügen manch einen Autor reizte. In Italien verfaßt Francesco Petrarca den ersten humanistischen Fürstenspiegel. Natürlich entstehen auch Fürstenspiegel eher herkömmlichen Zuschnitts, wie der des Raoul de Presles am Hofe des Königs von Frankreich, und auch in den Niederlanden und in England beteiligt man sich eifrig daran, die nun schon ehrwürdige, aber ungemein flexible Gattung fortleben zu lassen. Die Versuche zeigen durchgängig Tendenz, mit besonderer Sorgfalt auf die lokalen und regionalen Bedingungen einzugehen. Die Gattung territorialisiert sich damals zusehends fast überall.

Die Juristen fühlten sich in dieser Situation in besonderer Weise herausgefordert[96]. Sie lassen ihre Kommentarwerke nicht mehr ausschließlich von anderen als

---

S. 328–409), vgl. vor allem Hermann Meyer, Lupold von Bebenburg. Studien zu seinen Schriften, Leipzig 1909; Rolf Most, Der Reichsgedanke des Lupold von Bebenburg, in: Deutsches Archiv, 4 (1941), S. 444–485; Gerhard Barisch, Lupold von Bebenburg. Zum Verhältnis von politischer Praxis, politischer Theorie und angewandter Politik, in: 113. Bericht des Historischen Vereins, Bamberg 1977, S. 219–432; zur Biographie Sabine Krüger, Lupold von Bebenburg, in: Fränkische Lebensbilder, Bd. 4, Neustadt/Aisch 1971, S. 49–86.

96 Hier seien stellvertretend genannt die neuere Edition durch Diego Quaglioni, Politica e diritto nel trecento italiano, Il »De tyranno« di Bartolo da Sassoferato (1314–1357), con

Steinbruch für Beispiele, Argumente und Maximen benutzen, sondern stellen selbst gezielt Materialien zusammen. So tut es Bartolus von Sassoferrato (gestorben 1357), der in einigen besonderen juristischen Abhandlungen, etwa über die Regierung einer Stadt, über die rechtliche Seite der tyrannischen Herrschaft eines Stadtherrn *(De tyranno)* gehandelt hat. Andere Juristen, wie der wohl bedeutendste Schüler des Bartolus, Baldus degli Ubaldi (gestorben 1400), haben ihre Auffassung von den tragenden Grundsätzen des öffentlichen Rechts in ihren großen Kommentaren zum *Corpus Iuris Civilis* oder in den fast zahllosen *Consilia* entwickelt, die sie bei verschiedener Gelegenheit, aufgefordert und nicht unbeachtlich honoriert, erstattet haben. Ein niederländischer Jurist, Philipp von Leyden (gestorben 1382), hat sogar seine Auslegung ausgewählter Texte des Römischen Rechts so genau auf die Verhältnisse in der Grafschaft Holland abgestimmt, daß man früher in seiner Schrift *De cura reipublicae et sorte principantis* (um 1351/52) geradezu einen Fürstenspiegel hat erkennen wollen. Fest steht jedenfalls, daß in dieser Zeit der »Frührezeption« der Autor – und auch sein Publikum – von der unmittelbaren Geltung der Bestimmungen des *Corpus Iuris Civilis* überzeugt waren, und daß Philipp sich anschickte, die politischen Probleme seiner kleinen Welt so, wie es die Consiliatoren in Oberitalien ihrerseits taten, mit legistischer Exegese zu lösen.

Wir verzichten auf eine nähere Einsicht in die allmählichen Verstaatungsvorgänge der europäischen Territorien und in die mentalitätsgeschichtlich gewiß interessanten Ausführungen dieser Juristen und konstatieren nur noch im Vorübergehen, daß auch anderwärts ein vorwiegend kompilatorisches Bemühen erkennbar wird. Am französischen Hof König Karls V. (1364–1380), der den bezeichnenden Beinamen »le Sage« trägt, was man lieber nicht mit »der Weise«, sondern besser als »der Gelehrte« übersetzen sollte, sammelte sich eine Gruppe von hochrangigen Intellektuellen, die, zwischen dem Königshof und der Universität stehend, sich für Sammlung, Sichtung und Verbreitung gelehrten Wissens auch in der Politiktheorie – aber nicht nur in ihr – energisch einsetzten. Der schon genannte Raoul de Presles, der seinen Fürstenspiegel vielleicht schon vor dem Regierungsantritt Karls V. geschrieben hatte, dann aber durch Übersetzungen verschiedenster Schriften, auch der Bibel, in die französische Sprache hervortrat, mag als ein Beispiel genannt sein. Noch bedeutsamer ist der wohl selbständigste Kopf des Kreises, Nikolaus von Oresme (Magister der Theologie in Paris, seit 1370 Bischof von Lisieux, gestorben 1382), der nicht nur durch seine wichtigen theologisch-systematischen Arbeiten herausragt, sondern der auch selber Aristoteles-Texte (neben *De caelo et mundo* auch die *Politik* und die pseudoaristotelische *Ökonomik)* in die Volkssprache übertrug und einen höchst eigenständigen und wichtigen *Tractatus de moneta,* den ersten Versuch einer zusammenfassenden Theorie des Geldes, verfaßt hat[97].

---

l'edizione critica dei trattati »De Guelphis et Gebellinis«, »De regimine civitatis« e »De tyranno« (Il pensiero Politico, Biblioteca 11), Florenz 1983; vgl. die Untersuchungen von Joseph Canning, The political thought of Baldus de Ubaldis, Cambridge 1987; Pieter Leupen, Philip of Leyden, A Fourteenth Century Jurist, Den Haag 1981.

97 Vgl. die neueren einschlägigen Editionen Nicole Oresmes: Charles Johnson (Hrsg.), The De moneta of Nicholas Oresme and English Mint Documents, Edinburgh 1956; Albert Douglas Menut (Hrsg.), Le livre de Yconomique d'Aristote, in: Transactions of the American Philosophical Society, n. s. 47, 5, Philadelphia 1957; ders. (Hrsg.), Le livre des Politiques d'Aristote, in: Transactions of the American Philosophical Society, n. s. 60, 6, Philadelphia

Die Politiktheorie ist in diesem Kreis des französischen Hofes außer durch Oresme auch durch die anonyme Kompilation des *Somnium viridarii* (von ca. 1376) vertreten, die wenig später, ebenfalls anonym, in der Volkssprache als *Songe du Vergier* (um 1378) mit nur geringfügigen Änderungen erscheint. Die umfängliche Sammlung faßt den Ertrag der Debatten vor allem der ersten Jahrhunderthälfte in einem fiktiven Dialog zwischen einem Ritter und einem Kleriker zusammen und bringt Texte verschiedenster Herkunft, unter anderem auch Auszüge aus Marsilius von Padua *(Defensor pacis)* und Wilhelm von Ockham *(Octo quaestiones)*, in die lockere Folge eines streitbaren Zwiegesprächs zwischen einem Vertreter der laikalen staatlichen Gewalt und einem Verteidiger kurialistischer Ansprüche.

Wie die Übersetzungen politischer Grundtexte bezeugt auch diese Kompilation in ihrem doppelsprachigen Auftreten die allgemeine Situation politisch gelehrter Theorie im späten Mittelalter: Was hier schriftlich geleistet wurde, mußte bei den anderen lateinischen Traktaten ansatzweise – vor allem an den Fürstenhöfen und Prälatenkurien – auch geschehen. Eine Übersetzung der gelehrten Argumentationen war für den illiteraten, aber politisch natürlich noch immer entscheidungstragenden Hochadel immer wieder nötig, und auch noch der gelehrteste Prälat mußte dafür sorgen, die Argumente auch verständlich zu machen, die er anführen wollte oder anführen ließ. Die zunehmende Literatur in der Volkssprache wuchs in allen europäischen Nationen, und auch die politische Theorie partizipierte an dieser Entwicklung. Volkssprachliche Traktate ähnlicher Zielsetzung entstehen verschiedentlich, ohne daß es uns heute immer leicht wäre, eine genaue sozialgeschichtliche Aussage über die exakte Struktur oder auch nur über das Profil ihres Publikums zu machen. Allein die zentrale Bedeutung der Höfe freilich spricht gegen die immer wiederholte Meinung, es handle sich um ein »bürgerliches« Publikum. Der Hof als Ort der Vermittlung schließt sicherlich auch Ratgeber bürgerlicher Herkunft nicht aus, aber es bleibt zweifelhaft, ob solche Kreise in diesem Zusammenhang dann mit dem Wort »bürgerlich« noch hinreichend spezifisch charakterisiert werden können. Die Frage ist hier nicht zu lösen. Sie hält nur unsere Aufmerksamkeit wach, auch im Falle der politischen Schriften des John Wyclif, die in breitem Strom in der gelehrten lateinischen und in der Volkssprache entstanden sind.

John Wyclif[98] will nicht eigentlich politische Theorie entwickeln. Er ist Zeit seines Lebens (gestorben am 31. 12. 1384) ein Theologe gewesen, der brennend eine Reform

---

1970; vgl. dazu dens., A Provisional Bibliography of Oresme's Writings, in: Medieval Studies, 28 (1966), S. 279–299, und 31 (1969), S. 346f.; zuletzt dazu: Lucien Gillard, Nicole Oresme, économiste, in: Revue historique a. 112, t. 279 (1988), S. 3–39; und Susan M. Babbitt, Oresme's »Livre de Politique« and the France of Charles V., in: Transactions of the American Philosophical Society, n. s. 75, 1, Philadelphia 1985. – Daneben vgl. auch: Marion Schnerb-Lièvre (Hrsg.), Songe du vergier, Paris 1982; dazu Jean-Philippe Royer, L'église et le royaume de France au XIVe siecle d'après le »Songe du Vergier« et la jurisprudence du parlament, Paris 1969; auch Jeannine Quillet, La philosophie politique du »Songe du Vergier«. Sources doctrinales, Paris 1977.

98 John Wyclifs umfangreiche Schriften wurden seit dem Ende des 19. Jahrhunderts von der Wyclif-Society in zwei Reihen herausgegeben. Vgl. im einzelnen zu den lateinischen Werken Williel R. Thomson, The Latin Writings of John Wyclif. An Annotated Catalogue, Toronto 1983. Zur Interpretation etwa die knappen Einführungen von Lowrie John Daly, The Political Theory of John Wyclif, Chicago 1962; sowie Anthony Kenny, Wyclif, Oxford 1985.

der Kirche suchte, mit wechselnden aktuellen Zielen, aber mit gleichbleibender Leidenschaft. In der Welt der Schulen Oxfords lebend, fand er mit seinem Reformeifer bald ein erstaunliches Echo: Nicht nur am englischen Hof, wo sich höchste Kreise des Adels für Wyclifs Forderungen zeitweise erwärmten, findet sein Ruf nach Umkehr und Änderung der Verhältnisse Widerhall. Auch breite Schichten erreicht er mit seinen Ideen, zumal sich aus der exegetischen und systematischen Arbeit des Oxforder Theologen mit Schülern, Anhängern und Nachfolgern eine ganze Bewegung speiste, die für ihre Predigten in kirchenreformerischer, ja teilweise sozialrevolutionärer Absicht eine große Hörerschaft fand. In den englischen *Lollarden,* wie man die Bewegung nannte, begegneten sich gelehrte Eigenständigkeit und volkstümliche Kirchen- und Gesellschaftskritik zum Teil aus durchaus eigener Wurzel. Beide Strömungen gingen miteinander eine insgesamt aber eher brisante als ruhige Mischung ein.

Hier sind nicht die lollardischen Prediger und ihre Sermones und Traktate, auch nicht die Bauernaufstände, die mit ihrem Wirken zusammenhängen mögen, zu beschreiben. Ebensowenig können wir der diplomatischen Aktivitäten des englischen Hofes gedenken, der mit der päpstlichen Kurie mancherlei Verhandlungen zu führen hatte, an denen bisweilen auch John Wyclif teilgenommen hat. Wir haben es ausschließlich mit einigen Grundlinien seiner politischen Theorie zu tun, nicht mit der Gesamtheit seiner sozialen und politischen Betätigungen. Die schriftstellerische Hinterlassenschaft des Mannes ist sehr breit und immer noch nicht vollständig und restlos im Druck zugänglich.

Bezeichnend genug verwandte Wyclif sowohl das Lateinische als auch die Volkssprache. Wyclif war Theologe und Theologe wollte er bleiben. Im Mittelpunkt seines Denkens steht die Kirche, die Gemeinschaft nicht nur der Gläubigen, sondern der Erlösten. In streng augustinischer Tradition nimmt Wyclif den Prädestinationsgedanken göttlicher Vorherbestimmung ganz ernst. Gott weiß von Ewigkeit her, wen er zu seinem Reich bestimmt hat. Diese Prädestination zum Heil ist aber den Menschen in ihrem Erdenleben keineswegs bekannt. Auch Prädestinierte sind gegen die Sünde nicht gefeit: Die Bibel bezeugt von David, Petrus und Paulus, daß sie in Sünde fielen, und doch gehörten sie schließlich zu den Erlösten. So muß man streng unterscheiden zwischen einem augenblicklichen Sein im Stande der Gnade und dem schließlichen Prädestiniertsein, das endgültig erst am Ende des Lebens offenbar wird, genauer: beim Jüngsten Gericht.

Für die Kirche hat allein schon diese Unterscheidung Gewicht. Wyclif unterscheidet mindestens drei Bedeutungsvarianten: Kirche kann die Gemeinschaft derer meinen, die derzeit im Stande der Gnade sind. Im Extremfall kann diese Gruppe von subjektiv ehrlich sich Mühenden aber letzten Endes aus lauter Menschen bestehen, die nicht zum Heil prädestiniert sind. Diese »Kirche« der im Stande der Gnade Befindlichen kann also nicht der mystische Leib Christi oder die heilige katholische

---

Vgl. auch die Sammelbände: Anthony Kenny (Hrsg.), Wyclif and his Time, Oxford 1986; Anne Hudson/Michael Wilks (Hrsg.), From Ockham to Wyclif, Oxford 1987. – Die Schriften der Wyclif-Anhänger behandelte zuletzt eingehend mit interessanten Ergebnissen Anne Hudson, The Premature Reformation, Wycliffite Texts and Lollard History, Oxford 1988. Für Wyclifs Bibelkommentar grundlegend: Gustav Adolf Benrath, Wyclifs Bibelkommentar, Berlin 1966.

Kirche sein, wie sie im Glaubensbekenntnis bekannt wird. Auch wenn man unter der Kirche die Sammlung derer versteht, die prädestiniert sind, zusammen mit denen, die derzeit im Stande der Gnade stehen, erfüllt diese Menge die Anforderungen an die wahre Kirche Gottes nur teilweise, sind unter ihr doch auch letztendlich Verdammte zu finden. Wahre Kirche kann nur die Gemeinschaft der Prädestinierten sein, ob diese derzeit im Stande der Gnade stehen oder nicht.

Die Zuspitzung des Kirchenverständnisses zu einer wahrhaft eschatologisch-heilsgeschichtlichen Größe, die als Einheit hier und jetzt für menschliche Erkenntnis unzugänglich ist, bildet die Basis für Wyclifs politisch-soziales Denken. Diese eschatologisch bestimmte Kirche kann nicht durch irdische Organisation zusammengefaßt oder auch nur vorbereitet werden. Sie hat ihre Wirklichkeit in unmittelbarer Abhängigkeit von Christus, ihrem Haupt. Ein irdisches Haupt kann es für diese Kirche nicht geben, nicht im Priester, erst recht nicht im Papst. Vor dem Jüngsten Tag ist nicht klar, ob sie prädestiniert sind und damit zur wahren Kirche gehören oder nicht.

Wohl zu unterscheiden von diesem emphatisch-eschatologischen Kirchenverständnis ist die Bewertung der sozialen Organisation der Menschen. In seiner Schrift *De civili dominio* aus den frühen siebziger Jahren des 14. Jahrhunderts stellt Wyclif in augustinischer Tradition ohne Scheu vor radikalen Formulierungen fest, daß nach der Lehre der Heiligen Schrift ein Mensch im Stande der Sünde kein Recht auf *dominium,* auf »Eigentum« oder »Herrschaft« hat. Dagegen stehen einem Menschen im Stande der Gnade nach der Aussage der Bibel alle Dinge zu. Schon Aegidius Romanus hatte diesen Gedanken dazu benutzt, die Legitimation weltlicher Herrschaft durch die ausdrückliche oder unausdrückliche Zustimmung der Kirche – und das bedeutete für Aegidius die Zustimmung des Papstes – zu fordern. Wyclif ist aller institutioneller Anspruch fremd. Umgekehrt geht es ihm ausschließlich um das Verhältnis des einzelnen Menschen zu den Institutionen. Der Herrscher im Stande der Gnade herrscht zu Recht und übt seine Herrschaft legitim, der Herrscher im Stande der Sünde dagegen verliert unmittelbar sein Herrschaftsrecht vor Gottes Augen.

Diese Aussagen sind nicht strikt auf die gleiche Ebene zu beziehen. Das natürliche, das bürgerlich-rechtliche und das evangelische Herrschaftsrecht sind zu unterscheiden. Wer ein Landstück durch Gewalt besetzt, hat nur das natürliche Eigentum, während der, dem der Besitzer es wegnahm, die bürgerlich-rechtliche Herrschaft *(dominium civile)* darüber hat. Nur wenn er im Stande der Gnade steht, verfügt der Inhaber der bürgerlich-rechtlichen Sachherrschaft auch über die evangelische Herrschaft.

Herrschaft über die Dinge – und Herrschaft über Menschen – kann, so meint Wyclif, nicht von Menschen allein begründet oder übertragen werden. Wenn schon menschliches Herrschaftsrecht nach dem Feudalrecht durch Treubruch verloren gehen kann, so droht in einem viel grundlegenderen Sinne das göttlich begründete Herrschaftsrecht durch Treubruch gegen Gott, durch Sünde verloren zu gehen.

Der Mensch im Stande der Gnade hat die Herrschaft über alle Dinge gemeinsam mit den anderen, die seinen Gnadenstand teilen. Das gemeinsame *dominium* der Gerechten fordert vom einzelnen ein korrektes Verhalten auch im Umgang mit seinem Eigentum. Der Reiche, der sein Eigentum mißbraucht, verliert durch diese Sünde sein *dominium* im Sinne der evangelischen Herrschaft. Er mißbraucht, was Eigentum der Armen ist.

Die Herrschaft des Menschen über Menschen ist ebenfalls von Gott übertragen und nur im Stande der Gnade wirksam. Wer im Stande der Sünde steht, verliert das Recht auf Herrschaft wie auf Eigentum. Aber was sich so einfach anhört, ist doch in der Praxis höchst schwierig. Woran erkennt man, ob man im Stande der Gnade steht? Bei Wyclif finden sich keine genauen Aussagen; er hütet sich, darüber Ausführungen zu machen. Er bringt auch lange Passagen, in denen der Gehorsam auch gegen den ungerechten und tyrannischen König verlangt wird. Wie Christus Herodes und Pilatus Gehorsam leistete und den römischen Steueranforderungen genügte, so sollen auch die Christen in seiner Nachfolge tun. Es scheint, als ginge es Wyclif keineswegs darum, Herrscher zu entthronen oder Eigentümer zu enteignen, sondern zunächst um die Aufrüttelung von Herrschern und Eigentümern, daß sie sich so verhalten sollten, wie es von ihnen verlangt wird.

Insofern sind auch die radikalen Folgerungen, die 1386 im englischen Bauernaufstand aus solchen Theoremen gezogen wurden, nicht unbedingt in Wyclifs Sinn. Aber er war damals schon zwei Jahre tot, konnte sich weder wehren noch beistimmen. Zu Lebzeiten freilich hatte er seine Predigt als Bußruf stärker an die Prälaten der Kirche gerichtet und damit die Aufmerksamkeit und den Rückhalt höchster Kreise des englischen Königshofes, insbesondere des einflußreichen Königssohnes Johannes von Gent, gefunden. Diesem kam Wyclifs Kritik an den Kirchenfürsten offenbar sehr gelegen, und er beschirmte Wyclif dementsprechend gegen die Zensurversuche der Amtskirche.

Wenn sich auch nicht mit absoluter Sicherheit sagen läßt, ob Gottes Gnade mit dem Herrscher oder den Prälaten ist, so ist doch sehr viel einfacher eine Aussage darüber möglich, ob man eine Todsünde begangen hat oder nicht. In der Todsünde verharren bedeutet das Recht auf Herrschaft und Eigentum verspielen. Das gilt für kirchliche Prälaten wie für weltliche Herrscher, aber auf die Prälaten war diese Einsicht unmittelbarer anzuwenden – und wurde von Wyclif auch vorwiegend in diese Richtung zugespitzt. Aus diesem Gedankengang lassen sich die Forderungen nach einer armen Kirche erklären, die mit weltlichen Geschäften nicht überladen ist und sich Predigt und Nachfolge widmen kann. Wyclif hat nie, wie Aegidius Romanus, die Amtskirche mit Gottes Verheißung untrennbar verknüpft. Der kirchliche Obere ist wie der weltliche Herrscher Gottes Ebenbild; er herrscht, wenn er gut herrscht, in göttlichem Auftrag. Die wesentlichste Legitimitätsgrundlage seiner Herrschaft hängt freilich alleine von Gottes Willen ab. Die Prälaten wie auch der Papst wissen ja noch nicht einmal, ob sie, selbst wenn sie derzeit im Stande der Gnade stehen, letztendlich zur Kirche der Prädestinierten gehören und damit zur Kirche im eigentlichen Sinn zu zählen sind.

Von dieser Einsicht her erklären sich für Wyclif alle Differenzen zwischen weltlicher und geistlicher Gewalt als bestenfalls sekundäre Probleme, die erst im Lichte der göttlichen Forderungen ihre wahre Wertung erhalten können. Wyclif kann mit apokalyptischen Worten Klerus und Papst geißeln und zu ihrem Amt rufen. Er erweist sich auch darin als spätmittelalterlicher Theologe, daß er dem König die besondere Pflicht zuspricht, die Kirche seines Landes nicht nur zu fördern und allgemein zu unterstützen, sondern auch – notfalls mit Gewalt – auf den richtigen Weg zu bringen. Die spätmittelalterliche Landeskirche war jetzt für die drängenden Reformaufgaben der entscheidende Vorstellungsrahmen.

9. Die Zeit des Schismas und der Reformkonzilien

9.1 Die allgemeinen Bedingungen

Vielfältige Probleme haben die politisch-theoretische Arbeit auch im Spätmittelalter herausgefordert. Die Ausarbeitung vorhandener Ansätze, die Explikation schon implizit angelegter Momente, scheint in den vielfältigen Bemühungen häufig eine wichtige Rolle gespielt zu haben. Ganz gewiß hat das seinen Grund auch darin, daß der politisch-theoretische Diskurs sich auch im späteren Mittelalter noch nicht völlig zu verselbständigen vermochte. Vielmehr blieb er verwoben mit den Leit- und Nachbarwissenschaften der Theologie, Jurisprudenz und Philosophie. Nur sporadisch griff man die praktischen Streitfragen der Zeit auf, an denen sich die theoretischen Ansätze der Tradition erproben ließen.

Ein wichtiger und typischer Fall war die Krise des mittelalterlichen Papsttums, wie sie sich seit 1378 im sogenannten »Großen abendländischen Schisma«[99] zeigte, als die Kardinäle dem nach seiner Rückkehr aus Avignon in Rom verstorbenen Papst Gregor XI. unter dem Druck der römischen Stadtbewohner in Hast und unter tumultuarischen Umständen einen Nachfolger gaben, der sich den zentrifugalen Kräften gegenüber nicht als der geeignete Amtsträger erweisen sollte. Urban VI. hat vielmehr alles getan, um durch persönliche Schroffheit und eine geradezu pathologisch verstiegene Auffassung von der Gewaltenfülle seines Amtes in den kritischen Wochen des Dissenses mit dem Kardinalskollegium den Konflikt noch zu verschärfen. Als schließlich die Kardinäle ihre erste Wahl für ungültig erklärten und Robert von Genf, einen der ihren, in einem erneuten Wahlakt zum Papst (Clemens VII.) erhoben, da begann das »Große Schisma«, das erst knapp vierzig Jahre später, 1417, auf dem Konzil von Konstanz mit der Wahl Martins V. formell beendet werden konnte.

Hier ist nicht zu berichten, wie dieses Schisma den verschiedensten politischen Konflikten der Zeit als Anlagerungsfläche diente, wie sich die Einflußzonen der verschiedenen Päpste (Oboedienzen) in schachbrettartiger Gemengelage über Europa hinzogen. Dieses Schisma führte nicht allein dazu, daß zwei Päpste mit zwei Kurien in der Kirche um die oberste Stellung rangen: Hier standen sich bald Kirchenorganisationen gegenüber, die sich gegenseitig als hartnäckig schismatische Häretiker exkommunizierten.

Eine objektive Entscheidung der strittigen Fragen, eine definitive Aussage, wie Recht und Unrecht sich verteilten, schien damals unerreichbar: Trotz allen Bemühungen kamen nur jeweils höchst parteiliche Positionen zu Tage. Eine militärisch-

99 Zur Schismazeit und zum Konziliarismus seien hier nur zur Einführung genannt die Sammelbände von Remigius Bäumer (Hrsg.), Die Entwicklung des Konziliarismus. Werden und Nachwirken der konziliaren Idee (Wege der Forschung 279), Darmstadt 1976, sowie ders. (Hrsg.), Das Konstanzer Konzil (Wege der Forschung 415), Darmstadt 1977. Zur Ekklesiologie etwa Werner Krämer, Konsens und Rezeption. Verfassungsprinzipien der Kirche im Baseler Konziliarismus, Münster 1980; Giuseppe Alberigo, Chiesa conciliare. Identità e significato del conciliarismo, Brescia 1981; einen umfassenden Forschungsbericht mit umfangreichen Literaturhinweisen und weiterführenden Anregungen über das Basler Konzil legte vor: Johannes Helmrath, Das Basler Konzil 1431–1449, Forschungsstand und Probleme, Köln 1987.

politische Klärung des Streits schied – je länger, desto stärker – aus den Überlegungen aus, da dies angesichts der verfestigten Oboedienzen einen generellen kriegerischen Konflikt hätte bedeuten müssen. Ein rein politischer Kompromiß, so oft er in Verhandlungen beider Seiten auch ins Auge gefaßt wurde, scheiterte immer wieder an der starrsinnigen Überzeugung der päpstlichen Amtsträger, die nicht von ihrer eigenen Rechtsmeinung abzuweichen bereit waren und immer sich selbst im Recht und den Gegner als Schismatiker sahen.

So wurden alle die zahllosen Patentrezepte, die eine eilfertige gelehrte Öffentlichkeit in Denkschriften, Quaestiones, Traktaten und Gutachten hin und her wendete, hinsichtlich ihrer konkreten Lösungsvorschläge zu Makulatur. Eine schließliche Lösung der Krise war erst auf dem Konstanzer Konzil zu erreichen: im komplexen Zusammenspiel politischer Faktoren – von denen die energische Hilfestellung des römischen Königs Sigismund als ein wichtiger, aber nicht als der allein entscheidende gelten darf – und einer konziliaren Anstrengung der europäischen Kirchen und ihrer führenden Intellektuellen.

Die Intellektuellen fühlten sich naturgemäß besonders herausgefordert und sahen sich auch von den Zeitgenossen immer wieder befragt. Die gelehrte Öffentlichkeit der Zeit erscheint vom Problem des Schismas und der Konzilien geradezu beherrscht. Es ging um kirchliche Fragen, und also war Gelehrsamkeit gefordert; es ging um Fragen des Rechts und der Theologie, und so waren theoretische Fächer die richtigen Adressaten für zeitgenössische Anfragen.

Die Restauration des Papsttums mit der Wahl Martins V. löste freilich nur das eine wichtige Problem der Kircheneinheit. Die *causa unionis* war entschieden. Man war sich bewußt, daß es nun galt, eine Wiederholung des Schismas zu verhindern, die Kirche aus ihrer Krise herauszuführen, eine »Reform an Haupt und Gliedern« vorzunehmen. Unklar und strittig war freilich, was das konkret heißen könnte. Hier waren wohl viele verschiedene Meinungen vorgetragen worden, aber von einem Konsens war man noch weit entfernt. Klar schien nur, daß diese Aufgabe noch eine lange Zeit in Anspruch nehmen würde. Und so beschloß das Konzil, kurz bevor es zur Wahl des neuen Papstes schritt, auf seiner 39. Sitzung (vom 9. Oktober 1417) mit dem Dekret *Frequens* einen genauen Zeitplan, nach dem in exakt festgelegtem Rhythmus künftige Konzilien das Reformwerk fortsetzen sollten. Nach fünf Jahren und noch einmal nach sieben Jahren sollte ein Konzil einberufen werden, und danach sollte alle zehn Jahre jeweils ein neues Konzil zusammentreten.

Dieser Gedanke, der dem Konzil nicht nur die Repräsentanz der Gesamtkirche zuspricht, sondern es auch durch eine festgelegte Folge von Tagungen in einem periodischen Rhythmus verstetigt, war keine neue Erfindung der Konstanzer Konzilsväter. Schon ein Jahrhundert zuvor hatte der französische Bischof von Mende, Guillelmus Duranti (gestorben 1330), ein gelehrter Kanonist und versierter Administrator, diese Forderung in Denkschriften anläßlich des Konzils von Vienne (1311/12) ausdrücklich – und bereits damals mit dem Postulat eines Zehnjahresturnus – erhoben[100]. Das avignonesische Papsttum hatte jedoch, gewiß auch nach den Erfah-

100 Zu ihm vgl. besonders Constantin Fasolt, A new View of William of Durant the Younger's »Tractatus de modo generalis concilii celebrandi«, in: Traditio, 37 (1981), S. 291–324; ders., At the Crossroads of Law and Politics. William Durant's the Younger's »Treatise« on Councils, in: Bulletin of Medieval Canon Law, N. S. 18 (1988), S. 43–53.

rungen der Kurie mit den Konzilien des 13. Jahrhunderts, auf die Einberufung von solchen Kirchenversammlungen im 14. Jahrhundert vollständig verzichtet. Die Überlieferung der Texte des Duranti legt aber die Vermutung nahe, daß man in Konstanz diese Schriften gekannt hat.

Für unsere Frage nach der Geschichte des politischen Denkens zeichnen sich im Dekret *Frequens* des Konstanzer Konzils deutlicher als anderwärts jene Probleme ab, um die in der Zeit des sogenannten »Konziliarismus« gerungen werden sollte, vor allem auf dem Basler Konzil (1430–1447). Dieses Konzil war zunächst unter strenger Beachtung der festgelegten Zeitabstände noch von Martin V. geplant worden und wurde unter und gegen seinen Nachfolger Eugen IV. durchgeführt. Der kühne und zugleich abstrakte Vorgriff der Konstanzer auf eine Periodizität konziliarer Beratungen über die Kirchenreform – der bis zum heutigen Tage nicht verwirklicht worden ist – machte in unübertrefflicher Klarheit das Problem deutlich. Solange Papst und Konzil im Einklang waren und blieben, entstanden keine schwierigen Fragen. Problematisch mußte hingegen eine Differenz beider Instanzen werden. Das war natürlich den Konstanzern nicht unbekannt. Anscheinend hat es ihren kühnen Vorgriff auf eine Periodizität von Reformberatungen beflügelt. Die Schwierigkeiten, die *via concilii,* den schließlich erfolgreichen Weg einer konziliaren Lösung des Schismas, überhaupt beschreiten zu können und gangbar zu machen, waren noch vor aller Augen.

Dreißig Jahre lang hatte man andere Wege zu gehen versucht, obwohl schon kurz nach Ausbruch des Schismas – etwa an der Universität Paris – in Denkschriften (von 1379–1381) der deutsche Kanonist Konrad von Gelnhausen (gestorben 1390) und der deutsche Theologe Heinrich von Langenstein (gestorben 1397) energisch eine Konzilslösung gefordert hatten. In ihren Begründungen hatten beide die theoretischen Grundlagen konziliarer Eigenständigkeit – notfalls auch gegen einen Papst – schon in deutlichen Strichen skizziert. Während sie die Kirche vor allem als *universitas* beziehungsweise *congregatio fidelium* (als Gesamtheit oder Versammlung der Gläubigen) definierten, sahen sie – eine Ockhamsche Formulierung aufgreifend – in einem Konzil »eine Versammlung, in der verschiedene Personen als Stellvertreter und Vikare verschiedener Teile der gesamten Christenheit zur Verhandlung über das gemeine Wohl ordnungsgemäß zusammenkommen«[101].

Damit war nicht notwendig eine Klärung darüber erreicht, wie solche Repräsentation genau zu verstehen und zu bewerten sei. Die Repräsentation der Gesamtkirche im Konzil stand in einem spannungsvollen Verhältnis zur Verkörperung der Amtskirche im Papst, war aber zumindest grundsätzlich unabhängig von ihr. Der Gedanke, daß im Notfall ein Konzil auch ohne die traditionell als notwendig angesehene Einberufung durch den Papst zusammentreten konnte, lag dann als Konsequenz nahe. Auch das Konstanzer Konzil ist – nach dem »unentschiedenen« Ausgang des Kardinalskonzils von Pisa (1409) – keineswegs von Anfang an als papstloses Konzil und Richter über die päpstlichen Prätendenten zusammengetreten, sondern als Konzil der einen – freilich der konziliaren, der »Pisaner« – Oboedienz und in

101 So die Formulierung von Heinrich von Langenstein, Epistola Pacis, pars LXXXVIII, hrsg. von Hermann von der Hardt, in: Programm der Academia Iulia Carolina, Helmstedt 1779, S. 83; vgl. Wilhelm von Ockham, Dialogus I (Anm. 87), VI 84; fol. 97 ra.

Fortsetzung des Konzils von Pisa. Erst durch den Konflikt mit Papst Johannes XXIII., der in dessen dramatischem Fluchtversuch aus Konstanz gipfelte, sah das Konzil sich gezwungen, sich als ein (notfalls) papstloses Konzil zu begreifen und auf diesem Wege auch bis zur Neuwahl eines neuen Papstes voranzuschreiten.

Bis zur Wahl eines neuen Papstes konnte noch zweifelhaft bleiben, ob überhaupt ein rechtmäßiger Papst vorhanden war. Bei künftigem Streit war freilich eine solche Auffassung nicht mehr ohne weiteres möglich. Die in der Wahl Martins V. gelungene Überwindung des Schismas hatte jedoch keineswegs alle Probleme gelöst, etwa die praktisch-politische Frage der Stellung des Papstes im Kirchenstaat und in Italien oder die von vielen für dringlich gehaltene Reform der Kirche »an Haupt und Gliedern«.

Daß eine solche Reform wünschenswert, ja nötig war, schien allein im Rückblick auf das Schisma vielen unausweichlich. Jahrelang hatte man so auch in Konstanz über die Kirchenreform beraten und intensiv über Programme diskutiert. Eine sachliche Einigung freilich war nicht erreicht worden und schien noch weit entfernt. Sollte man auch diese Aufgabe dem neugewählten Papst alleine anvertrauen? Das Dekret *Frequens* war das Ergebnis eines Kompromisses in diesem Streit, in dem es um die Entscheidung darüber ging, ob man zuerst die Kirchenreform vollenden und dann durch die Wahl eines Papstes die kirchliche Einheit wieder herstellen solle, oder ob man zuerst durch eine Wahl die *causa unionis* der Kirche wirklich lösen und die Kirchenreform künftigen Bemühungen überlassen dürfe. Die Periodizität der Konzilsberatungen sollte gerade festhalten, daß nicht der Kurie allein die Verantwortung für die Reformaufgabe übertragen werden dürfe.

Martin V., der Papst des Konstanzer Konzils, hat formell die Konzilsbeschlüsse, auch in ihren sehr konkreten Terminvorgaben, peinlich genau eingehalten. Für 1423 berief er ein – freilich nicht sehr stark besuchtes – Konzil nach Pavia (das dann nach Siena verlegt wurde). Dieses Konzil wurde 1424 von den päpstlich bestellten Präsidenten in einer überraschenden Aktion handstreichartig aufgelöst, bevor man in der Kirchenreform hätte vorankommen können. Auf 1431 berief Martin V. ein neues Konzil nach Basel. Der Nachfolger, Eugen IV., ließ, entgegen allen Befürchtungen, das Konzil auch eröffnen. Freilich war der Besuch auch diesmal am Anfang keineswegs überwältigend. Immerhin hatten auch die Konzilsväter aus der überfallartigen Schließung des Konzils in Siena gelernt und schienen entschlossen, sich diesmal nicht in dieser Weise überrumpeln zu lassen. Der Konflikt zwischen Papst und Konzil, in gegenseitigem Mißtrauen wurzelnd, war, wenn nicht unausweichlich, so doch nicht unerwartet.

Diese Auseinandersetzungen, die uns bis in die Details hinein durch eine relativ breite Überlieferung von Akten und verschiedenen Denkschriften, Reden und Briefen bezeugt sind, können wir hier nicht verfolgen. Für die politische Theorie wichtig geworden sind diese Debatten, weil es um die Klärung so entscheidender Begriffe wie Repräsentation, Delegation, Konsens ging, weil man sich um die Kompetenzen von Prälaten und Untergebenen stritt, um die Verbindlichkeit von Anordnungen und die Grundlagen des schuldigen Gehorsams. Am Beispiel der Kirche wurde hier eine Diskussion geführt, die zwar immer noch keineswegs ein rein politik-theoretischer Diskurs genannt werden kann, die aber wichtige Fragen einer politischen Theorie strittig zur Erörterung stellte.

In den Debatten um Konzil und Papst wurde klargestellt, daß die Kirche grundsätzlich in ihrer Verfassung mit denselben theoretischen Mitteln zu erfassen und zu beschreiben sei wie auch andere soziale Organisationen, daß somit ihre Amtsträger sich ebenso an ihrer Funktion zu messen lassen hatten wie Fürsten und Könige, und daß das Konzil gegenüber dem Papst doch in jene Überlegenheit einrückte, die das Ganze einem Teil gegenüber auszeichnet.

Mit gewisser Notwendigkeit mußte das undeutliche Wort der Repräsentation in den Mittelpunkt der Argumentationen, nicht freilich der Erörterungen rücken. Schon Ockham hatte das Konzil als Versammlung von Männern bestimmt, die *auctoritatem et vicem tocius christianitatis* (Kraft und Stellvertretung der gesamten Christenheit) stellvertretend wahrnähmen. Ockham hatte aber allergrößten Wert darauf gelegt, daß selbst dies ein Konzil nicht unfehlbar machen konnte, da eine Repräsentanz der Gesamtheit eben nicht mit der Gesamtheit identisch sei. Gott könne einen letzten einzelnen Gläubigen auch außerhalb des Konzils im Glauben bewahren. Den vom irrenden Konzil zu Unrecht verurteilten Papst kann Ockham nicht nur ausdrücklich in seine Vorstellungen einbeziehen, er kann ihn auch dem Allmächtigen Gott – ohne Zynismus, wie es scheint – anempfehlen, der allein ihn noch retten könne[102].

Für die Basler Konziliaristen dagegen kam es darauf an, das Konzil dem Papst gegenüber überlegen erscheinen zu lassen, ihm möglichst unmittelbar die göttliche Verheißung der Irrtumslosigkeit zuzusprechen und den Papst zu verpflichten, sich dem zu fügen. Das wurde argumentativ im einzelnen sehr unterschiedlich dargelegt. Das Ergebnis ist aber im wesentlichen einheitlich: Da die Mitglieder der Weltkirche heute unmöglich mehr persönlich in der Weise zusammenkommen könnten, wie sie sich zu Zeiten der Apostel versammelt hatten, handele das Konzil an ihrer Statt, sei das Konzil die Kirche in ihrer handlungsfähigen Gestalt.

Diese – wie sich später zeigen wird, gefährliche – Identifikation erfolgte so unmittelbar, daß die Mechanismen, durch die solche Repräsentanz hergestellt wurde, niemals klar erörtert oder auch nur nebeneinander gestellt worden sind. Eine Theorie der Konzilsmitgliedschaft haben die Basler nicht entwickelt: Mitglied war, wer sich dem Konzil inkorporierte. So, wie das Konzil sich versammelt hatte, stellte es die Gesamtkirche dar, hatte es für sie (an ihrer Statt) zu handeln – auch gegenüber dem Papst. Nicht die Bischöfe, nicht die Hierarchie, erst recht nicht der Papst allein repräsentierten im vollen Sinne die Gesamtheit, sondern das »Heilige Konzil, im Heiligen Geist rechtmäßig versammelt, das die Gesamtkirche repräsentiert«. So lautete die formelhafte Selbsttitulatur bei den feierlichen Basler Beschlüssen: *Sacrosancta synodus Basiliensis, in Spiritu sancto legitime congregata, universalem ecclesiam repraesentans*.

Von dem neuzeitlichen Repräsentationsbegriff, der primär von den Repräsentierten her verstanden ist, sind wir noch weit entfernt, weiter als etwa in Ockhams stark vom Delegationsgedanken her konstruiertem Repräsentationsbegriff. Aber schon auf dem Boden der Basler Vorstellungen wird eine sehr ausführliche Erörterung darüber möglich und aus politischen Gründen nötig, wie das Verhältnis des Papstes zu dem Konzil zu denken sei.

102 Wilhelm von Ockham, Dialogus I (Anm. 87), V 25; fol. 47 rb.

9.2 Juan de Segovia

Der spanische Theologe Johannes von Segovia[103] lehnt sich an herkömmliche juristische Denkmodelle an, um nachzuweisen, daß der einzelne, so sehr er andere an Weisheit und Tüchtigkeit übertreffen mag, doch als *presidens* – als Herrscher – nicht der gesamten Menge überlegen sein kann, die er beherrscht (beziehungsweise deren Repräsentanten, denen er gegenübersteht). Konkret gesprochen kann der Papst nicht über dem Konzil stehen, denn hier teilt er das Geschick jeden Herrschers: »Wer immer zum Leiter oder Vorsitzenden irgend einer Menge wird, der legt seine Privatperson ab und zieht eine öffentliche Person an ... Weil er zwei Personen darstellt, ist er wohl noch eine Privatperson, auf Grund einer Rechtsfiktion aber ist er eine öffentliche Person.«[104]

Wegen dieser Rechtsfiktion, so Segovia, folgt man des Herrschers Befehlen, haben seine Gerichtsurteile Geltung. Weil sie dem gemeinen Wohl dienen, gilt ein Urteil des Herrschers mehr als das jeder einzelnen Privatperson oder jeder einzelnen Gruppe der Gesamtheit. Die *persona ficta* bedeutete den Kanonisten und den Juristen des Römischen Rechts die Rechtspersönlichkeit der Gesamtheit, die fiktive »juristische Person« als Träger gewisser Rechte. Bei Segovia erscheint die fiktive Person als ein Herrschaftsbegriff, als Herrschaftsrolle, die ihren Träger vor einer anderen Erscheinungsform des Gesamtwillens, dem Repräsentativorgan des Konzils, zurücktreten läßt.

Segovia kann die aristotelische Lehre von den Verfassungsformen aus einem speziellen Gesichtswinkel untersuchen, um zu zeigen, daß man im Übergang von der Monarchie zur Aristokratie, von der Herrschaft des einen Tüchtigen zur Herrschaft der vielen Tugendhaften, einen Fortschritt und eine Steigerung erblicken könne. Diese Entwicklungsperspektive gilt auch beim Übergang vom Tribunal des Papstes zum Tribunal des Konzils. In diesem Zusammenhang wird dem Konzil in enger Anlehnung an die spätmittelalterliche Fachsprache – die unter *iurisdictio* häufig den Begriffskern von Herrschaft schlechthin erkennen wollte – nun auch volle *iurisdictio* zugeschrieben, und zwar sowohl hinsichtlich der *diffinitio* (der Rechtserkenntnis beziehungsweise der Erkenntnis des Richtigen), als auch der *executio* (dem Rechtsvollzug und der Durchführung des Erkannten). Auch die Durchführung seines Urteils kann – selbst ohne und gegen den Papst – dem Konzil nicht vorenthalten werden, zumal im Konzil die Mehrheit der *sapientiores*, der qualifizierten Gelehrten, dem Papst allein gegenübertritt.

Man wird hier fragen müssen, was solche Applikation der aristotelischen Begriffssprache auf die Probleme der Kirchenverfassung noch an Erkenntnisgewinn bringen konnte, zumal hier bei aller behaupteten Allgemeingültigkeit der Argumentation der Autor sehr eng an der spezifischen Lage der Basler Konzilsväter orientiert bleibt. Ihre Lage beschreibt er; Einwände von Gegnern versucht er zu Gunsten der Konzilsväter zu kehren. Das geschieht mit einigem Scharfsinn und deutlicher Freude an

---

103 Vgl. Antony Black, Monarchy and Community. Political Ideas in the Later Conciliar Controversy 1430–1450, Cambridge 1970. Zu biographischen Fragen vor allem Ulrike Fromherz, Johannes von Segovia als Geschichtsschreiber des Konzils von Basel, Basel 1960.

104 Amplificatio disputationis, zit. nach A. Black (Anm. 103), S. 148.

begrifflicher Erfassung der Probleme. Auf andere Fragen, etwa die der ständischen Verfassungskämpfe des Spätmittelalters und der frühen Neuzeit, waren solche Erörterungen aber nicht mehr ohne weiteres übertragbar. Die Argumentationen der Basler Konziliaristen hatten auf dem Markt der konziliaren Handschriften des 15. Jahrhunderts eine relativ weite Verbreitung. Sie wirkten aber auf die Ständekämpfe des 15. und 16. Jahrhunderts nur indirekt dadurch, daß sie das Klima bestimmten, nicht indem sie unmittelbar Argumente zu liefern imstande waren.

9.3 Juan de Torquemada

Auch die Vertreter der päpstlichen Autorität konnten keineswegs in direkter Linie für die Theorie des fürstlichen Absolutismus die Stichworte geben, auch wenn ihre Traktate in weitläufigen Argumentationen im Papst als monarchischem Haupt der Kirche die von Gott eingesetzte und nicht mehr befragbare Spitze der kirchlichen Hierarchie, ihren Inbegriff und ihr Zentrum entdeckten. Besonders konsequent und für die Zukunft besonders erfolgreich hat diese Position der spanische Dominikanertheologe Juan de Torquenmada (gestorben 1468) vertreten. Dessen kurz nach dem Ende des Basler Konzils (1449) abgeschlossene *Summa de ecclesia* zog auch eine Summe seines unermüdlichen Eintretens für den Papst und seine Prärogativen[105].

In eindrücklicher Geschlossenheit und ausführlicher Erörterung weiß der geübte Debattant dem Korporatismus seiner konziliaren Gegner einen strengen Monarchismus gegenüberzustellen, der seinerseits sich auf die papalistischen Traditionen stützt und auch korporative Argumente in seine Position geschickt einzubeziehen vermag. So stellt er Zeitgenossen und Nachwelt eine Kirchenlehre von eindrücklicher Geschlossenheit vor Augen, die der Gefahr, eine bloße Kompilation sehr heterogener Materialien zu sein, durch die Energie begegnet, mit der hier die Linien in dem zentralen Anliegen versammelt und zentriert werden. Der Autor versucht die Rechte des apostolischen Stuhls und der römischen Kirche gegen alle Anfechtungen zu verteidigen.

Die mit thomistischen Argumenten abgeleitete Funktion eines *presidens,* der durch seine *auctoritas* das gesamte Gemeinwesen zu richtigen Zielen leitet, übt in der Kirche der Papst. Ihm steht die »volle Gewalt« zu, »alles Notwendige« zu tun, was dem Wohle des Gemeinwesens dienlich ist[106]. Mit dieser aristotelisch konstruierten Kompetenzzuschreibung will Torquemada die Vorstellung überhöhen, nach der der Papst seine Amtsgewalt vor allen anderen empfangen hat, »wie die Sonne ihr Licht vor allen anderen Sternen und für alle erhalten hat, vor allen anderen, weil in größerer Fülle als die anderen Sterne, für alle, weil in jener Ordnung, daß von ihr als Quelle das Licht auf die anderen herabsteige«[107]. So steht dem Papst »die schlechthin höchste Leitungsgewalt und Fülle der Herrschaft« *(suprema potestas regiminis et*

---

105 Zu Juan de Torquemada, dessen Summa de ecclesia in den alten Drucken zu verwenden ist (etwa Venedig 1562), vgl. neben A. Black (Anm. 103) auch Thomas Izbicki, Protector of the Faith, Cardinal Johannes de Turrecremata and the Defense of Institutional Church, Washington, D.C. 1981; auch Yves Congar, Die Lehre von der Kirche, in: Handbuch der Dogmengeschichte, Band III/3, Freiburg i. B. 1970.

106 Juan de Torquemada, Summa de ecclesia (Anm. 105), II 107.

107 Ebd., II 22.

plenitudo iurisdictionis) in der Kirche zu, und zwar ihm allein, denn jeder *principatus,* jede politische Herrschaft, ist *quoddam totum potestativum* (ein machtvolles Insgesamt), das sich allein im Fürsten verkörpert[108].

Somit schreibt Torquemada dem Papst eine letztlich absolute Gewalt zu, die aus dem Wesen der als unteilbar und persönlich zugeordneten Gewalt abgeleitet erscheint. Die persönliche Amtsübung ist eine Notwendigkeit. Herrschaft leitet sich nicht von den Beherrschten ab. Die Vorstellung Ockhams, nach der ein beliebiges Mitglied unter bestimmten Umständen substitutiv in die Lücke treten könne, ist Torquemada ganz undenkbar. »Unmöglich können in irgendeiner Körperschaft Prälat und Untergebene dieselbe Gewaltenfülle haben«: Was den Prälaten zum Prälaten macht, könne nicht Prälaten und Untergebenen gemeinsam sein[109]. Durch die *iurisdictio,* seine Herrschaft, ist der Fürst, ansonsten »Glied des Verbandes des Gemeinwesens«, emporgehoben. Solche Herrschaft ist wie die Schöpfungsgnade *(gratia gratis data)* von Gott dem Papst ganz ungeteilt zugewiesen. Der klassische Terminus für die »Fülle der Gewalt« wird bei Torquemada noch durch eine Neuprägung zukunftsweisend überboten, wenn er dem Papst schlicht die *totalitas* der Gewalt beziehungsweise eine *plenitudo totius potestatis* (die Gesamtheit oder die Fülle der Gesamtgewalt) zuspricht.

Die Herrschaft erscheint im Christusvikariat des Papstes unverzichtbar begründet. Nur im Falle der Häresie und des Schismas ist der Papst dem Konzil unterworfen[110]. Torquemada wagt es sogar, den Papst bei der Definition einer Glaubenswahrheit an den einhelligen Spruch des Konzils zu binden[111]. Aber diese letzten Überbleibsel von dem, was jahrzehntelang auf den Konzilien so leidenschaftlich erörtert worden war, sind nicht eigentlich »konziliaristisch«. Torquemadas Theorie, die, indem sie die Kompetenzen des »Hauptes« definiert, die Gesamtheit gleichsam hinter und unter ihm verschwinden läßt, ist als entschlossene Konsequenz aus dem Scheitern des Basler Konzils zu begreifen. Auf einem ganz anderen Blatt steht die Frage, inwieweit die steckengebliebene Reform des 15. Jahrhunderts die Reformation des 16. Jahrhunderts heraufführen half.

9.4 Nikolaus von Kues

Zwischen den beiden Extremen, für die wir hier stellvertretend die Spanier Juan de Segovia und Juan de Torquemada herangezogen haben, lassen sich mannigfache Schattierungen beobachten. Die Debatte war dicht und langanhaltend, die handschriftliche Überlieferung ist relativ reich und verzweigt. Hier verzichten wir auf eine Umschau und gehen nur auf die konziliare Denkschrift des Nikolaus von Kues (gestorben 1464) ein, die eine beachtliche Verbreitung aufzuweisen hat. *Concordantia catholica* (wie man die katholische Kirche zur Eintracht bringt) überschrieben, trägt der Text einen ungewöhnlichen Titel. Er zeigt bei aller deutlichen Verbindung

108 Ebd., II 53.
109 Ebd., II 71.
110 Ebd., II 93 und 102; II 50; IV 18.
111 Ebd., III 64.

zu der literarischen Diskussion, der er seine Entstehung verdankt, doch einige höchst eigentümliche Züge[112].

Nikolaus von Kues (geboren 1401) stammte aus einer sehr wohlhabenden nichtadligen Familie in Kues an der Mosel. Er hat sich früh zu einem Leben als Kleriker entschlossen und eine brillante Karriere gemacht, die ihn bis zum Kardinal der römischen Kirche und, als Bischof von Brixen, zu reichsfürstlicher Stellung emporführen sollte. Die Grundlagen für diesen Aufstieg legte er durch ein intensives Studium. Die *Artes* absolvierte er (1416–1417) in Heidelberg, zog dann nach Pavia, wo er vom Herbst 1417 bis zum Herbst 1423 kanonisches Recht, aber auch Mathematik und klassische Studien betrieb. Zum *Doctor decretorum* promoviert, kehrte er nach Deutschland zurück, studierte zunächst in Köln noch Theologie bei Heimeric van de Velde und sammelte Pfründen (seit 1425), freilich auch alte Handschriften. Die Auffindung der Bücher I–VI der Annalen des Tacitus und einer Reihe von Komödien des Plautus entzückte seine italienischen Humanistenfreunde, die diese neugehobenen Schätze sogleich verbreiteten.

An der Universität suchte Nikolaus damals nicht sein Fortkommen: Er lehnte Angebote, kanonisches Recht in Löwen zu unterrichten, mehrfach ab. Der junge Rechtsgelehrte machte im Klerus der Trierer Erzdiözese Karriere, zuerst als Sekretär des Erzbischofs Otto von Ziegenhain (gestorben 1430), dann als »Kanzler« des von einem Teil des Trierer Domkapitels zum Nachfolger gewählten Grafen Ulrich von Manderscheid, der sich – letztendlich dann erfolglos – durch einen Prozeß gegen einen päpstlich providierten Konkurrenten erst durchzusetzen versuchen mußte. Nikolaus kam als einer von drei »Prokuratoren« des Manderscheiders Anfang 1432 auf das Basler Konzil, um in einem konziliaren Prozeß die Interessen seines Auftraggebers zu vertreten. Am 29. Februar 1432 wurde er als sein Vertreter und auch persönlich (als *doctor decretorum)* dem Konzil inkorporiert und der Glaubensdeputation zugeteilt.

Im engsten zeitlichen und wohl auch in einem gewissen sachlichen Zusammenhang mit seiner Aufgabe als Prokurator des Manderscheider Grafen, aber doch weit über diese Verbindung hinausweisend, hat der Zweiunddreißigjährige sich auch in die

---

112 Die Edition der Concordantia catholica des Nikolaus von Kues durch Gerhard Kallen (in der Heidelberger Ausgabe der Opera omnia, Band XIV) ist in kriegsbedingter Neubearbeitung schließlich in Hamburg 1959–1968 erschienen. Zur Entstehungsgeschichte des Textes vgl. besonders Gerhard Kallen, Die handschriftliche Überlieferung der »Concordantia catholica« des Nikolaus von Kues, in: Sitzungsberichte der Heidelberger Akademie der Wissenschaften, Philosophisch-historische Klasse 1962/63, Heidelberg 1963. Die Biographie hat knapp skizziert: Erich Meuthen, Nikolaus von Kues 1401–1464, Münster 1964 (zuletzt Münster 1986[4]); vgl. dazu vor allem Nikolaus von Kues, Acta Cusana, hrsg. von Erich Meuthen/Hermann Hallauer, Bd. 1 hrsg. von Erich Meuthen, Lfg. 1 und Lfg. 2/3, Hamburg 1976 und 1983; vgl. auch Brigide Schwarz, Patronage und Klientel in der spätmittelalterlichen Kirche am Beispiel des Nikolaus von Kues, in: Quellen und Forschungen aus italienischen Archiven und Bibliotheken, 68 (1988), S. 284–310. – Zur Interpretation Gerd Heinz-Mohr, Unitas Christiana, Studien zur Gesellschaftsidee des Nikolaus von Kues, Trier 1958; Paul E. Sigmund, Nicholas of Cusa and Medieval Political Thought, Cambridge 1963; Morimichi Watanabe, The Political Ideas of Nicholas of Cusa, with special reference to his De concordantia catholica, Genf 1963; vgl. auch Hasso Hofmann, Repräsentation. Studien zur Wort- und Begriffsgeschichte von der Antike bis ins 19. Jahrhundert, Berlin 1974, S. 286–321; H. G. Walther, (Anm. 59), S. 230–260.

Debatte um die Superiorität von Konzil und Papst eingeschaltet und einen eigenen bedeutenden Traktat vorgelegt. Ganz genau läßt sich der Text nicht datieren, aber im Zeitraum von höchstens einem Jahr schrieb Nikolaus 1433 seine *Concordantia catholica* nieder. Nikolaus entschloß sich in Erweiterung des ursprünglichen Plans, den Konsens als die Grundlage der Autorität des Konzils zu behandeln[113] und in einem neuen dritten Teil auch die politische Verfassung des römischen Reiches in seine Betrachtung einzubeziehen. Im Schlußkapitel beschreibt er zusammenfassend die Gesamtordnung der Welt: »Diese unsere gesamte Kirche ist, wie geschildert, aus Leib und Seele gebildet, wobei der Heilige Geist ihr durch die Eintracht *(concordia)* innewohnt und sie inspiriert, so daß sie aus dem Heiligen Geist, aus der priesterlichen Seele und dem Leib der Gläubigen in Eintracht *(concorditer)* als die eine Kirche aller Gläubigen Christi bestehen kann.«[114]

Auf diese Eintracht, diesen Zusammenklang, kam es Nikolaus an, wie er immer wieder deutlich macht. Seine Argumente holt sich der promovierte Jurist natürlich aus dem Kirchenrecht, dem *Decretum* Gratians vor allem. Stärker als alle Zeitgenossen zeigt er sich bestrebt, sich neben Gratian einen selbständigen Zugang zur alten Kirchengeschichte offenzuhalten. Schon im Prolog zum Traktat berichtet der Autor, wie er in Köln im Archiv des Domkapitels in alten Pergamenten gestöbert hat, und zitiert auch seine Funde aus solch archivalischer Arbeit. Daneben bemüht er in selbständiger Auswertung die Kirchenväter der theologischen Tradition zur Konziliengeschichte. Seine historische Kritik ist so scharf ausgebildet, daß er in einer langen Abhandlung mit philologisch-historischen Argumenten die Konstantinische Schenkung als zu ihrer Zeit historisch unmöglich und damit als Fälschung entlarvt, einige Jahre vor der bekannten Schrift des römischen Humanisten Lorenzo Valla (von 1440)[115]. Theoretisch stützt er sich weniger auf die juristische Korporationslehre der Kanonisten, so sehr sie ihm bei Bedarf auch zur Verfügung steht, als vielmehr auf theologische Begriffe von der Kirche, die er den Kirchenvätern, vor allem Augustin und Cyprian, auch Ambrosius und Hieronymus, und den großen Theologen der Hochscholastik entlehnt. Mit starken Anleihen bei Pseudo-Dionysius Areopagita wird dieser Grundstock angereichert. Aristoteles dagegen wird erst in der Vorrede zum dritten Buch, anscheinend ganz am Ende der Arbeit am Text, benutzt, und das, soweit zu sehen ist, nahezu ausschließlich in Aufnahme von Zitaten aus dem *Defensor pacis* des Marsilius von Padua. Diesen Text hatte Nikolaus, wie er selber berichtet[116] – offenbar erst auf dem Basler Konzil – »nach der gesamten Zusammenstellung dieses Buches« kennengelernt. Schon in dieser frühen Schrift zeigt sich der Kusaner von der platonischen Tradition, nicht von der aristotelischen Philosophie bestimmt.

Schon die Definition der Kirche hält bezeichnend Distanz zum juristischen Korporationsdenken: Nicht primär eine »Versammlung« *(congregatio)* ist ihm die Kirche, sondern eine »Vereinigung der Gläubigen« (*unio fidelium*)[117], anteilnehmend am Leben der Trinität. Sie ist *unio ad Christum* (Vereinigung mit Christus). »Aus Gott,

113 Nikolaus von Kues, Concordantia catholica (Anm. 112), II 18–25.
114 Ebd., III 41, § 580. Vgl. I 1, nota: has concordantias, per quas ecclesia subsistit.
115 Ebd., III 2, §§ 294–308. Dazu etwa Wolfram Setz, Lorenzo Vallas Schrift gegen die Konstantinische Schenkung, Tübingen 1975, besonders S. 24–29.
116 Nikolaus von Kues, Concordantia catholica (Anm. 112), II 34, § 256.
117 Ebd., II 34, § 259.

den Engeln und den durch Christus Gott vereinigten Menschen besteht darum die Kirche, wenn man sie nach ihren Ursprüngen betrachtet«, heißt es einmal[118]. Eine originäre spekulative Philosophie der Einheit und Einheitsstiftung setzt dann die Kirche in eine lebendige Relation zur Trinität selbst, der Einheit und Einigung Gottes in seiner Dreiheit. Das höchste Gesetz der Kirche muß daher die *concordia* sein, die überall gilt, *in uno et pluribus*[119]. Auch später noch wird der Kusaner in diesem Sinne, sich freilich bereits von dem konziliaren Ductus seiner *Concordantia catholica* distanzierend, die Kirche definieren können als »Einheit aus vielen, unbeschadet der persönlichen Wahrheit jedes einzelnen ohne Verwirrung der Naturen und Gradabstufungen«[120].

Hier wollen wir aber nicht die späteren Weiterungen und Umakzentuierungen seines Denkens verfolgen, auch nicht, wie der Einheitsgedanke später durch Nikolaus von Kues spekulativ und mathematisch vertieft worden ist. Hier soll der Gebrauch des Konkordanzbegriffs in der Betrachtung des politischen Traktats genügen, weil er diesen Traktat in besonderer Weise akzentuiert und weil mit diesem Einheits- und Konkordanzgedanken eine Repräsentationsvorstellung vorausgreifend auf die Situation der Moderne und rückblickend auf mittelalterliche Vorstellungen entwickelt wird.

Nikolaus von Kues nimmt in dieser Schrift eindeutig den Basler konziliaren Standpunkt ein. »Wer zweifelt daran, daß das gesamte Konzil über dem Papst steht?«[121] Immer wieder weist der Text darauf wie auf eine selbstverständliche Aussage zurück. Es muß freilich das gesamte Konzil – und zwar das allgemeine Konzil aus allen fünf Patriarchaten der Universalkirche – sein, nicht ein bloßes Teilkonzil, selbst nicht die unter päpstlichem Vorsitz tagende römische Patriarchalsynode: Nikolaus betrachtet die Generalsynoden der mittelalterlichen Kirche, wie etwa das IV. Lateranum von 1215, als solche Teilversammlungen des westlichen Patriarchats, weil sie nur eine partielle Versammlung gewesen seien. Dem wahrhaft allgemeinen Konzil aber komme, da es die *tota universa ecclesia* repräsentiere, auch die Auszeichnung zu, alle der Kirche verliehene Gewalt unmittelbar von Christus zu haben: »Das allgemeine Konzil, so kann gesagt werden, das die katholische Kirche repräsentiert, hat seine Gewalt unmittelbar von Christus und steht somit in jeder Hinsicht sowohl über dem Papst als auch über dem Apostolischen Stuhl.«[122]

Der Papst als *caput* (Haupt) bleibt eines der verschiedenen *membra* (Glieder) der Kirche als des mystischen Leibes Christi, dessen wahres Haupt Christus ist; darum ist der Papst, wenn er auch in der Regierung der Kirche das »höchste Glied« der Kirche ist, dennoch dem allgemeinen Konzil unterworfen und dessem Urteil unterstellt[123]. Unfehlbarkeit ist *non cuilibet membro, sed toti ecclesiae promissa* (nicht irgend einem Gliede, sondern nur der gesamten Kirche versprochen). Die irrtumslose priesterliche

---

118 Ebd., I 5, § 31.
119 Ebd., I 4, § 20.
120 Nikolaus von Kues, De docta ignorantia, III 12, hrsg. von Ernst Hoffmann/Raymond Klibansky, Leipzig 1932.
121 Nikolaus von Kues, Concordantia catholica (Anm. 112), II 17, § 155.
122 Ebd., II 17, § 148.
123 Ebd., II 24, § 258.

Lösegewalt liegt in höherem Maße bei der gesamten Kirche als beim Papst, auch wenn beide diese ihre Gewalt aus dem gleichen Fundament ziehen[124].

Das klingt ganz konziliaristisch, aber es hat doch kleine Widerhaken. Der Papst hat sein Amt von Christus übertragen bekommen. Er symbolisiert die Einheit und ist zum Dienst an der Einheit und zu ihrer Wahrung als *praesidentia* gesetzt. Die theologischen Aussagen zu dem petrinischen Primat sind vorsichtig. Sie wollen die Gnadenordnung Gottes ebensowenig antasten, wie sie sie zu einem rigiden System von Zwang und durchsetzbarer Über- und Unterordnung verfestigen wollen: Die Apostel waren in ihrem Apostolat gleich. Petrus wurde durch einen »Gnadenvorrang« von Christus beschenkt, denn in der Kirche gilt kein Zwang, sondern nur die Gnade, die von Christus ausgeht und an die Kirche übergeht[125]. So hat der Papst, wie der Kusaner im Anschluß an die kanonistisch-theologische Tradition in deutlicher Akzentsetzung betont, keine höhere priesterliche Löse- und Bindegewalt als die anderen Priester und Bischöfe. Aber er ist sehr wohl in seiner Jurisdiktionsgewalt allen anderen überlegen und kann alle die Rechte der Dispensation und Anpassung der Gesetze an die Billigkeit ausüben, die die Dekretistik dem höchsten Bischof zugewiesen hatte.

Es ist bezeichnend, daß der Papst auch nach der Auffassung des Kusaners wohl kraft der Beauftragung durch Gott in sein Amt gelangt ist. Dies schließt aber die Vermittlung durch menschliche Wahl keineswegs aus. Denn in der Kirche, wo kein Zwang herrscht, sondern eine *libera subiectio* (freie Unterstellung) allein das Zusammenleben ermöglicht[126], ist auch die wirkliche Beauftragung Petri mit dem Primat getragen vom *consensus* der übrigen Apostel. Der Kusaner entwickelt für die ganze Kirche minuziös, mit mancherlei geschichtlichen Exkursen, diese Theorie, daß jeder Leitungsposition der Konsens der Geleiteten entsprechen muß[127]. Die genaue Bindung der göttlich gegebenen Herrschaft an den Konsens der Beherrschten läßt ihn Funktion und Stellung des Konzils – als eines Organs des Konsenses – aus diesem Verhältnis ableiten.

Hier brauchen wir nicht zu verfolgen, ob sich vielleicht schon hier, lange bevor Nikolaus von Kues 1437 die Partei der Basler konziliaren Mehrheit verließ und – von den früheren Freunden heftig gescholten – zum Sprecher und Verteidiger des Papstes Eugens IV. wurde, die Gründe für diesen Gesinnungswandel finden lassen: Das Konsenserfordernis konnte ein »abgehobenes« Konzil als Beschlußorgan mit bindender Wirkung für die Gesamtkirche gewiß problematisch erscheinen lassen. Für die politische Theorie wichtig ist die Energie, Phantasie und Ausdauer, mit der der zweiunddreißigjährige Gelehrte damals Argumente und Autoritäten für diese seine Auffassung sammelte und seinen Zeitgenossen lebhaft vor Augen stellte. Die Forderung nach Konsens ist dabei keineswegs blauäugig. Auch der Kusaner kannte 1433 die Wirklichkeit der großen Versammlungen zur Genüge. Der erreichte Konsens auf einem Konzil ist ihm ein sicheres Zeichen der stets geglaubten Mitwirkung des Heiligen Geistes[128]. Nikolaus wird nicht müde, daran zu erinnern, daß die Einmütig-

---

124 Ebd., II 18, § 156.
125 Ebd., II 34, § 250 ff.
126 Ebd., II 34, § 261.
127 Ebd., vgl. die Kapitel II 7–15.
128 Ebd., II 4, §§ 78.

keit das Zeichen ist, das Wahrheit verbürgt. Der Konsens ist daher nicht nur aus praktischen Gründen wichtig. Er entscheidet über die Verwirklichung des konziliaren Unternehmens schlechthin. Mit der Wirklichkeit des faktischen und dauernden Dissenses wollte sich der Kusaner offenbar nicht abfinden.

Das Wunder der Einheit hat Nikolaus von Kues freilich nicht überall und immer erwartet. Die Einheit kann auch durch Hilfsmittel hergestellt werden, etwa – und hier bieten sich ihm am Ende aristotelische Gedankengänge an – durch die Betonung der Unterwerfung in der *libera subiectio,* besonders dann, wenn sich die *stulti et fatui* (die Dummen und Unmündigen) den *sapientes* (den Weisen) mit dem Ziel unterwerfen, ihre eigene *conservatio* zu sichern[129]. Aber dieser aus der aristotelischen Lehre der *naturalis servitus* (der Sklaverei von Natur aus) entwickelte Gedanke war in seinem Text schon früher vorbereitet, ist jedenfalls wohl nicht erst der Marsilius-Lektüre zuzurechnen. Auch der Papst hat beim Vollzug seiner Vollmacht neben dem Konsens der Kirche den *radius formativus* Gottes nötig, den formgebenden Strahl göttlicher Ermächtigung, weil alle Gewalt von oben gegeben ist[130].

Gewiß, bei Nikolaus von Kues findet sich keine »moderne« Repräsentationsverfassung vorgedacht oder gar abgebildet. Das Paradigma der Kirche und ihre spezifische damalige Situation drängen sich stets von neuem in den Vordergrund des Denkens. Und doch wäre es ungerecht, hier nur die ideologische Verbrämung eines unbeweglichen Konservativen zu erblicken, der der Bildungsaristokratie – und das heißt: der das Konzil personell tragenden gelehrten Klerikergruppe – die Entscheidungsposition in die Hand spielt, ansonsten aber sich nur an der Erhaltung der bestehenden Zustände interessiert erweist. Ein solches Verständnis bleibt einseitig, weil es übersieht, wie im Konkordanzgedanken als Konstruktionsprinzip eben doch auch eine Verflüssigung und eine Verlebendigung der korporativ konstruierten Sozialkörper mitgedacht sind.

Im dritten Buch seiner *Konkordanz* hat der Kusaner auch das römische Reich behandelt. Damit stellt er sich einem komplexen und schwierigen Problem, da das römische Reich damals, in der ersten Hälfte des 15. Jahrhunderts, keineswegs ein »Staat« auch nur im Sinne der westeuropäischen Königreiche gewesen ist. Wegen seiner Größe und Bedeutung war es gewiß als politische Kraft nicht zu übersehen, in seiner inneren Struktur blieb es von den westeuropäischen Königreichen – dem französischen, dem englischen, den spanischen – ein gutes Stück weit entfernt. In ihm spielten sich die – die Neuzeit vorbereitenden – Verstaatungsprozesse auf zwei Ebenen ab: sehr zögerlich auf der Ebene des Reiches und der königlich/kaiserlichen Reichsregierung einerseits, und andererseits mit Verve auf der Ebene der Territorien. Im 15. Jahrhundert war noch nicht endgültig entschieden, daß bei diesem Wettlauf die Territorien am weitesten vorankommen sollten.

Nikolaus von Kues bleibt Realist, wenn er das Reich in seinen damaligen Grenzen anspricht. Er hält aber auch, wie selbstverständlich, an den alten universalen Ansprüchen des Kaisertums über die gesamte Christenheit fest, wie Dante sie über hundert Jahre zuvor auch vertreten hatte. Aus der Diskrepanz dieser seiner beiden Ansätze flüchtet sich der Kusaner – im Gegensatz zum Florentiner – aber nicht in eine globale Theorie, sondern versucht, seine Konsenstheorie als Grundlage auch von Reichsinstitutionen zu durchdenken.

129 Ebd., III Prooemium, § 271.
130 Ebd., II 19, § 168.

So stellte der Kusaner sich für das Reich die Institutionen der Herrschaft, vor allem die Rechtsprechung und die Gesetzgebung, in einem stufenförmigen Repräsentationssystem vor. Er kommt dabei zu Vorschlägen, die auf die Reichsverfassung der Zukunft und auf die Reichsreformdiskussion des ausgehenden 15. Jahrhunderts vorauszudeuten scheinen.

Nach dem kirchlichen Paradigma konstruiert er sich hier eine Wunschverfassung, die sich in ihren repräsentativen Körperschaften am Konzil und seiner Verfassung orientiert. So nehmen an den periodisch tagenden Reichsversammlungen neben den Kurfürsten (nicht aber den einzelnen Reichsfürsten) Adel, Geistlichkeit und auch die Universitäten durch Abgesandte teil. Die Reichsversammlung des Kusaners ist noch nicht die Ständeversammlung der frühen Neuzeit und unterscheidet sich vom späteren Reichstag ganz erheblich; in ihr kommt aber ein kühner, nach vorne gerichteter Entwurf zum Tragen, der aus dem konsequenten Festhalten an jenen Prinzipien erwachsen war, die der Kusaner in der Kirchenverfassung als grundlegend erkannt zu haben glaubte. Damit hat Nikolaus von Kues, obwohl er den kirchlichen Rahmen noch in der universalen Bestimmung des *imperium* wie selbstverständlich festhält, doch die Fenster in eine neue Zeit weit aufgestoßen.

10. Die Renaissance

10.1 Die allgemeinen Bedingungen

Mit dem Scheitern des Basler Konzils verstummte der Konziliarismus zwar nicht völlig; die Diskussion hatte aber doch ihren Stimulus verloren und schwang sich nur noch selten – bei dem konkreten Anlaß eines Konzilvorhabens oder besonderem individuellem Interesse – bis zu einem eigenen Traktat auf. Bedeutende theoretische Leistungen, die über die getreuliche Fortsetzung des erreichten Standes der Diskussion hinausführten, sind dabei nicht aufgetreten. Noch die deutsche Reformation und die katholische Reformbewegung werden hinsichtlich des Konzils theoretisch keine neuen Gesichtspunkte erbringen, außer vielleicht einer stark ernüchterten, wenn nicht enttäuschten Erwartung, die von einem Konzil nicht mehr ernstlich die Lösung der Schwierigkeiten erhoffen wollte. Auch sonst schien das späte Mittelalter in der politischen Theorie nach den intensiven Erörterungen der ersten Jahrhunderthälfte gleichsam erschöpft. Die weiterhin geschriebenen Traktate halten sich zum guten Teil an bewährte Muster, tragen epigonale Züge, wollen auch keineswegs durch die Originalität ihrer Thesen auffallen. Eher schon möchten sie Argumente möglichst vollständig häufen, einen zuverlässigen Fundus an Belegen zusammentragen, reichhaltige Schatzkammern zum Nachschlagen von Argumenten zur Verfügung halten.

Die Überlieferungsgeschichte gerade der dickleibigen und großformatigen Werke aus dem 14. Jahrhundert, der Schriften etwa eines Petrus de Palude, Augustinus von Ancona, Alvarus Pelagius, aber durchaus auch eines Marsilius von Padua oder Wilhelm von Ockham, zeigt einen deutlichen Höhepunkt in dieser Zeit. Auch wenn die Verfasser dieser Zusammenfassungen persönlich in enger oder engster Verbindung zu Humanistenkreisen gestanden haben, ihnen sogar persönlich zuzurechnen sind, gehören ihre Schriften nicht eigentlich zur »humanistischen« Literatur. Sie sind späte Früchte einer langen Tradition, die zwar aus ihrer Zeit verständlich gemacht werden können, selbst auch auf ihre Zeit einwirken wollten, die aber nur in sehr allgemeinem Sinn für eine Fortentwicklung der politischen Theorie in Anspruch genommen werden können.

Wir wollen uns hier auf eine Einzelbetrachtung dieser Schriften nicht einlassen. Wir können auch die politischen Traktate nicht eingehender vorstellen, die dem eigentlichen »Humanismus« zuzurechnen sind – jener Bildungsbewegung, die nach der einzig tragfähigen Begriffsklärung durch Paul Oskar Kristeller[131] besonders den Fächern Grammatik, Rhetorik, Geschichte, Dichtkunst und Moralphilosophie galt: Politik war wiederum nicht eigenständig vertreten. Auch die Humanisten haben nicht absolut mit den Traditionen ihrer scholastischen Vorläufer und Konkurrenten gebrochen. Sie haben auch keineswegs eine neue typische Gattung des politiktheoretischen Traktats entwickelt. Sie greifen auf verschiedene vorliegende Typen zurück und setzen sie fort, ohne natürlich auf ihre neue Methode – ihre unmittelbare Orientierung an den Autoren der Antike, ihre Konzentration auf das Rhetorische und die ästhetischen Valeurs der Texte, ihre ethischen Absichten – verzichten zu wollen[132].

Unter den Textgattungen, in denen der Scholastik politische Theorie wenn auch nicht selbständig, so doch bevorzugt als Aufgabe gestellt war, hatte der »Fürstenspiegel« seit Johannes von Salisbury eine gewichtige Rolle gespielt. Die italienischen Humanisten griffen auf diese Gattung in breitem Umfang zurück, kam sie doch ihren spezifisch ethisch gerichteten Absichten besonders entgegen. Schon Francesco Petrarca (gestorben 1374) hatte, am Ende seines Lebens von dem »Signore«, dem Stadtherrn Paduas, ehrenvoll aufgenommen, diesem den ersten im Vollsinne des Wortes humanistischen Fürstenspiegel als knappen Brieftraktat gewidmet. Darin hatte der Dichter, in Absehung von der Wirklichkeit der – freilich durchaus zeitüblich – harten Stadtherrschaft des Adressaten und Gönners, allein von einem Idealfürsten gehandelt. Optimistisch maß Petrarca alles mit dem Maße Ciceros: *Utilitas cum decore* (das Nützliche in Verbindung mit dem Schönen) sollte die Devise eines vorbildlichen Verhaltens sein. Der Fürst soll seiner »Menschlichkeit« *(humanitas)* folgen, dann werden alle erwünschten Wirkungen sich einstellen[133].

---

131 Am bequemsten zugänglich in Paul Oskar Kristeller, Humanismus und Renaissance, hrsg. von Eckhard Keßler/Renate Schweyen-Ott, Bd. 1, München 1974 (Neudruck München 1980), besonders S. 103ff.; vgl. auch S. 25ff.

132 Zur politischen Philosophie der Renaissance seien nur drei zusammenfassende Aufsätze genannt: Nicolai Rubinstein, Le dottrine politiche nel Rinascimento, in: Il Rinascimento, Interpretationi e problemi, Bari 1979 (Neudruck Bari 1983), S. 181–237; englisch unter dem Titel: Political Theories in the Renaissance, in: Nicolai Rubinstein, The Renaissance. Essays in Interpretation, London 1982, S. 153–200; Eckhard Keßler, Humanistische Denkelemente in der Politik der italienischen Renaissance, in: Wolfenbütteler Renaissance-Mitteilungen, 7 (1983), S. 34–43, S. 85–92; Jürgen Miethke, Rahmenbedingungen der politischen Philosophie im Italien der Renaissance, in: Quellen und Forschungen aus italienischen Archiven und Bibliotheken, 63 (1983), S. 92–124. Eine knappe Einführung gibt Wolfgang Reinhard, Vom italienischen Humanismus bis zum Vorabend der französischen Revolution, in: Hans Fenske u. a., Geschichte der politischen Ideen, Frankfurt/M. 1986[2], S. 241–267.

133 Francesco Petrarca, Rerum senilium XIV 1, jetzt etwa gedruckt (mit italienischer Übersetzung) in: Francesco Petrarca, Epistole, hrsg. von Ugo Dotti (Classici Italiani 12/2), Torino 1978, S. 760–837.

Gewiß, diese Begriffe konnten, vergleichend der Wirklichkeit vorgehalten, empfindliche Kritik bedeuten; sie konnten aber auch eine abweichende Wirklichkeit verklären helfen. Petrarca beschäftigte sich nicht eigens mit der Frage, ob der Stadtherr von Padua diesen Ansprüchen in seinem Verhalten gerecht wurde. Freilich stellt er seinem Adressaten eine lange Reihe von *viri illustres* (berühmten Männern) als Tugendexempel vor Augen, um so dem sittlichen Streben eine konkrete Anschauung zu geben. Auch damit ist eine wichtige Eigentümlichkeit humanistischer Fürstenspiegel deutlich herausgestellt. Der ideale Fürst und das ideale Staatswesen konnten in einigen Traktaten wie in einem Puzzlespiel aus lauter Wünschbarkeiten, aus lauter besten Eigenschaften zusammengesetzt werden. Platina, der römische Humanist, konnte in einer Schrift *De principe* (Über den Fürsten) die Monarchie als ideale Staatsform entwickeln, in einer anderen *De optimo cive* (Über den besten Bürger) die Republik verteidigen. Auch andere Autoren zeigen sich so ambivalent. Freilich beweist die fortbestehende republikanische Verfassung im Florenz eines Lorenzo Medici, daß auch die Staatsformen selbst damals durchaus nicht eindeutig waren und stark changieren konnten.

Der humanistische Fürstenspiegel will weniger theoretische Zusammenhänge ergründen, er will, in rhetorisch befriedigender Form, praktisch-moralische Zwecke erreichen, wobei Rhetorik für die Humanisten im Sinne Ciceros weit über eine bloße Überredungslehre hinausgreift. Hier sollte ästhetischen Ansprüchen Genüge getan, ja, es sollten ethische Forderungen erfüllt werden. Der Stil scholastischer Darlegung, aus dem mündlichen Universitätsunterricht entwickelt, konnte solchen Forderungen nicht mehr gerecht werden. Darum verzichten humanistische Traktate gerne auf die trockene technische Präzision der scholastischen Fachsprache und bemühen sich um – am Vorbild eines Cicero, eines Tacitus, eines Seneca geformte – sprachliche Eleganz. Als Argumentationsfundus mußte mehr und mehr die Geschichte, vor allem die Geschichte der klassischen Antike, herhalten, aber auch durchaus die eigene Gegenwart. Humanistische Geschichtsschreibung konnte die Galerie der vorbildlichen *viri illustres* trefflich verlängern. Geschichte konnte den Idealen eine engere Verbindung zur Realität vermitteln.

Weil die Texte der Antike so fundamental für die ganze Literatur waren, wurde nun systematisch nach diesen Quellen gegraben. Lateinische, vor allem aber auch griechische Autoren wurden aufgespürt. Mittellateinische Übersetzungen aus dem Griechischen, die einen ciceronianischen Geschmack jetzt nicht mehr zu befriedigen vermochten, wurden durch neue, zeitgemäße Übertragungen ersetzt. So geschah es auch für die *Ethica* und die *Politik* des Aristoteles, die der Florentiner Leonardo Bruni neu in die den Gelehrten überwiegend zugängliche lateinische Sprache übertrug. Andere Stücke, wie die biographischen Darstellungen des Plutarch, wurden allererst damals der gelehrten Welt durch Übersetzungen erschlossen. Und natürlich wurden diese neuen und die alten Texte auch einer intensiven sprachlichen und sachlichen Kommentierung unterzogen, mündlich an der Universität und schriftlich in mehr oder weniger dem scholastischen Kommentar verpflichteten Auslegungen.

Die humanistische Bewegung war keineswegs ein universitätsferner oder gar universitätsfeindlicher Protest gegen die Scholastik. Sie etablierte sich vielmehr meist gerade an den Universitäten, wie in Padua oder Florenz. An Universitäten lehrten zahlreiche bekannte Humanisten. Insofern änderten sich die Rahmenbedingungen für politische Theorie damals nicht sofort einschneidend. Immerhin führte bald der regelmäßige Berufsweg den Humanisten in die Kanzlei einer Kommune und ihrer Signori, oder an die Fürstenhöfe (einschließlich der päpstlichen Kurie). Die »Gelehrten Räte« Nordeuropas fanden in den klassisch gebildeten und zur Abfassung entsprechender Schriftsätze in elegantem Latein befähigten Humanisten ihr italienisches Pendant. Sie waren verantwortlich für Texte, für Briefe und feierliche Ansprachen, für Rechtspflege, Rechnungswesen und Verwaltung. Die Kirche war jetzt für sie längst nicht mehr das einzige Feld, dem sie sich widmen konnten. Sie hatten jetzt eine deutliche Alternative.

In Florenz bezeugt die berühmte Reihe humanistisch gebildeter Staatskanzler diese Karrierechance. Auch die Visconti in Mailand – und später ebendort die Sforza –, die Aragonesen in Neapel, auch kleinere Potentaten wie die Este in Ferrara, die Gonzaga in Mantua oder die Malatesta in Rimini leisteten sich humanistisch gebildete Sekretäre und Höflinge. Hoftätigkeit im weitesten Sinne wurde zum »typischen« Merkmal eines Humanisten, sofern er von seiner eigenen Tätigkeit seinen Unterhalt bestreiten mußte. Selbst in Florenz, das ideologisch so stark an die republikanische Überlieferung anknüpfte, haben dann die Medici für eine durchaus vergleichbare Situation gesorgt.

Im politiktheoretischen Schrifttum, das damals entstanden ist, geht es vorwiegend um ethische, moralphilosophische Fragen. Probleme der praktischen Lebensführung stehen im Vordergrund, auch wenn Geschichtsschreibung und Hausväterliteratur den Fürsten und seinen Hof adressieren können. Diese vielfältige und bunte Literatur enthält manche auch politisch interessanten Hinweise und Überlegungen. Wir wollen uns in sie aber hier nicht vertiefen, weil uns das zu einem breiten Rückgriff auf humanistisches Lebensgefühl und humanistische Zeiteinschätzung zwingen würde. Auch hier beschränken wir uns auf knappe Andeutungen zu dem Mann, dessen politiktheoretische Schrift die aller seiner Zeitgenossen mit Recht überstrahlt: auf Niccolò Machiavelli.

10.2 Niccolò Machiavelli

So sehr Machiavelli durch tausend Fäden mit der mittelalterlichen Tradition verbunden bleibt und keineswegs wie ein strahlender Komet urplötzlich aus weiten Fernen auftauchte, so sehr müssen wir doch auch festhalten, daß in den Schriften dieses Mannes sich die politische Theorie endgültig auf eigene Füße stellt[134]. Die Frage nach

134 Eine kritische Edition des Principe und der Discorsi des Niccolò Machiavelli existiert noch nicht. Vgl. aber etwa Niccolò Machiavelli, Opere, hrsg. von Sergio Bertelli, Bd. I, Milano 1968. Für die Briefe (Lettere) ist zu benutzen die maßgebliche Ausgabe von Franco Gaeta, zuerst 1961, nachgedruckt etwa auch in N. Machiavelli, Opere, Bd. III (Classici Italiani U.T.E.T., 28), Torino 1984. – Dt. Übersetzungen: N. Machiavelli, Der Fürst, von Hans Freyer, Stuttgart 1961, oder auch von Rudolf Zorn, Stuttgart 1955; übersetzt von Friedrich Blaschke, hrsg. von Werner Bahner, Leipzig 1987; italienisch/dt. übersetzt und hrsg. von Philipp Rippel, Stuttgart 1986; N. Machiavelli, Discorsi, Gedanken über Politik und Staatsführung, übersetzt, eingeleitet und erläutert von Rudolf Zorn, Stuttgart 1977². – Zur Biographie vgl. zuletzt etwa Alfred A. Strnad, Niccolò Machiavelli, Politik als Leidenschaft, Göttingen 1984; vorzüglich die Einführung von August Buck, Machiavelli, Darmstadt 1985 (mit zahlreichen Literaturangaben). Vgl. auch etwa Rudolf von Albertini, Das

dem Wesen des Politischen sucht hier Antworten, die nicht umsonst die Zeitgenossen und die Nachwelt beschäftigt haben. Selbst wer die Antworten, die Machiavelli gab, erbittert bekämpfte und mit Leidenschaft das Eigenrecht der politischen Erwägung gegenüber den Forderungen der Sittlichkeit ablehnen wollte, mußte darüber jetzt in neuer Weise nachdenken. Der politische Diskurs hat sich nach den langen Anläufen des Mittelalters mit Machiavelli endgültig auch gegenüber dem Altertum verselbständigt. Insofern steht Machiavelli zu Recht im allgemeinen Bewußtsein an der Schwelle zur Moderne.

Niccolò Machiavelli war Florentiner und gehörte damit jenem Staatswesen an, das eine lange Hochblüte gerade in der Zeit der Hochrenaissance erlebte. Zwar hatte sich Florenz keineswegs aus dem allgemeinen Zug der Zeit zur Stadtherrschaft einzelner heraushalten können. Die Herrschaft der Medici (1438–1494) wußte aber in dieser ersten langen Phase – anders als in den Jahren ihrer Restauration nach 1512 – wenigstens den Schein republikanischer Verfassung zu wahren.

Das Ende der Glanzperiode Florentiner Blüte war sicherlich auch heraufgeführt durch den Tod von Lorenzo il Magnifico (gestorben 1492), war aber vor allem verursacht durch den abrupten Wechsel in der außenpolitischen Szene. Mit der Intervention des französischen Königs Karl VIII. in Italien war die Zeit der Windstille für die italienischen Mittelmächte vorbei. Die starken Turbulenzen der außenpolitischen Wechselfälle vermochten unmittelbar auf die innere Verfassung der italienischen Staatswesen durchzuschlagen. Machiavelli war ein Zeitgenosse dieser Umbrüche. Er lebte in einer Zeit heftiger Veränderungen, die alle Welt, und er mit ihr, als verunsichernde Krise empfand.

Geboren wurde Machiavelli 1469 als ältester Sohn und drittes Kind eines promovierten Juristen aus alter, aber mittlerweile in beengte Verhältnisse geratener Landadelsfamilie. Der Vater Bernardo (1428–1500) war einige Zeit in Diensten der päpstlichen Finanzverwaltung tätig gewesen. Inzwischen aber war er als Anwalt in seine Vaterstadt zurückgekehrt und hatte auch mit einer verwitweten Tochter aus dem patrizischen Hause der Nelli eine gesellschaftlich angesehene Partie machen können. Er verwandte, wie er selber in seinen *ricordi* berichtet, einen großen Teil seiner Einkünfte für seine Bücherleidenschaft. Dabei kaufte er nicht etwa nur juristische Fachliteratur, sondern folgte breiten humanistischen Interessen. Seinem Sohn Niccolò ließ der bildungsbegeisterte Vater eine ordentliche Erziehung zukommen. Lateinunterricht erhielt der Knabe vom siebten Lebensjahr an. Die Universität, das *Studium* in Florenz oder gar anderwärts, hat er freilich, wohl aus Geldmangel, nicht besuchen können. Insgesamt aber hatte er eine Bildung genossen, die es ihm später erlaubte, sich sicher selber fortzubewegen, ohne daß er ein Gelehrter in den Wissenschaften seiner Zeit genannt werden könnte.

---

florentinische Staatsbewußtsein im Übergang von der Republik zum Principat, Bern 1955; Gennaro Sasso, Niccolò Machiavelli, Geschichte seines politischen Denkens, Stuttgart 1965; Quentin Skinner, Machiavelli, engl. Oxford 1981, dt. Hamburg 1988; Herfried Münkler, Machiavelli, Die Begründung des politischen Denkens der Neuzeit aus der Krise der Republik Florenz, Frankfurt/M. 1982; D. Sternberger, Drei Wurzeln der Politik (Anm. 82); Gisela Bock, Machiavelli als Geschichtsschreiber, in: Quellen und Forschungen aus italienischen Archiven und Bibliotheken, 66 (1986), S. 153–191; Nicolai Rubinstein, Machiavelli storico, in: Annali della scuola normale superiore di Pisa, classe di lettere e filosofia III 17, 3 (1987), S. 695–733.

1498 tritt Niccolò in einem Augenblick in den Dienst seiner Vaterstadt, in dem die Verhältnisse wieder einmal in heftiger Bewegung waren. In der 1494 nach der Vertreibung des ungeschickten und schwachen Piero de' Medici errichteten Florentiner Republik übte der flammend für eine allgemeine Reform der Kirche und des Lebens aller Bürger eintretende Dominikanermönch Girolamo Savonarola zwar keine offizielle Position in der Führungsspitze der Stadt aus. Aber als massenwirksamer Bußprediger verfügte er doch über einen herausragenden Einfluß. Savonarola geriet in Schwierigkeiten, wurde von seinen Gegnern entmachtet, gefangengesetzt, einem Prozeß unterworfen und hingerichtet. Machiavelli gehörte zwar am Ende dieser Zeit zu den Gegnern des auf eine christliche Republik zielenden Regimes der Savonarola-Freunde, hatte sich aber doch vor dessen Tod zum ersten Male, zunächst vergeblich, um eine Anstellung bei der Stadtverwaltung von Florenz beworben. Fünf Tage nach Savonarolas Ende wird er dann vom »Rat der Achtzig« zum neuen *Segretario della Repubblica* gewählt und mit der Leitung der *Seconda Cancelleria* beauftragt.

Diesen unerwarteten und für uns durch nichts vorbereiteten Sprung in die Zentrale der politischen Entscheidungen verdankte Machiavelli dem Umsturz. Sein Amt, in dem er sich vor allem mit den Schreib- und Verwaltungsarbeiten für die in den inneren Angelegenheiten der Stadt entscheidenden Organe der Stadtregierung zu beschäftigen hatte, nahm ihn für Jahre in Anspruch. Machiavelli wurde noch im selben Jahr 1498 zugleich auch zum Sekretär der *Dieci di Balía* ernannt, eines Zehnerausschusses, dem vor allem die Überwachung der militärischen Angelegenheiten oblag.

Mehr als vierzehn Jahre lang war Machiavelli im innersten Zirkel der politischen Entscheidungen der Republik Florenz tätig. Die Entscheidungen fällten die Gremien, denen die Sekretäre zuarbeiten mußten, aber allein die kontinuierliche Geschäftskenntnis mußte die Sekretäre den wechselnden Amtsträgern der Organe gegenüber herausheben. Später hat Machiavelli in einem Brief bekannt, er habe die fünfzehn Jahre seiner aktiven Tätigkeit im Studium der Staatskunst weder verschlafen noch verspielt. Nicht zuletzt seine politischen Schriften legen Zeugnis davon ab. Während seiner Amtsführung war er mit den amtlichen Schriftstücken seines Verantwortungsbereiches sicherlich ausgelastet. Einige Memoranden und Entwürfe bezeugen freilich bereits damals seinen Scharfblick und belegen Prinzipien seiner späteren Arbeiten.

Seine Geschäftserfahrung erweiterte der Sekretär der Zweiten Kanzlei auch durch mehrfache Reisen im Auftrag seiner Stadt zu auswärtigen Verhandlungspartnern in Italien und nördlich der Alpen. 1499 bereits reiste er nach Piombino, um mit einem dortigen Condottiere (Kriegsunternehmer) über dessen Forderungen für seine Beteiligung an der Rückeroberung von Pisa für Florenz zu unterhandeln. Machiavelli reiste im selben Jahr nach Forlì und ein Jahr später auch an den französischen Königshof. Verhandlungen in Pistoia oder Perugia, Siena oder Mantua veranlaßten ihn zu weniger weiten Reisen. Einen tiefen Eindruck machten die Begegnungen mit Cesare Borgia, dem Sohn des Borgia-Papstes Alexander VI., in Urbino und Imola; besonders über dessen Umgang mit revoltierenden Söldnerführern weiß er farbenreich nach Hause zu berichten. Rom und die päpstliche Kurie blieben Machiavelli nicht verschlossen, wo er 1503 das Konklave beobachtete – und zu beeinflussen versuchte –, aus dem Papst Julius II., der große Renaissancefürst auf Petri Stuhl, hervorging. 1508 suchte er Kaiser Maximilian I. in Tirol auf; ein Jahr später reiste er mit gleichem Ziel nach Oberitalien. Danach ist er mehrmals nach Frankreich zu Ludwig XII. gefahren. Er lernte so sehr verschiedene politische Akteure auf der damaligen Bühne persönlich kennen, konnte sein Urteil schärfen und Einsichten überprüfen.

Seine Zuständigkeit für Militärsachen hat Machiavelli zu einer politischen Haltung geführt, die er sein Leben lang beibehalten sollte. Er meinte, die Berufssoldaten – von Kriegsunternehmern geführt, vom Staatswesen angeheuert – entsprächen nicht den Erfordernissen einer starken und selbständigen Politik. Neben den Kosten machte er als seine Motive auch verfassungsrechtliche Überlegungen namhaft. Konstant ist er entgegen der militärischen Logik und den Überzeugungen der Militärtechniker für eine Bürgermiliz eingetreten, in der die Bürger selbst die kriegerische Seite ihrer eigenen Stadtpolitik erledigen sollten. Freilich blieben alle Versuche, die Machiavelli in diese Richtung hin machte, im Endergebnis doch vergeblich.

Machiavelli gehörte stets zu den Beobachtern im innersten Kreis der Entscheidungsträger, konnte durch Rat und Hilfe manches bewirken, hatte Einfluß und Verantwortung. Freilich mußte er konsequent den Zusammenbruch des Regimes, dem er angehört hatte, im Sommer 1512 mit seinem eigenen Sturz bezahlen. Die wiedererrichtete Herrschaft des zurückgekehrten Medici nahm Machiavellis Bemühungen zunächst gar nicht zur Kenntnis, sein Amt auch unter den neuen Umständen zu behalten. Am 7. November 1512 wurde er aller seiner Ämter enthoben. Ihm wurde verboten, für ein Jahr das Gebiet von Florenz zu verlassen. Eine strenge Untersuchung seines Finanzgebarens förderte zwar nichts Belastendes zu Tage; der Verdacht aber, an einer Verschwörung gegen das neue Regime beteiligt gewesen zu sein, brachte ihm Haft und Folterung ein. Bald wurde er auf sein kleines Landgut entlassen, wo er neben der Bewirtschaftung seines Betriebes nun jene Schriften verfaßte, die seinen Ruhm begründet haben.

Ins Ungewisse gestoßen, von seinen politischen Wirkungsmöglichkeiten abgeschnitten, auf eine bessere Zukunft hoffend, zog Machiavelli Bilanz. Aus seiner Erfahrung auf der Höhe der zeitgenössischen Politik und, wie er betont, in stetiger Lektüre der antiken Schriftsteller habe er seine Meinung gebildet. »Da ich nichts von den Geschäften mit Wolle, noch von denen mit Seide, nichts von Gewinn noch von Verlust verstehe, sondern einzig vom Staate mit Anstand sprechen kann, stehe ich vor der Wahl, ein Schweigegelübde abzulegen, oder über den Staat zu räsonieren« (so schreibt er am 9. April 1513 an seinen glücklicheren, mit dem neuen Regime der Medici zurechtgekommenen Freund Francesco Vettori[135]).

Auch später sollte Machiavelli, trotz fast verzweifelten Bemühungen, mit den Medici nicht mehr voll ins Reine kommen, so weit er sich auch auf sie einließ. Das Sekretariat für die Kommission, die im Auftrag des Medici-Papstes Clemens VII. die Befestigungsanlagen der Stadt ausbauen und erweitern sollte (1526), bedeutete kaum noch den Schatten seiner früheren Verantwortung. Ein Umsturz (1527), der den Medici noch einmal kurzfristig die Kontrolle über die Arnostadt entzog, führte für Machiavelli aber ebensowenig zu der sogleich wieder angestrebten Karriere. Der knapp 59 Jahre alte Machiavelli erhielt bei der Wahl zum Sekretär der Republik nur zwölf Stimmen, 555 Florentiner im Großen Rat votierten gegen ihn. Wenig mehr als

135 Niccolò Machiavelli, Lettere (Anm. 134), S. 367f., nr. 208.

eine Woche später starb Machiavelli in Florenz. In Santa Croce, der Franziskanerkirche, zu der schon sein Vater lebhafte Beziehungen unterhalten hatte, ist er begraben worden.

Was von ihm bleibt, sind seine Schriften. Eine lebhafte Forschung hat ihre Entstehung nicht exakt und in allen Einzelheiten aufhellen können. Wenn wir die Memoranden seines Kanzlei-Sekretariats beiseite lassen, hat Machiavelli offenbar 1513 mit seinen *Discorsi sopra la prima deca di Tito Livio* begonnen, lockeren Reflexionen zu den Anfängen der römischen Republik an Hand des Geschichtswerkes des Livius. In einem Zuge schrieb er den größten Teil des *Principe* in der zweiten Hälfte des Jahres 1513. 1515–1517 dann kehrte er zu den *Discorsi* (Bücher II–IV) zurück. Auch den *Principe* hat er damals (vor Oktober 1516) ergänzt, in dem der jugendliche Lorenzo Medici anstelle des ursprünglichen Adressaten, des kurze Zeit zuvor verstorbenen Onkels Giuliano, Ziel der rhetorischen Appelle Machiavellis ist.

Im Gespräch mit den klassischen Autoren sollen die Gründe politischen Erfolges geklärt werden. Dieser Zielsetzung dienen sowohl die *Discorsi* als auch der *Principe,* der eine erste Anwendung jener in der Reflexion über Livius' Römergeschichte gewonnenen Einsichten auf das Italien des beginnenden 16. Jahrhunderts genannt werden kann. Auch in der Widmung läßt der Autor keinen Zweifel über seine Absichten und seine Methoden: Als Quellen seiner Einsichten nennt er »die Erkenntnisse der Handlungen großer Männer, erfaßt mit einer langjährigen Erfahrung in heutigen Geschäften und einer fortgesetzten Lektüre über die Antike«[136]. Dabei läßt er die klassische Belesenheit den Leser nicht mit dem Bildungsprunk eines humanistischen Rhetorikers spüren. Machiavelli möchte *la verità effettuale della cosa*[137], die wirkliche Wahrheit und die wahre Wirklichkeit, erfassen, wie sie ihm aus Geschichte und Gegenwart bekannt wurde.

Der Autor selber nennt seinem Freund Vettori als Fragen, die er in seinem Buch klären will, »was das oberste politische Amt *(principato)* sei, wie viele Arten es davon gibt, wie und wann man es behält, und wie und wann man es verliert«. Der *Principe* fragt nach dem *principato,* dem Fürstenamt. Er fragt damit wie ein Fürstenspiegel, und doch will er nicht allgemeine Ideale, sondern das reale Leben schildern. Er behandelt die verschiedenen Formen fürstlicher Herrschaft und diskutiert Möglichkeiten einer angemessenen Wehrverfassung wie auch einer angemessenen Verfahrensweise des Fürsten.

Von mittelalterlichen Vorgängern unterscheidet sich der Text dadurch, daß er radikal darauf verzichtet, nach dem Ursprung oder dem teleologischen Ziel der staatlichen Organisation zu fragen. Machiavelli unterscheidet zwei Staatsformen, die Republik und die *principati,* das heißt die Monarchie[138]. Sie unterscheiden sich danach, ob sie vom Herrscher ererbt oder selbst erworben wurden, ob durch Eroberungen neuer Landesteile, mit fremden Waffen oder mit eigenen, ob auf Grund glücklicher Umstände *(fortuna)* oder auf Grund eigener Tüchtigkeit *(virtù).* Francesco Sforza wird etwa als leuchtendes Beispiel eines *principe nuovo* gewürdigt, der sein Fürstentum ganz aus sich selbst heraus errungen habe, als er 1450 den Visconti in Mailand nachfolgte, während der Zeitgenosse Machiavellis, Cesare Borgia (anders

---

136 Ders., Principe (Anm. 134), c. 1.
137 Ebd., c. 15.
138 Ebd., vgl. den ersten Satz des Traktats in c. 1.

als der Condottiere Francesco Sforza), auch stark von der Gunst der Stunde abhängig war, wie sich am Ende im Verlust seiner Herrschaft zeigen sollte[139].

Im Laufe der Untersuchung zeigt sich, daß der *principe nuovo,* der Gründerfürst, im Vordergrund des Interesses des Autors steht. Es geht Machiavelli nicht um eine emsige Klassifikation, es geht ihm um Herrschaftsbildung und Herrschaftssicherung. Zweck der Handlungen, Zweck auch der angeratenen »Heilmittel« gegen Gefahren ist immer wieder die Bewahrung des *principato.* Jedes Heilmittel soll der Fürst, wenn es nötig ist, wie in der Heilkunst möglichst früh anwenden. Später wird es sehr viel weniger anschlagen[140]. Politik ist wie die Medizin eine Erfahrungswissenschaft. Und in der Politik kommt es auf die Wirksamkeit der Maßnahmen und demnach auf die Wirkung, nicht zunächst auf die Gesinnung an, aus der sie getroffen wurden.

Hatte Machiavelli an Cesare Borgia ein Musterbeispiel eines – dann doch gescheiterten – *principe nuovo* vorgeführt[141], so zeigt er an zwei Figuren, dem antiken Agathokles von Syrakus und dem zeitgenössischen Oliverotto von Fermo, wie auch verbrecherische Mittel zur Herrschaftssicherung taugen können[142]. Beide waren gewiß keine Männer aus einer humanistischen Galerie von *viri illustres,* da sie ihre Macht *per sceleratezza* (durch Verwerflichkeit) gewannen; aber wenn sie auch keinen Ruhm erlangen und keine hervorragenden Menschen *(uomini eccelentissimi)* zu sein beanspruchen konnten, bleibt doch ihr Vorgehen jenem zu beherzigen aufgegeben, der durch Notwendigkeit dazu gezwungen wird: Notwendige Grausamkeiten sollen gleich und auf einmal begangen werden, nicht jeden Tag neu, und sie sollen auch streng auf die Herrschaftssicherung bezogen bleiben.

Mit solchen Aussagen, wie sie sich dann auch und vor allem in den Ratschlägen für das Verhalten des Fürsten gehäuft finden[143], hat Machiavelli am stärksten Eindruck auf seine Nachwelt gemacht. Noch heute versteht man umgangssprachlich in allen europäischen Kultursprachen unter »machiavellistisch« ein rein zweckrational berechnetes Verhalten tiefster Amoralität. Für Machiavelli steht zunächst die analytische Schärfe seiner Untersuchung im Vordergrund. Er will nicht das Ideal, er will die Wirklichkeit der Politik erfassen. Eigenschaften werden antithetisch durchmustert und an dem politischen Zweck der Erhaltung der Herrschaft gemessen: Freigiebigkeit – Knausrigkeit, Milde – Grausamkeit, Treue – Verrat, Menschlichkeit – Unmenschlichkeit, Frömmigkeit – Unglauben und so weiter. Entscheidend für den politischen Erfolg ist nicht der sittliche Wert, sondern die Wirkung des Verhaltens.

Politiker sollen ihre eigene Klugheit *(prudenza)* entwickeln. Die politische Einsicht soll entscheiden. Machiavelli überträgt ihr die Bedeutung, die in der aristotelischen Tradition ethischen Maximen, der sittlichen Einsicht, zukam. Die Analyse der Verhaltensweisen knüpft an traditionelle Fürstenspiegel an, will sie aber auf den politischen Zweck orientieren: So wird die alte Streitfrage, ob ein Fürst eher danach streben solle, geliebt oder gefürchtet zu werden, akzentuiert mit dem Hinweis beantwortet, es sei viel sicherer, gefürchtet zu werden als geliebt zu sein[144]. Die

139 Ebd., c. 7.
140 Ebd., c. 3.
141 Ebd., c. 7.
142 Ebd., c. 8.
143 Ebd., cc. 15–23, besonders cc. 15–19.
144 Ebd., c. 17.

Menschen sind wandelbar und veränderlich, und der Fürst hat die Erregung von Furcht stärker in der eigenen Hand als die Erzeugung der Liebe. Ähnlich bestimmt auch die Aussicht auf den Erfolg, ob ein gegebenes Wort, ein beschworener Vertrag einzuhalten ist. Es sind diese Maximen gewesen, die von Beginn an die Leser Machiavellis erregt haben.

Eine Wertung sollte sich freilich nicht mit dem oberflächlichen Urteil eines ausschließlich erfolgsorientierten amoralischen Zweckrationalismus zufrieden geben. Gewiß, Machiavelli trennt scharf zwischen politischem Handeln und moralischen Maximen sittlicher Entscheidungen eines Einzelmenschen. Er weigert sich, seinem Staatsmann allgemeine Vorschriften abstrakter Art zu machen, die niemanden sonst binden als diesen und ihn darum ins Verderben reißen können. Aber nirgendwo gibt unser Autor seine kühl kalkulierten Ratschläge nur, um den Herrscher zu Verbrechen zu bewegen. Es ist auch nicht die pure Zweck-Mittel-Relation für beliebige Ziele, die ihn beschäftigt. Er möchte die Erhaltung der politischen Herrschaft – zugeschnitten auf den, der sie ausübt, aber doch über ihn hinausreichend – sicherstellen.

Dieser starke Wille zur Selbsterhaltung vor aller Bedrohung, der schon das ganz anders akzentuierte Denken des Marsilius von Padua fast zwei Jahrhunderte zuvor bewegt hatte, ist das eigentlich »Moderne« an den Ratschlägen des Florentiner Politikers. In eine Zeit nicht nur der Krisen, sondern der Zusammenbrüche gestellt, in der außenpolitische Orientierungen, die seit Jahrzehnten eine relative Verhaltenssicherheit ermöglicht hatten, in Oberitalien schlechterdings nicht mehr trugen, in der Staatswesen geachteter Stabilität zusammenbrachen und die Invasion Frankreichs das scheinbare Gleichgewicht der Mittelmächte aus dem Lot gebracht hatte, ohne doch einen neuen verläßlichen Halt liefern zu können, war die Leidenschaft für rationale Begründung und Analyse durchaus nicht selbstverständlich. Die innere Situation der kleinen Staatswesen spiegelte das Desaster der äußeren Unsicherheit vollendet wider, wie gerade die unruhige Geschichte der Verfassungsentwicklung und der sozialen Kräfteverhältnisse in Florenz zeigen kann. Die kühle diagnostische Sonde, die Machiavelli solcher Verwirrung entgegensetzt, sucht nach den rein politischen Momenten. Der politische Diskurs hat sich bei Machiavelli zur Selbständigkeit emanzipiert.

Im *Principe* hat Machiavelli sich entschlossen, »dem kranken Italien ... das Gift der Tyrannis als Kur zu empfehlen«[145]. Das heißt aber nicht, daß er es nicht als Gift ansah, mit dem man vorsichtig umgehen müßte. In den *Discorsi* hat Machiavelli seine Maximen für eine republikanische Verfassung reflektiert, ohne zu fundamental abweichenden Ergebnissen zu gelangen. Der Mensch hat sich und seine Welt nicht in der Macht. Die *necessità,* die noch bei Ockham »nur« die äußerste Bewährung der Freiheit ermöglichte, bringt bei Machiavelli den Menschen in eine Zwangslage. *Fortuna,* die wetterwendische Göttin, die die Umstände des Handelns dirigiert, setzt den Menschen ebenso in äußerste Bedrängnis, wie sie ihm zu glückhaftem Erfolg verhelfen kann. Nur derjenige kann Dauer erreichen, der seine eigene Tüchtigkeit, seine *virtù* – die menschliche Substanz der Person –, dem entgegenzusetzen vermag. Auch dann stehen die Chancen keineswegs günstig. Der schließliche Erfolg einer

---

145 W. Reinhard (Anm. 132), S. 246.

Politik steht immer auf des Messers Schneide. Dieses Risiko durch eine Reflexion auf das politische Handeln deutlich gemacht und in seinen Schriften festgehalten zu haben, ist Machiavellis Leistung an der Schwelle zur Neuzeit.

11. Statt eines Epilogs: Der mittelalterliche Weg der politischen Theorie

Die Wege des politischen Denkens im Mittelalter waren vielfältig und verschlungen. Kein zielgerichteter Pfad führt von einem Anfang zu einem Ende. Manche Wege endeten in einer Sackgasse; andere Pfade bildeten nur scheinbar eine einzige Linie, da der neue Ansatz vom Vorgänger nicht unbedingt wußte und schon gar nicht ihn aufnehmen wollte. Politische Theorie hat auch keine selbständige Entwicklung genommen, die in der konsequenten Verfolgung eines Gedankens ihre eigene Erfüllung suchte. Politische Theorie war, jedenfalls im Mittelalter, der Versuch, die eigenen Erfahrungen bezüglich der politischen Organisation der Gesellschaft bewußt zu machen.

Politische Theorie war abhängig von diesen Erfahrungen selbst und von dem gedanklichen Instrumentarium, das man zu ihrer Erfassung und Verarbeitung zur Verfügung hatte. Die antike Überlieferung hat immer wieder mittelalterliche Bemühungen gespeist. Augustin, Aristoteles, Pseudodionysius Areopagita, Platon, auch die Juristen des Römischen Rechts und die Kirchenväter gaben ihre Stichworte. Wie diese aber aufgenommen wurden, das entschied sich im Mittelalter selbst. An dieser allgemeinen Sachlage wird sich auch in der Neuzeit grundsätzlich nichts ändern. Auch hier vermitteln Traditionen – zu denen dann auch die mittelalterlichen Traditionen gehören – Anregungen, nehmen aber den Menschen nicht ihre Aufgabe, sich in ihrer Welt – in diesem Fall der Welt ihrer politischen Organisation – zurechtzufinden.

Hier haben wir versucht, dies an einigen Beispielen der Zeit zwischen dem 5. und dem 16. Jahrhundert etwas eingehender zu verfolgen. Dabei kam es mehr auf einen exemplarischen Griff als auf die Vollständigkeit der gegebenen Antworten an. Wie immer wir die Abfolge mittelalterlicher Entwürfe in ihrer Gesamtheit bewerten wollen, wir werden »den« Weg der mittelalterlichen Theorie nicht abgelöst von dem Weg der mittelalterlichen Politik sehen können. Wenn wir das Stichwort »Säkularisierung« zum kennzeichnenden Charakteristikum der mittelalterlichen Entwicklung machen wollen, dürfen wir nicht übersehen, daß auch im alltäglichen Leben eine Säkularisierung Platz griff, daß die Kirche ihre Unterscheidung des Heiligen vom Profanen immer deutlicher konzentrieren mußte. Insofern folgt die politische Theorie mit dem wachsenden Anteil nichttheologischer Elemente und »natürlicher« Begründungen der politischen Organisation dem Zuge einer allgemeinen Entwicklung. Ähnliches gilt von den Schlagworten der »Rationalisierung«, »Differenzierung« und dergleichen. Nur eine allgemeine Reflexion auf die Gesamtgeschichte des Mittelalters aber könnte die Tragfähigkeit und die Grenzen solcher Konzepte erwägen.

Literaturhinweise

1. *Texte (Ausgaben und Übersetzungen)*

Aegidius Romanus, De regimine principum, hrsg. von Hieronymus Samaritanus, Roma 1607/ Neudruck Aalen 1967.

Aegidius Romanus, Tractatus de ecclesiastica potestate, hrsg. von Richard Scholz, Leipzig 1929, Neudruck Aalen 1961; englische Übersetzung von R. W. Dyson, Giles of Rome on Ecclesiastical Power, Woodbridge/Suffolk 1986.

Alexander von Roes, Schriften, hrsg. v. Herbert Grundmann/Hermann Heimpel (Monumenta Germaniae Historica, Staatsschriften I/1), Stuttgart 1958; lateinischer Text mit dt. Übersetzung, hrsg. u. übersetzt von Herbert Grundmann/Hermann Heimpel, Die Schriften des Alexander von Roes (Monumenta Germaniae Historica, Deutsches Mittelalter, 4), Hannover 1949.

Atto von Vercelli, Attonis qui fertur Polipticum quod appellatur perpendiculum, hrsg. von Georg Goetz, in: Abhandlungen der Sächsischen Akademie der Wissenschaften, Philosophisch-historische Klasse 37, 2 (Leipzig 1922).

Dante Alighieri, Monarchia, hrsg. von Pier Giorgio Ricci (Edizione Nazionale 5, o. O. 1965); lateinisch/dt. Studienausgabe mit Übersetzung und Kommentar von Ruedi Imbach/Christoph Flüeler (Reclam nr. 8531), Stuttgart 1989.

Johannes Quidort von Paris, Über königliche und päpstliche Gewalt (De regia potestate et papali), hrsg. und übersetzt von Fritz Bleienstein, Stuttgart 1969 (vgl. aber etwa die Rezension von Jürgen Miethke in: Francia, 3 [1975], S. 799–803).

Johannes von Salisbury, Policraticus, hrsg. von C.C.J. Webb: Ioannis Saresberiensis episcopi Carnotensis Policratici sive de nugis curialium et vestigiis philosophorum libri VIII, Bd. 1–2, Oxford 1909 (Neudruck Frankfurt/M. 1965); Teilübersetzungen ins Englische von John Dickinson, New York 1927; und von Murray F. Markland, New York 1979.

Juan de Torquemada, Summa de ecclesia, Venedig 1562.

Machiavelli, Niccolò, Il principe, und Discorsi sopra la prima deca di Tito Livio, in: Machiavelli, Opere, hrsg. von Sergio Bertelli, I, Milano 1968; dt. Übersetzungen: Der Fürst, übersetzt von Hans Freyer (Stuttgart 1961); übersetzt von Friedrich Blaschke (Leipzig 1987), italienisch/dt., hrsg. und übersetzt von Philipp Rippel (Stuttgart 1986); oder übersetzt von Rudolf Zorn (Stuttgart 1955); Discorsi, Gedanken über Politik und Staatsführung, übers. von Rudolf Zorn (Stuttgart 1977^{2}); Machiavelli, Niccolò, Lettere, hrsg. von Franco Gaeta in: Machiavelli, Opere, Bd. 3 (Classici Italiani U.T.E.T., 28), Torino 1984.

Manegold von Lautenbach, Ad Gebehardum Liber, hrsg. von Konrad Francke, in: Monumenta Germaniae Historica, Libelli de lite I, Hannover 1891, S. 300–430.

Marsilius von Padua, Defensor pacis, hrsg. von Richard Scholz (Monumenta Germaniae Historica, Fontes iuris germanici antiqui 7), Hannover 1932–1933; hrsg. und übersetzt von Horst Kusch/Walter Kunzmann, Berlin 1958; Auswahl aus dieser Übersetzung, mit einem Vorwort von Heinz Rausch (Reclam nr. 7964/66), Stuttgart 1971.

Nicolaus von Kues, Concordantia catholica, hrsg. von Gerhard Kallen (in der Heidelberger Ausgabe der Opera omnia, Bd. XIV), Neubearbeitung, Hamburg 1959–1968.

Normannischer Anonymus, hrsg. von Karl Pellens, Die Texte des Normannischen Anonymus, Wiesbaden 1966; (vgl. aber die Rezension von Walter Ullmann in: Historische Zeitschrift, 206 [1968], S. 696–703); Faksimile der Handschrift: Karl Pellens/Ruth Nineham, Der Codex 415 des Corpus-Christi-College Cambridge, Faksimile-Ausgabe, Wiesbaden 1977.

Guillelmus de Ockham, Opera politica, Bd. 1^{2}, 2, 3, hrsg. von Hilary Seton Offler, Manchester 1974^{2}, 1956, 1963.

Guillelmus de Ockham, Breviloquium, hrsg. von Richard Scholz, Wilhelm von Ockham und sein »Breviloquium de principatu tyrannico« (Schriften der Monumenta Germaniae Historica, 6), Leipzig 1944 u. ö.

Guillelmus de Ockham, De imperatorum et pontificum potestate, hrsg. von Richard Scholz,

in: Unbekannte kirchenpolitische Streitschriften aus der Zeit Ludwigs des Bayern, Bd. 2, Rom 1914 (Neudruck Torino 1971), S. 453–480.
GUILLELMUS DE OCKHAM, Dialogus, bei Johannes Trechsel, Lyon 1496, Neudruck London 1962.
FRANCESCO PETRARCA, Epistole, hrsg. von Ugo Dotti (Classici Italiani U.T.E.T. 12/2), Torino 1978.
SMARAGD VON ST. MIHIEL, Via regia, gedruckt in: Jacques Paul Migne, Patrologia, series Latina, Bd. 102, Paris 1857, col. 931–970.
THOMAS VON AQUIN, De regno ad regem Cypri (= De regimine principum), hrsg. von Hyacinthe F. Dondaine, in: Sancti Thomae de Aquino Opera omnia iussu Leonis XIII pontificis maximi edita, vol. XLII, Rom 1979, S. 421–471.

2. *Allgemeine Darstellungen*

BERGES, WILHELM, Die Fürstenspiegel des hohen und späten Mittelalters, Leipzig 1938.
BURNS, JAMES H. (Hrsg.), The Cambridge History of Medieval Political Thought, c. 350–c. 1450, Cambridge 1988.
FIRPO, LUIGI (Hrsg.), Storia delle idee politiche, economiche e sociali, vol. II, tomo 2: Il medioevo, a cura di Ovidio Capitani, Mario delle Piane, Paolo Delogu, Francesco Gabrieli, Raoul Manselli, Bruno Paradisi, Agostino Pertusi, Giovanni Tabacco, Sofia Vanni Rovighi, Cesare Vasoli, Torino 1983.
FLASCH, KURT, Das philosophische Denken im Mittelalter. Von Augustin zu Machiavelli, Stuttgart 1986.
GIERKE, OTTO VON, Das deutsche Genossenschaftsrecht, Bd. III, Die Staats- und Korporationslehre des Alterthums und des Mittelalters und ihre Aufnahme in Deutschland, Berlin 1881, Neudruck Graz 1954.
HOFMANN, HASSO, Repräsentation. Studien zur Wort- und Begriffsgeschichte von der Antike bis ins 19. Jahrhundert, Berlin 1974.
KANTOROWICZ, ERNST HARTWIG, The King's Two Bodies. A Study in Medieval Political Theology, New York 1957 u. ö. (dt.: München 1990).
KÖLMEL, WILHELM, Regimen christianum, Weg und Ergebnisse des Gewaltenverhältnisses und des Gewaltenverständnisses (8. bis 14. Jahrhundert), Berlin 1970.
LAGARDE, GEORGES DE, La naissance de l'esprit laïque au déclin du moyen âge, t. I–VI (1933–1946), édition réfondue, t. I–V, Louvain-Paris 1953, 1955, 1970, 1962, 1963.
MERTENS, DIETER, Geschichte der politischen Ideen im Mittelalter, in: Hans Fenske/Dieter Mertens/Wolfgang Reinhard/Karl Rosen, Geschichte der politischen Ideen, Von Homer bis zur Gegenwart, Frankfurt/M. 1987², S. 141–238, S. 587–596.
MIETHKE, JÜRGEN, Politische Theorien vom 5. bis 15. Jahrhundert, in: Guttorm Fløistad/ RAYMOND KLIBANSKY (Hrsg.), Contemporary Philosophy, A new survey, vol. VI: Philosophy and Science in the Middle Ages, Dordrecht-Boston-London 1990, S. 837–882 [Bibliographie für 1956–1987].
DERS./BÜHLER, ARNOLD, Kaiser und Papst im Konflikt. Zum Verhältnis von Staat und Kirche im späten Mittelalter, Düsseldorf 1988.
MORRALL, JOHN B., Political Thought in Medieval Times, London 1958, 1971³.
QUARITSCH, HELMUT, Staat und Souveränität, Bd. I: Die Grundlagen, Frankfurt 1970.
SMALLEY, BERYL (Hrsg.), Trends in Medieval Political Thought, Oxford 1968.
STRUVE, TILMAN, Die Entwicklung der organologischen Staatsauffassung im Mittelalter, Stuttgart 1978.
STÜRNER, WOLFGANG, Peccatum und potestas. Der Sündenfall und die Entstehung der herrscherlichen Gewalt im mittelalterlichen Staatsdenken, Sigmaringen 1987.
TOUCHARD, JEAN (in Zusammenarbeit mit L. Bodin, u. a.), Histoire des idées politiques, vol. I, Des origines au XVIIᵉ siècle, Paris 1959, 1971².
ULLMANN, WALTER, A History of Political Thought. The Middle Ages, Harmondsworth 1965 u. ö.

Ders., The Growth of Papal Government in the Middle Ages. A study in the ideological relation of clerical to the lay power, London 1955, 1970[3]; dt.: Die Machtstellung des Papsttums im Mittelalter, Idee und Geschichte, Graz 1960.

Walther, Helmuth G., Imperiales Königtum, Konziliarismus und Volkssouveränität, Studien zu den Grenzen des mittelalterlichen Souveränitätsgedankens, München 1976.

Wilks, Michael, The Problem of Sovereignty in the Later Middle Ages. The Papal Monarchy with Augustinus Triumphus and the Publicists, Cambridge 1963.

3. *Weiterführende Literatur*

Alberigo, Giuseppe, Chiesa conciliare, Identità e significato del conciliarismo, Brescia 1981.

Albertini, Rudolf von, Das florentinische Staatsbewußtsein im Übergang von der Republik zum Principat, Bern 1955.

Anton, Hans-Hubert, Fürstenspiegel und Herrscherethos in der Karolingerzeit, Köln 1968.

Ders., Fürstenspiegel, in: Lexikon des Mittelalters, Bd. III/5 (1988), Sp. 1040–1049.

Babbitt, Susan M., Oresme's »Livre de Politiques« and the France of Charles V., in: Transactions of the American Philosophical Society, n. s. 75, 1, Philadelphia 1985.

Barisch, Gerhard, Lupold von Bebenburg. Zum Verhältnis von politischer Praxis, politischer Theorie und angewandter Politik, in: 113. Bericht des Historischen Vereins Bamberg 1977, S. 219–432.

Bielefeldt, Heiner, Von der päpstlichen Universalherrschaft zur autonomen Bürgerrepublik, Aegidius Romanus, Johannes Quidort von Paris, Dante Alighieri und Marsilius von Padua im Vergleich, in: Zeitschrift für Rechtsgeschichte, Germanistische Abteilung, 73 (1987), S. 70–130.

Black, Antony J., Monarchy and Community. Political Ideas in the Later Conciliar Controversy 1430–1450, Cambridge 1970.

Buck, August, Machiavelli, Darmstadt 1985.

Canning, Joseph, The Political Thought of Baldus de Ubaldis, Cambridge 1987.

Daly, Lowrie John, S.J., The Political Theory of John Wycliff, Chicago 1962.

Dolcini, Carlo, Crisi di potere e politologia in crisi. Da Sinibaldo Fieschi a Guglielmo d'Ockham, Bologna 1988.

Gewirth, Alan, Marsilius of Padua, The Defender of Peace, vol. I: Marsilius of Padua and Medieval Political Philosophy (Records of Civilization 46/1, 1951).

Ders., John of Jandun and the Defensor pacis, in: Speculum, 23 (1948), S. 267–272.

Heinz-Mohr, Gerd, Unitas Christiana, Studien zur Gesellschaftsidee des Nikolaus von Kues, Trier 1958.

Hudson, Anne, The Premature Reformation, Wycliffite Texts and Lollard History, Oxford 1988.

Kenny, Anthony, Wyclif, Oxford 1985.

Kerner, Max, Johannes von Salisbury und die logische Struktur seines Policraticus, Wiesbaden 1977.

Kölmel, Wilhelm, Wilhelm Ockham und seine kirchenpolitischen Schriften, Essen 1962.

McGrade, Arthur Stephan, The Political Thought of William of Ockham, Personal and Institutional Principles, Cambridge 1974.

Marsilio da Padova, Convegno internazionale (Padova, 18–20 sett. 1980), in: Medioevo, Rivista di storia della filosofia medievale, 5–6 (1979–1980).

Maurer, Karl, Philosophie domesticus et predicans iustitiam. Das politische Selbstverständnis des Dichters Dante, in: Lebenslehren und Weltentwürfe im Übergang vom Mittelalter zur Neuzeit, Politik – Bildung – Naturkunde – Theologie, hrsg. von Hartmut Boockmann/Bernd Moeller/Karl Stackmann (Abhandlungen der Akademie der Wissenschaften in Göttingen, Philologisch-historische Klasse III 179), Göttingen 1989, S. 9–51.

Miethke, Jürgen, Ockhams Weg zur Sozialphilosophie, Berlin 1969.

DERS., Historischer Prozeß und zeitgenössisches Bewußtsein. Die Theorie des monarchischen Papats im hohen und späteren Mittelalter, in: Historische Zeitschrift, 226 (1978), S. 564–599.
DERS., Die Rolle der Bettelorden im Umbruch der politischen Theorie an der Wende zum 14. Jahrhundert, in: Stellung und Wirksamkeit der Bettelorden in der städtischen Gesellschaft, hrsg. von Kaspar Elm, Berlin 1981, S. 119–153.
DERS., Die Traktate De potestate papae – ein Typus politiktheoretischer Literatur im späteren Mittelalter, in: Les genres, littéraires dans les sources théologiques et philosophiques médiévales, hrsg. von Robert Bultot/Léopold Génicot, Louvain 1982, S. 198–211.
DERS., Marsilius von Padua, die politische Philosophie eines lateinischen Aristotelikers des 14. Jahrhunderts, in: Lebenslehren und Weltentwürfe im Übergang vom Mittelalter zur Neuzeit, Politik – Bildung – Naturkunde – Theologie, hrsg. von Hartmut Boockmann/Bernd Moeller/Karl Stackmann (Abhandlungen der Akademie der Wissenschaften in Göttingen, Philologisch-historische Klasse III 179), Göttingen 1989, S. 52–76.
MOOS, PETER VON, Geschichte als Topik. Das historische Exemplum von der Antike zur Neuzeit und die »historiae« im »Policraticus« Johanns von Salisbury, St. Ottilien 1988.
NARDI, BRUNO, Nel mondo di Dante, Rom 1944.
DERS., Saggi di filosofia dantesca, Firenze 1967.
PELLENS, KARL, Das Kirchendenken des Normannischen Anonymus, Wiesbaden 1973.
PIAIA, GREGORIO, Marsilio da Padova nella riforma e nella controriforma. Fortuna e interpretazione, Padova 1977.
PINCIN, CARLO, Marsilio, Torino 1967.
QUILLET, JEANNINE, La philosophie politique de Marsile de Padoue, Paris 1970.
RUBINSTEIN, NICOLAI, Le dottrine politiche nel Rinascimento. In: Il Rinascimento, Interpretazioni e problemi, Bari 1979 (Neudruck Bari 1983), S. 181–237. Englische Fassung: Political Theories in the Renaissance, in: The Renaissance, Essays in Interpretation, London 1982, S. 153–200.
DERS., Marsilius of Padua and Italian Political Thought of His Time, in: Europe in the Later Middle Ages, hrsg. von J.R. Hale/J.R.L. Highfield/B. Smalley, London 1965 u. ö., S. 44–75.
SASSO, GENNARO, Niccolò Machiavelli, Geschichte seines politischen Denkens, Stuttgart 1965.
SCHOLZ, RICHARD, Die Publistik zur Zeit Philipps des Schönen und Bonifaz VIII., Stuttgart 1903 (Neudruck Amsterdam 1969).
SIGMUND, PAUL E., Nicholas of Cusa and Medieval Political Thought, Cambridge 1963.
STEENBERGHEN, FERNAND VAN, Die Philosophie im 13. Jahrhundert, München 1977.
STERNBERGER, DOLF, Die Stadt und das Reich in der Verfassungslehre des Marsilius von Padua in: Sitzungsberichte der Wissenschaftlichen Gesellschaft an der Johann Wolfgang Goethe-Universität Frankfurt/M. 18, 3, Stuttgart 1981, S. 87–147, abgedruckt in: Dolf Sternberger, Die Stadt als Urbild, Frankfurt/M. 1984, S. 76–142.
STRNAD, ALFRED A., Niccolò Machiavelli, Politik als Leidenschaft, Göttingen 1984.
TIERNEY, BRIAN, Foundations of the Conciliar Theory. The Contribution of the Medieval Canonists from Gratian to the Great Schism, Cambridge 1955 (Neudruck 1968).
DERS., Religion, Law and the Growth of Constitutional Thought 1150–1650, Cambridge 1982.
WATANABE, MORIMICHI, The Political Ideas of Nicholas of Cusa, with special reference to his De concordantia catholica, Genf 1963.
WEMPLE, SUZANNE FONAY, Atto of Vercelli. Church, State and Christian Society in Tenth Century Italy, Rom 1979 (überarbeitete PhD-Thesis, Columbia University, New York 1965).

Alexander Schwan

Politische Theorien des Rationalismus und der Aufklärung

1. Die geistige und politische Signatur der frühen Neuzeit

1.1 Religion und Vernunft

Die Epoche von der Mitte des 16. Jahrhunderts bis zum Ende des 18. Jahrhunderts – also etwa vom Augsburger Religionsfrieden 1555 bis zum Jahrzehnt der Französischen Revolution (1789–1799) – ist geistesgeschichtlich die Epoche einer Dominanz des Rationalismus und der Aufklärung, politisch die Epoche der Vorherrschaft absolutistischer Staatsgewalt, künstlerisch die Epoche des Barock und des Rokoko. Diese Epoche, die wir abgekürzt als »frühe Neuzeit« klassifizieren, ist eine Zeit fundamentalen geistigen und politischen Wandels in Europa. Die Verlaufsformen dieses Wandels sind höchst differenziert und kompliziert. So unterschiedlich sie sich aber auch im einzelnen darbieten mögen, so deutlich spiegelt sich in ihnen doch das einheitliche Grundgeschehen, daß in dieser Epoche die christliche Religion ihre Geltung für die philosophische Bestimmung und die geistige Deutung der Welt und des Menschen mehr und mehr einbüßt.

Das Bewußtsein des Mittelalters und die normsetzenden Prinzipien alles – noch so divergierenden, spannungsreichen – Handelns im Mittelalter waren einheitlich getragen vom Glauben an die Offenbarung Gottes in seiner Schöpfung (Natur) und in der menschlichen Geschichte, kulminierend in Menschwerdung, Kreuz und Auferstehung des Gottessohnes Jesus Christus. Mit der Heraufkunft der Neuzeit verschwindet dieser Glaube zwar keineswegs aus der europäischen Welt. Vielmehr gewinnt er mit der Reformation zunächst (und auch später immer wieder) eine neue individuelle, allerdings damit auch sehr subjektive Intensität und eine neuartige offenere, allerdings damit auch prekäre institutionelle Form. Die christliche Religion – in ihren nun sich entwickelnden verschiedenen, weitgehend als gegensätzlich begriffenen und tatsächlich oft erbittert gegeneinander streitenden Konfessionen – schickt sich in dieser Epoche gerade an, im Zuge der Entdeckung und Kolonisierung anderer Erdteile durch die dominierenden europäischen Mächte (erst Spanien und Portugal, dann die Niederlande, Frankreich und England) missionarisch über die europäische Welt hinauszugreifen.

Doch mit dem Makel und der zersetzenden Wirkung der konfessionellen Spaltung belastet und bis zum Dreißigjährigen Krieg (1618–1648) in religiös bestimmte Bürgerkriege verstrickt, hört der christliche Glaube auf, das wirklich tragende, alles beherrschende und durchstimmende Fundament, das konstitutive und verbindliche Richtmaß des Denkens und des Handelns zu sein. Diese Entwicklung vollzieht sich erst im

Bereich der europäischen Philosophie, dann der Einzelwissenschaften, zumal der in den Vordergrund tretenden Naturwissenschaften, schließlich auch in weiteren Wissens- und Lebensbereichen, mehr und mehr in der Kunst und der Dichtung, etwas später in der Musik, nicht zuletzt in der Politik. Mit der Französischen Revolution verliert die Religion dann auch ihre offizielle, bis dahin noch immer privilegierte Stellung als geistig-politische Legitimations- und Sanktionsmacht für das staatliche Leben; sie wird mit den alten politischen Mächten entthront – nicht ohne im 19. und 20. Jahrhundert immer wieder beträchtliche Kräfte geistiger Erneuerung, politischer Gestaltungskraft und lebenspraktischer Orientierungsleistung zu entwickeln. Die geistige Welt und die politische Kultur im Ganzen aber sind seit dem Ende des 18. Jahrhunderts nicht mehr christlich geprägt. Der dahin führende religiöse Auflösungsprozeß kennzeichnet schon die frühe Neuzeit.

In der Epoche der frühen Neuzeit wird der Mensch als das Wesen der Vernunft – das die Dinge, die Welt, das Sein im Ganzen und sich selbst vernimmt, ergründet, theoretisch erkennt und praktisch ergreift – frei auf sich gestellt. Die menschliche Vernunft empfängt ihr Gesetz – das Gesetz ihres Wissens, Lebens und Handelns – nicht mehr primär aus einer durch den Glauben gesicherten Einstellung zur Welt. Sie wird aus der bislang geordneten Welt ganz auf sich zurückgeworfen: Da die Vernunft die jenseitige, zuvor im Offenbarungsglauben erfaßte Welt in Frage stellt, wirft auch die dadurch bisher miterschlossene diesseitige Welt neuartige Probleme des Erklärens und Verstehens auf[1]. Es muß deshalb das bedrängende geistige, aber ganz und gar auch lebenspraktische Problem entstehen, wie der Mensch nun der Welt und seines Standes in ihr überhaupt noch sicher zu sein vermag.

Bei Martin Luther (1483–1546) äußerte sich die geistige und lebenspraktische Grundfrage noch in der religiösen Fassung, wie er – dieser Mensch Luther in seiner individuellen Subjektivität, darüber hinaus aber ganz allgemein jeder Christ, ja jeder Mensch – einen gnädigen Gott bekommen könne, um dadurch aller Welt- und Heilsungewißheit enthoben zu werden. Alsbald tritt jedoch die philosophische Problemstellung auf den Plan, wie der Mensch in rationaler Reflexion, in eigenständigem, allein auf seine Vernunft gestelltem Denken sich der Welt und seiner selbst vergewissern könne, um so seines eigenen Ortes im Ganzen sicher zu werden. Die seit der Antike thematisierte philosophische Grundfrage nach der Wahrheit des Seins, der Dinge und des Menschen erhält jetzt die Form der Frage nach ihrer Gewißheit für das Subjekt, d. h. für den sie vorstellenden, vor sich hinstellenden und auf sich beziehenden Menschen als das erkennende, das rationale Wesen. Mit der so gewendeten Fragestellung wird der neuzeitliche philosophische Rationalismus begründet, der als geistiger Grundansatz auch noch alle Strömungen eines (problematischerweise so genannten) »Empirismus«, etwa bei Francis Bacon (1561–1626), John Locke (1632–1704) oder David Hume (1711–1776), bestimmend prägt. Die grundlegende Entfaltung dieser Fragestellung erfolgt durch René Descartes (1596–1650), der damit zum eigentlichen Begründer der neuzeitlichen Philosophie und ihres Rationalismus wird.

1 Vgl. dazu Hannah Arendt, Vita activa oder Vom tätigen Leben. Stuttgart 1960, S. 312; Hans Blumenberg, Säkularisierung und Selbstbehauptung. Erw. u. überarb. Neuausgabe von »Die Legitimität der Neuzeit«, I. u. II. Teil, Frankfurt/M. 1974, S. 15.

1.2 Die Begründung des Rationalismus durch René Descartes

Für das philosophische Denken Descartes' ist das Sein zunächst das Ungewisse und Zweifelhafte *(dubium)*, und es geht darum, es als Gewisses, Unbezweifelbares vor sich zu bringen, festzustellen und festzuhalten, um es anerkennen zu können: anzuerkennen vor dem Gerichtshof der menschlichen Vernunft. Deshalb wird der Zweifel an allem zum methodischen Prinzip, das so lange gilt, bis das *fundamentum absolutum inconcussum veritatis* (das absolute unbezweifelbare Fundament der Wahrheit) gefunden ist, auf das sich alle Gewißheit gründen läßt. Descartes findet es im *cogitare*, das »Denken« in einem weiten Sinne meint: Es stellt das Seiende im Betrachten und Handeln vor den Menschen hin und macht es für ihn präsent und verfügbar. In diesem Vorgang der *perceptio* (des Begreifens) ist die menschliche Vernunft sich selbst präsent. Sie unterscheidet sich als *res cogitans* (denkende Sache) von den *res extensae* (ausgedehnten Dingen) der körperlichen Natur und begreift sich so als bei sich seiende, auf sich reflektierende, sich selbst erfassende und bestimmende, weil sich gegen anderes absetzende Subjektivität.

Das *ego cogito* (ich denke) kann zum absoluten, unbezweifelbaren Fundament der Wahrheit werden, weil in allem Ungewissen und Zweifelhaften der Dinge, der Welt und des Seins, worauf sich meine Vorstellungen beziehen, doch unzweifelhaft gewiß ist und bleibt, *daß* ich denke und Vorstellungen aufbringe. Die letzte evidente Gewißheit beruht auf meiner konstitutiven Tätigkeit des Vorstellens und ihrer ebenso konstitutiven Unterschiedenheit vom Vorgestellten. Die Gewißheit der Tätigkeit des Vorstellens wird grundlegend für die Gewißheit meines Seins: *ego cogito, ego existo; je pense, donc je suis;* ich denke, also bin ich. Wenn das Denken sich in klaren und genauen Vorstellungen nach methodischen Regeln artikuliert, dann bürgt seine Gewißheit zugleich für die Gewißheit, d. h. Richtigkeit der Inhalte dieser Vorstellungen – also der jetzt so begriffenen Wahrheit der Dinge, der Welt und des Seins. Das sich selbst erkennende Denken ist deshalb die ihrer selbst und des Seienden gewisse, alle Gewißheit selbst erst aufbringende Subjektivität[2].

Mit diesem Ansatz – und erst mit ihm – ist eine Revolution im Verständnis von Welt und Mensch gegenüber dem Mittelalter (und übrigens nicht minder gegenüber der Antike) vollzogen, die uns berechtigt, von neuzeitlicher Philosophie und neuzeitlichem Rationalismus im strikten Sinne zu reden. Die Wahrheit der Welt wird jetzt nicht mehr verstanden als die Unverborgenheit des Kosmos (Antike) oder als gegründet in der Offenbarung Gottes (biblisches Christentum) – also als Geschehen, die der Mensch empfängt, sofern er für sie aufnahmebereit ist. Sondern Wahrheit ist seit Descartes die Gewißheit, die sich der Mensch selbst von einer Sache, den Dingen und der Welt im Ganzen verschafft. Indem aber Wahrheit so verstanden wird, macht sich

---

2 Vgl. dazu die zweite der Meditationes de prima philosophia von 1641, in: René Descartes, Meditationen über die Erste Philosophie, hrsg. von Gerhardt Schmidt, Stuttgart 1971, und das 4. Kapitel des Discours de la méthode von 1637, in: ders., Abhandlung über die Methode des richtigen Vernunftgebrauchs und der wissenschaftlichen Wahrheitsforschung, hrsg. von Hermann Glockner, Stuttgart 1982. – Im Unterschied zu den breiter erörterten und interpretierten Autoren wird bei jenen Theoretikern, die hier nur kurz geschildert werden können, zumeist auf Einzelhinweise verzichtet. In diesen Fällen handelt es sich um überblicksartige, zusammenfassende Darstellungen des jeweiligen Gesamt- oder Hauptwerkes.

der Mensch zum *sub-iectum,* dem alles übrige Seiende in der Welt und die Welt im Ganzen entgegenkommt und gegenübergestellt (eben vor-gestellt) ist als *ob-jectum.* Das heißt: »Der Mensch wird zu jenem Seienden, auf das sich alles Seiende in der Art seines Seins und seiner Wahrheit gründet. Der Mensch wird zur Bezugsmitte des Seienden als solchen. Das ist aber nur möglich, wenn die Auffassung des Seienden im Ganzen sich wandelt.«[3]

Martin Heidegger hat diesen geschichtlichen Vorgang als das Bilden von Welt durch das Subjekt, das zur maßsetzenden Perspektive, zum Blickpunkt für die Objektivität der Welt wird, bezeichnet, so daß man erst in der Neuzeit im strengen Wortverständnis von einem »Weltbild« sprechen könne[4]. Arno Baruzzi sieht damit zugleich die Tendenz verbunden, auch einem festumrissenen »Menschenbild« Geltung zu verschaffen[5]. Es geht um die Selbstbehauptung des Menschen in der Welt und seine Herrschaft über sie, eine anthropozentrische Grundeinstellung, die zur geistigen Bedingung für die Entwicklung der neuzeitlichen Wissenschaft und Technik und ihr Ausgreifen auf immer neue Lebensgebiete, in alle Seinsbereiche, auf alle Erdteile und über die Erde hinaus geworden ist.

Dazu muß die Natur – die außermenschliche, aber auch die des Menschen selbst – in ihren Gesetzen aufgedeckt und freigelegt werden, um durch solche Erkenntnis in ihren Abläufen beherrschbar und verfügbar zu sein. Die Untersuchungen und Entdeckungen von Nikolaus Kopernikus (1473–1543), Giordano Bruno (1548–1600), Galileo Galilei (1564–1642), Johannes Kepler (1571–1630), Isaac Newton (1643–1727), Gottfried Wilhelm Leibniz (1646–1716) und vieler anderer, die hier nicht behandelt werden können, führen im Laufe von zwei Jahrhunderten zu einer vollständigen Revolutionierung des naturwissenschaftlichen Weltverständnisses. Einerseits rückt dabei die vom Menschen bewohnte Erde aus dem Zentrum, das sie bisher eingenommen hatte; mit ihr wird der Mensch in die ungewisse Weite des Universums gleichsam hinausgeschleudert, er wird ortlos. Zugleich aber erweist er sich als der einzig noch verbleibende maßgebliche Bezugspunkt, von dem aus die Verhältnisse des Universums methodisch-systematisch zu betrachten, in ihrer Gesetzmäßigkeit zu erfassen und ihres zunächst übermächtig erscheinenden Geheimnischarakters Schritt für Schritt zu entkleiden sind.

Der Mensch mit seiner Vernunft und Erkenntnisfähigkeit als *sub-iectum,* als zugrundegelegtes Maß für alle objektiven Vorstellungen und deren Sachhaltigkeit, tritt somit als das neuzeitliche Wesen der Subjektivität hervor. Ihm begegnet die Natur im wesentlichen als die große, nach festen Regeln ablaufende Maschine oder Uhr, die er verständig zu bedienen hat und der er sich seinerseits zu bedienen, die er für seine Lebensinteressen einzusetzen vermag. Dem entspricht im Bereich des juristischen und politischen Denkens die Begründung und Ausgestaltung frühneuzeitlichen Naturrechts, so etwa bei Hugo Grotius (1583–1645), Thomas Hobbes (1588–1679), John Locke oder Samuel Pufendorf (1632–1694), auf die wir später zurückkommen. Das Naturrechtsdenken sucht aus Gesetzmäßigkeiten oder Regelhaftigkeiten eines vorausgesetzten Naturzustandes die Entwicklung der individuellen

3 Martin Heidegger, Holzwege, Frankfurt/M. 1950, S. 81.
4 Vgl. ebd., S. 69ff. (Die Zeit des Weltbildes).
5 Vgl. Arno Baruzzi, Europäisches »Menschenbild« und das Grundgesetz für die Bundesrepublik Deutschland, Freiburg-München 1979, S. 9ff.

und sozialen Geschichte des Menschen schlüssig abzuleiten. Es will aus der rationalen Einsicht in einen solchen Ableitungszusammenhang Rechtsnormen und Ordnungsgestalten theoretisch begründen, praktisch beeinflussen und technisch beherrschen. Auch darin waltet die Grundtendenz auf Bemächtigung der Natur durch den Menschen als das Wesen der maßsetzenden Subjektivität.

Allerdings muß nun doch nachdrücklich betont werden, daß die von Descartes vollzogene Grundlegung einer Philosophie der Subjektivität noch gemäßigt wird durch ein konstitutives Bewußtsein von der Endlichkeit des Menschen. Der Mensch ist noch nicht wie im 19. Jahrhundert bei Ludwig Feuerbach und Karl Marx als das »höchste Wesen für den Menschen«[6], sondern durchaus als Geschöpf Gottes begriffen. Gott bleibt das höchste Seiende, jedoch nicht weil er der unbewegte Beweger des Kosmos (Aristoteles) oder der Herr der Geschichte (Augustinus) wäre, sondern weil er als unendlicher Weltgrund, der den Bezug der Subjektivität des Menschen zur Objektivität der Dinge und der Welt verbürgt, dem Denken am meisten und absolut gewiß sein kann.

Hierfür ist die Grundgewißheit des *ego cogito* maßsetzend: Ich erfahre mich (und denke mich in der anfänglichen Weltungewißheit ausdrücklich) als endlich und unvollkommen, ich denke ineins damit notwendig die Idee eines unendlichen und vollkommenen Wesens, das ich Gott nenne; daher muß Gott als dieses Wesen existieren. Dann aber kann er mich nicht täuschen wollen, so daß meinen Vorstellungen, sofern ich sie nur methodisch klar und distinkt vollziehe, die Gewißheit objektiver Richtigkeit im Erfassen der Außenwelt (der *res extensae*) sicher ist. Gott ist so der Grund der Welt, aber in der Anerkennung dieser seiner Funktion wird auch er noch abhängig gemacht von der konstitutiven Subjektivität des endlichen Menschen. »Die Freiheit des Denkens, welches sich zum cogito freimacht bzw. zur Selbstbildung und Selbstgestaltung, nimmt ihr Augenmaß an Gott selbst. Indem der Mensch zu solchem Tun würdig ist, erfährt er von sich seinen höchsten Wert. Indem es gottgegeben ist, nimmt er vielleicht Gott nichts; aber er braucht ihm auch nichts mehr zu geben, er schuldet ihm nichts mehr.«[7]

Damit wird die Grundlage für jenen frühneuzeitlichen (und aufklärerischen) Deismus geschaffen, der Gott zwar noch als Welturheber sieht, ihm aber im Unterschied zum christlichen Theismus keinen unmittelbaren Einfluß auf die Entwicklung der Natur und insbesondere auf die Geschichte der Menschheit – so vor allem durch sein Offenbarungshandeln – mehr einräumt. Da folglich auch die Anerkennung des erlösenden Heilswerkes Jesu Christi als des menschgewordenen Gottessohnes entfällt, läßt sich der Deismus mit christlicher Theologie nicht vereinbaren. Es beginnt so eine folgenschwere allmähliche Abkehr vom Christentum, allerdings entgegen den persönlichen Intentionen von Descartes.

Die erste Konsequenz zieht Baruch de Spinoza (1632–1677), wenn er Gott nicht mehr als den weltjenseitigen Herrn der Schöpfung und Geschichte, sondern als das der Schöpfung immanente logische Gesetz begreift. *Deus sive natura:* Gott ist als das die Welt Umgreifende in das System der Welt selbst eingeordnet; der Mensch kann sich dann nicht mehr transzendierend zu Gott erheben[8]. Nach Gottfried Wilhelm

---

6 Vgl. dazu Marx-Engels, Werke, Berlin (Ost), Bd. I, S. 385 (Karl Marx, Zur Kritik der Hegelschen Rechtsphilosophie. Einleitung).
7 Arno Baruzzi (Anm. 5), S. 11.
8 Vgl. dazu Walter Schulz, Der Gott der neuzeitlichen Metaphysik, Pfullingen 1957, S. 67.

Leibniz ist Gott in dem vollendeten und konfliktfreien System seiner Schöpfung, der Welt einer prästabilierten Harmonie, allgegenwärtig, aber nicht so, daß er an dieser Welt noch etwas zu ändern vermöchte, sondern derart, daß er selbst an ihr Sein und ihre Gesetzhaftigkeit gebunden ist, so daß sie fortan im Grunde ohne ihn zu bestehen vermag. Für Immanuel Kant (1724–1804) ist Gott schließlich nur noch ein zwar notwendiges, jedoch jeder Beweisbarkeit entzogenes Postulat der theoretischen und praktischen Vernunft, gleichsam der Grenzwert der Unendlichkeit für die endliche, aber erkenntnis- wie handlungsautonome Subjektivität des Menschen.

1.3 Der Humanismus der Aufklärungsphilosophie

In der Aufklärungsphilosophie erweitert sich die von Descartes grundgelegte Freiheit des Denkens zur Mündigkeit des Individuums in und gegenüber der Gesellschaft, zur Befreiung von allen nicht subjektiv eingesehenen und akzeptierten Autoritäten, die Fremdbestimmung für das Individuum bedeuten, somit zur geistigen und politischen Selbstbestimmung und Selbstgesetzgebung der menschlichen Vernunft. Die anthropozentrische Grundtendenz der Neuzeit erfährt hier eine Verschärfung, weil der Mensch nun als Wesen der Autonomie begriffen wird: Er wird mächtig über sich selbst, sofern es ihm gelingt, das Gesetz seines Lebens und Handelns sich selbst zu geben, und zwar mit allgemein-menschlicher, in diesem Sinne sittlicher Verbindlichkeit. Das wird rigoros in Kants Sittenlehre des *Kategorischen Imperativs* formuliert[9], kommt – in jeweils modifizierter Weise – aber auch bei den Protagonisten der politischen Aufklärungsphilosophie zur Geltung: bei John Locke, Charles de Montesquieu (1689–1755) und Jean-Jacques Rousseau (1712–1778).

In der allgemeinverbindlichen Selbstgesetzgebung der sittlichen Vernunft beruht nach Kant die Würde des Menschen, die jedem Individuum zukommt und in jedem Individuum unbedingt zu achten ist. Von der in der Aufklärungsphilosophie aus der christlichen Tradition wieder aufgegriffenen, nun mit dem Signum eines absoluten Wertes versehenen und mit dem Charakter unabdingbarer Verpflichtung ausgestatteten Auffassung von der Würde der Person leitet sich sodann das Postulat wesenhafter, unaufhebbarer Menschenrechte ab. Es gelangt mit der Französischen Revolution zur politischen Wirksamkeit.

Diese entschiedene Reaktivierung, Präzisierung und Verbindlichmachung des Gedankens der Menschenwürde und die theoretische Vorbereitung der Erklärung der Menschen- und Bürgerrechte sind zweifellos dem fundamentalen Humanismus der Aufklärung zu verdanken. Ohne dessen Leistung wären Menschenwürde und Menschenrechte – nach langen, schweren Auseinandersetzungen im 18. und 19. Jahrhundert – auch nicht wieder zu den zentralen Topoi der christlichen Anthropologie geworden, wie sie es heute sind. Sind Menschenwürde und Menschenrechte auch biblisch begründbar, so hat das gesamte christliche Mittelalter sie dennoch verkannt. Es bedurfte der neuzeitlichen Philosophie und namentlich der Aufklärung, um sie als

9 Immanuel Kant, Kritik der praktischen Vernunft, in: ders., Werke, hrsg. von Wilhelm Weischedel, Frankfurt/M. 1956ff., Bd. VII sowie ders., Grundlegung zur Metaphysik der Sitten, in: ebd.

ursprüngliche Errungenschaften des christlichen Denkens und Handelns erneut bewußt werden zu lassen.

Das Geltendmachen der Menschenwürde und der Menschenrechte im Namen von Freiheit und Autonomie des Menschen durch die Aufklärungsphilosophie verbindet sich integral mit der Forderung nach religiöser, weltanschaulicher und politischer Toleranz, besonders bei Locke und Gotthold Ephraim Lessing (1729–1781), aber auch bei Kant sowie in problematischer, weil dezidiert religionsfeindlicher und antikirchlicher Zuspitzung bei Voltaire (François Marie Arouet, 1694–1778): Jeder Mensch in seiner unverwechselbaren persönlichen Würde ist letztlich eigenverantwortlich auch für sein Verhältnis zu Religion, Wahrheit und Gott. Keinem ist die Wahrheit absolut gegeben; deshalb gibt es immer nur das Bemühen um einen Anteil an der Wahrheit, in dem jedes Individuum und jede Religion zu respektieren ist, so daß zu den elementaren menschlichen Freiheitsrechten die Religionsfreiheit zentral hinzugehört.

Schon im Humanismus der Aufklärung entsteht – vor allem bei den französischen Enzyklopädisten, bei Lessing und Kant – die geschichtsphilosophische Perspektive einer fortschreitenden Entwicklung des Menschengeschlechts zu immer stärker ausgebildeter freier, sittlicher Menschlichkeit. Darin beruht im Kern das sogenannte Humanitätsideal, das dann im Umkreis der deutschen Klassik zum zentralen Thema erhoben wird, so vor allem in den »Briefen zur Beförderung der Humanität« von Johann Gottfried Herder (1744–1803) wie in den Briefen »Über die ästhetische Erziehung des Menschen« Friedrich Schillers (1759–1805). Seine philosophische Ausgestaltung mündet in den Neuhumanismus Wilhelm von Humboldts (1767–1835). Namentlich bei Herder und noch entschiedener bei Humboldt spitzen sich dieser Humanismus und sein Humanitätsideal auf ein Interesse an der Bildung der individuellen Persönlichkeit als solcher zu, die sich zu voll entfalteter, edler, harmonischer Menschlichkeit zu entwickeln hat. Dabei soll der Mensch sich ganz und gar auf sich konzentrieren, weder Über- noch Außermensch sein: »nur aber Mensch soll er sein; in allen Gliedern des Geschlechts soll *Menschlichkeit (Humanität)* anerkannt werden, wirken und leben. Dies Ziel liegt so wenig außer seiner Sphäre, daß es vielmehr *seine Art,* das *Gesetz seiner Natur* ist, auf welches Vernunft, Wille, Bedürfnis ihn hinweisen, selbst Neigungen und Leidenschaften ihn ziehen müssen, oder die äußerste Not wird ihn dahin beugen.«[10]

Gegenüber der heteronom bestimmten Theologie oder der Wissenschaft von der außermenschlichen Natur interessiert hier zentral und nahezu ausschließlich die Natur des Menschen, also Anthropologie: die Anthropologie einer »selbstdenkenden Philosophie«. Die Natur des Menschen aber ist Kunst: Herausarbeitung der als spezielle Anlagen in jedem Individuum liegenden Kräfte zur voll ausgeformten Energie durch Erziehung. Gelingt dies, dann ist die gebildete, je unverwechselbare Persönlichkeit geschaffen, jede eine *Monade* für sich, aber in der *prästabilierten Harmonie* des Ideals reiner positiver Menschlichkeit aufbewahrt, zu dem alle Individuen im Kern ihres Wesens streben können und sollen (so im Anschluß an Leibniz).

Familie und Staat kommt dann die Aufgabe zu, die Bildung der Humanität zu ermöglichen und zu fördern. Zwar ist jedes Individuum an seine Zeit, seine Nation,

---

10 Johann Gottfried Herder, Briefe zur Beförderung der Humanität, 2 Bde., Berlin-Weimar 1971, 2. Sammlung, Nr. 30 (Über den Charakter der Menschheit).

seine Gesellschaft gebunden, aber diese geschichtlichen Elemente haben nur den Sinn, gerade die Eigentümlichkeit und Einzigartigkeit seiner Individualität deutlich zu machen und entfalten zu helfen. Der Staat kann einerseits nur äußerer liberaler Schutzstaat sein, gewinnt zugleich jedoch eine – prinzipiell subsidiäre, faktisch aber einschneidende – Erziehungsfunktion. Staatliche Erziehung hat die Aufgabe der Bildung als Unterstützung der Selbstbildung der Persönlichkeit. Was sie zu diesem Zwecke vermitteln soll, ist primär die Bildungswelt der Antike, die als geschichtliches Paradigma für eine auf der Persönlichkeit aufbauende Kultur überhaupt eingeschätzt wird. Deshalb knüpft der Neuhumanismus auch an den klassischen Humanismus der Renaissance und dessen große Wiedergeburt der Antike an und führt in diesem Zusammenhang den Begriff »Humanismus« überhaupt erst ein. Für die gesamte frühe Neuzeit, verstärkt für die Aufklärung und programmatisch für den Neuhumanismus ist die Antike die geistige Gegenkraft gegen das zu überwindende Mittelalter. Erst in der Romantik wird diese Grundeinstellung revidiert.

1.4 Die politische Dominanz des Absolutismus und die Heraufkunft der bürgerlichen Kultur

Mit den letzten Ausführungen über die spätesten Repräsentanten und einige Folgen der Aufklärungsphilosophie haben wir den Bereich berührt, der für uns der zentrale ist und uns deshalb in den folgenden Abschnitten detaillierter zu beschäftigen haben wird: den Bereich der politischen Theorien. Es bleibt für unseren einführenden Blick auf die geistigen Grundlagen der politischen Theorien von Rationalismus und Aufklärung noch festzuhalten, daß die vorrevolutionäre Aufklärungsphilosophie in ihrem Grundcharakter eine oppositionelle intellektuelle Haltung gegen die herrschenden politischen und sozialen Zustände ihrer Zeit, nämlich gegen den monarchischen Absolutismus und das ständische Feudalsystem darstellt (auch wenn die einzelnen Repräsentanten diese Haltung persönlich sehr unterschiedlich zum Ausdruck gebracht haben). Das gilt zumindest für Frankreich und überwiegend auch für Großbritannien, nur sehr eingeschränkt jedoch für Deutschland, wobei ins Gewicht fällt, daß der preußische König Friedrich II. (Regierungszeit 1740–1786) und der habsburgische Kaiser Joseph II. (Regierungszeit 1765–1790) durch ihren gemilderten und reformbewußten »aufgeklärten Absolutismus« oppositionellen Bestrebungen den Stachel zu nehmen wußten.

Die der Aufklärungsphilosophie vorausgehenden politischen Theorien – gerade auch die rationalistischen – zeigen sich dagegen in ihrer Stellung zu den vorherrschenden Mächten der Epoche insgesamt vieldeutiger. Sie haben sich teilweise auf die Seite des heraufkommenden Absolutismus gestellt, ja diesen geistig und politisch rechtfertigen helfen, so die beiden bedeutendsten Repräsentanten einer rationalistischen Staatsphilosophie: Jean Bodin (1529–1596) und Thomas Hobbes. Ihnen stehen andere Theoretiker gegenüber, die eher auf der Seite der Verteidigung ständischer Rechte und Freiheiten zu finden sind, wie die sogenannten Monarchomachen und – in unterschiedlich deutlicher Form – Johannes Althusius (1557–1638), Hugo Grotius, John Milton (1608–1674) oder Baruch de Spinoza. In welcher Position aber auch immer, sie entfalten ihr politisches Denken allesamt in Relation zum staatlichen, primär monarchischen Absolutismus.

Der Absolutismus ist die politische Signatur der gesamten Zeit, die wir in diesem Kapitel zu behandeln haben. Er entwickelt sich allmählich in der zweiten Hälfte des 16. Jahrhunderts, zuerst in Spanien und Frankreich, dann auch in Deutschland sowie in den skandinavischen Königreichen (Dänemark und Schweden). Beherrschende Geltung gewinnt er im 17. Jahrhundert und in der ersten Hälfte des 18. Jahrhunderts und erfährt seine exemplarische, vielfach nachgeahmte Ausprägung in Frankreich durch Kardinal Richelieu (1585–1642, seit 1624 erster Staatsminister) und Ludwig XIV. (Regierungszeit 1643–1715). Danach gerät er angesichts der ökonomisch immer mehr erstarkenden bürgerlichen Kräfte – sowie insbesondere auch der Freiheitsbestrebungen der nordamerikanischen Kolonien, die sich 1776 für unabhängig erklären – in eine Krise, die schließlich 1789 in Frankreich offen ausbricht.

Mit der absolutistischen Herrschaft sind die endgültige (im Spätmittelalter bereits einsetzende) Ablösung des Personalverbandes und die Etablierung des Territorialprinzips verbunden. In Westeuropa führt dies zur Stärkung der Nationalstaaten, während in Deutschland und Italien umgekehrt die territoriale Zersplitterung dadurch noch gefördert wird: Die Stellung des Kaisers wird gegenüber den absolutistischen Landesfürsten immer schwächer; er kann seine Funktion fast nur noch in dem Maße wahrnehmen, wie er durch seine eigene habsburgische Territorialmacht politischen Einfluß zu nehmen vermag. Im 18. Jahrhundert handelt Österreich dann schon gänzlich als selbständige Großmacht neben anderen europäischen Mächten, in deren Kreis das friderizianische Preußen seit den Schlesischen Kriegen (1740–1742, 1744/1745) und dem Siebenjährigen Krieg (1756–1763) als zweiter großer unabhängiger deutscher Staat zu treten beginnt. Im Jahre 1806 wird das Reich (sehr verspätet) formell aufgelöst; der vormals römische und deutsche Kaiser aus dem Hause Habsburg nennt sich fortan konsequentermaßen Kaiser von Österreich.

Der also teils nationalstaatliche, teils landesherrliche Absolutismus bringt allenthalben eine starke Ausdehnung der Staatstätigkeit nach innen und außen mit sich. Nach außen geht es um das Geltendmachen von Prestige und Einfluß, immer wieder aber auch um die Erweiterung des eigenen territorialen Besitzes. Zur Unterstützung dieser Bestrebungen werden in den meisten, insbesondere den größeren Staaten stehende Heere aufgebaut. Im Innern werden zentrale Verwaltungsinstanzen etabliert, die mehr und mehr für die kontinuierliche Beobachtung und Regelung des Rechts- und Wirtschaftslebens verantwortlich sind. Der Absolutismus führt in den meisten Ländern dank eines fortschreitenden Abbaus ständischer Privilegien zur Vereinheitlichung des Rechtswesens im Interesse einer – vor der Revolution allerdings stets nur begrenzten, teilweisen, vielfach durchbrochenen – Gleichbehandlung der Bürger.

Die in den Hauptstädten oder an den nun festen Residenzsitzen sich ausbildende Verwaltung versucht zugleich, das staatliche Wirtschaftsleben im Interesse der allgemeinen Wohlfahrt, vornehmlich aber auch zur Bereicherung der Landesfürsten anzukurbeln und nach außen abzusichern. Mit dem Absolutismus verbindet sich zunehmend die Wirtschaftsform eines staatsdirigistischen und schutzzöllnerischen Merkantilismus, der Bedeutendes für die Förderung der Infrastruktur der einzelnen Staaten und Territorien geleistet hat (Straßen- und Kanalbauten, Manufakturen, Landwirtschaft usw.), so unhaltbar er sich im späteren 18. und im 19. Jahrhundert unter weltwirtschaftlichen Gesichtspunkten auch erwies. Warum verbünden sich rationalistische Theorien, die in einer Philosophie der Subjektivität wurzeln, mit dem

Absolutismus? Inwiefern können gerade sie zu Begründungs- und Legitimationsstrategien für absolutistische Herrschaftsformen werden? Ohne der Darstellung ihrer gedanklichen Entfaltung vorgreifen zu wollen, ist an dieser Stelle darauf hinzuweisen, daß sie auf die große Kirchenspaltung und die aus ihr folgenden mannigfachen kriegerischen Auseinandersetzungen in der ersten Hälfte des 16. Jahrhunderts antworten. In Deutschland finden die religiös motivierten tiefgreifenden Fehden mit der Verkündung des Grundsatzes *cuius regio eius religio* durch den – genauer nach dem – Augsburger Reichstag von 1555 eine erstmals versuchte Form der Schlichtung, die freilich weitere Kriege in der Folgezeit bis hin zum großen Dreißigjährigen Krieg (1618–1648) keineswegs ausgeschlossen hat. Hier wird die konfessionelle Zugehörigkeit eines Territoriums im Heiligen Römischen Reich deutscher Nation von der Entscheidung des Landesherrn abhängig gemacht. Dies verleiht den Territorialfürsten die Kompetenz, über die innerste Lebensorientierung der Landesbewohner zu befinden, die damit im strikten Sinne zu Untertanen werden. Die geistig-politisch nun schlechthin dominierende Stellung des Landesherrn wird noch dadurch verstärkt, daß der lutherische Protestantismus (in Ermangelung einer eigenen hierarchischen Autorität) ihm den Rang des *summus episcopus* für das jeweilige Territorium zuerkennen muß. Der Landesherr entscheidet folglich über Glauben und Heil der Untertanen, die sich zu fügen haben, andernfalls das Land verlassen müssen.

Diese Regelung hat auf dem Boden des Reiches die Herausbildung absolutistischer Herrschaft fördern helfen. Die Rechts- und Staatstheorie reagiert teils durch Verteidigung der ständischen Rechte und Freiheiten (Althusius), teils durch Vermittlungsversuche (Grotius), teils durch Parteinahme für einen allerdings gemäßigten Absolutismus (Pufendorf). In Frankreich ist die Situation eine andere: Hier beherrschen heftige und blutige Bürgerkriege zwischen der Fronde eines religiös und politisch militanten Calvinismus und dem majoritären Katholizismus, verfochten auch durch den König, noch die zweite Hälfte des 16. Jahrhunderts. Sie kulminieren in der schrecklichen Bartholomäusnacht des 24. August 1572, in der der (zur versöhnenden Hochzeit des hugenottischen Königs Heinrich von Navarra mit Margarete von Valois, der Schwester des französischen Königs Karl IX.) in Paris versammelte protestantische Adel im Auftrag der Königinmutter Katharina von Medici und unter breiter Beteiligung der Stadtbevölkerung heimtückisch niedergemetzelt wird. Kurz darauf werden in ganz Frankreich bis zu 10000 Hugenotten umgebracht. Erst durch die Politik des katholisch gewordenen Heinrich von Navarra als französischen Königs (Heinrich IV., Regierungszeit 1589–1610) und das von ihm erlassene Edikt von Nantes (1598) tritt eine zeitweilige Beruhigung ein.

Für Jean Bodin und die ihm geistesverwandte Gruppe der *Politiques* (der »Politiker«) bedeuteten diese Geschehnisse, insbesondere die Bartholomäusnacht, eine prägende Erfahrung. Die Zersetzung aller Ordnungen durch die religiös bestimmten Fehden konnte in ihrer Sicht nur durch die Begründung einer souveränen Staatsgewalt mit absoluter herrscherlicher Befugnis zur Herstellung des Friedens aufgehoben werden. Der staatliche und monarchische Absolutismus schien daher einem zwingenden Gebot der Vernunft zu entsprechen. Ebenso – noch schärfer – zeigt sich dieser Zusammenhang ein weiteres halbes Jahrhundert später für Thomas Hobbes. Seine radikal rationalistisch begründete Staatstheorie ist ebenfalls die Antwort auf den Leben, Ordnung und Wohlfahrt zutiefst bedrohenden Bürgerkrieg (seit 1640) zwischen den puritanischen Republikanern unter Oliver Cromwell (1599–1658, seit 1649

Haupt des Staatsrates, seit 1653 Lordprotektor) und den monarchistischen, teils staatskirchlich-anglikanischen, teils katholischen Parteiungen und Kräften.

Wenn Bodins und Hobbes' rationalistische Philosophien in eine absolutistische Staatslehre münden, so findet in der Etablierung der herausgehobenen, omnipotenten Ordnungsmacht der Staatsspitze zugleich die frühneuzeitlich gedachte vernünftige, für die Erkenntnis der Welt und das Handeln in der Welt konstitutive Subjektivität ihre erste signifikante, geschichtsmächtige Gestalt. Hier – in der politischen Manifestation – wird die neue Subjektivität also noch nicht auf die Individualität jedes Menschen bezogen, d. h. auf jeden Menschen als Individuum. Es genügt, daß sie sich in einzelnen höchsten oder in einem höchsten Repräsentanten symbolisch und zugleich handlungsanleitend ausprägt.

Erst die Aufklärungsphilosophie geht konsequent zur Gleichsetzung der vernünftigen Subjektivität mit der Individualität jedes Menschen als eines vernunftbestimmten und -fähigen Wesens über. Sie folgt damit der neuerlichen Erfahrung, die ihre Vertreter zum Teil am eigenen Leibe zu machen hatten, daß alle noch so rational begründete absolute Staatsautorität weder eine verläßliche neue Ordnung noch gar die neue, d. h. die neuzeitlich intendierte Freiheit des Denkens zu gewährleisten vermochte. Im Gegenteil: Die philosophischen und politischen Auffassungen so unterschiedlicher Theoretiker wie Locke, Montesquieu und Rousseau – um wiederum nur die wichtigsten zu nennen, denen wir in unserer Darstellung breiten Raum widmen müssen – entwickeln sich aus der Kritik an dem im Laufe des 17. Jahrhunderts fortschreitend etablierten staatlichen Machtapparat und seinen wiederholten geistigen und politischen Einschüchterungs- und Unterdrückungsversuchen (Zensur von Schriften, Inhaftierung oppositioneller Literaten, Zwang zum Exil), die bis ins 18. Jahrhundert, namentlich in Frankreich, andauern.

In Großbritannien wird mit der unblutigen *Glorious Revolution* von 1688/89 dieser Absolutismus und Despotismus zum ersten Mal in einem großen europäischen Staat in die Schranken gewiesen, ja schließlich beseitigt. John Locke war an der Vorbereitung dieser Entwicklung maßgeblich beteiligt; für spätere Aufklärungsphilosophen wie namentlich Montesquieu und Voltaire wurde England daraufhin zum bewunderten (teilweise auch fehlinterpretierten) politischen Vorbild. Die Aufklärungsphilosophie zeitigte aber erst mit der Amerikanischen und der Französischen Revolution die wirklich tiefgreifenden politischen Folgen. Diese Revolutionen veränderten die westliche Welt von Grund auf, ja sie begründeten diese im engeren politischen Verständnis erst eigentlich, indem sie einer liberalen, bürgerlichen Kultur den Weg bahnten. Die Kultur des Bürgertums hat ihre geistigen Grundlagen im frühneuzeitlichen Rationalismus und eindeutiger noch in der Aufklärungsphilosophie. Sie bildete zugleich den schärfsten Gegensatz zu jenem Absolutismus aus, den die rationalistische Staatstheorie in einigen ihrer herausragenden Repräsentanten gefördert hatte, die Aufklärungsphilosophie in ihren vornehmlichen Wortführern aber entschieden bestritt.

Wir haben in den folgenden Abschnitten die hier überblicksartig nur angedeuteten Zusammenhänge im einzelnen genauer darzustellen. Dabei werden wir uns auf die zuletzt mehrfach genannten großen Theoretiker der Politik, auf Jean Bodin, Thomas Hobbes, John Locke, Charles de Montesquieu, Jean-Jacques Rousseau und dazu auf Immanuel Kant schwergewichtig konzentrieren, um an ihnen die wichtigsten Gehalte und Strukturen der jeweiligen politischen Philosophie demonstrieren zu können.

Andere Theoretiker können demgegenüber aus Raumgründen diesen hauptsächlichen, geschichtlich bestimmenden politischen Philosophien nur als Vertreter teils verwandter, teils gegensätzlicher Positionen zugeordnet und selbst nur knapp behandelt werden, so gedanklich bedeutsam sie auch sein mögen. Dies gilt etwa für die ebenfalls schon genannten Johannes Althusius, Hugo Grotius, John Milton, Baruch de Spinoza, Samuel Pufendorf, David Hume oder für Adam Smith (1723–1790) und Edmund Burke (1729–1797) oder die »Väter« der amerikanischen Verfassung von 1787/88. Nur hinweisen können wir hier darauf, daß die politischen Philosophien des Rationalismus und der Aufklärung während der ganzen Dauer ihrer Dominanz nicht nur von religiösen Gegenströmungen (wie insbesondere dem katholischen Jansenismus und dem protestantischen Pietismus), sondern auf dem Boden der Philosophie selbst immer wieder auch bestritten wurden, so etwa grundlegend und am eindrucksvollsten von Michel de Montaigne (1533–1592), Blaise Pascal (1623–1662) und Giambattista Vico (1668–1744).

2. Jean Bodins Souveränitätstheorie und ihre Bestreitung

2.1 Bodin

Den ersten systematischen Schritt zur theoretischen Fundierung des Absolutismus in der frühen Neuzeit tut der französische Jurist und Staatsdenker Jean Bodin (Johannes Bodinus) mit seinem großen Werk *Les six livres de la République* von 1576, dem er zehn Jahre später eine teilweise veränderte, in manchen Aussagen verschärfte lateinische Ausgabe (*De re publica libri six*) hinzufügt[11]. Bodin entfaltet in diesem Werk methodisch die Lehre von der absoluten Souveränität des Staates und befindet sich damit in der Mitte der historischen Wegstrecke von Niccolò Machiavellis Theorie der Staatsräson zu Thomas Hobbes' Legitimation der absoluten Staatsgewalt.

Bodins Lehre stellt den ersten konzentrierten Versuch dar, den modernen Nationalstaat durch eine streng rationale Begründung seiner Souveränität nach außen und innen theoretisch zu sichern. Charakteristisch für den frühneuzeitlichen Rationalismus, dem Bodin sich geistig schon weitgehend verpflichtet zeigt, ist dabei die Strenge des Denkens, die angewendet werden soll, um aus Voraussetzungen und Definitionen, die im Interesse der Unterstützung des souveränen Nationalstaates gegeben werden, schlüssige Folgerungen zu ziehen. Sein Wissenschaftsideal, das logisches Schlußfolgern aus gesetzmäßigen Prinzipien und systematisches Ordnen von geschichtlichen Erfahrungen zu verbinden trachtet, hat Bodin in einem Frühwerk *Methodus ad facilem historiarum cognitionem* (1566) formuliert; er hat damit bereits die methodischen Perspektiven für seine politische Philosophie angegeben.

Der Antrieb zu beidem und die darin – ähnlich wie später bei René Descartes – herrschende Grundtendenz, größtmögliche Sicherheit der Orientierung durch unbezweifelbare Gewißheit des Wissens und systematische Sicherung seiner Befunde zu

11 Jean Bodin, Les six livres de la République, Paris 1583 (Neudruck Aalen 1961); dt. Über den Staat, hrsg. von Gottfried Niedhart, Stuttgart 1975.

gewinnen, resultieren aus der Erfahrung der konfessionellen Bürgerkriege, die Frankreichs Geschicke in der zweiten Hälfte des 16. Jahrhunderts beherrschen. Bodin, 1529 (oder 1530) in Angers als Sohn eines Schneidermeisters geboren, erst Karmeliter, seit 1560 Jurist in Paris, tritt im Gefolge des Kanzlers Michel de l'Hôpital (1503–1573) in verschiedenen Deputiertenfunktionen für die Befriedung der schweren religiösen Fehden und für Toleranz ein. Er steht damit der Gruppe der *Politiques* nahe, die zunächst kritisch von ihren Gegnern so genannt werden, weil sie den politischen Frieden und das Staatsinteresse über die Belange der Religion stellen; sie rechnen sich allmählich diesen Namen ganz bewußt selbst zu. Jean Bodin wird ihr weitaus bedeutendster Vordenker.

In der Bartholomäusnacht (1572) befindet sich Bodin, weil fälschlich für einen Hugenotten gehalten, plötzlich in akuter Lebensgefahr. Auch danach gerät er, so sehr er prinzipiell den König unterstützt, konkret immer wieder bedrohlich zwischen die verschiedenen Fronten. Als Deputierter des Dritten Standes auf der Versammlung der Generalstände in Blois 1576 kommt er dann auch in direkten Gegensatz zur scharf antihugenottischen Militär- und Steuerpolitik Heinrichs III. Sein im selben Jahr erscheinendes großes Werk erzielt weite Resonanz, aber er muß sich aus der Politik, weil ohne Erfolgsaussichten, zurückziehen. Als Heinrich von Navarra 1589 französischer König wird (Heinrich IV., 1594 gekrönt, bis 1610), finden die Lehren und manche in ihnen enthaltenen praktischen Ratschläge stärkere Beachtung und partielle Anwendung, vor allem mit dem Toleranzedikt von Nantes (1598), das die Hugenottenkriege beendet. Dies aber geschieht erst nach Bodins Tod. Jean Bodin stirbt einsam und einflußlos im Jahre 1596. Sein großes politikphilosophisches Werk aber hat ihn berühmt gemacht; es war von Anfang an ebenso heftig befehdet wie akklamiert. Seine Bedeutung für die Geschichte der politischen Theorien in der frühen Neuzeit ist heute und seit langem unbestritten.

Nach der Ausgangsdefinition der *Six livres de la République* (Sechs Bücher über den Staat) ist der Staat eine Ansammlung von Haushalten *(mesnages)*, die kraft höchster Gewalt und Vernunft geleitet wird und die nur insofern, als dies geschieht, eine Einheit darstellt[12]. Darum muß die höchste Gewalt und Vernunft eine souveräne, d. h. keiner anderen irdischen Macht mehr unterstellte und an sie in irgendeiner Weise gebundene Gewalt sein. Sie ist selbst die absolute und immerwährende Macht – nur solange kann von »Staat« *(république)* gesprochen werden –, ausgestattet mit *summa potestas* (höchster Gewalt) und *majestas* (Hoheit), die im französischen Begriff der *souveraineté* zusammengefaßt sind[13]. In ihr versammelt sich die oberste maßgebliche, ordnende, somit im Grunde alleinige Entscheidungskompetenz auf Erden, die damit nun von einer früher gegebenen Vielzahl von Personalverbänden und Amtsinhabern auf den Staat übergeht. Der neuzeitliche Staat – als das herrscherliche Gebilde, das eine ganze Nation umgreift und ein geschlossenes nationales Territorium umfaßt – ist hier in der Theorie grundgelegt.

Ohne diese Souveränität des Staates erscheint Bodin – aufgrund seiner Erfahrung der Zerrüttung Frankreichs durch die Wirren der Religionskämpfe – eine dauerhafte Ordnung nicht denkbar. Die Ordnungsleistung ist wie bei Augustinus, Thomas von Aquin, Marsilius von Padua oder Machiavelli auf die Gewährleistung von Ruhe,

12 Jean Bodin, Les six livres de la République (Anm. 11), Buch I, Kapitel 1.
13 Jean Bodin, Les six livres de la République (Anm. 11), Buch I, Kapitel 9.

Sicherheit und Wohlfahrt des Landes, der Nation, der Bürger bezogen. Aber nun gilt, daß sie ganz und gar in der Hand der obersten staatlichen Leitung, der Staatsspitze, liegt.

Wie der Haushalt für Bodin in der rechten Lenkung *(droit gouvernement)* der Familie durch den *pater familias,* das Familienoberhaupt, besteht, weil er dadurch allein seinen Bestand gewinnt, so geht auch der Staat als Institution in der Staatsleitung auf. Der Inhaber der obersten Gewalt darf bei seinen Entscheidungen an keine Bedingungen und Vorbehalte und auf gar keinen Fall an die Zustimmung oder den Einfluß anderer Gewaltinhaber, etwa des Kaisers, des Papstes oder der Stände, gebunden sein. Alles dies wäre eine Beeinträchtigung seiner Souveränität, die im strengsten Sinne als unteilbar und allumfassend verstanden werden muß – nach dem Vorbild des *pater familias* (seinerseits Abbild des souveränen Fürsten), der in einer Person der Herrscher über die Gattin (als Gatte), über die Kinder (als Vater), über die Sklaven (als Herr) und über das Gesinde (als Meister) ist[14]. Die aristotelische Unterscheidung zwischen den hierarchischen Strukturen des *Oikos,* des privaten Hauses, und den freiheitlichen Verhältnissen der *Polis* wird beseitigt. Die Strukturen der Familie, der Keimzelle des Zusammenlebens, werden nahtlos auf den Staat als umfassende höchste Ordnungsmacht übertragen.

Bodin läßt zwar grundsätzlich offen, ob die absolute Souveränität der Staatsgewalt dem Volk, dem Adel oder einem Monarchen gebührt. Demzufolge kennt er wie in der Tradition der Verfassungslehre die drei klassischen Grundtypen von Staatsformen, nämlich Demokratie, Aristokratie und Monarchie sowie die Tyrannis als die in ihnen allen mögliche Abart eigennütziger und brutaler Herrschaft[15]. Konsequentermaßen gewinnt jedoch die Monarchie bei Bodin einen entscheidenden, ausschlaggebenden Vorrang: In ihr ist es am besten erreichbar, daß die Staatsgewalt tatsächlich von keinem einschränkenden inneren oder äußeren Faktor abhängig wird. Nur der Fürst ist Abbild und Ebenbild des transzendent über die ganze Welt herrschenden Gottes, er allein ist fähig, die Souveränität personell zu repräsentieren und vollkommen zu verkörpern. Er wird mit dem Souveränitätsprinzip schlechthin identisch, die Staatssouveränität geht faktisch in der Herrschersouveränität auf[16]. Für Frankreich jedenfalls gilt – und Bodins Sorge richtet sich immer konkret auf die Rettung Frankreichs, die Wiederherstellung des Friedens in diesem Land und für diese Nation –, daß es wirksam nur von einem Monarchen, dem König, regiert werden kann. Der König ist deshalb legitimiert, sich gegen die Ansprüche des Kaisers, des Papstes, der Stände und der konfessionellen Parteien mit aller Macht zur Wehr zu setzen und durchzusetzen.

So sehr Bodin das Gesetzgebungs- und Gewaltmonopol und damit die Ordnungskompetenz des modernen Staates begründet hat, so eindeutig votiert er mit dieser seiner fundamentalen theoretischen Einsicht politisch für die Unterstützung des monarchischen Absolutismus. Der souveräne Staat erhält ganz betont eben in der Person des Fürsten das Monopol der legitimen physischen Gewalt und Machtausübung zugesprochen. Die Monarchie wird in dieser Verbindung zur absolutistischen

14 Vgl. Jean Bodin, Les six livres de la République (Anm. 11), Buch I, Kapitel 3 und 9.
15 Vgl. Jean Bodin, Les six livres de la République (Anm. 11), Buch II, Kapitel 1.
16 Jean Bodin, Les six livres de la République (Anm. 11), Buch I, Kapitel 9.

Monarchie, mit deren Durchsetzung das mittelalterliche Ideal eines Reiches oder Gemeinwesens von vielen ständischen und landsmannschaftlichen Körperschaften radikal verabschiedet ist. Der souveräne Fürst ist selbst an die Gesetze, die er gibt, nicht gebunden *(princeps legibus solutus),* sonst wäre er nicht der wirklich souveräne Gesetzgeber; selbst den Gesetzen untertan zu sein, würde logisch und politisch eine Einschränkung der Souveränität bedeuten. Erst wenn er auch von solchen Einschränkungen, den eigenen Gesetzen, losgelöst ist, erweist er sich als im genauen Sinne absolut, eignet ihm die absolute Gewalt *(puissance absolue).* Diese bedeutet folglich, sich über die Gesetze jederzeit hinwegsetzen und sie aufheben zu können. Insofern wird das der Staatsgewalt zugesprochene Gesetzgebungsmonopol unversehens bei Bodin zum Willkürmonopol. Die Gesetze gelten nur für die nicht souveränen Bürger, die ihnen unbedingt untertan sind. Sie werden jetzt konsequenterweise zu nichts anderem als zu Untertanen *(sujets)*[17].

Zugespitzt erweist sich das »einzige« Merkmal der Souveränität für Bodin schließlich in der legitimen »Gewalt, Gesetze zu geben und zu brechen«[18]. Und es ist die so definierte souveräne Herrschaftsbefugnis, der dann viele einzelne Rechte subsumiert werden: die freie Entscheidung über Krieg und Frieden, das Recht, letzte Instanz in Verwaltungsangelegenheiten und Rechtsstreitigkeiten zu sein, das Ernennungsrecht für Beamte, das Begnadigungsrecht, das Besteuerungsrecht, die Finanzhoheit oder das Recht, einen Treueid zu verlangen. Bodin formuliert hier zum ersten Mal den klassischen Kanon der Hoheitsrechte des modernen Staates, aber im Interesse absolutistischer Befugnisse für den Monarchen[19]. Die drei schon von Aristoteles systematisch unterschiedenen, später von Montesquieu verfassungsrechtlich geschiedenen staatlichen Grundgewalten (Legislative, Exekutive und Judikatur) werden in einer Hand vereinigt. Die Staatsmacht ist damit für damalige Vorstellungen und Verhältnisse, die noch nicht den totalitären Eingriff in alle Privatsphären der Bürger wie im 20. Jahrhundert kennen, gleichwohl in der Grundtendenz total gedacht.

Ein Widerstandsrecht der Untertanen gegen die souveräne Staatsgewalt kann es Bodin zufolge nicht geben. Es würde gegen den rationalen Sinn der verwendeten Begriffe und Definitionen verstoßen. Das Widerstandsrecht kommt für Bodin aber auch gerade deshalb nicht in Betracht, weil er unterstellt, daß die nicht selbst an die *leges* gebundene Staatsgewalt gleichwohl dem *jus,* d. h. dem natürlichen, gottgegebenen Recht verpflichtet ist und dient, das kraft menschlicher Vernunft einsehbar ist. Denn die Staatsgewalt ist ja per definitionem höchste Gewalt und Vernunft *(raison).* Sie gewährleistet durch ihre Souveränität die menschliche Ordnung. Diese ist zugleich aber immer eine endliche Ordnung, die der Orientierung an transzendenten Maßstäben bedarf, welche Gott in die Natur als seine Schöpfung hineingelegt hat. An sie bleibt auch alle souveräne irdische Gewalt gebunden; da es sich dabei um transzendente Gehalte handelt, beeinträchtigen sie insofern für Bodin (noch) nicht die irdische Souveränität. Vielmehr ist die irdische Souveränität in der Person des Fürsten ja gerade ein Abbild der unendlichen Souveränität Gottes.

Aus dieser letzten noch erhaltenen Relation und Bindung leitet Bodin nun doch wieder – nach Art der traditionellen Fürstenspiegel – inhaltliche ethische Kriterien für

---

17 Ebd.
18 Jean Bodin, Les six livres de la République (Anm. 11), Buch I, Kapitel 11.
19 Ebd.

das Verhalten des guten Fürsten ab. Insofern stellt er sich in deutlichen Gegensatz zu Machiavelli. Der König gehorcht den Gesetzen der Natur insbesondere dadurch, daß er den Untertanen einen persönlichen Freiraum wahrt, zu dem die Sicherheit ihres Eigentums gehört. Er sorgt für Frömmigkeit, Gerechtigkeit, öffentliche Wohlfahrt, Frieden und Eintracht, eine geordnete verläßliche Verwaltung und sucht die Liebe seines Volkes. Dabei schätzt er sogar die offene und freie Rede der Untergebenen bis hin zu weisem Tadel für Fehler, die er begangen hat, also bis zu maßvoller Kritik. Er stützt sich zur Beratung seiner Regierung auf die Stände und die Bürger. Bodin heißt also für die Regierungsweise des Monarchen die Beimischung aristokratischer und demokratischer Momente gut, während er bei der Bestimmung der Staatsform jeden Gedanken an eine Mischverfassung wegen ihrer Unvereinbarkeit mit dem Prinzip der absoluten, unteilbaren Souveränität verwirft. Das bedeutet, daß das Hinzuziehen von Beratern letztlich dem Gutdünken, also der Willkür des Monarchen anheimgegeben ist[20].

Der Tyrann ist in allem das Gegenbild des Monarchen. Aber auch wenn der Träger der Staatsgewalt ein grausamer und gemeiner Tyrann sein sollte, darf die Souveränität seiner Gewalt nicht angetastet werden. Den Untertanen steht es nicht zu, über Gut oder Böse zu befinden. Selbst der Tyrann hat noch das natürliche Recht der Gesetzgebung und Machtausübung um der Ordnung willen – als der Gewährung (nicht nur Gewährleistung) von Ruhe, Sicherheit und Wohlfahrt – auf seiner Seite. Verbürgt er diese Ordnung vielleicht auch nur in minimaler und pervertierter Weise, so ist das doch immer noch mehr und besser als das Chaos des Bürgerkrieges gegensätzlicher Parteien und aufrührerischer Gruppierungen *(factions et séditions)*. Solche Parteibildungen von unten sind für den Staat in der Wurzel gefährlich. Sie sind bedrohlicher als die noch so parteiische, aber feste Regierung des Despoten, mag diese auch bedauerlich genug sein. Bodin mildert im übrigen sein Verdikt über den Tyrannen, wenn er in der konkreten Lebensführung gute und schlechte Fürsten faktisch angenähert sieht. Er zeigt auch damit, daß moralische Kriterien für seine funktionale Betrachtung der Staatsgewalt und ihrer Souveränität letztlich nicht ausschlaggebend sind[21].

Obwohl Bodin noch ein übergreifendes Naturrecht zu denken sucht, das in der Ordnungsaufgabe des Staates zum Ausdruck kommt, führt die Dominanz des Souveränitätsprinzips faktisch doch dazu, das Naturrecht *(ius)* mit dem positiven Recht *(lex)* und mit der Macht, die positives Recht setzt, verändert und aufhebt, zu identifizieren. Das ist deshalb möglich, weil das Recht in der frühen Neuzeit als nahezu automatisch, mechanisch und technisch wirksames Instrument der Institution der souveränen Staatsgewalt zugeordnet wird. Bodin ist insofern schon einem Denken verpflichtet, das die moralisch-praktische Dimension der Politik weitgehend zugunsten ihres rationalistisch-technischen Verständnisses preisgibt. Er steht mit dieser Denkweise und mit ihrer konkreten Anwendung auf die Souveränität des Staates vermittelnd zwischen der in der Renaissance aufgekommenen Theorie der

---

20 Vgl. Jean Bodin, Les six livres de la République (Anm. 11), besonders Buch II, Kapitel 4 und Buch VI, Kapitel 6.

21 Vgl. Jean Bodin, Les six livres de la République (Anm. 11), Buch II, Kapitel 4 und 5; Buch IV, Kapitel 3 und 7.

Staatsräson und der konsequent und radikal durchrationalisierten Staatslehre des Hochabsolutismus bei Thomas Hobbes.

2.2 Lipsius, Jakob I., die Monarchomachen, Althusius und Grotius

Bevor wir auf Thomas Hobbes zu sprechen kommen, gilt es auf andere Theoretiker in der Zeit Bodins oder der unmittelbaren Folgeperiode einen kurzen Blick zu werfen; sie stehen teils auf der Seite von Bodins Bejahung des Absolutismus, teils aber auch im betonten Gegensatz dazu.

Der neben und nach Bodin bedeutendste intellektuelle Verfechter des absoluten Staates in der zweiten Hälfte des 16. Jahrhunderts ist das geistige Haupt der neostoizistischen, antiaristotelischen Schule: der niederländische Altphilologe Justus Lipsius (Joest Lips, 1547–1606). Damals sehr bekannt und besonders viel gelesen, tritt er in der weiteren ideengeschichtlichen Wirkung aber hinter Bodin oder Hobbes zurück. Lipsius, ebenfalls von den Verheerungen der Religionskriege tief beeindruckt, nimmt Thomas Hobbes partiell vorweg, wenn er in seinen Hauptschriften *De constantia* (1584) und *Politicarum seu civilis doctrinae libri sex* (1589) fordert, die lebensbedrohende Macht gegeneinandergerichteter Affekte zugunsten einer Ratio zu überwinden, die dem Menschen hilft, ein stoisch distanziertes, zugleich überlegenes Verhältnis zur Welt zu gewinnen[22]. Im staatlichen Leben ist es die Aufgabe des absoluten Monarchen, diese Ratio zur Herstellung des Friedens zu üben und herrscherlich anzuwenden (während die Untertanen ihm zu folgen haben und dadurch Anteil an der politischen Ratio gewinnen). Dazu benötigt der Herrscher alle Macht, aber auch Tugend. Lipsius folgt somit teils Machiavellis Spuren, teils wendet er sich gegen ihn. Mit beiden Aspekten gewann er großen geistigen Einfluß auf den späteren französischen Kardinal und Kanzler Richelieu (1585–1642), aber auch schon auf die oranische Partei im niederländischen Unabhängigkeitskampf gegen Spanien (der 1581 zur Lostrennung der nördlichen Teile führte).

Ist für Lipsius die Herrschaft des Monarchen an ihre eigenen Gesetze gebunden – allerdings nur moralisch; ein Recht der Untertanen auf Einklagung oder gar Widerstand besteht nicht –, so versucht der britische König Jakob I. (Regierungszeit in England 1603–1625) nicht nur, einen unbeschränkten Absolutismus gegen seine katholischen und puritanischen Opponenten sowie gegen das ganze Parlament schroff zu praktizieren (darin von dem Philosophen und Lordkanzler Francis Bacon unterstützt), sondern auch theoretisch zu rechtfertigen. Der Sohn der an Elisabeth I. gescheiterten schottischen Königin Maria Stuart verficht in seinen Werken, allen voran im *Ius liberae monarchiae* von 1598, ein paternalistisches Verständnis der absoluten Monarchie: Der König ist als Vater des Volkes und Hirt der Herde nach göttlichem Vorbild von unbezweifelbarer Autorität und aller politischen Rechenschaftspflicht enthoben. Außer Gott hat er keinen Richter über sich. Er ist für das seelische und leibliche Wohl der Untertanen zuständig, auch verantwortlich, aber ohne irdische Prüf- und Kontrollinstanz. Der souveräne Herrscher ist das Ebenbild

22 Justus Lipsius, Opera omnia, postremum ab ipso aucta et recensita: nunc primum copioso rerum indice illustrata, Antwerpen 1637, Wesel 1675; Les six livres des politiques ou doctrine civil de Justus Livius: ou il est principalement discouru de ce qui appartient à la Principauté, La Rochelle 1590.

der Macht Gottes auf Erden und somit sakrosankt. Bei Jakob I. erfährt das Bild des absoluten Monarchen eine letzte emphatische Übersteigerung, entzieht sich damit allerdings auch des rationalen Ausweises, um den Bodin und Hobbes so sehr bemüht sind. Gegen solche Herrschaftsanmaßung gibt es nur noch die Wut der Rebellion. Sie kam in vielen Versuchen zum Ausdruck, am deutlichsten in der »Pulververschwörung« des Jahres 1605, als katholische Adlige den König bei der Parlamentseröffnung in die Luft sprengen wollten, was wegen Verrats des Planes vereitelt wurde.

Gegen den monarchischen Absolutismus in rationalistischer wie paternalistischer Begründung sind eine Reihe von Intellektuellen, Politikern und religiösen Führern aufgetreten. Sie wurden seit 1600 (zuerst von ihrem Gegner William Barclay) *Monarchomachen,* Bekämpfer der Monarchie, genannt, wenden sich jedoch zumeist lediglich gegen die despotischen Züge des monarchischen Absolutismus. Infolgedessen vertreten sie das Recht auf Tyrannenmord, darüber hinaus ein aktives Widerstandsrecht, jedoch in aller Regel nicht für den einzelnen Bürger, sondern nur für die Repräsentanten der Bevölkerung. Nicht schon das souveräne Volk, sondern in seinem Namen die Repräsentanten schließen einen Bund *(foedus)* mit dem Herrscher – nach Analogie des alttestamentlichen Bundesschlusses Gottes mit dem Volk Israel und seinen Königen. Diesem Bund ist der Herrscher verpflichtet und verantwortlich. Folglich geht er aller angemaßten absoluten Souveränität verlustig. Seine Friedenspflicht und -funktion resultiert statt dessen aus den vorgegebenen Bindungen von *foedus* und *pactum* (Bund und Vertrag).

So bringt es Stephanus Junius Brutus in seinem Traktat *Vindiciae contra tyrannos* (1579) zur Sprache. Hinter diesem Pseudonym dürften sich zwei führende Hugenotten, Hubert Languet (1518–1581) und Philippe Du Plessis-Mornay (1549–1623), verbergen. Die Gruppe der Monarchomachen ist in calvinistischen Kreisen Frankreichs nach der Bartholomäusnacht entstanden. Weitere bedeutende Vertreter sind François Hotman (1524–1590) mit seiner *Franco Gallia* (1573), Theodor Beza (Théodore de Bèze, 1519–1605) sowie die schottischen Reformatoren George Buchanan (1506–1582) und John Knox (1513–1572). Bodins Hauptwerk von 1576 ist als kritische Antwort auf Hotmans Schrift zu verstehen und erfährt seinerseits eine scharfe Replik durch Brutus. Doch auch katholische Monarchomachen wie Jean Boucher (1548–1644) setzen sich mit Bodins Theorie der absoluten Staatssouveränität auseinander, nun im Namen des Papstes als des wahrhaft souveränen Oberhauptes der Kirche und der Christenheit. Zugleich bekämpfen sie den Einfluß der Hugenotten auf die Könige Heinrich III. und Heinrich IV. und proklamieren im Namen der katholischen »Liga« das Recht auf Absetzung und Beseitigung des Monarchen. Auch der spanische Historiker Juan de Mariana (1536–1624) wird im weiteren Sinne den katholischen Monarchomachen zugerechnet, da er die strikte Bindung des Königs an die Gesetze und das Recht auf Tyrannenmord im Falle eklatanten Gesetzesbruchs verficht.

Der gründlichste und systematischste politische Theoretiker im monarchomachischen Umkreis und der bedeutendste geistige Antipode Bodins in seiner Epoche aber ist der deutsche Calvinist Johannes Althusius (Althaus, 1557–1638), der als Juraprofessor an der Akademie im nassauischen Herborn (1586–1604) und Stadtsyndikus im ostfriesischen Emden (seit 1604) von ähnlich starkem geistigem Einfluß auf die Entwicklung in den Niederlanden wird wie Justus Lipsius (und wie übrigens auch die *Vindiciae* des Stephanus Junius Brutus).

Althusius folgt in seinem Hauptwerk *Politica methodice digesta atque exemplis sacris et profanis illustrata* von 1603, seiner großen »Politik«, Bodins – und des französischen Logikers Petrus Ramus (1515–1572) – rationalistischer Methodik des präzisen Definierens und Schlußfolgerns[23]. Er erhebt wie Bodin den Anspruch, erstmals eine streng methodische und auf ihren Gegenstand konzentrierte Wissenschaft der Politik zu entfalten. Er nimmt auch Bodins Souveränitätsgedanken auf. Aber wenn er diesen auf den Staat anwendet, dann soll zugleich die Bodinsche Verengung auf die absolute Staatsgewalt vermieden werden. Der Staat als Ganzes, als der umfassende Zusammenschluß aller Gemeinschaftsglieder *(universalis publica consociatio),* ist souverän. Dann haben alle Glieder daran teil, bei Althusius noch nicht so sehr als Individuen (das erschiene ihm zu abstrakt), vielmehr in der Form ihrer unteren und dann föderativ und kooperativ gestaffelten *consociationes,* von der Familie über die Zünfte und Stände zur ersten *consociatio publica,* der Gemeinde oder Stadt, und von dort über die Provinzen und Landschaften bis zum Staat. In diese Formationen gliedert sich das Volk gemäß der symbiotischen menschlichen Natur. Nur sofern es in solcher gesamtstaatlichen Struktur existiert, gebührt dem Volk die Souveränität. Volks- und Staatssouveränität sind hier identisch, der *majestas* des Volkes entspricht die *superioritas* des Staates. Volk und Staat sind eine organische Korporation, in diesem Sinne eine große Symbiose und als solche – in calvinistischer Perspektive – die gottgewollte und von Gott erwählte Gemeinde. Damit wird im Grunde auch bei Althusius der moderne (National-)Staat zur letztinstanzlichen Größe.

Dieser komplexe Staatsgedanke verlangt nach einer genossenschaftlichen Ordnung, in der der Monarch (als Repräsentant der Einheit) und die ständischen Organe (als die Repräsentanten der Vielheit) zusammenwirken sollen. Elemente einer Gewaltenteilung werden von Althusius mehr angedeutet als ausgeführt. Die Gewalt des Volkes soll im Staat nur durch Delegation auf verschiedene Ämter übertragen werden. Dabei ergibt sich aber doch grundsätzlich die Unterscheidung zwischen Regnum und höchster Jurisdiktion einerseits, die der Staatsspitze zukommen, und der Gesetzgebung andererseits, die den Repräsentanten des Volkes obliegt.

Jede der Ebenen und Ämter hat ihre eigene Ratio. Überschreitet sie diese, so muß sie in ihre Schranken gewiesen werden. Im Falle monarchischer Übergriffe ist dann ein Widerstandsrecht gegeben, aber wiederum nicht für die Individuen, sondern für die ständischen Organe, die *Ephoren.* Hierunter sind z. B. die niederländischen Provinzialstände und Generalstaaten oder die deutschen Kurfürsten vorzustellen, die legitimerweise auch das Recht der Wahl des Herrschers, des *summus magistratus,* besitzen. Der Gedanke der polyarchischen Ämterbalance und -zuordnung und des föderativen Staatsaufbaus, also einer Mischverfassung im mehrfachen Sinne, geht über einen bloßen Antagonismus von Monarch und Ständen eindeutig – und doch in den staatsrechtlichen Einzelheiten nicht deutlich genug – hinaus. Er weist weit in die Zukunft des modernen Verfassungsstaates, so sehr die theologisch-philosophischen

23 Johannes Althusius, Politica methodice digesta atque exemplis sacris et profanis illustrata, Herborn 1614, Neudruck Aalen 1961[3]; deutsche Teilübersetzung in: Erik Wolf (Hrsg.), Quellenbuch zur Geschichte der deutschen Rechtswissenschaft, Frankfurt/M. 1949, S. 102–144.

Grundlagen dafür bei Althusius – teils Calvin, teils Aristoteles verpflichtet – auch wiederum traditionsgebunden sind.

In seinem eigenen Jahrhundert, an dessen Beginn die »Politik« veröffentlicht wird, ist die Konzeption des Althusius recht bald zunächst in den Hintergrund getreten und schließlich vergessen worden. Das geschah in dem Maße, wie sich der monarchische Absolutismus im 17. Jahrhundert durchsetzte oder – wie in England – allenfalls zu anderen absolutistischen Ansprüchen, nämlich denen des Parlaments, in Konkurrenz geriet. Im selben Maße gewann zunächst die politische Theorie, die den Absolutismus stringent und zeitgerecht unterstützte, die Oberhand. Die bedeutendste Rolle spielte in diesem Sinne Thomas Hobbes, was nicht heißt, daß dieser Mann nicht zeitlebens immer wieder um seine politische Anerkennung, ja seine persönliche Sicherheit ringen und zittern mußte – wie es sich für die Verhältnisse im absolutistisch regierten Staat eigentlich auch gehört.

Von einiger Nähe und Verwandtschaft zu Althusius in den sozialanthropologischen Grundlagen und ihrer sowohl religiösen als auch rationalistischen Begründung ist eine Generation später noch ein großer holländischer Jurist, Politiker, Historiker und Staatsdenker: Hugo Grotius (Huigh de Groot, 1583–1645). Er zieht jedoch in seiner politischen und völkerrechtlichen Theorie andere Folgerungen, die auf die immer stärkere Durchsetzung des Absolutismus Rücksicht nehmen. Hugo Grotius ist zwar von 1613 bis 1619 als Ratspensionär von Rotterdam Mitglied der Generalstaaten, also der niederländischen Gesetzgebungskörperschaft, gewesen; aber er gehört schon in eine Zeit, da die (nördlichen) Niederlande sich nach der Erringung ihrer Unabhängigkeit von Spanien anschicken, zu einer beherrschenden See- und Kolonialmacht zu werden. 1604 hat er ihr »Beuterecht« im Indienhandel mit einem großen Gutachten gerechtfertigt, aus dem ein Teilstück unter dem Titel *Mare liberum* 1609 veröffentlicht wird.

Durch Beteiligung an einem innercalvinistischen Streit über die Prädestinationslehre, bei dem Grotius zur unterlegenen liberaleren Richtung gehört, verliert er 1619 Amt und Freiheit, kann aber zwei Jahre später aus dem Gefängnis nach Paris fliehen, wo 1625 sein großes völkerrechtliches Hauptwerk *De iure belli ac pacis libri tres* erscheint[24]. Von 1635 bis kurz vor seinem Tode vertritt er in Paris das Königreich Schweden als Gesandter. Er wird in dieser Phase, in der Schweden und Frankreich als auswärtige Mächte in den Dreißigjährigen Krieg auf deutschem Boden laufend eingreifen, zum diplomatischen Partner und Gegenspieler des französischen Kanzlers Richelieu. Auf dem Wege von Schweden nach Osnabrück zu den Verhandlungen, die drei Jahre später zum Westfälischen Frieden (in Osnabrück und Münster) führen sollten, stirbt Grotius nach einem Schiffbruch in Rostock (1645).

Eigene Gefangenschaft und Emigration sowie die Entwicklung des ausgreifenden, langjährigen Konfessionskrieges im Reich (1618–1648) lassen in Grotius' politischer Theorie das Bedürfnis nach Ruhe, Ordnung und Sicherheit in einer Weise dominant werden, die auf Thomas Hobbes vorausweist (der zweifellos von Grotius beeinflußt ist). Anders als Hobbes und ähnlich Althusius geht Grotius von einem natürlichen

24 Hugo Grotius, De iure belli ac pacis, hrsg. von B. J. A. de Kanter-van Hettinga Tromp, Leiden 1939; dt. Vom Recht des Krieges und des Friedens (1625), hrsg. von Walter Schätzel, Tübingen 1950.

appetitus societatis aus, der die Menschen aus Gründen der Bedürftigkeit, der Nützlichkeit und der Lebenserfüllung dazu veranlaßt, feste soziale Verbindungen *(consociationes,* vgl. Althusius) einzugehen, die bis zum Staat führen. Aristotelische und stoizistische Gedanken werden dabei aufgenommen (so daß wir insoweit auch zu Justus Lipsius zurückkehren). Vermöge ihres Triebes zur Gesellung und ihrer praktischen sittlichen Vernunft *(recta ratio)* sind die Menschen von Natur aus dazu disponiert, eine staatliche Gemeinschaft zu begründen. Deren Recht folgt der Natur und ist demgemäß im Wesen als Naturrecht zu verstehen. Dieses Naturrecht ist unabdingbar. Es stammt von Gott, aber auch Gott würde und könnte es nicht ändern oder aufheben wollen.

Ist die staatliche Rechtsgemeinschaft *(civitas; societas civilis)* auch das Band ursprünglich freier Menschen, so bindet sie ihrerseits, um Frieden und Sicherheit für die vielen in ihr korporativ Zusammengeschlossenen zu erreichen, die Bürger mit unbedingter Macht und Sanktionsgewalt. Im Unterschied zum originären Naturzustand hat das Individuum gegenüber der staatlichen Gewalt, der Obrigkeit im paulinischen Sinne (Röm. 13), kein Widerstandsrecht mehr. Das natürliche Recht des einzelnen ist auf das gemeinschaftliche Naturrecht übergegangen, in dessen Dienst die staatliche Gewalt steht und das sie nun zu vertreten, zu interpretieren und auszuführen hat.

Für Grotius ergeben sich aus der Naturrechtsqualität und -bindung der staatlichen Gesetze noch nicht die von John Locke später gezogenen Folgerungen, daß der Staat sich damit an vorgegebenen Naturrechten der Individuen fundamental orientieren und dementsprechend in seinem Eigenrecht eng begrenzen muß. Die Gefahr individueller Willkür und des daraus möglicherweise resultierenden anarchischen Chaos steht Grotius zu stark vor Augen, als daß er eine derartige, schon aufklärerische Position einnehmen könnte. Bei Grotius wird statt dessen der Staat zum Sachwalter des Naturrechts. Um des von ihm gesicherten Friedens willen muß notfalls auch eine Gewaltherrschaft, also die Demonstration absoluter Macht, in Kauf genommen werden. Selbst Ungerechtigkeit ist der Unordnung vorzuziehen, sofern die öffentliche Ruhe gewahrt bleibt (und damit das geschieht), von deren Beständigkeit das Wohl der Individuen am meisten abhängt.

Denkt Grotius mit der Zuordnung des Naturrechts zur staatlichen Gemeinschaft aristotelisch, so ist seine Überbetonung von Sicherheit und Ruhe als der zentralen Staatsziele frühneuzeitlich im Sinne der Legitimation staatlicher Souveränität und absoluter Staatsgewalt. Allerdings bemüht sich der ehemalige niederländische Politiker doch um einen Ausgleich zwischen ständischen Interessen und der Macht der Staatsspitze, insofern zwischen Volk und Regierung – bei gleichzeitiger Ablehnung des althusianischen Gedankens der Volkssouveränität. Die Strukturen sollen offen sein für verschiedene staatsrechtliche Regelungen. Die Staatsgewalt soll nicht alles, wozu sie ein Recht hat, auch tun; sie soll sich vielmehr aus Gründen der Moral oder der Liebe in ihrer Machtausübung wo möglich zurückhalten. Die Pflichten der Liebe gehen auch im Staatshandeln weiter als die Regeln des Rechts.

Von den religiösen Grundlagen her ergibt sich somit bei aller Bekräftigung der obrigkeitlichen Befugnis und Würde der Staatsgewalt doch noch ihre vorsichtige moralische (allerdings juristisch nicht fixierbare und einklagbare) Einschränkung, zumindest eine Milderung der angewendeten Staatsgewalt. Grotius steht insofern zwischen Althusius einerseits, Bodin und Hobbes andererseits. Aus dem Bannkreis von allen dreien, die stark nationalstaatlichem Denken verhaftet sind, tritt er jedoch mit seiner Völkerrechtslehre heraus, mit der er an die spätscholastische Tradition der »Spanischen Schule« anknüpft.

Grotius rückt in seiner Völkerrechtslehre von den blanken Legitimationstheorien der Staatsräson des Territorial- und Nationalstaates insofern ab, als er die Vergehen, ja geradezu die Verbrechen der Staaten im internationalen Verkehr thematisiert. Er formuliert Grundsätze naturrechtlicher Art für ihr geregeltes Verhältnis in der *societas inter populos* und in der universalen *societas humana*, für den Austrag und die Schlichtung von Konflikten unter Staaten, für »gerechte« Kriege und für Friedensvereinbarungen usw. (was hier leider nicht im einzelnen dargelegt werden kann). Gerade mit dieser fundamentalen und spezifischen Leistung, die ihn zum »Vater« des modernen Völkerrechts gemacht hat, ist Hugo Grotius jedoch – nach anfänglicher starker Beachtung – zunächst ähnlich wirkungslos geblieben wie Johannes Althusius mit seiner Theorie der Volkssouveränität und des föderativen Staatsaufbaus. Erst an der Wende zum 20. Jahrhundert, seit den Haager Friedenskonferenzen von 1899 und 1907, hat seine Völkerrechtslehre eine seitdem anhaltende, folgenreiche Wiederauferstehung erlebt.

Die Geschichte der politischen Theorien ist im weiteren Verlauf des 17. Jahrhunderts statt dessen entscheidend durch Thomas Hobbes' hochabsolutistische Staatslehre und durch die tiefgreifende Auseinandersetzung geprägt, die die Repräsentanten einer frühliberalen Verfassungstheorie, allen voran John Locke, in Großbritannien mit dem Absolutismus und seiner geistigen Legitimation geführt haben. Wir wenden uns diesen beiden Theorierichtungen im folgenden zu.

3. Thomas Hobbes' Theorie der absoluten Staatsgewalt und Baruch de Spinozas demokratische Variante

3.1 Hobbes: Leben und Werk

Thomas Hobbes ist von zwei Grunderlebnissen geprägt worden: von der zutiefst verunsichernden Erfahrung des Bürgerkrieges in England und des Dreißigjährigen Krieges auf dem Kontinent – beide im Kern religiös-konfessionellen Charakters – einerseits, von der Begegnung mit den aufstrebenden profanen Naturwissenschaften andererseits. Im Jahr 1588 – während England durch die Nachricht vom Herannahen der spanischen Armada in Schrecken versetzt wurde – als Sohn eines armen, ungebildeten Landvikars in Westport bei Malmesburg (Wiltshire) geboren, erhält der äußerst begabte Junge aufgrund der Fürsorge eines wohlhabenden Onkels die Möglichkeit zum Besuch einer Privatschule und (bereits mit 14 Jahren) der Universität Oxford. Dort erwirbt er schon 1607 das Baccalaureat und die Lehrbefugnis für Logik. Er beschäftigt sich hier intensiv mit Aristoteles und der Scholastik, doch in zunehmend kritischer Distanz, darin zunächst durch seine puritanische Erziehung, mehr und mehr aber durch freisinniges Denken beeinflußt. Auf Empfehlung seines Colleges (Magdalen Hall) wird Hobbes Tutor und Hofmeister in der einflußreichen Familie des Barons Cavendish of Hardwick, des späteren Earl of Devonshire. Er erhält damit eine Stellung, die ihm durch alle Wirren und Wechselfälle hindurch materielle Unabhängigkeit garantiert und vielseitige Bildungs-, Begegnungs- und Wirkungsmöglichkeiten erschließt. Mehrere Reisen nach Frankreich und Italien führen ihn mit René Descartes und Pierre Gassendi sowie besonders eng und freundschaftlich mit Galileo Galilei zusammen, also mit den wichtigsten Begründern des naturwissenschaftlich geprägten neuzeitlichen Weltbildes. In England gewinnt er Zutritt zu dem eine neue Erfahrungswissenschaft propagierenden Kreis des Philosophen und ehemaligen Lordkanzlers Francis Bacon. Mit diesem verbindet ihn bei allen methodologischen und wissenschaftstheoretischen Unterschieden vor allem die gemeinsame Gegnerschaft zur Scholastik.

Nach dem Ausbruch republikanischer Unruhen gegen König Karl I. Stuart und angesichts der fortschreitenden Entwicklung zum Bürgerkrieg wird Hobbes von monarchistisch gesinnten adligen Freunden bewogen, einen ersten Entwurf seiner Staatsphilosophie, *The Elements of Law, Natural and Politic* (ursprünglich als letzter Teil einer Trilogie *Elementa philosophiae* geplant), vorzeitig (1640) zu veröffentlichen. Darin unterstützt Hobbes den absoluten Anspruch der Krone. Deshalb flieht er nach Paris, als das im Spätherbst 1640 einberufene »lange« Parlament sich gegen den König und seine Anhänger durchsetzt. Über zehn Jahre bleibt Hobbes im Pariser Exil, wo er eine umgearbeitete und erweiterte Version seiner Staatstheorie unter dem Titel *De cive* publiziert (1642) und deren letzte und reifeste Fassung, den *Leviathan or The Matter, Forme and Power of a Commonwealth Ecclesiasticall and Civil,* ausarbeitet (dieses sein weitaus gewichtigstes und wirksamstes Werk erscheint 1651 in London). Da der *Leviathan* auch Oliver Cromwells durch Usurpation etablierte absolute Herrschaft legitimiert, sieht sich Hobbes nun in Paris der Verfolgung durch Royalisten ausgesetzt und flieht nach London zurück. In England genießt er die Unterstützung Cromwells wie nach der Wiedererrichtung der Monarchie (1660) ebenfalls diejenige Karls II. Stuart, seines früheren Schülers. Beide verteidigen ihn gegen heftige Angriffe, zunehmend vor allem aus kirchlichen Kreisen, die ihn des Atheismus bezichtigen. Hobbes veröffentlicht jetzt die in der philosophischen Systematik dem staatstheoretischen III. Teil vorangehenden naturphilosophischen und anthropologischen Teile seiner *Elementa philosophiae* (*De corpore* 1655 und *De homine* 1658).

Hobbes' Philosophie gewinnt immer größere Wirkung, aber auch die Feindseligkeiten steigern sich. Als 1666 in London Brand und Pest ausbrechen, sucht der Klerus in Hobbes einen Schuldigen. Hobbes' 1668 fertiggestelltes Werk *Behemoth or The Long Parliament,* eine kritische Geschichte des englischen Bürgerkrieges, kann infolgedessen nicht erscheinen (erst 1889 publizierte der deutsche Soziologe Ferdinand Tönnies eine vollständige Fassung). Hobbes veranstaltet 1668 eine Gesamtausgabe seiner philosophischen Schriften in Amsterdam; sie enthält auch eine lateinische Version des *Leviathan,* die an einigen Stellen vom englischen Original abweicht (diese lateinische Version setzte sich fast drei Jahrhunderte durch; das englische Original ist erst seit wenigen Jahrzehnten wieder die Grundlage von Editionen, Übersetzungen und Interpretationen[25]).

---

25 Thomas Hobbes, Thomae Hobbes Malmesburiensis Opera Philosophica quae latine scripsit omnia, London 1839ff., Neudruck Aalen 1961; The English Works of Thomas Hobbes of Malmesbury, London 1839ff., Neudruck Aalen 1962; Leviathan or The Matter, Forme and Power of a Commonwealth Ecclesiasticall and Civil, hrsg. von Michael Oakeshott, Oxford

Hobbes bleibt mitten in den heftigsten Kontroversen unermüdlich literarisch tätig, insbesondere mit Übersetzungen aus dem Griechischen (seine letzte Publikation wird 1667 eine Übersetzung der *Ilias* und der *Odyssee* des Homer, seine erste war 1628 eine Thukydides-Übertragung *Eight Bookes of the Peleponnesian War*). Er stirbt 1679 im Alter von 91 Jahren auf dem Gut der Familie Cavendish of Hardwick, neun Jahre vor der *Glorious Revolution,* die in England den von Hobbes verteidigten Absolutismus zugunsten einer konstitutionellen Monarchie ablöst, für die Hobbes' bedeutendster politisch-philosophischer Antipode, John Locke, zum maßgeblichen Theoretiker geworden ist.

3.2 Wissenschaftstheoretische und anthropologische Grundlagen

Thomas Hobbes verknüpft die beiden Grunderfahrungen seines Lebens – die Wirren des konfessionellen Bürgerkrieges und die aufstrebende profane Naturwissenschaft – derart, daß im Bürgerkrieg alle Schrecken und alle Existenzangst, in der Wissenschaft alle Rettung und alle Hoffnung beschlossen liegen. Führt der Bürgerkrieg zu Unordnung und Zerrüttung, so geht es ihm vor allem anderen um das Überleben in Frieden, Ruhe und Ordnung, und zwar ein für allemal, in gesicherter Dauer. Die denkbar verläßlichste Stabilisierung eines befriedeten Zustandes: Dies wird für Hobbes zum einzigen Maßstab für richtiges Leben, richtig geordnete Weltverhältnisse, richtige Politik (auf die sich dann konsequenterweise alles Interesse konzentriert). Weil aber der Friede durch den Kampf der Interessen, Meinungen und Positionen (gerade auch der religiös bestimmten) bedroht ist, sucht Hobbes nach einer Methode, die diesen Antagonismen enthoben ist und statt parteilicher Perspektiven Sachlichkeit, Objektivität und beweiskräftige Wahrheit verspricht. Auf diese Methode muß sich die Wissenschaft gründen, die zu sagen weiß, wie die Ordnung zu konstruieren und zu realisieren ist, die absoluten Frieden verbürgt. Hobbes glaubt, als erster den absoluten Frieden zum Zentrum der Begründung des Staates zu machen, darum auch als erster politisches Wissen als Wissenschaft entwickeln und eine ihr angemessene Methode explizieren zu können (Bodin und Althusius sind ihm, wie wir gesehen haben, darin jedoch schon vorausgegangen). Die bisherige Philosophie, namentlich auch die traditionelle Staatsheorie, hat Hobbes zufolge vor dieser Aufgabe versagt.

Damit die Wissenschaft die radikal und unwiderruflich gestellte Aufgabe in Zukunft erfüllen kann, muß sie exakt sein, d. h. für Hobbes: Sie muß das von ihr Untersuchte zählen und berechnen können, sie muß von einem aufs andere zuverlässig und nachprüfbar rechnen können. Das vermag sie nur, wenn sie ein jedes Seiendes als Wirkung einer Ursache begreift und erklärt. Ein Seiendes folgt aufs andere und wird verstehbar als Folge eines anderen und einer ganzen Kausalkette. Die Welt im Ganzen wird als »Natur« kausalmechanisch ausgelegt. In ihr ist mit Sicherheit, d. h. naturwissenschaftlich exakt, aber nur dann etwas erfaßt, wenn es einer Ursache

---

1946; Behemoth or the Long Parliament, hrsg. von Ferdinand Tönnies, London 1969[2]; The Elements of Law, Natural and Politic, hrsg. von Ferdinand Tönnies, London 1889; De cive, hrsg. von S. P. Lamprecht, New York 1949; dt. Leviathan oder Stoff, Form und Gewalt eines bürgerlichen und kirchlichen Staates, hrsg. von Iring Fetscher, Frankfurt/M.-Berlin-Wien 1976; Vom Menschen – Vom Bürger, hrsg. von Günter Gawlick, Hamburg 1977.

zwangsläufig zugerechnet werden kann und muß, einer notwendigen Ursache, die für gleiches Seiendes – insofern mechanisch – gleich gilt. Nur dann vermag etwas als etwas, in seinem Wesen, unter dem ihm zukommenden Begriff, in einer für alles Gleiche geltenden Definition erfaßt zu werden. Die Wahrheit einer Sache liegt in ihrer richtigen Definition, die ihr Entstandensein aus einer notwendigen Verursachung festhält. »Und deshalb beginnt man in der Geometrie (der einzigen Wissenschaft, die Gott bisher den Menschen gnädig schenkte) damit, die Bedeutung der Wörter festzulegen. Diese Festlegung der Begriffe nennt man *Definitionen* und stellt sie an den Anfang des Rechnens.«[26]

Derart *more geometrico,* nach Art der Geometrie, muß auch die Politik im Dienste verläßlicher Friedensstiftung und -sicherung verfahren. Die naturwissenschaftliche Methode ist auf sie zu übertragen. Die Politik hat Abschied zu nehmen von allen bloß spekulativen, logisch widersprüchlichen, lediglich unverbindliche (allenfalls kontroverse) Klugheitsregeln und Tugendkataloge produzierenden Theorien, wie die Tradition sie kannte. Richtige Politik folgt statt dessen einer rationalen Theorie, die in wissenschaftlicher Exaktheit allgemeingültig und allgemeinverbindlich Ordnungsverhältnisse und Institutionen herstellen kann. Dadurch sollen die Angelegenheiten der Menschen mit der gleichen Zuverlässigkeit und Regelhaftigkeit (= Regelmäßigkeit) gelenkt werden können, wie die Uhr die Bewegungen der Zeit oder die als große Uhr verstandene Welt die Vorgänge in der Natur regelt. Die Welt ist als große Maschine in kauselmechanischer Bewegung, als im Gesamthaushalt statisches, konstantes Gebilde vorgestellt. Die Politik hat sich als ihr Abbild im menschlichen Leben zu erweisen und darzustellen. Auch sie muß ihren Gegenstandsbereich als Maschine auffassen. Indem sie die naturwissenschaftlich-kausalmechanische Methode (so wie Hobbes und seine Zeit sie verstehen) auf sich selbst anwendet, wird sie aus Hobbes' Sicht zum ersten Mal in den Rang vernünftigen Wissens erhoben. In dieser ihrer (dogmatisch-absoluten) Selbsteinschätzung stellt sie einen nicht geringeren Anspruch auf Genauigkeit und Evidenz als die Geometrie.

Zugleich aber gewinnt die Politische Wissenschaft gegenüber den (übrigen) Naturwissenschaften eine andere Tragweite und vorrangige Bedeutung, da ihr Gegenstandsbereich das menschliche Leben ist. Das besagt für Hobbes zunächst nicht, daß sie es mit einem höherrangigen Seienden zu tun hätte; im Gegenteil: Sie steht nur vor dem komplizierteren Sachverhalt, daß der Mensch als *animal rationale* aus Leidenschaft und Vernunft zusammengesetzt ist. Die Politische Wissenschaft hat im Unterschied zur leidenschaftslosen Geometrie mit den Leidenschaften als Grundzug des menschlichen Wesens zu rechnen. Die Aufgabe der geforderten exakten, ebenfalls leidenschaftslosen Politik ist es dann aber gerade, den lebensgefährlichen Auswirkungen der Leidenschaften, insbesondere den von ihnen erzeugten und genährten Meinungen, durch ihre Wissenschaft entgegenzuarbeiten. Dazu muß diese Wissenschaft zunächst definieren, was und wie der Mensch ist. Die Anthropologie, die sie folglich impliziert, ermittelt die Natur des Menschen aus einer Analyse der Kräfte, die ihn ursächlich bestimmen. Diese Kräfte sind die Leidenschaften, die generell als Formen der menschlichen Begierde verstanden werden, sich im Leben zu erhalten, zu sichern und zu steigern.

26 Thomas Hobbes, Leviathan (Anm. 25), Buch I, Kapitel 4 (zitiert nach der Übersetzung von Iring Fetscher).

Warum aber wiederum diese Begierde? Sie tritt notwendig auf den Plan als Folge davon, daß das Lebewesen Mensch in seiner sinnlichen Wahrnehmung einer Vielfalt von Eindrücken, von äußeren Druckbewegungen ausgesetzt ist. Mit seiner Wahrnehmung nimmt es die Vorgänge der Außenwelt auf, sofern sie ihm begegnen und es bedrängen. Ihnen muß es sich stellen. Zunächst ist also der Mensch für Hobbes – nicht anders als das Tier – ein sinnlich wahrnehmendes Lebewesen, beständig vielfachen Eindrücken preisgegeben, die auf mechanische Weise Begierden (und Abneigungen) hervorrufen. Sein Leben ist folglich wie bei allen anderen Lebewesen fortwährende und zwangsläufige Bewegung aufgrund des Antriebs durch Leidenschaften.

Doch auf der Grundlage dieser Bestimmung des Menschen als eines animalischen, durch Außeneinflüsse (der Natur) angeleiteten und daraufhin durch die Leidenschaften der Lebensbegierde bewegten Wesens führt Hobbes dann gleichwohl die traditionelle aristotelische Unterscheidung zwischen Tier und Mensch wieder ein: Die spezifische Differenz des Menschen gegenüber allen »anderen« Tieren ist auch für Hobbes die Vernunft. Diese wird jedoch jetzt ausschließlich instrumental im Dienste seiner eigentümlichen, sich im Vernunftgebrauch erst entfaltenden Animalität begriffen. Vermöge der Vernunft ist der Mensch viel weniger als die Tiere den augenblicklichen sinnlichen Eindrücken preisgegeben. Er kann statt dessen über die Gegenwart hinaus Vergangenheit und Zukunft in den Ausgriff seiner Lebensbegierde einbeziehen. Sinnliche Wahrnehmung und distanzierende Vernunft zusammen ermöglichen ihm die Speicherung von Erfahrungen und die Planung in die Zukunft.

Eben deshalb aber ist der Mensch nicht nur wie die Tiere von gegenwärtigem Hunger, sondern auch von zukünftigem Hunger hungrig. Er ist also das räuberischste, klügste, gefährlichste, mächtigste Tier. Er vermag willentlich nach prinzipiell allem Seienden auszulangen. Die von sinnlicher Wahrnehmung in Gang gebrachte, mit dem Instrument der distanzierenden – zeitübergreifende Zusammenhänge erfassenden – Vernunft bewaffnete leidenschaftliche Lebensbegierde macht den Menschen zum Willenswesen. Der Mensch ist das Lebewesen, das seine Lebensbegierde als bewußten Willen einzusetzen vermag und sich kraft des Willens alles Begegnenden zu bemächtigen sucht. Damit wird der Mensch zum Wesen der Macht *(ambition)*, in der sich alle seine Begierden und Leidenschaften versammeln. Diesem Wesen geht es im Interesse seiner Selbsterhaltung und Lebenssicherung um ein berechnendes Übermächtigen der Welt, das mit den natürlich bestimmenden Ursachen zu rechnen hat und zu rechnen weiß. Die Qualitäten der Dinge wie der menschlichen Tätigkeiten werden ausschließlich am Maßstab ihres Nutzens für diese Machtperspektive bewertet[27].

Eben als Wesen der Befriedigung seiner Lebensbegierde durch Macht aber wird jeder Mensch zum Feind des anderen Menschen. Jeder Mensch muß danach trachten, seinen Machtspielraum zu halten, zu festigen und zu erweitern. Da die natürlichen Objekte der Daseinsfristung und Machtverfügung allen Menschen gemeinsam sind, da hierauf alle gleicherweise angewiesen sind, muß sich ein Mensch gegen den anderen richten und ihn bekämpfen. Der Willensantrieb eines jeden Individuums ist von Natur egoistisch. Im menschlichen Zusammenleben trifft eine Vielzahl von

27 Vgl. Thomas Hobbes, Leviathan (Anm. 25), Buch I, Kapitel 10.

Egoismen aufeinander. Das Zusammenleben gestaltet sich natürlicherweise – mit anderen Worten, gemäß der Hobbesschen Fiktion: im Naturzustand – zum Kampf eines jeden gegen jeden, aller gegen alle: *bellum omnium contra omnes*. Der eine Mensch wird für den anderen zur Bedrohung, zum Wolf: *homo homini lupus*. Zugleich sieht er sich seinerseits vom anderen bedroht und in seiner Existenz gefährdet. Der Grundaffekt gegenüber dem anderen ist folglich die Furcht vor ihm – bis zur Todesfurcht. Insofern ist der eine Mensch vor dem anderen auch wie ein Hase: *homo homini lepus*.

Diese Todesfurcht ist in Hobbes' Sicht die notwendige Folge des Machtstrebens und wird ihrerseits zur Ursache für die Staatsgründung und Staatsgestaltung. Machtstreben und Todesfurcht sind zusammen die elementaren Leidenschaften, die den Menschen gegenüber den Artgenossen bestimmen. Während aber das Machtstreben ihm nahelegen könnte, in zügelloser Freiheit sein Leben zu führen, bringt ihn die unausweichliche Furcht vor gewaltsamem Tod in eine tiefe Krise. In dieser Krise seines von Leidenschaften beherrschten Lebens muß ihm sein vorzügliches Instrument, die Vernunft, sagen, daß um des Überlebens willen Regelungen für das Zusammenleben notwendig sind, um die Machtausübung eines jeden gegen den anderen in Schranken zu halten. Die im Dienste der Leidenschaften stehende Vernunft richtet sich somit gegen das hemmungslose, todbringende Ausleben solcher Leidenschaften. Der Lebenswille vollzieht also eine konsequente Wende, indem er die ungehemmte Entfaltung des Egoismus aufgibt und kraft eigener Einsicht und Setzung etwas schafft, das die Weiterexistenz garantiert[28].

Der Umschlag aus dem Naturzustand in den neuen Zustand ist für Hobbes abermals kausal bedingt. Nur deshalb kann das im höchsten Maße Künstliche, das entstehen soll, nämlich Staat und Staatsgewalt, als absolut notwendig ausgegeben werden. Der Staat gilt als Folge einer Selbstgesetzgebung des Vernunftwillens, für die zugleich strikte Naturgesetzlichkeit beansprucht wird. Der Gründungsakt des »Leviathan« erhält dadurch zwingenden Charakter: Es handelt sich um das Ausführen von Naturgesetzen, die zwangsläufig aus dem Naturzustand folgen und gleichwohl – aufgrund willens- und vernunftbestimmter Praxis – gegen dessen Weiterbestehen gerichtet sind. Hobbes nimmt für diese Praxis folglich naturrechtliche Qualität in Anspruch. Naturrecht besagt jetzt Naturgesetzlichkeit durch mechanische (mit mechanischer Evidenz und Verbindlichkeit auftretende) Vernunftgesetzgebung.

Die zwangsläufige Selbstgesetzgebung des Vernunftwillens aller Menschen vollzieht sich in zwei wesentlichen Schritten:

1. Da nur im Frieden die Sicherheit menschlichen Lebens vor gewaltsamem Tod angesichts des allseitigen Machtstrebens gewährleistet ist, muß jedes Individuum mit allen Mitteln und unter allen Umständen Frieden suchen; der Friede wird zum absoluten Zweck des menschlichen Zusammenlebens.
2. Die Individuen müssen einen Vertrag schließen, in dem sie ihre friedensstörenden Ansprüche, d. h. aber ihre individuellen Rechte als solche aufgeben und einer souveränen Gewalt übertragen, die die egoistischen Bestrebungen in Schach zu halten und damit Frieden zu verbürgen vermag.

Die Gewalt steht ganz und gar im Dienst dieser Friedenssicherung und bleibt daran als an ihre einzige Bindung und Verantwortung geknüpft. Ansonsten muß sie

28 Vgl. dazu bes.: Thomas Hobbes, Leviathan (Anm. 22), Buch I, Kapitel 13.

schrankenlos souverän sein, um Egoismus, Machtstreben und Todesfurcht bannen zu können. Gemäß solch kausalmechanischer Begründung schlägt mit der Schaffung der absoluten Gewalt der radikale Individualismus, der Hobbes' anthropologischer Ausgangspunkt ist, in den radikalen Absolutismus seiner Staatstheorie um.

3.3 Absolutistische Staatstheorie

Der zu schließende Vertrag ist der Staatsvertrag, die zu schaffende absolute Gewalt ist die höchste Staatsgewalt. Wie sind sie des näheren beschaffen? In der Hobbesschen Vorstellung entsteht aus dem Staatsvertrag kausalmechanisch zunächst das Volk. Das Volk als die Zusammennahme der Individuen bliebe aber angesichts der immer wieder durchbrechenden Leidenschaften und Egoismen in seinem Bestand ungesichert, wenn es nicht eine Macht gäbe, die es zusammenhält, die die durch den Vertrag geschaffene Einheit schützt und gegen die anhaltenden egoistischen Bestrebungen gewaltsam durchsetzt. Diese Macht ist der Staat. Er ist die Institution, die – ganz auf der gedanklichen Linie, die Jean Bodin vorgegeben hat – mit dem Monopol der physischen Gewaltanwendung ausgestattet sein muß, um die Einheit des Volkes zu verbürgen. Durch den Staat und nur in einem Staat verwirklicht sich das Volk. Dessen Einheit besteht für Hobbes in nichts anderem als im Zustand des Friedens, der Staat in nichts anderem als in der friedenssichernden Gewalt.

Die Staatsgewalt muß so stark wie nur irgend möglich gemacht werden. Je stärker die Staatsgewalt ausgestattet ist, um so besser kann sie das Leben der Individuen schützen, das im vorausgehenden Naturzustand vom Kampf aller gegen alle beherrscht und damit in die tiefste Existenzkrise gebracht wird. Die Staatsgewalt ist aber nur dann stark, wenn sie in ihrer Macht – und das heißt auch: in ihrem eigenen Recht – unantastbar und souverän ist. Nur mit absoluter Souveränität vermag sie das bedrohte Leben der Individuen zu schützen. Diese Souveränität muß – wiederum ganz im Sinne Bodins – in der strengsten Weise verstanden werden: als wahrhaft absolute, losgelöst von allen Einschränkungen, die sie antasten könnten. Die Staatsgewalt ist der Souverän selbst.

Der gesamte Staatsvertrag verengt sich dann im Grunde bei Hobbes aber darauf, diese absolut souveräne Staatsgewalt zu konstituieren und zu legitimieren. Alle Individuen geben gegeneinander ihren egoistischen Willen auf und versammeln ihren Vernunftwillen darauf, den einen Willen zu schaffen, der jenen Frieden durchzusetzen hat, den alle vereinzelt nicht herzustellen vermögen. Dieser eine Wille geht kausalmechanisch aus dem Vertrag hervor. Er ist als neugeschaffene, in der Folge dann vom Willen der Individuen abgelöste Qualität der eigentliche Inhalt des Vertrages. Die Individuen selbst gewinnen mit dem Vertragsschluß keine eigene neue Qualität für sich (wie später Rousseau den Gesellschaftsvertrag denkt). Sie ordnen sich der mechanisch geschaffenen und nun abgelösten Qualität der Staatsgewalt und des Souveräns unter. Die Staatsgewalt ist Folge und Inhalt des Staatsvertrages zugleich.

Konsequent gilt für Hobbes, daß der Vertrag nicht etwa zwischen den Individuen und der Staatsgewalt auf Gegenseitigkeit geschlossen wird (wie im liberalen Trust-Gedanken bei John Locke): Kraft dessen wären dann Bürger und Staatsgewalt wechselweise einander verpflichtet und verantwortlich. Vielmehr wird die Staatsgewalt erst durch den Vertrag erzeugt und als Erzeugnis frei auf sich gestellt. So sind zwar die Individuen einander und der gemeinsam geschaffenen Staatsgewalt verpflichtet und verantwortlich, billigen und verantworten jedoch kraft des unbegrenzt geschlossenen Vertrages auch ein für allemal die Handlungen der damit geschaffenen Staatsgewalt. Ihr Wille ist in deren Willen übergegangen (er wird transponiert, geht nicht – wie bei Rousseau – als inhärenter Bestandteil in den Staatswillen ein). Als Ursache lebt der Wille der Individuen in dem neuen Willen fort und bestimmt ihn grundsätzlich zu seiner Aufgabe der Friedenssicherung; der neue Wille ist als Wirkung aber dann von dieser seiner Ursache losgelöst und unterliegt deshalb nicht einzelnen Bestimmungen seines Handelns durch die Individuen. Der Wille und die Handlungen der Staatsgewalt sind ihrerseits dem Willen der Individuen nicht mehr verantwortlich. Auf den neuen Willen ist alle Autonomie absolut übertragen. Seiner Souveränität schulden die Individuen als Untertanen absoluten Gehorsam. Opposition und Widerstand gegen die herrschende Staatsgewalt sind nicht erlaubt. Jede Art der Gewaltenteilung wird von Hobbes verworfen. Der Staatsgewalt stehen vielmehr alle institutionellen, materiellen und geistigen Mittel legitimerweise zur Verfügung, um ihren Willen im Interesse ihrer Aufgabe durchzusetzen. Sie vereinigt in ihrer Hand Gesetzgebung, Regierung, Rechtsprechung, auswärtige Gewalt, Militärgewalt, Zensur[29]. Jede Einschränkung dieser Kompetenz käme einer Einbuße an Souveränität und damit an der Fähigkeit zur Erfüllung des Staatszwecks gleich. Der »Leviathan« wird so wahrhaft zum »sterblichen Gott«[30].

Der Staat kann bei Hobbes die Form der Monarchie, der Aristokratie und der Demokratie haben. Ob die Staatsgewalt von einem Monarchen oder einer Versammlung ausgeübt wird, bleibt sekundär, solange sie einheitlich und mit absoluter Souveränität herrscht. Doch ist der Monarchie – wie bei Bodin – generell der Vorzug zu geben, da hier in einer Person der einheitliche Wille der Staatsgewalt zum Ausdruck kommt, während eine Versammlungsherrschaft leichter der Labilität verfallen kann. Den seit Aristoteles in der Staatstheorie heimischen Gedanken einer Mischverfassung lehnt auch Hobbes konsequent ab. Der Unterschied zwischen Monarchie und Tyrannis gerät Hobbes nun zu einer reinen Positions- und Ansichtssache: Die Herrschaftsausübung, die bestimmten individuellen Interessen zuwiderläuft, wird von diesen als tyrannisch denunziert; dieselbe gilt bei Übereinstimmung als weise Herrschaft. Auch der Usurpator der Staatsgewalt verdient Anerkennung, wenn er durch schweigende Zustimmung der Bevölkerung den einen Willen repräsentiert. Dann kann er ebenfalls absolute Souveränität in Anspruch nehmen. Mit dieser Haltung hat Hobbes auch die republikanische Gewaltherrschaft Oliver Cromwells unterstützt.

Die Staatsgewalt gebietet nach Hobbes schließlich über das Mittel, das auch in seiner Zeit noch das tiefgreifendste Instrument der geistigen und seelischen Beeinflussung des Volkes war: über die Religion. Hobbes weicht in dieser Frage von Bodin deutlich ab; nachdem er in seinem Jahrhundert weitere bittere Erfahrungen mit den Schrecknissen und politischen Zersetzungsfolgen konfessioneller Bürgerkriege hatte machen müssen, erscheint der Gedanke religiöser Toleranz für ihn abwegig. Hobbes fordert mit aller Bestimmtheit eine Staatsreligion – der gegenüber andere religiöse

29 Vgl. bes.: Thomas Hobbes, Leviathan (Anm. 25), Buch II, Kapitel 18.
30 Thomas Hobbes, Leviathan (Anm. 25), Buch II, Kapitel 17.

Bekenntnisse kein Recht behalten – und eine einheitliche Gestaltung der religiösen Erziehung und des Gottesdienstes. Der Antagonismus von Kirche und Staat wird beseitigt. Die souveräne Staatsgewalt hat sogar darüber zu befinden, ob etwas Religion genannt zu werden verdient oder nicht. Dies obliegt ihr in jedem Staat neu und anders.

Generell definiert Hobbes aus der Perspektive seiner Anthropologie und Staatstheorie Religion als die Furcht vor jenseitigen Mächten. Diese werden vom Staat als verehrungswürdig anerkannt, sofern ihre Verehrung zur Aufrechterhaltung der öffentlichen Ordnung dient. Alles andere gilt als Aberglaube. Das Kriterium für Religion oder Aberglauben liegt folglich nicht in der Artikulation der religiösen Haltung selbst und erst recht nicht im Wahrheitsgehalt des Geglaubten, sondern in einer faktisch-willentlichen Setzung seitens der souveränen Gewalt und im Namen der Staatsräson. Dann kann in dem einen Staat eine Konfession als Religion gelten, die in einem anderen Staat mit demselben Recht zum Aberglauben erklärt wird, und umgekehrt. Die darin zum Ausdruck kommende Gleichgültigkeit gegenüber den internen Geltungsansprüchen der Religion als solcher hat Hobbes die Feindschaft des anglikanischen Klerus in England und die Anklage des Atheismus eingetragen.

Hobbes glaubt seine Theorie der absoluten Staatsgewalt mit dem Freiheitsgedanken verbinden zu können. Es ist jedoch zu beachten, daß er Freiheit kausalmechanisch auslegt. Freiheit ist Freiheit von äußerer Behinderung, als welche sie im Willkürkampf aller gegen alle gerade gefährdet ist. Hobbes versteht Freiheit nicht als Willensfreiheit; sie beschränkt sich auf den Spielraum des Handelns, der den Bürgern innerhalb der staatlichen Gesetze bleibt: Freiheit existiert nur im Rahmen dessen, was durch ein Gebot bzw. Verbot geregelt ist und nur innerhalb des unbedingten Gehorsams der Untertanen. Da der Staat aber nicht jede Handlung eines jeden Menschen vorschreibt, ist der von staatlichem Eingriff nicht geregelte Raum frei zu nennen. Er wird durch die staatlichen Gesetze eingeräumt, da diese vor der Bedrohung durch die Willkür eines anderen Willens schützen.

Das, was der Staat tut, gilt nicht als die Beliebigkeit einer Willkür, sondern als der eine Wille, den alle begründet haben. Dieser Wille umgrenzt die Freiheit und befindet über sie, über ihren Raum. Freiheit ist somit nur Freiheit von (individueller) Willkür. Hobbes' Verständnis bietet gerade keine Sicherung gegen Manipulationen der Staatsgewalt bei der Definition des Freiheitsspielraums, somit keine Handhabe gegen staatliche Willkür, Despotie und Tyrannis. So hat Hobbes tatsächlich seine Hand geliehen zur theoretischen Unterstützung der absoluten Willkürherrschaft der Krone wie der republikanischen Diktatur (ohne Parlament und ohne unabhängige Gerichtsbarkeit). In Großbritannien traten jedoch Bestrebungen auf, das Parlament als Vertretung der Gesellschaft und des Volkes gegen die absolute Staatsgewalt wieder ins Spiel zu bringen. Dieses Ziel verfolgte vor allem die Gruppe der Whigs (die Partei der liberalen Aristokraten) unter Führung des Lords Shaftesbury. An dessen Seite steht John Locke. Er wird in Großbritannien und dann für die europäische wie für die nordamerikanische Geschichte der Begründer einer Theorie des liberalen Rechtsstaates.

Hobbes' Theorie zeigt mit exemplarischer Stringenz, wie ein verabsolutiertes Bestreben, das bloße Überleben garantieren zu wollen, politische Freiheit außer Kraft setzt, damit aber auch die Fähigkeit einer verläßlichen Sicherung des Überlebens für die Individuen verspielt. Die Individuen haben sich bei Hobbes, da sie ganz und gar ihrer Existenzangst folgen, der Kompetenz begeben, selbst darüber (mit)zubefinden und in konkreten Situationen zu beurteilen, wann, in welcher Weise und durch wen ihr Leben bedroht oder geschützt wird. Diese Kompetenz ist vollständig an die Staatsgewalt übergegangen, die deshalb, weil sie alle Rechte zugesprochen erhält, per definitionem kein Unrecht begeht und somit frei von rechtlichen und moralischen Bindungen über die Untertanen verfügen kann. Es bleibt der Willkür und dem Zufall überlassen, was die Untertanen zu ihrer eigenen freien Verfügung behalten. Auch die Festlegung der Staatsgewalt auf die Pflicht der Friedensgewähr beseitigt Willkür und Zufall nicht, weil der diese Verpflichtung beinhaltende Staatsvertrag Fiktion ist und sich bei Hobbes – anders als bei Locke, Rousseau oder Kant – nicht etwa in einer Verfassungsgesetzgebung konkretisiert. Folglich entscheidet die Staatsgewalt in prinzipiell unbeschränkter Autonomie selbst darüber, was solche Friedensgewähr konkret bedeutet, wie sie politisch realisiert wird und was dafür zu tun ist, ohne daß eine legale Opposition oder legitimer Widerstand sie dabei beeinflussen könnten. Daher ist es im Ansatz verfehlt, Hobbes politische Theorie als bürgerliche Theorie (so insbesondere seit Franz Borkenau), als (Schutz-)Theorie des bürgerlichen Besitzindividualismus (Crawford B. Macpherson) oder gar als die »beste« liberale Theorie – im Sinne liberaler Ordnungspolitik moderner denn die der »professionellen Liberalen« (Michael Oakeshott, Bernard Willms u. a.) – zu interpretieren. Sie ist in der Intention wie im Ergebnis nichts anderes als hochabsolutistische Staatstheorie, Theorie der Legitimation absoluter Staatsgewalt, Theorie des despotischen Machtstaats.

3.4 Spinoza

Ein Staatstheoretiker, der Thomas Hobbes anthropologische Grundsicht weitgehend teilt und aus ihr auch ähnliche Folgerungen für die vertragstheoretische Konstitution der Staatsgewalt zieht, der aber doch zu einer modifizierten Aufgabenbestimmung für den Staat gelangt und eine insgesamt freiheitlichere Variante zur Hobbesschen Legitimation des Absolutismus formuliert, ist der jüdische holländische Philosoph iberischer Abstammung Baruch de Spinoza (1632–1677).

1656 wegen religiöser Irrlehren aus der jüdischen Gemeinde ausgeschlossen, 1660 aus seiner Geburtsstadt Amsterdam verbannt, hatte Spinoza in den von heftigen innercalvinistischen Fehden beherrschten Niederlanden unter massiver Intoleranz zu leiden. Er fand dort aber auch die Unterstützung gemäßigterer Kreise um den leitenden Staatsmann Jan de Witt (1625–1672, Führer der republikanisch-ständischen Partei, seit 1653 Ratspensionär Hollands). Insgesamt herrschte in den Niederlanden jedoch ein freieres Klima als zur gleichen Zeit in England oder Frankreich. Dieser Umstand hat Spinozas politische Grundintentionen trotz des nachhaltigen Eindrucks, den Hobbes' *Leviathan* auf ihn ausübte, mitbestimmt. Die Spannbreite der Einflüsse kommt in seiner politischen Theorie zum Ausdruck, die im *Tractatus theologico-politicus* von 1670 und im 1677 postum erschienenen Fragment *Tractatus politicus* niedergelegt ist. Sie bewirkt, daß diese Theorie trotz Spinozas Versuchen, sie ebenfalls streng kausalmechanisch nach naturwissenschaftlichem Vorbild zu entwickeln, keineswegs frei von zahlreichen Widersprüchen ist[31].

---

31 Baruch de Spinoza, Opera, hrsg. von der Heidelberger Akademie der Wissenschaften, Heidelberg 1925; Tractatus Theologico-Politicus/Theologisch-Politischer Traktat, lateinisch-

Spinoza sieht wie Hobbes den Menschen im Naturzustand ganz von seinen Leidenschaften affiziert. Die Leidenschaften folgen der natürlichen Tendenz alles Seienden, sich zu erhalten. Der Mensch ist nicht besser als die übrige Natur. Sein Wesen ist aber dadurch spezifisch bestimmt, daß er sein Leben als individuelle Existenz führt. Die natürliche Tendenz zur Selbsterhaltung äußert sich bei ihm im Streben nach individueller Selbstbehauptung. Das treibt die Menschen im Naturzustand feindlich gegeneinander, da sie als Individuen ihr Leben auf verschiedene und vielfach gegensätzliche Weise bestreiten. Sie verfolgen ihr natürliches Recht durch Begierde und Machtstreben. Die Folge des dadurch vermittelten sozialen Zusammenhangs liegt – ganz wie bei Hobbes – zunächst darin, daß die Menschen in Furcht voreinander leben müssen. Sie sind im Naturzustand auf ihre individuelle Existenz zurückgeworfen und darin im Grunde einsam und elend.

Ein erster Unterschied gegenüber Hobbes zeigt sich jedoch schon in Spinozas Naturzustandsvorstellung. Die Menschen sind aus Selbsterhaltungstrieb auch von der natürlichen Hoffnung getragen, ihr Los zum Besseren wenden zu können. Dabei können sie sich der Hilfe der Vernunft bedienen, die zwar auch hier instrumental verstanden wird, jedoch nicht wie bei Hobbes nur zum Mittel einer geradezu verzweifelten Ausflucht gereicht – der Unterwerfung unter die lebensrettende absolute Staatsgewalt. Für Spinoza gewinnt die Vernunft erheblich positivere Bedeutung. Sie wird im Menschen zu der Kraft, vermöge derer er das Sein und die Gesetzlichkeit der Natur im Ganzen erkennt. In der Natur wirkt Gott als die Substanz aller Dinge; er erweist sich als das Wirkprinzip *(natura naturans)* der Dinge (der *modi*), so daß er mit der Natur im Wesen identisch ist *(deus sive natura):* Es ist dieser philosophische Pantheismus, der Spinoza den Vorwurf des Atheismus seitens der Amsterdamer Jüdischen Gemeinde eingetragen hat und später beim Erscheinen seines *Tractatus theologico-politicus* allgemeine Empörung auslöste.

Die Vernunft erkennt in der Konzeption Spinozas die Selbsterhaltung als das Grundprinzip der Natur, dem jedes Seiende in der ihm spezifisch eigenen Weise zu folgen hat. Sie erschließt sich daraufhin die besondere menschliche Möglichkeit, die eigene natürliche Lage zu verbessern, sich im Leben zu steigern und Not und Furcht zu wenden. Die Vernunft wird somit zum Herrschaftsinstrument des Menschen; sie bringt ihn zum Selbstbewußtsein. Es kommt darauf an, ein Leben gemäß der Vernunft und nicht in der Versklavung an die Leidenschaften zu führen. In der Ausrichtung auf die lebensgestaltende Kraft der Vernunft erschließt sich Spinoza eine von Hobbes' *Leviathan* wegführende Perspektive. Sie zielt auf eine qualitative Veränderung im Leben der Menschen und ereignet sich in ihrem bewußten, vertraglich geregelten und vernunftgemäßen sozialen Zusammenschluß. Dieser findet seine institutionelle Form im Staat. Die Menschen treten, von Furcht und Hoffnung zugleich geleitet, kraft eines positiven, die Not wendenden, deshalb notwendigen, aber doch einsichtsvollen und insofern auch freien Vernunftentschlusses aus dem *status naturalis* in den *status civilis*. Im staatlichen Zustand soll die Furcht wirksam von ihnen genommen sein, die Hoffnung auf Sicherheit und Frieden sich dagegen erfüllen.

---

deutsche Ausgabe, hrsg. von Günter Gawlick und Friedrich Niewöhner, Darmstadt 1978; Abhandlung vom Staat (Tractatus politicus), hrsg. von Carl Gebhardt, Leipzig 1907; Ethik nach geometrischer Methode dargestellt (Ethica more geometrico), hrsg. von Otto Baensch, Leipzig 1905.

Das bedeutet einerseits, daß dem Staat alle Kompetenz und Macht zuwachsen muß, diese Aufgabe zu erfüllen. Die Individuen begeben sich deshalb wie bei Hobbes aller egoistischen Rechte des Naturzustandes, um sie für ein neues gemeinschaftliches Recht einzutauschen. Zunächst tritt damit der Staat wie bei Hobbes (und Bodin) als die absolute, legitime und allein legale Gewalt hervor, auf die alles Recht übergeht. Aber zugleich muß den Individuen Spinoza zufolge die Freiheit erhalten bleiben, in der staatlichen Gemeinschaft an der Gestaltung des gemeinsamen Rechtes mitzuwirken (sie sollen zu Rate gezogen werden).

Deshalb spricht Spinoza sich beim Vergleich der Staatsformen (Monarchie, Aristokratie, Demokratie) für die Demokratie als insgesamt beste Staatsform aus. Er versteht sie als strikte Mehrheitsherrschaft, die aber die Gleichheit und Gleichberechtigung der Bürger im Prinzip wahrt. In ihr gilt dann der Grundsatz, daß die Bürger als Untertanen den mehrheitlich gefaßten Beschlüssen zu gehorchen haben (mögen diese im einzelnen auch schlecht und widersinnig sein). Gegenüber den Mehrheitsentscheidungen besteht kein Widerstandsrecht, wie es überhaupt kein vor- und außerstaatliches Recht mehr gibt. Doch gleichzeitig fordert Spinoza Glaubens-, Meinungs- und Redefreiheit als Voraussetzungen dafür, daß eine echte, auch kritische Mitwirkung der Bürger an der staatlichen Rechtsfindung möglich wird. Mehrheitsbeschlüsse sollen revidiert werden können, wenn bessere Einsicht sich zeigt. Andererseits kann die Mehrheit verbindlich auch über die Staatsform befinden, d. h. sie gegebenenfalls ohne besondere Vorkehrungen ändern.

Genauere Strukturen hat Spinoza gerade für die Demokratie nicht mehr entwickeln können. Der Vorrang der Demokratie wird von ihm dadurch wieder relativiert, daß er am ehesten bei der Mitwirkung des Volkes eine Mischung des gehörigen Vernunftgebrauches mit der vehementen, oftmals unqualifizierten Äußerung von Leidenschaften gegeben sieht. Einerseits erblickt er eben darin – durchaus positiv – eine besonders große Nähe zum Naturzustand. Die Demokratie ist also die natürlichste, insofern die naturgemäßeste Staatsform. Andererseits soll der Naturzustand ja gerade zugunsten möglichst weitgehender Vernunftherrschaft überwunden werden. Die ständige Gefahr des Überhandnehmens der Leidenschaften wirft insoweit auch einen starken Schatten auf die Demokratie.

Immer wieder bricht bei Spinoza das Bedürfnis, Ruhe und Ordnung, Frieden und Sicherheit gewährleistet zu sehen, so sehr durch, daß er einer drakonischen Beschränkung individueller Willkür durch die Ordnungsmacht des absoluten Staates das Wort zu reden scheint. Der Staat kann nicht unrechtmäßig handeln, ihm erlaubt sein Recht nahezu alles (nur nicht die Beseitigung der geistigen Freiheit). Doch Spinozas Freiheits- und Toleranzverlangen möchte solchen Absolutismus zugleich demokratisch füllen: ein spannungsreicher Widerstreit, der nicht zum klaren Ausgleich gebracht ist.

Spinoza wird deshalb nicht zu Hobbes' eigentlichem Antipoden; er begründet eher eine demokratische Variante im Rahmen der Theorie der absoluten Staatsgewalt, eine Variante, die in einigen Zügen bereits auf Rousseau vorausweist, ohne aber mit dessen hermetischer Theorie der *volonté générale* identisch zu sein. Bei Spinoza gehen die Bürger nicht wie bei Rousseau als integraler Teil in den Gemeinwillen ein, so daß sie sich jederzeit aktiv politisch zu betätigen haben, um dadurch eine neue – sittliche – Qualität ihres Menschseins zu finden – unter Preisgabe ihres Egoismus. Spinoza ist zu sehr auf die Freiheit des Denkens bedacht, um eine solche

Identifikation des Individuums mit dem Staat ins Auge zu fassen. Der Staat muß gerade auch die Freiheit im Sinne individueller Unabhängigkeit vor zu starker öffentlicher Zumutung schützen. In Spinozas Denken steckt somit ein durchaus liberaler Zug[32]. Doch ist dieser in seiner politischen Theorie nicht so fundamental geworden, um die Hinwendung zur absolutistischen Staatslehre (in der demokratischen Variante) deutlich zu vermeiden.

Spinozas Theorie ist weder völlig absolutistisch noch ganz eindeutig demokratisch oder entschlossen liberal. Sie stellt eine Mischung dieser Elemente ohne hinreichend klare Zuordnung dar. Es ließe sich auch sagen, Spinoza sei in der Geschichte der politischen Theorien eine große Figur des Übergangs. Er kommt aus dem Umkreis des Absolutismus und weist hinüber in die Epoche liberalen und demokratischen politischen Denkens, dessen eigentliche Begründer aber schon in das Zeitalter der Aufklärung gehören: John Locke, Charles de Montesquieu, Jean-Jacques Rousseau und Immanuel Kant. Diese stehen in den folgenden Abschnitten im Mittelpunkt der Erörterung. Der erste von ihnen, John Locke, ist im selben Jahr wie Baruch de Spinoza geboren: 1632. Mit seinem geistigen und politischen Wirken eröffnet sich gleichwohl eine ganz neue Entwicklung – ein neues Paradigma – in der politischen Theoriegeschichte: die Grundlegung des freiheitlichen Rechts- und Verfassungsstaates. Erst Locke wird zum fundamentalen Antipoden des Absolutismus, nicht schon Spinoza (oder Grotius oder Althusius).

4. John Lockes Grundlegung des freiheitlichen Rechts- und Verfassungsstaates

4.1 Lockes Wirken und seine Vorläufer

John Locke steht zunächst, in seinen jungen Jahren, unter dem Einfluß des Hobbesschen *Leviathan,* der in London veröffentlicht wird (1651), als Locke 20 Jahre alt ist. Vorher hatte Locke, der als Sohn eines Rechtsgelehrten und Gerichtsbeamten in Wrington bei Bristol geboren wurde, die berühmte aristokratische Westminster School durchlaufen, wo er streng royalistisch erzogen wurde. Wie Hobbes studiert er in Oxford und kommt dort mit der scholastischen Lehrtradition in Berührung, die ihm genausowenig behagt wie Hobbes. Aber Locke wendet sich nicht so sehr gegen die theologische und metaphysische Begründung dieser Tradition, sondern vor allem gegen ihre starre, schulhafte, in seinen Augen abstrakte Methode. Nach dem Studium der Philosophie wendet er sich zunächst der Medizin und den Naturwissenschaften zu und wird gerade in diesen Disziplinen ein Anhänger empirischer Forschung und Methodik. Locke wird Arzt, und als solchem geht es ihm um konkreten Befund und empirisches Experiment, ein Interesse, das ihn dann auch bei seinen späteren philosophischen und politiktheoretischen Bemühungen leitet. Zunächst aber steht er

32 Auch in seinem eigenen Verhalten läßt sich ein liberaler Impuls nachweisen: Um seine persönliche Unabhängigkeit zu wahren, hat Spinoza 1673 einen Ruf an die Universität Heidelberg abgelehnt und sich weitgehend damit beschieden, als Scherenschleifer in Den Haag seinen Lebensunterhalt zu verdienen.

politisch noch ganz im Banne der rationalistischen Staatstheorie von Thomas Hobbes. Er erlebt die Herrschaft Cromwells (1649–1658) und 1660 die Restauration der absoluten Monarchie der Stuarts, der er in Hobbes' Gefolge zunächst unbedingte Hörigkeit entgegenbringt. In einem Oxforder Kreis von Naturwissenschaftlern der empirisch-experimentellen Interessenrichtung unter Führung von Robert Boyle gewinnt er dann mehr und mehr Distanz von dieser Orientierung.

Das verstärkt sich, als der Earl of Shaftesbury Locke als Arzt in sein Haus holt (seit 1667). Shaftesbury, Führer der Whigs, war in der Zeit seit dem Bürgerkrieg (1642–1649) der politische Vorkämpfer für die Wiedergewinnung der Rechte des Parlaments gegen die absolute Macht der Krone, gegen Unterdrückung, Willkürherrschaft und Intoleranz. Durch Shaftesbury wird Locke veranlaßt, sich vornehmlich mit politischen und philosophischen Fragen zu beschäftigen. Zugleich gewinnt er als Ratgeber großen Einfluß auf den Lord und auf die Politik der Whigs. Literarische Früchte dieser Stellung und Tätigkeit sind Lockes wichtigste Werke, die allerdings erst nach der Glorious Revolution von 1688 veröffentlicht werden können: zuerst der *Essay concerning Toleration* (entstanden 1668), sodann der *Essay concerning Human Understanding* (1671, das philosophisch-erkenntnistheoretische Hauptwerk) und schließlich die *Two Treatises of Government* (seit 1679)[33].

In einer vorübergehenden Periode der innenpolitischen Auflockerung wird Shaftesbury Lordkanzler (1672) und Locke zeitweise (Staats)Sekretär erst für Kirchenfragen, dann für Handelsfragen. 1673 wird Shaftesbury entlassen und Oppositionsführer, 1677/78 verhaftet, dann aber zum Präsidenten des Staatsrats ernannt, schließlich wieder verhaftet, vor Gericht gestellt, dort jedoch freigesprochen (1682). Er begründet eine Verschwörergruppe gegen Karl II. Stuart. Die Verschwörung wird aufgedeckt, und Shaftesbury muß nach Holland fliehen, wo er 1683 stirbt. Auch Locke geht nach Holland ins Exil. Dort arbeitet er an den *Two Treatises of Government* weiter. Vor allem wird jetzt als zweite die Abhandlung verfaßt, die später als der erste Teil veröffentlicht wird: die detaillierte und etwas mühsame kritische Auseinandersetzung mit Sir Robert Filmers *Patriarcha or the Natural Power of Kings* von 1680, einer Rechtfertigungsschrift für die absolute Monarchie, die in der Nachfolge Jakobs I. patriarchalisch interpretiert wird. Lockes' Werk richtet sich aber im Grunde gegen Hobbes, obwohl Filmer und Hobbes in der Begründung des Absolutismus (patriarchalisch-traditionell versus rationalistisch-modern) große Unterschiede aufweisen.

1688 wendet sich das Blatt der britischen Geschichte. Die Aristokraten der Whigpartei, vor allem Shaftesbury, hatten schon seit Jahren Kontakt mit dem Niederländer Wilhelm von Oranien aufgenommen. Dieser war mit den Stuarts dynastisch verbunden, aber zugleich in seiner streng protestantischen und konstitutionellen Gesinnung ihr scharfer Widerpart. Auf Aufforderung der Aristokraten (einschließlich solcher von Toryseite) landet Wilhelm mit Marine und Heer in England. Dort erhebt sich ein Aufstand über das ganze Land gegen den letzten (katholischen) Stuart Jakob II., so daß dieser abdanken muß. Ohne daß es zu Blutvergießen

---

33 John Locke, The Works, London 1853; The Philosophical Works, London 1854; Two Treatises of Government, hrsg. von Peter Laslett, Cambridge 1960; Über den menschlichen Verstand, Hamburg 1976 (Philosophische Bibliothek Meiner); Zwei Abhandlungen über die Regierung, hrsg. von Walter Euchner, Frankfurt-Wien 1967; Ein Brief über Toleranz, englisch-deutsch, hrsg. von Julius Ebbinghaus, Hamburg 1966.

gekommen wäre, besteigt Wilhelm von Oranien als Wilhelm III. den Thron, um eine Herrschaft zu begründen, die durch das legale Wechselspiel von Krone und Parlament gekennzeichnet ist. Damit beginnt die moderne politische Geschichte Großbritanniens, die es allmählich zum Vorbild eines demokratisch-parlamentarischen Staatswesens hat werden lassen. Die Form der konstitutionellen Monarchie entspricht zunächst weitgehend der Art, in der sie Locke in den Jahren zuvor theoretisch konzipiert hatte.

Die große Zeit von Lockes Wirkung beginnt jetzt. Locke kehrt nach England zurück. Seine Werke können nun veröffentlicht werden und gewinnen schnell Berühmtheit: nicht nur die *Two Treatises,* sondern auch das philosophische Hauptwerk *Essay Concerning Human Understanding* (als Grundlegung empiristischer Erkenntnistheorie). Außerdem erscheinen jetzt vier Briefe über Toleranz (unter ihnen ist der erste – die im holländischen Exil 1685/86 geschriebene *Epistola de tolerantia* – besonders wichtig).

Locke bekommt den Botschafterposten beim Kurfürsten von Brandenburg angeboten, doch muß er wegen schlechten Gesundheitszustandes ablehnen. So lebt er in dieser Zeit seines beginnenden Ruhmes persönlich zumeist zurückgezogen auf dem Lande, beschäftigt mit der Abfassung theologischer Schriften. Er stirbt 1704.

Seine unmittelbare historische Wirkung geht allerdings über den indirekten Einfluß auf die Gestaltung der britischen Geschichte hinaus. Locke hat bereits 1668 mit Shaftesbury und anderen Whigs eine Verfassung für die nordamerikanische Kolonie Carolina konzipiert und ist in der Folgezeit für die amerikanischen Verfassungsväter zu dem wohl wichtigsten geistigen Anreger geworden. In Nordamerika ist sein unmittelbares Fortwirken noch stärker zu veranschlagen als in der weiteren Geschichte Großbritanniens, das den Weg der parlamentarischen Demokratie über die konstitutionelle Monarchie hinaus eingeschlagen hat. Das amerikanische Präsidialsystem stellt dagegen im Grunde die Übertragung der konstitutionellen Monarchie auf die Verhältnisse des neuen Kontinents dar.

John Locke ist zwar der philosophisch gründlichste, methodisch überlegteste und politisch wirkmächtigste Verfechter des freiheitlichen Rechts- und Verfassungsstaates und der konstitutionellen Monarchie im 17. Jahrhundert, aber nicht der erste. Wichtige Vorläufer findet er in Henry Parker (1604–1652), in dem Dichter John Milton (1608–1674), in einem Protagonisten der puritanischen und radikal republikanischen *Levellers* wie John Lilburne (1616–1657) oder in dem konservativeren Republikaner James Harrington (1611–1677), auf die sich die Amerikanische Revolution ebenfalls namentlich berufen hat. Im Ganzen sind deren politische Theorien jedoch nicht entscheidend über Locke hinaus tradiert worden.

Ihre Schriften und Werke haben stimulierend während des englischen Bürgerkrieges und kritisch und oppositionell zur Zeit der Cromwellschen Diktatur gewirkt. Sie wenden sich gleichermaßen im Namen der Volksfreiheit gegen den monarchischen wie gegen den republikanischen Absolutismus. Das freie Volk soll durch Vertrag ein konstitutionelles Bündnis mit der Staatsspitze, sei sie republikanisch gewählt oder notfalls auch erbmonarchisch besetzt, eingehen, aus dem ein gewaltenteiliges Verhältnis zwischen dem freien – seinerseits durch regelmäßige Volkswahl zu kontrollierenden – Parlament und der Exekutive zu folgen hat. Die genaueren Konstruktionen dafür variieren und sind sehr zeitgebunden. Erst Lockes Vorstellungen haben langfristigere Geltungskraft erlangt.

Allerdings hat bereits der den *Monarchomachen* verwandte John Milton das Widerstandsrecht gegen Tyrannen ausgedehnt auf das Recht des Volkes, über seine Regierung von Zeit zu Zeit frei zu entscheiden. Insofern faßt er schon eine grundsätzliche, wenn auch nicht verfassungspraktisch verankerte Verantwortlichkeit der Regierung gegenüber dem Parlament ins Auge. James Harrington formt in seinem als Utopie formulierten Werk *The Commonwealth of Oceana* (1656) die bis dahin primär auf die technische Machbarkeit einer quasikommunistischen Gleichheitsgesellschaft ausgerichtete utopistische Tradition (Thomas Morus, 1478–1535; Francis Bacon, 1561–1626; Thomas Campanella, 1568–1639) um. Bei ihm findet sich das doch recht realistische, am historischen Modell der Republik Venedig gewonnene Konzept einer gewaltenteiligen Mischverfassung, in dem es um die Herstellung eines Gleichgewichts demokratischer, aristokratischer und monarchischer Elemente geht. Diese Autoren haben somit starke Anregungsfunktion für die späteren Revolutionen, aber auch schon für die politische Theorie John Lockes gehabt. Die *Levellers* wiederum nehmen teilweise Lockes Eigentumsvorstellung (Umwandlung des Gemeineigentums durch Arbeit zum Privateigentum) vorweg, die wir im folgenden darzulegen haben.

4.2 Lockes Menschen- und Gesellschaftsbild

Für John Locke ist der Mensch (wie für den großen Antipoden Thomas Hobbes) zuerst und vor allem Individuum. Bei Locke erscheint die individualistische Sicht des Menschen insofern jedoch besonders ausgeprägt, als sie sich durch alle seine sozial- und politiktheoretischen Aussagen und Folgerungen strikt als der leitende Ansatz durchhält. Locke hat an Hobbes die Gefährlichkeit des Umschlags eines Individualismus pessimistischen Grundcharakters in einen alle Rechte des Individuums auslöschenden Staatsabsolutismus gesehen. Sein ganzes Denken ist gegen diesen Staatsabsolutismus zugunsten des Schutzes der individuellen Freiheit gerichtet. Das Bedenkliche an Hobbes (aus der Perspektive des Individualismus) war die strenge Abfolge der Gedankenkette Individuum – Natur – Staatsvertrag – Staatsomnipotenz. Weil der Mensch als das Individuum, als welches ihn auch Hobbes anerkennt, die ihm gesetzte Aufgabe der Übermächtigung der Natur – der Befreiung von der umschließenden Natur – nicht zu erfüllen vermag, muß er ihre erfolgreiche Verwirklichung erkaufen durch die Aufgabe aller individuellen Rechte an die Staatsmacht. Der Staatsabsolutismus muß das bewerkstelligen, was eigentlich der Mensch als Individuum zu leisten hätte. Die absolute Staatsgewalt wird als die Macht konstruiert, die die Ordnung des Zusammenlebens nach festen Regeln organisiert, um den Menschen Bestand, Sicherheit, Ruhe, Wohlfahrt, Herrschaft über die Natur und Schutz vor ihrer Bedrohung zu garantieren. Was diese Staatsgewalt selbst an Bedrohung für das Individuum darstellen kann, nimmt Hobbes' streng naturwissenschaftlich schlußfolgerndes Denken nicht wahr.

Hier setzt Lockes von politischer Erfahrung diktiertes Interesse ein. Er wendet sich immer wieder scharf gegen den Widersinn solcher kausalgesetzlichen Schlußfolgerungen, die am Ende etwas Schlimmeres zeitigen, als am Anfang zu überwinden war. Die Staatsform der absoluten Monarchie oder der absolutistischen republikanischen Diktatur (Cromwell) – beide von Hobbes unterstützt – ist für Locke etwas viel Schlimmeres als der (von Hobbes so gedeutete) Naturzustand des Kampfes aller gegen alle; denn im Naturzustand vermag jedes Individuum sich immerhin sein Recht zu nehmen. Unter der absoluten Staatsgewalt hat niemand mehr einen Rechtsanspruch.

Wenn nun die Hobbesschen Paradoxien im Interesse des Individuums vermieden werden sollen, dann ist es konsequent, daß Locke schon die anfängliche Stellung des Individuums im Naturzustand in einem anderen Lichte als Hobbes deutet, besonders was das Verhältnis der Individuen zueinander angeht. Der Naturzustand ist nicht so sehr durch ein hartes Gegeneinander (des Stärkeren gegen den Schwächeren), sondern durch ein Nebeneinander der Individuen in prinzipieller Gleichheit charakterisiert. Die Individuen verfügen über generell gleiche Wesensmerkmale und Fähigkeiten, vor allem hinsichtlich der spezifischen Fähigkeit des Vernunftgebrauchs. Jeder Mensch ist Vernunftwesen und als solche sind alle Menschen von fundamentaler Gleichheit.

Locke vertritt erstmals innerhalb der Geschichte des politischen Denkens – nach Descartes auf der allgemein philosophischen Ebene – die Gewißheit, daß der Mensch nicht nur grundsätzlich das ausgezeichnete Vernunftwesen ist, sondern auch in allem Denken und Handeln über die Fähigkeit des Vernunftgebrauchs verfügt. Diese ist allerdings sehr wohl begrenzt durch die stets zu beachtende Endlichkeit, Bedürftigkeit und Schwachheit des Menschen. Lockes Gewißheit bezieht sich grundsätzlich auf alle Menschen und stellt sie zunächst abstrakt in der ihnen zukommenden wesensmäßigen Gleichheit nebeneinander. Ihre soziale Verflechtung und die vielfältigen Formen der Über- und Unterordnung, der Rollenverteilung, der speziellen gesellschaftlichen Funktionen, der Arbeitsteilung usw. sind nicht das Erste, was in den Blick gelangt. Soweit dies geschieht, handelt es sich um sekundäre, abgeleitete Phänomene, die teilweise als vermeidbare oder wenigstens meisterbare Übel erscheinen. Die sozialen Ungleichheiten und gesellschaftlichen Differenzierungen können vom Prinzip der Gleichheit der Individuen her eingedämmt und in ihrer Sprengkraft gemildert werden. Die gesamte Staatslehre John Lockes bleibt bis in alle Einzelheiten und Folgerungen konsequent individualistische Staatslehre, basierend auf einer Kombination von Vernunftglauben und Gleichheitsprinzip als den bestimmenden Faktoren seines Menschen- und Gesellschaftsbildes.

Die von Locke im Naturzustand gedachte Gleichheit ist die Gleichheit freier Individuen. Diese bedürfen in ihrer Endlichkeit zugleich des Schutzes ihrer Gleichheit wie auch ihrer Freiheit; daher sind die Individuen aufeinander angewiesen. Aufgrund dessen kann die individuelle Freiheit *(liberty)*, wie Locke im § 6 seines *Second Treatise of Government* (der zweiten, seine eigene politiktheoretische Konzeption entwickelnden Abhandlung über die Regierung) betont, im Anfang und in ihrem Kern nicht mehr als absolute Freizügigkeit und Zügellosigkeit *(licence)* mißverstanden werden. Sie ist vielmehr von Anfang an beschränkt und zugleich inhaltlich bestimmt durch das Erfordernis, die Freiheit der anderen Individuen und ihre gleichen Rechte zu achten. Deshalb verbindet die individuelle Freiheit sich für Locke durchaus mit einem natürlichen Bedürfnis nach Gerechtigkeit und Liebe im Verhältnis zu anderen Individuen[34]. Der Naturzustand enthält bereits die positive Spannung von Individualität und Gesellschaftlichkeit des Menschen, von Pluralität und Einheitsverlangen als dem zentralen Grundzug der Natur endlicher vernünftiger Wesen.

---

34 John Locke, Zwei Abhandlungen über die Regierung (Anm. 33), Buch II, § 4 und 5.

Locke sieht von vornherein, wenn auch nur in ganz rudimentärer Form, mehrere leitende Antriebe in der Natur des Menschen angelegt (Freiheit, Gleichheit, Gerechtigkeit und Liebe). Demgegenüber kennt Hobbes nur den einen alles beherrschenden Machttrieb.

Die anthropologische Beschaffenheit des Individuums und sein Lebensvollzug werden auch bei John Locke jedoch zunächst nicht weiter im Hinblick auf das andere Individuum, die anderen Menschen und die Gesellschaft betrachtet, sondern aus seiner Stellung und in seinem Verhalten zur Natur begründet. Was an Bezügen des Individuums zum anderen Menschen noch in den Blick gelangt, ergibt sich erst als Folge der Bestimmung des Verhältnisses von Mensch (Individuum) und Natur. Dieses Verhältnis und damit das Verhältnis von menschlicher Subjektivität und welthafter Objektivität bleibt auch bei Locke – und weiterhin das 18. Jahrhundert hindurch – das beherrschende Problem des philosophischen Denkens. Es ist die Ausgangsfrage der politischen Philosophie, erfährt allerdings immer wieder eine andere Auslegung. Bei Locke ist dieses Verhältnis im wesentlichen dadurch gekennzeichnet, daß der Mensch die Natur bearbeitet und sie kraft dessen in Besitz nimmt und beherrscht. Der Mensch wird zum ersten Mal ausdrücklich als Wesen der Arbeit, die Natur als Feld und Material der Bearbeitung durch den Menschen gedeutet[35]. Locke prägt damit sozialanthropologische Vorstellungen, die später von der liberalen britischen Nationalökonomie (besonders von Adam Smith) weiterentwickelt und auch von Karl Marx, schließlich vom gesamten Marxismus – trotz aller kritischen Auseinandersetzung mit den liberalen Grundpositionen – in die eigene Anthropologie zentral aufgenommen wurden.

Wie bestimmt nun Locke im einzelnen die Arbeit und welche Folgerungen ergeben sich daraus für das menschliche Leben, die Gesellschaft und ihre Ordnung (Politik)? Locke geht davon aus – das sagt ihm die Vernunfterkenntnis und die sie bekräftigende göttliche Offenbarung –, daß der Schöpfer dem Menschen die Natur überantwortet hat, um sie zu bearbeiten und zu beherrschen. Die Natur ist von Gott allen Menschen in prinzipiell gleicher Weise zur Bearbeitung und Bemächtigung anvertraut. Sie ist deshalb in Lockes Sicht, bevor etwas an ihr geschieht, Gemeineigentum aller Menschen. Das ist ihre ursprüngliche Bestimmtheit. Diese steht umgekehrt in direkter Relation zu der Aufgabe des Menschen, sie zu bearbeiten.

Der Mensch ist der Natur von Gott zunächst gegenübergestellt: herausgestellt als dasjenige Wesen, das nicht Eigentum für ein anderes Wesen ist (wie es die Natur und alle Naturdinge für den Menschen sind), sondern das sich selbst Eigentum ist. Der Mensch besitzt sich selbst; er verfügt über seine Fähigkeiten, die körperlichen und die geistigen, und ist insofern als Eigentum für sich bei Locke Person. Der alte Unterschied zwischen solchem Seienden, das kein Selbstverhältnis hat, und dem Menschen, der dieses Selbstverhältnis kraft seines Geistes besitzt, der das Wesen des ausdrücklichen Selbstverständnisses und eines ausdrücklichen Weltverhältnisses ist (und zwar beides in eins) – dieser alte Unterschied wird bei Locke in der Kategorie des Eigentums gefaßt: Die Natur ist das Eigentum für den Menschen, der Mensch ist Eigentum an sich selbst und für sich selbst (Person). In solcher Sichtweise bekundet

35 Vgl. dazu und zum folgenden das V. Kapitel der zweiten Abhandlung, in: John Locke, Zwei Abhandlungen über die Regierung (Anm. 33), Buch II, § 25–51.

sich Lockes besondere Stellung innerhalb der Geschichte der neuzeitlichen Subjektivitätsphilosophie.

Wenn aber der Mensch sich selbst mit allen seinen Fähigkeiten zum Eigentum hat, so ist – das ist der nächste Gedanke Lockes – auch die Arbeit sein Eigentum. Sie verrichtet er ja kraft der ihm eigenen Mittel und Fähigkeiten. Sie ist das Werk seines Körpers, seiner Hände, seines Geistes. Dann ist schließlich auch das, was der Mensch bearbeitet und sich aneignet, sein richtiges und rechtmäßiges Eigentum. Dabei gilt die Natur – der zur Verfügung gestellte Stoff der Arbeit – vor ihrer Bearbeitung als (potentielles) Gemeineigentum aller Menschen. Was jedoch tatsächlich an der Natur bearbeitet wird, das wird für Locke sofort zum Privateigentum des arbeitenden Individuums. Denn der Mensch als Individuum ist ja jenes Wesen, das über seine Person verfügt, also auch über seine Arbeitskraft, folglich auch über seine Arbeitsleistung und schließlich über das von ihm erarbeitete Stück Natur.

Was das Individuum kraft seiner tatsächlichen Arbeit der Natur als dem potentiellen Gemeineigentum entreißt und in den Zustand der Bearbeitung und Bearbeitetheit hebt, das ist tatsächlich individuelles Eigentum. Das Individuum hat dieses Stück Natur mit seiner Arbeit vermischt, der Natur etwas hinzugefügt. Darum hat das Individuum ein natürliches Recht auf dieses Stück Natur als sein Eigentum, was das gemeinsame Recht der anderen Menschen daran nun ausschließt. Die Aneignung der Natur zum Eigentum des Menschen geschieht ausschließlich individuell; anders ist der erstmalig so gedachte Vorgang der Verfügung des Menschen über die Natur durch Arbeit für Locke nicht – noch nicht – denkbar. Locke begründet damit im theoretischen Ansatz die materialistische, aber zugleich streng individualistische Denk- und Verfahrensweise des Wirtschaftsliberalismus.

Die Arbeit und das durch sie erworbene Eigentum grenzen die Individuen voneinander ab. Jedoch sind alle Individuen auf die gleiche Natur als den Stoff ihrer Arbeit angewiesen. Es kommt angesichts dieser Grundsituation in Lockes Sicht alles darauf an, daß jedem Individuum das, was es durch seine Arbeit erworben hat, auch in einer rechtlich und klar umgrenzten Weise zugeeignet wird. Die erste Grenze für die Verfügungsmacht des Individuums sieht Locke nicht durch den anderen Menschen, sondern durch die Natur gegeben. Diese Grenze besagt: Jedes Individuum darf nur so viel Erwerb aufhäufen, wie es verbrauchen kann. Was verdirbt, darf nicht zum Eigentum genommen werden. Denn die Natur ist dazu bestimmt, vom Menschen um seiner Daseinsfristung und Wohlfahrt willen beherrscht zu werden. Das Eigentum, das diesem Ziel nicht dient, steht ihm auch nicht zu. Dem Menschen sind natürliche Grenzen gesetzt.

Die durch die individuelle Aneignungs-, Verfügungs- und Nutzungsfähigkeit gegebene Grenze wird aber Locke zufolge vom Menschen durch die Einführung des Geldes überwunden. Mit dem Geld ist ein legitimes Mittel zur Anzeige von Privatbesitz und Eigentum erfunden worden. Das in Geldform aufbewahrte Eigentum verdirbt nicht, da es nicht von naturhafter, sondern von künstlicher Beschaffenheit ist und einer menschlichen Festlegung entstammt. Da es nicht verdirbt, ist es ein unbeschränkt erwerbbares Eigentum. Die Natur zieht für den Erwerb von Geld keine Grenze.

Durch die Einführung des Geldes ist es möglich geworden, Eigentum über den unmittelbaren natürlichen Bedarf und Verbrauch hinaus zu vermehren und vor allem bestandhaft zu machen. Es wird jetzt eine Akkumulierung von Eigentum möglich, die starke Besitzunterschiede zwischen den Individuen hervortreten läßt. Mit solchen Unterschieden haben sich die Individuen aber nach Locke im Prinzip einverstanden erklärt, indem sie der Einführung des Geldes als Mittel der Herrschaft über die Natur zustimmten. Diese Entscheidung war ein Vernunftakt im Sinne einer Befestigung der Herrschaft über die Natur und insofern grundsätzlich gut. Locke sieht in der Einführung des Geldes noch keinen Anlaß für ein soziales Problem.

Da Locke Geld vor allem als ein wichtiges Mittel der Ausdehnung der Macht des Menschen als des Subjekts der Arbeit über die Natur auffaßt, relativiert er außerordentlich das mit der Einführung des Geldes ebenfalls verbundene Phänomen der Macht von Menschen über Menschen, wofür er ansonsten ein höchst empfindliches Sensorium hat[36]. Dieses Phänomen wird für ihn erst auf der politischen Ebene zum gravierenden Problem; seine Lösung ist der Kardinalpunkt von Lockes Staatstheorie. Mit seinen Auffassungen, zum einen die Herrschaft von Menschen über Menschen als ein kardinales, dringend lösungsbedürftiges politisches Problem anzusehen, es aber andererseits nur beiläufig auch als ein soziales Problem zu betrachten, das durch formalrechtliche Vertragsbeziehungen hinreichend regelbar sei, erweist sich Locke als frühliberaler Denker. Er ist der geistige Begründer und der erste große Theoretiker des politischen Liberalismus

4.3 Vertragstheorie und Verfassungsstaat

Alle im Naturzustand erworbenen individuellen Rechte sind in Lockes Sicht grundlegend für die Bestimmung und den Wert des menschlichen Lebens. Sie sind jedoch infolge des Fehlens einer Ordnungsmacht, die die Einheit unter den Individuen im notwendigen Mindestmaß verbürgt, ungesichert. Sie bedürfen daher der Sicherung, Stärkung und besseren Verwirklichung. Die Einsicht in diese Konstellation endlicher, aber vernunftbegabter Wesen bringt die Individuen – so Locke – dazu, vermöge eines Vernunftentschlusses, der sich in einem wechselseitigen Vertrag zwischen ihnen bekundet, ein politisches Gemeinwesen *(commonwealth)* zu begründen. Dieses hat die individuellen Rechte und insgesamt das Leben *(life)*, die Freiheit *(liberty)* und das Eigentum *(estate, property)* der Individuen zu schützen und damit zu gewährleisten. Indem die politische Gemeinschaft diese individuellen Rechte und Güter durch den Schutz ihrer Ordnung gewährleistet, folgt sie ganz dem, was durch den Naturzustand, also von Natur aus, schon vorgegeben ist. Die individuellen Rechte sind dem *commonwealth*, dem Staat, vorgeordnete Naturrechte; der Staat gewährt sie nicht – das tut die von Gott geschaffene Natur –, er hat sie nur – und dies verbindlich – zu gewährleisten[37].

Das Verhältnis von Naturzustand und politischem, staatlichem Zustand und der durch den Vertrag bewirkte Übergang von dem einen in den anderen stellen sich bei Locke also ganz anders dar als bei Hobbes, so sehr auch für beide der Vertragsgedanke erstmalig in der Geschichte der politischen Theorien zum entscheidenden Konstituens für die Legitimität des Staates und darüber hinaus für die Art und

---

36 Vgl. dazu: John Locke, Zwei Abhandlungen über die Regierung (Anm. 33), Buch II, § 85.
37 Vgl. hierzu und zum folgenden: John Locke, Zwei Abhandlungen über die Regierung (Anm. 33), Buch II, §§ 77ff.

Beschaffenheit der – einzig dann legitimen – Staatsform wird. Bei Hobbes erfolgt mit dem Vertrag der Umschlag aus einem radikal negativ gesehenen Naturzustand in den alles rettenden staatlichen Zustand, der Austritt aus absoluter Anarchie, gleichsam dem Absolutismus eines totalen Individualismus, in den Absolutismus der unbeschränkten Staatsgewalt, die ganz und gar als Ordnungsmacht von »oben« her auftritt und den Individuen keine Rechte und politischen Mitwirkungsmöglichkeiten läßt. Bei Locke dagegen garantieren der Vertragsschluß und die daraus ebenfalls resultierende Staatsgründung die verbesserte Fortsetzung von positiv interpretierten Entwicklungen, die im Naturzustand schon angelegt sind. Der Naturzustand prägt verbindlich vor, was im staatlichen Zustand zu geschehen hat: die geordnete dauer- und bestandhafte Sicherung der naturgegebenen Rechte der Individuen. Der Sinn und Zweck der Ordnungsmacht wird somit gleichsam von »unten« her bestimmt.

Das Vertragsmodell ist für Locke eigentlich nur das gedankliche Konstrukt für die Anzeige der Richtung eines kontinuierlichen politischen Prozesses. Auf die Richtung kommt es dabei allerdings unbedingt an. Vertrag bedeutet intentional Verfassungsgesetzgebung; der freiwillige Vertragsschluß der Individuen ist also im Grunde mit der freien Verfassungsgesetzgebung der Bürger für einen freiheitlichen Rechtsstaat identisch, in dem die individuellen Naturrechte als bürgerliche Grundrechte verbindlich anerkannt sind. Die hier eingeschlagene Richtung des politischen Prozesses läuft also auf die Errichtung des liberalen Rechts- und Verfassungsstaates hinaus – und nur darauf.

Die so kraft eines Aktes des Vernunftwillens geschaffene politische Gemeinschaft untersteht, wie Locke nicht müde wird zu betonen, ganz und gar dem Gebot und dem Sinn, Leben, Freiheit und Eigentum ihrer Mitglieder zu schützen. Diese politische Gemeinschaft ist ihrem Wesen nach nichts als Schutzgemeinschaft. Um die ihr gestellte Schutzaufgabe zu erfüllen, muß nun aber Herrschaft in der politischen Gemeinschaft etabliert werden, die eine hinreichend feste und funktionsfähige Ordnung verbürgt. Solcher Herrschaft kommt um der Durchsetzung der Funktion der politischen Gemeinschaft willen legitimerweise auch Zwangsgewalt zu, die gegen unrechtmäßige Eigeninteressen der Individuen – Übergriffe auf das Leben, die Freiheit und das Eigentum der anderen – vorgehen darf und muß. Umgekehrt ist sorgsam darüber zu wachen, daß die politische Gemeinschaft, also der Staat und seine Herrschaftsträger, ihrer Schutzaufgabe – und nur dieser – tatsächlich nachkommt. Alle Politik wird und bleibt notwendig darauf gerichtet, mit dem Schutz vor Übergriffen eben gerade die individuellen Rechte und ihre Summe, das allgemeine Wohl, zu wahren.

Der Staat übernimmt ausdrücklich keine soziale Verantwortung für die Bürger, mit der er sie übermächtigen und ihre Freiheit antasten würde. Vielmehr konzentriert sich Locke darauf, die Staatsaufgaben tunlichst einzuschränken, wo immer das denkbar ist. Sein forciertes Bestreben in dieser Richtung wird aus dem Gegensatz gegen den Staatsabsolutismus erklärlich. Locke beschäftigt daher am stärksten das Problem der paradoxen Notwendigkeit, mit der politischen Gemeinschaft die Herrschaft von Menschen über andere Menschen als den Preis für den Schutz von Leben, Freiheit und Eigentum hinnehmen zu müssen. Herrschaft steht ihrerseits aber immer in der Gefahr, in den Dienst menschlicher Eigensucht zu geraten und zum Machtmißbrauch zu verleiten. Wenn sich solche Tendenzen durchsetzen, ist es um die Erfüllung des Staatszweckes und der Staatsfunktion geschehen. Dann wendet sich die Staatsgewalt gerade gegen das, um dessen willen sie besteht. Die Versuchung dazu ist ihr inhärent.

Die Staatsgewalt muß folglich vor innersten Möglichkeiten ihrer selbst, die nur allzu leicht und häufig wirksam sind, bewahrt werden. Das geschieht in Lockes Sicht am besten durch ihre Aufteilung auf mehrere, miteinander konkurrierende Staatsorgane, die unterschiedliche Kompetenzen der einen Staatsgewalt übernehmen. Die verfassungsmäßige Teilung und Zuordnung der politischen Gewalten wird bei Locke zum tragenden Staatsprinzip. Sie erfährt durch ihn eine erste großangelegte grundsätzliche Ausformung, die später von Montesquieu weiterentwickelt und dabei modifiziert wird. Während Montesquieus politische Theorie die klassische Dreiteilung der Staatsorgane (Legislative, Exekutive, Judikatur) als Verfassungsstruktur festlegt, ist bei Locke eine generelle Zweiteilung in Legislative und Exekutive gegeben, jedoch mit einigen Differenzierungen, die das Bild im einzelnen schwierig gestalten und zu Unklarheiten führen.

4.4 Theorie der konstitutionellen Monarchie

Um die Notwendigkeit einer Aufteilung der Staatsgewalt zu begründen, geht Locke nochmals auf den Naturzustand zurück. In ihm haben die politischen Gewalten ihre individuelle Vorform – zwar noch regellos, aber wiederum doch so, daß sie daran orientiert bleiben. Im Naturzustand kommt es auf zweierlei an: Zum einen muß jedes Individuum für den Schutz seines Lebens, seiner Freiheit und seines Eigentums, das es sich mit seiner Arbeit erworben hat, selbst aufkommen und sich gegen Übergriffe seitens anderer Individuen wehren; zum anderen muß es solche Übergriffe bestrafen. Während die erste Aufgabe auf Dauer nur unvollkommen zu erfüllen ist, scheitern die Individuen im Naturzustand an der zweiten gänzlich. Deren Verwirklichung würde zur Anarchie führen, in der jeder willkürlich sich selbst Recht gibt und nimmt. Damit würden Leben, Freiheit und Eigentum aber generell bedroht.

Die Ordnung, zu der sich infolgedessen die Individuen kraft Vertrages zusammenschließen, übernimmt gerade diese konkreten Aufgaben: Erstens hat sie eine Verwaltung sowie eine Polizeimacht nach innen und eine militärische Streitmacht nach außen zu etablieren, um den äußeren Rahmen zu schaffen und abzusichern, innerhalb dessen der freie Vollzug des Lebens, die freie Wirksamkeit des vernunftfähigen individuellen Willens und der freie Genuß des durch Arbeit erworbenen Eigentums möglich sind. Zweitens hat sie eine Gerichtsbarkeit zu begründen, die Verstöße bestraft. Die Ordnung beschränkt sich auf die Garantie des freien Zusammenlebens der Individuen nach eigener Verantwortung und Einsicht. Dabei sind sowohl die Ordnungsmacht wie die Individuen an für alle gleiche, allgemein gegebene Gesetze gebunden. Die gemeinsame Rechtsordnung und die einzelnen Rechte verwirklichen sich nur durch verfassungsmäßig richtig und gültig zustandekommende Gesetze. Der Rechtsstaat ist Gesetzesstaat, wobei die Gesetze sich ihrerseits nur auf die konstitutionell umgrenzten Staatsaufgaben beziehen dürfen; Grundlage der Staatstätigkeit ist so das liberale Gesetz.

Die Sicht dieses Begründungszusammenhanges hat zur Folge, daß Locke für die vertragliche, d. h. verfassungsrechtliche Etablierung der Staatsordnung als erste, fundamentale Staatsgewalt eine gesetzgebende Körperschaft fordert, an der das Volk als die Summe der Individuen beteiligt sein muß. Diese Beteiligung geschieht durch die regelmäßig zu wiederholende Wahl von Repräsentanten, die das Parlament bilden. Steht dem Parlament die Gesetzeskompetenz zu, so sind die vorher beschriebenen Staatstätigkeiten und -behörden im einzelnen die Sache einer ausführenden Gewalt, der Regierung. An ihr kann das Volk als die Summe der Individuen gerade nicht teilhaben, weil das bedeuten würde, den Staat und die Individuen zu einer die persönliche Freiheit vernichtenden Identität bringen zu wollen. Vielmehr fallen die exekutiven Aufgaben in die Zuständigkeit bestimmter Amtsträger. Diese sind jedoch bei der Wahrnehmung ihrer Aufgaben strikt an die von den Repräsentanten des Volkes im Parlament gegebenen Gesetze gebunden. In Lockes Sicht haben die exekutiven Organe (zu denen für ihn auch die Judikatur gehört) systematisch zunächst einen abgeleiteten, insofern sekundären Status gegenüber der vorgeordneten legislativen Staatsgewalt[38].

Doch das Bild differenziert sich, nachdem der systematische Grund gelegt ist. Wenn die Staatsgewalt in der großen, beständigen Gefahr des Machtmißbrauchs steht, so gilt dies für die Legislative, auch wenn sie das Organ des Volkes – aus seiner Wahl hervorgegangen – ist, nicht minder als für die Exekutive der Amtsträger. Daß es sich so verhält, konnte Locke der geschichtlichen Erfahrung absolutistischer Herrschaftsbestrebungen sowohl eines ungehinderten Parlaments wie der absoluten Monarchie entnehmen. Darum soll beiden Organen und Funktionen neben der unerläßlichen Zustimmung und Unterstützung *(trust)* auch ein gehöriges Maß an Mißtrauen und kritischer Distanz *(distrust)* entgegengebracht werden. Locke macht den Versuch, beide Gewalten in eine sorgsame Balance zu bringen, die die Übermacht einer von beiden ausschließen soll. Dadurch gerade soll der Raum individueller Freiheit auch vor der Staatsgewalt, aber mehr noch durch sie gesichert werden. Das ist Locke wichtiger als die konsequente demokratische Durchstrukturierung der Machtordnung von unten nach oben, die noch gar nicht im Blickfeld steht.

Wie aber ist die gewünschte Balance zwischen den beiden Gewalten herzustellen? Während Locke für die Exekutive die strikte Bindung an die Gesetzgebung und überdies an das Steuerbewilligungs- und Budgetrecht des Parlaments festlegt und damit hinreichende Vorkehrungen gegen ihre Übermacht getroffen zu haben glaubt, versucht er die Legislative – in vorsichtiger Anlehnung an die Gegebenheiten im Großbritannien seiner Zeit – so differenziert zu strukturieren, daß sie nicht hypertroph werden kann. Das geschieht dadurch, daß das Parlament seinerseits zweigeteilt und daß an seiner Gesetzgebungskompetenz der Monarch als Spitze der Exekutive beteiligt wird. Das Parlament soll zwei Kammern haben: neben der Versammlung der vom Volk gewählten Repräsentanten *(House of Commons)* die Versammlung des Adels *(House of Lords)*. Beide Kammern sind bei der Verabschiedung von Gesetzen gleichberechtigt. Ein Gesetz kommt überdies ohne die Zustimmung des Königs nicht zustande *(The King in Parliament)*. Drei Instanzen haben also bei der Gesetzgebung miteinander zu konkurrieren und schließlich zusammenzuwirken[39]. Damit soll die Übermacht des Volkes wie des Adels oder der Krone ausgeschlossen sein. Locke wird so zum theoretischen Verfechter der konstitutionellen Monarchie als einer sorgsam,

38 Vgl. hierzu und zum folgenden: John Locke, Zwei Abhandlungen über die Regierung (Anm. 33), Buch II, §§ 134 ff.

39 Vgl. auch: John Locke, Zwei Abhandlungen über die Regierung (Anm. 33), Buch II, § 213.

aber nicht ohne Schwierigkeiten ausbalancierten Mischverfassung, die noch zu seinen Lebzeiten und unter seiner tatkräftigen politischen Mitwirkung 1688/89 in Großbritannien verwirklicht worden ist.

Der Monarch und seine Regierung (für die es noch keine parlamentarische Verantwortlichkeit gibt) bilden auf der Grundlage der Gesetze die ausführende Gewalt. Sie steht prinzipiell unter der höchsten Gewalt, der Legislative als der obersten Souveränität. Da aber an dieser der Monarch nun beteiligt ist, kann er ebenso wie das Volk als souverän bezeichnet werden. Die Notwendigkeit des Vollzugs der Gesetze und der Ahndung von Verstößen gegen sie (Polizei- und Gerichtsgewalt) bedingt ein eigenständiges Organ, eine Staatsführung, die sich einheitlichen Willens um die Vielfalt der Einzelgeschäfte kümmert, welche im Rahmen der Gesetze und auf ihrem Boden zu erledigen sind. Die Staatsführung verkörpert in symptomatischer Weise den einen Willen der politischen Gemeinschaft und genießt deshalb einen besonderen politischen Rang (neben und mit der parlamentarischen Mehrheit, die die bestimmende Grundlage dieses einen Willens bleibt). Sein permanenter Ausdruck ist die Staatsspitze, der folglich am besten eine möglichst dauerhafte personelle Besetzung entspricht. Darum sieht Locke die Exekutive angemessen in der Hand eines erblichen Monarchen (und der von ihm erwählten Berater) aufgehoben.

Zur exekutiven Gewalt gehört auch die Aufgabe, die politische Gemeinschaft, den Staat, nach außen gegenüber anderen Staaten zu vertreten, Abmachungen, Bündnisse und Friedensverträge zu schließen oder Krieg zu erklären. Wieweit diese Funktion ebenfalls in einer Gesetzgebung verankert ist, bleibt bei Locke offen. Da er sich darüber nicht klar ausspricht, diese Frage eher zu verneinen scheint, muß vermutet werden, daß er diese Aufgabe entsprechend den Gepflogenheiten seiner Zeit von der Legislative abgelöst sieht. Dafür spricht auch, daß er sie mit einem besonderen Namen (Föderative) benennt, der ihm aber nicht wichtig ist und sich nicht durchgesetzt hat. Aufgrund der Hinzufügung der gesetzlich weitgehend ungebundenen Föderative zur Exekutive erhält diese noch ein erhebliches Eigengewicht – fast ungewollt. Es wird noch verstärkt dadurch, daß der Staatsspitze auch eine *Prärogative* zukommt. Darunter versteht Locke:

1. das freie Handeln der Staatsführung überall dort, wo keine Gesetze erlassen sind; Gesetze regeln nicht alles, das Parlament tagt nicht immer, so daß sich hier der freie Raum und die faktische Vorhand der Staatsführung auftut;
2. das Begnadigungsrecht (als Recht der Abmilderung von Gerichtsurteilen);
3. das Recht zur Einberufung des Parlaments.

Wenn sich Exekutive und Legislative auf solche Art gegenüberstehen, so ist die Legislative zwar die höchste Gewalt und der letzte Souverän, die Exekutive aber doch der beständige Machtträger. Locke gelangt de facto also noch zu einer recht deutlichen, zeitgebundenen Betonung des Eigengewichts der Exekutive. Es ist andererseits jedoch zu würdigen, daß er als erster neuzeitlicher Theoretiker die systematische und grundsätzliche Bindung zumindest der meisten exekutiven Befugnisse an das von einer gewählten Volksvertretung zu erlassende Gesetz gefordert und praktisch mit durchgesetzt hat.

Aber nicht nur durch alle diese Strukturbestimmungen, sondern auch durch inhaltliche Festlegungen versucht Locke, die Macht des Staates konstitutionell zu begrenzen. Charakteristisch ist, daß er die Aufgaben der staatlichen Gewalten und damit der politischen Ordnung vorwiegend negativ durch Hervorhebung dessen, was nicht ihre Aufgaben und Rechte ausmacht, benennt: Ihnen ist jede Art der Gefährdung des individuellen Lebens, der individuellen Freiheit und des individuellen Eigentums solange untersagt, als diese Rechte und Güter des Individuums die entsprechenden Rechte und Güter der anderen nicht antasten. Bezeichnend ist weiterhin, daß Locke die Grenzen der staatlichen Gewalt namentlich an der Legislative aufzeigt; die gesetzgebende Gewalt ist eben die grundlegende und maßgebliche Staatsgewalt. Was für sie gilt, trifft jedoch logischerweise nicht minder für die Exekutive zu.

So darf die gesetzgebende und damit überhaupt alle staatliche Gewalt nicht ohne öffentliche Verkündigung der Gesetze tätig werden. Die staatlichen Gesetze müssen allgemein für alle Bürger ohne Ansehung ihrer gesellschaftlichen Stellung oder ihres materiellen Besitzstandes gelten und dürfen niemanden privilegieren oder benachteiligen. Sie sollen ein Maß für alle anlegen und auf kein anderes Ziel als das Wohl des Volkes ausgerichtet sein. Steuern dürfen nicht ohne Zustimmung des Volkes erhoben werden. Dieser Grundsatz ist nur dann politisch realisiert, wenn eine regelmäßig wiedergewählte Volksvertretung darüber befindet. Schließlich darf die Legislative ihre Gewalt nicht auf andere Instanzen und Organe übertragen. Ein Ermächtigungsgesetz wäre demnach systemwidrig und dysfunktional, ja politisch-moralisch verwerflich. Die sorgsamste Wahrung der Gewaltenteilung ist essentielle Voraussetzung für den Bestand der freiheitlichen Rechtsordnung, die das Leben, die Freiheit und das Eigentum der Individuen schützt.

Überall dort, wo anhaltende Übergriffe der staatlichen Gewalt (der Legislative oder der Exekutive) gegen die Rechte des Individuums vorkommen und wo die Individuen sie nicht auf dem Wege der Wahlen, der Einsetzung einer neuen Legislative, verhindern können, ist für Locke ein Widerstandsrecht gegen die Staatsgewalt gegeben. Denn solch unrechtmäßiges Vorgehen der politischen Organe versetzt die Gemeinschaft wieder in den Naturzustand zurück, in dem ein jeder sich sein Recht selbst nehmen muß. Das rebellierende Element sind dann nicht die Individuen, das Volk, sondern die Machthaber selbst. Sie haben jene Ordnung und ihre Legitimität, die sie gerade verbürgen sollen, durch ihr Verhalten selbst aufgegeben. Ihnen gegenüber kann es keinen Gehorsam geben. Dieser Gedankengang enthält aber für Locke nichts Revolutionäres, da es gerade darum geht, die einzig rechtmäßige, in dem rechtlichen Schutz der Individuen sich erfüllende politische Ordnung zu wahren bzw. wiederherzustellen[40].

Locke ist zuversichtlich, daß die Mehrheit vernünftiger Individuen in der Politik das jeweils Richtige auf Zeit herausfinden wird. Ihre Meinung bedarf aber in der Regel der oppositionellen Alternative, die als Korrektiv zu dienen hat und sich je nach öffentlicher Bewährung zur Mehrheitsmeinung entwickeln können muß. Das Mehrheits- und das Oppositionsprinzip sind folglich gemeinsam als operationale Grundprinzipien einer freiheitlichen Politik anzusehen[41]. Die Garantie einer solchen Politik besteht im Pluralismus der Meinungen, der Institutionen und der Machtträger, aber auch im stabilisierenden Mindestkonsens des Volkes, der in ständiger öffentlicher Kontroverse immer wieder und stets von neuem erzielt werden muß.

40 John Locke, Zwei Abhandlungen über die Regierung (Anm. 33), Buch II, §§ 212ff.
41 John Locke, Zwei Abhandlungen über die Regierung (Anm. 33), Buch II, §§ 95ff.

John Locke denkt bei seiner Theorie einer liberalen Schutzgemeinschaft und einer Politik zugunsten der individuellen Freiheit nicht zuletzt auch an die Sicherung des Eigentums der englischen Landlords und des aufstrebenden Bürgertums seiner Zeit – starker sozialer Kräfte, die sich vor allem mit den Whigs verbunden hatten. In diesem Interesse verneint er sogar die Ausdehnung des Wahlrechts auf ausnahmslos alle Individuen der bestehenden Gesellschaft. Damit widerspricht er dem eigenen Postulat, keine Diskriminierung zuzulassen, eklatant: Er sieht einen (niedrigen) Zensus vor, der durch das Gebot eines eigenen, materiell gesicherten Hausstandes oder regelmäßiger Einkünfte bestimmt ist, weil nach seiner Überzeugung nur so eine Mindestloyalität gegenüber dem Gemeinwesen zu erwarten steht[42]. Daß das Wahlrecht im übrigen nur den erwachsenen Männern, nicht dagegen den Frauen zukommt, versteht sich aufgrund des Denkhorizonts des gesamten Zeitalters von selbst.

Dennoch sprengt Lockes Gedanke einer freiheitlichen, in der Volkssouveränität verwurzelten und auf den Schutz vorgegebener, natürlicher Menschenrechte verpflichteten gemäßigten Regierungsweise, die aus regelmäßigen Wahlen hervorgeht, auf Vertrauen und Mißtrauen, Konsens und Konkurrenz, Loyalität und Kritik gegründet sowie verfassungsmäßig umgrenzt und geteilt ist, in seiner anhaltenden politischen Wirkung solche Beschränktheit. Dieser Gedanke wird mit und seit John Locke zu einem – trotz und gerade wegen aller Widerstände – nicht mehr aufgebbaren, unbedingt zu verteidigenden, zugleich durch ständige Reformen weiterzuentwickelnden Gut moderner humaner Politik.

4.5 Trennung von Staat und Kirche

Entstehung und Gestalt des *commonwealth,* also der politischen Gemeinschaft und des Staates sind im strengen Sinne profan, d. h. ganz und gar innerweltlich und in keiner Weise religiös zu verstehen. Zwischen dem irdischen Gemeinwesen und der Religion soll eine klare Trennung vorgenommen werden. Locke wendet sich in aller Entschiedenheit von der mittelalterlichen Sakralisierung des Gemeinwesens und der politischen Gewalten ab. Er steht damit zwar in einer Entwicklung, die sich fortschreitend seit dem Spätmittelalter abgespielt hat, aber er repräsentiert doch abermals eine neue Stufe, ein neues Paradigma.

Zuvor haben schon Dante und Marsilius von Padua die Eigenwürde von Kaiser und Reich gegenüber Papst und Kirche befürwortet, jedoch gerade dadurch, daß diese – als in der Welt wirkende Mächte – aus dem Gebot Gottes, aus dem Weltgesetz des Schöpfers und aus dem Sinn der christlichen Botschaft abgeleitet und so nochmals, wenn auch als autonome Größen, religiös sanktioniert wurden. Die Reformatoren (Luther, Zwingli und Calvin) betonten die scharfe Spannung zwischen weltlichem und geistlichem Regiment, ordneten sie aber doch als grundverschiedene Formen des einen Ordnungswillens Gottes einander wieder zu. Dadurch erfolgte zwar eine – verglichen mit dem Mittelalter – konsequenzreiche »Entzauberung« des weltlichen Regiments, aber doch noch aus zutiefst religiöser Begründung.

---

42 Vgl. dazu: John Locke, Zwei Abhandlungen über die Regierung (Anm. 33), Buch II, § 158.

Umgekehrt begründete die vorherrschende und maßgeblich werdende säkulare politische Theorie der Neuzeit seit Machiavelli die Politik aus eigenen Gesetzen und suchte sie in dieser Eigengesetzlichkeit immanent zu erfassen. Dennoch mußten sich sowohl Machiavelli wie insbesondere Bodin und Hobbes mit dem Fortwirken des gesellschaftlichen und politischen Einflusses der christlichen Religion und ihrer Konfessionen auseinandersetzen. Sie taten dies, indem sie die Religion in die Berechnungen der prinzipiell frei auf sich gestellten Politik einzubeziehen suchten, und zwar an vorzüglicher Stelle: Religion wird zu einem der wichtigsten Mittel im Dienste der neuzeitlichen Staatsräson, zur immer noch vornehmlichen und höchstrangigen Bindungskraft der Bürger an den Staat. Der Staat muß und kann darüber befinden, in welcher Form die Religion diesen integrierenden Dienst zu leisten hat. Er legt bei Hobbes sogar die geeignete Konfession fest. Der Staat gewinnt ein Interesse daran, die Kirche bzw. eine der Kirchen als Staatskirche in die Hand zu bekommen. Deren religiöser Wahrheitsanspruch, staatlich sanktioniert, wird zu einem maßgeblichen Element der Verstärkung und Stützung, ja selbst noch der Fundierung der Staatsmacht und des staatlichen Rechts – gegenüber den eigenen Bürgern und gegenüber anderen Staaten[43].

John Locke sieht in dieser Entwicklung den eigentlichen Grund des Unheils für den britischen und gesamteuropäischen Bürgerkrieg seines Jahrhunderts. Der Bürgerkrieg bleibt wie im Jahrhundert davor weiterhin ein Konfessionskrieg, in den zugleich das Machtstreben der Dynastien und der immer mehr sich ausprägenden Nationalstaaten zunehmend verstrickt ist. Dieses Bündnis von dynastischer Staatsmacht und konfessionell bestimmter Religion ist für Locke ein unseliger Bund. Locke macht ihn für die Kriege, die Zwietracht und das Elend seiner Zeit verantwortlich, für die Gefährdung des Friedens, der Sicherheit und des Wohles des Individuums und seiner Schutzgemeinschaft, des staatlichen Gemeinwesens. Das besondere Unheil dieses Bundes liegt in der Intoleranz, die notwendig mit ihm verbunden ist und in seinem Gefolge sich fortschreitend steigert. Denn hier verbünden sich die in Grenzen legitime, immer aber auch der Gefahr des Mißbrauchs ausgesetzte staatliche Zwangsgewalt und der religiöse Wahrheitsanspruch. In diesem Bündnis werden beide an sich berechtigten Mächte pervertiert. Sie dehnen ihre Geltung illegitim aus und verfehlen sich gerade auf diese Art.

Um diesen Mißbrauch zu verhindern, muß der Staat seine legitime Gewalt strikt auf die Wahrung der irdischen Güter – des irdischen Wohles der Individuen, seiner Bürger – einschränken; er muß diese Gewalt aus dem Konsens der Bürger, gefunden in der jeweiligen, nur auf begrenzte Zeit gültigen Mehrheitsentscheidung, ableiten und ihrer Kritik und Kontrolle unterstellen. Dadurch hält der Staat sich offen für immer neue Entwicklungen. Die Dinge dieser Welt und mit ihnen die politische Gemeinschaft und der Staat befinden sich dauernd im Fluß[44]. Die Religion aber muß sich um das ewige Heil der Seelen sorgen und dem unendlichen Gott ihre Verehrung darbringen, und zwar nach den gewissenhaften Wahrheitsauslegungen der christlichen Botschaft[45].

---

43 Vgl. dazu bes. das III. und IV. Buch von Hobbes' Leviathan (Anm. 25).

44 Vgl. John Locke, Zwei Abhandlungen über die Regierung (Anm. 33), Buch II, § 157.

45 Vgl. dazu und zum folgenden bes. die Epistola de tolerantia (Letter concerning Toleration), in: John Locke, Ein Brief über Toleranz, englisch-deutsch, hrsg. von Julius Ebbinghaus, Hamburg 1966.

Der von jeder Konfession erhobene Wahrheitsanspruch wird von Locke als grundsätzlich legitim, ja als notwendig zugestanden. Er ist aber nur erträglich, wenn die Kirchen das bleiben, was sie im Interesse einer vernünftigen zwischenmenschlichen Ordnung wie nach Absicht der Heilsbotschaft Jesu Christi sein sollen: auf freiwilliger Mitgliedschaft beruhende religiöse Gemeinschaften, durch die ihren Angehörigen keinerlei weltliche Vorteile oder Nachteile erwachsen können und die keinerlei Druck und Zwang – sei es äußerer, sei es Gewissenszwang – auf andere Bürger auszuüben vermögen. Mit dem unerläßlichen Wahrheitsanspruch einer Kirche müssen also aus Gründen der Vernunft – eines vernünftigen, unbedrohten Zusammenlebens der Individuen wegen – und aus Gründen des Sinnes der christlichen Botschaft Freiheit und Freiwilligkeit verknüpft sein: die Freiheit in der Annahme und Übernahme der geglaubten Wahrheit. Jedermann ist diese Freiheit im Geiste der Toleranz einzuräumen. Die Kirchen haben sie zu gewährleisten, und die staatliche Ordnung hat darüber zu wachen, daß das geschieht. Insoweit, als dem Staat ein Wächteramt für diese Freiheit zukommt und er die weitere, die umgreifende Ordnung gegenüber der Kirche repräsentiert, sind die Kirchen dem Staat unterstellt und in das Gemeinwesen eingefügt. Im übrigen sind sie ihrerseits in der Regelung aller ihrer Angelegenheiten von jeder staatlichen Bevormundung und von jedem staatlichen Einfluß frei.

Locke fordert in diesem Sinne die deutliche Trennung von Kirche und Staat um der bürgerlichen und der christlichen Freiheit willen. Eine Staatsreligion und eine Staatskirche darf es nicht geben. In diesem Punkt wendet Locke sich am deutlichsten gegen die Verhältnisse in seinem eigenen Land – übrigens ja vergeblich. Er formuliert Toleranz als Aufgabe und Pflicht primär der Kirchen, aber auch des Staates als der letzten, überwachenden Instanz, im übrigen auch als Aufgabe aller Individuen, die sie als gesamtmenschlichen Habitus einzuüben haben. Das propagiert ein Mann, der persönlich durchaus sehr religiös, wenn auch keineswegs dogmatisch orientiert gewesen ist. Daß freilich selbst bei Locke die ganz persönliche und für eine private Angelegenheit ausgegebene religiöse Bindung doch noch durch alle liberalen Vorstellungen hindurch wirksam wird, das zeigt sich gerade auch daran, daß er die geforderte Toleranz gegenüber zwei Bevölkerungskreisen ablehnt, weil sie hier wesensmäßig unmöglich sei: gegenüber den Katholiken und den Atheisten.

Die Begründung für solch seltsame, schwerwiegende Durchbrechung des so emphatisch erhobenen Toleranzpostulats lautet gegenüber den beiden Gruppen unterschiedlich. An die Adresse der Katholiken werden nationalstaatliche Einwände gerichtet: Die Katholiken unterstellen sich dem Papst als einer Macht, die nicht nur religiös, sondern auch weltlich und politisch auftritt. Das Papsttum, der Kirchenstaat und seine ganze Politik stehen in Konkurrenz zum nationalen Staat als der einzig legitimen innerweltlichen Ordnungsmacht, die aus dem Vertrag der Individuen, also aus der Volkssouveränität, begründet wurde. Locke bezieht – wie Jean Bodin – die Volkssouveränität auf die konstitutionelle Schaffung und Gestaltung des Staates. Die Volkssouveränität muß sich zur Staatssouveränität entschließen und entwickeln. Eine derartige Verknüpfung von Volks- und Staatsouveränität kann dann keine anderen Götter neben sich dulden, wenn diese als – zumindest auch – politische Mächte agieren. Das ist beim Papst, dem Oberhaupt der katholischen Kirche, der Fall. Seinen Anhängern, den Katholiken, ist folglich ihr Anteil an der Volkssouveränität abzusprechen, auch wenn sie einen erheblichen Teil der Bevölkerung bilden. In

Lockes Position macht sich dabei auch die Animosität des liberalen Protestanten gegenüber der zu seiner Zeit häufig dogmatisch erstarrten Scholastik des gegenreformatorischen Katholizismus geltend.

Fast noch bemerkenswerter ist Lockes Einschätzung der Atheisten, die damals eine kleine intellektuelle Gruppe darstellen: Ihnen spricht er die moralische Fähigkeit ab, Verträge und Abmachungen, also auch den originären, staatsschaffenden Vertrag einzugehen und zu halten, da sie nicht über die letzte, unbedingt verpflichtende Bindung des Menschen an den persönlichen Schöpfergott verfügen, ja diese ausdrücklich verneinen und bekämpfen. Sie sind infolgedessen von der sittlichen Gemeinschaft der Individuen und damit auch von der politischen Gemeinschaft des *commonwealth* regelrecht ausgeschlossen und religiös, moralisch und politisch geächtet. An dieser höchst bedenklichen Ausgrenzung einer Menschengruppe aus dem sozialen Ganzen zeigt sich die zeitbedingte Begrenztheit der Lockeschen politischen Theorie einschließlich ihres Toleranzprinzips wohl am schärfsten. Auch Lockes Denken, das alles auf die Wirksamkeit der menschlichen Vernunft und auf ein umfassendes Gleichheitsprinzip stützt und in seinen zentralen liberalen Gehalten höchst eindrucksvoll ist, kommt nicht ohne parteiliche Vorurteile aus. Es erweist sich damit zugleich als geschichtlich gebunden: Im 17. Jahrhundert entfaltet, ist es noch und erst frühaufklärerisch.

5. Montesquieus Freiheits- und Gewaltenteilungslehre

5.1 Montesquieu: Der bedeutendste politische Theoretiker der Hochaufklärung

Die politische Theorie John Lockes hat Charles de Montesquieu in einigen zentralen Gehalten weiterentwickelt. Das gilt insbesondere für die Freiheits- und Gewaltenteilungslehre. In der Geschichte des politischen Denkens kann Montesquieu zugleich als der reinste Vertreter der Aufklärung gelten. Er ist der weitaus bedeutendste staatsphilosophische Kopf der Hochaufklärung. Bei ihm entfällt das religiöse Fundament, das Lockes Denken und Wirken noch mitbestimmt hat. Montesquieus Leitthema ist die uneingeschränkte Herrschaft des Vernunftgesetzes, das die gesamte Welt und ihre Strukturen durchwirkt. Mensch und Natur sind unter diesem Gesetz ganz einig geworden.

Das im Menschen vorzüglich wirkende und sein Wesen prägende Vernunftgesetz wird problemlos auf die Natur übertragen. Die Vernunft herrscht in der Natur, wird also als Naturgesetz begriffen. Für kurze Zeit gibt es im philosophischen und politischen Bewußtsein kein wesentliches Spannungsverhältnis zwischen Mensch und Natur, sondern nur das Verhältnis einer vorausgesetzten Übereinstimmung und Harmonie, einer wechselseitigen Bestimmung. Das im Blick auf den Menschen ermittelte und erschlossene Vernunftgesetz herrscht in der Natur und in allen ihren Geschöpfen als das Gesetz der maßbestimmten Beziehung zwischen allen Dingen. Es ist in dem höchsten Wesen der Welt, in Gott als dem Schöpfer und Erhalter, begründet. Aber Gott (oder die Gottheit) untersteht selbst dem Naturgesetz. Das Gesetz, der Ordo aller Beziehungen des Seienden, ist Herrscher über Sterbliche und

Unsterbliche (besser: in den Sterblichen und Unsterblichen). Das Naturgesetz geht auch aller göttlichen Autorität und folglich aller religiösen Bindung des Menschen noch voraus.

Für den Menschen kommt dann alles darauf an, die Prinzipien dieses Gesetzes, dieser Beziehungen, aufzudecken und sie einsichtig zu erfassen, um durch solche Einsicht auch die Prinzipien seiner rechten Lebensgestaltung und seines rechten Handelns zu erkennen und sich auf sie einzustellen. Geschieht dies, ist er mit sich und der Welt im Reinen; dann ist er aufgeklärt und kraft solcher Aufklärung im rechten Selbst- und Weltverhältnis. Dann ist er von Vorurteilen frei, die bewirken, daß der Mensch sich selbst nicht als das Wesen der Vernunft in Einheit mit dem Vernunftgesetz der Schöpfung kennt. Solche Vorurteile sind Bindungen an Autoritäten, vor allem staatliche und religiöse, die sich auf einen nicht rational einsehbaren und akzeptablen Anspruch stützen. Von ihnen gilt es sich kraft Aufklärung zu lösen. In den Dienst solcher Lösung, Befreiung und Aufklärung stellt Montesquieu sein großes Hauptwerk *De l'esprit des lois* (Vom Geist der Gesetze)[46].

Charles-Louis de Secondat, Baron de la Brède et de Montesquieu wurde 1689 auf Schloß La Brède nahe Bordeaux geboren. Er stammt aus einer privilegierten und vermögenden, aber liberal denkenden Adelsfamilie. Seine erste Erziehung erfährt er seit 1700 bei den Oratorianern. Das Studium der Antike, besonders der Stoa, steht hier im Vordergrund (im Unterschied zu der streng scholastischen Ausbildung, der sich Hobbes und Locke in ihrer Jugend zu unterziehen hatten). Montesquieu studiert anschließend Philosophie und Jurisprudenz. 1714 ist er Parlamentsrat am Gerichtshof in Bordeaux, 1716 erbt er Sitz und Einkünfte seines Onkels als Parlaments-(Gerichts-)präsident. Er übernimmt jetzt erst von seinem Onkel den Namen Montesquieu. Von seinem Beruf ist er wenig ausgefüllt. Montesquieu widmet sich deshalb vielfältigen geistigen und gesellschaftlichen Neigungen, zunächst vor allem naturwissenschaftlichen Studien (wie damals üblich und vorherrschend), doch findet er auch daran auf die Dauer kein Genügen. Mehr und mehr beginnen ihn politische Fragen aktueller und grundsätzlicher Natur zu interessieren; auf diesem Gebiet wird er bald schriftstellerisch tätig.

Seine *Lettres Persanes* (1721) machen Montesquieu in der französischen Gesellschaft und darüber hinaus mit einem Schlage berühmt, obwohl sie anonym erscheinen. Sie formulieren scharfe Kritik an der Politik und Gesellschaft Frankreichs in der Spätphase der Herrschaft Ludwigs XIV. sowie unter dem sich anschließenden Regime des schwachen, mannigfachen Einflüssen zugänglichen Ludwig XV. Absolutismus und barocke Prachtentfaltung erstarren immer mehr in der bloß äußerlichen Repräsentation höfischer Selbstgefälligkeit und bürokratischen Leerlaufs bei gleichzeitig immer unverhohlenerem moralischem Verfall. Die Veröffentlichung der *Persischen Briefe* trägt Montesquieu die Ungunst des Hofes und zahlreiche Verdächtigungen seitens der Staatsmacht ein. 1726 verkauft er die Präsidentschaft in Bordeaux; er bewirbt sich um einen Sitz in der Académie française. Seine Mitgliedschaft

46 Charles de Montesquieu, Œuvres complètes de Montesquieu, hrsg. von André Masson, Paris 1950ff.; Œuvres complètes, hrsg. von Daniel Oster, Paris 1964; Œuvres complètes, hrsg. von Jean Meslier, Paris 1970; Lettres Persanes, hrsg. von Paul Vernière, Paris 1975; De l'Esprit des Lois, hrsg. von Robert Derathé, Paris 1973; dt. Vom Geist der Gesetze, 2 Bde., hrsg. von Ernst Forsthoff, Tübingen 1951; Vom Geist der Gesetze, hrsg. von Kurt Weigand, Stuttgart 1965 (Auswahl).

wird zunächst vom König verweigert, schließlich aber doch durchgesetzt. 1728 wird er Mitglied. Bei der Aufnahmefeier wird er jedoch vom Präsidenten derart brüskiert und provoziert, daß er die so sehr erstrebte Mitwirkung in der Akademie sofort wieder aufgibt.

Statt dessen tritt Montesquieu eine große Reise an, die ihn über Österreich, Ungarn, Italien und die Schweiz ins Rheinland und nach Holland, schließlich nach England führt, wo er zwei Jahre bleibt. Der Aufenthalt in England ist für ihn von entscheidender Bedeutung geworden. Er befaßt sich hier in intensivem Studium mit den Schriften John Lockes und den englischen Verfassungsverhältnissen. Nach seiner Rückkehr (1731) zieht er sich auf sein Schloß La Brède zurück, um sich der Ausarbeitung eines großen Werkes über Verfassung und Politik zu widmen. Er beginnt (wie Machiavelli) zu diesem Behuf mit dem Studium der römischen Geschichte und des römischen staatlichen Lebens. Daraus entsteht ein selbständiges Buch: die *Considérations sur les causes de la grandeur des Romains et de leur décadence* (Betrachtungen über die Gründe für Größe und Verfall der Römer), eine Vorstufe zu seinem Hauptwerk. An diesem arbeitet Montesquieu über viele Jahre, wobei ihm ein zunehmendes Augenleiden mehr und mehr zu schaffen macht, so daß er die letzten Teile überhastet und unfertig abschließt. 1748 erscheint das große Werk in Genf – anonym wie alle bisherigen Veröffentlichungen – unter dem Titel *De l'esprit des lois* (Vom Geist der Gesetze). Dennoch weiß man sofort, wer sein Verfasser ist.

Das Buch ist ein Riesenerfolg und erfährt rasch zahlreiche Übersetzungen. Montesquieu erntet darob viel Ruhm, aber ebensoviele Anfeindungen – seitens des Hofes, mehr noch aber seitens der Kirche, vor allem der Jesuiten, doch auch aus Kreisen der mit ihnen verfeindeten Jansenisten. Sein aufklärerisches Vernunftdenken wird als atheistisch gebrandmarkt. Diese Vorwürfe weist er scharf und polemisch mit der *Défense de l'esprit des lois* (Verteidigung des Geistes der Gesetze) zurück. Danach verfaßt er trotz völliger Erblindung noch einige Novellen und Erzählungen. Er stirbt 1755 in Paris.

5.2 Der Geist der Gesetze

Wenn wir zunächst nach der philosophischen Grundlegung von Montesquieus politischer Theorie fragen, so finden wir sie in seiner Reflexion über den *Geist der Gesetze*. Montesquieu stellt sie an den Anfang des Werkes, das als Ganzes diesen Titel trägt und in allen Verästelungen diesem Thema folgt. Als Sohn der Aufklärung geht er von der Vorstellung der Welt als eines sinnerfüllten geistigen Zusammenhanges aus, in dem eine Vernunft waltet. An ihr hat der Mensch einen derart maßgeblichen Anteil, daß seine Vernünftigkeit zum Maß für die Auslegung der Gesetzhaftigkeit der Welt wird. Die Vernunft ist eine einzige und unwandelbar; sie setzt alles mit allem in eine klare Beziehung kausaler Abhängigkeiten. Diese Bezugsordnung ist wie die in ihr herrschende Vernunft im Wesen statisch gedacht. Die Dinge können in ihrer Mannigfaltigkeit erfaßt werden, wenn sie aus den Beziehungen begriffen werden, in denen sie stehen. Diese Beziehungen machen ihre Gesetze aus.

Die Gesetze der Dinge bilden das Substanzhafte, auf das ihre mannigfachen Erscheinungen zurückführbar sind. Begreift man das einem Ding zugrundeliegende Gesetz oder die ihm innewohnenden Gesetze, so begreift man dieses Ding in seiner Natur. Die Natur der Dinge ist das Gesamt der Beziehungen, in denen sie wesenhaft stehen: Die Natur der Dinge sind ihre Gesetze. Solche Gesetze haben ausnahmslos alle Dinge, von der Gottheit über den Menschen bis zu den Tieren, den Pflanzen und der anorganischen Natur. Auch Gott untersteht solchen Gesetzen, folgt dem eigenen Gesetz. Es gibt gemäß dieser Vorstellung keinen weltjenseitigen Gott mehr.

Genauere Festlegungen als diese entwickelt Montesquieu nicht. Sie interessieren ihn auch nicht. Die Anschauung von der Allherrschaft vernünftiger und vernünftig erkennbarer Gesetze ist die Voraussetzung und der Hintergrund, worauf Montesquieu dann seinem vornehmlichen, ja einzigen Interesse nachgeht: der Frage, welche Vernunftgesetze insbesondere dem menschlichen Leben eigen sind und wie der Mensch kraft Einsicht in und Aufklärung über diese Gesetze sein Leben gestalten und in der richtigen Weise verfügbar machen kann.

Um diese Frage lösen zu können, müssen die dem menschlichen Leben zukommenden Gesetze möglichst vollständig berücksichtigt und möglichst genau erfaßt werden. Montesquieu versucht, alle Beziehungen und Komponenten, die die Natur und das Leben des Menschen, sein Zusammenleben und das Leben seiner politischen Gemeinschaften bestimmen – also seine Gesetze –, zum ersten Mal systematisch zusammenzustellen und zu erörtern. Dabei verliert er sich jedoch zunehmend in Einzelheiten. Er gelangt häufig nur zu einer Katalogisierung statt einer systematischen Durcharbeitung, ohne eine gewisse Starre und Trockenheit bei der Untersuchung vermeiden zu können. Diese wird allerdings durch eine Fülle von treffenden Beobachtungen, Hinweisen und Pointen immer auch wieder aufgelockert.

Solche zusammenstellende und alle menschlichen Beziehungen zusammensehende Erörterung erscheint Montesquieu notwendig und nützlich, weil der Mensch als einziges unter allen Wesen zugleich durch Endlichkeit und Freiheit bestimmt ist. Indem er beides ganz betont kombiniert, folgt Montesquieu der anthropologischen Grundposition von John Locke. Die Endlichkeit erlegt dem Menschen die Beschränkung und Bedürftigkeit aller Lebewesen auf, die Freiheit zeichnet ihn den anderen Lebewesen gegenüber mit besonderer Würde aus. Beschränktheit und Freiheit gemeinsam können ihn dazu verführen, seine Vernunft zu verraten und statt dessen Bedürfnisse, Antriebe und Leidenschaften übermächtig werden zu lassen. Der Mensch besitzt aber auch die Fähigkeit und ihm kommt die Aufgabe zu, seine Vernunft zu gebrauchen und in Freiheit die seinem Leben eignenden Gesetze zu handhaben und sich ihnen zu unterziehen. Die Einsicht in die ihm gemäßen Gesetze und der Wille, ihre Erkenntnis in Anerkenntnis zu verwandeln, machen den Menschen praktisch zu dem, was er von Natur schon ist: zum Wesen der Vernunft, das seine Geschicke – gerade auch seine sozialen und politischen – vernünftig gestaltet, was zufolge seiner Endlichkeit nicht von vornherein garantiert ist. Der Mensch verwirklicht und erfüllt seine Natur in endlicher Freiheit.

Der gesamte Versuch, den Geist der Gesetze systematisch zu erforschen, erfolgt also im vorhinein in praktischer Absicht und aus dem Willen zu praktischen Konsequenzen. Montesquieus aufklärerische Philosophie ist ganz und gar praktische, politische Philosophie. Sie kann sich deshalb mit einer sehr allgemeinen und vagen philosophischen Grundlegung begnügen, die auf wenigen Seiten zu Beginn seines Hauptwerkes abgetan ist und sofort zur Frage nach dem Geist der den Menschen praktisch bestimmenden Gesetze überleitet[47].

---

47 Charles de Montesquieu, Vom Geist der Gesetze (Anm. 46), Buch I, Kapitel 1.

Die für die menschliche Lebenspraxis maßgeblichen Gesetze unterscheidet Montesquieu in natürliche und positive Gesetze. Als Naturgesetze, die alle Menschen zu allen Zeiten unter allen Umständen in ihrem bleibenden Wesen bestimmen, macht er das Bedürfnis nach Frieden, den Trieb zur Nahrungssuche, d. h. zur Lebensfristung und Daseinserhaltung, das Verlangen der Individuen, insbesondere aber das der Geschlechter zueinander und den Drang zu einem Leben in Gesellschaft aus. Sobald die Menschen in Gesellschaft zusammenleben, müssen die konstanten Naturgesetze in Anmessung an die jeweilige gesellschaftliche Konstellation in positive Gesetze umformuliert werden. Die positiven Gesetze lassen sich systematisch in Gesetze über folgende Beziehungen gliedern:

1. die Beziehungen einer Gesellschaft zu anderen Gesellschaften (zusammengefaßt im Völkerrecht: *droit des gens),*
2. die Beziehungen der in der Gesellschaft Regierenden zu den Regierten (Staatsrecht: *droit politique),*
3. die der Individuen als Bürger untereinander (Bürgerliches Recht: *droit civil).*

Die positiven Gesetze sind von Gesellschaft zu Gesellschaft, von Volk zu Volk, von Land zu Land verschieden und ihrerseits jeweils wandel- und veränderbar. Sie müssen der Natur und den Prinzipien der jeweiligen Regierungsform einer Gesellschaft – modern gesprochen: ihrer politischen Kultur – entsprechen. Sie werden beeinflußt von den natürlichen Gegebenheiten des jeweiligen Landes wie seinem Klima, der Beschaffenheit seines Bodens und den daraus sich ergebenden materiellen wie kulturellen Möglichkeiten, seiner Lage und Größe, aber auch weiteren Komponenten wie der Religion, der eingespielten Sitte, der Mentalität und der Gesinnung des jeweiligen Volkes[48].

Montesquieu macht also den Versuch einer Differenzierung zwischen der allgemeinen Vernunftnatur des Menschen einerseits, dem geschichtlichen Gewordensein der zwischenmenschlichen Vergemeinschaftungen, der Verfaßtheit bürgerlicher Gesellschaften *(état civil)* und der von dieser abhängenden, sie zugleich aber auch mitprägenden Staatsverfassung *(état politique)* andererseits. Die Kombination aller dieser – also der naturhaften, der soziologischen und der politischen – Merkmale erlaubt es, den je spezifischen Geist der Gesetze für eine geschichtliche Konstellation zu erfassen. Solche Kombination wird zum methodischen Leitfaden für die Erörterung jener Fragestellungen, die die nächsten Bücher des *Esprit des lois,* ja im Grunde das gesamte umfangreiche Werk mit allen einzelnen Verzweigungen thematisch bestimmen. Immer wieder greift Montesquieu die Frage nach der Natur der Regierungs- und Staatsverfassungsformen sowie die Frage nach den Prinzipien des Handelns der Bürger auf, die damit in Wechselwirkung stehen.

Bei der begrifflichen Bestimmung und der inhaltlichen Aufschlüsselung dieser Formen und Prinzipien hat zunächst das allgemeine, systematische Interesse Vorrang. Es führt zuerst zu einer statischen Aufgliederung des Erörterten nach feststehenden, naturgegebenen, der allgemeinen Vernunft entsprechenden Typen. Dann erst erfolgt die Zuordnung dieser Typen zu den verschiedenen geschichtlichen Gegebenheiten, die zum Geist der Gesetze ebenfalls gehören. Montesquieu stellt noch keine ernsthafte Reflexion darüber an, welches Verhältnis zwischen dem Bleibenden, Typischen und dem Wandelbaren, Historischen philosophisch besteht,

48 Charles de Montesquieu, Vom Geist der Gesetze (Anm. 46), Buch I, Kapitel 2 und 3.

wie das eine das andere in diesem Verhältnis wechselseitig bedingt und auch relativiert. Montesquieu verknüpft bei allen seinen Untersuchungen recht naiv drei verschiedene methodologische Ansätze:

1. eine rein konstatierende Analyse,
2. eine normative Bewertung,
3. eine geschichtliche, deterministisch-kausale Bestimmung des jeweiligen Sachverhalts (und damit eine Relativierung des normativ Ausgesagten).

5.3 Die Natur der Regierungsformen und die Prinzipien des Handelns

Verfolgen wir zunächst Montesquieus typologische Erörterung der Natur der Regierungsformen, denen Prinzipien des politischen Handelns zugeordnet werden. Montesquieu unterscheidet drei Arten von Regierung: die republikanische, die monarchische und die despotische[49]. Die republikanische Regierungsform wird nochmals in die demokratische und die aristokratische geteilt, so daß sich faktisch eine Viergliederung unter den Staatsformen ergibt. Die Bedeutung von Montesquieus Typologie und der von ihm eingeführten Unterscheidungskriterien erschließt sich aus einer knappen historischen Rekapitulation.

Aristoteles kannte sechs Verfassungstypen, die ethisch in taugliche (gute) und untaugliche (schlechte) geschieden und weiter nach der Anzahl (mathematisch) und der sozialen Stellung der Herrschenden (soziologisch) differenziert wurden. So ergaben sich die Grundtypen Monarchie, Aristokratie und Politie (die gemäßigte Form der Demokratie) sowie Tyrannis, Oligarchie und (radikale) Demokratie. Dieses Muster wurde, bei manchen Abwandlungen im Detail und unterschiedlicher Bewertung der einzelnen Formen, in die römische Antike und das Hochmittelalter hinein als Grundlage der politischen Theorie tradiert.

Machiavelli nimmt am Beginn der Neuzeit demgegenüber eine entschiedene Einschränkung und Vereinfachung der Sicht auf Republik und Monarchie vor. Er unterscheidet nicht mehr nach ethischen Kriterien, sondern ausschließlich nach der Nützlichkeit für bestimmte Konstellationen. Bei ihm entfällt das grundsätzliche Problem der Gewaltherrschaft (Tyrannis, Despotie); sie kann nützlich, kann aber auch schädlich sein. Für die Beurteilung dieser Frage kommt es allein auf die Staatsräson im Interesse der bestmöglichen Sicherung der jeweiligen Herrschaft an. Hobbes vollführt eine nochmalige Radikalisierung und Zuspitzung: Die absolute Staatsgewalt gilt als die einzige im Sinne der Staatsräson brauchbare, gleichgültig ob in der Form der Monarchie oder der Republik. Jede gemäßigte, vermittelnde, gemischte Staatsform wird verworfen.

Für Locke sind im Gegensatz dazu gemäßigte Formen tauglich und gut – ob als Monarchie oder Republik ist dabei zweitrangig –, auch wenn er selbst die konstitutionelle Monarchie in seiner Zeit konkret verficht. Klar und scharf abzulehnen aber ist in seiner Sicht jede Form der Tyrannis und Despotie, die gar keine echten Staatsformen (Verfassungen) sind. Ihnen gegenüber ist Widerstand erlaubt, ja geboten. Damit wird die alte ethische Bewertung des Aristoteles zurückgeholt, nicht jedoch die mathematische und die soziologische Gliederung. Dieser (und damit einer Kombina-

---

49 Vgl. dazu und zum folgenden: Charles de Montesquieu, Vom Geist der Gesetze (Anm. 46), Buch II, Kapitel 1 ff.

tion von ethischen und sozialen Unterscheidungsmerkmalen) kommt Montesquieu mit seiner Einteilung wieder einen Schritt näher, aber doch in einer bezeichnenden Verschärfung: Aus den soziologischen Überlegungen soll erst die normative Bewertung folgen. Tatsächlich aber gehen beide Gesichtspunkte ständig Hand in Hand, sie verschränken sich miteinander, wie insbesondere Montesquieus Behandlung der Demokratie zeigt.

Die republikanische Regierungsform wird, wie gesagt, von Montesquieu in Demokratie und Aristokratie getrennt. Montesquieu schenkt, obwohl selbst aus adligem Geschlecht, der Aristokratie wenig Aufmerksamkeit. Dies dürfte daran liegen, daß sie als Staatsform im 18. Jahrhundert keine echten Chancen mehr hat. Die historische Entwicklung spitzt sich immer deutlicher auf die Alternative zwischen absoluter Monarchie und freiheitlicher bürgerlicher Verfassung zu. Für die zweite Option steht dabei mehr und mehr zur Debatte, ob sie die Form der konstitutionellen Monarchie – bzw., wie in Nordamerika, ihres republikanischen Pendants – oder der radikalen Demokratie annehmen sollte. Das ist in der Theorie die große Kontroverse zwischen Locke, Montesquieu und Kant einerseits, Rousseau andererseits. Während der verschiedenen Phasen der Französischen Revolution wird diese Kontroverse praktisch ausgetragen.

Montesquieu gehört klar auf die Seite der Verfechter der Mischverfassung, am ehesten in Gestalt der konstitutionellen Monarchie. Er ist ganz und gar gegen die radikale Demokratie eingenommen. Die Demokratie als Grundtypus ist mit dieser aber keineswegs identisch. Sie hat auch eine Anlage zur freiheitlichen, repräsentativen Mischverfassung. Unter diesem Aspekt interessiert sie Montesquieu vorrangig. Sein Interesse für die Demokratie ist ein normativ-positives und analytisch-kritisches zugleich. Die Demokratie rückt in diesem Sinne bei Montesquieu nun eindeutig in den Mittelpunkt der Betrachtung.

Die Natur der Demokratie ist für Montesquieu dadurch bestimmt, daß das Volk die höchste, die gesetzgebende Gewalt im Staate hat. Es muß alles, was es selbst gut leisten kann, auch selber tun. Was aber ist dies und wo liegt die Grenze für sein Tun? Das Volk hat das Recht und die Aufgabe, die grundsätzliche Ausgestaltung des Staates und die Orientierung seiner Politik zu bestimmen, also über die Verfassungs- und die Einzelgesetzgebung zu entscheiden. Konkret gehört zur Wahrnehmung dieser Aufgaben und Rechte aber der Sachverstand, der die Komplexität der Einzelprobleme und die Situationsgebundenheit möglicher Entscheidungen erfaßt. Diesen Sachverstand hat das Volk im ganzen jedoch nicht.

Das Volk besitzt in Montesquieus Einschätzung elementare Vernunftvorstellungen über Staat und Politik, nicht jedoch sachhaltige Einzelkenntnis. Aufgrund seiner elementaren Einsichten und Interessen ist es aber sehr wohl in der Lage, die Männer von Sachverstand auszusuchen und zu bestimmen, die die Staatsgeschäfte auf der Basis seines Vernunftwillens im einzelnen zu führen vermögen. Zu solcher Auswahl ist das Volk, um dessen eigenes Schicksal es geht, besser imstande als der auf seinem Schloß lebende, isolierte Monarch (auch wenn er wie Ludwig XIV. behauptet, er selbst sei der Staat). Dem Volk gebührt also in erster Linie das Recht und die Aufgabe der Wahl der zur Führung der Staatsgeschäfte geeigneten Behörden. Montesquieu denkt dabei an einen Senat als Volksvertretung und an einen Ministerrat als Regierung, ohne daß hier schon Näheres über deren Kompetenzen und Verhältnis zu sagen wäre.

In diesem Wahlakt erweist sich das Volk selbst am sinnfälligsten als *Monarch* (Souverän). Dadurch, daß es seine regierenden Behörden bestimmt, wird es zugleich zum Untertan dieser Behörden, die ihm aber verantwortlich bleiben. Daß Montesquieu in die Volkssouveränität auch das Moment der Untertanenschaft einfügt, weist darauf hin, daß er kein Anhänger einer absoluten Demokratie ist. Dasselbe zeigt sich mit seiner dezidierten Ablehnung des imperativen Mandats, aufgrund dessen das Volk den von ihm gewählten Repräsentanten konkrete politische Direktiven erteilen und die Repräsentanten bei Nichtbeachtung jederzeit abberufen könnte. Das würde die Repräsentanten und die Behörden der Fähigkeit berauben, die notwendigen Sachentscheidungen in unabhängiger, freier, vernunftgemäßer Urteilsbildung zu fällen. Jedoch haben sich die Repräsentanten in geregelten Abständen gegenüber dem Volk für ihre Entscheidungen zu verantworten. Nur die regelmäßige Wiederholung bzw. Erneuerung des Wahlaktes seitens der Volkssouveränität begründet eine dauerhafte, verläßliche Legitimation für die repräsentativen Staatsorgane.

Montesquieu entfaltet seine Analyse der Demokratie mit solchen Erwägungen also sofort in Richtung einer repräsentativen Demokratie, für die er – ohne dies hier schon ganz scharf zu präzisieren, was erst im Zuge seiner Gewaltenteilungslehre erfolgt – im Grunde drei Stufen oder Ebenen vorsieht:

1. das Volk als Wahlkörper, als letzten Souverän,
2. Repräsentanten als Gesetzgeber in den meisten Fällen (die Verfassungsgesetzgebung und wichtige Grundentscheidungen bleiben dem Volk vorbehalten),
3. die Behörden mit der Regierung an ihrer Spitze (die ebenfalls vom Volk gewählt wird).

Montesquieu will trotz seiner Begründung der legitimen Handlungsvollmacht von Legislative und Exekutive aus Wahlen – ein System, das in den Vereinigten Staaten von Amerika realisiert wurde – den repräsentativen Staatsorganen doch eine eigene Qualität sichern. Das geht auch daraus hervor, daß das Recht, zu Repräsentanten in der Legislative wie in der Regierung gewählt zu werden, bestimmten Schichten nach einem Zensus vorbehalten bleibt. Diese besitzen genügende materielle Unabhängigkeit; die Abstimmungen in diesen Körperschaften sollen geheim sein, während die Stimmabgabe des Volkes öffentlich sein muß (also genau umgekehrt, als insgesamt heute üblich).

Parteiungen im Volk sind in Montesquieus Sicht zur Artikulation der Vielfalt der Meinungen und Interessen nützlich und notwendig. Sie sollen auch für die Auswahl der Repräsentanten konstitutiv sein. Aber im Parlament (Senat) und in der Regierung muß dann der eine Wille erstritten und ermittelt werden, der sich auf die Verwirklichung des Gemeinwohls richtet. Voraussetzung dafür ist die Unabhängigkeit in der Gestaltung der Politik und in der Erledigung der täglichen Staatsgeschäfte, zugleich aber die Verantwortlichkeit gegenüber dem Volk hinsichtlich der generellen Orientierung. Schon hier deutet sich Montesquieus Grundgedanke eines Ausgleichs der Gewichte, Interessen und Fähigkeiten an, der dann im XI. Buch des *Esprit des lois* bei der eigentlichen Entwicklung seiner Gewaltenteilungslehre am Beispiel der Verfassung Englands leitend wird. Die dort maßgeblichen Überlegungen prägen bereits die gesamte vorhergehende Strukturanalyse der Demokratie.

Die Aristokratie wird von Montesquieu kurz abgetan und insgesamt negativ bewertet. Sie ist dadurch gekennzeichnet, daß in ihr eine bestimmte festumrissene Anzahl von Personen oder Familien die Macht ausübt. Das bringt die Gefahr der

Cliquenwirtschaft und des Machtmißbrauchs gegenüber dem Volk mit sich. Zwei miteinander verknüpfte Vorkehrungen können davor wenigstens relativ bewahren: der jährliche Wechsel der Ämter, durch den möglichst viele Familien an der Staatsführung zu beteiligen sind. Je mehr sich die Aristokratie der Demokratie nähert, um so besser für sie, je mehr der Monarchie, um so schlechter. Auch hier kombiniert Montesquieu Feststellung und Wertung, Diagnose und Vorschläge zur Therapie.

Ähnlich verfährt er bei der Monarchie und – verschärft – bei der Despotie. Die Monarchie ist die Staatsform seiner Zeit, und zwar in absolutistischer Form. Darum ist es höchst bezeichnend, daß Montesquieu die monarchische Regierungsform in einer Weise bestimmt, die sie sofort von der absoluten Monarchie absetzt (die absolute Monarchie rückt damit in die Nähe der Despotie). Die Monarchie ist nur dann dauerhaft existenzfähig, weil realitätsnah, wenn sie sich durch intermediäre Gewalten *(pouvoirs intermédiaires)*, an denen Adel und andere Stände zu beteiligen sind, zum Volk hin vermittelt. Aber immer besteht für die Monarchie die Gefahr eines leichten Überganges in die Despotie: in die gesetzlose, willkürliche Herrschaft eines Mannes.

Montesquieu beschreibt die Despotie aus Gründen der Vorsicht (wie schon in den *Lettres Persanes*) als orientalische Staatsform, die einen Sultan und einen Wesir als höchsten Verwaltungsbeamten und Leiter der königlichen Politik kennt. Es ist jedoch deutlich, daß er dabei an die Parallelform der französischen Monarchie absolutistischer Prägung mit ihren maßgeblichen Staatsmännern wie den Kardinälen Richelieu, Mazarin und Fleury denkt. Die Despotie ist eine Herrschaft, die nur sich selbst und der selbst festgelegten Staatsräson verantwortlich ist. Sie ist daher eine schreckliche, verabscheuungswürdige Herrschaft. Dennoch bleibt sie merkwürdigerweise für Montesquieu eine unter den drei bzw. vier von ihm genannten Regierungsformen. Unter bestimmten Bedingungen, die zum Geist der Gesetze gehören, ist sie nicht nur unvermeidlich, sondern auch angemessen, obwohl sie so negativ qualifizierbar ist.

Der Natur der verschiedenen Regierungsformen sind Prinzipien *(principes)* zugeordnet[50]. Unter diesen Prinzipien versteht Montesquieu die Grundsätze, an denen die Menschen eines Gemeinwesens unter einer bestimmten Staatsform ihr Handeln orientieren, ihre innere bürgerliche Verfaßtheit, die mit der jeweiligen Staatsform in Wechselbeziehung steht. Die innere bürgerliche Verfaßtheit muß alle Kräfte des Gemeinwesens beherrschen, vor allem diejenigen, die jeweils das Gemeinwesen tragen und politisch zur Wirkung gelangen, also gerade auch die Regierenden. Sobald eine Regierung nicht mehr nach den für die Regierungsform bestimmenden Prinzipien handelt, hat ihr Verfall schon eingesetzt, selbst wenn sie äußerlich noch besteht. Montesquieu bemüht sich mit solchen Überlegungen, die Erörterung der Regierungsformen von einer rein verfassungsrechtlichen und verfassungstechnischen Betrachtung, wie sie bei Machiavelli, Bodin und Hobbes vorherrschte, abzulösen und ihren Bezug zur gesellschaftlichen Praxis wiederzugewinnen. Gleichwohl bleiben seine typologischen Zuordnungen, da sie vor allem von geschichtlichen Bedingtheiten absehen, doch recht formal.

Welche Prinzipien benennt Montesquieu für die verschiedenen Regierungsformen? Das Prinzip der Demokratie ist die Tugend *(la vertu)*, das der Aristokratie die Mäßigung *(la modération)*, das der Monarchie die Ehre *(l'honneur)*, das der Despotie

50 Vgl. dazu: Charles de Montesquieu, Vom Geist der Gesetze (Anm. 46), Buch III ff.

die Furcht *(la crainte)*. Wiederum wird dabei der Demokratie die weitaus genaueste und interessierteste Darstellung gewidmet (wir beschränken uns darauf und auf eine kurze Gegenüberstellung mit der Monarchie).

Die Demokratie bedarf der Tugend – schon bei Aristoteles das maßgebliche Handlungsprinzip – aller ihrer Bürger, also des Volkes, der Repräsentanten und der Amtsträger gleicherweise. »Tugend« ist nicht rein moralisch zu verstehen, sondern bedeutet Aktivität, Beteiligtsein, Bindung; Montesquieu faßt dies in ihrer Bestimmung als Vaterlandsliebe *(amour de la patrie)* zusammen. Damit ist jedoch nicht bloß eine gefühlsmäßig patriotische Bindung gemeint, sondern eine präzise politische Haltung: Sie ist Bejahung und Unterstützung der im Staate gültigen und ihm von allen Bürgern gegebenen Verfassung, also Bindung an die Demokratie als Staatsform dieses Gemeinwesens, die aus der Volkssouveränität hervorgeht *(amour de la république, amour de la démocratie)*. Infolgedessen bezieht sich die Tugend auf das Konstituens des Gemeinwesens (des »Vaterlandes«) selbst: das Zusammenwirken der Bürger im Sinne und zum Zweck der von ihnen gegebenen Verfassung. Tugend bedeutet also eine Art Solidarität und Konsensbereitschaft, die im gesellschaftlichen Leben zur Gewährleistung der staatlichen Ordnung aufgebracht werden muß.

Für den Bestand der Tugend bedarf es der Anerkennung und Aufrechterhaltung einer prinzipiellen Gleichheit der Bürger *(amour de l'égalité)*, die nur zu erreichen und zu erhalten ist durch eine gewisse Einfachheit und Selbstgenügsamkeit aller, die Unterschiede zugunsten weniger nicht allzu scharf hervortreten läßt *(amour de la frugalité*[51]*)*. Montesquieu verkennt zwar nicht, daß verschiedene individuelle Veranlagungen auch zu materiellen Besitz- und Vermögensunterschieden, zu sozialen Standesunterschieden und schließlich zu politischen Herrschaftsunterschieden führen. Eine radikale und totale Gleichheit ist für ihn ein unrealistischer Gedanke. Wenn man sie herstellen wollte, so ginge dies nur mit Gewalt und führte notwendigerweise zur Despotie. Aber auf der anderen Seite dürfen die Unterschiede nicht ins Extrem gehen, wenn eine Demokratie gelingen soll. Darum muß der Spielraum von Vermögensunterschieden so klein wie möglich gehalten werden.

Ein breiter Mittelstand ist (wie bei Aristoteles) Voraussetzung für den Bestand der Demokratie; und auch die immer wieder zur Wahl gestellten Amtsträger müssen aus ihm hervorgehen. Diesen breiten Stand, in dem eine relative Gleichheit verwirklicht ist, zu schaffen und zu erhalten, dazu ist die Tugend (der Einfachheit und Solidarität) als Prinzip der Demokratie – so schwer sie und überhaupt diese Staatsform zu praktizieren ist – doch grundsätzlich befähigt. So könnte sie etwa die Zustimmung zu abgestuften Steuern (aber noch nicht im Sinne der Umverteilung des Sozialprodukts, sondern im Sinne der abgestuften Heranziehung der Bürger zum Unterhalt der Behörden) erwirken. Die Tugend der Demokratie engagiert sich auf einer solchen allgemeinen Basis maßvollen Wohlstandes – bei gleichzeitigem Verzicht auf zu großen Reichtum und bei möglichst breiter Chancengleichheit – für eine gemeinsame, allseitige materielle und geistige Entwicklung der Bürger. Montesquieu fordert die absolute rechtliche Gleichheit und eine relative wirtschaftliche, soziale und politische Gleichheit.

Damit sind wesentliche, zusammengehörige Elemente eines demokratischen Tugendkataloges genannt, dessen Befolgung zu den Bedingungen gelungener poli-

51 Vgl. Charles de Montesquieu, Vom Geist der Gesetze (Anm. 46), Buch V.

tischer Kultur gehört. Darin liegt in der Substanz Montesquieus Idee und Programm der Demokratie, das zu seiner Zeit eine scharfe, indirekte Kritik an den bestehenden Zuständen der feudalen Gesellschaft und der absoluten Monarchie und somit ein durchaus revolutionäres Potential enthielt: Dies zeigte sich später in der Französischen Revolution. Die führenden Träger der Revolution haben Montesquieu neben Rousseau (und mit diesem konkurrierend) als wichtigsten geistigen Ahnherrn ihrer Sache verstanden und anerkannt.

Montesquieus Analyse der demokratischen Tugenden, ja, sein Plädoyer für sie wird durch die faktische Abwertung des Prinzips der Monarchie, das nicht Tugend, sondern Ehre heißt, noch verstärkt. Die Monarchie existiert unabhängig von und jenseits der Vaterlandsliebe. Es fehlt ihr das Engagement, auch das Solidaritätsbewußtsein der Bürger, das für die Demokratie kennzeichnend ist. Ehre als Prinzip besagt, daß jede Person und jeder Stand nach seinem höchstmöglichen Prestige und Vorteil strebt, sich selbst also im Grunde am nächsten steht und keine echte Bindung an die Verfassung des Staates kennt. Infolgedessen ist die Monarchie als Verfassungsprinzip nicht viel wert. Die Ehre gilt Montesquieu philosophisch gesehen deshalb als falsch. Die gesamte Staatsform der Monarchie wird von ihm fast so eindeutig verworfen wie die Despotie[52].

5.4 Freiheit und Gewaltenteilung

Wie nun bestimmt Montesquieu den für alle seine Analysen maßstäblichen Begriff der Freiheit normativ und was impliziert dies für seine Staatslehre, seine Lehre der Regierungsformen? Im (nicht isoliert zu betrachtenden) XI. Buch des *Esprit des lois* wird – und das steht im Unterschied zu dem individualistischen Freiheitsbegriff bei John Locke – Freiheit von vornherein und wesentlich als *liberté politique* verstanden[53]. Montesquieu hebt sie scharf gegen jede nur negative, staatsverneinende Freiheit im Sinne der bloßen Unabhängigkeit von etwas und gegen die Freiheit des willkürlichen Beliebens ab.

Die Freiheit besteht nicht einfach darin, alles das zu tun, was man nur immer will. Im Gemeinwesen, im Staat, kann vielmehr die Freiheit zunächst nur der Spielraum sein, das tun zu können, was man wollen darf, ohne in Konflikt mit den Gesetzen zu kommen. Die Gesetze gelten dabei als die geordneten Beziehungen, in denen die Menschen eines Gemeinwesens, die Bürger, leben. Innerhalb ihrer eröffnet sich der Spielraum des Handelns, das Zusammenhandeln ist und bleibt. Er gewährt die von Bedrohung durch Übermächtigung ungestörte Sicherheit des eigentätigen, geordneten Handlungs- und Lebensvollzuges jedes Individuums. Ohne Ordnung und Gesetze keine solche Sicherheit und damit auch keine Freiheit. Freiheit ist gleich weit von Anarchie wie Despotie entfernt: »Die politische Freiheit des Bürgers ist jene Ruhe des Gemüts, die aus dem Vertrauen erwächst, das ein jeder zu seiner Sicherheit hat. Damit man diese Freiheit hat, muß die Regierung so eingerichtet sein, daß ein Bürger den anderen nicht zu fürchten braucht.«[54] Freiheit versteht sich also zunächst

52 Vgl. Charles de Montesquieu, Vom Geist der Gesetze (Anm. 46), Buch III, Kapitel 5ff.
53 Charles de Montesquieu, Vom Geist der Gesetze (Anm. 46), Buch XI, Kapitel 3, 4 und 6.
54 Charles de Montesquieu, Vom Geist der Gesetze (Anm. 46), Buch XI, Kapitel 6 (zitiert nach der Übersetzung von Ernst Forsthoff).

als Spielraum der Sicherheit des eigentätigen Lebensvollzuges unter einer entsprechend eingerichteten Regierung, als Freiheit von Furcht und Zwang.

Hinzu kommt aber entscheidend noch ein Zweifaches:

1. Wenn der Spielraum der Freiheit Eigentätigkeit ermöglicht und dazu einer Ordnung bedarf, dann muß diese aus freiem Willen herrühren. Die Regierung, die dazu einzurichten ist, muß im wesentlichen Selbstregierung sein. Inhaltlich-konkrete Freiheit, die ihre äußere Seite, die Raumfreigabe für Eigentätigkeit, ausfüllt, ist Selbstgesetzgebung und Selbstregierung: Gesetzgebung und Regierung seitens bzw. unter Mitwirkung derer, für die und über die die Gesetze und die Regierung bestehen, also demokratische Gesetzgebung und Regierung. Die darin wirkende politische Freiheit können wir demokratische Freiheit nennen.

2. Eine solche Selbstgesetzgebung und Selbstregierung vermag aber zur Willkürherrschaft zu führen. Kraft der Freiheit des Willens bzw. der Willen kann die Freiheit selbst vertan werden. Alle können willentlich beschließen, nicht eigentätig, sondern unter Zwangsgewalt zu handeln. Die Demokratie als solche ist noch keine absolute Gewähr für die Sicherung der politischen Freiheit. Das ist nur dann der Fall, wenn die Freiheit mit der dem Menschen eigenen, aber nicht sicheren Vernunft gehandhabt wird. Dann richtet sie sich auf eine Gesetzgebung und Regierung, die ihre Macht begrenzt, um der Eigentätigkeit der in einem Gemeinwesen lebenden Menschen Raum zu geben und zu lassen. Die Mäßigung der politischen Gewalt (besser: in der Ausübung der politischen, auch und gerade der demokratischen Gewalt) ist eine weitere, und zwar die notwendige Bedingung für Freiheit als Raumfreigabe und Eigentätigkeit. Sie ist selbst ein, ja der vernünftige Vollzug von Freiheit als Selbstregierung. Dies ist der liberale Aspekt der Freiheit.

Freiheit – die politische Freiheit – ist für Montesquieu, so können wir nun differenzieren und präzisieren, im Grunde vierfach bestimmt:

1. als äußere Freiheit der Einräumung eines Spielraums der Sicherheit;
2. als innere Freiheit des Erweises des freien Willens und seiner Selbständigkeit und Eigentätigkeit bei der Ausfüllung dieses Spielraums, was immer individuell und sozial zugleich geschieht;
3. als demokratische Freiheit der Selbstgesetzgebung und Selbstregierung;
4. als liberale Freiheit der Mäßigung der politischen Machtausübung durch Gewaltenteilung (die damit ins Spiel kommt) – und dies mit Vorrang: Um den Mißbrauch der Macht zu verhindern, ist es von entscheidender Wichtigkeit, daß nach festen verfassungsgesetzlichen Regeln die Macht der Macht Schranken setzt und sie bremst *(que le pouvoir arrête le pouvoir[55])*.

Es stellt sich die Frage, ob solche Mäßigung der Macht allen Regierungsformen eigentümlich sein könnte, so daß sie für die Demokratie nicht spezifisch, ja mit ihrer Natur nicht verbunden wäre. Wenngleich dies für Montesquieu prinzipiell zu bejahen ist (die Despotie allerdings bereits ausgenommen), so läßt sich jedoch klar erweisen, daß die Demokratie und nur sie zur gemäßigten Regierungsweise strukturell disponiert ist. Überall dort, wo solche Mäßigung sich in anderen Regierungsformen auswirkt, tendieren diese zur Demokratie. Innerhalb der Form der Selbstgesetzgebung und Selbstregierung des Volkes (mit Repräsentanten) ist die Mäßigung der Staatsgewalt am ehesten konkret realisierbar, d. h. in der gemäßigten repräsentativen

55 Charles de Montesquieu, Vom Geist der Gesetze (Anm. 46), Buch XI, Kapitel 4.

Demokratie. Demokratische und liberale Freiheit verweisen aufeinander, zumindest nähern sie sich an. Sie bei Montesquieu gegeneinander auszuspielen, wie es in der Literatur dann und wann geschieht, ist unberechtigt.

Das zeigt sich sehr deutlich an dem Modell, an dem Montesquieu den Grundsatz der Machtmäßigung durch Gewaltenteilung exemplifiziert: an der Verfassung Englands (so wie er sie sieht bzw. sich zurechtrückt). Im Blick auf England entwirft er das Bild einer demokratischen Verfassung, die durch aristokratische und monarchische Züge abgemildert und gemischt ist[56]. Dieses Bild des gewaltenteiligen, machteingrenzenden Staatswesens kommt John Locke in den Grundzügen gleich: Es enthält die legislative Gewalt *(Puissance législative)* mit einer Volks- und Adelskammer *(Corps du peuble* und *Corps des nobles),* die exekutive Gewalt *(Puissance exécutive)* und als dritte, nun eindeutig selbständige die richterliche Gewalt *(Puissance de juger).* Auch deren Abgrenzung und Zuordnung ist im wesentlichen dieselbe wie bei Locke. Aber es sind doch einige entscheidende Modifikationen bzw. Erweiterungen hervorzuheben, die allesamt in Richtung auf eine Demokratisierung der Gewaltenteilung zielen:

1. Montesquieu trifft einen deutlicheren Unterschied zwischen Verfassungsgesetzgebung und Einzelgesetzgebung; die erstere liegt einschließlich jeder Verfassungsänderung beim Volk selbst und muß durch Plebiszite vorgenommen werden.
2. Das Steuergesetzgebungsrecht soll nur dem *Corps du peuple,* nicht der Adelskammer zukommen, da diese ständisch interessiert ist.
3. Die Exekutive soll an der Gesetzgebung jetzt nur noch durch ein Vetorecht beteiligt sein; nicht mehr erforderlich ist ihre Zustimmung zu jedem Gesetz.
4. Die Exekutive kann keine Gesetzesinitiative in den legislativen Körperschaften entfalten (was noch heute für die USA gilt).
5. Montesquieu sieht klar ein Kontrollrecht der Legislative über alle Maßnahmen der Exekutive vor (nicht mehr nur in Fragen des Budgets, die aber weiterhin die wichtigsten bleiben); jedoch auch bei Montesquieu gibt es noch keine Ministerverantwortlichkeit.
6. Die »föderative« (auswärtige) Gewalt der Exekutive (Locke) ist nicht mehr aus dem Geltungsbereich der Gesetzgebung ausgenommen.
7. Der systematisch wichtigste Punkt: Die Jurisdiktion ist nicht mehr ein Organ der Exekutive, sondern als eigene, unabhängige Gewalt frei auf sich gestellt. Die Zweiteilung der Gewalten wird jetzt in eine klare Dreiteilung überführt.

Dies alles bedeutet insofern eine Tendenz zur Demokratisierung, als jedesmal die vollziehende, monarchische Gewalt dadurch eingeschränkt, die gesetzgebende, das Volk repräsentierende Gewalt verstärkt wird. Zugleich aber verdeutlicht die Weiterentwicklung der Gewaltenteilung von der Zwei- zur Dreiteilung die Tendenz zur Machteingrenzung aller Gewalten – auch der auf dem demokratischen Prinzip beruhenden. Sie alle haben die Gewaltenteilung zur Gewährleistung des vollen Gehalts der politischen Freiheit nötig, weil jede Gewalt zum Machtmißbrauch im Sinne von Freiheitsentzug versucht sein kann und weil selbst die Demokratie nicht mit letzter Sicherheit ein freiheitlicher Staat ist. Der freiheitliche Staat hat vielmehr auch bei Montesquieu eher wieder die Form der konstitutionellen Monarchie, aber mit stark demokratischen Zügen – vergleicht man ihn mit Locke, aber vor allem auch mit dem, was Montesquieu selbst in seiner Verfassungstypologie als »Monarchie«

56 Charles de Montesquieu, Vom Geist der Gesetze (Anm. 46), Buch XI, Kapitel 6.

behandelt, die eine größere Nähe zur Despotie als zur Demokratie gewinnt. Deshalb kann man das von ihm gepriesene Verfassungsmodell als gemäßigte Demokratie bezeichnen.

Die Form der gemäßigten Demokratie ist für Montesquieu in einer Vielzahl von Ländern und in einem relativ großen geschichtlichen Umkreis (zumindest ganz Europa) prinzipiell realisierbar, mit möglicherweise jeweils gewandelter Mischung der Komponenten der Gewalten und ihrer genauen Befugnisse. Damit wird ein Hindernis durchbrochen, das Montesquieu im Rahmen seiner determinierenden Betrachtung der spezifischen Geltungsmöglichkeit der einzelnen Regierungsformen selbst aufgebaut hatte. Montesquieu war nämlich der Auffassung, daß die reine Demokratie und die reine Aristokratie wegen ihres Prinzips und ihrer Natur nur in kleinen Ländern, die Monarchie in mittelgroßen, die Despotie aber in sehr großen Ländern in Frage komme. Jetzt aber entfällt aufgrund des Gedankens der Mischung von Natur und Prinzipien dieser Regierungsformen (unter Ausschluß der Despotie und auf der Basis der Demokratie) diese Begrenzung wenigstens teilweise: Die Grenzen der Möglichkeit für ein Staatswesen der Freiheit werden ausgedehnt und vorgeschoben, ohne ganz zu entfallen (das verbietet das Gesamt dessen, was zum *Geist der Gesetze* gehört).

Wir haben in Montesquieus Werk letzten Endes also ein sehr pragmatisches Denken vor uns, entwickelt aus praktischem Interesse, und das heißt sehr wohl auch aus ethischer Motivation. Montesquieu will das zur Sicherung der *dignité humaine* und der mit ihr identischen Freiheit geeignetste und möglichst umfassend und häufig realisierbare Staatswesen und die entsprechende Staatsform ausfindig machen. Seine politische Theorie gründet in dem Bewußtsein von der Würde des Menschen als eines Wesens endlicher Freiheit, das diese in einer ihm gemäßen politischen Praxis realisiert. Der Erkenntnis, Würdigung und Legitimierung dieser politischen Praxis gilt sein Lebenswerk.

6. Rousseaus Konzept radikaler Demokratie

6.1 Rousseau: Der Antipode

Jean-Jacques Rousseau ist in der Epoche der Aufklärung der große Antipode zum liberalen politischen Denken John Lockes und insbesondere Montesquieus. Er wendet sich scharf und ironisch namentlich gegen die Gewaltenteilungslehre und ihren in seinen Augen logischen Widerspruch. Sie macht aus dem Staatsoberhaupt ein phantastisches, zusammengestückeltes Wesen, so als könne man den Menschen aus mehreren Körpern zusammensetzen; er muß statt dessen als ein organisches Ganzes verstanden und behandelt werden, und so auch der Staat.

Rousseau versucht eine absolut rational-logische politische Theorie zu entfalten, insofern Bodin und Hobbes ähnlich, im Unterschied zu diesen aber auf dem Boden der Freiheitsphilosophie der Aufklärung. Alle Staatsgewalt muß strikt und direkt aus einem Prinzip abgeleitet werden. Dieses Prinzip ist die Volkssouveränität. Sie gilt unveräußerlich und ist nicht delegierbar auf Repräsentanten und auf eine diesen gegenüberstehende Exekutive. Der Volkssouveränität muß alle Staatshoheit zukommen. In ihr ist alle Gewalt begründet und zusammengefaßt. Die Gewalt kann daher nicht geteilt werden, sondern muß im Gegenteil konzentriert werden. Die einzelnen staatlichen Akte haben keine eigene Qualität, sie sind nur Ausfluß *(émanation)* der einen, unteilbaren und unveräußerlichen souveränen Gewalt.

Es muß (zumindest im Idealfall) zu einer totalen Übereinstimmung, ja Identität aller politischen Gewalten kommen. Rousseau strebt in der Tendenz eine Totaldemokratisierung an, die zur Tyrannei im Namen der Demokratie führen kann. Für ihn liegt aber in dieser Totalisierung der Demokratie die einzige Gewähr der Freiheit. Seine politische Theorie versteht sich als konsequente Philosophie der Freiheit. Mit Montesquieu und Rousseau haben wir zwei vollständig konträre Konzeptionen auf dem Boden desselben Interesses und Anspruchs der Aufklärungsphilosophie vor uns.

Rousseau wurde 1712 in der freien, aber damals streng calvinistisch geprägten Stadt Genf geboren. Er ist Sohn eines von französischen Hugenotten abstammenden Uhrmachers und einer Genferin, beide aus eher kleinbürgerlichen Verhältnissen. Er verlebt eine sehr unglückliche Jugend. Mit 15 Jahren flieht er aus Genf und irrt ziellos in Frankreich umher. Vorübergehend findet er in Annecy Aufnahme bei einer adligen Gönnerin, Madame de Warens, doch läßt er sich nirgendwo lange Zeit halten. Er führt das Leben eines Bohémien, vorwiegend in Paris, wo er sich zeitweise als Hauslehrer, als Sekretär und Notenschreiber verdingt. Mit einem Mädchen aus dem Volke unterhält er ein nicht legalisiertes Verhältnis, aus dem fünf Kinder hervorgehen, die »nach Landessitte« (wie sich Rousseau rechtfertigt) im Findelhaus abgegeben werden.

Rousseau verzehrt sich in dem geradezu hektischen Bemühen, in der Pariser gehobenen Gesellschaft, in ihren Salons und literarischen Zirkeln Fuß zu fassen und zu Ansehen zu gelangen. Er stürzt sich in das spielerische, leere und inhaltlose Treiben einer Gesellschaft, die im Absolutismus politisch nicht zu Geltung und Verantwortung gelangt. Rousseau versucht sich als Komödiendichter, Lyriker, Opernkomponist, Erfinder eines neuen Notensystems – mit allen diesen Gelegenheitswerken ist sein Erfolg nur gering. Er findet keinen dauerhaften Anklang. Mehr und mehr muß er sich als gescheiterte Existenz verstehen, er gerät in eine schwere seelische Krise. In dieser Phase, im Jahre 1749, also mit 37 Jahren, erfährt Rousseaus Leben eine plötzliche, entscheidende Wende. Er hat ein Damaskuserlebnis von umwandelnder Kraft, wie es in seltenen Augenblicken der Geschichte sich ereignet. Ihn trifft die Preisfrage der Akademie von Dijon, ob die Erneuerung der Wissenschaften und Künste zur Reinigung der Sitten beigetragen habe – eine Frage, die alle Intentionen der Aufklärungsphilosophie zentral berührt – regelrecht ins Mark. Rousseau hat davon in seinen späteren *Confessions* (Bekenntnissen) einen äußerst lebhaften, dramatischen Bericht gegeben.

Er bewirbt sich um den Preis und hat durchschlagenden Erfolg mit seinem ersten Discours, dem *Discours sur les sciences et les arts* (Diskurs über die Wissenschaften und die Künste, 1750), der eine scharfe Kritik an der erlebten Gesellschaft formuliert. Diese wird erweitert und fundiert in einem zweiten Discours, ebenfalls auf eine Preisfrage der Akademie von Dijon, dem *Discours sur l'origine et les fondements de l'inégalité parmi les hommes* (Diskurs über den Ursprung und die Grundlagen der Ungleichheit unter den Menschen, 1755). Rousseau ist jetzt ein berühmter Mann, er aber wendet sich nun brüsk von der verachteten Gesellschaft ab. Er schlägt günstige Stellungen aus und verdient einen minimalen Lebensunterhalt mit Notenschreiben, um so unabhängig wie möglich zu sein und seine nun zu entwickelnden Auffassungen über Mensch, Gesellschaft und Staat exemplarisch leben zu können.

Die beiden *Discours* bezeichnen die frühe Phase seines schriftstellerischen Werkes, die kritische Phase. Mehr und mehr aber drängt es Rousseau zur Begründung und Ausarbeitung einer positiven Anthropologie, Gesellschafts- und Staatslehre, die sich als Erziehungs- und Sittenlehre entfaltet. Nach kleineren Versuchen findet sie ihre große schriftstellerische Form in dem Briefroman *Julie ou la Nouvelle Héloïse* (Julie oder die neue Héloise, 1761), im Erziehungsroman *Émile* (1762, mit der *Profession de foi d'un vicaire savoyard,* dem Glaubensbekenntnis eines savoyischen Vikars, seiner zentralen Vernunft- und Morallehre) und mit der Schrift *Du contrat social ou principes du droit politique* (Vom Gesellschaftsvertrag oder Grundsätze des Staatsrechts) desselben Jahres. Aufgrund seiner in dieser Zeit neuartigen philosophischen, theologischen, anthropologischen, moralischen und politischen Anschauungen wird Rousseau vom Pariser Parlament (Gerichtshof) verurteilt. Er flieht nach England, wo er von David Hume aufgenommen wird, nachdem man ihn auch beim Versuch, sich in Genf und Bern anzusiedeln, ausgewiesen hatte. In England entstehen die größeren Teile seiner *Confessions* und andere autobiographische Schriften sowie seine Verfassungsvorschläge für Korsika. 1770 kehrt er nach Paris zurück, wo er seine letzten Lebensjahre zum ersten Mal in relativer Sorglosigkeit, aber nach wie vor in Zurückgezogenheit verbringt. Während dieser Zeit verfaßt er seine *Considérations sur le gouvernement de Pologne* (Betrachtungen über die Regierung Polens, 1772)[57]. Er stirbt 1778 in Erménonville bei Paris.

6.2 Anthropologie und Gesellschaftskritik

Rousseau beginnt – nach einer kurzen Einleitung – das 1. Kapitel des I. Buches seines *Contrat social* mit einem Fanfarenstoß: »Der Mensch ist frei geboren, und überall liegt er in Ketten. Einer hält sich für den Herrn der anderen und bleibt doch mehr Sklave als sie. Wie ist dieser Wandel zustande gekommen? Ich weiß es nicht. Was kann ihm Rechtmäßigkeit verleihen? Diese Frage glaube ich beantworten zu können. Wenn ich nur die Stärke betrachte und die Wirkung, die sie hervorbringt, würde ich sagen: Solange ein Volk zu gehorchen gezwungen ist und gehorcht, tut es gut daran; sobald es das Joch abschütteln kann und es abschüttelt, tut es noch besser; denn da es seine Freiheit durch dasselbe Recht wiedererlangt, das sie ihm geraubt hat, ist es entweder berechtigt, sie sich zurückzuholen, oder man hatte keinerlei Recht, sie ihm wegzunehmen. Aber die gesellschaftliche Ordnung ist ein geheiligtes Recht, das allen anderen zur Grundlage dient. Trotzdem stammt dieses Recht nicht von der Natur; es beruht also auf Vereinbarungen. Es handelt sich darum, die Art dieser Vereinbarungen zu kennen.«[58]

57 Jean-Jacques Rousseau, Œvres complètes, hrsg. von V. D. Musset-Pathay, Paris 1823ff.; Œvres complètes, hrsg. von B. Gagnebin und M. Raymond, Paris 1959ff.; Schriften zur Kulturkritik (Die zwei Diskurse von 1750 und 1755), französisch-deutsche Ausgabe, hrsg. von Kurt Weigand, Hamburg 1971; Du Contrat Social et autres œuvres politiques, hrsg. von Jean Ehrard, Paris 1975; Vom Gesellschaftsvertrag oder Grundsätze des Staatsrechts, hrsg. von Hans Brockard, Stuttgart 1977.

58 Jean-Jacques Rousseau, Vom Gesellschaftsvertrag (Anm. 57), Buch I, Kapitel 1 (zitiert nach der Übersetzung von Hans Brockard).

Rousseau wirft hier das Problem der Verwandlung der natürlichen Freiheit des Individuums in gesellschaftliche Ordnung auf. Deren »geheiligtes Recht« entspringt nicht der Natur, einem Naturrecht nach traditionellem Verständnis, das den Menschen in Rousseaus Sicht überall nur in Ketten gelegt hat, sondern Vereinbarungen *(conventions)* und Verträgen *(contrats)*, d.h. einem freien Willensentschluß der Subjekte. Auf die Untersuchung dieser Verträge, dieser Willens- und Freiheitsakte und der durch sie geschaffenen Ordnung sowie auf die Begründung dieser Konstitution des Staates kommt es Rousseau an. Er erweist sich damit als ein Philosoph der Aufklärung. Allerdings gehört er – wie Kant – bereits in deren Spätphase.

Wie die anderen Aufklärungsphilosophen sucht Rousseau den Grund für die vertragliche, also künstlich-willentliche Entstehung des Staates in der Natur des Menschen. Aus den Voraussetzungen des fiktiven Naturzustands kann die geschichtliche Entwicklung zum Gesellschaftsvertrag erklärbar, verfügbar und beherrschbar gemacht werden. Bei Rousseau wird der Charakter des Werdens und Gewordenseins des Gesellschaftszustandes besonders nachdrücklich betont. Auf sein Werden aus dem Naturzustand richtet sich Rousseaus Interesse, um den Gesellschaftszustand mit Hilfe des gewonnenen Wissens kritisieren wie auch abändern und revolutionieren zu können.

Seine Antwort scheint zunächst gegen alle aufklärerische Vernunftgläubigkeit gekehrt: Der Mensch ist von seinem Ursprung her nicht zuerst Vernunftwesen, sondern zunächst ein seine Bedürfnisse befriedigendes Lebewesen. Ihn bestimmt originär der Trieb der individuellen Selbsterhaltung. Das Individuum lebt im Urzustand in absoluter Selbstgenügsamkeit und Selbständigkeit, isoliert für sich, aus der Kraft der Selbstliebe *(amour de soi-même)*. Doch im Unterschied zu den Tieren ist der Mensch nicht so eindeutig mit natürlichen Mitteln ausgestattet, um sich problemlos im Leben erhalten zu können. Das Leben des Menschen ist natürlich schwach und instinktunsicher und daher nicht von sich aus gesichert; es muß vielmehr eigens aufgebracht, gewährleistet, gestaltet, handelnd bewerkstelligt werden. Der Mensch kann sich die Mittel dazu beschaffen und verfügbar machen. Er ist das Wesen der Stellungnahme zu sich, der Herstellung seiner selbst, der Selbstverwirklichung; durch diese Eigenschaften ist er vor allen anderen Lebewesen ausgezeichnet. Rousseau bereitet die Vorstellung vom Entwurfcharakter des menschlichen Lebens vor, die in unterschiedlicher Weise von Karl Marx, von der Existenzphilosophie und von Arnold Gehlen aufgegriffen wurde[59].

Bei Rousseau erhält diese Vorstellung die Wendung, daß der Mensch seiner Perfektion erst noch bedürftig, aber auch mächtig ist, daß er diese aufzubringen hat. Der Mensch ist das Wesen der *perfectibilité*, einer beinahe unbegrenzten Fähigkeit zur Entwicklung der Eigenschaften und Mittel, die ihn sein Leben gestalten lassen. Diese Notwendigkeit und Möglichkeit der Perfektion beinhaltet zugleich einen anderen, entscheidenden Wesenszug: die Freiheit in der Wahl und im Produzieren der geeigneten Mittel und Fähigkeiten, sich im Leben zu erhalten, und die Kraft des Entschlusses zu solcher Wahl und Perfektion. Alles dies macht das aus, was Rousseau Wille *(volonté)* nennt. Der Mensch ist als Wesen der Bedürfnisbefriedigung, Perfek-

59 Vgl. dazu und zum folgenden den zweiten »Discours«, in: Jean-Jacques Rousseau, Schriften zur Kulturkritik (Anm. 57).

tion und Freiheit ganz und gar Willenswesen, das Wesen der willentlichen Selbstbestimmung, das die Perfektion je individuell erstrebt.

Insofern ist Rousseaus Anthropologie voluntaristisch; sie bedeutet im Zuge der Entwicklung des neuzeitlichen Menschenbildes eine spezifische Verschärfung und Wende. Der Voluntarismus steht jedoch keineswegs im Gegensatz zum neuzeitlichen Vernunftdenken. Für Rousseau ist der Wille Vernunftwille, und es handelt sich bei der willentlichen Selbstbestimmung des Menschen über sein Leben um eine Selbstbestimmung der Vernunft. Entscheidend aber ist, daß die in der Neuzeit dominierende menschliche Vernunft sich hier aus der Verfügungsmacht des Willens selbst setzt und begründet. Der Wille bringt auch die Vernunft als das entscheidende Mittel auf, durch das und mit dem der Mensch sein weiteres Leben gestaltet.

In einer ersten Phase der Entwicklung seines Denkens, die durch die zwei *Discours* repräsentiert wird, hat Rousseau aus seinem anthropologischen Ansatz zunächst eine scharfe und gänzlich negative Gesellschaftskritik abgeleitet. Im Urzustand leben die Individuen problemlos, aber auch weitgehend beziehungslos nebeneinander. Sie werden nur durch die Grundstimmung des »Mitleids« *(pitié)*, einer Art gegenseitigen Respekts, in loser Ordnung gehalten – eine wahrlich sehr abstrakte, radikal individualistische Vorstellung. Sobald sie einander zunehmend begegnen und miteinander in Verkehr und Austausch treten, tendiert der *amour de soi-même* zur egoistischen Selbstsucht – *amour propre* –, zum Vergleichs- und Vorrangdenken, zum Besitz- und Machtstreben. Arbeitsteilung und Eigentumsbildung haben die Unterschiede von Arm und Reich und darauf gegründete Herrschaft zur Folge. Die in allen Individuen konkret unterschiedliche, aber prinzipiell gleichermaßen wirkende Abhängigkeit von den Rangunterschieden in der Gesellschaft führt den Menschen, jeden Menschen in den Zustand der Entfremdung *(aliénation)*.

Der frühe Rousseau leitet aus dieser Ausgangssituation der Entfremdung der Individuen in der Gesellschaft den Staat als ein Produkt ab, das einerseits die geschichtlich entwickelten Rangunterschiede absichert, andererseits ihre Auswirkungen eindämmen soll (was ihm zumeist mißlingt). Während hier der Staat primär als Zerstörer der natürlichen Freiheit zugunsten der Willkürherrschaft, folglich als Inkarnation der Despotie auftritt, hat sich der spätere Rousseau zu einer positiven Alternative durchgerungen. Diese Alternative zur gesellschaftlichen Entfremdung und zum Willkürstaat besteht in einem Willensentschluß, ist also wiederum voluntaristischen Charakters: Der freie individuelle Wille soll Gesellschaft, Staat und Politik bewußt in sich aufnehmen, soll sich mit ihnen identifizieren, soll sie demgemäß allererst konstituieren und konstruieren.

Das erscheint Rousseau möglich, wenn der Individualwille seine Partikularität abstreift, sich zum Gemeinwillen *(volonté générale)* erhebt und ein Teil von diesem wird, ihn mitgestaltet und zugleich von ihm erfaßt, umfaßt, bestimmt und getragen wird. So gewinnt das Individuum seine Sittlichkeit *(moralité)*, die Gegenkraft der Entfremdung. Mit dieser Sittlichkeit ist die Befreiung aus der Entfremdung vollzogen. Die Freiheit ist von der Disposition (Möglichkeit) zur Realisation (Wirklichkeit) entwickelt.

6.3 Gemeinwille und Staat

Im Stande der Sittlichkeit wird dem Individuum das Menschliche am Menschen, d. h. zugleich die Menschheit, die Gattung, das Allgemeine zum Bedürfnis. Der sittlich gerichtete und dahingehend geläuterte Wille ist Vernunftwille; nur der auf das Allgemeine gewendete Wille kann Vernunft *(raison)* für sich in Anspruch nehmen. Steht es so, dann sinkt der individuelle Wille als solcher in die Illegitimität ab. Vernunfthaft legitim ist er nur als Teil des Gemeinwillens. Dieser besitzt mit seiner Totalität, kraft deren er alle Einzelwillen umgreift, das ganze Recht für sich. Die Individuen als solche behalten keinerlei Rechte. Durch Vertrag treten sie diese an die Gemeinschaft ab. Die Gemeinschaft weist ihnen dann erst wieder Rechte zu. Auf eigene, originäre Rechte weiterhin pochen zu wollen, bedeutete den Rückfall in Selbstsucht, Egoismus, Entfremdung, Verderbnis. Es gibt bei Rousseau also zwar vom Staat gewährte Bürgerrechte, nicht aber ihm vorgegebene, durch ihn bloß zu gewährleistende natürliche Grundrechte (wie in der liberalen Theorie seit John Locke).

Zufolge dieses Denkmodells konnten die radikalen Jakobiner die wesentliche Errungenschaft der ersten, liberalen Phase der Französischen Revolution – die Erklärung der Menschen- und Bürgerrechte von 1789, aufgenommen in die Verfassung von 1791 – aufs Spiel setzen und im Namen von Vernunft und Sittlichkeit ihre Schreckensherrschaft errichten. Das gleiche Denkmodell hat im Marxismus weitergewirkt und den kommunistischen Totalitarismus begründen helfen. Marx' Ablehnung der Menschenrechte liegt auf der Linie des Rousseauschen Ansatzes. Rousseaus Intention ist allerdings noch darauf gerichtet, dem Individuum als Teil der Gemeinschaft dadurch eine echte, neue – politische – Freiheit zu geben, daß es an allen Akten des Gemeinwillens mitwirkt, und zwar ständig, zu jeder Zeit, in permanenter Aktivität. Die Hoffnung, daß sich dadurch eine konfliktlose Homogenität und Harmonie der gleichen Teilhaber am Gemeinwillen ergibt, die das Pochen auf egoistische Interessen und Rechte obsolet macht, scheint alle triftigen Probleme zu lösen. Rousseau unterstellt die Möglichkeit der willentlichen Schaffung eines qualitativ neuen Menschentums. In Wirklichkeit werden freilich die Grundproblematik des Verhältnisses von Individuum und Gemeinschaft und weitere Kernprobleme der Staatstheorie, wie sich noch zeigen wird, nur wegdefiniert.

Die Individuen sind in der Form ihrer Vereinigung zum Gemeinwillen – als damit bewirkte homogene Einheit – Teile des Volkes und der Volkssouveränität, aber hier ist die Volkssouveränität nicht mehr mit der individuellen Freiheit als solcher vermittelt; hier repräsentiert sie selbst alle Freiheit absolut. Freiheit kann nur noch im Stande der Sittlichkeit Anerkennung finden: Das ist die »echte« Freiheit gegenüber der »unechten« Freiheit der bloßen Individualität. Solch absolute Volkssouveränität ist – als Inkarnation von Vernunft und Sittlichkeit – dann jedoch in Gefahr, die Individuen auch weltanschaulich zu beanspruchen, ideologisch zu indoktrinieren, mithin tatsächlich totalitär zu werden.

Die Volkssouveränität, die in dieser Weise ihre Absolutheit erweist, kann nicht als teilbar gedacht werden; sie ist so unteilbar, wie sie absolut ist. Rousseau lehnt daher jede Form der Gewaltenteilung scharf ab. In gleichem Sinne ist die Souveränität unveräußerlich. Daraus folgt die Ablehnung repräsentativer Organe und sämtlicher intermediärer Instanzen. Schließlich werden alle Parteibildungen und besonderen

Vereinigungen verworfen. Alle diese Elemente liberaler Verfassungstheorie sind für Rousseau Ausdruck der Aufspaltung des Gemeinwillens zugunsten partikularer Bestrebungen und Tendenzen. Rousseau ist ein klarer Gegner jedes gesellschaftlichen Pluralismus. Die Individuen müssen ohne die Vermittlung durch gesellschaftliche Formationen, d. h. gleichsam als isolierte Existenzen, einheitlich im Staat stehen und dort in möglichst reiner Einheit, Geschlossenheit und Harmonie wirken, damit der Gemeinwille zum Vollzug gelangen kann.

6.4 Gesetzgebung und Regierung

Der Gemeinwille äußert sich zuerst in einer Verfassungsgesetzgebung, in einer Grundgesetzgebung. Durch sie wird der Staat eingerichtet und in seiner Grundgestalt festgelegt. Der politische Körper gewinnt dadurch Dasein und Leben. Doch dann kommt es darauf an, ihn am Leben zu erhalten und ihm immer wieder die Lebensimpulse zu vermitteln, die zeigen, daß dieser einheitliche Körper und sein Gesamtwille tätig sind. Das geschieht durch die normale Gesetzgebung. Verfassungsgesetzgebung und die auf ihr gründende Einzelgesetzgebung sind die Vollzugsweisen des Gemeinwillens, den das Volk als Einheit aufbringt; sie sind die Aufgaben des Souveräns und Staatsoberhaupts, den das Volk bildet. In einem legitimen Staat liegt beim Volk das Recht und die Pflicht zur Gesetzgebung. An ihr muß das ganze Volk unmittelbar teilhaben.

Die Staatsform, die sich auf eine Gesetzgebung unmittelbar durch das Volk gründet und darin die absolute Volkssouveränität zum Ausdruck bringt, nennt Rousseau Republik. Nur die republikanische Staatsform ist in der Sicht seines Staatsgedankens legitim, nur sie entspricht dem Sinn des Gesellschaftsvertrages. Überall dort, wo nicht eine Republik in diesem fundamentalen Sinne besteht, herrscht Despotismus als die Macht eines partikularen Willens über andere Willen. Sie ist in seinen Augen eine unsittliche Herrschaftsform, die im Grunde genommen gestaltlos ist, weil sie keinen Gemeinwillen zum Vollzug bringt. Sie rückt infolgedessen in die Nähe der Anarchie, die zugleich die andere Alternative zur Republik darstellt.

Wenn in der Republik das Volk nur als Ganzes und als Einheit den Gemeinwillen zum Ausdruck bringt und dieser sich in Akten der Gesetzgebung auswirkt, dann muß, so folgert Rousseau, das Volk auch als Ganzes und als Einheit versammelt sein, wenn legitime Gesetze zustandekommen sollen. Die gesetzgebende Körperschaft und damit zugleich das Staatsoberhaupt ist daher die Volksversammlung, und zwar als Vollversammlung aller stimmfähigen Bürger, niemals dagegen in der Form einer Vertretungskörperschaft, da der Gemeinwille nicht auf einzelne Individuen delegierbar ist. Das Modell hierfür stellt die kantonale Versammlung des ganzen Volkes dar, wie es die Schweiz kannte (und in wenigen Kantonen noch kennt) und wie Rousseau es auch in der griechischen Polis gegeben sieht.

Damit wäre die Wirkmöglichkeit des Gemeinwillens in einem politischen Organ äußerst eingeschränkt, nämlich auf kleine Staaten, Stadtstaaten oder Landgemeinden, die kaum mehr eine allgemeine Gegenwartsbedeutung haben – schon zur Zeit Rousseaus nicht mehr. In der Tat liegt hier ein fundamentales Problem der Rousseauschen Staatslehre, eine höchst mißliche Konsequenz seiner romantizistischen Grundvorstellungen. Rousseau stellt sich allerdings selbst das Problem, das für große Staaten besteht. Hinsichtlich der Existenz gesetzgebender Körperschaften muß er sich mit dem Hinweis begnügen, daß in solchen Staaten die Gesetze durch ein von Zeit zu Zeit stattfindendes großes Plebiszit, durch allgemeine Volksabstimmung zu verabschieden sind.

Wie aber kommt ein einiger Gemeinwille in der Volksversammlung (oder im Plebiszit) wirklich zustande und woran ist er ablesbar? Muß er einstimmig Gesetze verabschieden oder können auch Mehrheitsentscheidungen gelten? Wenn Rousseau – was logisch wäre – absolute Einstimmigkeit forderte, kämen nur sehr wenige Entscheidungen der Gesetzgebung und damit Manifestationen der Souveränität zustande. Aber der Gemeinwille ist nicht mit der Summe der partikularen Willen im Sinne einer äußerlichen Einheit, die nur eine *volonté de tous* darstellen könnte, identisch, sondern er zeichnet sich durch innere Einheit und Geschlossenheit aus. Er könnte deshalb durchaus auch in einer einzelnen Gruppe maßgeblich zur Geltung gelangen, ist dann allerdings doch in der Gefahr, sich zur Durchsetzung eines Partikularinteresses zu verfälschen.

Da es kein eindeutiges objektives und materiales Kriterium für den Gemeinwillen gibt, muß er sich auf seiten der Subjekte hinreichend formgerecht artikulieren, um sich zu manifestieren und ablesbar zu sein. Wenn das ganze Volk als Einheit ihn aufzubringen hat, so muß jeder Bürger in der Volksversammlung oder beim Plebiszit auch tatsächlich befragt werden und seinen Willen kundtun. Der Entscheid der Bürger muß unbedingt einstimmig in einer einzigen, aber der grundlegenden Sache, nämlich im Hinblick auf die Bejahung des Gesellschaftsvertrages selbst sein – wir könnten jetzt sagen: in Fragen der Verfassungsgesetzgebung (die damit einschließlich aller Verfassungsänderungen nicht anders vollziehbar ist als einstimmig).

Alle anderen Gesetzesentscheide müssen notgedrungen überwiegend mehrheitlich getroffen werden, wobei sie desto eher den Gemeinwillen zum Ausdruck bringen, je kompakter die Mehrheit ist. Dieses Mehrheitsrecht wird bei der Bejahung des Gesellschaftsvertrages mitbejaht. Ein untrügliches Kriterium kann die Mehrheit, selbst wenn sie deutlich ausfällt, nach Rousseaus Gedankenführung, die an sich auf Totalität, Geschlossenheit und Homogenität der sittlichen Willensbekundung geht, jedoch nicht sein. Hier bleibt ein Dilemma, ein fauler Kompromiß, ein unbefriedigendes Resultat, mit dem Rousseau praktisch nicht fertig wird, da sich totaler Gedanke und konkrete Praxis (wenn diese doch auch noch etwas an freiwilliger und einsichtiger Zustimmung der Bürger bewahren und nicht von vornherein schon dem Einstimmigkeitskommando von oben Raum geben soll) kaum vertragen.

Ein nach solchen – von Paradoxien nicht freien – Annäherungswerten in der Volksversammlung oder im Plebiszit beschlossenes Gesetz gilt im großen ganzen als Ausfluß des Gemeinwillens. Darum ist es, sofern es nur durch den Souverän geschaffen und gesetzt worden ist, unbedingt gültig und verlangt von den Untertanen entsprechend unbedingten Gehorsam. Das legitime Gesetz ist ganz und gar positives Gesetz, es gibt für Rousseau kein Naturgesetz mehr. Infolgedessen kann es auch durch neue Akte des Souveräns beliebig außer Kraft gesetzt oder verändert werden. Der Souverän ist nur souverän, wenn er es in jedem Augenblick ist. Nach diesem Prinzip ist der revolutionäre Konvent in den Jahren 1792–1794 (ohne verfassungspolitische menschen- und grundrechtliche Einschränkungen) verfahren.

Jedes Gesetz ist zugleich Ausfluß des sittlichen Willens, ist selbst Sittengesetz, ist also mit ungeheurer Qualität ausgestattet. Rousseaus Identifikation von positivem und Sittengesetz erzeugt ein neues Dilemma. Es ist faktisch möglich und geschieht immer wieder, daß Gesetze sich widersprechen, so daß der Gesetzgeber – das Volk – sich geirrt haben muß und doch nur eine *volonté de tous* oder *de la majorité* als bloße Summierung von lauter *volontés particulières* zum Ausdruck brachte, womit dann gerade kein sittlicher Wert verbunden ist – ganz im Gegenteil. Angesichts dieser Gefahr nimmt Rousseau eine folgenschwere Reduktion seiner radikaldemokratischen Grundposition vor: Er empfiehlt, daß das Volk in der Vollversammlung bzw. im Plebiszit die Gesetze nur beschließen und verabschieden, daß es sie in der Regel aber nicht selbst formulieren soll. Die Vorberatung, Ausarbeitung und Formulierung der Gesetze haben vielmehr interessenlose, ganz dem Gemeinwohl verpflichtete Sachverständige zu leisten, die als Berater des Volkes tätig werden sollen. Sie geraten mit dieser einflußreichen, prägenden Funktion jedoch faktisch in die Rolle von Volkserziehern. Ihnen soll zwar keinerlei Herrschaftsautorität, sondern nur die Autorität des Sachverstandes zustehen. Daß sie gleichwohl zu Volksführern werden können, muß Rousseau hinnehmen. Als Sprecher des Gemeinwillens sind sie dazu legitimiert, wenn sie sich ganz der Sache widmen und nicht eigennützig handeln.

An dieser Stelle sind für Manipulationen seitens einer geistig-politischen Elite Tür und Tor geöffnet. Kann sich auf der Grundlage solcher Überlegungen einerseits ein Beamtenstaat etablieren, wie er seit dem 18. Jahrhundert etwa in Preußen geschaffen wurde (ohne demokratische Basis), so können sich andererseits auch die Theoretiker und Praktiker einer Avantgarde(partei) auf sie berufen. Wiederum waren es die Jakobiner, die als erste während der Französischen Revolution ihre Führer- und Erzieherrolle mit basisdemokratischer und moralphilosophischer Legitimation schließlich zur absoluten Herrschaft des Schreckens ausgedehnt haben. Solche Entwicklungen bewegen sich weit jenseits des von Rousseau Intendierten. Aber Rousseau hat aus seinem tiefen Dilemma zwischen dem emphatischen, utopischen Gedanken der absoluten Volkssouveränität und des homogenen Gemeinwillens einerseits und den konkreten Anforderungen praktischer Politik andererseits Auswege gesucht, die ungewollt zu solch mißlichen Konsequenzen führen können.

Das zeigt sich deutlich an zwei weiteren problematischen Denkfiguren. Einerseits sieht Rousseau schon für die Verfassungsgesetzgebung einen Maßstäbe setzenden Berater, Sachverständigen und Weisen vor: den großen *législateur,* einen Menschen von geradezu göttlicher Größe[60]. Dieser Gesetzgeber nach Art Lykurgs oder Calvins ist schöpferischer Innovator für den Gesellschaftsvertrag überhaupt. Faktisch wird er damit zum Stifter des Gemeinwillens, also auch zur Personifizierung von Sittlichkeit und Vernunft. Seine prägende Rolle soll gleichwohl lediglich von vorübergehender, kurzer Dauer sein. Er soll weder herrschen noch regieren. Die »Herrschaft« gebürt ja dem souveränen Volk; diesem bleibt sie allerdings inzwischen nur noch nominell, nur noch per definitionem überantwortet.

Die Regierung aber hat bei Rousseau eine ganz eigentümliche mindere Qualität, so daß der große *Législateur* sich ihr aus diesem Grunde nicht unterziehen kann: Sie gilt als ein rein ausführendes, bloß verwaltendes Organ der Gesetzgebung, dieser und damit dem Souverän restlos untergeordnet, als ein Ausschuß ohne eigenes Gewicht.

60 Vgl. Jean-Jacques Rousseau, Vom Gesellschaftsvertrag (Anm. 57), Buch II, Kapitel 7.

Diese Auffassung untermauert Rousseaus radikale Aufhebung der Gewaltenteilung. Solche Herabstufung der Regierung führt bei Rousseau zu einer seltsamen Gleichgültigkeit in der Bewertung der ihr verbleibenden erheblichen Aufgaben. Das hat zur Konsequenz, daß diese schließlich faktisch um so stärker ins Gewicht fallen und eine von der Legislative nicht mehr kontrollierte Ausdehnung erfahren. Auch hier ersetzt und verdeckt die Definition (der angeblichen Identität von Gesetzgebung und Regierung) die konkrete politische Problematik. Das ist der zweite bedenkliche Ansatzpunkt für ganz undemokratische Entwicklungen, den Rousseau selbst liefert.

Wie gestaltet sich des näheren das Verhältnis von Gesetzgebung und Regierung? Am Beginn der Antwort auf diese Frage steht eine abermalige problematische Einschränkung Rousseaus: Da die Gesetzgebung den allgemeinen Willen zum Ausdruck bringt, soll sie sich auch auf die Regelung allgemeiner Fragen im Staat beschränken. Ein Gesetz muß von allen Bürgern für alle in gleicher Weise gegeben sein und so gelten. Der Begriff der *loi,* auf die sich die Kompetenz von Gemeinwillen, Volkssouveränität und Volksversammlung eingrenzt, deckt nur das, was sich auf Verhältnisse strikter Allgemeinheit und Gleichheit bezieht. Daneben und darüber hinaus – bzw. in Rousseaus Vorstellung strikt darauf aufbauend und davon abgeleitet – bleibt der Bereich von Einzelregelungen und Ausführungsbestimmungen im Staatshandeln, der der Regierung zufällt. Sie hat einzelne Ressorts zu verwalten und ist insofern aufgeteilt.

So wenig die Gesetzgebung, die Volkssouveränität und der Gemeinwille aufteilbar und delegierbar sind, so weitverzweigt kann die Regierungstätigkeit und infolgedessen die Abgrenzung von Funktionen innerhalb der Verwaltung sein, die die allgemeinen Gesetze auf einzelne Sachbereiche anwendet. Sie hat nur diese abgeleitete Befugnis der Anwendung und Ausführung der Beschlüsse der Gesetzgebung. Was diese nicht geregelt hat, obliegt allerdings doch ihrer (faktisch autonomen) Zuständigkeit. Sie, *le gouvernement* oder *le magistrat,* arbeitet mit Verordnungen, *décrets.* Und da die *lois* sich nur auf allgemeine Fragen beziehen, bleibt tatsächlich ein weiter Spielraum für die Wirksamkeit und Anwendungsfähigkeit der *décrets,* wie immer Rousseau auch ihre Bedeutung herabzustufen sucht.

Der Regierungstätigkeit, so deutlich sie nur Handlanger des Souveräns sein soll, schreibt Rousseau schließlich sogar die Funktion zu, zwischen dem Souverän, dem Volk in seiner Einheit, und den Untertanen, den Individuen in ihrer Vereinzeltheit, die konkrete politische Vermittlung zu bewerkstelligen. Mit anderen Worten: Die Regierung greift mitten in das politische Geschehen, in das die Bürger ja ständig so oder so involviert sind, hinein. Gleichzeitig aber soll sie als bloßer Ausschuß der Versammlung vom Volk jederzeit ein- und absetzbar sein und mit befristeten Aufträgen versehen werden (Imperatives Mandat). Sie soll also unter ständiger Aufsicht stehen. Sind diese beiden Seiten der Regierungstätigkeit – eingreifende Vermittlungsleistung, zugleich totale Unterordnung und Abhängigkeit – schon in sich widersprüchlich, so weiß Rousseau insbesondere bei großen Staaten keinen Rat, wie die Regierung mit ihrer republikanischen Grundlage in Übereinstimmung gehalten werden kann. Nicht nur von der Betrachtung der Gesetzgebung, sondern auch von der Analyse der Regierungstätigkeit her eignen sich für sein fundamentaldemokratisches Modell folglich bestenfalls ganz kleine politische Gebilde. Schon Paris war dafür zu groß, wie sich während der Französischen Revolution und nicht minder deutlich zur Zeit der Pariser Commune (1871) erwies.

Charakteristisch ist schließlich, daß erst die (quantitative) Zusammensetzung der Regierung Rousseau zwischen Monarchie, Aristokratie und Demokratie unterscheiden läßt. Vormals differente Staatsformen reduzieren sich in seiner Sicht zu nur graduell verschiedenen Regierungsformen. Ob einer, mehrere oder – im raschen Wechsel nach Art antiker Poleis – größere Teile des Volkes Regierungsämter übernehmen, ist relativ gleichgültig, wenn die Regierung zum bloßen Ausschuß der Volksversammlung deklariert worden ist. Rousseau trifft zwischen diesen allesamt republikanischen Regierungsformen keine deutliche Wahl. Am ehesten scheint ihm eine Wahlaristokratie für die Übernahme von Regierungsaufgaben geeignet, was den mannigfachen elitären Zügen in seinem basisdemokratischen Gesamtbild eine weitere Pointe hinzufügt. So schlägt er für Polen eine Föderation aus 33 Grafschaften (Woiwodschaften) in der Regierungsform der Wahlaristokratie vor. Er überspitzt damit noch die ohnehin schon vorhandenen desolaten Verhältnisse der Quasi-Adelsrepublik des (nominellen) Königreichs Polen, die dessen staatlichen Untergang im 18. Jahrhundert mitbewirkt haben.

Für Frankreich, das große Land, dem Rousseaus Denken und Wirken primär galt, bleibt als politische Zielvorstellung allenfalls eine plebiszitär-republikanische Staatsform mit monarchischer Regierung – also sehr wenig von der emphatischen Grundkonzeption absoluter Volkssouveränität – übrig. Diese Grundkonzeption erweist sich somit deutlich als utopisch. Rousseau empfindet ihren Mangel an Realisierbarkeit und folglich – bei aller Tendenz zu strenger Ableitung und Schlußfolgerung – ihre Brüchigkeit selbst. Da nach seiner Meinung der geschichtliche Prozeß zugleich in die Entwicklung fortschreitender Entfremdung zu immer größeren Staaten treibt, ist seine Sicht zugleich tief skeptisch. Im Grunde hat Rousseau den Pessimismus seiner frühen *Discours* nicht wirklich überwunden. Schließlich ist sein Blick auch rückwärtsgewandt, denn er klammert sich an das Ideal eines gesunden Volkes, das zwar schon den Willen zur Vergesellschaftung entwickelt, aber gleichzeitig doch die natürliche Einfachheit noch nicht ganz verloren hat, dem Naturzustand also noch nahe ist. Ein solches Volk sieht er auf der Insel Korsika gegeben; er rühmt die Naturverbundenheit und Unabhängigkeit dieses agrarischen Landes und beschwört es, darin zu verharren.

Trotzdem hat Rousseaus politische Theorie revolutionär gewirkt. Um sie praktisch umsetzungsfähig zu machen, war es nötig, ihren moralischen Rigorismus und ihren radikaldemokratischen Impetus aufzugreifen und zu verschärfen, gleichzeitig aber die eigenen Bedenken und die regionalen Eingrenzungen, denen Rousseau verhaftet geblieben ist, zu entschränken. Der Griff nach der revolutionären Herrschaft im Namen der Volkssouveränität, auch und gerade in einem großen Land an der Spitze der kulturellen Entwicklung wie Frankreich, wurde gewagt und von dort aus wurde die Fackel geschwungen, deren Brand alle anderen Staaten und Völker ebenfalls erfassen sollte. Dabei ging man – Danton, Robespierre, Saint-Just, Desmoulins, Babœuf und wie sie alle hießen – mit Rousseau über Rousseau weit hinaus. Der Terror der Jakobiner setzte sich in fundamentalen Widerspruch zu Rousseaus (spät)aufklärerisch-humanistischer Intention.

7. Aufklärung, Revolution und Kritik

7.1 *Weitere Richtungen der Aufklärung: Französische Enzyklopädisten, britische Moralphilosophie und Nationalökonomie, deutsche Aufklärungsphilosophie*

Locke, Montesquieu und Rousseau sind in der Epoche der Aufklärung die gedanklich und systematisch weitaus profiliertesten und für die bürgerlichen Revolutionen in Nordamerika bzw. in Frankreich prägendsten politischen Theoretiker. Wir haben ihnen deshalb eine relativ breite Darstellung gewidmet. Das Bild der politischen Aufklärung im Vorfeld der Revolutionen muß aber noch durch einige kursorische Hinweise auf weitere Namen und Tendenzen ergänzt werden; das ist nur in knappsten Strichen möglich. Greift die Aufklärung im 18. Jahrhundert auch in den meisten europäischen Ländern – in unterschiedlicher Stärke – als geistige Bewegung Raum, so müssen wir uns hier doch auf die neben und nach Locke, Montesquieu und Rousseau wichtigsten Richtungen konzentrieren (bevor wir auf die Amerikanische und die Französische Revolution, die Aufklärungskritik und abschließend auf die große Philosophie Immanuel Kants zu sprechen kommen): Das sind die französischen Enzyklopädisten, die britische Moralphilosophie und Nationalökonomie sowie die deutsche Aufklärungsphilosophie.

Montesquieu und Rousseau haben an der von Denis Diderot und Jean-Baptiste d'Alembert zwischen 1751 und 1780 unter beträchtlichen zensurbedingten Schwierigkeiten herausgegebenen vielbändigen *Encyclopédie ou Dictionnaire raisonné des sciences, des artes et des métiers* mitgearbeitet. Die *Enzyklopädie* wurde zum geistigen Mittelpunkt des aufklärerischen Bildungsprogramms für Frankreich und darüber hinaus. In ihr kommt das zeitgenössische Wissen und Bewußtsein exemplarisch zur Sprache. Sie wird zum Bildungsbesitz des aufstrebenden Bürgertums und der gesamten intellektuellen Elite des 18. Jahrhunderts und bringt deren Fortschrittshoffnung zur Geltung. Dadurch gewinnt sie die Funktion eines geistigen Instruments für das zunehmende Aufbegehren gegen die untergehende Welt des Absolutismus. Darin liegt ihre allgemeine politische Bedeutung.

Dagegen sind aus dem Kreis der *Enzyklopädisten* – von Montesquieu und Rousseau abgesehen – keine ausgebildeten politischen Theorien erwachsen, die als solche unmittelbar hätten wirken können, und die vorhandenen Ansätze sind keineswegs überall klar antiabsolutistisch orientiert. Am ehesten ist das noch bei Denis Diderot (1713–1784) der Fall, der im Interesse der (seit 1614 in Frankreich nicht mehr einberufenen) Stände, insbesondere auch des Dritten Standes, und mit Blick auf das britische Vorbild vorsichtig die Theorie der gewaltenteiligen, konstitutionellen Monarchie verficht.

Ein anderer intellektuell herausragender Autor der *Enzyklopädie,* François-Marie Arouet, genannt Voltaire (1694–1778), ist hingegen in seinen politischen Vorstellungen zurückhaltender. Der berühmte Schriftsteller gehört zu den radikalsten Kritikern des religiösen Fanatismus, darüber hinaus der Kirche, sofern sie mehr als moralische Autorität beansprucht. Er weist damit Autorität überhaupt in ihre Schranken und tritt mit ausschlaggebender Wirkung für die Freiheit des Individuums, namentlich für seine Meinungs- und Geistesfreiheit, aber auch die des Eigentums und Handels, ein. Dennoch bleibt er als politischer Philosoph eher blaß. Zwar ist auch für Voltaire

England, in das er zeitweilig emigrieren mußte, das Muster eines freien Gemeinwesens. Aber seine Skepsis gegenüber den geistigen und politischen Fähigkeiten der breiten Volksschichten ist so ausgeprägt, daß er vom aufgeklärten Absolutismus eines Friedrich II., an dessen Hof in Potsdam er von 1750 bis 1753 weilte, mehr ordnende, bildende, förderliche Entwicklungen erwartet als von einer liberalen Verfassungsform. So schwankt er zwischen intensivem praktischem Engagement auf seinem Landgut bei Genf im Dienste der Schulbildung der Bevölkerung, der Anlage von Manufakturen, der Aufhebung der Leibeigenschaft, der Ordnung ländlicher Gerichtsverfahren und ähnlichen sozial-humanitären Projekten und andererseits einer deutlichen intellektuellen Distanz gegenüber allen politisch-demokratischen Tendenzen. Diese Distanz wird auch in seiner hämischen Ironisierung Rousseaus spürbar.

Ähnliches gilt von den sogenannten Materialisten im Umkreis der *Enzyklopädie,* so etwa vom Baron Paul Heinrich Dietrich von Holbach (Paul-Henri d'Holbach, 1723–1789) oder von Claude Adrien Helvétius (1715–1771). Sie treiben die Aufklärung in Richtung auf einen dezidierten Atheismus weiter, wenden sich allenthalben gegen »Aberglauben« und jede geistige Bevormundung, propagieren die Verbesserung von Erziehung und Gesetzgebung, um so größtmöglichen Glücksgewinn für alle Volkskreise und Klassen (im Vorgriff auf den Utilitarismus Jeremy Benthams, 1748–1832) zu erreichen. Sie verhalten sich aber gegenüber der demokratischen Mitwirkung des Volkes reserviert (obwohl Holbach sich zum Schluß doch zur Bejahung einer repräsentativen monarchischen Verfassung durchringt, so skeptisch er vorher die politischen Zukunftsaussichten Englands beurteilt hatte).

Erwähnen wir noch den Ökonomen und Staatsmann aus dem Kreis der *Enzyklopädisten:* Anne Robert Turgot, Baron de l'Aulne (1727–1781), von 1774–1776 französischer Marine- und Finanzminister, wollte den Absolutismus antimerkantilistisch mit der Freiheit des Handels und Gewerbes sowie mit Selbstverwaltungseinrichtungen auf den unteren Ebenen verbinden und dadurch in letzter Stunde – vergeblich – reformieren. Marie Jean Antoine Nicolat Caritat, Marquis de Condorcet (1743–1794) unterstützte Turgot darin zunächst, näherte sich nach dessen Scheitern jedoch den revolutionären Bestrebungen. 1786 trat Condorcet in *De l'Influence de la révolution d'Amérique sur l'Europe* (Über den Einfluß der Amerikanischen Revolution auf Europa) für grundlegende politische und ökonomische Menschenrechte ein[61]. 1791 wurde er zum Anhänger und Theoretiker der Republik. Er spielte als Präsident der Nationalversammlung (1792) sowie als Mitglied des Verfassungsausschusses des Konvents (1793) eine führende Rolle in der Revolution, erst an der Seite Dantons, dann der Girondisten, bis er 1794 verhaftet und ermordet wurde.

Insbesondere Turgot und Condorcet, aber auch die anderen genannten *Enzyklopädisten* sind in ihrem Eintreten für geistige und wirtschaftliche Freiheiten bei ambivalenter Einstellung zu verfassungspolitischen Strukturfragen einem anderen Strang der Aufklärung, der britischen (vor allem schottischen) Moralphilosophie und Nationalökonomie, verwandt. Diese wird vornehmlich durch David Hume (1711–1776) und Adam Smith (1723–1790) repräsentiert. Beide stehen philosophisch und wirtschaftstheoretisch in der Tradition John Lockes. Sie haben aber in dem

61 Marie Jean Antoine de Caritat Marquis de Condorcet, De l'Influence de la révolution d'Amérique sur l'Europe, in: Œuvres de Condorcet, hrsg. von A. Condorcet-O'Connor und M. F. Arago, Bd. 8, Paris 1847, S. 3–113.

englischen Arzt französisch-niederländischer Abkunft Bernard de Mandeville (1670–1733) mit dessen berühmter *»Bienenfabel«* (1705) und in dem Gründer der Schottischen Schule Francis Hutcheson (1694–1746) direktere Vorläufer.

Diesen allen ist gemeinsam, daß sie die freie ökonomische Entfaltung der individuellen, selbst der egoistischen Interessen und Neigungen als die Triebkraft ansetzen, die am besten zur Gemeinwohlverwirklichung im Sinne materieller und dann auch kultureller Wohlfahrt – und zwar des »größten Glücks der größten Zahl« (Jeremy Bentham, 1748–1832) – führt. Die Anspannung der individuellen Leistungsfähigkeit zum Zwecke der Mehrung des eigenen Besitzes wirkt sich, wie von einer unsichtbaren Hand *(invisible hand)* gelenkt, zugunsten des allgemeinen Besten aus (Smith). Das ist deshalb möglich, weil die individuellen Bestrebungen konstitutiv mit einem natürlichen *moral sense* verknüpft gesehen werden, der das Individuum befähigt, aus elementarer Sympathie für die anderen Individuen und aus wohlverstandenem Eigeninteresse jene Mindestrücksicht zu nehmen, aus der die Bereitschaft zu allgemeinen Absprachen, Regelungen und Ordnungsformen erwächst.

Die Regelungen und Ordnungsformen dürfen nur äußere Schutzfunktionen für den möglichst freien Ablauf des Wirtschaftsverkehrs ausüben, der sich weitgehend von selbst immer wieder in ein stabiles, zugleich durch Flexibilität, Produktivität und Kreativität gekennzeichnetes harmonisches Gesamtgleichgewicht einpendelt. Der Staat ist dann ausgeprägt liberaler Ordnungsstaat, wobei seine konkrete Verfassungsstruktur von sekundärer Bedeutung erscheint. Er hat durch sein Gerichts-, Verkehrs-, Gesundheits- und Bildungswesen für die unerläßliche Infrastruktur zu sorgen, unter deren Voraussetzung der freie Markt für alle Gesellschaftsmitglieder, wenn auch in unterschiedlichem Ausmaß, nützlich und segensreich wirken kann. Er muß insoweit auch ein durchaus starker Staat sein.

Adam Smith hat in seiner *Inquiry into the Nature and the Causes of the Wealth of Nations* (Eine Untersuchung über Natur und Ursachen des Volkswohlstands, 1776) als erster eine systematische Theorie der Nationalökonomie (mit den Lehrstücken vom arbeitsteiligen Produktionsprozeß, Tausch- und Geldverkehr, Kapitalprofit, Arbeitslohn, Mehrwert, Preis und Freihandel) entfaltet, die der in der Mitte des 18. Jahrhunderts in England beginnenden Industrialisierung und ihrer frühkapitalistischen Anfangsphase adäquat ist[62]. Darauf können wir hier nicht näher eingehen. Er hat auch schon die Gefahr drohender Verelendung der Massen aufgrund wirtschaftlicher Ausbeutung und der fortschreitenden Differenz zwischen Armen und Reichen skizziert. Lösungen dieses Problems sucht er noch nicht im ökonomischen Bereich selbst, sondern gerade auf politischem Gebiet. Der gewaltenteilige, vor allem eine unabhängige Justiz garantierende und die rechtliche Gleichheit aller Bürger verbürgende Rechtsstaat sowie eine staatlich geförderte und gelenkte Volksbildung können die Entfremdungsbedingungen der unteren Schichten mildern und ihre Chancen, sich in der freien Wirtschaft zu behaupten, verbessern. Liberale Rechts- und Schulpolitik bestimmen damit die Anfangsphase einer breiter angelegten kompensatorischen Gesellschaftspolitik, die als solche erst im 19. Jahrhundert innerhalb des britischen Liberalismus, vor allem durch John Stuart Mill (1806–1873) zum Problem erhoben wird.

---

62 Adam Smith, Inquiry into the Nature and the Causes of the Wealth of Nations, London 1776; Der Wohlstand der Nationen, hrsg. von Horst Claus Recktenwald, München 1978.

Anders die deutsche Aufklärungsphilosophie. Sie steht weitgehend im Banne des aufgeklärten, rechtsstaatlich gemilderten, reformerischen Absolutismus, den der preußische König Friedrich II. (Regierungszeit 1740–1786) und der habsburgische Kaiser Joseph II. (Regierungszeit 1765–1790) praktizierten. Der aufgeklärte Absolutismus hatte aber schon ein Jahrhundert zuvor in Samuel Pufendorf (1632–1694), der im selben Jahr wie Locke und Spinoza geboren ist, einen wichtigen geistigen Vorbereiter. Pufendorf hat trotz Anknüpfung an Thomas Hobbes' Verfahren *more geometrico* insgesamt doch eher die althusianische und grotianische Naturrechtslehre weiterentwickelt und steht dabei auch in der aristotelischen Tradition, so vor allem in seinem Hauptwerk *De jure naturae et gentium* von 1672[63]. Der Mensch wird in dieser Lehre als Individuum und Sozialwesen zugleich begriffen. Zufolge seiner Bedürftigkeit *(imbellicitas)* und Gemeinschaftlichkeit *(socialitas)* erfüllt sich sein Lebenssinn und -glück nur im sozialen Zusammenhang. Ihm kommen natürliche Rechte in dem Maße zu, als er Verpflichtungen in der Gemeinschaft hat und übernimmt. Das Naturrecht ist so ganz und gar soziales Recht.

Der Staat entsteht zwar bei Pufendorf kraft eines Gesellschaftsvertrages. In einem zweiten Schritt, dem Herrschafts- und Unterwerfungsvertrag, setzen die Individuen den Auftrag der Herrschaft und ihre Befugnisse fest. Diese sind darauf gerichtet, Recht, Ordnung und Wohlfahrt für die Gesamtheit zu gewährleisten, und das Volk ist auch berechtigt, das einzufordern. Staat und Herrschaft entsprechen in dieser Aufgabenbestimmung jedoch so sehr der natürlichen Zielsetzung menschlichen Lebens, daß an ihrer Souveränität und vorrangigen Räson nicht zu deuteln ist. Folglich sieht Pufendorf nicht nur kein Widerstandsrecht gegen die ungerechte Ausübung der Staatsgewalt (allenfalls die Möglichkeit der Flucht, also der Emigration), sondern auch keine zwingende politische Mitwirkung der Bürger vor.

Die Staatsgewalt tendiert zum monarchischen Absolutismus, ist aber ihrerseits an die Pflicht zur Gemeinwohlverwirklichung sittlich strikt gebunden. Der Monarch tritt als Person gegenüber dem Amt und dem Dienst an der Gemeinschaft zurück. Er hat die Unverletzlichkeit von Würde, Leben, Ehre und Eigentum sowie die rechtliche Gleichheit aller Individuen zu achten. Hier liegt trotz der Betonung des Vorrangs sozialer Pflichten vor individuellen Rechten der Grund, weshalb Pufendorf – teilweise vermittelt durch Locke und den englischen Juristen William Blackstone (1723–1780) – eine der geistigen Berufungsinstanzen für die amerikanischen Unabhängigkeitsbestrebungen geworden ist. Auch von den französischen *Enzyklopädisten* wurde er positiv rezipiert.

Ausschlaggebend ist jedoch die Nachwirkung von Pufendorfs Naturrechtslehre im deutschen politischen Bewußtsein als Legitimationstheorie für einen juristisch und ethisch gezügelten Absolutismus. Folgen hat sie auch und gerade für die Vorbereitung des *Allgemeinen Landrechts* in Preußen (1794) und ähnliche Gesetzeswerke, die in Österreich zwischen 1786 und 1812 (Erlaß des *Allgemeinen Bürgerlichen Gesetzbuches*) unternommen wurden. Man könnte sagen, daß mit Pufendorf ein deutscher Sonderweg in der Geschichte der politischen Theorien beginnt, der später in Hegel seine deutlichste Ausprägung erfährt. Für Hegel ist wie für Pufendorf der monar-

63 Samuel Pufendorf, De jure naturae et gentium libri octo, Lateinisch-englische Ausgabe, 2 Bde., Oxford 1934; Die Verfassung des deutschen Reiches, hrsg. von Horst Denzer, Stuttgart 1976.

chische Staat der rechtliche und sittliche Sachwalter des sozialen Lebenssinnes des Menschen und die sichtbare institutionelle Vermittlung von traditionellem Ethos und moderner Politik.

Namentlich was Preußen betrifft, wurde Pufendorfs Wirkung durch Christian Thomasius (1655–1728) und insbesondere durch Christian Wolff (1679–1754) noch verstärkt, teilweise auch ersetzt. Während Thomasius, 1694 einer der Mitbegründer der preußischen Universität Halle, den absolutistischen und zentralistischen Zug der Naturrechtslehre bekräftigt, betont Wolff einerseits die Begrenzung der Staatsgewalt durch die (mit den sozialen Pflichten verbundenen) natürlichen Rechte der Individuen, andererseits die Verpflichtung von Herrschaft und Verwaltung zu ausgedehnter wohlfahrts- und sozialstaatlicher Tätigkeit. Auch bei Wolff ist wie bei Pufendorf die soziale Komponente stärker als die individualrechtlich-liberale ausgebildet; gleichwohl ist seine Auffassung, daß die individuellen Rechte unveräußerlich seien, für die amerikanischen und französischen Menschenrechtserklärungen bedeutsam geworden. Wolff wurde ebenfalls durch Blackstone nach Amerika und über Voltaire nach Frankreich tradiert.

Die Verwandtschaft des von Pufendorf und Wolff entwickelten Konzepts eines starken Rechts- und Sozialstaates zum Selbstverständnis und zur Regierungsweise Friedrichs des Großen ist deutlich. Friedrich versteht sich als den ersten Diener des Staates, ganz der in der Gewährleistung von Sicherheit und Wohlfahrt liegenden Aufgabe der Herrschaft gewidmet. Dies bleibt aber eben die Aufgabe der (sakrosankten) Herrschaft. Die Herrschaft bindet sich aus eigener intellektueller und sittlicher Kompetenz, nicht aber aufgrund verfassungsrechtlicher Festlegungen und Beschränkungen an ihre Aufgabe. Die Herrschaft und die Staatsmacht, die sie personifiziert und zugleich objektiviert, bleibt absolut, ist aber »aufgeklärt«.

Als solche war sie auch die (von Skepsis vorsichtig durchmischte) Hoffnung preußischer Aufklärer im Kreis um die *Berlinische Monatsschrift* wie Moses Mendelssohn (1729–1786) und Friedrich Nicolai (1733–1811). Auch Immanuel Kant gehörte von Königsberg aus dazu, und er teilte diese Hoffnung, wie aus seiner Antwortschrift auf die Frage der *Berlinischen Monatsschrift,* was Aufklärung sei, hervorgeht (1784). Aber wie würde es nach dem Tod des großen Friedrich bei so ungesicherter politischer Grundlage weitergehen? Kant selbst hat als Königsberger Professor und Rektor einige böse Erfahrungen mit dem Berliner Ministerium machen müssen. Mendelssohns und Nicolais gemeinsamer Freund, der große Dichter Gotthold Ephraim Lessing (1729–1781), hat hingegen Friedrichs aufgeklärten Absolutismus von vornherein sehr kritisch beurteilt. Für ihn ist auch das friderizianische Preußen despotisch, ja das sklavischste Land in Europa. In Lessings Sicht sind allerdings alle Einzelstaaten (wie auch die einzelnen Konfessionen) Signaturen geistiger Beschränktheit und Unfreiheit. Wahre Freiheit existiert nur weltbürgerlich – womit Lessing auf die deutsche Klassik vorausweist.

7.2 Amerikanische Revolution und Federalist

Pufendorf und Wolff also, mehr aber die französische Aufklärung, allen voran jedoch Montesquieu, Rousseau und insbesondere John Locke, aber auch James Harrington – sie sind zu politiktheoretischen Anregern für die Amerikanische und für die

Französische Revolution geworden. Während die verschiedenen Phasen der Französischen Revolution abwechselnd und konkurrierend gleichsam im Zeichen Montesquieus und Rousseaus stehen, sind Locke und Montesquieu gemeinsam zweifellos die eigentlichen geistigen Ahnen der amerikanischen Verfassungsväter.

So sehr beide Revolutionen generell bürgerliche Bewegungen sind und so mannigfache personelle Querverbindungen es zwischen ihnen gibt, so deutlich sind auch grundlegende Unterschiede zwischen ihnen zu markieren. Die Französische Revolution ist die Erhebung des Bürgertums als des »Dritten Standes« *(tiers état)* gegen den Adel und den höheren Klerus sowie zentral gegen die absolutistische Monarchie. Sie hat eine klar antiabsolutistische, antifeudale und antiklerikale Tendenz und ist eine geistige, soziale, politische, zudem klassenkämpferische Revolution im spezifischen, grundlegenden Sinn. Sie bringt seit dem – durch Humanismus, Renaissance und Reformation erfolgten – Umbruch der abendländischen Geschichte vom Mittelalter zur Neuzeit die tiefgreifendste Umwälzung der gesellschaftlichen Verhältnisse mit sich. Die Aufklärung ist ihre philosophische Voraussetzung.

Die Amerikanische Revolution entwickelt sich dagegen im Prozeß der Lostrennung von 13 nordamerikanischen Kolonien vom britischen Mutterland. Sie entsteht aus Protest gegen die als Verletzung alter verbriefter Rechte empfundenen Eingriffe Londons. Diese »Revolution« pocht auf traditionelle Errungenschaften und Werte, die mißachtet worden sind. Sie tut es im Geiste der Aufklärung, aber auch christlicher, vor allem puritanischer, freikirchlicher Überzeugungen. Man sollte den »konservativen« Charakter der nordamerikanischen Geschehnisse allerdings nicht übertreiben. Zweifellos sind es zutiefst freiheitliche, also liberale und teilweise demokratische Tendenzen, die den schweren Entschluß zur Unabhängigkeit und die weitere Entwicklung zur Ausgestaltung eines autonomen Staatswesens und einer eigenen politischen Kultur in den USA tragen. Diese Grundorientierung verbindet die Amerikanische Revolution doch wieder mit der Französischen. Beide zusammen sind die entscheidend prägenden Vorgänge des letzten Viertels des 18. Jahrhunderts, das damit im Zeichen der politischen Etablierung und Durchsetzung der bürgerlichen Gesellschaft steht.

Die Amerikanische Revolution wird ausgelöst durch die anhaltenden Versuche der Londoner Regierung und des Parlaments, die hohen Staatsbelastungen nach dem Ende des Siebenjährigen Krieges (1756–1763) durch drastische Steuern auf das gesamte Reich, auch die Kolonien, abzuwälzen (Sugar Act 1764, Stamp Act 1765, Declaratory Act 1766). Der zunehmende Widerstand der nordamerikanischen Kolonien dagegen führt zu immer schärferen Maßnahmen wie dem Teesteuergesetz (Tea Act) von 1773 und den Zwangsgesetzen (Coercive Acts) von 1774. Die Nordamerikaner beantworten diese neuerlichen Zumutungen mit der Grundposition, daß sie solchen Besteuerungen nur bei angemessener eigener Vertretung im Parlament, also aufgrund freier Zustimmung unterzogen werden könnten *(no taxation without representation)*. Damit berufen sie sich auf ein fundamentales Axiom der Lockeschen und Montesquieuschen Freiheitstheorie.

Die sich zuspitzenden Auseinandersetzungen führen 1776, am 4. Juli, zur Unabhängigkeitserklärung *(Declaration of Independence)* durch den Kontinentalkongreß in Philadelphia. Ihr ist im Januar der beschwörende Appell des englischen, seit 1774 in Amerika wirkenden, radikaldemokratisch eingestellten Publizisten Thomas Paine (1737–1809) in seiner wirkungsstarken Kampfschrift *Common Sense* vorausgegangen:

Die amerikanischen Kolonien sollten nicht länger mit der Befreiung vom Mutterland warten, weil eine solche historische Stunde so schnell nicht wiederkehre. Anstelle des britischen Monarchen müsse eine freie Charter (Verfassung) gleichsam wie ein neuer König von Amerika, also als der neue Souverän inthronisiert werden. Mehrere Kolonien verkünden Menschenrechtserklärungen, unter denen die *Declaration of Rights* von Virginia als die berühmte *Virginia Bill of Rights* (vom 12. Juni 1776) einen festen Platz in der Geschichte der politischen Theorie und Praxis gewonnen hat.

Die *Virginia Bill of Rights* formuliert in 16 Artikeln die grundlegenden (Lockeschen) Rechte auf Leben, Freiheit und Eigentum mit wichtigen politischen Konkretionen wie Versammlungsfreiheit, Pressefreiheit, Freizügigkeit, Petitionsrecht, Anspruch auf Rechtsschutz, (eingeschränkter) Wahlfreiheit sowie Religionsfreiheit – bei gleichzeitiger sozialer, durchaus religiös motivierter Verpflichtung der Gesellschaftsmitglieder auf das Gemeinwohl. Diese Rechte werden als angeborene, dem Staat vorgegebene Naturrechte begriffen. Zu den Autoren der *Virginia Bill of Rights* gehören Thomas Jefferson (1743–1826, Präsident der USA von 1801–1809) und James Madison (1751–1836, Präsident von 1809–1817). Die *Declaration of Independence,* ebenfalls von Jefferson verfaßt, nimmt diese Menschenrechtserklärung auf und bezeichnet das Recht auf Leben und Freiheit sowie das Streben nach Glück *(pursuit of happiness)* als unveräußerliche Rechte aller – insoweit – gleicher Menschen: Sie konstituieren die neue amerikanische Nation. Ihr Anspruch auf Souveränität wird zwingend nötig, weil die proklamierten Rechte durch das Mutterland gravierend verletzt worden sind; er dient einerseits nur der Bekräftigung alten Rechts, andererseits wirkt er sich konstruktiv im Sinne der vertragstheoretischen Herstellung eines selbständigen Staatsverbandes (zunächst in der Form einer Konföderation) aus.

Der mit der Unabhängigkeitserklärung beginnende Krieg gegen Großbritannien (1776–1783) wird nach wechselhaftem Verlauf von den neuen Staaten unter der Führung George Washingtons (1732–1799, erster Präsident der USA 1789–1797) siegreich beendet. Im Frieden zu Versailles (3. 9. 1783) wird die Unabhängigkeit anerkannt. Die Vereinigten Staaten von Amerika *(United States of America)* geben sich – nachdem die lose Konföderation sich als zu fragil und vielfach entscheidungsunfähig erwiesen hat – 1787/88 auf dem Verfassungskonvent in Philadelphia eine bundesstaatliche Verfassung, die bis heute besteht. Sie ist die älteste geschriebene demokratische Verfassung (abgesehen von den vorhergehenden Einzelstaatsverfassungen) und beruht auf dem Prinzip der Gewaltenteilung in Legislative (Senat und Repräsentantenhaus), Exekutive (mit einem auf vier Jahre vom Volk mittels Wahlmännern gewählten Präsidenten an der Spitze) und unabhängiger Judikatur (die während der 1790er Jahre vom Supreme Court schrittweise zu einer Bundesverfassungsgerichtsbarkeit ausgestaltet worden ist) – ganz im Geiste Montesquieus. Der Präsident besitzt ein suspensives Veto bei der Gesetzgebung, er kann aber im Gesetzgebungsprozeß nicht initiativ werden. Der auf der Basis der Einzelstaaten gewählte Senat bringt die föderative Struktur der USA signifikant zum Ausdruck. Er hat beim Abschluß auswärtiger Verträge das ausschlaggebende Gewicht (womit Lockes Vorstellungen von der »föderativen Gewalt« einen modern abgewandelten Niederschlag erfahren).

Zum maßgeblichen Kommentar der Bundesverfassung und zum hervorragenden politiktheoretischen Dokument der Amerikanischen Revolution sind die *Federalist*

Papers geworden, die 1787/88 in New York als Zeitungsartikel erschienen, um die öffentliche Meinung und die Delegiertenwahlen zugunsten einer Bejahung der bundesstaatlichen Verfassung und Struktur – gegen weiterbestehende staatenbündlerische Tendenzen – zu beeinflussen. Ihre Verfasser sind Alexander Hamilton (1757–1804, unter Washington 1789–1795 einflußreicher Finanzminister), James Madison (ab 1789 an der Seite Jeffersons in Opposition zur Politik Washingtons und Hamiltons und Präsident nach Jefferson) sowie John Jay (1745–1829, von 1789–1795 der erste Chief Justice der USA). Von Hamilton stammen 51, von Madison 29, von Jay 5 Artikel[64].

Die *Federalist Papers* setzen sich – im vollen Bewußtsein der durch die liberale europäische Aufklärungsphilosophie geprägten Tradition politischen Denkens, aber auch mit nachdrücklichem Stolz über das in Amerika praktisch schon erreichte und weiterzuführende Strukturgefüge – für die auf regelmäßigen Volkswahlen basierende repräsentative und gewaltenteilige, zudem föderativ aufgebaute und dadurch gerade in großen Territorien anwendbare Republik ein. Sie sprechen sich damit gegen die direkte Demokratie aus, die sich nur für kleinste Gebilde eigne (Artikel 9 und 14). Diese terminologische Gegenüberstellung von »Republik« und »Demokratie« ist jener gleich, die Kant in seinen ethischen und politischen Schriften anwendet.

In der repräsentativen Republik kann der breiteste Pluralismus der Gruppen und Interessen als Grundlage und Ausdruck politischer Freiheit wirken und dennoch zum notwendigen Maß einheitlicher staatlicher Willensbildung geführt und damit politisch gebändigt, unter Kontrolle gebracht werden. In der föderativen Republik gilt zwar das demokratische Mehrheitsprinzip, aber die Konkurrenz zwischen Einzelstaaten und Bund sowie der zwei legislativen Kammern untereinander gewährt höchstmöglichen Minderheitsschutz (Artikel 10). Darüber hinaus kann die sorgsame Balance und wechselseitige Kontrolle der Gewalten die besten Vorkehrungen gegen jede Art der Tyrannei, selbst der Mehrheit, bieten (Artikel 47, 48, 51). Dazu ist insbesondere auch eine unabhängige Verfassungsgerichtsbarkeit vonnöten; die Unabhängigkeit der Richter muß durch Ernennung auf Lebenszeit gesichert werden. Die Verfassung steht als Garant der Freiheitsrechte über den einzelnen Gesetzen und politischen Entscheidungen und muß – hier wenden sich die *Federalist Papers* gegen Jeffersons stärker fundamentaldemokratische Auffassungen – einer leichten und häufigen Änderung entzogen werden (Artikel 49 und 78).

Damit sind die USA gut gefahren: Die Verfassung hat in ihrer zweihundertjährigen Geschichte zwar eine Reihe von Ergänzungen, aber keine Revision ihres originalen Textes erlebt. Sie ist die nach wie vor konsensuelle Grundlage der freiheitlichen politischen Kultur und der konkreten Politik der USA. Trägt sie auch manche unter heutigen Umständen problematische Züge, die für das 18. Jahrhundert typisch sind – so vor allem den quasi-monarchischen Charakter des Präsidentenamtes, andererseits die überscharfe Konkurrenz zwischen Kongreß und Präsident als Folge des klassischen Gewaltenteilungsmodells –, so ist sie doch als Faktor stabiler Sicherung von Freiheit und Recht für eine komplexe pluralistische Gesellschaft in höchstem Maße bewundernswert. Verständlich, daß ihr in den USA eine geradezu verehrungsvolle Achtung entgegengebracht wird.

---

64 The Federalist Papers. Alexander Hamilton, John Jay and James Madison, hrsg. von Clinton Rossiter, New York-Scarborough, Ont. 1961; The Federalist, hrsg. von Benjamin F. Wright, New York 1961; Der Föderalist, hrsg. von Felix Ermacora, Wien 1958.

Die in der Verfassung sowie in den *Declarations of Rights* und in der Unabhängigkeitserklärung niedergelegten politischen Prinzipien haben schließlich auch dahin gewirkt, daß der tiefsitzende Stachel, der die freiheitliche Kultur der neuen amerikanischen Nation ähnlich wie die der alten griechischen Poleis schwer beeinträchtigte, nach jahrzehntelangen erbitterten Auseinandersetzungen und nicht ohne einen blutigen Bürgerkrieg (1861–1865) entfernt werden konnte: die Institution der Sklaverei in der südlichen Hälfte der Vereinigten Staaten. Deren Aufhebung durch den konservativen Staatsmann Abraham Lincoln (1809–1865, seit 1861 bis zu seiner Ermordung Präsident der USA) hat die Amerikanische Revolution erst wirklich vollendet.

7.3 Französische Revolution und zeitgenössische Kritiker

Die Französische Revolution ist viel schärfer vom Gegensatz zwischen gemäßigten und radikalen Kräften beherrscht als die Amerikanische Revolution (die ihn in Ansätzen auch kennt), so daß wir ihre dadurch bestimmten verschiedenen Phasen kurz zu charakterisieren haben. Die Situation in Frankreich vor 1789 ist durch den völligen inneren und äußeren Verfall der absolutistischen Herrschaft der Krone unter Ludwig XVI. (Regierungszeit 1774–1792) gekennzeichnet. Diese Herrschaft steht im Zeichen korrupter Hofhaltung, unfähiger und unkoordinierter Staatsverwaltung, mangelhafter Wirtschaftsplanung, der Käuflichkeit der Ämter und der Konkurrenz der Provinzialstände, aus der sich eine zunehmend stärker werdende Organisation der Privilegierten, des Adels und des höheren Klerus, entwickelt. Diese verweigern der Krone schließlich die finanzielle und politische Unterstützung. Zu späte und zu schwache Versuche (unter Turgot), das Steuer- und Finanzwesen zu reformieren, werden boykottiert. Die Opposition verlangt die Reaktivierung der seit 1614 nicht mehr einberufenen Generalstände.

Doch die Privilegiertenopposition stellt gleichsam nur einen Schleier der wahren sozialen Verhältnisse dar. Entscheidend ist vielmehr, daß im 18. Jahrhundert das französische Bürgertum kräftig erstarkt ist. Der Merkantilismus der absoluten Monarchie (mit seiner Abschließung der nationalen Ökonomie nach außen durch Schutzzölle und der Vereinheitlichung des Wirtschaftsgebietes durch Abbau der inneren Zölle) hat eine Groß- und Mittelbourgeoisie des Finanzkapitals, der Fabrikanten, der Kaufleute und der Advokaten herangezogen, die nach gesellschaftlicher und politischer Gleichstellung mit den Privilegierten verlangt. Sie ist vom Denken der Aufklärung zutiefst beeinflußt. Die absolute Monarchie dagegen findet keinerlei intellektuelle Unterstützung mehr. Mißernten, Hungersnöte und Bauernunruhen sind in den achtziger Jahren dann nur noch beschleunigende und schließlich auslösende Faktoren für den Ausbruch der Revolution. Die Generalstände müssen einberufen werden. In ihnen bildet sich neben Adel und Klerus sofort ein bürgerlicher »Dritter Stand«, mit dem ein Teil der anderen zusammengeht. So entsteht eine Patriotische Partei, die den Zusammenschluß zur Nationalversammlung erstrebt. Der Abbé Emmanuel-Joseph Sieyès (1748–1836) verhilft mit seiner berühmten Flugschrift *Qu' est – ce que le tiers état?* (Was ist der Dritte Stand?) dem Bürgertum zum situationsangemessenen Ausdruck seines erstarkten Selbstbewußtseins und seiner politischen Durchsetzungskraft. Auf den Antrag von Sieyès erklärt sich am 17. Juni 1789 der Dritte Stand zur Nationalversammlung. Dagegen wenden sich Krone, Hof,

Regierung und ein Teil der Privilegierten, aber unentschlossen und kraftlos. Die Massen von Paris erheben sich, besonders mit dem Sturm der Bastille am 14. Juli. Der König kapituliert und fügt sich den Forderungen des Dritten Standes. Die staatliche Verwaltung bricht im ganzen Land zusammen. Plünderungen und Aufruhr sind an der Tagesordnung, die *Grande Peur* bricht aus.

In dieser krisenhaften, spontan revolutionären Situation nimmt die Nationalversammlung das Heft ganz in die Hand. Am 4. August verkündet sie eine Garantie für die politische und ökonomische Bewegungsfreiheit der Individuen und die Sprengung aller korporativen Fesseln, am 26. August die große, berühmte *Deklaration der Menschen- und Bürgerrechte* im Namen der persönlichen Freiheit, der rechtlichen Gleichheit und der nationalen Einheit. Die Regierung wird der Nationalversammlung verantwortlich. Die Monarchie bleibt bestehen, ist aber unter parlamentarischer Kontrolle an die Gesetzgebung und das Budgetrecht der Nationalversammlung gebunden: eine konstitutionelle, gewaltenteilige Monarchie. Alles dies wird in der ersten nachrevolutionären Verfassung von 1791 verankert. Die Periode von 1789 bis 1791 ist die erste Phase der Revolution; sie ist – unter dem geistigen Signum Montesquieus – im ganzen liberal geprägt.

Doch die Revolution bleibt dabei nicht stehen. Wachsender Widerstand von König, Hof und Klerus sowie die desolate wirtschaftliche Lage, sodann der militärische Zusammenstoß mit den alten europäischen Mächten, vornehmlich mit Österreich und Preußen, den die gemäßigtere revolutionäre Gruppe der *Girondisten* fördert, provozieren eine Radikalisierung bei einem Teil der Revolutionäre, den von kleinbürgerlichen Schichten unterstützten *Jakobinern.* Diese fordern die völlige Ausschaltung der Monarchie, des Klerus und des Adels zugunsten der Republik. Die innerrevolutionären Spannungen werden von immer größerem Fanatismus getragen. Der Antagonismus zwischen Gemäßigten und Radikalen bestimmt die zweite Phase der Revolution, vor allem 1791/92.

Die gemäßigte Parlamentsmehrheit verhält sich gegenüber den Radikalen ihrerseits unentschlossen und schwach. Mit der Erstürmung der Tuilerien (des damaligen Königsschlosses) durch das von Georges Danton (1759–1794) aufgewiegelte Volk von Paris am 10. August 1792 kommt es nun auch zur Erhebung innerhalb der Revolution gegen die Nationalversammlung. Unter der Führung Dantons und Maximilien de Robespierres (1758–1794) wird die dritte Phase der Revolution eingeleitet: die der Diktatur der Jakobiner als revolutionärer Minderheit. Die Jakobiner regieren mit Hilfe des radikaldemokratischen *Konvents,* der jedoch nur von einem Zehntel der stimmberechtigten Pariser Bevölkerung gewählt ist. Die wichtigen Entscheidungen werden im Wohlfahrtsausschuß gefällt, der formell – wie bei Rousseau vorgesehen – die Konventsbeschlüsse lediglich ausführt, tatsächlich aber immer mächtiger wird und alle Aktivität und Führung an sich reißt.

Die Jakobiner streben die radikale Zentralisierung der Staatsmacht im Namen des von ihnen gelenkten Volkes an. Sie rufen am 25. September 1792 die Republik aus. Mit der Hinrichtung des Königs (21. 1. 1793), der Verhaftung der führenden Girondisten (2. 6. 1793), der Ausschaltung aller Gegner und der Bekämpfung katholischer Aufstände wird ihre Schreckensherrschaft *(la terreur)* errichtet. Die Guillotine köpft mehr und mehr auch Vertreter aus den eigenen Reihen. Die Revolution frißt mit atemberaubender Schnelligkeit ihre eigenen Kinder. Die erbitterten persönlichen und politischen Rivalitäten unter den sich jeweils als sakrosankt empfindenden

Führern bewirken zunächst die Ausschaltung und Hinrichtung Dantons und seiner Freunde. Die so ermöglichte Alleinherrschaft Robespierres gewinnt nun geradezu pseudoreligiöse und chiliastische Züge: Robespierre proklamiert sich selbst zum Hohenpriester des »höchsten Wesens« und die Kathedrale Nôtre Dame zum »Tempel der Vernunft«. Er herrscht kurze Zeit monokratisch im Zeichen eines strengen Moralismus, des Zwanges zur Tugend.

Robespierres systematischer Terror vermittels der unaufhörlich arbeitenden Revolutionstribunale und der nicht mehr stillstehenden Guillotine ruft schließlich die Gegenkräfte auf den Plan. Alle anderen Strömungen, so disparat sie sind – von den Girondisten über die Dantonisten bis zu noch radikaleren Extremisten (den Hébertisten) – schließen sich im Widerstand zusammen. Am 28. Juli 1794 wird das Pariser Stadthaus gestürmt und Robespierre guillotiniert. Robespierres Hinrichtung ist der Wendepunkt der Französischen Revolution. Es beginnt die vierte Phase mit der *Direktorialverfassung* von 1795. Sie bedeutet die Rückkehr zu einer liberalen Staatsform, jedoch mit übertriebener Gewaltentrennung und dadurch bedingter weitgehender Ineffizienz. Das in ihrem Rahmen etablierte Direktorium bemüht sich, eine Balance zwischen der immer mehr ermutigten royalistischen Rechten und einer erneuten Radikalisierung der Linken unter dem Einfluß von François Noel »Gracchus« Babœuf (1760–1797) zu halten. Schwächlich versuchte Reformen haben keinen durchschlagenden Erfolg. Die Jahre des Direktoriums bis 1799 sind eine Zeit der Dauerkrise, in der angesichts zunehmender Unruhen schließlich nur noch das Heer die Regierung rettet.

Unter dem Vorwand einer drohenden jakobinischen Verschwörung führt schließlich der in mehreren Feldzügen zum Heros gewordene korsische General Napoléon Bonaparte (1769–1821) am 18. Brumaire (9. November) 1799 einen Staatsstreich durch. Das napoleonische Zeitalter beginnt als fünfte Phase der Revolution: Es bringt im Jahre 1804 die Rückkehr zur absoluten Monarchie in einem in Verwaltung, Wirtschaft, Armee und nicht zuletzt der Rechtsordnung *(Code civil)* modernisierten Staatswesen. Das Bürgertum bleibt im Wirtschaftsleben und in der Administration die maßgebliche Schicht, es wird jedoch von der politischen Führung ausgeschlossen. Auch das mit der Revolution erwachte Nationalbewußtsein des Volkes wirkt fort; es wird im Zuge der napoleonischen Kriege und in der Gegenwehr gegen Napoleon auf andere Völker übertragen. Napoleon wird so zum Besieger, aber auch Vollstrecker der Französischen Revolution, der ihre Wirkungen erst über Frankreich hinaus auf Europa ausdehnt. Alle weiteren Entwicklungen sind fernere, aber nachhaltige Folgen der Französischen Revolution im 19. Jahrhundert. Dieses wird das Jahrhundert bürgerlichen Selbstbewußtseins und bürgerlicher Herrschaft, das Jahrhundert der »bürgerlichen Gesellschaft«, die sehr bald auch die Anfänge der gegen sie gerichteten, zugleich aber doch in ihr wirkenden (und sie dann mehr und mehr mitgestaltenden) Arbeiterbewegung erlebt.

Die Französische Revolution hat – oft im betonten Unterschied zur Amerikanischen Revolution und der englischen *Glorious Revolution* – von ihrer ersten Phase an, insbesondere aber seit der jakobinischen *Terreur,* heftige Kritik auch von Schriftstellern und Intellektuellen erfahren, die der Aufklärung nahestanden oder angehörten. Dabei wurden die extrem rationalistischen Richtungen der Aufklärung, namentlich aus dem Kreis der französischen *Enzyklopädisten,* in die Kritik einbezogen. Diese Kritik entwickelte sich vor allem in Deutschland und in Großbritannien, nicht zuletzt aufgrund des mit der Französischen Revolution aufbrechenden nationalen Gegensatzes. Im Zuge der Gegenwehr gegen Napoleon wird sie später verschärft. Wir beschränken uns hier auf knappste Anmerkungen zu einigen der wichtigsten Stimmen noch aus dem 18. Jahrhundert.

Schon bald nach der Jahrhundertmitte ist der württembergische Staats- und Völkerrechtler Johann Jakob Moser (1701–1785) im Namen der altständischen Freiheiten gegen den Absolutismus der Territorialherren und den von ihm bewirkten Umsturz der tradierten Reichsverfassung, zugleich aber überhaupt gegen die Veränderung und Mißachtung des alten Rechtes durch die rationalistische, subjektivistische, gleichmacherische, aufklärerisch-naturrechtliche Vertragstheorie aufgetreten. Wollte Moser diese Kritik aus konservativem Geist noch mit der Förderung fortschrittlicher Reformen kombinieren, so richtet sich der Osnabrücker Staatsmann und Historiker Justus Möser (1720–1794) massiver, pauschaler und noch eindeutiger gegen den Rationalismus der Aufklärung, auch gegen den Aufgeklärten Absolutismus und schließlich gegen die Französische Revolution, weil sie allesamt eine Revolte gegen die menschliche Natur darstellten. Möser versucht, dieser unheilvollen Tendenz eine auf Geschichte und Erfahrung gegründete Sozialanthropologie, die das natürliche Gewordensein differenzierter, hierarchischer Strukturen in Familie, Gesellschaft und Staat in den Blickpunkt rückt, entgegenzustellen.

Johann Gottfried Herder (1744–1803), in vielem fundamental der Aufklärung verhaftet, aber doch den Sturm und Drang einleitend und die Romantik stimulierend, verfolgt das Interesse an einer einfühlenden Betrachtung der je eigens geprägten Entwicklungsphasen der gestaltreichen Geschichte der Menschheit und der unterschiedlichen nationalen Kulturen, ihres Volks- und Sprachgeistes. Daher wendet er sich ebenfalls gegen den gleichmacherischen, universalistischen, übertrieben optimistischen Rationalismus in Teilen der Aufklärung, insbesondere aber in der Französischen Revolution (die er anfangs begrüßte). Er hat damit auch die deutsche Klassik beeinflußt, der gegenüber er zugleich das Humanitätsideal der Aufklärung nachdrücklich hervorhebt.

Charakteristisch ist schließlich, daß selbst der junge, dezidiert liberale Wilhelm von Humboldt (1767–1835) sich vom naturrechtlichen Vernunftdenken des französischen Konstitutionalismus in der Revolution ausdrücklich distanziert, und zwar wiederum zugunsten der spezifischen Geschichtlichkeit jedes Volkes. In seinen *Ideen über Staatsverfassung, durch die neue französische Constitution veranlaßt* (1791) nennt er diese Geschichtlichkeit den »mächtigeren Zufall«[65]. Damit kommt eine erste nationale, gleichsam antiwestliche, antirationalistische Komponente in das deutsche liberale Denken (das in den neunziger Jahren des 18. Jahrhunderts noch auf einen sehr kleinen Kreis von Intellektuellen beschränkt ist).

Die gründlichste Kritik an der Französischen Revolution aber hat bereits 1790 der britische Whig-Politiker Edmund Burke (1729–1797) in seinen *Reflections on the Revolution in France* formuliert[66]. Auch Burke kritisiert die Französische Revolution

---

65 Wilhelm von Humboldt, Gesammelte Schriften, hrsg. von der Königlich-Preußischen Akademie der Wissenschaften, Berlin 1903ff.

66 Edmund Burke, The Works. London 1887; Reflections on the Revolution in France and on the Proceeding of Certain Societies in London relative to that Event: in a letter intended to have been sent to a gentleman in Paris 1790, hrsg. von Conor Cruise O'Brien, Harmonds-

als einen rationalistischen Verstoß gegen die Natur. Er verurteilt den konstruktivistischen Grundgedanken, die Individuen könnten durch Willensentschluß und autonome Verfassungsgesetzgebung einen Staat allererst begründen und nach Gutdünken gestalten. Mit Aristoteles vertritt Burke statt dessen die Anschauung, daß die staatliche Gemeinschaft dem Menschen von Natur vorgegeben ist als ein Organismus, der sich kontinuierlich geschichtlich entwickelt (und insofern auch natürlichen, allmählichen Veränderungen ausgesetzt ist, denen die Politik mit behutsamen Reformen immer wieder gerecht werden muß, wie 1688 in England und 1776 in Nordamerika geschehen). Die staatliche Gemeinschaft ist der von Gott geschaffene natürliche Raum, in dem sich der Mensch mit der Hilfe der Religion sittlich vervollkommnen kann und soll. Freiheit muß stets ethisch verantwortliche und sozial gebundene Freiheit sein. Nicht die Freiheit begründet den Sinn und die Gestalt der Ordnung, sondern die Ordnung umgrenzt den Sinn und das Recht der Freiheit. Die Französische Revolution ist für Burke ein seltsames Chaos von Leichtsinn und Verruchtheit, das zur Anarchie oder zur Diktatur und jedenfalls zu Unrecht und gesellschaftlichem Verfall führt.

Burke ist (obwohl liberaler Abgeordneter im Londoner Parlament) mit solcher Kritik und ihrer Begründung zu einem der maßgeblichen Theoretiker des Konservatismus geworden, d. h. einer politischen Bewegung, die als solche – ebenso wie der Liberalismus und der Sozialismus – erst im 19. Jahrhundert auftritt und sich ausbreitet. Deshalb soll auf Burke im nächsten, jenem Jahrhundert gewidmeten Kapitel nochmals näher eingegangen werden. Wir belassen es folglich hier bei den gegebenen Andeutungen.

8. Kants Freiheitsgesetz und »republikanische Regierungsart«

8.1 Kritizistische Transzendentalphilosophie

Wir beschließen unsere Darstellung der politischen Theorien des Rationalismus und der Aufklärung mit Immanuel Kant (1724–1804). Auch Kant hat die Französische Revolution als Akt einer politischen Loslösung vom Absolutismus grundsätzlich positiv beurteilt und für unwiderruflich gehalten. Zugleich aber hat er ihren Hang zu neuem Despotismus und Unrecht vehement kritisiert und insgesamt den Weg pädagogischer und politischer Reformen im Geist einer gemäßigten Aufklärung befürwortet. Kant teilt das Grundanliegen der Aufklärung, den Menschen zur Selbstbefreiung aus nicht durchschauten und nicht bewußt übernommenen, sondern auferlegten religiösen, sozialen und politischen Bindungen aufzurufen und zu befähigen. Diesem Anliegen hat er in seiner berühmten Abhandlung *Beantwortung der Frage: Was ist Aufklärung?* von 1784 eine besondere gedankliche Schärfe verliehen[67]. Die durch

---

worth 1976; Betrachtungen über die Französische Revolution. In der deutschen Übertragung von Friedrich Gentz, hrsg. von Dieter Henrich, Frankfurt/M. 1967.

67 Vgl. dazu und zum folgenden jene Schriften Kants, die Wilhelm Weischedel in der von ihm besorgten 12bändigen Ausgabe der »Werke« (Frankfurt/M. 1956ff.) im XI. Band als Schriften zur Anthropologie, Geschichtsphilosophie, Politik und Pädagogik zusammenge-

Aufklärung beförderte Freiheit des Menschen wird bei Kant pointiert zur Mündigkeit, sich des eigenen Verstandes ohne Abhängigkeit von anderen Autoritäten, also in Autonomie zu bedienen. Zugleich aber will Kant den menschlichen Verstand von Arroganz und Selbstüberschätzung befreien, die sich allzu leicht mit dem Anspruch der Aufklärung verbinden, in Wahrheit jedoch gerade ein Zeichen mangelnder Aufgeklärtheit sind. Zur wahren Aufklärung gehört die schärfste Reflexion auf die Bedeutung, die Reichweite und damit auch auf die Grenzen der menschlichen Vernunft.

Indem Kant sich mit aller gedanklichen Strenge, Radikalität und Gründlichkeit dem kritischen Geschäft der Selbstprüfung der Vernunft unterzieht – insbesondere in seinen drei großen Kritiken (*Kritik der reinen Vernunft,* 1781 und 1787; *Kritik der praktischen Vernunft,* 1788; *Kritik der Urteilskraft,* 1790) –, erhebt er sich weit über den engeren Umkreis der Aufklärung. Kant, der bekanntlich Königsberg und seine Umgebung nie verlassen hat und in seiner Heimatstadt das gleichmäßige Leben eines Universitätsprofessors (seit 1770), nur durch zwei Rektorate (1786 und 1788) etwas überhöht, führte, ist mit seiner kritizistischen Transzendentalphilosophie zum eigentlichen Angelpunkt neuzeitlichen Denkens geworden.

Von Descartes spannt sich der Bogen dieses Denkens zu Kant und reicht von ihm weiter zur Philosophie des Deutschen Idealismus und in die gesamte Moderne, insbesondere in das moderne Wissenschaftsverständnis hinein. Mit Descartes und über Descartes hinaus legt Kant den philosophischen Grund für die Unumgehbarkeit der neuzeitlichen Subjektivität. Er verbindet diese erneute, vertiefte Grundlegung aber gerade mit dem spezifischen Bewußtsein von der ebenso unhintergehbaren Endlichkeit und Beschränktheit der Subjektivität. Hat er mit der philosophischen Untermauerung neuzeitlicher Subjektivität anhaltend in der Folgezeit weitergewirkt, so ist der Nachweis ihrer Grenzen, die Kehrseite, im 19. Jahrhundert häufig wissentlich übersehen oder aber leichtfertig vergessen, jedenfalls mißachtet worden – mit schwerwiegenden, höchst problematischen Konsequenzen für das psychologische, geistige, gesellschaftliche und politische Leben. Die moralischen und politischen Katastrophen des 20. Jahrhunderts erscheinen zu einem beträchtlichen Teil als Auswirkungen der mannigfachen Tendenzen einer anthropozentrischen Selbstüberhebung, die sich im 19. Jahrhundert ausbreiten. Diese Tendenzen sind einerseits ohne Kant geistig nicht vorstellbar. Sie sind andererseits das genaue Gegenteil von Kants innerstem philosophischen – und nicht minder politischen – Bestreben.

Kants Philosophie ist bestimmt von der leitenden Frage, ob und wie die menschliche Vernunft in der Lage sei, ihrem in der Neuzeit erhobenen Anspruch auf maß- und gesetzgebende Autonomie gerecht zu werden. Er wendet sich mit dieser Frage gleichermaßen gegen den – in seiner Sicht – dogmatischen Rationalismus René Descartes', für den das *ego cogito* der klar und distinkt vorstellenden Vernunft als das *fundamentum absolutum inconcussum veritatis* (das absolute und unerschütterliche Fundament der Wahrheit) gilt, wie gegen den nicht weniger dogmatischen Empirismus vor allem David Humes, der in allen als objektiv behaupteten Vorstellungen der

faßt hat, insbesondere: Idee zu einer allgemeinen Geschichte in weltbürgerlicher Absicht; Beantwortung der Frage: Was ist Aufklärung?; Über den Gemeinspruch: Das mag in der Theorie richtig sein, taugt aber nicht für die Praxis; Zum ewigen Frieden. Ein philosophischer Entwurf; und Der Streit der Fakultäten.

Vernunft nur Ausdrucksformen einer subjektiven, in Erfahrungen bestätigten Gewohnheit und folglich subjektivistische Projektionen auf die Natur sieht, die keinen Wahrheitsanspruch erheben können. In dieser Auseinandersetzung geht es zunächst um die Frage, ob und wie Vernunft und Erfahrung zusammenzubringen sind und welche Folgen sich daraus für Geltung und Reichweite des Prinzips der Subjektivität ergeben.

Das Ergebnis der Kantschen Auseinandersetzung in Verfolg der *quaestio iuris,* der Rechtfertigungsfrage, die die Vernunft an sich selbst richtet, geht dahin, zu sehen, daß der menschliche Verstand einerseits strikt angewiesen ist auf die Vorgabe der Dinge durch die Erfahrung kraft sinnlicher Wahrnehmung, daß er die in der Erfahrung präsentierten Dinge aber begrifflich vorstellen muß, wenn Erkenntnis und so die Wahrheit der Dinge zustandekommen soll. »Ohne Sinnlichkeit würde uns kein Gegenstand gegeben«, aber ebenso sehr gilt für Kant, daß »ohne Verstand keiner gedacht werden«, d. h. erkannt werden könnte. »Gedanken ohne Inhalt sind leer, Anschauungen ohne Begriffe sind blind.«[68]

Aber der Verstand erkennt die Dinge, weil er auf die sinnliche Wahrnehmung angewiesen ist, nur als Erscheinungen, nämlich unter den »Anschauungsformen« von Raum und Zeit, unter Ordnungsverhältnissen des Neben- und Nacheinander. Diese sind nicht an der Natur selbst auszuweisen, vielmehr müssen sie als konstitutive Prinzipien der theoretischen Vernunft gedacht werden, die diese der Natur auferlegt. Dasselbe gilt für das Gesetz der Kausalität, dem alle Gegenstände der Natur um ihrer Erfahrbarkeit willen unterstellt werden. »Die Ordnung und Regelmäßigkeit also an den Erscheinungen, die wir *Natur* nennen, bringen wir selbst hinein.«[69] Der Verstand »ist selbst die Gesetzgebung für die Natur«[70]. So wird der Rückgang der Vernunft auf die »Bedingungen der *Möglichkeit der Erfahrung* überhaupt« zum transzendentalen Rückstieg auf sich selbst als Subjektivität des »Ich denke«, das alle Vorstellungen der Gegenstände muß begleiten können. Das denkende Subjekt ermöglicht durch die Weise seiner Erfahrungserkenntnis den Zugriff auf die Objektivität der Gegenstände, so daß die »Bedingungen der *Möglichkeit der Erfahrung* überhaupt« sich zugleich als die »Bedingungen der *Möglichkeit der Gegenstände der Erfahrung«* und als der »Grund der Möglichkeit aller Erkenntnis« erweisen[71].

Kant rechtfertigt mithin in der entschiedensten Weise die Philosophie der Subjektivität und die von ihr bestimmte Wahrheit des Seienden. Er wirkt damit als der »Alleszermalmer« der vorneuzeitlichen, aristotelisch geprägten Seins- und Wahrheitsauffassung. Zugleich betont er ebenso nachdrücklich die Menschlichkeit der Vernunft, das heißt ihre Endlichkeit als den maßgeblichen Geltungsbereich, innerhalb dessen die Subjektivität ihre Herrschaft ausübt. Darin steht Kant im scharfen Gegensatz zum absoluten Idealismus Fichtes und Hegels.

Aus dieser Endlichkeit der Vernunft folgt nun, daß die erkennende, die theoretische Vernunft eben die Dinge nur als Erscheinungen erfahren kann, nicht aber »an sich«. Die theoretische Vernunft muß gleichwohl die »Idee« eines Dinges an sich bzw.

---

68 Immanuel Kant, Kritik der reinen Vernunft, in: ders., Werke, Band III (Anm. 67), A 51 und B 75.
69 Ebd., A 125.
70 Ebd., A 126; vgl. B 159 ff.
71 Ebd., A 111; A 118, B 131 ff.; A 158, B 197.

der Dinge an sich sowie die Ideen der Welt, Gottes und der Seele denken als den weiteren Horizont, innerhalb dessen die Dinge der Erfahrung allein erscheinen können. Solche Ideen sind also der Erfahrung notwendig vorauszusetzen, ohne in ihr selbst ausweisbar zu sein. Wir können z. B. keine einzige wissenschaftliche Untersuchung durchführen und auf ihrem Wege Erkenntnis – d. h. an die sinnliche Wahrnehmung gebundene und zugleich begrifflich strukturierte »Erfahrung« – gewinnen, wenn dabei nicht stets das Ganze der Welt als der umfassende Zusammenhang der Gegenstände mitanwesend ist. Im ganzen der Welt werden die einzelne Erkenntnis und der einzelne Gegenstand (oder Gegenstandsbereich) lokalisierbar und fixierbar; sie stehen unter dem Gesetz der Kausalität. Aber das Ganze der Welt ist doch nie selbst der Erfahrung zugänglich. Es entzieht sich für Kant so sehr dem – (ganz allein) der Subjektivität der endlichen Vernunft zukommenden – Vermögen, die Geltung von Wahrheit zu bestimmen, daß nicht mehr ausgemacht werden kann, ob an ihm etwas Wahres ist.

Die Vernunft kann diese Idee der Welt im ganzen wie die anderen Ideen lediglich postulieren, aber solche Postulate muß sie zwingend formulieren. »In der Tat, wenn wir die Gegenstände der Sinne, wie billig, als bloße Erscheinungen ansehen, so gestehen wir hierdurch doch zugleich, daß ihnen ein Ding an sich selbst zum Grunde liege, ob wir dasselbe gleich nicht, wie es an sich beschaffen sei, sondern nur seine Erscheinung, d. i. die Art, wie unsere Sinnen von diesem unbekannten Etwas affiziert werden, kennen. Der Verstand also, eben dadurch daß er Erscheinungen annimmt, gesteht auch das Dasein von Dingen an sich selbst zu, und sofern können wir sagen, daß die Vorstellung solcher Wesen, die den Erscheinungen zum Grunde liegen, ... nicht allein zulässig, sondern auch unvermeidlich sei.«[72] Dasselbe gilt von den anderen Ideen, denen »ein kongruierender Gegenstand in der Erfahrung gar nicht aufgewiesen werden kann«, weil wir von ihnen »gar keinen bestimmten empirischen Gebrauch machen können«[73], die jedoch als der Erfahrung notwendige Ordnungsvorstellungen »regulativen«, richtungsanweisenden Charakter haben. Sie sind dann für Kant immerhin doch auch Urbilder aller erscheinenden Dinge, diese aber ihre mangelhaften Kopien, die den Stoff zu ihrer Möglichkeit von ihnen nehmen und, indem sie ihnen »mehr oder weniger nahe kommen, dennoch jederzeit unendlich weit daran fehlen«, sie zu »erreichen«[74].

Eine Idee allerdings ist für Kant in eigentümlicher Weise doch in der Erfahrung ausweisbar, und zwar die für sein und das folgende Denken entscheidende Idee der Freiheit. Sie wird aber gerade nicht in »erkenntnismäßiger Absicht« erfahrbar, sondern nur und durchaus in »praktischer« Hinsicht[75]. Für die theoretische Vernunft ist die Idee der Freiheit wie die anderen eine bloß »regulative« Idee. Es macht den philosophischen Vorrang der praktischen, das Handeln anleitenden Vernunft aus, durch den Vollzug der Freiheit etwas vom Ding an sich empirisch aufzeigen zu können.

---

72 Immanuel Kant, Prolegomena zu einer jeden künftigen Metaphysik, die als Wissenschaft wird auftreten können, in: ders., Werke, Band V (Anm. 67), § 32.

73 Immanuel Kant, Kritik der reinen Vernunft, Band IV (Anm. 67), A 661, B 689.

74 Ebd., A 578, B 606.

75 Immanuel Kant, Kritik der Urteilskraft, Einleitung, in: ders., Werke, Band IX (Anm. 67); ders., Grundlegung zur Metaphysik der Sitten, Werke, Band VII (Anm. 67), Dritter Abschnitt.

8.2 Freiheitsgesetz als Sittengesetz

Freiheit bedeutet für Kant ein Durchbrechen des Gesetzes der Kausalität, unter dem die theoretische Vernunft das Ganze der Natur ideell vorstellt. Das ereignet sich dann, wenn Freiheit sich als autonome, unbedingte, durch keine natürlichen Ursachen der Erscheinungswelt – z. B. Bedürfnisse und Neigungen – beeinflußte Selbstbestimmung des Willens erweist und realisiert. Der freie Wille gibt sich aus eigenem Antrieb, d. h. aus Selbstursächlichkeit, das Gesetz seines Handelns selbst, er unterwirft sich keinem von außen auferlegten Gebot. Kants Freiheitsvorstellung artikuliert sich somit zunächst in der Sequenz: Freisein von Kausalität – Selbstursächlichkeit (Kausalität aus Freiheit) – Willensfreiheit – Selbstgesetzgebung. Als weitere Folgerungen ergeben sich aber: Achtung fürs Gesetz, Handeln aus Pflicht, Selbstzweckhaftigkeit und die »republikanische Regierungsart«. Inwiefern?

Wenn die Selbstgesetzgebung des freien Willens dadurch charakterisiert wird, daß sie nicht von der Natur bedingt, sondern un-bedingt ist, dann muß sie allgemein und »kategorisch« sein, d. h. prinzipiell zu allen Zeiten und unter allen Umständen ohne Ausnahme gelten. Dieser Gedankengang führt Kant zum *Kategorischen Imperativ* des Sittengesetzes als dem unbedingten Ausdruck der Selbstgesetzgebung des freien Willens. Dessen erste Fassung – als das *Grundgesetz der reinen praktischen Vernunft* – verlangt von jedem Individuum, so zu handeln, daß die Maxime seines Willens »jederzeit zugleich als Prinzip einer allgemeinen Gesetzgebung gelten könne«[76]. In der Achtung für dieses Gesetz handeln, heißt nicht aus natürlicher Neigung, sondern »aus Pflicht«, autonom, aus selbstgesetzter und selbstauferlegter Verbindlichkeit handeln. Freiheit und Verbindlichkeit sind hier nicht nur vermittelt, sie sind identisch gesetzt. Kant geht damit im Bereich der praktischen Vernunft von einer unbedingten Wahrheit aus, die in der Identität von Freiheit und Verbindlichkeit besteht.

Wenn Autonomie, Unbedingtheit und Verbindlichkeit der Freiheit dabei an die Allgemeinheit des Gesetzes gebunden sind, so könnte dies so interpretiert werden – und das ist oft geschehen –, als sei damit die bloße Form, die inhaltslose Formalität des Gesetzes der einzige »Gegenstand« dieser Freiheit und Wahrheit. Doch beinhaltet das Gesetz zugleich, daß alle freien Willen absolut gleich sind in ihrem Bezug auf das Gesetz und in ihrer Verantwortung, sich mit ihrem freien Willen seinem Prinzip selbstgesetzgebend zu unterstellen. Das schließt die Achtung für die gleiche Freiheit aller (anderen) Individuen ein.

Zugleich ist jedes Individuum mit seinem freien Willen Selbstzweck: Seine Gesetzgebung richtet sich auf den eigenen Willen, das eigene Handeln. Das aber gilt wiederum für ausnahmslos alle Individuen, und zwar nicht nur je für sich, sondern auch in wechselseitiger Achtung. Zwecke an sich selbst sind nicht nur der eigene Wille für mich und die anderen Willen für sich, sondern auch die anderen Willen für mich und mein Wille für die anderen. Darum gebietet eine weitere Fassung des *Kategorischen Imperativs* – und damit wird Kant durchaus »inhaltlich« – jedem einzelnen Individuum, so zu handeln, *»daß du die Menschheit, sowohl in deiner*

---

76 Immanuel Kant, Kritik der praktischen Vernunft, in: ders., Werke, Band VII (Anm. 67), I. Teil, I. Buch, 1. Hauptstück, § 7.

Person, als in der Person eines jeden andern, jederzeit zugleich als Zweck, niemals bloß als Mittel brauchest«[77].

In der Selbstzweckhaftigkeit der Person – aller Personen in ihrer diesbezüglichen absoluten Gleichheit – gründet ihre unbedingte Würde. Wenn es bei Kant eine eindeutige, unter allen Umständen festzuhaltende, sichere Wahrheit gibt, dann besteht sie in dieser Gewißheit von der unveräußerlichen und untilgbaren Würde der Person. Sie verlangt die Achtung jedes Menschen als eines mit den anderen gleichen Wesens der endlichen Vernunft, der autonomen Freiheit und der verpflichtenden Sittlichkeit. Kommt darin die Allgemeinheit des Menschenwesens und zugleich des Menschengeschlechtes – der Menschheit als Gattung – zur Geltung, so bleibt jede Person doch ganz und gar Individuum. Sie hat stets konkret von sich aus, kraft ihres Willens – ihrer praktischen Vernunft –, also wirklich autonom zu entscheiden, wie das Handeln jeweils auszusehen hat, das sich dem selbstgegebenen Sittengesetz des *Kategorischen Imperativs* fügt.

In der autonomen Entscheidung für ein Handeln nach dem *Kategorischen Imperativ* gelangt die weiteste Pluralität der Einsichten, Fähigkeiten und Entschließungen zum möglichen Ausdruck. In ihr – in den hier eröffneten Möglichkeiten – ist auch enthalten, daß faktisch die Individuen immer wieder ihren Bedürfnissen und Neigungen und nicht dem *Kategorischen Imperativ* folgen. Denn dieser gilt zwar als Gesetz stets mit gleicher Unverbrüchlichkeit, aber gerade Kant ist zufolge seiner tiefen Einsicht in die Endlichkeit des Menschen nicht so naiv zu meinen, das Gesetz würde auch stets befolgt. Im Gegenteil, für Kant bleibt der Mensch immer zugleich Naturwesen, den Bedingungen und Gefährdungen der Natur – seiner eigenen Natur und der äußeren Natur – anheimgegeben. Die Spannung zwischen Natur und Freiheit, Naturgesetz und Sittengesetz ist im menschlichen Leben unaufhebbar; sie muß in immer wieder neuem Austrag durchgehalten werden. Diese skeptische Sicht ist bei Kant mit der fortschrittlichen Hoffnung verbunden, die Entwicklung des Menschengeschlechts möge und könne dahin gehen, der faktischen Wirksamkeit des Sittengesetzes und damit der Freiheit immer mehr Raum zu verschaffen. Hilfsmittel in diesem Prozeß sind für ihn vor allem die Erziehung, aber auch der Nachdruck, den die staatliche Rechtsordnung auf das Gesetz zu legen vermag. Das geschieht notfalls mit Zwangsgewalt, sofern diese konstitutionell legitimiert ist.

Recht und Staat gehören bei Kant strengstens zusammen: Legales Recht ist nur im Staat, und der Staat ist nur legitim als Rechtsstaat. Ihrer beider Zweck richtet sich darauf, die sittliche Gemeinschaft freier und gleicher Individuen mit seinen immer nur äußeren Mitteln zu fördern. Der Staat versteht sich für Kant deshalb einerseits als Instrument der Freiheit, andererseits als eine Folge der anhaltenden Wirksamkeit der Natur. Gäbe es diese Wirksamkeit der Natur nicht, so wären alle Individuen so durch und durch moralisch, daß sie keiner äußeren Ordnung mehr bedürften. Der »ewige Friede« wäre dann erreicht. Er erhält bei Kant ebenfalls den Rang einer regulativen, richtungsanweisenden Idee (der praktischen Vernunft) und insofern eines Annäherungswertes. Seine Verwirklichung ist dem endlichen Menschen jedoch versagt.

Erreichbar dagegen ist für ihn der »republikanische« Verfassungsstaat mit gewaltenteiligem Repräsentativsystem, dessen faktisch-politische Legitimation sich aus der

77 Immanuel Kant, Grundlegung zur Metaphysik der Sitten, in: ders., Werke, Band VII (Anm. 67), Zweiter Abschnitt, BA 67.

freien Beteiligung der Bürger ableitet. Er soll sich mit anderen derartigen Staaten zu einem Völkerbund »in weltbürgerlicher Absicht« entwickeln und seine notfalls berechtigte Zwangsgewalt nach innen wie außen so weit als möglich reduzieren, um der pluralen Willensbildung zugunsten einer weitreichenden Wirksamkeit der freien, autonomen, sittlichen Selbstbestimmung der Individuen Platz zu machen. Der Verfassungsstaat muß diesen Freiraum andererseits aber auch effektiv sichern können und dazu hinreichende Autorität besitzen. Häufig läuft seine Tätigkeit, also die in ihm betriebene rechtsstaatliche Politik, auf einen Kompromiß zwischen Freiheit und Natur bzw. zwischen ihren Forderungen hinaus, ist er doch selbst die Folge »einer vernünftigen Berücksichtigung des Unvernünftigen im Menschen«[78].

Wo aber Kompromiß notwendig und in den Grenzen der – maßgeblich durch das Sittengesetz vorgegebenen – Aufgabenstellung legitim ist, da ist faktisch und sinnvollerweise eine Vielzahl von Kompromissen; da bedarf es der ständigen Aufklärung, Kritik und Revision von politischen Entscheidungen (zugunsten neuer, möglichst besserer Kompromisse). Staat, Recht und Politik müssen dafür offen sein. Gerade aus der unbedingten Gültigkeit des Sittengesetzes folgt also wegen des fortbestehenden Antagonismus mit dem Naturgesetz in Ansehung der Endlichkeit der menschlichen Vernunft, daß jedwede Politik stets eine relative ist. Sie steht in der Konkurrenz mit anderer relativer Politik. Eine qualitativ andere – absolutistische wie revolutionär-despotische – Politik hingegen verletzt das Sittengesetz, die Würde der Person und die Menschlichkeit der Vernunft.

8.3 Recht und Staat zwischen Freiheit und Willkür

Nun ist aber das staatliche Gesetz ein Gesetz, das die Anwendung äußeren Zwanges gestattet. Das Recht gewährt nach Kant die Möglichkeit, die Menschen einer Rechtsgemeinschaft zur Erfüllung ihrer Verpflichtung gegenüber dem Gesetz zu bestimmen, und zwar nicht nur durch Überredung, sondern auch durch Ausübung von Zwang. Kant sagt dezidiert: »Recht und Befugnis zu zwingen bedeuten also einerlei.«[79] Wie ist diese Befugnis des Rechts mit dem Freiheitsgesetz vereinbar? Das ist die kritische Grundfrage der Rechtsphilosophie Kants, die *quaestio iuris,* die Frage nach der Rechtfertigung des Rechts vor dem Freiheits-, dem Sitten-, dem Vernunftgesetz.

Die Ethik gibt also den Boden ab für die Fragen und Antworten im Bereich der Rechts- und ebenso der Staatsphilosophie. Nur ein solcher Zwang kann für Kant rechtgemäß sein, der dem ethischen Grundgebot der Freiheit nicht nur nicht widerstreitet, sondern der sich von diesem Gebot her allererst rechtfertigen läßt. Die Aufgabe der Rechtsphilosophie ist es also zu zeigen, daß der Rechtszwang mit der Freiheit verträglich ist, ja daß er durch die Idee der Freiheit gefordert wird.

Um das zu verstehen, müssen wir hervorheben, daß Kant Freiheit und Willkür scharf voneinander scheidet. Die Rechtsgemeinschaft, die staatlich verfaßte Gemein-

78 Vgl. Josef Simon, Wahrheit als Freiheit. Zur Entwicklung der Wahrheitsfrage in der neueren Philosophie, Berlin-New York 1978, S. 355.

79 Immanuel Kant, Die Metaphysik der Sitten, in: ders., Werke, Band VIII (Anm. 67), Einleitung in die Rechtslehre, AB 37.

schaft der Menschen, besteht aus solchen Wesen, die zur sittlichen Freiheit bestimmt sind, aber immer auch in dem natürlichen Zustand der Willkür, d. h. des willkürlichen Befolgens natürlicher Neigungen, verharren. Die Willkür ist stets geneigt, ihren individuellen, partikularen Willen durchzusetzen, so daß die eine Willkür die andere Willkür in ihrer Wirksamkeit stört und hemmt. Handlungen aus Willkür widerstreiten einander und bedrohen sich gegenseitig. Demgegenüber hat die Rechtsordnung die Aufgabe, die Bedingungen festzusetzen, unter denen die Willkür des einen mit der Willkür des anderen nach einem allgemeinen Gesetz der Freiheit vereinigt werden kann. Sie muß durch Erzwingung dieser Bedingungen gleichzeitig die Willkür um der menschlichen Freiheit willen eindämmen.

Die Setzung von Recht und die Befugnis, es durch Zwang geltend zu machen, ist also nur Beschränkung meiner Willkür, dagegen gerade Sicherung der sittlichen Freiheit. Eine solche Einschränkung der Willkür ist nach dem Freiheitsgesetz nicht nur möglich, sondern durchaus geboten. Andernfalls könnte die Willkür des einen nicht nur die Willkür des anderen, sondern auch die Betätigung seiner sittlichen Freiheit, sein pflichtgemäßes Handeln nach dem Gesetz der Vernunft, hindern. Um solche willkürliche Behinderung der Freiheit abzuwenden, ist das Recht samt seiner Zwangsausübung ethisch gerechtfertigt. Darum folgt das oberste Rechtsgebot ausdrücklich der Form des *Kategorischen Imperativs* des Sittengesetzes und lautet: »handle äußerlich (d.h. in der äußeren Rechtsordnung) so, daß der freie Gebrauch deiner Willkür mit der Freiheit von jedermann nach einem allgemeinen Gesetze zusammen bestehen könne.«[80]

Wie Kants Rechtsgedanke, so ist auch sein Staatsgedanke dem Freiheitsbegriff unterstellt und an ihm orientiert. Die Geltung des Rechts muß so lange provisorisch bleiben, als sie nicht sicher erzwingbar ist. Das ist sie aber nur im Staat. Der Staat verbürgt die vollständige Sicherung des Rechts. Deshalb fordert der Rechtsgedanke, daß die Menschen aus dem staatslosen Zustand heraustreten und zur Sicherung des Rechts einen Staatsverband, eine staatliche Gewalt und eine öffentliche Verfassung schaffen. Den Akt aber, durch den sich eine Anzahl von Menschen auf einem bestimmten Territorium zum Staatsverband zusammenschließen, nennt Kant im Sinne der politischen Theorie der Aufklärung den Staatsvertrag.

Der Staatsvertrag ist für Kant ganz ausdrücklich nicht eine geschichtliche Tatsache, so als hätte der gemeinsame Beschluß einer Anzahl von empirischen Einzelwillen den Staat auf dem Vertragswege tatsächlich erst geschaffen. Vielmehr meint bei Kant die Rede vom Akt des Staatsvertrages »eigentlich aber nur die Idee desselben, nach der die Rechtmäßigkeit desselben allein gedacht werden kann«[81]. Der Staatsvertrag ist wiederum ein Kant notwendig erscheinendes Postulat der praktischen Vernunft. Die Richtschnur für die Gewährleistung der Gerechtigkeit im Staat, also für eine rechte Staatsordnung, muß darin gesehen werden, daß nichts im Staat beschlossen und ausgeführt wird, was nicht hätte beschlossen und ausgeführt werden können, wenn der Staat durch einen Vertrag zustandegekommen wäre, um die Sicherheit des Rechts zu gewährleisten. Folglich begründet nicht die Willkür der einzelnen Individuen kraft einer zufälligen und wieder aufhebbaren Entscheidung, sondern der allgemeine Vernunftwille den Staat, und zwar kategorisch. Der Vernunftwille muß

80 Ebd., AB 34.
81 Ebd., Rechtslehre, § 47.

die empirischen Einzelwillen darauf verpflichtet haben, einen Staatsvertrag zu schließen. Die praktische Vernunft setzt voraus, daß ein solcher Vertrag geschlossen ist, und zwar unbedingt, ohne willkürliche Bedingungen.

Der Staatsvertrag enthält daher bei Kant im Grunde und zunächst nichts anderes als das Gesetz der praktischen Vernunft, das Sittengesetz. Der Staatsvertrag ist die allgemeine Verbindlichmachung der Unbedingtheit des Sittengesetzes. Recht und Staat sind darum die äußere Erscheinungsform der Freiheit unter Bändigung der Willkür, die Art, wie die Idee der Freiheit sich in der äußeren Welt politisch verwirklicht. Der Staatsvertrag wird dann zur »bloße(n) *Idee* der Vernunft, die aber ihre unbezweifelte (praktische) Realität hat: nämlich jeden Gesetzgeber zu verbinden, daß er seine Gesetze so gebe, als ob sie aus dem vereinigten Willen eines ganzen Volkes haben entspringen *können,* und jeden Untertan, so fern er Bürger sein will, so anzusehen, als ob er zu einem solchen Willen mit zusammen gestimmet habe. Denn das ist der Probierstein der Rechtmäßigkeit eines jeden öffentlichen Gesetzes.«[82]

Diese Norm ist zwar für Kant bei jeder Art von Staatsverfassung erfüllbar, sofern in ihr nur eben nicht die Willkür, sondern das Gesetz der Freiheit zur Geltung kommt. Am ehesten erscheint Kant jedoch die verfassungsmäßige Sicherung der Freiheit in der Bindung an das Sittengesetz gewährleistet, wenn im Staat die drei öffentlichen Organe der Gesetzgebung, der Regierung und der Rechtsprechung in der Weise der Gewaltenteilung unabhängig voneinander sind und wenn die gesetzgebende Gewalt in der Form der repräsentativen Vertretung organisiert ist. Kant stellt sich mit dieser Position auf die Seite Montesquieus gegen Rousseau. Die derart bevorzugte Verfassung nennt er republikanisch. Sie schließt eine monarchische Exekutive in verfassungsmäßiger Eingrenzung nicht aus. Den Gegensatz bildet die Despotie: Sie versteht Kant als die Willkürherrschaft eines einzelnen oder mehrerer, aber auch der (elitär und autoritär geführten) Menge, die solcherarts die Demokratie in Form der direkten, monistischen Versammlungsdemokratie nach der Theorie Rousseaus und der Politik des Konvents praktiziert.

Der entscheidende Unterschied ist der zwischen Verfassungsstaat und Willkürstaat. Darum hat Kant die Französische Revolution, sofern sie den Gedanken der Konstitution geltend gemacht hat, prinzipiell anerkannt, und er blieb bei dieser Bejahung. Auf der anderen Seite mußte er ihr Abgleiten in die Willkürherrschaft der Guillotine verwerfen und als Verrat an ihrer ursprünglich richtigen Idee verstehen.

Politik rechtfertigt sich einzig und allein aus ihrer Unterstellung unter die Moral. Sie steht bei Kant im Dienste der Realisierung des Sittengesetzes und nicht im Dienste der Durchsetzung eines natürlichen Bedürfnisses und Interesses. Sie leistet ihren Beitrag – gegen die Übermacht der Interessen – für die Gesetzlichkeit des Gesetzes. Darin liegt für Kant ihre Orientierung auf das allgemeine Wohl. Das allgemeine Wohl, auf das die Politik verpflichtet ist, wird nicht als Glück und Wohlbefinden aller Menschen (also *eudämonistisch)* interpretiert, sondern als die Wirksamkeit der Vernunft in allen Menschen begriffen, die durch sie sittliche Wesen werden.

Die Problematik dieser Auskunft bleibt darin bestehen, daß der Wille des Menschen doch schließlich von sich aus festsetzen muß, was als vernünftig und sittlich

---

82 Immanuel Kant, Über den Gemeinspruch: Das mag in der Theorie richtig sein, taugt aber nicht für die Praxis, in: ders., Werke, Band XI (Anm. 67), A 250.

gedacht werden kann. Die Vernunft wird als Vernunftwille bestimmt. Mit dieser Festlegung beschließt sich die Rechtfertigung der endlichen menschlichen Vernunft hinsichtlich ihres Anspruchs auf das selbstgewisse Wissen dessen, was ist. Die kritische *quaestio iuris* an die Vernunft gelangt zu der Antwort: Als unbezweifelbar verbindlich gilt das und nur das, was der Mensch vernünftigerweise wollen kann, woran er sich im sittlichen Willen bindet. Was dieser Wille will, das ist im Bereich des menschlichen Zusammenlebens bei Kant noch der Friede. Hegel, Marx und Nietzsche haben in voneinander sehr verschiedener Weise theoretisch demonstriert – und einige virulente geistige Strömungen und politische Bewegungen, die sich berechtigter- oder nur vermeintlicherweise im 19. und 20. Jahrhundert auf sie beriefen und noch immer berufen, haben praktisch vorgeführt –, daß dies nicht notwendigerweise so ist und bleiben muß.

Warum soll der Vernunftwille, wenn er bei aller seiner Endlichkeit als autonomer verstanden und grundgelegt ist, nicht auch sagen können: Handle so, daß die Maxime deines Willens sich jederzeit – aus freier Einsicht in die Notwendigkeit des geschichtlichen Prozesses – dem Gesetz des Staates als der organischen Wirklichkeit der sittlichen Idee freiwillig fügt. Ebenso könnte das Gesetz des Klassenkampfes oder das Gesetz des perspektivischen, um die je größte innere oder äußere Herrschaft ringenden Willens zur Macht zum grundlegenden Bezugspunkt des Handelns gewählt werden.

Bedeutete eine solche Wahl nicht aber die Perversion der endlichen Autonomie des Vernunftwillens? Sind jedoch Endlichkeit und Autonomie – diese Frage stellt sich am Schluß unseres Kapitels – wirklich so emphatisch zusammenzudenken, wie es Kant strikt und streng und wie es viele andere Aufklärungsphilosophen in leichterem Optimismus sich vorgestellt haben?

Literaturhinweise

1. Texte

Althusius, Johannes, Politica methodice digesta atque exemplis sacris et profanis illustrata, Herborn 1614, Neudruck Aalen 1961³. Deutsche Teilübersetzung in: Erik Wolf (Hrsg.), Quellenbuch zur Geschichte der deutschen Rechtswissenschaft, Frankfurt/M. 1949, S. 102–144.

Berlinische Monatsschrift: Norbert Hinske (Hrsg.), Was ist Aufklärung? Beiträge aus der Berlinischen Monatsschrift, Darmstadt, 1977².

Bodin, Jean, Les six livres de la République, Paris 1583 (Neudruck Aalen 1961); dt., Über den Staat, hrsg. von Gottfried Niedhart, Stuttgart 1975; Sechs Bücher über den Staat, Buch I–III, hrsg. von Peter Cornelius Mayer-Tasch, München 1981.

Burke, Edmund, The Works. London 1887; Reflections on the Revolution in France and on the Proceeding of Certain Societies in London relative to that Event: in a letter intended to have been sent to a gentleman in Paris 1790, hrsg. von Conor Cruise O'Brien, Harmondsworth 1976; dt. Betrachtungen über die Französische Revolution. In der deutschen Übertragung von Friedrich Gentz, hrsg. von Dieter Henrich, Frankfurt/M. 1967.

Condorcet, Marie Jean Antoine de Caritat Marquis de, De l'Influence de la révolution d'Amérique sur l'Europe, in: Œuvres de Condorcet, hrsg. von A. Condorcet-O'Connor und M. F. Arago, Bd. 8, Paris 1847, S. 3–113.

DESCARTES, RENÉ, Œuvres, hrsg. von Charles Adam und Paul Tannery, Paris 1897ff. Deutsche Einzelausgaben: Abhandlung über die Methode des richtigen Vernunftgebrauchs und der wissenschaftlichen Wahrheitsforschung, hrsg. von Hermann Glockner, Stuttgart 1982; Meditationen über die Erste Philosophie, hrsg. von Gerhardt Schmidt, Stuttgart 1971.

ENZYKLOPÄDIE: Encyclopédie ou Dictionnaire raisonné des sciences, des artes et des métiers, Paris-Neuchâtel-Amsterdam 1751ff.

FEDERALIST: The Federalist Papers. Alexander Hamilton, John Jay and James Madison, hrsg. von Clinton Rossiter, New York-Scarborough/Ont. 1961; The Federalist, hrsg. von Benjamin F. Wright, New York 1961; dt. Der Föderalist, hrsg. von Felix Ermacora, Wien 1958.

GROTIUS, HUGO, De iure belli ac pacis, hrsg. von B. J. A. de Kanter-van Heetinga Tromp, Leiden 1939; dt. Vom Recht des Krieges und des Friedens (1625), hrsg. von Walter Schätzel, Tübingen 1950.

HARRINGTON, JAMES, The Political Works of James Harrington, hrsg. von J. G. A. Pocock, Cambridge 1977; Oceana, hrsg. von G. B. Liljegren, Heidelberg-Gleerup 1924.

HERDER, JOHANN GOTTFRIED, Werke, hrsg. von Heinrich Düntzer und Wollheim da Fonseca, Berlin 1879; Briefe zur Beförderung der Humanität, 2 Bde., Berlin-Weimar 1971.

HOBBES, THOMAS, Thomae Hobbes Malmesburiensis Opera Philosophica quae latine scripsit omnia, London 1839ff., Neudruck Aalen 1961; The English Works of Thomas Hobbes of Malmesbury, London 1839ff., Neudruck Aalen 1962; Leviathan or The Matter, Forme and Power of a Commonwealth Ecclesiasticall and Civil, hrsg. von Michael Oakeshott, Oxford 1946; Behemoth or the Long Parliament, hrsg. von Ferdinand Tönnies, London 1969[2]; The Elements of Law, Natural and Politic, hrsg. von Ferdinand Tönnies, London 1889; De cive, hrsg. von S. P. Lamprecht, New York 1949; dt. Leviathan oder Stoff, Form und Gewalt eines bürgerlichen und kirchlichen Staates, hrsg. von Iring Fetscher, Frankfurt/M.-Berlin-Wien 1976; Vom Menschen – Vom Bürger, hrsg. von Günter Gawlick, Hamburg 1977.

HUMBOLDT, WILHELM VON, Gesammelte Schriften, hrsg. von der Königlich Preußischen Akademie der Wissenschaften, Berlin 1903ff.

HUME, DAVID, The Philosophical Works, London 1886, Neudruck Aalen 1964; Essays Moral, Political and Literary, London-Oxford 1963; dt. David Humes politische Versuche. Königsberg 1800.

JAKOB I. (James I.), The Political Works, New York 1965.

JEFFERSON, THOMAS, The Life and Selected Writings of Thomas Jefferson, hrsg. von Adrienne Koch und William Peden, New York 1944.

KANT, IMMANUEL, Gesammelte Schriften, hrsg. von der Königlich Preußischen Akademie der Wissenschaften, Berlin-Leipzig 1900ff.; Werke, hrsg. von Wilhelm Weischedel in 6 Bänden, Wiesbaden-Frankfurt/M. 1956ff.; Studienausgabe, Darmstadt 1966ff.; in 12 Bänden (mit gleicher Seitennumerierung), Frankfurt/M.-Darmstadt 1968ff.

LESSING, GOTTHOLD EPHRAIM, Gesammelte Werke, hrsg. von Paul Rilla, Berlin-Weimar 1968.

LEVELLERS: The Leveller Tracts 1647–1653, hrsg. von William Haller und Godfrey Davies, New York 1944; Leveller Manifestoes of the Puritan Revolution, hrsg. von Don M. Wolfe, London 1967; The Levellers in the English Revolution, hrsg. von Gerald E. Aylmer, Ithaca 1975.

LIPSIUS, JUSTUS, Opera omnia, postremum ab ipso aucta et recensita: nunc primum copioso rerum indice illustrata, Antwerpen 1637, Wesel 1675; Les six livres des politiques ou doctrine civil de Justus Livius: ou il est principalement discouru de ce qui appartient à la Principauté, La Rochelle 1590.

LOCKE, JOHN, The Works, London 1853; The Philosophical Works, London 1854; Two Treatises of Government, hrsg. von Peter Laslett, Cambridge 1960; dt. Über den menschlichen Verstand, Hamburg 1976 (Philosophische Bibliothek Meiner); Zwei Abhandlungen über die Regierung, hrsg. von Walter Euchner, Frankfurt/M.-Wien 1967; Ein Brief über Toleranz, Englisch-deutsch, hrsg. von Julius Ebbinghaus, Hamburg 1966.

MANDEVILLE, BERNARD DE, The Fable of the Bees, London 1714; dt. Die Bienenfabel oder Private Laster, öffentliche Vorteile, hrsg. von Walter Euchner, Frankfurt/M. 1968.

MILTON, JOHN, Complete Works, hrsg. von F. A. Patterson, New York 1931ff.; The Complete Prose Works of John Milton, New Haven 1959; dt. Politische Hauptschriften, hrsg. von W. Bernhardi, Berlin-Leipzig 1871ff.; Elfriede Walesca (Hrsg.), John Milton und der Ursprung

des neuzeitlichen Liberalismus, Studienausgabe der politischen Hauptschriften John Miltons in der Zeit der englischen Revolution, Hildesheim 1980.
MONARCHOMACHEN: Beza, Brutus, Hotman. Calvinistische Monarchmomachen, hrsg. von Jürgen Dennert, Köln-Opladen 1968.
MÖSER, JUSTUS, Sämtliche Werke, historisch-kritische Ausgabe, Oldenburg-Berlin 1943 ff.
MONTESQUIEU, CHARLES DE, Œuvres complètes de Montesquieu, hrsg. von André Masson, Paris 1950 ff.; Œuvres complètes, hrsg. von Daniel Oster, Paris 1964; Œuvres complètes, hrsg. von Jean Meslier, Paris 1970; Lettres Persanes, hrsg. von Paul Vernière, Paris 1975; De l'Esprit des Lois, hrsg. von Robert Derathé, Paris 1973; dt. Vom Geist der Gesetze, 2 Bde., hrsg. von Ernst Forsthoff, Tübingen 1951; Vom Geist der Gesetze, hrsg. von Kurt Weigand, Stuttgart 1965 (Auswahl).
MOSER, JOHANN JAKOB, Sämtliche Werke, hrsg. von der Akademie der Wissenschaften zu Göttingen, Oldenburg 1945.
PAINE, THOMAS, Common Sense, addressed to the Inhabitants of America, hrsg. von Isaac Kramnick, Harmondsworth 1976; dt. Gesunder Menschenverstand. An die Einwohner von Amerika gerichtet, Kopenhagen 1794.
PUFENDORF, SAMUEL, De jure naturae et gentium libri octo, Lateinisch-englische Ausgabe, 2 Bde., Oxford 1934; Die Gemeinschaftspflichten des Naturrechts. Ausgewählte Stücke aus »De officio Hominis et Civis« 1673, hrsg. von Erik Wolf, Frankfurt/M. 1948; Die Verfassung des deutschen Reiches, hrsg. von Horst Denzer, Stuttgart 1976.
ROUSSEAU, JEAN-JACQUES, Œuvres complètes, hrsg. von V. D. Musset-Pathay, Paris 1823 ff.; Œuvres complètes, hrsg. von B. Gagnebin und M. Raymond, Paris 1959 ff.; dt. Schriften zur Kulturkritik (Die zwei Diskurse von 1750 und 1755, französisch-deutsche Ausgabe), hrsg. von Kurt Weigand, Hamburg 1971; Du Contrat Social et autres œuvres politiques, hrsg. von Jean Ehrard, Paris 1975; dt. Vom Gesellschaftsvertrag oder Grundsätze des Staatsrechts, hrsg. von Hans Brockard, Stuttgart 1977.
SCHOTTISCHE MORALPHILOSOPHIE: The Scottish Moralists on Human Nature and Society, hrsg. von Louis Schneider, Chicago 1967.
SMITH, ADAM, Inquiry into the Nature and the Causes of the Wealth of Nations, London 1776; dt. Der Wohlstand der Nationen, hrsg. von Horst Claus Recktenwald, München 1978.
SPINOZA, BARUCH DE, Opera, hrsg. von der Heidelberger Akademie der Wissenschaften, Heidelberg 1925; Tractatus Theologico-Politicus/Theologisch-Politischer Traktat, lateinisch-deutsche Ausgabe, hrsg. von Günter Gawlick und Friedrich Niewöhner, Darmstadt 1978; Abhandlung vom Staat (Tractatus politicus), hrsg. von Carl Gebhardt, Leipzig 1907; Ethik nach geometrischer Methode dargestellt (Ethica more geometrico), hrsg. von Otto Baensch, Leipzig 1905.
VOLTAIRE (François-Marie Arouet), Œuvres complètes, hrsg. von L. Moland, Paris 1877; Dictionnaire philosophique portatif, hrsg. von Etiemble, Raymond Naves und Julien Benda, Paris 1967; dt. Aus dem Philosophischen Wörterbuch, hrsg. von Karlheinz Stierle, Frankfurt/M. 1967.
WOLFF, CHRISTIAN, Gesammelte Werke, Hildesheim 1965 ff.

2. *Allgemeine Darstellungen*

BERGSTRAESSER, ARNOLD/OBERNDÖRFER, DIETER/JÄGER, WOLFGANG (Hrsg.), Klassiker der Staatsphilosophie, 2 Bde., Stuttgart 1962/1971 (zu Bodin, Hobbes, Locke, Montesquieu, Rousseau, Kant, Burke, Federalist u. a.; mit Textauswahl und umfangreicher Bibliographie).
FENSKE, HANS/MERTENS, DIETER/REINHARD, WOLFGANG/ROSEN, KLAUS, Geschichte der politischen Ideen. Von Homer bis zur Gegenwart, Königstein/Ts. 1981.
FETSCHER, IRING/MÜNKLER, HERFRIED (Hrsg.), Pipers Handbuch der politischen Ideen, Bd. 3, Neuzeit: Von den Konfessionskriegen bis zur Aufklärung, München-Zürich 1985.
GEBHARDT, JÜRGEN/HENNINGSEN, MANFRED/OPITZ, J. PETER (Hrsg.), List Hochschulreihe Geschichte des politischen Denkens, München 1968 ff.; darin: Bd. 1501: VOEGELIN, ERIC

(Hrsg.), Politisches Denken in England im 17. Jahrhundert, München 1968; Bd. 1502: BARUZZI, ARNO (Hrsg.), Aufklärung und Materialismus im Frankreich des 18. Jahrhunderts. La Mettrie-Helvétius-Diderot-Sade, München 1968; Bd. 1503: GEBHARDT, JÜRGEN (Hrsg.), Die Revolution des Geistes. Politisches Denken in Deutschland 1770–1830. Goethe-Kant-Fichte-Hegel-Humboldt, München 1968; Bd. 1509: HENNINGSEN, MANFRED (Hrsg.), Vom Nationalstaat zum Empire. Englisches politisches Denken im 18. und 19. Jahrhundert, München 1970.

MAIER, HANS/RAUSCH, HEINZ/DENZER, HORST (Hrsg.), Klassiker des politischen Denkens, 2 Bde., München 1972[4] (zu Grotius, Bodin, Hobbes, Locke, Pufendorf, Montesquieu, Federalist, Rousseau, Kant u. a.).

MÖBUS, GERHARD, Die politischen Theorien im Zeitalter der absoluten Monarchie bis zur Französischen Revolution (MÖBUS, GERHARD/VON DER GABLENTZ, HEINRICH, Politische Theorien, Teil II), Köln-Opladen 1961 (mit Texten zu Bodin, Jakob I., Brutus, Lipsius, Althusius, Grotius, Hobbes, Spinoza, Milton, Locke, Montesquieu, Friedrich II. von Preußen, Rousseau u. a.).

SABINE, GEORGE H., A History of Political Theory, New York 1964[4].

SCHILLING, KURT, Geschichte der sozialen Ideen, Stuttgart 1966[2].

SCHWAN, ALEXANDER/SCHWAN, GESINE, Der normative Horizont moderner Politik I und II, in: VON BEYME, KLAUS/CZEMPIEL, ERNST-OTTO/KIELMANSEGG, PETER GRAF (Hrsg.), Funk-Kolleg Politik, Bd. 1, Frankfurt/M. 1987, S. 102–140, und Studienbegleitbrief 2, Weinheim-Basel 1985.

STEINVORTH, ULRICH, Stationen der politischen Theorie. Hobbes, Locke, Rousseau, Kant, Hegel, Marx, Weber. Stuttgart 1981.

STERNBERGER, DOLF, Drei Wurzeln der Politik (Sternberger, Schriften, Bde. II/1 und 2), Frankfurt/M. 1978.

THEIMER, WALTHER, Geschichte der politischen Ideen. Bern-München 1973[4].

TOUCHARD, JEAN U. A., Histoire des idées politiques, 2 Bde., Paris 1973[6].

WOLF, ERIK, Große Rechtsdenker der deutschen Geistesgeschichte, Tübingen 1963[4] (zu Althusius, Grotius, Pufendorf, Thomasius u. a.).

3. *Weiterführende Literatur*

ABEL, GÜNTER, Stoizismus und Frühe Neuzeit. Zur Entstehungsgeschichte modernen Denkens im Felde von Ethik und Politik, Berlin-New York 1978.

ADAMS, WILLI PAUL, Republikanische Verfassung und bürgerliche Freiheit. Die Verfassungen und politischen Ideen der amerikanischen Revolution, Darmstadt-Neuwied 1973.

ARETIN, KARL OTMAR FRH. VON (Hrsg.), Der Aufgeklärte Absolutismus, Köln 1974.

BARUZZI, ARNO, Mensch und Maschine. Das Denken sub specie machinae, München 1973.

BACZKO, BRONISLAW U. A. (Hrsg.), The French Revolution and the Creation of Modern Political Culture, Oxford-New York 1988.

BATSCHA, ZWI/GARBER, JÖRN (Hrsg.), Von der ständischen zur bürgerlichen Gesellschaft. Politisch-soziale Theorien im Deutschland der zweiten Hälfte des 18. Jahrhunderts, Frankfurt/M. 1981.

BECKER, CARL LOTUS, The Declaration of Independence. A study in the history of political ideas, New York 1922.

BECKER, WERNER, Die Freiheit, die wir meinen. Entscheidung für die liberale Demokratie, München-Zürich 1982.

BERMBACH, UDO/KODALLE, KLAUS-M. (Hrsg.), Furcht und Freiheit. Leviathan-Diskussion 300 Jahre nach Thomas Hobbes, Opladen 1982.

BIRTSCH, GÜNTER (Hrsg.), Grund- und Freiheitsrechte im Wandel von Gesellschaft und Geschichte. Beiträge zur Geschichte der Grund- und Freiheitsrechte vom Ausgang des Mittelalters bis zur Revolution von 1848, Göttingen 1981.

BLUMENBERG, HANS, Säkularisierung und Selbstbehauptung, erw. und überarb. Neuausg. von »Die Legitimität der Neuzeit«, I. und II. Teil, Frankfurt/M. 1974.
BRAILSFORD, HENRY NOD, The Levellers and the English Revolution, Stanford 1961, Nottingham 1976.
BREUER, STEFAN, Sozialgeschichte des Naturrechts, Opladen 1983.
BRÜCKNER, JUTTA, Staatswissenschaften, Kameralismus und Naturrecht. Ein Beitrag zur Geschichte der Politischen Wissenschaften im Deutschland des späten 17. und frühen 18. Jahrhunderts, München 1977.
BURG, PETER, Kant und die Französische Revolution, Berlin 1974.
CASSIRER, ERNST, Die Philosophie der Aufklärung, Tübingen 1932[2].
CONRAD, HERMANN, Staatsgedanke und Staatspraxis des aufgeklärten Absolutismus, Opladen 1971.
CRAMER, THOMAS (Hrsg.), Wege in die Neuzeit, München 1988.
DENNERT, JÜRGEN, Ursprung und Begriff der Souveränität, Stuttgart 1964.
DENZER, HORST, Moralphilosophie und Naturrecht bei Samuel Pufendorf. Eine geistes- und wissenschaftsgeschichtliche Untersuchung zur Geburt des Naturrechts aus der Praktischen Philosophie, München 1972.
DERATHÉ, ROBERT, Jean-Jacques Rousseau et la science politique de son temps, Paris 1970[2].
DIPPEL, HORST, Individuum und Gesellschaft. Soziales Denken zwischen Tradition und Revolution: Smith-Condorcet-Franklin, Göttingen 1981.
DÜLMEN, RICHARD VAN, Entstehung des frühneuzeitlichen Europa 1550–1648 (Fischer Weltgeschichte, Bd. 24), Frankfurt/M. 1982,
DERS., Die Gesellschaft der Aufklärer. Zur bürgerlichen Emanzipation und aufklärerischen Kultur in Deutschland, Frankfurt/M. 1986.
DUNN, JOHN, The Political Thought of John Locke. An historical account of the argument of »The Two Treatises of Government«, Cambridge 1969.
EUCHNER, WALTER, Naturrecht und Politik bei John Locke, Frankfurt/M. 1969.
FETSCHER, IRING, Rousseaus politische Philosophie. Zur Geschichte des demokratischen Freiheitsbegriffs, Frankfurt/M. 1975[3].
FISCHER, PETER (Hrsg.), Reden der Französischen Revolution, München 1979.
FONER, ERIC, Tom Paine and Revolutionary America, New York 1976.
FRANKLIN, JULIAN HAROLD, John Locke and the Theory of Sovereignty. Mixed monarchy and the right of resistance in the political thought of the English revolution, Cambridge 1978.
FREUND, MICHAEL, Die Idee der Toleranz im England der großen Revolution, Halle 1927.
FRIEDRICH, CARL JOACHIM, Die Staatsräson im Verfassungsstaat, Freiburg-München 1961.
DERS., Johannes Althusius und sein Werk im Rahmen der Entwicklung der Theorie von der Politik, Berlin 1975.
FURET, FRANÇOIS/RICHET, DENIS, Die Französische Revolution, Frankfurt/M. 1968.
GAY, PETER, The Enlightment. An Interpretation, 2 Bde., London 1967/1970.
GRALHER, MARTIN, Demokratie und Repräsentation in der Englischen Revolution. Studien zur demokratischen Repräsentation in der Pamphletistik der Levellers im England des 17. Jahrhundert, Meisenheim/Glan 1973.
GRIEWANK, KARL, Der neuzeitliche Revolutionsbegriff. Entstehung und Entwicklung, Frankfurt/M. 1969[2].
GÜNTHER, HORST (Hrsg.), Die Französische Revolution. Berichte und Deutungen deutscher Schriftsteller und Historiker. 4 Bde., Frankfurt/M. 1985.
GUMBRECHT, ULRICH/REICHARDT, ROLF/SCHLEICH, THOMAS (Hrsg.), Sozialgeschichte der Aufklärung in Frankreich. München-Wien 1981.
HABERMAS, JÜRGEN, Theorie und Praxis. Sozialphilosophische Studien, Neuwied 1963.
HARTUNG, FRITZ (Hrsg.), Die Entwicklung der Menschen- und Bürgerrechte von 1776 bis zur Gegenwart, Göttingen 1985[5].
HASSINGER, ERICH, Das Werden des neuzeitlichen Europa 1300–1600, Braunschweig 1964[2].
HEIDEGGER, MARTIN, Die Zeit des Weltbildes, in: ders., Holzwege, Frankfurt/M. 1950, S. 69–104.
HILL, CHRISTOPHER (Hrsg.), The Levellers and the English Revolution, Nottingham 1976.

HUBATSCH, WALTHER, Das Zeitalter des Absolutismus 1600–1789, Braunschweig 1975[4].
HUBER, WOLFGANG/TÖDT, HEINZ EDUARD, Menschenrechte. Perspektiven einer menschlichen Welt, Stuttgart-Berlin 1977.
KAEGI, WERNER, Zur Entstehung, Wandlung und Problematik des Gewaltenteilungsprinzips, Zürich 1937.
KIELMANSEGG, PETER GRAF, Volkssouveränität. Eine Untersuchung der Bedingungen demokratischer Legitimität, Stuttgart 1977.
KLIPPEL, DIETHELM, Politische Freiheit und Freiheitsrechte im deutschen Naturrecht des 18. Jahrhunderts, Paderborn 1976.
KONDYLIS, PANAJOTIS, Die Aufklärung im Rahmen des neuzeitlichen Rationalismus, Stuttgart 1981.
KOSELLECK, REINHART, Kritik und Krise. Ein Beitrag zur Pathogenese der bürgerlichen Welt, Freiburg-München 1969[2].
DERS./REICHARDT, ROLF (Hrsg.), Die Französische Revolution als Bruch des gesellschaftlichen Bewußtseins. Vorlagen und Diskussionen der internationalen Arbeitstagung der Universität Bielefeld 1985, München 1988.
KRAUTHEIM, ULRIKE, Die Souveränitätskonzeption in den englischen Verfassungskonflikten des 17. Jahrhunderts. Eine Studie zur Rezeption Bodins in England von der Regierungszeit Elisabeths I. bis zur Restauration der Stuartherrschaft unter Karl II., Bern-Frankfurt/M. 1977.
KRIELE, MARTIN, Befreiung und politische Aufklärung. Plädoyer für die Würde des Menschen, Freiburg-Basel-Wien 1980.
LINK, CHRISTOPH, Herrschaftsordnung und bürgerliche Freiheit. Grenzen der Staatsgewalt in der älteren deutschen Staatslehre, Wien-Köln-Graz 1979.
LOY, JOHN ROBERT, Montesquieu, New York 1968.
LUDWIG, BERND, Kants Rechtslehre (Bd. 2 der »Kant-Forschungen«), Hamburg 1987.
LUF, GERHARD, Freiheit und Gleichheit. Die Aktualität im politischen Denken Kants, Wien 1978.
LUTZ, HEINRICH (Hrsg.), Zur Geschichte der Toleranz und Religionsfreiheit, Darmstadt 1977.
MACPHERSON, CRAWFORD B., Die politische Theorie des Besitzindividualismus. Von Hobbes bis Locke, Frankfurt/M. 1967.
MALUSCHKE, GÜNTER, Philosophische Grundlagen des demokratischen Verfassungsstaates, Freiburg-München 1982.
MEDICK, HANS, Naturzustand und Naturgeschichte der bürgerlichen Gesellschaft. Die Ursprünge der bürgerlichen Sozialtheorie als Geschichtsphilosophie und Sozialwissenschaft bei Samuel Pufendorf, John Locke und Adam Smith, Göttingen 1973.
MEINECKE, FRIEDRICH, Die Idee der Staatsräson in der neueren Geschichte. München-Berlin 1924, München 1960.
MERKER, NICOLAO, Die Aufklärung in Deutschland, München 1982.
MIECK, ILJA, Europäische Geschichte der Frühen Neuzeit. Eine Einführung, Stuttgart-Berlin-Köln-Mainz 1981[3].
MÜNKLER, HERFRIED, Im Namen des Staates. Die Begründung der Staatsraison in der Frühen Neuzeit, Frankfurt/M. 1987.
NONNENMACHER, GÜNTHER, Die Ordnung der Gesellschaft. Ideengeschichtliche Studien zur politischen Theorie und Sozialphilosophie im 17. und 18. Jahrhundert, Weinheim 1989.
OESTREICH, GERHARD, Geschichte der Menschenrechte und Grundfreiheiten im Umriß, Berlin 1978[2].
PORTER, ROY/TEICH, MIKULÁŠ (Hrsg.), The Enlightenment in National Context, Cambridge 1981.
PRESS, VOLKER (Hrsg.), Städtewesen und Merkantilismus in Mitteleuropa, Köln-Wien 1983.
QUARITSCH, HELMUT, Staat und Souveränität, Bd. I: Die Grundlagen, Frankfurt/M. 1970.
RITTER, GERHARD, Die Dämonie der Macht. Betrachtungen über Geschichte und Wesen des Machtproblems im politischen Denken der Neuzeit, München 1948[6].
DERS., Die Neugestaltung Deutschlands und Europas im 16. Jahrhundert. Die kirchlichen und staatlichen Wandlungen im Zeitalter der Reformation und der Glaubenskämpfe, Frankfurt/M.-Berlin 1967.

RÖHRICH, WILFRIED, Staat der Freiheit. Zur politischen Philosophie Spinozas, Darmstadt 1969.
ROSTOCK, MICHAEL, Die Lehre von der Gewaltenteilung in der politischen Theorie von John Locke, Meisenheim/Glan 1974.
RUTLAND, ROBERT ALLEN, The Birth of the Bill of Rights. 1776–1791, Chapel Hill 1955.
SAAGE, RICHARD, Herrschaft, Toleranz, Widerstand. Studien zur politischen Theorie der Niederländischen und der Englischen Revolution, Frankfurt/M. 1981.
SANER, HANS, Kants Weg vom Krieg zum Frieden, Bd. I: Widerstreit und Einheit. Wege zu Kants politischem Denken, München 1967.
SCHLUMBOHM, JÜRGEN, Freiheit. Die Anfänge der bürgerlichen Emanzipationsbewegung in Deutschland im Spiegel ihres Leitwortes (ca. 1760 – ca. 1800), Düsseldorf 1975.
SCHNUR, ROMAN, Die französischen Juristen im konfessionellen Bürgerkrieg des 16. Jahrhunderts. Ein Beitrag zur Entstehungsgeschichte des modernen Staates, Berlin 1962.
DERS. (Hrsg.), Staatsräson. Studien zur Geschichte eines politischen Begriffs, Berlin 1975.
SCHULIN, ERNST, Die Französische Revolution, Freiburg/Br. 1988.
SCHWARTLÄNDER, JOHANNES (Hrsg.), Menschenrechte. Aspekte ihrer Begründung und Verwirklichung, Tübingen 1978.
SIMON, JOSEF, Wahrheit als Freiheit. Zur Entwicklung der Wahrheitsfrage in der neueren Philosophie, Berlin-New York 1978.
SKALWEIT, STEPHAN, Edmund Burke und Frankreich, Köln-Opladen 1956.
DERS., Gestalten und Probleme der frühen Neuzeit, Berlin-München 1987.
SPAEMANN, ROBERT, Zur Kritik der politischen Utopie. Zehn Kapitel politischer Philosophie, Stuttgart 1977.
STEINVORTH, ULRICH, Freiheitstheorien in der Philosophie der Neuzeit, Darmstadt 1987.
STERNBERGER, DOLF, Herrschaft und Vereinbarung (Sternberger, Schriften, Bd. III), Frankfurt/M. 1980.
STEWART, JOHN BENJAMIN, The Moral and Political Philosophy of David Hume, New York 1963.
STOLLEIS, MICHAEL (Hrsg.), Staatsdenker im 17. und 18. Jahrhundert. Reichspublizistik, Politik, Naturrecht, Frankfurt/M. 1987.
STRAUSS, LEO, Naturrecht und Geschichte, Stuttgart 1953, Frankfurt/M. 1977.
DERS., Hobbes' politische Wissenschaft, Neuwied-Berlin 1965.
TALMON, YAAKOV LEIB, Die Ursprünge der totalitären Demokratie, 2 Bde., Köln-Opladen 1961/1963.
VIERHAUS, RUDOLF (Hrsg.), Bürger und Bürgerlichkeit im Zeitalter der Aufklärung, Heidelberg 1981.
VOIGT, ALFRED (Hrsg.), Der Herrschaftsvertrag, Neuwied 1965.
VOSS, JÜRGEN (Hrsg.), Deutschland und die Französische Revolution, München 1983.
VOSSLER, OTTO, Rousseaus Freiheitslehre, Göttingen 1963.
WEIS, EBERHARD, Geschichtsschreibung und Staatsauffassung in der französischen Enzyklopädie, Wiesbaden 1965.
WHITE, MORTON GABRIEL, The Philosophy of the American Revolution, New York 1978.
WILLMS, BERNHARD, Die Antwort des Leviathan. Thomas Hobbes' politische Theorie, Neuwied-Berlin 1970.
WILTSE, CHARLES MAURICE, The Jeffersonian Tradition in American Democracy, New York 1960.
WINCH, DONAL, Adam Smith's Politics. An essay in historiographic revision, Cambridge 1978.
WINTERS, PETER JOCHEN, Die »Politik« des Johannes Althusius und ihre zeitgenössischen Quellen. Zur Grundlegung der politischen Wissenschaft im 16. und im beginnenden 17. Jahrhundert, Freiburg 1963.
WOOD, GORDON STEWARD, The Creation of the American Republic 1776–1787, Chapel Hill 1969.
ZAGORIN, PEREZ, A History of Political Thought in the English Revolution, London 1954.

Gerhard Göhler/Ansgar Klein

Politische Theorien des 19. Jahrhunderts*

1. Allgemeine Tendenzen

Die doppelte Erfahrung zum einen der Französischen Revolution von 1789 als Umstürzung der überkommenen politischen Herrschaftsformen, zum anderen der von England ausgehenden Industriellen Revolution markiert den Horizont des politischen Denkens im 19. Jahrhundert. Die Begründung und Limitierung politischer Herrschaft im Rückgriff auf die Erfordernisse einer sich selbst regulierenden bürgerlichen Gesellschaft im nationalstaatlichen Rahmen – oder aber der Versuch, gegen die Entwicklungsdynamik der bürgerlichen Gesellschaft und die ökonomische, kulturelle und politische Verselbständigung des Individuums die Einheit des Gemeinwesens im Rückgriff auf überindividuelles Ordnungsdenken zu erneuern – stehen im Zentrum der politischen Theorie. Diese muß sich ihres Gegenstandes angesichts eines umfassenden Wandels der Gesellschaft sowie der darauf bezogenen Neubegründung politischer Herrschaft erst wieder versichern.

Zu diesem Zweck greift sie auf die immer deutlicher hervortretende begriffliche Unterscheidung zwischen »bürgerlicher Gesellschaft« und »Staat« zurück, die das überlieferte Verständnis einer Einheit beider Begriffe – wie es noch bei Hobbes, Locke oder Rousseau vorzufinden ist – ablöst. Die Wahrnehmung des Bedeutungswandels der Konzeption von bürgerlicher Gesellschaft innerhalb des politischen Denkens setzt im 18. Jahrhundert ein. Die veränderte Begriffsverwendung reflektiert die Erfordernisse einer vom Staat möglichst unabhängigen, pluralistischen und sich autonom regulierenden bürgerlichen Gesellschaft. Der semantische Wandel des traditionellen Konzepts der *societas civilis* ist jedoch keineswegs nur eine nachträgliche Anerkennung der ökonomischen Realitäten einer sich voll entfaltenden kapitalistischen Marktwirtschaft. Die politischen Denker einer vom Staat getrennten bürgerlichen

* Das Einleitungskapitel haben die beiden Autoren gemeinsam verfaßt. Die daran anschließenden Darstellungen sind von den Autoren gesondert zu verantworten. Gerhard Göhler schrieb die Abschnitte »Nachrevolutionäres Denken«, »Konservatismus« sowie »Liberalismus und demokratische Bewegung«, Ansgar Klein die Abschnitte »Vor- und Frühsozialismus«, »Sozialismus«, »Anarchismus« sowie »Nationalismus«. Göhler weicht in den von ihm verfaßten Abschnitten von der aus Handbüchern gewohnten Darstellungsform ab. Nach einem Überblick wird das politische Denken der wichtigsten Autoren jeweils exemplarisch dargestellt; auf diese Weise soll in den vertretenen Positionen ein durchgängiger Argumentationszusammenhang von den philosophischen Grundlagen bis hin zu den praktischen Konsequenzen sichtbar und nachvollziehbar werden. Die Darstellung lehnt sich eng an die Texte an, die wichtigste Literatur ist am Ende des Kapitels benannt.

Gesellschaft befassen sich darüber hinaus mit der ganzen Bandbreite ihres sich entfaltenden Assoziationswesens und ihrer intermediären Organisationsformen[1]. Staat und politische Herrschaft werden vor dem Hintergrund eines solcherart gewandelten Gesellschaftsverständnisses in den Blick genommen. Wegen dieser ihm zukommenden Schlüsselrolle soll der Bedeutungswandel des Konzepts von bürgerlicher Gesellschaft zunächst eingehender dargestellt werden.

1.1 Der Wandel im Verständnis von »bürgerlicher Gesellschaft«

Im klassischen alteuropäischen Verständnis ist das »Haus« die maßgebliche ökonomische Einheit und Grundlage gesellschaftlicher Beziehungen. Bürgerliche Gesellschaft ist die politisch-ständische Ordnung des Gemeinwesens, die sich über den Lebenskreis des Bürgers im Haus erhebt und in deren Herrschaftsform der Bürger eingebettet ist[2]. Bürgerliche Gesellschaft ist von der politischen Herrschaftsform, dem »Staat«, nicht abgelöst: *civitas, societas civilis, res publica* bezeichnen gleichermaßen die Gemeinschaft der Bürger, bürgerliche Gesellschaft ist so im klassischen Verständnis *societas civilis sive politica.* Dieses bereits von Aristoteles formulierte Gesellschaftsmodell bleibt, trotz aller Veränderungen der Herrschaftsstruktur, bis weit in die Neuzeit hinein maßgeblich. Erst im 17. und 18. Jahrhundert führt die Emanzipation des Bürgertums zu einem strukturellen Umbruch. Bürgerliche Gesellschaft als politische Organisationsform der Bürger, in welche der private ökonomische Bereich ständisch abgestuft eingelagert ist, wird nun zum primär ökonomischen Betätigungsfeld des sich emanzipierenden Bürgertums, welches der politischen Staatsgewalt gegenübersteht.

Im Zuge der Zentralisierung der Herrschergewalt im neuzeitlichen territorialen Flächenstaat gelingt es dem absolutistischen Staat, insbesondere auf dem Kontinent, die bestehenden ständisch-feudalen Strukturen mit ihren abgestuften und vielfach selbstgegebenen Rechten weitgehend zu nivellieren, um seine Bürger gleichermaßen zu »Untertanen« zu machen. Das bedeutet zunächst eine Entrechtung der *societas civile sive politica,* den Verlust ihres *status politicus* und eine Frontstellung der altständischen Gesellschaft gegenüber dem absolutistischen Staat. Zugleich ergeben sich partielle Interessenidentitäten – einerseits zwischen Adel, Klerus und Krone, um Herrschaftspositionen aufrechtzuerhalten und wechselseitig abzusichern, andererseits aber auch zwischen Bürgertum und Krone, sofern der Abbau feudaler Privilegien der expandierenden Wirtschaftsgesellschaft zugute kommt und sofern diese überdies, wie in England, so stark ist, um nachhaltigen Einfluß auf die Gestaltung der politischen Rahmenbedingungen nehmen zu können.

Seitens des Bürgertums ist entscheidender Stimulus zur Herausbildung der modernen Gesellschaft die Entwicklung umfassender Marktbeziehungen. Gesellschaft als horizontales Interaktionsmuster gegenüber der zentralisierten Staatsgewalt entsteht,

---

1 John Keane, Despotismus und Demokratie. Über die Unterscheidung zwischen bürgerlicher Gesellschaft und Staat 1750–1850, in: Jürgen Kocka (Hrsg.), Bürgertum im 19. Jahrhundert. Deutschland im europäischen Vergleich, 3 Bde., München 1988, Bd. 1, S. 303–339.

2 Zu der folgenden Darstellung: Gerhard Göhler, Art. »Bürgerliche Gesellschaft«, in: Everhard Holtmann (Hrsg.), Politik-Lexikon, München 1991, S. 71–75.

wenn die Wirtschaft von dem Prinzip der Eigenversorgung durch vorwiegend häusliche Produktion und regionalen Gütertausch zu einer durch Arbeitsteilung bedingten, durch Manufakturen und Fabriken forcierten durchgängigen Verflechtung von Märkten gelangt. Diese Entwicklung verläuft regional und sektoral höchst unterschiedlich. Zunehmend jedoch setzt sich gesellschaftlich eine neue Sichtweise rationaler Daseinsbewältigung durch, die im Prinzip des wirtschaftlichen Wachstums durch Kapitalakkumulation gegenüber der antiken und alteuropäischen Wirtschaftsauffassung ihren deutlichsten Ausdruck erhält. Die moderne bürgerliche Gesellschaft konstituiert sich somit durch die Prinzipien von Eigentum, Markt und Kapital. Die Ökonomie erhält einen zentralen Stellenwert im menschlichen Zusammenleben. Sie ist mit den Geboten der Religion (insbesondere im Calvinismus) und den Auffassungen der Moral unmittelbar und bruchlos verbunden. Von daher ist es nicht nur subjektives materielles Interesse, wenn das Bürgertum sich gegen ständisch-feudale Einengungen ebenso wie gegen staatliche Eingriffe zur Wehr setzt, dabei staatliche Hilfe durchaus in Anspruch nimmt und Einfluß auf die Entscheidungen der Krone und ihre Administration zu gewinnen sucht. Es ist das Bemühen, politisch einen berechenbaren Rahmen herzustellen, um den persönlichen Vorteil in einer rational begründeten, religiös und moralisch fundierten sowie autonom gestalteten gesellschaftlichen Lebensführung zu finden.

Das Individuum erhält in der bürgerlichen Gesellschaft seinen Eigenwert in den Beziehungen seiner persönlichen Lebensführung, die sich ökonomisch im Eigentum und kulturell in der Bildung manifestiert. Ökonomisches Interesse und eine durch Bildung wiederum auch begründete und gewährleistete Verantwortung für das Gemeinwesen als ganzes werten die historisch sich herausbildende bürgerliche Gesellschaft theoretisch zu einem Ordnungskonzept auf, welches schließlich im 18. Jahrhundert geschichtsphilosophisch den Fortschritt der Zivilisation verkörpert. Dieser Optimismus ist nicht zuletzt deshalb noch ungebrochen, weil nicht nur die Frau in der Familie, sondern auch die anwachsenden Unterschichten für die Problemwahrnehmung der bürgerlichen Gesellschaft noch keine Rolle spielen.

Im 19. Jahrhundert ist die bürgerliche Gesellschaft – nach den Entwicklungsschüben der englischen Revolution im 17. Jahrhundert und der amerikanischen und französischen Revolution im 18. Jahrhundert – soweit ausgebildet, daß ihre Ordnungsprinzipien in West- und Mitteleuropa, trotz regionaler Unterschiede und historischer Ungleichzeitigkeiten, zu realen politischen und sozialen Bestimmungsfaktoren geworden sind: rechtliche Gleichheit der Staatsbürger, konstitutionell gesicherte politische Mitwirkungsmöglichkeiten und die Erlangung der gesellschaftlichen Position durch berufliche Leistung. An die Stelle einer berufsständisch oder durch ererbte Privilegien vorgegebenen Hierarchie tritt ein durch Besitz, Stellung im Produktionsprozeß und Bildungsniveau definiertes, prinzipiell durchlässiges soziales Gefüge. An die Stelle überkommener korporativer Bindungen tritt der Individualismus als maßgebendes Prinzip sozialer Beziehungen. Charakteristische Organisationsform der bürgerlichen Gesellschaft ist der freie Zusammenschluß in Vereinen, Assoziationen und Gesellschaften. Mit der Dekorporierung sind für die Individuen neue, durchgängige Orientierungen erforderlich. Sie finden sich in gesamtgesellschaftlich auftretenden politischen und sozialen Bewegungen mit ihren Ideen und Ideologien (Liberalismus, Konservatismus, Sozialismus etc.).

Mit der Herausbildung der bürgerlichen Gesellschaft ist eine zunehmend organisierte Interessenwahrnehmung miteinander konkurrierender sozialer Großgruppen verbunden, die über das Bürgertum hinausgehend alle Schichten und Klassen in ihren vielfältigen Frontstellungen umfaßt. Hier liegt der Ursprung des modernen Parteiwesens, das soziale Interessen in weltanschaulich begründeter Programmatik vertritt und auf diese Weise der Allgemeinheit zu dienen beansprucht.

Einer entstehenden bürgerlichen Öffentlichkeit fällt die Aufgabe zu, gesellschaftliche Praxis horizontal im Prinzip der Publizität zu vermitteln. Die sich auf eine Infrastruktur freier Assoziationen stützende bürgerliche Öffentlichkeit soll die Vermittlung partikularer Interessen und einer aufs Allgemeine gerichteten Vernunft ermöglichen. Die normative Idee der Öffentlichkeit verbindet das Prinzip der Volkssouveränität mit dem Anspruch auf eine vernünftige Selbstgesetzgebung, welche in Folge eines tiefgreifenden Säkularisierungsprozesses nicht mehr durch göttliche Vernunft garantiert werden kann. Bürgerliche Öffentlichkeit steht so für die Verkoppelung einer sich in kollektiven Willensbildungsprozessen realisierenden Freiheit mit der Idee der Rationalität[3]. Da die deliberative Öffentlichkeit im öffentlichen Räsonnement des (bildungs-)bürgerlichen Publikums nicht nur ästhetische oder philosophische, sondern auch politische Fragen verhandelt, bindet sie auch die politische Entscheidungsfindung an die Legitimitätsstandards von Vernunftgründen.

In der bürgerlichen Gesellschaft wird der Begriff des Bürgers doppeldeutig. Ursprünglich »Stadtbürger«, bezeichnet er nun einerseits in politischer Verallgemeinerung den »Staatsbürger« *(citoyen)*, andererseits spezifiziert er den Bürger als Angehörigen eines besonderen Standes in Abgrenzung gegen Adel, Geistlichkeit und Bauernstand durch seine »Bürgerlichkeit«. Sie drückt sich in Kultur und Lebensführung des Bürgertums, aber auch in seinen gesellschaftlichen Ordnungsvorstellungen als eine eigene Identität aus. Bürgerlichkeit als Lebensform, aber auch als leitende utopische Idee einer Gesellschaft der Freien und Gleichberechtigten – Grundvorstellung des Liberalismus – ist Kennzeichen des Bürgertums als sozialer Formation, vornehmlich des Bildungsbürgertums und der bildungsinteressierten Geschäftsleute. Sie zeigt in den Staaten West- und Mitteleuropas erstaunliche Ähnlichkeiten. In Deutschland grenzt sich das Bürgertum, sei es als Wirtschaftsbürgertum, sei es als Bildungsbürgertum, eher noch stärker vom Adel ab als in Frankreich oder England. Dies gilt auch angesichts der nicht zu übersehenden stärkeren Bürokratisierung, Staatsorientierung und einer Tendenz zur »Refeudalisierung« des deutschen Bürgertums im Laufe des 19. Jahrhunderts, wobei freilich der relativ markanten Identität des deutschen Bürgertums ein relativ geringer Erfolg an allgemeiner Verbürgerlichung der Gesellschaft entspricht.

Mit der Abstreifung geburtsständischer Privilegien und der Ausprägung einer Identität der »Bürgerlichkeit« ist die bürgerliche Gesellschaft freilich zugleich Klassengesellschaft. Der Bürger als »Wirtschaftsbürger« *(bourgeois)* steht, bedingt durch

---

3 Jürgen Habermas, Strukturwandel der Öffentlichkeit. Untersuchungen zu einer Kategorie der bürgerlichen Gesellschaft. Mit einem Vorwort zur Neuauflage 1990, Frankfurt/M. 1990; Rainer Schmalz-Bruns, Selbstorganisation, Selbstregierung, Selbstverwirklichung: Die Idee der Öffentlichkeit im Spiegel moderner Demokratietheorie, Manuskript, Hamburg 1991; Dieter Grimm, Entstehungs- und Verwirklichungsbedingungen des modernen Konstitutionalismus, in: ders., Die Zukunft der Verfassung, Frankfurt/M. 1991, S. 31–66.

seine ökonomischen Interessen der Eigentumssicherung und der uneingeschränkten unternehmerischen Freiheit, aber auch durch sein Bildungsverständnis, zunehmend in Defensive gegenüber den zunächst ausgeschlossenen, aber unaufhaltsam nachdrängenden Unterschichten. Die bürgerliche Gesellschaft gerät damit in offenen Widerspruch zu ihrem eigenen normativen Anspruch, den das liberale Bürgertum im 19. Jahrhundert nicht zu lösen vermag. Zudem wird sie gerade in Deutschland durch den weiterbestehenden bürokratisch-militärischen Herrschaftskomplex vorbürgerlicher Prägung eingeengt. Der Obrigkeitsstaat hat einerseits jene sozialen Probleme erfolgreich in Angriff genommen, mit denen sich das Bürgertum aufgrund seiner ökonomischen Interessenlage aus eigener Initiative nicht hinreichend auseinandergesetzt hatte, andererseits aber damit – gemessen wiederum am normativen Anspruch der bürgerlichen Gesellschaft – eine tiefgreifende Entliberalisierung der Gesellschaft eingeleitet[4].

1.2 Die Französische Revolution als Bezugs- und Ausgangspunkt eines polarisierten politischen Denkens

Die konstitutionelle Grundlegung politischer Herrschaft und ihre Bindung an das Prinzip der Volkssouveränität kennzeichnen die Amerikanische Revolution als Verfassungsrevolution. Doch nicht sie, sondern die unmittelbarer in ihrem dramatischen Verlauf wahrgenommene Französische Revolution – mit den Revolutionskriegen und den anschließenden Kriegen Napoleons – wird zum politischen Schlüsselerlebnis des selbst an Revolutionen reichen 19. Jahrhunderts. Mit der Französischen Revolution erst werden die liberalen und republikanischen Prinzipien der Staatsbürgergesellschaft zu direkten und praktisch brisanten Herausforderungen des politischen Denkens in Europa. Im Namen des souveränen Volkes oder der Nation wird die politische Machtausübung an die Herrschaft der Gesetze seitens einer entscheidungsbefugten repräsentativen Volksvertretung gebunden. Staatliches Handeln wird durch freiheitsverbürgende Grundrechte konstitutionell begrenzt. Die Garantie von privater und öffentlicher Sphäre (mit politisch räsonnierendem Publikum und der Autonomie von Kunst, Wissenschaft und Religion) zählt zu den Aufgaben des liberalen Rechts- und Verfassungsstaates ebenso wie die Sicherstellung der Rahmenbedingungen für eine ansonsten selbstregulierte Marktökonomie.

Das Ausmaß der demokratischen Beteiligung der Staatsbürger an der politischen Entscheidungsfindung ist jedoch bereits während der Französischen Revolution

4 Zur Diskussion über die »bürgerliche Gesellschaft« neben der im folgenden angeführten Literatur: Jean Cohen/Andrew Arato, Politics and the Reconstruction of the Concept of Civil Society, in: Axel Honneth u. a. (Hrsg.), Zwischenbetrachtungen im Prozeß der Aufklärung. Jürgen Habermas zum 60. Geburtstag, Frankfurt/M. 1989, S. 482–503; Utz Haltern, Bürgerliche Gesellschaft, Darmstadt 1985; John Keane, Democracy and Civil Society, London 1988; Jürgen Kocka (Hrsg.), Bürgertum im 19. Jahrhundert (Anm. 1); Reinhart Koselleck, Kritik und Krise. Ein Beitrag zur Pathogenese der bürgerlichen Welt, Frankfurt/M. 1973; C. B. Macpherson, Die politische Theorie des Besitzindividualismus, Frankfurt/M. 1967; Manfred Riedel, Art. »Gesellschaft, bürgerliche«, in: Otto Brunner/Werner Conze/Reinhart Koselleck (Hrsg.), Geschichtliche Grundbegriffe. Historisches Lexikon zur politisch-sozialen Sprache in Deutschland, bisher 6 Bde., Stuttgart 1972ff., Bd. 2, S. 719–800.

umstritten. Das Prinzip der Demokratie wird zu einem Gegenstand heftiger Kontroversen, die über das 19. Jahrhundert hinaus anhalten. Die Verfassung von 1791 ist ein Kompromiß zwischen dem liberalen Prinzip der Repräsentation und der sich auf Rousseau beziehenden Forderung direkter Volksherrschaft; in der Verfassung von 1793 schlägt das Pendel weiter in Richtung auf unmittelbare Beteiligung aus. Mit der von Babeuf vertretenen sozialistisch-egalitären Demokratiekonzeption deutet sich zudem die gegen das bürgerliche Eigentum gerichtete Sprengkraft der sozialen Frage an. *Liberté, Égalité* und *Fraternité* als die Prinzipien der Französischen Revolution werden – als Idee politisch-konstitutioneller und ökonomischer, aber auch umfassender gesellschaftlicher Freiheit, als rechtliche und soziale Gleichheit sowie als Menschheitsidee oder Anknüpfungspunkt nationaler kollektiver Identität – zum Ausgangspunkt von sich gegeneinander abgrenzenden Deutungen und Entwürfen politischer Theorie[5]. Die Bewertung der Französischen Revolution nimmt künftig einen prominenten Platz ein. Die Revolutionsgeschichte dient – nicht nur in Frankreich, wo dies in besonderer Weise der Fall ist – der politischen Theorie über die Darstellung und Bewertung des historischen Verlaufs der Französischen Revolution als Lieferant von Belegen für die je vertretene theoretische Deutung. Ansatzpunkte sind Unterschiede in der Bewertung der verschiedenen sozialen Trägerschichten und ihrer sich in Folge der Revolution verändernden sozialen Lage, bei der Einschätzung der einzelnen Phasen wie auch des Gesamtverlaufs der Revolution oder auch der Beurteilung der von ihr bewirkten politischen und gesellschaftlichen Zäsuren.

Die *konservative Kritik* wendet sich gegen die Zerrüttung von Thron und Altar, von Staat und Gesellschaft. Die Erklärung des Dritten Standes zur *Assemblée nationale* am 17. Juni 1789 gilt ihr als Ausgangspunkt der Auflösung der gewachsenen politischen Ordnung. Der Abbé Barruel verbreitet den Gedanken, die Revolution sei das Resultat freimaurerischer Verschwörungen gegen den Staat. Die Französische Revolution verkörpert aus Sicht der konservativen Kritik »das Prinzip willkürlicher Machbarkeit politischer und sozialer Ordnung«[6]. Die Revolution wird in der Deutung von de Maistre, de Lamartine und de Bonald zum Inbegriff von Anarchie und Zerstörung. Für Hippolyte Taine leitet die Französische Revolution das Massenzeitalter ein. Sie ist eine folgenschwere Hypothek für die auf Sachverständigkeit angewiesenen staatlichen Regierungsgeschäfte und öffnet der Zerstörungswut der Besitzlosen Tür und Tor. Einer *machtstaatlich-nationalistischen Kritik* gilt sie als Ursache des nationalen Niedergangs, dem der Glanz der Epoche des Sonnenkönigs entgegengestellt wird. Feste Eckpunkte des politischen Konservatismus sind die Orientierung an der Ordnungspolitik eines autoritativen Staates und der Zielwert stabiler sozialer und politischer Institutionen. Autorität, Herrschaft und Disziplin werden als Köhäsionsmittel gegen die Partikularität gesellschaftlicher Interessen angepriesen. Das Anknüpfen an Traditionsbeständen setzt gegen die rationalistisch-abstrakten Ordnungsprinzipien

5 Dazu Horst Dippel, Die politischen Ideen der Französischen Revolution, in: Iring Fetscher/ Herfried Münkler (Hrsg.), Pipers Handbuch der politischen Ideen, bisher 4 Bde., München 1985ff., Bd. 4, Neuzeit: Von der Französischen Revolution zum europäischen Nationalismus, S. 21–69, hier: S. 58; zur Geschichte der Revolutionsdeutung im Überblick: Ernst Schulin, Die Französische Revolution, München 1988, S. 22–52.

6 Hierzu wie zu der folgenden Darstellung vor allem: Eberhard Schmitt, Die Französische Revolution von 1789. Grundpositionen der Deutung, in: Aus Politik und Zeitgeschichte, B 22/1989, S. 3–14.

des Liberalismus auf die integrierende Kraft gewachsener Institutionen und eingespielter sozialer Verkehrsformen[7].

Die *liberale Deutung* der Französischen Revolution hebt vor allem zwei Höhepunkte hervor: die Erklärung der Menschen- und Bürgerrechte am 26. August 1789 und die Schaffung der ersten geschriebenen Verfassung Frankreichs vom 3. September 1791, die den liberalen Rechts- und Verfassungsstaat mit Zensuswahlrecht im Rahmen einer konstitutionellen Monarchie festschreibt. Spätestens die jakobinische Diktatur ab Mitte 1793 gilt ihr als negativer Umschlagspunkt des Revolutionsverlaufs. Für die liberale Geschichtsschreibung gelten die Aufklärungsphilosophen Montesquieu, Voltaire und auch Rousseau als positiv anerkannte Wegbereiter der Revolution. Mit ihnen reklamiert sie die naturrechtliche Begründung politischer Herrschaft und die Prinzipien von Freiheit, Gleichheit und Öffentlichkeit als Kernbestand nicht nur der liberalen Revolutionsdeutung, sondern auch als identitäre Gehalte des politischen Liberalismus. Auf der historischen Haben-Seite der Französischen Revolution werden die Abschaffung der durch die *Lettres de cachet* geübten Willkürjustiz, der Bruch mit den höfischen Intrigen, der finanziellen Mißwirtschaft, der Korruption und Inkompetenz der Verwaltung und ungerechter Besteuerung ebenso verbucht wie die Ermöglichung des sozialen Aufstiegs. Dieser wird jedoch auf das besitzende Bürgertum beschränkt. So etwa bei Adolphe Thiers, dessen *Histoire de la Révolution française* (1823–1827) die konstitutionelle Monarchie von 1791 verteidigt und Napoleon als Beender der Revolution begrüßt[8]. Wenn auch von ihr die jakobinische Diktatur abgelehnt wird, überwiegt in der liberalen Revolutionsdeutung insgesamt eine positive Gesamtbewertung der Revolution als eines wichtigen Schrittes »der Selbstbefreiung der Zivilisierten aus den ihnen angelegten Fesseln, (als) ein gewaltiger Hebel für die Emanzipation der Menschen schlechthin«[9]. Jules Michelets *Histoire de la Révolution française* kann durchaus als *Geschichtsschreibung des Risorgimento-Nationalismus* gelten. In ihr wird die Revolution zum Werk der nationalen Volksgemeinschaft, zu der nicht nur das Bürgertum, sondern auch Bauernschaft und Arbeiterschaft gerechnet werden.

Die *sozialistischen Revolutionsdeutungen* berücksichtigen in stärkerem Maße die sozialen Konfliktlinien der Französischen Revolution. Die Jakobinerdiktatur erfährt mit ihren Ansätzen einer egalitären Politik, zu der auch die Vergemeinschaftung wichtiger Konsumgüter zu zählen ist, eine insgesamt positive Wertschätzung. Die *Terreur* wird als zwangsläufiger Ausdruck der Konfrontation zwischen Großbürgertum und den unteren sozialen Schichten gedeutet. Der Bruch mit den zentralen Institutionen der spätfeudalen Gesellschaft – dem Feudalbesitz, der Abhängigkeit der Bauern, den Zunftmonopolen, dem Staatsmerkantilismus und den Beschränkungen des sich entfaltenden nationalen Marktes – kennzeichnet die Revolution als Motor des ökonomischen Fortschritts, der freilich über die Beseitigung der sozialen Ungleichheiten der Klassengesellschaft weiter vorangetrieben werden müsse. Als zentrale Errungenschaft gilt der sozialistischen Deutung der Revolution neben der Garantie bürgerlicher Freiheiten und der Konstituierung des nationalen Einheitsstaa-

7 Kurt Lenk, Deutscher Konservatismus, Frankfurt/M. – New York 1989.

8 Eberhard Schmitt, Die Französische Revolution von 1789 (Anm. 6), S. 7; Ernst Schulin, Die Französische Revolution (Anm. 5), S. 27.

9 Eberhard Schmitt, Die Französische Revolution von 1789 (Anm. 6), S. 7.

tes die egalitär-soziale Demokratie. Als *Révolution de l'Egalité* habe bereits die Französische Revolution versucht, »Preise und Löhne in ein gerechtes, stabiles Verhältnis zueinander zu bringen (Maximum-Gesetz vom 29. September 1793), ein Sozialversicherungssystem und die Gleichheit der Bildungschancen einzuführen«[10].

Die *kommunistische Revolutionsdeutung* bindet die bloß »formalen« Garantien von Freiheit und Gleichheit an die Voraussetzung einer sozial-egalitären Revolution. Sie hebt den Sturm auf die Bastille vom 14. Juli 1789 als ersten geschlossenen Auftritt revolutionärer Volksmassen hervor. Die *Loi Le Chapelier* verbietet den Zusammenschluß der Arbeiter in Vereinen und Gewerkschaften und die Durchführung von Streiks. Die Verfassung von 1791, die die politische Beteiligung an Besitzvoraussetzungen bindet, wird als konterrevolutionäre Maßnahme der Großbourgeoisie gedeutet. Der Volksaufstand vom 10. August 1792 (Sturm auf die Tuilerien, Außerkraftsetzen der Verfassung von 1791) und die sich anschließende Jakobinerdiktatur erscheinen als letztlich gescheiterte Befreiungsversuche der unterdrückten Klassen. Deren Hilfe habe sich das Bürgertum zu Beginn der Revolution zwar bedienen müssen, dann aber ihre weitergehenden sozialen und politischen Forderungen unterdrückt. In den Deutungen des Historischen Materialismus, denen die ökonomische Entfaltung der Produktivkräfte als wesentliche Voraussetzung von Revolutionen – als den »Lokomotiven der Geschichte« (Marx) – gilt, irritiert freilich der vornehmlich politische Charakter der Französischen Revolution[11].

Die *anarchistische Deutung* – so etwa Kropotkins *La Grande Révolution* – hebt den Gegensatz zwischen Bürgertum und zentralistischem Staat einerseits, dem umfassenden Freiheits- und Selbstbestimmungswillen der revolutionären Volksmassen andererseits hervor. Die Sektionsversammlungen der Sansculotten gelten hier als Belege einer möglichen ›direkten Demokratie‹.

In den historischen Deutungen der Französischen Revolution identifiziert das polarisierte politische Denken des 19. Jahrhunderts seine spezifischen Differenzen. In der Gemeinsamkeit der Bezugnahme erweist es sich jedoch zugleich – jenseits aller Unterschiedlichkeit – in einem allgemeinen Sinn als ein Denken im Zeichen der Revolution: Politisches Denken nach der Französischen Revolution ist unabweisbar mit der radikalen Neuformierung der politischen Herrschaftsordnung konfrontiert. Auf die neuartige Herausforderung reagiert in spezieller Weise das »nachrevolutionäre Denken«. Dessen Fragestellungen bilden den Ausgangspunkt aller folgenden politischen Theorie. Drei politische Denker mit ganz unterschiedlichen Konzepten erscheinen besonders wegweisend.

Die Kritik der Französischen Revolution bei Edmund Burke verbindet sich mit dem Votum für eine evolutionäre Entwickung der historisch gewachsenen und organisch gefügten gesellschaftlichen wie politischen Einheit. Burke, dessen Revolutionskritik ihn auch zum Ahnherrn des konservativen Denkens gemacht hat, ist dennoch kein einfacher Apologet des Status quo, sondern selber durchaus an gesellschaftlichen Veränderungen interessiert. Diese sollen sich freilich nicht von abstrakten Vernunftkonstruktionen, sondern von gesellschaftlichen Erfahrungen leiten lassen. Das bei Burke vorhandene Spannungsfeld von Verändern und Bewahren macht ihn zum gemeinen Bezugsautor des nachrevolutionären Denkens.

10 Ebd., S. 9.
11 Ebd., S. 11.

Das radikaldemokratische Denken Fichtes stellt die Autonomie des Individuums ins Zentrum der Argumentation, schlägt dann aber in ein überindividuelles Ordnungsdenken um. Fichtes spätere Ausrichtung des geschichtlichen Prozesses nach einem göttlichen Weltplan und die Identifikation mit der deutschen Nation offenbaren die Ambivalenzen eines radikalen Individualismus. Diese bleiben für das nachrevolutionäre Denken eine dauerhafte Herausforderung.

Besonders einflußreich für die Entwicklung des politischen Denkens im 19. Jahrhundert wird die Philosophie Hegels und seine begriffliche Unterscheidung von Staat und bürgerlicher Gesellschaft. Hegels Philosophie steht im Zeichen der Synthese von individueller Freiheit und substantieller Ordnung und damit des Versuches, individuelle Handlungsautonomie und die substantielle Sittlichkeit des Volkes wie des staatlichen Institutionengefüges zusammenzudenken. Der Staat als die »Wirklichkeit der sittlichen Idee« soll die auseinanderdriftende bürgerliche Gesellschaft und die subjektive Gesinnung der Staatsbürger in einem substantiellen Ganzen integrieren. Die dabei unternommene Verbindung liberaler und konservativer Argumentationen macht Hegel zum Referenzautor für höchst gegensätzliche Positionen. Auf ihn bezieht sich gleichermaßen die »Hegelsche Rechte« mit ihrer bis zu einem autoritären Konservatismus entfalteten Argumentation wie auch die »Hegelsche Linke«, die prägenden Einfluß auch auf die Gesellschaftskritik von Karl Marx gehabt hat.

Marx folgt zunächst dem Hegelschen Ansatz, wonach Rechtsverhältnisse wie Staatsformen nur im Zusammenhang gesellschaftlicher, insbesondere ökonomischer Lebensverhältnisse zu begreifen sind. Nicht hinnehmbares Resultat aber ist ihm die Verselbständigung des Politischen, der »Überbau«, als sinnfälliger Ausdruck der die bürgerliche Gesellschaft kennzeichnenden Spaltung des Menschen in *citoyen* und *bourgeois*. Die Dialektik der kapitalistischen Warenproduktion treibt zur Revolution durch das Proletariat, denn der Staat als »Überbau« kann die immanente Zerrissenheit der bürgerlichen Gesellschaft nicht zur realen Identität vermitteln. Ziel des emanzipatorischen Prozesses ist die Rücknahme des Staates in die Gesellschaft, die als klassenlose Gesellschaft ihren »bürgerlichen« Charakter verlieren werde.

1.3 Die Industrielle Revolution und die »soziale Frage«

Die soziale Sprengkraft der Industriellen Revolution ist die zweite große Herausforderung für das politische Denken des 19. Jahrhunderts. In ihr kumuliert die Entwicklung des Kapitalismus, die bereits im Mittelalter mit dem Aufschwung des Handels- und Gewerbekapitalismus beginnt und im Zusammenspiel mit dem später entstehenden Agrarkapitalismus die ökonomische Institution des Marktes in Gestalt des Waren-, Kapital- und Bodenmarktes etabliert. Aber erst die Industrielle Revolution erschließt den Arbeitsmarkt. Er beschleunigt so die Auflösung der überkommenen ständisch geformten Sozialstruktur und damit einen grundlegenden Wandel des Systems sozialer Ungleichheit. Die Sozialstruktur verändert sich unter dem umfassenden Einfluß der mobilitätserzwingenden Marktgesellschaft, in der die Sozialbeziehungen und das politische und kulturelle Leben sich an die Erfordernisse ökonomischer Marktförmigkeit anpassen müssen, in Richtung auf marktbedingte Klassen. Es handelt sich dabei um »Besitz-, Erwerbs- und Berufsklassen, die auf der Verwertung von Besitz- und Leistungsqualifikationen auf Arbeits- und Kapitalmärkten, auf dauerhaft unterschiedlichen Marktlagen, auf dem Gewinn oder Ausschluß von Marktmacht beruhen«[12].

Die soziale und geographische Mobilität der Bevölkerung wird durch die Bevölkerungsexplosion im Gefolge des expandierenden Handels- und Agrarkapitalismus gesteigert. Die Bevölkerungsexplosion im 19. Jahrhundert und die Auflösung der traditionellen ländlichen und städtischen Sozialstrukturen führen den sich ausbreitenden Arbeitsmärkten in großem Umfang Lohnarbeiter zu, deren soziale Lage in existentieller Weise von den Ungleichzeitigkeiten und Schwankungen der industriellen Entwicklung abhängig ist. Die Einhegungspolitik in England – mit deren Hilfe das bearbeitbare Ackerland vom Großgrundbesitz im großen Umfang monopolisiert wurde – ist nur das vielzitierte Paradebeispiel einer »Agrarrevolution« als wichtiger Voraussetzung der späteren Industriellen Revolution. Der Wegfall handwerklicher Zunftordnungen bei Einführung der Gewerbefreiheit sorgt in den Städten für den erforderlichen Anpassungsspielraum für die Entwicklung industrieller Arbeitsformen. Der Ausbau von Kommunikations- und Verkehrsmitteln sichert die Mobilitätsschübe des sozialen Wandels infrastrukturell ab.

Die Durchsetzung des Industriekapitalismus ist von einer Vielzahl ermöglichender Bedingungen abhängig und läßt sich keineswegs monokausal erklären. Eine durch Mobilität ausgezeichnete Sozialstruktur, das Bevölkerungswachstum und der Vorlauf des nichtindustriellen Kapitalismus sind noch keine hinreichenden Erklärungsgründe. Max Webers These von der protestantischen Ethik als dem spezifischen Geist des Kapitalismus weist – bei allen erforderlichen Einschränkungen ihres Erklärungsgehalts – auf die Bedeutung hin, die hier der Herausbildung eines rationalisierten soziokulturellen Milieus zukommt[13]. Die rationale Sichtweise einer entzauberten Welt und universalistische, leistungsorientierte Normen motivieren die bürgerlichen Trägergruppen der kapitalistischen Entwicklung und fördern die Ausbildung eines neuzeitlichen Arbeitsethos[14]. In einem grundlegenden Sinne ist der Prozeß kultureller Rationalisierung zugleich auch verkoppelt mit der Herausbildung von rationaler Wissenschaft und Technik und schafft zugleich auch die Voraussetzung ihrer praktischen Implementierung im arbeitsteilig organisierten, technisch gestützten industriellen Produktionsprozeß. Eine rationale Betriebsführung wird durch die exakte Kapitalrechnung mittels doppelter Buchführung ermöglicht.

Die privatrechtliche Garantie von Eigentums- und Vertragsfreiheit sichert darüber hinaus die institutionellen Grundlagen der kapitalistischen Ökonomie. Die Rechtssicherheit der Vertragserfüllung ist eine Vorbedingung für die Kalkulierbarkeit ökonomischer Chancen. Der säkularisierte, an Rechtssystematik und Verfassungsprinzipien ausgerichtete Staat stellt die erforderlichen rechtlichen und politi-

---

12 Hans-Ulrich Wehler, Die Fundamentalzäsur: Industrielle Revolution und Verkehrsrevolution, in: ders., Deutsche Gesellschaftsgeschichte, Bd. 2, Von der Reformära bis zur industriellen und politischen »Deutschen Doppelrevolution« 1815–1845/49, München 1987, S. 589ff.

13 Max Weber, Die protestantische Ethik und der Geist des Kapitalismus, in: ders., Gesammelte Aufsätze zur Religionssoziologie I, Tübingen 1988[9], S. 17–206; ferner auch Werner Sombart, Der Bourgeois. Zur Geistesgeschichte des modernen Wirtschaftsmenschen, Reinbek 1988; Alfred Müller-Armack, Religion und Wirtschaft. Geistesgeschichtliche Hintergründe unserer europäischen Lebensform, Stuttgart 1959.

14 Hannah Arendt, Vita activa oder Vom tätigen Leben, München 1984[4].

schen Rahmenbedingungen für die Herausbildung einer Marktgesellschaft her. Die staatliche Protektion ökonomischer Freiräume, sein Einfluß auf die Gestaltung des Außenhandels wie des Binnenmarktes – nicht zuletzt auf die Ausgestaltung des Arbeitskräftepotentials – dementiert nachhaltig die Sichtweise einer uneingeschränkten, autonomen Selbstregulation der Marktökonomie. Der Kapitalismus bleibt als Wirtschaftssystem angewiesen auf staatlich-bürokratische Flankierung und Intervention.

Die industriekapitalistische Entwicklung verläuft expansiv und ungleichmäßig. Konjunkturelle Schwankungen spitzen sich zu Wirtschaftskrisen mit weitreichenden gesamtgesellschaftlichen Konsequenzen zu. Das durch die Marktkonkurrenz vorangetriebene wirtschaftliche Wachstum macht die dauerhafte Innovation der Produktionsmittel im Rückgriff auf die Ergebnisse von Naturwissenschaften und Technik erforderlich. Wirtschaftliche Führungsregionen übernehmen bei der ökonomischen Entwicklung Vorreiterfunktionen. Führungssektoren der Wirtschaft – in England etwa die Textilindustrie, in Deutschland später der Eisenbahnbau, die Eisen- und Stahlindustrie, Kohlebergbau und Maschinenbau – entfalten einen Entwicklungssog in Zubringerindustrien, regen die Erschließung neuer Märkte an und beschleunigen insgesamt den Aufbau der für die weitere Industrialisierung erforderlichen gesellschaftlichen Rahmenbedingungen[15].

England ist das Pionierland der Industriellen Revolution. Der Anpassungsdruck wirtschaftlicher Überlegenheit entfaltet im Ausgang von der britischen Insel seine innovatorischen Impulse auf das europäische Festland und die Vereinigten Staaten, die in den Status von Nachfolgeländern versetzt werden. Die deutsche Geschichte des 19. Jahrhunderts hat die Industrielle Revolution, die in England zwischen 1780 und 1830 vor sich geht, mit einiger Verspätung erlebt. Sie erfolgt hier in den Jahren zwischen 1845 und 1873 und fällt in ihrem Beginn dabei zeitlich mit der politischen Revolution von 1848/1849 zusammen, in der die politischen Impulse der Französischen Revolution nachwirken. Zur Kennzeichnung dieses bemerkenswerten Zusammenfallens tiefgreifender politischer (trotz des letztlichen Scheiterns der deutschen Revolution) und gesellschaftlich-ökonomischer Veränderungen hat die Gesellschaftsgeschichtsschreibung die Bezeichnung der »Deutschen Doppelrevolution« (Hans-Ulrich Wehler) geprägt.

Die »soziale Frage« entsteht infolge der mit der Ausdehnung der Marktgesellschaft verbundenen tiefgreifenden soziostrukturellen Veränderungen: Die neuartige Massenarmut des »Pauperismus« ländlicher und städtischer Schichten wird in der historischen Forschung vor allem auf das Zusammenspiel von Agrarkapitalismus und Handelskapitalismus zurückgeführt. Die einsetzende industriekapitalistische Entwicklung verschärft freilich zunächst die »soziale Frage« und ermöglicht erst auf mittlere Sicht – was sich im letzten Drittel des 19. Jahrhunderts anzudeuten beginnt – deren Lösung. Als wichtige Aspekte der »sozialen Frage« können die wirtschaftliche Existenzunsicherheit der anwachsenden unterbürgerlichen ländlichen und städtischen Schichten, ihre soziale Entwurzelung, Erfahrungen des städtischen Wohnungselends und die Konfrontation der entstehenden Industriearbeiterschaft mit den industriellen

15 Alf Lüdtke, Take off – regionale Entwicklungspfade – Gründerkrise. Perspektiven der Industrialisierung, in: Lutz Niethammer u. a., Bürgerliche Gesellschaft in Deutschland, Frankfurt/M. 1990, S. 120–142.

Arbeitsbedingungen gelten. Arbeitszeiten von 12–17 Stunden, Frauen- und Kinderarbeit, Arbeitslöhne an der Schwelle des Existenzminimums, Arbeitslosigkeit und Massenarmut bei gleichzeitigem Überangebot an Waren geben den sozialkritischen Diskussionen über neue Ordnungen von Staat und Gesellschaft, über Eigentum und soziale Gerechtigkeit reichliche Nahrung. Die Lebens- und Arbeitsbedingungen der entstehenden Industriearbeiterschaft bilden den spannungsreichen Ausgangspunkt sozialer Proteste und einer entstehenden Arbeiterbewegung.

Das späte 19. Jahrhundert verzeichnet jedoch auch schon die ersten Lösungsansätze für den entstandenen Klassenkonflikt innerhalb der bürgerlichen Gesellschaft, deren weitergehende Durchsetzung freilich dem 20. Jahrhundert vorbehalten sein sollte: merkliche Fortschritte bei der Durchsetzung des allgemeinen Wahlrechts unter Ablösung von den exklusiven Teilnahmevoraussetzungen von Besitz und Bildung, zunehmende Parlamentarisierung des politischen Herrschaftssystems und die Ausbildung sozialstaatlicher Formen der Kompensation sozialer Ungleichheit. Im 20. Jahrhundert werden der Aufbau von Instrumenten einer staatlichen Intervention in den Wirtschaftsprozeß sowie das institutionelle Arrangement eines geregelten Konfliktaustrags des Klassengegensatzes als weitere Lösungsansätze hinzukommen.

1.4 Die Ausdifferenzierung politischer und sozialer Bewegungen und der Bedeutungswandel politischer Theorie

Mit der Herausbildung der bürgerlichen Gesellschaft und ihren Öffentlichkeitsformen verbunden ist ein Bedeutungswandel der politischen Theorie. Auf der einen Seite wird das politische Leben im 19. Jahrhundert in einem bisher ungekannten Ausmaß von politischen und sozialen Bewegungen bestimmt, die aus ihrer Interessenlage heraus gesamtgesellschaftliche Ordnungsvorstellungen durchzusetzen suchen. Auf der anderen Seite können die Bewegungen unter den Bedingungen der sich tendenziell auf Autonomie, zugleich aber auf durchgängige und umfassende politische Mitsprache hin entwickelnden bürgerlichen Gesellschaft weniger als zuvor auf die politischen Herrschaftsträger unmittelbar einwirken. Sie müssen sich zunächst, als Vorbedingung, eines gesamtgesellschaftlich relevanten Rückhaltes versichern, um politischen Einfluß zu gewinnen und zu erhalten. So müssen sie, in einem ganz neuartigen Ausmaß, in der Öffentlichkeit gegenüber konkurrierenden Bewegungen ihre Interessen, Positionen und Zielsetzungen mit möglichst guten Gründen verbreiten und legitimieren. Zwar waren politische Ideen als Ordnungsvorstellungen immer schon, direkt oder indirekt, auch Ausdruck gesellschaftlicher Interessenlagen; sie konnten als Instrumente der Durchsetzung politischer Ziele eingesetzt werden. Aber die Ausbildung der bürgerlichen Gesellschaft führt im 19. Jahrhundert mit verstärkter Tendenz zu einer so bisher nicht gekannten Verbindung von politischen Theorien und sozialen und politischen Bewegungen. Das politische Denken des 19. Jahrhunderts ist weithin durch ideologische, also auf Interessenlagen realhistorischer Bewegungen verweisende Zuordnungen charakterisierbar, so daß es nun geradezu in liberale, konservative, sozialistische und anarchistische Theorien eingeteilt werden kann (lediglich der Nationalismus liegt hierzu quer). An die Stelle der Entfaltung von Argumenten aus zugrundeliegenden, als evident oder zumindest als einigungsfähig angesehenen Prinzipien tritt allmählich die Konkurrenz von »Weltanschauungen«, die den Vernunftanspruch zunächst zwar keineswegs aufgeben (ganz im Gegenteil), aber bei aller theoretischen Elaboriertheit doch aus ihrer Sicht der Dinge der Öffentlichkeit ihre politischen Ordnungsvorstellungen und die daraus resultierenden Zielsetzungen präsentieren.

Allerdings weisen die Hauptströmungen politischer Theorie des 19. Jahrhunderts, wie die Einzeldarstellungen erhellen können, zugleich auch zahlreiche Querbezüge auf, die sich nicht nur als Bewegung der kritischen Abgrenzung, sondern auch als eine der interpretativen Aneignung und Veränderung konkurrierender Deutungen vollziehen. Die Gleichzeitigkeit von Abgrenzung und Deutungskonkurrenz gibt Hinweise auf die perspektivische Vielfalt in der Wahrnehmung und Bewertung des politischen und sozialen Wandels durch eine polarisierte politische Theorie. Ein herausragendes Kennzeichen aller großen Strömungen des politischen Denkens im 19. Jahrhundert ist deren interne Differenzierung und Vielfältigkeit. Die Vielschichtigkeit innerhalb der Strömungsrichtungen des politischen Denkens im 19. Jahrhundert wie auch die Eigendynamik politischer Prozesse verbieten daher, trotz der Verbindung mit sozialen und politischen Bewegungen, eine einfache Zuordnung zu politischen Parteien und deren Programmen.

Für die ideengeschichtliche Darstellung gewinnen aus den angeführten Gründen eines historischen Bedeutungswandels politischer Theorie die sozioökonomischen, kulturellen und politischen Kontextbedingungen ebenso wie der Zusammenhang von sozialen Bewegungen, politischen Ideen und Ideologiebildung an Gewicht. Eine Überblicksdarstellung muß sich freilich auf knappe Skizzen und Hinweise zum Zusammenhang von Sozial- und Ideengeschichte beschränken. Das Verhältnis politischer Theorien und der sie artikulierenden Intellektuellen zu den sozialen Trägerschichten politischer Deutungsmuster einerseits, den politischen Akteuren andererseits entzieht sich einem verallgemeinernden Zugriff und kann nur in situativen Wechselbezügen eines je gegebenen historischen Zusammenhangs einsichtig gemacht werden. Mit einigen knappen Hinweisen für die Hauptströmungen des politischen Denkens im 19. Jahrhundert soll aber wenigstens veranschaulicht werden, wie sich Konstellationen der Deutungskonkurrenz und interpretativen Inanspruchnahme des politisch-weltanschaulichen Denkens seitens wechselnder sozialer Trägergruppen historisch verändern.

Der *Konservatismus* entsteht schon vor der Französischen Revolution als Reaktion auf den Rationalismus der Aufklärung wie auch die Eingriffe des absolutistischen Staates in die altständischen Privilegien der spätfeudalen Gesellschaft. Doch erst die Französische Revolution gibt ihm den Charakter einer antirevolutionären Gegenbewegung. Die erste Phase des in diesem Sinne bedeutsamen Konservatismus kann grob von 1789 bis 1848 datiert werden[16]. In ihr dominieren der Bezug auf altständische Interessen und die soziale Trägerschaft konservativer Deutungen bei Feudaladel, Kirche und ständisch gebundenen Schichten. Zu diesen zählen durchaus auch Teile des Kleinbürgertums und der Bauernschaft, die sich gegen die traditionszerstörende Kraft des politischen und sozialen Wandels wenden. Auch der Antikapitalismus der frühsozialistischen Kritik bezieht übrigens seine Motive zunächst aus den noch nicht vom ökonomischen Kalkül zerstörten Solidaritätsnormen der spätfeudalen Gesell-

16 Fritz Valjavec, Die Entstehung des europäischen Konservatismus, in: Hans Gerd Schumann (Hrsg.), Konservativismus, Köln 1974, S. 138–155.

schaft und macht damit die Ambivalenz einer traditionalistischen Sozialkritik deutlich.

Der altständische Konservatismus stellt dem individualistischen Freiheitsbegriff der Französischen Revolution die Privilegien der Stände, Zünfte und lokalen Einheiten (»Freiheiten«) entgegen. Ausgehend von der prinzipiellen Ungleichheit der Menschen und im Rückgriff auf die integrierende Kraft von Religion, Staat und Autorität[17] gewinnt der Konservatismus seine Identität jedoch vor allem über die Abgrenzung gegenüber dem Liberalismus und dessen miteinander verbundene Prinzipien von Freiheit und Gleichberechtigung. Auf diesen Zusammenhang hat bereits Karl Mannheim hingewiesen: »Der revolutionäre Liberalismus verstand unter Freiheit auf ökonomischem Gebiet die Loslösung des Individuums von jeder staatlichen oder zünftigen Gebundenheit; auf politischem Gebiet das Recht, zu tun, was man will und für richtig befindet, insbesondere aber die Möglichkeit zur Ausübung der ›Menschenrechte‹. Diese Freiheit sollte ihre Grenzen nur an der Freiheit und Gleichheit der übrigen Mitbürger haben. So ist dieser Freiheitsbegriff nur aus seiner Ergänzung durch die Idee der Gleichheit zu verstehen... Indem es nämlich gilt, diesem revolutionären Freiheitsbegriff unter dem Druck der politischen Notwendigkeit einen ausgesprochen konservativen Freiheitsbegriff gegenüberzustellen, arbeitet man einen neuen Freiheitsbegriff heraus, den wir wegen seiner Eigenart, im Gegensatz zum revolutionär-egalitären Freiheitsbegriff, den qualitativen Freiheitsbegriff nennen möchten.« »Es wird ... in der gegenrevolutionären Opposition ... nicht die ›Freiheit‹ selbst angegriffen, sondern das dahinterstehende Gleichheitsprinzip.«[18]

Der von Mannheim beschriebene qualitative Freiheitsbegriff kennzeichnet das konservative Denken vor allem der politischen Romantik. Im Sinne eines qualitativ-organischen Gesellschaftsdenkens wird auch das Eigentum bei Adam Müller, dem wichtigsten Repräsentanten dieses Denkens, über ökonomische Funktionszusammenhänge erhoben und als lebendiger Gegenpart des Eigentümers betrachtet. Die ›organische‹ Gesellschaftsbetrachtung der politischen Romantik ruht auf den Schlüsselbegriffen eines derart verstandenen Eigentums, qualitativer Freiheit sowie eines zum Irrationalen hin anschlußfähigen Lebensbegriffes.

Mit dem Revolutionsjahr 1848 kann grob der Beginn einer zweiten Phase konservativen Denkens markiert werden, die sich bis zum Ersten Weltkrieg erstreckt. In dieser Phase werden Teile des Bürgertums zum bedeutendsten sozialen Träger des Konservatismus. Die zuvor scharf konturierten Grenzen zwischen Liberalismus und Konservatismus werden unschärfer. Auslösender Faktor dieser Annäherung ist die für beide Richtungen bedrohliche Herausforderung des Status quo der erst etablierten bürgerlichen Gesellschaft, die aus dem Zusammenspiel eines demokratischen Republikanismus und einer egalitären Sozialkritik entsteht. Der Konservatismus wird selber konstitutionell und trifft sich auf dieser Grundlage mit einem nach ›links‹ hin um Abgrenzung bemühten Liberalismus.

---

17 Martin Greiffenhagen, Das Dilemma des Konservatismus, in: Hans Gerd Schumann (Hrsg.), Konservativismus (Anm. 16), S. 156–198; ders., Das Dilemma des Konservatismus in Deutschland, Frankfurt/M. 1986.

18 Karl Mannheim, Das konservative Denken, in: Hans Gerd Schumann (Hrsg.), Konservativismus (Anm. 16), S. 24–75, hier: S. 35; ders., Konservatismus, Frankfurt/M. 1989.

Die Annäherung des Konservatismus an den Nationalismus ermöglicht weitere Gemeinsamkeiten und Neuarrangements zwischen dem mit der frühen Nationalbewegung eng verbundenen Liberalismus und dem Konservatismus. Die vorherige Distanznahme des Konservatismus gegenüber dem Nationalismus rührte aus der engen Verbindung von Volkssouveränität und Nation während der Französischen Revolution. In Deutschland ist die Nationalstaatsbildung an die Bismarcksche Politik gebunden. Sie geschieht also ›von oben‹ und ist schon deswegen für das konservative Denken anschlußfähig. Politische Romantik und Historismus haben zudem dem konservativen Denken Zugänge zu einem Verständnis von ›Kulturnation‹ gebahnt. Gegen Ende des 19. Jahrhunderts wird in der so vorbereiteten Amalgamierung von Machtstaatsdenken und einem ethnisch überformten Volkskonzept[19] der ›völkische Nationalismus‹ zu einem dominanten Deutungsmuster nicht nur des konservativen Denkens. Die nationale Parole, »ursprünglich eine Waffe des liberalen Bürgertums, hatte sich in eine Waffe gegen Liberale und gegen die politische Linke aller Schattierungen verwandelt«[20].

Die soziale Frage wird im deutschen Konservatismus innerhalb eines kleinen reformorientierten Flügels aufgegriffen, zu dem etwa Lorenz Stein oder Vertreter der katholischen Soziallehre zu zählen sind. Die Tradition einer Reform ›von oben‹ hatten bereits die preußischen Reformer zwischen 1807 und 1819 – Karl Reichsfreiherr vom und zum Stein (1757–1831), Karl August Fürst von Hardenberg (1750–1822), Wilhelm von Humboldt (1767–1835) u. a. – begründet, die selbst nicht zum politischen Konservatismus gehören. An sie schließt der Reformkonservatismus mit der Absicht an, die Interessen von Kapital und Arbeit innerhalb der bürgerlich-kapitalistischen Eigentumsordnung auszugleichen. Seine Vertreter argumentieren für Kleineigentum der Arbeiter, die Gründung von Produktions-, Konsum-, Handels-, Wohnungsbau- oder Siedlungsgenossenschaften und legen so die Grundlagen einer späteren ›Mittelstandspolitik‹[21]. Berührungspunkte ergeben sich hier zu einzelnen Vorschlägen in den sozialistischen Diskussionen, aber auch zu dem bei Ferdinand Lassalle vorzufindenden Vertrauen in die Reformbereitschaft eines über den Klassen stehenden Staates.

Der *Liberalismus* ist die dominante politische und soziale Bewegung der antifeudalen bürgerlichen Kräfte; er nimmt auch demokratische Vorstellungen mit auf. Der soziale Riß zwischen den Trägergruppen der Französischen Revolution führt jedoch schon während der Revolution wieder zum Auseinandertreten von Liberalismus und Demokratie. Der groß- und mittelbürgerliche Liberalismus zielt auf die Garantie von Eigentum und Kapital durch die staatliche Ordnungsmacht, die dem Zugriff des Volkes mittels demokratischer Beteiligung weitgehend entzogen bleibt. Für den konstitutionellen Liberalismus sind die Prinzipien von Legalität und Legitimität politischer Herrschaft vorrangig. Er begnügt sich mit Gewaltenteilung, den grundrechtlichen Freiheitsgarantien sowie einem Konzept repräsentativer Volksherrschaft, das sich auch – wie noch die Französische Verfassung von 1791 dies vorsieht – innerhalb einer

19 Dazu Emerich Francis, Ethnos und Demos, Berlin 1965.
20 Peter Alter, Nationalismus, Frankfurt/M. 1986, S. 48.
21 Hans-Jürgen Puhle, Von der Romantik zum konservativen Konstitutionalismus, in: Iring Fetscher/Herfried Münkler (Hrsg.), Pipers Handbuch der politischen Ideen, Bd. 4 (Anm. 5), S. 268–276, hier: S. 275f.

konstitutionellen Monarchie verwirklichen läßt[22]. Gegen weitergehende demokratische und sozial-egalitäre Ansprüche setzen das mittlere Bürgertum und das Großbürgertum auf ein revolutionsbegrenzendes, partiell restauratives Bündnis mit Napoleon. Die von Napoleon betriebene autoritär-ordnungsstaatliche Politik verzichtet allerdings nicht nur auf demokratische Legitimation, sondern löst sich schließlich auch von den liberalen Prinzipien.

Eine antidemokratische Bündnispolitik sollte der politische Liberalismus später auch in Deutschland mit seiner mehrheitlichen Unterstützung Bismarcks verfolgen. Die demokratische Partizipation der Bevölkerung im Rahmen einer modernen Massendemokratie wird in der zweiten Hälfte des 19. Jahrhunderts von Teilen der Arbeiterbewegung gefordert. In Absetzung zur Mehrheit des Bürgertums kritisieren diese nicht nur die sozialen Ungleichheiten der Klassengesellschaft, sondern pochen zugleich auf die Einlösung demokratischer Freiheits- und Partizipationschancen[23]. Die Hinnahme der Ausgrenzung unterbürgerlicher Schichten und der Frauen von der politischen Beteiligung sollte sich langfristig als Belastung des Liberalismus als politischer Bewegung auswirken.

Der politische Liberalismus des 19. Jahrhunderts steht nicht nur in einem Spannungsverhältnis zur demokratischen Bewegung. Das von ihm verfochtene Freiheitspostulat wird innerhalb des liberalen politischen Denkens durch die wirtschaftsliberale Zuspitzung zunehmend auf den Bereich der Ökonomie eingeschränkt. Aus der Sicht der sich im 19. Jahrhundert fortentwickelnden wirtschaftsliberalen Tradition wird der Staat vornehmlich als Garant des gesellschaftlichen Zusammenhanges benötigt, der durch die egoistischen, nutzenmaximierenden Interaktionen der Individuen gefährdet erscheint. Die staatliche Garantie der prekären gesellschaftlichen Einheit macht autoritative Befugnisse des Staates erforderlich, die freilich mittels konstitutionell verbriefter negativer Freiheitsrechte – die die Abwesenheit von staatlichem Zwang garantieren – vor der selbstregulierten Ökonomie haltmachen müssen. Die Geburtshelferrolle des Staates bei der Durchsetzung der Marktgesellschaft und das Erfordernis anhaltender staatlicher Interventionen werden geleugnet. Die wirtschaftsliberal verengte politische Theorie des Liberalismus nimmt die Ökonomie zudem für das Ganze der bürgerlichen Gesellschaft[24].

Es gibt allerdings auch, vornehmlich in der Tradition des englischen Utilitarismus und in deutlichem Gegensatz zum Wirtschaftsliberalismus, einen sozial ausgerichteten und engagierten Liberalismus, der das Elend und die Ausbeutung der Arbeiterschaft

22 Dazu Wolfgang Mager, Artikel »Republik«, in: Otto Brunner/Werner Conze/Reinhart Koselleck (Hrsg.), Geschichtliche Grundbegriffe (Anm. 4), Bd. 5, S. 549–651, hier: S. 589ff.

23 Jürgen Kocka, Bürgertum und bürgerliche Gesellschaft im 19. Jahrhundert. Europäische Entwicklungen und deutsche Eigenarten, in: ders. (Hrsg.), Bürgertum im 19. Jahrhundert (Anm. 1), Bd. 1, S. 11–76, hier: S. 54.

24 Zu den neueren Diskussionen über die unausgeschöpften normativen Gehalte des Sozialmodells der bürgerlichen Gesellschaft, die sich gerade nicht in der wirtschaftsliberal verengten Sichtweise erschöpfen, siehe: Rainer Schmalz-Bruns, »Civil Society« – neue Perspektiven der Demokratisierung?, in: Forschungsjournal Neue Soziale Bewegungen, 2 (1989)3–4, S. 20–34; Ansgar Klein, Das Projekt der Zivilgesellschaft – Anmerkungen zur Renaissance der demokratischen Frage, in: Forschungsjournal Neue Soziale Bewegungen, 4 (1991)1, S. 70–80.

als Strukturdefekte uneingeschränkter Wirtschaftsfreiheit begreift. Damit erhält der Staat eine ambivalente Funktion. Einerseits soll er um der allgemeinen Wohlfahrt willen kompensatorisch in das Wirtschaftsgeschehen eingreifen, wenn es gegen soziale Gerechtigkeit verstößt. Andererseits soll er um des vorrangigen Prinzips der individuellen Freiheit willen die ökonomische Entfaltung für alle gesellschaftliche Gruppen gewährleisten.

Auch in einer nur demonstrativen Kennzeichnung grober Entwicklungslinien des Liberalismus muß auf sein Verhältnis zum Nationalismus kurz hingewiesen werden. Kaum strittig ist unter den frühen Liberalen Europas der Zusammenhang der Ziele staatsbürgerlicher ›Freiheit‹ und nationalstaatlicher ›Einheit‹, den während der Französischen Revolution Sieyes in Rückführung der Volkssouveränität auf die Nation deutlich macht. Selbstbewußt proklamiert der Dritte Stand den Anspruch der Nationalversammlung auf Repräsentation der Nation. Das liberale Leitbild ist der Verfassungsstaat als ›Staatsbürgernation‹, der sich über naturrechtlich gedachte Individualrechte legitimiert. Der Einfluß des Liberalismus als politischer und sozialer Bewegung entfaltet sich in einem engen Zusammenspiel mit der europäischen Nationalbewegung. »Bei allen Unterschieden im einzelnen wurden die politischen Entwicklungsbedingungen des englischen und des französischen Liberalismus doch von Beginn an durch die Existenz eines von allen politischen Kräften fraglos akzeptierten Nationalstaats geprägt. Die Handlungsspielräume der italienischen, deutschen und ungarischen Liberalen wurden hingegen in den ersten beiden Dritteln des 19. Jahrhunderts vor allem dadurch bestimmt, daß die Nation noch kein staatliches Gehäuse besaß oder – im Falle Ungarns – die nationale Selbständigkeit in der a-nationalen Habsburgermonarchie begrenzt und selbst in diesen Grenzen gefährdert blieb.«[25]

In Deutschland entzieht das Scheitern der Revolution von 1848 und endgültig die durch Bismarck bewerkstelligte Reichsgründung dem Liberalismus seinen Führungsanspruch innerhalb der nationalen Bewegung[26] und bewirkt seine Neuausrichtung an einen machtstaatlich geprägten Nationalismus. Mit ihm lassen sich eine Außenpolitik militärischer Stärke und eine expansionistische Kolonialpolitik ebenso legitimieren wie eine nach innen gerichtete Ausgrenzung von Teilen der Bevölkerung aus der Nation. Der ›Rechtsruck‹ des expandierenden Nationalliberalismus – der freilich seine Zustimmung zu den Bismarckschen Sozialreformen nicht ausschließt – führt nicht nur zu dessen Unterstützung einer imperialistischen Weltpolitik, sondern auch zur Anlehnung an den Staat und dessen Schutz vor den Forderungen der entstehenden organisierten Arbeiterbewegung. Die Idee der Nation wird nun zum Symbol der Erhaltung des gesellschaftlichen Status quo.

Der frühe *Sozialismus* erfährt erste Impulse aus dem traditionalistisch motivierten sozialen Protest gegen die Revolutionierung der Landwirtschaft. Die frühneuzeitliche und aufklärerische Tradition des utopischen Denkens mit den in ihr gepflegten Vorstellungen von Gemeineigentum und natürlichem Überfluß bietet für die frühsozialistische Sozialkritik ebenso Anhaltspunkte wie das naturrechtliche Denken. Die ent-

25 Dieter Langewiesche, Liberalismus und Bürgertum in Europa, in: Jürgen Kocka (Hrsg.), Bürgertum im 19. Jahrhundert (Anm. 1), Bd. 3, S. 360–392, hier: S. 366.
26 James J. Sheehan, Der deutsche Liberalismus, München 1983, S. 319ff.; Dieter Langewiesche, Liberalismus in Deutschland, Frankfurt/M. 1988, S. 211ff.

stehende englische Arbeiterbewegung[27], von der Beteiligung an der bürgerlichen Gesellschaft ausgeschlossen, verständigt sich in Formen einer ›plebejischen Öffentlichkeit‹ über gemeinsame Problemlagen und Forderungen[28]. Zunehmend gerät die Industrielle Revolution in das Visier der sozialistischen Kritik. In England spielt Robert Owen eine bedeutende Rolle für eine reformorientierte Auseinandersetzung mit dem Industriekapitalismus.

In Frankreich ist die Französische Revolution auch Ausgangspunkt erster sozialegalitärer Programmatiken. Die Erfahrung der Französischen Revolution bleibt für die sozialistische – und kommunistische – Revolutionstheorie der Folgezeit prägend, die den Zusammenhang von politischer und unvollendeter sozialer Revolution betont. Zwischen 1789 und 1848 bildet sich in Frankreich ein differenziertes Feld frühsozialistischer Positionen heraus. Die dort ausgetragenen Kontroversen – über die Verbesserung der Lage der Arbeiterschaft, praktische Möglichkeiten der Umgestaltung der kapitalistischen Wirtschaftsordnung, Reform oder Revolution, die Rolle des Staates, über die Bedeutung der Wissenschaft und die Kraft der Utopie sowie über die Perspektiven des gesellschaftlichen Fortschritts – und die politischen Erfahrungen des Frühsozialismus in England wie Frankreich stecken den Diskussionshorizont ab, der für das sozialistische Denken insgesamt prägend bleibt. Das Scheitern der französischen Februarrevolution von 1848 und der chartistischen Wahlrechtsbewegung in England markieren den historischen Niedergang des Frühsozialismus als politischer Bewegung.

Für die weitere Entwicklung des sozialistischen politischen Denkens gewinnt das Werk von Karl Marx und Friedrich Engels eine besondere Bedeutung. In den letzten beiden Jahrzehnten des 19. Jahrhunderts werden ihre Auffassungen, ausgebaut zur politischen Weltanschauung des Marxismus, zum dominierenden Einflußfaktor der organisierten Arbeiterbewegung. Dies gilt trotz der notwendigen Einschränkung, daß der Marxismus in England bedeutungslos bleibt und sich in Italien, Frankreich oder Rußland seinen politischen Einfluß auf die Arbeiterbewegung mit nichtmarxistischen Formen des Sozialismus und mit dem Anarchismus teilen muß. Angesichts eines wachsenden politischen Einflusses der sozialistischen Arbeiterbewegung im sich schrittweise demokratisierenden politischen System und konfrontiert mit den Herausforderungen eines entwickelten Kapitalismus kommt es innerhalb des Marxismus zu Kontroversen über die zu verfolgende Transformationsstrategie. Diese führen zur internen Ausdifferenzierung politischer Strömungsrichtungen. Es entstehen neben einem orthodox-marxistischen Zentrum der Revisionismus und die radikale Linke. Im Mittelpunkt ihrer Auseinandersetzungen stehen die Bewertung der politischen Demokratie und das Verhältnis von Reform und Revolution. Die Debatten deuten die Differenzen an, die anläßlich des Ersten Weltkrieges zu einer Trennung der sozialistischen und kommunistischen Bewegung führen[29].

---

27 Edward P. Thompson, Die Entstehung der englischen Arbeiterklasse, 2 Bde., Frankfurt/M. 1987 (englisch 1963).

28 Günther Lottes, Politische Aufklärung und plebejisches Publikum, München 1979.

29 Otto Kallscheuer, Marxismus und Sozialismus bis zum Ersten Weltkrieg, in: Iring Fetscher/Herfried Münkler (Hrsg.), Pipers Handbuch der politischen Ideen, Bd. 4 (Anm. 5), S. 515–588.

Gegenstand dieser Diskussionen ist nicht zuletzt das Verhältnis von Sozialismus, Liberalismus und demokratischer Bewegung. Mit dem Liberalismus teilt der Sozialismus von vornherein die Fortschrittsgewißheit des Denkens und die Bezugnahme auf die Prinzipien der Französischen Revolution. Mit seiner Forderung einer politischen Beteiligung der Arbeiterschaft wird der Sozialismus zu einem bedeutenden Einflußfaktor der politischen Demokratisierung. Er bleibt aber hinsichtlich des Verhältnisses von konstitutioneller und sozialer Frage ambivalent und fällt mit der von ihm proklamierten politischen Übergangsform einer ›Dikatur des Proletariats‹ hinter die Positionen eines demokratischen Republikanismus zurück. In der auf Marx rekurrierenden sozialistischen Theorie ist die soziale Revolution die Voraussetzung einer umfassenden Demokratisierung und kann in einer klassenlosen Gesellschaft auf staatlich-politische Institutionen im herkömmlichen Sinn verzichtet werden. Die Konzeption der ›Diktatur des Proletariats‹, die die soziale Revolution durch die Gewaltmittel des eroberten Staates absichern will, wird zum Ausgangspunkt eines tiefgreifenden Zerwürfnisses mit dem Anarchismus. Dieser lehnt die diktatorische Geburtshelferrolle des Staates für eine herrschaftsfreie Gesellschaft mit prinzipiell antiinstitutionalistischen Argumenten ab.

Der Sozialismus grenzt sich weitgehend vom Konservatismus ab. Doch gibt es auch hier Überlappungen. Das Reformvertrauen Lassalles gegenüber dem Staat nähert sich konservativen Reformkonzepten. Innerhalb des Konservatismus reagieren vor allem die Reformkonservativen auf die Brisanz der sozialen Frage. Die Bismarcksche Sozialgesetzgebung ist etwa ohne das von Teilen der Konservativen wie Liberalen unterstützte Bemühen ihrer Entschärfung nicht denkbar.

Gegenüber dem Nationalismus grenzt sich der Sozialismus durch einen proletarischen Internationalismus ab, der ihn vor allem gegen den Einfluß des völkischen Nationalismus weitgehend immunisiert. Dies kann freilich nicht darüber hinwegtäuschen, »daß Bindungen der Masse der Arbeiterschft an die gegebene nationalstaatliche politische und kulturelle Struktur wesentlich enger waren, als das die üblichen Bekundungen internationaler Solidarität glauben machten«[30]. Dem nationalen Taumel beim Ausbruch des Ersten Weltkriegs steht die organisierte Arbeiterbewegung hilflos gegenüber.

Der *Anarchismus*, vom konservativen Denken mit Terror und Chaos gleichgesetzt, weist als Strang des politischen Denkens im 19. Jahrhundert zahlreiche Querbezüge zum liberalen und sozialistischen Denken auf. Vor dem utopisch wie geschichtsphilosophisch verortbaren Zielhorizont einer vollständigen Aufhebung der Herrschaft von Menschen über Menschen nimmt die Selbstregulation der bürgerlichen Gesellschaft durch freie Assoziationen der Individuen einen zentralen Platz im politischen Denken des Anarchismus ein. Er radikalisiert damit das Konzept der bürgerlichen Gesellschaft unter weitgehender Auflösung des Zusammenhangs von bürgerlicher Gesellschaft, Ökonomie und Staat. Markt und Staat sollen durch das Prinzip freier Vereinbarung ersetzt werden, das als Zuspitzung der Freiheitsidee des politischen Liberalismus zum Gedanken umfassender individueller Selbstbestimmung gelten kann. Die Bandbreite der vertretenen anarchistischen Positionen reicht von radi-

30 Hans Mommsen, Sozialistische Arbeiterbewegung und nationale Frage, in: Heinrich August Winkler (Hrsg.), Nationalismus, Königstein/Ts. 1985^2 (erweiterte Ausgabe), S. 85–98, hier: S. 88.

kalen Verfechtern individueller Freiheit bis zu Anhängern eines kommunistischen Anarchismus, die die Ziele von Freiheit und Gleichheit gleichrangig kombinieren. Die enge Verbindung von Anarchismus und Sozialismus drückt sich beispielsweise darin aus, daß Pierre Joseph Proudhon sowohl dem französischen Sozialismus als auch dem Anarchismus zugerechnet werden kann. Über den Syndikalismus gewinnt der Anarchismus auch Einfluß auf die Arbeiterbewegung insbesondere Spaniens und Frankreichs. Als politische und soziale Bewegung kann innerhalb des Anarchismus zwischen einem Agraranarchismus, einem Handwerkeranarchismus, dem Syndikalismus sowie einem Intelligenz-Anarchismus unterschieden werden[31].

Der *Nationalismus* steht in eigentümlicher Weise quer zu den sonstigen Ausdifferenzierungen des politischen Denkens im 19. Jahrhundert. Sein Einfluß läßt sich ausnahmslos in allen Strömungen des politischen Denkens – auch im Anarchismus und Sozialismus – ausmachen. Das mit dem Nationalismus verbundene revolutionäre Potential gesellschaftlicher und politischer Veränderungen entfaltet sich zunächst in einem engen Zusammenspiel mit dem Liberalismus – was in dieser Phase zu einer entsprechenden Distanznahme seitens des Konservatismus beiträgt. Die flexible Auslegbarkeit des Nationalismus in den divergierenden Konzepten einer ›Staatsbürgernation‹, ›Kulturnation‹ oder ›Volksnation‹ und das Spannungsfeld zwischen ›Ethnos‹ und ›Demos‹ in der Bezugnahme auf die Nation ermöglichen jedoch die Loslösbarkeit der nationalen von der konstitutionellen Frage. »Die durch die Doktrin von der Volkssouveränität herausgehobene politische Bezugsebene des Volkes als Träger der politischen Herrschaftsrechte steht in vielfältigen Spannungsverhältnissen zu anderen Bezugsebenen des Volkes als ethnischer, kultureller, sozio-ökonomischer Einheit. Die Anerkennung dieses Spannungsverhältnisses ist die Basis für eine Zivilgesellschaft demokratischer Selbstlegitimation. Jede Gleichsetzung des ›Demos‹ als des Trägers der politischen Souveränität mit einem spezifischen ›Ethnos‹ führt im Ergebnis zu einer Unterdrückung oder Zwangsassimilation von anderen ethnischen, kulturellen, religiösen oder sozioökonomischen Bevölkerungsteilen innerhalb eines politischen Verbandes.«[32] Die Ambivalenz des Nationalismus offenbart sich auch in seiner Entwicklung während des 19. Jahrhunderts. Die frühe Nationalbewegung des *Risorgimento-Nationalismus* speist sich aus den Konzepten der ›Staatsnation‹ und der ›Kulturnation‹ und entwickelt sich gemeinsam mit dem politischen Liberalismus. Der spätere *integrale Nationalismus* überhöht die Werte der eigenen Nation und läßt sich als Integrationsideologie mit einem Machtstaatsdenken mühelos verbinden. Nach außen kann so eine expansive, militärisch instrumentierte Außenpolitik ebenso gerechtfertigt werden wie nach innen eine Ausgrenzungspolitik gegen Teile der Bevölkerung. Machtstaatsdenken, Antisemitismus und Sozialdarwinismus werden im ›völkischen Nationalismus‹ gegen Ende des 19. Jahrhunderts zu einem einflußreichen Deutungsmuster mit schwerwiegenden politischen Folgen. Angesichts der Auflösung kommunistischer Gesellschaftssysteme gegen Ende des 20. Jahrhunderts könnte es sich erweisen, daß der Nationalismus das letztlich schwerwiegendste Erbe ist, das noch das 21. Jahrhundert vom 19. Jahrhundert übernehmen wird. Der Sprengsatz der

31 Peter Lösche, Anarchismus, Darmstadt 1987[2].

32 M. Rainer Lepsius, Nation und Nationalismus in Deutschland, in: ders., Interesse, Ideen und Institutionen, Opladen 1988, S. 232–246; ders., »Ethnos« und »Demos«, in: ebd., S. 247–255. Das Zitat dort S. 249.

nationalen Frage in Vielvölkerstaaten, dessen Explosivität wir derzeit erneut erleben, scheint diese Vermutung zu erhärten.

2. Nachrevolutionäres Denken

2.1 Überblick

Die Französische Revolution von 1789 bedeutet für die zeitgenössische Wahrnehmung einen tiefen Einschnitt. Sie beseitigt die Kontinuität in der Gesellschaftsstruktur, sie bewirkt eine radikale Neuformierung der politischen Herrschaftsordnung des statischen europäischen Mächtesystems auf die Einheit der Nation und die Dynamik expansiver Nationalstaaten. Der Einschnitt wird als erheblich radikaler, aber auch bedrohlicher wahrgenommen als die Veränderungen, die die Glorreiche Revolution ein Jahrhundert zuvor in England oder die Amerikanische Revolution seit der Unabhängigkeitserklärung im Jahre 1776 bewirkt haben. Erscheint die englische Revolution eher als ein kontinuierlicher Umgestaltungsprozeß in Richtung auf eine konstitutionelle Herrschaft, so bleibt die amerikanische Revolution – trotz des historisch beispiellosen Neuaufbaus eines republikanischen Staatswesens mit der Verfassung von 1789 – geographisch so weit entfernt, daß die Zustimmung oder Ablehnung weitestgehend abstrakt bleiben kann. Anders die Französische Revolution: Sie vollzieht sich im Zentrum Europas, mobilisiert spätestens mit den Revolutionskriegen ganz Mittel- und Westeuropa und erhitzt die Gemüter durch den augenscheinlichen Bruch mit allen Kontinuitäten der Vergangenheit. Das politische Denken kommt gar nicht umhin, dezidiert Stellung zu beziehen für oder gegen die Revolution.

Dem *revolutionären* Denken geht es um

- die Veränderung gesellschaftlicher Strukturen mit dem Ziel, bestehende Ungleichheiten durch Privilegien abzubauen;
- den Aufbau einer vernunftgemäßen, vom Volk bzw. der Nation gewollten und aus ihrem Willen legitimierten Verfassung;
- zumindest ansatzweise auch um die Durchsetzung von Demokratie als einer für alle Bürger offenstehenden Teilhabe an der Herrschaft und der Besorgung der allgemeinen Angelegenheiten.

Das *gegenrevolutionäre Denken* bemüht sich, alle diese Entwicklungen in Gänze rückgängig zu machen; mit dieser rein negatorischen Gegenposition, wie sie von de Maistre, de Bonald und Donoso Cortés vertreten wird[33], ist aber noch nicht einmal der Konservatismus des 19. Jahrhunderts identifiziert. *Nachrevolutionäres* Denken ist Denken über die Revolution hinaus; es versucht, die Eindrücke oder später die Erfahrungen der Revolution dergestalt zu verarbeiten, daß bei aller Kritik auch über die Probleme und Entwicklungen nachgedacht wird, die in der Revolution zum Ausdruck gekommen sind. Letztlich überwiegt die Kritik: Gegen die abrupte Umgestaltung gesellschaftlicher Verhältnisse und die Vernunftkonstruktion von Verfassungen zur Neuformierung politischer Herrschaft wird auf historische Kontinuität und organische Zusammenhänge verwiesen, die eine übergreifende lebendige Einheit bilden,

---

33 Siehe unten Abschnitt 3.1.

in die der Bürger eingebettet ist. Hinter der Kritik bleiben aber die Probleme einer Dynamik sichtbar, die aus der Verselbständigung des Individuums im ökonomischen, kulturellen und zunehmend auch im politischen Bereich erwächst und die Legitimität der bestehenden Ordnung in Frage stellt. In dieser Ambivalenz, die dem Konservatismus, aber auch dem Liberalismus Anknüpfungsmöglichkeiten bietet, hat das nachrevolutionäre Denken entscheidende Argumentationsmuster für das politische Denken des 19. Jahrhunderts vorgegeben.

Was hier als »nachrevolutionäres Denken« bezeichnet wird, umfaßt keine homogene, durch gemeinsame Interessen gekennzeichnete Gruppe; es handelt sich vielmehr um verschiedene Argumentationsmuster, denen in gleicher Weise das Nachdenken über die Revolution ein Weiterdenken über die Revolution hinaus bedeutet. Die wichtigsten Positionen sind:

a) Gegen die Künstlichkeit und Abruptheit der Französischen Revolution wird die historisch gewachsene und organisch gefügte Einheit des Gemeinwesens gestellt, um die erforderlichen Veränderungen auf evolutionärem Weg und in Balance mit dem Bestehenden zu erreichen: Burke (2.2).
b) Eine anfänglich vorbehaltlose Bejahung der Revolution auf der Grundlage der Autonomie des Individuums schlägt um in ein überindividuelles Ordnungsdenken: Fichte (2.3).
c) In einer Abwägung der Errungenschaften und der Gefahren der Revolution wird das revolutionäre Prinzip der Autonomie des Individuums mit dem traditionellen Prinzip eines substantiellen Ordnungsgefüges in eine Synthese gebracht: Hegel (2.4)[34].

2.2 *»Erhalten und Verbessern«: Edmund Burke*

Burke gilt als der Ahnherr des konservativen Denkens. Indem er das Prinzip historisch gewachsener Strukturen dem Prinzip einer künstlichen, abstrakten Konstruktion der Staatsverfassung gegenüberstellt, hat er eine Wirkungsgeschichte begründet, in der auf ihn sich berief, wer gegen politische Veränderungen und Modernisierung die Bewahrung des Überkommenen propagierte. In diesem Sinne ist er besonders in Deutschland ins Feld geführt worden, seit seine Revolutionskritik 1793 in einer glänzenden Übersetzung von Friedrich Gentz nachhaltige Verbreitung gefunden hatte. In der Tat, seine Kritik an der Französischen Revolution, die er 1790, noch nicht einmal ein Jahr nach dem Sturm auf die Bastille, im besten Stil politischer Rhetorik niederge-

34 Eine Zwischenposition zwischen Fichte und Hegel, was die Argumentationsmuster nachrevolutionären Denkens betrifft, nimmt Wilhelm von Humboldt ein. In seinen »Ideen zu einem Versuch, die Grenzen der Wirksamkeit des Staates zu bestimmen« versucht er 1792, den Staat gegenüber der Entfaltung des Individuums soweit irgend möglich zurückzudrängen. Später im preußischen Staatsdienst, zuletzt 1819 als Minister für die Einführung einer Verfassung in Preußen zuständig (woran er gescheitert ist), entwirft er in seiner Denkschrift »Über die Einrichtung landständischer Verfassungen in den Preußischen Staat« 1819 das Bild einer vielfältig vermittelten Einheit der autonomen Tätigkeiten des Individuums mit staatlicher Regulierung. Vgl. dazu: Wilhelm v. Humboldt, Werke in fünf Bänden, hrsg. von Andreas Flitner/Klaus Giel, Darmstadt 1980³ff., Bd. 1, S. 56ff., und Bd. 4, S. 433ff.

schrieben hat, ist ebenso schneidend wie weitsichtig[35]. Burke stellt holzschnittartig die positiven englischen den negativen französischen Verhältnissen gegenüber, empört sich über das entwürdigende Schauspiel der Behandlung des französischen Königs und seiner Familie, brandmarkt die Konfiskationen kirchlicher und adliger Güter und mokiert sich über die französische Nationalversammlung, in der »500 Advokaten und Dorfpfarrer« eine völlig neue Konstitution für eine »Nation von 24 Millionen Menschen« erfinden[36]. Es will ihm nicht einleuchten, daß Frankreich solch radikaler Umwälzungen bedürfe, und er fürchtet, daß das Beispiel in anderen Ländern, nicht zuletzt auch in England, Schule machen könne. Darum wendet er sich strikt gegen die Behauptung englischer Revolutionsanhänger, das Volk habe in England ein traditionelles Recht, seine Regenten selbst zu wählen, sie wegen Vergehungen abzusetzen und eine Staatsauffassung nach eigenem Gutdünken zu entwerfen.

An seiner kompromißlosen und militanten Bekämpfung der Revolutionsprinzipien kann kein Zweifel bestehen – aber da gibt es einige Merkwürdigkeiten. Burke war kein *Tory*, sondern eine der führenden Persönlichkeiten der *Whigs* und ursprünglich eher ein Liberaler; er stand in der Tradition der schottischen Aufklärung, trat für die Freiheitsrechte der amerikanischen Kolonien ein und verteidigte das englische Parteienwesen gegen den Anspruch der Krone, überparteiliche Regierungen einzusetzen. In seinen *Reflections* wendet er sich auch nicht grundsätzlich gegen Revolutionen, er bekennt sich vielmehr ausdrücklich zu den Prinzipien der englischen Revolution von 1688. Die Revolution bleibt ihm *ultima ratio,* »die letzte Arznei eines Staats«[37], wenn alle anderen Mittel versagen. Er wendet sich nur dagegen, aus einer absoluten Ausnahmesituation des Staates »sein tägliches Brot«[38] zu machen, und eine »oberste und unbezwingliche Notwendigkeit«[39], welche eine Revolution herbeiführen müßte, sieht er in Frankreich nicht gegeben.

Burkes Revolutionskritik ist, wenn sie auch in der aktuellen Situation oft diesen Anschein erweckt, kein einfaches Plädoyer zur Bewahrung des Status quo. »Erhalten und Verbessern« lautet seine Devise. Die politische Ordnung bedarf der steten Weiterentwicklung, nicht aber abrupter Brüche: »Neigung zum Erhalten und Geschicklichkeit zum Verbessern sind die beiden Elemente, deren Vereinigung in meinen Augen den Charakter des großen Staatsmanns bilden.«[40] Veränderung und Erhaltung müssen in einem Gleichgewicht stehen. So hat England seine »glückliche Lage« »ebensogut dem, was wir bei unseren Revisionen und Reformen stehen ließen, als dem, was wir änderten oder hinzufügten, zu verdanken«[41]. Frankreich sei ohne jene zwingende Notwendigkeit, welche diese Maxime außer Kraft setzen würde, in das Extrem der Veränderung gefallen – dagegen wendet sich Burke mit aller seiner Rhetorik. Zum aktuellen Anlaß der Französischen Revolution argumentiert er gegenre-

35 Edmund Burke, Reflections on the Revolution in France, 1790. Deutsche Übertragung von Friedrich Gentz 1793. Zitiert wird nach der Ausgabe: Edmund Burke, Betrachtungen über die französische Revolution. In der deutschen Übertragung von Friedrich Gentz, bearbeitet und mit einem Nachwort von Lore Iser. Einleitung von Dieter Henrich, Frankfurt/M. 1967.
36 Burke, Betrachtungen über die französische Revolution (Anm. 35), S. 95.
37 Ebd., S. 112.
38 Ebd., S. 112.
39 Ebd., S. 161.
40 Ebd., S. 242.
41 Ebd., S. 338.

volutionär, seiner gesamten Konzeption nach ist er jedoch eher ein nachrevolutionärer Denker, der vor allem vor abrupten Kontinuitätsbrüchen zurückscheut. Diese Ambivalenz, gegen die Revolution den Status quo oder aber anstelle der Revolution die Reform zu propagieren, hat sich in seiner Wirkungsgeschichte erhalten. Auf Burke beruft sich Adam Müller, um einen zum mittelalterlichen Ständestaat verklärten Status quo zu rechtfertigen; im Burkeschen Sinne argumentiert der Freiherr vom Stein, um den spätabsolutistischen preußischen Staat zwar von oben, aber gründlich zu reformieren.

Edmund Burke ist 1729 in Dublin geboren. 1750 geht er nach London, beginnt zunächst ein Jurastudium, wendet sich aber bald literarischen Tätigkeiten zu; so verfaßt er eine Satire über rationalistische Aufklärungsideale, einen philosophisch-ästhetischen Essay (*A Philosophical Enquiry into the Origins of Our Ideas of the Sublime and the Beautiful,* 1757) und gibt seit 1759 eine Art politisches Jahrbuch, die *Annual Register,* heraus. Sein Hauptinteresse gilt Zeit seines Lebens der Politik. Nach einer Verwaltungstätigkeit in Irland (1761–64) wird er Privatsekretär des *Whig*-Premierministers Rockingham (1765–66) und, durch dessen Protektion, Parlamentsabgeordneter. Im Unterhaus profiliert er sich bald auf seiten der *Whigs* als einer der führenden gemäßigten Reformer. Berühmt sind seine Bristol-Rede von 1774 über die Souveränität des Parlaments und das Prinzip der Repräsentation, seine Reden zugunsten der nordamerikanischen Kolonien in der Mitte der siebziger Jahre und seine – freilich gescheiterte – Anklage gegen den Generalgouverneur Indiens, Warren Hastings, im Jahr 1786. Der Eindruck der Französischen Revolution von 1789 vertieft den konservativen Zug in seinem politischen Denken; Reformen, so gerechtfertigt und notwendig sie auch sein mögen, kann er sich nur im Rahmen historisch gewachsener Institutionen vorstellen. So reagiert er auf die Revolutionsereignisse in Frankreich 1790 in seinen *Reflections on the Revolution in France* mit schneidender Kritik; sie macht ihn als konservativen Gegner der Revolution in Europa berühmt und entzweit ihn auch von vielen seiner *Whig*-Gefährten – unter anderem Charles Fox –, die darin nur den Abschied von allen Reformbemühungen sehen. Burke verteidigt seine Position in den folgenden Jahren in mehreren Schriften; 1794 zieht er sich von der Politik zurück, 1797 stirbt er auf seinem Landsitz in Beaconsfield.

Ordnungsprinzipien

Burkes vehemente Kritik an der Französischen Revolution resultiert weniger aus einer Abneigung gegenüber gesellschaftlichen Veränderungen, sondern vor allem daraus, daß er ihre Konstruktion einer politischen Ordnung aus abstrakten Prinzipien, also die zugrundeliegende Theorie, im Ansatz für grundfalsch und in ihren praktischen Konsequenzen für verhängnisvoll hält. So setzt er nicht nur dem französischen Chaos die englische Idylle entgegen – das würde nur seine politische Wirkung erklären; er stellt der abstrakten Vernunftkonstruktion der Staatsverfassung das klug abwägende Argument aus gesellschaftlicher Erfahrung gegenüber. Es ist ihm unbegreiflich, daß ein Mensch »sein Vaterland wie ein Stück weißes Papier ansieht, worauf er kritzeln kann, was ihm beliebt«[42]. In Fragen der Politik und der Moral sind meta-

42 Ebd., S. 242.

physische Sätze, Einsichten a priori nur wenig tauglich. Vielmehr ist »politische Vernunft ... das Prinzip einer [moralischen] Rechenkunst, einer Wissenschaft, moralische Größen nicht metaphysisch oder mathematisch, sondern moralisch zusammenzusetzen und abzuziehen, zu vervielfachen und zu teilen«[43], und somit ein mühseliges Geschäft des Abwägens, welches langer Erfahrung bedarf. Burke wendet sich nicht gegen leitende Prinzipien politischer Gestaltung, er sieht sie aber nur als Anstoß, von dem aus politische Erfahrung sich entwickeln kann. In dieser Gewichtung von Theorie und Erfahrung vertritt er die genaue Gegenposition zu Kant. Die besten Gesetzgeber, so scheint es ihm, »begnügten sich mit der Aufstellung irgendeines sicheren, fruchtbaren, leitenden Regierungsprinzips ... und nachdem sie dies Prinzip befestigt hatten, traten sie zurück und überließen es seiner Wirksamkeit. Auf diesem Wege fortzuschreiten, das heißt, unter einem vorsitzenden Grundprinzip und von einer bildenden Grundkraft beseelt, ist in meinen Augen das einzige untrügliche Kennzeichen tiefer Weisheit.«[44] Entscheidend ist dann nicht das Prinzip, sondern die Wirkung von Verfassungen. Sie erbringen die Erfahrungen, mit denen erst die Ordnung des Gemeinwesens sukzessive ausgestaltet werden kann. »Wenn in alten Verfassungen die Theorie fehlerhaft war, so hat man schon mannigfaltige Mittel gefunden, sie zu berichtigen. Solche Verfassungen sind die Resultate vielfacher Versuche und vielfacher Situationen: sie sind oft gar nicht nach einer Theorie errichtet: Theorien werden vielmehr aus ihnen erst entwickelt. In ihnen sehen wir zuweilen die Zwecke durch solche Mittel am besten erreicht, die mit dem, was wir für den ursprünglichen Plan halten, nicht sonderlich zu stimmen scheinen. Die Mittel, welche die Erfahrung angibt, passen oft besser zu einer Staatsverfassung als die, welche der erste Entwurf derselben vorschreibt. Sie wirken sogar auf die ursprüngliche Konstitution zurück und verbessern den Plan, von welchem sie dem Anschein nach abwichen.«[45]

Die Vorgehensweise, die Burke hier als die allein adäquate anpreist, würde man heute mit Popper als »Versuch und Irrtum« bezeichnen; weil Burke sie in der englischen Geschichte verkörpert sieht, in der Französischen Revolution dagegen nicht, kann er die englischen Verhältnisse den französischen so apodiktisch als Vorbild gegenüberstellen: nicht weil sie ideal sind (dann bedürfte es fundamentaler Auseinandersetzungen nicht mehr, in denen er selbst sich ja engagiert hat), sondern weil sie den historischen Stand eines kontinuierlichen Institutionalisierungsprozesses darstellen, der Erfahrungen, individuelle Interessen und allgemeinen Nutzen für den Augenblick bestmöglich zusammenbringt. Sie entsprechen damit – und das sind die für Burke maßgeblichen Grundgegebenheiten politischer Ordnung – der Natur und der Geschichte.

Burke beruft sich immer wieder auf die Gebote der *Natur*, und eine politische Ordnung ist nur insoweit und so lange legitim, »als sie mit den Gesetzen einer ewigen und unwandelbaren Ordnung, in welcher Wille und Vernunft eines sind, zusammenstimmt«[46]. Diese Ordnung ist gottgegeben, sei sie christlich als Gottes Schöpfung, sei sie klassisch-griechisch als Kosmos verstanden: eine Ordnung der Welt, »worin durch die Anordnungen einer überschwenglichen Weisheit, die das große geheimnisvolle

43 Ebd., S. 111.
44 Ebd., S. 260.
45 Ebd., S. 262f.
46 Ebd., S. 156f.

All der Menschengattung ineinander webte, das Ganze in jedem Augenblick weder jung noch reif noch alt ist, sondern unter den ewig wechselnden Gestalten von Verfall und Untergang, Erneuerung und Wachstum in einem Zustande unwandelbarer Gleichförmigkeit fortlebt und dahintreibt«[47]. Diese natürliche Ordnung gilt es in den künstlichen Gebilden politischer Ordnung, also in den Institutionen der Staatsverfassung, nachzuahmen. Eine politische Ordnung ist dann gelungen, wenn sie eine »glückliche Übereinstimmung unserer künstlichen Schöpfung mit dem einfachen Gange der Natur«[48] bewirkt, und sie muß dann scheitern, wenn rationale Konstruktionen der Staatsgelehrten sich in einen »offenen Krieg mit der Natur«[49] begeben. Diese Ordnung ist zugleich *geschichtlich*, denn sie kann nur gelingen, wenn sie auf Ehrfurcht vor dem Alten, auf Erfahrungen der Vergangenheit beruht: »Alle Reformen, die wir bisher vorgenommen haben, sind von dem Grundsatz der Achtung für das Alte ausgegangen, und ich hoffe, ja ich bin fest überzeugt, alle, die noch jemals stattfinden mögen, werden sorgfältig auf Analogien der Vergangenheit, auf Autorität und Beispiel gegründet werden.«[50]

Politische Ordnung in Analogie zur Natur gestalten heißt, sie in Analogie zur Vergangenheit zu gestalten, und deshalb ist es außerordentlich gefährlich, bestehende Gesetze und Gewohnheiten radikal und willkürlich, geleitet allein von der eigenen Verstandeserkenntnis, zu verändern. In diesem Sinne besitzen die ritterlichen Begriffe des Mittelalters nach wie vor Vorbildcharakter, und ihre Ausmerzung wäre ein großer Verlust. Das schließt erforderliche Verbesserungen nicht im mindesten aus. Burke orientiert sich also an den Grundbefindlichkeiten der Natur und der Geschichte in einer Weise, die überzeitliche Ordnungszusammenhänge und historische Entwicklungen unmittelbar aufeinander bezieht und das Ideal in ihrer Ausgewogenheit festzumachen sucht. Eine Orientierung an den Gesetzen der Natur bedeutet nicht, die politische Ordnung aus Naturgesetzen im neuzeitlichen Sinne abzuleiten; in der Nachahmung des natürlichen Laufes der Dinge ist die politische Ordnung nicht in Spekulationen des Verstandes, sondern in den Herzen der Menschen zu begründen. Zugleich ist die Orientierung an der Natur alles andere als eine Rückkehr zu natürlicher, unverbildeter Einfachheit. Es charakterisiert die Schöpfungsordnung, daß Gott »in unsere Natur Bildsamkeit zu den höchsten Zwecken legte«[51], und damit ist die Ausbildung von Staaten und die Entwicklung von Zivilisation ein natürlicher, sogar ein naturnotwendiger Prozeß.

Geschichte ist bei Burke nicht dezidiert teleologisch, auf einen angebbaren Endzweck hin ausgelegt; sie verbindet die Gleichförmigkeit natürlicher Ordnung jedoch mit einem historisch erreichbaren – und für Burke jeweils schon erreichten – Entwicklungsniveau. Die Orientierung an der Vergangenheit gewährleistet die Offenhaltung der Zukunft. Jede Generation steht in einem ausgebildeten Erfahrungszusammenhang, den sie von ihren Vorfahren ererbt hat, und in der Verantwortung für die nachfolgenden Generationen, deren Rechte und Möglichkeiten sie nicht einengen darf und auf deren weitere Vervollkommnung sie vertrauen soll: »Da, wo es auf das Inter-

47 Ebd., S. 69f.
48 Ebd., S. 70.
49 Ebd., S. 91.
50 Ebd., S. 66.
51 Ebd., S. 163.

esse der Menschheit in vielen Generationen ankommt, da ist es nicht unbillig, daß noch die Nachfolger einen gewissen Anteil an Beschlüssen haben, die sie so wesentlich treffen. Wie dies die Gerechtigkeit fordert, so fordert die Vollkommenheit des Werks selbst mehr Verstandeskräfte, als vielleicht eine Generation liefern kann.«[52]

In der Orientierung an Natur und Geschichte wird die politische Ordnung, werden aber auch ihre Ressourcen zu einem anvertrauten Gut, das nicht verschleudert werden darf: »Eins der vornehmsten und wesentlichsten Prinzipien ... ist, daß die, welche zu irgendeiner Zeit im Besitz oder vielmehr im Nießbrauch der gesellschaftlichen Vorteile sind, nie so handeln sollen, als wären sie uneingeschränkte Eigentümer derselben, als hätten sie nichts von ihren Vorfahren erhalten, als wären sie ihren Nachkommen nichts zu hinterlassen schuldig; daß sie nie glauben sollen, es gehöre zu ihren Rechten, das große Fideikommiß, daran sie teilhaben, anzugreifen ... daß sie es folglich nicht wagen dürfen, die ersten Fundamente der Gesellschaft aufzureißen und zu zertrümmern; denen, welche nach ihnen kommen, Ruinen statt einer Wohnstätte zu überliefern.«[53] Burke und erst recht die Konservativen, die sich mit diesem Argument im 19. Jahrhundert auf ihn beriefen, haben damit die Bewahrung bestehender Gesellschaftsformen im Sinn; sie konnten nicht ahnen, daß ihr Argument in der Gegenwart angesichts der Bedrohung der natürlichen Bedingungen menschlicher Existenz eine buchstäblich materielle Brisanz erhalten sollte.

In dem von Burke skizzierten Rahmen ist Freiheit kein bloßes Abstraktum. Für die politische Ordnung ist es nicht interessant, ob jeder tun und lassen kann, was er will – das wird er ohnehin zu tun versuchen. Wichtig ist das Maß an Freiheit, welches letztendlich aus den vielfältigen Einschränkungen und Zwängen menschlichen Zusammenlebens resultiert und welches seinerseits erst die individuelle und die allgemeine Wohlfahrt ermöglicht. Freiheit ist daher immer nur danach zu beurteilen, wie sie »mit der Regierung vereinigt worden ist, wie mit der öffentlichen Gewalt, mit der Erhebung eines sicheren und wohlverteilten Staatseinkommens, mit Sittlichkeit und Religion, mit Festigkeit und Eigentum, mit Ruhe und Ordnung, mit bürgerlichen und gesellschaftlichen Gebräuchen«[54]. Freiheit von vornherein im Kontext politischer Ordnung zu denken heißt, sie in ihren Beschränkungen zu denken, und das ist das zentrale Problem einer freien Staatsverfassung: Nur um Freiheit zu geben, »bedarf es keiner Führung: es ist bloß nötig, den Zügel schießen zu lassen. Aber eine *freie Staatsverfassung* hervorbringen, das heißt, die streitenden Elemente der Freiheit und der Beschränkung in ein festes und dauerndes Ganzes zusammenzuschmelzen, das ist ein Geschäft, das langes und tiefes Nachdenken ... erfordert.«[55]

In dieser Selbstbeschränkung der Freiheit liegt, wenn überhaupt, der Sinn der Begründung von Staaten durch Verträge. Sie wären unnötig, wenn sie nur dazu dienen sollten, daß jeder seine Rechte ausübt, die er ohnehin hat. Sie können nur der Einschränkung von Rechten zum Wohl des Ganzen dienen. »Staaten sind nicht gemacht, um natürliche Rechte einzuführen, die in völliger Unabhängigkeit von allen Staaten existieren können und wirklich existieren.«[56] Ganz im Sinne von Hobbes

52 Ebd., S. 259.
53 Ebd., S. 157f.
54 Ebd., S. 35.
55 Ebd., S. 336.
56 Ebd., S. 107.

argumentiert Burke, daß es zur Befriedigung menschlicher Bedürfnisse künstliche Einrichtungen, eben Staaten, geben muß, die außerhalb der Einflußmöglichkeiten der Einzelnen gegen die Rechte aller die allgemeine Geltung von Recht durchsetzen. »Der Mensch [in Gesellschaft] hat ein Recht zu verlangen, daß seinen Bedürfnissen durch menschliche Weisheit abgeholfen werde. Unter diesen Bedürfnissen ist eins der dringendsten, daß es für menschliche Leidenschaften, die im außergesellschaftlichen Zustande schrankenlos wüten, einen Zügel gebe... Dies kann nur durch eine *Gewalt von außen* ... geschehen... Von dieser Seite betrachtet, gehören die Einschränkungen des Menschen so gut als seine Freiheiten unter seine Rechte.«[57]

Der jeweils erforderliche Grad der Einschränkungen von Freiheit läßt sich nicht allgemein und von vornherein bestimmen; er ist von der historischen Entwicklung und den Umständen abhängig. Die Ausgestaltung einer freien Staatsverfassung wird damit zu einer Frage der Zweckmäßigkeit und der politischen Klugheit, die Kräfte und die Rechte jeweils auszubalancieren. Das gilt in besonderem Maße für die politische Macht. Menschliches Zusammenleben stellt einen Ordnungszusammenhang dar, der immer und unaufhebbar durch Macht bestimmt ist. Auch Macht läßt sich ausbalancieren, sie läßt sich aber nicht abschaffen. Wird ein offenes Machtverhältnis aufgelöst, so entstehen, offen oder unter der Hand, andere Machtverhältnisse, die dessen Funktion übernehmen: »Wollt Ihr das Übel dadurch heben, daß Ihr Euch entschließt, keine Monarchen, keine Staatsbeamten, keine Religionslehrer, keine Ausleger der Gesetze, keine Offiziere, keine öffentlichen Versammlungen mehr zu dulden? Ändert immerhin die Namen: die Sache muß unter einer oder der andern Gestalt fortdauern.«[58]

Stände, Religion und Aberglaube

Die Begründung einer zweckmäßig eingerichteten, auf die Bedingungen erreichbarer Freiheit abgestimmten und weise ausbalancierten Ordnung des menschlichen Zusammenlebens gerät freilich zu einem recht einseitigen Bild, wenn es um ihre konkrete Gestalt und reale gesellschaftliche Entwicklungen geht. In der polemischen Absetzung gegen alle Maßnahmen der Französischen Revolution und der undifferenzierten Verherrlichung überkommener englischer Verhältnisse ist Burkes politische Botschaft letztlich ein Plädoyer für die bloße Bewahrung des Bestehenden, und so konnte er im 19. Jahrhundert zur Rechtfertigung jeder Verhinderung gesellschaftlicher Veränderungen in Anspruch genommen werden. Burke plädiert mit Nachdruck für die überkommene ständische Gliederung der Gesellschaft. Sie ermöglicht erst Überschaubarkeit der Gesellschaft in kleineren organischen Einheiten, die damit zum Kristallisationspunkt bürgerlicher Tugenden werden können. Vor allem aber geht es ihm darum, in der traditionellen ständischen Dreigliederung von Adel, Geistlichkeit und bürgerlichem Stand jene ersten beiden Stände rühmend hervorzuheben, die in der Französischen Revolution ihre Vorrechte verloren hatten. Der Adel ist herausgehoben durch seine edle Gesittung, die Geistlichkeit durch ihre Mittlerrolle für die Religion; diese beiden Prinzipien rechtfertigen für Burke uneingeschränkt ihren gesell-

57 Ebd., S. 108.
58 Ebd., S. 220.

schaftlichen Sonderstatus, und sie sind sogar erheblich wichtiger als Handel und Industrie: »Wenn Industrie und Gewerbe in einer Nation fehlen und der Geist [großer Korporationen], wie der Adel und die Geistlichkeit waren, geblieben ist, so füllt dieser Geist, und füllt oft befriedigend genug, die leere Stelle aus.«[59]

Die ständische Gliederung führt zu einer Klassengesellschaft, in der das Bürgertum – von den unteren Schichten ist ohnehin nicht die Rede – zwar ein Mitspracherecht besitzt, Ansprüche nach dem Gleichheitsgrundsatz aber nicht geltend machen darf: »Die, welche alles eben zu machen suchen, werden nie alles gleichmachen. In jeder Gesellschaft, die aus verschiedenen Klassen besteht, müssen einige Klassen notwendig obenauf sein. Die Gleichheitsapostel verändern und verkehren daher bloß die natürliche Ordnung der Dinge.«[60] Das mag für das Bürgertum deshalb nicht so schmerzhaft sein, weil die Sicherheit des Eigentums für Burke ohnehin einen der Grundpfeiler staatlicher Ordnung darstellt und gerade von den adeligen und geistlichen Vermögensbesitzern gewährleistet wird. Das Prinzip des Eigentums ist ein durchgängiger Topos in liberalen und konservativen Theorien dieser Zeit. Allerdings ist für die Liberalen das Eigentum die Grundlage für die Herausbildung einer Markt- und Konkurrenzgesellschaft von Gleichberechtigten, für die Konservativen dient es der Erhaltung ständischer Abstufungen und feudaler Privilegien. Das Gegenbild gegen die Revolution, das Burke hier modelliert, ist zur ideologischen Blockierung bürgerlicher Emanzipationsbestrebungen auf dem Kontinent geradezu prädestiniert.

Wenn es nicht mehr um die allgemeinen Ordnungsprinzipien, sondern um ihre konkrete Ausformung geht, gibt sich Burke rein rückwärtsgewandt. Zur Verstärkung seines Arguments dient ihm ein Sachverhalt, der freilich im 19. und 20. Jahrhundert eine ganz eigene Dynamik entfaltet hat: die *irrationale* Seite der Politik. Zwar ist Politik, ihrem Wesen nach, nicht irrational in der Gestaltung und Erhaltung der Ordnung menschlichen Zusammenlebens; sie kann, auch wenn sie emotional und unberechenbar erscheint, sehr wohl rational begründet werden. Aber sie hat auch eine wichtige irrationale Dimension. Jede politische Ordnung bedarf über ihre rationale Begründung hinaus eines Zusammenhalts, der von dem Gefühl, von den Sitten, vom Bedürfnis nach Geborgenheit und Sich-Wiederfinden in einem größeren Ganzen geprägt ist. Institutionen besitzen Kraft und Geltung – das ist ein Grundanliegen bei Burke – nur in dem Maße, wie sie selbst lebendig, in den Herzen der Menschen verankert und nicht bloß seelenlose Mechanismen sind. Nach den Prinzipien einer »mechanischen Staatsweisheit können bürgerliche Verfassungen nie verkörpert, nie lebendig ... nie in Personen dargestellt werden, so daß sie Liebe, Verehrung, Bewunderung, Zutrauen in uns zu wecken fähig würden... Wenn wir unser Vaterland lieben sollen, muß unser Vaterland liebenswürdig sein.«[61]

Der Staat ist kein bloßer Zweckverband, und das unterscheidet ihn als öffentlichen Verband grundlegend von Verbänden, die nur auf Privatkontrakten beruhen: »Es wäre frevelhaft, den Staatsverein wie eine alltägliche Kaufmannssozietät, wie einen unbedeutenden Gemeinhandel mit Pfeffer oder Kaffee zu betrachten ... den man treibt, solange man Lust hat, und aufgibt, wenn man seinen Vorteil nicht mehr absieht. Ein Staat ist eine Verbindung von ganz anderer Art, von ganz anderer Wich-

59 Ebd., S. 135.
60 Ebd., S. 90f.
61 Ebd., S. 132.

tigkeit... Er ist eine Gemeinschaft in allem, was wissenswürdig, in allem, was schön, in allem, was schätzbar und gut und göttlich im Menschen ist.«[62] Im Staat – die spätere Unterscheidung von »Gemeinschaft« und »Gesellschaft« deutet sich an – muß sich der Einzelne verkörpert sehen, und sein Denken, sein Fühlen, seine Sitten – kurz: sein gesamter Lebenskontext – müssen in den politischen Institutionen Ausdruck finden.

Damit erhält die *Religion* eine zentrale Funktion (die eben in der herausgehobenen Stellung des geistlichen Standes zum Ausdruck kommt). Für Burke ist der Mensch von Natur aus, sowohl in seiner Vernunft als auch in seinen Instinkten, ein religiöses, ein zur Religion geschaffenes Wesen. Darum ist Religion auch die Grundlage der politischen Ordnung. Der Staat beruht nicht nur auf Religion, indem er den göttlichen Geboten unterstellt ist, er bedarf selbst einer »öffentlichen« Religion, um die Freiheit der Bürger zu gewährleisten: »Die Einweihung des Staates durch eine öffentliche Religion ist zugleich das kräftigste und das sanfteste Mittel in einer freien Verfassung, die Freiheit der Bürger mit dem Ansehen der Gesetze zu vereinigen. Freie Bürger müssen ein bestimmtes Maß von Gewalt in Händen haben, wenn ihre Freiheit gesichert sein soll. Daher ist eine Religion, die mit dem Staat und den Pflichten des Bürgers gegen den Staat zusammenhängt, bei ihnen weit unentbehrlicher als bei Nationen, die vermöge ihrer Regierungsform auf ... die Sorge für ihr Haus eingeschränkt sind.«[63]

Religion dient also nicht nur der Legitimation und Sicherheit staatlicher Herrschaft, sondern sie gewährleistet auch die Freiheit im Staatswesen, indem sie notwendige Bindungen und Selbstbeschränkungen der Bürger soweit verinnerlicht, daß sie nicht jeweils durch die Staatsgewalt durchgesetzt werden müssen. Das mag historisch unproblematisch oder geradezu selbstverständlich bleiben, solange der Staat von der Wahrheit der religiösen Offenbarung verbindlich ausgehen kann. Aber Burke geht noch einen Schritt weiter. Es kommt gar nicht so sehr auf die objektive Wahrheit einer Religion an, deren Problematik sich in den Glaubenskriegen nicht zuletzt in England selbst historisch bereits hinreichend gezeigt hat. Es kommt darauf an, daß gemeinsame Überzeugungen die Gesellschaft prägen, auch wenn es sich nur um Vorurteile handelt. Als Vorurteile sind sie, rational betrachtet, selbstverständlich unbefriedigend und verbesserungsbedürftig; als leitende gesellschaftliche Handlungsmuster sind sie jedoch, solange sie nur unbefragt Geltung besitzen, für das menschliche Zusammenleben hilfreich oder sogar unumgänglich. Burke nimmt das geradezu provokativ für England in Anspruch: »Sie sehen, mein Freund, daß ich dreist genug bin, um in diesem erleuchteten Jahrhundert frei zu gestehen, daß wir im ganzen eine Nation von ungebildeten Gefühlen sind, daß wir, statt alle Vorurteile wegzuwerfen, sie vielmehr mit Zärtlichkeit lieben, und was noch strafbarer sein mag, daß wir sie eben darum lieben, weil sie Vorurteile sind, und nur um so wärmer lieben, je länger sie geherrscht und je allgemeiner sie sich verbreitet haben... Viele unserer denkenden Köpfe ... finden ... es klüger, das Vorurteil beizubehalten mit der Weisheit, der es zur Hülle dient, als das Gewand wegzuwerfen und die nackte Weisheit stehen zu lassen, weil ein Vorurteil, das ein Prinzip der Weisheit enthält, zugleich eine Kraft, um dies Prinzip zu beleben, und ein Gefühl der Zuneigung, um ihm Dauer zu ver-

62 Ebd., S. 160.
63 Ebd., S. 154.

schaffen, bei sich führt. Vorurteil ist eine Triebfeder von schneller Anwendbarkeit in der Stunde der Not ... Vorurteil macht, daß die Tugend eines Menschen seine Lebensweise wird, nicht eine Reihe isolierter Handlungen bleibt. Durch glücklich geleitetes Vorurteil wird des Menschen Pflicht zuletzt ein Teil seiner Natur.«[64]

Vorurteile haben, solange sie gelebt und nicht bloß dekretiert werden, immer einen Kern der Weisheit, der auf langen Erfahrungszusammenhängen beruht; so sind sie zwar verbesserungsfähig, aber durchaus unersetzbar. Das gilt sogar für den Aberglauben: »Aberglaube ist die Religion schwacher Seelen; ein Zusatz von Aberglauben muß schlechterdings in einer oder der anderen – kindischen oder schwärmerischen – Gestalt in solchen Seelen geduldet werden, weil man sonst die Schwachen um eine Stütze bringen würde, deren die Stärksten nicht einmal entraten können.«[65] Für Burke ist das nur die Konsequenz der Prämisse, »daß die Vorsehung einen beträchtlichen Teil des menschlichen Geschlechts nicht bestimmt hatte, sein eigener Führer zu sein«[66]. Aber sein Argument bleibt wiederum ambivalent. Auf der einen Seite geht seine Betonung der irrationalen Dimension von Politik, seine Rechtfertigung von Aberglauben und Vorurteilen als stabilisierenden Faktoren im menschlichen Zusammenleben, gegen alle Prinzipien aufklärerischer Vernunft. Verbunden mit seinem aus Natur und Geschichte begründeten gesellschaftlichen Stufenmodell altständischer Prägung hat Burke die theoretische Munition für den rückwärts gewendeten Blick der Konservativen bereitgestellt. Auf der anderen Seite bewirkt Burke nicht nur den Blick nach rückwärts, wenn er auf die Notwendigkeit von Religion, Vorurteilen und Aberglauben hinweist, um den Staat auch innerlich und nicht nur durch äußerliche Herrschaftsmechanismen zusammenzuhalten. Politik spielt sich auch auf der Ebene von Symbolen ab; Symbole aus Religion, Vorurteilen und Aberglauben werden, unabhängig von ihrem rationalen Gehalt, politisch handlungsleitend und somit zum Mittel der Politik für gesellschaftliche Stabilisierung und Integration. Solche Zusammenhänge kommen in rationalen Konstruktionen des Staates im Gefolge der Aufklärung nicht vor – trotzdem gibt es sie, und sie bestimmen zunehmend den Charakter der Politik im »Zeitalter der Ideologien«.

2.3 Vom autonomen Ich zum absoluten Staat: Johann Gottlieb Fichte

Fichte ist ein radikaler politischer Denker. Radikal in dem Sinne, daß er aus einem Prinzip heraus theoretische und praktische Konsequenzen mit unbeirrbarer Folgerichtigkeit ableitet, und daß er, wenn sich das Prinzip verändert, zu ebenso neuen Folgerungen gelangt. Das macht ihn auch, was zunächst gar nicht zu erwarten gewesen wäre, zum *nachrevolutionären* Denker. Aus der Radikalität eines *philosophischen* Ansatzes, der das Prinzip der Autonomie des Individuums in der Nachfolge von Kant so radikal wie nur irgend möglich – also viel radikaler als Kant selbst – zu denken versucht, wird auch die *politische* Autonomie des Individuums begründet, welches durch keinerlei Privilegien und durch den Staat nur soviel, als unbedingt nötig, eingeschränkt werden darf. Dem entspricht eine vorbehaltlose Bejahung der Französischen

64 Ebd., S. 146f.
65 Ebd., S. 245
66 Ebd., S. 162.

Revolution, auch noch in ihrer radikalen Phase der Jakobiner-Herrschaft. Sicherlich entstammt Fichtes Revolutionsbegeisterung nicht allein theoretisch-philosophischen Lehrmeinungen, aber seine politische Einstellung geht nahtlos mit seiner philosophischen Intention zusammen. So kann er die Autonomie des Individuums vom theoretisch-philosophischen Prinzip der »Tathandlung« des Subjekts bis zum praktisch-philosophischen Prinzip der freien Selbstbestimmung in der Einheit von Einzel- und Allgemeinwillen als Recht in einen streng deduktiven Begründungszusammenhang bringen – insoweit ist er *revolutionärer* Denker. Beim Individuum vermag er allerdings nicht stehen zu bleiben. Das gesuchte Absolute als unumstößliches Grundprinzip findet er im Fortgang seines philosophischen Denkens nicht mehr im autonomen Ich, sondern in ihm vorgeordneten Einheiten – in Gott, im Staat, in der Nation. Damit wird sein Denken *nachrevolutionär* im doppelten Sinn. Auf der einen Seite verläßt Fichte, indem er theoretisch wie praktisch zu vorgelagerten Einheiten übergeht, die unbedingte Autonomie des Individuums; auf der anderen Seite vollzieht er damit philosophisch nur nach, was die Französische Revolution historisch vorexerziert: daß die Übersteigerung der Herrschaft auf der Grundlage der Vernunft des Individuums in ihr Gegenteil, den kollektiven Schrecken umschlägt, um schließlich in eine Phase der Restauration einzumünden.

Fichte hat die Revolution nicht wirklich verarbeitet. Die Einseitigkeit eines radikalen Denkens, ausgehend vom autonomen Ich, schlägt um in die Einseitigkeit eines Denkens vom Ganzen, vom Allgemeinen her, verkörpert im idealisierten Staat. Das Ergebnis dieses Umschlags ist nachrevolutionär, aber mehr als Gegenposition zum radikalen Prinzip der individuellen Autonomie und weniger als Fortentwicklung der hierbei sich stellenden Probleme. Es wäre merkwürdig, wenn dieser Umschlag nur zufällig und als Reaktion auf historische Umstände – das Auslaufen der Französischen Revolution, den Aufstieg Napoleons, seine Fremdherrschaft in Deutschland – erfolgt wäre. Vielmehr steht zu vermuten, daß Fichtes Wendung zur Verherrlichung von Staat und Nation ebenso wie zuvor seine Revolutionsbegeisterung mit philosophischen Grundprinzipien in Zusammenhang steht – diesem soll hier nachgegangen werden.

Fichte wird 1762 als Kind eines armen Bandwirkers in der Lausitz geboren. Wegen seiner Begabung frühzeitig gefördert, studiert er nach dem Besuch des Gymnasiums Theologie und wird, wie mittellose junge Akademiker zu seiner Zeit häufig, Hauslehrer in adligen Familien. Seine 1792 anonym erschienene *Kritik aller Offenbarung* wird zunächst für ein Werk von Kant gehalten und macht ihn berühmt: 1794 wird er Professor in Jena.

Zuvor hat er 1793, ebenfalls anonym, zwei Schriften veröffentlicht, in denen er für die Französische Revolution eintritt. 1794/95 erscheint sein erstes philosophisches Hauptwerk, die *Grundlagen der gesamten Wissenschaftslehre;* 1796/97 entfaltet er mit den *Grundlagen des Naturrechts nach Prinzipien der Wissenschaftslehre* seine philosophischen Prinzipien für den Bereich von Recht und Politik. 1799 wird Fichte, des Atheismus verdächtigt und wohl auch wegen seiner jakobinisch-demokratischen Auffassungen, in Jena entlassen. In die folgende Zeit fallen seine Schriften *Der geschlossene Handelsstaat* (1800) und *Die Gründzüge des gegenwärtigen Zeitalters* (1806). Seit 1807 in Berlin, hält er angesichts der französischen Besetzung die *Reden an die deutsche Nation* (1808), wird 1810 Professor an der neugegründeten Universität und kurzzeitig deren Rektor. Aus dieser Zeit datiert die (nachgelassene) *Staatslehre* von 1813; Fichte stirbt 1814 in Berlin[67].

Der philosophische Ausgang vom autonomen Ich

Der Weg von der Revolutionsbegeisterung zur Staatsmetaphysik steht in einem philosophisch-theoretischen Zusammenhang, der von *Kant* her aufzurollen ist[68]. Kant war davon ausgegangen, daß das Individuum sich seiner von der Aufklärung eingeklagten Autonomie auf ökonomischem, politischem, religiösem und kulturellem Gebiet selbst erst vergewissern muß, daß also nicht nur nach seiner Autonomie, sondern nach den diese Autonomie erst sichernden Vernunftprinzipien zu fragen ist. Mit dem *Deutschen Idealismus*, an dessen Beginn Kant steht, beginnt auch das *Reflexiv-Werden* der Vernunft; diese, einmal autonom geworden, macht sich ihre Autonomie selbst zum Thema und fragt, wie sie in ihrer Gültigkeit selbst begründet werden kann. Objektivität und Allgemeingültigkeit der Erfahrungserkenntnis sind nicht aus den Dingen selbst, sondern nur aus dem erkennenden Subjekt gewährleistet; es gibt der Natur schlechthin die Strukturierung der Erfahrungserkenntnis vor. Daß die erkannten Zusammenhänge damit objektiv und allgemeingültig werden, führt Kant in seiner *Kritik der reinen Vernunft* aus; damit verbunden ist zugleich eine drastische Begrenzung der Reichweite unseres Verstandes. Er strukturiert die Erkenntnis der Erscheinungen, aber menschliche Vernunft kann in der Erfahrungserkenntnis nicht über die Erscheinungen hinaus zum »Ding an sich« gelangen; sie kann nicht vom Bedingten auf das Unbedingte schließen, von der Erfahrungserkenntnis im theoretischen Bereich zur Metaphysik übergehen, ohne sich in Widersprüche zu verwickeln.

Anders sieht es Kant, wenn es nicht um die theoretische Erkenntnis der Natur, sondern um die praktische Gestaltung der menschlichen Freiheit geht. Hier ist das autonome Ich selbst das Unbedingte, welches die Handlungen seiner praktischen Vernunft unterwirft – in der Ethik wie in der Politik. Steht in der theoretischen Vernunft der durch den Verstand strukturierten Erfahrungserkenntnis das »Ding an sich« gegenüber, das der Verfügungsgewalt des Individuums nicht unterliegt, so ist in der praktischen Vernunft das Individuum autonome Ursache seiner Handlung. Kant rettet die Autonomie der Vernunft, indem er theoretisch das »Ding an sich« aus ihrem Zugriff entläßt und durch diese Eingrenzung der Vernunft praktisch den Raum freien selbstverantwortlichen Handelns unabhängig von äußeren Einflüssen eröffnet. Der Preis der Autonomie der Vernunft ist ihre Begrenzung im theoretischen Bereich.

Fichte will um der Autonomie des Subjekts willen diese Begrenzung und Entzweiung nicht hinnehmen. Er gerät damit – theoretisch wie praktisch – zu einer Radikalisierung und Übersteigerung des Ichs; es wird zwar aus den bei Kant gezogenen Grenzen befreit und als eine umfassende Einheit alles Erkennens und Handelns entfaltet,

67 Fichte wird zitiert nach: Johann Gottlieb Fichte, Sämtliche Werke, hrsg. von I. H. Fichte, Berlin 1834–1846, mit Band (SW ...) und Seitenangabe. Diese Paginierung ist in der »Gesamtausgabe« der Bayerischen Akademie der Wissenschaften (Stuttgart–Bad Cannstadt 1964ff.) sowie in den Einzelausgaben der »Philosophischen Bibliothek« (Meiner) verzeichnet, so daß die Zitate auch dort aufgefunden werden können.

68 Vgl. dazu in diesem Band Abschnitt 8 des Beitrags ›Politische Theorien des Rationalismus und der Aufklärung‹ von Alexander Schwan.

aber diese Absicht schlägt bei Fichte sukzessive in ihr Gegenteil um. Seine Grundüberlegung ist einfach und nicht ohne einleuchtende Konsequenz. Kants Grenzziehungen für die Erkenntnismöglichkeiten der Vernunft halten inne, wo doch die Vernunft selbst schon weiter ausgreift. Vom »Ding an sich« zu sprechen, macht nur Sinn, wenn es ansprechbar ist, also von der Vernunft mit erfaßt wird – es kann für sie kein reines »Jenseits« sein. Fichte entwickelt nun den Grundsatz des radikalisierten subjektiven Idealismus, daß die Welt für uns, für das Ich, eben soweit reicht, wie diese Welt eine Welt des Ich, also vom Ich bestimmt ist. Das Ich muß absolut gedacht werden; Grenzen des Ich sind nur solche, die es selbst sich setzt. Über Grenzen hinauszugehen heißt, daß das Ich über seine Grenzen hinausgeht. Dieses absolute Ich ist freilich nicht mit unserem empirischen Bewußtsein zu verwechseln, welches in Zeit und Raum selbstverständlich endlich ist. Das absolute Ich ist eine »Idee des Ich, die seiner praktischen unendlichen Forderung notwendig zugrundegelegt werden muß, die aber für unser Bewußtsein unerreichbar ist und . . . (nur) in der philosophischen Reflexion . . . vorkommen kann«[69].

Diese Überlegung hat Fichte in seiner Wissenschaftslehre mit äußerster Systematik ausgeführt. In der *Grundlage der gesamten Wissenschaftslehre* von 1794 stellt er drei berühmte Grundsätze auf:

1. »Das Ich setzt ursprünglich schlechthin sein eigenes Sein.«[70] Das Ich ist absolut autonom, denn es ist ohne jede Einschränkung selbst gesetzt, also von nichts und niemand anderem abhängig.
2. ». . . wird dem Ich schlechthin entgegengesetzt ein Nicht-Ich.«[71] Ohne ein Nicht-Ich kann das Ich überhaupt nicht bestimmt werden bzw. sich selbst bestimmen. In dieser Form allerdings ist das Nicht-Ich – siehe das Kantische »Ding an sich« – schlechthin ein Nichts, und das Ich kann sich so noch nicht durch Abgrenzung bestimmen. Das Ich muß deshalb als durch das Nicht-Ich einschränkbar gedacht werden, wobei es mit seiner Einschränkung zusammen aber insgesamt doch Ich bleibt.
3. »Ich setze im Ich dem teilbaren Ich ein teilbares Nicht-Ich entgegen.«[72] Nur durch die Unendlichkeit von Ich und Nicht-Ich, welches beides aber vom Ich gesetzt wird, kann die Welt als Ich, als vom Ich produzierte, begriffen werden.

Aus diesen drei Grundsätzen leitet Fichte nun unmittelbar die theoretische und die praktische Tätigkeit des Ich ab. Theoretisch ist das Ich tätig, indem es seinen Gegenstand als von außen kommend auffaßt, also die Welt erkennt; im Erkennen ist das Ich vom Nicht-Ich beschränkt: »Das Ich setzt sich selbst, als beschränkt durch das Nicht-Ich.«[73] Praktisch ist das Ich tätig, wenn es dieser Beschränkung einsichtig wird, sie als von sich selbst gesetzt begreift und das Nicht-Ich realiter als Ich bestimmt, also formt und produziert: »Das Ich setzt das Nicht-Ich, als beschränkt durch das Ich«[74] – was heißt: »Das Ich setzt sich als bestimmend das Nicht-Ich.«[75] Theoretisch, im Erken-

69 Johann Gottlieb Fichte, Grundlage der gesamten Wissenschaftslehre (Anm. 67), SW 1, S. 194.
70 Ebd., S. 98.
71 Ebd., S. 104.
72 Ebd., S. 110.
73 Ebd., S. 126.
74 Ebd., S. 125.
75 Ebd., S. 246.

nen, wie praktisch, im Handeln, geht es nur um das Setzen durch das Ich, denn dieses ist absolut. Theoretisch »setzt« es sich, indem es das gegebene Nicht-Ich als seine Welt erkennt; praktisch »setzt« es sich, indem es die eigene Verfügungsgewalt prinzipiell grenzenlos über das Nicht-Ich, seine Welt, ausdehnt. Mit diesen hochabstrakten Sätzen will Fichte ein Doppeltes darlegen: Erstens ist die radikal subjektiv gefaßte Vernunft nicht subjektivistisch mißzuverstehen, sondern sie ist das umfassende Prinzip; zweitens ruht sie als Prinzip nicht einfach in sich, sondern erst die einheitsstiftende aktive Dynamik der »Tathandlung« realisiert den autonomen Vernunftanspruch des Ich. Indem Fichte die Vernunft mit radikaler Einseitigkeit ins Subjekt verlagert, entfaltet seine Philosophie zugleich ein revolutionäres, die realen Verhältnisse veränderndes Potential – dessen ist er sich sehr wohl bewußt.

Politische Konsequenzen: Revolutionsbejahung und demokratischer Staat

Fichtes Stellungnahme zur Französischen Revolution enthält nicht nur eine *Zurückforderung der Denkfreiheit von den Fürsten Europens, die sie bisher unterdrückten* (veröffentlicht 1793, »im letzten Jahr der alten Finsternis«[76]), und er rechtfertigt als *Beitrag zur Berichtigung der Urteile des Publikums über die Französische Revolution* von 1793/94 nicht nur revolutionäre Maßnahmen wie etwa die Abschaffung der Privilegien des Adels, die entschädigungslose Aufkündigung des Frondienstes oder die Freigabe des Kircheneigentums zur Aneignung für einen jeden[77]. Fichte geht ins Grundsätzliche und begründet mit dem apodiktischen Anspruch der Vernunft die Rechtmäßigkeit der Revolution schlechthin. Das Kriterium ist allein vom autonomen Subjekt zu formulieren, denn das Gesetz, nach dem wir uns zu richten haben, liegt »ohne Zweifel in unserem Selbst, da es außer uns nicht anzutreffen ist; und zwar in unserem Selbst ... wie es ohne alle Erfahrung sein würde«[78]. Dieser Anspruch der Vernunft ist schlechthin gültig und bedarf keiner weiteren Diskussion: »Wer seine Sätze aus ursprünglichen Grundsätzen der Vernunft durch strenge Folgerungen ableitet, ist ihrer Wahrheit und der Unwahrheit aller Einwendungen dagegen schon im voraus sicher; was neben ihnen nicht bestehen kann, muß falsch sein; das kann er wissen, ohne es auch nur angehört zu haben.«[79]

So gilt nun unzweifelhaft das Recht, daß jede Staatsverfassung geändert werden kann. Maßgebend ist das Sittengesetz; es bestimmt die Menschheit durch Kultur zur Freiheit: »Kultur heißt Übung aller Kräfte auf den Zweck der völligen Freiheit, der völligen Unabhängigkeit von allem, was nicht Wir selbst, unser reines Selbst ist.«[80] Alle Staaten bestehen nur zu dem Zweck, durch Kultur dem Ich zur Freiheit zu verhelfen; und wenn sie ihn nicht erfüllen, müssen sie verändert werden. Es ist nun nämlich erwiesen »daß, wenn wirklich Kultur zur Freiheit der einzige Endzweck der Staatsverbindung sein kann, alle Staatsverfassungen, die den völlig entgegengesetzen

76 Johann Gottlieb Fichte, Zurückforderung der Denkfreiheit (Anm. 67), SW 6, S. 39.
77 Vgl. Johann Gottlieb Fichte, Beitrag zur Berichtigung der Urteile des Publikums (Anm. 67), SW 6, Heft 2, Kap. 4–6.
78 Ebd., S. 58f.
79 Ebd., S. 105.
80 Ebd., S. 86f.

Zweck der Sklaverei aller und der Freiheit eines einzigen, der Kultur aller für die Zwecke dieses einzigen, und der Verhinderung aller Arten der Kultur, die zur Freiheit mehrerer führen, zum Endzwecke haben, der Abänderung nicht nur fähig seien, sondern auch wirklich abgeändert werden müssen.«[81]

Niemand ist verpflichtet, einem Staate anzugehören, dem er aus freien Stücken nicht angehören will, denn der Staat ist nicht Endzweck für sich, sondern Zweck nur für die Individuen und ihren freien, unabhängigen Willen. Die Bürger können einen neuen Vertrag untereinander eingehen und einen neuen Staat begründen, denn frühere Übereinkünfte binden sie nicht, wenn sie nicht mehr ihrem freien Willen entsprechen oder ihn gar behindern. Wenn mehrere Individuen aus dem bestehenden Staat austreten (was ihr gutes Recht ist) und sich neu zusammenschließen, handelt es sich um eine Revolution, und diese darf – aus Vernunftgründen – von den Angehörigen des alten Staates nicht behindert werden. Ob ein neuer Staat entsteht, hängt nur von der hinreichenden Zahl derer ab, die sich auf ihn einigen; rechtmäßig ist dieser revolutionäre Prozeß in jedem Fall. Wenn er gelingt, »ist ein neuer Staat entstanden. Die zur Zeit noch einen Teil umfassende Revolution ist vollendet. – Zu jeder Revolution gehört die Lossagung vom ehemaligen Vertrag und die Vereinigung durch einen neuen. Beides ist rechtmäßig, mithin auch jede Revolution, in der beides auf die gesetzmäßige Art, d. i. aus freiem Willen geschieht.«[82]

Indem Fichte radikal aus Vernunftgründen und vom autonomen Ich aus argumentiert, ist auch seine Unterstützung der Revolution radikal. Und trotzdem – hier dringt schon ein erster Schimmer der späteren Staatsbejahung durch – ist er kein Revolutionär. Er will seine Grundsätze nicht praktisch auf die bestehenden Staaten angewandt wissen; der Bürger darf nur die Erkenntnis von Gerechtigkeit erwerben, nicht aber gewaltsam handeln: »Seid gerecht, Ihr Völker, und Eure Fürsten werden es nicht aushalten können, allein ungerecht zu sein.«[83] Als Person plädiert Fichte stets für den Weg der Veränderung durch Reformen von oben.

Wenig später entfaltet er die gesamte Rechts- und Staatslehre, soweit sie in philosophischer Betrachtung aus Vernunftprinzipien erfaßt werden kann, systematisch aus dem Prinzip des autonomen Ich. In der *Grundlage des Naturrechts nach Prinzipien der Wissenschaftslehre* von 1796 geht er radikal vom abstrakten isolierten Individuum aus und deduziert aus ihm die Regeln menschlichen Zusammenlebens. Angesichts der Radikalität der Ausgangsposition muß er zeigen, wie die Existenz der Außenwelt und anderer autonomer Individuen in ihr allein aus Vernunftgründen, also ohne jede Beimengung der Erfahrung einsehbar ist, um mit unumstößlicher Vernunftgewißheit die richtige politische Ordnung zu bestimmen. Der Begründungszusammenhang besteht, analog zu der *Grundlage der gesamten Wissenschaftslehre,* aus einer Abfolge von »Lehrsätzen«.

Das Ich ist ein endliches, vernünftiges Wesen. Als ein solches kann es sich nur »setzen« – kann es also nach Fichtes Ansatz als Ich nur aufgefaßt werden – durch ein Vermögen zu freier praktischer Wirksamkeit, und dies bedingt eine Welt außerhalb seiner: »Weil das Ich sich im Selbstbewußtsein nur praktisch setzen kann, überhaupt aber nichts, denn ein endliches, setzen kann, mithin zugleich eine Grenze seiner prak-

81 Ebd., S. 101.
82 Ebd., S. 148.
83 Ebd., S. 45.

tischen Tätigkeit setzen muß, darum muß es eine Welt außer sich setzen«.[84] Zur Außenwelt gehören aber notwendig auch andere freie Vernunftwesen, und zwar nicht deshalb, weil sie in der Außenwelt eben »da« sind (das wäre nur eine Erfahrungstatsache), sondern weil das Ich zum eigenen Handeln des Anstoßes, der »Aufforderung« durch andere bedarf: »Das vernünftige Wesen kann sich nicht setzen, als ein solches, es geschähe denn auf dasselbe eine Aufforderung zum freien Handeln... Geschieht aber eine solche Aufforderung zum Handeln auf dasselbe, so muß es notwendig ein vernünftiges Wesen außer sich setzen als die Ursache derselben, also überhaupt ein vernünftiges Wesen außer sich setzen.«[85]

Damit steht das endliche Vernunftwesen in einem Verhältnis zu anderen endlichen Vernunftwesen, welches einen Regelungsbedarf für das freie Handeln dieser Vernunftwesen untereinander beinhaltet. Der Grundsatz besteht darin, daß ein freies Ich von einem anderen freien Ich nur erwarten kann, als freies Ich anerkannt zu werden, wenn es selbst das andere ebenfalls als freies Ich anerkennt. Durch die Wechselseitigkeit der Anerkennung wird die Freiheit eines jeden Ich gleichermaßen beschränkt, denn jedes kann nur insoweit frei handeln, wie sein Handeln mit der Möglichkeit des freien Handelns anderer vereinbar ist. Das auf der Grundlage wechselseitiger Anerkennung zu regelnde Verhältnis freier vernünftiger Wesen ist das *Recht:* »Das deduzierte Verhältnis zwischen vernünftigen Wesen, daß jedes seine Freiheit durch den Begriff der Möglichkeit der Freiheit des anderen beschränke, unter der Bedingung, daß das erstere die seinige gleichfalls unter die des anderen beschränke, heißt das Rechtsverhältnis; und die jetzt aufgestellte Formel ist der Rechtssatz.«[86] Wenn überhaupt Vernunft in der »Sinnenwelt« realisiert werden soll, müssen alle freien Wesen sich eine solche Verfahrensweise selbst zum Gesetz machen, denn ohne sie wären sie selbst nicht als freie Wesen bestimmt. Die wechselseitige Anerkennung bedeutet die Einigung darüber, was jeder mit Ausschließlichkeit als seinen Besitz beanspruchen darf; als anerkannter wird der Besitz rechtlich, er ist unantastbares Eigentum.

Fichte legt großen Wert darauf, das Rechtsverhältnis und alle weiteren politischen Ordnungsbestimmungen allein aus dem autonomen Ich abzuleiten und nicht, wie noch in seinen Revolutionsschriften, aus einem vorausliegenden Sittengesetz. Damit ist, radikaler noch als bei Kant, im Rechtsverhältnis jeder Bezug auf Moralität, also jeder Bezug auf ethische Handlungsmaximen ausgeschlossen. Das Recht muß unabhängig von der Erfüllung oder Vernachlässigung von Pflichten gelten; seine Durchsetzung darf nicht vom guten Willen der Beteiligten abhängen, sondern muß gewissermaßen automatisch gewährleistet sein. Der Begriff des Rechts ist »selbst Bedingung des Selbstbewußtseins«[87] und darf daher keinen Zufälligkeiten ausgesetzt sein, da die Autonomie des Ich sonst selbst zur Disposition stünde. Daraus folgt einerseits, daß das Recht, wenn es schon nicht auf Moral basiert, auf Fragen der Moral auch keinen Einfluß hat. »Jeder hat nur auf die Legalität des anderen, keineswegs auf seine Moralität Anspruch.«[88] Auf der anderen Seite kann das »Urrecht« der Person – stets nur

84 Johann Gottlieb Fichte, Grundlage des Naturrechts (Anm. 67), SW 3, S. 24.
85 Ebd., S. 39.
86 Ebd., S. 52.
87 Ebd..
88 Ebd., S. 140.

Ursache, nie Bewirktes, also frei zu sein – dann nur als »Zwangsrecht« gewährleistet sein, weil bei einem freien Wesen qua Definition ja nicht auszuschließen ist, daß es »den Umfang seiner freien Handlungen soweit ausdehnt, daß dadurch eines anderen freien Wesens Rechte verletzt werden.«[89] Der physische Zwang des Rechts muß in diesem Fall mit geradezu mechanischer Notwendigkeit eintreten – die Ableitung des Ich soll schließlich höchste Sicherheit in der Regelung sozialer Beziehungen verbürgen: »Das Zwangsgesetz soll so wirken, daß aus jeder Verletzung des Rechts, für den Verletzenden unausbleiblich, und mit mechanischer Notwendigkeit, so daß er es ganz sicher voraussehen könne, die gleiche Verletzung seines eigenen Rechts unausbleiblich erfolge.«[90]

Die Anwendung des Zwangsgesetzes erfordert ein Gemeinwesen mit einem gemeinsamen Willen, in dem »Privatwille und gemeinsamer synthetisch vereinigt« sind[91]. Voraussetzung bleibt, und hierin ist Fichte ganz individualistisch: »Jeder ordnet den gemeinsamen Zweck seinem Privatzweck unter.«[92] Wenn nun in der Präferenz der einzelnen das allgemeine Wohl hintansteht, bedarf es des Zwangsgesetzes: »es soll jene Wechselwirkung, jene notwendige Verbindung beider Zwecke in dem Willen eines jeden hervorbringen, indem es in der Wirklichkeit das Wohl eines jeden an die Sicherheit des Wohls aller anderen vor ihm bindet.«[93] Bedingung ist die ausdrückliche Übereinkunft aller Beteiligten. Sie legen vertraglich die Reichweite der Rechtsgesetze und die Organisation des gemeinsamen Willens in der Staatsgewalt fest. Ist die Verfassung in Kraft, so steht der starken Staatsgewalt das Volk nicht mehr als »Gemeinde«, sondern nurmehr als »Aggregat von Untertanen« gegenüber[94]; allerdings tritt bei Rechtsverletzungen der Exekutive das Volk wieder als »Gemeinde« auf. Dafür sorgen die »Ephoren«, sie bilden eine aufsichtsführende Gewalt, die die Exekutive suspendieren und die konstitutive Gewalt des Volkes durch seine Einberufung wiederherstellen kann. Entscheidend bleibt für den frühen Fichte, daß die Exekutive, obwohl sie stark sein muß, sich nicht gegegenüber dem Volk verselbständigen darf, denn dieses ist – abgeleitet aus dem autonomen Individuum und bekräftigt durch die Revolutionserfahrungen – die unbedingt höchste Gewalt. »Das Volk ist in der Tat und nach dem Rechte die höchste Gewalt, über welche keine geht, die die Quelle aller anderen Gewalt, und die Gott allein verantwortlich ist.« »Daher ist es Bedingung der Rechtmäßigkeit jeder bürgerlichen Verfassung, daß, unter keinerlei Vorwand, die exekutive Gewalt eine Macht in die Hände bekomme, welche gegen die Gemeinde des geringsten Widerstandes fähig sei.«[95]

Fichte geht es dabei allerdings vor allem um das Prinzip – und das ist die aus der Autonomie des Ich abgeleitete vernunftgemäße Ordnung des menschlichen Zusammenlebens. Die reale, »empirische« Autonomie des Individuums liegt ihm weniger am Herzen. Daß die vernunftgemäße Ordnung gegenüber allen Unwägbarkeiten immun sein soll, war schon der Leitgedanke des Zwangsrechts. Daraus folgt für ihn, daß es für den einzelnen nicht nur geboten, sondern letztlich physisch unmöglich sein

89 Ebd., S. 120.
90 Ebd., S. 145f.
91 Ebd., S. 151.
92 Ebd., S. 150.
93 Ebd., S. 151.
94 Ebd., S. 176f.
95 Ebd., S. 182 u. S. 178.

soll, gegen die Vernunftordnung zu verstoßen. »Daß jeder, der zu einer Vergehung gegen das Gesetz versucht ist, ganz sicher vorhersehe, er werde entdeckt; und auf die ihm wohlbekannte Weise bestraft werde, ist die ausschließende Bedingung der Wirksamkeit der Gesetzgebung und der ganzen Staatseinrichtung.«[96]

Das dafür zuständige Organ ist die Polizei, und Fichte hat keine Probleme damit, sich in allen Einzelheiten auszumalen, wie die doch aus der Radikalität des autonomen Ich konzipierte Ordnung des menschlichen Zusammenlebens durch einen Polizeistaat zu realisieren sei. Volkssouveränität und Unordnung vertragen sich für ihn nicht: »Die Quelle alles Übels in unseren Notstaaten ist einzig und allein die Unordnung, und die Unmöglichkeit, Ordnung zu machen. Daß die Entdeckung eines Schuldigen in denselben oft so große und unübersteigliche Schwierigkeiten hat, kommt lediglich daher, weil es so viele Menschen gibt, um die der Staat sich nicht kümmert, und die keinen bestimmten Stand im Staate haben. In einem Staate von der hier aufgestellten Konstitution hat jeder seinen bestimmten Stand, die Polizei weiß so ziemlich, wo jeder Bürger zur jeder Stunde des Tages sei und was er treibe. Jeder muß arbeiten, und jeder hat, wenn er arbeitet, zu leben... Jeder kann auf der Stelle, durch Hilfe des (zuvor ausführlich – G. G.) beschriebenen Passes, anerkannt werden. Das Verbrechen ist in einem solchen Staate etwas höchst Ungewöhnliches; es geht ihm eine gewisse ungewöhnliche Bewegung vorher. In einem Staat, wo alles Ordnung ist und alles nach der Schnur geht, bemerkt diese ungewöhnlichen Bewegungen die Polizei und wird sogleich aufmerksam; und so sehe ich von meiner Seite die Möglichkeit nicht ein, wie eine Vergehung und der Urheber derselben verborgen bleiben könne.«[97] Erkenntnis aus Vernunftgründen führt beim frühen Fichte auf ein radikales Ordnungsdenken, das zwar vom Individuum und seiner Selbstbestimmung ausgeht, der Individualität und Vielfalt aber um der Stringenz der Prinzipien willen wenig Raum läßt. Von daher erscheint es gar nicht so verwunderlich, daß Fichte die Einheit seiner Prinzipien bald nicht mehr im Individuum findet – aus dem revolutionären wird ein nachrevolutionärer Denker.

Die Wendung zur höheren Einheit: Gott, Staat, Nation

Fichte vollzieht eine Kehre, die im Ansatz in seinem früheren Denken bereits angelegt ist[98]. Der bedingungslose Ausgangspunkt des autonomen Ich ist letztlich nicht durchzuhalten. Wenn das Ich verabsolutiert ist, wenn es sich also nur im eigenen Selbstbewußtsein »setzt«, um durch eine Tathandlung alle Realität als die seine zu erfassen, bleibt kaum mehr nachvollziehbar, wie Fichte einem solchermaßen umfassenden Ich überhaupt noch »Realität« zuordnen will. Das Ich soll im Selbstbewußtsein alle Realität setzen und doch sich von ihr unterscheiden, um auf ein Entgegenstehendes real, und nicht nur im Denken, einzuwirken. Als Prinzip ist das Ich absolut, und zugleich muß es endlich sein, um als reales seiner eigenen Realität gegenübertreten zu können. Dieser Zwiespalt in Fichtes Denken, der in seiner *Wissenschaftslehre* eher abstrakt bleibt, wird konkret sichtbar in der aus ihr abgeleiteten Rechts- und

96 Ebd., S. 300.
97 Ebd., S. 302.
98 Vgl. dazu Wilhelm Weischedel, Der Zwiespalt im Denken Fichtes, Berlin 1962.

Staatsphilosophie. Das Ich, von dem Fichte als Prinzip ausgeht, ist nicht das Ich, das als freies vernünftiges Wesen den anderen Persönlichkeiten gegenübersteht, denn diese sind ihm gleichbestimmt. Das Ich im Rechtsverhältnis zu anderen Individuen ist notwendig und von vornherein in seiner Freiheit beschränkt, weil Zusammenleben zwischen Gleichberechtigten anders gar nicht möglich ist. Seine Welt mag das Ich nach seinen Vorstellungen formen, seine Mitmenschen kann es nicht entsprechend verändern, ohne substantiell in ihre Freiheit einzugreifen, die ja im Prinzip auch die seine ist. Was sich an der Verabsolutierung der Ordnung gegenüber individueller Vielfalt schon beim frühen Fichte zeigt, ist nur ein Anzeichen dafür, daß der Ansatz beim Ich für Fichtes Intentionen nicht hinreicht. Der Grund der Freiheit – und damit die »wahre« Freiheit – muß tiefer und jenseits des einzelnen Ich liegen, und damit wird dessen Freiheit selbst zu einer abgeleiteten und nicht mehr unantastbaren Größe. Das Absolute, wie Fichte es denken will, kann letztlich das Ich doch nicht sein. Der Mensch »erblickt im Grunde seiner selbst das wahrhaft Absolute: die Gottheit... An die Stelle des absoluten Ich tritt so der absolute Gott.«[99] Die Position radikaler Subjektivität verkehrt sich in ihr Gegenteil.

Diese Kehre gilt auch für die Position des Individuums in Gesellschaft und Staat. Es wird nun unmittelbar und total auf die Gemeinschaft hin ausgerichtet. In den *Grundzügen des gegenwärtigen Zeitalters* von 1804/05 besteht Fichte zwar nach wie vor darauf, daß die Menschheit »alle ihre Verhältnisse mit Freiheit nach der Vernunft einrichte«[100], und das soll weiterhin unabhängig von aller Erfahrung (!) geschehen. Aber der Gang der Einrichtung setzt nun einen göttlichen Weltplan voraus, der die Entwicklung bestimmt. Das gegenwärtige Zeitalter befindet sich im »Stand der vollendeten Sündhaftigkeit«[101], denn es ist durch Selbstsucht, Egoismus und leeres Freiheitspathos gekennzeichnet. Fichtes Kritik klingt fast wie eine Paraphrase auf seine frühere philosophische Lehre: »Die ganze Welt ist eigentlich nur darum da, damit Ich dasein und wohlsein könne. Wovon ich nicht begreife, wie ich es auf diese Zwecke beziehe, das ist nicht und geht mich nichts an.«[102]

Die Französische Revolution hat nichts anderes bewerkstelligt als, von ihrem »Hasse gegen das Alte getrieben, auf luftige und gehaltleere Abstraktionen Staatsverfassungen aufzubauen und durch weitschallende Phrasen, ohne eine feste und unerbittliche äußere Gewalt, entartete Geschlechter zu regieren«[103]. Die Entwicklung aus dieser Talsohle zum Endzustand in der »Epoche der Vernunftkunst« beginnt nun mit der – durch Fichte anhebenden – »Epoche der Vernunftwissenschaft«[104]. Hier beginnt ein ganz anderes Prinzip des vernünftigen Lebens. Tatsächlich »besteht das vernünftige Leben darin, daß die Person in der Gattung sich vergesse, ihr Leben an das Leben des Ganzen setze und es ihm aufopfere... So gibt es nur Eine Tugend, die – sich selber als Person zu vergessen, und nur Ein Laster, das – an sich selbst zu denken.«[105] Die Freiheit des Individuums ist in die Gattung als höhere Einheit entrückt, und sie wird realisiert im »absoluten Staat«. Dessen Wesen ist es, daß »alle individuel-

99 Ebd., S. 26.
100 Johann Gottlieb Fichte, Grundzüge des gegenwärtigen Zeitalters (Anm. 67), SW 7, S. 7.
101 Ebd., S. 11.
102 Ebd., S. 27.
103 Ebd., S. 30.
104 Ebd., S. 11.
105 Ebd., S. 35.

len Kräfte gerichtet werden auf das Leben der Gattung – als welche Gattung der Staat zunächst die geschlossene Summe seiner Bürger aufstellt«[106]. Dieser absolute Staat wird für die meisten eine »Zwangsanstalt« darstellen, weil »hierbei auf das innere Leben und die ursprüngliche Tätigkeit der Idee in den Gemütern der Menschen nicht gerechnet wird«[107]. In ihm werden alle Individuen gleichermaßen und mit allen ihren individuellen Kräften, ohne die Ausnahme privater Reservate, in Anspruch genommen. Der Zwang braucht sich dabei nicht mehr auf alle Individuen zu erstrecken: »Für solche Individuen, in denen die Idee ein eigenes inneres Leben bekommen hätte und die gar nichts anderes wollten und wünschten, als ihr Leben der Gattung zu opfern, bedürfte es des Zwanges nicht, er fiele für diese weg.«[108] Zu diesem absoluten Staate »sich mit Freiheit zu erheben, ist die Bestimmung des menschlichen Geschlechts«[109] – das glaubt Fichte nun dem gegenwärtigen Zeitalter als Grundzug verordnen zu können.

Der vernunftgemäße Staat, in dem alle Bürger ihre Erfüllung finden, kümmert sich seinerseits darum, daß jeder zu dem Seinigen kommt, was materialiter einen Anspruch auf den gleichen Teil des im Staat erzeugten Gesamtwerts der Güter bedeutet. Fichte hat die Konsequenzen bereits 1800 im *Geschlossenen Handelsstaat* ausgeführt[110]. Dieser Staat ist im Inneren ein statisches Ordnungsgefüge aus drei gleichberechtigten Ständen – den Produzenten, Künstlern und Kaufleuten – mit angemessener Verteilung der Güter und festgesetzten Preisen. Maßgebend ist, »daß in einem dem Rechtsgesetze gemäßen Staate die drei Hauptstände der Nation gegeneinander berechnet und jeder auf eine bestimmte Anzahl von Mitgliedern eingeschränkt; daß jedem Bürger sein verhältnismäßiger Anteil an allen Produkten und Fabrikaten des Landes gegen seine ihm anzumutende Arbeit ... zugesichert; daß zu diesem Behufe der Wert aller Dinge gegeneinander und ihr Preis gegen Geld festgesetzt ... werden müsse«[111]. Der Staat muß ein rundum geschlossenes System und somit auch gegen Einflußnahmen von außen her abgedichtet sein. »So ist der Vernunftstaat ein ebenso durchaus geschlossener Handelsstaat als er ein geschlossenes Reich der Gesetze und der Individuen ist.«[112] Der Staat schottet sich gegen allen Handel des Auslandes soweit irgend möglich ab, beschränkt sich auf seine eigene Währung und »rückt« gleichzeitig »in seine natürlichen Grenzen«[113]. Zunächst ist er expansiv, dann aber – vermeint Fichte – ist er saturiert, er bekriegt nicht und wird auch nicht bekriegt. Die »natürlichen« Grenzen sind die Grenzen einer »geschlossenen Nation, deren Mitglieder nur untereinander selbst und äußerst wenig mit Fremden leben, die ihre Lebensart, Einrichtungen und Sitten durch jede Maßregel erhält, die ihr Vaterland und alles Vaterländische mit Anhänglichkeit liebt«[114]. Der geschlossene Handelsstaat ist somit zunehmend durch »Nationalehre« und einen »scharf bestimmten

106 Ebd., S. 145.
107 Ebd., S. 144.
108 Ebd.
109 Ebd., S. 148.
110 Johann Gottlieb Fichte, Der geschlossene Handelsstaat (Anm. 67), SW 3, hier: S. 402f.
111 Ebd., S. 440.
112 Ebd., S. 420.
113 Ebd., S. 502.
114 Ebd., S. 523.

Nationalcharakter«[115] ausgezeichnet, und acht Jahre später wird Fichte – unter der napoleonischen Besetzung – in seinen *Reden an die deutsche Nation* in einer erneuten Steigerung die »Deutschheit« nicht nur als nationale Identifikationseinheit, sondern als das höherwertige Prinzip gegenüber dem Ausland anpreisen[116].

Es mag sein, daß Fichte die Sprengkraft seiner Wende zum nachrevolutionären Denken in ihren politischen Konsequenzen nicht einzuschätzen wußte, und er kann als Autor auch nicht für die Ideologie des »Lebensraums« und der deutschen »Herrenrasse« verantwortlich gemacht werden. Es bleibt aber das Problem, daß seine Wendung zum nachrevolutionären Denken nicht aus der sukzessiven Verarbeitung historischer Erfahrungen resultiert, sondern aus einem Wandel der Prinzipien, der bei näherem Hinsehen auch Kontinuitäten beläßt. In der Fixierung auf eine unbedingte Einheit – zunächst das autonome Individuum, sodann die Absolutheit von Gott, Staat und Nation – ist der Bezugspunkt gewechselt; mit Notwendigkeit (statt Pragmatismus) muß aber nach wie vor alles bestimmt sein. Um der Unbedingtheit letzter Grundsätze willen bleibt die Erfahrung beiseitegeschoben; um so gefährlicher, weil undiskutiert, geht sie unterschwellig mit ein. Der Aktivismus Fichtes ist, auch im nachrevolutionären Gewande, im Prinzip revolutionär geblieben – diese Antwort auf die Französische Revolution bot für künftige Zeitkritiker von rechts bis links willkommene, gern auch mißverstandene Anknüpfungspunkte.

2.4 *Entwurf einer großen Synthese: Georg Wilhelm Friedrich Hegel*

Hegel ist der nachrevolutionäre Denker *par excellence*. Bedeutet nachrevolutionäres Denken nicht so sehr eine Stellungnahme für oder gegen die Französische Revolution, sondern ein Weiterdenken über die Revolution hinaus, so bringt Hegel seine Einschätzung der Französischen Revolution in einen systematischen Zusammenhang ein, der liberale und konservative Grundgedanken zur Synthese einer lebendigen Einheit von Individuum, Volk und Staat zusammenordnet. Hegels politische Philosophie ist Theorie und Kritik der modernen bürgerlichen Gesellschaft ebenso wie Apologie der konstitutionellen Monarchie und rationaler Beamtenherrschaft; sie versucht, dem autonom handelnden Individuum seinen Platz in der substantiellen Sittlichkeit des Volkes und seinem Institutionengefüge zuzuweisen und dies alles als einen schlechthin vernünftigen Zusammenhang zu begründen. Kein Wunder, daß Hegel als »liberal« oder »konservativ« interpretiert werden konnte und interpretiert wurde – je nachdem, welche Perspektive dem Interpretationsbedürfnis oder der politischen Interessenlage besonders am Herzen lag. Schließlich ließ sich auch seine Methode, im dialektischen Fortgang eine vernunftgemäße Ordnung des menschlichen Zusammenlebens auszuzeichnen, ausspielen gegen die Unvernunft der realen Verhältnisse und ihre staatliche Fixierung, welche das philosophische System zu rechtfertigen hatte: So trat neben die Tradition der »Hegelschen Rechten«, die sein System fortführte und vor allem die Einheit von Volk und Staat im Blick hatte, die radikalkritische und schließlich revolutionäre »Hegelsche Linke«, die das Hegelsche Denken zu einer revolutionären Sprengkraft umfunktionierte. So ziert Hegel nicht nur die

115 Ebd.

116 Zu den Wurzeln des nationalen Gedankens bei Fichte siehe unten Abschnitt 8.3.1.

Ahnengalerie des autoritär-konservativen Denkens, sondern er ist auch der große Erblasser marxistischer Traditionen. Angesichts dieser Vielfalt von Anknüpfungen, die alle ihre guten Gründe angeben können, wird man Hegel wohl am ehesten gerecht, wenn man ihn weder als Liberalen noch als Konservativen, weder als autoritären Etatisten noch als einen Proto-Marxisten im bürgerlichen Gewande vereinnahmt, sondern ihn als den nachrevolutionären Denker sieht, der in seinem Erfahrungsbereich die entscheidenden historischen und geistigen Entwicklungen mit einem geradezu heroischen Anspruch des philosophischen Begreifens zu einer lebendigen und dauerhaften Synthese zusammenzufügen versuchte – ein Unterfangen, das Geltung, wenn überhaupt, so nur für seine Zeit beanspruchen kann, wohl aber Wirkungen weit darüber hinaus entfaltet.

Georg Wilhelm Friedrich Hegel entstammt einer königlich württembergischen Beamtenfamilie; er wird 1770 in Stuttgart geboren. Nach seiner Gymnasialzeit erhält er 1788–93 eine theologisch-philologische Ausbildung als Stipendiat im Tübinger Stift; Studiengenossen sind Schelling und Hölderlin. Der Ausbruch der Französischen Revolution wird enthusiastisch gefeiert, ebenso begeistert man sich aber auch für die Antike – diese beiden Bezugspunkte hat Hegel, obwohl er später von ihnen deutlich Abstand zu gewinnen sucht, zeit seines Lebens nicht aufgegeben. Nach dem Magister-Abschluß begibt er sich auf einem damals üblichen Umweg zur Universität: er wird Hauslehrer, zunächst in Bern (1793–97), sodann in Frankfurt am Main (1797–1800). Lernt er in Bern die Oligarchie von Patriziern kritisch kennen (was ihn später gegen feudale Restaurationsbestrebungen immun macht), so ist er in Frankfurt erstmals mit der sich entfaltenden modernen bürgerlichen Gesellschaft konfrontiert. 1799 fällt ihm durch den Tod seines Vaters eine kleine Erbschaft zu. So kann er sich nun in die akademische Laufbahn begeben. Er habilitiert sich in Jena, einem Zentrum des geistigen Deutschlands dieser Jahre, und erhält eine, freilich schlecht dotierte, außerordentliche Professur. In den Jenaer Jahren beginnt er sein philosophisches System zu entwickeln. Seine bisherigen Arbeiten, die sogenannten *Theologischen Jugendschriften* und kleinere politische Schriften, waren nicht systematisch angelegt; in Jena konzipiert er, neben wichtigen Aufsätzen im *Kritischen Journal der Philosophie* und der selbständig veröffentlichten *Differenz des Fichteschen und des Schellingschen Systems der Philosophie* (1801) zur Klärung seiner philosophischen Position, ein umfassendes philosophisches System mit Entwürfen zur Logik, Metaphysik, Naturphilosophie und der Philosophie des Geistes (welche auch die politische Philosophie mit einschließt). Höhepunkt und Abschluß seiner Jenaer Arbeiten, zugleich die erste große Veröffentlichung, ist die *Phänomenologie des Geistes* von 1807, in der er gewissermaßen einleitend den Ansatz seiner Philosophie des Geistes entwickelt, im Durchgang durch dessen Erscheinungsformen aber bereits viele Elemente seines Systems entfaltet. Da sich die Jenaer Professur finanziell nicht trägt, geht Hegel zunächst in die Publizistik – er ist 1807–08 Redakteur der *Bamberger Zeitung*; sodann in den Schuldienst – acht Jahre lang ist er in Nürnberg Gymnasialdirektor. Hier heiratet er 1811 die Patriziertochter Marie v. Tucher; hier entsteht auch der ausgearbeitete erste Teil seines philosophischen Systems, die *Wissenschaft der Logik* in zwei Bänden (1812 und 1816). Erst 1816 öffnet sich ihm wieder die Universität. Er erhält zunächst einen Ruf nach Heidelberg, wo er 1816–18 lehrt, sodann holt ihn der preußische Minister v. Altenstein nach Berlin; hier hat er in großen Vorlesungen seine eigentliche Wirkung auf die Zeitgenossen entfaltet. Es sind Vorlesungen über die *Philosophie der Geschichte*, die *Geschichte der Philosophie*, über *Religionsphilosophie, Ästhetik* und *Rechtsphilosophie*. Für die Vorlesung über das System der Philosophie selbst, dem die anderen Vorlesungen zuzuordnen sind, ist bereits in Heidelberg 1817 in einer Urfassung die *Enzyklopädie der philosophischen Wissenschaften im Grundrisse* erschienen; erheblich erweitert stellt sie schließlich 1830 das vielbewunderte und geradezu als übermächtig empfundene Kompendium einer systematischen philosophischen Gesamtinterpretation der Welt dar. Die *Grundlinien der Philosophie des Rechts* sind 1821 als der Teil des »objektiven Geistes« gesondert veröffentlicht. Die übrigen Vorlesungen werden von seinen Freunden und Schülern nach seinem Tod in Nachschriften herausgegeben, neuerdings sind auch verschiedene Nachschriften seiner Vorlesungen zur Rechtsphilosophie zugänglich. Auf dem Höhepunkt seines Wirkens stirbt Hegel 1831 in Berlin an der Cholera.

Hegels Grundintention

Wie Fichte war Hegel anfangs Anhänger der Französischen Revolution, und wenn er auch seine politische Philosophie nie allein auf dem autonomen, sich Gesetze gebenden Ich aufbaute, so hat er doch zeitlebens die große Errungenschaft der Französischen Revolution darin gesehen, daß sie eine Ordnung menschlichen Zusammenlebens erstmals als bewußte Tat des menschlichen Geistes, aus dem Denken heraus, geschaffen habe: »Solange die Sonne am Firmamente steht und die Planeten um sie herumkreisen, war das nicht gesehen worden, daß der Mensch sich auf den Kopf, das ist, auf den Gedanken stellt und die Wirklichkeit nach diesem erbaut. Anaxagoras hatte zuerst gesagt, daß der *nus* die Welt regiert; nun aber erst ist der Mensch dazu gekommen, zu erkennen, daß der Gedanke die geistige Wirklichkeit regieren sollte. Es war dieses somit ein herrlicher Sonnenaufgang. Alle denkenden Wesen haben diese Epoche mitgefeiert. Eine erhabene Rührung hat in jener Zeit geherrscht, ein Enthusiasmus des Geistes hat die Welt durchschauert, als sei es zur wirklichen Versöhnung des Göttlichen mit der Welt nun erst gekommen.«[117] Aber dies war offensichtlich eine Illusion, das Resultat der Französischen Revolution war die Schreckensherrschaft der Jakobiner. Für Hegel ist ihr Scheitern zwangsläufig. Allein aus der Verallgemeinerung rationaler Prinzipien des Individuums läßt sich eine lebendige, organisch gegliederte Ordnung nicht schaffen. Die Revolutionsverfassungen, die aus bloßer Verallgemeinerung der Freiheit des einzelnen konstruiert wurden, bleiben aufgesetzt, künstlich, abstrakt; sie sind kein wirklich positives Werk. »Kein positives Werk noch Tat kann also die allgemeine Freiheit hervorbringen; es bleibt ihr nur das *negative* Tun; sie ist nur die *Furie* des Verschwindens... Das einzige Werk und Tat der allgemeinen Freiheit ist daher der *Tod*.«[118]

Das notwendige Resultat der Französischen Revolution ist letztlich der Tod durch die Guillotine. Die vernünftige Ordnung menschlichen Zusammenlebens kann deshalb im Denken des einzelnen, in seiner Autonomie, allein nicht begründet sein. Sie

---

117 Georg Wilhelm Friedrich Hegel, Vorlesungen über die Philosophie der Weltgeschichte, hrsg. von Georg Lasson, Hamburg 1968², Bd. 4, S. 926.

118 Georg Wilhelm Friedrich Hegel, Phänomenologie des Geistes, Frankfurt/M. – Berlin – Wien 1973², S. 330f. (Erstausgabe 1807; S. 539f.).

muß ihm zwar entsprechen und autonome individuelle Freiheit ermöglichen, kann aber aus ihr nicht abstrahierend abgeleitet sein. Die vernünftige Ordnung ist von eigenem Wert und stellt die eigentliche »Substanz« der individuellen Freiheit dar. So gilt es eine lebendige Subjekt-Objekt-Einheit zu denken, die über die bloß subjektive Subjekt-Objekt-Einheit des autonomen Individuums und seiner von ihm abgeleiteten Ordnungsformen hinausweist. Somit kann auch philosophisch nicht mehr, wie es der junge Fichte versucht hat, ein absolut gesetztes Ich als Selbstbewußtsein der Ausgangspunkt sein; das »subjektive Subjekt-Objekt« muß um der lebendigen Einheit willen gleichursprünglich als »objektives Subjekt-Objekt« gedacht und entfaltet werden[119]. Wie ist das zu leisten?

Hegels Grundintention ist Einheit, ist das leidenschaftliche Bemühen, gegen die Entzweiung und über die Entzweiung hinaus zu denken. In seinen *Theologischen Jugendschriften* setzt er sich mit der »Positivität« in der Religion auseinander; gegen eine Religion, die den Menschen nurmehr als starre Autorität, ohne lebendige Vereinheitlichung entgegentritt, stellt er die »Volksreligion«. Politisch beklagt er die Zerrissenheit Deutschlands: »Deutschland ist kein Staat mehr«, beginnt er 1802 seine *Verfassungsschrift*[120]. Er versucht, sich lebendiger Einheit zu vergewissern, und findet sie vornehmlich im Phänomen der Liebe, da die Liebenden in der Aufgabe jeder Entgegensetzung und Fremdheit als Individualität zu lebendiger Einheit gelangen. Er untersucht, wie sich der Mensch seiner Einheit mit dem Ganzen – er nennt es zunächst »Schicksal« – bewußt werden könne. Den philosophisch maßgeblichen Ansatz, der es ermöglicht, das Individuum in seiner Eigenart und Eigenständigkeit als Moment der Totalität und in lebendiger Einheit mit ihr zu denken, findet er schließlich in der Einheit des *Geistes*.

Geist und Freiheit

Hegels Geistesbegriff darf nicht dahingehend mißverstanden werden, als ob Hegel nur das für wichtig halte, was wir im landläufigen Sinne als »geistig« bezeichnen. Hegel will mit der Einheit des Geistes gerade darüber hinaus. Auf der anderen Seite bleibt freilich maßgebend, daß diese Einheit des Geistes vom Bewußtsein, vom Erkennen und Wissen her gedacht ist. Was für den gesamten deutschen Idealismus faszinierend ist, gilt auch für Hegel: Am Phänomen des Bewußtseins läßt sich zeigen, daß ein Sachverhalt objektiv bestehen kann und doch zugleich sich in Einheit mit mir befindet; indem ich mir seiner bewußt bin, ihn erkenne und weiß, stelle ich eine Beziehung zu ihm her, die im Denken eine Einheit zwischen dem Subjekt und dem Objekt bedeutet, indem ich es bin, der das Objekt denkt: »Erkennen heißt eben das Gegenständliche in seiner Gegenständlichkeit als Selbst wissen: begriffener Inhalt, Begriff, der Gegenstand ist.«[121] Das fremde Gegenständliche wird, ohne daß es

119 Georg Wilhelm Friedrich Hegel, Differenz des Fichteschen und des Schellingschen Systems der Philosophie (1801), in: Werke in 20 Bänden. Redaktion Eva Moldenhauer u. Karl Markus Michel, Frankfurt/M. 1969ff., Bd. 2, S. 97.

120 Georg Wilhelm Friedrich Hegel, Die Verfassung Deutschlands (1802), in: Werke (Anm. 119), Bd. 1, S. 461.

121 Georg Wilhelm Friedrich Hegel, Jenaer Realphilosophie von 1805/06, in: Frühe politische Systeme, hrsg. von Gerhard Göhler, Frankfurt/M. – Berlin – Wien 1974, S. 222.

darum seine Gegenständlichkeit verliert, in mein Bewußtsein hereingeholt; das Bewußtsein stellt eine Einheit zwischen mir und dem gedachten Gegenstand her. Eine in diesem Sinne besonders ausgezeichnete Subjekt-Objekt-Einheit ist das Selbstbewußtsein. Der Gegenstand, den ich denke, bin in diesem Fall ich selbst, das Ich als gedachtes Objekt und denkendes Subjekt sind identisch und nur durch ihre Perspektive verschieden. Dies ist der Ausgangspunkt aller idealistischen Philosophie.

Allerdings bleibt die Subjekt-Objekt-Einheit, wenn sie nur im Bewußtsein besteht, selbst eine subjektive Subjekt-Objekt-Einheit; abgesehen vom Ausnahmefall des Selbstbewußtseins bleibt der reale Gegenstand, den ich denke, außerhalb des Bewußtseins. So können das Ich und seine Welt der Gegenständlichkeit noch nicht als wirkliche Einheit begriffen werden; wenn das Denken diese Einheit auf subjektive Weise herstellt, so ist diese doch nur erst ein Muster der erstrebten wirklichen Einheit, als subjektive Einheit im Bewußtsein noch nicht wirkliche Einheit selbst. Hegel entfaltet deshalb in der *Phänomenologie des Geistes* die Einheit, welche im Bewußtsein besteht, über das individuelle Bewußtsein hinaus zu einer wirklichen Einheit in der Totalität aller Subjekte und Objekte, und das erst ist der Standpunkt des »absoluten Wissens«, der wahren Philosophie.

Um diesen Schritt vollziehen, diesen Zusammenhang explizieren zu können, ist ein Aspekt entscheidend, der dann weitreichende Folgen hat. Das Prinzip der Subjektivität besteht nicht nur darin, daß das Bewußtsein seine gegenständliche Welt erkennt und auf sie einwirkt. Seine Produktivität besteht vielmehr ebenso darin – und hiermit geht Hegel über Kant und Fichte hinaus –, daß der Mensch seinen Gegenständen eine Form gibt, die auch in ihnen selbst Bestand hat und die von dem Menschen als seine eigene Formgebung immer wieder angeschaut werden kann. Das leistet die menschliche Arbeit. Indem der Mensch die Natur bearbeitet, also etwa einen Acker bestellt oder aus Steinen ein Haus baut, gibt er den Gegenständen seine eigene Form, er selbst vergegenständlicht sich in ihnen, und er weiß die Gegenstände, die er durch seine Arbeit geformt hat, als sein eigenes Produkt: »Die negative Beziehung auf den Gegenstand wird zur *Form* desselben und zu einem *Bleibenden*... Das formierende Tun ist zugleich die *Einzelheit* oder das reine Fürsichsein des Bewußtseins, welches nun in der Arbeit außer es in das Element des Bleibens tritt; das arbeitende Bewußtsein kommt also hierdurch zur Anschauung des selbständigen Seins, *als seiner selbst.*«[122]

Das Erkennen, das Wissen ist Produktivität und als solche stets mit realer Gestaltung verbunden – und in dem, was ich praktisch gestaltet habe, weiß ich mich in und trotz seiner Gegenständlichkeit[123]. Mit dieser Wissensstruktur, die vom Bewußtsein ausgeht, aber sich auf Bewußtseinsimmanenz nicht beschränkt, läßt sich nun die Welt, die Totalität der Sachverhalte, als eine Vernunfteinheit begreifen und aufweisen: wenn nämlich die fremde Gegenständlichkeit als eigenes Produkt erkannt werden und damit das Subjekt sich im Objekt als Resultat der eigenen Formgebung wiederfinden und wissen kann. Diese Einheit geht über die Gestaltungen des Individu-

---

122 Georg Wilhelm Friedrich Hegel, Phänomenologie des Geistes (Anm. 118), S. 119f. (Erstausgabe: S. 126).

123 Oder ich müßte mich zumindest darin erkennen können – Marx wird später die Entfremdung des Menschen gerade darin begründen, daß er im Produkt seiner Arbeit sich eben nicht mehr selbst erkennen kann.

ums und des einzelnen Bewußtseins hinaus. Die Ordnung des menschlichen Zusammenlebens, die »Sittlichkeit«, ist Resultat nicht mehr der Gestaltung eines einzelnen Individuums, sondern einer Vielzahl von Individuen nebeneinander und nacheinander. Für Hegel ist diese überindividuelle Einheit, die er nach dem Muster des Bewußtseins begreift, das Volk. Indem es seine Existenz gestaltet und sich seine Institutionen schafft, sie wachsen läßt, erhält oder auch verändert, ist die individuelle Bewußtseinsstruktur zu einem Muster überindividueller Einheit erweitert, die das individuelle Bewußtsein lediglich als ein Moment enthält. In diesem Sinne spricht Hegel vom »Volksgeist«, und »Geist« meint dabei genau jene Einheit des Wissens, des Bewußtseins, die eine Wirklichkeit oberhalb des einzelnen Wissens und Bewußtseins ist[124]. Alle objektiven gesellschaftlichen Sachverhalte sind so als Schöpfungen des Geistes zu begreifen, in denen er sich »wiedererkennt« – zunächst als Geist eines Volkes, sodann als Weltgeist, der die Individuen und die einzelnen Völker umfaßt und ihre Substanz ist: »Der Geist in der Geschichte ist ein Individuum, das allgemeiner Natur, dabei aber ein bestimmtes ist, d. h. ein Volk überhaupt; und der Geist, mit dem wir es zu tun haben, ist der *Volksgeist*... Der *Weltgeist* ist der Geist der Welt, wie er sich im menschlichen Bewußtsein expliziert; die Menschen verhalten sich zu diesem als Einzelne zu dem Ganzen, das ihre Substanz ist... Der Volksgeist ist so der allgemeine Geist in einer besonderen Gestaltung, über die er an sich erhaben ist, die er aber hat, insofern er existiert.«[125]

Nach diesem Muster weiter aufsteigend läßt sich schließlich die gesamte Realität, sei sie physisch oder geistig, als eine Form der Selbsterkenntnis des Geistes begreifen; jeder Sachverhalt, jedes Phänomen, soweit mehr als zufällig, ist eine mehr oder weniger offene Manifestation des Geistes. Es ist der Geist, der sich in die Gegenständlichkeit »entäußert« hat – in ihr kann er sich selbst erkennen. Das ist der Standpunkt des absoluten Wissens. Angesichts dieser Grundintention ist es nicht so sehr entscheidend, ob man Hegels Einheitsdenken eher religiös interpretiert: sei es vom persönlichen Gott her, der die Welt erschaffen hat und sich selbst als Gott Vater, Sohn und Heiliger Geist entfaltet, sei es pantheistisch als Manifestation des Göttlichen in allen Erscheinungsformen der Welt – oder aber strukturalistisch: als eine Vernunfteinheit, um die Totalität der Welt als Wissensstruktur aufzuweisen. Entscheidend ist das Grundmuster, alle Sachverhalte so, daß sie nicht fremde, sondern eigene sind, und somit als Momente einer übergeordneten, sich realisierenden Einheit zu begreifen. Hierin liegt Hegels *Freiheitsbegriff* begründet. Geist und Freiheit sind für Hegel untrennbar, die Einheit der Selbsterkenntnis des Geistes ist zugleich die Verwirklichung von Freiheit. Frei sein heißt: autonom, selbstmächtig sein, von nichts und niemandem abhängig sein. Freiheit hat die Struktur des »Beisichselbstseins«, und so kommt sie allein dem Geist zu: »Die Materie hat ihre Substanz außer ihr; der Geist dagegen ist das Beisichselbstsein, und dies eben ist die Freiheit. Denn wenn ich abhängig bin, so beziehe ich mich auf ein anderes, das ich nicht bin, und kann nicht ohne solch ein Äußeres sein. Frei bin ich, wenn ich bei mir selbst bin.«[126]

---

124 Auch in unserem Verständnis sprechen wir von »geistigen« Produkten, etwa Denktraditionen, die unabhängig von ihren Urhebern für uns als Denkgebilde bestehen.

125 Georg Wilhelm Friedrich Hegel, Die Vernunft in der Geschichte, hrsg. von Johannes Hoffmeister, Hamburg 1955^5, S. 59f.

126 Ebd., S. 55.

Die Unabhängigkeit von äußeren Einflüssen meint zunächst die Freiheit der Person, des Individuums. Aber es ist offensichtlich, daß der einzelne in diesem Sinne nicht vollkommen frei sein kann. Er bleibt abhängig von Naturgegebenheiten und findet überdies die Grenze seiner persönlichen Freiheit stets in der Freiheit seiner Mitmenschen und in den Belangen des menschlichen Zusammenlebens. Will man Freiheit konsequent und radikal zu Ende denken, so kann das Individuum nicht die maßgebliche Einheit sein, in der sich Freiheit verwirklicht. Das hat auch Fichte realisiert. Kant und der Liberalismus haben dagegen aus guten Gründen davor zurückgescheut, durch eine umfassendere Perspektive die Freiheit des Individuums abzuwerten. Schon Rousseau ist den anderen Weg gegangen, die Freiheit des einzelnen kompromißlos als Einheit mit dem gesellschaftlichen Ganzen zu begreifen, und Hegel nimmt diesen Gedanken auf, indem er den Freiheitsbegriff als Beisichselbstsein des Geistes über das Individuum hinaus als historische Dynamik entfaltet. Frei, das heißt selbstmächtig, kann nur die Einheit sein, die alle Individuen umfaßt, und das ist der »Volksgeist«. Die Individuen wissen sich als frei in der Einheit ihres Volkes, und so weiß sich der Volksgeist unmittelbar frei, weil er im Bewußtsein der Individuen bei sich selbst bleibt. Aber auch das Volk hat es mit anderen Völkern und überdies mit seiner eigenen, ihm unverfügbaren Geschichte zu tun; seine Autonomie und Gesetzgebung ist grundsätzlich umfassender als die des Individuums, aber sie ist nicht unbeschränkt. So ist erst die Einheit der Volksgeister in ihrer historischen Entwicklung – in der Weltgeschichte – insgesamt wirklich frei, und diese Einheit nennt Hegel den »Weltgeist«. Freiheit ist ein historisches Produkt, an dem die Individuen teilhaben, das sie aber erst im Gang der Weltgeschichte in den Volksgeistern stufenweise so verwirklichen, daß sich schließlich der Weltgeist in allen Gestaltungen selbst wiedererkennt: »Der Geist ist frei; und sich dies sein Wesen wirklich zu machen, diesen Vorzug zu erreichen, ist das Bestreben des Weltgeistes in der Weltgeschichte. Sich zu wissen und zu erkennen ist seine Tat, die aber nicht mit einem Male, sondern im Stufengange vollbracht wird. Jeder einzelne neue Volksgeist ist eine neue Stufe in der Eroberung des Weltgeistes, zur Gewinnung seines Bewußtseins, seiner Freiheit.«[127]

Wirkliche Freiheit kann nur gedacht werden, wenn das Ganze als eine sich entwikkelnde und strukturierte Einheit erwiesen wird. In ihr erhält jeder Teil seinen Stellenwert und damit seine spezifische Freiheitsbestimmung als ein Moment im Gesamtzusammenhang, und seine Ordnung stellt wiederum den Prozeß der Selbsterkenntnis des Geistes dar. Nur das Ganze kann bei sich selbst sein, indem es nichts Fremdes mehr außer sich hat[128].

---

127 Georg Wilhelm Friedrich Hegel, Vorlesungen über die Philosophie der Weltgeschichte (Anm. 117), S. 73.

128 Das gilt nicht nur für die Geschichte und mit ihr für alle realisierten Formen menschlicher Lebensäußerung und -ordnung, sondern auch für den Zusammenhang der Gedankenbestimmungen und schließlich auch für das Verhältnis zur Natur. Diesen Zusammenhang systematisch zu entfalten, und zwar so, daß der Geist zunehmend in seinen Produkten sich selbst erkennt, ist das Anliegen des Hegelschen Systems der Philosophie. So tritt vor die eigentliche Philosophie des Geistes die Logik und die Naturphilosophie. In der »Wissenschaft der Logik« entfaltet Hegel den Zusammenhang der reinen Denkbestimmungen von den Kategorien des Seins, des Nichts und des Werdens bis hin zum Begriff und zur Idee, in der »Naturphilosophie« zeigt er, daß die Natur, zunächst geradezu das reale Anderssein des Geistes, kulminierend im lebendigen Organismus, den Geist als ihren letzten Bestimmungs-

Der »objektive Geist«

Innerhalb der Entfaltung der Selbsterkenntnis des Geistes ist der *objektive Geist* Hegels systematisch ausgeführte politische Philosophie. Hegel will hier zeigen, daß der Geist sich in der Gestaltung, der Ordnung des menschlichen Zusammenlebens selbst objektiviert, und damit ist – sofern der Nachweis gelingt – diese Ordnung als eine vernünftige ausgewiesen. Der Aufweis ist nicht eine konstruierte, künstlich systematische Abfolge, sondern Hegel beansprucht, die Abfolge als »Dialektik des Begriffs« immanent aus der Sache selbst zu erfassen. »Diese Dialektik ist dann nicht *äußeres* Tun eines subjektiven Denkens, sondern die *eigene Seele* des Inhalts, die organisch ihre Zweige und Früchte hervortreibt. Dieser Entwicklung der Idee als eigener Tätigkeit der Vernunft sieht das Denken als subjektives, ohne seinerseits eine Zutat hinzuzufügen, nur zu.«[129] In dieser dialektischen Entfaltung ist die äußerliche Dimension das Recht, die innerliche die Moralität, und beide sind für sich allein noch abstrakt. Die Einheit von äußerlicher und innerlicher Ordnung ist die Sittlichkeit. Sie findet die Formen ihrer konkreten Gestaltung in der Familie – der unmittelbaren Form des menschlichen Zusammenlebens; in der bürgerlichen Gesellschaft – der Form der Entzweiung durch gegenseitige Konkurrenz der egoistisch wirtschaftenden Individuen; und schließlich im Staat als ihrer substantiellen Einheit. In diesem höchst unterschiedlichen Stellenwert, der aus ihrer Abfolge auch eine Rangfolge macht, sind sie Momente der als vernünftig begriffenen Wirklichkeit, Stufen der Selbsterkenntnis des Geistes und zugleich Stufen der Realisierung umfassender Freiheit.

Über die Triftigkeit dieses Stufenbaus, der in der Tat bisweilen recht schematisch bleibt, ist mit Inbrunst gestritten worden. Daran sollte sich das Interesse an Hegels politischer Philosophie aber nicht erschöpfen. Ihre eigentliche Brisanz liegt in dem großangelegten Unterfangen, *systematisch nachrevolutionär* zu denken, denn für Hegel ist Philosophie nicht mehr und nicht weniger als »ihre Zeit in Gedanken erfaßt«[130]. Der systematische Zugriff führt auf grundlegende Zusammenhänge der Ordnung des menschlichen Zusammenlebens, die nicht offen zutage liegen, von denen aber Hegel nun behaupten kann, er habe sie als notwendig und, weil vernünftig, als gerechtfertigt aufgewiesen. Nachrevolutionär ist sein Denken, weil er diese Ordnungszusammenhänge für die Moderne aus einer intensiven Auseinandersetzung mit den Revolutionserfahrungen seiner Zeit gewinnt und im Hinausdenken über sie begründet.

---

grund und somit als ihre »Wahrheit« hat; so wird die Natur zunehmend deutlicher als Moment einer Einheit aufgewiesen, die letztlich nur als Geist zu denken ist. Diese nun explizite Einheit entfaltet Hegel schließlich in der »Philosophie des Geistes«, in deren Phänomenkreis der Geist zunehmend unmittelbarer sich selbst wiedererkennt. Der »subjektive Geist« umschreibt die Natur des Menschen; der »objektive Geist« die Gestaltungen des menschlichen Zusammenlebens – abstrakt als Recht und Moralität, konkret als Familie, bürgerliche Gesellschaft und Staat; der »absolute Geist« schließlich seine Selbstanschauung in Kunst, Religion und Wissenschaft (Wissenschaft ist für Hegel seine Philosophie).

129 Georg Wilhelm Friedrich Hegel, Grundlinien der Philosophie des Rechts (1821), § 31. Der Titel wird künftig abgekürzt als »Rechtsphilosophie«. Es wird nach §§ zitiert, so daß die Stellen in jeder Ausgabe aufzufinden sind.

130 Georg Wilhelm Friedrich Hegel, Rechtsphilosophie (Anm. 129), Vorrede.

Hegel verarbeitet die doppelte Revolutionserfahrung des frühen 19. Jahrhunderts. Zum einen nimmt er – politisch – die Ergebnisse der Französischen Revolution auf und versucht sie in ein historisches Ordnungsgefüge einzubetten. Zum anderen nimmt er – ökonomisch und soziologisch – die Ergebnisse der Industriellen Revolution auf und versucht sie ebenfalls in einem höherwertigen Ordnungsgefüge zu verankern. Dabei ist er sich, angesichts der ökonomisch und technisch noch zurückgebliebenen Entwicklung in Deutschland, der politischen Sprengkraft der Französischen Revolution sicherlich klarer bewußt als der sozialen Sprengkraft der Industriellen Revolution. Das Ergebnis der politischen Revolution ist die Durchsetzung des Prinzips, daß der Staat »allgemeiner Wille« ist, also den gemeinsamen Willen aller seiner Bürger verkörpert. Das Ergebnis der Industriellen Revolution ist die Entwicklung einer arbeitsteiligen, auf maschineller Produktion aufbauenden Gesellschaft, die die Bedürfnisbefriedigung ihrer Mitglieder über durchgängige Marktbeziehungen vermittelt und vom Staat die Sicherung, nicht aber die Lenkung ihrer Aktivitäten beansprucht. Hegel versucht nun zu zeigen, daß es gerade ökonomische Belange sind, die den allgemeinen Willen als reale Gewalt konstituieren, daß aber dieser Zusammenhang von Ökonomie, Recht und Staatsgewalt erst die Voraussetzung lebendiger Einheit ist; diese selbst muß sich hieraus als ein organisches Gefüge entfalten.

Ökonomie, Recht und Staatsgewalt: Die Entfaltung der lebendigen Einheit des Volkes

Der Zusammenhang von Ökonomie, Recht und Staatsgewalt ist von Hegel am deutlichsten in seinen frühen Systementwürfen, namentlich in der *Jenaer Realphilosophie* von 1805/06 entfaltet[131]. Hegel versucht hier in einer Abfolge denknotwendiger, sich aus der Sache selbst ergebender Schritte zu zeigen, welche Funktion und welcher Stellenwert sozialen und politischen Institutionen mit Blick auf die Einheit von Einzel- und Gesamtwillen zukommt. Die Denknotwendigkeit der Abfolge gewinnt er aus einer Analyse des Verhältnisses der Einzelwillen untereinander. Sie bewirken in ihrer Interaktion einen gemeinsamen Willen, der, zunächst ganz abstrakt-allgemein, im Spannungsfeld von Einzel- und Allgemeininteressen zunehmend konkreter und machtvoller heraustritt und schließlich als substantielle Einheit des Volkes oder des Staates (was für Hegel dasselbe ist) die Einzelwillen in sich »aufhebt«[132].

Die Gesellschaft stellt zunächst, ökonomisch gesehen, eine »abstrakte Allgemeinheit« dar. Die Individuen können ihrer eigenen Bedürfnisbefriedigung nur nachgehen, wenn sie sich gegenseitig anerkennen: Ein jeder akzeptiert das Eigeninteresse des anderen, wie er weiß, daß er selbst entsprechend akzeptiert ist. Diese Grundbedingung einer Gesellschaft von autonom wirtschaftenden Individuen – der bürgerlichen Gesellschaft – bedeutet, daß die Individuen sich zueinander als rechtsgleiche Personen verhalten. Somit enthält ihre Interaktion zugleich die erste abstrakte Form

131 Vgl. hier besonders: Georg Wilhelm Friedrich Hegel, Jenaer Realphilosophie (Anm. 121), S. 233–260. Die Darstellung folgt diesem außerordentlich dichten Begründungszusammenhang. Vgl. dazu auch: Klaus Roth, Freiheit und Institutionen in der politischen Philosophie Hegels, Rheinfelden – Freiburg – Berlin 1989, S. 169–184.

132 *Aufheben* hat für Hegels dialektisches Denken die dreifache Bedeutung von *tollere* (emporheben), *negare* (verneinen) und *levare* (aufbewahren).

eines allgemeinen Willens, der eben aus der gegenseitigen Anerkennung als autonom wirtschaftende Individuen besteht. Die Allgemeinheit ist abstrakt, weil in der rechtlichen Regelung ökonomischer Beziehungen nur die Person, nicht aber die individuelle Vielfalt eine Rolle spielt. Auch die ökonomischen Beziehungen selbst sind von abstrakter Allgemeinheit, weil jeder seine Bedürfnisse nicht unmittelbar durch seine eigene Arbeit befriedigt, sondern selbst arbeitsteilig produziert; so ist auch die Bedürfnisbefriedigung durch Allgemeinheit, nämlich allgemeine Arbeit, vermittelt. Ausdruck dieser abstrakten Allgemeinheit ist der *Tausch*. Er ermöglicht die Befriedigung der konkreten Bedürfnisse und bewirkt die allgemeine Bedürfnisbefriedigung, indem jeder seine eigenen Produkte, die er selbst nicht benötigt, gegen Produkte anderer eintauscht, die er benötigt. Weil jeder die benötigten Leistungen nur erhält, wenn er unmittelbar entsprechende Gegenleistungen erbringt, erhält im Tausch die wechselseitige Anerkennung »Dasein«; der individuelle Wille gewinnt Geltung, der Besitz wird (rechtlich anerkanntes) Eigentum.

Die Spannung zwischen Einzel- und Allgemeinwillen beginnt mit dem *Vertrag*. Er ist »ideeller Tausch«[133], denn Leistung und Gegenleistung treten im Vertrag auseinander; sie sind nicht unmittelbar durch den Akt des Austausches, sondern durch gegenseitige Verpflichtung miteinander verbunden. Der Vertrag »ist ein *Tausch* des Erklärens, nicht mehr der Sachen, aber gilt soviel als die Sache selbst«[134]. Der Vertrag bekundet einen gemeinsamen Willen, der für seine Laufzeit verbindlich bleibt, was auch immer die Vertragspartner als Einzelwillen künftig unternehmen. Die Entkoppelung vom realen Substrat der unmittelbaren Leistung und Gegenleistung bedeutet jedoch auch, daß der Vertrag gebrochen werden kann. Ein Einzelwille stellt sich, wenn er entgegen der Abmachung nicht leistet, dem im Vertrag hergestellten gemeinsamen Willen entgegen, und er hat – das ist die von Hegel herausgestellte Dynamik – allen Anlaß dazu, weil die ihm abverlangte Erfüllung der vereinbarten Leistung keine weiteren Vorteile für ihn erbringt, ihm vielmehr nur sichtbar macht, daß er seinen eigenen Willen aufgegeben hat. Um den Einzelwillen zu behaupten, liegt es daher näher, den Vertrag zu brechen als ihn zu halten. Aber der Vertragsbruch benachteiligt nicht nur den Partner, er zerstört die Grundvoraussetzung des ökonomischen Handelns, die gegenseitige Anerkennung.

Der gemeinsame Wille muß sich daher, wenn die Gesellschaft aus Einzelwillen fortbestehen soll, vermittels Zwang durchsetzen. »Mein *Wort muß gelten*, nicht aus moralischen Gründen, daß ich mir innerlich gleich bleiben, meine Gesinnung, Überzeugung und so fort nicht ändern *solle*, sondern ich kann dies ändern; aber mein Wille *ist* nur als anerkannter da. Ich widerspreche nicht nur mir, sondern dem, daß mein Wille anerkannt ist... Ich werde gezwungen, Person zu sein.«[135] Vertragsverletzung und Sicherung des Vertrages durch Zwang sind zwei gleichermaßen denknotwendige Momente der auf wechselseitiger Anerkennung beruhenden Wirtschaftsgesellschaft, und sie führen zu einer neuen Qualität des gemeinsamen Willens. Der Zwang betrifft vordergründig zwar nur die einmal versprochene Leistung, tatsächlich aber erfaßt er die ganze Persönlichkeit desjenigen, der gezwungen wird. »Es ist also der Begriff *gesetzt, aufgestellt,* daß der allgemeine Wille das *einzelne* Ich in sich absorbiert – als

133 Georg Wilhelm Friedrich Hegel, Jenaer Realphilosophie (Anm. 121), S. 238.
134 Ebd.
135 Ebd., S. 239.

seiendes gegen ihn – das ganze Einzelne... Ich bin gezwungen worden, nicht nur meinem Dasein nach, sondern eben meinem Ich nach.«[136] Im Zwang wird die Person selbst verletzt; so kann der einzelne Wille seine Autonomie, von der er ausgeht und die ihm anerkannt worden ist, nur durch eine Auseinandersetzung auf höherer Stufe zu behaupten suchen: »Gegen den Zwang stelle ich also mein Fürmichsein her, nicht wie in der Bewegung des Anerkennens mein überhaupt verletztes Ich, sondern mein verletztes anerkanntes Ich. Ich will ihm zeigen, daß er mich doch nicht soll zwingen können.«[137]

Der Konflikt zeigt eine zu Vertragsbruch und Zwang analoge Dialektik, nur hier auf höherer Stufe als *Verbrechen und Strafe*. Das Verbrechen – Diebstahl, Raub, Gewalttätigkeit, Mord – richtet sich nicht gegen vertragliche Ansprüche anderer, sondern gegen ihre Integrität als Person. Der Verbrecher steht bewußt außerhalb der Gesellschaft; er stellt ihre Grundvoraussetzung, die Allgemeinheit wechselseitiger Anerkennung, nicht nur indirekt, sondern direkt und gezielt in Frage. Entscheidend ist dabei nicht die tatsächliche Motivlage des Verbrechens, sondern die Reaktion eines als autonom sich behaupten wollenden Einzelwillens auf den Zwang des sich durchsetzenden Allgemeinwillens. »Die innere Quelle des Verbrechens ist der Zwang des Rechts; Not und so fort sind äußerliche Ursachen, die dem tierischen Bedürfnisse gehören... Seine innre Rechtfertigung ist dies, der Zwang, das Entgegenstellen seines einzelnen Willens zur *Macht,* zum Gelten, zum Anerkanntsein.«[138] Hegel interessiert sich hier nicht für psychologische Motivforschung, genausowenig wie er behauptet, alle Menschen müßten um ihrer Selbstbehauptung willen Verträge brechen und als Reaktion auf erfahrenen Zwang zum Verbrecher werden. Ihn interessiert die innere Logik, nach der die arbeitsteilige Bedürfnisbefriedigung und die gleichberechtigte Handlungsautonomie in der bürgerlichen Gesellschaft die Dominanz der Einzelwillen zur Dominanz des Allgemeinwillens verkehren, ohne das Prinzip der individuellen ökonomischen Freiheit aufzugeben. Vertragsbruch und Zwang, Verbrechen und Strafe sind nur die herausragenden, aber keineswegs zufälligen Phänomene, an deren Zusammenhang die sich herausbildende Struktur des Allgemeinwillens deutlich wird.

Das Verbrechen produziert den Gegenschlag des Allgemeinen in Form der Strafe. »Dies Verbrechen ist die Belebung, die Betätigung, Erregung zur Tätigkeit des allgemeinen Willens. Der allgemeine Wille ist tätig. Die anerkannte Tätigkeit ist *allgemeine*, nicht einzelne, d.h. sie ist ein Aufheben des Einzelnen. *Strafe* ist dieses Umschlagen; sie ist Wiedergeltung als des allgemeinen Willen. Ihr Wesen beruht nicht auf einem Vertrage, noch Abschrecken der Anderen, noch Besserung des Verbrechens, sondern ihr *Wesen*, Begriff ist dieser Übergang, Verkehrung des verletzten allgemeinen Anerkanntseins. Sie ist *Rache*, aber als Gerechtigkeit, d.h. das Anerkanntsein, das *an sich* ist und (äußerlich) verletzt, wiederherzustellen.«[139] Indem die Strafe die Allgemeinheit gegenseitiger Anerkennung für die Person als ganze wiederherstellt, realisiert sich ein allen gemeinsamer, allgemeiner Wille, der auch die Einzelwillen in sich enthält. Sie sind dem allgemeinen Willen unterstellt, sie wissen es,

136 Ebd., S. 240f.
137 Ebd., S. 242f.
138 Ebd., S. 243.
139 Ebd., S. 243f.

und so ist der allgemeine Wille *Gesetz*, und zwar »gewalthabendes Gesetz«[140]. Der Gesetzesstaat wird von Hegel nicht aus einem Vertrag, der Übereinkunft von Individuen begründet, sondern aus den Funktionserfordernissen der bürgerlichen Gesellschaft selbst. Das Gesetz drückt den allgemeinen Willen der Gesellschaft aus, welcher seine Geltung aus den beteiligten Einzelwillen erhält, aber – da dieser Zusammenhang nicht bruchlos vonstatten geht – in der realen Durchsetzung sich zu einer höheren Instanz verselbständigt.

Von der erforderlichen Dominanz des Allgemeinen geht Hegel nicht mehr ab, wohl aber soll das Gemeinwesen eine lebendige Einheit von Einzel- und Allgemeinwillen darstellen. Das Gesetz allein bewirkt diese Einheit noch nicht. Es ist »das Existieren des *gemeinsamen Willens* Verschiedener über eine einzelne Sache«, es ist »noch nicht Sitte, nicht lebendig, sondern abstrakt«[141]. Der Gesetzesstaat – in der *Rechtsphilosophie* von 1821 nennt ihn Hegel dann »Not- und Verstandesstaat«[142] – ist, bedingt durch den erforderlichen Allgemeinheitsgrad gesetzlicher Regelungen, eine selbst noch abstrakte, unlebendige Einheit; die Individuen und die sie dominierenden Institutionen ihres allgemeinen Willens stehen sich unvermittelt gegenüber. Erst das organisch verfaßte Volk, der (nach der Terminologie der späteren *Rechtsphilosophie*) »eigentlich politische Staat«[143], ist eine lebendige Einheit; Hegel entwickelt dieses Resultat, wiederum als denknotwendig, aus einer Analyse, wie das »gewalthabende Gesetz« zunehmend auf das Leben der Individuen einwirkt.

In den *ökonomischen Beziehungen* ist das Gesetz durch das Prinzip der individuellen Freiheit weitestgehend auf die Gewährleistung allgemeiner Marktbeziehungen beschränkt; das Gesetz, welches wirklich herrscht, ist das Gesetz des Marktes, das der Einzelne nicht durchschaut, dem er aber hilflos ausgeliefert ist: »Das Allgemeine ist zugleich seine Notwendigkeit, die ihn bei seiner Rechtsfreiheit aufopfert... Er hat seine bewußtlose Existenz in dem Allgemeinen; die Gesellschaft ist seine Natur, von deren elementarischer, blinder Bewegung er abhängt, die ihn geistig und physisch erhält oder aufhebt.«[144] Nach der Doktrin der klassischen Nationalökonomie ist die Geschicklichkeit die Grundlage zur Erhaltung der eigenen Existenz. Aber im Marktgeschehen ist sie dies keineswegs mit Notwendigkeit, vielmehr ist sie »der völligen Verwicklung des Zufalls des Ganzen unterworfen. Es werden also eine Menge zu den ganz abstumpfenden, ungesunden und unsicheren und die Geschicklichkeit beschränkenden Fabrik-, Manufaktur-Arbeiten, Bergwerken usf. verdammt, und Zweige der Industrie, die eine große Klasse Menschen erhielten, versiegen auf einmal wegen der Mode oder Wohlfeilerwerden durch Erfindungen in anderen Ländern usf., und diese ganze Menge ist der Armut, die sich nicht helfen kann, preisgegeben. Der Gegensatz großen Reichtums und großer Armut tritt <auf>... Diese Ungleichheit des Reichtums und der Armut, diese Not und Notwendigkeit wird die höchste Zerrissenheit des Willens, innre Empörung und Haß.«[145]

---

140 Ebd., S. 245.
141 Ebd., S. 246.
142 Georg Wilhelm Friedrich Hegel, Rechtsphilosophie (Anm. 129), § 183.
143 Ebd., § 267.
144 Georg Wilhelm Friedrich Hegel, Jenaer Realphilosophie (Anm. 121), S. 250.
145 Ebd., S. 251f. Hegel hat sich über die Auswirkungen der Institution des Marktes auf die Existenz der Individuen stets fulminant kritisch geäußert, vgl. die – häufiger zitierten – Passagen in der »Rechtsphilosophie«, §§ 241–245.

Hegel weiß gegen die von ihm herausgestellte Brutalität des Allgemeinen in Form der Institution des Marktes kein Heilmittel; er begnügt sich mit einigen vagen Vorschlägen zur Konjunktursteuerung und zur Armenfürsorge. Zugleich akzeptiert er diese negative Seite der bürgerlichen Gesellschaft als ein notwendiges Moment in der Herausbildung des Allgemeinen, obwohl »lebendige Einheit« unter diesen Bedingungen kaum vorstellbar ist. Seinem Argumentationsgang zufolge kann solche Einheit hier auch gar nicht erwartet werden. Das aber bedeutet nicht, die ökonomisch bedingte Entfremdung einfach abzuweisen, sondern als ein unaufhebbares, wenn auch negatives Moment in die Entwicklung der echten Einheit konstitutiv mit aufzunehmen. Der Stellenwert der »bürgerlichen Gesellschaft« als Stufe der Sittlichkeit in der späteren *Rechtsphilosophie* entspricht genau dieser Intention.

Sehr nüchtern geht Hegel zu den *rechtlichen Beziehungen* als höhere Stufe über: »*Der Einzelne ist zufällig, seinem wirklichen Besitz und seiner Geschicklichkeit, Verstand* nach, aber *als Allgemeiner <ist er> wesentlich.*«[146] Durch die Institution der richterlichen Gewalt garantiert der Staat die tatsächliche Geltung des Anerkanntseins; damit sind Vertragsverletzungen und Verbrechen als Momente der Selbstbehauptung des Einzelwillens überholt, sie werden einfach rechtlich geahndet. Der Einzelwille weiß, daß er, wenn er gezwungen wird, im Gesetz lediglich von sich selbst gezwungen wird. Mit Rousseau und dem auf ihm fußenden Denken der Französischen Revolution geht Hegel von der Kritik am Liberalismus zu einem substantiellen Staatsdenken über[147] und läßt letztlich beide hinter sich.

»Das Gesetz *zwingt* daher, d. h. hier: es führt gegen meine besondre Bedeutung die gemeinsame aus ... gegen mein besondres Selbst mein *allgemeines* .. der *Zwang* enthält nicht meine Unterwerfung, das Verschwinden meines Selbsts gegen ein andres Selbst, sondern *meiner gegen mich selbst, meiner als Besondern gegen mich selbst als Allgemeinen,* und zwar dieses nicht als Macht, sondern als Macht *des Gesetzes*, das ich anerkenne; d. h. die negative Bedeutung meiner hat ebensosehr positive; ich bin ebenso darin erhalten.«[148] Daß das Individuum positiv wie negativ im Allgemeinen aufgeht, macht die lebendige Einheit des Volkes aus – allerdings auf einer Grundlage, die die physische Existenz des Indiviuums im Rahmen der Gesetze prinzipiell zur Disposition des Staates stellt. Die Strafgerichtsbarkeit, die »peinliche Rechtspflege«, ist »die Gewalt des Gesetzes über das Leben des Einzelnen. Das Gesetz ist seine absolute Macht selbst über sein Leben; denn es ist sein Wesen als rein allgemeiner Wille, d. h. als Verschwinden seiner als eines besonderen Seins, Lebens.«[149] So gesehen kann für die Macht des Gesetzes nichts außerhalb bleiben, auch nicht das Böse, das sich in Form des Einzelwillens gegen das Gesetz stellt. Das Allgemeine umfaßt alles, es ist »der göttliche Geist, der das *absolut Andre,* das Böse, das im Gedanken als solchem schlechthin Andre, als sich selbst weiß.« »Diese Macht über alles *Dasein*, Eigentum und Leben und ebenso

---

146 Ebd., S. 253.

147 Vgl. Rousseau, Du contrat social, Buch 1, Kap. 7 »... daß jeder, der dem allgemeinen Willen den Gehorsam verweigert, von dem ganzen Körper dazu gezwungen werden soll; das hat keine andere Bedeutung, als daß man ihn zwingen werde, frei zu sein«.

148 Ebd., S. 254.

149 Ebd., S. 256.

<über> den Gedanken, das *Recht* und das Gute und Böse ist das Gemeinwesen, das lebendige Volk. Das Gesetz ist lebendig, vollkommnes, lebendiges, selbstbewußtes Leben.«[150]

Das Absolute, so scheint es, hat Hegel wiedergefunden: die lebendige Einheit, die alles, auch das Böse, die irrationalen Elemente der Politik, mit umfaßt. Er nennt es »Volk« und »Staat«, auch in seinem Spätwerk, und es resultiert nicht aus der Deduktion eines Prinzips, sondern aus einer Analyse der Grundbedingungen des modernen Marktes und des liberalen Gesetzesstaates. Damit schlägt die eigentliche Logik des modernen konstitutionellen Staates mit seinen freigesetzten Wirtschaftskräften der Gesellschaft, so glaubt Hegel zeigen zu können, bei konsequentem Durchdenken in ihr Gegenteil, eine substantielle politische Gemeinschaft nach aristotelischem Muster um. Die unumschränkte Macht des Gesetzes, die physische Gewalt der peinlichen Gerichtsbarkeit sind auch dem liberalen Denken nicht fremd. Für Hegel sind sie jedoch Indizien einer substantiellen, durch keine öffentlichen Vorbehalte eingegrenzten politischen Einheit, die die Macht der politischen und ökonomischen Revolution mit dem alteuropäischen Fundus eines sittlichen Staates verbindet: Der sittliche Staat bietet dem Bürger eine Lebenserfüllung, die seinen ihm zukommenden Tugenden entspricht. In dieser Einheit mit dem Allgemeinen hat das Individuum einerseits Furcht vor dessen Übermacht, andererseits weiß es den allgemeinen als seinen eigenen Willen und hat Vertrauen zu ihm. Der Staat seinerseits fordert absoluten Gehorsam, und zugleich opfert er sich für das Individuum auf, um es zu dem Seinen kommen zu lassen.

»Bürgerliche Gesellschaft« und »Staat«

In der *Rechtsphilosophie* von 1821 trennt Hegel begrifflich und sachlich scharf zwischen »bürgerlicher Gesellschaft« und »Staat«. Damit bringt er einerseits die moderne Unterscheidung von Gesellschaft und Staat in Deutschland als erster zu systematischer theoretischer Klarheit. Andererseits geht ein wichtiger Zusammenhang seiner Bestimmung des Staates aus den Wesensmerkmalen der bürgerlichen Gesellschaft verloren: daß die Spannung von autonomer Selbstbestimmung der Individuen und ihrer nur abstrakten Einheit im Gesetzesstaat erst zum echten »politischen Staat« führt. Stattdessen entsteht das systematische Problem, wie denn die »bürgerliche Gesellschaft« in den »Staat« übergehe und ob dieser Übergang von Hegel befriedigend gelöst sei. Tatsächlich dürfte Hegel den kontinuierlichen Übergang aus seinen frühen Systementwürfen noch vor Augen gehabt haben, wenn er nun um der begrifflichen Klärung willen zwischen »bürgerlicher Gesellschaft« und »Staat« systematisch unterscheidet. Die »bürgerliche Gesellschaft« in der *Rechtsphilosophie* ist durchaus auch Staat, nur steht sie als »äußerer Staat-, Not-und Verstandesstaat« dem »eigentlich politischen Staat«[151] gegenüber. So ist sie, wie auch in den frühen Systementwürfen, vom »politischen Staat« nicht durch das Kriterium der Staatlichkeit, sondern durch deren Qualität unterschieden.

---

150 Ebd., S. 257 u. S. 256.
151 Georg Wilhelm Friedrich Hegel, Rechtsphilosophie (Anm. 129), §§ 183 u. 267.

Die bürgerliche Gesellschaft in der *Rechtsphilosophie* ist, deutlicher als in den frühen Systementwürfen, durch den »Verlust der Sittlichkeit«[152] gekennzeichnet. Die Allgemeinheit ist ihre »nur noch *innerliche* Grundlage und deswegen auf formelle, in das Besondere nur *scheinende* Weise«[153]. Auf die bürgerliche Gesellschaft kommt gewissermaßen nur ein Abglanz der lebendigen Einheit von Individuum und Allgemeinem, der es eben noch rechtfertigt, sie überhaupt unter die Sittlichkeit zu subsumieren, während diese selbst angesichts des Egoismus der Individuen nicht manifest wird. »Die Besonderheit für sich ... zerstört in ihren Genüssen sich selbst und ihren substantiellen Begriff; andererseits ... ist die Befriedigung des notwendigen wie des zufälligen Bedürfnisses zufällig. Die bürgerliche Gesellschaft bietet in diesen Gegensätzen und ihrer Verwicklung das Schauspiel ebenso der Ausschweifung, des Elends und des beiden gemeinschaftlichen physischen und sittlichen Verderbens dar.«[154] Diese negativ charakterisierte Sphäre, die gesellschaftlich, aber im emphatischen Sinn noch nicht »politisch« ist, entfaltet Hegel nach wie vor als freies ökonomisches Zusammenspiel im »System der Bedürfnisse«, reguliert durch die »Rechtspflege«; den Übergang zum »politischen Staat« sieht er in den Korporationen – einem Versuch zu seiner Zeit, die alten Zünfte in moderner Form wieder zum Leben zu erwecken –, welche neben der Familie die spezifisch sittliche Wurzel des Staates sein sollen.

Im Abschnitt »Staat«, der ihm den nicht sehr schmeichelhaften Titel eines »preußischen Staatsphilosophen« eingetragen hat, rechtfertigt Hegel mit hohem, ein wenig bizarr anmutendem logischen Aufwand die Monarchie und ihre Erblichkeit. Der Monarch ist höchster Ausdruck der Souveränität des Staates als subjektive Persönlichkeit: »Die Souveränität ... existiert nur als die ihrer selbst gewisse *Subjektivität* und als die abstrakte, insofern grundlose *Selbstbestimmung* des Willens, in welcher das Letzte der Entscheidung liegt... Die Subjektivität aber ist in ihrer Wahrheit nur als *Subjekt*, die Persönlichkeit nur als *Person*... Dies absolut entscheidende Moment des Ganzen ist daher nicht die Individualität überhaupt, sondern *ein* Individuum, der *Monarch*.«[155] Noch fragwürdiger in der bemühten logischen Strenge der Begründung ist die Ableitung der Erblichkeit. Der Monarch ist Individuum, als solches »natürlich«, und deshalb ist das Individuum »durch die natürliche Geburt zur Würde des Monarchen bestimmt«[156]. Wem diese Sonderbehandlung des monarchischen Individuums nicht einleuchtet, der wird belehrt, daß hier ureigenste Philosophie am Werke ist: »Dieser Übergang vom Begriff der reinen Selbstbestimmung in die Unmittelbarkeit des Seins und damit in die Natürlichkeit ist rein spekulativer Natur, seine Erkenntnis gehört daher der logischen Philosophie an.«[157]

Des weiteren billigt Hegel dem Staat auch eine Legislative zu. Sie besteht aus einer ständischen Vertretung in zwei Kammern – Abgeordnete als Repräsentanten der bürgerlichen Gesellschaft auf der einen Seite, persönlich berechtigte Adlige auf der anderen Seite –, die durch »Mitwissen, Mitberaten und Mitbeschließen über die allgemeinen Angelegenheiten«[158] anstelle eigener Gesetzgebung die Meinung der

152 Ebd., § 168.
153 Ebd.
154 Ebd., § 185.
155 Ebd., § 279.
156 Ebd., § 280.
157 Ebd., § 280 Anmerkung.
158 Ebd., § 314.

bürgerlichen Gesellschaft zu Gehör bringen sollen. Marx hat sich über die komplizierten Konstruktionen, mit denen Hegel den politischen Einfluß der bürgerlichen Gesellschaft in der ständischen Vertretung zurückdämmen will, zu Recht lustig gemacht; ebenso über die tragende Rolle der Bürokratie[159], die freilich in Preußen zum erheblichen Teil die liberalen Reformen vorantrieb. Hegel hält nichts von institutionellen Vorkehrungen gegen staatliche Machtzusammenballung in Form einer konsequent durchgeführten Gewaltenteilung, hält sich bedeckt gegenüber der Zensur, ist skeptisch gegenüber einer aufklärerischen Rolle der öffentlichen Meinung und sieht den Staat schließlich als machtvoll handelnde Einheit im bisweilen gewalttätigen Konzert souveräner Machtstaaten.

Die Aufgabe der politischen Institutionen

Das konservative Credo der Hegelschen Staatsphilosophie (im Gegensatz zu seiner eher »fortschrittlichen« Gesellschaftsphilosophie) hat die Frage in den Hintergrund gedrängt, welche Funktionen dem »politischen Staat« überhaupt noch eigenständig zukommen. In der »bürgerlichen Gesellschaft«, dem »Not- und Verstandesstaat«, der dem »gewalthabenden Gesetz« in den frühen politischen Systementwürfen entspricht, sind die für Ökonomie und Rechtspflege zuständigen staatlichen Institutionen bereits abgehandelt; ebenso der Geschäftsbereich der »Polizei«, welche zur damaligen Zeit für alle Fragen der inneren Ordnung und Wohlfahrt des Staates zuständig war. Sind somit in der »bürgerlichen Gesellschaft« die *policy*-Bereiche, also die Ziele und Inhalte staatlicher Politik bereits erfaßt, so verbleibt dem »politischen Staat« nur die Organisation der Verfassung als organischer Einheit von Monarch, Ständeversammlungen, Regierung und Bürokratie sowie die Außenvertretung. Staatliche Institutionen verortet Hegel im »Not- und Verstandesstaat« ebenso wie im »politischen Staat«, und da sie nicht zwei unterschiedliche Gemeinwesen bilden, vielmehr nur zwei Stufen der entfalteten vernunftgemäßen politischen Einheit darstellen, sind die Institutionen auf beiden Stufen nicht so sehr gesonderte Gebilde als vielmehr von unterschiedlicher Qualität. Als »Not- und Verstandesstaat« haben sie in der sittlich zerrissenen Welt regulierende Funktion, um den Bestand der Gesellschaft zu sichern; als »politischer Staat« machen sie für den Bürger die ihn – trotzdem, meint Hegel – umgreifende und tragende substantielle Einheit sichtbar.

Die Individuen sind als »Personen« in der bürgerlichen Gesellschaft frei und autonom in ihrer Lebensgestaltung, vor allem in ökonomischen Belangen. Diese revolutionäre Entwicklung der Neuzeit erkennt Hegel als unumkehrbar, notwendig und auch vernünftig an. Sie sind aber nicht autonom und somit nicht frei in der politischen Gestaltung ihres Gemeinwesens; hier macht Hegel seine Erfahrung der Französischen Revolution geltend, daß eine unmittelbar vom Individuum ausgehende, nach allgemeinen Grundsätzen aufgebaute politische Ordnung eine Trennung von Einzel- und Allgemeinwille bewirkt, die in Form einer verselbständigten abstrakten Allgemeinheit – der Schreckensherrschaft – das Individuum nur unterdrückt. Die politische

159 Karl Marx, Kritik des Hegelschen Staatsrechts (1843), in: Karl Marx/Friedrich Engels: Werke, 39 Bde., 1 Ergänzungsband in 2 Teilen, 2 Verzeichnisse, Berlin (DDR) 1956ff., Bd. 1, S. 203ff.

Freiheit der Individuen kann nicht reale Teilhabe an der Herrschaft, also Demokratie sein, sie kann nur in innerlicher Autonomie, also der Freiheit des Denkens und des Gewissens bestehen. Dies ist das *Prinzip der Neuzeit*, das an die Stelle der politischen Freiheit der alten Griechen mit ihrer unmittelbaren demokratischen Einheit von Einzel- und Allgemeinwille getreten ist.

Schon in der *Realphilosophie* von 1805/06 hat Hegel argumentiert, daß sich für das Individuum die politische Freiheit von realer Teilhabe am Allgemeinen auf ein Bewußtseinsphänomen reduziert, wodurch das Individuum jedoch an innerer Freiheit gewinnt: »Es ist eine höhere Abstraktion notwendig, ein größerer Gegensatz und Bildung, ein *tieferer* Geist... Die höhere Entzweiung ist also, daß jeder vollkommen in *sich zurückgeht,* sein *Selbst als solches* als das Wesen weiß, zu diesem Eigensinne kommt, vom daseienden Allgemeinen abgetrennt, doch absolut zu sein, *in seinem* Wissen *sein Absolutes unmittelbar zu besitzen.* Er läßt als Einzelner das Allgemeine frei; er hat vollkommene Selbständigkeit in sich, er gibt seine Wirklichkeit auf, gilt sich nur in *seinem Wissen*... Durch dieses Prinzip ist die äußere wirkliche Freiheit der Individuen in ihrem unmittelbaren Dasein verloren, aber ihre innre, die Freiheit des Gedankens erhalten.«[160] Real können und dürfen die Bürger am Allgemeinwillen nicht partizipieren. Er ist Allgemeinwille, weil er aus den ökonomischen Funktionserfordernissen als ihr gemeinsamer Wille hervorgeht; in ihm ist der Einzelwille »aufgehoben«, und die Einheit von Einzel- und Allgemeinwille besteht nurmehr darin, daß sie ihn als ihren gemeinsamen Willen *wissen*. Wahre Freiheit, so das »Prinzip der Neuzeit«, besteht überhaupt nur im Wissen, und so ist die gewußte, nicht die partizipierte Einheit entscheidend. Eine Revolution, die das verändern will, ist zum Scheitern verurteilt und bewirkt letztlich nur eine Verfestigung der äußeren Unfreiheit ohne das Äquivalent der innerlichen Autonomie.

Vor diesem Hintergrund ist die neue Qualität des »politischen Staates« und der Charakter der politischen Institutionen zu sehen[161]. Für die Individuen ist es angesichts der sittlichen Zerrissenheit der Welt entscheidend, sich in einer Einheit wiederzufinden, in der sie sich geborgen wissen können, und reale Freiheit in Form von politischer Teilhabe ist für sie von minderem Belang. Damit sie das politische Gemeinwesen als ihre substantielle Einheit »wissen« können, muß es für sie als eine solche Einheit erfahrbar, also sichtbar sein, für sie »Gestalt«[162] annehmen. Das leisten die Institutionen im »politischen Staat«; sie sind für die Bürger Gestalten der Einheit in der sittlich zerrissenen ökonomischen Welt. Vermittels der Institutionen haben die Bürger »Zutrauen« zum Staat; Zutrauen ist »das *Bewußtsein* (Hervorhebung G. G.), daß mein substantielles und besonderes Interesse im Interesse und Zweck eines anderen (hier des Staates) als im Verhältnis zu mir als einzelnem bewahrt und enthalten ist.«[163] Anders kann für Hegel der nachrevolutio-

160 Georg Wilhelm Friedrich Hegel, Jenaer Realphilosophie (Anm. 121), S. 267–269. Vgl. ders., Rechtsphilosophie, § 260: »Das Prinzip der modernen Staaten hat diese ungeheure Stärke und Tiefe, das Prinzip der Subjektivität sich zum *selbständigen Extreme* der persönlichen Besonderheiten vollenden zu lassen und zugleich es in die *substantielle Einheit zurückzuführen* und so in ihm selbst diese zu erhalten.«

161 Vgl. dazu Georg Wilhelm Friedrich Hegel, Rechtsphilosophie (Anm. 129), §§ 263–268.

162 Ebd., § 266.

163 Ebd., § 268.

näre Staat in den Bürgern nicht fundiert werden, denn nur das »Selbstgefühl der Individuen macht seine Wirklichkeit aus ...«[164]

Zweifellos hat sich Hegel über den Sinn und die Möglichkeit der von ihm befürworteten Verhinderung einer realen Beteiligung der Bürger an der politischen Herrschaft getäuscht und gegen Ende seines Lebens (in der Schrift *Über die englische Reformbill* aus dem Jahre 1831) hat er es auch geahnt. In diesem Sinne konnte seine nachrevolutionäre Lehre vom Staat nicht weiterführen – sie ließ sich allzu leicht, ideologisch oder ideologiekritisch, als Plädoyer für einen reaktionären Obrigkeitsstaat oder als zynisches Machtstaatsdenken verzerren. Hegel weist aber – versteht man die Abschnitte »bürgerliche Gesellschaft« und »Staat« in der Rechtsphilosophie als zwei lediglich funktional unterscheidende Teile einer politischen Institutionenlehre, die in der »bürgerlichen Gesellschaft« liberale, im »Staat« konservative Elemente aufnimmt und zu synthetisieren versucht – auch in die Zukunft. In einem als sachnotwendig aufgewiesenen Zusammenhang von ökonomischen, rechtlichen und politischen Bestimmungen hat er zusätzlich gezeigt, daß für den Bürger der Staat als eine Einheit, in der er lebt, von der er Vorteile hat, für die er aber auch Opfer bringen muß, als Einheit auch sichtbar sein muß, und zwar symbolisch in seinen Institutionen. Sie müssen so beschaffen sein, daß sie diese Integration leisten und sie müßten sie auch leisten, wenn der Bürger in einem demokratischen Staatswesen realiter an der Herrschaft beteiligt ist.

3. Konservatismus

3.1 Überblick

Der Konservatismus will das Bestehende, soweit es überkommen ist, bewahren. Sein Name leitet sich von der Zeitschrift *Le Conservateur* ab, die 1818 bis 1820 von Chateaubriand herausgegeben wurde. Traditionelles, auf historische Kontinuität bedachtes Denken ist kein neuartiges Phänomen des 19. Jahrhunderts; wohl aber hat der Konservatismus seine moderne, bis heute weiterreichende Ausprägung erst als antirevolutionäre Gegenbewegung erhalten, vornehmlich und zuallererst gegenüber der Französischen Revolution von 1789. Diese Revolution, so wurde es von konservativer Seite aus gesehen, war die letzte praktische Konsequenz eines aufklärerischen, individualistischen Denkens, welches die autonome menschliche Vernunft zum Maßstab aller gesellschaftlichen Ordnung erhob, die göttliche Ordnung zur weltlich gesetzten Ordnung säkularisierte und sich anheischig machte, Verfassungen nach diesem Vernunftpostulat zu konstruieren. Indem Burke demgegenüber das Prinzip der historischen Kontinuität verfocht und die historisch gewachsenen Institutionen verteidigte, gab er, ohne selbst reaktionär zu sein, den Anstoß für die theoretischen Begründungen der Reaktion gegen die revolutionären Umwälzungen und die theoretische Rechtfertigung der Restauration, d. h. Wiederherstellung jener vorrevolutionären Verhältnisse, die noch restaurierbar erschienen. Das waren eine möglichst unumschränkt herrschende Monarchie und – in teilweise widerstreitender Interessenlage –

164 Ebd., § 265 Zusatz.

das feudale Geflecht altständischer, insbesondere adliger Freiheiten und Privilegien; das war aber zunehmend auch der Versuch, gegenüber den sich durchsetzenden modernen Arbeits- und Wirtschaftsformen den sozialen Abstieg der althergebrachten Subsistenzweise aufzuhalten. Insofern erscheint der Konservatismus in besonderem Maße als »Ideologie«, als Theorie gesellschaftlicher Ordnung zum Zweck der Durchsetzung der eigenen Interessen. Am Bestehenden, soweit es überkommen war, hatten neben der Monarchie vor allem der Adel, Teile der bäuerlichen Bevölkerung, vom sozialen Abstieg bedrohte Handwerker und schließlich die Geistlichkeit ein ebenso materielles wie ideelles Interesse; konservative Theoriegebäude laufen immer wieder auf die Rechtfertigung dieser Interessen hinaus. Aber es würde zu kurz greifen, konservatives Denken nur als den durchsichtigen Versuch einer Rationalisierung handfester Interessen zu entlarven, was er zweifellos auch war – der Konservatismus hat, vornehmlich in der ersten Hälfte des 19. Jahrhunderts, Ordnungsprinzipien formuliert, mit denen wir uns auch heute noch auseinanderzusetzen haben.

Der Charakter konservativen Denkens läßt sich durch einige Merkmale beschreiben, die weniger jedes für sich selbst schon Trennschärfe gegenüber anderen, namentlich liberalen Positionen ergeben als vielmehr in ihrer Verbindung eine spezifische Denkhaltung markieren. Konservatives Denken ist *historisch*. Die Ordnung des menschlichen Zusammenlebens ist nicht eine einmal, möglichst in der Gegenwart, zu bewältigende Aufgabe nach festen Kriterien, sondern sie steht im Fluß der Geschichte, in der Abfolge der Generationen. Herrschaftsprinzipien und Gesellschaftsstrukturen, die sich langfristig entwickelt haben, sind bis zum Beweis des Gegenteils als sinnvoll anerkannt, nicht umgekehrt. Das schließt behutsame Weiterentwicklungen und Reformen nicht aus, wohl aber radikale revolutionäre Veränderungen; »bewahren und entwickeln« heißt die Devise.

Konservatives Denken ist *konkret*. Anstelle abstrakter, mechanischer Konstruktionsprinzipien zum Aufbau von Gesellschaft und Staat setzt es auf eine lebendige, vielfach in sich gegliederte Einheit. Nicht das Individuum in der Verallgemeinerung der ihm zukommenden Rechte ist der Maßstab; der Mensch steht in organischen Zusammenhängen, die sich aus den natürlichen Unterschieden und der Art seiner Tätigkeit in der Gesellschaft ergeben. Die Einheit, von der alle gesellschaftliche Ordnung ihren Ausgang nimmt, ist das Volk, in seiner gegliederten Vielfalt, zugleich aber seinem unverwechselbar aus Herkunft und Sitten geprägten Charakter. Sein Aufbau ist ständisch, und die Freiheit des einzelnen besteht nicht in der allgemeinen Zubilligung von Wahlmöglichkeiten, sondern in der individuellen Entfaltung in der vorgegebenen Ordnung des Ganzen.

Konservatives Denken ist *hierarchisch*. Der Wille, der zu entscheiden hat, kommt nicht von »unten«, sondern er ist »oben« angesetzt. Gegen das liberale Prinzip der Volkssouveränität – »alle Gewalt geht vom Volke aus« – steht das »monarchische Prinzip«, welches die staatliche Souveränität mit der durch Erbfolge legitimierten Person des Königs identifiziert. Herrschaft ist vor allem personale Herrschaft. Sie ist die durch überpersönliche Normen des Rechts und Maximen der Wohlfahrt zwar umgrenzt. Diese sind aber realiter nicht einklagbar.

Konservatives Denken ist *religiös*. Herrschaft ist von Gott, und die Religion ist gleichermaßen Legitimationsgrund aller Ordnungen menschlichen Zusammenlebens wie selbst auch jener Faktor der politischen Kultur, welcher moralisch und sittlich die gesellschaftliche Einheit in der gegliederten Vielfalt des Volkes und die politische

Einheit des Volkes mit dem Herrscher gewährleistet. Die Abkehr von der Religion in Form der Säkularisierung führt zum Verfall. Religion und ihre hierarchische Organisationsform, die Kirche (sei es als Universalkirche, sei es in konfessioneller Ausprägung), sind die Grundpfeiler konservativen Ordnungsdenkens.

Schließlich ist konservatives Denken *modernisierungsskeptisch*. Zwar wird der Privatbesitz als individuelle Entfaltungsmöglichkeit uneingeschränkt bejaht, aber für die Art und die Organisation der Arbeit geht der Blick nach rückwärts in ständisch-feudale Produktionsweisen. Gegen die kapitalistische Markt- und Konkurrenzgesellschaft, die ihren theoretischen Ausdruck zuerst in der klassischen englischen Nationalökonomie gefunden hat, stehen das Handwerk, der Handel und der Landbau nach überkommenem Verständnis. Damit kann auch ein schärferer Blick für die negativen Begleiterscheinungen der Industrialisierung und der Durchsetzung kapitalistischen Wirtschaftens verbunden sein; Verarmung, Verelendung und Entfremdung werden nicht als bloß vorübergehende und zu behebende, im übrigen unvermeidliche Begleiterscheinungen der gesellschaftlichen Modernisierung, sondern zunehmend als Krisensymptome gedeutet, welche den Bestand der sittlichen Ordnung grundsätzlich in Frage stellen.

Einzelne dieser Elemente findet man, für sich genommen, auch in anderen Positionen des politischen Denkens; insgesamt kennzeichnen sie – in der gebotenen Vereinfachung eines Überblicks – vor allem das konservative Denken; seine verschiedenen Ausprägungen, auch seine Fortentwicklung im Laufe des 19. Jahrhunderts, beruhen auf Unterschieden in ihrer Gewichtung. Edmund Burke hatte 1790 von England aus in seiner Kritik der Französischen Revolution die Grundlinien eines konkreten und hierarchischen konservativen Denkens trotz der verbalen Schärfe in einer sachlich eher vermittelnden Form vorgetragen und damit eine Grundposition formuliert, die über das Lager der Reaktion hinaus auch reformerische Kräfte in Anspruch nahmen. Für Frankreich traten dagegen bereits 1796 zwei Theoretiker der Konterrevolution an die Öffentlichkeit, die mit ihren Schriften der politischen Reaktion eine stark theokratische Grundlage gaben: de Maistre und de Bonald. Joseph de Maistre (1753–1821) setzt im Ausgang von einem pessimistischen Menschenbild den göttlichen Willen gegen die menschliche Vernunft: Da der Mensch von Grund auf böse ist, kann menschliche Ordnung nur durch den von Gott eingesetzten Herrscher aufrecht erhalten werden, der im Rahmen der geschichtlich sich entwickelnden Verfassung eines Volkes mit ungeteilter Souveränität regiert. Gegen individuelle Freiheitsbestrebungen und Glaubensüberzeugungen bedarf es der Einheit durch die absolut übergeordneten Instanzen des Königtums und des katholischen Glaubens, und die weltliche Macht ist wiederum der Organisationsform der geistlichen Macht, dem Papsttum unterworfen; so plädiert de Maistre schließlich auch wieder für die kirchliche Inquisition. Mit ähnlicher Intention wendet sich Louis Gabriel Ambroise Vicomte de Bonald (1754–1840) gegen die Lehre von der Volkssouveränität: Gott ist der Ursprung aller Gewalt, göttliches Recht ergibt die natürliche Ordnung, in der der König zum Wohl seiner Untertanen herrscht. Die Ordnung menschlichen Zusammenlebens besteht aus einer systematisch vom Menschen zu Gott aufsteigenden Hierarchie; Familie, Staat und (katholische) Religionsgemeinschaft sind die Zwischeninstanzen, von denen jeweils die höhere über die niedere herrscht. Die Theorie der antirevolutionären Reaktion wird von dem Spanier Juan Donoso Cortés (1809–1853) auf die Spitze getrieben. Zunächst gemäßigt liberal, verliert er zunehmend seinen Glauben an die menschliche Vernunft und vertritt nach den Revolutionserfahrungen von 1848 eine religiös-moralisch motivierte Theorie des Ausnahmezustands und der Diktatur. Sie allein vermag die Verbindlichkeit der historisch gewordenen, als Wirken Gottes aufzufassenden Ordnung einer »wahrhaft katholischen Gesellschaft« sicherzustellen, da die Religion von sich aus nicht mehr in der Lage ist, die menschlichen Triebe und Leidenschaften zu unterdrücken. Somit ist die Basis der traditionell legitimierten Monarchie entfallen.

Im deutschen Sprachraum ist zunächst der patriarchalische Konservatismus von Karl Ludwig von Haller (1768–1854) ideologisch besonders einflußreich; mit seinem Werk *Restauration der Staatswissenschaft* (1816ff.) hat er der Epoche ihren Namen gegeben. Haller stellt gegen die Lehre vom Herrschaftsvertrag die natürliche Herrschaftsordnung, derzufolge der Schwächere sich dem Stärkeren unterordnet. So hat jeder Herrscher seinen Staat mit unumschränkter Gewalt zum Besitz, freilich nicht in Willkür oder Unterdrückung, sondern als Beschützer und Wohltäter nach dem Willen Gottes; im Patrimonialstaat ist das alte Feudalverhältnis restauriert. Theoretisch bedeutsamer und auf längere Sicht historisch auch wirkungsvoller ist das Denken der *politischen Romantik* und des *konstitutionellen Konservatismus;* beide haben, in lediglich unterschiedlicher Akzentsetzung, das konservative Denken bis ins 20. Jahrhundert hinein vorgeprägt. Der Begriff »politische Romantik«, der das politische Denken der Romantik bezeichnen soll, ist nur schwer für eine festumrissene Denkrichtung einzusetzen, denn die politischen Ideen der »Romantiker« sind kaum auf einen Nenner zu bringen. Die Grundintention dessen, was wir heute als »politische Romantik« verstehen, ist vor allem bei Novalis (Friedrich von Hardenberg, 1772–1801) und Adam Müller (1779–1829) zu finden. Gegenüber einem abstrakten, revolutionären Denken versuchen sie – Novalis eher aphoristisch, Adam Müller systematisch –, Staat und Religion als eine organische Einheit romantisch aufzufassen: einerseits als dynamische Weiterentwicklung der Idee des Lebens, andererseits in konkreter Rückwendung auf die Institutionen des Mittelalters. Im gleichen Geiste, aber weniger mitgerissen von der Faszinationskraft einer idealen Entwicklung, setzt die *historische Rechtsschule* (Friedrich Carl von Savigny, 1779–1861) auf die Kräfte des Volkes; hier entwickeln sich Recht und politische Institutionen, und aus seinen geschichtlichen Zusammenhängen sind sie zu klären.

Den Idealisierungen der politischen Romantik stellt Friedrich Julius Stahl (1802–1861) das Konzept einer konstitutionellen Ordnung entgegen, das er als Protestant aus dem Prinzip des persönlichen Gottes und seiner Schöpfung entwickelt. Auf diese Weise formuliert er einen Begründungszusammenhang, der mit ideologischer Absicherung zugleich auch liberale Postulate aufnimmt und den deutschen Konservatismus in der zweiten Hälfte des 19. Jahrhunderts in das Verfassungsdenken hineinführt. Mit Lorenz von Stein (1815–1890) wendet sich der deutsche Konservatismus den sozialen Problemen zu, die sich aus der geschichtlichen Dynamik der Arbeits- und Wirtschaftsgesellschaft im 19. Jahrhundert ergeben. Ähnlich wie Marx konstatiert Stein zunächst einen Antagonismus von Kapitalbesitzern und Proletariern; die Gesellschaft ist zu einem System der Abhängigkeit und Unfreiheit geworden, in dem sich die Klasse der Kapitalbesitzer der Staatsgewalt bemächtigt und andererseits das Proletariat bestrebt ist, diese an sich zu reißen und das Privateigentum abzuschaffen. Um wiederum eine freie Persönlichkeitsentwicklung zu gewährleisten, zu der konstitutiv auch das Privateigentum gehört, müssen die Herrschaft der Kapitalbesitzer wie die proletarische Revolution gleichermaßen verhindert werden, und zwar durch eine Staatsgewalt, die über den gesellschaftlichen Interessenkonflikten steht. Ein »soziales Königtum« soll mit einer aufgeklärten Beamtenschaft die Unterprivilegierten emanzipieren und die sozialen Spannungen ausgleichen. Ansätze eines Sozialstaatsdenkens in systemerhaltender Funktion werden später in der Sozialgesetzgebung durch Bismarck realisiert, und in England vermochte es Disraeli als Premierminister in der zweiten Hälfte des 19. Jahrhunderts, mit dem Einsatz für soziale Verbesserungen den Konservativen eine demokratische Massenbasis zu verschaffen.

Im letzten Drittel des 19. Jahrhunderts wendet sich das konservative Denken der Lehre des Sozialdarwinismus und der Ideologie des völkischen Nationalismus zu; das demgegenüber »altkonservative« Gedankengut tritt in den Hintergrund. Diese Perspektiven werden hier nicht vertieft; im Mittelpunkt sollen die Konzepte von Adam Müller und Friedrich Julius Stahl stehen, die jeweils auf hohem philosophischen Niveau die fruchtbarsten Grundgedanken des deutschen Konservatismus entwickelt haben.

3.2 Politische Romantik: Novalis, Adam Müller

Seit den zwanziger Jahren unseres Jahrhunderts ist der politischen Romantik durch zwei berühmte Abhandlungen gewissermaßen das theoretische Feld abgesteckt: durch das gleichnamige Buch von Carl Schmitt[165] und durch die Habilitationsschrift von Karl Mannheim von 1925, die erst 1984, unter dem Titel *Konservatismus*, vollständig veröffentlicht wurde[166]. In beiden Abhandlungen steht Adam Müller im Mittelpunkt. Carl Schmitt setzt die politische Romantik von den Theoretikern der Gegenrevolution – de Maistre, de Bonald und Donoso Cortés – ab, um zu zeigen, daß nur die gegenrevolutionäre, nicht aber die romantische Form des konservativen Denkens ein Ordnungskonzept bereitstellt, welches klare politische Entscheidungen ermöglicht. Adam Müller, der den Typus der politischen Romantik in seltener Reinheit verkörpert, ist für ihn der haltlose bürgerliche Intellektuelle, der sich den konservativen Mächten aus Opportunitätsgründen verschreibt. Dem politischen Romantiker sind alle religiösen, moralischen, politischen oder wissenschaftlichen Angelegenheiten nur zufälliger Anlaß für seine ästhetische Produktivität. Romantik ist »subjektivierter Occasionalismus«, ein ästhetisches Spiel ohne Substanz, ein Ordnungszusammenhang ohne klare Entscheidung. Welche politische Gedanken auch immer romantisiert werden, die Produktivität des schöpferischen Ich bleibt passiv gegenüber der wirklichen Welt und kann deshalb für gänzlich unromantische Aktivitäten in Dienst genommen werden.

Im Gegensatz zur polemischen Abgrenzung Carl Schmitts geht es Karl Mannheim darum, mit dem »Altkonservatismus« eine Denkrichtung herauszuarbeiten, die auch für das politische Denken der Gegenwart noch konstitutiv und letztlich unentbehrlich ist. Als Denkrichtung ist er – entsprechend Mannheims wissenssoziologischem Programm, die Seinsgebundenheit des Denkens herauszuarbeiten – auch soziologisch

165 Carl Schmitt, Politische Romantik, München 1919, 1925^2.

166 Karl Mannheim, Konservatismus. Ein Beitrag zur Soziologie des Wissens. Vollständiger Text hrsg. von David Kettler/Volker Meja/Nico Stehr, Frankfurt/M. 1984.

bestimmt. So faßt Mannheim die politische Romantik als Ausprägung des deutschen Konservatismus im frühen 19. Jahrhundert, die theoretisch die ideologische Gegenposition gegen die Aufklärung und politisch die soziale Reaktion des Adels gegen staatliche Reformen darstellt. Diese Verbindung von Romantik und altständischem Denken ist in der Person des freischwebenden Intellektuellen verkörpert. Mannheim versucht nun zu zeigen, daß mit dem romantischen und dem historischen Zug, von dem er das deutsche Denken auch gegenwärtig noch geprägt sieht, eine ideologische wie politische Abwehr der modernen Welt ausgeformt wurde, die sich selbst der modernsten Denkweise bedient. Die intellektuelle Gegenposition gegen die Aufklärung, in die das altständische Denken einfließt, nimmt sich der irrationalen, vom Rationalismus der Aufklärung verdrängten Lebensmächte an, und es gelingt ihr sogar, diese selbst noch rational zu erfassen. So rettet die politische Romantik das altständische Denken, seine Erfahrung der Einheit geschichtlichen Werdens, vor dem Untergang und legt dabei zugleich den Grund für den modernen Lebensbegriff.

Carl Schmitts Polemik macht es reizvoll, Mannheims eindringliche Interpretation sachlich lohnend, konservatives Denken in seiner Entfaltung durch die politische Romantik zu studieren. Mannheim hat sich allerdings mehr für den Denkstil als für die politischen Inhalte interessiert; der Zusammenhang beider soll hier, nach einem Blick auf die Vorbereitung durch Novalis, bei Adam Müller nachgezeichnet werden.

3.2.1 Novalis

Friedrich v. Hardenberg – er selbst nennt sich seit seiner ersten Veröffentlichung *Novalis* (ein Neuland Rodender und Sämann) – ist 1772 in Oberwiedenstedt am östlichen Harz geboren. Er studiert 1790–94 in Jena, Leipzig und Wittenberg Jura und beschäftigt sich daneben intensiv mit (idealistischer) Philosophie, Geschichte und Literatur; mit den Romantikern Friedrich Schlegel und Ludwig Tieck ist er eng befreundet. 1794 lernt er die 13jährige Sophie v. Kühn kennen und verlobt sich mit ihr 1795. Ihr früher Tod 1797 übt einen entscheidenden Einfluß auf sein literarisches Werk aus, in tiefer Erschütterung wendet er sich der Mystik zu. Während er seinen Beruf in der Verwaltung des Salinenwesens ausübt, 1797–99 auch noch Geologie an der Bergakademie Freiberg in Sachsen studiert, entsteht zugleich in den wenigen ihm verbleibenden Jahren das bedeutende frühromantische Werk: die Fragmentsammlungen *Blütenstaub* und *Glauben und Liebe* (1798), der Gedichtzyklus *Hymnen an die Nacht* (1800), die Romanfragmente *Die Lehrlinge zu Sais* und *Heinrich von Ofterdingen* (veröffentlicht von Tieck und Schlegel 1802). Unheilbar lungenkrank, stirbt er 1801 in seinem Elternhaus in Weißenfels an der Saale.

Novalis ist kein im spezifischen Sinne politischer Denker. Seine Schrift *Die Christenheit oder Europa* von 1799 – welche eine unmittelbare Wirksamkeit schon deshalb nicht entfalten konnte, weil sie erstmals 1826 und endgültig erst 1880 veröffentlicht wurde – enthält allerdings bereits wesentliche Elemente des romantischen politischen Denkens. Wenn diese auch kaum politisch konkretisiert sind, so wird die Grundintention umso deutlicher. Es ist die Sehnsucht nach Einheit in einer zwischen Glauben und Wissen zerrissenen, in politischen Kämpfen aufgespaltenen Welt, und Novalis versucht, diese Einheit durch ästhetische und zugleich individualisierende Verklärung aus dem Dreiklang von Geschichte, Natur und Religion zu gewinnen. Sehnsüchtig geht der Blick zurück in das christliche Mittelalter: »Es waren schöne glänzende Zeiten, wo Europa ein christliches Land war, wo *eine* Christenheit diesen menschlich gestalteten Weltteil bewohnte; *ein* großes gemeinschaftliches Interesse verband die entlegendsten Provinzen dieses weiten geistlichen Reichs.«[167]

Diese »echtkatholischen oder echtchristlichen Zeiten«[168] sind vorbei. Der innere Zerfall der Kirche im späten Mittelalter, die Reformation, die sich zu Recht gegen den Verfall wandte, aber die untrennbare Kirche auf Dauer trennte, und schließlich die Französische Revolution, in der die aufklärerische Ersetzung des Glaubens durch die Wissenschaft ihren politischen Ausdruck fand, haben unausweichlich ihren Niedergang herbeigeführt. Auf dem Tiefpunkt allerdings glaubt Novalis die ersehnte Einheit wieder ahnen zu können: »eine universelle Individualität, eine neue Geschichte, eine neue Menschheit, die süßeste Umarmung einer jungen überraschten Kirche und eines liebenden Gottes, und das innigste Empfängnis eines neuen Messias in ihren tausend Gliedern zugleich«[169]. Daraus zieht er den Schluß: »Die Christenheit muß wieder lebendig und wirksam werden, und sich wieder eine sichtbare Kirche ohne Rücksicht auf Landesgrenzen bilden, die alle nach dem Überirdischen durstigen Seelen in ihren Schoß aufnimmt und gern Vermittlerin der alten und neuen Welt wird.«[170]

Hier wird die geistliche Herrschaft im Mittelalter verklärt, und die moderne Welt soll dieser Verklärung teilhaftig werden – das ist die romantische Wendung nach rückwärts. Zugleich sollen damit aber »alte« und »neue« Welt vermittelt werden, und so geht es durchaus nicht um eine einfache Wiederherstellung traditioneller Lebensformen. Vielmehr sind feudale und bürgerliche Prinzipien der Lebensführung und Gesellschaftsordnung gleichermaßen notwendig, weil historisch berechtigt: »Beide Teile haben große, notwendige Ansprüche und müssen sie machen, getrieben vom Geiste der Welt und der Menschheit... Hier die Andacht zum Altertum, die Anhänglichkeit an die geschichtliche Verfassung, die Liebe zu den Denkmalen der Altväter und der alten glorreichen Staatsfamilie, und Freude des Gehorsams; dort das entzükkende Gefühl der Freiheit, die unbedingte Erwartung mächtiger Wirkungskreise, die Lust am Neuen und Jungen, die zwanglose Berührung mit allen Staatsgenossen, der Stolz auf menschliche Allgemeingültigkeit, die Freude am persönlichen Recht und am Eigentum des Ganzen, und das kraftvolle Bürgergefühl. Keine hoffe die andere zu vernichten.«[171] Das feudale und das bürgerliche Prinzip können aber nicht aus eigener Rationalität gleichgewichtig und friedlich zusammen bestehen: »Es ist unmöglich, daß weltliche Kräfte sich selbst ins Gleichgewicht setzen, ein drittes Element, das weltlich und überirdisch zugleich ist, kann allein diese Aufgabe lösen.«[172] Das einigende Band ist, als überirdisches Prinzip, die Religion und, als weltlicher Ordnungsfaktor, die neue Kirche der Christenheit.

Novalis bemüht also die Geschichte nicht nur aus mittelalterlicher Nostalgie und die Kirche nicht nur aus religiöser Schwärmerei. Beide Motive spielen eine erhebliche

---

167 Novalis (Friedrich von Hardenberg), Die Christenheit oder Europa, in: ders., Werke und Briefe, hrsg. von Alfred Kelletat, München 1953, S. 398.
168 Ebd., S. 401.
169 Ebd., S. 414f.
170 Ebd., S. 420f.
171 Ebd., S. 418f.
172 Ebd., S. 418.

Rolle, aber sie schöpfen das Verständnis der politischen Romantik nicht aus. Diese sucht ein modernes Weltverständnis zu begründen, welches es erlaubt, in der empfundenen Zerrissenheit der Welt eine ästhetisch vermittelte Einheit zu denken, zu erleben und zu gestalten. Geschichte erhält dadurch eine spezifische Funktion: »An die Geschichte verweise ich euch, forscht in ihrem belehrenden Zusammenhang nach ähnlichen Zeitpunkten, und lernt den Zauberstab der Analogie gebrauchen.«[173] Geschichte begründet nicht die Überlegenheit des historisch Gewordenen, und sie dient auch nicht einfach der Wiederbelebung verklärter Zustände der Vergangenheit. Sie weist Möglichkeiten der Lebensordnung auf, die zu ergreifen die Gegenwart erlaubt.

Eine solche Möglichkeit ist für Novalis die lebendige, harmonische Einheit des Christentums im Mittelalter. In ihrer konkreten Ausformung ist sie unwiderruflich vergangen, weil die Menschheit sich ihrer nicht als reif erwiesen hat, aber »vergänglich ist nichts, was die Geschichte ergriff, aus unzähligen Verwandlungen geht es in immer reicheren Gestalten erneut wieder hervor«[174]. Um eine neue Gestalt muß es sich handeln, und es geht darum, historisch ihre konkreten Entwicklungsbedingungen auszumachen. Novalis sieht für seine Zeit – in der politischen, geistigen und religiösen Gespaltenheit Europas – zunehmend Anzeichen für eine mögliche neue Einheit der Menschen in einem lebendigeren und umfassenderen Christentum. Politisch blockieren sich, am Ende des 18. Jahrhunderts, die Kräfte wechselseitig: In der Religion ist die »zufällige Form« des Christentums, der institutionalisierte Katholizismus mit dem Papsttum, »so gut wie vernichtet«, so daß der Protestantismus wieder »einer neuen, dauerhaften Kirche Platz machen « kann[175]; und in der geistigen Entwicklung schließlich ist vor allem in Deutschland eine »höhere Epoche der Kultur« erreicht: »In Wissenschaften und Künsten wird man eine gewaltige Gärung gewahr. Unendlich viel Geist wird entwickelt. Aus neuen, frischen Fundgruben wird gefördert.«[176] Diese Aufbruchstimmung, die der Verklärung des Mittelalters so merkwürdig korrespondiert (und die wir so auch beim frühen Adam Müller antreffen), findet ihre wohl wichtigste Nahrung in der Einschätzung, daß die aufgeklärten Wissenschaften inzwischen an einem toten Punkt angelangt sind: »Die Hilfsbedürftigkeit der äußeren Wissenschaften ward in der letzten Zeit immer sichtbarer, je bekannter wir mit ihnen wurden. Die Natur fing an, immer dürftiger auszusehen, und wir sahen deutlicher ..., daß wir mit den bekannten Werkzeugen und den bekannten Methoden nicht das Wesentliche, das Gesuchte finden und konstruieren würden.«[177]

So sind die Vorbedingungen gegeben, daß die Religion bei allen Gegensätzen »wieder als drittes tonangebendes, vermittelndes Glied hervortreten« kann und muß[178]. Religion kann nun, in der Form des wahren Christentums, zur allseitigen Vermittlung werden: des Diesseitigen mit dem Jenseitigen, aber auch im Diesseitigen selbst. Diese Kraft lebendiger Einheit ist bei Novalis ganz pantheistisch gedacht; die Vermittlung durch die Religion erfolgt als »Glaube an die Allfähigkeit alles Irdischen,

173 Ebd., S. 412.
174 Ebd., S. 402.
175 Ebd., S. 420.
176 Ebd., S. 414.
177 Ebd., S. 417.
178 Ebd., S. 411.

Wein und Brot des ewigen Lebens zu sein«[179]. Die katholische Kirche, »gereinigt durch den Strom der Zeiten«, wird die Gestalt dieses Christentums.

Religion hat damit eine doppelte politische Funktion. Zum einen ist sie die einzige integrierende Kraft, die auf Dauer Frieden unter den Menschen, zwischen den Staaten und mit der Natur herstellen kann; sie allein liefert das erforderliche universelle Lebensgefühl, sie spielt die Rolle des »vereinigenden, individualisierenden Prinzips«[180]. Novalis geht damit über das rationalistische Kalkül des aufgeklärten Absolutismus entscheidend hinaus; eine politische Ordnung, insbesondere der neuzeitliche Staat, bedarf einer auch affektiven Bindung seiner Glieder, die eine abstrakte Gesetzesmaschinerie nicht leisten kann. Diese Integration ist den politischen Kräften und ihren Interessenlagen vorgeordnet, nicht nachgeordnet, und sie steht somit prinzipiell nicht zur Disposition der Herrschenden. Religion ist der Fixpunkt der politischen Ordnung schlechthin. Hier trennen sich auch die Wege von Novalis (und Adam Müller) von Burke, der ähnlich argumentiert, aber die Integrationsleistungen von Religion mit den Integrationsleistungen von Aberglaube und Vorurteilen zusammen sieht.

Für Novalis gibt die Religion die vor- und überstaatliche Begründung für das Strukturprinzip der strengen Hierarchisierung im Staat nach dem Muster der Kirchenorganisation. Das ist ihre zweite politische Funktion. Obgleich Novalis sich des unumgänglichen Niedergangs der bewunderten mittelalterlichen Institution der Christenheit bewußt ist, einschließlich des Niedergangs der weltlichen Macht des Papstes, so ist es doch jener hierarchische Aufbau, der bei allen Verwandlungen unvergänglich bleibt. Die Hierarchie, als »symmetrische Grundfigur«, ist die »intellektuelle Anschauung des politischen Ichs«[181]. Hier schlägt seine geschichtsphilosophische Verklärung des mittelalterlichen Christentums doch noch unmittelbar politisch durch und gegen die Dynamik der Interessen des sich emanzipierenden Bürgertums aus. Mit dieser Form der affektiven Integration lassen sich die Interessengegensätze zu Beginn des 19. Jahrhunderts in Deutschland nicht vermitteln. Der politische Konservatismus der politischen Romantik ist vorgezeichnet, wenn auch bei Novalis noch nicht durchmodelliert. Das leistet Adam Müller.

3.2.2 Adam Müller

Nicht nur für uns heute ist Adam Müller ein merkwürdiger, schwieriger Denker. Er hat die Grundgedanken des Konservatismus formuliert und sie – für die politische Romantik eher atypisch – auch systematisch ausgeführt. Aber fast durchweg wird ihm attestiert, ein bedeutender Denker sei er nicht gewesen. Das mag, wenn man ihn etwa mit Hegel vergleicht, auch stimmen. Marx hat es bereits trefflich auf den Punkt gebracht: »Das Verfahren unseres Müller ist für die Romantik in allen Fällen charakteristisch. Ihr Inhalt besteht aus Alltagsvorurteilen, abgeschöpft von dem oberflächlichen Schein der Dinge. Dieser falsche und triviale Inhalt soll dann durch eine mystifi-

179 Ebd., S. 420.
180 Ebd., S. 404.
181 Ebd., S. 418.

zierende Ausdrucksweise ›erhöht‹ und poetisiert werden.«[182] In der Tat: Adam Müller ergreift politisch klar im altständischen Sinne Partei: für die Beibehaltung des überkommenen ständischen Staatsaufbaus gegen die egalisierenden Tenzenden der Französischen Revolution; gegen die Versuche, einen rational kalkulierten Staat zu konstruieren, der der Dynamik eines ökonomisch expandierenden und politisch sich emanzipierenden Bürgertums entgegenkäme; gipfelnd im Plädoyer für die Privilegien des Adels und der begüterten Geistlichkeit – und dies alles trägt er in einer romantisierenden, alles Gewordene verklärenden Manier als Wissenschaft vor. Daß diese Mischung sich als historisch wirksam erwiesen hat, mag man noch der Durchsetzungsfähigkeit sozialer Interessen zuschreiben. Wenn aber, wie Karl Mannheim gezeigt hat, der traditionelle Gehalt des konservativen politischen Denkens gerade mit einem modernen, theoretisch bis in das 20. Jahrhundert weiterführenden Denkansatz expliziert ist, können Müllers Überlegungen auch theoretisch nicht so unbedeutend gewesen sein; sie enthalten neben der politischen auch intellektuelle Brisanz. Es sollte sich daher lohnen, beim Anschein der Mystifizierung nicht stehen zu bleiben und der Begründungsstruktur nachzugehen, die als philosophischer Ansatz die konservative politische Parteinahme trägt.

Adam Müller entstammt einer protestantischen preußischen Beamtenfamilie. 1779 in Berlin geboren, studiert er – beeinflußt von Friedrich Gentz, seinem langjährigen Freund und späteren Gönner – 1798–1801 Staatswissenschaften in Göttingen. Eine nachhaltige Wirkung übt der eher spröde, historisch-realistische Naturrechtsgegner Gustav Hugo auf ihn aus; hier beschäftigt er sich auch mit der klassischen Nationalökonomie von Adam Smith, lernt Burke bewundern und begeistert sich für Goethe. 1801 kehrt er nach Berlin zurück, tritt in den preußischen Staatsdienst, verläßt ihn aber bereits 1803, um künftig in der eher freischwebenden Existenz eines Intellektuellen literarisch und politisch tätig zu sein – unterstützt von jenen, denen er seine Überzeugung leiht. Zunächst geht er zu einem Studienfreund in das preußische Polen, wo er 1804 seine erste philosophische Schrift *Die Lehre vom Gegensatze* verfaßt, und wird dort Hauslehrer in der Familie des Landrats v. Haza-Rodlitz. Zwischen dessen Frau Sophie und Adam Müller entwickelt sich eine Liebesbeziehung, die später zur Scheidung des Ehepaars und 1809 zur Heirat der beiden führt. Zunächst geht Adam Müller mit der Familie v. Haza 1805 nach Dresden, wo er eine rege kulturelle Tätigkeit entfaltet. 1804 ist er, wie manche seiner romantischen Zeitgenossen, zum Katholizismus übergetreten. In Dresden hält er vielbeachtete öffentliche Vorlesungsreihen: *Über die deutsche Wissenschaft und Literatur* (1806), *Über die dramatische Kunst* (1806/07), *Über das Schöne und Erhabene* (1807/08) und schließlich – »vor einer Versammlung von Staatsmännern und Diplomaten« – *Über das Ganze der Staatswissenschaft* (1808/09), die als Buch 1809 unter dem Titel *Die Elemente der Staatskunst* erscheint. Mit Heinrich v. Kleist, den er in Dresden kennengelernt hat, gibt er 1808/09 die Kunstzeitschrift *Phöbus* heraus. Nach dem Ausbruch des österreichisch-französischen Krieges muß er Dresden 1809 verlassen, weil er in dem mit Frankreich verbündeten und zunächst von Österreich besetzten Sachsen Partei für Österreich ergriffen hat. Er versucht zunächst, in Berlin in den preußischen Staatsdienst zurückzugelangen, scheitert aber am Widerstand des Staatskanzlers Hardenberg, dem er sich patriotisch andient, gegen dessen liberale Reformpolitik er aber

182 Karl Marx, Das Kapital, Bd. 3, in: Marx-Engels-Werke (Anm. 159), Bd. 25, S. 411.

als Mitglied der konservativ-oppositionellen »Christlich-deutschen Tischgesellschaft« öffentlich Stellung bezieht. Hardenberg entledigt sich seiner, indem er ihn 1811 nach Wien schickt, von wo aus er über die politische Lage berichten soll. In den Jahren 1813–15 ist Adam Müller für Österreich politisch und publizistisch im Krieg gegen Frankreich engagiert. Nach dem Wiener Kongreß ist er zwölf Jahre in Leipzig tätig; auf Metternichs Empfehlung zum österreichischen Generalkonsul ernannt, soll er die öffentliche Meinung im Sinne der österreichischen Politik beeinflussen und der österreichischen Regierung über die sächsischen und preußischen Verhältnisse, insbesondere an den Hochschulen, berichten. In diesem Sinne wird er auch 1819 bei der Formulierung der Karlsbader Beschlüsse herangezogen. In der Leipziger Zeit erscheinen ökonomische und staatsphilosophische Schriften: *Versuche einer neuen Theorie des Geldes* (1816), *Von der Notwendigkeit einer theologischen Grundlage der gesamten Staatswissenschaften und der Staatswirtschaft insbesondere* (1819), *Die innere Staatshaushaltung, systematisch dargestellt auf theologischer Grundlage* (1820). Der religiöse Eifer des katholischen Konvertiten, sein Eintreten auch für innerkirchliche Erneuerung, wird schließlich selbst für Österreich diplomatisch untragbar; 1827 wird Adam Müller offiziell nach Wien zurückberufen. Dort stirbt er kurz darauf im Januar 1829.

Adam Müller will die Welt als eine lebendige Einheit begreifen und hergestellt sehen: »Alle Ungleichheit auf Erden ist dazu da, daß sie auf eine zugleich natürliche und schöne Weise vom Menschen aufgehoben, alle Dissonanz, daß sie vom Menschen gelöst werden soll; die Natur reicht dem Menschen unaufhörlich ungleiche Dinge hin, damit er ins Unendliche etwas auszugleichen habe, und das ganze Leben des wahren Menschen ist nichts anderes als ein Ausgleichen des Ungleichen, ein Verbinden des Getrennten.«[183] Bis in den Klang der Worte zeigt sich die romantische Auffassung: Die Einheit ist umfassend, eine Harmonie zwischen Mensch und Natur; sie ist dynamisch, aber weniger zielgerichtet als in stetiger zweckvoller Bewegung; sie vernichtet das Individuelle nicht, sondern gleicht aus und verbindet; und sie ist von ästhetischer Schönheit. Inbegriff dieser Sichtweise ist das *Leben*. Jede Einheit, sei sie philosophisch gedacht oder im menschlichen Zusammenleben gesellschaftlich praktiziert, ist lebendig, wenn sie universell und individualisiert, dynamisch und harmonisch, natürlich und kunstvoll ist. Ansonsten wäre sie tot, und dies gilt für Müller stets dann, wenn eine Ordnung im Denken oder im Handeln der Menschen in starren Gegensätzen fixiert ist oder aber – was für ihn auf dasselbe hinausläuft – wenn Denksysteme oder Gesellschaftssysteme als absolute Einheit aus einem alleinigen Prinzip konstruiert werden: so etwa die Ich-Philosophie bei Fichte oder auch der Staat der Französischen Revolution. Die Intention ist derjenigen von Hegel ähnlich; freilich ist sie bei Adam Müller nicht zu jener Schärfe von Extremen geführt, die in ihrer »Aufhebung« eine neue Qualität erbringt. Extreme sind als lebendige Verbindung zusammengedacht und damit ästhetisiert.

Um den harmonischen Zusammenhang lebendiger Einheit vorzustellen und aufzuweisen, bedient sich Müller verschiedener Denkfiguren, die seine politischen Optionen philosophisch entfalten. Es handelt sich um das Denken in Gegensätzen, die Gegenüberstellung von »Begriff« und »Idee«, das Prinzip der Vermittlung und das Denken in Analogien. Mit jeder dieser Denkfiguren verbindet Adam Müller bestimmte politische Maximen und Ordnungsvorstellungen, die auf diese Weise ihre

183 Adam Müller, Elemente der Staatskunst, hrsg. v. Jakob Baxa, Jena 1922, Bd. 1, S. 100.

theoretische Begründung erhalten. Gerade diese Kombination macht die Eigenart seines romantischen, ständisch-konservativen Denkens aus. Es entsteht ein philosophischer Argumentationsgang, der bisweilen geradezu überraschende Zusammenhänge für das politische Denken sichtbar macht, bisweilen aber auch klare politische Optionen in verschlungene Wendungen kleidet, die nicht von ungefähr den Vorwurf der Mystifizierung auf sich ziehen[184].

Das Denken in Gegensätzen und die Begründung von Eigentum und Freiheit

Das *Denken in Gegensätzen* hat Müller in seiner Erstlingsschrift *Die Lehre vom Gegensatze* im Jahre 1804 vorgestellt. Wie auch schon Novalis' Programmschrift fand sie bei den Gesinnungsfreunden wenig Anklang, und erst in unserem Jahrhundert wurde sie als »Programmschrift der romantischen Weltanschauung«[185] gewürdigt. Müller hatte geplant, auf der Grundlage dieser Darlegung in weiteren Büchern Wissenschaft, Staat, Zeit, Religion und Kirche darzustellen, es blieb aber bei dem ersten Buch. Alles ist demnach darauf zu bauen, daß sich »die Einheit nie anders als im Mannigfaltigen, die Mannigfaltigkeit nie anders als in der Einheit darstellen läßt, auch beide nur in- und durcheinander existieren«[186]. Dieser Grundsatz erscheint zunächst nicht weiter aufregend, denn er besagt nichts anderes, als daß beide, Einheit und Mannigfaltigkeit, nur jeweils durch Abgrenzung von ihrem Gegenteil bestimmt werden können. Müller hat dann auf diese Weise versucht, die ganze Welt in ihrer Einheit über Gegensatzpaare zu begreifen, und über die scheinbare Trivialität von »Ich und Gegen-Ich«, »Freiheit und Anti-Freiheit« wurde viel gelacht. Aber dahinter stehen alles andere als triviale Überlegungen, die die moderne Soziologie – völlig unabhängig von Müller – zur Analyse von Interaktionszusammenhängen ganz ähnlich verwendet.

Müller erläutert die Beziehungen der Gegensätze in einer Einheit am Beispiel von Redner und Hörer. In moderner Sichtweise handelt es sich um die Interpretation einer elementaren Situation, in der zwei Personen interagieren, indem die eine Person redet, die andere zuhört. Sie »stehen in dem Verhältnis durchgängiger Wechselwirkung. Wenn wir den Hörer Subjekt, den Redner Objekt nennen, so folgt daraus notwendig, daß der Hörer zugleich Objekt des Redners, der Redner zugleich Subjekt des Hörers sein müsse. Der Hörer hat also vor sich: das redende Objekt, aber da dieses nur durch ein hörendes Subjekt möglich ist, zugleich mit dem hörenden Subjekt. Der Redner hat vor sich: ein hörendes Subjekt, aber aus demselben Grunde mit diesem zugleich ein redendes Objekt. Es versteht sich, daß wir in dieser philosophi-

184 Die Interpretation geht von den von Karl Mannheim, Konservatismus (Anm. 18), S. 170ff., benannten »Grundkategorien« des Müllerschen Denkens aus, differenziert und erweitert sie, wo es zum Verständnis des Argumentationsgangs erforderlich ist, und stellt ihren politischen Gehalt heraus.

185 »Wilhelm Metzger, Gesellschaft, Recht und Staat in der Ethik des deutschen Idealismus, Heidelberg 1917, zitiert nach: Adam Müller, Kritische/ästhetische und philosophische Schriften, hrsg. von Walter Schroeder/Werner Siebert, Neuwied – Berlin 1967, Bd. 2, S. 654, Anm. 1.

186 Adam Müller, Die Lehre vom Gegensatze, in: ders., Kritische/ästhetische und philosophische Schriften (Anm. 185), Bd. 2, S. 208.

schen Formel die Worte Objekt und Subjekt, wie in jeder algebraischen Gleichung die Zeichen + und –, durchaus miteinander verwechseln können, ohne daß sich in Bedeutung weder der Gleichung noch unsrer Darstellung das mindeste ändert.«[187] Der Hörer ist Subjekt, sofern der Redner Objekt ist – der Redner ist Subjekt, sofern der Hörer Objekt ist: Beide sind also Subjekt und Objekt, aber in entgegengesetzter Beziehung. Wer Subjekt und wer Objekt ist, hängt jeweils von der Perspektive ab. In der Situation treffen die Perspektiven zusammen. Die Situation ist eine Einheit der beiden Personen im Interaktionszusammenhang, wenn sie sich beide jeweils als Subjekt-Objekt in perspektivischer Verschränkung gegenüberstehen. Damit erfahren sich die beteiligten Personen aber noch nicht auch selbst, aus ihrer eigenen Perspektive, als Identitäten. Sie müssen für sich selbst abwechselnd Subjekt und Objekt sein, also selbst abwechselnd reden und zuhören, um sich in den entgegengesetzten Rollen als Einheit zu erfahren: »Der Begriff der Identität wird nur möglich durch den Wechsel, durch die Veränderung des Standpunktes, ich bin den, welcher jetzt hört und vorher redete, denselbigen (eundem) zu nennen nur dadurch veranlaßt, daß ich ihn jetzt in einer andern Gestalt wiedersehe.«[188]

Gegensätze stehen sich nicht einfach gegenüber. Sie sind zwar als Gegensätze nicht in irgendeiner Einheit zu beseitigen, aber sie können als Gegensätze nur gedacht werden, wenn sie in der Einheit und in ihrer wechselseitigen Verschränkung selbst als Einheiten (Hegel würde sagen: als das andere ihrer selbst) gedacht werden. Damit sind Einheit und Gegensätze selbst lebendig: »Alles Leben also ist nur insoweit lebendig, als ihm das Lebendige entgegensteht; es ist belebt nur, insofern es zu beleben vermag, und vermag nur insoweit zu beleben, als es selbst belebt ist.«[189] Einfache Einheiten, einfache Gegensätze sind tote Abstrakta; menschliche Gestaltungen, die dieses Prinzip ignorieren, sind mechanisch und ohne Zukunft. So verstanden hat die Lehre vom Gegensatz erhebliche Konsequenzen. Um das Lebendige zu begreifen, müssen die Begriffe selbst lebendig sein, und so werden alle ihre Fixierungen aufgeweicht. Was sie bedeuten, hängt von der Perspektive ab; in einer anderen Perspektive können sie ihr Gegenteil darstellen, und sie drücken damit eben die lebendige Einheit des Ganzen aus. Mathematik ist dann keine abstrakte Wissenschaft mehr, sondern auch »Geschichte« (des Positiven und Negativen); Mensch und Natur, Wissenschaft und Religion, Natur und Kunst sind geschieden und doch eins: »Eine bloße Umwechslung des Gesichtspunkts, des algebraischen Zeichens: und das Naturwerk ist Kunstwerk, die Kunstbetrachtung ist Naturbetrachtung. In dieser gegensätzlichen Ansicht sind Natur und Kunst für die Ewigkeit geschieden und *als solche* nie identisch; durch die Erkenntnis entgegengesetzt und getrennt, nur insofern sie den Gefühlen identisch und eins sind; durch das Herz unterschieden, insofern sie sich dem Verstande als ewig Einfaches darstellen.«[190]

Die Aufweichung fixierter Bestimmungen, die den Gegensätzen ihre Individualität beläßt, sie aber zu Teilen eines umfassenden lebendigen Ganzen auflöst, beruht auf der urspünglich pantheistischen Weltsicht Adam Müllers und wird durch sie verständlicher. Für den Pantheismus sind alle Dinge, auch die Materie, Teil des umfas-

187 Ebd., S. 216.
188 Ebd., S. 217.
189 Ebd., S. 205.
190 Ebd., S. 231.

senden Lebens, sie sind von der Gottheit beseelt. Die Gegensätze markieren darum nichts, was substantiell unvereinbar wäre; als notwendiger Ausdruck der Vielfalt des Göttlich-Lebendigen sind sie weder zu beseitigen noch als Abgrenzungen zu verabsolutieren.

Müller bleibt in den Folgejahren bei diesen philosophischen Grundüberlegungen nicht stehen, weil es offensichtlich doch präziserer Instrumente bedarf, um politische Optionen theoretisch eindeutig zu begründen. Gleichwohl entnimmt er bereits der Figur des Denkens in Gegensätzen einen erheblichen politischen Gehalt. Er begründet auf diese Weise zunächst seine sehr eigenwillige Lehre vom Eigentum. Hier sieht er sich besonders herausgefordert, weil das Eigentum das Kernstück der liberalen Gegenposition ist. Seine politische Philosophie soll zeigen, daß die »Gegenseitigkeit der Verhältnisse des Lebens, sofern man sich nur über den äußeren Schein hinwegsetzen will, an allen Stellen des Privat-, des Staats- und des Völkerrechts wiedergefunden wird«[191]. Wie soll aber nun, in Fragen des Eigentums, ein lebendiges Wechselverhältnis bestehen zwischen den Menschen und den Sachen, die sie besitzen? Müller will nicht soweit gehen, den Sachen die gleiche Lebendigkeit wie den Menschen zuzusprechen, und doch will er darauf hinaus. Da kommt ihm seine Ausarbeitung der Lehre von den Gegensätzen zu Hilfe, die auf die Beziehung zwischen Gegensätzen abstellt. Sachen, die in Besitz- und Eigentumsverhältnissen stehen, sind gesellschaftlich nützliche Dinge; sie sind am gesellschaftlichen Leben wesentlich beteiligt und darum – wie er nun sagen kann – selbst lebendig. Somit ergibt sich das lebendige Wechselverhältnis in der Gesellschaft: »Also nicht die Sachen an *sich,* die, wie sie überhaupt keinen Wert haben, nun meinethalben auch tot sein mögen, aber die *Beziehung* der Sachen auf Personen ist das lebendige Objekt des *Eigentums.* Der lebendige Mensch kann an den Sachen nichts brauchen, als *die* Eigenschaften daran, welche seinem Leben entsprechen, in sein Leben eingreifen, also selbst lebendig sind. Mit diesen lebendigen Eigenschaften streitet er und verträgt sich, kontrahiert mit ihnen gerade auf dieselbe Weise, wie mit Personen: er schließt eine Allianz mit ihnen zu gegenseitiger Hilfe und Unterstützung; und so ist das Verhältnis des Menschen zu den Dingen keineswegs ein einseitiges, despotisches, sondern ein gegenseitiges, republikanisches.«[192]

Das Eigentum ist also letztlich nicht die Beziehung des Besitzens und Besessenwerdens zwischen Person und Sache, sondern in der Verschränkung der Beziehungen zwischen den beiden Polen des Gegensatzes »ein wechselseitiges *Besitzen* und *Besessen*werden zwischen den Menschen und den Sachen«[193]. Die Sachen werden dadurch selbständige Partner gesellschaftlicher Interaktion in einem harmonischen Ganzen: »Jede Sache, wie jedes Gesetz, wie jede Person im Staate, hat ihre Eigenheit, ihre Persönlichkeit, die sie geltend macht und mit der ihr eigentümlichen Freiheit behauptet; aus dem gemeinschaftlichen freien Streben aller dieser Individuen entwickelt sich ein allgemeines gegenseitiges Vertragen und Vergleichen, und in diesem unendlichen Kontrahieren der Personen untereinander, und der Personen mit Sachen, wächst die Idee des Rechtes heran.«[194] Die Welt der Sachen ist damit nicht

191 Adam Müller, Elemente der Staatskunst (Anm. 183), Bd. 1, S. 154.
192 Ebd., Bd. 1, S. 160.
193 Ebd., Bd. 1, S. 164.
194 Ebd.

mehr der beliebigen privaten Verfügung unterstellt, sie ist als ein gesellschaftlicher Faktor *sui generis* zu respektieren – eine Vorstellung des Umgangs mit natürlichen Ressourcen, die heute angesichts der ökologischen Probleme eine erstaunliche Aktualität gewinnt: »Jedes Eigentum wächst und entwickelt sich unter unsern Augen, wie ein lebendiger Mensch; es ist keineswegs unserer unbedingten und unbeschränkten Willkür unterworfen, es hat seine eigene Natur, seine Freiheit, sein Recht – welche wir respektieren müssen, wenn wir es gebrauchen wollen.«[195] Das Privateigentum ist Teil des »großen National-Kapitals«, welches über die Zeiten, von Generation zu Generation, verantwortlich weitergegeben werden muß; die einzelne Person ist nur sein »Nießbraucher«[196].

So sehr diese Überlegungen auf das »Prinzip Verantwortung« für zukünftige Generationen verweisen, so deutlich dient doch bei Adam Müller der philosophische und gesellschaftstheoretische Begründungszusammenhang der Absicherung altständisch-konservativer Interessen. Die Wendung gegen unbeschränkte Verfügungsgewalt über das Eigentum richtet sich zunächst ganz konkret gegen Versuche, das überkommene adlige und kirchliche Grundeigentum anzutasten – wie es die Französische Revolution mit ihren Konfiskationen zum Schrecken nicht nur der unmittelbar Betroffenen vorexerziert hat. Sie richtet sich darüber hinaus gegen alle Modernisierungsbestrebungen des Bürgertums, aber auch eines Teils der staatlichen Bürokratie, für die die ungehinderte Verfügbarkeit des Eigentums die entscheidende Voraussetzung für ökonomisches Wachstum und technische Entwicklung darstellt. Müller stemmt sich nicht absolut dagegen; vordergründig will er nur gesichert sehen, daß jeder Stand nach eigenem Verständnis und Recht mit seinem Eigentum umgehen kann. Indem er aber die einzig »lebendige« Vorstellung von Eigentum entwickelt, versucht er vor allem zu verhindern, daß die moderne, kapitalistische Verfügungsgewalt über das Privateigentum zu einem eigenständigen und damit gegen die organische Gliederung des Ganzen querstehenden Prinzip im Staate wird. Ihm stellt er das Prinzip des Feudalismus gegenüber, »jene erhabene Verschmelzung der Sachen und der Personen, die wir in allen recht glücklichen Staaten finden«[197] und die heute »ein für alle Mal, als ein Verbrechen gegen die Vernunft, verabscheut« wird[198].

Im mittelalterlichen Lehnswesen sieht Adam Müller die »innigste Gegenseitigkeit« zwischen den Herrschenden und den Dienenden, dem Eigentum und dem Eigentümer[199] – und in der Tat beruht die persönliche Dienstbarkeit auf einer Form des Eigentums, in der die Sache (Dienstleistung) an die Person (des zur Dienstleistung Verpflichteten) gebunden ist, eben ein lebendiges Eigentum. Das ist die komplementäre Seite in der Entfaltung des lebendigen Eigentums: Wie im gesellschaftlichen Wechselverhältnis die Sachen Personen sind, so sind die Personen auch Sachen. Und wenn schon das alte Lehnswesen nicht wieder herzustellen ist, so soll doch – neben der Beibehaltung überkommener Vorrechte – jener im lebendigen Eigentumsverhältnis ausgedrückte Doppelcharakter der Zuordnung, nämlich Person und Sache zu sein, die echte Bindung des Bürgers an seinen Staat herstellen: »Jedes

195 Ebd., Bd. 1, S. 162.
196 Ebd.
197 Ebd., Bd. 1, S. 157.
198 Ebd., Bd. 1, S. 158.
199 Ebd., Bd. 1, S. 270.

Individuum, das durch seine Brauchbarkeit zu erkennen gibt, daß es zum Staate gehört, also jedes einzelne, eigene, anscheinend noch so unbedeutende Glied des Staates, hat eine Art von Bürgerrecht im Ganzen, d. h. es ist *Person*, und zugleich, im edlen Sinne des Wortes, *Sache*. Als Person *besitzt* es; als Sache *wird* es besessen. Jeder einzelne Bürger ist eine wahre Sache: der Staat ist die große Person, welche ihn besitzt; aber dieser Besitz ist kein toter, keine Leibeigenschaft, kein einseitiges, despotisches Festhalten, sondern ein gegenseitiges Wechselwirken.«[200]

Wie der Bürger, im Besitz seines Staates befindlich, in ihm frei agieren soll, will Adam Müller ebenso mit der Denkfigur des Gegensatzes lösen. Das führt zu einer ganz unerwarteten Pointe. Im lebendigen Staat stehen sich Freiheit und Gegenfreiheit gegenüber, aber die Gegenfreiheit ist nicht Zwang, sondern – wie es der ausdifferenzierten Lehre vom Gegensatz durchaus entnommen werden kann – die Freiheit der anderen. »Das erste unter allen Besitzstücken des Bürgers (ist) die *Freiheit* ... seine Kraft und sein eigentümliches Wesen geltend zu machen, zu wachsen, sich zu regen, zu streiten. ›Es versteht sich, in den gehörigen Schranken!‹ höre ich einwenden. Gerade dahin will ich. Und welches sind denn diese gehörigen Schranken? – ›Die Schranke für die Freiheit des einzelnen Bürgers ist nichts anderes, als die Freiheit der übrigen Bürger‹, wird man mir antworten, und sehr mit Recht.«[201] Die Freiheit der Bürger ist eine für den Staat notwendige Kraft, die sich aber nur entfalten kann, wenn ihr eine andere Kraft, eben die Freiheit der übrigen Bürger, entgegensteht. Man lese und staune: »Warum eifert man gegen Monopole und Privilegien? – Weil Einzelnen Freiheiten zugestanden werden, die den anderen versagt sind; weil man Freiheiten austeilt, die eigentlich keine Freiheiten sind, in denen die Gegenfreiheit der übrigen fehlt, welche ja unbedingt erforderlich ist, um die Freiheit des einzelnen Bürgers zur Wirksamkeit und zur Entwicklung zu bringen. – Freiheit ohne Gegenfreiheit anderer kann keine Wirkung hervorbringen; also ist es eine unproduktive, folglich tote Freiheit, folglich nichts.«[202]

Aus dem Gegenüberstehen von Freiheit und Gegenfreiheit folgt aber für Müller nicht, daß alle auch die gleichen Freiheiten haben sollen. Müller wendet sich strikt gegen den Begriff einer »äußeren Gleichheit« aus der Französischen Revolution: »Wenn die Freiheit nichts anderes als das allgemeine Streben der verschiedenartigsten Naturen nach Wachstum und Leben ist, so kann man keinen größeren Widerspruch ausdenken, als indem man, mit Einführung der Freiheit, zugleich die ganze Eigentümlichkeit, d. h. Verschiedenartigkeit, dieser Naturen aufhebt.«[203] Der Staat ist gerade dadurch lebendig, daß die einzelnen ihre Individualität entwickeln und ausleben, aus je verschiedenen Positionen und Interessenlagen ihre Zielsetzungen gegenseitig geltend machen; Konkurrenz und Interessenkampf sind nicht nur nicht schädlich, sondern geradezu notwendig für das allgemeine Wohl. »Je lebendiger und allseitiger die Freiheit der einzelnen ist, um so gewaltiger, inniger und sichtbarer ist ihr gemeinschaftliches Interesse, oder das Recht oder das Gesetz.«[204] Der Streit der Freiheit mit der Gegenfreiheit erbringt nicht nur ökonomisch die besten Produkte,

---

200 Ebd., Bd. 1, S. 166.
201 Ebd., Bd. 1, S. 133.
202 Ebd., Bd. 1, S. 134.
203 Ebd., Bd. 1, S. 151.
204 Ebd., Bd. 1, S. 209.

sondern auch rechtlich die besten Gesetze: »Je mehr der Bürgerstand gegen den Adel, und umgekehrt, der Rentenierer gegen seinen Schuldner, der Eigentümer gegen den Pächter, der Käufer gegen den Verkäufer, und umgekehrt, streiten kann ... je freier und natürlicher jede der beiden dem Staate gleich-notwendigen Parteien sich aussprechen und vor dem Richter regen kann: um so mehr muß das Gesetz ausgebildet werden, welches zur Regulierung und Anwendung der beiden streitenden Parteien bestimmt ist.«[205]

So vehement Müller hier für gesellschaftliche Auseinandersetzung plädiert und dabei auch für das Gleichgewicht der streitenden Parteien Sorge trägt, so selbstverständlich rückt er die Perspektive wieder in die rechte Richtung. Wirtschaftliche Auseinandersetzungen, soweit sie den Staat tangieren, werden nicht politisch, sondern vor Gericht ausgetragen; nicht der Streit der Freiheit mit der Gegenfreiheit erbringt die Gesetze, sondern der Urteilsspruch des Richters. Zugleich verläßt Müller hier das Denken in Gegensätzen, denn diese Denkfigur kann in der Tat allein nicht begründen, welche Ergebnisse der Kampf der Gegensätze haben soll, welche Instanz ihn regelt und entscheidet. Das leistet dann, in einer für Müller typisch doppeldeutigen Weise, die Denkfigur der Vermittlung.

Begriff und Idee des Staates

Bevor wir ihren Leistungen folgen, ist eine Denkfigur nachzutragen, die mit dem Denken in Gegensätzen in unmittelbarem Zusammenhang steht, von Müller aber erst später propagiert wurde. Er gründet sein gesamtes Staatsverständnis auf die Unterscheidung von *Begriff* und *Idee*. Die Intention des Denkens in Gegensätzen war es, fixierte Begriffe aufzulösen, in ihrem Wechselbezug – in der Verschränkung der Perspektiven – lebendige Einheit zu denken. Ganz entsprechend darf der Staat auch nicht als »Begriff«, sondern er muß als »Idee« erkannt werden. »Der Staat und alle großen menschlichen Angelegenheiten haben das an sich, daß ihr Wesen sich durchaus nicht in Worte oder Definitionen einwickeln oder einpressen läßt. Jedes neue Geschlecht, jeder neue große Mensch gibt ihnen eine andere Form, auf welche die alte Erklärung nicht paßt. Solche steife ein- für alle Mal abgefaßte Form, wie die gemeinen Wissenschaften vom Staate, vom Leben, vom Menschen umherschleppen und feilbieten, nennen wir: *Begriffe*. Vom Staate aber *gibt es keinen Begriff*... Wenn der Gedanke, den wir von einem solchen erhabenen Gegenstande gefaßt haben, sich erweitert; wenn er sich bewegt und wächst, wie der Gegenstand wächst und sich bewegt: dann nennen wir den Gedanken nicht den Begriff von der Sache; sondern *die Idee* der Sache, des Staates, des Lebens.«[206]

So klar die Stoßrichtung gegen allgemeingültige Definitionen des Staates geht, so unklar bleibt, was Müller stattdessen mit der »Idee« im Sinne hat. Es geht ihm nicht um bloßes Fühlen oder Erahnen, um bloße Intuition; er will den Staat durchaus rational, aber auf eine höhere, angemessenere, vollständigere Art und Weise begreifen. Dafür erscheint es ihm vordringlich, mit der »Idee« eine historisch-individualisierende Sichtweise einzuführen. »Nur der *Begriff* kann nachgebetet und ein Buchstabe

205 Ebd., Bd. 1, S. 135.
206 Ebd., Bd. 1, S. 20.

nachgesprochen werden: die *Idee* ist unnachahmlich, sie lebt ewig für sich, denn alles, was sie erzeugt, ist unabhängig von ihr; sie ist frei, und was sie anderen übertragen und mitteilen will, das ist der Geist der Freiheit, der sich in jedem neuen Stoffe, in jedem neuen Künstler von selbst schon wieder ganz eigentümlich, ganz unnachahmlich, das heißt wieder zur unabhängigen Idee ausprägt.«[207] Während also der »Begriff« der Sache unangemessen ist, weil er sie in überzeitliche Fixierungen einspannt, erfaßt die »Idee« in der Zuwendung zur Geschichte – Novalis hatte ganz ähnlich argumentiert – das entwicklungsfähige Prinzip in einer konkreten historischen Situation, das sich individualisierend entfaltet und damit per Analogie eine Einsicht in das Ganze öffnet. Dies Ganze ist – und nur darauf kommt es Müller letztlich an – in allen historischen Bewegungen die Totalität des menschlichen Zusammenlebens, welche die Idee des Staates verkörpert. Begriffliche Fixierungen würden immer, so wirft Müller den Aufklärern und Liberalen vor, Teile der Totalität außerhalb belassen; ihm aber kommt es darauf an, den Staat als lebendige, umfassende Einheit zu begreifen. Der Staat ist kein begrenzter Zweckverband, sondern er ist die Einheit des Denkens, Fühlens und Handelns der Menschen: »Der Staat ist nicht eine bloße Manufaktur, Meierei, Assekuranz-Anstalt oder merkantilistische Sozietät; er ist die innige Verbindung der gesamten physischen und geistigen Bedürfnisse, des gesamten physischen und geistigen Reichtums, des gesamten inneren und äußeren Lebens einer Nation, zu einem großen, energischen, unendlich bewegten und lebendigen Ganzen.«[208]

Wie die Totalität die Gedanken und Herzen umfaßt, so auch die Geschichte. Der Staat besteht nicht nur aus den augenblicklich lebenden Generationen, das ist seine räumliche Komponente; er verbindet auch die aufeinanderfolgenden Generationen, das ist die zeitliche Komponente seiner Einheit. Daraus ergibt sich, daß die Staatskunst nicht nur das Wohl der Lebenden, sondern stets auch das der noch Ungeborenen vor Augen haben und sich an den Erfahrungen der Vorväter orientieren muß. So ist der Staat der Inbegriff des menschlichen Zusammenlebens in Raum und Zeit. Da der Mensch ein gesellschaftliches Wesen ist, läßt er sich ohne den Staat oder außerhalb des Staates gar nicht denken. Ebensowenig ist ein vorstaatlicher Naturzustand, ein überstaatliches Naturrecht denkbar. Wo Menschen zusammenleben, besteht Gesellschaft oder Staat, »die ewige Allianz der Menschen«[209], und ebenso das Wesen des Rechts. Müller bringt das Kunststück fertig, durch die Trennung von »Begriff« und »Idee« mit historisierendem Augenaufschlag eine überzeitliche, allgemeingültige Wesensbestimmung des Staates vorzulegen, die zugleich alle Möglichkeiten einer konkreten Ausformung im Sinne der aktuell erwünschten Verteidigung der altständischen Staats- und Gesellschaftsordnung enthält.

---

207 Adam Müller, Philosophische Miszellen, in: ders., Kritische/ästhetische und philosophische Schriften (Anm. 185), Bd. 2, S. 258.

208 Adam Müller, Elemente der Staatskunst (Anm. 183), Bd. 1, S. 37.

209 Ebd., Bd. 1, S. 59.

Dritte Denkfigur ist die *Vermittlung*. Steht die Unterscheidung von Begriff und Idee im engen Zusammenhang mit dem Denken in Gegensätzen, so geht die Figur der Vermittlung darüber deutlich hinaus und eröffnet einem auf Einheit gerichteten Denken neue Begründungsmöglichkeiten. »Vermittlung« ist die Verbindung von Extremen in einem Dritten, eben in der sie vereinigenden »Mitte«. Das Denken in Gegensätzen, wie Müller es vorführt, kann diese Form nicht erbringen, denn es stellt Einheit in wechselseitiger Verschränkung der Pole des Gegensatzes dar, nicht aber in einem Dritten. Das Denken in Gegensätzen kann soziale Beziehungen nur erfassen, wenn sich die Einheit wechselseitig aufeinander bezogener Handlungen naturwüchsig, mit den Handlungen der beteiligten Akteure selbst herstellt. Wenn aber Interessengegensätze und Konflikte die Regelung durch eine ihnen gegenüber selbständige Instanz, also ein Drittes, erforderlich machen, reicht das Denken in Gegensätzen zur Darstellung und Begründung allein nicht aus; das leistet erst die Denkfigur der Vermittlung. Mit dieser Allerweltskategorie läßt sich freilich so gut wie alles begründen; Adam Müller spielt ihre Mehrdeutigkeit zur theoretischen Begründung ständisch-konservativer Gehalte virtuos aus. Dazu muß man sehen, daß Vermittlung in einer »weicheren« und einer »härteren« Form auftreten kann. Im ersten Fall sind die Extreme dadurch vermittelt, daß sie in einem Dritten zusammenkommen, welches sich gewissermaßen zwischen ihnen, auf gleicher Ebene mit ihnen befindet. In diesem Sinne vermittelt der Vertrag, der durch einen Kompromiß zwischen den Beteiligten entstanden ist, zwischen ihren unterschiedlichen Interessen. Oder das Geld dient auf dem Markt ebenso zur Auseinandersetzung zwischen den Individuen wie zu ihrer »Vermittlung oder Verbindung«[210]. Im zweiten Fall wird die Vermittlung zwischen den Extremen durch eine höhere, übergeordnete Instanz geleistet; bestes Beispiel, und von Müller geradezu prototypisch verwendet, ist die Instanz des Richters, der im Streit der Parteien durch seinen Urteilsspruch entscheidet.

Müller setzt nun mit der Figur des Denkens in Gegensätzen an, die für sich noch kein hierarchisches Element enthält, geht für die inhaltliche Bestimmung der lebendigen Einheit im Staate zur »weicheren« Form von Vermittlung über und schließt als »härtere« Form der Vermittlung mit einer absolut übergeordneten Instanz ab – um mit diesem Zusammenhang darzutun, daß auch die lebendige Wechselwirkung gleichberechtigter Individualitäten ihre wahre Einheit und Erfüllung erst in streng hierarchischer Ordnung findet.

Der Begründungszusammenhang läßt sich gut an seiner Idee des *Rechts* nachvollziehen, da sie auch seinem Freiheitsverständnis den rechten Rahmen gibt. Das Recht, welches als »die Stimme des Guten in unserer Brust«[211] das menschliche Zusammenleben regelt, ist kein fixiertes System von Geboten und Verboten, sondern das historisch überdauernde, damit zugleich aber historisch wandelbare Resultat des Geltendmachens von Einzelheiten. Diese müssen nur selbst wieder »Ideen«, also bei aller Auseinandersetzung mit anderen Einzelrechten auch wechselseitig aneinander und am Ganzen orientiert sein. Dann ist das aus der Erfahrung früherer Generationen bestehende Recht mit den einzelnen Rechten in der gegenwärtigen Generation zu

210 Ebd., Bd. 1, S. 351f.
211 Ebd., Bd. 1, S. 114.

vermitteln, und das Ergebnis ist eine weitere konkrete Gestalt der Idee des Rechts. Wie kommt sie nun aber zustande? Müller greift zunächst auf seine Lehre von den Gegensätzen zurück. Das einzelne Recht lasse sich am überzeugendsten vertreten, wenn sein Verteidiger »sich vor dem Auge des Richters ganz auf die Seite der übrigen Rechte stellt, und von diesem entgegengesetzten Standpunkt aus zeigt, wie, um der übrigen Rechte willen, jenes einzelne Recht aufrechtzuerhalten sei, und wie das Ganze dabei interessiert ist, daß das einzelne bestehe.«[212] Wenn also Land-Interesse und städtisches Geld-Interesse einander gegenüberstehen, so werden ihre Rechte am besten so dargestellt, »daß die Advokaten beider Parteien ihre Plätze vertauschen, und der Verteidiger des Land-Interesses ganz in einem städtischen, der Verteidiger des Geld-Interesses hingegen in einem ländlichen Standpunkte redet«[213].

Dadurch mag der Richter zwar Argumentationshilfen und den Beweis fairer Gesinnung erhalten, eine Entscheidung ist durch die Vertauschung der Rollen aber noch nicht gefunden. Der Richter muß vielmehr Einzelinteressen und Gesamtinteressen vermitteln – darauf reduziert sich das Bäumchen-wechsle-dich-Spiel. Seiner Rolle nach ist der Richter eine den Kontrahenten übergeordnete Instanz, mit der Figur des Richters ist also bereits die »härtere«, hierarchische Form der Vermittlung eingeführt. Aber Müller stellt die Entwicklung der Idee des Rechts so dar, daß das hierarchische Prinzip des Richters mit der Einigung der Beteiligten, also der »weicheren« Form der Vermittlung, zusammenfällt. Die Vermittlung muß Einheit und Verschiedenheit zu ihrem Recht kommen lassen, das ist das Grundprinzip einer aus dem Gegensatz entwickelten Staatsverfassung: »Wie in der Natur überall, so auch im Staate, fließen *Teilung* und *Einheit* aus derselben Quelle, dem wahren Gegensatze nämlich: nichts kann verbinden, als die wahre Teilung selbst.«[214]

Diese Verbindung, die Vermittlung von Einheit und Verschiedenheit im Staat, erscheint recht problemlos. Weil Einzelrechte als Ideen geltend gemacht werden, besteht neben dem besonderen, individuellen Interesse jeweils auch ein allgemeines Interesse, ein Interesse am Ganzen. »Um das besondere Interesse wird gestritten; denn dieses ist bei jeder Partei ein anderes, verschiedenes. Über das allgemeine Interesse beider Parteien können Mißverständnisse obwalten; im wesentlichen aber ist es auf beiden Seiten dasselbe.«[215] Der Richter nun, der sowohl das besondere Recht aufrecht zu erhalten und das allgemeine Wohl zu fördern hat, kann nach folgender Instruktion handeln: »1) Du sollst das beiden Parteien gemeinschaftliche Interesse am Ganzen durch Verständigung vermitteln und 2) du sollst zwischen dem besonderen Interesse beider streitenden Parteien entscheiden.«[216] Der Richter braucht also gar nicht machtvoll das Gesamtinteresse geltend zu machen, er regelt nur Interessenkonflikte zwischen den Beteiligten. Und doch ist dies die Entwicklung einer konkreten Gestalt der Idee des Rechts. Die hierarchische Form der Vermittlung ist soweit zur lebendigen Idee verklärt, daß Müller damit auch die bürgerliche Vertragslehre einfach unterlaufen zu können glaubt. Da das Recht jeweils aus der Vermittlung von Allgemeinheit und Verschiedenheit, allgemeinem und besonderem Interesse ent-

212 Ebd., Bd. 1, S. 120.
213 Ebd., Bd. 1, S. 121.
214 Ebd., Bd. 1, S. 190.
215 Ebd., Bd. 1, S. 122.
216 Ebd., Bd. 1, S. 123.

steht, hat es den jeweiligen Standpunkten entsprechend eine doppelte Bedeutung: »Jedes Recht ist 1) Gesetz, insofern man es aus dem Standpunkte des Richters, 2) ist es Kontrakt, insofern man es aus dem Standpunkte der Parteien betrachtet.«[217]

Damit läßt sich auch die »Idee des Rechts, welche aller bürgerlichen Gesellschaft zum Grunde liegt«, in doppelter Weise darstellen, was doch nur dieselbe Vermittlung aus unterschiedlicher Perspektive bedeutet: als »Grundgesetz« aus der Perspektive »von oben«, der übergeordneten Instanz – als »Grundvertrag«[218] aus der Perspektive »von unten«, der beteiligten Kontrahenten. Im »Grundgesetz« wird das Prinzip der Einheit mit der Vielheit, im »Grundvertrag« das Prinzip der Vielheit mit der Einheit vermittelt; so fällt beides zusammen. Die Intention der bürgerlichen Vertragslehre, unterschiedliche Interessen zu einem Staat zu vereinigen, erscheint bei Müller bestens aufgehoben. Er orientiert sich in seiner Idee des Rechts am Prinzip des Einzelfalls nach dem Vorbild des englischen *Common Law*, möglicherweise aber auch an der Fortentwicklung des Gewohnheitsrechts durch feudale Gerichtsbarkeit in Deutschland. Jedenfalls ist eine Gesetzgebung durch Parlamente für die Rechtsetzung nicht diskutiert, noch nicht einmal erwähnt. So ist die Idee des Rechts institutionell allein an die hierarchische Instanz des Richters angebunden – seine Rechtsetzung wird von den Adressaten unbefragt als die ihrige angesehen.

Müller kann sich letztlich Vermittlung gar nicht anders als hierarchisch vorstellen. Diese Grundvorstellung formuliert er im Zusammenhang mit der Frage, wer eigentlich der Souverän im Staate ist (und es soll weder das Volk noch eine bestimmte Person sein): »Der Souverän ist... jene strebende, drängende Gewalt aller Glieder des Volkes und aller vergangenen und kommenden Geschlechter nach dem Mittelpunkte, nach einer immer innigeren Verbindung hin, die alle einzelnen streitenden Kräfte versöhnt; jenes unaufhörliche Siegen einer großen Grundgewalt, wie des Erdkörpers, einer Zentripetal-Kraft, über unendliche einzelne, auseinanderstrebende Zentrifugal-Kräfte; welches alles sich wieder darstellt in der vermittelnden Gewalt des Hausvaters über seine Familie, des Richters über seine Parteien, des Bischofs über seine Gemeine, des Feldherrn über sein Heer, des Fürsten über die eben versammelten, bald vorübergehenden Glieder des ewigen Volkes, des Gesetzes über anscheinend ganz verschiedenartige Geschlechter.«[219] Alle lebendigen Glieder eines Volkes streben nach dem Mittelpunkt, nach Einheit, und diese ihre Kraft ist so gewaltig, daß sich die Frage der Herrschaft über die einzelnen Glieder von diesem Zentrum aus als grundlegendes Problem überhaupt nicht stellt. Da die Individuen alle nach ihrem Zentrum streben, werden sie von diesem nicht beschränkt; beschränkt werden sie höchstens von ihresgleichen. Die Verbindung, die aus der Urgewalt des Strebens zum Zentrum entsteht, ist nicht bloße Vermittlung, sondern Versöhnung; hier kommt bereits die Figur des »Mittlers« zum Tragen, die schließlich bei Müller in der Gestalt von Christus die auch politisch entscheidende Rolle spielt. In der Hymne des Strebens nach Versöhnung wird allerdings nur klar, daß sich bei aller Vermittlung für die Individuen die Herrschaftsfrage nicht stellt. Sie stellt sich aber in der hieraus abgeleiteten Form der Vermittlung, nämlich in ihrer äußeren »Darstellung« in der »vermittelnden Gewalt« des Hausvaters, des Richters usw. Das ist eine Form der Vermittlung, in der

217 Ebd., Bd. 1, S. 128.
218 Ebd., Bd. 1, S. 129.
219 Ebd., Bd. 1, S. 146f.

der Mittler über den ihm Unterworfenen – als Denkfigur also die Mitte oberhalb ihrer Extreme – steht.

Das grundsätzlich von Müller unterstellte Streben nach Einheit begründet politisch die Vermittlung in ihrer »härteren« hierarchischen Form. Dann kann auch der Streit der Freiheit mit der (Gegen-)Freiheit, die allseitige individuelle Entfaltung zu gar nichts anderem führen: »Durch den Streit der Freiheit mit der Freiheit bildet sich also ins Unendliche fort ein über allen diesen einzelnen Freiheiten waltendes Recht, Gesetz, oder – um dieses höhere Erzeugnis der Gesellschaft noch lebendiger auszudrücken – die vermittelnde Macht eines Richters, Patriarchen, Monarchen, Fürsten.«[220] Diese Personen oder Institutionen sind die reale Konzentration der Kräfte und zugleich über diese erhaben: »So steht der Staatsmann in der Mitte seiner Nation und seiner Zeit, über alle einzelne Gesetze erhaben, und aller einzelne Vorteil der Nation ist ihm unterworfen.«[221]

Analogien von Familie und Staat

In engem Zusammenhang mit der Denkfigur der Vermittlung steht schließlich die Denkfigur der *Analogie*. Sie rundet das Instrumentarium zur Begründung politischer Sachverhalte ab, weil sie die in Vermittlungen gefaßte Einheit inhaltlich auszufüllen und damit auch auszuweisen verhilft. So dienen die Figuren vom Denken in Gegensätzen über die Vermittlung bis hin zur Analogie bei Adam Müller zugleich zunehmend der Konkretisierung seiner politischen Grundintention. Höchstes Prinzip der Einheit ist ihm das Leben; Einheit ist lebendig, und was tot ist, kann keine Einheit konstituieren. Um nun über das biologische Leben hinaus eine umfassende Lebendigkeit aufzuweisen – oder sie herzustellen, sofern sie in mechanischen Staatsgebilden noch nicht besteht –, ist ein Denken in Analogien erforderlich. Müller formuliert den Grundsatz ganz lapidar: »Was dem Leben entspricht, ist selbst lebendig.«[222] So werden Prinzipien einer Gestalt des Lebens auf andere Gestalten übertragbar, Vermittlungen auf individualisierender Grundlage universalisiert: nicht als abstrakte, allgemeingültige Sätze gewonnen, sondern aus individuellen Totalitäten auf andere Totalitäten und schließlich auf das Ganze übertragen. Für die politische Philosophie maßgebend ist die Analogie zwischen Familie und Staat. Müller möchte endgültig klarstellen, »daß der Staat nichts anderes als die erweiterte Familie, und daß die erste gründliche Probe aller Verfassungen und Gesetze die Untersuchung ist: ... ob die beiden Verhältnisse, aus deren inniger Vereinigung jede Familie besteht, *Alter* und *Jugend* einerseits und *männliches* und *weibliches Geschlecht* andererseits, die ganze Gesetzgebung gleichmäßig durchdringen«[223].

Das Denken in Analogien hängt unmittelbar mit dem Organismusgedanken zusammen. Ähnlichkeiten in den unterschiedlichen Gestalten des Lebens können nämlich nur dann aufgefunden werden, wenn sie als lebendige Einheiten, als Organismen in ihrer Individualität dieselben Prinzipien ausprägen. Wenn auch bei Müller der

220 Ebd., Bd. 1, S. 175.
221 Ebd., Bd. 1, S. 65f.
222 Ebd., Bd. 1, S. 159.
223 Ebd., Bd. 1, S. 89.

Staat gar nicht so sehr als der große maßgebliche Organismus herausgestellt wird – Müller braucht dieses Bild gar nicht, um den Staat zu verklären, zumal die Dimension von Vergangenheit und Zukunft, die in seiner Staatsvorstellung eine entscheidende Rolle spielt, im Organismus gar nicht hinreichend ausgedrückt ist –, so steht der Staat doch in einer aufsteigenden Reihe von Organismen und, bezeichnenderweise, »Antorganismen«: »So organisieren sich der weibliche Organismus und der männliche Antorganismus zu dem höheren Organismus der Familie; der Organismus der Grundbesitzenden und der Antorganismus der umherschweifenden, dienenden Familie zum höheren Organismus des Staates; der Organismus der handelnden Seemächte und der Antorganismus der ackerbauenden Landstaaten zum höheren Organismus des politischen Gleichgewichts und so fort.«[224] Für die Staatslehre ist die Analogie zur Familie von besonderer Bedeutung, weil die Familie in der aufsteigenden Reihe von Organismen der erste Organismus ist, der den Menschen und die Einheit der Beziehungen zwischen den Menschen umfaßt. Die Idee des Staates folgt »ganz einfach aus der vollständigen Ansicht des lebendigen Menschen, oder (sic! G.G.) der Theorie der Familie«[225].

Die Durchführung dieses Programms wirkt zunächst außerordentlich kompliziert, weil Müller die Analogien nicht an Sachverhalten, sondern entsprechend seiner Denkweise an Polaritäten – also Gegensatzpaaren – festmacht. Polaritäten in der Familie sind im Staat wiederzufinden, und weil sie in der Familie vermittelt sind, sind sie auch im Staat zu vermitteln. Damit das Ganze recht lebendig wird, gibt es neben den direkten Analogien von Polaritäten auch Analogien zu ihren komplementären Polaritäten. So entspricht dem Geschlechter-Unterschied in der Familie, also dem Unterschied zwischen Weib und Mann, im Staat der Standes-Unterschied zwischen Adel und Bürgertum. Dem Alters-Unterschied in der Familie, also dem Unterschied zwischen dem Alter und der Jugend, entspricht im Staat die Allianz der Generationen, denn zum Staat gehören in konservativer Sicht nicht nur die lebenden Generationen, sondern auch die Vorfahren, deren Erfahrungen in Institutionen und Gesetzen des Staates enthalten sind. Dem Alters-Unterschied in der Familie entspricht aber wiederum auch der Standes-Unterschied im Staat, weil der Adel mit dem Alter die Dauer, das Bürgertum mit der Jugend die Gegenwart repräsentiert. Dem Geschlechter-Unterschied in der Familie entspricht auch die Allianz der Generationen, weil das weibliche Element Vergangenheit und Zukunft, das männliche Element die Gegenwart verkörpert usw. Dieses Vexierbild wird überschaubarer, weil es Adam Müller darum geht, all dies miteinander zu vermitteln, und dazu bedarf es auch für ihn der Reduktion von Komplexität. Alle Polaritäten verkörpern oder »repräsentieren«[226] jeweils Prinzipien, die zu vermitteln sind, und diese Prinzipien stehen sich in einem dualen System in zwei Reihen gegenüber:

unsichtbare Macht	–	sichtbare Macht
geistig	–	weltlich
Weib	–	Mann
Adel	–	Bürgertum

224 Adam Müller, Philosophische Miszellen (Anm. 207), S. 273.
225 Adam Müller, Elemente der Staatskunst (Anm. 183), Bd. 2, S. 175.
226 Ebd., Bd. 1, S. 187.

Alter	–	Jugend
Vergangenheit und Zukunft	–	Gegenwart
Dauer	–	Augenblick
Erhaltung des Besitzes	–	Erwerb
usw.		

Es ist also eine große Polarität von aufgefächerten Prinzipien, die die Familie dem Betrachter darbietet, damit er sie dem Staatsmann zur Vermittlung im Staate selbst anvertrauen kann: »Die beiden Elemente des Staates, deren jedes in seiner Eigentümlichkeit bestehen und verteidigt werden muß, die sichtbare und die unsichtbare Macht, die Gewalt und die Liebe, die Strenge und die Milde, welche vermittelnd zu vereinigen die Aufgabe sowohl des Staatskünstlers als aller anderen Künstler ist, erscheinen in dem Verhältnis der beiden Geschlechter lebendig, persönlich und als wirkliche Ideen nebeneinander.«[227]

Für alle diese Polaritäten gilt zunächst das Prinzip des Denkens in Gegensätzen; jedes Prinzip muß seinen Wortführer im entgegengesetzten Prinzip finden, und nur aus dieser lebendigen Bewegung ist Vermittlung möglich. Weil die Vermittlung aber zugleich auf den Analogien beruht, sind hier weitere inhaltliche Festlegungen vorgezeichnet. So rechtfertigt Adam Müller aus der Polarität von Alter und Jugend sowie von Mann und Weib in der Familie wieder einmal, weil unterschiedliche Prinzipien in unterschiedlichen Personen verkörpert sind, die politische Ungleichheit. Und weil das Alter und das Weib das Prinzip der Kontinuität verkörpern, ist analog im Staatsaufbau ein Stand vonnöten, der ebenfalls auf Dauer orientiert ist, die Vergangenheit repräsentiert und für die Erhaltung des Besitzes steht: Das ist der erbliche Adel. Und die Mitte selbst ist schließlich, Fluchtpunkt aller Analogien, in einer hierarchisch übergeordneten Persönlichkeit repräsentiert: Das ist in der Familie der Mann und politisch der souveräne Staatsmann: »Die Natur hat den einfachsten Menschen in seiner höchsten Entwicklung, als Mann, in die Mitte seiner Verhältnisse gestellt... Der Mann steht zwischen seinen Eltern, persönlichen Repräsentanten des Alters, und zwischen seinen eigenen Kindern, persönlichen Repräsentanten der Jugend, aufgefordert, beide zu vermitteln, für beide zu sorgen, beide in der Idee zu umfassen. Dieses einfache Verhältnis in jeder Familie ist das vollständige Schema und Muster« des Staates[228]. »Der Souverän, der Gesetzgeber eines Staates, muß also ... beide Geschlechter der Menschheit und ihre ganze Natur unaufhörlich und stets inniger in sich vereinigen.«[229] – Auch die Analogien stützen jene gewaltige Zentripetal-Kraft des Volkes und begründen eine hierarchische, vom Prinzip des Mannes dominierte Ordnung.

227 Ebd., Bd. 1, S. 107.
228 Ebd., Bd. 1, S. 99.
229 Ebd., Bd. 1, S. 108.

Blicken wir auf den Argumentationsgang zurück. Die Darstellung der politischen Philosophie von Adam Müller als Zusammenhang von Denkfiguren und politischen Aussagen sollte deutlich machen, daß Müller nicht nur eine Parteinahme für altständisch-konservative Interessen in romantischer Verklärung vorgelegt hat. Es hieße ihn erheblich unterschätzen, würde er nur als ein im Grunde bedeutungsloser Intellektueller angesehen, der seinen politischen Opportunismus eben in eine wichtige theoretische Grundströmung seiner Zeit gekleidet hat. Ob nun originell und produktiv oder nicht – jedenfalls entfaltet er als politischer Denker die Prinzipien der »Idee« und des »Lebens« zu einem komplexen Zusammenhang von Polaritäten, Ausgleich, Vermittlung und Gegenseitigkeit, der den Staat als ein kunstvolles Gebäude der Vereinigung wie der Entfaltung aller Individualitäten ausweist. Es ist dieser Zusammenhang, der erst seine konkrete politische Parteinahme begründet: für einen Monarchen an der Spitze, der nicht durch konstitutionelle Vereinbarungen, also eine Verfassung, eingegrenzt ist, sondern sich aus der Bewegung des Ganzen definiert; für einen Geburtsadel, der als wichtigste Institution im Staat für die Beibehaltung oder Wiederbelebung der persönlichen Herrschaftsbeziehungen im Feudalismus steht. Die Idee des Rechts wird als Inbegriff aller menschlichen Beziehungen entfaltet, die im Staat zu institutionalisieren sind, so daß eine Abtrennung der Moralität oder der Innerlichkeit um der Lebendigkeit des Ganzen willen nicht statthaben darf. Der aufwendige theoretische Zusammenhang richtet sich damit gegen alle liberalen Bestrebungen, das Öffentliche vom Privaten zu trennen. Das Individuum ist, indem es sich in seiner Individualität entfaltet, ohne die Möglichkeit von Vorbehalten oder Freiräumen in den hierarchisch-ständischen Gesamtzusammenhang eingefügt.

Das Plädoyer für eine ständisch gegliederte, hierarchische Gesellschaftsordnung nach feudalem Muster und gegen die Entlassung jeder Privatheit und Innerlichkeit aus der lebendigen Einheit des Staates stützen sich gegenseitig. Der Adel, als »Repräsentant der Familienfreiheiten« und als »Nießbraucher« der Familienrechte[230], repräsentiert »den einzelnen Menschen und ihrer augenblicklichen Macht gegenüber die Macht und die Freiheit der unsichtbaren und abwesenden Glieder der bürgerlichen Gesellschaft«[231] und somit die *volonté générale*, das allgemeine Interesse. Er ist eine »göttliche Institution« und »die erste und einzig notwendige staatsrechtliche Institution im Staate«[232]. Demgegenüber sind alle sonstigen Repräsentationen eines Allgemeinwillens, »Ständeversammlungen, corps legislatifs«[233] von untergeordneter Wichtigkeit. Sie können dem Souverän das »Interesse der Gegenwart und die öffentliche Meinung«[234] mitteilen – das ist die übliche Formel der damaligen Zeit, um sie nicht zu politischer Wirksamkeit gelangen zu lassen –, aber »sobald sie das Gesetz der Einheit der Macht, oder mit anderen Worten das gesamte Streben der bürgerlichen Gesellschaft nach einem lebendigen Mittelpunkt

230 Ebd., Bd. 1, S. 183.
231 Ebd., Bd. 1, S. 187.
232 Ebd.
233 Ebd., Bd. 1, S. 188.
234 Ebd.

wieder aufheben und die Macht beschränken oder gar brechen sollen, stehen sie mit sich selbst im Widerspruch und zerstören sich selbst«[235].

Der Bürgerstand ist durch seinen »Bürgerstolz« nach mittelalterlichem Muster ausgezeichnet: »Diesen Bürgerstolz, mit dem ich mich in meiner Zeit lächerlich genug ausnehme, finde ich in einer Gestalt, die *mir* ansteht, wieder in dem Mittelalter, in den Reichsstädten meines Vaterlandes. Dieses derbe, gemütliche, fromme Selbstgefühl, diese Sprache der Freiheit, welches aus gründlichem Verstande, und um ihres eigenen bürgerlichen Interesses willen, Gott, Kaiser, Adel und Gesetz mit Ehrfurcht dient, ohne Falsch und ohne Scheu. . .«[236]

Nun ist sich Adam Müller durchaus im klaren, daß der Adel seiner Zeit den hehren mittelalterlichen Traditionen ebensowenig entspricht wie das moderne Bürgertum der betulichen Rechtschaffenheit der »Meistersänger«: »Alle Stände sind in gleicher Entartung versunken, alle haben den Begriff ihrer Existenz, anstatt der Idee, das Private anstatt des Nationalen, das Sächliche anstatt des Persönlichen vergöttert.«[237] Die normative Bestimmung der Standesunterschiede findet also in der sozialen Realität seiner Zeit keine rechte Stütze mehr; gleichwohl ist Müller optimistisch. »Ich weiß sehr wohl, daß die Standesunterschiede, welche . . . sich gegenseitig zerstört haben, in einer viel reineren Gestalt wieder aufleben und in eine viel innigere Verbindung treten werden.«[238] Dies leistet die *Religion,* in der alles für ihn fortschrittliche Denken kulminiert. Allen Irrungen und Wirrungen der vergangenen drei Jahrhunderte zum Trotz kann nun vermittels der Religion »ein Verstand gebildet werden . . . der sich mit den tüchtigen Gefühlen des Mittelalters verbinden kann, ohne sie auszuschließen; der von dem Geist der Institute im Mittelalter erfüllt werden kann, ohne sie handwerksmäßig nachzuahmen«[239].

Religion ist das Fundament des Staates in der Innerlichkeit des Menschen. Sie vereinigt »die Herzen und alles geistige Eigentum der Bürger«[240], sie ist also das entscheidende Medium, mit dem der Staat das Private, die Gefühle, die Gesinnung integriert. Allein durch eine wahre, lebendige Religion kann die Staatsverfassung selbst lebendig sein, erfüllen die Stände die ihnen zukommende Funktion. Für Müller ist es das Christentum, welches so als universale Rechts-Idee die Menschen zum Staat und die Staaten zur Menschheit verbindet. »Alles Schöne, Dauerhafte und Große in unseren bürgerlichen Verfassungen verdanken wir . . . der christlichen Religion. Sie hat uns . . . geheilt durch ein lebendiges und ewig belebendes Gesetz – durch das Gesetz von der schönen Gegenseitigkeit des Lebens und durch die Art, wie das physisch Schwächere, Ärmere und Demütigere, was der jugendliche Übermut der alten Völker übersehen hatte, in ihr verklärt worden. Sie hat uns gelehrt, was Freiheit sei, und daß sie nur durch die Nebenfreiheit der anderen, nur in Wechselfreiheit bestehen und erscheinen könne.«[241]Alle staatstragenden Ideen sind religiöse Ideen, und nur die christliche Religion kann den Staat in der Zeit des Verfalls lebendig rekonstruieren: »Nur die *Religion*, die Mutter aller Ideen, kann den Staaten den Lebensgeist wieder-

235 Ebd.
236 Ebd., Bd. 1, S. 305f.
237 Ebd., Bd. 1, S. 300.
238 Ebd.
239 Ebd., Bd. 1, S. 308.
240 Ebd., Bd. 1, S. 119.
241 Ebd., Bd. 1, S. 292.

geben, der aus ihnen gewichen ist: dies ist der Grundgedanke meiner ganzen Betrachtung.«[242]

Nach der großen Aufspaltung des Christentums in der Reformation kann keine der bestehenden Konfessionen, Katholizismus oder Protestantismus allein, die Erneuerung vollbringen. Müller richtet seine Hoffnung aber darauf, daß die Prinzipien der Spaltung selbst soweit in Verfall geraten sind, daß die »wahre alte Kirchenvereinigung«[243] möglich wird. Auf diesem Fundament nun – das war auch schon der Grundgedanke von Novalis – wird der Staatsaufbau Leben gewinnen. Adam Müller vollführt hier eine bemerkenswerte Wende in seiner Argumentation. Indem er den Staat nach der Feststellung des Zerfalls der ständischen Prinzipien gewissermaßen von seinem »ideologischen Unterbau« her rekonstruiert, gibt er der Idee der Freiheit eine neue Ausrichtung. Wie der Staat in der Religion, so ist die politische Freiheit in der religiösen begründet. Religions-Freiheit ist aber keinesfalls »ein besonderes Privilegium für schlaffe Seelen ... über die höchsten Gegenstände des Glaubens zu meinen, nach Herzenslust zu faseln, während sie den äußerlichen, bürgerlichen Zwangspflichten der Notdurft halber sich unterwerfen«[244]. Wie jede Freiheit bedarf religiöse Freiheit der Gegenfreiheit der anderen – aber hier zu dem Zwecke, an dem großen Kampf um einen allumfassenden Glauben teilzunehmen. Die Gesamtheit dieses Kampfes – Katholizismus und Protestantismus sind ja zu verteidigen – ist die Institution der Kirche. »Die Freiheit muß vor allen Dingen bewiesen werden in der liebevollen und streitenden Achtung für die Gegenfreiheit, also vorzüglich in der Achtung für die *Kirche*, die ja nichts anderes ist, als der freieste, vollständigste Ausdruck der einfachen Religion in einem reichen, ungeheuren Stoffe.«[245] Aus der Religions-Freiheit folgt also gerade nicht die Freiheit, aus der Kirche auszutreten, sondern ganz im Gegenteil die »Freiheit, sich der Gesamtheit dieser Formen oder der Form aller Formen, der *Kirche*, zu unterwerfen«[246]. Religiöse Freiheit, die die Freiheit des Nächsten respektiert, ist Freiheit zum Glauben, damit Achtung für die Kirche und schließlich Unterwerfung unter sie. Und weil religiöse Freiheit das Fundament aller freiheitlichen Politik ist, werden »alle Probleme der Politik, die ich Ihnen gezeigt habe ... durch den Einen Glauben auf das herrlichste gelöst«[247].

Adam Müller plädiert, obwohl er politisch für die Adelspartei agiert, philosophisch nicht für die Bewahrung ihrer gegenwärtigen Privilegien, sondern nur für die Wiederbelebung ihrer »Idee«; er meint, obwohl er zum Katholizismus übergetreten ist, philosophisch nicht die katholische Kirche, sondern eine umfassende Glaubensvereinigung – das mag man ihm abnehmen oder auch nicht. Jedenfalls plädiert er nun ganz offen für eine, auch gegenüber seinen früheren Ausführungen, neue Freiheit der Hingebung: »Alle Erhebung, wonach die Seele verlangt, (liegt) in ihrer freien Unterwerfung; alle Freiheit in der Hingebung an das Vaterland und an Christus.«[248] Darin ist natürlich alles Bisherige einbegriffen. Das kunstvolle Gebäude ist klar und lapidar vollendet.

242 Ebd., Bd. 1, S. 326.
243 Ebd., Bd. 2, S. 233.
244 Ebd., Bd. 2, S. 218.
245 Ebd., Bd. 2, S. 223.
246 Ebd., Bd. 2, S. 225.
247 Ebd.
248 Ebd., Bd. 2, S. 234.

Der Begründungszusammenhang eines konstitutionellen Konservatismus, wie ihn Stahl in ausgebreiteter Systematik entfaltet, zeigt eine gegenüber der politischen Romantik Adam Müllers völlig veränderte Grundstimmung. Die Argumentation ist nüchtern, abwägend, geradezu defensiv – in angestrengt rationaler Argumentation soll das festgehalten werden, dessen Veränderung, würde man den entsprechenden Tendenzen nachgeben, nur negative Folgen hätte: »Die Grundverhältnisse des geselligen Zustandes sind unveränderlich und bedürfen immer derselben Pflege und Stellung... Solange ist es töricht, den festen Boden des Grundbesitzes zu lockern zum Vorteil der Kapazitäten, die wohlumgrenzten Sitze der Ansässigkeit und wechselseitigen Nährung schrankenlosem Zudrang zu öffnen. Solange ist es töricht, die uralte Macht des Königtums gegen den Willen oder die Überzeugung des Volkes zu vertauschen, den Glauben der Kirche dem zufälligen Meinen der Menschen preiszugeben; solange vor allem ist es töricht, von *freiwilliger Erfüllung* die Reinheit der Sitte, die Würde und Heiligkeit des öffentlichen Lebens zu erwarten.«[249]

Die nüchterne, begrifflich präzise, mit viel trockener Gelehrsamkeit untermauerte Art der Darlegung ist zunächst biographisch bedingt, denn Stahl steht, entgegen der katholisierenden Schwärmerei der politischen Romantik, fest auf dem Boden des (lutherischen) Protestantismus. Aber sie gibt vor allem einem geistesgeschichtlichen und historischen Entwicklungsschub Ausdruck, der die Perspektiven in nur reichlich zwanzig Jahren erheblich verändert hat. Geistesgeschichtlich ist seit Beginn der dreißiger Jahre des 19. Jahrhunderts die große systematische Anstrengung des Deutschen Idealismus nahezu abgeschlossen – so nimmt es jedenfalls die Umwelt wahr. Insbesondere mit dem Hegelschen Systemgebäude erscheint die Möglichkeit der Philosophie, aus sich heraus die Welt umfassend zu begreifen, an einem Endpunkt angelangt. Erwartungen des Erkenntnisfortschritts richten sich zunehmend auf die »positiven« Wissenschaften, von der Jurisprudenz über die Historiographie bis hin zu den Naturwissenschaften. Die philosophische Aufbruchstimmung, die das Denken Adam Müllers beflügelt hat, ist einem eher distanzierten Bilanzieren und Verarbeiten des Erreichten gewichen. Historisch erscheint der Versuch, überkommene ständische Interessen einfach dadurch als zukunftsträchtig zu erweisen, daß sie mit moderner Argumentation dargeboten werden, inzwischen naiv. Die Dynamik des sich entfaltenden Bürgertums mit seinen liberalen, auch schon demokratischen Forderungen ist in Deutschland zu einem Faktum geworden, dem mit philosophischer Verklärung alter Zustände nicht mehr beizukommen ist. Das konstitutionelle Prinzip, die Hauptforderung der Liberalen nach klarer Definition ihrer Rechte und Mitwirkungsmöglichkeiten im Staat, steht nach den preußischen Reformen und den liberalen Verfassungen in den süddeutschen Staaten – trotz der darauf folgenden Restaurationszeit – als Prinzip nicht mehr zur Debatte. Bezeichnenderweise wurde als Reaktion auf die von den Konservativen wie ein Schock empfundenen Revolutionsereignisse von 1848 in Preußen sogleich 1850 eine Verfassung aufoktroyiert. Der Kampf geht nunmehr

---

249 Friedrich Julius Stahl, Die Philosophie des Rechts. Erster Band: Geschichte der Rechtsphilosophie. Zweiter Band, Buch 1–4: Rechts- und Staatslehre auf der Grundlage der christlichen Weltanschauung, Freiburg/Br.o.J.[5] (gegenüber der 4. Auflage 1854–1856 unverändert.). – Hier: Bd. 2, Buch 4, S. 152.

um die Ausformung der Verfassung in einem entweder hierarchisch-monarchischen oder parlamentarischen Sinn. Stahl hat das sehr deutlich gesehen: »In unserer Zeit (muß) die konservative Losung nicht *ständisch* gegen *repräsentativ,* sondern *monarchisch* gegen *parlamentarisch* sein.«[250]

Friedrich Julius Stahl ist wie Adam Müller religiöser Konvertit und doch mit ihm kaum vergleichbar: Während Müller vom Protestantismus zum Katholizismus übertrat, nimmt Stahl als Jude – sein ursprünglicher Name lautete Fr. J. Jolsen-Uhlfelder – das protestantisch-lutherische Bekenntnis an. Als Sohn eines jüdischen Kaufmanns 1802 in München geboren, wird er in jüdischer, aber auch in protestantischer Tradition erzogen. Im Alter von 17 Jahren wechselt er, offensichtlich aus innerer Überzeugung, das religiöse Bekenntnis. Er studiert Rechtswissenschaft und Philosophie in Würzburg, Heidelberg und Erlangen und habilitiert sich 1827 in München. Philosophisch ist er vornehmlich von Schelling, theologisch von Luther beeinflußt. Als Mitglied der Burschenschaften war er, obwohl selbst konservativ eingestellt, im Zuge der Unterdrückungsmaßnahmen nach den Karlsbader Beschlüssen für zwei Jahre relegiert, als Privatdozent erhält er aus politischen Gründen zunächst keine Professur. Ab 1832 kommen dann die Rufe: nach Erlangen, nach Würzburg und 1834 schließlich wieder nach Erlangen als ordentlicher Professor für Staats- und Kirchenrecht. Hier schließt er sein Hauptwerk ab: *Die Philosophie des Rechts nach geschichtlicher Ansicht* in drei Bänden (1830–37), ein Hauptwerk des konservativen Denkens in Deutschland. Als Vertreter seiner Universität im Münchener Landtag wird er 1837 wiederum von der Regierung gemaßregelt, seine Professur in eine Professur für Zivilprozeßrecht umgewandelt. 1840 erhält er einen Ruf nach Berlin und gewinnt bald großen Einfluß auf die Politik des preußischen Königs Friedrich Wilhelm IV. Eine erhebliche Wirkung hat vor allem seine kleine Schrift *Das monarchische Prinzip* von 1845; sie liefert die theoretische Grundlage der preußischen konservativen Partei, ihr Titel wird zum Programm. Nach der Revolution von 1848 ist Stahl führend beteiligt an der nach rückwärts gerichteten Revision der oktroyierten preußischen Verfassung von 1850; andererseits wendet er sich vehement gegen Versuche, sie völlig abzuschaffen. Als Mitglied der preußischen Ersten Kammer, später des Herrenhauses, ist er Wortführer der konservativen Fraktion; in der Regentschaft des Prinzen Wilhelm seit 1858 führt er hier die konservative Opposition. Von 1852–58 ist er auch Mitglied des Berliner Kirchenrats und ein Exponent der lutherischen Orthodoxie gegenüber der protestantischen Union in Preußen. Eine Zusammenfassung der Themen und Anliegen seiner verschiedenen Schriften aus der Berliner Zeit bietet das nach seinem Tode veröffentlichte Vorlesungsmanuskript *Die gegenwärtigen Parteien in Staat und Kirche* (1863). Stahl stirbt 1861 in Bad Brückenau.

Der Ausgang vom persönlichen Gott

Dreh- und Angelpunkt ist für Stahl die Lehre vom lebendigen, persönlichen Gott. Von diesem Fundament aus entfaltet er seine gesamte Rechts- und Staatsphilosophie; in seiner Mißachtung, so glaubt er zeigen zu können, liegt der philosophische Grundirrtum, der dann so negative Tendenzen wie Liberalismus und Demokratie, schließ-

250 Ebd., Bd. 2, Buch 4, S. 710.

lich die Revolution zur Folge gehabt habe. Die historische Entwicklung hat »offenbar gemacht, daß die Denkart, welcher die ganze neuere ... Philosophie angehört, zu ihrem Kern die *Leugnung des lebendigen Gottes* hat, und daß die Zerstörung in Kirche und Staat nur die letzte tätige Erfüllung der philosophischen Lehren ist, die man so lange Zeit bewundert hat«[251]. Indem er nun seinerseits, im Gegenzug, die gesamte Rechts- und Staatsphilosophie dezidiert und kompromißlos theologisch begründet, befestigt Stahl vom lutherischen Protestantismus aus politisch das Bündnis von »Thron und Altar« in Deutschland; zugleich aber kann er sich, wie zuvor schon Adam Müller und über diesen hinausgehend, auf die Modernität seines Standpunktes berufen. Politisch setzt er sich von der feudal-ständischen Reaktion ab, denn »der gemeinsame Fehler der konterrevolutionären Schriftsteller ist es, daß sie in der revolutionären Richtung selbst durchaus kein wahres Motiv anerkennen, sie müssen deshalb notwendig den vorausgegangenen Zustand als einen völlig genügenden annehmen, der aber in Wahrheit nicht der genügende sein kann, weil in diesem Fall keine Revolution erfolgt wäre. Am stärksten tritt dieser Fehler bei Haller hervor.«[252] Adam Müllers *Elemente der Staatskunst* sind zwar »eine der edelsten Apologien des Mittelalters; aber sie sind kein Buch, um jetzt einen Staat einzurichten und zu regieren«[253].

Dies soll Stahls Entfaltung des konservativen Konstitutionalismus leisten, der das konservative Denken politisch auf das nicht mehr hintergehbare Problemniveau seiner Zeit erhebt. Bleibt diese »Modernität« auch innerhalb der Grenzen der deutschen konservativen Tradition, so erhält sie doch zugleich eine philosophische Begründung, welche den gesamten Reflexionsstand der Philosophie in Deutschland resümiert und zu überwinden versucht. Stahl führt das Prinzip des persönlichen Gottes nicht einfach als Glaubenswahrheit ein, sondern er entwickelt es als Resultat des philosophischen Denkens der Neuzeit, seiner Fortschritte und Aporien. Mit einem zunächst ähnlichen Ansatz wie der späte Schelling, sodann aber in eigenständiger Entfaltung seiner Rechts- und Staatsphilosophie, destruiert er die Versuche des neuzeitlichen Rationalismus, die Welt allein aus eigener Vernunft zu begreifen: »Mit dieser Art der Philosophie ist es zu Ende und muß es zu Ende sein, welche sich zur Aufgabe setzt, die natürliche und sittliche Welt aus der menschlichen Vernunft, den Gesetzen und Bestimmungen des Denkens (a priori) abzuleiten; welche beansprucht, nur ihr eigener Zweck und ihr eigenes Maß zu sein und allem andern Zweck und Maß zu geben.«[254] Von Spinoza über Kant bis zu Fichte und Hegel sind Vernunftprinzipien entwickelt, um die Welt als Einheit zu denken; aber daß die reale Mannigfaltigkeit der Welt damit in einem aus der Vernunft begründeten und zugleich realen Zusammenhang steht, läßt sich so nicht erweisen: »Die Einheit, die man behauptet, (ist) immer nur Einheit des Denkens selbst... Von dem Abstrakten zu irgendeinem Konkreten ist eine unübersteigliche Kluft.«[255]

Das haben auf der anderen Seite auch Feuerbach und Marx in ihrer Kritik an Hegel so gesehen: Das Prinzip, welches die Welt real als Zusammenhang gestaltet, kann nicht allein das Denken, es muß Praxis, handelnde Persönlichkeit sein. Aber

---

251 Ebd., Bd. 2, Buch 1, S. VIII.
252 Ebd., Bd. 1, S. 570 (in Band 1 gibt es keine Unterteilung in Bücher).
253 Ebd., Bd. 1, S. 569.
254 Ebd., Bd. 2, Vorrede, S. XVIII.
255 Ebd., Bd. 1, S. 257 u. S. 259.

nun nimmt das Argument von Stahl eine spezifische Wendung. Wenn die menschliche Intelligenz als Denken allein nicht ursächliches Prinzip der Einheit der Welt sein kann – das ist der Fehler des Rationalismus –, wenn allerdings die Welt durchaus nur als Werk einer freien Intelligenz, einer handelnden Persönlichkeit begriffen werden kann – das ist die verdienstvolle Erkenntnis der neuzeitlichen Philosophie –, so kann diese Persönlichkeit nur Gott sein: »Gott als die absolute Intelligenz hat seine Schöpfung nicht nach Zufall, sondern nach seiner Intelligenz gebildet... Der Irrtum liegt nur darin, die bloße Vernunft – die formalen Denkbestimmungen – für diese tätige schöpferische Intelligenz zu halten, deren Erzeugnis und Ausdruck die Welt ist.«[256] Die Mannigfaltigkeit der Lebensverhältnisse ist nun als Einheit der göttlichen Schöpfungsordnung zu begreifen. Die einzelnen Lebensverhältnisse erhalten durch sie ihre objektive, aber je individuelle Bestimmung: »Jedes menschliche Lebensverhältnis trägt eine eigentümliche Bestimmung in sich und legt damit den Menschen einen Beruf auf, es nach derselben zu erfüllen, zu gestalten. Darauf beruhen die moralischen Anforderungen für dasselbe, darauf auch die Anforderungen seiner rechtlichen Anordnung.«[257]

Der Rationalismus, der die Prinzipien von Ethik und Recht naturrechtlich, also aus der Natur des Menschen nach Vernunftprinzipien, bestimmt, verkennt diese objektiven Bestimmungen: »Das ganze Unternehmen des Naturrechts ist ja kein anderes als das, die wahre objektive Lebensordnung, die eben in der Bestimmung der Lebensverhältnisse liegt, zu ignorieren und eine solche Ordnung bloß aus der Natur, näher aus der Freiheit des Menschen abzuleiten.«[258] In der abstrakten Deduktion der Ordnung menschlichen Zusammenlebens aus Vernunftprinzipien sieht Stahl nun das Wesen des politischen Liberalismus, und das ist auch das Wesen der Revolution; beide unterscheiden sich nur wie Theorie und Praxis: »Der Liberalismus oder die Revolution in diesem Sinne ist die Wirkung eben der Prinzipien, auf welchen das ›Naturrecht‹ beruht. Sie erscheinen hier in ihrer letzten folgerichtigen Durchbildung wie dort in ihrer untersten Grundlegung, hier von ihrer praktischen wie dort von ihrer theoretischen Seite. Das Naturrecht sucht apriorische Erklärung und Rechtfertigung des Staates, die Revolution dagegen apriorische Errichtung und Gestaltung des Staates. Das heißt: jenes macht den Versuch, den Staat in Gedanken abzutun und rein aus der Vernunft zu deduzieren, diese macht den Versuch, ihn in der Wirklichkeit abzutun und rein aus der Vernunft einen neuen zu gründen. Nach beiden aber wird der Vernunftstaat bloß auf dem Gedanken der Freiheit oder des Willens des Menschen aufgeführt.«[259]

Damit sind für Stahl die Fronten geklärt. Auch Hegel bleibt für ihn in diesen Zusammenhängen befangen. Selbst alles andere als ein Revolutionär, markiert er für Stahl den entscheidenden Übergang des philosophischen Denkens vom abstrakten Vernunftprinzip zum konkret-geschichtlichen Prinzip der Persönlichkeit. Mit dem »Begriff des objektiven Willens, der sittlichen Organismen«[260] ist das Maß aller Dinge nicht mehr die subjektive menschliche Vernunft, sondern ein historisch sich entfalten-

256 Ebd., Bd. 1, S. 286.
257 Ebd., Bd. 1, S. 282.
258 Ebd., Bd. 1, S. 283.
259 Ebd., Bd. 1, S. 289f.
260 Ebd., Bd. 1, S. 375.

des objektives Prinzip. Das ist zugleich die Grenze, über die der Deutsche Idealismus, namentlich Hegel, nicht hinauskommt. »Es ist nun eine Ursache außer dem Menschen und seinem Denken als Grund des Ethos und der Rechte anerkannt, es war nur noch nötig, diese Ursache auch als handelnd und selbstbewußt zu betrachten. Das geschah indessen keineswegs mit diesem ersten Schritte. Sondern der Wille und das Recht der Familie, des Staates erscheinen ihr noch als ihr eigener Wille und ihr eigenes Recht, statt eines wollenden Herrschers über ihnen; daher ihr Dasein nicht bloß für den Menschen, sondern absolut notwendig.«[261] Hegel kann diese Notwendigkeit nur aus dem immanenten Fortgang von Denkbestimmungen entfalten: »Alle Dinge sind solche, welche nicht fehlen oder anders sein, ja nicht einmal anders gedacht werden können... Das reelle Prinzip, die Tat, als welche sich nicht aus den Denkbestimmungen ergibt, muß wieder aufgegeben, das Denken als das Alleinige bewahrt werden.«[262] So ist Hegels ganzes System nur »ein Drängen der Prädikate ohne Subjekt«[263], und somit nicht reale, lebendige Einheit der Mannigfaltigkeit. An Hegel reibt sich Stahl immer wieder; in der Auseinandersetzung mit ihm, die zugleich viele seiner Intentionen aufnimmt, gewinnt er seine eigene Position. Mit Hegel ist für ihn die neuzeitliche rationalistische Philosophie auf ihrem Höhepunkt und zugleich ihrem Endpunkt angelangt, in seinem Denken ist ihre Auflösung bereits angelegt. Hegels System zeigt ihm mit letzter Evidenz, daß die Philosophie von sich aus, mit Vernunftprinzipien, keine real zureichende Gesamtbegründung geben kann: »Jedes philosophische System, welchen Namen es immer habe, beruht, trotz seines Anspruchs auf die sogenannte wissenschaftliche Gewißheit, doch zuletzt immer auf einer Grundannahme, die nicht mehr ist als ein Glaube.«[264]

Jede Auffassung der Dinge, wie wissenschaftlich sie sich auch geben mag, ist eine »Weltanschauung«[265]. Stahl zieht hier bereits die Konsequenzen aus dem Scheitern philosophischer Letztbegründungen für das weitere 19. und 20. Jahrhundert. Die Weltanschauung kann sich als vorausgesetzter Glaube nur an der Erfahrung des Gegenstandes selbst bewähren. »Das Mittel hierzu wird sie nicht in einer schon im voraus feststehenden (den Denkgesetzen entnommenen) Formel finden, sondern darin, daß sie sich in den Gegenstand selbst noch mehr vertieft und sich in die Totalität des Gegenstandes (Natur, Geschichte, menschlichen Geist und Gottes Offenbarung) versetzt.«[266] Diesem Kriterium kann die Erklärung der Welt aus abstrakten Vernunftprinzipien – somit auch ihre politische Konsequenz, der Liberalismus mit seinen revolutionären Implikationen – nicht genügen: »Hat doch gegen dasselbe nicht bloß der religiöse Glaube, sondern ebensosehr auch alle Erfahrungswissenschaft – Natur-, Geschichts-, Rechtswissenschaft – in ihren hervorragendsten Vertretern die nachdrücklichste Verwahrung eingelegt.«[267] Der Angemessenheit an die Erfahrung aber, so glaubt Stahl dartun zu können, genügt nun der christliche Glaube, und er leistet das, was zuletzt Hegel vergeblich gesucht hat: »Wahrhafte, d.i. durchgängig

261 Ebd., Bd. 1, S. 376.
262 Ebd., Bd. 1, S. 414f.
263 Ebd., Bd. 1, S. 517.
264 Ebd., Bd. 2, Buch 1, S. 5.
265 Ebd., Bd. 2, Buch 1, S. 4.
266 Ebd., Bd. 2, Vorrede, S. XIX.
267 Ebd., Bd. 2, Vorrede, S. XXIII.

alles beherrschende, lebendige Einheit gewährt also allein der persönliche Gott.«[268] Das Prinzip der Persönlichkeit stellt Stahl in den Mittelpunkt, weil es Totalität und Individualität als einziges lebendig erfaßt; es ist im außerweltlichen Gott verankert, weil es damit objektive und verbindliche Geltung erhält. Die Rechts- und Staatsphilosophie kann so eine feste Ordnung nach Prinzipien begründen, die über dem souveränen Willen der Menschen steht, und sie kann sie zugleich als personale Herrschaft begründen.

Das Prinzip der Persönlichkeit und die konservative Option

Trotz dieser sehr eindeutigen Zielvorstellungen ist es ein recht komplexer Zusammenhang, mit dem Stahl von der Glaubensvoraussetzung des persönlichen Gottes zur Begründung des konstitutionellen Konservatismus gelangt. Leitlinie ist die »Persönlichkeit Gottes als Prinzip der Welt«[269]; daraus gilt es die Ordnung des menschlichen Lebens und Zusammenlebens abzuleiten. Die Persönlichkeit, wie sie in Gott angeschaut wird, ist konkret und geistig zugleich, »Ursein« und »Urbegriff«, und deshalb weder zu definieren noch zu konstruieren. Sie allein ist wahre Substanz und Subjekt, sie ist die schlechthin ursächliche schöpferische Tat. Weil nun die Welt Gottes Schöpfung ist, so gilt auch für sie das Prinzip der Persönlichkeit, aber nicht, wie für die Romantik, als unendliche Analogie, sondern als Prinzip, das durch die Schöpfung Gottes in der Welt angelegt und zur Realisierung bestimmt ist: »Ist die Ursache der Welt persönlich, so ist Persönlichkeit auch der Urtypus derselben, der sich in ihren Bildungen manifestiert, und zu dem erhoben zu werden sie den Trieb und die Bestimmung hat.«[270]

Aus Gottes Schöpfung geht hervor, daß der Mensch sich selbst und seine Welt nach dem Prinzip der Persönlichkeit organisieren kann und, will er sein ihm von Gott gegebenes Wesen nicht verfehlen, auch organisieren soll. Das bedeutet Freiheit seines Handelns, zugleich aber Handeln nach dem Sittengesetz; die Freiheit ist im Prinzip der Persönlichkeit, das Sittengesetz in seinem göttlichen Ursprung begründet. Beide Maximen sind nicht abstrakte Postulate, sondern sie dienen der konkreten Ausbildung der Persönlichkeit in ihrer Eigenart. Aus dem Prinzip des persönlichen Gottes folgt also für den Menschen und seine Ordnungen in der Welt das Prinzip der Individualisierung.

Auch die rechtlichen Institutionen unterliegen dem Prinzip der Persönlichkeit: »Sie sollen zunächst einen *organischen* Charakter tragen, weil das Organische das Nachbild, der Typus der Persönlichkeit im Unpersönlichen ist. Dann sollen sie gesteigert werden zum Charakter des *Persönlichen*, jegliche nach ihrer Beziehung, teils die Persönlichkeit des Menschen zur vollen Offenbarung zu bringen, teils die menschliche Gemeinschaft zur Weise der Person, d.i. zur Totalität, die von Einem Willen und nach Einem Gesetze (Bestimmtheit des Willens) beherrscht wird, zu erheben.«[271] Das Leitbild der Persönlichkeit nimmt den Organismusgedanken für die Ordnung des

268 Ebd., Bd. 1, S. 501.
269 Ebd., Bd. 2, Buch 1, S. 7.
270 Ebd., Bd. 2, Buch 1, S. 23.
271 Ebd., Bd. 2, Buch 1, S. 25.

menschlichen Zusammenlebens auf, stuft ihn aber gegenüber romantischem Denken deutlich herab. Stahl übernimmt das Modell des Organismus, soweit es um lebendige, nicht bloß abstrakte, eben um »persönliche« Beziehungen im Zusammenleben geht, und er entnimmt ihm auch das Erfordernis eines steuernden Zentrums, der Herrschaft eines einzigen Willens. Aber diese Persönlichkeit herrscht über andere Persönlichkeiten, die sich infolgedessen nicht wie die unselbständigen Glieder eines Körpers, sondern selbst wieder als in Freiheit Handelnde zum Ganzen verhalten. So gelangt Stahl mit seinem »Urtypus« der Persönlichkeit über den politischen Gehalt des Organismusmodells deutlich hinaus: Er kann ein Prinzip präsentieren, das auf anschauliche Weise die Intention personaler Herrschaft mit der Intention der vollen Ausbildung der Einzelpersönlichkeiten verbindet. Indem er es nicht nur auf die Individuen, sondern auch auf die Institutionen ihres Zusammenlebens anwendet, wird die Identität des Lebens der Einzelpersönlichkeit, wie schon seit Burke geläufig, zur Identität historisch gewachsener Strukturen in der Gesamtpersönlichkeit: »Nicht minder ist auch ihre angemessene Fortbildung die in der Weise der Persönlichkeit, daher ebensosehr die bewußte freie Gestaltung als die ununterbrochene Einheit, die historische Kontinuität.«[272] Freiheit, Sittengesetz, Individualität, Kontinuität: Das Prinzip der Persönlichkeit, das politisch vor allem der Rechtfertigung personaler Herrschaft dient, enthält sie alle als gleichnotwendige Komponenten.

Stahl kann nun – wie es zunächst scheint: bruchlos – Recht und Staat aus dem Prinzip der Persönlichkeit in Gottes Schöpfungsordnung ableiten. Der Mensch soll Gottes Wesen in seiner Schöpfung offenbaren, indem er sich nach dem Ebenbild Gottes selbst vollendet und in seinen Lebensverhältnissen die göttliche Weltordnung realisiert. Das ist das Gebiet der Sittlichkeit: »Das sittliche Gebiet hat zwei Beziehungen: das *Ebenbild* Gottes im *Menschen* und die *Weltordnung* Gottes im *Menschengeschlechte.* Jenes ist die Gottähnlichkeit, die Heiligung, zu welcher der Mensch, jeder für sich, berufen ist. Dieses ist die Gestalt und Ordnung, welche Gott für das gesamte Menschengeschlecht in seinem Zusammenleben, seiner gemeinsam einheitlichen Existenz bestimmt, der Bau der geselligen Verhältnisse, welche er für dessen natürliche Erhaltung und sittliche Vollendung eingerichtet hat, der Plan der sittlichen Welt. Auf jenem beruhen die *Tugenden* (Wahrhaftigkeit, Demut, Liebe, Barmherzigkeit, Keuschheit, Unsinnlichkeit) –, auf diesem beruhen die *Institutionen* (Schutz des Lebens, Eigentum, Ehe, elterliches Ansehen, Obrigkeit); beides in Wechseldurchdringung und Einheit.«[273] Der Moral auf der subjektiven Seite, dem »subjektiven Ethos«, korrespondiert auf der objektiven Seite, dem »objektiven Ethos«, die sittliche Welt, die Realisierung der göttlichen Idee in den eigenen Lebensverhältnissen der menschlichen Gemeinschaft. Als einzelner ist der Mensch aufgerufen, Gottes Willen frei zu erfüllen, und dazu dient ihm sein Gewissen; das ist auch die Grundlage der sittlichen Gestaltung seiner Lebensverhältnisse. Aber der Bestand der göttlichen Weltordnung in ihnen kann nicht vom Gewissen der einzelnen Menschen abhängig sein, er setzt eine objektiv geltende, äußerliche menschliche Ordnung voraus, und das ist das Recht. Die Realisierung des Rechts erfordert Herrschaft, die Macht der Obrigkeit, und das ist der Staat. »Seine *Verwirklichung* erhält das Recht durch den *Staat.* Wie das Recht die menschliche *Ordnung* des Gemeinlebens ist zur Erhaltung von

272 Ebd., Bd. 2, Buch 1, S. 25.
273 Ebd., Bd. 2, Buch 2, S. 191.

Gottes Weltordnung, so ist der Staat die Anstalt menschlicher *Beherrschung* des Gemeinlebens in Vollmacht Gottes und für von Gott gesetzte Zwecke... Recht und Staat haben Eine Totalbestimmung, das menschliche Geschlecht zu einer sittlichen Welt zu gestalten.«[274]

In dieser Deduktion und Zwecksetzung ist das Recht, obwohl eine menschliche, äußerliche Ordnung, nicht im Individuum begründet. In scharfer Abgrenzung gegen liberale oder gar demokratische Denkmuster verbleibt das Individuum nur Adressat der Rechtsordnung. »Das *Subjekt* des Rechts ist das Volk in *seiner Einheit,* sohin der *Staat*, nicht der einzelne als solcher.«[275] Das Recht ist das Recht der übergeordneten Einheit, für welche die Obrigkeit steht; Einwirkungsmöglichkeiten der Adressaten bleiben stets nachgeordnet.

Mit der zunächst bruchlos erscheinenden Ableitung von Recht und Staat aus dem Urbild Gottes gerät Stahl allerdings sogleich in erhebliche Begründungsschwierigkeiten, die die christliche Weltanschauung als Fundament allein nicht tragfähig genug erscheinen lassen; sie erfordern, entgegen dem eigenen Programm, zusätzlich eine konservative Option. Nur das subjektive Ethos, die Moral, läßt sich aus der Persönlichkeit Gottes unmittelbar begreifen. Gott ist das sittliche Urbild und die sittliche Urmacht, in ihm läßt sich die »Idee der vollendeten Persönlichkeit«[276] konkret anschauen, ohne daß es weiterer Begründungen oder Begriffsdeduktionen bedürfte. Für sich selbst hat der Mensch hier seinen festen Halt. Aber die Ordnung der menschlichen Gemeinschaft, obwohl gottgeboten, läßt sich so konkret nicht anschauen. Wohl steht das Prinzip fest, nämlich »die völlige Einigung der Menschen zu einem sittlichen Reiche und die völlige Freiheit und Selbstbestimmung der Einzelnen«[277], aber wie die Ordnung des menschlichen Zusammenlebens auszusehen habe, folgt daraus nicht. Die Erlösungstat Gottes betrifft den einzelnen in seiner Freiheit, nicht aber menschliche Ordnungszusammenhänge, die auch dann erforderlich sind, wenn die Menschen in der Sünde verbleiben. »Aus diesem Grunde haben wir eine sichere und vollständige Anschauung von der wahren ewigen Beschaffenheit des Individuums (Heiligung), aber keine von der wahren ewigen Beschaffenheit des Gemeinzustandes, denn diese liegt außer unserem Vermögen und jenseits unseres Daseins. Aus dem selben Grunde läßt sich aber der wirklichen Gestalt der sittlichen Welt nicht in positiver Weise ihre wahre Gestalt zur Vergleichung gegenüberstellen, denn dazu müßten wir ja diese anschauen sogut als jene.«[278]

Der notwendige Charakter der gottgewollten Ordnung des menschlichen Zusammenlebens läßt sich daher aus der »tiefsten sittlichen Grundanschauung« und aus »Andeutungen der Offenbarung« doch nur negatorisch, aus der »Unangemessenheit des wirklichen Gemeinzustandes an die wahre Gestalt der sittlichen Welt«[279] bestimmen – nämlich dahingehend, was diese Ordnung *nicht* sein kann: eine wahre sittliche Gestalt auf Erden. Daraus folgen nüchterne Grenzziehungen für Charakter und Reichweite von Recht und Staat, die der politischen Romantik diametral entgegenge-

274 Ebd., Bd. 2, Buch 2, S. 210.
275 Ebd., Bd. 2, Buch 2, S. 195.
276 Ebd., Bd. 2, Buch 1, S. 94.
277 Ebd., Bd. 2, Buch 1, S. 155.
278 Ebd., Bd. 2, Buch 1, S. 142.
279 Ebd.

setzt sind. Das Recht, das objektive Ethos der sittlichen Gemeinschaft, enthält ethische Normen nur »in ihrer äußersten dürftigsten Grenze«[280], denn nicht nur bleibt die Erfüllung durch die einzelnen Gesellschaftsmitglieder zufällig und muß daher auch erzwungen werden können; auch auf die Sittlichkeit des Gesamtwillens ist kein Verlaß. So muß die individuelle Lebensführung, auch wenn sie unsittlich und selbstsüchtig ist, von rechtlicher Regelung frei bleiben – Stahl übernimmt ausdrücklich die bei Kant vorgefundene Unterscheidung von Legalität und Moralität[281] –; das Recht muß äußerlich, formal und nur negativ beschränkend sein. Es »hat die sittliche Idee eines jeden Instituts nicht in *ihrem positiven Inhalte* zu realisieren, sondern nur in ihrer *äußersten Grenze* zu wahren, nur so weit, daß der Begriff derselben erhalten bleibe, nicht das ihr Entgegengesetzte eintrete ...«[282].

Bleibt das Recht eine »abstrakte Regel, die vielfach der innern Gerechtigkeit des individuellen Falls widerspricht«[283], so kann auch der Staat unter den gegebenen Verhältnissen nicht die »absolute sittliche Macht selbst« sein[284]. Als beherrschende und einigende Macht des menschlichen Zusammenlebens müßte er, sollte er das Gesamtziel einer sittlichen Welt realisieren wollen, eine Theokratie sein; eine solche wäre aber eine gefährliche Anmaßung, denn »im gegebenen Zustande... wird diese Herrschaft durch menschliche Organe in selbständiger Macht ohne göttlichen Einfluß vertreten... Die sittliche Welt in dieser Übereinstimmung mit ihrer ursprünglichen Bestimmung ist – die *bürgerliche Ordnung.*«[285] Bloßes Surrogat der wahren sittlichen Welt, steht sie zwischen dem Reiche der Natur und dem Reiche Gottes. Sie unterliegt der Potenz des Bösen und damit stets der Möglichkeit ungerechter Gesetze und ungerechter Herrschaft.

Zwei Tendenzen stehen sich bei Stahl gegenüber. Auf der einen Seite vertritt er die christliche Weltanschauung für das Recht durchaus inhaltlich. Aus dem Ebenbild Gottes im Menschen schließt er auf das Recht der Person in der Weise, daß Anerkennung des Menschenrechts und das Prinzip der Humanität – zeitgenössische Forderungen, die er durchaus bejaht – getragen sein müssen von der Gottesfurcht, privat wie öffentlich: »Die Aufgabe der Zeit ist ... nicht die stets fortgesetzte einseitige Steigerung der Humanität und des Menschenrechts, sondern die Wiederherstellung der Gottesfurcht als energischen Prinzips in den Gemütern wie in den öffentlichen Einrichtungen, unter Bewahrung der Humanität und des Menschenrechts in ihr und durch sie.«[286] Jene Trennung des Innerlichen und Äußerlichen, die er selbst als Wesensmerkmal des Rechts propagiert, soll hier als beklagte Zerfallserscheinung rückgängig gemacht werden. Die Wirksamkeit des Rechts sieht Stahl durchaus in der »Kraft der Gestaltung und der Determination«, und zwar nach dem »göttlichen Plan der sittlichen Welt«: »Jedem einzelnen Lebensverhältnisse ... (Vermögen, Ehe, elterlichem Verhältnis, Standestätigkeit usw.) wohnt eine weltökonomische Idee inne, die sich in ihm zu vollenden strebt, und sie zu erfüllen ist die Aufgabe und der

280 Ebd., Bd. 2, Buch 1, S. 144.
281 Ebd., Bd. 2, Buch 2, S. 274.
282 Ebd., Bd. 2, Buch 2, S. 205.
283 Ebd., Bd. 2, Buch 1, S. 144.
284 Ebd., Bd. 1, Buch 1, S. 146.
285 Ebd., Bd. 1, Buch 1, S. 147.
286 Ebd., Bd. 2, Buch 3, S. 350.

Maßstab des Rechts.«[287] Rechtliche Regelungen beruhen darauf, die »Bestimmung«, das *telos* der einzelnen Lebensverhältnisse festzustellen und durch eine diesen Prinzipien gemäße Festlegung von Rahmenbedingungen zu fördern – das ist die von der Moral zwar getrennte, aber doch eine »ethische Gestalt« der Lebensverhältnisse bewirkende gestalterische Funktion des Rechts.

Auf der anderen Seite steht das ganz formale Prinzip der Gerechtigkeit: »Der Begriff der Gerechtigkeit ist überall kein anderer, als die *unverbrüchliche Aufrechterhaltung einer gegebenen ethischen Ordnung*.«[288] Die ethische Ordnung ist »gegeben«, wenn die göttliche Weltordnung als »Gesetz und Ansehen des Staates«[289] und das Recht des einzelnen auf Entfaltung in seinen persönlichen Lebensverhältnissen gleichermaßen in Geltung stehen. Sie zu schützen, wie immer sie auch im einzelnen ausgestaltet sein mögen, ist das nur mit inhaltlichen Minimalanforderungen versehene Prinzip der Gerechtigkeit. In ihm zeigt sich die erhaltende Funktion des Rechts.

Wie paßt das beides zusammen? Offensichtlich hält sich Stahl an jene Ausformungen des menschlichen Zusammenlebens, die im Zuge der historischen Entwicklung aus seiner Sicht die Vervollkommnung des Menschen und der menschlichen Gemeinschaft nach Gottes Gebot befördert haben oder zumindest ermöglichen. Da Vollkommenheit der sittlichen Welt auf Erden nie erreicht werden kann und Idealformen menschlicher Ordnung positiv nicht zu konstruieren sind, finden sich die Ordnungselemente vornehmlich in jenen Zusammenhängen, die schon lange bestehen, sofern ihre Entwicklung sich einigermaßen rechtfertigen läßt und nicht in eine völlig falsche Richtung geht. Das ist das eingangs zitierte konservative Credo. Stahl sucht als normative »Bestimmung« von Lebenszusammenhängen möglichst ihre natürliche, das heißt eben schon lange gelebte Basis auf, weil das »Natürliche« ja der göttlichen Schöpfungsordnung am nächsten ist: Dann entspringt die freie Entfaltung der Persönlichkeit dem Naturprinzip der Individualität, die ständisch-hierarchische Gliederung dem Naturprinzip organisch gebändigter Vielfältigkeit. Damit verbindet er einen ausgeprägten Rechtspositivismus. Alle Bestimmungen und Einrichtungen der bürgerlichen Ordnung haben, wenn auch auf sittlicher Basis, einen notwendig »künstlerischen Charakter«[290]. Angesichts der unaufhebbaren Unbestimmtheit und Unangemessenheit der göttlichen Weltordnung für die bürgerliche Ordnung sollen die göttlichen Gebote zwar Grundlage und Maßstab des Rechts, sie können aber nie selbst geltendes Recht sein. »So steht dem *positiven* Recht ein *Gottgebotenes, Gerechtes, Vernünftiges* gegenüber. Dieses Vernünftige, die Gedanken und Gebote der Weltordnung Gottes sind jedoch nicht selbst ein Recht.«[291]

Daraus folgt, daß es ein »sogenanntes *Naturrecht oder Vernunftrecht*«[292] nicht geben kann. Es gibt nur das geltende, zu anwendbaren Normen ausgestaltete positive Recht, »Recht und positives Recht sind darum gleichbedeutende Begriffe«[293]. Die Geltung des Rechts ist nicht mehr an ein vorstaatliches, sei es natürliches oder göttliches Recht zurückgebunden. Sie ist damit von der Frage nach Gerechtigkeit oder

287 Ebd., Bd. 2, Buch 2, S. 203.
288 Ebd., Bd. 2, Buch 1, S. 161.
289 Ebd.
290 Ebd., Bd. 2, Buch 1, S. 93.
291 Ebd., Bd. 2, Buch 2, S. 218.
292 Ebd.
293 Ebd., Bd. 2, Buch 2, S. 221.

Ungerechtigkeit ausdrücklich nicht tangiert: »Der letzte Grund seines bindenden Ansehens ist Gottes Weltordnung, aber der Sitz desselben ist doch die menschlich festgesetzte Ordnung, das bestehende Recht. Gemäß dieser Selbständigkeit kann das Recht geradezu in Widerstreit treten gegen Gottes Weltordnung, der es dienen soll; die menschliche Gemeinschaft ... kann ... das Ungerechte und Unvernünftige anordnen, und auch in dieser gottwidrigen Beschaffenheit behält das Recht sein bindendes Ansehen.«[294] Als unmittelbar wirksames Kriterium der Rechtsgeltung tritt an die Stelle der Gerechtigkeit im materialen Sinn eben jene »Gerechtigkeit« im formalen Sinn, die das Bestehende schützt, sofern es nur rechtmäßig entstanden ist. Damit kann Stahl der Konsequenz der Beliebigkeit, aber auch einer politischen Unliebsamkeit in der positiven Rechtsetzung entgehen. Zu schützen sind vor allem historisch überkommene Rechte, und zwar allein deshalb, weil sie historisch überkommen sind: »Das gilt namentlich auch von den sogenannten feudalen Rechten. Auf ihre Angemessenheit für die damalige oder die jetzige Zeit kommt nichts an... Ihre Rechtmäßigkeit für damals unterliegt keinem Zweifel... Keine Zeit ist berufen, Gericht zu halten über die Vergangenheit, und die aus derselben stammenden Rechte je nach ihrem Urteil über die Angemessenheit anzuerkennen oder zu vernichten.«[295] Indem das Recht um seiner Geltung willen als »positives Recht« aus überpositiven Verbindlichkeiten inhaltlich herausgelöst wird, ist es inhaltlich nun in den Zusammenhang des historisch Gewachsenen eingebettet; auf diesem Umweg wird das Prinzip des persönlichen Gottes zum Vehikel konservativen Denkens.

Stahl wird damit freilich nicht einseitig zum bloß konservierenden Ideologen. Vielmehr geht es ihm darum, im Rahmen einer festen konservativen Grundanschauung historischen Entwicklungen und gesellschaftlichen Problemlagen soweit Rechnung zu tragen, um immer wieder pragmatische Mittelwege aufzuzeigen. Er ist sich der Ambivalenz seiner Prinzipien durchaus bewußt, und das vor allem macht seine Bedeutung für das konservative Denken des 19. Jahrhunderts aus. So bedient er sich einmal der christlichen Weltanschauung, dann des konservativen Gedankens, schließlich aber auch vieler vermittelnder Abwägungen, um seine Grundvorstellungen gegenüber realen Entwicklungen tragfähig zu machen. So in der Erörterung der Gleichheitsproblematik, für deren Abweisung Adam Müller nur wenig Aufwand bedurfte. Für Stahl ist sie durchaus ambivalent. Eigentlich verlangt das Wesen des Menschen als Person auch rechtliche Gleichheit, denn jeder Mensch ist gleichermaßen Ebenbild Gottes. Andererseits ist der Mensch, gemäß Gottes Plan der sittlichen Welt, ein Glied organischer Verbindungen und Anstalten, und im Organismus herrscht das Prinzip der Ungleichheit. Das ergibt sich aus den natürlichen Eigenschaften und aus den unterschiedlichen Betätigungsfeldern der Menschen, aber auch historisch aus der Fortentwicklung vorausgegangener Taten und der Bewahrung erworbener Rechte. Gleichheit muß darum die »Substanz«, Ungleichheit das »Akzidenz«[296] sein; vordringlich ist die Gleichheit vor dem Gesetz. So geht es für die Gegenwart um »die Herstellung jener wesentlichen Gleichheit bei Erhaltung der begründeten Unterschiede«[297].

294 Ebd.
295 Ebd., Bd. 2, Buch 3, S. 338f.
296 Ebd., Bd. 2, Buch 3, S. 334.
297 Ebd., Bd. 2, Buch 3, S. 335.

Einmal erworbene Rechte sind um des Prinzips der Persönlichkeit willen zu gewährleisten, denn der Mensch verwirklicht seine Persönlichkeit durch seine Tat, und er hat Anspruch darauf, daß die Resultate seines Handelns allgemein anerkannt werden und in den Rechtszustand eingehen. Aber auch dieses ist kein ausschließliches Prinzip, denn der Rechtszustand befindet sich in steter Fortentwicklung. Einmal erworbene Rechte, insbesondere feudale Vorrechte, sind auch wieder aufzugeben, wenn es die öffentliche Notwendigkeit erfordert; entscheidend ist die »notwendige organische Fortentwicklung des Gemeinzustandes«[298].

Stahl plädiert durchaus in konservativer Manier für die Beibehaltung der Stände. Angesichts der Teilung der Arbeit ist der Stand »der besondere Lebensberuf für das Gemeinleben, der auch die Lebensstellung derer, die ihm obliegen, bestimmt«[299]. Aber ein »Partikularismus der Stände«[300] oder eine Scheidung der menschlichen Gesellschaft in zwei Klassen, eine höhere Klasse der Kopfarbeit und eine niedere Klasse der Handarbeit, ist abzulehnen. Vielmehr soll die große Masse des Volkes einen Mittelstand bilden, denn das ist der wirtschaftlich und sittlich gesunde Zustand. Die Zünfte als geschlossene Korporationen gehören zu Recht der Vergangenheit an, aber sie als Genossenschaften mit eigener Standesehre zur Versittlichung der Arbeit wiederherzustellen ist »die große Aufgabe der Gegenwart«[301]. Der Adel sollte als ein »besonderer Beruf und besonderer Stand« erhalten bleiben[302], denn gegenüber der »Unterdrückung durch die Staatsgewalt und die Beamten« wie auch der »Auflösung durch die Volksmasse«[303] bilden Grundbesitz und historische Kontinuität des Standes ein notwendiges Gegengewicht. Aber eine solche Grundaristokratie muß ein offener Stand sein, für alle zugänglich. Sie soll in der Standesvertretung durch eine eigene Kammer herausgehoben sein, darf aber nicht der herrschende, nicht einmal ein besonders privilegierter Stand im Staate sein. Sogar dem Kommunismus kann Stahl eine sittliche Wahrheit abgewinnen, obwohl er die Ablehnung des Privateigentums, auch schon der Vermögensunterschiede, für grundsätzlich verwerflich hält. Dem Kommunismus liegt »die sittliche Wahrheit zugrunde, daß jedes Individuum absoluter Zweck ist, daß darum der Kreis von Wohlhabenden, der die Gewalt, die tatsächliche und die rechtliche, innehat, die Masse der Nichtbesitzer nicht ihrem Geschicke überlassen darf«[304]. Jeder Mensch hat Anspruch auf die Sicherung eines Minimums seiner Lebensbedürfnisse, und dies ist neben der Möglichkeit freier Entfaltung ebenfalls ein Prinzip der Persönlichkeit im ökonomischen Bereich.

Der konstitutionelle Staat

Alle Ambivalenzen münden – und setzen sich fort – in der Lehre vom Staat. Stahls Denken ist eindeutig staatszentriert; wie schon der späte Fichte, Hegel und Adam Müller kann er sich eine Ordnung des menschlichen Zusammenlebens nur in der

298 Ebd., Bd. 2, Buch 3, S. 345.
299 Ebd., Bd. 2, Buch 4, S. 42.
300 Ebd., Bd. 2, Buch 4, S. 44.
301 Ebd., Bd. 2, Buch 4, S. 83.
302 Ebd., Bd. 2, Buch 4, S. 105.
303 Ebd., Bd. 2, Buch 4, S. 106.
304 Ebd., Bd. 2, Buch 4, S. 98.

überhöhenden Einheit des Staates vorstellen. Er ist das »sittliche Reich«, zu dem sich die gesamte sittliche Welt nach dem Grundprinzip der Persönlichkeit als Herrschaftsordnung konkretisiert. Dieser Staat beruht auf der christlichen Weltanschauung, die für ihn nur eine konservative sein kann – zugleich aber erlaubt es ihm dieser Begründungszusammenhang, historische Entwicklungstendenzen zu Selbständigkeit und Eigenwert des Individuums und zur rechtlichen Eingrenzung des Staates in sein konservatives Credo mitaufzunehmen. So gelangt er zu einem *konservativen Konstitutionalismus,* den er selbst als die Mitte zwischen den liberalen und demokratischen – auf der Autonomie der Einzelpersönlichkeit aufbauenden – Bestrebungen auf der einen Seite und dem monarchischen Prinzip im – Sinne ungebundener personaler Herrschaft – auf der anderen Seite begreift.

Dazu bedarf es freilich zunächst einiger fester Grundbestimmungen, die aus dem Prinzip der Personalität folgen: »Die menschliche Gemeinschaft . . . soll ein sittliches (sittlich-intellektuelles) Reich sein; sie soll ihren Gemeinzustand beherrschen nach seinen (Goftes, G. G.) Geboten und Zwecken, und soll ihn in der Weise der Persönlichkeit beherrschen als Ein Wille und Verstand, als Ein handelndes Subjekt. Hierfür ist sie zu einer Anstalt der Beherrschung geordnet und gefügt, und diese Anstalt ist – *der Staat.*«[305] Herrschaft heißt Obrigkeit. Sie ist »der Mittelpunkt . . . dieser Anstalt, das Erste und Wesentlichste im Begriffe des Staates«[306]. Die Obrigkeit fördert nicht nur das Wohl des einzelnen und die Entwicklung der Nation, sie ist auch verantwortlich für die Handhabung der göttlichen Gebote im Gemeinwesen. Die sittliche Macht, im Gemeinwesen zu herrschen, kommt vornehmlich dem erblichen Königtum zu. Zwar sind auch andere Herrschaftsformen mit dem Prinzip des persönlichen Gottes vereinbar, aber die Form der Erbmonarchie hat für Stahl den einzigartigen Vorzug, daß in ihr der Staat selbst persönlich wird. Sie verbindet die »Einheit und Persönlichkeit der Herrschaft« mit ihrer »Ursprünglichkeit und Erhabenheit«[307]. Der König ist der persönliche, von allen unabhängige Mittelpunkt aller Gewalt. Stahl verfällt geradezu in einem Hymnus: »Er ist der geborene Herrscher von innewohnender Majestät. Er ist der Nichtsbedürftige, der von den Untertanen nicht empfangen hat und nicht zu empfangen braucht. . . Er ist der persönliche Repräsentant der Fürsorge des Staates, das Gefäß, welches die göttliche Fürsorge, die den Staat gegründet, in sich aufnehmen und mit eigener Gesinnung offenbaren soll . . . Ein gottesfürchtiger und von Gott erleuchteter König ist das Herrlichste, was es auf Erden geben kann.«[308] So kann, wen wundert es, die »künstliche Einheit der Republik . . . die natürliche, lebendige der Monarchie nicht ersetzen«[309].

Kein Zweifel also, daß Stahl den Staat nicht in den einzelnen Individuen begründet sieht; er ist von vornherein eine höhere Einheit von eigener Qualität, eine eigene lebendige Persönlichkeit, und darum kann sie der Monarch in so hervorragender Weise verkörpern. Das allerdings erlaubt Stahl eine überraschende Volte. Gerade weil der Staat nicht auf dem einzelnen gründet, ist er vornehmlich »die Erfüllung der Lebensaufgabe der Nation, nicht die Erfüllung der Lebensaufgabe des einzelnen

305 Ebd., Bd. 2, Buch 4, S. 131.
306 Ebd., Bd. 2, Buch 4, S. 142.
307 Ebd., Bd. 2, Buch 4, S. 236.
308 Ebd., Bd. 2, Buch 4, S. 260.
309 Ebd., Bd. 2, Buch 4, S. 474.

Menschen«[310], und entsprechend beschränkt sich auch seine Herrschaft auf den Gemeinzustand. »Das innerste individuelle Leben aufzufordern und zu bestimmen ist ewig nur Sache Gottes und nicht menschlicher Herrschaft.«[311] Stahl bleibt hier konsequent. Die Herrschaft des Staates bedarf zwar der sittlichen Grundlage, aber er kann und darf sie nicht im Ethos der Individuen realisieren; seine Zwangsgewalt muß ihnen äußerlich bleiben. »Deswegen darf die Beherrschung, welche die Gemeinschaft übt, nur *äußerlicher,* d. i. nur *rechtlicher* Art sein. Der Staat ist demnach zwar ein sittliches Reich, indem er sittliche Ideen ... realisiert... Allein er realisiert diese *sittlichen Ideen* nur in *der Weise des Rechts*, nämlich durch äußere zuletzt erzwingbare Gebote und Anstalten, und eben deshalb in beschränktem, nur negativem Umfange... Der Staat ist daher bloß Anstalt zur äußeren Ordnung und Förderung des sozialen Lebens.«[312]

Der Staat ist also in seiner unmittelbaren Einwirkung auf die Bürger vor allem Rechtsstaat, entsprechend den liberalen Forderungen der Zeit: »Er soll die Bahnen und Grenzen seiner Wirksamkeit wie die freie Sphäre seiner Bürger in der Weise des Rechts genau bestimmen und unverbrüchlich sichern und soll die sittlichen Ideen von Staats wegen, also direkt, nicht weiter verwirklichen (erzwingen), als es der Rechtssphäre angehört, d. i. nur bis zur notwendigsten Umzäunung.«[313] Er ist darüber hinaus »sittliches Gemeinwesen«, in dem die Bürger die »tiefere sittliche und gottgegebene Ordnung erkennen«[314]; damit kann er aber nur mittelbar auf die Lebensführung der Bürger einwirken. Stahl verschließt sich hier ausdrücklich einer »Apotheose des Staates«[315], wie er sie bei Hegel konstatiert, und wendet sich zu Kant zurück.

Die Mittelposition auf konservativer Grundlage wird in drei Prinzipien deutlich, die im Zusammenhang gesehen werden müssen: das Prinzip der Legitimität, das konstitutionelle und das Repräsentativprinzip. *Legitimität* ist das Prinzip der Restauration gegenüber dem zunehmend propagierten Prinzip der Volkssouveränität. Der Begriff des sittlichen Reiches enthält zunächst »die Notwendigkeit einer über den Menschen schlechthin erhabenen Autorität, d. i. eines Anspruchs auf Gehorsam und Ehrfurcht, welcher nicht bloß dem Gesetze, sondern einer realen Macht außer ihnen, der Obrigkeit (Staatsgewalt) zukommt«[316]. Die Obrigkeit hat ihre Macht nicht von den Menschen, denn sie selbst können über ihr Leben und ihre Freiheit nicht verfügen; sie hat sie nur von Gott, und dies ist ihre Legitimität, daß sie eine »göttliche Institution«[317] ist. Sie ist somit Gottes Dienerin, und das bedeutet nicht, »daß die Anordnungen der Obrigkeit selbst als Gebote Gottes zu betrachten seien, sondern daß es ihr Amt ist, Seine Gebote aufrecht zu halten«[318]. Entsprechend ist auch die Gewalt des Königs »von Gottes Gnaden«[319], und hierin beruht die Legitimität der Erbmonarchie. Der Staat ist damit, als Rechtsstaat, nicht eine »unmittelbar persönli-

---

310 Ebd., Bd. 2, Buch 4, S. 135.
311 Ebd.
312 Ebd., Bd. 2, Buch 4, S. 136f.
313 Ebd., Bd. 2, Buch 4, S. 137.
314 Ebd., Bd. 2, Buch 4, S. 138.
315 Ebd., Bd. 2, Buch 4, S. 140.
316 Ebd., Bd. 2, Buch 4, S. 3f.
317 Ebd., Bd. 2, Buch 4, S. 176.
318 Ebd., Bd. 2, Buch 4, S. 179.
319 Ebd., Bd. 2, Buch 4, S. 250.

che oder private Herrschaft«[320], aber er beruht erst recht nicht auf dem Prinzip der Volkssouveränität, denn er kann nicht das »Resultat des Willens der einzelnen«[321] sein. Subjekt ist stets die handelnde, herrschende Macht, Souveränität und Gesetz stehen über dem Volk. Stünden sie im Belieben der Einzelwillen, so wären diese eine Macht außerhalb des Staates und seiner Ordnung, und damit ist das Prinzip der Volkssouveränität geradezu das Gegenprinzip gegen jede Ordnung: »Volkssouveränität ist also eine Macht des Volks, nicht den Staat zu beherrschen, sondern immerfort den Staat aufzuheben und aufs neue zu konstituieren... Im Tiefsten ist die Lehre der Volkssouveränität geradezu die Umkehrung der sittlichen Weltordnung.«[322]

Die Souveränität kann weder in beliebige Willensäußerungen außerhalb der staatlichen Ordnung verlagert werden, noch ist sie innerhalb dieser Ordnung selbst teilbar. »Sie kann nicht zerteilt weden in mehrere Gewalten und an mehrere Subjekte, sondern sie muß Ein Subjekt, Eine Persönlichkeit sein (Fürst, oder organisierte Versammlung oder beide zusammen als Ein Subjekt).«[323] Nur in der Ausübung ist die Staatsgewalt aufgeteilt und gegenseitig begrenzt – als Gesetzgebung, Regierung und Gericht –, ohne daß hier eigene Gewalten gegeneinander handeln. In der Monarchie kommt das am sinnfälligsten zum Ausdruck: »Der König ist Souverän, das ist sein Begriff, und ein König, der nicht Souverän ist, ist ein Absurdum. Alle Herrschaft und alles Gesetz geht danach vom Könige aus und besteht durch sein Ansehen.«[324] Aber das Postulat der Volkssouveränität hat auch einen wahren Kern, wenn sie nur nicht verabsolutiert wird: »Es soll nämlich das Volk zwar nicht souverän sein, wohl aber *Mitträger und Mitbürge des sittlichen Reichs, das der Staat ist.*«[325] Aus der christlichen Weltanschauung – und dazu bedarf es des Liberalismus dann nicht – ergibt sich nämlich die Forderung, daß die Einheit des Göttlich-Menschlichen im Reich Gottes sich im irdischen Reich des Staates als die Einheit von Obrigkeit und Volk darstelle. Das bedeutet eine möglichst lebendige Teilnahme des Volks an den öffentlichen Angelegenheiten, insbesondere das Recht, jede von ihm nicht selbst gebilligte Neuerung auch tatsächlich abzulehnen. Wenn die Obrigkeit solches verhindert und somit gegen das Gebot Gottes verstößt, verbleibt auch das Recht des – allerdings nur passiven – Widerstandes. So ist das Prinzip der Legitimität, bei grundsätzlicher Ablehnung der Volkssouveränität, nur im konstitutionellen Rahmen zu verwirklichen.

Sieht Stahl im Prinzip der Volkssouveränität nur die Beliebigkeit, aus zufälligen Mehrheiten die Ordnung des Staates umzuwälzen, so ist er gerade durch das *konstitutionelle Prinzip* dieser Beliebigkeit enthoben. Das sittliche Reich bedeutet »zugleich die Notwendigkeit eines sittlich verständigen Inhalts, welcher das unwandelbare Wollen, daher auch die Schranke dieser Autorität ist, d. i. die Notwendigkeit des Gesetzes des Staates, das durch die Geschichte überkommen über Fürst und Volk steht und nur nach seinen eigenen Bedingungen abgeändert werden kann.«[326] Die Souveränität erfordert notwendigerweise eine Konstitution, die Autonomie staatlichen Handelns ist um seiner Sittlichkeit willen rechtlich eingebunden. Das leistet die Verfassung,

320 Ebd., Bd. 2, Buch 4, S. 141.
321 Ebd., Bd. 2, Buch 4, S. 143.
322 Ebd., Bd. 2, Buch 4, S. 535.
323 Ebd., Bd. 2, Buch 4, S. 189.
324 Ebd., Bd. 2, Buch 4, S. 241.
325 Ebd., Bd. 2, Buch 4, S. 538.
326 Ebd., Bd. 2, Buch 4, S. 4.

indem sie die Handlungsmöglichkeiten der Staatsgewalt regelt und eingrenzt, dem Individuum Schutz und dem Volke Mitwirkungsmöglichkeiten gewährt. Stahl hat keinen Zweifel daran, daß die Staaten seiner Zeit notwendigerweise Verfassungsstaaten sein müssen, denn die Verfassung füllt gewissermaßen die Leerstellen der von ihm abgelehnten Volkssouveränität aus. Das gilt insbesondere für das Königtum: »Wenn hiernach im Wesen des Königtums die Ursprünglichkeit und Selbständigkeit der Gewalt liegt, so doch keineswegs ihre *Unumschränktheit*... Dadurch, daß der König seine Vollmacht *von Gott* hat, ist noch nicht notwendig gegeben, daß er diese Vollmacht *über Alles* habe.«[327] Es ist gerade der Unterschied der Monarchie zur Despotie, daß die fürstliche Gewalt durch Gesetz und unabhängige Richter beschränkt ist, und diese Schranke muß formell und sichtbar festgelegt sein: »Das Gesetz soll demnach dem Könige nicht bloß eine innere Anforderung seines Gewissens sein, wie die Absolutisten wollen, sondern eine äußere staatsrechtliche Schranke.«[328] Überschreitet der König die gesetzliche Schranke, bricht er die Verfassung, so darf sein Befehl keinen Gehorsam finden. Ob eine Verfassung letztlich Kraft und Bestand hat, ist eine Frage der politischen Kultur: »So beruht die Schranke gegen den König zuletzt doch nur auf der sittlichen Macht der öffentlichen Denkart und der Stärke, die sie den Institutionen verleiht.«[329]

Dieses zunächst sehr radikale Postulat lenkt Stahl jedoch zugleich in ein konservatives Fahrwasser. Wie kommt nämlich eine Verfassung zustande, wie wird sie weiterentwickelt, wenn das Prinzip der Volkssouveränität nicht gelten kann? Es gibt keine absolut beste Verfassung, vielmehr muß eine gute Verfassung dem Zeitalter und dem Charakter des Volkes entsprechen, und sie muß in der Kontinuität geschichtlicher Entwicklung die Identität des herrschaftlich organisierten Volkes bewahren. Da die historisch überkommene Herrschaftsorganisation bereits Verfaßtheit bedeutet, kann es nicht darum gehen, völlig neue Verfassungen zu entwickeln, sondern geltende Prinzipien weiterzuentwickeln und zu verbessern: »Die überkommene Verfassung muß danach immer das Subjekt bleiben, das da fortgebildet wird, auch neue Ideen und Prinzipien müssen in ihr als in ihrem realen Stoffe realisiert werden, nicht außerhalb ihrer eine neue Verfassung beginnen.«[330] Dies ist das »konservative Prinzip«[331], und ganz im Sinne von Burke sieht Stahl darin keine Restauration oder gar Reaktion: »Es ist nichts weniger als Stabilität, es schließt die gründlichsten Reformen, da wo sie gezeitigt sind, und die höchste Energie gegen Mißbräuche und Übel in keiner Weise aus, und es können die verschiedensten politischen Tendenzen, die nach Erweiterung politischer Freiheit wie nach Befestigung der Autorität, gleichmäßig ihm huldigen.«[332] Entscheidend ist, daß die Nation in ihrer Verfassung im geschichtlichen Wandel ihre Identität erhält und fortbildet; so kann auch die Verfassung nicht einseitig, sondern nur »durch den Fürsten und die ganze Landesvertretung zusammen«[333] abgeändert werden.

327 Ebd., Bd. 2, Buch 4, S. 254f.
328 Ebd., Bd. 2, Buch 4, S. 256.
329 Ebd., Bd. 2, Buch 4, S. 257.
330 Ebd., Bd. 2, Buch 4, S. 227.
331 Ebd.
332 Ebd.
333 Ebd., Bd. 2, Buch 4, S. 273.

Für die Gegenwart des 19. Jahrhunderts hält Stahl nicht nur die Garantie der bürgerlichen Freiheit für unabdingbar, er plädiert auch für eine Gewährung politischer Freiheit, der »eigenen wohlgeordneten Teilnahme des Volkes an Ausübung der öffentlichen Gewalt«[334]. Das ist für ihn das *Repräsentativprinzip*: »die Anerkennung der Nation der Gehorchenden als einer sittlichen Gemeinschaft, deshalb selbständig, frei gehorchend, dem Gesetze nur als Ausdruck und Forderung ihres eigenen sittlichen Wesens unterworfen ... aus dem es ursprünglich durch Sitte und Herkommen hervorgeht, und an dem es bei späterer Fortbildung mittels der Zustimmung der Landesvertretung erprobt wird.«[335]

Repräsentation ist für Stahl kein »Urrecht« des Volkes und mithin auch nicht aus dem Prinzip der Volkssouveränität zu begründen, sondern die aus der sittlichen Gemeinschaft sich entwickelnde Befähigung, im Zuge der Ausbildung einer formalen Organisation der Herrschaft durch Gesetze eine verantwortliche Mitwirkung zu übernehmen. So ist das Repräsentativprinzip die »höchste Steigerung« und die »ausgebildetste Bürgschaft« der politischen Freiheit[336] – und indem Stahl das Repräsentativprinzip einerseits derart hoch bewertet, andererseits erst dem Entwicklungsstand der gegenwärtigen Gesellschaft als angemessen zuordnet, eröffnet er dem konservativen Denken seiner Zeit den Weg in den Konstitutionalismus. Dieser Weg ist gegen Abirrungen gut markiert. Indem das Repräsentativsystem als ein unabdingbarer Bestandteil des sittlichen Reiches ausgewiesen und somit letztlich auf den Willen Gottes zurückgeführt wird, ist es gefeit gegen alle Tendenzen, die Mitwirkungs- und Entscheidungsrechte des Volkes auszuweiten oder gar zum alleinigen Prinzip zu erheben; es hat aber auch Bestand gegenüber dem Bemühen der Reaktion, den Obrigkeitsstaat von Mitwirkungsrechten des Volkes rein zu halten. In seiner Ausgestaltung trägt es, neben historisch Überholtem, auch manche aktuell anmutenden Züge.

Das Zauberwort heißt »reichsständische Verfassung«, denn die Organe der Vertretung und Mitwirkung des Volkes sind die Reichsstände: »Als die Versammlung der Auserlesenen (die Elite) aus allen Ständen sind sie die *wahre* und *reine* Darstellung (Repräsentation) des Volkes nach seinem ganzen Wesen, nach allen seinen Rechten, Interessen und Vermögen, die *echten* Zeugen nationaler Lebenswürdigung, und sind sie zugleich die Konzentrierung des Volkes zu Einem handelnden, der Selbstverständigung und bewußten Entschließung fähigen, also seiner selbst mächtigen Subjekte... Hierdurch sind sie eine Macht und Autorität über dem gesamten Volke und doch zugleich Eins mit ihm, in der es nur sich selbst erkennt, daher berufen, in seinem Namen zu handeln.«[337] Die Reichsstände sind die Vertretung des Volkes und seiner Interessen, ohne bloße Interessenvertreter zu sein, und sie repräsentieren das Volk, indem sie die »Idee der Volksexistenz«, nicht die »Masse der einzelnen Menschen«[338] darstellen. Sie sind deshalb nicht Beauftragte des Volkes, sondern ihm gegenüber eine »höhere Macht«[339], freilich wiederum auf das Vertrauen des Volkes angewiesen. So schließen sie die Kluft zwischen Volk und Regierung. »Sie machen es der Regie-

334 Ebd., Bd. 2, Buch 4, S. 231.
335 Ebd., Bd. 2, Buch 4, S. 4.
336 Ebd., Bd. 2, Buch 4, S. 317.
337 Ebd., Bd. 2, Buch 4, S. 318.
338 Ebd., Bd. 2, Buch 4, S. 320.
339 Ebd., Bd. 2, Buch 4, S. 321.

rung möglich, sich in die Lage des Volkes, dem Volke, sich in die Lage der Regierung zu versetzen.«[340] In diesem Modell wäre es abwegig, daß das gesamte Volk an der Gesetzgebung teilhat; und zwar nicht deshalb, weil es technisch nicht möglich wäre, sondern weil es dem Prinzip widerspricht, daß »nur die Auserlesenen aus dem Volke den öffentlichen Zustand bestimmen sollen«[341].

Mit der Beschränkung der Mitwirkungsmöglichkeit auf eine Elite ist es freilich noch nicht getan; Stahl baut weitere Kautelen ein. Zum einen ist die Repräsentation ständisch; weil sie die Idee der Volksexistenz repräsentiert, muß sie das Volk auch in seiner ständischen Gliederung repräsentieren – und hier wiederum nur insoweit, als die Berufsstände ein gemeinsames politisches Interesse artikulieren. Solche »politischen Stände«, deren Belange gesondert zur Geltung kommen können, sind Grundaristokratie, Städte und Landgemeinden. Eine Abkehr von diesem qualitativen Vertretungsprinzip – so das durchaus hellsichtige Argument von Stahl – würde »auch dazu führen, daß die selbständigen Eigentümer, wenn sie ihre Interessen wahren wollen, nicht eine gleiche Vertretung haben dürfen mit den Proletariern, Tagelöhnern, Gesellen, Bettlern usw., da diese die Mehrzahl sind«[342].

Die zweite Kautele ist eine klare Einschränkung der Mitwirkungsmöglichkeiten. In diesem Sinne unterscheidet Stahl zwischen dem »monarchischen« und dem »parlamentarischen« Prinzip, und er legt akribisch dar, daß und unter welchen Bedingungen das monarchische Prinzip mit der »reichsständischen Verfassung« übereinstimmt: »Die Wirksamkeit der Stände aber hat... ein doppeltes Ziel: den *Schutz* der Rechte und die *Erprobung* der neuen Gesetze an der *Gesinnung* des Volkes, oder, bei weiterer Ausdehnung, die Sicherung, daß die Regierung überhaupt auf der Gesinnung des Volkes ruhe. Dafür besteht nach der einen Seite das Recht der Steuerbewilligung ... der Beschwerde, der Anklage; nach der anderen das Recht des Rates und der Zustimmung für Gesetze.«[343] Die Rechte der Steuerbewilligung und der Zustimmung zu den Gesetzen dienen der Überbrückung der Kluft zwischen Volk und Regierung, ohne die Souveränität des Monarchen anzugreifen. Die Souveränität wäre erst tangiert, wäre sie zwischen dem Monarchen und dem Parlament geteilt – dann wäre das monarchische durch das parlamentarische Prinzip ersetzt. Um solches auszuschließen, darf das Recht der Steuerbewilligung nicht dazu führen, daß die Erhebung bereits bestehender Steuern verweigert wird (man denke an die spätere »Lückentheorie« Bismarcks im preußischen Verfassungskonflikt der sechziger Jahre), und es muß bei dem Recht der bloßen Zustimmung zu Gesetzen bleiben. Die Gesetzesinitiative, das Recht, Gesetze einzubringen, muß allein der Regierung vorbehalten sein – das ist für Stahl entscheidend für den Bestand des monarchischen Prinzips[344].

Stahl hat zwar die Schwierigkeit, daß gerade das von ihm als gefährlich erkannte »parlamentarische Prinzip« in der für ihn so vorbildlichen englischen Verfassung verwirklicht ist, aber er erklärt es angesichts des spezifischen historischen und gesellschaftlichen Charakters für Deutschland nicht für nachahmenswert. Vielmehr glaubt

---

340 Ebd., Bd. 2, Buch 4, S. 319.
341 Ebd., Bd. 2, Buch 4, S. 321.
342 Ebd., Bd. 2, Buch 4, S. 323.
343 Ebd., Bd. 2, Buch 4, S. 328.
344 Vgl. dazu die Ausführungen über das »monarchische Prinzip« (Bd. 2, Buch 4, S. 372–423), die Stahl erstmals in einer gesonderten Schrift gleichen Titels 1845 veröffentlicht hat.

er, mit dem Legitimitätsprinzip, dem konstitutionellen Prinzip und dem Repräsentativprinzip eine Mitte gefunden zu haben, die die Aporien beider Extreme vermeidet. »Die Deduktion aus dem Willen des Menschen ... gelangt nie zu einer schlechthin erhabenen realen Autorität, sie ist daher immer ... in ihrem innersten Grunde revolutionär. Die Deduktion aus dem erworbenen Rechte eines Herrschers oder aus der Notwendigkeit einheitlicher Führung oder aus der Gottbestelltheit der Herrschaft (wenn man bei dieser allein stehenbleibt), gelangt nie zur Selbständigkeit und (selbständigen) Berechtigung des Volkes. Nur die Anschauung des sittlichen Reiches gibt die ewige Ordnung des Staates, die alle seine Prinzipien und Elemente in harmonischer Einheit enthält.«[345]

So hat Stahl ein ungeheuer elaboriertes, in sich geschlossenes System vorgelegt. Es soll, angesichts eines mit Besorgnis wahrgenommenen gesellschaftlichen Wandels, Prinzipien formulieren, um gewissermaßen Pflöcke einzuschlagen, in denen eine überkommene, nur evolutionär sich weiterentwickelnde Ordnung lebensfähig bleibt. Dabei erlaubt die defensive Haltung bisweilen durchaus einen Blick nach vorn, und sei es nur in der Form, daß Stahl sehr richtig die demokratischen Konsequenzen der von ihm bekämpften Gegenposition sieht, die aus seiner Sicht ein revolutionäres Potential enthalten. Adam Müller hatte noch, paradoxerweise, in offensiver Intention sich historisch rückgewandt; Stahl formuliert aus der Position der Defensive einen konstitutionellen Konservatismus, der für die Prinzipien der Liberalen offen und verträglich bleibt, zumal dann, wenn gemeinsame Revolutionsfurcht ein Zusammengehen nahelegt.

4. Liberalismus und demokratische Bewegung

4.1 Überblick

Das Anliegen des Liberalismus ist die Entfaltung des Individuums; sie soll so umfassend sein, wie es der Handlungsraum anderer Individuen und die Belange der Allgemeinheit überhaupt zulassen. Entscheidend kommt es dem Liberalismus darauf an, die individuelle Entfaltung gegen alle formellen und informellen Eingriffe und Behinderungen zu schützen. Die wichtigsten politischen Prinzipien des Liberalismus – Grundrechte, Rechtsstaat, Gewaltenteilung – sind heute in westlichen Demokratien zum festen und wirksamen Bestandteil der Verfassung geworden; liberale Anliegen werden von vielen Parteien vielfältig in Anspruch genommen, so daß es für spezifisch liberale Parteien zunehmend schwieriger wird, noch ein eigenständiges Profil zu zeigen. Aber die Universalisierung liberaler Vorstellungen ist das Resultat heftiger politischer Auseinandersetzungen in den vergangenen Jahrhunderten. Im Ausgang von der amerikanischen und der Französischen Revolution war es das 19. Jahrhundert, welches – wenn auch in den einzelnen Ländern sehr unterschiedlich und ungleichzeitig – die Realisierung jener liberalen Prinzipien erbrachte, die wir heute als Allgemeingut betrachten. Im 19. Jahrhundert erreichten auch die theoretischen Diskussionen einen Grad der Ausdifferenzierung, der heute, da manches für uns »abgehakt« zu

345 Ebd., Bd. 2, Buch 4, S. 4.

sein scheint, kaum mehr präsent ist. Es wäre aber fatal, wenn liberale Elemente unserer Verfassung und unserer politischen Kultur als der schlichte Traditionsbestand des Individualismus oder gar des rücksichtslosen bürgerlichen Eigennutzes weitergereicht würden. Die Auseinandersetzungen um die Durchsetzung liberaler Prinzipien sind außerordentlich vielschichtig, die vertretenen Positionen sind – auch nur zum Zwecke des Überblicks – nur schwer auf einige Grundmuster und einen gemeinsamen Kernbestand zu bringen.

Am ehesten läßt sich von einer gewissen historischen Abfolge liberaler Positionen und Argumentationszusammenhänge ausgehen, die aus den Problemlagen resultiert, mit denen sich die Liberalen konfrontiert sahen. Die Bezeichnung »Liberalismus« leitet sich von den *liberales* ab, wie sich die Anhänger der spanischen Verfassung von 1812 nannten; die Auseinandersetzung in der Sache ist erheblich älter. Seinem Ursprung nach bedeutet Liberalismus den Kampf des aufsteigenden Bürgertums gegen Einschränkungen seiner Lebensführung in geistigen, religiösen und ökonomischen Angelegenheiten durch übergeordnete Gewalten. Das war auf der einen Seite in Europa der absolutistische Staat, durch den das Königtum seine Macht zu zentralisieren und von gesellschaftlichen Kräften möglichst unabhängig zu machen suchte. Das Bürgertum war von diesen Bestrebungen durch einen Zuwachs an Fremdbestimmung betroffen. Erheblicher fielen feudale Restriktionen ins Gewicht; die ökonomische Entfaltung war stärker noch als durch den Staat, der oft auch fördernd eingriff, durch ständische Reglementierungen und Privilegierungen behindert. Gegen beide Hemmnisse seiner Entfaltung sucht das Bürgertum den eigenen Handlungsspielraum immer weiter auszudehnen und von äußeren Beschränkungen möglichst freizuhalten. Wo staatliche Eingriffe unabwendbar oder übergreifende Regelungen sachlich geboten sind, müssen sie vor allem berechenbar sein. Dies verlangt Rechtssicherheit und politisch einen Mindesteinfluß in den es unmittelbar betreffenden Angelegenheiten. Wichtigster Hebel gegenüber der Krone ist die Bewilligung von Steuern; im Maße, wie neue Steuern oder – das ist der zweite Schritt – alle Einnahmen und Ausgaben des Staatshaushaltes periodisch von der Zustimmung einer Vertretungskörperschaft abhängig sind, läßt sich der eigene Freiraum absichern und erweitern. Wehrt sich das Bürgertum gegen Machtzusammenballungen bei der Krone vielfach im Bündnis mit dem durch staatliche Zentralisierung und Nivellierung der Untertanschaft noch stärker bedrohten Adel, so unterstützt es wiederum die Krone bei der Herstellung von Gleichheitsbedingungen durch Beseitigung ständischer Privilegien und die ökonomische Entfaltung hindernder Sozialordnungen; im Gegenzug erhält es von der Krone Unterstützung in Form von Investitionshilfen.

Im Maße, wie die liberalen Forderungen nach Abwehr unberechenbarer Eingriffe und nach Aufhebung feudaler Einschränkungen durchgesetzt werden, tritt die politische und gesellschaftliche Ordnung für den Liberalismus insgesamt ins Blickfeld; es geht darum, nach liberalen Prinzipien eine Ordnung der Freiheit zu gestalten. Dieser Übergang aus der engeren liberalen Abwehrperspektive erfolgt in England kontinuierlich seit der »Glorreichen Revolution« von 1688, in Frankreich eher abrupt mit der Französischen Revolution von 1789, in ihrem Gefolge dann auch in Deutschland in der ersten Hälfte des 19. Jahrhunderts mit den preußischen Reformen (und ähnlichen Reformen in den anderen Ländern) sowie durch die Einrichtung konstitutionell begrenzter Herrschaftsformen in den vorwiegend süddeutschen Verfassungen. Das ist nun die entscheidende liberale Forderung: dem Staat eine schriftliche Verfassung zu geben, in der die Organisation der politischen Herrschaft und die Rechte und Mitwirkungsmöglichkeiten der Bürger verbindlich festgelegt sind. Maßstab ist die freie, ungehinderte Entfaltung des Individuums, vor allem die Möglichkeit allgemeiner und umfassender Bildung sowie eine zunächst schrankenlose ökonomische Betätigung – bis hin zum »Manchester-Liberalismus«, zum ökonomischen Gewinnstreben ohne Rücksicht auf die sozialen Kosten. Zugleich sieht sich der Liberalismus, im Maße, wie er politische Durchsetzungskraft zur Gestaltung gesamtgesellschaftlicher Ordnung entwickelt, vor erhebliche Probleme gestellt. Im Zuge der Ausweitung der politischen Beteiligung, sichtbar an den Wahlrechtsreformen, wird es fraglich, ob die besitzende und gebildete Persönlichkeit – Idealbild des Liberalismus – noch den Ton gegenüber den nachdrängenden Schichten angeben und die für die Gebildeten und Besitzenden günstige Ordnung aufrechterhalten kann. Wenn das Volk eigenverantwortlich – nicht mehr geleitet durch übergeordnete Instanzen wie König oder ständisch privilegierte Amtsinhaber, und gleichberechtigt – durch Mehrheiten, die sich aus dem gesellschaftlichen Durchschnitt ergeben, politisch über Gesetze entscheidet und gesellschaftlich umfassende Normen sozialen Verhaltens konstituiert, stellt sich das Problem der Nivellierung: Die Masse befindet anstelle der Vernünftigen und Gebildeten.

Eine dritte Phase des Liberalismus beginnt, wenn er sich der »sozialen Frage« nicht mehr nur als karitatives Problem, sondern als strukturelle Folgewirkung einer nach liberalen Grundsätzen gestalteten Gesellschaft mit freier Entfaltung des Kapitals bewußt wird. Während im ursprünglichen Liberalismus die Unterschiede von Armut und Reichtum als natürliche Folge unterschiedlich eingesetzter Fähigkeiten und Arbeitsintensitäten bei vorausgesetzter Chancengleichheit gelten, wird nun – im »sozialen Liberalismus« – diese Rechtfertigung aufgegeben, weil sie sich als ideologisch und zynisch erweist, wenn die vorausgesetzte Chancengleichheit realiter und strukturell nicht besteht. Der Staat ist gefordert, zugunsten der sozial Schwachen, die ohne eigenes Verschulden grundsätzlich benachteiligt sind, kompensierend einzugreifen; das ist der liberale Eintritt in den Wohlfahrtsstaat. Die »theoretischen Kosten«, die erforderlichen Veränderungen der liberalen Position, sind allerdings beträchtlich. Versucht der Liberalismus einerseits, den Staat von der Einflußnahme in ökonomische Abläufe und die private Lebensführung möglichst fernzuhalten, so sind aus sozialen Erwägungen andererseits massive Eingriffe und Umverteilungen gefordert, die dem Staat die neue Qualität des »Interventionsstaates« zubilligen. In England wird dieser Positionswandel des Liberalismus, in der Tradition des Utilitarismus, am ausgeprägtesten bei John Stuart Mill sichtbar, in Deutschland gegen Ende des 19. Jahrhunderts im nationalsozialen Liberalismus von Friedrich Naumann. Daß sich ein beträchtlicher Teil der Liberalen diesem Positionswandel freilich nicht anschließt, liegt nicht nur am Eigeninteresse, sondern durchaus auch in der Logik der liberalen Grundposition.

In diesen historisch wechselnden Konstellationen von wirtschaftlichem und politischem Liberalismus, von Bildungsethos und ökonomischem Eigennutz verschwimmen die klaren liberalen Konturen. Es bleiben aber auch durchgängige Charakteristika. Der Liberalismus ist philosophisch fest mit der Aufklärung verbunden. Er geht von der radikalen Autonomie des Denkens aus, die das Individuum von allen Bevormundungen freisetzt: geistig von der Bevormundung durch kirchliche, staatliche oder gesellschaftliche Autoritäten; im praktischen Handeln von der Einschränkung der privaten Lebensführung und Daseinsbewältigung durch sachfremde, unkontrollierte, von ihm selbst nicht eingesetzte Instanzen. Das schließt die Forderung nach radikaler Umgestaltung der bestehenden Verhältnisse mit ein, sofern sie diesen Kriterien nicht entsprechen; insbesondere geht es dem Liberalismus um eine Verfassung, die, wie immer sie auch historische Kontinuitäten berücksichtigt, letztlich nach Vernunftgrundsätzen ausgewiesen sein muß.

Sozial ist der Liberalismus mit dem Bürgertum verbunden. Er ist historisch antifeudal und wurzelt in der Interessenlage und der Lebensführung der ökonomisch sich entfaltenden und an Bildung interessierten Mittelschichten. Liberales Gedankengut findet sich auch bei Angehörigen der Oberschichten, aber prägend ist die Einstellung und Interessenlage des Wirtschafts- und Besitzbürgertums. Der Bildungsaspekt scheint für gesellschaftstheoretische Konzepte aus liberaler Intention sogar maßgeblicher zu sein als die spezifischen ökonomischen Interessenlagen; insofern ist der zunächst naheliegende ideologiekritische Verdacht einer Rationalisierung und Verbrämung ökonomischer Interessen durch jene liberalen Konzepte, die diese nicht explizit in den Vordergrund stellen, nur mit Vorsicht angebracht. Seiner Intention nach ist der Liberalismus nicht nur anti-feudal, sondern auch anti-sozialistisch; er setzt auf individuelle Freiheit und auf Privateigentum. Es ist aber schwer entwirrbar, ob die liberale Abgrenzung gegen den Sozialismus (die im 19. Jahrhundert maßgebend bleibt trotz der zunehmenden Sympathie einiger Liberaler für sozialistische Forderungen) eher aus dem Gefühl der Bedrohung der eigenen ökonomischen Interessen und des politischen Einflusses resultiert oder eher aus einem traditionellen Mißtrauen der Besitzenden und Gebildeten gegenüber der politischen Urteilsfähigkeit der Ärmeren und Ungebildeten.

Auf jeden Fall ist der Liberalismus des 19. Jahrhunderts in der überwiegenden Mehrzahl seiner Vertreter nicht auf eine Propagierung der »Ellenbogengesellschaft« zu reduzieren. Die politische Intention, eine autonome Lebensführung abzusichern, geht von den Maßstäben der Vernunft und der Sittlichkeit für diese Lebensführung aus. Sie ist zur ökonomischen Intention, die Erwerbsinteressen ungehindert zu entfalten, zumindest gleichursprünglich; und auch die ökonomische Intention selbst – in England verbunden mit der modernen Nationalökonomie, in Deutschland eher mit vormodernen Wirtschaftskonzepten – enthält in der Regel die moralische, bisweilen utopische Dimension einer Bewährung der Persönlichkeit durch rechtes Handeln. Krasser Individualismus und Egoismus, der sich um die Mitmenschen und das allgemeine Wohl nicht kümmert, sind in der normativen Theoriebildung des Liberalismus eher ein Fremdkörper – so erfolgreich sie im 19. Jahrhundert auch propagiert und praktiziert werden.

Daraus ergibt sich, bei allen Differenzierungen, ein gewisser Kernbestand des liberalen Denkens im 19. Jahrhundert. Ziel ist die freie Entfaltung des Individuums, verstanden als Ausbildung aller seiner Fähigkeiten, der geistigen und kulturellen in der Bildung ebenso wie der praktischen in der ökonomischen Daseinsbewältigung. Dieses Ziel ist zunächst unpolitisch, denn nach liberalem Verständnis ist die freie Entfaltung des Individuums mit politischen Zwängen, und seien sie selbst auferlegte, nicht vereinbar; sie würden die Autonomie gefährden. Sie ist aber politisch abzusichern, und so hat sie politische Konsequenzen. Autonomie des Individuums setzt den Rechtsstaat voraus, der die Regelungen, die für die Allgemeinheit erforderlich sind – die aber auch das Individuum tangieren –, nicht willkürlich, sondern im Rahmen fester Vorgaben trifft. Solche Vorgaben, die stets auch einklagbar sein müssen, sind nicht nur festgelegte formale Verfahrensweisen; es sind auch Wertvorstellungen für eine vernunftgemäße Gestaltung des öffentlichen wie des privaten Lebens: Öffentlichkeit muß garantiert, Privatheit ermöglicht sein. Auf der unumstößlichen Basis der allgemeinen Menschen- und Bürgerrechte ist ein Verfassungsstaat gefordert, der in seinem konstitutionellen Gehalt, ungeachtet seiner Form als Monarchie oder Demokratie, eine »wahre Republik« darstellt.

Der konstitutionell gebundene Rechtsstaat monopolisiert aber nicht, ebensowenig wie der frühere feudale Staat, die Vergesellschaftung. Die konkrete Form der Vergesellschaftung in der Mitte zwischen Staat und Bürger (neben der abstrakten des Marktes) wird anstelle der ständischen Korporation der freie Verein. Das Assoziationswesen nimmt neben unpolitischen auch dezidiert politische Aufgaben wahr. Voraussetzung ist die Gewährleistung der Vereinigungsfreiheit, und sie ist nur Ausdruck dafür, daß das liberale Ziel der Entfaltung der Persönlichkeit nicht nur als politische Konsequenz den Verfassungsstaat erfordert, sondern zugleich ein beträchtliches Maß an Kontrolle und Mitgestaltung des Staates. So wird die zunächst unpolitische Zielsetzung des Liberalismus nicht nur indirekt, sondern auch unmittelbar zu einer eminent politischen. Entscheidend für das Prinzip der freien Entfaltung ist der politische Einfluß seiner individuellen und kollektiven Vertreter. Das Parlament mit seinen gewählten Repräsentanten ist der geforderte Knotenpunkt für Mitsprache und möglichst auch Entscheidung über die allgemeinen Angelegenheiten; auf die vorrangige Bedeutung der Steuerbewilligung wurde bereits hingewiesen. Prozedurale Fragen – wem z. B. das Recht zukommt, Gesetzesvorlagen einzubringen (Initiativrecht) – werden zu umkämpften Machtfaktoren. Die Kontrolle politischer Prozesse ist für liberales Denken ausschlaggebender als ihre Gestaltung; da beides kaum voneinander zu trennen ist, sind als Grundbedingung feste institutionalisierte Kontrollmechanismen vonnöten: Gewaltenteilung, damit keine Instanz im Staate sich verselbständigt; Wahlen, damit die Repräsentanten von den Bedürfnissen der Repräsentierten ausgehen und diese bei der Feststellung allgemeiner Belange angemessen mit einbeziehen; eine Öffentlichkeit, die durch ungehinderte Berichterstattung Entscheidungen im Geheimen erschwert und durch freie Meinungsdiskussion zu einer vernünftigen Urteilsbildung über allgemeine Angelegenheiten beiträgt.

Mit dem skizzierten Kernbestand des liberalen Denkens sind ebenso fundamentale Probleme verbunden, auf die hier nur hingewiesen werden kann (sie werden bei den Einzeldarstellungen näher ausgeführt). Liberales Denken ist nicht genuin demokratisch. Das liberale Prinzip der freien Entfaltung der Persönlichkeit unter Absicherung eines individuellen Handlungsraumes und privaten Eigentums ist etwas anderes als das demokratische Prinzip möglichst unmittelbarer und vollständiger Teilhabe an der politischen Herrschaft. Da auch das liberale Prinzip einer Absicherung durch politische Mitbeteiligung bedarf, treffen sich hier die beiden Prinzipien, kollidieren aber zugleich, weil der Liberalismus zögert, die Herrschaftsbeteiligung grundsätzlich auf alle Einwohner auszudehnen (in Form des allgemeinen Wahlrechts), und weil er darüber hinaus den unmittelbaren politischen Einfluß der Wahlberechtigten durch ein Repräsentativsystem beschränkt und gefiltert sehen möchte. Repräsentative Demokratie ist so stets ein Kompromiß zwischen der liberalen und der demokratischen Position.

Liberales Denken ist in seinem Ausgang individualistisch, kann aber im gesellschaftlichen Zusammenleben der Menschen und in der Ausgestaltung seiner politischen Ordnung den Individualismus nicht einseitig durchhalten. Um nicht in Anarchismus zu verfallen – die radikale individualistische Konsequenz –, gelangt er stets dahin, auch den allgemeinen Belangen und den dafür erforderlichen Beschränkungen des Individuums durch überpersönliche Mechanismen einen erheblichen Stellenwert einzuräumen. Die Verbindung der individualistischen Perspektive mit der »kollektivistischen« oder »holistischen« kann die Ausrichtung auf Allgemeininteresse und Gemeinwille (Sieyes) oder die Begründung des Dualismus von Monarch und Parlament zur gegenseitigen Verpflichtung auf übergeordnete allgemeine Belange (Rotteck) oder die Konkretisierung individueller Freiheit als soziale Tugend (J. St. Mill) bedeuten. Auf jeden Fall stellt sich Liberalismus, der ernsthaft die Bedingungen der Möglichkeit individueller Entfaltung in gesellschaftlichen Zusammenhängen bedenkt, als ein Balanceakt zwischen der Autonomie des Individuums und der Sogkraft der allgemeinen Belange dar (wie es im nachrevolutionären Denken Fichte und Hegel auf ihre Weise bereits vorexerziert haben).

Liberales Denken kann sich, darauf wurde bereits hingewiesen, im 19. Jahrhundert den strukturellen Problemen der sozialen Frage nicht mehr verschließen, und schließlich bleibt der Liberalismus, zumindest in Deutschland, gegenüber der nationalen Frage überaus ambivalent. Frankreich und England sind im 19. Jahrhundert längst konsolidierte Nationalstaaten, Deutschland und Italien sind es noch nicht (siehe unten Abschnitt 8.3). In Deutschland ist der Liberalismus zunächst wenig national engagiert, solange die Einzelstaaten liberale Reformen durchführen und liberale Verfasssungen in Aussicht stehen. Im Maße, wie die Reformen steckenbleiben und die Verfassungsgebung stockt, setzen die Liberalen ihre Hoffnung auf einen neu konstituierten nationalen Gesamtstaat, der allein ihre Forderungen erfüllen kann. Diese Hoffnungen zerbrechen 1848 mit dem Scheitern der Paulskirche. Die Initiative zu nationaler Einheit geht an einen Teil der Konservativen über, wobei sich die Liberalen ihrerseits zum Teil anschließen (Nationalliberale), zum Teil opponieren (spätere Freisinnige).

Der deutsche Liberalismus leidet ohnehin nicht gerade an Übersichtlichkeit der vertretenen Positionen. Am deutlichsten ist noch die Zäsur der gescheiterten Revolution von 1848. Danach verliert der Liberalismus vieles von seinem Elan. Kennzeichnend ist eine realistische Wende, die Ludwig August v. Rochau mit seinen *Grundsätzen der Realpolitik* 1853 theoretisch und programmatisch formuliert. Der Liberalismus, so seine Analyse, war 1848 als Bewegung für den Konstitutionalismus gescheitert, weil er die Machtfrage nicht gestellt hat. Erfolgreich hätte nur ein revolutionärer Akt sein können, der sich freilich gegen die Monarchie hätte richten müssen – das große Dilemma der konstitutionell eingestellten Liberalen in der 48er-Revolution. Nur die Verbindung von Recht und Macht, was realpolitisch die Integration aller maßgeblichen Kräfte in einem Nationalstaat bedeutet, kann effektive Herrschaft nach Grundsätzen der Freiheit ermöglichen. Julius Fröbel (1805–1893) stellt die realpolitische Wende an seinem eigenen Werk besonders eindrücklich dar. Vor 1848, als exponierter Vertreter der Demokraten auf dem äußersten linken Flügel der Liberalen angesiedelt, entwirft er die am umfassendsten ausgearbeitete demokratietheoretische Konzeption im deutschen Vormärz. Nach 1848 vollzieht er aus den Erfahrungen der gescheiterten Revolution eine Kehrtwendung zur »Realpolitik«; sein demokratisches Konzept wird nun zu einem autoritären.

Vor 1848 ist es beim gegenwärtigen Forschungsstand ein schwieriges Unterfangen, die außerordentlich vielfältigen liberalen Ansätze zu überschaubaren Strömungen zu bündeln. Gemeinsam ist ihnen lediglich, abgesehen vom äußersten linken, demokratischen Flügel (s. o.), ein Konstitutionalismus in Form eines Dualismus: Die politische Herrschaft ist aufgeteilt auf das im Repräsentativsystem gewählte Parlament und die verfassungsmäßig eingebundene Krone, welche allein die Regierung einsetzt und abberuft (ein Modell, dem auch die deutsche Reichsverfassung von 1871 gefolgt ist). Ein parlamentarisches System, welches auch für die Monarchie die parlamentarische Verantwortlichkeit der Regierung festschreibt, liegt noch nicht in der Intention der konstitutionellen Liberalen im Vormärz. Das gilt auch für Robert v. Mohl (1799–1875), der zunächst ebenfalls die dualistische Position vertritt, sie allerdings nach 1848 durch die Vorstellung eines Parlamentarismus nach englischem Vorbild ersetzt. Aus Furcht um den Bestand der Monarchie angesichts der sich zuspitzenden »sozialen Frage«, der ein dualistisches System nach seiner Einschätzung nicht beikommen kann, plädiert er für eine parlamentarische Verantwortung der Regierung bei einer im übrigen beibehaltenen politisch exponierten Position des Monarchen. Bahnbrechend ist Mohl mit der Herausarbeitung der Theorie des Rechtsstaates geworden. Der Bürger muß im Staat ein für ihn berechenbares Instrument der allgemeinen, aber auch der eigenen Wohlfahrt vorfinden; die Kompetenzzuweisung ist so vorzunehmen, daß der Staat innerhalb der Grenzen des Rechts und der Vernunft gegenüber der freien Entfaltung der Bürger soweit wie möglich zurücktritt. Ein auf die Vertretung von Interessen ausgerichtetes Repräsentativsystem soll die gesellschaftlichen Gruppen entsprechend ihrer Bedeutung beteiligen; ein allgemeines Wahlrecht lehnt Mohl allerdings ab.

Häufig werden die Vertreter des deutschen Liberalismus im Vormärz nach einer auf England ausgerichteten, norddeutschen, eher konservativen Position (Dahlmann) und einer von Rousseau und der Französischen Revolution beeinflußten, süddeutschen, eher demokratisch affizierten Position (Rotteck) unterschieden; in der Mitte stehen dann Vertreter des *juste milieu*, eines Liberalismus des gesunden Mittelmaßes, im mitteldeutschen Raum. Es scheint allerdings, daß bis in die dreißiger Jahre des 19. Jahrhunderts der deutsche Liberalismus vornehmlich von einem Denken geprägt war, das im Gefolge der Aufklärung und des näheren in Anknüpfung an Kant eine vernunftkonstituierte Verfassung zu entwickeln suchte. Dazu gehören die Vertreter des *juste milieu* ebenso wie Rotteck. Erstere – zu nennen sind hier Karl Heinrich Ludwig Pölitz (1772–1838) und Wilhelm Traugott Klug (1770–1842) – sind heute wohl zu Recht vergessen; sie haben allerdings in ihrer Zeit eine erhebliche publizistische Wirkung entfaltet und damit in erster Linie zur Verbreitung des Liberalismus in Deutschland beigetragen. Aus einer Kantischen Position wird in popularisierter Form eine politische Theorie entwickelt, die die Bürgschaft für politische Freiheit mit einer Interessenvertretung der Stände einerseits, der Besorgung der Regierung durch die Monarchie andererseits verbindet und alles für Reformen offenhält. Karl v. Rotteck ist theoretisch von ganz anderem Kaliber. Er verbindet die sittlich rigorose individualistische Freiheitsbegründung von Kant und dem jungen Fichte mit dem Kerngedanken einer identitären Demokratie bei Rousseau, um in einem dichten Begründungszusammenhang schließlich im Dualismus von Krone und Parlament einzumünden, und zwar aus grundsätzlichen, nicht aus pragmatisch-opportunistischen Erwägungen. Zweifellos stellt sein Versuch, zwischen dem liberalen Freiheitsprinzip und dem demokratischen Partizipationsprinzip einen bei den deutschen (rückständigen) Verhältnissen gangbaren Weg zu finden, einen Höhepunkt im Denken des aufgeklärten deutschen Liberalismus im Vormärz dar.

Demgegenüber vertritt Friedrich Christoph Dahlmann (1785–1860) eine historisch und organisch ausgelegte Version des Liberalismus, die in den vierziger Jahren des 19. Jahrhunderts vor allem in der liberalen Hegel-Nachfolge eine verbreiterte Fortführung findet. In seinem Hauptwerk *Die Politik auf den Grund und das Maß der gegebenen Zustände zurückgeführt* versucht Dahlmann 1835 das Aufklärungsideal der Emanzipation des Individuums mit der – im Sinne der Historischen Rechtsschule wahrgenommenen – Einmaligkeit historischer Entwicklungen zu verbinden. Resultat ist die konstitutionelle Monarchie, in der gemäß dem Stand der historischen Entwicklung die altgermanische Volksfreiheit sowie die ständisch gestufte Lehensherrschaft des Mittelalters mit dem dynamisch sich entfaltenden bürgerlichen Mittelstand verbunden werden können. Nach dem Vorbild Englands bilden das erbliche Königtum, der Adel und das parlamentarisch repräsentierte Bürgertum in einem durch die Verfassung geregelten Zusammenspiel eine Synthese von Individuum, Staat und Volk.

In Frankreich ist die Revolution für die Entwicklung des Liberalismus Auslöser, Ideenfabrikant und warnendes Beispiel zugleich geworden. Der Liberalismus beruft sich auf die Ideen von 1789 in der Form, die sie hatten, bevor sie von der demokratischen Radikalisierung überholt wurden; vieles davon hat Napoleon, insbesondere im Bereich der rechtlichen Kodifizierung, weitergeführt, und die nachfolgende Restauration hat die liberalen Ideen nicht mehr nachhaltig unterdrücken können. In programmatischer Form, mit unmittelbarem praktisch-politischen Bezug als Vorbereitung der Ereignisse von 1789, sind die liberalen Ideen von Emmanuel Joseph Sieyes (1748–1836) formuliert worden. Der Wille des Dritten Standes ist zum Willen der Nation erklärt, und dieser Wille wiederum kommt zustande aus dem Willen der einzelnen (besitzenden) Bürger, die im Parlament in ihrer Gesamtheit, nicht in ihren Einzelinteressen, also mit »freiem Mandat« repräsentiert werden. Die Verfassung von 1791 geht im wesentlichen auf das liberale Konzept der Repräsentativdemokratie von Sieyes zurück. Benjamin Constant (1767–1830) ist ein Verfechter des Repräsentativgedankens von Sieyes. Er kämpft politisch für Freiheit der Meinungsäußerung und unbehinderte Freiheit der Presse, und er versucht verfassungstheoretisch die Rolle der konstitutionellen Monarchie als einer neutralen Instanz im Staat jenseits der Gewalten neu zu bestimmen; so übt er einen beträchtlichen Einfluß auf das deutsche liberale Denken im Vormärz aus. Einen entscheidenden Wendepunkt des liberalen Denkens markiert Alexis de Tocqueville (1805–1859); durch eine Analyse der Demokratie in den USA der dreißiger Jahre des 19. Jahrhunderts zeigt er, daß in einem historisch unausweichlichen Prozeß die Demokratie sich durchsetzt, zugleich aber in der nun auf Gleichheit basierenden Gesellschaft ein neues Potential der Freiheitsbedrohung entfaltet: die »Tyrannei der Mehrheit«, in der die gesellschaftliche Nivellierung die Individualität unterdrückt.

Der englische Liberalismus ist stark durch den Utilitarismus von Jeremy Bentham (1748–1832) geprägt, der das höchstmögliche Glück für die größtmögliche Zahl propagiert und gemessen an dieser Forderung die politischen und sozialen Verhältnisse in England für dringend reformbedürftig erklärt. Die Ausweitungen des Wahlrechts im 19. Jahrhundert sind theoretisch durch seine Kritik vorbereitet. So ist der englische Liberalismus im Vergleich zum kontinentalen von vornherein enger mit demokratischen Forderungen verbunden; allerdings wird auch die Verbindung von Liberalismus und Demokratie erneut zum Problem. Es ist John Stuart Mill (1806–1873), der bei ausdrücklicher Bejahung der Demokratie einerseits, in Aufnahme der Tocquevilleschen Warnungen andererseits eine Form der repräsentativen Demokratie zu begründen sucht, in der auf demokratischer Basis doch wieder die Gebildeten die Vorherrschaft haben sollen. Mit seinem Plädoyer für individuelle Freiheit, die zugleich soziale Tugend sein muß, mit seinem Eintreten für die Emanzipation der Frauen und mit seiner Annäherung an sozialistische Forderungen zur Lösung der »sozialen Frage« stellt sein Werk die Entfaltung und den Höhepunkt eines reflektierten, selbstkritischen liberalen Denkens im 19. Jahrhundert dar.

Eine stärker konservativ ausgerichtete Position im englischen Liberalismus markiert Walter Bagehot (1826–1877) mit seinem Buch *The English Constitution* (1867). Es liefert die klassische Darstellung des englischen Parlamentarismus; wie Bagehot zeigt, ist die politische Macht inzwischen bei Kabinett und Unterhaus konzentriert, die aufs engste miteinander verbunden und durch die öffentliche Meinung getragen sind. Voraussetzung für das Funktionieren dieser Verschränkungen ist allerdings die Fernhaltung oder eine in Wahlen zumindest geringere Berücksichtigung der »niederen Klassen«. Besitz und Bildung, die John Stuart Mill entkoppelt, um das liberale Kriterium für politische Urteilsfähigkeit allein in der Bildung zu verankern, treten bei Bagehot wieder vereint als Ausschlußgrund auf. Es kennzeichnet freilich die weitere Entwicklung des Liberalismus generell, daß er die vorgesehenen Schranken zur Gewährleistung einer rationalen Politik allesamt nicht hat aufrechterhalten können – und es läßt sich auch nicht behaupten, daß die Politik allein dadurch irrationaler geworden ist.

Die Positionen von Sieyes, Rotteck, Fröbel, Tocqueville und J. St. Mill werden im folgenden eingehender und exemplarisch in ihren Begründungszusammenhängen dargestellt.

4.2 Grundelemente des liberalen Denkens und ihr Verhältnis zur Demokratie: Emmanuel Joseph Sieyes

In der Anfangsphase der Französischen Revolution von 1789 faßt der Abbé Sieyes[346] in seiner Kampfschrift *Qu'est-ce que le Tiers-Etat?* (Was ist der Dritte Stand?) seine Überlegungen höchst eindrucksvoll zu einer dreifachen Frage und Antwort zusammen: »1. Was ist der dritte Stand? *ALLES*. 2. Was ist er bis jetzt in der politischen Ordnung gewesen? *NICHTS*. 3. Was verlangt er? *ETWAS ZU SEIN*.«[347] Sieyes richtet sich damit vornehmlich gegen die Privilegien des ersten und des zweiten Standes – Klerus und Adel – und vertritt die Interessen des Bürgertums. Seine politische Stoßrichtung geht dahin, durch ein parlamentarisches Repräsentativsystem, in dem alle Stände mindestens gleichberechtigt sind, schließlich aber die numerische Überzahl

346 Die Schriften und Reden von Sieyes werden im folgenden zitiert nach: Emmanuel Joseph Sieyes, Politische Schriften 1788–1790, übersetzt und herausgegeben von Eberhard Schmitt/Rolf Reichardt, München – Wien 1981[2].

347 Emmanuel Joseph Sieyes, Was ist der Dritte Stand? in: ders., Politische Schriften 1788–1790 (Anm. 346), S. 119.

des Bürgertums gegenüber den bisher Privilegierten zur Geltung kommen soll, den Willen der Nation im Sinne des Bürgertums auf der Grundlage prinzipieller Stimmengleichheit auszubilden. Der Dritte Stand ist »Nation«, weil er die weitaus überwiegende Mehrheit des Volkes repräsentiert, und weil Privilegien als Sonderinteressen gar keinen Eingang in eine gemeinsame nationale Willensbildung finden können.

Sieyes ist in seinem politischen Denken weit über den historischen Kontext der Französischen Revolution hinaus bedeutsam, weil er mit seinem Einsatz für den Dritten Stand, das Bürgertum, ein politisches Programm formuliert, welches für den Liberalismus auf dem europäischen Kontinent grundlegend wird. Er entwickelt ein politisches Ordnungskonzept, das erstmals auf dem Kontinent den bürgerlichen Emanzipationsbestrebungen und Interessenlagen in einem gesamtgesellschaftlichen Gestaltungsanspruch Ausdruck verleiht; er begründet es zudem in einem Denkmuster, welches die kontinentaleuropäische liberale Tradition nachhaltig beeinflußt. Einerseits nimmt er die angelsächsische Tradition des liberalen Denkens auf, dem es primär um die Sicherung des Individuums gegen staatliche Willkür geht. Andererseits ist ihm Dreh- und Angelpunkt der einheitliche, von allen Individuen ausgehende und sie zugleich umfassende Gesamtwille der Nation; so überträgt er die Doktrin der *volonté générale* von Rousseau – das spezifisch demokratische Gedankengut der Neuzeit – auf die Bedingungen des modernen Flächenstaates. Ergebnis ist eine Verbindung von liberalen und demokratischen Elementen, der Kompromiß einer »repräsentativen Demokratie« in kontinentaleuropäischer Ausprägung.

Emmanuel Joseph Sieyes wird 1748 als fünftes Kind eines Steuereinnehmers in Fréjus in der Provence geboren. Er besucht die Jesuitenschule und studiert mit Hilfe von Stipendien an kirchlichen Seminaren in Paris; hier verschafft er sich an der Zensur vorbei auch Zugang zu den Schriften von Voltaire, Rousseau, den Enzyklopädisten, Descartes, Spinoza, Harrington, John Locke und Adam Smith. 1772 wird er zum Priester geweiht, und zunächst verfolgt er eine kirchliche Karriere. Er wird 1780 Generalvikar des Bischofs von Chartres, 1788 Kanzler des dortigen Domkapitels. Als Vertreter des Klerus nimmt er 1787–88 an der Provinzialversammlung des Oréanais teil und entfaltet nun eine rege publizistische Tätigkeit. In kurzer Folge erscheinen mehrere politiktheoretische *Essais,* die sich kritisch mit den Privilegien von Adel und Klerus auseinandersetzen und drastische Reformvorschläge entwickeln. Seine Schrift *Qu'est-ce que le Tiers-Etat*? macht ihn berühmt, sie wird im Frühjahr 1789 in wenigen Tagen in mehr als 30 000 Exemplaren verkauft. Im Mai 1789 wird Sieyes als Abgeordneter des Dritten Standes der Stadt Paris in die Generalstände gewählt. Auf sein Betreiben erklärt sich die Versammlung des Dritten Standes am 17. Juni 1789 zur alleinberechtigten Vertretung der französischen Nation. Sieyes wird Sekretär der Nationalversammlung und Mitglied des ersten Verfassungsausschusses; die erste Revolutionsverfassung von 1791 basiert weitgehend auf seinen Entwürfen. Er bleibt auch weiterhin, trotz der zunehmenden Radikalisierung der Revolution, führend im Parlament tätig und übersteht auch den Sturz von Robespierre. 1799, als Präsident des Direktoriums, beteiligt er sich an den Vorbereitungen zum Staatsstreich Napoleons, nach dessen Gelingen ist er für kurze Zeit einer der drei Konsuln. In der Folge wird er zwar von Napoleon mit Ehrenämtern überhäuft, aber politisch kaltgestellt. Die anschließende Restaurationszeit verbringt er, als »Königsmörder« verbannt, von 1816 bis 1831 im Exil in Brüssel; nach der Rückkehr stirbt er 1836 in Paris.

Liberale Ursprünge: Freiheit und Repräsentation

Im Überblick wurde bereits darauf hingewiesen, daß liberale und demokratische Theorien durchaus voneinander zu unterscheiden sind und daß sie erst seit dem Ende des 18. Jahrhunderts allmählich zu einer, freilich spannungsreichen, Verbindung in Formen liberaler Demokratie gefunden haben. Locke denkt liberal, aber nicht demokratisch, wenn man Demokratie – wie es bis ins 18. Jahrhundert, in Deutschland bis ins 19. Jahrhundert hinein üblich war – als die unmittelbare Beteiligung aller Bürger an der Herrschaftsausübung in einem überschaubar kleinen Gemeinwesen versteht. Er argumentiert im Sinne der Eigentümer, die – weder herausgehoben wie der Hochadel noch außerhalb zeitgenössischer politischer Überlegungen stehend wie Arbeiter und Bedienstete – schlichtweg Freiheit zur Sicherung und Entfaltung ihrer Persönlichkeit begehren. Es geht ihnen um *life, liberty and estate*, nämlich um Freiheit in Form der Absicherung gegen alle willkürlichen Eingriffe, die sich gegen die Person selbst, ihre Handlungsfreiheit und Entfaltungsmöglichkeit und schließlich gegen ihre ökonomische Betätigung und die daraus zu gewinnenden Vorteile richten. Da willkürliche Eingriffe von außen der Sicherheit und Durchsetzungsmöglichkeit der natürlichen Rechte des Individuums entgegenstehen – Locke nennt dies »Naturzustand« –, dient die vertragliche Verbindung der Menschen zu einem *body politic* ihrer Gewährleistung. Das ist das Grundmuster. Dabei ist – in einem zweiten Schritt – besonderes Gewicht auf die Absicherung gegen obrigkeitliche Willkür innerhalb des so begründeten Gemeinwesens gelegt. Lockes liberale Position besteht allerdings vornehmlich darin, in den historischen Kämpfen des Bürgertums und des niederen Adels gegen absolutistische Bestrebungen der Krone überhaupt erst eine Ordnung des Gemeinwesens zu entfalten, welche willkürliche Eingriffe in die Rechte des Bürgers ausschließt; die Regierungsgewalt oder gar die Existenzberechtigung macht Locke der Krone nicht streitig. Daraus folgt, daß das Parlament, als Legislative, zusammen mit dem König die Gesetze gibt und zugleich die Regierung finanziell, durch Steuerbewilligung, kontrolliert.

Diese Konstruktion gründet auf dem Prinzip der Repräsentation, und erst die Art und Weise der Repräsentation ergibt, zusammen mit Gesetzgebung und Steuerbewilligung, die liberale Form der politischen Ordnung. Die Bürger geben im Gemeinwesen ihr natürliches Recht auf Eigentum im weiten Sinne von *life, liberty and estate* nicht auf, sondern sie finden es vielmehr erst im Gemeinwesen realisiert; insbesondere erhalten sie erst im Gemeinwesen die Sicherheit ihrer Person und des Gewinns aus ihrer Arbeit. Dafür sorgen ihre Repräsentanten im Parlament; sie vertreten ihre Interessen gegenüber der Obrigkeit. Weil sich die Repräsentanten grundsätzlich in der gleichen Interessenlage befinden wie alle Bürger, können diese darauf vertrauen, daß die Repräsentanten ihren gemeinsamen Interessen entsprechend handeln. So ruht für Locke die Legitimation der Legislative auf dem Vertrauen der Bürger; es ist die Grundlage der Repräsentation. Sollte dies Vertrauen mißachtet werden, hat das Volk – im äußersten Fall – das Recht, die Legislative abzuberufen oder zu ändern[348]. Dasselbe gilt erst recht gegenüber Krone oder Regierung, wenn sie die Rechte des Parlaments oder der Bürger mißachten.

---

348 John Locke, Two Treatises of Government. Zweite Abhandlung, § 149, deutsch: Zwei Abhandlungen über die Regierung, hrsg. von Walter Euchner, Frankfurt/M. 1967.

Der *Federalist,* die von Madison, Hamilton und Jay verfaßte theoretische Begründung der amerikanischen Verfassung nach der erreichten Unabhängigkeit von der englischen Krone, führt diese Überlegungen auf republikanischer Grundlage weiter aus. Weil die USA sich vom englischen Mutterland und damit von der englischen Monarchie gelöst haben, ist das Staatsoberhaupt, der Präsident, durch Wahl zu bestimmen, und auch für die Parlamente der Einzelstaaten und des Bundes muß ein Wahlverfahren fixiert werden; diese Gründungsbedingungen weisen in Richtung auf eine Demokratie. Aber der *Federalist* stellt ausdrücklich für die Bundesgewalt nicht auf Demokratie ab, im Gegensatz zu den sehr viel demokratischer verfaßten Einzelstaaten. So wird der Präsident indirekt – durch Wahlmänner – gewählt, und er ist dem Volk und dessen Vertretern gegenüber nicht unmittelbar verantwortlich. Die Gründungsbedingungen führen vielmehr zur Ausformung der liberalen Komponente dieses Republikanismus.

Es gibt in den USA, im Gegensatz zu Europa, keine Aristokratie, mit der das Bürgertum um die politische Herrschaft wetteifert, wohl aber eine bürgerliche Elite – Grundbesitzer, Kaufleute, Angehörige der gelehrten Berufe –, die das Gemeinwesen gemäß ihrer Interessenlage formen und kontrollieren möchte. Sie tritt für das Prinzip des Rechtsstaates ein, und sie verlangt bestimmenden und gesicherten politischen Einfluß für diejenigen, die durch Besitz und Bildung vornehmlich die Kompetenz zur Wahrung der Belange des Gemeinwesens besitzen. Das ist (und bleibt) der klassisch liberale Topos. Der *Federalist* geht gegenüber Locke allerdings einen erheblichen Schritt weiter. Um zu einer brauchbaren und vernünftigen Verbindung von Einzelinteressen und allgemeinen Belangen durch »Regulierung«[349] der unterschiedlichen Interessen zu gelangen, muß vor allem die Bildung von *factions* verhindert oder eingedämmt werden: Die Verfassung hat Vorkehrungen dagegen zu treffen, daß Gruppen, die sich gegen Interessen anderer oder allgemeine Interessen zusammenfinden – was in der menschlichen Natur liegt –, nicht die Übermacht gewinnen. Gegenmittel sind Gewaltentrennung, Föderalismus und Repräsentation[350]. Durch Gewaltentrennung ist die Staatsgewalt auf verschiedene voneinander unabhängige Organe – Präsident mit Exekutive, Parlament und oberste Gerichtsbarkeit – aufgeteilt. Der föderative Aufbau soll die Zusammenballung von Macht bei einigen wenigen Personen an einer zentralen Schaltstelle verhindern, und er leistet dies um so wirkungsvoller, je größer und damit vielfältiger gegliedert das gesamte Staatsgebiet ist. Repräsentation soll als maßgebliches Prinzip der Willensübertragung vom Bürger auf das Gemeinwesen das Durchschlagen einzelner Interessen ebenso wie eine Abkoppelung politischer Eliten verhindern.

Die Ausgestaltung der Repräsentation ist für die Entwicklung des liberalen Denkens von besonderer Bedeutung. Der *Federalist* verficht nicht einfach ein »freies Mandat«, demzufolge die Repräsentanten, nur ihrem Gewissen unterworfen, über die Verwirklichung des Gemeinwohls befinden müßten. Dies wäre die Vorstellung eines von den Einzelinteressen prinzipiell abgehobenen und auch jeweils ablösbaren Gesamtinteresses des Volkes. Eine solche Voraussetzung fehlt dem angelsächsischen Denken; vielmehr verbindet auch der *Federalist* die Vorstellung eines Gemeinwohls *(common good)* mit einer Berücksichtigung der Einzelinteressen, die auszuhandeln

349 The Federalist, hrsg. von Benjamin F. Wright, New York 1961, Nr. 10 (Madison).
350 The Federalist (Anm. 349), Nr. 51 (Madison).

und lediglich zu regulieren sind[351]. So sollen die Repräsentanten einerseits unabhängig und urteilskräftig sein, um die allgemeinen Belange vor Augen zu haben, zugleich aber ihrer Wählerschaft verbunden, um deren spezifische Interessen einzubringen und sich nicht ihrerseits zu elitären Gruppen mit Sonderinteressen zu verselbständigen. Repräsentation soll somit in doppelter Weise als Filter wirken: Zum einen soll sie verhindern, daß aus der Vielfalt der unmittelbaren Interessen der Bürger partikulare, mit den allgemeinen Belangen unvereinbare Interessen, aufgeputscht durch Demagogen, zum Schaden des Gemeinwesens durchschlagen; das schließt ein imperatives Mandat der Abgeordneten im Sinne der permanenten Gebundenheit an Weisungen ihrer Entsender aus[352]. Zum anderen soll Repräsentation, indem sie Repräsentation der Belange der Repräsentierten ist und diese zur Geltung bringt, eine abgehobene Politik verhindern, die nur den Interessen der an der Macht befindlichen, die Macht unter sich verteilenden Zirkel dient.

In beiden Fällen wirkt Repräsentation der Bildung gefährlicher *factions* entgegen. Sie beruht auf einem Wechselverhältnis zwischen Bürgern und Repräsentanten, welches auf Seiten der Bürger Vertrauen gegenüber den Repräsentanten, auf Seiten der Repräsentanten Loyalität gegenüber den Bürgern erfordert, die sie vertreten[353]. Für die Bürger muß gewährleistet sein, daß urteilsfähige Männer ihres Vertrauens ihre Interessen in die Regelung allgemeiner Belange angemessen einbringen; für die Repräsentanten muß deutlich sein, daß sie nur im Namen derjenigen agieren, die sie entsenden, und daß sie allgemeine Regelungen nur in Kenntnis und in Abwägung derer Interessen finden können. Das sicherste Mittel sind regelmäßige Wahlen in kurzen Abständen (zunächst ist an zweijährige Wahlperioden gedacht). Durch Wahl und erforderliche Wiederwahl besteht für die Bürger hinreichend Möglichkeit zur Selektion und zur Kontrolle; für die Abgeordneten bedeutet der Mechanismus der Wahl in ihrem eigenen Interesse das Erfordernis der Rückbindung, ohne in starre Abhängigkeiten zu geraten. Die Verfasser des *Federalist* sind davon überzeugt, daß der freiheitliche »genius of the people of America« sich keinen Tyrannen wählen wird[354].

Liberale und demokratische Prinzipien bei Sieyes: Die Verbindung von Locke und Rousseau

Den Optimismus der Amerikaner teilt Sieyes für Frankreich nicht. Ihm geht es weniger um die Verhinderung neuer als vielmehr um die Abschaffung alter Privilegien, wenn er sich so vehement für die Interessen des Dritten Standes einsetzt. Weil die Sonderinteressen historisch-konkret in den beiden ersten Ständen, dem Adel und der Geistlichkeit, verkörpert sind, sieht er sich genötigt, die Realisierung des Allgemeininteresses im Staat durch Willensübertragung vom Bürger auf das Gemeinwesen schärfer zu bestimmen. Im Plädoyer für die Belange des Dritten Standes, also des Bürgertums, entfaltet er eine liberale Ordnungsvorstellung; zugleich ist damit – es

351 The Federalist (Anm. 349), Nr. 10 (Madison).
352 Ebd.
353 The Federalist (Anm. 349), Nr. 57 (Madison, Hamilton).
354 The Federalist (Anm. 349), Nr. 55 (Madison, Hamilton).

mag zunächst ein wenig paradox erscheinen – erstmals ein Kompromiß zwischen der liberalen und der demokratischen Komponente politischer Ordnung erreicht, der sich im *Federalist* angesichts der republikanischen Gründungsbedingungen in den USA nur erst andeutete. Sieyes gelangt auf der Seite des Liberalismus, und sicherlich auch mit liberaler Schlagseite, zur Form der *repräsentativen Demokratie*. Auch wenn der Terminus selbst bei ihm noch nicht auftaucht: Der Sache nach entwickelt Sieyes ein Ordnungsmodell, welches nicht nur, was ganz offensichtlich ist, liberale gegen konservative Vorstellungen abgrenzt, sondern auch – von liberaler Seite, aber in grundlegender Verarbeitung demokratischer Gedanken – die Konfliktlinie zwischen liberalen und demokratischen Positionen in Kontinentaleuropa in höchst einflußreicher Weise markiert: In welchem Maße soll das dezidiert liberale Modell der Repräsentation demokratisch ausgestaltet werden? In welchem Maße kann das dezidiert demokratische Postulat unmittelbarer Volksherrschaft mit den Interessen des liberalen Bürgertums vereinbart werden? Bei Sieyes ist erstmals zu ersehen, daß Repräsentation in ihrem Grundgedanken die Demokratie nicht aus-, sondern einschließt, lediglich in ihren Konsequenzen einer radikal-demokratischen Position widerspricht – wodurch eben »repräsentative Demokratie« immer nur ein Kompromiß mit demokratischen Vorstellungen, nie aber eine Verwirklichung radikaler Demokratie sein kann. Bei Sieyes ist dies alles dadurch angelegt, daß er als politischer Denker der Aufklärung die Positionen von Locke und Rousseau miteinander verbindet.

Ausgangspunkt für Sieyes wie für jedes liberale Denken ist die Verfassung eines Staates, und zwar nicht in dem Sinn, daß sie den tatsächlichen Zustand – seine Verfaßtheit – beschreibt, sondern seine Ordnung verbindlich festlegt. Die Verfassung ist »die einzige Grundlage jeder Reform, jeder Ordnung und alles Guten«[355], sie ist unverzichtbar für die Ordnung des Gemeinwesens und Angelpunkt für alle liberalen Forderungen. Sie regelt die Organisation der staatlichen Gewalten und gewährleistet das Prinzip der Gewaltenteilung; in ihrer »wahren Bedeutung« bezieht sie sich somit »auf das Gefüge und auf die Trennung der öffentlichen Gewalten«[356]. So begründet die Verfassung die rechtmäßige politische Gewalt und gibt die Mittel, sie auszuüben ebenso wie sie zu begrenzen; ihre Grundbestimmungen sind deshalb die Menschen- und Bürgerrechte.

Sieyes vertritt hier den modernen Konstitutionalismus. Er hat sich zuerst im England des 17. Jahrhunderts entwickelt; die *Glorious Revolution* von 1688/89 hat ihn in Regeln der Staatsorganisation festgelegt. Damit ist zunächst im Ansatz gesichert, daß die Interessen der Bürger in einem gewaltenteiligen System zur Geltung kommen. Ausformuliert wird der moderne Konstitutionalismus im 18. Jahrhundert in den USA; das Verfassungsverständnis ist nun dahingehend modifiziert, daß die Verfassung schriftlich fixiert sein, vom Volk ausgehen und um Bindungen der Staatsgewalt durch Menschen- und Bürgerrechte erweitert werden muß. In Frankreich, auf dem europäischen Kontinent, wird dieses Verständnis vom Konstitutiona-

355 Emmanuel Joseph Sieyes, Überblick über die Ausführungsmittel, die den Repräsentanten Frankreichs 1789 zur Verfügung stehen, in: ders., Politische Schriften 1788–1790 (Anm. 346), S. 65.

356 Emmanuel Joseph Sieyes, Einleitung zur Verfassung, in: ders., Politische Schriften 1788–1790 (Anm. 346), S. 250.

lismus erstmals wirksam von Sieyes eingesetzt. Es hat die erste Revolutionsverfassung von 1791 maßgeblich bestimmt[357].

Im Pathos der Aufklärung ist die einzige Quelle der Verfassung die konstruktive menschliche Vernunft: »Es gibt genug Leute, die glauben, daß man Gesetze für zivilisierte Nationen im finsteren Mittelalter suchen müsse. Wir werden uns nicht in der ungewissen Suche nach altväterlichen Einrichtungen und Irrtümern verlieren. Die Vernunft taugt für jede Zeit.«[358] Sieyes wendet sich damit radikal gegen alle Positionen, die eine Verfassung aus überkommenen, gewachsenen Verhältnissen erklären und legitimieren; das ist insbesondere der Kontrapunkt zur konservativen Position, wie sie Burke kurze Zeit später in seiner Kritik an der Französischen Revolution zusammengefaßt hat. Es gilt, einen völligen Neuanfang aus dem Denken heraus zu machen, und er läßt sich praktisch umsetzen, weil sich die Gesellschaft durch Grundprinzipien analog einer Maschine gestalten läßt: »Man wird den Mechanismus der Gesellschaft niemals begreifen, wenn man sich nicht dazu entschließt, eine Gesellschaft wie eine gewöhnliche Maschine zu analysieren, jeden ihrer Teile getrennt zu betrachten und die Teile dann vor seinem geistigen Auge einen nach dem anderen zusammenzufügen.«[359]

In dieser mechanistischen Auffassung ist Ausgangspunkt der vernunftgemäßen Verfassungskonstruktion der freie Willensakt des einzelnen menschlichen Individuums. Gesellschaftliche Beziehungen, denen im Gemeinwesen Verbindlichkeit zukommen soll und die zugleich als vernünftig ausgewiesen sind, können nur »auf dem freien Willensakt eines jeden beruhen«[360]. Daraus ergibt sich, daß »der Einzelwille der einzig mögliche Grundbestandteil der Gesetze ist und daß eine rechtmäßige Gesellschaft keine andere Grundlage haben kann als den freien Willen der Gesellschafter«[361]. Jede freiwillige, auf dem Willen der einzelnen beruhende Vereinbarung ist ein Vertrag; nur über die – in der politischen Ideengeschichte seit langem bekannte – Legitimationsfigur des Vertrages lassen sich für Sieyes wechselseitige und somit allgemeingültige Verpflichtungen begründen, die als Gesetze Gehorsam beanspruchen können. »Es besteht keine Verpflichtung, wenn sie nicht auf dem freien Willen der Vertragspartner beruht. Es gibt also keine rechtmäßige Vereinigung, wenn sie sich nicht auf einem freiwilligen und ungezwungenen gegenseitigen Vertrag der Gesellschafter gründet.«[362] Mit dem Modell des Vertrages ist ein gesellschaftlicher Zusammenschluß und somit letztlich das Gemeinwesen auf doppelte Weise begründet. Zum einen beruht es auf einem Zusammenschluß aus Vernunftgründen, zum anderen, damit unmittelbar zusammenhängend, bringt es für alle Beteiligten ersichtlichen Vorteil. Entsprechend dem Grundsatz aller Aufklärungsphilosophie ist der Zweck des gesellschaftlichen Zusammenschlusses »das Glück der Partner«[363]. Das

357 Dieter Grimm, Art. »Verfassung II«, in: Otto Brunner/Werner Conze/Reinhart Koselleck (Hrsg.), Geschichtliche Grundbegriffe (Anm. 4), Bd. 6, S. 865ff.
358 Emmanuel Joseph Sieyes, Überblick über die Ausführungsmittel, die den Repräsentanten Frankreichs 1789 zur Verfügung stehen (Anm. 355), S. 22.
359 Emmanuel Joseph Sieyes, Was ist der Dritte Stand? (Anm. 347), S. 164.
360 Emmanuel Joseph Sieyes, Überblick über die Ausführungsmittel, die den Repräsentanten Frankreichs 1789 zur Verfügung stehen (Anm. 355), S. 28.
361 Ebd.
362 Emmanuel Joseph Sieyes, Einleitung zur Verfassung (Anm. 356), S. 244.
363 Ebd., S. 245.

von jedermann erstrebte Glück ist alles andere als ein Abstraktum. Als Zweck des Zusammenschlusses wird es von Sieyes in einem Sinne gefaßt, der schon von *Locke* betont wurde.

Locke hatte als das Ziel, wofür die Menschen sich in einem Gesellschaftszustand verbinden und ein Gemeinwesen begründen und organisieren, den Schutz des Eigentums betont – Eigentum in dem weiten Sinn von Leben, Freiheit und dinglichem Besitz. Alles dies ist dem Menschen schon im Naturzustand zugehörig, einschließlich der Unterschiede im Ausmaß der Vermögen. Der Gesellschaftszustand begründet dies nicht erst, er sichert es nur ab. Mit dem Naturrecht auf freie Entfaltung der Persönlichkeit, welches angesichts der unterschiedlichen Fähigkeiten und Anstrengungen der Menschen auch das Naturrecht auf Ungleichheit des Besitzes beinhaltet, hatte Locke die liberale Tradition als Ausdruck der Interessen der selbständigen Grundeigentümer wie der ihnen gleichgestellten Wirtschafts- und Bildungsbürger[364] begründet. Sieyes folgt zunächst voll dieser Linie. »Der alleinige Zweck aller Gesetze ist die *Freiheit* des Bürgers.«[365] Verstehe man gewöhnlich Freiheit, Eigentum und Sicherheit als drei verschiedene Zwecke, so gehe es ihm vor allem um deren Zusammenhang[366]: um die Freiheit der Person und die volle Verfügungsgewalt über das Sacheigentum. Beides faßt Sieyes unter dem Titel »Eigentum« zusammen[367]. Aus dem »Urrecht« des Eigentums an der eigenen Person folgt, daß alle Handlungen des Menschen diesem auch zugerechnet werden können; insbesondere gehört dazu die Arbeit entsprechend den eigenen Fähigkeiten und Bedürfnissen, welche die Gegenstände eben durch ihre Bearbeitung und Formung sich aneignet. Damit ist das Sacheigentum ebenfalls eine Folge des Eigentums an der Person, und die Gesetze dienen nicht dazu, dieses erst zu begründen, sondern es besser abzusichern. »Derjenige ist frei, der die Sicherheit hat, bei der Ausübung des Eigentums an seiner Person und beim Gebrauch seines Sacheigentums nicht beeinträchtigt zu werden. So hat jeder Bürger das Recht zu bleiben, zu gehen, zu denken, zu reden, zu schreiben, zu drukken, zu veröffentlichen, zu arbeiten, zu erzeugen, zu behalten, zu übertragen, zu tauschen und zu verbrauchen usw.«[368]

Von diesem Recht wird die Ungleichheit der Mittel – unterschiedliche Fähigkeiten, unterschiedliche Art des Genusses oder der Verwertung von Gütern – und damit der ungleiche Besitz nicht tangiert. Angesichts der natürlichen Ungleichheit der Mittel schützt der Gesellschaftszustand mit seinen Gesetzen vielmehr die Gleichheit der Rechte. Jeder soll in seinem Eigentum, wie unterschiedlich es auch immer sein mag, vor den Übergriffen anderer geschützt sein. Gewährleistet sind für alle gleichermaßen »die Rechte, die sich aus der menschlichen Natur ableiten«; so sind »Beziehungen, deren Ursprung allein die Macht ist . . . verwerflich und rechtswidrig«[369]. Sieyes wendet sich mit diesem Argument vor allem gegen die Privilegien von Adel und Klerus in Frankreich, aber er propagiert damit zugleich – das ist die Dialektik des auf den

364 Wolfgang Mager, Art. »Republik«, in: Otto Brunner/Werner Conze/Reinhart Koselleck (Hrsg.), Geschichtliche Grundbegriffe (Anm. 4), Bd. 5, S. 589.

365 Emmanuel Joseph Sieyes, Überblick über die Ausführungsmittel, die den Repräsentanten Frankreichs 1789 zur Verfügung stehen (Anm. 355), S. 26.

366 Ebd., S. 26, Anm. 2.

367 Emmanuel Joseph Sieyes, Einleitung zur Verfassung (Anm. 356), S. 246.

368 Ebd., S. 246f.

369 Ebd., S. 243.

Menschen- und Bürgerrechten gründenden liberalen Denkens – die Maxime formaler Gleichheit für alle Menschen. Eine Verpflichtung im Gemeinwesen entsteht nur aus dem freien Willen der Partner: »Gelingt es dem Starken, den Schwachen zu unterdrücken, dann schafft er eine Tatsache, aber keine Verpflichtung... Die Tat, durch die der Starke den Schwachen unterjocht, (kann) niemals ein Recht werden.«[370]

Damit sind auch die Grenzen jeder persönlichen Freiheit festgestellt. Diese »beginnen erst dort, wo sie die Freiheit eines anderen zu beeinträchtigen beginnt«[371]. Das Gesetz markiert die Schranken, innerhalb derer »alles für alle erlaubt« ist[372]. Die Begrenzung persönlicher Freiheit, welche ein Schutz vor dem schädlichen Einfluß natürlicher Ungleichheit ist, bedeutet keine Einschränkung der natürlichen Freiheit, sondern die Verstärkung ihrer positiven Auswirkungen. Freiheit und Eigentum hat es stets vor jedem gesellschaftlichen Zusammenschluß gegeben[373], und so opfert der Mensch im Gemeinwesen, welches auf seinem Willensakt gründet oder diesem zugerechnet werden kann, keinen Teil seiner Freiheit. Er gewinnt vielmehr in jeder Hinsicht: »Die Vorteile, die man aus dem Gesellschaftszustand ziehen kann, beschränken sich nicht auf den wirkungsvollen und vollständigen Schutz der persönlichen Freiheit; die Bürger haben außerdem noch Anspruch auf alle Wohltaten des gesellschaftlichen Zusammenschlusses.«[374] Die Bürger vermehren die privaten und auch die öffentlichen Mittel, die ihnen wieder zugute kommen, »so daß es sich nur um eine Art Rückerstattung handelt, wenn der Bürger hernach dem Gemeinwesen Staat eine Steuer zahlt«[375].

All das sichert eine gute Verfassung. Sie organisiert das Verhältnis der öffentlichen Gewalten, der Gesetzgebung und der Regierung als ausübende Gewalt sowohl untereinander als auch gegenüber den Bürgern so, daß Mißbräuche, die sich gegen die Freiheit als allgemeines Interesse richten, vermieden werden. Kann es in einem Gesetzesstaat Privilegien ohnehin nicht geben[376], so hat die persönliche Freiheit vor allem etwas »von den Unternehmungen der Beamten zu befürchten, denen die Ausübung irgendeines Zweiges der öffentlichen Gewalt anvertraut ist«[377]. Gegenmittel ist ein ausgeklügeltes System der Gewaltenteilung, funktional bestimmt nach den Erfordernissen der Verbindung ebenso wie der gegenseitigen Unabhängigkeit der einzelnen Gewalten. »Die öffentliche Gewalt ist eine Art politischer Körper, der ungefähr in gleicher Weise wie der menschliche Körper organisiert werden muß.«[378]

Der menschliche Körper hat die Fähigkeit zu wollen – das ist im Gemeinwesen die Gesetzgebung, und die Fähigkeit zu handeln – das ist die Regierung. Die erste ist der zweiten Gewalt übergeordnet, denn diese muß nach den Gesetzen regieren; und

370 Ebd., S. 244.
371 Ebd., S. 247.
372 Ebd.
373 Emmanuel Joseph Sieyes, Versuch über die Privilegien, in: ders. Politische Schriften 1788–1790 (Anm. 346), S. 94.
374 Emmanuel Joseph Sieyes, Einleitung zur Verfassung (Anm. 356), S. 249.
375 Ebd., S. 245.
376 Emmanuel Joseph Sieyes, Versuch über die Privilegien (Anm. 373), S. 95 und S. 99.
377 Emmanuel Joseph Sieyes, Einleitung zur Verfassung (Anm. 356), S. 248.
378 Ebd., S. 249.

beide leiten sich letztlich »unterschiedlos aus dem Gemeinwillen ab: alle kommen vom Volk, das heißt von der Nation«[379].

Mit dem Rekurs auf den »Gemeinwillen« nimmt Sieyes nun freilich die Traditionslinie von *Rousseau* und dessen für demokratische Bewegungen grundlegendes Prinzip der unmittelbaren Volkssouveränität hinzu[380]. Das zeigt sich an der Frage, wie der Wille des Volkes formuliert werden und welche Interessen er ausdrücken soll. Zunächst argumentiert Sieyes noch ganz liberal in der Tradition von Locke. Da die Einzelpersonen alle ein Interesse daran haben, daß ihre Person und ihr Eigentum geschützt werden, haben sie auch ein Interesse daran, diesen Schutz gemeinschaftlich zu regeln. Mit den spezifischen Interessen, den eigenen Angelegenheiten nachzugehen, verbindet sie das gemeinschaftliche Interesse, dieses auch mit Sicherheit tun zu können[381]. Über die Realisierung dieses gemeinschaftlichen Interesses wird gemeinschaftlich beraten und entschieden, und zwar entsprechend der Größe des Gemeinwesens und ihrer Entwicklung. Zunächst genügt es, daß sich alle Mitglieder eines Gemeinwesens persönlich zusammenfinden, um aus der Summe aller Einzelwillen einen gemeinschaftlichen Willen zu bilden. Bald erweist sich freilich, daß die Herstellung von Einstimmigkeit zur Entscheidungsfindung zu beschwerlich ist oder diese sogar verhindern kann. Man verständigt sich also darauf, daß an die Stelle der Einstimmigkeit künftig Mehrheitsbeschlüsse treten sollen, denen sich auch die Bürger unterwerfen, die in der Minderheit geblieben sind. Mit der Anerkennung des Mehrheitsprinzips kommt der Mehrheitsentscheidung bindende Kraft in einer Weise zu, als ob sie von allen getroffen worden wäre. Schließlich ist durch das zahlenmäßige Anwachsen des Gemeinwesens eine direkte Beschlußfassung der Mitglieder über ihre gemeinschaftlichen Angelegenheiten nicht mehr möglich; sie wird Beauftragten oder Repräsentanten übertragen, die in ihrem Namen und Auftrag Entscheidungen herbeiführen, die gelten, als ob die Bürger selbst entschieden hätten[382]. So entsteht der Wille der Gesamtheit stets aus dem Einzelwillen, er ist ihr Ergebnis: »Was ist eigentlich der Wille einer Nation? Er ist das Ergebnis der Einzelwillen, wie die Nation eine Vereinigung von Einzelpersonen ist.«[383] Die Verschärfung im Sinne von Rousseau tritt dadurch ein, daß hierbei keine Sonderinteressen maßgebend sein dürfen.

Man muß hier genauer hinsehen. Die Abwehr von Sonderinteressen ist im Liberalismus nicht unüblich, sie bedeutet nicht durchaus schon einen demokratischen Zungenschlag. Bereits der *Federalist* beschwört die Gefahr von »factions«, und er verwendet viele Überlegungen darauf, die Übermächtigung des Gemeinwesens durch Gruppeninteressen auf bundesstaatlicher Ebene mit Hilfe von Barrieren in der Verfas-

---

379 Ebd., S. 252. Zur Gleichsetzung von Volk und Nation bei Sieyes siehe unten Abschnitt 8.2.1.

380 Rousseau plädiert zwar als Staatsform nur für die »Republik«, die sowohl Monarchie, Aristokratie als auch Demokratie sein kann, wobei er der Demokratie die geringsten Chancen einräumt. Tatsächlich ist aber sein identitäres Prinzip eines einheitlichen, im Gemeinwesen realisierten Willens des Volkes maßgebend für die späteren demokratischen Bewegungen geworden, die sich von der konstitutionell-liberalen Position absetzen.

381 Emmanuel Joseph Sieyes, Was ist der Dritte Stand? (Anm. 347), S. 186.

382 Emmanuel Joseph Sieyes, Überblick über die Ausführungsmittel, die den Repräsentanten Frankreichs 1789 zur Verfügung stehen (Anm. 355), S. 28ff.; ders., Was ist der Dritte Stand? (Anm. 347), S. 163.

383 Emmanuel Joseph Sieyes, Was ist der Dritte Stand? (Anm. 347), S. 186.

sungskonstruktion zu verhindern. Sieyes selbst wendet sich bei seinem Verdikt der Sonderinteressen vornehmlich gegen die Privilegien von Adel und Klerus – durchschlagende Gruppeninteressen einer modernen pluralistischen Gesellschaft hat er noch nicht im Sinn. Aber er argumentiert auf einem neuen theoretischen Hintergrund, der sich für das kontinentale Staatsverständnis als höchst folgenreich erweisen wird, und legt ein vom *Federalist* völlig verschiedenes Argumentationsmuster vor, das auch über den unmittelbaren Anlaß der Bekämpfung überkommener Privilegien weit hinausweist. Dieser theoretische Hintergrund ist das von Rousseau radikal und konsequent entwickelte demokratische Prinzip, demzufolge der Allgemeinwille mit dem Willen der einzelnen Gesellschaftsglieder identisch sein muß. Rousseau entfaltet in aller Schärfe die Konsequenzen des Postulats, daß der Bürger frei sein soll, wenn unter Freiheit verstanden wird, autonom und somit nur von sich selbst abhängig zu sein. Im gesellschaftlichen Zusammenhang kann dies nur bedeuten, daß der Wille des einzelnen mit dem Willen der anderen und somit dem Willen der Gesamtheit identisch ist – nur auf diese Weise ist der einzelne ausschließlich dem unterworfen, was er selbst will. Die Freiheit des einzelnen besteht also, konsequent gedacht, nur darin, daß er durch Willensidentität Teil einer übergeordneten Einheit, der *volonté générale* ist; hier erhalten seine Interessen, sofern sie über den privaten Bereich hinausgehen, ihren Ausdruck und ihre Realisierung. Sollten seine eigenen Interessen dem Gemeinwillen entgegenstehen, so wird er unfrei und kann zur Freiheit gezwungen werden[384].

Auf dieser Grundlage unterscheidet Sieyes zwischen Einzel-, Gruppen- und Gemeininteresse[385]. Einzelinteressen sind solange unproblematisch, als es sich nur um Interessen des Individuums handelt, die über den privaten Bereich nicht hinausgehen und sich mit anderen vereinigen. Gruppeninteressen dagegen, bei denen genau dies der Fall ist, sind für das Gemeinwesen extrem schädlich. Sie führen zu einer Übermacht partikularer Eigeninteressen über das Allgemeininteresse und sind deshalb mit allen Mitteln herauszuhalten. Übermächtige Gruppeninteressen würden nämlich verhindern, daß alle Interessen zur Sprache kommen und in den Prozeß der vernünftigen Bestimmung des Gemeininteresses eingehen können[386]. Dieses Gemeininteresse ist ganz mechanisch bestimmt: Es ist »das Interesse, das bei allen Staatsbürgern das gleiche ist«[387]. Es ist somit der Durchschnitt aller Interessen oder das Interesse, welches übrigbleibt, wenn man alle Einzel- und Gruppeninteressen vom gesamten Interessenbestand abzieht[388]. Darauf können sich alle Bürger einigen, da gibt es auch keine Konkurrenz mehr. Sieyes' Verständnis des Gemeininteresses im Sinne von Rousseau unterscheidet sich grundlegend von dem angelsächsischen Verständnis eines Gemeininteresses, wie es der *Federalist* zum Ausdruck bringt. Werden dort die Sonderinteressen reguliert und zu einem Gemeinschaftsinteresse zusammengebracht – wobei lediglich die Übermächtigung durch Gruppen und Koalitionen mit Sonderinteressen zu verhindern ist –, so wird hier das Gemeininteresse oberhalb der Sonderin-

384 Jean-Jacques Rousseau, Vom Gesellschaftsvertrag, Buch 1, Kap. 7, deutsch in: Kulturkritische und politische Schriften in zwei Bänden, hrsg. von Martin Fontius, Berlin (DDR) 1989, Bd. 1.
385 Emmanuel Joseph Sieyes, Was ist der Dritte Stand? (Anm. 347), S. 187.
386 Emmanuel Joseph Sieyes, Überblick über die Ausführungsmittel, die den Repräsentanten Frankreichs 1789 zur Verfügung stehen (Anm. 355), S. 60f.
387 Emmanuel Joseph Sieyes, Was ist der Dritte Stand? (Anm. 347), S. 187.
388 Vgl. Jean-Jacques Rousseau, Vom Gesellschaftsvertrag (Anm. 384), Buch 2, Kap. 3.

teressen angesetzt. Es ist das, was bleibt, wenn alle (legitimen) Einzelinteressen und (illegitimen) Gruppeninteressen keine Berücksichtigung finden; nur so nämlich kann das allgemeine Interesse als allgemeiner Wille gefaßt werden.

Das Gemeininteresse ist Substrat und Ergebnis des einen, gemeinsamen Willens. Dieses Verständnis geht weit über das Erfordernis hinaus, daß im Gemeinwesen verbindlich entschieden werden muß und daß dabei die allgemeinen Belange den Gruppenegoismen nicht zum Opfer fallen dürfen. Während eine Entscheidung, also ein Willensakt der Beteiligten, durchaus und in aller Regel einen Ausgleich von Interessen, auch die Berücksichtigung unterschiedlicher Interessen in zeitlicher Abfolge darstellen kann, entfaltet Sieyes hier, auf der Grundlage von Rousseau[389], nachgerade eine Willensmetaphysik. Weil es nur *einen* Willen im Gemeinwesen geben darf, so schließt er, darf es auch nur *ein* Gemeininteresse geben: »Da das Gesetz ein gemeinschaftliches Werkzeug, das Werk eines gemeinschaftlichen Willens ist, kann sein Zweck nur das gemeinschaftliche Interesse sein. *Eine* Gesellschaft kann nur *ein* Allgemeininteresse haben.«[390] Damit erhält auch das Mehrheitsprinzip eine sehr viel radikalere Qualität. Es dient nicht so sehr dazu, über Streitfragen in der praktikabelsten Weise zu entscheiden; es ist der Ausfluß des einmütigen Willens der Glieder einer politischen Vereinigung. Da Einstimmigkeit in größeren Gemeinschaften schwer zu erreichen und für die Entscheidungsfindung hinderlich wäre, begnügt man sich mit der Mehrheit. Aber es gibt selbst dann »eine Art mittelbarer Einstimmigkeit... Denn diejenigen, die einstimmig den Willen hatten, sich zusammenzuschließen, um der Vorteile der Gesellschaft teilhaftig zu werden, haben auch einhellig alle Mittel gewollt, die nötig sind, um sich diese Vorteile zu verschaffen.«[391]

Die Gründung des Gemeinwesens auf der strikten Einheit von Wille und Interesse, die Sieyes hier mit Rousseau vornimmt, unterscheidet diesen Liberalismus deutlich von der angelsächsischen Tradition. Der Rekurs auf Rousseau verweist allerdings noch nicht auf jene totalitären Denkmuster, wie sie mit dem Propagieren der Willenseinheit im Staat heutzutage gern assoziiert und in ihrem Ursprung an Rousseau angeknüpft werden[392]. Die Einheit von Wille und Interesse im Gemeinwesen ist notwendiger Geltungsgrund für die Gesetze, um zu gewährleisten, daß nicht Sonderinteressen auf Kosten der Allgemeinheit sich im Staate durchsetzen. Deshalb sind die Gesetze strikt darauf beschränkt, die persönliche Freiheit und Entfaltungsmöglichkeit gegenüber konfligierenden, möglicherweise übermächtigen Interessen zu gewährleisten; sie greifen über die allgemeine Schutzfunktion hinaus nicht in die Gestaltung des privaten Lebens ein. Man wird es so sehen müssen: Gerade weil der Liberalismus darauf abzielt, durch einen Verfassungsstaat die persönliche Sphäre von Reglementierungen freizuhalten, kann er für die verbleibenden Erfordernisse gemeinschaftlicher Regelungen das metaphysisch aufgeladene Potential einer Willens- und Interesseneinheit im Sinne von Rousseau mit aufnehmen. Er kann dadurch in der historischen Situation in Frankreich mit ungleich höherer Vehemenz gegenüber seinen politischen Gegnern argumentieren, als wenn er sich nur der angelsächsischen Argumente der Regulie-

389 Vgl. Jean-Jacques Rousseau, Vom Gesellschaftsvertrag (Anm. 384), Buch 1, Kap. 6.
390 Emmanuel Joseph Sieyes, Einleitung zur Verfassung (Anm. 356), S. 251.
391 Ebd., S. 252; vgl. Jean-Jacques Rousseau, Vom Gesellschaftsvertrag (Anm. 384), Buch 2, Kap. 5.
392 Jacob L. Talmon, Die Ursprünge der totalitären Demokratie, Köln – Opladen 1961.

rung von Interessen bediente, sei es der Einzelinteressen untereinander, sei es der Einzelinteressen gegenüber den übergeordneten allgemeinen Belangen. Dieser Liberalismus gerät freilich in dem Augenblick in Schwierigkeiten, und zwar ebenso gegenüber radikaldemokratischen wie gegenüber konservativen Kontrahenten, wenn abgehobene Verfahrensregelungen notwendigerweise ungleichgewichtig auf unterschiedliche gesellschaftliche Interessen zurückwirken, indem sie sie befördern oder behindern, und wenn diese inhaltliche Einflußnahme sogar ausdrücklich im Interesse des Gemeinwesens selbst liegt, wie die beginnende Entwicklung des Wohlfahrtsstaates im 19. Jahrhundert zeigt.

Die Affinität zu Rousseau, die im liberalen Denken stets angelegt ist, wird also von Sieyes realisiert, ohne daß er die von Locke herrührende liberale Tradition aufzugeben genötigt wäre. Er bringt die liberale Tradition eines umfassenden Schutzes von Person und Eigentum mit dem eine zunehmende Dynamik entfaltenden demokratischen Prinzip der unmittelbaren Willens- und Interesseneinheit der Bürger auf eine theoretisch faszinierende Weise zusammen, indem er das demokratische Potential von Rousseau mit dem von Locke überkommenen Repräsentativgedanken verbindet. Das ist ein Kompromiß zwischen liberalen und demokratischen Vorstellungen, der – in der Form der *repräsentativen Demokratie* – bis in die Gegenwart hinein für unser Verfassungsdenken maßgebend geblieben ist.

Der Kompromiß der »repräsentativen Demokratie«

Das Pikante dieses Kompromisses liegt darin, daß Rousseau entschieden jede Repräsentation ablehnt. Die Volkssouveränität kann nicht vertreten werden, denn diese besteht im allgemeinen Willen, und der Wille läßt sich nicht vertreten. Er bleibt derselbe oder er ist ein anderer. Wenn es um den Ausdruck des allgemeinen Willens in der Form von Gesetzen geht, so kann dieser in ihnen nur unmittelbar zur Geltung kommen[393]. Wenn die Größe eines Gemeinwesens eine Vertretung des Willens der Bürger unumgänglich macht, wie etwa in Polen, so sind die Vertreter doch durch unmittelbare Auftraggebung und Rechenschaftslegung, also durch imperatives Mandat, an den Willen der Bürger gebunden[394]. Genau dies will Sieyes nicht. Er setzt sich vielmehr mit aller Konsequenz für eine Repräsentation des Volkswillens ein, die nicht von der unmittelbaren und permanenten inhaltlichen Einflußnahme der Repräsentierten abhängt, also für das freie Mandat, begründet es aber bezeichnenderweise gerade aus dem von Rousseau formulierten demokratischen Postulat.

Das Problem, wie der Wille der Bürger im neuzeitlichen Flächenstaat zur Geltung kommen kann, liegt in der schieren technischen Unmöglichkeit, alle Bürger an der Entscheidungsfindung unmittelbar zu beteiligen. Dies ist das Standardargument zur Begründung von Repräsentativsystemen. Es gibt freilich grundsätzlich mehrere Möglichkeiten, um mit der Schwierigkeit fertigzuwerden, daß nicht alle Bürger selbst an der Formulierung eines gemeinschaftlichen Willens beteiligt sein können. Die staatli-

---

393 Jean-Jacques Rousseau, Vom Gesellschaftsvertrag (Anm. 384), Buch 3, Kap. 15.

394 Jean-Jacques Rousseau, Betrachtung über die Regierung von Polen und ihre beabsichtigte Reformierung, in: ders., Kulturkritische und politische Schriften (Anm. 384), Bd. 2, S. 461f.

che Entscheidungsgewalt kann dezentralisiert werden, so daß ein Teil der Kompetenzen bei kleineren, untereinander gleichberechtigten Einheiten verbleibt – das ist das Prinzip des Föderalismus. Sieyes wendet sich, im Sinne von Rousseau, entschieden gegen eine solche Aufteilung des gemeinschaftlichen Willens, weil damit die entscheidende Qualität des Allgemeinwillens, seine Einheit in Volk und Nation, verloren ginge; in diesem Sinne könne Frankreich nie eine Demokratie sein: »Frankreich darf nicht eine Anhäufung kleiner Nationen sein, die sich jede einzeln als Demokratie regieren; Frankreich ist keine Ansammlung von Staaten; es ist ein aus zusammengehörigen Teilen bestehendes einheitliches *Ganzes*... Alles ist verloren, wenn wir die eingeführten Gemeindebezirke oder Distrikte oder Provinzen als ebenso viele Republiken betrachten, die sich nur im Hinblick auf Stärke und gemeinschaftlichen Schutz verbündet haben.«[395] Es gäbe keine allgemeine Verwaltung, keine einheitlich bindende Gesetzgebung mehr, es würde »nichts anderes herrschen als ein Chaos von örtlichen Gewohnheiten, Verboten und Sonderbestimmungen«[396].

Eine andere Möglichkeit besteht darin, daß das Volk Stellvertreter wählt, die in seinem Auftrag – möglicherweise über Zwischeninstanzen – die in den Urversammlungen beschlossenen Entscheidungen weisungsgemäß in den Prozeß der Formulierung eines gemeinschaftlichen Willens einbringen. Dies ist, nach heutiger Lesart, das Rätesystem, und als unmittelbare Mitwirkung ist es auch für Sieyes zunächst die »wahre Demokratie«. Tatsächlich aber, und das ist der springende Punkt, wäre es schon »mehr als demokratisch«[397]: Es würde die Substanz demokratischer Willensbildung verletzen. Da, mit Rousseau, der Wille der Nation einheitlich und unteilbar ist, kann er nur im Parlament formuliert werden; das Volk kann ihn nicht, Zwischeninstanzen dürfen ihn nicht formulieren. Er kann auch nicht durch bloße Abstimmung über bereits vorformulierte Interessen zustandekommen, denn wie das Interesse aussieht, das die meisten Abstimmenden gemeinsam haben, bedarf der Aufklärung durch *Meinungswettstreit*, durch Diskussion und Beratung: »Man muß es also anerkennen, daß alle diese Einzelinteressen sich untereinander reiben und stoßen, sich um die Wette der Frage bemächtigen, um sie, jedes nach seinen Kräften, zum gesetzten Ziel zu lenken. In diesem Wettkampf scheiden sich die nützlichen von den schädlichen Meinungen; diese unterliegen, die anderen tummeln sich weiter und gleichen sich aus, bis sie sich gewandelt und durch wechselseitige Bemühungen geläutert schließlich versöhnen und zu einer einzigen Meinung verschmelzen; so wie sich im physischen Universum eine einzige und viel mächtigere Bewegung aus einer Vielzahl gegensätzlicher Kräfte bildet.«[398]

Inhaltliche Entscheidungen, die durch die einzelnen Wahlbezirke an der Basis bereits festgelegt worden sind, können diesen Aufklärungsprozeß nur behindern: »Wenn man sich versammelt, so geschieht das doch zu dem Zweck, untereinander zu beraten, die Meinungen der anderen kennenzulernen, Nutzen aus ihren jeweiligen Kenntnissen zu ziehen, die Einzelwillen einander gegenüberzustellen, zurechtzurük-

395 Emmanuel Joseph Sieyes, Rede über die Frage des königlichen Vetos, in: ders., Politische Schriften 1788–1790 (Anm. 346), S. 264f. Er wendet sich damit namentlich gegen das Föderativsystem von Einzelstaaten in den USA.

396 Ebd., S. 265.

397 Ebd., S. 268.

398 Emmanuel Joseph Sieyes, Überblick über die Ausführungsmittel, die den Repräsentanten Frankreichs 1789 zur Verfügung stehen (Anm. 355), S. 60.

ken und zu versöhnen, schließlich ein der Mehrheit gemeinsames Ergebnis zu erzielen.«[399] Das allein ist *demokratische* Entscheidungsfindung, es ist »dies selbst in der strengsten Demokratie die einzige Methode . . ., um einen gemeinschaftlichen Willen zu bilden«[400]. Tatsächlich also, das ist das überraschende Ergebnis, würde in einem modernen Flächenstaat gerade die Anwendung des imperativen Mandats, nur gebunden an die Weisungen der eigenen Wählerschaft handeln zu können, das demokratische Prinzip der Willenseinheit von Regierenden und Regierten ad absurdum führen: »Ich frage nun, ob das, was in der strengsten und mißtrauischsten Demokratie abwegig erschiene, etwa einer stellvertretenden Gesetzgebungskörperschaft als Richtschnur dienen soll. Man kann also nicht bestreiten, daß die Abgeordneten nicht in der Nationalversammlung sitzen, um einen von ihren Auftraggebern bereits festgelegten Willen zu verkünden, sondern um zu beraten und frei nach ihren *eigenen und jeweiligen* Meinungen abzustimmen, und zwar in Abwägung aller Einsichten, die die Versammlung einem jeden vermitteln kann.«[401] Das ist das Grundmuster der Verbindung von liberalem Repräsentativsystem mit freiem Mandat und demokratischer Herrschaftsausübung durch gleichberechtigte Mitwirkung aller, das Prinzip der *repräsentativen Demokratie*[402]. »Die Entscheidung gebührt allein der versammelten Nation und niemandem sonst«[403], und versammelt sein können nicht alle Bürger, nur seine Abgeordneten. Das Parlament, die Nationalversammlung allein ist somit das versammelte Volk, welches demokratisch diskutiert, überlegt und entscheidet – so ist die Nationalversammlung die »alleinige Interpretin des Gemeinwillens«[404].

Jeder Abgeordnete vertritt somit das gesamte Volk, nicht nur seinen Wahlbezirk. Von diesem ist er lediglich als Person ausgewählt, und bereits die Wahl bedeutet nicht die Entsendung eines eigenen Vertreters, sondern sie erfolgt stellvertretend für die gesamte Gemeinschaft. Alle Wahlbezirke ermächtigen und beauftragen sich gegenseitig, die Person auszuwählen, der sie zur Verfolgung des Gesamtinteresses ihr Vertrauen schenken[405]. Über die Auswahl hinaus können die Bürger keinen besonderen Willen mehr geltend machen; mit der Wahl erteilen sie *Vollmacht*, die allgemeinen Angelegenheiten zu besorgen. »Die Gemeinschaft entschließt sich also, ihren Beauftragten mehr Vertrauen zu gewähren. Sie erteilt ihnen die Vollmacht, sich mit voller Wirkung zu versammeln, zu beraten, untereinander auszugleichen und gemeinsam zu wollen: so hat sie nun statt bloßer Stimmträger echte Stellvertreter.«[406] Die einmal gegebene Vollmacht ist nicht einzuschränken, der Abgeordnete ist also an Weisungen nicht gebunden. Sie ist aber von vornherein zeitlich und sachlich begrenzt und prinzi-

399 Emmanuel Joseph Sieyes, Rede über die Frage des königlichen Vetos (Anm. 395), S. 268.
400 Ebd.
401 Ebd.
402 Auf diesen Sachverhalt im Federalist und in der von Sieyes geprägten ersten französischen Revolutionsverfassung von 1791 hat Ernst Fraenkel hingewiesen: Die repräsentative und die plebiszitäre Komponente im demokratischen Verfassungsstaat, in: ders., Deutschland und die westlichen Demokratien, Stuttgart 1964[7], S. 122ff. und S. 131ff. Über die faktisch dann wieder sehr eingeschränkte demokratische Komponente bei Sieyes im Wahlrecht s. u.
403 Emmanuel Joseph Sieyes, Rede über die Frage des königlichen Vetos (Anm. 395), S. 269.
404 Ebd., S. 265.
405 Emmanuel Joseph Sieyes, Überblick über die Ausführungsmittel, die den Repräsentanten Frankeichs 1789 zur Verfügung stehen (Anm. 355), S. 31.
406 Ebd., S. 30.

piell auch widerrufbar[407]. Die sachliche Begrenzung bedeutet, daß der Abgeordnete nur gemeinsame Interessen, nicht aber Gruppen- oder Einzelinteressen vertritt. Einzelinteressen *können*, Gruppeninteressen *dürfen* nicht zur Geltung kommen; es geht allein um – wie man heute sagen würde – »verallgemeinerungsfähige« Interessen. Das ist eine wichtige Grundlage des Repräsentationskonzeptes von Sieyes, und nur auf dieser Grundlage kann er den demokratischen Gedanken mit der liberalen Position verbinden. Die Vollmacht bezieht sich nur auf gemeinschaftliche Interessen. Die Nationalversammlung »ist nicht dazu da, sich mit den besonderen Angelegenheiten der einzelnen Bürger zu befassen, sondern sie betrachtet diese nur insgesamt unter dem Gesichtspunkt des *gemeinschaftlichen* Interesses«[408].

Sonderinteressen, und damit insbesondere Privilegien, sind überhaupt nicht repräsentationsfähig. Allein gemeinschaftliche Interessen sind Voraussetzung und Grund dafür, daß die Bürger als Staatsbürger überhaupt repräsentiert werden können: »Die Staatsbürger (besitzen) nur aufgrund der Eigenschaften, die sie gemeinsam haben, das Recht . . ., sich vertreten zu lassen, nicht aber aufgrund jener Eigenschaften, durch die sie sich unterscheiden.« »Allein die bei allen Bürgern ähnlichen Interessen . . . verleihen somit dem Staatsbürger die Eigenschaft der *Repräsentationsfähigkeit*.«[409] Sieyes beschränkt die Rolle des Staatsbürgers also auf das Interesse für allgemeine Belange, und als solcher tritt er vornehmlich nur in Wahlen in Aktion. Erst die Repräsentanten verleihen diesem Interesse sichtbare und dauerhafte Gestalt.

Da sich die Repräsentanten – sind die Privilegien erst einmal abgebaut – nur in Ausnahmefällen durch flagrante Verletzung allgemeiner Belange deligitimieren dürften, greift zuverlässiger gegen Verselbständigungstendenzen die zeitliche Begrenztheit der Repräsentanz. Sieyes sieht Wahlperioden von drei Jahren vor, die auf ihn zurückgehende Verfassung von 1791 zwei Jahre. Überdies soll das Verbot der Wiederwahl die Abgeordneten der Versuchung entziehen, auf die Interessen ihrer Klientel zu schielen. Dabei wird man Sieyes nicht unterstellen dürfen, er vertraue blindlings der Hingabe und Selbstlosigkeit der erwählten Abgeordneten; er will vielmehr aufzeigen, wie in einer von Privilegien befreiten Gesellschaft der Volkswille legitim ausgestaltet werden kann und welche verfassungsmäßigen Regelungen dazu erforderlich sind. Zugleich aber vertraut er, als Aufklärer, auf die Kraft des vernünftigen, nicht an Sonderinteressen gebundenen Arguments.

Skeptischer ist Sieyes gegenüber dem Durchschnittsbürger. An die Tugend der Menschen will er nicht glauben, zumindest das Gemeinwesen nicht von ihr abhängig machen. Daß der Mehrheitswille auf das Gemeinwohl gerichtet ist, muß auch in Zeiten gewährleistet sein, in denen die Selbstsucht herrscht. So soll die aktive Staatsbürgerschaft auf jene beschränkt bleiben, die »zur öffentlichen Gewalt etwas beitragen«; sie sind »gleichsam die eigentlichen Aktionäre des großen gesellschaftlichen Unternehmens«[410]. Wahlberechtigt sollen also nur diejenigen sein, von denen von vornherein zu vermuten ist, daß sie bestimmte allgemeine Interessen gemeinsam haben, und das sind die Interessen des Dritten Standes, des Besitz- und Bildungsbürgertums. Und damit die Unvernunft in Form von Sonderinteressen nicht doch noch durch-

407 Ebd.
408 Emmanuel Joseph Sieyes, Was ist der Dritte Stand? (Anm. 347), S. 188.
409 Ebd., S. 188 und S. 189.
410 Emmanuel Joseph Sieyes, Einleitung zur Verfassung (Anm. 356), S. 251.

schlage, werden die Abgeordneten nicht direkt, sondern indirekt bestimmt; gewählt werden Wahlkörper, die ihrerseits die Abgeordneten wählen. Daß ein allgemeiner Volkswille unmittelbar durchschlage, wird also quantitativ, durch Beschränkung der Zahl der aktiven Staatsbürger, und qualitativ, durch freies Mandat und indirekte Wahl, möglichst ausgeschlossen.

Im historischen Kompromiß der repräsentativen Demokratie, der Verbindung von liberalen und demokratischen Elementen, welche das Modell der beratenden und entscheidenden Volksversammlung unter den Bedingungen des neuzeitlichen Flächenstaates auf das Parlament als Vertretungskörperschaft abbildet und durch das Repräsentationsprinzip mit freiem Mandat bei ihm monopolisiert, erhält die liberale Komponente des Schutzes der Entfaltungsmöglichkeiten des Bürgertums eindeutig das Übergewicht. Die Affinität zu demokratischem Denken geht dabei, trotz dieser historischen Interessenlage, als zumindest theoretisches Potential nicht verloren. Der Liberalismus des 19. Jahrhunderts ist gekennzeichnet durch eine Ambivalenz des Menschenbildes, in welchem einerseits Furcht und Mißtrauen gegenüber den Massen, dem »Pöbel«, herrscht, in welchem aber andererseits, gerade gegenüber dem hierin »realistischeren« konservativen Denken, das Vertrauen in die Möglichkeit und die Herstellbarkeit eines vernunftgeleiteten Zusammenhandelns aufgeklärter Menschen auf der Basis allgemeiner Interessen leitend bleibt. Verfassungen sind Vorkehrungen, um die Möglichkeiten vernünftigen Zusammenhandelns gegenüber den Gefährdungen durch die Unvernunft abzusichern und damit den Menschen einen Freiraum der Entfaltung und Vervollkommnung ihrer Fähigkeiten zu eröffnen und zu erhalten. Der Versuch der säuberlichen Abtrennung des Allgemeininteresses von den Sonderinteressen stellt allerdings ein kontinentaleuropäisches Denkmuster dar, das sich von dem angelsächsischen Typ des Aushandelns oder zumindest der Regulierung der Einzelinteressen untereinander und im Bezug auf allgemeine Belange deutlich unterscheidet[411].

---

411 Sieyes begründet Repräsentation auch historisch, und zwar in einer ziemlich pessimistischen Bewertung der sozialen Entwicklung der Menschen (Rede über die Frage des königlichen Vetos [Anm. 395], S. 266). Nach seiner Auffassung haben die alten Völker ihre politischen Systeme auf moralische Fähigkeiten und den Drang nach Glückseligkeit gegründet; die modernen Völker gründen sie in ihrem Drang nach Reichtum nur mehr auf Arbeit. Die Menschen sind inzwischen, von erzwungener Arbeit nahezu völlig in Anspruch genommen, zu »Arbeitsmaschinen« geworden. Wenn sie überhaupt noch Rechte der Bürgerschaft ausüben sollen – und Sieyes will sie ihnen nicht absprechen –, können sie die Ausübung ihrer Rechte nur Stellvertretern übertragen, die besser als sie dazu fähig sind, das Gemeininteresse zu erkennen. Es ist wichtig zu sehen, daß dieselbe Grundidee im kontinentaleuropäischen Liberalismus auch viel positiver entfaltet worden ist.

Illustrativ ist ein Vergleich mit dem Französisch-Schweizer Benjamin Constant (1776–1830), der in Frankreich vor allem mit seinem *Cours de politique constitutionnelle* (4 Bde., Paris 1818–1820), einer Sammlung von Aufsätzen und Reden, die Grundsätze des Liberalismus einflußreich formuliert hat. Von Sieyes unterscheidet er sich darin, daß er die Aufnahme von Rousseau nicht mitvollzieht (in ihm vielmehr die Gefahr der Unterdrückung von Freiheit angelegt sieht), dementsprechend das Gemeinwohl nicht abgehoben normativ formuliert, sondern viel stärker im Sinne von Adam Smith auf die ungehinderte Selbstentfaltung gesellschaftlicher Kräfte setzt.

Auch er kennzeichnet das moderne Repräsentativsystem durch Unterscheidung der »Freiheit des Altertums« von der »Freiheit der Gegenwart« (1819; in: Cours de politique constitutionnelle, Bd. 4, S. 238ff.). Der Tenor ist allerdings ganz anders. Die »Alten« (die

4.3 Volkssouveränität und konstitutionelle Monarchie: Karl von Rotteck

Karl von Rotteck hat, vornehmlich mit seinem vierbändigen *Lehrbuch des Vernunftrechts und der Staatswissenschaften* (1829–35)[412], die wohl umfassendste philosophisch-theoretische Begründung der Staatstheorie des deutschen Frühliberalismus, wenn nicht sogar des deutschen Liberalismus im 19. Jahrhundert überhaupt, vorgelegt. Aus Vernunftprinzipien entfaltet er einen Zusammenhang, der von einer philosophischen und anthropologischen Begründung des Rechts über die Verfassung des Staates bis hin zur Behandlung der praktischen Politik in Außenpolitik, Justiz, Polizei, Wirtschaft und Finanzen reicht. Mit einer streng deduktiven Ausarbeitung der Verfassung als allein verbindlicher oberster Norm für die Gestaltung der politischen Ordnung ist er nicht nur ein praktischer Vorkämpfer, sondern einer der wichtigsten theoretischen Begründer des deutschen Frühkonstitutionalismus in der ersten Hälfte des 19. Jahrhunderts.

Karl Wenzeslaus Rodecker v. Rotteck ist 1785 im damals noch vorderösterreichischen (später badischen) Freiburg i.Br. geboren; sein Vater ist geadelter Professor für Medizin, seine Mutter entstammt einem französischen Adelsgeschlecht aus Lothringen. Bereits mit 15 Jahren besucht er die Universität in Freiburg, schließt seine juristischen und philosophischen Studien 1797 mit dem juristischen Staatsexamen ab und bewirbt sich nach einer kurzen Gerichtspraxis mit Erfolg um eine Professur für allgemeine Weltgeschichte in Freiburg, obwohl er selbst nicht Fachhistoriker ist. 1812–17 veröffentlicht er eine *Allgemeine Weltgeschichte* in neun Bänden, in der er das historische Wissen seiner Zeit in einer aufklärerischen, politisch engagierten Form der Geschichtsschreibung populärwissenschaftlich zusammenfaßt; das Werk hat die damals ungewöhnliche Auflage von über 100 000 Exemplaren erreicht. 1818 wechselt er auf einen Lehrstuhl für Staatswissenschaften und Naturrecht über, zugleich wird er politisch tätig, als die neu erlassene badische Verfassung eine parlamentarische Vertretung in Form von Landständen erlaubt. Rotteck wird als Vertreter der Universität Freiburg in die Erste Kammer abgeordnet, und hier setzt er sich mit großem Engagement für liberale Forderungen ein, namentlich für die Aufhebung aller Leibeigenschaften und Frondienste sowie für eine gesetzliche Pressefreiheit. In diesem Zusammenhang entstehen politische Schriften, am bekanntesten sind die *Ideen über Land-*

Bürger der griechischen Polis) hatten *politische* Freiheit, indem sie die Souveränität gemeinsam ausübten; sie genossen aber noch nicht *persönliche* Freiheit. Erstere ging auf Kosten der letzteren. Die modernen Völker dagegen sind an *politischer* Freiheit weniger interessiert, sie suchen den friedlichen Genuß der *persönlichen* Unabhängigkeit. Der Grund dafür liegt aber nicht, wie Sieyes es sieht, im Verlust von Moral durch den Drang nach Reichtum, sondern in den vervielfältigten Möglichkeiten, die die ökonomische Betätigung, insbesondere der Handel, in der Gegenwart eröffnet, um die persönliche Freiheit, die private Unabhängigkeit auszudehnen und zu genießen. Um deren gesetzlichen Schutz geht es dem modernen Bürger in erster Linie, an politischer Freiheit ist er weniger interessiert und zu ihrer Ausübung auch zeitlich kaum in der Lage. Er stellt persönliche Freiheit bewußt über politische Teilhabe. So überläßt er die Besorgung der allgemeinen Angelegenheiten gewählten (und dadurch kontrollierten) Repräsentanten, die in seinem Sinne dafür sorgen, daß der Schutz der umfassenden persönlichen Freiheiten gewährleistet bleibt.

412 Karl v. Rotteck, Lehrbuch des Vernunftrechts und der Staatswissenschaften, 4 Bde., Stuttgart 1829–35, (Bd. 1 und 2) 1840^2; Reprint Aalen 1964 (nach dieser Ausgabe wird zitiert).

stände von 1819. Da er mit seinen liberalen Anschauungen in der Ersten Kammer ziemlich allein steht und auch von seinen Universitätskollegen nicht wieder entsandt wird, bemüht er sich um ein Mandat in der Zweiten Kammer, was aber erst 1831 gelingt, als die badische Regierung erstmals die Wahlen unbeeinflußt läßt. Er agiert neun Jahre lang, bis zu seinem Tod, als Abgeordneter, der Prototyp des »politischen Professors«. In steter Opposition zur Regierung, wird ihm von 1832 bis 1840 die Professur entzogen; in seiner wissenschaftlichen und politischen Tätigkeit läßt er sich dadurch nicht einschüchtern. 1829–34 veröffentlicht er sein vierbändiges *Lehrbuch des Vernunftrechts und der Staatswissenschaften*. 1834 beginnt er, zusammen mit seinem Freiburger Kollegen Karl Theodor Welcker, die Herausgabe des *Staatslexikons* in 15 Bänden, an dem sich die wichtigsten liberalen Autoren seiner Zeit beteiligen; es wird geradezu zu einer Enzyklopädie des liberalen Denkens. Vor allem in den vierziger Jahren findet es große Beachtung und Verbreitung; Rotteck selbst stirbt 1840 in Freiburg.

In seiner Staatstheorie wendet sich Rotteck strikt dagegen, Verfassungen aus historisch gewachsenen Ordnungsformen zu begründen, und er beruft sich allein auf das Kriterium der Vernunft. Er ist damit geradezu exemplarisch für jene liberale Position, die dem konservativen Beharren auf historischen Kontinuitäten und ihrer lediglich behutsamen Weiterentwicklung die Konstruktion oder allenfalls Rekonstruktion des Gemeinwesens aus Vernunftgründen schroff gegenüberstellt und alles historisch Gewachsene diesem Maßstab unterwirft. Das ist eine den Liberalismus stark prägende Haltung, und häufig wird er auch generell in diesem Sinne beschrieben. Aber man muß auch Rottecks liberales Denken differenzierter einordnen und gegenüber dem konservativen Denken abgrenzen, um die Dynamik und auch die Schwierigkeiten nicht nur in den politischen Auseinandersetzungen, sondern auch in seiner theoretischen Position zu sehen. Weder hat der deutsche Liberalismus durchweg die Konstruktion der Verfassung aus Vernunftprinzipien propagiert und alles historisch Gewordene mißachtet – auch im Liberalismus hat historisch-organisches Denken, wie etwa bei Dahlmann, seinen Platz –, noch leitet umgekehrt der Konservatismus die politische Ordnung allein aus dem historisch Gewordenen her; Stahl hat den konservativen Konstitutionalismus gerade dadurch begründet, daß er historische Kontinuitäten in einen vorausliegenden philosophischen Begründungszusammenhang eingeordnet hat. Nur stehen systematische philosophische Begründungszusammenhänge – Rotteck für den Liberalismus, Stahl für den Konservatismus – in unterschiedlichen Traditionen.

Rotteck argumentiert in der Tradition der Aufklärung. In der philosophischen Begründung aus Vernunftprinzipien geht er von Kant und dem frühen Fichte aus, und politisch entwickelt er die Verfassung aus dem Willen des Volkes im Anschluß an Rousseau; daraus resultiert der stark demokratische Grundzug seiner Position. Stahl ist demgegenüber in Hinsicht auf seine Traditionslinien »moderner«. Seine Rechtsphilosophie, obwohl nur wenig später als Rottecks Staatslehre entstanden, verarbeitet vor allem die Weiterentwicklung des deutschen Idealismus bei dem späten Fichte, bei Hegel und Schelling, und entfaltet von hier aus seine »Weltanschauung« des Ausgangs vom persönlichen Gott. Ergebnis ist die Bekräftigung des monarchischen gegenüber dem parlamentarischen Prinzip, in scharfer Wendung gegen demokratische und, damit verbunden, auch liberale Positionen. Aber die so von Rotteck und von Stahl systematisch herausgearbeiteten Gegensatzpositionen entfalten ihre

Begründungszusammenhänge nicht nur aus unterschiedlichen Traditionslinien, sondern zugleich in der Aufnahme der durch die neuzeitlichen Revolutionen bestimmten realhistorischen Entwicklungen. Auf diese Weise gelangen sie jeweils zu einem Konstitutionalismus – Rotteck zu einem liberalen, Stahl zu einem konservativen Verfassungsdenken –, und so stehen sie, als nurmehr konstitutionelle Gegenpole politischen Denkens, zueinander keineswegs bloß im Verhältnis gegenseitiger Abgrenzung.

Der Blick auf seinen theoretischen Antipoden Stahl zeigt, warum Rotteck für den deutschen Liberalismus so bedeutsam ist: Nicht nur weil er das liberale »Credo« philosophisch-systematisch entfaltet, sondern weil er gerade dessen Ambivalenzen in Deutschland bewußt aufnimmt und theoretisch begründet. Auf der einen Seite geht er – mit Rousseau – von dem Allgemeinwillen, dem Willen des souveränen Volkes, als oberstem Legitimationsgrund aus, von dem jede vernunftgemäße politische Ordnung abgeleitet sein muß und an dem alle bestehenden Verhältnisse zu bemessen sind. Andererseits gibt er gerade damit eine großangelegte Begründung der konstitutionellen Monarchie, die dem Monarchen im Rahmen der Verfassung eine erhebliche, wenn nicht sogar entscheidende Stellung zubilligt. Dies entspricht historisch sicherlich den realen Möglichkeiten in Deutschland in der ersten Hälfte des 19. Jahrhunderts, aber Rotteck plädiert nicht in erster Linie wegen der realen Machtverhältnisse für einen erreichbaren Kompromiß. Seine Staatslehre ist vielmehr ein theoretisch ausgearbeiteter Vermittlungsversuch aus liberaler Position und in dieser Hinsicht der konservativen Rechtsphilosophie von Stahl analog. Stahl versucht, mit seinem konservativen Konstitutionalismus dem konservativen Denken – entgegen altständischen Positionen – eine historisch problemangemessene Form zu geben, um auf diese Weise zugleich wirksame Dämme gegen Demokratie und Liberalismus zu errichten. Rotteck bemüht sich, dem Liberalismus eine Vernunftbegründung zu geben, die das bürgerliche Individuum gegen historisch überkommene Gewalten in sein Recht einsetzt, zugleich aber die naheliegende Konsequenz einer uneingeschränkten parlamentarischen Selbstbestimmung mündiger Bürger als theoretisch nicht zwingend und historisch noch unangemessen vermeidet. Rottecks Staatslehre ist darum im Kern der außerordentlich ambivalente Versuch, die konstitutionelle Monarchie aus der Volkssouveränität zu begründen.

Das sind die beiden großangelegten Vermittlungsversuche einer Option für die konstitutionelle Monarchie in Deutschland um die Mitte des 19. Jahrhunderts: in liberalem Verständnis aus dem Prinzip der Volkssouveränität, in konservativem Verständnis aus der Ablehnung dieses Prinzips. Bekanntlich hat sich in der Revolution von 1848 im Verfassungswerk der Frankfurter Paulskirche die radikal demokratische Position nicht durchsetzen können, und die liberal-konstitutionelle Verfassung hat der Reaktion nicht standgehalten. Zugleich aber war künftig das Prinzip des Konstitutionalismus – daß der moderne Staat einer festen Verfassung bedürfe – nicht mehr in Frage zu stellen. Wenn die Liberalen später auch unter illiberalen Verfassungen die Politik in Deutschland mitgestalteten, so hat die Ambivalenz des deutschen Frühkonstitutionalismus, wie bei Rotteck zu sehen, diese Praxis theoretisch vorbereitet. Es ist deshalb nicht nur archivarisches Interesse, den heute kaum mehr diskutierten Begründungszusammenhang bei Rotteck genauer zu verfolgen.

Rotteck sucht nach einem festen Fundament, auf dem er seine Theorie von Recht und Staat errichten kann. Da befindet er sich in einer Zwangslage, die möglicherweise von deutschen Denkern als besonders peinlich empfunden wird. Einerseits muß die Theorie von wissenschaftlich und letztlich philosophisch maßgeblichem Niveau sein; da das Verständnis der Philosophie als Grundlage alles wissenschaftlichen Denkens zu seiner Zeit noch völlig ungebrochen ist – mit Hegel vielmehr seinen Höhepunkt erreicht hat –, wäre von den maßgeblichen philosophischen Systemen seiner Zeit auszugehen. Andererseits sollte die Theorie des Rechts, angesichts der Verbindlichkeit des Rechts für alle, auch allen einleuchten, und dafür erscheinen die philosophischen Systeme denkbar wenig geeignet. Sie sind schwer verständlich und widersprechen sich in den Ergebnissen. Rotteck propagiert also zunächst das Kriterium des »gesunden Menschenverstandes«: »Ob wir das Absolute ergründen oder nicht ergründen . . . ob überall, von Pythagoras und den Sieben Weisen an durch alle philosophischen Schulen bis herab auf Kant, Fichte, Schelling und Hegel, in irgendeinem oder in welchem der aufgestellten Systeme Wahrheit sei oder nicht sei – das kann, weil nur den wenigsten und auch diesen nur schwer zugänglich, ja immer ungewiß und stets wiederkehrenden Zweifeln preis, nimmer von Entscheidung für eine vernünftige Rechtstheorie sein. Welches System man immer in der spekulativen Philosophie annehme oder verwerfe, und ob man eines oder keines annehme: das alles kann und soll auf die Rechtssätze *von keinem Einfluß sein*. Die Rechtswahrheiten müssen zugänglich sein auch dem gemeinen oder *gesunden Menschenverstand;* denn sie fordern *allgemeines* Anerkenntnis und *allgemeine* Beobachtung.«[413]

Trotz dieser Attacken verzichtet Rotteck durchaus nicht auf eine philosophische Begründung seiner Theorie, und er findet sie bei Kant und schließlich am konsequentesten beim jungen Fichte, bei dem er lediglich bedauert, daß er »eine so weit ausholende, alle Spitzfindigkeiten und grundlosen Tiefen der ›Ich-Philosophie‹« aufnehmende Methode benötigt habe, um zu einem »so naheliegenden, dem gesunden Menschenverstande ganz deutlich vorschwebenden Ziele zu gelangen«[414]. Rotteck argumentiert also durchaus nicht nur mit dem gesunden Menschenverstand, vielmehr bereitet er maßgebliche philosophische Erkenntnisse, die dieser selbst so gar nicht entfalten könnte, daraufhin auf, daß sie allen Verständigen einleuchten und von ihnen als verbindlich akzeptiert werden können.

Das sieht dann folgendermaßen aus: Oberste, unbedingte und real verbindliche Richtschnur für die Theorie von Recht und Staat ist die Vernunft. Sie entfaltet ihre Kraft – und so ist sie von jedermann erfahrbar –, indem sie »nach Übereinstimmung mit sich selbst, also nach *Vermeidung alles Widerspruchs* . . . notwendig strebt«[415]. Vernünftig ist, was sich nicht selbst widerspricht. Dieser Grundsatz gilt auf der Handlungsebene vor allem für die menschliche Freiheit. Für Rotteck bedeutet Freiheit sehr einfach die Möglichkeit, selbständig zwischen Alternativen zu wählen; dem Vernunftgrundsatz nach dürfen Entscheidungen nicht zu Widersprüchen führen. Deshalb ist ohne Belang für Recht und Staat die »innere Freiheit« des einzelnen Menschen, zwi-

---

413 Karl v. Rotteck, Lehrbuch des Vernunftsrechts (Anm. 412), Bd. 1, S. VIIf.
414 Ebd., Bd. 1, S. 122.
415 Ebd., Bd. 1, S. 4.

schen Gut und Böse zu wählen und dabei der Stimme seines Gewissens zu folgen. Das ist eine Frage der Moral, deren Gesetze von Person zu Person variieren und deren Befolgung nicht erzwingbar ist; hier bleiben Widersprüche unvermeidbar. Wohl aber greift der Vernunftgrundsatz für die »äußere Freiheit«: wenn das eigene selbstgewollte Handeln auf das selbstgewollte Handeln anderer trifft. Im menschlichen Zusammenleben kann Freiheit nicht vorausgesetzt, sie muß erst realisiert werden. Von Natur aus, so argumentiert Rotteck im Anschluß an Hobbes, führt Feindschaft und unterschiedliche Stärke der Menschen zu einer Vernichtung der Freiheit, welche doch alle wollen. So ist die Vernunft gefordert, und für diese kann der Widerspruch zwischen meiner eigenen unbedingten Freiheit und der unbedingten Freiheit der anderen keinen Bestand haben. »Die Aufhebung des Widerspruchs zwischen den Sätzen: ›Ich bin äußerlich frei,‹ und: ›auch Du bist und alle anderen sind äußerlich frei‹, erscheint demnach als eine von der Vernunft notwendig sich gesetzte Aufgabe, und ihre Lösung ist – das *Recht.*«[416]

Aus dem Vernunftprinzip der Vermeidung des Widerspruchs folgt eine ganz formale Bestimmung des Rechts, die die äußere Freiheit erst realisiert und ihr zugleich die größtmögliche Ausdehnung gibt: »*Recht* ist, was – unter vorausgesetzter Anerkennung der gleichen und größtmöglichen äußeren Freiheit aller – sich *nicht* widerspricht; *Unrecht* ist, was jener Voraussetzung und daher als allgemein gedacht, sich selbst *widerspricht.*«[417] Dies ist die konsequente Trennung von Recht und Moral im Gefolge von Kant und Fichte, und sie erbringt zugleich einen dezidiert liberalen Rechtsbegriff. Aus der Abweisung der Moral als Kriterium einer verbindlichen Ordnung des menschlichen Zusammenlebens folgt zugleich ein äußerst weitgefaßter Rechtsbegriff. Während Moral die innere Freiheit substantiell einschränkt, erstreckt das Recht seine Verbindlichkeit nur auf die vernunftgebotene Vermeidung des Widerspruchs zwischen den Handlungen der Menschen; es erlaubt alles, was nicht im Widerspruch zur Freiheit anderer steht. Aus der Sicht der beteiligten Akteure ist äußere Freiheit so »die von Einem dem Andern gewährte oder zugestandene Selbstbestimmung«[418].

Indem Rotteck das Recht ganz formal und abstrakt bestimmt, versucht er, es normativ so wenig wie möglich aufzuladen und von inhaltlichen und substantiellen Bestimmungen freizuhalten: »Das Recht *fordert* nicht nur, sondern *besteht* ganz eigens in dieser Abwesenheit des Widerspruchs. Denn es bestimmt keineswegs, was von Seiten *einzelner* geschehen *soll* oder was für einzelne *rätlich* ist, sondern was für alle *möglich* ist, d. h. was ohne Widerspruch als *Regel* gedacht werden oder was *allseitig* geschehen *kann* ... Das Recht verfolgt an und für sich keinen Zweck, ... (es) *will* nichts und *befiehlt* nichts; sondern es sagt bloß aus, was *möglich* oder *gedenkbar* ist.«[419] »Es spricht nur *Urteile* aus über *Möglichkeit* oder *Unmöglichkeit* gewisser Handlungsweisen, unter Voraussetzung des Zweckes einer zu realisierenden Harmonie in der Wechselwirkung der Menschen.«[420]

416 Ebd., Bd. 1, S. 16.
417 Ebd., Bd. 1, S. 21.
418 Ebd., Bd. 1, S. 25.
419 Ebd., Bd. 1, S. 23.
420 Ebd., Bd. 1, S. 49.

Das Recht umschreibt nichts anderes als den tatsächlich gegebenen und logisch analysierbaren Handlungsraum, in dem der einzelne frei, ohne äußere Gebote und Verbote agieren kann, ohne mit den Handlungen der anderen zu kollidieren. So ist Recht ganz funktional die Bedingung der Möglichkeit des menschlichen Zusammenlebens, eine ganz »abstrakte Allgemeinheit« (in Hegelscher Terminologie), die den weitesten Umkreis dessen festlegt, was der einzelne *darf,* nichts aber darüber aussagt, was er darin konkret tun *soll.* Der von Kant und Fichte begründete Dualismus von Recht und Moral ist von Rotteck in bewußter Verschärfung so zu Ende gedacht, daß nicht einmal mehr die Frage nach ihrer möglichen Übereinstimmung zu stellen ist. Deshalb begründet das Recht auch keine Pflichten, denn »Pflicht ist die Notwendigkeit eines Tuns oder Unterlassens nach einem *moralischen* Gesetz«[421]. Recht begründet lediglich eine »Schuldigkeit«, die darin besteht, daß ich kein Recht habe, etwas zu tun, welches dem Recht eines anderen widerspricht. Jede auch nur indirekte Verbindung des Rechts mit ethischen Prinzipien würde den möglichen Handlungsraum inhaltlich bestimmen, also durch Handlungsmaximen einschränken, und nicht nur formal umgrenzen.

So hat das Recht auch mit *Gerechtigkeit* nichts zu tun, denn diese bedeutet mehr, als sich nur dem Anspruch des äußeren Rechts zu unterwerfen: Sie ist ein inhaltliches Handlungskriterium und erweitert somit die Verpflichtung, verengt aber die Berechtigung: »In Ansehung des zu *Fordernden* . . . folgt sie der Stimme der eigenen Überzeugung oder des Gewissens; d. h. sie *gewährt* dem Andern *mehr* und *erlaubt* sich selbst *weniger* als das strenge äußere Recht.«[422] Dagegen folgt gerade aus der formalen Bestimmung des Rechts, die wechselseitige Verträglichkeit freier Handlungen zu sichern, die Möglichkeit des Zwangs. Moralische Pflichten und Gerechtigkeit können nicht, jedenfalls nicht mit Vernunftgründen, erzwungen werden. Im Recht folgt die Erzwingbarkeit aber nicht »aus dem Umstand, daß der Eine *verpflichtet,* sondern aus jenem, daß *ein Anderer berechtigt ist*«[423]. Wird das Recht des anderen verletzt, so ist diese Verletzung objektiv und logisch feststellbar, und der Zwang ist lediglich die notwendige »Gegenwirkung«[424], um den Zustand freien Handelns in Wechselwirkung wiederherzustellen.

Die Kehrseite einer solchermaßen rein formalen Rechtsbestimmung liegt auf der Hand: Wie, von wem und nach welchen Kriterien das Recht realisiert werden soll, ist aus ihr nicht ableitbar. »Das Rechtsgesetz stellt die Ordnung idealisch auf; aber es *bewirkt sie nicht* . . . Wenn das Recht *praktisch* werden, d. h. zur *Verwirklichung* gebracht werden soll, so muß dieses durch eine *andere* Autorität geschehen, welche es *adoptiere,* und sodann *befehlend* verkünde oder auch *handhabe.*«[425] Die praktische Vernunft (im Gefolge Kants) sieht Rotteck dazu nicht hinreichend befähigt. Zwar ist es aus moralischen Erwägungen heraus geboten, die Rechte der anderen anzuerkennen, aber eine Sicherheit, daß auch alle anderen moralisch handeln und somit dem Recht als Bedingung der Möglichkeit des Zusammenlebens unbedingte Geltung verschaffen, gibt es nicht. Die Schwäche und die Schlechtigkeit der menschlichen Natur

421 Ebd., Bd. 1, S. 31.
422 Ebd., Bd. 1, S. 47.
423 Ebd., Bd. 1, S. 43.
424 Ebd., Bd. 1, S. 252.
425 Ebd., Bd. 1, S. 49.

können die vernünftige Einsicht überlagern, und so wäre das Recht, das doch von jedem Verständigen einsehbar ist, faktisch auf den Kreis der moralisch Guten beschränkt und somit funktionslos. Es bedarf also »künstlicher Einrichtungen«[426], nämlich des positiven Rechts, welches das leistet, was das Vernunftrecht in seiner Logik allein und auch die praktische Vernunft mit ihren Maximen für sich nicht leisten kann: Befolgung aus Pflichtgefühl seitens der moralisch Guten, Befolgung aus Furcht vor Strafe und durch unmittelbaren physischen Zwang seitens der Bösen. »So entsteht, durch die *Schlechtigkeit der Menschen,* nicht durch die *Unvollkommenheit des Naturrechts,* das Bedürfnis *positiver,* d. h. auf *willkürlicher,* entweder durch *Konvention* oder durch *Autorität* entstandener Festsetzung ruhender und ganz vorzugsweise *geschriebener* Rechte.«[427]

Das positive Recht braucht mit dem Vernunftrecht nicht übereinzustimmen, und es weicht zumeist erheblich von ihm ab. Es ist »unlauter, weil Beschränktheit, Irrtum und Verkehrtheit bei dessen Festsetzung allzu oft den Stab führen«[428]. Es unterliegt vornehmlich einer politischen Notwendigkeit und hat damit stets ein Element der Willkür; im Gegensatz zum Vernunftrecht können sich einzelne Sätze in ihm durchaus widersprechen – die Idee des Vernunftrechts kann es bestenfalls annähernd verwirklichen. Die Differenz ist am größten und dann allerdings nicht mehr zu dulden, wenn das positive Recht als »historisches Recht« propagiert wird. Die Legitimation von Rechtsnormen allein aus der Tatsache, daß sie historisch entstanden sind und überdauert haben, steht im schärfsten Gegensatz zum Vernunftrecht, welches stets »ein und dasselbe« ist, weil es »einzig und allein auf den notwendigen Anerkenntnissen der Menschenvernunft beruht«[429]. Kein historisches Recht kann Bestand haben, wenn es dem Vernunftrecht widerstreitet.

Es bleibt allerdings ein Dilemma: Auf der einen Seite ist jeder Rechtssatz, welcher einem bestimmten Zweck dient, positives und nicht natürliches Recht; auf der anderen Seite muß das Vernunftrecht stets als objektiv und praktisch gültig vorausgesetzt werden, weil ohne eine solche Annahme keine positive Festsetzung als Recht denkbar wäre, sondern nur als rein faktischer Zustand. Wie kann aber nun das positive Recht, als künstliche Einrichtung, die Gewähr dafür bieten, daß es das Prinzip des formal gefaßten Vernunftrechts verwirklicht? Dieses Problem, welches für Staatsverfassung und Staatsgewalt besonders brisant wird, versucht Rotteck gewissermaßen in einem zweiten Anlauf mit der Figur des Vertrages zu lösen.

Zunächst jedoch hat das Prinzip des Vernunftrechts bereits erhebliche Konsequenzen. Recht und äußere Freiheit gehören zusammen, denn das Recht ist nichts anderes als die Bedingung der Möglichkeit, nach eigenem Willen, also selbstbestimmt zu handeln. Sein Prinzip der Widerspruchsvermeidung erfordert, daß die anderen gleichermaßen selbstbestimmt handeln können, und so habe ich die anderen ebenso als selbständig Handelnde anzuerkennen, wie ich ihre Anerkennung meines eigenen freien Willens in Anspruch nehme. Anerkennen und Anerkanntwerden sind »Selbstzweck«[430], sie bedürfen keiner ethischen Begründung und hängen auch nicht von sub-

426 Ebd., Bd. 1, S. 52.
427 Ebd., Bd. 1, S. 59.
428 Ebd., Bd. 1, S. 63.
429 Ebd., Bd. 1, S. 66.
430 Ebd., Bd. 1, S. 129.

jektiver Wertschätzung oder strategischen Uberlegungen ab. »Anerkennung« ist, wie es schon Hegel verarbeitet hat, das liberale Verhaltensmuster gesellschaftlichen Zusammenlebens schlechthin, gewissermaßen das Korrelat zur Idee des Rechts bei den handelnden Individuen, die subjektive Seite des Rechtsprinzips. In wechselseitiger Anerkennung sind die Individuen Rechtspersönlichkeiten. Indem sie sich gegenseitig anerkennen, erkennen sie sich als ihresgleichen an; so ist mit dem Prinzip des Rechts und der (äußeren) Freiheit das Prinzip der Gleichheit unmittelbar verbunden. Gleichheit, Freiheit und Recht sind gleichursprüngliche Begriffe. Der Liberalismus geht davon aus, »daß der Rechtsbegriff und die Idee einer vernünftig geregelten, d. h. auf die Bedingung der Vernunftmäßigkeit zurückgeführten, äußeren Freiheit eines und dasselbe sind, und daß solche Regulierung das Anerkenntnis der *Gleichheit* der in Wechselwirkung Stehenden, demnach die Möglichkeit einer *allseitigen* Anwendung der Regeln, zum obersten Prinzip hat. Es ist hiernach unnötig, das Recht der *Freiheit* und jenes der *Gleichheit* noch eigens zu deduzieren; beide sind *gegeben* schon mit dem *Begriff* des Rechts, ja sie sind *identisch* mit ihm. *Recht, äußere Freiheit* in der Wechselwirkung, und *Gleichheit* sind durchaus gleichbedeutende Ideen und Begriffe, und die gesamte Rechtslehre ist nur die Analyse derselben.«[431].

Das hat weitere, vernunftrechtlich begründete Konsequenzen. Aus der Freiheit folgt das Recht des Eigentums. Es steht mir frei, mich einer Sache zu bemächtigen, solange ich damit nicht die Rechte anderer verletze, und alle anderen von ihrem Gebrauche auszuschließen. Insbesondere indem ich ihr durch eigene Arbeit eine spezifische Form gebe, ist sie auf Dauer verbunden mit meiner Persönlichkeit, und das Vernunftrecht verlangt ihre allseitige Anerkennung im »Realrecht«[432] des Eigentums. Daß die Menschen von ihrer Freiheit unterschiedlichen Gebrauch machen, berührt den Grundsatz der wechselseitigen Anerkennung nicht. So kann das Prinzip der Gleichheit durchaus mit materieller Ungleichheit einhergehen. Alle Menschen werden frei und mit gleichen Rechten geboren, aber sie behalten nur »die *formale* Gleichheit immer bei, . . . die *materielle* hört, nach dem natürlichen Gange der Wechselwirkung und der gesellschaftlichen Verhältnisse, sehr frühe und unausbleiblich auf«[433].

Der Frühliberalismus, wie Rotteck ihn hier sehr prägnant vertritt, besteht allein auf der formalen Gleichheit, und er setzt das Erfordernis der Chancengleichheit für alle mündigen Mitglieder der Gesellschaft allein als eine formale Bedingung an. Erziehung und Bildung mögen die Chancen für sozial Schwächere verbessern, aber entscheidend für die Mündigkeit des Bürgers ist, welchen Gebrauch er von seiner Freiheit gemacht und welche Abhängigkeitsverhältnisse er sich damit selbst geschaffen hat: »Der Unterschied zwischen Armen und Reichen, Schuldnern und Gläubigern, Knechten und Herren ist dergestalt schon naturrechtlich begründet, und eine fast (!) notwendige Folge der Wechselwirkung zwischen ursprünglich an Rechten *Gleichen*.«[434]

---

431 Ebd., Bd. 1, S. 25f.
432 Ebd., Bd. 1, S. 166.
433 Ebd., Bd. 1, S. 151.
434 Ebd., Bd. 1, S. 152.

Rottecks ganze Staatslehre gründet im Vertragsrecht. Der Vertrag hat im liberalen Denken mit aufklärerischer Tradition einen zentralen Stellenwert; er ist nicht nur entscheidende Übergangsstufe (wie etwa bei Hegel), sondern die grundlegende Legitimationsfigur für die Anwendung der Vernunftrechtsprinzipien auf die Gestaltung der politischen Ordnung. Die Figur des Vertrages soll das Problem lösen, wie die Prinzipien des formal gefaßten Vernunftsrechts in künstlichen Einrichtungen verwirklicht werden können, aber Rotteck bleibt merkwürdig karg, wenn es um die Vernunftbegründung des Vertrages selbst geht. Im Vertrag verpflichten sich die Beteiligten, zur Erreichung eines bestimmten Zwecks bestimmte Leistungen zu erbringen oder bestimmte Handlungen zu unterlassen. Es muß Einigkeit über den Vertragszweck bestehen, und es muß sichergestellt sein, daß zur Erfüllung dieses Zwecks die vereinbarten Leistungen auch in Zukunft erbracht bzw. ausgeschlossene Handlungen auch künftig unterlassen werden. Entscheidend ist die Verbindlichkeit durch gemeinsame Erklärung des Willens. Dadurch ist der Vertrag Ausdruck des gemeinsamen Willens der an ihm Beteiligten, es entsteht ein »allgemeiner Wille«, ein »Gesamtwille«. Rotteck fragt nun nicht, wie dieser gemeinsame Wille im Vertrag zustande kommt. Es stellt lediglich fest, daß zum Willen auch die »Erklärung des Willens«[435] gehört: »Daher *fordere* ich, daß jedermann die *Erklärung meines Willens* als meinen *Willen* selbst anerkenne . . . So wie nun der andere *schuldig* ist, dieses zu tun, so ist er auch *berechtigt* dazu, und *ich* bin entgegen schuldig, solche Berechtigung anzuerkennen.«[436]

Dieses wechselseitige Anerkennen ist noch kein Vertrag, der ja erst durch gemeinsamen Willen über einen bestimmten gemeinsamen Zweck zustande kommt. Für Rotteck bleibt es dann lediglich eine Erfahrungstatsache oder eben eine Angelegenheit des gesunden Menschenverstandes, daß das wechselseitige Anerkennen auch zu einer »zusammentreffenden Willenserklärung«[437], also zu einem wirklichen Vertrag führen kann.

Tatsächlich setzt Rotteck, der sonst eine so strenge Deduktion aus Vernunftprinzipien durchführt, den Vertrag einfach voraus. Das kennzeichnet Leistung und Grenze seines Ansatzes. Der Vertrag ist Angelpunkt zur Konkretisierung der formalen Vernunftrechtsprinzipien, Ausdruck des Zusammenstimmens des freien Willens aller Beteiligten zu einem gemeinsamen Zweck, aber Rotteck verfügt nicht über eine Analyse der Bedingungen moderner Gesellschaft, um diesen Zusammenhang zu entfalten. Ein Blick auf Hegel macht das deutlich: Hegel hat gezeigt, daß der Vertrag die weiterentwickelte Form des Tausches ist, nämlich eine Entzerrung von Leistung und Gegenleistung, weil der gemeinsame Zweck durch die verbindliche Willenserklärung der Vertragspartner erfüllt wird. Damit zeigt sich hier in reinerer, »geistiger« Form ihr allgemeiner Wille. Zugleich ist damit aber der Vertrag in den ökonomischen Zusammenhang der sich entfaltenden bürgerlichen Gesellschaft gestellt. Rotteck bedient sich solch genetischer Überlegungen nicht, um die erforderliche Konkretisierung der Prinzipien des Vernunftrechts in einem allgemeinen Willen darzulegen. Für

---

435 Ebd., Bd. 1, S. 198.
436 Ebd., Bd. 1, S. 198f.
437 Ebd., Bd. 1, S. 205.

ihn ist das eine Frage des »Gesellschaftsrechts«, und indem er so den Begriff der Gesellschaft juristisch, nicht soziologisch verwendet, bleibt ihre moderne Dimension ausgespart.

»Gesellschaft« ist für Rotteck nicht eine durch bestimmte Verkehrsformen, insbesondere durch die Produktion und Distribution von Gütern zur Sicherung des Lebensunterhaltes gekennzeichnete Sphäre – also die arbeitsteilige Marktgesellschaft im modernen Sinn, die zwischen der persönlichen Privatsphäre einerseits und dem Staat andererseits eingelagert ist –, sondern jede Form der bewußten Vereinigung des Willens der Beteiligten, um einen gemeinsamen Zweck zu erreichen. Dies kann eine Handelsgesellschaft, dies kann der Staat (als Staatsgesellschaft) sein. So haben Gesellschaften und Staat dieselbe Struktur, der »Staat« ist nichts anderes als »bürgerliche Gesellschaft«. Beide sind gleichursprünglich: »Zwischen *bürgerlicher Gesellschaft,* welche nämlich, wie das Wort ›bürgerlich‹ ausdrückt, nur eine zur Erstrebung des *Staatszwecks* geschlossene sein kann, und *Staat selbst* ist also kein Unterschied; denn auch unter Staat verstehen wir nichts anderes, als eben eine zu jener Zweckerstrebung geschlossene Gesellschaft.«[438]

Gesellschaft ist also nicht – im modernen ökonomischen Sinn – das Ensemble mit- und nebeneinander agierender Einzelwillen, sondern ihre Bündelung zu einem gemeinsamen Willen für einen gemeinsamen Zweck. Das »wahre Wesen der Gesellschaft« ist somit »die rechtskräftige *Vereinigung des Willens,* d. h. also die allseitige *Unterwerfung unter diesen vereinigten Willen,* innerhalb der dafür durch den Gesellschaftsvertrag gezeichneten bestimmten Sphäre«[439]. Anstelle einer Analyse der ökonomischen Bedingungen bürgerlicher Gesellschaft greift Rotteck einfach auf Rousseau zurück und verwendet dessen Doktrin der *volonté générale* zur Ausfüllung des formalen Freiheitsprinzips. Jede Gesellschaft, und somit letztlich auch die Staatsgesellschaft, kann gar nicht anders als frei gedacht werden, weil sie stets nur eine Willensvereinigung zur Erreichung vorgenommener Zwecke ist: »Es gibt nur freie ... Gesellschaften. Eine *freie* Gesellschaft nämlich ist jene, die innerhalb der Sphäre ihrer Zweckerstrebung bloß durch den *ihr selbst*, d. h. *allen* der Vereinigung *Angehörigen,* einwohnenden Willen bestimmt wird. Eine *unfreie* wäre diejenige, welche in solcher Sphäre durch irgendeinen anderen als ihren eigenen Willen bestimmt würde.«[440]

Legitimation und Rechtskraft von Gesellschaften ergeben sich daraus, daß sich die einzelnen Personen aus freiem Willen zu einem Gesamtwillen vereinen und sich diesem unterwerfen, so daß es nur der von ihnen gewollte Zweck ist, auf den sie ihren Willen ausrichten. Weil es nun lebendige Personen sind, die eine handlungsfähige Willenseinheit herstellen, so wird der gemeinsame Wille zu einer *Gesamtpersönlichkeit*, nämlich zu einem »*Gesamtleben* innerhalb der durch einen aufgestellten Gesamtzweck bestimmten Sphäre«[441]. Nur wenn die Vereinigung der je individuellen Willen eine solche lebendige Gesamtpersönlichkeit hervorbringt, handelt es sich für Rotteck, im Gefolge von Rousseau, um eine »Gesellschaft«. Es kann, bezogen auf den Gesellschaftszweck, nur eine einzige Gesamtpersönlichkeit geben, und deshalb hat

438 Ebd., Bd. 2, S. 86.
439 Ebd., Bd. 1, S. 276.
440 Ebd., Bd. 1, S. 180.
441 Ebd., Bd. 1, S. 277.

der Rechtsbegriff der Gesellschaft weder etwas mit der Befolgung der Privatinteressen der einzelnen zu tun – sofern sie dem Gesellschaftszweck nicht widersprechen –, noch trifft er zu, wenn mehrere Gesamtpersönlichkeiten, sei es in Konkurrenz oder gar im Verhältnis von Befehl und Gehorsam, nebeneinander bestehen.

Da sich die Gesellschaft nur auf die Freiheit, die Selbstbestimmung der Beteiligten zu einem gemeinsamen Zweck, erstreckt, kann der Gesamtwille nicht ungerecht sein. Er wäre ungültig, wenn er in die individuellen Rechte der beteiligten Personen außerhalb des Gesellschaftszweckes eingreifen würde. Darum sind umgekehrt die Privatinteressen der beteiligten Personen von den Entscheidungen des Gesamtwillens für den Gesellschaftszweck fernzuhalten. Sie »zählen juristisch *nicht*, oder werden vielmehr *gar nicht angehört*«[442]. Das ist natürlich eine außerordentlich prekäre Abgrenzung, denn es sind ja dieselben Personen, die ihre Privatzwecke verfolgen und zugleich als Gesamtpersönlichkeit einer Gesellschaft handeln. Tatsächlich ist der Gesamtwille der Gesellschaft nur durch die Meinungen der »Fähigen« und »Unbeteiligten« zu bilden, und das ist für Rotteck eine Frage der Mündigkeit und der Reife der Bürger – in der Folge ein wichtiges Argument, um im Staat die Verfassung als konstitutionelle Monarchie auszubilden.

Auch hier begründet Rotteck schon, wiederum im Gefolge von Rousseau, eine entscheidende Differenz der erforderlichen Willensäußerungen. Der Gesamtwille, wenn er einmal durch den Vereinigungsvertrag zustande gekommen ist, ist nicht der Wille aller, in dem Sinne, daß Entscheidungen des Gesamtwillens nur einstimmig getroffen werden könnten: »Der Wille *Aller schafft* die Gesellschaft, der *Gesamtwille regiert* dieselbe.«[443] Nur der Vereinigungsvertrag selbst verlangt Einstimmigkeit, denn er kommt aus dem Willen bisher Unverbundener zustande. Entscheidungen des Gesamtwillens sind Gesetze innerhalb der Vereinigung, und diese werden nach dem *Mehrheitsprinzip* beschlossen. In der Gesellschaft kann nur die Majorität der stimmberechtigten Mitglieder entscheiden. Jede praktische Überlegung zeigt, daß das Prinzip der Einstimmigkeit eine Gesellschaft entscheidungsunfähig machen würde. Der Staat könnte nicht einmal mehr seine Rechtsgarantie erfüllen. Aber schon die Logik des Vereinigungsvertrages fordert das Mehrheitsprinzip, denn wenn eine Minderheit oder gar ein einzelner Beschlüsse verhindern könnte, so erhielten sie ein unverhältnismäßiges Gewicht und würden die rechtlich geforderte Gleichheit der Stimmen zunichte machen, die Gesellschaft wieder in miteinander »Unverbundene«[444] zerteilen. »Die Gesellschaft (hat) *gar kein anderes Mittel* .. zum Entschlusse zu kommen, als die Erforschung der Meinungen ihrer Glieder . . . Bei geteilten Meinungen *muß* sie daher, so wie ein einzelner bei widerstreitenden Beweggründen, sich dahin entscheiden, wo die *mehreren* gleichstarken Gründe, nämlich rechtlich gleichgewichtigen Stimmen sind . . . Und in diesem Sinne kann man dann wohl sagen, daß der Gesamtwille der *Wille aller* sei, nämlich das, was alle in der Eigenschaft als Gesellschaftsmitglieder *wirklich wollen oder zu wollen rechtlich verpflichtet* sind.«[445]

Weil für die Entscheidungen des Gesamtwillens schon die Majorität der Stimmfähigen genügt, ist es für Rotteck von entscheidender Bedeutung, daß die tatsächliche

442 Ebd., Bd. 1, S. 284f.
443 Ebd., Bd. 1, S. 288.
444 Ebd.
445 Ebd., Bd. 1, S. 289f.

Gründung einer jeden Gesellschaft durch einen Vertrag mit seiner Einstimmigkeit erfolgt. Der Vereinigungsvertrag ist der Akt der freiwilligen Unterwerfung unter den Gesamtwillen, sei es einer Handelsgesellschaft, sei es des Staates, und in dieser freien Vereinigung gründet die Legitimation jeder Herrschaft. Rotteck betont daher, es müsse stets angenommen werden, daß der Gesellschaftsvertrag »wirklich geschlossen worden sei«[446]. Das gilt insbesondere für die weitestgehende Herrschaftsform, den Staat. Als Zustand der Vereinigung, welcher die einzelnen gegenüber der Gesamtheit verpflichtet, kann er nur durch einen entsprechenden Gesellschaftsvertrag legitimiert sein. Und diese Legitimationsbasis will Rotteck nicht nur als logisch gefolgert und mithin fiktiv verstanden wissen: »Die Willenserklärung des wechselseitigen Versprechens und Annehmens liegt nicht selten sogar *ausdrücklich* vor; überall aber ist wenigstens eine *stillschweigende*, d. h. durch Taten gegebene, Erklärung ... erkennbar. Es ist hiernach der philosophische Ursprung des Staates mit dem historischen selbst *übereinstimmend;* es waltet hier nicht bloß eine *Idee,* sondern zugleich auch das entsprechende *Faktum* vor.«[447]

Das Argument einer bloß stillschweigenden Übereinstimmung ist für alle Vertragstheoretiker unumgänglich, wenn sie die Forderungen der Vernunft durch empirische Evidenzen abstützen möchten, und es ist als »Beweis« nicht allzu durchschlagend. Es dient aber – und das ist auch für den deutschen Frühkonstitutionalismus bei Rotteck der entscheidende Ansatzpunkt – der Neutralisierung aller primär historisch abgeleiteten Legitimationsansprüche ihrer Gegner, seien es feudalständische Gewalten oder eine unumschränkte Monarchie. Wenn deren »historisches Recht« sogar faktisch keinen Alleinvertretungsanspruch begründen kann, so vermag ihm die Vernunft der Liberalen um so wirksamer entgegenzutreten.

Der Staat, sein Zweck und sein Dualismus

Zwar ist der Staat in seiner territorialen Umgrenzung die zentrale gesellschaftliche Willenseinheit und höchste Gesamtpersönlichkeit, die schlechthin maßgebende Vereinigung von Menschen für ein »vernünftig geordnetes geselliges Leben«[448]. Aber der Staat erhält dadurch keine neue rechtliche Qualität gegenüber jeder anderen vertraglich eingerichteten Gesellschaft; das Muster der Willensvereinigung ist vorgegeben. Einerseits ist sie von Rotteck im Gesellschaftsrecht bereits auf die höchste Form, den Staat, hin konzipiert; andererseits ist damit der Staat auf das Muster der Gesellschaft, die ausschließliche Verfolgung der von allen gemeinsam gewollten Zwecke, festgelegt.

Was ist nun aber der Staatszweck? Da dient zunächst der gesunde Menschenverstand als Wegweiser, in einer anthropologischen Common-Sense-Begründung: Der Staat ist als erstes ein einfaches Erfordernis der menschlichen Natur, um ihr Bedürfnis nach Vergesellschaftung gegenüber den Gefahren, die jede nähere Berührung mit anderen mit sich bringt – dem »Vernichtungskrieg aller gegen alle« – durch eine

446 Ebd., Bd. 1, S. 291.
447 Ebd., Bd. 2, S.53.
448 Ebd., Bd. 2, S. 47.

Gesellschaftsordnung »zur Rechtsgewährung für alle«[449] abzusichern. Aber die Bestimmung des Menschen erschöpft sich nicht in der »*Erträglichkeit* des individuellen Zustandes«. Sie fordert die umfassende Entwicklung aller seiner physischen, geistigen und moralischen Anlagen. »Die erste Bedingung alles solchen Fortschreitens ist abermals – der *Staat*. Er ist ... die Urquelle aller höheren Entwicklung und aller Segnungen der *Zivilisation*.«[450]

Der Staat ist also nicht nur funktional aus den Bedürfnissen des Zusammenlebens begründet, sondern zugleich ganz aufklärerisch in eine teleologische Sicht der Perfektibilität des Menschengeschlechts eingebunden. Freilich ist diese Perspektive sogleich individualistisch eingeschränkt. Die Gesellschaft, und somit auch der Staat als ihre höchste Form, ist nicht selbst das Vehikel menschlicher Vervollkommnung, ist nur ihre Vorbedingung. Die Vorstellungen des gesunden Menschenverstandes bilden für Rotteck nur den Rahmen für das liberale Credo, welches er streng vernunftgemäß vom Individuum ausgehend entwickelt. Die konkreten Zwecke des Staates sind ohne jede Fortschrittseuphorie allein danach bestimmt, welches seine für alle Individuen gleichermaßen und gemeinsam geltenden Aufgaben sein können. Der dadurch ermöglichte Fortschritt der Zivilisation wird dann, wie wir noch sehen werden, zum Gradmesser für die jeweils historisch mögliche Ausgestaltung der Herrschaftsordnung.

Die Bestimmung des Staatszwecks erhält dadurch eine negative und eine positive Seite. Positiv besteht der Staatszweck vornehmlich darin, den Rechtszustand durch Gesetze herzustellen und auszufüllen, sowie in der Übernahme nur gemeinsam zu bewältigender Aufgaben. Die negative Seite – was alles aus Vernunftgründen *nicht* zu den Staatszwecken zu rechnen ist – erhält vor allem systematisches Gewicht: »*Ausgeschlossen* vom Staatszweck bleibt ... alles, was nicht entweder naturnotwendig oder rechtlich notwendig von allen verlangt wird, und was, wenn es auch dergestalt verlangt würde, doch etwa von jedem einzelnen für sich und ohne Vereinbarung mit anderen, d. h. ohne gemeinschaftliches Streben oder ohne Zwangspflicht dazu, kann erreicht werden, und noch offenbarer, was, wenn auch durch gemeinsames Streben, doch nicht durch Zwang, also auch nicht durch Unterwerfung unter den Zwang zu bewirken ist.«[451] Ausgeschlossen bleiben Moralgesetz und »Glückseligkeit der einzelnen«[452], weil nicht erzwingbar und eine Angelegenheit der Selbstbestimmung jedes einzelnen, und überhaupt jede inhaltliche Bestimmung eines öffentlichen Wohls, denn »das öffentliche Wohl ist nichts anderes als das *Gedeihen* des gesellschaftlichen Zweckes, also keine *Bestimmung* desselben«[453]. Der Staat sorgt nicht für Moral, Glückseligkeit und öffentliches Wohl; er gewährleistet die im menschlichen Zusammenleben liegenden Vorbedingungen, damit sich Moral und Glückstreben der einzelnen in Freiheit und gemeinschaftlich entfalten können, und darin erschöpft sich, von seiner Seite, die Beförderung des öffentlichen Wohls.

Erheblich mehr Mühe verwendet Rotteck auf die Darlegung, welche Herrschaftsordnung aus Vernunftgründen, d. h. durch Ableitung aus dem Vereinigungsvertrag,

449 Ebd., Bd. 2, S. 48.
450 Ebd.
451 Ebd., Bd. 2, S. 59.
452 Ebd.
453 Ebd.

folgt, um die Staatszwecke zu realisieren. Da der Rechtszustand ja den Zwang impliziert, ist es entscheidend, in welcher Form er hoheitlich umgesetzt ist, um dem Vereinigungsvertrag zu entsprechen. Rotteck legt hier eine feingesponnene, fast schon spitzfindige Argumentation über natürliche und künstliche Persönlichkeit bei der Herrschaftsausübung vor, der nachzugehen sich lohnt, weil sie die Ambivalenz – wenn nicht das Dilemma – des deutschen liberalen Frühkonstitutionalismus im Vormärz plastisch verdeutlicht und zugleich intellektuell durchaus kohärent verarbeitet. Rotteck entfaltet eine subtile Gegenposition gegen die Reaktionspolitik des Fürsten Metternich, der sich gegen alle Verfassungsbestrebungen in Deutschland wandte, die – wie es sein Publizist Friedrich Gentz prägnant formuliert – »in letzter Instanz auf dem verkehrten Begriff von einer *obersten Souveränität* des Volkes gegründet« sind und deshalb zur »Demagogie« führen und schließlich zu »wiederholten Erschütterungen, unter welchen früh oder spät die rechtmäßige Macht *erliegen muß*«[454].

Obwohl sich Rotteck im unbedingten Ausgang vom Vernunftrecht durchaus der »sogenannten revolutionären Schule« und nicht bloß einem zwischen Revolution und Reaktion angesiedelten »Reformen-System«[455] zurechnet, stellt er die Volkssouveränität, die Legitimationsgrundlage der amerikanischen und der Französischen Revolution, dem monarchischen Prinzip nicht einfach gegenüber. Auch seinerseits nicht überzeugt von einer schon erreichten Reife des Volkes zur Selbstregierung, versucht er gerade, im Ausgang vom Volk als dem »ursprünglichen Souverän«[456] – und unter Wahrung dieses Grundsatzes – nach Vernunftprinzipien die Möglichkeit und zumindest temporäre Notwendigkeit der Monarchie zu begründen. Das führt zu einem dualistischen Konzept der konstitutionellen Monarchie, in der die Staatsgewalt zwischen Volk und Monarch geteilt ist – und weil Rotteck beansprucht, diesen Dualismus aus Vernunftprinzipien und nicht aus Opportunitätserwägungen zu begründen, kann für ihn auch keine Rede davon sein, daß die Volkssouveränität mit logischer Konsequenz die Abschaffung der Monarchie zur Folge habe.

Die Frage, die Rotteck auf diese Weise systematisch zu beantworten sucht, lautet: Wie entsteht aus der ursprünglichen Staatsgewalt und ihrem natürlichen Organ, der Majorität der Stimmfähigen – aus dem Vereinigungsvertrag – nun eine »*künstliche* oder *positive* Herrschaft«? Erforderlich ist die »Aufstellung eines künstlichen Organs«[457]. Denn es kennzeichnet gerade den Vertrag, und somit insbesondere den Vereinigungsvertrag, daß eine Erklärung des Willens erforderlich ist, und eben diese Erklärung hat im Vertrag Gültigkeit. Was jeweils als Wille deklariert wird, kann nicht in allgemeinen Absichtserklärungen verbleiben. Die Ordnung des menschlichen Zusammenlebens verlangt konkrete Äußerungen über konkrete Sachverhalte: »Alles, was der *wahre Gesamtwille* verordnet oder will, ist gerecht . . . Doch wird durch diese Idee nur, was er im Allgemeinen wollen *muß* oder was er absolut *nicht* wollen *kann,* bestimmt. Was er aber in concreto, aus mehrerem etwa rechtlich Möglichen *wirklich* wolle, *nicht*. Zum letzten ist ein bestimmter *Ausspruch*, ein *Akt der*

454 Friedrich Gentz, Über den Unterschied zwischen den landständischen und Repräsentativ-Verfassungen (1819), zitiert nach Hartwig Brandt (Hrsg.), Restauration und Frühliberalismus 1814 bis 1840, Darmstadt 1979, S. 219 u. S. 221.
455 Karl v. Rotteck, Lehrbuch des Vernunftrechts (Anm. 412), Bd. 2, S. 43.
456 Ebd., Bd. 2, S. 210.
457 Ebd., Bd. 2, S. 92.

Erklärung nötig. Die Erklärung geschieht nun entweder durch das natürliche *(ursprüngliche)* Organ, die Majorität der Vereinigten, oder durch ein *künstliches* (eingesetztes), die *Regierung*.«[458]

Diese Erklärung kann in einer Volksversammlung herbeigeführt und durch Entscheidung der Mehrheit der Stimmfähigen abgegeben werden, wenn es einfache, überschaubare Verhältnisse und die ersichtliche Reife der Beteiligten erlauben. Aber diese Bedingungen sind für größere und entwickeltere politische Gesellschaften, insbesondere für den modernen Staat, nicht gegeben. So bleibt dem Gesamtwillen gar nichts anderes übrig, als ein künstliches Organ aufzustellen und ihm die Gewalt zu übertragen. Alle Gesellschaftsglieder sind nun rechtlich zum Gehorsam gegenüber dem von ihnen aufgestellten Haupt verpflichtet, da »alles, was es auf solche Weise verordnet, *soviel gelten solle,* als hätte der wahre Gesamtwille oder dessen natürliches Organ es verordnet«[459].

Damit ist im Staat, in dem die Befehlsgewalt über die Gesamtheit der Gesellschaftsglieder dem künstlichen Organ übertragen wurde, die im Vereinigungsvertrag entstandene Persönlichkeit des Gesamtwillens verdoppelt: »So sind im Schoße der idealen Gesamtpersönlichkeit des Staates *zwei*, von einander wesentlich *verschiedene*, einander wechselwirkend *gegenüberstehende,* Persönlichkeiten entstanden, nämlich *Regierung* – die *künstliche Personifikation* der Staatsgewalt – und *Untertanschaft* – d. h. Gesamtheit der *Regierten* oder der in Gemeinschaft der *Unterwürfigkeit* gegen jene stehenden Staatsbürger«[460].

Rotteck argumentiert hier mit der Unterteilung in Regierung und Untertanschaft, mit Befehl und Gehorsam als Konsequenz des Vereinigungsvertrages in den Bahnen von Hobbes. Er stellt aber, im Gegensatz zu Hobbes, nicht ein nurmehr rein »künstliches« Verhältnis zwischen den zwei Persönlichkeiten auf. Die ideale Gesamtpersönlichkeit bleibt bestehen, sie ist als Grundlage der Herrschaft nicht aufgehoben. Sie ist nach wie vor die »konstituierende« Autorität, die Regierung als künstliche Persönlichkeit ist »konstituierte« Autorität. Damit ergibt sich für das Volk in der Form der Untertanschaft eine ambivalente und durchaus prekäre Bestimmung. Einerseits ist das Volk so in der Realität nicht mehr selbst die »ideale Gesamtpersönlichkeit«, Ideal und Wirklichkeit treten auseinander: »Die Gesamtheit der wirklichen Staatsbürger hat aufgehört, ihre unmittelbare oder juristisch erscheinende Repräsentantin zu sein, und die *bestimmten Personen*, welche jetzo sie *vorstellen* oder *ihre Rechte ausüben,* sind *verschieden* von solcher Gesamtheit. Ihr Einwirken auf dieselbe ist also nicht mehr ein Einwirken auf *sich selbst* oder auf die *eigenen Glieder,* sondern ein Wirken auf eine *fremde*, d. h. auf *gesondertem Rechtsboden* stehende Persönlichkeit.«[461]

Nicht das Volk selbst bringt nun den Gesamtwillen zur »Erscheinung«, realisiert ihn durch die stets notwendige konkrete Erklärung. Er wird vielmehr von der Regierung »repräsentiert« und damit von ihr ausgeübt. So ist das Rousseausche Modell der Identität aller Staatsbürger im Gemeinwillen, der die Einheit der einzeln gewollten und allgemein durchgeführten Zwecke verbürgt, in der Realität zugunsten der Regierung durchbrochen. Aber zugleich bleibt das Volk, auch wenn es nicht mehr kraft

458 Ebd., Bd. 2, S. 104.
459 Ebd., Bd. 2, S. 93.
460 Ebd., Bd. 2, S. 96.
461 Ebd., Bd. 2, S. 96f.

eigener Repräsentation die ideelle Gesamtpersönlichkeit darstellt, doch noch eine unhintergehbare »politische Gesamtpersönlichkeit«: Es »... bleibt vernunftrechtlich, wenn auch ein künstliches Organ des Gesamtwillens aufgestellt ist, *das natürliche dennoch immer von rechtlicher Bedeutung,* d. h. es bleibt auch nach aufgestellter *Regierung* das *Volk* – jetzt als *Untertanschaft* erscheinend – noch immer als *Persönlichkeit,* und zwar als *politische Gesamtpersönlichkeit,* fortbestehend«[462].

Das Volk, als Untertanschaft auf die passive Rolle bei der Realisierung des Gesamtwillens verwiesen, ragt als Staatsbürgerschaft auch aktiv in die politische Ordnung hinein. Diese scheinbare Inkonsequenz ergibt sich daraus, daß für Rotteck – getreu seinem liberalen Credo – das Volk im Vereinigungsvertrag nicht seine vollen Rechte abgegeben hat: »Die Übertragung so *vollen* Rechtes an irgendeine von der Gesamtheit verschiedene Persönlichkeit würde ... im grellsten Widerstreit mit dem Inhalt des Vereinigungsvertrags, der auf die *Sicherung,* nicht auf *Preisgeben* der Rechte aller Vereinsglieder lautet, stehen und demnach ... rechtlich *ungültig* sein.«[463] Das Volk hat das Recht, sich als Persönlichkeit, also nicht nur individuell, gegen den Gewaltmißbrauch der Regierung zu wehren, der bei der Differenz zwischen dem natürlichen und dem künstlichen Organ des Gesamtwillens stets möglich und sogar wahrscheinlich ist. Da Volk und Regierung als zwei unterschiedliche Persönlichkeiten definiert sind, von denen die eine das natürliche, die andere das künstliche Organ des Gemeinwillens bildet, besteht schon definitionsgemäß auch keine Interessenidentität. Vielmehr ist ein »Widerstreit der Interessen und Ansprüche ... kaum vermeidlich«[464]. So ist das Volk als politische Gesamtpersönlichkeit »berechtigt zur Behauptung solcher Persönlichkeit durch *selbsteigene Vertretung*«[465].

Wird der Gesamtwille einerseits durch die Regierung repräsentiert und exekutiert, so hat das Volk seinerseits seine Rechte und Interessen im Parlament zu vertreten. Keine der beiden Seiten im Staat ist für sich allein souverän, d. h. selbständige und unabhängige Staatsgewalt. Das *ideale* Prinzip des Gesamtwillens verlangt für die *Realität* der staatlichen Herrschaftsorganisation die Aufgliederung dieses Willens: »In letzter Beziehung ist freilich nur der *ideale* oder *wahre* Gesamtwille der vollberechtigte Souverän; und ohne Zernichtung des Rechts kann *keiner* Personifikation, zumal der *künstlichen* nicht, solche *volle* Souveränität zukommen. Vielmehr sollen das natürliche und das künstliche Organ sich in die einzelnen Sphären derselben teilen.«[466]

Das ist die Konzeption des Dualismus im deutschen Frühliberalismus: eine Kompetenzverteilung zwischen der Volksvertretung auf der einen Seite, König und Regierung auf der anderen Seite. Damit ist kein echtes parlamentarisches System angestrebt, in dem die Regierung dem Parlament verantwortlich wäre; vielmehr vertraut der Liberalismus darauf, daß sich die politische Macht des Volkes und die Unabhängigkeit des Staates gleichermaßen bejahen und miteinander verbinden lassen. Historisch wurden die Konflikte dadurch eher verdeckt; immerhin bringt es Rotteck wenigstens theoretisch zuwege, das Prinzip der Volkssouveränität und das monarchi-

462 Ebd., Bd. 2, S. 100.
463 Ebd., Bd. 2, S. 99f.
464 Ebd., Bd. 2, S. 97.
465 Ebd., Bd. 2, S. 100.
466 Ebd., Bd. 2, S. 101.

sche Prinzip mit Vernunftgründen zu verklammern, und so nennt er denn seine Lösung auch recht bezeichnend das »wahre monarchische Prinzip«[467]. Es enthält eine klare Abstufung der Staatsgewalt vom idealen Gesamtwillen als erster Macht über seine natürliche Personifikation in der Majorität der politisch Stimmfähigen als zweiter und seine künstliche Personifikation in der Regierung als dritter Macht. Tatsächlich sind aber die beiden letzteren als »zwei sich wechselseitig beschränkende Gewalten«[468] gefaßt, die ihre Einheit in der Idee des Gesamtwillens haben, in der tatsächlichen Ausgestaltung ihres Wechselverhältnisses jedoch vom Reifegrad des Volkes abhängen. Grundsätzlich soll das Volk stets selbst bestimmen, wenn eine Willenserklärung von ihm sinnvollerweise eingeholt werden kann. »Wo aber das Volk noch unverständig oder politisch unreif ist, oder in den Sphären, worin auch ein reiferes Volk bei selbsteigener Beratung der Gefahr der Parteiung oder der unlauteren Befangenheit ausgesetzt erscheint: da muß eben darauf *verzichtet* werden, den *wirklichen* Willen desselben zu erfahren . . . und es muß dessen Stelle vertreten werden durch einen . . . bei ihm *zu vermutenden* Willen, dessen Erklärung sodann nur einem *künstlichen* Organ . . . zustehen kann.«[469]

Für Rotteck sind die Imkompetenz des Volkes und seiner politischen Vertreter auf der einen Seite, der Machtmißbrauch einer vom Volke abgelösten Regierung auf der anderen Seite zwei komplementäre Gefahren. Er geht davon aus – als Liberaler im Gegensatz zu den Demokraten –, daß Machtmißbrauch der Regierung nur in dem Maße einzudämmen ist, wie die politische Reife des Volkes wächst. Darum ist sie auch nicht Vorbedingung, sondern Ziel eines vernunftmäßig begründeten Staates. Insofern ist eine Selbstbestimmung des Volkes, als deren Folge der Dualismus entbehrlich würde, für ihn zu seiner Zeit kein Thema. Tatsächlich werden in seiner Staatsformenlehre »eine *weise* konstituierte *Monarchie* . . . und eine *weise* konstituierte *Demokratie* . . . einander im *Wesen* fast gleich«[470].

Wenn auch die klassischen Staatsformen Monarchie, Aristokratie und Demokratie dadurch unterschieden sind, daß das selbständige Herrscherrecht einem einzelnen, mehreren oder allen zukommt, so ist es doch vor allem wichtig, daß nicht eine unbeschränkte Gewalt eines einzelnen oder eine Gruppe das Volk übermächtigt. Die Gefahr der Despotie sieht Rotteck bei allen drei Staatsformen gegeben, wenn sie das selbständige Herrscherrecht rein ausprägen. Am größten ist die Gefahr in der Aristokratie, wo die erbliche Herrschaft einer Kaste das Volk zerspaltet. Die Hauptstoßrichtung des Liberalen Rotteck geht gegen eine Feudalherrschaft im Staat: Die Aristokratie »erscheint in solcher Gefahr als die frechste Verhöhnung der allgemeinen Menschen- und Bürgerrechte. Sie statuiert eine erbliche Ungleichheit der Menschen, eine von der Geburt erhaltene Bestimmung zur Niedrigkeit und Mühseligkeit oder zum stolzen und freien Genuß . . . eine Zernichtung des vernünftigen Rechts durch das historische, eine Verdammung der Mehrheit des Volkes zur Geistesunmündigkeit und Knechtschaft.«[471]

467 Ebd., Bd. 2, S. 120.
468 Ebd., Bd. 2, S. 106.
469 Ebd., Bd. 2, S. 105.
470 Ebd., Bd. 2, S. 234.
471 Ebd., Bd. 2, S. 200f.

Aber auch der Demokratie, Urform der aus dem Vereinigungsvertrag entstandenen Herrschaft, droht »Anarchie und, aus deren Schoße hervorsteigend, Tyrannei« als »unausweichliches Los«[472], wenn das versammelte Volk nicht einen einzelnen oder mehrere mit einigermaßen selbständigen und deutlich abgehobenen Herrschaftsfunktionen betraut. Erforderlich ist also eine »*Beschränkung* durch irgendeine *künstliche, monarchische* oder *aristokratische* oder auch *vermischte* Form. Denn, wo eine solche nicht stattfände, würde die *Vereinigung aller Gewalten* in der Landesgemeinde, d. h. in der jedesmaligen Mehrheit der daselbst Stimmenden, die unbeschränkteste Gewalt, also *Despotie* erzeugen, und kein einzelner mehr einen wahren Rechtszustand gegenüber der Gesamtheit haben.«[473] Außerdem ist ja, von dieser Grundeinschätzung geht Rotteck nicht ab, »die reine Demokratie selbst ganz *unmöglich* für ein auch nur einigermaßen zahlreiches und kultiviertes oder ein auch nur mäßig ausgedehntes Land bewohnendes Volk«[474].

Kann also auch die Demokratie bestenfalls als eine Mischform, als eine durch Beimengung monarchischer oder aristokratischer Elemente gemischte Verfassung legitimiert werden, so ist ihr gegenüber die Mischform der konstitutionellen Monarchie zu bevorzugen. In ihr ist der Monarch »Autokrat« in der ihm überlassenen Gewaltsphäre, diese wiederum ist beschränkt durch Grundgesetze und durch das unantastbare Recht des Volkes. In der Vereinigung beider Grundsätze besteht eben das »echte monarchische Prinzip«[475]. So sehr eine unbeschränkte monarchische Gewalt der »Tod alles Rechts« ist, so sehr dient gerade die konstitutionelle Monarchie der bürgerlichen Gleichheit: »Die Erhabenheit des *Einen*, mit der Majestät Bekleideten und im Namen des Volkes (oder auch als ›von Gottes Gnaden‹) Herrschenden (tut) der allgemeinen *bürgerlichen Gleichheit,* welche das Grundprinzip der Gesellschaft und die ewige Rechtsforderung des seiner selbst bewußten Bürgers ist, unendlich weniger Eintrag ... als die Bevorrechtung oder die Erhebung einer Klasse, eines Standes, ja selbst eines Kollegiums über die Masse der Nation. Der *Thron* mit all seinem Glanze drückt die Nation nicht nieder; er verstärkt vielmehr ihr Selbstgefühl, da durch *sie* der Thron so glänzend ist.«[476] Das ergibt ein klares Votum, welches der Elemente klassischer Staatsformen in der gemischten Verfassung jeweils vorherrschen soll: »*Uns* erscheint die (vorherrschende) Demokratie gut für ein kleines Volk, von einfachen Sitten und noch wenig vorangeschrittener Kultur; die (vorherrschende) *Monarchie* für ein größeres, reicheres, in komplizierten Verhältnissen lebendes, die (vorherrschende) *Aristokratie – für gar keines.*«[477]

472 Ebd., Bd. 2, S. 202.
473 Ebd.
474 Ebd.
475 Ebd., Bd. 2, S. 199.
476 Ebd., Bd. 2, S. 197.
477 Ebd., Bd. 2, S. 203.

Rotteck hat – theoretisch – mit der Monarchie schon deshalb keine Probleme, weil es ihm wie dem ganzen Frühkonstitutionalismus bei allen politischen Auseinandersetzungen mit der monarchischen Seite staatsrechtlich nicht um die Frage der Monarchie, sondern der *Verfassung* und ihres *republikanischen* Charakters geht. Gegenüber feudalen Herrschaftsprivilegien einerseits, dem absolutistischen Anspruch des Königtums andererseits fordern die liberalen Vertreter des Bürgertums in Deutschland in den ersten Jahrzehnten des 19. Jahrhunderts vehement eine Staatsverfassung, in der Formen und Organe der Herrschaftsausübung nach einsichtigen Prinzipien und auf Dauer festgelegt sind. Diese Forderung hat sich in Deutschland bis zur Mitte des Jahrhunderts grundsätzlich durchgesetzt, so unbefriedigend gegenüber den Idealvorstellungen die Regelungen im einzelnen auch geblieben sein mögen. Rotteck faßt diese Dynamik mit aller Euphorie: »Es ist heute ganz eigens das *Zeitalter der Konstitutionen.* Alles ruft nach ihnen, oder bestreitet sie . . . Gleichwohl ist das Feldgeschrei aller Wohlgesinnten: ›*Konstitution,* d. h. *rechtsgemäße* und auf Grundsätzen beruhende *Verfassung des Staates*‹; und unleugbar, wie durch Gottes Stimme verkündet, ist das *gegenwärtige Bedürfnis* einer allgemeinen *Revision* aller bestehenden Staatsformen, eines *Übertritts* in eine *höhere,* der Vollendung nähere Kategorie solcher Formen, nämlich ein Übertritt aus dem *historischen* und Gewaltsrecht in das *Vernunftrecht* und in das Gebiet der Weisheit.«[478]

Diese Verfassung muß, wenn sie Vernunfterwägungen standhalten soll, *republikanisch* sein, und Rotteck versteht darunter, ganz in der Nachfolge Kants, nicht eine spezifische Staatsform, sondern, wie auch immer organisiert, die Herrschaft des Gesamtwillens: »Das Wesen der Republik ist die *Herrschaft des wahren Gesamtwillens.* Insofern also eine Verfassung geeignet erscheint zur Realisierung dieser Grundidee, so ist sie *republikanisch*, und der Staat ein wahrer *Freistaat . . . Nur die Republik ist gerecht; nur die Republik ist gut.*«[479] Jede Verfassung muß sich daran bemessen lassen, wie weit sie sich diesem Ziel annähert. »Die *Idee* einer guten Verfassung besteht also darin, daß – wer immer Regent oder stellvertretender Souverän sei – doch *nur der allgemeine Wille* regiere, niemals aber ein *Privatwille* weder der Regenten noch der Bürger.«[480] Kriterium der republikanischen Verfassung ist also, daß sich die Staatsgewalt nicht im Sinne der Verfolgung bloß persönlicher Interessen verselbständigt, von welcher Seite auch immer. Die vernunftgemäße Verfassung hat die entsprechenden Garantien zu liefern, nämlich eine elaborierte Form der *Gewaltenteilung*, in der die Staatsgewalt weder im natürlichen noch im künstlichen Organ des Gesamtwillens monopolisiert ist. »Es kann also *nur jene* Verfassung echt republikanisch sein, worin *eine Teilung der Gewalt zwischen einer künstlich eingesetzten Regierung und dem ursprünglichen Souverän, d. h. dem Volke,* geschehen, und jedem von beiden soviel und nicht mehr zugeteilt ist, als nach theoretischen und Erfahrungsprinzipien von jedem gut mag verwaltet werden.«[481]

478 Ebd., Bd. 2, S. 180.
479 Ebd., Bd. 2, S. 208f.
480 Ebd., Bd. 2, S. 182.
481 Ebd., Bd. 2, S. 210.

Übertragung oder Vorbehalt der Staatsgewalt beziehen sich auf die zwei Persönlichkeiten des Gesamtwillens: Auf der einen Seite steht die Regierung als das künstliche Organ, auf der anderen Seite die (stimmfähige) Gesamtheit des Volkes als natürliches Organ, welches – zumindest in größeren Staaten – durch einen »Ausschuß« vertreten wird, der die Interessen aller Klassen des Volkes getreulich abbildet. Diese Volksrepräsentation kann durch kurzsichtige oder egoistische Rücksichtnahmen auf private Interessen den Gesamtwillen ebenso verfehlen wie eine vom Volk und seinem Ausschuß nicht kontrollierte Regierung. Daher ergibt sich das Prinzip der Gewaltenteilung in einer wechselseitigen Einflußnahme der beiden Persönlichkeiten des Gesamtwillens: »Das Volk oder der Volksausschuß soll stark genug sein, die Regierung in der seinem wahren Gesamtwillen gemäßen Richtung zu erhalten; und die Regierung soll Kräfte genug haben, um den über den Kreis des Gesellschaftskontrakts oder über jenen des Rechts tretenden Willen der Volksmehrheit zu hemmen oder zu vereiteln.«[482]

Mißtrauen und Zutrauen in die Fähigkeit beider Organe, den Gesamtwillen umzusetzen, halten sich durchaus in der Waage: »Wo immer ... bei der Regierung eine nähere Gefahr der Abweichung vom wahren Gesamtwillen und beim Volksausschuß eine wirkliche Befähigung oder Geneigtheit zum lautern Ausdruck jenes Willens mit Vernunft anzunehmen ist, da soll der Ausschuß kontrollierend oder selbstentscheidend auftreten. Er selbst aber soll in Dingen, bei welchen nach psychologisch oder überhaupt vernünftig begründeter Besorgnis die Richtung der Privatinteressen oder der Parteiung jene des Gemeingeistes oder des wahren Gesamtwillens in seinem Schoße zu überwältigen droht, durch die Autorität der Regierung von Verirrung abgehalten werden. Auch soll dieser Regierung in Sachen, zu deren Beurteilung sie etwa allein oder vorzugsweise fähig erscheint ... die Entscheidung, Anordnung, Leitung zustehen.«[483]

Von den beiden Haupttätigkeiten der Staatsgewalt, Gesetzgebung und Verwaltung, kommt deshalb dem Ausschuß die vorherrschende Rolle in der Gesetzgebung, der Regierung die vorherrschende Rolle in der Verwaltung zu, nicht aber eine jeweils ausschließliche Kompetenz. Der Einfluß der Gesetzgebung auf die Verwaltung ist gesichert, weil sich diese nur im Rahmen geltender Gesetze vollziehen kann, der Einfluß der Regierung auf die Gesetzgebung erfordert das Recht der Sanktion, dem Gesamtwillen nicht angemessen erscheinende Gesetzesvorhaben durch ein Veto zu verhindern. Beide Organe haben das Recht zur Gesetzesinitiative, Regierung und Parlament können also gleichermaßen Gesetzentwürfe einbringen. (Dagegen bleibt das Recht der Gesetzesinitiative in der konservativ-konstitutionellen Konzeption von Stahl, aber auch in den süddeutschen liberalen Verfassungen, ausdrücklich dem Monarchen und seiner Regierung vorbehalten, um den Einfluß des Parlaments bei der Gesetzgebung zu begrenzen.)

Bezogen auf die Volksrepräsentation handelt es sich um eine »landständische Verfassung«. Rotteck knüpft hier an den seit 1815 geltenden Grundsatz an, daß in Deutschland »landständische Verfassungen« eingerichtet werden würden, interpretiert dabei aber die »Landstände« modern als »Versammlung von Volks-Deputierten,

---

482 Ebd., Bd. 2, S. 223.
483 Ebd., Bd. 2, S. 229.

Parlament, National-Repräsentation«[484], in scharfer Abgrenzung gegen altständische Vorstellungen, wie sie vor allem Gentz propagiert hat. Die überkommenen Feudalstände, »der Inbegriff derjenigen Individuen und Körperschaften, welche vermöge *eigenen* und *Sonder*-Rechtes ... eine dem Fürsten teils gegenüber, teils zur Seite stehende Versammlung und politische Macht bilden, einerseits an *Regierungsrechten* partizipierend, und andererseits den *privilegierten,* ja politisch *allein* zählenden Volksteil bildend«[485], könnten nur sich selbst als Kaste, nicht aber das gesamte Volk repräsentieren – solches zu beanspruchen wäre »Rechtsdichtung«[486]. Statt dessen sind Landstände, so hat Rotteck schon in seinen *Ideen über Landstände* 1819 ausgeführt, »*ein das gesamte zum Staat vereinte Volk ... vorstellender* (d.h. in der *Natur* und *Wahrheit,* also ohne Dichtung vorstellender) *Ausschuß, beauftragt, die Rechte dieses Volkes ...gegenüber der Regierung auszuüben*«[487]. Sie repräsentieren gegenüber der Regierung das Volk in der Form der Untertanschaft. Insofern sie die Volksrechte vertreten, sind sie »selbst, ihrem Wesen und Begriff nach *immer* demokratisch«[488], und indem sie sie gegenüber der Regierung vertreten, selbst aber nicht regieren, sind sie das notwendig demokratische Element in allen Herrschaftsformen, die auf dem Unterschied von Regierenden und Regierten gründen. »Nur die *für's Volk* bei Aufstellung einer Regierung *vorbehaltenen* Rechte haben sie auszuüben, nicht aber selbst zu regieren. Sobald sie letztes tun, so verlieren sie völlig ihren Charakter, wie ihre Stellung; sie wären dann nicht mehr die *kontrollierende,* sondern die selbst zu *kontrollierende* Autorität.«[489]

Der Dualismus ist durch die landständische Repräsentation nicht verwischt, sondern durch den Einschluß des demokratischen Elements gerade institutionalisiert. Das braucht kein unversöhnlicher Gegensatz zu sein. Zusammenarbeit ist möglich und geboten. Entscheidend ist aber, angesichts der unaufhebbaren Interessengegensätze beider Organe des Gesamtwillens, die Identität der landständischen Repräsentation mit den Interessen des gesamten Volkes: »Die Landstände sollen identisch sein mit dem *Volk*, mit der Regierung aber nur *befreundet.* Wo sie identisch sind mit der Regierung ... da stehen sie *dem Volk gegenüber*, mit welchem gerade sie *identisch* sein sollen, und werden ... zum erbärmlichen *Zerrbild.* Aber auch wo sie die *Regierung unterjochen,* hören sie auf, wahre Landstände zu sein, denn alsdann sind sie *selbst Regierung*, und stehen nun gleichfalls dem Volk gegenüber, anstatt desselben Stellvertreter gegenüber der Regierung zu sein.«[490]

Es stellt sich nun die Frage, wie in der Repräsentation des Volkes durch die Landstände sein Gesamtinteresse in seinen einzelnen Vertretern zur Geltung kommt. Ist jeder einzelne gewählte Abgeordnete der »Stellvertreter des ganzen Volkes«[491], oder vertritt er die besonderen Interessen seiner Wählerschaft? Das ist dann auch die Frage des »freien« oder des »imperativen« Mandats. Im Repräsentativsystem der

484 Ebd., Bd. 2, S. 237.
485 Ebd., Bd. 2, S. 236.
486 Ebd.
487 Karl v. Rotteck, Ideen über Landstände (1819), zitiert nach Hartwig Brandt (Hrsg.), Restauration und Frühliberalismus 1814–1840 (Anm. 454), S. 158.
488 Ebd., S. 159f.
489 Karl v. Rotteck, Lehrbuch des Vernunftrechts (Anm. 412), Bd. 2, S. 238.
490 Ebd., Bd. 2, S. 241.
491 Ebd., Bd., 2, S. 242.

Bundesrepublik Deutschland ist dies formell entschieden: Die Abgeordneten »sind Vertreter des ganzen Volkes, an Aufträge und Weisungen nicht gebunden« (Art. 38,1 GG). Sieyes hat das »freie Mandat« mit aller Schärfe propagiert. Auch in den Verfassungen des deutschen Frühkonstitutionalismus waren die Abgeordneten Repräsentanten des ganzen Volkes, keine Interessenvertreter, sondern nur ihrer eigenen Überzeugung verpflichtet. Der Liberale Rotteck zeigt nun, daß der Zusammenhang von Repräsentativsystem und ausschließlicher Verpflichtung des Abgeordneten auf das Gemeinwohl keinesfalls zwingend ist; daß ein demokratisches Repräsentativsystem gerade auch umgekehrt begründet werden kann. Hier nähert er sich dem angelsächsischen Repräsentationsverständnis an. Natürlich, so konzediert er, ist die Repräsentation des Volkes und damit auch jeder einzelne Abgeordnete auf das Gesamtinteresse ausgerichtet und ihm verpflichtet. Aber diese Ausrichtung ist nur unproblematisch, wenn das Gesamtinteresse allgemein und evident erkannt ist; in solchen Fällen werden sich auch Abgeordnete und Regierung nicht voneinander unterscheiden. Tatsächlich aber liegen die allgemeinen Interessen nicht so offen zutage; sie sind konkreter zu bestimmen, und hierzu ist »die bloße *Pflicht* eine unzureichende Garantie der Richtung«[492].

Wenn Pflicht und Einsicht nicht hinreichen, so ist zu sehen, wie denn das Gesamtinteresse überhaupt zustande kommt: »So gehen jene allgemeinen Interessen in der Regel erst *hervor* aus der Vergleichung und Ausgleichung der vielfach verschiedenen und streitenden *besonderen* Interessen der einzelnen Staats- und Volks-Teile.«[493] »Das Gesamtinteresse *besteht eben* in der möglichst vollständigen und harmonischen Gewährleistung der Rechte und der Wohlfahrt *aller einzelnen,* und es ist, um das *Gesamtinteresse* zu *erkennen,* nötig jedes der *Teile* zu erforschen... *Diese* Meinungen, diese *subjektiven* Wünsche, Ideen, Gesinnungen der *einzelnen* Volksteile oder Klassen (aus deren Vergleichung und möglichst harmonischer Verbindung der allgemeine Volksgeist, der allgemeine Volkswille in treuer Erscheinung hervorgeht) finden nur in dem Mund von *besonderen* Repräsentanten ihren Ausdruck und ihre gebührende Behauptung.«[494] Weil das Gesamtinteresse allein aus der gebührenden Beachtung legitimer Einzelinteressen hervorgeht, kann der gewählte Abgeordnete die allgemeinen Interessen nicht selbst als allgemeiner, sondern nur als besonderer Repräsentant befördern. »Nur wer entweder durch *Identität* der *Interessen* und derselben deutliche *Erkenntnis*, oder durch *freies Vertrauen* verständiger Wähler natürlich berufen, oder eigens bevollmächtigt ist zur Darstellung des Sinnes oder der Richtung derjenigen, in deren Namen er auftritt, kann als derselben *natürlicher* und *wahrer*, d. h. *ohne Dichtung* solcher Eigenschaften dartuender, Stellvertreter gelten.«[495] Solchermaßen Vertreter besonderer Interessen, ist er doch nicht nur Verfechter von Partikularinteressen. Die Wähler, die er vertritt, sind nicht nur Privatpersonen, sie haben sich der rechtlichen Grundlage nach im Vereinigungsvertrag zu einem Gesellschaftszweck verbunden. Ihre Interessen »*partizipieren* ... an dem Gesamtinteresse der Nation«, zugleich sind sie, auf

492 Ebd., Bd. 2, S. 243.
493 Ebd.
494 Karl v. Rotteck, Ideen über Landstände (Anm. 487), S. 161f.
495 Karl v. Rotteck, Lehrbuch des Vernunftsrechts (Anm. 412), Bd. 2, S. 242.

dieser rechtlichen Grundlage, »*bedingt* auf die Vereinbarlichkeit mit dem Gesamtwohl des Staates«[496].

Schwierigkeiten und Kollisionen, die sich aus dem nie auszuschließenden Widerstreit von besonderen Interessen und Gesamtinteresse ergeben, versucht Rotteck durch ein Filtersystem abzufangen, welches gewährleisten soll, daß möglichst nur legitime, d. h. mit dem Gemeinwohl vereinbare Interessen zum Austrag kommen. Auf seiten der Volksrepräsentation ist der Filter nicht der einzelne Abgeordnete in der Rolle eines »allgemeinen Repräsentanten«, sondern das *Wahlrecht*. Der Abgeordnete vertritt die Interessen seines Wahlkollegiums; die Wähler aber, die ihn abordnen, müssen ein Mindestmaß an politischer Reife und Sinn für das Gesamtinteresse aufweisen, sonst sind sie nicht wahlberechtigt. Grundsätzlich beruht »das Repräsentativ-System . . . auf dem positiven Anerkenntnis der *politischen Mündigkeit aller* derjenigen, welche nach dem natürlichen oder Vernunft-Gesetz als politisch mündig erscheinen«[497].

Tatsächlich ist damit die Befähigung zur Teilnahme an den aktiven staatsbürgerlichen Rechten für Rotteck (wie auch für alle anderen Liberalen seiner Zeit) vor allem an das Kriterium ökonomischer Selbständigkeit gebunden. Ausgeschlossen sind alle, die »kein zur Selbständigkeit *hinreichendes* . . . Vermögen« besitzen[498]. Ausgeschlossen sind all diejenigen, »welchen die *Befähigung* zu einer selbsteigenen, verständigen, rechtlich oder politisch unbedenklichen Wahl gebricht«, also »Kinder, Weiber, Knechte u.s.w.« – ihre Interessen werden von den Männern und Haushaltsvorständen wahrgenommen –, schließlich alle »dem staatsgesellschaftlichen Gesamtinteresse *fremdartigen* oder gar *feindseligen* Interessen«[499]. So legt das Wahlrecht »das wichtige Wahlgeschäft in die Hände der . . . Vernünftigeren und Besseren, jedenfalls Zuverlässigeren, und gewährt auch den Ausgeschlossenen für das dem einzelnen unbedeutende Opfer der Wahlstimme den reichen Ersatz einer für alle wohltätigen, möglichst guten Wahl«[500].

Durch eine den »natürlich geschiedenen (rechtlichen) Interessen und Richtungen im Volke« entsprechende Einteilung der Wahlkollegien wird gewährleistet, daß »dieselben *alle* auch am Landtag ihre Wortführer haben«[501]. Bei »überhaupt politisch reifen oder doch eine ansehnliche Zahl von politisch reifen Bürgern besitzenden Nationen«[502] ist damit der Gefahr vorgebeugt, daß »ein Stand, eine Klasse oder eine Partei im Volk auf das Wahlgeschäft vorherrschenden Einfluß erhalte und hierdurch . . . ihre eigenen Repräsentanten oder die Wortführer einer Partei anstatt *echter* Stellvertreter des gesamten Volkes in die Versammlung der Landstände bringe«[503]. Wo schließlich der Filter des Wahlrechts nicht hinreicht, um auf seiten der Volksrepräsentation die Übermacht von Partikularinteressen zu verhindern, steht auf der anderen Seite der Filter der »Autorität der Regierung«: Sie hält das Parlament von seiner »Verirrung« ab, wenn »die Richtung der Privatinteressen oder der Parteiung

496 Ebd., Bd. 2, S. 243f.
497 Ebd., Bd. 2, S. 238.
498 Ebd., Bd. 2, S. 271.
499 Ebd., Bd. 2, S. 262.
500 Ebd., Bd. 2, S. 269.
501 Ebd., Bd. 2, S. 261.
502 Ebd., Bd. 2, S. 269.
503 Karl v. Rotteck, Ideen über Landstände (Anm. 487), S. 165.

jene des Gemeingeistes oder des wahren Gesamtwillens in seinem Schoße zu überwältigen droht«[504].

In diesem Filtersystem, welches zwischen Interessenvertretung und Parteiorganisation noch durchaus unterscheidet, hat der Abgeordnete ein *imperatives Mandat.* Er repräsentiert seine Wählerschaft, nicht das gesamte Volk: »Der Deputierte ist von seinen Wählern abgeordnet zum Landtag, um sie allda *vorzustellen* und zu *vertreten.*«[505] Er hat zunächst die allgemeine Vollmacht seiner Wähler, in ihrem Sinne nach seinem besten Wissen und Gewissen zu votieren. »Aber *mit* solcher *freien* Vollmacht im allgemeinen ist wohlvereinbar eine *nähere* und *bestimmte Weisung* für einzelne Punkte.«[506] Soweit es praktisch möglich ist, einem Abgeordneten Instruktionen zu erteilen, und soweit dadurch die parlamentarische Arbeit nicht behindert wird, ist der Abgeordnete an Instruktionen seiner Wähler gebunden. Zumindest 1819 besteht Rotteck auf diesem Grundsatz: »Aber wir geben zu: die Instruktion des Repräsentanten ist eine nach *äußerem Recht* schwer zu regelnde Sache. *Wer* soll sie erteilen? – *Wie* soll sie gefaßt sein? Welches ist die Schranke ihrer äußerlich *bindenden Kraft*? und welches hiernach das Gesetz der *Verantwortlichkeit?* ... Dennoch bleibt in der *Idee* das *Recht* der Instruierung auf Seiten der Komittenten und die *Pflicht,* die Instruktion zu befolgen, auf Seiten des Repräsentanten, unwiderlegbar; und es wird der *echte* Repräsentant in seinem eigenen Herzen die Begründung und die Sanktion jener Verpflichtung finden.«[507]

Insgesamt begründet Rotteck so eine doppelte Repräsentation. Der »ideale oder wahre Gesamtwille« wird repräsentiert einerseits durch Monarch und Regierung als künstliches Organ, andererseits durch einen Ausschuß des natürlichen Organs, das Parlament, welches das Volk als politische Gesamtpersönlichkeit darstellt. Nicht jedes Organ für sich, weder Regierung noch Parlament noch der einzelne Abgeordnete, repräsentiert allein den Gesamtwillen, auch wenn Rotteck grundsätzlich das Volk als natürliches Organ über die Regierung als künstliches Organ stellt. Die jeweils konkrete Formulierung des Gesamtwillens ist auch nicht, jedenfalls nicht notwendig, das Ergebnis eines vernünftigen Diskurses aller Beteiligten, denn darauf ist kein Verlaß. Real ist der Gesamtwille das Ergebnis des prozeduralen Zusammenwirkens der verschiedenen Kräfte und Interessen im Repräsentativsystem. Der Volkswille geht durch Instruktionen aus Wahlen hervor und wird im Parlament durch Mehrheitsentscheidung gebündelt. Damit er aber vor dem Kriterium des »idealen und wahren Gesamtwillens« bestehen kann, bedarf es einer ausbalancierten Struktur der Verschränkung und wechselseitigen Kontrolle von Parlament und Regierung als Staatsgewalten, auf der Grundlage je eigener Souveränitätsrechte von Volk und Monarch.

Wenn Rotteck auf diese Weise ein dualistisches System der konstitutionellen Monarchie aus Vernunftprinzipien entwickelt, so geht er eher von unterschiedlichen als von gemeinsamen Interessenlagen aller Beteiligten aus. Voraussetzung ist freilich – und eben das kommt im abstrakten Kriterium des »idealen oder wahren Gesamtwil-

504 Karl v. Rotteck, Lehrbuch des Vernunftrechts (Anm. 412), Bd. 2, S. 229.
505 Karl v. Rotteck, Ideen über Landstände (Anm. 487), S. 165.
506 Ebd., S. 166.
507 Ebd., S. 167.

lens« zum Ausdruck – eine *prinzipielle Vereinbarkeit* der Interessen. Rottecks wie überhaupt des deutschen Frühliberalimus Mißtrauen richtet sich in geradezu klassischer Weise gegen die Verführbarkeit des Volkes durch »Demagogen« und gegen die Zerspaltung von Willensbildung durch eigensüchtige Parteiinteressen. Auf seiten der Herrschenden – und dies gilt angesichts der historischen Erfahrungen der Liberalen natürlich vornehmlich für die Monarchie und die Feudalherrschaft – besteht jederzeit die Gefahr der Despotie durch Rechtsanmaßung. Aber allen diesen Gefahren läßt sich durch geeignete Vernunftprozeduren begegnen. Klasseninteressen sieht Rotteck nicht so zugespitzt, um die Bildung des Gesamtwillens grundsätzlich in Frage zu stellen. Klassenauseinandersetzungen insbesondere, die sich aus der Entwicklung des Proletariats ergeben und damit die ökonomische Stellung des Bürgertums bedrohen, sind für Rotteck noch kein Thema (sie spielen überhaupt für den deutschen frühkonstitutionellen Liberalismus nur eine untergeordnete Rolle). Rotteck ist in seiner Argumentation aus Vernunftprinzipien *politisch* radikal und geht mit seinen Forderungen weit über das hinaus, was als Konstitutionalismus im deutschen Vormärz realisiert wurde. Politisch, bezogen auf die Französische Revolution, ist sein Liberalismus nachrevolutionär – ökonomisch, bezogen auf die Industrielle Revolution, ist er vorrevolutionär. Die moderne kapitalistische Wirtschaftsgesellschaft, mit ihrer Dynamik und Sprengkraft, ist in Rottecks Theorie noch nicht präsent. Nur auf diese Weise, so scheint es, läßt sich sein Dualismus theoretisch konsistent begründen.

4.4 Die demokratische Position mit ihren Ambivalenzen: Julius Fröbel

Die Ausbildung des demokratischen Ideengutes im 19. Jahrhundert in Deutschland läßt sich nicht parallel zur Herausbildung liberaler oder konservativer Positionen beschreiben. Sie steht zum einen im Zusammenhang mit der Entwicklung sozialistischer Vorstellungen, verbunden mit der gesellschaftlichen und politischen Selbstorganisation der Arbeiterschaft. Diese war, in der Bekämpfung bestehender ökonomischer und politischer Herrschaftsverhältnisse, stets auch radikal-demokratisch ausgerichtet – in dem Sinne, daß mit der Arbeiterschaft, dem Proletariat, die Abhängigen und Benachteiligten als überwiegende Mehrheit der Bevölkerung ihre Interessen als Mehrheit zur Geltung bringen sollten. Inwieweit demokratisches Denken hier als bloßes Mittel zum Zweck revolutionärer Gesellschaftsveränderung oder aber auch, das Ziel der Gesellschaftsveränderung im Hintergrund haltend, als Zweck politischer Teilhabe selbst verstanden wurde (im Zuge der parlamentarischen Verstärkung der Sozialdemokratie und insbesondere im »Revisionismus«), wird im Kapitel »Sozialismus« dargestellt.

Der andere Weg genuin demokratischen Denkens steht im Zusammenhang mit dem Liberalismus. Es liegt nahe, aus der Autonomie des Individuums auch die gleichberechtigte Teilhabe aller Individuen an der politischen Herrschaft zu fordern. Der Liberalismus hat diese Konsequenz eher widerwillig vollzogen; Liberalismus und Demokratie sind Denkmuster mit zunächst sehr unterschiedlichen politischen Stoßrichtungen. Der Liberalismus interessiert sich, ausgehend von der Autonomie des

Individuums, für die Teilhabe an politischer Herrschaft nur in dem Maße, wie dadurch die autonomen Entfaltungsmöglichkeiten des Individuums, insbesondere auf wirtschaftlichem Gebiet, ermöglicht und abgesichert werden, was stets zugleich eine Distanz zwischen individueller Entfaltung und öffentlichem politischem Leben bedeutet. Dagegen setzt die dezidiert demokratische Position, in Fortführung des antiken *Polis*-Gedankens, die politische Teilhabe durch politische Betätigung der Bürger als Lebenswert schlechthin; sie tendiert zu einer Auflösung der liberalen Trennung zwischen dem Privaten und dem Politischen. Die Verbindung liberaler und demokratischer Intentionen – darauf wurde schon bei Sieyes hingewiesen – ist ein Kompromiß, der einerseits die historisch sich durchsetzende Verallgemeinerung der liberalen Forderung nach Autonomie und Entfaltung für das Individuum auf alle Menschen aufnimmt, andererseits die demokratische Forderung nach unmittelbarer Teilhabe an politischer Herrschaft unter den Bedingungen des modernen Flächenstaates auf repräsentative Mechanismen der Willensbildung beschränkt.

Von radikal-demokratischen Positionen wurde diese Konsequenz so jedoch nicht gesehen, der Kompromiß einer »repräsentativen Demokratie« nicht akzeptiert. Es ergibt sich vielmehr die Situation, daß das nicht-sozialistische radikal-demokratische Denken zwar in Verbindung mit dem Liberalismus steht, indem es – insbesondere in der Wendung gegen konservative und reaktionäre Positionen – vom Prinzip der Autonomie des Individuums ausgeht und diese gegen die überkommenen herrschenden Mächte der Monarchie sowie des Feudal- und Ständewesens durchsetzen möchte. Zugleich aber gehen radikal-demokratische Positionen in ihrer Forderung nach allgemeiner, umfassender und unmittelbarer Teilhabe aller mündigen Menschen ohne Rücksicht auf Besitz, Bildung, teilweise sogar Geschlecht, weit über liberale Intentionen hinaus; so wird auch eine konstitutionelle Monarchie nicht mehr akzeptiert. Daß sich Liberale und Demokraten als politische Gegner gegenüberstanden, wurde 1848 bei der Spaltung der (liberalen) Mitte und der (demokratischen) Linken in der Paulskirche deutlich, die bis zur gegenseitigen Blockade ging.

Fröbel markiert diese Konstellation besonders eindrücklich, weil er ausgehend von dem Bekenntnis zum Individuum zu radikal-demokratischen Schlußfolgerungen gelangt, die dem Liberalismus, wie er im 19. Jahrhundert vorwiegend formuliert wurde, diametral entgegengesetzt sind. Es stellt sich damit die Frage, ob bei Fröbel überhaupt noch von einer Ausgestaltung liberaler Grundpositionen in radikal-demokratischer Richtung die Rede sein kann, oder ob sein radikal-demokratisches Modell nicht vielmehr im Grunde das liberale Politikverständnis völlig verläßt. Man könnte dem entgegenhalten, daß die radikal-demokratische Entfaltung einer liberalen Grundposition eine naheliegende, wenn nicht sogar die zwingende Möglichkeit des Ausgangs von einer konsequent gedachten Autonomie des Individuums sei. So gesehen kann man Fröbel noch der liberalen Tradition zuordnen. Aber es gibt eine unübersehbare Komplikation. Fröbel hat später in einem erneuten systematischen Durchgang Elemente demokratischer Teilhabe an der Herrschaft zurückgenommen, und zwar nicht in Richtung auf ein liberales Repräsentativsystem, sondern hin auf das Prinzip der »Realpolitik« mit konservativ-autoritären Folgerungen. War dies nun ein »Betriebsunfall«, die bedauerliche Anpassung eines liberalen Demokraten an die nach der gescheiterten 48er-Revolution herrschenden konservativen und autoritären Mächte? So sieht es die Interpretation, die Fröbel für die radikal-demokratische Tradition in Anspruch nimmt[508]. Es kann aber auch sein, daß eine »realistische« Wendung zu autoritärem Konservatismus in der Ursprungsposition von Fröbel bereits angelegt ist. Daraus wäre zu folgern, daß der radikal-demokratische Gedanke – wie ihn Fröbel zunächst entwickelt hat – weniger mit dem Liberalismus als vielmehr mit autoritären, der Tendenz nach sogar totalitären Mustern zusammenstimmt, auch wenn Fröbel selbst dergleichen nicht im Sinn haben mochte. Ein Nachvollzug des von Fröbel sehr aufwendig entfalteten Begründungszusammenhangs, der angesichts der vorherrschenden liberal-demokratischen Rezeption vielmehr eine Rekonstruktion sein muß, kann verdeutlichen, wie sich im 19. Jahrhundert die radikal-demokratische Position in ihrer Ausgestaltung sehr schnell vom liberalen Politikverständnis entfernte und mit ihm letztlich kaum mehr etwas zu tun haben wollte. Dies ist ein theoretisches Problem im Spannungsverhältnis zwischen liberalen und radikal-demokratischen Positionen, welches erst im 20. Jahrhundert in der gescheiterten Revolution von 1918/19, in den Auseinandersetzungen um die Weimarer Verfassung und schließlich in der Studentenrevolte von 1968 seinen praktischen Austrag fand.

Julius Fröbel, geboren 1805 in Griesheim bei Arnstadt in Thüringen, befaßt sich zunächst mit Naturwissenschaften, insbesondere der Geographie, und wird zum Vorkämpfer eines naturwissenschaftlich orientierten Geographieverständnisses. 1833 erhält er eine Lehrstelle und eine Privatdozentur in Zürich. Hier übernimmt er 1840 einen Verlag, in dem radikale, zensurgefährdete Autoren wie Ruge, Weitling und Bakunin publizieren konnten. In der Schweiz lernt er sowohl funktionierende urdemokratische Verfahrensweisen als auch einen konservativ gerichteten Liberalismus kennen, an dem er jeden humanistischen und aufklärerischen Elan gegenüber den Mächten des Beharrens vermißt. Setzt er gegen diesen Liberalismus einen dynamischen, revolutionäre Konsequenzen nicht scheuenden Glauben an die fortschreitende Entwicklung des Individuums in seiner Menschennatur, so erhält er mit der praktizierten Schweizer Demokratie eine Erfahrungsgrundlage für die Forderung nach unmittelbarer Teilhabe aller Bürger an den politischen Beratungen und Entscheidungen. In diesem Sinne veröffentlicht er 1846 zunächst anonym, 1847 unter eigenem Namen ein zweibändiges *System der sozialen Politik*. In der Revolution von 1848 in Deutschland agiert er auf der äußersten Linken der Paulskirche.

Nach dem Scheitern der Revolution und nach einem achtjährigen Exil in den USA legt er 1861 unter dem Titel *Theorie der Politik* eine revidierte Fassung vor, die in realistischer Wendung die bisher propagierten Vernunftprinzipien der »Macht der Tatsachen« unterordnet und die radikal-demokratische Position durch eine konservativ-autoritäre ersetzt. In den sechziger Jahren wirkt er publizistisch in Deutschland für eine »großdeutsche« Lösung unter Einschluß von Österreich; nach ihrer faktischen Beendigung durch Preußen im Jahre 1866 geht er in Bismarcks Dienste und wird schließlich im Kaiserreich deutscher Konsul in Smyrna und Algier. Er stirbt 1893 in Zürich.

---

508 Vgl. dazu besonders Rainer Koch, Demokratie und Staat bei Julius Fröbel 1805 bis 1893, Wiesbaden 1978; ebenso die Einleitungen des Autors im Nachdruck des *Systems der sozialen Politik* und der *Theorie der Politik* (siehe unten Anm. 509 u. 566).

Die Einordnung des Individuums in höhere Zwecke

Im *System der sozialen Politik* geht Fröbel zwar ausdrücklich vom Individuum aus: »Die Gesellschaft ist ein Verein von Individuen. Wenn es eine Gesellschaft gibt, so besteht sie in den einzelnen, aus den einzelnen und durch die einzelnen.«[509] Bei näherem Hinsehen zeigt sich allerdings, daß dabei der liberale Gedanke des unbedingten Selbstwerts und der unverwechselbaren Eigenart des Individuums eine eher untergeordnete Rolle spielt. Das entscheidende Potential sucht Fröbel in Bestimmungen, die allen Individuen gemeinsam sind, die für alle gleichermaßen als Norm gelten. Er entfaltet sie in einem Argumentationsgang, der deutlich andere Wege als das liberale Denken geht.

Die Individualität eines Menschen bildet sich aus seinen Anlagen; äußere Bedingungen lassen nur zum Teil und zumeist unvollkommen ihre Entfaltung zu. So steht die Individualität zwischen der *Möglichkeit* ihrer Anlagen und der *Wirklichkeit* der sie begrenzenden Welt, in der Entwicklung ihres Schicksals. In dieser Mittelposition muß es einen Kern, etwas Wesentliches und Bleibendes im Individuum geben, was schon daraus erhellt, daß die Menschen allgemein bindende Normen aufstellen. Sie werden sich daran nur in dem Maße freiwillig halten, wie sie ihre eigenen sind: Die Normen müssen also in ihnen selbst liegen. Fröbel geht in dieser Überlegung mit Rousseau, trotz der Nähe zu Kant, einen anderen Weg als das liberale Denken. Wenn nämlich konkrete Normen mit allgemeinem Geltungsanspruch im Inneren des Individuums verankert sind, ist dieses in seinem Kern gerade dadurch bestimmt, daß es sich von anderen Individuen nicht wesentlich unterscheidet. Das ist seine »allgemeine menschliche Natur«[510]. Sie ist durch die spezifischen äußeren Umstände vermittelt; so wird sie in der Realität zur »normalen menschlichen Natur«[511], zur »normalen Individualität«[512].

Die »Normalität« ist durchaus normativ zu verstehen. Sie ist das Ergebnis einer Auffassung, die den Kern des Individuellen nurmehr als ein Allgemeines bestimmt. Individuelle Unterschiede, welche die einzelnen Menschen kennzeichnen, beruhen nicht auf einer ureigenen Individualität als Unverwechselbarkeit, welche als solche ihren Eigenwert erhält, sondern auf der quantitativ unterschiedlichen Verteilung der Grundelemente menschlicher Veranlagung und dem jeweiligen Stand ihrer Entwicklung. »Es wird sich ... leicht nachweisen lassen, daß allen individuellen Naturformen in der Menschenwelt die gleichen Elemente zum Grunde liegen, welche in ihrer Gesamtheit eine allgemeine menschliche Natur ausmachen, – und daß alle Unterschiede der Individuen einzig die Folge verschiedener Kombinationen und quantitativer Bestimmungen dieser Elemente durch ungleiche Entwicklung sind.«[513] Der Kern aber, das »Ich«, ist etwas anderes als das Individuum; es ist das Allgemeine im Individuum, welches mit den spezifischen, durch äußere Einflüsse bedingten individuellen Ausprägungen, dem »Charakteristischen«, im Kampf steht: »Mein *Ich*, d.h. das in

509 Julius Fröbel, System der sozialen Politik, 2 Bde., Mannheim 1847, Reprint Aalen 1975, Bd. 1, S. 4.
510 Ebd., Bd. 1, S. 11.
511 Ebd.
512 Ebd., Bd. 1, S. 33.
513 Ebd., Bd. 1, S. 15.

mir, was *nur* innerlich ist und *nur* sich selbst bestimmt, ist also nicht das Individuelle, sondern das Allgemeine, Ideale. Mein *Ich* frei erhalten heißt das Allgemeine und Ideale in mir gegen den Fortschritt des Charakteristischen verteidigen. Die individuellen Bedürfnisse, die doch Bedürfnisse des Ich sein müssen, sind die Bedürfnisse des im Individuum auf individuelle und charakteristische Weise bedrängten Allgemeinen und Idealen.«[514] Maßgebend ist also nicht das »Individuelle«, sondern das ganz allgemein verstandene »Ich«. Das Individuum ist jeweils nur eine bestimmte und somit beschränkte Verwirklichung der allgemeinen Menschennatur. Als solche kann sie sich, wenn die Menschen mit ihrem Ich jeweils nur eine »normale menschliche Individualität« erreichen, erst in der Gesamtheit der Individuen und der Abfolge ihrer Entwicklung verwirklichen.

Dies ist die *Entwicklung von der Natur zur Kultur*. Die Menschheit erhält »nur in der Kultur: – in Gehalt und Form der Gemeinschaft und des Verkehrs in Sprache, Wissenschaft, Kunst, Liebe und Gerechtigkeit einer Gesellschaft freier und bewußter Wesen – ihre Wirklichkeit«[515]. Diese Feststellung erscheint zunächst eher selbstverständlich. Tatsächlich jedoch hat die Entwicklung der Natur zur Kultur, wie Fröbel sie als schlechthin maßgebend ansetzt, erhebliche Rückwirkungen auf den Stellenwert von Individualität. Das Individuum wird in eine teleologische, zweck-und zielgerichtete Entwicklung als bindende normative Vorgabe eingefügt. Nachdem Fröbel zunächst die Individualität in der Spannung zwischen ihrem Wesen als allgemeine Menschennatur und den äußeren Bedingungen ihrer Verwirklichung zur »normalen« menschlichen Individualität stilisiert hat, unterstellt er sie im zweiten Schritt einem tunlichst zu erreichenden Endzustand. Mit der Entwicklungsperspektive wird sie teleologisch »aufgeladen«.

Da nämlich die Menschheit allein in der Kultur »Wirklichkeit« erhält – »eine natürliche Menschheit gibt es nicht«[516] –, ist sowohl die Menschheit als ganze wie auch das Individuum teleologisch auf Kultur hin ausgerichtet. Für die Natur der Menschen gilt das »objektive Kulturziel«, für das jeweilige Individuum das »subjektive Kulturziel«: »Die allgemeine Menschennatur ist, so aufgefaßt, nicht mehr naturhistorischer Gattungsbegriff, sondern historische, in einem gewissen Sinne *ideale* Natur des Geschlechts, welche in der Geschichte, für die darum eine unendliche Entwicklung gefordert werden muß, verwirklicht werden soll. Diese historische Natur des Geschlechts ist also das *objektive Kulturziel*. Für das Individuum bildet sich dieselbe zum *subjektiven Kulturziel* aus, nämlich zur normalen Individualität.«[517] Mit großem Optimismus hält Fröbel es hier für ausgemacht, daß das Individuum, trotz aller seiner »schicksalsmäßigen Beschränkungen«[518], zwar nicht zu einer Harmonie aller seiner idealen Anlagen gelangt, wohl aber durch Erziehung soweit »normal« wird, daß es zum »Gleichgewicht aller Elemente der Gattungsnatur«[519] beiträgt. Die Ausbildung der eigenen Individualität dient letztlich der »Darstellung« der allgemeinen Menschennatur: ». . . diese besonderen Formen der persönlichen Zwecke vereinigen sich

514 Ebd., Bd. 1, S. 33f.
515 Ebd., Bd. 1, S. 39.
516 Ebd.
517 Ebd., Bd. 1, S. 33.
518 Ebd., Bd. 1, S. 36.
519 Ebd., Bd. 1, S. 35.

wieder in dem allgemein menschlichen Zwecke der Kultur: die Menschennatur durch die persönliche Entwicklung, den Verkehr und die Folge der Individuen in der Geschichte des Geschlechts mit Bewußtsein und Freiheit zur Darstellung zu bringen«[520]. Erhebliche Abweichungen von der Linie der Normalität haben für das Individuum, wenn alle Erziehungsversuche scheitern sollten, handfeste negative Konsequenzen (wie noch zu sehen sein wird[521]).

Die normative Meßlatte der Kultur ist die *Sittlichkeit*. Die Entwicklung der Kultur setzt ein, wenn die Menschen sich ihrer selbst bewußt werden, über ihr eigenes Tun reflektieren. Ist Natur der unbewußte, so Kultur der bewußte Prozeß des menschlichen Lebens. Er beruht auf dem »bewußten, verständigen, methodischen Willen«[522], indem die Menschen sich Zwecke setzen und nach ihnen handeln. Das Reich der Zwecke ist die Sittlichkeit. Es ist das Reich der Freiheit des Menschen, und die Prinzipien der Freiheit sind das positive Element der Politik.

In der Entfaltung seines Freiheitsbegriffs nimmt Fröbel die Ambivalenz seiner Bestimmung des Individuums auf und führt sie konkret aus. Das Individuum verwirklicht die allgemeine Menschennatur seines Ichs in der je charakteristischen Form der normalen menschlichen Individualität. Entsprechend geht das Freiheitsverständnis zunächst von der autonomen Zwecksetzung des Menschen aus: »Der Mensch ist um seiner selbst willen da, ist sich selbst sein Zweck.« »Die Bestimmung des Menschen ist, Mensch zu sein.«[523] Der Mensch kann seine Bestimmung nur auf individuelle Weise erfüllen. Aber das Individuelle ist eben ambivalent; es ist darauf ausgerichtet, am Bildungsprozeß der Menschheit mitzuwirken. »Wo der bewußte Mensch die Interessen seiner Individualität geltend macht, sind es die der idealen Geschlechtsnatur in ihm. Was für das Individuum das Normale ist, wird für alle das Gemeinsame und Allgemeingültige (!G.G.)... Das Ziel ist ein gemeinsames und allgemeines, aber der Weg ist für jeden ein besonderer, weil der Ausgangspunkt für jeden ein anderer ist.«[524]

Die Freiheit des Menschen besteht in erster Linie darin, seine »ideale Geschlechtsnatur« zu verwirklichen. Sodann bleibt ihm noch die nachgeordnete Freiheit, die dafür geeigneten Mittel entsprechend seinen eigenen Anlagen, Interessen und Fähigkeiten zu wählen: »Der *persönliche Zweck* jedes Menschen kann demnach kein anderer sein als der, in seiner individuellen Entwicklung zur normalen Individualität zu gelangen und *durch* seine individuelle Entwicklung die historische Natur des Geschlechts darstellen zu *helfen*. Der persönliche Zweck des Menschen also ist der *subjektive und objektive persönliche Kulturzweck*.«[525] Damit auch kein Zweifel über den Vorrang des Objektiven vor dem Subjektiven, des Allgemeinen vor dem Besonderen in der indivi-

---

520 Ebd., Bd. 1, S. 68; der gesamte Satz nach dem Doppelpunkt im Original hervorgehoben.

521 Teleologische Ausrichtungen, die gezielt über die Entfaltung des Individuums hinausgehen, lassen sich stets auch den Ausweg offen, negativ bewertete Entwicklungen so umzudeuten, daß sie – entgegen der subjektiven Intention der Handelnden, also gewissermaßen »hinter dem Rücken« der Individuen – den objektiven Zweck befördern, ohne daß die Individuen selbst es wissen oder wollen. Damit läßt sich operieren, wenn reale Entwicklungen das subjektive Kulturziel nicht erkennen lassen. Einen solchen Ausweg benutzt auch Fröbel zur historischen, ja selbst zur anthropologischen Begründung seiner Entwicklungsperspektive.

522 Julius Fröbel, System der sozialen Politik (Anm. 509), Bd. 1, S. 44.

523 Ebd., Bd. 1, S. 52 u. S. 53.

524 Ebd., Bd. 1, S. 57.

525 Ebd., Bd. 1, S. 67.

duellen Zweckbestimmung des Menschen aufkommt: Der subjektive und objektive Kulturzweck ist »der *allgemeingültige* Endzweck, welcher wieder nichts anderes ist als der subjektive und objektive Kulturzweck, nur nicht mehr als Zweck der Person, sondern als *Zweck des Geschlechtes in der Person,* mithin Zweck für *jeden,* für *alle*«[526]. Auf der Ebene der Zwecke ist der Mensch als Individuum ausgerichtet auf das Allgemeine, Höherwertige – politisch ist das die *Assoziation* der Menschen; die verbleibende Autonomie in der Mittelwahl ist in die *Organisationsform* des Gemeinwesens dergestalt umzusetzen, daß die Maßgabe der Individualität gewahrt bleibt, solange die Normalität der Bürger dem Endzweck des Gemeinwesens genügt[527].

Das Reich der Zwecke und der Freiheit des Menschen wird weiter normativ aufgeladen. Fröbel bestimmt Sittlichkeit des näheren als Verbindung von Recht, Moralität und Gutem – ein Verbund, der dem liberalen Denken in Deutschland völlig fremd ist. »Sittlichkeit« meint nicht nur das Reich der Zwecke, die den Geboten praktischer Vernunft unterliegen (Kant) oder die substantielle Einheit eines Gemeinwesens (Hegel), sondern »das Verhalten des Menschen zum Endzwecke, daß seine einzelnen Zwecke sich diesem unterordnen«[528]. Sittlichkeit ist handlungsleitend für alle Individuen auf den Endzweck der Entwicklung der Menschennatur hin ausgerichtet, und zwar so, daß das Gute ihr Inhalt, Recht und Moral ihre Formen sind, die nur zusammen und als Zusammenhang erfaßt werden können. Die Verbindung von Recht und Moral widerspricht dem Kantisch-liberalen Denken, und auch eine dialektische Entwicklung der Negation und des Ineinander-Übergehens im Hegelschen Sinne ist nicht Fröbels Sicht.

Moral bedeutet bei Fröbel, daß der Zweck der Handlung der eigene Zweck des Menschen ist. Dabei bedingen sich Moralität und Sittlichkeit gegenseitig. Moralisch kann das menschliche Handeln nur sein, wenn es auf den sittlichen Endzweck – also auf die Darstellung der Menschennatur durch die Verwirklichung der normalen menschlichen Individualität – hin ausgerichtet ist; umgekehrt kann ein Zweck nur sittlich sein, wenn es der »eigene freie Zweck der Person ist, die ihm dient«[529]. *Recht* bedeutet »die Herrschaft eines bestimmten von uns gehegten Zweckes über seine bestimmten Mittel«[530], also Berechtigung zum Handeln im Sinne der Legitimität der eingesetzten Mittel. Wenn auf diese Weise alle legitimen Mittel für den Endzweck mobilisiert sind, ist das Recht »absolut«, nämlich »vollständig der Sittlichkeit untergeordnet«[531]. Indem so die Moralität den Aspekt der eigenen freien Zwecksetzung, das Recht die Legitimität der eingesetzten Mittel in der Sittlichkeit bedeutet, ist »die Moral die *innere,* das Recht die *äußere Form der Sittlichkeit*«[532].

---

526 Ebd., Bd. 1, S. 69.

527 Das sind die häufig zitierten zwei großen konstitutiven Prinzipien der Politik: 1. Die Allgemeinheit der Menschennatur bedingt die Einheit und Gemeinschaft des Endzwecks für *alle*. 2. Die individuelle Verschiedenheit der quantitativen Bestimmungen, oder die Besonderheit und Ungleichheit der Kräfte, gibt die Besonderheit der Mittel für *jeden* (ebd., Bd. 1, S. 69). Ohne die Entfaltung des ambivalenten Individualitätsbegriffs bleiben die beiden der Demokratietheorie zugrundeliegenden Prinzipien völlig unverständlich.

528 Ebd., Bd. 1, S. 70.

529 Ebd., Bd. 1, S. 72.

530 Ebd., Bd. 1, S. 79.

531 Ebd.

532 Ebd., Bd. 1, S. 81.

Im Gegensatz zur liberalen, von Kant ausgehenden Trennung des Inneren und des Äußeren, der Legitimität und der Legalität, sind Moral und Recht bloße Aspekte eines jeden als sittlich zu qualifizierenden Handlungszusammenhangs. Das Verbindende ist der »Inhalt der Sittlichkeit überhaupt«, das *Gute;* es ist der genuine Inhalt »sowohl der Moral als auch des Rechts«[533]. Bemerkenswert ist, wie Fröbel hier das Gute geradezu »funktionalistisch« einbringt: »Gut« ist zunächst, was ganz utilitaristisch den Zwecken des Individuums nützt. Damit ist es dann aber – was in Fröbels Verständnis des Individuums immer enthalten ist – ausgerichtet auf den sittlichen Endzweck als allein »wahren« Zweck, der alle anderen Zwecke diskriminiert: »Was unserem Zwecke dienlich, ist in dieser Beziehung für uns *gut*; als Sache – *ein Gut.* Die Gesamtheit unserer Güter ist die Gesamtheit der Mittel für unseren Zweck. Es sind aber alle unsere Zwecke, d. h. alle die Zwecke, welche wir mit Bewußtsein und Einsicht hegen können, alle unsere *wahren* Zwecke, dem Endzweck untergeordnet. Alle unsere wahren Güter sind also sittliche Güter. Die Gesamtheit dieser ist *das Gute*, welches also alle unseren wahren Güter in sich schließt. Meinen wir, es sei etwas gut *für uns,* was nicht gut im allgemeinen ist, so sind wir im Irrtum. Solche Irrtümer nicht aufkommen zu lassen, oder zu beseitigen, ist die Aufgabe der sittlichen Erziehung.«[534]

So sind einerseits alle materiellen »Güter« als Mittel für die Zwecke des Individuums legitimiert, andererseits aber ebenso relativiert, wenn sie nicht »wahren« Zwekken entsprechen. Und im Recht geht es nicht allein um Recht oder Unrecht, um die Frage der Gerechtigkeit, sondern um die Ausrichtung des Menschen auf das Gute in einem viel umfassenderen, im landläufigen Verständnis eher »moralischen« Sinn: »Recht nimmt Partei für das *Gute* gegen das *Böse*.«[535]

Individuum, Staat und Eigentum

Der Verbund von Sittlichkeit, Moralität, Recht und Gutem führt in menschlichen Gemeinschaften zum *Staat*. Erkennen die Individuen gegenseitig ihre Rechte an, so entsteht ein »Rechtsverhältnis«, und wenn alle das Rechtsverhältnis unter einen gemeinsamen obersten Zweck stellen, entsteht eine »Rechtsgemeinschaft«, die eben auf einer »Zweckgemeinschaft« beruht[536]. Wenn nun eine »Rechtsgemeinschaft ihren obersten Zweck bis zur Herrschaft über die gesamten Lebensinteressen ihrer Glieder«[537] ausdehnt, wobei der Rechtszustand formell festgestellt, nach innen in Geltung gehalten und nach außen verteidigt wird, so ist dieser Gesamtwille souverän. Damit

533 Ebd.
534 Ebd., Bd. 1, S. 74f.
535 Ebd., Bd. 1, S. 120f. Vgl. dort wiederum die merkwürdige Beweisführung: »Ein Mittel, sofern es sich als dienlich erweist, ist ein *Gut.* Das Recht also sichert den *Besitz der Güter*, als Recht überhaupt sichert es uns *das Gute überhaupt,* nämlich den Inbegriff alles Guten, alles dessen, was die Güter zu Gütern macht . . . Die Wirkung des Rechts als der Herrschaft des allgemeinen Zwecks der Kultur, als der Herrschaft des guten Zwecks, ist äußerer Schutz der Sittlichkeit durch Sicherung des Besitzes der wahren (!G.G.) Güter« (ebd.).
536 Ebd., Bd. 1, S. 86.
537 Ebd., Bd. 1, S. 113.

wird die Gesellschaft »eine *souveräne Gesellschaft, d. i. ein Staat*«[538]. Der Staat ist so, wie bei Hegel, eine Gestalt der Sittlichkeit und auch für Fröbel geradezu selbstverständlich die höchste gesellschaftliche Einheit. Sein radikal-demokratisches Denken richtet sich nicht gegen die Existenz des Staates – dieser ist vielmehr sittlich begründet und notwendig. Er hat auch kein Mißtrauen gegenüber dem Staat. Er plädiert nur für eine demokratische Organisation, die den einzelnen nicht von der Staatsgewalt abtrennt, sondern vielmehr sein privates Leben zugleich als politisches Leben zu führen erlaubt.

Fröbels Begründung des Staates im Ausgang von der Autonomie des Individuums ist nämlich ebenso ambivalent wie seine Konzeption der Individualität, die ja nichts anderes als auf den Endzweck bezogene »normale« menschliche Individualität sein soll. Auf der einen Seite setzt der Endzweck, die Darstellung der allgemeinen Menschennatur, einen »Urzweck oder Anfangszweck« voraus, welcher erst Individualität ermöglicht: den Zweck, »sich selbst für sich selbst Zweck zu sein«[539]. »Die Herrschaft dieses Zwecks ist das *Urrecht* ... das Recht, sich selbst zum eigenen Zweck zu haben... Es ist die Voraussetzung der ganzen sittlichen Weltordnung.«[540] Aus diesem Urrecht ergeben sich die *Menschenrechte,* die alle auf dem Grundsatz beruhen, daß das Recht, sich sein eigener Zweck zu sein, um der Herrschaft des gemeinsamen Endzweckes willen von allen anderen in gegenseitiger Solidarität anerkannt und gestützt wird. Das schließt – durchaus in einem materiell-rechtlichen Sinn – die Sicherung der inneren und äußeren Bedürfnisse der Individuen mit ein, soweit sie den Forderungen der Sittlichkeit entsprechen.

Auf der anderen Seite kann die Sicherung dieser Individualität, weil es dabei stets um die allgemeine Menschennatur geht, nicht allein »individualistisch« verstanden werden. Sie läßt keine Trennung von Öffentlichem und Privatem, Politischem und Nicht-Politischem zu, sondern beruht vielmehr auf der Aufhebung dieses Gegensatzes. Fröbel will das Privatleben nicht einfach eliminieren. Es wird »als individuelle Existenz wohl unvermeidlich bleiben«[541]. Aber dieser Vorbehalt richtet sich nur gegen den von ihm abgelehnten Sozialismus, dem er – im Gegensatz zu seiner eigenen Position – das kollektivistische Ziel der Realisierung des »Gattungsmenschen« unterstellt. Tatsächlich sollen Privatleben und Leben der Gemeinschaft ineinanderfließen, »das Leben des einzelnen soll von den Interessen aller erfüllt sein«[542]. Das ist kein einfaches und letztlich unüberbrückbares Spannungsverhältnis, wie es der Liberalismus sieht. Das Private soll gewahrt bleiben, aber eben doch zugleich und vor allem im Politischen aufgehen: »Jedes Sozialsystem ist als unsittlich zu verwerfen, von welchem das individuelle Leben unterdrückt werden soll ... Aber erst wenn der Separatismus und die Heimlichkeit des Privatlebens aufgehoben sind, wenn aus den Privatmenschen wahre politische Menschen geworden sind, erst dann können die Individuen wahrhaft frei sein.«[543]

---

538 Ebd.; vgl. Bd. 2, S. 2.
539 Ebd., Bd. 1, S. 94.
540 Ebd.
541 Ebd., Bd. 1, S. 555.
542 Ebd.
543 Ebd., Bd. 1, S. 556. Fröbel kann sich hier nur deshalb vom Sozialismus absetzen, weil er ihn – in eher vulgärmarxistischem Sinn – als reinen Kollektivismus versteht. Tatsächlich geht er in der (bedingten, s. u.) Anerkennung des Eigentums und des Staates ganz andere Wege

Infolgedessen kann für Fröbel auch die Unterscheidung von *Staatsrecht* und *Privatrecht* auf Dauer nicht bestehen. Bezeichnet das Privatrecht die individuellen Rechte der Bürger, das Staatsrecht das öffentliche Interesse, so liegt in ihrer Entgegensetzung für ihn eine unerträgliche Spannung. Letztlich wird das Privatrecht aufgehoben werden. Es wird entfallen, wenn »der Staat zum Bewußtsein und zur Erfassung des allgemeinen Kulturzwecks und zur Einsicht der diesem selbst ganz entsprechenden Einordnung aller individuellen Zwecke gekommen ist«[544], wenn also der Staat die berechtigten Belange der Individuen so aufnimmt, daß es der institutionellen Sicherung von Freiräumen der Individuen nicht mehr bedarf. Das ist das Ziel der sittlichen Entwicklung. Für die Übergangszeit will Fröbel liberale Positionen beibehalten. Solange die Rechte der Bürger und das öffentliche Interesse noch nicht in eins fallen, wäre die Aufhebung des Privatrechts »nicht Absorption ... sondern Unterdrückung desselben, nicht die Verwirklichung, sondern die Unterdrückung der Freiheit«[545]. Solange gelten persönliche Rechte noch als »gute« Rechte, wenn nur nicht »das Individuum seine Interessen selbst mißversteht und sie damit in eklatanten Widerspruch mit dem allgemeinen Interesse setzt«[546]. Schon für die Übergangszeit sind berechtigte Einzelinteressen und das Gesamtinteresse nicht säuberlich voneinander abgegrenzt und untereinander ausbalanciert; Vorrang hat bereits das Gesamtinteresse.

Diese Ambivalenz kennzeichnet Fröbels Lehre vom *Eigentum*. Eigentum ist rechtmäßiger Besitz, aber daß der Besitz vom Recht geschützt wird, ist nicht im Sinne des Liberalismus zu verstehen. Weil das Recht die Herrschaft des Zweckes über die Mittel ist, sichert es den Besitz als ein Gut, welches materiell für die Erreichung des Kulturzwecks erforderlich ist. Eigentum ist somit nicht im Sinne einer bloß negativen »bürgerlichen Privat-Freiheit« dahingehend gewährleistet, daß es die anderen von der Benutzung ausschließt. Fröbel geht es um die »positive politische öffentliche Freiheit«, daß jeder einzelne »nach Maßgabe seiner Individualität dem Kulturzweck zu leben« vermag[547], und deshalb – aber auch nur zu diesem Zweck! – kommt ihm Eigentum zu. Der Mensch besitzt rechtmäßig ein Haus »nicht weil es *sein* ist, nicht weil er es *hat,* sondern weil ihm als Menschen eine Wohnung *zukommt* – indem er also auch sein Haus nicht *verlieren kann*, weil die Gesellschaft ihm, wenn es verbrennt oder einfällt, zu einem anderen verhelfen muß«[548].

Die Einbindung des Eigentums in den »positiven« Freiheitsbegriff ist vom Ansatz her etwas anderes als die Sozialpflichtigkeit des Eigentums im Grundgesetz (Art. 14, 2 GG), die einen Kompromiß zwischen der Gewährleistung des individuellen Grundrechts auf Eigentum und den Belangen der Allgemeinheit darstellt. Eigentum ist von Fröbel nicht vom Individuum, sondern von der Gesellschaft her gedacht: »Sichert mithin das wahre positive Recht die wahre positive Freiheit, so sichert es den Besitz der Mittel für die kulturmäßige individuelle Entwicklung durch öffentliche Zuteilung

---

als Marx. Die hier vorgenommene Rekonstruktion seines Verständnisses des Individuums soll allerdings deutlich machen, daß seine darauf aufbauende radikal-demokratische Position von den Problemen des Kollektivismus alles andere als unberührt bleibt.

544 Ebd., Bd. 1, S. 119.

545 Ebd.

546 Ebd., Bd. 1, S. 90.

547 Ebd., Bd. 1, S. 122.

548 Ebd., Bd. 1, S. 123.

und Assekuranz der Güter, welche für diese Entwicklung erforderlich sind.«[549] Der Weg dorthin erfordert »die Umwandlung des Eigentums als eines Besitzes, der die Quelle seiner Rechtmäßigkeit im Privatrecht hat, in das Eigentum als einen Besitz, der die Quelle seiner Rechtmäßigkeit im Staatsrecht hat«[550]. Damit wird der Besitz der Güter zur »Angelegenheit aller Staatsangehörigen, also zur Staatssache«[551]. Das Recht auf Güter als Produkt menschlicher Arbeit führt zugleich »auf natürliche Weise« für jedermann zur Pflicht der Arbeit. Jedes Eigentum ist nur ein »Lehen der Staatsgesellschaft«[552], und nach dem Tode des Besitzers fällt es wieder an die Öffentlichkeit zurück; jede Vererbung ist nach sittlichen Maßstäben ausgeschlossen.

Ideale und reale Entwicklung

Es bleibt die Frage, wie Fröbel alle diese Grundvorstellungen in seiner *Entwicklungsperspektive* als realisiert oder als realisierbar ansieht. Von der ganzen Anlage seines politischen Denkens her ist Fröbel kein Utopist. Er versucht, Idealvorstellungen und reale Bedingungen zusammenzubringen und seine Konzeption gerade aus der Verbindung beider zu entfalten. Das wird besonders deutlich in der Ambivalenz seines Begriffs vom Individuum. Die Entfaltung des Individuums in einer Gesellschaft, die als freie dem Individuum selbst positive und nicht nur abgrenzend negative Freiheit gewährt, sieht Fröbel als einen Prozeß der Entwicklung, der sich vollziehen muß und auch tatsächlich sukzessive vollzieht, weil er die im Menschen und im menschlichen Zusammenleben angelegte Sittlichkeit verwirklicht. Er verläuft auf gesamtgesellschaftlicher Ebene als »Geschichte« und für die Individuen, die an ihr – bedingt durch ihre endliche Lebensspanne – nur limitiert teilhaben, als ihr persönliches »Schicksal«. Auf beiden Ebenen ist die Entwicklung, weil einerseits teleologisch, zweckgerichtet vorgestellt, andererseits als realer Vorgang aufzuweisen, höchst ambivalent. Den bisher konstatierten Ambivalenzen fügt Fröbel hier weitere hinzu.

Einerseits geht es *idealiter* um die Entwicklung von der Natur zur Kultur. Auf gesamtgesellschaftlicher Ebene ist es der Zweck des Geschichtsverlaufs, die »allgemeine Menschennatur« zu verwirklichen. Zweck der Entwicklung des Individuums ist es, an ihrer umfassenden Darstellung durch Ausbildung jeweils »normaler Individualität« mitzuwirken. Beides bleibt als normative Vorgabe ziemlich abstrakt.

Aber Fröbel will diese zweckgerichtete Entwicklung auch *realiter* auffassen, und hier wird sie nun andererseits ziemlich konkret – freilich um den Preis, daß sein gesamtes Entwicklungskonzept nun hin- und hergerissen erscheint zwischen dem sittlichen Endzweck und der Macht der Tatsachen, und zusammengehalten lediglich von der optimistisch-vertrauensvollen Diagnose, daß beides wohl zusammenstimme. Im *System der sozialen Politik* (wie später in der *Theorie der Politik*) ist das Recht erst die letzte und höchste organisierende Kraft der Gesellschaft; diese beruht zwar auf gemeinsamen Zwecken, aber damit sie zur Wirkung kommen, müssen sie organisiert werden, und das leistet zunächst die *Gewalt*. Mit ihr beginnt die Organisation der

549 Ebd.
550 Ebd., Bd. 1, S. 124.
551 Ebd., Bd. 2, S. 326.
552 Ebd., Bd. 2, S. 400.

Gesellschaft: »Die Gewalt einer vorherrschenden Kraft, welche ein Wirkung *erzwingt*, ist ... der erste Schritt zur Ordnung und Zivilisation. Durch sie wird das Bestehen der Gesellschaft zunächst überhaupt gesichert.«[553]

Der Gehorsam gegenüber der Gewalt muß auf Dauer zur Gewöhnung werden; die erforderliche Verinnerlichung leistet als zweite historische Stufe die *Autorität*, vornehmlich in Form der Religion; sie gibt die wahre Regel gesellschaftlicher Ordnung in Form von Geboten, Sitten und Dogmen vor, und hier liegt für Fröbel auch die kulturhistorische Bedeutung der Kirche. Überzeugungen auf der Grundlage allein von Autorität sind allerdings weiterhin der Ausdruck von Fremdbestimmtheit des Individuums, nur daß die Leitung durch äußere Gewalt nun in das Innere des Menschen verlegt ist. Die Emanzipation von geistlichen und geistigen Autoritäten – in der Reformation und in der Aufklärung – begründet zunächst die negative Freiheit, sich von Außeneinflüssen abzulösen, und leitet über – jedenfalls entsprechend dem Entwicklungsoptimismus von Fröbel – zur »positiven Freiheit« der Sittlichkeit: »Die Autorität ist nur eine Übergangsform in der organisierenden Kraft. Das Zweckbewußtsein der Menschen bildet sich immer mehr aus und klärt sich auf. Die allgemeinen Zwecke, unter deren Herrschaft einzelne Zweckgemeinschaften stehen, werden mehr und mehr von den Forderungen der Sittlichkeit durchdrungen.«[554]

Organisierende Kraft ist jetzt das *Recht*, wie Fröbel es emphatisch faßt: »Seine Aufgabe wird die Organisation des freien Willens und der freien Tätigkeit unter der Herrschaft des sittlichen Endzwecks.«[555] Zu dieser dritten Stufe gehört auch der Gesellschaftsvertrag, aber nicht als dominierendes Legitimationsmuster der staatlichen Vereinigung wie in liberalen Gesellschaftstheorien, sondern als Grundlage der auf Übereinstimmung beruhenden rechtlichen Organisation einer bereits bestehenden Zweckgemeinschaft; die Entstehung von Staaten kann er selbst nicht erklären[556].

Ob dieses teleologische Drei-Stadien-Modell historisch stimmig ist, tut wenig zur Sache, denn Fröbel setzt in der Hereinnahme von Realität in seine idealisierenden Vorstellungen noch grundsätzlicher an. Es ist ihm *anthropologisch* klar, »daß das ganze Leben der Gesellschaft vom *Egoismus*, d. h. *von den Interessen der einzelnen Persönlichkeiten* ausgehen muß, und daß die Gesellschaft in ihrer vollkommensten Ausbildung nichts anderes werden kann als die mit Klarheit durchgeführte Assoziation und Organisation des Egoismus aller«[557]. Der Egoismus ist untrennbar mit den natürlichen Grundbedürfnissen verbunden, mit Hunger und Liebe. »Hunger und Liebe – leibliches und geistiges Bedürfnis – schaffen und erhalten die menschliche Gesellschaft, und der Sittlichkeit bleibt es nur überlassen, diese natürlichen Triebe anzuerkennen, dieselben zu zusammenhängenden Zwecken zu steigern, und nach diesen Einheit und Ordnung in die Gesellschaft zu bringen.«[558] Es kommt also nur darauf an, daß »der Gegensatz zwischen Egoismus und Sittlichkeit aufgehoben wird«. Und da ist Fröbel sehr zuversichtlich, denn »diese Bewegung ist unaufhaltsam, weil sie ihre natürliche Notwendigkeit hat«[559]. Da gibt es nichts, was die fortschreitende

553 Ebd., Bd. 1, S. 479.
554 Ebd., Bd. 1, S. 489.
555 Ebd., Bd. 1, S. 484.
556 Vgl. ebd., Bd. 1, S. 85ff., S. 472ff., S. 499.
557 Ebd., Bd. 1, S. 460f.
558 Ebd., Bd. 1, S. 466.
559 Ebd., Bd. 1, S. 467.

Verbindung egoistischer Bedürfnisse mit der Sittlichkeit aufhalten könnte: »Wo im einzelnen, und sei es in noch so großem Maße, gegen den Geist dieser fortschreitenden Verbindung gesündigt wird, müssen selbst diese Sünden dem Fortschritt dienen.« »Unter dem Scheine des Individualismus oder Egoismus wirkt also die ideale Natur des Geschlechtes als allgemeiner innerer Entwicklungstrieb und bestimmt den vernünftigen Sinn aller individuellen Bedürfnisse.«[560] Fröbel führt die Realität auf anthropologische Grundbefindlichkeiten und historische Entwicklungen zurück und unterstellt sie der teleologischen Zweckbestimmung des Menschengeschlechts – in Wendungen, die stark an Marx erinnern: »Zu jeder Zeit sind *die* Überzeugungen die herrschenden, welche nach dem herrschenden Grade von Bewußtsein und Freiheit zur Zusammenhaltung der Gesellschaft erforderlich sind, und die entgegengesetzten werden unterdrückt werden... Hat aber umgekehrt ein Zustand der Gesellschaft nicht mehr die Kraft, die ihm widerstreitenden Überzeugungen zu unterdrücken, so wachsen diese gegen ihn zur Macht an und werden endlich ihrerseits den gesellschaftlichen Zustand umändern.«[561]

Zu seiner Zeit, in der Mitte der vierziger Jahre des 19. Jahrhunderts, kurz vor der Revolution von 1848, sieht Fröbel einen solchen welthistorischen Wendepunkt zur Realisierung des Kulturzwecks der Menschheit erreicht. Teleologischer Fortschrittsgedanke und reale historische Veränderung scheinen ihm auf einen gemeinsamen Kulminationspunkt zuzusteuern. Die Benachteiligten lassen sich durch die Tröstungen der Religion nicht mehr hinhalten, »für den Fortschritt der Welt ist aber wichtig geworden, *daß gerade diesen die Geduld ausgehe*«[562]. Die Sklavenfrage in den USA ist Vehikel für die Umgestaltung der gesamten abendländischen Gesellschaft, denn sklavenähnliche Verhältnisse herrschen auch in den modernen europäischen Staaten: »Erledigt ... kann die Sklavenfrage in ihrer ganzen Ausdehnung – ihrer Ausdehnung auf alle teilweise Sklaverei, wie sie in den modernen europäischen Staaten in der *Dienstbarkeit der Armen* und im *eigentlichen Proletariat* besteht – nur dadurch werden, daß das öffentliche Recht ganz unter die Herrschaft des letzten sittlichen Zwekkes gestellt und damit die Freiheit eines jeden zum ersten aller öffentlichen Interessen gemacht wird. Erledigt kann die Sklavenfrage in ihrer Ausdehnung nur dann werden, wenn der Unterschied zwischen Privatrecht und Staatsrecht verschwunden ist.«[563] Reformen sind überfällig; nur eine »allmähliche Absorption des Privatrechts durch das *wahre öffentliche Recht*«[564] kann die drohende Revolution verhindern. Diese aber ist legitim, wenn Reformen nicht greifen: »Es ist und bleibt das natürliche Recht jedes einzelnen, sich *volle* Anerkennung seiner gleichen Ansprüche an das Recht, *vollständige* Rechtsgleichheit nötigenfalls mit Gewalt zu verschaffen.« Denn: »*Die Revolution ist rechtmäßig, die Reaktion ist unrechtmäßig*.«[565] Kurze Zeit später gibt es die revolutionäre Situation, und Fröbel beteiligt sich aktiv an dem Versuch der grundlegenden politischen Umgestaltung, als »Demokrat« auf der äußersten Linken der Liberalen. Bekanntlich scheitert die 48er-Bewegung, und Fröbel muß ins Exil in die USA gehen.

560 Ebd., Bd. 1, S. 467 u. S. 34.
561 Ebd., Bd. 1, S. 58.
562 Ebd., Bd. 1, S. 61.
563 Ebd., Bd. 1, S. 107.
564 Ebd., Bd. 1, S. 109.
565 Ebd., Bd. 1, S. 109 u. S. 111.

Aber die Problematik beginnt bereits im Theoretischen, welches Fröbel eine so feste Handlungsfundierung zu geben schien. Die Ambivalenz seines historischen und anthropologischen Entwicklungskonzepts – einerseits ein normativer teleologischer Entwurf, andererseits reale, in diesen hineinzuinterpretierende Entwicklungen – hat er durchaus nicht überwunden. Er bringt nur plausible und weniger plausible Argumente für ihre Verbindung bei. Daß beides so nicht – auch theoretisch nicht – zusammenpaßt, weil die reale Entwicklung sich schwerlich auf eine normative Vorgabe hin zurechtinterpretieren läßt, hat Fröbel später in seiner revidierten Konzeption selbst gesehen: »... erschien mir die Abhängigkeit des Gedankens von der Wirklichkeit damals noch in der Form eines abstrakten Gegensatzes, in welchem der Gedanke allein das Recht auf seiner Seite hatte. Zu der Einsicht, daß der Wirklichkeit ebenfalls eine sittliche Bedeutung innewohnt, zu der Erkenntnis, daß die Unausführbarkeit unserer Theorien ein Fehler dieser Theorien und nicht ein Fehler der Welt ist, – zu dieser Einsicht und Erkenntnis, so einfach sie zu sein scheint, gelangte ich allmählich erst später.«[566]

Wenn Fröbel hier scheinbar eine völlige Kehrtwendung vollzogen hat, so zeigt ein genaueres Studium des Argumentationsganges in den grundlegenden Passagen des *Systems der sozialen Politik,* daß diese Kehrtwendung in den Ambivalenzen des ersten Entwurfs bereits angelegt und somit theoretisch ohne einen wirklichen Neuansatz zu vollziehen war. In der Ambivalenz der idealen Entwicklung von der Natur zur Kultur und der realen Entwicklung aufgrund der natürlichen und historischen Tatsachen bedarf es nur einer Gewichtsverlagerung zugunsten der letzteren – und die vorgestellte Verbindung beider verblaßt zu einem Wunschgebilde. Diese Gewichtsverlagerung hat Fröbel aufgrund seiner persönlichen Erfahrungen nach 1848 vollzogen. Darüber hinaus ist seine radikal-demokratische Position mit der Ambivalenz der Individualität im Sinne einer liberalen Entfaltung des Individuums und seiner kollektiven Einbettung in die sittlich bestimmte Gesellschaft verbunden. Auch hier bedurfte es nur einer Gewichtsverlagerung im Verhältnis beider Komponenten, um von der radikal-demokratischen zu einer etatistischen, konservativ-autoritären Position zu gelangen. Das schmälert nicht den Reiz seines radikal-demokratischen Entwurfs, rückt ihn aber von seinen Fundamenten her ins Zwielicht. Beiden, dem Reiz und dem Zwielicht, soll in Fröbels Demokratietheorie noch ein wenig näher nachgegangen werden.

Die Theorie der Demokratie

Man muß die Einordnung des Individuums in höhere Zwecke, welche zur normativ aufgeladenen Vorstellung der »normalen Individualität« führt, vor Augen haben, wenn Fröbel vermittels des Zweckgedankens Demokratie begründet. Ein »wahrer Staat« kann letztlich nur eine Demokratie sein. Fröbel trennt nicht – wie auch Rotteck nicht – zwischen Staat und Gesellschaft; aufgrund seiner Prämissen erhält die Bestimmung des Staates allerdings im Vergleich zu Rotteck eine ganz andere Dynamik.

566 Julius Fröbel, Theorie der Politik als Ergebnis einer erneuerten Prüfung demokratischer Lehrmeinungen, 2 Bde., Wien 1861 und 1864, Reprint Aalen 1975, Bd. 1, S. VIII.

Jede Gesellschaft ist eine Zweckgemeinschaft; der Staat ist eine souveräne Zweckgemeinschaft. In der Souveränität müssen das Recht – die Herrschaft des eigenen Zwecks – und die Macht – das tatsächliche Durchsetzungsvermögen – miteinander verbunden sein. Als eine solche Zweckgemeinschaft kann der Staat nur dann gelten, wenn er aus gleichberechtigten Bürgern besteht; so kann die Souveränität niemals nur einem einzelnen, etwa einem Fürsten, zukommen. Die Gleichberechtigung kann sich auch nicht nur in der Gleichheit vor den Gesetzen erschöpfen; vielmehr müssen die Bürger an ihrer Aufstellung mitgewirkt haben. Der Staat reicht »nur soweit . . . als die Souveränität *gemeinsames* Recht und *gemeinsame* Gewalt ist. *Wer an derselben keinen Anteil hat, gehört aus eben diesem Grunde nicht mit zum Staate*.«[567] Wenn also Souveränität als Kriterium des Staates notwendig die Gesamtheit der Individuen umfaßt, so sind »Staat und Demokratie . . . gleichbedeutende Begriffe«. Der Staat ist die »aus sich selbst organisierte und die regierte Gesellschaft«, und Souveränität ist ein unveräußerliches »Urrecht« für die Gesamtheit aller ihrer Glieder[568].

Bei der Gleichsetzung von (wahrem) Staat und Demokratie macht Fröbel eine Konzession. Entscheidend in der Zweckgemeinschaft ist die Einheit des Willens, bezogen auf ihren »Hauptzweck«; diese »um jeden Preis« herzustellen und aufrecht zu erhalten ist Aufgabe der Regierung. Sie schafft die Einheit künstlich, wenn von den Individuen der Zusammenhang ihrer eigenen Zwecke »mit dem herrschenden allgemeinen (Zweck) noch nicht begriffen und anerkannt ist«. So kann historisch ein Gegensatz zwischen Volk und Regierung bestehen, und doch handelt es sich um einen »wahren Staat«, nämlich um eine Republik im Gegensatz zur Despotie, wenn nur die »Idee« einer Gesellschaft zugrundeliegt, die sich »aus eigener Machtvollkommenheit konstituiert und organisiert«. Übergangsformen sind die »monarchische Republik, in welcher *einer* durch den Willen aller regiert« (die konstitutionelle Monarchie), und die Aristokratie, in der schon eine größere Anzahl von Menschen die Konsequenz der aktiven Mitwirkung an der Regierung zieht. Fröbel nimmt hier die klassische Staatsformenlehre auf, fügt sie aber sogleich voller Zuversicht in sein teleologisches Entwicklungsdenken ein. In einer etwas absonderlichen Abfolge sind konstitutionelle Monarchie und Aristokratie historische Stufen der Entwicklung zur »konstituierten Gesellschaft«, und »in der Demokratie endlich hat sich das Reich der Sittlichkeit wirklich konstituiert«[569].

Aufgabe der Demokratie ist die innere Organisation des Reiches der Sittlichkeit, um den Gesamtwillen der Gesellschaft hervorzubringen. Das regelt die Verfassung. Eine demokratische Verfassung verlangt zunächst eine grundsätzliche Trennung der Staatsgewalten nach ihrer gesetzgebenden, richterlichen und vollziehenden Funktion sowie ein Föderativsystem nach dem Vorbild der USA, wo die Bürger in den Gemeinden, den Einzelstaaten und der Union jeweils unmittelbar an der Bildung der »reellen Willenseinheit« beteiligt sind[570]. Kernstück der demokratischen Verfassung ist die Gesetzgebung durch das Volk. Sie ist von Fröbel freilich erheblich komplexer konzipiert, als es aus der Programmatik der Demokratie zu erwarten wäre. Fröbel nimmt sowohl liberale als auch demokratische Forderungen auf. Die Beratung und

567 Julius Fröbel, System der sozialen Politik (Anm. 509), Bd. 2, S. 8.
568 Ebd., Bd. 2, S. 7, S. 12, S. 14.
569 Ebd., Bd. 2, S. 59f. und S. 67f.
570 Ebd., Bd. 2, S. 235ff.

die Beschlußfassung in der Gesetzgebung erfolgen teils unmittelbar durch das Volk selbst, teils von ihm abgehoben durch Gremien aus gewählten, kompetenten Persönlichkeiten.

Zu diesem Zweck trennt Fröbel zwischen *Verfassungsgesetzen* und *Spezialgesetzen.* Gesetze mit Verfassungsrang – die Konstituierung einer Verfassung selbst und ihre stete Fortbildung durch verfassungsändernde Gesetze – sind »Grundgesetze«, aus denen sich alle weitere Gesetzgebung durch Konkretisierung in Form von »Folgegesetzen« ableitet. Fröbel meint, aus den Verfassungsgrundsätzen ließe sich der weitere Regelungsbedarf unter Berücksichtigung der konkreten Umstände in logischer Folgerung erschließen (eine unter den Bedingungen des heutigen Wohlfahrtsstaates schwer nachvollziehbare Vereinfachung der Gesetzgebung). Hintergrund dieser Unterscheidung ist eine schon von Adam Müller her bekannte Aufgliederung des Volkswillens in eine doppelte Bewegung: »Die Gesetzgebung überhaupt fällt in den Wendepunkt der zwei entgegengesetzten Bewegungen des souveränen Willens, von denen die eine aus der Vielheit der individuellen Willensmeinungen zur Einheit des Gesellschaftswillens, die andere aus dieser Einheit zur Vielheit der einzelnen Interessen und Handlungen führt.«[571] Die erste Bewegung geht vom Volk, die zweite Bewegung von seiner »Selbstregierung« aus. Das Volk organisiert sich in »Urversammlungen«, die ihrerseits durch den »Volksrat« koordiniert werden. Die Selbstregierung, soweit es die Gesetzgebung betrifft, wird von einer regierungsähnlichen parlamentarischen Institution, dem »Senat« ausgeübt, einer »Behörde urteilsfähiger Männer unter Einfluß des Volkes«[572].

Die Institutionen der demokratischen Gesetzgebung sind somit *Urversammlungen, Volksrat* und *Senat.* Die Mitglieder des Volksrates werden von den Urversammlungen gewählt und sind ihnen rechenschaftspflichtig, im Falle von Dissens auch abberufbar, allerdings ihren Instruktionen nicht verpflichtet[573]. Die Mitglieder des Senats sind dagegen der direkten Einflußnahme der Urversammlungen entzogen; sie werden indirekt über Wahlmänner gewählt. Die Urversammlungen wirken zur Beschließung von Verfassungsgesetzen mit dem Volksrat, zur Beschließung von Spezialgesetzen mit dem Senat zusammen – freilich mit nur partieller Entscheidungskompetenz und keiner echten Initiativmöglichkeit. Eine Entscheidungskompetenz steht ihnen nur für die Verfassung bzw. für verfassungsändernde Gesetze zu; ihre Initiativmöglichkeit umfaßt nicht das Recht zur Einbringung von Gesetzesvorlagen, sondern nur die Möglichkeit der Anregung von Gesetzen. Die formelle Gesetzesinitiative liegt beim Volksrat, beim Senat oder dem Chef der Staatsverwaltung.

Verfassungsgesetze werden vom Volksrat – in Anlehnung an die französische Verfassung von 1793 – mit einem empfehlenden Votum vor die einzelnen Urversammlungen gebracht, dort diskutiert, auf der Grundlage dieser Diskussionen vom Volksrat überarbeitet und schließlich den Urversammlungen zur Abstimmung vorgelegt. Der Volksrat ist eine Clearing-Instanz ohne eigene Entscheidungsbefugnisse. Er ist zunächst aus technischen Gründen zwischengeschaltet, damit die Voten der Urversammlungen überhaupt auf allgemeine Entscheidungen führen können. Zudem soll

571 Ebd., Bd. 2, S. 126.
572 Ebd., Bd. 2, S. 123.
573 Ebd., Bd. 2, S. 305. Fröbel verbindet hier, ohne sich darüber näher zu äußern, die Prinzipien des »imperativen« und des »freien« Mandats.

er – hier folgt Fröbel wieder liberalen Uberlegungen – den partikularen Interessen durch den Gemeinsinn der Gebildeten entgegenwirken: Er bildet zwischen den Urversammlungen ein Mittelglied und eröffnet dadurch »den bedeutenderen Intelligenzen des Volkes eine geeignete Arena für prinzipielle und die Interessen des gesamten Gemeinwesens umfassende Diskussion«[574]. Allerdings befaßt er sich eben nur mit Verfassungsgesetzen; *Spezialgesetze* werden vom Senat in Urversammlungen lediglich zur Beratung vorgelegt und sodann allein von diesem beschlossen.

Fröbel bezieht also das gesamte stimmberechtigte Volk in Form von Urversammlungen stets in den Prozeß der politischen Willensbildung und Entscheidung mit ein; allerdings billigt er ihm eine konstitutive Rolle nur bei der Erstellung bzw. Veränderung der Verfassung zu. In allen anderen Gesetzesvorhaben muß es zwar gefragt werden, darf aber nicht selbst entscheiden. Der Radikal-Demokrat Fröbel plädiert somit für eine durchaus abgestufte Demokratie, weil auch der demokratische moderne Staat auf Vermittlungsinstanzen nicht verzichten kann. Diese Instanzen sind mehr oder weniger autonom und üben einen beträchtlichen Einfluß aus. Die Ambivalenzen, die Liberale im 19. Jahrhundert im Umgang mit der Volkssouveränität auszeichnen – das Recht zur Entscheidung (des Volkes) wird gegen den erforderlichen Sachverstand (der Repräsentanten) ausgespielt –, sind von Fröbel gegenüber Rotteck deutlich zugunsten demokratischer Mitwirkung ausgeformt, bleiben jedoch auch bei ihm im normalen politischen Geschäft erhalten.

Insofern sind auch seine Kritik des *Repräsentationsprinzips* und seine vielgerühmte Aufnahme von *Parteien* in das politische System mit Vorsicht zu beurteilen. Gesetzgebende Körperschaften, die aus *Repräsentanten* oder Vertretern des Volkes bestehen, hält Fröbel für ein Unding. »Man glaubt an die Möglichkeit einer ›Repräsentativdemokratie‹, wie wenn dieser Begriff mehr Verstand in sich hätte als der eines viereckigen Kreises. Aber nicht nur Demokratie und Repräsentation, auch Politik und Repräsentation sind sich ausschließende Begriffe.«[575] Repräsentanten müßten den von ihnen Vertretenen zumindest gleichgestellt sein, wenn sie in deren Namen eigenverantwortlich entscheiden sollten, aber Parlament und Volk können nicht beide zugleich souverän sein. »Mit aller Anstrengung der Einbildungskraft macht man aus einer Versammlung von hundert Menschen, seien sie auch die sogenannten Repräsentanten eines Volkes von vierzig Millionen, nicht mehr als den viermalhunderttausendsten Teil dieses Volkes, und aus ihren öffentlichen Funktionen nicht mehr als Geschäfte, die sie im Auftrage aller verrichten. Ist das Volk souverän, so kann das Parlament nicht souverän sein; ist das Parlament souverän, so kann das Volk nicht souverän sein.«[576] Durch Repräsentation werden überdies »wahre Sittlichkeit und guter Geschmack im öffentlichen Leben unmöglich«[577]. Wenn Personen in der Politik nicht als Bürger, sondern nur als Repräsentanten etwas gelten, gar nur als Repräsentanten irgendeines Prinzips, verschwindet der »Mensch« vor der Würde des »Amtes«, es gibt keine lebendige Sittlichkeit mehr im Gemeinwesen. »Solange nicht das *Bürgertum* die einzige politische Würde, weil die einzige politische Existenz ist, wie es die französische Revolution geltend zu machen gesucht hat, – solange Staatsmänner

---

574 Ebd., Bd. 2, S. 130.
575 Ebd., Bd. 2, S. 140f.
576 Ebd., Bd. 2, S. 146.
577 Ebd.

etwas anderes sind als die auf das Gemeinwesen gehenden Geschäftskreise der Bürger, – solange Titel als Ehrenzeichen gebraucht werden, und die Anrede mit *Du* nicht wieder die einzige gebräuchliche geworden ist, – hat man die sittliche Grundlage eines freien Staatslebens noch nicht einmal begriffen.«[578]

Fröbel könnte sich eine Repräsentativdemokratie allenfalls als Übergangssystem vorstellen, solange das Volk zu direkter Demokratie noch nicht reif ist. Aber, so hält er den Liberalen entgegen, das ist nicht ihr Anliegen: Sie wollen das Volk von der Politik nur fernhalten. »Das Volk ist für diese scharfsinnigen Politiker *immer* zur Freiheit bestimmt, und *niemals* zur Freiheit reif. Es ist der Besitzer der Souveränität, aber niemals darf es *selbst* diese ausüben.«[579] Trotz dieser markigen Worte bleibt die Frage der Repräsentation bei Fröbel in der Sache ungelöst. Bei seiner Ablehnung des Repräsentationsprinzips geht es ihm vor allem darum, daß sich Ämter und Würden nicht verselbständigen. In diesem Fall würde das Mittel zum Zweck. »Und in der Tat benimmt sich der Fürst in der Regel, als wäre er der Staat, der Richter nicht selten, als wäre er das Gesetz, der Priester gewöhnlich, als wäre er die Religion, der Gendarm mit wenigen Ausnahmen, als wäre er die bürgerliche Ordnung.«[580] Mit der Repräsentation wäre die klare Unterordnung der Mittel unter die Zwecke verloren, die Entscheidungskompetenz in der Sache wäre den Bürgern entzogen. Fröbel glaubt der Schwierigkeit zu entgehen, indem er seine parlamentsähnlichen Körperschaften – Volksrat und Senat – zu Organen der Verwaltung herabstuft. Der Senat, welcher entscheidungsbefugt ist, ist es nur in der Ableitung der Spezialgesetze aus den Grundgesetzen. Der Volksrat, der von den Urversammlungen für die Formulierung der Grundgesetze eingesetzt ist, kann selbst nicht entscheiden. Im Falle allerdings, wenn Spezialgesetze aus Grundgesetzen nicht einfach alternativlos abzuleiten sind, erhält der Senat, und im Falle, wenn die Formulierung von Grundgesetzen die Entscheidung durch Urversammlungen bereits präformiert, erhält der Volksrat eine eigenständige Funktion. Beide handeln sie dann in der Funktion von Repräsentanten für das Volk, und dies bedürfte der Klärung und Absicherung, welche Fröbel unterläßt.

Der Entwurf eines *Parteiensystems* ist für das politische Denken in der ersten Hälfte des 19. Jahrhunderts in Deutschland ein Novum. Indem Fröbel die Parteien als konstitutive Willensträger der Politik berücksichtigt, hat er für die demokratische Willensbildung in einem Flächenstaat einen ausgesprochen modernen und zukunftsgerichteten Blick. Aber seine Parteientheorie ist komplex und nicht einfach eine Theorie des modernen Parteienstaates, eher fast das Gegenteil.

Fröbel akzeptiert ausdrücklich das Faktum, daß es im Staat unterschiedliche Vorstellungen zur Politik und unterschiedliche Interessen der einzelnen Bürger gibt. Werden »Partikular«- oder »Separatzwecke« von mehreren Bürgern gemeinsam verfolgt, so entstehen Parteien, und es ergibt sich der »Gegensatz und Wettstreit der Parteizwecke«. Parteien sind »die Fraktionen der Staatsgesellschaft, deren Glieder innerhalb der Einheit des Staatszweckes gemeinsame Separatzwecke verfolgen«[581]. Ergänzt ist diese Definition um den Hinweis, daß der Separatzweck der Parteien »auf

578 Ebd., Bd. 1, S. 149.
579 Ebd., Bd. 2, S. 144.
580 Ebd., Bd. 2, S. 143.
581 Ebd., Bd. 1, S. 84.

das Ganze des Staates geht, also daß der Separatismus nur ein subjektiver ist«[582]. Parteien sind also nur vordergründig dadurch charakterisiert, daß sie ihre eigenen Ziele durchsetzen wollen – sie sind darin zugleich der »Allgemeinheit« und der »Einheit« des Staatszweckes untergeordnet[583]. Sie sind nur insoweit legitim, als sie unterschiedliche Vorstellungen zum Ausdruck bringen, wie der vorgegebene Staatszweck – die Sittlichkeit des Staates und die Freiheit der Bürger im Staat – konkret zu bestimmen und mit welchen Mitteln er zu verfolgen ist. Wenn statt dessen der Staat dem Parteizweck untergeordnet werden soll, so wird die Partei zur »politischen Sekte«[584] und kann niemals zur Freiheit führen. Diese Begrenzung der Parteizwecke erinnert an das Verbot verfassungswidriger Parteien im Grundgesetz (Art. 21,2 GG); bei Fröbel sind aber die Parteien entsprechend seiner Gesamtkonzeption sogleich in eine teleologische Perspektive eingebettet. Als weltanschaulich fundierte Organisationen der politischen Interessenvertretung sind sie nur ein Sonderfall einer bestimmten Entwicklungsstufe der Kultur.

Grundsätzlich muß eine der Parteien im Staat die mächtigste sein, weil Herrschaft nur von einzelnen oder einer Gruppe, eben von einer »Partei«, ausgeübt werden kann. Sie kann auf Gewalt, Autorität, Intelligenz und letztlich auch auf Stimmenmehrheit beruhen. Insofern geht Fröbel von einem soziologisch sehr weiten Parteienbegriff aus, und er interessiert sich vor allem für die teleologisch gefaßte Entwicklung des Parteiwesens. Auf der ersten Stufe hat die Gewalt das Übergewicht, der gewalttätige Kampf der Parteien vollzieht sich noch ohne die Regulierung durch eine Staatsverfassung. Im Maße wie sich als zweite Stufe Staatsverfassungen herausbilden, erhält der Parteienkampf eine rechtliche Regelung; das ist die Entwicklungsstufe, auf der sich die gegenwärtigen Staaten befinden. Hier schließen nun Parteien untereinander einen Vertrag über die Organisation des Staates ab, und somit entsteht die Verfassung, die auch den Wettbewerb der Parteien organisiert. Gelangen auf diese Weise alle Parteien zu einem Wirken für die Gerechtigkeit, so heben sie sich als dritte Stufe schließlich selbst auf, zugunsten einer lebendigen Vielfalt: »Sind diese Veränderungen ein wahrer Fortschritt in der Gerechtigkeit, so müssen sie die Grenzen des Widerstreites der Parteizwecke mehr und mehr einschränken, die der Zweck- und Rechtsgemeinschaft erweitern, und endlich alle Positionen im Staate in eine schöne Mannigfaltigkeit der Bewegung des Willens und der Erkenntnis auflösen.«[585] Lassen sich also Parteien im modernen Verständnis nach Fröbels teleologischer Konzeption nur der mittleren Stufe zuordnen, so sieht er hier zudem nur zwei fundamental entgegengesetzte Kräfte am Werk. Die eine Partei ist die »Partei der Freiheit«, die andere die Partei der »Autorität und Gewalt«[586]. Weil erstere die Freiheit zu erweitern sucht, ist sie »gut«; weil letztere die Freiheit einschränken will, ist sie »schlecht«. Konservativ im Sinne von »bewahren« ist keine von ihnen – das ist die Regierung, die zwischen beiden Kräften in der Mitte steht (gleichviel, von welcher Partei sie gestellt wird).

Wir haben es hier wieder mit der bei Fröbel üblichen Mischung aus Realismus und Idealvorstellungen zu tun; eine soziologische Erfassung des zeitgenössischen Partei-

582 Ebd., Bd. 2, S. 274, Anmerkung.
583 Ebd., Bd. 2, S. 83f.
584 Ebd., Bd. 2, S. 276.
585 Ebd., Bd. 1, S. 91f.
586 Ebd., Bd. 2, S. 279.

wesens findet kaum statt. Konkreter wird Fröbel lediglich darin, daß er für die Kräfte der Veränderung gegenüber dem bestehenden Zustand eintritt und deren Vorgehen bis hin zur Gewaltsamkeit rechtfertigt. Parteien, die sich um eine Veränderung des bestehenden Staates bemühen und dessen Existenz in Frage stellen, sollen im »theoretischen Betrieb« jede Freiheit erhalten, um durch Rede und Schrift Anhänger zu werben und Mehrheiten zu gewinnen. Greifen sie zu den praktischen Mitteln der Gewalt, so sind sie zwar Staatsfeinde und als solche zu bekämpfen, aber keine Kriminellen, denn sie setzen ihr eigenes durchzusetzendes Recht gegen das bestehende Recht des Staates. Für sich selbst sind sie »rechtsvollkommen«, es fehlt ihnen nur die »Machtvollkommenheit«[587]. Zur Gewalt sind sie sittlich insbesondere berechtigt, wenn ihnen die Entfaltungsmöglichkeiten verwehrt bleiben: »Greift eine Partei zu den praktischen Mitteln der Gewalt, indem ihr die theoretischen Mittel der Überzeugung und die praktischen Mittel einer verfassungsmäßigen Einwirkung auf die Gesetzgebung und die Wahlen abgeschnitten sind, so begeht sie in keiner Beziehung ein Unrecht.«[588] Die beste Abhilfe ist eine allen Parteien gewährte Teilhabe an der Gesetzgebung, um Revolutionen überflüssig zu machen.

Diese von Fröbel geforderte Toleranz bezieht sich wohlgemerkt nur auf bestehende Zustände, nicht aber auf den sittlichen Endzweck. So zeigt sich auch hier die Ambivalenz seines teleologisch ausgerichteten Demokratie-Konzepts. Alle Bestrebungen sind letztlich freigegeben, die sich, auch mit Gewalt, gegen bestehende Zustände und die sie vertretenden Meinungen richten. Andererseits sind sie nach Maßgabe der Sittlichkeit, um des zu erreichenden Kulturzwecks willen, wieder sorgsam eingegrenzt. Schon durch seine Definition hat Fröbel die Parteien normativ auf Sittlichkeit hin ausgerichtet; Kräfte der Veränderung, die seiner Vorstellung von Sittlichkeit nicht entsprechen, sind als »Sekten« delegitimiert: »Unsere Demokraten sind eine Partei, unsere Kommunisten eine Sekte. Eine Partei, wenn auch zuweilen eine armselige, sind unsere neuen Liberalen, eine Sekte war die deutsche Burschenschaft . . . Eine Partei ist es, welche in Preußen eine Verfassung will, eine Sekte, welche gegenwärtig in Berlin die Gewalt in den Händen hat.«[589] Letztlich bleibt allein die von Fröbel propagierte demokratische Fortschrittsbewegung noch als »Partei« übrig und als solche legitimiert. Man braucht ihm diese Parteinahme nicht zu verübeln, um festzustellen, daß seine Parteientheorie in ihrer teleologischen Ausrichtung mit dem Parteiwesen in demokratisch-pluralistischen Staaten trotz seines grundsätzlichen Ausgangs vom Pluralismus her wenig gemein hat. Die teleologische Ausrichtung enthebt ihn überdies der Notwendigkeit, das prekäre Verhältnis von direkt-demokratischer und parteienvermittelter Willensbildung näher zu bestimmen.

Das autoritäre Potential

Insgesamt enthält Fröbels Theorie einer radikalen Demokratie, wie er sie mit der Zweckbestimmung der Sittlichkeit normativ und teleologisch auflädt, vielerlei Ambivalenzen für die individuelle Entfaltung und demokratische Selbstbestimmung der

587 Ebd., Bd. 2, S. 290.
588 Ebd., Bd. 2, S. 291.
589 Ebd., Bd. 2, S. 278.

Bürger sowie deren Realisierungsmöglichkeiten. Darüber hinaus führt sie auch auf höchst problematische und keineswegs weniger ambivalente politische Folgerungen für das Individuum, wo sie das Prinzip der »normalen menschlichen Individualität« in Regularien des gesellschaftlichen und politischen Lebens umsetzt. Angelpunkt ist seine Theorie der *wahren Bedürfnisse* in der Gesellschaft.

Obwohl Fröbel vom Individuum ausgeht und dessen Freiheits- und Mitwirkungsrechte immer wieder betont, ist letztes Kriterium die Sittlichkeit als Kollektivgebilde. Sie »fordert die Unterordnung aller menschlichen Zwecke unter den Endzweck, der eine solidarische Angelegenheit aller« ist. Damit hat Fröbel, wie zu sehen war, auch den persönlichen Besitz zur »solidarischen Angelegenheit aller Staatsangehörigen, also zur Staatssache« gemacht[590]. Die Allgemeinheit gibt oder überläßt dem Individuum materielle Güter nur im Maße, wie es sie benötigt. Das hat erhebliche Konsequenzen. Der einzelne hat zwar Ansprüche an das Vermögen der Allgemeinheit, aber anerkannt werden können nur »wahre Bedürfnisse«[591], die den sittlichen Maßstäben der Allgemeinheit entsprechen. »Im Allgemeinen ist jeder der einzige kompetente Ausleger seiner Bedürfnisse. Aber *anerkannt* können nur *die* Bedürfnisse werden, welche der sittlichen Natur des menschlichen Endzweckes als der höchsten und solidarischen Angelegenheit *aller* entsprechen. Nur *die* Bedürfnisse des einzelnen können *anerkannt* werden, an deren Befriedigung alle ein sittliches Interesse haben. Ein Gebrauch der Güter, welcher über die Grenzen dieses Interesses hinausliegt, hat den Charakter der *Verschwendung* und des *sinnlosen Luxus*.«[592] Fröbel hat da ganz konkrete Vorstellungen: »Es ist eine sittliche Forderung, daß das Individuum physisch lebe, gesund und kräftig sei, gegen außen geschützt und persönlich frei; aber es ist keine sittliche Forderung, daß es sein Leben nach seiner Laune erhalte, daß es Fasanen esse und Tokaier trinke, sich in Samt kleide und Paläste bewohne.«[593]

Während Fröbel uneingeschränkt für die freie Entfaltung aller geistigen Interessen und Bedürfnisse plädiert, ist die Befriedigung materieller Bedürfnisse nach sittlichen Kriterien eingeschränkt. Privatluxus ist deshalb sittlich nicht gerechtfertigt, weil die Kulturstufe nun überwunden ist – hier kommt wieder die optimistische Teleologie zum Tragen –, wo der Reichtum weniger, verbunden mit der Armut vieler, notwendig war, weil er »höhere Bildung des Urteils, des Geschmacks und des Willens möglich gemacht hat«. Das soziale Bewußtsein ist entwickelt, »das Volk hat den Instinkt für ein großes öffentliches Leben, für öffentliche Kultur, öffentliche Macht, öffentliche Schönheit und Freiheit des Daseins bekommen«[594]. Mit der Zunahme der politischen Freiheit »im wahren sittlichen Sinn des Wortes« wird und muß der private Luxus verschwinden. Verbleibende Abweichler werden reglementiert: »Wo aber irgendeine unvernünftige Laune auf Kosten anderer die äußersten Schranken individueller Freiheit überschreiten will, da wird, nach dem jemaligen Stande der ökonomischen Mittel der Gesamtheit und des Urteils über die Vernünftigkeit oder Unvernünftigkeit extra-

590 Ebd., Bd. 2, S. 325f.
591 Ebd., Bd. 1, S. 464.
592 Ebd., Bd. 2, S. 408.
593 Ebd., Bd. 1, S. 150.
594 Ebd., Bd. 2, S. 410f.

vaganter Lebensformen, eine erzwungene Einschränkung im Gebrauch der Güter nicht zu vermeiden sein.«[595]

Die »Unvernünftigkeit der Bedürfnisse und der Kraftanwendung«, »Untätigkeit und sinnlose Spielerei«[596] markieren die Grenzen der individuellen Freiheit. Das Problem ist freilich für Fröbel nicht ökonomisch, sondern nur *politisch* zu lösen. Da die Gesellschaft ihren Gliedern den materiellen Unterhalt nicht entziehen darf, bleibt zunächst die Erziehung als »Aufklärung des Menschen über sich selbst und seine wahren Bedürfnisse«[597]. Fruchtet diese nicht – fehlende Einsicht ist gesellschaftlich gesehen eine Krankheit –, so unterstellt die Gesellschaft diese »Toren« einer »humanen Vormundschaft« und entzieht ihnen die »politische Vollberechtigung«[598]. Das uneinsichtige Individuum, welches über die allgemein anerkannten Bedürfnisse hinauslebt, verliert für die Dauer seiner Uneinsichtigkeit in das Erfordernis der »normalen menschlichen Individualität« seine politischen Rechte. Dieser Verlust ist in der Demokratie besonders brisant. »Vollberechtigt«, also an der demokratischen Besorgung der allgemeinen Angelegenheiten beteiligt, ist nur dasjenige Mitglied der Staatsgesellschaft (männlichen oder weiblichen Geschlechts), welches »nicht durch eine gesetzwidrige Handlung sich eine eben in Kraft seiende Suspension in seiner politischen Mündigkeit zugezogen hat«[599]. Diese Einschränkung gilt auch bezüglich der »wahren Bedürfnisse«; ihr Verfehlen hat, was den Status als Bürger betrifft, die gleiche Wirkung wie eine Verletzung der Gesetze. Von hier aus ist es nicht verwunderlich, daß demokratische und liberale Positionen 1848 nicht zusammenfinden konnten. Die normative und teleologische Aufladung des radikal-demokratischen Konzepts durch Fröbel bietet, auch wenn es verbal ganz ausgeschlossen scheint, in der Sache vielfältige Anknüpfungspunkte an nichtliberale Positionen; sie enthält ein beträchtliches autoritäres Potential.

Die konservativ-autoritäre Wendung

Die 1861–64 erschienene *Theorie der Politik*, das »Ergebnis einer erneuerten Prüfung demokratischer Lehrmeinungen« (Untertitel), bietet gegenüber dem vorrevolutionären *System der sozialen Politik* ein äußerlich geradezu entgegengesetzes Bild. An die Stelle der stark von Idealen geprägten radikal-demokratischen Position tritt eine realistische Position, die in ausdrücklicher Anknüpfung an Rochaus *Realpolitik*[600] die Macht an die Spitze stellt. Das Recht ist Ergebnis der »vollendeten Tatsache«[601], und es erhält seine Geltung durch die Gewalt des »Schicksals«, dem Politik sich stets unterwerfen muß[602]. Verfassungsfragen sind somit wesentlich Machtfragen; in ihnen

595 Ebd., Bd. 2, S. 412.
596 Ebd., Bd. 1, S. 401 u. S. 413.
597 Ebd., Bd. 1, S. 464.
598 Ebd., Bd. 2, S. 413 und S. 418.
599 Ebd., Bd. 2, S. 293f.
600 Ludwig August von Rochau, Grundsätze der Realpolitik, angewendet auf die staatlichen Zustände Deutschlands (1853), hrsg. von Hans-Ulrich Wehler, Frankfurt/M. – Berlin – Wien 1972. Vgl. Julius Fröbel, Theorie der Politik (Anm. 566), Bd. 1, S. 17.
601 Julius Fröbel, Theorie der Politik (Anm. 566), Bd. 1, S. 30.
602 Ebd., Bd. 1, S. 33.

drücken sich die Machtverhältnisse gesellschaftlicher Klassen aus. Hier hat auch die – im *System der sozialen Politik* noch kategorisch abgelehnte – Religion eine wichtige positive Funktion. Sie ist nun denknotwendig, da die höchste Ursache der Welt nur »übernatürlich«, der höchste Zweck der Welt nur »übersittlich« sein kann[603]; Politik ist von ihr abhängig, denn jedem Politiksystem muß ein Moralsystem, jedem Moralsystem ein Religionssystem zugrunde liegen.

Unveräußerliche Menschenrechte sind zwar weiterhin Kriterium für die Fortbildung der Rechtsordnung; ihre Mißachtung rechtfertigt aber keine Auflehnung. Die Rechtsvollkommenheit des Ganzen kann nämlich nicht einfach aus individuellen Rechten zusammengesetzt sein; eine aus Individuen begründete Souveränität kommt stets nur einer Minderheit zu. Der Ursprung des Staates ist Macht, nicht Recht; Gesetze ergeben sich stets nur aus dem tatsächlichen Rechtsbewußtsein und der Macht der Umstände. Die Gesellschaft ist zwar in ihrer Souveränität eine Macht- und Rechtsgemeinschaft, aber nicht im Sinne der Herrschaft einer Idee – das würde von allen ihren Mitgliedern gleiche Intelligenz und sittliche Vollkommenheit verlangen, was derzeit nicht absehbar ist. Das moderne Repräsentativsystem ist so gut und so schlecht wie andere Systeme, denn Recht und Gesetz kommen nie aus dem Willen aller Beteiligten demokratisch zustande. Repräsentanten nehmen Vorrechte wahr wie andere Mächtige auch; die Vorrechte sind nur als Interessen des Volkes verbrämt. Entscheidend ist, daß die »Parteiherrschaft« in den Parlamenten, die doch nur Minoritäten der Gesellschaft zum Zuge kommen läßt, die große Mehrheit der Bevölkerung ausschließt. So ist es insbesondere das Interesse der Schwachen und Benachteiligten, »daß es im Staate noch eine Macht gäbe, welche, über wahren oder vorgeblichen Majoritäten und Minoritäten stehend und die Interessen aller im Auge haltend, an der Gesetzgebung in entscheidender Weise teilnimmt und nötigenfalls im Stande ist, oligarchischen Bestrebungen des Parlamentarismus die Spitze zu bieten«[604].

In der Entgegensetzung zu einer übergeordneten Macht ist eine allgemeine Beteiligung nicht nur »unzweckmäßig«, sondern auch »unmöglich«. Denn ein Staat wird nicht als ideales Gemeinwesen von unten, durch die Individuen, sondern als realer sittlicher Organismus von oben, durch Gewalt und Autorität aufgebaut. Der Staat geht somit als Willenseinheit, welche in der Obrigkeit liegt, aller Verständigung über individuelle Zwecke voraus, und diese Einheit und Souveränität des Staates stellt der »Fürst« an der Spitze des Ganzen dar. Die »hohe Politik oder eigentliche Regierung« liegt in den Händen von Fürst, Staatsrat und Ministerium; hier geht es um Krieg und Frieden, die auswärtigen Angelegenheiten und alle inneren Angelegenheiten, die die Hoheitsrechte des Fürsten betreffen. Für die »niedere Politik«, also den Rest, sind Verwaltung, Rechtspflege und Gesetzgebung zuständig. Das Volk, der Gegenpol des Fürsten, verwaltet sich in lokalen Angelegenheiten selbst und bewegt sich im übrigen im Privatleben[605]. Sofern der Liberalismus dies anders propagiert, vertritt er nicht ein »System der Volksfreiheit«, sondern die Interessen des »handeltreibenden und industriellen Mittelstandes«[606].

603 Ebd., Bd. 1, S. 46.
604 Ebd., Bd. 1, S. 101f. Für die hier dargestellte Position: Ebd., Bd. 1, S. 100ff.
605 Ebd., Bd. 1, S. 201f.
606 Ebd., Bd. 1, S. 258.

Fröbels erstaunliche Wendung von einer radikal-demokratischen zu einer konservativ-autoritären Position ist sicherlich seinen Erfahrungen der gescheiterten Revolution von 1848 und des darauf folgenden amerikanischen Exils geschuldet; sie ist aber durchaus nicht, jedenfalls nicht in erster Linie, das Resultat einer lediglich durch neue Erfahrungen begründeten, theoretisch eher zufälligen und im übrigen bedauernswerten politischen Anpassung. Da der Fröbel des *Systems der sozialen Politik* nur zum geringen Teil ein Liberaler war, ist seine verschärfte Ablehnung des Liberalismus in der späteren *Theorie der Politik* durchaus konsequent; interessant ist eher, was aus den demokratischen Forderungen geworden ist und warum sie so sang- und klanglos zugunsten eines autoritär-konservativen Staatsdenkens aufgeben werden konnten. Angesichts des latent »totalitären« Charakters seines Verständnisses des Individuums in der Demokratie, die bereits im *System der sozialen Politik* ein höheres Allgemeines für den einzelnen maßgebend machte, ist das Denkmuster gar nicht so weit verschoben. Das höhere Allgemeine erhält nur einen anderen Ort und eine andere Ausgestaltung.

In der *Theorie der Politik* ist der teleologische Optimismus gewichen, die entwicklungsgeschichtliche Anlage der Theorie aber beibehalten und lediglich neu mit der Realität konfrontiert. Wenn der einzelne derzeit, bei aller Kulturentwicklung, seine ideale Individualität und eine entsprechende politische Gemeinschaft nicht verwirklichen kann (weil die Kraft des Gedankens allein die Wirklichkeit nicht zu verändern vermag[607]), so muß die »Macht der Tatsachen« eben ganz anders in Rechnung gestellt werden. Der einzelne verwirklicht, entsprechend dem Stand der Entwicklung der Kultur, seine Individualität in einer *realen* Gemeinschaft und unter *realen* Bedingungen, und das ist der Staat als gemeinsame Willenseinheit in der Verbindung von faktischer Macht und prinzipiellem Recht. Die Kriterien des Kulturzwecks gehen auf ihn über, und er ist nun zugleich als »Tatsache« gerechtfertigt.

Der neue Realismus – die »innere Versöhnung der Realpolitik und der Idealpolitik«[608] – hat keine neue theoretische Grundlegung zur Voraussetzung. In bemerkenswerter Weise ist der Aufbau des *Systems der sozialen Politik* und der *Theorie der Politik* im Dreischritt von Grundlegung, Prinzipien und Tatsachen der Politik der gleiche geblieben. Der neue Realismus beruht auf einer funktionalen Neubewertung der Religion und auf Akzentverschiebungen mit neuen Gewichtungen bei den bereits vorhandenen Grundelementen.

1. Der teleologisch gefaßte Gegensatz von *Natur* und *Kultur* wird überlagert durch den Gegensatz von *Tatsache* (der Macht) und *Prinzip* (des Rechts); mit der Betonung der Tatsache tritt der Staat als reale machtvolle Willenseinheit schärfer heraus.

2. Das im *System der sozialen Politik* bereits benannte *Schicksal* erhält nun eine entscheidende Funktion innerhalb der Entwicklung von der Natur zu Kultur; es soll die Macht der Tatsachen aufwerten und absichern.

3. In der Vermittlung von Natur und Kultur durch das teleologisch gefaßte »Kulturziel« mit subjektivem und objektivem Endzweck tritt – weil nun dringender erforderlich – die Vermittlung von Tatsache und Prinzip durch die *Religion* in den Vordergrund.

---

607 Vgl. ebd., Bd. 1, S. VIII.
608 Ebd., Bd. 1, S. IX.

Aus diesem veränderten theoretischen Zuschnitt, der so viel Neues gar nicht erbringt, sondern – in einfacher Übernahme früherer Überlegungen, etwa zur Entstehung des Staates – die Grundgedanken des *Systems der sozialen Politik* weiterführt, kann Fröbel sich nun ebenso gegen den individualistischen Liberalismus mit seinem Repräsentationskonzept (als Ausdruck bloßer Machtverhältnisse) wenden wie gegen die radikale Demokratie selbst. Freiheit ist nun nicht mehr die aus möglichst vielen äußeren Zwängen der Umstände befreite Entwicklung des einzelnen zu »normaler Individualität«, sondern »im positiv-politischen Sinn« die »Übereinstimmung des individuellen Zwecks mit den Zwecken der Staatsgesellschaft«[609]. *Dieser* Unterschied des *Systems der sozialen Politik* und der *Theorie der Politik* ist nicht allzu groß. Das radikal-demokratische Konzept beruht bei Fröbel auf Voraussetzungen, die auch theoretisch den Umschlag in eine konservativ-autoritäre Position erlauben.

4.5 Beginnende Skepsis: Alexis de Tocqueville

Tocqueville markiert einen Wendepunkt in der Entwicklung des liberalen Denkens. Der Optimismus eines Rotteck oder eines Fröbel über die Entfaltung des Individuums in einer selbstverantworteten politischen Ordnung weicht dem Pessimismus über die damit verbundenen Kosten. Die Autonomie, die allen Individuen in der Gesellschaft zukommt, verlangt eine Demokratisierung der politischen Ordnung (wie sie auch Fröbel propagiert). In der Konsequenz dieser Entwicklung wird das Prinzip der Gleichheit in doppelter Weise bestimmend: Einerseits läßt sich Freiheit ohne Gleichheit konsequent nicht denken, andererseits stellt die Vollendung des Prinzips der Gleichheit die persönliche Freiheit in Frage, die dem Liberalismus doch vor allem am Herzen liegt. Wie Tocqueville zeigt, treten Freiheit und Gleichheit in ein unaufhebbares Spannungsverhältnis; je radikaler Gleichheit sich durchsetzt, desto bedrohlicher wirkt sie für die Freiheit. Damit wird zugleich eine Dimension sichtbar, die dem liberalen Denken ansonsten eher stillschweigend die Richtung weist: eine elitäre Haltung, die zwar von den Privilegien der real-existierenden Aristokratie nichts wissen will, die sich selbst aber durch Besitz und Bildung bewußt über das Volk und die Masse erhebt. Tocqueville bringt sie zum Ausdruck, indem er in der Demokratie mit Wehmut die Herrschaft der Mehrheit und somit die Übermacht der breiten Masse gegenüber herausragenden Individuen konstatiert.

Bei kaum einem politischen Denker ist das wissenschaftliche Werk so eng mit der Biographie verknüpft wie bei Tocqueville; seine Reflexionen über Demokratie und die Konsequenzen der Gleichheit beruhen auf eigenen Erfahrungen, die er durch eine Reise in die Vereinigten Staaten von Amerika bewußt gesucht und verarbeitet hat. Alexis de Tocqueville ist Aristokrat und versteht sich als solcher, zugleich sieht er nicht in der Aristokratie, sondern nur noch in der Demokratie eine Zukunft. Einem alten normannischen Adelsgeschlecht entstammend, 1805 in Verneuil-sur-Seine geboren, studiert er die Rechte und wird Richter in Versailles. Die Juli-Revolution von 1830 kündigt ihm den Sieg der Mittelklasse, des neuen Bürgertums, über den Adel an, und so will er in den USA eine bereits verwirklichte demokratische Gesellschaft studieren. Offiziell befaßt er sich 1831/32 im Auftrag des französischen Justizministe-

609 Ebd., Bd. 1, S. 93.

riums mit dem Gefängniswesen in Amerika; tatsächlich ist das Ergebnis der Reise aber das Buch *De la démocratie en Amérique* (Über die Demokratie in Amerika), das in zwei Bänden 1835 und 1840 erscheint[610] und beträchtliches Aufsehen erregt. 1838 wird Tocqueville in die *Académie des sciences morales et politiques* aufgenommen, 1839 wird er Deputierter in der Nationalversammlung, 1841 Mitglied der *Académie française*. Tocqueville gehört politisch der »linken Mitte« an, wird 1849 kurzzeitig französischer Außenminister und zieht sich nach der Entlassung des Kabinetts durch Napoleon III. ins Privatleben zurück. Er verfaßt sein zweites bedeutendes Werk *L'ancien régime et la révolution* (Der alte Staat und die Revolution), welches 1856 erscheint. 1859 stirbt er in Cannes.

Die Demokratie in Amerika

Tocqueville hat in Amerika jene Erfahrungen gesucht, die er in Europa noch nicht finden konnte: eine auf Dauer etablierte und funktionierende Demokratie[611]. »Ich gestehe, daß ich in Amerika mehr gesehen habe als Amerika; ich habe dort ein Bild der reinen Demokratie gesucht, ein Bild ihrer Neigungen, Besonderheiten, ihrer Vorurteile und Leidenschaften; ich wollte sie kennenlernen, und sei es nur, um wenigstens zu erfahren, was wir von ihr zu erhoffen oder zu befürchten haben.«[612] Die Demokratie beruht auf gesellschaftlichen Umwälzungen, die er für unumgehbar hält, und so versucht er sich ein Bild ihrer Folgen zu machen, das nicht auf Spekulationen,

610 Die historisch-kritische Ausgabe des Werkes ›De la démocratie en Amérique‹ ist 1951 (und mehrmals später) in Paris (Gallimard) erschienen, herausgegeben von J. P. Mayer. Auf dieser Ausgabe beruht die deutsche Übersetzung ›Über die Demokratie in Amerika‹ von Hans Zbinden, die erstmals 1959/62 in Zürich (Manesse) erschienen ist. Es folgten leicht veränderte und jeweils neu paginierte Ausgaben: München (dtv) 1976, Zürich (Manesse) 1987. Des leichteren Zugangs halber zitiere ich nach der vorzüglichen, von J. P. Mayer besorgten Reclam-Ausgabe (Stuttgart 1985). Zur Auffindung in den anderen Ausgaben sind Band/Teil/Kapitel vor der Seitenangabe vermerkt.

611 Mit seinem Studium der Demokratie in Amerika bringt Tocqueville Erfahrungen ein, die über die bisher dargestellten Positionen deutlich hinausreichen. Gegenüber Sieyes macht Tocqueville deutlich, daß ein moderner, auf Gleichheit beruhender Staat das Prinzip der Demokratie – Beratung und Entscheidung aller – nicht einfach auf ein abgehobenes Organ – das Parlament – verlagern kann; die amerikanischen Begründer des Repräsentativsystems in den *Federalist Papers* haben es von Anfang so gesehen und entsprechend pragmatisch gehandhabt (s. o. Abschnitt 4.2). Gegenüber Rotteck wird mit Tocqueville ersichtlich, daß eine elitäre Grundlegung des Liberalismus (die bei Rotteck dann zum Dualismus von Königs- und Volksherrschaft führt) auf längere Sicht nicht aufrechterhalten werden kann (s. o. Abschnitt 4.3). Gegenüber Fröbel, der sein ›System der sozialen Politik‹ ja erst später geschrieben hat, ist festzustellen, daß Tocqueville die Erfahrungen über die Demokratie in Amerika bereits gemacht hat, die bei Fröbel noch ausstehen und die später zu seiner radikalen Kehrtwendung beigetragen haben. Nicht zuletzt aufgrund seiner Erfahrungen in Amerika vertritt Tocqueville eine Konzeption von Demokratie, in der das Problem der Freiheit nicht durch normativ-teleologische Überhöhung verdeckt, sondern durch die realistische Einschätzung von Entwicklungsperspektiven kritisch zum Thema gemacht wird. Die Position des späteren Fröbel würde im Sinne von Tocqueville gerade dem Verdikt des »Despotismus« verfallen.

612 Alexis de Tocqueville, Über die Demokratie in Amerika (Anm. 610), Einleitung zum ersten Band, S. 30f.

Wunsch- oder Abwehrvorstellungen beruht, sondern soweit irgend möglich auf Erfahrung. Seine empirische, soziologisch fundierte Vorgehensweise in der Politikwissenschaft, die ihn von den stärker normativ argumentierenden Liberalen seiner Zeit in Deutschland deutlich unterscheidet, ist nicht einfache Bestandsaufnahme aus wissenschaftlicher Neugier, sondern der Versuch, sich »belehren« zu lassen, also aus Verhältnissen, wo sie am fortgeschrittensten sind, Einsichten in die weitere Entwicklung und in Möglichkeiten ihrer Beeinflussung zu gewinnen. Seine Wissenschaft beruht auf Erfahrung, aber sie erfolgt in praktischer Absicht.

So gibt Tocqueville nicht einfach nur ein flächiges Abbild der politischen Verhältnisse in Amerika; er interessiert sich vielmehr besonders für die Prinzipien und Institutionen, welche die Demokratie und ihre Fortentwicklung bestimmen und drohenden Fehlentwicklungen zugleich entgegensteuern können. Er findet sie in der Verwirklichung der Volkssouveränität durch Selbstherrschaft und Selbstverwaltung; bestimmende Kennzeichen sind einerseits die bürgerliche und politische Gleichheit (die in den dreißiger Jahren des 19. Jahrhunderts im Gegensatz zu der noch im *Federalist* vertretenen Auffassung auch das allgemeine Wahlrecht begründet), die Herrschaft der Mehrheit und die Macht der Öffentlichkeit – andererseits, in einer Art von Gegensteuerung, die Dezentralisierung der Verwaltung, die Selbstverwaltung der Gemeinden, der politische Einfluß gewählter Richter, das auf Vereinigungsfreiheit beruhende Parteiwesen und die Form des Bundesstaates.

Der Blick auf die in den USA am weitesten fortgeschrittene Umwälzung überkommener, ständisch gegliederter sozialer Verhältnisse führt Tocqueville nicht zu einem »Loblied auf Amerika«[613], sondern verhilft ihm zuallererst dazu, die äußerst problematischen und gefährlichen Perspektiven zu erkennen, auf die diese Entwicklung hinausläuft. Kennzeichnend für die Demokratie in Amerika ist die Allmacht der Mehrheit. Diese kann die schlimmste Tyrannei begründen. Gerade die dem Anspruch nach freieste Form der politischen Ordnung, die Demokratie, in der auf der Grundlage der Gleichberechtigung und Gleichgewichtung jeder Stimme nur die Mehrheit entscheidet, enthält ein Potential zur Ausbildung neuer und unvergleichlicher Formen der Unfreiheit, denen systembedingt wenig entgegenzusetzen ist.

Das Problem liegt nicht darin, daß jede politische Ordnung eine höchste Gewalt benötigt. »Ich bin der Meinung, daß man an irgendeiner Stelle immer eine staatliche Gewalt einsetzen muß, die allen anderen übergeordnet ist, aber ich sehe darin eine Gefahr für die Freiheit, wenn diese Gewalt auf kein Hindernis stößt, das ihren Gang aufhalten und ihr Zeit geben kann, sich selbst zu mäßigen.«[614] Wird die höchste Gewalt allein durch Stimmenmehrheit ausgeübt, so sind ihr prinzipiell keine Schranken gesetzt, denn wenn jeder einzelne mit seiner Stimme gleichberechtigt und gleichgewichtet beteiligt ist, kann er schwerlich aus der Logik des Verfahrens Vorbehalte gegen Entscheidungen geltend machen, die – sei es für ihn, sei es gegen ihn – mit seiner eigenen Stimme getroffen wurden. Das ist das Prinzip der auf Gleichheit aufbauenden Demokratie: »Die unumschränkte Herrschaft der Mehrheit liegt im Wesen der Demokratie, denn in der Demokratie kann

613 Ebd., Einleitung zum ersten Band, S. 30.
614 Ebd., 1/2/7, S. 147.

sich außerhalb der Mehrheit nichts behaupten.«[615] Die Allmacht der Mehrheit durchzieht die politischen Institutionen, und sie findet ihre Stütze im Denken und im Charakter der Bevölkerung, die sie verinnerlicht hat. Tocqueville kann sich zwar durchaus eine institutionelle Beschränkung der Mehrheit vorstellen, ihre Übermacht ist nicht zwangsläufige Konsequenz: »Stellen wir uns ... eine gesetzgebende Gewalt vor, die die Mehrheit repräsentiert, ohne notwendig der Sklave von deren Leidenschaften zu sein; eine ausführende Gewalt, die eine angemessene Macht besitzt, und eine richterliche Gewalt, die von den anderen beiden Gewalten unabhängig ist; auch dann haben wir eine Demokratie, aber für die Tyrannei wird es kaum noch Chancen geben.«[616]

Aber die Entwicklung der Demokratie in Amerika hat diese Richtung nicht genommen, weil, wie Tocqueville es einschätzt, die Gleichheit der Menschen untereinander hier fundamentale Konflikte nicht hat entstehen lassen, die eine institutionelle Vorkehrung gegen die Herrschaft einer bestimmten Mehrheit hätten erforderlich werden lassen[617]. So sind die Abgeordneten dem Einfluß ihrer Wählerschaft unterworfen, und die Regierung wiederum den Launen einer Gesetzgebung, die der natürlichen Unbeständigkeit ihrer Neigungen folgt. An die Stelle des Prinzips der Gerechtigkeit tritt die Machtvollkommenheit der Mehrheit, die unumstößlich erscheint, wenn einmal entschieden worden ist. So stehen äußerste Freiheit und geringer Schutz gegen Tyrannei nebeneinander, und das ist das Grundübel: »Erfährt in den Vereinigten Staaten ein Mensch oder eine Partei eine Ungerechtigkeit, an wen sollen sie sich wenden? An die öffentliche Meinung? Gerade sie bildet die Mehrheit. An die gesetzgebende Gewalt? Sie repräsentiert die Mehrheit und gehorcht ihr blind. An die ausführende Gewalt? Sie wird von der Mehrheit ernannt und ist deren gehorsames Werkzeug. An das Militär? Das Militär ist lediglich die bewaffnete Mehrheit. An die Geschworenen? Das Geschworenenkollegium ist die Mehrheit mit dem Recht, Urteile zu fällen: in manchen Staaten werden die Richter sogar von der Mehrheit gewählt. Wie ungerecht und unvernünftig die Maßnahme auch ist, die uns trifft, wir müssen uns ihr also fügen.«[618]

Auch die Macht des Denkens, sonst ein Bollwerk gegen jede Tyrannei, nimmt die Tyrannei der Mehrheit in Amerika in ihren Dienst. Jeder hat die Freiheit des Denkens, aber wer nicht wie die Mehrheit seiner Mitbürger denkt, wenn sie sich einmal erklärt hat, verliert ihre Achtung und wird zum Fremden unter ihnen. »Ich kenne kein Land, in dem im allgemeinen weniger geistige Unabhängigkeit und wirkliche Diskussionsfreiheit herrscht als in Amerika.«[619] Die Macht der Mehrheit ist äußerlich und innerlich gleichermaßen abgesichert, und so hat sie auch einen negativen Einfluß auf den Nationalcharakter. Einem Monarchen können nur die wenigen schmeicheln, die sich in seiner unmittelbaren Umgebung befinden, der Masse des Volkes aber viele, und daraus folgt »eine sehr viel allgemeinere charakterliche Erniedrigung«[620].

615 Ebd., 1/2/7, S. 139.
616 Ebd., 1/2/7, S. 148.
617 »Aber da in den Vereinigten Staaten Menschen leben, die untereinander gleich sind, gibt es dort keinen naturgegebenen und anhaltenden Konflikt zwischen den Interessen der verschiedenen Bewohner« (ebd., 1/2/7, S. 141).
618 Ebd., 1/2/7, S. 147f.
619 Ebd., 1/2/7, S. 151.
620 Ebd., 1/2/7, S. 155.

In Amerika geben die Regierenden dem Volk nicht, wie die Höflinge dem Monarchen, »ihre Frauen und Töchter preis, auf daß er die Gnade habe, sie zum Range seiner Mätressen zu erheben; aber indem sie ihm ihre Meinungen zum Opfer bringen, prostituieren sie sich selbst«[621].

Tocqueville beläßt es allerdings nicht bei diesem vernichtenden Urteil über die Demokratie in Amerika; er sieht durchaus auch Gegenkräfte und Gegentendenzen am Werk. Zum ersten ist die schrankenlose Macht der Mehrheit in den Vereinigten Staaten auf die Zentralgewalt beschränkt; untergeordnete staatliche Angelegenheiten fallen nicht in ihre Kompetenz, der entsprechende Verwaltungsapparat ist ihr nicht unterstellt. So verhindert die Dezentralisierung, welche die bundesstaatliche Form der USA mit sich bringt, einen Despotismus, der sonst »unerträglicher werden (würde) als in irgendeiner der absoluten Monarchien Europas«[622]. Ein entscheidendes Gegengewicht kommt der Selbstverwaltung in den Gemeinden zu; hier wird der Geist der Freiheit bewahrt. Der Bürger ist hier an der Erledigung der allgemeinen Angelegenheiten beteiligt, und er ist zugleich selbständig in der Verfolgung seiner persönlichen Interessen. Die Ausübung der Macht ist auf viele Ämter aufgesplittet, und alle Leidenschaften des Volkes finden hier ihren natürlichen und ruhigen Austrag: »Das Begehren nach Ansehen, der Drang realer Interessen und der Hang nach Macht und Betrieb münden alle bei der Gemeinde als dem Mittelpunkt des Daseins; diese Leidenschaften, die so häufig Unruhe in die Gesellschaft tragen, wandeln sich, sobald sie im Bereich der Häuslichkeit und sozusagen im Schoß der Familie befriedigt werden können.«[623] Tocqueville hat von den Gemeinden in den Neu-England-Staaten und ihrem kommunalpolitischen Leben einen so positiven Eindruck gewonnen, daß er die Gefahr einer Tyrannei der Mehrheit, wie sie doch gerade auch im täglichen Leben auftreten müßte, hier für gering erachtet; in der Gemeinde findet er sogar die wichtigste Gegenkraft.

Eine weitere Gegenkraft bildet die Rechtsprechung, obwohl das Mehrheitsprinzip auch hier seinen Einzug gehalten hat. Das Ansehen der Juristen und ihr Einfluß auf die Regierung stellen »heute das mächtigste Bollwerk gegen die Ausschreitungen der Demokratie dar«[624]. Ihre Macht beruht institutionell darauf, daß sie gegenüber der Gesetzgebung die Verfassung zur Geltung bringen; ihr Gegengewicht gegen die Demokratie ist dadurch verstärkt, daß ihre »Geisteshaltung höchst konservativ« und »antidemokratisch« ist[625] – sie stellen in der Demokratie das einzige aristokratische Element dar und wirken auf diese Weise gegenüber den Bewegungen des Volkes ordnungsstabilisierend[626]. Ihre Macht wird durch die politische Institution der Geschworenenbank abgesichert; gewählte Geschworene verleihen dem Urteilsspruch der Richter die Autorität der Gesellschaft.

---

621 Ebd., 1/2/7, S. 156.
622 Ebd., 1/2/8, S. 161.
623 Ebd., 1/1/5, S. 60.
624 Ebd., 1/2/8, S. 162.
625 Ebd., 1/2/8, S. 164.
626 Dieses Argument, so treffend es aus der Perspektive von Tocqueville auch sein mag, wirkt angesichts der Rolle der deutschen Justiz in der Weimarer Republik und im Nationalsozialismus in einem ganz anderen Sinne als dem von Tocqueville vermeinten außerordentlich hellsichtig.

Eine Gegenkraft bilden schließlich auch die Parteien und das Prinzip der Vereinigungsfreiheit. Obwohl Tocqueville registriert, daß Parteien zu seiner Zeit in Amerika im »Beutesystem«, wenn sie an die Herrschaft gelangen, alle Ämter für sich reklamieren, sieht er in ihnen ein unentbehrliches Vermittlungsglied zwischen Staatsmacht und Bevölkerung. In der Demokratie gibt es ansonsten keine »Körperschaften zweiter Ordnung«, die einen Damm gegen die Tyrannei bilden könnten[627]. Grundvoraussetzung ist die Vereinigungsfreiheit; sie gewährleistet auch für Minderheiten das Recht, sich überhaupt zu organisieren.

Die Folgen der Gleichheit für Europa

Insgesamt malt Tocqueville das Bild der Demokratie in Amerika durchaus nicht nur in düsteren Farben; neben den »religiösen Schauder«[628] bei der Beobachtung ihrer Entwicklung tritt Bewunderung für die Prinzipien und Einrichtungen zur Sicherung politischer Freiheit unter demokratischen Bedingungen, wie sie in Amerika bestehen und Lebenskraft besitzen. Ihre Macht reicht zwar nicht soweit, um den Gang der Mehrheit aufhalten zu können, wohl aber vermag sie ihn »zu verlangsamen und zu lenken«[629]. Der empirische Aufweis von Gefahren, die mit der Demokratie notwendig verbunden sind, erhält seine Brisanz für Tocqueville vor allem im Blick auf die künftige Entwicklung in Europa, wo er vergleichbare Gegentendenzen und Gegenkräfte nicht vorfindet: »Während meines Aufenthaltes in den Vereinigten Staaten hatte ich bemerkt, daß eine demokratische Gesellschaftsordnung wie die der Amerikaner für die Errichtung des Despotismus einzigartige Möglichkeiten bieten könnte; und bei meiner Rückkehr nach Europa hatte ich gesehen, wie sehr die meisten unserer Fürsten sich der Vorstellungen, Gefühle und Bedürfnisse, die diese Gesellschaftsordnung entstehen ließ, bedient hatten, um ihren Machtbereich zu erweitern.«[630]

Tocqueville geht davon aus, daß sich in Europa eine ähnliche Entwicklung zur gleichen Zeit vollzieht; sie kommt hier allerdings nur der Zentralisation der Macht zugute und führt zum Despotismus derer, die sie besitzen. Durch die Französische Revolution ist in einem gewaltigen sozialen Umgestaltungsprozeß die Gesellschaft nivelliert, die Aristokratie ausgeschaltet worden. »Was aber haben wir, als wir die Gesellschaftsordnung unserer Vorfahren aufgaben und ihre Institutionen, Vorstellungen und Sitten unterschiedslos verwarfen, was haben wir stattdessen gewonnen? Das Ansehen der königlichen Gewalt ist dahin, ohne daß die Majestät der Gesetze an seine Stelle getreten wäre; heutzutage verachtet das Volk die Autorität, aber es fürchtet sie... Ich sehe, wie wir die individuellen Machtträger vernichtet haben, die selbständig gegen die Tyrannei anzukämpfen imstande waren; statt dessen sehe ich, wie die Regierung allein in alle die Vorrechte eintritt... Die Aufteilung der Vermögen hat den Abstand verringert, der den Armen vom Reichen trennte; aber nun, da sie sich näherrücken, haben sie offenbar neue Gründe gefunden, sich zu hassen.«[631]

---

627 Alexis de Tocqueville, Über die Demokratie in Amerika (Anm. 610), 1/2/4, S. 105.
628 Ebd., Einleitung zum ersten Band, S. 20.
629 Ebd., 1/2/9, S. 182.
630 Ebd., 2/4/6, S. 340.
631 Ebd., Einleitung zum ersten Band, S. 25.

Die Amerikaner konnten Gegenkräfte gegen die Zentralisation mobilisieren, weil sie die Gleichheit bereits besaßen und nicht erst erkämpfen mußten; die Europäer erkämpfen die Gleichheit erst und verstärken somit nur die Zentralisierung der Herrschaft: »Denkt man über das Vorstehende nach, so wird man mit Überraschung und Schrecken wahrnehmen, daß in Europa alles daraufhin zu wirken scheint, die Vorrechte der Zentralgewalt schrankenlos auszuweiten, das Dasein des einzelnen dagegen mit jedem Tage schwächer, abhängiger und unsicherer zu gestalten. In den demokratischen Nationen Europas sind alle die allgemeinen und vorhaltenden Tendenzen am Werk, die die Amerikaner zur Zentralisation der staatlichen Gewalt drängen, und darüber hinaus noch eine Vielzahl hinzukommender Nebenumstände, die in Amerika unbekannt sind. Man ist versucht zu sagen, jeder Schritt zur Gleichheit bringt die Europäer dem Despotismus näher.«[632] Alle Gewalten »zweiter Ordnung«, vermittelnde Gewalten zwischen der Regierung und dem Bürger, sind durch die Revolution vernichtet; die Freiheit und Autorität lokaler Selbstverwaltungen ist verlorengegangen. In den Gegenrevolutionen wurden dem Volk die Rechte der Mitwirkung an der Zentralgewalt zwar wieder entrissen, alte oder neue intermediäre Gewalten aber nicht eingeführt. Die »Fürsten haben alle Neuerungen, die die Revolution bei ihnen eingeführt hatte, verworfen, ausgenommen die Zentralisation: diese allein waren sie beizubehalten bereit«[633]. Zwei scheinbar gegenläufige Tendenzen führen hier zum gleichen Ergebnis. Um ihre Freiheit zu gewinnen, erkämpfen sich die Völker Europas die gesellschaftliche Gleichheit; damit setzen sie aber eine Zentralisation der Macht in Gang, die ihre Freiheit aufs höchste gefährdet. »Um gleich zu werden, hatten sie frei sein wollen, und je mehr sich nun die Gleichheit mit Hilfe der Freiheit durchsetzte, desto mehr erschwerte sie ihnen die Freiheit.«[634]

Die Industrialisierung hat die Machtkonzentration bei den Regierungen noch gefördert; Ergebnis ist eine öffentliche Verwaltung, die in alle Lebensbereiche hineinregiert: »Ich behaupte, daß die öffentliche Verwaltung in sämtlichen Ländern Europas nicht nur stärker zentralisiert ist als früher, sondern sich auch inquisitorischer um die Einzelheiten des staatlichen Lebens kümmert; allenthalben dringt sie weiter als früher in das Privatleben vor; immer mehr, immer unbedeutendere Vorgänge regelt sie auf ihre Weise, und sie breitet sich mit jedem Tage mehr aus, neben dem einzelnen, um ihn herum und über ihn, um ihm beizustehen, ihn zu beraten und zu vergewaltigen.«[635]

Der sanfte Verlust der Freiheit und die Vorteile der Demokratie

Indem Tocqueville die Entwicklung zur Gleichheit an der Demokratie in Amerika studiert und sie der sozialen und politischen Umgestaltung in Europa seit der Französischen Revolution als Zukunftsperspektive unterlegt, gelangt er zu der Überzeugung, daß das Prinzip der Gleichheit sich im 19. Jahrhundert unaufhaltsam durchsetzt, daß damit eine neue und höchst gefährliche Bedrohung der persönlichen Frei-

632 Ebd., 2/4/5, S. 324.
633 Ebd., 2/4/5, S. 325.
634 Ebd., 2/4/5, S. 339.
635 Ebd., 2/4/5, S. 328.

heit verbunden ist und daß die Freiheit bestenfalls noch erhalten werden kann, wenn sie sich dem Gleichheitsprinzip einfügt. Die Dominanz der Gleichheit ist ein historisch notwendiges Resultat: »Durchläuft man die Seiten unserer Geschichte, so findet man in den letzten siebenhundert Jahren keine bedeutenden Ereignisse, die nicht die Entwicklung der Gleichheit gefördert hätten... Die stufenweise Entwicklung der Gleichheit der gesellschaftlichen Bedingungen ist also ein von der Vorsehung gewolltes Ereignis, denn sie hat dessen wesentliche Merkmale; sie ist allgemein, sie ist beständig, und sie entzieht sich immer neu der menschlichen Einwirkung; alle Begebenheiten und alle Menschen dienen der Entwicklung der Gleichheit.«[636] Tocqueville kann sich den historischen Entwicklungsprozeß nur mehr so vorstellen, daß nach der Zerstörung des Feudalsystems mit seinen persönlichen und korporativen Privilegien und der Entmachtung der Könige auch die Unterschiede in Besitztum und Bildung nivelliert werden; Herrschaft, und sei sie noch so wohlmeinend, kann nicht mehr auf Unterschieden der Bürger beruhen; eine Klassenherrschaft hat keine Zukunft.

Aber die Durchsetzung der Gleichheit hat ihren Preis. Im Maße, wie historisch gewachsene Bildungen und Abhängigkeiten verloren gehen, wächst einerseits Vereinzelung und Selbstsucht der Menschen; sie sind einander gleich als egoistische Individuen. Das sind aber gerade die Laster, die den Despotismus begünstigen: »Die Gleichheit stellt die Menschen schroff nebeneinander, ohne ein gemeinsames Band, das sie verknüpft. Der Despotismus stellt Schranken zwischen ihnen auf und trennt sie. Er macht sie geneigt, nicht an ihresgleichen zu denken, und macht aus ihrer Gleichgültigkeit eine Art von Staatstugend.«[637] So ist Demokratie, die primär auf Gleichheit beruhende politische Ordnung und Herrschaftsform, für den Despotismus besonders anfällig. Zum anderen verschiebt die Gleichheit die Perspektiven der Beteiligten und fokussiert aus ihrem Blickwinkel die Herrschaft in einer zentralen Entscheidungsinstanz, was wiederum den Despotismus begünstigt: »Je mehr sich die gesellschaftlichen Bedingungen in einem Volke einander angleichen, um so kleiner erscheinen die Individuen und um so größer erscheint der Staat, oder vielmehr: jeder Bürger verliert sich – allen anderen gleich geworden – in der Menge, und man erblickt nur noch das gewaltige und großartige Bild des Volkes im ganzen. Daher haben die Menschen demokratischer Zeiten eine sehr hohe Meinung von den Vorrechten des Staates und nur eine sehr bescheidene von den Rechten des einzelnen.«[638]

Das liberale Prinzip der individuellen Autonomie wird – das ist die entscheidend neue Einsicht von Tocqueville – durch das Prinzip der Gleichheit ausgehöhlt. Das generelle Postulat unbegrenzter individueller Entfaltungsmöglichkeiten, das der Individualismus als Kampfparole gegen die ständischen Schranken des Feudalsystems und die willkürlichen Eingriffe der Krone aufgestellt hatte, führt seiner inneren Logik nach auf die Gleichberechtigung aller Individuen im Staat. Es führt damit aber zugleich über den Kreis der Gebildeten und Besitzenden hinaus, wenn es im Staate durchgängig in Anspruch genommen und universell praktiziert wird. Resultat ist die Nivellierung aller Lebensumstände und die Ausrichtung auf eine Zentralgewalt, welche diese Nivellierung mit der Mehrheit der gleichberechtigten Bürger durchsetzt. Dadurch tritt die Freiheit in ein Spannungsverhältnis zur Gleichheit; das liberale

636 Ebd., Einleitung zum ersten Band, S. 18f.
637 Ebd., 2/2/4, S. 243.
638 Ebd., 2/4/2, S. 309.

Ursprungspostulat der individuellen Autonomie ist im höchsten Maße gerade dadurch gefährdet, daß es universell realisiert wird. Das Mehrheitsprinzip, welches der Liberalismus selbst mit Vehemenz gegen Adel und Krone vertritt, führt unter den Bedingungen der Gleichheit zur Unterdrückung des autonomen Individuums.

Da aber die Entwicklung zur Gleichheit für Tocqueville historisch zwangsläufig ist, kann es in erster Linie nicht um die Erhaltung einer gesellschaftlichen Binnendifferenzierung gehen. »Ich sehe nur zwei Möglichkeiten, wie man die Gleichheit in der Politik zur Herrschaft bringen kann: man muß entweder jedem Bürger Rechte geben oder aber keinem.«[639] Zunächst kann es nur darum gehen, wenigstens die absolute Gewalt eines einzelnen zugunsten der Herrschaft der Mehrheit zu verhindern, und bereits dies ist für Völker mit demokratischer Gesellschaftsordnung schwierig. Sodann stellt sich das Problem einer Tyrannei der Mehrheitsherrschaft selbst. Wenn die Zentralisation der Regierung die gewissermaßen »natürliche« Konsequenz der Gleichheit ist, so bedarf es »künstlicher« Gegenmittel, um die Herrschaft der Zentrale zumindest abzumildern; diese jedoch, so fürchtet Tocqueville, werden immer nachrangig sein: »Ich bin überzeugt, daß in den demokratischen Jahrhunderten, die uns bevorstehen, die individuelle Unabhängigkeit und die lokalen Freiheiten immer das Ergebnis künstlicher Bestrebungen sein werden. Die natürliche Regierung wird die Zentralisation sein.«[640] Die Amerikaner haben wenigstens die lokale Selbstverwaltung eingerichtet und beibehalten, aber es wird schwer sein, ihrem Vorbild zu folgen.

Grundsätzlich kann sich Tocqueville auch unter Gleichheitsbedingungen ein Nebeneinanderbestehen von Freiheit und Gleichheit vorstellen. Bei der gleichberechtigten Aufteilung gesellschaftlicher Machtpositionen, der Angleichung von Besitz und Bildung, könnten alle Gesellschaftsglieder die Gesetze als ihr gemeinsames Werk betrachten und zugleich untereinander ein vertrauensvolles, durch gegenseitige Nachgiebigkeit und Rücksichtnahme geprägtes Miteinander begründen. »Das mit seinen wahren Interessen vertraute Volk würde dann begreifen, daß man, um die Vorteile des Staates zu genießen, die staatsbürgerlichen Laster auf sich nehmen muß. Der freie Zusammenschluß der Bürger könnte dann an die Stelle der persönlichen Macht des Adels treten, und der Staat wäre von Tyrannei und Willkür sicher.«[641] Dieser Utopie sind die Amerikaner ein Stück nahe gekommen, denn sie haben gewissermaßen die Gleichheit durch Freiheit bekämpft, also beide Prinzipien durch freiheitliche Institutionen und freiwilligen Einsatz für das Gemeinwohl in ein produktives Spannungsverhältnis gebracht. Das ist der erfolgversprechende Weg: »Viele Leute in Frankreich halten die Gleichheit der gesellschaftlichen Bedingungen für ein erstes Übel und die politische Freiheit für ein zweites. Wenn sie eine erdulden müssen, so bemühen sie sich, wenigstens der anderen zu entgehen. Ich aber behaupte, daß es nur ein wirksames Mittel gibt, um die Übel, die die Gleichheit hervorbringen kann, wirksam zu bekämpfen: die politische Freiheit.«[642]

Das Gegenmittel einer freiheitlichen Gesinnung vermag Tocqueville auf dem europäischen Kontinent nicht auszumachen: »Ich persönlich setze – ich gestehe es –

639 Ebd., 1/1/3, S. 44.
640 Ebd., 2/4/3, S. 316.
641 Ebd., Einleitung zum ersten Band, S. 24.
642 Ebd., 2/2/4, S. 247.

gar kein Vertrauen in den Geist der Freiheit, der meine Zeitgenossen zu beseelen scheint; ich sehe wohl, daß die Völker unserer Tage aufgewühlt sind; daß sie aber freiheitlich denken, erkenne ich noch nicht deutlich, und ich fürchte, am Ende dieser die Throne erschütternden Bewegungen werden die Herrscher mächtiger sein als je zuvor.«[643] Aus dieser pessimistischen Einstellung gewinnt Tocqueville eine bemerkenswerte Vision. Er sieht nicht, wie in Europa dem Despotismus zu entgehen sei, aber er sieht ihn in einer historisch neuartigen Ausprägung: »Es scheint, als werde der Despotismus, sollte er bei den heutigen demokratischen Nationen sein Lager aufschlagen, andere Züge tragen: er dürfte ausgedehnter und milder sein und die Menschen erniedrigen, ohne sie zu quälen.«[644] Die Herrscher werden in einem bisher ungeahnten Maß in alle privaten Angelegenheiten eindringen, aber angesichts der »kleinen Leidenschaften der heutigen Menschen«, der »Schlaffheit ihrer Sitten», verbunden allerdings mit einer »Weite ihrer Bildung« und »arbeitsamen und geordneten Gewohnheiten«[645], wird die Unterdrückung eher *Vormundschaft* als Tyrannei sein. Sie übernimmt es, den Bürgern »ihr Behagen sicherzustellen und über ihr Schicksal zu wachen. Sie ist absolut ins einzelne gehend, pünktlich, vorausschauend und milde... Sie sorgt für ihre Sicherheit, sieht und sichert ihren Bedarf, erleichtert ihre Vergnügungen, führt ihre wichtigsten Geschäfte, leitet ihre gewerblichen Unternehmungen, regelt ihre Erfolge und teilt ihren Nachlaß; könnte sie ihnen nicht vollends die Sorge, zu denken, abnehmen und die Mühe, zu leben? Auf diese Weise macht sie den Gebrauch des freien Willens immer überflüssiger und seltener.«[646] Die Teilnahme der Bürger beschränkt sich auf die periodische Wahl ihrer Vertreter, und diese verstärkt nur noch ihre milde Knechtschaft, in der sie selbst nichts regeln können, was sie unmittelbar betrifft: »Umsonst wird man diese Bürger, die man von der Zentralgewalt so abhängig gemacht hat, von Zeit zu Zeit die Vertreter dieser Gewalt wählen lassen; dieser so wichtige, aber so kurze und seltene Gebrauch ihres freien Willens wird es nicht verhindern, daß sie nach und nach die Fähigkeit einbüßen, selbständig zu denken, zu fühlen und zu handeln, nicht verhindern, daß sie so allmählich unter das Niveau der Menschheit absinken.«[647]

Moderne Kritiker könnten das negative Bild der repräsentativen Demokratie, wie es Tocqueville hier entwirft, nicht ausdrucksvoller malen. Aber Tocqueville versucht doch, in geradezu heroischer Anstrengung und die positiven Züge der Demokratie in Amerika vor Augen, nicht im Pessimismus oder im Fatalismus zu enden. »Ich wollte die Gefahren, mit denen die Gleichheit die menschliche Unabhängigkeit bedroht, deutlich herausstellen, weil ich der festen Überzeugung bin, daß diese Gefahren die schrecklichsten und zugleich unvorhergesehensten von allen sind, welche die Zukunft birgt. Aber ich halte sie nicht für unüberwindlich.«[648] Bei aller Nivellierung geht doch der Drang der Menschen nach Unabhängigkeit nicht völlig verloren, und so bleibt Hoffnung, wenn die künftige Herrschaft des Gleichheitsprinzips nur Demokratie und nicht Despotie eines einzelnen bedeutet. Von der Aristokratie nimmt Tocqueville

643 Ebd., 2/4/5, S. 339f.
644 Ebd., 2/4/6, S. 341.
645 Ebd., 2/4/6, S. 342.
646 Ebd., 2/4/6, S. 343f.
647 Ebd., 2/4/6, S. 346f.
648 Ebd., 2/4/7, S. 359.

Abschied, auch wenn sie in seiner Sicht die größten historischen Erfolge hatte und das beste Mittel gegen Selbsttäuschungen eines Einzelherrschers, Unwissenheit und Leidenschaften der Volksmassen darstellt; sie ist einfach nicht mehr zeitgemäß. Bei aller Wehmut ist dann die Demokratie gegenüber der Herrschaft eines einzelnen das kleinere Übel: »Müßte man dann nicht die allmähliche Entwicklung der demokratischen Institutionen und Sitten als das einzige, wenn auch nicht das beste Mittel ansehen, das uns verbleibt, um frei zu sein; und möchte man nicht bereitwillig die demokratische Regierung, *ohne sie zu lieben* (Hervorhebung G.G.), als das brauchbarste und ehrenhafteste Heilmittel ergreifen, mit dem man den heutigen Übeln der Gesellschaft begegnen könnte?«[649]

Angesichts der mit der Entwicklung zur Gleichheit verbundenen Probleme bietet die Demokratie noch die größte Chance, frei zu bleiben. Trotz ihrer Zentralisierungstendenzen beläßt sie die Möglichkeit zur Ausbildung intermediärer Institutionen, und sie bietet, wenn jeweils die Interessen der Mehrheit zur Geltung kommen, mit der Gefahr des Irrtums auch besondere Möglichkeiten zur Korrektur, sofern sich – aufgrund neuer Erfahrungen – andere Mehrheiten bilden. Schließlich können die Sitten in erheblichem Maße zur Freiheit beitragen, wenn mit Hilfe der Religion Verantwortungslosigkeit und Neigung zum Wohlergehen, die spezifischen Übel der Gleichheit, im Zaume gehalten werden[650].

Für Tocqueville gilt es letztlich, den Blick nach vorn zu wenden und ohne Sentimentalität für den Menschen »die neuen Vorteile zu sichern, die ihm die Gleichheit zu bieten vermag«[651]. Zwar wird die individuelle Freiheit eingeschränkt, es können sich aber Selbstverwaltungskörper und auch einflußreiche Vereinigungen von Bürgern bilden; die Pressefreiheit und die persönlichen Rechte bleiben gesichert, und es wird auch kaum mehr einen Grund für eine Revolution geben[652]. Eine Ausbalancierung der Reichweite der staatlichen Gewalt und der Rechte des Individuums – »das bißchen Unabhängigkeit, Kraft und Originalität, das ihm verbleibt«[653] – scheint Tocqueville auch unter Bedingungen der Gleichheit möglich.

4.6 Der entfaltete Liberalismus des 19. Jahrhunderts: John Stuart Mill

Für das liberale Denken des 19. Jahrhunderts, wenn nicht für das liberale Denken überhaupt, markiert John Stuart Mill einen Höhepunkt. Er verbindet ein leidenschaftliches Plädoyer für die Autonomie des Individuums und die Gewährleistung seiner freien und umfassenden Entwicklung mit einer philosophischen Begründung seiner Verantwortung für die Gesellschaft, und er stellt sich den Problemen, die sich bei einer konsequenten Realisierung dieser Postulate in Ausweitung auf alle Mitglieder der Gesellschaft ergeben. Mill argumentiert und reagiert aus gesellschaftlichen Erfahrungen in England um die Mitte des 19. Jahrhunderts – zu einer Zeit, da England ökonomisch und technisch in der Welt am weitesten fortgeschritten ist und

649 Ebd., 1/2/9, S. 197.
650 Vgl. ebd., 1/2/8, S. 131; 2/1/5, S. 226f. u. S. 233.
651 Ebd., 2/4/8, S. 363.
652 Vgl. ebd., 2/4/7, S. 349ff.
653 Ebd., 2/4/7, S. 358.

zugleich politisch einen zwar spannungsreichen, aber evolutionären Anpassungsprozeß an die sozialen Probleme seines Fortschritts vollzieht.

England ist zu dieser Zeit führend im Grad der Industrialisierung, in der Kapitalakkumulation und im Welthandel; Grundlagen sind eine rasante Entwicklung der Technik, die Modernisierung der Landwirtschaft, der Ausbau der Verkehrs- und Kommunikationsmittel, eine erfolgreiche Kolonialpolitik zur Sicherung von Rohstoffen und Absatzmärkten sowie eine starke Bevölkerungsvermehrung, mit zunehmender Konzentration der Bevölkerung in den Städten. Die Kehrseite ist eine offenkundiger werdende ökonomische Ausbeutung und politische Ausschließung der Arbeiterschaft, die soziale und politische Reformen immer dringlicher erfordert. Darauf dringen nicht nur Arbeiterschaft und benachteiligte bürgerliche Schichten, sondern zunehmend auch kritische Intellektuelle. Ökonomisch geht es um eine strukturelle Verbesserung der sozialen Lage, der Arbeitsbedingungen und der Entlohnung.

Politisch geht es um Mitsprache der Benachteiligten durch Einbezug in den Kreis der Wahlberechtigten, was durch die drei Wahlrechtsreformen von 1832, 1867 und 1884 schrittweise – wenn auch nicht vollständig – erreicht wird. Die Absicht einer durchgreifenden politischen und sozialen Reform durch die Massenbewegung der *Chartisten* von 1838–1848 ist hingegen gescheitert; zum Zwecke der sozialen Verbesserung entstehen in der zweiten Hälfte des 19. Jahrhunderts gewerkschaftliche und genossenschaftliche Organisationen, aus denen schließlich die *Labour Party* hervorgeht.

Der Liberalismus im England des 19. Jahrhunderts braucht sich als Folge der Reformen immer weniger gegen Privilegien des Adels und der Krone zu wehren, die dem besitzenden Bürgertum die Gleichberechtigung verwehren und seinen ökonomischen Aktionsraum einengen. Statt dessen erhält er die Möglichkeit, die gesellschaftliche und politische Ordnung nach eigenen Prinzipien und Interessen zu gestalten, und er sieht sich gehalten, eigene Antworten auf die sozialen Herausforderungen der Marktgesellschaft zu finden. Beides schafft ihm erhebliche Probleme. Zum einen benötigt er zwar zunehmend weniger die Unterstützung der nachdrängenden Schichten, um sich gegen Adel und Krone zu behaupten; zugleich aber entwickelt das liberale Prinzip der autonomen Entfaltung der Persönlichkeit eine ihm selbst innewohnende Dynamik. Die interessenbedingte Forderung der Besitzenden nach freier ökonomischer Betätigung und ihrer politischen Absicherung durch die Kontrolle der Regierung, also Beteiligung an politischer Herrschaft, ist im 19. Jahrhundert in England soweit realisiert, daß das zugrundeliegende Prinzip der Autonomie nun auf politische Teilhaberechte aller Bürger, auch der Nicht-Besitzenden, hinausweist, will es gesamtgesellschaftlich legitimiert bleiben. Wenn die Liberalen im 19. Jahrhundert die Ausweitung des Wahlrechts betreiben, so tritt das ursprüngliche Bedürfnis nach möglichst breiter Unterstützung ihrer Reformbemühungen in den Hintergrund gegenüber der Logik einer gesellschaftlichen Universalisierung ihres eigenen Prinzips.

Diese Eigendynamik wird für den Liberalismus im Zuge seiner Durchsetzung zunehmend prekär. Mit fortschreitender Demokratisierung wächst in seiner Sicht die Möglichkeit und auch die Gefahr, daß gesellschaftliche Kräfte politischen Einfluß erhalten, die angesichts ihrer unbefriedigten materiellen Interessenlage und ihrer fehlenden Bildung zu einem fundierten Urteil über allgemeine Belange nicht – oder noch nicht – fähig sind. Wenn die Mehrheit der Bevölkerung politische Mitsprache erhält, ist die Konvergenz von individueller Autonomie und ökonomischer Interessenwahrnehmung infolge einer rationalen Entscheidungsfindung im Parlament wieder in Frage gestellt. Zum anderen ist der Liberalismus unmittelbar mit der »sozialen Frage« konfrontiert. Er kann nicht mehr guten Gewissens annehmen, daß Ausbeutung und Elend der Arbeiterschaft durch die Kräfte des Marktes, der sie bewirkt, auch wieder zum Verschwinden gebracht werden – oder nur unter Opfern, die dem humanistischen Ethos, mit dem der Liberalismus angetreten ist, widersprechen. Da die Liberalen des 19. Jahrhunderts in ihrer Mehrzahl – in England ebenso wie in Deutschland – ein »Manchestertum«, ohne Rücksicht auf die sozialen Folgen, durchaus nicht propagieren, sondern eine gesellschaftliche Ordnung zum Wohl aller Bürger anstreben, bedarf die Marktgesellschaft regulierender Eingriffe, um endogen erzeugte soziale Härten soweit wie möglich zu beseitigen oder zumindest abzumildern. Im Maße, wie der Liberalismus die soziale Frage nicht mehr nur als karitative Aufgabe, sondern als ökonomische Folgewirkung des Prinzips der individuellen Autonomie erkennt, wird er zum sozialen Liberalismus. Markt und kapitalistische Produktionsweise gibt er als ökonomische Prinzipien zwar nicht auf, im sozialen Engagement gerät er jedoch durchaus folgerichtig in die Nähe des Sozialismus.

Die skizzierte Problemsicht eines entfalteten Liberalismus wird in England vornehmlich von der Richtung des *philosophic radicalism* vertreten. Protagonisten sind Jeremy Bentham (1748–1832), James Mill (1773–1836) und sein Sohn John Stuart Mill (1806–1873). Die *philosophic radicals*[654] sind philosophisch gesehen Utilitaristen (worauf noch zurückzukommen sein wird), politisch fordern sie eine Demokratisierung der Gesellschaft und zunehmend auch die Lösung der sozialen Frage. Demokratisierung bedeutet für sie als Liberale nicht unmittelbare Teilhabe aller Betroffenen an der politischen Herrschaft, sondern die Ausdehnung der Repräsentation im Parlament auf alle Schichten des Volkes. In diesem Sinne soll die Ausweitung und Verallgemeinerung des Wahlrechts alle Teile der Bevölkerung gleichberechtigt an der Wahl der Abgeordneten beteiligen und ihre gleichgewichtige Vertretung gewährleisten. Angesichts einer kontinuierlichen Herausbildung der Parlamentsherrschaft in England seit der »Glorreichen Revolution« von 1688 ist der Kompromiß zwischen liberalen Ordnungs- und demokratischen Beteiligungsvorstellungen in Form der repräsentativen Demokratie bereits der Ausgangspunkt; es geht den *philosophic radicals* nun darum, die demokratische Komponente der allgemeinen Beteiligung durch Wahlen zu realisieren. Von den *philosophic radicals* erhält der klassische Liberalismus seine demokratisch legitimierte Form: Durch allgemeines Wahlrecht ist das Parlament der Repräsentant der gesamten Bevölkerung, und in der Besorgung der allgemeinen Angelegenheiten besteht eine doppelte Kontrolle und Einflußmöglichkeit: einerseits des Parlaments gegenüber der Regierung – was eine parlamentarische Mehrheit für die Regierung voraussetzt –, andererseits der Wähler gegenüber ihren Abgeordneten – was Mandats- und Vertrauensgewährung durch Wahl voraussetzt.

Daß mit der Ausweitung des Stimmrechts freilich auch gravierende Probleme für die liberale Grundposition verbunden sind, hat von den *philosophic radicals* erst eigentlich John Stuart Mill erkannt. Galt es zunächst vor allem, gegenüber privilegierten Sonderinteressen des höheren Adels und des Großgrundbesitzes die ungeschmälerte Autonomie des bürgerlichen Individuums als allgemeinverbindliches politisches

654 Nicht zu verwechseln mit den *radicals*, den Befürwortern der Französischen Revolution in England, gegen die sich Burke mit seiner Revolutionskritik wendet.

Prinzip durchzusetzen, so stellt sich mit dessen Realisierung das Problem, ob für die Besorgung der allgemeinen Angelegenheiten bei der breiten Volksmasse eine autonome Urteilsbildung noch ernsthaft vorausgesetzt werden kann. Generell ist der Liberalismus skeptisch bis mißtrauisch in der politischen Einschätzung besitz- und bildungsärmerer Schichten. Bentham hält das Problem für lösbar, wenn nur die Möglichkeit zur Wahrnehmung des wohlverstandenen Eigeninteresses für alle besteht – Erziehung vorausgesetzt. John Stuart Mill sieht hier eher ein Dilemma. Auf der einen Seite plädiert er rückhaltlos für die demokratische Legitimation der politischen Entscheidungen, welche nur durch die gleichberechtigte Entsendung von Vertretern aller Gruppen und Schichten ins Parlament gewährleistet sein kann; auf der anderen Seite sieht er nicht, wie diese auf der Grundlage individueller Interessen, erst recht nicht materieller, jenen Gemeinsinn entwickeln können, dessen es zur Besorgung der allgemeinen Angelegenheiten bedarf. Es müssen dann doch jene Vernünftigen vorherrschen, die nicht numerisch dem Durchschnitt der Bevölkerung entsprechen.

Dahinter steht ein zweites, weit grundsätzlicheres Problem, das direkt mit dem demokratischen Prinzip der allgemeinen Mitwirkung, aber nur indirekt mit der Ausdehnung des Wahlrechts auf besitz- und bildungsärmere Schichten zusammenhängt. Es ist die von Tocqueville beschworene Gefahr einer »Tyrannei der Mehrheit«[655] – Mill hat diese Analyse der Strukturprobleme der Demokratie voll übernommen. Wenn alles vom Willen der Mehrheit abhängt, so ist das liberale Grundprinzip der Autonomie des Individuums selbst in Frage gestellt; Individualität kann sich nicht entfalten in einem Korsett von Konventionen, die – wie im Viktorianischen Zeitalter[656] offensichtlich – eine faktisch mindestens ebenso wirksame Intoleranz ausüben, wie politische Unterdrückungsmaßnahmen. Aber individuelle Autonomie ist keine Robinsonade. Die Verfolgung des wohlverstandenen Eigeninteresses ist möglich und gerechtfertigt nur, wenn sie mit allgemeinen Interessen und maßgebenden sozialen Werten verträglich und bis zu einem gewissen Grad auf sie ausgerichtet ist. Das Individuum benötigt den Außenhalt gesellschaftlicher Verfestigungen und die Legitimation seines Handelns durch verallgemeinerbare Wertvorstellungen, die doch die freie Entfaltung seiner Individualität verhindern, wenn sie Durchschnittlichkeit und Mittelmaß oktroyieren. Mills Denken ist geprägt von dem Bemühen, unter Wahrung seiner liberalen Grundüberzeugung diese gegensätzlichen Momente miteinander zu verknüpfen und so den Liberalismus, wie er im 19. Jahrhundert in seiner Problemvielfalt sichtbar wird, reflektiert zu entfalten. Das gelingt nicht spannungsfrei und widerspruchslos, zumal Mill in seinem sozialen Engagement auch noch Grundstrukturen des Kapitalismus mit Forderungen des Sozialismus zu vereinbaren sucht.

John Stuart Mill wird als ältester Sohn von James Mill, einem engen Freund von Jeremy Bentham, 1806 in London geboren. In seiner Kindheit ist er einem exzessiven, allein auf das Geistige ausgerichteten Erziehungsprogramm seines Vaters ausgesetzt, der aus ihm in möglichst kurzer Zeit einen umfassend gebildeten Gelehrten machen möchte. John Stuart lernt die klassische lateinische und griechische Literatur und Philosophie, Geschichte, Mathematik, Naturwissenschaften, Psychologie und moderne Nationalökonomie. Später kommt ein intensives Studium der utilitaristischen Lehren von Bentham hinzu. Der geistige Rigorismus dieser Erziehung führt

---

655 Siehe oben Abschnitt 4.4.
656 Königin Viktoria regierte von 1837 bis 1901.

schließlich 1826 zu einer tiefen seelischen Krise, die Mill in seiner Autobiographie eindrucksvoll beschreibt. Er löst sich aus der Abhängigkeit von seinem Vater, gewinnt Abstand zur Lehre von Bentham, entdeckt die Romantik und die Macht des Gefühls. Fortan entwickelt er ein eigenständiges Profil, ohne sich von seiner geistigen Herkunft und vom Utilitarismus Benthams ganz zu trennen. Wie sein Vater bei der East-India-Company angestellt, wird er vornehmlich schriftstellerisch tätig. Eine wichtige anregende Rolle für sein Werk spielt die um ein Jahr jüngere Harriet Taylor, die Frau eines Kaufmanns, zu der er seit 1831 eine tiefe Beziehung entwickelt und die er schließlich zwei Jahre nach dem Tod ihres Mannes 1851 heiratet. Nach einer Vielzahl kleinerer Arbeiten erscheint 1843 das umfangreiche *System of Logic*, in dem er das Prinzip der Induktion entfaltet und auch eine Logik der Gesellschaftstheorie als möglichst exakter Wissenschaft zu begründen sucht. 1848 folgen die *Principles of Political Economy*, in denen er sich als einer der führenden Wirtschaftstheoretiker seiner Zeit mit starker Hinwendung zu sozialistischem Gedankengut präsentiert.

Sicherlich stark von Harriet Taylor beeinflußt, beschäftigt er sich zunehmend mit der sozialen Frage, mit der Rolle des Indivduums in der Gesellschaft und der als dringlich erkannten Emanzipation der Frauen, für die er das allgemeine Stimmrecht fordert. 1858 scheidet er, versehen mit einer stattlichen Pension, aus der East-India-Company aus und lebt nun vorwiegend in Avignon in Südfrankreich; in diesem Jahr stirbt aber auch unerwartet seine Frau. In den folgenden Jahren erscheinen in kurzer Folge drei berühmte Schriften, die sein Spätwerk darstellen. *On Liberty* (1859) ist die klassische Darstellung eines entfalteten und reflektierten liberalen Freiheitsverständnisses. *Utilitarianism,* 1861 zunächst als Artikelserie und 1863 selbständig publiziert, gibt eine Weiterentwicklung und Verfeinerung der von Bentham begründeten moralphilosophischen Lehre des Utilitarismus. Die *Considerations on Representative Government* schließlich, ebenfalls von 1861, begründen, anknüpfend an sein Freiheitsverständnis und seinen Utilitarismus, eine Theorie der repräsentativen Demokratie, die der von Tocqueville aufgezeigten Tendenz der Demokratie zur »Tyrannei der Mehrheit« begegnen soll. Von 1865–1868 ist Mill als Abgeordneter führend an den Reformdebatten des Parlaments beteiligt. Da seine Wiederwahl 1868 scheitert, übersiedelt er endgültig nach Avignon. 1869 erscheint der – noch von Harriet Taylor mitverfaßte – Essay zur Frauenemanzipation *The Subjection of Women*, der sich leidenschaftlich gegen die gesellschaftliche und politische Unterdrückung der Frau wendet, 1873 seine *Autobiography*. Im selben Jahr ist er in Avignon gestorben.

Individuelle Freiheit in der modernen Gesellschaft

Unter dem Einfluß von Tocqueville, der in seiner Analyse der Demokratie in Amerika eine unausweichliche Tendenz zur »Tyrannei der Mehrheit« ausgemacht hat, fragt John Stuart Mill nach den Gefahren, die der Freiheit in der liberalen Demokratie seiner Zeit drohen, und er versucht zu bestimmen, von welcher Art denn die Freiheit sein müsse, die es vor der »Tyrannei der Mehrheit« zu schützen gilt. Der Schutz der Freiheit wird um so dringlicher, je mehr das demokratische Prinzip der Identität von Herrschern und Beherrschten sich durchsetzt. Wenn das Volk keiner Fremdbestimmung mehr unterliegt, also frei ist, benötigt es selbst keine Sicherungen mehr gegen die Beeinträchtigung seiner Freiheit. Das gilt auch für die repräsentative

Demokratie mit periodischer Wahl durch die Beherrschten. Aber wenn die Freiheit des Volkes zusätzliche Sicherungen überflüssig erscheinen läßt, gerät die Freiheit des Individuums in höchste Gefahr. »Das ›Volk‹, das die Macht ausübt, ist nicht immer dasselbe Volk, über das sie ausgeübt wird... Der Wille des Volkes bedeutet überdies den Willen des zahlenmäßig stärksten oder des aktivsten *Teiles* des Volkes, der Mehrheit oder derjenigen, die mit Erfolg bemüht sind, als die Mehrheit anerkannt zu werden. Demzufolge *kann* das Volk das Verlangen haben, einen Teil seiner selbst zu unterdrücken, und Vorsichtsmaßregeln dagegen sind so notwendig wie gegen jeden anderen Mißbrauch der Macht.«[657]

Soweit liegt Mill in der Linie der Analyse von Tocqueville, er akzentuiert sie aber, darüber hinausgehend, entsprechend den Erfahrungen in seiner eigenen Gesellschaft: »Nachdenkliche Menschen merkten aber, daß, wenn die Gesellschaft selbst der Tyrann ist – die Gesellschaft als Kollektiv über die einzelnen Individuen, aus denen sie sich zusammensetzt –, ihre Möglichkeiten der Tyrannisierung nicht auf die Handlungen beschränkt sind, die sie durch ihre politischen Funktionäre begehen mag... Dann übt sie eine soziale Tyrannei, die furchtbarer ist als viele Arten politischer Unterdrückung.«[658] Das Viktorianische Zeitalter ist gekennzeichnet durch eine relative Einflußlosigkeit des Staates gegenüber privaten Angelegenheiten, aber zugleich auch durch eine dominierende Stellung gesellschaftlicher Normen und Verhaltensregeln, durch die äußerste Intoleranz im Gewande gesellschaftlicher Moral[659]. Zur politischen tritt die gesellschaftliche Tyrannei der Mehrheit: »Darum ist Schutz gegen die Tyrannei der Inhaber der hohen Staatsämter nicht genug: es bedarf des Schutzes auch gegen die Tyrannei der vorherrschenden Meinung und des vorherrschenden Gefühls; gegen die Tendenz der Gesellschaft, durch andere Mittel als bürgerliche Strafen ihre eigenen Ideen und Praktiken als Verhaltensregeln denen aufzuzwingen, die von ihnen abweichen.«[660] Damit ist das Grundproblem der liberalen Freiheitssicherung in einer demokratischen Gesellschaft zu benennen: »Es gibt eine Grenze für das legitime Eingreifen der kollektiven Meinung in die individuelle Unabhängigkeit. Und diese Grenze zu finden und gegen Übergriffe zu verteidigen, ist für einen guten Zustand der menschlichen Verhältnisse so unerläßlich wie Schutz gegen politischen Despotismus.«[661]

Gegen die politische und die gesellschaftliche Tyrannei der Mehrheit macht Mill »ein sehr einfaches Prinzip« geltend, mit dem die Grenze zwischen dem Anspruch auf individuelle Freiheit und auf gesellschaftliche und politische Verbindlichkeit gezogen werden kann: »Der einzige Zweck, der die Menschen, individuell oder kollektiv, berechtigt, in die Handlungsfreiheit eines der ihren einzugreifen, ist Selbstschutz. Die einzige Absicht, um derentwillen Macht rechtmäßig über irgendein Mitglied einer zivilisierten Gemeinschaft gegen seinen Willen ausgeübt werden kann, ist die, eine Schädigung anderer zu verhindern. Sein eigenes physisches oder moralisches Wohl ist

---

657 John Stuart Mill, On Liberty. Zitiert nach: John Stuart Mill, Über Freiheit, übersetzt von Achim V. Borries, Frankfurt/M. – Wien 1969, S. 10.
658 Ebd., S. 10f.
659 Vgl. Heinz Rausch, J. St. Mill, in: Hans Maier/Heinz Rausch/Horst Denzer (Hrsg.), Klassiker des politischen Denkens, Bd. 2, München 1968, S. 246.
660 John Stuart Mill, Über Freiheit (Anm. 657), S. 11.
661 Ebd.

kein ausreichender Grund.«[662] So soll die »eigentliche Region menschlicher Freiheit«[663] geschützt sein. Sie umfaßt die Gewissens-, Denk- und Meinungsfreiheit samt ihrer öffentlichen Äußerung sowie die individuelle und kollektive Freiheit zum Handeln, soweit sie anderen nicht schadet. Zur Freiheit der Meinung liefert Mill sehr beherzigenswerte Argumente. Die Begründung der Freiheit des Handelns ist prekärer; sie verlangt eine überzeugende Bestimmung des Verhältnisses von gerechtfertigten individuellen und gerechtfertigten allgemeinen Belangen.

Mills uneingeschränktes Plädoyer für die Freiheit der Meinungsäußerung beruht auf dem Grundsatz, daß, wenn es denn Wahrheit überhaupt gibt, niemand sich ihres Besitzes sicher sein kann. »Das leugnen heißt unsere eigene Unfehlbarkeit annehmen.«[664] Es gilt also, Vorsichtsmaßnahmen gegen die eigene Fehlbarkeit und erst recht gegen die Fehlbarkeit der öffentlichen Meinung und ihre politische Oktroyierung zu ergreifen. Fehlbarkeit bedeutet, daß auch die Gegenmeinung wahr sein kann und daß eine gewisse Gewähr für Wahrheit nur aus einem Diskussionsprozeß voneinander abweichender Meinungen, also nur durch öffentlichen Diskurs zu erreichen ist. Zuallererst ist ein konsequenter Minderheitenschutz erforderlich, denn Wahrheit ist keine Angelegenheit der Mehrheit. »Wenn die ganze Menschheit minus einen einzigen Menschen einer Meinung wäre und nur dieser Eine der entgegengesetzten Meinung, so wäre die Menschheit nicht mehr berechtigt, ihn zum Schweigen zu verurteilen, als er berechtigt wäre, die Menschheit zum Schweigen zu verurteilen, wenn er die Macht dazu hätte.«[665] Die eigene Meinung kann nur dann mit einer gewissen Berechtigung für wahr gehalten werden, wenn sie »bei voller Möglichkeit, sie anzufechten, nicht widerlegt worden ist«[666]. Erst der damit stets offengehaltene Diskurs kann darüber aufklären, ob der einzelne oder die Gesellschaft einfach für gültig halten, was nur den eigenen Vorurteilen entspringt. So darf auch die absurdeste Gegenmeinung nicht unterdrückt werden, denn selbst wenn sie – was selten der Fall sein dürfte – offenkundig unwahr ist, trägt die Auseinandersetzung mit ihr zur Verbesserung des eigenen Arguments bei. Vor allem aber ist nie auszuschließen, daß sie doch einen Teil der Wahrheit enthält. Das ist für die Politik entscheidend, denn in praktischen Fragen sind Wahrheiten und Unwahrheiten zumeist über die unterschiedlichen, einander befehdenden Positionen verteilt. »In der Politik... ist es fast ein Gemeinplatz, daß eine Partei der Ordnung oder Stabilität und eine Partei des Fortschritts oder der Reform beide notwendige Elemente eines gesunden Zustandes des politischen Lebens sind ... Jede dieser beiden Denkweisen leitet ihre Nützlichkeit aus den Unzulänglichkeiten der anderen ab; aber es ist in einem großen Maße die Opposition der anderen, die jede in den Grenzen der Vernunft und des gesunden Verstandes bleiben läßt.«[667]

Trotz seines entschiedenen politischen Engagements sieht Mill aus grundsätzlichen Erwägungen die vernünftige Lösung politischer Probleme nur in der Vermittlung gegensätzlicher Positionen; aber diese müssen ausgetragen und dürfen nicht nur

662 Ebd., S. 16.
663 Ebd., S. 19.
664 Ebd., S. 64.
665 Ebd., S. 24.
666 Ebd., S. 27
667 Ebd., S. 58f.

gebührend erwogen werden: »Wahrheit in den großen praktischen Angelegenheiten des Lebens ist so sehr eine Frage der Versöhnung und Verbindung von Gegensätzen, daß nur sehr wenige Menschen einen Geist besitzen, der umfassend und unparteiisch genug ist, um bei der Ausgleichung dem Richtigen nahezukommen, und sie muß zustandekommen durch den rohen Prozeß einer Auseinandersetzung zwischen Kämpfern, die unter feindlichen Bannern fechten.«[668] Für diese Grundsätze kämpft er, denn die hieraus sich ergebenden »mittleren Lösungen«, welche Reformen erbringen, sind das genaue Gegenteil zur »kollektiven Mittelmäßigkeit«[669] einer öffentlichen Meinung, die vorwiegend von der Mittelklasse beherrscht wird. Diese unterliegt dem »Despotismus der Gewohnheit« und ist reformunfähig. Ein kontinuierlicher Fortschritt durch Reformen verlangt uneingeschränkte Meinungsfreiheit, und nur er kann sie auch absichern.

John Stuart Mill ist kein schrankenloser Individualist, er sucht vielmehr die Mitte zwischen individuellen und kollektiven Gütern. Dafür ist die individuelle Meinungsvielfalt unerläßliche Voraussetzung, aber ebenso kommt es auf eine Verbindung von individueller Autonomie und gesellschaftlichen Funktionserfordernissen an. Die Freiheit der Meinungsäußerung kann durchaus sehr schnell eine legitime Grenze finden: »Eine Meinung wie die, daß Kornhändler Leute sind, die die Armen verhungern lassen, oder daß Privateigentum Diebstahl ist, sollte unbehelligt bleiben, wenn sie einfach durch die Presse geht, kann sich aber gerechterweise Bestrafung zuziehen, wenn sie mündlich einer erregten Menge vorgetragen wird, die sich vor dem Hause eines Kornhändlers versammelt hat, oder wenn sie unter derselben Menge in Form eines Handzettels verbreitet wird.«[670] Der Wert des individuellen Daseins bestimmt sich nach den eigenen Entfaltungsmöglichkeiten einerseits und ihrer Absicherung durch wechselseitige Beschränkung andererseits: »All das, was einem Menschen das Dasein wertvoll macht, hängt davon ab, daß die Handlungsfreiheit anderer Leute Beschränkungen unterworfen wird. Darum müssen gewisse Verhaltensregeln eingeführt werden, zunächst durch das Gesetz, und dann in vielen Dingen, die sich für eine gesetzliche Regelung nicht eignen, durch die öffentliche Meinung. Wie diese Regeln aussehen sollen, das ist die Hauptfrage in den Verhältnissen der Menschen.«[671] Gesetz und öffentliche Meinung als Instrumente sozialer Kontrolle sind notwendige Bedingungen individueller Entfaltung in der Gesellschaft, und so stellt sich für alle Handlungen die Grundfrage nach dem rechten Verhältnis von individueller Unabhängigkeit und Beschränkung der individuellen Entfaltung durch gesellschaftliche und politische Einflußnahmen. In liberaler Perspektive liegt die Antwort darin, diese Grenze präzise, für das Individuum vorhersehbar und auch einklagbar zu bestimmen und dabei dessen Position möglichst stark zu halten.

Das »sehr einfache Prinzip« zur Abgrenzung, das Mill all seinen Erörterungen über die Freiheit zugrundegelegt hat, ist die Freihaltung des Individuums von allen äußeren Einflußnahmen, solange es anderen oder der Gesellschaft insgesamt durch seine Handlungen keinen Schaden zufügt. Die Freiheit des Individuums gründet auf Selbstschutz als einem sozialen und somit kollektiven Prinzip; sie wird dem Indivi-

668 Ebd., S. 59.
669 Ebd., S. 80.
670 Ebd., S. 68.
671 Ebd., S. 11.

duum von der Gesellschaft gewährt, und nur diese Gewährung klagt Mill ein angesichts der gegenwärtig für das Individuum so nachteiligen gesellschaftlichen Bedingungen. Die Gesellschaft ist berechtigt, den Schutz ihrer selbst und ihrer Mitglieder »um jeden Preis«[672] gegen Zuwiderhandelnde durchzusetzen, sei es über gesetzliche Sanktionen, sei es über informelle Sanktionen durch die öffentliche Meinung; weiter geht ihr Anspruch nicht. Das Individuum ist entsprechend verpflichtet, die Interessen anderer nicht zu verletzen und der Gesellschaft seinen Anteil zur Aufrechterhaltung des allgemeinen Selbstschutzes zu leisten; im übrigen soll es sich frei entfalten. Diese Grenzziehung ruht auf einer Voraussetzung von Mill, welche häufig diskutiert und in Frage gestellt worden ist: daß es nämlich möglich sei, zwischen Handlungen, die nur das Individuum selbst betreffen, und solchen, die anderen Schaden zufügen, sauber zu unterscheiden. Das Individuum für sich ist dazu sicherlich nicht in der Lage, wohl aber die Gesellschaft – der das Individuum angehört und an deren Festlegungen es partizipiert – aus ihrer kollektiven Erfahrung[673]. Da die Handlungen eines Individuums in aller Regel andere mitbetreffen, ist nur aus der übergeordneten Perspektive der Gesellschaft zu beurteilen, ob sie anderen einen Schaden zufügen oder nicht.

Mills Freiheitsverständnis wäre in individualistischer Einengung mißverstanden. Er hat die Perspektive des Individuums und der Gesellschaft beiderseits vor Augen, und hier geht er von der Perspektive der Gesellschaft aus[674]. Um Individualität zu bewahren und zu entfalten, *darf* die Gesellschaft *nicht* eingreifen, wenn das Individuum nur mit Konsequenzen für sich selbst oder für andere mit deren Zustimmung handelt; in allen anderen Fällen *muß* sie eingreifen: »Immer wenn ein bestimmter Schaden oder ein bestimmtes Schadens-Risiko entweder für ein Individuum oder für die Öffentlichkeit gegeben ist, gehört der Fall nicht mehr in den Bereich der Freiheit, sondern in den der Moral oder des Gesetzes.«[675] Es gibt auch Fälle, in denen das Individuum, selbst wenn es andere nicht schädigt und keine Pflicht gegenüber der Gesellschaft verletzt, dieser indirekt doch Schaden zufügt. In diesen Fällen *kann* die Gesellschaft die individuelle Freiheit höher als ihre Belange stellen und auf ein Eingreifen verzichten.

Es ist also die Gesellschaft, die der Individualität ihrer Mitglieder bedarf, um sich entwickeln zu können, ebenso wie die Individuen freie Entfaltungsmöglichkeiten benötigen, um selbst Individuen zu werden. »In dem Maße der Entfaltung seiner Individualität wird jeder Mensch wertvoller für sich selbst und vermag darum, wertvoller für andere zu sein.«[676] Individualität ist das Gegenmittel gegen alle Verhaltens-

---

672 Ebd., S. 90.

673 In ›Utilitarianism‹ (zitiert nach: John Stuart Mill, Der Utilitarismus, übersetzt von Dieter Birnbacher, Stuttgart 1985) antwortet Mill auf den Einwand, es bleibe vor dem Handeln nicht genügend Zeit, die Auswirkungen aller möglichen Handlungsweisen auf das allgemeine Glück zu berechnen: »... daß allerdings Zeit in Fülle vorhanden gewesen ist, nämlich die ganze vergangene Existenz der menschlichen Gattung. Diese ganze Zeit hindurch haben die Menschen Erfahrungen über die Auswirkungen ihres Handelns gesammelt, und auf ihnen beruht alle Klugheit und alle Lebensweisheit« (S. 40).

674 Vgl. die interessante Parallele, daß auch Rotteck die Freiheit des Individuums als »Erlaubnis« bestimmt (siehe oben Abschnitt 4.3): Auch hier wird von einem dem Individuum übergeordneten Prinzip aus argumentiert.

675 John Stuart Mill, Über Freiheit (Anm. 657), S. 98.

676 Ebd., S. 76.

regeln, die lediglich aus Traditionen und Gewohnheiten anderer resultieren, und nur durch Individualität gibt es somit Fortschritt in der Gesellschaft. Individualität ist selbst nur als Entwicklung zu begreifen, sie bedarf der Lernprozesse und der Erziehung; so aber wird sie zur entscheidenden positiven Kraft der Gesellschaft: »Wenn es ein Gefühl dafür gäbe, daß die freie Entwicklung der Individualität eines der wesentlichen Elemente der Wohlfahrt ist: daß sie nicht nur all dem koordiniert ist, was durch die Begriffe Zivilisation, Unterricht, Erziehung, Kultur bezeichnet wird, sondern selbst ein notwendiger Teil und eine Bedingung all dieser Dinge: dann bestände nicht die Gefahr einer Unterschätzung der Freiheit, und die Festlegung der Grenzen zwischen ihr und der sozialen Kontrolle wäre von keiner besonderen Schwierigkeit.«[677]

So ist der »Wert eines Staates . . . auf lange Sicht der Wert der Individuen, die ihn bilden«[678]. Letztlich muß der Staat als Grundbedingung seiner eigenen Existenz und Fortentwicklung die Ausbildung von Individualität ermöglichen und befördern. Da diese von der Erziehung abhängt, hat er die Aufgabe, eine allgemeine Erziehung geradezu zu erzwingen. Hier kommt wieder Mills gedoppelte Perspektive zum Ausdruck, die dem Plädoyer für individuelle Freiheit den Rahmen gesellschaftlicher Funktionserfordernis vorgibt. Der Staat hat die Erziehung zu erzwingen, aber nicht selbst durchzuführen: »Die Einwände, die mit gutem Grund gegen eine Staatserziehung erhoben werden, gelten nicht für die Erzwingung der Erziehung durch den Staat, sondern nur für den Fall, daß der Staat die Leitung der Erziehung selbst übernimmt – was etwas völlig verschiedenes ist.«[679] Die »Tyrannei der Mehrheit« kann vermieden werden, wenn die Mehrheit sich in die Gestaltung des von ihr abgegrenzten individuellen Freiheitsraumes einmengen darf. Wie allerdings der Rahmen selbst vernünftig gezogen werden soll – wozu nach Mills Einschätzung die Mehrheit gegenwärtig kaum in der Lage sein dürfte –, dies zu beantworten führt auf andere Fragen: Wie kann in der repräsentativen Demokratie, die die politische Ordnungsform moderner Gesellschaften darstellt, Vernunft ihrerseits zur Geltung gebracht werden? Und was ist für Mill überhaupt vernunftgemäß?

Die utilitaristische Begründung

Die Maßstäbe für vernunftgemäßes Handeln findet Mill im Utilitarismus; er ist die philosophische Grundlage seiner Freiheitstheorie und seiner Theorie der repräsentativen Demokratie. Zu einer systematischen Doktrin wurde er erstmals von Jeremy Bentham zusammengefaßt, dem ersten großen Vertreter des *philosophic radicalism* in England. John Stuart Mill hat den Utilitarismus, vermittelt über seinen Vater James Mill, aufgenommen, weiterentwickelt und verfeinert, allerdings in seiner Schärfe auch abgemildert. Utilitarismus bedeutet, menschliche Handlungen nach ihrer Nützlichkeit zu beurteilen. Er ist damit strikt von allen ethischen Positionen abgesetzt, die die Handlungen nach Maßgabe allgemein verbindlicher Grundsätze bewerten (etwa das Sittengesetz bei Kant) oder sie von ihren Motiven her erfassen. Nützlichkeit bezieht sich auf die Wirkung, das Ergebnis von Handlungen; und nütz-

677 Ebd., S. 69.
678 Ebd., S. 138.
679 Ebd., S. 127.

lich sind Handlungen, wenn ihr Ergebnis das *Glück* der Menschen ist. Der Utilitarismus geht von der anthropologischen Grundprämisse aus, daß alle Menschen nach Glück streben, indem sie Freude oder Lust zu erlangen und Schmerzen oder Leid zu vermeiden suchen – und daß sie alle ihre Handlungen entsprechend ausrichten oder doch zumindest als Vernunftwesen dazu in der Lage sind. Alles individuelle und gesellschaftliche Handeln, und somit alle Ethik, Moral, Politik, Recht und Ökonomie stehen unter dem Maßstab der Nutzenmaximierung mit dem Ziel der Realisierung von Glück durch Erlangung von Freude und Vermeidung von Leid. Bentham faßt dies in die bekannte, dem Sinne nach auch schon häufig vor ihm gebrauchte Formel: »the greatest happiness of the greatest number« – die Vernünftigkeit des menschlichen Handelns besteht im höchstmöglichen Glück für die größtmögliche Anzahl von Menschen.

Diese Vorgabe ist – das ist der große und philosophisch neuartige Anspruch – empirisch in den Handlungen der Menschen fundiert und letztlich in ihnen auch meßbar. Für Bentham ist es zur Feststellung des erreichten Glücks ohne Belang, aus welcher Quelle es stammt und wie es geartet ist. In seiner Intensität wird das auf die eine oder andere Weise erreichte Glück vergleichbar, es handelt sich gewissermaßen um aufsummierbare Glücksquanten. Das gleiche gilt für das erreichte Glück der anderen Individuen, so daß sich auch die gesellschaftlich erreichte Gesamtsumme des Glücks bestimmen läßt. Bentham entwickelt geradezu einen Kalkül, den »hedonistic calculus«, um den Nutzen von Handlungen in der Form von Glück zu messen; er basiert auf einer Aufstellung von physisch, politisch, moralisch oder religiös verursachtem Glück und einer Vielfalt weiterer Differenzierungen. Für das Individuum bedeutet das in Glück gemessene Nutzenprinzip, seine eigenen materiellen und geistigen Interessen erfolgreich wahrzunehmen (denn es ist ja an seinem eigenen Glück interessiert). Wenn es seine Interessen wohlverstanden und ernsthaft zur Erlangung von Glück verfolgt, sind Selbstsucht und Zügellosigkeit durch Einfühlungsvermögen (*sympathy*) und Altruismus reguliert.

Für die Gesellschaft ergibt sich das größtmögliche Glück durch den Überschuß erlangter Freuden über angetanes Leid, welche beide aus der gegenseitigen Einwirkung der Handlungen der Individuen aufeinander entstehen. Weil die Individuen dabei nur ihr Glück anstreben, welches für die Gesellschaft aufsummiert wird, kann es für Bentham – trotz seiner dezidiert individualistischen Ausgangsposition – keine grundsätzliche Diskrepanz zwischen dem individuellen Glück und dem gesamtgesellschaftlichen Nutzen geben. Notwendige Voraussetzung ist allerdings, daß die Individuen aufgeklärt genug sind, um zu wissen, welches die für sie wichtigen zu erlangenden Freuden, welches also nach vernünftigem Kalkül ihre wahren Interessen sind, so daß sie nicht Fehlkalkulationen zum Opfer fallen. Ebenso notwendig ist es, daß das politische Institutionengefüge die ungehinderte Verfolgung aller individuellen Interessen zum Wohl der Gesamtheit tatsächlich zuläßt und befördert. Die erste Voraussetzung verweist auf die überragende Bedeutung einer allgemeinen Erziehung; Bentham setzt sich als einer der ersten für ein öffentliches Erziehungssystem ein. Die zweite Voraussetzung gibt ein Kriterium an die Hand, um zu bestimmen, ob die bestehenden Institutionen – insbesondere das Rechtswesen, das Parlament und die Regierung – überhaupt der gesellschaftlichen Nutzenmaximierung dienen.

Damit entwickelt der Utilitarismus von Bentham eine zunehmend gesellschaftskritische und schließlich demokratische Position. Bentham hält dem bestehenden Institutionensystem vor, daß es durchaus nicht die nach utilitaristischen Maßstäben geforderte Interessenidentität zwischen Regierenden und Regierten herstellt. Es dient nicht der »greatest happiness of the greatest number«, sondern bevorzugt die partikularen Interessen *(sinister interests)* von höherem Adel und Großgrundbesitz; es mischt sich überhaupt unnötig und unberechenbar in individuelle Interessenlagen ein, anstatt sich auf die Setzung von allgemeinen Rahmenbedingungen zu beschränken. So sind durchgreifende Reformen nötig: zunächst des höchst unklaren und unberechenbaren englischen Rechtssystems, sodann – diese Forderung macht sich Bentham in seiner Bekanntschaft mit James Mill zueigen – des ungleichen und auf eine Minorität beschränkten Wahlrechts. Bentham und James Mill setzen sich für eine konstitutionelle Demokratie durch Einführung eines möglichst weitgehenden Wahlrechts (für Männer), kürzerer Wahlperioden und geheimer Stimmabgabe ein. So hat der Utilitarismus Benthamscher Prägung in England den Liberalismus in Form der repräsentativen Demokratie auf klassische Weise begründet: »eine demokratisch legitimierte, repräsentative Regierung, begrenzt auf Rahmengesetzgebung, gegründet auf die Chance häufigen und leichten Auswechselns ihrer Mitglieder durch Wahlen, kontrolliert durch eine freie Presse und eine öffentliche Diskussion sowie die Freiheit der öffentlichen Versammlung«[680].

John Stuart Mill übernimmt die philosophische Grundaussage des Utilitarismus von Bentham: »Die Auffassung, für die die Nützlichkeit oder das Prinzip des größten Glücks die Grundlage der Moral ist, besagt, daß Handlungen insoweit und in dem Maße moralisch richtig sind, als sie die Tendenz haben, Glück zu befördern, und in soweit moralisch falsch, als sie die Tendenz haben, das Gegenteil von Glück zu bewirken. Unter ›Glück‹ [happiness] ist dabei Lust [pleasure] und das Freisein von Unlust [pain], unter ›Unglück‹ [unhappiness] Unlust und das Fehlen von Lust verstanden.«[681] Und Mill bekräftigt die zugrundeliegende »Lebensauffassung«, daß »Lust und das Freisein von Unlust die einzigen Dinge sind, die als Endzwecke wünschenswert sind, und daß alle anderen wünschenswerten Dinge ... entweder deshalb wünschenswert sind, weil sie selbst lustvoll sind oder weil sie Mittel sind zur Beförderung von Lust und zur Vermeidung von Unlust«[682]. Welches aber die »wünschenswerten lustvollen« Dinge sind – darin entfernt sich Mill weit von Bentham.

Während Bentham die wohlverstandenen Eigeninteressen des Individuums ohne Gewichtung quantitativ aufsummiert, um daraus Anforderungen an den Staat zu formulieren, faßt Mill sie qualitativ und in einer Rangfolge. Wenn nämlich die Erfahrung zeigt, daß Menschen von zwei Freuden, die sie beide kennen, die eine deutlich höherstellen, und sie »auch dann noch vorziehen, wenn sie wissen, daß sie größere Unzufriedenheit verursacht, und sie gegen noch so viele andere Freuden, die sie erfahren könnten, nicht eintauschen möchten, sind wir berechtigt, jener Freude eine höhere Qualität zuzuschreiben«[683]. Dies ist die Erfahrung der Überlegenheit der geistigen über die körperlichen Freuden. Es gibt keine auf das menschliche Glück als Lust und Freude ausgerichtete Lebensauffassung, »die nicht den Freuden des Ver-

680 Udo Bermbach, Liberalismus, in: Iring Fetscher/Herfried Münkler (Hrsg.), Pipers Handbuch der politischen Ideen, Bd. 4, (Anm. 5), S. 330.
681 John Stuart Mill, Der Utilitarismus (Anm. 673), S. 13.
682 Ebd.
683 Ebd., S. 16.

standes, der Empfindung und Vorstellungskraft sowie des sittlichen Gefühls einen weit höheren Wert zuschreibt als denen der bloßen Sinnlichkeit«[684]. Wer aber den höheren Fähigkeiten des Menschen, die ihn von den Tieren unterscheiden, den Vorzug gibt, nimmt auch Opfer an materiellem Glück zugunsten des höheren Prinzips in Kauf: »Es ist besser, ein unzufriedener Mensch zu sein als ein zufriedenes Schwein; besser ein unzufriedener Sokrates als ein zufriedener Narr. Und wenn der Narr oder das Schwein anderer Ansicht sind, dann deshalb, weil sei nur die eine Seite der Angelegenheit kennen.«[685]

Mit dieser zweiten Umwertung der Benthamschen Ausgangsposition verbindet Mill eine dritte. Wenn es nämlich im Utilitarismus nicht auf »das größte Glück des Handelnden selbst, sondern das größte Glück insgesamt«[686] ankommt, dann ist der Maßstab des moralisch richtigen Handelns »das Glück aller Betroffenen«[687]. Dieses herzustellen verlangt den Edelmut, auf sein eigenes Glück überhaupt auch verzichten zu können: »Der Utilitarismus kann sein Ziel daher nur durch die allgemeine Ausbildung und Pflege eines edlen Charakters erreichen, selbst wenn für jeden einzelnen der eigene Edelmut eine Einbuße an Glück und nur jeweils der Edelmut der anderen einen Vorteil bedeuten würde.«[688] Aus der Höherwertigkeit der geistigen Freuden folgert Mill somit eine Form des Utilitarismus, der vornehmlich auf soziale Tugenden abstellt. Das allgemeine Wohl wird nicht durch das Aufsummieren der Einzelinteressen erreicht, sondern es hängt von der durchgängigen Einsicht der Individuen ab, daß die Belange anderer oder allgemeine Belange für sie selbst Opfer bedeuten können, denen sie sich aus übergeordneten Nutzenerwägungen moralisch nicht entziehen dürfen. Mill möchte zwar keinen Mythos des Opfers begründen, weil Selbstverzicht keinen Eigenwert darstellt, sondern nur als Mittel dienen darf, um den »Gesamtbetrag an Glück«[689] zu erhöhen. In der Verknüpfung der individuellen und allgemeinen Angelegenheiten wertet er den Utilitarismus jedoch so um, daß ohne Ansicht der individuellen Glücksrechnung letztlich jede Regel gerechtfertigt ist, die das Gesamtwohl fördert. Es erscheint ein wenig paradox (und für Mill wird noch darauf zurückzukommen sein): Gerade im Ausgang vom Individuum und seiner Freiheit ist der utilitaristisch inspirierte Liberalismus in England für soziale und gemeinwohlorientierte Konzepte besonders offen.

Damit das Nützlichkeitsprinzip in seinem vergeistigten und auf soziale Tugenden hin ausgerichteten Ethos zum Tragen kommen kann, müssen zwei Voraussetzungen realisiert sein, eine äußere und eine innere: »Erstens, daß Gesetze und gesellschaftliche Verhältnisse das Glück oder – wie man es in der Praxis auch nennen kann – die Interessen jedes einzelnen soweit wie möglich mit dem Interesse des Ganzen in Übereinstimmung bringen; und zweitens, daß Erziehung und öffentliche Meinung, die einen so gewaltigen Einfluß auf die menschlichen Gesinnungen haben, diesen Einfluß dazu verwenden, in der Seele jedes einzelnen eine unauflösliche gedankliche Verknüpfung herzustellen zwischen dem eigenen Glück und dem Wohl des Ganzen und

684 Ebd., S. 15.
685 Ebd., S. 18.
686 Ebd., S. 20.
687 Ebd., S. 30.
688 Ebd., S. 21.
689 Ebd., S. 29.

insbesondere zwischen dem eigenen Glück und der Gewohnheit, so zu handeln, wie es die Rücksicht auf das allgemeine Glück gebietet; so daß er nicht nur unfähig wird, die Möglichkeit eines Glücks für sich selbst mit einer Handlungsweise, die dem Gemeinwohl zuwider ist, zusammenzudenken, sondern auch so, daß ein unmittelbares Motiv zur Förderung des allgemeinen Wohls in jedem einzelnen einer der gewohnheitsmäßigen Handlungsantriebe wird.«[690]

Die erste, äußere Voraussetzung enthält das gesamte Programm einer demokratischen, auf Interessenübereinstimmung aufbauenden politischen Ordnung. Die zweite, innere Voraussetzung erscheint Mill noch dringlicher, weil jede äußere Ordnung, soll sie sich dem Utilitätsideal nähern, einer Verinnerlichung des Gemeinsinns in den sozialen Tugenden der Individuen bis hin zur gesellschaftlichen Selbstverständlichkeit bedarf. Entscheidend ist die Ausbildung und Pflege des Charakters. Darum ist für Mill die Erziehung von so überragender Bedeutung; sie stellt, wichtiger noch als Partizipation selbst, das Bindeglied zwischen der äußeren Ordnung und der innerlichen Fundierung des Gemeinwesens her. Nicht zuletzt kann auch nur Erziehung bewirken, daß die machtvolle öffentliche Meinung nicht als »Tyrannei der Mehrheit« agiert, sondern einen aus Individualitäten entfalteten Diskurs führt.

Das Ethos des Utilitätsprinzips hat seine Grundlage in realen Gefühlen der Menschen. So glaubt Mill anthropologisch, unter Berufung auf die Erfahrung, aufweisen zu können, daß das Utilitätsprinzip nicht bloßes Postulat bleiben müsse. Im Menschen gibt es auf das Individuum und die Gemeinschaft bezogene Gefühle, welche Pflichtverletzungen gegenüber anderen oder der Gesamtheit durch »innere Sanktionen« verhindern. Das individuell sanktionierende Gefühl ist das Gewissen – eine »mehr oder weniger starke Form der Unlust, die sich bemerkbar macht, sobald wir unserer Pflicht zuwiderhandeln«. Sie wird »in einem voll ausgebildeten moralischen Charakter so stark . . , daß er vor einer Pflichtverletzung wie vor einer schieren Unmöglichkeit zurückschreckt«[691]. Gemeinschaftsgefühle *(social feelings)* sind ebenfalls von empirischer Evidenz. *Sympathy* – die Fähigkeit, sich in andere hineinzuversetzen – und das »Verlangen nach Einheit mit unseren Mitgeschöpfen«[692] sind in jedem gemeinschaftlichen Leben natürlich und notwendig angelegt. Im Laufe der gesellschaftlichen Entwicklung führen die »Ansteckung« *(contagion)* der *sympathy*, der Einfluß der Erziehung und die Macht der Institutionen den Menschen dazu, sich »gleichsam instinktiv . . . seiner selbst als eines Wesens bewußt zu werden, dem es *selbstverständlich* ist, auf die anderen Rücksicht zu nehmen«[693]. Würde das Gemeinschaftsgefühl zudem wie eine Religion gelehrt, so würden alle Umstände dafür sprechen, daß das Utilitätsprinzip sein Ethos verwirklicht: »Das tiefwurzelnde Selbstverständnis, demgemäß sich jedes Individuum schon jetzt als gesellschaftliches Wesen sieht, wird es ihm als eines seiner natürlichen Bedürfnisse erscheinen lassen, die eigenen Gesinnungen und Ziele mit denen der Mitmenschen in Einklang zu wissen.«[694]

690 Ebd., S. 30f.
691 Ebd., S. 49.
692 Ebd., S. 54.
693 Ebd., S. 56.
694 Ebd., S. 58. Mit einem ähnlichen Argumentationsmuster versucht Mill auch das Prinzip der Gerechtigkeit als identifizierbares Gefühl zu begründen: Das Individuum fühlt sich, in seinem Bedürfnis nach Verteidigung seines Rechts, durch »sympathy« herausgefordert, auch

Der Optimismus ist unverkennbar. Die Menschheit ist zu einer fundamentalen Verbesserung ihrer Verhältnisse fähig: »Niemand, dessen Meinung auch nur einen Moment lang Achtung verdient, wird daran zweifeln können, daß die wirklich großen Übel in der Welt prinzipiell ausrottbar sind und daß sie bei einer weiteren Besserung der menschlichen Verhältnisse schließlich in engen Grenzen gehalten werden können. Armut ... Krankheit ... die Wechselfälle des Schicksals ... kurz, alle wichtigen Ursachen menschlichen Leidens lassen sich in erheblichem Umfang – und viele fast gänzlich – durch menschliche Mühe und Anstrengung beseitigen.«[695] Voraussetzung sind gute Gesetze, eine wirkungsvolle Erziehung, vor allem aber eine verantwortlich entfaltete Freiheit. Und hier ist der Optimismus bei Mill zugleich auch gebrochen. Er ist nur überzeugt von der *Möglichkeit* des Fortschritts und hegt entsprechende Hoffnungen; zugleich konstatiert er skeptisch, daß dieser nur das Werk einiger weniger aufgeklärter Menschen und das Ergebnis unablässiger, nicht nachlassender Anstrengungen sein kann. Denn wenn auch »die Entwicklung der Dinge insgesamt zum Fortschritt tendiert, sollten wir doch nicht vergessen, daß ein ständiger, unablässig sprudelnder Sog aus all der menschlichen Dummheit, aus allen Lastern, Versäumnissen, aller Trägheit und Gleichgültigkeit die Angelegenheiten der Menschen zum Schlechteren herabzieht.«[696] Zur Durchsetzung des Fortschritts bedarf es noch weiterer, vornehmlich institutioneller Überlegungen.

Vergleicht man John Stuart Mills Entfaltung des Utilitäts- und des Freiheitsprinzips miteinander, so führen beide zum selben Ergebnis: Der Ausgang vom Individuum reicht nicht hin für einen entfalteten, reflektierten Liberalismus. Zur Bestimmung der Freiheit ist die Perspektive der Gesellschaft erforderlich; nur sie kann Individualität gewährleisten. Das utilitaristische Prinzip, sein Handeln im Nutzenkalkül auf die Erlangung von Glück auszurichten, führt auf soziale Tugenden als Erfüllung vernünftigen Lebens. Wo liegt nun aber der Zusammenhang beider Argumentationen? Wie ist – was Mill ausdrücklich propagiert[697] – das Freiheitsverständnis utilitaristisch begründet? Wie es scheint, kann Mill gegen die »Tyrannei der Mehrheit« die individuelle Freiheit nur geltend machen, indem er sie als soziale Tugend begründet. Wenn nämlich die Gesellschaft es ist, die die Freiheit schützt und ihr zugleich Grenzen setzt, so handelt sie nicht abgehoben von den Individuen, sondern nur mit ihrer Partizipation, denn diese bilden die Gesellschaft. Grenzen setzen soll die Gesellschaft nicht als »Tyrannei der Mehrheit«, sondern nur durch freie Individuen für freie Individuen. So bedarf sie der Freiheit als sozialer Tugend, um Freiheit überhaupt setzen zu können.

Als solche ist Freiheit in *On Liberty* nicht begründet, sondern als funktional erforderlich für den Bestand und die Entwicklung einer freien Gesellschaft nur vorausgesetzt. Die Begründung kann für Mill nur das Utilitätsprinzip liefern. Damit ist aber andererseits eine Umorientierung im Verständnis des Utilitarismus selbst erforder-

---

für andere entsprechend einzutreten; dieses Gefühl verbreitet sich auf die Gemeinschaft und wird dadurch zugleich vom Selbstbezug geläutert. Vgl. John Stuart Mill, Der Utilitarismus (Anm. 673), Kap. 5.

695 Ebd., S. 26f.

696 John Stuart Mill, Considerations on Representative Government. Zitiert nach: ders., Betrachtungen über die repräsentative Demokratie, übersetzt v. Hannelore Irle-Dietrich, Paderborn 1971, S. 45.

697 Vgl. John Stuart Mill, Über Freiheit (Anm. 657), S. 17f.

lich, die John Stuart Mill weit von der ursprünglichen Position eines Bentham entfernt. Freiheit wird als Wert an sich und nicht nur, wie bei Bentham, als ein Mittel für soziales Glück gefaßt, welches aus Sicherheits- und Wohlfahrtserwägungen prinzipiell nachgeordnet ist. Sie wäre sonst zur Disposition einer »Tyrannei der Mehrheit« gestellt. Um dies zu vermeiden und Freiheit doch gesellschaftlich zu bestimmen, faßt Mill sie als soziale Tugend im Zusammenhang von *sympathy*, Opferbereitschaft und Gemeinsinn.

Mit dieser Akzentverschiebung im Utilitätsprinzip und im Freiheitsverständnis stellt sich auch die Frage der politischen Ausgestaltung einer Ordnung der Freiheit anders als für die *philosophic radicals* Bentham und James Mill. Demokratie kann nicht einfach die Herrschaft einer Mehrheit sein, die das Volk rein numerisch repräsentiert; sie muß die soziale Tugend angemessen zur Geltung bringen.

Die qualifizierte repräsentative Demokratie

Eine gute Regierungsform, die den Bedürfnissen, Interessen und Zielsetzungen der Bürger entspricht, ist in erster Linie dadurch gekennzeichnet, daß sie die Sittlichkeit und die Einsicht des Volkes verstärkt. Ein Gemeinwesen ist nur so gut wie der erreichte Reifegrad seiner Bürger, und so liegt das Allgemeinwohl in einer Erhöhung »der Summe der guten Eigenschaften der Regierten – und zwar individuell wie in ihrer Gesamtheit«[698]. Erst in zweiter Linie ist eine Regierungsform auch daran zu bemessen, daß sie die jeweils existierenden Eigenschaften ihrer Bürger zur Grundlage einer funktionierenden Ordnung macht. Dadurch treten viele Themen der klassischen Regierungslehre in den Hintergrund. Mill legt sein politisches Denken von vornherein dynamisch an, weil das zugrundeliegende Utilitätsprinzip individuell und gesellschaftlich für Entwicklung und Fortschritt steht. Politische Institutionen erfüllen also ihre Aufgabe in dem Maße – daran ist Mill vornehmlich interessiert –, wie sie »die allgemeine geistige Entwicklung des Gemeinwesens fördern, worunter wir hier Fortschritt in Bezug auf Urteilskraft, Sittlichkeit, Selbsttätigkeit und Leistungsfähigkeit subsumieren«[699]. Ihr Wert liegt in ihrer »Funktion als nationale Erziehungsinstitution«[700]. Jedes Volk – so unterstellt Mill – hat die Möglichkeit, sich in seiner sittlichen und politischen Reife stufenweise fortzuentwickeln, und die Regierung hat die Aufgabe, durch Erziehung dazu beizutragen, daß der Entwicklungsprozeß die nächsthöhere Stufe erreicht: »Die eine unerläßliche Eigenschaft einer Regierung, der gegenüber so gut wie jeder Mangel, der den Fortschritt nicht gerade verhindert, verzeihlich scheint, besteht infolgedessen darin, daß ihr Einfluß den jeweils nächsten Schritt, den das Volk tun muß, um auf eine höhere Stufe zu gelangen, fördert bzw. zumindest nicht hindert.«[701] Vom jeweils bereits erreichten Erziehungsniveau hängt es dann ab, in welcher Weise und Organisationsform politische Institutionen ihre Gemeinschaftsaufgaben erfüllen.

---

698 John Stuart Mill, Betrachtungen über die repräsentative Demokratie (Anm. 696), S. 48.
699 Ebd., S. 50.
700 Ebd., S. 51.
701 Ebd., S. 53.

Für die fortgeschrittenen Gesellschaften seiner Zeit – namentlich England, USA und Frankreich – ist das System der repräsentativen Demokratie die ideale Regierungsform. Jede Despotie, auch die aufgeklärteste, hält das Volk von der Wahrnehmung seiner kollektiven Interessen fern und bewirkt bei den Bürgern eine Haltung des Verzichts auf eigene Aktivität und Wirksamkeit. Aber in zivilisatorisch entwickelten Gesellschaften muß »jede Erziehung, die aus den Menschen mehr als bloße Maschinen machen will, ... schließlich die Forderung nach Selbstbestimmung ihres Handelns in ihnen wecken«[702]. Despotie wäre hier für den weiteren Fortschritt extrem schädlich. Umfassend ausgeübte Volkssouveränität ist das historische Gebot. Die ideale Regierungsform ist »jene ..., in der die Souveränität oder die höchste Kontrollfunktion in letzter Instanz bei der Gesamtheit des Volkes liegt und jeder Bürger nicht nur bei der Ausübung dieser obersten Souveränität eine Stimme hat, sondern auch, zumindest zeitweise, zur aktiven Teilnahme am Regierungsprozeß aufgefordert ist, indem er persönlich eine öffentliche Funktion, sei sie lokaler oder übergreifender Art, übernimmt«[703]. Indem jeder Bürger stimmberechtigt ist und aufgefordert zur aktiven Teilnahme, ist die ideale Regierungsform *demokratisch,* und nur als demokratische kann sie für zivilisatorisch entwickelte Völker die Aufgaben erfüllen, die an eine gute Regierungsform gestellt sind. Nur eine »Volksregierung im striktesten Sinn« *(completely popular government)* »erfüllt in vollkommener Weise die beiden Kriterien, nach denen sich der Wert einer politischen Verfassung bestimmt: besser als jedes andere politische System es vermag, fördert sie sowohl eine jeweils bestehende gute Regierung als auch die Höherentwicklung des Charakters der Nation«[704].

Grundsätzlich ist Fortschritt nur möglich, wenn bei den Bürgern der aktive Typus den passiven überwiegt, und Demokratie schafft diese Voraussetzung, indem jeder für seine Rechte und Interessen selbst eintritt und niemand von der Beteiligung an der allgemeinen Entwicklung ausgeschlossen ist. Letztlich kann das Ziel »allein die Beteiligung aller an der Staatsgewalt« sein[705]. Im modernen Flächenstaat ist die Möglichkeit der unmittelbaren persönlichen Beteiligung lediglich dadurch eingeschränkt, daß die Bürger an den allgemeinen Angelegenheiten, außer im Kommunalbereich, nicht allesamt mitarbeiten können; mit dieser – zunächst ganz lapidaren – Begründung ist für Mill die erstrebenswerte vollständige Volksregierung für entwickelte Gegenwartsgesellschaften die *repräsentative* Demokratie. »Repräsentativregierung bedeutet, daß das Volk als ganzes oder doch zu einem beträchtlichen Teil durch periodisch gewählte Vertreter die in jedem Verfassungssystem notwendige oberste Kontrollgewalt ausübt. Diese oberste Gewalt muß ungeteilt in Händen des Volkes liegen. Es muß jede Regierungshandlung nach Belieben kontrollieren können.«[706]

Entscheidend ist, daß das Volk die oberste Kontrollgewalt ausübt, und zwar allein und ungeteilt. Dem gegenüber tritt das Prinzip der Gewaltenteilung in den Hintergrund – das unterscheidet Mill vom traditionellen Liberalismus –, und die Kontrolle erfolgt durch Repräsentativkörperschaften, die in der Erledigung der allgemeinen Angelegenheiten nur begrenzt tätig werden – das unterscheidet ihn von der direkten

702 Ebd., S. 64.
703 Ebd., S. 65.
704 Ebd.
705 Ebd., S. 76.
706 Ebd., S. 89.

Demokratie. Die Repräsentanten des Volkes im Parlament sollen, abgesehen von Kontrolle, nach dem Prinzip der *funktionalen* Gewaltenteilung nur solche Funktionen übernehmen, die auszuüben sie selbst fachlich befähigt sind. Das gilt in erster Linie für Regierung und Administration. Das Parlament kann über Regierungsangelegenheiten nicht sinnvoll durch Abstimmungen entscheiden; in der zunehmenden Tendenz, sich in Regierungsfragen einzumischen, liegt »eine der wirklichen Gefahren, welche die zukünftige Entwicklung des Repräsentativsystems bedrohen«[707]. Auch mit der engeren gesetzgeberischen Tätigkeit ist eine vielköpfige Versammlung überfordert; sie sollte damit eine Kommission beauftragen. Die Funktion einer Repräsentativversammlung besteht nicht darin, »die gesetzgeberische und administrative Arbeit zu tun, sondern zu veranlassen, daß sie getan wird; zu bestimmen, welchen Leuten sie anvertraut werden soll und ihr, wenn sie getan ist, die Billigung der Nation zu erteilen oder zu versagen«[708].

Gegen den Vorwurf, Parlamente seien »bloße Schwatzbuden«, hält Mill, daß gerade »Rede und Diskussion ihre eigentliche Aufgabe sind«[709]. Die Vorteile einer Kontrolle durch das Volk lassen sich mit den Erfordernissen sachkundiger Gesetzgebung und Administration nur verbinden, wenn es eine Institution gibt, in der in einem »Querschnitt aller Intelligenzschichten innerhalb des Volkes«[710] die unterschiedlichen Bedürfnisse und Interessen in kontroversen Diskussionen so weit abgeklärt werden, daß sie durch kontrollierte Beauftragte in politische Entscheidungen umzusetzen sind.

Hier wird deutlich, daß Mill mit »repräsentativer Demokratie» erheblich mehr im Sinn hat, als lediglich das demokratische Postulat umfassender Volksregierung angesichts der Bedingungen des modernen Flächenstaats technisch praktikabel in Repräsentativkörperschaften umzusetzen. Das Parlament als Repräsentativkörperschaft ist als Ort der freien kontroversen Diskussion die Instanz, in der nach Mills normativer Zuweisung Interessenvielfalt und Vernunftargumente zur Verbindung kommen sollen. Das Parlament ist somit die zentrale Instanz, der die Aufgabe einer guten Regierungsform zukommt, die Entwicklung von Sittlichkeit und Einsicht des Volkes voranzubringen. Mill überträgt diese Aufgabe nicht von ungefähr einer abgehobenen und in seinen praktischen politischen Steuerungsmöglichkeiten eingegrenzten Repräsentativkörperschaft. Sie verlangt nämlich Freiheit, die in der Vielfältigkeit der Standpunkte zum Ausdruck kommt, auch und zuforderst als soziale Tugend – sonst wäre geistiger und sittlicher Fortschritt nicht zu bewirken. Freiheit als soziale Tugend ist im Volk nicht durchschnittlich verteilt, sondern auf wenige konzentriert. Das Parlament als Vehikel des Fortschritts bietet den Vorteil, daß es als Repräsentativkörperschaft dem realen Durchschnitt des Entwicklungsniveaus der Bevölkerung nicht zu entsprechen braucht. Der Zusammenhang von Wählerschaft und Parlament kann so ausgestaltet sein, daß das Parlament weder numerisches Abbild der Bevölkerung noch einfaches Spiegelbild seiner Meinungen ist.

Überlegungen dieser Art widersprechen freilich dem Prinzip einer gleichartigen und gleichgewichteten Beteiligung aller Bürger, welches Mill ebenfalls vorbehaltlos

707 Ebd., S. 96.
708 Ebd., S. 98.
709 Ebd., S. 102.
710 Ebd.

bejaht. Er gerät damit in ein Spannungsverhältnis zum Entwicklungsstand und mehr noch zu den absehbaren Entwicklungstendenzen konstitutioneller demokratischer Systeme, die er vom demokratischen Standpunkt aus bejaht, von seinem qualifizierten liberalen Fortschrittsdenken aus aber in Frage stellen und korrigieren muß. Beide Gesichtspunkte versucht er zu verbinden in einem eigenen Konzept von »repräsentativer Demokratie«, welches die quantitative Gleichheit (in der Beteiligung der Bürger) bestärkt und ihr durch institutionelle Mechanismen zugleich qualitativ entgegenwirkt.

Die Gefahr, daß in einer Regierungsform *sinistre*, dem Allgemeinwohl entgegengesetzte Interessen dominieren, ist nicht auf Gesellschaftssysteme mit ständischer Privilegierung beschränkt. Vielmehr steht die Demokratie vor demselben Problem, wenn sie nur als Herrschaft der numerischen Majorität aufgefaßt wird. Es gibt keinen Grund, warum Gruppen- oder Klasseninteressen, wenn sie die Mehrheit haben, die Belange der Minderheit berücksichtigen sollten. Keine vernünftige Theorie kann von der Voraussetzung ausgehen, »die numerische Majorität werde der Regel nach das tun, was andere Inhaber der Macht niemals tun und was auch nur in den seltensten Fällen von ihnen erwartet wird, nämlich sich in ihrer Handlungsweise von ihren wirklichen, objektiven und nicht von ihren unmittelbaren und scheinbaren Interessen leiten zu lassen«[711]. Wer auf seinen eigenen Vorteil bedacht ist, denkt an kurzfristigen Gewinn und nicht an langfristige Erfordernisse. So sind aber allgemeine Belange nicht zu erfassen: »Nur uneigennützige Rücksicht auf andere, zumal auf das, was über das eigene Leben hinausreicht, der Gedanke an die Nachwelt, das Vaterland, die Menschheit, gleich ob sie auf Sympathie oder Gewissenspflicht beruhen, wird jemals die Gedanken und Absichten von Klassen oder Parteien auf entfernte oder nicht unmittelbar auf der Hand liegende Interessen lenken können. Und man kann nicht behaupten, daß eine Regierungsform vernünftig wäre, die voraussetzt, daß diese erhabenen Prinzipien die dominierenden Motive im Verhalten von Durchschnittsmenschen sind. Auf ein gewisses Maß an Verantwortungsbewußtsein und uneigennützigem Gemeinsinn mag man bei Bürgern eines Staates, der für die Repräsentativregierung reif ist, rechnen können. Es wäre jedoch lächerlich, diese Eigenschaften in solch hohem Grad und in Verbindung mit einem so ausgeprägten Urteilsvermögen zu erwarten, wie sie nötig wären, um gegen die scheinbar einleuchtenden Trugschlüsse gefeit zu sein, die bloßes Klasseninteresse als Forderung der Gerechtigkeit und des Allgemeinwohls erscheinen lassen.«[712]

Nur die Verbindung von Verantwortungsbewußtsein, Gemeinsinn und Urteilsvermögen kann der Gefahr dominierender Partikularinteressen entgegenwirken; sie verlangt aber eine tiefgreifende Umgestaltung der gängigen Majoritätsdemokratie. Es entstünde eine *repräsentative Demokratie*, »in der alle und nicht nur die Mehrheit vertreten sind, in der die Interessen, Meinungen und Intelligenzgrade, die zahlenmäßig unterlegen sind, dennoch gehört werden und Aussicht haben, aufgrund der Überzeugungskraft von Argumenten und des Ansehens der sie vertretenden Persönlichkeiten Einfluß zu erlangen, den sie ihrer numerischen Stärke nach nicht beanspru-

711 Ebd., S. 114.
712 Ebd., S. 116f.

chen könnten – eine solche Demokratie, die allein gleich, allein unparteiisch, allein die Regierung aller durch alle und die einzig wahre Form von Demokratie ist«[713].

Wie ist diese emphatische Form auf der Grundlage der Herausbildung konstitutioneller Demokratien zu verwirklichen, die doch durch das Mehrheitsprinzip bestimmt sind? Mill diskutiert verschiedene institutionelle Mechanismen, die die Mehrheitsdemokratie qualitativ verbessern sollen – von besonderem Interesse sind für ihn die Wahlen und das Verhältnis von Wählern und Gewählten. Seine Vorschläge laufen allesamt auf eine Stärkung des Verantwortungsgefühls gegenüber dem Ganzen hinaus, bewirkt zumeist durch einen überproportionalen Einfluß der geistigen Eliten.

1. Im Repräsentationsverhältnis selbst befürwortet Mill eine möglichst starke *Unabhängigkeit der Repräsentanten* von den Wählern, wenn auch mit sehr pragmatischen Überlegungen. Die Auseinandersetzung um »imperatives« oder »freies« Mandat findet, nach dem entschiedenen Plädoyer von Sieyes für das freie Mandat, im Liberalismus des 19. Jahrhunderts zumeist weniger das Bedürfnis nach einer einseitigen Festlegung. So stehen auch für Mill die Repräsentanten in einem Spannungsverhältnis zwischen unumgänglicher Verantwortlichkeit gegenüber den Wählern und erwünschter Überlegenheit der Urteilskraft, welche zu abweichenden Meinungen gegenüber dem Durchschnitt führen muß. »Wenn man einen Parlamentsvertreter haben will, der dem Durchschnittswähler geistig in irgendeiner Hinsicht überlegen ist, muß man damit rechnen, daß er dann und wann in seinen Auffassungen von der Mehrheit der Wähler abweicht und daß in einem solchen Fall seine Auffassung in der Regel die richtige ist. Daraus folgt, daß die Wähler schlecht beraten sind, wenn sie dem Vertreter absolute Konformität in ihren Ansichten zur Bedingung machen, sofern er seinen Sitz behalten möchte.«[714] Mill hält die Wahl und Unterstützung geistig unabhängiger Abgeordneter für essentiell, um eine »Klassengesetzgebung« zu verhindern; zwingen kann er die Wähler nicht dazu. Eine genauer berechenbare Wirkung bieten Veränderungen des Wahlrechts, weil bereits einzelne Bestimmungen (man denke an die 5-Prozent-Klausel in der Bundesrepublik Deutschland) als Rahmenbedingungen entscheidend werden können.

2. Veränderungen sollen nicht das allgemeine Stimmrecht als Prinzip tangieren; Mill unterstützt es aus demokratischer Position vorbehaltlos, sieht es historisch kommen und fordert in diesem Zusammenhang vor allem das Stimmrecht für Frauen. Das Problem bei jeder Verallgemeinerung des Stimmrechts liegt aber für ihn darin, daß es die Möglichkeiten der Klassengesetzgebung durch die Majorität nicht verringert, sondern eher verstärkt. So führt die Ausübung des Stimmrechts durch die Arbeiter – so sehr es ihren geistigen Fortschritt bewirkt – zu der Gefahr, daß die Mehrheit der Bevölkerung einseitig zugunsten der Ärmeren gegenüber den Reicheren entscheidet. Es geht also darum, daß die großen Gruppen der Gesellschaft ein Gleichgewicht bilden, so daß eine Mehrheit erst zustandekommt, wenn eine partikulare Interessengruppe auch höherrangige Interessen mitvertritt: »Die Verfassung eines Repräsentativsystems müßte folgendes gewährleisten: kein partikulares Interesse sollte so stark werden können, daß es in der Lage wäre, sich gegen alle anderen Teilinteressen sowohl als auch gegen Wahrheit und Recht durchzusetzen. Die egoistischen Interessen sollten stets in einem so beschaffenen Kräfteverhältnis stehen, daß der Erfolg

713 Ebd., S. 143.
714 Ebd., S. 192.

jeder Interessenrichtung davon abhängig ist, ob sie zumindest einen großen Teil jener Interessen auf ihrer Seite hat, die sich von höheren Beweggründen und umfassenderen und weitsichtigeren Gesichtspunkten leiten lassen.«[715]

Das englische Mehrheitswahlsystem führt dagegen, bei aller Demokratisierung, auf eine »Regierung zum Vorteil einer privilegierten numerischen Majorität, die faktisch im Staat allein entscheidet«[716]. Mills besonderes Mißtrauen gilt dabei den Parteien und einem von Parteien beherrschten Staat; er erkennt ihre Existenz zwar als unumgänglich an, nicht jedoch ihr faktisches Monopol. Entscheidend ist es zunächst, das Wahlrecht so zu modifizieren, daß auch *Minderheiten* zum Zuge kommen[717]. Die Lösung sieht er in einem Entwurf von Thomas Hare, der 1859 eine komplizierte Mischung aus Mehrheits- und Verhältniswahlrecht vorgeschlagen hat. Jeder Wähler gibt mehrere Voten ab; Stimmen für einen Kandidaten, der die erforderliche Stimmenzahl bereits erreicht hat, kommen dem Nächstplazierten auf dem Stimmzettel zugute, so daß auch er eine Chance erhält usw. Damit können auch Minoritäten im Lande angemessen zum Zuge kommen.

3. Das Wahlsystem von Hare soll vor allem eine Minorität herausheben, die für den Fortschritt der Gesellschaft lebenswichtig ist: die *Gebildeten*. Mill bewegt sich hier ganz in der liberalen Tradition. »Intellektuell und charakterlich hervorragende Persönlichkeiten«, die »notwendig immer in der Minderheit sind«, müssen zunehmend dringlicher Gehör finden. »Das Repräsentativsystem hat, wie die moderne Zivilisation überhaupt, eine Tendenz zur kollektiven Mittelmäßigkeit, die durch jede Herabsetzung der Wahlrechtsvoraussetzungen und jede Erweiterung des Wahlrechts noch verstärkt wird, da diese Maßnahmen darauf hinauslaufen, die Staatsgewalt zunehmend in die Hände von Klassen zu legen, die weit unter dem optimalen Bildungsstandard der Gesellschaft stehen.«[718] Gegenüber der quantitativen Mehrheit vertritt die Minderheit der Gebildeten das qualitative Gewicht des vernünftigen Arguments. Sie erfüllt damit zunächst die Funktion des Widerspruchs gegen übermächtige Gruppen, die für den Fortschritt einer Gesellschaft unerläßlich ist; sie bietet darüber hinaus die von Mill so ersehnte intellektuelle und moralische Führung für das Volk: »Die Hauptschwierigkeit der demokratischen Regierungsform steht bis heute offenkundig darin, in einer demokratischen Gesellschaft zu gewährleisten, was in allen Gesellschaften, die sich vor anderen behaupten konnten, schon aufgrund der Machtverhältnisse gegeben war – nämlich ein gesellschaftlicher Rückhalt ... für den individuellen Widerstand gegen die Tendenzen der herrschenden Gewalt, ein Schutz und Sammelpunkt für Meinungen und Interessen, die von der herrschenden öffentlichen Meinung mißbilligt werden... Die einzige Gruppe, welche die Bedürfnisse einer demokratischen Majorität ergänzen und korrigieren kann, ist die Minderheit der Gebildeten... Die Minorität der Gebildeten würde bei Abstimmungen nur nach ihrer wirklichen Anzahl zählen, als moralische Macht aber würde sie aufgrund ihrer Kenntnisse und des daraus resultierenden Einflusses weit mehr Gewicht haben... Auf diesem Wege erhielte

---

715 Ebd., S. 119.

716 Ebd., S. 121.

717 Im englischen Mehrheitswahlrecht bleibt jede Stimme bedeutungslos, die nicht dem Gewinner des Wahlkreises zugute gekommen ist; im Extremfall fällt damit pro Wahlkreis die Hälfte minus 1 Stimme unter den Tisch.

718 Ebd., S. 131.

ein demokratisch regiertes Volk, was es unter allen anderen Bedingungen höchstwahrscheinlich entbehren müßte: politische Führer, die ihm intellektuell und charakterlich voraus wären.«[719] Die Gebildeten sind der Rahmen für das von Mill gemalte Bild, wonach in der repräsentativen Demokratie das Volk, angeleitet von seinen Repräsentanten und der von ihnen bestellten Regierung, in einem großen Erziehungsprozeß auf dem Wege des geistigen und sittlichen Fortschritts voranschreitet.

4. Im allgemeinen und gleichen Wahlrecht bleibt immer noch das Problem, daß die Mehrheit die Minderheit der Gebildeten überstimmen kann und damit durch einen formal zulässigen Mißbrauch ihrer Macht doch ihr Klasseninteresse durchsetzt. Es bedarf daher weiterer institutioneller Mittel, »die diesen Mißbrauch verhindern, ohne dabei die charakteristischen Vorzüge der Volksherrschaft zu opfern«[720]. Mill findet sie wiederum im Wahlrecht, und zwar im Instrument des *plural voting*. Die Gebildeten erhalten ein mehrfaches Stimmrecht. Mill gibt damit den Gleichheitsgrundsatz im Wahlrecht bewußt auf: »Obschon jeder eine Stimme haben sollte, heißt das durchaus nicht, daß jeder die gleiche Stimme haben sollte.«[721] Die Erfahrung besagt, daß das Urteil eines intellektuell oder moralisch Höherstehenden mehr wert ist als das des Tieferstehenden; sie sollte auch für Wahlen angewandt werden. Das Problem ist dann nur mehr, die jeweilige Überlegenheit festzustellen. Solange es keine wirkliche Volkserziehung gibt, »liefert die Beschäftigung eines Menschen einen gewissen Anhaltspunkt«[722] – ein merkwürdiger Übergang zu korporativen Vorstellungen.

Allerdings will Mill durchaus verhindern, daß die Gebildeten nun ihrerseits die Mehrheit vereinnahmen. Die Mandatsverteilung durch *plural voting* empfiehlt sich, weil sie »die Gebildeten vor der Klassengesetzgebung der Ungebildeten bewahrt; doch darf sie nicht soweit gehen, daß sie es den Gebildeten ermöglicht, ihrerseits zum eigenen Vorteil Klassengesetzgebung zu praktizieren«[723]. Deshalb soll auch dem Ärmsten das mehrfache Stimmrecht zukommen, wenn er in einer freiwilligen Prüfung »beweisen könnte, daß er den vorgeschriebenen Mindeststandard an Wissen und Bildung erreicht hat«[724]. Das allgemeine, aber nach Bildung abgestufte Wahlrecht wird zum sichtbaren Ausdruck, daß in der qualifizierten repräsentativen Demokratie die Macht der Mehrheit die Vernunft einschließt; das ist die Voraussetzung für die Rolle, die Mill den Gebildeten im Staat zuweist: »Der Staat sollte alle seine Einrichtungen dem Bürger so darstellen, wie dieser sie zu seinem Besten betrachten soll: und da es zum Besten des Bürgers ist, wenn er einsieht, daß zwar jeder zu einer gewissen Einflußnahme berechtigt ist, daß aber den Sittlicheren und Urteilsfähigeren der größere Einfluß gebührt, ist es auch wünschenswert, daß sich der Staat zu dieser Überzeugung bekennt und sie in seinen Einrichtungen zum Ausdruck bringt. Dies macht den Geist der Institutionen eines Landes aus.«[725]

5. Daß der Geist der Institutionen zum Ausdruck kommen muß, ist schließlich auch der Grundgedanke für die Überlegung, den Modus der Wahl zur Förderung des Verantwortungsgefühls gegenüber dem Ganzen einzusetzen. Die *Stimmabgabe* soll näm-

719 Ebd., S. 133–135.
720 Ebd., S. 143.
721 Ebd., S. 150.
722 Ebd., S. 152.
723 Ebd., S. 153.
724 Ebd., S. 154.
725 Ebd., S. 156.

lich *öffentlich* erfolgen, Mill wendet sich auch gegen den Grundsatz der geheimen Wahl. Aus der kontrovers geführten, aber ideologisch durchaus nicht festgelegten Diskussion über öffentliche oder geheime Wahl hat sich für uns heute das Argument durchgesetzt, nur eine Stimmabgabe im Geheimen könne eine von Fremdeinwirkungen unbeeinflußte Äußerung der wirklichen persönlichen Präferenz gewährleisten. Mill hat dieses Argument nicht gelten lassen wollen. In den entwickelten Demokratien ist die Unabhängigkeit des Wählers gesichert: »Ein schlechter Gebrauch des Wahlrechts droht heute weniger als Folge der Beeinflussung, der der Wähler von Seiten anderer ausgesetzt ist, als durch eigennützige Interessen und niedrige Gefühle, die er als einzelner oder als Angehöriger einer Klasse hat.«[726] Tatsächlich würde die geheime Stimmabgabe den Wähler seiner Verantwortlichkeit gegenüber der Gesellschaft gänzlich entheben, er könnte stimmen, wie es ihm beliebt. Bei der öffentlichen Stimmabgabe wird dagegen seine Entscheidung für das öffentliche Wohlergehen sichtbar und dokumentiert; er zeigt seine Verantwortlichkeit gegenüber der Gesellschaft und wird sich ihrer bewußt. Er übt damit seine Freiheit als soziale Tugend aus.

Dem Prinzip der geheimen Wahl wird »im Denken des Wählers ... wahrscheinlich die Deutung zugewiesen, daß das Wahlrecht ihm zu seinem persönlichen Gebrauch und Vorteil gegeben worden ist, nicht aber zum Besten der Allgemeinheit«[727]. Wie aber Freiheit wesentlich von der Gesellschaft her bestimmt ist und nur als soziale Tugend bestehen kann, so ist für den Bürger auch das Wahlrecht – Ausdruck seiner politischen Freiheit – »ein ihm anvertrautes Gut«[728]. Die Öffentlichkeit der Wahl ist somit ein besonders wichtiger institutioneller Mechanismus, um die individuelle und gesellschaftliche Entwicklung zu höherer sittlicher Reife zu fördern, weil er selbst den Anspruch der Gesellschaft – den Bezug auf das Gemeinwohl als Entwicklung aller ihrer Mitglieder – für diese erfahrbar zum Ausdruck bringt. Mit Wahlen wird Macht über andere ausgeübt, indem diese gewählt oder nicht gewählt werden. Dies ist kein Recht, ein solches gibt es nicht; jede dem Menschen zugebilligte Macht »stellt in moralischer Hinsicht ein anvertrautes Gut im striktesten Wortsinne dar«[729]. Das Wahlrecht ist deshalb eine Pflicht gegenüber der Gesellschaft, das abgegebene Votum nicht eine Sache des freien Beliebens. »Bei jeder politischen Wahl ... steht der Wähler unter einer absolut moralischen Verpflichtung, nicht seinen persönlichen Vorteil, sondern das öffentliche Interesse im Auge zu haben und seine Stimme nach bestem Wissen genauso abzugeben, wie er es zu tun verpflichtet wäre, wenn er als einziger eine Stimme hätte und die Wahl allein von ihm abhinge.«[730] Der einfache Individualismus, von dem Mill dem ersten Anschein nach ausgegangen ist, findet im Prinzip der öffentlichen Wahl sein augenfälligstes Gegenargument; empirisch ist die öffentliche Wahl – nach wie vor – ein Akt der individuellen Freiheit, normativ ist sie sozial ausgerichtet.

Insgesamt erscheint Mills politisches Denken, von seinem Freiheitsverständnis über die Entfaltung des Utilitätsprinzips bis hin zu den Konsequenzen für die Demokratie, als ein Versuch, vielfältige Spannungsverhältnisse, die sich in der historischen Entwicklung des 19. Jahrhunderts angesichts des liberalen Prinzips der Entfaltung des

726 Ebd., S. 170.
727 Ebd., S. 167.
728 Ebd.
729 Ebd., S. 168.
730 Ebd., S. 169.

autonomen Individuums und des demokratischen Prinzips der allgemeinen und gleichen Herrschaftsbeteiligung ergeben, aufzuspüren und möglichst auszubalancieren. Politisches Ergebnis ist sein Konzept einer qualifizierten Repräsentativdemokratie, welches durch seinen dynamischen, evolutionär auf Fortschritt ausgelegten Grundansatz die konstatierten Spannungen produktiv aufnehmen will – wenn auch manche Lösungsvorschläge eher utopisch anmuten und wenig realen Einfluß auf die Verfassungsentwicklung gewinnen konnten.

Die Spannungen resultieren freilich nicht allein aus den Erfahrungen eines Liberalen mit der Entwicklung von Demokratie, die er bejaht, die er aber aus liberaler Position auch für problematisch hält. Im Kompromiß von liberalen und demokratischen Elementen wird die liberale Position selbst verändert. Liberale Grundelemente sind einerseits bekräftigt, andererseits erhalten sie eine charakteristische Umformung. Das nach wie vor grundlegende Prinzip der Autonomie des Individuums wird gesellschaftlich definiert, die Freiheit individueller Entfaltung in ihrem Bestand als soziale Tugend gefaßt. Die öffentliche Meinung, nach wie vor der bewußte Ausdruck der Interessen der Bürger, ist angesichts der Gefahr einer »Tyrannei der Mehrheit« erst legitimiert, wenn sie für die Individuen zum Instrument der Internalisierung von Aufklärung wird. Die Abstinenz des Staates gegenüber der Verfolgung privater Belange bleibt ein wichtiger Schutz der individuellen Freiheit, zugleich soll der Staat aber die Bedingungen für geistigen und sittlichen Fortschritt der Individuen und der Gesellschaft herstellen und gewährleisten. Der Vorrang des Besitz- und Bildungsbürgertums in der Eignung für die Besorgung öffentlicher Angelegenheiten, der sich ursprünglich im Zensuswahlrecht niederschlug, wird angesichts der Durchsetzung des allgemeinen Wahlrechts zum Vorrang einer neuen Elite der Gebildeten, die durch eine qualitative Ausgestaltung des allgemeinen Wahlrechts überproportional zum Zuge kommen soll. Mehrheitsregel und Gewaltenteilung, aus liberaler Sicht Prinzipien gegen ständische Privilegierung und Machtzusammenballung bei König oder Staat, sind funktionalisiert und damit als Prinzipien nicht mehr unumstößlich; sie werden eingesetzt, wenn und soweit sie eine rationale Politik befördern.

Der entfaltete und reflektierte Liberalismus von John Stuart Mill ist – um eine moderne Ausdrucksform zu verwenden – gewissermaßen »postdemokratisch«, bezogen auf die Bedingungen des 19. Jahrhunderts. Mills politisches Denken kennzeichnet mit allen seinen Lösungsversuchen nicht nur die Spannung zwischen liberalen und demokratischen Elementen, die im Konzept der repräsentativen Demokratie einen Kompromiß findet, sondern auch die Spannung zwischen der klassischen und der entfalteten liberalen Position, die die Ausgestaltung seiner Demokratievorstellung in einer qualifizierten repräsentativen Demokratie maßgeblich bestimmt.

Zwischen Kapitalismus und Sozialismus: Der soziale Liberalismus

Auch das liberale Prinzip des Eigentums unterliegt jenem Transformationsprozeß. Dieser resultiert aus der Erfahrung des Elends, der Ausbeutung und Unterdrückung der besitzlosen Arbeiterschaft, deren Eigentum sich auf ihre eigene Arbeitskraft beschränkt. Die krassen Unterschiede im Eigentum sind aus dem Utilitätsprinzip spätestens dann nicht mehr zu rechtfertigen, wenn sie einen Teil der Gesellschaft in der Existenz bedrohen. Das Utilitätsprinzip begründet auch soziale Gerechtigkeit. Es verlangt, »daß die Gesellschaft jeden gleich gut behandeln soll, der sich um sie im gleichen Maße verdient gemacht hat«[731]. Das Glück der einen Person muß für genausoviel gelten wie das Glück jeder anderen. Dieses Prinzip hat soziale Konsequenzen, die einen *sozialen Liberalismus* begründen. »Daß in den Augen des Ethikers wie des Gesetzgebers jeder den gleichen Anspruch auf Glück hat, bedeutet, daß er den gleichen Anspruch auf die Mittel zum Glück hat, außer insoweit, als die unausweichlichen Bedingungen des menschlichen Lebens und das Gesamtinteresse, in dem das Interesse jedes einzelnen enthalten ist, dieser Maxime Grenzen setzen; und diese Grenzen sollten so eng wie möglich gezogen werden.«[732] Damit kann aber das Eigentum – wichtigstes Mittel zum materiellen Glück – nicht mehr, wie im klassischen Liberalismus, als unantastbares Prinzip gefaßt werden.

Die Begründung des Eigentums ist moralisch eine Frage der »austeilenden Gerechtigkeit« und entsprechend ökonomisch eine Frage der Distribution, nicht der Produktion. Während die Produktion von physikalischen Bedingungen bestimmt ist, hängt die Verteilung der erzielten Werte in Form von Eigentum von den Gesetzen und Gewohnheiten der Gesellschaft ab. So kann Eigentum als Privateigentum begründet sein – sofern ursprünglich die Chancengleichheit vorausgesetzt, in der Folge aber die Entwicklung zur Ungleichheit nicht mehr beeinflußt wird –, als Gemeineigentum an Boden und Produktionsmitteln (Sozialismus) oder als gleiche Verteilung aller physischen Mittel der menschlichen Gattung (Kommunismus). Wird Eigentum, wie in den entwickelten westlichen Gesellschaften vorherrschend, als Privateigentum begründet, so ist maßgebend »das Recht der Produzenten auf dasjenige, was sie hervorgebracht haben«[733]. Dadurch ist Landeigentum, der Grundbesitz, weniger legitimiert, denn Grund und Boden sind nicht unmittelbar ein Produkt des Produzenten, sondern höchstens durch Bearbeitung verbessert. Wenn das Privateigentum an Grund und Boden keinen Nutzen für die Allgemeinheit erbringt oder besser von ihr verwendet werden könnte, kann es – gegen angemessene Entschädigung – enteignet werden. Nach dem gleichen Grundsatz ist das Erbrecht eingeschränkt.

Mill stellt das Privateigentum zur Disposition, soweit es der allgemeinen Wohlfahrt der Gesellschaft und der sozialen Gerechtigkeit nach dem Utilitätsprinzip widerspricht. Sein sozialer Liberalismus ist gespeist aus einer zunehmenden Sympathie für Forderungen des Sozialismus, wie sie sich aus der Not der arbeitenden Klasse als einer gesellschaftlichen Ungerechtigkeit ergeben. Er wird aber nicht zum Verfechter einer Aufhebung des Privateigentums an den Produktionsmitteln und der Herbeiführung einer klassenlosen Gesellschaft. Mill begnügt sich mit sozialreformerischen Vorschlägen, weil er, bei aller Sympathie für die Forderungen von Sozialismus und Kommunismus, angesichts seines Freiheitsverständnisses ihre Partei nicht eindeutig ergreifen kann. Einer Ordnung, die im gegenwärtigen Zeitalter der Massen auf radikaler Aufhebung des Privateigentums aufgebaut werden soll, traut er nicht zu, daß sie Freiheit als Verbindung von sozialer Tugend und Individualität verwirklicht.

Ökonomisch hält er den Kommunismus durchaus für eine sinnvolle Alternative zum Kapitalismus; er könnte viele Probleme, wie etwa die gerechte Verteilung der

---

731 John Stuart Mill, Der Utilitarismus (Anm. 673), S. 107.
732 Ebd., S. 108f.
733 John Stuart Mill, Grundsätze der politischen Ökonomie, in: Gesammelte Werke, hrsg. v. Th. Gompertz, Leipzig 1869ff. (Reprint Aalen 1986), Bd. 5, S. 229.

Arbeit, besser lösen. Eine Wahl zwischen dem Kommunismus, wie er sein könnte, und dem System des Privateigentums, wie es derzeit *ist*, würde eindeutig für den Kommunismus ausfallen. Aber auch das Privateigentum könnte andere gesellschaftliche Verhältnisse bewirken; wäre es seinem eigentlichen Prinzip nach als Verteilung, nicht als Konzentration von Eigentum, und unter Gewährleistung echter Chancengleichheit entwickelt, so hätte es nicht zu den gegenwärtigen physischen und sozialen Leiden geführt. So sind Kommunismus und Privateigentum als ökonomische Prinzipien gleichermaßen gerechtfertigt. Entscheidend wird darum das Kriterium, »welches der beiden Systeme sich mit der größten Ausdehnung der menschlichen Freiheit und Entwicklung verträgt«[734]. Soweit Freiheit einen sicheren Lebensunterhalt voraussetzt, wäre der Kommunismus für Mill angesichts der gegenwärtigen Lage der Arbeiter ein großer Fortschritt. Soweit Freiheit aber die Individualität des Charakters gegenüber der Gesellschaft sichern soll, erscheint eine Gleichheitsdoktrin wie der Kommunismus dazu wenig geeignet, da ja schon die bestehende soziale Ungleichheit die Gefahr einer »Tyrannei der Mehrheit« heraufbeschwört.

Mill sieht die »Zukunft der arbeitenden Klassen«[735] daher eher in neuen Formen der Beziehungen zwischen Kapitalisten und Arbeitern, sei es in Form von Assoziationen zwischen Arbeitern und einem Kapitalisten, sei es in Form von Produktionsgenossenschaften, in denen die Arbeiter über ihr gemeinsames Kapital selbst verfügen können. Die Spannungsverhältnisse bleiben auch in seinem sozialen Liberalismus erhalten.

5. Vor- und Frühsozialismus

5.1 Einführende Bemerkungen

Der Beitrag der frühsozialistischen Autoren zur Entfaltung der sozialistischen Ideen wie auch ihre Rolle bei der Herausbildung der entstehenden Arbeiterbewegung wird häufig noch immer verkannt. Zu deren Unterschätzung hat sicherlich die von Karl Marx und Friedrich Engels im *Manifest der Kommunistischen Partei* (1848) vorgebrachte Bewertung der frühen sozialistischen und kommunistischen Literatur maßgeblich beigetragen[736]. Die von ihnen geäußerte Kritik wendet sich nicht nur gegen den »kritisch-utopistischen Sozialismus und Kommunismus«, sondern auch gegen – in ihrer Terminologie – »feudale«, »kleinbürgerliche« und »konservative« sozialistische Vorläufertheorien. Die dezidierte Abgrenzung des Marxismus als eines »wissenschaftlichen« Sozialismus von seinen Vorläufertheorien[737] ver-

734 Ebd., Bd. 5, S. 221.
735 Ebd., Bd. 7, S. 64ff.
736 Vgl. Karl Marx/Friedrich Engels, Manifest der Kommunistischen Partei, in: Marx-Engels-Werke (Anm. 159), Bd. 4, S. 459–493, hier: S. 482–493.
737 Der Anspruch von Marx und Engels, selber einen »wissenschaftlichen« Sozialismus zu vertreten, ist keineswegs neu. Ihn erhoben zuvor bereits Charles Fourier, Pierre Leroux, Robert Owen, Pierre-Joseph Proudhon und die Schule um Henri de Saint-Simon. Dazu der Hinweis von Friedrich Jonas, in: ders., Geschichte der Soziologie, 2 Bde., Opladen 1981[2].

bindet sich bei Marx und Engels mit dem politisch-exklusiven Anspruch, die eigene Theorie am Prozeß der Formierung des Proletariats zu einer revolutionären Klasse zu orientieren.

Historisch markieren das Scheitern der französischen Februarrevolution von 1848 und der sich im gleichen Jahr vollziehende Verfall der chartistischen Wahlrechtsbewegung in England das Ende des Frühsozialismus als einer politischen Bewegung. Der Beginn des Frühsozialismus kennzeichnet ihn als ein spezifisch modernes Phänomen. Er datiert frühestens seit der letzten Phase der Französischen Revolution, da er »die radikale Auflösung der ständisch-korporativen Ordnung Alteuropas, den rationalen Individualismus, die liberalen Emanzipationen, die Industrialisierung und die Entstehung der sozialen Frage voraussetzt«[738].

Die sozialistischen und kommunistischen Konzeptionen der vor- und frühsozialistischen Autoren knüpfen zunächst an frühere ideengeschichtliche Konzeptionen – etwa die politischen Utopien der Aufklärung – an. Der entstehende Antikapitalismus bezieht seine Motive vorerst aus den noch nicht vom ökonomischen Kalkül zerstörten Solidaritätsnormen in der Gemeinde, am Arbeitsplatz und in der Familie. Die Konstitution der Arbeiterbewegung ist in starkem Maße noch von traditionalen Orientierungen und Protestformen geprägt. Mit der Etablierung des Industriekapitalismus verfestigen sich jedoch die Strukturen sozialer Ungleichheit und treten auch die politischen Konfliktlinien innerhalb der bürgerlichen Gesellschaft deutlicher hervor. In den Argumentationen der frühsozialistischen Autoren gewinnen nunmehr ein geschichtliches Fortschrittsdenken, Wissenschaftsgläubigkeit und das Vertrauen in die gesellschaftsverändernde Macht der Technik an Bedeutung. Das Anknüpfen an die unausgeschöpften Forderungen der Französischen Revolution kennzeichnet ihre politischen Diskussionen im Spannungsfeld von Reform und Revolution. Die Frühsozialisten stecken damit im wesentlichen das Diskussionsfeld ab, innerhalb dessen sich auch das sozialistische Denken der zweiten Jahrhunderthälfte fortbewegen wird.

5.1.1 Die Herausforderung der sozialen Frage

Im Vor- und Frühsozialismus artikulieren sich seit dem späten 18. Jahrhundert Vorbehalte gegenüber einem vor allem in seiner besitz-individualistischen Engführung wahrgenommenen Liberalismus[739] und die Kritik an der kraß hervortretenden sozialen Ungleichheit. Die liberalen Postulate von Freiheit und gleichem Recht begrenzen in ihrer besitzbürgerlichen Lesart die in der Französischen Revolution proklamierten

738 Horst Stuke, Frühsozialismus, in: Sowjetsystem und demokratische Gesellschaft. Eine vergleichende Enzyklopädie, Bd. 2, Frankfurt/M. – Basel – Wien 1968, S. 747–781, hier: S. 748; wichtige Gesamtüberblicke und Texteditionen sind: George Douglas Howard Cole, A History of Socialist Thought, 7 Bde., London 1953ff., Bd. 1, The Forerunners (1953); Frits Kool/Werner Krause (Hrsg.), Die frühen Sozialisten, eingeleitet von Peter Stadler, Frankfurt/M. – Wien – Zürich 1968; Thilo Ramm (Hrsg.), Die großen Sozialisten als Rechts- und Sozialphilosophen, 1. Bd., Stuttgart 1955; ders. (Hrsg.), Der Frühsozialismus. Ausgewählte Quellentexte, Stuttgart 1956; Michael Vester (Hrsg.), Die Frühsozialisten 1789–1848, 2 Bde., Reinbek 1970/71.

739 Dazu Crawford Brough Macpherson, Die politische Theorie des Besitzindividualismus, Frankfurt/M. 1980² (englisch 1962).

Forderungen auf die Kerngehalte von unbegrenzter Eigentumsfreiheit und wirtschaftlichem Konkurrenzkampf und zielen auf die freie Entfaltung einer ökonomisch selbstregulierten Gesellschaft, in der sich die Beziehungen der Privatleute auf dem Markt und in der Öffentlichkeit unbeeinträchtigt von staatlicher Herrschaft vollziehen können. Der konfliktregulierende Verfassungsstaat und die Menschenrechte als Grundbestandteile des institutionellen Programms des politischen Liberalismus sind zweifellos Voraussetzungen einer freien Gesellschaft und Garanten von Toleranz, Pluralismus und Autonomie. Die liberalen Forderungen nach verfassungsstaatlichen Grundrechtsgarantien und der Etablierung des bürgerlichen Privatrechts kommen zunächst jedoch vor allem den Interessen einer kleinen sozialen Gruppe entgegen: »Das Besitz- und das Bildungsbürgertum sowie die Angehörigen der freien Berufe und viele Beamte konnten sich von einer neuen Ordnung, die diesen Vorstellungen entsprechen würde, für ihre Wirtschaftsinteressen und für ihre ganze Persönlichkeit neue Spielräume der Entfaltung und Bereicherung versprechen. Daher werden sie zum sozialen Hauptträger des Liberalismus.«[740]

Auf die zunehmende Verelendung, die große Teile der Landarbeiterschaft, der sich entwickelnden industriellen Arbeiterschaft und die städtischen Unterschichten betrifft, findet der Liberalismus keine überzeugende Antwort[741]. Plastisches Anschauungsmaterial für die Kritik der vor- und frühsozialistischen Autoren an der sozialen Ungleichheit und der bürgerlichen Gesellschaft als einer keineswegs zwanglos-harmonischen Veranstaltung egoistischer nutzenmaximierender Individuen bieten die Auflösung der spätfeudalen Agrarverfassung in Folge des Zusammenspiels von Agrar- und Handelskapitalismus sowie die Auswirkungen des expandierenden industriellen Produktionskapitalismus, der sich nach einem zeitlichen Vorlauf in England auch auf dem Kontinent rasch entfaltet. Arbeitszeiten von 12–17 Stunden, Frauen- und Kinderarbeit, Arbeitslöhne an der Schwelle des Existenzminimums, aber auch Arbeitslosigkeit und Massenarmut bei einem gleichzeitigen Überangebot an Waren – vor dem Hindergrund von dramatischen Verstädterungsprozessen und einer Explosion der Bevölkerungszahlen – geben den einsetzenden Diskussionen über neue Ordnungen von Staat und Gesellschaft, abzuändernde Eigentumsformen und die Voraussetzungen größerer sozialer Gerechtigkeit reichhaltige Nahrung.

Neben der liberalen bürgerlichen Öffentlichkeit bildet sich in Diskussions- und Lernzusammenhängen der kulturell und politisch mobilisierten Teile der Unterschichten aus der traditionellen Volkskultur[742] eine plebejische Öffentlichkeit mit

---

740 Thomas Meyer, Voraussetzungen und Entstehung der sozialistischen Idee, in: Lern- und Arbeitsbuch Geschichte der deutschen Arbeiterbewegung, hrsg. unter Leitung von Thomas Meyer/Susanne Miller/Joachim Rohlfes, 3 Bde., Bonn 1984, Bd. 1, S. 87–105, hier: S. 89. Zum Liberalismus im Überblick auch: Lothar Döhn, Liberalismus, in: Franz Neumann (Hrsg.), Handbuch politischer Theorien und Ideologien (1977), erweiterte Auflage, Reinbek 1989, S. 9–64.

741 Für die deutschen Verhältnisse ausführlich: Jürgen Kocka, Weder Stand noch Klasse – Unterschichten um 1800, Bonn 1990; ders., Arbeitsverhältnisse und Arbeiterexistenzen – Grundlagen der Klassenbildung im 19. Jahrhundert, Bonn 1990; Hans-Ulrich Wehler, Kapitel: Strukturbedingungen und Entwicklungsprozesse Sozialer Ungleichheit, in: Deutsche Gesellschaftsgeschichte, Bd. 2 (Anm. 12), S. 140–296.

742 Zur Einführung in die neuere Diskussion um Volkskultur siehe Wolfgang Kaschuba, Volkskultur und Arbeiterkultur als symbolische Ordnungen, in: Alf Lüdtke (Hrsg.), Alltagsgeschichte. Zur Rekonstruktion historischer Erfahrungen und Lebensweisen, Frankfurt/M. –

eigener politischer Kultur, in der sich »das emanzipatorische Potential der bürgerlichen Öffentlichkeit in einem neuen sozialen Kontext zur Entfaltung bringt«[743].

5.1.2 Gemeinsamkeiten und ideengeschichtliche Anknüpfungspunkte des frühsozialistischen Denkens

Die Kritik an der besitzindividualistischen Engführung des Liberalismus verbindet sich bei den Autoren des Vor- und Frühsozialismus mit einer vielgestalten Suche nach neuen Kombinationen gesellschaftlicher Organisation unter Rückgriff auf die – bei den Autoren sehr unterschiedlich gewichteten – Prinzipien, die schon die Französische Revolution eingefordert hatte: Freiheit, Gleichheit, Solidarität. Auch der Ausschluß der Frauen aus der bürgerlichen Öffentlichkeit und der patriarchalische Charakter der Gesellschaft im ganzen werden von der Kritik einzelner Autoren bereits ansatzweise thematisiert. Der Kontrast zwischen Aufklärungsverheißungen und gesellschaftlicher Wirklichkeit[744] regt die Frühsozialisten dazu an, sich mit Eigentumsformen, Ordnungskonzepten und der Frage nach dem möglichen Träger einer neu zu schaffenden Ordnung zu befassen. Auffallend ist ihr Bemühen, den Menschen durch Erziehung zu ändern und die entwickelten Gesellschaftsmodelle und Reformpläne in der Praxis zu erproben und zu verwirklichen. Schon die naturrechtliche Begründung der bürgerlichen Gesellschaft und ihres politischen Systems unterstellt als Grundlage des Gesellschafts- und Herrschervertrages den vernünftigen Willen ursprünglich gleicher und freier Individuen. (Die naturrechtliche Unterstellung einer ursprünglichen Gleichheit der Individuen im Naturzustand wird – etwa bei Locke – modifiziert zur Annahme gleicher Ausgangsbedingungen und Handlungschancen. Locke sieht bereits *im* Naturzustand die Herausbildung materieller Ungleichheiten in Folge individueller Unterschiede in Fleiß und Verständigkeit. Das eintretende Besitzgefälle – als Ausdruck individueller Autonomie – ist dann gerade vor dem Hintergrund einer ursprünglichen *Chancen*gleichheit gerechtfertigt.) Der ursprüngliche Vertrag wird nicht nur besitzindividualistisch und mit dem Akzent auf individueller Handlungsfreiheit interpretiert und damit zur Rechtfertigung des kapitalistischen Privateigentums herangezogen, sondern kann auch – wie es die *Levellers* während der Englischen Revolution, aber auch Rousseau oder der Abbé de Mably (1709–1785) demonstriert haben – mit einem Akzent in Richtung sozialer Egalität gegen das kapitalistische Privateigentum ausgespielt werden. Die *Levellers* und Rousseau plädieren

New York 1989, S. 191–223; Richard van Dülmen/Norbert Schindler (Hrsg.), Volkskultur. Zur Wiederentdeckung des vergessenen Alltags (16.–20. Jahrhundert), Frankfurt/M. 1984; Utz Jeggle/Gottfried Korff/Martin Scharfe/Bernd Jürgen Warneken (Hrsg.), Volkskultur in der Moderne, Reinbek 1986.

743 So Günther Lottes in seiner Analyse des englischen Radikalismus im späten 18. Jahrhundert am Beispiel der Londoner Jakobiner, in: Politische Aufklärung und plebejisches Publikum, München 1979, S. 110; bahnbrechend die Arbeit von Edward P. Thompson, Die Entstehung der englischen Arbeiterbewegung (Anm. 27). Für die Diskussion über die bürgerliche Öffentlichkeit unverzichtbar: Jürgen Habermas, Strukturwandel der Öffentlichkeit (Anm. 3).

744 Werner Hofmann, Ideengeschichte der sozialen Bewegung, Berlin – New York 1979[6] (erweiterte Auflage), S. 12.

für ein sozial eingeschränktes Verfügungsrecht über Privateigentum; Mably folgert aus der Gleichheit der Menschenrechte die Gleichheit von Besitzrechten[745].

Ein wichtiger Anknüpfungspunkt des frühsozialistischen Denkens sind neben den Naturrechtstheorien auch die frühneuzeitlichen Utopien und die politischen Utopien der Aufklärung. Das gegen den Individualismus der Renaissance gerichtete überindividuelle Ordnungsdenken der frühneuzeitlichen Utopisten (Thomas Morus, Tommaso Campanella, Johann Valentin Andreä, Francis Bacon, Gerard Winstanley)[746] wendet sich bereits gegen soziale Ungleichheiten und verortet im Privateigentum eine wesentliche Ursache gesellschaftlicher Konflikte. Mit Ausnahme von Bacons *Neu-Atlantis* ist in dem von den frühneuzeitlichen Utopien angestreben idealen Gemeinwesen – das zur Distanzierung von den bestehenden zeitgenössischen Verhältnissen auf einer kaum zugänglichen Insel verortet wurde – eine Differenzierung zwischen arm und reich aufgehoben. Soziale Konflikte gehören dort der Vergangenheit an. Im Kontext der englischen *Glorious Revolution* wird mit Winstanleys *The Law of Freedom* erstmalig auch die politische Brisanz des utopischen Denkens unübersehbar. Utopie wird schon dort zu einem Teil der unverzichtbaren politischen Praxis.

In den politischen Utopien der Aufklärung (Gabriel de Foigny, Denis Vairane, François de Salignac de la Mothe-Fénelon, Johann Gottfried Schnabel, Morelly, Louis-Sébastien Mercier, Denis Diderot, Nikolas Edme Restif de la Bretonne)[747]

---

745 Dazu die drei Schriften Jean-Jacques Rousseaus: Abhandlung über den Ursprung und die Grundlagen der Ungleichheit unter den Menschen (zweiter Teil); Abhandlung über die Politische Ökonomie; Vom Gesellschaftsvertrag, in: ders., Kulturkritische und politische Schriften, Bd. 1, hrsg. von Martin Fontius, Berlin (DDR) 1989; Gabriel Bonnot Abbé de Mably, Œuvres Complètes, 12 Bde., London 1789; für die Levellers: G. E. Aylmer (Hrsg.), The Levellers in the English Revolution, New York 1975, sowie William Haller/Godfrey Davies (Hrsg.), The Leveller Tracts 1647–1653, Massachusetts 1964.

746 Frühneuzeitliche Utopien: Als zentrale Autoren zu nennen sind vor allem Thomas Morus, Utopia (1516), übertragen von Gerhard Ritter. Mit einem Nachwort von Eberhard Jäckel, Stuttgart 1964; Tommaso Campanella, Der Sonnenstaat (1602); in: Klaus J. Heinisch (Hrsg.), Der utopische Staat, Reinbek 1960; Johann Valentin Andreä, Christianapolis (1619). Aus dem Lateinischen übersetzt, kommentiert und mit einem Nachwort hrsg. von Wolfgang Biesterfeld, Stuttgart 1975; Francis Bacon, Nova Atlantis (1624), deutsch: Neu-Atlantis, in: Klaus J. Heinisch, Der utopische Staat, a. a. O.; schließlich der Theoretiker der Diggers zur Zeit der englischen Revolution: Gerard Winstanley, The Law of Freedom in a Platform, or, True Magistracy Restored, hrsg. von Robert W. Kenny, New York 1973. – Als Überblicksdarstellung unverzichtbar: Richard Saage, Utopia als Leviathan. Platons Politeia in ihrem Verhältnis zu den frühneuzeitlichen Utopien, in: Vertragsdenken und Utopie, Frankfurt/M. 1989, S. 9–45; neuerdings ders., Politische Utopien der Neuzeit, Darmstadt 1991.

747 Politische Utopien der Aufklärung: Gabriel Foigny, Nouveau Voyage de la terre Australe, Paris 1693; Denis Vairasse, Histoire des Sevarambes, Amsterdam 1702; François de Salignac de la Mothe-Fénelon, Die Abenteuer des Telemach. Aus dem Französischen übersetzt von Friedrich Fr. Rückert. Mit einem Nachwort hrsg. von Volker Kapp, Stuttgart 1984; Johann Gottfried Schnabel, Insel Felsenburg (1731), hrsg. von Volker Meid/Ingeborg Springer-Strand, Stuttgart 1979; Morelly, Gesetzbuch der natürlichen Gesellschaft oder der wahre Geist ihrer Gesetze zu jeder Zeit übersehen und verkannt (1755). In der Übersetzung von Ernst Moritz Arndt (1845). Eingeleitet von W. P. Wolgin/Richard N. Coe (Hrsg.), mit einer Vorbemerkung und Anmerkungen versehen von Werner Krauss, Berlin (DDR) 1964; Louis-Sébastien Mercier, Das Jahr 2440. Ein Traum aller Träume. Deutsch von Christian Felix Weiße (1772), hrsg. mit Erläuterungen und einem Nachwort versehen von Herbert

verstärkt sich die praktisch-politische Wendung des utopischen Denkens bei immer deutlicher hervortretender Sozialkritik. Stellvertretend sei hier Morelly mit eigentumskritischen Äußerungen angeführt: »Das einzige Laster, das ich in der Welt kenne, ist der Geiz; alle anderen, welche Namen man ihnen auch gebe, sind nur Töne, Grade desselben; es ist ... die Basis ... aller Laster. Analysiert die Eitelkeit, die Albernheit die Hoffahrt, die Schurkerei, die Heuchelei, die Verruchtheit, legt ebenso die meisten unserer sophistischen Tugenden auseinander – alles das löst sich in dieses feine verderbliche Element, die Habsucht, auf. Ihr werdet sie sogar im Schoß der Uneigennützigkeit wiederfinden... Ich glaube, daß man die Sonnenklarheit dieses Satzes nicht bestreiten wird: daß da, wo gar kein Eigentum bestehen würde, auch keine seiner verderblichen Folgen würde bestehen können.«[748]

Die Abschaffung des individuellen Eigentums sollte bei den meisten aufklärerischen Utopisten im Gemeineigentum münden, das als Grundlage einer bedarfsdekkenden Bedürfnisbefriedigung für alle angesehen wurde. Die marktvermittelte Ökonomie wird von ihnen abgelehnt und statt ihrer entweder der Staat mit größeren wirtschaftlichen Versorgungsaufgaben betraut oder aber die Vorstellung eines natürlichen Überflusses vertreten, von der aus sowohl Staat als auch Markt ihre Bedeutung verlieren. Ein antiindividualistisches Harmonieideal läßt eine grundrechtlich geschützte Privatsphäre überflüssig erscheinen – eine Auffassung, deren problematisches Erbe sich auch in sozialistischen und marxistischen Positionsbeschreibungen späterer Zeiten wiederfinden läßt.

Die normativen Potentiale der aufklärerischen Utopisten wurden, wie Richard Saage bilanziert, zu einer wichtigen Quelle der sozialistischen Theorie. Ihre utopischen Visionen einer solidarischen Welt motivieren »praktisch-politische Ansprüche, die sich nicht mehr in das Nirgendwo der utopischen Insel verbannen lassen und Anschluß suchen an das Fortschrittsdenken der Aufklärung. Die von den aufklärerischen Utopisten vertretenen Ziele reichen vom vierstündigen Arbeitstag, einer Welt ohne Arbeitslosigkeit, materielles Elend und Ausbeutung über das Recht geistig-kultureller Entfaltung für alle bis hin zur Forderung humaner Arbeitsbedingungen, eines fortschrittlichen Schulsystems und einer kostenlosen Kranken- und Altersversorgung. Ferner spielten sie in der Regel das Gemeineigentum gegen das privatkapitalistische Verwertungsstreben aus in der Hoffnung, nicht nur die sozialen Konflikte, sondern auch die zwischenstaatlichen Kriege und die mit ihnen verbundene Verschleuderung menschlicher und materieller Ressourcen zu beenden. Und schließlich suchten sie

---

Jaumann, Frankfurt/M. 1982; Denis Diderot, Nachtrag zu »Bougainvilles Reise« oder Gespräch zwischen A. und B. über die Unsitte, moralische Ideen an gewisse physische Handlungen zu knüpfen, zu denen sie nicht passen (um 1775), in: ders., Philosophische Schriften, Bd. 2, hrsg. und übersetzt von Theodor Lücke, Berlin 1984; Nicolas Edme Restif de la Bretonne, La découverte australe par un homme volant, Text intégrale, hrsg. von Paul Vernière, Paris – Genf 1979. – Als Überblick: Hans Girsberger, Der utopische Sozialismus des 18. Jh. in Frankreich (1925), Wiesbaden 1973[3]; Iring Fetscher, Utopisches Denken im vorrevolutionären Frankreich, in: ders./Herfried Münkler (Hrsg.), Pipers Handbuch der politischen Ideen (Anm. 5), Bd. 3: Neuzeit: Von den Konfessionskriegen bis zur Aufklärung, S. 509–524.

748 Morelly, Gesetzbuch der natürlichen Gesellschaft (Anm. 747), hier zitiert nach Richard Saage, Das Vertragsdenken und die politischen Utopien der Aufklärung, in: Vertragsdenken und Utopie (Anm. 746), S. 67–92, hier: S. 74.

dem destruktiven Selbstlauf der Technik eine normative Schranke zu setzen, indem sie deren Entfaltung aus den Zwängen der Profitrealisierung lösten und auf die Befriedigung der ›natürlichen Bedürfnisse‹ der Menschen festlegten.«[749]

Innerhalb der sich entfaltenden Diskussionen der Frühsozialisten ist die ganze Bandbreite der möglichen Positionen vertreten. Sie reichen von einer gerechten, aber individuell verschiedenen Eigentumsverteilung bis hin zu Konzeptionen einer strikt egalitären Gesellschaft mit Produktions- und Gütergemeinschaft. Das Vertrauen auf die Kraft von Wissenschaft und Technik sowie ein ausgeprägtes Fortschrittsdenken gehen über die frühsozialistischen Diskussionen in den Kernbestand des sozialistischen Denkens über. Der moderne Sozialismusbegriff wird in England erstmals 1822 innerhalb der Anhängerschaft Robert Owens aufgegriffen. Er verdichtet begrifflich die »Hoffnungen auf eine ›neue‹, ›rationale‹ und ›kooperative Gesellschaft‹«[750]. In Frankreich verfaßt Luis Reybaud 1836 eine Artikelserie über Saint-Simon, Fourier und Robert Owen unter der Überschrift *Socialistes modernes*. Die Anhänger Fouriers und Saint-Simons akzeptieren diese Bezeichnung als Unterscheidungsmerkmal ihrer gesellschaftsreformerischen Absichten von bloß politischen Reformprogrammen. Für die deutsche Diskussion entscheidend wird Lorenz Steins Werk *Der Socialismus und Communismus des heutigen Frankreichs*[751]. Stein sieht zwar Zusammenhänge des Sozialismus zu den früheren sozialen Utopien, erblickt aber im wissenschaftlichen Anspruch auf eine umfassende Gesellschaftsanalyse sowie der praktischen Wendung zur Gesellschaftsreform, die sich nicht allein darauf beschränkt, die soziale Lage des Proletariats zu verbessern, die Besonderheiten des durchaus positiv bewerteten Sozialismus. Von einem solcherarts als konstruktiv gesellschaftsverändernd gewürdigten Sozialismus unterscheidet Stein in negativer Abgrenzung den Kommunismus, der – ansonsten eng mit dem Sozialismusbegriff korrespondierend – von ihm zum Synonymbegriff für destruktive Gewaltbereitschaft und agitatorische Massenmobilisierung stilisiert wird. Solche Begriffsfestlegungen lassen auch die Diskussionen der Frühsozialisten nicht unberührt. Die Abgrenzung und Verhältnisbestimmung von Sozialismus und Kommunismus wird dort zu einem wichtigen Thema. Zwischen der Selbstbezeichnung Etienne Cabets als Kommunist, mit der dieser ein grundlegendes gesellschaftliches Fortschrittsdenken verbindet[752], und der von Marx und Engels verfochtenen Konzeption des Kommunismus als Vollendung des Sozialismus – nach Überwindung der Zwischenphase einer Diktatur des Proletariats – liegen zahlreiche Schattierungen der Begriffsverwendung, die sich nur über die jeweilige Analyse der spezifischen Verwendungszusammenhänge bei einzelnen Autoren angemessen erschließen lassen.

---

749 Ebd., S. 92; zur Einführung in die Utopiediskussion empfehlenswert sind neben den genannten Texten und Sammlungen Helmut Swoboda (Hrsg.), Der Traum vom besten Staat. Texte aus Utopien von Platon bis Morris, München 1987[3]; Utopieforschung, 3 Bde., hrsg. von Wilhelm Voßkamp, Taschenbuchausgabe Frankfurt/M. 1985; Arnhelm Neusüss (Hrsg.), Utopie. Begriff und Phänomen des Utopischen, Neuwied 1968.

750 Wolfgang Schieder, Artikel »Sozialismus«, in: Otto Brunner/Werner Conze/Reinhart Koselleck (Hrsg.), Geschichtliche Grundbegriffe (Anm. 4), Bd. 5, S. 923–996, hier: S. 935; ders., Artikel »Kommunismus«, in: ebd., Bd. 3, S. 455–530.

751 Lorenz Stein, Der Socialismus und Communismus des heutigen Frankreichs. Ein Beitrag zur Zeitgeschichte, Leipzig 1842.

752 Etienne Cabet, Comment je suis communiste, Paris 1840.

Die Theoretiker des Vor- und Frühsozialismus lassen sich in Hauptrichtungen danach unterscheiden, ob sie in erster Linie gesellschaftlich-ökonomische oder politische Zielsetzungen verfolgen. Anknüpfungspunkte ihrer Gesellschaftskritik sind zum einen die landwirtschaftlichen oder frühindustriellen Produktionsverhältnisse mit dem Ziel einer rationellen Vollendung der sich erst entwickelnden industriellen Gesellschaft, zum anderen ökonomische Teilbereiche wie das Verteilungssystem, die Produktion oder das Kreditwesen, von deren Reform sich die Autoren einen gesellschaftlichen Wandel zu mehr sozialer Gerechtigkeit erwarten. Gleichheitskommunismus und radikaler Individualismus (dazu auch den Beitrag zum Anarchismus in diesem Band) bilden die Pole, innerhalb derer sich die vertretenen Zielsetzungen des gesellschaftlichen Wandels verorten lassen. Die ihre Kritik vor allem politisch ansetzenden Autoren können danach unterschieden werden, ob sie sich auf politische Reformen beschränken – wie etwa die Verfechter einer republikanischen Bewegung oder die Wahlrechtsbewegung –, oder ob sie eine Zwei-Phasen-Theorie verfechten, derzufolge die politischen Änderungen als Voraussetzung weiterführender gesellschaftlicher Veränderungen angesehen werden[753].

5.2 England

5.2.1 Industrielle Revolution und Anfänge der antikapitalistischen Sozialkritik

Die industrielle Revolution vollzieht sich in England früh und in exemplarischer Weise. Seehandel und koloniale Eroberungen sowie eine die Kaufleute begünstigende Merkantilpolitik der Krone schaffen gute Voraussetzungen zur Bildung größerer Kapitalien. Eine besondere Bedeutung kommt auch der Umgestaltung der Landwirtschaft zu. Gemeinden und Kleinbauern verlieren seit Ende des 15. Jahrhunderts immer mehr Land an die ländlichen Großgrundbesitzer. Die Einhegungen *(enclosures)* – Privatisierungen von bisher gemeinsam genutztem Land (Allmende) – sind nicht nur Voraussetzungen der agrarkapitalistischen Konzentration und Effektivitätssteigerung, sondern schaffen zugleich ein Heer landloser Lohnabhängiger. Diese stehen als Arbeitskräfte für die Landwirtschaft und die sich entfaltende Industrie zur Verfügung – oder vergrößern eine entstehende industrielle Reservearmee. In der Landwirtschaft werden der eiserne Pflug und der Fruchtwechsel produktivitätssteigernd eingeführt. In der Industrie sichern technische Erfindungen (Dampfmaschine 1769; Mule-Spinnmaschine 1779; Mechanischer Webstuhl 1785) die unanfechtbare Dominanz der englischen Industrie auf dem Weltmarkt. Um 1787 beginnt ein bis etwa 1842 anhaltender Wachstumszyklus, getragen von der mit Dampfkraft arbeitenden Textilindustrie, der Montanindustrie, dem Verkehrswesen und dem Maschinenbau. Das Bauernlegen erreicht seinen Höhepunkt in England um 1800.

Vor diesem Hintergrund entfalten sich erste Ansätze einer antikapitalistischen Sozialbewegung seit 1792. Die Entstehung der englischen Arbeiterklasse vollzieht sich zunächst in Orientierung an den traditionellen Wertvorstellungen der spätfeudalen Gesellschaft mit ihrer – oft verklärten – individuellen Autonomie der Kleinprodu-

753 Zur Typologie der frühsozialistischen Autoren den schematischen Überblick bei Werner Hofmann, Ideengeschichte der sozialen Bewegung (Anm. 744), S. 20f.

zenten und mit Strukturen kommunaler Solidarität. »Die antikapitalistische Utopie der Unterklassen war zunächst restaurativ, zielte auf die Wiederherstellung der kleinhandwerklichen und kleinbäuerlichen Gemeinden. Durch die Erfahrung der Klassenkämpfe aber lernte die Bewegung, daß gerade die Maschinentechnik, wenn demokratisch verwaltet, ein hohes Maß an Autonomie und Solidarität, Spontaneität und Genuß ermöglichen könnte.«[754] Die ersten sozialkritischen Autoren argumentieren zunächst vor allem gegen die Auswirkungen des agrarischen Großgrundbesitzes. Da sich aufgrund der gewachsenen Abhängigkeit großer Bevölkerungsgruppen von Lohnarbeit für diese die Preishöhe von Getreide und Brot unmittelbar existentiell auswirkt, erhält diese Sozialkritik eine hohe politische Brisanz. Ihre Autoren liefern einer entstehenden Agrarbewegung mit ihren Kritiken die politischen Argumente. Die individuellen Rechte des einzelnen werden zum Bezugspunkt von Gerechtigkeitskonzeptionen, die eine Beseitigung des Bodeneigentums, seine Umverteilung oder auch eine agrarische Einkommensreform einfordern.

Einige wichtige Autoren seien hier knapp angeführt: Thomas Paine (1737–1809) verweist in seiner Schrift *Rights of Man* (1792) auf die unveräußerlichen Menschenrechte und macht diese zum Ausgangspunkt von Forderungen nach Sozialstaatlichkeit, Umverteilung des Eigentums und Abschaffung des Bodenmonopols. Als Hauptgegner betrachtet er nicht den Industrie-, sondern den Agrarkapitalisten[755]. Eine am Naturrecht orientierte Sozialkritik artikuliert auch Thomas Spence (1750–1814). In seiner Schrift *The Meridian of Liberty* (1796) verteidigt er das Recht auf Boden und vertritt die Forderung, daß selbstverwaltete Gemeinden den Boden sozialisieren und statt Steuern über parzellenweise Verpachtung des Bodens die erforderlichen Sozialleistungen finanzieren sollten[756]. Anhänger einer durch die Regierung durchzuführenden agrarischen Bodenreform mit einem festen Pachtzins für bereitgestelltes Land ist William Ogilvie (1736–1819). In seiner Schrift *An Essay on the Right of Property in Land* (1782) verteidigt er das Naturrecht auf Boden[757]. Der englische Arzt Charles Hall (1745–1825) schätzt, daß sich zwei Zehntel der Bevölkerung sieben Zehntel des wirtschaftlichen Jahresproduktes aneignen. Er formuliert bereits eine deutlich erkennbare Zweiklassenlehre, fordert die Abschaffung des Erstgeburtsrechtes beim Erbe zur gerechteren Verteilung des Bodens und eine gerechte Landaufteilung auf alle Familien. Hall gewinnt Einfluß auch bei den Anhängern Owens[758].

Die frühe Sozialkritik der Agrarbewegung fordert unter Rückgriff auf das Naturrecht vom Staat Hilfen gegen die Auswirkungen des Agrarkapitalismus, in dem sie

754 Zur Entstehung der englischen Arbeiterklasse das schon klassische Werk von Edward P. Thompson, Die Entstehung der englischen Arbeiterklasse (Anm. 27). Für die Entwickung des frühsozialistischen Denkens und dessen Einfluß auf die entstehende Arbeiterbewegung: Michael Vester, Die Entstehung des Proletariats als Lernprozeß. Die Entstehung antikapitalistischer Theorie und Praxis in England 1792–1848, Frankfurt/M. 1970, das Zitat: S. 107. Dort auch eine gute Auswahlbibliographie zum englischen Vor- und Frühsozialismus.

755 Thomas Paine, Die Rechte des Menschen. In der zeitgenössischen Übertragung von D. M. Forkel, bearbeitet und eingeleitet von Theo Stemmler, Frankfurt/M. 1973.

756 Siehe dazu Thomas Spence, Das Gemeineigentum am Boden, in: Hauptwerke des Sozialismus und der Sozialpolitik, hrsg. von Georg Adler, 1. Heft, Leipzig 1904.

757 William Ogilvie, Das Recht auf Grundeigentum, in: Hauptwerke des Sozialismus und der Sozialpolitik, hrsg. von Georg Adler, 7. Heft, Leipzig 1906.

758 Charles Hall, Die Wirkungen der Zivilisation auf die Massen (1805), in: Hauptwerke des Sozialismus und der Sozialpolitik, hrsg. von Georg Adler, Leipzig 1905.

die Hauptursache einer sich verschärfenden sozialen Ungleichheit erblickt. Mit Robert Owen tritt an die Stelle einer rückwärtsgewandten Sozialkritik eine reformorientierte Auseinandersetzung mit dem Industriekapitalismus. Produktion und Zirkulation werden gleichermaßen zum Gegenstand von praktisch ausgerichteten Reformkonzepten, die an die Stelle der Konkurrenz und eines vom Utilitarismus verfochtenen individuellen Glücksstrebens die solidarisch-kooperative Organisation setzen. Owen wird nicht nur zum bedeutenden Initiator der einsetzenden staatlichen Sozialpolitik. Seine Überlegungen über einen kooperativen Sozialismus werden zugleich »zu der großen Integrationsideologie der frühen Arbeiterbewegung«[759].

5.2.2 Robert Owen

Robert Owen (1771–1858) wird in Newton, Nordwales, als Sohn eines Sattlers, Eisenwarenhändlers und Posthalters geboren. Seit dem 9. Lebensjahr Kaufmannslehrling und Verkäufer, ist er schon mit 19 Jahren Direktor einer großen Baumwollspinnerei. 1799 wird Owen Mitteilhaber der Spinnereien von New Larnak bei Glasgow, den damals größten Spinnereien Schottlands, die ab 1816 mit 1400–2200 Beschäftigten die größten auf den britischen Inseln sind. Owen macht aus den Fabriken in New Larnak, die er beinahe 25 Jahre leitet, eine betriebliche Musteranlage mit für seine Zeit vorbildlichen Sozialmaßnahmen. 1816 veröffentlicht er vier in der Zeit von 1813/14 geschriebene und publizierte Essays unter dem Titel *A New View of Society or Essay on the Formation of the Human Character* (Eine neue Auffassung von der Gesellschaft. Vier Aufsätze über die Bildung des menschlichen Charakters). Neben Maßnahmen des Arbeitsschutzes propagiert Owen 1817 auch eine Reform des Armenrechts, unter anderem die Unterstützung von Arbeitslosen. Er sieht genossenschaftliche Siedlungen mit ca. 1200 Personen vor, in denen Industriearbeit und Landwirtschaft verbunden werden. Zwischen 1812 und 1820 machen Owens zahlreiche Reformanregungen ihn zum fruchtbaren Initiator der beginnenden staatlichen Sozialpolitik in England.

Erste Annäherungsversuche an die Arbeiterschaft bekundet 1819 Owens Zeitungsbeitrag *An Address to the working classes* (Botschaft an die arbeitenden Klassen). In seinem berühmten *Report to the County of Lanark* (Bericht an die Grafschaft Lanark) fordert er allgemeine Arbeitsbeschaffungsmaßnahmen, die Abkehr von Gold und Silber als Wertmaß und die Errichtung ländlicher Siedlungskommunen. Deutlich wird eine Ausweitung der Reformkonzepte in Richtung einer Konzeption gesamtgesellschaftlicher Umstrukturierung. In diese Zeit fällt auch Owens Rückzug aus der unternehmerischen Verantwortung. In seiner 1820 verfaßten Schrift *The Book of the New Moral World* vertieft Owen seine Idee einer kommunistischen Arbeits- und Lebensgemeinschaft ohne Privateigentum. Durch kooperative Arbeit in kleinen agrarischen und industriellen Einheiten soll eine maximale Produktivität bei hoher sozialer Zufriedenheit und dem Wegfall von Verteilungskämpfen erreicht werden können. Sein 1825 unternommener Versuch, in Indiana (USA) eine Gemein-

759 Die Darstellung des Owenschen Werkes orientiert sich vor allem an dem schon angeführten Werk von Michael Vester, Die Entstehung des Proletariats als Lernprozeß (Anm. 754), hier: S. 233.

schaftssiedlung nach seinen Plänen zu realisieren, verschlingt große Teile des privaten Vermögens und scheitert nach drei Jahren.

Owen kehrt 1829 nach Großbritannien zurück. Dort verfolgt er nun das Projekt von Arbeitstauschbörsen. 1832 wird unter seiner Leitung die *National Equitable Labour Exchange* eröffnet. Durch Arbeitsgeldzertifikate soll der Warenwert ermittelt und die Umgehung von Handelsprofiten ermöglicht werden. »Diese Veränderung des Wertmaßes würde sofort die vorteilhaftesten heimischen Märkte öffnen, bis die Bedürfnisse aller in reichlichem Maße befriedigt wären«, schrieb Owens bereits in seinem *Bericht an die Grafschaft Larnak*. Owens Ansicht, auch Gutsbesitzer und Unternehmer würden von der Tauschbank profitieren, bleibt freilich eine Antwort auf die Frage, wie sich Unternehmergewinne und das propagierte »Recht auf den vollen Arbeitsertrag« harmonisieren lassen sollen, schuldig. Das Projekt scheitert nach nur kurzem Bestehen.

Gewerkschaften und Konsumgenossenschaften sind von Owens Ideen beeinflußt. Der Owenismus wird zur Integrationsideologie der englischen Arbeiterbewegung. Er löst sich jedoch mehr und mehr von Owens gradualistischen Reformvorstellungen und erlangt 1832–1834 einen politischen Höhepunkt innerhalb eines gewerkschaftlichen Syndikalismus mit durchaus klassenkämpferischer Ausrichtung. Neben Owen werden für den Owenismus insbesondere John Gray (1798–1850) und William Thompson (1775–1833) bedeutsam[760]. Owen zieht sich von der 1833 gegründeten Einheitsgewerkschaft *Grand National Consolidated Trades Union of Great Britain and Ireland* zurück, als diese sich politisch nach der gescheiterten Wahlrechtsreform von 1832 radikalisiert. Owens direkter politischer Einfluß auf die Arbeiterbewegung schwindet in der Folgezeit. Zwar gründet Owen in der ihm eigenen Umtriebigkeit auch jetzt noch »owenistische Gesellschaften«, eine antikirchliche *Rational Society* sowie eine »Assoziation aller Klassen aller Nationen«, kann aber an frühere Mobilisierungserfolge nicht mehr anschließen. Das Scheitern eines erneuten Siedlungsgemeinschaftsprojektes *(Queenswood)* in Hampshire 1854 signalisiert auch das Ende der owenistischen Bewegung. Owen stirbt, bis ins hohe Alter publizistisch aktiv, am 17. November 1858 in seiner Geburtsstadt[761].

---

760 Gray betont die Notwendigkeit veränderter Warenverteilung und fordert vor allem die Gründung von Handelsgenossenschaften und Tauschbasaren, während Thompsons Ideen der Produzentenselbstverwaltung den Gewerkschaften und der Wahlrechtsbewegung eine wichtige vorbereitende politische Rolle zuweisen. Dazu John Gray, Vom menschlichen Glück, in: Hauptwerke des Sozialismus und der Sozialpolitik, hrsg. von Georg Adler, Heft 8, Leipzig 1907; William Thompson, Untersuchungen über die Grundsätze der Verteilung des Reichtums zur besonderen Beförderung des menschlichen Glücks, übersetzt nach der englischen Originalausgabe (1824) von Oswald Collmann nebst einer Einleitung »Geschichte der sozialistischen Ideen in England« von H. S. Faxwell, Bd. 1 und 2, Berlin 1903/04.

761 Robert Owen, Eine neue Auffassung vom Menschen. Vier Aufsätze über die Bildung des menschlichen Charakters (London 1816), Leipzig 1900; ders., Botschaft an die arbeitenden Klassen, in: Frits Kool/Werner Krause (Hrsg.), Die frühen Sozialisten (Anm. 738), S. 379–387; ders., The Book of the New Moral World, 7 Teile, London 1836–1844 (Reprint New York 1970); ders., The Revolution in the Mind and Practice of the Human Race; or the Coming Change from Irrationality to Rationality, London 1849; ders., A New View of Society and other Writings, hrsg. von C. D. Cole, London 1927 (zuletzt 1966); ders., Pädagogische Schriften, hrsg. von Karl-Heinz Günter, Berlin 1955.

Das von Owen verfolgte politisch-ökonomische Alternativprogramm muß sich vor allem gegen die vorherrschende bürgerliche Gesellschaftstheorie profilieren. Adam Smith hatte in einer Schrift über den *Reichtum der Nationen* die ungehinderte Entfaltung der Konkurrenz als Voraussetzung eines allgemeinen Überflusses und gesellschaftlicher Harmonie verteidigt. Der Utilitarismus im Gefolge von Jeremy Bentham betrachtete die konsequente Verfolgung der eigenen Interessen als einziges adäquates Mittel, um »das größte Glück der größten Zahl« zu erzielen. Robert Owens Erfahrungen mit einer demoralisierten Arbeiterschaft in New Lanark machen ihn mißtrauisch gegenüber dieser Argumentation. Er unterscheidet selber deutlicher zwischen einem partikular-individuellen Interesse und einem auf das allgemeine Glück zielenden Interesse, dessen größere Beachtung auch zur Einsicht in die gesellschaftlichen Beschränkungen des individuellen Handelns führen werde. Owen vertritt eine pädagogische Erziehungsstrategie mit dem Ziel einer graduell-reformerischen Entwicklung zu einer harmonischen, klassenlosen Gesellschaft. Seine Aufklärungsstrategie wendet sich weiterhin auch an die Eigentümer und die gesellschaftlichen Entscheidungsträger: »Die Unternehmer sollten einsehen, daß bildungsökonomische und arbeitserleichternde Maßnahmen die Produktivität steigern, höhere Löhne die Absatzkrisen vermeidbar machen und kooperative Eigentumsformen ihre Lage noch mehr verbessern würden. Die Arbeiter sollten den Unternehmern diese Einsicht in ihre wahren und langfristigen Interessen erleichtern, indem sie auf Gewaltmittel verzichten und die Unternehmer stattdessen moralisch zu überzeugen versuchen.«[762]

Der Staat soll im Zusammenspiel aufgeklärter einzelner die Entwicklung des geschichtlichen Fortschritts fördern und regulierend in die Gesellschaft intervenieren. Die Regierung fungiert als Geburtshelfer einer neuen Ordnung, wobei eine aufgeklärte Öffentlichkeit wichtige Hinweise auf die zu ergreifenden Regulationsmaßnahmen gibt. Von 1813 bis 1820 hat Owen dem Staat im wesentlichen sechs Regulationsmaßnahmen vorgeschlagen, die Michael Vester bilanziert: »1. eine nationale Beschäftigungs- und Einkommensstatistik; 2. die Ersetzung der Arbeitslosenunterstützung durch öffentliche Arbeiten zur Verbesserung der volkswirtschaftlichen Infrastruktur; 3. Fabrikgesetze zur Regulierung der Kinderarbeit sowie der allgemeinen Lohn- und Arbeitszeitbedingungen; 4. eine Aufwertung der Arbeitskraft durch bessere Berufsausbildung; die Förderung von Genossenschaftssiedlungen zur Absorption von Arbeitslosen, auf der Grundlage von industrieller Produktion und intensivem Gartenbau; 6. die Beendigung der Währungsdebatte durch ein am Arbeitswert orientiertes Geld, das eine proportionale Entwicklung der Inlandkaufkraft gewährleisten sollte...«[763]

Owen hat vielfältige wichtige Impulse gegeben. Sie finden ihren Niederschlag in der staatlichen Sozialpolitik ebenso wie in der Genossenschaftsbewegung (1844 gründen die *Pioneers of Rochdale* nach seinen Anregungen eine vielbeachtete Konsumgenossenschaft), den Selbsthilfedebatten und einer syndikalistisch-kooperativen Gewerkschaftsbewegung. Owens Projekt einer Gemeinschaftssiedlung sollte viele Nachahmer finden und auch an konkurrierenden Versuchen gemessen werden. Seine Anregungen zur Erziehungsreform fanden europaweit Aufmerksamkeit.

---

762 Michael Vester, Die Entstehung des Proletariats als Lernprozeß (Anm. 754), S. 192.
763 Ebd., S. 219.

5.3 *Frankreich*

Die Französische Revolution war in erster Linie eine Revolution des aufstrebenden Besitzbürgertums, das als Dritter Stand das Eigentumsrecht zu den universellen Menschen- und Bürgerrechten zählte. Seit dem Spätsommer 1792 vertrat die jakobinische Politik jedoch unter dem Druck der *Sansculotten* – sie verkörperten vor allem das Kleinbürgertum, insbesondere die untere und mittlere Beamtenschaft und die Handwerker – ein stärker akzentuiertes Programm politischer Gleichheit, das zum Anknüpfungspunkt weitergehender Kritiken auch an der sozialen Ungleichheit und der Institution des Eigentums werden konnte. Der radikale Jakobinismus von Maximilien de Robespierre (1758–1794) und Louis Antoine Léon Saint-Just (1767–1794) ging über Ansätze eines sozialstaatlichen Denkens – progressive Einkommenssteuer, garantierter Mindestlohn, staatliche Sozialfürsorge – nicht hinaus. Die radikale Linke um Jaques Roux (1752–1794) und Jaques-René Hébert (1757–1794) zeigte eine größere Bereitschaft zur Neuordnung der Eigentumsverhältnisse. Roux sah im Handelsmonopol der Reichen die Ursache der Pariser Versorgungskrise und formulierte ansatzweise die entstehenden Klassengegensätze, die sich in den politischen Differenzen zwischen Jakobinern und *Sansculotten* ausdrückten. Die *Sansculotten* forderten eine deutliche Begrenzung des Eigentums. »Das damit anvisierte Ideal einer Gesellschaft gleicher kleiner Eigentümer war letztlich ebenso wie die Vorstellung staatlicher Reglementierung in Produktion und Handel von deutlich antikapitalistischen Ressentiments getragen.«[764]

5.3.1 *Gracchus Babeuf, Philipp Buonarroti, Louis-Auguste Blanqui*

Ausgesprochen egalitär-sozialistische Vorstellungen vertrat in der französischen Revolution alleine eine Gruppe um Gracchus Babeuf. Ihre gescheiterte »Verschwörung der Gleichen« erstrebte den Umsturz der Eigentumsordnung, den Gemeinbesitz an Grund und Boden und die Abschaffung des Erbrechts. Babeufs egalitäre Zielsetzungen boten ebenso wie die von ihm verfolgte Taktik des politischen Aufstands den Diskussionen der Frühsozialisten Anknüpfungspunkte.

François Noël Babeuf (1760–1797), in der Picardie als Sohn eines Steuerangestellten geboren, arbeitet von 1784–1790 als Landvermesser und Grundbuchbeamter. So gewinnt er Einblick in die sozialen Probleme auf dem Land. Sein politisches Denken wird beeinflußt durch die Lektüre von Rousseau, Morelly und Mably. Im Sommer 1789 fordert er in der Vorrede seines Buches *Le Cadastre perpétuel* (1786–1789) die Aufteilung des Grundbesitzes unter die Armen. Sein Ziel wird schließlich die »vollkommene Gleichheit« in einer »völlig neuen Welt, in der alles gemeinsam gebraucht werden würde«[765].

---

764 Horst Dippel, Die politischen Ideen der Französischen Revolution (Anm. 5), S. 21–69, hier: S. 52.

765 V. M. Dalin, Babeuf-Studien. Gedenkband aus Anlaß des 200. Geburtstages von Gracchus Babeuf am 23. 11. 1960. Eingeleitet und herausgegeben von Walter Markov, Berlin (DDR) 1961; V. M. Dalin u. a. (Hrsg.), Œuvres de Babeuf, Paris 1977ff., Bd. 1, S. 115.

Im März 1793 werden vom Konvent die Forderungen nach einem Ackergesetz, das die gerechte Verteilung von Grund und Boden anstrebt, abgelehnt und die Anhänger dieser Forderung sogar mit der Todesstrafe bedroht. Babeuf, der sich nach dem Vorbild der römischen Volkstribune gleichen Namens jetzt Gracchus nennt, setzt sich nunmehr vehement für die Pressefreiheit »als Palladium aller anderen Freiheiten« ein und kritisiert zunehmend die reaktionären Tendenzen der »rechten Thermidorianer« nach dem erfolgten Sturz Robespierres. Als Sprachrohr dient ihm zunächst seine im September 1794 gegründete Zeitung *Journal de la liberté de la presse* (Zeitung der Pressefreiheit), die er im Oktober in *Le tribun du Peuple* (Der Volkstribun) umbenennt. Am 30. November 1795 veröffentlicht Babeuf dort sein *Manifest der Plebejer:* »Wir werden die Grenzen des Eigentumsrechts festsetzen. Wir werden beweisen, daß Grund und Boden nicht einzelnen, sondern allen gehören. Wir werden beweisen, daß das angebliche Veräußerungsrecht ein infames, volksmörderisches Verbrechen darstellt. Wir werden beweisen, daß das Erbrecht der Familie ein nicht minder großes Greuel ist. ... Daß es nach obigem klar ist, daß alles, was diejenigen besitzen, die mehr haben als ihren gebührenden Anteil am Reichtum der Gesellschaft, Diebstahl und Usurpation ist. Daß es also gerecht ist, es ihnen wieder zu nehmen.«[766]

Nachdem die letzten Volksaufstände der Revolution (*Germinal* und *Prairial*) mit schweren Niederlagen enden, tritt Babeuf in langfristige Aufstandsvorbereitungen ein. An der geplanten »Verschwörung der Gleichen« beteiligen sich Vertreter aller Richtungen, die im Frühling des Jahres 1793 eine gemeinsame Front gegen die Girondisten gebildet hatten: Hebertisten, Robespierristen und »linke Thermidorianer«. Als oberster Ausschuß der Verschwörer fungiert das Ende März 1796 konstituierte *Direktorium für das öffentliche Wohl.* Sylvain Maréchal (1750–1803) erarbeitet in dessen Auftrag das berühmte *Manifest der Gleichen,* das jedoch wegen nicht ganz klaren inhaltlichen Differenzen im Direktorium nicht veröffentlicht worden ist: »... wir wollen die wirkliche Gleichheit, oder aber den Tod; das ist es, was wir brauchen. ... Wir brauchen nicht nur jene Gleichheit, wie sie schriftlich niedergelegt ist in der Erklärung der Menschen- und Bürgerrechte, wir wollen sie in unserer Mitte haben, unterm Dach unserer Häuser... Wir streben etwas viel Vollkommeneres und Gerechteres an, das gemeine Wohl, oder die Gütergemeinschaft! Kein Privateigentum mehr an Grund und Boden, die Erde gehört niemandem. Wir verlangen, wir wollen die gemeinwirtschaftliche Nutznießung alles dessen, was die Erde hervorbringt: ihre Früchte gehören jedermann.«[767]

Es kam jedoch nicht zu der geplanten Revolte. »Mitten aus den Vorbereitungen heraus sind Babeuf und die wichtigsten seiner Mitverschworenen am 10. Mai 1796 verhaftet worden. Das ›Volk‹ blieb passiv. Den Prozeß verlegte die Regierung vorsichtshalber in die Provinz. Babeuf wurde zum Tode verurteilt und am 28. Mai 1797 guillotiniert.«[768]

---

766 Gracchus Babeuf, Manifest der Gleichen, in: Frits Kool/Werner Krause (Hrsg.), Die frühen Sozialisten (Anm. 738), S. 114–121, hier: S. 116 und S. 118.

767 Sylvain Maréchal, Manifest der Gleichen, in: Frits Kool/Werner Krause (Hrsg.), Die frühen Sozialisten (Anm. 738), S. 121–126; hier: S. 122f.

768 Peter Stadler, Einleitung, in: ebd., S. 30f.

Ebenfalls an der »Verschwörung der Gleichen« beteiligt ist Philipp Buonarroti (1761–1837), gebürtiger Pisaner aus der Familie Michelangelos und als Rechtsstudent Anhänger Rousseaus. Während der Französischen Revolution mit Robespierre bekannt, betätigt er sich politisch in Korsika, dann als Kommissar in der von französischen Truppen besetzten italienischen Stadt Oneglia. Nach Robespierres Sturz amtsenthoben und in Paris verhaftet, nimmt Buonarroti teil an der »Verschwörung für die Gleichheit« und wird Mitglied ihres Direktoriums, in dem er eine führende Stellung bekleidet. Nach der Verhaftung der Verschwörer zu einer hohen Freiheitsstrafe verurteilt und später in die Schweiz ausgewiesen, entfaltet Buonarroti eine große Betriebsamkeit bei der Gründung zahlreicher politischer Geheimgesellschaften. 1828 veröffentlicht er in Brüssel, seinem damaligen politischen Aufenthaltsort, die *Conspiration pour l'égalité dite de Babeuf* (Babeuf und die Verschwörung für die Gleichheit)[769].

Buonarroti beschreibt dort die politischen und historischen Hintergründe der Verschwörung und rekonstruiert die grundlegenden Vorstellungen der Verschwörer über den Aufbau der Gesellschaft der Zukunft, einer weitgehend agrarischen Gesellschaft ohne Geld und Luxus. Nach Abschaffung persönlichen Eigentums sollte bei bestehender Arbeitspflicht die erforderliche Arbeit auf alle verteilt werden und eine Güterverteilung nach dem Gleichheitsprinzip aus öffentlichen Magazinen unter Aufsicht von Beamten durchgeführt werden. Die Bildung großer Städte sollte verhindert, Unterricht und Wissenschaft gepflegt werden. Der politischen Ordnung lag die Revolutionsverfassung von 1793 zugrunde. Bezirksabgeordnete mit direktem Mandat sollten in einer Zentralversammlung der Gesetzgeber zusammenkommen, Gesetze abfassen und die Regierung überwachen. Mit weitreichenden Vollmachten ausgestattete Volkstribunen sollten als eine »Körperschaft der Beschützer des nationalen Willens« Kompetenzverstöße von Gesetzgeber und Regierung überwachen. Denkbaren Einwänden gegen die geplante politische Organisation und die mögliche Machtfülle einzelner Institutionen wurde mit der enormen Vereinfachung von Regierungstätigkeit und Gesetzgebung in einer Gesellschaft der Gleichen begegnet. Man müsse »sich vor allem erinnern, daß ein Volk ohne Eigentum und ohne die Lasten und Verbrechen, die es hervorbringt, ohne Handel, ohne Münze, ohne Steuer, ohne Finanzen, ohne Zivilprozesse und ohne Dürftigkeit nicht das Bedürfnis der großen Anzahl Gesetze empfinden würde, unter denen die zivilisierten Gesellschaften Europas schmachten.«[770] Als Geschichtsschreiber der babouvistischen Verschwörung sorgt Buonarroti für die anhaltende Wirkung des Babouvismus auch in den dreißiger Jahren.

Louis-Auguste Blanqui (1805–1881) ist der Sohn eines ehemaligen Konventmitgliedes und Unterpräfekten. Schon in jungen Jahren wird er Mitglied der Geheimorganisation *Charbonnerie* und nimmt als Jurastudent 1827 an Pariser Straßenunruhen sowie 1830 an den dortigen Barrikadenkämpfen teil. Er wird Mitglied der von Buonarroti beeinflußten geheimen *Gesellschaft der Volksfreunde*. In der zweiten Hälfte der dreißiger Jahre organisiert er die zwei vermutlich bedeutendsten neo-babouvistisch inspirierten Geheimgesellschaften – die *Gesellschaft der Familien* und die

---

769 Philipp Buonarroti, Babeuf und die Verschwörung für die Gleichheit, Nachdruck der 1909 erschienenen 1. Auflage, Berlin – Bonn 1975.

770 Ebd., S. 230.

Gesellschaft der Jahreszeiten, die beide um die tausend Mitglieder zählen. Ein Aufstandsversuch der *Gesellschaft der Jahreszeiten* schlägt 1839 fehl. Unter Blanquis Einfluß erscheinen zahlreiche Zeitschriften: *Le Libérateur. Journal des Opprimés* (1834),*Le Candide* (1865), *La Patrie en Danger* (1870), *Ni Dieu Ni Maitre* (1880/81).

Wie schon Babeuf ist Blanqui vor allem der entschlossene Mann der politischen Praxis und wohl der erste antikapitalistische Berufsrevolutionär. Wegen seiner Beteiligung an Umsturzversuchen wird er 1839 und 1871 zum Tode verurteilt, die Strafe jedoch beidemale abgewandelt. Blanqui verbringt 37 Jahre seines Lebens in Haft, weitere 10 Jahre im Exil. Als er 1881 in Paris stirbt, wird er »von der Arbeiterbewegung wie ein Heros verehrt«[771].

Die kommunistische Zukunftsgesellschaft Blanquis kann ohne Regierung auskommen und kennt kein Privateigentum. Erste Maßnahme nach einem erfolgreichen Aufstand sei die Etablierung der proletarischen Diktatur. Diese müsse zunächst den Großgrundbesitz enteignen, die Fabriken staatlich kontrollieren und die Einkommen progressiv besteuern. Blanqui hat Babeufs jakobinisch-plebejische Revolutionsvorstellung klassentheoretisch zugespitzt. Die Verwirklichung des Kommunismus setzt für ihn eine breite Bildung in der Bevölkerung voraus, die selber wiederum erst in der Zukunftsgesellschaft in größerem Umfang realisiert werden kann. Hier liegt die systematische Begründung dafür, daß Blanqui die Notwendigkeit der proletarischen Diktatur mit einem Avantgardekonzept verknüpft. Der konspirativ von einer Anzahl entschlossener Männer vorbereitete Aufstand und die Inbesitznahme und Instrumentalisierung der politischen Zentralgewalt sind die Kernelemente seiner politischen Strategie.

Der putschistische Aufstand war ein wesentlicher Kritikpunkt am Blanquismus in der 1864 in London gegründeten *Internationalen Arbeiterassoziation* (der »Ersten Internationale«) und auch in der Pariser Commune. Die von Blanqui vertretene Diktatur des Proletariats ist bis in jüngste Zeit ein zentraler Topos in der kommunistischen Theorie. Das sich im Blanquismus offenbarende Avantgardeproblem stellt sich strukturell auch im russischen Bolschewismus, wenngleich dieser den Problemen putschistischer Isolation durch die verstärkte Berücksichtigung politischer Mobilisierung zu begegnen versucht hat[772]. »An Blanquis revolutionärem Elan hat sich später der französische Syndikalismus wieder entzündet, der seine Hoffnungen vor allem in den Generalstreik gesetzt hat, als das wirksamste Mittel, die Gesellschaft aus den Angeln zu heben.«[773]

771 Werner Hofmann, Ideengeschichte der sozialen Bewegung (Anm. 744), S. 73; die wichtigsten Veröffentlichungen sind: Auguste Blanqui, Kritik der Gesellschaft. Gesammelte national-ökonomische Schriften, 2 Bde., Leipzig 1885; ders., Instruktionen für den Aufstand. Aufsätze – Reden – Aufrufe, hrsg. von Frank Deppe, Frankfurt/M. 1968; ders., Schriften zur Revolution, Nationalökonomie und Sozialkritik, hrsg. von Arno Münster, Reinbek 1971; Œuvres complètes, Bd. 1, hrsg. von Arno Münster, Paris 1977; Karl Hans Bergmann, Blanqui. Ein Rebell im 19. Jahrhundert, Frankfurt/M. – New York 1986.

772 Werner Hofmann, Ideengeschichte der sozialen Bewegung (Anm. 744), S. 73/74 widerspricht zwar der These, es gebe im russischen Bolschewismus blanquistische Elemente, kann aber den Einwand einer strukturellen Entsprechung nicht entkräften, die sich aus dem Avantgardekonzept in Verbindung mit der Strategie der Diktatur des Proletariats ergibt.

773 Ebd.

5.3.2 Henri de Saint-Simon

Claude-Henri de Rouvroy Comte de Saint-Simon (1760–1825), Sohn aus altem, aber verarmten picardischen Adel, tritt mit 16 Jahren in die Armee ein und nimmt als französischer Offizier 1779–1783 an den Unabhängigkeitskriegen in den Vereinigten Staaten teil. Nach seinem Austritt aus der Armee, in der er 1788 den Rang eines Oberst bekleidet, legt Saint-Simon 1790 den Adelstitel ab. Mit dem Geld des deutschen Grafen von Redern, den er in Spanien kennengelernt hat, kauft er säkularisierte Kirchengüter auf und verdient damit ein Vermögen. Sein Reichtum ermöglicht ihm, für längere Zeit einen gutbesuchten großbürgerlichen Salon in Paris zu führen sowie die Rolle eines Wissenschaftsmäzens zu spielen. Nach dem Verlust seines Vermögens lebt Saint-Simon 1805–1814 in ärmlichen Verhältnissen. In seiner letzten Lebensphase entstehen 1814–1825 die eigentlich bedeutsamen Arbeiten: die vierbändige *Industrie* (1816–1818), *Der Politiker* (1819), die dreiteilige Textsammlung *Vom industriellen System* (1821–1822), die vier Hefte des *Katechismus der Industriellen* (1823–1824), die *Literarischen, politischen und industriellen Meinungen* (1824) und das *Neue Christentum* (1825)[774]. In dieser Zeit wird er unterstützt von zwei Privatsekretären, die selber später große Bedeutung erlangt haben. 1814–1817 ist der junge Historiker August Thierry (1795–1856) Saint-Simons Sekretär, dessen Betonung der Rolle des Klassenkampfes in der Geschichte später auch Marx beeinflußt hat. Danach bekleidete Auguste Comte (1798–1857) diese Funktion. Auf ihn gehen die Wortschöpfung und erste Selbstverortungen von »Soziologie« zurück, mit denen das Wissenschaftsverständnis Saint-Simons bis in das vorwiegend positivistische Selbstverständnis der modernen Sozialwissenschaften hineinwirkt.

Nach Saint-Simons Tod 1825 entwickelt ein enger Schülerkreis den eigentlichen Saint-Simonismus, dessen Höhepunkt um 1830 datiert werden kann. Zu nennen sind hier insbesondere Saint-Armand Bazard (1791–1832) und Barthélemy-Prosper Enfantin (1796–1864), deren auf Gruppendiskussionen basierende Veröffentlichung *Doctrine de Saint-Simon. Exposition* (1829–1830) den reifsten Ausdruck des Saint-Simonismus darstellt[775].

Saint-Simon ist schon in seinen frühen Schriften überzeugt von der Notwendigkeit einer gesellschaftlichen Schlüsselstellung der modernen Wissenschaften. Die Politik soll daher nach Maßgabe der positiven Wissenschaften exakt betrieben werden können. Die erfahrungsbezogenen empirischen Einzelwissenschaften – Saint-Simon hebt hier besonders Astronomie und Physiologie hervor – sollen in der Philosophie als der allgemeinen Wissenschaft zusammengefaßt werden und die Politik nach naturwissenschaftlichem Vorbild anleiten.

Die unter wissenschaftlicher Anleitung organisierte Gesellschaft bewirkt, »daß die Menschen von nun an bewußt, durch zielstrebige Anstrengungen und mit größerem Nutzen, tun, was sie bisher, sozusagen unwissentlich, auf langsame, unentschlossene

---

774 Œuvres de Saint-Simon e d'Enfantin, 47 Bde., Paris 1865–1878; Neudruck Osnabrück 1963–1964; Claude-Henri de Saint-Simon, Ausgewählte Werke, hrsg. von K. Lalla, Berlin 1957; Saint-Simonistische Texte. Abhandlungen von Saint-Simon und anderen in zeitgenössischen Übersetzungen, hrsg. und eingeleitet von Rütger Schäfer, 2 Bde., Aalen 1975.

775 Doctrine de Saint-Simon. Exposition. Première Année – 1829, Paris 1830; Deuxième Année – 1829–1830, Paris 1830.

und zu wenig fruchtbare Weise getan haben ... Die Regierungen werden die Menschen nicht mehr führen, ihre Funktionen werden darauf beschränkt sein, zu verhindern, daß die nützlichen Tätigkeiten gestört werden.«[776] Die hier bereits angedeutete Vision einer staatenlosen Gesellschaft ist bei Saint-Simon nicht verbunden mit einer politischen Radikalität, wie sie etwa Babeuf und Blanqui kennzeichnet. Auch Monarchie und Zensuswahlrecht gelten dem Anhänger Napoleons keineswegs als Hindernisse bei der Erreichung des »Goldenen Zeitalters des Menschengeschlechts«. Saint-Simon ist kein Demokrat und vertritt unverhohlen Elitekonzepte. Entscheidend ist für ihn nur die vollständige Durchsetzung der Industriegesellschaft. »Alles durch die Industrie, alles für die Industrie!« Daher gilt es nach seiner Meinung uneingeschränkt die produktive *classe industrielle* zu fördern. Sie werde an ihrer vollen Entfaltung durch eine parasitäre Klasse von Großgrundbesitzern, Klerikern und Offizieren gehindert. Saint-Simon hat diese Auffassung sehr anschaulich in einer Parabel demonstriert: Katastrophal wäre es für Frankreich, verlöre es seine ersten dreitausend Gelehrten, Künstler und Arbeiter – zu ihnen zählt Saint-Simon auch die Landwirte, Fabrikanten, Bankiers, Händler, Angestellten und Handwerker. Dagegen stelle der eventuelle Tod der wichtigsten Mitglieder des Königshauses, der Würdenträger, Marschälle, Kardinäle, der höchsten Beamten und Richter sowie der zehntausend reichsten Eigentümer des Landes keine große Beeinträchtigung für die zukünftige Enwicklung des Landes dar[777].

Die umstandslose Vereinnahmung so heterogener Berufsgruppen und sozialer Schichten unter dem Oberbegriff der industriellen Klasse erinnert an die in der Französischen Revolution proklamierte Einheit des Dritten Standes. »Saint-Simon wird nicht müde, das gemeinsame Interesse einer ›Klasse‹ von Arbeitenden (›Industriellen‹) als Basis politischer Stellungnahme und gegen die liberalen ›Bourgeois‹ zu predigen. Dieser Klassenbegriff erfährt nur insoweit eine Modifikation, als Saint-Simon in den letzten Jahren seines Lebens stets nachdrücklicher zum Fürsprecher der ›Klasse‹ wird, ›die keine anderen Existenzmittel hat als die Arbeit ihrer Hände‹. Ihrer vor allem solle sich die Regierung annehmen, ihren Angehörigen müsse man Arbeit verschaffen. Allerdings müsse den Industrieunternehmern als den wahren Führern des Volkes die Budgetierung des Staatshaushaltes übertragen werden.«[778]

Bazard und Enfantin haben Saint-Simons klassentheoretische Ansätze zugespitzt. Das ändert jedoch nichts daran, daß die Saint-Simonisten insgesamt von der Gültigkeit des Leistungsprinzips überzeugt sind. Das Motto ihrer Zeitung *Le Globe* lautet: *A chacun selon sa capacité, à chaque capacité selon ses œuvres* (einem jeden Arbeit nach seiner Fähigkeit und Entgeld nach seiner Leistung). Sie sehen in der vollen Entfaltung der industriellen Gesellschaft die Bedingung des evolutionären geschichtlichen Fortschrittsprozesses und betrachten das Leistungsprinzip als erforderliche Motivationsbasis und unverzichtbares gesellschaftliches Ordnungsprinzip.

---

776 Saint-Simon, in: L'industrie, Œuvres de Saint-Simon e d'Enfantin (Anm. 774), Bd. XVIII, S. 163ff., hier zitiert nach Frits Kool/Werner Krause (Hrsg.), Die frühen Sozialisten (Anm. 738), S. 175 und S. 177.

777 Œuvres de Saint-Simon e d'Enfantin (Anm. 774), S. 20, S. 17–26, hier nach Thilo Ramm, Der Frühsozialismus (Anm. 738), S. 25–30.

778 Einführung: Henri de Saint-Simon, in: Frits Kool/Werner Krause (Hrsg.), Die frühen Sozialisten (Anm. 738), S. 141–167, hier: S. 154f.

Saint-Simon hat dementsprechend auch keineswegs sozialistische Gleichheitsforderungen vertreten; er favorisiert leistungsbezogene Einkommens- und Eigentumsunterschiede. Um diese zu befördern, fordern seine engen Schüler die Beseitigung starrer Besitzverhältnisse und die Übertragung des Erbrechts von der Familie auf den Staat. Diese Voraussetzungen alleine können ihrer Ansicht nach mit einer ausschließlich leistungsbezogenen Eigentumsverteilung zugleich die organische Entfaltung der industriellen Gesellschaft garantieren. Die Klasse der ›Industriellen‹ sei zur Übernahme der Regierungsgeschäfte besonders befähigt, welche immer mehr zu einer bloßen Verwaltungstätigkeit im Geiste der positiven Wissenschaften werden. Eine Aristokratie des Talents werde die parasitäre Klasse ersetzen.

In seiner letzten Schrift *Nouveau Christianisme* hebt Saint-Simon das Prinzip der Brüderlichkeit stärker hervor. Es könne als Kern einer neuen Religion »so schnell und gründlich wie möglich die Verbesserung der moralischen und materiellen Existenz der zahlreichsten Klasse (als Ziel) setzen«. Da die Saint-Simonisten jeden gewaltsamen Umsturz ablehnen, dient vor allem die Erziehung dem gesellschaftlichen Fortschritt. »Die Erziehung ist somit die stärkste Garantie der gesellschaftlichen Ordnung; sie stellt auch das wichtigste Attribut der religiösen und politischen Obrigkeit dar.«[779]

Saint-Simon und seine Schule haben mit dem von ihnen vertretenen Fortschrittsglauben, ihrer Orientierung an den positiven Wissenschaften und ihrer Hervorhebung der Notwendigkeit von Klassenauseinandersetzungen mit dem Ziel der Beseitigung von Ausbeutung dem modernen Sozialismusbegriff erste Konturen verliehen.

5.3.3 Charles Fourier und Etienne Cabet

Motive eines praktisch gewendeten utopischen Denkens wirken in besonderer Weise bei den nun zu behandelnden Autoren fort. Sowohl Fourier als auch Cabet orientieren sich an dem Ziel einer harmonischen gesellschaftlichen Ordnung, das sie detailverliebt ausmalen. Mit ihrer eingehenden Veranschaulichung wollen sie praktische und gewaltlose Gesellschaftsreformen motivieren. Bei Cabet ist das erstrebte Ziel das Ideal einer nationalen Gütergemeinschaft, die er seinen Lesern in einem imaginären Bericht seiner *Reise nach Ikarien* vorstellt. Fourier sieht in seinen *Phalansterien* als Arbeits- und Lebensgemeinschaften einer Gruppe von höchstens 2000 Personen darüber hinaus die Möglichkeit einer vollkommenen Entfaltung aller menschlichen Leidenschaften. Die von ihnen angeregten Kommuneprojekte – und hier wäre noch Robert Owen einzuschließen – sind grandiose Beispiele für das ernüchternde Scheitern hochgeschraubter Hoffnungen auf einen umfassenden und exemplarisch zu realisierenden gesellschaftlichen Wandel. Ein unrealistisches Menschenbild und das Ideal einer konfliktfreien Gesellschaft lassen keinen Platz für Dissens und Eigensinn. Die institutionellen Strukturen der Zukunftsgesellschaft bauen dementsprechend auf illusorischen Grundannahmen auf. Noch aus der zeitlichen Distanz bieten die entworfenen Utopien jedoch dem zeitgenössischen Betrachter in all ihrer konkretistischen Anschaulichkeit zugleich Beispiele von sozialer Innovationsfreudigkeit – und einer experimentellen Sozialreform aus dem Impuls des sozialen Gleichheitsprinzips und

779 Doctrine de Saint-Simon, Exposition. Première Année (Anm. 775), S. 180.

dem Geiste der Solidarität –, deren vielfältige Anregungspotentiale auch heute noch fortwirken können.

François Marie Charles Fourier (1772–1837) wird in Besançon als Sohn eines wohlhabenden Tuchhändlers geboren. Zur Übernahme der ihm verhaßten Geschäfte des früh verstorbenen Vaters gezwungen, verliert Fourier durch Spekulationen, aber auch durch die Wirren der Revolution das väterliche Erbe. Bei der Eroberung Lyons durch Konventstruppen wird er 1793 gefangengenommen und entgeht gerade noch der Füsilierung. Spätere Tätigkeiten im Kaufmannsberuf sichern ihm ein bescheidenes Auskommen. Der lebenslange Junggeselle lebt als Gast von Pensionen in Lyon und Paris. Als Autodidakt betreibt Fourier vorwiegend nachts seine breit angelegten Studien vor allem der Physik, Chemie, Astronomie, Naturgeschichte und Philosophie. Seine wichtigsten Veröffentlichungen sind die *Théorie des quatre mouvements et des destinées générales* (Theorie der vier Bewegungen und der allgemeinen Bestimmungen, 1808), die zweibändige *Traité de l'association domestique-agricole* (Abhandlungen über die haus- und landwirtschaftliche Assoziation, 1822–1841/42 erweitert unter dem Titel *Théorie de l'unite universell* = Theorie der universellen Einheit), *Le nouveau monde industriel et sociétaire* (Die neue industrielle und sozietäre Welt, 1829), und schließlich *La fausse industrie* (Die falsche Industrie, 1835/36). Von 1832–1834 erscheint als eigene Zeitschrift unter Mitwirkung der engen Schülerschaft die *Le Phalanstère. La Reform industrielle ou le Phalanstère* (Das Phalansterium. Die industrielle Reform oder das Phalansterium). Zu seinen Schülern gehört insbesondere Victor Considérant (1808–1893), der als weitgehend anerkanntes Haupt der Fourieristen – seit 1832 als *École sociétaire* bekannt – von 1836–1849 die Nachfolgezeitschrift *La Phalange. Journal de la science sociale* (Die Phalanx. Zeitschrift der sozialen Wissenschaft) herausgibt[780].

Wie vor ihm schon Saint-Simon will Fourier die volle Entfaltung der Industrie und vertraut auf den ordnenden Zugriff einer nach dem Vorbild der Physik aufgebauten neuen Sozialwissenschaft. In einer aus drei ewigen Prinzipien zusammengesetzten Natur – es handelt sich dabei um ein aktiv-geistiges, ein passiv-materielles und ein mathematisches Prinzip, das die Kombination der erstgenannten Prinzipien regelt – gibt es vier Bewegungsarten: die materielle, organische, animalische und die soziale Bewegung. Diesen vier Bewegungsarten zugrunde liegt das Grundprinzip einer universellen Anziehung, das am Vorbild von Newtons Theorie der universellen Schwerkraft und der Anziehung der Gestirne konzipiert ist. Ist das Prinzip der universellen Anziehung erst einmal erkannt, so könne mit seiner Hilfe die soziale Harmonie bewußt angestrebt werden. Eine spezielle Anthropologie der menschlichen Leidenschaften – Fourier unterscheidet alleine 12 Grundleidenschaften und 810 durch Variationen zu bildende Hauptcharaktere – ermöglicht in Verbindung mit dem Gesetz der universellen Anziehung die Bestimmung optimaler sozialer Lebensweisen und Gruppengrößen. Seine Anthropologie der Leidenschaf-

780 Charles Fourier, Œuvres complètes, 12 Bde., Paris 1966/68; ders., Theorie der vier Bewegungen und der allgemeinen Bestimmungen, hrsg. von Theodor W. Adorno, Frankfurt/M. 1966; Victor Considérant, Destinée sociale, 3 Bde. (1835–1844), Paris 1851[4]; ders., Fouriers System der sozialen Reform, eingeleitet von Georg Adler, Leipzig 1906, Neudruck Berlin 1977.

ten bietet Fourier den nötigen Bezugspunkt, um eine Kritik der Okonomie mit umfassenden Konzeptionen der Lebensreform zu verbinden. Beide fließen in seine Darstellung der *Phalange* ein.

Ursachen der von Fourier kritisierten unvollkommenen Entfaltung der ökonomischen Kräfte sind das bestehende Handelssystem, aber auch die seiner Meinung nach uneffektive arbeitsteilige Trennung von Landwirtschaft und Industrie. »Der Handel ist nichts anderes als eine unter der Maske der Gesetzlichkeit organisierte und legitimierte Räuberwirtschaft, wobei durch künstliche Erzeugung von Mangel und Teuerung sowohl die Produzenten als auch die Konsumenten ausgeplündert werden.«[781] Die nach dem Vorbild der antiken mazedonischen Phalanx von Fourier so benannte *Phalange* – inspiriert auch von dem Vorbild der englischen Reformsiedlungsprojekte Robert Owens – soll als Produzenten- wie auch Konsumentengemeinschaft den Handel überflüssig machen und die landwirtschaftliche mit der industriellen Arbeit wieder vereinen. Die Phalanges sollen Gemeinschaften von maximal 2000 Personen, genauestens nach Alter und Geschlecht ausgewogen, umfassen. Die dort lebenden Menschen würden dort bei voller Entfaltung aller 12 anthropologisch angelegten Grundleidenschaften die universelle Harmonie erlangen. Arbeit werde dort nicht nur als Mittel der Reichstumsmehrung, sondern auch als Quelle einer umfassenden Selbstverwirklichung gelten. Minutiös entwirft Fourier Arbeitsorganisation, Tagesablauf und Baupläne für den Geländekomplex des Phalansteriums, in dem die Phalangemitglieder leben und arbeiten sollen.

In der Phalange werde es zu einer spontanen Arbeitsverteilung unter Wegfall des bloßen Müßiggangs kommen. So könne die Selbstverwirklichung in je individuell gewählten Arbeitstätigkeiten zwangslos auch mit einer rationaleren Produktionsweise einhergehen. Jeder Zwang und auch jede Obrigkeit im herkömmlichen Sinne werde überflüssig sein und die Kraft des einmal vorgeführten praktischen Beispiels würde die Überlegenheit des Phalange-Systems rasch allseits erweisen. Um die ersten Phalanges zu gründen, müssen Landwirtschaft und Gewerbe vergesellschaftet werden. Den bisherigen Besitzern solle der von ihnen eingebrachte Wert ordentlich verzinst werden. Darin sieht Fourier einen zusätzlichen Anreiz für eine kapitalkräftige Unterstützung seines Projektes. Fourier unterscheidet in der Produktionsweise der Phalange notwendige, nützliche und angenehme Arbeiten und bemißt die von ihm vorgesehene Aufteilung des gemeinsamen Arbeitsertrages nach einem gestaffelten Verteilungsschlüssel. Nach diesem sollen fünf Zwölftel des Ertrages an die Produzenten, vier Zwölftel an die Kapitaleinleger und drei Zwölftel an die kreativen Talente verteilt werden. Seit 1829, dem Erscheinen seines Buches *Die neue industrielle und sozietäre Welt*, bis zu seinem Tode wartet Fourier vergeblich jeden Tag um 12 Uhr mittags zuhause auf einen Mäzen, der ihm sein erstes Phalansterium finanziert.

Fourier ist offensichtlich kein Verfechter strikt egalitärer Zielsetzungen. Nicht in der Abschaffung des Privateigentums, sondern in dessen Indienstnahme zum Zwecke einer Maximierung der Arbeitsproduktivität wie auch der ungehinderten Entfaltung des Gesetzes der universellen Anziehung sieht er die Ansatzpunkte einer vollständigen gesellschaftlichen Neuorganisation. Diese werde abgeschlossen durch den föderativen Zusammenschluß der überall gegründeten Phalanges, der sich bis hin zu einem Weltbund fortsetzt.

781 Werner Hofmann, Ideengeschichte der sozialen Bewegung (Anm. 744), S. 57.

Fourier thematisiert nicht nur ökonomische Alternativen, sondern immer auch soziale Verhältnisse. Neben dem Gegensatz von Armut/Reichtum interessiert er sich auch für das Generationenverhältnis sowie besonders für das Geschlechterverhältnis. In seiner Schrift *Le Nouveau Monde amoureux* kritisiert er die Institution der Ehe und fordert die freie Entfaltung der individuellen Liebe wie auch eine Erweiterung der Frauenrechte. Fouriers Phalange ist nicht nur »eine Wirtschaftsgemeinschaft, sondern auch und vor allem eine Liebesgemeinschaft; beide ergänzen sich im übrigen, denn nach Ansicht des großen Utopisten geht es darum, ›nicht nur die finanziellen und produktiven Möglichkeiten einer Vielzahl von Familien zu assoziieren..., sondern auch Leidenschaften, Charaktere, Geschmäcker und Triebe‹«[782]. Fouriers Plädoyer für die Befreiung der Frau und die Überwindung der Geschlechtsbarrieren haben zu seiner Bezeichnung als der erste »feministische« Sozialphilosoph geführt. Seine Überlegungen beeinflussen auch die Saint-Simonisten um Bazard und Enfantin[783].

Fouriers Einfluß ist bis 1830 gering. Parallel zum einsetzenden Niedergang der Saint-Simonisten kommt es jedoch gegen Ende seines Lebens zu einer fourieristischen Schulbildung unter dem Namen *École sociétaire,* die insbesondere in den Jahren 1840–1850 zahlreiche Publikationen hervorbringt. Als Haupt der Gruppe weitgehend anerkannt wird Victor Considérant. Mit anderen Schulmitgliedern in die Nationalversammlung gewählt, setzt er sich nach der Februarrevolution von 1848 für die Republik ein. Nach dem Staatsstreich von 1851 muß er wegen seiner Kritik an Louis Napoleon ins Exil gehen. Der Einfluß der *École sociétaire* schwindet nach dem Verlust ihres Führers wie auch dem Verbot ihrer Zeitungen. Eine von Considérant betriebene Koloniegründung in Texas *(Réunion)* scheitert trotz erheblicher finanzieller Aufwendungen der Fourieristen.

An Thomas Morus und die Renaissanceutopie knüpft Etienne Cabet direkt an. In seinem 1840 erschienenen Hauptwerk *Voyage en Icarie* (Reise nach Ikarien) beschreibt er, ebenfalls beeinflußt von Robert Owen, in einem imaginären Reisebericht die egalitär-kommunistischen Zustände im Lande Ikarien. In zwangloser Weise seien dort Einzelinteressen und das allgemeine Interesse miteinander in einer Arbeits- und Gütergemeinschaft verbunden. Die Erfahrung des Scheiterns praktischer Realisationsversuche, in Amerika ikarische Siedlungsprojekte zu etablieren, überschattet Cabets Lebensende.

Etienne Cabet (1788–1856), Sohn eines Böttchers aus Dijon, wird Rechtsanwalt und beteiligt sich an der Revolution von 1830. Seine Befürwortung einer Übergangsdiktatur des Herzogs von Orléon bringt ihm nach der schließlich erfolgten Machtübernahme des Bürgerkönigs einen plötzlichen Karrieresprung ein. Cabet wird 1830 Generalstaatsanwalt von Korsika, dieses Postens jedoch nach 8 Monaten wieder enthoben. 1831 als Abgeordneter der Cote-d'Or ins Parlament gewählt, setzt er sich in seinem Buch *Révolution de 1830 et situation présente* (Die Revolution von 1830 und

---

782 Daniel Guerin, Vorwort, in: Charles Fourier, Aus der Neuen Liebeswelt, Berlin 1977, S. 7. Der Band enthält eine Textauswahl Fouriers über die Liebe, die den Œuvres complètes entnommen ist. Erst 1967 erschien herausgegeben von Simone Debout ein von der Schülerschaft unterschlagenes, weil dort äußerst umstrittenes Manuskript Fouriers: Le Nouveau Monde amoureux (geschrieben um 1817–1819).

783 Zur Vertiefung am Beispiel der deutschen Frauenbewegung im 19. Jahrhundert: Ute Gerhard, Unerhört. Die Geschichte der deutschen Frauenbewegung, Reinbek 1990, hier: S. 27.

die gegenwärtige Situation) und in den Spalten der von ihm 1833 gegründeten Wochenzeitung *Le Populaire* für republikanische Forderungen ein. 1834 muß Cabet – wegen Pressedelikten mit Haftstrafe bedroht – ins englische Exil. Dort entsteht zunächst eine vierbändige *Histoire populaire de la Révolution française* (Poluläre Geschichte der Französischen Revolution), dann jedoch auch sein bekanntes Hauptwerk, die *Voyage en Icarie*, das er nach seiner Rückkehr in Paris 1840 veröffentlicht[784].

In der von ihm gegründeten Zeitschrift *Le Populaire de 1841* fordert Cabet das allgemeine Wahlrecht und plädiert für die gewaltlose politische Aktion. Seine Popularität ist in den vierziger Jahren enorm. In dieser Zeit appelliert Cabet immer ausschließlicher an die Arbeiterschaft. 1847 fordert er in einem Aufruf: »Gehen wir nach Ikarien!« Im Februar 1848 segelt eine erste Gruppe von 69 Personen nach Amerika. Im Dezember folgt Cabet selber mit weiteren Siedlern. Die ikarische Siedlung in Nauvoo (Illinois), vorher bereits von Mormonen besiedelt, aber wieder verlassen, erfüllt trotz guter Ausgangsbedingungen die hohen Erwartungen in keiner Weise. Cabet stirbt in St. Louis im November 1856. Wenige Wochen zuvor war er aus der ikarischen Gemeinschaft ausgestoßen worden.

Cabet erklärt die Dynamik der Geschichte aus dem anhaltenden Protest gegen die bestehenden sozialen Ungleichheiten. Die Utopie Ikariens soll als Gegenbild zur bisherigen Geschichte eine Gesellschaft der Gleichheit vorführen. Jeder arbeitet dort die gleiche Stundenzahl am Tage nach seinen Fähigkeiten und genießt den gleichen Anteil an den Erzeugnissen nach seinem Bedarf. »Keine Arme, keine Reiche wird es geben, keine Knechte; keine Sorgen, keine Ängste; weder Eifersucht noch Haß; weder Habgier noch Ehrfurcht; keine Müßiggänger oder kaum; keine Faulenzer, keine Trunkenbolde, keine Diebe. Die Erziehung und der Wohlstand werden mit der Zeit alle Verbrechen, ja auch alle Laster austilgen. – Man wird der Strafgesetze, der Gerichte, der Gendarmen, der Polizei, der Gefängnisse, der Schafotte u.s.w. u.s.f. entraten können. Die Familie, die zu keiner Rivalität mehr Anlaß geben wird, ist zur Quelle des reinen Glücks geworden.«[785]

Cabet ist sich sicher, daß der industriell-technische Fortschritt eine Gleichheit im Überfluß ermöglichen wird und lehnt daher entschieden jeden gewaltsamen Weg zum Kommunismus ab. In einer von ihm als Demokratie bezeichneten Zwischenphase soll – ohne daß die Reichen geschädigt oder ihre Rechte beschränkt würden – durch Vollbeschäftigung das bestehende Elend beseitigt werden. Erst im Kommunismus werde es dann kein Eigentum und auch kein Geld mehr geben. Die demokratische Tagesforderung des allgemeinen Wahlrechts soll die gesetzliche Durchsetzung des Kommunismus vorbereiten. Cabet glaubt, »daß die Gemeinschaft nur eingeführt werden kann durch die Macht der öffentlichen Meinung, durch den Willen der Nation, durch die

784 Etienne Cabet, Révolution de 1830 et situation présente expliquée et éclairée par les Révolutions de 1789, 1792, 1794, 1804 et par la Restauration (1832), 2 Bde., Paris 1833[3]; ders., Histoire populaire de la Révolution française, de 1789 à 1830, précédée d'une introduction contenant le précis de l'histoire des Français depuis leur origine jusqu'aux États-Généraux, 4 Bde., Paris 1839–1840; ders., Œuvres d'Etienne Cabet, Bd. 1, Paris 1970; ders., Reise nach Ikarien, Berlin 1979. – Die Voyage en Icarie erscheint in Paris 1840 und erlebt bis 1848 fünf Neuauflagen.

785 Aus Etienne Cabet, Comment je suis communiste, o.O. (Paris) 1840, S. 9–12, hier zitiert nach: Frits Kool/Werner Krause (Hrsg.), Die frühen Sozialisten (Anm. 738), S. 334–336.

Zustimmung aller oder doch einer großen Mehrheit, mit einem Wort, durch das Gesetz«[786].

In der ikarischen Gemeinschaft selber soll zwar eine »repräsentative Demokratie« über gewählte Volksvertreter den allgemeinen Volkswillen in Gesetzen fixieren. Cabets Gleichsetzung von Demokratie und Gleichheit erweist sich jedoch als besonders problematisch. In seinem Ikarien gibt es weder Dissens noch Individualität oder Abweichungen des einzelnen vom allgemeinen Willen des Volkes. Das Einzelinteresse wächst vielmehr mit dem Allgemeininteresse zusammen und bildet einen »einzigen, gesunden, lebendigen Körper oder Gesellschaftsorganismus«. Der Sog des utopischen Gleichheitsdenkens gerät so zum Konformitätsdruck und verhindert bei Cabet eine Auseinandersetzung mit der vollen Problemstellung der demokratischen Frage als einer Frage nach der Gestaltung bestehender politischer Herrschaft unter Bedingungen divergierender (!) Interessen. Eine harmonistische Gleichheitsunterstellung in Verbindung mit der Zukunftsvision einer kommunistischen Gesellschaft führt zu einem bloß instrumentellen Umgang mit der Demokratie – auch noch bei Marx und Engels, die sich in dieser Hinsicht durchaus als Erben des von ihnen so heftig kritisierten ›utopischen Kommunismus‹ erweisen.

5.3.4 Louis Blanc und Pierre Joseph Proudhon

Sowohl Louis Blanc als auch Pierre Joseph Proudhon sind Anhänger einer im wesentlichen gewaltlosen Gesellschaftsreform. Beide lehnen zudem egalitäre Zielsetzungen ab, verfechten allerdings in ihren Reformkonzepten sehr unterschiedliche Ansätze. Proudhons Idee einer Tauschbank, die ohne Handelsprofite den Austausch der Waren organisieren soll, setzt auf die Aufhebung des bestehenden Kreditsystems, während Louis Blanc Produktionsgenossenschaften mit staatlicher Unterstützung in allen wichtigen Industriezweigen errichten will, um durch die »Organisation der Arbeit« eine rationale und auch gerechte Wirtschaft sicherzustellen. Die Bewertung des Staates als Instrument der Gesellschaftsreform dürfte freilich kaum kontroverser ausfallen können als zwischen den beiden genannten Autoren. Grundsätzliche Meinungsunterschiede und tagespolitisch orientierte Auseinandersetzungen kennzeichnen das Verhältnis dieser beiden führenden Exponenten der linken französischen Opposition. Proudhon lehnt jede staatliche Intervention ab. Sein anarchistischer Solidarismus setzt auf die Kraft der Selbstorganisation des Volkes. Blanc erblickt – wie auch Cabet – im allgemeinen Wahlrecht die wesentliche Voraussetzung für die staatliche Unterstützung der erstrebten Reformen. Er ist in den vierziger Jahren der wohl populärste und vermutlich auch der literarisch erfolgreichste Protagonist des Frühsozialismus, der sich zu dieser Zeit in Frankreich auf der Höhe seines Einflusses befindet. Proudhon ist einflußreich noch lange später. Impulse seines Denkens beeinflussen die syndikalistische Arbeiterbewegung in Frankreich und Spanien wie auch anarchistische Autoren bis über die Jahrhundertwende.

Jean-Joseph-Louis Blanc (1811–1882) wird in Madrid als Sohn eines höheren Finanzbeamten geboren. In Paris etabliert er sich Mitte der dreißiger Jahre als bür-

---

786 Etienne Cabet, Credo communiste, Paris o.J. (1841), hier zitiert nach Frits Kool/Werner Krause (Hrsg.), Die frühen Sozialisten (Anm. 738), S. 337–349, hier: S. 347.

gerlich-republikanischer Journalist. 1839 gründet er die bis Ende 1842 erscheinende *Revue du progrès politique, sociale et littéraire.* Eine dort publizierte Artikelserie, die seinen politischen Lagerwechsel zum Sozialismus deutlich macht, wird 1840 umgearbeitet als Buch unter dem Titel *Organisation du travail* (Organisation der Arbeit) veröffentlicht. In den folgenden zehn Jahren erlebt es neun teilweise stark veränderte Auflagen. Der Buchtitel wird in den vierziger Jahren zur populären gesellschaftskritischen Parole.

Zwischen 1841 und 1844 erscheint die fünfbändige *Histoire de dix ans. 1830–1840* (Geschichte der zehn Jahre. 1830–1840), in der Blanc das erste Jahrzehnt des Julikönigtums sozialkritisch unter Rückgriff auf klassentheoretische Gesichtspunkte darstellt. Seine historischen Arbeiten setzt er später unter anderem mit einer zwölfbändigen *Histoire de la Révolution française* (1847–1862) fort. 1843 ist Blanc Mitbegründer der Zeitung *La Réforme*, die zu einem Sammelbecken der linksrepublikanischen und sozialistischen Kritiker vor der Februarrevolution von 1848 wird[787].

Durch die Februarrevolution wird Blanc Mitglied der provisorischen Regierung, bekleidet aber kein Ministeramt. Am 28. Februar 1848 wird er Präsident der *Commission du Luxembourg pour l'Organisation du travail.* Die vom Minister für öffentliche Arbeiten, Marie, am 26. Februar gebildeten Nationalwerkstätten *(ateliers nationaux)* werden weithin mit dem von Blanc propagierten Konzept der Produktionsgenossenschaften *(ateliers sociaux)* in Verbindung gebracht. Blanc kann jedoch auf ihre Ausstattung nicht im Sinne seiner Pläne einwirken. Die *ateliers nationaux* geraten zu einer Art Arbeitsbeschaffungsmaßnahme ohne Rückkoppelung mit weiterreichenden Wirtschaftsmaßnahmen und Reformkonzepten. Dennoch werden Blancs Vorstellungen mit dem Scheitern der – von der Regierung ohne große Symphatien betriebenen – Nationalwerkstätten in Mißkredit gebracht. Die Auflösung der *ateliers* wird zum Anlaß des proletarischen Juniaufstandes, den Kriegsminister Cavaignac blutig niederschlägt (10 000 Tote). Von dieser Katastrophe sollte sich der Frühsozialismus politisch nicht mehr erholen. Blanc, bereits im Mai aus der Regierung ausgeschieden, wird mit dem Aufstand in Verbindung gebracht, obwohl er mit Mäßigungsappellen auf ihn reagiert hatte. Die Nationalversammlung entzieht ihm die parlamentarische Immunität. Blanc geht ins englische Exil, aus dem er erst 1870 nach der französischen Niederlage von Sedan zurückkehrt. Der Pariser *Commune* begegnet er mit Skepsis. 1871 erneut in die Kammer gewählt, kann er nicht mehr an seine frühere politische Bedeutung anknüpfen.

In einer Rede im Luxembourg macht Blanc deutlich, daß er im Konkurrenzsystem die Ursache der bestehenden sozialen Ungleichheit sieht: »Die Konkurrenz ist die Ursache allgemeiner Verarmung, weil sie eine gewaltige, ständige Entwertung menschlicher Arbeit nach sich zieht, weil sie täglich, stündlich an allen Punkten der Erde ihre Herrschaft durch Vernichtung irgendeiner besiegten Industrie verkündet, d. h. durch die Vernichtung von Kapital, von Rohstoffen, von Arbeit und Zeit, die von dieser Industrie verwendet wurden. Wenn unter der Herrschaft der Konkurrenz

---

787 Louis Blanc, Organisation du travail, Paris 1850[9] (1840[1]), deutsch in der Übersetzung von Robert Prager: Organisation der Arbeit, Berlin 1899; ders., Révolution française. Histoire de dix ans. 1830–1840, 5 Bde., Paris 1841–1844; ders., Histoire de la Révolution française, 12 Bde., Bruxelles (Bde. 1 und 2) und Paris 1847–1862; ders., Questions d'aujourd'hui et de demain, 5 Bde., Paris 1873–1884.

eine Maschine erfunden wird, nützt sie dann allen ohne Ausnahme? Nein, wie sie alle wohl wissen. Diese Maschine ist nichts als eine Keule, mit welcher der mit einem Patent versehene Erfinder seine Mitbewerber zu Boden schlägt und Legionen von Arbeitern die Arme zerschmettert.«[788] Der Konkurrenzdruck führt zu einem ständigen Sinken der Arbeitslöhne[789]. Der ruinöse Wettbewerb führt zur Wirtschaftskonzentration und zu Verteuerung. Der Verbrauch geht zurück und die Überproduktion zwingt zur ständigen Erschließung neuer Märkte.

Als Gegenmaßnahme empfiehlt Blanc die »Organisation der Arbeit«. Der Staat soll durch die Errichtung der *ateliers sociaux* in den wichtigsten Industriezweigen den Einstieg in den Ausstieg aus der Konkurrenzgesellschaft unterstützen. Die Produktionsgenossenschaften, in denen es zunächst durchaus leistungsbezogene Lohnhierarchien geben soll, wären »gegenüber jedem Privatbetrieb im Vorteil dank der größeren Wirtschaftlichkeit des Lebens in der Gemeinschaft und dank einer Organisationsweise, in der alle Beschäftigten ausnahmslos daran interessiert sind, schnell und gut zu produzieren«. So werde die Konkurrenz mit den eigenen Mitteln ausgeschaltet. Der Übergang in eine Wirtschaft der Assoziationen vollziehe sich schrittweise. Offen bleibt bei Blanc freilich, wie die Produktivgenossenschaften zugleich höhere Löhne – die vorgesehen waren – gewährleisten und gegen die Konkurrenz der parallel bestehenden Privatbetriebe bestehen können sollen. Das Schlagwort von der »Organisation der Arbeit« verdeckt Problemstellungen, wie sie uns heute noch – etwa in moralökonomischen Selbstausbeutungsverhältnissen der Alternativökonomie – begegnen[790].

Blanc ist überzeugt, daß sein »System so elastisch und kräftig ist, daß es sich . . . binnen kurzem in der ganzen Gesellschaft verbreiten und durch seine unwiderstehliche Anziehungskraft die rivalisierenden Systeme aufsaugen wird«. Ein gewählter Verwaltungsrat werde die Arbeit der zahlreichen Assoziationen koordinieren. Das angestrebte Ziel ist eine universelle Arbeiterassoziation, in der die Produktionsmittel der Gesellschaft als Kollektivkapital gehören. Dort werde jeder nach seinen Fähigkeiten beschäftigt sein und nach seinen Bedürfnissen leben können. Der Staat wird sich dann auf einige wenige dienende Funktionen beschränken, während ihm für eine Übergangsphase eine wesentliche Bedeutung zukommt. Ohne ihn kann der nötige Anschub für die Produktionsgenossenschaften nicht erfolgen. Die politische Forderung nach dem allgemeinen Wahlrecht soll die erforderlichen parlamentarischen Mehrheiten beschaffen helfen.

Blancs Bild vom Interventionsstaat nimmt reale Entwicklungen vorweg. Diese haben freilich keineswegs zu einem Abschied von der Konkurrenzökonomie geführt. Wohl aber ist die Kompromißbedürftigkeit des staatsvermittelten Kapitalismus deut-

---

788 Louis Blanc, Rede im Luxembourg, zitiert nach Thilo Ramm, Der Frühsozialismus (Anm. 738).

789 Die Annahme eines Arbeitslohnes am Rande des Existenzminimums hat auch Lassalles Konzeption eines »ehernen Lohngesetzes« beeinflußt. Vgl. Ferdinand Lassalle, Offenes Antwortschreiben an das Central-Comité zur Berufung eines allgemeinen deutschen Arbeiter-Congresses zu Leipzig (Berlin 1863), in: ders., Reden und Schriften, hrsg. von Friedrich Jenaczek, München 1970, S. 170–201, hier: S. 181ff. und S. 199ff. Lassalle setzte ebenso wie Blanc auf die staatliche Unterstützung von Produktivgenossenschaften.

790 Dazu beispielsweise das Themenheft: Alternativökonomie zwischen Traum und Trauma, Forschungsjournal Neue Soziale Bewegungen, 2 (1989)2.

licher geworden. Soziale Bewegungen und demokratische Institutionen können den Imperativen der kapitalistischen Entwicklung ihre eigene politische Logik entgegensetzen.

Pierre Joseph Proudhon hat Louis Blancs Forderung nach staatlicher Anschubhilfe scharf zurückgewiesen. Die Solidarität der Gesellschaftsmitglieder, die sich in einem ökonomischen *Mutualismus* – einem von Gegenseitigkeit bestimmten Handeln – äußern werde, verträgt nach seiner Meinung keine staatliche Einmischung. Die Begrenzung der staatlichen Aufgaben ist für Proudhon »eine Frage von Leben und Tod für die Freiheit, die kollektive und die individuelle«. »Eine echte Neugestaltung der Gesellschaft kann nur von einer grundlegenden Änderung des Verhältnisses zwischen sozialer und politischer Ordnung aus geschehen.«[791] Hier haben wir den argumentativen Berührungspunkt für die Proudhons politisches Denken kennzeichnenden Schlüsselbegriffe: Mutualismus, Föderalismus, Anarchismus (dazu auch die Darstellung von Proudhon als anarchistischer Denker in Abschnitt 7.1.3).

Pierre Joseph Proudhon (1809–1865) wird als Bauernsohn in Besançon geboren. Aus Geldmangel muß er die Schule verlassen und sich neben seiner Schriftsetzertätigkeit als Autodidakt fortbilden. 1838 erhält er von der Akademie seiner Heimatstadt ein dreijähriges Stipendium. 1840 erscheint als Antwort auf deren Preisfrage »Was ist das Eigentum?« seine berühmte gleichnamige Denkschrift *Qu'est-ce que la Propriété?* 1846 erscheint die Abhandlung *Système des contradictions économiques, au Philosophie de la misère* (Philosophie der Staatsökonomie oder Notwendigkeit des Elends), auf die Karl Marx mit seiner Streitschrift *Das Elend der Philosophie* (1847) antwortet. Von 1848 bis 1850 gibt Proudhon mehrere bald von Verboten belegte Zeitungen heraus *(La Représentant du Peuple, Le Peuple, La Voix du Peuple, Le Peuple de 1850)*. 1848 wird er in einer Nachwahl ins Parlament gewählt. Wegen seiner Kritik an Louis Napoléon wird er 1849 verhaftet, eine von ihm – zur Verwirklichung seiner Pläne eines zinslosen Kreditsystems – geleitete Volksbank muß ihre Arbeit einstellen (und entgeht dadurch auch dem ökonomisch absehbaren Bankrott). In der Haft entsteht sein Buch *Confessions d'un Révolutionnaire* (Bekenntnisse eines Revolutionärs). Proudhons 1858 erschienene Schrift *De la Justice dans la Révolution et dans l'Église* (Die Gerechtigkeit in der Revolution und in der Kirche) bringt eine erneute Haftstrafe, der er sich ins belgische Exil entzieht. Nach einer allgemeinen Amnestie 1862 nach Paris zurückgekehrt, stirbt Proudhon dort im Januar 1865[792].

Als Proudhon auf die Preisfrage der Akademie von Besançon »Was ist das Eigentum?« knapp formuliert ». . . c'est le vol« (es ist Diebstahl), verdammt er keineswegs jede Form des Eigentums. Seine Anerkennung findet freilich nur der auf Arbeit gegründete Besitz. Seiner Kritik verfallen hingegen alle nicht auf Arbeit beruhenden

---

791 Zitiert nach: Martin Buber, Proudhon, in: ders., Pfade in Utopia. Über Gemeinschaft und deren Verwirklichung, Darmstadt 1985^3, S. 56–77, hier: S. 62.

792 Pierre Joseph Proudhon, Œuvres complètes, 26 Bde., Paris 1867–1870; ders., Œuvres complètes. Nouvelle édition, publiée avec des notes et des documents inédits sous la direction de C. Bouglé et H. Moysset, 15 Bde., Paris 1923–1959; ders., Ausgewählte Texte, hrsg. und eingeleitet von Thilo Ramm, Stuttgart 1963; ders., Ausgewählte Schriften, hrsg. von Arnold Ruge/Alfred Darimon, 3 Bde., Leipzig 1850/51 (Reprint Aalen 1973); ders., Was ist Eigentum?, Graz 1971; ders., Philosophie der Staatsökonomie oder Notwendigkeit des Elends, deutsch bearbeitet von Karl Grün, 2 Bde., Darmstadt 1847 (Reprint Aalen 1966); ders., Bekenntnisse eines Revolutionärs, hrsg. von Günter Hillmann, Reinbek 1969.

Eigentumsformen (Zins, Mieten, Pacht, Dividenden, Handelsgewinne) und jede Form der Eigentumskonzentration. Die anzustrebende Gerechtigkeit in der Gesellschaft setzt die Gleichheit des Eigentums voraus. Erst dann könne das ökonomische Prinzip des *Mutualismus*, der gegenseitigen Hilfe, in vollem Umfang zur Geltung kommen.

Als entscheidenden Schritt in Richtung einer Gesellschaft autonomer Kleineigentümer und Kleinproduzenten betrachtet Proudhon die – schon von Robert Owen vorgeschlagene und 1832 in London für kurze Zeit existierende – Tauschbank. Eine solche Volksbank »hatte weder Zinsen für ihre Vorschüsse noch eine Kommissionsgebühr für ihr Diskonto zu nehmen; sie hatte bloß eine kleine Vergütung für Lohn und Kosten zu erheben. Der Kredit war also unentgeltlich. War das Prinzip einmal realisiert, so mußten die Konsequenzen bis ins Unendliche sich entwickeln.«[793] Die Tauschbank sollte den entscheidenden Anstoß zum Wandel des bestehenden Kreditsystems geben und bewirken, »daß auf diese Weise der Diskont, der Kommandit, das Darlehen gegen Zinsen, die Amortisierung, die Pacht, die Miete, die Anlage des Geldes gegen lebenslängliche oder dauernde Rente usw. in Zukunft Kreditformen ohne Zweck, Einrichtungen außer Gebrauch würden«[794]. Der *Mutualismus* werde sich in einer von den Ausbeutungen des Kreditsystems befreiten Ökonomie innerhalb eines Gleichgewichtes der konkurrierenden Kleinproduzenten entfalten. Insbesondere der deutsche Finanztheoretiker Silvio Gesell (1862–1930) hat die These des zinslosen Kredits später in seiner Freigeldlehre wieder aufgegriffen[795].

Proudhons Tauschbank wirft eine ganze Reihe von kritischen Nachfragen auf. In einer Wirtschaft ohne Gewinne ist kein Raum für Investitionen und auch die Warenzertifikate der Tauschbank könnten als Sparguthaben zur Neubildung privaten Geldkapitals führen[796]. Mit ätzender Kritik hat Karl Marx auf Proudhons mutualistische Harmonieunterstellungen gegenüber der Konkurrenzgesellschaft autonomer Kleinproduzenten reagiert: »Die Dinge vollziehen sich ganz anders, als Herr Proudhon denkt. Mit dem Moment, wo die Zivilisation beginnt, beginnt die Produktion sich aufzubauen auf dem Gegensatz der Berufe, der Stände, der Klassen . . . In der heutigen Gesellschaft, in der auf den individuellen Austausch basierten Industrie, ist die Produktionsanarchie, die Quelle so vielen Elends, gleichzeitig die Ursache des Fortschritts. Demnach von zwei Dingen eins: Entweder man will die richtigen Proportionen früherer Jahrhunderte mit den Produktionsmitteln unserer Zeit, und dann ist man Reaktionär und Utopist in einem. Oder man will den Fortschritt ohne Anarchie und dann verzichtet man, um die Produktivkräfte beizubehalten, auf den individuellen Austausch.«[797] Marx folgert aus seiner Kapitalismuskritik die politische Notwendigkeit des Klassenkampfes und setzt auf die Eroberung des Staates als notwendige Zwischenetappe, »weil gerade die politische Gewalt der offizielle Ausdruck des Klassengegensatzes innerhalb der bürgerlichen Gesellschaft ist«. Demgegenüber setzt Proudhon auf eine Neuordnung der Gesellschaft jenseits des Staates: Solidarität ersetzt die Staatsgewalt.

---

793 Pierre Joseph Proudhon, Bekenntnisse eines Revolutionärs (Anm. 792), S. 149.
794 Ebd., S. 155.
795 Silvio Gesell, Natürliche Wirtschaftsordnung durch Freiland und Freigeld (1911), Berlin 1949[9].
796 So Werner Hofmann, Ideengeschichte der sozialen Bewegung (Anm. 744), S. 64f.
797 Karl Marx, Das Elend der Philosophie, in: Marx-Engels-Werke (Anm. 159), Bd. 4, S. 63–182, hier: S. 91 und S. 97.

Proudhons *Mutualismus* geht einher mit der emphatischen Bejahung politischer Freiheit, die ihn zu einem wichtigen Inspirator des Anarchismus hat werden lassen: »Das Prinzip der Revolution, wir wissen es noch, ist die Freiheit. Freiheit! d.h.: 1. politische Befreiung durch die Organisation des allgemeinen Stimmrechts, durch die unabhängige Zentralisation der sozialen Funktionen, durch die beständige Revision der Verfassung; 2. industrielle Befreiung durch die gegenseitige Garantie des Kredits und des Absatzes. Mit anderen Worten: Keine Regierung des Menschen durch den Menschen mehr, vermittels der Anhäufung der Kapitalien!«[798] Anarchie als die für Proudhon höchste gesellschaftliche Ordnung der Selbstregierung und eine jeder Machtkonzentration abholde föderale politische Ordnung ergänzen den *Mutualismus* der Kleinproduzenten. Daher lehnt Proudhon den Kommunismus scharf ab: »Der Kommunismus ist Ungleichheit, aber im entgegengesetzten Sinne als das Eigentum. Das Eigentum ist die Ausbeutung des Schwachen durch den Starken; der Kommunismus ist die Ausbeutung des Starken durch den Schwachen.... Kommunismus ist Unterdrückung und Knechtschaft.«[799]

Proudhons politisches Denken bietet vielfältige und verschiedenartige Anknüpfungspunkte. Anarchismus, Syndikalismus und Regionalismus haben hier ebenso geschürft wie auch konservative oder gar antisemitische Autoren. Ralf Bambach hat darauf hingewiesen, daß in das »schillernde Bild« Proudhons »negative Einstellung zur sozialen und politischen Emanzipation der Frau, sein generelles Eintreten für die Todesstrafe, sein rassistischer Antisemitismus« gehören. So scheint die von ihm gewählte Bezeichnung Proudhons als eines »utopischen Populisten« insgesamt recht zutreffend gewählt[800].

5.4 Deutschland

Die Französische Revolution und die von England ausgehende Industrielle Revolution bestimmen die Eckpunkte eines Koordinatensystems, an dem sich auch in Deutschland das politische Denken auszurichten beginnt. Eine Politik der »defensiven Modernisierung« als Reaktion auf die Französische Revolution und Napoleon, später die durch die Restauration eingeengten politischen Handlungsspielräume sowie eine vergleichsweise spät – erst ab 1845 – mit voller Wucht einsetzende Industrialisierung verhindern die frühe Ausdifferenzierung einer eigenständigen Arbeiterbewegung von der bürgerlichen Emanzipationsbewegung des Liberalismus. Der sich vom linken Flügel des Liberalismus lösende vormärzliche Radikalismus verfolgt die Ziele der Volkssouveränität, der sozialen Demokratie, des freien Volksstaates und der nationalen Republik. Von ihm trennt sich der sozialistische und kommunistische Radikalismus, der auf die entstehende Arbeiterbewegung einwirkt. Deren erste Anfänge zeigen sich neben lokalen Unterstützungskassen und -verbänden, neben Handwerker- und Arbeiterbildungsvereinen auch in Auslandsvereinen, Geheimbün-

---

798 Pierre Joseph Proudhon, Bekenntnisse eines Revolutionärs (Anm. 792), S. 224.

799 Pierre Joseph Proudhon, Was ist Eigentum?, hier zitiert nach der von A. F. Cohn herausgegebenen Ausgabe, Berlin 1896, S. 210f.

800 Ralf Bambach, Die französischen Frühsozialisten, in: Iring Fetscher/Herfried Münkler (Hrsg.), Pipers Handbuch der politischen Ideen, Bd. 4 (Anm. 5), S. 388–395, hier: S. 395.

den und lockeren sozialistisch-kommunistischen Gesinnungszirkeln: »›Sozialist‹ oder ›Kommunist‹ sein – das hieß im späten Vormärz noch vorwiegend, entschiedener als die konstitutionellen Liberalen oder die zeitgenössische Sozialkritik von Beamten, Pfarrern und Publizisten auf durchgreifende Reformen zugunsten der Arbeiterklasse zu drängen, die umfassende Bekämpfung des Massenpauperismus, auch mit staatlicher Hilfe, zu fordern, die ›soziale Demokratie‹ mit menschenwürdigen Lebensverhältnissen im republikanischen Volksstaat zu propagieren.«[801]

Die frühsozialistischen deutschen Autoren greifen zum einen die Impulse der englischen und französischen Frühsozialisten auf. Zum Tragen kommt bei ihnen ein breites Themenbündel von der Sozialkritik über Revolutionstheorien bis hin zu Utopien einer gerechten Gesellschaft. Eine wichtige Rolle spielt jedoch auch der von Feuerbachs Religionskritik inspirierte Linkshegelianismus. In unserer Kurzdarstellung sollen als die wohl einflußreichsten Exponenten des deutschen Frühsozialismus Wilhelm Weitling und Moses Hess näher vorgestellt werden. Der »wissenschaftliche« Sozialismus von Karl Marx und Friedrich Engels (dazu das Kapitel Sozialismus in diesem Band) weist – trotz der von diesen vorgenommenen Abgrenzung gegenüber den frühsozialistischen Autoren – weitreichende Querbezüge zu den normativen Horizonten der frühsozialistischen Gesellschaftskritik auf.

5.4.1 Wilhelm Weitling

Wilhelm Christian Weitling (1808–1871) wird als unehelicher Sohn eines Dienstmädchens und eines französischen Besatzungsoffiziers in Magdeburg geboren. Er erlernt das Damenschneiderhandwerk und begibt sich 1826 auf die traditionelle Wanderschaft, die ihn schließlich 1835 nach Paris führt. Dort tritt er dem *Bund der Geächteten,* einer von deutschen republikanisch-demokratischen Exilanten gegründeten Organisation, bei. Aus dessen Spaltung Ende 1836 geht der frühsozialistisch-kommunistisch ausgerichtete *Bund der Gerechten* hervor. Weitling wird Mitglied der Zentralbehörde des neuen Bundes und unternimmt es in dessen Auftrag 1838, »die Möglichkeiten einer Gütergemeinschaft durch eine Schrift zu veranschaulichen«. Es entsteht seine Erstlingsschrift *Die Menschheit, wie sie ist und wie sie sein sollte,* in der Weitling seinen »Handwerksburschensozialismus« formuliert. 1841 reist Weitling im Auftrag des Bundes zum Zwecke der Agitation in die Schweiz, wo er an der Gründung kommunistischer Vereine beteiligt ist. Ab September 1841 gibt er die Zeitschrift *Der Hülferuf der deutschen Jugend* heraus (Januar 1842 – Mai 1843 als *Die junge Generation*). Ende 1842 erscheint Weitlings Hauptwerk *Garantien der Harmonie und Freiheit.* 1843 wird das fertiggestellte Manuskript seines Buches *Das Evangelium des armen Sünders* in der Schweiz konfisziert, der Autor wegen Gotteslästerung zu zehn Monaten Gefängnis verurteilt. Im Mai 1844 der deutschen Polizei überstellt, soll er nach Amerika abgeschoben werden, reist aber nach London, wo er vom dortigen *Bund der Gerechten* als bedeutender Vertreter des deutschen Kommunismus begrüßt wird. Ein Zusammentreffen mit Karl Marx 1846 in Brüssel endet im Streit. Weitlings politischer Einfluß sinkt. In dem 1847 aus dem *Bund der Gerechten* hervorgegange-

801 Als Überblicksdarstellung der hier nur knapp skizzierten Zusammenhänge: Hans-Ulrich Wehler, Deutsche Gesellschaftsgeschichte, Bd. 2 (Anm. 12), das Zitat S. 436.

nen *Bund der Kommunisten* spielt er keine Rolle mehr. 1846 erstmals zur Gründung eines Handwerker- und Arbeitervereins *(Befreiungsbund)* nach New York gereist, kehrt er nach Revolutionsausbruch 1848 nochmals nach Deutschland zurück. In Berlin erscheinen fünf Ausgaben der von Weitling herausgegebenen Zeitschrift *Der Urwähler*, in Hamburg wird er wegen politischer Agitation schließlich ausgewiesen. 1849 trifft er wieder in New York ein, wo er 1850–1852 die Zeitschrift *Republik der Arbeit* herausgibt und 1852 einen *Arbeiterbund* gründet, der 5000 Mitglieder organisieren kann. Der Verlust der Bundesgelder durch das Scheitern einer durch Weitling auch finanziell geförderten Koloniegründung *(Communia)* in Iowa erzwingt das Ende von Bund und Zeitschrift. Weitling lebt zurückgezogen mit seiner Familie (Heirat 1854) in ärmlichen Verhältnissen bis zu seinem Tod im Januar 1871 in New York[802].

In seinem Erstlingswerk *Die Menschheit* erörtert Weitling die von ihm angestrebte kommunistische Gesellschaftsordnung. Deutlich ausmachbar ist der Einfluß Owens und Cabets, aber auch des religiösen Sozialismus eines Lamennais. Die religiöse Komponente in Weitlings Denken kommt neben seiner Erstlingsschrift vor allem in seinem *Evangelium des armen Sünders* zum Tragen. Die Gütergemeinschaft gilt ihm als Quintessenz der »reinen Prinzipien des Christenthums«[803].

»Nun gibt es eine auf Christi Lehre und die Natur gegründete Ueberzeugung, nach welcher ohne die Verwirklichung folgender Grundsätze kein wahres Glück für die Menschen möglich ist.

1) Das Gesetz der Natur und christliche Liebe ist die Basis aller für die Gesellschaft zu machenden Gesetze.

2) Allgemeine Vereinigung der ganzen Menschheit in einem großen Familienbunde, und Wegräumung aller engherzigen Begriffe von Nationalität und Sektenwesen.

3) Allen gleiche Vertheilung der Arbeit und gleichen Genuß der Lebensgüter.

4) Gleiche Erziehung, so wie gleiche Rechte und Pflichten beider Geschlechter nach den Naturgesetzen.

5) Abschaffung alles Erbrechts und Besitzthums des Einzelnen.

6) Hervorgehung der leitenden Behörden aus den allgemeinen Wahlen. Verantwortlichkeit und Absetzbarkeit derselben.

7) Kein Vorrecht derselben bei der gleichen Vertheilung der Lebensgüter, und Gleichstellung ihrer Amtspflicht mit der Arbeitszeit der Uebrigen.

8) Jeder besitzt, außerhalb des Rechts Anderer, die größtmöglichste Freiheit seiner Handlungen und Reden.

---

802 Wilhelm Weitling, Das Evangelium des armen Sünders/Die Menschheit, wie sie ist und wie sie sein sollte, hrsg. von Wolf Schäfer, Reinbek 1971 (Original 1843 und 1838); ders., Garantien der Harmonie und Freiheit, mit einem Nachwort hrsg. von Ahlrich Meyer, Stuttgart 1974 (Original 1842); ders. (Red.), Der Hülferuf der deutschen Jugend (1841–1843), Reprint, Glashütten 1972; ders. (Red.), Der Urwähler, Nr. 1–4, Reprint, Glashütten 1972; ders. (Red.), Die Republik der Arbeiter (1850–1855), Reprint, 4 Bde., Vaduz 1979.

803 Wilhelm Weitling, Die Menschheit (Anm. 802), S. 152. Der religiöse Sozialismus wurde in Frankreich insbesondere von Félicité de Lamennais (1782–1854) und Pierre Leroux (1797–1871) vertreten. Dazu auch die Darstellungen in: Frits Kool/Werner Krause (Hrsg.), Die frühen Sozialisten (Anm. 738), S. 252–296; für Deutschland auch Franz Josef Stegmann, Geschichte der sozialen Ideen im deutschen Katholizismus, in: Helga Grebing (Hrsg.), Geschichte der sozialen Ideen in Deutschland, München 1969; Friedrich Karrenberg, Geschichte der sozialen Ideen im deutschen Protestantismus, ebd., S. 561–694.

9) Allen Freiheit und Mittel der Ausübung und Vervollkommnung ihrer geistigen und physischen Anlagen.
10) Der Verbrecher kann nur an seinem Recht der Freiheit und Gleichheit gestraft werden; an seinem Leben nie, und an seiner Ehre nur durch Ausstossung und Verbannung aus der Gesellschaft auf Lebenszeit.

Diese Grundsätze lassen sich in wenig Worten zusammenfassen; sie heißen: liebe deinen Nächsten wie dich selbst.«[804]

Schon in Weitlings Erstlingsschrift sind die Grundzüge seines Gesellschaftsentwurfes enthalten, an die er später anknüpfen wird. Im Geld sieht er die Ursache der ungleichen Verteilung der Güter wie der Arbeit. Es entfällt in der angestrebten kommunistischen Gütergemeinschaft. Dort herrscht eine allgemeine Arbeitspflicht. Sie wird in drei Berufsständen – dem Bauern-, dem Werk- und dem Lehrstand – geleistet, die ihre zentralen Leitungsgremien in einer Art ›demokratischem Zentralismus‹ jeweils von den unteren Einheiten her zu wählen haben. Zusätzlich hält Weitling für die »allgemeinen Bundesarbeiten« den Dienst in einer militärisch organisierten industriellen Armee erforderlich, für die sich »alle gesunden und kräftigen« Menschen vom 15. bis zum 18. Lebensjahr zur Verfügung stellen sollen.

Neben der allgemeinen Arbeitspflicht sieht Weitling einen Bereich freiwilliger Tätigkeiten vor, der vor den drohenden Gefahren einer »einförmigen Gleichheit« bewahren soll. Sein System der »freiwilligen Arbeits- oder Commerzstunden" sieht vor, daß freiwillig geleistete Arbeit in gesellschaftlich notwendigen Bereichen in »Commerzbüchern« vermerkt wird, die als Ersatz für das nicht mehr erforderliche Geld dienen sollen. Die von den »Alten« überwachten Eintragungen können – da alle Produktwerte nach der Arbeitszeit berechnet werden, die für ihre Erzeugung nötig ist – als Grundlage des Tausch von Gütern dienen, die »nicht zum nothwendigen Gebrauch« gehören.

Weitlings Hauptwerk *Garantien der Harmonie und Freiheit* macht seinen Autor weithin bekannt. Weitling behandelt dort zunächst die »Entstehung der gesellschaftlichen Übel«. Aus seinem glücklichen Naturzustand wird der Mensch durch das Zusammenspiel von Eigentum, Erbrecht und dem sich entwickelnden Geldsystem herausgerissen, welches immer mehr Menschen daran hindert, selber Eigentum zu erwerben. Die notwendige Reorganisation der Gesellschaft muß – hier werden die Einflüsse von Fouriers Theorie der Begierden erkennbar – an einer »Organisation der Begierden und Fähigkeiten Aller« ansetzen: »Mithin entsteht doch aus der Freiheit und der Harmonie der Begierden und Fähigkeiten Aller das Gute und aus der Unterdrückung und Bekämpfung derselben zum Vorteil Einiger alles Böse.«[805] Die Grundbegierden des Erwerbs, des Genusses und des Wissens sollen zur Grundlage der Gesellschaftsorganisation gemacht werden und haben einen entsprechenden Aufbau von Produktion, Konsumtion und Verwaltung zur Folge. Geändert werden sollen die gesellschaftliche Arbeitsteilung wie auch die Verteilung der Arbeitsprodukte; die veralteten gesellschaftlichen Institutionen – Eigentum und Geld – seien den fortschreitenden Ideen entsprechend zu verändern. Alle »persönlichen Interessen (müssen) in ein allgemeines Interesse verschmolzen und den größten Genies in den nützlichsten

804 Wilhelm Weitling, Die Menschheit (Anm. 802), S. 154.
805 Wilhelm Weitling, Garantien der Harmonie und Freiheit (Anm. 802), S. 128.

Wissenschaften die Leitung desselben anvertraut werden«[806]. Stärker als in seiner Erstlingsschrift betont hier Weitling, der damit den Wissenschaftsglauben auf einer Linie von Platon bis Saint-Simon fortschreibt, die Rolle der Wissenschaften: »die Philosophie muß regieren«.

An die Stelle einer Wahl der Regierung aus den Berufsständen tritt die Kooptation von Experten an die Verwaltungsspitze der Gesellschaft, welche einer ständigen Überprüfung ihrer wissenschaftlichen Leistungen ausgesetzt sind. In der Zukunftsgesellschaft wird nicht mehr regiert – wovon Weitling zunächst noch ausgegangen war –, sondern nur noch verwaltet. An der Verwaltungsspitze steht ein »Drei-Männer-Rat, aus den größten Philosophen bestehend, welche zugleich die vorzüglichsten Genies in der Heilkunde, der Physik und Mechanik sind«[807]. Um das Prinzip der Gleichheit aller Gesellschaftsmitglieder nicht zu verletzen, darf niemand ärmer sein als die Regierungsmitglieder. Die Verteilung der Güter nach den Fähigkeiten der Individuen soll zwar in der Zukunftsgesellschaft mit den Bedürfnissen harmonieren, bleibt aber für die Dauer des Übergangs und einer daher noch vorhandenen Mangelwirtschaft auf die notwendigen Güter – und Arbeiten – beschränkt. Weitlings Ausführungen zu dem System der Commerzstunden sollen deutlich machen, daß auch auf dem Wege zur Zukunftsgesellschaft leistungsbezogene Ungleichheit existiert. »Die ›Kommerzstunden‹ durchbrechen also mit der leistungsabhängigen Verteilung den allzu engen Rahmen der gesellschaftlichen Gleichheit, der Gemeinschaft der Güter und Arbeiten (der Harmonie aller) zugunsten des individuellen ›Freiheitstriebes‹, ohne jedoch die Gleichheit ökonomisch und in ihrer Priorität zu gefährden . . .«[808]

Weitling macht den Übergang in die kommunistische Gesellschaft und die Assoziation – die Vergesellschaftung der Arbeit – abhängig von unmittelbaren finanziellen Vorteilen für die »zahlreichsten und ärmsten Klassen«, welche bei diesen ein spontanes revolutionäres Bewußtsein bewirken würden: »Soll also ein Assoziationsplan das Wohl der Menschheit, die Verbesserung der Lage der zahlreichsten und ärmsten Klassen bezwecken, so muß er großartig und allgemein sein. 1. Jeder muß die Freiheit und Mittel haben, sich demselben anschließen zu können. Ferner muß eine solche Assoziation 2. allen ihren Mitgliedern ohne Unterschied eine gleiche Lebenslage gewähren. Außerdem muß man darin 3. freier und angenehmer leben können als in der vereinzelten Gesellschaft.«[809]

Zwar können Pressefreiheit und öffentliche Gerichtsverhandlungen ihren Teil zur politischen Vorbereitung einer – von Weitling für erforderlich gehaltenen – revolutionären Umwälzung beitragen. Aber auch die Gewaltanwendung schließt er nicht aus. Hier ganz in der Tradition der Neobabouvisten, rät er, »die schon bestehende Unordnung schnell auf den höchsten Gipfel zu treiben. . . . Die Übergangsperiode in einer zu langsamen Ordnung vorzunehmen ist nicht ratsam. Wenn man die Gewalt in der Hand hat, muß man der Schlange mit einem Male den Kopf zertreten.« Abschwächend fügt er hinzu: »d. h. nicht unter den Feinden ein Blutbad anrichten, sondern

806 Ebd., S. 123.
807 Ebd., S. 147.
808 Ahlrich Meyer, Nachwort, in: Wilhelm Weitling, Garantien der Harmonie und Freiheit (Anm. 802), S. 293–375, hier: S. 332.
809 Wilhelm Weitling, Garantien der Harmonie und Freiheit (Anm. 802), S. 241.

ihnen die Mittel nehmen, uns zu schaden«[810]. Weitling setzt für die Sozialrevolution auf die »in unsern großen Städten wimmelnden und in das grenzenloseste Elend hinausgestürzten, der Verzweiflung preisgegebenen Massen«. Der gewaltsame Umsturz wird zur Diktatur eines charismatischen neuen Messias führen: »Er wird mit Allen gemeinschaftliche Sache machen und auf jedes materielle Vorrecht verzichten. Die Gewalt aber, die ihm verliehen, wird er nicht eher aus den Händen lassen, bis das kühne Werk vollendet ist.«[811]

Eine politische Bündelung von demokratischer, nationaler und sozialer Frage oder auch ein politisches Bündnis mit den fortschrittlichen Teilen der Bourgeoisie – wie es später das *Kommunistische Manifest* von Marx und Engels proklamieren wird – sieht Weitling nicht vor. Seine Vorstellung einer unmittelbaren revolutionären Verwirklichung der kommunistischen Revolution wie auch seine soziale Eskalationsstrategie verbinden Weitling eher »mit den Sozialrebellen des 19. Jahrhunderts und mit Bakunins Apologie des russischen Banditentums als mit der Arbeiterbewegung«[812]. Nicht zuletzt an Weitlings Revolutionsvorstellungen entzündet sich die heftige Auseinandersetzung, zu der es 1846 zwischen diesem und Marx in Brüssel kommt. Marx ist der Meinung, »daß es einfach ein Betrug ist, die Bevölkerung aufzuwiegeln, ohne ihr irgendwelche festen, durchdachten Grundlagen für ihre Tätigkeiten zu geben«[813].

Weitling hat das Leben eines politischen Agitators und Berufsrevolutionärs geführt. Er ist der herausragende Repräsentant des revolutionären Handwerksburschenkommunismus. In Deutschland tragen seine Werke, namentlich beeinflußt vom französischen Frühsozialismus, zur ansteigenden Bekanntheit der kommunistischen Ideen bei, die durch Lorenz Steins 1842 publiziertes Werk *Der Sozialismus und Kommunismus des heutigen Frankreich* ihren Ausgang nimmt. Die Reaktionen der Zeitgenossen – von Gottfried Keller und Heinrich Heine über Ludwig Feuerbach bis zu Marx und Engels – belegen den Eindruck, den Weitling bei ihnen hinterlassen hat. Abschließend soll Ludwig Feuerbachs Briefeintrag vom 15. Oktober 1844 dies veranschaulichen: »Ich lernte ... erst diesen Sommer den Kommunismus etwas näher kennen, unter anderem auch die Schrift Weitlings: ›Garantien der Harmonie und Freiheit‹. Wie war ich überrascht von der Gesinnung und dem Geiste dieses Schneidergesellen. Wahrlich, er ist ein Prophet seines Standes. Ich verdanke seine Bekanntschaft einem jungen, theoretisch in den Kommunismus eingeweihten Handwerker. Wie frappierte mich auch der Ernst, die Haltung, der Bildungstrieb dieses Handwerksburschen! Was ist der Troß unserer akademischen Burschen gegen diesen Burschen!«[814]

810 Ebd., S. 249f.
811 Ebd., S. 275.
812 Ahlrich Meyer, Nachwort (Anm. 808), S. 347f.
813 Der Bund der Kommunisten. Dokumente und Materialien, hrsg. vom Institut für Marxismus-Leninismus bei ZK der SED/Institut für Marxismus-Leninismus beim ZK der KPdSU, Bd. 1: 1836–1849, Berlin (DDR) 1979, S. 304.
814 Ludwig Feuerbach in seinem Briefwechsel ..., dargestellt von Karl Grün, Bd. 1 (1820–1850), Leipzig – Heidelberg 1874, S. 365 (Brief an Friedrich Kapp).

5.4.2 *Der »Wahre Sozialismus«: Moses Hess*

Während Weitling vor allem vom französischen Frühsozialismus beeinflußt ist, wird Moses Hess wesentlich durch die deutsche Philosophie angeregt. Unter dem Einfluß der Religionskritik Ludwig Feuerbachs (1804–1877) wird innerhalb des Linkshegelianismus der Idealismus der Hegelschen Philosophie an die Sinnlichkeit von Natur und Leiblichkeit zurückgebunden. Die Politik erhält einen neuen Stellenwert als Ort der Verwirklichung der Ideen. Moses Hess vertritt im Anschluß an die linkshegelianische Kritik einen Sozialismus der menschlichen Selbstbefreiung, in dem die Philosophie zur Tat wird – ein Programm nicht des politischen Aktivismus, sondern des Willens zur reflektierten Zukunftsgestaltung[815]. Mit einem ethisch motivierten Programm, das vor allem durch Bewußtseinsbildung dazu beitragen möchte, das »wahre Wesen« der Menschen gesellschaftlich zu realisieren, wird Hess zum wohl wichtigsten Vertreter des »Wahren Sozialismus«[816].

Moses Hess wird 1812 in Bonn als Sohn eines wohlhabenden Kaufmanns in einer strenggläubigen jüdischen Familie geboren. Er besucht 1837 für zwei Jahre die Bonner Universität. 1837 erscheint anonym sein bereits 1836 verfaßtes Erstlingswerk *Die heilige Geschichte der Menschheit. Von einem Jünger Spinozas.* Sie bleibt unbeachtet. Im Frühjahr 1841 erscheint ebenfalls anonym *Die europäische Triarchie.* Das Buch erntet bei den deutschen Intellektuellen große Resonanzen und trägt zur Rezeption der Ideen des Sozialismus und Kommunismus unter den Junghegelianern bei. In Köln lernt Hess 1841 Marx kennen. 1842 begeistert er den jungen Engels für die Ideen des Sozialismus und Kommunismus. Hess ist Mitbegründer und Mitherausgeber der *Rheinischen Zeitung,* kann aber selber wegen seiner bekannten sozialistischen Einstellungen aus Rücksicht auf die Geldgeber nicht die angestrebte Stelle des Chefredakteurs einnehmen. Diese erhält später Karl Marx. Als Korrespondent der *Rheinischen Zeitung* geht Hess 1842 nach Paris. Dort unterhält er Kontakte mit Mitgliedern des *Bundes der Gerechten.* 1843 ist er Mitarbeiter des von Julius Fröbel herausgegebenen *Schweizerischen Republikaners.* 1845 wirkt er in Brüssel gemeinsam mit Marx und Engels an deren *Deutscher Ideologie* mit. Die Kritik beider am »Wahren Sozialismus« in ihrem 1848 erschienenen *Manifest der Kommunistischen Partei* macht dann freilich die bestehenden Differenzen deutlich. Von Mai/Juni 1845 bis Juni 1846 (Verbot) redigiert Hess die mit Friedrich Engels gemeinsam herausgegebene Monatsschrift *Gesellschaftsspiegel*, die als bedeutendes Forum der Sozialkritik im Vormärz gelten kann.

Nach 1848 wird Hess von den preußischen Behörden steckbrieflich als gefährlicher Kommunist gesucht. Er lebt im Ausland und läßt sich nach Stationen in der Schweiz, in Belgien und Holland 1854 in Paris nieder. 1862 erscheint seine Schrift *Rom und Jerusalem*, in der Hess die jüdischen Traditionen wieder aufgreift, von denen ihn sein vorher vertretener Kosmopolitismus entfernt hatte. Hess propagiert in dieser Schrift einen sozialistischen jüdischen Staat und wird so zu einem frühen Mitbegründer des

815 Horst Stuke, Philosophie der Tat, Studien zur ›Verwirklichung der Philosophie‹ bei den Junghegelianern und den wahren Sozialisten, Stuttgart 1963, S. 38f.

816 Neben Hess kann als weiterer einflußreicher Vertreter des »Wahren Sozialismus« Karl Grün (1817–1887) gelten. Sein wichtigstes Werk: Karl Grün, Die soziale Bewegung in Frankreich und Belgien, Darmstadt 1845.

Zionismus (dazu auch der Beitrag »Nationalismus« in diesem Band). 1863 wird Hess Mitglied des von Ferdinand Lassalle begründeten *Allgemeinen Deutschen Arbeitervereins,* von dem er 1867 wieder abrückt. Es kommt zu einer zeitweisen Annäherung an Marx. Bei Beginn des Deutsch-Französischen Krieges (1870) aus Frankreich ausgewiesen, kehrt er über Brüssel 1872 nach Paris zurück, wo er 1875 stirbt[817].

In der *Heiligen Geschichte* vertritt Hess eine von den Verheißungen der jüdisch-christlichen Religion geprägte dreiphasige Geschichtsphilosophie. Ihrzufolge bestand ursprünglich eine – im Adam der Schöpfungsgeschichte repräsentierte – unbewußte Harmonie zwischen Gott und den Menschen. Sie manifestiert sich gesellschaftlich im Vorherrschen der Gütergemeinschaft. Die Harmonie dieser ersten großen Geschichtsperiode wird mit Christus bewußt, findet mit ihm jedoch auch zugleich ihren historischen Abschluß. Die Entstellung des Christentums ermöglicht das Entstehen von Privateigentum und der Institution des Erbrechts und damit soziale Ungleichheit wie auch den Untergang der ursprünglichen Harmonie. Der historische Höhepunkt dieser Disharmonie ist das Mittelalter. Spinozas Einsicht in die Einheit des Göttlichen und des Natürlichen bereitet eine dritte Geschichtsperiode der bewußten Wiederherstellung von geistiger und sozialer Harmonie vor. Die Französische Revolution dokumentiere die Realität dieser dritten Geschichtsphase bewußt erneuerter Harmonie, als deren geschichtliches Endergebnis im Herzen Europas ein neues Jerusalem entstehen werde. Voraussetzung sei die Beseitigung von Privateigentum und Erbrecht sowie die materielle wie auch geistige Gemeinschaft der Menschen im Rahmen einer erneuerten Gütergemeinschaft: »Wir halten nämlich dafür, daß ›Gütergemeinschaft‹ den Begriff von ›Gleichheit‹ am genauesten und schärfsten bezeichnet. Nur da, wo gemeinschaftlicher Besitz aller Güter, der inneren sowohl als der äußeren, wo der Schatz der Gesellschaft jedem geöffnet, und nicht an eine Person, als ausschließendes Eigentum gebunden ist – nur da herrscht völlige Gleichheit... – ebenso gewiß aber kann keine äußere Gütergemeinschaft statthaben, bevor die Geister wieder einig geworden sind, obschon auch im Güterbesitz... Harmonie allerdings denk- und ausführbar ist.«[818] Hess selber hat später seine Erstlingsschrift als »kleine Not- und Mißgeburt, die spurlos vorüberging«, bezeichnet.

In der *Europäischen Triarchie* rückt Hess von religiösen Begründungsmustern weitgehend ab und entwickelt seine »Philosophie der Tat«. In einer argumentativen Synthese von französischem Frühsozialismus und deutschem Idealismus verfolgt er das Ziel, durch philosophische Aufklärung des Volkes Klarheit über die »wahre Natur des Menschen« als Voraussetzung praktischer gesellschaftlicher Veränderungen zu erzielen. Die Beseitigung des Privateigentums und des Egoismus soll mit der sozialen Gleichheit zugleich die Voraussetzung einer emanzipativen Verwirklichung der Freiheit schaffen.

Anläßlich der Orientkrise empfiehlt Hess in seiner Schrift das Zusammenwirken von Deutschland, Frankreich und England als europäische Triarchie gegen die reak-

---

817 Moses Hess, Die heilige Geschichte der Menschheit, Stuttgart 1837 (Neudruck Hildesheim 1980); ders., Philosophische und sozialistische Schriften 1827–1850. Eine Auswahl, Berlin 1961; ders., Rom und Jerusalem, in: Ausgewählte Schriften. Ausgewählt und eingeleitet von Horst Lademacher, Köln 1962; ders. (Red.), Gesellschaftsspiegel, 12 Hefte in 2 Bänden, Glashütten 1971 (Reprint).

818 Moses Hess, Die heilige Geschichte der Menschheit, in: ders., Philosophische und sozialistische Schriften (Anm. 817), S. 51f.

tionäre Macht Rußland. Deutschlands Beitrag innerhalb dieser europäischen Triarchie werde die sozial-geistige Freiheit oder die Geisteskraft, Frankreichs Beitrag die sozial-politische Freiheit oder der praktische Sinn sein. England aber – das industriell fortgeschrittenste Land mit dem schärfsten Gegensatz von Pauperismus und Geldaristokratie – werde das Land sein, in dem die Freiheit mittels der sozialen Revolution ganz verwirklicht werden könne. Dort werde mit der Abschaffung des Privateigentums und der Ungleichheit die Emanzipation der Menschheit zuerst erreicht werden.

Im Zentrum des politischen Programms von Moses Hess stehen die Aufhebung des Privaterwerbs und die Organisation der Arbeit. Die soziale Revolution kann sich auch gewaltsamer Mittel bedienen. Gegen die »Herren« der Bourgeoisie gewendet erklärt er: »Eine Revolution, das ist stillschweigende Bedingung, die muß vorhergehen. Mit schlagenden Gründen muß den Herren bewiesen werden – denn wenn die Gründe nicht schlagend sind, beweisen sie nichts – es muß ihnen also mit schlagenden Gründen bewiesen werden, daß sie sich den revolutionierenden Maßregeln zu unterwerfen haben, welche eine von den Arbeitern eingesetzte Zentralverwaltung ergreifen werde.«[819]

Hess hat – wie auch der frühe Marx – seine Kritik des Kapitalismus mit einer Theorie der Selbstentfremdung des Menschen verbunden. Die gesellschaftlichen Verhältnisse wachsen den Menschen über den Kopf. Das Geld als »Produkt der gegenwärtig entfremdeten Menschen« gilt ihm als Sinnbild menschlicher Selbstentfremdung. Ihr gegenüber müssen die Menschen den »Gedanken der freien Tätigkeit« wieder entdecken, der identisch sei mit dem »Gedanken der Einheit von Produktion und Konsumtion«[820]: »Der Sozialismus hebt in Wahrheit nur den Gegensatz von Privatmensch und entäußertem Gemeinwesen, also nicht sowohl das persönliche als vielmehr das entäußerte Eigentum auf. Indem er die theoretische und praktische Tätigkeit in ihrem Wesen als das Zusammenwirken der verschiedenen Individuen erfaßt, so tritt dieses Wesen nicht mehr als Gott und Geld, als ein äußerliches Gut den Menschen gegenüber; es wird ein organisch mit ihnen verwachsenes Eigentum . . . Produktion und Konsumtion, Arbeit und Genuß fallen nicht auseinander; der Genuß ist in der Arbeit.«[821] Die hier von Hess skizzierten Vorstellungen einer Selbstverwirklichung des Gattungswesens Mensch durch Arbeit kennzeichnen auch den normativen Horizont der Überlegungen des jungen Marx der *Pariser Manuskripte*. Als »Produktionsparadigma« lassen sich die mit einer Selbstverwirklichung des Menschen durch Arbeit verbundenen normativen Grundannahmen in den Erörterungen auch des späteren »wissenschaftlichen« Sozialismus sowie bis hinein in die Selbstverortungsbemühungen des in die Krise geratenen marxistischen Denkens heutiger Tage nachverfolgen[822].

---

819 Moses Hess, Die Folgen einer Revolution des Proletariats, in: ders., Philosophische und sozialistische Schriften (Anm. 817), S. 436.

820 Moses Hess, »Über die Noth in unserer Gesellschaft und deren Abhülfe«, in: Deutsches Bürgerbuch für 1845, hrsg. von Hermann Püttman, Darmstadt 1845, S. 22–48, hier zitiert nach Frits Kool/Werner Krause (Hrsg.), Die frühen Sozialisten (Anm. 738), S. 540–566, hier: S. 561.

821 Ebd., S. 559.

822 Zur Diskussion um das Produktionsparadigma: Jürgen Habermas, Der philosophische Diskurs der Moderne, Frankfurt/M. 1985, S. 95–103; Axel Honneth/Urs Jaeggi (Hrsg.), Arbeit, Handlung, Normativität, Frankfurt/M. 1980; sowie die Rekonstruktion in: Ansgar

6. Sozialismus

Die von Karl Marx und Friedrich Engels formulierte Theorie gewinnt seit der zweiten Hälfte des 19. Jahrhunderts eine paradigmatische Bedeutung für das Verständnis des Sozialismus. Dies gilt trotz des noch lange Zeit anhaltenden politischen Einflusses der Theorien Proudhons in Frankreich oder auch Bakunins in den Arbeiterbewegungen Italiens und Spaniens. Jede Ausdifferenzierung sozialistischer Positionen geschieht in der Folge unter Bezug auf die Gründungsväter des sich in den letzten beiden Jahrzehnten des 19. Jahrhunderts entfaltenden Marxismus. Es ist aber nicht nur der Beitrag zum historischen Verständnis, der – angesichts der welthistorischen Bedeutung des Kommunismus im 20. Jahrhundert und der aktuellen Krise der Länder, die sich unter Bezug auf einen zur Weltanschauung gewordenen Marxismus legitimiert haben oder wie etwa China, Nordkorea und Kuba immer noch auf ihn berufen – eine ausführlichere Darstellung der Theorien von Karl Marx und Friedrich Engels sinnvoll erscheinen läßt. Karl Marx hat auch auf die entstehenden Wissenschaftsdisziplinen der Soziologie und akademischen Nationalökonomie eingewirkt. Dort stellt seine Theorie einen »Innovationsschub oder einen Prüfstein« dar[823]. Auch für das Verständnis des Zusammenhangs von bürgerlicher Gesellschaft und Demokratie bedeutet die Auseinandersetzung mit den problematischen Gehalten der Marxschen politischen Theorie immer noch einen wichtigen Bezugspunkt – der gerade in der kritischen Offenlegung der Gründe an Gewicht gewinnt, aus denen heraus Marx selber keine eigenständige politische Theorie hat entwickeln können.

Die Darstellung will das spannungsreiche Verhältnis von frühem und spätem Werk bei Marx herausarbeiten und die Akzentverlagerungen der Theorie innerhalb der Werkentwicklung nachvollziehen. Zu diesem Zweck werden zunächst die radikaldemokratischen Positionen des jungen Marx sowie seine Konzeption von Arbeit als sozialer Praxis dargestellt, die Marx insbesondere in den *Pariser Manuskripten* entfaltet hat. Im Geschichtsverständnis des – gemeinsam mit Engels entworfenen – Historischen Materialismus wird der Prozeß gesellschaftlicher Emanzipation mit der Idee eines linearen geschichtlichen Fortschritts verbunden und in besonderer Weise von der Entwicklung der ökonomischen Verhältnisse abhängig gemacht. Die intensive Auseinandersetzung mit den Autoren der Nationalökonomie führt Marx schließlich zu seiner Kritik der politischen Ökonomie. Mit Hilfe seiner ›objektiven‹ Arbeitswerttheorie kann Marx die Eigendynamik des Verwertungsprozesses des Kapitals darstellen und in seinen gesellschaftlichen Konsequenzen verfolgen. Seine Kritik der bürgerlichen Demokratie vermag er freilich nicht mehr innerhalb einer eigenen politischen Theorie zu fundieren. Die »Diktatur des Proletariats« als Station auf dem Weg zum »Absterben des Staates« stellt die bürgerlich-demokratischen Formen und ihre rechtlichen Garantien ihrerseits zur Disposition. Die in seinen frühen Schriften formulierte radikal-demokratische Kritik an einer bloß »formalen« Demokratie kann selbst nicht

---

Klein, Emanzipation und Handlungstheorie – Implikationen der Werke von Karl Marx und Jürgen Habermas für eine handlungstheoretisch zentrierte Gesellschaftstheorie, unveröffentlichte Diplomarbeit am Fachbereich Gesellschaftswissenschaften der Johann Wolfgang Goethe-Universität Frankfurt am Main 1987.

823 Otto Kallscheuer, Marxismus und Sozialismus bis zum Ersten Weltkrieg, in: Iring Fetscher/Herfried Münkler (Hrsg.), Pipers Handbuch der politischen Ideen, Bd. 4 (Anm. 5), S. 515–588, hier: S. 521.

mehr bis zu den politisch-institutionellen Voraussetzungen durchstoßen, die die Grundlage einer umfassenderen Demokratisierung darstellen.

Für die Fortentwicklung des Marxismus zur Weltanschauung schafft bereits das Spätwerk von Friedrich Engels mit der dort vorgenommenen Ausweitung des Historischen Materialismus zum Dialektischen Materialismus die Grundlagen. Die Ausdifferenzierung politischer Strömungen des Marxismus, die sich wesentlich über theoretische Auseinandersetzungen innerhalb der Arbeiterparteien vollzieht, bleibt jedoch beeinflußt von den weiterhin vertretenen nichtmarxistischen Positionen des europäischen Sozialismus. Selbst in Deutschland, wo der Marxismus seit dem Erfurter Programm von 1891 in der »Sozialdemokratischen Partei Deutschlands« zum offiziellen Parteiprogramm erhoben wird, wirkt der Einfluß Ferdinand Lassalles noch lange nach. Auch Eduard Bernsteins um die Jahrhundertwende erhobenen revisionistische Einwände gegen den offiziellen Parteimarxismus und dessen fehlende Transformationsstrategie zum Sozialismus berufen sich in wesentlichen Punkten auf den radikalen Sozialismus der englischen *Fabier*.

Vor dem Hintergrund eines konjunkturellen Wirtschaftsaufschwungs, wachsender Gewerkschaftsmacht und des – nach dem Fall des Bismarckschen Sozialistengesetzes – steigenden parlamentarischen Gewichts der Arbeiterpartei kommt es in Deutschland zu kontroversen Diskussionen über politische Strategien, die sich als Theorienstreit niederschlagen. Vor dem Ersten Weltkrieg ist der Parteimarxismus schließlich in drei Lager geteilt. Während für das orthodox-marxistische »Zentrum« das Marxismusverständnis Karl Kautskys repräsentativ ist, bilden der Revisionismus Eduard Bernsteins und der linksradikale Marxismus Rosa Luxemburgs die polarisierten Bezugspunkte der aufgefächerten Marxismusdiskussion. Diese kann jedoch nicht hinreichend dargestellt werde ohne die Berücksichtigung des neukantianischen Sozialismus und des Austromarxismus.

Der neukantianische Sozialismus kritisiert das objektivistische Selbstverständnis des »wissenschaftlichen« Sozialismus und die im Historischen Materialismus angelegte Zuversicht auf die naturgesetzliche Zwangsläufigkeit der Entwicklung zum Sozialismus. Unter Rückgriff auf Kant diskutieren Autoren wie Hermann Cohen und Karl Vorländer das Selbstverständnis von Wissenschaft, für das die Hegelsche Dialektik – vor allem angesichts der rasch voranschreitenden Entwicklungen innerhalb der Naturwissenschaften – keine angemessenen Antworten bereitstellen kann. Auch die sozialistischen Zielsetzungen müssen aus Sicht der neukantianischen Sozialisten nunmehr unter ethischen Fragestellungen reformuliert werden. In dieser Aktzentuierung der Diskussion gibt es zwischen neukantianischen Sozialisten und dem Revisionismus Bernsteins Überschneidungen. Der neukantianische Sozialismus bleibt aber innerhalb der Arbeiterbewegung isoliert. Dennoch haben die von ihm aufgeworfenen Fragen systematische Bedeutung.

Mit Ausbruch des Ersten Weltkrieges kommt es zur tiefgreifenden Spaltung der sozialistischen von der kommunistischen Arbeiterbewegung. Eine signifikante Ausnahme ist Österreich. Der dort verfochtene »Austromarxismus« kann aufgrund seiner eigentümlichen Zwischenstellung zwischen Bolschewismus und Reformismus auch politisch integrativ wirken und eine Spaltung der Arbeiterbewegung verhindern. Die Theoretiker des Austromarxismus leisten eigenständige und originelle Beiträge zur Sozialismusdiskussion. Diese betreffen vor allem den »organisierten Kapitalismus« unter den Bedingungen eines Funktionszuwachses des Finanzkapitals (Rudolf Hilferding), die Nationalitätendiskussion (Karl Renner/Otto Bauer) oder die Diskussion des marxistischen Wissenschaftsverständnisses (Max Adler). Auch für die Demokratietheorie bedeutsame Beiträge finden sich hier[824].

6.1 Die Begründer des Marxismus

6.1.1 Biographisches

Die Eltern von Karl Marx entstammen angesehenen jüdischen Rabbinerfamilien; sein Vater tritt aus beruflichen Gründen – er hatte als jüdischer Advokat in Preußen keine Karrierechancen – zum Protestantismus über. Karl Marx (1818–1883) wird vom soziokulturellen Erbe seiner jüdischen Familie tief geprägt. Nach dem Besuch des Gymnasiums in seiner Geburtsstadt Trier verbringt er seine Universitätszeit 1835–1841 in Bonn und Berlin. Auf Wunsch des Vaters ist er für Jurisprudenz eingeschrieben, beginnt aber um die Jahreswende 1838/39 bereits mit Vorarbeiten für eine philosophische Dissertation. Die Philosophie Hegels und die linkshegelianische Kritik beeindrucken ihn stark. In Berlin wird er Mitglied des junghegelianischen Intellektuellenzirkels um Bruno Bauer. Nach Fertigstellung seiner Dissertation über griechische Naturphilosophie bei Demokrit und Epikur kann Marx wegen seiner Zugehörigkeit zu den Linkshegelianern nicht auf eine akademische Laufbahn rechnen. Statt dessen übernimmt er im Oktober 1842 die redaktionelle Leitung der liberalen *Rheinischen Zeitung,* zu deren Mitarbeitern die linkshegelianischen Berliner »Freien«, unter ihnen Bruno Bauer, Max Stirner und Friedrich Engels, zählen. Im Rahmen dieser Tätigkeit setzt Marx sich erstmals intensiv mit dem Kommunismus auseinander. Wegen der häufigen Zensur der Zeitung durch die preußische Regierung tritt Marx im März 1843 aus der Redaktion aus. Er heiratet im selben Jahr die Triererin Jenny von Westphalen und begibt sich nach Paris, um dort gemeinsam mit Arnold Ruge (1802–1880) die *Deutsch-Französischen Jahrbücher* herauszugeben. Das Projekt scheitert jedoch schon nach der ersten Nummer.

Während seines Parisaufenthaltes bis Februar 1845, dem Zeitpunkt seiner Ausweisung aus Frankreich, lernt Marx bekannte Sozialisten und Kommunisten kennen, unter ihnen Proudhon. Großen Eindruck auf ihn hinterlassen die französischen Arbeiterversammlungen, die er hin und wieder besucht. Neben seiner Bekanntschaft mit Heinrich Heine kommt es in diesem Zeitraum zum ersten engen Kontakt mit Friedrich Engels (August 1844), aus dem sich eine lebenslange enge Zusammenarbeit entwickelt. Zu den frühen Schriften dieser Jahre zählen vor allem *Zur Judenfrage* (1844), *Zur Kritik der Hegelschen Rechtsphilosophie. Einleitung* (1844) und die erst 1932 veröffentlichten *Ökonomisch-philosophischen Manuskripte* (1844), die den Anfang einer intensiven Auseinandersetzung mit der Nationalökonomie darstellen.

---

824 Als historische Überblicksdarstellungen seien genannt: Julius Braunthal, Geschichte der Internationale, 3 Bde., Berlin – Bonn 1978²; G. H. D. Cole, A History of Socialist Thought, 7 Bde., London 1953/60; Jacques Droz (Hrsg.), Geschichte des Sozialismus, 12 Bde., Frankfurt/M. – Berlin – Wien 1974ff.; Iring Fetscher, Der Marxismus. Seine Geschichte in Dokumenten, München 1983; Pedrag Vranicki, Geschichte des Marxismus, 2 Bde., Frankfurt/M. 1983 (Zagreb 1961/71) – letztere Bände in vielem überholt.

Von 1845–1848 lebt Marx mit seiner Familie in Brüssel; es entstehen unter anderem die *Thesen über Feuerbach* (1845), – zusammen mit Engels – die *Heilige Familie* (1845) und die (ebenfalls erst 1932 publizierte) *Deutsche Ideologie* (1846), eine Auseinandersetzung mit Ludwig Feuerbach, Bruno Bauer, Max Stirner und den »wahren Sozialisten«. 1846 kommt es zu einer heftigen Auseinandersetzung mit dem Kommunismus Wilhelm Weitlings, 1847 erscheint Marxens Proudhon-Kritik *Misère de la Philosophie* (Das Elend der Philosophie). Als Auftragsarbeit der Zentralbehörde des *Bundes der Kommunisten* – Marx ist seit 1847 Präsident der Brüsseler Sektion – erscheint im Februar 1848 das mit Engels verfaßte *Manifest der Kommunistischen Partei*.

Anfang März aus Brüssel ausgewiesen, kehrt Marx im April nach Deutschland zurück und übernimmt in Köln die Chefredaktion der *Neuen Rheinischen Zeitung*. Diese erscheint vom 31. Mai 1848 bis zum 18. Mai 1849 mit 301 Ausgaben, die ein eindrucksvolles Zeugnis des gescheiterten Versuchs darstellen, beim deutschen Bürgertum für eine sozialistische Republik zu werben. Die Zeitung »repräsentierte ... auf einsamem Vorposten eine soziale Demokratie, wie sie Frankreich kannte, die aber in Deutschland bisher unbekannt war«[825]. Marx wird von der preußischen Regierung als Staatenloser am 16. Mai 1849 ausgewiesen.

Mit seiner Familie geht er völlig mittellos über Frankreich ins Londoner Exil. Es sollte ein endgültiger Abschied vom Festland sein. In London versucht Marx, sich mit journalistischen Tagesarbeiten über seine wirtschaftlich bedrängende Lage zu erheben. Er bleibt jedoch auf die finanzielle Unterstützung durch Engels, den Industriellensohn, angewiesen. Marx vertieft sich, nachdem er zusammen mit Engels alle kurzfristigen Revolutionserwartungen revidiert hat, in den folgenden Jahren in seine ökonomischen Studien. 1857 beginnt er mit der Niederschrift der *Grundrisse der Kritik der politischen Ökonomie,* 1867 erscheint im Hamburger Verlag Otto Meissner der erste Band seines politökonomischen Hauptwerkes *Das Kapital,* dessen Bände zwei und drei von Friedrich Engels posthum 1885 und 1894 ediert werden. Marx, der mit Ferdinand Lassalle seit 1848 in Kontakt steht, beobachtet dessen politische Aktivitäten mit Mißtrauen. 1864 gehört Marx zu den Gründungsmitgliedern der auf Initiative englischer und französischer Arbeiter konstituierten *Internationalen Arbeiter-Assoziation,* der Ersten Internationale. Dort finden sich Anhänger Fouriers, Cabets, Proudhons, Blanquis, Bakunins und Mazzinis zusammen. Marx übernimmt die Leitung des Generalrates und verfaßt die *Inauguraladresse* und die *Statuten* der Organisation. Er versucht in den folgenden Jahren innerhalb der zahlreichen politischen Strömungen den Einfluß seiner Ideen auszubauen. Nach starken Spannungen mit den Anhängern Proudhons in den ersten Jahren kommt es mit den russischen Anarchisten um Bakunin zu heftigen Auseinandersetzungen, aus denen 1872 Marx als Sieger hervorgeht. Bakunin wird ausgeschlossen; an den Folgen dieser Kontroverse zerbricht die Organisation jedoch später. Marx stirbt im März 1883 in London[826].

---

825 Werner Blumenberg, Karl Marx, Reinbek 1962, S. 87.

826 Zu den genannten Werken von Karl Marx siehe: Marx-Engels-Werke (Anm. 159). Als Überblick ferner: Marx-Chronik/Daten zu Leben und Werk. Zusammengestellt von Maximilien Rubel, München 1968 (Paris 1963); Marx-Lexikon. Zentrale Begriffe der politischen Philosophie von Karl Marx, hrsg. von Hans-Joachim Lieber/Gerd Helmer, Darmstadt 1988.

Friedrich Engels (1820–1895) entstammt einer Barmener Industriellenfamilie. Nach dem Besuch des Gymnasiums, das er vor dem Abitur abbricht, geht Engels im elterlichen Betrieb in die Lehre. Unter dem Einfluß von David Strauß' *Leben Jesu* bricht er mit dem Christentum des Elternhauses. Gleichzeitig begeistert er sich für die Literatur des *Jungen Deutschland,* insbesondere für Ludwig Börnes *Pariser Briefe.* Einen einjährigen Militärdienst nutzt er 1841/42 zu Studien in Berlin, wo er im linkshegelianischen *Doktorclub* verkehrt. Ludwig Feuerbach und Moses Hess wecken Engels Interesse am Sozialismus. Seinen Aufenthalt in der väterlichen Fabrik Ermen & Engels in Manchester 1842–1844 nutzt Engels, der bei seiner Abreise bei den radikalen Intellektuellen bereits als Kommunist gilt, zur Auseinandersetzung mit der Lage der Arbeiter und zu nationalökonomischen Studien. In England lernt er den Führer der Chartistenbewegung O'Connor und auch Robert Owen kennen. Engels steuert Beiträge zur *Rheinischen Zeitung* und den *Deutsch-Französischen Jahrbüchern* bei, die Marx zu seinem Programm einer Kritik der politischen Ökonomie anregen. Engels 1845 erschienene Studie *Die Lage der arbeitenden Klasse in England* will mit ihrer Beschreibung der »entmenschte(n), degradierte(n), intellektuell und moralisch zur Bestialität herabgewürdigte(n), körperlich kränkliche(n) Rasse« der deutschen Gesellschaft einen Spiegel vorhalten[827]. Mit Marx, den er 1844 näher kennenlernt, verfaßt Engels die *Heilige Familie*, die *Deutsche Ideologie* und das *Kommunistische Manifest.* 1848 wird er Redakteur der *Neuen Rheinischen Zeitung* und beteiligt sich 1849 an einem Aufstandsversuch in Elberfeld. Engels schließt sich den revolutionären Freikorpstruppen von Willich in Süddeutschland an und muß nach dem Scheitern des Badischen Aufstands Deutschland verlassen. 1850 engagiert er sich in den väterlichen Fabriken in Manchester. Aus seinem ansehnlichen Anteil des väterlichen Erbes von 1860, den er 1869 verkauft, kann er nicht nur seinen Unterhalt bestreiten, sondern auch Marx und dessen Familie finanziell unterstützen. Er entlastet Marx zudem bei dessen journalistischen Arbeiten. 1870 wird Engels Mitglied des Generalrates der *Internationalen Arbeiter-Assoziation.*

Engels überlebt Marx um zwölf Jahre. Die Schriften seiner letzten beiden Jahrzehnte können verstanden werden als »Versuche einer systematischen Abrundung und enzyklopädischen Vervollständigung der Lehre, die Marx und er ›wissenschaftlicher Sozialismus‹ nannten; sie sind aber auch die ersten modellhaften Beispiele einer populären, lehrbuchartigen Zusammenfassung des Marxismus als ›Weltanschauung‹«[828]. Zu nennen sind hier insbesondere der *Anti-Dühring* (1878), *Die Entwicklung des Sozialismus von der Utopie zur Wissenschaft* (1880/82), *Der Ursprung der Familie, des Privateigentums und des Staates* (1884) und *Ludwig Feuerbach und der Ausgang der klassischen deutschen Philosophie* (1886). Engels ediert aus den Marxschen Manuskripten posthum den zweiten und dritten Band des *Kapitals* (1885 und 1894).

Mit dem *Anti-Dühring* beginnt erst die breite Rezeption marxistischer Gedanken innerhalb der deutschen Arbeiterschaft. Unter den Bedingungen des von Bismarck erlassenen Sozialistengesetzes, die den Ausschluß der Sozialdemokratie von der

827 Friedrich Engels, Die Lage der arbeitenden Klasse in England, in: Marx-Engels-Werke (Anm. 159), Bd. 2, S. 295; dazu auch Helmut Hirsch, Friedrich Engels, Reinbek 1968, S. 39ff.

828 Otto Kallscheuer, Marxismus und Sozialismus bis zum Ersten Weltkrieg (Anm. 29), S. 522.

gesellschaftlichen und politischen Macht bedeuten, und unter dem Eindruck der großen Depression in den Jahren 1873–1895 gewinnen die Schriften Engels' – in noch weitaus stärkerem Maß als die von Marx – Einfluß auf die Ausbildung des deutschen parteipolitischen Marxismus[829]. Engels stirbt in London im August 1895.

6.1.2 Das Marxsche Frühwerk

6.1.2.1 Die Hegelsche Linke

Die junghegelianischen Diskussionen prägen die geistige Entwicklung des jungen Karl Marx in starkem Maße. Er ist fasziniert von der »grotesken Felsenmelodie« der Hegelschen Philosophie[830]. Marx verfolgt die Entwicklung der Hegelschen Schule mit Interesse und nimmt bald schon Partei für die linkshegelianische Kritik. Diese greift das Hegelsche Systemdenken von zwei Seiten aus an: zum einen über eine Kritik der Religion, zum anderen über die politische Kritik und eine aktivistische »Philosophie der Tat«. Die beiden Stränge linkshegelianischer Kritik finden sich auch im Marxschen Werk wieder. Über die Feuerbachsche Religionskritik entfaltet er seine Anthropologie und Geschichtsphilosophie, während sein bereits früh vorfindbares Programm einer praktisch-politischen Verwirklichung der Philosophie von August von Cieszkowski und vor allem von Moses Hess beeinflußt ist.

Die Hegelsche Linke entsteht in den Jahren 1835–1845. Bei aller Heterogenität der linkshegelianischen Autoren einigt sie ihre Frontstellung gegen den in der Philosophie Hegels unternommenen Versuch, eine philosophisch abschließende Erklärung der Weltentwicklung zu geben. An der Stellung der Religion im Hegelschen System – ihrem Verhältnis zur Philosophie – entzündet sich die Kontroverse der Hegelschen Schule und ihre Spaltung in Rechts- und Linkshegelianer. Für Hegel war die Religion die erste Stufe des Selbstbewußtseins eines Volkes. Während die Religion die absolute Wahrheit nur in Gefühl und Vorstellung erfassen kann, ist diese der Philosophie begrifflich zugängig. Die Rechtshegelianer unternehmen die philosophische Rechtfertigung der Religion, während die Linkshegelianer den Eigenwert religiöser Aussagen bestreiten[831].

David Friedrich Strauß (1808–1874) sieht in seinem *Leben Jesu* (1835/36) und in seiner *Christlichen Glaubenslehre* (1840/41) jeden Versuch als gescheitert an, das Christentum als noch nicht begrifflich gefaßte Wahrheit aufzufassen. Religion ist ihm bloßer Wunderglaube. Bruno Bauer (1809–1882) geht noch weiter. Für ihn ist die Religion »die fixierte, angeschaute, gemachte, gewollte und zu seinem Wesen erhobene Passivität des Menschen, das höchste Leid, das er sich selbst zufügen konnte. . .«. Ludwig Feuerbach (1804–1877) schließlich leitet mit seiner 1841 veröffentlichten Schrift *Das Wesen des Christentums* die Überführung der Theologie in

829 Dieter Groh, Negative Integration und revolutionärer Attentismus. Die deutsche Sozialdemokratie am Vorabend des Ersten Weltkrieges, Frankfurt/M. – Berlin – Wien 1974.

830 Brief an den Vater vom 10. November 1837, in: Marx-Engels-Werke (Anm. 159), Ergänzungsband, Erster Teil, S. 3–12, hier: S. 8.

831 Als knappen Überblick: Norbert Waszek, Die Hegelsche Schule, in: Iring Fetscher/Herfried Münkler (Hrsg.), Pipers Handbuch der politischen Ideen, Bd. 4 (Anm. 5), S. 232–246.

Anthropologie ein. Hegels Philosophie, die die abstrakte Idee zum bestimmenden Subjekt erklärt und den Menschen als ein abhängiges Wesen begreift, ist für Feuerbach »der letzte Zufluchtsort, die letzte rationelle Stütze der Theologie«. Statt dessen, so Feuerbach, müsse der Mensch als Einheit von Natur und Vernunft in seiner konkreten Existenz begriffen werden. Gott ist nur ein Anthropomorphismus – die Widerspiegelung menschlicher Eigenschaften und Wünsche im Jenseits. Die Religionskritik führt zurück zum Menschen: An die Stelle Gottes tritt das menschliche Gattungswesen. Der Mensch ist des Menschen Gott: »Homo homini Deus est – dies ist der oberste praktische Wendepukt der Weltgeschichte.«[832]

Neben die Religionskritik tritt im linkshegelianischen Diskurs die Kritik der politischen Verhältnisse und eine auf Fichte zurückgehende »Philosophie der Tat«[833]. August von Cieszkowski (1814–1894) proklamiert in seinen *Prolegomena zur Historiosophie* den Übergang von der Kontemplation zur Praxis. »Die praktische Philosophie, oder eigentlich gesagt, die Philosophie der Praxis – die konkreteste Einwirkung auf das Leben und die sozialen Verhältnisse, die Entwicklung der Wahrheit in der konkreten Tätigkeit –, dies ist das künftige Los der Philosophie überhaupt.«[834] Im Anschluß an Cieszkowski und die französischen Sozialisten argumentiert Moses Hess (siehe die Darstellung im Kapitel Vor- und Frühsozialismus) gegen die Hegelsche Geschichtsphilosophie: »Die Philosophie der Tat unterscheidet sich von der bisherigen Philosophie der Geschichte dadurch, daß sie nicht mehr bloß Vergangenheit und Gegenwart, sondern mit diesen beiden Faktoren und aus ihnen heraus die Zukunft in den Bereich der Spekulation zieht...«[835] Die »Philosophie der Tat« regt nicht nur die praktisch-politische Wendung des Marxschen Denkens an, sondern findet sich auch in der Marxschen Geschichtsphilosphie wieder – ergänzt durch den Gedanken des Proletariats als des kollektiven Subjekts der geschichtlichen Aktion.

6.1.2.2 Verwirklichung der Philosophie und Philosophie der Praxis

Die Frage nach dem Verhältnis von Philosophie und Wirklichkeit steht am Ausgangspunkt des Marxschen Denkens[836]. Sein Forschungsprogramm setzt auf die Kritik der gesellschaftlichen Verhältnisse. »Die wahre Theorie muß innerhalb konkreter

832 David Friedrich Strauß, Das Leben Jesu, kritisch bearbeitet, 2 Bde., Tübingen 1835/36; ders., Die christliche Glaubenslehre in ihrer geschichtlichen Entwicklung und im Kampfe mit der modernen Wissenschaft dargestellt, 2 Bde., Tübingen – Stuttgart 1840/41; Bruno Bauer, Das entdeckte Christentum, eine Erinnerung an das 18. Jahrhundert und ein Beitrag zur Kritik des 19., Zürich – Winterthur 1843, das Zitat: S. 10f.; Ludwig Feuerbach, Das Wesen des Christentums, in: ders., Sämtliche Werke, Leipzig 1846 ff., Bd. 7, das Zitat: S. 361.

833 Dazu Horst Stuke, Philosophie der Tat (Anm. 815).

834 August von Cieszkowski, Prolegomena zur Historiosophie, Berlin 1838, S. 128f.

835 Moses Hess, Die Europäische Triarchie, hier zitiert nach Iring Fetscher, Der Marxismus (Anm. 824), S. 116; dazu auch: Shlomo Na'ama, Emanzipation und Messianismus, Leben und Werk des Moses Hess, Frankfurt/M. – New York 1982, S. 95–104.

836 Rüdiger Thomas hat in seiner Untersuchung der Schriften des jungen Marx gezeigt, daß bereits die Dissertation von 1841 Umrisse einer Philosophie der Praxis wie auch einer anthropozentrischen Anthropologie zu erkennen gibt, in: Rüdiger Thomas, Der unbekannte junge Marx (1835–1841), in: Der unbekannte junge Marx. Neue Studien zur Ent-

Zustände und an bestehenden Verhältnissen klargemacht und entwickelt werden.«[837] Marx wird durch seine Tätigkeit bei der *Rheinischen Zeitung* mit konkreten gesellschaftlichen Problemen konfrontiert und wohl nicht zuletzt durch diese unmittelbare Realitätserfahrung zur Fortentwicklung der philosophischen zur politischen Kritik motiviert. »Die Philosophie hat sich verweltlicht, und der schlagendste Beweis dafür ist, daß das philosophische Bewußtsein selbst in die Qual des Kampfes nicht nur äußerlich, sondern auch innerlich hineingezogen ist. Ist die Konstruktion der Zukunft und das Fertigwerden für alle Zeiten nicht unsere Sache, so ist desto gewisser, was wir gegenwärtig zu vollbringen haben, ich meine die rücksichtslose Kritik alles Bestehenden, rücksichtslos sowohl in dem Sinne, daß die Kritik sich nicht vor ihren Resultaten fürchtet und ebensowenig vor dem Konflikt mit den vorhandenen Mächten... Es hindert uns also nichts, unsre Kritik an der Politik, an die Parteinahme in der Politik, also an wirkliche Kämpfe anzuknüpfen und mit ihnen zu identifizieren. Wir treten dazu nicht der Welt doktrinär mit einem neuen Prinzip entgegen: Hier ist die Wahrheit, hier knie nieder! Wir entwickeln der Welt aus den Prinzipien der Welt neue Prinzipien.«[838]

In seiner *Kritik des Hegelschen Staatsrechts* (1843) knüpft Marx an die für Hegels Staatsphilosophie grundlegende Trennung von Staat und bürgerlicher Gesellschaft an, weist aber das bei Hegel vorliegende Begründungsverhältnis, das von einem Vorrang des Staates gegenüber der Gesellschaft ausgeht, zurück. Die Trennung von Staat und bürgerlicher Gesellschaft »erscheint notwendig als eine Trennung des politischen Bürgers, des Staatsbürgers, von der bürgerlichen Gesellschaft, von seiner eignen wirklichen, empirischen Wirklichkeit, denn als Staatsidealist ist er ein ganz anderes, von seiner Wirklichkeit verschiedenes, unterschiedenes, entgegengesetztes Wesen.«[839]

Die Abstraktion des »politischen Staats« soll überwunden, der »Staat als das Ganze des Daseins eines Volkes« in einer umfassenden Demokratie verwirklicht werden[840]. In diesem Sinn erläutert Marx seine radikal-demokratische Konzeption der Demokratie: »Die Demokratie ist das aufgelöste Rätsel aller Verfassungen. Hier ist die Verfassung nicht nur an sich, dem Wesen nach, sondern der Existenz, der Wirklichkeit nach in ihren wirklichen Grund, den wirklichen Menschen, das wirkliche Volk, stets zurückgeführt und als sein eigenes Werk gesetzt... In der Demokratie ist der politische Staat, so wie er sich neben diesen Inhalt stellt und von ihm unterscheidet, selbst nur ein besondrer Inhalt, wie eine besondere Daseinsform des Volkes... Die neueren Franzosen haben dies so aufgefaßt, daß in der wahren Demokratie der

---

wicklung des Marxschen Denkens 1835–1847, hrsg. vom Institut für staatsbürgerliche Bildung in Rheinland-Pfalz, März 1973, S. 147–257; als Überblick ders., Karl Marx – Theorie und Methode, ebd., S. 277–311.

837 Brief an Dagobert Oppenheim vom 25. August 1842, in: Marx-Engels-Werke (Anm. 159), Bd. 27, S. 409.

838 Karl Marx, Briefe aus den »Deutsch-Französischen Jahrbüchern«, in: Marx-Engels-Werke (Anm. 159), Bd. 1, S. 344f.

839 Karl Marx, Kritik des Hegelschen Staatsrechts, in: Marx-Engels-Werke (Anm. 159), Bd. 1, S. 281.

840 Ebd., S. 233 und S. 282.

politische Staat untergehe. Dies ist insofern richtig, als er qua politischer Staat, als Verfassung, nicht mehr für das Ganze gilt.«[841]

Die politische Demokratie soll durch die Demokratie als Lebensweise überboten werden, an die Stelle separierter politischer Institutionen soll die selbstverwaltete Gemeinschaft treten. Voraussetzung dafür ist die Überwindung des egoistischen »Atomismus« der bürgerlichen Gesellschaft. Dies verdeutlicht Marx in der wenig später entstandenen Schrift *Zur Judenfrage* (1843). Dort unterscheidet er die »politische Emanzipation« von der »menschlichen Emanzipation«: »Die politische Emanzipation ist allerdings ein großer Fortschritt, sie ist zwar nicht die letzte Form der menschlichen Emanzipation überhaupt, aber sie ist die letzte Form der menschlichen Emanzipation innerhalb der bisherigen Weltordnung: wir sprechen hier von wirklicher, von praktischer Emanzipation.«[842] Unter Anwendung des Maßstabes der so verstandenen »menschlichen Emanzipation« kritisiert Marx die Menschenrechtserklärungen im Gefolge der amerikanischen und Französischen Revolution mit ihren proklamierten Zielen von *liberté, égalité* und *sûreté* (Freiheit, Gleichheit und Sicherheit) als bloßen rechtlichen Ausdruck des besitzindividualistischen Egoismus in der bürgerlichen Gesellschaft. Das von den Fesseln feudaler Herrschaft befreite Individuum erhalte mittels der »politischen Emanzipation« die rechtlichen Garantien für seine egoistische Praxis: »Die Abschüttlung des politischen Jochs (feudaler Herrschaft, A.K.) war zugleich die Abschüttlung der Bande, welche den egoistischen Geist der bürgerlichen Gesellschaft gefesselt hatten... Die politische Revolution löst das bürgerliche Leben in seine Bestandteile auf, ohne diese Bestandteile selbst zu revolutionieren und der Kritik zu unterwerfen. Sie verhält sich zur bürgerlichen Gesellschaft, zur Welt der Bedürfnisse, der Arbeit, der Privatinteressen, des Privatrechts, als zur Grundlage ihres Bestehens, als zu einer nicht weiter begründeten Voraussetzung, daher als zu ihrer Naturbasis.«[843]

Gegenüber den Beschränkungen der bloß »politischen« Emanzipation fordert Marx die Überwindung der Kluft zwischen individueller Existenz und menschlichem Gattungsleben als Ziel umfassender Emanzipation: »Erst wenn der wirkliche individuelle Mensch den abstrakten Staatsbürger in sich zurücknimmt und als individueller Mensch in seinem empirischen Leben, in seiner individuellen Arbeit, in seinen individuellen Verhältnissen Gattungswesen geworden ist, erst wenn der Mensch seine ›forces propres‹ (eigenen Kräfte, A. K.) als gesellschaftliche Kräfte erkannt und organisiert hat und daher die gesellschaftliche Kraft nicht mehr in der Gestalt der politischen Kraft von sich trennt, erst dann ist die menschliche Emanzipation vollbracht.«[844]

Marx' Übergang von einem radikal-demokratischen Gesellschaftsverständnis zum Kommunismus zeigt sich erstmals in der *Kritik der Hegelschen Rechtsphilosophie* (1843/44). Die Verwirklichung der radikalen Kritik des revolutionären Philosophen wird dort erstmals gekoppelt an das Proletariat als »einer Klasse mit radikalen Ketten«: »Wie die Philosophie im Proletariat ihre materielle, so findet das Proletariat in der Philosophie seine geistigen Waffen, und sobald der Blitz des Gedankens gründ-

841 Ebd., S. 231f.
842 Karl Marx, Zur Judenfrage, in: Marx-Engels-Werke (Anm. 159), S. 347–377, hier: S. 356.
843 Ebd., S. 369.
844 Ebd., S. 370.

lich in diesen naiven Volksboden eingeschlagen ist, wird sich die Emanzipation der Deutschen zu Menschen vollziehen... Die Philosophie kann sich nicht verwirklichen ohne die Aufhebung des Proletariats, das Proletariat kann sich nicht aufheben ohne die Verwirklichung der Philosophie.«[845]

In seinen *Pariser Manuskripten* – den *ökonomisch-philosophischen Manuskripten* (1844) – begründet Marx die dem Proletariat zugewiesene Rolle des revolutionären Kollektivsubjektes der Emanzipation mit Hilfe des dort entfalteten Arbeitsbegriffs. Von der Entfremdung der Arbeit schließt er auf die revolutionierende Kraft von Arbeitshandlungen: In diesen werden sich die Individuen ihrer Fähigkeiten und Möglichkeiten bewußt und erkennen zugleich die soziostrukturellen Grenzen ihrer vollständigen Realisation. In der Marxschen Philosophie der Praxis verschmilzt der Bildungsprozeß des Individuums durch Arbeitshandlungen mit dem Bildungsprozeß der Menschengattung durch Arbeit und der praktisch-subjektiven Emanzipation. Marx greift auf Feuerbach, Hegel und die moderne Nationalökonomie zurück und entwickelt seine Konzeption von Arbeit als »gegenständlicher Tätigkeit«. Die im Arbeitsbegriff verankerte Philosophie der Praxis ist nicht nur der Ausgangspunkt der Geschichtsphilosophie des Historischen Materialismus, sondern auch das entscheidende Bindeglied zwischen dem Marxschen Frühwerk und den späteren Schriften zur Kritik der politischen Ökonomie.

Ludwig Feuerbach hatte – insbesondere in seiner Schrift *Grundsätze der Philosophie der Zukunft* (1843), auf die Marx sich in den *Pariser Manuskripten* beruft – gegen den Idealismus in der Sinnlichkeit und Gemeinschaftlichkeit des Menschen die Grundlagen der menschlichen Erkenntnisleistungen gesehen. Von diesen Bezugspunkten aus entfaltet er seinen anthropologisch begründeten Materialismus. Marx schließt sich Feuerbachs Kritik der idealistischen Konzeption körperloser, weltproduzierender Subjektivität an. Gegen Feuerbach hebt er jedoch zugleich den Aktivitätscharakter menschlicher Subjektivität hervor, von dem bereits der Idealismus – wenngleich auf den Bildungsprozeß von Erkenntnis und Selbstbewußtsein beschränkt – ausgeht. »Feuerbach, mit dem abstrakten Denken nicht zufrieden, will die Anschauung; aber er faßt die Sinnlichkeit nicht als praktische menschliche Tätigkeit« (5. These über Feuerbach). In der 11. Feuerbachthese faßt er seine Kritik in ihrer aktivistischen Stoßrichtung zusammen: »Die Philosophen haben die Welt nur verschieden interpretiert, es kömmt drauf an, sie zu verändern.«[846] »Die beiden Bestandteile der Doppelkritik, nämlich leibhafte Rezeptivität und kreative Aktivität, denkt Marx im Begriff der ›gegenständlichen Tätigkeit‹ zusammen; dieser wird daher zur Schlüsselkategorie seiner Konzeption. Marx versichert sich aller weiteren Bestimmungen dieses Begriffes nun im Rahmen des neuzeitlichen Arbeitsbegriffs...«[847] Im Marxschen Arbeitsbegriff überlagern sich emanzipationstheoretische, anthropologische und ökonomische Bedeutungsgehalte.

---

845 Karl Marx, Zur Kritik der Hegelschen Rechtsphilosophie. Einleitung, in: Marx-Engels-Werke (Anm. 159), Bd. 1, S. 390f.

846 Karl Marx, Thesen über Feuerbach, in: Marx-Engels-Werke (Anm. 159), Bd. 3, S. 5–7, hier: S. 6 und S. 7.

847 Zur Marxschen Feuerbachkritik siehe den knappen Überblick in: Axel Honneth/Hans Joas, Soziales Handeln und menschliche Natur. Anthropologische Grundlagen der Sozialwissenschaften, Frankfurt/M. – New York 1980, S. 19–47, hier: S. 25.

In den *Pariser Manuskripten* wird Arbeit nach dem Vorbild der Hegelschen *Phänomenologie des Geistes* als Bildungsprozeß konzipiert[848]. Schon bei Hegel erhält die Arbeit einen zentralen Stellenwert als Bildungsmoment des menschlichen Selbstbewußtseins. In der Arbeit stellt der Mensch durch Formgebung sein eigenes Wesen auf Dauer. Er kann sich in der von ihm bearbeiteten Natur als sich selbst anschauen und wissen. Marx greift bei der Konzeption seines Entäußerungsmodells der Arbeit auf Hegel zurück. Entfremdung ist für ihn – auf der Linie der Hegelschen Argumentation – die Folge der Unterbrechung des Wechselspiels zwischen der Vergegenständlichung menschlicher Fähigkeiten in der Natur und deren Aneignung durch das Subjekt der Arbeit als objektivierte Manifestation der eigenen kreativen Subjektivität. Das sich im Objekt seiner Tätigkeit vergegenständlichende Subjekt eignet sich die von ihm hergestellten Dinge im Gebrauch wieder an. Durch Arbeit erschließt sich dem Menschen die Natur, die ohne Vermittlung durch Arbeit, als Natur an sich, dem Menschen nicht zugänglich ist. Arbeit wird so zum Zentrum eines kognitiven Bildungsprozesses.

Die Entfremdung des Arbeitenden vom Produkt seiner Tätigkeit hat zur Folge, daß dieses sich ihm gegenüber als »unabhängige Macht« konsolidiert. Hierdurch wird der Bildungsprozeß durch Arbeit unmöglich gemacht. Statt daß die Arbeitenden in den Produkten ihrer Arbeit ihre Fähigkeiten vergegenständlichen und entwickeln, treten diese ihnen »feindlich und fremd« gegenüber[849]. Die Entfremdung der Individuen von ihren Arbeitsprodukten entfremdet sie zugleich ihrer eigenen produktiven Tätigkeit.

Marx historisiert den anthropologischen Materialismus Feuerbachs, nachdem er ihn an die Voraussetzung »praktischer menschlich-sinnlicher« Tätigkeit – als »gegenständlicher Tätigkeit«, Arbeit – gekoppelt hat. Nicht nur der identitätsphilosophisch gedeutete Bildungsprozeß des Geistes, sondern der mit Feuerbachs anthropologischem Materialismus gedeutete Entwicklungsprozeß der Gattung – mittels der Aneignung der Natur durch gesellschaftliche Arbeit – tritt ins Zentrum des Historischen Materialismus. Der Arbeitsbegriff wird zur anthropologischen Grundlage der Gattungsentwicklung. In ihm verbinden sich die naturumarbeitende Produktion und der subjektivitätsformende Bildungsprozeß zu einem Entwicklungsprozeß der Menschengattung. Dieser unterwirft die natürliche Umwelt der eigenen Kontrolle und erweitert damit zugleich die menschlichen Bedürfnisse und Fähigkeiten. Die Entfremdung der Arbeit trifft daher nicht nur das Individuum, sondern immer auch die Gattung: »Eben in der Bearbeitung der gegenständlichen Welt bewährt sich der Mensch daher erst wirklich als ein Gattungswesen. Diese Produktion ist sein werktätiges Gattungsleben. Durch sie erscheint die Natur als sein Werk und seine Wirklichkeit. Der Gegenstand der Arbeit ist daher die Vergegenständlichung des Gattungslebens des Menschen... Indem daher die entfremdete Arbeit dem Menschen den Gegenstand seiner Produktion entreißt, entreißt sie ihm sein Gattungsleben...«[850] Die Entfremdung des Arbeitenden vom Gattungsleben entfremdet schließlich auch den Menschen vom Men-

848 Georg Wilhelm Friedrich Hegel, Phänomenologie des Geistes, Theoriewerkausgabe in 20 Bden., hrsg. von Eva Moldenhauer/Karl Markus Michel, Bd. 3, Frankfurt/M. 1970.

849 Karl Marx, Ökonomisch-philosophische Manuskripte, in: Marx-Engels-Werke (Anm. 159), Ergänzungsband. Erster Teil, S. 467–588, hier: S. 512.

850 Ebd., S. 517.

schen. Die Überwindung der entfremdeten Gesellschaft kann nach Marx' Überzeugung nur von Seiten der Arbeiter erfolgen, da »alles, was bei dem Arbeiter als *Tätigkeit* der Entäußerung, der Entfremdung, bei dem Nichtarbeiter als *Zustand* der Entäußerung, der Entfremdung, erscheint«[851]. Der Arbeitsbegriff wird daher von Marx auch revolutionstheoretisch beansprucht. Handeln, Selbsterzeugung und Arbeit werden innerhalb der Marxschen Philosophie der Praxis – und auch noch in der Marxschen Arbeitswertlehre der späteren politökonomischen Kritik – miteinander verschränkt. Die Arbeiterklasse erfährt nicht nur die Entfremdung und Ausbeutung innerhalb der kapitalistischen Gesellschaft in besonderem Maße. Sie ist für Marx zugleich auch das gegebene revolutionäre Kollektiv-Subjekt, das – getragen von dem in ihren Arbeitshandlungen grundgelegten Selbstbewußtsein – sich praktisch gegen die kapitalistische Gesellschaft wenden wird. Die umstandslose Engführung des Arbeitsbegriffs mit der Konzeption des politischen und sozialen Handelns – gipfelnd im Bild der revolutionären Arbeiterklasse – führt zu einer teleologischen Präformierung sozialer und politischer Lernprozesse. Es entstehen mit der emanzipations- wie revolutionstheoretischen Beanspruchung des Marxschen handlungstheoretischen »Produktionsparadigmas« grundbegriffliche Schwierigkeiten, aus denen seine Theorie nicht mehr herausführt: »Der Denkzwang, den seine emanzipationstheoretische Umwertung der Arbeitshandlung auferlegt, ist so stark, daß er auf allen Stufen seiner Theorieentwicklung den sozialrevolutionären Lernprozeß, der über den Kapitalismus hinausführen soll, auf das Binnenverhältnis gesellschaftlicher Arbeit zurückzuführen versucht hat, ohne doch für diese Rückwirkung ein handlungstheoretisch überzeugendes Argumentationsmodell entwickelt zu haben.«[852]

Unter Anschluß an die Fragestellungen und Diskussionen der Nationalökonomie beansprucht Marx bereits für die *Pariser Manuskripte*, daß deren Resultate »durch eine ganz empirische, auf ein gewissenhaftes kritisches Studium der Nationalökonomie gegründete Analyse gewonnen worden sind«. Das Privateigentum ergibt sich als die »notwendige Konsequenz der entäußerten Arbeit..., wie denn im Arbeitslohn auch die Arbeit nicht als Selbstzweck, sondern als der Diener des Lohns erscheint«[853]. Den Kommunismus versteht Marx daher auch als »positive Aufhebung des Privateigentums als menschlicher Selbstentfremdung und darum als wirkliche Aneignung des menschlichen Wesens durch und für den Menschen... Dieser Kommunismus ist als vollendeter Naturalismus = Humanismus, als vollendeter Humanismus = Naturalis-

---

851 Ebd., S. 522; Kursivhervorhebung vom Autor; – zu den Pariser Manuskripten und ihrer Bedeutung für das Marxsche Gesamtwerk: Iring Fetscher, Das Verhältnis von Frühwerk und ›Kapital‹, in: ders., Karl Marx und der Marxismus. Von der Ökonomiekritik zur Weltanschauung, München 1985 (erweiterte Neuausgabe), S. 44–75; Zum Ursprung des Entäußerungsmodells der Arbeit als eines Bildungsprozesses: Charles Taylor, Hegel, Frankfurt/M. 1978; zur Bedeutung des Arbeitsbegriffs für die Marxsche Emanzipationstheorie: Thomas Meyer, Der Zwiespalt in der Marx'schen Emanzipationstheorie, Kronberg/Ts. 1973; als Überblick über den Stellenwert des Arbeitsbegriffs im Marxschen Werk vor allem: Axel Honneth, Arbeit und instrumentales Handeln, in: ders./Urs Jaeggi (Hrsg.), Arbeit, Handlung, Normativität, Frankfurt/M. 1980, S. 185–233.

852 Axel Honneth, Arbeit und instrumentales Handeln (Anm. 851), S. 197; dazu auch Jürgen Habermas, Der philosophische Diskurs der Moderne, Frankfurt/M. 1985, S. 75–103.

853 Für die beiden vorstehenden Zitate: Karl Marx, Ökonomisch-philosophische Manuskripte (Anm. 849), S. 467 und S. 520.

mus, er ist die wahrhafte Auflösung des Widerstreits zwischen den Menschen mit der Natur und mit dem Menschen, die wahre Auflösung des Streits zwischen Existenz und Wesen, zwischen Vergegenständlichung und Selbstbestätigung, zwischen Freiheit und Notwendigkeit, zwischen Individuum und Gattung. Er ist das aufgelöste Rätsel der Geschichte und weiß sich als diese Lösung.«[854]

Die emanzipationstheoretische und die anthropologische Bedeutung des Arbeitsbegriffs werden bei Marx in den wirtschaftstheoretischen Arbeitsbegriff eingelassen, mit dessen Hilfe die klassische Nationalökonomie die epochale Erfahrung einer Ausweitung und Beschleunigung des Wirtschaftswachstums auf die Arbeit als Produktionsfaktor zurückführt: »Das Entäußerungsmodell der Arbeit, das ja normativ seine Kritik der entfremdeten Arbeit in den ›Pariser Manuskripten‹ trägt, überführt Marx im Zuge der Ökonomisierung seiner Theorie in das empirische Bild einer handwerklichen Arbeitstätigkeit, in der das tätige Subjekt sein selbsterworbenes empirisches Wissen autonom und virtuos in der Bearbeitung des Gegenstandes verkörpert; von der Folie dieser ganzheitlichen Arbeitshandlung hebt er den kapitalistischen Extremfall einer um ihren Arbeitsgehalt entleerten, abstrakt gewordenen Tätigkeit ab.«[855]

Nach ersten systematischen Studien ökonomischer Probleme im Jahre 1844 plant Marx schon 1845 die Herausgabe eines zweibändigen Werkes zur Kritik von Ökonomie und Politik. Als Frucht seiner ab 1851 intensiv einsetzenden Auseinandersetzung erscheint 1867 der erste Band seines politökonomischen Hauptwerks *Das Kapital*. Im ersten Kapitel analysiert Marx dort die »Ware« als das unmittelbar vorfindbare Grundelement der kapitalistischen Gesellschaft und schließt seine Kritik des »Fetischcharakters der Ware« an den Begriff der entfremdeten Arbeit seiner Frühschriften an: »Das Geheimnisvolle der Warenform besteht also einfach darin, daß sie den Menschen die gesellschaftlichen Charaktere ihrer eigenen Arbeit als gegenständliche Natureigenschaften dieser Dinge zurückspiegelt, daher auch das gesellschaftliche Verhältnis der Produzenten zur Gesamtarbeit als ein außer ihnen existierendes gesellschaftliches Verhältnis von Gegenständen... Es ist nur das bestimmte gesellschaftliche Verhältnis der Menschen selbst, welches hier für sie die phantasmagorische Form eines Verhältnisses von Dingen annimmt... Dies nenne ich den Fetischismus, der den Arbeitsprodukten anklebt, sobald sie als Waren produziert werden, und der daher von der Warenproduktion unzertrennlich ist.«[856]

In seiner Kapitalanalyse nimmt Marx jedoch einen bedeutenden Perspektivenwechsel vor. Er »verfolgt den kapitalistischen Sozialzusammenhang nicht mehr unmittelbar aus der Perspektive subjektivitätsbildender Arbeit als ein gesellschaftliches Entfremdungsverhältnis, sondern verfolgt immanent den kapitalistischen Unterdrückungsprozeß von menschlicher Subjektivität ...: zwar bleibt auch die Kritik der politischen Ökonomie letztlich in die anthropologisch begründete Theorie der Frühschriften eingebettet, weil nur so sich das Kapitalsubjekt (das Kapital als sich selbst verwertender Wert, siehe die spätere Darstellung im Kapitel »Kritik der politischen Ökonomie«, A.K.) als selbst in menschlicher Arbeit fundiertes Scheinsubjekt durch-

854 Ebd., S. 536.
855 Axel Honneth, Arbeit und instrumentales Handeln (Anm. 851), S. 221.
856 Karl Marx, Das Kapital. Kritik der politischen Ökonomie, Erster Band, Marx-Engels-Werke (Anm. 159), Bd. 23, S. 86f.

schauen läßt, für die Argumentationsschritte der durchgeführten Kapitalanalyse aber verlieren die anthropologischen Überlegungen zunächst jedes Gewicht.«[857]

Kontinuitäten des Marxschen Denkens lassen sich in einer normativen Bezugnahme seiner Gesellschaftskritik auf die Lebensbedürfnisse der Individuen als Subjekte der Arbeit feststellen. Marx differenziert freilich das in den frühen Schriften verwendete begriffliche Instrumentarium innerhalb seiner Kritik der politischen Ökonomie. Gesellschaftstheoretisch rückt für ihn die Problematik der handlungsvermittelnden Institutionen und Strukturen in den Vordergrund, innerhalb derer das Handeln der Individuen funktional als bloßes Ausfüllen einer Rolle (nach dem Modell der »Charaktermaske«) gedacht werden muß. Das Kapitalverhältnis als vom individuellen Handeln losgelöste zentrale ökonomische Handlungsstruktur bedarf einer genetischen Darstellung. Ihr erst erschließen sich die historischen Bedingungen der Möglichkeit einer institutionell geronnenen Unterbrechung der Aneignung der Arbeitsprodukte durch ihre Produzenten. Die Verselbständigung der Produkte gesellschaftlicher Arbeit zu einem die Produzenten beherrschenden Zusammenhang des Kapitals erfordert eine Akzentverlagerung hin auf die Untersuchung der »Reproduktion der gesellschaftlichen Verhältnisse in ihrer Totalität«[858]. Im Gefolge der Auseinandersetzung mit Fragen der Reproduktion der Gesellschaft gewinnt im Marxschen Spätwerk der Begriff der »Verdinglichung« an Kontur, so etwa im dritten Band des *Kapital:* »Im Kapital (ist)... die Verdinglichung der gesellschaftlichen Verhältnisse, das unmittelbare Zusammenwachsen der stofflichen Produktionsverhältnisse mit ihrer geschichtlich-sozialen Bestimmtheit vollendet.«[859]

Die Auseinandersetzung mit den Verdinglichungseffekten des Kapitalismus bedeutet – im Abrücken von der Emphase seiner früheren Kritik an der entfremdeten Arbeit – ein Zugeständnis, das Marx im Verlauf seiner Ökonomiekritik zur Anerkennung einer eigenständigen Berechtigung technischer wie ökonomischer Rationalität geführt hat: »Das Reich der Freiheit beginnt in der Tat erst da, wo das Arbeiten, das durch Not und äußere Zweckmäßigkeit bestimmt ist, aufhört; es liegt also der Natur der Sache nach jenseits der Sphäre der eigentlichen materiellen Produktion... Die Freiheit in diesem Gebiet kann nur darin bestehen, daß der vergesellschaftete Mensch, die assoziierten Produzenten, diesen ihren Stoffwechsel mit der Natur rationell regeln, unter ihre gemeinschaftliche Kontrolle bringen, statt von ihm als von einer blinden Macht beherrscht zu werden... Aber es bleibt dies immer ein Reich der Notwendigkeit. Jenseits desselben beginnt die menschliche Kraftentwicklung, die sich als Selbstzweck gilt, das wahre Reich der Freiheit, das aber nur auf jenem Reich der Notwendigkeit als seiner Basis aufblühn kann.«[860]

---

857 Axel Honneth/Hans Joas, Anthropologie und historischer Materialismus, in: dies., Soziales Handeln und menschliche Natur (Anm. 847), S. 28f.

858 György Márkus, Entfremdung und Verdinglichung bei Marx und Lukács, in: Rüdiger Dannemann (Hrsg.), Georg Lukács. Jenseits der Polemiken, Frankfurt/M. 1986, S. 71–124, hier: S. 77.

859 Karl Marx, Das Kapital. Dritter Band, in: Marx-Engels-Werke (Anm. 159), Bd. 25, S. 838.

860 Ebd., S. 828.

6.1.3 Historischer Materialismus

»Wir kennen nur eine einzige Wissenschaft, die Wissenschaft der Geschichte. Die Geschichte kann von zwei Seiten aus betrachtet, in die Geschichte der Natur und die Geschichte der Menschen abgeteilt werden. Beide Seiten sind indes nicht zu trennen.«[861] Marx und Engels formulieren in der *Deutschen Ideologie* das Programm des Historischen Materialismus, das sich im *Kommunistischen Manifest* ebenso wie in den späteren politökonomischen Arbeiten wiederfindet. Als materialistisch bezeichnen sie ihre Geschichtsauffassung in Wendung gegen den Idealismus, der die Ideen als die bewegenden Kräfte der Geschichte betrachtet. »Die Voraussetzungen, mit denen wir beginnen, sind keine willkürlichen, keine Dogmen, es sind wirkliche Voraussetzungen, von denen man nur in der Einbildung abstrahieren kann. Es sind die wirklichen Individuen, ihre Aktion und ihre materiellen Lebensbedingungen, sowohl die vorgefundenen wie die durch ihre eigene Aktion erzeugten.«[862]

Marx und Engels beanspruchen für ihren Historischen Materialismus – übrigens ein erst 1892 von Engels geprägter Begriff, der jedoch unproblematisch auch für das Programm der *Deutschen Ideologie* beibehalten werde kann[863] – den Status einer positiven, empirischen Wissenschaft von der Geschichte. Ihre Sicht des Lebens als materieller Produktion bleibt jedoch dem normativen Bezugsrahmen des Arbeitshandelns verpflichtet, den Marx bereits in den *Pariser Manuskripten* entwickelt hatte[864]. Aus der von ihnen dennoch proklamierten »Aufhebung der Philosophie« erklärt sich auch die von Marx und Engels in der Folge unternommene Selbsttitulatur ihrer Auffassungen als »wissenschaftlicher Sozialismus«. Nur über die wissenschaftliche Kritik der bestehenden Produktions- und Reproduktionsverhältnisse der Gesellschaft lassen sich ihrer Meinung nach die zukünftigen Entwicklungen antizipieren: »Der Kommunismus ist für uns nicht ein Zustand, der hergestellt werden soll, ein Ideal, wonach die Wirklichkeit sich zu richten haben wird. Wir nennen Kommunismus die wirkliche Bewegung, welche den jetzigen Zustand aufhebt. Die Bedingungen dieser Bewegung ergeben sich aus der jetzt bestehenden Voraussetzung.«[865]

Als entscheidende Voraussetzungen von Revolution und kommunistischer Gesellschaft gelten die ökonomische Entwicklungsstufe der Gesellschaft und die Existenz eines revolutionären Bewußtseins, das sich im Proletariat, aber »natürlich auch unter den anderen Klassen vermöge der Anschauung und Stellung dieser Klasse bilden

861 Karl Marx/Friedrich Engels, Deutsche Ideologie, Marx-Engels-Werke (Anm. 159), Bd. 3, S. 18.

862 Ebd., S. 20.

863 Friedrich Engels, Einleitung zur englischen Ausgabe der »Entwicklung des Sozialismus«, in: Marx-Engels-Werke (Anm. 159), Bd. 22, S. 292.

864 Dazu auch Gesine Schwan, Die Gesellschaftskritik von Karl Marx. Politökonomische und philosophische Voraussetzungen, Stuttgart – Berlin – Köln – Mainz 1974, S. 56–81.

865 Karl Marx/Friedrich Engels, Deutsche Ideologie (Anm. 861), S. 35; – Engels hat in der Broschüre »Die Entwicklung des Sozialismus von der Utopie zur Wissenschaft« (1880) den ›wissenschaftlichen Sozialismus‹ am Modell positiver Wissenschaften orientiert (Marx-Engels-Werke [Anm. 159], Bd. 19, S. 189ff.). Ähnliche wissenschaftliche Ansprüche hatten zuvor bereits Auguste Comte, Fourier oder Owen vertreten. Marx verwendet den Ausdruck ›wissenschaftlicher Sozialismus‹ vor allem »im Gegensatz zum utopischen Sozialismus, der neue Hirngespinste dem Volk aufheften will« (Karl Marx, Konspekt von Bakunins ›Staatlichkeit und Anarchie‹ [1874/75], in: Marx-Engels-Werke [Anm. 159], Bd. 18, S. 636).

kann«[866]. Nicht unproblematisch ist allerdings das Verhältnis zwischen Ökonomie und dem »Überbau« aus Politik, Kultur etc. Da Marx und Engels ihren Historischen Materialismus bei der Selbsterzeugung des Menschen durch Arbeit beginnen lassen, werden »Bewußtsein« und »Sprache« an den gesellschaftlichen Erfahrungsraum zurückgebunden, der sich den Individuen über den je erreichten Stand der Produktivkräfte und die damit verbundene Produktionsweise erschließt. So wie der wirkliche Mensch der arbeitende Mensch ist, ist aus dieser Sicht die wirkliche Geschichte nicht eine bloße Geschichte von Ideen, sondern eine Geschichte der materiellen Produktion, des sich damit einstellenden Verkehrs sowie der Ideen, die erst in diesem Zusammenhang entstehen.

Diese »materialistische« Betrachtung des Geschichtsprozesses schließt die relative Selbständigkeit und Eigengesetzlichkeit kultureller Entwicklungen ebensowenig aus wie Ungleichzeitigkeiten des gesellschaftlichen Entwicklungsstandes, welche dann allerdings aus der Warte des entwickelteren Zustandes kommentiert und bewertet werden. Dennoch legen Äußerungen von Marx und Engels – jenseits der beanspruchten Geschichtsdialektik – einen deterministischen Zusammenhang nahe, innerhalb dessen die ökonomischen Prozesse als Ursachen kultureller Äußerungen betrachtet werden. Gegen diese Sicht wendet sich noch der späte Engels, der sie gleichwohl mit seiner Rede von der »letzten Instanz« erneuert: »Nach materialistischer Geschichtsauffassung ist das in letzter Instanz bestimmende Moment in der Geschichte die Produktion und Reproduktion des wirklichen Lebens. Mehr haben weder Marx noch ich je behauptet. Wenn nun das jemand dahin verdreht, das ökonomische Moment sei das einzig bestimmende, so verwandelt er jenen Satz in eine nichtssagende, abstrakte, absurde Phrase.«[867]

In der *Deutschen Ideologie* erläutern Marx und Engels zunächst die allgemeinen Voraussetzungen aller Menschengeschichte. Sie gehen von »wirklichen« Individuen aus, von deren körperlicher Organisation und ihrem dadurch gegebenen Verhältnis zur übrigen Natur. Von den Tieren unterscheiden sie sich, sobald sie anfangen, ihre Lebensmittel zu produzieren. »Wie die Individuen ihr Leben äußern, so sind sie. Was sie sind, fällt also zusammen mit ihrer Produktion, sowohl damit, was sie produzieren, als auch damit, wie sie produzieren. Was die Individuen also sind, das hängt ab von den materiellen Bedingungen ihrer Produktion.«[868]Die Produktion bedingt die Verkehrsform der Gesellschaft, den »Verkehr der Individuen miteinander«. Was für die Beziehungen der Nationen untereinander gilt – die Abhängigkeit des Verkehrs von der Produktion –, gilt auch für die »ganze innere Gliederung« der Nation und zeigt sich in der Teilung der Arbeit und den ihrer Stufe entsprechenden Formen des Eigentums: »Übrigens sind Teilung der Arbeit und Privateigentum identische Ausdrücke – in dem Einen wird in Beziehung auf die Tätigkeit dasselbe ausgesagt, was in dem Andern in bezug auf das Produkt der Tätigkeit ausgesagt wird.«[869] Die Produktion der Mittel zur Befriedigung der Bedürfnisse, die Ausbildung neuer Bedürfnisse in Aneignung der hergestellten Produkte und die Produktion der Menschen selbst durch Zeugung sind die »drei ›Momente‹, die vom Anbeginn der Geschichte an und

866 Karl Marx/Friedrich Engels, Deutsche Ideologie (Anm. 861), S. 69.
867 Friedrich Engels, Marx-Engels-Werke (Anm. 159), Bd. 37, S. 463.
868 Karl Marx/Friedrich Engels, Deutsche Ideologie (Anm. 861), S. 21.
869 Ebd., S. 32.

seit den ersten Menschen zugleich existiert haben.«[870] Die Art und Weise des Zusammenwirkens der Individuen – die Produktionsweise – ist selber eine »Produktivkraft«.

An diesem Punkt der Darstellung in der *Deutschen Ideologie* führen die Autoren erst »Bewußtsein« und »Sprache« ein: »Die Sprache ist so alt wie das Bewußtsein – die Sprache ist das praktische, auch für andere Menschen existierende, also auch für mich selbst existierende wirkliche Bewußtsein, und die Sprache entsteht, wie das Bewußtsein, erst aus dem Bedürfnis, der Notdurft des Verkehrs mit anderen Menschen.«[871] Die Einführung von Bewußtsein und Sprache als abgeleiteten Größen verdankt sich dem Modell des sozialen Handelns als gegenständlicher Tätigkeit. So wie die Aneignung der vergegenständlichten Potentiale menschlicher Subjektivität – als Moment von Bildungsprozessen und als bewußte Reflektion konzipiert – rückgebunden bleibt an den Prozeß praktischer Vergegenständlichung durch Arbeit, bleiben im Historischen Materialismus Sprache und Bewußtsein eingebunden in den Prozeß der praktischen Auseinandersetzung der Individuen mit ihrer Umwelt. Die Grenzen des solcherarts geschichtstheoretisch gewendeten »Produktionsparadigmas« erweisen sich freilich in seiner Übertragung auf die Gesamtheit der Äußerungsformen sprach- und handlungsfähiger Subjekte: »Praxis im Sinne normengeleiteter Interaktion läßt sich... nicht nach dem Muster der produktiven Verausgabung von Arbeitskraft und der Konsumtion von Gebrauchswerten analysieren.«[872]

Im Verlaufe der Entwicklung der Arbeitsteilung verfestigen sich die sozialen Tätigkeiten. Sie werden innerhalb sozialer Gruppen fixiert und zu Privilegienstrukturen und Klassengegensätzen ausgebaut. Mit Produktivitätssteigerung, Bedürfnismehrung und Bevölkerungswachstum kommt es auch zur Teilung von materieller und geistiger Arbeit und schließlich zur »Bildung der ›reinen‹ Theorie, Theologie, Philosophie, Moral etc.«. In der Teilung von Theorie und Praxis liegt die Einbruchstelle für jegliche Formen von Ideologiebildung als der Entstehung eines notwendig falschen Bewußtseins. Die bürgerliche Gesellschaft als der »wahre Herd und Schauplatz« der Geschichte – sie umfaßt die Produktion mittels der erreichten Produktivkräfte und die sich damit entwickelnden Verkehrsformen der Individuen – wird zur »Basis des Staates und der sonstigen idealistischen Superstruktur«.

Wir haben nunmehr die wesentlichen Elemente der Geschichtsauffassung des Historischen Materialismus vor Augen. »Diese Geschichtsauffassung beruht also darauf, den wirklichen Produktionsprozeß, und zwar von der materiellen Produktion des unmittelbaren Lebens ausgehend, zu entwickeln und die mit dieser Produktionsweise zusammenhängende und von ihr erzeugte Verkehrsform, also die bürgerliche Gesellschaft in ihren verschiedenen Stufen, als Grundlage der ganzen Geschichte aufzufassen und sie sowohl in ihrer Aktion als Staat darzustellen, wie die sämtlichen verschiedenen theoretischen Erzeugnisse und Formen des Bewußtseins, Religion, Philosophie, Moral etc. etc., aus ihr zu erklären und ihren Entstehungsprozeß aus ihnen zu verfolgen, wo dann natürlich auch die Sache in ihrer Totalität (und darum auch die Wechselwirkung dieser verschiedenen Seiten aufeinander) dargestellt werden kann. Sie ... erklärt die Ideenformationen aus der materiellen Praxis und kommt demge-

870 Ebd., S. 29.
871 Ebd., S. 30.
872 Jürgen Habermas, Exkurs zum Veralten des Produktionsparadimas, in: ders., Der philosophische Diskurs der Moderne (Anm. 852), S. 101.

mäß auch zu dem Resultat, daß nicht die Kritik, sondern die Revolution die treibende Kraft der Geschichte auch der Religion, Philosophie und sonstigen Theorie ist.«[873]

Berühmt geworden ist die Vorrede der Schrift *Zur Kritik der Politischen Ökonomie* (1859), in der Marx die Grundsätze des Historischen Materialismus erneut zusammengefaßt hat, nicht zuletzt wegen des dort herauslesbaren Evolutionismus des Geschichtsprozesses und der – kausale Begründungsverhältnisse nahelegenden – Formulierungen: »In der gesellschaftlichen Produktion ihres Lebens gehen die Menschen bestimmte, notwendige, von ihrem Willen unabhängige Verhältnisse ein, Produktionsverhältnisse, die einer bestimmten Entwickungsstufe ihrer materiellen Produktivkräfte entsprechen. Die Gesamtheit dieser Produktionsverhältnisse bildet die ökonomische Struktur der Gesellschaft, die reale Basis, worauf sich ein juristischer und politischer Überbau erhebt und welcher bestimmte gesellschaftliche Bewußtseinsformen entsprechen. Die Produktionsweise des materiellen Lebens bedingt den sozialen, politischen und geistigen Lebensprozeß überhaupt. Es ist nicht das Bewußtsein der Menschen, das ihr Sein, sondern umgekehrt ihr gesellschaftliches Sein, das ihr Bewußtsein bestimmt. Auf einer gewissen Stufe ihrer Entwicklung geraten die materiellen Produktivkräfte der Gesellschaft in Widerspruch mit den vorhandenen Produktionsverhältnissen oder, was nur ein juristischer Ausdruck dafür ist, mit den Eigentumsverhältnissen, innerhalb deren sie sich bisher bewegt hatten. Aus Entwicklungsformen der Produktivkräfte schlagen diese Verhältnisse in Fesseln derselben um. Es tritt dann eine Epoche sozialer Revolution ein. Mit der Veränderung der ökonomischen Grundlage wälzt sich der ganze ungeheure Überbau langsamer oder rascher um. In der Betrachtung solcher Umwälzungen muß man stets unterscheiden zwischen der materiellen, naturwissenschaftlich treu zu konstatierenden Umwälzung in den ökonomischen Produktionsbedingungen und den juristischen, politischen, religiösen, künstlerischen oder philosophischen, kurz, ideologischen Formen, worin sich die Menschen dieses Konflikts bewußt werden und ihn ausfechten.«[874]

In Durchführung des von ihnen proklamierten Programms einer »Aufhebung der Philosophie« gehen Marx und Engels von dem Zusammenfallen von Wissenschaft und proletarischer Bewegung aus. Ihr Historischer Materialismus zielt auf die praktische Einlösung des geschichtsphilosophischen Zielpunktes einer – schon bei den frühen Sozialisten angestrebten – Republik der Arbeit, in der sich der Universalismus einer Natur und Gesellschaft versöhnenden Arbeit frei entfalten kann. Das in der *Deutschen Ideologie* angestrebte Ziel des revolutionären Handelns ist eine kommunistische Gesellschaft, wo »jeder nicht einen ausschließlichen Kreis der Tätigkeit hat, sondern sich in jedem beliebigen Zweige ausbilden kann, die Gesellschaft die allgemeine Produktion regelt und mir eben dadurch möglich macht, heute dies, morgen jenes zu tun, morgens zu jagen, nachmittags zu fischen, abends Viehzucht zu betreiben, nach dem Essen zu kritsieren, wie ich gerade Lust habe, ohne je Jäger, Fischer, Hirt oder Kritiker zu werden.«[875]

»Die kommunistische freie Assoziation ist für Marx... per definitionem ›Arbeitsgesellschaft‹ oder ›Republik der Arbeit‹ auch dann, wenn er im dritten Band des

873 Karl Marx/Friedrich Engels, Deutsche Ideologie (Anm. 861), S. 37f.
874 Karl Marx, Zur Kritik der Politischen Ökonomie. Vorwort, in: Marx-Engels-Werke (Anm. 159), Bd. 13, S. 8f.
875 Karl Marx/Friedrich Engels, Deutsche Ideologie (Anm. 861), S. 33.

Kapital das ›Reich der Freiheit‹ erst jenseits der unmittelbaren Produktion, also nach der Arbeitszeit beginnen läßt. Die geschichtsphilosophische Sequenz – (I) grundbegriffliche Einheit des menschlichen Wesens als Produktion seiner Lebensbedingungen, (II) seine Entzweiung im ›nationalökonomischen Zustand‹, bzw. der Akkumulation auf Basis der kapitalistischen Klassenteilung, (III) die (Wieder-)Vereinigung der Produzenten mit dem ›general intellect‹ und dem industriell vergegenständlichten Arsenal der menschlichen Gattungspotenzen in Gestalt der freien Assoziation bewußt vergesellschafteter Individuen – fordert aber für (II), für die kapitalistische Gegenwart gerade das Extrem der entfremdeten Entmenschlichung.«[876] Aus dem Zustand kapitalistischer Entfremdung führt das revolutionäre Handeln des Proletariats heraus. Die kommunistische Gesellschaft, deren Konstituierung die historische Aufgabe der Arbeiterklasse darstellt, beendet zugleich auch die auf Klassenkämpfen beruhende Geschichtsdynamik.

»Die Geschichte aller bisherigen Gesellschaft ist die Geschichte von Klassenkämpfen.« – Die politische Bilanz des Historischen Materialismus findet sich im *Manifest der Kommunistischen Partei* (1848), das in Erwartung einer baldigen Revolution durch das Pathos revolutionärer Gewißheit gekennzeichnet ist. Marx und Engels betonen die zivilisierende Macht der Bourgeoisie, die einen Teil der Bevölkerung »dem Idiotismus des Landlebens entrissen« und durch »ihre Exploitation des Weltmarkts die Produktion und Konsumtion aller Länder kosmopolitisch gestaltet« habe[877]. Weltweite Kommunikationsverhältnisse und die Universalisierung der Produktions- und Handelsbeziehungen machen Weltgeschichte allererst möglich. Die ins Unermeßliche gesteigerten Produktivkräfte finden ihre Schranke an den kapitalistischen Produktionsverhältnissen. Dies zeigt sich an Handelskrisen und der Pauperisierung der Arbeit – Marx wird sich im *Kapital* mit der »Anarchie‹ der kapitalistischen Produktionsweise eingehender auseinandersetzen. Die Degradationserfahrungen der proletarisierten Mittelschichten und der sich verschärfende Pauperismus gelten Marx als der Nährboden der proletarischen Revolution »der ungeheuren Mehrzahl im Interesse der ungeheuren Mehrzahl«. An ihr hegt Marx zum Zeitpunkt der Abfassung des *Kommunistischen Manifests* keinerlei Zweifel. Die bürgerliche Gesellschaft, so das *Kommunistische Manifest,* »spaltet sich mehr und mehr in zwei große feindliche Lager«.

»Die Gedanken der herrschenden Klasse sind in jeder Epoche die herrschenden Gedanken«[878]; Gesellschaftskritik wird daher zwangsläufig zur Ideologiekritik. Mit ihr beansprucht Marx einen Beobachterstandpunkt jenseits der verzerrenden Ideologie. »Wenn so nur die Philosophie das Wesen der Arbeit, ihre gattungsgeschichtlichen Potenzen unter den Bedingungen der gegenwärtigen Entfremdung formulieren kann, wenn nur die Wissenschaft hinter dem Schleier der durch den Tauschwert verkehrten Welt die ›abstrakte Arbeit‹ in ihrer gesellschaftlich gültigen (Wert-)Form dechiffrieren kann, so wäre die Aufhebung der Philosophie erst unter den Bedingun-

876 Otto Kallscheuer, Marxismus und Erkenntnistheorie in Westeuropa. Eine politische Philosophiegeschichte, Frankfurt/M. – New York 1986, S. 282f.

877 Karl Marx/Friedrich Engels, Manifest der Kommunistischen Partei (Anm. 736), hier: S. 466ff.

878 Karl Marx/Friedrich Engels, Deutsche Ideologie (Anm. 861), S. 46. Zur Ideologietheorie auch die problemgeschichtliche Einleitung von Kurt Lenk, in: ders., Ideologiekritik und Wissenssoziologie, Neuwied – Berlin 1964².

gen der verwirklichten Arbeitsgesellschaft denkbar – eine Utopie, deren emanzipatorischer Charakter sicherlich heute in Zweifel zu ziehen ist.«[879]

Die Problematik der praktischen Umsetzung der dem Proletariat zugefallenen historischen Rolle angesichts der bestehenden ideologischen Barrieren wird in der *Deutschen Ideologie* freilich bereits angedeutet: Durch die Revolution selber müsse eine massenhafte Erzeugung des kommunistischen Bewußtseins erfolgen, »weil die stürzende Klasse nur in einer Revolution dahin kommen kann, sich den ganzen alten Dreck vom Halse zu schaffen und zu einer neuen Begründung der Gesellschaft befähigt zu werden«[880].

In den frühen Schriften traut Marx der gesellschaftlichen Arbeit das praktisch-moralische Lernpotential zu, das zur Durchführung der Revolution seitens der Arbeiterklasse erforderlich ist. Die Revolutionstheorie dieser Phase ist auf die unmittelbare revolutionäre Aktion gerichtet. Die Formulierungen von Marx in der Vorrede seiner Schrift *Zur Kritik der Politischen Ökonomie* sehen mit ihrer weitreichenden Berücksichtigung einer eigendynamischen ökonomischen Entwicklung von aktivistischen praktischen Eingriffen des Proletariats ab. Diese Differenzen verweisen auf einen »Zwiespalt in der Marx'schen Emanzipationstheorie«[881]. Er besteht darin, daß die Arbeiterschaft zum einen als selbstbewußter politisch agierender Kollektivakteur, zum anderen als bloß ausführendes Organ einer eigendynamischen geschichtlichen Entwicklung konzipiert wird.

Die Realität der Fabrikarbeit bietet immer weniger Anknüpfungspunkte an positive Arbeitserfahrungen des Proletariats. Es wächst, so beschreibt es Marx im *Kapital,* die »Masse des Elends, des Drucks, der Knechtschaft, der Entartung, der Ausbeutung, aber auch die Empörung der stets anschwellenden und durch den Mechanismus des kapitalistischen Produktionsprozesses selbst geschulten, vereinten und organisierten Arbeiterklasse.«[882] Der im Bild von der »Schule der Fabrik« angenommene Rückkoppelungsprozeß zwischen Unterdrückungserfahrungen, intellektueller Verarbeitung und disziplinierter Widerstandsbereitschaft läßt sich nicht mehr auf das normativ-aufklärerische Bildungspotential der Arbeitshandlung zurückführen, das Marx am Modellfall handwerklicher Arbeit entwickelt hatte. Im kapitalistischen Produktionsprozeß verliert die Arbeit »allen Kunstcharakter«, wird »mehr rein abstrakte Tätigkeit, rein mechanische, daher gleichgültige, gegen ihre besondere Form indifferente Tätigkeit«[883].

Die geschichtsphilosophische Programmatik einer objektiven, an die Entfaltung der Produktivkräfte gebundenen Emanzipation bietet Marx die Möglichkeit, die Konkretionsgewinne seiner politökonomischen Analysen zu sichern, ohne seine Emanzipationstheorie aufzugeben. An die Stelle des Bildungsprozesses durch Arbeit tritt freilich immer mehr ein Bildungsprozeß durch Technik. Erhalten bleibt das

---

879 Otto Kallscheuer, Marxismus und Erkenntnistheorie in Westeuropa (Anm. 876), S. 283.
880 Karl Marx/Friedrich Engels, Deutsche Ideologie (Anm. 861), S. 70.
881 Thomas Meyer, Der Zwiespalt in der Marx'schen Emanzipationstheorie (Anm. 851).
882 Karl Marx, Das Kapital. Erster Band (Anm. 856), S. 790. Dazu auch Axel Honneth, Arbeit und instrumentales Handeln (Anm. 851), S. 194ff.
883 Karl Marx, Grundrisse der Kritik der Politischen Ökonomie. Rohentwurf, Berlin (DDR) 1974^2, S. 204.

Modell eines linearen Fortschritts in der Geschichte als der grundlegende »Erwartungshorizont«[884] des Historischen Materialismus.

6.1.4 Kritik der politischen Ökonomie

Die Überzeugung, daß wesentliche Einsichten in die »Anatomie der bürgerlichen Gesellschaft« nur über eine Auseinandersetzung mit ihren ökonomischen Strukturen zu gewinnen seien, hat sich für Marx schon seit den *Pariser Manuskripten* verfestigt. Durch die Ausarbeitung des Historischen Materialismus wird sie noch weiter bestärkt. Vor allem seit den fünfziger Jahren wendet Marx sich verstärkt ökonomischen Studien zu. Es entstehen die Schriften *Lohnarbeit und Kapital* (1849), *Grundrisse der Kritik der politischen Ökonomie* (1857/58, Erstveröffentlichung 1939), *Zur Kritik der politischen Ökonomie* (1859), *Theorien über den Mehrwert* (1863, Erstveröffentlichung 1905–1910), *Lohn, Preis und Profit* (1865) sowie das dreibändige politökonomische Hauptwerk *Das Kapital* (erster Band 1867, die Bände zwei und drei ediert Engels 1885 und 1894). Da Marx seine Analyse und Kritik der kapitalistischen Wirtschaftsweise vor allem in kritischer Auseinandersetzung mit den Theorien der klassischen bürgerlichen Nationalökonomie, ihrem Begriffsapparat und ihrem Problemhorizont unternimmt, sollen zunächst einige knappe Bemerkungen zur Entwicklung der Nationalökonomie gemacht werden.

Die im englischen Sprachgebrauch als ›political economy‹ bezeichnete Nationalökonomie entsteht in scharfer Abgrenzung gegenüber dem Merkantilismus als der Wirtschaftsauffassung des absolutistischen Staates[885]. Die Konzentration des Wirtschaftsprozesses in den Händen des absolutistischen Staates hatte in Jean Baptiste Colbert (1619–1683) ihren stärksten Befürworter gefunden. Der Physiokrat François Quesnay (1694–1774) kritisiert in seinem Hauptwerk *Tableau économique* (1758) die staatsinterventionistische Wirtschaftsauffassung der Merkantilisten. Die Volkswirtschaft wird von ihm dort als ein staatsunabhängiger Zirkulationsprozeß dargestellt und diese Darstellung mündet in die Maxime »laissez faire, laissez passer«.

Der wirtschaftliche Liberalismus von Adam Smith (1723–1790) schließt hier an. In seinem Hauptwerk *An Inquiry into the Nature and Causes of the Wealth of Nations* (1776, Der Wohlstand der Nationen. Eine Untersuchung seiner Natur und seiner Ursachen) untersucht Smith die Organisationsformen einer freien Konkurrenzgesellschaft egoistischer Wirtschaftssubjekte. Neben den ausdifferenzierten Produktionsfaktoren von Boden und Kapital erhält der Produktionsfaktor der Arbeit für die Wirtschaftsentwicklung einen immer größeren Stellenwert. Der Reichtum der Nationen entsteht durch produktive Arbeit, wobei die Arbeitsteilung zur Steigerung der Arbeitserträge führt. Den Wert der produzierten Waren bestimmt Smith nicht über ihren Gebrauchswert (den Nutzen des Gebrauchs), sondern über ihren Tauschwert, der sich als Marktpreis über den Mechanismus von Angebot und Nachfrage bildet.

884 Reinhart Koselleck, Vergangene Zukunft. Zur Semantik geschichtlicher Zeit, Frankfurt/M. 1979.

885 Zur folgenden Darstellung siehe Rüdiger Thomas, Karl Marx – Theorie und Methode (Anm. 836); ders., Marxismus und Sowjetkommunismus, Teil I, Grundzüge des Marxismus, Stuttgart 1983, S. 23–27.

Der Marktpreis entspricht auf lange Sicht dem »natürlichen Preis« in Höhe der entstandenen Produktionskosten (Materialkosten und Kapitalgewinn und Arbeitslohn). Smith sieht deutlich die Interessendifferenzen zwischen Unternehmern und Arbeitern und räumt für eine stagnierende Wirtschaft die Möglichkeit von Arbeitslosigkeit, Elend und eines auf das Existenzminimum reduzierten Arbeitslohnes ein.

Als Vollender der klassischen Nationalökonomie kann schließlich David Ricardo (1772–1823) angesehen werden. In seiner Schrift *Principles of Political Economy and Taxation* (1817; Grundsätze der politischen Ökonomie und der Besteuerung) vertieft dieser die bei Adam Smith vorgefundenen Ansätze einer Arbeitswertlehre. Da Rohstoff kostenlos von der Natur bezogen werden könne und die Arbeitsmittel wie auch das eingesetzte Kapital ihren Wert nur durch die zu ihrer Bildung notwendige Arbeit erhielten, verursacht nach Ricardo alleine die Arbeit Kosten. Sie allein bestimmt daher auch den Wert der hergestellten Waren.

Die von Marx zwischen 1857 und 1867 entwickelte Theorie des Mehrwerts – das Fundament seiner ökonomischen Theorie – knüpft an die ›objektive‹ Arbeitswertlehre Ricardos an. Als solche wird sie deshalb bezeichnet, weil Ricardo wie auch Marx den Wert eines Gutes auf die bei dessen Herstellung tatsächlich erforderliche, gesellschaftlich notwendige Arbeitszeit zurückführen[886]. Mit Hilfe der werttheoretischen Analyse will Marx die Entstehung von Mehrwert und Kapital im Produktionsprozeß selber nachweisen. Er lehnt daher auch Vorstellungen ab, denen zufolge den Arbeitern der volle Ertrag ihrer Arbeit mittels eines ungerechten Lohnes auf dem Arbeitsmarkt vorenthalten werde – diese Vorstellung wird beispielsweise in der von Lassalle vertretenen Forderung nach einem »unverkürzten Arbeitsertrag« erkennbar.

Nach Marx ist der Mehrwert nicht das Resultat einer Übervorteilung auf dem Markt. Der Austausch von Arbeitskraft gegen Lohn verläuft aus dessen Sicht vielmehr nach den Gesetzen des Marktes als den Gesetzen des Tausches wertgleicher Güter, als »Äquivalententausch«. Nicht der gerechte Lohn sei daher einzufordern, sondern es müßten vielmehr die Produktionsverhältnisse, die unter den Voraussetzungen von Marktgerechtigkeit soziale Ungleichheiten und Krisen zur Folge haben, selbst zum Gegenstand einer tief ansetzenden Kritik gemacht werden.

Da Marx den Wert der Ware Arbeitskraft mit dem Wert der Waren gleichsetzt, die zu ihrer Reproduktion in Höhe des kulturell und historisch je gegebenen Existenzminimums erforderlich sind (zur Werttheorie die Darstellung weiter unten), sieht er aus der Sicht seiner Werttheorie das Äquivalenzprinzip des gerechten Tausches gewahrt[887]: »Aber indem Marx solcherarts seinen Begriff der Ausbeutung von den Märkten in die Produktion verlegt, vertieft sich ihm der Anlaß der Kritik: Nicht daß die Arbeitskraft einen niederen Preis, sondern daß sie einen Preis habe, nicht daß sie am Markte Nachteile, sondern daß sie den Markt erfahre, wird nun zum Anstoß, nicht die Höhe des Arbeitslohns, sondern die Tatsache der Lohnarbeit, nicht die Bedingung, sondern das Verhältnis der verwerteten Arbeit.«[888]

---

886 Demgegenüber erklärt die ›subjektive‹ Wertlehre den Wert eines Gutes aus seiner Nützlichkeit oder Knappheit; dazu etwa: Eugen von Böhm-Bawerk, Zum Abschluß des Marxschen Systems, in: Staatswissenschaftliche Arbeiten. Festgabe für Karl Knies, Berlin 1896.

887 Aristoteles, auf den Marx sich bei seiner Konzeption des Äquivalententausches bezieht, hat diesen in der »Nikomachischen Ethik« im Rahmen der Behandlung der Gerechtigkeit als einen Sonderfall eingeführt.

888 Werner Hofman, Ideengeschichte der sozialen Bewegung (Anm. 744), S. 124f.

Bevor in der Folge die Argumentationsschritte der Marx'schen Kritik der politischen Ökonomie knapp skizziert werden, noch einige Anmerkungen zu seiner Methode. Die Analyse des Kapitalzusammenhanges hat die Verselbständigung der Produkte gesellschaftlicher Arbeit zu einem die Produzenten beherrschenden Strukturzusammenhang zum Gegenstand. Erforderlich wird so eine auch methodisch durchzuführende Akzentverlagerung der Forschung hin auf die Untersuchung der Reproduktion der gesellschaftlichen Verhältnisse in ihrer Totalität. Der realhistorische Prozeß der Verselbständigung des kapitalistischen Verwertungsprozesses wird selbst zum methodischen Ausgangspunkt der Kapitalanalyse. Der Akzentwechsel von der Anthropologie der Arbeit zur Ökonomiekritik als Analyse verselbständigter Strukturen führt Marx zu einer veränderten Bezugnahme auf den rationellen Kern der Hegelschen Philosophie. In den Pariser Manuskripten war die *Phänomenologie des Geistes* der zentrale Referenztext der Marxschen Anthropologie der Arbeit als einer Theorie gesellschaftlicher Subjektivität. In den ökonomischen Schriften dient Marx die Hegelsche Logik als Vorbild und »philosophischer Kommentar«: Der »Entfaltungsprozeß des Kapitals läßt sich in den dialektischen Gedankenfiguren des sich selbst begreifenden Geistes darstellen. Marx abstrahiert daher wie Hegel von aller menschlichen Subjektivität, um die dialektische Logik Hegels als ein der kapitalistischen Realabstraktion angemessenes Methodenvorbild für die Kapitalanalyse verwenden zu können; als Kapitalismuskritik aber bleibt sie in der anthropologisch begründeten Theorie der Frühschriften eingebettet, von der aus sich überhaupt erst das Kapitalsubjekt als selbst in menschlicher Arbeit fundiertes Scheinsubjekt durchschauen läßt.«[889]

Die Bedeutung der dialektischen Methode innerhalb der Marxschen Ökonomiekritik ist umstritten[890]. Eine »emphatische Dialektik der Darstellung« findet sich vor allem in den ersten, teilweise unveröffentlichten Arbeiten. In den dort anzutreffenden Argumentationsschritten »vom Abstrakten zum Konkreten« oder »vom Einzelnen zum Allgemeinen« wird die Entwicklung des Wertgesetzes nach dem Vorbild der Selbstbestimmung des absoluten Geistes in Hegels *Logik* dargestellt. Die Dialektik läßt sich hier als Eigenschaft des untersuchten Gegenstandes auffassen.

Eine »reduzierte Dialektik der Darstellung« findet sich vor allem in den späteren Veröffentlichungen, insbesondere im *Kapital*. Ihr zufolge ist die Dialektik vor allem ein Verfahren des Theoretikers, mit dessen Hilfe sich gesellschaftliche Teilbereiche – etwa Zirkulation und Produktion – aufeinander beziehen lassen. Diese reduzierte Dialektik ermöglicht die Anschlußfähigkeit der Kritik an die empirische Erforschung der Wirklichkeit einer durch strukturelle Differenzierungen gekennzeichneten modernen Gesellschaft. Sie ermöglicht die Berücksichtigung der Problematik, »daß eine auf die Erklärung wirklicher Verhältnisse angelegte Kapitalismustheorie die identitätsphilosophische Voraussetzung, daß sie ›die eigene Methode jeder Sache selbst‹ sei, ›weil ihre Tätigkeit der Begriff ist‹, aus dem gleichen Grunde nicht zur Richtschnur nehmen kann, aus dem sie sich in ›materialistischer‹

889 Axel Honneth, Geschichte und Interaktionsverhältnisse, in: Urs Jaeggi/ders. (Hrsg.), Theorien des Historischen Materialismus, Frankfurt/M. 1977, S. 405–449, hier: S. 440.

890 Gerhard Göhler, Die Reduktion der Dialektik durch Marx. Strukturveränderungen der dialektischen Entwicklung in der Kritik der politischen Ökonomie, Stuttgart 1980.

Einstellung den empirischen Voraussetzungen des gesellschaftlichen Seins zuwendet.«[891]

Erkennbar sind die Differenzen zwischen einer emphatischen und einer reduzierten Dialektik der Methode, die sich beide auf Phasen der Marxschen Werkentwicklung beziehen lassen. Eine methodenkritische Reflektion des Bedeutungswandels seines Bezuges auf die Hegelsche Dialektik findet sich indes bei Marx selber nicht. Noch die ›reduzierte‹ Verwendung der Dialektik zu bloßen Darstellungszwecken verdankt sich jedoch bei Marx dem theoretischen Motiv der Kritik eines systemisch verselbständigten Strukturzusammenhanges der Selbstverwertung des Kapitals und der daraus erwachsenen verdinglichenden und freiheitseinschränkenden Effekte.

In seinem politökonomischen Hauptwerk *Das Kapital* entfaltet Marx systematisch die theoretischen Grundlagen seiner Kritik des Kapitals als eines spezifischen Herrschaftsverhältnisses, das sich über die Aneignung und Ausbeutung der menschlichen Arbeitskraft herstellt. Marx beginnt seine Untersuchung nicht, wie man vor dem Hintergrund des Historischen Materialismus vermuten könnte, mit der Analyse der Produktion, sondern mit der Analyse der Ware. Dieser Ansatzpunkt seiner Darstellung übernimmt das in der klassischen Nationalökonomie für Markttausch und Konkurrenz vorausgesetzte Prinzip distributiver Gerechtigkeit. Schon Ricardo konnte unter den Annahmen des Äquivalententauschs nicht widerspruchsfrei erklären, daß die Arbeit zuvor zu ihrem Wert bezahlt wird, aber dennoch mehr Wert erzeugt, als sie kostet. Für Marx offenbart sich hinter dem geldvermittelten Warentausch gleichberechtigter Vertragspartner und dem Mechanismus der Konkurrenz die Erzeugung von Mehrwert als spezifische Fähigkeit der Ware Arbeitskraft. Nicht die vom Arbeiter geleistete Arbeit, sondern seine Arbeitskraft wird vom Kapitalisten gekauft. Der Gebrauchswert der Ware Arbeitskraft ist es, Wert zu zeugen. Der Argumentationsgang soll nun in seinem systematischen Aufbau knapp skizziert werden.

Der »Reichtum der Gesellschaften, in welchen kapitalistische Produktionsweise herrscht, erscheint zunächst als eine ungeheure Warensammlung, die einzelne Ware als seine Elementarform. Unsere Untersuchung beginnt daher mit der Analyse der Ware.«[892] Die Ware ist nicht nur als Gebrauchswert ein nützlicher Gegenstand, sondern sie ist auch Träger von Tauschwert, da sie im arbeitsteiligen System der kapitalistischen Gesellschaft zu Zwecken des Austauschs hergestellt wird. Da Marx den Tausch als Äquivalententausch von gleichen Warenwerten auffaßt, fragt er nach der Bestimmungsgröße des Warenwertes. Das Gemeinsame aller Waren, so die Antwort, liegt darin, daß sie Produkte »abstrakt menschlicher Arbeit sind«: »Betrachten wir nun das Residuum der Arbeitsprodukte. Es ist nichts von ihnen übriggeblieben als dieselbe gespenstige Gegenständlichkeit, eine bloße Gallerte unterschiedsloser menschlicher Arbeit, d. h. der Verausgabung menschlicher Arbeitskraft ohne Rücksicht auf die Form ihrer Verausgabung... Das Gemeinsame, was sich im Austauschverhältnis oder Tauschwert der Ware darstellt, ist also ihr Wert.«[893] Marx kommt zu

891 Otto Kallscheuer, Marxismus und Erkenntnistheorie in Westeuropa (Anm. 876), S. 264–291, hier: S. 273; das Zitat im Zitat ist Hegels »Wissenschaft der Logik« entnommen, in: Georg Wilhelm Friedrich Hegel, Theorie-Werkausgabe (Anm. 848), Bd. 6, S. 591f.

892 Karl Marx, Das Kapital. Erster Band (Anm. 856), S. 49.

893 Ebd., S. 52f.

dem Ergebnis, daß der Wert durch die gesellschaftlich notwendige Arbeitszeit bestimmt wird, die zur Herstellung einer Ware erforderlich ist.

In entwickelten warenproduzierenden Gesellschaften wird der Tausch wertgleicher Waren durch eine besondere Ware vermittelt, die zur »allgemeinen Erscheinungsform menschlicher Arbeit« geworden ist[894]: das Geld. Schon in der antiken Sklavengesellschaft regelt Geld als allgemeines Äquivalent den Warenaustausch. Die Existenz von Geld stellt denn auch eine zwar notwendige, nicht aber eine hinreichende Bedingung für die Herausbildung der kapitalistischen Produktionsweise dar. Zu den historischen Voraussetzungen des Kapitalismus gehören darüber hinaus der von Marx betonte Prozeß der »ursprünglichen Akkumulation« – als »Expropriation des Landvolkes von Grund und Boden«[895] –, aber sicherlich auch der später von Max Weber und Werner Sombart hervorgehobene Mentalitätswandel innerhalb der bürgerlichen Trägerschichten der entstehenden kapitalistischen Gesellschaft[896]. Marx geht in seiner Darstellung der kapitalistischen Produktionsweise freilich nicht historisch vor, sondern bewegt sich entlang einer logischen Argumentationskette. Innerhalb dieser Argumentation erfolgt der Nachweis der Verwandlung von Geld in Kapital mittels der Analyse zweier in ihren Resultaten grundverschiedener Tauschprozesse.

Während der Tausch W(are)-G(eld)-W(are) das Ziel verfolgt, über den Tausch einer Ware mit Geld eine andere, für den Konsum erstrebte nützliche Ware einzutauschen, ist der für die Kapitalbildung grundlegende Tauschakt der Tausch von G(eld)-W(are)-G'(eld). Angestrebt ist hier die Vergrößerung der eingebrachten Geldmenge (G' steht für ein größeres Geldquantum). Diese Zirkulationsform des Kapital beinhaltet den kapitalistischen Produktionsprozeß. Der Kapitalist investiert Geld in die zur Produktion benötigten Waren, um am Ende mehr Geld (Profit) zu erhalten. Das Rätsel der Entstehung von Mehrwehrt enthüllt sich als das gelüftete Geheimnis der als Ware auf dem Arbeitsmarkt vorfindbaren Arbeitskraft. Marx setzt dabei die historischen Bedingungen der ursprünglichen Akkumulation stillschweigend voraus. Sie haben zur Folge, daß der von seinen Produktionsmitteln getrennte Arbeiter »freier Eigentümer seines Arbeitsvermögens« ist und »seine Arbeitskraft selbst . . . als Ware feilbieten muß«[897]: »Um aus dem Verbrauch einer Ware Wert herauszuziehen, müßte unser Geldbesitzer so glücklich sein, innerhalb der Zirkulationssphäre, auf dem Markt, eine Ware zu entdecken, deren Gebrauchswert selbst die eigentümliche Beschaffenheit besäße, Quelle von Wert zu sein, deren wirklicher Verbrauch also selbst Vergegenständlichung von Arbeit wäre, daher Wertschöpfung. Und der Geldbesitzer findet auf dem Markt eine solche spezifische Ware vor – das Arbeitsvermögen oder die Arbeitskraft.«[898]

Die Konsumtion der Ware Arbeitskraft findet im Produktionsprozeß statt. Marx wendet sich nun dessen Gesetzmäßigkeiten zu. Der Kapitalist investiert zum einen Kapital in Rohstoffe, Maschinen, Werkzeuge oder Betriebsstätten. Marx nennt es das

894 Ebd., S. 81.

895 Ebd., S. 744ff.

896 Werner Sombart, Der moderne Kapitalismus, Bd. 1, München 1987, S. 327ff.; ders., Der Bourgeois. Zur Geistesgeschichte des modernen Wirtschaftsmenschen, Reinbek 1988, S. 31ff.; Max Weber, Die protestantische Ethik, München – Hamburg 1969, S. 39ff., S. 66ff.

897 Karl Marx, Das Kapital. Erster Band (Anm. 856), S. 182f.

898 Ebd., S. 181.

»konstante Kapital«. Zum anderen investiert er in die Arbeitskraft, deren Wert sich aus dem Wert der zu ihrer Reproduktion erforderlichen Waren bestimmt. Marx nennt dieses Kapital das »variable Kapital«. Diesem kommt als einzigem wertschaffenden Faktor des Produktionsprozesses besondere Bedeutung zu.

Der Arbeiter muß mit seiner Arbeit zunächst den Wert der zur Wiederherstellung seiner Arbeitskraft und zur Versorgung seiner Familie erforderlichen Waren produzieren. Die Steigerung des Mehrwerts ist daher nur möglich, wenn die überschüssige, Mehrwert schaffende Arbeitszeit im Verhältnis zur notwendigen Arbeitszeit ausgedehnt wird. Hier ergeben sich für den Kapitalisten zwei prinzipielle Möglichkeiten: die Produktion des »absoluten Mehrwerts« und die des »relativen Mehrwerts«.

Die Produktion des »absoluten Mehrwerts« setzt auf die Verlängerung des Arbeitstages, um den Mehrwert zu steigern und das Verhältnis von notwendiger Arbeit (zur Reproduktion der Arbeitskraft) und Mehrarbeit (zur Produktion des Mehrwerts) für seine Profitabsichten günstig zu gestalten. Diese Strategie stößt jedoch auf historische Grenzen: Dies zeigen die Einführung eines gesetzlich begrenzten Arbeitstages, die Begrenzung der Nachtarbeit oder von Frauen- und Kinderarbeit. Die Produktion des »relativen Mehrwerts« setzt demgegenüber auf die Verkürzung der Arbeitszeit, die zur Reproduktion der Arbeitskraft erforderlich ist. Dies geschieht durch die technisch-industrielle Steigerung der Arbeitsproduktivität, die zur Verbilligung der erforderlichen Konsumgüter führt.

Ihren Ausgang nimmt die Produktion des relativen Mehrwerts in der manufakturellen Arbeitsteilung. Innerhalb einer »erweiterten Reproduktion« verwandeln die Kapitalisten den erzielten Mehrwert in akkumuliertes Kapital und investieren in die zur Produktion des relativen Mehrwerts erforderlichen Produktionsmittel. Der Konkurrenzdruck nötigt die Unternehmer zur Einführung der jeweils rationellsten Produktionsmethoden. Haben sie hierbei Vorsprünge erzielt, können sie diese zu besonders großen Gewinnen ummünzen, bis die anderen Unternehmer eine Angleichung ihres technischen Produktionsstandards erreicht haben. Dann pendeln sich die Gewinnspannen wieder auf ein Normalmaß ein.

Die Produktion des relativen Mehrwerts leitet zugleich eine Verdrängung von Arbeit durch Maschinen ein. Dies führt zum Anwachsen einer »industriellen Reservearmee«. Es kommt zu einer Änderung der »organischen Zusammensetzung des Kapitals«, des Verhältnisses von konstantem und variablem Kapital. Das konstante Kapital wächst schneller, so daß immer weniger Arbeitskräfte immer mehr Mehrwert produzieren müssen. Aus der veränderten organischen Zusammensetzung des Kapitals folgert Marx einen tendenziellen Fall der Profitrate. Trotz einem immensen Anwachsen der Produktivkräfte kommt es daher auf lange Sicht zur definitiven Krise der kapitalistischen Produktionsverhältnisse: »Die wahre Schranke der kapitalistischen Produktion ist das Kapital selbst, ist dies: daß das Kapital und seine Selbstverwertung als Ausgangspunkt und Endpunkt, als Motiv und Zweck der Produktion erscheint; daß die Produktion nur Produktion für das Kapitel ist und nicht umgekehrt die Produktionsmittel bloße Mittel für eine stets sich erweiternde Gestaltung des Lebensprozesses für die Gesellschaft der Produzenten sind ... Das Mittel – unbedingte Entwicklung der gesellschaftlichen Produktivkräfte – gerät in fortwährenden Konflikt mit dem beschränkten Zweck, der Verwertung des vorhandenen Kapitals. Wenn daher die kapitalistische Produktionsweise ein historisches Mittel ist, um die materielle Produktivkraft zu entwickeln und den ihr entsprechenden Weltmarkt zu schaffen, ist sie zugleich der beständige Widerspruch zwischen dieser ihrer historischen Aufgabe und den ihr entsprechenden gesellschaftlichen Produktionsverhältnissen.«[899]

Marx sieht auch kurzfristig die Wirtschaftsentwicklung in gänzlich anderer Weise als die am Modellfall eines harmonischen Marktgleichgewichts orientierten Theoretiker des Wirtschaftsliberalismus. Krisenhafte Konjunkturverläufe und der periodische Zusammenbruch der Profitrate gelten ihm als Folge der »Anarchie« der Privatwirtschaft. Da die privat produzierten Waren erst im Nachhinein über den Marktmechanismus mit den gesellschaftlichen Bedürfnissen abgeglichen werden können, ist für Marx das Ungleichgewicht von Überproduktion und Unterkonsumtion Ausdruck der dieser Produktionsweise eigentümlichen Widersprüchlichkeit.

Mit der zunehmenden Kapitalkonzentration im Gefolge der relativen Mehrwertproduktion kommt es auch zu einer Zentralisation des Kapitaleigentums in wenigen Händen und zu einer sich verschärfenden sozialen Polarisierung. Marx geht von dem Verschwinden der ökonomischen Zwischenschichten aus. Da die Verdrängung der Arbeiter durch Maschinen eine »industrielle Reservearmee« zur Folge habe, sei davon auszugehen, daß die Arbeitsbevölkerung stets rascher wachse als das Verwertungsbedürfnis des Kapitals. »Je größer der gesellschaftliche Reichtum, das funktionierende Kapital, Umfang und Energie seines Wachstums, also auch die absolute Größe des Proletariats und die Produktivkraft seiner Arbeit, desto größer die industrielle Reservearmee... Je größer endlich die Lazarusschicht der Arbeiterklasse und die industrielle Reservearmee, desto größer der offizielle Pauperismus.«[900] Marx führt die tiefliegende Krisenanfälligkeit der kapitalistischen Produktionsweise auf Verelendungstendenzen und die begrenzte Massenkaufkraft zurück: »Der letzte Grund aller wirklichen Krisen bleibt immer die Armut und Konsumtionsbeschränkung der Massen gegenüber dem Trieb der kapitalistischen Produktion, die Produktivkräfte so zu entwickeln, als ob nur die absolute Konsumtionsfähigkeit der Gesellschaft ihre Grenze bilde.«[901]

Seine ökonomischen Studien bestärken Marx bei seiner Annahme einer zwangsläufig bevorstehenden revolutionären Umwälzung der kapitalistischen Produktionsweise: »Die Zentralisation der Produktionsmittel und die Vergesellschaftung der Arbeit erreichen einen Punkt, wo sie unverträglich werden mit ihrer kapitalistischen Hülle. Die Stunde des kapitalistischen Privateigentums schlägt. Die Expropriateure werden expropriiert.«[902] Nicht vorstellbar ist für Marx die Möglichkeit der Stabilisierung der kapitalistischen Gesellschaft durch eine Institutionalisierung des Klassenkonflikts innerhalb einer modernen Massendemokratie, die Zunahme staatlicher Eingriffe zum Zwecke des Ausgleichs wirtschaftlicher Ungleichgewichte oder die bedeutende Entwicklung einer sozialstaatlichen Abfederung der sozialen Ungleichheiten. Nicht abzusehen ist zu seiner Zeit auch die Bedeutung, die etwa dem Dienstleistungssektor im 20. Jahrhundert zukommen und die – ganz gegenläufig zu der von Marx vertretenen Polarisierungsthese – mit einem starken Wachstum der Mittelschichten verbunden sein sollte.

---

899 Karl Marx, Das Kapital. Dritter Band (Anm. 859), S. 260.
900 Karl Marx, Das Kapital. Erster Band (Anm. 856), S. 673f.
901 Karl Marx, Das Kapital. Dritter Band (Anm. 859), S. 501.
902 Karl Marx, Das Kapital. Erster Band (Anm. 856), S. 791.

Im berühmten Abschnitt über den »Fetischcharakter der Ware und sein Geheimnis« behandelt Marx die Herauslösung und Verselbständigung des kapitalistischen Produktionsprozesses als einen Vorgang der Verzauberung und Ideologiebildung. Jeder Versuch der Individuen, ihren Anspruch auf Selbstbestimmung gegen die Sachzwanglogik des kapitalistischen Produktionsprozesses durchzusetzen, wird durch den »mystischen Charakter der Ware« erschwert. »Das Geheimnisvolle der Warenform besteht ... einfach darin, daß sie den Menschen die gesellschaftlichen Charaktere ihrer eigenen Arbeit als gegenständliche Charaktere der Arbeitsprodukte selbst, als gesellschaftliche Natureigenschaften dieser Dinge zurückspiegelt, daher auch das gesellschaftliche Verhältnis der Produzenten zur Gesamtarbeit als ein außer ihnen existierendes gesellschaftliches Verhältnis von Gegenständen.«[903]

Die Marxsche Kritik des Warenfetischismus enthüllt das Geheimnis der Ware mittels der Werttheorie und verwendet dieses Wissen zur Formulierung einer Ideologiekritik. Diese verortet das falsche Bewußtsein aufgrund objektiver Zusammenhänge als ein unvollständiges Bewußtsein. Da »das bestimmte gesellschaftliche Verhältnis der Menschen selbst ... für sie die phantasmagorische Form eines Verhältnisses von Dingen annimmt«[904], bedarf es zur Anleitung der erwarteten proletarischen Revolution einer theoretisch aufgeklärten Avantgarde. Der Warenfetischismus verhindert die zwanglose Rückkoppelung von Unrechts- und Unterdrückungserfahrungen innerhalb der kapitalistischen Produktionsweise mit der Lebenswelt der Arbeiter. Er macht die politische Organisation und Anleitung der Arbeiterbewegung zu einer zwingenden Voraussetzung des revolutionären Klassenkampfes. Verelendungstendenzen und der materielle Zwang gelten Marx als die notwendigen Voraussetzungen eines politischen Klassenhandelns des Proletariats. Dessen Konstituierung als kollektives Subjekt einer gesellschaftlichen Umwälzung läßt sich jedoch – und die Effekte des Warenfetischismus verschärfen diesen Einwand noch – nicht umstandslos aus einer Sozialpsychologie der Verelendung oder einer deterministischen Sicht des Geschichtsprozesses begründen. Problematisch bleibt der Zusammenhang von objektiver Klassenlage (›Klasse an sich‹) und Klassenbewußtsein (›Klasse für sich‹). Auch bleibt ungeklärt, inwieweit ökonomische Konflikte ausschlaggebend sind für die Artikulation politischer Ziele. Marx hat innerhalb seiner Kritik der politischen Ökonomie eine eigenständige Theorie des sozialen und politischen Handelns nicht entwickelt. Hier zeigen sich zugleich die Grenzen der Konzeption von Praxis als ›gegenständlicher Tätigkeit‹[905]. Die Marxsche Begründung revolutionärer Subjektivität des Proletariats kann vor dem Hintergrund der von ihm ausgemachten Entwicklungsgesetze der kapitalistischen Produktionsweise »das Handeln des Proletariats bestenfalls als strategisches Handeln im Dienste der Geschichte oder als spontanen Reflex auf Verelendung (bzw. objektiven Zusammenbruch)« begreifen[906]. Dies wird folgenreich auch für die Marxsche Konzeption der proletarischen Revolution und der politisch-institutionellen Rahmenbedingungen des Überganges zum Kommunismus. Die ange-

---

903 Ebd., S. 86.

904 Ebd.

905 Zu diesem Einwand: Dietrich Böhler, Metakritik der Marxschen Ideologiekritik, Frankfurt/M. 1971, S. 206ff.; Jürgen Habermas, Erkenntnis und Interesse, Frankfurt 1973^2.

906 Rolf Zimmermann, Utopie-Rationalität-Politik. Zur Kritik, Rekonstruktion und Systematik einer emanzipatorischen Gesellschaftstheorie bei Marx und Habermas, Freiburg – München 1985, S. 244.

strebte »Republik der Arbeit« ergibt sich keineswegs, wie Marx dies anläßlich der Pariser Kommune formuliert, »nebenbei und von selbst«, sondern muß hinsichtlich ihrer politisch-institutionellen Erfordernisse näher bestimmt werden. Wenden wir uns daher nun den Marxschen Ausführungen über die »politische Form« zu, »unter der die ökonomische Befreiung der Arbeit sich vollziehen« kann[907].

6.1.5 Jenseits des Politischen: Von der proletarischen Revolution zum Absterben des Staates

In seinen frühen Schriften hatte Marx die Herausbildung des Staates aus dem Schoß der Gesellschaft als Ausdruck ihrer unaufgelösten Widersprüche begriffen. Seine radikal-demokratische Position zielt dort auf die Reintegration des Staates in eine selbstbestimmte Gesellschaft. Diesem Zielhorizont verdankt sich auch die von Marx vorgenommene Unterscheidung einer bloß politischen und der umfassenderen menschlichen Emanzipation. Innerhalb seiner späteren politökonomischen Schriften findet sich keine ausgearbeitete Theorie des bürgerlichen Staates, wenngleich Marx vorgehabt hat, diese in einem geplanten, aber nie ausgeführten Teilband seines Hauptwerkes *Das Kapital* zu analysieren[908]. So ermöglicht alleine der Rückgriff auf die Zusammenhänge und Querbezüge von früherem und späterem Werk Auskünfte über die Marxsche Staatstheorie und politische Theorie.

In den frühen Schriften gelten Marx Freiheit und Gleichheit des citoyen (Staatsbürgers) als bloß politischer Ausdruck für die Etablierung des ›egoistischen Menschen‹ in der bürgerlichen Gesellschaft. Die Trennung von bourgeois und citoyen kritisiert er dort unter Bezug auf den Maßstab der ›menschlichen‹ Emanzipation als künstliche und zu überwindende Trennung.

Erst der Kritik der politischen Ökonomie offenbaren sich in vollem Umfang Freiheit und Gleichheit der Individuen in ihrem Entsprechungsverhältnis zu den Erfordernissen des kapitalistischen Warentauschs. Vor dem Hintergrund der Hegelschen Unterscheidung von bürgerlicher Gesellschaft – als dem »Not- und Verstandesstaat« – und politischem Staat (siehe dazu Abschnitt 2.4 unserer Darstellung) analysiert Marx die politischen Institutionen des bürgerlichen Staates hinsichtlich ihrer Funktionalität für die kapitalistische Tausch- und Produktionsstruktur. Der bürgerliche Rechtsstaat garantiert mit der Gleichheit der Rechtssubjekte und der Freiheit egoistischer Privatinteressen die Rahmenbedingungen eines entwickelten Warentausches: Die Freiheit des Privateigentümers ist wesentlich Freiheit von persönlichem Zwang oder negative Freiheit. Die Garantie der Eigenschaften der Warenbesitzer als Rechtspersonen, ihre Sicherheit, Freiheit und Gleichheit, ihre Rechtsfähigkeit und ihr Rechtsschutz sind notwendigerweise öffentlich-rechtlicher Natur. Die Rechtsgleichheit der Warenbesitzer verdeckt die kapitalistischen Ausbeutungsstrukturen. Marx weist darauf hin: »Dieser Austausch von Äquivalenten ... ist nur die oberflächliche

907 Die Zitate bei Karl Marx, Erster Entwurf zum ›Bürgerkrieg in Frankreich‹, in: Marx-Engels-Werke (Anm. 159), Bd. 17, S. 555; ders., Der Bürgerkrieg in Frankreich, ebd., S. 342.

908 Brief von Marx an Engels vom 2. April 1858, in : Marx-Engels-Werke (Anm. 159), Bd. 29, S. 312.

Schichte einer Produktion, die beruht auf der Aneignung fremder Arbeit ohne Austausch, aber unter dem Schein des Austausches. Dieses System des Austauschs beruht auf dem Kapital als seiner Grundlage, und, wenn es getrennt von ihm betrachtet wird, wie es sich an der Oberfläche zeigt, als selbständiges System, so ist dies bloßer Schein, aber ein notwendiger Schein.«[909]

Die herrschafts- und ideologiekritische Entlarvung des scheinegalitären Herrschaftscharakters der bürgerlichen Demokratie stellt in der Folge jedoch – in Verbindung mit dem Konzept der ›gegenständlichen Tätigkeit‹ – zugleich eine theoretische Hypothek für die Marxsche politische Theorie dar. Da die kapitalistische Form der Ausbeutung nicht im Gegensatz zur formellen Freiheit und Gleichheit steht, sondern vielmehr erst innerhalb dieser rechtlichen Bedingungen möglich wird, geraten die politisch-institutionellen Realisationsformen von Freiheit und Gleichheit unter einen pauschalen Ideologieverdacht. Dem entspricht für die Marxsche Konzeption der proletarischen Revolution eine demokratietheoretische Leerstelle bezüglich der politisch-institutionellen Erfordernisse der Zukunftsgesellschaft. Die politische Macht gilt Marx vor allem als ein Mittel zur Revolutionierung der Gesellschaft. »Anstatt ... das Emanzipationspotential der bürgerlichen Demokratie in allgemeine Emanzipationsbedingungen weiterzudenken, interessieren Marx die bürgerlichen Institutionen ausschließlich als Mittel der proletarischen Machtergreifung und Vorstufen der proletarischen Gegenherrschaft.«[910]

Im *Kommunistischen Manifest* ist für Marx die »Erkämpfung der Demokratie« nichts anderes als die »Erhebung des Proletariats zur herrschenden Klasse«[911], und auch in seinem zweiten *Entwurf zum Bürgerkrieg in Frankreich* (1871) gilt ihm die Republik bloß »als revolutionäres Mittel, um die Klassenherrschaft selbst zu brechen«[912]. Marx denkt die »politische Übergangsperiode« nur in Termini von Klassenherrschaft: »Zwischen der kapitalistischen und der kommunistischen Gesellschaft liegt die Periode der revolutionären Umwandlung der einen in die andere. Der entspricht auch eine politische Übergangsperiode, deren Staat nichts anderes sein kann als die revolutionäre Diktatur des Proletariats.«[913] Mit dem Verschwinden der Klassengegensätze, davon ist Marx überzeugt, verschwindet dann schließlich das Politische, denn die »politische Gewalt im eigentlichen Sinne ist die organisierte Gewalt einer Klasse zur Unterdrückung einer anderen.«[914]

Die Formulierung »Diktatur des Proletariats« verwendet Marx unter Bezugnahme auf Blanqui (siehe das Kapitel Vor- und Frühsozialismus) bereits 1850. Blanqui hatte die Diktatur des Proletariats als eine Erziehungsdiktatur konzipiert, die zur Verbreitung des Kommunismus führen sollte. Marx hält eine solche Diktatur gleichfalls für erforderlich, wenn auch zu dieser Zeit nur für die Dauer einer kurzen Übergangsphase. Innerhalb einer politisch-aktionistischen Konzeption bedeutet ihm der revolutionäre Sozialismus »die Permanenzerklärung der Revolution, die Klassendiktatur

909 Karl Marx, Grundrisse der Kritik der politischen Ökonomie (Anm. 883), S. 409.
910 Rolf Zimmermann, Utopie-Rationalität-Politik (Anm. 906), S. 228.
911 Karl Marx/Friedrich Engels, Manifest der Kommunistischen Partei (Anm. 736), S. 481.
912 Karl Marx, Zweiter Entwurf zum ›Bürgerkrieg in Frankreich‹, in: Marx-Engels-Werke (Anm. 159), Bd. 17, S. 608.
913 Karl Marx, Kritik des Gothaer Programms, in: Marx-Engels-Werke (Anm. 159), Bd. 19, S. 28.
914 Karl Marx/Friedrich Engels, Manifest der Kommunistischen Partei (Anm. 736), S. 482.

des Proletariats als notwendige Durchgangsperiode zur Abschaffung der Klassenunterschiede überhaupt.«[915]

In der Blanquistischen Tradition ist auch für Marx die Eroberung der Staatsmacht zunächst eine Tat weniger entschlossener Kommunisten. Die politische Aktion rüttelt dann die Massen der Arbeiterklasse durch das gegebene Beispiel politisch wach. Daß es sich bei der proletarischen Diktatur schließlich um eine Mehrheitsherrschaft handeln werde, gilt Marx als ausgemacht. Sein aktionistisches Konzept eines von Minderheiten eingeleiteten gewaltsamen Umsturzes tritt bei Marx angesichts der veränderten historisch-politischen Rahmenbedingungen in den fünfziger Jahre in den Hintergrund. Bis dahin hatte er den baldigen Ausbruch von Revolutionen in den entwickelten kapitalistischen Ländern Europas erwartet. Nun bindet er den Ausbruch von Revolutionen stärker an ökonomische Voraussetzungen und Krisenverläufe. Ab Ende der sechziger Jahre wird Marx sogar die Möglichkeit ins Auge fassen, daß Revolutionen zuerst in den vorwiegend agrarisch strukturierten Ländern der Peripherie (etwa in Rußland) ausbrechen können. »Das internationalistische Konzept verlangt die Koordinierung der Arbeiter mit anderen Klassen und Schichten (Bündnisproblematik) und mit ›Nationalkämpfen‹. Der Sektor ›Diplomatie‹ wird zum Gegenstand der Arbeiterpolitik.«[916]

An die Stelle des Konzepts der permanenten Aktion tritt die Vorstellung eines auf längere Sicht angelegten politischen Kampfes. Auch die Übergangsphase der Diktatur des Proletariats wird nun zu einem langwierigen Prozeß. Im Zusammenhang mit dem politischen Kampf in den entwickelten kapitalistischen Ländern Europas gewinnen das allgemeine Wahlrecht und mit ihm die Formen der parlamentarischen Auseinandersetzung einen höheren politischen Stellenwert[917]. Die Indienstnahme des Staates für die rechtliche Durchsetzung und Garantie des Normalarbeitstages mindert die Konkurrenz und Zersplitterung der Arbeiterklasse. Auch die Forderung nach einer Abschaffung des Erbrechts zählt Marx zu den »Übergangsmaßregeln ..., die geeignet sind, schließlich einen radikalen Wechsel der Gesellschaft zuwege zu bringen«[918].

Marx erscheint nun unter bestimmten Voraussetzungen auch ein »friedlicher« Übergang zur proletarischen Diktatur möglich. Dabei versteht er die Alternative von friedlicher und gewaltsamer Machtergreifung als von den Verhältnissen abhängige taktische Entscheidung über die Wahl der angemessenen politischen Kampfformen: »Der Arbeiter muß eines Tages die politische Gewalt ergreifen, um die neue Organisation der Arbeit aufzubauen ... Aber wir haben nicht behauptet, daß die Wege, um zu diesem Ziel zu gelangen, überall dieselben seien. Wir wissen, daß man die Institutionen, die Sitten und Traditionen der verschiedenen Länder berücksichtigen muß, und wir leugnen nicht, daß es Länder gibt, wie Amerika, England, und wenn mir eure Institutionen besser bekannt wären, würde ich vielleicht noch Holland hinzufügen,

---

915 Karl Marx, Die Klassenkämpfe in Frankreich 1848 bis 1850, in: Marx-Engels-Werke (Anm. 159), Bd. 7, S. 89.

916 Andreas Arndt, Karl Marx, Versuch über den Zusammenhang seiner Theorie, Bochum 1985, S. 111.

917 Karl Korsch, Karl Marx, Frankfurt/M. – Wien 1967, S. 181f.; Rolf Peter Sieferle, Die Revolution in der Theorie von Karl Marx, Frankfurt/M. 1979.

918 Karl Marx, Bericht des Generalrats über das Erbrecht, in: Marx-Engels-Werke (Anm. 159), Bd. 16, S. 367–369, hier: S. 369.

wo die Arbeiter auf friedlichem Weg zu ihrem Ziel gelangen können. Wenn das wahr ist, müssen wir auch anerkennen, daß in den meisten Ländern des Kontinents der Hebel unserer Revolution die Gewalt sein muß; die Gewalt ist es, an die man eines Tages appellieren muß, um die Herrschaft der Arbeit zu errichten.«[919]

Unabhängig von dem jeweils variierenden Weg zur Eroberung der Staatsmacht hält Marx jedoch an seinem Konzept der Diktatur des Proletariats als notwendiger Übergangsphase zur kommunistischen Zukunftsgesellschaft fest. An dieser Frage entzündet sich wesentlich auch seine Auseinandersetzung mit dem Anarchisten Bakunin und seinen Anhängern in der I. Internationale. Während Bakunin als die ersten Maßnahmen der Revolution die sofortige Abschaffung des Staates und die Ersetzung von Autorität durch Autonomie fordert, beharrt Marx auf der Notwendigkeit, mit Hilfe der Staatsmacht die sozialen Verhältnisse umzuwälzen und jede Gegenwehr der Kapitalistenklasse mit ihrer Hilfe zu brechen[920].

Marx war zunächst davon ausgegangen, daß die Arbeiterklasse den bürgerlichen Staat für ihre Zwecke bloß in anderer Weise einsetzen müsse. Seine Auffassung präzisiert er aber unter den Eindrücken der Pariser Commune von 1871. Er gelangt über sie zu der Einsicht, daß die Arbeiterklasse »nicht die fertige Staatsmaschinerie einfach in Besitz nehmen und diese für ihre eigenen Zwecke in Bewegung setzen« könne[921]. In der politischen Organisation der Commune glaubt er ein Vorbild für die politische Organisation der Diktatur des Proletariats erkennen zu können: Zu den von Marx hervorgehobenen Momenten zählen ein Rätesystem mit imperativem Mandat für politische Vertreter, Beamte und Richter, Arbeiterlohn für öffentliche Ämter, die Dezentralisation politischer Grundeinheiten und die – von Marx allerdings schon seit 1848 hervorgehobene – Abschaffung des stehenden Heeres.

Marx hat sich später gegen eine Verallgemeinerbarkeit der in der Pariser Commune anzutreffenden politischen Organisationsformen gewandt[922]. Die vor allem in seinen historischen Schriften aufzufindenden Äußerungen zur Bedeutung und Ausgestaltung der politischen Institutionen der Übergangsgesellschaft erreichen nirgends den Formulierungsgrad allgemeiner Einsichten. Bemerkenswert ist jedoch die eigentümliche Verschränkung der Konzeption eines politischen Rätesystems – mit Dezentralisation und Basisdemokratie – mit der Konzeption eines ökonomischen Zentralismus. Das siegreiche Proletariat soll die Entwicklung der sozialistischen Form der Arbeit mittels einer Verstaatlichung der Produktionsmittel realisieren.

Marx hebt hervor, »daß das gegenwärtige ›spontane Wirken der Naturgesetze des Kapitals und des Grundeigentums‹ nur im Verlauf eines langen Entwicklungsprozesses neuer Bedingungen durch ›das spontane Wirken der Gesetze der gesellschaftlichen Ökonomie der freien und assoziierten Arbeit‹ ersetzt werden kann ... Aber die Arbeiterklasse weiß zugleich, daß durch die kommunale Form der politischen Organisation sofort große Fortschritte erzielt werden können.«[923]

---

919 Karl Marx, Rede über den Haager Kongreß, in: Marx-Engels-Werke (Anm. 159), Bd. 18, S. 159–161, hier: S. 160.

920 Dazu Kurt Lenk, Theorien der Revolution, München 1981^2 (verbesserte und erweiterte Ausgabe), S. 70ff.

921 Karl Marx, Der Bürgerkrieg in Frankreich (Anm. 907), S. 336.

922 Karl Marx, Brief an Ferdinand Domela Nieuwenhuis vom 22. Februar 1881, in: Marx-Engels-Werke (Anm. 159), Bd. 35, S. 159–161.

923 Karl Marx, Erster Entwurf zu »Bürgerkrieg in Frankreich« (Anm. 907), S. 546f.

Die zunächst ökonomisch begründete Expropriation der Expropriateure soll auch zu einer Aufhebung aller sozialen Grundlagen von Klassenherrschaft führen. Nicht nur die Emanzipation des Arbeiters, sondern auch die der Frau und des Kindes werden so möglich sein[924]. Die sozialistische Übergangsgesellschaft gleicht die Produktionsverhältnisse dem Stand der Produktivkräfte an, die im Schoße der kapitalistischen Gesellschaft entfaltet worden sind. Alle Gesellschaftsmitglieder sollen zu ›produktiven Arbeiten‹ angehalten werden, zunächst – so die Formulierung des *Kommunistischen Manifests* – sogar mittels »Arbeitszwang«. Unter dem politischen Schutz der proletarischen Diktatur – nach innen als Niederhaltung der gestürzten Klasse und als Garant einer erzieherischen Stimulation der Arbeiterklasse, nach außen als Schutz gegen feindlich gesinnte Mächte – sollen schrittweise die ökonomischen Institutionen des Kapitalismus verwandelt werden.

In seinen *Randglossen zum Programm der Deutschen Arbeiterpartei* (1875) finden sich detailliertere Ausführungen von Marx zur Gestaltung der Übergangsgesellschaft. Warentausch, Geld und Geldlohn nach Maßgabe der eigenen Arbeitsleistung bleiben kennzeichnend für den Sozialismus. »Aber diese Mißstände sind unvermeidbar in der ersten Phase der kommunistischen Gesellschaft, wie sie eben aus der kapitalistischen Gesellschaft nach langen Geburtswehen hervorgegangen ist. Das Recht kann nie höher sein als die ökonomische Gestaltung und dadurch bedingte Kulturentwicklung der Gesellschaft. / In einer höheren Phase der kommunistischen Gesellschaft, nachdem die knechtende Unterordnung der Individuen unter die Teilung der Arbeit, damit auch der Gegensatz geistiger und körperlicher Arbeit verschwunden ist; nachdem die Arbeit nicht nur Mittel zum Leben, sondern selbst das erste Lebensbedürfnis geworden; nachdem mit der allseitigen Entwicklung der Individuen auch ihre Produktivkräfte gewachsen und alle Springquellen des genossenschaftlichen Reichtums voller fließen – erst dann kann der enge bürgerliche Rechtshorizont ganz überschritten werden und die Gesellschaft auf ihre Fahnen schreiben: Jeder nach seinen Fähigkeiten, jeder nach seinen Bedürfnissen!«[925]

Gegen die frühen Sozialisten halten Marx und Engels daran fest, daß die Schritte zur kommunistischen Gesellschaft sich aus der »wissenschaftlichen« Erkenntnis der Bedingungen der Gegenwartsgesellschaft ergeben müssen. Ihr Bild der Zukunftsgesellschaft bleibt dennoch im wesentlichen von den Vorstellungen ihrer sozialistischen Vorläufer geprägt: Als Vorstellungen finden sich die freie Bedürfnisbefriedigung in einer Überflußgesellschaft, die soziale Homogenität bei angeglichenen Arbeits- und Lebensverhältnissen, die Wiedervereinigung geistiger und körperlicher Arbeit, die Aufhebung der geschlechtsspezifischen Arbeitsteilung und die internationale Völkergemeinschaft nach dem Wegfall nationaler Konkurrenzmuster.

Das Recht verliert in der kommunistischen Gesellschaft, die auf dem Prinzip der freien Assoziation aufbauen soll (und hierin *letztlich* wieder mit anarchistischen Zielhorizonten verschmilzt), seine Funktion. Sobald Gesetze nicht mehr als Ausdruck bloßer staatlicher Autorität und Herrschaft gelten, sondern nur noch als selbstbestimmte Willensäußerung der Individuen existieren, kann auf sie wie auf die zu ihrer Durchsetzung notwendigen staatlichen Institutionen verzichtet werden. Marx bleibt

924 So etwa Friedrich Engels, Der Ursprung der Familie, des Privateigentums und des Staates, in: Marx-Engels-Werke (Anm. 159), Bd. 21, S. 76–84.
925 Karl Marx, Kritik des Gothaer Programms (Anm. 913), S. 15–32, hier: S. 21.

bei seinen Überlegungen ein Schüler Rousseaus und seiner Idee der Selbstgesetzgebung durch den allgemeinen Willen des *volonté generale*. Daß es einen möglichen Gegensatz zwischen dem Willen aller *(volonté de tous)* und dem – nicht auf rein empirischem Wege zu ermittelnden – allgemeinen Willen geben könnte, scheint Marx für die Zukunftsgesellschaft auszuschließen. Von daher erübrigt sich dort die Notwendigkeit von politischen Institutionen der Meinungs- und Willensbildung wie auch rechtlicher Garantien von Freiheit und Gleichheit. Alle Regierungsfunktionen im herkömmlichen Sinn werden überflüssig: »Ist einmal das Ziel der proletarischen Bewegung, die Abschaffung der Klassen erreicht, so verschwindet die Gewalt des Staates, welche dazu dient, die große produzierende Mehrheit unter dem Joche einer wenig zahlreichen ausbeutenden Minderheit zu halten, und die Regierungsfunktionen verwandeln sich in einfache Verwaltungsfunktionen.«[926] Die Diktatur des Proletariats mündet in eine Gesellschaft ohne Staat. An dessen Stelle tritt eine nicht näher bestimmte »öffentliche Gewalt« auf der Grundlage einer gesellschaftlichen »Assoziation, worin die freie Entwicklung eines jeden die Bedingung für die freie Entwicklung aller ist«[927].

Das Bild einer konfliktlos-harmonischen kommunistischen Gesellschaft scheint die Auseinandersetzung mit politischen Formen der Konfliktregelung, liberalen Menschen- und Bürgerrechtsgarantien und den Erfordernissen einer demokratischen Meinungs- und Willensbildung bei Marx in den Hintergrund gedrängt zu haben. Die Marxsche »Republik der Arbeit« wird von ihm umstandslos auf die Assoziation eines »Vereins freier Menschen« ausgeweitet. Sein am Arbeitsbegriff gewonnener Begriff sozialer Praxis soll über die in ihm enthaltenen Momente der Kooperation zugleich alle zur Abstimmung der Bedürfnisse und Interessen erforderlichen Akte der sozialen Kommunikation und Verständigung umfassen. Angesichts der in der Zukunftsgesellschaft vorausgesetzten gesellschaftlichen Unmittelbarkeit jedes individuellen Handelns entfällt so das Erfordernis spezifischer Regeln und Institutionen gesellschaftlicher Selbstregierung. Gegenüber der Marxschen »Republik der Arbeit« dürften ähnliche Vorbehalte angebracht sein, wie sie auch gegenüber der anarchistischen Konzeption einer herrschaftsfreien Gesellschaft bestehen: Die Organisationsform der freien Assoziation kann für komplexe Gesellschaften nicht als Modellfall angenommen werden und verstellt den Blick auf die Erfordernisse des institutionalisierten Umgangs mit Interessenkonflikten. Diese können nicht nur unter dem Gesichtspunkt ihres freiheitseinschränkenden Charakters gedeutet werden.

Die eigentliche Brisanz der von Marx und Engels vertretenen politischen Konzeption besteht in der Koppelung der kommunistischen Zukunftsgesellschaft mit der Zwischenetappe der »Diktatur des Proletariats«. Die sich jeder eingehenden institutionellen Bestimmbarkeit entziehende Vorstellung der »Republik der Arbeit« legitimiert mit der Diktatur eine Herrschaftsform, die – obwohl als Mehrheitsherrschaft vorgestellt und prinzipiell auf eine Übergangszeit begrenzt – die demokratisch-rechtsstaatlichen Errungenschaften der bürgerlichen Demokratie zur Disposition zu stellen bereit ist[928]. Die emphatische radikal-demokratische Position des jungen Marx wan-

926 Karl Marx/Friedrich Engels, Die angeblichen Spaltungen in der Internationale (1872), in: Marx-Engels-Werke (Anm. 159), Bd. 18, S. 7–51, hier: S. 50.
927 Karl Marx/Friedrich Engels, Manifest der Kommunistischen Partei (Anm. 736), S. 482.
928 Hans Kelsen, Sozialismus und Staat, Leipzig 1923^2.

dert gleichsam in eine spekulativ-geschichtsphilosophische Rahmenkonstruktion ab, die mit ihrer Vertagung umfassender Demokratisierung auf die Zukunftsgesellschaft den erneuten Anschluß an die ursprünglichen Kritikmotive versperrt.

In den frühen Schriften war der »abstrakte citoyen« als bloße Komplementärerscheinung des egoistischen bourgeois dechiffriert worden – verbunden mit dem vagen Hinweis, daß in der klassenlosen Gesellschaft »der wirkliche individuelle Mensch den abstrakten Staatsbürger in sich zurücknimmt«[929]. In seinen späteren Schriften bleibt jedoch diese »Überbietung und Radikalisierung der bürgerlichen Demokratie«[930] zweitrangig hinter der Kritik der Demokratie als Herrschaftsform der bürgerlichen Klassengesellschaft. So kann Marx den Zusammenhang von citoyen und politischem Gemeinwesen hinsichtlich der Zukunftsgesellschaft nur noch aporetisch bestimmen und kann von einer politischen Theorie im eigentlichen Sinne bei ihm nicht gesprochen werden. Aber auch die »›Republik der Arbeit‹ ist . . . wesentlich Republik, res publica, die sich keineswegs ›nebenbei und von selbst‹ ergibt, sondern immer wieder im Vollzug herstellen muß«[931]. Marx Vorstellungen über die Gesellschaft der Zukunft zielen auf einen utopischen Raum jenseits des Politischen.

Die immense politische Mobilisierungskraft der Marxschen Theorie dürfte nicht zuletzt dieser mit dem Anspruch von »Wissenschaftlichkeit« vertretenen utopischen Zielperspektive zu verdanken sein. Die Ironie der Geschichte liegt darin, daß das Marxsche Ziel der Herrschaftsfreiheit im 20. Jahrhundert zur weltanschaulichen Legitimation eines Gesellschaftssystems beitragen konnte, das sich zur eigenen Stabilisierung wesentlich auf bürokratisch-staatliche Herrschaft stützen sollte. Marx hat mit seiner Rechtfertigung der Diktatur des Proletariats dafür in problematischer Weise Anknüpfungspunkte geboten.

So ist es nicht zufällig, daß die osteuropäischen Dissidentenbewegungen der achtziger Jahre unseres Jahrhunderts in ihrer Kritik der poststalinistischen Gesellschaften an das politische Konzept der *civil society* anknüpfen. Ihr Rückgriff auf die unabgegoltenen emanzipatorischen Potentiale der Demokratie verdankt sich der Erfahrung, daß diese sich keineswegs – was Marx letztlich nicht mehr deutlich genug herausgearbeitet hat – auf eine Herrschaftsform des Bürgertums reduzieren läßt. Menschen- und Bürgerrechtsgarantien und ein institutionalisierter Pluralismus der Interessen, Meinungen und Lebensstile sind notwendige politische Rahmenbedingungen auch einer sozial gerechten Gesellschaft.

6.1.6 Friedrich Engels: Von der Systematisierung des Marxschen Werkes zum Kommunismus als Weltanschauung

Der eigenständige Beitrag Friedrich Engels zur Entwicklung des Marxschen Denkens wird häufig unterschätzt. Tatsächlich muß jedoch angesichts einer seit 1845 einsetzenden lebensgeschichtlichen Arbeitsteilung davon ausgegangen werden, daß nicht nur die gemeinsam veröffentlichten Schriften, sondern auch die übrige schriftstellerische

---

929 Karl Marx, Zur Judenfrage (Anm. 842), S. 370.
930 Albrecht Wellmer, Naturrecht und praktische Vernunft, in: Emil Angehrn/Georg Lohmann (Hrsg.), Ethik und Marx, Königstein/Ts. 1986, S. 197–238, hier: S. 230ff.
931 Rolf Zimmermann, Utopie-Rationalität-Politik (Anm. 906), S. 253.

Produktion beider Autoren von ihrem intensiven Austausch geprägt ist. Engels war in seiner Rezeption Feuerbachs und der Religionskritik, der Klassenanalyse oder auch der Nationalökonomie für Marx wegweisend. Seine frühen Beiträge *Umrisse einer Kritik der Nationalökonomie* (1843/44) und die *Lage der arbeitenden Klasse in England* (1845) haben Marx, der zu dieser Zeit noch im Denkhorizont der nachhegelschen Philosophie formuliert, nachhaltig zu seinen Auseinandersetzungen mit den Problemstellungen der Nationalökonomie angeregt. Innerhalb der sich einpendelnden Arbeitsteilung übernimmt Marx vor allem die Ausarbeitung der nationalökonomischen Studien, während Engels sich mit philosophischen, anthropologischen, staatstheoretischen, naturwissenschaftlichen und wissenschaftstheoretischen Fragen auseinandersetzt.

Nach dem Tod von Marx fällt Engels die Rolle des vor allen anderen autorisierten Kommentators des Marxschen Werkes zu. Er vervollständigt und systematisiert es in den Editionen und Schriften seiner letzten beiden Jahrzehnte. Die Zäsur für ein eigenständiges wissenschaftliches Spätwerk kann bereits mit dem *Anti-Dühring* (1878) angesetzt werden. Weitere Schriften dieser Zeit sind *Die Entwicklung des Sozialismus von der Utopie zur Wissenschaft* (1880/82), *Der Ursprung der Familie, des Privateigentums und des Staates* (1884) und *Ludwig Feuerbach und der Ausgang der klassischen deutschen Philosophie* (1886). Neben der posthumen Edition des zweiten und dritten Bandes des *Kapital* (1885 und 1894) ist der umfangreiche Schriftwechsel von Bedeutung, innerhalb dessen Engels die Marxschen wie die eigenen Gedanken kommentiert und für die Erfordernisse der politischen Strategiebildung innerhalb der europäischen Arbeiterbewegung – insbesondere der deutschen Sozialdemokratie – präzisiert.

Die Marxsche Kritik des Gothaer Programmentwurfes der Sozialistischen Arbeiterpartei von 1875 enthält deutliche Hinweise dafür, daß die politische Entwicklung der deutschen Arbeiterbewegung sich in Distanz zur Marxschen Theorie vollzieht. Dies ändert sich in den folgenden Jahren. Mit der langanhaltenden ökonomischen Depression der Jahre 1873–1896 verstärken sich in der deutschen Sozialdemokratie die Erwartungen eines baldigen Zusammenbruchs des Kapitalismus. Das Sozialistengesetz drängt die Sozialdemokratie weitgehend in die Illegalität und führt mit der Radikalisierung der Partei auch zu einem gestiegenen Einfluß der Marxschen Theorie, deren nähere Kenntnis sich jedoch vor allem auf Teile der Parteiführung beschränkt. Nach Aufhebung des Bismarckschen Sozialistengesetzes (1890) erzielt die Arbeiterpartei rasch große Mobilisierungserfolge und wird zur Massenpartei. Als anerkannte theoretische Autorität ist Engels mit der Aufgabe konfrontiert, in einer veränderten politisch-kulturellen Situation praktische Vorschläge für die Politik der Partei zu machen. Die deutsche Parteiführung bittet ihn um die offizielle Zurückweisung konkurrierender Theorieprogramme, unter denen vor allem die von Eugen Dühring unter den Mitgliedern und selbst den Parteiführern Verbreitung findet. Engels *Anti-Dühring* wird in der Arbeiterbewegung viel gelesen und kann als der eigentliche Beginn einer breiten Rezeption des Marxismus betrachtet werden. Im Zusammenhang seiner Dühring-Kritik entwickelt Engels die Grundzüge seiner Naturdialektik, die er in weiteren Schriften – etwa der *Dialektik der Natur* (1873/83, erstmals 1925 publiziert) – vertieft. Wenden wir uns zunächst den Bemühungen von Engels zu, angesichts veränderter politischer Kontextbedingungen und Praxiserfordernisse die Marxsche Theorie weiterzuentwickeln.

Die deutsche Sozialdemokratie trägt, so Engels Überzeugung, nach der Niederschlagung der Pariser Commune von 1871 die politische Hauptverantwortung innerhalb der europäischen Arbeiterbewegung. Angesichts der Organisationserfolge von Partei (1881: 312 000 Wählerstimmen; 1890: 1 427 000) und Gewerkschaft (1890 immerhin bereits 301 000 Mitglieder) präzisiert Engels die politische Strategie. Die legale politische Arbeit im Rahmen des Parlamentarismus wird nunmehr neu bewertet. In seiner berühmten *Einleitung* zur Neuauflage von Marx' *Klassenkämpfe in Frankreich* schreibt er: »Die Zeit der Überrumpelung, der von kleinen bewußten Minderheiten an der Spitze bewußtloser Massen durchgeführten Revolutionen ist vorbei. Wo es sich um eine vollständige Umgestaltung der gesellschaftlichen Organisation handelt, da müssen die Massen selbst mit dabei sein, selbst schon begriffen haben, worum es sich handelt, für was sie mit Leib und Leben eintreten. Das hat uns die Geschichte der letzten fünfzig Jahre gelehrt. Damit aber die Massen verstehen, was zu tun ist, dazu bedarf es langer, ausdauernder Arbeit, und diese Arbeit ist es gerade, die wir jetzt betreiben, und das mit einem Erfolg, der die Gegner zur Verzweiflung bringt... Überall hat man das deutsche Beispiel des Wahlrechts, der Eroberung aller uns zugänglichen Posten, nachgeahmt <überall ist das unvorbereitete Losschlagen in den Hintergrund getreten>.«[932]

Engels Äußerungen sind häufig als eine eindeutige Distanzierung von jeder Form revolutionärer Gewalt und als Bekenntnis zum strikt legalen parlamentarisch-politischen Kampf gedeutet worden. Tatsächlich handelt es sich jedoch nur um Modifikationen der Taktik. Engels geht weiterhin davon aus, daß die Revolution im Gefolge der unaufhaltsamen Produktivkraftentwicklung eintreten werde. Aufgrund der wachsenden parlamentarischen Mobilisierungserfolge der Arbeiterpartei müsse jedoch vor allem mit der konterrevolutionären Gewalt des Bürgertums und seiner politischen Vertreter gerechnet werden, die ihrerseits in diesem Fall den Rahmen der Legalität verlassen werden: »Dem sozialdemokratischen Umsturz, der augenblicklich davon lebt, daß er die Gesetze hält, können sie (die ›Ordnungsparteien‹, A. K.) nur beikommen durch den ordnungsparteilichen Umsturz, der nicht leben kann, ohne daß er die Gesetze bricht.«[933] Gegenüber der Berliner Parteiführung der Sozialdemokratie, die mittels Streichungen im Manuskript Engels Äußerungen in Richtung einer eindeutigen Stellungnahme für den gewaltlosen parlamentarischen Kampf zuspitzt, beschwert sich Engels: »Ich kann doch nicht annehmen, daß Ihr Euch mit Leib und Seele der absoluten Gesetzlichkeit, der Gesetzlichkeit unter allen Umständen ... zu verschreiben beabsichtigt... Aber Ihr tätet besser, den Standpunkt zu wahren, daß die Verpflichtung zu Gesetzlichkeit eine juristische, keine moralische ist...«[934]

Engels ist bemüht, die Notwendigkeit eines zielbewußten politischen Handelns auch für eine historische Situation hervorzuheben, in der das Zusammenspiel von ökonomischer Krisenentwicklung und parlamentarischen Mobilisierungserfolgen der Sozialdemokratie auf den notwendigen Zusammenbruch des Kapitalismus hinzuar-

---

932 Friedrich Engels, Einleitung zu Marx »Klassenkämpfe in Frankreich«, in: Marx-Engels-Werke (Anm. 159), Bd. 22, S. 523; die eckige Klammer zeigt eine Textpassage an, die aus Engels Manuskriptfahnen auf Betreiben des Parteivorstandes gestrichen wurde.

933 Ebd., S. 525.

934 Brief von Engels an Conrad Schmidt vom 27. Oktober 1890, in: Marx-Engels-Werke (Anm. 159), Bd. 37, S. 491.

beiten scheint. Selbst wenn die Sozialdemokratie die politische Mehrheit gewinnt – was Engels 1891 für die Jahrhundertwende erwartet – könne die »alte bürgerliche Gesellschaft ... noch einige Zeit fortvegetieren, solange nicht ein äußerer Anstoß den morschen Kasten zusammenbrechen läßt. So eine faule alte Kiste kann ein paar Jahrzehnte vorhalten nach ihrem wesentlichen inneren Tod, wenn die Luft ruhig bleibt«[935]. Engels äußert sich auch zur Deutung des Historischen Materialismus, den er gegen eine ökonomisch reduzierte Lesart eines naturnotwendigen Zusammenbruchs des Kapitalismus in Schutz zu nehmen bemüht ist. Es geht ihm dabei um das Offenhalten politischer Handlungsalternativen innerhalb der Arbeiterbewegung. In einem Brief an Joseph Bloch äußert er sich zu Mißverständnissen: »Daß von den Jüngeren zuweilen mehr Gewicht auf die ökonomische Seite gelegt wird, als ihr zukommt, haben Marx und ich teilweis selbst verschulden müssen. Wir hatten den Gegnern gegenüber das von diesen geleugnete Hauptprinzip zu betonen, und da war nicht immer Zeit, Ort und Gelegenheit, die übrigen an der Wechselwirkung (von Basis und Überbau, A. K.) beteiligten Momente zu ihrem Recht kommen zu lassen. Aber sowie es zur Darstellung eines historischen Abschnitts, also zur praktischen Anwendung kam, änderte sich die Sache, und da war kein Irrtum möglich. Es ist leider nur zu häufig, daß man glaubt, eine neue Theorie vollkommen verstanden zu haben und ohne weiteres handhaben zu können, sobald man die Hauptsätze sich angeeignet hat, und das auch nicht immer richtig. Und diesen Vorwurf kann ich manchen der neueren ›Marxisten‹ nicht ersparen...«[936] Der »Überbau« von Staat, Recht oder Ideologie besitzt nach Engels eine relative Selbständigkeit und kann – trotz seiner Determination »in letzter Instanz« durch die materielle Basis von Produktion und Reproduktion – zu einem bestimmenden Faktor der gesellschaftlichen Entwicklung werden[937].

In seinen Schriften *Herrn Eugen Dührings Umwälzung der Wissenschaft* (»Anti-Dühring«), *Dialektik der Natur* und *Ludwig Feuerbach und der Ausgang der klassischen deutschen Philosophie* entwickelt Engels eine Naturdialektik, mit der er den Geltungsanspruch der Dialektik über den Horizont des Historischen Materialismus hinaus ausdehnt[938]. Hintergrund dieser Ausarbeitung ist das nicht nur parteitaktisch gegebene Erfordernis einer Reaktion auf die gewachsene Bedeutung des naturwissenschaftlichen Denkens und eines popularisierten Materialismus. In der proletarischen Elite sind die Auffassungen Darwins, Haeckels, Büchers, Moleschotts u. a. durchaus verbreitet. Auch Eugen Dühring genießt innerhalb der Sozialdemokratie großen Einfluß. »Gerade weil Wissenschaft, exakte Kenntnis der Welt, von den Arbeitern so sehr mit Naturwissenschaft identifiziert wurde, war es notwendig, die Bereiche, in denen mechanistische Vorstellungen herrschten, einzugrenzen, um sowohl dem Idealismus wie dem undialektischen Materialismus den Boden zu entziehen... Konnte

935 Friedrich Engels, in: Marx-Engels-Werke (Anm. 159), Bd. 38, S. 188f.

936 Friedrich Engels, Brief an Joseph Bloch vom 21./22. September 1890, in: Marx-Engels-Werke (Anm. 159), Bd. 39, S. 463f.

937 Dazu im Überblick Bo Gustafsson, Marxismus und Revisionismus, 2 Bde., Frankfurt/M. 1972, hier: Bd. 1, S. 36–52.

938 Friedrich Engels, Herrn Eugen Dührings Umwälzung der Wissenschaft (»Anti-Dühring«), in: Marx-Engels-Werke (Anm. 159), Bd. 20, S. 2–303; ders., Dialektik der Natur, ebd., S. 307–570; ders., Ludwig Feuerbach und der Ausgang der klassischen deutschen Philosophie, ebd., Bd. 21, S. 259–307.

nachgewiesen werden, daß die historische Dialektik lediglich eine Anwendungs- oder Spezialform der Naturdialektik ist, so wäre es in dem auch für die Entwicklung der Produktivkräfte so wichtigen Bereich der Naturforschung nicht mehr möglich, die Dialektik als eine bloße Erfindung von Klassenkampftheorien anzusehen und sie damit auf einen kleinen Realitätsausschnitt zu begrenzen. Es ist freilich unausgemacht, ob Engels sich dieses politischen Zusammenhangs, in dem die Entstehungsgeschichte seiner Naturdialektik steht, wirklich bewußt gewesen ist.«[939]

Im *Anti-Dühring* entwickelt Engels die Dialektik als die »Wissenschaft von den allgemeinen Bewegungs- und Entwicklungsgesetzen der Natur, der Menschengesellschaft und des Denkens«[940]. Dieses Verständnis der Dialektik führt er auf einige allgemeine Grundannahmen zurück: »Die wirkliche Einheit der Welt besteht in ihrer Materialität... Die Grundformen alles Seins sind Raum und Zeit, und ein Sein außerhalb der Zeit ist ebenso großer Unsinn wie ein Sein außerhalb des Raums ... Die Bewegung ist die Daseinsweise der Materie. Nie und nirgends hat es Materie ohne Bewegung gegeben.«[941] In seiner *Dialektik der Natur* formuliert Engels die für alle Seinsweisen der ›Materie‹ gültigen ›allgemeinsten Gesetze‹: »Und zwar reduzieren sie sich der Hauptsache nach auf drei: das Gesetz des Umschlagens von Quantität in Qualität und umgekehrt; das Gesetz von der Durchdringung der Gegensätze; das Gesetz von der Negation der Negation.«[942] Engels »Dialektischer Materialismus« läßt sich freilich nicht nur im Sinne einer neuen Überwissenschaft interpretieren – wenngleich dies die historisch wirkungsmächtigste Lesart im sowjetischen *Diamat* geworden ist. Er bietet auch Anknüpfungspunkte für eine Lesart, derzufolge es sich hierbei nur um eine nachträgliche methodische Interpretation wissenschaftlicher Resultate oder auch um einen konsequent empirischen Standpunkt handelt, der »über die je einzelwissenschaftlich formulierbare Einsicht in den empirischen Zusammenhang verschiedener Wirklichkeitsbereiche ›jede besondere Wissenschaft vom Gesamtzusammenhang als überflüssig‹ ablehnt«[943]. Dafür spricht etwa folgende Äußerung von Engels: »Sobald an jede einzelne Wissenschaft die Forderung herantritt, über ihre Stellung im Gesamtzusammenhang der Dinge und der Kenntnis der Dinge sich klarzuwerden, ist jede besondere Wissenschaft vom Gesamtzusammenhang überflüssig. Was von der ganzen bisherigen Philosophie dann noch selbständig bestehen bleibt, ist die Lehre vom Denken und seinen Gesetzen – die formelle Logik und die Dialektik. Alles andere geht auf in die positive Wissenschaft von Natur und Geschichte.«[944] (Die sich bei Engels abzeichnende Aufgabenstellung von formeller Logik und Dialektik jenseits der empirisch orientierten wissenschaftlichen Einzeldisziplinen scheint nichts anderem als einem »positivistischen« Wissenschaftsverständnis verpflichtet, wie es

---

939 Oskar Negt/Ernst-Theodor Mohl, Marx und Engels. Der unaufgehobene Widerspruch von Theorie und Praxis, in: Iring Fetscher/Herfried Münkler (Hrsg.), Pipers Handbuch der politischen Ideen, Bd. 4 (Anm. 5), S. 449–513, hier: S. 497f.

940 Friedrich Engels, Anti-Dühring (Anm. 938), S. 131.

941 Ebd., S. 41, S. 48 und S. 55.

942 Friedrich Engels, Dialektik der Natur (Anm. 938), S. 348.

943 Otto Kallscheuer, Marxismus und Erkenntnistheorie in Westeuropa (Anm. 876), S. 41; zur Vertiefung der Naturdialektik bei Engels und des Dialektischen Materialismus insbesondere das vierte Kapitel der Darstellung bei Kallscheuer.

944 Friedrich Engels, Die Entwicklung des Sozialismus von der Utopie zur Wissenschaft (Anm. 865), hier: S. 207.

später etwa im *Wiener Kreis* zu einem Methodenverständnis ›positivistischer Wissenschaft‹ ausformuliert worden ist. Das solcherarts verstandene Engelssche Konzept eines Dialektischen Materialismus und das methodologische Konzept ›positivistischer Wissenschaft‹ wären dann als komplementäre Ausformulierungen eines beiden zugrundeliegenden Wissenschaftsverständnisses aufzufassen.)

Engels Ausweitung des Historischen zum Dialektischen Materialismus unter Einschluß der Naturdialektik bietet Ansatzpunkte zur Erweiterung des Materialismus zur Weltanschauung. Lenin und Stalin haben diesen Weg eingeschlagen und den »Dialektischen Materialismus« kodifiziert[945]. Er übernimmt die Rolle eines dogmatischen Reservoirs für die Zwecke der Staatsideologie unter Ausschluß der bestehenden alternativen Entwicklungsmöglichkeiten.

6.2 Ferdinand Lassalle

Karl Marx lehnt die politischen Auffassungen Lassalles, den er seit 1848 kennt, in vielen Punkten ab, kann aber nicht umhin, nach dessen überraschendem Tod Lassalles großen Einfluß auf die deutsche Arbeiterbewegung zu würdigen. Die von Lassalle betriebene Gründung des *Allgemeinen Deutschen Arbeitervereins* (ADAV) im Mai 1863 erneuert die politischen Organisationsbemühungen, die nach der gescheiterten 48er-Revolution und in der einsetzenden Reaktionszeit – nach dem Verbot des *Bundes der Kommunisten* und dem Niedergang der *Arbeiterverbrüderung* Stefan Borns – zum Erliegen gekommen waren. Noch der Gothaer Vereinigungsparteitag von 1875, der den Zusammenschluß des ADAV mit der von August Bebel (1840–1913) und Wilhelm Liebknecht (1826–1900) gegründeten *Sozialdemokratischen Partei Deutschlands* zur *Sozialistischen Arbeiterpartei* beschließt, übernimmt zahlreiche politische Forderungen Lassalles und wird deshalb von Marx in »kritischen Randglossen« scharf kritisiert. Die von Lassalle betriebene Politik weicht nicht nur in zentralen Forderungen – etwa der eines »Rechts auf den vollen Arbeitsertrag« und der Aufforderung an den Staat zur Finanzierung von Produktivassoziationen – von den Marxschen politischen Vorstellungen ab. Auch die von Lassalle verfolgte Bündnispolitik unterscheidet sich fundamental. Statt wie Marx ein Bündnis mit dem fortschrittlichen Bürgertum anzustreben, wendet sich Lassalle entschieden von der liberalen *Preußischen Fortschrittspartei* und dem *Nationalverein* ab. Lassalle scheut sich nicht, »direkte Kontakte mit dem preußischen Ministerpräsidenten selbst aufzunehmen, um ihm ein Bündnis auf Zeit gegen die Fortschrittspartei anzubieten und dafür das allgemeine Wahlrecht wie eine gewisse Schonzeit für den Aufbau des ADAV einzuhandeln«[946]. Nicht Marx, sondern Lassalle ist in den Jahren 1863/64, seinen letzten beiden Lebensjahren, der dominierende politische Führer der deutschen Arbeiterbewegung.

Ferdinand Lassalle (1825–1864) wird in einer aus dem Ostjudentum stammenden Familie in Breslau geboren. Während seiner Ausbildung genießt er die finanzielle

945 Wladimir Iljitsch Lenin, Materialismus und Empiriokritizismus, in: ders., Werke in 40 Bänden, hrsg. vom Institut für Marxismus-Leninismus beim ZK der SED, Berlin (DDR) 1961ff., Bd. 14; Josef Stalin, Über dialektischen und historischen Materialismus, Berlin (DDR) 1952.

946 Hans Mommsen, Die geschichtliche Bedeutung Ferdinand Lassalles, in: ders., Arbeiterbewegung und Nationale Frage, Göttingen 1979, S. 268.

Unterstützung des begüterten Vaters, der es in Breslau zum Kaufmann und Stadtverordneten gebracht hat. Bereits in seiner Gymnasialzeit setzt sich Lassalle intensiv mit Hegel auseinander. In Breslau und Berlin studiert er 1843–1846 Philosophie. Im Herbst 1848 tritt Lassalle in Düsseldorf als Anhänger der radikalen Linken im Kampf gegen die preußische Reaktion öffentlich hervor und nimmt zu dieser Zeit auch Kontakt mit Marx und der *Neuen Rheinischen Zeitung* auf. Wegen Aufrufs zur Bewaffnung gegen die königliche Gewalt muß er 1850/51 sechs Monate im Gefängnis verbüßen. Lassalle unterhält Beziehungen nicht nur zu führenden Vertretern des geistigen Lebens in Deutschland, sondern auch zu den Köpfen der politischen Linken: zu Marx und Engels im Londoner Exil, zu Moses Hess und Karl Vogt, dem Führer der radikalen Linken in der Paulskirche, aber auch zu Wortführern der Fortschrittspartei oder dem Ökonomen Karl Rodbertus-Jagetzow. Ende 1857 veröffentlicht er das von Hegel beeinflußte philosophiegeschichtliche Werk *Philosophie Herakleitos des Dunklen von Ephesos,* Anfang 1859 die historische Tragödie *Franz von Sickingen.* In diesen Jahren entstehen auch die philosophischen Schriften *Die Hegelsche und die Rosenkranzische Logik und die Grundlage der Hegelschen Geschichtsphilosophie im Hegelschen System* (1859) und *System der erworbenen Rechte. Eine Versöhnung des positiven Rechts und der Rechtsphilosophie* (1861) sowie *Die Philosophie Fichtes und die Bedeutung des deutschen Volksgeistes* (1862). Parallel dazu erscheinen die politischen Flugschriften *Der Italienische Krieg und die Aufgabe Preußens* (1859), die Schriften zum *Verfassungswesen* (1862), das *Offene Antwortschreiben* an das Leipziger »Zentralkomitee zur Berufung eines Deutschen Arbeiterkongresses« (1863) und die Kritik an liberalen Selbsthilfe- und Genossenschaftskonzepten in der Schrift *Herr Bastiat-Schulze von Delitzsch, der ökonomische Julian oder: Kapital und Arbeit* (1864)[947]. Lassalle stirbt im August 1864 an den Folgen einer Duellverletzung.

Lassalles politisches Selbstverständnis ist geprägt durch die Französische Revolution und den jakobinischen Demokratiebegriff. Sein Ziel, das er auch über ein Bündnis mit den nationalen Bewegungen zu erreichen hofft, ist eine zentralistische großdeutsche Republik nach französischem Vorbild[948]. Vom liberalen Konstitutionalismus trennt ihn sein an Hegel orientierter absoluter Staatsbegriff. In Anlehnung an diesen müsse der Staat als »Verwirklichung des wahrhaft sittlichen Willens, (als, A. K.) die Selbstrealisierung des allgemeinen Geistes« betrachtet werden[949]. Lassalle hebt dabei mit Blick auf die angenommene historische Mission der Arbeiterklasse die Einheit von Freiheit und Solidarität hervor: »Die sittliche Idee des Arbeiterstandes

---

947 Ferdinand Lassalle, Gesammelte Reden und Schriften, hrsg. von Eduard Bernstein, 12 Bde., Berlin 1919/20; ders., Nachgelassene Briefe und Schriften, hrsg. von Gustav Mayer, 6 Bde., Stuttgart – Berlin 1921/25 (Neudruck 1967); Bismarck und Lassalle. Ihr Briefwechsel und ihre Gespräche, hrsg. von Gustav Mayer, Berlin 1928. Gute Textauswahlen: Thilo Ramm (Hrsg.), Ausgewählte Texte, Stuttgart 1962; Ferdinand Lassalle. Eine Auswahl für unsere Zeit, hrsg. und eingeleitet von Helmut Hirsch, Bremen 1964; Ferdinand Lassalle. Aus seinen Reden und Schriften. Mit einer Einleitung hrsg. von Ernst Winkler, Wien 1964; Ferdinand Lassalle, Reden und Schriften. Mit einer Lassalle-Chronik, hrsg. von Friedrich Jenaczek, München 1970.

948 So Hans Mommsen, Die geschichtliche Bedeutung Ferdinand Lassalles (Anm. 946), S. 269; als weitere Werkdarstellungen: Hermann Oncken, Lassalle, Stuttgart 1966[5] (erstmals 1904); Thilo Ramm, Ferdinand Lassalle als Rechts- und Sozialpolitiker, Meisenheim 1966[2] (erstmals 1953).

949 Ferdinand Lassalle, Nachgelassene Briefe und Schriften (Anm. 947), Bd. 6, S. 57.

dagegen ist die, daß die ungehinderte und freie Betätigung der individuellen Kräfte durch das Individuum noch nicht ausreiche, sondern daß zu ihr in einem sittlich geordneten Gemeinwesen noch hinzutreten müsse: die Solidarität der Interessen, die Gemeinsamkeit und die Gegenseitigkeit in der Entwicklung.«[950] Nicht die Sicherung individueller Rechte ist für Lassalle der vordringliche Zweck des Staates als eines sittlichen Zusammenhangs; dieser liege vielmehr darin, »neue höhere Rechte zu schaffen, ein organisches Leben als Ganzes, als Volk«[951]. Lassalles radikal-demokratische Zielsetzung ist die Aufhebung des Staates als Zwangsorganisation mittels der Verwirklichung des »Reichs des freien Geistes«. Unter Rückgriff auf Fichte sieht er eine »Erziehung aller zur Einsicht vom Rechte« als notwendige Vorbedingung an, mittels derer sich der Staat schließlich selbst aufheben werde[952].

Lassalle faßt die Geschichte als fortschreitende Verwirklichung des Sittlichen auf, die keineswegs von der Entwicklung der ökonomischen Bedingungen, sondern in weitaus stärkerem Maße durch die Einsicht und das praktische Handeln großer historischer Individuen vorangetrieben werde. Daher soll der Kommunismus auch nicht auf dem Wege einer revolutionären Erhebung der Arbeiterklasse, sondern über eine jakobinische »Erziehungsdiktatur« des demokratisierten Staates realisiert werden, der sich dabei auf die plebiszitäre Zustimmung der Massen berufen kann[953]. Das Ziel des historisch zu realisierenden sittlichen Gemeinwesens entspricht der sittlichen Idee des Arbeiterstandes.

Das Proletariat, das nach Lassalles Berechnungen über 90 Prozent der preußischen Bevölkerung ausmachen soll, werde gegen das materialistisch-egoistische Interesse des Bürgertums die sittliche Idee der Solidarität im Staate zur Geltung bringen. Das allgemeine Wahlrecht soll der Arbeiterpartei die Bedeutung als Machtfaktor und ihrem unumschränkten Führer Lassalle die plebiszitäre Unterstützung garantieren, mittels derer der Staatsapparat zum Träger der Realisierung der sittlichen Idee der Arbeiterklasse werden könne. Der plebiszitär getragene Führer werde dann mit Hilfe des solcherart demokratisierten Staates die »Erziehung und Entwicklung des Menschengeschlechts zur Freiheit«[954] zum Abschluß bringen. Er hat dabei »Vernunft, Wissenschaft und die geschichtliche Bewegung für sich«[955]. Erst am Ende dieses Prozesses der historischen Verwirklichung der Sittlichkeit steht die Selbstaufhebung des Staates als Zwangsorganisation. Die Verschränkung idealistischer und radikal-demokratischer Überlegungen führt uns zum Verständnis der Lassalleschen Konzeption von Staat und Geschichte. Von dieser Sichtweise aus erschließen sich aber auch die strategischen Kalküle Lassalles als Politiker und Parteiführer.

Das idealistische Geschichtsverständnis, das Anknüpfen an die politische Philosophie Hegels und Fichtes sowie seine Neigung, das Proletariat mit den unteren bzw. armen Klassen der Gesellschaft zu identifizieren, machen zusammengenommen ver-

950 Ferdinand Lassalle, Rede über das »Arbeiterprogramm«, in: Reden und Schriften, hrsg. von Friedrich Jenaczek (Anm. 947), S. 55.
951 Ferdinand Lassalle, Nachgelassene Briefe und Schriften (Anm. 947), Bd. 6, S. 136.
952 Ferdinand Lassalle, Gesammelte Reden und Schriften (Anm. 947), Bd. 6, S. 82.
953 Dazu Susanne Miller, Das Problem der Freiheit im Sozialismus. Freiheit, Staat und Revolution in der Programmatik der Sozialdemokratie von Lassalle bis zum Revisionismusstreit, Frankfurt/M. 1969.
954 Ferdinand Lassalle, Eine Auswahl für unsere Zeit (Anm. 947), S. 235.
955 Ferdinand Lassalle, Nachgelassene Briefe und Schriften (Anm. 947), Bd. 4, S. 261.

ständlich, warum Lassalle seine politischen Hoffnungen zunächst auf die jungen europäischen Nationalbewegungen richtet. Lassalle vertritt durchaus die Ansicht, politisch nicht nur für eine »bloße Klassenbewegung«, sondern für eine »allgemeine demokratische Volksbewegung« zu kämpfen[956]. Er ist vor dem Hintergrund der Hegelschen Volksgeistlehre auch als Arbeiterführer ein klarer Verfechter nationaldeutscher Interessen, der die soziale mit der nationalen Revolution im von ihm verstandenen Sinne verbindet. Lassalles ›nationaler Kommunismus‹ beruht auf seiner Entschlossenheit, »die nationale Bewegung unmittelbar der proletarischen Sache dienstbar zu machen, die Revolution im nationalen Rahmen anzustreben und die nationale Solidarität dazu zu benutzen, an die Stelle der individualistischen Honoratiorengesellschaft eine ideologische und sozial festgefügte Gemeinschaft der Nation zu setzen, die, wie die Französische Revolution gezeigt hatte, ungeheure politische Energien freisetzen werde. . .«[957]

Den Anstoß zur Gründung des *Allgemeinen Deutschen Arbeitervereins* gibt die Abkehr des deutschen Liberalismus von der demokratischen Bewegung. Lassalle beschreibt dies in seiner Rede zur *Arbeiterfrage*: »Im Jahre 1848 war eine Revolution, und bei dieser erlangte das Volk das allgemeine Wahlrecht. Darauf kam eine Periode der Reaktion ... Der König von Preußen oktroyierte am 5. Dez. 1848 eine Verfassung; auch diese enthielt noch das allgemeine Wahlrecht ...; dennoch wurde bald darauf ein neues Wahlgesetz mit dem Dreiklassensystem oktroyiert ... Eine neue, nach dem neuen Wahlgesetz ernannte Kammer genehmigte es und stellte die Verfassung fest! ... für die Demokratie war die neue Verfassung ein Rechtsbruch! Die Bourgeoisie wollte sich aus dem großen Kampfe mit ihrer speziellen Beute, mit einer bürgerlichen Verfassung für sich allein zurückziehen, und wir, das Volk, sollten bleiben, wo wir wollten... Später wurde die Fortschrittspartei gebildet; warum verleugnet diese den Namen der Demokratie? Doch wohl, weil man nicht mehr Demokrat sein wollte... Ich habe die Überzeugung erlangt, daß, wenn wir hinter der Fortschrittspartei stehen bleiben, eine Stagnation unvermeidbar ist.«[958]

Gegen die preußische Verfassung von 1850 und ihre Festschreibung des Drei-Klassen-Wahlrechts fordert Lassalle zum Kampf um eine Verfassung mit allgemeinem, geheimen, direktem und gleichem Wahlrecht. Die politische Forderung des allgemeinen Wahlrechts verdankt sich freilich nicht der Einsicht in die Bedeutung konstitutioneller Konfliktregelung. Das Verhältnis von sozialem Fortschritt und politischer Freiheit, von konstitutioneller Verfaßtheit und sozialer Revolution bleibt bei Lassalle – wie auch bei Marx – problematisch[959]. Für Lassalle reduziert sich die Verfassungsfrage auf eine Machtfrage. »Verfassungsfragen sind ursprünglich nicht Rechtsfragen, sondern Machtfragen; die wirkliche Verfassung eines Landes existiert nur in den realen, tatsächlichen Machtverhältnissen, die in einem Land bestehen;

956 Ferdinand Lassalle, Gesammelte Reden und Schriften (Anm. 947), S. 287.

957 Hans Mommsen, Die geschichtliche Bedeutung Ferdinand Lassalles (Anm. 946), S. 278.

958 Ferdinand Lassalle, Reden und Schriften, hrsg. von Friedrich Jenaczek (Anm. 947), S. 220ff.; dazu auch: Gustav Mayer, Die Trennung der proletarischen von der bürgerlichen Demokratie in Deutschland. 1863–1870, in: ders., Radikalismus, Sozialismus und bürgerliche Demokratie, Frankfurt/M. 1969, S. 108–178.

959 Zur aktuellen Diskussion des Verhältnisses von Konstitution und sozialem Fortschritt unter ideengeschichtlicher Rekapitulation: Ulrich Preuß, Revolution, Fortschritt und Verfassung, Berlin 1990.

geschriebene Verfassungen sind nur dann von Wert und Dauer, wenn sie der genaue Ausdruck der wirklichen in der Gesellschaft bestehenden Machtverhältnisse sind.«[960]

Der ADAV wird am 23. Mai 1863 gegründet. Lassalle, der die Statuten der Partei selbst verfaßt, wird ihr erster Präsident. Er genießt nahezu unbegrenzte Vollmachten. Die Frontstellung der Partei gegen den Liberalismus wird jedoch von Teilen der Industriearbeiterschaft nicht nachvollzogen. Aus der zunächst von liberalen Sozialreformern beherrschten Arbeitervereinsbewegung entsteht im August 1869 die *Sozialdemokratische Arbeiterpartei.*

Eine der Hauptforderungen des ADAV ist die nach staatlich finanzierten Produktivassoziationen, wie sie schon Louis Blanc innerhalb des französischen Frühsozialismus vertreten hat. Das allgemeine Wahlrecht soll den nötigen politischen Nachdruck für die geforderte staatliche Finanzierung der Produktivassoziationen schaffen. Diese sollen der Hebel sein, um das von Lassalle behauptete »eherne Lohngesetz« außer Kraft zu setzen, von dessen Geltung er mit Malthus, Say, Ricardo und John Stuart Mill überzeugt ist: Es besagt, daß »der durchschnittliche Arbeitslohn immer auf den notwendigen Lebensunterhalt reduziert bleibt, der in einem Volke gewohnheitsmäßig zur Festigung der Existenz und zur Fortpflanzung erforderlich ist«[961]. Dem ehernen Lohngesetz stellt Lassalle das Recht auf den vollen Arbeitsertrag gegenüber, das sich in den Produktivassoziationen realisieren lassen soll: »Den Arbeiterstand zu seinem eigenen Unternehmer machen – das ist das Mittel, durch welches – und durch welches allein – ... jenes eherne und grausame Gesetz beseitigt sein würde, das den Arbeitslohn bestimmt. Wenn der Arbeiterstand sein eigener Unternehmer ist, fällt jede Scheidung zwischen Arbeitslohn und Unternehmensgewinn und mit ihr der bloße Arbeitslohn überhaupt fort...«[962]

Lassalles Schlagwort vom »Recht auf den vollen Arbeitsertrag« – von Marx in seinen Bemerkungen zum Gothaer Programm, in das es Eingang gefunden hat, heftig kritisiert – ist, ebenso wie die Vorstellung seiner Einlösung mittels staatlich finanzierter Produktivgenossenschaften, unter ökonomischen Gesichtspunkten nicht unproblematisch. Auch in Produktivassoziationen muß es Investitionen geben, bestehen komplexe Zusammenhänge zwischen Arbeitslohn und Produktivität. Offen bleibt daher, wie die von Lassalle ins Auge gefaßte Beteiligung der Arbeiter am Gesamtertrag der Genossenschaften beschaffen sein soll. Lassalle erwartet jedenfalls den Zusammenschluß der Produktivassoziationen zu Branchenorganisationen und sieht den Staat als Geburtshelfer dieser Gemeinwirtschaft auf nationaler Ebene. Der Ökonom Johann Karl Rodbertus (1805–1875) weist Lassalle diesbezüglich darauf hin, daß das Problem von Überproduktion und ökonomischer Krisenanfälligkeit auch für dieses Zukunftsszenario nicht auszuschließen sei. Lassalle »ging es jedoch ausschließlich darum, darzulegen, daß die Lage der Arbeiter ohne eingreifende Veränderung des bestehenden Lohnsystems nicht verbessert werden könne, die liberale ›Selbsthilfe‹ (unter Verzicht auf staatliche Unterstützung, A.K.) mithin ein mehr oder minder bewußtes Täuschungsmanöver gegenüber der Arbeiterschaft darstelle.

960 Ferdinand Lassalle, Aus seinen Reden und Schriften, mit einer Einleitung hrsg. von Ernst Winkler (Anm. 947), S. 242f.

961 Ferdinand Lassalle, Eine Auswahl für unsere Zeit (Anm. 947), S. 253f.

962 Ebd., S. 261.

Lassalle konnte die ökonomische Seite seiner Theorie um so mehr vernachlässigen, als sie für ihn ausschließlich taktische Funktion besaß.«[963]

Das grundlegende Erbe Lassalles für die deutsche Sozialdemokratie besteht in der Vorstellung eines Primats der Politik vor sozialen Reformen und gewerkschaftlichem Kampf. Obwohl Lassalle der Staatshilfe ohne Zweifel eine wichtige Rolle bei der Vorbereitung der kommunistischen Gesellschaft zugewiesen hat, wird seine politische Programmatik innerhalb der Sozialdemokratie noch einmal zugespitzt. Der Rückgriff auf Lassalle dient hier vor allem als Legitimationsgrundlage von Organisationsdisziplin und dem Konzept eines etatistischen Sozialismus.

6.3 Der Sozialismus vor den Herausforderungen des entwickelten Kapitalismus

Marx hat sich selbst gegen die Dogmatisierung des eigenen Denkens ausgesprochen: »Alles, was ich weiß, ist, daß ich kein Marxist bin.«[964] Der Marxismus als politische Weltanschauung entfaltet sich insbesondere in den letzten beiden Jahrzehnten des 19. Jahrhunderts über die internationale Verbreitung, Systematisierung und Popularisierung der Marxschen Ideen. Er gewinnt politische Bedeutung vor allem innerhalb der Arbeiterparteien Zentraleuropas. Internationales politisches Gewicht erhält er erst mit der Russischen Revolution von 1917 und der Gründung der Dritten Internationale (dazu die Darstellungen zum 20. Jahrhundert und zum Totalitarismus in diesem Band).

Der Marxismus der Zweiten Internationale (1889–1914) verbindet Philosophie, die Kritik der politischen Ökonomie und politische Konzeptionen innerhalb eines allgemeinen Lehrgebäudes. Zu den bedeutendsten Vertretern der ersten Marxistengeneration, die an der dazu erforderlichen Systematisierungsarbeit beteiligt sind, zählen Karl Kautsky, Franz Mehring (1846–1915), Georgi W. Plechanow (1856–1918) und Antonio Labriola (1843–1904)[965]. Ein explizit marxistisches Selbstverständnis und eine Führungsrolle der Arbeiterparteien läßt sich für die deutsche, niederländische und skandinavische Arbeiterbewegung feststellen. Im Unterschied zu diesem ›deutschen Typus‹ der Arbeiterbewegung bleibt der ›romanische Typus‹ (Frankreich, Spanien, teilweise Italien) in stärkerem Maße vom antiparlamentarischen Syndikalismus geprägt, während der ›angelsächsische Typus‹ (England, USA) durch die Dominanz der Gewerkschaftsbewegungen gegenüber den politischen Parteien gekennzeichnet ist[966]. In der Zweiten Internationale dominiert bis zu ihrem Auseinanderbrechen an der Kriegsfrage zu Beginn des Ersten Weltkrieges die deutsche Sozialdemokratie. Deren Parteitheoretiker – namentlich Karl Kautsky – formulieren die vorherrschenden marxistischen Auffassungen.

963 Hans Mommsen, Die geschichtliche Bedeutung Ferdinand Lassalles (Anm. 946), S. 279.

964 Nach einer brieflichen Mitteilung von Engels, in: Marx-Engels-Werke (Anm. 159), Bd. 35, S. 388.

965 Zu den folgenden Darstellungen insbesondere Otto Kallscheuer, Marxismus und Sozialismus bis zum Ersten Weltkrieg (Anm. 29). Dort auch zahlreiche Literaturhinweise zur eingehenderen Auseinandersetzung.

966 Hans Mommsen, Typologie der Arbeiterbewegung, in: ders., Arbeiterbewegung und Nationale Frage (Anm. 946), S. 221–259; Jacques Droz (Hrsg.), Geschichte des Sozialismus (Anm. 824), Bd. IV, S. 18ff.

Das marxistische Theorieverständnis der Zweiten Internationale ist durch eine objektivistische Deutung des Historischen Materialismus und das Selbstverständnis einer positiven Wissenschaft gekennzeichnet. Dies ermöglicht auch einen direkten Schluß von ökonomischen Strukturprozessen auf das politische Handeln einer Bevölkerung, deren zunehmende klassenmäßige Polarisierung vorausgesetzt wird. Vorstellungen über die naturnotwendige Entwicklung zum Sozialismus und eine drastische Reduzierung der gesellschaftlichen Komplexität aufgrund auch sozialstrukturell wirksamer ökonomischer Konzentrations- und Zentralisationstendenzen verbinden sich mit dem Verzicht auf die Konzeption eines Transformationsprozesses zur sozialistischen Gesellschaft. Die sozialistische Gesellschaft wird als problemlose Nebenfolge der revolutionären Machtergreifung der Arbeiterklasse verstanden. Der auf parlamentarischer und gewerkschaftlicher Ebene verfolgten Tagespolitik kommt daher nur die Funktion zu, angesichts der erwarteten Verschlechterung der Lebenslage der Arbeiterklasse die subjektiven Voraussetzungen für die historische Mission der Arbeiterklasse zu verbessern. Der Arbeiterpartei fällt die Aufgabe zu, die erforderlichen politischen Orientierungen zu vermitteln[967].

Das Verbot der sozialistischen Partei und der ihnen nahestehenden Gewerkschaften in Deutschland durch das Sozialistengesetz (1878–1890) und die Unfähigkeit des politischen Liberalismus, mit radikal-demokratischen und sozialreformerischen Zielsetzungen in die Arbeiterschaft hineinzuwirken, fördern die Ausbreitung des Marxismus in der deutschen Arbeiterbewegung. Die lange ökonomische Krisenperiode ab 1873 nährt die Erwartung des »großen Kladderadatschs« (August Bebel), des Zusammenbruchs des Kapitalismus. Die Erfordernisse der tagespolitischen Reformpolitik von Partei und Gewerkschaften, die nach Aufhebung des Sozialistengesetzes rasch an Einfluß gewinnt, aber auch der 1896 einsetzende und bis zum Ersten Weltkrieg anhaltende Konjunkturaufschwung führen zu einen Prozeß strömungspolitischer Differenzierung und zu theoretischen Kontroversen innerhalb der Sozialdemokratie. Das unproblematische Nebeneinander eines die Revolutionserwartungen speisenden »wissenschaftlichen« Sozialismus mit einer reformorientierten Tagespolitik ist kennzeichnend für das Erfurter Parteiprogramm von 1891.

Karl Kautsky skizziert im Erfurter Programm, das die Übernahme der marxistischen Theorie als theoretische Grundlage der Partei dokumentiert, die ökonomischen Zusammenbruchstendenzen und die absehbare soziale Polarisierung der Klassen. Eduard Bernstein verfaßt einen von diesen Tendenzen gelösten tagespolitischen Forderungskatalog zur Demokratisierung von Staat und Gesellschaft und zur sozialen Besserstellung der Arbeiterschaft. Dieser programmatische Dualismus wird im Gefolge der strömungspolitischen Kontroversen zum Gegenstand heftiger Diskussionen über das marxistische Selbstverständnis. Der um die Jahrhundertwende von Eduard Bernstein ausgelöste »Revisionismusstreit« ist eine Diskussion über den Weg zum Sozialismus unter entwickelten kapitalistischen Verhältnissen[968]. Als Hauptwortführer der drei großen politischen Strömungen des Marxismus können Karl Kautsky als Repräsentant der marxistischen »Orthodoxie«, Eduard Bernstein als Vertreter der

967 Thomas Meyer, Hauptmotive der Theorie der Vorkriegssozialdemokratie, in: ders., Bernsteins konstruktiver Sozialismus, Bonn 1977, S. 67ff.

968 Lucio Colletti, Bernstein und der Marxismus der II. Internationale, Frankfurt/M. – Wien 1971.

revisionistischen Kritik sowie Rosa Luxemburg als Sprecherin der radikalen Linken betrachtet werden.

6.3.1 Orthodoxie: Karl Kautsky

Karl Kautsky (1854–1938) wird nach dem Tod von Engels zum autorisierten Interpreten des marxistischen Lehrgebäudes. Seine Autorität erstreckt sich nicht nur auf die deutsche Sozialdemokratie, sondern auf die Zweite Internationale insgesamt. Bis 1914 anerkennt selbst Lenin Kautskys Rolle als Gralshüter der Marxschen Lehre. Kautsky wird 1854 in Prag in einer Künstlerfamilie geboren. Anfang der siebziger Jahre tritt er in die Sozialdemokratische Partei ein und orientiert sich bald schon auf eine Tätigkeit als Parteitheoretiker und -journalist. 1883 begründet Kautsky in London, wo er mit Engels zusammenarbeitet, die Zeitschrift *Neue Zeit,* die er bis 1917 leitet. Sie wird das theoretische Forum der Zweiten Internationale. Unter den zahlreichen Buchveröffentlichungen Kautskys sind insbesondere zu erwähnen: *Karl Marx' ökonomische Lehre* (1887), *Das Erfurter Programm* (1892), *Die Agrarfrage* (1899), *Ethik und materialistische Geschichtsauffassung* (1906), *Der Weg zur Macht* (1909), *Die Diktatur des Proletariats* (1918) und *Die materialistische Geschichtsauffassung* (1927)[969]. Kautsky, der seine letzten Jahre in Wien verbringt, kann von dort vor dem Einmarsch der Nazis nach Holland fliehen, wo er 1938 stirbt.

Kautskys Annäherung an den Sozialismus erfolgt über den Materialismus und den Evolutionismus Darwins. Entsprechend sind für ihn »die sozialen Triebe etwas durchaus nicht Konventionelles, sondern etwas tief in der Menschennatur, der Natur des Menschen als sozialen Tieres Begründetes« und gilt ihm der wissenschaftliche Sozialismus als wissenschaftliche »Erforschung der Entwicklungs- und Bewegungsgesetze des gesellschaftlichen Organismus zum Zwecke des Erkennens der notwendigen Tendenzen und Ziele des proletarischen Klassenkampfes«[970]. Kautskys Wissenschaftsverständnis geht von der Identität von Natur- und Gesellschaftsbetrachtung aus und beruft sich dabei auf eine entsprechende Deutung des Marxschen Werkes. Auch Marx hatte 1861 in einem Brief an Lassalle den Darwinismus als »wissenschaftliche Unterlage des geschichtlichen Klassenkampfes« bezeichnet. Engels hatte in seiner Grabrede für Marx dessen historische Leistung mit der Darwins verglichen. Kautsky kann sein positives Wissenschaftsverständnis in Anlehnung an die Naturwissenschaften und die damit verbundene objektivistische Interpretation des Geschichtsablaufs daher mit einer selektiven Rezeption des Marxschen Werkes abstützen, wenn auch

969 Karl Kautsky, Karl Marx' ökonomische Lehre, Stuttgart 1908[12]; ders., Das Erfurter Programm. In seinem grundsätzlichen Teil erläutert, Stuttgart 1922[17]; ders., Die Agrarfrage, Graz 1971 (Reprint); ders., Bernstein und das sozialdemokratische Programm, Stuttgart 1899; ders., Die soziale Revolution, 2 Bde., Berlin 1902; ders., Ethik und materialistische Geschichtsauffassung, in: Hans-Jörg Sandkühler/Raffael de la Vega (Hrsg.), Marxismus und Ethik, Frankfurt/M. 1970, S. 193–261; ders., Der Weg zur Macht, Neudruck eingeleitet von Georg Fülberth, Frankfurt/M. 1972; ders., Nationalstaat, imperialistischer Staat und Staatenbund, Nürnberg 1915; ders., Die Diktatur des Proletariats, Wien 1918; ders., Die materialistische Geschichtsauffassung, 2 Bde., Berlin 1927.

970 Karl Kautsky, Ethik und materialistische Geschichtsauffassung (Anm. 969), S. 243 und S. 258.

die Nähe zum Darwinismus den Geschichtsobjektivismus nicht zwangsläufig zur Folge hat. »Freilich wirkte als Hintergrundmotiv in der gesamten erfahrungswissenschaftlichen Orientierung der zweiten Hälfte des neunzehnten Jahrhunderts mit, daß Darwin die unumstößliche Entdeckung gemacht zu haben schien, daß rein kausal wirkende Gesetze ohne Zutun eines bewußten Willens scheinbar in höchstem Maße sinnvolle und zielgerichtete Entwicklungsprozesse inaugurieren und steuern können.«[971]

Kautskys ausgeprägter Geschichtsobjektivismus findet sich etwa in seinem Kommentar des Erfurter Programms: »Die kapitalistische Gesellschaft hat abgewirtschaftet; ihre Auflösung ist nur noch eine Frage der Zeit; die unaufhaltsame ökonomische Entwicklung führt den Bankrott der kapitalistischen Produktionsweise mit Naturnotwendigkeit herbei. Die Bildung einer neuen Gesellschaftsform an Stelle der bestehenden ist nicht mehr bloß etwas Wünschenswertes, sie ist etwas Unvermeidliches geworden.«[972] Durch diese Zukunftsgewißheit soll ein aktives Handeln der Menschen jedoch nicht ausgeschlossen werden, wenngleich das Ziel des Geschichtsverlaufs jeder Disposition entzogen ist. Der von Kautsky repräsentierte Marxismus hat durchaus politisch mobilisierende und sozialpsychologisch stabilisierende Wirkungen innerhalb der sich organisierenden Teile der Arbeiterbewegung. Er erweist sich, wie das der italienische Marxist Antonio Gramsci rückblickend analysiert hat, in seinem »deterministische(n), fatalistische(n), mechanische(n) Element als eine Art Religion und Stimulanz ..., die der subalterne Charakter bestimmter sozialer Schichten als historisch notwendig und gerechtfertigt erwies. Wenn man im Kampf nicht die Initiative hat und wenn sich der Kampf schließlich mit einer Reihe von Niederlagen identifiziert, wird der mechanische Determinismus eine gewaltige moralische Kraft des Widerstands, des Zusammenhalts und der geduldigen und beharrlichen Ausdauer. Ich bin für den Augenblick geschlagen, aber auf die Dauer arbeiten die Dinge für mich.«[973] Kautsky entzieht die materialistische Geschichtsauffassung, die Dialektik und die Werttheorie der Kritik und fixiert damit die Marxorthodoxie der Zweiten Internationale.

Wie schon der späte Engels in den Wahlerfolgen der Sozialdemokratie Anzeichen einer Machtübernahme des Proletariats gesehen hatte, gilt auch für Kautsky vor dem Hintergrund des unbezweifelbaren Geschichtsverlaufs das allgemeine Wahlrecht als wirksamste Waffe des politischen Klassenkampfes. Gewalt müsse nur für den Fall der Verhinderung eines antidemokratischen Putsches der Reaktion in Betracht gezogen werden. Die Arbeiterklasse hätte dann sogar die Legitimität der demokratischen Mehrheit auf ihrer Seite. Daher kann Kautsky erklären: »Die Sozialdemokratie ist eine revolutionäre, nicht aber eine Revolutionen machende Partei.«[974] Eine ständig an Zahl anwachsende und sozial homogene Arbeiterklasse stärke die Sozialdemokratie. Kautsky verfolgt innerhalb der Demokratie eine »Ermattungsstrategie«, an deren

---

971 Thomas Meyer, Bernsteins konstruktiver Sozialismus (Anm. 967), S. 75.

972 Karl Kautsky, Das Erfurter Programm (Anm. 969), S. 132.

973 Antonio Gramsci, Quaderni del Carcere (Gefängnishefte), hrsg. von Valentino Gerratana, Turin 1975, S. 1388, hier zitiert nach Otto Kallscheuer, Marxismus und Sozialismus bis zum Ersten Weltkrieg (Anm. 29), S. 534. Die deutsche Ausgabe der ›Gefängnishefte‹, auf 10 Bde. geplant, erscheint seit 1991 im Argument-Verlag/Berlin.

974 Karl Kautsky, Ein sozialdemokratischer Katechismus, in: die Neue Zeit. Revue des geistigen und öffentlichen Lebens, (1893/94) 1, S. 368.

Ende der Sozialismus stehen soll. Sein politisch-strategisches Denken bleibt dabei – und hier haben wir den Dualismus von Reform und Revolution des Erfurter Programms vor Augen – gespalten in ein unverbundenes Nebeneinander von parlamentarischem Engagement und eine, freilich defensiv interpretierte, revolutionäre Perspektive.

Kautsky geht davon aus, daß der praktische Schwerpunkt der Arbeiterbewegung auf politischem Gebiet liegt. Die Gewerkschaften sollen sich dem Primat der Partei beugen, diese selber müsse vor Spaltungen bewahrt werden und als Arbeiterpartei ihren exklusiven Klassencharakter sicherstellen. Die parlamentarische Vertretung der Klasseninteressen verträgt sich allerdings nicht mit dem Modell der Minderheitsrevolution. In seinen späteren Schriften lehnt Kautsky daher auch die bolschewistische Revolutionstheorie ab. Die Demokratie müsse »mit Nägeln und Zähnen aufs äußerste verteidigt« werden, da ohne sie auch der Sozialismus nicht vorstellbar sei. In der seit 1905 geführten Debatte über den Massenstreik als politisches Mittel verteidigt Kautsky das politische Primat der Partei. Gegen die Konzeption spontanen politischen Lernens im Massenstreik, welche die Parteilinken um Rosa Luxemburg propagieren, setzt er auf die organisatorische Disziplin und »den gesunden Instinkt des Durchschnitts, der uns vor Experimenten und Abenteuern behüten wird«[975]. Kautsky beharrt auf einer mittelfristigen Strategie des parlamentarischen Kampfes mit den Übergangszielen der Demokratie und der Reichseinheit. Zu diesem Zweck setzt er auf die »Verbesserung des Reichstagswahlrechts, die Eroberung des gleichen und geheimen Wahlrechts zu den Landtagen, namentlich Sachsens und Preußens, die Erkämpfung einer herrschenden Stellung des Reichstags sowohl gegenüber den Regierungen wie gegenüber den Einzellandtagen«[976].

6.3.2 Revisionismus

Das ungeklärte Verhältnis von Reform und Revolution ist der wesentliche Ansatzpunkt der revisionistischen Kritik, als deren Wortführer Eduard Bernstein gelten kann. Bernstein, Kampfgefährte von Engels und Kautsky und Mitverfasser des Erfurter Programms der deutschen Sozialdemokratie, ist ein führender Marxist der Zweiten Internationale. Daher kommt seiner Kritik des parteioffiziellen Marxismus erhebliches Gewicht zu. Der Revisionismus beschränkt sich freilich nicht auf die deutsche Sozialdemokratie, sondern ist zugleich ein europäisches Phänomen.

6.3.2.1 Marxismus und Revisionismus im europäischen Sozialismus

Der Marxismus der Zweiten Internationale, den Kautsky repräsentiert, nimmt in den Diskussionen der europäischen Arbeiterbewegungen keineswegs eine unangefochtene Position ein. In England bleibt er bedeutungslos, während er sich in Italien,

975 Brief von Kautsky an Victor Adler, in: Victor Adler, Briefwechsel mit August Bebel und Karl Kautsky, gesammelt und erläutert von Friedrich Adler, Wien 1954, S. 574.

976 Karl Kautsky, Der Weg zur Macht (Anm. 969, hier zitiert nach der Ausgabe Berlin 1909^2), S. 83.

Frankreich und Rußland den Einfluß mit nichtmarxistischen Formen des Sozialismus und dem Anarchismus teilen muß. Vor dem Hintergrund veränderter politischer Rahmenbedingungen und offensichtlicher Fehleinschätzungen – statt einem prognostizierten Zusammenbruch des Kapitalismus tritt ein Konjunkturaufschwung ein, statt der Polarisierung der Klassen nehmen die Zwischenschichten zu, statt der erwarteten Immobilität des Kapitals erfolgt dessen flexible Weiterentwicklung zum »organisierten Kapitalismus« mit einem für ihn kennzeichnenden ausgeweiteten finanzpolitischen Instrumentarium sowie einer gewandelten Rolle der Staatsintervention – kommt es europaweit zu Revisionen des Marxismus. Die von sozialistischen Intellektuellen und akademischen Wissenschaftlern durchgeführten Modifikationen und Revisionen der objektivistischen Marxismusinterpretation können freilich nicht einfach unter einem gemeinsamen inhaltlichen Nenner versammelt werden. Von daher ist verständlich, warum Eduard Bernstein für sich die Bezeichnung »Revisionist« ablehnt: »Ich gestehe es offen, ich liebe das Wort Revisionist nicht. Es ist mir zu nichtssagend und, was übrigens darin schon eingeschlossen ist, zu vieldeutig. Was kann man nicht alles als Revision bezeichnen, wen nicht als Revisionisten hinstellen?«[977]

In England bleibt der Marxismus in der politisch ausschlaggebenden Gewerkschaftsbewegung ohne nennenswerten Einfluß. Eine kritische Auseinandersetzung mit ihm erfolgt jedoch in der *Fabian Society,* zu der sich eine Gruppe sozialistischer Intellektueller 1884 zusammengeschlossen hat. Zu ihren bedeutendsten Vertretern gehören George Bernhard Shaw (1856–1950), Herbert George Wells (1866–1946) sowie Sidney und Beatrice Webb (1859–1947 und 1858–1943). In den *Fabian Essays* kritisieren sie die Geschichtsphilosophie und Revolutionstheorie des Marxismus und stellen unter Rückgriff auf die Grenznutzentheorie auch die Marxsche Werttheorie in Frage. Nach Meinung der Fabier läßt sich über Kommunalisierung, vorsichtige Verstaatlichung und eine umverteilende Steuerpolitik der Sozialismus im Einklang mit der parlamentarischen Demokratie im Innern des Kapitalismus herstellen. Statt des Klassenkampfes müsse das gegenseitige Verständnis der Klassen gefördert, statt der Revolution eine Vielzahl von Reformen angestrebt werden[978]. Hierbei kommt nach ihrem Verständnis der Gemeindeselbstverwaltung und den Konsumgenossenschaften eine wichtige Rolle zu.

Die italienische Arbeiterbewegung hatte sich bei der Spaltung der Ersten Internationale im Jahre 1872 vorwiegend Bakunin angeschlossen. Dies ändert sich erst nach Gründung der sozialistischen Partei 1892. Trotz der weiterhin vorhandenen Bedeutung anarchosyndikalistischer Positionen kann der Marxismus nunmehr auf das Sozialismusverständnis der italienischen Arbeiterbewegung einwirken. Angeregt von der vor allem in Neapel stattfindenden Hegelrezeption und den aufgegriffenen Fragestellungen des deutschen Idealismus diskutieren die liberalen Intellektuellen die Marxschen Texte. Zu nennen sind hier vor allem Antonio Labriola (1843–1904), Giovanni Gentile (1875–1944) und Benedetto Croce (1866–1952). Vor allem Croce unterzieht in Auseinandersetzung mit dem Marxismus den Historischen Materialismus und die

977 Eduard Bernstein, Der Marx-Kultus und das Recht der Revision, in: Sozialistische Monatshefte. Internationale Revue des Sozialismus, hrsg. von Joseph Bloch, 5 (1903), S. 255.
978 Fabian Essays, London 1962; dazu auch Bo Gustafsson, Marxismus und Revisionismus (Anm. 937), S. 159ff.

Marxsche Werttheorie einer revisionistischen Kritik. Im Marxismus sieht er nicht ein unausweichliches Ergebnis des Kapitalismus, sondern ein ethisches Ziel. – Der ursprünglich anarchistisch orientierte Rechtsanwalt Saverio Merlino (1856–1930) befürwortet eine Bündnispolitik der Arbeiter mit den Mittelschichten und schlägt statt einer Ausrichtung der Erwartungen auf die Revolution eine am Kriterium sozialer Gerechtigkeit orientierte Reformpolitik vor. Merlinos 1897 veröffentlichte Arbeit *Pro e contro il socialismo* (Für und wider den Sozialismus)[979] wird noch im selben Jahr von Georges Sorel, dem neben Bernstein wohl bedeutendsten revisionistischen Autoren, ins Französische übersetzt und wirkt in Frankreich in die revisionistischen Diskussionen ein.

Im französischen Sozialismus ist der Marxismus zunächst nur eine unbedeutende Randerscheinung. Gewicht hat hier vor allem das sozialistische Erbe Proudhons. Der von Jules Guesde (1845–1922) gegründete *Parti Ouvrier Français* orientiert sich dann am Marxismus. Paul Lafargue (1842–1911), Schwiegersohn von Marx, ist der vermutlich bedeutendste Vertreter des dort gepflegten französischen Marxismus. Die *Guesdisten* verstehen sich als Wortführer der reinen Lehre. Von ihnen spaltet sich unter Paul Brousse (1844–1912) die eher föderalistisch orientierte *Féderation de Travailleurs Socialistes* ab, die wegen ihres reformerischen Pragmatismus von den *Guesdisten* als *Possibilisten* bezeichnet werden. Unter dem Eindruck parlamentarischer Wahlerfolge der unabhängigen Sozialisten unter Alexandre Millerand (1859–1943) und Jean Jaurès (1859–1914) erlangt der Reformismus im französischen Sozialismus die Führung. Der 1902 gegründete *Parti Socialiste Français* versammelt die unabhängigen Sozialisten und die *Possibilisten* unter der Führung von Jean Jaurès. Er erhält zwei Drittel der sozialistischen Wählerstimmen, muß aber hinnehmen, daß die Zweite Internationale zugunsten der *Guesdisten* interveniert.

Für die revisionistische Kritik kommt in Frankreich Georges Sorel (1847–1922) die größte Bedeutung zu. Er wendet sich Anfang der neunziger Jahre dem Studium des Sozialismus zu und gilt bald als führender Marxist. Unter dem Einfluß des Italieners Merlino kritisiert er jedoch die Erklärungsdefizite der materialistischen Geschichtsauffassung für Fragen der Moral und Religion und stellt auch die dialektische Methode in Frage. Als Schlüsselfrage des Klassenkampfes könne nicht das Eigentum an Produktionsmitteln, sondern müsse vielmehr die je subjektive Handlungsgewißheit, müßten Fragen von Moral und Recht gelten. Auch könne von einer Verelendung der Arbeiter nicht ohne weiteres geredet werden und sei die Konzeption einer gewaltsamen Revolution zu kritisieren. Sorel wird später zum Anhänger des revolutionären Syndikalismus. Im »Generalstreik« sieht er dann die aktivistische Realisation der gesellschaftsverändernden »Moral der Produzenten«[980]. Sorels Marxismuskritik weist zahlreiche Überschneidungen mit Bernsteins Revisionismus auf (zu Sorel siehe auch den Abschnitt 4.1.3 des Beitrags zum »Totalitarismus« in diesem Band).

Eine spezifische Form des Revisionismus in Rußland ist der »legale Marxismus«, als dessen Hauptvertreter Peter von Struve (1870–1944) gelten kann. Da die Marxisten der 1883 gegründeten Gruppe *Befreiung der Arbeit* um Georgi Plechanow (1856–1918) im Schweizer Exil arbeiten und die Ende der achtziger Jahre entstehen-

979 Saverio Merlino, Pro e contro il socialismo, Milano 1897.

980 Georges Sorel, Die Auflösung des Marxismus (1906), Hamburg 1978; ders., Über die Gewalt (1906), Frankfurt/M. 1969.

den marxistischen Zirkel, denen sich auch Lenin 1888 anschließt, durch staatliche Verfolgung ihrer Tätigkeit ebenfalls starken Beschränkungen unterliegen, fällt den in Rußland mit legalem Status operierenden akademischen Marxisten in den Diskussionen um den Marxismus zunächst die theoretische Initiative zu. Diese symphatisieren mit dem Marxismus, weil sie ihn als Programm eines liberalen Kapitalismus und als Instrument der Europäisierung des rückständigen Rußlands auffassen. Der zu den legalen Marxisten zählende Ökonom Mikail Tugan-Baranowski (1865–1919) macht klar: »Wir sind für ökonomischen Fortschritt, für Rußlands Umwandlung zu höheren ökonomischen Gesellschaftsformen ... für Entwicklung der Geldwirtschaft, für Umwandlung des Handelskapitalismus in einen Industriekapitalismus.«[981] Auf die von Struve 1894 veröffentlichte Arbeit zum *Problem der ökonomischen Entwicklung in Rußland* antwortet Lenin mit der Ausarbeitung einer marxistischen Analyse der Entwicklungschancen des Kapitalismus in Rußland[982].

6.3.2.2 Eduard Bernstein als Wortführer der revisionistischen Kritik

Eduard Bernsteins (1850–1932) Revisionismus wird oftmals mit dem Reformismus des rechten Flügels der deutschen Sozialdemokratie gleichgesetzt. Der Bedeutungszuwachs gewerkschaftlicher wie parlamentarischer Arbeit bewirkt in großen Teilen der Sozialdemokratie eine Ausrichtung an den pragmatischen Erfordernissen der Tagespolitik, für die innerhalb der parteioffiziellen Theorie kein systematischer Platz vorgesehen ist. Im Juni 1891 spricht Georg von Vollmar, ein Führer der bayerischen Sozialdemokratie, es offen aus: »Alle politischen und gesellschaftlichen Zustände sind etwas Relatives, sind Übergangsformen. Die heutige Form zu benützen, um auf die Gestaltung der Morgigen Einfluß zu üben – das muß unsere Aufgabe sein.«[983] Die umstandslose Gleichsetzung des Revisionismus mit der Politik des rechten Parteiflügels übersieht jedoch, daß Bernstein sowohl in der Frage des Massenstreiks – den er positiv in eine aktivistische Reformstrategie zu integrieren sucht – als auch in der Frage einer sozialdemokratischen Unterstützung der deutschen Kriegsführung nach 1914 – die er kritisiert – keineswegs auf der Seite der Parteirechten steht[984]. Bernsteins Kritik fordert gegenüber dem parteioffiziellen Marxismus eine Programmatik zielgerichteter Gesellschaftstransformation ein. Bernstein verteidigt nicht eine theorielose Pragmatik, sondern plädiert für ein gegenüber empirischen Fragestellungen und praktischen politischen Erfordernissen geöffnetes Marxismusverständnis.

Eduard Bernstein wird 1850 als siebtes Kind eines jüdischen Lokomotivführers in Berlin geboren. Er besucht die höhere Schule und arbeitet von 1871–1878 als Bankan-

---

981 Nach R. Kindersley, The First Russian Revisionists. A Study of Legal Marxism, Oxford 1962, S. 84.

982 Wladimir Iljitsch Lenin, Der ökonomische Inhalt der Volkstümlerrichtung und die Kritik an ihr in dem Buch des Herrn Struve (1895), in: ders., Werke (Anm. 945), Bd. 1, S. 339ff.; ders., Die Entwicklung des Kapitalismus in Rußland (1899), ebd., Bd. 4.

983 Georg von Vollmar, Über die nächsten Aufgaben der deutschen Sozialdemokratie, München 1891, S. 8.

984 Otto Kallscheuer, Marxismus und Sozialismus bis zum Ersten Weltkrieg (Anm. 29), S. 547; Detlef Lehnert, Reform und Revolution in den Strategiediskussionen der klassischen Sozialdemokratie, Bonn 1977, S. 242ff.

gestellter. 1872 schließt er sich der Eisenacher Partei Bebels und Liebknechts an. Zu dieser Zeit steht er unter dem Einfluß der Schriften Eugen Dührings. 1878 wird Bernstein in der Schweiz Privatsekretär des neukantianischen Sozialisten und Publizisten Karl Höchberg. Unter dem nachhaltigen Eindruck von Engels *Anti-Dühring* nähert er sich dem Marxismus an und wird 1881 Redakteur der in der Schweiz erscheinenden Zeitschrift *Sozialdemokrat*. Nachdem Bismarck die Schweizer Regierung unter Druck gesetzt hat, muß deren Redaktion das Land verlassen. Bernstein geht nach London, wo er bis 1901 bleibt. Er gewinnt dort das Vertrauen von Engels, der ihn zu einem seiner Nachlaßverwalter bestimmt. Nach Engels Tod veröffentlicht er in der Theoriezeitschrift *Neue Zeit* die Aufsatzreihe *Probleme des Sozialismus* (1896–1897), die innerhalb der SPD erregte Diskussionen auslöst. In dem Buch *Die Voraussetzungen des Sozialismus und die Aufgaben der Sozialdemokratie* (1899) faßt Bernstein seine Kritik zusammen[985]. Nach längeren Parteidebatten verwirft zwar der Dresdener Parteitag des Jahres 1903 mit großer Mehrheit die revisionistischen Tendenzen. Doch trotz dieser – einer Parteispaltung vorbeugenden – Mehrheitsbeschlüsse gewinnt der Revisionismus bis zum Ersten Weltkrieg kontinuierlich an Boden. Bernstein wendet sich während des Krieges gegen die Kriegsunterstützung der SPD und schließt sich der *USPD* an. Ohne aus dieser auszutreten, wird er 1919 erneut SPD-Mitglied, kann aber dort keinen großen Einfluß mehr ausüben, obwohl das Görlitzer Programm (1921) den Revisionismus in der SPD offiziell sanktioniert.

Bernstein zielt auf eine Neubestimmung des Sozialismus. Gemeint ist die Revision ökonomischer Trendaussagen, der Revolutionstheorie, der Konzeption von Staat und Demokratie sowie schließlich der Hintergrundannahmen des Historischen Materialismus. Sie sollen in ein revidiertes sozialistisches Konzept der gesellschaftlichen Transformation münden[986].

Bernstein konstatiert eine Zunahme der Zahl der Besitzenden und zugleich einen Prozeß der Abstufung und Differenzierung von Einkommenshöhe und Berufstätigkeit. Auch erweisen sich nach seinen Beobachtungen die Klein- und Mittelbetriebe in Industrie, Handel und Landwirtschaft als widerstandsfähig gegen die Zentralisations- und Konzentrationstendenzen des Kapitals. In der Landwirtschaft lasse sich sogar ein Rückgang der Betriebsgröße feststellen: »Wenn der Zusammenbruch der modernen Gesellschaft vom Schwinden der Mittelglieder zwischen Spitze und dem Boden der sozialen Pyramide abhängt, wenn er bedingt ist durch die Aufsaugung dieser Mittelglieder von den Extremen über und unter ihnen, dann ist er in England, Deutschland, Frankreich heute (1899) seiner Verwirklichung nicht näher als zu irgendeiner früheren Epoche im neunzehnten Jahrhundert.«[987] Mit der Fortexistenz oder gar Zunahme der Klein- und Mittelbetriebe läßt sich ein Voranschreiten der Klassenpolarisation nicht weiter behaupten. Hinsichtlich der Anpassungsfähigkeit des Kapitalismus an die

985 Eduard Bernstein, Die Voraussetzungen des Sozialismus und die Aufgaben der Sozialdemokratie, Reinbek 1970; ders., Wie ist wissenschaftlicher Sozialismus möglich? Berlin 1901; ders., Der politische Massenstreik und die politische Lage der Sozialdemokratie in Deutschland, Berlin 1905; ders., Der Revisionismus in der Sozialdemokratie, Amsterdam 1909; ders., Wie eine Revolution zugrundeging, Stuttgart 1921; ders., Ein revisionistisches Sozialismusbild. Drei Vorträge, hrsg. und eingeleitet von Helmut Hirsch, Berlin – Bonn 1976[3].

986 Dazu vor allem Thomas Meyer, Bernsteins konstruktiver Sozialismus (Anm. 967).

987 Eduard Bernstein, Die Voraussetzungen des Sozialismus (Anm. 985), S. 94f.

ihm eigenen Krisenverläufe stellt Bernstein die Frage, »ob nicht die gewaltige räumliche Ausdehnung des Weltmarkts im Verein mit der außerordentlichen Verkürzung der für Nachrichten und Transportverkehr erforderten Zeit die Möglichkeiten des Ausgleichs von Störungen so vermehrt, der enorm gestiegene Reichtum der europäischen Industriestaaten im Verein mit der Elastizität des modernen Kreditwesens und dem Aufkommen der industriellen Kartelle die Rückwirkungskraft örtlicher oder partikularer Störungen auf die allgemeine Geschäftslage so verringert haben, daß wenigstens für eine längere Zeit allgemeine Geschäftskrisen nach Art der früheren überhaupt als unwahrscheinlich zu betrachten sind.«[988]

Nach Wegfall aller ›objektiven‹ sozialen und ökonomischen Verlaufstendenzen gewinnt die aktiv gestaltende Intervention der Arbeiterbewegung eine neue politische Qualität. Angeregt von der Sozialismuskonzeption der englischen *Fabier,* mit denen Bernstein während seines Londoner Aufenthaltes in Kontakt steht, stellt er den Vorrang der politischen Arbeiterpartei in Frage. »Wer sich nicht einem Glauben an zukünftige Wunder ergibt, der Vorstellung, daß man in jedem Augenblick des Bedarfs leistungsfähige organische Gebilde aus dem Boden stampfen kann, wird in der Gewerkschaft nicht nur eine Vorschule weitgehender demokratischer Selbstverwaltung begrüßen, sondern auch einen wichtigen Hebel der von der Sozialdemokratie erstrebten wirtschaftlichen Umgestaltung. Der Satz, daß die Emanzipation der Arbeiterklasse das Werk dieser selbst sein muß, hat eine weitere Bedeutung als bloß die der Eroberung der Staatsgewalt durch die Arbeiter.«[989] Bernstein sieht in Gewerkschaften wie auch in Konsum- und Produktivgenossenschaften wichtige Praxisfelder der sozialistischen Transformation, die sich nicht schlagartig, sondern in einem Prozeß des graduellen Wandels einstelle. Hier liegt auch der Sinn seiner Aussage: »Das, was man gemeinhin Endziel des Sozialismus nennt, ist mir nichts, die Bewegung alles.«[990]

Auch die sozialistische Gesellschaft benötigt nach Bernsteins Überzeugung den Staat als einen spezialisierten »Verwaltungskörper«. Dieser müsse jedoch demokratische Formen haben. Bernstein zeichnet die Demokratie nicht nur als Regierungsform aus, sondern sieht in ihr auch den Anspruch auf gleichberechtigte soziale Teilhaberschaft garantiert: »Die Demokratie ist Mittel und Zweck zugleich. Sie ist das Mittel der Erkämpfung des Sozialismus, und sie ist die Form der Verwirklichung des Sozialismus... Die Demokratie ist prinzipiell die Aufhebung der Klassenherrschaft, wenn sie auch noch nicht die faktische Aufhebung der Klasse ist... Das Wahlrecht der Demokratie macht seinen Inhaber virtuell zu einem Teilhaber am Gemeinwesen, und die virtuelle Teilhaberschaft muß auf die Dauer zur tatsächlichen Teilhaberschaft führen... Aber das allgemeine Wahlrecht ist erst ein Stück, das auf die Dauer die anderen nach sich ziehen muß... Kein Mensch denkt daran, der bürgerlichen Gesellschaft als einem zivilistisch geordneten Gemeinwesen an den Leib zu wollen. Im Gegenteil. Die Sozialdemokratie will nicht diese Gesellschaft auflösen und ihre Mitglieder allesamt proletarisieren, sie arbeitet vielmehr unablässig daran,

988 Ebd., S. 99.

989 Nachwort von Bernstein in dem Buch von Sidney Webb/Beatrice Webb, Geschichte der englischen Gewerkschaftsbewegung (1895), zitiert nach Thomas Meyer, Bernsteins konstruktiver Sozialismus (Anm. 967), S. 138.

990 Eduard Bernstein, Die Voraussetzungen des Sozialismus (Anm. 985), S. 200.

den Arbeiter aus der sozialen Stellung eines Proletariers zu der eines Bürgers zu erheben und so das Bürgertum oder Bürgersein zu verallgemeinern.«[991]

Bernstein stellt seine Konzeption des Sozialismus bewußt in die normative Kontinuität des politischen Liberalismus: »Was aber den Liberalismus als weltgeschichtliche Bewegung anbetrifft, so ist der Sozialismus nicht nur der Zeitfolge, sondern auch dem geistigen Gehalt nach sein legitimer Erbe.«[992] Das von Bernstein angestrebte Bündnis von Sozialismus und liberalem Bürgertum hat freilich nach der politischen Enthauptung des radikalen bürgerlichen Liberalismus im deutschen Kaiserreich keine wirkliche Realisationschance.

Da Bernstein von der bleibenden Notwendigkeit von Staatsfunktionen auch im Sozialismus ausgeht, kritisiert er die im Marxismus vertretenen zentralistischen Konzeptionen des Staates und weist auch die Vorstellung einer Diktatur des Proletariats zurück. Unter Rückgriff auf Proudhon skizziert er ein Konzept lokaler, kommunaler und ökonomischer Demokratie. »Föderalismus und ›Gemeindesozialismus‹ als Gegengewichte zur zentralstaatlichen Bürokratie und eine Art funktionaler Pluralismus von Organen der Selbstverwaltung in ›gewerblicher Demokratie‹, in Gewerkschaften und Genossenschaften als Strukturen wirtschaftlicher und sozialer Gegenmacht der Arbeiterklasse lassen sich aber – mutatis mutandis – verstehen als Wiederaufnahme des liberalen Prinzips der Gewaltenteilung innerhalb der sozialistischen Arbeiterbewegung: als Einführung eines die funktionale Differenzierung der modernen Industriegesellschfat respektierenden ›Spiels‹ von checks and balances in dem Prozeß der ›Sozialisierung‹ selbst, um dessen staatssozialistische Verselbständigung (den von Bernstein kritisierten ›mystischen Staatsglauben‹ der Lassalleschen Tradition) zu erschweren.«[993]

Die sozialistische Gesellschaft ist für Bernstein eine demokratisch-föderale, sozial gerechte Gesellschaft, die sich schrittweise durch den Aufbau von sozialer, ökonomischer und politischer Gegenmacht und die daraus entstehenden Lernprozesse realisieren lassen soll. Bernstein setzt auf die kulturelle Wirksamkeit einer »höhern Moral und Rechtsauffassung«[994], die sich auch als motivationale Komponente innerhalb des kollektiven Handelns auswirke. Er teilt hier den Ansatz der neukantianischen Schule. Auch wenn er sich selbst nicht – wie der Neukantianismus – um eine eigene Moraltheorie bemüht, ist er sich der Eigenständigkeit praktisch-ethischer Fragestellungen bewußt und kritisiert von dieser Position aus die Hegelsche Dialektik.

Marx und Engels haben sich 1850 an dem von Blanqui vertretenen Modell einer Minderheitsrevolution orientiert, die über das Vorbild der Avantgarde Lernprozesse der Massen initiiert. Hinter diesen Überlegungen steckt nach Bernsteins Ansicht eine »Theorie von der unermeßlichen schöpferischen Kraft der revolutionären politischen Gewalt«[995]. Der Auffassung der Emanzipation über den Weg der »politischen Expropriation« hält er entgegen: »Je näher wir uns der Gegenwart nähern, um so entschiedener lautet die Parole hier: Emanzipation durch wirtschaftliche Organisation.«[996]

991 Ebd., S. 156–158.
992 Ebd., S. 159.
993 Otto Kallscheuer, Marxismus und Sozialismus bis zum Ersten Weltkrieg (Anm. 29), S. 554.
994 Eduard Bernstein, Die Voraussetzungen des Sozialismus (Anm. 985), S. 217.
995 Ebd., S. 55.
996 Ebd., S. 57.

Die politische Revolution könne allenfalls dazu dienen, eine bestehende Minderheitenherrschaft auf dem Wege der Etablierung demokratischer Herrschaftsformen zu überwinden. In den Frühsozialisten, die Bernstein gegen den Vorwurf der Unwissenschaftlichkeit seitens des »wissenschaftlichen Sozialismus« verteidigt, sieht er wichtige Vorläufer des von ihm vehement verfochtenen Konzepts einer sozialen Revolution auf dem Wege gradueller Reformen. Gegenüber der im Grunde jakobinischen Strategie des sozialen Wandels auf dem Weg der politischen Revolution plädiert Bernstein für die Berücksichtigung der Eigendynamik gesellschaftlicher Teilbereiche. In seiner Konzeption des gesellschaftlichen Wandels kommt daher neben der politischen Demokratie der ökonomischen Mitbestimmung, der sozialen Selbstorganisation und der kulturellen Autonomie gleichrangige Bedeutung zu.

Bernsteins Vorbehalte gegen die Russische Revolution speisen sich aus seiner Jakobinismuskritik. An diesem Punkt trifft er sich mit Rosa Luxemburg, der Wortführerin der radikalen Linken innerhalb der Sozialdemokratie. Diese kritisiert den Jakobinismus Lenins, weil er eine Stellvertreterrevolution von Minderheiten legitimiert, die die kollektiven revolutionären Lernprozesse gefährdet, welche im Zentrum ihrer Theorie revolutionärer Spontaneität stehen.

6.3.3 Radikale Linke: Rosa Luxemburg

Rosa Luxemburg (1871–1919) wird im südöstlichen Polen als jüngstes Kind einer liberalen jüdischen Familie geboren. Die bildungsbürgerlich aufgewachsene und kosmopolitisch eingestellte Luxemburg engagiert sich bereits als Schülerin in jüdisch-revolutionären Zirkeln. Eine illegale Existenz und die Emigration nach Zürich sind die Folgen. Dort schließt sie 1897 ihr Studium vor allem der politischen Ökonomie mit einer Dissertation über die industrielle Entwicklung Polens ab. Zu dieser Zeit ist sie – wie auch ihr langjähriger Lebensgefährte, der polnisch-jüdische Sozialist Leo Jogiches – ein führender Kopf der 1894 gegründeten *Sozialdemokratie des Königreichs Polen und Litauen*. Den Schwerpunkt ihrer politischen Arbeit entfaltet Rosa Luxemburg jedoch seit 1898 in der deutschen Sozialdemokratie. In der Revisionismusdebatte, der ihre erste größere Veröffentlichung *Sozialreform oder Revolution* (1899) gilt, nimmt sie entschieden gegen Bernstein Stellung. Die Kontroverse bewegt sich noch innerhalb der Konfrontation zwischen der marxistischen Orthodoxie und dem Revisionismus. Als sich Rosa Luxemburg mit ihrer – unter dem Eindruck der Russischen Revolution von 1905 formulierten – Forderung des politischen Massenstreiks als revolutionärer Aktionsform in der Partei nicht durchsetzen kann, ist dies der Anlaß für die Herausbildung einer eigenständigen Parteiströmung der radikalen Linken. Luxemburgs Schrift *Massenstreik, Partei und Gewerkschaften* (1906) ist »das Fundament für die geistige Struktur der Gruppe, die nach 1910 als der ›linksradikale‹ Flügel der deutschen Partei auftauchte und später das Verbindungsglied zum russischen Bolschewismus bildete«[997]. Zum Bruch zwischen der radikalen Linken und dem marxistischen Zentrum kommt es, als sich Kautsky und der Parteivorstand in der zweiten Massen-

997 Carl E. Schorske, Die große Spaltung. Die deutsche Sozialdemokratie von 1905 bis 1917, Berlin 1981, S. 82f.

streikdebatte (1909/10) definitiv von deren Forderung abgrenzen, durch Massenaktionen das Dreiklassenwahlrecht in Preußen zu Fall zu bringen.

Rosa Luxemburg bekleidet in der SPD wichtige Funktionen. 1907 wird sie Lehrerin für Nationalökonomie an der Berliner Parteihochschule. In diesem Zusammenhang entsteht auch ihr politökonomisches Hauptwerk *Die Akkumulation des Kapitals* (1913, posthum von Paul Levi 1925 herausgegeben). Schon zuvor mehrfach wegen ihrer Agitationsarbeit inhaftiert, wird Rosa Luxemburg am Vorabend des Ersten Weltkriegs wegen einer antimilitaristischen Rede erneut zu einer Gefängnisstrafe verurteilt. Im April 1915 verfaßt sie im Berliner »Weibergefängnis« die Schrift *Die Krise der Sozialdemokratie* (wegen des von ihr verwendeten Pseudonyms auch als ›Junius-Broschüre‹ bekannt). In ihr setzt sie sich mit der Haltung der Sozialdemokratie zu Nationalismus, Imperialismus und Krieg auseinander. Während ihrer letzten Haftstrafe (Juli 1916–November 1918) entsteht die Schrift *Die russische Revolution.* Auf dem Gründungsparteitag der *Kommunistischen Partei Deutschlands (Spartakusbund)* hält sie die Programmrede. Im Januar 1919 unterstützt Rosa Luxemburg trotz Vorbehalten den Spartakus-Aufstand. Nach dessen blutiger Niederschlagung wird sie am 15. Januar 1919 – wie auch Karl Liebknecht (1871–1919) – von Freikorps-Soldaten mißhandelt und erschossen. Ihre Leiche wurde in den Berliner Landwehrkanal geworfen[998].

Während Bernstein die Entwicklung des Kreditsystems und die Entstehung von Kartellen, Konzernen und Trusts als Belege der Überlebensfähigkeit des Kapitalismus deutet, sieht Luxemburg in ihnen nur Indizien für die wachsende Übermacht des organisierten Kapitalismus. In ihrer Studie *Die Akkumulation des Kapitals* (1913) untermauert sie die These des unumgehbaren Zusammenbruchs des Kapitalismus, welche ihr bereits in ihrer Kritik des Revisionismus als Argument gedient hatte. Der Imperialismus als die »Schlußperiode der geschichtlichen Laufbahn des Kapitals« mache die Realisation des kapitalistischen Mehrwerts tendenziell unmöglich. Da der Mehrwert in steigendem Maße in Produktionsmittel investiert werden müsse, schrumpfe die zahlungskräftige Nachfrage nach Konsumgütern (Löhne und nicht investierte Kapitalisteneinkommen). Einen Ausgleich für die sinkende Konsumgüternachfrage schaffe die Nachfrage aus den noch nicht durchkapitalisierten Ländern. Der Imperialismus zerstöre jedoch durch die von ihm betriebene Ausdehnung des Weltmarktes diese nichtkapitalistischen Milieus. Er mache nationale Grenzen bedeutungslos und führe zu einer immer reineren Ausbildung der Klassengegensätze von Proletariat und Kapitalisten. Ökonomische Folge des Imperialismus sei daher eine unlösbare Problematik der Mehrwertrealisation. Dauerhafte Unterkonsumtion und die Klassenpolarisation machen die revolutionäre Aktion des Proletariats erforderlich, durch die alleine der Übergang zum Sozialismus bewerkstelligt werden könne. Rosa Luxemburgs Kapitalismustheorie bleibt aufs engste mit ihrer Revolutionstheorie gekoppelt.

---

998 Rosa Luxemburg, Die politischen Schriften, 3 Bde., hrsg. von Ossip K. Flechtheim, Frankfurt/M. 1966–1968; dies., Gesammelte Werke, 5 Bde., Berlin (DDR) 1970–1975; dies., Internationalismus und Klassenkampf. Die polnischen Schriften, hrsg. von J. Hentze, Neuwied 1971; Antonia Grunenberg (Hrsg.), Die Massenstreikdebatte. Beiträge von Parvus, Rosa Luxemburg, Karl Kautsky u. a., Frankfurt/M. 1970.

Der Zusammenhang zwischen dem Zusammenbruch des Kapitalismus und dem kollektiven revolutionären Handeln bildet bereits den Gegenstand ihrer Kritik an Bernstein. »Die wissenschaftliche Begründung des Sozialismus stützt sich nämlich bekanntermaßen auf drei Ergebnisse der kapitalistischen Entwicklung: vor allem auf die wachsende Anarchie der kapitalistischen Wirtschaft, die ihren Untergang zu einem unvermeidlichen Ergebnis macht, zweitens auf die fortschreitende Vergesellschaftung des Produktionsprozesses, die die positiven Ansätze der künftigen sozialen Ordnung schafft, und drittens auf die wachsende Macht und Klassenerkenntnis des Proletariats, das den aktiven Faktor der bevorstehenden Umwälzung bildet.«[999] Jede Reformstrategie innerhalb des zum Zusammenbruch verurteilten kapitalistischen Systems muß sich daran messen lassen, inwieweit sie das revolutionäre Klassenhandeln fördert oder einschränkt. Rosa Luxemburg formuliert auf dem Stuttgarter Parteitag der SPD 1898 in direkter Gegenthese zu der von Bernstein verfochtenen Reformstrategie: »Die Bewegung als solche ohne Beziehung auf das Endziel, die Bewegung als Selbstzweck ist mir nichts, das Endziel ist uns alles.«[1000] Das gradualistische Reformkonzept Bernsteins interpretiert sie als Kapitulation vor den revolutionären Handlungserfordernissen. Diese betreffen vor allem die Einheitlichkeit des kollektiven Klassenhandelns. Die reale interessenbezogene Fragmentierung der Arbeiterklasse – ein zentraler Ausgangspunkt der revisionistischen Kritik Bernsteins – ist für Luxemburg Gegenstand einer politischen Strategie, die sich der Sozialreform nur unter dem Gesichtspunkt der Herstellung der Klasseneinheit bedient. »Nach der (hier auch von Luxemburg vertretenen, A. K.) landläufigen Auffassung besteht die sozialistische Bedeutung des gewerkschaftlichen und politischen Kampfes darin, daß er das Proletariat, d. h. den subjektiven Faktor der sozialistischen Umwälzung zu deren Durchführung vorbereitet.«[1001]

Als »Opportunismus« verwirft Luxemburg die politisch-bürokratische Verselbständigung von Partei- und Gewerkschaftsapparat[1002]. Die sich auf den parlamentarischen Kampf beschränkende politische Strategie Kautskys, die die Kräfte des Gegners ermatten soll, führt aus der Sicht Luxemburgs möglicherweise selbst zu einer Ermattung der revolutionären Energien der Arbeiterklasse. Soziale Reformen und parlamentarische Arbeit können zwar zur Bildung des Klassenbewußtseins beitragen, aber keineswegs die Grenzen der kapitalistischen Produktionsverhältnisse überwinden: »Die Produktionsverhältnisse der kapitalistischen Gesellschaft nähern sich der sozialistischen immer mehr, ihre politischen und rechtlichen Verhältnisse dagegen errichten zwischen der kapitalistischen und der sozialistischen

999 Rosa Luxemburg, Sozialreform oder Revolution?, in: dies., Gesammelte Werke (Anm. 998), Bd. 1/1, S. 375.

1000 Rosa Luxemburg, Parteitag der Sozialdemokratie 1898 in Stuttgart. Rede über das Verhältnis des trade-unionistischen zum politischen Kampf, in: dies., Gesammelte Werke (Anm. 998), Bd. 1/1, S. 241.

1001 Rosa Luxemburg, Sozialreform oder Revolution? (Anm. 999), S. 401.

1002 Robert Michels (1876–1936) hat in seiner 1911 publizierten Studie zur »Soziologie des Parteiwesens« die Struktur des professionalisierten, auf Stimmenmaximierung und rationale Bürokratie angelegten Apparats der deutschen Sozialdemokratie analysiert: Robert Michels, Zur Soziologie des Parteiwesens in der modernen Demokratie. Untersuchungen über die oligarchischen Tendenzen des Gruppenlebens, Stuttgart 1989[4].

Gesellschaft eine immer höhere Wand. Diese Wand wird durch die Entwicklung der Sozialreform wie der Demokratie nicht durchlöchert, sondern umgekehrt fester und höher gemacht. Wodurch sie also niedergerissen werden kann, ist einzig der Hammerschlag der Revolution, d. h. die Eroberung der politischen Macht durch das Proletariat.«[1003]

Der Massenstreik gilt Luxemburg als Auslöser dieses revolutionären ›Hammerschlags‹. In ihrer Schrift *Massenstreik, Partei und Gewerkschaften* konzipiert sie die Revolution als einen sich innerhalb kollektiver spontaner Lernprozesse ergebenden geballten Moment des tiefgreifenden gesellschaftlichen Wandels. Nach dem Vorbild der Russischen Revolution von 1905 und der für sie typischen Massenstreiks stellt sich im Massenstreik die Klasseneinheit her. Der ökonomische und der politische Kampf fließen dann zusammen und ermöglichen umfassende Lernprozesse des Proletariats: »Der ökonomische Kampf ist das Fortleitende von einem politischen Knotenpunkt zum anderen, der politische Kampf ist die periodische Befruchtung des Bodens für den ökonomischen Kampf. Ursache und Wirkung wechseln hier alle Augenblicke ihre Stellen, und so bilden das ökonomische und das politische Moment in der Massenstreikperiode, weit entfernt, sich reinlich zu scheiden oder gar auszuschließen, wie es das pedantische Schema will, vielmehr nur zwei ineinandergeschlungene Seiten des proletarischen Klassenkampfes in Rußland. Und ihre Einheit ist eben der Massenstreik.«[1004]

Die erste Massenstreikdebatte der deutschen Sozialdemokratie (1905/06) bewegt sich zwischen dem entschiedenen Eintreten Rosa Luxemburgs für den politischen Massenstreik und der Abwehrhaltung der meisten Gewerkschaftsführer. Ihnen geht es um die Stärkung der Arbeiterorganisation und die Fortführung einer pragmatischen Reformpolitik. Der Jenaer Parteitag einigt sich zunächst auf einen Kompromiß. Diesem zufolge soll der politische Massenstreik dann Anwendung finden, wenn die Grundrechte der Wahl- und Koalitionsfreiheit angegriffen werden. Auf dem Mannheimer Parteitag 1906 können die Gewerkschaften auch die Rücknahme dieses Kompromisses erreichen und jede Entscheidung zum Massenstreik an ihre vorherige Zustimmung binden. Innerhalb der organisierten Arbeiterbewegung verschiebt sich des Machtzentrum von der Partei- zur Gewerkschaftsführung.

In der zweiten Massenstreikdebatte fordert die Parteilinke den Parteivorstand vergeblich zum Einsatz des Massenstreiks als Kampfmittel um das allgemeine Wahlrecht in Preußen auf. »In einer Partei, wo, wie in der deutschen, das Prinzip der Organisation und der Parteidisziplin so beispiellos hochgehalten wird, wo infolgedessen die Initiative unorganisierter Volksmassen, ihre spontane, sozusagen improvisierte Aktionsfähigkeit, ein so bedeutender, oft ausschlaggebender Faktor in allen bisherigen großen politischen Kämpfen, fast ausgeschaltet ist, da liegt der Partei die unabwendbare Pflicht ob, den Wert dieser so hochentwickelten Organisation und Disziplin auch für andere Kampfformen als für parlamentarische Wahlen nachzuweisen.«[1005] Gegenüber den Forderungen der Parteilinken erläutert Kautsky die distanzierte Haltung der Parteiführung: »Die Organisationen haben jetzt etwas zu verlieren: die

---

1003 Rosa Luxemburg, Sozialreform oder Revolution? (Anm. 999), S. 400.
1004 Rosa Luxemburg, Massenstreik, Partei und Gewerkschaften, in: dies., Gesammelte Werke (Anm. 998), Bd. 2, S. 128.
1005 Rosa Luxemburg, Was weiter?, in: dies., Gesammelte Werke (Anm. 998), Bd. 2, S. 295.

Errungenschaften, die sie bisher den Unternehmern abgetrotzt, den Kriegsschatz, auf dem ein gut Teil ihrer Kampfesfähigkeit beruht, und endlich, und das ist das wichtigste, das Vertrauen der Mitglieder.«[1006]

Rosa Luxemburgs Votum für den politischen Massenstreik begründet sich aus ihrem Vertrauen in kollektive und spontane Prozesse des Klassenlernens als Resultat unmittelbarer Erfahrungen der revolutionären Praxis. Allen Formen institutionalisierter Interessenvertretung bringt sie daher Mißtrauen entgegen. Das Verhältnis von Spontaneität und Organisation wird von ihr einseitig auf das Handlungsmuster kollektiver Bewegungsformen reduziert; politische Institutionen geraten nur als Ermöglichungs- oder Restriktionsbedingungen für Prozesse kollektiver Mobilisierung in den Blick. »Eine Theorie der Revolution, die nicht zugleich eine Theorie der Bedingungen (oder Grenzen) von Reformen im Kapitalismus ist, eine Analyse von Klassenhandeln in Situationen revolutionärer Bewegung, die nicht zugleich dem Umstand Rechnung trägt, daß sich Bewegungen in der Regel institutionalisieren (oder die nicht in der Lage ist, die je spezifischen Ressourcen radikaler Mobilisierung und rationaler Bürokratie zu kombinieren), gerät in Gefahr, beides, Reform und Revolution, zu verfehlen.«[1007]

Der Antiinstitutionalismus und das antiorganisatorische Moment der Revolutionstheorie von Rosa Luxemburg als Kehrseite ihres revolutionären Spontaneismus bilden den Hintergrund ihrer kritischen Auseinandersetzung mit dem von Lenin propagierten Modell der Avantgardepartei. Sie stehen als Motive auch Pate bei ihrer Konzeption einer sozialistischen Demokratie. In ihrer Schrift *Organisationsfragen der russischen Sozialdemokratie* (1904), auf das Lenin mit der Publikation von *Ein Schritt vorwärts, zwei Schritte zurück* antwortet[1008], kritisiert sie das jakobinische Avantgardekonzept Lenins, das nach ihrer Meinung für »Klassenaktionen der Arbeitermassen« nicht geeignet ist. Konsequenz dieses Konzepts sei statt der »öffentliche(n) Kontrolle der Arbeitermassen über das Tun und Lassen der Parteiorgane« die »umgekehrte Kontrolle der Tätigkeit der revolutionären Arbeiterschaft durch ein Zentralkomitee«[1009]. Vor opportunistischen Abweichungen einer ehrgeizigen Intelligenz schütze vor allem die revolutionäre Selbstbetätigung der Arbeiterschaft.

In ihrer Schrift *Zur russischen Revolution* (1918)[1010] analysiert Luxemburg die Maßnahmen der bolschewistischen Revolutionsregierung. Neben ihrer dort vorgetragenen Ablehnung der von Lenin vertretenen Forderung nach einem Selbstbestimmungsrecht der Nationen – der sie in Unterschätzung der Bindekräfte des Nationalismus den proletarischen Internationalismus einfach entgegensetzt (dazu auch den Abschnitt 8.4 unserer Darstellung zum »Nationalismus«) – steht im Mittelpunkt ihrer

1006 Karl Kautsky, Der politische Massenstreik, Berlin 1914, S. 11.

1007 Otto Kallscheuer, Marxismus und Sozialismus bis zum Ersten Weltkrieg (Anm. 29), S 576 und S. 577 (dort auch weiterführende Literatur); ders., Bewegungspolitik und Reform? Reform der Bewegungspolitik! in: Forschungsjournal Neue Soziale Bewegungen, 4 (1990)1, S. 61–69.

1008 Wladimir Iljitsch Lenin, Ein Schritt vorwärts, zwei Schritte zurück, in: ders., Werke (Anm. 945), Bd. 7, S. 197–430.

1009 Rosa Luxemburg, Organisationsfragen der russischen Sozialdemokratie, in: dies., Gesammelte Werke (Anm. 998), Bd. 1/2, S. 431.

1010 Rosa Luxemburg, Zur russischen Revolution, in : dies., Gesammelte Werke (Anm. 998), Bd. 4, S. 332–365.

Kritik die Auflösung der Konstituierenden Versammlung durch die Bolschewiki im November 1917. Ihre Kritik orientiert sich auch hier am Maßstab der bestehenden Freiräume für kollektive Lernprozesse der revolutionären Bevölkerungsmehrheit. An der Existenz einer solchen revolutionären Mehrheit – oder deren Herausbildung während der Revolution – hat Rosa Luxemburg keinen Zweifel. Die geschichtliche Erfahrung zeige, wendet sie gegen Lenin ein, »daß das lebendige Fluidum der Volksabstimmung beständig die Vertretungskörperschaften umspült... Gerade die Revolution schafft durch ihre Gluthitze jene dünne, vibrierende, empfängliche politische Luft, in der die Wellen der Volksstimmung, der Pulsschlag des Volkslebens augenblicklich in wunderbarster Weise auf die Vertretungskörperschaften einwirken.«[1011]

Die politische Demokratie ist für Rosa Luxemburg vor allem eine Ermöglichungsbedingung des Klassenkampfes. Die Unterdrückung bürgerlicher Freiheiten in der ›Diktatur des Proletariats‹ – Luxemburg hält freilich selbst an dieser Bezeichnung positiv fest – behindert die »politische Schulung und Erziehung der ganzen Volksmasse«. Es sei eine »offenkundige, unbestreitbare Tatsache, daß ohne eine freie, ungehemmte Presse, ohne ungehindertes Vereins- und Versammlungswesen gerade die Herrschaft breiter Volksmassen völlig undenkbar ist. Freiheit nur für die Anhänger der Regierung, nur für Mitglieder einer Partei – mögen sie noch so zahlreich sein – ist keine Freiheit. Freiheit ist immer Freiheit der Andersdenkenden. Nicht wegen des Fanatismus der ›Gerechtigkeit‹, sondern weil all das Belebende, Heilsame und reinigende der politischen Freiheit an diesem Wesen hängt und seine Wirkung versagt, wenn die ›Freiheit‹ zum Privilegium wird.« Die proletarische Diktatur müsse »das Werk der Klasse und nicht einer kleinen, führenden Minderheit im Namen der Klasse sein; d. h., sie muß auf Schritt und Tritt aus der aktiven Teilnahme der Massen hervorgehen, unter ihrer unmittelbaren Beeinflussung stehn, der Kontrolle der gesamten Öffentlichkeit unterstehn, aus der wachsenden politischen Schulung der Volksmassen hervorgehen«[1012].

Rosa Luxemburgs Konzeption der sozialistischen Demokratie zeichnet demokratische Institutionen und bürgerliche Freiheitsrechte nach Maßgabe ihres Beitrags für kollektive Lernprozesse der Arbeiterklasse aus. Jenseits dessen »bleibt ihr Verhältnis zur verfaßten Demokratie jedoch durchaus problematisch«[1013]. Vor dem Hintergrund der eingeschränkten Bedeutung des Parlamentarismus im Wilhelminischen Deutschland reduziert sich Demokratie von vornherein auf »das kümmerliche Maß an politischen Rechten...«, die »das Geschenk der Bismarckschen Politik nach einer über zwei Jahrzehnte dauernden siegreichen Konterrevolution« sind[1014]. Die Republik könne erst durch die Diktatur des Proletariats garantiert werden – Rosa Luxemburgs Verkoppelung der demokratischen Frage mit dem Konzept der proletarischen Diktatur hat eine vor instrumentalistischen Herangehensweisen selber nicht hinreichend geschützte Demokratietheorie zur Folge.

1011 Ebd., S. 354 und S. 355.

1012 Ebd., S. 362–364.

1013 Thomas Meyer, Einleitung, in: Hans Kremendahl/Thomas Meyer (Hrsg.), Sozialismus und Staat, Kronberg/Ts. 1974, 2 Bde., hier: Bd. 1, S. 42.

1014 Rosa Luxemburg, Die Krise der Sozialdemokratie, in: dies., Gesammelte Werke (Anm. 998), S. 49–164, hier: S. 128.

Nach der Revolution, davon ist Rosa Luxemburg überzeugt, werden alle Fragmentierungen der Arbeiterklasse beseitigt, wird der Klassenbegriff der Revolutionstheorie – die Klasse als kollektives Subjekt des politischen Handelns – deckungsgleich mit dem politökonomischen Klassenbegriff. Eine Ausdifferenzierung sozialer, politischer und kultureller Interessen und ein diesen Pluralismus garantierendes Institutionensystem werden durch die starken Homogenitätsunterstellungen in bezug auf das revolutionäre Kollektivsubjekt – »die Klasse« – unterlaufen. Der Sinn der Geschichte und das Klassenbewußtsein fallen am Ende der kollektiven Lernprozesse, also nach der Revolution, zusammen[1015]. »Die von der Marxschen Theorie formulierte historische Umwälzung hat zur Voraussetzung, daß die Theorie von Marx zur Bewußtseinsform der Arbeiterklasse und als solche zum Element der Geschichte selbst wird.«[1016] Der zu Anfang offene Lernprozeß schließt sich, weil er an sein Ziel gekommen ist. Es ist zu fragen, ob Rosa Luxemburg unter den veränderten Annahmen eines prinzipiell offenen Geschichtsverlaufs nicht zur näheren Explikation ihres Konstitutionalismus genötigt gewesen wäre. Sie ist jedenfalls von der Existenz einer revolutionären Bevölkerungsmehrheit so weitgehend überzeugt, daß sie im von ihr verfaßten Programm des *Spartakusbundes* festhält: »Die proletarische Revolution ... ist kein Versuch einer Minderheit, die Welt mit Gewalt nach ihrem Ideal zu modeln.« Der *Spartakus* werde »nie anders die Regierungsgewalt übernehmen als durch den klaren, unzweideutigen Willen der großen Mehrheit der proletarischen Masse in ganz Deutschland«[1017].

6.4 Neukantianischer Sozialismus und Austromarxismus

»Der Titel Wissenschaftlicher Sozialismus verführt ... zu der Auffassung, als wolle oder solle der Sozialismus als Theorie reine Wissenschaft sein... Darum würde ich der Bezeichnung wissenschaftlicher Sozialismus eine solche vorziehen, die gleichzeitig den Gedanken genügend zum Ausdruck bringt, daß der Sozialismus sich auf der Grundlage wissenschaftlicher Erkenntnis aufbaut, und diese als Richtung gebendes Element anerkennt, und doch die Vorstellung ausschließt, als erhebe oder anerkenne er den Anspruch, ausschließlich Wissenschaft und als solche zu irgendeiner Zeit abgeschlossen zu sein. Diesem doppelten Bedürfnis entspricht meines Erachtens am besten der Name kritischer Sozialismus – Kritik im Sinne von Kants wissenschaftlichem Kritizismus verstanden.«[1018] Eduard Bernstein erinnert in seinem 1901 gehaltenen Vortrag *Wie ist wissenschaftlicher Sozialismus möglich?* an die Bedeutung moralischer Beweggründe für das kollektive soziale Handeln: »Der Sozialismus als Wissenschaft beruft sich auf die Erkenntnis, der Sozialismus als Bewegung wird von Interesse als seinem vornehmlichen Motiv geleitet, wobei indes ausdrücklich bemerkt

---

1015 Dazu Ernesto Laclau/Chantal Mouffe, Hegemonie und radikale Demokratie. Zur Dekonstruktion des Marxismus, hrsg. von Michael Hintz/Gerd Vorwallner, Wien 1991 (englisch 1985), S. 40ff.

1016 Rosa Luxemburg, Karl Marx, in: dies., Gesammelte Werke (Anm. 998), Bd. 1/2, S. 377.

1017 Rosa Luxemburg, Was will der Spartakusbund?, in: dies., Die politischen Schriften (Anm. 998), Bd. 2, S. 163 und S. 171ff.

1018 Eduard Bernstein, Wie ist wissenschaftlicher Sozialismus möglich? (1901), in: ders., Ein revisionistisches Sozialismusbild (Anm. 985), S. 51–90, hier: S. 78.

werden soll, daß Interesse hier nicht als ausschließlich persönliches bzw. wirtschaftliches Selbstinteresse verstanden wird. Es gibt auch ein moralisches (sozial empfundenes), ein idealistisches Interesse. Aber ohne Interessen gibt es keine soziale Aktion.«[1019]

Bernsteins Bezugnahme auf Kant verbindet sich mit Einwänden gegen ein objektivistisches Selbstverständnis des »wissenschaftlichen« Sozialismus, wonach sich der Sozialismus als das Ergebnis einer naturgesetzlichen Zwangsläufigkeit des Geschichtsprozesses herausbildet. Bernsteins Kritik trifft sich hier mit der Kritik der Neukantianer, die im Anschluß an die Moralphilosophie Kants das Handeln der Individuen an verallgemeinerbare Normen von Freiheit und Gerechtigkeit binden. Moralisches Bewußtsein und Rechtsauffassung haben auch für Bernstein andere Bezugsquellen als die wissenschaftliche Erkenntnis. Sein und Sollen, Wirklichkeitserkenntnis und Willensentscheidung lassen sich nicht im Sinne einer geschichtsdeterministischen Gesellschaftsauffassung verbinden. Das Ziel des Sozialismus läßt sich nicht auf eine objektive Notwendigkeit reduzieren. Der Wissenschaftsbegriff des Bernsteinschen Revisionismus ist vor allem von den Schriften Friedrich Albert Langes als einem der hauptsächlichen Neubegründer des Kantianismus in Deutschland beeinflußt.

Der Neukantianismus der zweiten Hälfte des neunzehnten Jahrhunderts ist wesentlich eine Auseinandersetzung um ein angemessenes Wissenschaftsverständnis. Erst in zweiter Linie sind die hier geführten Diskussionen auch folgenreich für die Rehabilitation praktisch-moralischer Fragestellungen innerhalb des sozialistischen Denkens, die sich in Zurückweisung überzogener Wissenschaftsansprüche einstellt. Der Neukantianismus reagiert vor allem auf die offensichtliche Schwierigkeit, mit den überkommenen Mitteln der Hegelschen Dialektik auf Augenhöhe mit der Entwicklung der Naturwissenschaften zu argumentieren. Diese Kritik trifft auch den von der materialistischen Philosophie erweckten Anschein, über ein abgeschlossenes System des naturwissenschaftlichen Wissens zu verfügen. Der Neukantianismus wendet sich gegen die Auffassung, daß jede weitere philosophische Erklärung des naturwissenschaftlichen Wissens entbehrlich sei. Er weist der Philosophie als Erkenntnistheorie eine Basisfunktion für die empirischen Wissenschaften zu[1020].

Friedrich Albert Lange (1828–1875) deutet in seiner *Geschichte des Materialismus* (1857) die Kantsche Erkenntnislehre physiologisch um. Im menschlichen Organismus sieht er die »apriorischen Formen der Erkenntnis« begründet. In seinen sozialpolitischen Schriften, insbesondere in *Die Arbeiterfrage,* besteht er auf dem engen Zusammenhang einer Politik zur Verbesserung der materiellen Interessen der Arbeiter mit der Fortentwicklung ihrer intellektuellen und moralischen Fähigkeiten. Er favorisiert daher eine schrittweise Sozialreform und setzt auf den »stillen, aber stetigen Einfluß der Gesetze«[1021].

1019 Ebd., S. 65.

1020 Herbert Schnädelbach, Philosophie in Deutschland 1831–1933, Frankfurt/M. 1983, S. 131ff.; Hermann Lübbe, Politische Philosophie in Deutschland, München 1974², S. 83ff.

1021 Friedrich Albert Lange, Geschichte des Materialismus, 2 Bde., hrsg. von Alfred Schmidt, Frankfurt/M. 1974; ders., Die Arbeiterfrage. Ihre Bedeutung für Gegenwart und Zukunft, Winterthur 1879 (Neudruck Duisburg 1975).

Der Nachfolger auf Langes Marburger Lehrstuhl, Hermann Cohen (1842–1918) begründet die sogenannte *Marburger Schule* des Neukantianismus, zu deren Vertretern auch Paul Natorp (1854–1924) und Ernst Cassirer (1874–1945) zählen. Die *Marburger Schule* interpretiert die Kantsche Erkenntnistheorie als Wissenschaftstheorie, die über die apriorischen (d. h. Erfahrungen erst ermöglichenden) Grundlagen der empirischen Wissenschaften Auskunft zu geben vermag. Die *Südwestdeutsche Schule* des Neukantianismus mit ihren Hauptvertretern Heinrich Rickert (1863–1915) und Wilhelm Windelband (1848–1915) hebt gegenüber der *Marburger Schule* und deren Bemühen um eine reine Wissenschaftslogik die Unterscheidung von Natur- und Geisteswissenschaften, von *nomothetischen* Kausalanalysen der Naturgesetze und *idiographischen* Zugängen des Sinnverstehens in den Geistes- und Kulturwissenschaften hervor.

Die Einschränkung und Reformulierung eines methodenkritisch gewendeten Wissenschaftsverständnisses unter Rückgriff auf Kants *Kritik der reinen Vernunft* geht im Neukantianismus einher mit dem Anknüpfen an die von Kant in seiner *Kritik der praktischen Vernunft* begründete Moralphilosophie. Für Hermann Cohens »ethischen Sozialismus« ist Kant der »wahre und wirkliche Urheber des deutschen Sozialismus«[1022]. Der Kantsche *Kategorische Imperativ*, »die Menschheit ... in der Person eines jeden anderen jederzeit zugleich als Zweck, niemals bloß als Mittel« zu behandeln[1023], wird nunmehr auf die Gesamtheit der gesellschaftlichen Lebensverhältnisse übertragen: »Der Selbstzweck erzeugt und bestimmt den Begriff der Person, den Grundbegriff der Ethik. Bloßes Mittel ist die Sache, die als Sache des wirtschaftlichen Verkehrs die Ware ist. Der Arbeiter kann daher niemals bloß als Ware zu verrechnen sein, auch für die höheren Zwecke des angeblichen Nationalreichtums nicht, er muß ›jederzeit zugleich als Zweck‹ betrachtet und behandelt werden.«[1024] Der Mensch müsse in gerechten sozialen Verhältnissen leben. Diese müssen zugleich auch die Autonomie des Individuums – die Freiheit der Person – ermöglichen. Recht und Staat garantieren den gesellschaftlichen Fortschritt von Freiheit und Gerechtigkeit: »Es ist richtig, daß Recht und Staat ein nur gedachtes System des Gleichgewichts bilden, während die wirtschaftliche Gesellschaft die realen Bedingungen vollführt, in denen diejenige Wirklichkeit besteht, welche Recht und Staat abbilden. Es ist leider unbestreitbar richtig, daß dieses gedachte Gleichgewicht kein Gleichgewicht ist, daß die Bewegungen der Gesellschaft vielmehr den Schwerpunkt des Rechts nicht treffen...Und ebenso wahr ist es, daß diese Fiktion des Gleichgewichts eine notwendige ist, die durch keinen anderen Begriff ersetzt werden darf. Recht und Staat müssen ebenso streng und sicher als die Wirklichkeiten der Gerechtigkeit anerkannt werden...«[1025] In seiner Schrift *Ethik des reinen Willens* sieht Hermann Cohen die Entwicklung des Rechtsstaats als Garantie für eine evolutionäre Gesellschaftsentwick-

---

1022 Hermann Cohen, Kant, in: Marxismus und Ethik. Texte zum neukantianischen Sozialismus, hrsg. von Hans Jörg Sandkühler/Rafael de la Vega, Frankfurt/M. 1974^2, S. 45–86, hier: S. 71.

1023 Immanuel Kant, Kritik der praktischen Vernunft. Grundlegung zur Metaphysik der Sitten, Werkausgabe Bd. VII, hrsg. von Wilhelm Weischedel, Frankfurt/M. 1982^6, S. 61.

1024 Herman Cohen, Kant (Anm. 1022), S. 72.

1025 Ebd., S. 78.

lung, welche sich am Maßstab der Universalisierbarkeit von Rechtsnormen messen können lassen muß[1026].

Der bedeutendste neukantianische Sozialist ist der Marburger Philosophiehistoriker und Kant-Herausgeber Karl Vorländer (1860–1928). In seinen Schriften *Kant und der Sozialismus* (1900) sowie *Kant und Marx* (1911) versucht er die sozialistischen Zielsetzungen mit Kant moraltheoretisch zu fundieren. Ein durch Kant informierter Sozialismus muß darauf bestehen, »daß eben zum Zweck der sittlich notwendigen politischen Selbständigkeit aller auch die wirtschaftliche Selbständigkeit ... allen, nicht bloß in der Idee, sondern tatsächlich ermöglicht werden muß«[1027]. – Weitere neukantianische Sozialisten sind Franz Staudinger (1849–1921), Rudolf Stammler (1856–1938) und Ludwig Woltmann (1871–1907)[1028].

Der Neukantianismus bleibt innerhalb der Arbeiterbewegung ohne Einfluß. Die »politische – aber oft auch persönliche – Tragik der kantianischen Sozialisten am Rande der Klassenpartei (ist) *auch* ein Beispiel verfehlter ›Bündnispolitik‹ der SPD gegenüber den (wenigen) Sympathien, die die demokratische Arbeiterbewegung im durchweg reaktionären, deutschnational ausgerichteten akademischen Milieu überhaupt erfuhr.«[1029]

»Waren Marx und Engels von Hegel, und die späteren Marxisten vom Materialismus ausgegangen, so sind die jüngeren ›Austromarxisten‹ teils von Kant und teils von Mach her gekommen.«[1030] Otto Bauers Hinweis auf die Hintergründe der Entstehung einer austromarxistischen Schule lenkt den Blick auf die spezifischen kulturellen Bedingungen, die in Wien vor dem Ersten Weltkrieg vorgefunden werden können. Wien ist zu dieser Zeit eines der geistigen Zentren Europas. Von dort gehen zahlreiche bedeutende intellektuelle Anregungen aus. Genannt werden können etwa die »österreichische Schule« der neoklassischen Nationalökonomie um Eugen Böhm von Bawerk, die Neubegründung der Psychologie durch Sigmund Freud oder Alfred Adler, die positivistische Erkenntnistheorie von Ernst Mach oder auch die »reine Rechtslehre« von Hans Kelsen. Der Austromarxismus entsteht in Auseinandersetzungen mit den Geistesströmungen der akademischen Welt dieser Jahre. Als seine bedeutendsten Vertreter können Max Adler, Karl Renner, Otto Bauer und Rudolf Hilferding gelten[1031]. Ihr Werk soll abschließend knapp dargestellt werden. Nicht wei-

---

1026 Hermann Cohen, Ethik des reinen Willens, Berlin 1904.

1027 Karl Vorländer, Kant und Marx, in: Marxismus und Ethik (Anm. 1022), S. 309; ders., Kant und der Sozialismus, Berlin 1900.

1028 Franz Staudinger, Ethik und Politik, Berlin 1899; ders., Kulturgrundlagen der Politik, 2 Bde., Jena 1914; Rudolf Stammler, Wirtschaft und Recht nach der materialistischen Geschichtsauffassung, Berlin 1896; ders., Sozialismus und Christentum, Leipzig 1920; Ludwig Woltmann, Der historische Materialismus. Darstellung und Kritik der marxistischen Weltanschauung, Düsseldorf 1900; sowie die Beiträge von Konrad Schmidt, Ludwig Woltmann, Franz Staudinger u. a. in der schon genannten Textsammlung Marxismus und Ethik (Anm. 1022).

1029 Otto Kallscheuer, Marxismus und Sozialismus bis zum Ersten Weltkrieg (Anm. 29), S. 560.

1030 Otto Bauer, Was ist Austro-Marxismus?, Beitrag in der Arbeiterzeitung vom 3. November 1927, in: ders., Werksausgabe in 10 Bänden, Wien 1975–1980, hier: Bd. 8, S. 11.

1031 Zusammenfassend zum Austromarxismus: Norbert Leser, Zwischen Reformismus und Bolschewismus. Der Austromarxismus als Theorie und Praxis, Wien 1968; Ilias Katsoulis, Sozialismus und Staat. Demokratie, Revolution und Diktatur des Proletariats im Austro-

ter eingegangen werden kann hier allerdings auf die bedeutenden Beiträge von Otto Bauer und Karl Renner zur Nationalismusdiskussion, die in Auseinandersetzung mit den Nationalitätenproblemen des Habsburger Vielvölkerstaates die Flexibilität der marxistischen Theorie unter Beweis stellen[1032].

Max Adler (1873–1937) ist unter den Austromarxisten der entschiedene Vertreter eines kantianischen Marxismus. Von der Bezugnahme auf Kant erhofft er sich Auskünfte auf »die Frage nach dem Verhältnis des Materiellen zum Ideellen, nach der Art der zwischen beiden bestehenden Beziehungen. Wie überall ist auch hier diese Frage nur vom erkenntniskritischen Standpunkt zu beantworten.«[1033] Das Adlersche Programm des »Marxismus als positiver Wissenschaft« ist ein durchaus eigenständiger Versuch, den Historischen Materialismus nicht als Geschichtsphilosophie, sondern als wissenschaftliche Erkenntnis zu begreifen. So läßt sich der kantianische Marxismus Adlers eher als Vorläufer eines strikt methodisch kontrollierten Marxismus als Wissenschaft verstehen, der »keineswegs in die Tradition des Revisionismus und eines ›ethischen Sozialismus‹ eingereiht werden kann«[1034]. Max Adler erweitert die Kantsche Erkenntnistheorie, deren Thema die apriorischen Formen der Erfahrung sind, auf den Bereich der ursprünglichen Vergesellschaftung des Menschen in Bewußtsein, Sprache und Kultur. Das so in den Blick kommende »Sozial-Apriori« – die konstitutive Verschränkung des je subjektiven Bewußtseins mit der »Realität des Fremdbewußtseins« anderer Menschen – liegt nach seiner Überzeugung jeder sozialistischen Zielsetzung zugrunde[1035]. Die Realisation der »solidarischen Gesellschaft« des Sozialismus bleibt jedoch gebunden an die politischen Kräfteverhältnisse und ein zielbewußtes politisches Handeln. Dies macht verständlich, warum Max Adler sich mit großem Nachdruck für eine sozialistische Erziehungsbewegung einsetzt, deren Ziele er in seinem Buch *Neue Menschen* beschreibt[1036]. Träger der von ihm propagierten Erziehungsbewegung sind die Intellektuellen.

Max Adler, zusammen mit Rudolf Hilferding Herausgeber der seit 1904 erscheinenden *Marx-Studien,* der Theoriezeitschrift der Austromarxisten, ist politisch der exponierteste Vertreter der sozialistischen Linken in der österreichischen Sozialdemokratie. 1914 lehnt er eine Kriegsbeteiligung der Arbeiterpartei ab. 1919 schlägt er auf der zweiten Reichskonferenz der österreichischen Arbeiterräte eine funktionale Ergänzung der parlamentarischen Demokratie durch eine ›zweite Kammer‹ der Arbeiterräte vor. Die Arbeiterdemokratie gilt ihm angesichts der bevorstehenden

---

marxismus, Meisenheim/Gl. 1975; Peter Kulemann, Am Beispiel des Austromarxismus. Sozialdemokratische Arbeiterbewegung in Österreich, Hamburg 1979; sowie die Textsammlung: Austromarixismus. Texte zu ›Ideologie und Klassenkampf‹, hrsg. von Hans Jörg Sandkühler/Rafael de la Vega, Frankfurt/M. – Wien 1970.

1032 Otto Bauer, Die Nationalitätenfrage und die Sozialdemokratie, Wien 1907; Karl Renner, Der deutsche Arbeiter und der Nationalismus, Wien 1910; ders., Das Selbstbestimmungsrecht der Nationen, Wien 1918 (siehe dazu auch Abschnitt 8.4 unserer Darstellung zu ›Arbeiterbewegung und nationale Frage‹).

1033 Max Adler, Marxistische Proleme, Stuttgart 1913, S. 1.

1034 Otto Kallscheuer, Erkenntnistheorie als politische Intervention. Max Adlers Beitrag zum wissenschaftlichen Sozialismus, in: Leviathan, (1981) 3/4; S. 422–458, hier: S. 438.

1035 Max Adler, Kausalität und Teleologie im Streite um die Wissenschaft, in: Marx-Studien, Bd. 1 Wien 1904 (Reprint Glashütten 1971); ders., Das Rätsel der Gesellschaft. Zur erkenntnistheoretischen Grundlegung der Sozialwissenschaft, Wien 1936.

1036 Max Adler, Neue Menschen, Berlin 1924.

nationalsozialistischen Machtübernahme als eine Zielsetzung, in deren Zeichen eine Wiederannäherung von sozialistischer und kommunistischer Arbeiterbewegung betrieben werden könnte[1037].

Maßgebend für die politische Theorie Adlers ist die von ihm gemachte Unterscheidung von »politischer« und »sozialer Demokratie«. Die »politische Demokratie« beruht immer noch, so Adlers Argumentation in der Schrift *Politische oder soziale Demokratie,* auf tiefgehenden sozialen Ungleichheiten. Die von ihr garantierte Rechtsgleichheit führe keineswegs zu gleichen Lebensbedingungen. Auf der Grundlage der bestehenden Klassengegensätze werde »die Demokratie ... selbst in den Kampf der Klasseninteressen hineingerissen. Weit entfernt, das Mittel einer Sicherung des Allgemeininteresses zu sein, wird sie vielmehr das wichtigste Mittel zur Vertretung der Sonderinteressen der einzelnen Klassen. Die Entscheidung in diesem Kampfe kann sie auf keinem anderen Wege suchen als auf dem der Majoritätsgewinnung.«[1038] Im Mehrheitsprinzip der politischen Demokratie auf der Basis formaler Rechtsgleichheit drücke sich die »Diktatur der besitzenden Klasse über die Besitzlosen« aus[1039]. Die »Diktatur des Proletariats« sei erforderlich, da sie »die ökonomische Klassengegensätzlichkeit der alten Gesellschaft abbaut und dafür die Elemente der neuen solidarischen Gesellschaft herausgestaltet und entwickelt«[1040].

Die »soziale Demokratie« sei dagegen »der Begriff, der das Individuum in seiner unlöslichen sozialen Verbundenheit mit andern, das heißt nur als Glied einer Gemeinschaft, als vergesellschafteten Menschen erfaßt.«[1041] Erst in ihr könne die Zwangsordnung der politischen Demokratie sich zu einer Selbstbestimmungsordnung autonomer Individuen entfalten, was »zweifellos noch mehrere Generationen braucht«[1042].

Gegenüber der liberalen Tradition politischer Demokratie mit ihrem Akzent auf individueller Autonomie ist für Adler, der hier Rousseau folgt, die soziale Demokratie in einer »solidarischen Gesellschaft« abhängig von den Gemeinschaftsbindungen einer sozial homogenen Bevölkerung. Diese Voraussetzung erscheint allerdings, wie schon die von Hans Kelsen geäußerte Kritik klarmacht, als eine »dogmatische Verabsolutierung des politischen Ideals einer bestimmten Gesellschaftsanschauung«[1043]. Die umfassenden Homogenitätsunterstellungen Adlers in bezug auf eine ›solidarische Gesellschaft‹ lassen die institutionelle Vermittlung divergierender sozialer Interessen als spezifische Leistung der demokratischen Mehrheitsregel in den Hintergrund treten. Adler setzt politische Herrschaft auf der Grundlage von Mehrheitsentscheidungen in einer Klassengesellschaft – von ihm als bloß »politische« Demokratie negativ akzentuiert – mit einer Diktatur der Mehrheit über die Minderheit gleich. Dies gelte

---

1037 Max Adler, Linkssozialismus. Notwendige Betrachtungen, in: Austromarxismus (Anm. 1031).

1038 Max Adler, Politische oder soziale Demokratie, Berlin 1926, S. 51; ders., Die Staatsauffassung des Marxismus, Wien 1922. – Eine Kritik der Adlerschen Staatsauffassung findet sich bei Hans Kelsen, Sozialismus und Staat, in: Archiv für Geschichte des Sozialismus und der Arbeiterbewegung, Bd. 9 (1921).

1039 Max Adler, Politische oder soziale Demokratie (Anm. 1038), S. 92.

1040 Ebd., S. 108.

1041 Ebd., S. 59.

1042 Ebd., S. 74.

1043 Hans Kelsen, Sozialismus und Staat (Anm. 1038), S. 125.

entsprechend auch für eine Mehrheitsherrschaft der Arbeiterklasse, eine Diktatur des Proletariats. Entscheidendes Argument für deren Bejahung sei nicht das der Majorität der Arbeiterklasse, sondern das ihres historischen Auftrages, eine Gesellschaft sozialer Gleichheit, eben die ›solidarische Gesellschaft‹, und mit ihr eine »soziale« Demokratie herzustellen. Erst diese ermögliche – aufgrund der ›Einheitlichkeit der Lebenslage‹ und der ›Einsinnigkeit der Interessiertheit am Ganzen‹ – Mehrheitsbeschlüsse, die keine Diktatur der Mehrheit über die Minderheit implizieren. Mehrheitsbeschlüsse bedeuten erst dann »nicht mehr eine Abstimmung über Lebens- und Entwicklungsinteressen, die auf beiden Seiten verschieden sind, so daß dann die Minorität sich in ihrer Existenz oder in ihrer Entfaltung durch die Majorität gehemmt sieht ...«[1044].

Im Gegensatz zu Max Adler hebt Karl Renner (1870–1950) schon in seiner frühen Schrift *Staat und Parlament* (1901) die Bedeutung der politischen Demokratie und der für sie konstitutiven Mehrheitsregel hervor. Jede parlamentarische Mehrheit beruhe auf einem Interessenkompromiß, »jeder Mehrheitsbeschluß übrigens auf einem Kompromiß mit der Minorität, der ihr denselben wenigstens so weit annehmbar macht, daß sie sich unterwirft«[1045].

In seiner Studie *Die soziale Funktion der Rechtsinstitute* (1904) analysiert Renner den Funktionswandel des Eigentumsrechts im Verlauf der Enwicklung des Kapitalismus[1046]. Da die Eigentümer der Produktionsmittel zunehmend nicht mehr identisch sind mit denen, die über die Produktionsmittel faktisch verfügen, muß auch die sozialistische Forderung einer durch Zwangsenteignung vorzunehmenden Vergesellschaftung der Produktionsmittel im Lichte des eingetretenen Funktionswandels des Eigentumsrechts neu bedacht werden. In seiner Schrift *Marxismus, Krieg und Internationale* (1917) fordert Renner vor dem Hintegrund einer zunehmenden »Durchstaatlichung der Volkswirtschaft« die Arbeiterbewegung auf, den Staat als Hebel des Sozialismus zu verstehen, mit dessen Hilfe der Einfluß der Kapitalisten zurückgedrängt werden könne[1047]. Auf der Linie der hier entwickelten Argumentation sieht er in der Schrift *Die Wirtschaft als Gesamtprozeß und die Sozialisierung* (1924) in der staatlichen Fortsetzung einer Kartellierungspolitik eine entscheidende Voraussetzung für einen friedlichen Übergang zum Sozialismus[1048]. Karl Renner ist als Politiker der österreichischen Republik denn auch ein führender Vertreter des rechten, staatssozialistischen Flügels der Arbeiterbewegung. In *Wege der Verwirklichung* (1929) öffnet Renner den Staatsbegriff in Richtung sozialer und ökonomischer Organisationsbil-

---

1044 Max Adler, Politische und soziale Demokratie (Anm. 1038), S. 58; für die neuere demokratietheoretische Diskussion, in der einige Autoren die Notwendigkeit einer Bindung der Mehrheitsregel an bestimmte Legitimitätsstandards hervorheben: Bernd Guggenberger/ Claus Offe (Hrsg.), An den Grenzen der Mehrheitsdemokratie. Politik und Soziologie der Mehrheitsregel, Opladen 1984; für die Position des politischen Liberalismus etwa Norbert Bobbio, Die Zukunft der Demokratie, Berlin 1988.

1045 Karl Renner (unter dem Pseudonym R. Springer), Staat und Parlament. Kritische Studie über die österreichische Frage und das System der Interessenvertretung, Wien 1901, S. 6f.

1046 Karl Renner (unter dem Pseudonym J. Karner), Die soziale Funktion der Rechtsinstitute, Wien 1904; Neuauflage unter dem Titel: Die Rechtsinstitute des Privatrechts und ihre soziale Funktion. Ein Beitrag zur Kritik des bürgerlichen Rechts, Stuttgart 1965.

1047 Karl Renner, Marxismus, Krieg und Internationale, Stuttgart 1917.

1048 Karl Renner, Die Wirtschaft als Gesamtprozeß und die Sozialisierung, Berlin 1924.

dungen. Nun werden genossenschaftliche und gewerkschaftliche Organisationen, Konsumvereinigungen und Sozialversicherungen als »eine machtvolle Entwicklung zum Sozialismus ... schon innerhalb dieser Gesellschaftsordnung« angesehen[1049].

Otto Bauer (1881–1938) betont in einer kritischen Auseinandersetzung mit Karl Kautskys Schrift *Der Weg zur Macht* (1909) die Notwendigkeit eines gleichermaßen sozialen, ökonomischen und politischen Kampfes der Arbeiterbewegung[1050]. Bauer tritt für eine staatliche Sozialisierungspolitik ein. Gegenüber der Russischen Revolution kritisiert er die Übertragung des bolschewistischen Transformationskonzeptes auf die mitteleuropäischen Verhältnisse. Statt der gewaltsamen Machtübernahme durch eine Avantgardepartei soll nach seiner Ansicht die Arbeiterklasse nur dann Gewalt anwenden, wenn die Bourgeoisie die Demokratie beseitigen will[1051]. Das *Linzer Programm* (1926) der österreichischen Sozialdemokratie übernimmt den von Bauer entwickelten defensiven Gewaltbegriff. Die im Falle eines Angriffs auf die Demokratie vom Proletariat zu errichtende Diktatur müsse vor allem der Wiederherstellung der Demokratie gelten.

Otto Bauer übernimmt in der österreichischen Arbeiterbewegung eine politische Integrationsrolle. Das von ihm in der Zwischenkriegszeit repräsentierte Zentrum verhindert in Österreich die Spaltung der Arbeiterbewegung; der österreichische Sozialismus kann nicht zuletzt unter seinem Einfluß eine eigentümliche Mittelstellung »zwischen Reformismus und Bolschewismus« bewahren[1052]. Praktisch schlägt sich dies in einer Doppelstrategie von parlamentarischer Arbeit einerseits, einem Rückgriff auf Elemente der Rätedemokratie und eine kommunale Sozialisierungpolitik andererseits (etwa im ›Roten Wien‹[1053]) nieder. Entsprechend des von Bauer vertretenen Konzepts der defensiven Gewalt unterhält die österreichische Arbeiterpartei, deren Politiker führende Funktionen der Republik innehaben, mit dem *Republikanischen Schutzbund* eine eigene Wehrorganisation.

Rudolf Hilferding (1877–1941) verfaßt 1910 die politökonomische Studie *Das Finanzkapital*, die bis heute zu den bedeutendsten Beiträgen zu Nationalökonomie von marxistischer Seite gerechnet wird[1054]. Er analysiert dort den Bedeutungszuwachs des Kreditwesens, die Entstehung von Aktiengesellschaften und die Rolle der Banken und faßt seine Beobachtungen unter dem Begriff des ›Finanzkapitals‹ zusammen. »Mit der Ausdehnung des Aktienwesens löst sich ... die ökonomische Entwicklung los von der individuellen Zufälligkeit der Eigentumsbewegung, die in dem Schicksal der Aktien, nicht der Aktiengesellschaft, erscheint. Die Konzentration der Unternehmungen kann also rascher erfolgen als die Zentralisation des Eigentums. Beide Bewegungen haben ihre eigenen Gesetze.«[1055] Die Konzentrationsprozesse im Bankwesen fördern die Zunahme von Kartellen und Trusts. Die eingeschränkte Konkurrenz ermöglicht den Kartellen Extraprofite. Die industrielle Macht der Banken wächst:

1049 Karl Renner, Wege der Verwirklichung, Berlin 1929, S. 129.
1050 Otto Bauer, Der Weg zur Macht, in: Der Kampf, 2 (1909), S. 337–344.
1051 Otto Bauer, Bolschewismus und Sozialdemokratie, in: ders., Gesammelte Werke (Anm. 1030), Bd. 2, S. 223–357.
1052 Norbert Leser, Zwischen Reformismus und Bolschewismus (Anm. 1031).
1053 Klaus Novy, Strategien der Sozialisierung, Frankfurt/M. – New York 1978.
1054 Rudolf Hilferding, Das Finanzkapital. Eine Studie über die jüngste Entwicklung des Kapitalismus, Wien 1919 (Neuauflagen Berlin 1955; Frankfurt/M. 1968).
1055 Ebd., S. 174f., hier zitiert nach der Ausgabe Berlin 1955.

»Ich nenne das Bankkapital, also Kapital in Geldform, das auf diese Weise in Wirklichkeit in industrielles Kapital verwandelt ist, das Finanzkapital... Ein immer größerer Teil des in der Industrie verwendeten Kapitals ist Finanzkapital, Kapital in der Verfügung der Banken und in der Verwendung der Industriellen.«[1056]

Die marktbeherrschende und konkurrenzhemmende Rolle der Kartelle erschwert die Möglichkeit einer freien Kapitalinvestition. Zunehmender Kapitalexport ist die Folge. Die staatliche Schutzzollpolitik verändert ihre Funktion. Ihre Bedeutung liegt nicht mehr im Schutz einer im Aufbau befindlichen Industrie. Sie ermöglicht nun den Kartellen innerhalb des von ihnen beherrschten Wirtschaftsgebietes monopolistische Extraprofite, die dann zur Unterbietung der Konkurrenz im Ausland eingesetzt werden können. Das Finanzkapital braucht einen »Staat, der überall in der Welt eingreifen kann, um die ganze Welt in Anlagesphären für sein Finanzkapital verwandeln zu können. Das Finanzkapital braucht endlich einen Staat, der stark genug ist, um Expansionspolitik treiben und neue Kolonien sich einverleiben zu können.«[1057] Der Konkurrenzkampf des Kapitals werde nunmehr zum Konflikt innerhalb imperialistischer Großmachtpolitik. In einem Klima nationalistisch-imperialistischer Gemeinschaftsideologie »scheint die herrschende Nation diese Herrschaft ihren besonderen natürlichen Eigenschaften zu verdanken, also ihren Rasseeigenschaften. In der Rassenideologie ersteht so eine naturwissenschaftlich verkleidete Begründung des Machtstrebens des Finanzkapitals, das so die naturwissenschaftliche Bedingtheit und Notwendigkeit seiner Handlungen nachweist. An Stelle des demokratischen Gleichheitsideals ist ein oligarchisches Herrschaftsideal getreten.«[1058]

Hilferding sieht vor dem Hintergrund des Finanzkapitals im »organisierten Kapitalismus« jedoch auch neue Chancen. Auf dem Kieler Parteitag der deutschen Sozialdemokratie erklärt er: »Organisierter Kapitalismus ... bedeutet in Wirklichkeit den prinzipiellen Ersatz des kapitalistischen Prinzips der freien Konkurrenz durch das sozialistische Prinzip planmäßiger Produktion.« Gegen die Herausbildung einer herrschaftlich organisierten Wirtschaft könne die Arbeiterbewegung Maßnahmen ergreifen. Hilferding denkt dabei an die »Vergesellschaftung« großer Unternehmenszweige und Branchen mittels neuer Lenkungsorgane, in denen neben den Unternehmensleitungen, den Arbeitern und Angestellten auch Verbraucher und wissenschaftliche Sachverständige beteiligt sein sollen. Die linkssozialistischen Kritiker von Hilferdings Konzept der Wirtschaftsdemokratie bezweifeln die Möglichkeit effektiver Machtverlagerung durch Mitbestimmungskonzepte. Sie stellen die von Hilferding behauptete gewachsene Steuerungsfähigkeit des »organisierten Kapitalismus« in Frage[1059]. Hilferding – Finanzminister der Weimarer Kabinette Stresemann und Müller – hat das Programm der Wirtschaftsdemokratisierung in der Aufschwungphase der Weimarer Republik konzipiert. Es scheitert politisch mit der Wirtschaftskrise von 1929.

1056 Ebd., S. 335f.
1057 Ebd., S. 502f.
1058 Ebd., S. 503f.
1059 Zur linkssozialistischen Kritik an Hilferdings staats- und wirtschaftsdemokratischen Positionen: Walter Euchner, Sozialdemokratie und Demokratie. Zum Demokratieverständnis der SPD in der Weimarer Republik, in: Archiv für Sozialgeschichte, hrsg. von der Friedrich-Ebert-Stiftung in Verbindung mit dem Institut für Sozialgeschichte Braunschweig, Bonn, 26 (1986), S. 125–178.

Die Austromarxisten sind maßgeblich an dem Versuch beteiligt, auf internationaler Ebene die Spaltung der Arbeiterbewegung seit Beginn des Ersten Weltkriegs zu überwinden. Sie fordern die Anerkennung nationaler Unterschiede der politischen Strategie. Die Wahl der jeweiligen Transformationsstrategie – ob auf parlamentarischem Wege oder dem einer gewaltsamen Machtübernahme – soll der Entscheidung der nationalen Parteiführungen überlassen bleiben. Die »Wiener« oder sogenannte »Zweieinhalb-Internationale« formiert sich im Dezember 1920 als *Internationale Arbeitsgemeinschaft sozialistischer Parteien.* Sie scheitert mit diesem Ziel und schließt sich bereits 1923 mit der *Sozialistischen Internationale* zur *Sozialistischen Arbeiterinternationale* zusammen. Die tiefe Spaltung zwischen sozialistischen und kommunistischen Parteien ist international nicht mehr zu überwinden. Der Austromarxismus, der sich national erfolgreich als integrierender Faktor der Arbeiterbewegung behaupten kann, ist insofern ein signifikanter Sonderfall. Die von den Theoretikern des Austromarxismus verfochtene politische Strategie mit ihren ambivalenten Positionen »zwischen Reformismus und Bolschewismus« dürfte an diesem politischen Ergebnis einen wesentlichen Anteil haben.

7. Anarchismus

Die Französische Revolution gibt den letzten und entscheidenden Anstoß zu einer Historisierung, Politisierung und Ideologisierung des schon aus der griechischen Antike bekannten Anarchiebegriffs (Anarchie = Führer- oder Herrschaftslosigkeit). Aristioteles hatte in der Anarchie einen »Zustand der Sklaven ohne Herren« gesehen. Im Anschluß an die aristotelische Verfassungslehre kennzeichnet Machiavelli die Anarchie als Entartungsform der Demokratie. Noch im Staatslexikon von Rotteck und Welcker gilt in Anknüpfung an diese Tradition der Staatsformenlehre Anarchie als »Zustand der bürgerlichen Gesellschaft, worin keine geregelte, als rechtmäßig erscheinende oder wenigstens einige Bürgschaft der Dauer gebende Gewalt besteht oder wirksam ist«[1060]. Anarchie ist für den Liberalen Rotteck ein Gegenbegriff zum Rechtsstaat.

In der Utopietradition lassen sich bereits seit dem 16. Jahrhundert Überlegungen und Fiktionen über eine staatsfreie Gesellschaft auffinden, die als Vorläufer des Anarchismus im 19. Jahrhundert gewertet werden können[1061]. Die Aufklärungsphilosophie verbindet vor allem seit der 2. Hälfte des 18. Jahrhunderts mit dem Anarchiebegriff positive Bedeutungsgehalte: Anarchie wird dort zur positiven Urform von Gemeinschaft und Gesellschaft. In der Romantik werden Unstetheit und Chaos – die

1060 Karl von Rotteck, Art. »Anarchie«, in: Staatslexikon oder Encyklopädie der Staatswissenschaften, hrsg. von Karl von Rotteck/Carl Welcker, Bd. 1, Altona 1835, S. 546.
1061 Richard Saage, Gibt es einen anarchistischen Diskurs in der klassischen Utopietradition? In: ders., Das Ende der politischen Utopie?, Frankfurt/M. 1990, S. 26–45. Saage zählt zu den staatsfreien Utopien vor allem François Rabelais' ›Abtei Thelema‹, Gabriel de Foigny's ›Nouveau Voyage de la Terre Australe‹, Denis Diderot's ›Nachtrag zu *Bougainvilles Reise*‹ und William Morris Roman ›Kunde von Nirgendwo‹.

bis dahin als Negativmerkmale der Anarchie gelten – zu Kennzeichen schöpferisch-kreativer Potentiale einer ästhetisch motivierten Entgrenzung festgefahrener institutioneller Formen in Kultur und Gesellschaft. Der Anarchiebegriff wird vom terminus technicus der Herrschaftslehre zum kultur- und zeitkritischen Begriff: »Aufklärung, deutscher Idealismus, idealistisch-utopischer Sozialismus haben dazu beigetragen, daß er sich von einem negativen zu einem positiv besetzten Begriff wendete. Ursprünglich im Rahmen der Herrschaftsformenlehre angesiedelt, wurde er mehr und mehr aus dieser herausgelöst und historisiert . . . Liberale, Konservative und Progressive aller Schattierungen haben Anarchie als enthüllenden und verhüllenden Begriff in wechselnden Zusammenhängen verwandt.«[1062]

Für die konservative Reaktion auf die Französische Revolution wird Anarchie als politischer Kampfbegriff zu einem abschreckenden Inbegriff für den revolutionären Terror und die sich aus dem Umsturz der überkommenen politischen Institutionen ergebende Unordnung. Da Attentate und politisch motivierte Morde auch im Laufe der Entwicklung des Anarchismus als sozialer Bewegung – vor allem gegen Ende des 19. Jahrhunderts – zur Praxis einiger sich auf den Anarchismus beziehenden Gruppen gehören – und die terroristische ›Propaganda der Tat‹ auch in der anarchistischen Revolutionstheorie etwa eines Michail Bakunin oder auch eines Peter Kropotkin Rückhalt finden konnte –, bleibt die Wahrnehmung des Anarchismus bis auf den heutigen Tag häufig auf die spektakulären Aspekte einer anarchistischen Militanz beschränkt.

Die Ausdifferenzierung von Staat und bürgerlicher Gesellschaft sowie das geschichtsoptimistische Fortschrittsdenken der Aufklärung sind wesentliche Voraussetzungen des hier zu behandelnden Anarchismus als einer spezifisch modernen Strömung des politischen Denkens. Jenseits griffiger und eindeutiger Definitionen bestehen aufgrund vergleichbarer Anknüpfungspunkte bei den sehr heterogenen Autoren, die dem Anarchismus zugerechnet werden, zahlreiche Querbezüge zum liberalen und sozialistischen Denken. Unter Anarchie wird vor dem Hintergrund der sich entfaltenden bürgerlichen Gesellschaft nicht mehr nur – herrschaftstechnisch und in negativer Abgrenzung – ein Zustand der Herren- und Herrschaftslosigkeit verstanden, sondern auch schon eine von den Machtinstitutionen des modernen Staates unabhängige Selbstregulierung der aus sozialen Gemeinschaften zusammengesetzten Gesellschaft. So entsteht der auch geschichtsphilosophisch zu verortende Zielhorizont einer vollständigen Aufhebung der Herrschaft von Menschen über Menschen. Diesen Zielhorizont vor allem – sowie das Vertrauen in die Kraft sozialer Strukturbildungen – teilen die anarchistischen Autoren auch mit dem (insbesondere dem frühen) Sozialismus. Sie vertrauen auf die Techniken gesellschaftlicher Selbstorganisation und auf die Organisationsform der freiwilligen Assoziation, in der spontane Vergesellschaftung und die Bereitschaft zur problemlösenden und handlungskoordinierenden Verständigung die Ausbildung spezifischer politischer Machtinstitutionen erübrigen. »Ziel –

1062 So Peter Christian Ludz in der Einleitung zu dem mit Christian Meier verfaßten ausführlichen Beitrag zur Begriffsgeschichte: »Anarchie, Anarchismus, Anarchist«, in: Otto Brunner/Werner Conze/Reinhard Koselleck (Hrsg.), Geschichtliche Grundbegriffe. Historisches Lexikon zur politisch-sozialen Sprache in Deutschland (Anm. 4), Bd. 1, S. 49–109, hier: S. 49f. – Zur Etymologie siehe beispielsweise: Erwin Oberländer (Hrsg.), Der Anarchismus, Freiburg – Olten 1972 (Dokumente der Weltrevolution 4), S. 11f.; Jan Cattepoel, Anarchismus. Rechts- und staatsphilosophische Prinzipien, München 1973, S. 13f.

seit den ersten Anfängen des Anarchismus – ist die Herstellung einer solidarischen Gemeinschaft, die von den Prinzipien der Autonomie, des Föderalismus und der Brüderlichkeit bestimmt sein soll.«[1063] Die staatlichen Institutionen – Bürokratie, Militär, Polizei, aber auch das staatliche Schulsystem – verfallen als die Autonomie der Individuen einschränkende Unterdrückungsmechanismen der anarchistischen Kritik. Deren Auflösung und die Rückführung der noch erforderlichen Kontrollfunktionen in den Kompetenzbereich der Gesellschaft gelten innerhalb dieser Sichtweise – in der von der Zielsetzung einer vollständigen Beseitigung aller staatlichen Institutionen bis hin zur Forderung nach Auflösung bloß der Formen überflüssiger staatlicher Herrschaft alle Positionen aufgefunden werden können – als Bedingungen der Möglichkeit individueller wie auch gesellschaftlicher Emanzipation.

»Die horizontalen Kontakte auf der Ebene einfacher Interaktionen sollen sich zu einer intersubjektiven Beratungs- und Entscheidungspraxis verdichten, die stark genug ist, um alle anderen Institutionen im flüssigen Aggregatzustand der Gründungsphase festzuhalten und gleichsam vor dem Gerinnen zu bewahren. Dieser Antiinstitutionalismus berührt sich mit altliberalen Vorstellungen einer von Assoziationen getragenen Öffentlichkeit, in der sich die kommunikative Praxis einer allerdings argumentationsgesteuerten Meinungs- und Willensbildung vollziehen kann.«[1064]

Proudhon ist der erste, der seine politischen Vorstellungen mit dem Anarchismusbegriff bezeichnet. ›Anarchismus‹ setzt sich als gängige Selbstbezeichnung von Autoren, politischen und sozialen Bewegungen erst in den achtziger Jahren des letzten Jahrhunderts durch – in Abgrenzungsdiskussionen vornehmlich zu der marxistisch orientierten Arbeiterbewegung im Gefolge der Auseinandersetzungen in der I. Internationale, als deren prominente Exponenten Bakunin und Marx gelten können. Zuvor war auch der Terminus ›liberaler Sozialismus‹ häufig zum Zwecke der Selbstbezeichnung verwendet worden[1065]. Er kennzeichnet durchaus zutreffend den bei einem Großteil der anarchistischen Autoren auffindbaren Versuch, die Freiheitsforderung und den für den politischen Liberalismus zentralen Wert der individuellen Autonomie mit dem Ziel sozialer Gleichheit zu synthetisieren. Wie dies bei den einzelnen Autoren zur Durchführung gelangt, ist Gegenstand der jeweiligen Kurzdarstellungen. Dabei werden auch Autoren – wie etwa Max Stirner – in die Darstellung miteinbezogen, deren Wiederentdeckung und Vereinnahmung für den Anarchismus erst im Rahmen der Ausbildung einer anarchistischen Theorietradition seitens der darum bemühten Autoren erfolgte. Stirner selber hatte für seine Theorie den Terminus Anarchie nicht verwendet.

1063 Kurt Lenk, Theorien der Revolution (Anm. 920), S. 91.

1064 Jürgen Habermas, Ist der Herzschlag der Revolution zum Stillstand gekommen?, in: Forum für Philosophie Bad Homburg (Hrsg.), Die Ideen von 1789, Frankfurt/M. 1989, S. 7–36, hier: S. 24.

1065 So Peter Lösche, Anarchismus, in: Iring Fetscher/Herfried Münkler (Hrsg.), Pipers Handbuch der politischen Ideen, Bd. 4 (Anm. 29), S. 415–447, hier: S. 415. Die von Lösche geleistete Aufarbeitung des Standes der Anarchismusforschung kann auch heute noch als maßgebend bezeichnet werden: dazu ausführlich: Peter Lösche, Anarchismus, Darmstadt 1977 (1987^2).

Wenngleich sich eine einheitliche anarchistische Theorie bei den hier zu behandelnden Autoren nicht auffinden läßt, können Gemeinsamkeiten des anarchistischen Denkens an Hand von vier Kriterien ausgemacht werden, die den Anarchismus von anderen politischen Theorien unterscheidbar machen[1066]:

1. Das Organisationsprinzip der freiwilligen Assoziation wendet sich gegen festgefügte Organisationen und Institutionen. Aus der Autonomie der individuellen Willensfreiheit folgt – zuweilen bis zum anti-organisatorischen Affekt gesteigert – ein Antiinstitutionalismus, der sich gegen den Staat ebenso wie gegen Bürokratien, Parteien, Verbände oder die Kirchen wendet.

2. Dementiert wird der Geltungsanspruch handlungsorientierender Theorien und Ideologien. Theoretische Systeme werden einem prinzipiellen Herrschaftsverdacht unterzogen. Die Freiheit des einzelnen stellt ein solches anarchistisches Selbstverständnis über alle ideologischen Ansprüche, seien sie nun religiöser, nationaler oder politischer Provenienz. Diese Einstellung führt zuweilen sogar zur paradoxen Forderung nach genereller Theorielosigkeit.

3. Der von allen anarchistischen Autoren geteilte Zielhorizont ist die herrschaftsfreie Gesellschaft selbstbestimmter und föderal assoziierter Individuen. Die Kommune als lebensweltnahe Gemeinschaftsform und das Syndikat als ökonomischer Zusammenschluß der Individuen für Produktion, Distribution und Dienstleistungen bilden die einzig akzeptierten gesellschaftlichen Organisationseinheiten. Die Gesellschaft schließt sich von unten nach oben zu Koordinationszwecken zusammen. Die Kompetenzen der oberen Stufen föderativer Zusammenschlüsse werden auf funktionale Mindesterfordernisse im Sinne nicht einer Herrschaft von Menschen über Menschen, sondern einer bloßen Verwaltung von Sachen beschränkt. Ökonomische Selbstverwaltung und politische Selbstbestimmung sollen ökonomische Ausbeutung und staatliche Herrschaft beseitigen.

4. Ein voluntaristischer Revolutionsbegriff in Anschluß an die – aus dem Vor- und Frühsozialismus bereits bekannte – neobabouvistische Tradition der Verschwörungen und Geheimbünde setzt auf die schlummernde revolutionäre Energie des Volkes, die durch Überzeugungen, Terror (›Propaganda der Tat‹) oder exemplarisches Vorleben jederzeit erweckt werden kann. Ist dies erst einmal geschehen, werde umstandslos und ohne Zwischenstufen die anarchistische Gesellschaft verwirklicht. Revolution und konstruktive Neuordnung werden identisch, die herrschaftsfreie Gesellschaft wird durch einen gemeinsamen Willensakt realisiert. Politische, soziale und ökonomische Kräfteverhältnisse werden als restriktive Bedingungen der revolutionären Umwälzung ausgeblendet[1067]. Neben diesem Hauptstrang der voluntaristischen Revolutionstheorie finden sich – etwa bei Proudhon und Landauer – auch

1066 Die folgenden Ausführungen orientieren sich an Peter Lösche, Anarchismus (Anm. 1065), S. 416ff.

1067 Kurt Lenk, Theorien der Revolution (Anm. 920). Lenk hebt besonders hervor, daß ein voluntaristisch verkürzter Revolutionsbegriff schon bei den Frühsozialisten Wilhelm Weitling und Moses Hess aufzufinden ist.

Ansätze für nicht-revolutionäre, mehrdimensionale Strategien des Herrschaftsabbaus[1068].

Die hier referierten Kriterien ermöglichen – cum grano salis – den Zugang zu einem gemeinsamen anarchistischen Selbstverständnis jenseits aller weiteren Unterschiede in Positionen und Richtungen. Die hierüber hinaus zweifellos gegebenen zahllosen Differenzen der anarchistischen Autoren haben zu diversen typologischen Unterscheidungsvorschlägen geführt, die sich an deren unterschiedlichen Stellungnahmen zu herausragenden Problemkreisen orientieren. Weit verbreitet ist die Unterscheidung von individualistischem, kollektivistischem, kommunistischem und syndikalistischem Anarchismus. Die Fülle der vorgeschlagenen Typologien wird jedoch den differenzierten Positionen der einzelnen Autoren und ihrer Einbettung in historische und politische Kontexte nur mit Abstrichen gerecht und kann bisweilen sogar zur Verwirrung beitragen[1069]. Diese Problematik sowie die Tatsache, daß manche Autoren die bei ihnen gegebenen Widersprüche der Argumentation als Ausdruck ihrer prinzipiellen Theorielosigkeit verstehen, sollten als methodische Vorbehalte für die folgenden Kurzdarstellungen einiger anarchistischer ›Theoretiker‹ berücksichtigt werden.

7.1.1 William Godwin

William Godwin (1756–1836) entstammt einer calvinistischen Dissenterfamilie. Er wird selber als Geistlicher erzogen. Der Zeitgenosse und kritische Beobachter der Französischen Revolution wie auch der Industriellen Revolution in England folgert aus seinen Beobachtungen einen Zusammenhang von Eigentum und Macht und vertraut demgegenüber auf die vernünftige Selbstorganisation der Individuen, die er zur Zielsetzung einer gleichermaßen natürlichen wie rationalen Gesellschaft ohne Regierung entfaltet. Einen besonderen Einfluß auf Godwins Überlegungen gewinnt Edmund Burke mit seiner 1756 erschienenen Schrift *A Vindication of Natural Society*, in der er die Freiheit und Einfachheit der ›natural society‹ mit den Zwängen der künstlich geschaffenen ›political society‹ kontrastiert hatte[1070]. 1793 erscheint sein

1068 Rolf Cantzen, Weniger Staat – mehr Gesellschaft. Freiheit – Ökologie – Anarchismus, Frankfurt/M. 1987, S. 75–100.

1069 Zur Typologie etwa Erwin Oberländer (Hrsg.), Der Anarchismus (Anm. 1062), S. 11f. Woodcock unterscheidet zwischen individualistischem, mutualistischem (Proudhonistischem), kollektivistischem und pazifistischem Anarchismus: George Woodcock, Anarchism. A history of libertarian ideas and movements, Cleveland – New York 1962, S. 20f. Franz Neumann differenziert zwischen individualistischem, sozialem, sozialistischem, kollektivistischem, kommunistischem, syndikalistischem und einem neuen Anarchismus der antiautoritären Studentenbewegung der sechziger Jahre unseres Jahrhunderts: Franz Neumann, Anarchismus, in: ders. (Hrsg.), Handbuch der politischen Theorien und Ideologien, Reinbek 1989 (erweiterte Fassung der Erstausgabe von 1977), S. 222–294. Vollständig unübersichtlich schließlich die Aufteilung des deutschen Anarchismus in fünf Strömungen, des internationalen Anarchismus in acht Schulen und drei Strömungen bei Günter Bartsch, Anarchismus in Deutschland, 3 Teile in 2 Bden., Hannover 1973, Bd. 1, S. 13–21.

1070 Edmund Burke, A Vindication of Natural Society, in: The Works, überarbeitete Ausgabe, Bd. 1, Boston 1865. Zu Burke's Einfluß auf Godwin Peter Christian Ludz/Christian Meier, »Anarchie, Anarchismus, Anarchist« (Anm. 1062), S. 95f.

Hauptwerk *An Enquiry Concerning Political Justice, and its Influence on General Virtue and Happiness* (Untersuchung über politische Gerechtigkeit und deren Einflüsse auf Moral und Glückseligkeit)[1071]. Godwin beeinflußt den englischen Frühsozialismus (auch Robert Owen). Erst Kropotkin hat ihn in die anarchistische Ahnenreihe aufgenommen, wenngleich sein individualistisches und antistaatliches Denken »keine direkte Wirkung auf die anarchistische Bewegung und auf frühe anarchistische Autoren gehabt hat«[1072].

In seinem Hauptwerk geht Godwin – ähnlich wie auch Rousseau in seinem *Emile* – von der anthropologischen Grundannahme eines freien und von Natur her weder bösen noch guten Menschen aus. Moral und Charakter werden durch äußere Umwelteinflüsse erst geformt. Godwin mißt daher der Erziehung einen besonderen Stellenwert bei und hat auch selbst versucht, eine eigene Schule zu gründen. Er betont gegenüber der erzieherischen Intervention die Geltung des Freiheitsprinzips auch für die Kinder: »Man wird von keinem Geschöpf in Menschengestalt verlangen können, daß es etwas lerne, es sei denn, daß solches aus freiem Antriebe geschieht und es eine gewisse Vorstellung von dem Werte und dem Nutzen des Lernens sich zu bilden vermag.«[1073] Auch die Ehe wird von Godwin als freiheitseinschränkende Institution kritisiert.

Angesichts der sich verschärfenden sozialen Ungleichheit im Gefolge der Industriellen Revolution ist für Godwin »der Krieg in jeder seiner schrecklichen Formen die Folge der ungerechten Verteilung des Besitzes«[1074]. Privates Eigentum, fordert er, müsse auf den Besitz beschränkt werden, den jedes Individuum zur Befriedigung seiner existentiellen Bedürfnisse benötigt. Das restliche Eigentum müsse allgemein verfügbar gemacht werden. Im Staat sieht Godwin eine Institution, die vor allem die Privilegien der Besitzenden garantiert und die gegebene ungerechte Eigentumsverteilung schützt. Er müsse daher zerschlagen werden: »Mit welchem Entzücken muß der wohl unterrichtete Menschenfreund jener glücklichen Zeit entgegensehen, wo der Staat verschwunden sein wird, diese rohe Maschine, welche die einzige fortwährende Ursache der menschlichen Laster gewesen ist und so mannigfache Fehler mit sich führt, die nur durch ihre völlige Vernichtung beseitigt werden können.«[1075] Kleine autonome Distrikte sollen ihre wenigen gemeinsamen Angelegenheiten durch gelegentliche allgemeine Versammlungen regeln.

Godwin vertraut auf die Kraft der Vernunft und mißtraut jeder Form gewaltsamer Auseinandersetzung. »Die beste Garantie eines glücklichen Resultats liegt in freier, unbegrenzter Diskussion. In dieser Kampfbahn muß immer die Wahrheit siegen. Wenn wir also die sozialen Einrichtungen der Menschheit verbessern wollen, müssen wir suchen, durch das gesprochene und geschriebene Wort zu überzeugen . . . Daher müssen wir jede Gewalt mit Abneigung betrachten. Wenn wir das Schlachtfeld betreten, verlassen wir das sichere Gebiet der Wahrheit und überlassen der Laune des

1071 William Godwin, An Enquiry Concerning Political Justice and its Influence on General Virtue and Happiness (London 1793), 2 Bde., hrsg. von Raymond A. Preston, New York 1926.

1072 Peter Lösche, Anarchismus (Anm. 1065), S. 430.

1073 William Godwin, An Enquiry Concerning Political Justice, hier zitiert nach: Michael Vester (Hrsg.), Die Frühsozialisten 1789–1848, 2 Bde., Reinbek 1970, Bd. 1, S. 19.

1074 Ebd., S. 12.

1075 Ebd., S. 10.

Zufalls die Entscheidung.«[1076] Im individualistisch-rationalistischen Sinn bleiben die autonomen Individuen aufgeschlossen für Vernunftgründe. Sie schließen befristete Verträge über die Regelung der gemeinsamen Aspekte der Selbstverwaltung ab. Die so errichtete dezentrale und sozial gerechte Gesellschaftsordnung werde keinerlei staatlichen Zwangsapparat mehr benötigen.

7.1.2 Max Stirner

Johann Caspar Schmidt (1806–1856, Pseudonym: Max Stirner) wird als Sohn eines Flötenmachers in Bayreuth geboren. Er studiert 1826–1928 in Berlin Philosophie, Theologie und klassische Philologie unter anderem bei Hegel und Schleiermacher und verkehrt dort im Kreise der junghegelianischen ›Freien‹ um Bruno Bauer (1809–1882). Da er als Lehrer nicht in den staatlichen Schuldienst übernommen wird, geht er zeitweise (1839–1844) einer privaten Lehrertätigkeit nach. 1844 erscheint sein Hauptwerk *Der Einzige und sein Eigentum* in Leipzig. Stirner tritt hernach nicht mehr nennenswert als Autor in Erscheinung. 1845–1847 übersetzt und ediert er Texte der Ökonomen Jean-Baptiste Say und Adam Smith. Er lebt unter schwierigen wirtschaftlichen Verhältnissen und stirbt früh[1077]. Max Stirner, erst 1910 vom Individualanarchisten John Henry Mackay für die anarchistische Tradition entdeckt[1078], hat den Individualismus zur letzten Konsequenz getrieben: »Meine Sache ist weder das Göttliche noch das Menschliche, ist nicht das Wahre, Gute, Rechte, Freie usw., sondern alleine das Meinige, und sie ist keine allgemeine, sondern ist – einzig, wie Ich einzig bin. Mir geht nichts über mich.«[1079]

Seine Darstellung des »Einzigen« als eines isolierten und von Geschichte wie Gesellschaft unabhängigen Individuums radikalisiert die Feuerbachsche Religions- und Ideologiekritik wie auch die »kritische Kritik« des Linkshegelianers Bruno Bauer. Stirner läßt weder die überindividuellen, bei Feuerbach von der Religion auf den Mensch als Gattungswesen übertragenen Werte (wie Liebe, Vernunft, Wille) gelten, noch akzeptiert er als Resultat der Bauerschen »kritischen Kritik« einen Allgemeinheitsanspruch von Theorie. »Gerade der schärfste Kritiker wird am schwersten von dem Fluche seines Prinzips getroffen werden. Indem er ein Ausschließliches nach dem andern von sich tut, Kirchlichkeit, Patriotismus usw. abschüttelt, löst er ein Band nach dem andern auf und sondert sich vom Kirchlichen, vom Patrioten usw. ab, bis er zuletzt, nachdem alle Bande gesprengt sind, – allein steht.«[1080] Stirner zerstört selbst noch den Glauben an die Heiligkeit des Geistes und die Hoheit des Ideals der

1076 Zitiert nach Max Nettlau, Der Vorfrühling der Anarchie. Ihre historische Entwicklung von den Anfängen bis zum Jahre 1864, Vaduz 1984 (Reprint der Ausgabe Berlin 1925), S. 70.

1077 Max Stirner, Der Einzige und sein Eigentum. Leipzig 1845 (mit irrtümlicher Jahresangabe!); ders., Der Einzige und sein Eigentum. Mit einem Nachwort von Ahlrich Meyer, Stuttgart 1981^2 (durchgesehene und verbesserte Auflage); ders., Der Einzige und sein Eigentum und andere Schriften, München 1968. Die nachfolgenden Stirner-Zitate beziehen sich auf die Ausgabe Stuttgart 1981.

1078 John Henry Mackay, Max Stirner. Sein Leben und sein Werk, Treptow 1910.

1079 Max Stirner, Der Einzige und sein Eigentum (Anm. 1077), S. 5.

1080 Ebd., S. 148.

Menschheit. Der egoistische »Einzige« – das Zentrum seiner philosophischen Spekulationen – schwingt sich auf zu einer Ungebundenheit der freien Entscheidung, der die Gesellschaft nur noch als Gegenstand des eigenen Genusses erscheint.

Alles Eigentum ist für Stirner – und hier schlägt sich die verspätete industrielle Entwicklung Deutschlands und die prominente Rolle des (preußischen) Staates in der Theorie nieder – nur Ausfluß staatlicher Gewalt. Gegen Proudhon und Weitling gewendet, sieht Stirner in deren Parole »Eigentum ist Diebstahl« selber noch eine Anerkennung des vom Staat garantierten Eigentumsrechts: »Das Privateigentum lebt von der Gnade des Rechts. Nur im Rechte hat es seine Gewähr – Besitz ist ja noch nicht Eigentum, er wird erst ›das Meinige‹ durch Zustimmung des Rechts. . .«[1081] Hinter der Rechtsgarantie des Eigentums steht die Gewalt des Staates, der Stirner die eigene Gewalt entgegensetzt: »Zu welchem Eigentum bin ich berechtigt? Zu jedem, zu welchem ich Mich – ermächtige. Das Eigentums-Recht gebe ich Mir, indem ich Mir Eigentum nehme, oder Mir die Macht des Eigentümers, die Vollmacht, die Ermächtigung gebe.«[1082] Die Eigentumsfrage »läßt sich nicht so gütlich lösen, als die Sozialisten, ja selbst die Kommunisten träumen. Sie wird nur gelöst durch den Krieg Aller gegen Alle. Die Armen werden nur frei und Eigentümer, wenn sie sich – empören, emporbringen, erheben.«[1083] Solange sie dies nicht tun, sind sie »daran schuld, daß es Reiche gibt«[1084].

In Abgrenzung Stirners von den politischen Zielsetzungen der sozialen Bewegungen seiner Zeit verfallen Freiheit, Gleichheit und Humanität gleichermaßen der Kritik. Sie schränken den »eigenen Willen« ein: »Mir, dem Egoisten, liegt das Wohl dieser ›menschlichen Gesellschaft‹ nicht am Herzen, Ich opfere ihr nichts, Ich benutze sie nur; um sie aber vollständig benutzen zu können, verwandle ich sie vielmehr in mein Eigentum und mein Geschöpf, d. h. Ich vernichte sie und bilde an ihrer Stelle den Verein von Egoisten.«[1085]

Jegliche Staatlichkeit gilt Stirner als Verhältnis von Herrschaft und Knechtschaft. An die Stelle des Befehls eines persönlichen Herrscherwillens tritt im Rechtsstaat das unpersönliche Gesetz, das eine über Moralansprüche ins Individuum verlagerte, umfassendere Unterwerfung verlangt. Recht ist für Stirner nur eine andere Form des Machtverhältnisses: »Ich leite alles Recht und alle Berechtigung aus Mir her; Ich bin zu allem berechtigt, dessen Ich mächtig bin. . .« Und als Moralkritik auf die Spitze getrieben: »Ich aber bin durch Mich berechtigt zu morden, wenn Ich Mir's selbst nicht verbiete, wenn Ich selbst Mich nicht vorm Morde als vor einem ›Unrecht‹ fürchte.«[1086]

Auch demokratische Herrschaft ist aus dieser Sicht nicht anderes als »Despotie«. »Jeder Staat ist eine Despotie, sei nun einer oder Viele der Despot, oder seien, wie man sich's wohl von einer Republik vorstellt, Alle die Herren, d. h. despotiere Einer den Andern. Es ist dies nämlich dann der Fall, wenn das jedesmal gegebene Gesetz, die ausgesprochene Willensmeinung etwa einer Volksversammlung fortan für den

1081 Ebd., S. 278.
1082 Ebd., S. 284.
1083 Ebd., S. 288.
1084 Ebd., S. 353.
1085 Ebd., S. 196.
1086 Ebd., S. 207 und S. 208.

Einzelnen Gesetz sein soll, dem er Gehorsam schuldig ist...«[1087] Stirners Kritik des Liberalismus wie auch seine Bewertung der Rechtsstaatlichkeit und der Demokratie veranschaulichen den Radikalisierungsprozeß des politischen Denkens in den Kreisen der Berliner Junghegelianer seit 1842. Stirners Einspruch gegen die Versachlichung von Herrschaft mit Hilfe von Gesetz und Demokratie dementiert jeden Zusammenhang von Emanzipation und Staatsbürgerschaft. Die staatlich eingeräumten »Freiheiten« sind für Stirner nicht mehr als eine Erneuerung von – aus asymmetrischen Machtrelationen entstehender – »Untertänigkeit«. Nicht der *citoyen,* also der Staatsbürger, sondern der *homme*, der »Mensch in seiner sinnlichen individuellen nächsten Existenz«[1088], ist Ausgangspunkt seiner letztlich apolitischen Kritik. Rechtsstaatlich eingeräumte Freiheit ist als »gegebene (oktroyierte) Freiheit doch keine Freiheit..., da nur die Freiheit, die man sich nimmt, also die Freiheit des Egoisten, mit vollen Segeln schifft«[1089].

Im Zentrum von Stirners Gegenentwurf steht nicht die Freiheit, sondern die »Eigenheit« als Ausdruck für die Freiheit des Egoisten. Die Eigenheit des Einzelnen – sein egoistischer Genuß, als dessen Material die Andern und die Gesellschaft gelten – realisiert sich in der Assoziationsform eines »Vereins« von Egoisten. Hier können alle Ansprüche der Gesellschaft aufgelöst und die der eigennützigen Individuen eingelöst werden. »Die Auflösung der Gesellschaft aber ist der Verkehr oder Verein.«[1090] Während noch jede »Revolution« die Errichtung neuer politischer und sozialer Institutionen anstrebte, soll statt ihrer aus der »Empörung« der Einzelnen sich eine Verflüssigung aller institutionalisierten Zwangsverhältnisse ergeben: »Die Revolution zielte auf neue Einrichtungen, die Empörung führt dahin, Uns nicht mehr einrichten zu lassen, sondern Uns selbst einzurichten, und setzt auf ›Institutionen‹ keine glänzende Hoffnung. Sie ist kein Kampf gegen das Bestehende, da, wenn sie gedeiht, das Bestehende von selbst zusammenstürzt, sie ist nur ein Herausarbeiten Meiner aus dem Bestehenden.«[1091]

Der »Verein« ist eine institutionalisierte Anti-Institution. Die dort erfolgende Anerkennung von Machtverhältnissen zwischen den Individuen enthebt den Einzelnen zwar nicht der Einschränkungen seiner Freiheit. Wohl aber ist die Assoziation als Anerkennungsverhältnis individueller Eigenheit in der Lage, wechselseitige Instrumentalisierung auf der Basis von Freiwilligkeit zu gewährleisten. »Es ist ein Unterschied, ob durch eine Gesellschaft meine Freiheit oder meine Eigenheit beschränkt wird. Ist nur jenes der Fall, so ist sie eine Vereinigung, ein Übereinkommen, ein Verein; droht aber der Eigenheit Untergang, so ist sie eine Macht für sich, eine Macht über Mir...«[1092] Die Übereinkunft im Verein soll die Macht des Einzigen wie auch sein Eigentum multiplizieren – verbunden mit der Möglichkeit ihrer Aufkündigung durch den Einzelnen nach Maßgabe aktueller Nutzenerwägungen wie auch abhängig von aktuellen Machtverhältnissen: »Ich will nicht die Freiheit, nicht die Gleichheit der Menschen, Ich will nur meine Macht über sie, will sie zu meinem Eigentum, d. h.

1087 Ebd., S. 215.
1088 So Karl Marx in seinem im Erscheinungsjahr von Stirners Hauptwerk (1844) erschienenen Aufsatz, Zur Judenfrage (Anm. 842), hier: S. 369f.
1089 Max Stirner, Der Einzige und sein Eigentum (Anm. 1077), S. 185.
1090 Ebd., S. 342.
1091 Ebd., S. 354.
1092 Ebd., S. 343.

genießbar machen. Und gelingt Mir das nicht, nun, die Gewalt über Leben und Tod, die Kirche und Staat sich vorbehielten, Ich nenne auch sie die – meinige.«[1093]

Die Auflösung der auf bloße Machtverhältnisse reduzierten Institutionen im ›Verein‹ soll selber über eine freiwillige und ohne Verfassungen auskommende Vergesellschaftung erfolgen. »Quelle der Philosophie der Verständigung ist das naturrechtliche Vertragsmodell, wonach die Zustimmung aller Bürger die einzige Begründung und Legitimation politischer Institutionen ist. Stirner radikalisiert dies Modell und protestiert gegen seine Modifikation durch Repräsentation und Mehrheitsentscheid, welche die bürgerliche Theorie um der politischen Effizienz willen immer schon mitgedacht hatte.«[1094] Der Voluntarismus der Stirnerschen »Empörung« ist offensichtlich. Er läßt sich im Anarchismus immer wieder finden: Das Individuum braucht demnach sich nur den bestehenden Zuständen zu verweigern. »Es sind überhaupt alle Staaten, Verfassungen, Kirchen usw. an dem Austritt der Einzelnen untergegangen.«[1095]

Stirner übersieht, »daß die persönlichen Interessen, den Personen zum Trotz, immer wieder zu gemeinschaftlichen Interessen zusammenfließen, die dem einzelnen selbständig gegenübertreten und als allgemeine Interessen dem Bewußtsein in idealer Gestalt erscheinen«[1096]. Marx und Engels, die in der *Deutschen Ideologie* über eine breit angelegte Kritik der Stirnerschen Theorie ihre materialistische Geschichtsauffassung herausgearbeitet haben[1097], können in Stirners ›Verein der Egoisten‹ und im Voluntarismus der ›Empörung‹ nur theoretische Überhöhungen eines Lebensgefühls des Berliner Intellektuellenkreises der ›Freien‹ erkennen. Rezipiert wird Stirner von Bakunin und Nietzsche, später von den Zirkeln der Berliner Literatur- und Kunstboheme der Jahrhundertwende[1098].

7.1.3 Pierre Joseph Proudhon

Pierre Joseph Proudhon (1809–1865) begegnete schon als ein Autor des Frühsozialismus (siehe die Darstellung im Abschnitt 5.3.4 unserer Darstellung). Seine vom *Mutualismus*, dem Prinzip der Gegenseitigkeit, bestimmten Überlegungen zur Ökonomie lehnen Eigentum ohne äquivalente Arbeitsleistungen ab und setzen an dessen Stelle den an die eigene Arbeit gebundenen Besitz. Eine Gesellschaft von Kleineigentümern und Kleinproduzenten will er über das Projekt einer Tauschbank, die zinslose Kredite zur Verfügung stellen soll, befördern. Innerhalb der frühsozialistischen Diskussionen nimmt Proudhon mit seiner deutlichen Ablehnung staatlich finanzierter

---

1093 Ebd., S. 356.
1094 Ahlrich Meyer, Nachwort, in: ebd., S. 423–462, hier: S. 457.
1095 Ebd., S. 237.
1096 Gustav Mayer, Die Anfänge des politischen Radikalismus im vormärzlichen Preußen, in: dres., Radikalismus, Sozialismus und bürgerliche Demokratie (Anm. 958), S. 7–107, hier: S. 106.
1097 Karl Marx/Friedrich Engels, Deutsche Ideologie (Anm. 861).
1098 Zur Rezeptionsgeschichte und Werkbewertung siehe im Anschluß an die Kritik der ›Deutschen Ideologie‹ Hans G. Helms, Die Ideologie der anonymen Gesellschaft. Max Stirners ›Einziger‹ und der Fortschritt des demokratischen Selbstbewußtseins vom Vormärz bis zur Bundesrepublik, Köln 1966; aus anarchistischer Sicht: Daniel Guerin, Anarchismus. Begriff und Praxis, Frankfurt/M. 1967, S. 27f.

Produktionsgenossenschaften eine akzentuierte Gegenposition zu Louis Blanc ein (in Deutschland wird die Forderung nach staatlich geförderten Arbeiterassoziationen später von Lassalle aufgegriffen). In der staatlichen Förderung von ›sozialen Werkstätten‹ sieht Proudhon nur eine neue Form der Zentralisation. Sein Mißtrauen gegen den zentralistischen Staat führt Proudhon auch zu einer deutlichen Kritik des von ihm als ›zentralistisch‹ abgelehnten Kommunismus: »Eine kompakte Demokratie, dem Anschein nach auf die Diktatur der Massen begründet, wo die Massen aber an Macht nicht mehr haben als nötig ist um die allgemeine Herrschaft zu sichern, nach den folgenden Formeln und Grundsätzen, die dem alten Absolutismus entliehen sind: Unteilbarkeit der öffentlichen Gewalt, absorbierende Zentralisation, systematische Zerstörung alles individuellen, korporativen und lokalen Gedankens, der als Spaltungserreger gilt, inquisitorische Polizei.«[1099]

Die hier kurz rekapitulierten Positionen innerhalb der sozialistischen Diskussionen seiner Zeit machen den engen Zusammenhang deutlich, den Proudhon zwischen ökonomischem und sozialem Wandel sowie den Formen politischer Herrschaft voraussetzt. Hier liegt auch der genuine Beitrag Proudhons für das anarchistische Denken. Proudhon, der sich als erster Autor explizit als »Anarchist« bezeichnet, hat den Stellenwert der Freiheit in seiner Theorie deutlich ausgesprochen: »Keine Parteien mehr! Absolute Freiheit des Menschen und Bürgers! Auf diesen drei Sätzen beruht mein politisches und soziales Glaubensbekenntnis . . . Die Ausbeutung des Menschen durch den Menschen, hat irgendjemand gesagt, ist Diebstahl. Nun wohl! Die Regierung des Menschen durch den Menschen ist Sklaverei!«[1100]

Proudhon vertritt keineswegs, wie das letzte Zitat vermuten läßt, eine radikale Theorie der Zerschlagung des Staates. Vielmehr betrachtet er den Mutualismus gegenseitiger Dienste und einen dezentralen wie föderalen Aufbau der politischen Ordnung als zwei verschränkte Aspekte einer Gesamtentwicklung, an deren Zielhorizont individuelle Autonomie und der Abbau von staatlicher Herrschaft stehen. »Alle meine wirtschaftlichen Ideen, die ich seit fünfundzwanzig Jahren ausgearbeitet habe, lassen sich in diese drei Worte zusammenfassen: landwirtschaftlich-industrielle Föderation. Alle meine politischen Ideen lassen sich auf eine ähnliche Formel zurückführen: politische Föderation oder Dezentralisation.«[1101] Proudhon nennt die föderalistische Idealgesellschaft »Anarchie«. Anarchie ist ihm eine Regierungsform, in der das Prinzip der freiwilligen Assoziation auf der Grundlage vertraglicher Abmachungen das Prinzip staatlicher Gewalt ablöst. Die föderative Ordnung einer Nation steht am Anfang einer europäischen, schließlich einer weltweiten Konföderation. In ihr werden Kriege überflüssig und sollen Schiedsgerichte die Einhaltung der Föderalverträge überwachen. Anarchie ist so ein Ausdruck für »Selbstregierung« oder »Regierung eines Jeden durch einen Jeden«: »Der Begriff Anarchie in der Politik ist so vernünftig und positiv als irgendein anderer. Er besteht darin, daß nach Zurückführung der

1099 Pierre Joseph Proudhon, De la capacité politique de la classe ouvrière (von der politischen Fähigkeit der Arbeiterklasse), Paris 1865, hier zitiert nach Martin Buber, Pfade in Utopia (Anm. 791), S. 67, 68.
1100 Pierre Joseph Proudhon, Bekenntnisse eines Revolutionärs (Anm. 792), S. 20 und S. 22.
1101 Pierre Joseph Proudhon. Ausgewählte Texte, hrsg. von Thilo Ramm (Anm. 792), S. 263.

politischen auf die industriellen Funktionen die soziale Ordnung aus Abmachungen und Austausch allein resultieren würde.«[1102]

Der Vertrag als organisierendes Zentrum der politischen Föderation wird nach dem Vorbild des Mutualismus konzipiert. Im Mittelpunkt des Vertragsdenkens Proudhons steht das Individuum, das sich freilich nicht – wie etwa bei Stirner – ausschließlich an seinem egoistischen Nutzen orientiert, sondern an solidarischer, wechselseitig vorteilhafter Kooperation interessiert ist. Martin Buber hat darauf hingewiesen, daß der auf solidarischer Gegenseitigkeit beruhende Mutualismus auch Ansätze eines auf Formen der Gemeinschaft beruhenden Gesellschaftsbegriffs offenbart, die über den Individualismus hinausweisen. Im sich abzeichnenden Gesellschaftsbegriff Proudhons sei »das problematische Verhältnis zwischen Person und Gesamtheit durch die aus der Kraft der inneren Beziehungen lebendige und weitgehend autonome Gruppe – Gemeinde oder Genossenschaft – ausbalanciert.«[1103] Der Abbau staatlicher Machtbefugnisse erfolgt in der Zielperspektive Proudhons stufenweise durch den Aufbau einer dezentral organisierten und föderal verfaßten Gesellschaft aus vielfältigen, miteinander verflochtenen Beziehungen der Individuen und Gruppen. Sie entwickelt sich gleichermaßen in Ökonomie (Mutualismus), sozialem Leben (Kommune) und den Formen des politischen Zusammenlebens (Föderation).

Das Zusammenspiel föderalistischer Institutionen und kommunaler Sitten gewichtet Proudhon als Voraussetzung zur Erlangung einer anarchistischen Regierungsform stärker als etwa das allgemeine Wahlrecht. »Das allgemeine Wahlrecht ist eine Art von Atomismus, durch den der Gesetzgeber, da er das Volk in der Einheit seiner Wesenheit nicht sprechen lassen kann, die Bürger auffordert, ihre Meinung pro Kopf, viritim, auszudrücken, ganz wie der epikureische Philosoph den Gedanken, den Willen, den Verstand durch Kombinationen von Atomen erklärt.«[1104] Ohne die Voraussetzungen einer mutualistisch-föderalen Gesellschaft beschränkt sich die repräsentative Demokratie auf den Augenblick der Wahl und die Bildung der gesetzgebenden Gewalt. Daher müsse das allgemeine Stimmrecht über die Schaffung dezentraler Strukturen »organisiert« werden: »In politischer Hinsicht hat die Revolution das Ziel, den Staat in die Gesellschaft zu absorbieren, das heißt zum Aufhören jeder Autorität und der Unterdrückung des ganzen Regierungsapparats zu gelangen durch die Abschaffung der Steuern, die administrative Vereinfachung, die getrennte Zentralisation jeder Funktionsgattung, in anderen Worten, durch die Organisation des allgemeinen Stimmrechts . . .«[1105]

Proudhon hat seine Vorstellung über die anarchistische Selbstregierung in einem Brief vom 20. August 1864 verdeutlicht: »Die Anarchie ist, wenn ich mich so ausdrükken kann, eine Regierungsform oder Verfassung, in welcher das öffentliche und private Gewissen, gebildet durch die Entwicklung von Wissenschaft und Recht, allein zur Erhaltung der Ordnung und Sicherung aller Freiheiten genügt, in welcher also das Autoritätsprinzip, die polizeilichen Einrichtungen, die Vorbeugungs- und Repres-

1102 Zitiert nach Max Nettlau, Der Anarchismus. Von Proudhon zu Kropotkin. Seine historische Entwicklung in den Jahren 1859–1880, Vaduz 1984 (Reprint der Ausgabe Berlin 1927), Zitate S. 11.
1103 Martin Buber, Pfade in Utopia (Anm. 791), S. 63.
1104 Pierre Joseph Proudhon, Die Lösung des sozialen Problems (1848), zitiert nach Martin Buber, Pfade in Utopia (Anm. 791), S. 63f.
1105 Zitiert nach Max Nettlau, Der Vorfrühling der Anarchie (Anm. 1076), S. 145.

sionsmittel, der Funktionarismus, die Steuern usw. auf das einfachste beschränkt sind, in welcher noch viel mehr die monarchistischen Formen, die hohe Zentralisation – durch föderative Einrichtungen und kommunale Gebräuche ersetzt – verschwinden. Wenn das politische Leben und die private Existenz identisch sein werden, wenn durch die Lösung der ökonomischen Probleme zwischen den sozialen und den individuellen Interessen Gleichgewicht bestehen wird, dann werden wir uns augenscheinlich nach dem Verschwinden jedes Zwangs in voller Freiheit oder Anarchie befinden. Das soziale Gesetz wird aus sich selbst heraus zur Durchführung gelangen, ohne Überwachung und ohne Kommando, durch die universelle Spontaneität ...«[1106] Die anarchistische Gesellschaft ist nicht etwa frei von aller Autorität. »Die Autorität ist ohne eine Freiheit, die diskutiert, Widerstand leistet oder sich unterwirft, nur ein leeres Wort; die Freiheit ist ohne eine Autorität, die ihr ein Gegengewicht bietet, ein Un-Sinn.«[1107] Die von Proudhon vorgenommene Verbindung von Freiheit, Gleichheit und Organisation ist eine bedeutsame Modifikation des anarchistischen Anti-Institutionalismus. Sie öffnet diesem Zugänge zu einem reformorientierten Konzept des gesellschaftlichen Umbaus und des Herrschaftsabbaus.

Proudhon gibt dem Syndikalismus wichtige Impulse, der im Syndikat, der Betriebsorganisation, und den Gewerkschaften die wesentlichen Organisationsformen eines gleichermaßen wirtschaftlichen wie politischen Kampfes sieht. Der Syndikalismus – neben Frankreich vor allem in Spanien als politische und soziale Bewegung bedeutsam – ist seinem Selbstverständnis nach wie der Anarchismus föderal und antietatistisch. Während jedoch »der Anarchismus eher klassenindifferent auftritt, ohne allerdings die Existenz von Arbeiterschaft und Bürgertum zu leugnen, ist der Syndikalismus klassengebunden – proletarisch und geht eindeutig vom Klassenantagonismus aus«[1108].

Proudhon hat die Diskussion der Frühsozialisten und der Anarchisten gleichermaßen mitgeprägt. Er beeinflußt Alexander Herzen und die anarchistischen Autoren Bakunin, Kropotkin und Landauer. In Deutschland lassen sich direkte Einflüsse Proudhons bei Karl Grün, dem in den Gruppen des *Jungen Deutschland* wirkenden Wilhelm Marr (1819–1904) oder bei Moses Hess nachweisen[1109]. Sein Föderalismus gibt regionalistischen Theorien Impulse. Über die Auseinandersetzungen mit Marx wird Proudhon als humanistisch-förderativer Kritiker eines autoritär-zentralistischen Marxismus rezipiert. In der Marxschen Lesart der Hegelschen Dialektik, die von einer Logik des Widerspruchs (These – Antithese – Synthese) auf die Logik der gesellschaftlichen und geschichtlichen Entwicklung schließt[1110], erblickt Proudhon Ansätze eines neuen Dogmatismus. These und Antithese, so Proudhons – eher pragmatisch gewendetes – Verständnis der Hegelschen Dialektik, machen als koexistierende soziale »Antinomien« Kompromißlösungen erforderlich. Als Karl Marx 1846

1106 Zitiert nach Max Nettlau, Der Anarchismus von Proudhon zu Kropotkin (Anm. 1102), S. 5f.

1107 Pierre Joseph Proudhon. Ausgewählte Texte (Anm. 792), S. 193.

1108 Zum Syndikalismus und seinem Verhältnis zum Anarchismus im Überblick Peter Lösche, Anarchismus, Darmstadt 1987^2, S. 115–128, hier: S. 118.

1109 Zur Rezeptionsgeschichte: Max Nettlau, Der Vorfrühling der Anarchie (Anm. 1076), S. 154–168 und S. 180–184.

1110 Zu Marxens Proudhonkritik und seinem Verständnis der Dialektik siehe Karl Marx, Das Elend der Philosophie, in: Marx-Engels-Werke (Anm. 159), S. 63–182.

aus Brüssel um Proudhons Mitarbeit an einer beabsichtigten Zeitschrift bittet, antwortet dieser ihm daher in zurückhaltender Skepsis: »Suchen wir zusammen, wenn Sie wollen, die Gesetze der Gesellschaft, deren Art sich zu verwirklichen..., aber, bei Gott, nachdem wir alle Dogmatismen zerstört haben, denken wir nicht unsererseits daran, das Volk einer Doktrin zu unterwerfen... Führen wir eine gute, logische Polemik; geben wir der Welt das Beispiel weiser und vorsehender Toleranz, und weil wir an der Spitze der Bewegung stehen, machen wir uns nicht zu Führern neuer Intoleranz; posieren wir nicht als Apostel einer neuen Religion, sei es die Religion der Logik, der Vernunft. Empfangen und ermutigen wir alle Proteste, brandmarken wir alle Exklusivität, allen Mystizismus; sehen wir nie eine Frage als erschöpft an, und wenn wir unser letztes Argument gebraucht haben, fangen wir, wenn es nötig ist, wieder an, mit Beredsamkeit und Ironie. Unter diesen Bedingungen trete ich mit Vergnügen in Ihre Assoziation ein; wenn nicht, nicht...«[1111]

7.1.4 Michail Bakunin

Michail Bakunin (1814–1876) wird als ältester Sohn einer altadeligen russischen Familie in Prjamuchino (Twer) geboren. 1835 bricht er eine zunächst eingeschlagene Offizierslaufbahn ab und beschäftigt sich in Moskau mit der Philosophie. Er liest Kant, Fichte und Hegel. 1840 reist er zur Fortsetzung seiner Studien nach Berlin und bewegt sich dort in den Kreisen der Berliner Junghegelianer. Der Einfluß Arnold Ruges und die Lektüre Proudhons fördern seine Entwicklung zum anarchistischen Denken wie auch seine Entscheidung zum lebenslangen politischen Engagement – Bakunin wird zu einem Berufsrevolutionär und ist darin mit Blanqui vergleichbar. 1848 setzt er sich als Teilnehmer des Slawenkonkresses in Prag für die nationale Unabhängigkeit Polens ein. Für seine Teilnahme an der Erhebung in Dresden 1849 zugunsten der Reichsverfassung wird er zum Tode verurteilt, zu lebenslanger Haft begnadigt und an Österreich ausgeliefert. Dort erhält er wegen seiner Teilnahme am Prager Studentenaufstand von 1848 ebenfalls ein Todesurteil. Er wird nach Rußland deportiert und verbringt die Jahre 1851–1856 als Häftling in Sankt Petersburg. 1858 nach Sibirien verbannt, flieht er 1861 über Japan und Amerika nach London. 1864 nimmt er an der Gründung der I. Internationale teil, aus der er nach heftigen Auseinandersetzungen mit Marx im März 1872 ausgeschlossen wird. 1870 beteiligt er sich an einem Aufstand in Lyon, 1874 an einem Aufstand in Bologna. Die Schriften Bakunins sind häufig von politischen und organisatorischen Anlässen bestimmt, wenig systematisch, ja widersprüchlich, und bleiben meist unabgeschlossen. Zu den bedeutendsten Schriften gehören *Die Reaktion in Deutschland* (1842), *Das Knutogermanische Kaiserreich und die soziale Revolution* (1871), *Gott und der Staat* (1871) und *Staatlichkeit und Anarchie* (1873)[1112].

1111 Zitiert nach Max Nettlau, Der Vorfrühling der Anarchie (Anm. 1076), S. 163.

1112 Michail Bakunin, Gesammelte Werke, 3 Bde., hrsg. von Erich Rohlfs (Bd. 1) und Max Nettlau (Bde. 2 und 3), Nachdruck Berlin 1975; ders., Archives Bakounine (Bakunin-Archiv), hrsg. im Auftrag des Internationalen Instituts für Sozialgeschichte Amsterdam von A. Lening/A. J. C. Schlüter/P. Scheibert, Leiden 1961ff.; ders., Philosophie der Tat. Auswahl aus seinem Werk. Eingeleitet und hrsg. von Rainer Beer, Köln 1968; ders.,

Wie schon Moses Hess oder Max Stirner ist Bakunin ein Anhänger der junghegelianischen ›Philosophie der Tat‹. In seinem Beitrag *Die Reaktion in Deutschland* für die von Arnold Ruge herausgegebenen *Deutschen Jahrbücher für Wissenschaft und Kunst* (1842) skizziert er das junghegelianische Programm einer politisch-gesellschaftlichen Verwirklichung der Philsophie: »wir haben unsern lebendigen Quell in dem allumfassenden Prinzipe der unbedingten Freiheit, in einem Prinzipe, das alles Gute, was nur in Positiven enthalten ist, auch in sich enthält und das über das Positive, ebensosehr wie über uns selbst als Partei, erhaben ist.«[1113] Das Pathos der Freiheit aus der Kraft der Negation eliminiert den Versöhnungscharakter der Hegelschen Dialektik. Aus Hegels synthesenbildendem Denken wird bei Bakunin eine »Dialektik der Antithesen, was sich politisch als das Prinzip der permanenten Revolutionierung des alten Weltzustandes niederschlägt«[1114]. In Bakunins Konzeption der Revolution als einer Verwirklichung von individueller Autonomie wie auch – zugleich – gesellschaftlicher Freiheit lassen sich unschwer die Einflüsse der Philosophie Fichtes erkennen. Wie bei Fichte das Selbstbewußtsein autonom die Welt des Nicht-Ich in einer ursprünglichen Tathandlung erzeugt, wird auch in der von Bakunin vertretenen ›Philosophie der Tat‹ die zwanglose praktische Realisation der kritischen Philosophie durch die Subjekte der politischen und gesellschaftlichen Praxis vorausgesetzt. In diesem Sinn schreibt Bakunin im März 1845 an seinen Bruder: »Nieder mit allen religiösen und philosophischen Dogmen, sie sind nur Lügen; die Wahrheit ist keine Theorie, sondern eine Tat, das Leben selbst, – die Gemeinschaft freier und unabhängiger Menschen, – die heilige Einheit der Liebe, welche den geheimnisvollen und unendlichen Tiefen der persönlichen Freiheit entströmt. . .«[1115]

Da der Mensch »nur unter in gleicher Weise freien Menschen wirklich frei« sei, könne die »Freiheit eines jeden . . . nur in der Gleichheit aller verwirklicht werden. Die Verwirklichung der Freiheit in der rechtlichen und tatsächlichen Gleichheit ist die Gerechtigkeit.«[1116] In *Gott und der Staat* präzisiert Bakunin auf der Linie seines an Gleichheit und Gerechtigkeit orientierten Freiheitsdenkens den von diesem angestrebten Zusammenhang von Freiheit und Solidarität: »Es ist augenscheinlich, daß die Freiheit nicht die Negation der Solidarität ist, sondern im Gegenteil ihr Produkt, ihre Erklärung, ihr Gewissen, ihr Gedanke. Ohne Freiheit bliebe die Solidarität ewig dumm . . . während ohne Solidarität die Freiheit nie existiert hätte.»[1117]

Proudhon hatte noch darauf verzichtet, die Institution des Privateigentums in Frage zu stellen. Bakunin hingegen tritt für Kollektiveigentum ein – zunächst begrenzt auf Grund und Boden. »Grund und Boden mit allem natürlichen Reichtum sind das Eigentum Aller, werden aber nur im Besitz derjenigen sein, die sie

---

Staatlichkeit und Anarchie und andere Schriften, hrsg. und eingeleitet von Horst Stuke, Frankfurt/M. – Berlin – Wien 1972 (dort auch ausführliche Bibliographie der Erstveröffentlichungen).

1113 Michail Bakunin, Die Reaktion in Deutschland, in: Philosophie der Tat, hrsg. von Rainer Beer (Anm. 1112), S. 70.

1114 Kurt Lenk, Theorien der Revolution (Anm. 920), S. 76.

1115 Zitiert nach Max Nettlau, Der Anarchismus. Von Proudhon zu Kropotkin (Anm. 1102), S. 25.

1116 Ebd., S. 37.

1117 Ebd., S. 49.

bebauen.«[1118] Als Strategie zur schrittweisen Realisation von Gleichheit und Gerechtigkeit schlägt er vorerst die Abschaffung des Erbrechts vor. Das persönliche Vermögen soll Produkt individueller Arbeit sein, aber nicht vererbt werden können. An die Stelle des Erbrechts tritt die Verpflichtung der Gesellschaft, jedem die »Gleichheit der Ausgangspunkte« zu garantieren. Die Teilung von geistiger Arbeit und Handarbeit werde durch die so ermöglichte breite Volksbildung entfallen: »Wenn der Mann der Wissenschaft arbeiten und der Mann der Arbeit denken wird, wird intelligente und freie Arbeit als schönster Ruhmestitel für den Menschen gelten... Die intelligente und freie Arbeit wird notwendigerweise assoziierte Arbeit sein.«[1119] Nach dem Brüsseler Kongreß der I. Internationale 1868 komplettiert Bakunin seinen kollektivistischen Anarchismus, indem er nun auch das gesellschaftliche Eigentum an den Produktionsmitteln und die »Konfiskation allen Besitzes der Kirche und des Staates und der wertvollen Metalle in Privatbesitz zum besten der föderativen Allianz aller Arbeiterassoziationen« fordert[1120].

Bakunin tritt auch für die Rechte der Frauen ein: »Die Frau, die vom Mann verschieden ist, aber ihm nicht nachsteht, intelligent, arbeitsam und frei wie der Mann, wird ihm gleich erklärt in allen politischen und sozialen Rechten wie in allen solchen Funktionen und Pflichten.«[1121] An die Stelle der legalen soll die freie Ehe unter »Bedingung aufrichtiger Moralität« treten. Die Gesellschaft werde den Unterhalt einer alleinerziehenden Mutter und ihres Kindes übernehmen. »Die Eltern werden das Recht besitzen, ihre Kinder bei sich zu behalten und sich mit ihrer Erziehung zu beschäftigen unter der Vormundschaft und obersten Kontrolle der Gesellschaft, die stets das Recht und die Pflicht hat, die Kinder von den Eltern zu trennen, sobald diese durch ihr Beispiel, ihre Lehren oder brutale, unmenschliche Behandlung die Kinder demoralisieren oder ihre Entwicklung schädigen könnten.«[1122]

Bakunin übernimmt von Proudhon zwar die Zielperspektive einer föderativen Gliederung der Gesellschaft. An die Stelle der uneingeschränkten und freien Selbstorganisation der Individuen und Gruppen tritt bei ihm jedoch ein pyramidales Organisationsmodell, in dem die Kompetenzverteilung zwischen den einzelnen Einheiten genau festgelegt ist. In einem Aufbau der Föderation »von unten nach oben« und von der Peripherie zum Zentrum der freien Assoziation und Föderation[1123] über Räte und Räteversammlungen sind die unteren Ebenen in ihren Verfassungen den oberen Ebenen unterworfen und müssen sich deren Beschlüssen beugen. Das Ziel der »größtmöglichen Entwicklung aller lokalen, kollektiven und individuellen Freiheiten« soll dadurch nicht in Frage gestellt werden.

Der voluntaristische Revolutionsbegriff ist bei Bakunin prototypisch ausgebildet. Zur Erweckung der revolutionären Potentiale in den breiten Massen des unterdrück-

---

1118 Michail Bakunin, Prinzipien und Organisation einer Geheimgesellschaft, in: Staatlichkeit und Anarchie (Anm. 1112), S. 21.
1119 Ebd., S. 20.
1120 Michail Bakunin, Programm und Reglement der Geheimorganisation, in: Staatlichkeit und Anarchie (Anm. 1112), S. 93 und S. 88.
1121 Michail Bakunin, Prinzipien und Organisation einer Geheimgesellschaft (Anm. 1118), S. 21.
1122 Ebd., S. 22.
1123 Zitiert nach Max Nettlau, Der Anarchismus. Von Proudhon zu Kropotkin (Anm. 1102), S. 37.

ten Volkes bedürfe es nur einer Handvoll entschlossener Führer, die sich in Geheimbünden organisieren. Da eine Revolution bei Bakunin nur als eine »Volksrevolution«, als eine »ausschließlich vom Volk gemachte Revolution« gedacht wird, wendet er sich entschieden gegen das kommunistische Konzept einer straff organisierten Partei und gegen einen aus einer wissenschaftlichen Theorie abgeleiteten Führungsanspruch: »Das Volk belehren? Das wäre dumm? Das Volk weiß selbst und besser als wir, was ihm notwendig ist. Im Gegenteil, wir müssen von ihm lernen. Die Geheimnisse seines Lebens und seiner Stärke... Nicht belehren, sondern aufwiegeln müssen wir das Volk. Empört es sich denn nicht von selbst?«[1124] Die zahlreichen Geheimbünde, in denen Bakunin wirkt – und deren Programme, Statuten, Reglements und Organisationspläne einen guten Teil seiner Schriften ausmachen –, sollen als ein »Generalstab der Revolution« wirken: »Alles, was eine gut organisierte geheime Gesellschaft tun kann, ist zunächst bei der Geburt einer Revolution Hilfe zu leisten, durch Verbreitung ihren Instinkten entsprechender Ideen in den Massen, und zu organisieren, nicht die Armee der Revolution – die Armee muß immer das Volk sein –, sondern eine Art revolutionärer Generalstab, bestehend aus ergebenen, energischen, intelligenten Personen, die vor allem aufrichtige, nicht ehrgeizige und eitle Freunde des Volkes sind, der fähig ist, als Vermittler zwischen der revolutionären Idee und den Volksinstinkten zu dienen.«[1125]

Bakunin vertritt hier die Idee einer Erziehungsavantgarde und steht damit ganz im Umkreis der russischen Intelligenzija der zweiten Jahrhunderthälfte, die im Banne des zaristischen Zentralismus, einer fehlenden Emanzipation des Bürgertums und des sozialen Elends der Bauern und Landarbeiter ins Volk gehen und über die russische Dorfgemeinschaft *(Mir)* kollektivistisch-sozialistische Strukturen aufbauen will. Wie weit er für sein revolutionäres Sendungsbewußtsein zu gehen bereit ist, zeigt der – aus einer zeitweisen Zusammenarbeit mit dem jüngeren Sergej Netschajew (1847–1882) 1869 entstandene – *Katechismus des Revolutionärs,* der revolutionäre Entschlossenheit mit Gewaltbereitschaft verknüpft[1126].

Obwohl Bakunin unverkennbar ein revolutionäres Avantgardekonzept verficht, betont er unentwegt die von ihm mystifizierte Selbsttätigkeit des Volkes, als welches er in erster Linie nicht das Industrieproletariat, sondern vor allem die Bauernschaft ansieht. Auch Teile der Intelligenzija sowie des »Lumpenproletariats« gelten ihm als Adressaten politischer Erweckungsbemühungen. Sogar für die Räuber erwärmt er sich in diesem Zusammenhang: »Das Räubertum ist eine der ehrenhaftesten Formen des russischen Staatslebens... Der Räuber ist ein Held, ein Verteidiger, ein Retter des Volkes. Er ist der unversöhnbare Feind des Staates und der ganzen vom Staate errichteten sozialen und bürgerlichen Ordnung...«[1127]

1124 Michail Bakunin, Die Aufstellung der Revolutionsfrage, in: ders., Staatlichkeit und Anarchie (Anm. 1112), S. 97.

1125 Michail Bakunin, Programm und Reglement der Geheimorganisation (Anm. 1120), S. 90.

1126 Zu Netschajew sei auf die Ausführungen von Hans-Joachim Lieber in diesem Band (»Zur Theorie totalitärer Herrschaft«, Abschnitt 4.2.1) hingewiesen. Lieber erinnert daran, daß zwei Fassungen des »Katechismus« existieren. Vor allem die von Bakunin nicht autorisierte Fassung aus der Feder Netschajews hat mit dem Bild des militanten Berufsrevolutionärs bis in den Leninismus gewirkt.

1127 Michail Bakunin, Die Aufstellung der Revolutionsfrage, in: Staatlichkeit und Anarchie (Anm. 1112), S. 98.

Bakunin setzt – ebenfalls anders als der Gradualist Proudhon – auf eine radikale und vollständige Zerschlagung des Staates und aller Staatseinrichtungen als ersten Schritt der Revolution. An dieser Auffassung entzündet sich die Auseinandersetzung mit Marx. Dieser sieht als erste Stufe der sozialistischen Revolution die politische Machtergreifung des Proletariats und die Errichtung seiner politischen Klassenherrschaft in Gestalt der »Diktatur des Proletariats« vor. Zunächst solle der Staat alle Produktionsmittel enteignen. Die staatliche Zentralisation sieht Marx im Sozialismus – als einer Übergangsphase zum herrschaftsfreien Kommunismus, in dem dann die vom Anarchismus angestrebte Abschaffung des Staates erfolgt sein werde – als unumgänglich an[1128]. Gegen den Marxschen »Staatskommunismus« hat Bakunin heftig polemisiert. Für ihn sind der Staat, jede Form der Zentralisation oder autoritären Institution nur neue Erscheinungsformen einer »Staatssklaverei«. Freiheit könne nur durch Freiheit geschaffen werden, was auch als Selbstverständnis seines libertären Sozialismus genommen werden kann: »Marx ist autoritärer und zentralistischer Kommunist. Er will, was wir wollen: den vollständigen Triumph der ökonomischen und sozialen Gleichheit, aber im Staate und durch die Staatsmacht, durch die Diktatur einer sehr starken und sozusagen despotischen provisorischen Regierung, das heißt durch die Negation der Freiheit. Sein ökonomisches Ideal ist der Staat als einziger Besitzer von Grund und Boden und jedem Kapital, das Land bebauend durch gut gezahlte und von seinen Ingenieuren geleitete landwirtschaftliche Assoziationen und mit dem Kapital alle industriellen und Handelsassoziationen kommanditierend. Wir wollen den gleichen Triumph der ökonomischen und sozialen Gleichheit durch die Abschaffung des Staates und von allem, was juridisches Recht genannt wird, und was nach unserer Ansicht die permanente Negation des menschlichen Rechts ist. Wir wollen den Wiederaufbau der Gesellschaft und die Konstituierung der Einheit der Menschheit nicht von oben nach unten, durch irgendwelche Autorität und durch sozialistische Beamte, Ingenieure und andere offizielle Gelehrte – sondern von unten nach oben, durch die freie Föderation der von dem Joch des Staates befreiten Arbeiterassoziationen aller Art. Sie sehen, daß zwei Theorien schwer einander entgegengesetzter sein können, als die unsrigen es sind.«[1129] Die Erfahrungen mit den staatssozialistischen Gesellschaften im 20. Jahrhundert haben Bakunins Kritik eindrucksvoll bestätigt.

Fraglich ist allerdings, ob Bakunins Konzeption einer anarchistischen Gesellschaft Auskunft über die institutionellen Voraussetzungen einer »freien Gesellschaft« unter Bedingungen industriegesellschaftlicher Komplexität geben kann. Seine Ansichten über den Aufbau und die Kooperation der Arbeiterassoziationen bleiben orientiert an den ökonomischen Verhältnissen, in denen – an der Schwelle von Feudalismus und Kapitalismus – Handwerker, Heimarbeiter, Landarbeiter, Bauern und kleine Industrieunternehmen – und nicht Fabrikarbeit und Großindustrie – bestimmend sind. Insofern ist der schon von Marx erhobene Vorwurf, der Anarchismus orientiere sich an vorindustriellen Verhältnissen, in Bezug auf Bakunin sicherlich berechtigt. Dessen Agraranarchismus (Peter Lösche) ist geprägt vor allem von den Eindrücken der russi-

---

1128 So etwa Karl Marx/Friedrich Engels, Manifest der Kommunistischen Partei (Anm. 736), S. 481; oder auch Karl Marx, Der achtzehnte Brumaire des Louis Bonaparte, in: Marx-Engels-Werke (Anm. 159), Bd. 8, S. 204.

1129 Michail Bakunin, Briefauszug, in: Staatlichkeit und Anarchie (Anm. 1112), S. 770f.

schen Dorfgemeinschaft, ihrer landwirtschaftlichen Ökonomie und den dort entstehenden Widerständen gegen die Eingriffe des russischen Zentralstaates, seiner Polizei und Bürokratie. Der Staat erscheint hier ausschließlich als von außen kommende Interventionsgewalt[1130].

Bakunin bleibt fraglos ein sehr widersprüchlicher Autor. Als Kosmopolit ist er voller Ressentiments gegen Deutsche und Juden und ergreift Partei für die Slawen. Trotz seiner humanistischen Denkungsart propagiert er zeitweise die Gewalt. Er setzt sich für einen Föderalismus von unten nach oben ein und vertritt zugleich ein elitär-avantgardistisches Konzept der Geheimbünde. In Rußland beeinflußt Bakunin – in stärkerem Maße freilich noch sein Freund Alexander Herzen (1812–1870) – den russischen Populismus. 1874 gehen dort tausende junge Leute aufs Land, um Bildungs-, Erweckungs- und Aufklärungsarbeit zu leisten. Die Bewegung der *Narodniki* (Volkstümler) zielt auf eine soziale Erneuerung Rußlands durch das Bauerntum und den Übergang zum Agrarkommunismus unter Anknüpfung an die Strukturen der russischen Dorfgemeinschaft. Eine eigenständige anarchistische Bewegung entsteht in Rußland erst zu Beginn des 20. Jahrhunderts (wobei zu dieser auch die *Machno*-Bewegung in der Ukraine 1918–1921 zu zählen ist, deren Partisanen zur Zeit des Bürgerkrieges ein Gebiet von sieben Millionen Einwohnern kontrollierten). In Spanien erlebt Bakunin über seinen dorthin entsandten Mitarbeiter Giuseppe Fanelli (1827–1877) beim Landproletariat des Südens eine beträchtliche Resonanz. Die 1870 gegründete *Alianza de Democratia Social* hat 1874, am Ende der spanischen Republik, 50 000 Mitglieder. Die bakunistischen Anarchisten gründen in der seit 1911 bestehenden anarcho-syndikalistischen *Confederación Nacional del Trabajo* (CNT) im Jahre 1927 eine eigene, 10 000 Mitglieder umfassende Organisation: die *Federación Anarquista Ibérica* (FAI). Der spanische Anarchismus – ebenfalls eine Mischung aus Agraranarchismus und Syndikalismus – spielt auch im Spanischen Bürgerkrieg von 1936 eine wichtige Rolle. »In keinem Land Europas hat die anarchistische Bewegung zahlenmäßig einen so großen Anhang gehabt, ist so militant aufgetreten und war – im Vergleich zu anderen nationalen anarchistischen Gruppen – so stabil organisiert und wenigstens punktuell so erfolgreich gewesen wie in Spanien.«[1131]

7.1.5 Peter Kropotkin

Peter Kropotkin (1842–1921) wird in Moskau in einer der ältesten Familien des russischen Hochadels geboren, die in dieser Zeit über etwa 2 000 Leibeigene verfügt. Deren Schicksal beschäftigt ihn seit früher Kindheit. Kropotkin wird Page von Zar Alexander II. und dient 1862–1867 im sibirischen Kosakenheer. Aus dieser Zeit stammt auch das Interesse an der Geographie. Nach seinem Übertritt in den zivilen Staatsdienst 1868 und dem Studium von Mathematik und Geographie wird er mit

1130 Peter Lösche unterscheidet als vormoderne Formen des Anarchismus typologisch den Agrar- und Handwerkeranarchismus. Als moderne Formen nennt er den Syndikalismus als Anarchismus des Industriebetriebes und den Intelligenzanarchismus sozial deklassierter Intellektueller. Siehe dazu die bereits genannten Arbeiten von Lösche (Anm. 1065).

1131 Peter Lösche, Anarchismus (Anm. 1065; hier wird die Buchfassung Darmstadt 1987[2] zitiert), S. 70.

Arbeiten zur Orographie und Kartographie Nordasiens sowie zur Geologie Finnlands und Schwedens zum anerkannten Geographen. Seine erste Europareise 1872 bringt ihn in Kontakt mit der anarchistischen Bewegung. Nach Rußland zurückgekehrt, wird Kropotkin Mitglied des sozialistische und anarchistische Diskussionen und Agitationen betreibenden Tschaikovsky-Kreises. Dies führt 1874 zur Festnahme und Haft in der Peter-Paul-Festung. Nach seiner spektakulären Flucht 1876 hält Kropotkin sich ständig in Westeuropa auf, wo er 1879 die Zeitschrift *Le Révolté* gründet (1887 als La Révolte und ab 1895 als *Les Temps Nouveaux* weitergeführt). 1882 wird Kropotkin in Frankreich wegen angeblicher intellektueller Urheberschaft eines Bombenattentats zu fünf Jahren Haft verurteilt, aus der er nach drei Jahren entlassen wird. Er siedelt nach England über. Zu seinen wichtigsten Veröffentlichungen zählen die Aufsatzsammlung *La conquête du pain* (1892; Die Eroberung des Brotes), *Fields, Factories and Workshops* (1899; Landwirtschaft, Industrie und Handwerk), *Mutual Aid. A Factor of Evolution* (1902; Gegenseitige Hilfe in der Tier- und Menschenwelt) und *La grand révolution 1789–1793* (1909; Die Französische Revolution 1789–1793). Kropotkins führende Rolle in der anarchistischen Bewegung wird durch seine Parteinahme für die Alliierten im Ersten Weltkrieg erschüttert. 1917 kehrt er nach Rußland zurück, schlägt aber Aufforderungen Kerenskis aus, eine offizielle politische Funktion zu übernehmen. Er nimmt dann gegen die Bolschewiki eine oppositionelle Rolle ein. Nach seinem Tod am 8. Februar 1921 wird Kropotkins Beerdigung zur letzten großen Manifestation des Anarchismus in der Sowjetunion[1132].

Kropotkins anarchistische Gesellschaftskonzeption zeigt deutliche Spuren seines naturwissenschaftlich geprägten Wissenschaftsverständnisses. Er bemüht sich um eine anthropologische Verankerung des Solidaritätsprinzips und argumentiert evolutionsgeschichtlich im ungebrochenen Anschluß an das vorherrschende Fortschrittsdenken seiner Zeit. In der Aufsatzsammlung *Mutual Aid. A Fact of Evolution* antwortet Kropotkin auf den Sozialdarwinismus und dessen These vom »Kampf ums Dasein«, die mit Thomas H. Huxleys *The Struggle for Existence* (1888) einen neuen Auftrieb erfahren hat. Kropotkin verlängert den naturgeschichtlichen Evolutionsprozeß in die Menschheitsgeschichte und bemüht sich um den Nachweis, daß die gegenseitige Hilfe als ein Sozialinstinkt im Sinne einer anthropologischen Verhaltenskonstante das menschliche Sozialleben prägt: »Eine Art unterliegt, nicht weil sie von der anderen Art vernichtet wird oder ausgehungert wird, sondern weil sie sich selbst neuen Bedingungen nicht gut anpaßt, während die andere es tut.«[1133] Der Kampf ums Dasein wird dadurch nicht geleugnet, wohl aber erheblich modifiziert zu einer Auseinandersetzung kooperierender Individuen mit den widrigen Naturumständen. Kropotkins aus der gegenseitigen Hilfe hergeleitetes Solidaritätsprinzip soll die Möglichkeit einer freiheitlichen Gesellschaftsordnung ohne staatlichen Zwang gegen eine Auffassung belegen, welche seit Thomas Hobbes den Staat als Schutzwall gegen einen Krieg aller gegen alle konzipiert hat. Die gegenseitige Hilfe hat argumentativ

1132 Peter Kropotkin, Die Eroberung des Brotes, eingeleitet von Wolfgang Haug, mit Vorworten von Rudolf Rocker und Elisée Reclus, Bern/Grafenau 1989; ders., Landwirtschaft, Industrie und Handwerk, Berlin 1976; Gegenseitige Hilfe in der Tier- und Pflanzenwelt, übersetzt von Gustav Landauer, hrsg. von Henning Ritter, Frankfurt/M. 1975; Die Französische Revolution 1789–1793, übersetzt von Gustav Landauer, mit einem Nachwort von V. M. Dalin und einem Essay von Gustav Landauer, Leipzig – Weimar 1982.

1133 Peter Kropotkin, Gegenseitige Hilfe (Anm. 1132), S. 73.

eine mit Proudhons Mutualismus vergleichbare Funktion, wenngleich sich im Mutualismus Proudhons ein individualistisches Nutzenkalkül deutlich von Kropotkins anthropologischer Verankerung des Solidaritätsprinzips abhebt. Die naturwissenschaftliche Begründung Kropotkins abstrahiert freilich von den historischen, politischen und kulturellen Bedingungen des sozialen Handelns. Kropotkin begründet auch seine Ethik unter Anlehnung an die schon bei Tieren zu beobachtende Geselligkeit, gegenseitige Hilfe und sogar Selbstaufopferung.

Die geschichtliche Entwicklung ist nach Kropotkin geprägt von der Solidarität unter den Massen einerseits – im Stamm, der Nation, dem Staat –, ihrer Abgrenzung gegen fremde Kollektive andererseits. Herrschergewalt entsteht vor allem im Zusammenhang mit den Erfordernissen eines gegen die fremden Kollektive für nötig gehaltenen militärischen Schutzes, der einer friedlichen Bevölkerung im Austausch gegen die Anerkennung der Herrschaft der Machtinhaber geboten wird. Kropotkin sieht in der gesamten Geschichte zwei gegenläufige Tendenzen wirksam. Während das Solidaritätsprinzip gegenseitiger Hilfe zu einer föderativen, genossenschaftlichen und auf Gemeinschaftlichkeit basierenden Strukturierung des sozialen Lebens drängt, sieht er die Gegenströmung durch Zentralismus, Ausbeutung und Herrschaft gekennzeichnet: »Durch die gesamte Geschichte unserer Kultur ziehen sich zwei Traditionen, zwei entgegengesetzte Strömungen; die römische Tradition und die volkstümliche, die kaiserliche Tradition und die eidgenössische, die autoritäre Tradition und die freiheitliche.«[1134]

Im 11. bis 15. Jahrhundert gelingt jedoch die Minimierung der Herrschergewalt. Für Kropotkin ist das Mittelalter die historische Blütezeit der gegenseitigen Hilfe. Die Stadt als dezentrale politische Einheit, der Zusammenschluß der arbeitenden Individuen in Gilden und das gemeinschaftlich organisierte Dorfleben werden von ihm – allerdings unter Absehung von der für die mittelalterliche Gesellschaft charakteristischen Existenz persönlicher Abhängigkeitsverhältnisse und der darauf beruhenden Herrschaft – in euphorischen Tönen beschrieben. Kropotkin skizziert die Etablierung von Hierarchie und Herrschaft durch den Staat als Verfallsgeschichte der institutionellen Formen gegenseitiger Hilfe. Militärische Macht, die Inanspruchnahme von Gewohnheitsrechten, der Einfluß von Gelehrten und Priestern führen zum Emporkommen des Staates. »Die römische Idee war siegreich und unter solchen Umständen fand der zentralisierte Staat in den Städten eine fertige Beute.«[1135] Die Staatsgewalt etabliert sich in einem langanhaltenden Kampf gegen Selbstbestimmung und Freiheiten der Dorfgemeinschaften und städtischen Kommunen durch die Abschaffung lokaler Befugnisse, die Einführung des römischen Rechts sowie der Bürokratie und die Monopolisierung wirtschaftlicher wie politischer Funktionen.

Erst in der Französischen Revolution sieht Kropotkin die Anzeichen für das erneute Erstarken der Freiheitsbestrebungen, woran er aufgrund seines anthropologisch abgestützten Geschichtsoptimismus auch nicht gezweifelt hatte. Nicht die Zusammenkunft der Generalstände oder der Sturm auf die Bastille am 14. Juli, sondern die Bauernaufstände Anfang 1789 sind für ihn der Initialmoment der Revolu-

1134 Peter Kropotkin, hier zitiert nach Rolf Cantzen, Weniger Staat – mehr Gesellschaft (Anm. 1068), S. 86f.; zum Geschichtsverständnis Kropotkins auch Max Nettlau, Die erste Blütezeit der Anarchie: 1886–1894 (Geschichte der Anarchie IV), Vaduz 1981, S. 80f.

1135 Zitiert nach Max Nettlau, Die erste Blütezeit der Anarchie (Anm. 1134).

tion, die jedoch schließlich zu Gunsten der vom Bürgertum neu errichteten Staatsmacht verläuft. Im 19. Jahrhundert entstehen mit der Entfaltung des imperialistischen Hochkapitalismus zugleich revolutionäre Potentiale für eine umfassende soziale Umwälzung. Hier setzt Kropotkins politische Betätigung an. Sein Ziel ist – und hier ist er beeinflußt von Proudhon, Bakunin und der anarchistischen Bewegung – die selbstregulierte Gesellschaft, in der freie Vereinbarung, freie Assoziation und Föderation die staatliche Reglementierung ersetzen sollen. An die Stelle von Justiz, Polizei und Gefängnis sollen »die freiwillige Beschränkung und die gegenseitige Hilfe« treten. Die Anarchie könne »nicht leben, ohne das lokale unabhängige Leben in den kleinsten Einheiten zu schaffen, in Straße, Haus, Viertel, Gemeinde«. Deutlicher als Bakunin, dem er jedoch zugleich in dessen Revolutionskonzept weitgehend folgt, akzentuiert Kropotkin den dezentralen und föderalen Charakter der sich aus autonomen Gemeinschaften bildenden anarchistischen Gesellschaft. Sie gründet auf dreierlei sozialen Grundeinheiten: den territorial bestimmbaren »Ortsgemeinden«, den sozioökonomische Funktionen übernehmenden »Werkgemeinden« und den von persönlichen Bindungen getragenen »Wahlgemeinden«. Sie sind die Grundlage seines föderalistischen Kommunalismus« (Martin Buber) und stellen gleichermaßen Ordnungs- und Verwaltungseinheiten wie Lebenseinheiten dar, welche die Selbstregierung an die Stelle zentralistischer Herrschaft setzen.

»Diese Gesellschaft wird aus einer Menge von Genossenschaften zusammengesetzt sein, untereinander verbunden für alles, was eine gemeinsame Bemühung erfordert: Föderation von Produzenten für alle Arten der Produktion, Gemeinden für den Konsum, Föderationen von Gemeinden miteinander und Föderationen der Gemeinden mit den Produktionsgruppen; schließlich noch ausgedehntere Gruppen, die ein ganzes Land oder sogar mehrere Länder umfangen, und aus Personen zusammengesetzt, welche nicht auf ein bestimmtes Territorium beschränkt sind. Alle diese Gruppen werden ihre Bemühungen durch ein gegenseitiges Einvernehmen vereinigen... Die persönliche Initiative wird ermutigt und jede Tendenz zur Uniformität und zur Zentralisation bekämpft werden. Überdies wird diese Gesellschaft nicht in bestimmten und unbeweglichen Formen erstarren, sondern wird sich unablässig wandeln, denn sie wird ein lebender Organismus sein, der stetig sich entwickelt.«[1136]

Kropotkin setzt sich zwar auch für die Beseitigung der »Knechtschaft am Herde« ein. Deutlich Distanz nimmt er jedoch zu weitergehenden Vorstellungen von Frauenemanzipation und veränderten Geschlechterrollen ein: »Die Frau zu emanzipieren heißt nicht, ihr die Pforten der Universität, des Advokatenstandes und des Parlaments zu öffnen. Letzteres sagt weiter nichts, als daß die befreite Frau ihre häuslichen Arbeiten nun einer anderen zur Last legen kann. Die Frau emanzipieren heißt, sie von der abstumpfenden Arbeit der Küche und des Waschhauses befreien: das heißt, eine Organisation schaffen, die ihr erlaubt, ihre Kinder zu nähren und zu erziehen, wie es ihr gut scheint, vor allem aber ihr genug Muße läßt, um an dem sozialen Leben teilzunehmen.«[1137]

In deutlicher Überbietung des kollektivistischen Anarchismus Bakunins fordert Kropotkin nicht nur wie dieser die Vergesellschaftung des Eigentums an Grund und

1136 Peter Kropotkin, Memoiren eines Revolutionäres (1899), übersetzt von Max Pannwitz, Frankfurt/M. 1973, hier zitiert nach Martin Buber, Pfade in Utopia (Anm. 791), S. 85f.

1137 Peter Kropotkin, Die Eroberung des Brotes (Anm. 1132), S. 96f.

Boden, an Produktionsmitteln und Kapital, sondern zugleich die Aufhebung jeder Form des Lohnsystems. Er ist davon überzeugt, daß die Koppelung des Konsums an eine individuelle Arbeitsleistung eine ungerechtfertigte Fortsetzung von Egoismus und individuellen Besitzansprüchen in der anarchistischen Gesellschaft bedeutet. Kropotkin nimmt bei der Ausformulierung seines kommunistischen Anarchismus die Anregungen der italienischen Anarchisten Carlo Cafiero (1846–1892) und Enrico Malatesta (1853–1932) auf. Diese hatten bereits auf einem Kongreß der italienischen Föderation der Anarchisten in Florenz 1876 die Gleichheitsforderung vom Produktionsmittelsektor auf den Distributionssektor übertragen und damit die kollektivistische Devise »Jedem der volle Ertrag seiner Arbeit« durch das kommunistische Motto »Jedem nach seinen Fähigkeiten, jedem nach seinen Bedürfnissen« ersetzt. Kropotkin schließt sich diesen Überlegungen an. Ein gemeinsamer Besitz der Produktionsmittel hat nach seiner Auffassung einen gemeinsamen Konsum der Arbeitserzeugnisse zur Folge. »Kein Unterschied kann zwischen den Werken der Einzelnen gemacht werden. Sie zu messen nach den Resultaten, führt ins Absurde. Sie zu zerlegen und zu bemessen nach den Arbeitsstunden, führt uns gleichfalls ins Absurde. Es bleibt nur eins: Die Bedürfnisse über die Leistungen zu stellen und zuerst das Recht auf das Leben anzuerkennen, alsdann darauf bedacht zu sein, für den Wohlstand all derer zu sorgen, welche irgend einen Anteil an der Produktion nehmen.«[1138]

Kropotkin ist davon überzeugt, daß die wissenschaftliche und technologische Entwicklung wie auch die Möglichkeiten einer entsprechenden Arbeitsorganisation die rasche Entfaltung der wissenschaftlichen Produktivität zur Folge haben. Diese garantiert den Überfluß, dessen Existenz die Voraussetzung seines kommunistischen Anarchismus ist: »Wir suchen und sehen schon die Mittel, die industrielle und vor allem die landwirtschaftliche Produktion zu verdreifachen, zu verzehnfachen. Wir sehen natürliche Gebiete, von denen jedes Boden- und Handarbeitsprodukte hervorbringt, den verschiedensten Befähigungen Spielraum gebend, den Landbau durch die Industrie stimulierend und umgekehrt, immer die Produkte verdreifachend, verzehnfachend.«[1139] Die Entfaltung von Wohlstand und Überfluß sollen eine hochtechnisierte Kleinindustrie in Verbindung mit der Landwirtschaft ermöglichen. »Die Vereinigung von Ackerbau und Industrie: der Mensch, der zugleich im Ackerbau wie in der Industrie tätig ist, das ist das Ziel, zu dem uns notwendigerweise die kommunistische Gemeinde führen wird.«[1140] Neben der erstrebten Vielfalt der Arbeit soll durch den erwarteten Produktivitätszuwachs eine Reduktion der für die Reproduktion nötigen Arbeitszeiten erfolgen. Die dezentrale kleinindustrielle Produktion soll die negativen Folgen der Arbeitsteilung rückgängig machen, Landwirtschaft und Industrie vereinigen und die Zusammenführung von Produktionsgenossenschaft und Lebensgemeinschaft zur »Vollgenossenschaft« (Martin Buber) ermöglichen, wie sie etwa in einem Teil der israelischen Kibbuzim angestrebt wird. Da die autonomen Wirtschaftseinheiten eine Diversifikation ihrer Produktion zur Deckung des eigenen Bedarfs erreichen sollen, reduziert sich die Bedeutung des regionalen und vor allem auch des internationalen Marktes. So können auch die

---

1138 Ebd., S. 134.
1139 Zitiert nach Max Nettlau, Die erste Blütezeit der Anarchie (Anm. 1134), S. 465.
1140 Peter Kropotkin, Die Eroberung des Brotes (Anm. 1132), S. 58.

Ungerechtigkeiten internationaler Arbeitsteilung aufgehoben werden, die Kropotkin vor allem mit der Kolonialpolitik des imperialistischen Kapitalismus in Verbindung bringt.

Die makroökonomische Abstimmung unter den autonomen Wirtschaftseinheiten soll nicht mehr über den Marktmechanismus verlaufen, aber ebensowenig mittels eines zentralen Planes realisiert werden. Kropotkin hebt vielmehr als Koordinationsinstrument unter den sozialen wie ökonomischen Einheiten die freie Vereinbarung besonders hervor. Sie soll tauschähnliche Beziehungen konstituieren, ohne Ausbeutungsstrukturen zu ermöglichen. Er demonstriert den Stellenwert der freien Vereinbarung als einem ökonomischen Koordinationsmechanismus am Beispiel der Abstimmungsverfahren von Schiffergilden, in Rettungsgesellschaften für Schiffbrüchige, des Roten Kreuzes oder der europäischen Eisenbahngesellschaften: »Die Vereinbarung zwischen Hunderten von Kompagnien, denen die Eisenbahnen Europas gehören, hat sich direkt vollzogen, ohne die Intervention einer Zentralregierung.«[1141]

Einwände gegenüber dem Prinzip der freien Vereinbarung betonen die Möglichkeit des Müßiggangs und der Nichtbeteiligung einzelner an den gesellschaftlich erforderlichen Arbeiten. Kropotkin gibt diese Möglichkeit zu, sieht aber als Konsequenz eines solchen Verhaltens den sozialen Ausschluß der betreffenden Individuen als Sanktion ihrer sozialen Verweigerung: »...wenn Ihr absolut unfähig sein solltet, etwas Nützliches zu produzieren, oder Ihr Euch weigern solltet, es zu tun, nun, so lebet als Isolierte oder wie die Kranken... Da Ihr Euch aber unter besondere Bedingungen stellen und die Reihen der Genossen meiden wollt, so ist sehr wahrscheinlich, daß Ihr dies in Euren täglichen Beziehungen zu den anderen Bürgern zu fühlen bekommen werdet. Man wird Euch betrachten wie ein Gespenst aus der bürgerlichen Gesellschaft und Euch fliehen...«[1142]

Voraussetzung der wirtschaftlichen Umgestaltung ist »die unbedingte Expropriation der jetzigen Inhaber des großen Grundbesitzes, der Arbeitsmittel und alles Kapitals und... die Besitzergreifung dieses Kapitals durch die Landbebauer, die Arbeiterorganisationen und die ländlichen und städtischen Gemeinden. Die Expropriation muß durch die Stadt- und Landarbeiter selbst erfolgen.«[1143] Kropotkins Revolutionstheorie setzt auf die Spontaneität des Volkes und die Zerschlagung des Staates. Revolutionäre Minderheiten können dabei durch Agitation und Aufklärung wichtige Anstöße geben. Zeitweise befürwortet Kropotkin auch die schon von Bakunin vertretene ›Propaganda der Tat‹: »Manche Tat macht in einigen Tagen mehr Propaganda als Tausende von Broschüren.«[1144] Zwar sieht Kropotkin mit Bakunin in der Abschaffung des Staates eine wichtige Voraussetzungen für die Realisation der anarchistischen Gesellschaft, betont aber stärker als dieser die Notwendigkeit einer vorherigen Herausbildung von Strukturen gesellschaftlicher Selbstregulierung. Max Nettlau hat Kropotkins Vorstellungen über die sich nach der Revolution anschließenden Phasen der Entwicklung zusammengefaßt: »er sieht beim Sieg einer sozialen Revolution (1)

1141 Ebd., S. 98ff.

1142 Ebd., S. 120.

1143 Zitiert nach Max Nettlau, Der Anarchismus. Von Proudhon bis Kropotkin (Anm. 1102), S. 289.

1144 Zitiert nach Max Nettlau, Anarchisten und Sozialrevolutionäre. Die historische Entwicklung des Anarchismus in den Jahren 1880–1886 (Geschichte der Anarchie III), S. 24.

deren Befestigung durch unmittelbare Befriedigung der Notleidenden nach ihrem Beruf (Nahrung; Kleidung) und Besprechungen an Ort und Stelle (Wohnungen); (2) baldige intensive Arbeit, zu der jeder nach seinen besten Kräften freiwillig beiträgt, um die Lebensnotwendigkeiten nach Möglichkeit an jedem Ort selbst (eine Gemeinde, eine Stadt, mit der nächsten ländlichen Umgebung) herzustellen, wobei er auf große Steigerung der Produktion durch Anwendung industrieller Methoden auf die Landwirtschaft rechnet, während für die dezentralisierte Industrie auch die Arbeitskraft der Landbevölkerung gewonnen wird. Hierdurch entsteht bei geringer Arbeitszeit doch jene Reichlichkeit, die dann (3) den Gemeinden es ermöglicht, die von ihm skizzierten Verträge abzuschließen, durch die der Einwohner, wenn er will, gegen etwa 5 Stunden von ihm gewählter Arbeit vom 21. bis zum 45. Jahr alle Lebensnotwendigkeiten reichlich und in freier Auswahl und freiem Ausmaß erhält. Der einzelne kann diesen Vertrag stets lösen. Alle anderen Bedürfnisse verschafft er sich als Mitglied von Assoziationen, die sich überallhin verzweigen.«[1145]

7.1.6 Gustav Landauer

Gustav Landauer (1870–1919) wird als zweiter Sohn religiös nicht praktizierender jüdischer Eltern in Karlsruhe geboren. Er studiert 1888–1892 (Ausschluß von allen preußischen Universitäten) Germanistik, Philosophie, Literaturwissenschaften und Kunstgeschichte in Heidelberg, Straßburg und Berlin. 1892 wird Landauer Mitglied der *Jungen,* einer libertär-sozialistischen Kritikergruppe innerhalb der Sozialdemokratie. 1893 tritt er in das Herausgebergremium des *Sozialist* ein. Die Zeitschrift entwickelt sich bald – nicht zuletzt unter Landauers Einfluß – zum Organ der libertären Strömung innerhalb der *Jungen*. Er nimmt als Vertreter der Berliner Anarchisten und der Berliner Metallarbeiter teil am dritten Internationalen Sozialistenkongreß in Zürich 1893 und vertritt die Anarchisten auch während des Londoner Sozialistenkongresses 1896, der die Anarchisten endgültig aus der Zweiten Internationale ausschließt. Erste Haftstrafen wegen Pressedelikten 1893, weitere folgen 1896 und 1898. 1895–1987 wird Landauer verantwortlicher Redakteur des *Sozialist – Neue Folge*, der 1895–1899 erscheint. Neben zahlreichen politischen Betätigungen – bei der Förderung von Siedlungsgemeinschaften, bei der Gründung und Unterstützung von Gartenstädten, Werkbünden, Volksbühnen und anderen freien Vereinen und Genossenschaften – und einer anhaltend regen Publikation zu Fragen der anarchistischen Theorie und Praxis veröffentlicht Landauer belletristische Arbeiten, zahlreiche Übersetzungen (etwa des Mystikers Meister Eckhart, Shakespeares, Proudhons, Kropotkins, Bernhard Shaws oder Walt Whitmans) und Studien zur Literaturgeschichte. Von 1909–1915 gibt er in eigener Verantwortung erneut den *Sozialist* heraus. Ab dem 15. November 1918 beteiligt sich Landauer auf Bitten des bayerischen Ministerpräsidenten Kurt Eisner am *Revolutionären Arbeiterrat* und dem Münchener *Arbeiter-, Bauern- und Soldatenrat.* Er wird Kultusminister der am 7. April kurzzeitig gebildeten anarchistischen Räterepublik. Nach dem Einmarsch gegenrevolutionärer Truppen wird er am 1. Mai 1919 verhaftet und einen Tag später ermordet. Zu Landauers wichtigsten Werken zählen

1145 Max Nettlau, Die erste Blütezeit der Anarchie: 1886–1894 (Anm. 1134), S. 469f.

Skepsis und Mystik (1903), *Die Revolution* (1907) und *Aufruf zum Sozialismus* (1911)[1146].

Der Anarchismus Gustav Landauers ist beeinflußt von Proudhon und Kropotkin, welche er dem deutschen Publikum durch Übersetzungen näherbringt. Darüberhinaus lassen sich Einflüsse der deutschen Diskussion nicht übersehen. Neben Anregungen durch Max Stirner müssen hier vor allem der sich für Siedlungskooperativen einsetzende Freilandtheoretiker Theodor Hertzka (1845–1924) und der Nationalökonom Karl Eugen Dühring (1833–1921) genannt werden, der eine von staatlichen Eingriffen freie Vereinigung in produzierenden Gruppen (Wirtschaftskommunen) propagierte[1147]. Landauers vornehmlich kulturell ausgerichtete Orientierung an Gemeinschafts- und Genossenschaftsvorstellungen weist zudem zahlreiche Bezüge auf zur Wilhelminischen Siedlungs- und Genossenschaftsbewegung, der Lebensreform- und der Jugendbewegung[1148].

Landauer entwickelt aus den vorgefundenen Anregungen sein Konzept eines föderalen und dezentralen Anarchismus, der in Siedlungs- und Genossenschaftszusammenschlüssen seinen Ausgang nimmt. Im Mittelpunkt der angestrebten Gesellschaft soll das sozialistische Dorf mit einer überschaubaren Produktion und Distribution und einer engen Verschränkung von Landwirtschaft, Industrie und Handwerk stehen. Von Proudhon übernimmt Landauer nicht nur den politischen Föderalismus, sondern auch das Verständnis des Mutualismus sowie das Tauschbankkonzept. Stärker als Proudhon akzentuiert Landauer die ökonomische Dezentralisation und den engen Zusammenhang von Arbeit und Leben. Mit Kropotkin orientiert er sich an der überschaubaren Welt des bäuerlichen und handwerklichen Mittelalters. Das Mittelalter gilt Landauer als eine »Gesamtheit von Selbständigkeiten, die sich gegenseitig durchdrangen, die sich durcheinander schichteten, ohne daß daraus eine Pyramide oder irgendwelche Gesamtgewalten geworden waren. Die Form des Mittelalters war nicht der Staat, sondern die Gesellschaft, die Gesellschaft von Gesellschaften.«[1149] Eine Rückkehr zum Mittelalter, so Landauer, sei jedoch keineswegs beabsichtigt; es gelte

---

1146 Gustav Landauer, Skepsis und Mystik. Versuche im Anschluß an Mauthners Sprachkritik (1903), Münster – Wetzlar 1978[4]; ders., Die Revolution (1907), Berlin 1977[4]; ders., Aufruf zum Sozialismus (1911), Münster – Wetzlar 1978[6]; wichtige Zusammenstellungen aus seinem umfangreichen Werk sind ferner: ders., Zwang und Befreiung. Eine Auswahl aus seinem Werk, hrsg. von Heinz-Joachim Heydorn, Köln 1968; ders., Erkenntnis und Befreiung. Ausgewählte Reden und Aufsätze, hrsg. von Ruth Link-Salinger (Hyman), Frankfurt/M. 1976; Signatur: g.l. Gustav Landauer im »Sozialist« (1892–1899), hrsg. von Ruth Link-Salinger, Frankfurt/M. 1986.

1147 Theodor Hertzka, Freiland. Ein soziales Zukunftsbild, Wien 1889; Karl Eugen Dühring, Kursus der National- und Sozialökonomie, Berlin 1873; sowie die Darstellung der entsprechenden anarchistischen Rezeptionen bei Max Nettlau, Anarchisten und Sozialrevolutionäre (Anm. 1144), S. 139ff. (zu Dühring); und ders., Anarchisten und Syndikalisten. Teil 1, Vaduz 1984 (Geschichte der Anarchie V), S. 200ff. (zu Hertzka).

1148 Dazu Ulrich Linse, Die Kommune der deutschen Jugendbewegung. Ein Versuch zur Überwindung des Klassenkampfes aus dem Geiste der bürgerlichen Utopie, München 1973; zum geistigen Umfeld Landauers zudem aufschlußreich: Paul Raabe, Die Zeitschriften des Expressionismus, Stuttgart 1964; Jost Hermand, Jugendstil, Darmstadt 1971.

1149 Gustav Landauer, Die Revolution (Anm. 1146), hier zitiert nach der Ausgabe Berlin 1974, S. 43.

vielmehr die mittelalterliche Synthese von Freiheit und Gebundenheit für die anarchistische Gesellschaft neu zu beleben.

Deutliche Abgrenzungen nimmt Landauer gegenüber dem von Kropotkin propagierten kommunistischen Anarchismus vor. Er zweifelt an der von diesem beschriebenen Überflußgesellschaft und sieht hinter dem propagierten freien Genuß den Arbeitszwang als Ausgangspunkt eines neuen autoritären Moralsystems, das Müßiggang und Schwachheit mit sozialen Sanktionen bedroht. Landauers Anarchismus beharrt daher auf dem »Zwang des Egoismus«, der »zwischen der Arbeit des einzelnen und dem Genusse dieses einzelnen ein gewisses Verhältnis hergestellt wissen« will[1150]. Gegenseitige Hilfe gilt den Kindern, Invaliden und Schwachen. Landauer plädiert zudem keineswegs für die Abschaffung des Privateigentums. Er spricht sich – wie Proudhon – gegen die Besitzlosigkeit aus und stellt nur das »arbeitslose Einkommen« (Zins, Mieten, Pacht, Dividenden, Handelsgewinne) in Frage. Seine politische Zielsetzung bezeichnet Landauer – bei aller an Marxismus und Sozialdemokratie geäußerten Kritik – als sozialistisch: »Selbstverständlich sind wir Sozialisten! ... Für uns ist der Sozialismus nicht absoluter Zweck, sondern nur Mittel zum Zweck. Wir erstreben die möglichst große Freiheit, Selbständigkeit und Vernünftigkeit der einzelnen Menschen und treten, um diese zu erreichen, für die sozialistische Herstellung der Güter ein. Anarchismus und Sozialismus sind eben durchaus keine Gegensätze für den, der sich den Sozialismus verwirklicht denken kann ohne Herrschaftsausübung.«[1151]

Der spezifische Beitrag Landauers in der anarchistischen Ideengeschichte liegt zum einen in seiner ethischen Begründung des Anarchismus – unter Rückgriff auf einen romantischen Volksbegriff, ein ausgeprägtes Gemeinschaftsdenken und ein mit dem Utopiebegriff operierendes Geschichtsverständnis –, zum anderen in seiner ausgeprägt gewaltlosen Konzeption des Revolutionsverständnisses. Diese Komponenten seines Denkens sollen kurz vorgestellt werden.

Landauer stellt den »Geist der Gemeinde« in den Mittelpunkt einer durch Aufklärung und praktische Beispiele zu erzielenden Gesellschaftsveränderung. »Geist ist Verbindung des Getrennten, der Sachen, der Begriffe wie der Menschen; ... Geist ist ein Tun und ein Bauen... Dieser Geist heißt mit anderem Namen: Bund; und was wir dichten, schön machen wollen ist Praktik, ist Sozialismus; ist Bund der arbeitenden Menschen.«[1152] Unter Bezug auf den mittelalterlichen Mystiker Meister Eckhart kritisiert Landauer die Atomisierung der Individuen und den radikalen Egoismus bei Nietzsche und Stirner. Diese hätten zwar die Herrschaft der Begriffe über die Menschen in Frage gestellt, schließlich aber in der Überhöhung des Individualismus die tiefe Bindung des einzelnen an die geschichtlichen Traditionen und die nur in Gemeinschaften erzeugbaren Werte vernachlässigt: »Uns liegt nun die entgegengesetzte und darum ergänzende Arbeit ob: die Nichtigkeit des Konkretums, des isolierten Individuums nachzuweisen und zu zeigen, welch tiefe Wahrheit in der Lehre des Realisten steckt. Die Umwege, die in Jahrhunderten gemacht wurden, waren nicht überflüssig, aber jetzt ist es Zeit zu der Einsicht, daß es keinerlei Individuum, sondern

---

1150 Gustav Landauer, Anarchismus-Sozialismus, in: Signatur: g. l. (Anm. 1146), S. 218–224, hier: S. 222.

1151 Gustav Landauer, Zur Frage: Wie nennen wir uns?, in: Signatur: g. l. (Anm. 1146), S. 52f.

1152 Gustav Landauer, Skepsis und Mystik (Anm. 1146), S. 23 und S. 35.

nur Zusammengehörigkeit und Gemeinschaft gibt. Es ist nicht wahr, daß die Sammelnamen nur Summen von Individuen bedeuten; vielmehr sind umgekehrt die Individuen nur Erscheinungsformen und Durchgangspunkte, elektrische Funken eines Großen und Ganzen.«[1153]

Landauer steht schon in jungen Jahren den russischen Volkstümlern und Slavophilen nahe, die in der Selbstorganisation der Bauern und der Gemeindeselbstverwaltung die Grundlagen gesellschaftlicher Erneuerung sehen. Nur im gemeinsamen Willen der Individuen wird nach seiner Meinung historische Kontinuität möglich, entsteht mit der Kraft anerkannter und angeeigneter Traditionen und einer »unmittelbaren Verbindung« der Interessen – wie Landauer sie für das Mittelalter annimmt – die Stärke des sozialen Zusammenhalts, die Landauer jenseits aller herrschaftlichen Institutionen und fern ab von gesellschaftlichen wie politischen Vermittlungsinstanzen angesiedelt sieht. Nur der Geist der Gemeinschaft verhindere die Atomisierung der Individuen als Einfallstor der dann einsetzenden staatlichen Organisation – und nur er könne zu einer Entstaatlichung der Gesellschaft beitragen. In Landauers Begriff von »Volk« wird die »gegenseitige Nähe der Volksgenossen in Wesensart, Sprache, Überlieferungsgut, gemeinsamen Schicksalsgedächtnis«[1154] zum Anknüpfungspunkt einer Anarchismuskonzeption, in der die Traditionsgemeinschaften von Familie und lokalen Verbänden – in Arbeitszusammenhängen zu »Vollgenossenschaften« integriert – die »Wiedergeburt der Völker aus dem Geist der Gemeinde« ermöglichen sollen.

Landauer verknüpft das konservative Motiv eines Anschlusses an Traditionsbestände, das romantische Motiv gemeinschaftlicher Entgrenzung des Individuums und das anarchistische Motiv einer herrschaftsfreien gesellschaftlichen Selbstverwaltung in eigentümlicher Weise. Prekär ist freilich bei der von Landauer betriebenen Renaissance des Gemeinschaftsdenkens, welche er mit Jugend- und Lebensreformbewegung teilt, der Status individueller Autonomie: »Was der Mensch von Haus aus ist, was sein inniges und verborgenes Eigentum ist, das ist die große Gemeinschaft der Lebendigen in ihm, das ist sein Geblüt und seine Blutgemeinde (!). Blut ist dicker als Wasser; die Gemeinschaft als die das Individuum sich findet, ist mächtiger und edler und urälter als die dünnen Einflüsse von Staat und Gesellschaft.«[1155] Die Forderung nach »neuer« Gemeinschaftlichkeit gerät ohne eine entsprechende Absicherung individueller Autonomie und demokratischer Verkehrsformen in die Gefahr – wie es die Integrationsversuche des Nationalsozialismus gezeigt haben –, für eine autoritär-integrative Gemeinschaftsideologie vereinnahmt zu werden.

Das romantisch-mystische Konzept von Volk und Gemeinschaft hinterläßt Spuren auch in Landauers Geschichtsverständnis. Der Vereinzelung und Entfremdung der Individuen setzt er die Kraft der Utopie entgegen, die als Entwurf einer auf dem Solidaritätsprinzip beruhenden Gesellschaft selber zum geschichtsgestaltenden Hand-

1153 Ebd., S. 13.
1154 Martin Buber, Pfade in Utopia (Anm. 791), S. 96.
1155 Gustav Landauer, Zur Geschichte des Wortes »Anarchie«, in: Hans-Jürgen Valeska (Hrsg.), Gustav Landauer, Entstaatlichung – Für eine herrschaftslose Gesellschaft, Wetzlar 1978, S. 17. Zur aktuellen Diskussion des Spannungsfeldes von Gemeinschaft und Moderne siehe auch: Will Cremer/Ansgar Klein, Heimat in der Moderne, in: dies. (Hrsg.), Heimat. Analysen, Themen, Perspektiven, 2 Bde., Bielefeld – Bonn 1990, S. 33–55.

lungsmotiv werden kann. Dem entspricht die von Landauer beschriebene Geschichtsdynamik im Spannungsfeld von »Topie« und »Utopie«. Als Topie bezeichnet er den gesellschaftlichen Zustand relativer Stabilität im Zusammenleben der Individuen, der schließlich – von der Utopie in Frage gestellt – sich unter Aufnahme der Elemente des utopischen Aufbegehrens zu einem neuen topischen Zustand verändert. Geschichte ist so als ein ständiges Zirkulieren zwischen Topie und Utopie aufgefaßt. »Unter Utopie verstehen wir ein Gemenge individueller Bestrebungen und Willenstendenzen, die immer heterogen und einzeln vorhanden sind, aber in einem Moment der Krise sich durch die Form des begeisterten Rausches zu einer Gesamtheit und zu einer Mitlebensform vereinigen und organisieren: zu der Tendenz nämlich, eine tadellos funktionierende Topie zu gestalten, die keinerlei Schädlichkeiten und Ungerechtigkeiten mehr in sich schließt.«[1156]

Landauers Geschichtsverständnis ist gekennzeichnet durch ein Kreislaufdenken von »Neuregelung und Umwälzung durch den Geist, der nicht Dinge und Einrichtungen endgültig festsetzen, sondern der sich selbst als permanent erklären wird. Die Revolution muß ein Zubehör unserer Gesellschaftsordnung, muß eine Grundregel unsrer Verfassung werden«[1157] Dieses Kreislaufdenken in Bezug auf den Prozeß gesellschaftlicher Veränderungen und institutionellen Wandels steht konträr zu dem linearen Fortschrittsdenken, das Liberalismus und Sozialismus gleichermaßen prägt. In Auseinandersetzung vor allem mit dem Marxismus betont Landauer die »Bedeutung der geistigen Traditionen und der überwiegenden Persönlichkeiten« für die Geschichtsentwicklung[1158]. Marx und Engels unterschätzen nach seiner Meinung diese Faktoren und überbewerten die technische Produktivkraftentfaltung als Motor des Fortschritts: »Marxismus ist der Philister und der Philister kennt nichts Wichtigeres, nichts Großartigeres, nichts, was ihm heiliger ist als Technik und ihre Fortschritte . . . Hier nun, wo wir die grenzenlose Verehrung des Gevatters Fortschrittlers vor der Technik sehen, lernen wir die Herkunft dieses Marxismus kennen. Der Vater des Marxismus ist nicht das Geschichtsstudium, ist auch nicht Hegel, ist weder Smith noch Ricardo, noch einer der Sozialisten vor Marx, ist auch kein revolutionär-demokratischer Zeitzustand, ist noch weniger der Wille und das Verlangen nach Kultur und Schönheit unter den Menschen. Der Vater des Marxismus ist der Dampf. Alte Weiber prophezeien aus dem Kaffeesatz. Karl Marx prophezeite aus dem Dampf.«[1159] Die voraussehbaren Zentralisierungstendenzen der Produktion im Gefolge der industriellen Entwicklung gelten Landauer als weitere Barriere für die anzustrebende gesellschaftlich-soziale Emanzipation, als deren Voraussetzung er Überschaubarkeit und dezentrale Produktions- und Lebensgemeinschaften nach dem Vorbild des bäuerlichen und handwerklichen Mittelalters betrachtet.

Landauer ist davon überzeugt, daß nur die Aufklärungsarbeit einer kleinen Gruppe Überzeugter, ihre Kritik an der staatlichen »Geistlosigkeit« und ihre Propagierung des Genossenschaftsgedankens die Menschen dazu bewegen können, »aus dem Kapitalismus auszutreten«. Er erweist sich in seiner Betonung einer Aufklä-

---

1156 Gustav Landauer, Die Revolution (Anm. 1146), S. 13.
1157 Gustav Landauer, Aufruf zum Sozialismus (Anm. 1146), S. 170f.
1158 Gustav Landauer, Friedrich Engels und die materialistische Geschichtsauffassung, in: Signatur: g. l. (Anm. 1146), S. 97f.
1159 Gustav Landauer, Aufruf zum Sozialismus (Anm. 1146), S. 97f.

rungsavantgarde bei Ablehnung einer Präzisierung ihres politischen Adressaten – etwa der Arbeiterschaft – als großstädtisch-intellektueller Vertreter eines »Intelligenz-Anarchismus« (Peter Lösche): »Auf die Frage nämlich, wo die Menschen seien, die nicht anders können, als die neuen Formen der Verbindung unter den Menschen zu schaffen, antworten wir: die Wenigen sind es! Es ist soweit gekommen mit dem Aufblühen des Kapitalismus ... und mit dem damit notwendig in Verbindung stehendem Abstieg und geistigem Sinken der Massenmenschen aller Volksschichten, daß uns keine andre Antwort übrigbleibt. Und daher kommen wir zu unserem Zuruf an die Wenigen, um ihrer selbst, ihrer Selbstachtung und nicht zum wenigsten um des Volkes willen voranzugehen, ihr Bündel zu schnüren, zu versuchen, wie sie unter sich, als Vorbild und Beispiel für alle Welt, Anstand, Gerechtigkeit und Schönheit verwirklichen können.«[1160]

Entsprechend seiner auf Aufklärung und Überzeugung abstellenden politischen Strategie verurteilt Landauer die terroristische ›Propaganda der Tat‹: »Nicht darum handelt es sich, Menschen zu töten, sondern es handelt sich im Gegenteil um die Wiedergeburt des Menschengeistes, um die Neuerzeugung des Menschenwillens und der produktiven Energie großer Gemeinschaften.«[1161] Politische Revolutionen gelten Landauer zwar als erforderlich. Er betont jedoch, daß eine solche Revolution, »ehe sie unternommen wird, demonstriert werden muß, ... eine Idee, (die), ehe sie sich auf revolutionärem Wege durchsetzt, den Beweis liefern muß, daß sie in sich die Mittel besitzt, sich friedlich auszugestalten«[1162]. Die politische Revolution kann in einem Prozeß sozialer Umgestaltung nur einen Abschluß darstellen.

Vor dem Hintergrund seiner Strategie einer der Revolution notwendig vorausgehenden Entstaatlichung der Gesellschaft – wobei Landauer vor allem den Aufbau sozialistischer Gemeinschaftssiedlungen und einen kulturellen Lernprozeß unter Entfaltung der utopischen Kräfte des Gemeinschaftsgeistes hervorhebt – geht es Landauer eher um den Abbau je überflüssig gewordener Herrschaft. Daher kritisiert er das (etwa von Bakunin vertretene) revolutionstheoretische Konzept einer Zerschlagung des Staates: »Einen Tisch kann man umwerfen und eine Fensterscheibe zertrümmern, aber die sind eitle Wortmacher und gläubige Wortanbeter, die den Staat für so ein Ding oder einen Fetisch halten, den man zertrümmern kann, um ihn zu zerstören. Staat ist ein Verhältnis, ist eine Beziehung zwischen den Menschen, ist eine Art, wie die Menschen sich zueinander verhalten; und man zerstört ihn, indem man andre Beziehungen eingeht, indem man sich anders zueinander verhält. Der absolute Monarch konnte sagen: ich bin der Staat: wir, die wir im absoluten Staat uns selbst gefangengesetzt haben, wir müssen die Wahrheit erkennen: wir sind der Staat – und wir sind es solange, als wir nichts andres sind, als wir die Institutionen nicht geschaffen haben, die eine wirkliche Gemeinschaft und Gesellschaft der Menschen sind.«[1163]

1160 Gustav Landauer, Vom Weg des Sozialismus (Juli 1909), in: ders., Beginnen. Aufsätze über Sozialismus, hrsg. von Martin Buber, Köln 1924, hier zitiert nach der Neuauflage Wetzlar 1977, S. 45f.

1161 Gustav Landauer, Der Anarchismus in Deutschland, in: Die Zukunft, hrsg. von M. Harden, Bd. 10, 5. Januar 1895, S. 29ff.

1162 Gustav Landauer, P.-J. Proudhon, im »Sozialist« vom 15. September 1911, zitiert nach Siegbert Wolf, Gustav Landauer zur Einführung, Hamburg 1988, S. 56.

1163 Gustav Landauer, Schwache Staatsmänner, schwächeres Volk! (Juni 1910), in: ders., Beginnen (Anm. 1160), S. 53.

In der Münchener Räterepublik setzt sich Landauer für das Rätesystem und das imperative Mandat der Abgeordneten ein. Er plädiert für die Ablösung des Parlamentarismus durch die Räte, die in Berufskorporationen gewählt werden sollen. Das von ihm favorisierte Rätesystem soll auf der Grundlage autonomer Republiken nach dem Vorbild der Gemeinde- und Landesversammlungen in mittelalterlichen Verfassungen oder auch der Verfassungen Norwegens und der Schweiz eingerichtet werden: »Es muß Gleichheit und Freiheit, es muß Förderation werden... von unten nach oben muß die Gliederung gehen. Bunt und mannigfaltig muß die deutsche Freiheit zumal sein: was nur die Gemeinden angeht, ordnen die Gemeinden für sich, in Selbstverwaltung, der niemand hineinredet, und so weiter zum Bezirk, zum Kreis, zur Landschaft, zur Provinz, zur autonomen Republik, zum Bund deutscher Republiken und zum Völkerbund. Man wird nicht in romantischen Gelüsten altes ständisches Wesen nachahmen; es wird nicht alles in persönlichen Versammlungen geordnet werden müssen...; man wird Vertrauen zu Mandataren haben und wird Genialität des Wirkens und Durchführens nicht beschränken; der Geist wird im Volk stehen und in ihm sein Recht und seine freie Bewegung finden. Aber das Volk in seinen Körperschaften wird bei seinem eigenem Schicksal dabei sein.«[1164] Die anarchistische Räterepublik besteht nur vom 5.–13. April 1919. Sie ist schnell politisch isoliert. Landauer selber, der in ihr die Funktion des Kultusministers innehatte, wird am 1. Mai beim Einmarsch gegenrevolutionärer Truppen verhaftet und einen Tag später brutal ermordet. Landauer hat, ohne politisch je einen großen Wirkungsradius erzielen zu können, vor allem literarischen Einfluß ausgeübt. Sein gewaltloser Gemeinschaftsanarchismus hat vor allem in der israelischen Kibbuzbewegung fortgewirkt, in der Landauers Freund Martin Buber (1878–1965) dessen Anregungen weitervermittelte.

7.2 *Anarchismus als politische und soziale Bewegung*

Der Anarchismus entwickelt sich als soziale Bewegung mit zahlreichen Querbezügen und unter Abgrenzungsbemühungen zu anderen sozialen Bewegungen. Dies gilt insbesondere für sein Verhältnis zu Frühsozialismus und Sozialismus. Mit dem Frühsozialismus teilt vor allem der ältere Agrar- und Handwerkeranarchismus (siehe unten) die Ausgangsbedingungen. Beide wenden sich gegen die Etablierung kapitalistischer Produktions- und Rechtsverhältnisse und beziehen ihre Anregungen aus den vergehenden Formen argrarischen Gemeinbesitzes und handwerklicher Kooperation. Insbesondere Pierre-Joseph Proudhon hat sowohl Frühsozialismus als auch Anarchismus wichtige Impulse gegeben. Die voluntaristische Revolutionstheorie des Anarchismus findet sich gleichermaßen bei Wilhelm Weitling oder auch in Moses Hess' Überlegungen zu einer ›Philosophie der Tat‹.

Die Abgrenzungsdiskussionen zwischen Anarchismus und Sozialismus, die innerhalb der I. Internationale ausgetragen werden, betreffen nicht das von beiden geteilte Ziel der herrschaftsfreien Gesellschaft, sondern Fragen der politischen Strategie, ins-

1164 Gustav Landauer, Die vereinigten Republiken Deutschlands und ihre Verfassungen, 25. November 1918, in: Ulrich Linse (Hrsg.), Gustav Landauer und die Revolutionszeit 1918/19. Die politischen Reden, Schriften, Erlasse und Briefe Landauers aus der Novemberrevolution 1918/19, Berlin 1974, S. 60.

besondere der Revolutionstheorie. Die Anarchisten beharren auf der Identität von Mittel und Zweck und wollen die herrschaftsfreie Gesellschaft ohne die Zwischenstufe einer Eroberung des Staates und einer Diktatur des Proletariats erreichen. Sie fordern statt einem zentralistischen Aufbau der Internationale eine lockere Föderation autonomer Regionalverbände und lokaler Gruppen, lehnen jegliche Bündnispolitik mit dem Bürgertum ab und setzen sich – statt einer Verstaatlichung der Produktionsmittel in einer Übergangsphase – für genossenschaftlich verwaltetes Gemeineigentum ein. Anders als die Sozialisten orientiert sich ein Teil der Anarchisten nicht auf die Arbeiterschaft als exklusives Subjekt der Revolution.

Peter Lösche hat zur näheren Unterscheidung des Anarchismus als politischer und sozialer Bewegung eine sozial-historische Typologie entwickelt, die in Auswertung der Ergebnisse der Anarchismusforschung »die Ambivalenz des Anarchismus zwischen archaischer und industrieller Gesellschaft, zwischen Stadt und Land, zwischen Revolution und Reaktion verständlich zu machen und seine soziale Vielfalt zu verdeutlichen« erlaubt[1165]. Er unterscheidet die zwei älteren Typen des Agrar- und Handwerkeranarchismus von den modernen Typen des Syndikalismus und des Intelligenz-Anarchismus.

Der *Agraranarchismus* appelliert an die mittelalterliche Gemeinschaftstradition des Dorfes und knüpft über moralischen Purismus und Rigorismus auch an religiös-fundamentalistische Traditionen des jeweiligen Landes an. Das soziale Elend der Kleinbauern und Landarbeiter und der ländliche Widerstand gegen polizeiliche und bürokratische Maßnahmen der Regional- und Zentralregierungen bilden einen Resonanzverstärker für anarchistische Theorieangebote, die dörflichen Gemeinbesitz, genossenschaftliches Arbeiten und dezentral-föderative politische Strukturen fordern. Historisch ist der Agraranarchismus vor allem in Spanien, Italien, Rußland und der Ukraine *(Machno*-Bewegung) einflußreich geworden.

Der *Handwerkeranarchismus* bezieht sich auf die im Umbruch zur kapitalistischen Gesellschaft gefährdeten zünftlerisch-solidarischen Traditionen. Die Bedrohung des wirtschaftlichen und sozialen Status des Handwerkers durch die vom Staat unterstützte Einführung kapitalistischer Sozial- und Rechtsverhältnisse schafft hier die Aufnahmebereitschaft für anarchistische Argumentationen. Der Handwerkeranarchismus fand vor allem in Kleinbetrieben der Drucker- und Bauindustrie oder der Uhrenindustrie Verbreitung. Bekannt geworden ist die von den Handwerker-Arbeitern der hausindustriellen Uhrenproduktion des Schweizer Jura unterstützte *Juraföderation*, die einen nicht unwesentlichen Einfluß innerhalb der anarchistischen Internationale genoß.

Von den beiden erstgenannten älteren Typen des Anarchismus, die als Formen von Protestbewegungen an der Schwelle vom Feudalismus zum Kapitalismus auftreten, unterscheidet Lösche als moderne Formen des Anarchismus den Syndikalismus und den Intelligenz-Anarchismus. Der *Syndikalismus* reagiert auf die zunehmende Steigerung von Arbeitsintensität und Arbeitsentfremdung im modernen Industriebetrieb. Er kann deshalb als Anarchismus der Industriebetriebe bezeichnet werden. Seine ersten Hochburgen findet er vor allem im Bergbau (in Deutschland Großbritannien, Schweden, den USA); seine Kampfformen sind Arbeitsverlangsamung, Boykott, Sabotage, Massendemonstrationen und – als Mittel der gesamtgesellschaftlichen

1165 Peter Lösche, Anarchismus (Anm. 1065).

Umwälzung propagiert – der Generalstreik. Das Syndikat, die Betriebsorganisation und die Gewerkschaft sind die proletarischen Organisationsformen des Syndikalismus. Der Anarchosyndikalismus geht anders als Agrar- und Handwerkeranarchismus von einem ausgeprägten Klassengegensatz zwischen Proletariat und Bourgeoisie aus und rekrutiert seine Anhänger in der Industriearbeiterschaft; mit den älteren Formen des Anarchismus teilt er den voluntaristischen Revolutionsbegriff. Der Staat soll sofort zerschlagen werden, an seine Stelle die Föderation der Syndikate treten. Das Syndikat wird als die tragende Organisationseinheit des revolutionären Kampfes wie auch der Zukunftsgesellschaft betrachtet. Der Syndikalismus reagiert auch auf die zunehmende Integration der organisierten Arbeiterbewegung in das bestehende politische und gesellschaftliche System und setzt – in Ablehnung des politischen Reformismus – auf direkte Aktion und den Wirtschaftskampf. Historisch bedeutsam wurde der Anarchosyndikalismus vor allem in Spanien – seine Erfolge in Katalonien gehen auf die enge politische Verbindung mit den dort ebenfalls starken älteren Formen des Anarchismus zurück – und Frankreich. Vorübergehend erlangt er auch in Rußland (in der Revolution 1917–1921) und Deutschland (nach der Novemberrevolution 1918) eine Massenbasis. Formen des Syndikalismus finden sich auch in Großbritannien *(Gildensozialismus)* und den USA (bei den *Industrial Workers of the World:* den *Wobblies*).

Der *Intelligenz-Anarchismus* bleibt politisch ohne Massenbasis, wird aber vor allem literarisch wirksam. Seine sozialen Träger stammen aus der anwachsenden Schicht der Intellektuellen in den Großstädten, der Schicht der Künstler, Literaten, Bohemiens oder auch der sozial deklassierten Intellektuellen. Zu diesem modernen sozial-historischen Anarchismustyp rechnet Lösche etwa Autoren wie Gustav Landauer und Erich Mühsam (1878–1934).

7.3 Ausblick

Das gängige Anarchismusverständnis reduziert diesen häufig auf eine Theorie der Gewalt und der revolutionären Zerschlagung des Staates. Die Darstellung ausgewählter anarchistischer Autoren belegt jedoch die Bandbreite der Positionen, die diese hinsichtlich der Gewaltfrage wie auch der politischen Umwälzung der Gesellschaft eingenommen haben. Die anarchistische ›Propaganda der Tat‹ und der Rückgriff des Anarchismus auf terroristische Methoden – die im übrigen auch von zahlreichen anderen politischen Bewegungen wie auch seitens des Staates angewendet werden können und daher keineswegs eine Gleichsetzung von Terrorismus und Anarchismus nahelegen[1166] – finden sich vor allem »in jenen Gesellschaften, in denen feudale Strukturen als absolutistische Relikte im politischen System bis weit in das 19. und 20. Jahrhundert fortwirken. . . Dort, wo sozialer Protest durch Zentral- und Regionalregierungen bürokratisch-polizeilich und brutal unterdrückt wird, wo staatliche Bürokratien verkrustet waren und Polizeibehörden repressiv auftraten, war der Boden für

1166 Zur neueren Diskussion des Terrorismus siehe vor allem: Henner Hess/Martin Moerings u. a., Angriff auf das Herz des Staates. Soziale Entwicklung und Terrorismus, 2 Bde., Frankfurt/M. 1988.

den (anarchistischen, A.K.) Terrorismus fruchtbar.«[1167] Bezogen freilich auf westliche Demokratien des 20. Jahrhunderts und die komplexen Strukturen einer Industriegesellschaft muß indes die voluntaristische Revolutionstheorie des Anarchismus – ein Einfallstor von Gewaltbereitschaft – als gescheitert betrachtet werden. Gleiches gilt für den anarchistischen Antiinstitutionalismus, der sich bis ins Selbstverständnis der neueren ›neuen sozialen Bewegungen‹ durchgehalten hat. Die anarchistische Vorstellung, den ökonomischen Koordinationsmechanismus des Marktes wie auch das politisch-administrative Institutionengefüge eines demokratischen Rechtsstaates durch das Prinzip freier Vereinbarungen ersetzen zu können, mutet dem Organisationsprinzip der freien Assoziation zu viel zu. Sie übersieht, daß »die Form der Assoziation zu unterkomplex ist, um den gesellschaftlichen Lebenszusammenhang im ganzen strukturieren zu können«[1168]. Der anarchistische Antiinstitutionalismus und seine neuzeitlichen Verfechter weichen zudem der Einsicht aus, daß »ein großer Teil der persönlichen Freiheit institutionalisierter Konfliktregelung und Entscheidungsfindung zu verdanken ist, die den einzelnen in seinem alltäglichen Leben entlastet«[1169]. Die Abstimmung divergierender Interessen bedarf in komplexen Gesellschaften demokratischer Regelungen sowie institutioneller Absicherungen.

In eindrucksvoller Weise bestätigt haben sich dagegen die kritischen Einwände der Anarchisten gegen die herrschaftszentralisierenden Ansprüche des Staatssozialismus. Aber auch darüber hinaus scheint das Anregungspotential des Anarchismus heute nicht völlig erschöpft zu sein. Dies zeigt auch sein zyklisches Wiederaufflackern innerhalb sozialer Bewegungen. Nach der Studentenbewegung der sechziger Jahre haben auch die neuen sozialen Bewegungen an Strömungen des libertären Denkens und anarchistische Theoretiker angeknüpft[1170]. Sie tragen dazu bei, daß das vom Anarchismus noch für die Gesamtgesellschaft beanspruchte Organisationsprinzip freiwilliger Assoziation nunmehr *innerhalb* ausdifferenzierter ›gesellschaftlicher Assoziationsverhältnisse‹ (Claus Offe)[1171] in seinen spezifischen Leistungen zur Geltung gebracht wird. Während Parteien und Verbände im politischen Vermittlungssystem moderner Massendemokratien aufgrund etablierter Mitgliedschaftsrollen, formaler Organisation und bürokratischer Routinen eine gleichermaßen selektive wie effektive Form politischer Interessenorganisation darstellen, eröffnen die neuen sozialen Bewegungen ein größeres Maß an individuellen Zugangs- und Partizipationschancen. Als vor allem meinungsbildende Assoziationen – was weitergehende Institutionalisierungspotentiale nicht ausschließt – können sie auch unter den Bedingungen moderner Massenkommunikation in besonderem Maße Interessen und Problemsichten generieren und artikulieren und damit zugleich zur öffentlichen Kontrolle von

1167 Peter Lösche, Anarchismus, in: Iring Fetscher/Herfried Münkler (Hrsg.) (Anm. 1065), S. 429f.

1168 Jürgen Habermas, Ist der Herzschlag der Revolution zum Stillstand gekommen? (Anm. 1064), S. 26.

1169 Richard Saage, Gibt es einen anarchistischen Diskurs in der klassischen Utopietradition? (Anm. 1061), S. 44.

1170 Dazu Rolf Cantzen, Weniger Staat – mehr Gesellschaft (Anm. 1068).

1171 Claus Offe, Fessel und Bremse. Moralische und institutionelle Aspekte ›intelligenter Selbstbeschränkung‹, in: Axel Honneth u. a. (Hrsg.), Zwischenbetrachtungen. Im Prozeß der Aufklärung, Frankfurt/M. 1989, S. 739–774, hier: S. 755ff.

Macht und Herrschaft beitragen[1172]. Das anarchistische Motiv der Herrschaftsfreiheit könnte innerhalb eines *›ins Methodische gewendeten Anarchismus‹* (Jürgen Habermas)[1173] die korrektive Kritik an bürokratischen Verfestigungen administrativer Herrschaft befördern; seine Privilegierung freier Assoziationen könnte darauf aufmerksam machen, daß eine Zivilgesellschaft – auch als Organisationsgesellschaft – auf den *freien* Zusammenschluß der Bürger als einen konstitutiven *Bestandteil* ihrer Assoziationsverhältnisse nicht verzichten kann.

8. Nationalismus

Vorformen von Nationalbewußtsein finden sich schon in Mittelalter und früher Neuzeit, ohne daß bei ihnen im modernen Sinne von Nationalismus gesprochen werden kann. Vor dem Hintergrund des übergreifenden christlichen Universalismus des Mittelalters bildeten regionale und ständische Bindungen den unüberschreitbaren Rahmen für sich voneinander abgrenzende vornationale Gruppenzugehörigkeiten. Der im Mittelalter geläufige Begriff *natio (nasci* = geboren werden) bezieht sich in einem eingeschränkten Sinne auf Herkunft und Abstammung. Patriotismus »galt im Europa des 18. Jahrhunderts (als) die emotionale Bindung an eine Landschaft, an einen dynastischen Staat oder einen Herrscher«[1174].

8.1 Grundzüge des modernen Nationalismus

Der moderne Nationalismus – als Ideologie und politische Bewegung, deren Auswirkungen das 19. und 20. Jahrhundert wesentlich mitbestimmten und immer noch nachhaltig beeinflussen – bezieht sich hingegen auf Nation und Nationalstaat als »zentrale innerweltliche Werte..., die in der Lage sind, ein Volk oder eine große Bevölkerungsgruppe politisch zu mobilisieren«[1175]. Als seine Geburtsstunde gilt die Französische Revolution; zu seinen Voraussetzungen gehören die Idee der Volkssouveränität,

1172 Dieter Rucht, Parteien, Verbände und Bewegungen als Systeme politischer Interessenvermittlung, in: Oskar Niedermeyer/Richard Stöss (Hrsg.), Stand und Perspektiven der Parteienforschung, Opladen (im Erscheinen); ferner folgende Themenhefte des Forschungsjournals Neue Soziale Bewegungen: Institutionierungstendenzen der Neuen Sozialen Bewegungen, 2 (1989) 3/4; 40 Jahre Soziale Bewegungen: von der verordneten zur erstrittenen Demokratie, 2 (1989) Sonderheft; Zukunft der Reformpolitik, 4 (1991) 1; Triumph der Verbände? Bewegungen zwischen Gesellschaft und Staat, 4 (1991) 3.

1173 Jürgen Habermas, Ist der Herzschlag der Revolution zum Stillstand gekommen? (Anm. 1064), S. 24ff.

1174 Peter Alter, Nationalismus, Frankfurt/M. 1985, S. 12.

1175 Ebd., S. 14. Zur Begriffsdiskussion insgesamt Hans Kohn, Die Idee des Nationalismus, Frankfurt/M. 1962 (New York 1944); Heinrich August Winkler, Einleitung. Der Nationalismus und seine Funktionen, in: ders. (Hrsg.), Nationalismus, Königstein/Ts. 1985² (erweiterte Ausgabe), S. 5–46; Hans Mommsen, Der Nationalismus als weltgeschichtlicher Faktor. Probleme einer Theorie des Nationalismus, in: ders., Arbeiterbewegung und Nationale Frage (Anm. 946), S. 15–60.

die Herausbildung des modernen zentralistischen Staates und der Aufstieg des Dritten Standes im Gefolge der sich entwickelnden bürgerlichen Gesellschaft. Die nationale Loyalität der Staatsbürger ersetzt traditionale Legitimierungsmuster staatlicher Herrschaft. Die Nation wird »anstelle der Kirche zur verbindlichen Sinngebungs- und Rechtfertigungsinstanz des nachrevolutionären Menschen«[1176].

Nicht die Überschaubarkeit von Gruppensolidaritäten (Familie, tribus, Landschaft) und Herrschaftsformen (Dynastie, Person des Herrschers), sondern gerade die nur »abstrakte, gedachte oder vorgestellte Solidarität, die sich mit unterschiedlichen ideologischen Elementen ausfüllen kann«[1177], macht die Besonderheit der vom Nationalismus als obersten säkularen Wert gesetzten Nation aus. Ihr wird gegenüber anderen Solidaritätsverbänden wie der sozialen Klasse, der Familie oder auch der Konfessionsgemeinschaft eine umfassendere Bedeutung zuerkannt. Das nationale Zusammengehörigkeitsgefühl einer sozialen Gruppe (Volk) bildet sich im Rückgriff auf vielfältige Quellen ohne sich in einzelnen von ihnen zu erschöpfen: Sprache, Kultur, Religion, Tradition, Sitte und Brauchtum, historisches Bewußtsein oder auch politisch geteilte Ziele und Aufgaben. Irrationale Momente wie Schicksalsbewußtsein, Gefühl oder Wille tragen zur Entfaltung des Nationalbewußtseins bei.

Der Nationalismus als moderne Form kollektiver Identität antwortet mithin auf die Auflösung traditioneller Bindungen einer agrarisch geprägten Gesellschaft und auf die soziale Desintegration als Folge ökonomischer Modernisierung. Der Zerfall traditioneller Legitimität, regionaler und ständischer Bindungen schafft Raum für neue Loyalitäten. Schon die Machtkonzentration absolutistischer Herrschaft hatte zur Nivellierung älterer sozialer Strukturen beigetragen. Bezeichnenderweise waren die »Klassen, die am meisten in der traditionellen Sozialstruktur verwurzelt waren – die Aristokratie und die Bauern – ... am wenigsten anfällig für nationalistische Gefühle«[1178].

Der moderne Nationalismus wird überall in seiner ersten Phase von einer elitären Intellektuellenschicht verfochten. Sie bedient sich zur Verbreitung nationaler Ideen eines immer dichter werdenden Kommunikationsnetzes. Hierzu zählen die entstehenden Zeitungen und Zeitschriften, Verlagswesen, Universitäten, Akademien, aber auch eine geographisch mobile Beamten-, Gelehrten- und Studentenschaft sowie ein ausgebautes Erziehungs- wie auch Verkehrssystem[1179]. Eine von breiteren intellektuellen Kreisen getragene Agitation kennzeichnet in einer zweiten

1176 Heinrich August Winkler, Einleitung (Anm. 1175), S. 6.

1177 Hans Mommsen, Der Nationalismus als weltgeschichtlicher Faktor (Anm. 1175), S. 22.

1178 Dies stellt Robert M. Berdahl in Hinblick auf die nationalistische Bewegung im Deutschland des 19. Jahrhunderts fest, in: Heinrich August Winkler (Hrsg.), Nationalismus (Anm. 1175), S. 138–154, hier: S. 148. Berdahl weist auf die Bedeutung hin, die dem Nationalismus als Bestandteil des Prozesses ökonomischer Modernisierung zukommt. Friedrich Lists Zielvorstellung eines »nationalen Systems der politischen Ökonomie« gibt aus dieser Sicht Auskunft über Interessenbasis und Anschlußfähigkeit des Nationalismus im Modernisierungsprozeß.

1179 Hans-Ulrich Wehler, Die Anfänge des deutschen Nationalismus, in: ders., Deutsche Gesellschaftsgeschichte, Bd. 1: 1700–1815, München 1987, S. 506–530, hier: S. 512. Theodor Schieder weist darauf hin, daß schon die frühe Nationalbewegung sozial komplexer zusammengesetzt gewesen sei (Typologie und Erscheinungsform des Nationalstaates, in: Heinrich August Winkler, Nationalismus (Anm. 1175), S. 119–137, hier S. 133f.

Phase das eigentliche nationale Erwachen. In einer dritten Phase wird die nationale Bewegung schließlich zur massenmobilisierenden Volksbewegung[1180].

In Frankreich, England, Portugal oder Schweden konnte der entstehende Nationalstaat an übergreifende staatliche Einheiten anknüpfen. In den Vereinigten Staaten, dem klassischen polyethnischen Einwanderungsland, wird die Nation über die Erklärung der Menschenrechte und die Verfassungsgebung auf der normativen Legitimationsbasis naturrechtlich gedachter Individualrechte politisch als »Staatsbürgernation« konstituiert[1181]. Nation und Staat fallen in diesen Fällen jeweils zusammen. Die »Staatnation« beruht auf der Volkssouveränität und gründet auf einer einheitlichen Sprache, einem einheitlichen Rechts- und Verwaltungssystem, einer zentralen Regierung beziehungsweise gemeinsamen politischen Idealen. Dort jedoch, »wo der Nationalismus nicht an moderne zentralistische staatliche Einheiten anknüpfen kann, erweisen sich Inhalt und Geltungsanspruch der nationalen Identifikation als eigentliches Problem sowohl der wissenschaftlichen Analyse als auch der nationalen Bewegungen selbst«[1182]. Die auf Herder zurückgehende Konzeption der »Kulturnation« sieht in den spezifischen kulturellen Fähigkeiten der Völker die Grundlage nationaler Eigenständigkeit. Die Gemeinsamkeiten objektiver Faktoren wie Sprache, Kultur und Geschichte dienen als Begründung der Forderung nach politischer Selbstbestimmung im Nationalstaat[1183].

Theodor Schieder hat bei allen gegebenen Übeschneidungen drei Etappen europäischer Nationalstaatsbildung in Hinsicht auf ihre politischen Konsequenzen unterschieden: In einer ersten Etappe entsteht der moderne Nationalstaat in England und Frankreich als Staatsbürgernation. »Staat bleibt das einzige Merkmal einer politischen Nationalität, nicht etwa Sprache, Volksgeist oder Nationalcharakter. Die berühmte Definition des Abbé Sieyes lautet: Eine Nation ist ›eine Gesamtheit von vereinigten Individuen, die unter einem gemeinsamen Gesetz stehen und durch dieselbe gesetzgebende Versammlung vertreten sind‹.«[1184] In einer zweiten Etappe artikulieren die Nationalbewegungen Deutschlands und Italiens die staatliche Zersplitterung der Kulturnation. Johann Gottfried Herder und Giuseppe Mazzini sind die großen Repräsentanten der »zunächst ganz unpolitisch gemeinte(n) Idee der Völker als Sprach- und Kulturgemeinschaften..., die vor dem Staat existierten und vor ihm in der Wertordnung rangierten«[1185]. In einer dritten Etappe wenden sich die entstehenden Nationalbewegungen Osteuropas gegen die großen kontinentalen Imperiums- und Reichsbildungen Österreichs, Rußlands und auch Preußens, in Südosteuropa

1180 Miroslaw Hroch hat diese Phasen aufgrund seiner Untersuchung der nationalen Bewegungen in Norwegen, Finnland, Flandern, im Baltikum sowie in Böhmen und Mähren unterschieden: Miroslaw Hroch, Die Vorkämpfer der nationalen Bewegung bei den kleinen Völkern Europas, Prag 1968.

1181 M. Rainer Lepsius, Nation und Nationalismus in Deutschland (Anm. 32), hier: S. 236 und S. 242ff.

1182 Hans Mommsen, Der Nationalismus als weltgeschichtlicher Faktor (Anm. 1175), S. 26.

1183 Die Unterscheidung von Kulturnation und Staatsnation fand weite Verbreitung über das erste Kapitel der Schrift von Friedrich Meinecke, Weltbürgertum und Nationalstaat. Studien zur Genesis des deutschen Nationalstaates (1908), in: ders., Werke, Bd. 5, München 1962.

1184 Theodor Schieder, Typologie und Erscheinungsformen des Nationalstaates (Anm. 1179), S. 122.

1185 Ebd.

gegen das osmanische Reich. Nicht der Zusammenschluß getrennter Teile, sondern deren Sezession aus bestehenden imperialen Herrschaftszusammenhängen steht hier politisch im Vordergrund. »Äußere und innere Freiheit fallen zusammen oder besser: innere demokratische Freiheit wird durch äußere Freiheit erst ermöglicht, wie es in der Idee etwa Thomas Masaryk verkündet hat. Alle ostmitteleuropäischen Staaten, die Nationalstaaten werden wollten, von Serbien, Griechenland über Bulgarien, Rumänien, der Tschechoslowakei bis zu den Ländern der baltischen Randzone, sind auf dem Weg der Abtrennung von Großreichen entstanden.«[1186]

8.2 Der Risorgimento-Nationalismus

Der Risorgimento-Nationalismus bezeichnet den engen Zusammenhang von individueller Freiheit und nationaler Unabhängigkeit, wie er das nationale Denken Herders und Mazzinis kennzeichnete. Die Namensgebung orientiert sich am historischen Modell des italienischen Nationalismus im 19. Jahrhundert (das italienische Wort *Risorgimento* heißt Wiedererstehung) und »enthält unübersehbar Elemente einer liberalen Oppositionsideologie«[1187]. Der frühe Risorgimento-Nationalismus vereine die unterdrückten Völker gegen die heilige Allianz der Fürsten.

Anläßlich des von 1821–1829 geführten griechischen Befreiungskampfes gegen die osmanische Herrschaft unter Führung des Fürsten Alexander Ypsilanti (1792–1828) werden europäische Freiwilligenaufgebote in Genf zusammengestellt und Griechenvereine gegründet. Auch der englische Lord Byron (1788–1824) reist 1824 zur Unterstützung des Befreiungskampfes nach Griechenland, wo er freilich schon kurz nach seiner Ankunft stirbt. Der antirussische Aufstand in Warschau 1830 weckt in ganz Europa Polenbegeisterung. In den dreißiger und vierziger Jahren des 19. Jahrhunderts kommt es zur Gründung internationaler Vereinigungen der Nationalisten: 1934 gründet Mazzini in der Schweiz den Geheimbund *La Giovine Europa* (Junges Europa).

Sprache und Geschichtsbewußtsein gelten dem Risorgimento-Nationalismus als herausragende Betätigungsfelder, von denen aus das nationale Erwachen der europäischen Völker angestoßen wird. Die Nationalsprache und -literatur werden zum Gegenstand der Bemühungen wissenschaftlicher Vereinigungen, Institute und Akademien. Die von ihnen edierten Grammatiken, Wörterbücher und Textsammlungen fördern die Ausbildung nationaler Hochsprachen, während die Historiker die Grundsteine der jeweiligen Nationalgeschichten legen. In Deutschland werden auf Initiative des Freiherrn vom Stein (1757–1831) seit 1819 die *Monumenta Germaniae Historica* ediert – die Quellen zur deutschen Geschichte des Mittelalters. In Frankreich begründet Jules Michelet die nationale Geschichtsschreibung. Frantisek Palacky', der Füh-

---

1186 Ebd., S. 123.

1187 Peter Alter, Der Risorgimento-Nationalismus, in: ders., Nationalismus (Anm. 1174), S. 33–39, hier: S. 34. – Die Namensgebung des Risorgimento-Nationalismus geht zurück auf die von Camillo Graf Benso di Cavour (1810–1861) seit 1847 mitherausgegebene Zeitung *Il Risorgimento,* die für die Politik der nationalen Einigung Italiens bedeutsam war. Cavour wurde 1852 Ministerpräsident von Piemont-Sardinien.

rer des tschechischen Nationalismus und Panslavismus, verfaßt in der Zeit zwischen 1836 und 1867 seine *Geschichte von Böhmen*[1188].

8.2.1 Abbé Emmanuel Joseph Sieyes

Emmanuel Joseph Sieyes kann als bedeutender Vorläufer des Risorgimento-Nationalismus gelten (zur Biographie und zum Stellenwert seines politischen Denkens innerhalb des Liberalismus siehe Abschnitt 2.4 unserer Darstellung). In seiner berühmten Flugschrift *Qu'est-ce que le Tiers-État?*[1189] begründet er den Anspruch des Dritten Standes, die Nation politisch zu repräsentieren. Die Schrift über den Dritten Stand wird in wenigen Tagen in mehr als 30 000 Exemplaren verkauft. Im Mai 1789 wird Sieyes als Vertreter des Dritten Standes in die Generalstäbe gewählt. Auf sein Betreiben erklärt sich die Versammlung des Dritten Standes am 17. Juni 1789 zur alleinberechtigten Vertretung der französischen Nation. Sieyes wird Mitglied des Verfassungskomitees der Nationalversammlung[1190] und Abgeordneter des Konvents. 1798 zum preußischen Gesandten ernannt, wird Sieyes 1799 Mitglied des Direktoriums. Er verhilft Napoleon an die Macht und ist kurze Zeit einer der drei Konsuln an der Regierungsspitze. Politisch kaltgestellt tritt er später, wenngleich mit Ehrenämtern überhäuft, auch nicht mehr als politischer Schriftsteller in Erscheinung.

Die von Sieyes entwickelte Konzeption der Nationalrepräsentation greift auf Rousseaus Gedanken der Volkssouveränität zurück. Dessen *volonté générale* wird bei Sieyes – als *volonté commune* über das Repräsentationsprinzip vermittelt – zur *volonté nationale:* »Einerlei, auf welche Art eine Nation will, es genügt, daß sie will; alle Formen sind gut, und ihr Wille ist immer das höchste Gesetz.«[1191] Die von Rousseau für eine gute Regierung vorausgesetzte politische Gemeinschaft der Individuen[1192] wird bei Sieyes zur überindividuellen politischen Nation. Der Wille der Nation läßt sich freilich – und dies richtet sich gegen Rousseaus Vorstellung direkter Demokratie – nur auf dem Wege der Repräsentation ermitteln. Der nationale Wille

1188 Überblicke über einzelne Nationalbewegungen finden sich in: Eugen Lemberg, Nationalismus, 2 Bde., Reinbek 1964; H. Seton-Watson, Nations and States. An Enquiry into the Origins of Nations and the Politics of Nationalism, London 1977.

1189 Als Textsammlung greifbar: Eberhard Schmitt/Rolf Reichardt, Emmanuel Joseph Sieyes, Politische Schriften 1788–1790 (Anm. 346); zu Person und Werk Eberhard Schmitt, Sieyes, in: Hans Maier/Heinz Rausch/Horst Denzer (Hrsg.), Klassiker des politischen Denkens, Bd. 2, München 1968, S. 135–160; Horst Dippel, Die Anfangsphase der Revolution: Sieyes und Mirabeau, als Teil seines Beitrages: Die politischen Ideen der Französischen Revolution (Anm. 5), S. 24–31.

1190 In seinem Verfassungsausschußbericht ›Über die Festsetzung der Grundsäulen der verhältnismäßigen Stellvertretung‹ (September 1789) schlägt er die Neugliederung Frankreichs in etwa 80 Departements vor und ist damit Wegbereiter des gegenwärtigen Verwaltungssystems der zentralisierten französischen Republik; vgl. Eberhard Schmitt, Sieyes (Anm. 1189), S. 144.

1191 Emmanuel Joseph Sieyes, Was ist der Dritte Stand? Zitiert nach: Otto Heinrich von der Gablentz, Die Politischen Theorien seit der amerikanischen Unabhängigkeitserklärung, Köln – Opladen 1967^3, S. 71.

1192 Jean-Jacques Rousseau, Betrachtungen über die Regierung von Polen und ihre beabsichtigte Reformierung, in: ders., Kulturkritische und politische Schriften (Anm. 384), S. 433–530, hier: S. 436–439.

als der Wille des Volkes setzt die Herstellung absoluter bürgerlicher Gleichheit und die Abschaffung alter Privilegien voraus: »Wenn man den privilegierten Stand wegnähme, wäre die Nation nicht etwas weniger, sondern etwas mehr.«[1193] Auf der Basis der Rechtsgleichheit und gemeinsamer politischer Repräsentation vertritt der Dritte Stand die französische Nation. Ein »gemeinschaftlicher, durch Stellvertreter geäußerter Wille« ist als *pouvoir constituant* der Nation die Voraussetzung vernünftiger Gesetzgebung. »Eine Körperschaft von außerordentlichen Stellvertretern ersetzt die Versammlung dieser Nation. Ohne Zweifel braucht sie nicht mit der Fülle des nationalen Willens betraut zu werden, sie bedarf nur einer besonderen Vollmacht, und zwar in seltenen Fällen, aber sie ersetzt die Nation in ihrer Unabhängigkeit von allen verfassungsmäßigen Formen.«[1194]

Ernest Renan (1823–1892) hat an Sieyes angeknüpft und in dem bekannten Vortrag *Qu'est-ce qu'une nation?* von 1882 auf die Bedeutung hingewiesen, die dem politischen Willen eines Volkes für die Konstituierung einer Nation zukommt: »Große Dinge gemeinsam vollbracht zu haben und den Willen zu haben, mehr zu vollbringen, dies sind die grundlegenden Bedingungen für ein Volk... Das Bestehen einer Nation ist ... ein tägliches Plebiszit.«[1195]

Das Sieyessche Konzept einheitlicher nationaler Repräsentation hat allerdings wesentliche Einschränkungen nach zwei Seiten erfahren. Einmal läßt seine Einteilung der Bevölkerung in aktive und passive Staatsbürger zu, daß das »ungebildete Volk« von aktiven Staatsbürgerrechten ausgeschlossen wird. Zum anderen schließt der nationale Wille bei Sieyes als eine vorgegebene und vernünftig einsehbare Größe die Repräsentation partikularer Interessen, Gruppen oder Stände aus. »Sein Konzept führt zum alleinseligmachenden kompakten Nationalwillen, zur ehern geschmiedeten nationalen Einheit und zur rücksichtslosen Durchsetzung eines uniform vorgegebenen Gesamt- oder Nationalwohls.«[1196] Schon absehen läßt sich zudem in der Sieyesschen Fassung der politischen Nation das Problem des Nationalstaates mit seinen Minderheiten. Angesichts der Erfahrungen mit der Verfolgung von Minderheiten aus ethnischen und/oder politischen Gründen ist die in der Französischen Revolution vorgenommene Koppelung von Menschenrechten und nationaler Emanzipation heute in ihrer Problematik neu zu bewerten[1197]. Während der politische Nationalstaat bei Sieyes aus der Volkssouveränität begründet wird, wird in der auf Herder zurückgreifenden Diskussion die Gemeinschaft der Nation als immer schon in Sprache und Kultur wesenhaft vorgegeben betrachtet.

1193 Emmanuel Joseph Sieyes, Was ist der Dritte Stand? (Anm. 1191), S. 70.
1194 Ebd., S. 71.
1195 Ernest Renan, Qu'est-ce qu'une nation?, in: Oeuvres complètes, hrsg. von Colman-Lévy, Bd. 1, Paris 1947.
1196 Eberhard Schmitt, Sieyes (Anm. 1189), S. 159.
1197 Dazu Hannah Arendt, Der Niedergang des Nationalstaats und das Ende der Menschenrechte, in: dies., Elemente totaler Herrschaft, Frankfurt/M. 1958; Emerich Francis, Ethnos und Demos (Anm. 19); sowie den Essay von Peter Glotz, Der Irrweg des Nationalstaates. Europäsche Reden an ein deutsches Publikum, Stuttgart 1990.

8.2.2 Johann Gottfried Herder

Johann Gottfried Herder (1744–1803), Sohn eines Kantors und Lehrers, studiert 1762 in Königsberg Theologie, Medizin und Philosophie. Dort wird er von Kants Vorlesungen nachhaltig beeinflußt. Nach Tätigkeiten an der Domschule und als Prediger in Riga und einer längeren Frankreichreise wird er 1776 Hofprediger in Weimar. Zu seinen Freunden zählt Goethe, den er 1770 in Straßburg kennengelernt hat. Zu seinen wichtigsten Veröffentlichungen gehören die Abhandlung *Über den Ursprung der Sprache* (1772), der *Auszug aus einem Briefwechsel über Ossian und die Lieder alter Völker* (1773), *die Vorrede zu der Sammlung Stimmen der Völker in Liedern* (1778), die *Ideen zur Philosophie der Geschichte der Menschheit* (1784/91) sowie die *Briefe zur Beförderung der Humanität* (1793/97)[1198].

In *Über den Ursprung der Sprache* begreift Herder Sprache nicht mehr wie seine aufklärerischen Vorgänger als bloßes Instrument von Zeichen, die als Ideenträger auf etwas Vorgegebenes verweisen. Sie ist vielmehr das Medium des Denkens selbst, in dem sich das menschliche Wesen zum Ausdruck bringt. Im Ausdruckgeschehen der Sprache gelangt der Mensch zu einem Selbstbewußtsein, in dem Subjektivität und Natur, Bedeutung und Sein miteinander verschmelzen. Der Herdersche Expressivismus des Ausdruck-Handelns setzt an die Stelle der vorherrschenden *philosophia perennis* und ihres Glaubens an Allgemeingültigkeit, Gleichförmigkeit, Universalität und Zeitlosigkeit objektiver und ewiger Gesetze und Regeln eine »neue Sicht des Menschen und der Gesellschaft, die Lebenskräfte, Bewegung und Wandel betonte, worin sich Einzelne oder Gruppen eher unterschieden als glichen, den Reiz und den Wert von Mannigfaltigkeit, Einzigartigkeit und Individualität«[1199]. Die Neubewertung der Sprache bei Herder stellt Sprache und Kultur in den Mittelpunkt menschlicher Selbstverortung. »Die Sprache eines Volkes ist das privilegierte Spiegelbild oder der privilegierte Ausdruck seines Menschseins. Das Studium einer Sprache ist der zentrale und unumgängliche Weg, der zum Verständnis menschlicher Verschiedenartigkeit führt.«[1200]

Herder setzt sich mit »Nation« zunächst im Zusammenhang seiner literaturhistorischen und sprachphilosophischen Reflexionen auseinander. Erst ab etwa 1769 verwendet er im Kontext geschichtsphilosophischer Überlegungen die Begriffe »Volk« und »Nation« synonym. Unter dem Eindruck der Französischen Revolution gewinnt »Nation« bei Herder eine verstärkt politische Bedeutung. Von besonderem Interesse

---

1198 Johann Gottfried Herder, Sämtliche Werke, hrsg. von Bernhard Suphan/Carl Redlich/Reinhold Steig u. a., Bd. 1–33, Berlin 1877–1913 (Nachdruck Hildesheim 1967f., 1978²).

1199 Isaiah Berlin, Der Nationalismus, Frankfurt/M. 1990, S. 61. Die Ablösung der Sprache von ihrer bloßen Funktion der Repräsentation von Ideen, die dem Vorrang des logos in den dualistischen Konstruktionen der intellektualistischen Aufklärung entsprach, bereitete den Weg für die Verdrängung des Verstandes durch die Kunst als Paradigma menschlicher Tätigkeit, als Medium der Versöhnung der zerrissenen Welt der Moderne (Romantiker) und als Statthalter der Kritik gegenüber einer vermachteten Vernunft (Nietzsche). Zu Herder als Vertreter des aufklärerischen Antiintellektualismus: Panajotis Kondylis, Die Aufklärung im Rahmen des neuzeitlichen Rationalismus, München 1986, S. 615–636.

1200 Charles Taylor, Hegel (Anm. 851), S. 36. Taylor weist auf die eminente Bedeutung des Herderschen Ausdrucksexpressivismus für das politische Denken Hegels und – über diesen vermittelt – für die Marxsche Konzeption der Arbeit als Ausdruckshandeln hin.

ist die grundlegende Rückbindung von »Nation« an »Humanität«. Herder legt den Deutschen einen weltbürgerlich anschlußfähigen kritischen Patriotismus nahe. Vernunft und »Billigkeit« garantieren das harmonische Miteinander der sich in Sprache und Kunst kulturell entfaltenden Nationen: »Großer Vater der Menschen, welche leichte und schwere Lektion gibst du deinem Geschlecht auf Erden zu seinem ganzen Tagewerke auf! Nur Vernunft und Billigkeit sollen sie lernen; üben sie dieselbe, so kommt von Schritt zu Schritt Licht in ihre Seele, Güte in ihr Herz, Vollkommenheit in ihren Staat, Glückseligkeit in ihr Leben. Mit diesen Gaben beschenkt und solche treu anwendend, kann der Neger seine Gesellschaft einrichten wie der Grieche, der Traglodyt wie der Chinese. Die Erfahrung wird jeden weiterführen, und die Vernunft sowohl als die Billigkeit seinen Geschäften Bestand, Schönheit und Ebenmaß geben.«[1201] Die wohlwollende Kommentierung der slawischen Völker in seinen *Ideen zur Philosophie der Geschichte der Menschheit* machen Herder zu einem wichtigen Anreger und Bezugsautoren auch des ostmitteleuropäischen Nationalismus. Im Herderschen Humanitätsideal offenbart sich die Wirksamkeit des aufklärerischen Kosmopolitismus[1202]. Den Kollektivgeist der Völker, der eine Gesellschaft als zusammenhängendes, organisches Ganzes begründet, entdeckt Herder in den »Sagen und Heldengedichten, der Poesie, den Mythen, Gesetzen, Gebräuchen, Liedern, Tänzen, der religiösen und weltlichen Symbolik, den Tempeln, Kathedralen, rituellen Handlungen – alles Formen des Ausdrucks und der Verständigung, die kein einzelner Autor und keine identifizierbare Gruppe geschaffen hatten, sondern die Einbildungskraft und der Wille der ganzen Gemeinschaft.«[1203]

Zwar bietet Herder, indem er die Nation als naturgegebenes Phänomen aus der organischen Entwicklung des Volksgeistes begründet, auch Anknüpfungspunkte für den späteren chauvinistischen Nationalismus mit seiner quasireligiösen und ausgrenzenden Überhöhung der Nation[1204]; bei Herder selbst jedoch stehen die Gleichwertigkeit der Nationen, die Humanität und der Respekt vor dem individuellen Charakter der verschiedenen Nationen im Vordergrund.

Herders Volksbegriff orientiert sich an der Kategorie des Organischen und stellt einen direkten Zusammenhang zwischen Individuum, Gattung und Volk her. Ihm gelten die Juden als Urvolk, als »das ausgezeichnetste Volk der Erde ..., an dessen Geschichte und Schicksal sich das Problem eines seiner Heimat entwurzelten Volkes ablesen läßt.«[1205] Gegen Rousseaus Idee des Gesellschaftsvertrags wendet sich seine Vorstellung einer Entwicklung des Volksrechts aus der Tradition. Da literarisches Erbe und Sprache das Nationalbewußtsein stimulieren, erklärt sich die Bedeutung,

1201 Johann Gottfried Herder, Ideen zur Philosophie der Geschichte der Menschheit, Textausgabe Darmstadt 1966, S. 410.

1202 Dazu auch Eugen Lemberg, Nationalismus (Anm. 1188), Bd. 1, S. 95ff.

1203 Isaiah Berlin, Der Nationalismus (Anm. 1199), S. 61.

1204 Boyd C. Shafer, Nationalism. Myth and Reality, New York 1955, S. 15–28, hier S. 19; gegen die nationalsozialistischen Vereinnahmungsversuche Herders wendet sich Theodor Litt, der auf den Herderschen Humanismus verweist: Theodor Litt, Die Befreiung des geschichtlichen Bewußtseins durch Herder, Leipzig 1942.

1205 Zitat nach Michael Zaremba, Johann Gottfried Herders humanitäres Nations- und Volksverständnis, Berlin 1985, hier: S. 181f.

die Herder seinen Volksliedsammlungen beigemessen hat[1206]. Diese sind noch nicht wie spätere Sammlungen auf die deutsche Volksliedtradition eingeschränkt[1207]. Herders Kritik des Naturrechts und eines mechanisch-rationalistischen Staatsverständnisses – etwa vorgetragen in seinen *Gedanken bei Lesung Montesquieus*[1208] – sowie sein Begriff des Volksgeistes haben die politische Romantik nachhaltig beeinflußt. Mit dem von ihm vertretenen organischen Denken tritt die Orientierung an Natur und Geschichte in den Vordergrund. Der »Volksgeist« spielt später eine prominente Rolle in der Hegelschen Philosophie und in der historischen Rechtsschule, die den rational vereinheitlichenden Geist der Französischen Revolution ablehnt. »Der Begriff selbst wurde aufgewertet: Das Volk wurde nicht mehr im herkömmlichen Sinn als die Masse der Unterschichten, sondern als die gesamte Bevölkerung verstanden. Von diesem ›Volkstum‹ der Politischen Romantiker war es nur ein kleiner Schritt bis hin zum zeitgenössischen Verständnis von Kulturnation. Schrittweise drangen denn auch ihre Vorstellungen vom ewigen deutschen Volkstum, auch schon in der Form einer ethnisch-völkischen Verengung, in den Nationalismus ein, obwohl sie zunächst nur eine Komponente – und keineswegs die dominierende – neben anderen bildeten.«[1209]

Die Ambivalenz des modernen Nationalismus, die aus der eigentümlichen Mischung von nationalistischer Verengung und Kosmopolitismus herrührt, zeigt sich in einer zweiten Phase des deutschen Nationalismus deutlicher. In diesem Sinne und hinsichtlich der Wirkung für die Mobilisierung breiterer Kreise müssen Johann Gottlieb Fichte, Ernst Moritz Arndt und Friedrich Ludwig Jahn als die eigentlichen »Erwecker« der deutschen Nationalbewegung gelten. Bevor wir uns mit ihnen den Entwicklungslinien des deutschen Nationalismus zuwenden, soll ein kurzer Blick auf die europäischen Zusammenhänge geworfen werden.

8.2.3 Der Risorgimento-Nationalismus in Europa: Eine knappe Skizze

In Frankreich begründet Jules Michelet (1798–1874) die nationalistische Geschichtsschreibung, so in der siebzehnbändigen *Histoire de France* (1847/53)[1210]. Die nationale demokratische Revolution und die Selbstbestimmung des Volkes knüpfen nach seiner Darstellung an die Tradition des römischen Rechts und des römischen Republikanismus und an das Konzept universaler und allgemeiner Freiheit an. Eine Zentralregierung ist für Michelet – ganz im Gegensatz zu den Auffassungen der Romantik – dem Partikularismus von Landrecht, Sitte und Tradition überlegen. Michelets Glorifizierung Frankreichs als Garanten von Vernunft, Humanität und Gerechtigkeit teilen der Historiker Henri Martin (1810–1883)[1211] wie auch der liberale Historiker, Publizist

1206 Johann Gottfried Herder, Stimmen der Völker in Liedern. Mit einem Nachwort von Christel Köchel, Wiesbaden o. J.
1207 Michael Zaremba, Johann Gottfried Herders humanitäres Nations- und Volksverständnis (Anm. 1205), S. 189f.
1208 Johann Gottfried Herder, Sämtliche Werke (Anm. 1198), Bd. 4, S. 464–469.
1209 Hans-Ulrich Wehler, Deutsche Gesellschaftsgeschichte, Bd. 2: 1815–1845/1849 (Anm. 12), S. 411.
1210 Jules Michelet, Oeuvres complètes, hrsg. von Paul Viallaneix, Paris 1971–1978.
1211 Henri Martin, De la France, de son géniet et des ses destinées, Paris 1847.

und Politiker François Guizot (1797–1874)[1212]. Für den Historiker Edgar Quinet (1803–1875) verkörpert Frankreich den Universalgeist und nimmt damit auch gegenüber der römischen Kirche eine privilegierte Rolle ein[1213]. »Entsprechende Denkweisen breiteten sich auch in den anderen europäischen Ländern aus. Von der Herderschen These, daß die Völker gleichen Rang hätten, blieb nach 1789 sehr schnell nichts mehr übrig.«[1214]

In Italien wird der Nationalismus entscheidend von Giuseppe Mazzini (1805–1872) geprägt, der 1831 in Marseille den Geheimbund *Giovine Italia* (Junges Italien) gründet. 1834 vereinigt er ihn mit gleichgesinnten polnischen und deutschen Verbindungen zum *Jungen Europa*. Nach einem mißglückten Aufstand emigriert er 1837 nach London. 1849 verteidigt er mit Garibaldi die Republik Rom gegen französische Truppen. Als überzeugter Republikaner ist er Gegner der von Camillo Benso Graf von Cavour (1810–1861) als Ministerpräsident des Königsreiches Sardinien verfolgten Politik der Einigung Italiens im Zusammenspiel von Krone und Nationalbewegung[1215]. Mazzini, in den vierziger Jahren des 19. Jahrhunderts der wohl bekannteste nationalistische Demokrat in Europa, beeinflußt die Führer zahlreicher entstehender Nationalbewegungen und findet auch in der Arbeiterbewegung Resonanz[1216].

Wie schon Herder ist Mazzini überzeugt von der Gleichberechtigung aller Nationen. Die Nation gilt ihm als Inbegriff einer neuen »sozialen Epoche«, in der sie – jede Nation auf ihre Weise – der Beförderung von Humanität zu dienen habe. Das Banner des *Jungen Italien* sollte auf der einen Seite die Worte »Freiheit, Gleichheit, Humanität«, auf der anderen die Worte »Einigkeit, Unabhängigkeit« tragen. Wie die französische Nation, die ihre Mission in der Verbreitung von Freiheit, Gleichheit und Brüderlichkeit fände, hätten auch die anderen Nationen einen eigenen Beitrag zu leisten: die Russen die Zivilisierung Asiens, die Engländer Industrialisierung und Kolonisierung, die Deutschen die Entwicklung der Ideen und die Italiener die Anleitung der Welt in der »sozialen Epoche« der Humanität als ein »Drittes Rom«.

Das junge Europa der Nationen sollte dem Europa der restaurierten Monarchien entgegentreten. Mazzini, der zur Bildung des Nationalstaates auch gewaltsame Methoden billigt, verfolgt das politische Konzept eines föderalen Systems in Europa. Kleine Nationen sollen in größeren Bundesstaaten zusammengeschlossen werden. Zahlreichen kleineren Völkern erkennt er das Recht auf nationale Unabhängigkeit nicht zu. Das betrifft etwa die Iren, aber auch die Ukrainer, Kroaten, Serben, Slowenen, Bulgaren, Slowaken, Finnen, Esten, Katalanen oder Basken. Mazzinis visionärer Entwurf einer humaneren Weltordnung der Nationen ist so von vorneherein auch geeignet, die Assimilierungspolitik eines dominanten Nationalismus zu rechtfertigen,

1212 François Guizot, Histoire générale de la Civilisation en Europe, Paris 1828.
1213 Edgar Quinet, L'Ultramontanisme, Paris 1844.
1214 Hans Fenske, Politisches Denken von der Französischen Revolution bis zur Gegenwart, in: Hans Fenske/Dieter Mertens/Klaus Rosen, Geschichte der politischen Ideen, Frankfurt 1987, S. 476; zur allgemeinen ideengeschichtlichen Darstellung ferner Eugen Kamenka, Nationalismus, in: Iring Fetscher/Herfried Münkler (Hrsg.), Pipers Handbuch der politischen Ideen, Bd. 4: Neuzeit (Anm. 5), S. 589–614.
1215 Giuseppe Mazzini, Politische Schriften. Ins Deutsche übertragen und eingeleitet von Siegfried Flesch, Leipzig 1911; Giuseppe Mazzinis Schriften, hrsg. von Ludmilla Assing, 2 Bde., Hamburg 1868.
1216 Dazu Hans Mommsen, Arbeiterbewegung und Nationale Frage (Anm. 946).

und bietet so Anknüpfungspunkte für Aggressionen, die sich in der Entwicklung der nationalistischen Bewegungen als politische, soziale und kulturelle Sprengkraft entfalten sollten. »Konflikte zwischen verschiedenen Nationalismen waren durch den Grundsatz der Gleichberechtigung aller Nationen und ihrer politischen Bestrebungen gleichsam vorprogrammiert. Nationale Ansprüche mußten sich besonders in jenen Gebieten überschneiden, in denen wie auf dem Balkan oder in großen Teilen Ostmitteleuropas, die sich als Nationen begreifenden Völker in einer Gemengelage lebten, oder auch in solchen Fällen, in denen eine im Gesamtstaat dominierende Nation die Entfaltung anderer Nationalismen zu verhindern suchte.«[1217]

Vincenzo Gioberti (1806–1852), Geistlicher, Philosoph und von 1833–1848 im politischen Exil in Frankreich und Belgien, ist 1848 für kurze Zeit Führer der Regierung in Piemont. In seinem Hauptwerk *Del primato morale e civile degli Italiani* (1843) sieht er in Tradition und Katholizismus die wahren Quellen des italienischen Nationalismus. Im Unterschied zu Mazzini, dem er sich ursprünglich angeschlossen hatte, setzt er politisch auf eine Fürstenföderation unter Führung des Papstes[1218].

Der polnische Nationaldichter Adam Mickiewicz (1798–1855) formuliert mit starken religiösen Bezügen die Sendungsidee des polnischen Nationalismus. Seit Niederschlagung des polnischen Aufstandes 1831 Emigrant in Paris, organisiert er 1848 eine polnische Legion im habsburgisch-piemontischen Krieg und engagiert sich als Chefredakteur der *Tribune de peuples* für die Rechte unterdrückter Nationen. Einfluß auf den polnischen Nationalismus gewinnt er vor allem als Literat[1219].

Frantisek Palacky (1798–1876), 1829 zum offiziellen Historiker Böhmens ernannt, wird 1848 Mitglied der Wiener konstituierenden Versammlung und leitet den Prager Panslawischen Kongreß. Für das Habsburgerreich fordert Palacky eine Föderation gleichrangiger Nationen. Gegenüber der auf Verwandtschaftsgruppen aufbauenden Nation kommt dem Staat aus seiner Sicht nur eine untergeordnete Bedeutung zu. Die hussitische Revolution begründet in seiner *Geschichte von Böhmen*[1220] die besondere Bedeutung der tschechischen Nation im Kampf gegen die dogmatischen Ansprüche der römischen Kirche und das deutsche Machtstreben. Sein berühmtester Schüler ist Tomás Garrigue Masaryk (1850–1937), Philosoph, Schriftsteller und Politiker, seit dem 14. November 1918 erster Präsident der neuen tschechoslowakischen Republik.

1217 Peter Alter, Nationalismus (Anm. 1174), S. 35f.

1218 Vincenzo Gioberti, Del primato morale e civile degli Italiani, Brüssel 1845; Hartmut Ullrich, Bürgertum und nationale Bewegung im Italien des Risiorgimento, in: Otto Dann (Hrsg.), Nationalismus und sozialer Wandel, Hamburg 1978. Als Gewährsmann der katholischen Liberalen Italiens *(Neoguelfen)* skizziert ihn Peter Herder, Die Neoguelfen, in: Iring Fetscher/Herfried Münkler (Hrsg.), Pipers Handburch der politischen Ideen, Bd. 4 (Anm. 5), S. 615–622.

1219 Adam Mickiewicz, Konrad Wallenrod, St. Petersburg 1828; ders., Dziadów czes' 'c trezecia, Dresden 1932, Ksiegi narodu polskiego i pielgrzymstwa polkiego, Paris 1932; Pan Tadeusz, 2 Bde., Paris 1834.

1220 Frantisek Palacky, Geschichte von Böhmen, Prag 1836/67 (zunächst deutsch, dann 1848/76 tschechisch); zu Palacky Hans Raupach, Der tschechische Frühnationalismus (1939), Darmstadt 1969.

Der provinzielle Partikularismus des altständischen Adels und großer Teile der Bauernschaft, aber auch der Traditionsstolz des Stadtbürgertums vermochten sich gegen den entstehenden Nationalismus nicht zu behaupten. Aus dem verbreiteten kulturellen Nationalismus ergaben sich zunächst Impulse sowohl für einen erstarkenden Landespatriotismus der Mitgliedstaaten des Deutschen Bundes wie auch für den – schließlich erfolgreichen – deutschen Staatsnationalismus. Die Frage nach der Rolle Österreichs und Preußens bei der deutschen Einigung war noch in der Paulskirchenversammlung von 1848/49 vorwiegend »ein taktisches Problem, wobei allerdings die weit überwiegende Mehrheit mit dem Herzen bei der großdeutschen Lösung war«[1221].

Die deutsche Nationalbewegung war in ihrer ersten Phase von den 1790er Jahren bis um 1815 keineswegs eine Massenbewegung. Ihre Ideen gaben zwar auch den antinapoleonischen Freiheitskriegen von 1813/14 die Stichworte, sie war jedoch im wesentlichen ein Phänomen elitärer Intellektuellenzirkel geblieben, das »nur einige Tausend weit verstreut lebende junge Leute« erfaßte[1222]. Das intellektuelle Programm dieser Phase formuliert vor allem Johann Gottlieb Fichte in seinen *Reden an die deutsche Nation*. Trotz weiterhin vorhandener kosmopolitischer Ansprüche tragen Fichtes Reflexionen über die geistige Superiorität des deutschen Wesens und ein entsprechendes Sendungsbewußtsein dazu bei, die humanitäre Ethik des Herderschen Nationalgedankens für die Parolen des massenwirksamen Nationalismus späterer Jahrzehnte instrumentalisierbar zu machen. Statt einer geistigen sollte dort von der politischen Weltmission Deutschlands und deren machtstaatlichen Konsequenzen die Rede sein. Verbreitung und Zuspitzung erfahren die Ideen Fichtes durch Ernst Moritz Arndt. Für die organisatorische Verankerung der nationalen Bewegung sorgt Friedrich Ludwig Jahn. »Jahn hat die Organisationen geschaffen, die den Nationalismus verbreiteten« – das Lützowsche Freikorps, »für das er als blendender Werber und Bataillonskommandant tätig war«, später vor allem aber die Turnvereine »für das ›Volk‹ in allen seinen Schichten«[1223] und die Burschenschaften für die akademische Jugend. Die Turnerbewegung konnte bis zu ihrem Verbot durch die Karlsbader Beschlüsse und der sechsjährigen Inhaftierung ihres Gründers nach eigenen Angaben 12000 Turner organisieren. Turnerschaften und Burschenschaften waren die wichtigsten Organisationen dieser ersten Phase des nationalen Erwachens.

Ihren Höhepunkt erlebt diese Phase mit dem Wartburgfest am 18. Oktober 1817. Dessen Mischung aus »dumpf reaktionärem Nationalgefühl und jakobinischem Volksfreund-Denken« offenbart das Nationale als das integrierende Dach, »unter

---

1221 Hagen Schulze, Der Weg zum Nationalstaat. Die deutsche Nationalbewegung vom 18. Jahrhundert bis zur Reichsgründung, München 1986², S. 105. Zu Restauration und Revolution 1815–1848 auch: Manfred Görtemaker, Deutschland im 19. Jahrhundert. Entwicklungslinien, Bonn 1983, S. 55–120.

1222 Hans-Ulrich Wehler, Deutsche Gesellschaftsgeschichte, Bd. 2 (Anm. 12), S. 394f.

1223 Peter Glotz, Der Irrweg des Nationalstaates (Anm. 1197), S. 71.

dem sich die entstehenden politischen Differenzen zusammenfinden können«[1224]. Die Karlsbader Beschlüsse von 1819 mit ihrem Verbot der Burschenschaften und Turnvereine, ihrer ›Demagogen‹-verfolgung und ihren scharfen Kontrollauflagen für Presse und Universitäten bedeuten den einstweiligen Todesstoß für die organisierte Nationalbewegung. Sie leiten das eigentliche Jahrzehnt der Restauration ein. Zu einem kurzen Aufflackern der Aktivitäten der Nationalbewegung kommt es in Reaktion auf die französische Julirevolution von 1830. Das Hambacher Fest von 1832 offenbart aber auch schon die entstehende Kluft im liberal-nationalen Lager zwischen monarchisch-konstitutionellen und demokratisch-republikanischen Positionen.

Hatte sich 1830 »bereits gezeigt, daß die nationale Frage weit über das elitäre Publikum hinaus ihre Wirkung entfaltete, so erwies sich der Nationalismus zehn Jahre danach endgültig als Massenphänomen. Die Zäsur setzte die Rheinkrise von 1840.«[1225] Die französische Forderung nach Inbesitznahme des linken Rheinufers führt zu einem enormen Aufschwung der nationalen Begeisterung, unter deren Eindruck August Heinrich Hoffmann (1798–1874) *Das Lied der Deutschen* verfaßt (den Text der heutigen Nationalhymne). 1842 wird die preußische Turnsperre aufgehoben. »Am Vorabend der 48er Revolution dürfte es in Deutschland etwa 300 Turnvereine mit insgesamt rund 90000 Mitgliedern gegeben haben.«[1226] Die vierziger Jahre sind auch die Blütejahre der Nationaldenkmal-Bewegung (Hermannsdenkmal, Walhalla, Befreiungshalle bei Kelheim, Kölner Dombau-Fest 1842) und einer breitenwirksamen Sängerbewegung mit unüberhörbar nationalpolitischem Anspruch. Vor der Revolution »war dieser Nationalismus zu einer öffentlich agierenden Bewegung geworden. Turner, Sänger, Studenten, Deutschkatholiken, Polen- und Pressevereine wirkten unübersehbar mit Erfolg auf die politische Öffentlichkeit ein. Vermutlich rund 250000 Männer waren bis dahin in Vereinen formal organisiert, die auch Wert auf national-deutsche Gesinnung legten.«[1227]

Die nationale Frage integriert trotz erster politischer Ausdifferenzierungen – von konstitutionellem Liberalismus (Heppenheimer Programm vom 10. Oktober 1847), demokratischem Radikalismus (Offenburger Programm vom 12. September 1847) über den Frühsozialismus um Wilhelm Weitling (1808–1871) und Moses Hess (1812–1875) bis zu den Gesellenvereinen in der europäischen Emigration – die verschiedenen politischen Strömungen. Deutlich wird freilich auch eine unterschiedliche Bewertung der nationalen Frage[1228]. Der politische Konservatismus, mehrheitlich antiliberal und antinational, versucht unter dem Eindruck der Märzrevolution und der Debatten der Paulskirche erstmalig, den Nationalismus zu Zwecken der Ordnungssicherung zu funktionalisieren. Für die Radikalen an erster Stelle stehen Forderungen nach Freiheitsrechten; »erst an zweiter Stelle wird das nationale Problem

1224 Klaus Eder, Geschichte als Lernprozeß? Zur Pathogenese politischer Modernität in Deutschland, Frankfurt/M. 1985, S. 308ff. Die folgenden Ausführungen orientieren sich an dieser Darstellung; ders., Kollektive Identität, historisches Bewußtsein und politische Bildung, in: Will Cremer/Ansgar Klein (Hrsg.), Umbrüche in der Industriegesellschaft. Herders Forderungen für die politische Bildung, Opladen – Bonn 1990, S. 351–368.

1225 Hagen Schulze, Der Weg zum Nationalstaat (Anm. 1221), S. 80.

1226 Ebd., S. 83.

1227 Hans-Ulrich Wehler, Deutsche Gesellschaftsgeschichte, Bd. 2 (Anm. 12), S. 412.

1228 Zu den folgenden Ausführungen: Klaus Eder, Geschichte als Lernprozeß? (Anm. 1224), S. 309–325.

angeführt. Nation ist nicht mehr ein Zielwert, sondern eine andere Bezeichnung für das Volk, dem als solchem Freiheit, Sicherheit usw. angehört.«[1229] Der Liberalismus gerät in einen Konflikt zwischen Freiheit und Nation, der sich in liberaldemokratischen und nationalliberalen Positionen manifestiert. »Der Übergang vom linken zum rechten Nationalismus wird über den spezifischen Entwicklungspfad, den der Liberalismus in der zweiten Jahrhunderthälfte eingeschlagen hat, vermittelt.«[1230] Die Wende hin zu einer Ersetzung von Freiheit durch Einheit erfolgt um 1866. Hierfür steht etwa Hermann Baumgartens Forderung, »das schwere Erbteil einer Vergangenheit, die... einen zerrütteten Staat und ein zerrissenes Vaterland hinterlassen hat«, abzulegen, damit der »Liberalismus... regierungsfähig werden« könne[1231].

Unter dem Eindruck der Politik Bismarcks, der die Nationalstaatsgründung von oben »durch Eisen und Blut« betreibt, wird das Jahr 1866 nicht nur zum Schicksalsjahr des deutschen Liberalismus, sondern auch zu dem der deutschen Nationalbewegung als eigenständiger politischer Kraft, die ihre Spielräume verliert und sich der Machtstaatspolitik Bismarcks überantwortet. Der Nationalismus bleibt allerdings ein Kennzeichen insbesondere der politischen Kultur des Kaiserreiches. Hier wird das nationale Bewußtsein zu einem Privileg spezifischer ideologischer Traditionen, aus denen der demokratische Radikalismus und linksbürgerliche Positionen ausgeschlossen sind. Es offenbaren sich die Grundzüge eines ›integralen‹, die Werte der eigenen Nation überhöhenden Nationalismus. »Die nationale und patriotische Orientierung wurde nationalistischer, borussischer, exklusiver, integralistischer, kritikloser, antiinternationaler und antiliberaler, zum Teil auch chauvinistischer.«[1232] Volkstums- und Rassenideologien – die freilich nicht auf Deutschland beschränkt blieben, bereiteten in Verbindung mit dem integralen Nationalismus den Boden, den der Nationalsozialismus im 20. Jahrhundert so furchtbar bestellen sollte[1233].

8.3.1 Johann Gottlieb Fichte, Ernst-Moritz Arndt und Friedrich Ludwig Jahn

Johann Gottlieb Fichte (zu Biographie und dem Stellenwert seines politischen Denkens innerhalb des nachrevolutionären Denkens siehe Abschnitt 2.4) übernimmt in seinen frühen politischen Schriften in Anlehnung an Rousseau die Konzeption des Gesellschaftsvertrages und der Volkssouveränität[1234]. In seiner Schrift *Zurückforde-*

1229 Ebd., S. 314.
1230 Ebd., S. 316.
1231 Hermann Baumgarten, Der deutsche Liberalismus. Eine Selbstkritik (Oktober 1866), in: Deutsche Parteiprogramme, hrsg. von Wilhelm Mommsen, München 1960², S. 144f., hier zitiert nach Christof Dipper, Freiheit – Einheit der Nation, in: Otto Brunner/Werner Conze/Reinhart Koselleck, Geschichtliche Grundbegriffe (Anm. 4), Bd. 2, S. 503–512, hier: S. 511.
1232 Thomas Nipperdey, Deutsche Geschichte 1866–1918, Bd. 1: Arbeitswelt und Bürgergeist, München 1990, S. 812–834.
1233 Dazu Hans Fenske in diesem Band zum Nationalsozialismus und Faschismus (Abschnitte 8 und 9 des Beitrags ›Politisches Denken im 20. Jahrhundert‹).
1234 Johann Gottlieb Fichte, Ausgewählte Werke, hrsg. von Fritz Medicus, 6 Bde., Leipzig 1910/12 (Darmstadt 1962²); Johann Gottlieb Fichte, Ausgewählte politische Schriften, hrsg. von Zwi Batscha/Richard Saage, Frankfurt/M. 1977; Johann Gottlieb Fichte, Schriften zur Revolution, hrsg. von Bernard Willms, Köln – Opladen 1967; Machiavelli, nebst

rung der Denkfreiheit fordert er die Freiheit der Presse, da alleine die Denkfreiheit die Einsicht in soziale Mißstände und deren Beseitigung ermögliche. In Freiheit und Persönlichkeit sieht er »unveräußerliche Menschenrechte«, auf deren Anerkennung der Staat beruhe. Dieser muß auf dem Wege eines freiwilligen Vertragsschlusses seitens der mit gleichen Menschenrechten ausgestatteten Bürger konstituiert werden. »Die bürgerliche Gesellschaft (das ist für Fichte der Staat, A.K.) gründet sich auf einen solchen Vertrag aller Mitglieder mit einem, oder eines mit allen, und kann sich auf nichts anderes gründen, da es schlechterdings unrechtmäßig ist, sich durch einen anderen Gesetze geben zu lassen, als durch sich selbst. Nur dadurch wird die bürgerliche Gesetzgebung gültig für mich, daß ich sie freiwillig annehme ... und dadurch mir selbst das Gesetz gebe. Aufdringen kann ich mir kein Gesetz lassen, ohne dadurch auf die Menschheit, auf Persönlichkeit und Freiheit Verzicht zu tun.«[1235]

Die in seiner Schrift *Die Grundzüge des gegenwärtigen Zeitalters* entworfene Geschichtsphilosophie visiert das Ziel an: einen »Stand der vollendeten Rechtfertigung und Heilung«, zu dem sich die »Menschheit mit Freiheit nach der Vernunft einrichte«[1236]. Erst dann sei die Republik realisiert, in der jeder einzelne zugleich Souverän und Untertan ist. In seinen *Reden an die deutsche Nation* begreift Fichte in Anknüpfung an seine Geschichtsphilosophie die napoleonische Besetzung und Unterwerfung Preußens wie auch der anderen deutschen Staaten als Chance und Anstoß: »So ergibt sich denn also, daß das Rettungsmittel, dessen Anzeige ich versprochen, bestehe in der Bildung zu einem durchaus neuen und bisher vielleicht als Ausnahme bei Einzelnen, niemals aber als allgemeines und nationales Selbst dagewesenen Selbst, und in der Erziehung der Nation, deren bisheriges Leben erloschen und Zugabe eines fremden Lebens geworden, zu einem ganz neuen Leben ...«[1237] Die jetzt erforderliche »Nationalerziehung« soll durch die »gebildeten Stände« eingeleitet werden, sich an der Liebe zur Sittlichkeit ausrichten und den »ganzen Menschen« zu einer »neuen Ordnung der Dinge« anleiten. Fichte, der sich zunächst am Vorbild der Französischen Revolution und dem Modell einer ›von unten‹ durchgesetzten Realisierung der Aufklärung orientiert hatte, wendet sich um 1800 der Vorstellung einer Änderung der Gesellschaft ›von oben‹ zu, innerhalb derer den »Gelehrten« eine besondere vorurteilsfreie Vermittlungsfunktion zukommt[1238]. Die »Erzieher der Völker«, denen Fichte sich zweifellos selbstbewußt zurechnet, sollen sich von der Einsicht in die Gesetze der Vernunft leiten lassen.

Die *Reden* stehen zweifellos im Kontext der egalitär-demokratischen und kosmopolitischen Grundauffassungen Fichtes. Ihre problematische Wirkungsgeschichte, in

---

einem Briefe Carls von Clausewitz an Fichte (1807), hrsg. von H. Schulz, Leipzig o. J.; Reden an die deutsche Nation, mit einer Einleitung von Hans Freyer, Leipzig 1941; Die Grundzüge des gegenwärtigen Zeitalters, hrsg. von Fritz Medicus, Hamburg 1957; Die Staatslehre, oder über das Verhältnis des Urstaates zum Vernunftreiche, hrsg. von Fritz Medicus, Leipzig 1922.

1235 Johann Gottlieb Fichte, Zurückforderung der Denkfreiheit von den Fürsten Europens, die sie bisher unterdrückten, in: ders., Schriften zur Revolution (Anm. 1234), S. 17.

1236 Johann Gottlieb Fichte, Die Grundzüge des gegenwärtigen Zeitalters (Anm. 1234), S. 11.

1237 Johann Gottlieb Fichte, Reden an die deutsche Nation (Anm. 1234), S. 23.

1238 Zwi Batscha, Vorwort, in: Johann Gottlieb Fichte, Ausgewählte politische Schriften (Anm. 1234), S. 21; ausführlicher ders., Gesellschaft und Staat in der politischen Philosophie Fichtes, Frankfurt/M. 1970.

der sie zum bevorzugten Zitationsinstrument nationalistischer und deutschtümelnder Autoren und zu einer Referenzschrift des völkisch-nationalistischen Diskurses haben werden können, erklärt sich aus den dort von Fichte vorgetragenen Begründungen der Einzigartigkeit des deutschen Volkes, der deutschen »Ursprache« und der deutschen weltgeschichtlichen Mission. Die Deutschheit, die im Zentrum der patriotischen Reden Fichtes steht, entzieht sich einer genauen Definition. Der Mythos spezifisch deutscher Ursprünglichkeit und Schöpferkraft und der hohen geschichtlichen Sendung des deutschen Volkes verbindet sich mit einer harschen Kritik der Ausländerei, mit der insbesondere die französischen Besatzer in einer für die Zensurbehörden akzeptablen Weise bezeichnet wurden. Fichte begründet insgesamt ein argumentatives Schema ausgrenzender Überheblichkeit, das sich von den darüber hinaus vorhandenen Intentionen seines Verfassers allzu leicht hat loslösen lassen.

So sieht Fichte in den Deutschen, »wenn sie als Volk betrachtet werden, ein Urvolk, das Volk schlechthin, Deutsche»[1239]. Die deutsche »Ursprache« sieht er insbesondere gegenüber den toten neulateinischen Sprachen der Franzosen, Italiener, Spanier und Portugiesen als überlegen an. Unter Bezugnahme auf romantische Auffassungen entwickelt Fichte in der vierten Rede ein Konzept der deutschen Sprache als überindividueller Manifestation des deutschen Volksgeistes: »Nenne man die unter denselben äußeren Einflüssen auf das Sprachwerkzeug stehenden, zusammenlebenden und in fortgesetzter Mitteilung ihre Sprache fortbildenden Menschen ein Volk, so muß man sagen: die Sprache dieses Volkes ist notwendig so, wie sie ist, und nicht eigentlich dieses Volk spricht seine Erkenntnis aus, sondern seine Erkenntnis selbst spricht sich aus aus demselben.« Hier offenbart sich eine völkische Denkfigur, mittels derer das Volk nicht als »ein Zusammenschluß einzelner Menschen, sondern sozusagen (als) das nachgeordnete, kollektive Äußere einer überindividuellen Substanz vorgestellt wird. Mit gutem Recht weist Peter Glotz auf die »schrecklichen Folgen« hin, »die diese spekulative Denkfigur für die Rolle, die Wertschätzung, die Rechte einzelner Menschen im neunzehnten und zwanzigsten Jahrhundert gehabt hat«, auch wenn diese dem spekulierenden Philosophen nicht angelastet werden können[1240].

Für Fichte sind die Deutschen die wahren Erben der Französischen Revolution, da Napoleon »die Nation um ihre Freiheit betrogen« habe. Nicht die mechanische Staatskunst des Auslands gelte es zu übernehmen, sondern die »deutsche Staatskunst« solle den Geist der Vaterlandsliebe als Triebkraft der Freiheit verwenden: »so viel ist klar, daß ein ursprüngliches Volk der Freiheit bedarf, daß dies das Unterpfand ist seines Beharrens als ursprünglich, und daß es in seiner Fortdauer einen immer höher steigenden Grad derselben ohne alle Gefahr erträgt. Und dies ist das erste Stück, in Rücksicht dessen die Vaterlandsliebe den Staat selbst regieren muß.«[1241] Die Nationalerziehung soll die »Kultur zur Freiheit« im Staat stärken und in einem »allgemeinen und weltbürgerlichen Geiste« erfolgen[1242].

Das »Deutsche« steht in den *Reden* Fichtes für eine geistig überhöhte geschichtliche Mission, die in paradoxer Weise anschlußfähig bleibt an einen Kosmopolitismus

1239 Johann Gottlieb Fichte, Reden an die deutsche Nation (Anm. 1234), S. 138.
1240 Peter Glotz, Der Irrweg des Nationalstaates (Anm. 1197), S. 78f.
1241 Johann Gottlieb Fichte, Reden an die deutsche Nation (Anm. 1234), S. 151.
1242 Ebd., S. 129.

der Freiheit. Kaum noch zu erkennen ist jedoch in den schroffen Wendungen gegen das Fremde und Undeutsche und in der existentiellen Entschlossenheit der patriotisch-nationalen Gesinnung der humanitäre Respekt vor der Eigentümlichkeit jeder Nation, der noch für Herder kennzeichnend war: »Was an Geistigkeit und Freiheit dieser Geistigkeit glaubt, und die ewige Fortbildung dieser Geistigkeit durch Freiheit will, das, wo es auch geboren sei und in welcher Sprache es rede, ist unsers Geschlechts, es gehört uns an und es wird sich zu uns tun. Was an Stillstand, Rückgang und Zirkeltanz glaubt, oder gar eine tote Natur an das Ruder der Weltregierung setzt, dieses, wo es auch geboren sei und welche Sprache es rede, ist undeutsch und fremd für uns, und es ist zu wünschen, daß es je eher je lieber sich gänzlich von uns abtrenne.«[1243] Die Weltmission der Deutschen – von Fichte hier mit den Kosmopoliten in paradoxer Weise gleichgesetzt – sei es, für Freiheit und Gleichheit zu kämpfen.

Fichtes Volksbegriff ist ein Mittelglied zwischen aufgeklärtem Patriotismus und militantem Nationalismus. Völkerhaß ist ihm fremd und die völkische Ideologie bleibt in eine kosmopolitische Weltanschauung eingebettet. Schon Erich <Eric> Voegelin hat darauf hingewiesen, daß kein Deutscher so klar wie Fichte im Konzept der »auserwählten Nation« die partikulare Nation mit einer universalen weltgeschichtlichen Sendung betreut habe[1244]. Die Wirkungsgeschichte von Fichtes politischem Denken verzeichnet zum einen eine breite völkisch-nationale Rezeption mit einer Fichte-Renaissance in der Zeit von 1900–1920 (mit um die 200 Veröffentlichungen) und einer daran anschließenden Vereinnahmung durch nationalsozialistische Autoren[1245]. Auf der anderen Seite hat Fichte – worauf Iring Fetscher mit Recht hinweist – die linkshegelianische Schule (Bruno Bauer, Moses Hess, den jungen Marx) in ihrer vom Gedanken zur revolutionären Handlung drängenden ›Philosophie der Tat‹ inspiriert. Auch spätere sozialistische Autoren haben den egalitär-jakobinischen Fichte rezipiert[1246].

Ernst Moritz Arndt (1769–1860), Sohn eines Gutsverwalters in Schoritz auf Rügen, wird schon 1800 Professor an der Universität Greifswald. Von 1812–1815 Privatsekretär des Freiherrn vom Stein, ist er von 1812–1820 und wieder ab 1840 Professor für Geschichte in Bonn. In der Zwischenzeit ist er wegen seiner politischen Auffassung in Folge der Karlsbader Beschlüsse amtsenthoben. 1848/49 wird Arndt Mitglied der Frankfurter Nationalversammlung[1247]. Während Fichte mit seinen *Reden* die preußischen Eliten anspricht, ist Arndt ein popularisierender Zuspitzer, der mit

---

1243 Ebd., S. 138f.

1244 Erich Voegelin, Rasse und Staat, Tübingen 1933, S. 146, hier zitiert nach: Iring Fetscher, Johann Gottlieb Fichte, in: ders./Herfried Münkler (Hrsg.), Pipers Handbuch der politischen Ideen, Bd. 4 (Anm. 5), S. 174–198, hier: S. 191f.

1245 Dazu Werner Conze, Die deutsche Nation, Ergebnis der Geschichte, Göttingen 1963, S. 18.

1246 Iring Fetscher, Johann Gottlieb Fichte (Anm. 1244), S. 195–199; Richard Saage, Nachwort. Zur neueren Rezeption der politischen Philosophie Johann Gottlieb Fichtes, in: Zwi Batscha/Richard Saage (Hrsg.), Johann Gottlieb Fichte, Ausgewählte politische Schriften (Anm. 1234), S. 397–414, hier: S. 364–372.

1247 Ernst Moritz Arndt, Germania und Europa, Altona 1803; ders., Fragmente über Menschenbildung (3 Bde. 1806/14), Langensalza 1904; ders., Schriften für und an seine lieben Deutschen, 4 Bde., Leipzig 1845/55; ders., Werke, Auswahl in 12 Teilen, hrsg. von August Leffson/Wilhelm Steffens, Leipzig 1912.

einer eingängigen Sprachgebung dem deutschen Nationalismus zur Breitenwirksamkeit verhilft. Arndt ist eine schillernde Persönlichkeit. Als Frühliberaler zieht er in seinen ersten Schriften für die Bauernbefreiung zu Felde und spricht sich gegen Fürstenwillkür und Restauration aus. Zugleich aber propagiert er in einflußreicher Weise einen mit biologistischen Vorstellungen angereicherten völkischen Nationalismus. Über die schon von Fichte vertretene Vorstellung eines sprachlich privilegierten deutschen »Urvolkes« hinaus geht seine Auffassung von der »Reinheit« der Deutschen »in ihrer Art und Natur: »Die Deutschen sind nicht durch fremde Völker verbastardet, sie sind keine Mischlinge geworden, sie sind mehr als viele andere Völker in ihrer angeborenen Reinheit geblieben und haben sich aus dieser Reinheit ihrer Art und Natur nach den stetigen Gesetzen der Zeit langsam und still entwickeln können; die glücklichen Deutschen sind ein ursprüngliches Volk... jedes Volk wird nur dadurch das Beste und Edelste werden und das Beste und Edelste hervorbringen können, daß es immer das Kräftigste und Schönste seines Stammes ausliest und miteinander zeugen läßt.«[1248]

Sprache und Abstammung werden für Arndt zu Fundamenten eines deutschen Wesens, das eine quasireligiöse Erhöhung erfährt. Hier schlägt der ursprünglich unpolitische, pietistisch geprägte Patriotismus[1249] in eine mystifizierende Verklärung des deutschen Volkstums um, aus der sich dann herbe politische Folgerungen ableiten. Arndt hat in schwer überbietbarer Weise die aggressiven Seiten des Nationalismus deutlich gemacht. Der von ihm propagierte Haß auf die Franzosen appelliert massenwirksam an die quasireligiöse Ekstase eines Gemeinschaftsgefühls: »Ich will den Haß gegen die Franzosen, nicht bloß für diesen Krieg, ich will ihn für lange Zeit, ich will ihn für immer. Dann werden Deutschlands Grenzen auch ohne künstliche Wehren sicher sein, denn das Volk wird immer einen Vereinigungspunkt haben, sobald die unruhigen und räuberischen Nachbarn darüber laufen wollen. Dieser Haß glühe als die Religion des deutschen Volkes als ein heiliger Wahn in allen Herzen und erhalte uns immer in unserer Treue und Redlichkeit und Tapferkeit.«[1250] Der antifranzösische Nationalismus sollte sich über das 19. Jahrhundert hinaus als Motiv konstant halten[1251]. Trotz aller Frankophobie zollt Arndt – nach wie vor der liberalen Reformprogrammatik verpflichtet – der Französischen Revolution Respekt: »Ich würde sehr undankbar und zugleich ein Heuchler sein, wenn ich nicht offen gestände, daß wir dieser wilden und tollen Revolution unendlich viel verdanken, daß sie ein reiches Feuermeer des Geistes ausgegossen hat.«[1252] In Folge der Karlsbader Beschlüsse wird Arndt seiner Professur enthoben. Die von ihm vertretene Freiheitsidee – darauf hat Kurt Lenk aufmerksam gemacht – ist jedoch »etwas völlig anderes als etwa die politische Freiheit autonomer Subjekte, von der noch bei Kant, der politisch zeitlebens ein Schüler Rousseaus war, die Rede gewesen ist. Für Arndt bedeutet

---

1248 Ernst Moritz Arndt, Schriften für und an seine lieben Deutschen (Anm. 1247), Bd. 2, S. 376 und S. 368f.

1249 Gerhard Kaiser, Pietismus und Patriotismus im literarischen Deutschland. Ein Beitrag zum Problem der Säkularisation, Frankfurt/M. 1973².

1250 Ernst Moritz Arndt, Schriften für und an seine lieben Deutschen (Anm. 1247), Bd. 1, S. 317.

1251 Dazu Werner Weidenfeld, Der deutsche Weg, Berlin 1990, S. 37f.

1252 Hier zitiert nach Hans-Ulrich Wehler, Deutsche Gesellschaftsgeschichte, Bd. 1: 1700–1815 (Anm. 1179), S. 533.

Freiheit die Pflicht, ›unverdorben‹ durch fremdländische Einflüsse, in die Fußstapfen der Vorväter zu treten.«[1253]

Friedrich Ludwig Jahn (1778–1852), Pastorensohn aus Lanz, wird Gymnasiallehrer an der Berliner Plamannschen Anstalt und am Grauen Kloster. In den antinapoleonischen »Befreiungskriegen« ist er Bataillonskommandant des Lützowschen Freikorps. Er begründet die Turnerbewegung (»Turnvater«) und ist auch an der Konstituierung der Burschenschaften beteiligt. In Folge der Karlsbader Beschlüsse wird er 1819 für sechs Jahre inhaftiert. 1848 ist er Mitglied der Frankfurter Nationalversammlung in der Paulskirche.

Jahn ist der eigentliche Organisator des deutschen Nationalismus als Massenbewegung. Im November 1810 begründet er mit dem Studenten Friesen den »Deutschen Bund« mit dem Ziel der Propaganda »zur Erhaltung des deutschen Volkes in seiner Ursprünglichkeit und Selbständigkeit, Neubelebung der Deutschheit, aller schlummernden Kräfte, Bewahrung unseres Volkstums . . . Hinwirken zur endlichen Einheit unseres zersplitterten, geteilten und getrennten Volkes«[1254]. 1811 wird auf der Hasenheide die Jahnsche »Turngesellschaft« gegründet, die neben körperlicher Stärke auch Willenskraft, Gemeinschaftsgeist und Charakterstärke fördern soll. 1812 entsteht schließlich unter Jahns Mitwirkung die »Deutsche Burschenschaft«.

Jahn, wie Arndt überzeugt von der Mission der Deutschen, propagiert die Förderung des »unverfälschten, menschheitlichen Deutschen Volkstums« in Geschichtsschreibung und Volkskunde. Ein historisches Bewußtsein der deutschen Größe will er über eine »bizarre altdeutsche Kleidungsmode, nationale Feiern, Festtage und Denkmäler« fördern[1255]. Turnerschaft, Burschenschaft und auch die Soldaten eines künftigen Volksheeres sollen über eine derartige Traditionspflege das Nationalbewußtsein im Volk verankern.

Jahn fordert den »egalitären Volksstaat« und eine Nationalmiliz mit allgemeiner Wehrpflicht. Das Turnerlied proklamiert: »An Rang und Stand sind alle gleich«. Aber Vorrang hat für ihn ohne Zweifel die »staatliche Einheit des deutschen Volkstums«: »Ich kann mir kein Volk anders denken ohne Einheit und keine Freiheit ohne Einheit.«[1256] Einheit geht vor Freiheit. Im Geiste dieser Rangordnung verbrennen junge Nationalisten auf dem Wartburgfest 1817 neben den Symbolen der alten Ordnung auch den Code Napoléon.

8.3.2 Machtstaatsdenken und integraler Nationalismus

Die aggressiv-ausgrenzenden Potentiale des modernen Nationalismus, die im integralen Nationalismus voll zur Geltung kommen, zeigten sich bereits in der Geburtsstunde des Risorgimento-Nationalismus. Schon die jakobinische Variante des Nationalismus, die die Einheit, Gleichheit und Unteilbarkeit der Nation proklamierte und

---

1253 Kurt Lenk, Ernst Moritz Arndt – ein Vorläufer des deutschen Nationalismus, in: ders., »Volk und Staat«. Strukturwandel politischer Ideologien im 19. und 20. Jahrhundert, Stuttgart – Berlin – Köln – Mainz 1971, S. 85–98, hier: S. 95.

1254 Nach Percy Stulz, Fremdherrschaft und Befreiungskampf, Berlin (DDR) 1960, S. 124f.

1255 Hans-Ulrich Wehler, Deutsche Gesellschaftsgeschichte, Bd. 1: 1700–1815 (Anm. 1179), S. 521.

1256 Zitiert nach Werner Weidenfeld, Der deutsche Weg (Anm. 1251), S. 39.

dem Vaterland Altäre errichtete, wendete sich nach innen mit unnachgiebiger Härte gegen die Feinde der Republik. Der Jakobiner Saint-Just bekannte ohne Umschweif: »Es liegt etwas Schreckliches in der heiligen Liebe zum Vaterland. Sie ist so ausschließlich, daß sie alle dem öffentlichen Interesse aufopfert, ohne Erbarmen, ohne Furcht, ohne Achtung vor der Menschlichkeit.«[1257] Die machtstaatliche Wendung nach außen vollzog nach den Revolutionskriegen vor allem dann Napoleon.

Die frühe Nationalbewegung des Risorgimento-Nationalismus speist sich aus den Konzepten der »Staatsnation« und der »Kulturnation« und entwickelt sich gemeinsam mit dem politischen Liberalismus. Der spätere integrale Nationalismus überhöht die Werte der eigenen Nation und läßt sich als Integrationsideologie mit einem Machtstaatsdenken mühelos verbinden. Nach außen kann so eine expansive, militärisch instrumentierte Außenpolitik ebenso gerechtfertigt werden wie nach innen eine Ausgrenzungspolitik gegen Teile der Bevölkerung. Die Entstehung des integralen Nationalismus – die Verbindung von Machtstaatsdenken, Antisemitismus und Sozialdarwinismus, die gegen Ende des 19. Jahrhunderts zum dominanten Deutungsmuster nationalistischen Denkens avanciert – soll hier am Beispiel Deutschlands nachvollzogen werden.

Die Historiker sind sich nicht ganz einig, ob die deutsche Geschichte im 19. Jahrhundert als »Sonderweg« einer »verspäteten Nation« zu gelten hat[1258]. Unabhängig von dieser Frage besteht jedoch kein Zweifel darüber, daß zum einen in Deutschland dem Staat und der Beamtenschaft eine besondere Rolle in der gesellschaftlichen Entwicklung zugefallen ist, zum anderen das liberale Bürgertum die durch Bismarck ›von oben‹ betriebene Gründung des Deutschen Reiches als Einlösung seiner nationalen Bestrebungen begrüßt hat[1259]. Die machtstaatliche Wende des Liberalismus ermöglicht die reibungslose Instrumentalisierung des Nationalismus als Integrationsideologie des Deutschen Reiches. Seit den achtziger Jahren entwickelt sich auch das organisatorische Gerüst des machtstaatlich auf preußisch-deutsche Realpolitik, Kolonialpolitik und Imperialismus ausgerichteten Nationalismus: Der 1891 gegründete, bis 1939 bestehende »Alldeutsche Verband«, dessen Sprecher die Reichseinigung lediglich als Ausgangsbasis für die Gewinnung einer deutschen Weltmachtstellung betrachten, ist der bekannteste der sog. ›nationalen Verbände‹ in dieser Zeit. Zu ihnen zählen auch der »Verein für das Deutschtum im Ausland« (seit 1881), die »Deutsche Kolonialgesellschaft« (1887–1935), der »Deutsche Ostmarkenverein« (1894–1935) und der »Deutsche Flottenverein« (1898–1934)[1260].

Zu den einflußreichsten Propagandisten des machtstaatlichen Nationalismus

---

1257 Zitiert nach Elie Kedourie, Nationalismus, München 1971, S. 17; zum jakobinischen Nationalismus siehe Carlton J. Hayes, The Historical Evolution of Modern Nationalism (1931), New York 1963[8].

1258 Als Überblick Helga Grebing, Der »deutsche Sonderweg« in Europa 1806–1945. Eine Kritik, Stuttgart 1986. Die These der ›verspäteten Nation‹ vertritt etwa Helmuth Plessner, Die verspätete Nation, Frankfurt/M. 1969[3].

1259 Dazu Wolfgang Mommsen, Die Deutschen und ihre Geschichte (1988), in: ders., Nation und Geschichte. Über die Deutschen und die deutsche Frage, München 1990, S. 165–183; Alexander Schwan, Deutscher Liberalismus und nationale Frage im 19. Jahrhundert, in: Manfred Funke u. a. (Hrsg.), Demokratie und Diktatur, Bonn – Düsseldorf 1987, S. 46–59.

1260 Peter Alter, Nationalismus (Anm. 1174), S. 46.

gehört zweifellos der Historiker Heinrich von Treitschke (1834–1896). Der Sohn eines sächsischen Generalleutnants ist in seiner Jugend zunächst Anhänger der Revolution von 1848, wird aber unter dem Eindruck der Bismarckschen Politik ein leidenschaftlicher Anwalt Preußens und seiner deutschen Mission. 1867–1874 ist er Professor in Heidelberg, danach in Berlin. Als Schriftleiter der *Preußischen Jahrbücher* tritt er für die deutsche Einigung unter Führung Preußens ein. Seine wichtigste Schrift ist die unabgeschlossene *Deutsche Geschichte im Neunzehnten Jahrhundert* (1879–1894)[1261]. Für Treitschke sind Monarchie, Bürokratie und Armee die Grundsäulen nationaler Stabilität. Die Freiheit des Bürgers endet an den vom Staat gesetzten Grenzen. Krieg dient der Läuterung der Nation. Diese muß ihre machtstaatlichen Ansprüche selbstbewußt anmelden. Vehement vertritt er im Herbst 1870 die Reichsangliederung von Elsaß-Lothringen: »Wer darf, angesichts dieser unserer Pflicht, den Frieden der Welt zu sichern, noch den Einwand erheben, daß die Elsässer und Lothringer nicht zu uns gehören wollen? Vor der heiligen Notwendigkeit dieser großen Tage wird die Lehre von dem Selbstbestimmungsrecht aller deutschen Stämme, die lockende Losung vaterlandsloser Demagogen, jämmerlich zuschanden. Diese Lande sind unser nach dem Recht des Schwertes, und wir wollen über sie verfügen kraft eines höheren Rechtes, kraft des Rechtes der deutschen Nation, die ihren verlorenen Söhnen nicht gestatten kann, sich für immer vom Deutschen Reiche zu entfremden.«[1262] Treitschkes Argumentation steht für eine machtstaatliche Verengung des ursprünglich liberal ausgerichteten Nationalismus. Er repräsentiert zugleich einen latenten kulturellen Antisemitismus, der im Deutschen Kaiserreich Verbreitung findet[1263]. Schon die frühen Texte von Fichte, Arndt und Jahn haben die tiefsitzenden Motive der christlich-abendländischen Judenfeindschaft zur Konturierung von »deutschem Wesen‹ und nationaler Zusammengehörigkeit aktiviert[1264]. Der Antisemitismus des Deutschen Kaiserreichs – der Begriff wird 1879 in Berlin geprägt und findet von dort aus Verbreitung – bezeichnet jedoch »einen neuen Typ von Judenfeindschaft, der nicht mehr in erster Linie religiös motiviert war, der sich politisch organisierte und schon bald überwiegend rassistisch begründet wurde«[1265].

Machtstaatsdenken, der Antisemitismus in seinen vielfältigen kulturellen und politischen Schattierungen, Rassismus[1266] und Sozialdarwinismus (zu diesen auch Abschnitt 9 von Hans Fenskes Beitrag in diesem Band ›Politisches Denken im 20. Jahrhunderts‹) verbinden sich im nationalistischen Diskurs zum völkischen Natio-

1261 Heinrich von Treitschke, Deutsche Geschichte im Neunzehnten Jahrhundert, Leipzig 1879/94.

1262 Heinrich von Treitschke, Heraus mit dem alten Raube, heraus mit Elsaß und Lothringen!, in: Preußische Jahrbücher, Herbst 1870, hier zitiert nach Achim von Borries (Hrsg.), Preussen und die Folgen, Berlin – Bonn 1981, S. 43.

1263 Thomas Nipperdey, Deutsche Geschichte 1866–1918 (Anm. 1232), S. 816.

1264 Zu Judenfeindschaft und Antisemitismus die Beiträge in Herbert A. Strauss/Norbert Kampe (Hrsg.). Antisemitismus. Von der Judenfeindschaft zum Holocaust, Bonn – Frankfurt/M. – New York 1985.

1265 Reinhard Rürup, Emanzipation und Antisemitismus. Historische Verbindungslinien, in: Herbert A. Strauss/Norbert Kampe (Hrsg.), Antisemitismus (Anm. 1264), S. 88–98, hier: S. 94.

1266 Immanuel Geiss, Geschichte des Rassismus, Frankfurt/M. 1988; George L. Mosse, Die Geschichte des Rassismus in Europa, Frankfurt/M. 1990 (amerikanisch 1978), Patrick von zur Mühlen, Rassenideologien. Geschichte und Hintergründe, Berlin – Bonn 1977.

nalismus[1267]. Rasse, Volk, Landschaft, Sprache – ob ›nordisch‹, ›germanisch‹ oder ›deutsch‹ apostrophiert – und eine aus der Romantik übernommene organizistische Lehre von Volk und Staat ergeben ein verwirrendes Bild des völkischen Denkens[1268]. Eine katalysierende Wirkung hatten hierbei Autoren wie Paul de Lagarde und Julius Langbehn, die die Motive einer pessimistischen Kulturkritik artikulieren.

Paul de Lagarde (1827–1891) erfährt als exzentrischer Orientalist und Religionswissenschaftler erst nach zwölfjähriger Tätigkeit im Schuldienst die angestrebte akademische Anerkennung. 1868 wird er Ehrendoktor der Universität Halle, 1872 Professor in Göttingen. In den siebziger Jahren beginnt er mit der Publikation von kulturkritischen Aufsätzen, die er unter Einbeziehung bislang unveröffentlichter Arbeiten 1878 und 1881 als Sammlung unter dem Titel *Deutsche Schriften* herausbringt. Deren Wirkung entfaltet sich in vollem Umfang erst posthum. Zu den Bewunderern seiner Kulturkritik zählen unter anderem Thomas Masaryk, Rudolf Steiner und Thomas Mann, der Lagarde als *Praeceptor Germaniae* (Lehrmeister Deutschlands) huldigt. Die nationalistische Rezeption sucht Anschluß an seine antisemitisch-völkischen Positionen[1269]. Lagarde ist ein leidenschaftlicher Nationalist, der den kulturellen Verfall des Deutschen Kaiserreichs kritisiert und an ländliche Traditionen einer agrarischen Gesellschaft und überschaubar-harmonische Hierarchien eines früheren unverdorbenen Deutschland anknüpfen will. Die Kommerzialisierung des Lebens und die ebenfalls im Gefolge der Modernisierung einsetzende Verstädterung lösen Lagardes massive Ablehnung von Liberalismus und moderner Kultur aus. Gegen deren Folgen proklamiert er eine neue nationale Religion, die auch Katholizismus und Protestantismus hinter sich lassen müsse. Ziel ist ein dem deutschen Wesen entsprechendes heroisches Christentum, das auch auf altheidnische Riten zurückgreift. Lagardes Nation ist die unbefragbar vorgegebene Einheit artgleicher Menschen, sein religiöser Nationalismus verbindet sich mit antisemitischen Ausfällen, die »mit ihrer Brutalität weit über den gemäßigten Antisemitismus hinaus(gingen), der damals unter den deutschen konservativen Kritikern üblich war«[1270]. Mit dem »wuchernden Ungeziefer« der Juden, so Lagarde, könne es keine Kompromisse geben: »Mit Trichinen und Bazillen wird nicht verhandelt, Trichinen und Bazillen werden auch nicht erzogen, sie werden so rasch und so gründlich wie möglich vernichtet.«[1271] Für Lagarde bietet eine nationale Politik von Krieg und Eroberung die Chance, der diagnostizierten Kulturkrise zu begegnen und das deutsche Volk im Sinne seiner nationalen Sendung zu erziehen.

Julius Langbehn (1851–1907) bricht ein Chemiestudium in seiner Jugendstadt Kiel ab und promoviert sich nach dem Studium von Kunst und Archäologie 1880 an der Universität München. Langbehn pflegt den Lebensstil eines Bohemiens. 1890 erscheint anonym sein Buch *Rembrandt als Erzieher. Von einem Deutschen,* das bin-

1267 Georg L. Mosse, Ein Volk – Ein Reich – Ein Führer. Die völkischen Ursprünge des Nationalsozialismus, Königstein/Ts. 1979.
1268 Dazu Armin Mohler, Die konservative Revolution in Deutschland 1918–1932, Darmstadt 1989³, S. 132.
1269 Paul de Lagarde, Deutsche Schriften (1878/81), München 1937³. Zu Lagarde und Langbehn grundlegend Fritz Stern, Kulturpessimismus als politische Gefahr. Eine Analyse nationaler Ideologie in Deutschland, München 1986 (amerikanisch 1961).
1270 Fritz Stern, Kulturpessimismus als politische Gefahr (Anm. 1269), S. 84.
1271 Zitiert nach ebd., S. 90f.

nen Jahresfrist über 30 Auflagen erfährt. Langbehn veröffentlicht in seinen letzten Lebensjahren nichts mehr. Er konvertiert kurz vor seinem frühen Tod zum Katholizismus[1272].

Wie schon Lagarde greift Langbehn die Motive einer antimodernistischen Kulturkritik auf. Sein Rembrandt-Buch stilisiert diesen zum künstlerisch-vollkommenen Deutschen, dessen Individualität und ursprüngliches Leben sich in seiner Kunst zum Ausdruck bringen. Rembrandt verkörpert den Idealtyp des »Niederdeutschen«, dessen bäuerliche Tugenden die Stärke des Volkes ausmachen. Die organische Gemeinschaft des Volkes – schon bei Herder thematisiert – ist der Nährboden jeder bedeutenden Kunst. Individualität und künstlerische Kreativität werden zum Umweg, über den die Zerrissenheit der Moderne überwunden und die Ursprünglichkeit eines elementaren Lebens wieder erfahrbar gemacht werden kann. Wahre Kunst eint das gespaltene Volk. Über die Kunst erschließt sich der Zusammenhang von Volk und Natur, der der rational-zergliedernden Wissenschaft, dem »wurzellosen« Bourgeois und insgesamt einer intellektualisierten Zivilisation abhanden gekommen ist. Langbehn schließt hier an die weit verbreiteten Motive der konservativen Kulturkritik an, welche die Kultur der Zivilisation und die Gemeinschaft der Gesellschaft gegenüberstellt.

Die Wiedergeburt des heroischen Volkes könne, so Langbehn, nur über die Erweckung durch charismatische Führerschaft erfolgen. Seine politische Zielvorstellung einer ständisch gegliederten, organischen und nicht-antagonistischen Gemeinschaft bestimmt Langbehns Gegnerschaft zur modernen Gesellschaft und zur Demokratie: »Demokratie ist ein Körper, der sich nach einem Kopf sehnt; darum beträgt sie sich so oft so kopflos; und darum findet sie so leicht einen Kopf – sei es nun ein Demagoge oder ein Cäsar.«[1273] Ein von aristokratischen Führern geleitetes deutsches Volk soll sich des Mittels der »Ahnenprobe« bedienen, um den vergiftenden Einfluß der Juden auszuschalten. Wie schon bei Lagarde endet auch bei Langbehn der Appell an eine ursprüngliche Volksgemeinschaft in antisemitischen Ausfällen und der Forderung nach einem Führer, der die Einheit des Volkes verkörpern und dessen Streitigkeiten notfalls gewaltsam schlichten soll. Im Hintergrund steht die »Vision einer neuen deutschen Sendung, eines Deutschlands, das, sauber und zuchtvoll im Innern, als größte Macht der Welt endlich auch die *Germania irredenta* zusammenfassen könnte.«[1274]

Antiliberalismus und Antisemitismus als Bestandteile der konservativen Kulturkritik von Lagarde und Langbehn tragen nicht nur zur Ausformung des aggressiven völkischen Nationalismus bei, sondern auch zu dessen Anschlußfähigkeit an eine verbreitete Kulturkritik im Zeichen des nietzscheanischen Individualismus, einer ästhetisierenden Weltbetrachtung und von Motiven der Lebensphilosophie. Angesichts von Machtstaatsdenken, völkischem Nationalismus und Sozialdarwinismus treten die liberalen und humanistischen Motive des Nationalismus vollends in den Hintergrund. Der Nationalismus als eine Form kollektiver Identitätsbildung erweist seine Anfälligkeit für instrumentalisierende Ausgrenzungsmechanismen: »Der ›gesunde‹ Nationalismus aber, so vage seine Kriterien formuliert sind, enthält das Potential seines

1272 Julius Langbehn, Rembrandt als Erzieher. Von einem Deutschen (1890), Leipzig 1891[33].
1273 Zitiert nach Fritz Stern, Kulturpessimismus als politische Gefahr (Anm. 1269), S. 185.
1274 Ebd., S. 3.

angeblichen Gegensatzes. Denn er beschwört ein *ingroup*-Bewußtsein, indem er an ein rational nicht ausgewiesenes Gemeinschaftsgefühl appelliert, das in prekären historischen Situationen als Aggression nach außen (und Säuberung nach innen) umschlagen kann.«[1275]

An die Stelle der Auffassung einer Gleichberechtigung selbstbestimmter Völker tritt die Nation als absolut gesetzter Wert, dem das Individuum sich unterzuordnen hat. Für diese Art des Nationalismus hat Charles Maurras (1868–1952) die Bezeichnung »integraler Nationalismus« geprägt[1276]. Im späten 19. Jahrhundert ist er in weiten Teilen Europas anzutreffen. Charles Maurras ist der Führer der *Action française* (1898), die während des Höhepunktes der Dreyfus-Affäre (1894–1900) entsteht. Für Deutschland können die Alldeutschen und die antisemitischen Parteien, für Österreich die christlich-soziale Partei unter Karl Lueger (1844–1910) und in Großbritannien die 1895 gegründete *Navy League* angeführt werden. In Italien zählen zu den politischen Promotoren eines integralen Nationalismus die Anhänger der *Italia irredenta,* die italienische Gebietsansprüche an das Habsburgerreich stellen. Ihre Organisationen sind seit den späten siebziger Jahren die *Società Dante Alighieri,* die *Lega Navale,* die *Società Geografica* und – seit 1910 – die *Associazione Nazionalista Italiana.* Enrico Corradini (1865–1930) und Gabriele D'Annunzio liefern dort einer nationalen Politik des Ressentiments die Argumente[1277]. Soziopolitische Voraussetzungen für ein Erstarken des integralen Nationalismus sind Krisen des nationalen Selbstbewußtseins in Folge militärischer oder politischer Niederlagen sowie soziale und wirtschaftliche Erschütterungen im Zusammenhang mit Industrialisierung und der Entwicklung der organisierten Arbeiterschaft.

8.4 Arbeiterbewegung und nationale Frage

Offensichtlich unterschätzt haben die verschiedenen sozialistischen Strömungen und Parteien die Sprengkraft der nationalen Frage. Es muß jedoch auch daran erinnert werden, daß der Streit um die Bewertung des Nationalismus schon die ersten Schritte der organisierten Arbeiterbewegung maßgeblich bestimmt hat. Die *Internationale Arbeiter-Assoziation* (IAA), 1864 in London gegründet, spaltet sich im Zusammenhang einer Auseinandersetzung über zentralistische oder föderalistische Organisationsstrukturen auch aufgrund eines Dissenses zwischen Karl Marx und Michail Bakunin über die allgemeine Anerkennung eines Selbstbestimmungsrechtes der Nationen. »Der Gedanke der Völkerverbrüderung gehörte zum Grundvokabular der sozialistischen Bewegung im Kampf gegen den bürgerlichen Nationalismus. Frühsozialistische, bakunistische und proudhonistische Einflüsse gingen in den von der Internationalen Arbeiter-Assoziation proklamierten proletarischen Internationalismus ein.«[1278] Bakunin tritt in dieser Auseinandersetzung für die friedliche Völkerver-

1275 Kurt Lenk, »Volk und Staat« (Anm. 1253), S. 98.
1276 Peter Alter, Nationalismus (Anm. 1174), S. 43ff.
1277 Ernst Nolte, Der Faschismus in seiner Epoche, München 1963, S. 195ff.; Fritz Stern, Kulturpessimismus als politische Gefahr (Anm. 1269), S. 12.
1278 Hans Mommsen, Sozialistische Arbeiterbewegung und nationale Frage, in: Heinrich August Winkler (Hrsg.), Nationalismus (Anm. 1175), S. 85–98, hier: S. 88.

brüderung und eine Republikenföderation ein, der auch die slawischen Völker Ost- und Ostmitteleuropas angehören sollen. Marx hingegen sieht in Bakunins Position eine »wirklichkeitsfremde Idealisierung der bäuerlichen Demokratie«[1279].

Marx und sein Mitstreiter Friedrich Engels vertreten die Auffassung, daß die Lösung der sozialen Frage durch die Arbeiterklasse zugleich zu einer Auflösung aller Nationen führen müsse. Die Entstehung einer einheitlichen Weltgesellschaft im Zuge der Ausbreitung der kapitalistischen Marktbeziehungen ist für sie ein gegebenes Faktum. Die Entwicklung der Produktivkräfte durch den Kapitalismus, so ihre Position in der *Deutschen Ideologie,* »erzeugte im Allgemeinen überall dieselben Verhältnisse zwischen den Klassen der Gesellschaft und vernichtete dadurch die Besonderheit der einzelnen Nationalitäten. Und endlich, während die Bourgeoisie jeder Nation noch aparte nationale Interessen behält, schuf die große Industrie (mit dem Proletariat, A.K.) eine Klasse, die bei allen Nationen dasselbe Interesse hat und bei der die Nationalität schon vernichtet ist, eine Klasse, die wirklich die ganze alte Welt los ist und zugleich ihr gegenübersteht.«[1280]

Im Sinne dieser Überzeugung reißt die »Bourgeoisie... auch die barbarischsten Nationen in die Zivilisation«[1281]. Auch die Arbeiterklasse ist, da sie »sich selbst als Nation konstituieren muß ... selbst noch national, wenn auch keineswegs im Sinne der Bourgeoisie... In dem Maße, wie die Exploitation des einen Individuums durch das andere aufgehoben wird, wird die Exploitation einer Nation durch die andere aufgehoben. Mit dem Gegensatz der Klassen im Innern der Nation fällt die feindliche Stellung der Nationen gegeneinander.« In diesem Sinne gebraucht das *Kommunistische Manifest* die berühmte Formulierung: »Die Arbeiter haben kein Vaterland. Man kann ihnen nicht nehmen, was sie nicht haben.«[1282] Die wirklichen Interessen der Nation vertritt die Arbeiterklasse, die das vom liberalen Bürgertum im Sinne von Sieyes propagierte Prinzip der Staatsnation innerhalb des proletarischen Internationalismus zu einer Verbrüderung der nationalen Arbeiterklassen vorantreibt. »Die scheinbare Gemeinschaft, zu der sich bisher die Individuen vereinigten, verselbständigte sich stets ihnen gegenüber und war zugleich, da sie eine Vereinigung einer Klasse gegenüber einer anderen war, für die beherrschte Klasse nicht nur eine illusorische Gemeinschaft, sondern auch eine neue Fessel. In der wirklichen Gemeinschaft erlangen die Individuen in und durch ihre Assoziation zugleich ihre Freiheit.«[1283] Nur die gleichzeitige Machtergreifung der Arbeiterklassen der entwickelten kapitalistischen Länder kann zu diesem Ziel führen. »Marx und Engels teilen, wenn auch in modifizierter Form, die Illusion von J. G. Herder und J.-J. Rousseau, daß die Emanzipation der Völker nationale Konflikte hinfällig machen würde.«[1284]

1279 Hans Mommsen, Arbeiterbewegung und Nationale Frage (Anm. 946) S. 49; weitere grundlegende Erörterungen und Darstellungen bei Hans-Ulrich Wehler, Sozialdemokratie und Nationalstaat, Würzburg 1962; Werner Conze/Dieter Groh, Die Arbeiterbewegung in der nationalen Bewegung. Die deutsche Sozialdemokratie vor, während und nach der Reichsgründung, Stuttgart 1966; Roman Rosdolsky, Friedrich Engels und das Problem der »geschichtslosen Völker«, in: Archiv für Sozialgeschichte, Bd. 4, 1964.

1280 Karl Marx/Friedrich Engels, Deutsche Ideologie (Anm. 861), S. 60.

1281 Karl Marx/Friedrich Engels, Manifest der Kommunistischen Partei (Anm. 736), S. 466.

1282 Ebd., S. 479, dort auch der vorhergehende Auszug.

1283 Karl Marx/Friedrich Engels, Deutsche Ideologie (Anm. 861), S. 74.

1284 Hans Mommsen, Arbeiterbewegung und Nationale Frage (Anm. 946), S. 43.

Trotz dieser Zielperspektive erlaubt ihnen ihre Sicht des geschichtlichen Fortschritts die Zustimmung zur zivilisierenden Rolle etwa des britischen Kolonialismus in Indien, zur Annexion großer Teile Mexikos durch die USA oder auch die Parteinahme für den magyarischen Nationalismus gegen die Südslawen. Im Hinblick auf diese äußert sich Engels in brutaler Deutlichkeit: »Es ist kein Land in Europa, das nicht in irgendeinem Winkel eine oder mehrere Völkerruinen besitzt, Überbleibsel einer früheren Bewohnerschaft, zurückgedrängt und unterjocht von der Nation, welche später Trägerin der geschichtlichen Entwicklung wurde. Diese Reste einer von dem Gang der Geschichte, wie Hegel sagt, unbarmherzig zertretenen Nation, diese Völkerabfälle werden jedesmal und bleiben bis zu ihrer gänzlichen Vertilgung oder Entnationalisierung die fanatischen Träger der Konterrevolution, wie ihre ganze Existenz überhaupt schon ein Protest gegen eine große geschichtliche Revolution ist. . . . Der nächste Weltkrieg wird nicht nur reaktionäre Klassen und Dynastien, er wird auch ganze reaktionäre Völker vom Erdboden verschwinden machen. Und das ist auch ein Fortschritt.«[1285]

Die klare Unterordnung der nationalen unter die soziale Emanzipation in Verbindung mit einer – an die Produktivkraftentwicklung geknüpften – Fortschrittsgewißheit einerseits, die Einschätzung des Nationalismus als bloßes Überbauphänomen von vorübergehender Bedeutung seitens der materialistischen Geschichtsauffassung andererseits haben eindeutig zu einer Unterschätzung von Enwicklungspotentialen und Sprengkraft des Nationalismus geführt. Den sich im Nationalbewußtsein ausdrückenden geschichtlichen Erfahrungen und kulturellen Werthaltungen kommt eine Eigendynamik auch im politischen Prozeß zu, die sich nicht auf soziale Verhältnisse und ökonomische Prozesse reduktionistisch zurückführen läßt. Marx und Engels sehen sich zwar in tagespolitischen Bewertungen zur Anerkennung der fortschrittlichen Rolle etwa des irischen oder rumänischen Nationalismus genötigt, rücken aber nicht von ihrer grundsätzlichen Bewertung des Nationalismus ab. Die »Berechtigung der großen geschichtlichen Nationen des Westens« ergibt sich aus deren Beitrag zum geschichtlichen Fortschritt, während – so Engels Einwand gegen den Panslawismus – »Völker, die nie eine eigene Geschichte gehabt haben . . . oder erst durch ein fremdes Joch in die erste Stufe der Zivilisation hineingezwungen werden . . . keine Lebensfähigkeit (haben)«[1286]. Die Unterscheidung historisch progressiver und regressiver Nationen orientiert sich an einer letztlich geschichtsphilosophisch begründeten Fortschrittslogik.

Schon bei Engels fließen »deutschnationale Momente« in die abschätzige Bewertung der kleinen Völker ein. Unter der Decke eines vordergründigen proletarischen Internationalismus, darauf macht Hans Mommsen aufmerksam, schleichen sich uneingestandene nationale Ressentiments ein[1287]. Ein klarer Verfechter nationaldeut-

---

1285 Friedrich Engels, Der magyarische Kampf, in: Marx-Engels-Werke (Anm. 159), Bd. 6, S. 172 und S. 176.

1286 Friedrich Engels, Der demokratische Panslawismus, in: Marx-Engels-Werke (Anm. 159), Bd. 6, S. 275 und S. 280.

1287 Hans Mommsen, Sozialistische Arbeiterbewegung und nationale Frage (Anm. 1278), S. 89.

scher Interessen ist hingegen Ferdinand Lassalle, der die nationale mit der proletarischen Revolution identifiziert. Für Karl Kautsky, den einflußreichsten Theoretiker der 1889 in Paris gegründeten II. Internationale, ist die Nation »ein Kind der Warenproduktion und des Handels« und gründet auf ökonomischen und militärischen Interessen. Zwar gibt Kautsky zu, daß nationale Zusammengehörigkeit sich nicht auf ökonomische Prozesse alleine zurückführen läßt, proklamiert jedoch zugleich die Tendenzen einer einheitlichen Weltkultur, zu der die wirtschaftliche Entwicklung treibe. Die Sprachgemeinschaft als vornehmstes Kennzeichen der Nation werde sich der Dominanz der Weltsprachen nicht entziehen können. Alle übrigen nationalen Sprachen würden zu Dialekten herabsinken.

Für eine realistischere Einschätzung der nationalen Frage unter Abwendung von ökonomistischen Verengungen plädiert Eduard Bernstein. In Abwendung von der Engelsschen Nationalitätenpolitik spricht er sich für das nationale Selbstbestimmungsrecht aus. Er ist »der Ansicht, daß die nationalen Unterschiede, das geschichtliche, im Temperament der Überlieferungen wurzelnde Element von weit größerer Bedeutung sind, als wir und unsere wissenschaftlichen Lehrer ursprünglich angenommen haben«[1288]. Bernstein kritisiert die Unschärfe des proletarischen Internationalismus und drängt auf die Anerkennung der Existenz nationaler Interessen und die Notwendigkeit ihrer aktiven politischen Gestaltung »zwischen der Skylla des Nationalismus und der Charybdis eines amporphen Internationalismus«[1289].

In seiner Schrift *Die Nationalitätenfrage und die Sozialdemokratie* (1907) distanziert sich der österreichische Sozialist (Austromarxismus) Otto Bauer von jeglicher Art vulgärökonomischer Verengung der nationalen Frage. Er betont die Bedeutung historisch gewachsener Strukturen und Traditionen für das nationale Zusammengehörigkeitsgefühl. Die Nation versteht er als eine »Schicksalsgemeinschaft«, in der weniger die Gleichartigkeit sozialer Interessen als vielmehr das geteilte Erlebnis einer Schicksals-, Kultur-, Verkehrs- und Sprachgemeinschaft zur Geltung kommen. Sie prägen Lebensformen und historische Identität. Otto Bauer entwickelt in Anschluß an Karl Renner – unter dem Eindruck der Probleme des habsburgischen Vielvölkerstaates – konkrete Vorschläge für die staatsrechtliche Absicherung der Koexistenz von Nationen als sozialen Gruppen auf der Basis nationaler Gleichberechtigung[1290].

Die theoretischen Defizite hinsichtlich der nationalen Frage verunsichern die Diskussionen in der Arbeiterbewegung. Gegenüber den zunehmend heraustretenden völkisch-antisemitischen Tendenzen des integralen Nationalismus erweist sich die Arbeiterschaft aufgrund des proklamierten Nationalismus als weitgehend immun. Dennoch kann dies nicht darüber hinwegtäuschen, »daß die Bindungen der Masse der Arbeiterschaft an die gegebene nationalstaatliche politische und kulturelle Struktur wesentlich enger waren, als das die üblichen Bekundungen internationaler Solidarität

1288 Aus einem Brief Bernsteins an Kautsky vom 20. Februar 1898, hier zitiert nach Hans Mommsen, Arbeiterbewegung und Nationale Frage (Anm. 946), S. 75.

1289 Ebd., S. 124.

1290 Otto Bauer, Die Nationalitätenfrage und die Sozialdemokratie (Anm. 1032); Karl Renner, Der deutsche Arbeiter und der Nationalismus. Untersuchungen über Größe und Macht der deutschen Nation und das nationale Programm der Sozialdemokratie (Anm. 1032); ders., Das Selbstbestimmungsrecht der Nationen in besonderer Anwendung auf Österreich (Anm. 1032).

glauben machten«[1291]. Die Vordergründigkeit des proletarischen Internationalismus offenbart sich in ihren vollen Ausmaßen spätestens beim Ausbruch des Ersten Weltkrieges. Die nationalen Arbeiterbewegungen stehen dem nationalen Taumel hilflos gegenüber, der auch große Teile der Arbeiterschaft erfaßt. Die Bewilligung von Kriegskrediten durch die sozialdemokratische Reichstagsfraktion führt schließlich zur Spaltung der SPD. Die Kriegskreditgegner gründen 1917 die USPD. Die Zweite Internationale war schon mit Kriegsbeginn 1914 auseinandergebrochen.

8.5 Zionismus

Die Sehnsucht nach Zion (Jerusalem) und die Hoffnung auf Rückkehr ins Heilige Land sind feste Bestandteile der religiösen Überlieferungen des Judentums. Erst der moderne Risorgimento-Nationalismus mit seinen Ideen von Freiheit und Selbstbestimmung gibt jedoch den zionistischen Autoren die ausschlaggebenden Impulse zur Verwandlung der religiösen Verheißung messianischer Rückkehr in ein nationalistisches politisches Programm. Mit dem Zionismus greift das Judentum die Anstöße des modernen Nationalismus politisch auf und antwortet zugleich auf die neuartigen Herausforderungen eines modernen Antisemitismus und einer – von den zionistischen Autoren als gescheitert interpretierten – Politik der Assimilation.

8.5.1 Judenemanzipation und Antisemitismus – Die historischen Voraussetzungen des Zionismus

Seit dem Mittelalter hatten die Juden unter Bedingungen sozialer, kultureller und rechtlicher Diskriminierung gelebt. Die erzwungene Isolierung des Ghettos trennte sie von der sie umgebenden Gesellschaft. Landerwerb war ihnen ebenso wie Handwerk und ordentlicher Handel untersagt. Unter dem Einfluß der Französischen Revolution wird die sogenannte »Judenfrage« in Westeuropa zur Frage nach der Emanzipation von Rechtsungleichheiten mit dem Ziel einer gleichberechtigten Eingliederung der Juden in die Gesellschaft. Den Willen zum Ausbruch aus der Enge des Ghettos und zur Verschmelzung jüdischer und europäischer Gedankenwelten bekundet die *Haskala,* die jüdische Variante der Aufklärung. Auf Veranlassung ihres bedeutenden Vertreters Moses Mendelssohn (1729–1784) erscheint 1781 die Schrift *Über die bürgerliche Verbesserung der Juden* aus der Feder des preußischen Beamten Christian Wilhelm Dohm, die die Integration der Juden in das Bürgertum zum Ziel hat. »Die Aufklärung konnte ihr neues Bild an der kleinen Schicht von Juden verifizieren, die durch die freiere Wirtschafts- und Kulturpolitik europäischer Staaten als ›moderne Bürger‹ ihrer Zeit wahrgenommen werden konnten.«[1292]

Es bleibt der Französischen Revolution und ihren Emanzipationsgesetzen von 1791 vorbehalten, die Juden zu Bürgern mit gleichen Rechten und Pflichten zu erklä-

---

1291 Hans Mommsen, Sozialistische Arbeiterbewegung und nationale Frage (Anm. 1278), S. 91.

1292 Herbert A. Strauss, Juden und Judenfeindlichkeit in der frühen Neuzeit, in: ders./Norbert Kampe (Hrsg.), Antisemitismus (Anm. 1264), S. 66–87, hier: S. 84.

ren. In Deutschland kommen erst mit den Reichsgesetzen von 1871 die Emanzipationsgesetze zu einem endgültigen Abschluß. »Emanzipation und Integration sollten Hand in Hand gehen; die Integration konnte man sich aber nur auf der Basis der Assimilation der Minderheit an die Mehrheit vorstellen. Die Juden sollten so wie alle anderen werden, wobei in einer säkularisierten Gesellschaft die Religionszugehörigkeit als eine bloße Privatangelegenheit betrachtet, wurde, die im öffentlichen Leben keine Rolle mehr spielen würde. Die Juden sollten deshalb auch nicht als eine religiös-soziale Gruppe mit bestimmten, durch die Geschichte geprägten, unverwechselbaren Merkmalen emanzipiert werden, sondern als Individuen, die sich aus den spezifisch jüdischen Lebenszusammenhängen lösen würden.«[1293]

Der Gedanke der Assimilation findet im Judentum durchaus zahlreiche Anhänger, wirft aber auch in grundsätzlich neuer Weise die Frage nach Identität und Selbstverständnis der Juden auf. In einem Prozeß jüdischer Selbstverortung wird die traditionell in sakralen Zusammenhängen verwendete hebräische Sprache seit Mitte des 19. Jahrhunderts unter den jüdischen Intellektuellen Mittel- und Osteuropas zu einer modernen Sprache des intellektuellen und literarischen Diskurses. Auch entstehen analog zum Risorgimento-Nationalismus anderer Nationen Werke zur jüdischen Nationalgeschichte wie Heinrich Graetz' elfbändige *Geschichte der Juden von der ältesten Zeit bis auf die Gegenwart* (1853/76).

Von Übertritten zum Christentum bis zum rigorosen Festhalten an der Orthodoxie reicht die Skala der jüdischen Reaktionen auf die sich eröffnenden Möglichkeiten der Assimilation. Der moderne Antisemitismus – ein von Wilhelm Marr in Deutschland 1879 geprägter Begriff – wendet sich jedoch vor allem gegen das emanzipierte und assimilierte Judentum. Weniger die Religions- als die Rassenzugehörigkeit dient ihm als Kriterium der Ausgrenzung. Die zunehmende Gesellschaftsfähigkeit eines rassistisch begründeten Antisemitismus im Gefolge des völkischen Nationalismus repräsentiert etwa Heinrich von Treitschkes Ausspruch »Die Juden sind unser Unglück« (1879)[1294]. Der Zionismus als politische Bewegung erfährt wesentliche Bestätigung durch den weit verbreiteten Antisemitismus. Die Auseinandersetzung des Zionismus mit den jüdischen Verfechtern der Assimilationspolitik sollte erst mit dem nationalsozialistischen Massenmord an den Juden zu einem unwiderruflichen Abschluß gelangen.

Der jüdische Nationalismus entsteht vor dem Hintergrund der negativen Erfahrungen mit Judenemanzipation, Assimilation und Antisemitismus. Dieser äußert sich in Frankreich anläßlich der Dreyfus-Affäre, in Deutschland etwa in den Erfolgen antisemitischer Parteien. In Rußland kommt es nach der Ermordung des Reform-Zaren Alexander II. 1881 zu Judenpogromen. Seit 1882 reagieren kleinere Teile der jüdischen Gemeinden dort mit gezielten Auswanderungen über Odessa und das Schwarze Meer nach Palästina auf die Judenverfolgung. Andere wandern nach Amerika aus, während die Einwanderung von »Ostjuden« in Mittel- und Westeuropa den

---

1293 Reinhard Rürup, Emanzipation und Antisemitismus. Historische Verbindungslinien, in: Herbert A. Strauss/Norbert Kampe (Hrsg.), Antisemitismus (Anm. 1264), S. 88–89, hier: S. 93.

1294 Zur Kontroverse Theodor Mommsens mit Treitschke siehe: Walter Boehlich, Der Berliner Antisemitismusstreit, Frankfurt/M. 1965.

dortigen Antisemitismus verstärkt[1295]. »Das Problem der Identität, das sich den Juden nie stellte, die ein traditionelles Leben in einer christlichen Umwelt oder auch in der islamischen Gesellschaft führten, wurde zu einer quälenden Herausforderung für die modernen säkularisierten Juden. Wenn man den Zusammenbruch der alten ökonomischen Ordnung in Osteuropa, in der die Juden ihren gesellschaftlichen Platz gefunden hatten, hinzunimmt, dann erkennt man schlaglichtartig die ungeheueren Umwälzungen, die die jüdischen Gemeinden im neunzehnten Jahrhundert durchlebten.«[1296]

8.5.2 Moses Hess, Leon Pinsker und Theodor Herzl

Ein wichtiger Vorläufer des Zionismus ist Moses Hess (1812–1875). Er stammt aus einer orthodoxen jüdischen Familie im Rheinland und ist wie Karl Marx einer der Begründer der sozialistischen Bewegung. 1842 ist er mit Marx Redakteur der *Rheinischen Zeitung*, seit Ende 1842 deren Korrespondent in Paris. Nach langjähriger Emigration kehrt er 1861 nach Deutschland zurück. Dort unterstützt Hess Ferdinand Lassalle und dessen *Allgemeinen Deutschen Arbeiterverein*[1297].

In seiner *Heiligen Geschichte der Menschheit* (1837) fordert Hess die sozialistische Umwandlung der kapitalistischen Gesellschaft. Zu dieser Zeit hat er sich weitgehend von der jüdischen Religion abgewendet und propagiert die Aufhebung des Judentums in einer universellen Menschheitsentwicklung zum Sozialismus. Als geistiges Vorbild gilt ihm hier der universalistisch orientierte jüdische Philosoph Spinoza. Unter dem Einfluß der Ideen Mazzinis greift er jedoch in seiner späteren Schrift *Rom und Jerusalem. Die letzte Nationalitätenfrage* (1862) auf die Argumente des Risorgimento-Nationalismus zurück. »Zu den totgeglaubten Völkern, welche im Bewußtsein ihrer geschichtlichen Aufgabe ihre Nationalitätsrechte geltend machen dürfen, gehört unstreitig auch das jüdische Volk, das nicht umsonst zwei Jahrtausende den Stürmen der Weltgeschichte getrotzt, und wohin auch die Flut der Ereignisse es getragen, von allen Enden der Welt aus den Blick stets nach Jerusalem gerichtet hat und noch richtet... Im ersten Rausche der modernen Aufklärungsbestrebungen konnte man sich wohl der Täuschung hingeben, das ganze jüdische Volk seines Nationalkultus zu entfremden durch allgemeine Humanitätstendenzen, in welchen das Judentum mit jedem Sonderleben, wie man sich einreden mochte, unterzugehen bestimmt sei. Heute kann auch der oberflächlichste Rationalist diese philanthropische Illusion nicht mehr hegen.«[1298]

Seine deutliche Absage an das assimilationsbereite Judentum begründet Hess mit Hinweisen auch auf die Krise des liberalen Nationalismus in Deutschland seit 1848 und die völkisch-rassistischen wie auch militaristischen Entwicklungstendenzen des nationalistischen Denkens. Hess verbindet seine Vorstellungen von Sozialismus nun-

1295 Dazu Walter Laqueur, Der Weg zum Staat Israel. Geschichte des Zionismus, Wien 1975.
1296 Shlomo Avineri, Israelischer und arabischer Nationalismus, in: Heinrich August Winkler (Hrsg.). Nationalismus (Anm. 1175), S. 232–251, hier: S. 239.
1297 Moses Hess, Die Heilige Geschichte der Menschheit (Anm. 817); ders., Die europäische Triarchie, Leipzig 1841; ders., Rom und Jerusalem: Die letzte Nationalitätenfrage (1862), Wien – Jerusalem 1935. Weitere Hinweise zu Moses Hess auch in Abschnitt 5.4.2, in dem Hess als Autor des Frühsozialismus behandelt wird.
1298 Moses Hess, Rom und Jerusalem (Anm. 1297), S. 6 und S. 128.

mehr mit der Konzeption eines aufgeklärten Nationalismus. Die antiindividualistische Ethik des Judentums mit seiner Hochschätzung der Familie sei für eine sozialistische Gesellschaft eine bedeutsame Voraussetzung. Den jüdischen Gemeinschaftsgeist entdeckt er vor allem bei den noch nicht durch den westlichen Individualismus korrumpierten Juden Osteuropas und im – im Polen des 18. Jahrhunderts begründeten – *Chassidismus*. Erstmals in der Neuzeit vertritt Hess den Gedanken einer jüdischen Nation. Deren Territorium lokalisiert er bereits in Palästina und diskutiert als politische Voraussetzung zur Realisation seiner Konzeption die Wandlung des Osmanischen Reiches und die Entstehung unabhängiger arabischer Staaten in Syrien und Ägypten. Von besonderer Bedeutung sind seine Überlegungen zur Sozialstruktur der in Palästina zu begründenden Nation. Da die Juden nur im Handels- und Finanzbereich sowie in intellektuellen Berufen tätig seien, müsse ein besonderes Augenmerk auf die Schaffung einer jüdischen Bauern- und Arbeiterschaft gelegt werden. Dieser Gedanke hat im späteren Zionismus gewichtige Auswirkungen gehabt: »Der Zionismus war die einzige Wanderungsbewegung mit einer bewußten Ideologie der sozialen Mobilität nach unten... (als) Grundstein für eine neue jüdische Gesellschaftsstruktur.«[1299] Die Ideen von Moses Hess bleiben für die Entstehung der zionistischen Bewegung ohne große Wirkung, obwohl sie wichtige Grundgedanken vorwegnehmen.

Eine breitere Resonanz findet hingegen der in Odessa als Arzt tätige Leon Pinsker (1821–1891) mit seiner Schrift *Autoemanzipation*. Unter dem Eindruck der russischen Pogrome von 1881/82 fordert er die Gründung eines jüdischen Nationalstaates und die Organisation konkreter Maßnahmen für eine jüdische Kolonisation. »Wir müssen uns ein für allemal mit der Idee befreunden, daß die anderen Nationen vermöge eines ihnen innewohnenden, naturgemäßen Antagonismus uns ewig ausstoßen werden. Vor dieser Naturkraft, welche wie jede andere Elementarkraft wirkt, dürfen wir unsere Augen nicht verschließen; wir müssen von ihr Notiz nehmen. Beklagen dürfen wir uns über dieselben nicht. Verpflichtet sind wir dagegen, uns selbst zusammenzunehmen, uns aufzuraffen und darauf zu achten, daß wir nicht in Ewigkeit das Aschenbrödel, der Amboß der Völker verbleiben.«[1300] Pinsker schwankt zunächst, ob das Territorium der jüdischen Nation in Palästina oder auf dem amerikanischen Kontinent zu suchen ist. Schließlich entscheidet er sich für Palästina. Auf seine Anregungen geht die Besiedlung der ersten Kolonie *Rischon le-Zion* (Liebhaber Zions) in Palästina durch jüdische Studenten zurück. Nathan Birnbaum, seit 1885 Herausgeber einer jüdischen Zeitschrift mit dem Pinskerschen Titel *Selbstemanzipation*, plädiert 1893 in der Schrift *Die nationale Wiedergeburt des jüdischen Volkes in seinem Lande* für die völkerrechtliche Gleichstellung der Juden. In dieser Schrift fällt erstmalig der Begriff »Zionismus«, der sich fortan als Bezeichnung der nationaljüdischen Bewegung durchsetzt.

Der eigentliche Begründer des modernen Zionismus wird der Journalist Theodor Herzl (1860–1904). Geboren in Budapest, studiert er Rechtswissenschaft in Wien und wird dort ein erfolgreicher Journalist. Unter dem Einfluß der Dreyfus-Affäre, die er als Prozeßbeobachter der Wiener *Neuen Freien Presse* in Paris miterlebt, veröffent-

---

1299 Shlomo Avineri, Israelischer und arabischer Nationalismus (Anm. 1296), S. 245.

1300 Leon Pinsker, Autoemanzipation. Mahnruf an seine Stammesgenossen von einem russischen Juden (1882), Berlin 1936, S. 22.

licht er 1896 die Broschüre *Der Judenstaat. Versuch einer modernen Lösung der Judenfrage.* Im August 1897 organisiert er den ersten Zionistenkongreß in Basel. Er wird von den gewählten Delegierten zum Führer der Zionistenbewegung bestellt. In deren Auftrag verhandelt er mit europäischen Regierungen um die Überlassung eines Territoriums für den Judenstaat. 1902 erscheint sein utopischer Roman *Altneuland,* in dem Herzl unter dem Einfluß von Theodor Herzkas Roman *Freiland*[1301] den jüdischen Staat mit den ihn tragenden Prinzipien sozialer Gerechtigkeit, Kooperation und modernen industriellen Managements ausmalt. Seine Sozialutopie ist angelehnt an Proudhons Prinzip der Wechselseitigkeit[1302].

Herzl kennt weder die Schriften von Hess noch die von Pinsker. Die Ausklammerung der religiösen und kulturellen Aspekte der Judenfrage und deren Reduzierung auf ein ausschließlich nationales Problem sind die Bedingung von Herzls Erfolgen bei der Sammlung der unterschiedlichen politischen, sozialen und religiösen Richtungen der facettenreichen jungen Bewegung des Zionismus: »Ich glaube den Antisemitismus, der eine vielfach komplizierte Bewegung ist, zu verstehen. Ich betrachte diese Bewegung als Jude, aber ohne Haß und Furcht. Ich glaube zu erkennen, was im Antisemitismus roher Scherz, gemeiner Brotneid, angeerbtes Vorurteil, religiöse Unduldsamkeit – aber auch, was darin vermeintliche Notwehr ist. Ich halte die Judenfrage weder für eine soziale, noch für eine religiöse, wenn sie sich auch noch so und anders färbt. Sie ist eine nationale Frage, und um sie zu lösen, müssen wir sie vor allem zu einer politischen Weltfrage machen, die im Rate der Kulturvölker zu regeln sein wird. Wir sind ein Volk, ein Volk.«[1303] Der Zionistenkongreß in Basel einigt sich schließlich auf die Formel: »Der Zionismus erstrebt für das jüdische Volk die Schaffung einer öffentlich-rechtlichen Heimstätte in Palästina.«[1304]

In seiner Schrift *Der Judenstaat* ist Herzl noch nicht auf Palästina festgelegt: »Man gebe uns die Souveränität eines für unsere gerechten Volksbedürfnisse genügenden Stückes der Erdoberfläche, alles andere werden wir selbst besorgen... Zwei Gebiete kommen in Betracht: Palästina und Argentinien.«[1305] Zeitweise favorisiert Herzl auch Uganda. Erst der Zionistenkongreß von 1903 verwirft das Uganda-Projekt endgültig.

Die *Balfour Declaration* von 1917, mit der sich die britische Regierung in allgemeiner Weise zur Unterstützung des zionistischen Palästinaprojektes bereiterklärt, sowie die Resolution der Vereinten Nationen von 1947 haben die Gründung des Staates Israel politisch möglich gemacht, dessen staatliche Unabhängigkeit David Ben Gurion (1886–1973) dann 1948 erklärt. Der Zusammenprall des jüdischen mit dem ebenfalls erwachenden arabischen Nationalismus[1306] in Palästina sollte zu einem zentralen Konfliktherd im Nahen Osten werden.

1301 Theodor Herzka, Freiland, Leipzig 1890.

1302 Theodor Herzl, Der Judenstaat, Leipzig 1896 (Nachdruck Kronberg/Ts. 1978); ders., Altneuland, Berlin 1902; ders., Gesammelte zionistische Werke, 5 Bde., Berlin 1934/1935.

1303 Theodor Herzl, Der Judenstaat (Anm. 1302), hier zitiert nach Hans Julius Schoeps, Zionismus, München 1973, S. 77.

1304 Zitiert nach Rolf Rendtorff, Die religiösen und geistigen Wurzeln des Zionismus, in: Aus Politik und Zeitgeschichte, B 49/1976, S. 3–17, hier: S. 4.

1305 Theodorf Herzl, Der Judenstaat (Anm. 1302), S. 81 und S. 83.

1306 Zum arabischen Nationalismus Abschnitt 10.2.4 des Beitrags von Hans Fenske ›Politisches Denken im 20. Jahrhundert‹ in diesem Band.

8.5.3 Zionistische Strömungen im 20. Jahrhundert

Der Zionismus der nachherzlschen Periode ist durch eine Vielfalt ausdifferenzierter ideologischer Strömungen gekennzeichnet. Deren Differenzen wirken auch als innenpolitische Scheidelinien im Staat Israel fort, wenngleich die Staatsgründung für das zionistische Selbstverständnis als Zäsur gelten kann. Die Staatsgründung hat neuartige Probleme aufgeworfen, zu denen etwa die Neudefinition der Beziehungen Israels zu den Juden in der Diaspora gehört. Shlomo Avineri hat folgende zionistische Strömungen bezüglich ihrer Bedeutung für die Innenpolitik Israels unterschieden[1307]: Der *politische Zionismus* von Herzl und seinem engen Mitarbeiter Max Nordau (1849–1923) konzentriert sich auf die Diplomatie als Mittel zur Staatsgründung in Palästina. Der *kulturelle Zionismus* sieht in einer nicht auf Palästina zu beschränkenden jüdischen Bewußtseinsbildung die zentralen Grundlagen auch des jüdischen Staates. Hauptvertreter sind Achad Ha' am (1856–1927), der Schriftsteller Chaim Nachmann Bialik (1873–1934) und der Philosoph Martin Buber (1878–1965).

Der *konstruktivistische Zionismus* sieht in der Errichtung neuer Siedlungsformen die Voraussetzung einer auch diplomatisch abzusichernden Nationalstaatsbildung. Zu dieser Richtung zählt auch Chaim Weizmann (1874–1952), jahrzehntelang Präsident des *Zionistischen Weltbundes* und erster Staatspräsident Israels.

Der *sozialistische Zionismus* wirkt über Gemeinschaftssiedlungen *(Kibbuzim)* und Kooperativen *(Moskavim)* maßgeblich auf die israelische Gesellschaft ein. Die Gewerkschaften *(Histraduth)* werden zum »Begründer und Eigentümer eines weitverbreiteten landwirtschaftlichen und industriellen Sektors der jüdischen Gesellschaft in Palästina«. Seit Mitte der dreißiger Jahre wird der sozialistische Zionismus unter Davin Ben Gurion (1886–1973) zur »bestimmenden Kraft in der zionistischen Bewegung und stellte die Führung sämtlicher Regierungen von der Gründung des Staates Israel bis 1977«[1308].

Der *revisionistische Zionismus* ist dezidiert antisozialistisch und machtstaatsorientiert. Sein Begründer Wladimir Jabotinski (1880–1940) sagt sich von der zionistischen Weltorganisation in den dreißiger Jahren los. Jabotinskis Anhänger Menachim Begin (geboren 1913) war 1977–1983 mit Unterstützung der dem revisionistischen Zionismus verbundenen *Likud*-Partei israelischer Premier. Der *religiöse Zionismus* beharrt auf der traditionell-gesetzestreuen Religionsanschauung. Seine bedeutendsten Organisationen sind die 1902 gegründete *Misrachi* (*merkas ruchani* heißt geistiges Zentrum) und die *Agudas Jisroel* (Bund Israel). »Nach 1967 verursachte die sich neu eröffnende Möglichkeit jüdischer Herrschaft über die Altstadt von Jerusalem sowie über Judäa und Samaria einen Rechtsruck bei zahlreichen religiösen Zionisten.« So fordert die Gruppierung *Gush Emunim* (Der Block der Gläubigen) die jüdische Besiedlung der West Bank.

1307 Shlomo Avineri, Zionismus, in: Iring Fetscher/Herfried Müngler (Hrsg.), Pipers Handbuch der politischen Ideen, Bd. 4 (Anm. 5), S. 622–628, hier: S. 626–628; dort auch die folgenden Zitate.

1308 Siehe auch Peretz Merchav, Die israelische Linke. Zionismus und Arbeiterbewegung in der Geschichte Israels, Frankfurt/M. 1972.

Literaturhinweise

1. *Texte*

ADLER, MAX, Kausalität und Teleologie im Streite um die Wissenschaft, in: Marx-Studien, Wien 1904 (Reprint Glashütten 1971); Marxistische Probleme, Stuttgart 1913; Die Staatsauffassung des Marxismus, Wien 1922; Neue Menschen, Berlin 1924; Politische oder soziale Demokratie, Berlin 1926; Das Rätsel der Gesellschaft. Zur erkenntnistheoretischen Grundlegung der Sozialwissenschaft, Wien 1936.

ARNDT, ERNST MORITZ, Werke, Auswahl in 12 Teilen, hrsg. von A. LEFFSON/W. STEFFENS, Leipzig 1912; Germania und Europa, Altona 1803; Schriften für und an seine lieben Deutschen, 4 Bde., Leipzig 1845/55; Fragmente über Menschenbildung, 3 Bde., Langensalza 1904.

BAGEHOT, WALTER, The Collected Works, hrsg. von N. St.JOHN-STEVAS, London 1965; The English Constitution, hrsg. von R. CROSSMAN, London 1963; deutsch: Die Englische Verfassung, hrsg. und eingeleitet von K. STREIFTHAU, Neuwied–Berlin 1971.

BAKUNIN, MICHAIL, Gesammelte Werke, 3 Bde., hrsg. von E. ROHLFS, (Bd. 1) und M. NETTLAU, (Bde. 2 und 3), Nachdruck Berlin 1975; Archives Bakounine, hrsg. im Auftrag des Internationalen Instituts für Sozialgeschichte Amsterdam von A. LENING/A. J. C. SCHLÜTER/P. SCHEIBERT, Leiden 1961 ff.; Philosophie der Tat. Auswahl aus seinem Werk. Eingeleitet und hrsg. von R. BEER, Köln 1968; Staatlichkeit und Anarchie und andere Schriften, hrsg. und eingeleitet von H. STUKE, Frankfurt/M.–Berlin–Wien 1972.

BAUER, BRUNO, Das entdeckte Christentum, eine Erinnerung an das 18. Jahrhundert und ein Beitrag zur Kritik des 19., Zürich–Winterthur 1849.

BAUER, OTTO, Werkausgabe in 10 Bdn., Wien 1975/80; Die Nationalitätenfrage und die Sozialdemokratie, Wien 1907.

BAZARD, SAINT-ARMAND/ENFANTIN, BARTHÉLEMY PROSPER, Doctrine de Saint-Simon. Exposition. Première Année – 1829, Paris 1830; Deuxieme Année – 1829–1830, Paris 1830.

BENTHAM, JEREMY, The Collected Works, hrsg. von J. H. BURNS u. a., London–Oxford 1968 ff.; An Introduction to the Principles of Morals and Legislation, hrsg. von J. H. BURNS/H. L. A. HART, London 1982; deutsch: Prinzipien der Gesetzgebung, hrsg. von E. DUMONT, Köln 1833 (Reprint Frankfurt/M. 1966); Constitutional Code, I, hrsg. von F. ROSEN/J. H. BURNS, Oxford 1983.

BERNSTEIN, EDUARD, Wie ist wissenschaftlicher Sozialismus möglich?, Berlin 1901; Der politische Massenstreik und die politische Lage der Sozialdemokratie in Deutschland, Berlin 1905; Der Revisionismus in der Sozialdemokratie, Amsterdam 1909; Wie eine Revolution zugrunde ging, Stuttgart 1921; Die Voraussetzungen des Sozialismus und die Aufgaben der Sozialdemokratie, Reinbek 1970; Ein revisionistisches Sozialismusbild. Drei Vorträge, hrsg. und eingeleitet von H. HIRSCH, Bonn-Bad Godesberg 1976[3].

BLANC, LOUIS, Revolution française. Histoire de dix ans. 1830–1840, 5 Bde., Paris 1841/44; Questions d'aujourdhui et de demain, 5 Bde., Paris 1873/84; Organisation der Arbeit, Berlin 1899.

BLANQUI, AUGUSTE, Œuvres complètes, Bd. 1, hrsg. von A. MÜNSTER, Paris 1977; Kritik der Gesellschaft. Gesammelte national-ökonomische Schriften, 2 Bde., Leipzig 1885; Instruktionen für den Aufstand. Aufsätze – Reden – Aufrufe, hrsg. von F. DEPPE, Frankfurt/M. 1968; Schriften zur Revolution, Nationalökonomie und Sozialkritik, hrsg. von A. MÜNSTER, Reinbek 1971.

DE BONALD, LOUIS GABRIEL AMBROISE, Œuvres complètes, hrsg. von J.-P. MIGNE, Paris 1859; Théorie du pouvoir politique et religieux dans la société civile, 3 Bde., Paris 1854.

BRANDT, HARTWIG (Hrsg.), Restauration und Frühliberalismus 1814–1840, Darmstadt 1979.

BUONAROTTI, PHILIPP, Babeuf und die Verschwörung für die Gleichheit, Bonn 1975.

BURKE, EDMUND, The Works of the Right Honourable Edmund Burke, 12 Bde., London 1887 (Reprint Hildesheim 1975); Reflections on the Revolution in France, hrsg. und eingeleitet von C. C. O'BRIEN, Harmondsworth 1968; deutsch: Betrachtungen über die französische Revolution, in der Übertragung von FR. GENTZ (1793), bearbeitet von L. ISER, eingeleitet von D. HENRICH, Frankfurt/M. 1967; Writings and Speeches of Edmund Burke, hrsg. von P. LANGFORD, Oxford 1981 ff.

CABET, ETIENNE, Œuvres d'Etienne Cabet, Bd. 1, Paris 1970; Révolution de 1830 et situation présente expliquée et éclairée par les Révolutions de 1789, 1792, 1794, 1804 et par la Restauration (1832), 2 Bde., Paris 1833[3]; Reise nach Ikarien, Berlin 1979.

CIESZKOWSKI, AUGUST V., Prolegomena zur Historiosophie, Berlin 1838.

COHEN, HERMANN, Ethik des reinen Willens, Berlin 1904; Kant, in: H.-J. SANDKÜHLER/R. DE LA VEGA (Hrsg.), Marxismus und Ethik, Frankfurt/M. 1974[2].

CONSIDERANT, VICTOR, Destinée sociale, 3 Bde., Paris 1851[4]; Fouriers System der sozialen Reform, eingeleitet von G. ADLER, Leipzig 1906 (Neudruck Berlin 1977).

CONSTANT, BENJAMIN, Œuvres, hrsg. von A. ROULIN, Paris 1957; Werke, hrsg. von A. BLAESCHKE/L. GALL, 4 Bde., Berlin 1970/72; Cours de politique constitutionnelle, 4 Bde., Paris 1818/20 (Reprint Paris 1972).

DAHLMANN, FRIEDRICH CHRISTOPH, Die Politik (vollständiger Titel: Die Politik auf den Grund und das Maß der gegebenen Zustände zurückgeführt), hrsg. und eingeleitet von M. RIEDEL, Frankfurt/M. 1968.

DONOSO CORTÉS, JUAN, Oblas Completas, hrsg. v. J. JURETSCHKE, 2 Bde., Madrid 1946; Der Staat Gottes. Eine katholische Geschichtsphilosophie, übersetzt und hrsg. von L. FISCHER, Karlsruhe 1933; Drei Reden (Über die Diktatur, Über Europa, Über die Lage Spaniens), übersetzt von J. LANGENEGGER, Zürich 1948; Essay über den Katholizismus, den Liberalismus und den Sozialismus und andere Schriften aus den Jahren 1851/53. Werke in zwei Bänden, hrsg., übersetzt und kommentiert von G. Maschke, Bd. 1, Weinheim 1989.

DÜHRING, KARL EUGEN, Kursus der National- und Sozialökonomie, Berlin 1873.

FABIAN ESSAYS, London 1962.

FEUERBACH, LUDWIG, Das Wesen des Christentums, in: DERS., Sämtliche Werke, Leipzig 1846 ff., Bd. 7.

FICHTE, JOHANN GOTTLIEB, Sämtliche Werke, hrsg. von I. H. FICHTE, 8 Bde., Berlin 1845/46; Ausgewählte Werke, hrsg. von F. MEDICUS, 6 Bde., Leipzig 1910/12, Darmstadt 1962; Gesamtausgabe, hrsg. von der BAYERISCHEN AKADEMIE DER WISSENSCHAFTEN, Stuttgart-Bad Cannstatt 1964 ff.; Schriften zur Revolution, hrsg. von B. WILLMS, Köln-Opladen 1967; Ausgewählte Politische Schriften, hrsg. von ZWI BATSCHA/R. SAAGE, Frankfurt/M. 1977; Reden an die deutsche Nation, hrsg. von F. MEDICUS, Hamburg 1955, 1978[5]; Die Grundzüge des gegenwärtigen Zeitalters, hrsg. von F. MEDICUS, Hamburg 1956, 1978[4]; Grundlage des Naturrechts nach Prinzipien der Wissenschaftslehre, hrsg. von F. MEDICUS, Hamburg 1960, 1979[3]; Grundlage der gesamten Wissenschaftslehre, hrsg. von F. MEDICUS, Hamburg 1961, 1979[3]; Der geschlossene Handelsstaat, hrsg. von F. MEDICUS, Leipzig 1922, Hamburg 1979[3].

FOURIER, CHARLES, Œuvres complètes, 12 Bde., Paris 1966/68; Theorie der vier Bewegungen und der allgemeinen Bestimmungen, hrsg. von TH. W. ADORNO, Frankfurt/M. 1966.

FRÖBEL, JULIUS, System der sozialen Politik, 2 Bde., Mannheim 1847 (Reprint Aalen 1975); Theorie der Politik als Ergebnis einer erneuerten Prüfung demokratischer Lehrmeinungen, 2 Bde., Wien 1861 und 1864 (Reprint Aalen 1975).

GALL, LOTHAR/KOCH, RAINER (Hrsg.), Der europäische Liberalismus im 19. Jahrhundert. Texte zu seiner Entwicklung, 4 Bde., Frankfurt/M-Berlin-Wien 1981.

GIOBERTI, VINCENZO, Del primato morale e civile degli Italiani, Brüssel 1845.

GODWIN, WILLIAM, An Enquiry Concerning Political Justice ans its Influence on General Virtue and Happiness (London 1793), 2 Bde., hrsg. von R. A. PRESTON, New York 1926.

GRAY, JOHN, Vom menschlichen Glück, in: Hauptwerke des Sozialismus und der Sozialpolitik, hrsg. von G. ADLER, Leipzig 1907.

GRÜN, KARL, Die soziale Bewegung in Frankreich und Belgien, Darmstadt 1845.

GRUNENBERG, ANTONIA (Hrsg.), Die Massenstreikdebatte. Beiträge von Parvus, Rosa Luxemburg, Karl Kautsky u. a., Frankfurt/M. 1970.

GUIZOT, FRANCOIS, Histoire générale de la Civilisation en Europa, Paris 1828.
HALL, CHARLES, Die Wirkungen der Zivilisation auf die Massen, in: Hauptwerke des Sozialismus und der Sozialpolitik, hrsg. von G. ADLER, Leipzig 1905.
HALLER, KARL LUDWIG v., Restauration der Staatswissenschaft oder Theorie der natürlich gesellschaftlichen Zustände, der Chimäre des Künstlich-Bürgerlichen entgegengesetzt, 6 Bde., Winterthur 1816ff., 2. Aufl. 1820/34 (Reprint Aalen 1964).
HEGEL, GEORG WILHELM FRIEDRICH, Werke. Vollständige Ausgabe durch einen Verein von Freunden des Verewigten, 18 Bde., Berlin 1832/45; Sämtliche Werke. Jubiläumsausgabe, hrsg. von J. GLOCKNER, Stuttgart 1927/40; Gesammelte Werke (historisch-kritische Gesamtausgabe), hrsg. von der RHEINISCH-WESTFÄLISCHEN AKADEMIE DER WISSENSCHAFTEN, Hamburg 1968ff.; Werke in 20 Bänden, hrsg. von E. MOLDENHAUER/K. M. MICHEL, Frankfurt/M. 1969/71, 1986; Politische Schriften, mit einem Nachwort von J. HABERMAS, Frankfurt/M. 1966; Frühe politische Systeme, hrsg. und kommentiert von G. GÖHLER, Frankfurt/M.–Berlin–Wien 1974; Vorlesungen über die Philosophie der Weltgeschichte, Bd. II–IV, hrsg. von G. LASSON, Leipzig 1923², Hamburg 1988; Die Vernunft in der Geschichte, hrsg. von J. HOFFMEISTER, Hamburg 1955⁵, 1970; Enzyklopädie der philosophischen Wissenschaften im Grundrisse, hrsg. von F. NICOLIN/O. PÖGGELER, Hamburg 1959, 1975; Grundlinien der Philosophie des Rechts oder Naturrecht und Staatswissenschaften im Grundrisse, hrsg. und eingeleitet von H. REICHELT, Frankfurt/M.–Berlin–Wien 1972; Phänomenologie des Geistes, mit einem Nachwort von G. LUKÁCS, Texte-Auswahl und Kommentar zur Rezeptionsgeschichte von G. GÖHLER, Frankfurt/M.–Berlin–Wien 1973².
HEINISCH, KLAUS J. (Hrsg.), Der utopische Staat, Reinbek 1960 (mit Texten von Thomas Morus, Tommaso Campanelle, Francis Bacon).
HERDER, JOHANN GOTTFRIED, Sämtliche Werke, hrsg. von B. SUPHAN/C. REDLICH/R. STEIG U. A., 33 Bde., Berlin 1877–1913 (Nachdruck Hildesheim 1967f., 1978²).
HERZKA, THEODOR, Freiland, Leipzig 1890.
HERZL, THEODOR, Gesammelte zionistische Werke, 5 Bde., Berlin 1934/35; Altneuland, Berlin 1902; Der Judenstaat, Kronberg/Ts. 1978.
MOSES HESS, Die heilige Geschichte der Menschheit, Stuttgart 1837 (Neudruck Hildesheim 1980); Die europäische Triarchie, Leipzig 1841; Philosophische und sozialistische Schriften 1827–1850. Eine Auswahl, Berlin 1961; Rom und Jerusalem: Die letzte Nationalitätenfrage, in: ders., Ausgewählte Schriften. Ausgewählt und eingeleitet von H. LADEMACHER, Köln 1962.
HILFERDING, RUDOLF, Das Finanzkapital. Eine Studie über die jüngste Entwicklung des Kapitalismus, Frankfurt/M. 1968.
HUMBOLDT, WILHELM v., Werke in fünf Bänden, hrsg. von A. FLITNER/K. GIEL, Darmstadt 1980³ff.
KAUTSKY, KARL, Bernstein und das sozialdemokratische Programm, Stuttgart 1899; Die soziale Revolution, 2 Bde., Berlin 1902; Karl Marx' ökonomische Lehre, Stuttgart 1908¹²; Nationalstaat, imperialistischer Staat und Staatenbund, Nürnberg 1915; Die Diktatur des Proletariats, Wien 1918; Das Erfurter Programm. In seinem grundsätzlichen Teil erläutert, Stuttgart 1922¹⁷; Die materialistische Geschichtsauffassung, 2 Bde., Berlin 1927; Die Agrarfrage, Graz 1971 (Reprint); Der Weg zur Macht, Neudruck, eingeleitet von G. FÜLBERTH, Frankfurt/M. 1972; Ethik und materialistische Geschichtsauffassung, in: H.-J. SANDKÜHLER/R. DE LA VEGA (Hrsg.), Marxismus und Ethik, Frankfurt/M. 1974².
KELSEN, HANS, Sozialismus und Staat, in: Archiv für Geschichte des Sozialismus und der Arbeiterbewegung, Bd. 9 (1921).
KOOL, FRITS/KRAUSE, WERNER (Hrsg.), Die frühen Sozialisten, eingeleitet von P. STADLER, Frankfurt/M.–Wien–Zürich 1968.
KROPOTKIN, PETER, Memoiren eines Revolutionärs, Frankfurt/M. 1973; Gegenseitige Hilfe in der Tier- und Pflanzenwelt, hrsg. von H. RITTER, Frankfurt/M. 1975; Landwirtschaft, Industrie und Handwerk, Berlin 1976; Die Französische Revolution 1789–1793, mit einem Nachwort von V. M. DALIN und einem Essay von G. LANDAUER, Leipzig–Weimar 1982; Die Eroberung des Brotes, eingeleitet von W. HAUG, mit Vorworten von R. ROCKER, und E. RECLUS, Bern/Grafenau 1989.

KRUG, WILHELM TRAUGOTT, Geschichtliche Darstellung des Liberalismus alter und neuer Zeit, Leipzig 1823.

LAGARDE, PAUL de, Deutsche Schriften, München 1937[3].

LANDAUER, GUSTAV, Zwang und Befreiung. Eine Auswahl aus seinem Werk, hrsg. von H.-J. HEYDORN, Köln 1968; Erkenntnis und Befreiung. Ausgewählte Reden und Aufsätze, hrsg. von R. LINK-SALINGER (HYMAN), Frankfurt/M. 1976; Die Revolution, Berlin 1977[4]; Skepsis und Mystik. Versuche im Anschluß an Mauthners Sprachkritik, Münster–Wetzlar 1978[4]; Aufruf zum Sozialismus, Münster–Wetzlar 1978[6].

LANGBEHN, JULIUS, Rembrandt als Erzieher. Von einem Deutschen, Leipzig 1891[33].

LANGE, FRIEDRICH ALBERT, Die Arbeiterfrage. Ihre Bedeutung für Gegenwart und Zukunft, Winterthur 1879 (Neudruck Duisburg 1975); Geschichte des Materialismus, 2 Bde., hrsg. von A. SCHMIDT, Frankfurt/M. 1974.

LASSALLE, FERDINAND, Gesammelte Reden und Schriften, hrsg. von E. BERNSTEIN, 12 Bde., Berlin 1919/20; Nachgelassene Briefe und Schriften, hrsg. von G. MAYER, 6 Bde., Stuttgart–Berlin 1921/25 (Neudruck 1967); Reden und Schriften. Mit einer Lassalle-Chronik, hrsg. von F. JENACZEK, München 1970.

LÜBBE, HERMANN (Hrsg.), Die Hegelsche Rechte. Texte aus den Werken, Stuttgart–Bad Cannstatt 1962.

LUXEMBURG, ROSA, Die politischen Schriften, 3 Bde., hrsg. von O. K. FLECHTHEIM, Frankfurt/M. 1966/68; Die polnischen Schriften, hrsg. von J. HENTZE, Neuwied 1971; Gesammelte Werke, 5 Bde., Berlin (DDR) 1970/75.

MAISTRE, JOSEPH de, Œuvres complètes, 14 Bde., Neuauflage Lyon 1884/86 (Reprint Genf 1979); Considérations sur la France (1797), hrsg. von F. JOHANNET/F. VERMALE, Paris 1936; deutsch: Betrachtungen über Frankreich, übersetzt von P. R. ROHDEN, Berlin 1924.

MARTIN, HENRI, De la France, de son géniet et des ses destinées, Paris 1847.

MARX, KARL, Werke – Schriften in sechs Bänden, hrsg. von H.-J. Lieber, Darmstadt 1960/71; Grundrisse der Kritik der Politischen Ökonomie, Rohentwurf, Berlin (DDR) 1974[2].

MARX, KARL/ENGELS, FRIEDRICH, Historisch-kritische Gesamtausgabe. Werke/Schriften/Briefe, hrsg. von D. RJAZANOV bzw. V. ADORATSKIJ, 1. Abtlg., Bd. 1/1, Frankfurt/M. 1927; Bde. 1/2–6, Berlin 1929 ff.; Bd. 7, Moskau 1935. Dritte Abtlg., Bde. 1–4, Berlin 1929/31; Werke, 39 Bde., 1 Ergänzungsband in 2 Teilen, 2 Verzeichnisse, Berlin (DDR) 1956 ff.; Gesamtausgabe, Berlin (DDR) 1976 ff.

MAZZINI, GIUSEPPE, Schriften, 2 Bde., hrsg. von L. ASSING, Hamburg 1868; Politische Schriften. Ins Deutsche übertragen und eingeleitet von S. FLESCH, Leipzig 1911.

MEINECKE, FRIEDRICH, Weltbürgertum und Nationalstaat. Studien zur Genesis des deutschen Nationalstaats, in: DERS., Werke, Bd. 5, München 1962.

MERLINO, SAVERIO, Pro e contro il socialismo, Milano 1897.

MICHELET, JULES, Œuvres Complètes, hrsg. von P. VIALLANEIX, Paris 1971/78.

MICKIEWICZ, ADAM, Konrad Wallenrod, St. Petersburg 1828; Pan Tadeusz, 2 Bde., Paris 1834.

MILL, JAMES, Elements of Political Economy, London 1826 (Reprint Hildesheim 1968); An Essay of Government, New York 1955.

MILL, JOHN STUART, Collected Works, hrsg. von F. E. L. PRIESTLEY, Toronto 1963–84; Gesammelte Werke, hrsg. von TH. GOMPERTZ, 12 Bde., Leipzig 1869/86 (Reprint Aalen 1968); Utilitarianism. On Liberty. Representative Government, hrsg. und eingeleitet von A. D. LINDSAY, London 1910 (und öfter); Über Freiheit, übersetzt von A. v. BORRIES, Frankfurt/M.–Wien 1969; Betrachtungen über die repräsentative Demokratie, übersetzt von H. Irle-Dietrich, hrsg. und eingeleitet von K. L. SHELL, Paderborn 1971; Der Utilitarismus, übersetzt von D. BIRNBACHER, Stuttgart 1985.

MILL, JOHN STUART/TAYLOR, HARRIET/TAYLOR, HELEN, Die Hörigkeit der Frau und andere Schriften zur Frauenemanzipation, übersetzt von J. Hirsch, Berlin 1869; hrsg. von H. SCHRÖDER, Frankfurt/M. 1976.

MOHL, ROBERT v., Politische Schriften. Eine Auswahl, hrsg. von K. v. BEYME, Köln 1966; Die Polizei-Wissenschaft nach den Grundsätzen des Rechtsstaates, 2 Bde., Tübingen 1832/33; Die Geschichte und Literatur der Staatswissenschaften, 3 Bde., Erlangen 1855/58 (Reprint Graz

1960); Staatsrecht, Völkerrecht und Politik, 3 Bde., Tübingen 1860/69 (Reprint 1962); Enzyklopädie der Staatswissenschaften, Tübingen 1872[2].

MÜLLER, ADAM, Die Elemente der Staatskunst, Berlin 1809 (2 Bde., hrsg. von J. BAXA, Jena 1922); Vermischte Schriften über Staat, Philosophie und Kunst, 2 Bde., Wien 1812; Kritische/ästhetische und philosophische Schriften, hrsg. von W. SCHROEDER/W. SIEBERT, 2 Bde., Neuwied–Berlin 1967; Nationalökonomische Schriften, hrsg. und eingeleitet von A. J. KLEIN, Lörrach 1983.

NOVALIS (FRIEDRICH V. HARDENBERG), Schriften. Die Werke Friedrich von Hardenbergs, hrsg. von P. KLUCKHOHN/R. SAMUEL, 2. nach den Handschriften ergänzte, erweiterte und verbesserte Auflagen in 4 Bdn. und 1 Begleitbd., Stuttgart 1960ff.; Werke und Briefe, hrsg. von A. KELLETAT, München 1953.

OGILVIE, WILLIAM, Das Recht auf Grundeigentum, in: Hauptwerke des Sozialismus und der Sozialpolitik, hrsg. von G. ADLER, Leipzig 1906.

OWEN, ROBERT, The Book of the New Moral World, 7 Teile, London 1836/44 (Reprint New York 1970); The Revolution in the Mind and Practice of the Human Race; or the Coming Change from Irrationality to Rationality, London 1849; Eine neue Auffassung vom Menschen. Vier Aufsätze über die Bildung des menschlichen Charakters, Leipzig 1900; A New View of Society and other Writings, hrsg. von C. D. COLE, London 1927 (zuletzt 1966); Pädagogische Schriften, hrsg. von K.-H. GÜNTER, Berlin 1955.

PAINE, THOMAS, Die Rechte des Menschen. In der zeitgenössischen Übertragung von D. M. FORKEL, bearbeitet und eingeleitet von TH. STAMMLER, Frankfurt/M. 1973.

PALACKY, FRANTISEK, Geschichte von Böhmen, Prag 1836/67 (zunächst deutsch, dann 1848/76 tschechisch).

PETER, KLAUS (Hrsg.), Die politische Romantik in Deutschland. Eine Textsammlung, Stuttgart 1985 (mit einem umfangreichen erläuternden Anhang).

PINSKER, LEON, Autoemanzipation. Mahnruf an seine Stammesgenossen von einem russischen Juden, Berlin 1936.

PÖLITZ, KARL HEINRICH LUDWIG, Die Staatswissenschaften im Lichte unserer Zeit, 5 Bde., Leipzig 1823/24.

PROUDHON, PIERRE JOSEPH, Œuvres Complètes, 26 Bde., Paris 1867/70; Œuvres Complètes. Nouvelle édition, publiée avec des notes et des documents inédits sous la direction de C. BOUGLE et H. MOYSSET, 15 Bde., Paris 1923/59; Ausgewählte Schriften, hrsg. von A. RUGE/A. DARIMON, 3 Bde., Leipzig 1850/51 (Reprint Aalen 1973); Ausgewählte Texte, hrsg. und eingeleitet von TH. RAMM, Stuttgart 1963; Philosophie der Staatsökonomie oder Notwendigkeit des Elends, deutsch bearbeitet von K. GRÜN, Darmstadt 1847 (Reprint Aalen 1966); Bekenntnisse eines Revolutionärs, hrsg. von G. HILLMANN, Reinbek 1969; Was ist Eigentum?, Graz 1971.

QUINET, EDGAR, L'Utramontanisme, Paris 1844.

RAMM, THILO (Hrsg.), Der Frühsozialismus. Ausgewählte Quellentexte, Stuttgart 1956.

RENAN, ERNEST, Qu'est-ce qu'une nation?, in: Œuvres complètes, hrsg. von COLMAN-LÉVY, Bd. 1, Paris 1947.

RENNER, KARL (unter dem Pseudonym R. SPRINGER), Staat und Parlament. Kritische Studie über die österreichische Frage und das System der Interessenvertretung, Wien 1901; Der deutsche Arbeiter und der Nationalismus. Untersuchungen über Größe und Macht der deutschen Nation und das nationale Programm der Sozialdemokratie, Wien 1910; Marxismus, Krieg und Internationale, Stuttgart 1917; Das Selbstbestimmungsrecht der Nationen in besonderer Anwendung auf Österreich, Wien 1918; Die Wirtschaft als Gesamtprozeß und die Sozialisierung, Berlin 1924; Wege der Verwirklichung, Berlin 1929; Die Rechtsinstitute des Privatrechts und ihre soziale Funktion. Ein Beitrag zur Kritik des bürgerlichen Rechts, Stuttgart 1965.

RIEHL, WILHELM HEINRICH, Die bürgerliche Gesellschaft, Stuttgart 1851; hrsg. und eingeleitet v. P. STEINBACH, Frankfurt/M.–Berlin–Wien 1976.

ROCHAU, AUGUST LUDWIG V., Grundsätze der Realpolitik, angewendet auf die staatlichen Zustände Deutschlands, Stuttgart 1853, 1859[2] (Teil 1) und Heidelberg 1869 (Teil 2); hrsg. von H.-U. WEHLER, Frankfurt/M.–Berlin–Wien 1972.

ROTTECK, KARL V., Ideen über Landstände, Karlsruhe 1819; Lehrbuch des Vernunftrechts und der Staatswissenschaften, 4 Bde., Stuttgart 1829/35, (Bd. 1 und 2) 1840[2] (Reprint Aalen 1964).

ROTTECK, KARL V./WELCKER, CARL, Das Staats-Lexikon, Enzyklopädie der sämtlichen Staatswissenschaften für alle Stände, 15 Bde., Altona 1835/43, 2. Aufl. 1845/48 (Reprint Frankfurt/M. 1990).

SAINT-SIMON, CLAUDE HENRI de, Ausgewählte Werke, hrsg. von K. LALLA, Berlin 1957.

SAINT-SIMON, CLAUDE HENRI de/ENFANTIN, BARTHÉLEMY PROSPER, Œuvres de Saint-Simon e d'Enfantin, 47 Bde., Paris 1865/78 (Neudruck Osnabrück 1963/64).

SAINT-SIMON, CLAUDE HENRI de u. a., Saint-Simonistische Texte. Abhandlungen von Saint-Simon und anderen in zeitgenössischen Übersetzungen, hrsg. und eingeleitet von R. SCHÄFER, 2 Bde., Aalen 1975.

SANDKÜHLER, HANS JÖRG/DE LA VEGA, RAFAEL (Hrsg.), Austromarxismus. Texte zu ›Ideologie und Klassenkampf‹, Frankfurt/M.–Wien 1970.

SIEYES, EMMANUEL JOSEPH, Politische Schriften, vollständig gesammelt von dem deutschen Übersetzer [JOHANN GOTTFRIED EBEL], nebst zwei Vorreden [von KONRAD ENGELBERT OELSNER], 2 Bde., Leipzig 1796; Politische Schriften 1788–1790, übersetzt und hrsg. von E. SCHMITT/R. REICHHARDT, München–Wien 1981[2]; Was ist der Dritte Stand? Hrsg. und bearbeitet von O. DANN, Bonn 1988.

SOMBART, WERNER, Der moderne Kapitalismus, 3 Bde., München 1987.

SOREL, GEORGES, Über die Gewalt, Frankfurt/M. 1969; Die Auflösung des Marxismus, Hamburg 1978.

SPENCE, THOMAS, Das Gemeineigentum am Boden, in: Hauptwerke des Sozialismus und der Sozialpolitik, hrsg. von G. ADLER, Leipzig 1904.

STAHL, FRIEDRICH JULIUS, Die Philosophie des Rechts, 3 Bde., Heidelberg 1830/37, 1854/56[3] (Reprint der Ausgabe 1878: Hildesheim 1963); Die gegenwärtigen Parteien in Staat und Kirche, Berlin 1863; Das monarchische Prinzip, Heidelberg 1845.

STAMMLER, RUDOLF, Wirtschaft und Recht nach der materialistischen Geschichtsauffassung, Berlin 1896; Sozialismus und Christentum, Leipzig 1920.

STAUDINGER, FRANZ, Ethik und Politik, Berlin 1899; Kulturgrundlagen der Politik, 2 Bde., Jena 1914.

STEIN, LORENZ V., Der Socialismus und Communismus des heutigen Frankreichs. Ein Beitrag zur Zeitgeschichte, Leipzig 1842; Geschichte der sozialen Bewegung in Frankreich von 1789 bis auf unsere Tage (Leipzig 1850), hrsg. von G. SALOMON, 3 Bde., München 1921 (Reprint Darmstadt 1972); System der Staatswissenschaft, 2 Bde., Stuttgart 1852/56 (Reprint Osnabrück 1964).

STIRNER, MAX, Der Einzige und sein Eigentum. Mit einem Nachwort von A. MEYER, Stuttgart 1981.

STRAUß, DAVID FRIEDRICH, Das Leben Jesu, kritisch bearbeitet, 2 Bde., Tübingen 1835/36; Die christliche Glaubenslehre in ihrer geschichtlichen Entwicklung und im Kampfe mit der modernen Wissenschaft dargestellt, 2 Bde., Tübingen-Stuttgart 1840/41.

SWOBODA, HELMUT (Hrsg.), Der Traum vom besten Staat. Texte aus Utopien von Platon bis Morris, München 1987[3].

THOMPSON, WILLIAM, Untersuchungen über die Grundsätze der Verteilung des Reichtums zur besonderen Beförderung des menschlichen Glücks, 2 Bde., Berlin 1903/04.

TOCQUEVILLE, ALEXIS de, Œuvres complètes. Edition définitive publiée sous la direction de J. P. MAYER, Paris 1951ff.; De la démocratie en Amérique (1835/40), hrsg. von J. P. MAYER, Paris 1951; Über die Demokratie in Amerika, übersetzt von H. ZBINDEN, mit einem Vorwort von TH. ESCHENBURG, hrsg. v. J. P. MAYER, Zürich 1959/62 (2 Bde.), München 1976 (1 Bd.), Zürich 1987 (2 Bde.); Über die Demokratie in Amerika, ausgewählt und hrsg. von J. P. MAYER, Stuttgart 1985; L'ancien régime et la révolution (1856), deutsch: Der alte Staat und die Revolution, hrsg. von J. P. MAYER, Reinbek 1969, München 1989.

TREITSCHKE, HEINRICH V., Deutsche Geschichte im Neunzehnten Jahrhundert, Leipzig 1879/1894.

VESTER, MICHAEL (Hrsg.), Die Frühsozialisten 1789–1848, 2 Bde., Reinbek 1969/71.

VORLÄNDER, KARL, Kant und der Sozialismus, Berlin 1900; Kant und Marx, in: H.-J. SANDKÜHLER/R. DE LA VEGA (Hrsg.), Marxismus und Ethik, Frankfurt/M. 1974[2].
WEBER, MAX, Die protestantische Ethik und der Geist des Kapitalismus, Tübingen 1988[9].
WEITLING, WILHELM, Das Evangelium des armen Sünders/Die Menschheit, wie sie ist und wie sie sein sollte, hrsg. von W. SCHÄFER, Reinbek 1971; Garantien der Harmonie und Freiheit, mit einem Nachwort von A. MEYER, Stuttgart 1974.
WOLTMANN, LUDWIG, Der historische Materialismus. Darstellung und Kritik der marxistischen Weltanschauung, Düsseldorf 1900.

2. *Allgemeine Darstellungen*

ALTER, PETER, Nationalismus, Frankfurt/M. 1985.
AVINERI, SHLOMO, Zionismus, in: IRING FETSCHER/HERFRIED MÜNKLER (Hrsg.), Pipers Handbuch der politischen Ideen, Bd. 4, Neuzeit: Von der Französischen Revolution bis zum europäischen Nationalismus, München 1986, S. 622–627.
BAMBACH, RALF, Die französischen Frühsozialisten, in: IRING FETSCHER/HERFRIED MÜNKLER (Hrsg.), Pipers Handbuch der politischen Ideen, Bd. 4, Neuzeit: Von der Französischen Revolution bis zum europäischen Nationalismus, München 1986, S. 388–394.
BERMBACH, UDO, Liberalismus, in: IRING FETSCHER/HERFRIED MÜNKLER (HRSG.), Pipers Handbuch der politischen Ideen, Bd. 4, München 1986, S. 323–368.
BÖCKENFÖRDE, ERNST-WOLFGANG, Entstehung und Wandel des Rechtsstaatsbegriffs, in: DERS., Staat, Gesellschaft, Freiheit, Frankfurt/M. 1976, S. 65–92.
DERS. (Hrsg.), Moderne deutsche Verfassungsgeschichte 1815–1918, Köln 1975.
BOLDT, HANS, Deutsche Staatslehre im Vormärz, Düsseldorf 1975.
BRAUNTHAL, JULIUS, Geschichte der Internationale, 3 Bde., Berlin–Bonn 1978[2].
BRINKMANN, RICHARD (Hrsg.), Romantik in Deutschland. Ein interdisziplinäres Symposium, Stuttgart 1978 (mit wichtigen Beiträgen zur Politischen Romantik).
COLE, GEORGE DOUGLAS HOWARD, A History of socialist Thought, 7 Bde., London 1953 ff.
DIPPEL, HORST, Die politischen Ideen der Französischen Revolution, in: IRING FETSCHER/HERFRIED MÜNKLER (Hrsg.), Pipers Handbuch der politischen Ideen, Bd. 4, Neuzeit: Von der Französischen Revolution bis zum europäischen Nationalismus, München 1986, S. 21–69.
DROZ, JACQUES (Hrsg.), Geschichte des Sozialismus, 12 Bde., Frankfurt/M.–Berlin–Wien 1974 ff.
EPSTEIN, KLAUS, Die Ursprünge des Konservatismus in Deutschland, Frankfurt/M. 1973.
FENSKE, HANS, Politisches Denken von der Französischen Revolution bis zur Gegenwart, in: HANS FENSKE/DIETER MERTENS/KLAUS ROSEN, Geschichte der politischen Ideen, Frankfurt/M. 1987, S. 379–567.
FETSCHER, IRING (Hrsg.), Der Marxismus. Seine Geschichte in Dokumenten, München 1983.
DERS., Utopisches Denken im vorrevolutionären Frankreich, in: DERS./HERFRIED MÜNKLER (Hrsg.), Pipers Handbuch der politischen Ideen, Bd. 3, Neuzeit: Von den Konfessionskriegen bis zur Aufklärung, München 1985, S. 509–525.
GALL, LOTHAR, Bürgertum in Deutschland, Berlin 1989.
DERS. (Hrsg.), Liberalismus, Köln 1976; darin DERS., Liberalismus und »bürgerliche Gesellschaft«, S. 162–186.
GIRSBERGER, HANS, Der utopische Sozialismus des 18. Jahrhunderts in Frankreich, Wiesbaden 1973[2].
GOTTSCHALCH, WILFRIED, Ideengeschichte des Sozialismus in Deutschland, in: HELGA GREBING (Hrsg.), Geschichte der sozialen Ideen in Deutschland, München 1969.
GREIFFENHAGEN, MARTIN, Das Dilemma des Konservatismus in Deutschland, München 1971.
GUSTAFSSON, BO, Marxismus und Revisionismus, 2 Bde., Frankfurt/M. 1972.
HALTERN, UTZ, Bürgerliche Gesellschaft. Sozialtheoretische und sozialhistorische Aspekte, Darmstadt 1985.

HAYES, CARLTON J., The Historical Evolution of Modern Nationalism, New York 1963[8].

HOBSBAWN, ERIC J., Europäische Revolution (1789–1848), München 1978; Die Blütezeit des Kapitals (1848–1875), Frankfurt/M. 1980; Das imperiale Zeitalter (1875–1914), Frankfurt/M. 1989.

HOFMANN, WERNER, Ideengeschichte der sozialen Bewegung, Berlin–New York 1979[6].

HUBER, ERNST RUDOLF, Deutsche Verfassungsgeschichte, Stuttgart 1967[2], Nachdruck 1990 (Bd. 1), 1988[3] (Bde. 2 und 3), 1982[2] (Bd. 4).

KALLSCHEUER, OTTO, Marxismus und Erkenntnistheorie in Westeuropa, Frankfurt/M.–New York 1986.

DERS., Marxismus und Sozialismus bis zum Ersten Weltkrieg, in: IRING FETSCHER/HERFRIED MÜNKLER (Hrsg.), Pipers Handbuch der politischen Ideen, Bd. 4, Neuzeit: Von der Französischen Revolution bis zum europäischen Nationalismus, München 1986, S. 515–588.

KALTENBRUNNER, GERD-KLAUS, Rekonstruktion des Konservatismus, Freiburg 1962.

KATSOULIS, ILIAS, Sozialismus und Staat. Demokratie, Revolution und Diktatur des Proletariats im Austromarxismus, Meisenheim/Gl. 1975.

KEDOURIE, ELIE, Nationalismus, München 1971.

KOCKA, JÜRGEN (Hrsg.), Bürger und Bürgerlichkeit im 19. Jahrhundert, Göttingen 1987.

DERS. (Hrsg.), Bürgertum im 19. Jahrhundert. Deutschland im europäischen Vergleich, 3 Bde., München 1988; darin DERS., Bürgertum und bürgerliche Gesellschaft im 19. Jahrhundert. Europäische Entwicklungen und deutsche Eigenarten, Bd. 1, S. 11–76.

KOHN, HANS, Die Idee des Nationalismus, Frankfurt/M. 1962.

KONDYLIS, PANAJOTIS, Konservativismus. Geschichtlicher Gehalt und Untergang, Stuttgart 1986.

KOSELLECK, REINHART, Preußen zwischen Reform und Revolution, Stuttgart 1967.

KREMENDAHL, HANS/MEYER, THOMAS (Hrsg.), Sozialismus und Staat, 2 Bde., Kronberg 1974.

KULEMANN, PETER, Am Beispiel des Austromarxismus. Sozialdemokratische Arbeiterbewegung in Österreich, Hamburg 1979.

LANGEWIESCHE, DIETER, Liberalismus in Deutschland, Frankfurt/M. 1988.

DERS. (Hrsg.), Liberalismus im 19. Jahrhundert. Deutschland im europäischen Vergleich, Göttingen 1988.

LEMBERG, EUGEN, Nationalismus, 2 Bde., Reinbek 1964.

LENK, KURT, »Volk und Staat«. Strukturwandel politischer Ideologien im 19. und 20. Jahrhundert, Stuttgart–Berlin–Köln–Mainz 1971.

DERS., Theorien der Revolution, München 1981[2].

DERS., Deutscher Konservatismus, Frankfurt/M.–New York 1989.

LESER, NORBERT, Zwischen Reformismus und Bolschewismus. Der Austromarxismus als Theorie und Praxis, Wien 1978.

LÖSCHE, PETER, Anarchismus, in: IRING FETSCHER/HERFRIED MÜNKLER (Hrsg.), Pipers Handbuch der politischen Ideen, Bd. 4, Neuzeit: Von der Französischen Revolution bis zum europäischen Nationalismus, München 1986, S. 415–447.

DERS., Anarchismus, Darmstadt 1987[2].

LÜBBE, HERMANN, Politische Philosophie in Deutschland, München 1974[2].

MANNHEIM, KARL, Konservatismus. Ein Beitrag zur Soziologie des Wissens (1925), hrsg. von DAVID KETTLER/VOLKER MEJA/NICO STEHR, Frankfurt/M. 1984.

MEINECKE, FRIEDRICH, Weltbürgertum und Nationalstaat, München 1969[2].

MILLER, DAVID (Hrsg.), The Blackwell Encyclopaedia of Political Thought, Oxford 1987.

MILLER, SUSANNE, Das Problem der Freiheit im Sozialismus. Freiheit, Staat und Revolution in der Programmatik der Sozialdemokratie von Lassalle bis zum Revisionismusstreit, Frankfurt/M. 1969.

NETTLAU, MAX, Geschichte der Anarchie, bisher 5 Bde. und ein Ergänzungsband, hrsg. in Zusammenarbeit mit dem International Instituut voor Sociale Geschiedenis, Amsterdam – Bd. 1: Der Vorfrühling der Anarchie. Ihre historische Entwicklung von den Anfängen bis zum Jahre 1864, Vaduz 1984; Bd. 2: Der Anarchismus von Proudhon zu Kropotkin. Seine historische Entwicklung in den Jahren 1859–1880, Vaduz 1984; Bd. 3: Anarchisten und Sozialrevolutionäre. Die historische Entwicklung des Anarchismus in den Jahren 1880–1886,

Vaduz 1984; Bd. 4: Die erste Blütezeit der Anarchie: 1886–1894, Vaduz 1981; Bd. 5.: Anarchisten und Syndikalisten, Teil 1, Der französische Syndikalismus bis 1909 – Der Anarchismus in Deutschland und Rußland bis 1914 – Die kleineren Bewegungen in Europa und Asien, Vaduz 1984.
NEUMANN, FRANZ (Hrsg.), Handbuch politischer Theorien und Ideologien, Reinbek 1977.
NIPPERDEY, THOMAS, Deutsche Geschichte 1800–1866. Bürgerwelt und starker Staat, München 1983; Deutsche Geschichte 1866–1918, Bd. 1: Arbeitswelt und Bürgergeist, 1990.
OBERLÄNDER, ERWIN (Hrsg.), Der Anarchismus, Freiburg–Olten 1972 (Dokumente der Weltrevolution 4).
O'SULLIVAN, NOEL, Conservatism, London 1976.
PUHLE, HANS-JÜRGEN, Die Anfänge des politischen Konservatismus in Deutschland, in: IRING FETSCHER/HERFRIED MUNKLER (Hrsg.), Pipers Handbuch der politischen Ideen, Bd. 4, München 1986, S. 255–268; Von der Romantik zum konservativen Konstitutionalismus, ebd., S. 268–276.
RAMM, THILO (Hrsg.), Die großen Sozialisten als Rechts- und Sozialphilosophen, Bd. 1, Stuttgart 1955.
RIEDEL, MANFRED, Art. »Bürger, Staatsbürger, Bürgertum«, in: OTTO BRUNNER/WERNER CONZE/REINHART KONSELLECK (Hrsg.), Geschichtliche Grundbegriffe. Historisches Lexikon zur politisch-sozialen Sprache in Deutschland, Bd. 1, Stuttgart 1972, S. 672–725; DERS., Art. »Gesellschaft, bürgerliche«, in: ebd., Bd. 2 (1975), S. 719–800.
RUGGIERO, GUIDO DE, Geschichte des Liberalismus in Europa, München 1930.
SCHNÄDELBACH, HERBERT, Philosophie in Deutschland 1831–1933, Frankfurt/M. 1983.
SCHOEPS, HANS-JOACHIM, Deutsche Geistesgeschichte der Neuzeit, Bd. 5: Die Formung der politischen Ideen im 19. Jahrhundert, Mainz 1979.
SCHULZE, HAGEN, Der Weg zum Nationalstaat. Die deutsche Nationalbewegung vom 18. Jahrhundert bis zur Reichsgründung, München 1986[2].
SCHUMANN, HANS-GERD (Hrsg.), Konservatismus, Königstein 1984[2].
SELLIN, VOLKER, Art. »Liberalismus«, in: Sowjetsystem und demokratische Gesellschaft, Bd. 4, Freiburg 1971, Sp. 51–65.
SETON-WATSON, Nations and States. An Enquiry into the Origins of Nations and the Politics of Nationalism, London 1977.
SHEEHAN, JAMES J., Der deutsche Liberalismus. Von den Anfängen im 18. Jahrhundert bis zum Ersten Weltkrieg 1770–1914, München 1983.
SNELL, JOHN L., The Democratic Movement in Germany 1789–1914, Chapel Hill 1976.
VIERHAUS, RUDOLF, Art. »konservativ, Konservatismus«, in: OTTO BRUNNER/WERNER CONZE/REINHART KOSELLECK (Hrsg.), Geschichtliche Grundbegriffe. Historisches Lexikon zur politisch-sozialen Sprache in Deutschland, Bd. 3, Stuttgart 1982, S. 531–565; DERS., Art. »Liberalismus«, ebd., S. 741–785.
VRANICKI, PEDRAG, Geschichte des Marxismus, 2 Bde., Frankfurt/M. 1983.
WASZEK, NORBERT, Die Hegelsche Schule, in: IRING FETSCHER/HERFRIED MÜNKLER (Hrsg.), Pipers Handbuch der politischen Ideen, Bd. 4, Neuzeit: Von der Französischen Revolution bis zum europäischen Nationalismus, München 1986, S. 232–246.
WEHLER, HANS-ULRICH, Deutsche Gesellschaftsgeschichte, bisher Bde. 1 und 2, München 1987.
WENDE, PETER, Radikalismus im Vormärz. Untersuchungen zur politischen Theorie der frühen deutschen Demokratie, Wiesbaden 1975.
WINKLER, HEINRICH AUGUST (Hrsg.), Nationalismus, Königstein/Ts. 1985[2].
WOLFF, ROBERT P., Das Elend des Liberalismus, Frankfurt/M. 1969.

3. *Weiterführende Literatur*

ANGEHRN, EMIL/LOHMANN, GEORG (Hrsg.), Ethik und Marx, Königstein/Ts. 1986.
ARENDT, HANNAH, Der Niedergang des Nationalstaats und das Ende der Menschenrechte, in: DIES., Elemente totaler Herrschaft, Frankfurt/M. 1958.
ARNDT, ANDREAS, Karl Marx. Versuch über den Zusammenhang seiner Theorie, Bochum 1985.
AVINERI, SHLOMO, Hegels Theorie des modernen Staates, Frankfurt/M. 1976.
BARTSCH, GÜNTER, Anarchismus in Deutschland, 3 Teile in 2 Bdn., Hannover 1973.
BARTSCH, VOLKER, Liberalismus und arbeitende Klassen. Zur Gesellschaftstheorie John Stuart Mills, Opladen 1982.
BASTID, PAUL, Sieyès et sa pensée, Paris 1939.
BATSCHA, ZWI, Gesellschaft und Staat in der politischen Philosophie Fichtes, Frankfurt/M. 1970.
BAXA, JAKOB, Einführung in die romantische Staatslehre, Jena 1923.
BERLIN, ISAIAH, Der Nationalismus, Frankfurt/M. 1990.
BÖHLER, DIETRICH, Metakritik der Marxschen Ideologiekritik, Frankfurt/M. 1990.
BUBER, MARTIN, Pfade in Utopia. Über Gemeinschaft und deren Verwirklichung, Darmstadt 1985^3.
CANTZEN, ROLF, Weniger Staat – mehr Gesellschaft. Freiheit–Ökologie–Anarchismus, Frankfurt/M. 1987.
CLAEYS, GREGORY, Der soziale Liberalismus John Stuart Mills, Baden-Baden 1987.
COHEN, JEAN/ARATO, ANDREW Politics and the Reconstruction of the Concept of Civil Society, in: AXEL HONNETH U. A. (Hrsg.), Zwischenbetrachtungen. Jürgen Habermas zum 60. Geburtstag, Frankfurt/M. 1989.
COLLETTI, LUCIO, Bernstein und der Marxismus der II. Internationale, Frankfurt/M.–Wien 1971.
CONZE, WERNER/GROH, DIETER, Die Arbeiterbewegung in der nationalen Bewegung. Die deutsche Sozialdemokratie vor, während und nach der Reichsgründung, Stuttgart 1966.
COWLING, MAURICE, Mill and Liberalism, Cambridge 1990^2.
DANN, OTTO (Hrsg.), Nationalismus und sozialer Wandel, Hamburg 1978.
EDER, KLAUS, Geschichte als Lernprozeß? Zur Pathogenese politischer Modernität in Deutschland, Frankfurt/M. 1985.
EHMKE, HERMANN, Karl von Rotteck, der »politische Professor«, Karlsruhe 1964.
FABER, RICHARD, Novalis. Die Phantasie an die Macht, Stuttgart 1970.
FELDHOFF, JÜRGEN, Die Politik der egalitären Gesellschaft. Zur soziologischen Demokratie-Analyse bei Alexis de Tocqueville, Köln–Opladen 1968.
FETSCHER, IRING, J. St. Mill und die Entwicklung der britischen Gesellschaft im 19. Jahrhundert, in: DERS., Politikwissenschaft, Frankfurt/M. 1968, S. 72–87.
FRANCIS, EMERICH, Ethnos und Demos, Berlin 1965.
GALL, LOTHAR, Benjamin Constant. Seine politische Identität und der deutsche Vormärz, Wiesbaden 1963.
GEISS, IMANUEL, Geschichte des Rassismus, Frankfurt/M. 1988.
GIESEN, BERNHARD, Nationale und kulturelle Identität. Studien zur Entwicklung des kollektiven Bewußtseins in der Neuzeit, Frankfurt/M. 1991.
GLOTZ, PETER, Der Irrweg des Nationalstaates. Europäische Reden an ein deutsches Publikum, Stuttgart 1990.
GÖHLER, GERHARD, Dialektik und Politik in Hegels frühen politischen Systemen, in: DERS., (Hrsg.), Hegel, Frühe politische Systeme, Frankfurt/M.–Berlin–Wien 1974, S. 337–610.
DERS., Die Reduktion der Dialektik durch Marx. Strukturveränderungen der dialektischen Entwicklung in der Kritik der politischen Ökonomie, Stuttgart 1980.
GRAY, J. A., Mill on Liberty: a Defence, London 1983.
GREBING, HELGA, Der »deutsche Sonderweg« in Europa 1806–1945. Eine Kritik, Stuttgart 1986.
GROH, DIETER, Negative Integration und revolutionärer Attentismus. Die deutsche Sozialdemokratie am Vorabend des Ersten Weltkrieges, Frankfurt/M.–Berlin–Wien 1974.

GROSSER, DIETER, Grundlagen und Struktur der Staatslehre Friedrich Julius Stahls, Köln–Opladen 1963.
GUERIN, DANIEL, Anarchismus. Begriff und Praxis, Frankfurt/M. 1967.
HABERMAS, JÜRGEN, Erkenntnis und Interesse, Frankfurt/M. 1973².
DERS., Der philosophische Diskurs der Moderne, Frankfurt/M. 1985.
DERS., Ist der Herzschlag der Revolution zum Stillstand gekommen?, in: Forum für Philosophie Bad Homburg (Hrsg.), Die Ideen von 1789, Frankfurt/M. 1989.
DERS., Strukturwandel der Öffentlichkeit (mit einem neuen Vorwort zur Neuauflage 1990), Frankfurt/M. 1990.
HAHN, KARL, Staat, Erziehung und Wissenschaft bei J. G. Fichte, München 1969.
HAYM, RUDOLF, Hegel und seine Zeit, Berlin 1857 (Reprint Darmstadt 1962).
HELLER, HERMANN, Hegel und der nationale Machtstaatsgedanke in Deutschland, Leipzig–Berlin 1921 (Reprint Aalen 1963).
HERETH, MICHAEL, Alexis de Tocqueville. Die Gefährdung der Freiheit in der Demokratie, Stuttgart 1979.
DERS./HÖFFKEN, JUTTA (Hrsg.), Alexis de Tocqueville – zur Politik in der Demokratie, Baden-Baden 1981.
HÖFFE, OTFRIED (Hrsg.), Einführung in die utilitaristische Ethik, München 1975.
HÖSLE, VITTORIO, Hegels System. Der Idealismus der Subjektivität und das Prolem der Intersubjektivität, 2 Bde., Hamburg 1987.
HONNETH, AXEL, Arbeit und instrumentales Handeln, in: ders./JAEGGI, URS (Hrsg.), Arbeit, Handlung, Normativität, Frankfurt/M. 1980.
DERS./JONAS, HANS, Soziales Handeln und menschliche Natur. Anthropologische Grundlagen der Sozialwissenschaften, Frankfurt/M.–New York 1980.
HROCH, MIROSLAW, Die Vorkämpfer der nationalen Bewegung bei den kleinen Völkern Europas, Prag 1968.
JACOBS, HERBERT, Rechtsphilosophie und politische Philosophie bei J. St. Mill, Bonn 1965.
JAEGGI, URS/HONNETH, AXEL (Hrsg.), Theorien des Historischen Materialismus, Frankfurt/M. 1977.
JARDIN, ANDRÉ, Alexis de Tocqueville. Sein Leben und Werk, Frankfurt/M. 1991.
KALLSCHEUER, OTTO, Erkenntnistheorie als politische Intervention. Max Adlers Beitrag zum wissenschaftlichen Sozialismus, in: Leviathan, (1981) 3/4.
KELSEN, HANS, Sozialismus und Staat, Leipzig 1923².
KINDERSLEY, R., The First Russian Revisionists. A Study of Legal Maxism, Oxford 1962.
KOCH, RAINER, Einleitungen in: Julius Fröbel, System der sozialen Politik, und: Julius Fröbel, Theorie der Politik, beide Neudruck Aalen 1975.
DERS., Demokratie und Staat bei Julius Fröbel 1805–1893. Liberales Denken zwischen Naturrecht und Sozialdarwinismus, Wiesbaden 1978.
KOEHLER, BENEDIKT, Ästhetik der Politik. Adam Müller und die politische Romantik, Stuttgart 1980.
KORSCH, KARL, Karl Marx, Frankfurt/M.–Wien 1967.
KOSELLECK, REINHART, Kritik und Krise. Ein Beitrag zur Pathogenese der bürgerlichen Welt, Frankfurt/M. 1973.
KRAMNICK, ISAAC, The Rage of Edmund Burke. Portrait of an Ambivalent Conservative, New York 1977.
KUHN, HANS WOLFGANG, Der Apokalyptiker und die Politik. Studien zur Staatsphilosophie des Novalis, Freiburg 1961.
LACLAU, ERNESTO/MOUFFE, CHANTAL, Hegemonie und radikale Demokratie. Zur Dekonstruktion des Marxismus, hrsg. von MICHAEL HINTZ/GERD VORWALLNER, Wien 1991.
LAQUEUR, WALTER, Der Weg zum Staat Israel. Geschichte des Zionismus, Wien 1975.
LEPSIUS, M. RAINER, Nation und Nationalismus in Deutschland, in: DERS., Interessen, Ideen und Institutionen, Opladen 1990.
LIEBER, HANS-JOACHIM/HELMER, GERD, Marx-Lexikon. Zentrale Begriffe der politischen Philosophie von Karl Marx, Darmstadt 1988.

LINSE, ULRICH, Die Kommune der deutschen Jugendbewegung. Ein Versuch zur Uberwindung des Klassenkampfs aus dem Geiste der bürgerlichen Utopie, München 1973.

LIVELY, JACK, The Social and Political Thought of Alexis de Tocqueville, Oxford 1962.

LOCK, F. P., Burke's Reflections on the Revolution in France, London 1985.

LUDZ, PETER CHRISTIAN/MEIER, CHRISTIAN, Art. »Anarchie, Anarchismus, Anarchist«, in: OTTO BRUNNER/WERNER CONZE/REINHART KOSELLECK (Hrsg.), Geschichtliche Grundbegriffe. Historisches Lexikon zur politisch-sozialen Sprache in Deutschland, Bd. 1, Stuttgart 1972, S. 49–109.

LUKÁCS, GEORG, Der junge Hegel. Über die Beziehungen von Dialektik und Ökonomie, Zürich–Wien 1948.

MACPHERSON, CRAWFORD BROUGH, Die politische Theorie des Besitzindividualismus, Frankfurt/M. 1967.

DERS., Burke, Oxford 1980.

MARCUSE, HERBERT, Vernunft und Revolution. Hegel und die Entstehung der Gesellschaftstheorie, Neuwied–Berlin 1962.

MAYER, GUSTAV, Die Trennung der proletarischen von der bürgerlichen Demokratie in Deutschland. 1863–1870, in: DERS., Radikalismus, Sozialismus und bürgerliche Demokratie, Frankfurt/M. 1969.

MAYER, J. P., Alexis de Tocqueville – Prophet des Massenzeitalters, München 1972[3].

MERCHAV, PERETZ, Die israelische Linke. Zionismus und Arbeiterbewegung in der Geschichte Israels, Frankfurt/M. 1972.

MEYER, THOMAS, Der Zwiespalt in der Marx'schen Emanzipationstheorie, Kronberg/Ts. 1973.

DERS., Bernsteins konstruktiver Sozialismus, Bonn 1977.

MOHLER, ARMIN, Die konservative Revolution in Deutschland 1918–1932, Darmstadt 1989[3].

MOMMSEN, HANS, Arbeiterbewegung und Nationale Frage, Göttingen 1979.

DERS., Typologie der Arbeiterbewegung, in: DERS., Arbeiterbewegung und Nationale Frage, Göttingen 1979.

MOSSE, GEORGE L., Ein Volk Ein Reich Ein Führer. Die völkischen Ursprünge des Nationalsozialismus, Königstein/Ts. 1979.

DERS., Die Geschichte des Rassismus in Europa, Frankfurt/M. 1990.

NEUSÜSS, ARNHELM (Hrsg.), Utopie. Begriff und Phänomen des Utopischen, Neuwied 1968.

OTTMANN, HENNING, Individuum und Gemeinschaft bei Hegel, Berlin–New York 1977.

PLAMENATZ, JOHN, The English Utilitarians, Oxford 1958.

PLESSNER, HELMUTH, Die verspätete Nation, Frankfurt/M. 1969[3].

PREUẞ, ULRICH, Revolution, Fortschritt und Verfassung, Berlin 1990.

RAUPACH, HANS, Der tschechische Frühnationalismus, Darmstadt 1969.

RIEDEL, MANFRED, Zwischen Tradition und Revolution. Studien zu Hegels Rechtsphilosophie, Stuttgart 1982.

RITTER, JOACHIM, Hegel und die französische Revolution, Frankfurt/M. 1965.

ROBSON, JOHN M., The Improvement of Mankind. The Social and Political Thought of J. St. Mill, Toronto 1968.

ROTH, KLAUS, Freiheit und Institutionen in der politischen Philosophie Hegels, Rheinfelden–Freiburg–Berlin 1989.

RUBEL, MAXIMILIEN, Marx-Chronik. Daten zu Leben und Werk, München 1968.

RYAN, ALAN, The Philosophy of John Stuart Mill, London 1970.

SAAGE, RICHARD, Vertragsdenken und Utopie, Frankfurt/M. 1989.

DERS., Das Ende der politischen Utopie?, Frankfurt/M. 1990.

DERS., Politische Utopien der Neuzeit, Darmstadt 1991.

SCHEUNER, ULRICH, Der Beitrag der deutschen Romantik zur politischen Theorie, Opladen 1980.

SCHMITT, CARL, Politische Romantik, München 1919, 1925[2].

SCHMITT, EBERHARD, Repräsentation und Revolution. Eine Untersuchung zur Genesis der kontinentalen Theorie und Praxis parlamentarischer Repräsentation aus der Herrschaftspraxis des Ancien Régime in Frankreich (1760–1789), München 1969.

SCHORSKE, CARL E., Die große Spaltung. Die deutsche Sozialdemokratie von 1905–1917, Berlin 1981.
SCHULIN, ERNST, Die Französische Revolution, München 1990³.
SCHUMANN, HANS-GERD, Edmund Burkes Anschauungen vom Gleichgewicht in Staat und Staatensystem. Mit einer Edmund-Burke-Bibliographie, Meisenheim 1964.
SCHWAN, GESINE, Die Gesellschaftskritik von Karl Marx. Politökonomische und philosophische Voraussetzungen, Stuttgart–Berlin–Köln–Mainz 1974.
SHAFER, BOYD C., Nationalism. Myth and Reality, New York 1955.
SIEFERLE, ROLF PETER, Die Revolution in der Theorie von Karl Marx, Frankfurt/M. 1979.
STERN, FRITZ, Kulturpessimismus als politische Gefahr. Eine Analyse nationaler Ideologie in Deutschland, München 1986.
STRAUSS, HERBERT A./KAMPE, NORBERT (Hrsg.), Antisemitismus. Von der Judenfeindschaft zum Holocaust, Bonn–Frankfurt/M.–New York 1985.
STUKE, HORST, Philosophie der Tat. Studien zur ›Verwirklichung der Philosophie‹ bei den Junghegelianern und den wahren Sozialisten, Stuttgart 1963.
TAYLOR, CHARLES, Hegel, Frankfurt/M. 1978.
THOMAS, RÜDIGER, Der unbekannte junge Marx (1835–1841), in: Der unbekannte junge Marx. Neue Studien zur Entwicklung des Marxschen Denkens 1835–1847, hrsg. vom INSTITUT FÜR STAATSBÜRGERLICHE BILDUNG IN RHEINLAND-PFALZ, Mainz 1973.
THOMAS, WILLIAM, The Philosophical Radicals, Oxford 1979.
THOMPSON, EDWARD P., Die Entstehung der englischen Arbeiterklasse, 2 Bde., Frankfurt/M. 1987.
TIBI, BASSAM, Vom Gottesreich zum Nationalstaat. Islam und panarabischer Nationalismus, Frankfurt/M. 1987.
VERWEYEN, HANS-JÜRGEN, Recht und Sittlichkeit in J. G. Fichtes Gesellschaftslehre, Freiburg 1975.
VESTER, MICHAEL, Die Entstehung des Proletariats als Lernprozeß. Die Entstehung antikapitalistischer Theorie und Praxis in England 1792–1848, Frankfurt/M. 1970.
VOEGELIN, ERICH, Rasse und Staat, Tübingen 1933.
VOẞKAMP, WILHELM (Hrsg.), Utopieforschung, 3 Bde., Frankfurt/M. 1985.
VOSSLER, OTTO, Alexis de Tocqueville: Freiheit und Gleichheit, Frankfurt/M. 1973.
WEHLER, HANS-ULRICH, Sozialdemokratie und Nationalstaat, Würzburg 1962.
WEISCHEDEL, WILHELM, Der Zwiespalt im Denken Fichtes, Berlin 1962.
WIEGAND, CHRISTIAN, Über Friedrich Julius Stahl. Recht – Staat – Kirche, Paderborn 1981.
WILDT, ANDREAS, Autonomie und Anerkennung. Hegels Moralitätskritik im Lichte seiner Fichte-Rezeption, Stuttgart 1982.
WILLMS, BERNARD, Die totale Freiheit. Fichtes politische Philosophie, Köln–Opladen 1967.
ZAPPERI, ROBERTO, Kapitalismus und Französische Revolution. Zur Kritik des Begriffs der bürgerlichen Revolution, in: ERNST HINRICHS/EBERHARD SCHMITT/RUDOLF VIERHAUS (Hrsg.), Vom Ancien Régime zur Französischen Revolution, Göttingen 1978, S. 650–660 (wichtig zu Sieyes).
ZAREMBA, MICHAEL, Johann Gottfried Herders humanitäres Nations- und Volksverständnis, Berlin 1985.
ZIMMERMANN, ROLF, Utopie – Rationalität – Politik. Zur Kritik, Rekonstruktion und Systematik einer emanzipatorischen Gesellschaftstheorie bei Marx und Habermas, Freiburg–München 1985.
ZUR MÜHLEN, PATRICK VON, Rassenideologien. Geschichte und Hintergründe, Berlin–Bonn 1977.

HANS FENSKE

Politisches Denken im 20. Jahrhundert

1. Der Hintergrund

Alles politische Denken steht vor dem Hintergrund seiner Zeit, es wird von den Verhältnissen und Entwicklungen beeinflußt und wirkt zugleich vielfach auf sie ein. So erscheint es angemessen, zunächst die wesentlichen Strukturen jener knapp 100 Jahre, über die hier zu berichten ist, des stürmischen Jahrhunderts, das sich nun seinem Ende zuneigt, in aller Kürze in Erinnerung zu rufen[1].

Um 1900 stand Europa auf dem Höhepunkt seiner Macht. Wer eine Weltkarte vor sich ausbreitete, sah auf allen Erdteilen die Flächenfarben, die die aus der frühen Neuzeit überkommenen Kolonialreiche oder den Besitz der imperialistischen Mächte neuen Zuschnitts markierten. Die neun europäischen Staaten, die Kolonien besaßen, umfaßten (1895) in Europa ein Fünftel der Erdbevölkerung (auf knapp sechs Prozent der Landmasse der Erde), auf anderen Kontinenten nochmals ein Drittel, also etwa 500 Millionen Menschen; sie hatten sich in Amerika, Asien, Ozeanien und Afrika knapp die Hälfte allen auf der Erde verfügbaren Landes angeeignet. Weitere große Gebiete, das chinesische und das osmanische Reich, befanden sich in einem halbkolonialen Zustand, und andernorts war der wirtschaftliche Einfluß Europas groß. Ein dichtes Handelsnetz verknüpfte die Kontinente, und die Wirtschaft der führenden Staaten befand sich in stetem Aufschwung. Die Wachstumsraten der gewerblich-industriellen Produktion waren hoch. Zwar stieg die Bevölkerung schnell an, aber das Volkseinkommen wuchs schneller, und so verbesserte sich der Lebensstandard spürbar. Gewiß, es gab auch in Europa noch viel Elend und soziale Ungerechtigkeit und demzufolge vielfältige Spannungen, aber man konnte hoffen, diese Probleme allmählich zu lösen. Verfassungspolitisch war die Zeit der großen Auseinandersetzungen inzwischen vorbei. Das demokratische Konzept gewann entscheidend an Boden, wie die allenthalben vorgenommenen Wahlrechtserweiterungen und die Zuwendung von immer mehr Staaten zum parlamentarischen Regierungssystem zeigten. Ein aufgeschlossener und gebildeter Europäer der Jahrhundertwende mochte voll Zuversicht in die Zukunft blicken und sich vor einem kontinuierlichen Fortschritt auf allen Gebieten sehen.

Der Ausbruch des Ersten Weltkrieges ließ derlei Erwartungen zur Illusion werden. Im Juli 1914 begann ein Zeitalter, das durch annähernd 75 Jahre von einem

1 Als Überblick: Theodor Schieder, Europa im Zeitalter der Nationalstaaten und europäische Weltpolitik bis zum 1. Weltkrieg, in: ders. (Hrsg.), Handbuch der europäischen Geschichte, Bd.6, Stuttgart 1968, S. 1-196; ders., Europa im Zeitalter der Weltmächte, in: ders. (Hrsg.), Handbuch der europäischen Geschichte, Bd. 7, 1, Stuttgart 1979, S. 1-351.

erbitterten Ringen zwischen den sich am Individuum orientierenden liberalen und demokratischen Ideen auf der einen, den um Begriffe wie Klasse und Volk kreisenden kollektivistischen Konzeptionen des Kommunismus sowie des Faschismus und Nationalsozialismus auf der anderen Seite bestimmt war und das sich erst jetzt schnell seinem Ende zuneigt.

Zunächst allerdings schien die Demokratie als strahlender Sieger dazustehen. Sie wurde unmittelbar nach 1918 zur Regierungsform der meisten unabhängigen Staaten, und nur Rußland bildete eine Ausnahme von Gewicht: Hier errichtete die Kommunistische Partei seit Ende 1917 schnell eine hart zugreifende Diktatur. Für das Weltstaatensystem schien mit dem Völkerbund ein neuer, brauchbarer Rahmen konzipiert, wenn auch zu bedauern war, daß weder die USA noch Rußland noch das Deutsche Reich diesem Verband angehörten. Die Rolle der abhängigen Völker in Übersee war mit der Proklamierung des Selbstbestimmungsrechts in Wilsons *14 Punkten* und mit der Einrichtung des Mandatsystems für den früheren deutschen Kolonialbesitz und die im arabischen Raum liegenden Teile des osmanischen Reiches immerhin zur Diskussion gestellt, wie überhaupt vom Kriege und dem Einsatz von Truppen aus den Kolonien Antriebe zur Dekolonisation ausgingen.

Sehr schnell zeigte sich jedoch, daß die Demokratie vielerorts noch nicht lebensfähig war. Zahlreiche Staaten Ost- und Südeuropas wurden in autoritäre Strukturen überführt. Schon Ende 1922 fiel Italien der Herrschaft des Faschismus unter Mussolini anheim. Andernorts wurden Königsdiktaturen errichtet; in Spanien setzte General Franco in dem zwischen 1936 und 1939 geführten Bürgerkrieg sein stark konservativ geprägtes autoritäres System durch. Am folgenreichsten war es indessen, daß die Demokratie in Deutschland von Anfang an mit schweren Belastungen zu kämpfen hatte und daß die bürgerlichen Antidemokraten 1933 Hitler zur Macht verhalfen. Sie hielten ihn für ein nützliches Instrument bei der von ihnen gewünschten konservativen Wende, sahen sich aber schnell beiseite geschoben. Die nationalsozialistische Diktatur war im Innern von unbarmherziger Konsequenz gegenüber allen politischen Gegnern. Sie beschränkte ihre Zielsetzungen überdies nicht auf das eigene Land, sondern wollte den ideologischen Hauptgegner, den Kommunismus, mit der Zerstörung seiner russischen Basis vernichten und für Deutschland damit zugleich den Rang einer Weltführungsmacht erkämpfen.

Der durch das nationalsozialistische Deutschland ausgelöste Zweite Weltkrieg überzog Europa ungleich schrecklicher als der Erste. Er wurde weltweit auf den Meeren geführt, berührte Nordafrika und verschmolz mit den japanischen Expansionsbestrebungen in Ost- und Südostasien und im Pazifik. In seinem Schatten unternahm das Dritte Reich den Versuch, die europäische Judenschaft auszurotten und damit abstruse ideologische Positionen gnadenlos zu verwirklichen. Für das Staatensystem hatte der Krieg die Folge, daß die weitgehende Isolation der Sowjetunion aufgehoben wurde. Überhaupt ergaben sich gewaltige machtpolitische Veränderungen. Die Vereinigten Staaten, deren Gewicht schon zwischen 1914 und 1918 kräftig gewachsen war, wurden endgültig zur Weltmacht. Auch Rußland konnte seine Machtbasis ganz erheblich ausweiten. Es besetzte in der Schlußphase des Krieges fast ganz Südost- sowie Ostmitteleuropa bis zur Elbe und zwang diesen Gebieten innerhalb weniger Jahre das eigene, in den Formen freilich etwas modifizierte, politische System auf. Diese Entwicklung veranlaßte die westlichen Demokratien zu einem scharfen Gegenkurs. Es kam zum »Kalten Krieg«, und eine der wichtigsten Fronten verlief dabei durch das geteilte Deutschland. Die Gegensätze waren so groß, daß mehr als einmal der Umschlag des Kalten Krieges in einen offenen Krieg möglich schien. Auch gab es zahlreiche Stellvertreterkriege; die wichtigsten wurden 1950–1953 in Korea und 1957–1975 in Vietnam geführt. Dabei machte der Kommunismus zunächst große Fortschritte. Seinen größten Erfolg errang er, als er Ende 1949 den chinesischen Bürgerkrieg für sich entscheiden konnte. Knapp eine Generation nach der Oktoberrevolution in Rußland war so ein riesiger kommunistischer Machtbereich geschaffen, der von Mitteleuropa bis zu den Nebenmeeren des nördlichen Pazifik den größten Teil der eurasischen Landmasse umfaßte und der in der Folge noch wuchs; es sei nur an die Etablierung marxistischer Regierungen entschiedener Observanz in Kuba oder Äthiopien erinnert. Auf dem Höhepunkt kommunistischer Machtentfaltung lebte mehr als ein Drittel der Menschheit in Staaten, die sich ausdrücklich an den dogmatischen Lehrgebäuden orientierten, zu denen die Gedanken von Marx und Engels schließlich geronnen waren.

Es gab allerdings früh sachverständige Beobachter, die die These vertraten, daß diese Machtentwicklung auf tönernen Füßen stehe und in der Konkurrenz mit den marktwirtschaftlich-demokratischen Staaten des Westens auf die Dauer nicht mithalten könne. Tatsächlich trug der Ost-West-Gegensatz erheblich zur Stabilisierung der Demokratie bei. In Westdeutschland hatte der Kommunismus kaum Resonanz, wiewohl die KPD im Deutschen Reich bis 1933 ein Faktor von erheblicher Anziehungskraft gewesen war. In Frankreich und Italien gab es zwar starke kommunistische Parteien, aber sie wurden im politischen System isoliert, und die Aussichtslosigkeit, durch Wahlen oder auf dem Wege von Koalitionen an die Macht zu kommen, veranlaßte ihre Führer 1975 dazu, sich für die Entwicklung des Kommunismus im demokratischen Sinne auszusprechen. Dieser Vorstoß, in der Publizistik schnell als »Eurokommunismus« bezeichnet, erwies sich allerdings bald als wenig durchschlagend.

Die mittleren siebziger Jahre waren für die Position der Demokratie in anderer Hinsicht viel gewichtiger. Im Frühjahr 1974 wurde die Diktatur in Portugal durch einen Militärputsch gestürzt, übrigens im Zusammenhang mit dem Kolonialkrieg, den das Land damals in Afrika führte, und in Spanien wurde innerhalb kurzer Zeit nach dem Tode Francos (im November 1975) ein funktionsfähiges demokratisches Staatswesen geschaffen. Die Anziehungskraft demokratischer Ideen läßt sich auch an den Erhebungen gegen die kommunistische Herrschaft in der DDR 1953, in Polen und Ungarn 1956, dem »Prager Frühling« 1968, an der Wirksamkeit von Dissidenten in der Sowjetunion (vor allem im Anschluß an die Intervention des Ostblocks in der Tschechoslowakei im August 1968) und an der Entstehung der Gewerkschaftsbewegung *Solidarität* in Polen 1980 ablesen. Voran kamen diese Bestrebungen allerdings erst, als die wirtschaftlichen Schwierigkeiten der kommunistischen Staaten immer größer wurden.

Ungarn ging mit vorsichtigen Reformen seit den späten siebziger Jahren voran. Mit der Wahl von Michail Gorbatschow zum Generalsekretär des Zentralkomitees der KPdSU und der von ihm eingeleiteten, zunächst nur auf größere Effizienz des Systems zielenden Reformpolitik erlangten auch die veränderungsbereiten Kräfte in Ostmitteleuropa mehr Bewegungsfreiheit. In Ungarn wurden im Winter 1988/89 die grundlegenden Entscheidungen für die Wiederherstellung des Pluralismus in Staat, Wirtschaft und Gesellschaft getroffen. Polen, wo die Entwicklung 1981 bis 1987 stagniert hatte, schloß 1989 schnell an den ungarischen Stand an. Sehr wichtig wurde, daß die ungarische Regierung im August 1989 nicht bereit war, die aus der DDR in Gang gekommene, sich einen Weg über Ungarn suchende Massenflucht zu behindern. Dies löste die Entwicklung zur friedlichen Revolution gegen die SED im Oktober und November 1989 aus, welche wiederum auf entsprechende Entwicklungen in der Tschechoslowakei einwirkte. Die Veränderungen in Ostmitteleuropa stimulierten ihrerseits die Reformpolitik in Rußland. Europa befindet sich heute unzweifelhaft an einer Wende von welthistorischer Bedeutung.

Hatten die Kolonialmächte sich nach 1918 mit der Entkolonialisierung nur sehr dilatorisch befaßt, so wurde ihre überkommene Stellung in der Welt infolge des Zweiten Weltkriegs vollends unhaltbar. Großbritannien entließ das Herzstück seines Imperiums, Indien, 1947 übereilt in die Freiheit und trennte sich von den meisten seiner anderen Besitzungen im Laufe der folgenden anderthalb Jahrzehnte. Die französischen Regierungen gaben sich der Hoffnung hin, ein verändertes Weltreich behaupten zu können, und führten deshalb in Vienam 1946–1954 und in Algerien 1954–1962 zwei große Kolonialkriege, konnten sich dem Zwang zur Dekolonialisierung aber ebensowenig entziehen wie die anderen Kolonialmächte. Nachdem Portugal 1974 die Trennung von seinem Überseebesitz vollzogen hatte, bestehen von der einstigen territorialen Weltstellung Europas nur noch Reste. Durch diese Entwicklung vermehrte sich die Zahl der unabhängigen Staaten außerordentlich. Da aber keine der imperialistischen Nationen eine sinnvolle Entwicklungspolitik in Übersee betrieben hatte, haben diese neuen Staaten nur ein sehr geringes ökonomisches und politisches Gewicht und große materielle und strukturelle Probleme. Wirtschaftlich spielen die Staaten der Europäischen Gemeinschaft, die USA und Japan schlechthin die führende Rolle.

Das ist der Hintergrund, vor dem die politischen Ideen des 20. Jahrhunderts zu sehen sind. An ihrer Fortentwicklung hatten Tausende und Abertausende von Menschen teil, als handelnde Politiker und demzufolge auch Programmatiker, als politische Publizisten, als Gelehrte und Theoretiker. Es müßte eine Vielzahl von Namen genannt und diese Namen müßten wenigstens etwas mit Inhalt gefüllt werden. Das ist auf dem hier zur Verfügung stehenden Raum nicht möglich; es können nur einige besonders charakteristische Teilnehmer an der Debatte – Praktiker wie Theoretiker – vor Augen geführt werden. Auch daraus wird sich hoffentlich ein Ganzes ergeben.

2. Imperialismus

2.1 Schwierigkeiten der Begriffsbildung

Über den Inhalt des Begriffs Imperialismus wird seit Jahrzehnten eine intensive Debatte geführt, ohne daß es bisher gelungen wäre, unter den Wissenschaftlern auch nur einigermaßen zu einem Konsens zu gelangen; ohnehin war Imperialismus stets auch – und oft überwiegend – ein politisch-polemischer Terminus. Der Ausdruck ist im ganzen 19. Jahrhundert zu finden, und zwar als Synonym für Militärherrschaft. Besonders häufig wurde er zur Charakterisierung des von Louis Napoleon in Frankreich nach 1850 geschaffenen Systems herangezogen und von hier aus als Bezeichnung für Gebietsherrschaft benutzt. So sah etwa der englische Rechtshistoriker und Politiker James Bryce (1837–1922) bei den Franzosen den »imperialistischen Geist« des antiken Rom wieder aufleben, da sie wie die Römer des tief verwurzelten Glaubens seien, daß sie einen natürlichen Anspruch auf die Lenkung der Welt und auf die Kontrolle der Politik ihrer Nachbarstaaten hätten[2]. In England wurde der Begriff in den Kontroversen um die Politik des konservativen Premiers Disraeli enger auf die Weltpolitik bezogen, von den liberalen Opponenten polemisch, von den Tories positiv. Von England aus fand der Ausdruck bald Eingang in die anderen Sprachen; er meinte überall weltpolitische Betätigung, nur wurden die Antriebe sehr verschieden gedeutet. Die einen sahen die Motive mehr im wirtschaftlichen Bereich, andere eher in der Machtpolitik, wieder andere benannten primär psychologische Faktoren, und je länger desto mehr wurde auch darauf verwiesen, daß man nicht einzelne Gründe für Imperialismus herausgreifen dürfe, sondern mit einem Antriebsbündel rechnen müsse, das so oder so akzentuiert sein könne[3].

Wenn der Begriff Imperialismus auch erst seit den siebziger Jahren geläufig wurde, so ist doch gar nicht zu übersehen, daß die Sache selbst sehr viel älter ist. Das ganze 19. Jahrhundert war erfüllt von imperialistischen Aktivitäten, und wenn man gleichwohl von einem Zeitalter des Imperialismus spricht und es etwa auf die drei Jahrzehnte von 1880 bis zum Ersten Weltkrieg eingrenzt, so kommt darin nur zum Ausdruck, daß die imperialistische Komponente in der Außenpolitik der Mächte in dieser Zeit besonders ausgeprägt war. Dem entspricht zugleich eine kräftige Neigung zur imperialistischen Publizistik. Zwischen 1880 und 1914 wurde eine Vielzahl von Äußerungen veröffentlicht, die sich ungescheut hinter imperialistische Politik stellten.

2.2 Seeley und die Ausbreitung Englands

Ein besonders markantes Beispiel dieser Gesinnung ist die 1879 gehaltene, 1883 publizierte und danach vielfach neuaufgelegte Vortragsreihe John Robert Seeleys (1834–1895) *Die Ausbreitung Englands*[4]. Sie sollte dem Hörer nicht nur die Kenntnis der Vergangenheit vermitteln, sondern gleichzeitig auch seine Gedanken über die Gegenwart und seine Vorstellungen von der Zukunft bestimmen. Seeley, damals zwar Professor der neueren Geschichte in Cambridge, war weder von seiner Ausbildung noch in der Art und Weise seiner langjährigen Tätigkeit Historiker. Er betrieb Geschichtsschreibung ganz und gar in politischer Absicht. Von der Überlegenheit der britischen Rasse – was immer das sein mochte – war er völlig erfüllt. Seine Bemer-

2 James Bryce, The Holy Roman Empire, London 1873[4], S. 379.

3 Vgl. R. Koebner/H. D. Schmidt, Imperialism. The Story and Significance of a Political Word 1840–1960, Cambridge 1964; Hans-Werner Kettenbach, Lenins Theorie des Imperialismus, Teil I, Grundlagen und Voraussetzungen, Köln 1965; Wolfgang J. Mommsen, Imperialismustheorien. Ein Überblick über die neueren Imperialismus-Interpretationen, Göttingen 1977.

4 John Robert Seeley, The expansion of England, London 1883, dt. Leipzig 1884, hier zitiert nach der Ausgabe: Die Ausbreitung Englands. Bis zur Gegenwart fortgeführt von Michael Freund, Berlin 1954.

kung, das britische Weltreich sei in einem »Zustand von Geistesabwesenheit« erworben worden, wurde zum geflügelten Wort[5]. Dahinter stand nicht die Auffassung, die Briten hätten die Einrichtung ihres Empire besser gelassen, sondern das Bedauern darüber, daß sie dabei so wenig planvoll vorgegangen seien, daß, mit anderen Worten, die früheren Generationen nicht von dem gleichen Sendungsbewußtsein erfüllt gewesen seien wie er.

In weitgehender Verkennung der historischen Realitäten trug Seeley vor, daß das britische Weltreich ganz natürlich gewachsen sei. Diesen Prozeß bezeichnete er als naturgemäße Ausbreitung der Engländer über andere, meist dünn besiedelte und kampflos in Besitz genommene Länder. Von dieser Entwicklung setzte er Indien deutlich ab. In dem in seiner eigenen Gegenwart bedeutenden englisch-indischen Handelsverkehr sah er nicht das Ziel derer, die im 18. Jahrhundert den Hauptanteil an der Gründung des Reiches in Indien hatten. Die »Last dieses Erwerbs« sei vielmehr übernommen worden, weil die East-India-Company im Kampf mit Frankreich in den Besitz indischen Territoriums gekommen sei und sich aus philanthropischen Gründen dazu entschieden habe, nicht nur eine einwandfrei funktionierende Verwaltung einzurichten, sondern – zur Niederhaltung der indischen Mißstände – auch fortlaufend zu expandieren. Indien habe eine Vormacht benötigt. Nach dem Untergang des Mogulreiches sei es, so Seeley, die Pflicht der Kompanie gewesen, an dessen Stelle zu treten, »um Indien zu retten«. Ein Desinteresse hätte Grausamkeit bedeutet. Dem Generalgouverneur an Ort und Stelle mußte »die Vergrößerung des Reiches ... einfach als Pflicht erscheinen, wenn durch sie ... Raub und Mord beseitigt und ein gesetzlicher Zustand begründet werden konnte«[6]. Seeley unterstrich die zivilisatorische Rolle Englands nachhaltig und behauptete, daß dessen gewaltiger Einsatz ohne entsprechenden Gewinn geblieben sei.

Seeleys imperialistische Argumentation erschöpfte sich nicht mit dem Hinweis auf die zivilisatorische Pflicht. Den Gedanken an eine Aufgabe der Kolonien oder gar Indiens hielt er für phantastisch. Zur Begründung dessen wies er zunächst auf die fortbestehende Notwendigkeit der Auswanderung hin. Großbritannien sei mit Menschen überfüllt, und diese Situation werde immer schwieriger, denn alle drei Jahre betrage der Zuwachs eine Million Menschen. Aufnahmegebiete für diesen Überschuß seien ein Segen für das Land. Das Argument der Kolonialgegner, ein Staat müsse sich nicht ebenso ausbreiten wie ein Volk, entkräftete er mit dem Hinweis, daß sich eine Zeit ankündige, »in der die Staaten größer sein werden als bisher«[7]. Habe lange gegolten, daß Staaten mit hohem Entwicklungsstand nur auf einem vergleichsweise kleinen Territorium denkbar gewesen seien, so mache die Entwicklung der Verkehrstechnik nun auch räumlich große Staaten möglich. In den USA sah Seeley den Beweis dafür schon erbracht, in Rußland erwartete er ihn in absehbarer Zeit. Das Zarenreich, so Seeley, übe schon jetzt einen schweren Druck auf Mitteleuropa aus. Wenn es mit seinem weiten Gebiet und seiner großen Bevölkerung Deutschland an Bildungsgrad und Organisation erreicht habe, wenn seine Verkehrswege ausgebaut, seine Regierungseinrichtungen verbessert seien, »werden es manche von uns noch erleben, daß Rußland und die Vereinigten Staaten die Großstaaten der heutigen Zeit

5 Ebd., S. 16.
6 Ebd, S. 297 und S. 299.
7 Ebd., S. 291.

so weit überflügelt haben, wie einst die großen Flächenstaaten des 16. Jahrhunderts Florenz überragten«[8].

Diese Perspektive erschien Seeley als ernste Warnung an England. Er sah sein Land an einem Scheideweg. Die eine Strecke werde es in jenen künftigen Tagen auf die gleiche Höhe bringen, auf der auch die größten Weltmächte der Zukunft stünden, die andere führe hinab auf die Stufe einer rein europäischen Macht, die wie Spanien wehmütig zurückblicke auf die großen Tage, in denen es Weltmacht war. Wie die Entscheidung auszufallen hätte, war für Seeley keine Frage. Das britische Gemeinwesen – Seeley meinte England und seine Kolonien insgesamt, weil Bevölkerung wie auch öffentliche Einrichtungen des Empire in seinen Augen rein englisch waren (die nichtweißen Einwohner wurden dabei einfach übersehen) – müsse innerlich ausgebaut werden, und zwar nach dem Muster der Vereinigten Staaten. Seeley träumte von einer großen Föderation. Für Indien argumentierte er gesondert; diesen Subkontinent hielt er für ein Weltreich in sich. Auch dorthin dürfe die Verbindung nicht abreißen. Man könne die eingeleitete Verbesserung der indischen Verhältnisse nicht auf halbem Wege abbrechen.

Ökonomische Gründe tauchten in Seeleys imperialistischer Argumentation nicht auf. Der materielle Bereich wurde nur bei Erwähnung des Bevölkerungsproblems gestreift. Neben der zivilisatorischen Mission war Seeleys wichtigstes Motiv für die Erhaltung und innere Festigung des britischen Weltreiches die machtpolitische Perspektive in das 20. Jahrhundert hinein. Mit beiden Komplexen sprach er von den Imperialisten häufig vorgetragene Überlegungen an.

Die zivilisatorische Aufgabe wurde nachhaltig etwa von dem britischen Schriftsteller Rudyard Kipling (1865–1936) in seinen in Indien spielenden Romanen und Erzählungen herausgestellt; er redete dabei frank und frei von des weißen Mannes Last[9]. Den Vertretern dieses Konzepts ging es nicht mehr nur um Wahrung oder Herstellung von Sicherheit, Ordnung und Recht im europäischen Sinne; manche dachten auch an die materielle Entwicklung. Derartige Überlegungen machten den Imperialismus selbst der Sozialdemokratie akzeptabel. Auf dem internationalen Sozialistenkongreß in Stuttgart 1907 scheiterte ein unter Führung des Holländers van Kol vorgetragener Versuch zugunsten einer Neubewertung der kolonialen Frage im Plenum mit knapper Mehrheit. Kol und andere westeuropäische Arbeiterführer wollten in einer Resolution festgestellt wissen, daß der Sozialistenkongreß »nicht prinzipiell und für alle Zeiten jede Kolonialpolitik« verwerfe; unter sozialistischer Herrschaft könne sie durchaus zivilisatorisch wirken[10].

2.3 Deutsche imperialistische Stimmen

Das Argument des Machtvergleichs wurde in der deutschen imperialistischen Publizistik gern gebraucht. Besonders eindringlich trug es Mitte der siebziger Jahre des

8 Ebd., S. 296

9 L. D. Wurgaft, The Imperial Imagination: Magic and Myth in Kipling's India, Middletown 1983.

10 Hans-Christoph Schröder, Sozialismus und Imperialismus. Die Auseinandersetzung der deutschen Sozialdemokratie mit dem Imperialismusproblem und der »Weltpolitik« vor 1914, Teil 1, Hannover 1968, S. 191–198, hier: S. 192.

19. Jahrhunderts Ernst von Weber vor, als er die Bevölkerung der Großmächte nach den damals zu beobachtenden Trends um ein Jahrhundert fortrechnete und dabei für 1975 auf 656 Millionen Amerikaner, 244 Millionen Engländer in Europa und Übersee und 190 Millionen Russen, aber nur auf 80–90 Millionen Deutschsprachige kam. Er verwies auf die fortdauernde Auswanderung von jährlich 300000 Menschen und schlug vor, mit ihnen in Südafrika einen deutschen Tochterstaat zu gründen. Als Großbritannien Transvaal in Besitz nahm, verlagerte er sein Interesse auf Südamerika. Briten, Nordamerikaner und Russen sollten nicht glauben, so dozierte er, daß sie die Erde unter sich aufteilen könnten. Auch die Deutschen seien legitimiert, sich »kühn und stolz unter die . . . Bewerber um die Weltherrschaft zu mischen«[11].

Friedrich Fabri (1824–1891) löste mit seiner Schrift *Bedarf Deutschland der Kolonien?* 1879 einen wahren Kolonialrausch aus. Er brachte viele Argumente für die Expansion bei: die Massenauswanderung, die Entlastung von inneren Spannungen, die zivilisatorische Mission. Er verfocht die Meinung, daß die Machtstellung der modernen Staaten an ihrem Kolonialbesitz abgelesen werde, und er war des festen Glaubens, daß die göttliche Vorsehung den Deutschen eine mächtige Weltstellung zugewiesen habe. Dies war der Tenor auch vieler anderer imperialistischer Veröffentlichungen[12]. Der Historiker Erich Marcks (1861–1938), der sich als einer der ersten in Deutschland systematisch mit dem Phänomen auseinandersetzte, konstatierte lapidar: »Gerechnet wird innerhalb der ›Welt‹ nur noch mit Rußland, Großbritannien, Nordamerika, Deutschland, Frankreich, dazu mit Japan, und, in einem erheblichen Abstande, Italien«. Sie haben über die Grenzen ihrer Kernlande hinausgegriffen, »sie drängen, mit ihrem Menschenmaterial oder ihrer Macht, in die große Welt hinaus. Sie betreiben Weltpolitik«. Marcks sah allenthalben einen Zug zur Organisation im großen und größten und gab zu, daß die Welt härter und kriegerischer geworden sei. Dem gewann er durchaus positive Seiten ab: Der Imperialismus ziehe den Blick überall ins Weite und Helle und steigere die Kraft; er sei ein starker Erzieher. Für Marcks war es selbstverständlich, daß ein Staat, der künftig noch etwas bedeuten wolle, an der imperialistischen Bewegung teilnehmen müsse[13].

Mit großer Härte äußerte sich der einflußreiche Publizist Friedrich Naumann (1860–1919), damals auf seinem Weg von der Rechten zum Linksliberalismus schon weit gediehen, von sozialdarwinistischen Standpunkten aus zur Weltpolitik. Er entnahm der Geschichte, daß es ein Recht auf Souveränität für alle Nationen nicht gebe. Mit diesem Hinweis meinte er sowohl die kleineren europäischen Völker wie viele überseeische. Seit dem alten Rom arbeite der Großstaat mit am Werden der Geschichte. Staaten seien Raubtiere, geprägt von einem ständigen Ausdehnungsdrang. »Wer leben will, muß kämpfen. Das gilt von einzelnen, von der Klasse, vom Volk.« Es war ihm ganz selbstverständlich, daß das deutsche Volk um seine Existenz auf der Erdkugel rang. Die Deutschen seien kräftig genug gewesen, im Kampf ums Dasein nach oben zu kommen, sie besäßen die für das Herrschen erforderliche Stärke

11 Ernst von Weber, Vier Jahre in Afrika 1871–1875, Leipzig 1878, Bd.2, S. 569.
12 Klaus J. Bade, Friedrich Fabri und der Imperialismus in der Bismarckzeit. Revolution – Depression – Expansion, Zürich 1975, S. 85ff.
13 Erich Marcks, Die imperialistische Idee in der Gegenwart, in: ders., Männer und Zeiten. Aufsätze und Reden zur neueren Geschichte, Bd. 2, Leipzig 1911, S. 265–291, hier: S. 268 (Original 1903).

und dürften sich deshalb nicht scheuen, »Polen, Dänen, Suaheli, Chinesen« nach Kräften zu entnationalisieren. Nur auf die eigene Stärke sei für sie Verlaß. Der politische Großbetrieb siege, und nur an wenigen Punkten der Erde – London, Petersburg, Berlin, Paris, New York, Rom – werde jetzt und künftig noch weltgeschichtliche Politik gemacht[14].

Ähnlich robuste Positionen gab es in der englischen Publizistik. So feierte Benjamin Kidd die Bildung des Britischen Weltreiches in sozialdarwinistischen Kategorien und fand damit lebhafte Resonanz in der Presse – die öffentliche Zustimmung zum Imperialismus dürfte hier noch ausgeprägter als in Deutschland gewesen sein[15].

2.4 *Die Franzosen*

In Frankreich dagegen war das Echo auf weltpolitische Postulate sehr viel geringer; der Imperialismus hatte hier keine ausgesprochene Breitenwirkung. Wortführer war in der frühen III. Republik der Nationalökonom Paul Leroy-Beaulieu (1843–1916) mit seiner erstmals 1874 publizierten und mehrfach wieder aufgelegten vergleichenden Kolonialgeschichte. In der Kolonisation sah er einen Lebensborn für jedes Volk. Die Expansionskraft erschien ihm als Beleg für die Fähigkeit, die Zukunft zu sichern. So war es ihm ganz selbstverständlich, daß jede der Hauptnationen der alten Welt eine Tochter in Übersee besitze. Deutscher Kolonialpolitik brachte er deshalb – ab der zweiten Auflage 1882 bereits deutlich – Verständnis entgegen. In seiner Argumentation spielte das zivilisatorische Moment eine große Rolle. Zwar sollten die Kolonien wirtschaftlich genutzt, aber nicht ausgebeutet werden. Die Politik des Mutterlandes sollte vielmehr bestrebt sein, die abhängigen Länder zu entwickeln und sie für die Autonomie vorzubereiten – die überseeischen Töchter, von denen er redete, stellte er sich auf die Dauer emanzipiert vor. Leroy-Beaulieus kolonialpolitische Auffassungen waren mithin für ihre Zeit ungemein fortschrittlich. Das Buch hatte im übrigen eine sozialpsychologische Komponente. Es war auch Reaktion auf die 1870/1871 gegen Deutschland erlittene Niederlage. In der Wendung nach außen sah der Verfasser eine Möglichkeit zur Kräftigung des nationalen Selbstbewußtseins und überhaupt zur Überwindung innerer Spannungen[16].

Ähnlich, aber stärker sozialimperialistisch, hatte schon in den siebziger Jahren der Orientalist Ernest Renan (1823–1892) argumentiert. Ohne Kolonisation werde es bei den großen und fortgeschrittenen europäischen Völkern zu unaufhebbaren Spannungen im Innern und schließlich zum Krieg der Armen gegen die Reichen kommen. Sie sei schon deshalb nicht verwerflich, sondern nützlich. Und sie sei auch aus Sicht der Kolonisierten positiv zu werten, führe sie langfristig doch zur Hebung der niederen Rassen. Damit erfülle sie zugleich einen Hauptzweck der Geschichte. Für Renan war

---

14 Friedrich Naumann, Demokratie und Kaisertum. Ein Handbuch für innere Politik, Berlin 1904[3], S. 207 (erstes Zitat); ders., National und international, in: Die Hilfe, 5 (1899) 43, S. 4.

15 Wichtig besonders B. Kidd's Buch Social Evolution, London 1894, dt. Soziale Evolution, Jena 1917. Vgl. Heinz Gollwitzer, Geschichte des weltpolitischen Denkens, Bd. 2, Zeitalter des Imperialismus und der Weltkriege, Göttingen 1982, S. 54–56 und S. 156f.

16 Paul Leroy-Beaulieu, De la colonisation chez les peuples modernes, Paris 1902[5], 1908[6], Erstauflage 1874.

der Weiße der Mandatar des Fortschritts. Vorwiegend machtpolitisch argumentierte dagegen der Naturhistoriker und zeitweilige Generalgouverneur von Indochina Jean Marie de Lanessan (1843–1919), einer der wichtigsten französischen Flottenpropagandisten. Er betrachtete die europäische Ausbreitung über die Erde als Hauptthema der Menschheitsgeschichte; der Imperialismus war ihm dabei nur eine neue Stufe. Eine europäische Macht, die sich behaupten wolle, müsse ganz selbstverständlich an diesem Prozeß teilhaben. Ähnlich begründete der Historiker und Politiker Gabriel Hanotaux (1853–1944), der in der zweiten Hälfte der neunziger Jahre das Außenministerium leitete, seine imperialistische Konzeption; er akzentuierte seine Sicht zudem vitalistisch. Weltpolitik war ihm eine Notwendigkeit, sollte Frankreich als große Macht überleben. Zwar war ihm die Verschiedenwertigkeit der Rassen selbstverständlich, er hoffte aber gleichwohl darauf, Teile der islamischen Bevölkerung Nordafrikas an Frankreich binden zu können. In Afrika mußte seines Erachtens auch der Schwerpunkt der französischen Reichsbildung liegen. Auch für andere Autoren und Politiker war die Teilnahme Frankreichs am imperialistischen Prozeß die Basis für Frankreichs Stellung in der Welt. Unermüdlich in diesem Sinn wirkte Eugène Etienne (1844–1921)[17].

2.5 Sergej J. Witte

Der führende Vertreter imperialistischen Denkens in Rußland war Sergej J. Witte (1849–1915); er verarbeitete auch Anregungen Friedrich Lists (1789–1846), des großen Befürworters eines nationalen Systems der politischen Ökonomie. Witte war von 1892 bis 1905 Finanzminister, dann 1906 Ministerpräsident des Zarenreiches. Er konstatierte, daß die Beziehungen Rußlands zu Westeuropa denen der Kolonialländer zu ihren Metropolen entsprächen, daß Rußland also eine Art Kolonie sei, freilich mit einem gewichtigen Unterschied: Rußland »ist ein politisch unabhängiger, mächtiger Staat, es hat das Recht und die Kraft, nicht der ewige Schuldner der ökonomisch entwickelten Staaten zu bleiben, . . . es will selbst eine Metropole sein«, schrieb er 1899 an den Zaren. Im Wachstum der russischen Industrie sah er günstige Voraussetzungen für die allmähliche Befreiung von ausländischer Vorherrschaft. Daß der Aufstieg zur Metropole eine riesige Aufgabe war, verbarg Witte sich nicht. Er wollte die innere Entwicklung im Sinne Lists durch Erziehungszölle fördern; er räumte der Erschließung Sibiriens einen hohen Rang ein, verwies aber auch darauf, daß Rußland eigene, von den anderen imperialistischen Mächten noch nicht erfaßte Räume zu gewinnen trachten müßte. Das müsse nicht Koloniebildung im herkömmlichen Sinne bedeuten, denn Rußland sei infolge seiner Größe sein eigener unermeßlicher Markt und brauche deshalb aus ökonomischen Gründen keine Kolonien. Witte unterstrich vielmehr die Mission des Zarenreiches im Osten; anders als die von Westeuropa

---

17 Ernest Renan, Réforme intellectuelle et morale de la France, in: ders., Œvres Complètes, Bd. 1, Paris 1947, S. 323-542; Jean-Marie de Lanessan, L'expansion coloniale de la France, Paris 1886; Gabriel Hanotaux, L'Europe et L'Islam, Kairo 1905; ders., L'Energie Française, Paris 1902; vgl. dazu Peter Grupp, Theorie der Kolonialexpansion und Methoden der imperialistischen Außenpolitik bei Gabriel Hanotaux, Bern–Frankfurt/M. 1972; Herward Sieberg, Eugène Étienne und die französische Kolonialpolitik (1887–1904), Köln 1968.

ausgehende, auf Unterjochung der Völker zielende Politik sei das russische Streben hier auf Schutz und Bildung gerichtet. Rußland habe die natürliche Aufgabe, »die angrenzenden östlichen Länder, die sich in seiner Einflußsphäre befinden, vor den übermäßigen politischen und kolonialen Ansprüchen der übrigen Mächte zu schützen«[18]. Das war allerdings eine erhebliche Stilisierung von Wittes Absichten. Tatsächlich ging es auch hier um die Gewinnung eines ausschließlich der Metropolmacht zugänglichen Raumes. Erst unter dieser Voraussetzung schien Witte der Erfolg der Industrialisierung wirklich verbürgt. Den Terminus »friedliche Durchdringung« wollte er nicht unbedingt wörtlich verstanden wissen. Sofern es ihm geboten schien, war auch er zur Anwendung von Druck und Gewalt bereit.

2.6 Amerikanische Imperialismus-Propagandisten: Alfred Thayer Mahan

Auch in den USA entwickelten sich im ausgehenden 19. Jahrhundert kräftige imperialistische Tendenzen. Dabei ging es freilich mehr um ökonomische Expansion als um Territorialgewinn. Im Mittelpunkt dieser Bestrebungen stand der Historiker, Publizist und Politiker Theodore Roosevelt (1858–1919). Auch er glaubte an eine besondere Begabung des Angelsachsentums, hielt einen engen Zusammenhalt der englischsprachigen Völker aber erst in grauer Zukunft für denkbar. Er hing einem robusten Amerikanertum an und betrachtete es als selbstverständlich, daß die Vereinigten Staaten in ganz Amerika erhebliches Gewicht haben müßten. Dementsprechend intervenierte er als Präsident (von 1901–1909) wiederholt in Lateinamerika. Für Ostasien propagierte er das Prinzip der offenen Tür. Seine Ansichten artikulierte er vornehmlich in einer Vielzahl von tagespolitischen Äußerungen.

Systematischer als er begründete der ihm sehr nahestehende Historiker Brooks Adams (1848–1927) den amerikanischen Imperialismus in mehreren Büchern. Er ging davon aus, daß die weltgeschichtliche Entwicklung wesentlich ökonomisch gesteuert sei und erkannte darin die wohlbegründete Chance für den Aufstieg der USA zur Welthegemonialmacht. Ein leichter Weg werde dies jedoch nicht sein. Die Auseinandersetzung mit Rußland um die Stellung in Ostasien schien Adams unvermeidlich. Die zentrale Rolle der west- und mitteleuropäischen Mächte neigte sich seines Erachtens unaufhaltsam dem Ende zu. So rechnete Adams damit, daß das Deutsche Reich sich eng an Rußland anschließen werde. Demgegenüber empfahl er den Engländern, sich an die Vereinigten Staaten zu halten. Das 20. Jahrhundert sah er vom Gegensatz der beiden großen Land- und der zwei Seemächte bestimmt[19].

Zum international bekanntesten imperialistischen Publizisten der USA wurde der Marineoffizier Alfred Thayer Mahan (1840–1914). Er trug seine Ansichten seit Mitte

---

18 Vgl.Heinz Gollwitzer, Geschichte des weltpolitischen Denkens (Anm. 15), Bd. 2, S. 137-140, die beiden Zitate S. 138 und S. 139. Vgl. ferner Dietrich Geyer, Der russische Imperialismus. Studien über den Zusammenhang von innerer und auswärtiger Politik 1860–1914, Göttingen 1977, S. 143ff.

19 Brooks Adams, America's Economic Supremacy, New York 1900; ders., The New Empire, New York 1902; David Burton, Theodore Roosevelt, confident Imperialist, Philadelphia 1968; vgl. Heinz Gollwitzer, Geschichte des weltpolitischen Denkens (Anm. 15), Bd. 2, S. 154ff.

der achtziger Jahre in zahlreichen Aufsätzen vor, die er gelegentlich gesammelt erscheinen ließ. Sein Buch über den *Einfluß der Seemacht auf den Verlauf der Geschichte* machte ihn weithin berühmt[20]. Auch Mahan wertete die erdumspannende Mächterivalität als den dominierenden Zug der modernen Weltpolitik. Diese Konkurrenz erwuchs für ihn aus der schnell fortschreitenden Verknappung »freien« Landes; auch die USA durften sich davon nicht ausschließen. Spielten für sein Denken machtpolitische Erwägungen mithin eine große Rolle – ökonomische Aspekte traten daneben sehr zurück –, so ordnete er immaterielle Gewinne noch höher ein. Imperialismus war ihm ein Stimulus für den Gemeingeist, da ein expandierendes Volk über sich selbst hinauswachse. Die Dominanz der USA in ganz Amerika hielt er für selbstverständlich, ihre Festsetzung in Asien durch den Erwerb der Philippinen 1898 begrüßte er. Längerfristig sah Mahan die Weltpolitik sich in großen Komplexen organisieren. Er rechnete mit einem Weltgleichgewicht zwischen Teutonen – wie er Angelsachsen und Deutsche zusammenfassend nannte –, Slawen und Asiaten.

2.7 Fazit

Zieht man für das imperialistische Denken im Menschenalter vor dem Ersten Weltkrieg eine Bilanz, so ist festzustellen, daß fast alle Autoren die Überlegenheit der Weißen für selbstverständlich hielten und daraus ohne weiteres die Legitimation für die europäisch-nordamerikanische Expansion entnahmen. Die Entwicklungsfähigkeit der farbigen Völker schätzten sie verschieden ein; bis zur vollen Emanzipation Asiens und Afrikas rechneten sie aber noch mit sehr langen Fristen, nicht selten mit Jahrhunderten.

Die These von der zivilisatorischen Mission der weißen Völker wurde vielfach vorgetragen, aber nicht zum Konzept einer aktiven und systematischen Entwicklungshilfe ausgebaut; meistens gab man sich mit der Funktion der Ordnungswahrung zufrieden. Es bestand Übereinstimmung darüber, daß ein großes Volk sich der Teilnahme an der Weltpolitik nicht entziehen konnte, wenn es seinen Rang wahren wollte. Die traditionelle europäische Mächterivalität wurde in globalen Zusammenhängen fortgedacht.

Sozialdarwinistische Einschläge begegnen in den imperialistischen Konzeptionen vielfach, aber nur der kleinere Teil der Autoren glaubte an den unerbittlichen Kampf ums Dasein auch unter den Völkern. Die große Mehrheit hielt Kompromisse bei den unumgänglichen Auseinandersetzungen für möglich und hoffte auf die endliche Etablierung eines Weltgleichgewichtes. Wirtschaftliche Überlegungen spielten in der Argumentation nur eine geringe Rolle. Häufig wurden immaterielle Faktoren betont, aufgrund derer sich die Teilnahme am Imperialismus als belebende Kraft erweise. Über all das wurde nicht nur in Intellektuellenkreisen gesprochen. Imperialistische Gedankengänge hatten vielmehr eine beachtliche öffentliche Resonanz. Die amtliche Politik blieb von all dem natürlich nicht unberührt.

---

20 Alfred T. Mahan, The Influence of Sea Power upon History, 1660–1783, Boston 1890; vgl. Walter Lafeber, Der »merkantilistische« Imperialismus Alfred T. Mahans, in: Hans-Ulrich Wehler (Hrsg.), Imperialismus, Köln 1972², S. 389–399; Heinz Gollwitzer, Geschichte des weltpolitischen Denkens (Anm.15), Bd. 2, S. 168ff.

3. Anti-Imperialismus und Dekolonisation

So sehr imperialistische Stimmen sich auch vernehmbar machten, so wenig beherrschten sie doch die öffentliche Meinung der Großmächte schlechthin. Es gab stets und überall Gegner der Weltpolitik, Anti-Imperialisten und Antikolonialisten. Sie standen in allen politischen Lagern, wenn sie ihren Rückhalt auch besonders auf der Linken hatten, bei Linksliberalen und in der Arbeiterbewegung. Sie verfochten lange keine schnelle und völlige Dekolonialisierung – das schien ihnen nach Lage der Dinge undurchführbar –, sondern zunächst eine Änderung der kolonialen Administration und das Hinarbeiten auf die Entlassung der unterworfenen Völker in die Freiheit so bald wie möglich.

3.1 John Atkinson Hobson

Zu den Anti-Imperialisten gehörte auch derjenige Autor, der als erster eine großangelegte Analyse des Imperialismus gab, der linksliberale englische Publizist John Atkinson Hobson (1858–1940). In seinem 1902 veröffentlichten Buch *Imperialismus* suchte Hobson auf der Basis breiten statistischen Materials darzulegen, daß die britische Expansion im späten 19. Jahrhundert in direktem Zusammenhang mit den Übersee-Investitionen stehe. Daß das Kapital Anlagemöglichkeiten im Ausland suche, hielt der Autor für einsichtig, denn der Binnenmarkt gebe lohnende Gewinnchancen nicht mehr her. Da der Masse der britischen Bevölkerung der gebührende Anteil am Sozialprodukt vorenthalten werde, sei die Inlandsnachfrage zu gering. Auslands-Investitionen seien für die Oberschicht aber nur im Falle ihrer verbürgten Sicherheit interessant. So dränge sie den Staat dazu, den Schutz dieser Vermögen überall dort zu übernehmen, wo europäische Rechtsvorstellungen sonst nicht oder nur mühsam durchsetzbar seien, am besten durch Annexion oder durch Protektoratserklärungen. Für Hobson war Imperialismus damit Resultat der plutokratischen Struktur der britischen Gesellschaft. Er wandte sich mit Entschiedenheit gegen eine solche Politik. Schon wegen der notwendigen hohen Rüstung sei sie viel zu kostspielig; mit Freihandel sei sehr viel mehr viel billiger zu erreichen.

Dem Kapitalismus stand Hobson nicht feindselig gegenüber. Er sah den Imperialismus keineswegs als dessen unaufhebbare Konsequenz an, sondern nur als Phänomen des Übergangs einer kapitalistischen Gesellschaft anachronistischen Zuschnitts zur sozialen Demokratie. Eine gerechte Einkommensverteilung und überhaupt eine sozial ausgerichtete Innenpolitik erschienen ihm somit als Mittel zur Überwindung des Imperialismus. Er bezog zudem die Staatengemeinschaft in seine Überlegungen mit ein. Hobson plädierte für den Aufbau einer internationalen Organisation. Deren Tätigkeit sollte ihren Schwerpunkt in der Lenkung der von den weißen Völkern den Farbigen zu ihrer Entwicklung zu leistenden Hilfe haben. Daß eine simple Anerkennung der Freihandelsprinzipien für den Fortschritt der außereuropäischen Völker gar nichts bewirken werde, war ihm klar[21].

21 John A. Hobson, Imperialism. A Study, London 1902, 1905², danach dt., Der Imperialismus, Köln 1968.

Die von Hobson vorgetragene Unterkonsumtionstheorie war kein Novum. Schon Hegel hatte in seiner Rechtsphilosophie (1821) darauf verwiesen, daß die bürgerliche Gesellschaft »bei dem Übermaße des Reichtums ... nicht reich genug« sei, »dem Übermaße der Armut und der Erzeugung des Pöbels zu steuern«, so daß sie »über sich hinausgetrieben werde«, »um außer ihr in anderen Völkern ... Konsumenten und damit die nötigen Subsistenzmittel zu suchen«[22]. Der von Hegel beeinflußte deutsche Sozial- und Verwaltungswissenschaftler Lorenz von Stein (1815–1890) führte diesen Gedanken ein Menschenalter später breit aus. Das empirische Material, auf das Hobson sich stützte, war im übrigen nicht umfassend genug, um eine generelle These tragen zu können. Sein Buch gehörte in den Zusammenhang des Burenkrieges, und die Daten, mit denen Hobson operierte, entstammten vornehmlich dem südafrikanischen Raum. Trotz der schmalen Basis waren die Thesen Hobsons sehr einflußreich und prägten das Nachdenken über den Imperialismus sowohl im bürgerlichen wie im sozialistischen Lager nachhaltig. So stützte etwa Lenin seine eigene Imperialismus-Theorie, die neben der Hobsons die stärksten Wirkungen hatte, wesentlich auf Hobson.

3.2 Joseph A. Schumpeter

In eine ganz andere Richtung ging die Imperialismus-Deutung des österreichischen Nationalökonomen Joseph Alois Schumpeter (1883–1950), die 1918 als Gegenschrift zu Lenins Interpretation in einem seither vielgelesenen Aufsatz vorgetragen wurde. Auch Schumpeter hielt den Imperialismus für die Folge einer defekten Sozialstruktur, aber doch anders als Hobson. Er verwies darauf, daß die herrschenden Schichten ihre Position stets durch die Erzeugung von Chauvinismus zu festigen trachteten. Diesem Phänomen ging er in weiter Perspektive nach. Sein Aufsatz behandelte die ganze Weltgeschichte und entnahm die Beispiele aus allen Zeiten. Imperialismus erschien danach als Produkt psychischer Strukturen aristokratischer Herrenschichten, ihrer kriegerischen und agonalen Leidenschaften, als irrationales und letztlich zielloses Tun. So definierte Schumpeter: »Imperialismus ist die objektlose Disposition eines Staates zu gewaltsamer Expansion ohne angebbare Grenze.«[23] Wenn Imperialismus dergestalt irrationales Handeln sei, so könne man ihn keineswegs wie Lenin als höchstes Stadium des Kapitalismus verstehen. Zwar gab Schumpeter zu, daß Industrie- und Bankkapital sich unter den Bedingungen einer monopolistischen Ordnung durchaus imperialistisch verhalten könnte, betonte aber, daß der Kapitalismus als rationale Veranstaltung seinem Wesen nach antiimperialistisch sei. Werde er richtig ausgestaltet, so könne mit seiner Hilfe der Imperialismus überwunden werden. Mit der starken Herausarbeitung sozialpsychologischer Faktoren fand Schumpeter in der weiteren Diskussion viel Beachtung. Er war zudem der erste, der Imperialismus als in allen Zeiten begegnendes Phänomen verstand.

---

22 Georg Wilhelm Friedrich Hegel, Grundlinien der Philosophie des Rechts, Stuttgart 1952[3] (ed. Glockner, Bd. 7).

23 Joseph Schumpeter, Zur Soziologie der Imperialismen, in: Archiv für Sozialwissenschaft und Sozialpolitik, (1918/19) 46, S. 1–39 und S. 275–310; sowie ders., Aufsätze zur Soziologie, Tübingen 1953, S. 72–146, hier: S. 119.

Mit den Positionen Hobsons und Schumpeters ist die Spannweite der Imperialismus-Diskussion abgesteckt – in diesem Rahmen bewegt sie sich seither, wobei eine große Fraktion der Autoren die enge Bindung der überseeischen Expansion an den voll entfalteten Kapitalismus betonte und betont, Imperialismus also als Phänomen seit dem späten 19. Jahrhundert betrachtet.

3.3 Karl Kautsky

Ein charakteristisches Zeugnis sozialdemokratischer Imperialismus-Kritik war die im Herbst 1907 von Karl Kautsky (1854–1938), dem damals maßgeblichen Theoretiker der SPD, vorgelegte Schrift *Sozialismus und Kolonialpolitik*. Es handelt sich dabei um die Auseinandersetzung mit revisionistischen Verfechtern einer positiven Kolonialpolitik innerhalb der SPD. Kautsky unterstrich, daß die Ethik des Proletariats die Aufhebung jeder Beherrschung und Bevormundung verlange. Eine neue Klassenherrschaft, nämlich diejenige »der weißen Rasse über die dunkelhäutigen Rassen«, sei deshalb unzulässig[24]. Wer in der Sozialdemokratie anders denke, beginne mit dem Kapitalismus zu feilschen und begünstige das Recht der Besitzenden gegenüber den Besitzlosen. Die modernen, auf der »Ausplünderung oder der Zwangsarbeit der Eingeborenen« beruhenden Ausbeutungskolonien kritisierte Kautsky scharf[25]; sie dienten der Anlage überschüssigen Kapitals und dem Absatz überschüssiger Produkte. Die revisionistische These vom notwendigen Durchgang der Kolonien durch den Kapitalismus wies Kautsky zurück und berief sich dabei auf Marx und Engels, die für Länder mit vorkapitalistischen Strukturen nach dem Sieg des Sozialismus in Europa einen abgekürzten Entwicklungsgang für möglich gehalten hätten. Nur einen Gedanken der Revisionisten nahm er ernst, daß nämlich eine Kolonie, werde sie aufgegeben, in die Barbarei zurückfallen könne. Daraus folgerte er aber nicht, daß die europäische Fremdherrschaft nun dauernd bleiben müsse. Vielmehr forderte er eine friedliche Zivilisierung. Dabei sei mit großer Behutsamkeit vorzugehen. Es müßten sowohl die tradierten sozialen Verhältnisse wie die realen Möglichkeiten und Gewohnheiten berücksichtigt werden. Nicht die Eingeborenen seien zu bevormunden, sondern die Zivilisatoren, damit wirklich sichergestellt sei, daß die europäische Hilfe allein als Anleitung zur Nutzung der Quellen höherer Bildung wirke; die Einheimischen müßten dabei die tatsächliche Freiheit in Annahme und Auswahl der kulturellen Mittel haben. »Pflege freundschaftlichen Verkehrs mit den Naturvölkern, Übermittlung von Kenntnissen und Werkzeugen unter Fernhaltung aller ungeeigneten Elemente – das wäre der Kern jener Zivilisationspolitik, die den Kulturvölkern ihnen gegenüber obliegt.«[26]

---

24 Karl Kautsky, Sozialismus und Kolonialpolitik. Eine Auseinandersetzung, Berlin 1907, S. 18.
25 Ebd., S. 122.
26 Ebd., S. 131.

3.4 *Mandatssystem und Treuhandschaft*

Der Erste Weltkrieg hatte für die Diskussion über die Stellung Europas in der Welt zentrale Bedeutung. Das imperialistische Denken verlor an Kraft, die Anti-Imperialisten gewannen beträchtlich an Boden. Großen Einfluß auf diese Entwicklung hatte der amerikanische Präsident der Jahre 1913–1921 Woodrow Wilson (1856–1924), Professor der Rechte und Autor vieler Veröffentlichungen, ein Mann, der moralische Prinzipien sehr hoch stellte und insbesondere die zwischenstaatlichen Beziehungen von Grund auf erneuern wollte. So trat er für einen Völkerbund ein, der das freie Spiel der Kräfte durch feste Regelungen ersetzen sollte. Das mußte auf das imperialistische Weltsystem zurückwirken. Es war Wilson wie vielen anderen Anti-Imperialisten klar, daß die weiße Weltstellung nicht schnell und radikal geändert werden könne. Dies mußte vielmehr erschütterungsfrei und in einem langen Zeitraum geschehen, und zwar so, daß die zivilisatorische Vorherrschaft der Weißen dabei nicht angetastet wurde. In seine am 18. Januar 1918 verkündeten *14 Punkte,* eine Erklärung, die Lenins Dekret über den Frieden entgegenwirken sollte, nahm er an fünfter Stelle den Grundsatz auf, daß alle kolonialen Ansprüche streng unparteiisch geordnet werden sollten, »gegründet auf strenge Beachtung des Prinzips, daß bei Bestimmungen aller derartigen Fragen der Souveränität das Interesse der betreffenden Bevölkerung gleiches Gewicht haben muß, wie die billigen Ansprüche der Regierung, deren Rechtstitel festgelegt werden soll«[27].

Auf der Pariser Friedenskonferenz wurde das zum Thema. Artikel 22 der Völkerbundsatzung machte die ehemals deutschen und türkischen auswärtigen Besitzungen zu Mandaten des Völkerbundes, entzog sie damit der absoluten Verfügungsgewalt der Kolonialmächte und unterstellte sie einer gewissen internationalen Kontrolle. Die Mandatare hatten dem Völkerbund jährlich einen Bericht abzustatten. Die A-Mandate in Nahost galten als befähigt, als unabhängige Nationen anerkannt zu werden, die Mandatare wurden also nur vorläufig eingesetzt. Aber auch für die anderen Mandate wurde die Notwendigkeit der Entwicklung betont. In der Logik dessen lag es, daß die betroffenen Bevölkerungen schließlich zur Selbstregierung und danach zur Unabhängigkeit geführt wurden. So faßte es auch die Mandatskommission des Völkerbundes auf, legte sich allerdings nicht fest. Natürlich stellten die Gegner von Imperialismus und Kolonialismus sogleich die Frage, warum das hier gewählte System nicht auch für die anderen abhängigen Völker gelten sollte. Auch in der Völkerversammlung wurde in diesem Sinne diskutiert und damit vor aller Welt deutlich gemacht, daß Kolonialismus nur noch die Angelegenheit einer befristeten Zeit sein konnte[28]. Treuhandschaft und Dekolonialisierung – dies Wort stammt von dem deutschen Nationalökonomen Moritz Julius Bonn (1873–1965) – wurden schnell fortlaufend erörterte Themen.

---

27 Woodrow Wilson, Memoiren und Dokumente über den Vertrag zu Versailles anno MCMXIX, hrsg. von R. St. Baker in autorisierter Übersetzung von Curt Thesing, Leipzig o.J. (1923), Bd. III, S. 40. Vgl. Rudolf von Albertini, Die USA und die Kolonialfrage (1917–1945), in: Vierteljahrshefte für Zeitgeschichte, 13 (1965), S. 1–31.

28 H. Duncan Hall, Mandates, Dependencies and Trusteeship, Washington 1948; zusammenfassend Jürgen Heideking, Völkerbund und Dekolonisierung, in: Kolonialismus und Kolonialreiche, 5. Tübinger Gespräch zu Entwicklungsfragen vom 11./12. Mai 1984, Stuttgart 1985, S. 301–309 (Materialien zum Internationalen Kulturaustausch, Bd. 24).

Der Treuhandbegriff wurde namentlich von Frederick D. Lugard (1858–1945), der zeitweilig Gouverneur von Nigeria gewesen war, in seinem Buch *Dual Mandate in Tropical Africa* (1922) entfaltet. Dual Mandate besagte, daß die Kolonialmächte – und zwar alle, nicht nur die Mandatare des Völkerbundes – eine doppelte Funktion hatten. Sie sollten einmal die Interessen der einheimischen Bevölkerung wahren, zum anderen aber auch die der ganzen Welt berücksichtigen. Ohne tropische Produkte könnten die zivilisierten Nationen nicht mehr existieren, sie besäßen, so Lugard, damit das Recht, derlei Erzeugnisse am Ort zu gewinnen. Diese Güter seien Erbe der ganzen Menschheit und nicht auf die Verfügungsrechte der farbigen Völker beschränkt. Andererseits bedeute diese Auffassung, daß einzelne europäische Mächte keine kolonialen Monopole errichten durften. Vielmehr müsse eine Politik der offenen Tür oder doch der Türöffnung betrieben werden. Hinsichtlich der Treuhandschaft für die kolonisierten Völker machte Lugard zahlreiche Vorschläge, wie den bestehenden Übeln abgeholfen werden könne, aber das blieb doch vordergründig; auf Probleme der Entwicklungshilfe ging er kaum ein[29]. Insofern skizzierten seine Ausführungen einen verbesserten Imperialismus. Erst in späteren Veröffentlichungen sprach sich Lugard konkreter dafür aus, daß auch die rückständigeren, von Großbritannien beherrschten Völker in fernerer Zeit als sich selbst regierende Nationen in das Commonwealth entlassen werden müßten.

3.5 Erörterungen über die Dekolonisation in Großbritannien und Frankreich

Die Diskussion über die Dekolonisation war sehr zähflüssig. Sie ging parallel mit schrittweisen Verbesserungen im Kolonialsystem und wandte sich allmählich auch stärker den Fragen der Entwicklungshilfe zu. Hierbei gingen Angehörige der *Labour Party* voran, so etwa Leonard S. Woolf mit seiner Schrift *Empire and Commerce in Africa* von 1920. Das Engagement für eine gründliche Veränderung der Verhältnisse war dabei freilich zunächst nicht sonderlich groß: Auch für die Labour Party lag die Selbstregierung der meisten kolonisierten Völker noch in weiter Ferne. Das änderte sich in den dreißiger Jahren. Nun verlangten Angehörige der Labour-Linken wie Stafford Cripps (1889–1952) und Harold Laski (1893–1950) für die unterworfenen Völker nicht nur Selbstregierung, sondern volle Selbstbestimmung. Das Imperialismus-Verständnis dieser beiden Autoren war gänzlich ökonomisch bestimmt; sie bezeichneten das britische Weltreich als äußersten Ausdruck des Kapitalismus[30].

Kurz vor dem Zweiten Weltkrieg brachte der Afrika-Survey, der von einer Arbeitsgruppe unter Leitung von Malcolm Hailey (1872–1969), einem ausgesprochenen Indien-Kenner, erarbeitet und von der Carnegie-Stiftung, nicht vom Staat, finanziert worden war, die erste genaue Bestandsaufnahme über die Verhältnisse in Britisch-Afrika. Hailey wies darauf hin, daß routinemäßige Verwaltung, wie sie bisher betrieben worden sei, nicht mehr ausreiche. Er forderte den Ausbau der

---

29 Frederik D. Lugard, The Dual Mandate in British Tropical Africa, London 1922; Robert Schneebeli, Die zweifache Treuhandschaft. Eine Studie über die Konzeption der britischen Kolonialherrschaft, Zürich 1958.

30 Rudolf von Albertini, Dekolonisation. Die Diskussion über Verwaltung und Zukunft der Kolonien 1919–1960, Köln 1966, S. 139 ff.

Sozialdienste, und er kritisierte, daß immer noch viel zu viel Gewinne aus Afrika abflössen. Das dürfe so nicht fortgehen, es müsse vielmehr stärker in den Kolonien investiert werden, und auch der Staat habe sich an der wirtschaftlichen Hilfe für die abhängigen Gebiete zu beteiligen. Ohne diese Hilfsbereitschaft werde Selbstregierung ein leeres Wort bleiben. Mit Recht bezweifelte Hailey, daß die vielen Verlautbarungen über Treuhandschaft bis dahin sonderlich ernst gemeint gewesen seien. Der Begriff sei erst noch mit Leben zu füllen[31].

Noch weniger als 1918 konnte man nach 1939 davon ausgehen, daß sich nichts ändern werde. Hailey wiederholte die im Survey vorgetragenen Thesen unermüdlich und fand dabei zunehmend Gefolgsleute. Die wichtigste Voraussetzung der politischen Selbständigkeit sei, daß die betreffenden Territorien wirtschaftlich auf eigenen Füßen stehen könnten. Wegen der Größe des Britischen Reiches und der vielfältigen Unterschiede in den sozialen und ökonomischen Strukturen war es natürlich unmöglich, allgemeine Regeln aufzustellen, und es war nach wie vor mit langwierigen und komplizierten Vorbereitungen für die Unabhängigkeit zu rechnen. Viele Probleme, so Hailey, seien noch gar nicht diskutiert. Der Weg zur Dekolonisation – Hailey nahm als einer der ersten den von Moritz Julius Bonn geprägten Begriff auf – sei aber unumkehrbar. Am Ende müsse für die farbigen Völker so etwas wie der Dominion-Status stehen. Die Orientierung an einem britisch geführten Verband von Nationen spielte in der englischen Diskussion eine große Rolle. Kaum jemand wollte das Imperium einfach liquidieren. Wie aber das Commonwealth künftig aussehen könnte, darüber gingen die Meinungen sehr auseinander[32].

Mit der Auffassung, daß die Zukunft der englischen Kolonien im Rahmen eines neugestalteten Reiches zu suchen sei, unterschied sich das britische Nachdenken über diesen Problemkreis von den in den USA vorgetragenen Meinungen. Hier gab es inzwischen eine ganz ausgesprochen antikolonialistische Stimmung. Präsident Franklin D. Roosevelt (1882–1945), im Amt von 1933 bis 1945, agierte in dieser Hinsicht ganz auf der von Wilson gezogenen Linie. Die maßgeblichen Wortführer der Vereinigten Staaten setzten auf die internationale Organisation und hielten es für unmöglich, bei Kriegsende eine friedliche und stabile Weltordnung zu schaffen, wenn weiterhin Hunderte von Millionen Menschen der Herrschaft imperialistischer Mächte unterworfen seien. Sie verlangten ein entschiedenes Vorantreiben der Dekolonisation. Bei der Formulierung dieser Gedanken spielte der Roosevelt 1940 unterlegene Präsidentschaftskandidat Wendell Willkie (1892–1944) eine große Rolle. Sein Buch *Eine Welt* wurde viel gelesen. Hier gab Willkie auch den berechtigten Wünschen der Völker Asiens und Afrikas beredten Ausdruck; sein besonderes Interesse galt dabei Ostasien, dem die Amerikaner seit je mehr Aufmerksamkeit gewidmet hatten als Afrika[33].

Roosevelt machte die Dekolonisation gegenüber Großbritannien unmittelbar geltend. Den Artikel 3 der Atlantik-Charta vom 14. August 1941 – die Unterzeichner »achten das Recht aller Völker, sich die Regierungsform zu wählen, unter der sie leben wollen. Sie wünschen die obersten Rechte und die Selbstregierung der Völker wieder hergestellt zu sehen, denen sie mit Gewalt genommen wurden« – wollte der

31 Rudolf von Albertini, Dekolonisation (Anm. 30), S. 130ff.
32 Ebd., S. 188ff.; zu Hailey S. 190ff.
33 Wendell Willkie, One World, London 1943.

britische Premier Churchill nur auf Europa beziehen, Roosevelt aber auf alle Kontinente[34]. Immer wieder wurden von Amerika aus den Engländern antikolonialistische Argumente vorgetragen, und gegenüber Frankreich legte man sich erst recht keine Zurückhaltung auf. Da unzweifelhaft war, daß viele Kolonien nicht unmittelbar in die Unabhängigkeit entlassen werden konnten, dachte man an eine Verbesserung des Mandatssystems.

Auch in Frankreich gewann die Ansicht fortwährend an Boden, daß das Verhältnis zwischen Metropole und abhängigen Ländern sich ändern müsse. Auch hier wurde eine lebhafte Diskussion über die Dekolonisation geführt. Die herrschende Meinung ging dabei dahin, daß das Weltreich nicht einfach aufzulösen, sondern umzustrukturieren sei und dabei enger zusammengeführt werden könne. Die öffentliche Erörterung in Frankreich und die amtliche Politik setzten auf eine kulturelle Assimilation der Völker in den Kolonien und auf ihre Integration in ein größeres Frankreich. Man wollte »Emanzipation innerhalb eines institutionalisierten Ganzen, das von Frankreich getragen wurde und ganz auf Frankreich orientiert blieb«[35].

Das wichtigste Zeugnis für diese Konzeption sind die Verhandlungen der 2. Konferenz von Brazzaville Anfang 1944. An der von René Pleven (geb. 1901) geleiteten Tagung nahmen die Gouverneure der Kolonien, Sachverständige, Abgeordnete und Berater teil, nicht aber Repräsentanten der Kolonisierten. Bei der Eröffnung sprach der Chef des Französischen Komitees der nationalen Befreiung, Charles de Gaulle (1890–1970), davon, daß Frankreich, seiner zivilisatorischen Mission bewußt, seine Beziehungen zu den überseeischen Besitzungen neu regeln wolle. Die einheimische Bevölkerung solle an der Verwaltung ihrer Territorien teilnehmen; diese sollten sich in die Französische Gemeinschaft eingliedern. Damit formulierte de Gaulle die Leitlinien für die Arbeit der Konferenz. Die Verhandlungen galten zwar nominell dem gesamten französischen Überseebesitz, tatsächlich aber blieben sie im wesentlichen auf Schwarzafrika beschränkt – die Verhältnisse in Indochina und Nordafrika waren zu verschieden, als daß stets ein Generalnenner hätte gesucht werden dürfen.

Die Mehrheit der Gouverneure trat für die Assimilation ein, forderte deshalb das Französische als allgemeine Unterrichtssprache und wollte die Verwendung der Lokalsprachen in den Schulen sogar strikt verbieten. Es müsse, so meinten sie, nach sicheren Wegen gesucht werden, wie die Masse der Einheimischen allmählich zu den Überzeugungen geführt werden könne, die die französische Kultur ausmachten. Der Konferenz ging es mithin zentral um die kulturelle Hebung der Individuen. Das bedeutete aber selbstverständlich, daß die Eingeborenen auch politisch vertreten sein mußten. Man sah einmal Repräsentativkörperschaften in den einzelnen Territorien vor, die an der Verwaltung zu beteiligen und mit gewissen finanziellen Vollmachten auszustatten waren, wollte also administrative Freiheiten zugestehen, man sprach

---

34 Erklärung Churchills und Roosevelts (Atlantik-Charta) vom 14. August 1941, in: Die Satzung der Vereinten Nationen. Mit den vorbereitenden Dokumenten und dem Statut des Internationalen Gerichtshofs, hrsg. und eingeleitet von Wilhelm G. Grewe, Göttingen 1948, S. 147; Hans-Jürgen Schlochauer, Die Idee des ewigen Friedens. Ein Überblick über Entwicklung und Gestaltung des Friedenssicherungsgedankens auf der Grundlage einer Quellenauswahl, Bonn 1953, S. 182–185. Vgl. Rudolf von Albertini, Die USA und die Kolonialfrage (Anm. 27), S. 9ff.

35 Rudolf von Albertini, Dekolonisation (Anm. 30), S. 451.

zum anderen über eine Vertretung in Paris, wobei die Mehrheit an ein spezielles Parlament der Kolonien dachte, das nur konsultative Funktionen haben sollte. Im übrigen befaßte sich die Konferenz mit Fragen der wirtschaftlichen Entwicklung und der sozialen Struktur der Kolonien, mit dem Ausbau des Erziehungswesens und mit der Modernisierung des Rechts. Getragen war das alles von einem hohen französischen Selbstwertgefühl. Pleven brachte das in seiner Eröffnungsansprache auf die Formel, daß es im größeren Frankreich keine Völker gebe, die befreit werden müßten, keine Rassendiskriminierung, die zu beseitigen sei. Es gebe nur Bevölkerungen, die französisch dächten und die am politischen Leben der Französischen Gemeinschaft teilhaben wollten[36].

Die Umsetzung dieser kolonialpolitischen Überlegungen in die Wirklichkeit wurde von 1944 bis 1946 lebhaft diskutiert. Dabei wurden zahlreiche Vorschläge gemacht, wie der von den Gouverneuren in Brazzaville gezeichnete Umriß auszufüllen sei, aber es wurde keine prinzipielle Alternative entwickelt. Die französische Kolonialpolitik nach 1945 war von dem Bestreben gekennzeichnet, den einmal erworbenen Besitz zu behaupten, wollte nur dessen Stellung im Imperium verbessern. Dieser Weg war eine Sackgasse. In Indochina erwies sich das sogleich, in Nordafrika wenig später, und auch Schwarzafrika konnte gegen das Streben der einheimischen Eliten nach Unabhängigkeit und gegen die weltweit auf Dekolonisation zielende Stimmung nicht wesentlich länger unter der Trikolore behauptet werden.

3.6 Die Debatte über Neokolonialismus und Entwicklungshilfe

Kurz nach 1960 war, von territorialen Restbeständen abgesehen, die formelle Herrschaft beendet, die die europäischen Staaten seit dem 19. Jahrhundert allenthalben errichtet hatten. Die Debatte über den Imperialismus kam dadurch freilich nicht zu einem Ende. Zahlreiche Autoren verwiesen darauf, daß Kolonialismus weiterbestehe, nur eben in anderer Form. In den wirtschaftlichen Beziehungen zwischen den Metropolen und ihren einstigen Überseebesitzungen sei ja kein prinzipieller Wandel eingetreten. Die Unterentwicklung der Länder der Dritten Welt sei wesentlich Folge der langjährigen europäischen Präsenz und der Instrumentalisierung der einheimischen wirtschaftlichen Ressourcen für europäische Zwecke. Seit der formellen Unabhängigkeit sei es nicht nur zu keiner Verbesserung, sondern vielfach zu einer Verschlechterung gekommen. Immer noch übe europäisches und nordamerikanisches Kapital die Herrschaft über die weniger entwickelten Regionen der Erde aus, und zwar mit sehr viel mehr Rationalität und demzufolge auch mit größerer Effizienz als im sogenannten Zeitalter des Imperialismus. Zur Kennzeichnung der Lage wurde vielfach das Wort Neokolonialismus verwandt.

Eine der ersten einflußreichen Publikationen dieses Tenors war das Buch von Paul A. Baran *Die politische Ökonomie des wirtschaftlichen Wachstums*, erschienen noch vor der großen Welle der Unabhängigkeitserklärungen für Afrika um 1960. Baran verwies darauf, daß die fortdauernde Ausbeutung der Entwicklungsländer durch die

36 Ebd., S. 419ff.

neuen einheimischen Regierungen in starkem Maße erleichtert werde, die mit dem ausländischen Kapital zur Wahrung ihrer Position gemeinsame Sache machten und sich damit gegen die Interessen des eigenen Volkes stellten. Die Unabhängigkeit sei deshalb nur Schein, und sie werde so lange nicht erreicht, wie die Ausbeutung durch das internationale Kapital andauere. Baran hielt eine prinzipielle Änderung erst für möglich, wenn das kapitalistische System falle[37].

Am Beispiel des eigenen Kontinents suchte eine Reihe südamerikanischer Autoren diese These besonders zu exemplifizieren; ihre einschlägigen Schriften erschienen in dichter Folge in den späten sechziger und Anfang der siebziger Jahre. Die hier angewandte Sehweise wird zusammenfassend als *Dependencia-Theorie* bezeichnet und gilt als spezifisch lateinamerikanischer Beitrag zur Imperialismus-Debatte[38]. Vor allem André Gunder Frank wurde in Europa bekannt, da seine Schriften – namentlich seine Studie *Kapitalismus und Unterentwicklung in Lateinamerika*, eine Untersuchung am Beispiel von Chile und Brasilien – in verschiedene Sprachen übersetzt wurde. Mit allem Nachdruck unterstrich Frank, daß die gegenwärtige Unterentwicklung Lateinamerikas das Resultat seiner jahrhundertelangen Beteiligung am Prozeß der kapitalistischen Weltentwicklung sei. Den Imperialismus verstand er nur als Schlußphase der ökonomischen Durchdringung der Länder der Dritten Welt durch Europa und besonders Nordamerika, jetzt betrieben vor allem durch das Monopolkapital. Frank wies darauf hin, daß diese Penetration sich nicht nur als wirtschaftliche Einflußnahme geltend mache, sondern auch auf anderen Wegen, vor allem mittels vielfältiger Einwirkungen auf die politischen Institutionen. Die Fortdauer der ungleichen weltwirtschaftlichen Beziehungen sei ein wesentlicher Teil der Struktur des kapitalistischen Systems in seinem gesamten Weltumfang. Für die Lateinamerikaner sah er einen Ausweg aus dieser Situation einzig in der bewaffneten Revolution mit dem Ziele des Sozialismus[39].

Johan Galtung versuchte 1972 in einer vielbeachteten Studie, den Imperialismus neu auf den Begriff zu bringen. Imperialismus erschien ihm als bestimmter Herrschaftstyp, den man zeitlich nicht genau einordnen und der verschiedene Ausprägungen haben könne. Imperialismus mache sich je nach den Verhältnissen eher ökonomisch oder stärker politisch, mehr militärisch oder auch kulturell geltend. Stets aber bestehe eine strukturelle Abhängigkeit zwischen Zentrale und Peripherie, zwischen Metropole und den ihr imperialistisch verbundenen Gebieten. Dabei halte sich die Metropole an die kooperationswillige einheimische Führungsschicht, die in der Zusammenarbeit ihre Stellung zu festigen suche und damit die bestehende soziale Ungerechtigkeit verteidige. Galtung nannte dieses Beziehungsgeflecht »strukturelle Gewalt« und sah darin das spezifische Mittel des voll ausgebildeten Imperialismus.

---

37 Paul A. Baran, Politische Ökonomie des wirtschaftlichenWachstums, Neuwied 1966.

38 Überblick bei Andreas Boeck, Dependencia und kapitalistisches Weltsystem, oder: Die Grenzen globaler Entwicklungstheorien, in: Franz Nuscheler (Hrsg.), Dritte-Welt-Forschung. Entwicklungstheorie und Entwicklungspolitik, Opladen 1985, S. 56–74.

39 André Gunder Frank, Capitalism and Underdevelopment in Latin America. Historical Studies of Chile and Brazil, London 1969 (dt. Frankfurt/M. 1969); ders., Die Entwicklung der Unterentwicklung, in: ders. (Hrsg.), Kritik des bürgerlichen Anti-Imperialismus, Berlin 1969, S. 30–44; ders., Critique and Anti-Critique. Essays on Dependence and Reformism, London 1974.

Der »professionelle Imperialismus« stütze sich eher auf strukturelle als auf direkte Gewalt[40].

Für die der strukturellen Gewalt unterworfenen Gebiete ist es nach dieser Sicht kennzeichnend, daß darüber, was produziert wird, wo und wie das geschieht und wie die Produktion verteilt wird, primär vom Standpunkt der Kapitalverwertung aus in den Metropolen entschieden wird, daß dafür also europäisch-nordamerikanische Interessen maßgeblich sind, nicht aber die Bedürfnisse der einheimischen Bevölkerungen. Die nichtmonetäre Subsistenzproduktion der Länder der Südhalbkugel interessiere die Entscheidungsträger im Norden nicht, wichtig sei nur, was monetär umsetzbar sei. Lukrative Bereiche würden mit großem Elan ausgebaut, die Finanzierung erfolge über Kredite. Dadurch gerieten die Entwicklungsländer immer mehr in die Abhängigkeit des internationalen Kapitals, der Schuldendienst werde übermächtig, und etliche Regierungen seien schon zum Rückgriff auf die Substanz gezwungen, wollten sie die Schulden bedienen. Manche imperialistischen Staaten, voran die USA, seien zur Wahrung ihrer Interessen selbstverständlich bereit, statt der strukturellen direkte Gewalt anzuwenden, zumeist über Stellvertreter (Finanzierung von »Contras«), äußerstenfalls aber auch durch den Einsatz eigener Truppen.

Nur ein kleinerer Teil der entschiedenen Kritiker des weltwirtschaftlichen Systems war und ist freilich, wie die Autoren um Frank, bereit, den Ausweg aus der Situation in der bewaffneten Erhebung zu suchen. Gemeinhin wird auf friedliche Lösungen verwiesen. Dieter Senghaas (geb. 1936) – um eine charakteristische Stimme dieses Tenors zu zitieren – sieht eine sinnvolle Möglichkeit zum Abbau der strukturellen Gewalt und zur Verminderung der Abhängigkeit in der von ihm so genannten *Dissoziation*, in der – wenigstens teilweisen – Abkoppelung der unterentwickelten Peripheriestaaten von der Weltwirtschaft und in der Ausrichtung der agrarischen und gewerblichen Produktion nach den je eigenen Interessen. Mehrere Peripheriestaaten sollten zudem zur gegenseitigen Kräftigung eng zusammenarbeiten und regionale Infrastrukturen schaffen. Auf diesem Wege könne sich Eigenständigkeit allmählich entfalten, der ökonomische Aufstieg sinnvoll betrieben werden[41].

Die vorstehend skizzierten Auffassungen wurden vornehmlich von Angehörigen der entschiedenen und der gemäßigten Linken vorgetragen. Sie fanden wohl beachtliches Gehör, bildeten aber immer nur einen Teil des Meinungsspektrums, und ihre Autoren waren, wenigstens in den westlichen Industriestaaten, in einer Minderheitensituation. Gerade auf dem Höhepunkt der Dekolonisation und in den ersten Jahren danach war das Nachdenken über die Entwicklungshilfe wesentlich von einem wirtschaftsliberalen Optimismus und von demokratischen Hoffnungen bestimmt. Man empfahl den Ländern der Dritten Welt das westliche Modell der Marktwirtschaft, da dieses doch so offenkundig reiche Frucht getragen habe, sah dementsprechend ihre politisch-institutionelle Zukunft in der westlichen Demokratie. Man wollte ihnen auf dem Wege in die Selbständigkeit helfen und sie zugleich politisch an den

---

40 Johan Galtung, Eine strukturelle Theorie des Imperialismus, in: Dieter Senghaas (Hrsg.), Imperialismus und strukturelle Gewalt. Analysen über abhängige Reproduktion, Frankfurt/M. 1972[2], S. 29–104, hier: S. 29; ders., Strukturelle Gewalt, Beiträge zur Friedens- und Konfliktforschung, Hamburg 1975.

41 Dieter Senghaas, Weltwirtschaftsordnung und Entwicklungspolitik. Plädoyer für Dissoziation, Frankfurt/M. 1977.

Westen binden. Die Aufgabe, die in den Staaten auf der Südhalbkugel zu lösen war, sah man vielfach als Parallele zu den Problemen, die die Industriestaaten bei ihrem eigenen Modernisierungsprozeß hatten lösen müssen. Was in Europa und seinen weißen Tochterstaaten in Übersee gelungen sei, lasse sich langfristig auch andernorts verwirklichen.

Diese sogenannte Modernisierungstheorie war in den sechziger Jahren im Westen bei der Bewertung der Nord-Süd-Problematik durchaus vorherrschend. Ihr einflußreichster Vorkämpfer war der amerikanische Nationalökonom Walt Whitman Rostow (geb. 1916). Rostow hatte sich aus ausgeprägtem wirtschaftshistorischen Interesse zunächst mit der britischen Entwicklung im 19. Jahrhundert befaßt. Von da war er zur allgemeinen Theoriebildung fortgeschritten und hatte den Prozeß des wirtschaftlichen Wachstums generell analysiert. Weithin bekannt wurde er schließlich mit seinem 1960 veröffentlichten Buch *Die Stadien des wirtschaftlichen Wachstums*[42]. Rostow vertrat die These, daß die Gesellschaft sich überall in der Welt nach dem gleichen Schema entwickele. Dabei unterschied er fünf Stufen: die traditionelle Gesellschaft, die Schaffung der Voraussetzungen für den wirtschaftlichen Aufstieg, den wirtschaftlichen Aufstieg, die Entwicklung zur Reife und das Zeitalter des Massenkonsums. Der Anstieg zum Gipfel sei, so Rostow weiter, zunächst langsam und sehr mühselig, ab einem gewissen Zeitpunkt vollziehe er sich aber immer schneller.

Aufgabe der Entwicklungshilfe müsse es vor allem sein, den Menschen in der Dritten Welt bei der Lösung aus den traditionellen sozialen und geistigen Strukturen und bei der Schaffung der Voraussetzungen für den wirtschaftlichen Aufstieg zu helfen. Ihre Bedeutung nähme in den weiteren Stadien jedoch ab, da der Prozeß der Modernisierung immer stärker selbsttragend werde. Die Hilfe müsse aber den gesamten Übergang von der traditionellen zur Massenkonsumgesellschaft begleiten und doppelter Natur sein. Neben den materiellen unterstrich Rostow sehr die psychischen Aspekte. Die Wachstumsrate einer Wirtschaft hänge ab von der Offenheit der Menschen für Neues. Fortschritt sei nur möglich, wenn man ihn aktiv wolle. Die weltpolitische Einbettung, in der Rostow seine Thematik sah, machte schon der Untertitel seines Hauptwerkes deutlich: *Eine Alternative zur marxistischen Entwicklungstheorie*, so zurückhaltend die deutsche Übersetzung, *A Non-Communist-Manifesto* fanfarengleich das Original. Das entscheidende Ziel der westlichen Entwicklungshilfe muß es nach Rostow sein, »gemeinsam mit den nichtkommunistischen ... Politikern und Völkern in den Regionen der Übergangsgesellschaften eine Partnerschaft zu begründen, die ihnen hilft, ein anhaltendes Wachstum auf einer politischen und sozialen Grundlage zu erreichen, die die Möglichkeiten fortschrittlicher demokratischer Entwicklungen offenhält«[43]. Einen prinzipiellen Konflikt zwischen Industriestaaten und Entwicklungsländern anerkannte Rostow nicht, er sah sie vielmehr durch gemeinsames Interesse zusammengebunden.

---

42 Walt Whitman Rostow, The Process of Economic Growth, New York 1952; ders., The Stages of Economic Growth. A Non Communist Manifest ta Cambridge 1960 (dt. Stadien wirtschaftlichen Wachstums. Eine Alternative zur marxistischen Entwicklungstheorie, Göttingen 1960).

43 Walt Whitman Rostow, Stadien wirtschaftlichen Wachstum (Anm. 42), S. 164.

Der Einfluß der Rostowschen Konzeption auf die Entwicklungshilfe-Diskussion ist deutlich an dem im Auftrag der Vereinten Nationen von unabhängigen Experten erarbeiteten *Pearson-Bericht* abzulesen, einer Bestandsaufnahme und gleichzeitig einer Richtungsplanung für die Entwicklungspolitik. Auch hier war von Partnerschaft in der Entwicklungsanstrengung die Rede, auch hier wurde betont, daß es den Ländern der Dritten Welt ermöglicht werden müsse, auf die ihnen angemessene Weise in die moderne industriell-technische Welt einzutreten und das Stadium eines sich selbst tragenden Wachstums zu erreichen[44].

Anders als die Dependenztheoretiker veranschlagte die Modernisierungstheorie die Bedeutung der europäischen Herrschaft über die Welt für die Situation in der Dritten Welt vergleichsweise gering. Rostow hatte zwar in seinen wirtschaftshistorischen Studien gezeigt, daß britische Wirtschaftskreise im 19. Jahrhundert der Öffnung Asiens und Afrikas für den Export hohe Bedeutung beigemessen hatten, bestritt aber die notwendige Verbindung von Kapitalismus und Imperialismus mit dem Hinweis darauf, daß der alte Kolonialismus jetzt praktisch tot sei, während sich der Kapitalismus in der westlichen Hemisphäre und in Japan eines ganz außerordentlichen Wachstums erfreue[45]. Mit dieser Argumentation wurde das Problem des Neokolonialismus einfach übergangen.

Der Optimismus der Modernisierungstheoretiker wurde in der Praxis schnell desillusioniert. Es zeigte sich vor Ort bald, daß die immateriellen Faktoren offenbar zu geringwertig in die Überlegungen einbezogen worden waren. Traditionalismus und Immobilismus hatten ein größeres Gewicht als erwartet, ebenso aber auch andere fundamentale Gegebenheiten, namentlich die sehr schnelle Bevölkerungsvermehrung, die das wirtschaftliche Wachstum häufig übertraf und damit die erreichten Fortschritte wieder zunichte machte, schließlich auch das Gewicht der bestehenden weltwirtschaftlichen Strukturen. Deutlich sichtbar wurde, daß die Nord-Süd-Problematik nicht von allgemeinen Theorien aus angegangen werden konnte, sondern nur in zäher Detailarbeit jeweils »vor Ort« und nach den je bestehenden Verhältnissen. Die Diskussion spaltete sich vielfältig auf. So ist es völlig einsichtig, daß in der nun ein Menschenalter währenden Debatte über die Entwicklungshilfe ein umfassend einsetzbares theoretisches Konzept nicht gewonnen werden konnte. Wohl aber wuchs das Bewußtsein, daß es sich bei der zu lösenden Aufgabe um eine Sisyphusarbeit handelt[46].

4. Friedenssicherung und internationale Organisation

Krieg galt den Menschen stets als unvermeidlicher Begleiter der Geschichte. Da es zwischen den Staaten, anders als im bürgerlichen Leben, keine mit genügender

44 Pearson-Bericht. Bestandsaufnahme und Vorschläge zur Entwicklungspolitik, Wien–München 1969 (Pearson-Report, Partners in Development, New York–Washington–London 1969).

45 Walt Whitman Rostow, Stadien wirtschaftlichen Wachstums (Anm. 42), S. 185f.

46 Vgl. etwa Rolf J. Langhammer/Bernd Stecher, Der Nord-Süd-Konflikt. Die Spielregeln der Weltwirtschaft im Brennpunkt, Würzburg–Wien 1980; Werner Link/Paul Tücks, Der Nord-Süd-Konflikt und die Zusammenarbeit der Entwicklungsländer, Berlin 1985.

Durchsetzungskraft versehene Institution gab, die Konflikte gütlich beilegen konnte, erschien es unumgänglich, daß Gewalt gelegentlich zur Regelung von Streitfragen oder zur Durchsetzung von Interessen eingesetzt wurde. Insofern wurde Krieg prinzipiell bejaht, er galt allerdings immer als Ausnahmezustand, der so bald wie möglich wieder durch die Normalität friedlicher Staatenbeziehungen ersetzt werden mußte, als zeitweilige und möglichst kurzfristige und kräftesparende Fortführung der Politik mit anderen Mitteln. Zum Kriege durfte nur nach sehr sorgfältiger Abwägung aller Umstände geschritten werden, und selbstverständlich war auch, daß er nach festen Regeln ausgefochten werden mußte. Die Wissenschaft vom Völkerrecht hatte stets einen großen Teil ihrer Arbeitskraft der rechtlichen Eingrenzung des Krieges gewidmet, hatte über Eröffnung und Beendigung bewaffneter Konflikte geschrieben, über die Rechte der Armeen und die Stellung der Zivilbevölkerung. Es gab, mit einem Wort, einen weitgehenden Konsens über den Krieg. Der Frieden aber galt als höherwertig. Er war der Regelfall des menschlichen Lebens, er war, wie der Publizist Friedrich Gentz (1764–1832) an der Wende vom 18. zum 19. Jahrhundert schrieb, »eine ernste tiefe, überschwenglich große Idee, eine bestimmte Aufgabe, sogar eine Forderung der Vernunft, ein notwendiges Resultat der fortschreitenden Entwicklung unserer Begriffe von Recht und Ordnung und Sittlichkeit in dem großen Ganzen der Menschenverbindung«[47].

Zur Sicherung des Friedens hatten die Hauptmächte Europas in den Jahren 1814/1815 feste Regeln entwickelt. Sie nahmen für sich eine gemeinsame dirigierende Rolle in Anspruch und wollten gelegentlich diejenigen Fragen prüfen, »die zu jedem dieser Zeitpunkte im Interesse der Ruhe und Glückseligkeit der Völker und zur Aufrechterhaltung des Friedens in Europa erörtert werden müssen«[48]. Mitwirkende an diesem sogenannten Europäischen Konzert waren zunächst die vier Siegermächte über das napoleonische Frankreich, nämlich Rußland, England, Österreich und Preußen; schon 1818 trat aber Frankreich wieder hinzu. Die vom Konzert erstrebten Vereinbarungen wurden entweder auf Kongressen – im ausgehenden 19. Jahrhundert 1878 in Berlin zur orientalischen Frage – oder auf Konferenzen erarbeitet. Die kleineren Staaten waren am Zustandekommen der von den Mächten gefundenen Lösungen entweder gar nicht oder mit geringeren Mitwirkungsrechten beteiligt, allerdings wurde die Zustimmung eines jeden Betroffenen für die Rechtsgültigkeit der über ihn gefällten Entscheidung als erforderlich angesehen. Auch freiwillige Schiedssprüche von dritter Seite über Reibungen zwischen zwei Staaten waren ein übliches Mittel der Konfliktentscheidung; dieser Weg stand unabhängig vom Konzert jedem offen. Prinzipielle Leitlinie für die europäischen Verhältnisse war die Idee des Gleichgewichts: Die Macht keines europäischen Staates sollte so steigen dürfen, daß daraus eine Gefahr für die anderen erwachsen könne[49]. Diese Mechanismen bewähr-

---

47 Friedrich Gentz, Über den ewigen Frieden (1800), in: Kurt von Raumer (Hrsg.), Ewiger Friede. Friedensrufe und Friedenspläne seit der Renaissance, Freiburg 1953, S. 461–497, hier: S. 461f.

48 Artikel 6 des erneuerten Vierbund-Vertrages vom 20. November 1815, in: Nouveau recueil général des traités des puissances et états de l'Europe, hrsg. von Georg Friedrich von Martens, Göttingen 1818, S. 734.

49 Hans Fenske, Gleichgewicht, Balance, in: Otto Brunner/Werner Conze/Reinhart Koselleck (Hrsg.), Geschichtliche Grundbegriffe, Bd. 2, Stuttgart 1975, S. 959–996.

ten sich im 19. Jahrhundert vielfach, wenn sie auch nicht geeignet waren, den Frieden schlechthin zu wahren. Immerhin kam es zwischen 1815 und 1914 zu keinem Krieg, an dem alle Großmächte beteiligt waren.

4.1 Der Gedanke der Friedenssicherung: Der Erfolg der Friedensbewegung

Unabhängig von den diplomatischen Konventionen gab es seit Beginn des 19. Jahrhunderts eine anfänglich stark aus christlicher Substanz lebende Friedensbewegung. Sie begann 1815 in den USA, 1816 in England und bald danach auch auf dem europäischen Kontinent. Die zahlreichen örtlichen Vereine wurden schnell zu nationalen Verbänden zusammengefaßt, die die breitere Öffentlichkeit zunächst mit Preisausschreiben über den Friedensgedanken anzusprechen suchten. So entstand etwa die Schrift von Constantin Pacqueur *De la Paix, de son principe et de la réalité*, die als indirekte Mittel der Friedenssicherung die Verbesserung der Sitten, eine Ausweitung der internationalen Verflechtung, die Abschaffung der Heere, Friedensforschung, Vereins- und Pressearbeit, als direkte Mittel die Bildung eines umfassenden Staatenbundes mit einem ständigen Gesandtenkongreß und einem später zu berufenden Weltparlament sowie die Kodifizierung des Völkerrechts und den Ausbau der Schiedsgerichtsbarkeit nannte. William Ladd (1778-1841), der 1828 die *American Peace Society* gegründet hatte, entwickelte 1840 detailliert die Struktur eines Friedensbundes der zivilisierten Völker; auch er dachte an die Berufung eines rechtsetzenden Weltparlaments und wollte einen Internationalen Gerichtshof daneben stellen, der sowohl schiedsrichterlich wie rechtsprechend tätig sein sollte[50]. Schon in der ersten Hälfte des 19. Jahrhunderts wurden so wichtige Gedanken der internationalen Organisation formuliert.

Die Friedensbewegung erreichte ihren ersten Höhepunkt in den vierziger Jahren des 19. Jahrhunderts. 1843 traten Delegierte aus England und den Vereinigten Staaten in London zu Besprechungen zusammen. Der erste internationale Friedenskongreß tagte im Dezember 1848 in Brüssel, der zweite 1849 unter dem Vorsitz von Victor Hugo (1802–1885) in Paris, der dritte im Sommer 1850 in Frankfurt/Main. In London wurde vornehmlich über die Schiedsgerichtsbarkeit gesprochen. Diese Thematik wurde in Brüssel fortgeführt; zudem wurde über die Abrüstung und über die Kodifikation des Völkerrechts verhandelt. Das waren auch die Beratungsgegenstände in Paris. Der Frankfurter Kongreß zog aus allem ein Fazit. Die hier angenommene Resolution verlangte, daß alle zwischenstaatlichen Streitigkeiten durch friedliche Unterhandlung in einem schiedsrichterlichen Verfahren beigelegt würden, sie forderte ein Entwaffnungssystem sowie ein Verbot der Anleihevergabe zu Kriegszwekken an andere Staaten, unterstrich das Prinzip der Nichtintervention und empfahl

50 William Ladd, An Essay on a Congress of Nations, in: Prize Essays on a Congress of Nations, Boston 1840, S. 509 f.; Auszug bei Hans-Jürgen Schlochauer, Die Idee des ewigen Friedens (Anm. 34), S. 130–135; dort S. 9–56 ein knapper Überblick über den Friedensgedanken von Augustin bis zu den Vereinten Nationen und zum Schumanplan; Hermann von Grauert, Zur Geschichte des Welt-Friedens, der Idee des Völkerrechts und der Idee einer Liga der Nationen, München 1920.

einen von den Staaten beschickten Kongreß mit dem Zweck, »ein völkerrechtliches Statut für die internationalen Beziehungen zu entwerfen«[51].

4.2 Die Ausbildung internationaler Organisationen

Die Ziele der Pazifisten waren zu hochgesteckt, um konkrete Resultate zeitigen zu können. Immerhin kam die Schiedsgerichtsbarkeit in der zweiten Hälfte des Jahrhunderts breiter in Übung. Ansonsten aber war es von den fünfziger bis zu den siebziger Jahren recht ruhig um die Friedensbewegung. Das änderte sich, als der schweizerische Staats- und Völkerrechtler Johann Caspar Bluntschli (1801–1881), der den zweiten Teil seines Lebens als Professor in Deutschland verbrachte, 1878 ein staatenbündisches Gebilde für Europa propagierte und dabei ein ausgebautes Parlament vorschlug; Rechtsfragen wollte er nicht durch einen Gerichtshof, sondern durch Einzel-Schiedsgerichte behandelt sehen. Weiter ging 1884 James Lorimer (1818–1890). Er hielt die Annäherung an einen Bundesstaat durchaus für denkbar und schlug überdies vor, daß die Exekutive eine eigene Streitmacht haben solle, um sich durchsetzen zu können. Ein internationaler Gerichtshof war ihm selbstverständlich[52].

Bertha von Suttner (1843–1914) hatte 1889 mit ihrem Buch *Die Waffen nieder* einen ungewöhnlichen Erfolg und machte die Öffentlichkeit so neuerlich auf die Bestrebungen der Pazifisten aufmerksam. Kurz darauf gründete Alfred H. Fried (1864–1921) 1892 die *Deutsche Friedensgesellschaft* und gab ihr ab 1899 mit der Zeitschrift *Die Friedens-Warte* ein sehr bald hochangesehenes Forum, das internationale Beachtung fand und so zum Sprachrohr der Friedensbewegung überhaupt werden konnte. Völkerrechtliche Fragen wurden hier stets stark berücksichtigt. Ihr organisatorisches Zentrum erhielt die Bewegung durch das 1891 beschlossene, zunächst in Bern und dann in Genf ansässige, von dem Philantropen Andrew Carnegie (1835–1919) finanzierte *Internationale Friedensbüro*.

Der russische Staatsrat Johann von Bloch, ein Bankier in Warschau, publizierte 1897 sein mehrbändiges Werk *Der Krieg* und machte sich darin ein sehr viel realistischeres Bild von der weiteren Entwicklung als die meisten hohen Offiziere, die eigentlich durch ein Studium des amerikanischen Bürgerkrieges sehr genau hätten wissen müssen, mit welcher Härte bewaffnete Auseinandersetzungen wenigstens zwischen großen Staaten in Zukunft geführt werden würden. Er legte dar, daß die hochgerüsteten und technisierten Armeen sich gegenseitig einen langwierigen Abnützungskrieg aufzwingen würden, in dem viele Jahre eine Entscheidung nicht fallen, der

---

51 24. August 1850, Abdruck bei Hans-Jürgen Schlochauer, Die Idee des ewigen Friedens (Anm. 34), S. 138f.; Text auch in Alfred H. Fried, Handbuch der Friedensbewegung, Bd. 2, Berlin 1911, S. 68f.

52 Johann Caspar Bluntschli, Die Organisation des europäischen Staatenvereins (1878), in: ders., Gesammelte kleine Schriften, Bd. 2, Nördlingen 1881, S. 279–312; James Lorimer, The Institutes of the Law of Nations, London 1884; ders., Proposition d'un congrès international basé sur le principe de facto, in: Revue de droit international, 1871; zu den weltpolitischen Aspekten von Lorimers Denken Heinz Gollwitzer, Geschichte des weltpolitischen Denkens (Anm. 15), Bd. 1, Göttingen 1972, S. 438–440.

aber außerordentlich hohe Kosten verursachen werde. Aufwendungen und Erträge eines derartigen Zusammenpralls stünden zueinander in keinem Verhältnis mehr, es sei im Gegenteil infolge der Kämpfe mit schweren sozialen Spannungen und schließlich vielleicht gar Revolutionen zu rechnen. Der Krieg scheide mithin als Mittel der Politik aus, die unproduktive Rüstung sei deshalb entbehrlich[53].

Die seit Bluntschlis Schrift über den europäischen Staatenbund erneuerte Diskussion über die Unmöglichkeit des modernen Krieges, die Sicherung des Friedens und die internationale Organisation war der Hintergrund für das sogenannte *Zarenmanifest* vom 24. August 1898. An diesem Tage übergab der russische Außenminister Michail N. Murawiew (1845–1900) den am Hof in St. Petersburg beglaubigten Diplomaten ein Rundschreiben, in dem es einleitend hieß: »Die Aufrechterhaltung des allgemeinen Friedens und eine mögliche Herabsetzung der übermäßigen Rüstungen, die auf allen Nationen lasten, stellen sich in der gegenwärtigen Lage der ganzen Welt als ein Ideal dar, auf das die Bemühungen aller Regierungen gerichtet sein müßten«. Die Politik des Zaren sei ganz dieser Aufgabe gewidmet. Die Regierung glaube, daß die Situation äußerst günstig sei, um auf dem Wege internationaler Beratung die Mittel zu suchen, um allen Völkern die Wohltaten eines dauernden Friedens zu sichern »und vor allem der fortschreitenden Entwicklung der gegenwärtigen Rüstung ein Ziel zu setzen«.

Das Memorandum berief sich des weiteren darauf, daß im Laufe der beiden zurückliegenden Jahrzehnte das Bedürfnis nach allgemeiner Beruhigung allenthalben große Fortschritte gemacht habe und daß die Erhaltung des Friedens nun als das Endziel der internationalen Politik aufgefaßt werde. Sodann wurde betont, daß die hohen und steigenden Rüstungslasten die physischen und geistigen Kräfte der Völker beeinträchtigten und von ihrer natürlichen Bestimmung ablenkten. Höchste Pflicht sei es, die unaufhörlichen Rüstungen zu begrenzen. Die Regierung schlage deshalb eine Konferenz vor, die sich mit dieser ernsten Frage zu beschäftigen hätte und die »mit Gottes Hilfe ein günstiges Vorzeichen des kommenden Jahrhunderts sein« würde. Eine solche Konferenz würde die Bestrebungen aller Staaten vereinigen, »welche aufrichtig darum bemüht sind, den großen Gedanken des Weltfriedens triumphieren zu lassen«. Ein menschenfreundliches Dokument zweifellos, abgefaßt in der getragenen Sprache der Diplomatie allerdings, die manche Aspekte überhöht und andere übergeht[54].

So gewiß in dieses Dokument Einflüsse der Friedensbewegung eingegangen waren und so sehr der gerade dreißigjährige Zar Nikolaus II. (1868–1918) vor allem diese Seite des Textes sich zu eigen machen konnte – die Lektüre des Buches von Bloch hatte ihn sehr beeindruckt –, so sehr ist andererseits doch zu betonen, daß es bei dem Zarenmanifest auch um handfeste russische Politik ging. Ob Finanzminister Witte an der Entstehung des Schriftstücks beteiligt war, läßt sich mit Sicherheit nicht sagen. Nach seiner mächtigen Stellung unter den Ministern ist seine Konsultation immerhin denkbar. Für seine Politik der Modernisierung des Landes brauchte er möglichst Ruhe. Das lag auch im Sinn des Außenministers, der die russische Aktivität in Fernost mit der Demonstration von Friedensliebe in Europa absichern wollte. Dem

53 Johann von Bloch, Der Krieg, 6 Bde., Berlin 1899.

54 Abdruck bei Hans-Jürgen Schlochauer, Die Idee des ewigen Friedens (Anm. 34), S. 140–143; Alfred H. Fried, Handbuch der Friedensbewegung (Anm. 51), Bd. 1, S. 201ff.

Kriegsminister kam es auf eine wenigstens befristete Rüstungsbegrenzung an. Gegenüber diesen praktisch-politischen Motiven brachte der Zar »die friedensfreundliche Grundstimmung« in den Text. Das Manifest war so eine Mischung von kurzfristigen Hoffnungen »auf augenblickliche Entspannung, mittelfristigen Erwartungen über sinkende Ausgaben für Rüstungszwecke und festen Grundüberzeugungen, die vor allem den Wortlaut des Dokuments bestimmten«[55].

Das internationale Echo auf die Initiative war zwiespältig, aber nach längeren Sondierungen und Vorgesprächen konnte Anfang 1899 die Einladung ergehen und am 18. Mai des gleichen Jahres die Konferenz – die erste dieser Art überhaupt – in Den Haag eröffnet werden. 26 Staaten hatten Vertreter entsandt. Hinsichtlich der Rüstungsbegrenzungen war der Ertrag der Verhandlungen unbedeutend. Dagegen wurde das Kriegsrecht präzisiert, vor allem aber ein Abkommen über die friedliche Austragung internationaler Streitigkeiten durch einen Schiedsgerichtshof abgeschlossen. Den grundlegenden Entwurf dazu hatte der russische Völkerrechtler Friedrich von Martens (1845–1909), ein Baltendeutscher, vorgelegt, aber dieser Text war in den Verhandlungen natürlich vielfach verändert worden. Der Schiedshof konstituierte sich im Jahre 1900, konnte seine Tätigkeit aber erst 1902 aufnehmen, da vorher kein Staat bereit war, eine Streitigkeit seiner Entscheidung zu unterwerfen. Der erste hier verhandelte Fall betraf einen amerikanisch-mexikanischen Konflikt[56].

Die Initiative zur 2. Haager Konferenz ging im Herbst 1904 auf Wunsch der Interparlamentarischen Union, einer 1888 gegründeten Parlamentariervereinigung, die durch persönliche Kontakte den Frieden fördern will, vom amerikanischen Präsidenten aus. Theodore Roosevelt machte sich die Anregung zu eigen, weil er den Gedanken der Schiedsgerichtsbarkeit voranbringen und den Beitritt weiterer kleinerer Staaten zum Abkommen gegen die retardierenden Tendenzen der Großmächte bewirken wollte. Diskutiert werden sollten die Stellung der Neutralen und Fragen des Seekriegsrechts, vor allem die Unverletzlichkeit von Privateigentum. Auch diesmal gab es eine längere Vorbereitungsphase, in der der Themenkatalog sich ausweitete. Die Konferenz tagte von Juni bis Oktober 1907 unter Teilnahme von 44 Staaten und erledigte ein beachtliches Arbeitspensum[57]. Außer der Schlußakte wurden 14 Abkommen fertiggestellt. Namentlich das Landkriegsrecht wurde weiter ausgebaut, während die Bemühungen um das Seekriegsrecht ähnliche Erfolge nicht hatten. Das Schiedsverfahren – Abkommen zur friedlichen Erledigung internationaler Streitfälle – wurde gründlich revidiert. Artikel 1 besagte: »Um in den Beziehungen zwischen den Staaten die Anrufung von Gewalt soweit wie möglich zu verhüten, erklären sich die Vertragsmächte einverstanden, alle Bemühungen aufwenden zu wollen, um die friedliche Erledigung der internationalen Streitfragen zu sichern«.

Ein obligatorisches Schiedsverfahren war nicht vorgesehen. Für den Verzicht auf eine derart bindende Regelung hatte sich besonders das Deutsche Reich eingesetzt. Auch die Kompetenz des Schiedshofs blieb begrenzt. Gegenstand der internationalen Schiedssprechung war nach Artikel 37 »die Erledigung von Streitigkeiten zwischen den Staaten durch Richter ihrer Wahl auf Grund der Achtung vor dem Recht«. Die

55 Jost Dülffer, Regeln gegen den Krieg. Die Haager Friedenskonferenzen von 1899 und 1907 in der internationalen Politik, Berlin 1981, S. 37.

56 Ebd., S. 80ff.

57 Ebd., S. 300ff.

Anrufung des Schiedsspruchs schloß die Verpflichtung ein, sich nach Treu und Glauben dem Votum der Richter zu unterwerfen. Politische Streitfragen waren nach dieser Regelung in das Schiedsverfahren nicht mit einbezogen; hier behielten die Staaten also freie Hand und waren so genötigt, die eigentlich entscheidenden Konfliktsituationen mit den herkömmlichen Praktiken aufzulösen, also sich weiter des Europäischen Konzerts zu bedienen. In Artikel 40 behielten sich die Mächte vor, über die Verträge hinaus, die den Vertragsmächten schon jetzt die Verpflichtung zur Anrufung der Schiedssprechung auferlegten, neue allgemeine oder besondere Übereinkommen abzuschließen, um die obligatorische Schlichtung auf die ihrer Meinung nach dazu geeigneten Fälle auszudehnen[58]. In die Schlußakte wurde auf Betreiben der USA die Empfehlung aufgenommen, nach sieben oder acht Jahren, also etwa 1914 oder 1915, eine dritte Haager Konferenz abzuhalten, diese Treffen also zu institutionalisieren. Der Ausbruch des Ersten Weltkrieges verhinderte dies.

4.2.1 Der Völkerbund

In den Ersten Weltkrieg traten die Vereinigten Staaten im April 1917 ein. In seiner Kongreßbotschaft vom 2. April 1917 verstand Wilson den Kampf als einen Krieg für die Befreiung aller Völker einschließlich der deutschen und für die Demokratie. Die Welt, so proklamierte er, müsse für die Demokratie sicher gemacht werden. Wilson wollte einen maßvollen Friedensschluß. Die *14 Punkte* vom 8. Januar 1918, in denen er seine Vorstellungen über den Frieden erläuterte, nannten eine Reihe von territorialen Regelungen, unter denen freilich nur die Forderung nach Wiederherstellung der Souveränität Belgiens unbedingt realisiert werden mußte, und führten etliche Punkte auf, deren Verwirklichung Wilson als Garantie für einen dauerhaften Frieden ansah. Er schlug in Anknüpfung an Gedanken Kants vor, daß alle Friedensverträge künftig öffentlich sein, Geheimverträge nicht mehr stattfinden sollten. Die Diplomatie sollte immer offen und vor aller Welt getrieben werden (Punkt 1). Er forderte die Freiheit der Meere (Punkt 2), die möglichst weitgehende Beseitigung aller wirtschaftlichen Schranken und die Gleichheit aller Handelsbeziehungen, also das Prinzip der offenen Tür (Punkt 3), eine Reduzierung der Rüstung auf das niedrigste mit der inneren Sicherheit vereinbare Maß (Punkt 4), und, wie schon erwähnt, die unparteiische Schlichtung der kolonialen Ansprüche unter Berücksichtigung der Interessen der farbigen Völker (Punkt 5). Zentrale Bedeutung hatte Punkt 14: »Es muß eine allgemeine Vereinigung der Nationen mit bestimmten Vertragsbedingungen gebildet werden, zum Zwecke gegenseitiger Garantieleistung für die politische Unabhängigkeit und Unverletzlichkeit der großen sowie der kleinen Nationen.«[59] Das Selbstbestimmungsrecht der Völker proklamierte Wilson erst in seiner nächsten großen Rede fünf Wochen später, am 11. Februar 1918.

58 Abdruck im Reichsgesetzblatt 1910 II, S. 5ff., Auszug bei Hans-Jürgen Schlochauer, Die Idee des ewigen Friedens (Anm. 34), S. 144ff.

59 Druck bei Hans-Jürgen Schlochauer, Die Idee des ewigen Friedens (Anm.34), S. 150–155; vorher unter anderem bei Woodrow Wilson, Memoiren und Dokumente (Anm. 27), S. 40–43. Über den Zusammenhang der 14 Punkte mit der Entwicklung in Rußland George F. Kennan, Amerika und die Sowjetmacht, Bd. 1, Stuttgart 1958, S. 240–271 (amerikanisch Princeton 1956).

Der Gedanke an einen Völkerbund war eine alte Idee. Der Zusammenbruch des europäischen Systems 1914 hatte neuerlich zu einer intensiven Beschäftigung mit diesem Konzept geführt. So waren mehrere Völkerbundpläne entwickelt worden. Schon 1915 hatte die *Zentralorganisation für einen dauernden Frieden,* deren Mitglieder aus verschiedenen Ländern kamen, damit begonnen, eine internationale Organisation im Anschluß an das Haager Vertragswerk zu entwickeln; aus Deutschland nahm Walter Schücking (1875–1935) an diesen Arbeiten teil, der sich in dieser Zeit besonders mit zwischenstaatlichen Rechtsgarantien befaßte. Amtlich oder privat initiierte Entwürfe gab es auch in den USA, England und Deutschland. Dem amerikanischen Präsidenten lag mithin ein umfangreiches Material vor, er hatte insofern die Rolle »eines Herausgebers..., der die aus anderen Quellen strömenden Projekte sichtet, verwirft, redigiert und miteinander verbindet«[60]. Für die konkrete Ausgestaltung des Völkerbundes wurde insbesondere der auf englischen Wunsch von einem international besetzten Kreis erarbeitete, nach dem Vorsitzenden dieses Gremiums Baron Walter Phillimore (1845–1929) benannte Bericht wichtig[61]. Wilson empfand die Vorlage freilich noch als wenig zufriedenstellend und ließ sie von seinem engen Vertrauten Edward House (1856–1938) gründlich bearbeiten. Den neuen Text straffte Wilson sodann.

Bei den Friedensverhandlungen wurde die von Wilson mitgebrachte Fassung mit zwei englischen, ebenfalls auf den Phillimore-Bericht zurückgehenden Entwürfen verglichen, die von Robert Cecil (1864–1958) und dem südafrikanischen Politiker Jan Smuts (1870–1950) formuliert worden waren. Smuts war ähnlich tief wie Wilson von der Idee des Völkerbundes durchdrungen und erwartete von einer solchen Institution eine nachhaltige Stabilisierung des Friedens. Seinem Vorschlag entnahm Wilson viele Anregungen zur Organisation und zum Schiedsgerichtsverfahren sowie zum Mandatssystem. Auch andere Anregungen griff der Präsident auf. So entstand ein zweiter amerikanischer Entwurf. Über ihn wurde intensiv diskutiert, die dabei gemachten Anregungen fanden zum Teil Eingang in eine dritte Fassung. Dieser Text und eine von Großbritannien erarbeitete Version – die nach dem Kronjuristen Cecil Hurst (1870–1963) benannte Vorlage – dienten der von der Friedenskonferenz gebildeten Völkerbundkommission als Arbeitsgrundlage. Die Beratungen konnten nach den intensiven Vorbereitungen sehr schnell abgeschlossen werden. Schon Mitte Februar legte der Ausschuß der Konferenz einen Satzungsentwurf vor; er wurde in der Folge nochmals in einigen Punkten verbessert und dann auf der fünften Plenarsitzung am 28. April 1919 einstimmig angenommen. Den Friedensverträgen wurde die Völkerbundsatzung jeweils vorangestellt.

In der Präambel anerkannten die Unterzeichner, daß es zur Förderung der Zusammenarbeit unter den Nationen und zur Gewährleistung des internationalen Friedens nützlich sei, bestimmte Verpflichtungen zu übernehmen, nicht zum Kriege zu schreiten, in aller Öffentlichkeit auf Gerechtigkeit und Ehre gegründete Beziehungen zu unterhalten, die Vorschriften des internationalen Rechts, »die fürderhin als Richtschnur für das tatsächliche Verhalten der Regierungen anerkannt sind«, genau zu beachten, »Gerechtigkeit herrschen zu lassen und alle Vertragsverpflichtungen in

60 Woodrow Wilson, Memoiren und Dokumente (Anm. 27), Bd. 1, S. 178; zur Entstehungsgeschichte des Völkerbundes ebd., S. 177ff.
61 Der Phillimore-Bericht, ebd., Bd. 3, S. 61–71; dort auch die weiteren wesentlichen Texte.

den gegenseitigen Beziehungen der organisierten Völker peinlich zu beachten«[62]. Seine Funktionen sollte der Völkerbund durch eine zu bestimmten Terminen zusammentretende Bundesversammlung, einen bei Bedarf tagenden Rat und ein ständiges Sekretariat mit dem Sitz in Genf ausüben.

Bundesversammlung und Rat hatten über alle Fragen zu befinden, die in die Tätigkeit des Bundes fielen oder den Weltfrieden berührten. Beschlüsse waren in der Regel einstimmig zu fassen. Die Bundesglieder bekannten sich zum Grundsatz der weitgehenden Abrüstung und erklärten sich dazu bereit »sich in der offensten und erschöpfendsten Weise gegenseitig jede Auskunft über den Stand ihrer Rüstung, über ihr Heer-, Flotten- und Luftfahrtprogramm und über die Lage ihrer auf Kriegszwecke einstellbaren Industrien zukommen zu lassen« (Artikel 8). Sie verpflichteten sich, die Unverletzlichkeit und die bestehende politische Unabhängigkeit aller Bundesglieder zu achten und gegen jeden äußeren Angriff zu wahren. Jeder Krieg wurde zu einer Angelegenheit des ganzen Bundes erklärt. Der Bund hatte die zum wirksamsten Schutz des Völkerfriedens geeigneten Maßnahmen zu ergreifen (Artikel 11). Die Bundesglieder kamen überein, alle zwischen ihnen entstehenden Streitfragen, die zu einem Bruch führen konnten, entweder der Schiedsgerichtsbarkeit oder der Prüfung durch den Rat zu unterbreiten und in keinem Fall vor Ablauf von drei Monaten nach dem Schiedsspruch oder dem Bericht des Rates zur Gewalt zu greifen (Artikel 12). Sie verpflichteten sich, jeden Schiedsspruch nach Treu und Glauben auszuführen und gegen kein Mitglied, das sich dem Schiedsspruch fügte, zum Kriege zu schreiten (Artikel 12). Ein ständiger internationaler Gerichtshof wurde vorgesehen. Entschieden sich die Bundesmitglieder zur Anrufung des Rates, so hatte sich dieser zu bemühen, eine Schlichtung herbeizuführen. Die Bundesglieder erklärten sich bereit, gegen keine Partei, die sich einem Schlichtungsvorschlag beugte, Krieg zu führen. Unternimmt ein Mitglied diesen Schritt entgegen den übernommenen Verpflichtungen dennoch, »so wird es ohne weiteres so angesehen, als hätte es eine Kriegshandlung gegen alle anderen Bundesmitglieder begangen«. Diese sollten sodann unverzüglich alle Handels- und Finanzbeziehungen zu dem aggressiven Mitglied abbrechen, ihren Staatsangehörigen jeden Verkehr mit den Staatsangehörigen des vertragsbrüchigen Staates untersagen und überhaupt alle Verbindungen abschneiden (Artikel 16). Diese Mittel konnten auch auf die Beziehungen zwischen Bundesgliedern und nicht dem Völkerbund angehörigen Staaten angewandt werden.

Des weiteren wurden die Grundsätze der Öffentlichkeit internationaler Abmachungen, des Selbstbestimmungsrechts der Völker, der friedlichen Revision unanwendbar gewordener Verträge und der treuhänderischen Verwaltung von Kolonialgebieten neuerlich festgelegt (Artikel 17–22). Die Satzung zählte sodann einige Fragen auf, die der Bund tunlichst regeln sollte: die Schaffung und Gewährleistung angemessener und menschlicher Arbeitsbedingungen für Männer, Frauen und Kinder; die gerechte Behandlung der Bewohner der Kolonien; die Bekämpfung des Handels mit Mädchen, Kindern und Drogen; die allgemeine Überwachung des Waffenhandels; die Freiheit des internationalen Verkehrs und die gemeinsame Bekämpfung von Krankheiten (Artikel 23). Früher durch Gesamtverträge errichtete internationale Stellen sollten dem Bund untergeordnet werden.

62 Amtliche deutsche Fassung: Reichsgesetzblatt 1919 II, S. 716–747; Hans-Jürgen Schlochauer, Die Idee des Ewigen Friedens (Anm. 34), S. 156–177.

Insgesamt handelte es sich um eine eindrucksvolle Kodifizierung der Erträge des Nachdenkens über die Friedenswahrung seit einem Jahrhundert. Auf dem in Artikel 23 behandelten unpolitischen Felde entfaltete der Völkerbund eine segensreiche Tätigkeit und erwarb sich damit hohes Ansehen. Dagegen konnte er die in ihn gesetzten Erwartungen auf die Zurückdrängung des Krieges und die Förderung des Friedens ganz und gar nicht erfüllen. Das lag weniger an strukturellen Schwächen der Satzung als vielmehr an der allgemeinen Einstellung der Mächte zum Völkerbund. Natürlich waren das Prinzip der Einstimmigkeit und die äußerst mangelhaften Exekutionsmittel hinderlich und das Fehlen einer obligatorischen Schiedsgerichtsbarkeit ärgerlich. Entscheidender aber wurde, daß die teilnehmenden Mächte entgegen allen durch ihre Unterschrift übernommenen Verpflichtungen nur dann bereit waren, sich an diese Bindungen zu halten, wenn das ihrem Interesse dienlich schien. Die überkommenen Denkstrukturen angesichts der » großen Politik« wirkten noch ungebrochen fort. Bedeutsam war auch, daß dem Völkerbund bei weitem nicht alle souveränen Staaten angehörten.

Die Vereinigten Staaten nahmen trotz des intensiven Einsatzes von Präsident Wilson für den Völkerbundgedanken nicht teil, weil der Senat Ende 1919 den Versailler Friedensvertrag ablehnte. Die im Ersten Weltkrieg Besiegten wurden zunächst nicht zur Mitgliedschaft eingeladen; ebenfalls fehlte das kommunistische Rußland. Die Völkerbundakte konnte somit als Instrument der Siegermächte zur Erweiterung und Sicherung ihrer politischen Stellung gehandhabt werden, und das geschah auch. Das fügte dem Ansehen der Organisation schweren Schaden zu. Sie wurde weithin nicht als Mittel zur Wahrung der in der Präambel so eindringlich unterstrichenen Gerechtigkeit verstanden. Der Völkerbund war von Anfang an nicht, was er hätte werden sollen, und er wurde das auch in seiner besten Zeit von der zweiten Hälfte der zwanziger bis zu den frühen dreißiger Jahren nicht[63].

Der in Artikel 14 der Völkerbundsatzung vorgesehene Ständige Internationale Gerichtshof wurde Anfang 1922 in Den Haag eröffnet. Die Staaten, die das Statut unterzeichneten – insgesamt rund 50 – unterwarfen sich damit in allen Rechtsstreitigkeiten der Entscheidung des Gerichts. Die Wirksamkeit des Gerichtshofes entwikkelte sich günstig, und dieses Urteil gilt auch für den weiteren Gebrauch der Schiedsgerichtsbarkeit.

4.2.2 Von der Atlantik-Charta zu den Vereinten Nationen

Der Zweite Weltkrieg stellte das Problem des Friedens neuerlich mit aller Schärfe. Die Grundlagen für das internationale System nach dem Kriege wurden von England und Amerika gemeinsam gelegt. Am 14. August 1941 unterzeichneten der Präsident der Vereinigten Staaten Franklin D. Roosevelt (1882–1945) und der britische Premier Winston S. Churchill (1874–1965) an Bord eines Kriegsschiffes vor der amerikanischen Küste die *Atlantik-Charta*. Ihr Text war von Roosevelt und Churchill in enger

63 Alfred Zimmern, The League of Nations and the Role of Law 1918–1935, London 1936; Francis Paul Walters, A History of the League of Nations, London–New York 1969[3]; zur zeitgenössischen Diskussion um den Völkerbund Heinz Gollwitzer, Geschichte des weltpolitischen Denkens (Anm. 15), Bd. 2, S. 441–473.

Zusammenarbeit mit dem amerikanischen Unterstaatssekretär Sumner Welles (1892-1961) und seinem englischen Kollegen Sir Alexander Cadogan (1884–1969) formuliert worden; die Bezeichnung als Atlantik-Charta entstammte einem Leitartikel des *Daily Herald* vom 14. August 1941 und wurde schnell allgemein gebräuchlich. Es handelte sich im Kern um ein Kriegszielprogramm – Zerstörung der Nazityrannei und Entwaffnung der Kriegsgegner (Ziffer 6 und 8) –, vor allem aber um die Bezeichnung der allgemeinen Grundsätze für die Gestaltung des Friedens.

Die beiden Mächte erklärten, daß sie keinen Gebietserwerb erreichen wollten und daß sie auch allgemein keine Gebietsveränderung wünschten, die nicht mit der freien Zustimmung der betroffenen Völker rechnen könne (Ziffer 2). Sie anerkannten das Recht der Völker, ihre Regierungsform frei zu wählen (Ziffer 3). Sie wollten sich (Ziffer 4) unter gebührender Berücksichtigung ihrer Verpflichtungen bemühen, allen Völkern – Siegern und Besiegten – gleichen Zugang zum Handel und zu den Rohstoffen zu geben. Beide Mächte wünschten (Ziffer 5) vollste wirtschaftliche Zusammenarbeit zwischen allen Nationen »mit dem Ziel, für alle einen gehobenen Arbeitsstandard, wirtschaftlichen Fortschritt und soziale Sicherheit zu gewährleisten«. Sie hofften des weiteren darauf, daß nach Wiederherstellung des Friedens alle Nationen in Sicherheit innerhalb ihrer eigenen Grenzen und ohne Furcht und Mangel leben könnten (Ziffer 7) und unterstrichen, »daß aus sachlichen wie ideellen Gründen alle Nationen der Welt dazu gelangen müssen, auf die Anwendung von Gewalt zu verzichten«. Dazu hielten sie die Schaffung eines umfassenden und dauerhaften Systems allgemeiner Sicherheit und bis dahin die Entwaffnung aggressiver Nationen für erforderlich (Ziffer 8). Bei der Atlantik-Charta handelte es sich nicht um einen Vertrag im völkerrechtlichen Sinne, sondern um eine Absichtserklärung, um Richtlinien, nicht um Normen, wie Winston Churchill Anfang 1945 erklärend dazu sagte[64].

Schon wenige Wochen später, am 24. September 1941, erklärte die Sowjetunion ihr Einverständnis mit den in der Placentia-Bay formulierten Grundsätzen, allerdings mit dem Vorbehalt, daß bei der praktischen Anwendung die Gegebenheiten der einzelnen Länder zu berücksichtigen seien. Am 1. Januar 1942 sprachen sich 26 der gegen Deutschland und seine Verbündeten kriegführenden Staaten in einer gemeinsamen Erklärung für die Prinzipien der Atlantik-Charta aus und bezeichneten sich dabei erstmals als Vereinte Nationen. Sie unterstrichen, daß eine neue Grundlage für die künftige Weltorganisation geschaffen werden müsse. Die internationale Diskussion darüber hörte in der Folge nicht mehr auf. Ein wichtiges Datum wurde der 30. Oktober 1943. An diesem Tage sagten die USA, die UdSSR und Großbritannien in einer auch von China mitgetragenen Vier-Mächte-Erklärung, daß zum frühesten Zeitpunkt eine allgemeine internationale Organisation zur Erhaltung des Friedens und der Sicherheit zu schaffen sei, »die auf dem Grundsatz der souveränen Gleichheit aller friedliebenden Staaten beruht und deren Mitgliedschaft allen solchen Staaten, groß oder klein, offensteht«[65]. Konkrete Arbeit zur Schaffung dieser neuen, nun

---

64 Druck bei Hans-Jürgen Schlochauer, Die Idee des ewigen Friedens (Anm. 34), S. 182ff. Vgl. Johann Wolfgang Brügel, Atlantik-Charta. Eine historisch-politische Studie, in: Europa-Archiv, 6 (1951), S. 4219–4226.

65 Vier-Nationen-Erklärung von Moskau am 30. Oktober 1943, in: Die Satzung der Vereinten Nationen (Anm. 34), S. 148f.

Vereinte Nationen zu nennenden Verbindung wurde auf der Basis vielfältiger Vorstudien im Spätsommer und Herbst 1944 am Rande der Weltwirtschaftskonferenz in Dumbarton Oaks bei Washington geleistet. Nachdem die Großen Drei auf der Konferenz von Jalta im Februar 1945 eine Einigung über den Abstimmungsmodus erzielt hatten, beschlossen sie neuerlich, in Zusammenarbeit mit den friedliebenden Nationen eine Weltordnung des Rechts zu schaffen. Die Vereinigten Staaten luden wenig später alle Nationen, die der Atlantik-Charta beigetreten waren, zu einer Konferenz über eine derartige Organisation nach San Francisco ein; dort wurde die Satzung der Vereinten Nationen von April bis Juni beraten und am 26. Juni 1945 zusammen mit dem Statut des Internationalen Gerichtshofs von 50 Staaten unterzeichnet; die Ratifikation war bis zum Herbst des Jahres beendet. Damit trat die Satzung in Kraft. Wenig später wurde der nominell noch bestehende Völkerbund auch formell aufgelöst[66].

Der Aufbau der Vereinten Nationen ähnelt dem des Völkerbundes, nur heißen die Organe jetzt Vollversammlung, Sicherheitsrat und Sekretariat. Hinzu kommen der Treuhandrat, der die Funktionen der Mandatskommission des Völkerbundes übernommen hat, der Wirtschafts- und Sozialrat und der Internationale Gerichtshof. Die Kompetenzen sind weiter gespannt, der Gesamtorganismus ist flexibler als der des Völkerbundes. Nach Artikel 1 der Satzung sind die Ziele der Vereinten Nationen:

1. Frieden und Sicherheit international aufrechtzuerhalten und zu diesem Zweck gemeinsame Maßnahmen zur Verhütung und Beseitigung von Friedensbedrohungen und zur Unterdrückung von Angriffshandlungen und anderen Friedensbrüchen zu treffen und durch friedliche Mittel, in Übereinstimmung mit den Grundsätzen der Gerechtigkeit und des Völkerrechts, eine Beilegung von Streitfällen und Krisensituationen zu erreichen;
2. freundschaftliche, auf Achtung des Grundsatzes der Gleichberechtigung und der Selbstbestimmung der Völker aufgebaute Beziehungen zwischen den Nationen zu entwickeln und andere geeignete Maßregeln zur Stärkung des Weltfriedens zu ergreifen;
3. die internationale Zusammenarbeit durch gemeinsame Lösung von Problemen wirtschaftlicher, sozialer, kultureller und humanitärer Art und »Förderung und Unterstützung der Achtung vor den Menschenrechten und den Grundfreiheiten für alle, ohne Unterschied der Rasse, des Geschlechts, der Sprache oder des Glaubens« zu vertiefen; sowie
4. die Bildung eines Mittelpunktes, um die Maßnahmen der Nationen in Einklang zu bringen.

Das alles sollte in Übereinstimmung mit einer Reihe von Grundsätzen geschehen, nämlich:

1. souveräne Gleichheit aller Mitglieder der UN,
2. Erfüllung der Verpflichtungen in gutem Glauben,
3. Bereitschaft zur Beilegung von Streitfällen auf friedlichem Wege,

66 Paul Barandon, Die Vereinten Nationen und der Völkerbund in ihrem rechtsgeschichtlichen Zusammenhang, Hamburg 1948.

4. Verzicht auf die Anwendung von Gewalt gegen die Integrität und Unabhängigkeit irgendeines Staates,
5. Bereitschaft zur Unterstützung der UN bei allen satzungsgemäß ergriffenen Maßnahmen,
6. Sicherstellung, daß Staaten, die nicht Mitglieder der UN sind, in Übereinstimmung mit diesen Grundsätzen handeln,
7. Nichteinmischung der UN in Angelegenheiten, die im wesentlichen zur ausschließlichen Zuständigkeit eines Staates gehören.

Die Zwangsgewalt der Vereinten Nationen ist stärker ausgebaut als die des Völkerbundes, da der Sicherheitsrat bei Friedensbedrohungen, Friedensbrüchen und Angriffshandlungen nicht nur die Mitgliedstaaten gemäß Artikel 41 der Satzung zum Abbruch der Wirtschafts- und Verkehrsbeziehungen und sonstiger Verbindungen mit einem Aggressor veranlassen, sondern gemäß Artikel 42 zur Aufrechterhaltung oder Wiederherstellung des internationalen Friedens auch militärische Maßnahmen ergreifen kann. Alle Mitglieder sind nach Artikel 43 verpflichtet, dem Sicherheitsrat auf Aufforderung Streitkräfte zu überlassen oder sonstige militärische Hilfe zu gewähren, etwa Durchmarschrechte. Der Internationale Gerichtshof führt die Tätigkeit des Ständigen Internationalen Gerichtshofes aus der Völkerbundzeit in sehr enger Anlehnung an dessen Organisation fort; auch er hat seinen Sitz in Den Haag. Eine Pflicht, sich seiner zu bedienen, besteht nach wie vor nicht[67].

Die wichtigsten Unterschiede zwischen dem Völkerbund und den Vereinten Nationen sind einmal das nunmehrige prinzipielle Kriegsverbot, zum anderen die Ersetzung des Einstimmigkeits- durch das Mehrheitsprinzip, drittens die gegenüber dem Völkerbundsrat sehr verstärkte Stellung des Sicherheitsrates. Allerdings ist die Handlungsfähigkeit dieses Gremiums dadurch erheblich beeinträchtigt, daß die wesentlichen Entscheidungen nur bei Einstimmigkeit der Großmächte, die hier einen ständigen Sitz haben, getroffen werden können. Ohne ein derartiges Vetorecht hätte sich die Sowjetunion den Vereinten Nationen nicht angeschlossen.

Das Dilemma, unter dem bereits der Völkerbund gelitten hat, daß nämlich die Staaten stets abwägen, ob die Befolgung der eingegangenen Verpflichtungen mit ihrem aktuellen Eigeninteresse übereinstimmt, ist nach wie vor gegeben. So ist die Bilanz der Vereinten Nationen auf ihrem wichtigsten Aufgabengebiet, der Wahrung von Sicherheit und Frieden, durchaus negativ. Die Staatengemeinschaft konnte nur in ganz wenigen Fällen durch ihr Eingreifen den Ausbruch von Konflikten verhindern oder gemeinsam einem Aggressor entgegentreten – hier ist namentlich auf den Korea-Krieg (und aktuell auf die Kuwait-Krise) zu verweisen. Sie mußte sich in der Regel darauf beschränken, gegenüber den streitenden Parteien vermittelnd tätig zu werden. Dabei konnte sie einige Erfolge erzielen. In vielen Fällen aber sieht sie sich darauf verwiesen, ihre Meinung in Resolutionen vorzutragen, die fruchtlos bleiben. Großen und positiven Anteil nahmen die Vereinten Nationen an der Entkolonialisierung; an der Entwicklungshilfe sind sie beteiligt. Die fruchtbare Tätigkeit des Völkerbundes im sozialen Bereich setzten sie fort. Als moralisches Forum haben sie erhebliche Bedeutung, namentlich wegen der steten Unterstreichung der Menschen-

67 Die Satzung der Vereinten Nationen (Anm. 34), S. 35–107; Paul Barandon, Die Vereinten Nationen und der Völkerbund (Anm. 66), S. 226–281.

rechte. Die Tribüne der Vollversammlung wird von den Politikern aus allen Ländern gern genutzt, um auf die Weltöffentlichkeit zu wirken. Die Interessen der mehr als 150 Staaten der Erde waren bisher zu verschieden, als daß mehr hätte erreicht werden können[68].

4.2.3 Europäische Einigung

Wesentlich günstiger entwickelte sich der Gedanke der übernationalen Zusammenarbeit in Europa. Schon in den beiden Jahrzehnten zwischen den Weltkriegen hatte es Bestrebungen zur Schaffung eines europäischen Bundesstaates gegeben. Der wichtigste Förderer dieser Idee war der aus flämischem Adel stammende Kosmopolit Richard Graf von Coudenhove-Kalergi (1894–1972); er hatte 1923 mit seinem Buch *Pan-Europa* einen großen Erfolg erzielt und im Jahre darauf die gleichnamige Zeitschrift als Forum seiner Ideen gegründet. Seither war er unermüdlich für die Verbreitung seiner Konzeption tätig und setzte diese Wirksamkeit natürlich nach 1945 und seiner Rückkehr nach Europa aus dem amerikanischen Exil fort[69].

Die Offenheit gegenüber einem europäischen Zusammenschluß war in den ersten Jahren nach dem Zweiten Weltkrieg westlich des Eisernen Vorhangs sehr groß. Zur Zusammenfassung der vielen in diesem Sinne tätigen Organisationen wurde im Juli 1947 ein Koordinationsausschuß der Bewegungen für die Einheit Europas geschaffen, dessen Vorsitz Winston Churchill übernahm. Ihren ersten Kongreß hielt die Bewegung im Mai 1948 in Anwesenheit von 750 Delegierten in Den Haag ab. In der hier verabschiedeten Resolution wurden die europäischen Staaten dazu aufgefordert, einen Teil ihrer Hoheitsrechte auf die europäische Staatengemeinschaft zu übertragen. Organe der zu schaffenden Föderation sollten eine nach dem Verhältnis der Einwohnerzahl zusammengesetzte Abgeordnetenversammlung und ein Kabinett sein, in das jeder teilnehmende Staat einen Minister entsenden sollte. Ferner wies die Europa-Bewegung auf die Notwendigkeit einer Wirtschaftsunion hin. Sie verlangte Handelsfreiheit, Zollunion, die Angleichung der Währungen, eine Verbesserung der Verkehrsverbindungen zwischen den Staaten, die gerechte Verteilung der Rohstoffe und gemeinsame Bemühungen um die Hebung des Lebensstandards. Einige Monate nach dem Kongreß wurde im Oktober 1948 als Dachorganisation für alle europäischen Bestrebungen die *Europäische Bewegung* gegründet; an ihrer Spitze standen Winston Churchill, der Franzose Léon Blum (1872–1950), der Belgier Paul-Henri Spaak (1899–1972) und der Italiener Alcide de Gasperi (1881–1954). In der Folge trat die Bewegung mit ihren Vorschlägen vielfach an die Öffentlichkeit, und es gab eine breite Europa-Publizistik[70].

---

68 H. G. Nicholas, The United Nations as a Political Institution, London 1959, 1975².

69 Richard Coudenhove-Kalergi, Pan-Europa, Wien 1923, 1930⁹; ders., Kampf um Pan-Europa, 3 Bde., Wien 1925–1928; ders., Eine Idee erobert Europa. Meine Lebenserinnerungen, München 1958.

70 Hans Wehberg, Ideen und Projekte betr. die Vereinigten Staaten von Europa, in: Die Friedens-Warte, 41 (1941), S. 101–108; Denis de Rougemont, Europa – vom Mythos zur Wirklichkeit, München 1962; Walter Lipgens, Die Anfänge der europäischen Einigungspolitik 1945–1950, 1. Teil 1945–1947, Stuttgart 1977.

Belgien, Frankreich, Großbritannien, Luxemburg und die Niederlande schlossen sich im März 1948 im Brüsseler Vertrag zur sogenannten *Westunion* zusammen. Hierbei ging es einmal um die gemeinsame Verteidigung, zum anderen um die Verbesserung der Zusammenarbeit auf wirtschaftlichem, sozialem und kulturellem Gebiet. Es handelte sich um das erste Abkommen, dessen wesentlicher Inhalt die europäische Kooperation war. Die Staaten der Westunion einigten sich im Mai 1949 mit Dänemark, Irland, Italien, Norwegen und Schweden auf die Schaffung eines Europarates und schrieben der neuen Organisation die Aufgabe zu, »einen engeren Zusammenschluß unter seinen Mitgliedern zu verwirklichen, um die Ideale und Grundsätze, die ihr gemeinsames Erbe sind, zu schützen und zu fördern und um ihren wirtschaftlichen und sozialen Fortschritt zu begünstigen«[71]. Organe sind das Ministerkomitee, in dem die Außenminister der beteiligten Staaten sitzen, und die Beratende Versammlung, deren 170 Abgeordnete von den Parlamenten der Mitgliedstaaten gewählt werden. Beide Gremien können nur Empfehlungen aussprechen. Gleichwohl erschloß sich der Europarat ein breites Feld der Wirksamkeit. Er wirkte auf den Abschluß zahlreicher Konventionen hin, denen auch Nichtmitglieder beitreten können. Die bedeutendsten dieser völkerrechtlichen Verträge sind die *Europäische Menschenrechtskonvention* von 1950 und die *Europäische Sozialcharta* von 1961.

Der Europarat wurde nicht zum Fundament der europäischen Einigung, weil die Interessen der beteiligten Staaten bei aller Übereinstimmung in den Grundfragen doch weit auseinandergingen; nicht alle wollten, wie sich sogleich zeigte, einen engen Zusammenschluß. In dieser Situation erwies sich die französische Auffassung als fruchtbar, daß Europa nicht auf einmal als umfassender Bau entstehen könne, daß man vielmehr konkrete Maßnahmen »auf einem begrenzten, aber entscheidenden Gebiet« ergreifen müsse. Initiator dieser Politik war der französische Wirtschaftspolitiker und Leiter des Planungsamtes in Paris Jean Monnet (1888–1979), der im Frühjahr 1950 seinen Außenminister Robert Schumann (1886–1963) für den Gedanken gewann, »die Gesamtheit der französisch-deutschen Kohlen- und Stahlproduktion einer gemeinschaftlichen hohen Stelle im Rahmen einer Organisation, der die anderen europäischen Länder beitreten können, zu unterstellen«[72].

Vermutlich entschloß sich Monnet zu diesem Weg, weil die bis dahin mit den Benelux-Staaten und Italien geführten Verhandlungen über die Errichtung einer Freihandelszone ebensowenig vorankamen wie die Bemühungen um eine Wirtschaftsunion mit Großbritannien; ein wesentliches Hindernis waren dabei die unterschiedlichen Auffassungen über die Stellung Westdeutschlands und hier wieder des Ruhrgebietes. Monnet entschied sich deshalb dafür, das Problem im Kern anzupakken. Einer positiven Resonanz aus der Bundesrepublik konnte er sicher sein, hatte

---

71 So Artikel 1 der Satzung des Europarats; Abdruck des Statuts im Bundesgesetzblatt 1950, S. 263ff.; Hans-Jürgen Schlochauer, Die Idee des ewigen Friedens (Anm. 34), S. 204–227; Herbert Kraus/Kurt Heinze (Hrsg.), Völkerrechtliche Urkunden zur europäischen Friedensordnung seit 1945, Bonn 1953, Nr. 27; die Europäische Menschenrechtskonvention, ebd., Nr. 33.

72 Schreiben von Robert Schuman an Konrad Adenauer vom 7. Mai 1950, Faksimile, in: Konrad Adenauer, Briefe 1949–1951, bearbeitet von Hans Peter Mensing, Berlin 1985, S. 210f. Vgl. Hans Jürgen Küsters, Die Verhandlungen über das institutionelle System zur Gründung der Europäischen Gemeinschaft für Kohle und Stahl, in: Klaus Schwabe (Hrsg.), Die Anfänge des Schuman-Plans 1950/51, Baden-Baden 1988, S. 73–102.

Bundeskanzler Konrad Adenauer (1876–1967) doch kurz zuvor in zwei einem amerikanischen Journalisten gegebenen Interviews von einer schrittweise herbeizuführenden vollständigen Union zwischen Deutschland und Frankreich gesprochen; er hatte die Verschmelzung beider Staaten in bezug auf Zölle und Wirtschaft vorgeschlagen und von einem gemeinsamen Wirtschaftsparlament geredet[73].

Daß die Aufhebung der jahrhundertelangen deutsch-französischen Gegnerschaft eine wesentliche Voraussetzung der europäischen Einigung sei, hielten weder Monnet und Schuman, der bis 1918 in Lothringen auf der deutschen Seite der Grenze gelebt hatte, noch Adenauer für zweifelhaft. Aus dem Monnetschen Vorstoß erwuchs die *Europäische Gemeinschaft für Kohle und Stahl* zwischen Frankreich, der Bundesrepublik Deutschland, Italien und den drei Benelux-Staaten. Sie wurde der Kern der inzwischen auf 12 Mitgliedstaaten angewachsenen und vielfältig miteinander verflochtenen Europäischen Gemeinschaften. Über diese Entwicklung kann hier nicht einmal in Ansätzen gesprochen werden. Nach der Selbstzerstörung des klassischen europäischen Staatensystems in den beiden Weltkriegen kamen die Visionen eines Victor Hugo, eines Bluntschli, eines Coudenhove-Kalergi von einem geeinigten Europa innerhalb weniger Jahrzehnte ihrer Verwirklichung durch die von breiter öffentlicher Zustimmung getragene Arbeit zahlreicher Politiker und Beamten recht nahe[74].

4.2.4 Rüstungskontrolle und Abrüstung

Bei der Berufung der ersten Haager Konferenz hatte, wie dargelegt wurde, auch der Gedanke an partielle Abrüstung eine Rolle gespielt. Damit wurde dieser Bereich zum Gegenstand der internationalen Politik und blieb es seither. Der Völkerbund machte die Abrüstung zu einem seiner wesentlichen Ziele und setzte 1926 eine vorbereitende Abrüstungskommission ein, der 1932 bis 1935 die erste Genfer Abrüstungskonferenz folgte. Auch nach dem Zweiten Weltkrieg wurde während einer Vielzahl von Konferenzen – oft in Genf – zäh um Rüstungsfragen gerungen, ohne daß durchschlagende Erfolge erzielt worden wären. Einig wurde man sich zumeist nur über den Abbau von Potentialen, die man ohnehin beseitigen oder reduzieren wollte, weil sie veraltet oder in der bestehenden Form überflüssig waren. Oberstes Gebot war dabei, daß Abrüstung auf keinen Fall die eigene Sicherheit gefährden dürfe.

Daß Abrüstung zwangsläufig den Krieg zurückdränge, war Meinung der älteren pazifistischen Publizistik. Die mit dem Themenkreis befaßten diplomatischen und militärischen Experten sowie die Sachkenner in Wissenschaft und Medien behandelten die Probleme sehr viel differenzierter. In der Begrenzung von Rüstungen sahen sie nur eine flankierende Maßnahme zu anderen Mitteln der Friedenssicherung. Je ausgeklügelter die Waffentechnik und je größer das Zerstörungspotential wurden, desto mehr festigte sich die Meinung, daß Sicherheit nicht für einen Staat allein zu haben sei, sondern nur im Rahmen des Gesamtsystems, daß man sie also am ehesten erreiche, wenn man die Sicherheitsinteressen der Gegenseite mitberücksichtige. Das Ziel mußte darin bestehen, der jeweiligen Rüstung die Fähigkeit zum Angriff

---

73 Konrad Adenauer, Erinnerungen 1945–1953, Stuttgart 1965, S. 311–316.

74 Hans-Jürgen Küsters, Die Gründung der Europäischen Wirtschaftsgemeinschaft, Baden-Baden 1982.

möglichst zu nehmen, die Potentiale auf die Defensive umzustellen und damit die Stabilität des Staatensystems zu verbessern[75]. Angesichts des hohen und komplizierten Rüstungsstandes und infolge der Neigung aller Staaten, sich wenig in die Karten sehen zu lassen, können alle Verhandlungen zu diesem Problemkreis nur in langen Fristen rechnen. Der breiteren Öffentlichkeit bleibt die Schwierigkeit der Materie zumeist verborgen.

4.2.5 Die Konferenz über Sicherheit und Zusammenarbeit in Europa (KSZE)

Zur Erhöhung der internationalen Stabilität tragen vertrauensbildende Maßnahmen auf vielen Feldern bei. Hohe Bedeutung gewann in diesem Zusammenhang die Konferenz über Sicherheit und Zusammenarbeit in Europa, die mit vorbereitenden Botschafter-Gesprächen im November 1972 begann und am 1. August 1975 in Helsinki endete. Seither haben Folgetreffen in Belgrad, Madrid und Wien stattgefunden. Die KSZE hatte eine lange Vorgeschichte. Der Wunsch nach derartigen Verhandlungen wurde seit Mitte der fünfziger Jahre wiederholt von sowjetischer Seite vorgetragen. Damit verband sich die Hoffnung, die eigene Position verbessern und die Stellung der USA in Europa mindern zu können. Ein wichtiger Schritt nach vorn wurde getan, als der Warschauer Pakt in seiner *Bukarester Deklaration über Frieden und Sicherheit in Europa* vom Juli 1966 erstmals die Teilnahme aller Mitglieder des Nordatlantik-Paktes wie auch der Neutralen an einer solchen Konferenz vorschlug.

Es dauerte allerdings noch Jahre, ehe beide Seiten sich prinzipiell über ein Treffen einig waren. Erst im November 1972 konnte die finnische Regierung, die seit Ende 1970 gute Dienste zur Zusammenführung aller Interessenten geleistet hatte, zu Sondierungsgesprächen nach Helsinki einladen; dabei bestand Übereinstimmung, daß die Abrüstungsgespräche getrennt weiterzuführen seien. Alle anderen Maßnahmen zur Verbesserung des politischen Klimas in Europa konnten dagegen auf die Tagesordnung der kommenden Konferenz gesetzt werden. Bis Juni 1973 wurden die Botschafter sich über die Organisation und das Arbeitsprogramm des Treffens, an dem 33 europäische Staaten, die USA und Kanada teilnehmen sollten, sowie über das Arbeitsprogramm einig; die eigentliche KSZE tagte sodann in mehreren Etappen vom Juli 1973 bis zum Juli 1975[76].

Das Schlußdokument der KSZE ist ein sehr umfangreicher Text. Er besteht aus fünf Teilen. Abschnitt A bespricht Fragen der Sicherheit, und zwar zunächst die Prinzipien der Beziehungen, sodann weitere vertrauensbildende Maßnahmen. Abschnitt B befaßt sich mit der Kooperation in den Bereichen Wirtschaft, Wissenschaft, Technik und Umwelt. Abschnitt C geht auf den Mittelmeerraum unter besonderer Berücksichtigung der Interessen der an der KSZE nicht teilnehmenden

75 Erhard Forndran, Rüstungskontrolle. Friedenssicherung zwischen Abschreckung und Abrüstung, Düsseldorf 1970; ders., Probleme der internationalen Abrüstung . . . 1962–1968, Frankfurt/M. 1970.

76 Hans-Adolf Jacobsen/Wolfgang Mallmann/Christian Meier (Hrsg.,), Sicherheit und Zusammenarbeit in Europa (KSZE). Analyse und Dokumentation, Bd. 1, 1965–1972, Köln 1973, Bd. 2, 1973–1978, Köln 1978; ferner Hanns-D. Jacobsen/Heinrich Machowski/Dirk Sager (Hrsg.), Perspektiven für Sicherheit und Zusammenarbeit in Europa, Bonn–Baden-Baden 1988.

Staaten ein. Abschnitt D behandelt die Zusammenarbeit in humanitären und anderen Bereichen, und Abschnitt E schließlich bekundet die Absicht der Teilnehmerstaaten, die Bestimmungen der Schlußakte in Zukunft gebührend zu berücksichtigen, sie unilateral, bilateral und multilateral anzuwenden und den durch die Konferenz eingeleiteten Prozeß fortzusetzen[77].

Die wichtigsten Bestimmungen der Schlußakte, die ausdrücklich kein verbindliches Abkommen ist, sondern nur Absichtserklärungen enthält, finden sich in Abschnitt A, Ziffer I unter der Überschrift ›Prinzipien der Beziehungen‹. Hier sind zehn Grundsätze zusammengestellt, die die Quintessenz des modernen Völker- und Menschenrechtsdenkens enthalten. Unter mehrfacher ausdrücklicher Berufung auf Charta und Ziele der Vereinten Nationen erklären die Teilnehmerstaaten ihre Entschlossenheit, diese Prinzipien, »die alle von grundlegender Bedeutung sind und ihre gegenseitigen Beziehungen leiten, ein jeder in seinen Beziehungen und zu allen anderen Teilnehmerstaaten, ungeachtet ihrer politischen, wirtschaftlichen oder sozialen Systeme, als auch ihrer Größe, geographischen Lage oder ihres wirtschaftlichen Entwicklungsstands, zu achten und in die Praxis umzusetzen«[78].

Die KSZE-Staaten wollen (1.) ihre souveräne Gleichheit und Individualität sowie alle ihrer Individualität innewohnenden und von ihr umschlossenen Rechte achten, einschließlich des Rechtes eines jeden Staates auf rechtliche Gleichheit, territoriale Integrität, Freiheit und politische Unabhängigkeit. Sie anerkennen das Recht jedes Teilnehmerstaates, sein politisches, soziales, wirtschaftliches und kulturelles System frei zu wählen und seine Rechtsordnung zu bestimmen. Die Beziehungen zu anderen Staaten sollen im Einklang mit dem Völkerrecht und im Geiste dieses Schlußdokumentes gestaltet werden. Die Unterzeichner sind der Auffassung, »daß ihre Grenzen, in Übereinstimmung mit dem Völkerrecht, durch friedliche Mittel und durch Vereinbarung verändert werden können«. Sie haben das Recht, internationalen Organisationen und Bündnissen anzugehören oder nicht anzugehören und Verträge abzuschließen.

Die Unterzeichner erklären (2.), daß sie sich in den gegenseitigen wie den internationalen Beziehungen im allgemeinen der Androhung und Anwendung von Gewalt, die gegen die territoriale Integrität oder politische Unabhängigkeit irgendeines Staates gerichtet sind, enthalten werden, ebenso jeder Handlung, die eine direkte oder indirekte Gewaltanwendung gegen einen anderen Teilnehmerstaat darstellt. Sie werden überdies von jeder Gewaltmanifestation, die den Zweck hat, einen anderen Teilnehmerstaat zum Verzicht auf die volle Ausübung seiner souveränen Rechte zu bewegen, und von allen Repressalien absehen. In keinem Fall soll Gewalt als Mittel zur Regelung von Streitfällen verwendet werden. Die Teilnehmerstaaten betrachten (3.) die Grenzen in Europa als unverletzlich und werden deshalb jetzt und in Zukunft keinen Anschlag auf diese Grenzen verüben. Sie werden (4.) davon Abstand nehmen, das Territorium eines anderen Teilnehmerstaates »zum Gegenstand einer militärischen Besetzung oder anderer direkter oder indirekter Gewaltmaßnahmen unter Verletzung des Völkerrechts oder zum Gegenstand der Aneignung durch solche

77 Druck der Schlußakte bei Hans-Adolf Jacobsen/Wolfgang Mallmann/Christian Meier (Hrsg.), Sicherheit und Zusammenarbeit in Europa (Anm. 76), Bd. 2, Nr. 220, S. 913–966.
78 Ebd., S. 915.

Maßnahmen oder deren Androhung zu machen«[79]. Keine solche Besetzung oder Aneignung wird als rechtmäßig anerkannt werden. Die Unterzeichner wollen (5.) Streitfälle untereinander mit friedlichen Mitteln dergestalt regeln, daß der internationale Frieden und die allgemeine Sicherheit sowie die Gerechtigkeit nicht gefährdet sind. Sie werden rasche und gerechte Lösungen auf der Grundlage des Völkerrechts nach Treu und Glauben im Geiste der Zusammenarbeit suchen. Sie werden sich (6.) weder individuell noch kollektiv, weder direkt noch indirekt in die inneren Angelegenheiten oder die äußeren Fragen, die in die innerstaatliche Zuständigkeit eines anderen Teilnehmerstaates fallen, einmischen. Sie werden sich aller Maßnahmen enthalten, die die Ausübung der Rechte eines anderen Teilnehmerstaates ihrem eigenen Interesse unterordnen, dies einschließlich der direkten oder indirekten Unterstützung terroristischer Tätigkeiten oder subversiver und anderer Aktivitäten, die auf den gewaltsamen Umsturz des Regimes eines anderen Teilnehmerstaates zielen.

Die Teilnehmerstaaten bekunden (7.) ausdrücklich, daß sie die Menschenrechte und Grundfreiheiten einschließlich der Gedanken-, Gewissens-, Religions- oder Überzeugungsfreiheit für alle ohne Unterschied der Rasse, des Geschlechts, der Sprache und der Religion achten wollen. »Sie werden die wirksame Ausübung der zivilen, politischen, wirtschaftlichen, sozialen, kulturellen sowie der anderen Rechte und Freiheiten, die sich alle aus der dem Menschen innewohnenden Würde ergeben und für seine freie und volle Entfaltung wesentlich sind, fördern und ermutigen«. Sie anerkennen die Freiheit der Individuen, sich allein oder in Gemeinschaft mit anderen zu einer Religion oder einer Überzeugung gemäß dem Gewissen zu bekennen und sie auszuüben. Den Angehörigen von nationalen Minderheiten wird jede Möglichkeit für den tatsächlichen Genuß der Menschenrechte und Grundfreiheiten gewährt werden. »Die Teilnehmerstaaten anerkennen die universelle Bedeutung der Menschenrechte und Grundfreiheiten, deren Achtung ein wesentlicher Faktor für den Frieden, die Gerechtigkeit und das Wohlergehen ist.«[80] Sie bestätigen das Recht des Individuums, seine Rechte und Pflichten auf diesem Gebiet zu kennen und auszuüben. Sie werden sich einzeln und gemeinsam, auch in Zusammenarbeit mit den Vereinten Nationen, bemühen, die universelle und wirksame Achtung dieser Rechte und Freiheiten zu fördern. Sie sagen zu, auf diesem Gebiet stets in Übereinstimmung mit den Zielen und Grundsätzen der UN-Charta und der Allgemeinen Erklärung der Menschenrechte zu handeln.

Die KSZE-Staaten bekennen sich (8.) zur Gleichberechtigung der Völker und zu ihrem Selbstbestimmungsrecht. Alle Völker haben jederzeit das Recht, ihren inneren und äußeren politischen Status ohne jede Einmischung in voller Freiheit zu bestimmen und ihre politische, wirtschaftliche, soziale und kulturelle Entwicklung nach eigenen Wünschen zu verfolgen. Die universale Bedeutung der Achtung und der wirksamen Ausübung der Gleichberechtigung und des Selbstbestimmungsrechtes der Völker für die Entwicklung freundschaftlicher Beziehungen wird ausgesprochen, die Intensivierung der Zusammenarbeit zwischen den Teilnehmerstaaten (9.) ausdrücklich in Aussicht genommen; dabei sollen Frieden, Sicherheit und Gerechtigkeit gefördert, das Wohlergehen der Völker verbessert werden. Die Unterzeichner sagen

79 Ebd., S. 916.
80 Ebd., S. 917.

sich schließlich (10.) zu, ihre völkerrechtlichen Verpflichtungen nach Treu und Glauben zu erfüllen, bei der Ausübung ihrer souveränen Rechte den rechtlichen Verpflichtungen aus dem Völkerrecht zu entsprechen und die Bestimmungen der Schlußakte der KSZE gebührend zu berücksichtigen.

Die vertrauensbildenden Maßnahmen betreffen im wesentlichen die Anmeldung und wechselseitige Beobachtung von Manövern oder größeren Truppenbewegungen. Im humanitären Bereich sagen sich die Teilnehmerstaaten die Erleichterung menschlicher Kontakte – familiäre Bindungen, Familienzusammenführung, Eheschließungen – und die Verbesserung des Informationsflusses zu, sowohl durch den Meinungstausch auf Reisen, Tagungen und Treffen jeder Art wie durch die Förderung der Verbreitung von Druckschriften aus anderen Teilnehmerstaaten einschließlich der periodischen.

Die KSZE entwickelte sich, wie das Dokument zeigt, in einem Sinne, den die Ostblockstaaten nicht gemeint hatten, als sie in den sechziger Jahren immer häufiger auf die Veranstaltung einer derartigen Konferenz drangen. Ihr Ziel war es gewesen, den 1945 und in den Jahren danach erreichten Status quo festzuschreiben, nicht aber Wege zu seiner Veränderung zu öffnen. Insofern hatte für sie das erste, dritte und vierte Prinzip zentrale Bedeutung. Den demokratischen Staaten kam es dagegen vor allem darauf an, die Bedeutung der Menschenrechte zu unterstreichen und ihre Wahrnehmung zu erleichtern. Für sie standen damit das siebte und in enger Verbindung damit das neunte Prinzip voran. Daß sich mit der Unterstreichung dieser Grundsätze die eingefrorenen Verhältnisse im Ostblock auftauen ließen, war ihnen nicht nur bewußt, das war auch ihre Absicht. In den osteuropäischen Hauptstädten sah man von Anfang an, daß gerade aus diesen Prinzipien und den anschließenden Verabredungen innere Schwierigkeiten erwachsen könnten; die Sorge richtete sich vor allem auf die Informationsfreiheit. Schon kurze Zeit nach dem Abschluß der KSZE begannen die Spitzenpolitiker des Ostens deshalb damit, diese Abschnitte einschränkend zu interpretieren und jede mögliche ideologische Diversion zurückzuweisen. »Die Menschen unserer Länder«, so hatte der britische Außenminister Sir Alexander Douglas-Home (1903–1990) während des die KSZE eröffnenden Außenministertreffens im Juli 1973 gesagt, »werden es uns weder danken noch gratulieren, wenn wir den Archiven der Welt weitere feierliche Deklamationen hinzufügen, von anderen ähnlichen Dokumenten nur durch die Unterschriften unterschieden. Sie werden wissen wollen, ob ihr Leben durch unsere Bemühungen zum Besseren beeinflußt wird.«[81] Die Zukunft muß zeigen, ob diese Erwartungen sich erfüllen.

Das 20. Jahrhundert mußte wie kein anderes mit Kriegen leben. Es wurden zwei Weltkriege äußerst blutig ausgefochten und zudem zahlreiche weitere Konflikte unter schweren Opfern mit Waffengewalt ausgetragen. Insofern scheint das Bemühen um eine friedliche Welt keinen Ertrag gebracht zu haben. Das wäre aber nur ein Teil der Wahrheit. 1899/1907 begann das Bestreben, den Krieg institutionell zurückzudrängen, mit dem Aufbau einer Schiedsgerichtsbarkeit, die sich seither aus kleinen Anfängen kräftig entfaltete und vielfach ihren Nutzen unter Beweis stellte. Der Gedanke der internationalen Organisation erwies sich wenigstens im europäischen Raum und nach 1945 als sehr fruchtbar, während er hinsichtlich der universalen

81 Rede vom 5. Juli 1973, ebd., Nr. 142, S. 653–657, hier: S. 655.

Friedensproblematik die in ihn gesetzten Hoffnungen nur in geringem Umfang erfüllte. Wertvolle Leistungen erbrachte er dagegen auf humanitärem Felde. Der Völkerbund und verstärkt die Vereinten Nationen veranlaßten zahlreiche Hilfs- und Entwicklungsprogramme. Seit der Mitte des Jahrhunderts wurden zudem die Menschenrechte immer wieder in ihrer großen Bedeutung herausgestellt und damit in ihrer Realisierung befördert. Die Bilanz für ein fünfundsiebzigjähriges Nachdenken über Friedenssicherung und internationale Organisation von der Ersten Haager Konferenz bis zur KSZE ist so negativ nicht; ohne diese ständigen Bemühungen wäre die Welt sehr viel härter.

5. Nachdenken über die Demokratie

5.1 James Bryce: Liberaler Harmonieglaube

Am Weihnachtsabend des Jahres 1920 schloß der hochangesehene englische Gelehrte und liberale Politiker James Bryce mit dem Vorwort sein letztes großes Werk *Moderne Demokratien* ab, eine umfassende Darstellung der modernen Demokratien, wie sie es bis dahin noch nicht gab und wie sie seither auch nicht wieder geschrieben wurde. Der Verfasser wollte keine Theorien vortragen. »Bei einem Gegenstand, dessen Literatur mit Plato und Aristoteles seinen Anfang nahm und seit jener Zeit von Tausenden von Federn bereichert wurde, gibt es nichts Neues mehr.«[82] Bryce wollte seinen Lesern nicht seine eigenen Ansichten einimpfen, sondern ihnen die Tatsachen unterbreiten und diese Fakten soweit wie möglich erklären. Das tat er am Beispiel Frankreichs und der Schweiz, der USA, Kanadas, Australiens und Neuseelands – und zwar mit großer Sympathie. England sparte er aus, da er darüber nicht mit der nötigen Distanz schreiben zu können glaubte.

Eine Demokratie sah Bryce als gegeben an, wenn der Volkswille oder – wie er sogleich präzisierte – der Wille der Mehrheit der Aktivbürger sich in allen wesentlichen Angelegenheiten durchsetzen konnte. Er bewertete sie gleichermaßen als das Ergebnis wie den Schutzschirm von Freiheit und Gleichheit, und er hielt sie für die einzig rechtmäßige Form der Regierung. Mit großer Zufriedenheit konstatierte er, daß sich das demokratische Konzept im Laufe nur eines Jahrhunderts als äußerst erfolgreich erwiesen hatte – außer den von ihm behandelten sechs Staaten mit demokratischer Tradition hätte er auf viele andere Beispiele verweisen können. Das Jahr 1918/19 schien endlich die völlige Durchsetzung der Demokratie gebracht zu haben. Daß zwischen den demokratischen Idealen, wie sie im späten 18. Jahrhundert formuliert worden waren, und den tatsächlichen Verhältnissen 120 Jahre später manche Unterschiede bestanden, gab Bryce gern zu, sah dabei aber kaum die wahren Dimensionen der bestehenden Abweichungen von Ideal und Wirklichkeit. Bryce erklärte, daß jede freie Regierung bisher in Wirklichkeit nur eine Oligarchie gewesen sei, schränkte diesen Einwand aber sogleich wieder ein, indem er hinzusetzte, es handle sich dabei nicht um Klassenherrschaft, sondern um Oligarchie im ursprüngli-

82 James Bryce, Moderne Demokratien, Bd. 1, Allgemeine Einleitung. Europäische Demokratien, München 1923, S. III.

chen Sinn des Wortes, um die »Herrschaft der Wenigen statt der Vielen«, der Wenigen freilich, »die weder Geburt, noch Reichtum, noch Abstammung von den übrigen unterscheidet, sondern allein die Natur, die ihnen Begabungen und Möglichkeiten verliehen hat, die sie den anderen vorenthielt«. Die Vielen hatten für Bryce drei Aufgaben: die Ziele vorzuschreiben, die Führung auszuwählen und diese erwählten Mitbürger zu kontrollieren. So kam er zu dem Urteil, Demokratie sei »Herrschaft zwar wohl nicht durch das Volk, wohl aber für das Volk«[83].

Bryce war klar, daß die demokratische Regierungsform trotz ihrer großen Erfolge gerade in der jüngsten Zeit schweren Belastungen ausgesetzt war, daß viele Stimmen einen völligen Neubau verlangten, und er befürchtete sogar, daß die zivilisierten Völker »anscheinend am Beginn einer nicht voraussehbaren Phase ihrer Denkweise« stünden[84]. Aber er blieb Optimist. Der Schlußsatz seines Werkes lautete: »Die Demokratie wird niemals zugrunde gehen, solange die Hoffnung lebt.«[85]

Wenn Bryce auch keine Theorie geben wollte, so waren seine warmherzige ›Beschreibung‹ der ›Tatsachen‹ und ihre Kommentierung doch ganz eindeutig politisches Programm. Sein Buch war eine vom liberalen Harmonieglauben geprägte Werbung für die Demokratie. Seither wurden wiederum Tausende von Büchern über die Demokratie geschrieben, viele Programmschriften, die in der Tat nichts (oder doch kaum) Neues brachten, viele Gegenschriften, die an dieser Stelle nicht zu interessieren brauchen, und viele wissenschaftliche Analysen, auch sie in Pro und Contra, die zusammen ein höchst umfangreiches empirisches Material erschlossen, damit – anders als Bryce 1920 vermutet hatte – zur weiteren Differenzierung der Diskussion beitrugen und so durchaus Neues zum Thema beisteuerten. Nur auf wenige dieser Schriften und Autoren, auf diejenigen, von denen weiterreichende Anregungen ausgingen, kann hier verwiesen werden. Die Debatte war vielfach von Skepsis bestimmt – der harmonistische Optimismus von Bryce war insofern eher ein Schlußpunkt als ein Anfang.

5.2 Max Weber: Bürokratieproblem und charismatische Herrschaft

Der auf vielen Feldern tätige Kulturwissenschaftler Max Weber (1864–1920), Sohn eines nationalliberalen Abgeordneten im Reichstag und im Preußischen Abgeordnetenhaus, war selbst ein eminent politischer Mensch, der die Zeitläufe in einer großen Zahl von Schriften und Reden kommentierend und analysierend begleitete, sich aber hütete, in die aktive Politik überzutreten[86]. Er verstand sich ganz und gar als Gelehrter und vertrat mit aller Entschiedenheit die These, daß es niemals Aufgabe eines Erfahrungswissenschaftlers sein könne, bindende Normen und Ideale zu ermitteln, um daraus für die Praxis Rezepte abzuleiten. Das änderte aber nichts daran, daß viele seiner Themen unmittelbar politisch motiviert waren und daß er eben doch nach Wegen für die Praxis fragte. Politische Publizistik – zu allen großen zwischen 1890

83 Ebd., Bd. 3, Der demokratische Staat in der Praxis, München 1926, S. 238.
84 Ebd., Bd. 1, S. 9.
85 Ebd., Bd. 3, S. 304.
86 Wolfgang J. Mommsen, Max Weber und die deutsche Politik 1890–1920, Tübingen 1959, 1974².

und 1920 anstehenden Fragen – und wissenschaftliches Werk lassen sich bei ihm kaum trennen. Führende Gelehrte anerkannten schon den jungen Max Weber als überragenden Kollegen, vor dem die eigene Könnerschaft verblasse, und heute wird ihm fraglos attestiert, daß eine derartige »universale Spannweite« des Geistes seither »wohl . . . keiner mehr erreicht« habe[87]. Von ihm gingen Anregungen auf zahlreiche wissenschaftliche Disziplinen aus, freilich mit beträchtlicher Verzögerung, und ganz selbstverständlich gilt er der gegenwärtigen Diskussion als einer der bedeutendsten politischen Denker dieses Jahrhunderts.

Als Weber 1905 seine schnell berühmt gewordene Studie *Die protestantische Ethik und der Geist des Kapitalismus* vorlegte, wandte er sich damit zugleich einer Problematik zu, die für ihn in seinen weiteren Lebensjahren bestimmend blieb: der Entstehung der modernen okzidentalen, von ausgeprägter Rationalisierung bestimmten Welt[88]. Den Terminus Rationalisierung wandte Weber vielfach an und machte ihn gleichsam zur Leitlinie seiner Interpretation der Moderne, definierte ihn aber erstaunlicherweise an keiner Stelle, obwohl er das Setzen von Definitionen doch so gern vornahm und mit so großer Meisterschaft beherrschte. Noch 1920, als Weber die Vorrede zu den *Gesammelte(n) Aufsätze(n) zur Religionssoziologie* schrieb, beließ er es bei der Feststellung, unter dem Wort könne etwas »höchst Verschiedenes verstanden werden«[89].

Zwar gab es Rationalisierung immer und überall, aber sie war doch eingebunden in gewohnheitsmäßiges Handeln und in eine traditionale Welt. Nur in Europa und seinen weißen überseeischen Tochterstaaten kam es zu ihrer eigentümlichen Verdichtung und Dominanz. Das hatte verschiedene Gründe: die Ursprünge der Wissenschaft im Hellenismus, das römische Recht, die bürgerliche Stadt, Eigentümlichkeiten der Kapitalakkumulation. Entscheidend aber war nach Weber ein bestimmter Strang des reformatorischen Prozesses, nämlich die Gewissensnot, in der sich die Calvinisten angesichts der für sie verbindlichen Prädestinationslehre fanden. Die mangelnde Heilsgewißheit trieb diese Menschen um und führte sie zu rastloser Aktivität mit dem Ziel, eine gottgewollte geordnete Welt zu schaffen. Der Erfolg dabei mochte immerhin als Zeichen für Gottes Segen gewertet werden. Gerade dies Moment des rastlosen Einsatzes bei streng methodischer Lebensführung und peinlicher Selbstkontrolle brachte nach Weber den Kapitalismus entscheidend voran. Die religiöse Not einer kleinen Gruppe in der Frühneuzeit trug damit kontraproduktiv nachhaltig zur Herausbildung des einen entscheidenden Bestandteils der Moderne bei, eben des Kapitalismus.

Selbstverständlich erfaßte der Rationalisierungsprozeß im Okzident alle Lebensbereiche. Die Menschen stellten ihr Dasein zunehmend unter das Kriterium der Effizienz. Sie wurden autonom, setzten sich ihre Zwecke und Wertungen selbst und verloren dabei immer weiter an Gewißheit über den Sinn der Welt. Weber beschrieb diesen Prozeß in verschiedenen tiefgreifenden Studien und wertete ihn dabei zwie-

---

87 Jürgen Kocka (Hrsg.), Max Weber, der Historiker, Göttingen 1986, S. 7 (Vorwort).

88 Günter Abramowski, Das Geschichtsbild Max Webers. Universalgeschichte am Leitfaden des okzidentalen Rationalisierungsprozesses, Stuttgart 1966; Detlev J. K. Peukert, Die ›letzten Menschen‹. Beobachtungen zur Kulturkritik im Geschichtsbild Max Webers, in: Geschichte und Gesellschaft, (1986)12, S. 425–442.

89 Max Weber, Gesammelte Aufsätze zur Religionssoziologie, Bd. 1, Tübingen 1920, S. 11.

spältig. Er sah ihn einerseits als großartigen Vorgang, verschloß sich andererseits aber nicht der Sorge, daß damit mannigfache Gefahren heraufzogen. Seine Prognose für die Zukunft war eher düster. Wenn die Effizienz das entscheidende Kriterium war, konnte sie die Menschen ihrer stolzen Autonomie auch wieder verlustig gehen lassen und sie in eine neue Hörigkeit führen. Weber konstatierte drei Schwachpunkte der Entwicklung: die Verlangsamung oder gar das Ende der Expansion des Kapitalismus, die Verstaatlichung der Wirtschaft und vor allem das Fortschreiten der Bürokratisierung. Diesen Prozeß der Bürokratisierung, den er neben dem Kapitalismus als das andere große Moment der Moderne betrachtete, sah er natürlich nicht auf die öffentliche Verwaltung beschränkt. Er beobachtete ihn ebenso in der Armee, in der Kirche und »in den großen Privatbetrieben der Gegenwart, und zwar je größer sie sind, desto mehr«[90].

Gesellschaftswissenschaftlich betrachtete Weber den modernen Staat als einen Betrieb. Das Herrschaftsverhältnis in allen Betrieben, ob im Staat oder in der Privatwirtschaft, schien ihm gleich. Die hierarchische Abhängigkeit von Arbeiter, Kommis, technischem Angestellten, Beamten wie Soldaten beruhe darauf, daß die »für den Betrieb und die ökonomische Existenz unentbehrlichen Werkzeuge, Vorräte und Geldmittel in der Verfügungsgewalt, in einem Fall: des Unternehmers, im anderen: des politischen Herrn konzentriert sind«[91]. Die Trennung des Arbeiters von den Betriebsmitteln, den Kriegsmitteln im Heer, den sachlichen Verwaltungsmitteln in der öffentlichen Verwaltung, den Forschungsmitteln in der Wissenschaft sei als entscheidende Grundlage dem modernen macht- und kulturpolitischen sowie dem militärischen Staatsbetrieb und der kapitalistischen Privatwirtschaft gemeinsam. Bürokratisierung sah Weber auch in den Parteien am Werk. Sie erschien ihm als universeller Prozeß, dem unentrinnbar die Zukunft gehöre. Es sei kein Beispiel bekannt, daß sie, einmal zur Macht gelangt, von selbst wieder verschwinde. Die moderne Bürokratie, besonders nachhaltig »durch die rationale fachliche Spezialisierung und Einschulung« charakterisiert[92], sei die effektivste Form, die gesetzten Zwecke zu erreichen. Fabrik wie bürokratische Organisation seien an der Arbeit, »das Gehäuse jener Hörigkeit der Zukunft herzustellen, in welche vielleicht dereinst die Menschen sich, wie die Fellachen im altägyptischen Staat, ohnmächtig zu fügen gezwungen sein werden«[93].

Angesichts der von ihm für wirksam gehaltenen unentrinnbaren Entwicklung neigte Weber zu tiefem Pessimismus. Er fragte sich – in einer bald als Buch veröffentlichten Artikelreihe in der *Frankfurter Zeitung* im Sommer 1917 –, wie denn wenigstens Reste von individueller Freiheit zu retten seien und wie die ungeheure Übermacht der Bürokratie in Schranken gehalten und kontrolliert werden könne. Er suchte eine Antwort auf die Frage, wie Demokratie in einem auch nur beschränkten Sinne in Zukunft noch möglich sein könne. Die Lösung erblickte er in einer

---

90 Max Weber, Parlament und Regierung im neugeordneten Deutschland. Zur politischen Kritik des Beamtentums und Parteiwesens, in: Max Weber, Studienausgabe, Abt. I, Bd. 15, Zur Politik im Weltkrieg. Schriften und Reden 1914–1918, hrsg. von Wolfgang J. Mommsen in Zusammenarbeit mit Gangolf Hübinger, Tübingen 1988, S. 202–302, hier: S. 213.
91 Ebd.
92 Ebd., S. 220.
93 Ebd., S. 221.

plebiszitären Demokratie. »Politiker müssen der Beamtenherrschaft das Gegengewicht geben«, formulierte er lapidar[94]. Mit dem Politiker meinte Weber nicht den Durchschnittspolitiker, sondern Leute »mit großem politischen Machtinstinkt und mit den ausgeprägtesten politischen Führerqualitäten«[95], von denen es immer nur wenige gebe. Die vielköpfige Versammlung eines Parlaments könne nicht regieren und Politik machen; das könne immer nur eine Minderheit. Das Prinzip der kleinen Zahl, die überlegene politische Manövrierfähigkeit kleiner führender Gruppen beherrsche stets das politische Handeln. Die Mehrheit der Politiker, »die ganze breite Masse der Deputierten« fungiere »nur als Gefolgschaft für den oder die wenigen ›leader‹, welche das Kabinett bilden«, und gehorche ihnen blind, »so lange sie Erfolg haben«. Diesen »cäsaristischen Einschlag« hielt Weber im Massenstaat für unausrottbar, und er bejahte ihn auch[96]. Demokratie und Demagogie gehörten zusammen, erklärte er. Die Bedeutung der Massendemokratisierung sah er darin, daß die Führer nicht mehr auf Grund ihrer Bewährung im Kreise der Honoratiorenschicht zum Kandidaten proklamiert und dann kraft ihres Hervortretens im Parlament zum Führer würden, sondern daß sie das Vertrauen und den Glauben der Massen an sich gewinnen und zur »Macht mit massendemagogischen Mitteln« gelangen müßten[97].

Das hieß aber nicht, daß das Parlament im massendemokratischen Staat keine Bedeutung habe. Für Weber garantierte es die Stetigkeit und die Kontrollierbarkeit der Machtstellung des cäsaristischen Vertrauensmannes der Massen, ferner die Erhaltung der bürgerlichen Rechtsgarantien gegen ihn, eine geordnete Form der politischen Bewährung der um das Vertrauen der Massen werbenden Politiker innerhalb der Parlamentsarbeit, und schließlich gewährleistete es die friedliche Form der Ausschaltung »des cäsaristischen Diktators«, wenn dieser das Vertrauen der Massen verlor[98]. Weber wußte, daß dieser plebiszitäre Einschlag Gefahren barg, weil der Meistbietende die Massen am intensivsten ansprechen könne. Dieses Risiko wertete er aber geringer als die Neigung, daß Spitzenpolitiker sich widerstandslos den Massenwünschen beugten, wodurch tatsächlich eine führerlose Demokratie entstehen könnte. Gegen beides setzte er das Verantwortungsbewußtsein und die innere Stärke der in der Massendemokratie an die Spitze tretenden Persönlichkeiten. Damit schienen ihm gute Garantien gegeben.

Weber unterschied drei reine Typen legitimer Herrschaft: einmal die rationale, auf dem Glauben an die Legalität gesetzter Ordnungen beruhende *legale Herrschaft,* zum anderen die auf den Alltagsglauben an die Heiligkeit von jeher geltender Traditionen bezogene *traditionale Herrschaft* und drittens die auf der außeralltäglichen Hingabe an die Heiligkeit, die Heldenkraft oder die Vorbildlichkeit einer Person fußende *charismatische Herrschaft.* Die bürokratische Herrschaft ordnete er dem ersten Typ zu, die plebiszitäre Demokratie dagegen dem dritten. Die Anerkennung der cäsaristischen Persönlichkeit durch die Beherrschten war nach der Logik der Zuordnung nicht mehr Folge der Legitimität seiner Handlungen, sondern selber

94 Ebd., S. 235.
95 Ebd., S. 227.
96 Ebd., S. 233.
97 Ebd., S. 266.
98 Ebd., S. 267.

geradezu Legitimitätsgrund[99] – sehr fragwürdige Überlegungen, wie offen zu Tage liegt.

Die charismatischen Führer waren für Weber allerdings nicht einsame herausragende Gestalten, sondern recht häufig. In der Nachbismarckschen Zeit konnte er sie freilich in Deutschland in der Politik nicht mehr finden; Bismarck habe selbständige Charaktere nicht ertragen und das Parlament deshalb tief herabgedrückt. Aber früher, so Weber, habe es doch »in ausnahmslos allen Parteien Persönlichkeiten mit den vollen Eigenschaften eines politischen Führers gegeben«[100]. Weber nannte als Beispiele Bennigsen, Miquel oder Stauffenberg von den Liberalen, Windthorst vom Zentrum, den Konservativen Bethusy-Huc oder den Sozialdemokraten Vollmar, also Leute respektablen Zuschnitts. Warum gerade sie in der Lage gewesen sein sollten – vorausgesetzt, sie hätten in einem parlamentarischen System agiert –, die Bürokratie effektiv zu kontrollieren, wo doch Bürokratisierung angeblich so unentrinnbar war, das ließ Weber offen; die so bedeutungsvolle Frage, wie auch in Zukunft Individualität behauptet werden könne, geriet völlig aus dem Blick. Das ist ebenso erstaunlich wie die Unzulänglichkeit, mit der Weber den politischen Betrieb des wilhelminischen Deutschland zeichnete. In der konkreten politischen Situation bei Ende des Ersten Weltkrieges hatte Weber Gelegenheit, auch gutachtlich für den Einbau plebiszitärer Strukturen in die Weimarer Verfassung zu wirken. Er war indessen nicht als einziger in diesem Sinne tätig, und so darf man die besondere Konstruktion der Verfassung beim Verhältnis der obersten Staatsgewalten nicht allein ihm anlasten[101].

Für Max Weber war die Mehrzahl der Politiker ›Gefolgschaft‹ der wenigen ›leader‹. In seinem Vortrag *Politik als Beruf,* in dem er an der Jahreswende 1918/19 den Politikertypus zeichnete, den er sich dachte, formulierte er noch schärfer: Die Leitung der Parteien durch plebiszitäre Führer bedinge »die ›Entseelung‹ der Gefolgschaft, ihre geistige Proletarisierung, könnte man sagen. Um für den Führer als Apparat brauchbar zu sein, muß sie blind gehorchen, Maschine im amerikanischen Sinne sein«[102]. Oligarchisierung wurde damit zum notwendigen Charakterzug der Massendemokratie.

5.3 Robert Michels, Moise Ostrogorski und Maurice Duverger: Parteienherrschaft als oligarchische Herrschaft

Den Prozeß der Oligarchisierung der Massendemokratie beschrieb am Beispiel der deutschen Sozialdemokratie schon einige Jahre vor dem Ersten Weltkrieg Robert Michels (1876–1936) eindringlich. Michels stammte aus wohlhabender Kölner Familie, promovierte mit einer historischen Arbeit und beabsichtigte, sich zu habilitieren. Wegen seiner Zuwendung zur Sozialdemokratie konnte er sich allerdings keine Hoffnungen auf eine akademische Karriere in Deutschland machen. Die Habilitation

---

99 Max Weber, Wirtschaft und Gesellschaft. Grundriß der verstehenden Soziologie, Studienausgabe, hrsg. von Johannes Winckelmann, Köln 1964, S. 159–188.
100 Max Weber, Parlament und Regierung (Anm. 90), S. 231.
101 Wolfgang J. Mommsen (Anm. 86), S. 356–415 (zitiert nach der zweiten Auflage).
102 Max Weber, Politik als Beruf, in: ders., Gesammelte Politische Schriften, Tübingen 1958, S. 909–960, hier: S. 932.

wurde ohnehin zurückgewiesen. So habilitierte er sich in Italien, dem er sich eng verbunden fühlte, wirkte danach anderthalb Jahrzehnte an der Universität Basel, um 1928 an die Universität Perugia zu gehen, wo er bis zu seinem Tode blieb. Seinen linken politischen Anfängen blieb er nicht treu. Schon vor dem Ersten Weltkrieg verteidigte er die imperialistische Außenpolitik Italiens, später wandte er sich dem Faschismus zu. Sein breites Werk ist ebensowenig wie das des ihm befreundeten Max Weber streng wissenschaftlich, sondern enthält viel Politisch-Publizistisches. Es kreist um die Geschichte des Sozialismus und des Faschismus, wendet sich immer wieder Italien zu und spricht verschiedene Fragen der Soziologie an, des Faches, das Michels akademisch zu vertreten hatte. Sein Ruf gründete sich aber auf seine 1911 publizierte Schrift *Zur Soziologie des Parteiwesens in der modernen Demokratie*. Dieses Buch wurde begleitet von einigen Abhandlungen ähnlicher Thematik. Michels' Demokratie-Vorstellung war stark von Rousseau beeinflußt. Er hing der reinen, der unmittelbaren Demokratie an; Vertretung erschien ihm logisch unmöglich. Eine Masse, die ihre Souveränität delegiere und sie einzelnen wenigen Männern aus ihrer Mitte übertrage, danke als Souverän ab, »denn der Wille des Volkes ist nicht übertragbar, nicht einmal der Wille des Einzelnen«. So war ihm der Akt der Wahl zwar einerseits Ausdruck der Massensouveränität, andererseits bedeutete er ihm deren Vernichtung. Der Anfang der Bildung eines berufsmäßigen Führertums sei mithin der Anfang vom Ende der Demokratie[103]. Bei seinen Untersuchungen entdeckte er ein »Gesetz von der historischen Notwendigkeit der Oligarchie«[104] – er hielt diesen Prozeß für ebenso unentrinnbar wie Weber den der Bürokratisierung. An der Sozialdemokratie ließ sich die Hierarchisierung genau beobachten, obwohl doch diese Partei die Demokratie mit aller Deutlichkeit auf ihre Fahnen geschrieben hatte. Michels wies auf die Existenz eines tausendköpfigen Stabes von Funktionären hin, auf hauptberufliche Sekretäre, Redakteure und Angestellte. Er zeigte, daß der Schwerpunkt der Arbeit nach der Satzung zwar bei den Wahlkreisvereinen liegen sollte, daß entscheidendes Gewicht aber die Führungsgremien hatten und die Weisungen von oben nach unten liefen. Er beschrieb die SPD als hierarchische Organisation, die durchaus darauf achtete, daß der Instanzenweg eingehalten wurde. Politische Spontaneität hatte es danach schwer – aber die Mitglieder fügten sich ohnehin weitgehend widerspruchslos in ihre Rolle als Gefolgschaft und brachten der Führung Vertrauen und Gehorsam entgegen. »Die Organisation ist die Mutter der Herrschaft der Gewählten über die Wähler, der Beauftragten über die Auftraggeber, der Delegierten über die Delegierenden«, so stellte er zusammenfassend fest. Überall sei zu beobachten, daß die gewählte Führerschaft Macht über die wählenden Massen habe; die oligarchische Struktur des Aufbaus überlagere die demokratische Basis[105].

Dieser Befund war aber für Michels kein Grund zur Resignation. Er hielt die Frage für falsch gestellt, wie die Idealdemokratie zu errichten sei. Man müsse vielmehr überlegen, in welchem Maße Demokratie an sich möglich, im Augenblick

---

103 Robert Michels, Zur Soziologie des Parteiwesens in der modernen Demokratie. Untersuchungen über die oligarchischen Tendenzen des Gruppenlebens. Neudruck der Zweiten Auflage, hrsg. und mit einem Nachwort versehen von Werner Conze, Stuttgart o. J. (1957), S. 130.

104 Ebd., S. 369.

105 Ebd., S. 370f.

durchführbar und wünschenswert sei. Darin sah er auch die Grundproblematik der Politik als Wissenschaft. Die Abschwächung der oligarchischen Tendenzen hielt er für denkbar. Zwar glaubte er nicht an die Wirksamkeit von Vorschriften – denn wollten Gesetze der Herrschaft der Führer Einhalt gebieten, so wichen allmählich die Gesetze, aber nicht die Führer –, aber er schöpfte Hoffnung aus dem Prinzip der Demokratie selbst, habe sie doch in besonderem Maße die Fähigkeit zur Kritik und zur Kontrolle. Er setzte insbesondere auf die Kraft der Arbeiterbewegung; hier gebe es immer wieder freie Individuen, die aus Instinkt oder grundsätzlicher Überzeugung Autoritäten revidierten. Die historische Notwendigkeit des oligarchischen Geschehens jedenfalls überhebe die Demokraten keineswegs der Notwendigkeit ihrer Bekämpfung.

Schon 1903 hatte Moise Ostrogorski (1854–1919) ähnliche Befunde zur Parteiensoziologie vorgelegt und sich ebenfalls nicht willens gezeigt, die Tendenz zur Oligarchisierung einfach hinzunehmen; er hatte den sehr interessanten Vorschlag gemacht, das Parteiwesen, da es stets zu undemokratischen Strukturen führe, durch ein System zeitlich befristeter Verbände (ähnlich den *leagues* in England) zu ersetzen, die nur bestimmten Zwecken dienen und nach Erreichung ihres Ziels sogleich wieder aufgelöst werden sollten. Michels kannte dieses Buch natürlich, ging darauf aber nicht weiter ein; von der eben zitierten Anregung Ostrogorskis erwartete er keine wesentliche Verbesserung[106].

Die Beobachtungen von Ostrogorski und Michels wurden 1951 von dem französischen Politikwissenschaftler Maurice Duverger (geb. 1917) in einer auf eine breitere Materialbasis gestützten Studie bestätigt. Der Autor konstatierte, daß die Organisation der Parteien der Theorie der Demokratie nicht entspreche; sie seien wesentlich autokratisch geführt und oligarchisch aufgebaut, die Führer würden nicht von der Basis gewählt, sondern von der Zentrale kooptiert, und diese Führung bilde, »getrennt von den Mitgliedern, eine herrschende Schicht, eine mehr oder weniger in sich geschlossene Kaste«[107]. Sowohl durch die Organisation wie auch durch die massive propagandistische Tätigkeit würden die Disziplin der Mitglieder, ihre Anhänglichkeit an die Partei und die Spitzenpolitiker sowie der Glaube an deren Unfehlbarkeit gestärkt. Den gängigen Begriff der Demokratie hielt Duverger für ganz und gar fiktiv. Das Volk regiere sich nicht selbst, sondern werde regiert. »Jede Regierung ist oligarchisch, d. h., daß sie die Herrschaft einer Minderheit über eine Mehrheit bedeutet.«[108]

Für Duverger war dieser Befund aber kein Grund, in laute Klagerufe auszubrechen. Den dezentralistischen und individualistischen Rahmenparteien des 19. Jahrhunderts dürfe man nicht nachtrauern, sie seien der Gegenwart in keiner Weise angemessen. Die disziplinierte Massenpartei sei heute unumgänglich. Die eigentliche Bedeutung der politischen Parteien – und zwar auf allen Entwicklungsstufen – bestehe darin, neue Eliten heraufzuführen. Das sei die wahre, einzig wirkliche Bedeutung des Begriffs der Repräsentation. Nicht als Regierung des Volkes durch das Volk sei Demokratie zu definieren, sondern als »Regierung des Volkes durch eine

---

106 Moise Ostrogorski, La démocratie et l'organisation des partis politiques, 2 Bde., Paris 1903.
107 Maurice Duverger, Die politischen Parteien, Tübingen 1959, S. 427.
108 Ebd., S. 429.

aus dem Volk hervorgegangene Elite«[109]. Das aber sei in der modernen Demokratie sehr wohl gewährleistet.

Duverger unterstrich zudem den Zusammenhang von Demokratie und Freiheit sehr stark: Demokratie bestimme sich durch die Freiheit für das Volk, und zwar für jedes seiner Teile. Die Ermöglichung dieser Freiheit sah er gebunden an ein gewisses Lebensniveau, an eine gewisse allgemeine Bildung, an eine gewisse soziale Gleichheit und politische Ausgewogenheit. Garanten dieser Freiheit seien die Parteien, wie die Strukturen der Länder mit einem gewissen Lebensstandard – Europa, Nordamerika, die weißen Dominions – deutlich an den Tag legten. Duverger bejahte mithin die Massenparteien mit ihren oligarchischen Tendenzen als unabdingbares Strukturelement der modernen Demokratie. Ähnliche Positionen arbeiteten in der Folgezeit zahlreiche weitere Autoren heraus.

5.4 Joseph A. Schumpeter: Anstöße zu einer »realistischen« Demokratietheorie

Auch Joseph A. Schumpeter wies in seinem 1942 erschienenen, sehr einflußreichen Buch *Capitalism, Socialism and Democracy* die klassische Lehre der Demokratie zurück. Daß ein einfach zu definierendes Gemeinwohl existiere, daß jeder soziale Sachverhalt und jede ergriffene oder noch zu ergreifende Maßnahme unzweideutig als gut oder schlecht klassifiziert werden könnten, daß mithin das Volk wenigstens im Prinzip gleicher Meinung sein müsse, daß es also einen allgemeinen Willen des Volkes gebe, der dann nur auszuführen sei, bezeichnete er als blanke Illusion. Verschiedene Gruppen und Individuen würden immer stark voneinander abweichende Ansichten darüber haben, was das Gemeinwohl sei. Es werde also immer prinzipielle Auseinandersetzungen geben, »die nicht durch rationale Argumente geschlossen werden können, weil die letzten Werte – unsere Auffassung von dem, was das Leben und was die Gesellschaft sein sollte – jenseits des Bereiches reiner Logik liegen«[110].

Schumpeter beließ es nicht bei diesem Grundsatzargument. Er wies darauf hin, daß der ideale Bürger nach der klassischen Demokratietheorie die Fähigkeit haben müsse, die jedermann direkt zugänglichen Tatsachen richtig zu beobachten und zu interpretieren. Er habe die Informationen über nicht direkt zugängliche Tatsachen kritisch zu sichten und aus alledem nach den Regeln der logischen Folgerung klare und rasche Schlüsse zu ziehen – und zwar völlig selbständig, unabhängig vom Druck einzelner Gruppen oder irgendwelcher Propaganda. Gegen die Hypothese der Rationalität sprach für Schumpeter umfangreiches Beweismaterial. Unter Berufung auf Gustave le Bon[111] sprach er vom plötzlichen Verschwinden sittlicher Hemmungen und zivilisierter Denk- und Empfindungsweisen bei Menschen unter dem Einfluß der Agglomeration. Dieses Phänomen sei nicht auf den Mob in engen städtischen Gassen

---

109 Ebd., S. 431.

110 Joseph A. Schumpeter, Kapitalismus, Sozialismus und Demokratie, Bern 1950² (erweiterte Auflage), S. 399.

111 Ebd., S. 408; Gustave le Bon, Psychologie des foules, Paris 1895 u. ö., dt. Psychologie der Massen, Stuttgart 1908¹, 1973¹⁴.

beschränkt. In milderen Formen könne man derartige Züge auch bei anderen menschlichen Gruppen finden, in jedem Parlament, in jedem Komitee, in jedem Kriegsrat seien Empfänglichkeit für nicht-logische Einflüsse, ein vermindertes Verantwortlichkeitsgefühl und eine herabgesetzte Denkenergie vorstellbar. Als weiteren Beleg nannte er die von den Nationalökonomen vielfach beobachtete Tatsache, daß das Konsumverhalten der Menschen oft nicht den Thesen der Lehrbücher entspreche. Die Bedürfnisse seien nicht sehr bestimmt, die Kaufentscheidungen nicht sonderlich vernünftig, der Einfluß der Reklame und anderer Überredungsmittel sei groß. Mehr als das rationale Argument, um das Werbung ja durchaus gruppiert sein könne, zähle die häufige Wiederholung der Behauptung und der direkte Angriff auf das Unterbewußtsein.

Eine Garantie für Rationalität im Handeln und Denken der Menschen konnte, das war Schumpeters feste Überzeugung, nicht gegeben werden. Zwar gestand er gern ein, daß es Politikbereiche gibt, die für die Bürger überschaubar sind, aber gerade für die großen nationalen und internationalen Angelegenheiten bezweifelte er das. Ihm schien hier vielmehr der Wirklichkeitssinn verloren zu gehen. Im Seelenhaushalt des durchschnittlichen Bürgers besäßen die großen politischen Probleme etwa gleichen Rang wie Mußestunden-Interessen oder Gegenstände der allgemeinen Konversation. Aus diesem reduzierten Wirklichkeitssinn erkläre sich nicht nur ein gemindertes Verantwortungsgefühl, sondern auch der Mangel an wirksamer Willensäußerung. Da die Menschen wüßten, daß sie Mitglieder eines handlungsfähigen Komitees – »des Komitees der ganzen Nation« – seien, verwendeten sie auf die Meisterung eines politischen Problems weniger disziplinierte Anstrengungen als auf ein Bridgespiel. Schumpeter meinte, daß der Mensch gegenüber politischen Problemen noch unintelligenter und verantwortungsloser sei, »als er gewöhnlich schon ist«[112]. Er sei deshalb dem Einfluß von Gruppen ausgesetzt, die den Volkswillen zu formen bestrebt seien. Das geschehe mit den Mitteln der kommerziellen Reklametechnik. Tatsächlich müsse bei der Analyse politischer Prozesse viel stärker mit einem fabrizierten als mit einem ursprünglichen Willen gerechnet werden.

Gegen die nur noch als Mythos fortlebende klassische Lehre von der Demokratie stellte Schumpeter eine andere, seines Erachtens lebenswahrere. Dazu drehte er das Verhältnis von Wahl und Entscheidung um und nahm den Standpunkt ein, »daß die Rolle des Volkes darin besteht, eine Regierung hervorzubringen oder sonst eine dazwischengeschobene Körperschaft, die ihrerseits eine nationale Exekutive oder Regierung hervorbringt«. Und er definierte: »die demokratische Methode ist diejenige Ordnung der Institutionen zur Erreichung politischer Entscheidungen, bei welcher einzelne die Entscheidungsbefugnisse vermittels eines Konkurrenzkampfes um die Stimmen des Volkes erwerben«.[113]

Eine derartige Auffassung schien Schumpeter die Theorie des demokratischen Prozesses beträchtlich zu verbessern. Erstens biete sie ein brauchbares Kriterium zur Unterscheidung der Demokratie von anderen Staatsformen. Zweitens – und sehr wichtig – lasse sie »den wünschbaren Raum für eine angemessene Anerkennung der

---

112 Joseph A. Schumpeter, Kapitalismus, Sozialismus und Demokratie (Anm. 110), S. 415 und S. 417.

113 Ebd., S. 427f.

lebenswichtigen Tatsachen der Führung«[114], während die klassische Theorie diesen Aspekt geradezu vernachlässigt habe. Von der Notwendigkeit der Führung her betrachtet war dann auch der ›fabrizierte Wille‹ keine Verirrung mehr, sondern gehörte nach Schumpeter in die Mitte des Gebäudes demokratischer Herrschaft. Der Autor wies drittens darauf hin, daß sich die Existenz spezifischer Gruppenwillen sehr gut in seine Theorie einbauen lasse: Diese bekämen dann Aussicht auf Realisierung, wenn sich irgendein politischer Führer ihrer annehme. Er gab – viertens – zu, daß die Definition der Demokratie als Methode, nach welcher der politische Konkurrenzkampf zu führen sei, manche Unschärfen berge; natürlich gebe es eine fortlaufende Reihe von Variationen, innerhalb derer die demokratische Methode mit vielen kleinen Schritten allmählich in die autokratische übergehe; das schien ihm den Wert seiner Auffassung jedoch nicht ernstlich zu beeinträchtigen. Sehr positiv wertete Schumpeter fünftens die besondere Stellung der individuellen Freiheit in der Demokratie. Zwar garantiere die Demokratie nicht unbedingt eine größere Summe persönlicher Freiheit als andere Systeme, aber wenn jedermann die Freiheit habe, sich um die Führung zu bewerben, dann bedeute das meistens ein beträchtliches Quantum Diskussionsfreiheit und eine solide Garantie der Pressefreiheit. Sechstens betonte Schumpeter, daß die Absetzung einer Regierung natürlich mitgemeint sei, wenn man es zur Hauptfunktion der Wählerschaft mache, eine Regierung hervorzubringen. Hieran schloß er die siebte Überlegung an. Die klassische Theorie habe das Verhältnis von Willen der Mehrheit und Volkswillen durch Gleichsetzung einfach verdrängt oder es durch proportionale Vertretungen zu lösen versucht. Das sei überflüssig, wenn man die Anerkennung der Führung als eigentliche Funktion der Stimmabgabe der Wählerschaft ansehe. Das Prinzip der Demokratie bedeute dann einfach, »daß die Zügel der Regierung jenen übergeben werden sollten, die über mehr Unterstützung verfügen als die anderen, in Konkurrenz stehenden Individuen oder Teams«[115].

Am Ende seines Buches konstatierte Schumpeter, daß »die Theorie der Konkurrenz um die Führerschaft« sich »als befriedigende Interpretation der Tatbestände des demokratischen Prozesses« erwiesen habe[116]. Das Lob, das der Autor sich hier selbst zollte, wurde ihm in der Folgezeit vielfach bestätigt. Man hat diesen »ersten konsequenten und für die Demokratieforschung« über Jahrzehnte »prägenden Versuch, ein rein deskriptives Demokratiemodell zu entwerfen«[117], sogar »eine kopernikanische Wende«[118] genannt. In der Tat wurde hier auf relativ knappem Raum gründlich dargelegt, was in älteren Arbeiten – abgesehen von Ostrogorski und Michels – nur kurz skizziert wurde, so etwa in dem so umfangreichen Werk von Bryce.

Es ist ohnehin die Frage, ob man Schumpeters Darlegungen derart entschieden als nur beschreibend werten soll. Zwischen den Zeilen ist immerhin deutlich zu lesen, daß der Autor den mündigen, urteilsfähigen, zu rationalen Entscheidungen fähigen und im Konfliktfall zu Kompromissen bereiten Bürger hoch schätzte. Und bei den

---

114 Ebd., S. 429.
115 Ebd., S. 433.
116 Ebd., S. 451.
117 Peter Graf Kielmannsegg, Volkssouveränität. Eine Untersuchung der Bedingungen demokratischer Legitimität, Stuttgart 1977, S. 171.
118 Wilfried Röhrich, Die repräsentative Demokratie. Ideen und Interessen, Opladen 1981, S. 127.

Bemerkungen über die Fähigkeit der Demokratie zur Gewährleistung der Freiheit wie in manchen anderen Formulierungen war deutlich spürbar, wie Schumpeter die von ihm beschriebene Regierungsform bewertete. Nur war ihm bewußt, daß der mündige Bürger unter den Einwohnern in der Minderzahl war. So kann man seine Position als uneingeschränkte Bejahung der Demokratie bei lebhafter Skepsis gegenüber ihrer überlieferten Begründung und bei klarer Einsicht in die ihr immanenten Gefährdungen bezeichnen. Die Überzeugung von der geringen politischen Urteilsfähigkeit des Durchschnittsmenschen war gewiß nicht primär aus der Beobachtung der nordamerikanischen Verhältnisse gewachsen – Schumpeter lehrte von 1932 bis zu seinem Tode in Harvard –, sondern vermutlich stärker von den Eindrücken bestimmt, die er aus Europa mitbrachte. Als Professor in Bonn ab 1925 konnte er seit Ende 1929 an der wachsenden Resonanz des Nationalsozialismus unter den Deutschen den Einbruch des Irrationalismus in die Politik gut studieren.

So lebhaft Schumpeters Konkurrenz- oder Marktmodell sogleich nach dem Erscheinen rezipiert wurde, so häufig wurde doch auch kritisch vermerkt, daß hier der normativen Seite der Demokratie so wenig Aufmerksamkeit geschenkt wurde. Das änderte aber nichts daran, daß es in der Schumpeter-Nachfolge etliche Demokratie-Studien gab, die sich bei der Einbringung von Werten einer ähnlichen oder strengeren Zurückhaltung befleißigten wie das große Vorbild. Hier ist an erster Stelle Anthony Downs mit seinem vielgelesenen, auch ins Deutsche übersetzten Buch *Ökonomische Theorie der Demokratie* zu nennen. Der Verfasser ging davon aus, daß der Eigennutz für die Menschen eine außerordentlich große Rolle spiele. Dem rationalen Verhalten lägen »primär eigennützige Absichten zugrunde«. Das gelte selbstverständlich auch für den Bereich der Politik. Für Politiker und Parteimitglieder unterstellte Downs ohne weiteres, »daß sie nur handeln, um das Einkommen, das Prestige und die Macht zu erlangen, die mit öffentlichen Ämtern verbunden sind«. Den Politikern gehe es nicht um die Möglichkeit, bestimmte politische Konzepte zu verwirklichen; sie wollten nur die materiellen und immateriellen Vorteile nutzen, die aus einem öffentlichen Amt gezogen werden könnten. In den Dienst dieser Absicht stellten sie auch den Einsatz politischer Konzepte[119]. Politische Programme waren nach dieser Sicht nur Mittel zur Gewinnung von Stimmen. Den Parteien gehe es, so Downs, einzig um die Stimmen-Maximierung. »Unsere Hauptthese lautet, daß die Parteien in der demokratischen Politik den Unternehmern in einer auf Gewinn abgestellten Wirtschaft ähnlich sind. Um ihre privaten Ziele zu erreichen, treten sie mit jenen politischen Programmen hervor, von denen sie sich den größten Gewinn an Stimmen versprechen, so wie die Unternehmer aus dem entsprechenden Beweggrund diejenigen Waren produzieren, von denen sie sich den höchsten Gewinn versprechen.«[120] Genau diese Motivationen galten nach Downs auch für die Wähler. Auch sie achteten bei der Wahlentscheidung auf den Nutzen und stimmten stets für den größtmöglichen eigenen Vorteil. Am Wesen des politischen Betriebs freilich ging Downs mit seiner schematischen Übernahme ökonomischer Kriterien weit vorbei. Natürlich sah er partiell richtig, aber insgesamt war die Analyse mißlungen. Schumpeter, den Downs hoch verehrte, hatte sehr viel differenzierter argumentiert.

119 Anthony Downs, Ökonomische Theorie der Demokratie, Tübingen 1968, S. 27f.
120 Ebd., S. 289.

In der Nachfolge Schumpeters stand auch die Demokratietheorie von Henry B. Mayo. Das entscheidende Kennzeichen von Demokratie war für ihn die wirksame öffentliche Kontrolle der Politiker durch allgemeine und gleiche Wahlen in regelmäßigen Abständen und überhaupt durch die ständige öffentliche Diskussion über alle Bereiche der Politik. Das erfordere die Gewährleistung der Freiheitsrechte, namentlich Meinungs-, Vereinigungs- und Versammlungsfreiheit sowie die offene Konkurrenz von Bewerbern und die Anerkennung der Mehrheitsregel. Mit Detailfragen beschäftigte Mayo sich eingehender als Schumpeter; auch er wies die konventionelle Begründung der Demokratie als unstimmig zurück. Den Problemen der normativen Fundierung widmete er einigen Raum, wobei er sich dem Dilemma stellen mußte, daß die Demokratie seines Erachtens keine bestimmten Ziele verfolgt. So lief seine Argumentation wesentlich auf die These hinaus, daß demokratische Systeme besonders leistungsfähig seien[121].

5.5 *Hans Kelsen: Werterelationismus als Grundlage der Demokratie*

Die Überlegungen des österreichischen Juristen Hans Kelsen (1881–1973) zur Demokratie berühren sich in manchem mit den bisher skizzierten Gedankengängen, nur wirken sie gelassener. Kelsen, Mitautor des Bundesverfassungsgesetzes der Republik Österreich von 1920, Professor des Staatsrechts in Wien, von 1930–1933 für Völkerrecht in Köln, danach in Prag, Genf und den Vereinigten Staaten in der Emigration, hinterließ ein außerordentlich breites Werk. Zentral darin sind seine *Hauptprobleme der Staatslehre* (1911), seine *Allgemeine Staatslehre* (1925) und vor allem die *Reine Rechtslehre* (1934). Schon in den zwanziger Jahren stand er im Mittelpunkt kritischer Diskussionen, und seine *Reine Rechtslehre* gehört sicher zu den am meisten erörterten Rechtskonzeptionen dieses Jahrhunderts.

Von reiner Rechtslehre sprach Kelsen, weil er eine von allen störenden Einflüssen losgelöste Betrachtung des Rechts anstrebte. Wenn überhaupt eine Wissenschaft von Recht oder Staat möglich sein sollte, dann mußte eine prinzipielle logische Isolierung des Sollens vom Sein durchgeführt werden: Rechtswissenschaft habe es mit dem Sollen zu tun, und der Staat gehöre ganz in ihre Sphäre; er »ist eine Rechtsordnung«[122]. Die als Recht bezeichneten Gesellschaftsordnungen, also auch den Staat, verstand Kelsen als Zwangsordnungen menschlichen Verhaltens, da sie auf bestimmte, für unerwünscht gehaltene Umstände mit einem Zwangsakt reagieren. Das Recht war also »ein Zwangsapparat, dem an und für sich kein politischer oder ethischer Wert zukommt, ... dessen Wert vielmehr von dem dem Recht – als einem Mittel – transzendenten Zweck abhängt«[123]. Mit den jeweiligen Zwecken beschäftigte Kelsen sich nicht weiter, da er dann nur auf spezifische historische und politische Bedingungen gekommen wäre, die er durch die reine Rechtslehre gerade ausschalten wollte. Zwar führte er eine »Grundnorm« als nicht weiter ableitbare Hypothese ein, denn »nur unter Voraussetzung der Grundnorm« könne »das empirische Material,

121 Henry B. Mayo, An Introduction to Democratic Theory, New York 1960.
122 Hans Kelsen, Reine Rechtslehre. Einleitung in die Rechtswissenschaftliche Problematik, Leipzig-Wien 1934, S. 117.
123 Ebd., S. 32.

das sich der rechtlichen Deutung darbietet, als Recht, das heißt als ein System von Rechtsnormen gedeutet werden«[124]. Aber er füllte sie materiell nicht auf. Ihren Kern sah er in der Forderung: »Verhaltet euch so, wie die Rechtsautorität: der Monarch, die Volksversammlung, das Parlament etc. befiehlt.«[125] War die Grundnorm – gleichgültig, wie und woher – vorausgesetzt, dann war der Geltungsgrund aller Normen gewonnen; von der Geltung unterschied Kelsen die Wirksamkeit, also die Befolgung der Normen durch die Rechtsgenossen. Diese unzweifelhaft blutleere Konstruktion stand allen Regierungsformen gleichmäßig gegenüber. Sie fügte sich in die Gedankengänge des staatsrechtlichen Positivismus, den Kelsen erneuern und ausbauen wollte.

Kelsen stand der Demokratie jedoch keineswegs neutral gegenüber, sondern hing ihr mit tiefer Überzeugung an. Deshalb entschloß er sich nach dem Ersten Weltkrieg, als er die Entwicklung zur Demokratie durch einen stürmischen Drang zur Parteidiktatur von links gefährdet sah, dazu, aus seinem Ideal der wertfreien Wissenschaft herauszutreten und die Demokratie in einem deutlich wertenden Aufsatz zu verteidigen. Die Studie *Vom Wesen und Wert der Demokratie* wurde Ende der zwanziger Jahre in erweiterter Fassung separat neuerlich publiziert und ist auch heute noch lesenswert. Kelsen konstatierte, daß die Stellung zu absoluten Wahrheiten und Werten geradezu die Scheidewand zwischen Autokratie und Demokratie sei. Der Glaube an absolute Wahrheiten schaffe die Voraussetzungen für eine metaphysische und insbesondere religiös-mystische Weltanschauung, die Meinung dagegen, »daß nur relative Wahrheiten, relative Werte der menschlichen Erkenntnis, erreichbar« seien »und sohin jede Wahrheit und jeder Wert – so wie der Mensch, der sie findet – allzeit bereit sein muß, abzutreten und anderen Platz zu machen«, führe »zur Weltanschauung des Kritizismus und Positivismus«.

Diesem Gegensatz der Wertanschauungen entspreche ein Gegensatz der Weltanschauungen, speziell der politischen Grundeinstellung. »Der metaphysisch-absolutistischen Weltanschauung ist eine autokratische, der kritisch-relativistischen die demokratische Haltung zugeordnet.«[126] Ohne Relativismus keine Demokratie, denn sie schätze den politischen Willen jedermanns gleich ein, wie sie auch jede politische Ansicht gleich achte. Darum gebe sie jeder politischen Überzeugung die gleiche Möglichkeit, sich zu äußern und in freien Wettbewerb um die Menschen zu treten. Und weiter: Die für die Demokratie so charakteristische Herrschaft der Majorität unterscheide sich von jeder anderen Herrschaft dadurch, daß sie eine Opposition, die Minorität, nicht nur begrifflich voraussetze, sondern auch politisch anerkenne und in den Grund- und Freiheitsrechten sowie durch das Prinzip der Proportionalität schütze. »Je stärker aber die Minorität, desto mehr wird die Politik der Demokratie eine Politik des Kompromisses.«[127] Die Unmöglichkeit, für ein politisches Programm absolute Gültigkeit zu beanspruchen, führe schließlich logisch dazu, daß der zur Verwirklichung der staatlichen Zwecke unvermeidliche Zwang nur durch die Zustim-

124 Ebd., S. 64.
125 Hans Kelsen, Allgemeine Staatslehre, Berlin 1925, hier zitiert nach dem fotomechanischen Nachdruck, Bad Homburg 1966, S. 99.
126 Hans Kelsen, Vom Wesen und Wert der Demokratie. Neudruck der zweiten umgearbeiteten Auflage von 1929, Aalen 1963, S. 100f.
127 Ebd., S. 102.

mung wenigstens der Mehrheit derjenigen zu rechtfertigen sei, denen die Zwangsordnung dienen solle. Die Zwangsordnung müsse so beschaffen sein, daß auch die Minorität jederzeit zur Mehrheit werden könne.

Die Einheit des Volkes, die Identität von Führern und Geführten, die bei den Erörterungen über die Demokratie in der Zwischenkriegszeit in Auseinandersetzung mit Carl Schmitt in Deutschland als großes Problem empfunden wurde, betrachtete Kelsen sehr pragmatisch. Er sah sie als im Grunde nur juristischen Tatbestand, als »Einheit der das Verhalten der normunterworfenen Menschen regelnden staatlichen Rechtsordnung«[128]. Eine andere Vorstellung sei gar nicht möglich, denn niemals gehöre der Mensch mit allen seinen Funktionen, mit seinem gesamten seelischen und körperlichen Leben zur sozialen Gemeinschaft, auch nicht zum Staat. Nur als Objekt der Herrschaft sei das Volk die gesuchte Einheit. Als Subjekte der Herrschaft seien keineswegs alle Menschen an der Erzeugung der staatlichen Ordnung beteiligt, da nicht jedermann – schon aus Gründen des Lebensalters – politische Rechte habe. Kelsen verwies zudem, um vom Idealbegriff des Volkes zu einer realen Auffassung vorzudringen, auf die Differenz zwischen der Zahl der politisch Berechtigten und jenen, die diese Rechte tatsächlich ausübten. Und er unterstrich, daß viele, die ihre Rechte immerhin wahrnähmen, »als urteilslose Menge ohne eigene Meinung dem Einflusse anderer« folgten[129]. Deshalb hielt er Parteien für unabdingbar: Die moderne Demokratie beruhe geradezu auf den Parteien. Die demokratische Entwicklung lasse die Masse der isolierten Einzelwesen sich zu politischen Parteien integrieren.

Von allen die ideale Vorstellung der Demokratie einschränkenden Momenten erschien der Parlamentarismus Kelsen als der bedeutendste. Er unterstrich, daß Repräsentation nur als Fiktion verstanden werden könne. Da die Abgeordneten nicht an Instruktionen ihrer Wähler gebunden seien, besäßen die Parlamente Unabhängigkeit vom Volk. In der parlamentarischen Demokratie sei das politische Recht der Staatsbürger so zu einem bloßen Stimmrecht abgeschwächt. Kelsen gab zu, daß das als unbefriedigend empfunden werde. Er setzte sich deshalb mit den Möglichkeiten einer Reform des Parlamentarismus auseinander. Insbesondere wies er darauf hin, daß man das demokratische Element durch das Institut des Referendums stärken könne.

5.6 Gerhard Leibholz: Die Alternativlosigkeit des Parteienstaats

Das Wesen der Repräsentation war das erste große Thema des Göttinger Staatsrechtslehrers Gerhard Leibholz (1900–1982). Er suchte die seines Erachtens unvereinbaren Prinzipien Repräsentation und Identität phänomenologisch zu erfassen, blieb dabei aber vielfach unscharf und verwickelte sich in mannigfache Widersprüche. Das Wesen der Repräsentation sah er in der weitgehenden Eigenständigkeit der Repräsentanten, ihrem Recht zur freien Entscheidung – wenngleich dem Volk die Souveränität verblieb. Die Repräsentation in der Auffassung Leibholz' läßt sich historisch am ehesten im Parlamentarismus des 19. Jahrhunderts fassen. Von der

128 Ebd., S. 15.
129 Ebd., S. 19.

Repräsentation unterschied er scharf das Identitätsprinzip oder die Identifikation, die enge Verbindung von Volk, Wählerschaft, Parlament und Regierung. Die behauptete Gegensätzlichkeit der beiden Prinzipien widerlegte er selbst, ohne sich das freilich konsequent bewußt zu machen, indem er sich in seinen späteren Arbeiten intensiv mit den strukturellen Veränderungen in den westlichen Demokratien seit dem 19. Jahrhundert beschäftigte und dabei zeigte, wie sich die Parteienstaatlichkeit allmählich aus dem frühen Parlamentarismus entwickelte[130]. Im Zentrum dieses Prozesses sah er Wandlungen in der Gleichheitsauffassung, die sich politisch vornehmlich im Wahlrecht konkretisiert und auf diesem Wege nachhaltigen Einfluß auf die Gestaltung der Willensbildung genommen hätten. Zunächst habe noch die proportionale Bewertung der Gleichheit gegolten, die jedem das Seine gebe und Wahlrechtsbeschränkungen für zulässig halte. Dieser Auffassung habe die persönlichkeitsbezogene Mehrheitswahl entsprochen. In der Folge sei Gleichheit aber immer stärker arithmetisch gesehen, der Kreis der Wahlberechtigten deshalb ausgedehnt, das Mehrheitswahlsystem durch das Verhältniswahlsystem ersetzt worden.

Die Wandlungen der Gleichheitsauffassung sind, so Leibholz, nicht ohne Rückwirkungen auf die Parteien geblieben. Von den Fraktionen in den Honoratiorenparlamenten, die sie ursprünglich waren, seien sie zu den modernen machtvollen politischen Massenorganisationen herangewachsen. All das war unentrinnbar. Um Leibholz selbst das Wort zu geben: »Die fortschreitende radikal-egalitäre Demokratisierung hat in den modernen Flächenstaaten zu einer großen Machtsteigerung der politischen Parteien geführt. Sie sind es, die die Millionen von politisch mündig gewordenen Aktivbürgern erst organisieren und aktionsfähig machen. Sie schließen die Wähler erst zu politisch aktionsfähigen Gruppen zusammen und erscheinen so als das Sprachrohr, dessen sich das mündig gewordene Volk bedient, um sich artikuliert äußern zu können. Man kann geradezu sagen, daß die moderne Demokratie in den meisten westlichen Staaten mehr oder weniger den Charakter einer parteienstaatlichen Demokratie angenommen hat, d. h. einer Demokratie, die auf den Parteien als den politischen Handlungseinheiten aufgebaut ist. Ohne ihre Zwischenschaltung würde das Volk einfach nicht in der Lage sein, einen politischen Einfluß auf das staatliche Geschehen auszuüben und so sich in der politischen Sphäre zu verwirklichen. Bei dieser parteienstaatlichen Demokratie handelt es sich in Wahrheit um eine Form der Demokratie, die in ihrer grundsätzlichen Struktur von der liberal-repräsentativen parlamentarischen Demokratie verschieden ist.«[131] Wie kaum ein anderer Autor hob Leibholz den Aspekt der Parteienstaatlichkeit immer wieder hervor. Er wurde nachgerade zum Vater der Parteienstaatslehre.

Der Parteienstaat der Gegenwart erschien Leibholz als Surrogat der direkten Demokratie im modernen Flächenstaat. Strukturell sei der Parteienstaat unmittelbare Demokratie. Der Gemeinwille komme hier »allein mit Hilfe des Identitätsprin-

---

130 Genannt seien vornehmlich: Gerhard Leibholz, Das Wesen der Repräsentation und der Gestaltwandel der Demokratie im 20. Jahrhundert, Berlin 1929, erweiterter Nachdruck unter dem Titel: Die Repräsentation in der Demokratie, Berlin 1973, darin S. 211–248: Der Gestaltwandel der Demokratie im 20. Jahrhundert, Vortrag vom 18. 3. 1955; ders., Strukturprobleme der modernen Demokratie, Karlsruhe 1958, 1967[3].

131 Gerhard Leibholz, Der Gestaltwandel der Demokratie im 20. Jahrhundert in: Die Repräsentation in der Demokratie (Anm. 130), S. 224f.

zips ohne Beimischung repräsentativer Strukturelemente zur Entstehung«[132]. Den Gewichtsverlust des Parlaments hob er nachhaltig hervor. Das Parlament habe seinen ursprünglichen Charakter als Ort zentraler Beschlüsse weitgehend verloren und sei zu einer Stätte geworden, an der anderweitig getroffene Entscheidungen von den Abgeordneten nur mehr ratifiziert würden. Die hier geführten Diskussionen zielten nicht mehr auf andersdenkende Parlamentarier, sondern auf die Öffentlichkeit; die Wahlen seien völlig plebiszitär geworden und beträfen primär die Regierung und den von ihr gesteuerten Kurs. So werde der Abgeordnete nicht mehr auf Grund seiner Persönlichkeit und seiner Befähigung gewählt, sondern nur noch als Angehöriger einer bestimmten politischen Partei. In dieser Partei, in der innerparteilichen Willensbildung, sei er allerdings berufen, seinen individuellen Willen geltend zu machen. Hier auch wollte Leibholz ansetzen, um der Umformung der Demokratie durch den Parteienstaat entgegenzuwirken. Er wünschte die Stärkung der innerparteilichen Demokratie und die Auflockerung des Parteienstaates von innen. »Aufgabe ist es also, alles zu tun, um zu vermeiden, daß die zahlenmäßig kleinen, innerparteilich-oligarchischen Führungsgremien mit Hilfe des Parteiapparates und der Parteibürokratie unter Verwendung der modernen Organisationstechnik ihren Willen dem Willen der Parteibürger entgegensetzen und ihn den letzteren und schließlich dem ganzen Volke auferlegen.«[133] Leibholz machte konkrete und detaillierte Vorschläge sowohl hinsichtlich der Organisation wie der Stellung der Parteimitglieder und der Parteienfinanzierung. So verlangte er etwa, daß die Parteimitglieder größeren Einfluß auf die Nominierung von Kandidaten zu den Parlamentswahlen erhielten. Auch forderte er bei der Parteienfinanzierung eine Offenlegungspflicht und die Bereitstellung öffentlicher Mittel.

So sehr Leibholz die Parteien auch in den Mittelpunkt seiner Betrachtungen rückte, so war es ihm selbstverständlich, daß neben dem staatlichen Raum das sehr weite Gebiet des Gesellschaftlichen stehe: Er sah auch, daß es zwischen beiden erhebliche personelle Überschneidungen gibt. Aber Leibholz betonte doch die tiefen Unterschiede zwischen beiden Bereichen. Das Politische drehe sich um das Allgemeinwohl, das Gesellschaftliche aber kreise um partikulare Interessen. Leibholz selbst neigte mit Entschiedenheit dem Felde der Politik zu und hielt es für durchaus bedenkenswert, ob den Parteien nicht ein Monopol im politischen Prozeß eingeräumt werden müsse. Die Stärkung der innerparteilichen Demokratie erschien ihm jedenfalls als gutes Mittel, um den Einflüssen der Verbände auf die Parteien entgegenzuwirken. Pluralistischen Konzeptionen brachte er deutliche Skepsis entgegen. Insofern stand sein Werk bald quer zu neueren Denkansätzen.

5.7 Pluralismusdiskussion: Robert A. Dahl, William Alton Kelso, Ernst Fraenkel, Rudolf Smend

Seit den fünfziger Jahren befaßten sich vor allem amerikanische Autoren unter dem Leitbegriff des Pluralismus mit der Vielfalt der in den modernen Staaten auf die

---

132 Gerhard Leibholz, Der Strukturwandel der modernen Demokratie, in: ders., Strukturprobleme der modernen Demokratie (Anm. 130), S. 78–131, hier: S. 94.
133 Ebd., S. 124.

Politik einwirkenden Kräfte. Der Ausdruck Pluralismus selbst ist älter, er begegnete – in etwas anderer Auffassung – schon im 18. Jahrhundert, wurde kurz nach dem Ersten Weltkrieg auf die politische Analyse übertragen, ohne damals doch schon breite Resonanz zu finden, und fand erst seit etwa 1950 rasche Verbreitung.

Hier ist zunächst Robert A. Dahl zu nennen, der in mehreren Veröffentlichungen auf die Thematik einging[134]. Auf den verschiedenen politischen Gestaltungsebenen sah er das Wirken einer beträchtlichen Zahl miteinander konkurrierender Eliten, die naturgemäß nur partiell Macht und Einfluß haben konnten. Als zentrale Vermittlungs- und Ausgleichsinstanz bezeichnete er die Regierung im weitesten Sinne. Sie habe in engem Zusammenwirken mit den Interessenten die verschiedenen Meinungen zu den nötigen Kompromissen zu führen. Dabei sei der gebührende Minderheitenschutz zu beachten. Die Erreichung eines Konsenses sah Dahl am besten in der Demokratie gewährleistet, also in einem auf Volkssouveränität und politischer Gleichheit beruhenden, nach der Mehrheitsregel agierenden System. Der Mehrheitswille müsse periodisch zum Ausdruck gebracht werden. Dahl formulierte eine Reihe von Bedingungen, die dabei idealerweise erfüllt sein sollten. So sollte sich jeder an der Wahl beteiligen, und alle sollten über die zur Wahl stehenden Fragen gleich gut informiert sein. Er gab zu, daß diese Bedingungen niemals in reiner Form verwirklicht worden seien, daß es mithin immer nur Annäherungen gegeben habe und geben könne. Sein Modell der Mehrheitsherrschaft war insofern utopisch. Ein politisches System, das dem Ideal immerhin relativ nahe komme, nannte er Polyarchie: Hier könnten die Einwohner ihre politischen Führer vergleichsweise intensiv kontrollieren. Für eine Polyarchie sei erforderlich, daß die meisten Erwachsenen das Wahlrecht besäßen und davon auch Gebrauch machten, daß jede Stimme gleiches Gewicht habe, daß im Wahlakt über die gewählten Amtsträger entschieden werde, daß nicht gewählte Amtsträger den gewählten nachgeordnet seien, daß kein Informationsmonopol bestehe und daß jede politische Konzeption zur Wahl gestellt werden könne[135]. Dahl führte ferner aus, daß in einem derartigen System die Verletzung der Grundprinzipien besonders kritisch bewertet werde; er nahm also einen Grundkonsens der Bevölkerung über die das politische Verfahren tragenden Werte an. Hierzu zählte er besonders die Überzeugung, daß Herrschaft sich auf die Zustimmung der Regierten stützen müsse, solle sie mit Freiheit und Menschenwürde vereinbar sein.

Nach gut zwanzigjähriger Diskussion über den Pluralismus gab William Alton Kelso 1978 eine gewisse Zusammenfassung[136]. Er wies die Kritik an der Wirksamkeit pluralistischer Strukturen zurück – dabei hatte er sich mit einer beachtlichen Zahl von Stimmen auseinanderzusetzen. Im übrigen verwies er darauf, daß das Pluralismus-

---

134 Robert A. Dahl, A Preface to Democratic Theory, Chicago 1956, dt.: Vorstufen zur Demokratietheorie, Tübingen 1976; ders., Pluralist Democracy in the United States. Conflict and Consens, Chicago 1967. Überblick über die Entwicklung des Pluralismus-Konzepts bei Winfried Steffani, Vom Pluralismus zum Neopluralismus, in: Heinrich Oberreuter (Hrsg.), Pluralismus. Grundlegung und Diskussion. Opladen 1980, S. 37–108; wesentliche Texte bei Franz Nuscheler/Winfried Steffani (Hrsg.), Pluralismus. Konzeptionen und Kontroversen, München 1976³.

135 Robert A. Dahl/Charles E. Lindblom, Politics, Economics and Welfare, New York 1953, S. 277f.

136 William Alton Kelso, American Democratic Theory. Pluralism and its Critics, Westport Ct.–London 1978.

Konzept nur ein Strang der Debatte über die Demokratie überhaupt sei. Insgesamt machte er vier Demokratietypen aus, die sich nach dem Ausmaß der den Bürgern gegebenen Partizipationsmöglichkeiten gruppieren ließen. Die Polyarchie, die er anders als Dahl definierte, bot Kelso in dieser Hinsicht am wenigsten. Hier werde die Demokratie als Machtkampf politischer Eliten in den Formen der repräsentativen Demokratie interpretiert, an dem die Bürger letztlich nur im Akt der Stimmabgabe teilnehmen könnten. Die pluralistisch orientierte Deutung bedenke, welche Möglichkeiten der Mitwirkung die Bürger neben der Teilnahme an Wahlen besäßen. Die populistische Interpretation blicke vornehmlich auf die Bemühungen der Majorität, ihre Position noch auszubauen. Das partizipatorische Konzept schließlich befasse sich insonderheit mit den Versuchen, die Bevölkerung sehr weitgehend in die Entscheidungsprozesse einzubeziehen.

Beim Pluralismus unterschied Kelso drei Varianten. An erster Stelle nannte er den Laissez-faire-Pluralismus. Sein Kennzeichen sei die Unterstreichung des freien Wettbewerbs aller politischen Vorstellungen und Kräfte, wobei dem Staat nur die Rolle des Ordnungsstifters zukomme; dieser Position rechnete Kelso auch Dahl zu. Zweitens sei der korporative Pluralismus zu unterscheiden, dessen Struktur vor allem von Pluralismus-Kritikern in der Beschäftigung mit dem Verhältnis von Interessenverbänden und Zentralbehörden herausgearbeitet worden sei; deutlich sei dabei zu sehen, daß die Macht der Korporationen für den Pluralismus insgesamt gefährlich werden könne. Gegen diese beiden Formen setzte Kelso einen öffentlichen und sozialen Pluralismus, in dem Präsident und Regierung wichtige normgebende Funktionen zu erfüllen hätten. Sie müßten darauf achten, daß im pluralistischen Wettbewerb sich auch diejenigen behaupten könnten, die relativ schwach seien – also nicht organisierte oder schwer organisierbare Interessen. Kelso sah im öffentlichen Pluralismus eine Möglichkeit, das zugunsten der Etablierten sich auswirkende Wettbewerbs- und Verhandlungsprinzip sozial zu modifizieren. Überhaupt wollte er die Aktivitäten der Interessengruppen in ein demokratisch kontrolliertes System öffentlicher Regelungen eingefaßt sehen.

In Deutschland wurde Ernst Fraenkel (1898–1975) zum entschiedensten Vorkämpfer des Pluralismus-Konzepts. Hierbei leiteten ihn sowohl Erfahrungen seines bis 1951 währenden Exils in den USA und die dort erworbene intime Vertrautheit mit der amerikanischen politikwissenschaftlichen Diskussion wie auch die Auseinandersetzung mit dem Totalitarismus stalinistischer Observanz, dessen Wirkungen er als Professor in Berlin aus nächster Nähe beobachten konnte. Er definierte Pluralismus als »das gleichberechtigte, durch grundrechtliche Garantien geschützte Nebeneinanderexistieren und -wirken einer Vielzahl sozialer Gruppen innerhalb einer staatlichen Gemeinschaft« und sah ihn als ausgesprochenes Phänomen des 20. Jahrhunderts[137]. Die Entstehung der Verbände als sichtbarer Ausdruck des gesellschaftlichen Pluralismus sei eine notwendige Begleiterscheinung der Massengesellschaft, die sich durch solche Gruppen strukturiere und in eine Pluralität von Interessen gliedere. Dem korrespondiere die weitgehende politische Ohnmacht des Individuums, »das heute nur noch auf dem Weg über den Zusammenschluß mit anderen seine Interessen

137 Ernst Fraenkel, Artikel Pluralismus, in: Staat und Politik, hrsg. von Ernst Fraenkel/Karl Dietrich Bracher, Neuausgabe Frankfurt/M. 1964, S. 254–257, hier: S. 254.

wirksam vertreten kann. Der Pluralismus ist die spezifische Ausdrucksform einer freiheitlichen Gesellschaftsverfassung in einer nicht mehr individualistisch-liberal, sondern kollektivistisch-sozial bestimmten Daseinswelt.«[138]

In einem Vortrag vor dem Juristentag in Karlsruhe 1964, der als Versuch angesehen werden kann, den Pluralismus-Begriff gegen das in der Weimarer Zeit ausgesprochene Verdikt von Carl Schmitt bei den deutschen Juristen heimisch zu machen, sprach Fraenkel sogar von Pluralismus und Totalitarismus als korrespondierenden politischen Systemen, da beide als »Erscheinungsformen des postliberalen 20. Jahrhunderts« aufzufassen seien. Fraenkel sah es als unmöglich an, die politischen und sozialen Grundprobleme unserer Zeit in den Kategorien des Liberalismus erfassen zu wollen. Da die liberale Sehweise ganz auf das Individuum konzentriert sei, tauge sie für die Bewältigung der Probleme des Massenzeitalters nicht[139]. Daß eine derartige Zuordnung problematisch ist, braucht hier ebensowenig erörtert zu werden wie die Anregungen, die Fraenkel für den Pluralismus-Begriff aus der Auffassung Otto von Gierkes (1841–1921) von der wachsenden Rolle eines alle Lebensbereiche umfassenden Vereinswesens und aus deren Rezeption durch Harold J. Laski bezog[140]. Interessenverbände entstanden erheblich früher als Fraenkel meinte, und die politische Willensbildung hatte schon im 19. Jahrhundert deutliche pluralistische Elemente. Derartige Korrekturen berühren jedoch Fraenkels Auffassung nicht, daß Pluralismus ein existentielles Merkmal einer jeden freiheitlich-rechtsstaatlichen Demokratie sei. Der Staat einer modernen Industriegesellschaft, so heißt es eindringlich, könne nicht homogen, er müsse pluralistisch ein. Und weiter: »Der Pluralismus ist durch ein Doppeltes gekennzeichnet, durch das Vertrauen, daß es möglich ist, den Gemeinwillen unter Berücksichtigung der Gruppenwillen zu gestalten, und durch die Erkenntnis, daß es nicht möglich ist, die Freiheit zu erhalten, wenn die Gruppenwillen geknechtet werden.«[141]

So sehr Fraenkel auch unterstrich, daß die freiheitliche Demokratie notwendig eine pluralistische Demokratie sei, so bewußt war ihm doch auch, daß der Wettbewerb der Gruppeninteressen gewisser Grenzen bedürfe. Er wies darauf hin, daß eine den heutigen Problemen gerecht werdende demokratische Theorie die Gefahr einer pluralistischen Anarchie ebenso bedenken müsse wie die Gefahr einer Aufhebung pluralistischer Vielfalt durch die Totalisierung des Staates. In dem von Rudolf Smend (1882–1975) geprägten Begriff der *Integration* sah er die Möglichkeit, die Idee des Pluralismus mit der dem Staatswillen zugeschriebenen Idee der Einheit produktiv zu verbinden. Fraenkel betonte immer wieder, daß der Pluralismus an die fundamentalen regulativen Ideen von Gerechtigkeit und Billigkeit und an die Einhaltung der verfahrens- und materiellrechtlichen Normen gebunden sei. Er hielt es für unabding-

138 Ebd., S. 256.

139 Ernst Fraenkel, Der Pluralismus als Strukturelement der freiheitlich-rechtsstaatlichen Demokratie, in: ders., Deutschland und die westlichen Demokratien, Stuttgart 1968[4], S. 165–189, hier: S. 170.

140 Ebd., S. 170–172; Otto von Gierke, Das deutsche Genossenschaftsrecht, 4 Bde., Berlin 1868–1913, Neudruck Graz 1954; zu Laski Adolf M. Birke, Pluralismus und Gewerkschaftsautonomie in England. Entstehungsgeschichte einer politischen Theorie, Stuttgart 1978, S. 200–221.

141 Ernst Fraenkel, Der Pluralismus als Strukturelement (Anm. 139), S. 189.

bar, »daß bei allen Differenzierungen in Einzelheiten ein jeder Staat«, der der Gemeinschaft der westlichen Demokratien zugerechnet werden wolle, »das Zusammenspiel von Parlament, Regierung, Parteien, Interessengruppen und öffentlicher Meinung« dergestalt zu regeln bestrebt sein müsse, »daß keinem dieser Faktoren eine überschattende Bedeutung zukommt«[142].

Fraenkels Nachdenken über die Demokratie beschränkte sich nicht auf das Pluralismus-Problem, sondern griff auch andere Fragen auf. Die Strukturdefekte der Demokratie beschäftigten ihn lebhaft. In einem sehr lesenswerten Aufsatz befaßte er sich 1958 mit dem Verhältnis der repräsentativen und plebiszitären Komponenten im modernen Verfassungsstaat anhand der englischen, amerikanischen, französischen und deutschen Entwicklung[143]. Er vertrat die Ansicht, daß das repräsentative und das plebiszitäre (oder, wie er auch hätte sagen können, das identitäre) Regierungssystem auf verschiedenartigen Legitimationsprinzipien beruhten. Das Repräsentativsystem gehe vom Axiom des naturrechtlich basierten, weder aus einem kollektiven noch gar aus einem individuellen Willen ableitbaren und deshalb originären Gesamtinteresses aus, das plebiszitäre System dagegen vom doppelten Axiom des individuellen Wahl- und Mitbestimmungsrechts als eines Menschenrechts und der Volkssouveränität als einer prinzipiell uneingeschränkten und unantastbaren Kollektivbefugnis. Das repräsentative und das plebiszitäre Regierungssystem könnten sich aber in der politischen Praxis so stark einander annähern, daß sie nur noch mit Mühe zu unterscheiden seien; viele Verfassungen, allen voran die nordamerikanische, hätten ja versucht, die beiden Grundprinzipien miteinander zu verbinden. Fraenkel hielt ein derartiges Zusammengehen für durchaus wünschenswert. Aus dem theoretischen wie praktischen Nachweis, daß sowohl das repräsentative wie das plebiszitäre System in der reinen Form den Keim der Selbstvernichtung in sich trügen, entwickelte er das Postulat, »beide Prinzipien zu Komponenten eines gemischten plebiszitär-repräsentativen, demokratischen Regierungssystems auszugestalten«[144]. Dann sei sowohl die Gefahr der Oligarchie wie des Caesarismus gebannt.

Die moderne parlamentarische Demokratie sah Fraenkel dadurch gekennzeichnet, daß die Parteien als Massenorganisationen Träger eines plebiszitären, als Parlamentsfraktionen dagegen eines repräsentativen Systems seien. In einer derartigen Doppelfunktion sei die Aufgabe nicht leicht zu meistern, das Überwuchern des einen oder des anderen Prinzips zu verhindern; jede Einseitigkeit habe beträchtliche Nachteile. Der Ausgleich zwischen den beiden Komponenten sei jedenfalls primär ein Problem der Parteiverfassung. Solange die Wähler in der repräsentativen Demokratie die Überzeugung besäßen, in den Parteien Gebilde zu haben, die ihre Wünsche und Ansichten ausreichend verträten, werde sich der Ruf nach plebiszitären Verfassungsinstitutionen in vertretbaren Grenzen halten. Ohne eine derartige Bewertung der Parteien könne sich ein repräsentatives System auf die Dauer nicht halten. Es sei

---

142 Ernst Fraenkel, Deutschland und die westlichen Demokratien (Anm. 139), Vorrede, S. 9 (hier zitiert nach der Ausgabe Stuttgart 1964²).

143 Ernst Fraenkel, Die repräsentative und die plebiszitäre Komponente im demokratischen Verfassungsstaat, in: ders., Deutschland und die westlichen Demokratien (Anm. 139), S. 71–109 (Erstdruck als Separatum in der Reihe ›Recht und Staat‹, Bd. 219/20, Tübingen 1958).

144 Ebd., S. 75.

deshalb Sorge dafür zu tragen, daß die Parteien nicht von Interessenverbänden beherrscht würden. Andererseits dürfe man aber auch die Verbände nicht diskriminieren. Fraenkel erklärte sowohl die innerparteiliche wie die innerverbandliche Demokratie für unentbehrlich. Nur unter dieser Voraussetzung, nur »wenn den plebiszitären Kräften innerhalb der Verbände und Parteien ausreichend Spielraum gewährt wird, kann eine Repräsentativverfassung sich entfalten«[145]. Wie die notwendige Balance der beiden Komponenten zu gestalten sei, lasse sich nicht generell, sondern nur von Fall zu Fall sagen. Fraenkel war davon überzeugt, daß die Tage der Repräsentativdemokratie noch nicht gezählt seien – jedenfalls bei klugem verfassungspolitischem Vorgehen.

Auch anderen Sorgen wandte Fraenkel seine Aufmerksamkeit zu, so etwa der zunehmenden Parlamentsverdrossenheit, hinter der er die Gefahr eines amorphen Massenstaates drohen sah und die nur zu bekämpfen sei, wenn Gruppen und Parteien von innen belebt würden und man die ihnen entgegengebrachten Vorurteile abbaue. Er setzte sich auch mit dem Verhältnis von Parlament, Demokratie und öffentlicher Meinung auseinander. Angesichts der Entwicklung des Fernsehens und der Demoskopie müsse die Bedeutung der öffentlichen Meinung neu durchdacht werden. Die weitverbreitete, wenn auch noch nicht dominierende Ansicht, Demokratie sei Herrschaft der öffentlichen Meinung, hielt er für grundfalsch. Dazu sei die öffentliche Meinung viel zu fluid. Ihr komme nur eine schiedsrichterliche Rolle zu. Sie habe die Kardinalfrage jeder Politik zu lösen: zu bestimmen, wer regieren soll[146].

Rudolf Smend, um den oben bei Fraenkel gegebenen Hinweis kurz aufzugreifen, hatte gegen Ende der Weimarer Republik in seinem seither lebhaft diskutierten Hauptwerk *Verfassung und Verfassungsrecht* dargelegt, daß der Staat kein ein- für allemal stabilisiertes Gebilde, kein ruhendes Ganzes sei, sondern als »Prozeß beständiger Erneuerung, dauernden Neubelebtwerdens« begriffen werden müsse. Der Staat lebe von einem Plebiszit, das sich tagtäglich wiederhole: vom einigenden Zusammenschluß durch die Integration. Die Verfassung war für Smend die gesetzliche Normierung einzelner Seiten dieses Prozesses; der Prozeß selbst werde durch vielerlei Leistungen und Lebensäußerungen verklammert. Diese Klammern nannte Smend Integrationstypen; er wies sie drei Gruppen zu: der persönlichen, der funktionellen und der sachlichen Integration. Wirklichkeit hat ein Staat nach Smend nur, wenn er sich fortlaufend integriert[147].

Es ist in diesem Zusammenhang nicht nötig, weitere Beispiele aus der breiten über die Demokratie geführten Diskussion der letzten Jahrzehnte vor Augen zu führen. Die Ansätze und Fragestellungen der besprochenen Autoren waren sehr unterschiedlich. Gemeinsam war ihnen die Ansicht, daß die Demokratie individuelle Freiheit und Teilhabe der Bürger an der Politik besser als jede andere Regierungsform verbürge.

---

145 Ebd., S. 109.

146 Ernst Fraenkel, Ursprung und politische Bedeutung der Parlamentsverdrossenheit, in: ders., Deutschland und die westlichen Demokratien (Anm. 139), S. 69–78; ders., Parlament und öffentliche Meinung, ebd., S. 120–144; ders., Demokratie und öffentliche Meinung, ebd., S. 145–164.

147 Rudolf Smend, Verfassung und Verfassungsrecht, München 1928, das Zitat dort S. 128 (Neudruck zusammen mit anderen Arbeiten zur Integrationstheorie in: ders., Staatsrechtliche Abhandlungen und andere Aufsätze, Berlin 1955, 1968^2).

6. Vom Manchester-Liberalismus zur Sozialen Marktwirtschaft

6.1 Der Verein für Sozialpolitik: Gustav Schmoller, Adolph Wagner und andere

In den Amtsstuben, auf den Universitätskathedern, in den Kontoren der Firmen und in der veröffentlichten Meinung dominierte in der Mitte des 19. Jahrhunderts eindeutig der Manchester-Liberalismus, der vom freien Spiel der wirtschaftlichen Egoismen die bestmögliche Pflege des Gemeinwohls erwartete und staatliche Eingriffe ablehnte. Gegen diese Auffassung publizierte der junge Nationalökonom Gustav Schmoller (1838–1917) im Winterhalbjahr 1864/65 in den hochangesehenen *Preußischen Jahrbüchern* eine Artikelfolge. Er wies auf die Gemeinwohl-Verpflichtung des Kulturstaates hin und machte zahlreiche konkrete sozialpolitische Vorschläge zugunsten der Arbeiter. Andere Gelehrte traten ihm bei, so etwa Hermann Roesler (1834–1894), der 1867 der Wissenschaft die Aufgabe stellte, am Ausgleich der Klassengegensätze mitzuarbeiten, oder Erwin Nasse (1829-1890), der den Einsatz für die Sozialreform als gesellschaftliche Pflicht schlechthin bezeichnete. Mit besonderem Nachdruck wandte sich der Berliner Nationalökonom Adolph Wagner (1835-1917) gegen den Manchester-Liberalismus. Schon die politische Klugheit gebiete Reformen, beweise die Geschichte doch, daß die rechtzeitige und ausreichende Erfüllung berechtigter Forderungen der unteren Klassen oft genug das einzige Mittel sei, um Krisen zu vermeiden. Sehr viel wichtiger als dieser pragmatische war ihm jedoch der ethische Gesichtspunkt. »Den unteren Klassen mögliche Erleichterungen zu verschaffen, die ihnen wahrlich nicht vorenthalten werden dürfen«, sei sittliche Pflicht der Bessergestellten[148]. Die sozialistische Kritik am bestehenden Wirtschaftssystem sei in vielem gerechtfertigt. Immer wieder betonte Wagner, daß der Staat sich nicht damit bescheiden dürfe, Rechtsstaat zu sein, er müsse vielmehr Kulturstaat werden.

Die Ansichten der vorstehend genannten Männer – alle Angehörige der historischen Schule der deutschen Nationalökonomie – gingen in vielem auseinander; sie stimmten aber darin überein, daß die ethische Seite der Volkswirtschaft nicht vernachlässigt werden dürfe. Zwischen der Scylla des Manchestertums und der Charybdis sozialistischer Positionen steuerten sie einen sozialreformerischen Kurs. Um größere Resonanz zu finden, traten sie schließlich im Herbst 1872 mit reformfreundlichen Beamten, Industriellen und Landwirten zum *Verein für Sozialpolitik* zusammen und schufen sich damit eine Tribüne, die in den folgenden Jahrzehnten weithin beachtet wurde. In der Eröffnungsansprache des Gründungskongresses skizzierte Schmoller die gemeinsamen Ziele. Man wolle keine wechselnde Herrschaft der verschiedenen einander bekämpfenden wirtschaftlichen Klassen, sondern »eine starke Staatsgewalt, welche über den egoistischen Klasseninteressen stehend die Gesetze gebe, mit gerechter Hand die Verwaltung leite, die Schwachen schütze, die

---

148 Adolph Wagner, Rede über die soziale Frage . . . zu Berlin am 12. Oktober 1871, Separatdruck aus den ›Verhandlungen der kirchlichen Oktoberkonferenz in Berlin‹, Berlin 1872, S. 12.

unteren Klassen hebe«[149]. Es gelte, einen immer größeren Teil des Volkes zur Teilnahme an den höheren Gütern der Kultur, an Bildung und Wohlstand zu berufen.

Schmoller wandte sich dabei ausdrücklich gegen jede »Nivellierung im sozialistischen Sinne«[150]. Der Gründerkreis halte diejenige Gesellschaft für die gesündeste, die eine Stufenleiter verschiedener Existenzen darstelle, jedoch mit leichtem Übergang von einer Sprosse zur nächsten. Sodann trug der Sprecher einen Forderungskatalog vor: Maßvolle Fabrikgesetzgebung und Fabrikinspektorat, Barrieren gegen die Ausbeutung der Arbeiterschaft, volle Freiheit der Arbeitnehmer zur Mitsprache bei Feststellung des Arbeitsvertrags, Investitionen zur Erziehung und Bildung der Arbeiterschaft, Verbesserung der Wohnverhältnisse und schließlich, als Basis für ein abgesichertes Urteil, Enquêten zu sozialen Problemen. Der von Schmoller vorgezeichneten Linie blieb der Verein über Jahrzehnte treu. Auf seinen Generalversammlungen und Tagungen und in einer Vielzahl von Publikationen beschäftigte er sich mit allen wesentlichen gesellschaftspolitischen Fragen, vom Aktienrecht bis zur Reform des preußischen Wahlrechts. Das Auswanderungswesen, die Steuerpolitik, Fragen des Handwerks, die Kartelle, ländliche Kreditfragen, das Erbrecht, die innere Kolonisation, die Bekämpfung des Wuchers, die Gewinnbeteiligung der Arbeiter, die Stellung der Gewerkschaften oder die Schaffung von Schiedsgerichten waren Themen, deren der Verein sich annahm.

Mit alledem stellte er der öffentlichen Urteilsbildung wertvolles Material zur Verfügung und trug ganz erheblich dazu bei, den Sinn für soziale Probleme zu schärfen[151]. Es traf völlig zu, was Schmoller beim fünfundzwanzigjährigen Jubiläum 1897 sagte: »Die geistig-soziale Bewegung, die von uns ausging, hat als Sauerteig die weitesten Kreise beeinflußt. Wir können ohne Überhebung sagen, daß wenn heute eine andere soziale Gedankenwelt Deutschland durch alle Schichten hindurch beherrscht, als 1866-72, wenn heute niemand mehr Manchestermann heißen will, jedermann über die sozialen Pflichten und Rechte des Staates anders denkt, als damals, wenn die Grundzüge unserer Arbeiterversicherung, unserer Arbeiterschutzgesetzgebung, unseres ganzen modernen sozialen Rechtes doch eigentlich von keiner Partei mehr ernstlich bestritten werden, – dies zwar nicht Folge unseres Vereins, aber der großen geistigen und wissenschaftlichen Bewegung sei, deren Fäden am meisten in unserem Verein zusammenlaufen.«[152] Der Verein hatte in erheblichem Maß dazu beigetragen, das sozialpolitische Klima in Deutschland zu wandeln.

---

149 Gustav Schmoller, Eröffnungsrede, in: Verhandlungen der Eisenacher Versammlung zur Besprechung der Sozialen Frage am 6. und 7. Oktober 1872, Leipzig 1873, S. 3f.

150 Ebd., S. 5.

151 Vgl. vor allem Dieter Lindenlaub, Richtungskämpfe im Verein für Sozialpolitik. Wissenschaft und Sozialpolitik im Kaiserreich vornehmlich vom Beginn des ›Neuen Kurses‹ bis zum Ausbruch des Ersten Weltkrieges (1890–1914), Wiesbaden 1967. Zur sozialreformerischen Diskussion in Deutschland insgesamt Rüdiger vom Bruch (Hrsg.), ›Weder Kommunismus noch Kapitalismus‹. Bürgerliche Sozialreform in Deutschland vom Vormärz bis zur Ära Adenauer, München 1985, darin (S. 61–179) Rüdiger vom Bruch, Bürgerliche Sozialreform im deutschen Kaiserreich; (S. 181–217) Günther Schulz, Bürgerliche Sozialreform in der Weimarer Republik; (S. 219–244) Michael Prinz, ›Sozialpolitik im Wandel der Staatspolitik‹? Das Dritte Reich und die Tradition bürgerlicher Sozialreform; (S. 245–273) Hans Günter Hockerts, Ausblick: Bürgerliche Sozialreform nach 1945.

152 Gustav Schmoller, Zur 25jährigen Feier des Vereins für Sozialpolitik, in: ders., Zwanzig Jahre Deutscher Politik (1897–1917). Aufsätze und Vorträge, München 1920, S. 23–34, hier: S. 26.

6.2 Ansätze sozialpolitischer Konzeptionen: Lujo Brentano, Werner Sombart, Franz Oppenheimer

Neben Schmoller und Wagner war Lujo Brentano (1844–1931) das prominenteste Mitglied des Vereins für Sozialpolitik und darüber hinaus einer der bedeutendsten Sozialpolitiker der Zeit. Im Wissenschaftsbetrieb – er lehrte in Breslau, Straßburg, Wien, Leipzig und schließlich in München Volkswirtschaft – stand er immer etwas abseits. Stärker als die meisten seiner Fachkollegen publizierte er in politischen Wochenzeitschriften und Tageszeitungen und erreichte so ein breites Publikum. Sein Interesse galt weniger theoretischen als vielmehr wirtschafts- und sozialgeschichtlichen sowie sozialpolitischen Studien, wobei England einen wichtigen Schwerpunkt bildete. Hier studierte er das *Industrial-Partnership-System* (so der Titel einer Schrift von 1868), und hier vor allem machte er sich mit dem Gewerkschaftswesen vertraut, dem er eine frühe eingehende Studie widmete. Im Verein für Sozialpolitik galt er als Führer des linken Flügels. Er war betont liberal und setzte deshalb weniger auf staatliche Maßnahmen, die er für patriarchalisch hielt, sondern mehr auf Selbst- und Gruppenhilfe. Arbeiterkoalitionen waren ihm außerordentlich wichtig. Er wollte das Gewerkschaftswesen nicht nur ausgedehnt sehen – namentlich auf die Beamtenschaft –, sondern hier auch sozialpolitische Aufgaben ansiedeln, vor allem die Arbeitslosenversicherung. Der wechselseitigen Unterstützung durch Versicherungen widmete er große Aufmerksamkeit[153].

Ein sehr eigenwilliger Kopf war auch Werner Sombart (1863-1941), der lange als außerordentlicher Professor der Wirtschaftswissenschaften in Breslau, ab 1906 auf einem Lehrstuhl in Berlin wirkte. Seine meistgelesene Schrift *Sozialismus und soziale Bewegung im 19. Jahrhundert* erzielte zwischen 1896 und 1924 zehn zum Teil nachhaltig veränderte Auflagen[154]. Sein langfristig wirksamstes Buch war eine dreibändige Darstellung des modernen Kapitalismus. Sombart setzte sich sehr intensiv mit Marx auseinander und entwickelte in dieser Auseinandersetzung seine eigene Kapitalismus-Deutung. Die moderne Wirtschaft, so Sombart, könne allein aus dem Verwertungsstreben des Kapitals erklärt werden. Deshalb müsse das letzte Ziel des wirtschaftlichen Lebens darin bestehen, »die wirtschaftlichen Kräfte so zu gestalten, daß bei bestimmtem Aufwande ein möglichst hohes Maß wirtschaftlicher Güter herausspringt«[155]. Diejenige Organisationsform des Wirtschaftslebens sei zu akzeptieren, die am meisten leiste. So kam Sombart – über Marx! – zur uneingeschränkten Bejahung des Kapitalismus und dachte darüber nach, wie man ihn noch weiter stärken könne. Getragen von sozialdarwinistischen Überzeugungen schlug er zeitweilig vor, den Schutz für ökonomisch schwache Gruppen des Mittelstandes zu reduzieren. Daß die Arbeiterschaft im Kapitalismus zur wirtschaftlich stärksten Klasse werde und dabei am Ziel der Vergesellschaftung der Produktionsmittel festhalte, war ihm selbstverständlich. Der Sozialismus, davon ging Sombart aus, werde schließlich Realität sein, er werde sich allerdings nicht revolutionär, sondern evolutionär durch-

153 Lujo Brentano, Mein Leben im Kampf um die soziale Entwicklung Deutschlands, Jena 1931.
154 Werner Sombart, Sozialismus und soziale Bewegung im 19. Jahrhundert, Jena 1886, 1924[10].
155 Werner Sombart, Entwicklungstendenzen im modernen Kleinhandel, in: Schriften des Vereins für Sozialpolitik 88, Leipzig 1900, S. 137–157, hier: S. 155.

setzen. Beide Systeme, der Sozialismus und der Kapitalismus, würden lange nebeneinander bestehen. In dieser Zeit sei eine kontinuierliche soziale Reform notwendig; Sombart dachte dabei vornehmlich an den Ausbau des Arbeiterschutzes, die Förderung des Genossenschaftswesens und die Stärkung von Gewerkschaften und SPD. Unabdingbar sei auch, daß die gesellschaftspolitischen Maßnahmen durch die Demokratisierung der Verfassung in Reich und Ländern ergänzt würden.

Kurz nach dem Eintritt in sein fünftes Lebensjahrzehnt löste Sombart sich von vielen bis dahin vertretenen Positionen. In der fünften Auflage von *Sozialismus und soziale Bewegung* (1905) erklärte er den wesentlichen Bestand der Marxschen Theorien für haltlos, und in der Folge wurde seine Einstellung zu Marx immer kritischer. Er klagte über den Zug zum prinzipienlosen öden Opportunismus, der sich überall breitmache, auch innerhalb der Arbeiterbewegung. Die soziale Bewegung sei langweilig geworden und stelle sich nun als große Partei der Anpassung dar. Zum Stein des Anstoßes wurde ihm auch die allgemeine Fortschrittsgläubigkeit. Der Demokratie begegnete er mit wachsender Skepsis, und so »etwas wie ein aufgeklärter Despotismus« schien ihm bedenkenswert[156]. Der Erste Weltkrieg veranlaßte ihn sodann, sich wieder stärker mit aktuellen Problemen zu befassen. Jetzt und vor allem in der Weimarer Zeit setzte er sich für eine aktive staatliche Konjunkturpolitik ein. Gegen Ende seines Lebens war sein politisches Urteil freilich getrübt. Er begrüßte die Machtübertragung an die NSDAP, bejahte das Führerprinzip und sprach von einem deutschen Sozialismus.

Als Dritter sehr eigenwilliger Sozialpolitiker im ersten Drittel des 20. Jahrhunderts ist für Deutschland Franz Oppenheimer (1864–1943) zu nennen. Oppenheimer sah sich in der Nachfolge Saint-Simons und Eugen Dührings und verstand sich als jüdischen Sozialisten. Er war zunächst praktischer Arzt in Berlin, dann freier Schriftsteller, seit 1909, nach der späten Habilitation, Privatdozent der Nationalökonomie und Soziologie in Frankfurt am Main. Nach der Emigration 1933 lebte er in Palästina, Japan und den USA. Die Zahl seiner Schüler war klein; immerhin wurden seine Auffassungen von Männern wie Röpke und Rüstow teilweise übernommen. Auch Ludwig Erhard fühlte sich ihm tief verbunden. Insofern hatte er weitreichende Wirkungen[157].

Oppenheimer war tief beeindruckt von der schlechten Situation der Landarbeiter in Ostdeutschland; weitere wichtige Anstöße erhielt er von der Freiland-Theorie des Ungarn Theodor Hertzka (1845–1924). Bei der Entwicklung seines ökonomischen Systems ging er von der Wertlehre aus. Er betonte, daß der Mehrwert nicht in der Produktion, sondern erst im Zirkulationsprozeß entstehe. Durch Monopole werde der natürliche Wert verzerrt. Vor allem das Bodenmonopol griff Oppenheimer scharf an. Der Großgrundbesitz sei das entscheidende Übel, seine Existenz nämlich habe zur Folge, daß der landwirtschaftliche Lohn auf dem Ausbeutungsniveau verbleibe, daß aber auch in der Stadt nicht entscheidend besser gezahlt werde, da die durch den Großgrundbesitz proletarisierte Landbevölkerung vom Land in die Stadt abwandere

156 Werner Sombart, »Wir müden Seelen«, in: Der Morgen vom 4. Oktober 1907, zitiert bei Dieter Lindenlaub, Richtungskämpfe im Verein für Sozialpolitik (Anm. 151), S. 333.

157 Franz Oppenheimer, Erlebtes, Erstrebtes, Erreichtes. Lebenserinnerungen, ergänzt durch Berichte und Aufsätze von und über Franz Oppenheimer, hrsg. von L. Y. Oppenheimer, Düsseldorf 1964.

und dort eine industrielle Reservearmee bilde, die für jeden Lohn zu arbeiten bereit sei. Insofern handele es sich nicht um eine reine Ökonomie, in der Chancengleichheit bestehe, sondern um eine »politische« Ökonomie. Wolle man aus den bestehenden Verhältnissen zur reinen Ökonomie kommen, müsse man das Bodenmonopol beseitigen.

Oppenheimer schlug vor, ›Freiland‹ wieder herzustellen. Das mußte nicht notwendig durch umfassende Enteignungen geschehen. Gangbar war auch der Weg über Änderungen des Erbrechts. Sei der Boden erst wieder freies Gut, das heißt im weiten Umfang verfügbar, würden die Arbeiter zum vollen Wert bezahlt, denn niemand, der auf dem Lande sein Auskommen finde, würde danach für eine Bezahlung arbeiten, die unter dem liege, was er selbst erarbeiten könne. Oppenheimer glaubte, daß die Verfügbarkeit von Freiland die Einkommensunterschiede im wesentlichen ausgleichen werde. Der Fall des Bodenmonopols sei »der erste notwendige Schritt zum Ziele der Erlösung der Menschheit; dann wird es leicht sein, sollte es noch nötig sein, die weiteren Schritte zu machen, etwa auf dem Wege der Besteuerung die allzu großen Kapitalmammuts zu erlegen«[158]. Die endlich befreite Konkurrenz werde zur rationellen Gleichheit führen, zur Gleichheit der Entlohnung nach der Leistung für die Gesellschaft. Dann sei der Kapitalismus – die Gellschaft, in der die Erzeugnisse ausgebeuteter Arbeit auf einem geldwirtschaftlich entfalteten Markt verwertet werden – überwunden. Unter den Fachgenossen fand Oppenheimer mit seiner Sicht keine Resonanz. Man warf ihm Monokausalität vor und bewertete sein System als Utopie.

6.3 Sozialer Katholizismus

Im deutschen Katholizismus hatte die Zuwendung zur Sozialpolitik im letzten Drittel des 19. Jahrhunderts beachtliches Gewicht. Erinnert sei an Wilhelm Emmanuel von Ketteler (1811–1877), an Karl Freiherr von Vogelsang (1818–1890), an Franz Hitze (1851–1921) und an Georg Freiherr von Hertling (1843–1919). Pionier dieser Bemühungen war Ketteler. Er war erstmals 1848 mit sozialpolitischen Reden an die Öffentlichkeit getreten und hatte vorgetragen, daß man der Lösung der sozialen Frage näherkomme, wenn man sich der Eigentums- und Soziallehre des Thomas von Aquin erinnere. Gott sei der wahre Eigentümer aller Geschöpfe, der Mensch habe nur das Nutzungsrecht über die irdischen Güter, und er müsse sie so benutzen, wie Gott es wolle, das heißt in der Absicht, daß alle Menschen aus den Erdengütern ihre notwendigen Lebensbedürfnisse erhalten. Das hielt er auf zwei Wegen für denkbar: einmal gemeinschaftlich, »wie der Kommunismus es will«, oder aber geteilt, so daß dem einzelnen das Eigentumsrecht über einen bestimmten Teil der Güter der Erde zustehe. Ketteler entschied sich mit Thomas klar für die zweite Möglichkeit. Nur durch Anerkennung des Eigentumsrechtes sei eine gute Verwaltung gewährleistet

158 Ebd., S. 150; in den besprochenen Zusammenhang gehört vor allem Oppenheimers Buch Großgrundeigentum und soziale Frage. Versuch einer neuen Grundlegung der Gesellschaftswissenschaften, Jena 1922[2] (1898[1]).

und der allgemeine Frieden garantiert. Die Früchte dagegen solle der Mensch »niemals als sein Eigentum, sondern als ein Gemeingut aller betrachten«[159].

Ketteler unterstrich mit allem Nachdruck den Gedanken der Sozialpflichtigkeit des Eigentums, ohne diesen Terminus indessen schon zu kennen, und er wandte sich scharf gegen die falsche Lehre vom starren Recht des Eigentums, aus der nur Härte und Gefühllosigkeit folgten. Was er 1848 nur in den Grundprinzipien erläuterte, führte er in der zweiten Hälfte der sechziger Jahre konkret aus; er gewann damit starken Einfluß auf die sozialpolitische Aktivität der Zentrumspartei im Reichstag. Die von Ketteler eingeleitete Orientierung der katholischen sozialpolitischen Diskussion am Naturrecht wurde von Hertling, der ab 1882 einen Lehrstuhl für Philosophie an der Universität München hatte, vollends durchgesetzt. Er unterstrich von Anfang an, daß jedermann ein »unveräußerliches« Recht auf die Erfüllung der Menschheitszwecke habe[160]. Zwar sei weder aus der Offenbarung noch aus dem Naturrecht eine immer und überall gültige Sozialordnung ableitbar, die Ausgestaltung der Gesellschaft habe aber stets zu bedenken, daß jeder einzelne ein auskömmliches Dasein führen müsse. Für Hertling war der Staat aufgerufen, in diesem Sinne für den Ausgleich der gesellschaftlichen Interessen zu sorgen.

Der in Deutschland geführten Debatte verdankte die im Mai 1891 unter der Überschrift *De conditione opificum* (Die Lage der Arbeiter) vorgelegte, nach ihren ersten Worten *Rerum Novarum* genannte Enzyklika Leos XIII. sehr viel, und der Papst erkannte das auch voll an. Das Rundschreiben knüpfte an einige frühere Verlautbarungen zum Bereich von Staat und Gesellschaft an und verwies auf gelegentliche Äußerungen zur Sozialpolitik. Es war gleichwohl die erste große Kundgebung der katholischen Amtskirche zu diesem Problemkreis und deshalb von kaum zu überschätzender Bedeutung. Die Absicht war, »jene Grundsätze aufleuchten« zu lassen, »die anzuwenden sind, um den sozialen Streit nach Wahrheit und Billigkeit zu schlichten«[161]. Die vom Sozialismus angebotene Lösung wies der Papst zurück: Von der Vergesellschaftung des Sondereigentums sei nichts zu erwarten; es sei vielmehr zu befürchten, daß gerade dadurch die Arbeiterklasse geschädigt werde. Auch sei ein solches Vorgehen höchst ungerecht, da es das rechtmäßige Eigentum gefährde. Endlich verkehre es die Aufgabe des Staates und bringe überhaupt das staatliche Gefüge in Verwirrung. Die drei Argumente wurden ausführlich begründet. Dieser erste Teil des Rundschreibens schloß mit der Feststellung, daß die Grundlage aller Überlegungen zur Sozialreform »die Unverletzlichkeit des Rechts auf Sondereigentum« sei[162].

---

159 Wilhelm Emmanuel von Ketteler, Die großen sozialen Fragen der Gegenwart, in: Johannes Mumbauer (Hrsg.), Wilhelm Emmanuel von Kettelers Schriften, Bd. 2, Kempten 1911, S. 210–320, hier: S. 219f.

160 Georg Frhr. von Hertling, Aufsätze und Reden sozialpolitischen Inhalts, Freiburg 1894, darin: »Einige Bemerkungen zu Fr. Hitze's Kapital und Arbeit«, S. 27–43, hier: S. 42.

161 Die sozialen Rundschreiben. Papst Leo XIII., Über die Arbeiterfrage (Rerum novarum). Papst Pius XI., Über die gesellschaftliche Ordnung (Quadrogesimo anno). Mit Erläuterungen von Paul Jostock, Freiburg 1948, 1958², S. 11. Diese Ausgabe beruht auf der Übersetzung von P. Gustav Gundlach, Die sozialen Rundschreiben Leo XIII. und Pius XI., Paderborn 1931.

162 Paul Jostock (Hrsg.), Die sozialen Rundschreiben (Anm. 161), S. 25.

Im zweiten Teil begründete der Papst zunächst das Recht der Kirche, sich überhaupt zu dem Problemkreis sozialpolitischer Fragen zu äußern: Durch Schweigen würde er gegen die Pflichten seines Amtes verstoßen. Natürlich sei zur Problemlösung auch die Einbeziehung anderer Faktoren nötig, das Eingreifen des Staates sei unerläßlich, aber alle Versuche seien vergeblich, wenn man die Kirche ausschalte. Der Papst rief sodann grundlegende Wahrheiten der christlichen Kultur- und Gesellschaftsauffassung in Erinnerung. Den Gedanken des Klassenkampfes bezeichnete er als Widerspruch gegen jede Vernunft und Wahrheit; die sozialen Gruppen seien vielmehr auf das Zusammenwirken angewiesen. Das werde möglich, wenn alle die aus der Gerechtigkeit sich ergebenden Pflichten erfüllten. Die Arbeitgeber wurden ermahnt, ihre Arbeiter nicht wie Hörige anzusehen, sondern ihre persönliche Würde zu achten, vor allem aber dazu, einen gerechten Lohn zu zahlen. Es sei weder nach göttlichem noch nach menschlichem Recht angängig, »um des höheren Ertrags willen die Bedürftigen und Schwachen im Lohn zu drücken und so aus der Not der anderen Kapital zu schlagen«; das sei vielmehr eine schwere Sünde[163]. Schon diese Einsicht werde die Härte des Kampfes mildern. Im Anschluß daran führte die Enzyklika den Gedanken der Sozialbindung des Eigentums breit aus. Den Politikern rief sie in Erinnerung, daß der Staat der Hüter des Gemeinwohls sei. Demzufolge bestehe eine Pflicht zur Sozialpolitik. »Die öffentliche Gewalt« habe »alle Sorgfalt beim Schutz und bei der Förderung der arbeitenden Schicht« anzuwenden[164], andernfalls würde sie das Gesetz der ausgleichenden Gerechtigkeit verletzen. Sie müsse dafür sorgen, »daß jedem das Seine bleibt, indem sie alle Ungerechtigkeiten abwehrt und bestraft«. Beim Schutz der Rechte einzelner könne sie »ganz besonders auf die Interessen der Kleinen und Schwachen Rücksicht ... nehmen«[165].

Die Realisierung dieser Grundgedanken wurde mit einer Reihe von sozialpolitischen Einzelforderungen erläutert. Dabei bezeichnete der Papst Streiks als Mißstände und erklärte zugleich, daß sie sich vermeiden ließen, wenn man durch Verordnungen und Gesetze dem Übel zuvorkomme. Vom gerechten Lohn erwartete das Rundschreiben die Fähigkeit des Arbeiters, zu sparen und sich so auf die Dauer einen kleinen Besitz zu schaffen. Daraus werde großer Nutzen erwachsen. Einmal werde es zu einer der Billigkeit mehr entsprechenden Verteilung der Güter kommen, zum anderen werde der Ertrag der Wirtschaft stark gesteigert werden. »Wenn nämlich die Menschen wissen, daß sie für ihr Eigentum arbeiten, wenden sie eine viel größere Sorgfalt und Mühe an.« Jenes gesteigerte Selbstinteresse werde »zweifellos die Produktivität der Wirtschaft vermehren und die Wohlhabenheit im Volke steigern«[166]. Schließlich erörterte die Enzyklika Aufgaben der Selbsthilfe. Dabei begrüßte der Papst ausdrücklich die Kooperationen der Werktätigen und bezeichnete die Koalitionsfreiheit als Naturrecht. Er sprach sich für christliche Arbeitervereinigungen aus. Das Rundschreiben ging dabei freilich nicht so weit, derartige Zusammenschlüsse in der Rolle von Gewerkschaften zu sehen. Es betonte vielmehr den sittlichen Gewinn, den die Arbeiter durch die Teilnahme davontragen würden; die Konzeption war ganz und gar wirtschaftsfriedlich.

---

163 Ebd., S. 34f.
164 Ebd., S. 49.
165 Ebd., S. 54f.
166 Ebd., S. 66.

Die Enzyklika *Rerum novarum* war ein klares und eindeutiges Wort. Sie nahm Staat und Arbeitgeber in die Pflicht, die Verhältnisse der Arbeiterschaft zu verbessern und sie gab jedermann eine Orientierung in sozialpolitischen Fragen. Damit half sie einem dringenden Bedürfnis ab. Es wäre dienlich gewesen, wenn sich der Papst schon früher zu einer solchen Äußerung entschlossen hätte; als er das Rundschreiben erließ, stand Leo XIII. immerhin schon im vierzehnten Jahr seines Pontifikates.

Die erste große Systematisierung christlichen Gesellschaftsdenkens im 20. Jahrhundert wurde von dem Jesuitenpater Heinrich Pesch (1854–1926) vorgelegt. Pesch entwickelte seine Gedanken in seinem mehrbändigen *Lehrbuch der Nationalökonomie,* besonders in Band 1, und in der zweibändigen Schrift *Liberalismus, Sozialismus und christliche Gesellschaftsordnung*[167]. Anregungen hatte er von seinem Lehrer, dem Schweizer Jesuiten Theodor Meyer (1821–1913), der vom Naturrecht ausgehend an der katholischen Soziallehre arbeitete, bei einem Studienaufenthalt in England, in der Begegnung mit dem Sozialpolitiker Rudolf Meyer (1839–1899) und während seines Studiums in Berlin bei Adolph Wagner und Gustav Schmoller gewonnen, zudem durch die Lektüre der Schriften Kettelers. Pesch nannte sein System *Solidarismus*, weil er seine ethisch fundierte Nationalökonomie klar vom liberalen Individualismus wie vom sozialistischen Kollektivismus absetzen wollte.

Kernpunkt des Solidarismus war die Ablehnung jedes individuellen wie kollektiven Egoismus. Dagegen stellte Pesch die Bereitschaft zur gemeinschaftlichen Förderung der Volkswohlfahrt. »Ergänzung der Schwäche, Regelung der Kraft durch die solidarische Verbindung der Menschen, durch gegenseitige Rücksichtnahme und Berücksichtigung nach den Forderungen der Gerechtigkeit und der Liebe, durch geordnete Zusammen- und Wechselwirkung in den verschiedenen Formen der natürlichen und freien, öffentlichen und privaten Gemeinschaften, deren natürlicher und geschichtlicher Eigenart gemäß, mit Hinordnung auf die wahre Wohlfahrt aller Beteiligten als Endzweck, – kurz der Gemeinschaftsgedanke, ohne Übertreibung, den Rechten des Einzelmenschen und zugleich der sozialen Gesamtheit, der Freiheit wie der Ordnung, der individuellen Selbstverantwortlichkeit wie der sozialen Verantwortung genügend und Rechnung tragend, das ist in weiten Zügen der wesentliche Inhalt des solidarischen Systems.«[168]

Gesellschaft war für Pesch das Volk mit seiner wirtschaftlichen Gliederung. Die Vielfalt dieser Einzelwirtschaften wollte er nicht aufgehoben, die Staatswirtschaft nicht an die Stelle der Volkswirtschaft treten sehen. Nur sollten die wirtschaftenden Individuen sich der höheren Gemeinschaft unterordnen. Für das solidaristische System sei der Wettbewerb unerläßlich, es wolle die Konkurrenz nicht beseitigen, aber »es betont, daß die geregelte Konkurrenz dem Fortschritte förderlicher ist als das ›System der absolut freien Konkurrenz‹, das zur Ausbildung schädlicher Monopole, zum Untergang des Mittelstandes, zum Verderben des Arbeiterstandes usw. führt«[169]. Der Solidarismus erkenne das Eigentum sowie die aus der natürlichen

---

167 Heinrich Pesch, Lehrbuch der Nationalökonomie, 5 Bde., Freiburg 1905–1923; ders., Liberalismus, Sozialismus und christliche Gesellschaftsordnung, 2 Bde., Freiburg 1893/1900.

168 Heinrich Pesch, Lehrbuch der Nationalökonomie (Anm. 167), Bd. 1, Grundlegung, 1914^2 (neu bearbeitet), S. 414f.

169 Ebd., S. 422.

Ungleichheit der Menschen sich ergebende Verschiedenheit des Besitzes, der wirtschaftlichen und sozialen Stellung als berechtigt an; eine solche Verschiedenheit gehöre zu den Lebens- und Entwicklungsbedingungen nicht bloß der Individuen, sondern jeder Volksgemeinschaft. Deshalb müsse die individuelle Tüchtigkeit sich Geltung verschaffen können, damit der Weg für den wirtschaftlichen und sozialen Aufstieg frei bleibe, aber ohne Unterdrückung der Schwachen.

Die Hebung des Pflichtgeistes der Bürger, ihre ethische Erziehung, erschien Pesch für das Funktionieren des Solidarismus als unerläßlich, aber er beließ es nicht bei derartigen Appellen, sondern verlangte regelnde Eingriffe der Berufsstände und des Staates in den Wirtschaftsprozeß. Er begriff die Volkswirtschaft durchaus als sozialrechtliches System, verknüpfte Wirtschafts- und Gesellschaftspolitik also sehr eng und wies dem Staat durch die Rechtsetzung dabei die steuernde Funktion zu. In seinen Darlegungen sind Kerngedanken dessen deutlich erkennbar, was Jahrzehnte später die soziale Marktwirtschaft genannt wurde. An ihn knüpften namentlich die beiden Jesuiten Gustav Gundlach und Oswald von Nell-Breuning an.

6.4 Sozialer Protestantismus

Auch im Umkreis der evangelischen Kirche wurde über die soziale Frage nachgedacht, und mit dem *Evangelisch-Sozialen Kongreß* entstand sogar eine spezielle Organisation zur Beratung dieses Problemkreises, es entwickelte sich jedoch kein so eigenständiges System wie der häufig so genannte Sozialkatholizismus. Die Gründe dafür liegen auf der Hand: Die bewußt evangelischen Teilnehmer an der sozialpolitischen Diskussion waren enger mit den anderen bürgerlichen sozialreformerischen Tendenzen verknüpft als die Katholiken. Zwischen dem Evangelisch-Sozialen Kongreß und dem Verein für Sozialpolitik bestanden beträchtliche personelle Verbindungen; genannt sei hier namentlich Adolph Wagner. Zu den wesentlichen Postulaten des Kongresses gehörte der Ausbau des Gewerkschaftswesens in Richtung einer gesetzlichen, mit Rechten und Pflichten ausgestatteten Organisation, die Lohnregelung und -erhöhung durch Tarifverträge, die völlige Freigabe politischer Vereine, die Schaffung von Arbeiterkammern und Schiedsgerichten, die Bekämpfung der Bodenspekulation und der Wohnungsnot, kurzum, er befaßte sich mit allen zur Debatte stehenden sozialpolitischen Fragen[170].

Der bekannteste evangelische Sozialpolitiker war um die Jahrhundertwende wohl Friedrich Naumann (1860–1919). Als Oberhelfer im Rauhen Haus, der von Johann Hinrich Wichern (1808–1881) 1833 in Hamburg-Horn zur Bewahrung gefährdeter Jugendlicher gegründeten Anstalt, und als Pfarrer eines sächsischen Industriestandorts hatte er tiefe Eindrücke von den realen sozialen Verhältnissen gewonnen. Mit sozialdemokratischem Schrifttum war er früh vertraut. Schon 1889 veröffentlichte Naumann einen Arbeiterkatechismus, 1891 die Broschüre *Das soziale Programm der evangelischen Kirche*. Am Evangelisch-sozialen Kongreß wirkte er natürlich mit. Die Berechtigung der sozialdemokratischen Forderungen erkannte er an, hielt deren Begründung aber für unbefriedigend, da man nicht auf Dauer von Marxscher Doktrin

170 Rüdiger vom Bruch, Bürgerliche Sozialreform (Anm. 151), S. 117ff.

leben könne. Eine Bewegung, die nach der Sozialdemokratie komme, dürfe allerdings nicht so tun, als habe es Marx oder eine große deutsche Arbeiterpartei nie gegeben. »Wir müssen die wirtschaftlichen Gedanken genau an dem Punkt weiterdenken, wo der Sozialdemokrat aufhört. Er theoretisiert, wir müssen Detailarbeit treiben; er denkt immer an die Gesamtgesellschaft, wir müssen an die Teile dieser Gesellschaft, an Arbeitslose, Tagearbeiter, Industriearbeiter, Tagelöhner, Bauern, Handwerker, Kaufleute, Beamte in ihrer Besonderheit denken. Was wir aber dabei von den Sozialdemokraten übernehmen müssen, ist der Gesichtspunkt ›von unten her‹. Wir bearbeiten die soziale Frage vom Standpunkte der Bedrängten, für die Bedrängten und mit den Bedrängten.«[171] Bei der sozialen Frage unterschied Naumann zwei große Komplexe, die Organisationsfrage und die Kapitalfrage. Daß die SPD für die Berücksichtigung der Interessen des Volkes viel geleistet habe, gab er zu. Hinsichtlich der negativen Bewertung der Zukunftschancen des Kapitalismus warf er ihr jedoch einen fatalistischen Optimismus vor: Die bürgerliche Welt sei nicht so zerbrechlich, wie man ihr nachsage, und so werde die SPD immer mehr in Schwierigkeiten geraten.

Zwischen Kapitalkonzentration und Arbeitslosigkeit sah Naumann einen engen Zusammenhang. Beides wachse gemeinsam. So werde es ein anschwellendes Heer von antikapitalistischen Arbeitslosen geben, um die man sich politisch kümmern müsse. Die Bewältigung dieser Aufgabe schrieb er, da die SPD dazu nicht in der Lage sei, der christlich-sozialen Bewegung zu. Die entscheidende Formel dafür sah er in dem einen Satz: »Wir erkennen die Konzentration der Betriebe als notwendig an, verwerfen aber die Konzentration des Kapitals.« Mit Kapital meinte Naumann das von ihm so genannte papierne Abbild der wirklichen Dinge, die Hypotheken, Pfandbriefe, Aktien, Schuldscheine, »kurz, das Privileg, Zinsen irgendwelcher Art zu genießen«[172]. Hier sei einzuschreiten, vor allem gegen die private Ausnutzung der Bodenrente. Der Staat müsse der wachsenden Kapitalkonzentration auf jede erdenkliche gesetzliche Weise entgegenwirken, auch durch die Steuergesetzgebung. Gleichzeitig müsse die Arbeiterschaft gestärkt werden: durch Ausbau des Versicherungswesens – unter anderem durch Schaffung einer Arbeitslosenversicherung –, durch Ausgestaltung des Arbeiterschutzes, Einführung obligatorischer Fachgenossenschaften oder auch gesetzlich anerkannter Gewerkschaften, durch ›parlamentarische‹ Fabrikverfassung – also Mitbestimmung – und durch Umgestaltung der Staatsbetriebe zu Musterbetrieben. Naumann verlangte ferner die korporative Organisation des Handwerks, den Schutz des Handels, die Förderung der lebensfähigen Kleinbetriebe und eine wirksame Behördenaufsicht. Als weder seine christlich-sozialen noch seine national-sozialen Bestrebungen die gebührende öffentliche Resonanz fanden, wandte er sich dem Liberalismus zu und schickte sich an, hier das soziale Bewußtsein zu schärfen.

171 Friedrich Naumann, Christlich-Sozial, in: ders., Werke, Bd. 1, Köln 1964, S. 341–370, hier: S. 346.
172 Ebd., S. 363.

Die intensive sozialpolitische Diskussion in Deutschland in der zweiten Hälfte des 19. Jahrhunderts hatte immer wieder auch legislative Konsequenzen, durch die das Gebäude des Sozialstaats fundiert, seine Mauern allmählich hochgezogen wurden. Einen besonders starken Schub dieser Gesetzgebung sahen die frühen Jahre der Weimarer Republik. Darüber ist hier nicht zu sprechen. Für die Entwicklung der sozialpolitischen Konzeptionen hatte dies zur Folge, daß viele Fragen, über die zwischen 1890 und 1914 lebhaft gestritten worden war, nunmehr kaum noch erörtert werden mußten. Die bürgerlichen Sozialreformer setzten ihre Arbeit unter veränderten Voraussetzungen fort. Sozialliberale Vorstellungen gewannen jetzt stärker an Gewicht. Will man diese Überlegungen auf einen Nenner bringen, so kann man sagen, daß der Staat sich mit sozialen Fragen befassen sollte, wenn ohne ihn eine Lösung nicht erreichbar war, etwa bei der Bodenreform oder beim Wohnungsbau, daß er ansonsten aber den Arbeitsmarktparteien so viel Spielraum wie möglich lassen sollte. Dabei schätzte man beide Seiten etwa gleich stark ein.

Neue Konzepte traten hinzu. Unter Berufung auf das Gemeinschaftserlebnis im Krieg verfocht eine Reihe jüngerer Autoren den Gedanken einer natürlichen Interessengemeinschaft von Arbeitgebern und Arbeitnehmern, die sich schon in der Firma – als Werksgemeinschaft – realisieren müsse. Wissenschaftlicher Hauptvertreter dieser Richtung war Gerhard Albrecht (1889–1971). Er betonte, daß die Wirtschaft die beste Güterversorgung der Gesamtheit zu bewirken habe; sodann gehe es darum, diese Güter gerecht und unter Anerkennung der sozialen Geltung der Arbeitnehmer zu verteilen. Das bedinge, daß jeder sich zur Pflicht und zum Dienst an der Gesamtheit bekennen müsse. Organisatorisch sollte das gestützt werden durch eine gleichberechtigte Heranziehung der Arbeitnehmer bei allen Entscheidungen über ihr materielles und soziales Wohl. Wenn die werksgemeinschaftlich-berufsständische Idee auf das Staatsleben Einfluß gewinne, werde die Sozialpolitik ein neues Gesicht bekommen. Albrecht bezeichnete sein Konzept ungescheut als antiindividualistisch und verwies ausdrücklich auf Parallelen zum italienischen Faschismus[173]. Das Konzept räumte der innerbetrieblichen Sozialpolitik einen hohen Rang ein. Auf diesem konkreten Felde forschte namentlich das Institut für Betriebssoziologie an der Technischen Hochschule in Berlin unter seinem Leiter Goetz Briefs (1899–1974).

Die zügellose Privatwirtschaft und den Kampf der Interessenten untereinander suchte Wichard von Moellendorff (1861–1937) durch sein Konzept der Gemeinwirtschaft zu dämpfen, für das er unter den Intellektuellen einige Resonanz fand. Die Wirtschaftenden müßten sich als Glieder eines Ganzen sehen und der höheren Idee des Gemeinwohls unterstellen. »Wirtschaft, die dem Gemeinwohl nicht nützt, . . . ist auszutilgen.«[174] Die Annäherung an das Gemeinwohl werde möglich, wenn man gleichsam einen goldenen Schnitt durch die divergierenden wirtschaftlichen Interessen finde, um den sich die Führer der Wirtschaftsgruppen in einer Art von Konklave

173 Gerhard Albrecht, Vom Klassenkampf zum sozialen Frieden, Berlin 1925.

174 Wichard von Moellendorff, Deutsche Gemeinwirtschaft, Berlin 1916. Im Jahre darauf folgte eine zweite Schrift: Wichard von Moellendorff, Von Einst zu Einst. Der Alte Fritz, J.G. Fichte, Freiherr vom Stein, Friedrich List, Fürst Bismarck, Paul Lagarde über Deutsche Gemeinwirtschaft, Jena 1917.

bemühen sollten. Auf die Nachkriegsplanung des Reichswirtschaftsamtes hatte Moellendorffs Konzept einigen Einfluß; hier wurde es kräftig ausgebaut und nach der Revolution um die Beteiligung der Arbeiterschaft an allen Entscheidungsprozessen gruppiert. In Wirtschaftszweckverbänden sollten Arbeiter und Unternehmer paritätisch vertreten sein. Der Staat sollte im Interesse anderer Produktionszweige regulierend eingreifen dürfen. Auch sollte er Gewinne ab einer bestimmten Höhe abschöpfen, in Krisenzeiten jedoch Subventionen zahlen. Moellendorff schlug vor, einen Reichsfonds zu schaffen, der bei fehlender Kauflust die Produktionslust anfachen könnte, und dachte so – vor Keynes – an die Konjunktursteuerung nach dem Prinzip des *deficit spending*. Praktische Konsequenzen hatte diese ministerielle Planung nicht, da die SPD-Fraktion der Nationalversammlung für das Konzept der Gemeinwirtschaft nicht zu gewinnen war[175].

Auf werksgemeinschaftliches Denken bei den Katholiken wirkte der Solidarismus mit ein. So setzte sich Matthias Erzberger (1875–1921) für die Werksgenossenschaft ein. Dabei dachte er an eine Gewinnbeteiligung, die allerdings wieder in die Betriebe investiert werden sollte. War den Beschäftigten auf diesem Wege die Hälfte des Anlagekapitals zugewachsen, so sollten sie paritätisch an der Unternehmensführung beteiligt werden. Auch an überbetrieblichen Zusammenschlüssen, an berufsgenossenschaftlichen Selbstverwaltungskörpern, sollten die Arbeiter gleichberechtigt beteiligt werden[176].

6.6 Die Enzyklika ›Quadragesimo Anno‹

Außerordentlichen Einfluß auf die Fortbildung der katholischen Soziallehre gewann Gustav Gundlach (1892–1963). Nach seinem Eintritt in den Jesuitenorden wurde er von seinen Oberen dazu angeregt, sich mit dem Werk von Heinrich Pesch zu beschäftigen und es fortzuführen. Er studierte deshalb Wirtschafts- und Sozialwissenschaften und verstand es schon in seinen ersten Arbeiten, das katholische Verständnis bestimmter Begriffe klarer herauszuarbeiten, so etwa in den Artikeln *Klasse* und *Klassenkampf* in der fünften Auflage des Staatslexikons der Görresgesellschaft in der zweiten Hälfte der zwanziger Jahre. In den gesellschaftspolitischen Debatten des deutschen Katholizismus in der ausgehenden Weimarer Republik wurde er schnell zu einem der führenden Köpfe, auf die Enzyklika *Quadragesimo anno* Pius' XI. (1857–1939, Papst seit 1922) von 1931 wirkte er stark ein. Seit 1934 lehrte er an der päpstlichen Universität Gregoriana in Rom. An der Formulierung der sozialen und politischen Verlautbarungen des Papstes Pius XII. wirkte er in erheblichem Umfange mit. Seine christliche Gesellschaftslehre verwies mit Nachdruck auf den personalen Ansatz aller sozialen Überlegungen[177].

---

175 Vgl. dazu Hans Gotthard Ehlert, Die wirtschaftliche Zentralbehörde des Deutschen Reiches 1914–1919. Das Problem der ›Gemeinwirtschaft‹ in Krieg und Frieden, Wiesbaden 1982, S. 149ff. und S. 361ff.

176 Matthias Erzberger, Christlicher Solidarismus als Weltprinzip, Mönchengladbach 1921.

177 Gustav Gundlach, Die Ordnung der menschlichen Gesellschaft, 2 Bde., Köln 1964; vgl. Johannes Schwarte, Gustav Gundlach SJ (1892–1963). Repräsentant und Interpret der katholischen Soziallehre während der Pontifikate Pius XI. und Pius XII., Paderborn 1975.

Die Enzyklika *Quadragesimo anno* nahm den vierzigsten Jahrestag von *Rerum novarum* zum Anlaß, eine Bilanz der Wirkungen zu ziehen, die jenes Rundschreiben Leos XIII. gehabt hatte, und es in einigen Punkten zu präzisieren oder die dort gegebenen Ansätze weiter zu entfalten. *Quadragesimo anno* sollte »endlich mit der Wirtschaft von heute ins Gericht gehen und über den Sozialismus das Urteil sprechen, um die wahre Ursache der gegenwärtigen Störung der gesellschaftlichen Ordnung aufzudecken und damit zugleich den einzigen Weg zur Heilung aufzuzeigen, nämlich die sittliche Erneuerung aus christlichem Geist«[178]. Die Bilanz fiel außerordentlich positiv aus: Pius XI. bezeichnete *Rerum novarum* als Magna Charta der christlichen Sozialarbeit. Die Zuständigkeit des Papstes für soziale und wirtschaftliche Fragen wurde neuerlich bekräftigt, die Sozialbindung des Eigentums deutlich unterstrichen. Zwar könne der Staat im Rahmen des göttlichen und natürlichen Gesetzes bestimmen, was die Eigentümer mit ihrem Eigentum dürften und was nicht, aber das naturgegebene Recht auf Eigentum müsse immer unberührt bleiben. Der Staat habe keine Macht, es zu entziehen, aber er dürfe auf die Gemeinwohlbindung des Eigentums hinweisen.

Die Aussage Leos XIII., »daß aus keiner andern Quelle als aus der Arbeit der Werktätigen der Wohlstand der Völker stamme«[179], wiederholte Pius XI., ebenso die Feststellung, daß Kapital und Arbeit aufeinander angewiesen seien. Entgegen dieser Wahrheit habe das Kapital lange genug ein Übermaß der Erträgnisse für sich in Anspruch genommen und der Arbeiterschaft damit ihr Recht verkürzt. Tatsächlich müsse aber jedem sein Anteil zukommen, die Verteilung der Erdengüter mit der Forderung der Gemeinwohlgerechtigkeit in Übereinklang gebracht werden. Zwar sei die Lage der Arbeiter in den fortgeschrittenen Ländern inzwischen erheblich verbessert, doch gebe es von neuem ein Elendsproletariat in den jungen Entwicklungsländern und den alten Kulturstaaten des Fernen Ostens, wo die Industriewirtschaft jüngst reißend eingebrochen sei. Immer noch bestehe zudem das Riesenheer des Landproletariats. All das beweise, »daß die Erdengüter, die in unserem Zeitalter des sogenannten Industrialismus in so reicher Fülle erzeugt werden, nicht richtig verteilt . . . sind«[180]. Es sei mit aller Macht daran zu arbeiten, hier Besserung zu erzielen. Im weiteren Fortgang beschäftigte sich die Enzyklika mit der Lohnproblematik und wies dabei die These zurück, das Entgelt sei dem Wert des Arbeitsertrags gleichzusetzen. Bei der Lohnfestsetzung seien die Auskömmlichkeit für den Arbeiter, die Lage des jeweiligen Unternehmens und die allgemeine Wohlfahrt zu berücksichtigen. Die Preise müßten zu den Löhnen in einem angemessenen Verhältnis stehen.

Bei der Präzisierung von *Rerum novarum* wandte sich *Quadragesimo anno* schließlich dem Staat zu. Das Gesellschaftsleben sei, so hieß es bedauernd, derart zerschlagen, daß eigentlich nur noch die Individuen einerseits, der Staat andererseits übrig geblieben seien, zum Schaden für den Staat selbst, der sich mit allen jenen Aufgaben habe belasten müssen, die an sich die von ihm verdrängten Vergemeinschaftungen erfüllen könnten. Mit Nachdruck wurde hier das Subsidiaritätsprinzip unterstrichen. Es müsse »allzeit unverrückbar jener oberste sozialphilosphische

178 Paul Jostock (Hrsg.), Die sozialen Rundschreiben (Anm. 161), S. 91.
179 Ebd., S. 116.
180 Ebd., S. 123.

Grundsatz festgehalten werden, an dem nicht zu rütteln noch zu deuteln ist: wie dasjenige, was der Einzelmensch aus eigener Initiative und mit seinen eigenen Kräften leisten kann, ihm nicht entzogen und der Gesellschaftstätigkeit zugewiesen werden darf, so verstößt es gegen die Gerechtigkeit, das, was die kleineren und untergeordneten Gemeinwesen leisten und zum guten Ende führen können, für die weitere und übergeordnete Gemeinschaft in Anspruch zu nehmen; zugleich ist es überaus nachteilig und verwirrt die ganze Gesellschaftsordnung«[181]. Jede Gesellschaftstätigkeit sei ihrem Begriff und Wesen nach subsidiär. Sie solle die Glieder des Sozialkörpers unterstützen, aber nicht zerschlagen.

Den Gegensatz der Arbeitsmarktparteien wollte die Enzyklika durch eine berufsständische Ordnung mildern, wobei ausdrücklich unterstrichen wurde, daß es sich um freie Vereinigungen handeln müsse. Die Wettbewerbsfreiheit sah das Rundschreiben nur in Grenzen als berechtigt an; sie »kann aber unmöglich regulatives Prinzip der Wirtschaft sein«[182]. Das sei von der Praxis bis zum Übermaß bestätigt. Die an die Stelle des freien Wettbewerbs getretene Vermachtung der Wirtschaft könne die Selbststeuerung noch weniger bewirken; die wirtschaftliche Macht müsse vielmehr »durch die soziale Gerechtigkeit und die soziale Liebe« in strenge und weise Zucht genommen werden. So müßten alle staatlichen und gesellschaftlichen Einrichtungen von der Gerechtigkeit durchwaltet sein, und die Staatsgewalt habe dies Prinzip kraftvoll zu schützen und durchzusetzen. Zudem sollten die Völker wegen ihrer gegenseitigen wirtschaftlichen Ergänzungsbedürftigkeit Vereinbarungen zur Förderung einer gedeihlichen Zusammenarbeit treffen. Schließlich verwies die Enzyklika auf die Notwendigkeit einer sittlichen Erneuerung.

Im dritten Teil seines Rundschreibens behandelte Pius XI. die gegenwärtige Lage von Kapitalismus und Sozialismus, wobei er insbesondere am Kommunismus scharfe Kritik übte. Die Entwicklung der gemäßigten Richtung des Sozialismus lasse viele die Frage stellen, ob er damit seinem widerchristlichen Wesen entsagt habe. Das verneinte der Papst. »Der Sozialismus, gleichviel ob als Lehre, als geschichtliche Erscheinung oder als Bewegung, auch nachdem er in den genannten Stücken der Wahrheit und Gerechtigkeit Raum gibt, bleibt mit der Lehre der katholischen Kirche immer unvereinbar.«[183]

Die unbestrittene Dominanz des Solidarismus bei den katholischen Sozialtheoretikern in der Zwischenkriegszeit wurde in der Schlußphase des Dritten Reiches und in den ersten Nachkriegsjahren etwas zurückgedrängt, eine positivere Einstellung zum Sozialismus gewann an Boden. Hier sind die beiden Dominikanerpatres aus Walberberg Eberhard Welty (1902–1965) und Laurentius Siemer (geb. 1888) zu nennen, die sich während des Krieges an den Beratungen eines katholischen Widerstandskreises über die sozialethisch-staatspolitischen Grundlagen Nachkriegdeutschlands beteiligten. Namentlich Welty bemühte sich darum, einen antimarxistischen Sozialismusbegriff durchzusetzen; er propagierte den Christlichen Sozialismus. Die Macht des Kapitals, der Monopole und Konzerne sollte gebrochen werden, um die Klassenspaltung überwinden zu können; monopolistische Großbetriebe sollten möglichst in

181 Ebd., S. 133 (Nr. 79).
182 Ebd., S. 139 (Nr. 88).
183 Ebd., S. 154f.

Gemeineigentum überführt werden. Derlei Überlegungen hatten beträchtlichen Einfluß auf die Programmatik der frühen CDU, verloren aber bald wieder an Gewicht, und der Solidarismus rückte neuerlich nach vorn[184].

Der wichtigste Vorkämpfer des solidaristischen Denkens in Deutschland nach 1945 war der Jesuit Oswald von Nell-Breuning (geb. 1890). In seiner kleinen, 1968 erstmals erschienenen und jüngst neu aufgelegten Schrift erläuterte er knapp und präzise die wesentlichen Baugesetze der Gesellschaft, nämlich das Grundgesetz der gegenseitigen Verantwortung, die Solidarität, und das Grundgesetz des hilfreichen Beistandes, die Subsidiarität. In einer Vielzahl von Veröffentlichungen äußerte er sich zu aktuellen wirtschafts- und gesellschaftspolitischen Fragestellungen, wobei die Mitbestimmung ein häufig wiederkehrendes Thema war. Dieses Problem ging er von der Subsidiarität aus an: »Jedem einzelnen Mann im Betrieb, soweit es möglich ist, Raum zur eigenverantwortlichen Entscheidung zu belassen, seine Tätigkeit durch Anweisungen aller Art, Normen usw. nur in dem Maße zu regeln, als dies aus sachlichen Gründen unvermeidlich ist, ist dem Subsidiaritätsprinzip gemäß, anders zu verfahren ist ihm zuwider.« Das gelte auch für die Entscheidung zwischen Belegschaft und Gewerkschaft bei der Mitbestimmung: Wenn die Belegschaften es allein könnten, habe eine Gewerkschaft hierbei nichts zu suchen[185].

6.7 John Maynard Keynes: Der Verfechter der staatlichen Regulierung der Marktwirtschaft

Die vorstehend skizzierten Auffassungen fanden in mannigfacher Form ihren Niederschlag in der Politik. Das gilt, um den Blick auf den Liberalismus der Zwischenkriegszeit zu richten, in noch stärkerem Maße für den englischen Mathematiker, Publizisten und Nationalökonomen John Maynard Keynes (1883–1946). Er wurde, ohne eine einzige nationalökonomische Arbeit vorgelegt zu haben, allein auf Grund seiner im Studium bewiesenen Qualifikation 1908 Lecturer in economics in Cambridge[186]. Mit Blick auf die akademische Karriere entwickelte er eine (erst 1921 publizierte) Wahrscheinlichkeitstheorie und trat nach außen mit einem Buch über das indische Währungs- und Finanzwesen hervor, in dem er nachdrücklich unterstrich, welchen hohen Rang die Geldpolitik für das Wohl und Wehe der Bürger habe; Fehlbewertungen könnten zu schweren wirtschaftlichen Schädigungen führen. Als Angehöriger des Schatzamtes nahm er an der Friedenskonferenz von Versailles teil, sah seine Hoffnungen jedoch getäuscht, am Zustandekommen eines gerechten Vertrags mitwirken zu können. Deshalb schied er aus seiner Behörde aus und wandte sich mit einem in

---

184 Eberhard Welty, Was nun? Grundsätze und Hinweise zur Neuordnung im deutschen Lebensraum, Brühl 1945. Zum Gesamtkomplex Rudolf Uertz, Christentum und Sozialismus in der frühen CDU. Grundlagen und Wirkungen der christlich-sozialen Ideen in der Union 1945–1949, Stuttgart 1981.

185 Oswald von Nell-Breuning, Baugesetze der Gesellschaft. Solidarität und Subsidiarität. Durchgesehene Neuausgabe, Freiburg 1990, S. 124.

186 Vgl. den Lebensüberblick mit Würdigung des Werks bei Harald Scherf, John Maynard Keynes (1883–1946), in: Joachim Starbatty (Hrsg.), Klassiker des ökonomischen Denkens, Bd. 2, Von Karl Marx bis Walter Eucken, München 1989, S. 273–291.

kurzer Zeit geschriebenen Buch über die wirtschaftlichen Folgen des Friedensvertrags an die Öffentlichkeit, mit dem er weltweite Beachtung erlangte. Er warf den in Versailles beschlossenen oder in Aussicht gestellten Regelungen nicht nur die Verletzung des Waffenstillstandes vor, sondern bezeichnete sie wirtschaftlich auch als höchst verhängnisvoll. Die den Mittelmächten auferlegten Lasten könnten dort schweres Elend hervorrufen und namentlich Deutschland – zur Abhilfe – dazu veranlassen, mit aller Kraft auf den Weltmarkt zu drängen. Eine schwere Störung der Weltwirtschaft sei absehbar[187].

Trotz des Entwurfs einer Wahrscheinlichkeitstheorie war Keynes, wie schon seine beiden letztgenannten Bücher zeigen, kein Theoretiker im engeren Sinne, wenngleich er sich selbstverständlich in den nationalökonomischen Theorien bestens auskannte und nach Möglichkeit an sie anknüpfte. Er zielte immer auch auf die Praxis und war ein durchaus politischer Kopf. So trat er ab 1920 mit einer ganzen Reihe von Büchern zu aktuellen wirtschaftspolitischen Fragen und mit zahlreichen Zeitungsartikeln hervor und suchte auch direkt auf die verantwortlichen Politiker einzuwirken. In seinem *Tract of Monetary Reform* (1923) wies er auf die dringende Notwendigkeit hin, das interne Preisniveau zu stabilisieren und dadurch das unternehmerische Risiko zu senken; er erwartete konkrete geldpolitische Interventionen der Bank von England. Den altliberalen Glauben an die Selbstregulierungskräfte der Wirtschaft hielt er für Illusion. Es bestehe angesichts der Komplexität der Probleme vielmehr ganz konkret staatlicher Handlungsbedarf. Besonders nachdrücklich führte er das in seiner knappen Schrift *The End of laissez-faire* (1926) aus. Wenige Jahre später, in *Can Lloyd George do it?* (1929) forderte er umfassende Arbeitsbeschaffungsmaßnahmen unter Einsatz öffentlicher Mittel. Mit seinen Vorschlägen für einen kräftigen staatlichen Interventionismus fand er bei jüngeren Angehörigen der liberalen Partei Resonanz, nicht aber bei den beiden Großparteien und der breiten öffentlichen Meinung.

In seinem zweibändigen *Treatise on Money* (1930) gab Keynes eine systematische Auseinandersetzung mit der Geldtheorie, bezog seine Darlegungen aber sehr stark auf die aktuelle Situation. Die Differenzen zwischen Herstellungskosten und Marktpreisen bezeichnete er als Ursachen für Schwankungen der Produktion. Entstehe durch Zurücknahme des Angebots ein Verlust an Arbeitsplätzen, so müsse dem geldpolitisch entgegengewirkt werden. Durch Senkung des Zinssatzes sei die Investitionsneigung so zu fördern, daß sich wieder ein Gleichgewicht zwischen der Spar- und der Investitionssumme herstelle. Schon im Vorwort der deutschen Ausgabe äußerte er sich skeptischer: Es lasse sich selbst bei bester Kenntnis der Bank- und Währungsstatistik keine unabänderliche Beziehung zwischen der Kreditmenge einerseits, der Differenz von Ersparnis und dem Wert der Investitionen andererseits gewinnen[188].

In der Folge entwickelte Keynes seine Ansichten in kleinen Schritten weiter. Die Weltwirtschaftskrise stellte außerordentliche Herausforderungen, die energisch nach neuen Wegen suchen ließen. Nach mehrjähriger Arbeit legte er 1936 sein Hauptwerk,

---

187 John Maynard Keynes, The Economic Consequences of the Peace, London 1919, dt.: Die wirtschaftlichen Folgen des Friedensvertrages, München 1920.

188 John Maynard Keynes, A Treatise on Money, 2 Bde., London 1930, dt.: Vom Gelde, München 1932 (Neudruck Berlin 1952).

die *Allgemeine Theorie der Beschäftigung, des Zinses und des Geldes* vor, in der er die Probleme der Volkswirtschaft umfassend vortrug und mit der er ganz außerordentlichen Eindruck machte. Der amerikanische Nationalökonom Lawrence B. Klein sprach 1947 geradezu von einer Keyneschen Revolution[189]. Spätestens jetzt war Keynes' Ruhm als einer der ganz bedeutenden Volkswirte des 20. Jahrhunderts unumstößlich anerkannt; das Werk blieb freilich umstritten, nicht so sehr wegen der wirtschaftspolitischen Folgerungen, sondern wegen der theoretischen Fundierung. Keynes sah es als psychologisches Grundgesetz an, daß die Sparneigung bei steigendem Einkommen stärker zunehme als der Verbrauch, so daß ein wachsender Rest der Einkommen nicht ausgegeben werde. Auch meinte er, daß Güterangebot und Güternachfrage sich nicht notwendig über den Marktmechanismus anglichen. Zwar ließen sich die Einkommensreste als Kredite an die Geschäftswelt übertragen, die sie wiederum investieren könne; Keynes meinte bei den Unternehmern wegen der Unsicherheit bei der vorausschauenden Kalkulation aber eine langfristige Tendenz zu vorsichtigen Investitionen konstatieren zu können, so daß die gesparten Einkommensteile nicht unmittelbar die Nachfrage nach Investitionsgütern anregten. Es entstünde vielmehr eine Nachfragelücke, die zur Rücknahme der Produktion, also zum Abbau von Arbeitskräften führen werde.

Keynes sah die Gefahr chronischer Stagnation und Unterbeschäftigung. Deshalb erklärte er das Bemühen um Vollbeschäftigung zur zentralen Aufgabe der Wirtschaftspolitik. Hierbei spielte die Zinspolitik eine wichtige Rolle. Durch Senkung der Zinsen sollte der Sparwille gehemmt, die Investitionsbereitschaft gefördert werden. Vor allem aber sollte der Staat beim Zögern der Investoren mit öffentlichen Aufträgen in die Bresche springen und die Nachfrage ankurbeln. Öffentliche Investitionen könnten die Beschäftigungslage schnell verbessern. Zu finanzieren seien sie durch Kreditaufnahme bei der Notenbank, also durch zusätzliche Geldschöpfung und eine defizitäre Haushaltspolitik *(deficit spending)*. Keynes hielt »eine ziemlich umfassende Verstaatlichung der Investition« für »das einzige Mittel zur Erreichung einer Annäherung an die Vollbeschäftigung«[190]. Diesen Kerngedanken hatte schon 1931 Richard Ferdinand Klein mit seiner These vom Investitionsmultiplikator vorgetragen[191].

Keynes' Theorie war eine Theorie des Ungleichgewichts, bezogen auf die Bedingungen der Unterbeschäftigung. Später erweiterte der Autor sie auch auf die Probleme der Übernachfrage und setzte sich mit Dämpfungsmöglichkeiten auseinander. Von seinen Schülern wurde das System differenziert und als Keynesianismus durchgesetzt; auf theoretischem Felde hatte namentlich eine Studie von J. R. Hicks große Bedeutung[192].

Die Wirkung von Keynes auf die Wirtschaftspolitik der beiden angelsächsischen Mächte war außerordentlich groß. Die britische Regierung legte sich 1944 auf eine Vollbeschäftigungspolitik im Sinne Keynes' fest, die USA folgten 1946, und auch in

---

189 Lawrence B. Klein, The Keynesian Revolution, New York 1947, 1963².

190 John Maynard Keynes, The General Theory of Employment, Interest and Money, London 1936, dt.: Allgemeine Theorie der Beschäftigung, des Zinses und des Geldes, Berlin 1955, hier: S. 319.

191 Richard F. Klein, The Relations of Home Investment to Unemployment, in: Economic Journal, (1931)41, S. 173–198.

192 J. R. Hicks, Mr. Keynes and the Classics, in: Econometrica, (1937)5, S. 147–159.

die Charta der Vereinten Nationen fand die Vollbeschäftigung Eingang als wirtschaftspolitisches Ziel. In der Bundesrepublik Deutschland hatten Keynes' Gedanken namentlich in den sechziger Jahren erheblichen Einfluß; hier ist vor allem auf den Bundeswirtschaftsminister der Jahre 1966–1972, den zum liberalen Flügel der SPD gehörenden Hamburger Nationalökonomen Karl Schiller (geb. 1911), und auf das 1967 verabschiedete *Gesetz zur Förderung der Stabilität und des Wachstums der Wirtschaft,* das sogenannte Stabilitätsgesetz, zu verweisen. Keynes, um das noch anzumerken, war seit 1940 wieder in hohen Staatsstellungen – Direktor der Bank of England – und hatte erheblichen Einfluß auf die Regelung der mit der Kriegsfinanzierung verbundenen Probleme und auf das künftige Währungssystem. So ist der Internationale Währungsfonds mit seinem Namen verbunden.

6.8 Die Erneuerung des liberalen Denkens

Daß das liberale Denken einer Erneuerung bedürfe, wurde unter dem Einfluß der Weltwirtschaftskrise vielfach gesehen; Keynes zog von den Liberalen nur die entschiedensten Konsequenzen aus der Lage. In Deutschland verlangte 1932 der nach eigenem Bekunden »erzliberale« Alexander Rüstow (1885–1963) in einem vielbeachteten Diskussionsbeitrag auf der Tagung des Vereins für Sozialpolitik einen liberalen Interventionismus »nicht entgegen den Marktgesetzen, sondern in Richtung der Marktgesetze, nicht zur Aufrechterhaltung des alten, sondern zur Herbeiführung des neuen Zustandes, nicht zur Verzögerung, sondern zur Beschleunigung des natürlichen Ablaufs«. An einem derartigen Eingreifen in Richtung auf von den Betroffenen als störend oder bedrohlich empfundene Veränderungen sei den Interessenten egoistischerweise ganz und gar nicht gelegen. Deshalb fordere die Realisierung dieses Vorschlages – »wie übrigens auch schon die bloße Garantie der Marktfreiheit, die Garantie fairer Konkurrenz und gleicher Spielregeln für alle – einen starken Staat, einen Staat, der über den Gruppen, über den Interessenten steht, einen Staat, der sich aus der Verstrickung mit den Wirtschaftsinteressen, wenn er in sie hineingeraten ist, wieder herauslöst«. Die Bedingungen seien jetzt andere als früher; der klassische Liberalismus – von dem Rüstow mit Recht dahingestellt bleiben lassen wollte, ob er einen Nachtwächterstaat wünschte – habe Entfaltungsfreiheit für sich verlangt. Das müsse nicht Schwäche des Staates bedeuten. Der »neue Liberalismus jedenfalls, der heute vertretbar ist . . ., fordert einen starken Staat, einen Staat oberhalb der Wirtschaft . . .«[193].

Auch andere jüngere Volkswirte gingen neue Wege. Ludwig Erhard (1897–1977) hatte seine Dissertation unter der Betreuung von Franz Oppenheimer geschrieben und war nach akademischem Sprachgebrauch somit dessen Schüler. Das nahm Erhard sehr wörtlich. Häufig wies er darauf hin, wieviel er Oppenheimer verdanke. Er übernahm von ihm die Gegnerschaft gegen Monopole und gegen die mannigfachen wettbewerbshemmenden und -verfälschenden Faktoren, gegen die Ansammlung wirtschaftlicher Macht. Viel von dem, was er später als Politiker tat – er war von

193 Alexander Rüstow, Diskussionsbeitrag, in: Verhandlungen des Vereins für Sozialpolitik in Dresden, 28. und 29. September 1932, Leipzig 1932, S. 62–69, hier: S. 64f., S. 68 und S. 69.

1949 bis 1963 Bundeswirtschaftsminister –, setzte schon hier an: der Kampf gegen Kartelle und Monopole, der Einsatz für den Wettbewerb, die Bereitschaft zum Abbau von Handelshemmnissen, das Eintreten für die Freiheit des Geld- und Kapitalverkehrs und für ein geeintes Europa, schließlich das soziale Verantwortungsgefühl. Daneben gab es weitere Anregungen von anderen Männern, vor allem von dem Wiener Gesellschaftswissenschaftler Othmar Spann (1878–1950) und von dem Nürnberger Nationalökonomen und Philosophen Wilhelm Vershofen (1878–1960)[194]. So wies Vershofen etwa darauf hin, daß die Spannung zwischen Personalität und Sozietät auch in der Wirtschaftsgesellschaft bestehe und ausgeglichen werden müsse; dem Staat schrieb er deshalb die Aufgabe zu, den Marktfrieden zu gewährleisten[195].

Die erste größere Arbeit Erhards – von 1931 – trug den programmatischen Titel *Die Überwindung der Wirtschaftskrise durch wirtschaftspolitische Beeinflussungen* und war Oppenheimer und Vershofen durchaus verpflichtet. Es ging Erhard hier darum, in den bisherigen Anarchismus der kapitalistischen Entwicklung eine gewisse Ordnung zu bringen, die Dynamik des kapitalistischen Systems zwar zu nutzen, es aber so zu reformieren, daß der Mensch wieder im Mittelpunkt des Geschehens stehe. Unreformiert werde der Kapitalismus in die Katastrophe führen, weil er Erzeugung und Verbrauch nicht zum Ausgleich kommen lasse und damit den Sinn des Wirtschaftens verfehle. Sein Vorgehen bringe nur weiteres Kapital, nicht aber Reichtum hervor. Der Wirtschaft möge ihr Handeln aus innerer Gesetzmäßigkeit vorgeschrieben sein, der Staat sei darauf indessen nicht verpflichtet. Für ihn ergebe sich vielmehr »zu Zeiten die Notwendigkeit, die privatwirtschaftlich gewollte Entwicklung nicht zu fördern, sondern zu hemmen, und mit dieser Politik ist er nicht Widersacher, sondern Helfer der Wirtschaft – Wirtschaft in einem weiteren umfassenden Verstande«[196].

Versage das herrschende Wirtschaftssystem, müsse die staatliche Wirtschaftspolitik eingreifen, allerdings ohne scharfen Bruch und ohne Experimente. Dabei komme es wesentlich darauf an, die Fortentwicklung der gesellschaftlichen Produktivkräfte zu gewährleisten und den weiteren Absatz zu ermöglichen. Es sei also darauf hinzuwirken, daß sich die Nachfrage auf dem Konsumgütermarkt verstärke; zugleich seien Einkommen zu bekämpfen, die nicht konsumiert würden, sondern durch Kapitalvermehrung nur den Gegensatz zwischen Erzeugung und Verbrauch vertieften. Der Staat habe vermachtete Strukturen aufzulösen, durch Begrenzung der Akkumulation des Kapitals, durch Beschränkung der gebundenen Preispolitik, durch eine geldwirtschaftlich orientierte Investitions- und Rationalisierungspolitik und durch zoll- und handelspolitische Maßnahmen. Die gewichtige Abhandlung ließ sich in der Krise der Weimarer Zeit nicht mehr veröffentlichen, Erhard trug nur einzelne seiner Gedanken in Aufsätzen vor, hauptsächlich zur Krisenbewältigung durch Verbrauchsbelebung.

---

194 Vgl. dazu Horst Friedrich Wünsche, Ludwig Erhards Gesellschafts- und Wirtschaftskonzeption. Soziale Marktwirtschaft als politische Ökonomie, Stuttgart 1986, S. 90ff.

195 Vgl. vornehmlich Wilhelm Vershofen, Wirtschaft als Schicksal und Aufgabe, Darmstadt 1930; ders., Die Stufen der Sozietät. Ein Beitrag zur Lehre von den Gestalten, Nürnberg 1931 (Neudruck in: ders., Philosophische Schriften, München 1966, S. 493–552).

196 Referat der Schrift nach Volkhard Laitenberger, Ludwig Erhard. Der Nationalökonom als Politiker, Göttingen 1986, S. 21–24, hier: S. 23.

Ordnungspolitische Probleme wurden auch sonst vielfach diskutiert. In enger Berührung miteinander und in bewußt christlicher Haltung tat das eine Gruppe von Nationalökonomen und Juristen, die nach dem Wirkungsort einiger Angehöriger dieses Kreises als *Freiburger Schule,* nach der breiten Rezeption des Ordo-Gedankens und dem 1948 gegründeten Organ *Ordo. Jahrbuch für die Ordnung von Wirtschaft und Gesellschaft* als *Ordo-Liberale* bezeichnet werden können, aber auch das allgemeinere Etikett *Neo-Liberale* tragen. Für sie alle war die Erfahrung des Nationalsozialismus, den sie in der inneren Emigration oder im Zusammenhang mit dem Widerstand durchlebten oder vor dem sie ins Exil gegangen waren, von erheblicher Bedeutung. Wenigstens zu nennen sind der schon erwähnte Alexander Rüstow, neben ihm die Nationalökonomen Wilhelm Röpke (1891–1966) und Walter Eucken (1899–1950) sowie der Jurist Franz Böhm (1895–1977) – es könnten noch etliche andere Namen angeführt werden. Nicht alle waren mit der Firmierung als Liberale ganz zufrieden; Eucken etwa war der Terminus durch die Tradition des Laissez-faire eigentlich zu sehr belastet[197].

Den weitesten Ansatz wählte Röpke. In drei Bänden legte er zwischen 1942 und 1945 in seinem Schweizer Exil eine umfassende Lagedeutung vor, deren erster Band den Titel *Gesellschaftkrise der Gegenwart* trägt[198]. Der Autor klagte über zwei gravierende Entwicklungen, eimal über den Verlust der aus Antike und Christentum stammenden europäischen Überlieferungen und Denkweisen, namentlich über das Ausmaß der Entchristlichung, zum anderen über die durch die starke Bevölkerungsvermehrung seit dem 19. Jahrhundert geförderte Vermassung. So gingen gewachsene Bindungen verloren, der Mensch vereinsamte – diesen Prozeß beschrieb Röpke ähnlich eindringlich wie der spanische Philosoph José Ortega y Gasset (1883–1955), der 1929 mit seinem Buch *La rebelión de la masas* (Der Aufstand der Massen) einen ungewöhnlichen Erfolg erzielt hatte.

Röpke sah den Menschen deshalb zunehmend dem Kollektivismus zugeneigt. Aus dem Verlust an Werten und der Vermassung führe der Weg unmittelbar zum italienischen Faschismus, zum Nationalsozialismus und zum Bolschewismus. Gegen diese Gefährdung seien Dämme zu errichten, intellektuell durch den Rückgriff auf das Naturrecht und die großen europäischen Traditionen, institutionell durch die Betonung der *corps intermédiaires,* namentlich durch Kräftigung des Föderalismus – Röpke war einer der ersten, die den Wert des Föderalismus in der politischen Diskussion des 20. Jahrhunderts nachhaltig unterstrichen. Mit großem Ernst betonte er immer wieder, daß das liberale Wirtschaftssystem die in dem individuellen Selbstbehauptungsdrang liegende außerordentliche Kraft entbinde und nutze. Es sei deshalb moralisch tief begründet, »daß die durch freie Preise, freie Märkte und freien Wettbewerb gesteuerte und geordnete Wirtschaft Gesundheit und Güterfülle«

197 Vgl. insgesamt Reinhard Blum, Soziale Marktwirtschaft. Wirtschaftspolitik zwischen Neoliberalismus und Ordoliberalismus, Tübingen 1969; Egon Edgar Nawroth, Die Sozial- und Wirtschaftsphilosophie des Neoliberalismus, Heidelberg 1962.

198 Wilhelm Röpke, Die Gesellschaftskrisis der Gegenwart, Erlenbach-Zürich 1942, 1948^5; ders., Civitas Humana. Grundfragen der Gesellschafts- und Wirtschaftsreform, Erlenbach-Zürich 1944, 1949^3; ders., Internationale Ordnung – heute, Erlenbach-Zürich 1945, 1954^2.

bedeute, während der Sozialismus nur »Siechtum, Unordnung und Minderergiebigkeit« mit sich bringe[199]. Nur durfte die freie Wirtschaft nicht zur Anarchie werden. Der Liberalismus mußte vielmehr von Grund auf erneuert werden und sich seiner sozialen Verpflichtung bewußt sein. Die tradierte Sozialpolitik, die sich um die Lohn- und Arbeitsverhältnisse und die materielle Besserstellung gekümmert habe, sei auszugestalten auf weitere Lebensbereiche.

Ähnlich Alexander Rüstow. Er sah die neoliberale Konzeption als dritten Weg zwischen dem sozialistischen Ideal der Planwirtschaft und der »bisherigen völlig entarteten und unhaltbaren ›spätkapitalistischen‹ Wirtschaft«[200]. Die Erneuerung des Liberalismus müsse allen berechtigten Einwänden des Sozialismus Rechnung tragen. So verlangte er eine Vitalpolitik, die die gesamte Lebenssituation des arbeitenden Menschen, »seine wirkliche, konkrete Lebenslage von früh bis abend und von abend bis früh ins Auge faßt«[201]. Die von den Neoliberalen vertretene Gedankenwelt wertete er als Gegenprogramm gegen Bolschewismus und Kommunismus, und mit Röpke war er darin einig, daß das kollektivistische Rußland als totalitäres Herrschaftssystem zahlreiche Vergleichsebenen mit dem Nationalsozialismus habe. Rüstows Sicht war ausgesprochen politisch.

Mit der Zurückhaltung des Wissenschaftlers näherte sich dagegen Walter Eucken der Thematik. Er begann bei der theoretisch wenig interessierten jüngeren historischen Schule der Nationalökonomie, nahm unter dem Eindruck der Inflation aber kapitaltheoretische Probleme auf und suchte in den dreißiger Jahren die Grundlagen der Nationalökonomie insgesamt darzulegen. Eucken beschäftigte sich eingehend mit Wirtschaftsstufen-, -stilen, -ordnungen und -systemen und entwickelte dabei eine sehr differenzierte Typologie. Die zentralgeleitete Wirtschaft hob er scharf von der Verkehrswirtschaft ab. Schließlich wandte er sich ordnungspolitischen Problemen zu und betonte, daß eine funktionstüchtige und menschenwürdige Ordnung sich nicht von selbst entwickle, sondern bewußt zu schaffen sei[202]. Den Wettbewerb hielt er für das sinnvollste Grundprinzip der Wirtschaftsverfassung[203]. In zahlreichen Aufsätzen entfaltete er seine Ansichten weiter und faßte all das schließlich in dem unvollendet gebliebenen Hauptwerk *Grundsätze der Wirtschaftspolitik* zusammen.

Eucken ging davon aus, daß die soziale Frage seit Beginn der Industrialisierung zur Zentralfrage des menschlichen Daseins geworden sei und stellte sich die Aufgabe, zu klären, wie der modernen industrialisierten Wirtschaft eine menschenwürdige

---

199 Wilhelm Röpke, Jenseits von Angebot und Nachfrage, Erlenbach-Zürich 1958, 1961[3], S. 18; eine gedrängte Skizze der von Röpke diagnostizierten Vermassung findet sich dort S. 56–129.

200 Alexander Rüstow, Zwischen Kapitalismus und Kommunismus, in: Ordo, (1949)2, S. 100–169, hier: S. 128. – Rüstows große Zeitanalyse erschien unter dem Titel: Ortsbestimmung der Gegenwart. Eine universalgeschichtliche Kulturkritik, 3 Bde., Erlenbach-Zürich-Stuttgart 1950–1957.

201 Alexander Rüstow, Soziale Marktwirtschaft als Gegenprogramm gegen Kommunismus und Bolschewismus, in: Luigi Einaudi u. a., Wirtschaft ohne Wunder, Erlenbach-Zürich 1953, S. 97–108, hier: S. 103.

202 Walter Eucken, Die Grundlagen der Nationalökonomie, Tübingen 1959[7], 1940[1].

203 Walter Eucken, Wettbewerb als Grundprinzip der Wirtschaftsverfassung, in: Günter Schmölders (Hrsg.), Der Wettbewerb als Mittel volkswirtschaftlicher Leistungssteigerung und Leistungsauslese, Berlin 1942, S. 29–49.

Ordnung gegeben werden könne. Zunächst untersuchte er frühere Konzeptionen zu diesem Komplex, um sich dann den eigenen Lösungsvorschlägen zuzuwenden. Für Eucken war klar, daß wirtschaftliche Freiheit gewähren müsse, wer politische Freiheit wolle, denn Freiheit sei unteilbar. Nur seien die Prinzipien des Laissez-faire nicht mehr anwendbar. Der Staat solle zwar nicht direkt in den Wirtschaftsprozeß eingreifen, aber er habe die Aufgabe, immer wieder ordnend zu handeln, und deshalb müsse er so stark sein, daß er seine Vorstellungen auch durchsetzen könne. Wesentliche Bestandteile des Ordnungskonzepts seien: Privateigentum, Dispositionsfreiheit der Unternehmer, Vertragsfreiheit, vollständige Konkurrenz, also eine möglichst große Zahl von Anbietern, demzufolge die Regelung des Preises nach Angebot und Nachfrage, freier Zugang zu den Märkten – und zwar auch im Ausland, also Freihandel –, schließlich Währungsstabilität. Der Staat dürfe nicht sprunghaft agieren, sondern müsse eine möglichst kontinuierliche Wirtschaftspolitik betreiben. Monopole habe er zu verhindern oder aufzulösen oder aber, sofern sie unvermeidlich seien, zu kontrollieren und zu lenken. Die Einkommensverteilung müsse er steuerpolitisch beeinflussen, und er sei aufgefordert, Sozialpolitik zu treiben, die für Eucken freilich in erster Linie Wirtschaftsordnungspolitik war. Keine wirtschaftliche Maßnahme sei denkbar, die nicht auch soziale Auswirkungen habe. »Wer soziale Interessen vertreten will, sollte sein Augenmerk vor allem auf die Gestaltung der Gesamtordnung richten.«[204] Schon damals wies Eucken auf die Umweltbelastungen hin, die sich ergeben könnten, wenn die Wirtschaftsrechnung der Betriebe ohne Rücksicht auf das Gesamtinteresse aufgestellt würde.

Eucken kontrastierte seine Überlegungen durchgehend mit der Zentralverwaltungswirtschaft und bescheinigte dieser dabei, daß sie schlechtere Lösungen zu bieten habe als die Wettbewerbsordnung. »Wenn man die Konsequenzen des Kollektivismus nicht will« – Eucken sah sie ähnlich düster wie Röpke oder Rüstow –, »dann muß man wollen, daß das Gesetz des Wettbewerbs herrscht«[205].

Dem Wettbewerb hatte Franz Böhm seine Freiburger Habilitationsschrift von 1933 gewidmet und dabei die Behandlung juristischer Probleme mit nationalökonomischer Theorie verknüpft. Seine Studie war zweifellos ein »Grund-Buch der sog. Freiburger Schule«[206]. Auch er war je länger desto mehr vom Unwert der Zentralverwaltungswirtschaft überzeugt. Sie setze »eine totale Diktatur von unvorstellbarer Machtfülle und hochgespannter Regierungsaktivität voraus, wenn sie auch nur notdürftig funktionieren soll«, schrieb er 1950 im Zeichen des Kalten Krieges und meinte damit die stalinistische Sowjetunion. Gesellschaftsmäßiges Zusammenwirken in solchen Größenordnungen nehme »den Charakter eines völlig unvermeidlichen Sozialvorgangs von grauenhafter Furchtbarkeit an«[207]. Bei derart schroffer Ablehnung könne ein solches System der Zentralverwaltungswirtschaft für demokratische Staaten auf keinen Fall taugen. Selbst im ungünstigsten Falle werde die Umständlichkeit

---

204 Walter Eucken, Die Grundlagen der Nationalökonomie (Anm. 202), S. 313.
205 Ebd., S. 371.
206 Franz Böhm, Wettbewerb und Monopolkampf. Eine Untersuchung zur Frage des wirtschaftlichen Kampfrechts und zur Frage der rechtlichen Struktur der geltenden Wirtschaftsordnung, Berlin 1933; das Zitat bei Alexander Hollerbach, Zu Leben und Werk Franz Böhms, in: Freiburger Universitätsblätter, (1988) 102, S. 81–89, hier: S. 84.
207 Franz Böhm, Wirtschaftsordnung und Staatsverfassung, Tübingen 1950, S. 65.

des demokratischen Beschlußverfahrens dort sehr viel Reibungswiderstand gegenüber einer dirigistischen Planung erzeugen und damit sachgerechte Lösungen verhindern. Auch werde es bei Beibehaltung des Privateigentums kaum möglich sein, die erforderliche Disziplin der Unternehmer zu erzwingen. Das werde die Demokratie schwer kompromittieren und den Ruf nach dem starken Mann übermächtig werden lassen. Ebenso sei das unvermeidliche Wuchern der Bürokratie auf die Dauer eine tödliche Gefahr. Langfristig sah Böhm bei Anlehnung an das Modell der Zentralverwaltungswirtschaft keine Möglichkeiten, derlei Fehlentwicklungen zu verhindern.

Ganz anders dagegen das System des Wettbewerbs. Mit dem Optimismus, der dem klassischen Liberalismus eigen war, erblickte Böhm in den Vorgängen des Leistungstausches und des Wettbewerbs eine so hohe Ordnungskraft, »daß sich die Millionen von in sich geordneten Tauschvorgängen und die Millionen von in sich geordneten Wettbewerbsvorgängen von selbst zu einer Gesamtordnung verketten, die imstande ist, selbst die gewaltigste gesellschaftliche Güterproduktion und unermeßliche Güterströme zu steuern, ohne daß es hierzu eines bewußt lenkenden menschlichen Willens, eines bewußten Unterordnens unter den Erfolg des ganzen Sozialvorgangs, ja selbst einer intellektuellen Einsicht in die Zusammenhänge des Prozesses« bedürfe[208]. Wie die anderen Neoliberalen sah auch Böhm in jenem erstaunlichen Geschehen Gefahren lauern: die der Beeinträchtigung des Wettbewerbs und der Vermachtung von innen. So unterstrich auch er drängend die Notwendigkeit, die Konkurrenz zu stärken, mit Entschiedenheit gegen die öffentliche und private Marktvermachtung anzutreten sowie planlose Interventionen und autoritäre Planungstendenzen abzubauen.

Es ist nicht nötig, weitere Zeugnisse aus dem Umkreis des neoliberalen Denkens hier anzuführen. Nur der Name des in Wien (1899) geborenen, über eine Professur in London in die USA gelangten, zugleich aber mit Freiburg verbundenen Nobelpreisträgers der Wirtschaftswissenschaften Friedrich August von Hayek sei noch genannt. Seit langem ist Hayek der wichtigste Bannerträger des Neoliberalismus und vertritt dieses Gedankengebäude in immer neuen Arbeiten. Dabei fragte er wiederholt auch nach dem Verhältnis von Freiheit und Gleichheit. Die unvermeidlichen Unterschiede in der Stellung des Menschen würden, so meint er, im Wettbewerbssystem nicht zu groß werden; gute Korrektive seien einmal der Ausbau des Bildungssystems, zum anderen die Handhabung des Erbrechtes[209]. Dem Zusammenhang von Wirtschaftsordnung und politischer Ordnung widmete Hayek stete Aufmerksamkeit; sein Buch *Der Weg zur Knechtschaft* fand sogleich internationale Beachtung[210].

---

208 Ebd., S. 68.

209 Vgl. Friedrich A. von Hayek, Vorträge und Ansprachen auf der Festveranstaltung der Freiburger wirtschaftswissenschaftlichen Fakultät, zum 80. Geburtstag von Friedrich A. von Hayek, Baden-Baden 1980, darin: Christian Watrin, Festvortrag »Freiheit und Gleichheit«, S. 21–34.

210 Friedrich August von Hayek, The Road to Serfdom, London 1943, dt.: Der Weg zur Knechtschaft, Zürich 1945.

6.8.2 Alfred Müller-Armack: Die Soziale Marktwirtschaft

Am Ende des Zweiten Weltkrieges standen Marktwirtschaftler in der Defensive. Die öffentliche Meinung war zum großen Teil an der Lenkungswirtschaft orientiert, eine »angesichts der unleugbar negativen Ergebnisse der Wirtschaftslenkung« überraschende Tatsache, wie der in Münster und später in Köln lehrende Volkswirt Alfred Müller-Armack (1901–1978) in einem Ende 1946 publizierten Buch konstatierte[211]. Der Autor stellte einen großangelegten Vergleich der beiden Systeme an, wobei er auf den unlösbaren Zusammenhang der Wirtschaft mit der Gesamtlebensordnung ausdrücklich hinwies und es als nicht zufällig erklärte, daß alle politischen Systeme, die die Menschenwürde und die geistige Freiheit verachteten, zugleich auch einen ausgeprägten Hang zu wirtschaftlichen Eingriffen gezeigt hätten. Die Prinzipien der Marktwirtschaft legte er klar und einsichtig dar. Sie sei kein chaotisches Durcheinander von Marktbeziehungen. Entscheidend für sie sei vielmehr »die strenge Hinordnung aller Wirtschaftsvorgänge auf den Konsum, der über seine in Preisen ausgedrückten Wertschätzungen der Produktionsbewegung die bestimmenden Signale erteilt«[212]. Es handle sich um ein höchst rationales System wirtschaftlicher Rechenhaftigkeit, das in hohem Grade Klarheit über die Wirtschaftlichkeit jedes Einzelvorganges schaffe. Sie sei das einzige bisher in der Geschichte entwickelte wirksame Organisationsmittel, das ohne äußeren Zwang Massenkulturen ökonomisch möglich mache. Eine Rückkehr zur Marktwirtschaft sei notwendig, um das eigentliche Ziel der Wirtschaft, die Bedarfsdeckung, zu erreichen.

Gegen das negative Bild, das von der liberalen Marktwirtschaft vielfach in der Literatur gezeichnet wurde, brachte Müller-Armack triftige historische Einwände, gab aber zu, daß der Liberalismus es unterlassen habe, Maßnahmen zu treffen, die das Ganze zum Gegenstand hatten. Müller-Armack ging noch weiter. Wiewohl er die liberale Marktwirtschaft soeben noch gegen das ihr anhaftende schlechte Image verteidigt hatte, erklärte er, daß sie innerlich ebenso verbraucht sei wie die Wirtschaftslenkung. Es komme nun darauf an, »eine neue dritte Form zu entwickeln, die sich nicht als eine vage Mischung..., sondern als eine aus den vollen Einsichtsmöglichkeiten unserer Gegenwart gewonnene Synthese darstellt.« Und weiter: »Wir sprechen von ›Sozialer Marktwirtschaft‹, um diese dritte wirtschaftspolitische Form zu kennzeichnen. Es bedeutet dies, ...daß uns die Marktwirtschaft notwendig als das tragende Gerüst der künftigen Wirtschaftsordnung erscheint, nur daß dies eben keine sich selbst überlassene, liberale Marktwirtschaft, sondern eine bewußt gesteuerte, und zwar sozial gesteuerte Marktwirtschaft sein soll.«[213] Sodann stellte er einen langen Katalog der Kriterien auf, nach denen die Steuerung vorgenommen werden sollte – eine aus der Freiheit gestaltete Sozialordnung könne ihre Ziele wesensmäßig nicht auf einen einfachen Nenner bringen, schrieb er an anderer Stelle[214].

---

211 Alfred Müller-Armack, Wirtschaftslenkung und Marktwirtschaft (1946), in: ders., Wirtschaftsordnung und Wirtschaftspolitik. Studien und Konzepte zur sozialen Marktwirtschaft und zur Europäischen Integration, Freiburg 1966, S. 19–170, hier: S. 79.

212 Ebd., S. 90f.

213 Ebd., S. 109.

214 Alfred Müller-Armack, Die Wirtschaftsordnungen sozial gesehen (Ordo-Jahrbuch 1948), in: ders., Wirtschaftsordnung und Wirtschaftspolitik (Anm. 211), S. 171–199, hier besonders S. 197ff.; der Kriterienkatalog ausführlicher in der Schrift von 1946, ebd., S. 111ff.

Gewisse Elemente einer zentralen Steuerung bezeichnete er als unabdingbar, vor allem die staatlichen Maßnahmen zur Schaffung und Sicherung des Wettbewerbs. Ferner erklärte er das Vorhandensein eines sozialen Rechtes als für das Funktionieren einer derartigen Marktwirtschaft unerläßlich. Sodann verwies er auf die vielfältigen Möglichkeiten, ohne Störung des Marktapparates soziale Aufgaben zu erfüllen, etwa durch sozialpolitische Einkommensumleitungen oder durch die Festsetzung von Minimallöhnen. Auch hielt er es für marktwirtschaftlich unproblematisch, bestimmte Lücken der privaten Wirtschaft durch soziale Veranstaltungen auszufüllen: Hier sah er namentlich Aufgaben des öffentlichen Bankwesens und des gemeinnützigen Wohnungsbaus. Der Sozialversicherung schrieb er eine große Bedeutung zu. Die Erhaltung der klein- und mittelbetrieblichen Struktur erklärte er für dringlich. Im übrigen verwies er darauf, daß Soziale Marktwirtschaft wesentlich bereits bei den engeren Gemeinschaften ansetzen müsse; er dachte hier namentlich an die auf Mitbestimmung gegründeten Betriebsbeziehungen und an eine neue Bodenverbundenheit durch Dezentralisierung der Industrie und entsprechende Siedlungsformen. Er betonte in diesem Zusammenhang, daß die angestrebte Gesellschaftsform selbstverständlich auch ein geistiges Phänomen sei. Als entscheidende Aufgabe bezeichnete er die Konjunktursicherung.

Müller-Armacks Buch von 1946 hebt sich aus der gleichgerichteten Literatur dadurch heraus, daß hier erstmals der Ausdruck Soziale Marktwirtschaft benutzt, also die Formel verwendet wurde, nach der die Wirtschafts- und Gesellschaftspolitik Westdeutschlands seit 1948 geführt wird. Der Terminus war ein glücklicher Griff, gerade weil er Gegensätzliches zusammenzwang. Daß Marktwirtschaft sozial und gerecht sein könne, war einem großen Teil der Deutschen damals nicht eingängig, und die Bevorzugung der Lenkungswirtschaft rührte wesentlich daher, daß man nur von ihr eine ausgewogene Bewältigung der Lasten des Krieges und des Wiederaufbaus erwartete. Der breiteren Öffentlichkeit erschloß sich noch für eine ganze Reihe von Jahren nicht, was Soziale Marktwirtschaft meinte – bis weit in die Zeit der großen Popularität Erhards hinein. Ansonsten aber setzte sich der Ausdruck erstaunlich schnell durch. Er erwies sich als gemeinsamer Nenner, auf den sich die Sozialliberalen älterer und jüngerer Observanz, die Neoliberalen und die Vorkämpfer der christlichen Soziallehre einigen konnten. Alle diese Strömungen hatten zur Entstehung der Sozialen Marktwirtschaft beigetragen, am meisten vermutlich der Neoliberalismus, wenn neben ihm für die anderen Einflüsse auch viel Platz blieb.

Wegen ihrer breiten Basierung war das Konzept der Sozialen Marktwirtschaft nie eine strikt geschlossene Theorie, sondern eine für stete Interpretation, Ergänzung und Fortentwicklung offene Grundauffassung. Vor allem Müller-Armack betonte diesen Charakter immer wieder. Für ihn war das Prinzip der Sozialen Marktwirtschaft ein umfassender Stilgedanke, der »alle Gebiete der Wirtschaftspolitik und des sozialen Lebens bestimmt«[215], eine Auffassung, die Eucken übrigens voll teilte. Er betrachtete sie als Methode, Gegensätze aufzulösen, in ihnen »die mögliche Einheit« zu suchen, Weltanschauungen zusammenzubringen. Den an Aussöhnung sozialer

---

215 Alfred Müller-Armack, Die soziale Marktwirtschaft nach einem Jahrzehnt ihrer Erprobung (1959), in: ders., Wirtschaftsordnung und Wirtschaftspolitik (Anm. 211), S. 251–265, hier: S. 252.

Gegensätze orientierten *irenischen* Charakter des Konzepts unterstrich er immer wieder[216].

Soziale Marktwirtschaft konnte nichts einmal Fertiges sein, sie war vielmehr stete Aufgabe. So formulierte Müller-Armack nach den ersten anderthalb Jahrzehnten des Wiederaufbaus, als den an die Produktion gestellten Anforderungen Genüge getan war, einen neuen Prioritätenkatalog. Künftig seien die Strukturprobleme freier Gesellschaften ohne ausgeprägte soziale Schichtungen stärker zu bedenken. Ein erhöhtes Augenmerk sei auf die Umwelt zu richten, der Raum sei sinnvoll zu ordnen, der Verkehr angemessen zu planen. Müller-Armack wies auf die gesteigerte Bedeutung geistiger Investitionen und qualifizierter Berufsbildung hin, er unterstrich, daß die Selbständigkeit in vielen Formen zu fördern sei, auch bei den formell unselbständigen Tätigkeiten. Er erinnerte aber auch an Grundpositionen der Sozialen Marktwirtschaft, besonders an die Stabilität der Währung und an die Notwendigkeit »einer institutionellen Sicherung von Vollbeschäftigung und Stetigkeit der Expansion durch eine institutionalisierte nationale und internationale Konjunkturpolitik«[217]. All das waren Aufgaben an die Gesetzgebung, und auf legislativem Wege vor allem wurde die Soziale Marktwirtschaft seit 1948 auch entwickelt[218].

Im Zentrum des Geschehens stand dabei Ludwig Erhard, zunächst als Direktor der Verwaltung für Wirtschaft im Vereinigten Wirtschaftsgebiet, seit 1949 als Bundesminister für Wirtschaft. Eine programmatische Grundschrift zur Sozialen Marktwirtschaft aus seiner Feder gibt es nicht, aber die vielfältigen von ihm überlieferten Zeugnisse – seine Veröffentlichungen aus der Zeit bis zum Eintritt in die Politik, seine nicht publizierten Arbeiten vor 1945, darunter der mutmaßliche Entwurf einer Habilitationsschrift und eine 1943/44 angefertigte Denkschrift über die Probleme der Nachkriegswirtschaft, schließlich die zahlreichen Äußerungen aus seinen ersten Jahren als Politiker – zeigen mit aller Deutlichkeit, daß Erhard sich die wesentlichen Elemente des Konzepts Soziale Marktwirtschaft sehr eigenständig entwickelte und sie nicht einfach fertig von anderen Autoren übernahm[219]. Der Zweck des Wirtschaftens war für ihn, wie er in einer kritischen Auseinandersetzung mit den Vertretern der Lenkungswirtschaft Mitte 1947 schrieb, »Mittel für den Verbrauch zur Verfügung zu stellen und damit der sozialen Wohlfahrt des Volkes zu dienen«. Die Überlegenheit der Marktwirtschaft und der sie tragenden Prinzipien Leistungswettbewerb und freie Preisbildung hielt er für unbestreitbar, ebenso ihre freiheitsfördernde Qualität. Dem Postulat einer gerechten Verteilung des Sozialprodukts stimmte er uneingeschränkt zu.

---

216 Alfred Müller-Armack, Soziale Irenik (1950), in: ders., Religion und Wirtschaft, Bern 1981^3, S. 559–578, hier: S. 559.

217 Alfred Müller-Armack, Die zweite Phase der Sozialen Marktwirtschaft. Ihre Ergänzung durch das Leitbild einer neuen Gesellschaftspolitik (1960), in: ders., Wirtschaftsordnung und Wirtschaftspolitik (Anm. 211), S. 267–291, besonders S. 289ff., hier: S. 289.

218 Zusammenfassend Frank Pilz, Das System der Sozialen Marktwirtschaft. Politisch-ökonomische Grundlegung der Konzepte, Prinzipien und Strategien, München 1981 (völlig neu bearbeitete Auflage).

219 Dazu die Studie von Horst Friedrich Wünsche, Ludwig Erhards Gesellschafts- und Wirtschaftskonzeption (Anm. 194).

Insgesamt sprach Erhard von »einer wirklich freien, aber durch Gesetz und Recht gezügelten Marktwirtschaft«[220]. Ein Jahr später ging er terminologisch etwas weiter. Die neue Marktwirtschaft, so sagte er im August 1948 vor dem 2. Parteitag der CDU in der Britischen Zone, habe mit den Schlagworten aus der Rumpelkammer des Liberalismus nichts zu tun. »Nicht die freie Marktwirtschaft des liberalistischen Freibeutertums einer vergangenen Ära, auch nicht das ›freie Spiel der Kräfte‹ und dergleichen Phrasen, mit denen man hausieren geht, sondern die sozial verpflichtete Marktwirtschaft, die das einzelne Individuum wieder zur Geltung kommen läßt, die den Wert der Persönlichkeit oben an stellt und der Leistung dann aber auch den verdienten Ertrag zugute kommen läßt, das ist die Marktwirtschaft moderner Prägung.«[221] Ab 1950 sprach Erhard dann stets von der Sozialen Marktwirtschaft. 1957 brachte er das Ziel seiner Politik auf die einprägsame Formel ›Wohlstand für Alle‹[222].

Es kann hier nicht die Aufgabe sein, die Entfaltung dieses Konzepts in der Gesetzgebung der Bundesrepublik und die parallel dazu geführten öffentlichen Auseinandersetzungen zu skizzieren. Zunächst hatte das Wachstumsziel Priorität. Gerade für die frühe Zeit galt, »daß allein schon das Ingangkommen der Marktwirtschaft soziale Vorteile mit sich brachte«. Jeder Fortschritt der Produktion war ein Vorteil für die Konsumenten und, wegen der Ausweitung der Arbeitsplätze, für die Arbeitnehmer[223]. Wachstumspolitik galt als beste Sozialpolitik. Das war freilich eine sehr vereinfachte Auslegung des Konzepts, und so wurde denn bald mit dem Aufbau oder, soweit schon bestehend, der Verbesserung des Systems flankierender Maßnahmen begonnen, das die Väter der Sozialen Marktwirtschaft umrissen hatten. Je länger, desto mehr gewann die Wirtschafts- und Gesellschaftsordnung der Bundesrepublik Deutschland dabei internationale Vorbildlichkeit. Das ist namentlich an der Abkehr von der Lenkungswirtschaft im vormaligen Ostblock seit dem Ende der achtziger Jahre zu beobachten.

7. Zentrale Positionen des Kommunismus

Das 19. Jahrhundert war eine Zeit vielfältigen Nachdenkens über die Idee des Sozialismus. Die Vor- und Frühsozialisten verschiedener Observanz namentlich in Frankreich hatten eine Fülle von Vorstellungen zu Papier gebracht, Marx und Engels in Deutschland und später im Exil das Gedankengebäude des von ihren Anhängern so genannten »Wissenschaftlichen« Sozialismus errichtet, wieder andere Autoren hatten die Lösung der gesellschaftlichen Probleme im Anarchismus zu finden gemeint, und über all diese Stellungnahmen war eine lebhafte Diskussion geführt worden, namentlich unter den Anhängern dieser Denksysteme selbst. Im Laufe der Zeit hatte sich dabei eine außerordentliche Meinungsbreite ergeben. Sie reichte von

220 Ludwig Erhard, Sprachverwirrung um die Wirtschaftsordnung, in: ders., Deutsche Wirtschaftspolitik. Der Weg der Sozialen Marktwirtschaft, Düsseldorf-Frankfurt/M. 1962, S. 23–37, hier: S. 23 und S. 25 (vorher: Die Neue Zeitung vom 23. Juni 1947).

221 Marktwirtschaft im Streit der Meinungen, in: ebd., S. 69–85, hier: S. 70.

222 Ludwig Erhard, Wohlstand für Alle, bearbeitet von Wolfram Langer, Düsseldorf 1957.

223 Alfred Müller-Armack, Die soziale Marktwirtschaft nach einem Jahrzehnt ihrer Erprobung (Anm. 215), S. 253.

Pragmatikern, die man unter der Bezeichnung Reformisten zusammenfassen kann, und Revisionisten, die wie ihr Vordenker Eduard Bernstein (1850–1932) meinten, daß die Lehren des Marxismus revidiert werden müßten, bis zu Positionen auf der äußersten Linken, denen es darum ging, den Weg zum Sozialismus baldmöglichst einzuschlagen. Der in diesem Bande verfügbare Platz reicht nicht aus, den vielen Strängen der Diskussion vom späten 19. Jahrhundert an nachzugehen[224]. Hier können nur diejenigen Autoren und Entwicklungen gekennzeichnet werden, die den Gang des 20. Jahrhunderts nachhaltig bestimmten: Wladimir Iljitsch Uljanow (1870–1924) und die Formierung des Bolschewismus unter Rückgriff auf spezifisch russische revolutionäre Traditionen, Lew Dawidowitsch Bronstein (1879–1940) und die Ausbildung des Trotzkismus, die wichtigsten Teilnehmer an den ideologisch-programmatischen Kontroversen in der Frühphase des Sowjetstaates, die Umgestaltung des Bolschewismus leninscher Prägung zum Stalinismus, die Rezeption des Kommunismus in China und die Sonderentwicklung in Jugoslawien.

Dabei verdient Uljanow, der sich ab 1901 stets Lenin nannte – der Deckname war wohl dem aus dem Vatersnamen entwickelten früheren Pseudonym Iljin nachgebildet –, die meiste Aufmerksamkeit. Er hatte den entscheidenden Anteil daran, daß der Sozialismus im Spätjahr 1917 in Rußland an die Macht kam und daß sofort eine straffe Diktatur errichtet wurde, die sich nicht nur mehr als zwei Menschenalter behauptete, sondern auch auf viele andere Staaten ausgedehnt werden konnte. So war er wohl der wirkungsmächtigste politische Denker dieses Jahrhunderts, wie er denn auch Jahrzehnte als leuchtendes Vorbild aller Kommunisten gefeiert wurde.

7.1 Lenin

Lenins sehr umfangreiches Werk gehört zum größten Teil in den Bereich der tagespolitischen Auseinandersetzungen. Er war alles andere als ein Denker fernab vom aktuellen Streit. Sein Thema war – in ständiger und meist scharfer Auseinandersetzung mit anderen Marxisten – die Frage, wie die von Marx und Engels entwickelten Theorien unter den besonderen russischen Verhältnissen verwirklicht werden könnten.

Wie viele andere Vordenker des Sozialismus entstammte auch Lenin dem gutsituierten Bürgertum[225]. Er war der Sohn eines gemäßigt konservativen Schulmannes und

---

224 Grundlegende Darstellung der vielfältigen sozialistischen Strömungen: George Douglas Howard Cole, A History of socialist Thought, 7 Bde., London 1953–1960, hier namentlich die Bände 1 und 2; ferner Jacques Droz (Hrsg.), Geschichte des Sozialismus, 12 Bde., Frankfurt/M. 1974; Wolfgang Leonhard, Die Dreispaltung des Marxismus. Ursprung und Entwicklung des Sowjetmarxismus, Düsseldorf 1970; Predrag Vranicki, Geschichte des Marxismus, Bd. 1, Frankfurt/M. 1972 (serbokroatische Originalausgabe 1961); Leszek Kolakowski, Die Hauptströmungen des Marxismus. Entstehung, Entwicklung, Zerfall, 3 Bde., München 1977/79. Als Quellensammlung: Iring Fetscher (Hrsg.), Der Marxismus. Seine Geschichte in Dokumenten, 3 Bde., München 1962/65, 1976/77³, einbändige Ausgabe 1967, 1973².

225 Louis Fischer, Das Leben Lenins, Köln 1965 (amerikanisch 1964); Stefan T. Possony, Lenin, Köln 1965 (amerikanisch 1964); Bertram D. Wolfe, Lenin, Trotzkij, Stalin. Drei, die eine Revolution machten. Eine biographische Geschichte, Frankfurt/M. 1965 (amerikanisch 1964⁴).

Verwaltungsbeamten in Simbirsk (heute Uljanowsk) an der unteren Wolga, der für seine Verdienste den erblichen Adel erhalten hatte. Sein älterer Bruder Alexander wurde 1887 kurze Zeit nach dem Tode des Vaters wegen der Teilnahme an einem Attentatsversuch einiger Studenten auf den Zaren gehenkt. Das Schicksal des Bruders beeinflußte den Lebensweg von Wladimir Iljitsch nachhaltig. Im ersten Semester seines Jurastudiums in Kasan wurde er wegen der Beteiligung an einer studentischen Protestversammlung relegiert und durfte erst Jahre später als Externer das Examen ablegen. Diese Zeit nutzte er zu intensiver politisch-historisch-nationalökonomischer Lektüre und entwickelte sich dabei vom Anhänger der Volkstümler *(Narodniki)* zum Marxisten; endgültig vollzog er den Übergang als junger Anwalt 1891 in Samara an der Wolga. Er vertraute sich vor allem der Führung von Georgij Walentinowitsch Plechanow (1856–1918) an, der – zunächst ebenfalls Anhänger der Narodniki – 1883 gemeinsam mit Pawel B. Axelrod (1850–1928), Leo Deutsch (1855–1941) und Vera I. Sassulitsch (1853–1919) mit dem *Bund zur Befreiung der Arbeit* den Grundstein zur russischen Sozialdemokratie gelegt und in einer Reihe von Schriften die Meinungsunterschiede zwischen Narodniki und Marxisten klar herausgearbeitet hatte[226].

Auch die Volkstümler waren Sozialisten. In der Dorfgemeinde – dem *Mir* –, einer Umteilungsgenossenschaft, erblickten sie die einfache Form eines Agrarsozialismus. Auf dieser Basis und unter Beseitigung der Fesseln von Feudalismus und Absolutismus wollten sie Rußland erneuern; sie meinten, daß es des Weges durch den Kapitalismus zum Sozialismus nicht bedürfe[227]. Genau das bestritten die Marxisten. Unter Verweis auf ihren Altmeister beharrten sie darauf, daß der Gang der Geschichte vom Feudalismus über den Kapitalismus zum Sozialismus führe, daß die kapitalistische Entwicklungsstufe auch in Rußland also nicht übersprungen werden könne. Marx selbst freilich war sich nicht so sicher, ob in Rußland nicht vielleicht doch andere Bedingungen zuträfen. Er sah mit einiger Sympathie auf die Meinungen der Narodniki. Die Schüler waren hier orthodoxer als ihr Lehrer[228].

Auch Lenin hielt die Notwendigkeit des Kapitalismus in bezug auf Rußland für unzweifelhaft. Dieser Problematik galt seine erste für die Veröffentlichung geschriebene, wegen des Umfangs damals aber nicht publizierte Arbeit, die Besprechung eines agrarpolitischen Werkes. Weitere Schriften dazu schlossen sich an, so die 1894 hektographisch verbreitete Broschüre *Was sind die Volksfreunde und wie kämpfen sie gegen die Sozialdemokratie?*[229]. Hier bot Lenin wie schon in seinem Erstling umfangreiches Zahlenmaterial auf, um die Lage der russischen Landwirtschaft zu charakterisieren. Er geißelte die Ansichten der Narodniki als Illusion und als Flucht in die Idylle und führte das Denksystem von Marx in großer Klarheit vor. Das Fazit aus seiner

226 Samuel Baron, Plekhanow. The Father of Russian Marxism, Stanford/Calif. 1963.
227 Franco Venturi, Roots of Revolution. A History of the Populist and Socialist Movement in Nineteenth-Century Russia, New York 1964; Peter Scheibert, Von Bakunin zu Lenin. Geschichte der russischen revolutionären Ideologien 1840–1895, Leiden 1956.
228 Bertram D. Wolfe, Lenin (Anm. 225), S. 146–149.
229 Wladimir Iljitsch Lenin, Neue wirtschaftliche Vorgänge im bäuerlichen Leben. (Zu dem Buch von W. J. Postnikow »Die südrussische Bauernwirtschaft«), in: ders., Werke. Ins Deutsche übertragen nach der vierten russischen Ausgabe, Bd. 1, Berlin 1961, S. 3–63; ders., Was sind die »Volksfreunde« und wie kämpfen sie gegen die Sozialdemokratie? Antwort auf die gegen die Marxisten gerichteten Artikel des Russkoje Bogatstwo, ebd., S. 119–338. – Nach dieser Ausgabe auch alle weiteren Lenin-Fundstellen.

Gedankenarbeit in den frühen neunziger Jahren zog er in seinem in der Petersburger Untersuchungshaft und in der administrativen Verbannung in Südsibirien geschriebenen ersten großen Werk *Die Entwicklung des Kapitalismus in Rußland*, das 1899 unter dem Namen Iljin legal publiziert wurde – seit 1894 ließ die Zensur Veröffentlichungen marxistischer Tendenz passieren[230]. Diese Studie gehört zu Lenins »gründlichsten und wichtigsten« Arbeiten[231]. Es ist ihr anzumerken, daß sie in Muße ohne die tagespolitischen Belastungen und unter Einsatz eines reichen Literaturbestandes geschrieben wurde. Auch hier wurde eine Fülle statistischen Materials vor dem Hintergrund der marxistischen Theorie verwertet.

Der Autor unterstrich nachdrücklich, daß in Rußland selbst auf dem Lande längst kapitalistische Strukturen anzutreffen seien. Die sozialökonomischen Verhältnisse in der Bauernschaft zeigten, »daß alle Widersprüche bestehen, die jeder Warenwirtschaft und jedem Kapitalismus eigen sind: Konkurrenz, Kampf um wirtschaftliche Selbständigkeit, Ansichreißen des Bodens..., Konzentration der Produktion in den Händen einer Minderheit, Ausstoßung der Mehrheit in die Reihen des Proletariats, ihre Ausbeutung durch die Minderheit mit Hilfe des Handelskapitals und der Einstellung als Landarbeiter«[232]. Dementsprechend sei die ländliche Bevölkerung geschichtet: von der bäuerlichen Bourgeoisie bis zum dörflichen Proletariat. Die Bauern seien nicht die Antagonisten des Kapitalismus, sondern seine unterste Basis. An den Großgrundbesitzern demonstrierte Lenin den Prozeß der Industrialisierung der Landwirtschaft, und er besprach natürlich die Entwicklung des Kapitalismus im gewerblichen Bereich und im Handel, wobei er Marxens Analysen voll bestätigt fand. Die maschinelle Großindustrie bewirke eine vollständige und entscheidende Umwälzung in den Lebensbedingungen der industriellen Bevölkerung, indem sie sie endgültig von der Landwirtschaft und den ihr anhaftenden Traditionen des patriarchalischen Lebens ablöse. Lenin unterstrich gegen die Volkstümler, daß das Zarenreich sich unaufhaltsam in ein Industrieland verwandle. Wenn die Entwicklung – gemessen an den gegebenen Möglichkeiten – langsam verlaufe, so hänge das damit zusammen, daß sich »in keinem einzigen kapitalistischen Lande... in solcher Fülle Institutionen der alten Zeit erhalten« hätten, »die mit dem Kapitalismus unvereinbar sind, seine Entwicklung hemmen und die Lage der Produzenten maßlos verschlechtern, welche nicht nur die Entwicklung der kapitalistischen Produktion, sondern auch der Mangel ihrer Entwicklung quält«[233]. Ohnehin müsse der Vergleichsmaßstab im nichtkapitalistischen Rußland gesucht werden. Gemessen an den früheren Verhältnissen schreite das Land nun schnell voran.

Nach der Rückkehr aus der Verbannung ging Lenin im Juli 1900 ins Ausland und blieb dort mit Ausnahme einer kurzen Periode im Anschluß an die Revolution von 1905 bis 1917. Er war beteiligt, als Ende 1901 die Zeitschrift *Iskra* (Der Funke) ins Leben gerufen wurde. Der anonyme Leitartikel in der ersten Nummer *Die dringendsten Aufgaben unserer Bewegung* stammte von ihm. Hier wurden auf wenigen Seiten

---

230 Wladimir Iljitsch Lenin, Die Entwicklung des Kapitalismus in Rußland, Werke (Anm. 229), Bd. 3, Berlin 1961.
231 Predrag Vranicki, Geschichte des Marxismus (Anm. 224), Bd. 1, S. 413.
232 Wladimir Iljitsch Lenin, Die Entwicklung des Kapitalismus in Rußland (Anm. 230), S. 167f.
233 Ebd., S. 621f.

einige für die weitere Entwicklung des Kommunismus höchst wichtige Aussagen gemacht. Lenin bezweifelte die Fähigkeit der Arbeiterbewegung, aus sich heraus den richtigen Weg zu gehen. Trenne sich die Arbeiterbewegung von der Sozialdemokratie, so verflache und verbürgerliche sie und verenge den Kampf auf den ökonomischen Bereich. Dagegen zeige die Geschichte des russischen Sozialismus, daß der Ansturm gegen die autokratische Regierung, daß »die Eroberung politischer Freiheit seine dringendste Aufgabe geworden ist«. Die sozialistischen Ideen seien in die Massen des Proletariats zu tragen, und es sei »eine revolutionäre Partei zu organisieren, die mit der spontanen Arbeiterbewegung unauflöslich verbunden« sei. Arbeiterbewegung und sozialistische Avantgarde dürften sich nicht trennen, und diese Avantgarde müsse aus Menschen bestehen, die der Revolution nicht nur freie Abende, sondern das ganze Leben widmen wollten[234]. Mit der Forderung nach einer kleinen Gruppe entschlossener Berufsrevolutionäre knüpfte Lenin an ähnliche Überlegungen von Pjotr. N. Tkatschew (1844–1885) an. In dem Artikel *Womit beginnen?* in Nr. 4 der Zeitschrift griff er das Thema wieder auf, und ausführlich behandelte er es in seiner 1902 publizierten Broschüre *Was tun?*[235].

Wieder setzte der Autor sich kritisch mit dem angeblichen Bauernsozialismus, mit Revisionismus und mit dem Ökonomismus auseinander, das heißt mit derjenigen Richtung in der russischen Sozialdemokratie, die sich vornehmlich auf die Aufgaben des Tages konzentrieren wollte und die seit einigen Jahren sehr kontrovers diskutiert wurde[236]. Ihn beunruhigte die Meinung des Durchschnittsarbeiters, »daß eine Kopeke Zulage pro Rubel für sie nützlicher und wertvoller sei als aller Sozialismus«[237]. Dagegen setzte er mit aller Entschiedenheit das Ziel der Revolution in Rußland. »Die Geschichte hat uns jetzt die nächste Aufgabe gestellt, welche die revolutionärste Aufgabe von allen nächsten Aufgaben des Proletariats irgendeines anderen Landes ist. Die Verwirklichung dieser Aufgabe, die Zerstörung des mächtigsten Bollwerks nicht nur der europäischen, sondern ... auch der asiatischen Reaktion würde das russische Proletariat zur Avantgarde des internationalen revolutionären Proletariats machen.«[238] Wieder betonte Lenin, daß die Arbeiterschaft aus eigenen Kräften nur ein gewerkschaftliches Bewußtsein entfalten könne, daß also das politische Klassenbewußtsein von außen an sie herangetragen werden müsse. Die Aufgabe laute deshalb, »die Arbeiterbewegung unter die Fittiche der revolutionären Sozialdemokratie zu bringen«[239].

Er forderte, daß die Sozialdemokraten in alle Klassen der Bevölkerung gehen sollten – so wie der Personenkreis, an den er hier dachte, sich aus allen Klassen rekrutierte, vornehmlich aber eben doch aus der bürgerlichen Intelligenz. Als Ideal eines Sozialdemokraten schwebte ihm der Volkstribun vor. Er verlangte eine straffe

---

234 Wladimir Iljitsch Lenin, Die dringendsten Aufgaben unserer Bewegung, Werke (Anm. 229), Bd. 4, Berlin 1963, S. 365–370, hier: S. 367f.

235 Wladimir Iljitsch Lenin, Womit beginnen?, Werke (Anm. 229), Bd. 5, Berlin 1959, S. 1–13; ders., Was tun?, ebd., S. 355–551.

236 Vgl. Leonard Schapiro, Die Geschichte der Kommunistischen Partei der Sowjetunion, Frankfurt/M. 1961, 1962², S. 46ff. (London 1960).

237 Wladimir Iljitsch Lenin, Was tun? (Anm. 235), S. 392.

238 Ebd., S. 383.

239 Ebd., S. 396.

Organisation der Partei mit klaren Befehlssträngen von oben nach unten, mit dem Recht der Leitung, ihre Mitarbeiter auszuwählen und das Personal der nachgeordneten Komitees zu bestätigen oder abzulehnen, und mit der unanfechtbaren Befugnis, für die Reinhaltung der Idee zu sorgen. An der Spitze sollte eine kleine Verschwörergruppe stehen, Leute, »deren Beruf die revolutionäre Tätigkeit ist«[240]. Die Zentralisierung der konspirativen Arbeit durch eine Organisation der Revolutionäre werde die Reichweite und die Wirksamkeit einer großen Zahl von Organisationen, die auf die breite Masse berechnet und deshalb möglichst unkonspirativ sein müßten, beträchtlich vermehren: Gewerkschaften, Bildungszirkel, sozialistische und demokratische Gruppen.

Lenins Konzeption zielte darauf, alle irgend erfaßbaren Gruppierungen durch den geheimen Verschwörerkreis zu beeinflussen und zu steuern, um so die für den Sturz des verhaßten zaristischen Systems nötige Stoßkraft zusammenballen zu können. Daß er im innersten Zirkel die maßgebende Rolle spielen würde, war ihm selbstverständlich. Seine Vorstellungen fanden bei den russischen Marxisten zunächst eine zurückhaltend-freundliche Aufnahme, gerieten aber bald ins Kreuzfeuer der Kritik. An diesen Auseinandersetzungen zerbrach die Einheit der Partei. Den Grund für diese Entwicklung sahen Lenins Gegner vor allem im persönlichen Machtstreben der Kontrahenten, und diese Erklärung dürfte die Dinge eher treffen als dessen Hinweis auf ideologische Gegensätze. Die Partei »wurde gespalten durch Lenins Unnachgiebigkeit und den von ihm gefaßten Vorsatz, eine Partei zu schaffen, die seinem Befehl unterstehen sollte«[241].

Als das Zarenreich nach dem Blutbad vor dem Winterpalais am 22. Januar 1905 in revolutionäre Gärung geriet, schien die Stunde der Emigranten gekommen. Lenin tat alles, um die Entwicklung voranzutreiben. Die Bolschewiki veranstalteten im April in London einen Parteitag, den die Opposition in der Partei, die Menschewiki, freilich nicht anerkannte. Der Parteitag verabschiedete eine Resolution, in der es hieß, daß die Errichtung der demokratischen Republik in Rußland für den Kampf des Proletariats um die Endziele des Sozialismus erforderlich sei, daß diese Republik aber nur das Ergebnis eines siegreichen Volksaufstandes sein könne. Aus diesem werde eine provisorische revolutionäre Regierung hervorgehen, die eine konstituierende Versammlung zu berufen habe. All das werde eine Stärkung der Bourgeoisie bedeuten. Es sei deshalb notwendig, unter der Arbeiterklasse konkrete Vorstellungen über den Verlauf der Revolution zu verbreiten. Die Teilnahme von Bevollmächtigten der Partei an der Provisorischen Regierung sei zulässig, um so alle konterrevolutionären Anschläge bekämpfen und überhaupt die selbständigen Interessen der Arbeiterklasse wahren zu können. Unerläßlich dafür sei aber eine strenge Kontrolle der Partei über ihre Bevollmächtigten. Überdies müsse in weitesten Schichten des Proletariats Propaganda für die Idee einer Notwendigkeit des ständigen Drucks auf die Provisorische Regierung durch das bewaffnete und von der Sozialdemokratie geführte Proletariat gemacht werden.

Den in der Resolution abgesteckten Kurs verteidigte Lenin in breiter publizistischer Arbeit, namentlich in der Schrift *Zwei Taktiken der Sozialdemokratie in der*

---

240 Ebd., S. 468.
241 Vgl. Leonard Schapiro, Geschichte der kommunistischen Partei (Anm. 236), S. 57 ff., hier: S. 78.

demokratischen Revolution[242]. Er verwies darauf, daß nur das Volk die Kraft habe, einen entscheidenden Sieg über den Zarismus davonzutragen, »d. h. das Proletariat und die Bauernschaft, wenn man die grundlegenden großen Kräfte nimmt und die ländliche und städtische Kleinbourgeoisie (die auch ›Volk‹ ist) auf sie aufteilt«. Der Sieg über den Zarismus sei nur dann entscheidend, wenn die Träger der Revolution eine von bewaffneter Macht getragene Diktatur errichten könnten. Mit diesen oder jenen auf friedlichem Wege geschaffenen Institutionen sei nichts zu bewirken, denn die Verwirklichung der für das Proletariat und die Bauernschaft unverzüglich und unabweisbar nötigen Umgestaltungen werde den verzweifelten Widerstand der Gutsbesitzer, der Großbourgeoisie und des Zarismus hervorrufen. »Ohne Diktatur diesen Widerstand zu brechen, die konterrevolutionären Anschläge abzuwehren, ist unmöglich.« Doch werde die Diktatur selbstverständlich keine sozialistische, sondern eine demokratische sein, da sie die Grundlagen des Kapitalismus nicht antasten werde. Sie werde bestenfalls imstande sein, eine radikale Neuverteilung des Bodens zugunsten der Bauern vorzunehmen und einen konsequenten und vollen Demokratismus bis zur Republik zu schaffen. Sie könne überdies alle Knechtschaftsverhältnisse im Dorf und in der Fabrik ausmerzen und den Grund für eine Verbesserung der Situation der Arbeiterschaft legen, vielleicht auch die Flamme der Revolution nach Europa tragen, aber all das mache aus der bürgerlichen Revolution noch keine sozialistische. So sprach Lenin von einer »revolutionär-demokratischen Diktatur des Proletariats und der Bauernschaft«[243].

Daß die bürgerliche Revolution für das Proletariat im höchsten Maße vorteilhaft sei, unterstrich Lenin mit allem Nachdruck. Wegen des geringen Organisationsgrades der Massen und des noch wenig ausgeprägten Klassenbewußtseins sei eine andere Vorgehensweise gar nicht möglich. Nach dem Ende der demokratischen Revolution werde es lächerlich erscheinen, von der Einheitlichkeit des Wollens des Proletariats und der Bauernschaft noch zu sprechen. Dann sei unmittelbar an die sozialistische Diktatur des Proletariats zu denken. Für den Kampf um den Sozialismus seien dann auch die besten Voraussetzungen geschaffen. In einer Anzahl kleinerer Artikel erläuterte Lenin diese Gedankengänge weiter und wies dabei darauf hin, daß die Bauern in dem Augenblick bekämpft werden müßten, da sie sich als reaktionär erwiesen; an eine langfristige Verbindung zwischen Proletariat und der großen Mehrheit der Russen glaubte er nicht. In einem kurz vor der Rückkehr nach Rußland in Stockholm geschriebenen Aufsatz riet er dazu, daß der Petersburger Sowjet sich so bald wie möglich zur Provisorischen Russischen Regierung erklären solle[244].

Daß Lenin »damals überzeugter Demokrat« gewesen sei[245], geht an den Dingen vorbei. Wenn ihm die Freiheit sehr am Herzen lag, dann deshalb, weil er optimale Arbeitsbedingungen für die Sozialdemokratie haben wollte. Über nichtsozialistische Weggenossen würde er gegebenenfalls mit aller Schärfe hinweggehen – das schim-

---

242 Wladimir Iljitsch Lenin, Zwei Taktiken der Sozialdemokratie in der demokratischen Revolution, in: Werke (Anm. 229), Bd. 9, Berlin 1964, S. 1–130; einleitend der volle Wortlaut der Resolution. Die Schrift wurde im Juni und Juli 1905 verfaßt.

243 Alle Zitate ebd., S. 43f.

244 Wladimir Iljitsch Lenin, Unsere Aufgaben und der Sowjet der Arbeiterdeputierten, in: Werke (Anm. 229), Bd. 10, Berlin 1964, S. 3–12.

245 Bertram D. Wolfe, Lenin (Anm. 225), S. 385.

mert durch seine Ausführungen vielfach durch, und das war angesichts seines unbeugsamen Strebens nach Sozialismus auch nur konsequent: Der Weg konnte nur zuende gegangen werden, wenn alle Widerstände beiseite geräumt würden. Lenin war ganz und gar nicht bewußt, daß eine Demokratie nur leben kann, wenn die divergierenden politischen Kräfte sich in einem nicht zu schmal bemessenen Grundkonsens treffen, daß die Mehrheit also durchaus nicht schematisch genommen werden darf. »Demokratie« war für ihn nur Mittel zum Zweck, nicht Ziel.

Die mehr als anderthalb Jahrzehnte des ab Herbst 1905 nur kurz unterbrochenen Exils waren von vielfältigen Auseinandersetzungen innerhalb der russischen Sozialdemokratie und selbst in der eigenen bolschewistischen Fraktion erfüllt. Alles, was Lenin in dieser Zeit schrieb, hatte in diesen Kontroversen eine bestimmte Funktion, auch sein im Frühjahr erschienenes Buch *Materialismus und Empiriokritizismus*, in dem er es unternahm, die reine marxistische Philosophie, so wie er sie verstand, gegen Abweichungen zu verteidigen[246]. Die Schrift blieb zum Zeitpunkt der Veröffentlichung recht wirkungslos, gewann aber später, nach der Etablierung des Sowjetsystems, hohen Rang und wurde als Repetitorium der wahren Lehre benutzt und demzufolge sehr viel gelesen. Lenin wies darauf hin, daß die Entwicklung in Natur und Geschichte sich nicht nur auf dem Wege quantitativer Veränderungen, sondern auch durch qualitative Sprünge vollziehe.

In der ersten Phase nach 1905 setzte Lenin sich sehr für den bewaffneten Untergrundkampf ein. Erst als nicht mehr zu hoffen war, daß die steckengebliebene Revolution sich bald erneuern würde, machte sich in der russischen Sozialdemokratie eine gewisse Resignation breit, die auch an Lenin nicht ganz vorüberging. Das förderte zweifellos die Zuwendung zu Grundsatzfragen nach Art des Materialismus-Buches. Durch die Partisanentätigkeit – heute würde man von Terrorismus sprechen – sollten zwei Ziele erreicht werden: einmal die Tötung von einzelnen Personen– Vorgesetzten und Subalternen im Polizei- und Heeresdienst –, »zweitens die Beschlagnahme von Geldmitteln sowohl bei der Regierung als auch bei Privatpersonen«[247]. Politischer Mord zur Irritation der Staatsautorität und ihrer Vertreter sowie Bank- und Raubüberfälle zur Finanzierung der Sozialdemokratie wurden unbedenklich als Mittel im Kampf um den Sozialismus eingesetzt. Wider bessere Überzeugung votierte Lenin für den von der Partei gewollten Duma-Boykott; er hätte es vorgezogen, die Tribüne des vom Zaren unter dem Druck der revolutionären Unruhen bewilligten Parlaments zur Anprangerung des von ihm so gehaßten Systems zu benutzen.

Als sich die Sozialdemokratie in den einzelnen Ländern 1914 nicht einhellig gegen den Krieg wandte, sondern sich auf die Seite der Regierungen stellte, war Lenin sehr enttäuscht, und besonders seine Hochschätzung der SPD und ihrer herausragenden Politiker litt. Den Grund für dieses Verhalten sah er darin, daß die Arbeiterbewegung durch den Kapitalismus tiefgreifend korrumpiert sei, womit seine Befürchtungen hinsichtlich der Spontaneität der Arbeiterbewegung aus *Was tun?* bestätigt

246 Wladimir Iljitsch Lenin, Materialismus und Empiriokritizismus, Werke (Anm. 229), Bd. 14, Berlin 1964.

247 Wladimir Ilijtsch Lenin, Der Partisanenkrieg, in: Werke (Anm. 229), Bd. 11, Berlin 1958, S. 202–213.

schienen. Im Zusammenhang dieser Überlegungen entstand die Schrift *Der Imperialismus als höchstes Stadium des Kapitalismus* aus dem Jahre 1917, in der er unter Rückgriff auf die Imperialismus-Interpretationen von John A. Hobson, Rudolf Hilferding (1877–1941) und Rosa Luxemburg (1870 oder 1871–1919) eine Standortbestimmung vornahm. Lenin konstatierte, daß »die Aufteilung des gesamten Territoriums der Erde durch die großen kapitalistischen Länder abgeschlossen« sei[248] und daß diese Mächte aus ihren Besitzungen erheblichen Vorteil zögen. Dadurch würden sie in die Lage versetzt, die Oberschichten der Arbeiter zu bestechen und die Arbeiteraristokratie so auf die Seite des Kapitalismus zu ziehen. Dennoch ließ er die Hoffnung nicht sinken. In dem Konflikt der großen kapitalistischen Staaten, der seit drei Jahren tobte, mußte der Kapitalismus sich schließlich selbst vernichten.

Lenin hatte diese Schrift kaum fertiggestellt, als Mitte März 1917 die Revolution in Rußland, auf die er so lange gehofft hatte, wieder ausbrach. Er erwartete, daß dieses Ereignis Wirkungen weit über die russischen Grenzen hinaus haben werde. »Dem russischen Proletariat ist die große Ehre zuteil geworden, die Reihe von Revolutionen, die der imperialistische Krieg mit objektiver Unvermeidbarkeit erzeugt, zu beginnen.«[249] Mit deutscher Hilfe konnte er im April 1917 nach Petrograd – so hieß Petersburg seit 1914 – zurückkehren. Jetzt agierte er anders als knapp 12 Jahre zuvor in der ersten russischen Revolution. Hatte er 1905 einem Eintritt der Sozialdemokraten in eine provisorische Koalitionsregierung das Wort geredet, so nahm er nun in Anknüpfung an Überlegungen von Bronstein, der sich seit geraumer Zeit Trotzkij nannte, das Konzept der permanenten Revolution auf, durch die die Macht dem Proletariat – oder genauer: dessen Speerspitze, den Bolschewiki – ohne bürgerlich-demokratische Zwischenstufe zufallen würde.

In den sogenannten *Aprilthesen* legte Lenin sogleich nach seiner Ankunft seine Meinung ausführlich dar. Die Fortführung des Krieges lehnte er als imperialistisch ab. Die konkrete Aufgabe bestehe im Übergang von der ersten zur zweiten Etappe der Revolution, »die die Macht in die Hände des Proletariats und der ärmsten Schichten der Bauernschaft legen muß«. Deshalb verbiete sich die Unterstützung der Provisorischen Regierung, es gehe im Gegenteil um die Aufdeckung der Verlogenheit all ihrer Versprechungen. Lenin konzedierte, daß seine Partei, die er jetzt die kommunistische genannt wissen wollte, in der Mehrzahl der sogleich nach dem Vorbild von 1905 gegründeten Arbeiterräte in der Minderheit sei. Deshalb müsse eine zähe Arbeit der Kritik und der Klarstellung der Fehler geleistet werden. Ständig sei die Forderung zu erheben, daß die gesamte Staatsmacht an die Räte übergehen müsse. Sie sind »die einzig mögliche Form der revolutionären Regierung«. Die Parole hieß Aufbau einer Räterepublik der Arbeiter, Landarbeiter und Bauern von unten nach oben. Polizei, Armee und Beamtenschaft sollten beseitigt werden – das war die Forderung nach allgemeiner Volksbewaffnung und nach Volkswahl der öffentlichen

---

248 Wladimir Iljitsch Lenin, Der Imperialismus als höchstes Stadium des Kapitalismus, Werke (Anm. 229), Bd. 22, Berlin 1959, S. 270 f.; zu Hobson siehe oben S. 669 f.; Rudolf Hilferding, Das Finanzkapital, Wien 1910; Rosa Luxemburg, Die Akkumulation des Kapitals, Berlin 1913.

249 Wladimir Iljitsch Lenin, Abschiedsbrief an die Schweizer Arbeiter, März 1917, Werke (Anm. 229), Bd. 223, Berlin 1964, S. 380–387, hier: S. 384.

Bediensteten. Der gesamte Boden im Lande sollte nationalisiert, zur Kontrolle der gesellschaftlichen Produktion und zur Verteilung der Erzeugnisse durch den Rat der Arbeiterdeputierten sollte sofort übergegangen werden[250].

Zwei Versuche zum Sturz der Provisorischen Regierung im Juni und Juli mißlangen. Das zweite Scheitern zwang Lenin erneut in die Illegalität. Er nutzte diese Zeit zur Abfassung seiner unvollendeten Schrift *Staat und Revolution*. Darin definierte er den Staat als »eine Organisation der Gewalt zur Unterdrückung einer Klasse«[251]. Die Lehre vom Klassenkampf führe »notwendig zur Anerkennung der politischen Herrschaft des Proletariats, seiner Diktatur, d. h. einer mit niemand geteilten und sich unmittelbar auf die bewaffnete Gewalt der Massen stützenden Macht«[252]. Auch das Proletariat bedürfe der Staatsmacht, wolle es den Widerstand der bisherigen Ausbeuter unterdrücken und zugleich die große Masse der Bevölkerung leiten – die Bauern, die Kleinbürger, die Halbproletarier –, um so die sozialistische Wirtschaft in Gang zu bringen. Ausführlich beschäftigte Lenin sich sodann mit dem Absterben des Staates. Dieser Schritt werde vollzogen sein, »wenn die Menschen sich so an das Befolgen der Grundregeln des gesellschaftlichen Zusammenlebens gewöhnt haben werden und ihre Arbeit so produktiv sein wird, daß sie freiwillig nach ihren Fähigkeiten arbeiten werden«[253]. Dem Autor war klar, daß es bis dahin ein langer Weg sein werde, und er gab unumwunden zu, daß er nicht wisse, welche Etappen die Menschheit dabei durchschreiten müsse. Der Unterschied zwischen der ersten niederen Phase des Kommunismus und der höheren Ausprägung werde »mit der Zeit wahrscheinlich ungeheuer groß sein«[254]. In der gemeinhin Sozialismus genannten, sofort zu erreichenden ersten Phase – gekennzeichnet dadurch, daß die Produktionsmittel Gemeineigentum würden – sei »die strengste Kontrolle seitens der Gesellschaft und seitens des Staates über das Maß der Arbeit und das Maß der Konsumtion« nötig, durchzuführen durch den Staat der bewaffneten Arbeiter[255].

Lenin verhieß am Vorabend des Tages, an dem er nach der Macht griff, eine langfristige Diktatur des Proletariats, und er gab zu, nicht zu wissen, wie das angestrebte Ziel nach Zerschlagung der bisherigen Gewalten erreicht werden könne. In Verlegenheit brachte ihn das freilich nicht. Unter dem Kapitalismus sei es nachgerade lächerlich, den Unterschied zwischen Sozialismus und Kommunismus hervorzuheben[256].

---

250 Wladimir Iljitsch Lenin, Aprilthesen, Werke (Anm. 229), Bd. 24, Berlin 1959, S. 3–8, hier: S. 4 (These 2) und S. 5 (These 4).

251 Wladimir Iljitsch Lenin, Staat und Revolution. Die Lehre des Marxismus vom Staat und die Aufgaben des Proletariats in der Revolution, in: Werke (Anm. 229), Bd. 25, Berlin 1960, S. 393–507, hier: S. 415.

252 Ebd., S. 416.

253 Ebd., S. 483.

254 Ebd., S. 485.

255 Ebd., S. 484.

256 Zur Regierungspraxis vgl. Peter Scheibert, Lenin an der Macht. Das russische Volk in der Revolution 1918–1922, Weinheim 1984.

7.2 Trotzkij

Der als Sohn eines jüdischen Gutsbesitzers im Herbst 1879 in der Ukraine geborene, seit 1902 unter dem Decknamen Trotzkij arbeitende Lew Dawidowitsch Bronstein war neben Lenin die profilierteste Persönlichkeit des russischen Marxismus[257]. Mit diesem Ideenkreis machte er schon als Gymnasiast intensiv Bekanntschaft. Aus der Verbannung nach Sibirien, die ihm wegen der Agitation unter den Arbeitern von Odessa auferlegt wurde, floh er nach Westeuropa. Er lernte Plechanow, Lenin und andere emigrierte russische Sozialisten kennen und wurde Mitarbeiter der *Iskra*. In den Fraktionskämpfen hielt er sich zunächst zu den Menschewiki, suchte dann aber zu den Bolschewiki zu vermitteln. Wegen seiner revolutionären Ungeduld könnte man ihn auch ganz links einordnen. In der Revolution von 1905 spielte er im Sowjet von Petersburg eine führende Rolle. Wiederum verhaftet, floh er neuerlich ins Ausland und hielt sich in Wien, Paris und kurz in den USA auf. Im Mai 1917 kehrte er nach Petrograd zurück und gewann für die weitere Entwicklung große Bedeutung. Er organisierte den Aufstand gegen die Provisorische Regierung, war in der bolschewistischen Regierung Außenkommissar und danach als Kriegskommissar Schöpfer der Roten Armee. Vielfach wurde erwartet, daß er die Nachfolge Lenins antreten würde. Indessen setzte sich Stalin durch, und er verlor eine Funktion nach der anderen. 1928 wurde er nach Kasachstan verbannt, im Jahre darauf aus der UdSSR ausgewiesen. Fortan führte er einen kompromißlosen publizistischen Kampf gegen Stalin. 1940 wurde er von einem russischen Geheimagenten in Mexiko ermordet.

Trotzkij verfaßte eine Fülle wichtiger Arbeiten. Wegweisend wirkte namentlich seine in der Haft nach 1905 verfaßte Abhandlung *Ergebnisse und Perspektiven. Die Triebkräfte der Revolution*; so wie Lenin 1895/97 konnte auch Trotzkij seine Zelle in der Untersuchungshaft in ein Bibliothekszimmer verwandeln[258]. Er legte dar, daß die Revolution nicht automatisch zu einem gewissen Zeitpunkt der Entwicklung eintreten werde. Sie hänge nicht einfach vom Stand der Produktivkräfte ab, sondern von einer Vielzahl weiterer Faktoren. So sei es durchaus möglich, daß das Proletariat »in einem rückständigen Lande eher an die Macht kommt als in einem kapitalistisch fortgeschritteneren«[259]. Diese erste russische Revolution erzeuge Bedingungen, unter denen die Macht in die Hände des Proletariats übergehen könne, bevor die Politiker des bürgerlichen Liberalismus Gelegenheit gehabt hätten, ihre staatsmännische Weisheit zu zeigen. Auf keinen Fall dürfe die Revolution dann dabei stehenbleiben, den Feudalismus zu beseitigen; es müsse vielmehr sogleich die proletarische Diktatur errichtet werden. Diese Herrschaft einer Minderheit könne sich aber nicht behaupten, wenn sie nicht durch die Mehrheit, also durch die Bauern, unterstützt werde. Das ändere aber nichts daran, daß die proletarische Minderheit in allen wichtigen Fragen entscheiden müsse. Damit stellte Trotzkij sich in Gegensatz zur herrschenden Meinung im Marxismus, die meinte, die Arbeiterklasse solle erst dann die Macht im Staate ergreifen, wenn sie die Mehrheit sei.

---

257 Isaac Deutscher, Trotzki, 3 Bde., Stuttgart 1962/63 (London 1954–1963), Bd. 1, 1879–1921, Bd. 2, 1921–1929, Bd. 3, 1929–1940. Zudem: Leo Trotzki, Mein Leben. Versuch einer Autobiographie, Berlin 1930.

258 Leo Trotzki, Ergebnisse und Perspektiven. Die Triebkräfte der Revolution, Frankfurt/M. 1967, vgl. Isaac Deutscher, Trotzki (Anm. 257), Bd. 1, S. 146ff.

259 Leo Trotzki, Ergebnisse und Perspektiven (Anm. 258), S. 65.

Seine Distanz zu Lenin war dagegen recht klein. Lenin war zu diesem Zeitpunkt vorsichtiger und deshalb bereit, den nichtproletarischen revolutionären Kräften mehr Gewicht zu geben. Mit aller Entschiedenheit vertrat Trotzkij die Ansicht, daß die Revolution auf keinen Fall im nationalen Rahmen bleiben dürfe. Die Bauern würden sich auf die Dauer am proletarischen Internationalismus und Kollektivismus stoßen. So müsse das Proletariat Anlehnung außerhalb Rußlands suchen. »Ohne die direkte staatliche Unterstützung durch das europäische Proletariat kann die russische Arbeiterklasse sich nicht an der Macht halten und ihre zeitweilige Herrschaft in eine dauernde sozialistische Diktatur umwandeln.«[260] Ohnehin würde die Zurückgebliebenheit Rußlands den Aufbau einer sozialistischen Wirtschaft gewaltig erschweren, so daß Hilfe aus dem dann ebenfalls revolutionierten Westen erforderlich wäre. Ein isoliertes sozialistisches Rußland wäre durch die Feindseligkeit eines noch bürgerlichen Europa ohnehin gezwungen, den Kampf über die Grenze zu tragen. Daß ein großer Krieg die europäische Revolution im Gefolge haben werde, hielt Trotzkij für unvermeidlich. Aus vielen Gründen müßten die Ereignisse von Anfang an einen internationalen Charakter tragen. Mache das russische Proletariat sich das bewußt, dann könne es zum Urheber der Beseitigung des Kapitalismus überall in der Welt werden. Trotzkij beharrte so auf der von Marx und Engels vielfach bekundeten Ansicht, daß der Kommunismus empirisch nur als Tat der herrschenden Völker auf einmal und gleichzeitig möglich sei.

An diesem Konzept der permanenten Revolution, in das auch Anregungen von Alexander Parvus-Helphand (1867–1924) einflossen[261], hielt Trotzkij zeitlebens fest. Seiner Propagierung widmete er einen erheblichen Teil seiner Arbeitskraft. 1930 faßte er seine Ansichten, den Trotzkismus, neuerlich zusammen. Die proletarische Diktatur im Bündnis mit dem revolutionären Bauerntum sei der entscheidende Schritt zur Zerschlagung der bisherigen Strukturen. Auch die Probleme der kolonialen und halbkolonialen Länder seien so zu lösen. Aber die sozialistische Revolution könne auf nationalem Boden nicht vollendet werden. Der isolierte proletarische Staat werde vielmehr in innere und äußere Widersprüche geraten und ihnen schließlich zum Opfer fallen. »Der Ausweg besteht für ihn nur in dem Siege des Proletariats der fortgeschrittenen Länder. Von diesem Standpunkte aus gesehen, ist eine nationale Revolution kein in sich selbst verankertes Ganzes: Sie ist nur ein Glied einer internationalen Kette. Die internationale Revolution stellt einen permanenten Prozeß dar, trotz aller zeitlichen Auf- und Abstiege.«[262]

Immerhin gab Trotzkij zu, daß der isolierte proletarische Staat, wie die Erfahrung der Sowjetunion zeige, ein Interim von beträchtlicher Dauer sein könne. Nachdem die Revolution 1917 gelungen war, trat Trotzkij für äußerste Härte bei der Verteidigung der Macht ein, auch für den Einsatz von Terror: Durch andere Mittel werde die gestürzte Partei nicht abzuschrecken sein. Gegen eine reaktionäre Klasse, die den Schauplatz nicht verlassen wolle, sei der Terror sehr wichtig. »Die Abschreckung ist

260 Ebd., S. 109.

261 Vgl. Winfried Scharlau, Parvus-Helphand als Theoretiker in der deutschen Sozialdemokratie und seine Rolle in der ersten russischen Revolution (1867–1910), Diss., Münster 1960, S. 189ff.; vgl. ferner ders./Zbyněk A. Zeman, Freibeuter der Revolution. Parvus-Helphand. Eine politische Biographie, Köln 1964.

262 Leo Trotzki, Die permanente Revolution, Berlin 1930, S. 28f.

ein machtvolles Mittel der Politik, der internationalen wie der inneren.« Durch die Drohung mit Gefängnis sei die der Macht beraubte Partei nicht abzuschrecken. »Aus dieser einfachen, aber entscheidenden Tatsache ist die häufige Anwendung des Erschießens während des Bürgerkrieges zu erklären.«[263] Die schwierige Lage, in die Rußland nach 1917 geraten sei – wirtschaftlicher Verfall, Erschöpfung, Hunger –, sei kein Beweis gegen das Sowjetregime. »Alle Übergangszeiten« – und darum handle es sich auch hier – »werden durch ähnliche tragische Züge gekennzeichnet«[264].

Der Sowjetunion, wie sie sich unter Stalin entwickelte, trat Trotzkij mit scharfer Kritik entgegen. Mit großer Heftigkeit griff er Stalin als Verräter an der Revolution an. Er attackierte die ausgeprägten Bürokratisierungstendenzen und bezeichnete Stalin als Personifikation der Bürokratie. Das auf Polizei und Offizierskorps gestützte, jeder Kontrolle enthobene Stalinregime erschien ihm als »eine Sorte Bonapartismus neuen Typs«. War der Bonapartismus bisher ein politisches Werkzeug kapitalistischer Regime in Krisenzeiten, so sei der Stalinismus »eine Abart desselben Systems, doch auf dem Fundament des vom Gegensatz zwischen der organisierten und bewaffneten Sowjetaristokratie und den waffenlosen werktätigen Massen zerrissenen Arbeiterstaates«[265]. Als Entstehungsbedingung des Sowjetbonapartismus bezeichnete Trotzkij die Verspätung der Weltrevolution. Dieselbe Ursache aber habe in den kapitalistischen Ländern – und damit zog er eine eindeutige Parallele – den Faschismus erzeugt. Die Erstickung der Sowjetdemokratie durch die allmächtige Bürokratie gehe mithin ebenso wie die Zerschlagung der bürgerlichen Demokratie durch den Faschismus auf ein und dieselbe Ursache zurück: »die Verzögerung des Weltproletariats bei der ihm von der Geschichte gestellten Aufgabe«. Trotz der tiefen Verschiedenheit ihrer sozialen Grundlagen seien »Stalinismus und Faschismus... symmetrische Erscheinungen«. Auch seien sie »in vielen Zügen... einander erschrekkend ähnlich«[266].

Unermüdlich forderte Trotzkij eine Liberalisierung der Sowjetunion bis hin zum sozialistischen Parteienpluralismus. Komme es nicht zu großen inneren Reformen, gehe Rußland einer neuerlichen Revolution entgegen. Die Sache des Sozialismus hielt Trotzkij noch nicht für verloren. Er glaubte, daß die Fortentwicklung der Revolution sich wieder in Gang setzen lasse. Vom voll entfalteten Sozialismus erwartete er einen gänzlich erneuerten Menschen. »Der Mensch wird, wenn er seine Wirtschaftsordnung rationalisiert, d.h. mit Bewußtsein erfüllt und seinem Vorhaben unterworfen hat, in seinem gegenwärtigen trägen und durch und durch verfaulten häuslichen Alltag keinen Stein auf dem anderen lassen.« Schwärmerisch skizzierte Trotzkij die Zukunftsperspektive: Der Mensch werde, so sein Fazit, alles daran setzen, sich auf eine neue Stufe zu erheben, »einen höheren gesellschaftlich-biologischen Typus, und wenn man so will – den Übermenschen zu schaffen«. Das Niveau von Aristoteles, Goethe und Marx werde dann der Durchschnitt sein. »Und über dieser Gebirgskette werden neue Gipfel aufragen.«[267] Ganz offenkundig hing Trotzkij hier der Utopie einer Höherzüchtung des Menschen an.

---

263 Leo Trotzki, Grundfragen der Revolution, Hamburg 1923, S. 64.
264 Ebd., S. 3.
265 Leo Trotzki, Verratene Revolution, Frankfurt/M. 1968, S. 269f.
266 Ebd., S. 270.
267 Leo Trotzkij, Literatur, und Revolution, Berlin 1968, S. 213–215 (russisches Original 1924, eine damalige Übersetzung Wien 1924).

In den ersten Jahren nach der Revolution war die innerparteiliche Diskussion in der KPdSU durch den Bürgerkrieg sehr behindert. Die Möglichkeit, die Macht in der Auseinandersetzung mit dem inneren Gegner bei gleichzeitiger äußerer Intervention wieder zu verlieren, zwang zum Zusammenstehen. Danach wurden die Erörterungen um so lebhafter – allerdings nur innerhalb der eigenen Reihen; allgemeine Meinungs- und Pressefreiheit war längst Illusion. Die jetzt geführten Debatten hatten ihr besonderes Gepräge dadurch, daß es nun nicht mehr nur um ideologische Differenzen ging, sondern um Entscheidungen zur Sache – das in Krieg und Bürgerkrieg schwer beeinträchtigte Reich mußte wiederaufgebaut werden. Die Kontroversen waren jetzt viel stärker als zuvor auch Machtfragen. Dabei wurden innerparteiliche Gruppierungen zunächst durchaus anerkannt, ja zeitweilig gewünscht.

Die entscheidende Wende brachte der Aufstand der Matrosen von Kronstadt im Februar und März 1921 bei gleichzeitigen lebhaften Unruhen in Zentralrußland. Die Aufständischen trugen schwerwiegende Klagen gegen die Entwicklung seit 1917 vor: »Als die Arbeiterklasse die Oktoberrevolution machte, hoffte sie, ihre Befreiung zu erlangen. Das Resultat war aber eine noch größere Versklavung der menschlichen Persönlichkeit. Die Macht der Polizeimonarchie ging in die Hände der Usurpatoren über, der Kommunisten, die, statt dem Volk die Freiheit zu lassen, ihm die Angst der Tscheka-Keller brachten.« Die kommunistische Macht habe »das glorreiche Abzeichen der Werktätigen, Hammer und Sichel, durch Bajonette und Kerkergitter ersetzt«, und die Möglichkeiten der proletarischen Revolution ertränken »in einem Meer von Blut«[268]. Die Matrosen formulierten ein Aktionsprogramm, das sowohl die Gewährleistung der Freiheitsrechte wie ein gewisses Maß an Privatwirtschaft einforderte, so die »volle Aktionsfreiheit für die Bauern, ... sobald sie ihre Arbeit selbst ausführen«, oder »Zulassung des freien Handwerks ohne Lohnarbeit«[269]. Die Kronstädter Kommune wollte dem Kommunismus aber ganz und gar nicht absagen. Ihre Führer warfen den kommunistischen Machthabern vor, die Interessen der Arbeiterklasse nicht zu kennen. Für sich selbst nahmen sie in Anspruch, die letzten Ketten der Arbeiter zu zerbrechen und den Weg des sozialistischen Aufbaus zu beschreiten. Sie setzten ihre Hoffnungen auf frei gewählte Räte und auf Gewerkschaften als freie Organisationen von Arbeitern und Bauern. Die Erhebung wurde jedoch unter der Leitung von Trotzkij sehr schnell blutig niedergeworfen, und in der Partei wurde jede Fraktionsbildung unter Strafe verboten.

Innerhalb der kleinen Führungsschicht der KPdSU setzte die Rivalität um Lenins Nachfolge sehr früh ein. Dabei hatte Stalin als Generalsekretär der Partei von Anfang an eine sehr starke Position, die er zudem kontinuierlich ausbaute, indem er fortlaufend personalpolitische Entscheidungen in seinem Sinne traf. So wurde er 1923 zum mächtigsten Mann der Partei. Trotzkij schwächte sich demgegenüber selbst, da er sich seit Frühjahr 1922 beharrlich weigerte, auf Lenins Wunsch einzugehen und die Berufung zum Stellvertretenden Vorsitzenden des Rates der Volkskommissare anzu-

---

268 Hans-Joachim Lieber/Karl-Heinz Ruffmann (Hrsg.), Der Sowjetkommunismus. Dokumente, Bd. 1, Die politisch-ideologischen Konzeptionen, Köln 1963, S. 160–162, hier: S. 160, Das politische Programm der Kronstädter Matrosen, März 1921.

269 Aktionsprogramm der Kronstädter Matrosen, ebd., S. 159f., hier: S. 159.

nehmen. Lenin wollte damit das starke Gewicht Stalins ausgleichen; dem Generalsekretär mißtraute er zutiefst: In seinem sogenannten politischen Testament brachte er das mit der Formulierung, Stalin könne seine Macht vielleicht nicht immer richtig nutzen, nur sehr allgemein zum Ausdruck. In einer Nachschrift wenige Tage später bat er die Genossen unmißverständlich, Wege zu suchen, wie man Stalin aus seiner Position entfernen könne[270].

Wenn Stalin sich gleichwohl behauptete, so dankte er das seiner geschickten Bündnispolitik. Von den außer Lenin sechs Mitgliedern des Politbüros hielten sich Grigorij I. Sinowjew (1883–1936) und Leo R. Kamenjew (1883–1936) eng an ihn und stellten sich gegen Trotzkij. Der einzige Arbeiter dieses obersten Parteigremiums, der Gewerkschaftler Michail P. Tomski (1880–1936), gehörte nicht zu dem um Stalin gruppierten Triumvirat, war aber ebenfalls nicht für Trotzkij, wohingegen Nikolai Iwanowitsch Bucharin (1888–1938) sich häufiger auf dessen Seite schlug.

Sinowjew war lange Jahre engster Mitarbeiter Lenins gewesen. Er war kein tiefschürfender Programmatiker, besaß aber große rhetorische Fähigkeiten und hatte als Vorsitzender des Vollzugsausschusses der damals noch eigenständig-gewichtigen Kommunistischen Internationale eine bedeutende Position. Großes Ansehen genoß auch Bucharin, ein ausgesprochener Intellektueller, der vor 1917 zeitweilig eng mit Trotzkij zusammengearbeitet hatte. Nach der Revolution wurde er *Prawda*-Redakteur und erhielt verschiedene hohe Ämter. Er wirkte intensiv darauf hin, das Gedankengut der Partei zu popularisieren. Besonders einflußreich wurde sein gemeinsam mit Jewgenij Preobrashenski (1886–1937) geschriebenes *ABC des Kommunismus* (1918). Als offizielles Lehrbuch der Ideologie galt seine *Theorie des historischen Materialismus*[271]. Lenin bescheinigte ihm zwar eine große theoretische Kraft, bezweifelte aber zugleich seine dialektische Sattelfestigkeit.

Die Gegensätze in der Führungsgruppe wurden zunächst hinter verschlossenen Türen ausgefochten. Dabei ging es einmal um Fragen der Wirtschaftspolitik, zum anderen um die Behandlung der Nationalitäten, wobei der zuerst benannte Komplex natürlich den größten Stellenwert hatte. Trotzkij monierte, daß für die ökonomische Gesamtplanung zu wenig getan wurde. Auch wies er auf die Notwendigkeit der »ursprünglichen sozialistischen Akkumulation« hin. Er konnte mit Genugtuung feststellen, daß sich Lenin nach anfänglicher Skepsis seinen Überlegungen zuneigte. Der Begriff der ursprünglichen sozialistischen Akkumulation, von dem Mitarbeiter im obersten Rat für Volkswirtschaft Wladimir Smirnow (1887–1937) geprägt, versuchte eine Marxsche Kategorie auf die Bedingungen Rußlands zu übertragen. So wie in der ersten Phase des Kapitalismus die Akkumulation von Kapital aus eigenen Kräften noch kaum möglich war, sondern vornehmlich aus anderen Quellen gespeist werden mußte, ehe die eigentliche kapitalistische Akkumulation voll einsetzen konnte, so war nach dieser Auffassung auch die entstehende sozialistische Wirtschaft darauf angewiesen, sich durch den Rückgriff auf außerhalb des Komplexes der Staatswirtschaft stehende Ressourcen zu stärken; in der Phase des Übergangs war dieser Sektor noch sehr ausgeprägt, zumal auf dem Lande.

---

270 Isaac Deutscher, Trotzki (Anm. 257), Bd. 2, S. 79f.

271 Nikolai I. Bucharin, Theorie des historischen Materialismus. Gemeinverständliches Lehrbuch der marxistischen Soziologie, Hamburg 1922.

Am intensivsten arbeitete diese Problematik der Trotzkij sehr nahestehende Preobrashenski in einer 1925 veröffentlichten Schrift heraus. Nach Preobrashenski handelte es sich bei dem Erfordernis der ursprünglichen sozialistischen Akkumulation um das Grundgesetz der sowjetischen Wirtschaft, dem alles andere unterzuordnen sei. Wenn man sich mit einer Akkumulation auf dem sozialistischen Sektor begnüge, würde die Ausbildung einer sozialistischen Wirtschaft sich in einem Lande wie Rußland außerordentlich lange hinziehen oder ganz unmöglich sein. Der Autor trat deshalb für eine scharfe Besteuerung des privatwirtschaftlichen Bereichs, für weitere fiskalische Maßnahmen und für hohe Industriepreise ein[272]. Bis über die Mitte der zwanziger Jahre hinaus war das eine Minderheitenmeinung. Ende des Jahrzehnts konnte Preobrashenski aber feststellen, daß auch Männer wie Stalin und Bucharin sich diese Anschauung zu eigen machten – Stalin tat dies mit der von ihm so häufig angewandten Radikalität.

Im zweiten Halbjahr 1923 wurden die Schwierigkeiten Rußlands so groß, daß sich eine öffentliche Diskussion nicht mehr vermeiden ließ. Im Sommer kam es zu heftigen Streikbewegungen in Moskau und Petrograd. Die wachsende Unzufriedenheit im Lande veranlaßte 46 sehr prominente Parteimitglieder, die alle hohe Posten innehatten, unter ihnen auch Preobrashenski, am 15. Oktober 1923 mit einer feierlichen Erklärung hervorzutreten, in der die offizielle Parteiführung scharf kritisiert wurde. Die Unterzeichner erhoben Protest gegen die Herrschaft der Sekretäre in der KPdSU und gegen die Abtötung der innerparteilichen Diskussion. Damit standen sie in Übereinstimmung mit Trotzkij, der von ihrem Vorhaben vielleicht vorab informiert war, den Schritt aber nicht veranlaßt hatte. Mit der Forderung nach Wiederzulassung innerparteilicher Gruppierungen gingen sie über die von Trotzkij im engen Führungskreis geäußerten Ansichten hinaus. Die Unterzeichner bildeten selbst übrigens keine Gruppe, ihre Motive waren durchaus verschieden[273].

Nach dieser massiven öffentlichen Attacke konnte das Politbüro nur noch die Flucht nach vorn ergreifen. Am 6. Jahrestag der Revolution, am 7. November 1923, kündigte Sinowjew die Erneuerung der innerparteilichen Diskussion an und verhieß einen Neuen Kurs. Das Politbüro als Ganzes folgte vier Wochen später mit einer offiziellen Resolution dieses Sinnes. Die Zeitungen öffneten ihre Spalten nun wiederum verschiedenen Meinungen. Trotzkij griff Anfang Dezember mit einer Reihe von Artikeln für die *Prawda* in die Debatte ein und trug dabei Ansichten vor, die sehr schnell zum Kernbestand des Trotzkismus wurden. Er attackierte die neue Bürokratie und die alte Garde und verlangte, daß der Neue Kurs zu einer historischen Wende werde. Die innerparteiliche Demokratie müsse gewährleistet sein, und niemand dürfe in Zukunft mehr wagen, die Partei zu terrorisieren[274]. Mit seiner Stellungnahme zog er eine Fülle von Angriffen auf sich. Seine Haltung wurde in seiner Abwesenheit und gegen den tapferen Widerstand von Preobrashenski und anderen von einer Parteikonferenz im Januar 1924 verurteilt. Dieses Votum wurde im Mai vom 13. Parteikongreß bestätigt.

---

272 Jewgeni Préobrajenski, La Nouvelle Economique, Paris 1966 (russisches Original 1925); vgl. Isaac Deutscher, Trotzki (Anm. 257), Bd. 2, S. 54ff.

273 Isaac Deutscher, Trotzki (Anm. 257), Bd. 2, S. 117f.

274 Ebd., S. 123ff.

Trotzkij, immer ein Vorkämpfer der Parteidisziplin, hielt sich zunächst zurück, nahm dann aber die Gelegenheit wahr, daß in der Edition seiner Werke die Veröffentlichung seiner Reden und Schriften von 1917 anstand. Schon der Neudruck dieser Texte rückte die Vorwürfe, die man ihm jetzt gemacht hatte, in das rechte Licht. Zudem entwickelte er in einer langen Einleitung seine Sicht der Dinge und griff dabei Stalin, Sinowjew und Kamenjew scharf an. Er verwies darauf, daß auch eine revolutionäre Partei mehrere Strömungen in sich vereinigen müsse, und bestritt dem Triumvirat das Recht, »als die einzigen kompetenten Interpreten der bolschewistischen Lehre« aufzutreten[275]. Genau das aber geschah in der Folge mehr und mehr. Trotzkij wurde beschuldigt, Lenin einfach beiseite zu schieben und sich an dessen Stelle zu setzen. Er bringe seinen Lesern kunstvoll den Grundgedanken bei, »ideologisch sei der Oktober kein Leninismus, sondern Stalinismus gewesen«[276]. Hier sei zu wählen. Für das Triumvirat war der Fall klar, hatte Stalin sich doch schon bei der Trauerfeier für Lenin als dessen ideologischer Erbe präsentiert. Ihre zentrale Bedeutung hatte die Frage nach Leninismus oder Trotzkismus in der Beurteilung der permanenten Revolution mit der notwendig aus ihr folgenden Wendung nach außen; Trotzkij wurde wegen seines Festhaltens an diesem Konzept immer wieder attackiert.

Innerhalb kurzer Zeit aber veränderte sich die Frontstellung entscheidend. Wegen seiner Industriepolitik wandten sich Sinowjew und Kamenjew von Stalin ab und verbanden sich mit Trotzkij, wobei nun Bucharin auf der Seite Stalins stand. Die Kontroverse endete 1927 mit der Ausstoßung Trotzkijs und Sinowjews aus der Partei. Der 15. Parteitag im Dezember 1927 war tumultuös. In der Folge geriet auch Bucharin mit Stalin in Konflikt. Er hatte sich von Anfang an vergleichsweise intensiv mit den Problemen des Übergangs vom Kapitalismus zum Sozialismus und Kommunismus beschäftigt und dabei gemeinsam mit Preobrashenski die Ansicht vertreten, daß die Produktionsmittel in der Zeit der Diktatur des Proletariats nicht der ganzen Gesellschaft, sondern dem Proletariat gehörten. Es bestehe mithin weiterhin eine Klassengesellschaft; die Gesellschaftsordnung der proletarischen Diktatur gehe aber ohne jede Revolution in den Kommunismus über, je mehr der Widerstand der kapitalistischen Klasse gebrochen werde. Die Erfahrungen mit der *Neuen Ökonomischen Politik* (NEP) hatten ihm sodann zu denken gegeben. Daß der Weg zum Sozialismus offenbar komplizierter als zunächst gedacht sei, hatte er aus dem Nebeneinander von staatlichem Sektor und Privatunternehmungen im kleinen und mittleren Bereich von Handel und Gewerbe und in der Landwirtschaft gefolgert und dabei namentlich auf die Bauern geblickt, da sie immer noch den größten Teil der Bevölkerung ausmachten. Ihnen und zumal den »Werktätigen« unter ihnen, also den kleinen Bauern, müsse man beim allmählichen Hineinwachsen in kollektivistische Wirtschaftsformen behilflich sein und deshalb ihre Genossenschaften fördern. Er erwartete, daß auch die größeren Landwirte allmählich den Weg zum Kollektivismus

---

275 Ebd., S. 154–156; Leo Trotzki, Die Lehren des Oktober, in: ders., Um den Oktober, Hamburg 1925, S. 7–49; Auszüge bei Hans-Joachim Lieber/Karl-Heinz Ruffmann (Hrsg.), Der Sowjetkommunismus (Anm. 268), S. 199–205.

276 Leo Kamenjew, Leninismus oder Trotzkismus, in: Um den Oktober, Hamburg 1925, S. 53–101; Auszug bei Hans-Joachim Lieber/Karl-Heinz Ruffmann (Hrsg.), Der Sowjetkommunismus (Anm. 268), S. 210–213, hier: S. 212.

gehen würden[277]. Von diesen Positionen aus konnte er Stalins Politik der forcierten Industrialisierung bei gleichzeitiger Kollektivierung in der Landwirtschaft nichts abgewinnen. Das war der Ansatzpunkt seines Konfliktes mit dem Generalsekretär. Seine Opposition, der sich auch andere prominente Kommunisten anschlossen, wurde von Stalin jedoch ebenso zerschlagen wie die Trotzkijs, Sinowjews und Kamenjews.

Die außerordentliche Härte, mit der Stalin vorging, wurde deutlich, als er wenige Jahre später alle seine Kontrahenten aus den zwanziger Jahren in der großen Säuberung vor Gericht bringen, zum Tode verurteilen und hinrichten ließ. Der emigrierte Trotzkij wurde in seinem Auftrag ermordet. Von den Politbüromitgliedern der Jahre 1923 und 1924 starben nur Stalin und Lenin eines natürlichen Todes.

7.4 Stalin

Da die Auseinandersetzungen um Machtpositionen und den Kurs der russischen Politik mit einem großen Aufwand an ideologischen Argumenten ausgetragen wurden, haben sie auch ideengeschichtliches Interesse. Hier fehlt jedoch der Raum, das ausführlicher darzulegen[278]. Der Streit trug ganz wesentlich zur Ausformung von Stalins Anschauungen bei.

Der Georgier Josif Wissarionowitsch Dschugaschwili (1879–1953) mit dem Decknamen Stalin (»Der Stählerne«, ab 1913) war der Sohn eines Kleinbauern und Fabrikarbeiters[279]. Nach dem frühen Tod seines Vaters besuchte er zunächst die Kirchenschule seines Geburtsortes weiter, danach das Priesterseminar in Tiflis, von dem er aber 1899 wegen seiner Verbindung zu marxistischen Kreisen verwiesen wurde. Seither war er ein eifriger Parteisoldat, zunächst in einer kleinen georgischen Organisation, dann seit Ende 1901 in der Sozialdemokratischen Arbeiterpartei Rußlands. Seine Stärke lag besonders im organisatorischen Bereich. Wegen seines Einsatzes mußte er mehrfach Verhaftungen und administrative Verbannungen hinnehmen, aus denen er aber wiederholt entfloh. 1912 wurde er in das Zentralkomitee kooptiert, 1913 neuerlich verbannt. Im März 1917 kehrte er nach Petrograd zurück und wurde wiederum Zk-Mitglied. Er neigte einem Ausgleich von Bolschewiki und Menschewiki zu und war deshalb zunächst gegen den von Lenin und Trotzkij propagierten Kurs, änderte aber bald seine Position. Er gehörte schon nach kurzer Zeit zum Führungskreis der Revolutionäre. Nach dem gelungenen Aufstand wurde er Volkskommissar für Nationalitätenfragen und gleichzeitig Volkskommissar für die

---

277 Seine Ansichten zur Übergangsperiode in den mit Preobrashenski gemeinsam verfaßten Arbeiten in: Nicolai I. Bucharin, Ökonomik der Transformationsperiode, Hamburg 1922; die späteren Wandlungen dann vor allem in: ders., Der Weg zum Sozialismus, Wien 1925. Vgl. insgesamt Peter Knirsch, Die ökonomischen Anschauungen Nikolai I. Bucharins, Berlin 1959.

278 Vgl. die Textauszüge bei Hans-Joachim Lieber/Karl-Heinz Ruffmann (Hrsg.), Der Sowjetkommunismus (Anm. 268), Bd. I, S. 199–272.

279 Vgl. E. E. Smith, Der junge Stalin, München 1969 (New York 1967); Boris Souvarine, Stalin. Frühgeschichte des Bolschewismus, München 1979; Isaac Deutscher, Stalin, Stuttgart 1962^2 (englisch 1949).

Arbeiter- und Bauerninspektion. Mit diesem Aufgabenkreis hatte er große personalpolitische Möglichkeiten, die er geschickt für sich ausnutzte. 1922 wurde er auf Vorschlag Lenins zum Generalsekretär der Partei gewählt. In den Machtkämpfen nach dem Tode Lenins konnte er sich innerhalb von fünf Jahren als unumschränkter Gebieter der Sowjetunion durchsetzen. Spätestens 1929 war er der alleinentscheidende Diktator des Riesenreiches, und diese Stellung behauptete er bis zu seinem Tode.

Stalin war in erster Linie ein Mann des praktischen Handelns. Was er in den ersten gut zwei Jahrzehnten seiner Zugehörigkeit zur Arbeiterpartei schrieb, gehörte in diesen Alltagsbereich, wobei nach dem Arbeits- und Diskussionsstil der Partei eine solide ideologische Kenntnis für jeden unabdingbar war, der in die Führungsspitze aufsteigen wollte. Während dieser Zeit zeigte Stalin in seiner gesamten Schriftstellerei keine ausgeprägte Neigung zur Theorie. Erst nach dem Tode Lenins trat eine gewisse Änderung ein. Jetzt mußte Stalin bestrebt sein, sich als ideologischer Führer zu profilieren. Er legte deshalb eine Reihe von Schriften vor, in denen er sich bemühte, das Erbe Lenins dogmatisch zu fixieren. Auch diese Arbeiten zeigten ihn freilich nicht als exzellenten Theoretiker. Mit seiner Kodifizierung schuf Stalin erst das dogmatische Lehrgebäude des Leninismus.

Ein gewisses Profil gab ihm 1913 die Schrift *Marxismus und nationale Frage*, die er nach mehrwöchiger Materialsammlung in Wien vorlegte. Dabei folgte er stark Anregungen Lenins. Eine kritische Auseinandersetzung mit der austromarxistischen Ansicht, daß die Lösung der vielfältigen Nationalitätenprobleme in der Zubilligung von kultureller Autonomie bestehe, schien dringend nötig. Stalin definierte Nation als eine historisch entstandene stabile Gemeinschaft der Sprache, des Territoriums, des Wirtschaftslebens und der sich in der Kulturgemeinschaft offenbarenden psychischen Eigenart. Einer derartigen Nation könne man das Selbstbestimmungsrecht nicht verwehren, wohl aber müsse man es allen denen verweigern, die, wie die russischen Juden, nicht jeden dieser Faktoren für sich geltend machen konnten. Seine Argumentation stieß in der sozialistischen Bewegung auf Widerspruch, namentlich bei denen, die den Internationalismus der Bewegung stark hervorhoben und die Klasse absolut vor die Nation stellten; hier ist Rosa Luxemburg zu nennen, für Rußland neben Bucharin vor allem G. L. Pjatakow. Die Opposition konnte indessen nicht verhindern, daß in der von Stalin formulierten Deklaration an die Völker Rußlands vom 15. November 1917 das Recht auf Selbstbestimmung bis zur Bildung freier Staaten zugestanden wurde. Lenin und Stalin wollten aber durchaus keine Staatenvielfalt. Sie erwarteten vielmehr, daß die durch die Revolution vom zaristischen Imperialismus befreiten Völker sich dem proletarischen Rußland freiwillig wieder anschließen würden[280].

In einer Vorlesungsreihe an der Swerdlow-Universität im Frühjahr 1924 begann Stalin mit der Dogmatisierung Lenins[281]. Gestützt auf zentrale Aussagen Lenins bemühte er sich mit großem Erfolg, zentrale Problemkreise auf ihre Grundstruktur zu

---

280 Josef Wissarionowitsch Stalin, Marxismus und nationale Frage, in: ders., Werke, Bd. 2, Berlin 1950, S. 266–333; vgl. Wladimir Iljitsch Lenin, Rede über die nationale Frage am 12. Mai 1917, in: ders., Werke (Anm. 229), Bd. 24, Berlin 1959, S. 289–294.

281 Josef Wissarionowitsch Stalin, Über die Grundlagen des Leninismus, in: ders., Werke, Bd. 6, Berlin 1952, S. 62–166.

bringen und dabei knappe und eingängige Definitionen zu bieten. Zugleich rechnete er durchgängig mit Meinungen in der Bewegung ab, die er für nichtleninistisch hielt. Diese Praxis setzte er in einer Vielzahl von Reden und Schriften fort, und je mehr sich seine Macht in der Partei festigte, desto autoritativer wurde er. Unter dem Titel *Fragen des Leninismus* wurden diese Meinungsäußerungen erstmals 1926 als Buch zusammengefaßt. Das Werk erlebte schnell nacheinander weitere Auflagen und wurde dabei fortlaufend ergänzt. Es war, nachdem Stalin 1929 seine Diktatur endgültig etabliert hatte, der maßgebliche Wegweiser für jeden Kommunisten. 1938 kam als Handbüchlein für alle ideologischen Probleme die Broschüre *Über den dialektischen und historischen Materialismus* hinzu. Über die offizielle Version der Parteigeschichte konnte sich jedermann in der gleichzeitig anonym, seit 1948 unter Stalins Namen veröffentlichten *Geschichte der kommunistischen Partei der Sowjetunion (Bolschewiki). Kurzer Lehrgang* informieren. Es folgten 1950 die sogenannten Linguistik-Briefe – *Der Marxismus und die Fragen der Sprachwissenschaft* – und 1952 eine Schrift über *Ökonomische Probleme des Sozialismus in der UdSSR*.

Leninismus war für Stalin nicht Marxismus schlechthin, sondern seine Weiterentwicklung durch Lenin. »Der Leninismus ist der Marxismus der Epoche des Imperialismus und der proletarischen Revolution. Genauer: Der Leninismus ist die Theorie und Taktik der proletarischen Revolution im allgemeinen, die Theorie und Taktik der Diktatur des Proletariats im besonderen.«[282] Stalin legte mit Lenin dar, daß die Widersprüche des Imperialismus nun den blühenden zum sterbenden Kapitalismus machten. Die Revolution sei unvermeidbar gewesen. Daß sie in Rußland losbrechen konnte, ergab sich daraus, daß »der Zarismus ... die Konzentration der ins Quadrat erhobenen negativsten Seiten des Imperialismus« war[283]. Zudem habe sich der russische Kapitalismus als schwächstes Glied der imperialistischen Weltfront erwiesen. Durch den historischen Ablauf sah Stalin die Möglichkeit des proletarischen Sieges in einem Land als bestätigt an. Er gab aber zu, daß der endgültige Sieg des Sozialismus mit den Kräften nur eines Landes nicht erreicht werden könne, vielmehr sei eine erfolgreiche Revolution wenigstens in einigen Ländern nötig. »Deshalb ist die Entwicklung und Unterstützung der Revolution in den anderen Ländern eine wesentliche Aufgabe der siegreichen Revolution.«[284]

Das war ein prinzipielles Bekenntnis zur permanenten Revolution, nur betonte Stalin, daß mit langen Fristen zu rechnen sei. Man dürfe die – seines Erachtens keineswegs friedlich, sondern nur gewaltsam zu erreichende – Diktatur des Proletariats, »den Übergang vom Kapitalismus zum Kommunismus, nicht als eine schnell vorübergehende Periode« ansehen, »sondern man muß sie als eine ganze historische Epoche betrachten, die ausgefüllt ist mit Bürgerkriegen und äußeren Zusammenstößen, hartnäckiger organisatorischer Arbeit und wirtschaftlichem Aufbau, Angriffen und Rückzügen, Siegen und Niederlagen«[285]. Dabei dürfe man nicht nach starrem ideologischen Schema vorgehen, sondern müsse sich nach den Gegebenheiten richten. Stalin unterstrich mit allem Nachdruck, daß die Theorie der Praxis dienen müsse; sie sei gegenstandslos, wenn sie das nicht tue. Eindringlich schärfte er seinen Hörern

282 Ebd., S. 63.
283 Ebd., S. 67.
284 Ebd., S. 95.
285 Ebd., S. 99.

und Lesern Funktion und Struktur der Partei ein. Auch hierbei war Lenin das getreue Vorbild. Die Partei müsse den Kampf des Proletariats leiten und sich durch unverbrüchliche Einheit des Wollens auszeichnen. Das Parteizentrum müsse deshalb mit Machtbefugnissen ausgestattet sein und eine autoritative Stellung einnehmen.

In späteren Arbeiten akzentuierte Stalin das weiter. So setzte er sich an der Jahreswende 1925/26 mit der Frage auseinander, ob die Diktatur des Proletariats »dem Wesen nach die ›Diktatur‹ seiner Avantgarde, die ›Diktatur‹ seiner Partei als der grundlegenden führenden Kraft des Proletariats« sei, wie man gelegentliche Äußerungen Lenins interpretieren könne. Er bestritt die Berechtigung einer solchen Auslegung, ohne doch den Eindruck verwischen zu können, daß es sich tatsächlich so verhielt[286]. Sehr wesentlich für seine Argumentation war die Feststellung, daß die Diktatur des Proletariats »ein staatlicher Begriff« sei und »unbedingt den Begriff der Gewalt« einschließe. Wer die Diktatur des Proletariats mit der Partei gleichstelle, gehe stillschweigend davon aus, »daß man die Autorität der Partei auf Gewalt aufbauen kann, was absurd und mit dem Leninismus völlig unvereinbar ist. Die Autorität der Partei beruht auf dem Vertrauen der Arbeiterklasse.«[287] Gerate die Politik der Partei mit den Interessen der Arbeiterklasse in Kollision, so müsse sie ihre Politik überprüfen und richtigstellen. Seit 1925 betonte Stalin auch die Möglichkeit des Sozialismus in einem Lande zunehmend stärker. Rußland besitze alles Notwendige zur Errichtung der vollendeten sozialistischen Gesellschaft. Das russische Proletariat könne diesen Schritt tun, gestützt auf die Sympathien der Proletarier anderer Länder, »aber ohne vorhergehenden Sieg der proletarischen Revolution in anderen Ländern«[288].

In der Folgezeit drängte Stalin ungeduldig in diese Richtung. Schroff wandte er sich gegen rechte und linke Abweichungen, weil sie den Aufbau des Sozialismus gefährdeten. Rechte Abweichungen: Das war die von Stalin in vielen Ländern beobachtete »Neigung eines Teils der Kommunisten, von der revolutionären Linie des Marxismus zur Sozialdemokratie hin abzuschwenken«[289]; linke Abweichungen: Das war der Trotzkismus. Gegen Abweichungen beider Art forderte Stalin 1928, daß die proletarische Diktatur gefestigt werden müsse. Stärke man zugleich das Bündnis zwischen der Arbeiterschaft und dem Bauerntum – dies eine Umschreibung für die Intensivierung des Einflusses der Partei auf dem Lande – und forciere man das Tempo der Industrialisierung, dann sei der Aufbau der sozialistischen Gesellschaft in der UdSSR möglich. Im Jahre darauf wurde er noch drängender. Gegen Bucharins vorsichtige Politik gab er die Parole von der Verschärfung des Klassenkampfes aus, forderte eine nachhaltige Beschleunigung der Industrialisierung und machte schroff Front gegen die Kulaken. Er sah die Sowjetunion inzwischen stark genug, den Schritt »von der Politik der Einschränkung der Ausbeutertendenzen des Kulakentums ... zur Politik der Liquidierung des Kulakentums als Klasse« zu tun. Dies sei »eine der

286 Josef Wissarionowitsch Stalin, Zu den Fragen des Leninismus, in: ders., Werke, Bd. 8, Berlin 1952, S. 12–81, hier: S. 33ff., das Zitat S. 33.
287 Ebd., S. 31f.
288 Ebd., S. 58.
289 Josef Wissarionowitsch Stalin, Über die rechte Gefahr in der KPdSU (B), Rede am 19. Oktober 1928, in: ders., Werke, Bd. 11, Berlin 1954, S. 197–211, hier: S. 199.

entscheidenden Wendungen in unserer gesamten Politik«[290] – sie kostete, wie angemerkt werden sollte, in den folgenden Jahren vielen Millionen Menschen das Leben, bedeutete für weitere Millionen Lagerhaft unter schlimmsten Bedingungen und für viele andere eine hochgradige Verelendung[291].

Nur wenige Jahre später stellte Stalin im Januar 1934 in seinem dem 17. Parteitag erstatteten Rechenschaftsbericht voller Stolz fest, daß das sozialistische System nun das einzige System der gesamten Volkswirtschaft geworden sei; die kapitalistischen Elemente seien überall verdrängt, die materielle Lage der Werktätigen nachhaltig verbessert. »Die Liquidierung der parasitären Klassen hat zum Verschwinden der Ausbeutung des Menschen durch den Menschen geführt.«[292] Stalin sah all das als Beweis dafür, daß der Sieg des Sozialismus in einem Lande uneingeschränkt möglich sei. Waren somit große Erfolge errungen, durfte, so Stalin weiter, der Kampf doch nicht eingestellt werden. Einmal war der Kapitalismus im Denken noch nicht ausgerottet, zum zweiten galt es nun, auf die nächste, höhere Phase des Sozialismus zuzugehen, auf die Verwirklichung des Kommunismus. Dem Kampf gegen Abweichler widmete Stalin in öffentlichen Erklärungen immer wieder große Aufmerksamkeit. Da wurde die 1935 einsetzende umfassende Säuberung der Partei, deren wahres Ausmaß sich erst jetzt langsam enthüllt, ideologisch langfristig vorbereitet. Die offizielle Parteigeschichte und die Materialismus-Schrift von 1938 hatten fortan die Funktion, die Menschen auf dem rechten Weg zu halten. Der dialektische Materialismus erhielt dabei einen viel größeren Stellenwert als der historische, er allein war »die Weltanschauung der marxistisch-leninistischen Partei«. Der historische Materialismus war nur die Anwendung dieser Leitsätze auf die Gesellschaft und ihre Geschichte[293].

Die Friedensliebe der UdSSR betonte Stalin vielfach. Während in den kapitalistischen Ländern fieberhaft zu einem neuen Kriege gerüstet werde, »setzt die Sowjetunion den systematischen, hartnäckigen Kampf gegen die Kriegsgefahr und für den Frieden fort«, hieß es im Rechenschaftsbericht von 1934. Der 7. Weltkongreß der Kommunistischen Internationale stellte im August 1935 den Einsatz für den Frieden als »zentrale Losung der kommunistischen Parteien« dar[294]. Allerdings war der Leninismus alles andere als eine pazifistische Weltanschauung, und er konnte das bei seiner weltrevolutionären Zielsetzung auch nicht sein. »Wenn nötig, werden wir einen revolutionären Krieg nicht ablehnen. Wir sind keine Pazifisten«, so sagte Lenin

---

290 Josef Wissarionowitsch Stalin, Zu den Fragen der Agrarpolitik in der UdSSR, Rede am 27. Dezember 1929, in: ders., Werke, Bd. 12, Berlin 1954, S. 125–152, hier: S. 147.

291 Vgl. vor allem Robert Conquest, Ernte des Todes. Stalins Holocaust in der Ukraine 1929–1933, München 1988 (London 1986), besonders S. 364–374. Der Autor schätzt die Opfer der Dekulakisierung auf ca. 7,5 Millionen, die der daraus resultierenden Hungersnot auf 7 Millionen Menschen.

292 Josef Wissarionowitsch Stalin, Rechenschaftsbericht auf dem 17. Parteitag über die Arbeit des ZK der KPdSU (B) am 26. Januar 1934, in: ders., Werke, Bd. 13, Berlin 1955, S. 252–336, hier: S. 297.

293 Josef Wissarionowitsch Stalin, Über dialektischen und historischen Materialismus, in: ders., Fragen des Leninismus, Moskau 1947[11], S. 647–679, hier: S. 679.

294 Josef Wissarionowitsch Stalin, Rechenschaftsbericht (Anm. 292), S. 253; das Zitat aus der Resolution des 7. Weltkongresses der Internationale bei Hans-Joachim Lieber/Karl-Heinz Ruffmann(Hrsg.), Sowjetkommunismus (Anm. 268), S. 344.

während der gesamtrussischen Konferenz der Partei im Mai 1917[295]. Die Diktatur des Proletariats in einem Land galt nur als »Stützpunkt ... zum Sturz des Imperialismus in allen Ländern«[296]. Die Unterstreichung der Friedensliebe viele Jahre hindurch hatte mithin nur taktischen Charakter. Dem Kriege konnte man nur wohlgerüstet begegnen, das war für Stalin selbstverständlich. So mußte die Außenpolitik der Sowjetunion darauf ausgerichtet sein, Zeit zu gewinnen[297].

Als sich Stalin während des Zweiten Weltkrieges – vielleicht unerwartet – an der Seite der Westmächte fand, mußte der Kurs der schroffen Absetzung vom Westen naturgemäß etwas gedämpft werden. Aber selbst im Augenblick der höchsten Bedrängnis sagte Stalin in der Proklamation des Vaterländischen Krieges im Juli 1941, daß es nicht nur darum gehe, die über die Sowjetunion hereingebrochene Gefahr zu beseitigen. »Unser Krieg für die Freiheit unseres Vaterlandes wird verschmelzen mit dem Kampf der Völker Europas und Amerikas für ihre Unabhängigkeit, für ihre demokratischen Freiheiten.«[298] Das war kein Hinweis auf die Rückkehr zum Status quo ante, vielmehr schimmerte auch hier das Endziel der Bewegung durch. So war es nur konsequent, daß Andrej Shdanow (1896–1948), der enge Vertraute Stalins und Leiter der Propaganda-Abteilung beim Zentralkomitee, bei der Gründung des Kommunistischen Informationsbüros im September 1947 wieder zu der Zwei-Lager Theorie zurückkehrte, die Stalin schon 1924 in den *Fragen des Leninismus* umrissen hatte. Die Welt sei in zwei Lager geteilt, so hatte es damals geheißen, »in das Lager einer Handvoll zivilisierter Nationen, die über das Finanzkapital verfügen und die die gewaltige Mehrheit der Bevölkerung des Erdballs ausbeuten, und in das Lager der unterdrückten und ausgebeuteten Völker der Kolonien und abhängigen Länder, die diese Mehrheit bilden«[299]. Die weltrevolutionäre Programmatik galt uneingeschränkt weiter. Stalin setzte in der letzten Phase seines Lebens freilich stärker auf den ökonomischen Determinismus als in den früheren Jahren – an der strengen Inpflichtnahme der Theorie für die Praxis hielt er offenbar nicht mehr mit der alten Entschiedenheit fest.

7.5 *Blick nach China*

Die Kommunistische Partei Chinas wurde nach längerer Vorbereitungszeit im Juli 1921 in Shanghai von Angehörigen marxistischer Intellektuellenzirkel gegründet. Großen Einfluß dabei hatte Tschen tu-hsia (1879–1942), der Dekan der Literaturwissenschaftlichen Fakultät der Universität Peking; er wurde auch erster Generalsekretär der Partei. Die Gründer waren der Überzeugung, daß die Wirren in China nur

295 Wladimir Iljitsch Lenin, Rede über die nationale Frage (Anm. 280), S. 293.
296 Josef Wissarionowitsch Stalin, Über die Grundlagen des Leninismus (Anm. 281), S. 135.
297 Josef Wissarionowitsch Stalin, Die internationale Lage und die Verteidigung der UdSSR, in: ders., Werke, Bd. 10, Berlin 1953, S. 3–52, hier: S. 52.
298 Hans-Joachim Lieber/Karl-Heinz Ruffmann (Hrsg.), Der Sowjetkommunismus (Anm. 268), S. 400f.
299 Josef Wissarionowitsch Stalin, Über die Grundlagen des Leninismus (Anm. 281), S. 127; Andrej Shdanow, Über die internationale Lage. Vortrag, gehalten auf der Informationsberatung von Vertretern einiger Kommunistischer Parteien in Polen Ende September 1947, Berlin 1947, besonders S. 11.

dann ein Ende fänden, wenn den Militärs die Herrschaft entwunden würde. Sie forderten deshalb das Volk zum entschiedenen Kampf für Freiheit und Frieden auf. »Wir begrüßen den Krieg, der die Demokratie zum Siege führt, das Militär und seine Anhänger stürzt und das chinesische Volk befreit«, so hieß es im ersten Manifest der KPC. Da die Kräfte, die man in strenger marxistischer Auslegung als Proletariat verstehen konnte, zahlenmäßig noch sehr unbedeutend waren, erklärte sich die KPC bereit, »in gemeinschaftlichem Vorgehen mit der Demokratischen Partei« – gemeint war die Kuomintang – »eine Einheitsfront der demokratischen Revolution zum Sturz der Militärherrschaft und zur Errichtung eines wirklichen demokratischen Staates zu bilden«. Die KPC ließ aber keinen Zweifel daran, daß diese Selbstbeschränkung nur bis zu dem Tage gelten sollte, »an dem das chinesische Proletariat imstande sein wird, die Macht in die eigene Hand zu nehmen«.

Das Mindestprogramm der Partei nannte die Sicherung der Grundrechte, Gleichberechtigung von Mann und Frau, eine progressive Einkommensteuer, die Herabsetzung der Grundsteuer, allgemeinen Schulzwang, »die Revision des Zollwesens, das der Weltkapitalismus China gewaltsam aufgezwungen hat«, der damit zusammenhängenden Rechte der Ausländer und vor allem die Beseitigung der Militärs und der bestechlichen Bürokratie als vordringlichste Forderungen[300]. In einem zweiten Manifest wenige Wochen später wurde breiter hervorgehoben, daß die Unterstützung der demokratischen Revolution seitens des Proletariats nicht als Eingeständnis der Kapitulation gegenüber dem Kapitalismus zu verstehen sei. Die Kapitalisten-Klasse werde sich nach erfolgreicher Revolution ausweiten. Dann müsse »das Proletariat in den Kampf der zweiten Phase eintreten«, für die Diktatur des Proletariats, der gemeinsam mit den armen Bauern gegen die Bourgeoisie zu führen sei. »Sobald das Proletariat die nötige Kampfstärke und Organisation entwickelt hat, wird der Kampf dieser zweiten Phase die demokratische Revolution dem endgültigen Siege entgegenführen.« Dieses Manifest bezeichnete als eigentliche Aufgabe klipp und klar »den allmählichen Aufbau einer kommunistischen Gesellschaft«[301]. Die KPC war eine kommunistische Partei reinster Prägung. Sie wollte im Bündnis mit dem Weltproletariat und den unterdrückten Völkern der Welt die Befreiung bringen.

Die Zusammenarbeit mit der Kuomintang entsprach der realen Lage und den Wünschen der Dritten Internationale, der die KPC angehörte. Die Verbindung dauerte allerdings nur einige Jahre. Spannungen machten sich schon in den letzten Lebensjahren Sun Yat-sens geltend[302]. Nach dessen Tode brachen sie vollends auf, da sich nun der rechte und militaristische Flügel der nationalen Partei um Tschiang Kai-Shek (1887–1975) durchsetzte; es kam 1926 zu ersten Zusammenstößen, 1927 zu schweren Kämpfen, die schließlich in den Bürgerkrieg einmündeten.

In dieser sich zuspitzenden Situation trat Mao Tse-tung (1893–1976)[303] mit einem

---

300 Erstes Manifest der KPC zur gegenwärtigen Lage vom 10. Juni 1922, in: Der Kommunismus in China. Eine Dokumentar-Geschichte, bearbeitet von Conrad Brandt/Benjamin Schwartz/John K. Fairbank, München 1955, S. 30–40, hier: S. 39.

301 Ebd., S. 40–42, hier: S. 42.

302 Vgl. das Vierte Manifest der KPC zur gegenwärtigen Lage, Januar 1925, ebd., S. 53–55.

303 Sehr gute biographische Einführung bei Tilemann Grimm, Mao Tse-tung in Selbstzeugnissen und Bilddokumenten, Reinbek 1968 u. ö.; ferner Stuart Schram, Mao Tse-tung, Frankfurt/M. 1969 (London 1967); ders., Das Mao-System. Die Schriften von Mao. Analyse und Entwicklung, München 1972 (New York 1969).

Schriftstück hervor, das ihm breite Aufmerksamkeit eintrug und als entscheidendes Datum nicht nur seiner Karriere, sondern der Entwicklung des chinesischen Kommunismus überhaupt gewertet werden muß[304]. Mao, Sohn eines wohlhabenden Bauern, auf der Mittelschule erstmals mit westlichen Ideen in Berührung gekommen, dann zum Lehrer ausgebildet und 1921 an der Gründung der KPC beteiligt, wies hier gegen die herrschende Parteilinie eindringlich darauf hin, daß die Partei nur dann etwas für die volle Entfaltung der Revolution tue, wenn sie sich den Bauern zuwende. Die Bauernbewegung sei ein riesiges revolutionäres Potential. Innerhalb kurzer Zeit sei die Erhebung von Hunderten Millionen Bauern zu erwarten, mit dem Zerbrechen aller Ketten zu rechnen. Die Partei müsse sich an die Spitze der Bauern stellen, um sie zu führen. Und ganz kategorisch: Ohne die armen Bauern gibt es keine Revolution. »Wer ihre Rolle negiert, negiert die Revolution.«[305] Auch Lenin hatte das Bündnis des Proletariats und der Bauern verlangt, aber Mao ging viel weiter und veranschlagte den Anteil der Bauern an der Revolution viel höher als die Russen. Nach den dortigen Ansichten war das städtische Proletariat die Avantgarde, das Landvolk die Hilfstruppe. Mao kehrte das Verhältnis um. Er machte die »Riesenarmee unserer Bauern« zur »Vorhut beim Sturz der feudalen Kräfte«[306]. Seine Beschreibung der revolutionären bäuerlichen Aktivitäten ergab zugleich eine detaillierte Handlungsanweisung. Mit diesem Artikel legte Mao den Grund dafür, daß der chinesische Kommunismus seine spezifische Färbung gewinnen konnte. Er formulierte hier den Maoismus in prägnanter Kürze. Wenn man den leninistischen Grundsatz ernst nimmt, daß die Theorie der Praxis dienen müsse, so war Maos Sicht der Dinge Leninismus reinster Ausprägung.

Im Zentralkomitee wurden die Dinge anders bewertet. Zwar wurde Tschen Tu-siu im August 1927 abgelöst, aber der Parteikurs änderte sich nicht. Immerhin wurde Mao in der Provinz Kjangsi mit organisatorischer Arbeit unter den Bauern betraut. Da er sofort zu Guerillatätigkeit überging und dabei in große Bedrängnis geriet, wurde seine Tätigkeit in der Parteiführung mit Mißtrauen betrachtet. Im Herbst 1927 verlor er wegen seines angeblichen Putschismus sogar seinen Sitz im Politbüro – erst im Sommer 1935 kehrte er in dieses Gremium zurück. Mao setzte seine Tätigkeit aber unbeirrt fort und konnte bald auf erfolgreiche Partisanenaktivitäten verweisen. Unter seinen Genossen führte er einen mühsamen Werbefeldzug für seine Ansichten. Dabei prägte er das Wort, daß aus einem Funken ein Steppenbrand entstehen könne[307]. Es dauerte bis 1935, ehe er seine Linie durchsetzen konnte. Mit dem Vorsitz der Militärkommission beim ZK erhielt er jetzt den einflußreichsten Posten, den die Partei zu vergeben hatte. Wenig später trat er auch wieder an die Spitze der

---

304 Untersuchungsbericht über die Bauernbewegung in Hunan, in: Mao Tse-tung, Ausgewählte Werke, Bd. 1, Peking 1968, S. 21–64. Auszug bei Conrad Brandt/Benjamin Schwartz/John K. Fairbank, Der Kommunismus in China (Anm. 300), S. 58–68. – Weitere Ausgaben der Werke Maos in deutscher Sprache: Ausgewählte Schriften, 4 Bde., Berlin 1956–1969; Ausgewählte Schriften. Aus dem Chinesischen übersetzt, hrsg., eingeleitet und mit einem Kommentar und Anmerkungen versehen von Tilemann Grimm, Frankfurt/M. 1968.

305 Mao Tse-tung, Untersuchungsbericht über die Bauernbewegung (Anm. 304), S. 32.

306 Ebd.

307 Mao Tse-tung, Aus einem Funken kann ein Steppenbrand entstehen (1930), in: ders., Ausgewählte Werke (Anm. 304), Bd. 1, S. 133–146.

Regierung der im Süden begründeten Chinesischen Sowjetrepublik; die Hauptstadt lag nun, nach dem Ende des »Langen Marsches«, freilich im Nordwesten. Dieses Amt hatte Mao seit 1931 schon einmal inne, es dann wegen des Konfliktes mit der Parteiführung aber für einige Zeit verloren. Die innerparteilichen Gegensätze waren jedoch auch 1935/36 nicht ausgeräumt. Mao hatte sich fortlaufend mit der weiterhin an der Komintern orientierten Strömung auseinanderzusetzen. Die Schlußphase erreichten diese Kämpfe 1942/44 in der sogenannten Tscheng-feng-Bewegung, die der ideologischen und organisatorischen Straffung der Partei diente und von Mao mit großer Härte gegenüber seinen Gegnern betrieben wurde. Im Mai 1945 wurde Mao Parteiführer.

Das entscheidende Problem dieser Jahre war jedoch der Krieg mit Japan ab 1937. Um den Feind wieder aus dem Lande herausbringen zu können, verständigten sich KPC und Kuomintang im Juli 1937 auf enge Zusammenarbeit, wobei die Kommunisten die größeren Konzessionen machten[308]. So sehr Mao auch davon sprach, daß jetzt eine Einheitsfront nicht nur der beiden Parteien, sondern der ganzen Nation nötig sei, und so sehr er sich auch bereit zeigte, die Vollendung der bürgerlichen Revolution als unmittelbares Ziel anzusehen, so deutlich machte die KPC andererseits, daß sie dabei nicht stehen bleiben werde. Die chinesische Revolution müsse schließlich auf den Weg des Kommunismus gelenkt werden. »Nur eine kommunistische Gesellschaft wird die endgültige Befreiung der chinesischen Nation und des chinesischen Volkes voll und ganz verwirklichen.«[309] Das Bündnis war nicht sehr stabil. Schon 1941 kam es zwischen KPC und Kuomintang zu schweren Störungen und zu bewaffneten Auseinandersetzungen. Die Wiederaufnahme des Bürgerkrieges nach dem Erfolg über Japan zeichnete sich ab.

In seiner Publizistik – eine sehr dichte Erscheinungsfolge sahen die Jahre 1936 bis 1940 – widmete Mao den Problemen der Kriegführung stets große Aufmerksamkeit. Dem spezifischen Interesse für dieses Gebiet entsprangen einige seiner bedeutendsten Schriften. Mit der von ihm entwickelten besonderen Taktik des Partisanenkrieges meinte er die Massen in einem immer größeren Umfang zum Kampf mobilisieren zu können: »Kein Feind, wie stark er auch sei, kann mit uns fertig werden«. Er verglich sein Vorgehen mit der Handhabung eines Fischernetzes: »man muß imstande sein, es in jedem Moment auszuwerfen und in jedem Moment wieder einzuziehen. Man wirft es aus, um die Massen für sich zu gewinnen; man zieht es ein, um dem Feind zu begegnen.«[310] Auf diesem Wege war, wie die Praxis bewies, die Errichtung roter Macht zunächst in kleinen, dann in größeren Gebieten möglich. Ganz großen Wert legte Mao auf die Verbindung der revolutionären Kämpfer mit dem Volk. Er verwies darauf, daß schon während des Krieges die Arbeit auch an der Wirtschaftsfront nötig sei. Nur durch die Entwicklung der Wirtschaft der roten Gebiete könne die erforderliche Basis für den materiellen Kampf geschaffen werden. Mehr noch:

---

308 Vgl. die bei Conrad Brandt/Benjamin Schwartz/John K. Fairbank, Der Kommunismus in China (Anm. 300), S. 172ff. gegebenen Texte.

309 Propagandaprogramm des ZK der KPC, 24. Juni 1938, in: Conrad Brandt/Benjamin Schwartz/John K. Fairbank, Der Kommunismus in China (Anm. 300), S. 192f., hier: S. 192.

310 Brief des Frontkomitees an das Zentralkomitee vom 5. April 1929, zitiert in Mao Tse-tung, Aus einem Funken … (Anm. 307), S. 141.

»Alle ... Fragen des täglichen Lebens der Volksmassen müssen auf unsere Tagesordnung gesetzt werden. ... Wir müssen den breiten Volksmassen klarmachen, daß wir ihre Interessen vertreten, daß wir mit ihnen die gleiche Luft atmen.«[311] Einzig ein derartiges Handeln gewinne das Volk. Sei es aber für die Kommunisten eingenommen, so werde es sie unbedingt unterstützen und die Revolution zur Sache seines Lebens machen. Was Mao seit den zwanziger Jahren über den Partisanenkrieg gedacht hat, ließ sich nach 1937 naturgemäß auf den Kampf gegen Japan anwenden. Zwar unterstrich er, daß die regulären Truppen die Hauptlast des Krieges tragen müßten, aber deshalb hielt er die bewaffnete Tätigkeit im gegnerischen Hinterland doch nicht für bedeutungslos[312].

Zur Verteidigung der Einheitsfront mit der Kuomintang trat Mao Anfang 1940 mit der Schrift *Über die neue Demokratie* hervor – im Bündnis zeigten sich erste Risse. Vielleicht hatte er der Arbeit auch weitergehende Zwecke zugedacht und wollte mit ihr einen ideologischen Markstein setzen. Dazu nahm er Aspekte auf, die in früheren innerparteilichen Auseinandersetzungen eine gewisse Rolle gespielt hatten, aber nicht systematisch entfaltet worden waren. Er stellte einleitend die Frage, wohin China gehe, verkündete, daß ein neues China errichtet werden müsse und beschäftigte sich dann mit dem inzwischen erreichten Stand. Die Revolution zerfalle, so legte er dar, in zwei Stufen, die demokratische und die sozialistische. Bei dem, was in der ersten Stufe zu erreichen sei, handle es sich nicht um Demokratie im gewöhnlichen Sinne, »sondern um eine Demokratie chinesischen Typus«[313]. Mao trug vor, daß es in der Welt prinzipiell nur drei Staatssysteme gebe, den alten Typ der Demokratie, also eine Diktatur der Bourgeoisie, den sowjetischen Typ, also die als Diktatur des Proletariats organisierten Staaten, und drittens die »unter der gemeinsamen Diktatur mehrerer revolutionärer Klassen« stehenden Republiken. Dieser chinesische Typ sei die Übergangsstaatsform, die Revolutionäre in kolonialen und halbkolonialen Ländern wählen müßten. Proletariat, Bauernschaft und Intellektuelle übten hier gemeinsam mit Kleinbürgertum und Mittelstand die Diktatur über alle Konterrevolutionäre und Landesverräter. Das Regierungssystem dieses Typus sei der demokratische Zentralismus, die Wirtschaft sei gemischt und kenne den privaten neben dem staatlichen Bereich. Daß das Proletariat in der Neudemokratie die Leitung habe, stand für Mao naturgemäß außer Zweifel[314]. An den hier eingenommenen Positionen hielt Mao eine Reihe von Jahren fest; noch im Sommer 1949, wenige Monate vor dem Sieg im Bürgerkrieg und der Proklamation der Volksrepublik China, publizierte er eine Schrift *Über die demokratische Diktatur des Volkes*[315].

Auch im Zeichen der Einheitsfront hatte Mao nie einen Zweifel am Endziel seiner Partei gelassen. Nachdem sie sich auf dem chinesischen Festland durchgesetzt hatte,

---

311 Mao Tse-tung, Kümmern wir uns um das Alltagsleben der Volksmassen, achten wir auf die Arbeitsmethoden (1934), in: ders., Ausgewählte Werke (Anm. 304), Bd. 1, S. 169–175, hier: S. 171 f.

312 Mao Tse-tung, Strategische Probleme des Partisanenkrieges gegen die japanische Aggression, in ders., Ausgewählte Werke (Anm. 304), Bd. 2, S. 83–125.

313 Mao Tse-tung, Über die neue Demokratie (1940), in: ders., Ausgewählte Werke (Anm. 304), Bd. 2, S. 395–449, hier: S. 399.

314 Ebd., S. 405–413, hier: S. 408.

315 Mao Tse-tung,, Über die demokratische Diktatur des Volkes (1949), in: ders., Ausgewählte Werke (Anm. 304), Bd. 4, S. 437–452.

wurde der Weg in den Sozialismus sehr schnell eingeschlagen. Die Verdrängung der nationalen Bourgeoisie – also der bürgerlichen Kräfte, die der Teilnahme an der antiimperialistischen Front für würdig befunden worden waren – wurde schon nach wenigen Jahren eingeleitet und kräftig vorangetrieben, bald auch die Kollektivierung der Landwirtschaft begonnen. Das entscheidende Jahr wurde 1955. Mit Begeisterung stellte Mao im Dezember fest, daß sich alles viel schneller vollzogen habe als vorgesehen, eine Beschönigung, denn das Eiltempo war geplant; der Weg zum Kommunismus sollte jetzt im Geschwindschritt durchmessen werden. Zwar bestünden in der chinesischen Gesellschaft noch Widersprüche, es gebe Reste kapitalistischen und bürokratischen Denkens, aber als entscheidende Hemmung sah Mao das nicht an. Er empfahl bei ihrer Behandlung Flexibilität, handle es sich doch um nichtantagonistische Widersprüche, die durch offene Diskussion gelöst werden könnten. »Laßt Hundert Blumen blühen und Hundert Schulen wetteifern«, erklärte Mao im Januar 1957 und fügte hinzu: »Die Wahrheit entwickelt sich aus dem Kampf mit Fehlern.«[316] Die Hundert-Blumen-Bewegung, die China im ersten Halbjahr 1957 durchzog, hatte den Zweck, durch Kritik zu Verbesserungen zu kommen. Es ging um eine ideologische Durchlüftung, die Mao regelmäßig für erforderlich hielt, sollte der revolutionäre Schwung im Volk erhalten bleiben. Die Kritik ging aber viel weiter als den Regierenden lieb war. So wurde die Kampagne nicht nur abgebrochen, sondern sogleich zum Gegenangriff gegen abweichlerische Tendenzen angetreten; führende Kritiker wurden hingerichtet, Hunderttausende von Oppositionellen verhaftet[317].

Auf diese Erfahrung reagierte Mao mit einer Intensivierung seiner Anstrengungen, die Chinesen in Richtung Kommunismus voranzutreiben. Die Entwicklung des Landes sollte einen »Großen Sprung« tun. Das Volk sollte mit der Bewältigung umfassender gemeinsamer Aufgaben nicht nur der Produktion kräftige Impulse geben – so sollte innerhalb von 15 Jahren England bei der Herstellung schwerindustrieller Produkte eingeholt werden –, sondern dabei auch sein Bewußtsein schärfen. Zugleich sollte die Gesellschaft weiter umgestaltet werden, namentlich durch Bildung großer Agrarkollektive. Mao gewann zunächst die regionalen Kader für sein Konzept, dann Mitte 1958 auch die Zentrale. Es erwies sich jedoch schnell, daß die Riesenaufgabe nicht zu bewältigen war. Auf dem Lande zogen chaotische Zustände ein, und es kam zu Bauernrevolten. Angesichts dieser Entwicklung sammelten Maos Stellvertreter Liu Shao-sh'i und Deng Xiaoping (geb. 1904), der Generalsekretär des Zentralkomitees, in der Führungsgruppe eine ausreichende Opposition, um Mao zu Abstrichen an seinem Konzept nötigen zu können – er verzichtete im Verlauf dieser Auseinandersetzungen auf sein Amt als Staatsoberhaupt[318]. Der Konflikt schwelte weiter und belastete Maos letzte Lebensphase sehr. Die revisionistische Opposition nahm an Stärke zu und nötigte Mao, das Volkskommune-Konzept so sehr zu revidieren, daß es nach wenigen Jahren tatsächlich aufgegeben war. Natürlich ging es in diesen Auseinandersetzungen um mehr als die Volkskommunen, so wichtig der

316 Rede vom Januar 1957, in: Helmut Martin, Mao intern. Unveröffentlichte Schriften, Reden und Gespräche Mao Tse-tungs 1946–1976, München 1977, S. 103–110, hier: S. 103.
317 Jürgen Domes, Politische Landeskunde der Volksrepublik China, Berlin 1982, S. 44.
318 Jürgen Domes, Die Ära Mao Tse-tung. Innenpolitik in der Volksrepublik China, Stuttgart 1972^2, S. 92ff.

völlige Umsturz der ländlichen Ordnung auch war. Zur Debatte stand das Tempo der Revolution überhaupt.

Mao war Anhänger des Gedankens der permanenten Revolution. Sei eine Schlacht geschlagen, so müsse der Feldherr sich sofort der nächsten Aufgabe zuwenden[319]. Er wollte ohne Innehalten auf dem Wege zum Kommunismus weitergehen. Die Revisionisten verwiesen demgegenüber darauf, daß das Tempo der Revolution sich nach den gegebenen Schwierigkeiten richten müsse, und hielten ein bedächtigeres Vorgehen für angebracht. Ein Kompromiß zwischen den beiden Auffassungen war nicht möglich – der Konflikt kam ab Ende 1965 zum offenen und gewaltsamen Austrag. Mao und seine Gesinnungsgenossen setzten dabei die maoistisch gesinnten Jugendlichen ein. Im Frühjahr 1966 entstanden Rote Garden; sie wurden im Sommer legitimiert. Diese Gruppen sollten den Kampf gegen alte Ideen, Sitten und Gewohnheiten mit Nachdruck führen. Es war an eine breite Diskussion gedacht; es zeigte sich aber sehr schnell, daß die Auseinandersetzung nicht bei verbalen Argumenten blieb, sondern in Handgreiflichkeiten und schnell sich steigernde vielfältige Gewalt ausartete. Innerhalb weniger Jahre forderte die Kulturrevolution mindestens 3 Millionen Menschenleben. Mao mußte zur Unterbindung der Unruhen schließlich das Militär heranziehen. So brachte die Kulturrevolution ihm nicht, was er erhofft hatte. Zwar konnte er die Opposition weitgehend ausschalten – Liu Shao-sh'i starb im Gefängnis –, aber dafür spielte nun die Volksbefreiungsarmee eine gewichtige Rolle[320].

So wie Mao Partei und Volk mit der Vision des Kommunismus vorantrieb und wie er auch außenpolitisch einen außerordentlich harten Kurs steuerte, so trat er in der kommunistischen Weltbewegung als unbeugsamer Vorkämpfer der Weltrevolution auf. Den Veränderungen in der Politik der UdSSR nach Stalins Tod konnte er nichts abgewinnen. Der vorsichtigen Lockerung des innenpolitischen Kurses in der Sowjetunion und in einigen anderen Ostblockstaaten – häufig Entstalinisierung benannt – vermochte er ebensowenig beizupflichten wie einer Politik der aktiven Koexistenz – daran hinderte ihn schon sein entschiedener Antiimperialismus. So kam es schnell zu einer scharfen Konfrontation zwischen den beiden bevölkerungsreichsten Staaten des sozialistischen Lagers, die jahrzehntelang andauern sollte. Dabei spielten machtpolitische Gegensätze ebenso eine Rolle wie die ideologische Rivalität. China nahm mehr und mehr für sich in Anspruch, die reine Lehre zu verteidigen. Das kam auch darin zum Ausdruck, daß Mao jetzt als größter Marxist-Leninist der Gegenwart herausgestellt wurde[321]. Die russischen Kommunisten gediehen dabei zu Revisionisten und Verrätern. Nikita Chruschtschow (1894–1971), vom Herbst 1953 bis zum Herbst 1964 Erster Sekretär der KPdSU, seit 1958 auch Regierungschef, war für Mao ein Scheinkommunist, ein Revisionist, ein rücksichtsloser Egoist und Verschwörer, der den demokratischen Zentralismus zerstöre und im eigenen Land »den Interessen

---

319 Vgl. Stuart R. Schram, Mao Tse-tung und die Theorie der Permanenten Revolution, 1958–1969, in: Peter J. Opitz (Hrsg.), Maoismus, Stuttgart 1972, S. 136–161.

320 Jürgen Domes, Die Ära Mao Tse-tung (Anm. 318), S. 138–202; Dieter Heinzig, Die Krise der Kommunistischen Partei Chinas in der Kulturrevolution, Hamburg 1969; Giovanni Blumer, Die chinesische Kulturrevolution, Frankfurt/M. 1968.

321 Kommunique des 11. Plenums des 8. ZK der KPC, August 1965, zitiert bei Peter J. Opitz, Mao Tse-tung, in: Rolf K. Hočevar/Hans Maier/Paul-Ludwig Weinacht (Hrsg.), Politiker des 20. Jahrhunderts, Bd. 2, Die geteilte Welt, München 1971, S. 371–409, hier: S. 386.

einer kleinen privilegierten Schicht von Bourgeois und international nur den Interessen des Imperialismus und der Reaktionäre« diene[322]. Der ideologische Konflikt erreichte seinen Höhepunkt parallel zur Kulturrevolution[323].

Die inneren Machtkämpfe gingen nach dem Ende der Kulturrevolution weiter. Neuer starker Mann neben Mao, dessen Gewicht sich wegen seines hohen Alters allmählich verringerte, und sein präsumptiver Nachfolger wurde Lin Piao (1907–1971), seit 1956 Stellvertretender Vorsitzender des ZK, seit 1959 Verteidigungsminister, ein enger Parteigänger Maos, dessen Ansichten er völlig teilte; wie Mao war er von der Unvermeidlichkeit des Kampfes zwischen den Entwicklungsländern und den Industriestaaten überzeugt, und er rechnete zu dieser zweiten Gruppe auch die Sowjetunion. Wie Mao war er für ein schnelles Vorantreiben der Revolution. Er wollte dort wieder anfangen, wo die Mao-Gruppe 1958 abmarschiert war, also auf die Dauer die Volkskommunen in der damaligen Gestalt wiedererstehen lassen. Schon 1971 wurde er gestürzt und kam dabei ums Leben. Damit war auch die Ära Mao definitiv beendet – der Große Vorsitzende spielte fortan nur mehr eine dekorative Rolle und kam kaum noch an die Öffentlichkeit. Die maoistische Fraktion in der Führungsschicht blieb aber gewichtig[324].

Für einige Jahre war nun Tschou En-lai (1898–1976) die bestimmende Persönlichkeit Chinas. Er lockerte den innenpolitischen Kurs, entwarf ein realistisches Programm der Modernisierung und verstärkte die Kontakte mit dem Ausland. Seine Absicht, auch mehr kulturelle Offenheit zuzugestehen, rief 1973 aber wieder die Maoisten auf den Plan – im Politbüro erlangten sie nach Tschous Tod Anfang 1976 erneut eine knappe Mehrheit. Aus den Rivalitäten um den künftigen Mann an der Spitze ging schließlich Deng Xiaoping als Sieger hervor – er war 1966 gestürzt und verhaftet worden und erst 1973 wieder in die Politik zurückgekehrt. Ohne in Partei und Staat formell die Führung innezuhaben, wurde er in kurzer Zeit der mächtigste Mann Chinas. Ohne große ideologische Einbettung schlug er einen pragmatischen Reformkurs ein.

Die Industriebetriebe bekamen mehr Entscheidungsrechte, die Privatinitiative in Kleingewerbe, Dienstleistungen und freien Berufen wurde gefördert, das Privatland – über Pachtverträge – ausgeweitet, das Leistungsprinzip stärker betont. Auch öffnete er das Land noch weiter nach außen. Mit Beschluß des Zentralkomitees vom 20. September 1984 wurde diese Entwicklung abgesegnet und zugleich die weitere Perspektive dargelegt. Danach sollte es in China künftig drei verschiedene wirtschaftliche Bereiche geben: den Schlüsselbereich, für den weiterhin eine straffe Planung vorgesehen war, die Konsumgütererzeugung, die durch Rahmenpläne gelenkt werden sollte, und den Dienstleistungssektor, dem weitgehend Entscheidungsfreiheit

322 Mao Tse-tung, Der Scheinkommunismus Chruschtschows und die Lehren für die Welt, in: Tilemann Grimm (Hrsg.), Mao Tse-tung. Über die Revolution. Ausgewählte Schriften, Frankfurt/M. 1971, S. 388–392, hier: S. 391.

323 Über den engen Zusammenhang von Kulturrevolution und russisch-chinesischem Konflikt: Richard Löwenthal, Maos Revolution, in: ders., Weltpolitische Betrachtungen, hrsg. von Heinrich August Winkler, Göttingen 1983, S. 130–143. – Zu den sowjetisch-chinesischen Beziehungen: Marie-Luise Näth, Strategie und Taktik der chinesischen Außenpolitik, Hannover 1978.

324 Jürgen Domes, Politische Landeskunde (Anm. 317), S. 54ff.

zugestanden wurde. Daß Deng trotz dieser Liberalisierung orthodoxer Marxist blieb, daß er im politischen Bereich durchaus keine freiheitliche Entwicklung wollte, machte er wiederholt deutlich. Er stellte seine Entschlossenheit zur Verteidigung der alleinbestimmenden Position der Partei unter Beweis, als er die studentischen Demonstrationen für eine politische Liberalisierung Chinas im Juni 1989 blutig unterdrücken ließ[325].

7.6 Titoismus

Der Titoismus, die jugoslawische Version des Kommunismus, war in gewisser Weise eine Verlegenheitslösung. Die bestimmende Persönlichkeit der jugoslawischen KP war Jahrzehnte hindurch der Kroate Josip Broz (1892–1980), ein Kleinbauernsohn, der das Schlosserhandwerk erlernte, sich der Sozialdemokratie anschloß und in der russischen Gefangenschaft mit dem Bolschewismus Bekanntschaft machte. Nach der Rückkehr in die Heimat arbeitete er zielstrebig und unbeirrt für die KPJ und wurde wohl 1937, inzwischen unter dem Decknamen Tito, ihr Generalsekretär[326]. Die Partei hatte während des Zweiten Weltkrieges entscheidenden Anteil an dem heftigen Partisanenkrieg gegen die deutsche Besatzungsmacht. Tito stand an der Spitze der 1943 gegründeten Provisorischen Regierung. Bei den amtlich gesteuerten Wahlen im November 1945 gewann die von der KPJ beherrschte Volksfront eine erdrückende Mehrheit, so daß Staat, Wirtschaft und Gesellschaft innerhalb sehr kurzer Zeit mit stalinistischen Methoden nach sowjetischem Vorbild ausgerichtet wurden – ohne Mitwirkung der Roten Armee, die nur kurz in einigen Teilen des Landes stand. Jugoslawien unterschied sich strukturell in nichts von den anderen sogenannten Volksdemokratien, die in Osteuropa geschaffen wurden, aber sein innenpolitisches Klima dürfte noch rauher gewesen sein als dort. Tito war völlig linientreu. Den Anlaß zum Suchen nach einem eigenen Weg gab erst der Bruch mit der Sowjetunion 1948.

Tito hatte diesen Konflikt nicht gewünscht. Wenn sich Stalin schroff gegen ihn wandte, so hatte das vermutlich drei Gründe: Einmal das ausgesprochene jugoslawische Selbstbewußtsein, zum anderen das Verhältnis zwischen Jugoslawien und Bulgarien und drittens das große Tempo, mit dem Tito den Weg zum Sozialismus einschlug. Nach den eigenen Leistungen im Kriege war Belgrad Moskau zu nichts verpflichtet und deshalb auch nicht bereit, der Führung im Kreml fraglos zu folgen. Die engen jugoslawisch-bulgarischen Beziehungen konnten überdies für die UdSSR machtpolitisch unbequem werden, wenn sie auf den gesamten Balkan ausstrahlten und den Moskauer ideologischen Führungsanspruch beeinträchtigten. Der schnelle Weg zum

---

325 Beschluß des Zentralkomitees zur Wirtschaftsreform September 1984, in: Beijing-Rundschau, 21. Jg., Nr. 44, 30. Oktober 1984, S. I–XVI; zur neuesten Entwicklung Erhard Louven, Die Wirtschaftspolitik der Volksrepublik China. Von der Befehlsplanung zum Mischsystem, in: Aus Politik und Zeitgeschichte, B 1/1988, S. 23–33; Oskar Weggel, Die Volksrepublik China in der Krise, Gesellschaftliche und politische Hintergründe der Studentenunruhen, in: Aus Politik und Zeitgeschichte, B 44/1989, S. 25–36; Auswahlen aus dem Werk: Deng Xiaoping, Speeches and Writings, Oxford 1984; ders., Die Reform der Revolution. Eine Milliarde Menschen auf dem Weg, Berlin 1988.

326 Milovan Djilas, Tito. Eine kritische Biographie, Wien 1980.

Sozialismus konnte den gesteuerten volksdemokratischen Kurs in den von der Roten Armee besetzten Staaten Mittel- und Osteuropas diskreditieren und damit weitere Ungelegenheiten schaffen[327]. Die gegensätzlichen Auffassungen Moskaus und Belgrads spitzten sich im Frühjahr 1948 schnell zu. Am 28. Juni veröffentlichte das Kominform eine Entschließung, in der die Führung der KPJ mit unhaltbarer Begründung schwer angegriffen wurde. Die Partei habe sich außerhalb der Reihe der Bruderparteien gestellt[328]. Da die KPJ sich nicht unterwarf, mußte sie aus dem sich formierenden Ostblock ausscheiden. Die mit diesen Staaten geschlossenen Abkommen wurden gekündigt, Jugoslawien wurde immer wieder propagandistisch diffamiert, und der Vorwurf des Titoismus wurde in den kommunistischen Staaten zu einer gegen innenpolitische Gegner häufig gebrauchten Waffe.

Der Titoismus formierte sich indessen erst jetzt, und er sah anders aus als die antijugoslawische Polemik meinte. In der ersten Zeit nach dem Bruch wurde sogar der bisherige innenpolitische Kurs noch weiter fortgesetzt, so als wolle die KPJ durch die Tat beweisen, daß sie sich durchaus nicht der Abweichlerei schuldig mache. Vordenker der Umorientierung wurde der Parteitheoretiker Edvard Kardelj (1910–1979), der erstmals Ende Mai 1949 vor dem Parlament darlegte, wie Jugoslawien künftig aussehen könne[329]. Der entscheidende Schritt bei der Schaffung neuer Strukturen war das am 27. Juni verabschiedete *Grundgesetz über die Leitung der staatlichen Wirtschaftsbetriebe und der höheren Wirtschaftsverbände durch die Arbeiterkollektive*. Bei der Begründung sagte Tito, man habe bisher kritiklos mitgemacht, was in der Sowjetunion geschehe. Das werde in Jugoslawien künftig nicht mehr der Fall sein, man werde vielmehr unmittelbar auf die Klassiker der Bewegung zurückgreifen und sie selbständig interpretieren, nicht aber aus der UdSSR Entscheidungen übernehmen, die auf die eigenen Verhältnisse gar nicht paßten und vielleicht mit dem Geist des Marxismus-Leninismus nicht übereinstimmten. Immer noch seien die Produktionsmittel in der Sowjetunion in der Hand des Staates, immer noch unterscheide sich die Lage der Arbeiter dort nicht sonderlich von den Verhältnissen in kapitalistischen Staaten, wenn es auch keine Arbeitslosigkeit gebe. Die UdSSR bewege sich auf einen immer stärkeren Zentralismus zu. Dagegen mache Jugoslawien nun ernst mit der Auffassung, daß die Fabriken in die Hände der Arbeiter gehörten. Allerdings hielt Tito dabei Vorsichtsmaßnahmen für nötig, denn der Bildungsstand der Arbeiter sei noch nicht so, daß sie die Fabriken sofort erfolgreich und zum Nutzen der Gesamtheit ganz selbständig leiten könnten[330]. So wurde die Verfassung geändert, der Grundsatz der Selbstverwaltung stark unterstrichen, freilich auch hier mit Vorbehalten zugunsten der Zentrale. Diese Einschränkungen waren als Zwischenlösung gedacht, sie wurden freilich in jahrzehntelanger Praxis nicht entscheidend abgebaut.

Die 1949 eingeleiteten Wandlungen fanden ihren ideologischen Niederschlag in dem 1958 neuformulierten Programm des Bundes der Kommunisten Jugoslawiens,

---

327 Gotthold Rhode, Die südosteuropäischen Staaten von der Neuordnung nach dem I. Weltkrieg bis zur Ära der Volksdemokratien, II. Jugoslawien 1916–1968, in: Theodor Schieder, Handbuch der europäischen Geschichte (Anm. 1), S. 1183–1240, hier: S. 1229.

328 Druck bei Boris Meissner, Das Ostpaktsystem, Köln 1955, S. 99–102.

329 Edvard Kardelj, Über die Volksdemokratie in Jugoslawien, Belgrad 1950, S. 58–82.

330 Josip Broz-Tito, Die Fabriken in Jugoslawien, Belgrad 1950.

wie die Partei seit 1952 hieß. Hier wurde festgestellt, daß sich in den vergangenen Jahrzehnten gewaltige Veränderungen im Kapitalismus vollzogen hätten. Den privatkapitalistischen Strukturen käme für die Entfaltung der Produktionsverhältnisse eine immer geringere Bedeutung zu, der Staat schalte sich mithin immer mehr in den Kapitalismus ein. Diese starken etatistischen Tendenzen könnten ein erster Schritt zum Sozialismus werden; das hänge von der Kraft und den Aktivitäten der Arbeiterbewegung ab. Ausdrücklich hieß es, daß es verschiedene Wege zum Sozialismus gebe. Kein Kampfmittel dürfe zum Dogma gemacht, die kommunistische Weltbewegung nicht von einem Zentrum aus geleitet werden. Vielmehr müsse die internationale Zusammenarbeit der Arbeiterschaft von völliger Gleichberechtigung gekennzeichnet sein. Den Rang des Staates setzte das Programm sehr niedrig an. Er habe sich auf einzelne regelnde Eingriffe zu beschränken, ansonsten jedoch »die freie Initiative der Wirtschaftsunternehmungen unter den Marktbedingungen« zu gewährleisten[331]. Das gesellschaftliche Eigentum sei von den Produzenten selbst zu verwalten, ihre Selbständigkeit dürfe nicht aufgehoben werden, denn sonst sei eine Initiative nicht möglich. Auf keinen Fall dürfe der Staat sich die Rolle anmaßen, der allumfassende, entscheidende und dauernde Entwicklungsfaktor zu sein; die Gesellschaft müsse vielmehr kräftig in Richtung der direkten Demokratie gehen.

Auch das Gewicht der Partei wurde verringert. Sie sei weder der Beherrscher noch der Lehrer des Volkes, sondern stehe zu ihm im Verhältnis der Gleichberechtigung: Das »Proklamieren des absoluten Monopols der kommunistischen Partei bei der politischen Macht als universales und ewiges Prinzip der Diktatur des Proletariats und des sozialistischen Aufbaus« sei »ein unhaltbares Dogma«[332]. Die Partei könne nicht die vielfältigen gesellschaftlichen Bewegungen ersetzen. Die Diktatur des Proletariats könne sehr verschieden ausgestaltet sein. Das höchste Ziel des Sozialismus sei das Glück des Menschen. Nichts erlaube es, dem Menschen unter Hinweis auf spätere Entwicklungsphasen seine persönlichen Rechte zu nehmen. Als Endziel aller Kommunisten wurde die Errichtung einer – auf der Grundlage des Produktionsüberflusses beruhenden – freien kommunistischen Gesellschaft ohne Staat, Klassen und Parteien und die Schaffung der freien Persönlichkeit bezeichnet. Auf dem Wege dorthin seien die wichtigsten Prozesse die ständige Entfaltung der Produktionskräfte, die fortlaufende Verbesserung des Lebensstandards, die Selbstverwaltung der Produzenten und deren schöpferische Initiative, ferner die unermüdliche Entwicklung des sozialistischen Demokratismus sowie, in Verbindung damit, »eine stets freiere und vielseitigere Entwicklung des menschlichen Wesens«[333].

All das wurde in durchgehender scharfer Abgrenzung zum Sowjetmarxismus dargelegt. Die wenige Jahre zuvor der Rechtsabweichung geziehene Partei wich nun stark nach links ab. Die jugoslawische Version des Kommunismus zielte darauf, das Absterben des Staates möglichst früh zu erreichen. Aber zwischen Idee und Wirklichkeit klaffte eine riesige Diskrepanz. Jugoslawien blieb trotz aller programmatischen Unterstreichung der gesellschaftlichen Selbstverwaltung und der individuellen Initiative ein straff von Belgrad aus geführter diktatorischer Staat.

---

331 Programm des Bundes der Kommunisten Jugoslawiens, Belgrad 1958, S. 187.
332 Ebd., S. 199.
333 Ebd., S. 307.

8. Faschismus und benachbarte Bewegungen

Am Ende des Ersten Weltkrieges mochte man meinen, die Demokratie habe einen großen Schritt nach vorn getan. Daß das ganz und gar nicht so war, zeigte sich bald. Zwar gelangte der Kommunismus damals außer im Russischen Reich und der Mongolischen Volksrepublik nirgends dauerhaft an die Macht, aber er entfaltete in etlichen Ländern doch eine erhebliche Faszinationskraft auf die Wähler und wurde hier zu einem innenpolitischen Faktor von Gewicht. Bedrohlicher war indessen die Gefährdung der Demokratie durch radikalkonservative Gruppierungen oder rechtsradikale Bewegungen. Schon im Oktober 1922 gelangte die 1921 gegründete Faschistische Partei in Italien, einem seit Jahrzehnten liberal regierten Staat, an die Macht – zunächst noch im Rahmen einer Koalitionsregierung.

Von den Kommunisten wurde dieses Ereignis als schwerer Rückschlag bei ihren Bemühungen um die Weltrevolution empfunden. Auf dem vierten Kongreß der Kommunistischen Internationale, der kurz nach dem Marsch auf Rom stattfand, sagte der Vorsitzende des Exekutivkomitees, Grigorij Sinowjew (1883–1936), man müsse sich darüber klar sein, daß es sich bei den Ereignissen in Italien nicht um eine lokale Erscheinung handle. Er sah ähnliche Entwicklungen in anderen Ländern voraus und fürchtete namentlich in Mitteleuropa faschistische Umwälzungen. So wähnte er sich am Beginn einer Epoche des Faschismus. Ähnlich äußerte sich Karl Radek (1885–1939), auch er Mitglied des Exekutivkomitees. Der Sieg des Faschismus sei eine Erscheinungsform der überall in Europa sich vollziehenden Konterrevolution und »die größte Niederlage, die der Sozialismus und Kommunismus seit Beginn der Periode der Weltrevolution erlitten haben«. Wenigstens für Italien rechnete er mit einer langen Dauer der faschistischen Herrschaft, sofern nicht die Ursachen der Niederlage klar erkannt würden. Er wies besonders darauf hin, daß die im Faschismus führenden kleinbürgerlich-nationalistischen Intellektuellen sich vor allem an die Arbeiter wendeten und ihnen versprächen, zwischen Arbeit und Kapital zu vermitteln[334]. Die Eroberung der Macht in Italien durch die Partei Mussolinis wurde für die Kommunisten so zum Menetekel. Für sie waren fortan alle entschieden antikommunistischen Kräfte faschistisch, und in dieses Verdikt wurden die Sozialdemokraten bald als »Sozialfaschisten« mit eingeschlossen. Faschismus wurde als neue und höchst effektive Form der bürgerlichen Herrschaft über die Massen verstanden, der liberalen Demokratie an Schlagkraft weit überlegen und deshalb für den Kommunismus außerordentlich gefährlich.

8.1 Probleme eines vergleichenden Faschismus-Begriffs: Ernst Nolte

Die pauschale Verwendung des Wortes Faschismus in der politischen Polemik der Kommunisten trug erheblich dazu bei, daß sich ein einigermaßen präzise umrissener Faschismus-Begriff nicht bildete. Seit mehr als zwei Menschenaltern werden Theorien über das Phänomen entwickelt, ohne daß einigermaßen Konsens darüber erzielt

334 Protokoll des Vierten Kongresses der Kommunistischen Internationale, Hamburg 1923, S. 310.

worden wäre, um was es sich handelt[335]. Einigkeit besteht darüber, daß Faschismus seine Ziele auf diktatorischem Weg durchzusetzen bereit war, daß er die Menschen also in ein straffes System der Führung eingliedern wollte. Unverkennbar ist auch seine Neigung, das Kollektiv gegenüber dem Individuum zu betonen, und scharf tritt zudem die antimarxistische Ausrichtung hervor. Ernst Nolte, der sich vor einem Menschenalter als erster an eine Gesamtdarstellung des Faschismus wagte und dabei die namengebende italienische Spielart dieses Phänomens, die Action Française und den Nationalsozialismus behandelte, sah in der Einstellung gegenüber den Linken den entscheidenden Punkt. Er meinte deshalb sehr pointiert sagen zu können: »Faschismus ist Antimarxismus, der den Gegner durch die Ausbildung einer radikal entgegengesetzten und doch benachbarten Ideologie und die Anwendung von nahezu identischen und doch charakteristisch umgeprägten Methoden zu vernichten trachtet, stets aber im undurchbrechbaren Rahmen nationaler Selbstbehauptung und Autonomie.«[336] Ohne Marxismus, so die Konsequenz, kein Faschismus. Nolte hielt es deshalb für unstreitig, daß Faschismus eine nicht auf Deutschland und Italien beschränkte, durch ideologische und strukturelle Eigentümlichkeiten gekennzeichnete Erscheinung der Zwischenkriegszeit war, die sich deutlich von den anderen großen politischen Konzepten abhob – von der Demokratie und vom Bolschewismus –, die sich aber auch von den zeittypischen Entwicklungsdiktaturen klar unterschied. Das Italien Mussolinis und das Deutschland Hitlers rückte er eng zusammen.

Noltes Buch wurde als »großer Wurf und sicherlich eine der bedeutendsten historiographischen Leistungen in deutscher Sprache« seit 1945 gelobt[337]. Der Autor habe in der wissenschaftlichen Deutung des Faschismus die zentrale Stelle besetzt, und die weitere Forschung über diesen Gegenstand werde mit ihm oder gegen ihn verlaufen, schrieb ein Rezensent[338]. Aber schon damals wurde auch darauf verwiesen, daß Maurras, Mussolini und Hitler nicht vergleichbar seien[339]. Die Zweifel daran, ob man die drei von Nolte behandelten Bewegungen tatsächlich in einem Atemzuge nennen dürfe, mehrten sich seither kräftig. Der gründlichste Kenner Italiens zwischen den Kriegen und namentlich seiner Staatspartei, Renzo de Felice, sah im Nationalsozialismus und im italienischen Faschismus »zwei Welten, zwei Traditionen, zwei Nationalgeschichten…, die sich so stark unterscheiden, daß es

335 Vgl. Wolfgang Wippermann, Faschismus-Theorien. Zum Stand der gegenwärtigen Diskussion, Darmstadt 1972, dritte erweiterte Auflage 1976; Ernst Nolte (Hrsg.), Theorien über den Faschismus, Köln 1967, Königstein 1984[6] (Textsammlung mit ausführlicher Einleitung).

336 Ernst Nolte, Der Faschismus in seiner Epoche. Action Française, Italienischer Faschismus, Nationalsozialismus, München 1963, S. 51.

337 Thomas Nipperdey, Der Faschismus in seiner Epoche. Zu den Werken von Ernst Nolte zum Faschismus, in: Historische Zeitschrift, (1970) 210, S. 620–638, hier: S. 620.

338 Waldemar Besson, Die Interpretation des Faschismus, in: Neue politische Literatur, (1968) 13, S. 306–313, hier: S. 306.

339 Karl Otmar Freiherr von Aretin, Der Faschismus in seiner Epoche, in: Merkur, (1964) 18, S. 683–686. Aretin wandte sich namentlich gegen die »philosophischen Verstiegenheiten« des Buches, stand aber auch dem historischen Teil mit Skepsis gegenüber. In der Bundesrepublik Deutschland waren derart kritische Äußerungen zu Noltes Buch in der Minderzahl; im Ausland war das Rezensionsecho bei weitem nicht so positiv wie hier; vgl. Ernst Nolte, Die Krise des liberalen Systems und die faschistischen Bewegungen, München 1968, S. 432ff.

außerordentlich schwierig ist, sie unter einem gemeinsamen Blickwinkel zu betrachten«[340]. Auch andernorts wurde nachdrücklich darauf aufmerksam gemacht, daß es angesichts der historischen Wirklichkeit besser sei, »den abgegriffenen Faschismus-Begriff aufzugeben«[341]. In der Tat war der Nationalsozialismus von derart ausgeprägter Eigenart und setzte Menschenverachtung, Terror und Mordwillen in so starkem Maße ein, daß es nicht vertretbar erscheint, ihn in den Faschismus ohne weiteres einzuordnen. Das liefe, worauf namentlich Karl Dietrich Bracher mehrfach verwiesen hat, auf seine Bagatellisierung hinaus[342].

Der Nationalsozialismus war von entschieden anderer Qualität als der Faschismus. Diese Feststellung bedeutet aber nicht, daß ein genereller, über Italien hinausweisender Faschismus-Begriff überhaupt aufzugeben sei. Es erscheint zulässig, diejenigen Bestrebungen auf der politischen Rechten, die sich mit Entschiedenheit vom Status quo abwandten und die Demokratie durch eine um Führung und Gefolgschaft gruppierte Regierungsform ersetzen sowie eine gründlich veränderte Gesellschaftsordnung erreichen wollten, unter dem Namen der Gruppierung zusammenzufassen, die als erste zu diesen Zwecken die Staatsmacht usurpierte. Die italienischen Faschisten behaupteten sich in deren Besitz immerhin mehr als zwei Jahrzehnte, waren also in dieser Hinsicht am erfolgreichsten[343].

Man muß sich nur vor Augen halten, daß ein derartiger Umgang mit dem Faschismus-Begriff keinen zwingenden Grund hat, sondern sich einfach als praktisch erweist. Unser Katalogisierungsbedürfnis macht eine allgemeine Bezeichnung erforderlich. Es ist indessen zu fragen, ob Rechtsradikalismus als übergreifender Begriff nicht besser geeignet wäre. Freilich: Auch dieser Begriff ist sehr unscharf, aber er hat den Vorteil, nicht so vorbelastet zu sein wie der Faschismus-Begriff. Als rechtsradikal kann man allgemein Bestrebungen verstehen, die den in Staat und Gesellschaft erreichten Entwicklungsstand ganz oder teilweise ablehnen, sich mit Schärfe für den Status quo einsetzen oder das Rad der Geschichte auch zurückdrehen wollen, notfalls unter Einsatz außerlegaler Mittel. Insofern ist Rechtsradikalismus eine Verweigerungshaltung, aber diese Ablehnung kann partieller als die faschistische Frontstellung gegen den Status quo sein. Rechtsradikalismus kann auch innerhalb demokratischer Systeme existieren und sie prinzipiell anerkennen, muß sie also nicht schlechthin überwinden wollen. Er konzentriert sich dann zumeist auf spezifische Fragen. Ganz allgemein neigt er weniger zur Ideologisierung. Beim Faschismus verhält sich das ganz anders. Rechtsradikalismus ist mithin der umfassendere Begriff. Er schließt

---

340 Renzo de Felice, Der Faschismus, Ein Interview von Michael Arthur Ledeen, übersetzt von Jens Petersen. Mit einem Nachwort von Jens Petersen, Stuttgart 1977, S. 30.

341 Bernd Martin, Zur Tauglichkeit eines übergreifenden Faschismus-Begriffs. Ein Vergleich zwischen Japan, Italien und Deutschland, in: Vierteljahrshefte für Zeitgeschichte, (1981) 29, S. 48–73, hier: S. 73.

342 Karl Dietrich Bracher, Zeit der Ideologien. Eine Geschichte des politischen Denkens im 20. Jahrhundert, Stuttgart 1982, S. 122; ders., Kritische Betrachtungen zum Faschismus-Begriff, in: Zeitgeschichtliche Kontroversen. Um Faschismus, Totalitarismus, Demokratie, München 1984, S. 13–33 (1976[1]).

343 Überblick bei Hans-Ulrich Thamer/Wolfgang Wippermann, Faschistische und Neofaschistische Bewegungen, Darmstadt 1977; ferner bei Wolfgang Wippermann, Europäischer Faschismus im Vergleich (1922–1982), Frankfurt/M. 1982 (hier einschließlich eines Kapitels über den Nationalsozialismus).

Faschismus mit ein, erschöpft sich aber nicht darin. Wieder anders war die Sachlage bei den Erziehungsdiktaturen, als die man die autoritäre Staatsführung in der Zwischenkriegszeit in Polen, Rumänien oder Jugoslawien bezeichnen kann. Sie dienten der Überwindung starker Spannungen im jeweiligen politischen System, hatten also vor allem praktische Ziele und hielten die Ausbildung einer umfassenden Weltanschauung nicht für nötig.

8.2 Die Action Française: Charles Maurras und andere

Ein Land mit bemerkenswerter rechtsradikaler Tradition ist Frankreich[344]. Hier erfuhr der Faschismus nach Einschätzung Noltes seine erste abgerundete Ausprägung, und zwar in den von der *Action Française* entwickelten Vorstellungen und Arbeitsformen. Diese Gruppe entstand 1898/99 im Zusammenhang mit den lebhaften Auseinandersetzungen um den Hauptmann Dreyfus, die Frankreich damals erschütterten. Namengebend wirkte der junge Schriftsteller Maurice Pujo (1872–1955): Er trat mit einem Aufruf *Action Française* an die Öffentlichkeit, in dem er Frankreich zur Besinnung auf seine eigentlichen Kräfte aufforderte und abstrakte Menschenrechte, Individualismus und Parlamentarismus scharf angriff – Anregungen dazu hatte er bei Renans Verarbeitung der Niederlage von 1871 gefunden, diese Gedanken jedoch kräftig übersteigert. Um Pujo sammelte sich ein *Comité de L'Action Française*, das bald mit einer Zeitschrift, seit 1908 auch mit einer Tageszeitung an die Öffentlichkeit trat. Hier arbeiteten zahlreiche Intellektuelle mit. Genannt seien nur die Schriftsteller Léon Daudet (1867–1942), Georges Bernanos (1888–1948), Maurice Barrès (1862–1923) und Charles Maurras (1868–1952), der Philosoph Jacques Maritain (1882–1973) und der Historiker Jacques Bainville (1879–1936). Besonderen Einfluß hatten Barrès und Maurras, daneben Daudet, der etliche Jahre die Tageszeitung der Action leitete.

Maurras wandte sich durch Jahrzehnte mit einer Unzahl von tagespolitischen Äußerungen an die Öffentlichkeit, und er schrieb zahlreiche Bücher, deren einflußreichste die *Enquête sur la Monarchie* (1901), *L'Avenir de L'Intelligence* (1905), *Kiel et Tanger 1895–1905* (1910) und *Mes idées politiques* (1937) waren. Alle diese Schriften waren von einem außerordentlich starken Nationalismus getragen. Frankreich erschien Maurras als Göttin: Es besäße eine unvergleichliche Stellung in der Welt und sei das Wunder aller Wunder. Im Zweifel sei stets zugunsten Frankreichs zu entscheiden. Darin beweise sich der wahre Patriot[345]. Die große Zeit Frankreichs war inzwischen freilich Vergangenheit; sie war durch die Revolution von 1789 abgeschnitten. Jetzt war das Land zutiefst gefährdet. Maurras benannte eine lange Reihe von Feinden: von außen die großen Mächte, namentlich Deutschland, im Innern Liberalismus, Demokratie, Sozialismus, Kommunismus, Anarchismus, Judentum, Protestanten, Freimaurer und Fremde, die er als Metöken bezeichnete.

---

344 Überblick bei Ariane Chebel d'Appollonia, L'extrême droite en France de Maurras à le Pen, Brüssel 1988, sowie, mit Behandlung des 19. Jahrhunderts, bei René Rémond, Les droites en France, Paris 1982[4], überarbeitete und neugefaßte Ausgabe der 1963 erschienenen Erstauflage.

345 Vgl. Ernst Nolte, Der Faschismus in seiner Epoche (Anm. 336), S. 145ff.

Mit der Gegnerschaft zu Deutschland befaßte sich Maurras immer wieder. Dieses germanische und also barbarische Land strotzte seines Erachtens vor Kraft; es war Hort jüdischer Finanz und wichtiges Ursprungsland des Sozialismus. Nach 1917 unterstrich er, daß Deutschland Stamm und Wurzel des Bolschewismus sei, also Zentrum der modernen Weltverschwörung. Dagegen half nur ein radikales Mittel: die Einheit Deutschlands zu zerstören und den Zustand nach 1648 wiederherzustellen.

Maurras bezweifelte allerdings zutiefst, ob eine Demokratie zu einer solchen Maßnahme in der Lage sei. Die Demokratie erschien ihm zu konstruktiver Arbeit in seinem Sinne schlechthin unfähig. In ihr habe das Gemeinwohl keinen Platz, hier gehe es vielmehr stets um partikuläre Interessen. Da sie darauf aus sei, alles zu nivellieren, stelle sie sich dem Fortschritt entgegen, denn jeder Fortschritt beruhe auf Differenzierung. Der in ihr permanent ausgefochtene Klassenkampf schwäche sie. Maurras hielt es für aussichtslos, die Demokratie verbessern zu wollen, und erklärte deshalb lapidar, es gebe nur ein Mittel, sie zu verbessern: indem man sie vernichtet. Denn: Die Demokratie ist das Böse, die Demokratie ist der Tod[346]. Die zerstörerische Wirkung der Demokratie besprach Maurras in voller Breite und immer wieder; sie habe das Allgemeininteresse getötet, die Gesetze des Geldes an die Stelle der Gesetze des Geistes gesetzt, den Kapitalismus möglich gemacht, Sitte, Familie, Nation untergraben. Die Rettung erhoffte er sich von der Tat einer entschlossenen Minderheit.

Maurras baute auf die neue Führungsschicht von nationalistischen Intellektuellen und Offizieren und hoffte auf Unterstützung auch aus anderen Kreisen. Ein Massenaufstand könne hilfreich sein. Das ändere aber nichts daran, daß die eigentliche Arbeit der Umwandlung Frankreichs erst nach dem gelungenen Staatsstreich beginnen könne. Ein auf Kirche, Armee, Grundadel, Landvolk und Bürgertum gestütztes erbliches Königtum mit starker Führungskraft würde die Autorität im Innern wieder herstellen und Frankreich in Europa die Stellung geben, die ihm zustünde. Die Militärmonarchie, die Maurras vorschwebte, mußte dem Herrscher naturgemäß große Vollmachten geben, wenn er die in ihn gesetzten Erwartungen erfüllen sollte; Maurras dachte sich sein neues Frankreich gleichwohl dezentralisiert. Auf das *pays réel*, das weite Land, gab er sehr viel, und die Provinzen wollte er wiederbelebt sehen.

Das alles klingt sehr retrospektiv, und so ist denn auch oft gefragt worden, ob Maurras nicht doch nur ein Reaktionär gewesen sei. Dagegen spricht namentlich seine Auslegung des Königtums, bei der starke caesaristische Momente unverkennbar sind – was eine Kritik an den beiden Napoleons keineswegs ausschloß –, sowie Maurras' Absicht, Frankreich nach berufsständischen Kategorien gesellschaftlich neu zu gliedern. Mit einer nur reaktionären Haltung ist des weiteren die Unversöhnlichkeit des Hasses auf die Moderne unvereinbar, ebenso die Betonung des Wertes der Jugend und des Kampfes. Maurras wird mit Recht dem Faschismus zugerechnet, und das gilt auch für die meisten seiner Mitstreiter. Er war, so Nolte, »der erste…, der als Denker und Politiker den Konservativismus über die Grenze getrieben hatte, die den Anfang des Faschismus bezeichnet«[347].

---

346 Charles Maurras, Enquête sur la Monarchie. Suivi par »Une campagne royaliste au ›Figaro‹« et »Si le coup de force est possible«. Edition définitive, Paris 1925, S. 119–121, hier: S. 121.

347 Ernst Nolte, Der Faschismus in seiner Epoche (Anm. 336), S. 127.

8.2.1 Die Zwischenkriegszeit: François de la Rocque, Dorgères, Marcel Bucard und Jacques Doriot

In der Zwischenkriegszeit traten neben die *Action Française* weitere rechtsradikale Organisationen, die keineswegs nur bedeutungslos waren, freilich zumeist nur eine gewisse Zeit existierten – wie die *Faisceau* des einstigen Maurras-Gefolgsmannes Georges Valois. Genannt seien die *Liga Croix de feu* des François de la Rocque, der »grüne Faschismus« von Henri d'Hallunin, genannt Dorgères (1897–1985), oder der *Fascisme* von Marcel Bucard (1895–1946). Sie alle traten für einen starken Staat ein, versprachen, sich für den sozialen Ausgleich einzusetzen und gaben dem Nationalismus einen hohen Stellenwert. Die von de la Rocque geführte Gruppierung war eher radikalkonservativ. Sie unterstrich nachhaltig die Bedeutung der Werte Arbeit, Familie und Vaterland und berief sich damit auf Positionen, die später in Vichy-Frankreich herausgestellt wurden. Die bäuerliche Bewegung Dorgères' verwies ebenfalls auf diese Trias. Sie kultivierte zudem einen Boden-Mythos, war antisemitisch und versprach sich von der Diktatur für die bäuerlichen Interessen am meisten. Den Städten stand sie mit großer Feindseligkeit gegenüber, und gegen die staatliche Verwaltung wetterte sie mit aller Entschiedenheit. Der Beamte war der Feind schlechthin[348]. Bucard war antiparlamentarisch, antikapitalistisch, antisozialistisch und antisemitisch. Er verherrlichte die Jugend, proklamierte einen nationalen Sozialismus und trat für einen Führerstaat ein, wobei der Führer durch eine Kammer der Korporationen – die Gesellschaft sollte korporativ verfaßt sein – und einen Staatsrat unterstützt werden sollte.

Den größten Zuspruch fand der 1937 gegründete *Parti Populaire Français*; Diese Partei hatte zwischen 60000 und 130000 Mitglieder und ein Mehrfaches an Sympathisanten. Die bestimmende Persönlichkeit war Jacques Doriot (1898–1945), ein ehemaliger Kommunist, der aus der KPF ausgeschlossen worden war, weil er sich gegen die Parole »Klasse gegen Klasse« gewandt hatte. Der PPF war entschieden antikommunistisch[349]. Die Sowjetunion unter Stalin sei eine brutale und plebejische Diktatur, und es sei ein Widerspruch, den gleichen Marxismus, aus dem diese Entwicklung hervorgegangen sei, in Frankreich noch weiterhin predigen zu wollen. Der Marxismus irre grundsätzlich, seine negativen Wirkungen seien auch in Frankreich unverkennbar. Die Partei versprach dem Lande eine gründliche Erneuerung, Reformen in den Betrieben, in der Wirtschaft, in der Gesellschaft, kurz: in allen Lebensbereichen. Erste Bedingung der geistigen und physischen Erneuerung sei ein lebendiger Nationalismus. Damit werde Frankreich ein Vorbild für ganz Europa, und zwar von einer derartigen »Gediegenheit, daß Europa erneut an unseren Quellen seinen Durst stillen und unser Vaterland der ganzen Welt auf allen Gebieten Unterricht erteilen und Lehrmeister schicken wird. Dem heruntergekommenen und nivellierten Frankreich der Marxisten stellen wir ein Frankreich entgegen, das strahlt vor Aktivität, vor geistigen, sozialen und politischen Werten, ein Frankreich, das auch materiell stark ist und, auf das europäische Mutterland und Nordafrika gestützt, die Führung des europäischen Mächteblocks übernehmen könnte. Dies also sind die geistigen Grund-

---

348 Pierre Milza, Le Fascisme, Paris 1986, S. 46.
349 Dieter Wolf, Die Doriot-Bewegung. Ein Beitrag zur Geschichte des französischen Faschismus, Stuttgart 1967, S. 214ff.

lagen unseres unbeugsamen und totalen Nationalismus...« So hieß es in dem von Paul Marion aus Reden Doriots und Veröffentlichungen führender Mitglieder zusammengetragenen Programm des PPF[350].

Das wirtschafts- und gesellschaftspolitische Programm des PPF stammte von Robert Loustau. Es bezeichnete die Ausbeutung des Proletariats durch das Monopolkapital als unleugbare Tatsache und sah als Gegenwirkung den Erwerb von Eigentumsanteilen an den Betrieben durch die Arbeiter über den Lohn hinaus vor. Damit sollten die proletarischen Existenzen in das Kleinbürgertum hineinwachsen. In allen Betrieben sollten Sozialräte geschaffen, überhaupt ein mehrfach gestuftes korporatives System errichtet werden. Der künftige französische Volksstaat wurde ohne sonderliche parlamentarische Gewichte gedacht. Die Führung würde natürlich beim PPF liegen. Daneben sollten beratende Gremien der Berufsstände, der Provinzen und der Kolonien stehen – die Existenz des Kolonialreiches spielte im Denken des PPF eine beachtliche Rolle. Die Familie sollte neue Geltung erhalten, die Gemeinschaftsbeziehungen sollten auch im Berufsleben gefördert, Gemeinden und Regionen gestärkt werden. Großen Stellenwert hatte das Drängen auf eine Reform der Sitten und eine Erneuerung des französischen Menschen.

Für den Lyriker und Erzähler Pierre Drieu la Rochelle (1893–1945), der sich dieser Teile der Programmatik besonders annahm, war »die tiefste Definition des Faschismus« folgende: »Er ist jene politische Bewegung, die am freimütigsten und entschlossensten die große Revolution der Sitten anstrebt, die Erneuerung des Körpers, Gesundheit, Würde, Fülle, Heroismus, die Verteidigung des Menschen gegen die Großstadt und gegen die Maschine.«[351] Das negative Gegenbild dieser Zielsetzung war das angeblich dekadente Frankreich der III. Republik. Mit dem kräftigen Nationalismus der Bewegung korrespondierte eine gewisse Fremdenfeindlichkeit, spezifisch antisemitisch war der PPF aber nicht. Die Partei verstand die Schaffung des gründlich erneuerten Frankreich, das ihr vorschwebte, als nationale und soziale Revolution. Den Weg des Umsturzes lehnte sie allerdings ab, Doriot bekannte sich vielmehr ausdrücklich zum legalen Weg an die Macht.

8.2.2 Das Vichy-Regime: Marschall Pétain, Marcel Déat und andere

Mit der Niederlage Frankreichs gegen Deutschland im Juni 1940 brach die III. Republik fast geräuschlos zusammen und der hochkonservative Marschall Philippe Pétain (1856–1951), der Sieger von Verdun im Jahre 1916, kam als Integrationsfigur an die Spitze des Staates. Er und sein Mitarbeiterkreis schufen eine staatliche Organisation, die dem Staatschef nicht nur die exekutive, sondern auch die legislative Gewalt in die Hand gab, ihm allerdings einen *Conseil national* beiordnete. Autoren dieser Konstruktion waren Pierre Laval, der überhaupt für die Entwicklung jener Tage große Bedeutung hatte (1883–1945), und die Graue Eminenz des Vichy-Regimes, Raphaël Alibert, der von der Action Française herkam. Manche französische Faschisten der Zwischenkriegszeit erhielten einflußreiche Positionen. So wurde Marion Chef des Nachrichtenwesens. Insgesamt dominierten in der ersten Phase des

350 Zitat ebd., S. 218.
351 So im Jahre 1937, zitiert ebd., S. 224.

Regimes aber Konservative. Es entstand ein autoritärer, aber kein faschistischer Staat, der freilich in verschiedenen Bereichen – öffentliche Meinung, Judenpolitik – mit harter Hand zugriff. Erst ab Frühjahr 1942 wurden die Tendenzen zum Faschismus hin schnell kräftiger und schließlich dominierend[352].

Pétain blieb den Ideen verhaftet, mit denen er ins Amt gekommen war. Er verstand den nach dem Scheitern der III. Republik vollzogenen Wandel in seiner Proklamation zum Amtsantritt als nationale Revolution und ersetzte die Trias Freiheit, Gleichheit, Brüderlichkeit durch die Werte Vaterland, Familie und Arbeit. Diese Dreiheit wurde auch in der Ermächtigung an den Chef d'Etat zur Verfassungsgebung ausdrücklich genannt und war somit die offizielle Leitlinie der Politik. Man konnte das konservativ-nationalistisch auslegen und sich dann am vorindustriellen ländlichen Frankreich orientieren, wie Pétain es tat, man konnte von dieser Basis aus aber auch einen korporatistischen Staat anstreben. Manche Akte, so der Erlaß einer *Charte du Travail*, wiesen in diese Richtung.

Weil Vichy zunächst konservativ blieb, wurde es auch von faschistischer Seite angefeindet. Der prominenteste dieser Kritiker war Marcel Déat (1894–1955). Er war ursprünglich Sozialist, brach aber Anfang der dreißiger Jahre mit seiner Partei, weil er die Orthodoxie für wenig aussichtsreich hielt und sich mit seiner Konzeption eines nationalen Sozialismus nicht durchsetzte – ein starker Staat sollte, so schlug er vor, in enger Kooperation mit Proletariat und Mittelstand den Kapitalismus reformieren[353]. Bis zum Kriege versuchte er, eine Sammlungsbewegung mit dem Ziel der Neuordnung der Gesellschaft zu schaffen, zunächst noch von liberalen Positionen aus; nach der Niederlage bekannte er sich offen zum Faschismus. Er drängte in Vichy auf Schaffung einer Einheitspartei. Wie alle anderen Völker, die ihre Revolution gemacht und den Wandel in Gang gesetzt hätten – wie die Italiener, die Russen oder die Deutschen –, so bräuchten auch die Franzosen eine einzige Partei, »die das gemeinsame Streben herausstellt und leitet«, schrieb er im Juli 1940 in seiner Zeitschrift *L'Œuvre*, »eine Partei, die neben Staat und Regierung Nation formiert, beflügelt und aufrechterhält«[354]. Als Vorbilder dachte er sich die NSDAP oder die Faschistische Partei in Italien.

Als Déat sich mit dem Plan einer Einheitspartei in Vichy nicht durchsetzte, ging er nach Paris und gründete hier Anfang 1941 zusammen mit Laval das *Rassemblement National Populaire,* das eine erhebliche Anhängerschaft gewann. Das Programm dieser Partei und, ihm folgend, die gesamte Propaganda basierte auf der Überzeugung, daß Frankreich nur unter zwei Bedingungen überleben könne: indem es sich in das werdende, von Hitler bestimmte neue Europa integriere, und indem es seine Revolution mache und sich dabei völlig wandle. Déat sah in der Kollaboration mit Deutschland, die er mit aller Entschiedenheit proklamierte, für Frankreich eine große Zukunft. In dem zu errichtenden neuen Staat sollte das Individuum nicht mehr

352 Michèle Cointe-Labrousse, Vichy et le fascisme, Brüssel 1987. Zu Pétain die Biographie von Marc Ferro, Pétain, Paris 1987.

353 Marcel Déat, Perspectives socialistes, Paris 1930; dazu Serge Grossmann, L'évolution de Marcel Déat, in: Revue d'Histoire de la Deuxième Guerre Mondiale, (1975) 25, S. 3–29; sowie Zeev Sternhell, Ni droite ni gauche. L'idéologie fasciste en France, Paris 1983, S. 160–205, wo Déat allerdings zu früh als Faschist eingestuft wird.

354 Zitiert bei Michèle Cointe-Labrousse, Vichy et le fascisme (Anm. 352), S. 97.

eine Stellung wie im liberalen System haben, sondern auf das Gemeinwohl ausgerichtet werden. Im Zentrum allen Geschehens würde die Partei stehen: Sie habe die Nation zu beeinflussen und zugleich zu kontrollieren und sie müsse die Regierung stimulieren. Dabei war eine Verquickung von Staat und Partei – an oberster Stelle in der Person des Staats- und Parteichefs – selbstverständlich.

Déat verstand seine Konstruktion als neue Form der Demokratie, und zwar einer totalitären Demokratie, da sie von der heftigen und triumphalen Zustimmung der Gemeinschaft getragen sein werde[355]. Dieser Totalitarismus ermögliche die Rückkehr zum wahren Humanismus, schrieb er im Sommer 1942 in einem Leitartikel. Unzweifelhaft überschritt Déat mit dieser Konzeption die Grenze des Faschismus zum Totalitarismus hin[356]. Das Wirtschaftsprogramm blieb dagegen auch in dieser Zeit an den Vorschlägen orientiert, die der Autor noch als Mitglied der Sozialistischen Partei gemacht hatte: straffe staatliche Lenkung der Wirtschaft, aber keine Tätigkeit des Staates als Unternehmer. Keine Enteignungen, aber soziale Bindung des Eigentums, eine Lohnpolitik, die sich am gerechten Preis – gesehen vom Konsumenten – orientierte, und Ausgleich der divergierenden Interessen durch ein korporatives System, das den Einsatz scharfer Waffen – Streik, Aussperrung – unnötig machen würde.

8.2.3 Nach dem Zweiten Weltkrieg: Pierre Poujade, Jean-Marie Le Pen

Nach dem Kriege hatte es die extreme Rechte in Frankreich schwer. Laval wurde zum Tode verurteilt und hingerichtet, Pétain zu lebenslänglicher Haft begnadigt. Maurras erhielt eine lebenslange Zuchthausstrafe. Doch schon ab 1946 konnten Rechtsradikale wieder publizistisch und bald auch organisatorisch auftreten. Die extremen Positionen von einst verboten sich zunächst, aber nach einiger Zeit wagten selbst sie sich wieder hervor. Allgemeine Aufmerksamkeit auch über die Grenzen Frankreichs hinaus erregte nur die Ende 1953 von Pierre Poujade (1920) gegründete *Union de Défense des Commerçants et des Artisans* (UDCA). Diese auf Anhieb erfolgreiche Bewegung war eine Revolte der Kleinen gegen die Großen, ein Protest gegen das wirtschaftliche Zurückbleiben großer Teile des kleinen Mittelstandes, ausgedrückt als Protest gegen die vermeintliche Korruptheit der IV. Republik und gegen die Verwaltung, kurz: Es handelte sich um einen Versuch, das Rad der Geschichte aufzuhalten oder gar zurückzudrehen.

Die Bewegung war antietatistisch, antimodernistisch und fremdenfeindlich. Poujade und seine Anhänger, die bald als Poujadisten gekennzeichnet wurden, sahen die Rettung in einem korporatistischen Staat. Über die sehr lebhafte Agitation hinaus entwickelte die UDCA jedoch kein geschlossenes gedankliches Gebäude. Die Resonanz des Poujadismus war groß, freilich kurzfristig: Bei den Parlamentswahlen Anfang 1956 kam die UDCA auf annähernd 12 Prozent der Stimmen und 51 Mandate – unter den Abgeordneten war auch Jean-Marie le Pen (1928), Vorsitzender des *Front National*, in dem sich seit den siebziger Jahren die Rechtsradikalen verschiede-

355 Marcel Déat, Le parti unique, Paris 1943 (eine Sammlung von Leitartikeln zum Thema Einheitspartei).

356 Vgl. den Beitrag von Hans-Joachim Lieber zum Totalitarismus in diesem Band.

ner Provenienzen sammelten. Zwei Jahre später, 1958, gingen alle Sitze wieder verloren: Mit dem Scheitern der IV. Republik nahm der wieder erstarkende Gaullismus dem Poujadismus den Wind aus den Segeln. Man hat die Anhänger Poujades in die Nähe des Nationalsozialismus oder doch des Faschismus rücken wollen. Davon zeugt die polemische Formel Poujadolf, die von den Kommunisten geprägt wurde. Eine derartige Zuweisung ist jedoch falsch. Von Faschismus kann sowohl wegen der sehr unvollständigen Weltanschauung wie mit Blick auf Organisation und Formen der Agitation keine Rede sein. Es handelte sich um eine in den Extremismus abgeglittene kleinbürgerliche Protestbewegung konservativer Provenienz.

Der *Front National* Le Pens versteht sich als Instrument der nationalen Wiedergeburt. Der Begründer der Bewegung will den seines Erachtens allenthalben zu beobachtenden Niedergang nicht nur aufhalten, sondern das Land auf den Weg zur angeblich natürlichen Ordnung zurückführen. Er wendet sich schroff gegen Liberalismus, Sozialismus und Klerikalismus sowie gegen die Bürokratie. Wichtige Lebensbereiche sollen entstaatlicht werden, namentlich die Wirtschaft und das Sozialversicherungswesen. Das Strafrecht will er verschärft sehen. Seine Leitwerte sind Autorität, Brüderlichkeit und Eigentum. Die Bewegung ist ausgesprochen fremdenfeindlich und verdankte vermutlich gerade diesem Teil ihrer Propaganda ihre zum Teil beachtlichen Wahlerfolge[357].

8.3 *Der italienische Faschismus*

8.3.1 *Benito Mussolini*

Als Benito Mussolini (1883–1945)[358] im Frühjahr 1919 mit etwa einhundert anderen Männern die *Fasci di combattimento* gründete, griff er mit dem Wort *fascio* – Bund, Bündel – einen Ausdruck auf, der in Italien auf der Linken seit rund einem halben Jahrhundert zur Kennzeichnung aktivistischer Gruppen benutzt wurde[359], die sich organisatorisch nicht besonders verfestigen wollten und vielleicht nur eine bestimmte Zeit zur Erreichung bestimmter Ziele beisammen sein würden. Auch Mussolini war ein Mann der Linken, der sich wie Doriot und Déat aus seiner frühen politischen Orientierung löste. Sein Vater war Hufschmied in einem kleinen Ort, der den anarchistischen Ideen Bakunins anhing und Gewalt für ein legitimes Mittel der Politik

---

357 Viel Material zum Poujadismus bei Stanley Hoffmann, Le Mouvement Poujade, Paris 1956. Zusammenfassend bei Jean-Pierre Rioux, La révolte de Pierre Poujade, in: L'histoire, (1981) 32, S. 6–15. Zum Front National: Peter Exner, »Frankreich den Franzosen«. Die Renaissance des französischen Rechtsextremismus im Front National, in: Geschichte in Wissenschaft und Unterricht, 49 (1989), S. 333–348.

358 Ernst Nolte, Der Faschismus in seiner Epoche (Anm. 336), S. 200ff.; Laura Fermi, Mussolini, Chicago 1961; Renzo de Felice, Mussolini il rivoluzionario, Turin 1965 (Biblioteca di cultura Storica 83); ders., Mussolini il fascista I ... 1921–1925, Turin 1966; ders., Mussolini il fascista II ... 1925–1929, Turin 1968; ders., Mussolini il duce I ... 1929–1936, Turin 1974; ders., Mussolini il duce II ... 1936–1940, Turin 1981 (dritte Auflage der drei ersten Bände 1976).

359 Ernst Nolte, Faschismus, in: Otto Brunner/Werner Conze/Reinhart Koselleck (Hrsg.), Geschichtliche Grundbegriffe, Bd. 2, Stuttgart 1975, S. 329–336.

hielt. Daß der junge Mussolini derartige Auffassungen übernahm, lag nahe; er war von früh auf ein überzeugter Sozialist. Er erwarb auf der Sekundarschule die Berechtigung, Elementarunterricht zu erteilen, war allerdings nur kurze Zeit in seinem Beruf tätig, verdiente sich danach auf verschiedene Weise Geld und wurde schließlich Arbeitersekretär und Parteijournalist. Im *Partito Socialisto Italiano* machte Mussolini sich schnell einen Namen. Er wurde zum Führer des linken Parteiflügels und Ende 1912 Redakteur des Parteiblattes *Avanti*.

So betont internationalistisch und revolutionär Mussolini auch dachte, so hatte sein Marxismus doch zugleich eine spezifische Färbung: Mussolini hatte Sorel, Pareto, Bergson und Nietzsche gelesen und partiell rezipiert. Der Vitalismus entsprach unzweifelhaft seinem eigenen Temperament, das ungebärdig und explosiv war. Mussolini besaß einen ausgesprochenen Durchsetzungswillen. Mit Ungeduld setzte er sich 1914 gegen die italienische Neutralität und für den Kriegseintritt ein, nachdem er zunächst noch einige Wochen auf internationalistisch-neutralistischen Positionen verharrt hatte. Er wollte den Krieg, weil man »in einer Zeit wie der unseren, in der alles liquidiert wird... durch Abwarten... in Verzug geraten und sich unabänderlichen vollendeten Tatsachen gegenüber befinden« könnte. Mussolini wollte nicht Entwicklung erleiden, sondern aktiv mitgestalten und dabei einen Zustand schaffen, »der der Entwicklung der Macht des Proletariats politisch günstiger ist« als der gegenwärtige[360]. Von einer Niederlage Deutschlands, von der Entstehung einer deutschen Republik zwischen Rhein und Weichsel, erwartete er einen großen Fortschritt für die Freiheit, »die Morgenröte eines neuen europäischen Frühlings«[361].

Und Mussolini wollte den Krieg auch aus nationalen Gründen. Wegen dieser mit großer Entschiedenheit vorgetragenen Position geriet er in Konflikt mit seinen Parteifreunden, verlor die Redakteurstelle und wurde, als er kurz danach mit einer eigenen Tageszeitung hervortrat, dem *Popolo d'Italia*, aus der Partei ausgeschlossen. Eine neue Plattform fand er in den Ende des Jahres gegründeten *Fasci d'azione rivoluzionaria*, die auf den Kriegseintritt hinwirken, die sozialistischen Ideale bekräftigen und sie im Lichte der Kritik unter der gegenwärtigen schrecklichen Lektion der Fakten revidieren sollten. Den Realitäten des lange und erbittert ausgetragenen Krieges entnahm Mussolini in den folgenden Jahren die Einsicht, daß der Kapitalismus noch keinesfalls in sein letztes Stadium eingetreten sei, sondern ausgesprochene Lebenskraft beweise. Das komplexe Gefüge der Weltwirtschaft lasse sich nicht mit einem Schlage ändern. Zugleich steigerte sich sein Nationalismus.

Da der Krieg ein Volkskrieg gewesen sei, müsse auch der Sieg als Sieg des Volkes verstanden werden, erklärte Mussolini beim Ende der Kämpfe. Deshalb sei es notwendig, »daß der Sieg auch im Innern die Ziele des Krieges verwirklicht, die Befreiung der Arbeit. Von jetzt an muß das italienische Volk Herr seines Schicksals sein, und die Arbeit muß vom Spekulantentum und vom Elend befreit sein.«[362] Die Italiener erschienen ihm als Zukunftsvolk, und er sah sie durch den Krieg gereinigt und belebt. Dem Bild Italiens, das sich Europa traditionell machte, sagte er ent-

---

360 Benito Mussolini, Kühnheit, in: ders., Schriften und Reden. 15. November 1914 – 23. März 1919. Zürich 1935, S. 1–5, hier: S. 1f. (Leitartikel in Nr. 1 des Popolo d'Italia vom 15. November 1914).

361 Benito Mussolini, Gegen die Neutralität, ebd., S. 9–18, hier: S. 18, Rede am 13. Dezember 1914.

362 Benito Mussolini, Die Feier des Sieges, ebd., S. 326–328, Rede am 11. November 1918.

schieden ab: »Wir sind ein produktives Volk und wollen es auch bleiben«. Italien werde sich ohne Eroberungsabsichten ausbreiten, durch Fleiß und Arbeit, und der königliche Name Rom werde wieder erstrahlen. Für die Kriegsgeneration forderte er »das Recht, Italien zu regieren, ... nicht um Italien in Zwiespalt und Unordnung zu stürzen, sondern um es höher und weiter zu führen, um es – in Gedanken und Taten – würdig zu machen, in der Reihe der großen Nationen zu stehen, die die Geschicke der zivilisierten Welt von morgen lenken werden«[363]. Die alte politische Führungsschicht lehnte er ab und wollte eine neue, aus Soldaten und Produzenten rekrutierte Elite an ihre Stelle setzen, die den Klassenkampf zu überwinden, Italien in Einigkeit zu entwickeln habe.

Mussolini unterstrich mit allem Nachdruck den Gedanken eines nationalen Sozialismus. Sehr kritisch blickte er auf die Sozialisten. Ihre Führer bezeichnete er als eine Clique, die man nicht verwechseln dürfe mit der weittragenden Bewegung des Proletariats im Kampf um seine Existenz, seine Entwicklung und seine Verbrüderung. Die Demagogen aus der sozialistischen Führung würden das Volk nur in eine neue Sklaverei führen, sie seien deshalb mit aller Gewalt zu bekämpfen. Mussolini warnte die Faschisten – im März 1919 waren, wie eingangs erwähnt, die *Fasci Italiani di combattimento* als neue Kampforganisation gegründet worden – aber davor, zur Leibgarde der Bourgeoisie zu werden. Er unterstrich immer wieder, daß es nicht um einzelne Gruppen gehe, sondern um »das Volk und die Nation als Ganzes«[364]. Eine volkswirtschaftliche Neuordnung müsse kommen, und zwar nach syndikalistischen Prinzipien und mit Hilfe der Massen. Nur lasse sich das erst nach langen und weitreichenden Erwägungen bewirken.

Das Programm der *Fasci* vom August 1919 war deshalb auch auf die unmittelbare Zukunft gerichtet. Es stellte die Auswertung des revolutionären Krieges über alles; auf die Probleme von Verwaltung, Justiz, Bildungswesen oder Kolonien sollte erst eingegangen werden, »wenn wir die leitende Schicht gebildet haben werden«. Verlangt wurden wesentliche Änderungen der Verfassung und des Wahlrechts sowie die Bildung von nationalen Räten der Arbeit, der Industrie, der Transportmittel, der Volksgesundheit und anderer Bereiche, gewählt von den Berufsgenossenschaften und ausgestattet mit dem Gesetzgebungsrecht sowie dem Recht, einen Generalkommissar mit den Befugnissen eines Ministers zu wählen. Gefordert wurde ferner die Betrauung der proletarischen Organisationen, die dazu schon geeignet seien, mit der Leitung von Industrien und öffentlichen Diensten; dazu kamen weitere sozialpolitische Postulate, namentlich zur Invaliden-, Alters- und Kriegsopferversorgung. Militärpolitisch traten die *Fasci* für die Bildung einer Miliz ein, außenpolitisch sollte das Ansehen der italienischen Nation in der Welt zur Geltung gebracht werden. Finanzpolitisch war an eine weitgehend konfiskatorische Steuer auf das Kapital und die Beschlagnahmung aller Güter der religiösen Kongregationen gedacht[365].

---

363 Benito Mussolini, Der schicksalhafte Endsieg, ebd., S. 278–291, hier: S. 289 und S. 291. Rede am 24. Mai 1918.

364 Rede auf dem ersten Kongreß der Faschisten am 9. Oktober 1919, in: Benito Mussolini, Reden. Eine Auswahl aus den Jahren 1914 bis Ende August 1924, hrsg. von Max H. Meyer, Leipzig 1925, S. 63–67, besonders S. 66.

365 Programm der Fasci Italiani di combattimento vom 28. August 1919, in: Benito Mussolini, Der Geist des Faschismus. Ein Quellenwerk, hrsg. und erläutert von Horst Wagenführ, München 1943[5], S. 39–41 (1933[1]).

Mit diesen Postulaten ließen sich die Kriegsheimkehrer und die Arbeiter aber kaum ansprechen. Die Resonanz der *Fasci* war gering. Weit mehr Beachtung fand im damaligen Italien das Fiume-Unternehmen von Gabriele d'Annunzio (1863–1938), das seit September 1919 darauf zielte, die von den Alliierten Jugoslawien zugesprochene, mehrheitlich italienisch besiedelte Stadt Fiume für Italien zu gewinnen. Dieses Vorhaben stimulierte den italienischen Nationalismus kräftig. Für den Faschismus wurde der Vorgang insofern bedeutend, als d'Annunzio mit seinen Männern in Fiume fast alle Elemente des äußeren Auftretens entwickelte, deren sich die Bewegung Mussolinis später auch bediente.

Der Faschismus entfaltete sich ab Ende 1920, von Bologna ausgehend, schlagartig in einem von Mussolini nicht gewünschten Sinne: als antisozialistische Bürgerkriegstruppe in den heftigen sozialen Auseinandersetzungen. Mussolini trat für einen Ausgleich mit den gemäßigten Sozialisten ein und geriet dabei in der Bewegung weitgehend in die Isolation. Nur seiner Popularität dankte er es, daß er sich behaupten konnte. Schließlich fand man zu einem Kompromiß: Bei der Umgründung der *Fasci* in den *Partito Nazionale Fascista* im November 1921 verzichtete Mussolini auf den Befriedungspakt und wurde dafür als Duce bestätigt. Die Bürgerkriegsaktivitäten der Faschisten nahmen jetzt sprunghaft zu; am Ende standen der (30 km vor der Hauptstadt anhaltende) Marsch auf Rom und Mussolinis Ernennung zum Ministerpräsidenten, zunächst noch als Chef einer Koalitionsregierung. Im Frühjahr 1924 begann der Umbau Italiens in einen Einparteienstaat. Das kann hier nicht weiter besprochen werden.

8.3.2 Die Doktrin des italienischen Faschismus

Mussolini war ein wortgewaltiger Journalist und Redner. Ein Systematiker war er nicht. So muß, wer ein Gesamtbild haben will, die faschistische Sicht aus vielen Details rekonstruieren. Solange die Faschisten Kraft unter Kräften waren und wesentlich für den Tageskampf lebten, mochte das angehen; als sie sich völlig durchgesetzt hatten, wuchs das Bedürfnis nach einer autoritativen Darstellung ihrer Auffassungen. Dem entsprach der von Mussolini unterzeichnete, aber von verschiedenen Autoren verfaßte Artikel *Dottrina del Fascismo* im 14. Band der *Enciclopedia Italiana* von 1932[366]. Ein erster Teil behandelte die Grundlagen. Hier wurde der Faschismus als Reaktion des 20. Jahrhunderts auf den kraftlosen und materialistischen Positivismus des 19. Jahrhunderts dargestellt. Der Mensch des Faschismus sei ebenso Einzelwesen wie Teil der Nation, und Mensch und Nation müßten das Leben als Kampf sehen und es sich durch ein reiches, von ihnen zu schaffendes Instrumentarium erobern. Durch das Moralgesetz seien Einzelwesen und Generationen zu Traditionen und Aufgaben verbunden, »die den Trieb zu einem eigenbrödlerischen, nur der flüchtigen Lustgewinnung dienenden Leben unterdrücken und die Verpflichtung zu einem höheren Leben in Freiheit auferlegen, das alle räumlichen und

366 Benito Mussolini, Die Doktrin des Faschismus, in: ders., Schriften und Reden. Autorisierte Ausgabe, Bd. 8, Zürich 1935, S. 61–95; danach in der Folge zitiert; die Doktrin liegt auch in anderen Übersetzungen und Kommentierungen vor, so bei Benito Mussolini, Der Geist des Faschismus (Anm. 365), S. 1–25.

zeitlichen Gebundenheiten überwindet: ein Leben, in dem das Einzelwesen durch Selbstverleugnung, durch den Verzicht auf seine Sonderinteressen, ja selbst durch den Tod, jene rein geistige Existenz verwirklicht, in der die wahre Menschenwürde beruht«[367].

Der Faschist verachte, so hieß es weiter, das bequeme Leben, er fasse sein Leben ernst, streng und religiös auf und fühle sich mit dem obersten Gesetz, mit einem objektiven Geist, verbunden. Er sehe sich in die Geschichte gestellt, messe deshalb der Tradition großes Gewicht zu, sei gegen alle Abstraktionen und Utopien; einen restlos glücklichen Zustand auf Erden halte er nicht für möglich. »Der Faschismus will politisch eine realistische Lehre sein« und die jeweiligen Probleme gemäß ihrer eigenen Wesensart lösen[368]. Er bejahe den Staat als das universale Wollen und die wahre Daseinsform des Individuums. Wenn Freiheit die Rechte des in der Wirklichkeit lebenden Menschen bedeute, dann könne nur der Faschismus Freiheit garantieren, nicht der Liberalismus mit seinen phantomhaften Vorstellungen. Nur die Freiheit des Staates und des Individuums im Staat sei ernstzunehmen. So sei der faschistische Staat die Zusammenfassung und Vereinheitlichung aller Werte, die Ausdeutung, Entwicklung und Potenzierung aller Kräfte des Volkes. Außerhalb des Staates dürfe es weder Einzelwesen noch Gruppen geben. Deshalb sei der Faschismus gegen jeden auf Klassen beschränkten Korporativismus, namentlich gegen den Sozialismus, der leugne, daß die durch den Staat repräsentierte Einheit die Klassen in moralischer und ökonomischer Realität vereinige. Eine bloß zahlenmäßig festgelegte Majorität dürfe im Staat nie den Ausschlag geben. »Daher ist der Faschismus gegen die Demokratie, die den einzelnen zu einer bloßen Nummer degradiert und auf das Niveau des Tiefstehenden hinabzieht«; die reinste Form der Demokratie gruppiere die Staatsbürger nach der Qualität, nicht nach der Quantität. So verkörpere der Faschismus die Idee der Demokratie in wahrster Form »und läßt die Willensäußerung und das Verantwortungsgefühl von einigen Wenigen, ja vielleicht nur eines Einzigen, zur Willensäußerung und zum Verantwortungsgefühl aller werden«[369].

Nicht die Nation schaffe den Staat, sondern der Staat oder eben der Duce als jener Einzige schaffe die Nation, indem er dem Volke das Bewußtsein der eigenen moralischen Einheit gebe. Das Recht einer Nation auf Unabhängigkeit sei nur von bewußter Aktivität, vom Willen zur Tat abzuleiten; von da her nehme der Staat gewissermaßen seinen Anfang; als ethischer Universalwille sei er unausgesetzt der Schöpfer des Rechts. Schließlich sei der Staat auch Organisation und Expansion nach außen hin. Er könne sich auf keinen Fall mit bloßen Ordner- und Beschützerfunktionen begnügen, sondern sei Gestalt, innere Norm und Disziplin des gesamten Wesens. »Sein Grundgedanke: die wesentliche Erziehung der menschlichen Persönlichkeit zur Einordnung in die staatsbürgerliche Gemeinschaft, dringt in die Tiefe und setzt sich in gleicher Weise fest im Herzen des Tatmenschen wie in dem des Denkers, des Künstlers, des Mannes der Wissenschaft.«[370] Der Staat sei nicht nur Gesetzgeber und Organisator, sondern auch Erzieher und Förderer des Geisteslebens; er wolle den Menschen umformen und fordere deshalb Disziplin. Daher sei das Liktorenbündel

367 Benito Mussolini, Die Doktrin des Faschismus (Anm. 366), S. 62.
368 Ebd., S. 64f.
369 Ebd., S. 66.
370 Ebd., S. 68.

sein Symbol für Einheit, Kraft und Gerechtigkeit. Das war die wortreiche Einweisung des Individuums in ein durch die Generationsfolge reichendes Kollektiv, das Plädoyer für einen übermächtigen Staat, die Empfehlung der Diktatur eines Mannes.

8.3.3 Giovanni Gentile

Zu den Quellen, aus denen sich die *Dottrina* wesentlich speiste, gehörte Hegels Rechtsphilosophie (namentlich der dritte Abschnitt – Der Staat – des Dritten Teils, der in § 257 mit dem Satz »Der Staat ist die Wirklichkeit der sittlichen Idee« beginnt), und ebenso konnte auf andere Hegel-Stellen verwiesen werden[371]. Zum geistigen Hintergrund gehörte des weiteren Fichte. Wichtigster Vermittler dieser Auffassungen war Giovanni Gentile (1875–1944), der sich intensiv mit der Philosophie Hegels und Fichtes auseinandergesetzt hatte – seit 1917 hatte er eine Professur in Rom. Sein Denken kreiste um die Wirksamkeit des Geistes. Die Welt sah er nicht als tote Materie an. Die Natur sei vielmehr das Material der Bemühungen des Geistes und insofern selbst Geist. Alles Dasein sei im transzendentalen Ich erhalten, Wahrnehmung sei Erkenntnis und Wille. Entscheidend sei die Tätigkeit des Bewußtseins, der Akt. Geschichte werde durch die großen Persönlichkeiten vorangetrieben, die sich dem Dienst an der Gemeinschaft hingäben.

Als Unterrichtsminister in der Regierung Mussolini führte Gentile ab 1922 eine umfassende Bildungsreform durch und drang darauf, daß der Faschismus diesem Bereich große Aufmerksamkeit widmete. 1929 legte er eine knappe Schrift über die Grundlagen des Faschismus vor, die eine größere und einige kleinere Abhandlungen aus der zweiten Hälfte der zwanziger Jahre zusammenfaßte[372]. Jede politische Auffassung, die diesen Namen verdiene, sei, so betonte er hier, eine Philosophie, »denn sie kann ihr Objekt, nämlich das politische Leben im allgemeinen und demnach das politische Leben eines bestimmten Volkes in einer bestimmten Zeit, weder von den anderen Formen der menschlichen Wirklichkeit… noch von der universellen historischen oder natürlichen Wirklichkeit trennen«. Dieser Wahrheit sei der Faschismus sich bewußt geblieben, er fasse Philosophie als Philosophie der Praxis auf, denke nicht, sondern tue sie. Daraus erklärte Gentile den »faschistischen Stil«, der »danach strebt, aus der menschlichen Tätigkeit die größtmögliche Leistung zu erlangen im Hinblick auf die höheren Ziele«. In das Zentrum des ganzen faschistischen Denksystems rückte er den Staat als autonome Persönlichkeit, »die eigenen Wert und eigene Zwecke hat und sich jede individuelle Existenz und jedes individuelle Interesse unterordnet«, dies allerdings nicht in der Unterdrückung, sondern als Verwirklichung des Staates selbst. Danach konnte der Staat nur autoritär sein[373].

---

371 Georg Wilhelm Friedrich Hegel, Grundlinien der Philosophie des Rechts (Anm. 22), § 257ff., S. 328ff.; ders.; Vorlesungen über die Philosophie der Geschichte, hrsg. von F. Brunstädt, Leipzig 1907, S. 554: über Gesetze, Verfassungen, Regierung könnten verschiedene Meinungen sein, »aber die Gesinnung muß die sein, daß alle diese Meinungen gegen das Substantielle des Staates untergeordnet und aufzugeben sind…«.

372 Giovanni Gentile, Origine e dottrina del Fascismo, Rom 1929; dt.: Grundlagen des Faschismus, Stuttgart 1936.

373 Alle Zitate aus der Abhandlung »Die Philosophie des Faschismus«, in: ebd., S. 58–61 (1928).

8.3.4 *Die Entwicklung des faschistischen Italien*

Das alles blieb von akademischer Abstraktheit und dürfte dem durchschnittlichen Faschisten nicht viel gesagt haben. Etwas konkreter war der zweite Teil der *Dottrina del Fascismo*, in dem zunächst ihr Ursprung und ihre weitere Entwicklung knapp erläutert, sodann einzelne Punkte näher besprochen wurden. Hier wurde die Bedeutung des Krieges hervorgehoben: Nur er bringe die menschlichen Energien zur Höchstspannung, alles andere sei Ersatzleistung, und jede Lehre, die von einem vorgefaßten Entschluß zum Frieden ausgehe, müsse dem Faschismus fremd bleiben. Pazifismus und Internationalismus könnten allenfalls in gewissen politischen Situationen nützlich sein. Der antipazifistische Geist gelte auch für das Leben der Einzelwesen; für den Faschisten sei das Leben Pflicht, Aufstieg und Eroberungszug, er lebe für die anderen und für die Zukunft. Die bedingungslose Ablehnung des Sozialismus, des Liberalismus und der Demokratie wurde aus den in den »Grundlagen« gegebenen Voraussetzungen nochmals entwickelt. Dem wurde der Faschismus als Fortschritt gegenübergestellt. Das 20. Jahrhundert wurde als das der Autorität, des Kollektivismus, des Staatsgedankens, als Jahrhundert des Faschismus bezeichnet, schließlich nochmals die Staatsvorstellung dargelegt[374].

Mussolini verzichtete darauf, seine Diktatur hinter liberaler Fassade zu führen; sie wurde durch das Gesetz über die Befugnisse und Vorrechte des Regierungschefs (1925) und durch die Gesetze über den Großen Faschistischen Rat formalisiert. Die Arbeitsverhältnisse wurden durch das Arbeitsgesetz (1926) und durch die *Carta del Lavoro* (1927) geregelt. Unternehmerverbände und Gewerkschaften waren danach anerkannt, Aussperrungen und Streiks aber verboten, Schiedssprüche im Konfliktfall obligatorisch. Bei der Bestellung der Verbandsführer erhielt der Staat bedeutende Befugnisse. Die Berufsverbände wurden verpflichtet, für die Bildung und nationale Erziehung ihrer Mitglieder zu sorgen. Arbeit war soziale Pflicht, die sowohl der Hebung des Wohls der Menschen wie der Förderung der nationalen Macht zu dienen hatte. Die *Carta del Lavoro* entwickelte sodann das System der Korporationen als staatliche Verwaltungen mit der Zuständigkeit für die Normierung und Kontrolle der Arbeitsverhältnisse, für die Arbeitsvermittlung, für die soziale Fürsorge und für die Schlichtung bei Konflikten. Über den bürokratischen Betrieb gedieh das nicht hinaus – der Korporativismus wurde nicht mit Leben erfüllt –, und zu den Umstrukturierungen im Wirtschaftsleben, von denen Mussolini in der Jugend geträumt hatte, kam es nicht. Sein Italien gedieh immer mehr zum Machtstaat auch nach außen.

8.4 *Die spanische Falange*

8.4.1 *Ramiro Ledesma Ramos und Onésimo Redondo Ortega*

In Spanien gab es um 1930 einige junge Leute, die sich bemühten, auch hier faschistische Parteien zu gründen. Zu nennen ist zunächst Ramiro Ledesma Ramos (1905–1936) mit seiner Wochenzeitung *La conquista del Estado*[375]. Im Februar 1931

374 Benito Mussolini, Schriften und Reden (Anm. 366), Bd. 8, S. 69 ff.
375 Bernd Nellessen, Die verbotene Revolution. Aufstieg und Niedergang der Falange. Hamburg 1963, S. 50–54.

rief er, beeinflußt vom Nationalsozialismus, den er im Vorjahr während eines viermonatigen Deutschland-Aufenthaltes kennengelernt hatte, in einem Manifest die Jugend Spaniens zur Gründung eines neuen Staates auf, und zwar durch die direkte revolutionäre Aktion. Marxismus und Liberalismus seien zu überwinden, eine neue nationale und syndikalistische Ordnung zu schaffen. Eine umfassende Bodenreform sei notwendig. Alle Macht sei beim Staat zu konzentrieren, Freiheit könne nur innerhalb der von ihm gesetzten Ordnung gelten. In den Spalten seiner wenig später gegründeten Wochenzeitung wurden die 17 Postulate des Manifestes in der Folge breit besprochen. Dabei rechnete Ledesma scharf mit der Entwicklung Spaniens in der Vergangenheit ab und beklagte den Verlust an Größe und Einigkeit. Er verwies darauf, daß Spanien einst die erste Macht der Welt gewesen sei. Ein Wiederaufstieg sei möglich, wenn sich die ganze Nation zu einem einheitlichen Willen zusammenfinde; sie müsse von einem Prozeß der Militarisierung ergriffen werden. Neben die imperialen Ziele stellte er die Forderung nach sozialer Gerechtigkeit. Außer der Bodenreform verlangte er nun die Verstaatlichung der Schlüsselindustrien, des Geld- und Versicherungswesens sowie des Verkehrs und eine staatliche Kontrolle des Außenhandels. Durch obligatorische Syndikate sollte der Klassenkampf aufgehoben werden. Immer wieder verwies Ledesma darauf, daß Mussolini und Hitler ihre Erfolge ihrem Anti-Individualismus verdankten. Auch für ihn war das 20. Jahrhundert ein Jahrhundert des Kollektivismus, und deshalb wollte er Spanien für diese Auffassung der Gesellschaft gewinnen. Er war eindeutig ein nationaler Sozialist.

Ähnliche Überlegungen stellte der junge Jurist Onésimo Redondo Ortega (1905–1936) an. In seiner Wochenzeitung *Libertad* vertrat er wie Ledesma ein nationales und sozialistisches Konzept, freilich einfacher in der Argumentation und schroffer im Ton. Die imperiale Würde Spaniens müsse ebenso wieder aufgerichtet werden wie die soziale Würde derer, die bei den gegebenen Verhältnissen unter der Ausbeutung durch die Reichen litten. Nachdrücklich unterstrich er, daß Spaniens eigentliche Kraft auf dem Lande liege, auch hob er die Katholizität hervor[376].

Beide Kreise, der um Ledesma und der um Redondo, schlossen sich im Oktober 1931 zur *Junta de Ofensiva Nacional Sindicalista (J.O.N.S.)* zusammen. In 16 Punkten legte die Gruppe ihr Programm dar: Einheit Spaniens und nationale Kräftigung, deshalb Unterordnung aller unter die Ziele des Vaterlandes, Achtung vor der katholischen Tradition, eine imperiale, auf Ausdehnung zielende Politik, Abschaffung des parlamentarischen Regimes und Stützung der neuen Macht auf die nationalsyndikalistischen Milizen und die Unterstützung des Volkes, Säuberung der Verwaltung, Verbot der marxistischen und antinationalen Parteien, direkte Aktion gegen die »rote Gewalt«, obligatorische Syndikate aller Berufszweige, schroffe Wendung gegen den Klassenkampf, der als illegal bezeichnet wurde, Kontrolle der Wirtschaft über den Staat, staatlicher Schutz der Syndikate und der Landwirtschaft, Durchdringung der Massen mit hispanischer Kultur, Beseitigung aller ausländischen Einflüsse, scharfes Vorgehen gegen alle, die mit dem Elend des Volkes spielten und schließlich Regierung des nationalsyndikalistischen Staates durch die Jugend, das heißt: durch Männer unter 45 Jahren[377].

376 Ebd., S. 54–57.
377 Ebd., S. 66.

8.4.2 Der Gründer der Falange: José Antonio Primo de Rivera

Die *J.O.N.S.* blieb bedeutungslos und wurde nach einigen von ihr verursachten Zusammenstößen, Krawallen und Gewalttaten verboten. Der entscheidende Mann für das Vorankommen des spanischen Faschismus wurde der Anwalt José Antonio Primo de Rivera (1903–1936)[378]. Er war Abkömmling eines im Staatsdienst seit langem tätigen Adelsgeschlechts – sein Vater war Miguel Primo de Rivera (1870–1930), der das Land von 1923 bis zu seinem Sturz Anfang 1930 diktatorisch regiert hatte und kurz nach seiner Entlassung durch den König im Pariser Exil gestorben war, ein an sich unpolitischer General, der die Parteienherrschaft als störend empfand. José Antonio war von Hause aus konservativ-monarchistisch, stand den gegebenen Verhältnissen aber offen gegenüber und sah, daß in Spanien ein großer Reformstau bestand. Er war sehr belesen, kannte die Gedanken der *Action Française,* des italienischen Faschismus, Oswald Spenglers und Othmar Spanns sowie der führenden Marxisten und verfolgte die lebhafte politische Diskussion in Spanien aufmerksam. Besonderen Eindruck hatte ihm sein akademischer Lehrer José Ortega y Gasset gemacht. Mit ihm war er von der hohen Würde Spaniens überzeugt, mit ihm verstand er den Staat als Instrument der Nation zur Erreichung ihrer Zwecke, mit ihm dachte er aktivistisch. »Nationales Zusammenleben ist Aktivität, Dynamik«, so konnte er bei seinem Lehrer hören, »es ist kein ruhendes statisches Zusammensein wie das eines Haufens Steine am Wegrand, es bildet sich im Anschluß an kraftvolle, anspornende Unternehmungen, die von allen Beteiligten höchste Hingabe und daher Zucht und gegenseitige Förderung verlangen«[379]. Wie Ortega schätzte er die schöpferische Minderheit, die Elite, hoch.

Nach dem Tode seines Vaters und dem Sturz der Monarchie im Jahre darauf wandte José Antonio sich vermehrt der Politik und faschistischem Gedankengut zu. In seinen ersten Veröffentlichungen griff er den liberalen Staat scharf an und behauptete, daß unter seinem Banner Freiheit, Gleichheit und Brüderlichkeit nicht gedeihen könnten. Ein neuer Staat tue not, und dessen Ziele könnten in einem Wort zusammengefaßt werden: »Einheit«. José Antonio verstand die Einheit als transzendentale Größe. »Das Vaterland ist eine allen einzelnen Gruppen übergeordnete geschichtliche Einheit. Dieser Einheit haben sich Klassen und Individuen zu beugen.« Geboten seien nationale Solidarität, beherzte und brüderliche Zusammenarbeit, damit unvereinbar seien Klassenkampf und die todbringenden Auseinandersetzungen der Parteien[380]. Den Faschismus verstand er als Idee der Einheit: Gegenüber dem

---

378 Ebd., S. 66ff.; José Antonio Primo de Rivera, der Troubadour der spanischen Falange. Auswahl und Kommentar seiner Schriften und Reden von Bernd Nellessen, Stuttgart 1965, S. 7–26; Hugh Thomas, Der Held im leeren Raum, in: Walter Laqueur/George L. Mosse, Internationaler Faschismus 1920–1945, München 1966, S. 240–252. Zur Geschichte der Falange neben Nellessen Stanley G. Payne, Falange, A. History of Spanish Fascism, Stanford 1961, 1962^2.

379 Zitiert bei Bernd Nellessen (Hrsg.), José Antonio Primo de Rivera (Anm. 378), S. 22; José Ortega y Gasset, Espagna invertebrada, in: ders., Obras completas, Bd. III, Madrid 1946, S. 75. Vgl. Bernd Nellessen, Die verbotene Revolution (Anm. 375), S. 117ff.

380 José Antonio Primo de Rivera, Die Fundamente des liberalen Staates (März 1933), in: Bernd Nellessen (Hrsg.), José Antonio de Rivera (Anm. 378), S. 28–32, hier: S. 32.

Marxismus mit seinem Klassenkampf und dem Liberalismus mit seinem mechanischen Prinzip des Kampfes der Parteien »behauptet der Faschismus, daß es etwas über den Parteien und Klassen gibt, eine dauernde überwirkliche höchste Wesenheit: die historische Einheit, Vaterland genannt«. Im faschistischen Staat siege die allen gemeinsame Idee. Diesen neuen Staat sah er als Weg der Mitte zwischen rechts und links. Die Rechten, das waren nach seiner Einschätzung diejenigen, die alles, sogar das Ungerechte erhalten wollten, die Linken trachteten demgegenüber danach, alles, auch das Gute, zu vernichten. Der Faschismus dagegen sei entstanden, den gemeinsamen vereinenden nationalen Glauben zu entzünden[381].

Ende Oktober 1933 gründete José Antonio in Madrid die *Falange Español*, die Spanische Phalanx. Dabei trug er in großangelegter Rede seine Kritik am Liberalismus und an dem daraus mit Notwendigkeit entstandenen Sozialismus vor und pries die »heute geborene Bewegung« und den von ihr zu schaffenden Staat als das »wirksame, autoritäre Instrument im Dienste jener unumstrittenen, unanfechtbaren Einheit..., die wir Vaterland nennen«[382]. Einige Monate später, im März 1934, schloß sich die J.O.N.S. der Falange an. Das Programm faßte die Überzeugung der führenden Falangisten in schwungvollen Worten zusammen: Glaube an die hohe Wesenheit Spaniens, Notwendigkeit imperialistischer Politik, Betonung der kulturellen Gemeinsamkeiten mit den hispanoamerikanischen Ländern, rücksichtslose Beseitigung der Parteien, korporative Ordnung der Gesellschaft im Dienst der volkswirtschaftlichen Gesamtheit, Verwerfung des Kapitalismus, da das Privateigentum entmenschliche, Bestimmung des Reichtums dazu, die Lebensbedingungen aller Glieder des Volkes zu verbessern, Übertragung wichtiger Betriebe an die Korporationen, Recht auf Arbeit, aber auch Pflicht zur Arbeit, Landreform und Verbesserung der Agrarverhältnisse, Schaffung eines starken und einheitlichen Nationalbewußtseins, Pflege des katholischen Bewußtseins – das waren die wesentlichen Programmpunkte[383].

Die Falange fand nur wenige Mitglieder; gut zwei Jahre nach der Gründung an der Jahreswende 1935/36 lag die Zahl bei 8000. Erst nach den Wahlen vom Februar 1936, bei denen die Volksfront siegte, nahm die Mitgliederzahl deutlich zu, wiewohl die Bewegung im März 1936 verboten und José Antonio in Haft genommen wurde. (Er wurde Ende des Jahres wegen der Vorbereitung einer faschistischen Erhebung zum Tode verurteilt und erschossen. Sein Schicksal teilten Ramiro Ledesma Ramos und Onésimo Redondo Ortega). Die Verhaftung bedeutete freilich nicht, daß der Falangistenführer völlig von der weiteren Entwicklung abgeschnitten gewesen wäre. Über die Planungen für einen Aufstand war er einigermaßen informiert, die Teilnahme an einem solchen Unternehmen lehnte er lange ab. Ein solcher Aufstand habe nur restaurativen Charakter, der Falange aber müsse es um die Schaffung des nationalsyndikalistischen Staates gehen. Er wollte seine Bewegung nicht als Hilfstruppe verbraucht sehen. Beim Kampf um den Staat sollte sie, wie § 27 ihres Programms es

---

381 José Antonio Primo de Rivera, Offener Brief an Juan Ignacio Luca de Tena (März 1933), ebd., S. 33–35, hier: S. 34.

382 José Antonio Primo de Rivera, Rede zur Gründung der Falange Espanola vom 29. Oktober 1933, ebd., S. 38–46, hier: S. 43.

383 Ebd., S. 113–117, sowie in Bernd Nellessen, Die verbotene Revolution (Anm. 375), S. 101 ff., dort auch ausführliche Kommentierung.

vorsah, nur dann mit anderen Kräften kooperieren, wenn ihr Führungsanspruch anerkannt blieb. Erst Ende Juni 1936 gab er seine Einwilligung zum Mitmachen, wenn bestimmte Bedingungen erfüllt seien.

8.4.3 Francisco Franco

Die Vorbereitungen für die Erhebung der Generale Mitte Juli 1936 waren von verschiedenen Stellen aus und mit verschiedenen Zielsetzungen vorangetrieben worden. Der frühere Generalstabchef, Francisco Franco (1892–1975), der Sohn eines Marinezahlmeisters, von Hause aus also dem kleinen Mittelstand zugehörig, wurde schließlich zur Zentralfigur der Erhebung. Er gehörte aber nicht von Anfang an zum engsten Verschwörerkreis und entschloß sich auch erst recht spät zur Beteiligung am und zur Auslösung des Aufstandes. Er war alles andere als ein Putschist, dachte ganz und gar in den militärischen Kategorien von Pflicht, Disziplin und Ordnung und brachte den verschiedenen Regierungen, unter denen er diente, strikte Loyalität entgegen[384]. Schon mit 34 Jahren Brigadegeneral, machte er das entscheidende Stück seiner steilen Karriere unter der Republik; erst die Volksfrontregierung schob ihn auf einen Außenposten ab. Er war konservativ, aber unpolitisch und kam nur durch die Umstände zur Politik, mehr geschoben denn selbst treibend. Trotz seiner anfänglichen Zurückhaltung wurde er Mitte September 1936 von der Offiziersjunta zum Generalissimus und Oberbefehlshaber gewählt, wenig später auch zum Staats- und Regierungschef. Damit hatten sich die Monarchisten durchgesetzt; General Emilio Mola Vidal (1887–1937), der die Aufstandsvorbereitungen in Nordspanien geleitet hatte, strebte eine autoritäre laizistische Republik an, die ihr besonderes Augenmerk auf soziale Fragen richten sollte. Er war insofern politischer als Franco.

Das ihm zugefallene politische Geschäft ging Franco mit der gleichen Zielstrebigkeit, Härte und gelegentlichen Skrupellosigkeit an, mit der er seine militärische Karriere gemacht hatte. Er wollte den Bürgerkrieg gewinnen, der sich aus dem Aufstand entwickelt hatte, und Spanien wieder zu Ruhe und Ordnung führen. Dabei war ihm die Falange eine willkommene Hilfe, mehr nicht. Er hielt sie an sehr kurzem Zügel. Im Dezember 1936 unterstellte er sie dem militärischen Oberbefehl, und wenige Monate später, am 19. April 1937, vereinigte er sie per Dekret mit den *Requetés*, der schlagkräftigen und stattlichen Miliz der karlistischen Monarchisten, zu einer neuen Organisation, der *Falange Española Traditionalista y de las Juntas de Ofensiva Nacional Sindicalista*; er selbst übernahm als Caudillo die Führung der neuen Staatspartei.

In seiner Rede zur Begründung des Zusammenschlusses sagte Franco, daß es jetzt nicht darauf ankomme, ein Konglomerat verschiedener Gruppen zu bilden, sondern zur Einheit zu finden. »Wie in anderen Ländern mit totalitärem Regime gelangt nunmehr auch in Spanien die traditionelle Kraft dahin, sich wesenhaft mit einer neuen Kraft zu verbinden: Die Spanische Falange brachte mit ihrem Programm junge Massen ein, die werbende Kraft einer neuen Haltung, eine politische und heroische

---

384 Hellmuth Günther Dahms, Francisco Franco. Soldat und Staatschef, Göttingen 1972; Brian Crozier, Franco. Eine Biographie, München 1987. Zur Geschichte des Bürgerkriegs: Hugh Thomas, Der Spanische Bürgerkrieg, Frankfurt/M. 1964 (London 1961).

Form. die unserer Zeit entspricht, und eine Verheißung der Erfüllung Spaniens. Die Requetés verbinden mit ihrem kriegerischen Geist das heilige Unterpfand der spanischen Tradition. Sie erhielten sie standhaft in den wechselvollen Zeiten samt ihrer katholischen Geistigkeit, die ein grundlegendes Gestaltungselement unserer Nationalität war und an deren ewigen Prinzipien der Moral und der Gerechtigkeit sie sich stets auszurichten haben wird.«[385]

Es kam Franco, wie er einige Monate früher einem deutschen Diplomaten gesagt hatte, auf die Unifizierung der Ideen an, auf die Schaffung einer gemeinsamen Ideologie für die Militärs, die Faschisten und die Monarchisten. Zwar übernahm die neue Falange das Programm der alten, mit Ausnahme des 27. Punktes, aber nicht als verbindliche Norm, sondern mit der Bemerkung, daß ein Programm nicht starr sein könne. So wurde in der Folgezeit nur verwirklicht, was zu Francos Absichten paßte; Politik wurde restaurativ, nicht progressiv betrieben, die sozialrevolutionären Absichten der alten Falange blieben unbeachtet. Als sich in der Partei dagegen Widerstand regte, griff Franco hart durch. Ohnehin änderte die Falange durch den breiten Mitgliederzustrom ihr Gesicht ganz erheblich. Sie hörte auf, eine faschistische Bewegung zu sein, behielt aber äußerlich manche faschistischen Züge und immer einen faschistischen Flügel, der aber in Staat und Gesellschaft wenig Einfluß hatte. Behörden und militärische Stellen Franco-Spaniens agierten in der ersten Phase – abgesehen vom Bürgerkrieg, den beide Seiten mit großer Erbitterung und oft Grausamkeit führten – gegenüber politischen Gegnern mit aller Entschlossenheit. Sie griffen strenger zu als das Italien Mussolinis; auch in der Folgezeit schreckten sie gegebenenfalls vor harten Maßnahmen nicht zurück.

Für eine recht enge Nachbarschaft zum italienischen Faschismus spricht ferner die schroffe Frontstellung gegen den liberalen Kapitalismus, gegen den Liberalismus überhaupt und gegen den Marxismus, die vielfach in Wort und Schrift zum Ausdruck gebracht wurde und die Leitlinie im politischen Denken Francos war. Äußerlich spiegelte sich das in der »organischen Demokratie« wider, in dem ständestaatlichen Vertretungssystem mit sehr starken Rechten der Staatsführung, ebenso in der korporativistischen Organisation der Sozialpolitik. Auch der Franquismus suchte das nationale und das soziale Element miteinander zu verbinden, wobei die nationale Komponente größeres Gewicht hatte. Weniger ausgeprägt als in Italien war die ideologische Beeinflussung der Menschen, verständlicherweise, da das Programm der Staatspartei nicht als verbindliche Norm galt und überhaupt ideologische Grundschriften nicht vorgelegt wurden. Auf der anderen Seite ist der starke konservative Anteil an der Führungsschicht ebensowenig zu übersehen wie die mangelnde Bereitschaft, entschieden in die tradierten Strukturen einzugreifen. Auch war der Einfluß der Kirche für lange Zeit groß. Das deutet mehr auf ein autoritär-konservatives System. Für die erste Hälfte der fast vierzigjährigen Herrschaft Francos wird man eine Zuordnung Spaniens näher beim Faschismus vornehmen müssen, während die zweite Hälfte als autoritäre Diktatur mit wachsender Modernisierungsbereitschaft im Bereich der Wirtschaft zu bewerten ist[386].

385 Bernd Nellessen, Die verbotene Revolution (Anm. 375), S. 147 ff., hier: S. 153.
386 Walther L. Bernecker, Spaniens Geschichte seit dem Bürgerkrieg, München 1984; Klaus von Beyme, Vom Faschismus zur Entwicklungsdiktatur. Machtelite und Opposition in Spanien, München 1971; Stanley G. Payne, Franco's Spain, London 1968.

9. Der Nationalsozialismus und seine Quellen

Die vom Dritten Reich verfochtene Weltanschauung speiste sich aus vielen Quellen, die zumeist im 19. Jahrhundert zu fließen begonnen hatten. So ist hier zunächst ein Blick über die diesem Beitrag an sich gesetzte zeitliche Grenze zurück zu tun und über diejenigen Komponenten zu sprechen, die die nationalsozialistische Ideologie am nachhaltigsten negativ beeinflußten: über Rassismus, Antisemitismus und Sozialdarwinismus. All das war in vielen Ländern virulent, es handelte sich also nicht um Eigentümlichkeiten des deutschen politischen Denkens, und es mußte keineswegs zwangsläufig ein Phänomen wie den Nationalsozialismus aus sich entlassen. In Deutschland aber geschah das, und er wurde hier zwischen 1933 und 1945 mit unbarmherziger Konsequenz vertreten. So ist es gerechtfertigt, die drei Komplexe hier unter der Überschrift Nationalsozialismus mitzubehandeln.

9.1 Rassismus und Antisemitismus

Unterschiede zwischen den Menschen wurden naturgemäß stets gesehen und vielfach oder wohl sogar überwiegend nicht nur als Äußerlichkeiten betrachtet, sondern mit Wertungen in Verbindung gebracht. Die Neigung, die eigene Art und Lebensweise hochzuschätzen, die der Nachbarn dagegen geringer einzustufen, war und ist weit verbreitet. Der Kern des Rassismus, Fremdenfeindlichkeit und Überlegenheitsgefühl, ist mithin ein menschliches Urphänomen. Zum Rassismus konnte diese Haltung allerdings erst werden, als die Europäer eingehendere Bekanntschaft mit den Bewohnern anderer Kontinente machten, also im Zusammenhang mit der europäischen Expansion über die Erde. Die Berührung mit den Indianern Amerikas und mit den Schwarzafrikanern setzte wegen des großen kulturellen Unterschieds zwischen Weißen und Einheimischen rassistische Gefühle frei. Die größer werdende technische Diskrepanz zwischen den Europäern in der alten Welt und in Übersee und den Nichteuropäern ließ das europäische Überlegenheitsgefühl im 19. Jahrhundert sehr stark ansteigen. Jetzt wurden auch die Asiaten in die Abwertung aller anderen Völker voll mit einbezogen. Diese breite rassistische Haltung gab dem Imperialismus beachtliche Schubkraft.

Das wirkte auf die klassifikatorischen Bemühungen von Naturforschern zurück. Was mit George Louis Leclerc de Buffon (1707–1788) und Carl von Linné (1707–1778) begann und sich über Antoine de Lamarck (1747–1829), Johann Friedrich Blumenbach (1752–1840) und George de Cuvier (1769–1832) in das 19. Jahrhundert hinein fortsetzte, geschah zum Zwecke der Systematisierung, ließ sich aber werthaft auslegen, und das wurde im 19. Jahrhundert fortlaufend unternommen. Jetzt erwuchs Rassismus als publizistisch breit verankerte Denkrichtung[387]. Der erste Autor, der vermeintliche rassische Unterschiede ganz betont politisch ausmünzte,

387 Vgl. George L. Mosse, Rassismus. Ein Krankheitssymptom in der europäischen Geschichte des 19. und 20. Jahrhunderts, Königstein/Ts. 1978 (englisches Original 1978); Patrick von zur Mühlen, Rassenideologien. Geschichte und Hintergründe, Bonn 1977; Hans Georg Marten, Sozialbiologismus. Biologische Grundpositionen der politischen Ideengeschichte, Frankfurt/M. 1983.

gehörte freilich in eine frühere Zeit. Es war dies Graf Henri de Boulainvilliers (1658–1722). Er sah in seiner erst fünf Jahre nach seinem Tode veröffentlichten *Histoire de l'ancien gouvernement de la France* den echten französischen Adel als Blutserben der fränkischen Eroberer an, während die übrigen Franzosen von den unterworfenen Galliern herkämen, und leitete daraus Herrschaftsansprüche ab. Mit großer Unzufriedenheit beobachtete er, wie Ludwig XIV. (1638–1715) über den wahren Adel hinwegging und aus den einst Unfreien einen neuen Briefadel schuf. Er fand verschiedene literarische Nachfolger, wenn zumeist auch nicht mit dieser sozialdefensiven Zielsetzung. So bewertete etwa der Historiker Augustin Thierry (1795–1856) alle ständischen Unterschiede als ethnisch oder rassisch bedingt.

Der wichtigste Nachfahre Boulainvilliers wurde der französische Diplomat und Orientalist Joseph Arthur Comte de Gobineau (1816–1882), der 1853 bis 1855 in Paris ein umfangreiches vierbändiges Werk mit dem Titel *Essai sur l'Inégalité des Races Humaines* veröffentlichte, in dem er den Ertrag eigener früherer Arbeiten und einer breiten Lektüre darlegte[388]. Der Autor suchte die damalige anthropologische und sprachwissenschaftliche Diskussion in den universalhistorischen Zusammenhang zu stellen. Er konstatierte, daß es drei Rassen gebe, die weiße, die gelbe und die schwarze. Da er ältere, nicht mehr nachweisbare Strukturen, die Primärrassen, voraussetzte, nannte er die drei Rassen Sekundärrassen. Ihre Merkmale erachtete er als unveränderlich, gab aber zu, daß vielfältige Mischungen möglich seien. Die Fähigkeiten der drei Rassen bezeichnete er als sehr verschieden. Schöpferische Kraft habe nur die weiße Rasse, sie sei deshalb allen anderen überlegen. Die Gelben seien durch eine besondere Begabung für Handel und Handwerk ausgezeichnet. Die Schwarzen hatten in seinen Augen wenig Wert; sie besäßen allenfalls eine besondere Musikalität, sonst aber nur geringe Fähigkeiten und seien somit letztlich eine Sklavenrasse. Bei den ständigen Rassenmischungen trage stets die höhere der beiden sich verbindenden Rassen das Opfer: Ihre besonderen Qualitäten würden dabei im Wert gemindert.

Gobineau meinte, daß man den rassischen Rang eines Volkes an seiner Hautfarbe ablesen könne. Ganz oben in der Hierarchie standen nach seiner Überzeugung die im Nordwesten Europas lebenden langschädeligen germanischen Arier; sie hätten sich am wenigsten vermischt und damit ihre ursprünglichen Qualitäten am reinsten bewahrt, ihnen sei mithin auch am stärksten die Fähigkeit zum Herrschen gegeben. Ihre besten Vertreter seien noch im französischen Adel aufzufinden, während das Bürgertum beachtliche Einschläge der gelben, das einfache Volk Blutbestandteile der schwarzen Rasse aufweise. Die Deutschen waren für Gobineau ein keltisch-slawisches Mischvolk; Germanentum vermochte er bei ihnen wenig zu entdecken. Daß die Arier die eigentlich kulturschöpferischen Menschen gewesen seien, hielt er für vielfach belegt: Alle bedeutenden außereuropäischen Kulturen seien von arischen Eroberervölkern begründet worden. Der weiteren Entwicklung sah er mit Pessimismus entgegen. Wegen der ständigen Rassenmischung würden die arischen kulturellen Qualitäten ständig abgesenkt, das Ariertum auf die Dauer verschwinden. So werde

---

388 Joseph Arthur Graf von Gobineau, Versuch über die Ungleichheit der Menschenrassen, übersetzt von Ludwig Schemann, 4 Bde., Leipzig 1898/1901, 1939/40[5]. (Essai sur L'Inégalité des Races Humaines, Paris 1853–1855); Michael D. Biddis, Father of Racist Ideology. The social and political Thought of Count Gobineau, London 1970.

sich eine nivellierte Gesellschaft der Mittelmäßigkeit bilden. Gobineau war Kulturpessimist.

Zu ähnlichen Überzeugungen kam fast gleichzeitig der britische Anatom Robert Knox (1798–1862), der sich ebenfalls eingehend mit den Menschenrassen beschäftigt hatte. Vermeinte Gobineau die besten rassischen Elemente im französischen Adel als reinste Inkarnation des Ariertums zu finden, so schätzte Knox die Sachsen am höchsten ein; neben ihnen seien auch die Slawen von besonderem Rang. Sein Urteil über die farbigen Völker war noch härter als das Gobineaus. Namentlich auf die schwarze Rasse sah er voll Verachtung herab, und auch die Juden beurteilte er sehr negativ[389]. In Deutschland wurde der Wert der indogermanischen Völker insbesondere von dem hier lebenden norwegischen Orientalisten Christian Lassen (1800–1876) in einer breitangelegten *Indischen Altertumskunde* verfochten[390]. Schon einige Jahrzehnte früher hatte übrigens Friedrich Schlegel (1772–1829) in seiner Abhandlung *Über die Sprache und Weisheit der Inder* aus dem Jahre 1808 die Überlegenheit der Arier sprachwissenschaftlich zu begründen versucht[391]. Auch diese Arbeiten waren gewiß nicht wirkungslos, ihr Einfluß ließ sich aber mit dem, der Gobineaus Essays zukam, ganz und gar nicht vergleichen. Bedeutsam für die Rezeption Gobineaus in Deutschland war die Tatsache, daß er in seiner letzten Lebensphase mit dem Komponisten Richard Wagner (1813–1883) in Berührung kam, einem kompromißlosen Antisemiten und Verklärer des Heroismus. Der Freundes- und Schülerkreis Wagners trug viel zur Popularisierung Gobineaus bei, allen voran der Bibliothekar und Schriftsteller Ludwig Schemann (1852–1938), der 1894 eine Gobineau-Gesellschaft gründete, 1898 dessen Hauptwerk auf deutsch publizierte, später eine Briefausgabe folgen ließ und zahlreiche Veröffentlichungen zu Gobineau vorlegte[392].

Dem Bayreuther Wagner-Kreis gehörte auch der seit 1885 in Mitteleuropa lebende, aus einer englischen Offiziersfamilie stammende Schriftsteller und Kulturphilosoph Houston Stewart Chamberlain (1855–1927) an; er war mit Wagners Tochter Eva verheiratet. Mit seinem rassentheoretischen Werk *Die Grundlagen des 19. Jahrhunderts* (1899) fand er weite Beachtung – das Buch erlebte in wenigen Jahrzehnten annähernd dreißig Auflagen. In späteren Arbeiten führte er seine Ansichten weiter aus; keine dieser Veröffentlichungen kam jedoch an seinen großen Erfolg von 1899 heran[393]. Der Antisemitismus war bei Chamberlain stärker ausgeprägt als bei den älteren Autoren, und auch sozialdarwinistische Vorstellungen spielten bei ihm eine große Rolle. Er ging nicht, wie Gobineau, davon aus, daß die menschlichen Rassen von Anbeginn an ungleich gewesen seien, aber auch er sah ihre Entwicklung durch die vielfältigsten Mischungen bestimmt, und auch er sah als Ergebnis dieser Prozesse verschiedene Wertigkeiten. Den Rassenbegriff definierte er

---

389 Robert Knox, The Races of Men, London 1850.

390 Christian Lassen, Indische Altertumskunde, 4 Bde., Bonn 1847–1861.

391 Friedrich Schlegel, Über die Sprache und Weisheit der Inder (1808), in: Ernst Behler (Hrsg.), Kritische Schlegel-Ausgabe, 1. Abteilung, Bd. 8, Darmstadt 1958, S. 105–433.

392 Ludwig Schemann, Gobineaus Rassenwerk, Stuttgart 1910; ders., Die Rasse in den Geisteswissenschaften, München 1928.

393 Houston Stewart Chamberlain, Die Grundlagen des 19. Jahrhunderts, 2 Teile, München 1899; ders., Auswahl aus seinem Werk, Breslau 1934; vgl. Winfried Schuler, Der Bayreuther Kreis, Münster 1971.

eng; im Grunde bedeutete er ihm ein Synonym für Nation. Am höchsten stufte er die Germanen ein und unter ihnen wieder die Bewohner seiner Wahlheimat, die Deutschen. Auf der anderen Seite hätten die Juden sehr wohl erkannt, daß Rassenmischung allemal schädlich sei. Sie seien den Germanen zwar unterlegen, aber doch außerordentlich tüchtig und deshalb gefährlich, wie an dem erheblichen Einfluß abzulesen sei, den sie auf viele ihrer Wirtsvölker hätten. Einen Zusammenprall zwischen Germanen und Juden sah er voraus, und er meinte, daß die Germanen dabei nur bestehen könnten, wenn sie sich klarmachten, daß es auf Rassenstärkung ankomme, und daraus die nötigen Konsequenzen zögen[394].

Die Feindschaft gegenüber den Juden hatte in Europa eine lange Tradition[395]. Dem entsprachen durchweg Beschränkungen der Rechtsstellung. Zwar gab es seit dem 18. Jahrhundert das Bestreben, der jüdischen Bevölkerung die Gleichberechtigung zu gewähren, aber das ließ sich nur gegen große Widerstände und sehr allmählich in die Tat umsetzen. Die Gegenkräfte waren stark. Im Laufe des 19. Jahrhunderts wandelte sich die Stimmung gegenüber den Juden. Wer ihre Emanzipation bejahte, nahm sie als gleichberechtigt an, wer sie weiter unter Sonderrecht halten wollte, änderte seine Argumentation: Die religiöse Komponente trat zurück, wirtschaftliche Faktoren erlangten mehr Gewicht, und das Gefühl der Andersartigkeit wurde auf den Nenner gebracht, es handle sich eben um eine andere Rasse, die Semiten. Aus dem älteren Antijudaismus wurde so der Antisemitismus. Dieser Terminus wurde erstmals 1860 von dem jüdischen Philologen Moritz Steinschneider (1816–1907) in kritischer Auseinandersetzung mit Ernest Renan geprägt. Er wurde aber erst ein Vierteljahrhundert später allgemein gebräuchlich, nachdem der deutsche Schriftsteller Wilhelm Marr ihn 1879 zum politischen Schlagwort gemacht hatte[396].

Die Reihe der antisemitischen Äußerungen ist außerordentlich lang. Von französischen Autoren müssen hier an erster Stelle der Fourier-Schüler Alphonse de Toussenel (1803–1885) und Edouard Drumont (1844–1917) genannt werden. Ersterer beklagte 1845, daß die Juden die eigentlichen Könige der Epoche seien, da sie die Welt finanziell beherrschten und alle Länder ausplünderten; letzterer jammerte vier Jahrzehnte später in einem sehr erfolgreichen Buch darüber, daß Frankreich durch die jüdischen Kapitalisten enteignet werde; dieser Prozeß vollziehe sich nahezu naturgesetzlich, und er sei nur zu beenden, wenn man die Juden vertreibe[397]. Ähnlich

394 Dazu namentlich die Aufsatzsammlung von Houston Stewart Chamberlain, Rasse und Persönlichkeit, München 1925.

395 Als Gesamtüberblicke Bernd Martin/Ernst Schulin (Hrsg.), Die Juden als Minderheit in der Geschichte, München 1981; Friedrich Battenberg, Das europäische Zeitalter der Juden. Zur Entwicklung einer Minderheit in der nichtjüdischen Umwelt Europas. In zwei Teilbänden, Darmstadt 1990; Alex Bein, Die Judenfrage. Biographie eines Weltproblems, 2 Bde., Stuttgart 1980.

396 Wilhelm Marr, Der Sieg des Judenthums über das Germanenthum. Vom nicht confessionellen Standpunkt aus betrachtet, Bern 1870.; zur Begriffsgeschichte des Wortes Antisemitismus: Thomas Nipperdey/Reinhard Rürup, Antisemitismus, in: Otto Brunner/Werner Conze/Reinhart Koselleck (Hrsg), Geschichtliche Grundbegriffe, Bd. 1., Stuttgart 1972, S. 129–153, hier: S. 137ff.

397 Alphonse de Toussenel, Les Juifs, rois de l'époque, Paris 1845; Edouard Drumont, La France juive, Paris 1886. Ausführlich dazu Robert F. Byrnes, Antisemitism in modern France, 2 Bde., New Brunswick 1950.

behauptete in Deutschland Otto Glagau (1834–1892) in einer Artikelserie in der vielgelesenen Zeitschrift *Die Gartenlaube*, daß die Juden den größten Anteil am Börsen- und Gründungsschwindel hätten. In der wenig späteren Buchausgabe erklärte er, er wolle »die Juden nicht umbringen oder abschlachten, sie auch nicht aus dem Lande vertreiben«, er wolle ihnen auch nichts nehmen »von dem, was sie einmal besitzen«, aber er wolle »sie revidieren und zwar funditus revidieren«. Gegen ihre Ausschreitungen und Anmaßungen müsse vorgegangen werden, sie dürften sich nicht länger überall in den Vordergrund drängen[398].

Wenig später unterstrich Wilhelm Marr dann sehr viel stärker, was er als rassische Seite des Problems ansah. Er behauptete, daß die Juden als Rasse unmittelbar vor dem Sieg stünden. Entschieden verfocht auch der Nationalökonom und Publizist Karl Eugen Dühring (1833–1921) in zahlreichen Veröffentlichungen eine antisemitische Weltsicht, namentlich in seinem Buch *Die Judenfrage als Frage des Rassencharakters*. Er diffamierte die Juden rundum: Sie seien überall die Ausbeuter und würden es überall und unter allen Umständen bleiben. In Jahrtausenden seien sie sich dem Grundcharakter nach gleich geblieben, kein soziales System und keine Veränderung der Gesellschaft werde daran etwas ändern, »die Judenselbstsucht würde nur andere Formen annehmen«. Über die Unverbesserlichkeit des Stammescharakters dürfe man sich keine Illusionen machen. Die aneignenden Kräfte des Kapitals seien eine Kleinigkeit gegenüber dem, was Judenart zuwege bringe, aber auch den Sozialismus machten sie sich zunutze. »Schon heute beuten sie den Sozialismus und die der verjudeten Sozialdemokratie folgenden Arbeiter für jüdische Interessen aus.«[399] Dühring empfahl deshalb wirtschaftliche, gesellschaftliche und politische Gegenmaßnahmen. Auch bei dem Wiener Orientalisten Adolf Wahrmund (1827–1913) wurde das Bild des ewigen Juden vorgestellt, während der Prager Theologieprofessor August Rohling (1839–1931) den jüdischen Kampf gegen das Christentum als besonders gefährlich ansah. Den Talmud betrachtete er als Programmschrift der jüdischen Weltherrschaft. Gegen die Juden helfe allein die Vertreibung[400].

In Rußland war der Antisemitismus ausgesprochen stark. Hier gab es Ende des 19. Jahrhunderts zahlreiche Pogrome, die großen Anteil daran hatten, daß viele Juden auswanderten. Der düsterste ideologische Beitrag aus Rußland zum Antisemitismus waren die 1903 erstmals in gekürzter Fassung, 1905 in ganzer Länge veröffentlichten sogenannten *Protokolle der Weisen von Zion*, eine Schrift, die anderthalb Jahrzehnte später zum Bestseller wurde; allein in Deutschland erlebte sie innerhalb von 18 Jahren 22 Auflagen. Es handelte sich dabei um Berichte über angebliche Geheimsitzungen auf dem Baseler Zionistenkongreß 1897, die der Frage gewidmet gewesen seien, wie die Juden die Weltherrschaft erlangen könnten; dabei sei jedes Mittel zur Erreichung dieses Ziels als gerechtfertigt bezeichnet worden.

---

398 Otto Glagau, Der Börsen- und Gründungsschwindel in Berlin. Gesammelte und stark vermehrte Artikel der »Gartenlaube«, Leipzig 1876, S. XXX.

399 Eugen Dühring, Die Judenfrage als Racen-, Sitten- und Culturfrage. Mit einer weltgeschichtlichen Antwort, Karlsruhe 1881[2], S. 110 (1880[1]). Zum Antisemitismus in Deutschland: Peter G. J. Pulzer, Die Entstehung des politischen Antisemitismus in Deutschland und Österreich 1867–1914, Gütersloh 1966 (englisches Original 1964).

400 Adolf Wahrmund, Das Gesetz des Nomadentums und die heutige Judenherrschaft, Berlin 1887; August Rohling, Der Talmud-Jude, Münster 1871 u. ö.

Wenigstens engagierte Antisemiten sahen keinen Grund, an der Echtheit der Protokolle zu zweifeln. Tatsächlich waren es Fiktionen, deren Urfassung eine französische Satire auf Napoleon III. aus dem Jahre 1864 war. Diesen Text hatte ein russischer Journalist Jahrzehnte später nach Rußland gebracht und ihn auf Finanzminister Witte umgemünzt, und schließlich hatte ihn der Chef des russischen Auslandsnachrichtendienstes, Pjotr I. Ratschkowski (gest. 1911) nochmals umgearbeitet[401].

9.2 Sozialdarwinismus

Im Sommer 1858 veröffentlichten der englische Naturforscher Charles Darwin (1809–1882) und sein um eine halbe Generation jüngerer Landsmann Alfred Russell Wallace (1823–1913) im sehr angesehenen *Journal of the Proceedings of the Linnean Society* einen Artikel *On the Tendency of Species to Form Varieties, and on the Perpetuation of Varieties and Species by Natural Selection*, in dem sie den Ertrag ihres Nachdenkens über den Entwicklungsgang der Natur in gedrängter Form vortrugen. Darwin hatte grundlegende Einsichten dazu in den frühen dreißiger Jahren gewonnen, als er an der Reise des Vermessungsschiffs Beagle nach Südamerika teilgenommen hatte. Besonders die Beobachtung von Finken auf den Galapagos-Inseln hatte ihn beeindruckt, da sie sich von den Artgenossen auf dem Festland auf charakteristische Weise unterschieden und sich mithin an ihre Umgebung angepaßt haben mußten. Zur systematischen Bewertung dieses Phänomens gelangte er einige Jahre später in England, als er Robert Malthus (1766–1834) las und bei ihm den Begriff des Kampfes ums Dasein fand, eine Theorie, mit der er arbeiten konnte[402]. Wie beim Menschen wirkten Auslesemechanismen auch überall sonst in der Natur. Überall finde ein ständiger Kampf ums Dasein statt. Dabei verschwänden im Laufe einer längeren Entwicklung die weniger angepaßten Formen, es komme zum Überleben der Geeignetsten, zum *survival of the fittest*. Wallace war während einer Forschungsreise im malayischen Archipel zu ähnlichen Schlüssen gekommen. Als Darwin davon hörte, daß Wallace seine Überlegungen zu publizieren gedachte, entschloß er sich, auch selbst aus der Zurückhaltung herauszutreten, die er bis dahin geübt hatte. Für die Darlegung der Grundpositionen taten sich die beiden Forscher zusammen, womit jeder Prioritätenstreit vermieden war. Im folgenden Jahre trug Darwin seine in Jahrzehnten entwickelten Ansichten, die Evolutionstheorie, der wissenschaftlichen Öffentlichkeit umfassend vor[403]. Die Darwinsche Theorie machte sehr schnell Schule.

---

401 Zum russischen Antisemitismus vor allem Heinz Dietrich Löwe, Antisemitismus und reaktionäre Utopie. Russischer Konservativismus im Kampf gegen den Wandel von Staat und Gesellschaft, Hamburg 1978; Norman Cohn, Die Protokolle der Weisen von Zion. Der Mythos von der jüdischen Weltverschwörung, Köln 1969. Deutsche Ausgabe der Schrift: Gottfried zur Beek (= Ludwig Müller) (Hrsg.), Die Geheimnisse der Weisen von Zion, Charlottenburg 1919, 1938[22].

402 N. Barlow (Hrsg.), The Autobiography of Charles Darwin, London 1958, S. 120; August Weismann, Charles Darwin und sein Lebenswerk, Jena 1909; Ronald W. Clark, Charles Darwin, Frankfurt/M. 1985.

403 Charles Darwin, On the Origin of Species by Means of Natural Selection, London 1859, 1861[3]; dt.: Über die Entstehung der Arten durch die natürliche Zuchtwahl, Stuttgart 1860 u. ö.

Der Boden war ihr ohnehin seit dem 18. Jahrhundert vorbereitet worden. Als einer der ersten hatte Buffon in seiner *Histoire Naturelle* (1749 ff.) Überlegungen angestellt, die in Darwins Richtung wiesen. Sie wurden zugleich aber heftig angegriffen und blieben sehr lange umstritten.

Darwins Gedanken wurden sehr bald aus der Naturgeschichte auf die Politik übertragen. Das war keine besondere Kunst, hatte es doch schon immer Starke und Schwache, Sieger und Verlierer gegeben. Auch hatte Darwin selbst den Begriff des Kampfes ums Dasein der politischen Literatur entnommen. Mehr noch: Schon einige Jahre vor Darwin und Wallace hatte der englische Sozialphilosoph Herbert Spencer (1820–1903) vom *survival of the fittest* im sozialen Bereich gesprochen; er hatte sich 1850 und wiederholt in den Folgejahren gegen staatliche Armenhilfe ausgesprochen, weil die Natur wolle, daß sich die Besten durchsetzten. Damit war der Sozialdarwinismus vor Darwin formuliert[404]. Wenn dieses Phänomen gleichwohl nicht den Namen »Spencerismus« trägt, so deshalb, weil der Durchbruch dieses Vorstellungskreises im politischen Denken erst erfolgte, nachdem Darwins Werk gleichsam die höheren naturwissenschaftlichen Weihen dazu gegeben hatte. Spencer selbst trug auch in seinen weiteren Arbeiten lebhaft dazu bei, den Sozialdarwinismus populär zu machen. In Deutschland war der wichtigste Wegbereiter dieses Denkens der Jenaer Zoologieprofessor Ernst Haeckel (1834–1919). Er trat nicht nur immer wieder für die naturwissenschaftlichen Arbeiten Darwins ein – sein einflußreichstes Buch war hierbei wohl seine *Natürliche Schöpfungsgeschichte* von 1868 –, sondern war zudem tief von der Überzeugung durchdrungen, daß der Kampf ums Dasein auch eine Kategorie des sozialen Lebens sei. Rassistische und antisemitische Vorstellungen teilte er gleichermaßen[405].

Es konnte nicht ausbleiben, daß die Überlegung angestellt wurde, die natürliche Selektion könne beeinflußt und sogar gesteuert werden. Schon 1869 sprach sich der Naturforscher Francis Galton (1822–1911), ein Vetter Darwins, dafür aus, daß die Vermehrung weniger wertvoller Menschen behindert, die hochwertiger Ehepaare dagegen mit allen Mitteln gefördert werden müsse. Der Staat müsse ein Zensussystem für die Ehetauglichkeit einführen und die Sorge um die nachwachsenden Generationen sei eine seiner zentralen Aufgaben. Galton wurde so zum eigentlichen Begründer der Eugenik. In der Folge bildete sich schnell eine große Schule von Sozialdarwinisten und Eugenikern, die besonders im angelsächsischen Raum und in Deutschland blühte. Zu nennen sind etwa Thomas Henry Huxley (1825–1895) und John Berry Haycraft in England, Alexander Tille (1866–1912), Otto Ammon (1842–1915), Wilhelm Schallmeyer (1857–1919) und Alfred Ploetz (1860–1940) in Deutschland. Sie alle beklagten, daß durch die Verbesserung der Hygiene eine ständige Rassenverschlechterung eingetreten sei, wollten aber natürlich den Fortschritt der Medizin nicht aufhalten oder gar zurückdrehen. So traten sie dafür ein, daß der Wegfall der natürlichen Selektion mittels Krankheiten durch bewußte Eingriffe ersetzt werden müsse, weil die soziale Problematik sonst unerträglich

404 Herbert Spencer, Social Statics, London 1851. Vgl. Hannsjoachim W. Koch, Der Sozialdarwinismus. Seine Genese und sein Einfluß auf das imperialistische Denken, München 1973, S. 38 ff.

405 Ernst Haeckel, Natürliche Schöpfungsgeschichte, Berlin 1868, 1902[10]. Vgl. Daniel Gasman, The Scientific Origins of National Socialism. Social Darwinism in Ernst Haeckel and the German Monist League, London 1971.

würde. Sie entwickelten ein umfassendes Programm eugenischer Maßnahmen, von der zwangsweisen Sterilisation über das Zwangsasyl und das Eheverbot bis zur Förderung erwünschter Ehen und der moralischen Inpflichtnahme hochwertiger Elternpaare, viele Kinder zu haben. Ausbleibende oder geringe Vermehrung der geistig und körperlich Schwachen, starke Vermehrung und Kräftigung der Wertvollen, auf diesen Nenner lassen sich die Absichten der Eugeniker bringen[406].

All das war nicht nur innerstaatlich wichtig. Der Grundsatz des Kampfes ums Dasein galt den Sozialdarwinisten ebenso für die zwischenstaatlichen Beziehungen. »Alle Maßnahmen und Unternehmungen der inneren und äußeren Politik müssen dem Ziel dienen, die Lebensfähigkeit der Nation auf die Dauer zu sichern«, schrieb etwa Wilhelm Schallmeyer 1918[407]. Deshalb hatte auch die quantitative Bevölkerungspolitik hohen Rang. Die qualitative Seite wurde aber nie vergessen. Die Möglichkeit aufsteigender Stammesentwicklung sei ja nur die positive Seite des Kampfes gegen die Degeneration. In weiterer Perspektive war durchaus an Höherzüchtung des Volkes gedacht.

Die von den Sozialdarwinisten entwickelten Vorstellungen konnten mit Demokratie kaum zusammengehen, sollte das Individuum doch straff in die Gemeinschaft eingegliedert und in zentralen Entscheidungen seines Lebens von übergeordneten Instanzen abhängig gemacht werden. Ständisch gestufte oder autoritäre Strukturen erschienen als das geeignetste Verfassungsmodell. Alexander Tille etwa bezeichnete sich ausdrücklich als Sozialaristokraten[408].

9.3 Vacher de Lapouge

Rassismus, Antisemitismus und Sozialdarwinismus waren gemeinhin sehr eng miteinander verquickt. Das läßt sich am Beispiel des Franzosen Georges Comte Vacher de Lapouge (1854–1936) gut beobachten. Dieser Zoologe und Anatom mit starken historischen Neigungen suchte den Lauf der Geschichte naturwissenschaftlich zu fassen. Es sei überflüssig, so sagte er im Vorwort seines einflußreichsten Werkes *L'Aryen, son rôle social,* sich hartnäckig an Naturgesetzen zu stoßen. Sie unterdrükken zu wollen, sei ein kindlicher Gedanke, »aber sie zu erkennen bedeutet, zu lernen, sie zu verwirklichen. Die Kunst der Politik wird aus der Wissenschaft entstehen.«[409]

---

406 Francis Galton, Hereditary Genius, its Laws and Consequences, London 1869, 1892². – Zum Sozialdarwinismus insgesamt Hannsjoachim W. Koch, Sozialdarwinismus (Anm. 404) und Hans Georg Marten, Sozialbiologismus (Anm. 387). Mit besonderem Blick auf die deutschen Verhältnisse: Hedwig Conrad-Martius, Utopien der Menschenzüchtung. Der Sozialdarwinismus und seine Folgen, München 1955; Hans-Günter Zmarzlik, Der Sozialdarwinismus in Deutschland als geschichtliches Problem, in: Vierteljahrshefte für Zeitgeschichte, 11 (1963), S. 246–273.

407 Wilhelm Schallmeyer, Vererbung und Auslese im Lebenslauf der Völker, eine staatswissenschaftliche Studie auf Grund der neueren Biologie, Jena 1903, die 3. Auflage 1918 unter dem Titel: Vererbung und Auslese. Grundriß der Gesellschaftsbiologie und der Lehre vom Rassedienst, S. 323.

408 Anonym (= Alexander Tille), Volksdienst. Von einem Sozialaristokraten, Berlin 1893.

409 Vacher de Lapouge, Der Arier und seine Bedeutung für die Gemeinschaft, Frankfurt/M. 1939, S. VIII (= L'Aryen. Son rôle social, Paris 1898; es handelt sich um eine Vorlesung in Montpellier im Jahre 1888/89).

Das Buch war somit in betont politischer Absicht geschrieben und wandte sich an einen großen Leserkreis. Deshalb stellte der Autor den Begriff Arier an die Spitze. Er meinte, daß dieser Terminus sich in den zurückliegenden zwei Jahrzehnten durchgesetzt habe, so daß jeder Gebildete damit etwas verbinde, zumal die Philologen ihm inzwischen eine allgemeinere Bedeutung gegeben hätten. Ohne Blick auf das breitere Publikum hätte er sich wohl an die linnéische Terminologie gehalten. Jedenfalls bezeichnete er sein Buch gleich im ersten Satz als Monographie über den Homo europäus, »das heißt der Abart, der man die verschiedenen Namen langschädlig-blonde Rasse, kymrische, galatische, germanische und arische Rasse gegeben hat«[410]. Ohne nähere Erläuterung – offenbar, weil er die Kenntnis dessen in Kreisen der Gebildeten für selbstverständlich hielt – griff er dann auf die von dem schwedischen Anatomen Anders Adolf Retzius (1796–1860) entwickelte Schädellehre zurück, derzufolge es nach dem Verhältnis von Breite und Länge der Schädelkapsel die Grundtypen der Rundschädligen oder Brachykephalen und der Langschädligen oder Dolichokephalen gab. Die Gliederung ließ sich variieren und war damals Gegenstand lebhafter Diskussionen. Auch Vacher de Lapouge hatte seine anthropologischen Forschungen – namentlich an Menschen der Cevennen – davon leiten lassen. Nach diesem Schema beschrieb er nun den langschädligen Arier im Gegensatz zum rundschädligen Homo alpinus. Er sprach über seine körperlichen Merkmale, über seine Entstehung, über seine Verhältnisse vor der geschichtlichen Zeit, über die geschichtlichen Arier, über ihr Wesen, ihre Bedeutung für die Gemeinschaft und spekulierte schließlich über ihre Zukunft. Als allgemeine Wesenszüge der arischen Menschen hob er die Vernunft und Willensstärke, die hervorragende geistige Arbeitsfähigkeit, den zielbewußten Willen, die Kühnheit des Handelns und die Fähigkeit zum Herrschen hervor. Die Arier seien stets die Herrenrasse gewesen[411].

Belege für all diese Behauptungen meinte der Verfasser in der Geschichte vielfach finden zu können; ihre Richtigkeit werde durch die gegenwärtige Herrschaft der Weißen über die Welt unter Beweis gestellt. Der Autor sah nur einen gefährlichen Mitbewerber, den Juden; er habe eine sehr starke Stellung in den Ländern der Kurzschädel, »wo er den blonden Langschädel anscheinend verdrängte«[412]. Die Tüchtigkeit der Juden erklärte Vacher de Lapouge damit, daß sie einen starken Bluteinschlag langschädlig-blonder Eindringlinge bekommen hätten, wie denn auch jetzt noch viele Juden blond seien. Ihre Stellung werde noch durch die Geldwirtschaft gefördert, denn kein anderer Menschenschlag sei so sehr für den Umgang mit Geld begabt. Überall setzten sie sich deshalb über Menschen niederer Rasse. Dagegen könnten sie sich in wirklich arischen Ländern höchstens in untergeordneten Positionen behaupten. So brauchten sich die Arier wegen des Wettbewerbs um die Führung der Völker an sich nicht zu beunruhigen.

Dennoch sah der Verfasser mit Skepsis in die Zukunft. Die Kurzschädeligen würden bedrohlich. »Der schwarzbraune, untersetzte und schwerfällige kurzschädelige Mensch«, der in Europa schon vom Atlantik bis zum Ural herrsche und in Frankreich und Rußland seine großen Stützpunkte habe, »ist träge und mittelmäßig, aber er vermehrt sich« und habe so die Kraft, die besseren Rassen zu verdrängen[413].

---

410 Ebd., S. 1.
411 Ebd., S. 239ff.
412 Ebd., S. 306.
413 Ebd., S. 316.

In der grellen Sonne des Südens könne es der Arier ohnehin nicht aushalten: er müsse sich entweder anpassen oder sich nach Norden zurückziehen, und das tue er seit langem. Die farbigen Völker könnten langfristig für den Arier ebenfalls zu einer Gefahr werden. Denkbar sei aber auch, daß sich die künftige Gesellschaft auf doppelter Grundlage aufbaue, »nämlich mit einer langschädlig-blonden Schicht an der Spitze und darunter einer Schicht aus einer tieferstehenden Rasse, die die grobe Arbeit auszuführen hätte«. Das könnten die Gelben und Schwarzen sein. In diesem Falle wären sie dann keine Last, sondern ein Vorteil für die Langschädlig-Blonden. Das wäre in gewisser Form die Wiederkehr der Sklaverei. Lapouge hielt eine solche Entwicklung für »ganz unvermeidbar«, wenn nicht die einfachste Lösung es verhinderte: »eine einzige hochstehende Rasse, die durch Auslese in sich ausgeglichen ist, und zwar durch Ausmerzung der Nachkommen tiefstehender oder mittelmäßiger Individuen«[414].

Diese Überlegungen bezeichnete der Autor selbst als abstrakt, aber er ging sogleich daran, sie konkret aufzufüllen. Er hielt es für ein historisches Gesetz, »daß die Nationen unablässig danach streben, sich auszudehnen«. Das sei seit den Zeiten Babylons so. Jetzt sei der Augenblick nahe, »wo der Kampf um die endgültige Vorherrschaft auf dem Erdball beginnt«[415]. Die Rolle Europas schien dem Verfasser vollständig beendet. Immerhin erwartete er für eine gewisse Zeit die Herstellung Alldeutschlands unter Führung des protestantischen Preußen. Schon gegenwärtig sei das Deutsche Reich der Schild des Westens gegen die russische Überschwemmung. Dieser Schutzdamm könne aber nicht auf Dauer halten, sein Bruch durch ein Bündnis des Westens unter deutscher Führung oder das Eingreifen Englands und der USA allenfalls verzögert werden. Die Zukunft gehöre »allein den Nationen, die ungeheure Rücklagen an Land besitzen, wo Hunderte von Millionen Einwohnern untergebracht werden können«. Dies seien das Zarenreich, das sich Asien, sowie England, das sich zu einem Weltreich noch ganz Afrika botmäßig machen werde, und die USA[416]. Der Kampf um die Weltherrschaft werde lang und ohne Gnade sein, denn: »Das wahre Gesetz des Kampfes ums Dasein ist das des Kampfes für die Nachkommenschaft«. Sei die Erde erst ganz bevölkert, »wird die Ausbreitung der einen notwendig die Vernichtung der anderen bedingen«[417]. Am Ende, nach zwei- oder dreihundert Jahren, werde ein einziges Weltreich stehen, und es werde entweder amerikanisch oder russisch geprägt sein.

Über den inneren Zustand dieses, wie Lapouge hoffte, von Nordamerika bestimmten Universalreiches mit drei oder vier Milliarden Einwohnern wollte der Autor wenig sagen. Natürlich werde eine Weltpolizei, eine Armee von mehreren Hunderttausend Mann, nötig sein. Die einheitliche Zentralregierung werde eine einheitliche Gesetzgebung bewirken, und es werde eine systematische Organisation der Arbeit entstehen. »Das Zeitalter des Sozialismus wird kommen, aber eines Sozialismus, der zweifellos sehr anders sein wird, als wir ihn uns vorstellen.«[418] Der Auslesegedanke werde ohne Rücksicht angewandt werden können, der Durchschnitt

414 Ebd., S. 321.
415 Ebd., S. 324.
416 Ebd., S. 327.
417 Ebd., S. 331.
418 Ebd., S. 332.

sich von Jahr zu Jahr heben. Das Christentum als moralische Grundlage des Lebens werde verschwinden. Über die praktischen Fragen der Auslese wurde hier wenig gesagt, dazu hatte Vacher de Lapouge sich kurz zuvor an anderer Stelle ausführlich geäußert[419].

Der Autor machte alle diese Aussagen vom Standpunkt des darwinistisch aufgefaßten Monismus aus, also jener Weltanschauung, die Geist und Materie in eins sah und für alles Seiende nur ein Erklärungsprinzip anerkannte – diese Denkweise wurde gleichzeitig in Deutschland besonders engagiert von Haeckel verfochten. Das Christentum und seine Derivate Liberalismus und Sozialismus würden einstürzen, die Grundlage des Monismus seien dagegen die unaufhebbaren Naturgesetze. Der Mensch sei kein Wesen für sich, sondern in die Zwangsläufigkeit des Weltalls eingebunden; die Entwicklung der Gesellschaft sei nicht zufällig. Da Seele und Körper eine Einheit bildeten, sei auch die Seele erblich wie der Körper. »Das Wesen des einzelnen ist abhängig von seinen Ahnen: eine grundlegende Ungleichheit entsteht durch die Verschiedenheit der Geburt.« Die Wirkungen der Erziehung seien wesentlich vom Ererbten bestimmt. In eine Familie könne man so wenig eintreten wie in eine Nation. »Der einzelne wird von seiner Rasse erdrückt und ist nichts. Die Rasse, die Nation ist alles.«[420] Gerechtigkeit war für Vacher de Lapouge nur ein Trug. »Es gibt nichts als Gewalt.«

Als das Buch 40 Jahre nach der französischen Erstveröffentlichung in deutscher Sprache erschien, rühmte der Verlag es als eines der Hauptwerke der Rassenforschung überhaupt, und sein Verfasser galt als Begründer der Anthroposoziologie. Im breiten Kreis derer, die um die Wende vom 19. zum 20. Jahrhundert sozialdarwinistisch dachten, gehörte er zu den wichtigsten Ideenlieferanten.

Überlegungen wie die eben skizzierten wurden in dieser Zeit in zahlreichen Zeitungsartikeln und Zeitungsaufsätzen und in vielen Ländern verbreitet und von vielen Lesern für richtig gehalten. Rassismus, Antisemitismus und Sozialdarwinismus hatten Hochkonjunktur, wobei sie durch die breitere Öffentlichkeit vermutlich nicht mit den harten Formeln der herausragenden Autoren, sondern etwas abgemildert rezipiert wurden. Daß derlei Thesen so lebhafte Resonanz fanden, hatte viele Gründe. Es schien eine alte Lebenserfahrung, daß sich der Tüchtigste durchsetze, und nun war sie wissenschaftlich bewiesen. Die Naturwissenschaften hatten in der zweiten Hälfte des 19. Jahrhunderts großes Prestige erworben, wie auch die Technik auf einen Siegeslauf verweisen konnte. Boten beide, Naturwissenschaften und Technik, nicht die Möglichkeit, das Schicksal des Menschen berechenbar und steuerbar zu machen? Und waren derartige Bemühungen nicht dringend nötig in einer Zeit, die sich durch rapides Bevölkerungswachstum und schnell fortschreitende Urbanisierung mit allen negativen Begleiterscheinungen dieses Prozesses auszeichnete? Für Vermassung und Degeneration schienen zahlreiche Belege gegeben. Mußte da nicht eingeschritten werden? So dachten jedenfalls viele. Ein ausgesprochener Kulturpessimismus machte sich gerade in Kreisen der Gebildeten breit. Der Antisemitismus nahm seine Stimulation wesentlich daraus, daß der jüdische Bevölkerungsteil durch Zuwanderung aus Osteuropa verstärkt wurde, und der Rassismus war die Begleitideologie

---

419 Georges Comte Vacher de Lapouge, Les sélections sociales, Paris 1896.
420 Vacher de Lapouge, Der Arier (Anm. 409), S. 339.

des Hochimperialismus. Wichtig für die allgemeine Stimmung war auch die schnell fortschreitende Säkularisierung. Die Bedeutungsminderung des Christentums trug zur Verunsicherung des Wertgefüges bei. Auch das förderte die Bereitschaft zur Aufnahme neuer Weltdeutungen.

9.4 Adolf Hitler: Biographie und prägende Eindrücke

Auch der Österreicher Adolf Hitler (1889–1945) nährte sich aus dem Sud von Rassismus, Antisemitismus und Sozialdarwinismus, der Ende des 19. Jahrhunderts zubereitet wurde. In der von Nationalitätenkämpfen bewegten Donaumonarchie, in der die Deutschen selbst in der westlichen Reichshälfte, den im Reichsrate vertretenen Königreichen und Ländern, mit knapp 36 Prozent (1912) nur eine Minderheit der Bevölkerung, wenn auch die eindeutig stärkste ethnische Gruppe stellten, gewann das alles eine besondere Dimension. Der schon mit 18 Jahren zum Vollwaisen gewordene Sohn eines mittleren Finanzbeamten trat bis zum 30. Lebensjahr in keiner Weise hervor, suchte sich freilich auch keinen der üblichen Lebenswege[421]. Die Realschule brach er ohne Abschluß ab, eine Ausbildung nahm er nicht auf und lebte, da er an der Allgemeinen Malschule der Akademie der Bildenden Künste in Wien die Aufnahmeprüfung nicht bestand, für viele Jahre von dem Erbe seiner Eltern, anderen Zuwendungen, Waisengeld und künstlerischen Gelegenheitsarbeiten. 1913 übersiedelte er nach München, um sich der Wehrpflicht zu entziehen, meldete sich 1914 aber freiwillig in der bayerischen Armee und erwies sich als tapferer Soldat.

Über den Waffenstillstand 1918 hinaus Soldat, ging er im Herbst 1919 in die aktive Politik, indem er sich der *Deutschen Arbeiterpartei* anschloß und diese einige Monate später in *Nationalsozialistische Deutsche Arbeiterpartei* umbenannte Gruppe sehr schnell ganz auf sich ausrichtete; sie verstand sich selbst als Hitlerbewegung. Zunächst nur in München bedeutsam, vermochte sie bald überall in Deutschland Fuß zu fassen und erlebte ab 1929 einen schnellen Aufstieg: Schon 1930 stellte sie fast jeden fünften Reichstagsabgeordneten und war hinter der SPD zweitstärkste Partei, im Laufe des Jahres 1931 rückte sie in der öffentlichen Meinung an die erste Stelle, und 1932 hatte sie mehr als ein Drittel der Wähler hinter sich und war die gewichtigste politische Kraft in Deutschland[422]. Nachdem Hitler im Januar 1933 zum Reichskanzler an der Spitze einer Koalitionsregierung von Nationalsozialisten und Konservativen ernannt worden war, gelang es ihm sehr schnell, eine totalitäre Einparteiendik-

---

421 Die wichtigste Hitler-Biographie ist immer noch Joachim C. Fest, Hitler. Eine Biographie, Berlin – Wien 1973, Neuausgabe 1987; daneben Werner Maser, Adolf Hitler. Legende, Mythos, Wirklichkeit, München 1971; sowie Rainer Zitelmann, Adolf Hitler. Eine politische Biographie, Göttingen 1989. Sehr anregend auch Sebastian Haffner, Anmerkungen zu Hitler, München 1978, 1988^{7}.

422 Gerhard Schulz, Der Aufstieg des Nationalsozialismus. Krise und Revolution in Deutschland, Frankfurt/M. 1975; Werner Maser, Der Sturm auf die Republik. Frühgeschichte der NSDAP, Stuttgart 1973^{2}; Richard F. Hamilton, Who voted for Hitler?, Princeton 1982; Jürgen Falter, Die Wähler der NSDAP 1928–1933. Sozialstruktur und parteipolitische Herkunft, in: Wolfgang Michalka (Hrsg.), Die nationalsozialistische Machtergreifung 1933, Paderborn 1984, S. 47–59.

tatur zu schaffen, in deren Willensbildungsprozeß er die zentrale Stelle einnahm[423]. Er führte Deutschland in den Krieg, den er für notwendig hielt, und damit in die größte Katastrophe der deutschen und europäischen Geschichte. Als das Dritte Reich 1945 endlich durch das Bündnis von Westmächten und Sowjetunion niedergerungen war, mußte eine erschreckende Bilanz gezogen werden: Mehr als 35 Millionen hatten in diesem Kriege und in dem in seinem Schatten verübten Holocaust an den Juden ihr Leben verloren, große Teile Europas waren ganz oder teilweise zerstört und der allgemeine Lebensstandard stark abgesunken.

Für die Formung von Hitlers Weltanschauung hatte die Wiener Zeit große Bedeutung[424]. Im ersten Bande seines programmatischen Buches *Mein Kampf* schrieb er 1924, »fünf Jahre Elend und Jammer« in der »Phäakenstadt« Wien hätten in ihm »ein Weltbild und eine Weltanschauung gebildet«, »die zum granitenen Fundament meines derzeitigen Handelns wurden«; er habe zu dem, was er sich damals geschaffen habe, nur wenig hinzulernen müssen[425]. Neben Wien darf man freilich die völkischen und deutschnationalen Eindrücke der Linzer Zeit und namentlich des Geschichtsunterrichts in der Schule nicht vergessen. Damit war die Richtung seiner rastlosen Lektüre in Wien abgesteckt, die entscheidende Weiche mithin schon gestellt. Ebenfalls in Linz hörte er erstmals eine Oper von Richard Wagner, *Lohengrin*, und stieß damit auf den Mann, den er lebenslang bewunderte und dessen politische Schriften zu seiner Lieblingslektüre wurden. »Die jugendliche Begeisterung für den Bayreuther Meister kannte keine Grenzen.« Nach dem Zeugnis seines Schulfreundes Kubizek machte sich Hitler vom ersten Augenblick seiner Bekanntschaft mit Wagner an mit unglaublicher Zähigkeit daran, Leben und Werk dieses Mannes kennenzulernen; er las alles, was er nur erreichen konnte, seine Aufzeichnungen, Briefe, Tagebücher und Schriften und jedwedes biographische Schrifttum über ihn[426].

Hitler gab in seinem Buch wenig Details über die ihn prägenden Eindrücke, er wollte selbst als originärer Denker erscheinen. Ausführlicher besprochen wurden nur der führende Alldeutsche Georg Ritter von Schönerer (1842–1921) und der christlichsoziale Bürgermeister Wiens, Dr. Karl Lueger (1844–1910). Bei Schönerer sagten ihm der intensive Nationalismus, die Frontstellung gegen den habsburgischen Vielvölkerstaat und gegen die katholische Kirche sowie der vehemente Antisemitismus zu, bei Lueger die Offenheit für die soziale Frage, die Menschenkenntnis und die Fähigkeit zur Gewinnung von Massen sowie seine großen Verwaltungsleistungen für

---

423 Zum Herrschaftssystem des Dritten Reiches vor allem Dieter Rebentisch, Führerstaat und Verwaltung im Zweiten Weltkrieg. Verfassungsentwicklung und Verfassungspolitik 1939–1945, Stuttgart 1989 (mit breiter Besprechung auch der Entwicklung vor 1939); Martin Broszat, Der Staat Hitlers, München 1969 u. ö.

424 Zur Entwicklung von Hitlers Weltanschauung außer den Angaben bei Joachim C. Fest (Anm. 421): Albrecht Tyrell, Vom »Trommler« zum »Führer«. Der Wandel von Hitlers Selbstverständnis zwischen 1919 und 1924 und die Entwicklung der NSDAP, München 1975; Eberhard Jäckel, Hitlers Weltanschauung. Entwurf einer Herrschaft, Tübingen 1969, 1981²; Rainer Zitelmann, Hitler. Selbstverständnis eines Revolutionärs, Stuttgart 1987, 1989².

425 Adolf Hitler, Mein Kampf. Zwei Bände in einem Band. Ungekürzte Ausgabe, München 1932¹¹, S. 20f.

426 Ebd., S. 15; August Kubizek, Adolf Hitler, mein Jugendfreund, Graz – Göttingen 1953.

Wien[427]. Zu verweisen ist ferner auf die Ansätze eines nationalen Sozialismus in Böhmen seit 1904 und auf die kritische Beobachtung der Wiener Sozialdemokratie und ihrer Art, zu agitieren und Mitglieder zu integrieren. Der extreme Rassist und Sozialdarwinist Adolf Lanz (1874–1954), der sich Jörg Lanz von Liebenfels nannte, war gewiß nicht der Mann, der Hitler die Ideen gab[428], sollte mithin nicht überschätzt werden, darf aber auch nicht ganz an den Rand gedrängt werden; die Lektüre seiner rassenkundlichen *Ostara*-Hefte hatte sicher erheblichen Anteil daran, Hitlers nach Wien mitgebrachten Antisemitismus zum Rassismus und Sozialdarwinismus auszuweiten.

Der Einfluß Wagners war nicht minder wichtig, vermutlich – weil älter – größer. Er war nicht nur deshalb prägend, weil Hitler viel in seinen Schriften las, sondern auch deshalb, weil er sich die Geisteswelt seines Lieblingskomponisten in der Oper immer wieder vergegenwärtigte. An Wagner knüpft auch die erste Notiz Hitlers mit politischem Charakter an. Zu einem Kostüm-Entwurf für den *Siegfried* bemerkte er 1912: »Jung Siegfried, gut bekannt aus den Tagen der Linzer Oper. Wagners Stück zeigte mir erstmals, was ein Blutmythos ist.«[429] Bei Wagner fand er Antisemitismus und Antikapitalismus in reichem Maße, die Frontstellung gegen das reale »falsche« Christentum, den Anspruch, selbst wahrer Christ zu sein, das Hoffen auf einen neuen Religionsstifter und die Sehnsucht nach einer Führungsgestalt, das Klagen über Entartungen und Forderungen nach einer grundlegenden Regeneration, Pathos und Heroismus, schließlich die Vorstellung von der Erlösung durch Vernichtung[430]. Über Wagner konnte er auch den Zugang zu Gobineau finden, wenn das nicht auf anderem Wege geschah.

Was Hitler sich aus vielfältigen Quellen zusammensuchte, wurde von ihm in der Vorkriegszeit nicht in einen systematischen Zusammenhang gebracht. Offensichtlich hatte er nicht das Bedürfnis, seine Vorstellungen schriftlich zu fixieren und mit ihnen an die Öffentlichkeit zu gehen. Das geschah erst, nachdem er am Ende des Ersten Weltkriegs beschlossen hatte, Politiker zu werden. Die Erfahrungen dieser vier Jahre hatten sein Weltbild nicht nur präzisiert, sondern ihn auch zur Bereitschaft zum Handeln geführt. Weitere Abrundungen seiner Vorstellungen ergaben sich in den ersten Jahren seiner politischen Tätigkeit. In *Mein Kampf*, dessen beide Bände 1925

---

427 Adolf Hitler, Mein Kampf (Anm. 425), S. 107ff. – Eduard Pichl, Georg Schönerer und die Entwicklung des Alldeutschtums in der Ostmark, 6 Bde., Oldenburg 1938² (1913–1923¹, 4 Bde.); Paul Molisch, Geschichte der deutschnationalen Bewegung in Österreich von ihren Anfängen bis zum Zerfall der Monarchie, Jena 1926; Kurt Skalnik, Dr. Karl Lueger. Der Mann zwischen den Zeiten, Wien 1954.

428 Wilfried Daim, Der Mann, der Hitler die Ideen gab. Von den religiösen Verirrungen eines Sektierers zum Rassenwahn des Diktators, München 1958; Adolf Hitler, Mein Kampf (Anm. 425), S. 59 (ohne direkte Nennung Lanz').

429 Hitler, Sämtliche Aufzeichnungen 1905–1924. Herausgegeben von Eberhard Jäckel zusammen mit Axel Kuhn, Stuttgart 1980, S. 53.

430 Hartmut Zelinsky, Richard Wagner – ein deutsches Thema. Eine Dokumentation zur Wirkungsgeschichte Richard Wagners 1876–1976, Frankfurt/M. 1976, 1981²; ders., Die »feuerkur« des Richard Wagner oder die »neue Religion« der »Erlösung« durch »Vernichtung«, in: Musik-Konzepte, (1980) 5, S. 79–112. Die wichtigsten politischen Schriften in: Richard Wagner, Mein Denken. Eine Auswahl der Schriften, hrsg. und eingeleitet von Martin Gregor Dellin, München 1982.

und 1927 erschienen, berichtete er ausführlich über seine Auffassungen. Das Werk war bis 1933 schon in weit mehr als 200000 Exemplaren verkauft. Nach Errichtung der Diktatur erfuhr es millionenfache Verbreitung, und anläßlich des 10. Jahrestages der Erstveröffentlichung wurde es 1935 als Richtschnur für das Leben und Streben jedes Deutschen bezeichnet. In den schnell aufeinanderfolgenden Auflagen finden sich nur geringfügige Änderungen; die Doktrin sollte, ebenso wie das Parteiprogramm, ein für allemal festgeschrieben sein; grundlegende Wahrheiten seien invariabel[431].

9.4.1 Hitlers Grundauffassungen

Die Grundprinzipien seines Denkens entfaltete Hitler im 11. Kapitel seines Hauptwerkes. Schon die oberflächlichste Betrachtung zeige, so dozierte er hier, als nahezu ehernes Grundgesetz all der unzähligen Ausdrucksformen des Lebenswillens der Natur die in sich begrenzte Form der Fortpflanzung und Vermehrung. Jedes Tier paare sich nur mit seinesgleichen, es sei denn, daß ganz außerordentliche Umstände vorlägen, und abweichendes Verhalten habe höchst negative Folgen: Einschränkung der Fruchtbarkeit oder gar Verlust der Zeugungsfähigkeit. Das sei ganz natürlich, denn jede Kreuzung zweier nicht gleich hoher Wesen gebe ein Mittelding, so daß das Junge zwar höher stehe als die niedrigere Hälfte des Elternpaares, aber nicht so hoch wie die höhere; so werde es im Kampf gegen diese höhere später unterliegen. »Solche Paarung widerspricht aber dem Willen der Natur zur Höherzüchtung des Lebens überhaupt. Die Voraussetzung hierzu liegt nicht im Verbinden von Höher- und Minderwertigen, sondern im restlosen Siege der ersteren. Der Stärkere hat zu herrschen und sich nicht mit dem Schwächeren zu verschmelzen, um so die eigene Größe zu opfern.« Würde dieses Gesetz nicht herrschen, wäre »jede vorstellbare Höherentwicklung aller organischen Lebewesen undenkbar«[432]. Hitler konstatierte also einen in der Natur allgemein gültigen Trieb zur Rassereinheit.

Diese Ansicht übertrug er ohne weiteres auf den Menschen und meinte in der Geschichte Belege von erschreckender Deutlichkeit dafür finden zu können, daß die Natur die Verschmelzung einer höheren mit einer niedrigeren Rasse nicht wolle. Jede Blutsvermengung des Ariers mit geringerwertigen Völkern habe als Endresultat das Ende des Kulturträgers gehabt. Wolle man eine bestimmte Kultur bewahren, müsse der sie erschaffende Mensch erhalten werden. »Diese Erhaltung aber ist gebunden an das eherne Gesetz der Notwendigkeit und des Rechtes des Sieges des Besten und Stärkeren. Wer leben will, der kämpfe also, und wer nicht streiten will in dieser Welt des ewigen Ringens, verdient das Leben nicht.« Und weiter: »Der Mensch, der die Rassengesetze verkennt und mißachtet, bringt sich wirklich um das Glück, das ihm bestimmt ist. Er verhindert den Siegeszug der besten Rasse und damit auch die Vorbedingung zu allem menschlichen Fortschritt.«[433] Das war die Grundüberzeu-

---

431 Zusammenstellung der geringfügigen Änderungen von Auflage zu Auflage bei Hermann Hammer, Die deutschen Ausgaben von Hitlers »Mein Kampf«, in: Vierteljahrshefte für Zeitgeschichte, 4 (1956), S. 161–178.

432 Adolf Hitler, Mein Kampf (Anm. 425), S. 312.

433 Ebd., S. 316f.

gung, an der Hitler seine Betrachtung der Weltgeschichte und also auch der künftigen Politik ausrichtete. Am Schluß seines Werkes verkündete er: »Ein Staat, der im Zeitalter der Rassenvergiftung sich der Pflege seiner besten rassischen Elemente widmet, muß eines Tages zum Herren der Erde werden« – das sollten die Anhänger der Bewegung nie vergessen[434].

Daß die arische Rasse den höchsten Rang habe, stand für Hitler ganz zweifelsfrei fest. Immer wieder pries er diese Menschen als »die wahrhaften Kulturbegründer dieser Erde«[435]. Allerdings waren die Arier längst keine Einheit mehr, nicht verwunderlich nach den mannigfachen Mischungen in der Geschichte. Sie waren in sich durchaus gestuft. Den ersten Platz nahm die nordische Rasse ein. Als Grund für die besondere Stellung der Arier nannte Hitler, daß sie den stärksten Aufopferungswillen besäßen. Der Wille zur Selbsterhaltung habe bei ihnen also die edelste Form erreicht, indem sie »das eigene Ich dem Leben der Gesamtheit« willig unterordneten[436].

Ganz anders die Juden. »Den gewaltigsten Gegensatz zum Arier bildet der Jude.« Nirgends sei der Selbsterhaltungstrieb stärker ausgeprägt[437]. Es gelte der nackte Egoismus. Die Juden hätten keine kulturbildende Kraft und seien deshalb immer nur Parasiten im Körper anderer Völker. Der Zwang, sich zu behaupten, zwinge sie zu ständiger Lüge und Verstellung. In der neueren Zeit seien sie zum Besitzer oder doch zum Kontrolleur der nationalen Arbeit geworden, gleichzeitig aber organisierten sie die Arbeiterschaft gegen die kapitalistische Menschenausbeutung. Ihr Ziel sei die wirtschaftliche Eroberung der Welt und ihre politische Unterjochung. Da sie ein rassereines Volk niemals unterwerfen könnten, seien sie bestrebt, »das Rassenniveau durch eine dauernde Vergiftung der einzelnen zu senken«[438]. Völker, die ihnen heftigen Widerstand entgegensetzten, umgäben sie dank ihrer internationalen Einflüsse mit einem Netz von Feinden, hetzten sie in den Krieg und pflanzten schließlich, wenn noch nötig, auf die Schlachtfelder die Flagge der Revolution. Als Konsequenz aus dieser Entwicklung ergab sich für Hitler die Aufgabe, einen Staat zu schaffen, »der nicht einen volksfremden Mechanismus wirtschaftlicher Belange und Interessen, sondern einen völkischen Organismus darstellt: Einen germanischen Staat deutscher Nation«[439].

Der einzige Zweck des Staates bestand für Hitler darin, der freien Entfaltung aller in der Rasse liegenden Kräfte zu dienen. Die Mission des deutschen Staates, der der Staat aller Deutschen sein sollte, sah er darin, die unverletzt gebliebenen edelsten Bestandteile des Volkstums nicht nur zu sammeln und zu erhalten, sondern zur beherrschenden Stellung zu bringen. Dabei hatte die Ehe besondere Bedeutung. Sie war nach Hitler aus dem Niveau dauernder Rassenschande zu lösen, »um ihr die Weihe jener Institution zu geben, die berufen ist, Ebenbilder des Herrn zu erzeugen und nicht Mißgeburten zwischen Mensch und Affe«[440]. Daraus ergab sich ein ganzer Katalog eugenischer Maßnahmen. Körperliche Tüchtigkeit, Charakterstärke, Ent-

434 Ebd., S. 782.
435 Ebd., S. 320.
436 Ebd., S. 326.
437 Ebd., S. 329.
438 Ebd., S. 357.
439 Ebd., S. 362.
440 Ebd., S. 445.

schlußfreude und Willenskraft bezeichnete Hitler als hohe Ziele und entwickelte überhaupt ein umfassendes Erziehungsprogramm, das die Menschen ganz in Anspruch nahm. Immer wieder wurde unterstrichen, daß alle sich in die Volksgemeinschaft einfügen müßten. »Wer sein Volk liebt, beweist es einzig durch die Opfer, die er für dieses zu bringen bereit ist. ... Ein Grund zum Stolz auf sein Volk ist erst dann vorhanden, wenn man sich keines Standes mehr zu schämen braucht.« Durch Sperrdruck hob Hitler die soziale Verpflichtung hervor: auf ein Volk, dessen eine Hälfte elend und abgehärmt ist, könne man nicht stolz sein, alle müßten an Leib und Seele gesund sein, und so sei »die innige Vermählung von Nationalismus und sozialem Gerechtigkeitssinn ... schon in das junge Herz hineinzupflanzen«. Dann werde sich ein Volk von Staatsbürgern bilden, »miteinander verbunden und zusammengeschmiedet durch eine gemeinsame Liebe und einen gemeinsamen Stolz, unerschütterlich und unbesiegbar für immer«[441].

Durch Geburt sollte nur die Staatsangehörigkeit erreicht, die Staatsbürgerschaft erst nach Erziehung zu einem rasse- und nationalbewußten Volksgenossen und nach Ableistung der Heerespflicht erlangt werden, von Mädchen durch Heirat oder durch Erwerbstätigkeit. Die Verleihung dieser Urkunde wünschte sich Hitler verbunden mit einer weihevollen Vereidigung auf die Volksgemeinschaft. Ausländer konnten nur geringere Rechte beanspruchen.

Juden gehörten für Hitler unter Sonderrecht. An einigen Stellen ließ er schon kurz Gedanken durchschimmern, die auf den späteren vielfachen Mord an den Juden vorauswiesen, so, wenn er davon sprach, daß eine verantwortungsbewußte Regierung während des Krieges ihre Pflicht hätte erkennen müssen, die jüdischen Volksvergifter »unbarmherzig auszurotten«[442]; gemeint waren Journalisten und Marxisten. Der spätere Holocaust trat hier noch nicht in den Blick, wohl aber hielt Hitler die Vernichtung der jüdischen Führungsschicht für denkbar.

Die innere Staatsgestaltung konnte selbstverständlich nicht demokratisch sein. Eine Weltanschauung, die dem höchsten Menschentum die Erde geben wolle, müsse »logischerweise auch innerhalb dieses Volkes wieder dem gleichen aristokratischen Prinzip gehorchen und den besten Köpfen die Führung und den höchsten Einfluß ... sichern. Damit baut sie nicht auf dem Gedanken der Majorität, sondern auf dem der Persönlichkeit auf.«[443] Die Organisation des völkischen Staates skizzierte Hitler nur umrißhaft. Mehrheitsentscheidungen sollte es nicht mehr geben, auf jeder Ebene sollte aber ein beratendes Gremium dem jeweils gewählten Führer zur Seite stehen. Diese Führer sollten Autorität nach unten und Verantwortungsbewußtsein nach oben haben. Wie sie bestimmt wurden, blieb unausgesprochen. Hitler meinte, daß der Lebenskampf die zur Führung besonders Befähigten schon von selbst über die Masse erheben werde.

Hitler ließ sich sodann ausführlich über die Formen des politischen Kampfes, den Aufbau der Bewegung und über die Propaganda aus. Im Kapitel über die Gewerkschaften kehrte er zur inneren Staatsgestaltung zurück. Hier sprach er sich entschieden gegen jeden Klassenkampf und alle Klassenstrukturen aus und pries wiederum die Volksgemeinschaft. Die nationalsozialistischen Gewerkschaften sollten durch die

---

441 Ebd., S. 474f.
442 Ebd., S. 185.
443 Ebd., S. 493.

organisatorische Zusammenfassung bestimmter Gruppen von Teilnehmern am Wirtschaftsprozeß die Sicherheit der nationalen Wirtschaft erhöhen und deren Kraft stärken durch Beseitigung aller Mißstände, die auf den nationalen Körper destruktiv einwirken könnten. »Nationalsozialistische Arbeitnehmer und nationalsozialistische Arbeitgeber sind beide Beauftragte und Sachverwalter der gesamten Volksgemeinschaft.« Sie sollten gemeinsam an der Erhaltung und Sicherung des Volkes arbeiten und dabei ein hohes Maß an Freiheit genießen, weil dadurch die Leistungsfähigkeit noch gesteigert werde[444].

Die Außenpolitik hatte zunächst darauf gerichtet zu sein, Macht und Unabhängigkeit wieder zu erringen. Besonders kritisch blickte Hitler auf Frankreich. Für absehbare Zeit könne Deutschland in Europa nur zwei Verbündete gewinnen, England und Italien. Von Anfang an ging es ihm aber nicht nur um Großmachtpolitik alten Stils – daß die Ziele viel höher zu stecken seien, ließ er auf den Hunderten von Seiten immer wieder sichtbar werden, und er sprach es schließlich ausführlich an. Wenn die nationalsozialistische Bewegung wirklich die Weihe einer großen Mission für das deutsche Volk vor der Geschichte erhalten wolle, müsse sie, so sagte er im 18. Kapitel – »Ostorientierung der Außenpolitik« –, kühn den Kampf gegen die bisherige Ziellosigkeit der Außenpolitik aufnehmen. »Sie muß dann, ohne Rücksicht auf ›Traditionen‹ und Vorurteile, den Mut finden, unser Volk und seine Kraft zu sammeln zum Vormarsch auf jener Straße, die aus der heutigen Beengtheit des Lebensraumes dieses Volkes hinausführt zu neuem Grund und Boden und damit auch für immer von der Gefahr befreit, auf dieser Erde zu vergehen oder als Sklavenvolk die Dienste anderer besorgen zu müssen.«[445]

Kategorisch erklärte Hitler, Deutschland werde entweder Weltmacht oder überhaupt nicht sein. Der Kampf des deutschen Volkes für den ihm auf dieser Erde gebührenden Grund und Boden rechtfertige einen Bluteinsatz. Auch die Stroßrichtung bezeichnete der Führer der nationalsozialistischen Bewegung genau. Es müsse dort wieder angesetzt werden, wo man vor sechs Jahrhunderten endete. »Wir stoppen den ewigen Germanenzug nach dem Süden und Westen Europas und weisen den Blick nach dem Land im Osten.«[446] Diese Bodenpolitik der Zukunft sei auch schicksalhaft gewollt. Da Rußland dem Bolschewismus anheimgefallen sei, habe das russische Volk jene Intelligenz verloren, die bisher seinen staatlichen Bestand garantierte. Die Existenz jenes Staatsgebildes sei nämlich nicht das Resultat der politischen Fähigkeiten der Slawen, sondern der Beweis für die Wirksamkeit des Germanentums in einer minderwertigen Rasse. Von diesem Kern habe Rußland seit Jahrhunderten gezehrt, nun aber sei er fast restlos ausgelöscht worden. An seiner Stelle stehe der Jude, und ihn könnten die Russen nicht aus eigener Kraft abschütteln. Da er kein Element der Organisation, sondern im Gegenteil ein Ferment der Dekomposition sei, könne das mächtige Reich auf die Dauer nicht erhalten werden. »Das Riesenreich des Ostens ist reif zum Zusammenbruch und das Ende der Judenherrschaft wird auch das Ende Rußlands als Staat sein. Wir sind vom Schicksal ausersehen, Zeugen einer Katastrophe zu werden, die die gewaltigste Bestätigung für die Richtigkeit der völkischen Rassentheorie sein wird.«[447]

444 Ebd., S. 676.
445 Ebd., S. 732.
446 Ebd., S. 742.
447 Ebd., S. 743.

Das war zurückhaltend formuliert. Statt »Zeugen« hätte Hitler besser »Auslöser« gesagt. Daß er den Krieg wollte, ergab sich schon aus seinem kurzen Verweis auf den erforderlichen Bluteinsatz, des weiteren aus seinen Bündnismeditationen. Er trat für ein Bündnis mit England, der größten Weltmacht der Erde, ein. Damit verband er eine schroffe Wendung gegen Frankreich. Die Ostpolitik im Sinne der Erwerbung der notwendigen Scholle für das deutsche Volk erfordere Kraft. »Da ... der Todfeind unseres Volkes, Frankreich, uns unerbittlich würgt und die Kraft raubt, haben wir jedes Opfer auf uns zu nehmen, das in seinen Folgen geeignet ist, zu einer Vernichtung der französischen Hegemoniebestrebung in Europa beizutragen.«[448] Hitler wird schwerlich angenommen haben, daß das ohne bewaffneten Zusammenstoß abgehen könnte. Daß auf einen Krieg hinzuarbeiten war, ergab sich schon aus seinem Verständnis von Bündnissen. Ein Bündnis, dessen Ziel nicht die Absicht zu einem Kriege umfasse, sei sinn- und wertlos. »Bündnisse schließt man nur zum Kampf.«[449] Den Krieg hielt Hitler ohnehin für unvermeidlich. Der Bolschewismus war für ihn ein triebhafter Vorgang, nämlich das jüdische Streben nach der Weltherrschaft. Dessen nächstes großes Ziel werde Deutschland sein.

Als Hitlers Programmschrift Anfang 1927 in die Buchhandlungen kam, lag seine Zielsetzung offen zu Tage: Aufbau eines völkischen Führerstaates, der die Rassenpolitik als wichtigste innere Aufgabe betrachtete und das Volk mit allen Mitteln zu einer Gemeinschaft integrieren würde, schroffe Frontstellung gegen die Juden, Wiedergewinnung von Macht und Unabhängigkeit nach außen, Verbindung mit England, Beseitigung nicht nur der französischen Hegemonialstellung auf dem Kontinent, sondern Verhinderung jeder zweiten Militärmacht neben Deutschland, Zerstörung Rußlands und deutsche Bodenpolitik dort und – als weitere Perspektive – die in den Schlußsätzen des Buches zum Ausdruck gebrachte Zuversicht, eines Tages zum Herrn der Erde werden zu können. An diesem Zukunftsentwurf, den Hitler in den restlichen knapp zwei Jahrzehnten seines Lebens in zahlreichen Reden und Stellungnahmen kommentierte und erläuterte[450], wurde fortan nichts Wesentliches mehr geändert. Hitlers weiteres Vorgehen war der kompromißlose Versuch, seine Vorstellungen Wirklichkeit werden zu lassen. Dabei verhärtete sich während des Krieges seine Haltung zu den Juden – Entschluß zum Holocaust – und zu den slawischen Völkern nachhaltig.

448 Ebd., S. 757.
449 Ebd., S. 749.
450 Hitlers Zweites Buch. Ein Dokument aus dem Jahre 1928, eingeleitet und kommentiert von Gerhard L. Weinbarg, Stuttgart 1961; Max Domarus, Hitler. Reden und Proklamationen 1932–1945, 4 Bde., München 1965; Werner Maser (Hrsg.), Hitlers Briefe und Notizen, Düsseldorf 1973; Adolf Hitler. Monologe im Führerhauptquartier 1941–1945. Die Aufzeichnungen Heinrich Heims, hrsg. von Werner Jochmann, Hamburg 1980; Hitlers politisches Testament, Die Bormann-Diktate vom Februar und April 1945. Mit einem Essay von Hugh R. Trevor-Roper und einem Nachwort von André François-Poncet, Hamburg 1981.

10. Politisches Denken in der Dritten Welt

In den Ländern, die heute die Dritte Welt genannt werden, war die Auseinandersetzung mit den im europäischen Kulturkreis entwickelten politischen Ideen unumgänglich. Ansätze dazu finden sich schon im 19. Jahrhundert, ohne daß dabei wegweisende Gedanken formuliert worden wären. Ihre wahre Bedeutung gewann diese Auseinandersetzung erst in der Zeit des Hochimperialismus; seither nahm sie an Breite und Intensität kräftig zu. Natürlich ging es nicht um eine einfache Übernahme europäischer politischer Ideen, sondern stets auch um die Frage, wie denn die europäisch-nordamerikanischen Gedankenbilder zu den heimischen Verhältnissen und Vorstellungen paßten, ging es um die Identität und – je länger desto mehr – auch um die Entwicklung eigenständiger Konzeptionen. Die Zahl derer, die solche Erörterungen pflegen konnten, war sehr viel kleiner als in den nordatlantischen Staaten[451].

10.1 Südamerika

Blicken wir zunächst auf Südamerika, das Europa nach der Herkunft von Teilen seiner Bevölkerung – namentlich der Oberschicht – sowie nach der geistigen Kultur nahesteht[452]. Überall sahen hier die Eliten im Laufe des 19. Jahrhunderts nach Europa und Nordamerika und suchten die dortige Entwicklung der Ideen nachzuvollziehen, wobei sich zunächst nur gelegentlich die Einsicht bildete, daß die Verhältnisse in Lateinamerika einen einfachen Import der nordatlantischen politischen Konzepte verböten. Seit der Mitte des 19. Jahrhunderts machte sich diese Überlegung jedoch häufiger geltend. Es bildete sich, zumal im Norden des Halbkontinents und in Mittelamerika, eine Schule – die sogenannten Positivisten –, deren Angehörige die Ansicht vertraten, daß das notwendige Maß an Ordnung und der erforderliche Fortschritt nur durch Erziehungsdiktaturen garantiert werden könnten. Die bestehende unausgewogene Sozialstruktur und der geringe Bildungsstand weiter Bevölkerungskreise machten nach ihrer Auffassung jeden anderen Weg unmöglich. Die Positivisten hatten namentlich auf die Diktatoren Porfirio Diaz (1830–1915) in Mexiko (Präsident von 1877–1880 und von 1884–1911) und Juan Vicente Gómez in Venezuela (1859–1935, an der Macht seit 1908) einigen Einfluß und konnten sich hier auch das Verdienst zuschreiben, manche sinnvolle, dem Lande weiterhelfende Entscheidungen gefördert zu haben[453].

Parallel dazu gewann auch der Nationalismus an Boden. Der Argentinier José Enrique Rodó (1872–1917) machte 1900 mit seinem Buch *Ariel* Furore, in dem er in Anlehnung an die Gestalten aus Shakespeares *Sturm* den pragmatischen Nordamerikaner – Kaliban – mit dem geistigen Lateinamerikaner – Ariel – kontrastierte und letzteren als jugendfrisch und zukunftsgerichtet darstellte. Er propagierte damit einen kontinentalen Nationalismus, wie das ähnlich der Mexikaner José Vasconcelos

---

451 Roy Macridis, Contemporary Political Ideologies, Boston 1986[3]; Paul E. Sigmund, The Ideology of the developing Countries, New York 1972.

452 Nikolaus Werz, Das neuere politische und sozialwissenschaftliche Denken in Lateinamerika, Habilitationsschrift, Freiburg/Br. 1990.

453 Ebd., S. 54–82.

(1882–1959), zeitweilig Erziehungsminister, mit der Berufung auf den gemeinsamen Hispanismus tat. Des weiteren ist der Kubaner José Marti (1853–1895) zu nennen, der sich leidenschaftlich für die Einigkeit der Lateinamerikaner einsetzte und dabei besonders auf die indianische Bevölkerung verwies, oder der Argentinier Manuel Ugarte (1875–1951), in dessen Denken die Wiederherstellung Hispanoamerikas ebenfalls eine große Rolle spielte[454].

Zum zentralen Programmpunkt machte die Einigung Lateinamerikas die von dem Peruaner Raul Haye de la Torre gegründete *Alianza Popular Revolucionaria Americana* (APRA), »Als ersten Schritt auf unserem Weg zur antiimperialistischen Verteidigung schlägt die APRA die politische und ökonomische Einigung der 20 Republiken vor, in die sich die große indoamerikanische Nation teilt«, hieß es 1926. Besonders zielte die APRA natürlich auf den angloamerikanischen Dollar-Imperialismus und forderte für diesen Kampf eine Allianz der Klassen. Ebenso aber setzte sie sich für umfassende soziale Reformen ein[455].

Der auf die gesamte mittel- und südamerikanische Staatengesellschaft bezogene Nationalismus wurde zur Emanzipations- und damit auch zur Fortschrittsideologie. Die Einflüsse von außerhalb wurden zunehmend als entscheidende Faktoren bei der Behinderung des Fortschritts verstanden. Diese Rolle behielt der Nationalismus auch, wenn er sich auf einzelne Staaten beschränkte; in diesen Fällen fiel die Abgrenzung gegenüber den Nachbarn weniger schroff aus, da das Bewußtsein der gemeinsamen Sprache und Kultur und der gemeinsamen Lage gleichwohl lebendig blieb[456].

10.1.1 Juan Perón

Im zweiten Drittel dieses Jahrhunderts gewannen einige lateinamerikanische Diktaturen besonderen Charakter. Das gilt namentlich für die Herrschaft von Juan Perón (1895–1974) in Argentinien. Peróns Diktatur hatte ihre Wurzel in einem Militärputsch des Jahres 1943. In der damaligen Junta rückte er rasch nach vorn, weil er für die neuen Machthaber ein konstruktives Programm entwickelte, nämlich den Unterschichten durch umfassende Sozialpolitik zu helfen. Als er 1945, damals Kriegsminister, gestürzt und zeitweilig in Haft genommen wurde, setzten sich die Gewerkschaften entschieden für ihn ein. Sie riefen einen Generalstreik aus, um seine Freilassung zu erreichen, gründeten für den bevorstehenden Wahlkampf eigens eine Partei, die laboristische Partei, und machten ihn zu ihrem Präsidentschaftskandidaten. Perón gewann die Wahl und kandidierte nach einer Verfassungsänderung (1949) 1951 erneut; mit sehr großer Mehrheit wurde er im Amt bestätigt. Seine erste Amtsperiode war von dem Umstand begünstigt, daß die argentinische Wirtschaftslage sehr gut war. Das erlaubte die Inangriffnahme des sozialpolitischen Programms. In den fünfziger Jahren verschlechterte sich die ökonomische Situation, so daß Perón seine Herrschaft zunehmend durch Repression absichern mußte. Die schon in den ersten Jahren eingesetzten diktatorischen Mittel wurden verstärkt angewandt, der von der Partei

454 Ebd., S. 83–100.

455 Angel Rama (Hrsg.), Der lange Kampf Lateinamerikas. Texte und Dokumente von José Marti bis Salvador Allende, Frankfurt/M. 1982, S. 193.

456 Vgl. Carl H. Hillekamps, Lateinamerika – Staaten suchen ihre Nation, Stuttgart 1963.

betriebene Führerkult wurde gesteigert. Peróns Frau Evita (Maria Eva Duarte, 1919–1952) wurde wegen ihrer sozialpolitischen Tätigkeit geradezu verherrlicht.

Perón erhob sein politisch-soziales Programm in den Rang einer Doktrin, die er *Justicialismo* nannte, Gerechtigkeitsstreben. Diesen Justizialismus ließ er 1952 gesetzlich verankern. Dem Staat wurden zwei Ziele gesteckt: Er sollte den nationalen Wohlstand fördern und die völlige politische Unabhängigkeit Argentiniens durchsetzen. Der Staat sollte sich nicht als Instrument bestimmter partikulärer Interessen verstehen, sondern als ausgleichende Kraft über den gesellschaftlichen Gruppen wirken und so soziale Gerechtigkeit schaffen. Nur im Rahmen des Gemeinwohls sollten die Individuen ihre Rechte geltend machen können. Aus dieser Grundauffassung ergab sich die Folgerung, daß der Staat bei Bedarf in das wirtschaftliche und gesellschaftliche Leben eingreifen durfte. Perón tat das zugunsten der sozial schwächeren Schichten. Bei ihnen war seine Politik deshalb sehr populär, in den etablierten Kreisen stieß sie dagegen immer mehr auf Mißvergnügen. Im September 1955 wurde er durch einen Aufstand des Heeres (in Verbindung mit der katholischen und liberalen Opposition) gestürzt und ging ins Exil[457]. Seine Partei wurde verboten, allerdings 1962 wieder zugelassen. Sie zerfiel, da der Führer außer Landes war, in verschiedene Richtungen. Erst 1973 konnte Perón endgültig nach Argentinien zurückkehren und wurde neuerlich zum Präsidenten gewählt. Nach seinem Tode übernahm seine dritte Frau, Isabel Perón (1931), die Präsidentschaft. Sie wurde 1976 abgesetzt.

Von seinen Anfängen an wurde Perón als Faschist bezeichnet, namentlich im Wahlkampf 1945/46. Die ältere Literatur über den Peronismus ist fast einhellig der Ansicht, daß es sich dabei um eine faschistische Bewegung gehandelt habe, Argentinien also ein faschistischer Staat gewesen sei. Neuerlich ist das Urteil zurückhaltender. Man will den Peronismus entweder nur unter einem weit gefaßten Faschismus-Begriff ansiedeln oder spricht von Populismus. Sicher ist es problematisch, das Argentinien Peróns als faschistisch zu verstehen; das war es allenfalls von 1951/52 bis 1955 und doch wohl nur partiell. Andererseits war das Herrschaftssystem gewiß nicht nur populistisch, und unzweifelhaft hatte die peronistische Bewegung sowohl nach ihrer programmatischen Grundlage wie nach der Art ihres Auftretens deutlich faschistische Züge[458].

457 Peter Waldmann, Der Peronismus 1943–1955, Hamburg 1974; zur Doktrin dort S. 77ff.; Perón trug seine Auffassungen vor allem in Reden vor. Bei Juan D. Perón, Doctrina Peronista, Buenos Aires 1949, handelt es sich um eine Sammlung von Rede-Auszügen.

458 Belege für die ältere Einschätzung bei Hans-Ulrich Thamer/Wolfgang Wippermann, Faschistische Bewegungen (Anm. 343), S. 74; Wippermann selbst denkt S. 81f. an die Anwendbarkeit eines weitgefaßten Faschismus-Begriffs. Für Peter Waldmann, Der Peronismus (Anm. 457), S. 307, ist klar, »daß der Peronismus jedenfalls keine Form des Faschismus ist. Die Differenzen ... sind beträchtlich und lassen sich letztlich dahin zusammenfassen, daß es sich beim Peronismus um ein autoritäres und nicht um ein totalitäres Regime ... handelt«; Nikolaus Werz, Das neuere politische und sozialwissenschaftliche Denken in Lateinamerika (Anm. 452), S. 111ff., ordnet den Peronismus dem Populismus zu: Die Bezeichnung als faschistisch sei unhaltbar. So auch schon Torcuato di Tella, Populism and Reform in Latin America, in: Claudio Veliz (Hrsg.), Obstacles to Change in Latin America, London 1968, S. 47–74. Ferner Dieter Schneider, War der Peronismus totalitär?, in: Manfred Funke (Hrsg.), Totalitarismus. Ein Studien-Reader zur Herrschaftsanalyse moderner Diktaturen, Düsseldorf 1978, S. 163–174. Schneider kommt ebenfalls zu dem Ergebnis, daß man von Totalitarismus nicht sprechen könne.

10.1.2 Getúlio Vargas

Eindeutiger einem autoritären Populismus zuzuordnen ist der Brasilianer Getúlio Vargas (1883–1954). Der Jurist und prominente Politiker aus dem liberalen Lager setzte sich 1930 durch einen Staatsstreich in den Besitz der Macht und wurde provisorischer Präsident mit diktatorischer Vollmacht; an die Stelle der demokratischen trat eine neue, 1934 fertiggestellte Verfassung. Vargas leitete sofort eine wirtschaftsnationalistische Politik ein und betrieb Reformen zugunsten der sozial Schwächeren, ohne doch die Besitz- und Produktionsverhältnisse prinzipiell anzutasten. Auch die Innenpolitik bekam nationalistische Züge. Die vielen ethnischen Minderheiten wurden unter Druck gesetzt, das Portugiesische schließlich zur alleinigen Unterrichtssprache erklärt. Schon 1937 hob Vargas die Verfassung von 1934 auf und erließ eine neue, die wiederum die exekutiven Vollmachten stärkte. Kurz danach verbot er die politischen Parteien. 1945 wurde er zum Rücktritt gezwungen, 1950 aber nochmals zum Präsidenten gewählt. Auch hier gab es, wie in Argentinien, viel Mißvergnügen über den sozialreformerischen Kurs, zumal die beabsichtigten Leistungen sich mit der gegebenen Wirtschaftskraft nicht finanzieren ließen. So kam es 1954 zu einer schweren Krise, in deren Verlauf Vargas, der über seine Tätigkeit und seine Ziele in verschiedenen Büchern Rechenschaft gelegt hatte, sich das Leben nahm[459]. Auch der nach Vargas benannte *Varguismus* wird in der Literatur hinsichtlich seines etwaigen faschistischen Charakters diskutiert.

10.1.3 Mario Vargas Llosa

Von den jüngeren lateinamerikanischen Beiträgen zur politischen Diskussion sei auf den Peruaner Mario Vargas Llosa (1936) verwiesen, einen ausgesprochenen Liberalen und Schriftsteller, der im Anschluß an Friedrich von Hayek die Freiheit als Motor des materiellen und sozialen Fortschritts ansieht, aber natürlich weiß, daß die lateinamerikanischen Verhältnisse ein konsequent wirtschaftsliberales Konzept noch nicht gestatten. Wenn auch ein gewisses Maß an staatlichen Eingriffen in Wirtschaft und Gesellschaft erforderlich sei, so müsse doch die allzu weit ausgeuferte Staatstätigkeit kräftig eingedämmt werden. Der Staat solle sich als Hilfe und nicht als Vormund verstehen, dann werde Eigeninitiative nicht mehr gelähmt. Zwischen dem wirtschaftlichen Voranschreiten und der Demokratisierung sieht Vargas Llosa einen engen Zusammenhang. Er fordert, daß die Demokratisierung auf jede Weise gefördert werde, auch durch jedermann in sich selbst. Ebenso sei das Bewußtsein für Rechtsstaatlichkeit zu schärfen. Überhaupt müßten die Lateinamerikaner die sie belastenden Bestandteile des spanischen und indianischen Erbes entschlossen über Bord werfen: den Egoismus und die Gefühllosigkeit der privilegierten Klassen, die Korruption und horrende Ineffizienz der Eliten, das Verhalten der alteingesessenen Oligarchien, die ausgeprägte Neigung zu Militarismus und zu repressiver Gewalt.

459 La pensée politique du Président Getúlio Vargas, Sélection, classement systématique et traduction française par Hans Klinghoffer, Rio de Janeiro 1942; John W. F. Dulles, Vargas of Brasil, Austin 1967. Zum weiteren Zusammenhang des Populismus in Lateinamerika: Hugo Celso Felipe Mansilla, Der südamerikanische Reformismus. Nationalistische Modernisierungsversuche in Argentinien, Bolivien und Peru, Rheinstätten 1977.

Immer wieder beklagt Llosa, daß auch europäische Intellektuelle ganz Lateinamerika den kubanischen Weg anrieten. Das sei eine völlig falsche Lösung. Nachdrücklich betont er, daß die Diktaturen auf dem Halbkontinent sich keiner breiten Zustimmung aus dem Volke erfreuten, daß es funktionierende Demokratien und vielfache Ansätze zur Demokratisierung gebe. Die Völker Lateinamerikas wollten die Freiheit. Viele könnten das rational gewiß nicht begründen. Es handle sich »um eine Ahnung, um den geheimnisvollen Willen, durch Loslösung von der undifferenzierten Kollektivität zu voller Individualität zu gelangen ..., auf eigene Rechnung zu entscheiden, bei den lebenswichtigen Dingen die eine oder die andere Wahl zu treffen, der wirkliche Protagonist seines Schicksals zu sein«[460].

Auch Vargas Llosas Berater Hernando de Soto, dessen Buch *El otro sendero* (Der andere Pfad) noch im Erscheinungsjahr (1987) mehrere Auflagen erlebte, stößt sich an dem ausgeprägten lateinamerikanischen Etatismus. In der immer stärker anwachsenden Schattenwirtschaft sieht er positive Ansätze zur dringend nötigen Ausweitung des Unternehmertums[461].

10.2 Die islamische Welt

Für die Muslime war die kräftige europäische Expansion und die eigene überall sich erweisende Unfähigkeit, sich dagegen zu behaupten, eine der prägendsten Erfahrungen der neueren Zeit. Die eigene Stellung gegenüber dem Westen wurde so zu einem wesentlichen Thema ihres Denkens[462].

Zunächst wurde das Problem ungleicher Entwicklung und zunehmenden Machtgefälles – verständlicherweise – nicht in seiner wahren Dimension erkannt. Man suchte durch Modernisierung der Militärtechnik und der Ausbildung, vor allem der Offiziere, zu helfen, so schon der Sultan der Osmanen Selim III. (1761–1809, Regierungszeit 1789–1807), der mit französischer Hilfe eine moderne Berufsarmee schuf und darüber stürzte. Dies hinderte seinen Nachfolger Mahmud II. (1784–1839) aber nicht, die Modernisierung des Landes fortzuführen und auf weitere Bereiche auszudehnen – ein Weg, den gleichzeitig auch der ägyptische Vizekönig Mehmed Ali (1789–1849) mit großer Entschlossenheit ging. Auch die folgenden Sultane (Abdulmecid I., Abdulaziz und anfänglich Abdulhamid II.) setzten den Modernisierungskurs fort. Unter den Beratern der Sultane, die diese Entwicklung nachhaltig förderten, muß Reshid Pascha (1802–1858) an erster Stelle genannt werden. Die Politik der erwähnten Männer hatte gute Erfolge, und es entstand im Osmanischen Reich eine allmählich wachsende, aber insgesamt doch sehr kleine Schicht von Beamten, Offizieren und Lehrern, die sich die Orientierung am Westen zu eigen machte. Das große

460 Mario Vargas Llosa, Gegen Wind und Wetter, Literatur und Politik, Frankfurt/M. 1988, S. 223.

461 Zu beiden Autoren und zu anderen Liberalen Nikolaus Werz, Das neuere politische Denken in Lateinamerika (Anm. 452), S. 318.

462 Rudolph Peters, Erneuerungsbewegungen im Islam vom 18. bis zum 20. Jahrhundert und die Rolle des Islam in der neueren Geschichte: Antikolonialismus und Nationalismus, in: Werner Ende/Udo Steinbach (Hrsg.), Der Islam in der Gegenwart, München 1984, S. 91–131, hier: S. 105.

Problem des Machtunterschiedes zwischen dem Westen und dem Orient wurde damit aber in keiner Weise gelöst, ja, der Abstand wuchs.

So stellten sich zwei Möglichkeiten. Man konnte entweder den Weg der Verwestlichung konsequent weitergehen, durch völlige Anpassung neue Stärke zu erlangen versuchen, oder man konnte sich bemühen, durch Rückgang auf die Fundamente des eigenen Kulturkreises genügend Abwehrkräfte zu entwickeln, um die Identität bewahren zu können, den Islam also zu reformieren, um die muslimische Gesellschaft zu stärken. Mit dieser Option war eine fortdauernde äußere Modernisierung nach westlichem Muster durchaus vereinbar. Beides zusammen, Rückbesinnung und weitere Übernahme moderner Technik, würden, so war zu hoffen, das Ungleichgewicht beseitigen.

10.2.1 Mustafa Kemal »Atatürk«

Den ersten Weg wählte Mustafa Kemal (1881–1938), der später (1935) den Beinamen Atatürk, Vater der Türkei, annahm. Sein Kurs ging als *Kemalismus* in die Geschichte ein. Mustafa Kemal war »einer der ersten und auffallendsten nationalen Führungspersönlichkeiten der ›Dritten Welt‹«, sein Leitbild waren die westeuropäischen bürgerlichen Gesellschaften[463]. Er kam aus beengten Verhältnissen, verlor früh seinen Vater und trat in die Militärschule seiner Heimatstadt Saloniki ein. Bei Abschluß seiner Ausbildung erwarb er den Generalstabsrang, erwies sich also als sehr befähigt. Früh beschäftigte er sich mit sozialen und politischen Problemen. Die Publizistik der im Exil lebenden liberalen Jungtürken verfolgte er mit Aufmerksamkeit. Hier ging es darum, in den Türken das Bewußtsein dafür zu wecken, daß sie gleichzeitig Glieder der türkischen Nation, der mohammedanischen Völkerfamilie und der europäischen Zivilisation sein müßten. Über die Schriften des Soziologen Ziva Gülkop erhielt Kemal Kenntnis von europäischer Soziologie (Durkheim, Tönnies). Im Ersten Weltkrieg machte er sich bei der Verteidigung der Dardanellen einen weithin bekannten Namen und legte damit die Basis für das Charisma, das er in den zwanziger und dreißiger Jahren genoß. Für seine Verdienste wurde er in den Generalsrang befördert. Den Waffenstillstand 1918 kritisierte er, wurde deshalb abberufen, schied aus dem Dienst und ging nach Anatolien.

Von Anatolien aus begann Kemal im Sommer 1919 einen auf das Prinzip der Volkssouveränität gestützten demokratischen Nationalstaat zu schaffen. Er verzichtete dabei auf die arabischen Provinzen, die nach Wilsons *14 Punkten* und den Entscheidungen der Alliierten schlechthin nicht bewahrt werden konnten. Eine Absage erteilte er den islamischen Pan-Ideen, die in der zweiten Hälfte des 19. Jahr-

---

463 Nermin Abadan, Mustafa Kemal Atatürk (1881–1938), in Rolf K. Hočevar/Hans Maier/Paul Ludwig Weinacht (Hrsg.), Politiker des 20. Jahrhunderts. Erster Band. Die Epoche der Weltkriege, München 1970, S. 143–155, hier: S. 143; Bernd Rill, Kemal Atatürk, Reinbek 1985; Akil Aksan (Hrsg.), Mustafa Kemal Atatürk. Aus Reden und Gesprächen, Heidelberg 1981; Türkische Unesco-Kommission (Hrsg.), Atatürk. Sein Leben und seine Werke, Ankara 1981. – Ausführlicher Rechenschaftsbericht über die ersten Jahre: Gasa Mustafa Kemal Pascha, Die neue Türkei 1919–1927. Rede ... gehalten in Angora vom 15. bis 20. Oktober vor den Abgeordneten der Republikanischen Volkspartei, 2 Bde., Leipzig 1928.

hunderts in Reaktion auf den europäischen Druck von einzelnen Intellektuellen entwickelt worden waren und bald einige Resonanz gefunden hatten. Auch den *Turanismus* nahm er nicht auf[464]. Kemal konnte sich gegen den Sultan und dessen Schutzmacht England durchsetzen, die griechische Invasion besiegen und (1923) einen neuen Friedensvertrag erreichen. Jetzt wurde die Republik proklamiert, nachdem schon 1920 die Große Nationalversammlung als einzige Quelle allen Rechts gewählt und einberufen worden war. Bei der Popularisierung seiner Ideen in der weitgehend desinteressierten Landbevölkerung bediente Kemal sich vor allem des öffentlichen Dienstes. Der Krieg gegen die Griechen hatte starke integrierende Kraft und erwies sich damit als kräftiger Werber für den Kemalismus. Die Verquickung von zivilem und militärischem Bereich hielt Kemal für falsch; er wandte sich, als erster türkischer Staatspräsident, ganz der zivilen Seite zu.

Das Konzept eines Nationalstaats – wie es Kemal verfolgte – ist dem islamischen Rechtsdenken fremd, »da dieses die islamische Ökumene als politische Einheit begreift, ohne auf ethnische Unterteilung Rücksicht zu nehmen«[465]. Das Ziel Atatürks war daher revolutionär. Ebenso umstürzend war seine Forderung, daß die neue Türkei schließlich völlig laizistisch sein müsse. Er war der Überzeugung, daß der Islam die entscheidende Ursache für die türkische Rückständigkeit und damit für den Niedergang der einstigen osmanischen Großmacht sei. Denn hatte nicht die Geistlichkeit sich immer wieder gegen die westlichen Einflüsse gewandt? Sultanat und Kalifat wurden sogleich abgeschafft, die Theologenschulen (*medrese*) geschlossen, der öffentliche Religionsunterricht zwischen 1924 und 1938 aufgehoben, zuletzt an den ländlichen Volksschulen.

Auch dem »Volksislam« wurde entgegengewirkt. Der islamische wurde durch den europäischen Kalender, die arabische durch eine modifizierte lateinische Schrift ersetzt, der Sonntag als wöchentlicher Ruhetag eingeführt, das Tragen geistlicher Kleidung und religiöser Abzeichen in der Öffentlichkeit verboten. Auch mußten sich die Türken nach westlichem Vorbild Familiennamen beilegen. Das islamische Recht wurde schon in der zweiten Hälfte der zwanziger Jahre durch Übernahme schweizerischen, deutschen und italienischen Rechts abgelöst. 1934 erhielten die Frauen auch gleiche politische Rechte. In knapp 15 Jahren wurde so eine Kulturrevolution von oben durchgeführt, der Islam aus der Öffentlichkeit verbannt, was natürlich nicht hieß, daß er auch aus dem Bewußtsein verdrängt worden wäre. Wie langsam sich Veränderungen von Mentalitäten und sozialen Strukturen vollziehen, war Atatürk wohl nicht bewußt. Er hing dem Positivismus an und hielt es für ausreichend, eine Frage rechtlich zu normieren.

Die Formierung einer konservativen Opposition *(Zweite Gruppe)* veranlaßte Atatürk 1924 zur Gründung der *Republikanischen Volkspartei.* Er legte sie auf sechs Grundprinzipien fest: auf Republikanismus, Nationalismus, Populismus, Etatismus,

---

464 Johannes Reissner, Internationale islamische Organisationen, in: Werner Ende/Udo Steinbach (Hrsg.), Der Islam in der Gegenwart (Anm. 462), S. 539–547, besonders S. 539–541. Der Turanismus entstand im Ersten Weltkrieg und wollte den Zusammenschluß der türkischen mit den ural-altaischen Völkern von Ungarn bis Asien, vgl. Uriel Heyd, Foundations of Turkish Nationalism, London 1950.

465 Karl Binswanger, Türkei, in: Werner Ende/Udo Steinbach (Hrsg.), Der Islam in der Gegenwart (Anm. 462), S. 212–220, hier: S. 213.

Säkularismus und Reformismus; diese Prinzipien erhielten später Verfassungsrang[466]. Dabei wurde Populismus verstanden als Prinzip der Einheit des Volkes; das Ziel war hier eine klassenlose Gesellschaft, in der nur durch gemeinsame Interessen verbundene Berufsgruppen bestehen sollten. Der Etatismus beinhaltete den wirtschaftlich lenkenden Eingriff des Staates, um der Rückständigkeit des Landes abzuhelfen. Der Staat solle allerdings darauf verzichten, selbst als Unternehmer tätig zu sein, und nach Möglichkeit nur die private Initiative ermuntern. Der Etatismus beruhe auf »der Basis der Privatinitiative und der persönlichen Interessen der Individuen« und »auf dem Grundsatz, daß zur Zufriedenstellung der Nation und des Landes der Staat verpflichtet ist, die Volkswirtschaft zu fördern«[467]. Von einer umfassenden Wirtschaftsbürokratie wollte Atatürk nichts wissen, und zum Sozialismus zog er einen dicken Trennungsstrich. Im übrigen war die Wirtschaftspolitik pragmatisch. Atatürk wollte die Unabhängigkeit der Türkei in allen Bereichen, also auch auf ökonomischem Felde; unter dieser Bedingung akzeptierte er selbstverständlich ausländische Investitionen und Anleihen.

Trotz der Opposition konnte Atatürk die Normierung der Verwestlichung ungestört vornehmen. Wesentlichen Anteil an diesem ruhigen Verlauf hatte es, daß er trotz seiner demokratischen Auffassungen die neue Türkei schnell zu einem Einparteienstaat machte und seine Gegner, darunter viele Mitarbeiter der Anfangszeit, niederhielt. Sein autoritäres System hatte indessen eine gewisse Altmodischkeit. Zwar waren die politischen Freiheitsrechte eingeengt, und es gab bei den Wahlen keine Alternative, aber die *Republikanische Volkspartei* war mit den anderen Staatsparteien der Zeit nicht vergleichbar. Sie war nicht straff organisiert, sondern beruhte fast noch auf dem Notabelnprinzip: Der Beitritt war frei, die Disziplin wenig ausgeprägt, ein gewisses Maß an innerparteilicher Demokratie gegeben. Ihre Prinzipien wurden nicht zu einer geschlossenen Ideologie ausgebaut, und vor allem wurden die demokratischen Anfänge nicht vergessen. Insofern war das System ein Interim. Atatürk blieb immer bewußt, daß mehrere Parteien der bessere Zustand seien. Wiederholt versuchte er, eine zweite Partei zu schaffen, allerdings mit der Maßgabe, daß auch sie liberalen Prinzipien verpflichtet sein müsse. Da sich hier sogleich konservative Kräfte sammelten, wurden die Experimente schnell wieder abgebrochen[468]. Atatürks Staat war der klassische Fall einer Entwicklungsdiktatur. Zwar blieb die Türkei nach seinem Tode dem Kemalismus verpflichtet, aber die laizistische Haltung, die Atatürk für richtig gehalten hatte, wurde schon wenige Jahre später modifiziert. Ebenso wurde das Zweiparteiensystem eingeführt.

10.2.2 Saiyid Ahmad Khan

Der erste führende Vertreter einer weitgehenden Anpassung an den Westen im indischen Islam war der Jurist Saiyid Ahmad Khan (1817–1898). Aus der Erhebung von 1857, bei der er auf Seiten der Briten stand, zog er den Schluß, daß die Zukunft der Inder mit der Besatzungsmacht, nicht gegen sie gesucht werden müsse. Diesen

---

466 Nermin Abadan, Mustafa Kemal Atatürk (Anm. 463), S. 152.
467 So Atatürk 1935, zitiert ebd., S. 153f.
468 Maurice Duverger, Die politischen Parteien (Anm. 107), S. 286–288.

Gedanken machte er in der Folge in vielen Veröffentlichungen literarisch geltend. Nach einem England-Aufenthalt 1869/70 ging Ahmad Khan weiter. Die Eindrücke in Europa hatten offenbar wie ein Kulturschock auf ihn gewirkt. Er meinte jetzt, daß sich selbst hochgestellte Inder »im Vergleich mit den Engländern an Bildung, Sitten und Aufrichtigkeit wie ein schmutziges Tier zu einem tüchtigen und stattlichen Menschen« verhielten, empfand den kulturellen Unterschied also als gewaltig[469]. Daher riet er seinen Landsleuten, die westliche Kultur anzunehmen. In diesem Sinne setzte er sein publizistisches Wirken fort und bemühte sich zudem mit Erfolg um die Errichtung einer Hochschule für Muslime nach britischem Vorbild. So sehr Ahmad Khan auch für die Verwestlichung eintrat, so sollte sie doch nicht so weit gehen, daß für die Religion nur noch ein Platz am Rande blieb. Er wollte den Islam vielmehr in Übereinklang mit den modernen Erkenntnissen bringen und ihn dadurch für die gebildeten jungen Muslime akzeptabel machen. So legte er den Koran und die *Hadithe*, die Überlieferungen von Handlungen, Worten und Lehren des Propheten, im Lichte des Rationalismus aus und zweifelte im übrigen die Echtheit sehr vieler *Hadithe* an. Zahlreiche Vorwürfe, die dem Islam von Europäern gemacht wurden, suchte er auszuräumen.

Ausführlich setzte sich Ahmad Khan mit dem Problem des *Dschihad* (des Heiligen Krieges) auseinander. Er lehrte, daß der Muslim nur dann zur Teilnahme an diesem Krieg verpflichtet sei, wenn er in seiner Glaubensausübung unterdrückt werde. Die einfache Tatsache, unter nichtmuslimischer Herrschaft leben zu müssen, verpflichte noch nicht zum *Dschihad*. Damit wies Ahmad Khan Religion und Politik prinzipiell verschiedenen Bereichen zu und verfocht eine dem Islam fremde Ansicht. Die Vielehe erklärte er nur im Ausnahmefall für zulässig, den Erwerb von Sklaven bezeichnete er als unstatthaft, das islamische Strafrecht suchte er zu humanisieren. Ahmad Khan war ein angesehener Muslim-Führer, aber sein Einfluß war naturgemäß auf die gebildeten Schichten begrenzt und nahm mit wachsendem Nationalismus auch dort ab. In aller Regel wurde von den Sprechern der Entwicklungsländer nicht der Weg einer möglichst weitgehenden Verwestlichung gewählt, sondern der zweite, der einer Kultursynthese. Als Beleg müßte hier eine lange Reihe von Namen angeführt werden. An dieser Stelle können jedoch nur wenige hervorragende Persönlichkeiten genannt werden.

10.2.3 Jamal-ad-Din al-Afghani

Mehr politischer Praktiker und Tagesjournalist als systematischer Denker war Jamal-ad-Din al-Afghani (1839–1897), der nach seiner – wohl zur Verschleierung der schiitischen Herkunft gewählten – Selbstbezeichnung aus Afghanistan kam, tatsächlich aber aus dem Iran stammte[470]. Er führte ein unstetes Wanderleben in vielen islamischen Staaten und war wiederholt auch in Europa. Die siebziger Jahre verbrachte er in Ägypten. Dies war eine Zeit, die ihn besonders prägte. Das unmittel-

469 Rudolph Peters, Erneuerungsbewegungen im Islam (Anm. 462), S. 112–116, hier: S. 113.
470 Ebd., S. 116–121. Ausführlich Hani Srour, Die Staats- und Gesellschaftstheorie des Sayyid Gamaladdin »Al-Afghani« als Beitrag zur Reform der islamischen Gesellschaften in der zweiten Hälfte des 19. Jahrhunderts, Freiburg/Br. 1977.

bare Erleben des starken europäischen Einflusses in diesem Lande steigerte seine wohl durch das Erlebnis des Aufstands von 1857 geweckte antiimperialistische Stimmung nachhaltig. Unermüdlich bekämpfte er den wachsenden ökonomischen Einfluß Europas in den islamischen Ländern. Eine sinnvolle Antwort darauf schien ihm der Pan-Islamismus zu sein, für den er mit Hingabe warb. Die Muslime dürften jedoch nicht im Traditionalismus befangen bleiben. Jamal-ad-Din plädierte dafür, aus Europa wissenschaftliche Erkenntnisse, technische Neuerungen und institutionelle Strukturen zu übernehmen, soweit das dienlich war, also nicht in blinder Nachahmung. Auch er sah, wie Ahmad Khan, den Islam als vernunftbetonte Religion an, die von verfremdenden Überwucherungen gereinigt werden müsse. Er rief die Muslime zur Aktivität auf, wies darauf hin, daß das Zurückstehen hinter Europa durchaus nicht gottgewollt sei, und erinnerte daran, daß die Europäer im Mittelalter über arabische Vermittlung von den Muslimen sehr viele Erkenntnisse und Fähigkeiten gewonnen hätten. Den von ihm propagierten Pan-Islamismus verstand er nicht primär politisch. Es gehe nicht um einen äußeren Zusammenschluß, sondern um die Einheit der Gesinnung und daraus folgend die Gemeinsamkeit des Handelns. Sein Einfluß auf die »jüngere Generation reformorientierter muslimischer Intellektueller« war groß; »ihnen zeigte er, daß der Islam zu Wandel und Entwicklung fähig sei, mehr noch, er öffnete ihnen die Augen für die Gefahren des europäischen Kolonialismus«[471]. Insofern kann seine Bedeutung gar nicht überschätzt werden.

Sein wichtigster Schüler war der Ägypter Muhammad 'Abduh (1849–1905), zunächst Lehrer an der al-Azhar-Universität, dann Richter, schließlich Mufti, staatlicher Gutachter in Fragen des religiösen Rechts. Seitdem er Ende 1884, nach kurzer Ausweisung, nach Ägypten hatte zurückkehren können, widmete er seine Kraft der Reform des Bildungswesens und der Schariatsgerichte. Auch er strebte nach einem gereinigten Islam und wandte sich deshalb gegen falsche Glaubensinhalte und unbegründete Glaubenspraktiken. Durch die Erneuerung sollten die Muslime fähig werden, ihre Stellung zu verbessern. Mit Sorge sah er die große Diskrepanz zwischen der Masse der Bevölkerung und der kleinen europäisierten Elite. Er suchte nach Möglichkeiten, diese Kluft zu überbrücken. Das entscheidende Mittel dabei schien ihm zu sein, dem Islam eine Auslegung zu geben, die es auch der Elite erlaubte, sich weiter an die Religion zu halten. Auch Muhammad 'Abduh war Rationalist[472].

10.2.4 Arabischer Nationalismus

Der intellektuelle Einfluß der islamischen Modernisten war beachtlich. Für die konkrete Politik war jedoch ein stark westlich geprägter arabischer Nationalismus zunächst wichtiger[473]. Diese Strömung wurzelte nicht im Islam, sondern im orientalischen Christentum. In Syrien hatte Mehmed Ali während der kurzen Zugehörigkeit

471 Rudolph Peters, Erneuerungsbewegungen im Islam (Anm. 462), S. 12.
472 Ebd., S. 121–126.
473 Theodor Hanf, Arabismus und Islamismus. Der säkularisierte arabische Nationalismus im Vorderen Orient vor der Herausforderung des islamischen politischen Revivalismus, in: Heinrich August Winkler (Hrsg.), Nationalismus in der Welt von heute, Göttingen 1982, S. 157–176.

des Landes zu Agypten 1833/40 die Gleichstellung der Christen und Juden mit der muslimischen Bevölkerung angeordnet und ihre Stellung damit erheblich verbessert. Der Libanon erhielt 1840 bei der Rückgabe Syriens an das Osmanische Reich eine Sonderstellung, die 1860 noch verstärkt wurde. Beirut wurde zum Eingangstor westlicher Ideen und westlicher Bildung. Von hier aus entwickelte sich in steter Auseinandersetzung mit den Türken ein arabischer Nationalismus, der schließlich auch über die Christen hinaus bei säkularisierten Muslimen Anklang fand. 1904 wurde im Pariser Exil die *Ligue de la Patrie arabe* gegründet, die wenig später mit ihrer Zeitschrift *L'Indépendence Arabe* an die Öffentlichkeit trat. Das Ziel war ein nach westlichem Vorbild eingerichteter, mit westlichen politischen Institutionen ausgestatteter arabischer Nationalstaat. Die auf Frankreich und England gesetzten Hoffnungen erfüllten sich bei Ende des Ersten Weltkrieges aber nicht. Statt der Entlassung in die Unabhängigkeit wurde in der Region mit der Mandatsherrschaft nur eine Variante des Kolonialismus errichtet, und statt der Einheit wurde eine Mehrzahl von Territorien geschaffen.

10.2.4.1 Sati al-Husri

Das bewirkte eine gründliche Umorientierung des säkularisierten Nationalismus. Die Unabhängigkeit in Einheit blieb das Ziel, aber die Orientierung vor allem an der Dritten Republik Frankreichs trat zurück. Nun wurden romantische, völkische, reaktionäre und aggressive Elemente in die Ideenwelt der Nationalisten eingebaut. Hauptvermittler dieser Vorstellungen war der aus dem Jemen stammende, im Irak tätige Sati al-Husri (1882–1968), ein Naturwissenschaftler und Lehrer, der während seiner Ausbildung in Frankreich, der Schweiz und Belgien gewesen war. Er entlehnte dem deutschen Geistesleben Gedanken von Johann Gottfried Herder, Johann Gottlieb Fichte und Ernst Moritz Arndt, griff aber ebenso auf den österreichischen Alldeutschen Georg von Schönerer zurück, bei dem sich auch der junge Hitler Anregungen geholt hatte. Seine völkisch-nationalistische Konzeption der arabischen Nation trug Husri – der sich selbst als arabischer Fichte, als Nationalpädagoge sah – in einer Vielzahl von Veröffentlichungen vor. Er hatte damit großen Einfluß, prägte den Nationalismus seiner Landsleute tief und kann in seiner Bedeutung deshalb kaum überschätzt werden. Als Erziehungsfunktionär verschiedener arabischer Staaten und schließlich der Arabischen Liga hatte er zusätzliche Wirkungsmöglichkeiten. Ägypten bezog er voll in seine Überlegungen mit ein und förderte so die Bereitschaft der Araber, auch dieses Land als arabischen Staat zu verstehen. Mit dem Verblassen der Faszination Frankreichs und dem starken Hervortreten des völkischen Elements ging auch die Ausrichtung auf eine liberaldemokratische Struktur des politischen Lebens zurück. Für die Nationalisten dieser Generation wurde es »gleichgültig, ob die proklamierte nationale Einheit der Araber im Rahmen eines demokratischen Staates oder einer Militärdiktatur« zustande kam[474].

Ägypten wurde 1922 unabhängig, aber britische Truppen blieben bis 1936 im Land. Der Irak erhielt 1932 volle Souveränität, Syrien, der Libanon und Jordanien

---

474 Bassam Tibi, Nationalismus in der Dritten Welt am arabischen Beispiel, Frankfurt/M. 1971, S. 105; Besprechung der Ansichten Husris dort S. 106–125.

erreichten diesen Status erst 1944–1946 im Gefolge des Zweiten Weltkrieges. Eine als äußerst schmerzlich empfundene Erfahrung machten die Araber 1948. Die Gründung Israels und die Niederlage in einem anschließend gegen diesen unerwünschten Staat geführten Krieg verstärkten die Überzeugung, daß die Existenz arabischer Einzelstaaten den wahren Bedürfnissen der Nation nicht entspreche. Durch die neuerliche Niederlage 1956 wurde dieses Gefühl weiter gekräftigt. Der Arabismus genoß jetzt weiteste Zustimmung. Zu einer unbestrittenen Symbolfigur wurde der Ägypter Gamal Abdel Nasser Husain (1918–1970).

10.2.4.2 Gamal Abdel Nasser Husain

Nasser begann als ägyptischer Nationalist. Er schlug die Offizierslaufbahn ein (1936 Eintritt in die Militärakademie) und entfaltete schon in sehr jungen Jahren politische Aktivitäten. Leitlinie dabei war eine ausgesprochen antibritische Einstellung und, damit korrespondierend, während des Krieges Sympathie für Deutschland. Er wollte die »Ehre des Landes retten« und den Ruhm der Nation wiederherstellen[475]. Der Panarabismus stand noch im Hintergrund. Am Zustandekommen des geheimen *Bundes der Freien Offiziere* (1949) hatte er führenden Anteil. Diese Gruppe stürzte 1952 in einer unblutigen Revolution den König, ohne ein konsistentes Konzept für das neue Ägypten zu haben. Die Parole der Revolution war »Einheit, Disziplin, Arbeit«[476]. Nasser und seine Mitverschwörer gingen sogleich auf autoritären Kurs. Die Parteien und die fundamentalistische *Muslim-Brüderschaft* wurden verboten, die öffentliche Meinung kontrolliert und gelenkt, Streiks unterdrückt. Durch eine Agrarreform wurde die bis dahin sehr einflußreiche Schicht der Großgrundbesitzer entmachtet, sonst aber wurde in die Wirtschaft wenig eingegriffen. Nasser stieg im Herbst 1954 zum Staatspräsidenten auf und wurde zum unbestrittenen und charismatischen Führer der Nation mit großer Popularität auch in anderen arabischen Staaten; ein fehlgeschlagenes Attentat auf ihn förderte seine Beliebtheit bei den Massen.

1957 erklärte Nasser den demokratischen und kooperativen Sozialismus offiziell zum Leitwert des Staates und seiner Politik. In einer manifestartigen gleichzeitigen Schrift suchte er die *Philosophie der Revolution* zu entfalten. Auf den Komplex Sozialismus ging er dabei freilich noch nicht ein. In der Anfangsphase seiner Herrschaft über Ägypten stand der Nationalismus ganz eindeutig im Vordergrund. Die vorgenommenen Verstaatlichungen waren gegen ausländische Wirtschaftsmacht gerichtet, mit der zum Teil ja auch politischer Einfluß verbunden war. Das galt namentlich für den Suezkanal. Die Verstaatlichung dieser wichtigen Wasserstraße (1956) machte Nasser zum Heros der arabischen Welt. Sein Prestige steigerte sich noch, als Anfang 1958 der Zusammenschluß Ägyptens und Syriens zur Vereinigten

---

475 Die Arabische Revolution. Nasser über seine Politik, hrsg. und kommentiert von Fritz René Allemann, Frankfurt/M. 1958, S. 14; Jean Lacouture, Nasser, Paris 1971; N. Rejwan, Nasserist Ideology. Its Exponents and Crisis, New York 1974; Stefan Wild, Gamal Abdel Nasser, in Rolf K. Hočevar/Hans Maier/Paul Ludwig Weinacht (Hrsg.), Politiker des 20. Jahrhunderts (Anm. 463), S. 113–129.

476 Fritz René Allemann (Hrsg.), Die Arabische Revolution. Nasser über seine Politik (Anm. 475), S. 19.

Arabischen Republik (VAR) bekanntgegeben werden konnte; der Jemen assoziierte sich wenig später in loser Form. Jetzt stand Nasser auf dem Gipfel seiner Popularität. Die Schaffung der VAR war allerdings nicht so sehr auf sein Betreiben, sondern auf Drängen des syrischen Präsidenten zustandegekommen, der sich mit diesem Schritt der Konkurrenz der Kommunisten entledigen wollte; sie wurde zur Wende in Nassers Außenpolitik. Der Griff nach dem Libanon führte zu schweren internationalen Spannungen, das Mißtrauen der konservativeren arabischen Staaten gegenüber Nasser wuchs kräftig an. Es wurde deutlich, daß Panarabismus für die einzelnen Regierungen so lange ein leeres Wort blieb, wie nicht sie selbst den Kurs bestimmen konnten. Den Sturz der Monarchie im Irak begrüßte Nasser mit Hoffnungen, bis sich erwies, daß der neue irakische Machthaber General Abd el-Kerin Kassem ein ernsthafter Rivale um die arabische Führungsrolle war. Auch die großen Verschiedenheiten in den beiden Teilen der VAR warfen schwere Probleme auf, so daß der Verband schon 1961 wieder gelöst werden mußte.

Fortan konzentrierte Nasser sich viel stärker auf die Innenpolitik. Ab 1960 wurden Nationalisierungen und staatliche Zwangsverwaltungsmaßnahmen vorgenommen. 1962 legte er der Nationalversammlung das »Projekt der Nationalen Charta« vor, in der der Sozialismus im logischen Anschluß an den seit 1960 gesteuerten Kurs nun deutlich betont wurde. »Der Weg zur gesellschaftlichen Freiheit ist der Sozialismus«, hieß es nun, und als Sinn der Revolution von 1952 wurde es bezeichnet, eine »sozialistische, demokratische und kooperative Gesellschaft« zu schaffen[477]. Nasser betonte aber ausdrücklich, daß es sich dabei um einen besonderen, nationalen, eben den arabischen Sozialismus handle, der mit dem Islam wohl vereinbar sei.

Über das Verhältnis von Sozialismus und Islam war seit den zwanziger Jahren eine ständig breiter werdende Diskussion geführt worden[478]. Schon al Afghani hatte Ende des 19. Jahrhunderts eine Schrift zu diesem Thema verfaßt, die allerdings erst lange nach seinem Tode, 1931, veröffentlicht wurde. Der Autor wies darin darauf hin, daß die Armen ein moralisch begründetes Recht auf Teilhabe am Wohlstand hätten. Die erste ausführliche Auseinandersetzung mit dem Problem leitstete der Syrer Muhsin al-Barazi mit seiner Pariser Dissertation *Islamisme et Socialisme* (1929). Der Verfasser kam zu dem Befund, daß beide unvereinbar seien, daß aber auch der Islam das soziale Wohl der muslimischen Gemeinde anstrebe. Er sah die Wirtschafts- und Soziallehre des Islam als dritten Weg zwischen Kapitalismus und Sozialismus[479].

Andere Teilnehmer an der Debatte propagierten den Genossenschaftsgedanken, so Yahia ad-Dardiri, der sich dabei auf die in Deutschland 80 Jahre zuvor entwickelte Konzeption Friedrich Wilhelm Raiffeisens berief, aber auch Charles Fourier als Zeugen anführte. Als die syrischen *Muslim-Brüder* 1949 die islamische *Sozialistische Front* gründeten, damit aber keinen Sozialismus im westlichen Sinne meinten, sondern an einzelne sozialpolitische Maßnahmen dachten, gewann der Ausdruck Sozialismus auch bei den glaubenstreuen Muslimen Akzeptanz – wie sie die rein westliche Auffassung des Wortes in säkularisierten Kreisen teilweise schon hatte.

---

477 Zitiert bei Stefan Wild, Gamal Abdel Nasser (Anm. 475), S. 124.

478 Johannes Reissner, Die Innerislamische Diskussion zur modernen Wirtschafts- und Sozialordnung, in: Werner Ende/Udo Steinbach (Hrsg.), Der Islam in der Gegenwart (Anm. 462), S. 155–169, besonders S. 156–160.

479 Englische Übersetzung der Schrift al-Afghanis bei S. A. Hanna/G. A. Gardner, Arabian Socialism, a Documentary Survey, Leiden 1969, S. 266–274.

Dazu trug das Buch des Syrers Mustafa as-Sibai *Der Sozialismus des Islams* (1959) viel bei. Auch auf diese Schrift berief sich Nasser; er hatte in jungen Jahren zeitweilig den *Muslim-Brüdern* angehört.

Mit seiner Abhandlung *Die Ordnung des Islam* gab schließlich 1972 Muhammad al-Mubarak, ein syrischer Muslimbruder, eine übersichtliche Darstellung des ganzen Komplexes. Berührungspunkte mit der christlichen Soziallehre, wie sie seit Ketteler ausgebaut wurde, sind dabei unverkennbar. Mubarak unterstrich, daß der Mensch Stellvertreter Gottes auf Erden sei und daß die Erde mit ihrem Reichtum ihm dienen solle. Der Sinn aller wirtschaftlichen Aktivität sei es, den eigenen Lebensunterhalt zu erarbeiten, damit der Mensch Gott durch gute Taten und Hilfe für die Mitmenschen danken und ihn damit zufriedenstellen könne. Es gehe nicht um das Wohl einzelner Menschen oder auch ganzer Klassen, sondern um die Harmonie der gesamten Gesellschaft. Die Menschen hätten in gegenseitiger sozialer Verantwortung zu leben. Ein Ausgleich zwischen arm und reich sei zu bewerkstelligen. Die Schaffung völliger ökonomischer Gleichheit wurde aber ebenso zurückgewiesen wie die Anhäufung allzu großen Reichtums. Der Staat habe die Aufgabe, dafür zu sorgen, daß die Wirtschaft innerhalb dieser Grenzen frei funktioniere. Ihm sei die Sorge zugewiesen, daß in den ökonomischen Beziehungen Gerechtigkeit bestehe, daß Besitz überhaupt rechtmäßig verwendet werde. Gegebenenfalls müsse der Staat auch eingreifen.

Die ägyptische Verfassung sah zwar eine Volksvertretung vor, zunächst blieben Legislative und Exekutive aber beim Ministerrat vereinigt. 1964 wurde auf der Basis der Nationalen Charta eine neue Verfassung erlassen, die dem Präsidenten starke Rechte gab (ein Veto gegen Gesetzesbeschlüsse der Nationalversammlung, das mit Zweidrittel-Mehrheit überwunden werden muß; gesetzesvertretende Verordnungen bei Nicht-Versammeltsein des Parlaments) und Ägypten zum Einparteienstaat machte, zugleich aber proklamierte, es handle sich um einen demokratischen Staat. Das wurde nicht als Widerspruch empfunden. Die autoritäre Struktur war historisch verwurzelt; die Machtfülle der Oberhäupter in den arabischen Staaten entsprach der Tradition. »Die islamische ›Gemeinde‹ und der islamische Staat sind stets von einem Herrscher mit absoluten Vollmachten angeführt worden, der nur seinem Gewissen verpflichtet war, das sich an dem religiösen Gesetz orientierte.« Beratende Gremien konnten in dieses System eingebaut werden, aber doch nicht so, daß daraus eine institutionalisierte Opposition erwuchs. Das Staatsoberhaupt hat – in den arabischen Monarchien, abgeschwächt in den Republiken – »eine nahezu charismatische Aura« und eine weitgehende Machtfülle[480]. Das demokratische Moment wurde primär in der Gleichheit aller Gläubigen und in der Toleranz des Islam gesehen. Äußere Verfassungsformen und mentale Strukturen wichen damit noch beträchtlich voneinander ab. Die allmähliche Entwicklung zu einem westeuropäischen Verständnis ist aber auf dem Wege, wie sich am Beispiel Ägyptens gut ablesen läßt. Dort ließ Nassers Mitstreiter und Nachfolger Anwar as-Sadat (1918–1981) 1976/77 das Mehrparteiensystem wieder zu, so daß sich ein differenziertes politisches Spektrum entfalten konnte, wenn auch die Nationaldemokratische Partei, die Erbin der alten Staatspartei, die stärkste und bestimmende Kraft blieb. Nach der Ermordung Sadats steuerte dessen Nachfolger Husni Mubarak nur vorübergehend einen restriktiveren Kurs.

---

480 Udo Steinbach, Vom islamisch-westlichen Kompromiß zur »Re-Islamisierung«, in: Werner Ende/Udo Steinbach (Hrsg.), Der Islam in der Gegenwart (Anm. 462), S. 198–211, hier: S. 202f.

10.2.5 Islamischer Fundamentalismus

Die Staatsideologie Saudi-Arabiens ist das Wahhabitentum. Diese puritanische Lehre geht auf Muhammad ibn Abd al-Wahhab (1703/04–1792) zurück. Abd al-Wahhab war ein äußerst strenger Verfechter des Monotheismus. Alles, was damit nicht in Einklang zu bringen sei, so die Verehrung Mohammeds, von Heiligen, Gräbern, Reliquien, sollte aus dem religiösen Leben wieder ausgemerzt, jedermann, der sich solcher Handlungen schuldig mache, sollte als ungläubig betrachtet und mit Krieg überzogen, der reine Islam dadurch wiederhergestellt werden. Dem Koran und der *Sunna* – der an Worte oder Taten des Propheten anknüpfenden, in einer umfangreichen Sammlung verwahrten Überlieferung, die dann als Gesetz gilt, wenn der Koran sich nicht oder unklar ausspricht – sei strikt zu folgen. Damit wurde *ijtihad*, die auf Vernunft gegründete selbständige Wahrheitsfindung, für Rechtsgelehrte mit genügender Vorbildung allerdings nicht ausgeschlossen, so daß eine Diskussion und damit eine gedankliche Fortentwicklung durchaus möglich blieben. Es gelang Abd al-Wahhab, den Herrscher von Da'rija im Nedschd, Muhammed ibn Sa'ud, für seine Auffassung zu gewinnen. Gestützt auf die Dynamik, die der Rigorismus des Wahhabitentums enthielt, konnte die Dynastie Sa'ud ihren Machtbereich in der Folge erheblich ausweiten und, nach Rückschlägen im 19. Jahrhundert, seit 1919 ganz Mittel- und Nordarabien unter ihre Herrschaft bringen[481].

10.2.5.1 Die Muslim-Brüderschaft

Bedeutenden Einfluß auf die Fortführung dieses Fundamentalismus hatte im 20. Jahrhundert Rashid Rida (1865–1935). Er griff in die gegen Mitte der zwanziger Jahre um Beseitigung oder Wiedererrichtung des Kalifats geführte Auseinandersetzung mit der Forderung ein, es müsse ein neuer Kalif bestellt werden. An Rashid Rida knüpfte die in Ägypten 1928 ins Leben getretene *Muslim-Bruderschaft* an, die älteste und größte Organisation der Fundamentalisten. Ihr Gründer war der Lehrer Hasan al-Banna (1906–1949). Die Bruderschaft war prinzipiell panislamisch, weshalb sie sich auch in anderen arabischen Ländern entfaltete, wirkte aber doch vornehmlich im einzelstaatlichen Rahmen[482]. Auch pädagogische Ziele waren für sie bestimmend; daneben entfaltete sie erhebliche soziale Aktivitäten, wodurch sie ihre Resonanz kräftig steigerte. Die *Muslim-Bruderschaft* wollte die Gesellschaft durch Erziehung erneuern. Dabei sollten die sozialen Werte des Islam besonders betont werden. Es handelte sich nicht um einen engstirnigen und nur rückwärtsblickenden Konservativismus. Vielmehr bemühte man sich, die Lehren durchaus zeitgemäß aufzufassen; zu den modernen wissenschaftlichen Erkenntnissen sollten die Muslime immer Zugang haben. Wirtschaftspolitisch begab sich die *Muslim-Bruderschaft* auf die Suche nach einem dritten Weg zwischen Sozialismus und Kapitalismus. Verfassungspolitisch war sie nicht festgelegt – in Ägypten trat sie für einen autoritären Staat ein, in Syrien dagegen für die parlamentarische Demokratie –, rechtspolitisch verfocht sie die

---

481 Rudolph Peters, Erneuerungsbewegungen im Islam (Anm. 462), S. 96–98.

482 Johannes Reissner, Die militant-islamischen Gruppen in: Werner Ende/Udo Steinbach, Der Islam in der Gegenwart (Anm. 462), S. 470–486, hier: S. 471–476.

Geltung der *Scharia*, des islamischen Rechts, allerdings mit sehr pragmatischem Ansatz.

Die 5. Generalkonferenz der *Muslim-Bruderschaft* verabschiedete 1939 einige Grundprinzipien: daß der Islam ein vollständig auf sich selbst beruhendes soziales System sei, daß dieses System auf dem Koran und der *Sunna* basiere und daß es immer und überall anwendbar sei. *Die Muslim-Bruderschaft* wuchs zu einer straff geführten Massenorganisation heran; ihre Prinzipien wurden von leitenden Angehörigen detailliert ausgearbeitet und in Rundschreiben den Mitgliedern nahegebracht. Phasenweise nahm sie recht radikale Positionen ein; nach ihrem Höhepunkt – an Mitgliedern wie an Einfluß – in den vierziger Jahren hatte sie daher mit vielfältigen Verfolgungs- und Unterdrückungsmaßnahmen zu kämpfen. Das konnte ihre Bedeutung für die Meinungsbildung der Muslime aber nicht entscheidend schwächen.

10.2.5.2 Ruholla Mussawi Heni Khomeini

Das radikalste fundamentalistische Regime besteht gegenwärtig im Iran. In diesem Staat ist seit dem 16. Jahrhundert die Lehre der Zwölferschia die offizielle Religion[483]. Die Schiiten sehen nur die Nachkommen aus der Ehe Alis (gestorben 661) mit der Prophetentochter Fatima als berechtigte Leiter (*Imame*) der Gesamtgemeinde an. Die Zwölferschiiten, eine Untergruppe dieser Glaubenspartei, bekennen sich zu einer Reihe von zwölf Imamen, deren elfter, al-Hasan, 874 starb, während der zwölfte entrückt wurde, seither im Verborgenen lebt, gelegentlich erscheint und einstmals wiederkommen wird. Es ist dies Muhammed al-Mahdi, der Messias und Endzeitherrscher. Die grundlegende Lehre, daß die Gemeinde zu allen Zeiten einen von Gott inspirierten Leiter brauche, war schon im 8. Jahrhundert voll ausgebildet. Entscheidend für die Zugehörigkeit zur Zwölferschia ist neben der Anerkennung der Reihe der Imame das unbedingte Bekenntnis zu deren Autorität. Während der Zeit der Entrückung kann jede politische Herrschaft nur stellvertretend und damit nur bedingt legitim sein. Der Grad ihrer Legitimität hängt davon ab, wie sehr sie sich die Prinzipien der Zwölferschia zu eigen macht – eine Frage, die von den führenden schiitischen Geistlichen entschieden wird. Die oberste Geistlichkeit hat damit eine zentrale Funktion[484].

Der Ajatollah – dies ist der Ehrentitel eines führenden zur *ijtihad* befähigten Rechtsgelehrten – Ruholla Mussawi Heni (1900–1989), nach seinem Geburtsort Khomeini genannt, vertrat in zugespitzter Form die Auffassung, daß der bestqualifizierte Rechtsgelehrte stellvertretend für den Mahdi direkte Macht ausüben könne. Er verfocht die These, daß die Entrücktheit des zwölften Imam nicht zur Außerkraftsetzung der Gesetze des Islam führen dürfe, daß im Gegenteil der überall vorgenommenen Zurückdrängung der *Scharia* Widerstand entgegengesetzt werden müsse[485]. Die

---

483 Grundlegend Rudolf Strothmann, Die Zwölfer-Schi'a, Leipzig 1926.

484 Werner Ende, Der Schiitische Islam, in: Werner Ende/Udo Steinbach (Hrsg.), Der Islam in der Gegenwart (Anm. 462), S. 70–90.

485 Ebd., S. 85 f.; Bahman Nirumand/K. Daddjou, Mit Gott für die Macht. Eine politische Biographie des Ayatollah Chomeini, Reinbek 1987; Ruballah Humaini, Der islamische Staat, Berlin 1983; ders., Die politische Ordnungsform des Islam. Übersetzung aus

laizistische, am Kemalismus orientierte Herrschaft der Dynasti Pahlewi wertete er als systematischen Ansatz zur Zerstörung der islamischen Kultur. Er übte scharfe Kritik an der Entwicklung der sogenannten Weißen Revolution, mit der der Schah seit etwa 1960 das Land voranzubringen suchte. Die wesentlichen Elemente dieser Weißen Revolution waren eine Bodenreform, die Schaffung ländlicher Genossenschaften, der Ausbau des Gesundheitswesens, eine verbesserte Rechtsstellung der Frau und eine teilweise Gewinnbeteiligung der Arbeiter. Wegen seiner Kritik wurde Khomeini 1963 verhaftet und 1964 des Landes verwiesen. Vom Exil aus schürte er die Opposition gegen den Schah, wobei ihm die ständig steigende soziale Unruhe vor allem in den iranischen Großstädten zugute kam. Nach dem Sturz des Schah Anfang 1979 konnte Khomeini wenig später aus dem Exil zurückkehren. Er war sogleich die für die weitere Entwicklung im Iran bestimmende Persönlichkeit. Schon Ende März wurde die Islamische Republik proklamiert, die Re-Islamisierung des in den Städten stark verwestlichten Landes in umfassender Breite mit aller Kraft eingeleitet.

Die schiitische Geistlichkeit und an ihrer Spitze Khomeini wollten Gesellschaft und Staat ganz gemäß einer fundamentalistischen Deutung des Korans gestalten. In der noch 1979 erlassenen neuen Verfassung kommt dies deutlich zum Ausdruck. Sie ähnelt zwar westlichen Präsidialsystemen mit der Gliederung der Institutionen und der Anführung von Grundrechten – das Vorbild Frankreichs ist hier greifbar –, enthält aber doch eine Reihe von Vorschriften, die die Herrschaft des Klerus sicherstellen. Da ist einmal der überwiegend aus Geistlichen bestehende Überwachungsrat, der, gestützt auf das islamische Recht, eine fortlaufende Normenkontrolle ausübt, da ist zum anderen, und viel wichtiger, die Stellung des *faqih*, des führenden Gottesgelehrten. Er wird vom Volk gewählt und ist die höchste Autorität des Landes, dem Staatspräsidenten übergeordnet, kann in alle Gewalten, in Exekutive, Legislative und Judikative eingreifen, ist Oberbefehlshaber der Armee, und hat so eine außerordentliche Machtstellung. »Er verfügt somit sowohl über die klassischen Prärogativen des Kalifen als auch die Charakteristika eines Monarchen in einer herkömmlichen islamischen Monarchie.«[486]

Daß Volk, Regierung und Führer eine Einheit bilden, wird ohne weiteres unterstellt; alle Faktoren, die dieser Einheit widersprechen, sind störend. Jeder Pluralismus und damit auch ein Mehrparteiensystem sind unerwünscht. Die nicht-islamischen Minderheiten werden in den Status von Schutzbefohlenen herabgedrückt, nicht aber immer geschützt, sondern zum Teil mit harter Hand verfolgt, wie das Land überhaupt seit 1981, nachdem Khomeini sich gegen die Gemäßigten auf die Seite seiner militanten Anhänger stellte, mit Hilfe der Revolutionswächter, der *Pasdaran*, äußerst streng regiert wird. Die iranische Theokratie, wie man das System bis zum Tode des Ayatollah guten Gewissens nennen konnte, hatte durchaus totalitäre Züge.

Die klerikale Herrschaft im schiitischen Iran ist eine Besonderheit; Schiiten leben auch in anderen islamischen Ländern, wenngleich zumeist als Minderheiten. Auch im sunnitischen Schrifttum über Wesen und Zweck des Staates spielen fundamentalisti-

---

»Wilayat-i Faqih – islamische Regierung«, von Ayatollah Ruhulah al Musawi Khomeini (Teheran 1979), in: Mohammad Djasseni, Macht und politische Ordnung im Islam, Phil. Diss., Augsburg 1981, Anhang 1.

486 Udo Steinbach, Iran, in: Werner Ende/Udo Steinbach, Der Islam in der Gegenwart (Anm. 462), S. 220–236, hier: S. 233; Karl Binswanger, Das Selbstverständnis der Islamischen Republik Iran im Spiegel ihrer neuen Verfassung, in: Orient, (1980) 21, S. 320–330.

sche Ansichten eine große Rolle. Vielfach wird Herrschaft als göttlicher Auftrag verstanden. Als eigentlicher Souverän und mithin als Gesetzgeber gilt Gott, von dem Regierende und Regierte gleichermaßen abhängig sind. Jede Herrschaft ist nach dieser Auffassung Gott dafür verantwortlich, daß die Menschen nach den Lehren des Islam regiert werden. Grundlage allen Handelns ist die *Scharia*, die Gesamtheit der heiligen Gesetze. In ihrem Rahmen hat die Herrschaft für Gerechtigkeit zu sorgen, insbesondere die Armen und Schwachen zu schützen und überhaupt das Gemeinwohl zu befördern. Tut sie das nicht, so verwirkt sie ihr Existenzrecht. Die Meinung ist weitverbreitet, daß das Staatsoberhaupt aus einer Versammlung hervorgehen soll und daß die wichtigsten Mitglieder des Gemeinwesens zur Mitberatung berufen sind – namentlich über Fragen, die in der *Scharia* nicht eindeutig geregelt sind. Unter einem solchen Gremium kann ein modernes Parlament verstanden werden, muß es aber nicht. Pluralistische Konzeptionen stehen nach wie vor in einem Spannungsverhältnis zu den Grundlagen des islamischen Rechtsdenkens: Die vorherrschende Meinung nimmt an, daß die Interessen der Menschen gleichgerichtet seien; demzufolge erscheinen Parteiungen als Störfaktoren. Die Existenz von Meinungsverschiedenheiten wird nicht geleugnet, aber das Bestreben geht dahin, sie im Konsens zu regeln, unter Rückgriff auf den Koran und auf die Tradition über Leben und Wirken Mohammeds. Die Entscheidung nach Mehrheit paßt schwer in derlei Vorstellungen[487].

10.3 Politisches Denken auf dem indischen Subkontinent

10.3.1 Der indische Nationalkongreß

Im nicht-islamischen Asien ist zunächst auf den menschenreichen indischen Subkontinent zu blicken; er zählte und zählt freilich ebenfalls eine große Zahl von Muslimen. Diese hatten dort bis weit ins 18. Jahrhundert hinein eine bedeutende Rolle inne[488].

Die allmähliche Durchsetzung der britischen Herrschaft bedeutete das Ende jahrzehntelanger zum Teil heftiger Auseinandersetzungen zwischen den zahlreichen indischen Territorien. Sie leitete eine Friedenszeit ein und brachte so für die Inder Vorteile mit sich. Es war deshalb nicht verwunderlich, daß die neuen Herren durchaus Zustimmung fanden. Gerade die aufgeschlossenen Teile der Bevölkerung waren bereit, von England zu lernen, ohne dabei allerdings eigene wertvolle Traditio-

---

487 Tilman Nagel, Staat und Glaubensgemeinschaft im Islam. Geschichte der politischen Ordnungsvorstellung der Muslime, Bd. 2: Vom Spätmittelalter zur Neuzeit, Zürich-München 1981; vgl. namentlich die systematische Zusammenfassung der Ergebnisse, S. 330–352.

488 Das ungeteilte Britisch-Indien, heute die Indische Union, Pakistan und Bangladesh, zählte nach dem Zensus von 1891 57,3 Millionen Muslime, das waren 19,7 Prozent der Bevölkerung, nach: Artikel Ostindien, Meyers Lexikon, 1895[5], Bd. 13, S. 333–343, hier: S. 336. Anfang der achtziger Jahre waren es in den drei Nachfolgestaaten knapp 200 Millionen: Peter Heine, Das Verbreitungsgebiet der islamischen Religion. Zahlen und Informationen zur Situation in der Gegenwart, in: Werner Ende/Udo Steinbach (Hrsg.), Der Islam in der Gegenwart (Anm. 462), S. 130–151, hier: S. 151; zur gegenwärtigen Lage der Muslim-Bevölkerung in der Indischen Union im Überblick Kerrin Gräfin Schwerin, Indien, in: Werner Ende/Udo Steinbach (Hrsg.), Der Islam in der Gegenwart (Anm. 462), S. 307–314.

nen aufgeben zu wollen. Es bildete sich eine neue, an England orientierte Mittelschicht, die ein wachsendes Selbstbewußtsein entfaltete und bald die Forderung erhob, die Inder stärker an Verwaltung und Justiz ihrer Heimat zu beteiligen und der einheimischen Bevölkerung überhaupt mehr Rechte einzuräumen. Als Forum dieser Bestrebungen wurde schließlich 1885 *The Indian National Congress* gegründet, übrigens auf Anregung eines englischen Verwaltungsbeamten[489].

Der Kongreß erhob den Anspruch, über den Religionen stehend Indien als Ganzes gegenüber England zu vertreten, und war so von einem gesamtindischen Bewußtsein getragen. Er verfolgte drei Ziele: erstens die Schaffung der vollständigen nationalen Einheit Indiens, das heißt die Beseitigung der zahlreichen Fürstenstaaten, die mit der Kolonialmacht nur indirekt verbunden waren, zweitens die Verstärkung der Verbindung mit Großbritannien durch Beseitigung der Diskriminierungen, die die Inder hinnehmen mußten, also ihre Einbeziehung in Verwaltung und Justiz durch die Gewährung größeren Einflusses auf die politische Willensbildung, und drittens die gründliche Erneuerung Indiens überhaupt. Es handelte sich um keine Massenorganisation, sondern um eine Notabelnvereinigung, wie sie in Europa im Laufe des 19. Jahrhunderts als Vorstufe politischer Parteien ebenfalls bestanden hatten. Der Mitgliedsbeitrag war hoch. Der Kongreß, an dessen Spitze lange Zeit Engländer standen, trat regelmäßig zur Besprechung politischer Fragen zusammen, wobei die Probleme der Erneuerung Indiens naturgemäß den breitesten Raum einnahmen. Eine organisatorische Straffung erfolgte erst nach einem Vierteljahrhundert[490]. Die angestrebte Position über den Religionen konnte nur anfänglich behauptet werden. Je länger desto mehr fürchteten die Muslime im Kongreß Majorisierung durch die Hindus und zogen sich zurück; 1906 gründeten sie die *Muslim League*, was eine Zusammenarbeit aber nicht ausschloß. Um die Kooperation machte sich namentlich Mohammed Ali Jinnah (1876–1948), seit 1918 Präsident der *Muslim League*, gleichzeitig aber (bis 1921) Mitglied des Kongresses, verdient.

Der Hindu-Nationalismus entwickelte sich im letzten Drittel des 19. Jahrhunderts kräftig. 1880 entstand eine Ariergesellschaft. Die nationalistischen Hindus waren durchaus keine Verfechter des Status quo. Sie wollten vom Westen lernen, aber sie wollten nicht überfremdet werden. Schon Ram Mohan Roy (1772–1833) war Anfang des Jahrhunderts für Reformen und für eine systematische Durchdringung der indischen und der westlichen Kultur eingetreten, und seine Schüler hatten diesen Ansatz im Verein *Brahmo Samaj* (Gottesgesellschaft, Gesellschaft der Anbetenden) weiterentwickelt. Polytheismus, Witwenverbrennung, Kastenwesen standen im Mittelpunkt ihrer Kritik, und manche hatten gemeint, hierbei auch durch Anleihen beim Christentum Fortschritte machen zu können. Diese offene Haltung war inzwischen freilich aufgegeben worden. Der Hindu-Nationalismus Ende des Jahrhunderts stand den Christen ablehnend gegenüber, blickte ansonsten aber weiter aufnahmebereit nach Westen. So verfocht Narendranath Datta (1863–1902) durchaus westliche politische Ideale. Das Grundbuch des Hindu-Nationalismus wurde das religiöse Lehrgedicht *Bhagavadgita* aus dem 6. oder 5. vorchristlichen Jahrhundert, kurz *Gita*

---

489 Vgl. Dietmar Rothermund, Die politische Willensbildung in Indien 1900–1960, Wiesbaden 1965, S. 1–47, hier: S. 29.

490 Dokumentierte Geschichte bei B. N. Pandey (Hrsg.), The Indian National Movement, 1885–1947, Select Documents, London 1979.

genannt, Gottesgesang, enthalten in dem Epos *Mahabharata*, einem heiligen Buch von großer Geltung. Hier wurde dem pflichtgemäßen Kampf, der selbstlosen Tat ohne Rücksicht auf Freude und Leid, Gewinn und Verlust, Sieg oder Niederlage das Wort geredet. Bei der Entfaltung dieser Sehweise spielten Sri Aurobindo (1872–1950) und Bal Gangadhar Tilak (1856–1920), der Führer des linken Kongreß-Flügels, eine wichtige Rolle. Sie ließ sich bis zum Aktionismus steigern und konnte dann als Rechtfertigung selbst für terroristische Aktionen dienen, wie sie namentlich im Streit um die Teilung Bengalens 1905 vorkamen[491].

Wortführer der Gemäßigten im Kongreß war Gopal Krishna Gokhale (1866–1915). Er gründete 1905 die *Gesellschaft der Diener Indiens*, die »die Verbindung mit England als vorherbestimmt von der unerforschlichen göttlichen Vorsehung zum Heile Indiens« ansah und »Selbstregierung für ihr Land innerhalb des Empire« sowie ganz allgemein einen höheren Lebensstandard anstrebte[492]. Die Gesellschaft erwartete von ihren Mitgliedern einen glühenden Patriotismus und die Bereitschaft, ihn in Aufklärungskampagnen unter das Volk zu tragen. Die Gesellschaft wollte die politische Erziehung vorantreiben, die Bildung der Frauen und rückständiger Schichten heben, die Beziehungen zwischen den verschiedenen religiösen und sozialen Gemeinschaften verbessern, den Unterdrückten helfen und sich für die technisch-industrielle Entwicklung Indiens einsetzen. Neben der Liebe zum Lande sollte ihren Mitgliedern alles andere nebensächlich erscheinen.

10.3.2 Mohandas Karamchand Gandhi

Zur alles überragenden Persönlichkeit der indischen Nationalbewegung und zu einem der bedeutendsten Politiker dieses Jahrhunderts wurde nach dem Ersten Weltkrieg Mohandas Karamchand Gandhi (1869–1948). Der Sohn eines kleinstaatlichen Chefministers auf der Halbinsel Kathiawar im westlichen Indien studierte in England Rechtswissenschaft, wurde Anwalt in Bombay, ging 1893 wegen eines Prozesses nach Südafrika, wo er die Rassendiskriminierung am eigenen Leibe erleben mußte, und blieb hier – als Führer der südafrikanischen Inder – mit einigen Unterbrechungen mehr als zwei Jahrzehnte. Im Alter von 45 Jahren kehrte er im Januar 1915 nach Indien zurück. Seine politischen Überzeugungen waren zu diesem Zeitpunkt seit langem voll ausgebildet und im Kampf um die Stellung der südafrikanischen Inder bewährt[493].

---

491 Brasad Varma, The political Philosophy of Sri Aurobindo, Bombay 1960; M. Harvey, The Secular as Sacred? The Religio-Political Rationalization of B. G. Tilak, in: Modern Asian Studies, (1986) 20, S. 321–331; Otto Wolff, Indiens Beitrag zum neuen Menschenbild. Ramakrishna, Gandhi, Sri Aurobindo, Hamburg 1957.

492 Das Zitat aus dem Programm der Gesellschaft bei Klaus Klostermeier (Hrsg.), Mahatma Gandhi – Reinheit ohne Gewalt, Köln 1968, S. 23f.; zu Gokhale B. R. Nanda, Gokhale. The Indian Moderates and the British Raj, Delhi–London 1977.

493 Louis Fischer, Das Leben des Mahatma Gandhi, München 1951 (aus dem Amerikanischen); Heimo Rau, Mahatma Gandhi in Selbstzeugnissen und Bilddokumenten, Reinbek 1970; Dagmar Gräfin Bernstorff, Mohandas Karamchand Gandhi/Jawaharlal Nehru, in: Rolf K. Hočevar/Hans Maier/Paul Ludwig Weinacht (Hrsg.), Politiker des 20. Jahrhunderts (Anm. 463), S. 90–111; Dietmar Rothermund, Mahatma Gandhi – der Revolutionär der Gewaltlosigkeit. Eine politische Biographie, München 1989.

Wiewohl Gandhi in jüngeren Jahren nicht sonderlich gläubig war, entstammten seine politischen Maximen doch wesentlich dem religiösen Bereich. Gegen Ende seiner Schulzeit machten ihm einige Verse aus einem Lehrgedicht von Shamal Bhatt (gestorben 1730) tiefen Eindruck: »Achte auf die Worte und Taten der Weisen: / Sie vergelten jeden kleinen Dienst zehnfach. / Doch der wahrhaft Edle erkennt alle Menschen als eines / und zahlt fröhlich Gutes für das Üble, das man ihm antat.«[494] Die Überzeugung, daß Sittenreinheit die Grundlage der Dinge und daß Wahrheit der Kern aller Sittenreinheit sei, regte sich früh, und das Gebot des *Ahimsa*, der Herzensgüte – freundlich gegenüber allem Lebenden zu sein und folglich nicht zu töten – wurde ihm zunehmend zur Leitlinie. Die Jahre in England brachten die Begegnung mit der *Gita*, die er auswendig lernte, zeitlebens immer wieder las und auch selbst übersetzte und die er in seiner Autobiographie als »das erhabenste Lehrbuch der Wahrheit« bezeichnete[495]. Ihr entnahm er die Gedanken vom pflichtgemäßen selbstlosen Kampf, die Auffassung, daß alles Bemühen der Menschen ohne Frömmigkeit und ohne die ihr folgende Gnade Gottes eitel sei, und die hohe Einschätzung der Entsagung. In England las er auch Teile des Alten und das ganze Neue Testament, wobei ihn die Bergpredigt besonders beeindruckte – die Parallelen mit dem, was ihm die *Gita* gezeigt hatte, waren deutlich. Wichtige Anregungen verdankte er, 1891 nach Indien zurückgekehrt, der Freundschaft mit dem wenig älteren Dichter Raychandbai, später der Lektüre von Werken des englischen Lebensreformers John Ruskin und des Grafen Leo Tolstoi, in dessen Ansichten er die seinen teilweise wiederfinden konnte. Von der geistigen Faszination bis zur praktischen Umsetzung war es freilich ein langer Prozeß. In den südafrikanischen Jahren war Gandhi ein erfolgreicher und sehr gut verdienender Anwalt, der sich seiner Landsleute zwar intensiv annahm, aber nur langsam zu lebensreformerischen Positionen durchdrang. Der große Wandel zu der Erscheinung, die sich der Welt einprägte, vollzog sich vom Jahre 1906 an.

In das Jahr 1906 fällt auch der Ansatzpunkt zum ersten großen Akt des passiven Widerstandes. Die Regierung sah die Zwangsregistrierung aller Inder Südafrikas (unter Abnahme der Fingerabdrücke) vor. In einer Massenversammlung im Imperial Theatre in Johannesburg am 11. September 1906 gelobten die fast 3000 Anwesenden, sich dieser Vorschrift nicht zu beugen. Gandhi setzte einen Preis für eine zutreffende Bezeichnung des geplanten Vorgehens aus, da *passive resistance* als zu wenig aussagekräftig empfunden wurde. Einer seiner Vettern schlug das Wort *Sadagraha* vor, Treue gegenüber einer guten Sache. Daraus machte Gandhi *Satyagraha*; er zog *agraha*, Festigkeit oder Kraft, und *satya*, Wahrhaftigkeit, Liebe als Attribute der Seele, zusammen; *Satyagraha* bedeutete danach Kraft durch Wahrhaftigkeit oder Liebe. Was der Ausdruck im vollen Umfang meinte, war auch Gandhi bei seiner Formulierung noch nicht klar. Erst allmählich füllte er ihn aus. *Satyagraha* verstand er als Verteidigung der Wahrheit durch das Leid, das man sich selbst auferlegte. Sie

---

494 Mahatma Gandhis Autobiographie. Die Geschichte meiner Experimente mit der Wahrheit. Nach der englischen Übersetzung aus dem Gujarati von Mahade Desai ins Deutsche übertragen von Fritz Kraus, Freiburg/Br. 1960, S. 49; danach die folgenden Ausführungen. Eine (gekürzte) ältere dt. Ausgabe der Autobiographie ist: Mahatma Gandhi, Mein Leben hrsg. von C. F. Andrews, Leipzig 1930.

495 Ebd., S. 72.

erforderte also Selbstbeherrschung, als deren Kerntatbestand er die Enthaltsamkeit (*Brahmacharya*) ansah: Wer der Menschheit dienen wolle, könne darauf nicht verzichten. *Satyagraha* war durch und durch friedlich, das Gegenteil einer Politik nach dem Motto Auge um Auge, nämlich Überzeugung, Demut, Ehrlichkeit, Geduld und Verständnis. Nur mit der Kraft der Wahrheit sollte der Gegner besiegt werden[496].

Das Gesetz, gegen das sich der Schwur im Theater gerichtet hatte, wurde Mitte 1907 in Kraft gesetzt. Da Gandhi die Befolgung verweigerte, wurde er vor Gericht gestellt und zu zwei Monaten Gefängnis verurteilt. Diese Haft wie auch spätere Haftstrafen nutzte er zu intensiver Lektüre. Im Herbst 1908 las er so den Essay *Civil Disobedience* des Amerikaners Henry David Thoreau (1817–1862), der ihn tief beeindruckte; Thoreau nahm für sich das Recht in Anspruch, jederzeit nach seiner Überzeugung zu handeln, auch wenn das Nichtbeachtung von Gesetzen bedeute. Er wollte eine friedliche Revolution der Gesinnung, um damit das Gute durchzusetzen[497].

Wer sich des Mittels der *Satyagraha* bediente, war ein *Satyagrahi*. Er hatte vielerlei Möglichkeiten des Handelns. Er konnte jede Zusammenarbeit mit den Engländern verweigern, er konnte aber auch aktiver werden, um auf die Wahrheit aufmerksam zu machen, so zum Beispiel bewußt und öffentlich Gesetze brechen, um deren Beseitigung es ging, er konnte Sitzstreiks durchführen oder demonstrativ fasten. Nach Indien zurückgekehrt, war Gandhi bei der Ersinnung von Variationen der *Satyagraha* außerordentlich einfallsreich. 1919 trug er sein Konzept den Indern in einem offenen Brief erstmals vor und forderte sie dazu auf, einen Tag der Wahrheitssuche, der inneren Einkehr zu begehen und so in einen allgemeinen Streik zu treten, eine Parole, die vielfach befolgt wurde. Die wichtigste seiner Aktionen war der Marsch zum Meer im Jahre 1930, mit dem Gandhi die Brechung des Salzmonopols erreichen wollte. Die Gewaltlosigkeit dieser vielfältigen Unternehmungen, die Strafen, die die Engländer ihm dafür auferlegten und die Demut, mit der Gandhi das hinnahm, machten ihn zum unbestrittenen moralischen Führer der Inder und sorgten für eine große Gefolgschaft. Die Praxis des Ungehorsams wurde zu einer breiten Bewegung, die einen großen Anteil daran hatte, daß die Engländer Indien schließlich in die Unabhängigkeit entließen.

Gandhi war Jahrzehnte hindurch publizistisch und rednerisch tätig. 1904 erwarb er unter dem Eindruck der Ruskin-Lektüre eine Farm mit dem Ziel, hier einfach und von Handarbeit zu leben. Gleichzeitig gründete er eine Wochenzeitung, die *Indian Opinion*. Eine Reihe hier veröffentlichter Artikel faßte er zu seinem ersten Buch *Hind Swaraj or Indian Home Rule* (1909) zusammen. Hier vertrat er die These, daß es keine unüberwindliche Schranke zwischen Ost und West gebe. Er anerkannte auch keine spezifisch europäische Zivilisation. Was dafür gehalten werde, sei die materialistische moderne Zivilisation. Werde die englische Herrschaft über Indien durch eine indische ersetzt, die sich derselben modernen Methoden bediene, so werde Indien um kein Haar besser sein, allenfalls über etwas mehr Geld verfügen können. Eine Vermehrung des materiellen Wohlstandes bewirke kein moralisches Wachstum. Indiens Heil bestehe darin, alles aufzugeben, was es in den letzten 50 Jahren gelernt habe: Eisenbahn, Telegraph, Krankenhäuser, Medizin. All das habe zu verschwin-

---

496 Ebd., S. 190–195; Louis Fischer, Das Leben des Mahatma Gandhi (Anm. 493), S. 81–85.
497 Louis Fischer, Das Leben des Mahatma Gandhi (Anm. 493), S. 95–97.

den, und die sogenannten oberen Klassen müßten lernen, bewußt und religiös das einfache Leben der Bauern zu führen, im Wissen, daß diese Form des Daseins das echte Glück schenke. Maschinengewebte Kleider solle kein Inder mehr tragen, gleich ob aus englischer oder indischer Produktion. Die alten Weisen hätten viel Einsicht in die Ordnung der Gesellschaft gezeigt, als sie die materiellen Güter beschränkten. In der Zuwendung zur tradierten Landwirtschaft liege die Rettung, denn unter solchen Verhältnissen könnten die Leute lange und in Frieden leben[498].

Gandhi vollzog also eine radikale Abkehr von der Moderne. Er predigte den Geist der Selbstgenügsamkeit – *Swadeshi*, ein religiöses Prinzip, das von allen befolgt werden sollte. Das war für ihn »der Geist in uns, der uns antreibt, uns einzuschränken und nur die unmittelbare Umgebung zu gebrauchen und ihr zu dienen«, die einzige Lehre, »die mit dem Gesetz der Demut und Liebe in Einklang steht«[499]. Daß ein großer Teil der bitteren Armut der indischen Massen aus der Abkehr von *Swadeshi* stamme, hielt er für unanfechtbar. Die Rückkehr zur dörflichen Autarkie war demzufolge der Weg zur Besserung. Mit einer kleinen Gemeinschaft lebte er im *Satyagraha*-Ashram in Ahmedabad, der Hauptstadt Gujarats, nach diesen Prinzipien. Das brachte ihm Bewunderung ein, aber keine Massengefolgschaft, wie er das gehofft hatte.

Das indische Kastenwesen betrachtete Gandhi als so tief im Lande verwurzelt, daß man es nicht abschaffen, sondern nur reformieren könne. Mit großer Schärfe kritisierte er jedoch die Institution der Unberührbarkeit. Das sei ein Verstoß gegen das Recht. Erst gegen Ende seines Lebens trat er für die völlige Gleichstellung aller Kasten ein. Er verfocht die Emanzipation der Frau. Anders könne Indien sich nicht erneuern. Das Zusammenleben von Hindus und Muslimen in einem Staat meinte er nach dem Prinzip der Selbstbeherrschung regeln zu können. Wenn beide Seiten nicht mehr böse übereinander dächten, werde es auch keine bösen Taten mehr geben. Von den muslimischen Indern erwartete er deshalb den Verzicht auf den Genuß von Rindfleisch. Der Teilung Indiens in Union und Pakistan widerstrebte er bis zuletzt.

Ein Konzept für die Organisation staatlicher Ordnung entwickelte Gandhi nicht – die Fragen, denen er sich zuwandte, waren ihm viel wichtiger. Die vorhandenen Institutionen sollten genutzt werden, aber so, daß klar erkannte Schwächen beseitigt würden. Ihm schwebte vor, die politische Willensbildung von den Dorfältesten ausgehend aufzubauen, also durch indirekte Vertretung. Mit der Kongreß-Partei war er am Abend seines Lebens unzufrieden. Er war davon überzeugt, daß sie die soziale Ordnung, von der er träumte, nicht bringen werde, stieß sich vor allem aber daran, daß viele ihrer führenden Mitglieder gegen die Versuchungen der Macht nicht gefeit seien. Er beobachtete so viel Korruption, daß ihm angst und bange wurde. So bewegte ihn die Sorge, wie Indien angesichts des Übergewichtes der Kongreß-Partei Demokratie bleiben könne. Die Lösung meinte er in der Etablierung moralischer Gegenmacht außerhalb des Kongresses finden zu können. Für diesen Zweck baute er auf das Zusammenwirken seiner zuverlässigsten Mitarbeiter außerhalb des Kongresses[500]. Bei aller Skepsis gegenüber vielen Kongreß-Politikern setzte er – trotz man-

498 So seine eigene Zusammenfassung in einem Brief, bei Klaus Klostermeier (Hrsg.), Mahatma Gandhi (Anm. 492), S. 30f.
499 Vortrag von 1916, ebd., S. 40f.
500 Louis Fischer, Das Leben des Mahatma Gandhi (Anm. 493), S. 507–510.

cher Abweichungen in den Ansichten – seine Hoffnungen aber doch auf den ersten indischen Ministerpräsidenten, seinen langjährigen jüngeren Mitarbeiter Nehru.

10.3.3 Jawaharlal Nehru

Jawaharlal Nehru (1889–1964) war ein typischer Angehöriger der anglisierten indischen Oberschicht[501]. Sein Vater war ein im Kongreß an führender Stelle tätiger Mann, und er selbst trat ebenfalls für Home Rule ein. Der Kongreß war ihm allerdings zu stark auf nur verfassungspolitische Ziele beschränkt, zu sehr von Honoratioren geprägt und zu bedächtig. Nach dem Massaker von Amritsar 1919 kam Nehru erstmals mit Gandhi in Berührung und bewunderte sofort dessen klares Urteil. Die Idee des passiven Widerstands nahm er alsbald an. Er suchte nach Möglichkeiten des Handelns. »Und nun kam Gandhi mit einem Vorschlag, wie man handeln könnte und sollte. Ich griff begeistert zu. Was danach kommen würde, war mir gleichgültig, ich war voller Enthusiasmus.«[502] Den Nationalismus hielt er für die bestimmende Kraft des 20. Jahrhunderts. Gegen die Kongreßmehrheit trat er früh für die völlige Unabhängigkeit Indiens bei freundschaftlicher Verbindung mit Großbritannien ein. Seit 1920 beschäftigte er sich intensiv mit der Agrarfrage; die Armut des durchschnittlichen Inders, die er jetzt wirklich erkannte, bewegte ihn sehr. Gewisse sozialistische Neigungen, die er aus seiner englischen Studienzeit mit heimgebracht hatte, verstärkten sich. Sie wurden noch gefördert, als er 1927 am Kongreß der unterdrückten Völker in Brüssel teilnahm. Jetzt wurde er überzeugter Sozialist mit anfänglicher Neigung zur Komintern, stieß sich aber bald an den politischen Methoden der Kommunisten. Mit Marx setzte er sich eingehend auseinander, ohne sonderlich viel von dessen Kategorien zu übernehmen.

Nehru entschied sich ganz bewußt für einen nicht-systematischen Sozialismus, wobei er in den mittleren Lebensjahren weiter gehen wollte als in seiner Amtszeit als indischer Ministerpräsident von 1946 bis 1964. Mit Gandhis Vision des bäuerlichen und selbstgenügsamen Indien konnte er nichts anfangen. Er wollte die Hebung des Lebensstandards durch Übernahme westlicher Naturwissenschaft und Technik, durch eine allgemeine Planung und durch die gelenkte Industrialisierung. Planung erschien ihm unabdingbar, sollten die Dinge wirklich vorankommen; er sah in ihr jedoch auch ein Mittel, kommunale und regionale Grenzen des Denkens zu sprengen und das Gemeinsamkeitsgefühl der Inder zu fördern. Alle Eingriffe in bestehende Eigentumsrechte sollten nach rechtsstaatlichen Prinzipien und gegen Entschädigung erfolgen. Den Genossenschaftsgedanken hielt er für ein dem Lande gemäßes Strukturprinzip.

Selbstverständlich war für Nehru, daß die politische Verfassung Indiens nur die parlamentarische Demokratie sein könne. Sie mußte kasten- und klassenlos sein. Die konsequente Herstellung der Gleichheit vor dem Gesetz lag ihm sehr am Herzen. Seit der Teilnahme am Brüsseler Kongreß sah Nehru Indiens Kampf eindeutig als Teil eines weltumspannenden Prozesses. Er glaubte, daß Indien dabei eine Führungsrolle

---

501 S. Gopar, Jawaharlal Nehru. A Biography. Abriged in one Volume, Oxford 1990; S. Gopar/R. Kumar et. al., Jawaharlal Nehru, Oxford 1990; Heinz Lehmann, Nehru. Baumeister des neuen Indien, Göttingen 1965.

502 Tibor Mende, Gespräche mit Nehru, Hamburg 1956, S. 23.

zukomme, wie er seinem Lande überhaupt Vorbildfunktionen beimaß. Von der Fähigkeit Indiens zur Kultursynthese war er zutiefst überzeugt: Das Land könne und werde westliche Technik und Wissenschaft mit den eigenen Traditionen verschmelzen. In derlei Auffassungen machte sich der Einfluß des Dichters Rabindranath Tagore (1861–1941) geltend, der Nehru – neben seinem Vater und Gandhi – am meisten bedeutete. In drei während verschiedener Haftperioden geschriebenen Büchern legte er zwischen 1930 und 1945 seine Ansichten zusammenfassend dar; seine Autobiographie ist zugleich eine Geschichte der indischen Nationalbewegung[503].

10.4 Sun Yat-Sen

In China gehörte der aus der Nähe von Macao stammende Sun Yat-sen (1866–1925) zu den frühen Vorkämpfern einer Reform nach westlichem Vorbild; auch er hoffte auf eine sinnvolle Synthese europäischer Fähigkeiten und einheimischer Werte[504]. Seine Jugendjahre hatte er zum Teil auf Hawaii verbracht und dort eine englische Missionsschule besucht. Kurze Zeit nach der Rückkehr nach China 1883 ließ er sich taufen. Er studierte in Kanton und Hongkong Medizin und betrieb dann eine Praxis nebst Apotheke in Macao. Die Machtlosigkeit und die schlechte wirtschaftliche Lage Chinas bewegten ihn sehr. Es war ihm klar, daß das Reich sich nur wieder aufwärts entwickeln könne, wenn es sich an Europa und den USA orientierte. So schrieb er 1894 an den Staatskanzler Li Hung-chang, »Macht und Reichtum Europas« beruhten »weniger auf Schlachtschiffen, Kanonen oder militärischer Stärke als vielmehr darauf, daß in Europa auf der Grundlage einer vollen Entwicklung menschlicher Talente eine maximale Nutzung der Bodenschätze sowie des menschlichen und materiellen Potentials« betrieben werde. Das empfahl er zur Nachahmung: China bedürfe westlicher Methoden, wolle es wieder stark werden[505].

Die von ihm gegründete *Gesellschaft zur Regeneration Chinas* machte sich die Modernisierung des Reiches zum Programm; dabei ging es natürlich nicht nur um den machtpolitischen Aspekt, sondern mehr noch um die Verbesserung der Lage der Bevölkerung. Die Mandschu-Dynastie betrachtete er als volksfremd; ohnehin war er Republikaner und Demokrat. Als 1895 ein in Kanton unternommener Putschversuch sogleich scheiterte, ging Sun ins Exil und lebte zumeist in Japan. Er bemühte sich auf vielen Reisen, die chinesischen Studenten in Europa und Amerika für die Revolutionierung Chinas zu gewinnen. Er wurde Präsident der 1905 in Tokio gegründeten *Schwurbrüderschaft,* des geheimen Revolutionsbundes. Ihr Ziel war die Errichtung eines republikanisch-demokratischen und sozial reformierten China. An der 1911

---

503 Jawaharlal Nehru, Weltgeschichtliche Betrachtungen. Briefe an Indira, Düsseldorf 1957; ders., Indiens Weg zur Freiheit, Hamburg 1948; ders., Entdeckung Indiens, Berlin 1959.

504 Gottfried-Karl Kindermann (Hrsg.), Sun Yat-sen, in: Rolf K. Hočevar/Hans Maier/Paul Ludwig Weinacht (Hrsg.), Politiker des 20. Jahrhunderts (Anm. 463), Bd. 1, S. 71–91; ders. (Hrsg.), Sun Yat-sen. Founder and Symbol of China's Revolutionary Nation-Building, München 1982; Johannes Chang, Der Sozialismus Sun Yat-sens, Phil. Diss., Münster 1965.

505 Zitiert bei Gottfried-Karl Kindermann, Konfuzianismus, Sunyatsenismus und chinesischer Kommunismus. Dokumente zur Begründung und Selbstdarstellung des chinesischen Nationalismus, Freiburg 1963, S. 50f. (Einleitung).

ausbrechenden Revolution hatte diese Organisation erheblichen Anteil. Sun wurde Chef einer provisorischen Regierung in Nanking, proklamierte die Republik, verständigte sich aber schnell mit dem einstigen kaiserlichen Minister Yüan Schi-kai, überließ ihm die Präsidentschaft und mußte erleben, daß der neue Machthaber die Demokratie bald beiseite schob und einen diktatorischen Kurs steuerte. Nach Yüans Tod (1916) versuchte er, die Führung Chinas wieder in die Hand zu bekommen; das gelang ihm jedoch nur auf einem Teil des Territoriums.

Seine politischen Ansichten faßte Sun bündig in 16 Reden zusammen, die er von Januar bis August 1924 in Kanton vor Mitgliedern seiner Partei, der *Kuomintang,* hielt. Hier sind die Grundsätze des in Nationalchina bis 1949 staatstragenden Sunyatsenismus niedergelegt, und zwar in *Drei Grundlehren vom Volk*, die insgesamt den »Weg zur Rettung unserer Nation« zeigen sollten. Sie waren darauf gerichtet, »Chinas internationale Gleichberechtigung nach außen sowie ein politisches Gleichgewicht und eine wirtschaftliche Gerechtigkeit im Innern zu bewirken«, um damit Chinas Fortbestand in der Welt zu sichern[506].

Die erste Grundlehre war die vom Volkstum. Sun beklagte, daß die Chinesen zwar durch einen ausgeprägten Familiensinn charakterisiert seien, aber kein Nationalbewußtsein besäßen. Es sei notwendig, die Treue zur Familie zu einer Treue gegenüber der Nation und der Bereitschaft zu jedem Opfer für die Wohlfahrt des gesamten Volkes zu erweitern. Der Bestand oder Untergang von Familien und Sippen sei unlösbar mit dem Bestand der Nation verbunden. Als entscheidende Voraussetzung zur Wiederherstellung der ursprünglichen nationalen Größe bezeichnete Sun die Erneuerung der moralischen Wertvorstellungen der Chinesen: Sohnestugend, Treue, Menschlichkeit, Liebe, Aufrichtigkeit, Gerechtigkeit und Friedensliebe. »Wir sollten jene überlieferten moralischen Werte, die gut sind, erhalten und gleichzeitig jene verbessern, die wir für schädlich ansehen.«[507]

Nachdrücklich verwies Sun darauf, daß die Chinesen in ihrer langen Geschichte die Fähigkeit zur Bildung einer großen materiellen Kultur bewiesen hätten. Diese Begabung sei aber in der Gegenwart erloschen, so daß man jetzt vom Westen lernen müsse, und zwar die jeweils neuesten Erkenntnisse. Dann könne innerhalb eines Jahrhunderts der Leistungsstand der westlichen Naturwissenschaft erreicht sein. Hier verwies er auf das Beispiel der Japaner, die durch die Übernahme westlicher Wissenschaft und Technik ihr Land zu einem der mächtigsten Staaten der Welt entwickelt hätten. Die Wiedererweckung des chinesischen Nationalbewußtseins werde dem Volk einen Platz unter den Kulturvölkern sichern und es aus dem faktischen Status einer Kolonie aller Vertragsmächte lösen, der China schlechter stelle als die Kolonien im eigentlichen Sinne: Alle Vertragsmächte hätten Vorteile aus ihrer Stellung in China, aber zur Hilfe in der Krise fühle sich keine verpflichtet. Schließlich kündigte Sun an, daß China nach Wiedererringung der eigenen Unabhängigkeit auch anderen Völkern bei der Erlangung der Freiheit helfen werde.

Sun rief seinen Landsleuten eindringlich ins Gedächtnis, daß China von Europa nur materiell überflügelt worden sei, aber nicht auf dem Gebiete der politischen Philosophie; hier könne Europa sehr wohl von China lernen. Mit dieser Thematik befaßte sich Sun in der Grundlehre von den Volksrechten. Er vertrat die Ansicht, daß

---

506 Sun Yat-sen, Drei Grundlehren vom Volk, ebd., S. 90–119 (Auszüge), hier: S. 91.
507 Ebd., S. 93.

der demokratische Gedanke in China weitaus älter sei als in Europa, da er schon bei Konfuzius zu finden sei. »Während die Theorien der Demokratie, der sozialen Gerechtigkeit und der Revolution von unseren Gelehrten bereits vor zweitausend Jahren verkündet wurden, sind die gleichen Theorien des westlichen Kulturkreises erst hundertfünfzig Jahre alt.« Das Experiment der repräsentativen Demokratie bezeichnete er eingedenk der Erfahrungen mit Yüan Schi-kai als in China gescheitert. Die Abgeordneten hätten nur dem eigenen Egoismus gedient, und die Beibehaltung dieses Zustandes werde dem Lande schaden. Die westliche Form der Demokratie solle überhaupt nicht wahllos imitiert werden. »Das Problem der Demokratie ist noch nicht gelöst, und China sollte seine eigene Lösung finden.«[508]

Sun definierte Demokratie als die durch das Volk ausgeübte Kontrolle über die Politik. Zur Erläuterung dessen, was ihm vorschwebte, zog er einen Vergleich mit den Aktiengesellschaften, deren Aktionäre nur ein bis zweimal im Jahr die Geschäftsführung überprüften. Ähnlich sollte auch eine Regierung aus Experten bestehen und das Volk sich zu ihr verhalten wie die Aktionäre zum Generaldirektor. Konkret dachte Sun an die Herstellung » eines Gleichgewichtes zwischen der Macht des Volkes und der Verwaltungsbefugnis der Regierung«[509]. Die Kontrollgewalt des Volkes sollte ausgeübt werden durch das Wahlrecht, das Recht zur Abberufung, das Initiativrecht und das Recht zum Volksentscheid. Auf die Seite der Regierung stellte Sun die drei auch in Europa bekannten Gewalten Vollzug, Gesetzgebung und Rechtsprechung, daneben sah er aus den Traditionen des alten China noch eine vierte und fünfte Gewalt vor: die prüfende Gewalt, die sich mit der Auswahl der Beamten zu befassen habe, und die kontrollierende Gewalt, die darauf achten sollte, daß die Exekutive recht- und gesetzmäßig handle. Unter Hinweis auf die Staatsprüfung und die Staatskontrolle erklärte Sun die chinesische Kaiserherrschaft als wesensverschieden von den Strukturen des absolutistischen Europa.

Die dritte Grundlehre betraf das Volkswohl, die Sicherung des Lebensunterhaltes für das Volk. Hier nahm Sun eine entschiedene Abgrenzung vom Sozialismus marxistischer Prägung vor. Die Thesen Marx' seien durch die Entwicklung seither völlig widerlegt. Der Klassenkampf sei nicht die Ursache sozialen Fortschritts, »sondern eine soziale Seuche, die ausbricht, wenn eine soziale Schicht der Möglichkeit ihres Lebensunterhaltes beraubt wird und zu abnormalen Mitteln greifen muß, um sich zu erhalten«[510]. Die marxistische Mehrwerttheorie sah Sun durch die Praktiken der Ford-Unternehmen restlos widerlegt. Die materialistische Geschichtsauffassung müsse überhaupt beiseitegeschoben werden. In China müsse der Weg zur Befriedigung der Lebensbedürfnisse des Volkes in erster Linie beim Grundeigentum ansetzen. Die Regierung solle Land aufkaufen, der verbleibende private Grundbesitz im ganzen Reich nach einheitlichen Prinzipien solle bonitiert, sodann jeder nicht durch Leistungen der Grundbesitzer bewirkte Wertzuwachs oberhalb einer bestimmten Grenze zugunsten der Allgemeinheit abgeschöpft werden. »Denn ein solcher Wertzuwachs ergibt sich im Zuge eines wirtschaftlichen Fortschrittes, der durch die Arbeit des gesamten Volkes erzielt wird. Folglich muß der so entstandene Wertzuwachs der Allgemeinheit gehören und kann nicht als rechtmäßiges Privateigentum

---

508 Beide Zitate ebd., S. 106.
509 Ebd., S. 110.
510 Ebd., S. 114.

betrachtet werden. Dies ist der Wesenskern unserer sozialen Lehre.«[511] Im übrigen zählte Sun Maßnahmen zur Kapitalbildung, zum Ausbau der Infrastruktur, zur Erschließung der Bodenschätze und zur Entwicklung der Industrie auf. Nachdrücklich unterstrich er die Notwendigkeit eines gesetzlichen Schutzes der bäuerlichen Interessen.

Sun wußte, daß das neue China nicht in raschem Zugriff zu haben war, wenn er auch den für die Regenerierung nötigen Zeitraum ganz erheblich unterschätzte. Die Entwicklung sollte seines Erachtens in drei Phasen ablaufen. Die erste Stufe war die Wiederherstellung der staatspolitischen Einheit durch die militärische Macht der Revolution, demzufolge der Militärregierung. Es folgte zweitens die politische Erziehung des Volkes zur Ausübung seiner staatsbürgerlichen Rechte im Rahmen einer Diktatur. In diesem Stadium der Parteivormundschaft sollten wesentliche wirtschafts- und sozialpolitische Entscheidungen getroffen werden. Es folgte drittens die Einführung der verfassungsmäßigen Regierung auf der Ebene der Provinzen und des Gesamtstaates. Die einzelnen Stadien mußten regional nicht gleichzeitig durchlaufen werden. In der sachlichen Rangfolge war zuerst das Wiederaufbauprogramm in Angriff zu nehmen: Hier hatten alle Maßnahmen den vier großen Notwendigkeiten der Existenz zu dienen: Nahrung, Kleidung, Wohnung und Transport. An zweiter Stelle stand die Schaffung der demokratischen Staatsform. Es folgte drittens die Verwirklichung der Grundlehre vom Volkstum. Im Innern sollte dabei den ethnischen Minderheiten Autonomie gewährt, nach außen der Aggression der Mächte Widerstand geleistet und auf die Revision der ungleichen Verträge hingearbeitet werden[512].

Trotz seiner Überzeugung, daß der Marxismus durch die historische Entwicklung widerlegt sei, war Sun zur Zusammenarbeit mit der Sowjetunion und mit der Kommunistischen Partei Chinas bereit. Im Januar 1923 schloß er ein Bündnis mit Rußland. Er ließ dabei aber ausdrücklich erklären, daß der Kommunismus in China nicht eingeführt werden könne.

Sun Yat-sen war eine charismatische Persönlichkeit von großem Zuschnitt, die die China gestellten Probleme klar erfaßte und ein in sich geschlossenes System zur Lösung entwickelte. Die Umsetzung in die Wirklichkeit stieß auf große Schwierigkeiten, namentlich deshalb, weil das Kuomintang-China seine Kräfte nicht auf die nötige Aufbauarbeit konzentrieren konnte, sondern sie in vielfältigen Auseinandersetzungen mit regionalen Machthabern, der konkurrierenden Kommunistischen Partei und auswärtigen Aggressoren, die stets fast den gesamten Staatshaushalt verschlangen, verschleißen mußte[513].

10.5 Léopold Sèdar Senghor

Abschließend sei der Blick auf Schwarzafrika gerichtet. Auch hier kann nur eine einzelne herausragende Persönlichkeit besprochen werden, nämlich der verglei-

511 Ebd., S. 117.
512 Sun Yat-sen, Grundlagen der Nationalen Selbstentwicklung, ebd., S. 120–129.
513 Jürgen Domes, Vertagte Revolution. Die Politik der Kuomintang in China 1923–1937, Berlin 1969.

chende Kulturwissenschaftler und Schriftsteller Léopold Sèdar Senghor (geboren 1906), langjähriger Präsident der Republik Senegal und vermutlich die stärkste theoretische Kraft unter den afrikanischen Politikern im Zeitalter der Dekolonisation[514]. Senghor ist Europa engstens verbunden. Er studierte in Dakar und Paris und war viele Jahre Studienrat für Latein und Griechisch in Dakar, Tours und Paris, ehe er einen Lehrauftrag für afrikanische Sprachen und Kulturen an der *École Nationale de la France d'Outre-Mer* erhielt. Von 1945 bis 1960 war er Abgeordneter des Senegal in der französischen Nationalversammlung, gegen Ende der IV. Republik auch Staatssekretär. Er setzte sein Lebenswerk an die Verständigung zwischen Afrikanern und Europäern und glaubte an die Entstehung einer Weltkultur, zu deren Aufbau jedes Volk nach seinen Kräften beitragen müsse. Um das zu können, müßten sich alle Völker ihrer Fähigkeiten und Leistungen bewußt sein. So widmete Senghor sich besonders der Aufgabe, den Afrikanern ihre Stellung in der Menschheitsgeschichte zu verdeutlichen – seit der führenden Rolle »des schwarzen Kontinents in der Entwicklung der ersten Kultur, die sich dieses Namens würdig erweist«[515].

Stets betonte Senghor den Wert der *Négritude*, der negro-afrikanischen Kollektivpersönlichkeit. Unter diesem Begriff, der Anfang der dreißiger Jahre von dem Afro-Amerikaner Aimé Césaire aus Martinique (geboren 1913) entwickelt wurde, verstand er »die Gesamtheit der kulturellen Werte der schwarzen Welt«, die – in Jahrzehnten von afrikanischen Intellektuellen erfahren und vertieft – nun der Welt zum Geschenk gemacht werden könnten, »als Eckstein für die Errichtung jener ›Zivilisation des Universalen‹, die entweder das Gemeinschaftswerk aller Rassen, aller unterschiedlichen Zivilisationen sein wird, oder die überhaupt nicht sein wird«[516]. Er tendierte dahin, Schwarzafrika insgesamt als eine Nation zu sehen und in ihr die einzelnen Staaten als Vaterländer. Senghors gesellschaftspolitische Vorstellungen zielten auf die Vermittlung zwischen den europäischen Werten des Sozialismus unter besonderem Rückgriff auf Saint-Simon und seine Schüler sowie Proudhon mit afrikanischen Traditionen; den Gedanken der Selbsthilfe veranschlagte er hoch. Auf den Zwang zur Schaffung eines gerechten Weltwirtschaftssystems wies er vielfach hin. Das sei nicht möglich, solange die Bewohner der Industriestaaten für sich ein Einkommen von vielen tausend Dollars für normal erachteten, für afrikanische Bauern aber ein Einkommen im Verhältnis von eins zu einigen Hundert ansetzten. Von der Einsicht in die Tatsache, »daß heute die Gesamtheit der Kulturen aller Kontinente, Rassen und Völker Symbiosekulturen darstellen«, erwartete er sich entscheidende Impulse zur Bereitschaft für mehr Gerechtigkeit[517].

---

514 Rolf Italiaander, Léopold Sédar Senghor, in: Rolf K. Hočevar/Hans Maier/Paul Ludwig Weinacht (Hrsg.), Politiker des 20. Jahrhunderts (Anm. 463), Bd. 2, S. 304–312; J. J. Hymans, Léopold Sédar Senghor. An intellectual Biography, Edinburgh 1972.

515 Léopold Sédar Senghor, Der Dialog zwischen den Kulturen, in: Dialog mit Afrika und dem Islam. Zwei Vorträge, hrsg. von Hans-Peter Rüger, Tübingen 1987, S. 1–25, hier: S. 6 (Vortrag von 1983).

516 Léopold Sédar Senghor, Négritude und Humanismus, Düsseldorf 1967, S. 7.

517 Ders., Der Dialog zwischen den Kulturen (Anm. 515), S. 24.

11. Neuere Entwicklungen

Die ideengeschichtliche Entwicklung der jüngsten Zeit – etwa des letzten Vierteljahrhunderts – kann nur noch knapp angesprochen werden. Mehr erlaubt der hier verfügbare Raum nicht. Auch sind die Erscheinungen, um die es gehen muß, noch nicht abgeschlossen, so daß sie gar nicht mit ihrer ganzen Dimension erfaßt werden können. Zu sprechen ist über die Protestbewegung der sechziger und siebziger Jahre und über einen Denker, den viele ihrer Angehörigen als wegweisend anerkannten, über Herbert Marcuse, sodann über die neuen sozialen Bewegungen, die sich in beachtlicher Breite seither entfaltet haben. Im Anschluß daran sind die Ansätze zu Wandlungen im westeuropäischen Kommunismus zu berühren, der sogenannte Eurokommunismus, des weiteren der Einsatz für Demokratie und Menschenrechte in Osteuropa, und schließlich ist an das jüngste intensive Bemühen selbst in der UdSSR zu denken, einen neuen gedanklichen Boden für die Politik zu finden.

11.1 Die Studentenbewegung

Das Auftauchen einer lautstarken Bewegung des Protestes gegen die in den westlichen Industriestaaten bestehenden Strukturen kam gleichsam aus heiterem Himmel. Noch kurz nach 1960 attestierten namhafte Soziologen der jüngeren Generation, sie werde niemals »revolutionär, in flammender kollektiver Leidenschaft« agieren[518], und wenig später riefen intellektuelle Angehörige eben dieser Generation tatsächlich zur Revolution auf. Die Protestbewegung war namentlich von Studenten getragen. Es ging den Wortführern und ihrer Gefolgschaft dabei nicht um vordergründig materielle Fragen, sondern um die Gesamtheit der Verhältnisse. Mit großer Entschiedenheit wurde die Überwindung des gegenwärtigen Systems gefordert, da es den Menschen in unentrinnbare Zwänge presse und ihn damit denaturiere. Einige Teilnehmer an diesen Debatten, vor allem in der Bundesrepublik Deutschland, wollten den Wandel so schnell und so kompromißlos, daß sie sich dazu entschieden, ihn durch die Anwendung von Gewalt zu fördern: Sie nahmen zum Terrorismus Zuflucht, der im letzten Menschenalter ja vielfach als wirksames politisches Instrument gewertet wurde[519]. Damit machten sie freilich jede Werbung für ihre Sache zunichte. Tatsächlich stabilisierten sie so das System, das sie eigentlich zerstören wollten.

Der Protest empfing seine Anregungen aus vielen Quellen. Hier ist zunächst auf die unmittelbare Lebenssituation der Träger der Bewegung zu blicken. Sie entfaltete sich auf dem Boden der Massenuniversität mit ihrer Unübersichtlichkeit; die fünfziger Jahre hatten ein schnelles und sich fortsetzendes Ansteigen der Studentenzahlen gebracht. Die Erfahrung von Anonymität in überfüllten Hörsälen förderte die Bereitschaft, sich der Artikulation der Unzufriedenheit anzuschließen. Das war freilich eher ein äußerer Aspekt der Entwicklung. Entscheidender, wenn auch häufig nicht ausreichend bewußt gemacht, war es zweifellos, daß die Modernisierung der

518 Helmut Schelsky, Die skeptische Generation. Eine Soziologie der deutschen Jugend, Düsseldorf 1963, S. 381.

519 Manfred Funke (Hrsg.), Terrorismus. Untersuchungen zur Strategie und Struktur revolutionärer Gewaltpolitik, Bonn 1977.

Produktions- und Lebensverhältnisse im Westen um 1960 einen besonders kräftigen Schub erfuhr. Die wirtschaftliche Situation hatte sich inzwischen derart gestaltet, daß eine fundierte Massenkaufkraft bestand. Besonders deutlich ablesbar war das an der in Westeuropa nun auf breiter Front einsetzenden Motorisierung mit allen ihren Folgen. Die Städte wandelten schnell ihr Gesicht, Autogerechtigkeit wurde zur Parole vieler Kommunalpolitiker. Ebenso aber griff der von der rasch steigenden Zahl der Kraftfahrzeuge erzwungene Verkehrswegebau in die Landschaft ein. Lebhaft vor Augen geführt wurden die Veränderungen auch durch die zügige Durchsetzung des Fernsehens – mit der Allgegenwart von Informationen gleich welcher Art, aber häufig doch von großer Belanglosigkeit – und dem hohen Stellenwert der Werbung für den Kauf neuer und weiterer Produkte. Daß die hier suggestiv präsentierte Konsumgesellschaft auch eine Wegwerfgesellschaft war, zeigten die rasch wachsenden Abfallberge; die Beseitigung des Mülls stellte sich plötzlich als Problem dar. Niemals zuvor, schien es, hatte die Welt sich äußerlich sichtbar in so kurzer Zeit so sehr gewandelt. Mußte man nicht fürchten, daß der Strom der Veränderungen noch reißender werden und die Überschaubarkeit der Lebensverhältnisse und schließlich sogar die Möglichkeit individueller Lebensgestaltung mit sich fortreißen werde?

Für die Wortführer des Protestes war das Gewißheit. Einer solchen Sicht erschien der Kapitalismus, der alles das verursacht hatte, als durchaus bedrohlich. Verstärkt wurde dieser Eindruck noch durch die gleichzeitig hastig vorgenommene Dekolonisation. Die sechziger Jahre waren ein Zeitabschnitt, in dem eine sehr große Zahl von Völkern in die Unabhängigkeit entlassen wurde, ohne daß die Kolonialherren sie ausreichend auf ihre neue Rolle vorbereitet hätten. Das lenkte den Blick der Öffentlichkeit auf die desolaten Zustände in der Dritten Welt und machte vielfach bewußt, was bis dahin noch wenig wahrgenommen worden war: wie schwierig die materielle Situation auf der Südhalbkugel war. Die wie auch immer bedingte Unfähigkeit der Industriestaaten, hier schnell Abhilfe zu schaffen, die kriegerischen Auseinandersetzungen im Gefolge der Dekolonisation – besonders blutig in Algerien, in Nigeria (Biafra-Krieg 1967–1970) und in Indochina – verstärkten noch die Neigung, den Kapitalismus auf die Anklagebank zu setzen. Vor allem der Vietnamkrieg mit der hochtechnisierten Kriegführung der Amerikaner förderte die Protestbewegung nachhaltig.

Sucht man nach einem Generalnenner für das skizzierte Phänomen, so kann man von einer neuerlichen Anpassungskrisis an die moderne Gesellschaft sprechen, ähnlich der, die um die Wende vom 19. zum 20. Jahrhundert eine Jugendbewegung, aber auch politischen Radikalismus hatte entstehen lassen. Hatte man damals gegen die als fremd und damit feindselig erscheinende Gesellschaft das Panier der Gemeinschaft erhoben, so suchte man auch jetzt nach prinzipiellen Lösungen. Man fand sie im Marxismus, allerdings gemeinhin nicht in seiner orthodoxen Spielart. Die Diskussion war äußerst diffus. Sie wurde in der Bundesrepublik Deutschland sehr intensiv geführt, wie hier auch die Bereitschaft zu gewaltsamer Aktivität stark ausgeprägt war. Die herausragende Rolle des Protestes in der Bundesrepublik dürfte dreifach begründet sein. Einmal war hier die Entstehung der Konsumgesellschaft besonders augenfällig – dafür steht das Stichwort Wirtschaftswunder. Zum anderen hatte sich die Sozialdemokratie mit dem Godesberger Programm (1959) völlig vom Marxismus verabschiedet – wenn er auch im Humanismus, auf den sie sich neben der klassischen

Philosophie und der christlichen Ethik als dritten Quell ihrer Grundwerte berief, mitgemeint sein konnte – und das Theoriebedürfnis damit heimatlos gemacht. Und drittens ist die Tatsache zu bedenken, daß mitten in Deutschland die Front des Kalten Krieges verlief. Auch das förderte die Bereitschaft zur Systemüberwindung. Die hierzulande von der Protestbewegung vorgetragene Argumentation kann an dieser Stelle auch nicht in Andeutungen vorgestellt werden[520].

11.2 Herbert Marcuse

Es ist aber unumgänglich, auf einen politischen Denker zu verweisen, auf den sich die Protestbewegung nicht nur in Deutschland immer wieder berief, auf Herbert Marcuse (1898–1979)[521]. Marcuse stammte aus Berlin. Er nahm am Ersten Weltkrieg teil, gehörte bei Kriegsende kurze Zeit einem Arbeiter- und Soldatenrat an und studierte dann in Berlin und Freiburg Literaturwissenschaft und Philosophie. Er promovierte in Freiburg mit einer literaturhistorischen Arbeit, war einige Jahre berufstätig und kehrte dann zu neuerlichen Philosophiestudien nach Freiburg zurück. Husserl und Heidegger beeindruckten ihn stark, daneben Freud. Zunehmend wandte er sich dem Marxismus zu, freilich nicht der orthodoxen Version. Auf Vermittlung Husserls gelangte er an das seit 1931 von Max Horkheimer geleitete Frankfurter *Institut für Sozialforschung*, mit dem er 1933 über Genf nach New York emigrierte. In diesen Jahren schloß er sich der Kritischen Theorie an, behielt aber wegen seiner phänomenologischen Herkunft innerhalb der Frankfurter Schule eine gewisse Sonderstellung. Zwischen 1940 und 1950 war er im Staatsdienst der USA, danach an verschiedenen dortigen Universitäten. Häufig weilte er in Deutschland, ohne sich doch zur Rückkehr entschließen zu können.

Für seinen Einfluß auf die Protestbewegung ist vor allem sein Spätwerk heranzuziehen. Marcuse entwickelte in den USA eine immer kritischere Stellung zum politisch-ökonomischen System dieses Landes. Er hatte den Eindruck, daß seine deutschen Erfahrungen vor 1933 sich wiederholten und glaubte zu sehen, daß auch hier »die Politik immer mehr zur extremen Rechten tendiert, daß die Demokratie immer mehr abgebaut wird, daß die Unterdrückung der Minoritäten zunimmt, und daß eine aggressive Außenpolitik befolgt wird, die bereits in zwei sogenannten ›kleineren Kriegen‹ Ausdruck gefunden hat«. So dachte er, er müsse tun, was immer er als Intellektueller vermochte, »um dieser Bewegung entgegenzuwirken«[522]. In der Opposition gegen die von ihm als gefährlich eingeschätzten Entwicklungen wurde seine Position immer radikaler, und er verfaßte ein recht umfangreiches Spätwerk, das sehr große Resonanz fand. Seine Kritik an den bestehenden Verhältnissen legte er vor allem in seinem Buch *Der eindimensionale Mensch* von 1964 vor[523].

---

520 Gerhard Langguth, Protestbewegung. Entwicklung – Niedergang – Renaissance. Die Neue Linke seit 1968, Köln 1983.

521 Karl Heinz Sahmel, Vernunft und Sinnlichkeit. Eine kritische Einführung in das philosophische und politische Denken Herbert Marcuses, Königstein 1979.

522 Franz Stark (Hrsg.), Revolution oder Reform? Herbert Marcuse und Karl Popper. Eine Konfrontation, München 1972[3], S. 67.

523 Herbert Marcuse, Der eindimensionale Mensch, Neuwied 1967.

Marcuse konstatierte, daß der Kapitalismus bei außerordentlich guter Gesundheit sei. In den Industriestaaten bestehe die reichste Gesellschaft, die je existiert habe. Das immense Warenangebot erzwinge ein Ausweichen in den Imperialismus sowie die Überschußproduktion, die Manipulation des Menschen in Richtung Verschwendung. Der Konsum jedenfalls bestimme wesentlich das Bewußtsein der Menschen. Dabei sei selbst in den fortgeschrittensten Industriestaaten eine verstärkte Verelendung, eine wachsende Massenarmut zu beobachten, von dem immer größer werdenden Abstand zwischen den Industriestaaten und den Ländern der Dritten Welt ganz zu schweigen. Die Stellung der Menschen im Produktionsprozeß sei anders, aber nicht gebessert: Durch die Automatisierung verliere das Individuum an Bedeutung. Ganz allgemein konstatierte Marcuse eine Verrohung und Militarisierung des Lebens. Die Verantwortung dafür wies er insbesondere den Massenmedien zu, vor allem dem Fernsehen. Die Demokratie sah er außerordentlich gefährdet, da sie immer mehr auf die Wahrung von Ruhe und Ordnung bedacht sei. Ihre Funktion reduziere sich darauf, den Status quo zu verteidigen. Wer grundlegende Veränderungen betreibe, könne auf Toleranz nicht zählen. Toleranz sei vielmehr nur noch nominell gegeben, die Herrschaft der Mehrheit zur Herrschaft über die Mehrheit geworden. Wichtige Stabilisierungsfaktoren seien insbesondere Technik und Wissenschaft. All das geschehe im Interesse des Kapitals, in dessen festem Griff der Staat sich befinde.

Die Menschen seien diesem System ganz unterworfen und der Möglichkeit, autonome Person zu sein, verlustig gegangen. Das Individuum sei »in ein Instrument oder gar in den Teil eines Instrumentes« verwandelt, »aktiv und passiv, produktiv oder rezeptiv, in seiner Arbeits- wie Freizeit dient es dem System«[524]. Die Manipulation zur Eindimensionalität sah Marcuse in allen Lebensbereichen wirksam. Dem müsse sich der Mensch widersetzen; Marcuse sprach von einer »großen Weigerung«[525]. Dann sei die Chance zu einer qualitativen Veränderung des Bestehenden gegeben. In der Folge dachte er über die Möglichkeiten konkreten Widerstandes nach, wobei er auch in Rechnung stellte, daß sie außerlegal sein könnten. Er hoffte auf revolutionäre Kräfte, die die bestehende inhumane Gesellschaft humanistisch machen würden. Da die Arbeiterschaft voll in die spätkapitalistische Industriegesellschaft eingegliedert sei, könne die Kraft zur Negation hier nicht mehr gefunden werden. Marcuse erwartete sie vielmehr von nicht integrierten Kräften, von Minderheiten, die zur Triebkraft der Umwandlung werden könnten. Wie die humanistische Gesellschaft aussehen sollte, legte er nicht im einzelnen dar. »Wir wollen eine Gesellschaft, in der es keine Kolonialkriege gibt,... in der keine faschistischen Diktaturen eingerichtet werden müssen, in der es keine zweitklassigen und drittklassigen Bürger mehr gibt«, erklärte er einmal. Das sei zwar alles relativ formuliert, aber man müsse schon ein Vollidiot sein, »um nicht zu sehen, daß in der negativen Formulierung bereits das Positive steckt«[526]. Marcuse wollte den Menschen im Reich der Freiheit sehen und so den Sozialismus im Kern retten. Zu den Strukturen des Ostblocks freilich hatte er ganz und gar kein Vertrauen.

---

524 Herbert Marcuse, Konterrevolution und Revolte, Frankfurt/M. 1973, S. 21.
525 Herbert Marcuse, Der eindimensionale Mensch (Anm. 523), S. 268.
526 Herbert Marcuse, Das Ende der Utopie, Berlin 1967, S. 66f.

11.3 Neue soziale Bewegungen

Die Protestbewegung hatte massiv Front gegen die in den westlichen Demokratien bestehende Ordnung von Staat und Gesellschaft gemacht und einschneidende Veränderungen verlangt, aber schon nach wenigen Jahren an Radikalität verloren. Das bedeutete jedoch nicht, daß es sich bei ihr nur um eine vorübergehende Störung gehandelt hätte. Von ihr gingen vielmehr zahlreiche Anregungen auf das breite Bündel von Bestrebungen aus, das man seit einiger Zeit zusammenfassend als neue soziale Bewegung zu bezeichnen sich gewöhnt, wenn auch mit dem Bedenken, daß es sich dabei um einen »Verlegensheitsbegriff« handeln könnte[527]. Die wichtigsten Bestandteile dieses Komplexes sind das Nachdenken über und das Handeln für den Schutz der Umwelt, ein wachsendes feministisches Selbstbewußtsein und das entschiedene Eintreten für den Frieden[528]. Zum Studentenprotest bestehen personelle Kontinuitätslinien, aber es wäre verfehlt, alles auf die studentische Unruhe um 1970 zurückzuführen, was jetzt Gegenstand der neuen sozialen Bewegungen ist. Die Themen, um die es geht, wurden schon vorher und werden noch über die ganze Breite des politischen Spektrums diskutiert. So gibt es in der inzwischen sehr umfangreichen Literatur naturgemäß keinen einheitlichen gedanklichen Rahmen, keinen Konsens über die erforderlichen Lösungen und keine führenden Programmatiker.

Wenn es gerechtfertigt ist, diese Bewegungen als spezifische – wenn auch noch sehr diffuse – Größe zu erfassen, so nicht so sehr wegen der Thematik, sondern wegen der Methode, mit der hier politische Arbeit betrieben wird. Man versteht sich ganz bewußt als Bewegung. Das soll die Offenheit und Flexibilität kennzeichnen, mit denen man seine Ziele zu realisieren versucht. Es gibt keine sonderlich festen organisatorischen Strukturen. Es widerspräche dem Selbstverständnis der Akteure, sich allzufest einbinden zu lassen – trotz aller Bereitschaft zum kollektiven Handeln. Den Trägern der neuen sozialen Bewegungen ist an vielfältigen Partizipations- und Aktionsformen gelegen, wobei die tradierte Art politischer Tätigkeit weit hinten rangiert. Es soll ein hoher Mobilisationsgrad und ein schnell deutlich erkennbarer Effekt erreicht werden[529]. Die Bemühungen zielen, wenn sie radikal aufgefaßt werden, auf tiefgreifende und umfassende Strukturwandlungen in Staat und Gesellschaft, während sich die gemäßigten Flügel mit Teilreformen zufrieden geben. Definiert man die neuen sozialen Bewegungen von ihrer Arbeitsweise und von ihren prinzipiellen Zielsetzungen her, so läßt sich die Ansicht zwar aufrechterhalten, die Meinungsbreite gehe durch das gesamte politische Spektrum, es ist aber zu präzisie-

527 Roland Roth, Neue soziale Bewegungen, in: Pipers Handbuch der politischen Ideen, hrsg. von Iring Fetscher/Herfried Münkler, Bd. 5, Neuzeit: Vom Zeitalter des Imperialismus bis zu den neuen sozialen Bewegungen, München 1987, S. 496–507, hier: S. 496.

528 Überblick bei Karl Werner Brand (Hrsg.), Neue soziale Bewegungen in Westeuropa und den USA, Frankfurt/M. 1985; 40 Jahre soziale Bewegungen: von der verordneten zur erstrittenen Demokratie, Forschungsjournal Neue Soziale Bewegungen, 2 (1989) 4 (Sonderheft).

529 Zur Definition Joachim Raschke, Zum Begriff der sozialen Bewegung, in: Roland Roth/ Dieter Rucht (Hrsg.), Neue soziale Bewegungen in der Bundesrepublik Deutschland, Bonn – Frankfurt/M. – New York 1987 (überarbeitete und ergänzte Neuauflage 1991²), S. 19–29.

ren, daß der Schwerpunkt dabei eindeutig auf der Linken liegt. Es handelt sich wenigstens um ein ausgeprägt neues Demokratieverständnis, das dem Individuum bei allen politischen Entscheidungen einen sehr hohen Rang einräumt und mit Repräsentation wenig anfangen kann – nicht ›die da oben‹ sollen bestimmen, es soll vielmehr stets der Betroffene gehört werden –, häufig aber um ein breit angelegtes Programm der Lebensreform.

Die älteste Komponente dieses Komplexes ist die feministische, jedenfalls dann, wenn man sie im Zusammenhang der Frauenbewegung sieht. Sie greift weit in das 19. Jahrhundert zurück, wo sie wesentliche Impulse aus den angelsächsischen Ländern erhielt. Es ging zentral darum, der Frau Gleichberechtigung mit dem Mann auf allen Gebieten des Lebens zu verschaffen. Daß das Ziel nur schrittweise erreicht werden könne, war den Vorkämpferinnen der Emanzipation klar[530]. Die jüngste Phase dieses säkularen Prozesses hat ein sehr eigenes Gesicht und wird deshalb auch besser mit einem besonderen Namen belegt und als Feminismus bezeichnet. Starke Anregungen zu dieser Ausprägung kamen aus Frankreich und den USA. Der Name geht auf Charles Fourier (1772–1837) zurück, der die Stellung der Frau als Maßstab für den Grad an Freiheit in einer Gesellschaft ansah. Die Grundschrift der radikalen feministischen Bewegung kam ebenfalls aus Frankreich. Sie stammte von der Schriftstellerin Simone de Beauvoir (1908–1986). In ihrem Buch *Le deuxième sexe* vertrat sie die These, daß die Welt schlechthin von den Männern geprägt sei, auch die Weiblichkeit. Man komme nicht als Frau zur Welt, sondern werde dazu gemacht. Es sei deshalb nötig, die Frau zur Selbstentfaltung zu führen. Zwanzig Jahre später attakkierte die Amerikanerin Kate Millett den von ihr sogenannten Sexismus – die Unterdrückung der Frau wegen ihres Geschlechts – aufs schärfste. Dies sei weltweit und durch alle Zeiten die schlimmste aller Unterdrückungen überhaupt[531].

Viele derer, die sich dem Feminismus anschlossen, dachten nicht so radikal. Sie teilten aber die Klage, daß aus der rechtlichen Gleichstellung mit dem Mann, sofern sie denn überhaupt erreicht sei, immer noch keine tatsächliche Gleichberechtigung geworden sei, daß die Gestaltung der Lebensverhältnisse immer noch weitgehend von Männern bestimmt werde – und zwar primär nach deren Interessen –, und daß die alltäglichen Sorgen und Nöte der Frauen viel stärker berücksichtigt werden müßten. Viele wünschten sich auch mehr Einfluß von Frauen auf die gängigen Wertvorstellungen und erwarteten davon eine Verbesserung der Welt. Auf die Artikulation all dieser Ansichten wirkten namentlich die schnellen sozialen Wandlungen im Laufe der letzten Jahrzehnte ein, die die Frauen verstärkt in das Berufsleben eintreten ließen. Stimulierende Wirkungen gingen vom Kampf um die Abtreibung aus. Insgesamt war der Feminismus der siebziger Jahre kämpferischer als der der achtziger; es erfolgte inzwischen ein gewisser Rückzug ins Private. Die Wege bei der Suche nach voller Emanzipation sind außerordentlich vielfältig[532].

530 Margrit Twellmann, Die deutsche Frauenbewegung. Ihre Anfänge und erste Entwicklung 1843–1889, Kronberg/Ts. 1976; zeitlich anschließend Richard J. Evans, The feminist Movement in Germany 1894–1933, London 1976; vergleichend ders., The Feminists, London 1977.

531 Simone de Beauvoir, Le deuxième sexe, 2 Bde., Paris 1949, dt.: Das andere Geschlecht, Reinbek 1968; Kate Millett, Sexus und Herrschaft. Die Tyrannei des Mannes in unserer Gesellschaft, München 1974 (amerikanisches Original: Sexual Politics, 1969).

532 Herrad Schenk, Die feministische Herausforderung. 150 Jahre Frauenbewegung in Deutschland, München 1980 (1988^{4}), S. 83–237.

Auch die Friedensbewegung hat weit zurückreichende Wurzeln. Sie fußt auf Entwürfen des 18. und dem Pazifismus des 19. Jahrhunderts. Nach dem Zweiten Weltkrieg gelang eine Mobilisierung von Teilen der Öffentlichkeit unter Hinweis auf die Gefahren atomarer Bewaffnung schon in den fünfziger Jahren – die Atombombenabwürfe der Amerikaner im Krieg gegen Japan auf die Städte Hiroshima und Nagasaki im August 1945 boten eindeutiges Anschauungsmaterial für die verheerenden Folgen einer solchen Kampfesweise. Eine Vorbildfunktion erlangte in dieser frühen Phase Großbritannien, wo sich die Gegner einer militärischen Nutzung der Kernenergie in der Ostermarschbewegung formierten und damit Nachfolge in großen Teilen Westeuropas fanden. Aber natürlich ging es nicht um spezielle Waffengattungen, sondern um den Frieden überhaupt, um ein Umdenken auf breiter Front. Ende der siebziger Jahre erfuhr die Resonanz der Friedensbewegung eine beträchtliche Ausweitung. Die Auseinandersetzungen um den sogenannten Nato-Doppelbeschluß vom Dezember 1979 – Nachrüstungen im Bereich der Mittelstreckenwaffen bei gleichzeitigem Verhandlungsangebot an die Sowjetunion zur Reduzierung der Potentiale – gaben der Friedensbewegung ganz außerordentlichen Auftrieb. Diese Phase dauerte einige Jahre an und war gekennzeichnet durch die Verwendung neuer Aktions- und Demonstrationsformen wie Sitzblockaden und Menschenketten und durch eine sehr rege Publizistik[533].

Die größte gesellschaftliche Reichweite hatte und hat sicherlich die Beschäftigung mit ökologischen Fragen. Das wissenschaftliche Interesse an Problemen der Umwelt nahm in den sechziger Jahren deutlich zu, als immer offener zu Tage trat, welche Lasten die Industriegesellschaft für die Natur mit sich brachte. Die in diesem Jahrzehnt einsetzende Massenmotorisierung mit ihrem starken Beitrag zur Luftverschmutzung und dem von ihr nötig gemachten umfassenden Straßenbau hatte für die Zuwendung zu diesem Fragenkreis erhebliche Bedeutung, wenngleich der Zusammenhang damals noch kaum gesehen wurde. Der 1968 begründete, schnell sehr angesehene *Club of Rome*, der sich die Zukunft der Menschheit zum ständigen Beratungsgegenstand gemacht hat, widmete der Belastbarkeit der Umwelt in seiner ersten Studie zentrale Kapitel. Die Untersuchung mußte freilich zugeben, daß für eine intensive Diskussion kaum verläßliche Datenreihen vorlagen; immerhin zeige das verfügbare Material, wie wichtig die Problematik sei. Die Autoren wiesen mit allem Nachdruck darauf hin, daß das Weltsystem immer näher an die Grenzen des Wachstums herantreibe[534]. Die hier vorgetragene Skepsis gegenüber einem unkritischen Fortschritt war kein Novum, sondern schon von vielen anderen sachkundigen Autoren geäußert worden. Inzwischen hatte jedoch die allgemeine Sensibilisierung für diesen Fragenkreis so zugenommen, daß große Teile der Öffentlichkeit in den westlichen Industriestaaten – im Ostblock wurde die Umweltproblematik völlig tabuisiert – sich dafür interessierten. Es entwickelte sich sehr schnell eine außerordentlich breite und sehr lebhafte Diskussion über die Zukunftsperspektiven der

---

533 Karl A. Otto, Vom Ostermarsch zur Apo. Geschichte der außerparlamentarischen Opposition in der Bundesrepublik, Frankfurt/M. – New York 1977, 1982³; Ulrike C. Wasmuth, Friedensbewegungen der 80er Jahre. Zur Analyse ihrer strukturellen und aktuellen Entstehungsbedingungen in der Bundesrepublik Deutschland und den Vereinigten Staaten von Amerika nach 1945. Ein Vergleich, Gießen 1987.

534 Dennis Meadows u.a., Die Grenzen des Wachstums. Bericht des Club of Rome zur Lage der Menschheit, Stuttgart 1972 (amerikanisch: The Limits to Growth, 1972).

Industriewelt, und es kam zu vielfältigen Aktivitäten. Im Zentrum dieser Bestrebungen stand der Kampf gegen die zivile Nutzung der Kernenergie. In der Bundesrepublik Deutschland wurde der Protest gegen die Wiederaufbereitungsanlage Wackersdorf dafür zum Symbol[535].

11.4 Eurokommunismus

Am 26. Juni 1975 verwandte der aus Kroatien stammende Journalist Frane Barbieri, ein intimer Kenner des internationalen Kommunismus, in seinem Artikel *Breschnews Fälligkeiten* in der Mailänder Tageszeitung *Il Giornale Nuovo* erstmals einen in der Folge sehr schnell allgemein gebrauchten Ausdruck. Er schrieb, daß das von dem spanischen Kommunistenführer Santiago Carrillo (geb. 1915) seit einiger Zeit »lancierte Konzept des ›Eurokommunismus‹ immer mehr an Festigkeit« gewinne; es stütze sich auf die westeuropäische Gemeinschaft und passe wenig mit den strategischen Visionen Moskaus zusammen[536]. Diese Ansicht schien eindringlich bestätigt, als am 11. Juli 1975 Carrillo und der Führer der Kommunistischen Partei Italiens Enrico Berlinguer (1922–1984), einige Wochen später, am 15. Oktober, Berlinguer und der französische Parteichef Georges Marchais (geb. 1910) gemeinsame Grundsatzerklärungen abgaben, in denen der Sturz der Diktaturen in Portugal und Griechenland und die beginnende Auflösung des Franco-Regimes in Spanien als tiefe Krise der kapitalistischen Länder Europas interpretiert wurden. Die Arbeiter und die demokratischen Kräfte seien aufgerufen, Wege zu einem glücklichen Ausgang aus dieser Situation zu weisen, »positive Antworten auf die Forderungen der großen Volksmassen nach Freiheit, Mitbestimmung, nach wirtschaftlichem, sozialem und kulturellem Fortschritt zu geben«. Dazu sollte die umfassendste und demokratischste Begegnung aller politischen Kräfte herbeigeführt werden, und zwar bei voller Achtung der Autonomie einer jeden dieser Kräfte. Die Rede war also von einer Großen Koalition oder einer Volksfront. Nur dies eröffne die Aussicht auf Fortschritt und Freiheit, nur dann könnten die Kräfte gesellschaftlicher Konservierung und Reaktion isoliert werden.

Die Perspektive einer sozialistischen Gesellschaft erwachse heute aus der Realität der Dinge und habe die Überzeugung zur Voraussetzung, »daß sich der Sozialismus nur durch die Entwicklung und volle Verwirklichung der Demokratie bekräftigen kann«. Ausdrücklich wurde die Gewährleistung der persönlichen und kollektiven Freiheiten zugesagt, »der Prinzipien der Laizität des Staates, seiner demokratischen Gestaltung, der Parteienvielfalt in einer freien Dialektik, der Selbständigkeit der Gewerkschaft, der religiösen Freiheit, der Freiheit der Meinungsäußerung, der Kultur, der Kunst und der Wissenschaften«. Die Unterzeichner versicherten »feierlich, daß sich in ihrem Begriff vom demokratischen Vormarsch zum Sozialismus in

---

535 Winfried Kretschmer/Dieter Rucht, Beispiel Wackersdorf: Die Protestbewegung gegen die Wiederaufbereitungsanlage. Gruppen, Organisationen, Netzwerke, in: Roland Roth/Dieter Rucht (Hrsg.), Neue soziale Bewegungen (Anm. 529), S. 134–163.

536 Manfred Steinkühler, Der Eurokommunismus ist ein Konzept zur Eroberung, nicht aber zur Ausübung der Macht. Gespräch mit Frane Barbiere …, in: Eurokommunismus im Widerspruch. Analyse und Dokumentation, hrsg., übersetzt und eingeleitet von Manfred Steinkühler, Köln 1977, S. 389–392, hier: S. 390.

Frieden und Freiheit keine taktische Haltung, sondern eine strategische Überzeugung ausspricht, die aus dem Nachdenken über die Gesamtheit der Erfahrungen der Arbeiterbewegung und über die spezifischen historischen Bedingungen der betreffenden Länder in der westeuropäischen Situation« herrühre[537].

Die italienisch-französische Erklärung war noch detaillierter. In die Entwicklung dieser Perspektive waren namentlich italienische Erfahrungen eingegangen. Schon Antonio Gramsci (1891–1937) hatte vor dem Verbot der Partei durch das faschistische Italien eine Einheitsfront gegen den Faschismus gefordert, und sein Nachfolger als Parteichef, Palmiro Togliatti (1893–1964), hatte sogleich bei Einsetzen des Tauwetters nach der Stalin-Ära 1956 darauf verwiesen, daß die Voraussetzungen für den Weg zum Sozialismus in den einzelnen Ländern sehr verschieden seien und daß das sowjetische Modell nicht überall verpflichtend sein könne. Die künftige Entwicklung der kommunistischen Weltbewegung hatte er mit einem Satz kommentiert: »Die Gesamtheit des Systems wird polyzentrisch.«[538]

Die Erwartung, daß das Streben nach Eigenständigkeit der einzelnen Parteien den monolithischen Kommunismus nun auflösen, Moskaus Führungsrolle obsolet machen und grundlegende ideologische Veränderungen einleiten könne, fand im Westen schnell große Resonanz. Der Optimismus wuchs, als die drei Parteiführer ihre Erklärungen in der Folge mehrfach bekräftigten und ihre Auffassungen auch publizistisch breit vertraten. Carrillo trug seine Gedanken 1977 in dem Buch *Eurokommunismus und Staat* ausführlich vor und löste damit gereizte Attacken aus Moskau auf sich aus.

Der Eurokommunismus war Beleg für die zunehmende Meinungsvielfalt im System. Er war die dringend notwendige Anpassung an die Realität Westeuropas und damit eine Korrektur der bis dahin gepflegten Überzeugungen. Aber er war ganz und gar keine Absage an das Ziel. Carrillo, Berlinguer und Marchais sprachen sich nur über den Weg zur Macht aus, die Parole ›Sozialismus‹ blieb unverändert. Dennoch taten sich die übrigen kommunistischen Parteien des Westens und viele Kommunisten in Italien, Spanien und Frankreich mit der Annahme dieser flexiblen Position schwer. Carrillo allerdings wurde von seiner Partei rechts überholt. Er geriet mit ihr 1984 in schweren Konflikt, weil sie ihm zu wenig marxistisch erschien, und verließ sie schließlich.

11.5 Osteuropas Aufbruch zur Demokratie

In den mit der Sowjetunion seit dem Ende des Zweiten Weltkrieges eng verbundenen Staaten hatten die Kommunistischen Parteien die Macht inne und handhabten sie außerordentlich energisch zur Verteidigung ihrer Position und zur Niederhaltung aller anderen Meinungen. Es war aber unverkennbar, daß sie die Gemüter eines großen Teils der Bevölkerung nicht hatten gewinnen können[539]. Mit aller Deutlich-

537 Druck der italienisch-spanischen Erklärung in: Eurokommunismus im Widerspruch (Anm. 536), S. 272–275, der Erklärung von KPI und KPF ebd., S. 275–280.

538 Druck des Togliatti-Interviews (Auszug) vom Frühjahr 1956 ebd., S. 57.

539 François Fejtö, Die Geschichte der Volksdemokratien, 2 Bde., erweiterte Neuausgabe, Frankfurt/M. 1988.

keit erwies sich das im Herbst 1956 in Ungarn. Hier war seit geraumer Zeit Unruhe spürbar. Sie wurde durch Chruschtschows Parteitagsrede gegen Stalin im Februar 1956 gefördert. Wortführer einer Reform des Kommunismus im Sinne einer Entdogmatisierung waren der Literarhistoriker und Philosoph Georg Lukács (1885–1971), der schon 1923 mit seiner Schrift *Geschichte und Klassenbewußtsein* eine Wendung gegen die bolschewistische Praxis vorgenommen und einem westlichen Marxismus das Wort geredet hatte, der antistalinistische Partei- und Staatsfunktionär Imre Nagy (1896–1956) und der Soziologe András Hegedüs (geboren 1922). Seit dem Frühjahr 1956 bestand auch ein studentischer Diskussionskreis, der nach dem Freiheitskämpfer von 1848 *Petöfi-Kreis* benannt war.

Hier wurde lebhaft diskutiert und die Politik der letzten Jahre, der Rákosi-Ära, scharf kritisiert. Da die Parteipresse über diese Erörterungen berichtete, erhielten die Debatten Publizität im ganzen Lande. So nahm die Unruhe zu, und sie wuchs weiter, als im Oktober ermutigende Nachrichten aus Polen kamen. Auch dort herrschte lebhafte Gärung. Zu dieser Zeit wurden die Posener Arbeiter, die im Juni einen Aufruhr gewagt hatten, nur geringfügig bestraft, und schließlich zog die *Vereinigte Sozialistische Arbeiterpartei* in Polen auch personelle Konsequenzen. All das stimulierte die Bewegung in Ungarn sehr. Seit dem 20. Oktober wurden an allen Hochschulen des Landes stürmische Versammlungen abgehalten, bei denen wiederum konkrete politische Forderungen angemeldet wurden, so die nach Bestrafung der für die stalinistische Politik Verantwortlichen und nach Realisierung der Freiheitsrechte. Für den 23. Oktober riefen die Budapester Studenten zu einer Sympathie-Kundgebung für Polen auf. Nach ihrem Ende zogen Demonstranten durch die Stadt. Eine Gruppe begab sich zum Gebäude des Rundfunks, um die Verlesung der am Nachmittag vorgetragenen Forderungen im Radio zu verlangen. Als die Wache des Gebäudes die Tore versperren ließ, schickte sich die Menge an, den Eintritt zu erzwingen. Daraufhin ließ die Wache schießen, und das führte zum offenen Aufstand in ganz Budapest und darüber hinaus weithin im Lande. Innerhalb weniger Tage wurde die Diktatur beseitigt, der Pluralismus erneuert, bis russische Interventionstruppen den vorherigen Zustand nach schweren Kämpfen wiederherstellten[540].

Das gleiche Schicksal wurde knapp zwölf Jahre später dem sogenannten Prager Frühling bereitet. Auch hier hatten sich Unzufriedenheit mit den gegebenen Verhältnissen und das Verlangen nach Reformen immer stärker ausgebreitet. Die Regierung war dem nur wenig entgegengetreten; so konnte der Wirtschaftswissenschaftler Ota Šik (geboren 1920) beispielsweise Ende 1964 einen Plan zur Verbesserung der Wirtschaftslage verkünden, der bei formeller Beibehaltung der Planwirtschaft doch die Einführung erheblicher marktwirtschaftlicher Momente bedeutet hätte. Anfang 1968 wurde mit Alexander Dubček (geboren 1921) ein Reformkommunist zum Ersten Sekretär der Kommunistischen Partei gewählt, im Frühjahr die Regierung umgebildet. Die KPC formulierte jetzt ein Reformprogramm, wonach die Entscheidungsprozesse demokratisiert, das Gewicht der Bürokratie gemindert, die Selbständigkeit der Betriebe ausgeweitet, die Konkurrenz beim Marktgeschehen verstärkt und mehr für die Erfüllung der materiellen Bedürfnisse des Volkes getan werden

---

540 Was in Ungarn geschah. Der Untersuchungsbericht der Vereinten Nationen. Freiburg/Br. 1957, S. 18ff. (§§ 47ff.); Denis Silagi, Ungarn. Geschichte und Gegenwart. Eine Landesbiographie, Hannover 1964², S. 90ff.

sollte. Großen Einfluß auf dieses Programm hatte Šik. Überhaupt entwickelte sich für einige Monate ein für die osteuropäischen Volksdemokratien erstaunliches Maß an Freiheit. Die Politik des Landes konnte ungehindert diskutiert werden. Höhepunkt dieser Erörterungen war das *Manifest der Zweitausend Worte*, das der Schriftsteller Ludvik Vaculik (geboren 1926) formuliert hatte und dem zahlreiche Intellektuelle beitraten; hier wurde eine gründliche Erneuerung des politischen Systems verlangt. Wäre sie in diesem Sinne vorgenommen worden, so hätte die KPC nur noch die Rolle einer politischen Kraft neben anderen spielen können[541]. Am 20. August 1968 setzten russische Truppen unter Beteiligung von Militär aus der DDR, aus Polen und Bulgarien dieser Entwicklung ein Ende. Die Tschechoslowakei wurde zur Linientreue gezwungen.

Damit wurden unbequeme Stimmen zum Schweigen gebracht. Die Unruhe in Osteuropa konnte dieser harte Zugriff aber nicht beseitigen, sondern ihre Artikulation nur in den Untergrund zwingen. Es formierte sich eine Bürgerrechtsbewegung, die mit Untergrund- und Auslandspublikationen und Interviews ihre Absichten immer wieder äußerte[542]. Es fehlt der Raum, die Lebhaftigkeit und die Breite dieser Diskussion hier zu umreißen. Stellvertretend für die vielen Teilnehmer an dieser Bewegung sei der russische Atomphysiker Andrej Sacharow (1921–1989) genannt. Er wandte sich im Juni 1968, noch vor der Niederschlagung des Prager Frühlings, mit einer kleinen Schrift an die Führung seines Landes, an alle Bürger der UdSSR und »an alle Menschen guten Willens in der ganzen Welt«[543]. Darin stellte er zwei Thesen auf, die seines Erachtens die Meinung von sehr vielen Menschen in aller Welt ausdrückten, eine zweifelsfrei zutreffende Vermutung. Erstens wies er darauf hin, daß die menschliche Zivilisation durch einen allgemeinen thermonuklearen Krieg, durch Hungerkatastrophen, »durch Verdummung im Narkosezustand der ›Massenkultur‹ und in der Zwangsjacke des bürokratischen Dogmatismus« gefährdet sei[544]. Es sei ein Verbrechen, weiterhin von der Unvereinbarkeit der Weltideologien zu sprechen. Nur die weltumfassende Zusammenarbeit unter den Bedingungen geistiger Freiheit und die Beseitigung von Dogmatismus und Druck entspreche dem Interesse an der Wahrung der Zivilisation. Scharf wandte er sich gegen Rassismus, Faschismus, Stalinismus und Maoismus und hob demgegenüber den Glauben an den Fortschritt durch die Anwendung der von der ganzen Menschheit gesammelten positiven Erfahrungen im Rahmen sozialer Gerechtigkeit und geistiger Freiheit hervor.

In der zweiten These unterstrich er nochmals, »daß die Menschheit unbedingt geistige Freiheit braucht; die Freiheit, Informationen zu erhalten und zu verbreiten, die Freiheit unvoreingenommener und furchtloser Debatte«. Das sei die einzige Garantie gegen die »Infektion des Volkes durch Massenlegenden, die in den Händen

---

541 O. Pustejovsky, In Prag kein Fenstersturz, München 1968; H. G. Skilling, Interrupted Revolution, New York 1976; Ota Šik, Plan und Markt im Kommunismus, Wien 1967.

542 Vergleichende Darstellung der Dissidentenbewegung in der Sowjetunion und in der Tschechoslowakei bei Miroslav Novak, Du Printemps de Prague au Printemps de Moscou (Janvier 1968 – Janvier 1990). Les Formes de L'Opposition en Union Soviétique et en Tchecoslovaquie depuis 1968, Genf 1990.

543 Andrey D. Sacharow, Wie ich mir die Zukunft vorstelle. Gedanken über Fortschritt, friedliche Koexistenz und geistige Freiheit, Zürich 1968, S. 91.

544 Ebd., S. 10.

arglistiger Heuchler und Demagogen leicht zu blutiger Diktatur werden können«[545]. In breitem Aufriß erläuterte er sodann diese Thesen und sprach dabei viele weitere Punkte an, oft freilich nur kurz – so etwa die Notwendigkeit, innerstaatliche oder internationale Schwierigkeiten konfliktlos zu beseitigen, oder die Möglichkeit für das Volk und die Intelligenzschicht, alle Handlungen, Absichten und Beschlüsse der leitenden Gruppen zu kontrollieren und öffentlich zu prüfen. Die Lebensfähigkeit des sozialistischen Weges erkannte er an, wies aber zugleich darauf hin, daß der Kapitalismus keineswegs in die Sackgasse führe. So setzte er sich für die Annäherung der beiden Systeme ein, des weiteren für die Stärkung der Demokratie. An das Ende seines Programms setzte er die Hoffnung auf eine Weltregierung.

Auf dem hier eingeschlagenen Wege ließ sich Sacharow auch durch massive Repressionen der Sowjetregierung nicht beirren, im Gegenteil: Er wurde dadurch in seinen Überlegungen nur bestärkt. Die Friedensfrage behielt den hohen Stellenwert, den sie für ihn von Anfang an gehabt hatte. Den expansiven Charakter der sowjetischen Außenpolitik sah er zunehmend deutlicher und geißelte ihn. Klarer als anfänglich erkannte er das Sowjetsystem als »totalitär-sozialistische Gesellschaft«, und er meinte, es sei die raffinierteste und am höchsten entwickelte Form[546]. Genauer als in seinen ersten Aufzeichnungen erfaßte er auch den Sinn demokratischer Institutionen, die diesen Namen wirklich verdienten. Für die Verwirklichung der Menschenrechte trat er unerschüttert und kompromißlos ein, und mit großer Befriedigung konnte er dabei das Wachstum der Menschenrechtsbewegung überall in Osteuropa beobachten – hier wäre exemplarisch auf die *Charta 77* zu verweisen, an der der Schriftsteller Václav Havel, heute Präsident der CSFR, der Außenminister des Prager Frühlings Jiri Hajék und der Philosoph Jan Patocka maßgeblich beteiligt waren[547]. Sacharow hob hervor, daß die Idee der Menschenrechte »dem Wesen nach pluralistisch« sei: »sie gestattet es, das gesellschaftliche Leben in verschiedenen Formen zu organisieren, sie toleriert das Nebeneinander dieser verschiedenen Formen und bietet dem Menschen ein Höchstmaß an Freiheit der persönlichen Entscheidung«[548]. Zu den Menschenrechten zählte er stets »das Recht der Bürger, die Entscheidungen der Führer des Landes zu kontrollieren«[549], also in demokratischen Strukturen zu leben.

Als sein Ideal bezeichnete er »die offene pluralistische Gesellschaft mit unbedingter Wahrung der bürgerlichen und politischen Grundrechte des Menschen, eine Gesellschaft mit gemischter Wirtschaft, die den wirtschaftlich regulierbaren allseitigen Fortschritt verwirklicht«[550]. Er erwartete diesen Zustand von einer Konvergenz der beiden großen Weltsysteme. Daß die kommunistischen Parteien wenige Jahre später ihre Macht in der Mehrheit der von ihnen beherrschten Staaten verlieren, in anderen in große Schwierigkeiten kommen würden, konnte auch er sich kaum

545 Ebd., S. 12.
546 Andrej Sacharow, Den Frieden retten! Ausgewählte Aufsätze, Briefe, Aufrufe 1978–1983, hrsg. von Cornelia Gerstenmaier, Stuttgart 1983, S. 33 (Unruhe und Hoffnung, 1977).
547 Archiv der Gegenwart, (1977) 20, S. 687 A.
548 Andrej Sacharow, Den Frieden retten! (Anm. 546), S. 46 (Was uns allen gemeinsam ist. Die Menschenrechtsbewegungen ..., 1978).
549 Ebd., S. 130 (Die Gefahr eines thermonuklearen Krieges, 1983).
550 Ebd., S. 137 (Offener Brief an den Präsidenten der Akademie der Wissenschaften der UdSSR, A. P. Alexandrow, 1980).

vorstellen. Zu dieser Entwicklung haben er und die vielen Männer und Frauen seiner Gesinnung und seiner Unerschrockenheit überall in der östlichen Hälfte Europas kräftig beigetragen.

Aber zum Zusammenbruch des Kommunismus als Ideologie und als Herrschaftssystem kam es nicht deshalb, weil mutige Dissidenten immer wieder für ihre freiheitlichen Überzeugungen eintraten. Gewichtiger war der schließlich reißende Autoritätsverlust, den Parteien und Regierungen überall hinnehmen mußten, weil sie die elementarsten Ansprüche der Menschen nicht mehr erfüllen konnten. Die Wirtschaftslage ist katastrophal. Die Sowjetunion sei ein Entwicklungsland, das Rohstoffe exportiere und das einführe, was es benötige, gab Wjatscheslaw Daschitschew, der Leiter der Abteilung für internationale Wirtschaftsbeziehungen im Institut für Wirtschaft des sozialistischen Weltsystems der Akademie der Wissenschaften in einem Interview im April 1990 zu; die industrielle Ausstattung sei zum großen Teil völlig veraltet und für Geld könne man nichts kaufen. Die Ausbeutung des Menschen durch den Menschen sei nicht beseitigt, und der moderne westliche Kapitalismus sei in vielen Punkten sozialistischer als der Sozialismus[551].

Daß das wirtschaftliche System der UdSSR fortschreitend an Effizienz verlor, war spätestens seit Mitte der siebziger Jahre sichtbar. Jurij W. Andropow (1914–1984), seit dem Tode Breschnews Ende 1982 Generalsekretär der Partei und seit Sommer 1983 auch Vorsitzender des Präsidiums des Obersten Sowjet, zeigte seine Unzufriedenheit mit dieser Entwicklung unmißverständlich, verwies auf die Notwendigkeit, die Entscheidungsprozesse zu demokratisieren und machte einige Änderungsvorschläge. Sein Nachfolger Tschernenko war ein Übergangskandidat, er amtierte nur ein Jahr. Nach seinem Tode im März 1985 wurde Michail Gorbatschow (geb. 1931) mit knapper Mehrheit zum Generalsekretär der KPdSU gewählt. In seiner Dankrede für die Wahl verlangte er eine Wende in der Wirtschaft, und in der Folgezeit klagte er immer wieder öffentlich über den schleppenden Fortschritt in Wissenschaft und Technik, über amtliche Schönfärberei, über vielfältige Trägheit[552]. Zum Generalangriff auf alle Mißstände setzte er 1987 an, vor allem mit seinem *Perestroika*, also Umbau oder Wandel überschriebenen Buch[553]. Gorbatschow ging aber sogleich weiter und meinte, daß von den vielen möglichen Synonymen das Wort Revolution am besten zum Ausdruck bringe, was mit Perestroika gemeint sei. »Perestroika ist eine Revolution«. Eine entscheidende Beschleunigung der sozialökonomischen und kulturellen Entwicklung der sowjetischen Gesellschaft, die mit einschneidenden Veränderungen auf einen qualitativ neuen Staat ziele, sei eine revolutionäre Aufgabe. Die Notwendigkeit dieser zweiten Revolution in Rußland sah er durch die historische Erfahrung bewiesen: Auch die sozialistische Gesellschaft sei nicht gegen stagnierende Tendenzen und sozialpolitische Krisen gefeit gewesen. Jetzt gelte es, in der Entwicklung des Sozialismus einen Sprung nach vorn zu tun. Zeit dürfe nicht verloren werden, die Evolution mit zaghaften Reformen sei nicht anwendbar. »Wir

---

551 »Ohne freie Marktwirtschaft scheitert die Perestrojka.« Ein Gespräch mit Wjatscheslaw Daschitschew, in: Osteuropa, 40 (1990), S. 495–502.

552 Vgl. Walter Laqueur, Der lange Weg zur Freiheit. Rußland unter Gorbatschow, Frankfurt/M. 1989 (amerikanisches Original New York 1989).

553 Michail Gorbatschow, Perestroika, Die zweite russische Revolution. Eine neue Politik für Europa und die Welt, München 1987 (amerikanisches Original 1987).

haben einfach nicht das Recht, uns auch nur einen Tag auszuruhen«. Es gehe um die Zerstörung all dessen, was den schnellen Fortschritt behindere, damit die sowjetische Gesellschaft dann auf ein qualitativ neues Niveau gehoben werden könne. Notwendig sei eine breite und echte Demokratisierung[554]. Gorbatschow betonte immer wieder, daß nicht daran gedacht sei, vom sozialistischen Weg abzuweichen. »Nicht außerhalb, sondern innerhalb des Sozialismus suchen wir nach Antworten auf die Fragen, die sich uns stellen.« Und: »Wir werden uns weiter auf einen besseren Sozialismus zubewegen.«[555]

Wie die Struktur dieses besseren Sozialismus gestaltet sein könne, entwickelte Gorbatschow nur in Umrissen. Er sprach von der Kräftigung des Verantwortungsgefühls auf allen Ebenen und in allen Bereichen, von mehr Offenheit bei allen Vorgängen, von der Wahrung des Rechts, vom Ausbau der Demokratie und deshalb von der Stärkung der Sowjets, von einer neuen Rolle der Gewerkschaften, von der Zuweisung von mehr Entscheidungsrechten an die Betriebe, von der Einfügung der Marktelemente in das Wirtschaftsleben, von der besonderen Sorge für die Jugend, der verbesserten Stellung der Frau und von einer Neuordnung der Beziehungen im Verband der Republiken, und er sagte schließlich, daß die Perestroika überall Kompetenz und höchste Professionalität erfordere. Das Streben nach Dezentralisierung der Verantwortung und Belebung des Gemeingeistes ist unübersehbar, gleichzeitig aber hat das Programm auch Züge eines aufgeklärten Absolutismus.

Die Realisierung dieser Vorstellungen muß in einem zähen innenpolitischen Ringen durchgesetzt werden, wobei Gorbatschow gleichermaßen Parteigenossen abzuwehren hat, die an der reinen Lehre festhalten wollen, wie er allzu ungeduldige Reformer bremsen muß. Wohin der Weg schließlich führen wird, läßt sich nicht absehen, wie denn auch das politische Meinungsspektrum im heutigen Rußland schon sehr breit ist. Ob es gelingt, Sozialismus und Kapitalismus zur Konvergenz zu bringen, ob sich mithin ein pluralistischer Sozialismus schaffen läßt, in dem der Markt darüber entscheidet, was produziert wird, aber eine Reprivatisierung nicht erfolgt, ob es möglich sein wird, eine »sozialistische Marktwirtschaft« zu schaffen[556], das muß die Zukunft zeigen.

---

554 Ebd., S. 59ff.
555 Ebd., S. 42 und S. 43.
556 Gespräch mit W. Daschitschew (Anm. 551), S. 497.

Literaturhinweise

1. Texte

ADAMS, BROOKS, America's Economic Supremacy, New York 1900.
DERS., The New Empire, New York 1902.
ADENAUER, KONRAD, Erinnerungen 1945–1953, Stuttgart 1965.
DERS., Briefe 1949–1951, bearbeitet von Hans Peter Mensing, Berlin 1985.
AKSAN, AKIL (Hrsg.), Mustafa Kemal Atatürk. Aus Reden und Gesprächen, Heidelberg 1981.
ALBRECHT, GERHARD, Vom Klassenkampf zum sozialen Frieden, Berlin 1925.
BARAN, PAUL A., Politische Ökonomie des wirtschaftlichen Wachstums, Neuwied 1966.
BARLOW, NORA, (Hrsg.), The Autobiography of Charles Darwin, London 1958.
BLUNTSCHLI, JOHANN CASPAR, Die Organisation des europäischen Staatenvereins (1878), in: ders., Gesammelte kleine Schriften, Bd. 2, Nördlingen 1881, S. 279–312.
BÖHM, FRANZ, Wettbewerb und Monopolkampf. Eine Untersuchung zur Frage des wirtschaftlichen Kampfrechts und zur Frage der rechtlichen Struktur der geltenden Wirtschaftsordnung, Berlin 1933.
DERS., Wirtschaftsordnung und Staatsverfassung, Tübingen 1950.
BRENTANO, LUJO, Mein Leben im Kampf für die soziale Entwicklung Deutschlands, Jena 1931.
BROZ-TITO, JOSIP, Der jugoslawische Weg. Sozialismus und Blockfreiheit. Aufsätze und Reden, München 1976.
DERS., Die Fabriken in Jugoslawien werden von Arbeitern verwaltet, Belgrad 1950.
BRYCE, JAMES, The Holy Roman Empire, London 1874[4].
BUCHARIN, NIKOLAI I., Theorie des historischen Materialismus. Gemeinverständliches Lehrbuch der marxistischen Soziologie, Hamburg 1922.
DERS., Der Weg zum Sozialismus, Wien 1925.
DERS., Ökonomik der Transformationsperiode, Hamburg 1922.
BUND DER KOMMUNISTEN JUGOSLAWIENS: Das Programm des Bundes der Kommunisten Jugoslawiens. Angenommen von dem Siebenten Kongreß des Bundes der Kommunisten Jugoslawiens in Ljubljana vom 22. bis 26. April 1958, Belgrad 1958.
CHAMBERLAIN, HOUSTON STEWART, Die Grundlagen des 19. Jahrhunderts, 2 Teile, München 1899.
DERS., Rasse und Persönlichkeit, München 1925.
DERS., Auswahl aus seinem Werk, Breslau 1934.
COUDENHOUVE-KALERGI, RICHARD, Kampf um Pan-Europa, 3 Bde., Wien 1925–1928.
DERS., Eine Idee erobert Europa. Meine Lebenserinnerungen, München 1958.
DERS., Pan-Europa, Wien 1923 (1930[6]).
DAHL, ROBERT A., Pluralist Democracy in the United States. Conflict and Consensus, Chicago 1967.
DERS., A Preface to Democratic Theory, Chicago 1956 (dt.: Vorstufen zur Demokratietheorie, Tübingen 1976).
DERS./LINDBLOM, CHARLES E., Politics, Economics and Welfare, New York 1953.
DARWIN, CHARLES, On The Origin of Species by Means of Natural Selection, London 1859, 1861[3] (dt.: Über die Entstehung der Arten durch die natürliche Zuchtwahl, Stuttgart 1860).
DASCHITSCHEW, WJATSCHESLAW: ›Ohne freie Marktwirtschaft scheitert die Perestrojka‹. Ein Gespräch mit Wjatscheslaw Daschitschew, in: Osteuropa, (1990) 40, S. 495–502.
DE BEAUVOIR, SIMONE, Le deuxième sexe, 2 Bde. Paris 1949 (dt.: Das andere Geschlecht, Reinbek 1968).
DÉAT, MARCEL, Le parti unique, Paris 1943.
DERS., Perspectives socialistes, Paris 1930.
DOWNS, ANTHONY, Ökonomische Theorie der Demokratie, Tübingen 1968.

Drumont, Edouard, La France juive, Paris 1886.
Dühring, Eugen, Die Judenfrage als Racen-, Sitten- und Culturfrage. Mit einer weltgeschichtlichen Antwort, Karlsruhe 1881[2] (1880[1]).
Duverger, Maurice, Die politischen Parteien, Tübingen 1959.
Erhard, Ludwig, Marktwirtschaft im Streit der Meinungen, in: ders., Deutsche Wirtschaftspolitik, Der Weg der Sozialen Marktwirtschaft, Düsseldorf-Frankfurt/M., 1962, S. 69–85.
Ders., Wohlstand für alle. Bearbeitet von Wolfram Langer, Düsseldorf 1957.
Ders., Sprachverwirrung um die Wirtschaftsordnung, in: ders., Deutsche Wirtschaftspolitik. Der Weg der Sozialen Marktwirtschaft, Düsseldorf-Frankfurt/M. 1962, S. 23–37.
Erzberger, Matthias, Christlicher Solidarismus als Weltprinzip, Mönchengladbach 1921.
Eucken, Walter, Die Grundlagen der Nationalökonomie, Tübingen 1959[7] (1940[1]).
Ders., Wettbewerb als Grundprinzip der Wirtschaftsverfassung, in: Schmölders, Günter (Hrsg.), Der Wettbewerb als Mittel volkswirtschaftlicher Leistungssteigerung und Leistungsauslese, Berlin 1942, S. 29–49.
Fetscher, Iring (Hrsg.), Der Marxismus. Seine Geschichte in Dokumenten, 3 Bde., München 1976/77[3], (1962/65[1]), einbändige Ausgabe 1973[2] (1967[1]).
Fraenckel, Ernst, Artikel Pluralismus, in: Staat und Politik, hrsg. von Fraenckel, Ernst/ Bracher, Karl Dietrich, Neuausgabe Frankfurt/M. 1964, S. 254–257.
Ders., Demokratie und öffentliche Meinung, in: ders., Deutschland und die westlichen Demokratien, Stuttgart 1968[4], S. 141–164.
Ders., Ursprung und politische Bedeutung der Parlamentsverdrossenheit, in: ders., Deutschland und die westlichen Demokratien, Stuttgart 1968[4], S. 69–78.
Ders., Parlament und öffentliche Meinung, in: ders., Deutschland und die westlichen Demokratien, Stuttgart 1968[4], S. 120–140.
Ders., Der Pluralismus als Strukturelement der freiheitlich-rechtsstaatlichen Demokratie, in: ders., Deutschland und die westlichen Demokratien, Stuttgart 1968[4], S. 165–189.
Ders., Die repräsentative und die plebiszitäre Komponente im demokratischen Verfassungsstaat, in: ders., Deutschland und die westlichen Demokratien, Stuttgart 1968[4], S. 71–109.
Frank, André Gunder, Die Entwicklung der Unterentwicklung, in: ders. (Hrsg.), Kritik des bürgerlichen Anti-Imperialismus, Berlin 1969, S. 30–44.
Ders., Critique and Anti-Critique, Essays on Dependence and Reformism, London 1974.
Ders., Capitalism and Underdevelopment in Latin America, Historical Studies of Chile and Brazil, London 1969 (dt. Frankfurt/M. 1969).
Galton, Francis, Hereditary Genius, its Laws and Consequences, London 1892[2] (1869[1]).
Galtung, Johan, Eine strukturelle Theorie des Imperialismus, in: Senghaas, Dieter (Hrsg.), Imperialismus und strukturelle Gewalt. Analysen über abhängige Reproduktion, Frankfurt/ M. 1972[2], S. 29–104.
Ders., Strukturelle Gewalt. Beiträge zur Friedens- und Konfliktforschung, Hamburg 1975.
Gasa Mustafa Kemal Pascha, Die neue Türkei 1919–1927. Rede...gehalten in Angora vom 15. bis 20. Oktober vor den Abgeordneten der Republikanischen Volkspartei, 2 Bde., Leipzig 1928.
Gentile, Giovanni, Grundlagen des Faschismus, Stuttgart 1936 (= Origine e dottrina del Fascismo, Rom 1929).
Gentz, Friedrich, Über den ewigen Frieden (1800), in: von Raumer, Kurt (Hrsg.), Ewiger Friede, Friedensrufe und Friedenspläne seit der Renaissance, Freiburg 1953, S. 461–497.
Glagau, Otto, Der Börsen- und Gründungsschwindel in Berlin. Gesammelte und stark vermehrte Artikel der ›Gartenlaube‹, Leipzig 1876.
Gobineau, Joseph Arthur Graf von, Versuch über die Ungleichheit der Menschenrassen, übersetzt von Ludwig Schemann, 4 Bde., Leipzig 1939/40[5] (1898/1901[1]). (Essai sur L'Inégalité des Races Humaines, Paris 1853–1855).
Gorbatschow, Michail, Perestroika. Die zweite russische Revolution. Eine neue Politik für Europa und die Welt, München 1987 (Original 1987).
Gundlach, Gustav, Die Ordnung der menschlichen Gesellschaft, 2 Bde., Köln 1964.
Ders., Die sozialen Rundschreiben Leo XIII. und Pius XI., Paderborn 1931.
Haeckel, Ernst, Natürliche Schöpfungsgeschichte, Berlin 1902[10] (1868[1]).

HAILEY, MALCOLM, SIR, An African Survey. A Study of Problems arising in Africa South of the Sahara, London 1938.
HANNA, SAMI/GARDNER, GEORGE, Arab. Socialism, a Documentary Survey, Leiden 1969.
HANOTAUX, GABRIEL, L'Europe et L'Islam, Kairo 1905.
HAYEK, FRIEDRICH AUGUST VON, The Road to Serfdom, London 1943 (dt.: Der Weg zur Knechtschaft, Zürich 1945).
HEGEL, GEORG WILHELM FRIEDRICH, Grundlinien der Philosophie des Rechts, Stuttgart 1952[3].
HERTLING, GEORG FRHR. VON, Aufsätze und Reden sozialpolitischen Inhalts, Freiburg 1894.
HILFERDING, RUDOLF, Das Finanzkapital, Wien 1910.
HITLER, ADOLF, Zweites Buch. Ein Dokument aus dem Jahre 1928, eingeleitet und kommentiert von GERHARD L. WEINBERG, Stuttgart 1961.
DERS., Sämtliche Aufzeichnungen 1905–1924. Herausgegeben von EBERHARD JÄCKEL zusammen mit AXEL KUHN, Stuttgart 1980.
DERS., Monologie im Führerhauptquartier 1941–1945. Die Aufzeichnungen Heinrich Heims, hrsg. von Werner Jochmann, Hamburg 1980.
DERS, Mein Kampf. Zwei Bände in einem Band. Ungekürzte Ausgabe, München 1932[11].
DERS., Hitlers Briefe und Notizen, hrsg. von WERNER MASER, Düsseldorf 1973.
DERS., Hitlers politisches Testament, Die Bormann-Diktate vom Februar bis April 1945. Mit einem Essay von H.R. TREVOR-ROPER und einem Nachwort von A. FRANÇOIS-PONCET, Hamburg 1981.
HOBSON, JOHN A., Imperialism. A Study, London 1905[2] (1902[1]) (dt.: Der Imperialismus, Köln 1968).
HUMAINI, RUBALLAH, Die politische Ordnungsform des Islam. Übersetzung aus ›Wilayat-i Faqih – islamische Regierung‹ von Ayatollah Ruhulah al Musawi Khomeini (Teheran 1979), in: MOHAMMAD DJASSENI, Macht und politische Ordnung im Islam, Phil. Diss., Augsburg 1981, Anhang 1.
DERS., Der islamische Staat, Berlin 1983.
JACOBSEN, HANS-ADOLF/MALLMANN WOLFGANG/MEIER, CHRISTIAN (Hrsg.), Sicherheit und Zusammenarbeit in Europa (KSZE). Analyse und Dokumentation, Bd. 1, 1965–1972, Köln 1973, Bd. 2, 1973–1978, Köln 1978.
KAMENJEW, LEO, Leninismus und Trotzkismus, in: Um den Oktober, Hamburg 1925, S. 53–101.
KARDELJ, EDVARD, Über die Volksdemokratie in Jugoslavien, Belgrad 1950.
KAUTSKY, KARL, Sozialismus und Kolonialpolitik. Eine Auseinandersetzung, Berlin 1907.
KELSEN, HANS, Reine Rechtslehre. Einleitung in die Rechtswissenschaftliche Problematik, Leipzig-Wien 1934.
DERS., Allgemeine Staatslehre, Berlin 1925 (fotomechanischer Nachdruck Bad Homburg 1966).
DERS., Vom Wesen und Wert der Demokratie. Neudruck der zweiten umgearbeiteten Auflage von 1929, Aalen 1963.
KELSO, WILLIAM ALTON, American Democratic Theory. Pluralism and its Critics, Westport Ct./ London 1978.
KETTELER, WILHELM EMMANUEL VON, Die großen sozialen Fragen der Gegenwart, in: MUMBAUER, JOHANNES (Hrsg.), Wilhelm Emmanuel von Kettelers Schriften, Bd. 2, Kempten 1911, S. 210–320.
KEYNES, JOHN MAYNARD, A Treatise on Money, 2 Bde., London 1930 (dt.: Vom Gelde, München 1932, Neudruck Berlin 1952).
DERS., The Economic Consequences of the Peace, London 1919 (dt.: Die wirtschaftlichen Folgen des Friedensvertrages, München 1920).
DERS., The General Theory of Employment, Interest and Money, London 1936 (dt.: Allgemeine Theorie der Beschäftigung, des Zinses und des Geldes, Berlin 1955).
KIDDS, BENJAMIN, Social Evolution, London 1894 (dt.: Soziale Evolution, Jena 1917).
KINDERMANN, GOTTFRIED-KARL, Konfuzianismus, Sunyatsenismus und chinesischer Kommunismus. Dokumente zur Begründung und Selbstdarstellung des chinesischen Nationalismus, Freiburg 1963.
KLEIN, RICHARD F., The Relations of Home Investment to Unemployment, in: Economic Journal, (1931) 41, S. 173–198.

KOMMUNISMUS IN CHINA: Der Kommunismus in China. Eine Dokumentar-Geschichte, bearbeitet von CONRAD BRANDT, BENJAMIN SCHWARTZ und JOHN K. FAIRBANK, München 1955, S. 30–40.

KOMMUNISTISCHE INTERNATIONALE: Protokoll des Vierten Kongresses der Kommunistischen Internationale, Hamburg 1923.

KOMMUNISTISCHE PARTEI CHINAS: Beschluß des Zentralkomitees der Kommunistischen Partei Chinas über die Reform des Wirtschaftssystems, in: Beijing-Rundschau vom 30. Oktober 1984, S. I–XVI.

KRAUS, HERBERT/HEINZE, KURT, Völkerrechtliche Urkunden zur europäischen Friedensordnung seit 1945, Bonn 1953.

LADD, WILLIAM, An Essay on a Congress of Nations, in: Prize Essays on a Congress of Nations, Boston 1840.

LANESSAN, JEAN-MARIE DE, L'Energie Française, Paris 1902.

DERS., L'expansion coloniale de la France, Paris 1886.

LE BON, GUSTAVE, Psychologie des foules, Paris 1895 u. ö. (dt.: Psychologie der Massen, Stuttgart 1908[1], 1973[14]).

LEIBHOLZ, GERHARD, Strukturprobleme der modernen Demokratie, Karlsruhe 1967[3] (1958[1]).

DERS., Das Wesen der Repräsentation und der Gestaltwandel der Demokratie im 20. Jahrhundert, Berlin 1929, 1966[3] (Nachdruck 1973 unter dem Titel: Die Repräsentation in der Demokratie), darin S. 211–248 ders., Der Gestaltwandel der Demokratie im 20. Jahrhundert (separat unter dem Titel: Europa, Erbe und Aufgabe, Mainz 1955).

LENIN, WLADIMIR ILJITSCH, Neue wirtschaftliche Vorgänge im bäuerlichen Leben. (Zu dem Buch von W.J. Postnikow, Die südrussische Bauernwirtschaft'), in: ders., Werke. Ins Deutsche übertragen nach der vierten russischen Ausgabe, Bd. 1, Berlin (DDR) 1961, S. 3–63.

DERS., Was sind die ‚Volksfreunde' und wie kämpfen sie gegen die Sozialdemokratie? Antwort auf die gegen die Marxisten gerichteten Artikel des Russkoje Bogatstwo, ebd., S. 119–338.

DERS., Staat und Revolution. Die Lehre des Marxismus vom Staat und die Aufgaben des Proletariats in der Revolution, in: ders., Werke, Bd. 25, Berlin (DDR) 1960, S. 393–507.

DERS., Abschiedsbrief an die Schweizer Arbeiter. März 1917. Werke, Bd. 23, Berlin 1960, S. 184, S. 380–387.

DERS., Der Imperialismus als höchstes Stadium des Kapitalismus, in: ders., Werke, Bd. 22, Berlin (DDR) 1959.

DERS., Rede über die nationale Frage. 12. 5. 1917. in: ders., Werke, Bd. 24, Berlin (DDR) 1959, S. 289–294.

DERS., Der Partisanenkrieg, in: ders., Werke, Bd. 11, Berlin (DDR) 1958, S. 202–213.

DERS., Die Entwicklung des Kapitalismus in Rußland, in: ders., Werke, Bd. 14, Berlin (DDR) 1961.

DERS., Materialismus und Empiriokritizismus, in: ders., Werke, Bd. 14, Berlin (DDR) 1964.

DERS., Unsere Aufgaben und der Sowjet der Arbeiterdeputierten, in: ders., Werke, Bd. 10, Berlin (DDR) 1964, S. 3–12.

DERS., Zwei Taktiken der Sozialdemokratie in der demokratischen Revolution, in: ders., Werke, Bd. 9, Berlin (DDR) 1964, S. 1–130; einleitend der volle Wortlaut der Resolution. Die Schrift wurde im Juni und Juli 1905 verfaßt.

DERS., Aprilthesen, in: ders., Werke, Bd. 24, Berlin (DDR) 1959, S. 3–8.

DERS., Womit beginnen? in: ders., Werke, Bd. 4, Berlin (DDR), 1959, S. 1–13.

DERS., Was tun?, ebd., S. 355–361.

DERS., Die dringendsten Aufgaben unserer Bewegung, in: ders., Werke, Bd. 4, Berlin (DDR) 1963, S. 365–370.

LIEBER, HANS-JOACHIM/RUFFMANN, KARL-HEINZ (Hrsg.), Der Sowjetkommunismus. Dokumente, Bd. 1, Die politisch-ideologischen Konzeptionen, Köln 1963.

LORIMER, JAMES, Proposition d'un congrès international basé sur le principe de facto, in: Revue de droit international 1871.

DERS., The Institutes of the Law of Nations, London 1884.

LUGARD, FREDERIK D., The Dual Mandate in British Tropical Africa, London 1922.

LUXEMBURG, ROSA, Die Akkumulation des Kapitals, Berlin 1913.

MAHAN, ALFRED T., The Influence of Sea Power upon History, 1660–1783, Boston 1890.

MAHATMA GANDHI: Mahatma Gandhis Autobiographie. Die Geschichte meiner Experimente mit der Wahrheit. Nach der englischen Übersetzung aus dem Gujarati von Mahade Desai ins Deutsche übertragen von Fritz Kraus, Freiburg/Br. 1960.

DERS.: KLOSTERMEIER, KLAUS (Hrsg.), Mahatma Gandhi – Freiheit ohne Gewalt, Köln 1968.

MAO TSE-TUNG, Der Scheinkommunismus Chruschtschows und die Lehren für die Welt, in: GRIMM, TILEMANN (Hrsg.), Mao Tse-tung. Über die Revolution. Ausgewählte Schriften, Frankfurt/M. 1971, S. 388–392.

DERS., Über die neue Demokratie, in: ders., Ausgewählte Werke, Bd. 2, Peking 1968, S. 395–449.

DERS., Über die demokratische Diktatur des Volkes, in: ders., Ausgewählte Werke, Bd. 4, Peking 1968, S. 437–452.

DERS., Strategische Probleme des Partisanenkriegs gegen die japanische Aggression, in: ders., Ausgewählte Werke, Bd. 2, Peking 1968, S. 83–125.

DERS., Kümmern wir uns um das Alltagsleben der Volksmassen, achten wir auf die Arbeitsmethoden (1934), in: ders., Ausgewählte Werke, Bd. 1, Peking 1968, S. 169–175.

DERS., Ausgewählte Schriften. Aus dem Chinesischen übersetzt, hrsg., eingeleitet und mit einem Kommentar und Anmerkungen versehen von TILEMANN GRIMM, Frankfurt/M. 1968.

DERS., Ausgewählte Schriften, 4. Bde., Berlin 1956–1969.

DERS., Untersuchungsbericht über die Bauernbewegung in Hunan, in: ders., Ausgewählte Werke, Bd. 1, Peking 1968, S. 21–64.

DERS., Aus einem Funken kann ein Steppenbrand entstehen, in: ders., Ausgewählte Werke, Bd. 1, Peking 1968, S. 133–146.

DERS.: HELMUT MARTIN (Hrsg.), Mao intern. Unveröffentlichte Schriften, Reden und Gespräche Mao Tse-tungs 1946–1976, München 1977.

MARCKS, ERICH, Die imperialistische Idee in der Gegenwart, in: ders., Männer und Zeiten. Aufsätze und Reden zur neueren Geschichte, Bd. 2, Leipzig 1911, S. 265–291.

MARCUSE, HERBERT, Das Ende der Utopie, Berlin 1967.

DERS., Konterrevolution und Revolte, Frankfurt/M. 1973.

DERS., Der eindimensionale Mensch, Neuwied 1967.

MARR, WILHELM, Der Sieg des Judenthums über das Germanenthum. Vom nicht confessionellen Standpunkt aus betrachtet, Bern 1879.

MAURRAS, CHARLES, Enquête sur la Monarchie. Suivi par »Une campagne royaliste au ›Figaro‹« e »Si le coup de force est possible«. Edition définitive, Paris 1925.

MAYO, HENRY B., An Introduction to Democratic Theory, New York 1960.

MEADOWS, DENNIS U. A., Die Grenzen des Wachstums. Bericht des Club of Rome zur Lage der Menschheit, Stuttgart 1972 (amerikanisch: The Limits to Growth, 1972).

MICHELS, ROBERT, Zur Soziologie des Parteiwesens in der modernen Demokratie. Untersuchungen über die oligarchischen Tendenzen des Gruppenlebens. Neudruck der Zweiten Auflage, hrsg. und mit einem Nachwort versehen von WERNER CONZE, Stuttgart o.J. (1957).

MILLETT, KATE, Sexus und Herrschaft. Die Tyrannei des Mannes in unserer Gesellschaft, München 1974 (amerikanisches Original: Sexual Politics, Garden City/New York 1969).

MOELLENDORFF, WICHARD VON, Von Einst zu Einst. Der Alte Fritz, J.G. Fichte, Freiherr vom Stein, Friedrich List, Fürst Bismarck, Paul Lagarde über Deutsche Gemeinwirtschaft, Jena 1917.

DERS., Deutsche Gemeinwirtschaft, Berlin 1916.

MÜLLER-ARMACK, ALFRED, Wirtschaftslenkung und Marktwirtschaft (1946), in: ders., Wirtschaftsordnung und Wirtschaftspolitik. Studien und Konzepte zur sozialen Marktwirtschaft und zur Europäischen Integration, Freiburg 1966, S. 19–170.

DERS., Die Wirtschaftsordnung sozial gesehen (Ordo-Jahrbuch 1948), in: Wirtschaftsordnung und Wirtschaftspolitik, Freiburg 1966, S. 171–199.

DERS., Die soziale Marktwirtschaft nach einem Jahrzehnt ihrer Erprobung (1959), in: ders., Wirtschaftsordnung und Wirtschaftspolitik, Freiburg 1966, S. 251–265.

DERS., Die zweite Phase der Sozialen Marktwirtschaft. Ihre Ergänzung durch das Leitbild einer neuen Gesellschaftspolitik (1960), in: ders., Wirtschaftsordnung und Wirtschaftspolitik, Freiburg 1966, S. 267–291.

DERS., Soziale Irenik (1950), in: ders., Religion und Wirtschaft, Bern 1981[3], S. 559–578.

MUSSOLINI, BENITO, Die Doktrin des Faschismus, in: ders., Schriften und Reden. Autorisierte Ausgabe, Bd. 8, Zürich 1935, S. 61–95.

DERS., Der Geist des Faschismus. Ein Quellenwerk, hrsg. und erläutert von HORST WAGENFÜHR, München 1943[5].

DERS., Rede auf dem ersten Kongreß der Faschisten, 9. 10. 1919, in: Benito Mussolini, Reden. Eine Auswahl aus den Jahren 1914 bis Ende August 1924, hrsg. von MAX H. MEYER, Leipzig 1925, S. 63–67.

DERS., Der schicksalhafte Endsieg, ebd., S. 278–291.

DERS., Die Feier des Sieges, ebd., S. 326–328.

DERS., Gegen die Neutralität, ebd., S. 9–18.

DERS., Kühnheit, in: ders., Schriften und Reden. 15. November – 23. März 1919, Zürich 1935, S. 1–5.

NASSER, GAMAL ABDEL: Die Arabische Revolution. Nasser über seine Politik, hrsg. und kommentiert von FRITZ RENÉ ALLEMANN, Frankfurt/M. 1958.

NAUMANN, FRIEDRICH, National und international, in: Die Hilfe, 5 (1899) 43.

DERS., Demokratie und Kaisertum. Ein Handbuch für innere Politik. Berlin 1904[3].

DERS., Christlich-Sozial, in: ders., Werke, Bd. 1, Köln 1964, S. 341–370.

NEHRU, JAWAHARLAL, Entdeckung Indiens, Berlin 1959.

DERS., Indiens Weg zur Freiheit, Hamburg 1948.

DERS., Weltgeschichtliche Betrachtungen. Briefe an Indira, Düsseldorf 1957.

DERS.: Mende, Tibor, Gespräche mit Nehru, Hamburg 1956.

NELL-BREUNING, OSWALD VON, Baugesetze der Gesellschaft. Solidarität und Subsidiarität. Durchgesehene Neuausgabe, Freiburg 1990.

NOLTE, ERNST (Hrsg.), Theorien über den Faschismus, Köln 1967, Königstein 1984[6].

Nouveau recueil général des traités des puissances et états de l'Europe. Hrsg. von GEORG FRIEDRICH VON MARTENS, Göttingen 1818.

KNOX, ROBERT, The Races of Men, London 1850.

NUSCHELER, FRANZ/STEFFANI, WINFRIED (Hrsg.), Pluralismus. Konzeptionen und Kontroversen, München 1976[3].

OPPENHEIMER, FRANZ, Großgrundeigentum und soziale Frage. Versuch einer neuen Grundlegung der Gesellschaftswissenschaften, Jena 1922[2] (1898[1]).

DERS., Erlebtes, Erstrebtes, Erreichtes. Lebenserinnerungen, ergänzt durch Berichte und Aufsätze von und über Franz Oppenheimer, hrsg. von L.Y. OPPENHEIMER, Düsseldorf 1964.

OSTROGORSKI, MOISE, La démocratie et l'organisation des partis politiques, 2 Bde., Paris 1903.

PANDEY, B.N. (Hrsg.), The Indian National Movement, 1885–1947, Select Documents, London 1979.

PEARSON-BERICHT. Bestandsaufnahme und Vorschläge zur Entwicklungspolitik, Wien-München 1969 (Pearson-Report, Partners in Development, New York-Washington-London 1969).

PÉRON, JUAN D., Doctrina Peronista, Buenos Aires 1949.

PESCH, HEINRICH, Liberalismus, Sozialismus und christliche Gesellschaftsordnung, 2 Bde., Freiburg 1893/1900.

DERS., Lehrbuch der Nationalökonomie, 5 Bde., Freiburg 1905–1923.

PRÉOBRAJENSKI, E.‹= JEWGENI›, La Nouvelle Économique, Paris 1966.

PRIMO DE RIVERA, José Antonio, der Troubadour der spanischen Falange. Auswahl und Kommentar seiner Schriften und Reden von BERND NELLESSEN, Stuttgart 1965.

RAMA, ANGEL (Hrsg.), Der lange Kampf Lateinamerikas. Texte und Dokumente von José Marti bis Salvador Allende, Frankfurt/M. 1982.

RENAN, ERNEST, Réforme intellectuelle et morale de la France, in: ders., Œuvres Complètes, Bd. 1, Paris 1947, S. 323–542.

ROHLING, AUGUST, Der Talmud-Jude, Münster 1871.

RÖPKE, WILHELM, Internationale Ordnung heute. Erlenbach-Zürich 1954[2] (1945[1]).

DERS., Civitas Humana. Grundfragen der Gesellschafts- und Wirtschaftsreform, Erlenbach-Zürich 1949³ (1944¹).
DERS., Die Gesellschaftskrisis der Gegenwart, Erlenbach-Zürich 1948⁵ (1942¹).
DERS., Jenseits von Angebot und Nachfrage, Erlenbach-Zürich 1961³ (1958¹).
ROSTOW, WALT WHITMAN, The Stages of Economic Growth. A Non Communist Manifesto, Cambridge 1960 (dt.: Stadien wirtschaftlichen Wachstums. Eine Alternative zur marxistischen Entwicklungstheorie, Göttingen 1960).
DERS., The Process of Economic Growth, New York 1952.
RUNDSCHREIBEN, DIE SOZIALEN: Papst Leo XIII. Über die Arbeiterfrage (Rerum Novarum): Papst Pius XI., Über die gesellschaftliche Ordnung (Quadrogesimo anno). Mit Erläuterungen von Paul Jostock, Freiburg 1958² (1948¹).
RÜSTOW, ALEXANDER, Soziale Marktwirtschaft als Gegenprogramm gegen Kommunismus und Bolschewismus, in: LUIGI EINAUDI U. A., Wirtschaft ohne Wunder, Erlenbach-Zürich 1953, S. 97–108.
DERS., Ortsbestimmung der Gegenwart. Eine universalgeschichtliche Kulturkritik, 3 Bde., Erlenbach-Zürich-Stuttgart 1950–1957.
DERS., Zwischen Kapitalismus und Kommunismus, in: Ordo, 2 (1949), S. 100–169.
DERS., Diskussionsbeitrag, in: Verhandlungen des Vereins für Sozialpolitik in Dresden, 28. und 29. September 1932, Leipzig 1932, S. 62–69.
SACHAROW, ANDREJ, Den Frieden retten! Ausgewählte Aufsätze, Briefe, Aufrufe 1978–1983, hrsg. von CORNELIA GERSTENMAIER, Stuttgart 1983.
DERS., Wie ich mir die Zukunft vorstelle. Gedanken über Fortschritt, friedliche Koexistenz und geistige Freiheit, Zürich 1968.
SATZUNG DER VEREINTEN NATIONEN. Mit den vorbereitenden Dokumenten und dem Statut des Internationalen Gerichtshofs. Hrsg. und eingeleitet von WILHELM G. GREWE, Göttingen 1948.
SCHALLMEYER, WILHELM, Vererbung und Auslese im Lebenslauf der Völker, eine staatswissenschaftliche Studie auf Grund der neueren Biologie, Jena 1903 (1918³) unter dem Titel: Vererbung und Auslese. Grundriß der Gesellschaftsbiologie und der Lehre vom Rassedienst.
SCHEMANN, LUDWIG, Die Rasse in den Geisteswissenschaften, München 1928.
DERS., Gobineaus Rassenwerk, Stuttgart 1910.
SCHMOLLER, GUSTAV, Zur 25jährigen Feier des Vereins für Sozialpolitik, in: ders., Zwanzig Jahre Deutscher Politik (1897–1917). Aufsätze und Vorträge, München 1920, S. 23–34.
DERS., Eröffnungsrede, in: Verhandlungen der Eisenacher Versammlung zur Besprechung der Sozialen Frage am 6. und 7. Oktober 1872, Leipzig 1873.
SCHUMPETER, JOSEPH A., Kapitalismus, Sozialismus und Demokratie, Bern 1950² (erweiterte Auflage).
DERS., Aufsätze zur Soziologie, Tübingen 1953, S. 72–146.
DERS., Zur Soziologie der Imperialismen, in: Archiv für Sozialwissenschaft und Sozialpolitik, (1918/19) 46, S. 1–39 und S. 275–310.
SEELEY, JOHN ROBERT, The Expansion of England, London 1883 (dt. Leipzig 1884), hier zitiert nach der Ausgabe: Die Ausbreitung Englands. Bis zur Gegenwart fortgeführt von Michael Freund, Berlin 1954.
SENGHAAS, DIETER, Weltwirtschaftsordnung und Entwicklungspolitik. Plädoyer für Dissoziation, Frankfurt/M. 1977.
SENGHOR, LÉOPOLD SÉDAR, Négritude und Humanismus, Düsseldorf 1967.
DERS., Der Dialog zwischen den Kulturen, in: Dialog mit Afrika und dem Islam. Zwei Vorträge, hrsg. von HANS-PETER RÜGER, Tübingen 1987.
SHDANOW, ANDREJ, Über die internationale Lage, Berlin 1947.
SIK, OTA, Plan und Markt im Kommunismus, Wien 1967.
SMEND, RUDOLF, Verfassung und Verfassungsrecht, München 1928 (Nachdruck zusammen mit anderen Arbeiten zur Integrationstheorie, in: ders., Staatsrechtliche Abhandlungen und andere Aufsätze, Berlin 1955, 1968²).
SOMBART, WERNER, Entwicklungstendenzen im modernen Kleinhandel, in: Schriften des Vereins für Sozialpolitik 88, Leipzig 1900, S. 137–157.
DERS., Sozialismus und soziale Bewegung im 19. Jahrhundert, Jena 1924¹⁰ (1886¹).

SPENCER, HERBERT, Social Statics, London 1851.
STALIN, JOSEF WISSARIONOWITSCH, Die internationale Lage und die Verteidigung der UdSSR, in: ders., Werke, Bd. 10, Berlin (DDR) 1953, S. 3–52.
DERS., Über dialektischen und historischen Materialismus, in: ders., Fragen des Leninismus, Moskau 1947[11], S. 647–679.
DERS., Rechenschaftsbericht auf dem 17. Parteitag über die Arbeit des ZK der KPdSU (B), 26. 1. 1934, in: ders., Werke, Bd. 13, Berlin (DDR) 1955, S. 252–336.
DERS., Zu den Fragen der Agrarpolitik in der UdSSR, Rede am 27. 12. 1929, in: ders., Werke, Bd. 12, Berlin (DDR) 1954, S. 125–152.
DERS., Über die rechte Gefahr in der KPdSU (B), Rede am 19. 10. 1928, in: ders., Werke, Bd. 11, Berlin (DDR) 1954, S. 197–211.
DERS., Zu den Fragen des Leninismus, in: ders., Werke, Bd. 8, Berlin (DDR) 1952, S. 12–81.
DERS., Über die Grundlagen des Leninismus, in: ders., Werke, Bd. 6, Berlin (DDR) 1952, S. 62–166.
DERS., Marxismus und nationale Frage, in: ders., Werke, Bd. 2, Berlin (DDR) 1950, S. 266–333.
STARK, FRANZ (Hrsg.), Revolution oder Reform? Herbert Marcuse und Karl Popper. Eine Konfrontation, München 1972[3],
TILLE, ALEXANDER: Anonym, Volksdienst. Von einem Sozialaristokraten, Berlin 1893.
TOUSSENEL, ALPHONSE DE, Les Juifs, rois de l'époque, Paris 1845.
TROTZKI, LEO, Grundfragen der Revolution, Hamburg 1923.
DERS., Die permanente Revolution, Berlin 1930.
DERS., Mein Leben. Versuch einer Autobiographie, Berlin 1930.
DERS., Ergebnisse und Perspektiven. Die Triebkräfte der Revolution, Frankfurt/M. 1967.
DERS., Die Lehren des Oktober, in: ders., Um den Oktober, Hamburg 1925, S. 7–49.
DERS., Literatur und Revolution, Berlin 1968.
DERS., Verratene Revolution, Frankfurt/M. 1968.
VACHER DE LAPOUGE, GEORGES COMTE, Der Arier und seine Bedeutung für die Gemeinschaft, Frankfurt/M. 1939 (= L'Aryen. Son rôle Social, Paris 1898).
DIES., Les sélections sociales, Paris 1896.
VARGAS, GETULIO: La pensée politique du President Getulio Vargas, Selection, Classement systématique et traduction française par HANS KLINGHOFFER, Rio de Janeiro 1942.
VARGAS LLOSA, MARIO, Gegen Wind und Wetter. Literatur und Politik, Frankfurt/M. 1988.
VERSHOFEN, WILHELM, Die Stufen der Sozietät. Ein Beitrag zur Lehre von den Gestalten, Nürnberg 1931 (Neudruck in: ders., Philosophische Schriften, München 1966, S. 493–552).
DERS., Wirtschaft als Schicksal und Aufgabe, Darmstadt 1930.
VON BLOCH, JOHANN, Der Krieg, 6 Bde., Berlin 1899.
WAGNER, RICHARD, Mein Denken. Eine Auswahl der Schriften, hrsg. und eingeleitet von MARTIN GREGOR DELLIN, München 1982.
WAGNER, ADOLPH, Rede über die soziale Frage… zu Berlin am 12. Oktober 1871, Separatdruck aus den ›Verhandlungen der kirchlichen Oktoberkonferenz in Berlin‹, Berlin 1872.
WAHRMUND, ADOLF, Das Gesetz des Nomadentums und die heutige Judenherrschaft, Berlin 1887.
WEBER, MAX, Politik als Beruf, in: ders., Gesammelte Politische Schriften, Tübingen 1958, S. 909–960.
DERS., Wirtschaft und Gesellschaft. Grundriß der verstehenden Soziologie. Studienausgabe, hrsg. von JOHANNES WINCKELMANN, Köln 1964.
DERS., Parlament und Regierung im neugeordneten Deutschland. Zur politischen Kritik des Beamtentums und Parteiwesens, in: ders., Studienausgabe, Abt. I, Bd. 15, Zur Politik im Weltkrieg. Schriften und Reden 1914–1918, hrsg. von WOLFGANG J. MOMMSEN in Zusammenarbeit mit GANGOLF HÜBINGER, Tübingen 1988, S. 202–302.
DERS., Gesammelte Aufsätze zur Religionssoziologie, Bd. 1, Tübingen 1920.
WEBER, ERNST VON, Vier Jahre in Afrika 1871–1875, Leipzig 1878.
WELTY, EBERHARD, Was nun? Grundsätze und Hinweise zur Neuordnung im deutschen Lebensraum, Brühl 1945.

WILLKIE, WENDELL, One World, London 1943.

WILSON, WOODROW, Memoiren und Dokumente über den Vertrag zu Versailles anno MCMXIX, hrsg. von R. ST. BAKER, in autorisierter Übersetzung von Curt Thesing, Leipzig o.J. (1923).

ZUR BEEK, GOTTFRIED (= Ludwig Müller) (Hrsg.), Die Geheimnisse der Weisen von Zion, Charlottenburg 1938[22] (1919[1]).

2. Allgemeine Darstellungen

ALBERTINI, RUDOLF VON, Dekolonisation. Die Diskussion über Verwaltung und Zukunft der Kolonien 1919–1960, Köln 1966.

ARETIN, KARL OTMAR FRHR. VON, Der Faschismus in seiner Epoche, in: Merkur, 18 (1964), S. 683–686.

BATTENBERG, FRIEDRICH, Das europäische Zeitalter der Juden. Zur Entwicklung einer Minderheit in der nichtjüdischen Umwelt Europas. In zwei Teilbänden, Darmstadt 1990.

BEIN, ALEXANDER, Die Judenfrage. Biographie eines Weltproblems, 2 Bde., Stuttgart 1980.

BRACHER, KARL DIETRICH, Zeit der Ideologien. Eine Geschichte des politischen Denkens im 20. Jahrhundert, Stuttgart 1982, Taschenbuchausgabe 1985.

DERS., Zeitgeschichtliche Kontroversen. Um Faschismus, Totalitarismus, Demokratie, München 1984.

COLE, GEORGE DOUGLAS HOWARD, A History of socialist Thought, 7 Bde., London 1953–1960.

DROZ, JACQUES (Hrsg.), Geschichte des Sozialismus, 12 Bde., Frankfurt/M. 1974.

FENSKE, HANS, Gleichgewicht, Balance, in: BRUNNER, OTTO/CONZE, WERNER/KOSELLECK, REINHART (Hrsg.) Geschichtliche Grundbegriffe, Bd. 2, Stuttgart 1975, S. 959–996.

FRIED, ALFRED H., Handbuch der Friedensbewegung, Bd. 2, Berlin 1911.

GRAUERT, HERMANN VON, Zur Geschichte des Welt-Friedens, der Idee des Völkerrechts und der Idee einer Liga der Nationen, München 1920.

KOLAKOWSKI, LESZEK, Die Hauptströmungen des Marxismus. Entstehung, Entwicklung, Zerfall, 3 Bde., München 1977/79.

LANGHAMMER, ROLF J./STECHER, BERND, Der Nord-Süd-Konflikt. Die Spielregeln der Weltwirtschaft im Brennpunkt, Würzburg–Wien 1980.

LEONHARD, WOLFGANG, Die Dreispaltung des Marxismus. Ursprung und Entwicklung des Sowjetmarxismus, Maoismus und Reformkommunismus, Düsseldorf 1970.

LEROY-BEAULIEU, PAUL, De la colonisation chez les peuples modernes, Paris 1902[5], 1908[6] (Erstauflage 1874).

LINK, WERNER/TÜCKS, PAUL, Der Nord-Süd-Konflikt und die Zusammenarbeit der Entwicklungsländer, Berlin 1985.

MACRIDIS, ROY, Contemporary Political Ideologies, Boston 1986[3].

MARTIN, BERND/SCHULIN, ERNST (Hrsg.), Die Juden als Minderheit in der Geschichte, München 1981.

MARTIN, BERND, Zur Tauglichkeit eines übergreifenden Faschismus-Begriffs. Ein Vergleich zwischen Japan, Italien und Deutschland, in: Vierteljahrshefte für Zeitgeschichte, 29 (1981), S. 48–73.

NAGEL, TILMAN, Staat und Glaubensgemeinschaft im Islam. Geschichte der politischen Ordnungsvorstellung der Muslime, Bd. 2: Vom Spätmittelalter zur Neuzeit, Zürich–München 1981.

NIPPERDEY, THOMAS, Der Faschismus in seiner Epoche. Zu den Werken von Ernst Nolte zum Faschismus, in: Historische Zeitschrift, 210 (1970), S. 620–638.

NOLTE, ERNST, Die Krise des liberalen Systems und die faschistischen Bewegungen, München 1968.

DERS., Der Faschismus in seiner Epoche. Action Française, Italienischer Faschismus, Nationalsozialismus, München 1963.

Rougemont, Denis de, Europa – vom Mythos zur Wirklichkeit, München 1962.
Scheibert, Peter, Von Bakunin zu Lenin. Geschichte der russischen revolutionären Ideologien 1840–1895, Leiden 1956.
Schieder, Theodor, Europa im Zeitalter der Weltmächte, in: ders. (Hrsg.), Handbuch der europäischen Geschichte, Bd. 7, 1, Stuttgart 1979, S. 1–351.
Ders., Europa im Zeitalter der Nationalstaaten und europäische Weltpolitik bis zum 1. Weltkrieg, in: ders. (Hrsg.), Handbuch der europäischen Geschichte, Bd. 6, Stuttgart 1968, S. 1–196.
Sigmund, Paul E., The Ideology of the developing Countries, New York 1972.
Venturi, Franco, Roots of Revolution. A History of the Populist and Socialist Movement in Nineteenth-Century Russia, New York 1964.
Vranicki, Predrag, Geschichte des Marxismus, 2 Bde., Frankfurt/M. 1972 (serbokroatische Originalausgabe 1961).

3. *Weiterführende Literatur*

Abadan, Nermin, Mustafa Kemal Atatürk (1881–1938), in: Hočevar, Rolf K. J./Maier, Hans/Weinacht, Paul Ludwig (Hrsg.), Politiker des 20. Jahrhunderts Bd. I, Die Epoche der Weltkriege, München 1970, S. 143–155.
Abramowski, Günter, Das Geschichtsbild Max Webers. Universalgeschichte am Leitfaden des okzidentalen Rationalisierungsprozesses, Stuttgart 1966.
Albertini, Rudolf von, Die USA und die Kolonialfrage (1917–1945), in: Vierteljahrshefte für Zeitgeschichte, 13 (1965), S. 1–31.
Appollonia, Ariane Chebel de, L'extrême droite en France des Maurras à le Pen, Brüssel 1988.
Bade, Klaus J., Friedrich Fabri und der Imperialismus in der Bismarckzeit. Revolution – Depression – Expansion, Zürich 1975.
Barandon, Paul, Die Vereinten Nationen und der Völkerbund in ihrem rechtsgeschichtlichen Zusammenhang, Hamburg 1948.
Baron, Samuel, Plekhanow, The Father of Russian Marxism, Stanford/Calif. 1963.
Bernecker, Walther L., Spaniens Geschichte seit dem Bürgerkrieg, München 1984.
Bernstorff, Dagmar Gräfin, Mohandas Karamchand Gandhi/Jawaharlal Nehru, in: Hočevar, Rolf K./Maier, Hans/Weinacht, Paul Ludwig (Hrsg.), Politiker des 20. Jahrhunderts, Bd. II, Die geteilte Welt. München 1971, S. 90–111.
Beyme, Klaus von, Vom Faschismus zur Entwicklungsdiktatur. Machtelite und Opposition in Spanien, München 1971.
Biddis, Michael D., Father of Racist Ideology. The social and political Thought of Count Gobineau, London 1970.
Binswanger, Karl, Das Selbstverständnis der Islamischen Republik Iran im Spiegel ihrer neuen Verfassung, in: Orient, 21 (1980), S. 320–330.
Ders., Türkei, in: Ende, Werner/Steinbach, Udo (Hrsg.), Der Islam in der Gegenwart, München 1984, S. 212–220.
Birke, Adolf M., Pluralismus und Gewerkschaftsautonomie in England. Entstehungsgeschichte einer politischen Theorie, Stuttgart 1978.
Blum, Reinhard, Soziale Marktwirtschaft. Wirtschaftspolitik zwischen Neoliberalismus und Ordoliberalismus, Tübingen 1969.
Blumer, Giovanni, Die chinesische Kulturrevolution, Frankfurt/M. 1968.
Boeck, Andreas, Dependencia und kapitalistisches Weltsystem, oder: Die Grenzen globaler Entwicklungstheorien, in: Nuscheler, Franz (Hrsg.), Dritte-Welt-Forschung. Entwicklungstheorie und Entwicklungspolitik, Opladen 1985, S. 56–74.
Brand, Karl Werner (Hrsg.), Neue soziale Bewegungen in Westeuropa und den USA, Frankfurt/M. 1985.

BROSZAT, MARTIN, Der Staat Hitlers, München 1969.
BRUCH, RÜDIGER VOM (Hrsg.), ›Weder Kommunismus noch Kapitalismus‹. Bürgerliche Sozialreform in Deutschland vom Vormärz bis zur Ära Adenauer, München 1985.
BRÜGEL, JOHANN-WOLFGANG, Atlantik-Charta. Eine historisch-politische Studie, in: Europa-Archiv, 6 (1951), S. 1219–1226.
BURTON, DAVID, Theodore Roosevelt, confident Imperialist, Philadelphia 1968.
BYRNES, ROBERT F., Antisemitism in modern France, 2 Bde., New Brunswick 1950.
CHANG, JOHANNES, Der Sozialismus Sun Yat-sens, Phil. Diss., Münster 1965.
CLARK, RONALD W., Charles Darwin, Frankfurt/M. 1985.
COHN, NORMAN, Die Protokolle der Weisen von Zion. Der Mythos von der jüdischen Weltverschwörung, Köln 1969.
COINTE-LABROUSSE, MICHÈLE, Vichy et le fascisme, Brüssel 1987.
CONQUEST, ROBERT, Ernte des Todes. Stalins Holocaust in der Ukraine 1929–1933, München 1988 (London 1986).
CONRAD-MARTIUS, HEDWIG, Utopien der Menschenzüchtung. Der Sozialdarwinismus und seine Folgen, München 1955.
CROZIER, BRIAN, Franco. Eine Biographie, München 1987.
DAHMS, HELLMUTH GÜNTHER, Francisco Franco. Soldat und Staatschef, Göttingen 1972.
DAIM, WILFRIED, Der Mann, der Hitler die Ideen gab. Von den religiösen Verirrungen eines Sektierers zum Rassenwahn des Diktators, München 1958.
DEUTSCHER, ISAAC, Trotzki, 3 Bde., Stuttgart 1962/63 (London 1954–1963), Bd. 1, 1879–1921, Bd. 2, 1921–1929, Bd. 3, 1929–1940.
DERS., Stalin, Stuttgart 1962^2 (englisch 1949).
DJILAS, MILOVAN, Tito. Eine kritische Biographie, Wien 1980 (Taschenbuchausgabe 1982).
DOMARUS, MAX, Hitler. Reden und Proklamationen 1932–1945, 4 Bde., München 1965.
DOMES, JÜRGEN, Die Ära Mao Tse-tung. Innenpolitik in der Volksrepublik China, Stuttgart 1972^2.
DERS., Vertagte Revolution. Die Politik der Kuomintang in China 1923–1937, Berlin 1969.
DERS., Politische Landeskunde der Volksrepublik China, Berlin 1982.
DÜLFFER, JOST, Regeln gegen den Krieg. Die Haager Friedenskonferenz von 1899 und 1907 in der internationalen Politik, Berlin 1981.
DULLES, JOHN W. F., Vargas of Brazil, Austin 1967.
EHLERT, GOTTHARD, Die wirtschaftliche Zentralbehörde des Deutschen Reiches 1914–1919. Das Problem der ›Gemeinwirtschaft‹ in Krieg und Frieden, Wiesbaden 1982.
ENDE, WERNER, Der Schiitische Islam, in: ENDE, WERNER/STEINBACH, UDO (Hrsg.), Der Islam in der Gegenwart, München 1984, S. 70–90.
EVANS, RICHARD J., The feminist Movement in Germany 1894–1933, London 1976.
DERS., The Feminists, London 1977.
FALTER, JÜRGEN, Die Wähler der NSDAP 1928–1933. Sozialstruktur und parteipolitische Herkunft, in: MICHALKA, WOLFGANG (Hrsg.), Die nationalsozialistische Machtergreifung 1933, Paderborn 1984, S. 47–59.
FEJTÖ, FRANÇOIS, Die Geschichte der Volksdemokratien, 2 Bde., erweiterte Neuausgabe, Frankfurt/M. 1988.
FELICE, RENZO DE, Mussolini il rivoluzionario, 1883–1920, Turin 1966.
DERS., Mussolini il fascista I . . . 1921–1925, Turin 1966.
DERS., Mussolini il fascista II . . . 1925–1929, Turin 1968.
DERS., Mussolini il duce I . . . 1929–1936, Turin 1974.
DERS., Mussolini il duce II . . . 1936–1940, Turin 1981 (Neuauflage Bd. 1–5 Turin 1986–1988).
DERS., Der Faschismus. Ein Interview von Michael Arthur Ledeen, übersetzt von Jens Petersen. Mit einem Nachwort von Jens Petersen, Stuttgart 1977.
FERMI, LAURA, Mussolini, Chicago 1961.
FERRO, MARC, Pétain, Paris 1987.
FEST, JOACHIM C., Hitler. Eine Biographie, Berlin–Wien 1983 (Neuausgabe 1987).
FISCHER, LOUIS, Das Leben Lenins, Köln 1965 (amerikanisch 1964).
DERS., Das Leben des Mahatma Gandhi, München 1951 (Aus dem Amerikanischen).

FORNDRAN, ERHARD, Probleme der internationalen Abrüstung . . . 1962–1968, Frankfurt/M. 1970.
DERS., Rüstungskontrolle. Friedenssicherung zwischen Abschreckung und Abrüstung, Düsseldorf 1970.
FORSCHUNGSGRUPPE NEUE SOZIALE BEWEGUNGEN (Hrsg.), 40 Jahre Soziale Bewegungen. Von der verordneten zur erstrittenen Demokratie, Sonderheft 1989 des Forschungsjournals Neue Soziale Bewegungen.
FUNKE, MANFRED (Hrsg.), Terrorismus. Untersuchungen zur Strategie und Struktur revolutionärer Gewaltpolitik, Bonn 1977.
GASMAN, DANIEL, The Scientific Origins of National Socialism, Social Darwinism in Ernst Haeckel and the German Monist League, London 1971.
GEYER, DIETRICH, Der russische Imperialismus. Studien über den Zusammenhang von innerer und auswärtiger Politik 1860–1914, Göttingen 1977.
GOPAR S./KUMAR R. U. A., Jawaharlal Nehru, Oxford 1990.
GOPAR, S., Jawaharlal Nehru. A Biography. Abriged in one Volume, Oxford 1990.
GRIMM, TILEMANN, Mao Tse-tung in Selbstzeugnissen und Bilddokumenten, Reinbek 1968.
GROSSMANN, STEFAN, L'évolution de Marcel Déat, in: Revue d'Histoire de la Deuxième Guerre Mondiale, 25 (1975), S. 3–29.
GRUPP, PETER, Theorie der Kolonialexpansion und Methoden der imperialistischen Außenpolitik bei Gabriel Hanotaux, Bern–Frankfurt/M. 1972.
HAFFNER, SEBASTIAN, Anmerkungen zu Hitler, München 1988[7] (1978[1]).
HALL, DUNCAN H., Mandates, Dependencies and Trusteeship, Washington 1948.
HAMILTON, RICHARD F., Who voted for Hitler?, Princeton 1982.
HAMMER, HERMANN, Die deutschen Ausgaben von Hitlers ›Mein Kampf‹, in: Vierteljahrshefte für Zeitgeschichte, 4 (1956), S. 161–178.
HANF, THEODOR, Arabismus und Islamismus. Der säkularisierte arabische Nationalismus im Vorderen Orient vor der Herausforderung des islamischen politischen Revivalismus, in: WINKLER, HEINRICH AUGUST (Hrsg.), Nationalismus in der Welt von heute, Göttingen 1982, S. 157–176.
HARVEY, H., The Secular as Sacred? The Religio-Political Rationalization of B. G. Tilak, in: Modern Asian Studies, 20 (1986), S. 321–331.
HEIDEKIND, JÜRGEN, Völkerbund und Dekolonisierung, in: Kolonialismus und Kolonialreiche, 5. Tübinger Gespräch zu Entwicklungsfragen vom 11.–12. Mai 1984, Stuttgart 1985, S. 301–309.
HEINZIG, DIETER, Die Krise der Kommunistischen Partei Chinas in der Kulturrevolution, Hamburg 1989.
HICKS, J. R., Mr. Keynes and the Classics, in: Econometrica, (1937)5, S. 147–159.
HILLEKAMPS, CARL H., Lateinamerika – Staaten suchen ihre Nation, Stuttgart 1963.
HOFFMANN, STANLEY, Le Mouvement Poujade, Paris 1956.
HOLLERBACH, ALEXANDER, Zu Leben und Werk Franz Böhms, in: Freiburger Universitätsblätter, (1988) 102, S. 81–89.
ITALIAANDER, ROLF, LÉPOLD SÉDAR SENGHOR, in: HOČEVAR, ROLF K./MAIER, HANS/WEINACHT, PAUL LUDWIG (Hrsg.), Politiker des 20. Jahrhunderts, Bd. II, Die geteilte Welt, München 1971, S. 304–312.
JÄCKEL, EBERHARD, Hitlers Weltanschauung. Entwurf einer Herrschaft, Tübingen 1981[2] (1969[1]).
KENNAN, GEORGE F., Amerika und die Sowjetmacht, Bd. 1, Stuttgart 1958.
KETTENBACH, HANS-WERNER, Lenins Theorie des Imperialismus, Teil I, Grundlagen und Voraussetzungen, Köln 1965.
KIELMANNSEGG, PETER GRAF, Volkssouveränität. Eine Untersuchung der Bedingungen demokratischer Legitimität, Stuttgart 1977.
KINDERMANN, GOTTFRIED-KARL (Hrsg.), Sun Yat-sen. Founder and Symbol of China's Revolutionary Nation Building, München 1982.
DERS., Sun Yat-sen, in: HOČEVAR, ROLF K./MAIER, HANS/WEINACHT, PAUL LUDWIG (Hrsg.), Politiker des 20. Jahrhunderts, Bd. I, Die Epoche der Weltkriege, München 1970, S. 71–91.
KLEIN, LAWRENCE B., The Keynesian Revolution, New York 1963[2] (1947[1]).

KNIRSCH, PETER, Die ökonomischen Anschauungen Nikolai I. Bucharins, Berlin 1959.
KOCH, HANSJOACHIM W., Der Sozialdarwinismus. Seine Genese und sein Einfluß auf das imperialistische Denken, München 1973.
KOCKA, JÜRGEN (Hrsg.), Max Weber, der Historiker, Göttingen 1986.
KOEBNER, RICHARD/SCHMIDT, H. D., Imperialism. The Story and Significance of a Political Word 1840–1960, Cambridge 1964.
KRETSCHMER, WINFRIED/RUCHT, DIETER, Beispiel Wackersdorf: Die Protestbewegung gegen die Wiederaufbereitungsanlage. Gruppen, Organisationen, Netzwerke, in: ROTH, ROLAND/RUCHT, DIETER (Hrsg.), Neue soziale Bewegungen in der Bundesrepublik Deutschland, Bonn 1987 (überarbeitete und erweiterte Neuauflage Bonn 1991).
KUBIZEK, AUGUST, Adolf Hitler, mein Jugendfreund, Graz–Göttingen 1953.
KÜSTERS, HANS JÜRGEN, Die Verhandlungen über das institutionelle System zur Gründung der Europäischen Gemeinschaft für Kohle und Stahl, in: SCHWABE, KLAUS (Hrsg.), Die Anfänge des Schumann-Plans 1950/51, Baden-Baden 1988, S. 73–102.
LACOUTURE, JEAN, Nasser, Paris 1971.
LAFEBER, WALTER, Der ›merkantilistische‹ Imperialismus Alfred T. Mahans, in: WEHLER, HANS-ULRICH (Hrsg.), Imperialismus, Köln 1972[2], S. 389–399.
LAITENBERGER, VOLKHARD, Ludwig Erhard. Der Nationalökonom als Politiker, Göttingen 1986.
LANGGUTH, GERHARD, Protestbewegung. Entwicklung – Niedergang – Renaissance. Die Neue Linke seit 1968, Köln 1983.
LAQUEUR, WALTER, Der lange Weg zur Freiheit. Rußland unter Gorbatschow, Frankfurt/M. 1989 (amerikanisches Original New York 1989).
LEHMANN, HEINZ, Nehru. Baumeister des neuen Indien, Göttingen 1965.
LINDENLAUB, DIETER, Richtungskämpfe im Verein für Sozialpolitik. Wissenschaft und Sozialpolitik im Kaiserreich vornehmlich vom Beginn des ›Neuen Kurses‹ bis zum Ausbruch des Ersten Weltkrieges (1890–1914), Wiesbaden 1967.
LIPGENS, WALTER, Die Anfänge der europäischen Friedensordnung seit 1945, Stuttgart 1977.
LOUVEN, ERHARD, Die Wirtschaftspolitik der Volksrepublik China. Von der Befehlsplanung zum Mischsystem, in: Aus Politik und Zeitgeschichte, B1/1988, S. 23–33.
LÖWE, HEINZ DIETRICH, Antisemitismus und reaktionäre Utopie. Russischer Konservativismus im Kampf gegen den Wandel von Staat und Gesellschaft, Hamburg 1978.
LÖWENTHAL, RICHARD, Maos Revolution, in: ders., Weltpolitische Betrachtungen, hrsg. von HEINRICH AUGUST WINKLER, Göttingen 1983, S. 130–143.
MANSILLA, HUGO C. F., Der südamerikanische Reformismus. Nationalistische Modernisierungsversuche in Argentinien, Bolivien, Peru, Rheinstätten 1977.
MARTEN, HANS-GEORG, Sozialbiologismus. Biologische Grundpositionen der politischen Ideengeschichte, Frankfurt/M. 1983.
MASER, WERNER, Der Sturm auf die Republik, Frühgeschichte der NSDAP, Stuttgart 1973[2].
DERS., Adolf Hitler. Legende, Mythos, Wirklichkeit, München 1971.
MEISSNER, BORIS, Das Ostpaktsystem, Köln 1955.
MILZA, PIERRE, Le Fascisme, Paris 1986.
MOLISCH, PAUL, Geschichte der deutschnationalen Bewegung in Österreich von ihren Anfängen bis zum Zerfall der Monarchie, Jena 1926.
MOMMSEN, WOLFGANG J., Max Weber und die deutsche Politik 1890–1920, Tübingen 1959, 1974[2].
DERS., Imperialismustheorien. Ein Überblick über die neueren Imperialismus-Interpretationen, Göttingen 1967.
MOSSE, GEORGE L., Rassismus. Ein Krankheitssymptom in der europäischen Geschichte des 19. und 20. Jahrhunderts, Königstein/Ts. 1978.
MÜHLEN, PATRICK VON ZUR, Rassenideologien, Geschichte und Hintergründe, Bonn 1977.
NANDA, B. R., Gokhale. The Indian Moderates and the British Raj, Delhi–London 1977.
NAWROTH, EGON EDGAR, Die Sozial- und Wirtschaftsphilosophie des Neoliberalismus, Heidelberg 1962.
NELLESSEN, BERND, Die verbotene Revolution. Aufstieg und Niedergang der Falange, Hamburg 1963.

NICHOLAS, H. G., The United Nations as a Political Institution, London 1959, 1975².
NIPPERDEY, THOMAS/RÜRUP, REINHARD, Antisemitismus, in: BRUNNER, OTTO/CONZE, WERNER/KOSELLECK, REINHART (Hrsg.), Geschichtliche Grundbegriffe, Bd. 1, Stuttgart 1972, S. 129–153.
NIRUMAND, BAHMAN/DADDJOU, K., Mit Gott für die Macht. Eine politische Biographie des Ayatollah Chomeini, Reinbek 1987.
NOLTE, ERNST, Faschismus, in: BRUNNER, OTTO/CONZE, WERNER/KOSELLECK, REINHART (Hrsg.), Geschichtliche Grundbegriffe, Bd. 2, Stuttgart 1975, S. 329–336.
NOVAK, MIROSLAV, Du Printemps de Prague au Printemps de Moscou (Janvier 1968 – Janvier 1990). Les Formes de l'Opposition en Union Soviétique et en Tchecoslovaquie depuis 1968, Genf 1990.
OPITZ, PETER J., Mao Tse-tung, in: HOČEVAR, ROLF K./MAIER, HANS/WEINACHT, PAUL-LUDWIG (Hrsg.), Politiker des 20. Jahrhunderts, Bd. 2, Die geteilte Welt, München 1971, S. 371–409.
OTTO, KARL A., Vom Ostermarsch zur Apo. Geschichte der außerparlamentarischen Opposition in der Bundesrepublik, Frankfurt/M. 1982³ (1977¹).
PAYNE, STANLEY G., Franco's Spain, London 1968.
DERS., Falange. A History of Spanish Fascism, Stanford 1962² (1961¹).
PETERS, RUDOLPH, Erneuerungsbewegungen im Islam vom 18. bis zum 20. Jahrhundert und die Rolle des Islam in der neueren Geschichte: Antikolonialismus und Nationalismus, in: ENDE, WERNER/STEINBACH, UDO (Hrsg.), Der Islam in der Gegenwart, München 1984, S. 91–131.
PEUKERT, DETLEV J. K., Die ›letzten Menschen‹. Beobachtungen zur Kulturkritik im Geschichtsbild Max Webers, in: Geschichte und Gesellschaft, (1986) 12, S. 425–442.
PICHL, EDUARD, Georg Schönerer und die Entwicklung des Alldeutschtums in der Ostmark, 6 Bde., Oldenburg 1938² (1913–1923¹, 4 Bde.).
PILZ, FRANK, Das System der sozialen Marktwirtschaft. Politisch-ökonomische Grundlegung der Konzepte, Prinzipien und Strategien, München 1981 (völlig neu bearbeitete Auflage).
POSSONY, STEFAN T., Lenin, Köln 1965 (amerikanisch 1964).
PULZER, PETER G. J., Die Entstehung des politischen Antisemitismus in Deutschland und Österreich 1867–1914, Gütersloh 1966 (englisches Original 1964).
PUSTEJOVSKY, O., In Prag kein Fenstersturz, München 1968.
RASCHKE, JOACHIM, Zum Begriff der sozialen Bewegung, in: ROTH, ROLAND/RUCHT, DIETER (Hrsg.), Neue soziale Bewegungen in der Bundesrepublik Deutschland, Bonn 1987, S. 19–29.
RAU, HEIMO, Mahatma Gandhi in Selbstzeugnissen und Bilddokumenten, Reinbek 1970.
REBENTISCH, DIETER, Führerstaat und Verwaltung im Zweiten Weltkrieg. Verfassungsentwicklung und Verwaltungspolitik 1939–1945, Stuttgart 1989.
REISSNER, JOHANNES, Die militant-islamischen Gruppen, in: ENDE, WERNER/STEINBACH, UDO (Hrsg.), Der Islam in der Gegenwart, München 1984, S. 470–486.
DERS., Die Innerislamische Diskussion zur modernen Wirtschafts- und Sozialordnung, in: ENDE, WERNER/STEINBACH, UDO (Hrsg.), Der Islam in der Gegenwart, München 1984, S. 155–169.
DERS., Internationale islamische Organisation, in: ENDE, WERNER/STEINBACH, UDO (Hrsg.), Der Islam in der Gegenwart, München 1984, S. 539–547.
REJWAN, N., Nasserist Ideology. Its Exponents and Crisis, New York 1974.
RÉMOND, RENÉ, Les droites en France, Paris 1982 (4. überarbeitete und neugefaßte Auflage; 1963¹).
RHODE, GOTTHOLD, Die südosteuropäischen Staaten von der Neuordnung nach dem I. Weltkrieg bis zur Ära der Volksdemokratien, II. Jugoslawien 1916–1968, in: SCHIEDER, THEODOR (Hrsg.), Handbuch der europäischen Geschichte, Bd. 7, 2, Stuttgart 1979, S. 1183–1240.
RILL, BERND, Kemal Atatürk, Reinbek 1985.
RIOUX, JEAN-PIERRE, La révolte de Pierre Poujade, in: L'histoire, (1981) 32, S. 6–15.
RÖHRICH, WILFRIED, Die repräsentative Demokratie. Ideen und Interessen, Opladen 1981.
ROTH, ROLAND, Neue soziale Bewegungen, in: Pipers Handbuch der politischen Ideen, hrsg. von IRING FETSCHER/HERFRIED MÜNKLER, Bd. 5, Neuzeit: Vom Zeitalter des Imperialismus bis zu den neuen sozialen Bewegungen, München 1987, S. 496–507.
ROTHERMUND, DIETMAR, Die politische Willensbildung in Indien 1900–1960, Wiesbaden 1965.

DERS., Mahatma Gandhi – der Revolutionär der Gewaltlosigkeit. Eine politische Biographie, München 1989.

SAHMEL, KARL HEINZ, Vernunft und Sinnlichkeit. Eine kritische Einführung in das philosophische und politische Denken Herbert Marcuses, Königstein 1979.

SCHAPIRO, LEONARD, Die Geschichte der Kommunistischen Partei der Sowjetunion, Frankfurt/M. 1962[2] (1961[1]).

SCHARLAU, WINFRIED, Parvus-Helpland als Theoretiker in der deutschen Sozialdemokratie und seine Rolle in der ersten russischen Revolution (1867–1910), Diss., Münster 1960.

SCHARLAU, WINFRIED/ZEMAN, ZBYNEK A., Freibeuter der Revolution. Parvus-Helphand. Eine politische Biographie, Köln 1964.

SCHEIBERT, PETER, Lenin an der Macht. Das russische Volk in der Revolution 1918–1922, Weinheim 1984.

SCHELSKY, HELMUT, Die skeptische Generation. Eine Soziologie der deutschen Jugend, Düsseldorf 1963.

SCHENK, HERRAD, Die feministische Herausforderung. 150 Jahre Frauenbewegung in Deutschland, München 1988[4] (1980[1]).

SCHERF, HARALD, John Maynard Keynes (1883–1946), in: STARBATTY, JOACHIM (Hrsg.), Klassiker des ökonomischen Denkens, Bd. 2, Von Karl Marx bis Walter Eucken, München 1989, S. 273–291.

SCHLOCHAUER, HANS-JÜRGEN, Die Idee des ewigen Friedens. Ein Überblick über Entwicklung und Gestaltung des Friedenssicherungsgedankens auf der Grundlage einer Quellenauswahl, Bonn 1953.

SCHNEEBELI, ROBERT, Die zweifache Treuhandschaft. Eine Studie über die Konzeption der britischen Kolonialherrschaft, Zürich 1958.

SCHNEIDER, DIETER, War der Peronismus totalitär?, in: FUNKE, MANFRED (Hrsg.), Totalitarismus. Ein Studien-Reader zur Herrschaftsanalyse moderner Diktaturen, Düsseldorf 1978.

SCHRAM, STUART R., Mao Tse-tung und die Theorie der Permanenten Revolution, 1958–1969, in: OPITZ, PETER J. (Hrsg.), Maoismus, Stuttgart 1972, S. 136–161.

DERS., Das Mao-System. Die Schriften von Mao. Analyse und Entwicklung, München 1972 (New York 1969).

DERS., Mao Tse-tung, Frankfurt/M. 1969 (London 1967).

SCHRÖDER, HANS-CHRISTOPH, Sozialismus und Imperialismus. Die Auseinandersetzung der deutschen Sozialdemokratie mit dem Imperialismusproblem und der ›Weltpolitik‹ vor 1914. Teil 1, Hannover 1968.

SCHULER, WINFRIED, Der Bayreuther Kreis, Münster 1971.

SCHULZ, GERHARD, Der Aufstieg des Nationalsozialismus, Krise und Revolution in Deutschland, Frankfurt/M. 1975.

SCHWARTE, JOHANNES, Gustav Gundlach S. J. (1892–1963). Repräsentant und Interpret der katholischen Soziallehre während der Pontifikate Pius XI. und Pius XII., Paderborn 1975.

SIEBERG, HERWARD, Eugàne Etienne und die französische Kolonialpolitik (1887–1904), Köln 1968.

SILAGI, DENIS, Ungarn. Geschichte und Gegenwart. Eine Landesbiographie, Hannover 1964[2].

SKALNIK, KURT, Dr. Karl Lueger. Der Mann zwischen den Zeiten, Wien 1954.

SKILLING, H. G., Interrupted Revolution, New York 1976.

SMITH, E. E., Der junge Stalin, München 1969 (New York 1967).

SOUVARINE, BORIS, Stalin. Frühgeschichte des Bolschewismus, München 1979.

SROUR, HANI, Die Staats- und Gesellschaftstheorie des Sayyid Gamaladdin ›Al-Afghani‹ als Beitrag zur Reform der islamischen Gesellschaften in der zweiten Hälfte des 19. Jahrhunderts, Freiburg i. Br. 1977.

STEFFANI, WINFRIED, Vom Pluralismus zum Neopluralismus, in: OBERREUTER, HEINRICH (Hrsg.), Pluralismus, Grundlegung und Diskussion, Opladen 1980, S. 37–108.

STEINBACH, UDO, Iran, in: ENDE, WERNER/STEINBACH, UDO (Hrsg.), Der Islam in der Gegenwart, München 1984, S. 220–236.

DERS., Vom islamisch-westlichen Kompromiß zur ›Re-Islamisierung‹, in: ENDE, WERNER/STEINBACH, UDO (Hrsg.), Der Islam in der Gegenwart, München 1984, S. 198–211.

Steinkühler, Manfred, Der Eurokommunismus ist ein Konzept zur Eroberung, nicht aber zur Ausübung der Macht. Gespräch mit Frane Barbiere . . . , in: Eurokommunismus als Widerspruch. Analyse und Dokumentation, hrsg., übersetzt und eingeleitet von Manfred Steinkühler, Köln 1977, S. 389–392.

Sternhell, Zeev, Ni droite ni gauche. L'idéologie fasciste en France, Paris 1983.

Strothmann, Rudolf, Die Zwölfer-Schi'a, Leipzig 1926.

Tella, Torcuato di, Populism and Reform in Latin America, in: Veliz, Claudio (Hrsg.), Obstacles to Change in Latin America, London 1968, S. 47–74.

Thamer, Hans-Ulrich/Wippermann, Wolfgang, Faschistische und Neofaschistische Bewegungen, Darmstadt 1977.

Thomas, Hugh, Der Spanische Bürgerkrieg, Frankfurt/M. 1964 (London 1961).

Ders., Der Held im leeren Raum, in: Laqueur, Walter/Mosse, George L., Internationaler Faschismus 1920–1945, München 1966.

Tibi, Bassam, Nationalismus in der Dritten Welt am arabischen Beispiel, Frankfurt/M. 1971.

Türkische Unesco-Kommission (Hrsg.), Atatürk. Sein Leben und seine Werke, Ankara 1981.

Twellmann, Margrit, Die deutsche Frauenbewegung. Ihre Anfänge und erste Entwicklung 1843–1889, Kronberg/Ts. 1976.

Tyrell, Albrecht, Vom ›Trommler‹ zum ›Führer‹. Der Wandel von Hitlers Selbstverständnis zwischen 1919 und 1924 und die Entwicklung der NSDAP, München 1975.

Uertz, Rudolf, Christentum und Sozialismus in der frühen CDU. Grundlagen und Wirkungen der christlich-sozialen Ideen in der Union 1945–1949, Stuttgart 1981.

Was in Ungarn geschah. Der Untersuchungsbericht der Vereinten Nationen, übersetzt von Elfriede Müller, bearbeitet von Herbert Auhofer, Freiburg/Br. 1957.

Varma, Brasad, The political Philosophy of Sri Aurobindo, Bombay 1960.

Waldmann, Peter, Der Peronismus 1943–1955, Hamburg 1974.

Walters, Francis Paul, A History of the League of Nations, London–New York 1969[3].

Wasmuth, Ulrike C., Friedensbewegungen der 80er Jahre. Zur Analyse ihrer strukturellen und aktuellen Entstehungsbedingungen in der Bundesrepublik Deutschland und den Vereinigten Staaten von Amerika nach 1945. Ein Vergleich, Gießen 1987.

Watrin, Christian, Festvortrag ›Freiheit und Gleichheit‹, in: Friedrich August von Hayek, Vorträge und Ansprachen auf der Festveranstaltung der Freiburger Wirtschaftswissenschaftlichen Fakultät, zum 80. Geburtstag von Friedrich August von Hayek, Baden-Baden 1980, S. 21–31.

Weggel, Oskar, Die Volksrepublik China in der Krise, Gesellschaftliche und politische Hintergründe der Studentenunruhen, in: Aus Politik und Zeitgeschichte, B 44/1989, S. 25–36.

Wehberg, Hans, Ideen und Projekte betr. die Vereinigten Staaten von Europa, in: Die Friedens-Warte, 41 (1941), S. 101–108.

Weismann, August, Charles Darwin und sein Lebenswerk, Jena 1909.

Werz, Nikolaus, Das neuere politische und sozialwissenschaftliche Denken in Lateinamerika, Habilitationsschrift, Freiburg/Br. 1990.

Wild, Stefan, Gamal Abdel Nasser, in: Hočevar, Rolf K./Maier, Hans/Weinacht, Paul Ludwig (Hrsg.), Politiker des 20. Jahrhunderts, Bd. II, Die geteilte Welt, München 1971.

Wippermann, Wolfgang, Faschismus-Theorien. Zum Stand der gegenwärtigen Diskussion, Darmstadt 1972 (dritte erweiterte Aufl. 1976).

Ders., Europäischer Faschismus im Vergleich (1922–1982), Frankfurt/M. 1982.

Wolf, Dieter, Die Doriot-Bewegung. Ein Beitrag zur Geschichte des französischen Faschismus, Stuttgart 1967.

Wolfe, Bertram D., Lenin, Trotzkij, Stalin. Drei, die eine Revolution machten. Eine biographische Geschichte, Frankfurt/M. 1965 (amerikanisch 1964[4]).

Wolff, Otto, Indiens Beitrag zum neuen Menschenbild. Ramakrishna, Gandhi, Sri Aurobindo, Hamburg 1957.

Wünsche, Horst Friedrich, Ludwig Erhards Gesellschafts- und Wirtschaftskonzeption. Soziale Marktwirtschaft als politische Ökonomie, Stuttgart 1986.

Wurgaft, L. D., The Imperial Imagination: Magic and Myth in Kipling's India, Middletown 1983.

ZELINSKY, HARTMUT, Die ›Feuerkur‹ des Richard Wagner oder die ›neue Religion‹ der ›Erlösung‹ durch ›Vernichtung‹, in: Musik-Konzepte, (1980) 5, (1981²), S. 79–112.
DERS., Richard Wagner – ein deutsches Thema. Eine Dokumentation zur Wirkungsgeschichte Richard Wagners 1876–1976, Frankfurt/M. 1976.
ZIMMERN, ALFRED, The League of Nations and the Role of Law 1918–1935, London 1936.
ZITELMANN, RAINER, Hitler. Selbstverständnis eines Revolutionärs, Stuttgart 1987.
DERS., Adolf Hitler. Eine politische Biographie, Göttingen 1989.
ZMARZLIK, HANS-GÜNTHER, Der Sozialdarwinismus in Deutschland als geschichtliches Problem, in: Vierteljahrshefte für Zeitgeschichte, 11 (1963), S. 246–273.

HANS-JOACHIM LIEBER

Zur Theorie totalitärer Herrschaft

1. Zeitgeschichtlicher Ursprung und Stellenwert der Totalitarismustheorie

Die Theorien über Ursprung und Struktur totalitärer Herrschaft haben in der deutschen politikwissenschaftlichen, soziologischen und ideologiekritischen Diskussion besonders nach dem Zweiten Weltkrieg eine besondere Bedeutung vor allem deshalb erlangt, weil sie selbst beanspruchten und über lange Zeit auch tatsächlich geeignet erschienen, ein Doppeltes zu leisten: Den Nationalsozialismus, sein Entstehen, seine Struktur, seinen – wenn auch nur kurzen, jedoch die weltpolitische Lage grundlegend verändernden – Siegeszug und seinen Zusammenbruch erklärbar zu machen und zugleich eine theoretische Orientierung in der nach dem Zweiten Weltkrieg sich verschärfenden Ost/West-Spannung zu bieten. Diese sollte als fundamentaler Konflikt zwischen liberaler Demokratie und totalitärer Diktatur begriffen werden können.

Das heißt: Nationalsozialismus wie Bolschewismus stalinscher Prägung sollten gleichermaßen als je konkrete Ausprägungen eines einheitlichen Typs von Herrschaft deutbar werden. Der Begriff totalitärer Herrschaft hatte somit von Beginn seiner politikwissenschaftlichen Wirkung an einen ausgeprägt zeitgeschichtlichen Bezug.

Phänomene des Nationalsozialismus in Deutschland wie die Zerschlagung der Parteienpluralität und der freien, organisierten Interessenvertretungen legal konkurrierender gesellschaftlicher Gruppen, die politische Gleichschaltung gesellschaftlicher Differenziertheit, von Kunst, Kultur und Wissenschaft, von Presse und Film im Namen einer einheitlichen Ideologie, die Reduzierung politischen Denkens und Handelns auf das Orientierungsmuster einer primitiven Freund-Feind-Alternative – dies und noch vieles andere schien geradezu auf einen neuen erklärenden Begriff in der politischen Theorie hinzudrängen.

Alle diese Phänomene fanden im Zweiten Weltkrieg ebenso ihren Höhepunkt wie die schon vor seinem Ausbruch begonnene, in ihm verstärkt fortgesetzte und schließlich als »Endlösung der Judenfrage« deklarierte Ausrottung ganzer sozialer, ethnischer und religiöser Gruppen. Auschwitz – hier als Symbol genommen – erwies sich als äußerste, aber eben doch wohl auch logische Konsequenz dieser politischen Ideologisierung und Gleichschaltung. Es wurde sichtbar, daß zu ihrer Erklärung und Analyse offenbar Begriffe wie Despotismus, Tyrannis, Autokratie, Diktatur, die bis dahin der politischen Theorie zur Verfügung standen, nicht mehr ausreichten.

Eine andere historisch-politische Erfahrung unseres Jahrhunderts drängte die politisch-theoretische Diskussion in die gleiche Richtung. Die nach der erfolgreichen

Revolution von 1917 in Rußland durch die Bolschewiki übernommene und als Diktatur des Proletariats verstandene beziehungsweise ausgegebene Herrschaft hatte sich in den nachfolgenden zwei Jahrzehnten vor allem infolge der Machtübernahme durch Stalin in einer Weise konsolidiert, die es zumindest als fraglich erscheinen ließ, ob dieser etablierte »Stalinismus« noch mit den Erwartungen zu vereinbaren war, die die Revolution getragen hatten.

Gewiß: Lenins Konzept des »demokratischen Zentralismus« verhieß von Anbeginn eine nachrevolutionäre Entwicklung in Rußland, die zur parlamentarisch-demokratischen oder pluralistisch-liberalen Konzeption von Demokratie konträr verlaufen mußte. Das schloß aber nicht aus, daß die geistige Atmosphäre innerhalb der kommunistischen Partei Rußlands in den ersten Jahren des jungen Sowjetstaates durchaus noch offen und von einer sehr intensiven innerparteilichen Diskussion über den einzuschlagenden Weg der gesellschaftlich-politischen Entwicklung unter nationaler wie internationaler Perspektive geprägt war.

Erst mit der Übernahme der Macht innerhalb der Partei durch Stalin nach Lenins Tod und den damit verbundenen Nachfolgekämpfen und schließlich im Zusammenhang mit den großen Säuberungsprozessen in den dreißiger Jahren entwickelte sich in der Sowjetunion die diktatorische Herrschaftsstruktur eines Staates, der von seinen Machtansprüchen keinen gesellschaftlichen Lebensbereich aussparte. Zu dessen Strukturmerkmal gehörte ebenfalls die Denunziation, gnadenlose Verfolgung, Deportation und Massenvernichtung von »Andersdenkenden«, von als »Klassenfeinden« beziehungsweise »Staatsfeinden« deklarierten einzelnen oder ganzen Gruppen. Gerade dieser als totale Diktatur eines einzelnen – nämlich Stalins und seiner Funktionärsbürokratie – konsolidierte Sowjetstaat wurde in seinen auf Ost- und Ostmitteleuropa bezogenen imperialen Ambitionen für den Ost-West-Konflikt mitbestimmend, der in dieser Zeit seine ersten Konturen gewann. In diesem Zusammenhang wurden die Strukturähnlichkeiten, ja Strukturgleichheiten in Herrschaftsaufbau, Herrschaftstechnik und Herrschaftslegitimierung zwischen Nationalsozialismus und Bolschewismus stalinscher Prägung immer sichtbarer. Von da aus ergab sich auch mit einer gewissen inneren Konsequenz die Frage, ob denn nicht diese zeitgeschichtlichen Ausprägungen moderner Diktaturen analytisch mit Begriffen erfaßt werden müßten, die in der bisherigen politischen Theorie und ihrer Begrifflichkeit noch nicht zur Verfügung standen.

Als ein Schlüsselbegriff zur Beschreibung und Analyse der modernen Diktaturen des Nationalsozialismus und Bolschewismus, der diese gegen historisch-klassische Ausprägungen von Despotie oder Tyrannis abgrenzen helfen sollte, erwies sich für viele Jahre der Begriff des »Totalitarismus« oder der »totalitären Diktatur«. Gerade dieser Begriff aber enthielt – wie sich bald zeigen sollte – in sich eine vielschichtige Problematik, die die Diskussion innerhalb der Politikwissenschaft, Soziologie und Sozialphilosophie nachhaltig bestimmte und wohl auch heute noch nicht als endgültig beendet angesehen werden darf[1]. Diese Problematik und die Versuche ihrer theoretischen Bewältigung sollen nachfolgend wenigstens in den Grundzügen dargestellt werden.

---

1 Zwar sind grundsätzliche Auseinandersetzungen mit Begriff und Theorie des »Totalitären«, die über den gegen Ende der siebziger/Anfang der achtziger Jahre erreichten Diskussionsstand hinausführen, nicht mehr erschienen. Jedoch haben die nach Beginn der Ära Gorba-

2. Typus und Struktur totalitärer Herrschaft – Kernaussagen der Totalitarismustheorie

Die wissenschaftlich folgenreichsten Publikationen zur Analyse moderner totalitärer Diktaturen erschienen in den fünfziger Jahren. Es handelt sich um das Buch von Hannah Arendt *Elemente und Ursprünge totalitärer Herrschaft* (1955) und um das Buch von Carl Joachim Friedrich *Totalitäre Diktatur* (1957). Unter methodologischem Gesichtspunkt können beide Publikationen als Versuche bezeichnet werden, einen Idealtypus »totalitärer Herrschaft« zu beschreiben, der auf historisch unterschiedliche Erscheinungsformen solcher Herrschaft zutreffen und zu deren Erklärung oder auch nur Analyse tauglich sein soll. Als Versuche solcher Art stehen sie, was die Methode anbelangt, in der Tradition der Sozialwissenchaften, die auf Max Weber zurückweist und als typologisierend verfahrende Soziologie bezeichnet werden kann.

Leistungsmöglichkeit und Leistungsgrenze dieser Methodik sind schon in bezug auf Max Weber kritisch diskutiert worden. Diese Einwände treffen natürlich auch auf die Totalitarismusforschung der Zeit nach dem Zweiten Weltkrieg zu. Die dieser Methode entgegengehaltene Frage lautet: Ob und in welchem Ausmaß verbaut sich eine mit idealtypischen Begriffen verfahrende Soziologie den Zugang zur erkenntnismäßigen Erschließung gerade der historischen Dimension je konkreter Herrschaftsordnungen, indem sie das historisch-konkret Singuläre eines Herrschaftssystems als bloß akzidentellen Fall einer allgemeinen Struktur erklärt und damit seiner Singularität beraubt? Auf diesen methodologischen Einwand wird noch zurückzukommen sein, denn er hat in den Diskussionen um die Totalitarismusforschung der sechziger und siebziger Jahre eine nicht unerhebliche Rolle gespielt.

Zunächst jedoch ist festzuhalten, daß im Sinne der genannten Publikationen von totalitärer Diktatur oder totalitärer Herrschaft nur sollte gesprochen werden können, insofern folgende typische Strukturmerkmale erfüllt waren:

1. Eine von einem einzelnen oder einer Minderheit autoritär geführte und beherrschte sogenannte Massenbewegung erhebt einen durch die Beherrschten grundsätzlich nicht kontrollierbaren Ausschließlichkeitsanspruch auf die politische Herrschaft. Sie verfügt durch eine zentralistisch aufgebaute, bürokratische Herrschaftsapparatur – eine »perfektionierte Verwaltung«, die allein an ihrem Effekt orientiert ist – über das Mittel zur realen Durchsetzung dieses Herrschaftsanspruches.
2. Das auf diese Weise zentral gelenkte und beherrschte politische Machtsystem erstreckt sich rückhaltlos und unbegrenzt in alle gesellschaftlichen Lebensbereiche (zum Beispiel Familie, Sport, Urlaub, Nachbarschaft, Betrieb, Vereine). Es schaltet diese Lebensbereiche dem politischen Herrschafts- und Planungsgefüge entsprechend gleich und durchdringt die Gesamtgesellschaft so, daß es grundsätzlich keine von der politischen Macht unbeeinflußten Freiräume gesellschaftlichen Handelns und Verhaltens gibt. Der Staat und die politische Ordnung sind mit der Gesellschaft identisch. Alle – auch die dem äußeren Anschein nach nicht politischen – Verbände und

---

tschow in der Sowjetunion eingeleiteten politischen, gesellschaftlichen und ideologischen Veränderungen und ihre Auswirkungen auf die politischen und gesellschaftlichen Verhältnisse in den ost- und ostmitteleuropäischen Staaten eine Eigendynamik erlangt, die dem damals erreichten Diskussionsstand eine neue Aktualität zuweist: Der Begriff »totalitäre Herrschaft« ist in neuer Weise fragwürdig, das heißt der Befragung würdig geworden.

Gruppierungen haben als Satellitenorganisationen der politischen Macht zu gelten. Ihre Funktion ist die totale politische Durchdringung, Gleichschaltung und Uniformierung der Gesamtgesellschaft.

Der Begriff totalitär meint also in diesem Sinne sowohl die *Ausschließlichkeit des Herrschaftsanspruchs als auch die Unbegrenztheit des Herrschaftsbereiches.*

Im Sinne einer näheren Präzisierung dieser zwei Grundmerkmale oder Strukturprinzipien totalitärer Herrschaft wird in den erwähnten Standardwerken auf folgendes hingewiesen: Das Kernstück der politischen Machtordnung ist die zumeist aus einer revolutionären oder pseudorevolutionären Massenbewegung hervorgegangene und zum zentralistischen Herrschaftsinstrument einer bevorrechteten Minderheit umgeformte, totalitäre Partei. Sie beherrscht alle anderen, der Durchsetzung der politischen Macht in der Gesellschaft dienenden Apparate, wobei in der Regel die obersten Spitzen dieser Partei zugleich in Personalunion die Schlüsselpositionen in den Herrschaftsapparaten (Staatsbürokratie, Militär, Justiz, Wirtschaft und so weiter) innehaben.

Die Zirkulation der Eliten, das heißt die Auslese der in die Schlüsselpositionen der verschiedenen Herrschaftsapparate nachrückenden Funktionäre, unterliegt bedingungslos der Leitung, Lenkung und Kontrolle von oben; sie ist manipuliert und zentralisiert. Sie garantiert den Ausgewählten nicht ein erworbenes, sondern ein verliehenes Prestige und zugleich die Teilnahme an gewissen gesellschaftlichen Vorrechten. Der personale Wechsel in den verschiedenen Eliten ist also geplant und auf die besonderen Bedürfnisse der totalitären Führungsgruppe zugeschnitten. Das hat eine schier unbegrenzte, eben totalitäre Machtanhäufung in den Händen der Führungsgruppe und außerdem die schon erwähnte reale Politisierung der Gesamtgesellschaft zur Folge.

Als weitere, die totalitäre Beherrschung der Gesellschaft garantierenden Strukturmerkmale werden genannt: eine terroristisch verfahrende, formell der Partei untergeordnete, real jedoch übergeordnete und nur von dem – oder den – Machtkader(n) abhängige Geheimpolizei; ein Nachrichten- und Informationsmonopol durch politische Gleichschaltung der Medien der Massenkommunikation; ein Erziehungsmonopol durch politische Gleichschaltung der Erziehungs- und Bildungsinstitutionen; ein Waffenmonopol zur Verhinderung jeder Möglichkeit bewaffneten Widerstandes; eine zentral gelenkte, bürokratisch gleichgeschaltete Wirtschaftsverfassung.

Über die Aufzählung der genannten und gegebenenfalls weiterer Strukturmerkmale hinaus wird nun aber von der gesamten einschlägigen Literatur zum Phänomen totalitärer Herrschaft auf die zentrale Funktion der Ideologie hingewiesen. Sie ist nicht einfach ein weiteres Merkmal neben anderen, sondern sie gibt den verschiedenen Merkmalen ihren funktional-strukturellen Stellenwert im politischen Gesamtzusammenhang.

Eine totalitäre Staats- und Gesellschaftsordnung vollendet sich nämlich erst darin als totalitär, daß die Philosophie in ein Dienstverhältnis zur politischen Macht tritt. Es wird nicht einfach schrankenlos Macht ausgeübt, die auf der Seite der Beherrschten ebenso schrankenlos Furcht als entsprechendes Verhalten erzeugt, sondern es wird schrankenlos ausgeübte Macht den Beherrschten gegenüber philosophisch gerechtfertigt. Und eben diese ausschließlich einer politischen Machtrechtfertigung dienende Philosophie erfüllt damit die Funktion einer Ideologie: Sie wird zum zweckdienlichen Rechtfertigungsmechanismus.

Jede bisher bekannte totalitäre Ordnung ist aus politischen Bewegungen mit revolutionärem beziehungsweise pseudorevolutionärem Anspruch hervorgegangen, die zum Zwecke des Umsturzes bestehende Herrschaftssysteme und ihre Legitimierungsprinzipien bekämpften. Totalitäre Ordnung benötigt daher, vor allem wenn sie sich Dauer verleihen und festigen will, eine ihr eigene geistige Rechtfertigung. Sie findet sie in einer mehr oder minder systematisch entwickelten und begründeten Ideologie, die den Anspruch auf alleinige Geltung ihrer Aussagen erhebt und als für jeden Beherrschten verbindlich verkündet wird.

Totalitäre Ideologie enthält, eben weil sie der durch nichts sonst legitimierten Macht als Rechtfertigungsgrundlage dienen muß, einen Ausschließlichkeitsanspruch; sie wird zwangsläufig dogmatisch. Als der Politik dienendes Dogma formuliert die totalitäre Ideologie vor allem das politisch-gesellschaftliche Selbst- und Sendungsbewußtsein der Führungsgruppe und sucht es zu verbindlichem Gruppenbewußtsein für alle Mitglieder der totalitären Herrschaftsordnung auszubauen.

Mit anderen Worten: Es ist das vordringliche Bestreben jeder totalitären Ideologie, mögliche Gegensätze zwischen dem Bewußtsein und dem Verhalten des einzelnen Gruppengliedes und dem Selbst- und Sendungsbewußtsein der totalitären Führungsschicht auszuschalten und geistig eine Einheit zwischen Führungswille und Volkswille herzustellen. Nur dann kann die geistige Rechtfertigung der totalitären Herrschaft in dem gewünschten Maße gelingen, wenn sich jeder einzelne voll und ganz mit dem sozialen Selbstbewußtsein der Führungsschicht und dem diesem Bewußtsein entsprechenden Handeln identifiziert und somit dieses auch als für sich selbst verbindlich annimmt. Totalitäre Ideologie erhebt immer den Anspruch, für die gesamte Gruppe in gültiger Form auszusprechen, was ihre gesellschaftlich-politische Sendung, ihre Mission ist.

Auch dieser Identifikationsschematismus ist den totalitären Ideologien nicht zufällig eigen. Er hat seinen realen wie logischen Grund in der Tatsache, daß totalitäre Ideologien ihre Rechtfertigungsfunktion gegenüber jenen Massen beanspruchen und durchsetzen wollen und müssen, die im Zuge der Industrialisierungs- wie der Demokratisierungsprozesse des 19. und beginnenden 20. Jahrhunderts nicht nur das Bewußtsein einer sozialen, sondern auch einer notwendigen politischen Emanzipation errungen haben. Das aber bedeutet konkret: Wenn totalitäre Ideologien die Massen durch Bewußtseinsmanipulation dem Herrschaftszweck entsprechend politisch aktivieren und organisieren wollen, so müssen sie auf ihre politischen Emanzipationswünsche antworten. Sie müssen sich diesen anpassen, und das erzwingt die Propagierung von Stereotypen des politisch-historischen Urteils, die als Orientierungsschematismen für diese Massen überschaubar und verstehbar sind.

Diese Stereotypen setzen unter dem vordergründigen Schein von historisch-politischer Aufklärung der Massen tatsächlich deren Verdummung beziehungsweise Entmündigung nicht nur fort, sondern verstärken sie noch. Ihre Funktion ist also einerseits permanenter Betrug der Massen im Namen von Aufklärung, andererseits bedürfen totalitäre Ideologien fortlaufend der demokratischen Fassade, der Anpassung an Elemente der demokratischen Theorie oder doch an deren Tradition. Wenn nämlich totalitäre Ideologie organisierte Herrschaft über die Massen anzielt und rechtfertigt, indem sie deren politischen Emanzipationswünschen reale Erfüllung verspricht, so muß sie in der Lage sein, die totale Herrschaft über die Massen als ebenso totale Herrschaft dieser Massen selbst ausgeben zu können.

Zu leisten ist also eine Demonstration totaler Macht über das Volk als allein reale Macht durch das Volk. Dem etwa gilt das nationalsozialistische Konzept von der Verwirklichung der Herrschaft der Volksgemeinschaft in und durch den Führerstaat ebenso wie Lenins Lehre von der Verwirklichung der Herrschaft des Volkes als Herrschaft des Proletariats und der Herrschaft des Proletariats als Herrschaft der Partei – einer Partei, die eben auf besondere Weise demokratisch, weil auf besondere Weise diktatorisch sein müsse.

Totalitäre Ideologie kann die Demonstration totaler Macht über das Volk als Herrschaftsausübung des Volkes selber nur begründen auf der Basis einer quasiphilosophischen Geschichts- und Gesellschaftsinterpretation, die freilich – ihres unmittelbaren politisch-instrumentalen Charakters wegen – den Begriff von Philosophie zugleich verneint, auf den sie sich beruft. Totalitäre Ideologien können in ihren Begründungsversuchen und Geltungsansprüchen eine gewisse rationale oder gar wissenschaftliche Fassade nicht entbehren. Sie sind jedoch kaum in der Lage, den Scheincharakter solcher Berufung auf Wissenschaft hinreichend zu verbergen. In der nationalsozialistischen Weltanschauung ist diese Berufung auf Wissenschaft weit weniger systematisch durchgeführt als in der kommunistischen Ideologie bolschewistischer Prägung. Der nationalsozialistische Rückgriff auf eine wissenschaftlich kaum zureichende Rassentheorie macht das deutlich. Er wirkt deshalb auch relativ willkürlich, was freilich seiner menschenverachtenden, ja vernichtenden Konsequenz für die Angehörigen der als minderwertig dekretierten Rassen keinen Abbruch tut.

Innerhalb des Marxismus-Leninismus und seiner in der Sowjetunion systematisierten und propagierten Gestalt, auf die sich die Theorie totalitärer Herrschaft bezieht, wird die Rechtfertigung der totalitären Macht selbst als das Ergebnis einer wissenschaftlichen Geschichts- und Gesellschaftserkenntnis ausgegeben. Die Wissenschaft wird damit zum Kriterium der Rechtmäßigkeit und Legitimität des politischen Auftrags der totalitären Ordnung des Bolschewismus erhoben und unmittelbar funktionalisiert. Ziel solcher ideologischen Geschichtsdeutung, die mit Wissenschaftsanspruch auftritt, muß es sein, ein politisch-gesellschaftliches Sendungsbewußtsein der totalitären Führungsgruppe zu formulieren und aus der Geschichte zu begründen. Zugleich hat sie zu demonstrieren, daß und wie dieses Missionsbewußtsein der die Herrschaft ausübenden Minderheit zugleich das allein wahre gesellschaftliche und politische Bewußtsein der herrschaftsunterworfenen Gesamtgruppe ist. Totalitäre Ideologie muß deshalb immer den Anspruch erheben, in einer für die Gesamtgruppe allein gültigen Form auszumachen, was deren politisch-soziale Sendung, was deren geschichtlicher Auftrag ist. Sie ist deshalb unabdingbar missionarisch und gerade dieser missionarische Charakter soll die politisch-ideologische Integration der Gesamtgruppe garantieren.

Als zweifache Konsequenz einer solchen ideologisch-integrativen, totalitären Ideologie ergibt sich einmal die Fixierung eines Freund-Feind-Denkens als grundlegendes politisches Orientierungsmuster, zum anderen die Mystifikation der Gesamtgruppe, die das Objekt ideologischer Manipulation abgibt – sei sie als Volk, sei sie als Klasse begrifflich bestimmt. Volk oder Klasse werden als unmittelbare Willens- und Aktionseinheit ausgegeben, die zur Verwirklichung des schicksalhaften Geschichtsauftrags bestimmt ist. Beide sind damit durch ein ideologisiertes Geschichtsverständnis mystifizierte Größen. Ihre vermeintliche historische Mission gilt zugleich als die Wahrheit und die Eigentlichkeit ihres realen gesellschaftlichen Seins.

Die Geschichte gerät der totalitären Ideologie also zum Medium, an dem und durch das die Mission des Volkes oder der Klasse als deren existentielle Wahrheit demonstriert wird, und sie ist zugleich jener Schicksalszusammenhang, durch den ausgemacht werden kann, daß und warum Volk oder Klasse ihre Mission und damit sich selbst bisher verfehlt haben. In Anbetracht ihres bisherigen historischen Scheiterns bedarf es des Nachweises einer das Volk oder die Klasse zu sich selbst bringenden und ihre geschichtliche Mission garantierenden sozialen Instanz. Deshalb tritt zur Mystifikation von Volk oder Klasse in totalitären Ideologien immer auch das Faktum hinzu, daß die totalitäre Führungsschicht in ihrer politischen Existenz und Organisation gleichsam die Verkörperung der missionarischen Wahrheit von Volk oder Klasse darstellt. An ihr allein finden Volk oder Klasse die reale Garantie für ihre Selbstverwirklichung.

Die angezielte Identifikation von Führungs- und Volkswille wird durch die Propagierung dieses ideologischen Über- und Unterordnungsschemas einer politischen Durchsetzung fähig gemacht. Das hat jedoch nicht nur ideologische, sondern auch realpolitische Konsequenzen. Können nämlich die Repräsentanten des totalitären Staates ihren Machtanspruch dadurch absichern und rechtfertigen, daß sie sich selbst als Verkörperung des wahren Volkswillens und ihre Herrschaft über das Volk als dessen eigene Herrschaft ausgeben, so entmachten sie damit zugleich das tatsächliche Volk durch ideologische Verklärung in seinem eigenen Namen. Totalitäre Diktatur als totale Demokratie ist und bleibt der Anspruch.

Totalitäre Ideologie kann sich niemals mit dem Anspruch begnügen, allein gültiges Gesellschaftsbewußtsein zu sein. Die Führungsgruppe muß die Durchsetzung und Anerkennung der von ihr verkündeten Ideologie im politisch-sozialen Gefüge mit allen seinen Verzweigungen auch scharf kontrollieren. Von dieser Kontrolle und der Ausbildung eines entsprechenden Kontrollmechanismus hängen ihre politische Existenz und ihr politisches Schicksal weitgehend ab. Hierin liegt ein Grund dafür, daß in totalitären Ordnungen der Träger der politischen Macht, die Partei, nicht nur politisch, sondern auch geistig-weltanschaulich die letztentscheidende Instanz ist.

Dies zeigt sich vor allem darin, daß der oder die politischen Führer auch zugleich als höchste weltanschaulich-ideologische Instanz anerkannt werden, und daß die Funktionäre der politischen Bürokratie mehr oder weniger auch die Aufgaben einer zwar primitiven, aber wirksamen Gesinnungskontrolle übernehmen. Es ist das Kennzeichen totalitärer Herrschaftsordnungen, daß mindestens die oberen Spitzen der die Herrschaft exekutierenden politischen Bürokratie nicht nur eine politisch gefürchtete Minderheit darstellen, sondern stets auch das Vorrecht eines besonderen geistigen Ranges für sich in Anspruch nehmen. Sie leiten daraus das Recht auf totale geistige Führung und Lenkung der Massen ab.

Zu den Durchsetzungstechniken von totalitären Ideologien, die immer zugleich Propaganda und Agitationstechniken sind, gehören Immunisierungsstrategien[2]. Der Begriff der Immunisierungsstrategie meint dabei eine Agitationstechnik, die darauf besteht, daß nur jemand, der zur mystifizierten Gesamtgruppe – also zum Proletariat, zum deutschen Volk, zur arischen Rasse und so weiter – gehört, zur Erkenntnis der aufgegebenen historisch-gesellschaftlich-politischen Wahrheit befähigt ist. Diese

---

2 Vgl. Ernst Topitsch, Mythos, Philosophie, Politik, Freiburg/Br. 1969; ders./K. Salamun, Ideologie. Herrschaft des Vorurteils, München – Wien 1972.

Befähigung realisiert sich aber nicht in eigenständiger Bemühung und Verantwortung, sondern nur über die und durch die totalitäre Elite: die Partei. Sie ist der alleinige Garant der Wahrheit und bestimmt letztlich, wer zu ihr fähig ist.

Dies alles gipfelt schließlich in dem schon erwähnten ausschließlichen Denken in Freund-Feind-Alternativen als Inhalt totalitärer Ideologie und praktizierter totalitärer Diktatur. In der Totalitarismusforschung wurde dieses Freund-Feind-Denken deshalb als konstitutives Element jedes totalitären Systems benannt und ausgewiesen. Es nimmt diese zentrale Stellung ein, weil es politische Orientierung für jeden einzelnen nicht nur vereinfacht, sondern weil solche Simplifizierung die Immunisierungsstrategie und Identitätsgewinnung der Gesamtgruppe im Bewußtsein der einzelnen besser durchsetzbar macht.

Ihr Resultat ist Emotionalisierung, Schematisierung, Schwarz-Weiß-Malerei, Radikalisierung von Fühlen, Denken und Wollen. Um dies im vollen Sinne durchzusetzen, ist die politisch-ideologische Indienstnahme aller gesellschaftlichen Lebensbereiche und Institutionen geboten, die — wie mittelbar auch immer — Bewußtseinserziehung leisten oder an solcher teilhaben. »Erziehung zu Liebe und Haß« wird zur Devise jedes in weitestem Sinne pädagogischen Tuns in einem solchen System. Für diesen der kommunistischen Erziehungstheorie entnommenen Slogan lassen sich im nationalsozialistischen System bis in die Wortwahl hinein auffällige Parallelen finden. Das Freund-Feind-Denken ist also offen ein konstitutives Strukturelement des Typus »totalitärer Herrschaft«.

3. Zur Kritik an der Totalitarismustheorie – Methodologische Einwände

Der Totalitarismusbegriff, der den Typus einer geschichtlich neuen diktatorischen Herrschafts- und Gesellschaftsordnung kennzeichnen sollte, wurde bis zum Ende der fünfziger Jahre innerhalb der politischen Theorie ohne nennenswerte Einwände oder auch nur Bedenken benutzt. Mit Beginn der sechziger Jahre nahmen solche Einwände zu und gewannen dabei immer deutlicher Profil. Das war im wesentlichen durch politisch-gesellschaftliche Prozesse in der Sowjetunion veranlaßt, wie sie seit der Ära Chruschtschow sichtbar wurden und – gerade auch im zeitlichen Wechsel von Lockerung und Straffung der Herrschaftsstruktur, von Reform und Reaktion – zunehmend Profil gewannen[3]. Die Einwände führten jedoch im Verlauf der Diskussion über diesen konkreten Anlaß hinaus und nahmen einen grundsätzlicheren, mehr systematischen Charakter an.

Grob lassen sich zwei Argumentationsmuster in der Polemik gegen die beanspruchte wissenschaftliche Effizienz des Totalitarismusbegriffs unterscheiden, wobei die Grenzen zwischen beiden durchaus fließend sind. Einmal findet sich eine im wesentlichen auf methodologische Probleme zielende Argumentation; die zweite Argumentation verweist vorwiegend auf die inhaltliche Differenzierung der als

3 Einen Überblick über den Prozeß der Entfaltung und der kritischen Revision der Totalitarismusforschung bietet der Sammelband: Bruno Seidel/Siegfried Jenkner (Hrsg.), Wege der Totalitarismus-Forschung, Darmstadt 1968.

totalitär bezeichneten konkreten Herrschaftsordnungen, ihres jeweiligen geschichtlichen Ursprungs und die unterschiedliche Gestalt ihrer Zukunftsvisionen.

Unter diesen Einwänden ist an erster Stelle die schon erwähnte Skepsis gegenüber jeder mit der Methode idealtypischer Begriffsbildung verfahrenden Sozialwissenschaft zu nennen, die natürlich auch die Totalitarismusforschung treffen muß. Der Einwand bemängelt an diesem Begriffsbildungsverfahren, daß der »reine Typus« als gedachtes gemeinsames Grundmuster oder einheitliche Struktur von in Aufbau- und Ablaufgesetzlichkeit verschiedenen, aber vergleichbaren Einzelerscheinungen letztlich immer ein konstruierter Begriff bleiben muß. Er muß von der Singularität der Einzelerscheinungen abstrahieren, um durch Vergleich zu Gemeinsamkeiten kommen zu können. Die angezielten Gemeinsamkeiten, die den Idealtypus als solchen kennzeichnen sollen, sind jedoch durch idealisierende Übersteigerung weniger einzelner gemeinsamer Merkmale oder Kennzeichen von singulären Einzelerscheinungen gewonnen. Sie sind in diesem Sinne Konstruktion.

Das zu ihnen führende methodische Verfahren wird *ideierende Abstraktion* genannt, um es gegen eine sogenannte *generalisierende Abstraktion* (wie man sie in der klassischen Logik als Methode der Begriffsbildung kennt) abzugrenzen. Der Begriff der ideierenden Abstraktion will sagen, daß der durch sie gewonnene Typus eben nicht nur die Summe, also die Quantität gemeinsamer Merkmale meint, sondern ihre qualitative Struktur. Diese ist als solche das Resultat einer Konstruktion, die das Feld der Empirie übersteigt. Durch ideierende Abstraktion will diese Konstruktion garantieren, daß sie ihr Fundament in der Sache selbst hat und behält, was durch dieses Verfahren erkennbar oder deutlich werden soll. Der Idealtypus – als Resultat einer die einfache Empirie übersteigenden Konstruktion – kommt in seiner reinen Form in der Realität nicht vor. Aber gerade dadurch soll er sich für die erkenntnismäßige Erschließung der Realität als tauglich erweisen, also letztlich in Empirie und für Empirie sich bewähren.

Gerade an diesem Punkt aber setzt die Skepsis an. Vor allem wendet sie sich gegen eine idealtypologisch verfahrende Sozialwissenschaft, deren Erkenntnisgegenstand letztlich immer auch und gerade ein historisch singulärer Erkenntnisgegenstand ist, zumindest aber ein historisch vermittelter. Diese historische Singularität bleibt in ihrer je konkreten Verflechtung, ihrer Struktur und Entwicklung gleichsam außerhalb des Erkenntnisinteresses – so etwa auch der Totalitarismustheorie. Diese konzentriert sich vordringlich darauf, das Maß der Abweichung von konkretem Fall und idealtypischem Konstrukt festzustellen.

Ein solches Vorgehen hat in der Totalitarismusforschung eine gewisse Rolle gespielt, etwa im Hinblick auf die Frage, ob alle konkreten Ausprägungen faschistischer Systeme, also auch der italienische und der spanische Faschismus, als totalitäre Diktaturen bezeichnet und beschrieben werden können. Der gekennzeichnete Einwand gegen solches Vorgehen hat seine Berechtigung, denn ob Mussolinis oder Francos System als totalitär bezeichnet werden kann oder nicht, hat für die Erkenntnis von Herkunft, Struktur und Entwicklungschancen einschließlich der Zukunft der beiden Faschismen in ihrer Epoche kaum einen nennenswerten Erkenntniswert.

Der bisher gekennzeichnete, methodologisch begründete Einwand gegen die Theorie totalitärer Diktatur hat also sicher Sachargumente für sich. Da er sich aber gegen jedes idealtypische Verfahren in den Sozialwissenschaften richtet und nicht speziell nur gegen das Totalitarismuskonzept, wird er hier nicht weiter verfolgt.

Ein anderer, ebenfalls methodologisch begründeter Einwand verdient dagegen größere Beachtung, weil er ausschließlich auf den Totalitarismusbegriff gezielt ist, besonders auf seine Tauglichkeit für die wissenschaftliche Analyse von gesellschaftlich-politischen Entwicklungen in der Sowjetunion nach Stalins Tod und speziell seit der Ära Chruschtschows. Vor dem Hintergrund dieser Entwicklungen wurde die Frage akut, ob nicht der Totalitarismusbegriff die von ihm bezeichneten politisch-gesellschaftlichen Sachverhalte viel zu statisch denke, als daß er verändernde Dynamik überhaupt zu registrieren vermöchte[4]. Für eine solche sich verändernde politische Dynamik aber sprachen schon damals sehr handfeste, angebbare Fakten in der Sowjetunion[5].

So wurde etwa darauf verwiesen, daß nach Stalins Tod in der Sowjetunion der von einzelnen Bürgern niemals zureichend kalkulierbare Massenterror als Administrationsmittel deutlich zurückgegangen sei. Damit aber falle ein Indiz zunehmend weg, das bis dahin die Analogie in der Herrschaftstechnik von Nationalsozialismus und Bolschewismus überhaupt begründet habe. Außerdem hätten in der Sowjetunion gesellschaftliche Entwicklungen stattgefunden, die infolge der Durchsetzung industriegesellschaftlicher Produktions- und Lebensweisen eine gesamtgesellschaftliche Differenzierung bewirkt hätten. Dadurch sei eine zunehmende Eigenständigkeit der Gesellschaft gegenüber der politischen Ordnung, dem Staat und seinen Totalitätsansprüchen sichtbar geworden. Die – für eine totalitäre Diktatur als kennzeichnend ausgewiesene – politische Gleichschaltung der Gesellschaft durch Partei und Staat sei nach Stalins Tod tendenziell aufgebrochen worden.

Auch wenn diese gesellschaftlichen Prozesse in der Sowjetunion auf heftigen Widerstand der Partei gestoßen sind, waren sie nach Meinung damaliger Beobachter doch nicht zu übersehen und entzogen dem Totalitarismusbegriff zumindest für die Sowjetunion seine real-gesellschaftliche Basis. Schließlich habe die zunehmende Bedeutung von Naturwissenschaft und Technik in der Sowjetunion dazu geführt, in ihren Bereichen die Totalitätsansprüche der Ideologie gegenüber jeder Wissenschaft partiell zu begrenzen. Auch insofern treffe jene Totalität nicht mehr zu, die den Begriff des Totalitarismus begründen half[6].

---

4 Ebd., S. 3.

5 Vgl. dazu etwa: Erich Böttcher/Hans-Joachim Lieber/Boris Meissner (Hrsg.), Bilanz der Ära Chruschtschow, Stuttgart 1966.

6 Als wichtigste literarische Belege solcher Einwände sind für die frühen sechziger Jahre zu nennen: Peter Christian Ludz, Offene Fragen der Totalitarismusforschung, in: B. Seidel/S. Jenkner (Hrsg.) (Anm. 3); ders., Entwurf einer Theorie totalitär verfaßter Gesellschaften, in: Studien und Materialien zur Soziologie der DDR, Sonderheft 8/1964 der Kölner Zeitschrift für Soziologie; Hartmut Zimmermann, Probleme der Analyse bolschewistischer Herrschaftssysteme, in: Gewerkschaftliche Monatshefte, XII/4 1961. Diese Arbeiten sind wesentlich auf die durch Chruschtschow repräsentierte politisch-gesellschaftliche Situation des bolschewistischen Herrschaftssystems bezogen. So sehr nach der politischen Ausschaltung Chrustschows die Entwicklung in der Sowjetunion stagnierte beziehungsweise regressive Züge annahm, so sehr bestätigen offenbar die mit Gorbatschows Perestroika indizierten Wandlungsprozesse die Erwartungen und Perspektiven der genannten Arbeiten von Ludz und Zimmermann. Eine entsprechende Würdigung mit zeitdiagnostischem Bezug findet sich in einer Publikation der Deutschen Vereinigung für politische Wissenschaft: Politik und Gesellschaft in sozialistischen Ländern – Ergebnisse und Probleme der sozialistischen Länder – Forschung, hrsg. von Ralf Rytlewski, Köln–Opladen 1990.

In der Tat ist es unbestreitbar, daß ein fortschreitender Industrialisierungsprozeß der sowjetischen Gesellschaft Tendenzen zur Differenzierung der Sozialstruktur wie auch zur Freisetzung und Anerkennung der eigenständigen Belange verschiedener Handlungsgefüge der Gesellschaft fördert. Solche real-gesellschaftlichen Faktoren machen den durch Jahrzehnte als gesellschaftlich-politische Initiativkraft praktizierten Massenterror – um der Effektivität des industriegesellschaftlichen Systems willen – unmöglich und müssen zur Veränderung der Herrschaftstechniken führen. Dann aber ist auch die Ideologie in ihrer fast ausschließlich beachteten Gestalt als ein weniger an Wahrheit als vielmehr am manipulativen Effekt orientiertes Instrument der Herrschaftssicherung und Herrschaftsrechtfertigung davon betroffen.

Dies gilt insbesondere für diejenigen Partien der Ideologie, die Jahrzehnte hindurch unter der Bezeichnung »Dialektischer Materialismus« als umfassende philosophisch-wissenschaftliche Weltanschauung ausgegeben wurden und einen ausschließlichen Wahrheitsanspruch erhoben. Was den mit dem Begriff »Dialektischer Materialismus« (abgekürzt auch »Diamat« genannt) bezeichneten und beanspruchten Wissenschaftscharakter der philosophischen Weltanschauung anbelangt, so weist er historisch auf philosophische Absichten von Friedrich Engels – den politischen wie geistigen Weggefährten Marxens – zurück. Schon dieser hatte den Versuch unternommen, die sogenannte materialistische Geschichtsauffassung Marxens in eine umfassende, philosophische Theorie alles Seienden und seiner Erkenntnis einzugliedern und von ihr her zu begründen; eine Philosophie, die sowohl materialistisch (im Gegensatz zum Idealismus) als auch dialektisch (im Gegensatz zu mechanisch beziehungsweise mechanistisch) zu sein habe. Lenin hat sich diesen Plan von Engels vorbehaltlos zu eigen gemacht und einen sogenannten Dialektischen Materialismus systematisch zu begründen versucht. Stalin schließlich hat 1938 diesen Diamat auf einige wenige Kernaussagen reduziert, ihn damit zugleich popularisiert und dogmatisiert[7].

Der Versuch, Materialismus wie Dialektik systematisch zu einer Theorie umfassender Weltauslegung auszubauen und diese für ein an Marx orientiertes Geschichts- und Gesellschaftsverständnis verbindlich zu machen, beruhte schon bei Engels zu einem erheblichen Teil auf einem Mißverständnis der beiden Fundamentalbegriffe Materie (Materialismus) und Dialektik (Dialektik der Natur). Lenin hat dies nicht nur nicht erkannt, sondern im Gegenteil dieses Mißverständnis zur Grundlage einer sogenannten »wissenschaftlichen« Weltanschauung gemacht. Stalin ist ihm darin bedingungslos gefolgt, wobei die durch ihn vollzogene Popularisierung zugleich eine – an Lenins Bemühungen gemessen – enorme intellektuelle Verflachung einschließt.

Für die Entwicklung von Philosophie und insbesondere Naturwissenschaften in der Sowjetunion hatte das verhängnisvolle Konsequenzen. Vor allem die Naturwissenschaften waren für viele Jahrzehnte an ein philosophisch-ideologisch geprägtes Vorverständnis der Natur und ihrer möglichen Erkenntnis gebunden, das dem tatsächlichen Entwicklungsstand moderner wissenschaftlicher Erkenntnis von Natur und Mensch immer weniger entsprach. Die ideologischen Interpretationsvorgaben wirkten sich tatsächlich weitgehend als Hemmnisse für die Entwicklung der Naturwissenschaften in der Sowjetunion aus. Dies wurde schon zum Ende der Herrschaft

---

7 Wladimir Iljitsch Lenin, Materialismus und Empiriokretizismus, dt. Ausgabe Moskau 1947; Josef Stalin, Über dialektischen und historischen Materialismus, dt. Ausgabe Berlin 1952.

Stalins erkannt, und diese Erkenntnis verstärkte sich in den nachfolgenden Jahrzehnten.

Der aus den praktischen Erfordernissen einer um Konkurrenzfähigkeit ringenden industriellen und militärisch-technischen Großmacht sich ergebende Zwang vor allem zur naturwissenschaftlichen Grundlagenforschung hat zu einer relativen Freisetzung der Forschung in diesen Disziplinen von den Bindungen durch Ideologie geführt, die heute nicht mehr übersehen werden kann. Dieser Freisetzungsprozeß einzelwissenschaftlicher Forschung von der Ideologie schlug jedoch infolge der ihm innewohnenden Dynamik auf diese selber zurück – vor allem dort, wo sie sich mit einzelwissenschaftlichen Problemen konfrontiert sieht und diese philosophisch zu reflektieren gezwungen ist: In philosophischen Spezialuntersuchungen macht sich in der Sowjetunion eine Tendenz der philosophischen Analyse bemerkbar, die weit mehr an der Sache als an der ideologischen Dogmatik orientiert ist. Es ist daher nicht mehr sinnvoll, von der ungebrochenen Identität von Ideologie und Philosophie in diesen Bereichen auszugehen oder darauf zu bestehen.

Ähnliches gilt für das Verhältnis von Ideologie und Gesellschaftstheorie. Auch hier ist die Identität beider in der Sowjetunion nicht mehr ungebrochen[8]. Vielmehr bezeugt die Anerkennung einer eigenständigen Soziologie einschließlich der empirischen Sozialforschung, daß offenbar die Realitäten einer sich differenzierenden Gesellschaft in der Sowjetunion stark und gravierend erfahren werden. Ihre Meisterung gemäß den Aufgaben des zu erreichenden und nach wie vor propagierten gesellschaftlichen Endziels – auf der Grundlage einer Deduktion von Maßnahmen lediglich aus der dogmatisierten Theorie – erscheint als nicht mehr hinreichend. Der Zwang der Verhältnisse, unter denen an der utopischen Zukunftsvision einer kommunistischen Gesellschaft festgehalten werden soll, verlangt eine erfahrungswissenschaftliche Analyse dessen, was in der Gesellschaft real der Fall ist. Die Gesellschaft erfordert eine ernsthafte Kenntnisnahme dessen, was sie tatsächlich ist, und zwar nicht nur um ihrer eigenen Effektivität, sondern auch um der Möglichkeiten ihrer dynamischen Integration willen.

Was sich an politischen, gesellschaftlichen, organisatorischen und in Grenzen auch ideologischen Reformvorgängen – verbunden mit den Begriffen *Perestroika* und *Glasnost* – unter dem Parteivorsitz von Gorbatschow in der Sowjetunion seit einigen Jahren entwickelt, ist für das Ausgeführte ein kaum übersehbares Indiz. Schließlich gibt es – ebenfalls unübersehbar – Versuche einer innersowjetischen Opposition, das bürokratisch erstarrte System des »real existierenden Sozialismus« kritisch anzugehen und seine Geschlossenheit aufzubrechen. Zu diesem Zweck wird etwa mit dem uneingelösten Versprechen eines den humanistischen Traditionen verpflichteten Sozialismus argumentiert und sogar auf das verpflichtende Erbe der Menschenrechtskonzeption der großen bürgerlichen Revolution zurückgegriffen. Opposition dieser Art reicht von einer sowjetischen Untergrundliteratur Anfang der sechziger Jahre bis

---

8 Die ersten Hinweise auf diesen Sachverhalt finden sich Anfang der sechziger Jahre. Sie werden im wissenschaftlichen Schrifttum der Bundesrepublik aufgearbeitet in folgenden Titeln: René Ahlberg, Entwicklungsprobleme der empirischen Sozialforschung in der UdSSR, Berlin 1968; Jürgen Brockmann, Die Differenzierung der sowjetischen Sozialstruktur, Berlin 1978. Beides in der Schriftenreihe des Osteuropa-Instituts an der Freien Universität Berlin – Philosophische und soziologische Veröffentlichungen, Bd. 9 und Bd. 14.

zu den offen bekannten Forderungen nach Verwirklichung der Menschenrechte durch sowjetische Künstler und Wissenschaftler in der Gegenwart.

Die geschilderten Einwände gegen ein unreflektiertes Festhalten am Begriff und Konzept des Totalitarismus haben also – was die Anwendung auf die Sowjetunion anbelangt – durchaus ein sachliches Recht für sich. Von einer Identität von Staat und Gesellschaft kann nicht mehr ohne Einschränkungen ausgegangen werden. Vielmehr ist eine gewisse Eigenständigkeit gesellschaftlicher Entwicklungen konstatierbar, die für jede wissenschaftliche Analyse der politisch-gesellschaftlichen Struktur der Sowjetunion und ihrer sich verändernden Dynamik beachtet sein will. Es gab – darauf bezogen – schon 1961 in der westlichen Politikwissenschaft den Vorschlag, nicht mehr von Totalitarismus zu sprechen, sondern nur mehr von »totalitär verfaßten« Gesellschaften, um das Spannungsfeld von Staat und Gesellschaft methodologisch deutlich zu machen[9].

Jedoch ist diese vorgeschlagene – und in der politikwissenschaftlichen Diskussion sachlich auch weitgehend aufgegriffene – neue methodologische Perspektive eben nicht nur in methodologischen Reflektionen begründet, sondern auch und vornehmlich in zeitgeschichtlichen Sachverhalten und realen Entwicklungsprozessen in der Sowjetunion. Und dieser Tatbestand führt schließlich mit einer gewissen inneren Konsequenz zu einem weiteren, historisch gezielten Einwand gegen die Totalitarismustheorie von sehr grundsätzlicher Art: Es werde – so das Argument – durch die methodische Unterordnung von Nationalsozialismus und Sowjetkommunismus unter den einen typologischen Begriff des »Totalitarismus« die spezifische Differenz zwischen beiden Systemen verdeckt oder verwischt. Diese liege eben darin, daß – anders als beim Nationalsozialismus – der Kommunismus sich geistes- wie realgeschichtlich aus einer radikal-demokratischen Tradition herleite. Selbst wenn diese Tradition im entfalteten Stalinismus zur bloßen Fassade verkommen sei, dürfe doch die Möglichkeit des Wiederanknüpfens an sie, also die Möglichkeit einer neu zu gewinnenden Aktualität unter veränderten gesellschaftlich-politischen Bedingungen nicht unterschätzt werden.

Die – nicht zuletzt durch Gorbatschows Reformpolitik mitinitiierten – politisch-gesellschaftlichen Entwicklungen der osteuropäischen und ostmitteleuropäischen Länder einschließlich der DDR seit der zweiten Hälfte des Jahres 1989 unterstreichen nachhaltig die sachliche Berechtigung dieses historisch begründeten Einwandes. Sie sind weitgehend durch einen Rückgriff auf geistig-politische Fundamente der liberalen und demokratischen Theorie gekennzeichnet, die bis dahin als „bürgerlich“ denunziert worden waren. Selbst dort, wo – wie etwa in der Sowjetunion – die theoretische Neuorientierung im Rahmen innerparteilicher Auseinandersetzungen soweit nicht ausholt, ist doch zumindest ein gezielter Rückgriff auf die frühen Jahre der Sowjetunion mit den damals zugelassenen innerparteilichen Fraktionierungen nicht zu übersehen. Wie weit das alles trägt, wo es auf innere Widerstände trifft, wo Schwierigkeiten und eventuell systemimmanente Grenzen möglicher Reformen liegen, ist später zu erörtern.

Der Verweis auf die unterschiedliche historische Herkunft von Faschismus, Nationalsozialismus und Kommunismus sowjetischer Prägung ist jedoch gravierend genug, um ihn aufzugreifen und ihm nachzugehen.

---

9 So etwa Peter Christian Ludz, in: Wege der Totalitarismusforschung (Anm. 3), S. 532ff.

4. Die Gleichsetzung von Faschismus/Nationalsozialismus und Kommunismus als Problem des Totalitarismuskonzepts

4.1 Ideengeschichtliche Voraussetzungen des Nationalsozialismus und des Faschismus

Als problematisch am Totalitarismuskonzept und der ihm zugrunde liegenden Theorie erscheint vordringlich die Gleichsetzung beziehungsweise Parallelisierung von Faschismus einschließlich Nationalsozialismus und Kommunismus. Das darf jedoch nicht darüber hinwegtäuschen, daß auch die Gleichsetzung von Faschismus und Nationalsozialismus ihre Problematik in sich birgt. Sicher: Die politisch-ideologische Gleichschaltung der Gesamtgesellschaft durch die monolitische Partei, die Orientierung des Denkens und Handelns am Freund-Feind-Modell, die brutale Unterdrükkung und Ausschaltung jeder Opposition, jeder Freiheit für Andersdenkende – mit Hilfe etwa des Mittels der Deportation – gibt es auch im faschistischen Italien. Jedoch sind jene Kennzeichen von totalitären Diktaturen im italienischen Faschismus insgesamt nicht bis zu jener menschenverachtenden und menschenvernichtenden »Vollkommenheit« entwickelt worden wie im deutschen Nationalsozialismus oder im Kommunismus sowjetischer Provenienz. Eine »Endlösung der Judenfrage«, einen Holocaust wie in Deutschland hat es im faschistischen Italien nicht gegeben. Erst auf Druck Hitlers etwa hat sich Mussolini während des Krieges zu antisemitischen Maßnahmen veranlaßt gesehen, sie blieben jedoch – soweit und solange sie in italienische Kompetenz fielen – begrenzt. Das NS-System in Deutschland hat sein zeitlich vorausgehendes italienisches Vorbild im Bezug auf die praktizierten, totalitären Herrschaftspraktiken bei weitem übertroffen. Dennoch ist die wissenschaftliche Zuordnung beider moderner Diktaturen zum Totalitarismuskonzept nicht zufällig.

Italienischer Faschismus und deutscher Nationalsozialismus sind ihrem eigenen Verständnis nach total beziehungsweise totalitär. Der Begriff »totalitär« wird erstmals 1925 von Mussolini selbst gebraucht, der zur Kennzeichnung der von ihm geführten faschistischen Bewegung von ihrem »wilden (schrecklichen) totalitären Willen« spricht *(feroce volontà totalitaria)*[10]. Und im gleichen Jahr formuliert er bezogen auf den Staat: »Alles im Staate, nichts außerhalb des Staates, nichts gegen den Staat.«

Zwar hatte schon zwei Jahre vorher zum Zwecke einer Kritik an Mussolinis Wahlkampfstil der liberale italienische Politiker Amendola von einem *systema totalitaria* gesprochen, einer absoluten und unkontrollierbaren Herrschaft, die Mussolini anstrebe. Doch war diese Redewendung eben kritisch gegen den Faschismus gezielt. Erst Mussolini gibt ihr den für den Faschismus kennzeichnenden positiven Bedeutungsakzent. Giovanni Gentile schließlich, der mit Mussolini gemeinsam über die faschistische Doktrin publiziert, gibt dem im Begriff des *stato totalitario* gemeinten Programm systematischen Ausdruck, wenn er sagt: Der Faschismus »ist für die einzige Freiheit, die ernstgenommen werden kann, nämlich für die Freiheit des Staates und des Individuums im Staate. Denn es liegt für den Faschismus alles im

10 Dazu siehe vor allem Martin Jänicke, Untersuchungen zum Begriff totalitärer Herrschaft, Diss., FU Berlin 1969; Walter Schlangen, Theorie und Ideologie des Totalitarismus, Bonn 1972. Zitate sind insbesondere der letztgenannten Schrift entnommen.

Staate beschlossen. Nichts Menschliches und Geistiges besteht an sich, noch weniger besitzt dieses irgendeinen Wert außerhalb des Staates. In diesem Sinne ist der Faschismus totalitär, und der faschistische Staat als Zusammenfassung und Vereinigung aller Werte des ganzen Volkes seine Deutung, bringt es zur Entfaltung und bekräftigt es. – Außerhalb des Staates darf es keine Individuen noch Gruppen (politische Parteien, Vereine, Syndikate und Klassen) geben.«[11]

Der Staat wird also gerade in seinem Totalitätsanspruch in einer an das Hegelsche Denken sich anlehnenden und dieses doch zugleich pervertierenden Argumentation gleichsam zu der sittlichen Instanz schlechthin erklärt. Dabei ist aber durchgehend daran festzuhalten, daß diese Totalität des Staates sich fortlaufend in der Totalität des politischen Wollens zu bewähren und zu regenerieren hat, das seinen organisatorischen Ausdruck nur in der faschistischen Partei und deren integrativem Zentrum, dem Duce, findet. Zumindest Ansätze dessen werden schon hier erkennbar, was dann im Nationalsozialismus als »Führerstaatsprinzip« zentrale Bedeutung gewinnt.

4.1.1 Die Theorie des »totalen« Staates und der »Revolution von rechts« – Carl Schmitt und Hans Freyer

Die staatstheoretische Begründung und Legitimierung des nationalsozialistischen Konzepts vom totalen Staat erfolgt nicht im Rahmen der politischen Entstehung und Durchsetzung sowie ideologischen Formierung der sogenannten »nationalsozialistischen Bewegung« selber, sondern läuft gleichsam neben ihr her beziehungsweise geht ihr voran. Es werden zwar in Hitlers *Mein Kampf* und Rosenbergs *Mythos des 20. Jahrhunderts* die Konturen von »Führerprinzip und Bewegung«, »Antisemitismus« und »Rassismus« sowie des Ausschließlichkeitsanspruchs der neuen Ideologie sichtbar, doch es fehlt eine systematische, sozialphilosophische Begründung. Diese wird als eine theoretische und literarische Verarbeitung des verlorenen Krieges und der gesellschaftlichen und politischen Probleme der Parteiendemokratie von Weimar im Rahmen der Konzeptionen einer »Revolution von rechts« geliefert und für den Nationalsozialismus bereitgestellt.

Vor allem zwei einflußreiche Denker der Weimarer Zeit sind hier zu nennen: Der Soziologe Hans Freyer sowie der Staatsrechtler Carl Schmitt. Beide Denker sind radikale Kritiker nicht nur der Weimarer Republik in ihrer konkreten politischen, gesellschaftlichen und wirtschaftlichen Struktur, sondern der bürgerlichen Gesellschaft, des sie auszeichnenden Klassendualismus sowie seiner historischen Voraussetzungen. Letztlich kritisieren sie die gesamte politisch-gesellschaftliche Entwicklung Europas, die in der Französischen Revolution ihren ersten Höhepunkt erreicht hat und seither das Geschehen des 19. Jahrhunderts bis in das 20. Jahrhundert hinein prägt.

Durchgehende Kennzeichen dieser Entwicklung sind ihnen die mit der Französischen Revolution einsetzende Emanzipation der Gesellschaft vom Staat und – damit verbunden – die Zurückdrängung der politischen Funktion und Bedeutung des Staates gegenüber der Gesellschaft. Dies wird als Irrweg gedeutet. Die Gesellschaft

---

11 Giovanni Gentile, Grundlagen des Faschismus, Köln 1936, S. 209f. Das Zitat ist entnommen aus dem Buch von W. Schlangen (Anm. 10), S. 30.

treibe vermöge der freigesetzten Egoismen und Partikularismen der gesellschaftlichen Kräfte, Gruppen und Klassen tendenziell zum Bürgerkrieg hin. Der Staat als politische und rechtliche Ordnung dieses uferlosen Pluralismus – mit den Parteien, dem Parlament und der Gewaltenteilung – sei nur das getreue Spiegelbild dieses latenten Bürgerkrieges. Zu keinerlei Funktion der Bändigung oder entschärfenden Regelung der gesellschaftlichen Antagonismen mehr fähig, treibe er seinem eigenen Untergang entgegen, damit aber letztlich auch dem Untergang der in ihm politisch geeinten Nation.

Dieses Schicksal könne nur verhindert werden, indem der Staat wieder die entscheidende Ordnungsfunktion gegenüber der Gesellschaft und ihren auseinanderfallenden Teilen zurückgewinnt, indem er gegenüber der Gesellschaft, deren Antagonismen und Konkurrenzen »total« wird. Er wird dies durch Überwindung des politischen Systems der Parteien, des Parlaments und der Gewaltenteilung auf der Basis einer – die Antagonismen tendenziell auflösenden – völkischen Sammlungsbewegung erreichen. Diese wäre in der Lage, den »totalen« Staat als »Revolution von rechts« zu rechtfertigen. Den Titel *Revolution von rechts* trägt eine Schrift Hans Freyers aus dem Jahre 1931. Eine systematische Begründung dieser Revolution aus der Idee eines notwendigen, neuen Staatsverständnisses wird von ihm schon 1925 in seinem Buch *Der Staat* geleistet[12]. Angesichts der Weimarer Republik schreibt Freyer dort: »Es kann sein, daß dieser Zerfall des ursprünglichen Herrschaftsgebildes in ein Chaos kämpfender Klassen, diese Auflösung des gültigen Ringes und dieses Versagen der schöpferischen Kräfte . . . etwas Positives bedeutet: die anhebende Wendung zum Staat.«[13]

Die Wendung zu einem Staat, der das Chaos überwindet, bleibt für Freyer angesichts von Weimar und seiner historischen Voraussetzungen nicht nur eine Möglichkeit, sondern wird für ihn historische Notwendigkeit. »Durch politische Tat greift der Staat das lebendige Menschentum mit all seinen produktiven Kräften zur Einheit des Volkes, den Reichtum der Formen zur Einheit des Reichs zusammen.«[14] Staat, Volk, Reich bezieht Freyer auf diese Weise wechselseitig aufeinander. Sie sind sich gegenseitig bedingende historisch-politische Größen, für deren dynamische Struktur allein der Staat eine Garantie bietet. Der Staat muß »alle seine Teile in jedem Moment zur totalsten Operation zusammenspielen lassen, will er der geschlossene, unentfliehbare Schicksalsraum für sein Menschentum sein.«[15] »Wie er die vielen Formen zum objektiven Gesamtbilde des Reichs zusammenfügt, so bildet der Staat aus seinem Menschentum das Gesamtgebilde des Volkes. Da ist der innerste und eigentlichste Sinn der politischen Sendung«[16], die Freyer in seiner Zeit als notwendig erachtet – eine Wendung, die wegen ihrer Radikalität den Titel der Revolution verdient, aber eben einer *Revolution von rechts*.

Sie formiert sich nach Freyer in seiner Zeit: »Eine neue Front formiert sich auf den Schlachtfeldern der bürgerlichen Gesellschaft: Die Revolution von rechts. Mit der magnetischen Kraft, die dem Losungswort der Zukunft innewohnt, ehe es

---

12 Hans Freyer, Der Staat, Leipzig 1925; ders., Revolution von rechts, Jena 1931.
13 H. Freyer, Der Staat (Anm. 12), S. 95.
14 Ebd., S. 98.
15 Ebd., S. 103.
16 Ebd., S. 106.

ausgesprochen wird, zieht sie aus allen Lagern die härtesten, die wachsten, die gegenwärtigsten Menschen in ihre Reihen. Noch sammelt sie nur, aber sie wird schlagen ... Über Nacht wird die Front stehen.«[17] Und es ist dies für Freyer eine Front, die ihrem Wesen nach reine Kraft ist, »reiner Aufbruch, reiner Prozeß ..., Prinzip des aktiven Nichts in der Dialektik der Gegenwart ..., das reine Stoßkraft zu bleiben wagt«[18]. »Wir bezeichnen diese Richtung mit dem Schlagwort ›von rechts‹ ... hier wird – und das ist die positive Bedeutung des Schlagwortes ›von rechts‹ – der Staat aus seiner Jahrhunderte langen Verstrickung in gesellschaftliche Interessen emanzipiert. Der Staat ... wird zu einem freien Wesen.«[19]

Damit aber in einer so verstandenen Revolution von rechts Volk, Staat und Reich diese dynamische Einheit verwirklichter Freiheit zu werden vermögen, bedürfen sie der Gestalt des Führers und der bewußten Bejahung von Führung, denn »Führertum ist diejenige Kraft, die eigentlich den Staat schafft: indem sie sein Menschentum zum Gebilde des Volkes macht«[20]. »Das ist das einzige Wesentliche am Führer und daraus kommt allein seine Kraft: Daß er sein Werk erkannt habe und sich ihm auf Gedeih und Verderb ohne Reservate der Skepsis oder der Eitelkeit gläubig hingebe ... Führertugenden sind Tugenden der Hingabe ... Es gibt eine Güte des Führers, die ist sein Bestes, es ist die Güte dessen, der in dem schwachen zersplitterten Menschentum des Zeitalters die Kraft ein Volk zu bilden erkannt hat und weiß: er könnte nicht schaffen, was nicht von selber wird, und sein Material sei tausendmal edler als er, denn es berge das Gold, das er nur waschen kann. Diese Güte ist freilich von einer verflucht männlichen Art. Sie schließt alle Härte in sich, wenn das Volk sich selber untreu wird, ist jeder Brutalität fähig, wenn ein Verführer dazwischen kommt und zieht aus der Größe der Verantwortung die Kraft, unmenschliche Ansprüche zu stellen ... Das Volk also ist des Führers immer werdendes, immer aufs Neue geschaffenes Werk.«[21]

Diese schon 1925 von Freyer vorgetragene Konzeption einer historisch-konkret allein durch die Gestalt eines Führers vermittelten Einheit von Volk, Staat und Reich ist es, die Freyer – zumindest in den ersten Jahren nach der nationalsozialistischen Machtergreifung 1933 – in einigen Aufsätzen zum direkten Apologeten der neuen Ordnung des Führerstaates werden lassen. So meint er 1934 in einem Aufsatz zur Standortbestimmung der Soziologie, sie müsse sich auf die historischen Kräfte besinnen, die in einer historischen Zeit ein politisches Volk formieren, und müsse dabei die geheimnisvollen Kräfte des Führertums entdecken. »Volk wird vor allem dadurch integriert, daß ein Führer da ist, auf dessen Person alle einzelnen Volksgenossen durch eine geheime Linie bezogen sind, dessen Wille auf alle ausstrahlt, dessen Bild die ganze Jugend prägt. Der Glaube an den Führer bedeutet viel mehr, als daß in ihm die Einheit des Volkes repräsentiert wird. Sie bedeutet, daß das geschichtliche Schicksal des Volkes zur Person geworden ist. Ein Volk ohne Führer läuft gleichsam breit; höchstens daß es sich in Stunden äußerster Gefahr zu einer heroischen Anstrengung rafft. Nur durch das konkrete Dasein des Führers wird auf

17 H. Freyer, Revolution von rechts (Anm. 12), S. 5.
18 Ebd., S. 53.
19 Ebd., S. 55.
20 H. Freyer, Der Staat (Anm. 12), S. 111.
21 Ebd., S. 114.

die Dauer dieses breite, stumme, vielgliedrige Wesen zum politischen Volk integriert.«[22]

Ebenso polemisiert er im gleichen Jahr gegen die Weimarer Demokratie, die er mit einem Slogan der damaligen Rechten als »System« abqualifiziert. »Um den Gegner ihres revolutionären Willens zu bezeichnen, hat der Sprachinstinkt der nationalsozialistischen Bewegung ein wunderbar treffendes Wort gewählt: das Wort System. Das System war zunächst einmal ganz konkret das System des Weimarer Staates mit seinen überragenden Prinzipien, mit seinen parlamentarischen Institutionen, mit seiner formalen Demokratie. Aber das System war mehr. System ist alles, was die Sicherung sucht, was Sicherheit will, was sich der Gefahr des Starrwerdens nicht aktiv entgegenstemmt, sondern im Gegenteil den Prozeß der Erstarrung begrüßt und befördert, weil es keinen Mut hat, gefährdet zu leben. System wird geradezu der Gegenbegriff zum Leben – zum Leben mit seiner Gestaltenfüllung und Wandelbarkeit, mit seiner Kühnheit ... System ist jedes Leben, was sich an einen bestimmten Zustand seiner selbst endgültig verkauft.«[23]

Die durch die ausgewählten Zitate belegte Nähe Freyers – zumindest in der Zeit von der Mitte der zwanziger Jahre bis in die ersten Jahre der sich konsolidierenden neuen Ordnung – zum nationalsozialistischen Prinzip eines zur totalen Herrschaft drängenden Führerstaates gilt in ähnlicher Weise auch für Carl Schmitt. In der radikalen Kritik der liberalen Demokratie, am Pluralismus als ihrer Grundlage, in der Interpretation von Weimar als Entartung des Parlamentarismus, als Auflösung von staatlicher, auch rechtsstaatlicher Ordnung schlechthin, ist Carl Schmitt allenfalls noch radikaler sowie in der begründenden Argumentation noch subtiler.

Indem er die Idee des liberalen Rechtsstaates idealtypisch übersteigert und an diesem übersteigerten Ideal die Realität von Weimar mißt, gerät nicht nur sie unabdingbar in die Dimension des Verfalls, sondern die Idee des Rechtsstaates selber erscheint als historisch überholte Ideologie, als unzeitgemäßes, also falsches gesellschaftlich-politisches Bewußtsein. Die idealistische, idealtypische Verklärung des liberalen Rechtsstaates parlamentarisch-demokratischer Struktur taugt einzig dazu, ihn in seiner Realität schonungslos zu denunzieren. Der Weg zu einer neuen Staatsform, eben dem totalen Staat, in dem die Willenseinheit des »politisch mündigen Volkes« sich jenseits aller organisierten Pluralismen und ihrer Konkurrenz unmittelbar im Wollen des Führers manifestiert, ist dann die einzige noch mögliche politische Realität von Demokratie überhaupt. Demokratie als wahre und zeitgemäße ist real möglich nur im Führerstaat. Dieser muß freilich alle historisch überholten Institute des parlamentarischen Gesetzgebungsstaates hinter sich lassen. Schmitt hat die Wendung der Demokratiekritik zum Führerstaat nicht nur in der zweiten Hälfte der zwanziger Jahre theoretisch vorweggenommen und programmatisch verkündet, sondern nach 1933 auch tatsächlich in seiner und für seine Person vollzogen – wobei spätere Konflikte mit dem NS-System nicht ausblieben[24].

---

22 Hans Freyer, Volkswerdung – Gedanken über den Standort und die Aufgaben der Soziologie, in: Volksspiegel, 1 (1934).

23 Hans Freyer, Tradition und Revolution, in: Europäische Revue, 10, (1934), S. 65–76.

24 Vgl. hierzu neuerdings: Matthias Kaufmann, Recht ohne Regel, Freiburg/Br. – München 1988; Bernd Rüthers, Entartetes Recht – Rechtslehrer und Kronjuristen im Dritten Reich, München 1988. An früheren Monographien seien erwähnt: Peter Schneider, Ausnahmezu-

Was das Werk Carl Schmitts im Rahmen einer Analyse des Totalitarismuskonzepts und seiner historischen Herkunft besonders interessant macht, ist aber weniger diese Begründung der Notwendigkeit einer Wendung zum Führerstaat. Vielmehr ist hierfür die Tatsache ausschlaggebend, daß er dies auf eine politische Theorie rückbezieht und aus ihr begründet, die die Freund-Feind-Alternative sowie den Ausnahmezustand – und das heißt letztlich den Krieg und die Entscheidung in ihm – zur Norm alles Politischen überhaupt erklärt.

Der Begriff des Staates setzt für Schmitt den Begriff des Politischen voraus. Der Staat ist nur von ihm her bestimmbar. Der Begriff des Politischen aber meint nichts anderes als das Vermögen und den Willen, im Beziehungsgeflecht von Menschen und Menschengruppen streng und radikal gemäß dem Schema von Freund und Feind zu entscheiden und entsprechend zu handeln. »Die spezifische politische Unterscheidung, auf welche sich die politischen Handlungen und Motive zurückführen lassen, ist die Unterscheidung von Freund und Feind. Sie gibt eine Begriffsbestimmung im Sinne eines Kriteriums, nicht als erschöpfende Definition oder Inhaltsangabe. Insofern sie nicht aus anderen Kriterien ableitbar ist, entspricht sie für das Politische den relativ selbständigen Kriterien anderer Gegensätze: Gut und Böse im Moralischen, Schön und Häßlich im Ästhetischen usw.«[25] Wer dabei jeweils konkret als Feind, wer als Freund ausgewiesen und entsprechend behandelt wird, ist nach Schmitt nicht objektiv zu bestimmen. Das entsprechende Urteil entspringt einer existentiellen Teilhabe oder Teilnahme am politisch-historischen Prozeß. Wer Feind oder Freund ist, ist also gleichsam existentiell in den und durch die Konflikte der Gruppen vorentschieden. Die konkrete Benennung ist nur konkrete Entscheidung als existentieller politischer Vollzug.

Ein solcher aber gewinnt seine Struktur in Ausnahmesituationen und wird an ihnen erkennbar. Ausnahmezustand aber heißt allemal Kampf und Krieg – zumindest potentiell. »Ebenso wie das Wort Feind ist hier das Wort Kampf im Sinne einer seinsmäßigen Ursprünglichkeit zu verstehen. Es bedeutet nicht Konkurrenz, nicht den ›rein geistigen‹ Kampf der Diskussion, nicht das symbolische ›Ringen‹, das schließlich jeder Mensch immer wieder vollführt, weil nun einmal das ganze menschliche Leben ein ›Kampf‹ und jeder Mensch ein ›Kämpfer‹ ist. Die Begriffe Freund, Feind und Kampf erhalten ihren realen Sinn dadurch, daß sie insbesondere auf die reale Möglichkeit der physischen Tötung Bezug haben und behalten.«[26] Das heißt doch nichts anderes, als daß die Freund-Feind-Alternative als Grundlage allen politischen Denkens und Handelns auf Vernichtung des je im Kampf als Feind bestimmten Gegners bezogen bleibt.

Im Kampf – sei er Bürgerkrieg, sei er Völkerkrieg – gibt es keine Vermittlung. Nur in der Vernichtung des Feindes erfüllt sich seine Funktion, sein Sinn. Feind ist immer – wie es bei Schmitt auch heißt – der existentiell und wesensmäßig Fremde und Freund ist der existentiell und wesensmäßig Gleiche. Dann ist es für die politische Auswirkung dieses extremistischen Alternativdenkens nur konsequent, die höchste

stand und Norm, Stuttgart 1957; Jürgen Filjakowski, Die Wendung zum Führerstaat, Köln – Opladen 1958.

25 Carl Schmitt, Der Begriff des Politischen, München 1927 u. ö., zitiert nach der Ausgabe München 1963, S. 26ff.

26 Ebd. (Ausgabe 1932), S. 20.

Befähigung zur politischen Konkretisierung der Freund-Feind-Alternative jener politischen Instanz zuzuerkennen, die in existentiell intensivster Weise am politisch-historischen Prozeß Anteil hat, seine wahrscheinlichsten Tendenzen erspürt und ihnen in konkreter Entscheidung Ausdruck gibt: dem Führer. Letztlich entscheidet er in autonomer Verantwortung vor der Geschichte, wer Feind und wer Freund ist. Carl Schmitt hat diese Konsequenz dann auch nach 1933 sowohl in bezug auf die Röhm-Affäre als auch in bezug auf den Kampf gegen den jüdischen Geist gezogen[27].

Für die Herausbildung des nationalsozialistischen Führerstaates wird man die historisch wegbereitenden Einflüsse der beiden genannten Denker neben den eigentlichen Ideologen der »Bewegung« kaum bestreiten können. Wenn aber von den ideengeschichtlichen Voraussetzungen oder Quellen der sogenannten Weltanschauung die Rede ist, wird in der Regel nicht nur an diese Autoren gedacht, sondern vor allem auch an das 19. Jahrhundert. Und da liegt es nahe, etwa neben dem Engländer Houston Stewart Chamberlain und seiner Theorie vom Führungsanspruch einer sogenannten arisch-nordischen Rasse (sowie dessen Vorläufern) vor allem das geschichtsphilosophische und zeitkritische Denken Friedrich Nietzsches in einen ideengeschichtlichen Zusammenhang mit dem Nationalsozialismus zu bringen.

4.1.2 Zum Einfluß Friedrich Nietzsches auf die nationalsozialistische Weltanschauung

In der Tat ist der Einfluß von Nietzsches Werk auf ein tendenziell konservatives und im politisch-sozialen Gestus elitäres Denken in Deutschland um die Jahrhundertwende und über den Ersten Weltkrieg hinaus bis weit in die zwanziger Jahre hinein nicht zu unterschätzen. Und ebensowenig ist bestreitbar, daß die Nationalsozialisten selbst die größten Anstrengungen unternahmen, Nietzsche für die eigene Weltanschauung – systematisch aufbereitet – in Anspruch zu nehmen[28]. Die dabei verfolgte Absicht war deutlich: Mit der Inanspruchnahme Nietzsches sollte der eigenen Ideologie eine zeitkritisch-geschichtsphilosophische Dimension unterfüttert werden, die aus der sogenannten Rassentheorie oder dem Führermythos nicht zureichend zu gewinnen war.

Es ist daher verständlich, daß nach dem Zweiten Weltkrieg, als es sich in Deutschland darum handelte, den Nationalsozialismus in seinen geistigen Wurzeln kritisch aufzuarbeiten, Nietzsche im wesentlichen unter der Perspektive eines Vorläufers eben dieses Nationalsozialismus gesehen und denunziert wurde. Besondere Bedeutung gewann in diesem Zusammenhang Georg Lukács Buch *Die Zerstörung der Vernunft*[29]. Inzwischen hat sich eine weit differenziertere Nietzsche-Interpreta-

---

27 Ernst Forsthoff hat als junger Staatsrechtler 1933 das Konzept des totalen Staates in einer circa 50 Seiten umfassenden Broschüre popularisiert und zugleich rechtfertigend auf die sogenannte nationalsozialistische Revolution, also den 30. Januar 1933, direkt bezogen. Siehe hierzu B. Rüthers (Anm. 24), S. 125ff.

28 Vgl. Hans Langreder, Die Auseinandersetzung mit Nietzsche im Dritten Reich, Diss., Universität Kiel 1971.

29 Georg Lukács, Die Zerstörung der Vernunft, Berlin 1954.

tion durchgesetzt, ohne daß dabei das Thema der Wirkungsgeschichte von Nietzsches Philosophie ausgeklammert wird. Es bleibt problematisiert[30].

Nietzsche hat keine systematisch begründete politische Philosophie im präzisen Sinne des Wortes vorgelegt. Seine Philosophie ist dennoch eminent politisch, sowohl in der eigenen Aussage als auch in ihrer Wirkungsgeschichte. Nietzsche hat sich selbst als radikalen Kritiker der Kultur seiner Zeit, als »Unzeitgemäßen« wider den Zeitgeist verstanden, und er leistet diese zeitbezogene Kritik doch mit einer Begrifflichkeit, die seltsam zeitenthoben, fast »ungeschichtlich« ist. Er will sich radikal und kritisch mit seiner Zeit und ihrer Kultur auseinandersetzen und tut dies auch tatsächlich. Aber er beschwört doch zugleich ein »Pathos der Distanz« als Indiz der autonomen, freien, sich selbst gewissen und in sich selbst allein gründenden Geistigkeit.

Nietzsches Denken bedient sich begrifflicher Konstruktionen – wie »blonde Bestie«, »Züchtung«, »Wille zur Macht«, »Sklavenaufstand der Moral«, »Ressentiment« und andere –, die biologisch, ethisch, geschichtlich und politisch jeweils höchst Konkretes oder als konkret Präzisierbares zu meinen scheinen. Dennoch werden diese Begriffe mit einer Emphase gebraucht, die sie jeder Konkretion enthebt und sie zu einer möglichen konkreten Bestimmung eigentlich untauglich macht. Das wird nirgends deutlicher als im Rahmen von Nietzsches Kritik an Liberalismus, Sozialismus, Demokratie und bürgerlicher Gesellschaft seiner Zeit. Sie ist in einzelnen Aphorismen durchaus konkret und treffend. Im Zusammenhang einer philosophischen Kritik jedoch, die die Heraufkunft des modernen Nihilismus und die Möglichkeiten seiner Bändigung, ja Überwindung deuten will, wird sie abstrakt.

Grundsätzlich ist für Nietzsche Leben nur als Wille zur Macht bestimmbar, das heißt aber auch: als Bejahung von Kampf um Macht. Der Machtkampf aber setzt nicht nur tatsächliche Gegnerschaft voraus, sondern zugleich die Bejahung von Stärke und Schwäche als Kriterien letzter moralischer Prinzipien. Daran gemessen ist die Geschichte des abendländischen Geistes wie der durch ihn geprägten europäischen Gesellschaft nur als fortlaufender Abfall von solcher Moral der Stärke, des Machtwillens und des Kampfes deutbar. Historisch verantwortlich dafür ist für Nietzsche der Sieg des Christentums und seiner Moral der Liebe und der Vergebung, die der Moral der Stärke eine eindeutige Absage erteilt, ja, sie ersetzt hat.

Nietzsche kann sich jedoch nicht mit der Feststellung begnügen, daß es sich bei Christentum und christlicher Moral einerseits, dem Leben als Willen zur Macht andererseits um zwei feindliche Prinzipien handelt. Das Christentum hat die europäische Geschichte maßgeblich als eine geschichtliche und lebendige Kraft bestimmt. Ist es aber eine lebendige Kraft gewesen, dann muß, wenn Leben Wille zur Macht ist, die kritische Frage in bezug auf das Christentum radikaler gestellt werden: Ist nicht auch das Christentum eine besondere Ausprägung des Willens zur Macht? Welcher Art Wille zur Macht machte das Christentum überhaupt möglich?

---

30 Als Beispiele differenzierterer neuerer Analysen des Verhältnisses von Nietzsches Philosophie zur Politik seien genannt: Zwi Rosen, Friedrich Nietzsches politische Welt, in: Jahrbuch des Instituts für deutsche Geschichte der Universität Tel Aviv, 14 (1985), S. 221–259; Henning Ottmann, Philosophie und Politik bei Nietzsche, Berlin – New York 1987.

Nietzsches Antwort auf die sich selbst gestellte Frage ist eindeutig: Auch das Christentum, verstanden als Herrschaft der Moral über das Leben, ist ein Wille zur Macht. Aber es ist ein pervertierter Wille zur Macht. Es ist der Wille zur Macht jener Schwachen und Schlechtweggekommenen, die den wahren Willen zur Macht nicht ertragen und in ihrem Affekt, ihrer Ablehnung gegen ihn, ihrer eigenen Ohnmacht zur Macht verhelfen. Indem in Christus, ja sogar geschichtlich schon mit Sokrates beginnend, die Ohnmacht sich als Macht setzt und selbst mächtig wird, ist das Christentum Erzeugnis einer Umwertung aller Werte, eines umwertenden Aufstandes gegen die eigentlichen Lebenswerte. Nietzsche verwendet für dieses Phänomen eines pervertierten, eines gebrochenen Willens zur Macht, der in der Umwertung aller Werte selbst schöpferisch Werte zu setzen beginnt, den Begriff des Ressentiments. Da es sich hier um einen Schlüsselbegriff in Nietzsches Denken handelt, sei die Stelle zitiert, an der dieser Begriff in seinem vollen Gewicht erscheint:

»Der Sklavenaufstand in der Moral beginnt damit, dass das Ressentiment selbst schöpferisch wird und Werthe gebiert: das Ressentiment solcher Wesen, denen die eigentliche Reaktion, die der That versagt ist, die sich nur durch eine imaginäre Rache schadlos halten. Während alle vornehme Moral aus einem triumphierenden Ja-sagen zu sich selber herauswächst, sagt die Sklaven-Moral von vornherein Nein zu einem ›Außerhalb‹, zu einem ›Anders‹, zu einem ›Nicht-selbst‹: Und dies Nein ist ihre schöpferische That. Diese Umkehrung des werthsetzenden Blicks – diese nothwendige Richtung nach Außen statt zurück auf sich selber – gehört eben zum Ressentiment: die Sklavenmoral bedarf, um zu entstehen, immer zuerst einer Gegen- und Außenwelt, sie bedarf, physiologisch gesprochen, äußerer Reize, um überhaupt zu agiren – ihre Aktion ist von Grund auf Reaktion. Das Umgekehrte ist bei der vornehmen Werthungsweise der Fall: sie agirt und wächst spontan, sie sucht ihren Gegensatz nur auf, um zu sich selber noch dankbarer, noch frohlockender Ja zu sagen. Ihr negativer Begriff ›niedrig‹, ›gemein‹, ›schlecht‹ ist nur ein nachgeborenes blasses Contrastbild im Verhältnis zu ihrem positiven, durch und durch mit Leben und Leidenschaft durchtränkten Grundbegriff ›wir Vornehmen, wir Guten, wir Schönen, wir Glücklichen‹!«[31]

Ressentiment ist also nicht einfach ein abweisendes Gefühl, ist nicht einfach Negation oder Reaktion, sondern Ressentiment ist schöpferische Aktion, freilich eine Aktion, die aus einem totalen Unvermögen geboren wird und dieses Unvermögen selber als absoluten Wert setzt. Ressentiment ist angewiesen auf ein vorgegebenes Reich von Normen, aber sagt zu diesen Normen nicht einfach nein – das wäre noch immer Bestätigung der Normen im selbstbewußten Eingeständnis des Unvermögens. Ressentiment ist vielmehr Umformung, Umwertung eines Unvermögens zu Vermögen, eines Unwertes zum Wert. Auch das schließt ein Fixiertbleiben am Gegner ein, aber eben ein solches, das umwertend aktiv wird.

Ist eine Moral nicht Resultante der Lebensbejahung der Herrschenden, Großen, Vornehmen, Guten, dann ist sie notwendig Resultante des Siegs derer, die zum Zwecke eigenen Machterwerbs das Leben und seine eigentlichen Prinzipien umwerten. Und dieser im Begriff des Ressentiments enthaltene Denkansatz wird nun für

31 Friedrich Nietzsche, Zur Genealogie der Moral – Eine Streitschrift, erste Abhandlung, Aphorismus 10, in: ders., Kritische Gesamtausgabe, Bd. 6.2, Berlin 1968², S. 284.

Nietzsche radikal zum Fundament seiner geschichtlichen Selbstverständigung, das heißt der Kultur- und Sozialkritik seines Zeitalters.

Europäische Geschichte seit dem Auftreten von Sokrates und Christus wird ihm Entfaltung des Sieges dieses Sklavenaufstandes, damit Prozeß einer zunehmenden Lebensverneinung in Kultur, Gesellschaft und Politik. Lebensverneinung bedeutet in Nietzsches Sicht Verneinung des Willens zur Macht, des Kampfes als Lebensprinzip, Verneinung aller Werte, die den Vornehmen und Herren in ihrer Selbstverständlichkeit mitgegeben sind. Lebensverneinung heißt zunehmende Dekadenz, heißt Verlust jeder Distanz, jeder sozialen Hierarchie, heißt Verlust der Kultur, denn echte Kultur erwächst nur auf dem Boden eines echten Machtgefüges; sie geht zugrunde, wo es keine Sklaven mehr gibt. Lebensverneinung heißt schließlich alles in allem: Nivellierung und Egalisierung. Ist auf diese Weise aus der ideologiekritischen Deutung des Christentums Nietzsches Position zu einem kritischen Geschichtsverständnis entfaltet, so fallen alle Grunderscheinungen des gegenwärtigen Zeitalters dem Verdammungsspruch anheim: die Aufklärung, die Zivilisation, die Demokratie, der Liberalismus, der Sozialismus.

Was Nietzsche an all diesen Bewegungen der europäischen Geschichte, vor allem der Neuzeit, im Kern kritisiert, ist die egalitäre Fassung des Freiheitskonzeptes, die als lebensfeindlich denunziert wird. Sie eben reicht bis in die Entstehung des Christentums zurück. Das Gegenbild dazu hat Nietzsche zunächst ebenfalls im Zuge der Kritik am Christentum typologisch entworfen: den »großen Menschen«, den »Herrenmenschen«. Es wird entwickelt an dem Gegensatz der moralischen Grundbegriffe gut – schlecht sowie gut – böse. Gut-schlecht ist der Begriffsgegensatz jeder Herrenmoral, gut-böse der Begriffsgegensatz jeder Sklavenmoral. Der Begriff »gut« bleibt freilich nur formal, nicht inhaltlich in beiden Begriffspolaritäten derselbe.

»Aber es ist nicht derselbe Begriff ›gut‹: vielmehr frage man sich doch, wer eigentlich ›böse‹ ist, im Sinne der Moral des Ressentiment. In aller Strenge geantwortet: eben der ›Gute‹ der anderen Moral, eben der Vornehme, der Mächtige, der Herrschende, nur umgefärbt, nur umgedeutet, nur umgesehn durch das Giftauge des Ressentiment. Hier wollen wir Eins am wenigsten leugnen: wer jene ›Guten‹ nur als Feinde kennen lernte, lernte auch nichts als böse Feinde kennen, und dieselben Menschen, welche so streng durch Sitte, Verehrung, Brauch, Dankbarkeit, noch mehr durch gegenseitige Bewachung, durch Eifersucht inter pares in Schranken gehalten sind, die andrerseits im Verhalten zu einander so erfinderisch in Rücksicht, Selbstbeherrschung, Zartsinn, Treue, Stolz und Freundschaft sich beweisen, – sie sind nach außen hin, dort wo das Fremde, die Fremde beginnt, nicht viel besser als losgelassne Raubthiere. Sie geniessen da die Freiheit von allem socialen Zwang, sie halten sich in der Wildniss schadlos für die Spannung, welche eine lange Einschließung und Einfriedung in den Frieden der Gemeinschaft giebt, sie treten in die Unschuld des Raubthier-Gewissens zurück, als frohlockende Ungeheuer, welche vielleicht von einer scheusslichen Abfolge von Mord, Niederbrennung, Schändung, Folterung mit einem Übermuthe und seelischem Gleichgewichte davongehen, wie als ob nur ein Studentenstreich vollbracht sei, überzeugt davon, dass die Dichter für lange nun wieder Etwas zu singen und zu rühmen haben. Auf dem Grunde aller dieser vornehmen Rassen ist das Raubthier, die prachtvolle nach Beute und Sieg lüstern schweifende blonde Bestie nicht zu verkennen; es bedarf für diesen verborgenen Grund von Zeit zu Zeit der Entladung, das Thier muss wieder heraus, muss wieder in die Wildniss zurück: – römischer, arabischer, germanischer, japanesischer Adel, homerische Helden, skandinavische Wikinger – in diesem Bedürfniss sind sie sich alle gleich. Die vornehmen Rassen sind es, welche den Begriff ›Barbar‹ auf all den Spuren hinterlassen haben, wo sie gegangen sind; noch aus ihrer höchsten Cultur heraus verräth sich ein Bewußtsein davon und ein Stolz selbst darauf...«[32]

Gerade an diesem Zitat mit dem Zentralbegriff »blonde Bestie« sowie an den sonstigen Formulierungen wird zumindest zweierlei deutlich: Sie taugen zum einen nicht zur theoretischen Absicherung einer geschichtsphilosophisch gezielten Rassentheorie, denn sie sind nicht biologistisch gemeint. Die ganze im Zitat benutzte Begrifflichkeit ist zum anderen wegen ihrer sichtbaren Emphase historisch-konkret unbrauchbar, sie ist im Kern a-historisch. Indem Nietzsche den Sündenfall der egalitären Fassung des Freiheitsbegriffs um rund zweitausend Jahre zurückverlegt – in jenen Zeitpunkt des von ihm so genannten Sklavenaufstandes in der Moral, den er mit seiner Ressentimenttheorie als Sieg eines pervertierten Willens zur Macht zu kennzeichnen sucht –, wird die reale Situation seiner Zeit eigentlich relativ gleichgültig vor dieser weiten universal-historischen Dimension. Bedeutung hat die politisch-historische Wirklichkeit nur, insofern sie sich lediglich als die äußerste und damit eben sich selbst vernichtende Konsequenz dieses aus Schwäche geborenen Umwertungsaktes aller Werte begreifen läßt. Und dies und nichts anderes meint offensichtlich die Vision Nietzsches von der unaufhebbaren Heraufkunft und dem Sieg des Nihilismus.

Die Vision Nietzsches ist jedoch alles andere als resignativ oder kulturpessimistisch. Sein Ziel ist die Erschließung und Aktivierung eines die Zukunft ergreifenden und verantwortlichen Wollens gerade durch solche radikal angesetzte Kritik. Nicht zufällig bezeichnet er seine Kritik im Untertitel zu *Jenseits von Gut und Böse* als »Philosophie der Zukunft«. Die Begrifflichkeit jedoch, die das lebensbejahende, zukunftsträchtige Wollen kennzeichnen soll, kommt eben über Bestimmungen wie »Wille zur Macht«, »Kampf«, »Züchtung«, »Übermensch«, »die Staaten der Zukunft«, »Distanz«, »Rangordnung« und ähnliches nicht hinaus. Die Begrifflichkeit, die Nietzsches Vision einer in Wille und Tat erneuerten Überwindung der christlichen Umwertung aller Werte sowie des sie vollziehenden Menschentyps kennzeichnen soll, bleibt historisch und gesellschaftlich weitgehend unbestimmt; sie bleibt genauso unbestimmt, wie es auch seine Zeitkritik – nach den frühen *Unzeitgemäßen Betrachtungen* – durch Projizierung ihres Gegenstandes auf zweitausend Jahre Geschichte mehr und mehr wird. Das Spannungsverhältnis einer radikal gemeinten Kritik, die »mit dem Hammer philosophiert«, und eines die Zukunft erschließenden Wollens gerinnt unter der Hand zu einem historisch unbestimmten Schema des Geschichtsverlaufs: auf der einen Seite die total werdende sogenannte Lebensverneinung durch die christlich geprägte Kultur, auf der anderen Seite eine ebenso wenig konkrete Lebensbejahung als das »Positive«.

Je mehr jedoch eine kritische Position das von ihr Kritisierte ebenso unbestimmt läßt wie die Begrifflichkeit, mit der sie als Maßstab der Kritik und der vertretenen Zukunftsvision arbeitet, um so mehr kann sie innerhalb historisch-konkreter gesellschaftlicher und politischer Prozesse von interessierten Mächten oder Bewegungen in Anspruch genommen werden.

---

32 Ebd., Aphorismus 11, S. 288–289.

Als Fazit kann festgehalten werden: Nietzsche ist sicher für die nationalsozialistische Weltanschauung und auch das praktizierte nationalsozialistische Herrschaftssystem unmittelbar nicht in Anspruch zu nehmen, geschweige denn verantwortlich zu machen. Die Emphase der von seiner zeitkritischen Philosophie benutzten Begrifflichkeit, die darin sichtbar werdende ästhetisierende Distanzierung von jeder historischen Konkretion, zumal in der zukunftsbezogenen Vision, machen aber seine Philosophie tauglich, fast beliebig benutzt zu werden, selbst wenn sie in solcher Benutzung gegen ihre eigenen Impulse gewendet wird.

Nietzsches Sprache war schon zu seiner Zeit ein geistiges und auch politisches Ereignis. Sie schützte ihn vor Mißbrauch nicht, sondern bot sich gleichsam dazu an. Mißbrauch blieb es dabei allemal, worauf 1941 schon der Schweizer Philosoph Hans Barth hingewiesen hat: »Daß die Ideologen des totalen Staates sich auf Nietzsche beriefen, ist ein Mißverständnis und ein Mißbrauch. Daß sie es aber konnten, muß seinen Grund in seinen Schriften haben. Selbst wenn sich die Inanspruchnahme Nietzsches für die politisch-weltanschaulichen Ideologien der Gegenwart als ein Fehlgriff und als Willkür erweist, so läßt sich ebensowenig übersehen und verschweigen, daß die Möglichkeit dieses Mißbrauchs in seinem Werk in fataler Weise angelegt war.«[33]

4.1.3 Sorels »Mythos der Gewalt« und Paretos Elitentheorie (von Kurt Lenk)

Wenn nach politischen Theorien der Jahrhundertwende gefragt wird, die einen mitbestimmenden Einfluß auf ideologischen Inhalt wie politisches Werden des Faschismus beziehungsweise des Nationalsozialismus gehabt haben, so ist neben den bisher behandelten Denkern sicher auch George Sorel mit seinem Werk zu nennen, und zwar aus zwei Gründen: Einmal ist seine politische Theorie sehr viel unmittelbarer und direkter in ihrem Einfluß auf den Faschismus, insbesondere das Denken Mussolinis, als etwa Nietzsches philosophische Kultur- und Zeitkritik auf den Nationalsozialismus. Zum anderen gehört Sorel der sozialistischen Bewegung des ausgehenden 19. Jahrhunderts an, nimmt an ihren internen Auseinandersetzungen teil und ist mit seinem Werk zugleich ein Indiz für das Abrücken gewisser Teile dieser Bewegung von ihren aufklärerisch-kritischen und darin zugleich demokratischen Traditionen und das dadurch bedingte Einmünden in neue Formen eines irrationalen Aktivismus.

Sorel gehört zu jenen Autoren, die von der Lebensphilosophie des ausgehenden Jahrhunderts herkommen. Nach Henri Bergson, dem Sorel verpflichtet bleibt, ist der Intellekt eine nur die Oberfläche des Wirklichen mechanisch registrierende Funktion des Lebenswillens. Er ist das Instrument bloßer Rechenhaftigkeit und daher nicht in der Lage, die Einheit des schöpferischen Lebenswillens zu begreifen. Dies vermag allein die Intuition, eine Fähigkeit des Instinkts. Den Dualismus von Intellekt contra Leben, der zur Dekadenz der bürgerlichen Neuzeit geführt habe, will Sorel nun durch seine Lehre von den sozialen Mythen überwinden. Um dem Sinn dieses Mythosbegriffs näherzukommen, wie er bei Sorel, vor allem in seiner (1906 zuerst veröffentlich-

33 Hans Barth, Fluten und Dämme – Der philosophische Gedanke in der Politik, Zürich 1943, S. 287.

ten) Schrift *Über die Gewalt,* entwickelt wird, muß man von dessen Abgrenzung zum Begriff der Utopie ausgehen[34].

Die Utopiekritik Sorels setzt nicht etwa bei deren Irrealität, sondern umgekehrt gerade bei deren rationalen Kernen an. In der Tat haben sich ja die frühsozialistischen Utopisten seit Saint-Simon auf Wissenschaft berufen, mit deren Hilfe sie sich – im Verein mit der sich entfaltenden Produktionstechnik – eine Realisierung ihrer utopischen Gesellschaftsentwürfe versprachen. In diesen Gesellschaftsentwürfen schwang stets auch die Vorstellung einer aufgeklärt-glücklicheren, weil vom gerechteren Mechanismus der Güterverteilung bestimmten Menschengemeinschaft mit: Die frühsozialistischen Utopisten waren noch vom Fortschrittsoptimismus beflügelte Theoretiker, hierin den naturwissenschaftlichen Entwicklungsdenkern verwandt. Technischer Fortschritt sollte das Vehikel sein, das der sozialen Utopie zur Realisierung verhelfen konnte. Insofern enthielt die aufklärerische Naturwissenschaft immer auch utopische Elemente, und die Utopien selbst tendierten auf Verwissenschaftlichung ihres Glücksanspruchs. Wissenschaft und Utopie ist die Hoffnung gemeinsam, die sozialen Konflikte in einer harmonischen Endstufe historischer Entwicklung aufzulösen. Planerische Utopie und wissenschaftliche Naturerkenntnis stehen nach Sorel im Banne des Rationalismus. Dieser führt zu einer Geschichtsphilosophie, die menschliche Zukunft berechenbar machen und damit menschliche Freiheit selber, so Sorel, zur Unfreiheit – weil zur determinierten, vorausberechenbaren Verlängerung der Vergangenheit und Gegenwart – degenerieren möchte. Die Freiheit menschlichen Wollens hingegen erlaube es nicht, das Zukünftige in irgendeiner Weise menschlichem Zugriff zugänglich – und das heißt planbar – erscheinen zu lassen.

Hinzu kommt ein soziologischer Aspekt. Utopien sind stets das Werk einer kleinen Minderheit. Mit ihren Aufklärungsidealen von Freiheit und Gleichheit eignen sie sich dazu, die partikularen Interessen dieser Minorität zu verhüllen: Interessen, die sich der Unterdrückung und Manipulation der Mehrheit bedienen. Spontan aus dem Volk selbst heraufkommende Mythen hingegen entspringen nicht rationaler Planung, sondern einem irrationalistisch-voluntaristischen Drang nach Befreiung von allen heteronomen Zwängen. Sie spielen, als die energetische Basis großer Massenaktionen, aller Berechenbarkeit einen Streich. Mythen sind Setzungen des freien, kollektiven Willens und daher nichts anderes als die bildhaften Willensantriebe und Gesinnungen der Massen, die sich der Verfügungsgewalt aller fremden Autoritäten zu entziehen trachten.

In der vom Mythos getragenen Aktion selbst entfaltet sich nach Sorel jene Freiheit, von der die Utopien nur moralisierend reden, die sie aber niemals herbeiführen können, da sonst die Privilegien der Planer selbst in Frage stünden. Freiheit, so lautet seine These, ist nicht etwas, das sich erst in einer nebulosen Zukunft realisieren darf, sondern nur das, was sich hier und jetzt als Bewegung freisetzt. Jenseits von Skepsis und Diskutierbarkeit erzeugt der Mythos als bildhaftes Selbstverständnis vollzogener Massenaktionen eine kollektive Anpassung, die zu heroischen Taten beflügeln könne. Sein Wert ist nicht abhängig von dem darin antizipierten gemeinsamen Ziel, sondern er liegt bereits in der Mobilisierung dieser heroischen Massenkräfte selbst. Als proletarischer Mythos fordert er die Bourgeoisie als ihren

---

34 George Sorel, Über die Gewalt (1906), Frankfurt/M. 1969.

Kontrahenten heraus, sich auf das Zuendebringen der technischen Entfaltung aller Produktivkräfte zu besinnen. Er hat demnach primär eine erzieherische Funktion, indem er die Dekadenz bloßer Konsumentenmoral in eine neue Produzentensolidarität verwandelt. Produzentenmoral aber ist schöpferische Aktivität aus Freiheit, jenseits aller verstandesmäßigen Klügelei. Sie hat ihren Sinn in sich selbst, ist ein Heroismus ohne optimistischen Beigeschmack.

Hat die Utopie noch den Anspruch verfolgt, den Gang der Dinge zu beschreiben, so ist der Mythos nur mehr Ausdruck reinen Wollens zur Aktivität und kollektiven Aktion. Solche Reinheit des Wollens fragt nicht nach dem, was nach der Aktion folgt, sondern richtet sich direkt auf die Zerstörung aller bestehenden Institutionen: »Während unsere gegenwärtigen Mythen die Menschen dazu führen, sich auf einen Kampf vorzubereiten, um das Bestehende zu zerstören, ist es stets die Wirkung der Utopie gewesen, die Geister auf Reformen hinzulenken, die durch teilweise Umänderung ins Werk gesetzt werden können.«[35] Soziale Mythen sind demnach Fanale zur gewaltsamen Aktion inspirierter Massen, kollektive Willenssetzungen ohne rationale Sinngebung, wobei die »reine Tat« aus heroischer Gesinnung allein zählt, ohne daß die kritische Frage nach dem Wohin den aktionistischen Selbstlauf spontaner Massenerhebung beeinträchtigen dürfe.

Was allein zählt, ist die reine Unmittelbarkeit spontanen Handelns. Gegen die Spontaneität als einem Akt aus Freiheit gibt es so wenig Argumente wie gegen ein Gewitter: Beide entziehen sich dem wägenden Verstand: »Ein Mythos kann nicht widerlegt werden, da er im Grunde das gleiche ist wie die Überzeugungen einer Gruppe, da er der Ausdruck dieser Überzeugungen in der Sprache der Bewegung ist, und da es folglich nicht angeht, ihn in Teile zu zerlegen, wie sie bei einem Plane historischer Beschreibungen Verwendung finden könnten. Hingegen läßt die Utopie wie jede soziale Verfassung eine Erörterung zu; man kann die automatischen Bewegungen, die sie voraussetzt, mit denjenigen vergleichen, die im Laufe der Geschichte festgestellt worden sind, und so ihre Wahrscheinlichkeit abschätzen.«[36]

Vergleiche anstellen, Wahrscheinlichkeiten abschätzen – dies muß Sorel suspekt sein, da es die Tätigkeit eines aktionsbegleitenden Intellekts voraussetzt, der sich der schöpferischen Bewegung entgegenstellt, sobald diese nicht mehr im Einklang mit den vermeintlichen historischen Bedingungen selbst zu stehen scheint. Wo Praxis allein zählt, fallen die Bedenken kritischer Reflexion; sie wird jener Sphäre der Korruption und Berechnung subsumiert, gegen die der Aufruf zur Spontaneität des mythosgespeisten Handelns sich gerade richtet.

Die Reflexionen Sorels sind durchzogen von Antithesen, von denen sich die Dynamik ihrer Deduktionen herleitet. Solche antithetischen Begriffspaare bilden gleichsam die Achse seines Denkens, und es liegt nahe, dessen Antriebe von da aus zu entfalten. Neben der grundlegenden Antithetik von Utopie und Mythos sind dies die Dualismen Macht und Gewalt, politischer Generalstreik und proletarischer Generalstreik sowie – auf der Ebene des Moralischen – Konsumenten- und Produzentenmoral.

Ausgangspunkt aller Polemiken Sorels ist seine Grundthese von der bürgerlichen Dekadenz, die sich ihm in den Erscheinungen liberaler Aufklärung darstellt. Dem-

35 Ebd., S. 41.
36 Ebd., S. 42.

gegenüber sei das Proletariat in der Lage, zu einem Hort heroischer Lebensgesinnung zu werden. Was aber heißt dekadentes und heroisches Leben? Die Antwort Sorels ist trivial, enthält jedoch die Quintessenz seiner Moralphilosophie: Da Leben, so postuliert er, vorab Kampf und Spannung ist, läßt sich die Dekadenz des bürgerlichen Lebens durch den Versuch charakterisieren, dieser Spannung und diesem Kampf auszuweichen, um im Nützlichen und Angenehmen Zuflucht zu suchen. An die Stelle des ursprünglichen Heroismus tritt dann der Utilitarismus, an die Stelle von kriegerischen Tugenden pazifistischer Humanismus, an die Stelle der »großen« die »kleine Politik«.

Das dieser Wertedualität zugrundeliegende Ideal ist geprägt von einem formal und apolitisch bleibenden Ästhetizismus: Die gerade Schlachtordnung befriedigt die dramatischen Bedürfnisse eher als Verhandlungen und Kompromisse. In der Perspektive eines auf Aporien angelegten Lebensgefühls nimmt sich jede Vermittlung als Verrat am Schauspiel des unmittelbaren Lebens aus: so der Parlamentarismus und der auf bestimmten Spielregeln basierende Parteienkampf. Diskutieren heißt für Sorel: Sich-Verständigen-Wollen, mithin Ablassen vom Lebenskampf. So gipfelt sein Mythosbegriff in das Drama eines Generalstreiks als der sittlichen Höhe proletarischer Gewalt. Die Rechtfertigung dieser Aktion ergibt sich jedoch nicht etwa aus der ökonomischen Situation des Proletariats, sondern aus der Furcht, es könne von der bürgerlichen Dekadenz angesteckt werden – gemäß dem Prinzip, wonach sich selbst überlassenes Leben dem Verfall anheimgegeben ist.

»Zerfall und Chaos ... sind eine ewige furchtbare Drohung für jede menschliche Gemeinschaft. Kein Staatsmann ist dieses Namens würdig, der nicht weiß, daß die Mächte der Zerstörung und der Auflösung, der Anarchie und der Zersetzung, mühselig gebändigt und überdeckt, immer unter der Oberfläche des sozialen Lebens lauern. Die Bewegung zum Zerfall ist so natürlich wie das Wasser den Berg hinabfließt. Die Größe des Lebens aber muß immer mit einer heroischen Anstrengung erkämpft und erobert werden. Das Leben ist Schmerz, Arbeit und Kampf und wo es aufhört dies zu sein, ist es dem Niedergange nahe.«[37]

Aus Zweckmäßigkeitserwägungen wie etwa der Absicht, eine klassenlose Gesellschaft herbeiführen zu wollen, läßt das Proletariat sich nicht in Bewegung setzen. Allein der Mythos vom Generalstreik soll daher nicht etwa Mittel zu einem sozialistischen Endzweck, sondern Energiequelle für jene Opfer sein, aus denen allein eine neue Moral, die »Produzentenmoral«, entspringen könne. Die Frage des Wofür ist von außen an die Spontaneität dieses Lebensprozesses herangetragen und damit müßig. Die einzig vordringliche Frage ist jene nach der Herbeiführung des Glaubens an diese Mythen selbst.

Sorels Mythosbegriff ist eine Art Rezeptur für die bürgerliche Gesellschaft. Nur wenn es gelingt, die Begeisterung zu wecken, die vom Generalstreikmythos ausgehen soll, kann die Gesellschaft vor dem drohenden Versinken in die Barbarei der »Konsumentenmoral« gerettet werden. Gefordert wird eine gewaltige Entscheidung zum Generalstreik, zur großen Katastrophe. Es geht um Steigerung und Intensivierung des Lebens, nicht um die Überwindung von Klassenherrschaft, denn die Produzenten sollen ja nicht etwa aus ihrer proletarischen Lage befreit werden. Im Mut zur Entscheidungsschlacht schon, der vom Glauben an den Mythos des General-

37 Michael Freund, Der falsche Sieg, Berlin 1944, S. 18.

streiks ausgeht, ist damit ein Anfang gemacht: »Weil das Leben in seinem innersten Wesen Anstrengung ist und weil es ohne Arbeit, Mühe und Kampf erschlafft wie ein Werk ohne Feder, bedarf der Mensch der Bilder und Visionen vom Kampf und Krieg, der Mythen ... Wir können uns das Ringen um die Größe und Würde menschlichen Lebens nicht anders als unter dem Bild des kriegerischen Kampfes vorstellen.«[38]

Das Konzept des »Mythos der Gewalt«, wie Sorel es vorträgt, hat vor allem auf das politische Selbstverständnis des italienischen Faschismus gewirkt. Gleiches gilt für die Theorie Vilfredo Paretos, der dabei Gedanken seines Landsmannes Gaetano Mosca aufgreift. Beide sehen das Wesen der Politik im Problem der Herrschaftsorganisation, ihrer Begründung und ihrer Ablösung. Insofern kann man beide als die eigentlichen Erben Machiavellis begreifen. Wie dieser gehen auch sie davon aus, daß es in aller Politik darauf ankomme, die Regeln der Kunst der Beherrschung der Massen zu erlernen, um sie gleich dem Naturwissenschaftler in technische Praktiken umzusetzen. Pareto ist in mehrfacher Hinsicht für die methodische Ausgangslage der politischen Theorie unseres Jahrhunderts bedeutsam geworden. Einmal durch den energischen Rekurs auf die Bestimmung gesellschaftlicher Prozesse mittels einer Handlungslehre, die allerdings – im Gegensatz zur verstehenden Sozialwissenschaft Max Webers – nicht bei zweckrationalen Handlungsabläufen, sondern bei der Instinktnatur des Menschen ansetzt. Von da gelangt Pareto zu einer reduktionistischen Ableitung sämtlicher sozialen Normen als bloßer »Derivationen« dahinterliegender Triebe und Machtinteressen. Der Wahrheitsanspruch menschlicher Vernunft, wie ihn die bürgerliche Aufklärung zur Geltung brachte, wird so radikal destruiert, daß der Bereich des Politischen nur mehr als ein Arsenal von Maskierungen und Metamorphosen einer konstanten Machtgier erscheint.

Von dieser naturalen Basis her, die sich im Laufe der Geschichte nur wenig modifiziert, nicht aber zu sublimieren vermag, möchte Pareto den Antagonismus einander ablösender Machteliten begreifen. Zwar ändern sich die Führerschichten hinsichtlich ihrer sozialen Merkmale; die Tatsache aber, daß es in aller Geschichte und damit auch in aller Zukunft Führende und Geführte gibt, ist, so Pareto, unabänderlich. Die Geschichte wird damit zu einem Friedhof der Aristokratien und zur Stätte eines latenten Bürgerkriegs. In ihm halten die jeweiligen Eliten beziehungsweise Gegeneliten die Massen entweder in Schach oder setzen sie – unter Berufung auf deren »ureigenste« Interessen – durch Ideologien in Bewegung. Sobald aber eine Gegenelite die bis dahin herrschende Elite abgelöst hat, beginnt der Kreislauf von neuem.

Pareto hat diese Elitenzirkulation wie folgt beschrieben: »Es sei A die an der Macht befindliche Elite, B diejenige, die sie daraus zu vertreiben sucht, um sich selbst an deren Stelle zu setzen, C der Rest der Bevölkerung. A und B sind die Führer, die auf C rechnen, um sich ihrer als Instrumente zu bedienen. Die C ... erlangen nur Bedeutung, wenn sie von A oder B geführt werden. Sehr häufig ... sind es nun die B, die sich an ihre Spitze stellen ... Wenn sie Erfolg haben und die Macht besitzen werden, wird sich eine neue Elite D bilden und ihrerseits dieselbe Rolle spielen,

38 Ebd., S. 18f.

welche die B bezüglich der A gespielt hat, und so weiter.«[39] Die herrschende Minorität untergliedert Pareto in eine unmittelbar die Herrschaft ausübende und eine nicht unmittelbar die Herrschaft ausübende – zum Beispiel wissenschaftliche und künstlerische – Elite. Gemeinsam ist den zur Elite gehörenden Schichten, daß sich dort politische oder sonstige Macht – oder auch bedeutende Leistungen auf irgendeinem Gebiet, das für die Gesellschaft nützlich ist – konzentrieren. Ihr Vorhandensein führt Pareto auf die naturgegebene Verschiedenheit der Menschen zurück.

In allen herrschenden Elitegruppen finden sich, so behauptet Pareto, zwei unterschiedliche Arten von *Residuen,* die für deren Verhalten im politischen Leben ausschlaggebend sind: zum einen das Residuum der Kombination, das zu Veränderungen und spekulativen Handlungen geschäftlicher und politischer Art führt (*Spekulanten*); zum anderen das Residuum der Persistenz, des Verharrens im Bestehenden, aus dem der Wille zum Konservieren sozialer Institutionen und Ordnungen abgeleitet werden könne (*Rentner*). Diejenigen Eliten, die sich vor allem durch Kombinationsresiduen leiten lassen, nennt Pareto *Füchse,* die anderen *Wölfe.* Die Geschichte der Völker ergibt sich für ihn aus der Beziehung zwischen Eliten, die von diesen beiden Residuen bestimmt sind. Nur dort, wo ein ausgewogenes Gleichgewicht zwischen beiden Arten von Residuen existiert, seien der Bestand und das Fortleben einer Gesellschaft gewährleistet. Andernfalls werden die Eliten, denen es an Energie mangelt, sich der Macht zu bedienen, und die daher zu »Rentnern« werden, von neu aufkommenden beiseite gedrängt. Politisches und soziales Gleichgewicht herrscht nach Pareto nur dann, »wenn die Residuen der Kombination in einer Gesellschaft stark genug sind, ein Volk zu Erneuerungen seiner Institutionen zu bringen und ihm die Fähigkeiten der Variabilität und Anpassung zu verleihen, während gleichzeitig die Residuen der Persistenz stark genug sind, die Vorteile, welche dieser Gesellschaft aus ihrer Elastizität erwachsen, durch Zähigkeit und Zielbewußtsein zu sichern«[40].

Die von Pareto begrüßte Labilität von Demokratien hat ihren Grund in einem Dominantwerden kombinatorischer Residuen. Was bei Sorel Dekadenz war, wird von Pareto der »demagogischen Plutokratie« zugeschrieben, einer korrupten Form der Elite, gegen die er heftig polemisiert. Das gemeinsame Merkmal der Theorien Sorels und Paretos besteht darin, daß in ihnen nicht bloß die überragende Rolle von Macht und Gewalt in der seitherigen Geschichte an zahllosen Beispielen demonstriert wird, sondern daß zugleich mit diesem – oft recht banalen – Befund sich eine Option für die Anwendung von Gewalt verbindet. Diese entschiedene Parteinahme für das Starke und Erfolgreiche ist das eigentlich Neue an diesen Autoren. Sie ließ deren Schriften besonders für den italienischen Faschismus wirksam werden.

Hermann Heller spricht zu Recht von einer um die Wende zum 20. Jahrhundert einsetzenden »Selbstrelativierung des Bewußtseins auf das sozial-vitale Sein«[41]. Damit ist nicht etwa nur die bereits im Laufe des 19. Jahrhunderts seit Hegel anhebende Historisierung und Soziologisierung aller Theorie gemeint, sondern deren Reduktion auf vorgeschichtlich-psychologische Ebenen. Ist jegliche theoretische Bemühung nur Ausfluß und Emanation konstant gefaßter Interessen, die ihrerseits

---

39 Gottfried Eisermann, Vilfredo Paretos System der allgemeinen Soziologie, Stuttgart 1962, S. 173ff., S. 219ff.

40 Walter Hirsch, Pareto, Zürich – Brüssel 1948, S. 55.

41 Hermann Heller, Schriften, Leiden 1971, Bd. 3, S. 96.

nicht mehr mit dem gesamtgesellschaftlichen Prozeß vermittelt sind, so müssen alle theoretischen Aussagen dem Bereich der Ideologie zugeschlagen werden. Theorie erscheint nur mehr als Waffe im politischen Machtkampf, wodurch politische Praxis selbst zur dezisionistischen Setzung wird.

Aus dieser Perspektive erscheinen politische Entwürfe unterschiedslos als schlechte Metaphysik, sofern sie mehr sein wollen als Instrumente im politischen Machtkampf, als ideologische Verhüllungen des an sich irrationalen politischen Willens. Mit dieser generellen Reduktion politischer Theorie vollzieht sich zugleich eine entschiedene Parteinahme für ihre herrschaftslegitimierende Funktion. Diese benötigt man, um die Domestizierung der anarchischen Struktur der menschlichen Psyche zu gewährleisten. Die jeweiligen Herrschaftseliten sollen sich ihrer bedienen, um in einem an sich sinnlosen Kampf aller gegen alle bestehen zu können.

4.2 Ideengeschichtliche Voraussetzungen des Sowjetkommunismus

Nicht zuletzt der für den Faschismus so zentrale Gedanke einer notwendigen Führung unaufgeklärter Massen durch eine aufgeklärte Elite hat schon sehr früh zu Vergleichen mit dem seit 1917 in Rußland herrschenden Bolschewismus geführt. Solche Versuche, Faschismus und Bolschewismus als einen in der jeweiligen Struktur wesensgleichen Typus von anti-liberaler, das heißt gegen die liberale Demokratie gezielter Diktatur zu interpretieren, finden sich schon um die Mitte der zwanziger Jahre, also doch eine erhebliche Zeit vor der Machtergreifung des Nationalsozialismus in Deutschland. Zu nennen ist hier insbesondere die Schrift eines italienischen liberalen Politikers, Francesco Nitti, mit dem Titel *Bolschewismus, Faschismus und Demokratie*[42]. Für Nitti sind beide Diktaturen wesensverwandt in der Ablehnung der liberalen Demokratie und ihrer von 1789 sich herleitenden Grundsätze, nicht dagegen in ihren ideologischen Zielvorstellungen. Der italienische Faschismus, so Nitti, hat kein Ideal, sondern nur die Eroberung des Staates durch die bewaffnete, in der Partei organisierte Minderheit unter Führung des Duce zum Ziel. Vom Bolschewismus dagegen heißt es: »Wie man ihn auch betrachtet, der Bolschewismus ist ein Ideal ... Dieses enthält jedenfalls »etwas Anderes als bloße Gewalt«[43].

Gerade was die Zielvorstellungen der Politik anbelangt, werden also Mitte der zwanziger Jahre sehr deutlich Differenzen zwischen beiden totalitären Diktaturen festgestellt. Nach der machtpolitischen Konsolidierung des Nationalsozialismus in Deutschland in den Jahren seit 1933/34 sowie der weitgehend zeitgleich dazu verlaufenden Entfaltung und Sicherung des stalinistischen Systems in der Sowjetunion tritt in der angelsächsischen politischen Wissenschaft jedoch dieses Bewußtsein der Differenz beider Systeme zurück. In den Vordergrund tritt nun ein vergleichbarer Gebrauch von Ideologie in beiden Systemen, der eine Wesensgleichheit in Herrschaftsorganisation und Herrschaftsausübung begründet. Nicht zuletzt der Totalitarismusbegriff ist dafür Indiz.

---

42 Das Buch erschien in München 1926. Ausführlich zitiert bei W. Schlangen (Anm. 10), S. 43ff.

43 W. Schlangen (Anm. 10), S. 44.

Erst nach dem Ende der Stalin-Ära in der Sowjetunion und mit den neu entstandenen Problemen der Führungsnachfolge in Partei und Staat wird der Aspekt der Eigenart und Eigenentwicklung des Sowjetsystems wieder zur Forschungsperspektive. Dabei steht aber nicht mehr nur die Differenz von geschichtsphilosophischen und gesellschaftspolitischen Zielvorstellungen des Sowjetkommunismus zu den Zielsetzungen des nationalsozialistischen Systems im Vordergrund des Interesses, sondern Eigenart und Eigenstruktur des zumal von Lenin geprägten Sowjetsystems. Für die Darstellung ergibt sich so nach einigen Hinweisen auf die historischen Voraussetzungen des Sowjetkommunismus die Notwendigkeit, die ideengeschichtliche Einbindung des Leninismus, seine Kernaussagen selber sowie schließlich den Stalinismus näher zu behandeln.

4.2.1 Gesellschaftlich-politische und ideengeschichtliche Voraussetzungen des Leninismus

Die politische Theorie Lenins – der Leninismus – ist nicht einfach nur eine weiterführende Interpretation der Marxschen Theorie neben anderen, obwohl sie das auch ist. Sie ist in der Verarbeitung der Marxschen Theorie wesentlich mitgeprägt durch Traditionen der russischen Geistesgeschichte des 19. Jahrhunderts. Die dort gespeicherten Erfahrungen mit den gesellschaftlichen und politischen Verhältnissen im Rußland des ausgehenden 19. Jahrhunderts fließen in die Leninsche Verarbeitung Marxens ein. Diese politisch-gesellschaftliche Realität Rußlands entsprach in keiner Weise den Bedingungen, die Marx als Voraussetzung für die Möglichkeit einer durchs Proletariat getragenen und auszuführenden Revolution angeführt hatte.

Rußlands politische Ordnung war ein Absolutismus, der die Dualität von Kaiser und Papst nicht kannte und damit auch keine mögliche Begrenzung der politischen Macht des Zaren durch die geistliche Macht der Kirche. Der großgrundbesitzende Adel hatte keine Macht zur Begrenzung der Autokratie des Zaren. Diese Autokratie war bisher durch keine Revolution erschüttert.

Der Industrialisierungsprozeß der Gesellschaft befand sich allenfalls in den ersten Anfängen, es gab nur in Ansätzen ein industriell produzierendes Bürgertum. Eine ökonomisch begründete Klasse, die einen eigenständigen, auch politisch wirksamen Machtfaktor hätte bilden können, stellte das Bürgertum in Rußland nicht dar. Demzufolge gab es ebenso nur in Ansätzen ein durch den Industrialisierungsprozeß geprägtes lohnabhängiges Industrieproletariat. Um eine reale revolutionäre Kraft darstellen zu können, war es schon rein zahlenmäßig zu schwach. Seiner sozialökonomischen Struktur nach war Rußland um die Jahrhundertwende im wesentlichen eine agrarisch geprägte Gesellschaft, dominiert durch den Großgrundbesitz. An dessen tatsächlicher Dominanz hatte auch die Bauernbefreiung (Aufhebung der Leibeigenschaft 1861) nur wenig geändert. Die rechtlich freien Bauern blieben finanziell und ökonomisch weitgehend von Großgrundbesitz und Staat abhängig.

Diese Sachverhalte gesellschaftlicher Realität waren es, die russische Sozialisten in den siebziger Jahren des letzten Jahrhunderts zu der Frage veranlaßten, ob die von Marx für die bürgerlichen Gesellschaften Mittel- und Westeuropas für möglich gehaltene revolutionäre Entwicklung überhaupt für Rußland Geltung habe oder ob nicht ein anderer, eigener Weg Rußlands zum Sozialismus möglich, ja wahrscheinlich sei. Marx selbst, bei dem sie anfragten, hat diese Möglichkeit einer eigenständigen russischen Entwicklung zur sozialistischen Gesellschaft nicht rundweg bestritten, er hat sie zumindest nicht ausgeschlossen[44]. Die meisten der frühen russischen Marxisten haben jedoch – entgegen dieser zurückhaltenden Aussage Marxens selber – an der durchgängigen, also auch für Rußland zutreffenden Gültigkeit der Marxschen revolutionären Theorie festgehalten, also: Entfaltung des Kapitalismus – bürgerliche Revolution – Anwachsen und Erstarken eines Proletariats als Klasse – proletarische Revolution[45]. Zu den Vertretern dieser theoretischen Position gehörte auch Lenin. Eine seiner ersten Publikationen dient daher vor allem dem Nachweis, daß gegen Ende des 19. Jahrhunderts der Kapitalismus in Russland einen Entwicklungsstand erreicht habe, der eine andere als die von Marx prognostizierte revolutionäre Entwicklung gar nicht mehr möglich mache.

Für dieses radikale Festhalten an einem theoretischen Konzept, das einer kritisch-distanzierenden Überprüfung und möglichen Relativierung gleichsam entzogen wird, ist wohl nicht zuletzt eine geistige Haltung maßgebend, die große Teile der russischen revolutionären Intelligenz des 19. Jahrhunderts auszeichnete und für die es im Russischen den Begriff *Prinzipialnost* (Prinzipienhaftigkeit) gibt. Die Deutung der gesellschaftlich-politischen Situation Rußlands und ihrer revolutionären Möglichkeiten stellte die frühen russischen Marxisten vor folgende Schwierigkeiten: Gilt Marxens Theorie in dieser radikalen Weise auch für Rußland, dann muß dieses zunächst eine vom Bürgertum getragene, eben bürgerliche Revolution erfolgreich durchlaufen, ehe sozialistische revolutionäre Konzeptionen eine Realisierungschance haben. In diesem Falle hingen die Möglichkeiten des Sozialismus in Rußland wesentlich vom Entwicklungsstand und Bewußtsein gerade eines revolutionären Bürgertums ab. Nur wenn und insofern dieses erfolgreich wird, hätte sozialistisches revolutionäres Bewußtsein und Wollen und dessen Träger, das Proletariat, eine gesellschaftlich ermöglichte politische Chance. Bei Gültigkeit dieser Annahmen war das politische Handeln von Marxisten in Rußland allerdings vom Erfolg einer Klasse abhängig, die gemäß der eigenen Theorie letztlich als feindliche Klasse zu gelten hatte.

Lenin hat die in solcher Deutung sich verbergende Widersprüchlichkeit und Gefährdung für aktuelles sozialistisches Handeln sehr früh erkannt: Die Begründung des sozialistisch-revolutionären Handelns aus einer Theorie, die doch diesem Bewußtsein und Handeln – jedenfalls für Rußland – seine Unzeitigkeit bestätigt, barg in sich die Gefahr der Resignation. Lenin versuchte daher, im Rahmen der marxistischen Theorie – angewendet auf Rußland – Raum zu gewinnen für eine tatkräftig-entschlossene Aktion, die gerade darin an der Zeit ist, sich als zeitgemäß erweist. Er führt diesen Nachweis in seiner Theorie der historisch-politischen Notwendigkeit einer avantgardistischen Partei des Proletariats. Sie kann einen Führungsanspruch gegenüber eben diesem Proletariat im Verlauf des von ihm zu vollbringenden revolutionären Prozesses erheben.

Mit der systematischen Begründung dieser Theorie greift Lenin ein Argumentationsmuster auf, das im Rahmen der politisch-geistigen Formierung einer revolutio-

44 Entsprechende Äußerungen von Marx finden sich in: Marx-Werke, hrsg. von Hans-Joachim Lieber, Bd. III/2, Politische Schriften, Darmstadt 1960, S. 1039ff.

45 Vgl. zu diesen Zusammenhängen: Gustav A. Wetter, Der dialektische Materialismus, Wien 1952, insbesondere Kap. IV, S. 81ff.

nären Intelligenz in Rußland schon sehr früh eine gewisse Rolle gespielt hat: den Gedanken nämlich, daß eine zu politischer Aktion berufene Masse zu ihrer Bewußtwerdung der Führung und Erziehung durch eine als Vorhut zu verstehende Minderheit bedürfe. Der Gedanke der Erziehungsavantgarde wird vor allem in der zweiten Hälfte des 19. Jahrhunderts innerhalb der werdenden *Bewegung der Volksfreunde* wirksam. Schon der Name der Bewegung ist hierfür kennzeichnend. Er geht auf die Aufforderung von Alexander Herzen (1812–1870) an die russischen Studenten aus dem Jahre 1861 zurück: »Geht ins Volk – klärt es auf über seine Rechte und Pflichten.« Aufklärung ist hier verstanden als Akt der Bewußtmachung einer Wahrheit, die an sich im Volke bereit liegt, aber von ihm aus eigener Kraft nicht erkannt werden kann. Aufklärung als gesellschaftlich notwendiger Prozeß ist an die erzieherische Funktion einer Minderheit gebunden, die das Volk mit sich selbst vermittelt, es zu seiner eigenen politischen Wahrheit, damit aber zu sich selbst führt.

Zunächst ist diese der Intelligenz zugewiesene Aufgabe ausschließlich als solche der geistigen Aufklärung gedacht. Je mehr jedoch die Bewegung der Volksfreunde unter den Bedingungen des zaristischen Rußlands politisch-revolutionäre Züge annimmt, um so mehr stellt sich in bezug auf die zu leistende Aufklärung die Frage ihrer effektiven Organisation: Wie kann politisch-revolutionäre Aufklärung der Massen organisiert werden in einem System, das sich nicht zuletzt durch eine das ganze Land durchdringende, sehr effektive Geheimpolizei sichert?

Es sind vor allem zwei russische Denker, die hierauf eine Antwort geben: Peter Tkatschow (1844–1885) und Sergej Netschajew (1847–1882). Es ist Tkatschow, der die Entwicklung eines Systems organisierter kleiner Führungskader fordert, das über das gesamte zaristische Reich oder zumindest über dessen Zentren ausgebreitet ist. Diese revolutionären Zellen sollten miteinander Kontakt haben, aber so – und das weist in die Richtung geheimbündlerischer Organisation –, daß immer nur wenige Mitglieder einer revolutionären Zelle wenige Mitglieder einer anderen revolutionären Zelle kennen. Auf diese Weise sollte ein potentieller Verrat so weit wie möglich ausgeschlossen werden. Dieses Konzept eines Systems revolutionärer Zellen geheimbündlerischer Struktur verbindet sich dann bei dem anderen russischen revolutionären Theoretiker, bei Netschajew, mit dem Konzept der terroristischen Aktion als Aufgabe dieser Zellen.

Netschajews Konzeption ist über seine Verbindung mit Michail Bakunin (1814–1876), als dessen Mitarbeiter er sich in Rußland ausgab, in die Diskussionen der ersten sozialistischen Internationale eingeflossen. Da in diesen Diskussionen Marx als entschiedener Gegner von Bakunin – und mittelbar auch von Netschajew – auftritt, steht zu vermuten, daß eine Beeinflussung des Denkens der frühen Marxisten Rußlands und auch der frühen Bolschewiki weniger über die Kenntnisnahme dieser Diskussion erfolgte als über die Nachwirkungen einer geistigen Atmosphäre, die die Existenz der russischen Intelligenzia in der zweiten Hälfte des vorigen Jahrhunderts generell kennzeichnete[46]. Für diese Atmosphäre ist das Denken Michail Bakunins von erheblicher Bedeutung.

Bakunin darf zweifellos als einer der führenden Köpfe des Anarchismus im 19. Jahrhundert insgesamt – neben dem Franzosen Jean-Pierre Proudhon (1809–1865)

---

46 Vgl. hierzu: Michael Prawdin, Netschajew – von Moskau verschwiegen, Frankfurt/M. 1961; sowie Richard Pipes (Hrsg.), Die russische Intelligentsia, Stuttgart 1962.

– angesehen werden. Beide stehen im Banne der Vision einer Zukunftsgesellschaft, deren Ordnung nicht nur das Eigentumsprinzip überwunden hat, sondern auch keine Herrschaft von Menschen über Menschen mehr kennt (Anarchie wird verstanden als Herrschaftslosigkeit, aber nicht als Ordnungslosigkeit). Während Proudhon ein Theoretiker von Herrschafts- und Gewaltlosigkeit bleibt, ist Bakunin von Beginn an in Theorie und praktischem Handeln radikaler revolutionärer Aktivist: 1848 steht er neben Richard Wagner auf den Barrikaden in Dresden.

Als Aktivist steht im Zentrum von Bakunins Denken nicht so sehr die Frage nach der inhaltlichen Gestalt der angestrebten, revolutionär zu errichtenden Zukunftsgesellschaft, sondern vielmehr die Frage nach der Organisation der revolutionären Gewalt und ihrer philosophischen Rechtfertigung. Wie ist Gewalt zu organisieren, die die bestehende Gesellschaft zerstören muß, wenn auf ihren Trümmern eine neue Gesellschaft vollkommener Freiheit und Gleichheit errichtet werden soll, und wie ist sie ethisch zu rechtfertigen? Gerade die Konzentration seines Denkens auf diese Fragen erweist, wie sehr Bakunin die Geisteshaltung der russisch-revolutionären Intelligenz teilt und ihr auch während seiner Zeit in Westeuropa verbunden bleibt.

Und eben dies scheint der Grund dafür zu sein, daß Netschajew während seines Aufenthaltes in Europa die Zusammenarbeit mit Bakunin sucht und auch zeitweise findet. Sichtbarster und kennzeichnendster Ausdruck dieser Zusammenarbeit ist eine Schrift mit dem bezeichnenden Titel: *Katechismus des Revolutionärs*. Gerade in diesem Werk jedoch wird sichtbar, daß die Zusammenarbeit zwischen Bakunin und Netschajew tatsächlich wohl nicht so intensiv und reibungsfrei gewesen ist, wie Netschajew das immer behauptet hat. Es gibt nämlich von diesem Katechismus zwei Fassungen: eine von Bakunin autorisierte und eine andere, die innerhalb der Auseinandersetzungen im Rahmen der ersten sozialistischen Internationale, an denen auch Marx sehr stark beteiligt war, eine Rolle gespielt hat. Von ihr muß angenommen werden, daß sie aus der Feder Netschajews stammt. Gerade diese zweite Fassung ist nun aber interessant, denn sie hat in dem von Marx mitredigierten Bericht der ersten internationalen Arbeiterassoziation über die Auseinandersetzung mit der Theorie und Konzeption Bakunins die entscheidende Rolle gespielt und ist in diesem Bericht auch wörtlich abgedruckt. Historisch wirksam geworden für die Formierung politisch aktiver, revolutionärer Minderheiten ist also der Text dieser zweiten Fassung des Katechismus[47].

Kennzeichnend ist zunächst der Begriff des Katechismus, der hier verwandt wird. Im religiösen Bereich gilt seit Luther Katechismus als ein Handbuch christlicher Glaubenslehre und ihrer ethischen und moralischen Verpflichtungen. Katechismus ist also Anweisung zum Glauben und Anweisung zu einem dem Glauben entsprechenden Handeln. In diesem Sinne ist auch der *Katechismus des Revolutionärs* verfaßt. Er ist ein Handbuch revolutionären Handelns und seiner sittlichen Grundlagen. Die Verfassungszeit ist das Jahr 1864[48].

---

47 Die von Bakunin stammende Fassung des Katechismus ist abgedruckt in: Michael Bakunin, Staatlichkeit und Anarchie, hrsg. und eingeleitet von Horst Stuke, Frankfurt/M. – Berlin – Wien 1972. Der hier zitierte Text ist entnommen aus: Marx-Engels Werke, Bd. 18, Berlin (Ost) 1962, S. 427ff. Dort auch Einordnung in historische Zusammenhänge. Zu Netschajew siehe auch M. Prawdin (Anm. 46).

48 Einige Auszüge aus dem »Katechismus des Revolutionärs« sprechen für sich:
Pflichten des Revolutionärs gegen sich selbst.

Der Revolutionär ist ein geweihter Mensch und in allem legitimiert, das der Revolution dient. Die Revolution wird in einer endzeitlichen, gleichsam heilsgeschichtlichen Dimension gesehen. Nur diese endzeitliche Vision rechtfertigt die

---

§ 1: Der Revolutionär ist ein geweihter Mensch. Er hat keine persönlichen Interessen, Angelegenheiten, Gefühle oder Neigungen, kein Eigentum, nicht einmal einen Namen. Alles in ihm wird verschlungen von einem einzigen ausschließlichen Interesse, ... der Revolution.
§ 2: In der Tiefe seines Wesens, nicht nur in Worten, sondern auch in der Tat, hat er vollständig gebrochen ... mit der gesamten zivilisierten Welt, mit den in dieser Welt landläufig anerkannten Gesetzen, Herkommen, Moral und Gebräuchen ... Wenn er in dieser Welt fortlebt, so geschieht es nur, um sie desto sicherer zu vernichten.
§ 3: Ein Revolutionär ... verzichtet auf die Wissenschaft der heutigen Welt ... Er kennt nur eine Wissenschaft: die Zerstörung. Hierzu und nur hierzu studiert er Mechanik, Physik, Chemie und vielleicht auch Medizin ...
§ 4: Er verachtet die öffentliche Meinung. Er verachtet und haßt die gegenwärtige gesellschaftliche Moral ... Für ihn ist alles sittlich, was den Triumph der Revolution begünstigt, alles unsittlich und verbrecherisch, was ihn hemmt.
§ 5: Der Revolutionär ... hat keine Schonung für den Staat überhaupt und für die ganze zivilisierte Klasse der Gesellschaft, und er darf ebensowenig Schonung für sich erwarten. Zwischen ihm und der Gesellschaft herrscht Krieg auf Tod und Leben ...
§ 7: Die Natur des wahren Revolutionärs schließt jede Romantik, jede Empfindlichkeit, jeden Enthusiasmus und jede Hinreißung aus, ... sogar persönlichen Haß und Rache.
Pflichten des Revolutionärs gegen seine Revolutionsgenossen
§ 8: Der Revolutionär kann Freundschaft und Zuneigung nur zu dem hegen, der durch Taten bewiesen hat, daß er gleichfalls Agent der Revolution ist ...
§ 10: Jeder Revolutionsgenosse muß mehrere Revolutionäre zweiter oder dritter Ordnung, das heißt, solche, die noch nicht vollständig eingeweiht sind, in seiner Hand haben. Er muß dieselben als einen seiner Verfügung anvertrauten Teil des allgemeinen revolutionären Kapitals betrachten ...
§ 11: Wenn sich ein Kamerad in Gefahr befindet, so darf der Revolutionär bei der Frage, ob er ihn retten soll oder nicht, kein persönliches Gefühl zu Rate ziehen, sondern einzig und allein das Interesse der Sache der Revolution ...
Pflichten des Revolutionärs gegen die Gesellschaft
§ 13: Ein Revolutionär tritt in die Welt des Staates, in die Welt der Klassen, in die sich zivilisiert nennende Welt und lebt in derselben einzig aus dem Grunde, weil er an ihre nahe und vollständige Vernichtung glaubt. Er ist kein Revolutionär, wenn er noch an irgend etwas in dieser Welt hängt. Er darf nicht zurückbeben, wo es sich darum handelt, irgendein jener alten Welt angehörendes Band zu zerreißen, irgendeine Einrichtung oder irgendeinen Menschen zu vernichten ...
§ 14: Um der unerbittlichen Zerstörung willen kann der Revolutionär, und muß er sogar oft, mitten in der Gesellschaft leben und dabei den Schein bewahren, er sei ein ganz anderer als er wirklich ist ...
§ 15: Jene ganz unflätige Gesellschaft teilt sich in mehrere Kategorien. Die erste besteht aus denen, die unverzüglich dem Tode geweiht sind. Die Genossen mögen Listen dieser Verurteilten aufstellen, nach dem Grade ihrer verhältnismäßigen Bösartigkeit und mit Rücksicht auf den Erfolg des Revolutionswerkes geordnet, und zwar so, daß die ersten Nummern vor den übrigen abgefertigt werden.
§ 16: Bei der Aufstellung dieser Listen, bei der Feststellung der Kategorien darf nicht die individuelle Verderbtheit eines Menschen entscheiden oder gar der Haß, den er den Mitgliedern der Organisation oder dem Volke einflößt. Können doch selbst diese Verderbtheit und dieser Haß gewissermaßen nützlich sein, indem sie zum Volksaufstand reizen. Man darf nur den Maßstab des Nutzens berücksichtigen, der aus dem Tode einer bestimmten Person für den Revolutionszweck hervorgehen kann ...« Zitat nach Marx-Engels-Werke, Bd. 18, Berlin (Ost) 1962, S. 427 ff.

Außerkraftsetzung aller bisher geltenden Moralität und Normativität, sie schafft gleichsam ein neues genuines Recht. Die terroristische Aktion zielt auf die Zerstörung aller geltenden Wertvorstellungen wie aller bestehenden Ordnungsstrukturen. Dies ist nur möglich auf der Basis jener von Tkatschow gesehenen Organisationsform der Revolution. Die Aktion revolutionärer Kleingruppen mit geheimbündlerischer Struktur ist legitimiert, weil das entsprechende politische Handeln mit gezieltem Gewalteinsatz die Massen – so die Einschätzung – aufrütteln wird und damit selber aufklärerische Funktion bekommt. Hier wirkt mit aller Radikalität die Vision einer politisch-revolutionären Gewaltaktion, die später »Propaganda durch die Tat« genannt wird. Die Träger dieser Propaganda durch die Tat nennt Netschajew »Berufsrevolutionäre«.

4.2.2 Der Leninismus als Theorie

Eben dieser Begriff des »Berufsrevolutionärs« ist es, der bis in Lenins Theorie der Parteiavantgarde nachwirkt, und zwar unabhängig davon, daß Lenin als Marxist die Konzeptionen der »Volksfreunde« insgesamt ebenso ablehnt wie die Theorie vom individuellen Terror als Mittel der Aufklärung. Lenin entwickelt 1902 in einer Schrift mit dem bezeichnenden Titel *Was tun?* seine Theorie einer avantgardistischen Partei der Berufsrevolutionäre – im Rahmen von internen Auseinandersetzungen der russischen Sozialdemokratie über Fragen der Agitation, Aktion und Organisation[49]. Die Argumentationen Lenins sind dabei primär auf die spezifische Situation der Sozialdemokratie in Rußland bezogen. Weil er jedoch zur Stützung seiner Überlegungen auch auf Erfahrungen der Entwicklung des Proletariats in den entwickelten Industrieländern Mittel- und Westeuropas zurückgreift und sie mitverarbeitet, darf davon ausgegangen werden, daß Lenin seinen Argumenten eine nicht nur auf Rußland bezogene und begrenzte Bedeutung beimißt. Sie weisen in ihrer Intention darüber hinaus.

Lenin unterscheidet zwischen einem »spontanen« und einem »bewußten« Element im Prozeß der Revolution und damit zwischen der Masse der Proletarier und einer klassenkampfbewußten, revolutionären Aktions- und Organisationseinheit des Proletariats. Bezogen ist diese doppelte Unterscheidung auf die nach Lenins Überzeugung grundsätzliche Differenz zwischen Gewerkschaft und gewerkschaftlichem Kampf einerseits sowie Partei und politisch-sozialistischem Kampf andererseits.

Wo Marx meinte, die ökonomisch bedingten Prozesse der Konzentration, Akkumulation und Verelendung in der kapitalistischen Gesellschaft würden die Masse der Proletarier in einem Selbstbewußtwerdungsprozeß zur Einheit des Proletariats führen, da argumentiert Lenin anders: Das Proletariat, so seine Überzeugung, ist aus eigener Kraft nicht in der Lage, ein revolutionäres Bewußtsein zu erzeugen und sich dementsprechend revolutionär in einer Weise zu organisieren, daß es die Revolution als Errichtung der Diktatur des gesamten Proletariats begründen und durchführen kann.

---

49 Wladimir Iljitsch Lenin, Was tun?, zitiert nach: Ausgewählte Werke in zwei Bänden, Moskau 1946.

Das Proletariat als Masse der Proletarier ist aus eigener Kraft, also spontan, immer nur in der Lage, gewerkschaftlich zu denken, zu handeln und sich zu organisieren. Das heißt, es kämpft um die Verbesserung der Lebens-, Arbeits- und Lohnsituation der einzelnen proletarischen Gruppen und muß daher die bestehende Ordnung als Basis eines möglichen Erfolges akzeptieren. Dann muß es auch seinen Kontrahenten, den Kapitalbesitzer, als einen Partner für Kompromisse akzeptieren. Auf diese Weise ist gewerkschaftlich organisierter Kampf nach Lenin letztlich ein Element der Stabilisierung und Konservierung der bürgerlichen Gesellschaft: Dieser Kampf ist also nicht revolutionär. Das Proletariat, das gewerkschaftlich kämpft, verfehlt seinen revolutionären Auftrag. Das Gesamtproletariat, solange es nur gewerkschaftlich kämpft – und aus eigener Kraft kann es nur das –, verfehlt tendenziell immer seinen revolutionären Auftrag.

»Wir haben gesagt, daß die Arbeiter ein sozialdemokratisches Bewußtsein gar nicht haben konnten. Dieses konnte ihnen nur von außen gebracht werden. Die Geschichte aller Länder zeugt davon, daß die Arbeiterklasse aus eigenen Kräften nur ein trade-unionistisches Bewußtsein herauszuarbeiten vermag, das heißt die Überzeugung von der Notwendigkeit, sich in Verbänden zusammenzuschließen, einen Kampf gegen die Unternehmer zu führen, der Regierung diese oder jene für die Arbeiter notwendigen Gesetze abzutrotzen und anderes mehr. Die Lehre des Sozialismus ist hingegen aus den philosophischen, historischen und ökonomischen Theorien hervorgewachsen, die von den gebildeten Vertretern der besitzenden Klassen, der Intelligenz, ausgearbeitet wurden. Auch die Begründer des modernen wissenschaftlichen Sozialismus, Marx und Engels, gehörten ihrer sozialen Stellung nach der bürgerlichen Intelligenz an. Ebenso entstand auch in Rußland die theoretische Lehre der Sozialdemokratie ganz unabhängig von dem spontanen Anwachsen der Arbeiterbewegung, entstand als natürliches und unvermeidliches Ergebnis der Ideenentwicklung revolutionär-sozialistischer Intelligenz.«[50]

Gemäß dieser Gedanken stellt sich die Frage: Wer bringt das Proletariat zum Bewußtsein seiner selbst und zur Verwirklichung seines revolutionären Auftrages? Lenins Antwort ist eindeutig: die politische Organisation des Proletariats, die Sozialdemokratie als Partei des Proletariats. Aber diese Partei kann nicht Massenpartei sein, sondern muß sich als eine Avantgarde verstehen, als eine Vorhut des Proletariats. Sie setzt sich im wesentlichen aus Intellektuellen zusammen. Diese haben bereits das radikal-revolutionäre Bewußtsein, das das Proletariat eigentlich haben sollte, aber aus eigener Kraft nicht haben und nicht entwickeln kann. Diese Partei ist deshalb historisch dazu berufen, das Proletariat zum und im revolutionären Kampf zu führen, in diesem Kampf das Proletariat zu erziehen und – solange es das wahre revolutionäre Bewußtsein noch nicht errungen hat – stellvertretend für das Proletariat zu handeln.

»Und nun behaupte ich, daß 1. keine einzige revolutionäre Bewegung ohne stabile und die Kontinuität wahrende Führerorganisation Bestand haben kann; 2. je breiter die Masse ist, die spontan in den Kampf hineingezogen wird, die die Grundlage der Bewegung bildet und an ihr teilnimmt, um so dringender ist die Notwendigkeit einer solchen Organisation und um so fester muß diese Organisation sein (denn um so leichter wird es für alle Demagogen sein, die rückständigen Schichten der Masse

---

50 Ebd., Bd. 1, S. 192f.

mitzureißen); 3. eine Organisation muß hauptsächlich aus Leuten bestehen, die sich berufsmäßig mit revolutionärer Tätigkeit befassen; 4. je mehr wir die Mitgliedschaft einer solchen Organisation einengen, und zwar so weit, daß sich an der Organisation nur diejenigen Mitglieder beteiligen, die sich berufsmäßig mit revolutionärer Tätigkeit befassen und in der Kunst des Kampfes gegen die politische Polizei berufsmäßig geschult sind, um so schwieriger wird es in einem absolutistischen Lande sein, eine solche Organisation abzufangen und 5. um so breiter wird der Kreis der Personen aus der Arbeiterklasse wie aus den übrigen Gesellschaftsklassen sein, die die Möglichkeit haben werden, an der Bewegung teilzunehmen und sich in ihr aktiv zu betätigen.«[51]

Eigene Parteigenossen Lenins haben ihm sehr bald vorgeworfen, mit seiner Parteitheorie nur eine Neuauflage der alten Lehre von den Heroen, den »Besserwissern«, und der Masse zu liefern. Schon 1902 hat Lenin sich mit diesem Vorwurf auseinandergesetzt. 1917 greift er ihn in der Perspektive von *Staat und Revolution* noch einmal unter dem grundsätzlichen Aspekt des Verhältnisses von Staat und Demokratie auf[52].

Wie schon für Marx ist auch für Lenin der Staat als solcher ein Ergebnis des Klassengegensatzes, ein Mittel der kapitalistischen Ausbeutung und somit ein Feind des Proletariats und der klassenlosen Gesellschaft. Daher ist der Kommunismus mit dem Staat unvereinbar. Anders verhält es sich dagegen mit der Revolution, in der das Proletariat zum Zwecke der Erringung einer kommunistischen Gesellschaftsordnung zunächst die Macht übernehmen muß. Es muß sich des Staates und seiner Machtmittel bedienen, um die bisher herrschende Klasse seinerseits zu unterdrücken und schließlich zu vernichten.

Die Epoche der Diktatur des Proletariats (die Revolution) ist eine Epoche der Herrschaft des Proletariats mit den Mitteln des Staates. Hier ist nach Lenin keine Demokratie möglich, da es sich ja eben noch um eine Gewaltanwendung gegenüber den bisher Herrschenden handelt. Auch ist diese Diktatur des Proletariats mit den Mitteln des Staates keine Herrschaft des gesamten Proletariats, das ja nach Lenin nur allzu leicht zum Reformismus und das heißt zum Verlust des bedingungslosen Klassenbewußtseins neigt – sofern es dieses überhaupt schon errungen hat. Die Herrschaft des Proletariats muß vielmehr von jener kleinen Führungsgruppe von Berufsrevolutionären durchgeführt werden, um deren Rechtfertigung es Lenin vor allem geht.

»Das Proletariat bedarf der Staatsmacht, einer zentralisierten Organisation der Macht, einer Organisation der Gewalt, sowohl zur Unterdrückung des Widerstandes der Ausbeuter als auch zur Leitung der ungeheueren Masse der Bevölkerung, der Bauernschaft, des Kleinbürgertums, der Halbproletarier, um die sozialistische Wirtschaft ›in Gang zu bringen‹.«[53]

Für Lenin ist wahre Demokratie als das Verfügen aller über die gleichen Freiheits- und Gleichheitsrechte erst mit der Erlangung des Kommunismus, das heißt für ihn: einer Gesellschaftsordnung zu verwirklichen, in welcher der Staat sich als Zwangsinstitution historisch überholt hat. Die Ablösung der kapitalistischen Demokratie

51 Ebd., S. 267f.

52 Wladimir Iljitsch Lenin, Staat und Revolution (1917), zitiert nach Bd. 2 der ausgewählten Werke (Anm. 49), S. 158–253. Das Buch ist unvollendet geblieben.

53 Ebd., S. 176.

durch eine proletarische Revolution sozialistisch-kommunistischer Perspektive führt aber nicht sofort und unvermittelt zur Ausweitung von Demokratie. Im Gegenteil, sie setzt die revolutionäre Diktatur des Proletariats als Zwischenstufe voraus:

»Der Übergang vom Kapitalismus zum Kommunismus muß natürlich eine ungeheure Fülle und Mannigfaltigkeit der politischen Formen hervorbringen, aber das Wesentliche wird unbedingt das Eine sein: die *Diktatur des Proletariats*« ..., »folglich muß auch der Staat dieser Periode unvermeidlich *auf neue Art* demokratisch (für das Proletariat und überhaupt für die Besitzlosen) und *auf neue Art* diktatorisch (gegen die Bourgeoisie) sein.«[54] Die Zusammenbindung von Demokratie und Diktatur in diesem Zitat ist aufschlußreich genug. Die Diktatur des Proletariats als der Zwischenschritt zur humanen Vollendung bisheriger Geschichte, geleistet durch die führende revolutionäre Klasse, ist der allein mögliche Weg zu mehr und schließlich zu vollendeter Demokratie. Da aber diese Diktatur des Proletariats nach Lenins eigener Parteitheorie realiter nur durch die proletarische Avantgarde ausgeübt werden kann, muß für diese Übergangsphase der Revolution die These einer neuen Art von Demokratie – als einer neuen Art von Diktatur – auch für das Verhältnis von Partei und Gesamtproletariat gelten. Auch hier wird und muß die Herrschaft auf Zeit der Partei über das Proletariat als in der revolutionären Übergangsphase mögliche und notwendige Form der Machtausübung durch das Proletariat verstanden werden.

Seine sichtbarste Konsequenz für die Praxis findet dieser dargelegte Sachverhalt im über Jahrzehnte gültigen Organisationsmodell der Partei der Bolschewiki und – in der Folge – aller an der Sowjetunion orientierten kommunistischen Parteien: im demokratischen Zentralismus. Hierin werden so widersprüchliche Prinzipien wie Demokratie und Zentralismus als sachnotwendig zusammengehörend gedacht, und in dieser Zusammengehörigkeit waren sie nicht nur verbindliches Modell der Parteiorganisation, sondern aller hierarchisch gegliederten politischen und gesellschaftlichen Handlungsbereiche.

Das Prinzip des »demokratischen Zentralismus« wurde von Lenin 1905 in die Organisationspraxis der Partei eingeführt, um einerseits autoritäre Strukturen in der Parteiführung durch Aktivierung der Parteibasis zu zerbrechen oder doch zumindest zu kontrollieren (Demokratie), andererseits aber die Handlungsfähigkeit einer hierarchisch strukturierten Partei auch und gerade unter Bedingungen der Illegalität zu erhalten und zu stärken (Zentralismus). Nach der erfolgreichen Oktoberrevolution von 1917, also unter Handlungsbedingungen, die nicht mehr durch Illegalität gekennzeichnet waren, änderte das Prinzip des demokratischen Zentralismus mehr und mehr seine Funktion. Es galt nicht mehr so sehr der Stärkung der Parteibasis und ihrer Kontrollfunktion als vielmehr der Stärkung der Parteiführung und ihrer Leitungsaufgaben. Schließlich verdichtete sich dieses Prinzip in der Praxis des Parteilebens dazu, daß zwar alle politischen Funktionsträger von »unten nach oben«, also von der jeweiligen Basis her gewählt wurden, jedoch die Auswahlvorschläge für die jeweils wählbaren Funktionäre von »oben nach unten«, also letztlich von der Spitze her erfolgten. Unter solcher Praxis verkommt jede Wahl von Funktionären zur bloßen akklamatorischen Bestätigung des von oben schon Vor-Entschiedenen. Der Zentralismus dominiert über das demokratische Prinzip, das als solches zur bloßen Fassade gerinnt.

---

54 Ebd., S. 183.

Das auf dem zehnten Parteitag der Bolschewiki 1921 nicht zuletzt auch auf Betreiben Lenins beschlossene Verbot jeder Fraktionsbildung innerhalb der Partei zum Zwecke der Aufrechterhaltung der Einheit der Partei und ihrer zentralen revolutionären Führungsrolle war die äußerste Konsequenz des so verstandenen Zentralismus. Es hob das in der Phase der Vorbereitung dieses zehnten Parteitages gewährte Zugeständnis der Mitwirkung unterschiedlicher Meinungsgruppen innerhalb der Partei an der Auswahl der Parteitagsdelegierten endgültig auf. Es waren mit diesem 1921 beschlossenen Verbot der Fraktionsbildung innerhalb der Partei im wesentlichen die Weichen für die weitere Entwicklung von Partei und Staat in der Sowjetunion gestellt. Im Zuge der Nachfolgekämpfe um die Führung innerhalb der Partei führte sie nach Lenins Tod (1924) zur Herausbildung und Festigung jener totalitären Diktatur, die mit dem Namen Stalins unaufhebbar verbunden ist.

Gerade das aber verdient in dem hier behandelten Zusammenhang besondere Beachtung. Wann immer die in der Sowjetunion praktizierte politische Herrschaftsstruktur als totalitäre Herrschaft bezeichnet wurde, hat sich die so verfahrende politikwissenschaftliche Theorie am entfalteten Stalinismus orientiert. Dieser ist aber selber ein historisches Produkt: Er ist das Resultat der geschichtlichen Entwicklung einer Theorie und Bewegung, die nicht eindeutig und gleichsam geschichtsnotwendig auf Totalitarismus hin angelegt war. Sie birgt in sich auch andere als totalitäre Elemente – doch sind diese nicht problemlos bei Lenin zu finden. Im Gegenteil: Lenin hat in seiner Theorie von der Führungsrolle der Partei in der Revolution eine Begrifflichkeit und auch Argumentationsmuster bereitgestellt, die zum »Totalitären« hin tendieren. Das aber bedeutet auch: Ein fast ein Vierteljahrhundert durch Stalin geprägtes politisch-gesellschaftliches System hört nicht schon dadurch auf, totalitär zu sein, daß in ihm so etwas propagiert wird wie eine Bewegung »zurück zu Lenin«. Was in der geschichtlichen Entwicklung des kommunistischen Systems, sowohl in seiner tatsächlichen Bewegung als auch in der sie mitbegründenden Theorie, an nichttotalitären Möglichkeiten einmal enthalten war, ist differenzierter und wohl auch verborgener; es ist daher auch schwieriger wieder zu aktivieren als durch den bloßen Rückgriff auf Lenin und setzt eine differenzierte und radikal selbstkritische Aufarbeitung und Bewußtwerdung der eigenen Geschichte voraus.

Die Diskussion um die Möglichkeiten eines Kommunismus innerhalb parlamentarischer Demokratien, wie sie unter dem Etikett »Eurokommunismus« für eine gewisse Zeit in den siebziger Jahren geführt wurde, wies neben ihren politischen Kontroversen auf das Bemühen solcher kritischen Auseinandersetzungen mit der eigenen Geschichte nachdrücklich hin[55].

4.2.3 Der Stalinismus – Werden und Gestalt

Was gemeinhin als Stalinismus bezeichnet wird, ist weit eher ein System totalitärer Herrschaftsausübung und Herrschaftssicherung als ein in sich festgefügtes ideologisches Lehrgebäude. Zu einem solchen wird der Stalinismus eigentlich erst im Verlauf der Nachfolgekämpfe um die Führung der Partei nach Lenins Tod. Im Zusammen-

55 Vgl. Manfred Spicker (Hrsg.), Der Eurokommunismus – Demokratie oder Diktatur?, Stuttgart 1979.

hang damit brechen innerparteiliche Auseinandersetzungen über die innen- wie außenpolitischen Ziele und Entwicklungsmöglichkeiten der jungen revolutionären Sowjetmacht auf. Sie waren aus dem Verlauf des revolutionären Prozesses in der jungen Sowjetunion heraus unvermeidlich.

Die Oktoberrevolution von 1917 war im Bewußtsein der führenden bolschewistischen Revolutionäre mit der Erwartung verknüpft, daß der Zündfunke der Revolution in einem kapitalistisch-industriell wenig entwickelten Land wie Rußland vom Proletariat vor allem jener hochentwickelten Industrieländer Mitteleuropas aufgegriffen und weitergeführt werden würde, für die sich eine politische Niederlage im Ersten Weltkrieg immer deutlicher abzeichnete: also dem Proletariat Deutschlands und Österreichs. In dieser Erwartung eines »Überspringens des revolutionären Funkens« wirkten zweifellos internationalistische Traditionen der radikalen sozialistischen Theorie nach. Die tatsächliche Entwicklung in Europa nach dem Sieg der Entente 1918 erfüllte diese Erwartungen nicht. Versuche der Errichtung einer Räterepublik etwa in Deutschland und in Ungarn scheiterten. Die junge Sowjetmacht sah sich auf sich selbst zurückgeworfen.

Damit aber entstanden Fragen nach der politischen Entwicklungsperspektive, für die die traditionelle Theorie keine eindeutigen Antworten bereithielt. Zu nennen sind hier etwa parteiinterne Auseinandersetzungen über die Rolle der Partei im Staat nach der vollzogenen Revolution, über ihr Verhältnis zu den Gewerkschaften, über die Möglichkeiten einer sozialistischen Gestaltung von Wirtschaft und Gesellschaft unter Verantwortung der Partei, über ihr Verhältnis zur Kommunistischen Internationale und deren Möglichkeiten oder auch über die Rolle der Bauern im nachrevolutionären Prozeß gesellschaftlicher Entwicklung. Diese Auseinandersetzungen begannen schon unmittelbar nach dem Sieg der Bolschewiki im Bürgerkrieg (etwa 1920) und setzten sich bis zum Ende der zwanziger Jahre fort. Die einzelnen ideologischen Positionen, die in diesen Auseinandersetzungen aufeinandertrafen, können hier nicht referiert werden[56]. So unterschiedlich in der inhaltlichen Zielsetzung die kontroversen Positionen in dieser über Jahre sich erstreckenden Auseinandersetzung im einzelnen auch waren, so ist für den hier behandelten theoretischen Zusammenhang allein die Tatsache wichtig, daß es sie als theoretische Konzeptionen innerparteilicher Gruppierungen von überschaubarer Größe und Struktur tatsächlich gab. Und nicht nur dies.

Sie wurden als solche Gruppierungen innerhalb der Partei von dieser auch offiziell als zulässig anerkannt. Dies geschah im Rahmen der Vorbereitung des zehnten Parteitages, der für den 8. März 1921 einberufen worden war. Die Delegierten für diesen Parteitag sollten durch die Parteimitglieder nach Plattformen ausgewählt werden, das heißt nach politisch-ideologischen Programmen, die veröffentlicht wurden und die Zielvorstellungen der einzelnen innerparteilichen Gruppierungen auswiesen. Die Zusammensetzung der Delegierten sollte auf diese Weise eine innerparteiliche Fraktionierung erkennbar werden lassen, von der man nicht zuletzt eine Stärkung der Rolle der Partei in der Durchsetzung einer neuen Wirtschaftspolitik

---

56 Vgl. dazu Hans-Joachim Lieber/Karl-Heinz Ruffmann (Hrsg.), Der Sowjetkommunismus – Dokumente, Bd. 1, Köln – Berlin 1953.

57 *N*owaja *e*konomitschestkaja *P*olitika.

(NEP[57]) erwartete – einer Wirtschaftspolitik, die unter Verantwortung der Partei in Grenzen privatwirtschaftliche Unternehmensformen in Handel und Gewerbe zum Zwecke ökonomischer Erstarkung des Landes wieder zuließ.

Unmittelbar vor dem Beginn des zehnten Parteitages jedoch brach der »Kronstadter Aufstand« aus: Matrosen der Marinebasis Kronstadt in der Newa-Mündung vor Petrograd revoltierten gegen die Diktatur der bolschewistischen Partei, und zwar unter der Devise: Die Bolschewiki haben die Ideale der Revolution verraten, es komme nunmehr darauf an, zu ihnen zurückzukehren. Dieser Aufstand und seine Parolen waren für die Bolschewiki um so bestürzender, als gerade die Kronstadter Matrosen seit dem Sturm auf das Winterpalais 1917 als die Repräsentanten des radikal-revolutionären Bewußtseins und einer von diesem angeleiteten Aktion galten.

Der Aufstand wurde durch die Rote Armee unter Trotzki blutig niedergeschlagen. Für die Delegierten des zehnten Parteitages jedoch wurde dieser Aufstand zum Anlaß, die Einheit und Führungsrolle der Partei durch eine eindeutige Absage an jede Form von Fraktionierung als Organisationsprinzip wiederherzustellen. Es wurde ein Verbot jeder Form von Gruppen- oder Fraktionsbildung innerhalb der Partei beschlossen. Mit diesem Fraktionsverbot als dem herausragenden Ereignis des zehnten Parteitages – neben der Verkündung der neuen Wirtschaftspolitik – waren aber, wie die nachfolgende Entwicklung der Partei in der Sowjetunion zeigt, die Weichen in Richtung auf eine zunehmend eindeutiger werdende bürokratisch-totalitäre Organisationsstruktur der Partei gestellt, die sie unter Stalin mehr und mehr tatsächlich annimmt.

Alle ideologischen Auseinandersetzungen zwischen führenden bolschewistischen Revolutionären nach Lenins Tod – also etwa zwischen Trotzki, Kameniev, Sinowiev, Bucharin, Stalin – erscheinen auf dem Hintergrund dieses Parteitagsbeschlusses nicht mehr als Ausdruck von unterschiedlichen Einschätzungen der politischen Aufgaben und Möglichkeiten des jungen Sowjetstaates, sondern sie rücken in die Dimension eines Verstoßes gegen Integrität, Einheit und Führungsfunktion der Partei. Die Repräsentanten unterschiedlicher theoretischer Auffassungen über mögliche politische Zielrichtungen wurden damit tendenziell zu Verrätern an der Einheit der Partei wie ihres historischen weltrevolutionären Auftrages hochstilisiert und dann auch tatsächlich als solche Verräter verurteilt. Stalin hat als Generalsekretär der Partei das (1921 beschlossene) Fraktionsverbot nach 1924 konsequent als Vehikel zur Beseitigung und physischen Vernichtung seiner tatsächlichen oder auch nur durch Vermutung denunzierten Kontrahenten ausgenutzt. Die großen Schauprozesse der dreißiger Jahre und die als ihr Resultat durchgeführte Massenvernichtung von Parteifunktionären und -mitgliedern wie auch von einfachen Sowjetbürgern sind nur die radikalste und erschreckendste Konsequenz dieses sich konsolidierenden Totalitarismus stalinscher Prägung.

Die eigentlichen Inhalte der theoretischen Konzeptionen, die die von Stalin schließlich liquidierten alten Revolutionäre (insbesondere Trotzki und Bucharin) tatsächlich verfolgten und wegen denen sie als »linke« beziehungsweise »rechte« Abweichler diskreditiert wurden, dienten Stalin letztlich nur dazu, durch ihre Verunglimpfung ein eigenes theoretisches Profil als Parteiführer zu gewinnen. Dies gelang mit der und durch die von ihm vertretene These von der Möglichkeit des »Aufbaus des Sozialismus in einem Lande«.

Gemäß dieser These ist der Aufbau einer sozialistischen Gesellschaft in Rußland beziehungsweise in der Sowjetunion nicht mehr vom Schicksal und Verlauf des weltrevolutionären Prozesses abhängig. Er kann und muß unabhängig davon gelingen. Und je mehr er gelingt – und zwar durch Anpassung aller Kräfte im Inneren unter Führung der gesäuberten Partei –, um so mehr wird die Sowjetunion selbst eine Führungsmacht im weltrevolutionären Prozeß. Sie wird als sozialistischer Staat sein Garant.

Das Konzept des »Sozialismus in einem Lande« ist also nicht einfach eine Absage an den traditionellen Internationalismus der sozialistischen Theorie und seine Ersetzung durch einen neuen sozialistischen – nämlich sowjetischen – Nationalismus, sondern es birgt in sich die Möglichkeit, den weltrevolutionären Prozeß zum imperialen Auftrag dieses nunmehr nationalistisch interpretierten und ambitionierten Sowjetstaates umzuinterpretieren. Die kulturpolitische Belebung eines vor allem großrussisch orientierten Geschichtsverständnisses der staatlichen Vergangenheit (»verpflichtendes Erbe der russischen Geschichte«) seit Anfang der dreißiger Jahre, die Erklärung des Zweiten Weltkrieges zum »großen vaterländischen Krieg der Sowjetunion«, schließlich die Errichtung eines bis nach Mitteleuropa hineinreichenden Gürtels kommunistischer Satellitenstaaten als Resultat des alliierten Sieges im Krieg: Das alles waren praktische Konsequenzen dieser stalinschen Version eines national-imperial gewendeten Sozialismus sowjetischer Prägung.

Innenpolitisch war die Konsequenz einmal eine innersowjetische Nationalitätenpolitik, die die föderative Eigenständigkeit der staatlich verbundenen Nationalitäten immer mehr einschränkte und tendenziell auf Folklore reduzierte. Zum anderen bot die These vom Aufbau des Sozialismus in einem Lande Stalin die Gelegenheit zu verkünden, daß sich in dieser Aufbauphase innersowjetisch die Klassengegensätze verschärfen würden und die Partei daher zu besonderer Wachsamkeit gegenüber allen Klassenfeinden gezwungen sei. Dies kam nur einer weiteren theoretischen Rechtfertigung der großen Säuberungs- und Liquidierungswellen der dreißiger Jahre, aber auch nach dem Zweiten Weltkrieg gleich. Die Anerkennung der »Nation« oder doch des »nationalen Elements« als geschichtsgestaltender und geschichtserklärender Kategorie kurz vor Stalins Tod brachte den Stalinismus auch ideologisch zu einer gewissen Vollendung[58].

4.2.4 Perspektiven der Entwicklung nach Stalins Tod

Mit dem Tod Stalins sah sich die Sowjetunion als einziges der »totalitären Systeme« vor das Problem gestellt, in einer die Funktionsfähigkeit des politischen Systems garantierenden Weise die Frage der Machtablösung – und das heißt das Problem der Nachfolge in der Führung von Partei und Staat – zu lösen. Formal griff man zu diesem Zweck auf das seit der Revolution von 1917 bekannte und bis in die zwanziger Jahre hinein auch praktizierte System der »kollektiven Führung« zurück. Dieses System hatte ja bei aller unbestrittenen Autorität Lenins in der ersten nachrevolutionären Phase des jungen Sowjetstaates durchaus funktioniert. Aber schon in der Phase der

58 Diese Anerkennung der Nation wurde vollzogen in einer Schrift Stalins aus dem Jahre 1951, Der Marxismus und die Fragen der Sprachwissenschaft; dt. Berlin 1951.

Nachfolgekämpfe nach Lenins Tod hat es sich als brüchig erwiesen. Das zeigte sich nicht zuletzt an den wechselnden Zweckbündnissen vieler alter Revolutionäre, die dem Sieg Stalins in den Auseinandersetzungen vorausgingen und ihn zugleich begünstigten. Ähnliches geschah nach Stalins Tod, wobei die jetzt wiederum um die Führung der Partei miteinander konkurrierenden Sowjetführer ihre Führungsansprüche mit einiger Aussicht auf Erfolg innerparteilich nur durchsetzen konnten, wenn sie sich in ihrer politisch-ideologischen Zielvorstellung einerseits deutlich gegen das diktatorische System Stalins abgrenzten, andererseits jedoch die Sicherung des weltrevolutionären Resultats dieser Diktatur weiterhin garantierten: als UdSSR eine der weltpolitischen Führungsmächte zu sein und zu bleiben.

Von diesem Spannungsfeld her wird verständlich, daß – im Verfolg der parteiinternen Auseinandersetzungen über die zukünftige Entwicklung der Sowjetunion und des sowjetischen Machtblocks nach Stalins Tod – Phasen einer Reduzierung ideologisch-politischer Zwänge (»Tauwetter«) wieder durch Phasen einer verstärkten ideologischen Zentralisierung abgelöst wurden. Formen einer kollektiven Herrschaftsausübung wechselten weiterhin mit solchen der Errichtung von Ein-Mann-Diktaturen. Schließlich ist von hier aus verständlich, daß Prozesse im sowjetischen Satellitengefüge, die zu größerer Eigenständigkeit der einzelnen kommunistischen Staaten hindrängten, durch differenzierte Formen der Intervention seitens der sowjetischen Führungsmacht immer wieder begrenzt wurden (Ungarn 1956, Prag 1968).

Innerhalb der kommunistischen Staatenwelt hat jedoch die gesellschaftlich-ökonomische wie auch politische Entwicklung offenbar einen Verlauf genommen, der Tendenzen zu größerer Eigenständigkeit der einzelnen Staaten hervorbringt, die durch direkte oder indirekte Interventionen seitens der Sowjetunion nicht mehr beliebig begrenzbar sind, vielmehr derartige Interventionen oder auch nur Versuche dazu – um der internationalen Glaubwürdigkeit der Sowjetunion willen – geradezu verbieten. Ebenso ist offenbar in der gesellschaftlich-ökonomischen Entwicklung der Sowjetunion selber ein Stand erreicht, der um der innen- wie außenpolitischen Effektivität des Systems selber willen die weitere Praktizierung überlieferter Formen der Herrschaftsausübung und -sicherung nicht mehr zuläßt. Gorbatschows Programm der *Perestroika* und *Glasnost* ist hierfür ein sichtbares Indiz.

Die damit angezielte Veränderung der gesellschaftlich-politischen Ordnung von einem weitgehend geschlossenen ideologischen System zu mehr Offenheit und Pluralität und die Anerkennung dieser Offenheit als eines Motors für gesellschaftlichen Fortschritt ist als Programm eindrucksvoll genug. Sie muß jedoch mit einem Funktionärskörper in den verschiedenen gesellschaftlichen Handlungsgefügen durchgeführt werden, dessen Verhaltens- und Denkmuster noch weitgehend einem Organisationsverständnis der Partei entstammt, das am »demokratischen Zentralismus« festzuhalten sucht und die geforderte Vielfalt noch immer als Verrat an der Einheit der Partei denunziert.

Die auf grundlegende Reformen von Gesellschaft, Staat und Partei abzielende Programmatik Gorbatschows – gerade weil er sie realpolitisch ernst nimmt – stößt hier unübersehbar auf ein innerparteiliches Widerstandspotential. Dessen Stärke ist zur Zeit schwer abzuschätzen. Immerhin hat Gorbatschow inzwischen die Absage an den bis dahin allein geltenden Wahrheitsanspruch der Partei gesellschaftlich-politisch durchgesetzt. Dies aber zeigt, daß nicht mehr nur eine Überwindung des Stalinismus zur Debatte steht; die Partei hat – selbst wenn sie es offen so nicht ausspricht – auch

Lenin und damit ihre eigene Geschichte, die zugleich eine Geschichte der Sowjetunion ist, ja sie hat letztlich ihr mehr als ein halbes Jahrhundert praktiziertes Modell von Sozialismus und damit sich selbst[59] zur kritischen Revision gestellt.

Ein Indiz für diese Dimension der politischen Programmatik Gorbatschows kann in dem faktischen Auseinanderbrechen des sogenannten sozialistischen Lagers gesehen werden. Der politisch-ideologische Auflösungsprozeß dieses über Jahrzehnte durch die sowjetische Hegemonialmacht zusammengehaltenen »Lagers« ist so eklatant, daß einzelne bisher zu diesem Lager gehörende Staaten Ost- und Ostmitteleuropas heute im innerstaatlichen Demokratisierungsprozeß erheblich weiter vorangeschritten sind als die Sowjetunion selbst – und dies, ohne daß auch nur mehr auf die Absicht interventionistischer Eingriffe noch geschlossen werden dürfte. Auch in dieser Beziehung ist die Absage an das außenpolitische Erbe des Stalinismus unübersehbar.

Schwierigkeiten für die reformpolitischen Absichten Gorbatschows und ihre realgesellschaftlichen Durchsetzungschancen könnten sich aus dem nationalistischen Erbe der Stalinzeit ergeben. Stalin hat den Vielvölkerstaat der Sowjetunion ideologisch dadurch zusammenzuhalten gesucht, daß er einen quasi-sowjetischen Großnationalismus propagierte, was in der politischen Praxis auf Russifizierung als Überfremdung der anderen sowjetischen Nationalitäten hinauslief. Diese Politik ist in ihrem Resultat brüchig geworden. Die Sowjetunion steht im Vollzug einer grundsätzlich gedachten Reform von Partei, Staat und Gesellschaft auch vor der Frage einer realgesellschaftlichen Neuordnung ihrer föderativen Struktur und Verfassung. Ob ihr das zureichend gelingt, ist bei einer bis in das zaristische Rußland zurückreichenden Tradition der zentralistisch-bürokratischen Behandlung des Nationalitätenproblems eine offene Frage. Gelingt deren Lösung im Sinne eines tatsächlich praktizierten Föderalismus nicht, könnten emotional – auch religiös-emotional – bestimmte Nationalismen eine ins chauvinistische ausufernde Dimension erlangen, die das Gesamtreformprogramm zu gefährden in der Lage wäre. Auf jeden Fall belegen die angedeuteten Reformprozesse in der Sowjetunion und in Ost- beziehungsweise Ostmitteleuropa gerade auch in ihren inneren Schwierigkeiten, daß heute im Umgang mit dem Totalitarismusbegriff als Erklärungsmodell Zurückhaltung geboten erscheint.

5. Ideologische Implikationen der Totalitarismustheorie

Ein weiterer hier noch zu beachtender Einwand gegen die wissenschaftliche Tauglichkeit des Begriffs »totalitärer Diktatur« bezieht sich auf mögliche ideologische Implikationen, also auf unbeabsichtigte, aber wirksame Rechtfertigungs-, Verhüllungs-

59 Die Ausführungen unter 4.2.4 über Entwicklungsperspektiven nach Stalins Tod wurden im Herbst 1989 geschrieben. Die inzwischen eingetretenen innersowjetischen Ereignisse bis hin zum August-Putsch 1991 können als Bestätigung gewertet werden. Das gilt auch für die folgenden Bemerkungen über Probleme des sogenannten »sozialistischen Lagers« und über die Nationalitätenproblematik. Daß dies alles freilich bis zu einer faktischen Auflösung der politischen Struktur der Sowjetunion in ihrer bisherigen Gestalt führen könne, war damals nicht vorhersehbar.

oder Enthüllungsfunktionen des Begriffs »totalitär«, die sich in politischen Auseinandersetzungen auswirken könnten. Einwände dieser Art gehen fast durchweg davon aus, daß der Begriff »Totalitarismus« schon zu der Zeit, in der er sich – vor allem in der angelsächsischen Emigration nach 1933 – in der politischen Wissenschaft und Soziologie durchzusetzen begann, zwei sehr unterschiedliche Perspektiven verband:

Zum einen ein kritisch-analytischer Zentralbegriff, ist der Totalitarismusbegriff zugleich ein wertender Gegenbegriff in der und für die politische Auseinandersetzung einer Demokratie liberaler Tradition mit ihren weltpolitischen Gegnern. Er ist ein Begriff, der sich in dieser Auseinandersetzung durch Präzisierung der gegeneinanderstehenden Positionen und durch Festigung des nicht-totalitären Potentials bewähren soll. Je mehr nach dem Ende des Zweiten Weltkrieges der politische Ost-West-Gegensatz als fundamentaler Konflikt Konturen gewann und darin mehr und mehr die expansive kommunistische Herrschaftsordnung stalinscher Prägung dominant wurde, um so mehr wurde der Totalitarismusbegriff aus seiner Fixierung am nationalsozialistischen »totalen Staat« herausgelöst und verallgemeinert. In dieser Verallgemeinerung mußte er zunehmend auch die angedeutete Doppelfunktion offenbaren: Zentralbegriff einer wissenschaftlichen Analyse wie auch einer aktuellen politischen Auseinandersetzung weltpolitischer Dimension zu sein.

Gerade diese Doppelfunktion nun ist es, die den Totalitarismusbegriff unabdingbar in den Zusammenhang ideologietheoretischer und ideologiekritischer Reflexionen rückte: Zum einen wurde in der Analyse totalitärer Diktaturen der Moderne die zentrale Stellung von mehr oder weniger systematisch begründeten Ideologien erkennbar, und es mußte eine der wichtigsten Aufgaben der Totalitarismusforschung sein, die Struktur solcher »totalitären Ideologien« zu erfassen und freizulegen. Zum anderen konnte der Totalitarismusbegriff als Zentralbegriff einer politischen Auseinandersetzung im Ost-West-Konflikt nicht unberührt bleiben vom jeweiligen Stand und den jeweiligen politischen Dimensionen dieses Konflikts. Je weniger diese Dimensionen des Ost-West-Konflikts sich den Tendenzen der Ideologisierung entziehen konnten, um so mehr geriet der Begriff selber in den ideologischen Streit. Er offenbarte im politischen Kräftespiel selber ideologische Implikationen.

Der Totalitarismusbegriff wirkte in der Bundesrepublik in eine Gesellschaft und ihre politische Kultur hinein, die sich ihre Eigenstaatlichkeit, ihre Ordnungsstruktur als parlamentarisch-rechtsstaatliche Demokratie pluralistischer Prägung sowie ihre ökonomische Wiedergesundung erarbeitete und sicherte angesichts einer politischen Spaltung des Landes und der Etablierung einer als »totalitär« verstandenen Diktatur leninistisch-stalinistischer Prägung im anderen Teil Deutschlands. Weil diese Entwicklung im anderen Teil Deutschlands in der Bundesrepublik als permanente politische Bedrohung empfunden wurde und viele Jahre hindurch wohl auch empfunden werden mußte, entstand ein Klima der geistigen und politischen Auseinandersetzung, das sich mehr und mehr auf einen Anti-Kommunismus festgelegt sah. Der Totalitarismusbegriff wirkte in diese Entwicklung – sie ideologisch verstärkend – hinein, ohne daß dies freilich der Totalitarismusforschung selber etwa als Verschulden angelastet werden könnte. Der Begriff als solcher gewann im politischen Spannungsgefüge sein eigenes Gewicht: Wo er vor allem aufklären wollte über den Mechanismus moderner Diktaturen unter Bedingungen von Massengesellschaften, da geriet er zunehmend in die Gefahr, in mancherlei Hinsicht zu einer neuen Form von Ideologisierung des politischen Denkens in einer Demokratie zu werden.

Vergleicht man die im Begriff des Totalitarismus enthaltenen Ansprüche an ein radikal-kritisches politisches Bewußtsein mit der vielfach sichtbar gewordenen Realität politischen Denkens und Urteilens, dann scheinen Zweifel berechtigt, ob sich unter politisch-gesellschaftlichen Verhältnissen, die durch das Totalwerden des Ost-West-Konflikts weitgehend bestimmt waren, der Totalitarismusbegriff für die Festigung der Demokratie in Deutschland immer bewährt hat. Bisweilen war der Eindruck kaum vermeidbar, daß die Unausweichlichkeit der Ost-West-Spannung die endgültige Bewältigung des Nationalsozialismus und der ihn verursachenden geschichtlich-gesellschaftlichen Mächte geradezu verhinderte.

Durch die Projektion der totalitären Gefährdung freiheitlicher Demokratie – angesichts der sowjetischen Expansion nach dem Zweiten Weltkrieg – ins Außenpolitische erschien der Totalitarismus vornehmlich als eine Gefährdung von außen. Der so auf den Bolschewismus beschränkte Totalitarismusbegriff wirkte nur allzuleicht rechtfertigend für eine bequeme sozialpsychische Verdrängung der eigenen Vergangenheit und als Kompensation der in ihr zu kurz gekommenen und gescheiterten politischen Ambitionen.

Nicht nur erschien Hitlers Überfall auf die Sowjetunion aus der Sicht eines den Totalitarismusbegriff benutzenden politischen Bewußtseins als post festum legitimiert. Das Wissen um die Einheit der westlichen Welt als Reaktion auf die sowjetische Drohung provozierte zudem eine Wertung von 1945, von der aus die Zerstörung des bewährten Bollwerks gegen den Bolschewismus durch die Sieger als rückgängig zu machende Torheit erschien. Churchill wurde die Parole zugeschrieben: »Die westlichen Alliierten haben 1945 das falsche Schwein geschlachtet.« Auf solche Weise wurde die Einsicht verdrängt, daß die Bedrohung des westlichen Europa in ihrer Unausweichlichkeit erst durch den Eroberungskrieg des Dritten Reiches heraufbeschworen wurde. Das durch 1945 erschütterte Geschichtsbewußtsein wurde auf solche Weise für viele in bedenklicher Form wiederhergestellt.

Die Herstellung einer ungebrochenen Kontinuität zwischen nationalsozialistischer Ostpolitik und den Impulsen und Motiven der Auseinandersetzung mit dem Kommunismus brachte im Grunde die junge Demokratie in Deutschland recht eigentlich um ihre eigenständige Legitimität. Das politische Denken, das mit einem vereinseitigten und – in bezug auf die eigene Gesellschaft und ihre Geschichte – entschärften Totalitarismusbegriff operierte, funktionierte so hintergründig als Element der Unterminierung des demokratischen Potentials, wenn nicht sogar selbst als prätotalitäre Potenz. An rechtsradikaler Ideologie und Propaganda wurde eine solche Verwendungsweise des Totalitarismusbegriffs besonders offenbar[60].

Nach 1945 konnten in der Bundesrepublik zweifellos demokratische Wandlungen in Staat und Gesellschaft erreicht werden, die in den fünfziger Jahren zunehmend sichtbar wurden. Für deren Effektivität sprach nicht zuletzt auch die politische Erfolglosigkeit rechts- wie linksradikaler Bestrebungen. Die Demokratisierung war jedoch durch solche politische Bewußtseinsreaktionen, wie sie in einer undifferenzierten Verwendung des Totalitarismusbegriffs zum Ausdruck kamen, gleichsam der Gefahr innerer Aushöhlung ausgesetzt. Nicht nur, daß mit solchen Reaktionen der Staat in die Bedrängnis geriet, wieder autoritäre, obrigkeitsstaatliche Züge anzuneh-

60 Für die fünfziger Jahre aussagekräftiges Material in: Rechtsradikalismus im Nachkriegsdeutschland, Schriften des Instituts für politische Wissenschaft Berlin, Bd. 9, Berlin 1957.

men; die erwähnten Reaktionen offenbarten zugleich die – keineswegs immer bewußte – Bereitschaft, die eigene Gesellschaft zum Ausgleich der Schlagkraft des feindlichen totalitären Systems diesem anzugleichen. Das alles ist nur ein Indiz dafür, daß im Zuge der Zuspitzung des Ost-West-Konflikts in den fünfziger Jahren in der Bundesrepublik Deutschland eine Mentalität und ein Begriff von Politik sich durchzusetzen begannen, die als Kennzeichen totalitären Denkens ausgewiesen wurden und bisher in Demokratien nur extremistischen, anti-demokratischen Gruppierungen vorbehalten waren: Das Alternativdenken vermöge der Freund-Feind-Schematik.

Dabei ist es in bezug auf das Wirksamwerden und die Ausbreitung dieses tendenziell totalitären Urteilsschematismus nicht in erster Linie von Belang, ob und inwieweit er zur differenzierten Wahrnehmung des tatsächlichen politischen Gegners beiträgt oder inwieweit er sie umgekehrt geradezu verbaut. Belangvoll für die Formung des politischen Denkens in Demokratien freiheitlicher Tradition ist vor allem die mögliche innenpolitische Konsequenz – und sie ist unübersehbar. Wenn nämlich der reale Gegner, als Feind schlechthin bestimmt, zum negativen Gegenbild der eigenen Vollkommenheit verblaßt, dann funktioniert ein dahin zielender Denkschematismus als Instanz der Verklärung der eigenen Gesellschaft zum Guten und Vollkommenen. Die eigene Gesellschaft verliert aber dann nur allzuleicht jene Offenheit in sich und gegenüber ihren eigenen Ansprüchen und Möglichkeiten, die zum Wesen freiheitlicher Gesellschaft und politischer Ordnung gehört. So wenig eine die Unvollkommenheit der eigenen Gesellschaft aufdeckende Kritik die Tendenz des Gegners übersehen kann, solche freie und autonome Kritik für seine eigenen Ziele auszumünzen, so wenig kann und darf das um der Freiheit in der Gesellschaft willen dazu führen, Kritik überhaupt nur noch auf den alles überschattenden weltpolitischen Gegensatz zu relativieren und durch solche Ablenkung nach außen in ihrer Berechtigung gleichsam zu unterhöhlen, wenn nicht sogar zu tabuisieren.

Es waren solche inneren Gefährdungen demokratischer Bewußtseins- und Verhaltensstrukturen in der sogenannten Phase des Kalten Krieges, die einem mit dem Totalitarismusbegriff operierenden Denken angelastet wurden. Je mehr in der Nach-Stalin-Ära – mit Chruschtschow beginnend – Anzeichen für ein Nachlassen der bis dahin dominierenden Ost-West-Spannung unübersehbar zu werden schienen, um so nachdrücklicher führte das zu der Frage, ob nicht die ganze Totalitarismuskonzeption überhaupt aufgegeben werden müsse, wenn eine zeitgemäße, realistische Politik der Entspannung möglich werden sollte. Als Konsequenz eines solchen, vermeintlich politisch notwendigen Abbaus der Totalitarismuskonzeption wurde dann innenpolitisch immer von Faschismus als nach wie vor bleibendem Gefährdungselement der Demokratie liberaler Tradition gesprochen – freilich jetzt in sprachlichen Formulierungen wie: postfaschistisch, quasifaschistisch, faschistoid.

Solcher Begriffswechsel in der politisch-analytischen Sprache, so sehr manche sachlichen Gründe ihn nahelegen mögen, geschieht freilich selber im Rahmen von realen, gegenüber der Zeit der fünfziger Jahre veränderten gesellschaftlich-politischen Rahmenbedingungen. Er ist seinerseits immer auch politisch-historisch motiviert. Daher muß auch in bezug auf solche gesellschaftlichen und politischen Veränderungen die Frage nach ihren möglichen ideologischen Implikationen gestellt werden. In einer für die Problematik der Totalitarismustheorie besonders aufschlußreichen Weise hat das in jüngerer Zeit Karl Dietrich Bracher sehr eindrucksvoll getan[61]. Bracher geht davon aus, daß nach einem Jahrzehnt der Entideologisierung (gemeint sind die fünfziger Jahre) eine neue Welle der »Re-Ideologisierung« eingesetzt habe, deren Ende nicht (noch nicht?) absehbar sei. Ihr Grund liege in einer Verunsicherung des politischen Denkens, und dieses wiederum weise auf eine Identitätskrise hin, die um so folgenschwerer sei, als sie mit einem Generationswechsel zusammenfalle.

Für die Bundesrepublik heißt das: In den sechziger Jahren gelangte eine Generation zur politischen Mitverantwortung, für die die Identifikation mit der – aus dem wirtschaftlichen Wiederaufbau nach 1945 hervorgegangenen – gesellschaftlichen und politischen Ordnung nicht mehr selbstverständlich war. Sie wurde im Gegenteil um so fragwürdiger, je mehr die politische und auch wirtschaftliche Ordnung als tendenziell konservativ erfahren wurden. Eben dieser Identitätsverlust führte zur Suche nach neuen ideologischen Orientierungen und Bindungen. Sie wurden primär im Rückgriff auf alte revolutionäre Theorien gefunden, die freilich weniger in einer originären kritischen Aufarbeitung angeeignet wurden, als vielmehr primär unter dem Aspekt ihrer Tauglichkeit für die Rechtfertigung eines sonst meist blinden oder blindbleibenden Aktionismus.

Als Indiz für eine solche »Re-Ideologisierung« nennt Bracher unter anderem die hier bisher behandelte Diskussion um den Totalitarismusbegriff im Rahmen der mit ihm arbeitenden Totalitarismusforschung. Bracher gewinnt dieser Diskussion eine Perspektive ab, die von der bisher behandelten Polemik gegen die Totalitarismustheorie nicht bedacht wurde. Wo das Arbeiten mit dem Totalitarismusbegriff nur noch als Indiz für einen politisch überholten Antikommunismus diskreditiert und denunziert wird, da hat das selber die ideologische Funktion, der liberalen Demokratie und ihren Verteidigern den Blick für ihre Gefährdung durch totalitäre Systeme zu trüben, wenn nicht ganz zu verstellen. Nach Bracher ist dieser ideologische Effekt besonders in dem Versuch zu erkennen, den Totalitarismusbegriff im Rahmen einer die parlamentarisch-pluralistische Demokratie selbstkritisch angehenden Analyse auszuschalten und an seiner Stelle nur noch – oder doch fast ausschließlich – von faschistischen oder postfaschistischen beziehungsweise quasifaschistischen oder faschistoiden Selbstgefährdungen zu sprechen.

Mit einem solchen Versuch der Ausschaltung des Totalitarismusbegriffs aus der Diskussion um die stets möglichen Gefährdungen einer Demokratie liberaler Tradition werde gleichsam der Vergleich zwischen Nationalsozialismus und Kommunismus tabuisiert mit dem Ziel, nur noch rechte Diktaturen, eben Faschismen, als Gefährdungsquellen von Demokratie auszuweisen. Dadurch aber, so Bracher, werde eine Kritik an der ebenso stets möglichen kommunistischen Gefährdung liberaler Demokratie ideologisch abgeblockt. Und dies muß letztlich auch die Konsequenz einer Qualitätsentleerung des Faschismusbegriffs haben. Wenn alle möglichen Gefährdungen von Demokratie immer schon Faschismus sind oder zumindest faschistoid, dann geht auch der Begriff des Faschismus seiner historisch-politischen Dimension verlustig und verkommt zum beliebigen Instrument ideologischer Denunziation. Er wird zur Leerformel: Je inhaltsleerer er wird, um so tauglicher wird er für ideologische Zwecke.

---

61 Karl Dietrich Bracher, Zeit der Ideologien. Eine Geschichte politischen Denkens im 20. Jahrhundert, Stuttgart 1982, insbesondere S. 191ff.

6. Fazit

Die Verwendung des Totalitarismusbegriffs kann sicher nicht mehr mit der Unbekümmertheit erfolgen, die unmittelbar nach dem Zweiten Weltkrieg bis in die fünfziger Jahre hinein möglich war. Theorien über totalitäres politisches Denken und Handeln bedürfen konkreter Differenziertheit, sind aber dann nicht überflüssig. Im Gegenteil: Sie können gerade dann, wenn sie ihre eigenen ideologischen Selbstgefährdungen immer wieder bewußt machen, sich dadurch von ihnen lösen und sich als Medien einer Selbstaufklärung von demokratischen politisch-gesellschaftlichen Ordnungen in verpflichtender liberaler Tradition bewähren. Sie können diese selbstaufklärerische Funktion vor allem dann haben, wenn sie sich auf die Bewußtmachung von zwei Selbstgefährdungsfaktoren der Demokratie immer wieder konzentrieren:

1. Wo demokratischer Konflikt sich nicht mehr an der Vision eines auf Zeit zu findenden Kompromisses orientiert und über dieses Orientierungsmuster Konsens herrscht, sondern wo er tendenziell zum Orientierungsmuster einer Freund-Feind-Alternative hindrängt, ist totalitäre Gefährdung freiheitlich-demokratischer Gesellschaft und politischer Ordnung unmittelbar gegeben.
2. Das Volk wird gemäß jeder demokratischen Verfassung als Souverän der Herrschaft angesehen. Wo jedoch der dieses Volk politisch bestimmende Wille nicht mehr als in der Pluralität der Interessen und Gruppen begründet anerkannt wird, sondern als jenseits dieser Pluralität angesiedelte politisch-geistige Instanz und Einheit eigener Art ausgegeben wird, ist der Weg zur Errichtung von totalitären Ordnungen beschritten. In ihnen erheben Minderheiten den Anspruch, Verkörperungen der Wahrheit des Ganzen zu sein und diese in elitärer Herrschaft real zu vollziehen.

Für beide totalitären Gefährdungen ist die utopisch-ideologische Vision, die sie ihrerseits legitimiert, im einzelnen unterschiedlich, und diese Unterschiedlichkeit darf nicht unterschlagen werden. Für den real-gesellschaftlichen und real-politischen Effekt einer Entmündigung des Volkes und seiner Pluralität in seinem eigenen Namen ist diese Verschiedenheit, zumindest relativ, gleichgültig. Dies bewußt zu halten, kann gerade auch die Theorie des »Totalitären« helfen.

Literaturhinweise

Es werden nachfolgend nur besonders wichtige beziehungsweise einflußreiche Schriften zur Totalitarismus-Forschung aufgeführt, soweit sie nicht in den Anmerkungen genannt sind.

Arendt, Hannah, The Origin of Totalitarianism, New York 1951; dt. Elemente und Ursprünge totaler Herrschaft, Frankfurt/M. 1955.

Dies., Elemente totaler Herrschaft, Frankfurt/M. 1961.

Dies., Die ungarische Revolution und der totalitäre Imperialismus, München 1958.

Aron, Raymond, Die industrielle Gesellschaft, Frankfurt/M. 1954.

Borkenau, Franz, The Totalitarian Enemy, London 1940.

Bracher, Karl Dietrich, Totalitarismus, Artikel in: Staat und Politik (Fischer Lexikon Bd. 2), Frankfurt/M. 1957.

BUCHHEIM, HANS, Struktur der totalitären Herrschaft und Ansätze totalitären Denkens, in: Vierteljahreshefte für Zeitgeschichte, 8 (1960).
DERS., Totalitäre Herrschaft. Wesen und Merkmale. München 1962².
DRATH, MARTIN, Totalitarismus in der Volksdemokratie, Einleitung zu: ERNST RICHERT, Macht ohne Mandat, Köln – Opladen 1958.
FRAENKEL, ERNST, The Dual State. A Contribution to the Theory of Dictatorship, New York 1941; dt. Frankfurt/M. – Köln 1974.
FRIEDRICH, CARL J., Totalitäre Diktatur, Stuttgart 1957.
GREIFFENHAGEN, MARTIN, Totalitarismus von rechts und links. Ein Vergleich von Nationalsozialismus und Kommunismus, in: Gesellschaft – Staat – Erziehung, 12 (1957).
HEIMANN, EUDARD, Communism, Facism and Democracy, New York 1938.
JÄNICKE, MARTIN, Untersuchungen zum Begriff totalitärer Herrschaft, Dissertation, Berlin 1969.
KIELMANSEGG, PETER GRAF, Krise der Totalitarismustheorie?, in: Zeitschrift für Politik, 21 (1974).
LANGE, MAX GUSTAV, Totalitäre Erziehung, Frankfurt/M. 1954 (Schriften des Instituts für politische Wissenschaft, Bd. 3).
LIEBER, HANS-JOACHIM, Aspekte des totalitären Denkens, Berlin 1962.
DERS., Ideologie – Eine historisch-systematische Einführung, Paderborn 1985.
LÖW, KONRAD (Hrsg.), Totalitarismus, Berlin 1988.
LÖWENTHAL, RICHARD, The Model of Totalitarian State, in: The Impact of the Russian Revolution 1917–1967, London – New York – Toronto 1967.
LUDZ, PETER CH., Entwurf einer soziologischen Theorie totalitär verfaßter Gesellschaften, in: Studien und Materialien zur Soziologie der DDR, Köln – Opladen 1964.
MITCHELL, C. C., Two Totalitarians. The System of Hitler and Stalin Compared, Dubuque-Iowa 1965.
NEUMANN, FRANZ, Behemoth. The Structure and Practice of National Socialism 1933–1944, New York – Toronto (zuerst 1942) 1963 (Wiederauflage der 2. Auflage von 1944); dt. Frankfurt/M. 1977.
DERS., Demokratischer und autoritärer Staat. Studien zur politischen Theorie, Frankfurt/M. 1967.
NEUMANN, SIGMUND, Permanent Revolution. Totalitarianism in the Age of International Civil War, London 1956².
SEIDEL, BRUNO/JENKNER, SIEGFRIED (Hrsg.), Wege der Totalitarismus-Forschung, Darmstadt 1968.
SCHLANGEN, WALTER, Theorie und Ideologie des Totalitarismus, Bonn 1972.
SCHULZ, GERHARD, Der Begriff des Totalitarismus und des Nationalsozialismus, in: Soziale Welt, 12 (1961).
STAMMER, OTTO, Aspekte der Totalitarismusforschung, in: Politische Soziologie und Demokratieforschung, Berlin 1965.
SYMPOSIUM on the Totalitarian State. Proceedings of the American Philosophical Society, 82 (1940), Philadelphia 1940.
TALMON, JACOB L., Die Ursprünge der totalitären Demokratie, Köln – Opladen 1961.
ZIEGLER, HEINZ OTTO, Autoritärer oder totaler Staat, Tübingen 1932.

Kurt Lenk

Probleme der Demokratie

1. Vorbemerkung

Im Jahr des zweihundertjährigen Jubiläums der Französischen Revolution von 1789 haben sich in den europäischen Ländern des »real existierenden Sozialismus« Ereignisse vollzogen, die selbst von professionellen Beobachtern der zeitgenössischen politischen Bühne nicht vorausgesehen werden konnten. Die von manchen totgesagte Ideenwelt der großen Aufklärungsbewegung hat eine ungeahnte Gegenwärtigkeit erfahren: Eine demokratische Fundamentalopposition, ausgelöst durch die seit Mitte der achtziger Jahre in der Sowjetunion unter Michail Gorbatschows Führung eingeleitete Perestroika, hat den Ideen der Freiheit, Selbstbestimmung und Demokratie neuen Glanz verliehen. Scheinbar veraltet, haben sie ihre Würde wiedererlangt. Die Freiheitsrufe der Demonstranten könnten ein Anstoß dazu sein, die Dynamik und Geschichtsmächtigkeit des demokratischen Gedankens neu zu entdecken. Unleugbar, daß damit die »demokratische Frage« zu neuem Leben erwacht ist. Für den Soziologen Ulrich Beck bedeutet die damit eingetretene »unverhoffte Renaissance einer enormen Subjektivität ... den Aufstand der real existierenden Individuen gegen ein ›System‹«, nicht bloß das Ende aller autoritär-bürokratischen Versionen des Sozialismus, sondern zugleich auch die gründliche Widerlegung der »Systemtheorie, die die Gesellschaft subjektunabhängig denkt«[1].

Das Problem der Demokratie heute ergibt sich nicht aus einem Zuwenig ihrer oft nur rhetorischen Anerkennung, sondern aus ihrer inhaltlichen Beliebigkeit, ja Uferlosigkeit. Um so dringender wird es, bestimmte Grundmerkmale und Minimaldefinitionen auszumachen, um ihre Konturen wieder sichtbar werden zu lassen. Wo die Existenz demokratischer Republiken behauptet und ihre Ideale beschworen werden, gilt es zunächst, sich der Besonderheiten dieser Regierungsformen historisch und gesellschaftlich zu vergewissern, um einem inflationären Gebrauch der Begriffe »Demokratie« und »demokratisch« zu begegnen.

Erste Bedingung eines solchen Verfahrens wäre die Besinnung darauf, daß demokratische Verfassungsformen sich niemals und nirgends »von selbst« verstehen. Vielmehr sind sie in der Regel gerade dort, wo sie zur politischen Kultur einer Gesellschaft gehören, ein Ergebnis sozialer Konflikte und politischer Kämpfe, die sich in der europäischen Geschichte über Jahrhunderte hinziehen.

---

1 Ulrich Beck, Die unvollendete Demokratie, in: Der Spiegel, 43 (1989) 51 (vom 18. Dezember), S. 186f.

Zum zweiten ist Demokratie kein in sich geschlossenes System, sondern ein zukunftsoffenes und riskantes Projekt[2]. Zukunftsoffen darum, weil auch eine in sich gegründete und in Traditionen gefestigte Demokratie – wie etwa jene Großbritanniens oder Frankreichs – nicht als fertige, ein für allemal abgerundete Verfassungsform angesehen werden kann, sondern als permanenter Prozeß verstanden werden muß, der einen offenen, in die Zukunft gerichteten Horizont kennt. Riskant deshalb, weil jene sozialen und sonstigen Bedingungen, deren eine funktionierende Demokratie zu ihrem Bestand bedarf, nicht schlechthin als gesichert gelten können. Krisenhafte Erschütterungen (wirtschaftlicher und sozialer Art, Kriege, deren Folgen und ähnliches mehr) können demokratisch verfaßte Gesellschaften in Situationen versetzen, in denen ihre Strukturen ausgehöhlt, zerstört und schließlich beseitigt werden. Hierfür bieten die europäischen liberaldemokratischen Republiken der Zeit zwischen den beiden Weltkriegen zahlreiche Beispiele.

Nur wenn man sich dieser Merkmale von Demokratie vergewissert, lassen sich ihre Bestandsbedingungen, ihre Prozeßhaftigkeit und ihre Gefährdungen einschätzen. Nur auf diesem Wege mag auch zu erkennen sein, daß es sich bei der Demokratie nicht um irgendeine der in der Geschichte bekannten Regierungsformen, sondern um eine hochkomplexe und darum in der Regel auch relativ späte Form politischer Verfassungen handelt.

2. Das Zeitalter der Demokratie

Zu Beginn der sechziger Jahre hat der französische Politikwissenschaftler Raymond Aron (1905–1983) einige hervorstechende Kennzeichen der zweiten Hälfte des 20. Jahrhunderts aufgelistet: »Kein Land ist wirklich vollständig von den anderen Ländern isoliert. Kein Regime ist frei von Widersprüchen, weder nach innen noch nach außen . . . Die Ätherwellen respektieren keine Grenzen. Die Regierten, sogar in der Sowjetunion und in China, wissen sehr wohl, daß die Ideen, auf die ihre Regierungen sich berufen, anderswo diskutiert und abgelehnt werden. Alle Mächte stoßen auf offene oder heimliche Opposition, wenn nicht im eigenen Land, so im Ausland. In dieser Zeit, in der sich kein Regime für gesichert oder unbestritten halten kann, verwendet der Großteil der Menschen und der Parteien . . . die gleichen Worte: Selbstbestimmung, Demokratie, Wachstum. Diese drei Begriffe fassen den politischen Konformismus von heute zusammen: das Recht der Völker, sich zu einer souveränen Gemeinschaft zusammenzuschließen; die Idee der Volksherrschaft als legitime Regierungsform; Industrialisierung und wirtschaftlicher Fortschritt – all das gilt als Ziel erster Ordnung jedweder Macht.«[3]

Diese Charakterisierung unserer Epoche dürfte sich seither in vielfältiger Weise bewahrheitet haben. In der Tat ist die heutige Welt mittlerweile – was die technischen Möglichkeiten der Kommunikation betrifft – zu einem »Weltdorf« geworden, in dem

---

2 Vgl. hierzu Ulrich Rödel/Günter Frankenberg/Helmut Dubiel, Die demokratische Frage, Frankfurt/M. 1989.

3 Raymond Aron, Zwischen Macht und Ideologie, Wien 1974, S. 54f.

man am gleichen Tage rund um den Globus alle politisch bedeutsamen Ereignisse erfahren kann. Auch hat es sich eindeutig gezeigt, daß die in der Nachkriegsära vorherrschende binäre Aufteilung der Welt in »den Westen« und »den Osten« sich gegenüber den vielfältigen Spannungen und Konflikten innerhalb der beiden Hemisphären als viel zu einfach erweist. Sie kann der wirklichen weltpolitischen Lage längst nicht mehr gerecht werden. Weder ist die in der westlichen Welt dominierende Supermacht USA überall Herr im eigenen Haus, noch erweisen sich die krisengeschüttelten Modelle des »real existierenden Sozialismus« als politisch so homogen, daß sich noch von einem einheitlichen Block sprechen ließe. Vielmehr ist die politische Landkarte der Welt seither bunter und vielfältiger geworden. Mannigfache regionale Bewegungen entziehen sich dem Monopolanspruch der Zentralen; hier wie dort dementiert die Realität der Substrukturen und Subsysteme den einstmals offiziell verkündeten Einheitskanon, oft gerade dort, wo auf seine Beachtung besonderer Nachdruck gelegt wird. Trotz dieses mitunter etwas chaotisch anmutenden Gesamtbildes lassen sich – so stellt Aron mit einiger Verwunderung fest – die politischen Hauptziele der Bürger unseres Jahrhunderts doch im großen und ganzen als eine Trias von Selbstbestimmung, Demokratie und Wachstum umschreiben.

Entscheidend für diese Situationsdeutung ist, daß offenbar nicht bloß ein Großteil der Menschen und Parteien die gleichen Worte benutzt, sondern mit ebenso erstaunlicher Eindeutigkeit die Regierenden der überwältigenden Mehrheit heutiger Staaten sich auf dieselben Ideen der Politik berufen: Demokratie und Wohlstand sind zu universellen Forderungen geworden. Man darf getrost behaupten, daß sie die großen übergeordneten Prinzipien darstellen, von denen das Wollen der heutigen Menschheit bestimmt wird. Wenn dem so ist, dann kann es nicht verwundern, daß nicht nur die jeweiligen Inhalte solch globaler Politikziele wie Selbstbestimmung und Demokratie, sondern auch der jeweilige Grad der Übereinstimmung oder Differenz zwischen Idee und Wirklichkeit sehr unterschiedlich sind. In der Tat läßt sich die aus der bürgerlichen Aufklärung stammende Demokratievorstellung von ihren Ursprüngen bis heute mit den vielfältigsten und oft einander widersprechenden Gehalten füllen. Weder gibt es verbindliche Parameter noch gar einen Konsens über die Kriterien, mit deren Hilfe die Qualität demokratischer Verfassungssysteme gemessen werden könnte. Will man bei deren Vergleich – und derartige Vergleiche gehören zu den Aufgaben Politischer Wissenschaft – nicht in uferlose Meinungskämpfe abgleiten, so ist zumindest eine Klärung solcher Kriterien vonnöten. Es stellt eine zentrale Aufgabe politischer Theorie dar, solchen Begriffen und den ihnen entsprechenden Ideengehalten nachzugehen.

Bereits hier wird ein grundlegender Unterschied unserer heutigen Welt im Vergleich etwa zur mittelalterlichen sichtbar: Dort galten Kirche und Staat noch als die zwei Seiten der göttlichen Schöpfung und das weltliche Imperium als nur von der Kirche verliehen, so daß die Kirche zum Staat sich wie die Sonne zum Mond verhielt. Mit der Herausbildung moderner Staaten zu Beginn der Neuzeit begann auch im politischen Bereich ein Prozeß der Säkularisierung, der bis heute andauert.

In der säkularisierten modernen Welt geraten die überkommenen Institutionen und Werte in eine Krise. Bis dahin Selbstverständliches wird nunmehr einer fortwährenden Infragestellung unterworfen: Viele Normen, Institutionen, Wertvorstellungen und Traditionen unseres westlichen Kulturkreises sind mit dem Schritt in die Moderne – zu der zum Beispiel Naturwissenschaften, Technik, Industrialisierung und

Staatenbildung gehören – in eine neue Lage geraten, die sich politisch als Ausdifferenzierung früher noch einheitlich gedachter Lebensbereiche darstellt.

Einer dieser Ausdifferenzierungsprozesse ist der, den Aron als Selbstbestimmung und Demokratisierung bezeichnet. Es handelt sich hier um einen Prozeß, der mehr umschreibt als die Zielrichtung einer bestimmten Staats- und Verfassungsform: Gemeint ist ein Emanzipationsprozeß der Gesellschaft von blinden, undurchschauten Zwängen und Herrschaftstechniken zu autonom vom Volk selbst getroffenen politischen Entscheidungen. In diesem Sinne ist demokratische Emanzipation nicht nur auf Formalia der Verfassung beschränkt, sondern in allen Bereichen von Staat und Gesellschaft bestimmend für die Entwicklung des politischen Lebens.

Schon äußerlich, im Blick auf die Verfassungsform, läßt sich in unserem Jahrhundert eine solche Entwicklung zur Volksherrschaft belegen: Gab es in der Zeit vor dem Ersten Weltkrieg in Europa erst fünf Republiken unter 25 Staaten (Frankreich, Portugal, die Schweiz, Andorra und San Marino), so verblieben nach dem Zweiten Weltkrieg nur mehr sieben Monarchien (England, Belgien, die Niederlande, Griechenland und die drei skandinavischen Staaten). Hält man sich jedoch nicht an die Verfassungsform, sondern an den realen Entscheidungsprozeß in heutigen Monarchien, so wird man feststellen, daß die entscheidenden Kompetenzen längst nicht mehr bei der Krone, sondern bei den Regierungen und den sie tragenden parlamentarischen Mehrheiten liegen.

Was für Europa gilt, läßt sich mit gleichem Recht auch für die anderen Erdteile (Amerika – Asien – Afrika) und für die meisten Länder der Dritten Welt behaupten: Die Uridee der Demokratie, die Volkssouveränität, hat Eingang in nahezu sämtliche Verfassungen unseres Jahrhunderts gefunden. Doch zugleich mit dieser generellen Durchsetzung geriet die Idee der Demokratie als Legitimationsformel in Gefahr, zu einer inhaltsleeren Vokabel zu werden, vergleichbar den Ideen »Gemeinwohl« oder »Gerechtigkeit«. Scheindemokratische Akklamationsrituale schmücken gegenwärtig nicht selten auch Militärdiktaturen. Und die vom »real existierenden Sozialismus« usurpierte Formel der »Volksdemokratie« dürfte nicht zuletzt zu einer weiteren Entleerung dieses Begriffs beigetragen haben.

Doch auch da, wo Begriffe zu bloßen Formeln erstarren, können die Ideen, die sie repräsentieren, nicht restlos beseitigt werden. Es zeigt sich nämlich, daß vom Anspruch selbst, den demokratische Systeme kraft ihrer Berufung auf solche Ideen erheben, ein kritisches Potential ausgeht, an dem die jeweilige Verfassungswirklichkeit gemessen und kritisiert werden kann.

2.1 Demokratie und Legitimität

Ein Jahr vor der Französischen Revolution, im Jahre 1788, erließ König Ludwig XVI. im Kampf gegen die Einberufung einer Nationalversammlung folgende Deklaration, die die unteilbare souveräne Macht der Krone bestätigen sollte: »Jene Prinzipien, die von der Nation allgemein anerkannt werden, verlangen, daß allein dem König die souveräne Gewalt in seinem Reich zukommt; – daß die Ausübung der Macht allein vor Gott zu verantworten ist; – daß das Band, das König und Volk verbindet, in seinem Wesen nicht zerstört werden kann; – daß nur die gegenseitige Verpflichtung des Königs und seiner Untertanen das Fortbestehen dieser Verbindung sichern kann;

– daß es im Interesse der Nation liegt, daß die Rechte ihres Führers auf keine Weise beschnitten werden; – daß der König der oberste Herrscher der Nation ist und mit ihr eins; – schließlich, daß die Macht der Gesetzgebung einzig und ungeteilt bei der Person des Souveräns liegt.«[4]

Was der letzte Monarch der Franzosen vor Napoleon hier ex cathedra verkündet, enthält jene Prinzipien, die für die monarchische Herrschaftslegitimation ausschlaggebend waren:

- den Anspruch der Krone auf unumschränkte souveräne Gewalt in ihrem Reich;
- die Legitimierung dieses Anspruchs durch die Behauptung einer letztlich von Gott sanktionierten Identität von Krone und Nation, deren Einheit der König in seiner Person repräsentiert;
- die aus beiden Prinzipien folgende Abweisung aller Versuche seitens des »Dritten Standes«, an dieser souveränen Machtstellung in Gesetzgebung, Machtausübung und stellvertretender Wahrnehmung gottgewollter Rechte zu rühren.

Im 19. Jahrhundert war die legitimatorische Stütze der Monarchien, die sich gegen den liberalen Konstitutionalismus zur Wehr setzten, das »monarchische Prinzip«. Es besagt, daß allein dem König die letzte Entscheidungsgewalt zukommt, während Parlamente nur beratende Funktion haben dürften. Dem Parlament verfassungsmäßige Rechte einzuräumen, nannte der konservative Staatstheoretiker Friedrich Julius Stahl »Revolution«. Gegen dieses Bestreben vertrat er die Losung: »Autorität, nicht Majorität!« Nach seiner Auffassung staatlicher Legitimität besitzt der Inhaber der Staatsgewalt das unbestrittene Recht zur einheitlichen, unteilbaren Entscheidung. Dieser Anspruch folgte unmittelbar aus der Qualität der Krone als Inbegriff der gesamten Nation.

Ausgehend von dieser Form monarchischer Legitimität ist danach zu fragen, welche Rechtfertigungsmuster eine Herrschaftsform wie die Demokratie bemüht, um sich gegenüber den Herrschaftsunterworfenen ins rechte Licht zu setzen.

Hermann Heller (1891–1933) betont, daß Parlamentarismus, Rechtsstaat und Demokratie letztlich »ihre Legitimationsgrundlage in dem Glauben an die sittliche Vernunftautonomie des Volkswillens« haben[5].

Da jede Regierungs- und Staatsform, auch die demokratische, »autoritäre« Momente aufweist, die den Bürgern als heteronome Befehle erscheinen, kann sich Demokratie nur dadurch legitimieren, daß das Volk selbst sich die Gesetze seines Handelns gibt, denen es dann Verbindlichkeit zuspricht. Demokratische Autonomie setzt voraus, daß zumindest idealiter eine Willensvereinheitlichung auf verfassungsmäßiger Grundlage zwischen den konfligierenden pluralen Interessen der verschiedenen Gruppierungen und Schichten der Gesellschaft stattfindet. Nur sie ermöglicht ein planbares, rational ausgewiesenes, nach bestimmten Regeln geleitetes Handeln, ohne welches Demokratie in Anarchie zerfiele.

Die Fiktion demokratischer Legitimität beruht somit darauf, daß das Volk als Träger bestimmter kultureller Werte fungiert, die in ihrer Gesamtheit eine grundsätzlich von allen akzeptierte gesellschaftliche und staatliche Ordnung ermöglichen. Dies ist die demokratische Idee, wie sie schon in der griechischen Antike, wenngleich damals nur für die Vollbürger der Polis, entwickelt worden war.

---

4 Abbé Papon, Histoire du Gouvernement Français, London 1788, S. 235.

5 Hermann Heller, Gesammelte Schriften, 3 Bde., Leiden 1971, Bd. 2, S. 216.

Im Sinne einer solchen universalistisch orientierten Legitimitätsformel für Demokratien läßt sich deshalb behaupten, »daß es eine andere als die – allerdings sehr verschieden benannte – demokratische Legitimation der politischen Herrschaft in der öffentlichen Meinung der zivilisierten Völker der Gegenwart nicht gibt. Unter demokratischer Legitimität verstehen wir die immanente Rechtfertigung der staatlichen Herrschaft durch das ›Volk‹, wobei sich die verschiedenen politischen Richtungen ... lediglich dadurch unterscheiden, daß sie dem Volksbegriff einen verschiedenen Inhalt geben ... Trotz mannigfaltiger Unterströmungen und Gegenwirkungen anderer Art ist spätestens sei dem 18. Jahrhundert als oberster, alle politischen Normen und Formen legitimierender Wert von der allgemeinen öffentlichen Meinung das ›Volk‹ anerkannt.«[6]

2.2 *Varianten und Kriterien des Demokratiebegriffs*

Die Verwendungsweise des Begriffs Demokratie läßt sich auf vier Ebenen beobachten:

1. *Demokratie als komplexe Systembezeichnung* dient dem Vergleich mit anderen Regierungssystemen (Monarchie, Aristokratie und so weiter). Im allgemeinen unterscheidet man zwei Hauptgruppen:
a) pluralistische Regierungssysteme (»westliche«, freiheitlich-liberale);
b) monistische Regierungssysteme (»östliche«, »Volksdemokratie«, »Sowjetdemokratie«).

2. *Demokratie als Legitimation politischer Systeme* dient zur Kennzeichnung der Rechtmäßigkeit einer Regierung als Repräsentanz des Volkswillens. Diese Form der Legitimation kann von sehr unterschiedlichen politischen Regimen beansprucht werden.

3. *Demokratie als Ordnungsprinzip (Herrschaftsform)* meint bestimmte Organisationsformen und Methoden der Konfliktregelung, die der demokratischen Forderung nach kontrollierter Herrschaft Geltung verschaffen sollen. Man kennt zwei Grundformen:
a) die direkte, unmittelbare Rätedemokratie (in revolutionären Situationen);
b) die repräsentative (pluralistische) Demokratie: Ihre wichtigsten Merkmale sind das Postulat der Herrschaftskontrolle, die Rechtsstaatlichkeit und das repräsentative Gewaltenteilungskonzept. In ihrem Zusammenhang werden diese Merkmale als die der heutigen »modernen« Industriegesellschaft funktional angemessene demokratische Organisationsform gewertet. Hinsichtlich der näheren Ausgestaltung können zwei Grundformen unterschieden werden: die präsidiale und die parlamentarische Demokratie.

4. *Demokratie als Verhaltensprinzip* versteht diese als Ausdruck einer bestimmten politischen Kultur und ihrer Wertvorstellungen. Gewisse demokratische Tugenden (Toleranz, Kritikfähigkeit, Offenheit für die Interessen anderer, Kompromißbereitschaft) werden als erlernbare Verhaltensmuster für eine lebendige Demokratie begriffen. Demokratie gilt hier als ein historischer Prozeß, mit dem eine politische Erziehungsaufgabe verbunden ist (Demokratie als Lebensform).

---

6 Ebd., Bd. 3, S. 280.

Der Demokratiebegriff enthält folgende Prinzipien:

- *Gleichheit:* Rechtsgleichheit, Gleichheit der Chancen, Möglichkeit der Teilnahme an der politischen Willensbildung für alle Bürger;
- *Mehrheitsprinzip:* als pragmatische ultima ratio dann, wenn die Diskussion allein keinen Konsens herstellen kann;
- *Relativismus:* Keine der konfligierenden politischen Meinungen kann Anspruch auf allgemeinverbindliche objektive Wahrheit erheben. Deshalb gilt: Die jeweilige Meinung der Mehrheit ist nur ein Mandat auf Zeit; die Opposition kann notfalls die Regierung ablösen;
- *Geltende Gesetze* sind im Idealfall nicht der Ausdruck des Willens einer Minderheit, sondern die Resultante der aktiven Beteiligung aller Bürger. In der Logik der Demokratie liegt es, ein Gesetz, das unterschiedslos für alle gelten soll, erst dann als ein »demokratisches« zu werten, wenn möglichst alle Bürger an ihm beteiligt waren.

Frei ist eine Gesellschaft in dem Maße, als sie sich in der Verfassung ihres politischen Gemeinwesens wiedererkennt, das heißt, sofern sie sich das Gesetz ihres Handelns selbst zu geben vermag. Ohne eine solche Zielvorgabe wäre Demokratie eine Herrschaftsordnung wie jede andere. Ihre Besonderheit besteht darin, daß Kritik an den Institutionen und Trägern der Herrschaft in der Demokratie nicht bloß zugelassen, sondern ein notwendiges Vehikel ihrer Verwirklichung ist. Solche Kritik beginnt mit der Frage nach dem Zustandekommen von Herrschaft. Hier gilt der Satz: Alle Formen der Herrschaft und geltende Gesetze sind das Ergebnis menschlichen Zusammenhandelns, nicht Geschick oder unabwendbare Notwendigkeit.

Das Demokratie-Modell, in dem der aktive Einfluß der Bürger auf die Politik – über Wahlen hinaus – sowie die Veränderung von Herrschaftsstrukturen in der Gesellschaft vorgesehen ist, kann *Partizipations-Modell* genannt werden. Über formale Verfahrenslegitimation hinaus gibt es hier eine permanente Kommunikation zwischen Bürgern und Repräsentanten bis hin zur Möglichkeit des »recall«, der Abberufung eines Mandatsträgers.

Eine solche Bestimmung von Demokratie hat eine Reihe von Konsequenzen:

1. Wenn Demokratie »Gesetzesherrschaft« bedeutet, dann meint dies zugleich das Gegenteil von allen »persönlichen« Formen politischer Herrschaft (wie sie für Monarchie, Aristokratie und besonders für Diktaturen kennzeichnend sind). Das Gesetz gilt als der Ausdruck des Volkswillens. Es herrscht ohne Ansehen der Person; es ist kühl, aber gerecht. Demokratie ist daher eine nüchterne, unpathetische Form der Herrschaft.
2. Diese Bestimmung von Demokratie hat Konsequenzen für den Staatsbegriff. Er ist nichts von der Gesellschaft Abgehobenes, kein »Obrigkeitsstaat«, sondern das Ergebnis wechselseitiger Einwirkungen auf die Staatswillensbildung von seiten der Verbände, Parteien, Organisationen und Individuen. Er ist nicht jener »General Dr. von Staat«, als welchen Thomas Mann einst den Wilhelminischen Staat bezeichnet hat. Weder kommt ihm eine überirdische Weihe, noch jener Anspruch auf Unfehlbarkeit zu, der einst die Herrscher von Gottes Gnaden legitimieren sollte. Der Staat in der Demokratie gleicht eher einem ausführenden Organ und Geschäftsführer des Volkswillens.
3. Die mitunter auftauchende Vorstellung vom Staat als für alle Bedürfnisse seiner Kinder sorgenden Vater entspricht vordemokratischen Verständigungsmustern.

Nicht das Vater-Kind-Verhältnis entspricht demokratischer Verfassung, sondern das Modell von Bruder- und Geschwistergesellschaften. Unter Geschwistern herrscht selten nur Eintracht; vielmehr gibt es auch Rivalität und Streit. Die Forderung, der Staat solle für den Gefühlshaushalt der Bürger sorgen, ihnen gar moralische Grundsätze liefern, widerspricht dem Sinn der Demokratie. Das in der Familie und in Kleingruppen vermißte Maß an Zuwendung vom Staat zu erwarten, ist – wie nicht bloß die jüngste deutsche Geschichte zeigt – eine verhängnisvolle Illusion. Da Demokratie als Gesetzesherrschaft zugleich Rechtsstaat sein muß, sind die Gesinnungen, Meinungen und Anschauungen der Bürger jedem Zugriff von seiten des Staates entzogen. Deshalb ist jede Form der Gewissensprüfung mit Demokratie unvereinbar, weil Gewissensentscheidungen dadurch definiert werden, daß sie als Entscheidungen einzelner nicht überprüfbar sind.

4. Unterscheidet man mit Max Weber (1864–1920) Gesinnungs- und Verantwortungsethik, so ist die Verantwortungsethik mit demokratischer Politik eher vereinbar. Verantwortungsethik setzt voraus, daß auch die etwaigen Folgen bestimmter Entscheidungen vom Handelnden mitbedacht werden. Die Berufung auf »gute Absichten« und »edle Motive« tritt hinter der Verantwortung für die möglichen Folgen eines Handelns eindeutig zurück. Hieraus ergibt sich das für Demokratien typische Dilemma: Es zeigt sich, daß nahezu sämtliche Gesetze, die in das Leben der Bürger eingreifen, kaum mit der Zustimmung *aller* Beteiligten rechnen können und daß das, was schließlich zum Gesetz wird, niemanden völlig zufriedenstellt, selbst wenn – im Idealfall – alle an seinem Zustandekommen beteiligt gewesen wären. Was schließlich herauskommt, hat keiner so, wie es dann eintritt, gewollt. Und doch gibt es dazu keine wirkliche Alternative: Es sei denn, man begibt sich in die Hand eines Despoten oder Diktators, der unter Berufung auf den »eigentlichen« oder »wahren« Volkswillen seine Befehle erteilt.

5. Das empfundene Ungenügen am jeweiligen Zustand gesellschaftlicher Verhältnisse ist das Lebenselement demokratischer Willensbildung. Die Artikulation dieses Ungenügens ist Kritik. Berechtigt dazu ist prinzipiell jeder, der sachkundig ist und einen Beitrag zur Diskussion leisten kann. Gegenstand der Kritik sind alle öffentlichen Angelegenheiten. Freiheit zur Kritik gehört deshalb auch zu den garantierten Grundrechten; ihre Grenze wird nur durch den Schutz der Persönlichkeitsrechte der Kritisierten definiert. Prämisse solcher Kritik in der Demokratie ist die Einsicht, daß in ihr gerade Politik sich nicht von selbst versteht. Daher ist sie die Angelegenheit aller Bürger, die gewillt sind, vorgegebene Zustände nicht unbefragt hinzunehmen. Haben doch gerade die jüngsten Ereignisse in den »real existierenden« sozialistischen Ländern Europas gezeigt, daß deren Regierungen »ihr« Volk weder auflösen noch wählen können, wenn von diesem der Anspruch auf politische Mitgestaltung energisch eingefordert wird.

2.3 Freiheit und Gleichheit

In den institutionellen Regelungen der Gewaltenteilung, des Föderalismus und der Repräsentation geht es letztlich darum, individuelle Freiheit und rechtliche Gleichheit als die beiden tragenden Prinzipien der Demokratie miteinander in Übereinstimmung zu bringen. Man könnte, mit Blick auf die jüngsten Demokratiedebatten behaupten, daß sich die Kontrahenten vor allem darin unterscheiden, ob sie das Gewicht auf das Prinzip der Gleichheit oder eher auf das der Freiheit legen. Legt man den Nachdruck auf demokratische Gleichheit, so wird die Herstellung einer sozialen Homogenität als vordringlichste Aufgabe einer demokratischen Ordnung erscheinen. Umgekehrt führt die Betonung des Wertes Freiheit dazu, Nachdruck auf die Beachtung der Prinzipien des Rechtsstaates zu legen, da in ihm Freiheit und persönliche Entfaltungsmöglichkeit als höherrangige und deshalb schützenswerte Güter gelten.

Es wäre ein durchaus brauchbares Kriterium für den demokratischen Gehalt eines Staatswesens, ob Freiheitsrechte und Gleichheitschancen so miteinander verknüpft sind, daß für beide ein optimaler Spielraum besteht. Allerdings ist dies leichter formuliert als in der politischen Wirklichkeit vollzogen. Denn bereits bei der inhaltlich konkretisierten Frage, was für wen Erweiterung oder Schmälerung einer der beiden Komponenten demokratischer Ordnung bedeutet, entstehen notwendig Kontroversen.

Soll der für Demokratie zentrale Begriff der Volkssouveränität auf die ihm zugrundeliegende Idee hin analysiert werden, so stößt man auf das Prinzip der Gleichheit. Von ihm muß gesprochen werden, wo von Demokratie die Rede ist. In der Regel spricht man von Chancengleichheit oder von Rechtsgleichheit, von der Möglichkeit der Teilnahme an der politischen Willensbildung für alle Bürger also. Gemeint ist damit stets, daß ein Gesetz, das unterschiedslos für alle gelten soll, in einem demokratisch organisierten Staat dann demokratisch genannt werden kann, wenn möglichst alle Bürger an seinem Zustandekommen beteiligt sind oder doch wenigstens die Möglichkeit zu einer derartigen Beteiligung besitzen. Denn eine demokratische Gesellschaft erkennt sich als freie, sofern die Bürger sich die Gesetze ihres Handelns selbst geben können und bei deren Anwendung ohne Ansehen der Person, mithin »gerecht« verfahren wird.

Dies ist freilich ein hoher Anspruch, doch lohnt es sich, an ihn zu erinnern, schon um die Schwierigkeiten seiner Einlösung abschätzen zu können. Es gehört zum Lebenselement demokratischer Gesellschaften, daß in ihnen nicht allein der jeweilige Zustand des sozialen und politischen Gemeinwesens als »real« gelten darf, sondern ebenso die Hoffnungen seiner Bürger. Denn ohne solche Zielvorgaben wäre Demokratie eine Herrschaftsordnung wie jede andere.

Im Sinne einer offenen, auf Zukunft hin gerichteten Menschennatur hat der demokratisch orientierte Staatsrechtslehrer Hermann Heller (1891–1933) das Spezifikum der Kulturgeschichte sehen wollen, wenn er bemerkt, daß »der Mensch wesensmäßig ›utopisch‹, das heißt fähig ist, dem Sein ein Sollen entgegenzustellen und die jeweilige Macht an einer Rechtsidee zu messen«[7]. Diese Auffassung vom Menschen als eines lernfähigen und phantasiebegabten, im Werden begriffenen Wesens ist für die demokratische Idee grundlegend. Demokraten können, betont auch der polnische Philosoph Leszek Kolakowski (1927), »nicht darauf verzichten, sich Ziele zu setzen, die im Augenblick unmöglich zu erreichen sind, aber den jetzigen Veränderungen ihren Sinn verleihen«[8]. Die Idee der Demokratie als einer souveränen Herrschaft des Volkes ist ein Fernziel. Es besagt im Prinzip, daß eine Staatsgewalt nur dann und in

---

7 Ebd., Bd. 3, S. 330.

8 Leszek Kolakowski, Der Mensch ohne Alternative, München-Zürich 1984[6], S. 152.

dem Maße als legitim gelten kann, sofern sie sich vom freien Willen aller mündigen Bürger eines Gemeinwesens getragen weiß.

Früh schon hat eine Reihe von Politikwissenschaftlern darauf hingewiesen, daß dieses Fernziel mit der alltäglichen Wirklichkeit demokratisch verfaßter Gemeinwesen nicht übereinstimmt, daß Ideal und Verfassungswirklichkeit sich in manchen Punkten eklatant widersprechen. Dies könne zu einer »Krise der Demokratie« führen. Gemeint ist damit, daß die soziale Wirklichkeit dem Idealbild einer Gesellschaft gleicher und freier Bürger bislang kaum gerecht wird, weil nämlich, wie Gustav Radbruch (1878–1949) formulierte, »das Volk nicht ein Ziegelbau aus lauter freien und gleichen einzelnen, sondern ein Quaderbau aus sehr ungleichen sozialen Gruppen, Klassen, Parteien« ist. Demokratie läuft deshalb ständig Gefahr, statt der angestrebten Souveränität aller »die Herrschaft der stärkeren über die schwächeren Gruppen zu etablieren«[9].

Theoretiker wie Hermann Heller waren der Auffassung, daß die Verfassungsform der Demokratie in einer Klassengesellschaft auf Dauer keinen Bestand haben könne, da die Übermacht der jeweils ökonomisch und kulturell tonangebenden Oberklassen eine wirklich demokratische Gesellschaftsordnung nicht zulasse. In ähnlicher Weise sprach Franz Neumann (1900–1954) von einem Funktionswandel des Gesetzes im Recht der bürgerlichen Gesellschaft. Er wies damit auf die in den zwanziger und dreißiger Jahren dieses Jahrhunderts offenbar gewordene Tatsache hin, »daß die Vorherrschaft des Parlamentsgesetzes nur solange im Mittelpunkt der konstitutionellen Doktrin steht, als das Bürgertum auf das Parlament entscheidenden Einfluß hat. Beginnt dieser Einfluß zu schwinden, so treten im selben Augenblick neue, naturrechtliche Doktrinen auf, die dazu bestimmt sind, die Vorherrschaft eines Parlaments, in dem auch Vertreter der Arbeiterschaft Einfluß haben, zu reduzieren«[10]. Der damit einhergehende Niedergang des Parlamentarismus aufgrund der Preisgabe demokratischer Gesetzesherrschaft durch die bürgerlichen Parteien, wie er am Ausgang der Weimarer Republik eintrat, bildet eines der zentralen Themen der jüngeren Demokratietheorie.

Die in den faschistischen und nationalsozialistischen Herrschaftssystemen der Zeit nach dem Ersten Weltkrieg erfolgte Aufkündigung der Spielregeln parlamentarischer Demokratie war eine fatale Konsequenz des Strukturwandels sowohl der industriellen Klassengesellschaft als auch der in ihr sich herausbildenden, autoritär gelenkten Organisationen und Massenparteien.

2.4 Repräsentation und Parteienstaat

Da die unmittelbare Demokratie, bei der jeder stimmberechtigte Bürger der Idee nach selbst an allen Entscheidungen beteiligt sein soll, aufgrund ihrer technischen Undurchführbarkeit in modernen Großflächenstaaten keine realisierbare politische Form darstellt, bedarf es der mittelbaren Demokratie: der parlamentarischen. In ihr wird der Volkswille von der jeweiligen Mehrheit der gewählten Mandatsträger gebildet.

9 Gustav Radbruch, Kulturlehre des Sozialismus, Berlin 1950, S. 36.
10 Franz Neumann, Demokratischer und autoritärer Staat, Frankfurt/M.-Wien 1967, S. 47.

Das Grundgesetz der Bundesrepublik gebietet das Repräsentationsprinzip, sofern es in Art. 38, Abs. 1 heißt: »Die Abgeordneten des Deutschen Bundestages werden in allgemeiner, unmittelbarer, freier, gleicher und geheimer Wahl gewählt. Sie sind Vertreter des ganzen Volkes, an Aufträge und Weisungen nicht gebunden und nur ihrem Gewissen unterworfen.«

Zum Ausdruck kommt hier das Institut des nichtimperativen Mandats, wie es bereits in Edmund Burkes (1729–1797) Rede an die Bristoler Wähler formuliert wurde: »Das Parlament ist (die) beratende Versammlung der ganzen Nation, mit einem Interesse, nämlich dem des Ganzen, – eine Versammlung, die weder von lokalen Zielsetzungen, noch von lokalen Vorurteilen, sondern von dem aus der allgemeinen Vernunft des Ganzen resultierenden allgemeinen Wohl geleitet sein sollte.«[11] Hiermit bezeichnet Burke ein Prinzip des klassischen Parlamentarismus: das der Repräsentation. Es gehört zu den ältesten Legitimationsformen der Demokratie.

Die Kompromißstruktur des parlamentarischen Systems kommt im Gedanken der Repräsentation – der Stellvertretung des Volkswillens im Parlament – zum Ausdruck. Während die Ständeversammlung noch ein gebundenes, imperatives Mandat für ihre Interessenvertreter kannte, beruht der Parlamentarismus in der Moderne auf dem Gedanken der Unabhängigkeit der Mandatsträger von ihrem jeweiligen Interessenhintergrund und ihrer lokalen Wählerbasis. Da der Abgeordnete prinzipiell an Weisungen nicht gebunden ist, liegt die Repräsentation des Volkswillens in der parlamentarischen Versammlung selbst. Das Plenum soll ein verkleinertes Abbild des Volkes darstellen. Das Parlament hat demnach eine Integrationsfunktion für divergierende Interessen.

Die auf Gewaltenteilung in Legislative, Exekutive und Judikative beruhende parlamentarische Demokratie, wie sie in angelsächsischen Staaten vorherrscht, ist jedoch nur eine Spielform demokratischer Verfassungssysteme. Die davon völlig unterschiedliche direkte oder unmittelbare Demokratie ist nur in kleinen Staatsgebilden zu verwirklichen, zum Beispiel in Landgemeinden einiger Schweizer Kantone. Doch können auch im Rahmen repräsentativer Demokratien Elemente der direkten Demokratie eingebaut werden, etwa in der Form von Volksbegehren und Volksabstimmungen.

Mit »parteienstaatlicher Demokratie« – Gerhard Leibholz (1901–1982) – wird die politische Organisationsstruktur eines Verfassungsstaates bezeichnet, in dem die Parteien faktisch zu entscheidenden Trägern politischer Willensbildung geworden sind. Daneben sind es die Verbände und Interessengruppen, die Exekutive und deren Ausschüsse, die den Prozeß der Gesetzgebung mitbestimmen.

Der Begriff »parteienstaatliche Demokratie« besagt nicht etwa, politische Parteien seien die einzigen Träger der politischen Willensbildung in einem solchen Staatswesen, sondern eben nur: die faktisch dominierenden. Denn sie nominieren Kandidaten für Wahlen, organisieren Wahlkämpfe, sitzen im Parlament und bilden schließlich auch die Regierungen, die in parteienstaatlichen Demokratien durchwegs Parteiregierungen (entweder Mehrheits- oder Koalitionsregierungen) darstellen. Das Konzept des Parteienstaates bricht mit der in der deutschen Verfassungsgeschichte

11 Edmund Burke, Speech to Electors of Bristol, zitiert nach: Kurt Lenk/Franz Neumann (Hrsg.), Theorie und Soziologie der politischen Parteien, 2 Bde., Darmstadt-Neuwied 1974 (Neuausgabe), Bd. 1, S. 8.

ebenso beliebten wie irreführenden Alternative Volk contra Parteien. Diese ideologisch handhabbare Scheinalternative hat besonders deswegen in Deutschland Schule machen können, weil man in der monarchischen Zeit, vor der Gründung der ersten deutschen Republik, das vorrangige Ziel der nationalen Einheit stets durch die Herausbildung von Parteien gefährdet sah, ja im Prinzip der Parteienbildung selbst bereits einen »Verrat« an der nationalen Sache, an der Einheit des von der Krone repräsentierten Deutschen Reiches sehen wollte.

Irreführend ist die Gegenüberstellung Volk – Partei auch, weil es unter den Bedingungen einer parteienstaatlichen, pluralistischen Demokratie *das* Volk als handlungsfähige politische Einheit nicht gibt. Die wirkliche Alternative lautet nicht: Volk oder Parteien, sondern allenfalls: Mehrheitsparteiensystem oder diktatoriale Einheitspartei als angeblicher Ausdruck des »wahren« Volkswillens[12].

Das Parteienstaatskonzept geht aus von der Tatsache, daß die liberale Form der Repräsentation, wonach die Abgeordneten »Diener des ganzen Volkes« und nur ihrem Gewissen verantwortlich sein sollen, mittlerweile zur Fiktion geworden ist. Dies bedeutet keineswegs, daß dem Repräsentationsprinzip keinerlei Bedeutung mehr zukommt: Vielmehr besitzt die Berufung darauf unter anderem auch die Funktion, bei Dissens abweichende Voten von Minderheitsgruppen in den Fraktionen gegen die Allmacht der Partei- und Fraktionsführungsspitzen und die Ämterverfilzung der Parteioberen zu schützen (vor Sanktionen, Parteiausschluß, Ausschluß aus der Fraktion, Verlust des Mandats und ähnlichem mehr). Das Repräsentationsprinzip ist somit zu einer Art Schutzklausel geworden, um in den großen Parteien eine Gleichschaltung der Meinungen von oben zu verhindern, damit die Parteiräson nicht an die Stelle der früheren Staatsräson treten kann, deren Befolgung dann zum A und O für alle Parlamentarier werden könnte.

Bestand und Funktion des modernen Parteienstaates sind an zwei Grundvoraussetzungen gebunden:

1. Ein dynamisierter Staatsbegriff bringt zum Ausdruck, daß die Staatswillensbildung sich durch das Medium der Parteien hindurch, das heißt aus der Vermittlung des Partikularen heraus ergeben muß. Insofern sind die Parteien nicht gleichzusetzen mit Verbänden, da sie ihrer Funktion nach auf die Bildung der staatlich-politischen Einheit hin strukturiert sind. Sie haben eine Nähe zum Staat, sind mit ihm aber nicht identisch, da sie erst die Partikularinteressen in sich zu integrieren und damit in staatliches Handeln umzusetzen haben.
2. Aus dieser ersten Funktionsvoraussetzung des Parteienstaates folgt die Forderung nach innerparteilicher Demokratie. Oligarchiebildung in Parteiorganisationen ist keine schicksalhafte Notwendigkeit, wie Robert Michels (1876–1936) annahm, sondern eine wenn auch mühsam zu verändernde Barriere für politisches Handeln.

Mit diesem Demokratiemodell steht das Konzept der parteienstaatlichen Demokratie in Opposition zur Absolutsetzung der Repräsentation, wie sie früher von liberalen, heute eher von konservativen Politologen betrieben wurde und wird; ebenso aber beinhaltet die parteienstaatliche Demokratie eine grundsätzliche Absage an jede Form des Einparteienstaates. Hier berühren sich parteienstaatliches Demokratiemodell und Pluralismuskonzept.

---

12 Vgl. Gerhard Leibholz, Strukturprobleme der modernen Demokratie, Karlsruhe 1958, S. 76f.

3. Klassisches Demokratiemodell und »demokratische Methode«

In der Geschichte der Demokratietheorien bilden Jean-Jacques Rousseau (1712–1778) und Joseph A. Schumpeter (1883–1950) die beiden Pole. Die ihren Schriften zugrundeliegenden Modelle werden als »identitäre Demokratie« (Rousseau) einerseits und als »Konkurrenzmodell« (Schumpeter) andererseits bezeichnet. Schumpeter, ein bekannter Nationalökonom, hat sein Konzept in der amerikanischen Emigrationszeit entwickelt[13]. Es ist das Ergebnis seiner Auseinandersetzung mit der englischen und der amerikanischen Verfassungswirklichkeit, die ihn zu einer grundsätzlichen Kritik an der überkommenen kontinentaleuropäischen Lehre der Demokratie führte. Er kam zu dem Ergebnis, daß es sich in der politischen Praxis dieser Demokratien im wesentlichen um die am Vorbild des Marktes orientierte Austragung der Konkurrenz um die Führung im Staat handle, ein Konzept, an dem sich die Diskussion bis heute stets aufs Neue entzündet.

Jean-Jacques Rousseau war der erste, der den Staat als ein vom Willen beherrschtes Gebilde auffaßte. Seine Forderung nach Identität von Regierenden und Regierten hat den Sinn, eine Identität dieses Willens herzustellen: Das souveräne Volk verkörpert und konstituiert mit seinen Entscheidungen die *volonté générale* (den allgemeinen Willen oder Gemeinwillen). Indem es den hieraus abgeleiteten Gesetzen gehorcht, beugt es sich nicht einem fremden, sondern nur seinem eigenen Willen. Dies ist der Inbegriff der politischen Freiheit in der Demokratie. Die Formel von der Identität der Regierenden mit den Regierten besagt, daß der Wille des Volkes, wie er in Wahlen und Abstimmungen sich bekundet, für alle Bürger gleichermaßen bindend sein soll: also auch für die Regierenden. Deren Wille ist letztlich nur durch eine souveräne Volksentscheidung legitimiert, an die er so gebunden ist wie irgendein Bürger an das Gesetz.

Damit hat Rousseau die bloße Objekt-Beziehung der Untertanen zum Staat in eine Subjekt-Beziehung verwandelt. Die Glieder des souveränen Volkes sind freie und gleiche Bürger, keinem Zwang unterworfen außer dem, der sich aus ihrer gemeinsamen und autonomen Willensbildung ergibt und der, da er Ausfluß freier Entscheidungen ist, individuelle Freiheit nicht einschränken, sondern allererst garantieren soll. Hierin liegt das beschlossen, was man als das demokratische Prinzip im Sinne Rousseaus bezeichnen kann: die Grundannahme, daß alle politischen Entscheidungen im Staat als die Resultante aller Voten der Aktivbürger begriffen werden können, sofern sie als rechtmäßig gelten sollen.

Da die Formen politischer Herrschaft und daher auch die Institutionen des Staates in Demokratien aufgrund des Prinzips der Volkssouveränität als ein Ergebnis menschlicher Tätigkeit und des Zusammenhandelns der Bürger angesehen werden, erscheinen folgerichtig die Ergebnisse solchen Handelns stets auch als korrekturbedürftig. In vordemokratischen Gesellschaften hingegen griffen die Regierenden auf Steuerungsmittel der Zensur, der Unterdrückung der Meinungsfreiheit und jenes Zwanges zurück, gegen den demokratische Emanzipationsbewegungen sich seit je gerichtet haben.

---

13 Joseph A. Schumpeter, Capitalism, Socialism and Democracy, New York 1942; dt. Bern 1950.

Der Begriff politischer Teilhabe bei Rousseau ist demgegenüber der – gewiß auch problematische – Versuch, eine optimale politische Organisationsform der Gesellschaft zu konzipieren. So lautet Rousseaus entscheidendes Problem in seinem *Gesellschaftsvertrag:* »Wie findet man eine Gesellschaftsform, die mit der ganzen gemeinsamen Kraft die Personen und das Vermögen jedes Gesellschaftsgliedes verteidigt und schützt, und kraft derer jeder einzelne, obgleich er sich mit allen vereint, gleichwohl nur sich selbst gehorcht und so frei bleibt wie vorher?«[14]

Dieser Begriff der politischen Teilhabe ist verbunden mit der Vorstellung des mündigen Bürgers *(Citoyen),* der imstande ist, zusammen mit allen anderen die Angelegenheiten des Gemeinwesens zu regeln.

Egoistisches Beharren auf Sonderinteressen widerspricht dem Ziel der Selbsterhaltung des Staates zum Nutzen und Wohl der Gesamtheit der Bürger. Konsequent lehnt Rousseau Parteien ab, denn die *volonté générale* kann nur dann zum Ausdruck kommen, wenn jeder Bürger allein und unbeeinflußt für seine eigene Überzeugung eintritt. Geschieht dies, so besteht Hoffnung, daß sich aus der Gesamtheit aller individuellen Willen letztendlich die *volonté générale* als eine Art »kollektiver Instinkt« für das Richtige herausschält. Rousseau vertraut somit auf die läuternde Wirkung des Abstimmungsmechanismus. Er meint, daß sich durch die Addition der Stimmen die einander entgegengesetzten egoistischen Interessen der einzelnen aufheben könnten und als Resultante ein Gemeinwille übrigbleibe. Wenn Rousseau daher vom »Volk« spricht, so ist das nicht eine bloße Menge von Menschen, die in einem Staat lebt, sondern die Gemeinschaft der *Citoyen,* die in ihrer Gesamtheit letztlich – als ihr wohlverstandenes Eigeninteresse – das Gemeinwohl will.

Der Begriff politischer Teilhabe bedeutet demnach nicht nur die Kontrolle öffentlicher Gewalt, sondern auch Teilhabe an der politischen Herrschaft. Staat und Gesellschaft erscheinen daher auch nicht als zwei streng getrennte Bereiche, sondern die mündigen *Citoyens* schaffen sich eine Gesellschaftsordnung, in der alle als frei und gleich gelten. So paradox es klingen mag: Im Begriff der Demokratie, wie Rousseau ihn faßt, werden Staat und Gesellschaft gewissermaßen zu einer Einheit. Die Bürger sind zugleich »Regierende« und »Regierte«; sie sind Schöpfer des allgemeinen Willens und ihm zugleich auch untertan. Folglich lehnt die klassische Demokratiekonzeption Rousseaus den Gedanken der Repräsentation ab. Nur durch die unmittelbare Teilnahme aller an der Gesetzgebung sind nach ihrer Meinung Machtmißbrauch und Verfälschung des Gemeinwillens ausgeschlossen. Damit setzt die klassische Demokratiekonzeption die permanente und aktive Teilnahme ihrer Bürger voraus. Jeder einzelne als Mitglied des Gemeinwesens hat nicht nur ein Teilnahmerecht, sondern eine moralische Teilnahmepflicht.

Gemessen am klassischen Partizipationsmodell von Demokratie nimmt sich das in den meisten heutigen Staatsrechtslehren und auch in der öffentlichen Meinung verbreitete »realistische« Demokratieverständnis bescheiden aus: Es gleicht eher einem Treuhandmodell. Demzufolge ist es die Aufgabe der einmal gewählten Führung, das Gemeinwohl treuhänderisch zu verwalten, nach der Formel: Alles für das Volk, nichts durch das Volk. Mit Schumpeter heißt dies, daß es einen allgemein verbindlichen Volkswillen, wie Rousseau ihn postulierte, gar nicht geben kann.

---

14 Jean-Jacques Rousseau, Der Gesellschaftsvertrag, Stuttgart 1971, S. 17.

Schumpeter vollzog mit der Einführung seines »realistischen« und »empirischen« Demokratiebegriffs gleichsam eine »kopernikanische Wende« von einem utopischen, zukunftsbezogenen Projekt zu einem affirmativen Legitimationsmechanismus. Hatte die klassische Demokratiekonzeption noch eine Vorstellung von der plebiszitären Funktion von Wahlen, so bestreitet Schumpeter, daß das Volk überhaupt in der Lage sein könne, inhaltlich-politische Entscheidungen zu treffen. Er gelangt zu seiner eigenen Theorie auf dem Wege einer Infragestellung der klassischen Lehre von der Demokratie, wobei er sich an der Szenerie des Parteienwettstreits bei amerikanischen Präsidentschaftswahlen orientiert.

Schumpeters Interpretationsmodell politischer Realität läßt sich am besten veranschaulichen, wenn gefragt wird, welche Bedingungen vorliegen müssen, um das Funktionieren und den Bestand der politischen Wirklichkeit zu garantieren. Wie also sollen die Bürger sich verhalten, damit die von Schumpeter bezeichnete Regierungsform von Dauer sein kann? »Die Wähler außerhalb des Parlaments müssen die Arbeitsteiligkeit zwischen ihnen selbst und den von ihnen gewählten Politikern respektieren. Sie dürfen diesen zwischen den Wahlen nicht allzu leicht das Vertrauen entziehen und müssen einsehen, daß, wenn sie einmal jemanden gewählt haben, die politische Tätigkeit seine Sache ist und nicht die ihre.«[15]

Dieser Forderung lassen sich bereits wichtige Auskünfte über den Begriff des Politischen entnehmen, der der Demokratievorstellung Schumpeters zugrunde liegt. Politik und politisches Handeln sind ihr zufolge alleinige Angelegenheit der dafür vom Volk gewählten Personen. Ihnen allein ist politisches Handeln vorbehalten. Die Sache der Bürger ist es nur, im Wahlakt die für die Politik verantwortlichen Personen zu berufen und damit jene zu wählen, von denen sie regiert werden wollen. Haben sie dies getan, so sind sie aus der arbeitsteilig von der Gesellschaft abgehobenen Sphäre der Politik entlassen. Ihre Aufgabe besteht dann nur mehr darin, aus der Einsicht, daß es nicht ihre Sache ist, politisch tätig zu sein, die praktische Konsequenz zu ziehen, also eine Haltung vertrauensvollen Respekts gegenüber den führenden Repräsentanten einzunehmen. Eine über die Teilnahme am Wahlakt hinausgehende politische Aktivität seitens der Bürger, soweit sie sich nicht in der Mitgliedschaft in Parteien, Verbänden oder Vereinigungen erschöpft, wäre demzufolge bloß eine Störung des von dieser Demokratievorstellung her gebotenen, auf strenge Arbeitsteilung bedachten Verhaltens von Wählern und Politikern.

Was in der klassischen Demokratietheorie nur als technische Lösung galt – die Delegation von Vertretern –, wird der »realistischen« Demokratietheorie zufolge zu einem Eigenrecht der Mandatsträger ihren Mandanten gegenüber. Parlamente, in die die Repräsentanten einmal gewählt wurden, haben durchaus ein Eigengewicht gegenüber den oft wechselnden Stimmungen des Volkes. Um dieses gleichsam vor sich selbst zu schützen, bedarf es in der »realistischen« Demokratietheorie einer klaren Arbeitsteilung zwischen Wählern und Gewählten: Sind diese da, um zu regieren, so jene, um personalplebiszitär darüber zu entscheiden, welchen Führern sie ihr Vertrauen schenken wollen. Hat dieser Akt der Bestellung von Führern einmal stattgefunden, soll der »Souverän« Volk schweigen, da andernfalls die Regierenden bei ihrer Arbeit gestört werden.

---

15 J. A. Schumpeter, Kapitalismus, Sozialismus und Demokratie (Anm. 13), S. 468 (zitiert nach der dt. Ausgabe).

Das Konzept der klassischen Demokratie hingegen steht und fällt mit der Forderung nach optimaler Partizipation seitens gleichberechtigter Bürger. Eben diese Forderung aber ist jenen verdächtig, die in der Stabilität und im reibungslosen Ablauf der Regierungsgeschäfte, also im Prinzip der Effizienz, die oberste Maxime des Politischen erblicken. Gegen das Postulat einer optimalen Beteiligung möglichst aller Bürger werden vor allem zwei Gesichtspunkte ins Feld geführt:
1. die Tatsache der Diskrepanz zwischen Zahl und Komplexität politischer Entscheidungen und den schon psychophysisch bedingten Grenzen der Informationsaufnahme und -verarbeitung beim einzelnen Bürger sowie
2. die Unvereinbarkeit eines permanenten politischen Interesses mit anderen relevanten Individualinteressen; die Tatsache also, daß stets nur eine Minorität sich aus freien Stücken für politische Angelegenheiten interessiert und daß selbst bei dieser Minorität die politischen Interessen mit anderen, außerpolitischen konkurrieren.

Der Vorwurf eines zwangsläufig unrealisierbaren Konzepts ist denn auch der Haupteinwand gegen jedwede der klassischen Demokratietheorie verpflichtete Konzeption, die von einer möglichen Identität von Regierenden und Regierten ausgeht.

Der politische Konkurrenzkampf als wesentliches Merkmal der demokratischen Methode Schumpeters erlaubt es, sie als eine ins Politische übertragene, an liberalen marktwirtschaftlichen Vorstellungen orientierte Theorie zu begreifen, wobei dieser Markt auch seine Anbieter (die Politiker) und seine Konsumenten (die Wähler) kennt. Politischer Konkurrenzkampf nach demokratischer Methode ist in dieser Sicht hauptsächlich ein Kampf der Politiker um Wählerstimmen.

Für die Tätigkeit der politischen Parteien und die politischen Teams gelten ähnliche Gesetzmäßigkeiten wie für die Orientierung von Produzenten am ökonomischen Markt. Sie erforschen mutmaßliche Wählerwünsche, die sie, wenigstens dem Schein nach, ansprechen und in ihrer politischen Praxis zu erfüllen suchen. Das Abstimmungsverhalten der Wähler entspricht nach diesem Verständnis dem Auswahlverhalten der Kunden beim Kauf von Konsumartikeln. Beide werden von Werbeagenturen bedient und treffen ihre Entscheidungen aufgrund überwiegend »irrationaler« Motive. Hier wie dort werden Argumente durch Symbole und Reizworte ersetzt. Sie werden verkauft und an den Mann gebracht. Die miteinander konkurrierenden Politiker suchen dem passiven, aufs Konsumieren eingestellten Wähler ihre Position mit Hilfe moderner Reklametechnik nahezubringen. Allmählich formt die Bedürfnisstruktur des Wählers sich nach den Maßstäben des Angebots wie die Wünsche des Konsumenten nach den Offerten des Marktes. Die Entscheidung der Wähler, »die ideologisch zur ›Berufung durch das Volk‹ verklärt wird, fließt nicht aus ihrer eigenen Initiative, sondern wird geformt, und diese Formung ist ein wesentlicher Teil des demokratischen Prozesses ... In allen normalen Fällen liegt die Initiative beim Kandidaten.«[16]

Die Sorge Schumpeters gilt nicht etwa der von ihm konstatierten Apathie und mangelnden Informiertheit der Bürger im Staat, sondern in erster Linie dem Zustandekommen einer stabilen Regierung, die – von politischen Initiativen der Bürger unbehelligt – zum Wohl der Allgemeinheit ihre Entscheidungen zu treffen habe. Da das Volk beziehungsweise dessen Mehrheit nicht zur Herrschaft befähigt sei, müsse

16 Ebd., S. 449.

die Vorstellung, Demokratie sei Regierung durch das Volk, durch die realistischere Formel: Demokratie sei »die vom Volk gebilligte Regierung«[17] ersetzt werden. Daß dies die dem Volk gemäße Form des politischen Verhaltens ist, folgert Schumpeter sowohl aus massenpsychologischen Annahmen als auch aus der gewöhnlich affektbesetzten Form des Argumentierens im politischen Bereich.

Auf eine kurze Formel gebracht, besagt Demokratie für Schumpeter nichts anderes als den Wettkampf verschiedener Eliten um die Macht im Staate. Parteien sind denn auch Gruppen, »deren Mitglieder willens sind, im Konkurrenzkampf um die politische Macht in Übereinstimmung miteinander zu handeln«[18], wobei die Betonung auf »in Übereinstimmung miteinander« liegt. Sie fungieren als Muttergruppen, auf deren ideologische und faktische »Hausmacht« sich die Eliten bei ihrem Kampf um die Macht stützen. Allerdings ist dieser Machtkampf nicht ein Einander-Ausschalten-Wollen, sondern primär ein Spiel mit bestimmten, für die Kontrahenten verbindlichen Regeln. Schumpeters Demokratietheorie ist demnach, was ihren materiellen Gehalt betrifft, Theorie demokratischer Elitenherrschaft, nicht aber irgendeine inhaltliche Bestimmung von Demokratie. Denn mit der Ersetzung des Begriffs »Demokratie« durch den Ausdruck »demokratische Methode« ist mehr gemeint als eine neue Bezeichnung. Sie impliziert die Absage an jede Vorstellung, wonach Demokratie ein inhaltliches Ziel mit angebbaren normativen Inhalten sein könne. Durch die Auflösung des Demokratiebegriffs in eine Methode einerseits und in einen Prozeß des Miteinander-Konkurrierens andererseits wird eine materiale Bestimmung dessen, was man als demokratisch bezeichnen könnte, von vornherein ausgeschlossen. Demokratie wird damit zu einem Verfahren der Führerauswahl.

Die Popularität dieses Modells von Demokratie beruht vor allem darauf, daß es sich als ein wertfreies, analytisch-deskriptives anbietet – im Gegensatz zum klassischen Demokratietheorem, dem man ein rationalistisches Menschenbild und Utopismus nachsagt. Zudem hat Schumpeters Modell den Vorzug, auf Anhieb einleuchtend zu sein. Es ist, so könnte man sagen, allein der ›gesunde‹ Menschenverstand, der sich hier ausdrückt: wirklichkeitsnah, illusionslos und strikt bezogen auf das, was im politischen Leben tatsächlich der Fall zu sein scheint. Doch hat auch »demokratische Elitenherrschaft« ihren Preis. Er ergibt sich aus einer ohnedies beobachtbaren Motivationsschwäche der Bürger, die in völligem Utopieverlust und einer allgemeinen politischen Perspektivlosigkeit enden kann.

3.1 Demokratische Elitenherrschaft

Der »realistischen« Demokratietheorie liegt eine Vorstellung von Gesellschaft zugrunde, die auf der Annahme einer unaufhebbaren strukturellen Gegensätzlichkeit von politikinkompetenten Massen und verantwortlichen Eliten beruht. Denn an der Skepsis hinsichtlich der Möglichkeit demokratischer Willensbildung unter den Bedingungen moderner Massendemokratie knüpfen die zeitgenössischen Theoretiker der »demokratischen Elitenherrschaft« (Seymour Martin Lipset, Ralf Dahrendorf und andere) an. Bei ihnen allen wird demokratisch »nicht länger durch den Inhalt einer

---

17 Ebd., S. 390.
18 Ebd., S. 449f.

Lebensform bestimmt, welche die verallgemeinerungsfähigen Interessen aller einzelnen zur Geltung bringt; sie gilt nur noch als Methode der Auswahl von Führern und Führungsgarnituren ... Sie meint jetzt nur noch einen Verteilerschlüssel für systemkonforme Entschädigungen, also einen Regulator für die Befriedigung von Privatinteressen ...Politische Gleichheit bedeutet nur mehr das formelle Recht auf den chancengleichen Zugang zur Macht, das heißt ›gleiche Wählbarkeit der Machtpositionen‹.«[19]

Die Ursprünge der »realistischen« Demokratietheorie finden sich bereits in den Schriften der Italiener Gaetano Mosca (1858–1941) und Vilfredo Pareto (1848–1923). Sie begründeten eine neue Elitentheorie der Herrschaft, an die später der Deutsch-Italiener Robert Michels (1876–1936) und der eigentliche Begründer einer »realistischen« Demokratietheorie, Joseph A. Schumpeter, anknüpfen konnten. Den genannten Autoren gemeinsam ist eine Tendenz zur Rückbildung der klassischen Theorie der Demokratie, wie sie auf dem europäischen Kontinent erstmals Jean-Jacques Rousseau in utopischer Form entwickelt hatte[20].

Pareto unternimmt den Versuch, auf der Grundlage naturwissenschaftlicher Methodik eine Theorie des sozialen und politischen Handelns zu entwickeln, wobei es ihm vor allem auf eine empirisch haltbare Systematik zur Erklärung des alogischen sozialen Verhaltens der Individuen ankommt. Berühmt geworden ist sein Theorem von der »Zirkulation der Eliten«.

Pareto stimmt Moscas Vorstellung zu, daß sich die Menschen zu allen Zeiten und in allen Gesellschaften in zwei Schichten aufteilen lassen: in eine zahlenmäßig große Unterschicht und in eine kleine, aber politisch mächtige Oberschicht. Diese wiederum unterteile sich in eine regierende und eine nichtregierende Elite. Die Theorie vom Elitenkreislauf bezeichnet das Phänomen, daß Struktur und Zusammensetzung der jeweils herrschenden Schicht der »politischen Klasse« in einem steten Wandel begriffen sind. Da die Energie und Tatkraft der aristokratischen Oberschicht periodisch abnehme, werde es nötig, daß einzelne Mitglieder aus den Unterschichten zur herrschenden Klasse aufsteigen. In der Regel gehe ein solcher Kreislauf der Eliten langsam vor sich, so daß keine erheblichen Störungen im Gleichgewicht der Gesellschaft entstehen. Sobald aber die Oberschichten sich nicht mehr in genügendem Maße aus Individuen rekrutieren, die notfalls zur Gewaltanwendung und zur Behauptung ihrer politischen Macht entschlossen sind, könne es geschehen, daß die aufstrebenden Unterschichten von sich aus neue Eliten hervorbringen. In diesem Falle sind Pareto zufolge die Bedingungen für das Entstehen von Revolutionen gegeben. Doch auch bei diesen Erhebungen bestätige sich das Gesetz, daß stets nur wenige die Massen leiten. So stelle sich nach revolutionären Bewegungen der alte Dualismus zwischen Eliten und Massen regelmäßig wieder her, da allein jene über die nötigen Fähigkeiten verfügten, um politische Herrschaft behaupten zu können, während diese zum Gehorchen geboren seien.

Im Anschluß an diese Elitenkonzeption Moscas und Paretos hat Robert Michels im Jahre 1911 eine ausführliche parteiensoziologische Analyse vorgelegt[21]. Im Mittel-

19 Jürgen Habermas, Legitimationsprobleme im Spätkapitalismus, Frankfurt/M. 1973, S. 169f.
20 Vgl. hierzu vor allem Gaetano Mosca, Die herrschende Klasse, Bern 1950; Vilfredo Pareto, System der allgemeinen Soziologie, Stuttgart 1962.
21 Robert Michels, Zur Soziologie des Parteiwesens in der modernen Demokratie, Stuttgart 1957[2].

punkt steht das Problem des Verhältnisses von Führern und Funktionären einer Massenpartei zur Mitgliedschaft. Das Beispiel der deutschen und italienischen Sozialdemokratie sollte das Dilemma dieser Großorganisationen erweisen. Es besteht Michels zufolge darin, daß ihre demokratischen Zielsetzungen mit ihrem straffen, bürokratischen Aufbau der inneren Parteistruktur notwendig in Widerspruch geraten müssen. Sein »ehernes Gesetz der Oligarchie« besagt, daß in Großorganisationen wie modernen Massenparteien sich allmählich eine Tendenz zur Verselbständigung der Führer gegenüber den Geführten ergibt, die unumkehrbar sei. Weder hätten die Mitglieder die Voraussetzungen für eine wirkungsvolle Kontrolle ihrer Führer, noch seien sie in ihrer Mehrzahl willens, daran etwas zu ändern – schon deshalb nicht, weil die Mehrheit der Geführten in einer Großorganisation dieser die nämliche Gleichgültigkeit entgegenbringe wie der durchschnittliche Wähler den Parlamenten. So verwandelt sich die Vertretungsfunktion der Führer in eine Herrschaft der Delegierten über die Delegierenden. Auch in den modernen Massenparteien üben berufmäßige Politiker eine Herrschaft aus, die zur Erstarrung der Parteieliten führen müsse.

Die Verabsolutierung dieser These von der notwendigen Oligarchiebildung und ihre Verwechslung mit einem »ehernen« Geschichtsgesetz führten zu der Auffassung, daß Demokratie überhaupt eine unrealisierbare Wunschvorstellung sei, zumal dann, wenn im Hintergrund dieser Analyse die anspruchsvolle Vorstellung von Demokratie als einer Herrschaft des Volkes steht. Wird diese – wie dies bei Michels der Fall ist – zum einzigen Kriterium des Demokratiebegriffs, so schlägt die darin enthaltene kritische Intention in zynische Skepsis um. In der Tat zeigt der Übergang Michels' – wie übrigens auch Paretos – zum italienischen Faschismus Benito Mussolinis die möglichen Konsequenzen einer solchen Resignation.

Die zu Beginn unseres Jahrhunderts entstehenden soziologischen Elitentheorien zeugen auch von der Furcht bürgerlicher Schichten vor der heraufziehenden »Massengesellschaft«. Angesichts des Niedergangs tradierter Werte und der Erschütterung der bürgerlichen Ordnung durch sozialistische Bewegungen und imperialistische Kriege schien es den Fürsprechern der Eliten geboten, die Entscheidungsgewalt auf wenige, »besonders fähige« Individuen zu übertragen. Aus historisch-soziologischer Sicht sind die Elitentheorien daher nicht etwa ein Relikt der aristokratisch-höfischen Kultur- und Denkweise, sondern eine ideologische Antwort auf drohende soziale Umwälzungen im Gefolge der Industrialisierung. Die Rede von Eliten setzt voraus, daß in einer Gesellschaft soziale Mobilität herrscht. Dieses dynamische Moment unterscheidet »Elite« vom statischen Begriff der »Aristokratie«. In einer Zeit, in der es keine durch Tradition verbürgten und allgemein verbindlichen Bezugssysteme mehr gibt, wird um so eifriger nach neuen Orientierungen gesucht, die an die Stelle der durch den sozialen Wandel gefährdeten treten sollen. In ein solches Selbstdeutungssystem westlicher Industriegesellschaften ist die Elitentheorie eingebettet. So soll die heutige Gesellschaft vor allem »dynamisch« sein, geprägt von den Spielregeln freier Konkurrenz, in der ein jeder gemäß seinen Fähigkeiten und Leistungen zum sozialen Aufstieg zugelassen sei. Die grundlegenden Eigenschaften einer solchen Elite in einer Leistungsgesellschaft sind demgemäß Offenheit, Wendigkeit und Anpassungsbereitschaft – Qualifikationen, die dazu geeignet sind, die erwünschten, marktgängigen Leistungen zu erbringen.

Im Gegensatz zum ursprünglich kritischen Impetus des Klassenbegriffs ist der Elitenbegriff von vornherein so konzipiert, daß die Träger von Elitemerkmalen sich in ihren Positionen gerechtfertigt sehen dürfen. Denn sie verdanken dem Elitekonzept zufolge ihre Stellung einem Prozeß der »gerechten Auslese«, einem Verfahren, das aufgrund bestimmter Qualifikationen hervorgehobene und herausragende Spitzenpositionen bewertet und nach einem bestimmten Verteilungssystem »besetzt« hat. Insofern besitzt der Elitenbegriff – im Vergleich zu dem der Klasse – ein affirmatives Moment, das bestehende Privilegien festschreibt.

Hatte der Klassenbegriff eine dynamisch-revolutionäre Gesellschaft im Auge, so zielt der Begriff der Elite eher auf einen stationären Zustand – hierin nicht unähnlich dem der »Schicht«. Der herrschaftskritische Grundzug des Klassenbegriffs ist im Elitenkonzept weitgehend verschwunden; an seine Stelle tritt die positive Würdigung der Herrschaftsordnung einer elitär geführten Gesellschaft.

In der Elitendiskussion wird häufig zwischen Macht-, Wert- und Funktionseliten unterschieden. *Machteliten* bezeichnen mehr oder minder geschlossene Gruppen mit spezifisch geistigen, sozialen und politischen Qualitäten; ferner privilegierte Schichten, die von den »Massen« toleriert oder akzeptiert werden. *Werteliten* werden meist als jene schöpferische Minderheit begriffen, die nicht über besondere Machtmittel verfügt, sondern an bestimmten Werten teilhat. Sie sollen die Gefahr einer Omnipotenz von Machteliten bannen. Im politischen Bereich ist es die Vorstellung von der Herrschaft der Besten (Sachverständigsten, Kompetentesten), die sich beim Begriff der Wertelite einstellt. Er besitzt sonach auch eine durchaus utopische Dimension im Sinne des Imperativs: Die »Besten« sollten auch die »Herrschenden« sein[22].

Die Theorie der *Funktionseliten* basiert auf einer dem Anspruch nach wertfreien Analyse. Sie will die Eliten im Blick auf empirisch feststellbare Funktionen für die und in der Gesellschaft bewerten. Elite in diesem gleichsam neutralen Sinne bezeichnet funktional und positionell abgrenzbare Führungsgruppen des politischen Systems. Funktionseliten sind »offene« Eliten; der Zugang zu ihnen ist prinzipiell frei für alle, die sich durch entsprechende Qualifikationen auszeichnen, welche für die jeweilige Elitenzugehörigkeit gefordert sind.

Das Konzept der Funktionseliten behauptet somit eine wertfreie und empirisch überprüfbare Bestimmung von Funktionen in demokratischen Gesellschaften und arbeitet deshalb mit dem Postulat der Pluralität miteinander konkurrierender Eliten. Diese sind mehr oder weniger offene soziale und politische Einflußgruppen, deren Hauptrolle in ihrer Mittlerstellung zwischen Führung und Volk liegt. Ihre spezifische Aktivität zeigt sich vor allem in der Initiierung und Artikulation von Interessen im Prozeß politischer Willensbildung. Funktionseliten kommt primär die Aufgabe zu, durch den Ausgleich heterogener Gruppeninteressen zur sozialen Integration beizutragen.

Mit diesem Konzept verbindet sich ein Demokratiebegriff, demzufolge Demokratie als eine Herrschaftsform im Auftrag des Volkes gilt, eine Form der politischen Willensbildung also, die unter heutigen Bedingungen des Großflächenstaates nur als Repräsentativsystem möglich ist. Als Funktionseliten gelten etwa Regierungsgremien, führende Fraktionsgruppen der Parlamente, Gruppen der höheren Ministerialbürokratie, Spitzenpositionen der Provinzialverwaltung, Führungs- und Einflußgruppen in den Gewerkschaften sowie jene Funktionäre und Sprecher von Vereinigungen,

---

22 Vgl. hierzu Kurt Lenk, Politische Soziologie, Stuttgart-Berlin-Köln-Mainz 1982, S. 52ff.

die Einfluß auf das politische Geschehen haben. Funktionseliten sind somit Einflußgruppen, deren es in einer Demokratie bedarf, um den Prozeß der politischen Willensbildung in Gang zu halten. Ihre Isolierung gegenüber der Mehrheit der Bevölkerung ist allein durch eine ständige Konkurrenz unter den verschiedenen Einflußgruppen zu vermeiden. Hauptaufgabe der Funktionseliten ist es, die verschieden gearteten Bedürfnisse und Interessen in einer offenen Gesellschaft zu artikulieren, um so durch einen fortwährenden Prozeß der Gruppenkonkurrenz den politischen Willen der Gesellschaft zu repräsentieren.

Der Topos »demokratische Elitenherrschaft« ist mittlerweile besonders in der amerikanischen Politikwissenschaft zur Zauberformel jener Demokratietheoretiker geworden, die Demokratie als Balanceakt zwischen Konsens und Konflikt verstehen wollen. Demokratie ist diesen Autoren zufolge ein Ergebnis der von Karl Mannheim (1893–1947) so genannten »Fundamentaldemokratisierung«, das heißt einer Einebnung früherer schichtenspezifischer Hierarchien und des Verschwindens der sie tragenden kulturellen und politischen Eliten. Demokratie bedeutet zugleich auch fortschreitende Urbanisierung und Modernisierung, die Nivellierung des früheren Gegensatzes von Stadt und Land, sodann das allmähliche Verschwinden des Analphabetismus und die Etablierung von Bildung als Bürgerrecht. Hieß Demokratie dem bürgerlichen Selbstverständnis zufolge einmal Emanzipation von Elend, Not, Unterdrückung und bedeutete sie Kampf gegen jede nicht mehr legitimierbare Regierung, so wird sie den Theoretikern demokratischer Elitenherrschaft zu einem fortwährenden Risiko zwischen Vermassung und Kulturverfall.

Begreift man mit der klassischen Konzeption Demokratie als Ausübung politischer Herrschaft durch das Volk selbst, so läßt sich der Weg zu einer solchen Demokratie als ein Prozeß beschreiben, in dessen Verlauf die Möglichkeit zur politischen Einflußnahme auf immer mehr Bevölkerungsgruppen ausgedehnt wird. Gelten hingegen Eliten – regierende Minderheiten – als unerläßliche Handlungssubjekte, so steht dies im Gegensatz zur Vorstellung der Demokratie als einer Mehrheitsherrschaft. Ferner widerstreitet die in den Elitentheorien angelegte Betonung der notwendigen Ungleichheit – ungeachtet der Frage, worauf diese beruht – der demokratischen Idee einer prinzipiellen Rechtsgleichheit der Individuen. Dies ist vor allem dann der Fall, wenn die Regierung von Minderheiten auf deren angeblich überlegene Natureigenschaften zurückgeführt wird.

Das Konzept der Demokratie als einer Herrschaft durch das Volk im Sinne einer Mehrheitsherrschaft bleibt in der Optik der Elitentheorien eine uneinlösbare Utopie. Von der Prämisse her, daß es in jeder Gesellschaft eine Minderheit gibt und daher auch geben müsse, die herrscht, führt der Weg zu einer Umformulierung des Demokratiekonzepts: Es wird zu einer Elitenherrschaft im Plural. In Analogie zur Vorstellung einer liberalen Wirtschaftsordnung als eines freien Spiels der Kräfte wird Demokratie bestimmt als das Resultat der Interessendurchsetzung durch Eliten, so etwa in der von Otto Stammer (1900–1978) entwickelten Vorstellung miteinander konkurrierender Funktionseliten.

Aus der faktischen Unmöglichkeit, daß in modernen, arbeitsteilig organisierten Großflächenstaaten die Mehrheit des Volkes selbst die für sie wichtigen politischen Entscheidungen treffen kann, wird die Tugend der Herrschaft einander kontrollierender und sich in den politischen Ämtern ablösender Eliten. Demokratie bedeutet sonach »lediglich, daß das Volk die Möglichkeit hat, die Männer, die es beherrschen sollen, zu akzeptieren oder abzulehnen«[23]. Politische Herrschaft dient in diesem Konzept wesentlich dem Schutz der privaten Freiheiten der Bürger. So erweist sich als die entscheidende Frage die nach der Vereinbarkeit von Stabilität und Offenheit des politischen Systems.

Es ist kaum zu leugnen, daß die treibenden Kräfte auf den verschiedenen Stufen der politischen Willensbildung auch in demokratisch verfaßten Gesellschaften aktive Minderheiten sind. Diese Einsicht ist jedoch noch kein zwingender Grund für die Annahme einer Elitentheorie. Es ist vielmehr zu fragen, worauf die Tatsache der Begrenzung politischer Aktivität auf Minderheiten zurückgeht. Bei der Suche nach Antworten stößt man zwangsläufig auf die für die überwiegende Mehrheit der Bevölkerung gegebene Abhängigkeit in unselbständiger Arbeit mit ihren Konsequenzen für das Verhalten – auch zum Bereich des Politischen. Die als arbeitsfreie Zeit verbleibende »Freizeit« erscheint zunehmend besetzt durch die Standards des Konsums, wobei die »Nachfrage« nach Politik eine relativ geringe Rolle spielt. In einem vom Konsumverhalten bestimmten Milieu ist der von empirischen Forschungen immer wieder bestätigte Durchschnittstyp des politisch Apathischen dem »Normalverhalten« weit entsprechender als irgendwelche Formen politischen Engagements.

Es besteht eine Affinität zwischen elitentheoretischen Interpretationen heutiger westlicher politischer Systeme und der Betonung des Gedankens der Repräsentation: Wo die verschiedenen gesellschaftlichen Schichten und Gruppierungen durch Eliten repräsentiert werden, bildet sich die politische Repräsentation durch die in Wahlen vollzogene Konstitution parlamentarischer Organe, die gleichermaßen das Volk in seiner Gesamtheit darstellen sollen. Der Trennung von Volk (= Wahlkörper) und Parlament als Repräsentativorgan entspricht jene von Masse und Elite.

Die damit bezeichnete Nähe zwischen Elitentheorie und parlamentarischer Repräsentation gilt keineswegs für den Parlamentarismus als solchen, wohl aber für eine bestimmte Variante seiner Interpretation. Man könnte ihre Grundabsicht in der Domestizierung der Demokratie durch die Verselbständigung und Verabsolutierung des Repräsentativorgans Parlament sehen. Begründet wird diese Absicht durch den Hinweis auf die Undurchführbarkeit des Demokratieprinzips, wie es sich im Postulat der Souveränität des Volkes darstellt. Die behauptete Undurchführbarkeit wird hier nicht als eine vorwiegend technisch bedingte begriffen, sondern aus den utopischen Postulaten der Selbstbestimmung und Autonomie des Volkes selbst gefolgert: Da sie vom Status quo her als irreale und damit notwendig utopisch erscheinende Ziele gelten, werden sie preisgegeben.

Der kritische Stachel der demokratischen Forderung nach Selbstbestimmung des Volkes wird im elitentheoretischen Demokratieverständnis neutralisiert. Demokratie kann gezähmt werden, indem sie auf die periodisch hergestellte freie Zustimmung der Bevölkerungsmehrheit zu einer regierenden Partei – oder Koalition – beschränkt bleibt und durch Gewaltenteilung (vertikale wie horizontale) in Schranken gehalten wird. Demokratie wird somit nicht mehr als ein Verfassungsauftrag, sondern als ein Gefüge von Institutionen und Verfahrensregeln definiert, deren Stabilität und Funktionsfähigkeit im Vordergrund des Interesses stehen. Demokratie als Erziehungsauftrag wird abgelöst durch Effizienzkriterien bei der Lösung anstehender politischer

---

23 J. A. Schumpeter, Kapitalismus, Sozialismus und Demokratie (Anm. 13), S. 452.

Probleme. Dieser Vorgang der Transformation der Frage nach Demokratisierung geschieht in der Regel unter dem Stichwort der »Regierbarkeit« moderner Massendemokratien[24].

Soll Demokratie nicht auf einen funktionalistischen Systembegriff reduziert werden, so bedarf es neben der Gewaltenteilung vor allem einer institutionell wirksamen Machtkontrolle von seiten informierter und an den Vorgängen des politischen Lebens interessierter Bürger. Die Kompetenzen und Qualifikationen für eine derartige Machtkontrolle entstehen jedoch nicht von selbst; vielmehr ist ihr Zustandekommen an die Herausbildung einer politischen Kultur sowie an eine wachsame und kritische Öffentlichkeit geknüpft.

Gerade die jüngsten Ereignisse in den östlichen Nachbarstaaten der Bundesrepublik lehren, daß Demokratisierungsprozesse aktiver Bürger bedürfen, die sich als Sprecher qualifizierter Mehrheiten oder Minderheiten betätigen, um die Lebensverhältnisse der Bürger zum Besseren zu verändern.

Es kann kein Zweifel daran bestehen, daß die pluralistischen Demokratien schon von ihrer Idee und Konzeption her den Freiheitsraum ihrer Bürger und deren Grundrechte besser als alle früheren Staats- und Regierungsformen zu schützen in der Lage sind. Gleichwohl besteht auch hier nach wie vor die Gefahr der Verselbständigung von Machteliten, die sich demokratischer Kontrolle entziehen. Die Kritik derartiger Verselbständigungstendenzen, die bis zur Usurpation öffentlicher Ämter und Funktionen reichen können, gehört mit zu den Aufgaben einer Politikwissenschaft als einer kritischen Sozialwissenschaft.

Bereits in den fünfziger und sechziger Jahren hat sich in den USA eine Kritik an den dortigen Machteliten entwickelt, die vor allem von C. Wright Mills (1916–1962) inspiriert worden ist.

In seiner Analyse der amerikanischen Herrschaftsstrukturen kommt C. Wright Mills zu einem nach wie vor aktuellen Ergebnis: An der Spitze der amerikanischen Gesellschaft, so lautet der Befund, habe eine dreisträngige Elitenkoalition die entscheidenden Machtpositionen inne. Dazu gehören:

1. Der Wirtschaftsapparat, das heißt das Management der Großunternehmen, die meist administrativ und politisch eng miteinander verbunden sind. Im 19. Jahrhundert begnügten sich die Kapitaleigner noch damit, die Politik auf ihre für sie günstigeren Entscheidungen hin zu kontrollieren. Die unmittelbare Befehlsgewalt aber überließen sie den Berufspolitikern. Spätestens seit der Epoche des New Deal jedoch sind die mächtigsten Wirtschaftsführer und Finanzgewaltigen in immer engere Fühlungnahme mit den staatlichen Behörden getreten und haben häufig auch selbst zeitweilig Staatsämter übernommen. So waren etwa während der ersten Eisenhower-Regierung (ab 1952) mehr als die Hälfte der 53 höchsten Staatsämter mit Männern besetzt, die finanziell und beruflich mit großen Wirtschaftskonzernen verbunden waren;
2. der politische Apparat, der früher noch aus einigen Dutzend Einzelstaaten mit einer relativ schwachen Bundeszentrale bestand, ist allmählich zu einer mächtigen Exekutive geworden, die längst auch entscheidende gesetzgeberische Vollmachten an sich gerissen hat. Der Zweite Weltkrieg führte notwendig zu einer Stärkung dieses

---

24 Vgl. hierzu Wilhelm Hennis/Peter Graf Kielmansegg/Ulrich Matz (Hrsg.), Regierbarkeit, 2 Bde., Stuttgart 1977.

»politischen Direktorats«, das aus dem Präsidenten, seinem engeren Mitarbeiterstab, den Ministern und Leitern wichtiger Fachämter, den Staats- und Unterstaatssekretären und den wachsenden Bürokratien besteht;

3. die Armee – inzwischen der mächtigste Teil der staatlichen Administration – ist schon aufgrund ihrer straffen Organisation zu einem führenden Platz im Triumvirat der amerikanischen Machteliten prädisponiert.

Diese drei Gruppen der Machteliten – die Generaldirektoren der großen Unternehmen, die politischen Büros der Exekutive und die hohen Militärs – sind heute zu einem engen, einander ergänzenden und aufeinander angewiesenen Machtkartell verschmolzen, das dazu übergehen konnte, sich von der mittleren Ebene der Machtpyramide – dem Kongreß, den Gouverneuren der Einzelstaaten und den mittleren Sektoren der Wirtschaft – weitgehend abzulösen und fast autonom zu dirigieren.

Die Entwicklung dieser Machtelite wurde durch folgende Faktoren begünstigt:

1. durch die Verdrängung der Berufspolitiker in den beiden großen Parteien auf die mittlere Machtebene;
2. durch das Fehlen eines Berufsbeamtentums, das aufgrund seines Eigengewichts zumindest theoretisch einen Widerpart zur Machtelite darstellen könnte;
3. durch die zunehmende Geheimhaltung, die die wichtigsten Entscheidungen – etwa über Krieg und Frieden – einer Diskussion in der Öffentlichkeit, sogar im Kongreß entzieht.

Diese und andere Faktoren haben dazu geführt, daß sich die Männer der Wirtschaft, der Politik und des Militärs zu einer übergreifenden Macht-Elite zusammenfinden konnten. Die beliebte Konzeption einer pluralistisch organisierten »Gleichgewichtsgesellschaft«, die etwa der von David Riesman (1909) verfochtenen »Veto-Gruppentheorie« entspricht, kann Mills zufolge nur auf die mittlere Machtebene angewandt werden. Selbst dort wird das behauptete plurale Gleichgewicht oftmals zu einem Spiel regional begrenzter Kräfte. So stellte Mills in einer statistischen Untersuchung fest, daß die Mitglieder des Kongresses mehrheitlich dem gehobenen Mittelstand zuzurechnen sind. Sie bilden eine Art Mittelschicht im amerikanischen Machtsystem. Ihre Interessen bewegen sich meist im Rahmen einer lokalen Perspektive, die keine Transformierung auf die nationale Ebene zuläßt.

Obgleich der Elitenbegriff Mills' dem der »herrschenden Klasse« (im Sinne Moscas) nahekommt, zieht er doch den Begriff der Machtelite vor. Damit verfügt er über einen Oberbegriff für all jene Gruppen, die wirksam politische Macht ausüben, gleichgültig, wie sie in deren Besitz gekommen sind. Der faktisch dominierenden Rolle des Militärs im Verbund mit der politischen Administration entspricht eine Kategorie, die den unmittelbaren ökonomischen Determinismus von Machtstellung und Verfügung über Kapital zugunsten eines erweiterten Klassenbegriffs auflöst. Er bezieht auch noch »Funktionseliten« (im Sinne Otto Stammers) mit ein, die ihre Machtstellung nicht einer Verfügung über Kapital, sondern der Ranghöhe ihrer Position in einer Machthierarchie verdanken. Diese kritischen Einsichten Mills' blieben nicht unangefochten.

An dieser Kritik des Konzepts der Machtelite wurde bemängelt, daß Mills' Analyse der Machtstrukturen der USA eines gesamtgesellschaftlichen Bezugrahmens entbehre und damit nicht wesentlich über eine Beschreibung von Tatbeständen und Entwicklungsprozessen hinausgehe. Das ist kaum zu leugnen, doch es fragt sich, ob dies nicht generell für die seitherige empirische Elitenforschung zutrifft.

Ein anderer Einwand betrifft die Frage, ob sich in Mills' Konzept von der Monopolstellung der drei genannten Machteliten-Gruppierungen nicht letztlich Elemente einer »Verschwörungstheorie« fänden, die die innere Geschlossenheit der einzelnen Elitengruppierungen überbetone und so eine von dieser Machtkonzentration ausgehende Gefahr beschwöre.

Zu diesem Einwand hat schon Mills wie folgt Stellung genommen: Die »Konzeption der Macht-Elite und ihrer Einheit gründet sich darauf, daß sich die Interessen der wirtschaftlichen, politischen und militärischen Organisationen parallel entwickelt haben und dann konvergierten. Sie beruht außerdem noch auf der Gleichheit von Herkunft und Weltanschauung, dem gesellschaftlichen Umgang und den persönlichen Beziehungen in den Führungsgruppen der drei Hierarchien. Dieses Zusammentreffen institutioneller und psychologischer Faktoren wird wiederum offenbar durch den Personalaustausch innerhalb und zwischen den drei institutionellen Bereichen und durch die zunehmende Bedeutung der Mittelsmänner und der Lobbies auf höchster Ebene. Folglich beruht die Konzeption der Macht-Elite nicht auf der Unterstellung, daß die amerikanische Geschichte seit den ersten Vorzeichen des Zweiten Weltkrieges als geheime Verschwörung oder als organisierte Zusammenarbeit der verschiedenen Elite-Mitglieder betrachtet werden muß.« Im Gegensatz zur herkömmlichen Verschwörungstheorie, so Mills, baue sich seine Elitentheorie »auf ganz und gar unpersönlichen Faktoren auf«[25].

Mills' Machtelitenkonzept enthält eine Theorie der »Massengesellschaft«. Sie ist ihm zufolge durch spezifische Kommunikationsstrukturen gekennzeichnet und damit das Gegenmodell einer klassischen »Öffentlichkeitsgesellschaft«. In einer Massengesellschaft wie der amerikanischen gibt es nur eine geringe Zahl von Personen, die ihrer Meinung mit Erfolg Ausdruck geben können, während die Mehrheit eine fertige, von Massenmedien hergestellte Meinung bezieht. Die vorherrschenden Kommunikationsmittel in einer Massengesellschaft sind so organisiert, daß es dem einzelnen kaum möglich ist, dem herrschenden Konsens wirksam zu widersprechen.

Der Pluralismus einander kontrollierender Interessengruppierungen und Parteien gehört zum Lebenselement einer funktionierenden Demokratie. Um sein Zustandekommen zu ermöglichen, bedarf es einer Reihe sozialer, ökonomischer und kultureller Voraussetzungen, die zumindest in der Weimarer Republik noch nicht gegeben waren. In der zwölfjährigen Zeit ihres Bestehens blieb selbst ihre Verfassung umstritten, da ihre Fundamente in der Verfassungswirklichkeit noch weithin von den Strukturen des überkommenen Obrigkeitsstaates in Justiz, Verwaltung und Reichswehr geprägt waren.

3.2 Exkurs: Zum Bürokratieproblem

3.2.1 Bürokratie und Bürokratisierung

Wie Demokratie ihrer Idee nach Volksherrschaft meint, so besagt Bürokratie soviel wie Beamtenherrschaft. Daß beide Herrschaftsformen nicht ohne weiteres miteinan-

25 C. Wright Mills, Die amerikanische Elite, Hamburg 1962, S. 327.

der vereinbar sind, ergibt sich schon daraus, daß der historische Ursprung bürokratischer Herrschaftsformen das Zeitalter des monarchischen Absolutismus war. Hier, in den zivilen und militärischen Bürokratien der modernen Nationalstaaten, lagen die Bastionen der alten europäischen Ordnungen.

Bürokratie ist eine moderne Herrschaftsform. Erst mit dem Aufkommen der den Kapitalismus tragenden Geldwirtschaft und der Konzentration der sachlichen Verwaltungs- und Militärmittel in der Hand des Staates sowie mit der Zerstörung der geburtsständischen Privilegien entstand die Bürokratie als staatlicher Verwaltungsapparat.

Öffentliche Verwaltungen sind ein Resultat staatlicher Eingriffe in die Gesellschaft. Zwar intervenierte die staatliche Organisation zu allen Zeiten in die verschiedenen gesellschaftlichen Bereiche, sobald dies erforderlich erschien. Doch läßt sich erst für die Zeit vom Beginn des Ersten Weltkrieges an eine kontinuierlich zunehmende – vor allem auch kriegswirtschaftlich bedingte – Interventionstätigkeit in modernen Industriestaaten beobachten. Es versteht sich, daß für die Durchsetzung solcher staatlichen Eingriffe eine anwachsende Beamtenschaft mit ausgebauten Rangstufungen nötig ist, so daß hier von einer »Fundamentalbürokratisierung« (in Anlehnung an Karl Mannheims »Fundamentaldemokratisierung«) gesprochen werden kann.

Den damit bezeichneten Prozeß einer scheinbar unaufhaltsamen »Bürokratisierung der Welt« hat Max Weber eingehend dargestellt: »Während im Altertum die Politik der Polis den ›Schrittmacher‹ für den Kapitalismus bilden mußte, ist heute der Kapitalismus Schrittmacher der Bürokratisierung der Wirtschaft.«[26] In diesem Prozeß einer Bürokratisierung aller Bereiche der heutigen Gesellschaft sah Weber geradezu ein unabwendbares Schicksal der späteuropäischen Zivilisation. Er nahm an, daß eines fernen Tages die technischen Mittel der Bürokratie diese bürgerliche Gesellschaft selbst hinter sich lassen würden, um jene »Ordnung« zu schaffen, »welche ... die römische Kaiserzeit und ... das ›neue Reich‹ in Ägypten und die Ptolemäerherrschaft auszeichnet«[27], ein »Gehäuse der Hörigkeit«, in dem, einer geschlossenen Institution vergleichbar, der Freiheitsspielraum der Individuen gegen Null schrumpfen müsse.

Auch wer den Geschichtsfatalismus Webers nicht teilt, wird die Tatsache kaum übersehen können, daß die Konzentration und Zentralisierung staatlicher und überstaatlicher Verwaltungskörper und die Akkumulation ökonomischer Großeinheiten (Konzerne, Monopole) ständig zunimmt. Dieser – in allen Industriestaaten der Erde zu beobachtenden – Tendenz entspricht auf seiten der Bürger eine abnehmende Fähigkeit, über ihr Leben selbst bestimmen zu können. Daß es dazu auch gegenläufige – etwa regionalistische – Tendenzen gibt, sollte nicht übersehen werden.

Man unterscheidet im allgemeinen Bürokratie von Bürokratismus und Bürokratisierung. »Bürokratie« bezeichnet zunächst die Existenz einer Beamtenschaft sowie die Tatsache, daß von ihr Herrschaft ausgeübt wird. »Bürokratismus« ist demgegenüber das verfahrensmäßige Prinzip, das als Mittel zur Durchführung einer bürokratischen Organisation angewandt wird. Zugleich meint man damit das der Bürokratie eigene Streben nach – oft auch kontraproduktiver – Perfektionierung der Organisa-

---

26 Max Weber, Soziologie – Weltgeschichtliche Analysen – Politik, Stuttgart 1956, S. 57.
27 Ebd., S. 58.

tion, worauf etwa die polemische Wendung gegen Entscheidungen »vom grünen Tisch« zielt. »Bürokratisierung« als Prozeß ist der im engeren Sinne soziologische Begriff, bei dem es um eine allgemeine Tendenz der gesellschaftlichen Ordnung in der Moderne geht. Darunter wird auch die organisierte, regelgebundene Erledigung bestimmter Aufgabenbereiche in einem Verwaltungsmechanismus verstanden, der für diese Regelung zuständig ist.

In der Bundesrepublik erstreckt sich die Tätigkeit der öffentlichen Verwaltung in Bund, Ländern und Gemeinden auf eine Vielzahl von Funktionen, von denen sich vor allem die folgenden unterscheiden lassen:
- wirtschaftliche (Finanz, Steuer) und ordnungspolitische Funktionen;
- Dienstleistungsfunktionen (Wasser, Verkehr, Kommunikation),
- Fürsorgefunktionen (Sozialpolitik);
- politische Funktionen (Planung, Beratung, Entscheidungsvorbereitung);
- hoheitliche Aufgaben (Polizei, Zoll und so weiter).

Mit dem Begriff der Bürokratie verbindet sich in der Soziologie zweierlei: zum einen das Problem der Macht, ihrer Kontrolle und Legitimierung in der modernen Gesellschaft, zum anderen die Analyse von Rationalisierungsprozessen.

Der Italiener Gaetano Mosca war einer der ersten, der die Bürokratie als einen besonderen Typus des politischen Systems und der staatlichen Ordnung auffaßte. Bürokratie ist ihm zufolge ein Machtzentrum. Robert Michels wies anhand der Analyse der Struktur der Sozialdemokratie auf, daß Parteien und Staat denselben Bürokratisierungstendenzen unterliegen. Der Beitrag Max Webers zu einer Theorie der bürokratischen Herrschaft steht in engem Zusammenhang mit seiner Typologie der Herrschaftsformen. Er hat die Herausbildung des bürokratischen Apparates, wie dieser für den modernen Staat kennzeichnend ist, in der Form einer historisch-soziologischen Analyse der Staatsverwaltungen vom Frühmittelalter bis auf seine Zeit verfolgt[28].

3.2.2 Bürokratie als Typus der legalen Herrschaft

In Abgrenzung zu den charismatischen und traditionalen Formen der Herrschaftslegitimierung bestimmt Weber die legale Herrschaft mit bürokratischem Verwaltungsstab als die dem modernen Staat entsprechende Herrschaftsform. Bürokratie ist der Herrschaftsstab der legalen Herrschaft. Sie beruht auf der Vorstellung, daß Recht durch Regeln gesetzt wird, denen Herrschende und Beherrschte gleichermaßen gehorchen.

Diese Orientierung auf Regeln (und nicht auf Personen) macht nach Weber den spezifisch rationalen Charakter legaler Herrschaft aus. Sie wird mittels eines personalen Verwaltungsstabs und sachlicher Verwaltungsmittel sowie mittels Entgelt und sozialem Ansehen für die Beamten des Verwaltungsstabs behauptet.

Die Träger der Verwaltung in der bürokratischen Herrschaft sind in der Regel fachgeschulte Beamte, die durch Disziplin und kontrollierte Regelhaftigkeit (Aktenmäßigkeit) die Effektivität der Bürokratie gewährleisten sollen. Straffe Hierarchie,

---

28 Vgl. Max Weber, Wirtschaft und Gesellschaft, 2 Halbbde., Köln-Berlin 1964, Kapitel 3 und 9.

hochentwickelte Kontrollmechanismen und klare Kompetenzverteilung erlauben eine schnellere, sachlichere und präzisere Arbeit als in jeder anderen Organisationsform.

Weber sieht den entscheidenden Grund für das unaufhaltsame Vordringen der Bürokratie in ihrer technischen Überlegenheit über jede andere Herrschaftsform. Als Parallele weist er auf das Aufkommen der modernen Geldwirtschaft hin. Beide besitzen eine organisierende Funktion im Gesellschaftsprozeß und sind in ihrer Entfaltung aufeinander angewiesen. Die Geldwirtschaft ist gefordert, um die administrative Tätigkeit durch Bezahlung aufrechtzuerhalten; die bürokratische Form dieser Tätigkeit wurde erforderlich aufgrund der komplexen Anforderungen der Geldwirtschaft, die der Ausdruck für eine sich auf den Warenaustausch stützende Gesellschaftsform ist. Die bürokratische Organisation sorgt für eine stetige, kontrollierbare Arbeitsweise der Gesellschaft, der sie zugeordnet ist. Das Geld als das allgemeine Äquivalent des Warentauschs soll ebenso unveränderlich, stetig und sich selbst gleich bleiben. Bürokratie und Geld entfalten ihre Wirkung ohne Ansehen der Person nach berechenbaren Regeln. Dies entspricht zugleich den Prinzipien einer modernen Rechtsordnung.

3.2.3 Systemneutralität der bürokratischen Herrschaftsform

Da bürokratische Apparate ursprünglich als reine Hilfsorgane für die Regelung des gesellschaftlichen Lebens konzipiert worden waren, können sie auch in den Dienst beliebiger politischer Zielsetzungen treten. Dies gilt nicht allein im Blick auf die verschiedenen Sektoren, in denen bürokratische Apparate Funktionen zugewiesen bekommen können (wie Militär, Kirche, Justiz, Exekutive; desgleichen Wirtschaft, Verkehr, Dienstleistungen), sondern auch für die unterschiedlichen Regierungssysteme seit Bestehen moderner Staaten. Vom absolutistischen über den konstitutionellen Monarchismus bis zur parlamentarischen Republik und den sozialistischen Systemen: Überall sind Bürokratien am Werk. Selbst dort, wo »Gegenmacht« wirksam werden soll – was eine bestimmte Kontinuität der Arbeit voraussetzt –, bilden sich bürokratische Institutionen (Gewerkschaften, Verbände, Oppositionsparteien, alternative Öffentlichkeit und so weiter).

War man früher geneigt, Bürokratien im wesentlichen aus ihrer dienenden Rolle für die Durchsetzung politischer Maßnahmen zu verstehen, so hat sich mittlerweile längst herausgestellt, daß es eine Tendenz zur Verselbständigung dieser Bürokratien gibt. Das trifft besonders für die öffentlichen Verwaltungen zu. Die Norm vom neutralen Werkzeugcharakter der staatlichen Bürokratien erweist sich in der Wirklichkeit des politischen Lebens als ambivalent:

- einerseits erwartet man absolute Loyalität der Ministerialbürokratien bei Regierungswechseln;
- andererseits gebietet die politische Verantwortlichkeit, daß bei unrechtmäßigen Anordnungen die Bürokratie nicht zu einem gefügigen Werkzeug wird (zum Beispiel gegenüber der nationalsozialistischen Herrschaft).

Bürokratie in demokratisch verfaßten Gesellschaften ist eine rechtsstaatlich gezähmte Form hierarchischer Herrschaft. Die spezifische Differenz staatlicher Bürokratien in demokratisch verfaßten Gesellschaften gegenüber nichtdemokratischen Formen besteht darin, daß sie allein nach Gesetz und Auftrag zu handeln haben. Die Bürokratie kann daher ihre Aufträge nicht aus sich selbst schöpfen, sondern bedarf eines für alle gleichermaßen geltenden gesetzlichen Rahmens, den nicht sie selbst, sondern das dafür bestellte Parlament entwirft. Zumindest besteht darin die entscheidende Legitimation demokratisch verfaßter öffentlicher Bürokratien.

Volksvertretung (Parlament) und staatliche Verwaltung (Ministerien) stehen in demokratischen Verfassungen einander gleichgeordnet gegenüber, wobei die Regierung gleichsam als das Bindeglied zwischen der legislativen und der administrativ-bürokratischen Gewalt fungieren soll. Wirft die staatliche Verwaltungsbürokratie sich zum omnipotenten Herrscher auf, was aufgrund ihrer Sachkompetenz niemals ganz auszuschließen ist, so werden Regierungen zu Werkzeugen der Bürokratie und das Parlament zur bloßen Akklamationsstätte bereits in den Ministerien vollzogener Entscheidungen. Die zunehmende Verlagerung der Gesetzesinitiative vom Parlament auf die Ministerien ist für diese problematische Tendenz kennzeichnend.

3.2.4 Parteienbürokratie

Es verwundert nicht, daß konservative Rechtsparteien, als Gegner der Demokratie, seit jeher auch in ihren Organisationsformen autoritär geprägt sind. Daß aber gerade in den Parteien des demokratischen Sozialismus das Gesetz der Oligarchiebildung[29] entdeckt wurde, mußte zunächst merkwürdig erscheinen. Robert Michels glaubte schon vor dem Ersten Weltkrieg von der Unausweichlichkeit eines Prozesses sprechen zu müssen, in dem die Demokratie ihren einmal errungenen Sieg verlieren müsse. Aufgrund ihres Charakters als Massen- und Mitgliederparteien entwickeln gerade die sozialistischen Parteien Organisationsformen, die der Erreichung ihrer Ziele strikt zuwiderlaufen.

Michels fragt nach den verschiedenartigen Hemmnissen, die sich der Verwirklichung demokratischer Prinzipien entgegenstellen. Sein Grundgedanke ist folgender: Sollen die Massen eines Tages, wie es die Sozialdemokratie will, das Staatsleben bestimmen, dann bedürfen sie einer straffen Organisation. Dieser jedoch wohnt eine unausweichliche Tendenz zur Oligarchiebildung inne, das heißt zur Herrschaft weniger über viele. Die Organisation als ein Apparat, der seinen ursprünglichen Instrumentcharakter verliert, wird damit selbst zum Subjekt des Prozesses. Der Parteiapparat strebt ständig danach, sich zu verfestigen und die Massen zu bestimmen, statt deren Willen zu vollziehen. Damit aber danken die Massen als Souverän einer demokratischen Verfassung ab und begeben sich des eigenen politischen Wollens und Denkens. Professionelles Führertum, wie es in Massenparteien notwendig ist, verhindert Demokratie.

So ergibt sich das soziologische »Grundgesetz«, das Michels für alle modernen Parteien nachweisen wollte: Die Organisation ist die Mutter der Herrschaft der Gewählten über die Wähler, der Beauftragten über die Auftraggeber, der Delegierten über die Delegierenden. Das aber heißt: Es könnten zwar Demokraten siegen, doch nie die Demokratie. Michels' Oligarchiethese läuft nicht etwa auf jene – von Vilfredo Pareto entwickelte – Vorstellung einer Zirkulation der Eliten, sondern auf

---

29 Vgl. hierzu: Robert Michels, Zur Soziologie des Parteiwesens (Anm. 21), bes. Teil VI.

eine Verschmelzung der Führungsgruppen hinaus. Diese erst bewirkt die kastenartige Erstarrung der Parteieliten und deren unwiderrufliche Herrschaft über die Massen.

Hatte – neben Pareto – auch Mosca die Herrschaft einer Minderheit als historische Konstante unter Berufung auf politische Formeln behauptet, so bestätigt Michels dies durch sein soziologisches Strukturgesetz der Oligarchiebildung in Organisationen. Bei den genannten Autoren ist das Machtstreben die allem politischen Handeln zugrundeliegende Triebfeder. Auf Moscas Erkenntnisse gestützt, untersucht Michels das Verhältnis von Führer und Masse in der besonderen Situation der modernen Parteien. Deckt Mosca den Dualismus Masse/Elite als historische Konstante auf, so will Michels diesen Dualismus historisch und soziologisch begründen. Im Vordergrund seiner Fragestellung stehen die Probleme der Analyse der Führungsgremien, der Machtdelegation, des Machtmißbrauchs, der Führungskontrolle durch die repräsentativen Gruppen und der Art des Führungswechsels.

Im einzelnen gibt Michels für die oligarchischen Erscheinungen folgende Ursachen an:

1. notwendige Arbeitsteiligkeit: Es beginnt mit der Differenzierung der Geschäfte und der Angliederung der Funktionen. Die Oligarchiebildung wird befördert durch eine Reihe von Qualitäten und Eigenschaften, die sich die Führer bei ihrer Loslösung von den Massen erwerben. Aus Führern, die zunächst ihre Tätigkeit nebenamtlich ausführen, werden schließlich berufsmäßige Funktionäre;
2. die Schaffung eines berufsmäßigen Führungsgremiums ist nur das Vorspiel zur Entstehung einer stabilen und unabsetzbaren Führungsoligarchie. Ist die Macht einmal erworben, gebärdet sie sich konservativ. Das Erreichte wird nicht ohne Not aufs Spiel gesetzt, vielmehr dient nun alles dem Ausbau der Positionen der Oligarchie;
3. die faktische Unentbehrlichkeit der Führer ist eine zwangsläufige Folge der Delegation der wichtigsten Geschäfte in ihre Hand. Allmählich entwickeln sich Gewohnheitsrechte der Führer auf Delegation. Darin spiegelt sich die tatsächliche Ohnmacht der Massen;
4. Michels spricht von einem Führungsbedürfnis der Massen, denen das Geltungsbedürfnis der Führer entgegenkomme. Die Masse wird zu einer Verfügungsmasse, zum Vehikel der Durchsetzung persönlicher Ziele.

Michels beschreibt die »Metamorphose der Führer«: Ihre Macht wird abgesichert durch Tradition. Nicht mehr durch Wahlakte, sondern durch Kooptation werden die entstehenden Lücken in den Führungsgremien aufgefüllt: Einige wenige halten die entscheidende Macht in den Händen; der Führungswechsel ist eine langsame Amalgamierung neuer Elemente mit alten. Führungsauslese, wie Michels sie beschreibt, dient der störungsfreien Fortdauer oligarchischer Organisationsstrukturen.

3.2.5 Bürokratie im Urteil der Sozial- und Politikwissenschaft

Aus modernistischer Perspektive erscheinen Bürokratien nicht bloß als unerläßliche Organisationsformen der modernen Industriegesellschaft, sondern auch als notwendige Voraussetzung jedweder individueller Freiheitsspielräume. So etwa sieht es René König: »Die Sicherung der Personensphäre ist in einem solchen System nur noch möglich, wenn die allgemeinen Entscheidungen ohne Ansehen der Person gefällt werden ... In einem System der Massendemokratie muß jede persönliche Gestaltung sachlicher Zusammenhänge als physische und psychische Distanzlosigkeit charakterisiert werden. ... Im Gegensatz zur stark persönlich gebundenen Sozialstruktur des ständischen Systems, in dem allerdings auch alle Standeslosen, die aus diesem Sozialgeflecht ausgeschlossen waren, in völliger Unpersönlichkeit dahinvegetierten, haben wir heute mehr und mehr mit einer polaren Gestaltung des Daseins für fast alle zu rechnen ..., (wobei die eine Seite, K. L.) durch Beruf und Öffentlichkeit, durch relative Unpersönlichkeit und sachliche Ausrichtung bezeichnet ist, die andere genau umgekehrt als Erschließung und Erweiterung der Innerlichkeit.«[30]

Von dieser Position her kann die Klage über eine zunehmend »verwaltete Welt« (Theodor W. Adorno) als ein sentimentales Relikt früherer Zeiten gelten, als die unhistorische Stilisierung vergangener Ständesysteme, in der es noch eine persönliche Regelung sozialer Beziehungen auf der Grundlage großfamiliärer Zusammenhänge gab, bei weitgehender Unfreiheit und Unmündigkeit für die davon Ausgeschlossenen.

Es gibt in der Realität, so betont die von René König vertretene Sichtweise, nur mehr die soziale Existenzform bürokratischer Massendemokratien, die durch Arbeitsteilung und damit auch durch eine Polarisierung von privatem und öffentlichem Bereich gekennzeichnet sind.

Neben König können als Vertreter dieser modernistischen Position, welche die freiheitsermöglichenden Seiten der Bürokratie hervorhebt, Theodor Geiger (1891–1952) und die Systemtheorie gelten.

Die Gegenseite steht in der Tradition der Kulturkritik, wie sie mit der beginnenden Industrialisierung im frühen 19. Jahrhundert aufkam. Sie ist keineswegs nur aus romantischen Motiven gespeist; es gibt auch eine analytische Variante, wie sie etwa von Max Weber entwickelt wurde. Aus dieser Sicht erscheint die moderne Bürokratie als das Ergebnis eines universellen und unentrinnbaren Rationalisierungsprozesses, von dem das gesamte gesellschaftliche Leben bestimmt wird. »Rationalisierung« heißt in diesem Zusammenhang nicht etwa, daß es in der Gesellschaft mehr und mehr vernünftig zugeht oder gar, daß die Menschen immer gescheiter würden. Vielmehr bedeutet Rationalisierung zunächst nur, daß die prinzipielle Möglichkeit, sich über irgendwelche technischen Zusammenhänge, Verfahrensweisen und so weiter zu informieren, rein formal für alle Interessierten besteht. Wissenschaft und Medien stellen Informationen bereit, deren man sich bedienen kann, um Einblick in bestimmte Prozesse zu gewinnen. »Rational« in diesem Sinne heißt demnach der formale Mittel-Zweck-Zusammenhang zwischen Instrumenten und beabsichtigten Zielen im Sinne einer »Zweckrationalität«.

Formale Rationalität und systematische Formalisierung sind somit Hauptkennzeichen jeder Bürokratie. Die Formalisierung bürokratischer Organisationsstrukturen beginnt mit der Regelhaftigkeit und Festgelegtheit aller von ihr vollzogenen Tätigkeiten und mit deren Zuteilung an die Inhaber eindeutig abgrenzbarer Aufgaben. Diese werden nur dann systemgerecht gelöst, wenn sie streng zweckgerichtet ablaufen. Regelordnung, genaue Abgrenzung der Kompetenzen und Anordnungsbefugnisse sowie Gehorsamspflichten sind Teilelemente dieser bürokratischen Formalisierung.

---

30 René König, Soziologische Orientierungen, Köln-Berlin 1965, S. 88f.

Ihrer technischen Überlegenheit entspricht eine gewisse Unbeweglichkeit, die den meisten formalisierten Organisationsformen eigen ist.

3.2.6 Kontrollierte Bürokratie

Eine differenzierte Analyse wird sich davor hüten müssen, das Kind mit dem Bade auszuschütten. Es kann in heutigen Massendemokratien nicht darum gehen, Bürokratien einfach abzuschaffen. Selbst wenn das gelänge, bekäme gerade hierdurch die Willkür privater Interessen freien Raum.

Diese Problemlage ist der des nichtimperativen Mandats im Grundgesetz vergleichbar: Zwar kennt die Parlamentspraxis Fraktionsabsprachen, Parteiräson, Furcht der Abgeordneten vor Nicht-Wiederwahl und vieles mehr, was dem idealen Bild der Unabhängigkeit der einzelnen Abgeordneten mitunter zuwiderläuft. Gleichwohl wäre der Vorschlag, deshalb den Artikel 38, der die Unabhängigkeit und Alleinverantwortlichkeit der einzelnen Abgeordneten ermöglicht, aus dem Grundgesetz der Bundesrepublik zu streichen, unzweckmäßig und töricht, weil damit nur den Parteioberen eine unbegrenzte Machtvollkommenheit über die einzelnen Fraktionsmitglieder eingeräumt würde. Denn immerhin schützt opponierende Abgeordnete die Grundgesetzklausel davor, Pressionen von seiten ihrer Parteiführungen hilflos ausgesetzt zu sein. Sie genießen, im Schutz des nichtimperativen Mandats, das Recht auf innerparteiliche Opposition, solange sie Abgeordnete sind.

Im Blick auf die Kontrollmöglichkeiten der öffentlichen Verwaltung lassen sich drei Wege unterscheiden:

1. Zentrale Steuerung und Kontrolle: Instanzen hierfür sind in demokratisch verfaßten Gesellschaften Parlament und Regierung (in Ländern mit Präsidialverfassung auch der Präsident). Denkbar ist eine Verringerung des Ermessensspielraums der Verwaltung (legislative Steuerung), um dadurch das An-sich-Reißen ursprünglich politischer Funktionen durch die Verwaltung einzudämmen; ebenfalls besteht die Möglichkeit einer Zügelung der Verwaltung durch das Budgetrecht des Parlaments. Da aber die öffentliche Verwaltung selbst an der Ausarbeitung der Haushaltspläne maßgeblich beteiligt ist, besteht hier die Gefahr, daß das Parlament zum bloßen Vollzugsorgan bereits anderen Orts getroffener Entscheidungen herabsinkt;
2. externe Kontrolle durch parallele Einrichtungen: Hierzu zählen vor allem die Steuerung der Verwaltung durch die vom Parlament eingesetzte Regierung, entsprechende politische Zielvorgaben sowie eine als Steuerungsmittel verwendete Personalpolitik;
3. pluralistische Steuerung und Kontrolle durch politische Dezentralisierung: Diese kann erfolgen über die Regionalisierung, Föderalisierung sowie Stärkung der kommunalen Selbstverwaltung; durch Schaffung vieler kleiner Zentren politischer Willensbildung soll eine eigenmächtige Verwaltungshierarchie verhindert oder wenigstens kontrolliert werden; eine wichtige Kontrolle besteht auch in der Bürgerbeteiligung an Verwaltungsentscheidungen (zum Beispiel Bürgerinitiativen).

Trotz der Vielzahl technischer Möglichkeiten ist noch kein Allheilmittel gegen die fortwährend gegebene Tendenz zur Verselbständigung öffentlicher Verwaltungen gefunden worden. Eine der wirksamsten Kontrollinstanzen besteht in einer wachsamen Öffentlichkeit, vor allem in der Kontrolle durch Medien, ohne deren Recherchen eine ganze Reihe von politischen Skandalen kaum in das Licht der Öffentlichkeit gelangt wäre. Bereits die Existenz solcher funktionsfähigen Organe kann der nie ganz auszuschließenden Gefahr des Amtsmißbrauchs in öffentlichen Verwaltungen und in politischen Ämtern entgegenwirken.

4. Demokratie und Diktatur

Unter dem Eindruck erfolgreicher faschistischer Bewegungen in der Zeit zwischen den beiden Weltkriegen hat der Staatsrechtslehrer Hans Kelsen (1881–1973) ein Bild unseres Jahrhunderts gezeichnet, das von der eingangs dargestellten Sichtweise Raymond Arons in entscheidenden Punkten abweicht: »Das politische Ideal des 19. Jahrhunderts war – seit der großen Französischen Revolution – die Demokratie ... Für diese Idee kämpfte vor allem das junge, emporsteigende Bürgertum. Das ist im 20. Jahrhundert – seit dem großen Kriege – anders geworden. Der hat zwar zunächst die Verwirklichung des demokratischen Prinzips ganz außerordentlich nach vorwärts getrieben ... Aber zugleich setzt – mit der Errichtung der russischen Sowjetunion und des faschistischen Staates in Italien – eine neue politische und geistige Bewegung ein, die sich direkt und auf das energischste gegen die Demokratie richtet. Deren Ideal verblaßt; und an dem dunklen Horizont unserer Zeit steigt ein neues Gestirn auf, dem sich die Hoffnung nicht nur des Bürgertums, sondern auch eines Teils der proletarischen Massen um so gläubiger zuwendet, je blutiger sein Glanz über ihnen leuchtet: die Diktatur.«[31]

Geht Aron von der unwiderstehlichen Kraft demokratischer Prinzipien aus, von einer ungebrochenen Vitalität besonders der Idee der Selbstbestimmung, so beschwört die Zeitdiagnose Kelsens eine heraufziehende Katastrophe. Wir könnten heute geneigt sein, das schwarze Gemälde Kelsens für den Ausdruck einer zeitgebundenen Depression zu halten. Gleichwohl wäre zu fragen, ob die von ihm beschworene Gefahr schon endgültig der Vergangenheit angehört.

Dieser Frage kann hier freilich nicht nachgegangen werden. Vielmehr soll zunächst danach gefragt werden, ob womöglich zwischen jenem Demokratisierungsprozeß, von dem Aron spricht, und der Heraufkunft neuartiger Diktatursysteme irgendwelche Zusammenhänge bestehen. Damit befinden wir uns in einer Diskussion, die sich um den Begriff der modernen Diktatur rankt, der »Herrschaft einer Person oder einer Gruppe, die sich die Macht im Staat aneignet, sie monopolisiert und ohne Einschränkung ausübt«[32].

Politische und individuelle Freiheit in modernen, rechtsstaatlich verfaßten Demokratien beruht in der Hauptsache darauf, daß in ihnen nicht irgendwelchen Menschen, sondern primär Gesetzen gehorcht werden soll. Moderne Demokratien sind somit »Gesetzesstaaten«. »Solange der König Gesetze gab und auch beseitigte, die Gesetze außerdem in einem geheimen Rat vorbereitet und nicht einmal immer publiziert wurden, war immer ein Element der Unsicherheit und persönlichen Unbe-

31 Hans Kelsen, Staatsform und Weltanschauung, Tübingen 1933, S. 5.
32 F. Neumann, Demokratischer und autoritärer Staat (Anm. 10), S. 224.

rechenbarkeit gegeben, das sofort verschwand, als das Volk durch seine Repräsentation die Gesetze in öffentlicher Parlamentssitzung über sich selbst beschloß und damit selbst zum Garanten seiner Freiheit wurde.«[33]

Die Form, in der sich in den bürgerlichen Demokratien der Neuzeit die Willensbildung des Volkes vollzog, war in den meisten Nationalstaaten die der parlamentarischen Vertretung. Diese wurde den Bürgern jedoch nicht von ihren Herrschern geschenkt, sondern sie war, wie in England und Frankreich, eine Frucht jahrhundertelanger Kämpfe gegen Adel, Kirche und Königtum. So gesehen läßt sich die Geschichte der europäischen Neuzeit als die eines zähen Ringens zwischen dem Willen einzelner beschreiben, sich die vielen zu unterwerfen, und dem entgegengerichteten Bemühen der vielen, sich von solch persönlicher Herrschaft zu befreien. Die wechselvolle Geschichte dieser Kämpfe beschreibt den Weg aus bloßem Untertanendasein zur Demokratie. Die revolutionären Bewegungen des 17. und 18. Jahrhunderts in den klassischen Demokratien waren zugleich die Geburtshelfer jener Demokratieformen, die wir als repräsentative und parlamentarische Demokratie kennen.

Man kann sich deren Geschichte nicht so vorstellen, als sei sie bereits in jener Gestalt, wie sie uns heute bekannt ist, in die politische Wirklichkeit getreten, um fortan Jahrhunderte hindurch unverändert zu bleiben. Vielmehr haben sich nicht bloß die vielfältigen ökonomischen, sozialen und kulturellen Bedingungen verändert, denen die politische Form des Parlamentarismus sich verdankt, sondern gleichermaßen auch deren Funktion und Bedeutung. In den Jahrhunderten, als Parlamente und Wahlrecht, die den Zugang des Volkes zur politischen Mitbestimmung eröffneten, noch umkämpft waren, hatten die revolutionären Bewegungen die politischen Energien der bürgerlichen Klassen hinter sich. Doch als dann, mit der Errichtung republikanischer Verfassungsstaaten, Parlamente zu ständigen und unentbehrlichen Institutionen des politischen Lebens in modernen Massendemokratien geworden waren, ließ dieses Engagement deutlich nach. Man sprach sehr früh schon von einer »Krise des Parlamentarismus«, den man einst unter Opfern und Kämpfen revolutionär erstritten hatte.

Solange die miteinander streitenden Kräftegruppierungen einer Gesellschaft sich auf dem Boden derselben Verfassungsordnung bewegen, mag zwar die Asymmetrie zwischen gegnerischen Parteien zu wünschen übrig lassen. Entscheidend bleibt, daß die jeweiligen Minderheiten sich nicht ausgegrenzt sehen, sondern begründete Hoffnung haben dürfen, die Chance zur Staatswillensbildung und damit zur Beeinflussung politischer Entscheidungen erlangen zu können. Voraussetzung hierfür ist allerdings ein Minimalkonsens über die Werthaftigkeit des bestehenden politischen Systems, das von allen beteiligten politischen Kräften als erhaltenswert angesehen werden muß. Entstehen jedoch dem demokratischen Verfassungsstaat auf seinem eigenen Boden erklärte Feinde, wie dies in Deutschland in der Zeit der Weimarer Republik geschah, so gerät die Demokratie in Gefahr.

Die aufgrund der jüngsten Erfahrungen der Deutschen berechtigte Abscheu gegen Diktaturregime sollte nicht dazu verleiten, den Tatbestand aus dem Auge zu verlieren, daß nahezu alle modernen europäischen Diktaturen unseres Jahrhunderts aus in Krisen geratenen, demokratisch verfaßten Gesellschaften hervorgingen: so in

33 H. Heller, Gesammelte Schriften (Anm. 5), Bd. 2, S. 447.

Italien, in Deutschland und Spanien. Dies konnte geschehen, weil es populistisch agierenden Diktatoren gelang, eine breite Massenbasis im Volk zu gewinnen, die ihr Handeln »demokratisch« legitimierte. Sobald Massen politisch aktiv werden, entsteht für jede Form politischer Herrschaft der Zwang zu demokratischer Legitimation. So ist es zu erklären, daß moderne Diktaturen darauf bedacht sind, sich als die »wahre« oder »echte« Demokratie in Szene zu setzen, und daß Diktatoren seit je versichern, sie allein hätten das Ohr am Herzen des Volkes. Auf diese Weise versuchen sie, »die Demokratie mit der Demokratie zu überwinden, sie immer wieder mit Worten zu bejahen und dem tatsächlichen Inhalt nach zu vernichten«[34].

Aus dieser merkwürdigen und verhängnisvollen Drapierung diktatorischer Regime durch demokratische Wortfassaden dürfte zugleich deutlich werden, weshalb Diktaturen ihren Todfeind nicht allein in demokratischen Bewegungen, sondern vor allem im Liberalismus sehen. Wenn es so ist, daß Diktatoren sich gern als Volkshelden gerieren, sich in ihrer Propaganda daher nicht selten an die Spitze populistischer Bewegungen setzen, um ihre wirklichen Ziele hinter »demokratischen« Formen zu verhüllen, so muß ihr erklärter Feind der Liberalismus und dessen politische Verfassung – der Rechtsstaat– sein.

In der Tat läßt sich zeigen, daß überall dort, wo Diktaturen errichtet wurden, sie die Liberalen zum Hauptfeind erklärten. Das Bestreben, nicht von der Willkür einer Person beherrscht zu werden, sondern allein von allgemein geltenden Gesetzen eines Rechtsstaats, sei dieser nun eine konstitutionelle Monarchie oder eine demokratische Republik, steht quer zum Handeln aller Diktaturen. Ist aber einmal ein Diktator an der Spitze einer Volksbewegung an der Macht und gelingt es ihm, sich erfolgreich auf den Willen des Volkes zu berufen, so bleibt den abweichenden Minderheiten kaum mehr die Möglichkeit, sich auf rechtsstaatliche und demokratische Prinzipien zu berufen. Denn, so behaupten die neuen Machthaber, der Wille des Volkes habe nun dem Alleinherrscher, dem Führer alle Macht eingeräumt, um Ruhe, Ordnung und Disziplin, so wie Diktatoren sie verstehen, wieder herzustellen.

Benito Mussolini (1883–1945), der Führer und Diktator des faschistischen Italien, meinte genau dies, als er im April 1922 in der Zeitschrift »Gerarchia« schrieb: »Die Menschen sind vielleicht der Freiheit müde, sie haben ihr eine Orgie gefeiert ... Für die unternehmende, unruhige rauhe Jugend, welche sich in der Morgendämmerung der neuen Geschichte zeigt, gibt es andere Worte, die einen viel größeren Zauber ausüben. Es sind: Ordnung, Hierarchie, Disziplin. Man muß einmal für allemal wissen, daß der Faschismus keine Götzen kennt, keine Fetische anbetet. Über den ... verwesten Körper der Göttin Freiheit ist er bereits hinwegmarschiert.«[35]

Die Errichtung der faschistischen Diktatur in Italien im Jahre 1922 ist ein Modellfall für die Entwicklung diktatorialer Gewalt auf dem Hintergrund eines liberalen parlamentarischen Systems. Der faschistische Staat sollte den liberalen ablösen und der ganzen Nation die Ordensregel der *Fasci* auferlegen: Ordnung, Hierarchie und Disziplin. Es sind dies zugleich Prinzipien des Militärs wie der industriellen Arbeitsteilung, die beide den ihnen unterworfenen Massen ein hohes Maß an Opferbereitschaft abverlangen. Diese Prinzipien sollen nach dem Willen der faschistischen Machthaber auf die gesamte Nation übertragen werden, um die

34 Ebd., S. 457.
35 Benito Mussolini, Forca e consenso, in: Gerarchia, April 1922.

»Volksgemeinschaft« nach innen als Grundlage der Machterweiterung gegenüber anderen Staaten – mit Hilfe von staatlichem Druck, Gewalt und Terror – herzustellen.

Zu den propagandistischen Mitteln eines solchen Systems gehören stets politische Mythen sowie eine Idealisierung des »starken Staates«. Außenpolitisch bedeutet die faschistische Diktatur einen neuen Zug zum imperialistischen Nationalismus: »Hatte der Liberalismus, die Vorfrucht des Parlamentarismus und der Demokratie, die Menschen von den Fesseln befreit, in die sie der Absolutismus des Staates und der Kirche geschlagen hatte, so will sie der Nationalismus von neuem binden. Hatte der Liberalismus die Menschen mit Rechten und Freiheiten ausgestattet, die ihm von der Staatsgewalt unter keinen Umständen genommen werden dürfen, so lehrt der Nationalsozialismus, daß der einzelne vom Staate keine Freiheiten zu beanspruchen, sondern lediglich Disziplin zu halten hat, weil er dem Staate alles schuldig ist und der Staat ihm nichts . . . Italien ist alles, der Italiener nichts . . . Die italienischen Nationalisten haben die Nation zum Gott erhoben. Die alte lässige Staatsauffassung des Liberalismus, die vom einzelnen ausgegangen war, soll durch eine neue und hohe, die völkische, ersetzt werden . . .«[36]

Der liberalen Demokratie gegenüber vollzieht die faschistische Diktatur eine Umwertung der Werte. Waren die Diktaturen im alten Rom kommissarische Diktaturen in dem Sinne, daß der Diktator nur für eine bestimmte Zeit mit der Aufgabe beauftragt wurde, aufgetretene Krisen zu lösen, so tendieren Diktaturen im 20. Jahrhundert dazu, totalitär zu werden. Die Differenz zwischen beiden liegt nicht bloß im Umfang der vom Diktator monopolisierten Macht, sondern vor allem auch in einem qualitativen Unterschied der Mittel, die den Diktatoren bei ihrer Machtausübung zur Verfügung stehen. Dabei kann es sich – aus der Sicht der Diktatoren – als notwendig erweisen, nicht bloß den Staatsapparat zu instrumentalisieren, sondern darüber hinaus das gesamte gesellschaftliche und öffentliche Leben umzugestalten: Erziehungswesen, öffentliche Meinung, Kultur und Massenmedien; selbst das Privatleben wird dann zum Gegenstand totaler Reglementierung.

Opposition und politische Freiheit für Andersdenkende wurden zwar mit Hilfe verschärfter Pressegesetze und Deportationen der Gegner auch im faschistischen Italien brutal ausgeschaltet und unterdrückt, doch hat das NS-Regime sein italienisches Vorbild hierin weit übertroffen. So etwa sah Mussolini sich erst auf Druck Hitlers zu antisemitischen Maßnahmen veranlaßt, die jedoch nicht zu jenen fabrikmäßig exekutierten Massenvernichtungsaktionen führten, wie sie während der letzten Jahre der NS-Herrschaft verübt wurden.

Neben der »totalitären« und der »kommissarischen« kennt die Geschichte auch noch den Typ einer »einfachen« Diktatur, worunter man jene Form politischer Einmannherrschaft versteht, in der der Diktator sich im wesentlichen auf die Kontrolle der traditionellen Zwangsmittel: Armee, Polizei, Bürokratie und Justiz beschränkt. Es versteht sich, daß heute, angesichts der zur Verfügung stehenden Instrumentarien zur Massenlenkung und -manipulation, Diktaturen stets eine Tendenz zum Totalitären aufweisen.

---

36 Hermann Martin, Demokratie oder Diktatur?, Berlin 1926, S. 178.

4.1 Kennzeichen der Diktatur

Will man den grundlegenden Unterschied zwischen Demokratie und Diktatur auf eine kurze Formel bringen, so könnte man mit Franz Neumann[37] die folgenden drei Kriterien benennen:

1. Der potentiellen Schrankenlosigkeit des Verfügens über politische Macht in einer Diktatur steht in der Demokratie eine bewußte Selbstbeschränkung im Gebrauch politischer Machtmittel gegenüber: Dies ist der Sinn der Menschenrechte, die in einer Demokratie verfassungsmäßig garantiert, in einer Diktatur mißachtet werden.
2. Die Verantwortlichkeit der politischen Machtträger in der Demokratie im Sinne einer Parlaments- und Regierungsherrschaft, die dem Volk gegenüber stets rechenschaftspflichtig ist, steht im Gegensatz zu der auf dem Führerprinzip beruhenden tendenziellen Unverantwortlichkeit der Diktatoren.
3. Politische Macht in der Demokratie kann ihrem eigenen Anspruch nach nie bloß repressiv zur Niederhaltung sozialer Macht sein; vielmehr muß sie positiv zur Gestaltung von Lebensbedingungen verwendet werden. Zwar beruht auch demokratische Herrschaft auf der Unterordnung sozialer unter demokratisch zustandegekommene staatliche Macht, doch geschieht diese Unterordnung nicht im Namen irgendwelcher höheren Ziele, sondern allein um der Bürger willen[38].

Es wäre allerdings falsch, Demokratie schlechthin mit Rechtsstaatlichkeit[39] gleichzusetzen, denn rechtsstaatliche Sicherheiten sind auch in nichtdemokratischen Herrschafts- und Regierungsformen möglich (so in der Monarchie, in autoritären Regimen und so weiter). Vielmehr ist Demokratie eine Herrschaft, die die Unterordnung sozialer Macht voraussetzt und zugleich die politische Macht unter eine besondere Verantwortung stellt. Hierfür sind institutionalisierte Kontrollen seitens der Bürger erforderlich, die verfassungsmäßig garantiert sein müssen. Wo solche Garantien weder rechtlich noch institutionell vorgesehen sind, kann man von Diktatur sprechen.

Da politische Praxis den Gebrauch von Macht und Machtausübung sowie die Verfügung über bestimmte Ressourcen bedeutet, kommt es entscheidend darauf an, welche Techniken des Machtgebrauchs in einem politischen System vorherrschen. Will man unter diesem Gesichtspunkt Diktatur definieren, so lassen sich (wiederum mit Franz Neumann) fünf Techniken des Machtgebrauchs ausmachen:

1. Das Führerprinzip läßt sich als eine Übertragung militärischer Organisationsprinzipien auf die Gesamtgesellschaft begreifen, woraus sich das betont militante Klima in diktatorialen Systemen erklärt.
2. Der Prozeß der Atomisierung des einzelnen, eine notwendige Konsequenz industrieller Gesellschaften und der in ihnen herrschenden Arbeitsteiligkeit, wird in diktatorialen und totalitären Regimen systematisch vorangetrieben, um das gesamte Volk als ein gefügiges Werkzeug in die totale Planung einzubeziehen. Wer nicht mitmacht, sieht sich in seiner Existenz gefährdet.
3. Das Prinzip der Elitenbildung dient der Lenkung der Massen im Sinne einer erhöhten Leistungsbereitschaft. Als Ausleseprinzip galt im Nationalsozialismus

---

37 Franz Neumann, Notizen zur Theorie der Diktatur, in: F. Neumann, Demokratischer und autoritärer Staat (Anm. 10), S. 238f.

38 Vgl. Lorenz Stucki, Gebändigte Macht – gezügelte Freiheit, Bremen 1960, S. 218.

39 Ebd., S. 212f.

bekanntlich ein rassisches, wobei die »nordische Rasse« unter den »Ariern« an der Spitze rangieren sollte. Die barbarische Konsequenz solcher »Rassenpolitik« war der zu Anfang der vierziger Jahre einsetzende, systematisch betriebene Völkermord.
4. Kennzeichnend für Diktaturen und totalitäre Regime ist eine spezifische Art der Demagogie und Propaganda mit ihrer Instrumentalisierung kultureller »Werte« zu Zwecken der Machtpolitik. Die Methode der endlosen Wiederholung brach mitunter bei den Adressaten jeden Ansatz eines kritischen Widerspruchs[40].
5. Zu den Formen des Terrors gehört auch der organisierte Versuch zur gewaltsamen Herbeiführung einer »Volksgemeinschaft«, in der alle Bereiche nur dem vom Führer bestimmten Ziel dienen sollen.

Franz Neumann liefert eine Definition faschistischer Herrschaft, die den inneren Mechanismus bezeichnet, der unter bestimmten Bedingungen von einer parlamentarischen Demokratie in die Diktatur führen kann, sofern bestimmte soziale und ökonomische Krisensituationen eintreten. Er geht von der zunehmenden Krisenempfindlichkeit spätkapitalistischer Wirtschaftsformen aus, in der eine umfassende staatliche Subventionspolitik nötig wird, um die Reproduktion der Gesamtgesellschaft zu garantieren: »Großzügige Subventionspolitik wird erforderlich, aber eine Subventionspolitik, die nicht gleichzeitig die demokratische Bewegung stärkt. Hier liegt der Ansatz zum Faschismus. Da die Ökonomie den Staat braucht, will sie einen Staat, der die ökonomischen Machtverhältnisse nicht antastet. Man kann also sagen, daß der Faschismus aus dem Bedürfnis der ökonomischen Machthaber nach einem starken Staat entstand, der aber nicht der Kontrolle des Volkes unterworfen sein durfte. Der Faschismus entstand nicht als Reaktion auf die kommunistische Gefahr, sondern zur Unterdrückung der demokratischen Bewegung, die die politische Macht zur rationalen und sozialen Gestaltung der Ökonomie verwenden wollte.«[41]

Die damit bezeichnete Krisenstrategie läßt die von faschistischen Diktatoren bemühte Behauptung, sie wollten das Abendland vor dem Bolschewismus retten, als das erscheinen, was sie in ihrem Kern ist: eine Empfehlung an die ökonomisch potenten, konservativen Gesellschaftsschichten, sich diesem »Rettungsangebot« nicht zu versagen. Als Beleg für diese propagandistische Zweckparole kann auf zwei Reden Hitlers aus den Jahren 1926 und 1932 hingewiesen werden[42]. Sie zeigen deutlich den Zusammenhang zwischen der Selbststilisierung der nationalsozialistischen Bewegung als »Retter« vor dem im damaligen Deutschland angeblich drohenden Bolschewismus und jener »Mission« der Stabilisierung einer republikfernen Verfassungswirklichkeit, die zum Bündnis mit rechtskonservativen Kräften in der Weimarer Republik geführt hat.

4.2 Führerdemokratie oder soziale Demokratie

In der politischen Theorie Carl Schmitts (1888–1985) konzentrieren sich jene Tendenzen, die von Anfang an gegen die Weimarer Republik gerichtet waren. Nicht bloß die

40 Ebd., S. 164f.
41 F. Neumann, Demokratischer und autoritärer Staat (Anm. 10), S. 255.
42 Die Quellen finden sich bei Werner Jochmann, Im Kampf um die Macht, Frankfurt/M. 1960 S. 69ff.; ferner Max Domarus, Hitler, Wiesbaden 1973, Bd. I, S. 68ff.

Kritik am Parlamentarismus und an den sozialstaatlichen Elementen der Verfassung ist ein zentrales Element seiner Theorie, sondern vor allem das für seinen Politikbegriff grundlegende Freund-Feind-Verhältnis[43]. Seine Intentionen gelten der Wiederherstellung einer gesellschaftsfreien und konfliktenthobenen, »neutralen« staatlichen Gewalt, die ihm durch pluralistische Interessengegensätze gefährdet erscheint.

Den Weimarer Verfassungsstaat interpretiert Schmitt unter dem Aspekt der – von ihm geforderten – Verselbständigung der staatlichen Exekutive gegenüber der gesetzgebenden Gewalt des Parlaments bei gleichzeitiger »Homogenisierung« der Klassengesellschaft zur Volksgemeinschaft. Die legitime politische Gewalt ist ihm zufolge der volksgewählte Reichspräsident, den er – ausgehend von Art. 48 der Verfassung der Weimarer Republik – mit allen politischen Vollmachten ausgestattet sehen will: Er soll politischer »Führer« und neutrale Gewalt oberhalb des von partikularen Interessen beherrschten Parlaments zugleich sein. Schmitt erhebt die plebiszitär-demokratische Legitimation zur entscheidenden Stütze der präsidialen Machtausübung. Wenn er den Reichspräsidenten als den eigentlichen »Hüter der Verfassung« bezeichnet, so meint er dies nicht bloß in einem verfassungsrechtlichen, sondern in einem primär politischen Sinne. Der Reichspräsident wird zum Garanten der »Einheit des Volkes als eines politischen Ganzen«[44].

Gegen den liberalen Repräsentationsbegriff wendet Schmitt das Prinzip der Identität des konkret vorhandenen Volkes mit sich selbst innerhalb einer politischen Einheit: »Weil die substantielle Gleichartigkeit des Volkes so groß ist, daß aus der gleichen Substanz heraus alle das Gleiche wollen«[45], beruhe der demokratische Staat nicht auf irgendeinem Vertrag, sondern allein auf der Homogenität des Volkes. Die Substanz der demokratischen Gleichheit bestehe in der nationalen Einheit und Geschlossenheit, im bewußten Willen zu dieser Gemeinsamkeit. »Demokratie« ist für Schmitt das homogene Dasein eines Volkes aufgrund seiner Entscheidung zu nationaler Einheit. So kann er behaupten, daß die moderne Diktatur nur mehr auf »demokratischer« Grundlage möglich sei. Das bedeutet aber: Die plebiszitär fundierte Demokratie unterscheidet sich in ihrer politischen Substanz nicht grundsätzlich von einer Diktatur, da die politische Form beider auf der substantiellen Gleichheit aller Staatsbürger beruht, die per Akklamation zum Träger eines einheitlichen politischen Willens werden. In verfassungsmäßig rechtsstaatlichen, legalen Elementen, die den Bürgern private Sicherheit garantieren, will Schmitt nur mehr eine Hemmung der »reinen« Form der Demokratie sehen. »Reine« Demokratie und Diktatur lassen sich als totale politische Einheit begreifen, in der der Souverän die unumschränkte Kompetenz besitzt, alle politischen Entscheidungen zu treffen.

Der »demokratische« Staat wird aus dem Prinzip der Gleichheit im Sinne substantieller Gleichartigkeit erklärt, welche die Differenz von Regierenden und Regierten aufhebt, weil beide sich in dem Willen treffen, die nationale Einheit zu garantieren. Daraus folgt: Je unbedingter und totaler diese Gleichartigkeit der Nation sich darstellt, desto härter und entschiedener kann auch die Regierung sein. Insofern erweist sich der diktatoriale Staat nur als eine gesteigerte Form demokratischer

---

43 Vgl. zum Freund-Feind-Verhältnis bei Carl Schmitt: Kurt Lenk, »Volk und Staat«, Stuttgart u. a. 1971, S. 120ff.

44 Carl Schmitt, Der Hüter der Verfassung, Berlin 1969², S. 159.

45 Carl Schmitt, Verfassungslehre, Berlin 1970⁵, S. 229.

Identität von Regierenden und Regierten. Schmitts Theorie ist gekennzeichnet durch einen merkwürdig diffusen Volksbegriff: Einerseits ist das Volk in seiner konkrethistorischen Situation pluralistisch zerrissen, in einzelne Interessengruppen gegliedert, so daß es de facto den Resten der autoritären Staatsgewalt antithetisch gegenübersteht; andererseits soll gerade dieses interessengespaltene Volk zu einheitlicher und konsequenter politischer Entscheidung fähig sein, so zur plebiszitären Legitimation des Reichspräsidenten, um mittels der von diesem ausgeübten – erst kommissarischen, dann souveränen – Diktatur eine Beseitigung jener Gegensätze zu erreichen.

Implizit dominiert bei Schmitt die Vorstellung einer dualistischen Öffentlichkeit, die in »veröffentlichte Meinung« dort und »gesundes Volksempfinden« hier auseinanderfällt. Was unter »Zerfall«, »Anarchie«, »Chaos« und »Dekadenz« der Gesellschaft subsumiert wird, ist in Wirklichkeit das Anwachsen nichtbürgerlicher, proletarischer Schichten. »Gleichheit« war ursprünglich das durch Tauschprinzip und Marktrationalität ausgewiesene ideologische Fundament der bürgerlichen Gesellschaft, die nun durch das Anwachsen der Arbeiterbewegung in Frage gestellt scheint.

Es entstehen Parteien, die sich – so Schmitt – in ihren Zielsetzungen wechselseitig ihre Existenz streitig machen. Zerfällt die einst in sich mehr oder minder homogene Basis des bürgerlichen Staates samt ihrem Anspruch, nicht nur Freiheit, sondern auch Gleichheit verwirklichen zu wollen, so führt dies zur Idee eines in sich homogenen, weil substantiell gleichen Volkes als der eigentlichen Basis des Staates.

Durch die Reduktion der Demokratie auf eine Einheitssubstanz »Volk« sowie auf die Identität von Regierenden und Regierten innerhalb der demokratischen Herrschaftsform wird es Schmitt möglich, Mehrheitsentscheidungen als undemokratische, »rein arithmetische Mehrheitsfeststellungen« abzuqualifizieren, da sie der postulierten politischen Einheit zuwiderlaufen. Gleichheit und Gleichartigkeit werden als absolute Prinzipien, die Demokratie begründen sollen, gefaßt. Damit trennt Schmitt das »Wesen« der Demokratie von der liberalen und rechtsstaatlichen Verfassungsform und gelangt so zu einer fatalen Identifizierung von Demokratie und Diktatur. Als zynische Konsequenz aus der von ihm behaupteten Unrealisierbarkeit einer liberalen Gesellschaft ruft Schmitt nach einer »politischen Form«, in der alle zu »Gleichen« erklärt werden. Diese »Gleichheit« ist das – dezisionistisch gesetzte – Fundament der Einheit des Staates. Im Einfluß auf die Willensbildung des Staates von seiten organisierter Mächtegruppierungen sieht er bloß den Triumph privater Egoismen über die Einheit der Staatsgewalt.

Von dieser Frontstellung gegen den liberalen Pluralismus her versteht sich auch Schmitts dezidierter Antiparlamentarismus, seine Gegnerschaft zum liberalen Rechtsstaat und – aktuell politisch – seine Polemik gegen den Versailler Vertrag. Interpretiert Schmitt den Liberalismus als unpolitisch, was sich vor allem in dessen Trennung von Staat und Gesellschaft ausdrücke, so fordert er seinerseits doch wiederum nichts anderes als die Herstellung staatlicher Einheit auf der Grundlage einer im Kern unpolitischen, das heißt in sich homogenen Gesellschaft. Es geht ihm darum, die Souveränität des Staates bei gleichzeitiger Negation gesellschaftlicher Interessenkonflikte zu begründen. Dem zum innerstaatlichen Feind erklärten Sozialliberalismus setzt Schmitt seine – gegensatzfixierte – These von der Notwendigkeit eines diktatorialen Führerstaates entgegen, mit dem endlich jene »Intensität« (Schmitt) des Politischen erreicht sei, mittels derer Freund und Feind eindeutig voneinander unterschieden werden sollen.

Die Privatheit bürgerlicher Verkehrsverhältnisse und ihrer Institutionen wird zugunsten einer am Ausnahmezustand orientierten Staatsgewalt und Volksgemeinschaft als anachronistisch kritisiert. Damit soll die dem Liberalismus vorgeworfene Tendenz zur Auflösung des Politischen – zur Relativierung jedweder Entscheidung durch Verhandlung und Kompromiß – abgewehrt werden.

Schmitts Theorie ist durchzogen von der allem Machtstaatsdenken innewohnenden Prämisse, daß das Individuum für sich genommen abstrakt bleibe und daß aus ihm erst dann ein politischer Faktor werden könne, wenn es seine liberale Privatheit zugunsten eines Allgemeinen – sei dies das Volk oder die Nation – zu opfern bereit und willens ist. Was Schmitt jedoch von der deutschen Tradition des Machtstaatsdenkens abhebt, ist der Verzicht auf irgendwelche inhaltliche, über den rein existentiellen Kampf um die nackte Selbstbehauptung hinausgehende Konkretisierung des Politischen. So schrumpft die Kategorie des Politischen zur abstrakten Negation des potentiell feindlichen »Anderen«. Erst im diktatorialen Führerstaat ist jene »Intensität« des Politischen erreicht, die Schmitt angesichts der Weimarer Gesellschaft so wünschenswert erscheint. Außenpolitik erscheint demgemäß als offener oder verdeckter Krieg in Permanenz; Innenpolitik wird reduziert auf einen latenten, potentiell jederzeit möglichen Bürgerkrieg. »Echte« Politik im »Frieden« ist Probehandeln für den Ernstfall.

Diese Mystifizierung der »konsequenten politischen Form« (Schmitt) in Gestalt der Diktatur konnte mit einem in Weimar weit verbreiteten antiliberalen Affekt gegen Parteiendemokratie und Parlamentarismus rechnen. Dieser war unter anderem Ausdruck einer durch den autoritären Obrigkeitsstaat formierten Mentalität.

Die Position Hermann Hellers kann als explizite und implizite Kritik der Schmittschen Theoreme gelten. Hellers kritische Bezugnahmen auf Schmitt durchziehen in der Tat die meisten seiner Schriften, vor allem seit 1927, dem Erscheinungsjahr von Hellers Schrift über »Souveränität«.

War das Zentralproblem der Theorie Schmitts die Frage nach der Behauptung der politischen Homogenität und nach der Wiederherstellung einer »konsequenten politischen Form«, so tritt für Heller umgekehrt gerade das Problem der immerwährenden Herstellung einer sozialen und politischen Einheit – auf der Basis divergierender sozialer Interessen und ihrer politischen Artikulation – in den Vordergrund seiner Konzeption von Politik. Geht Schmitt vom Status quo des pluralistischen Parteienstaates aus, so fragt Heller im Sinne einer soziologischen Demokratietheorie nach den Bedingungen der Transformation der formalen, politisch-rechtsstaatlichen Demokratie in eine materiale, sozialstaatliche Demokratie. Schmitts polemische Antihaltung gegen die Verfassungswirklichkeit der Weimarer Republik wird diktiert von der Furcht vor einer anarchischen, in Bürgerkrieg mündenden sozialen Dynamik. Hellers Plädoyer für den sozialen Rechtsstaat hat demgegenüber das Engagement für einen demokratischen Sozialismus zum Hintergrund, der die ohnedies bedrohten rechtsstaatlichen Elemente der Weimarer Verfassung nicht abstrakt negieren, sondern in einem neuen sozialen Kontext aufnehmen wollte. Schmitts Kritik an den Weimarer Verhältnissen konnte die Mängel des Weimarer Staates nur unter der Optik ihrer angeblichen Verfallenheit an eine anachronistisch gewordene liberal-parlamentarische Verfassungsform polemisierend ablehnen. Für Heller konnte hingegen die einzige Alternative zum Verzicht auf die von der politischen Demokratie – trotz ihrer auch von ihm klar erkannten Strukturmängel – gebotenen Möglichkeiten die Diktatur des Einparteienstaates sein: eine Alternative, die er strikt verneinte. Insofern läßt sich die politische Theorie Hellers von ihrer Motivation her auch als der Versuch begreifen, der von Schmitts Theorie ausgehenden Suggestion entgegenzuwirken.

Die aktuellen Aspekte der Hellerschen Staatstheorie lassen sich wie folgt zusammenfassen:

1. Heller gelangt zu seiner Vorstellung von sozialer Demokratie über eine Kritik des überkommenen Liberalismus sowie der revolutionären und anarchistischen Vorstellungen. Als Abgrenzung zu diesen Konzepten sowie dem eines diktatorialen Führerstaates ist seine politische Option für die soziale Demokratie zu verstehen.
2. Die Herstellung einer sozialen Demokratie ist der Versuch des schwierigen Weges zum Sozialismus auf dem Weg über Reformpolitik. Soziale Demokratie bedeutet die Ausdehnung des materialen Rechtsstaatsgedankens auf die Arbeits- und Güterordnung.
3. Heller ist von der Notwendigkeit der politischen Organisation sowie der Bewußtseinsbildung der Arbeiter überzeugt. Die Arbeiterschaft muß ihm zufolge zu einer organisierten Macht werden, die der organisierten Macht der Kapitalinteressen entgegenzutreten vermag.
4. Gerade weil Heller von der in sich antagonistischen Struktur der Gesellschaft ausgeht, bedarf es eines »archimedischen Punktes über der sonst handlungsunfähigen Gesellschaft«[46], einer Organisation, die das »gebietsgesellschaftliche« Leben regelt. Dies eben leistet der Staat. Gegen Marx (1818–1883) – und zu seiner Zeit Max Adler (1873–1937) – behauptet Heller die Notwendigkeit einer staatlichen Organisation auch im Sozialismus. Sonst bewege man sich in anarchistischen Bahnen oder falle zurück in liberale Staatsabwehr. Alle Politik ist letztlich »Staatspolitik«[47]. Jede Form politischer Organisation und politischer Tätigkeit zielt letzten Endes darauf ab, staatliche Willensbildung zu betreiben. Der Staat erhält erst durch die gesellschaftliche Organisation seinen spezifischen politischen und sozialen Inhalt. Auch die Arbeiter können demnach ihre Ziele nur durch den Staat und im nationalen Staat durchsetzen. Durch seine Definition des Staates als einer Organisation, die das »gebietsgesellschaftliche« Zusammenleben regelt und der Vereinheitlichung des Willens der Gesellschaft auf demokratischem Wege (Majoritätsentscheid) dient, läßt Heller den Weg offen zur Einflußnahme auf den staatlichen Machtapparat von seiten der Arbeiterklasse.

Die Forderung nach sozialer Demokratie bedeutet die Überführung des liberalen in einen sozialen Rechtsstaat durch Parlament und Regierung, die Entwicklung von Politik und Wirtschaft in eine Richtung, die sich durch Selbstbestimmung auszeichnet. Damit ist der Begriff »materialer Rechtsstaat« nicht mehr nur einer der allgemeinen Staatslehre. Er gewinnt politische Funktion und lebendigen Inhalt. Der demokratische Sozial- und Rechtsstaat aber ist nicht als etwas Vorgegebenes, sondern als politischer Imperativ zu verstehen. Die ihm entsprechende Sozialordnung ist Gegenstand der Gestaltung durch die Bürger.

Heller ging davon aus, daß im Zeichen des liberalen Rechtsstaates und der in ihm gesetzten Trennung von Staat und Gesellschaft die staatliche Exekutive zur Durchsetzung privater ökonomischer Interessen mobilisiert werden kann. Daher seine Forde-

46 Hermann Heller, Sozialismus und Nation, Berlin 1931, S. 60.
47 Vgl. zum Begriff der Politik: ebd., S. 72ff.

rung, daß auch die ökonomischen Verhältnisse im Staat der Gestaltung durch diejenigen Staatsorgane unterworfen werden müßten, in denen sich die demokratische Selbstbestimmung des Volkes repräsentiert. Damit gelangt er zur Einsicht, daß allein auf dem Weg über eine schwierige – doch für das Überleben der Demokratie notwendige – innerparteiliche Demokratisierung der fortwährenden Tendenz zur Verselbständigung der Staatsgewalt, der Parteiführungen und nicht zuletzt der ökonomisch potenten Mächtegruppierungen (wie Industrie und deren Pressure-groups) begegnet werden könne. Darin zeigt sich, daß auch die Demokratie eine Form politischer Herrschaft darstellt. Doch was sie von allen übrigen Herrschaftsformen abhebt, ist die in ihr angelegte, institutionell garantierte Möglichkeit, Herrschaft in Frage zu stellen.

5. Demokratie als Herrschaftskontrolle

Demokratische Willensbildung ist in der Regel konfliktreich, da keine der streitenden Parteien von sich behaupten kann und darf, sie habe den Stein der Weisen gefunden und sei daher berufen, ohne Rücksicht auf die Interessen der jeweiligen Minderheiten die Herrschaft im Staat auszuüben. So gesehen ist der Staat in einer demokratischen Gesellschaftsordnung kein von der Gesellschaft abgehobener »Obrigkeitsstaat«, sondern das Ergebnis wechselseitiger Einwirkung auf die Staatswillensbildung von seiten der beteiligten Bürger. Diese organisieren sich frei in Verbänden, Organisationen und Parteien. Weder kommt dem demokratischen Staat eine überirdische Weihe noch gar jener Anspruch auf Unfehlbarkeit zu, der einst die Herrscher von Gottes Gnaden legitimieren mochte. Der Staat in der Demokratie gleicht eher einem ausführenden Organ, einem Dienstleistungsbetrieb oder, als Regierung, einer Geschäftsführung auf Zeit – eben für die jeweilige Legislaturperiode, für die die Bürger den Repräsentanten ihr Vertrauen ausgesprochen haben.

Weil dem so ist, konnte Hans Kelsen Demokratie als den Ausdruck eines »Relativismus« begreifen: »Wer sich nur auf irdische Wahrheit stützt, wer nur menschliche Erkenntnis die sozialen Ziele richten läßt, der kann den zu ihrer Verwirklichung unvermeidlichen Zwang kaum anders rechtfertigen als durch die Zustimmung wenigstens der Mehrheit derjenigen, denen die Zwangsordnung zum Heile gereichen soll. Und diese Zwangsordnung darf nur so beschaffen sein, daß auch die Minderheit, weil nicht absolut im Unrecht, nicht absolut rechtlos, jederzeit selbst Mehrheit werden kann.«[48]

Die Problematik, für welche der von Kelsen begründete rechtsphilosophische Relativismus eine der praktischen Vernunft angemessene Lösung sucht, beruht auf einer unvermeidlichen Spannung zwischen Recht und Gerechtigkeit. Sie drängt sich einer jeden gründlichen Reflexion über Staat und Recht auf und ist eine Grundfrage jeder demokratischen Verfassungsordnung.

Setzt man für Staat Macht und für Recht eine vorstaatlich orientierte Naturrechtslehre (»Naturrecht« meint die Idee, daß die rechtlichen Normen, die das Verhalten

48 Hans Kelsen, Vom Wesen und Wert der Demokratie, Aalen 1963 (Neudruck), S. 102f.

der Menschen in einer Gesellschaft regeln, bereits mit der Natur des Menschen gegeben seien und deshalb auch von der menschlichen Vernunft eingesehen werden könnten), so stellt sich die Frage, woraus sich die Geltung des jeweils positiv gesetzten Rechts in einer Staatsordnung herleiten läßt. Es ist nämlich davon auszugehen, daß die historisch stets variierende Gestalt des geltenden Rechts nicht wirklich als »gerecht« im Sinne einer überzeitlichen Naturrechtsvorstellung gelten kann. Es entsteht somit das Dilemma, daß geltendes Recht niemals identisch mit überpositivem Naturrecht ist, dieses aber wiederum – in seiner überempirischen Qualität – nicht wissenschaftlich »bewiesen« werden kann. Die Berufung auf ein Naturrecht beinhaltet insofern stets auch die Relativierung geltenden Rechts; umgekehrt beruht die Anerkennung jeglicher Rechtsgeltung letztlich auf der Einsicht in die unleugbare »Unerkennbarkeit des richtigen Rechts«[49].

Für die Begründung einer sozial- und rechtsstaatlich ausgewiesenen Demokratietheorie hat dieses rechtsphilosophische Dilemma unmittelbar praktische Konsequenzen. Denn wenn es so ist, daß wissenschaftlich eine Beweisbarkeit des jeweils gesetzten positiven Rechts prinzipiell nicht möglich ist, andererseits aber die Berufung auf ein davon abgelöstes, »ewiges« Naturrecht einen demokratischen Konsens nicht zustandekommen läßt, gibt es pragmatisch nur die Lösung, die miteinander streitenden Parteien in der Demokratie dazu zu verpflichten, auf jede Absolutsetzung ihrer konfligierenden weltanschaulich begründeten Positionen zu verzichten. Dann aber muß den jeweils Unterlegenen (der Minorität) eine Chance gelassen werden, sich selbst, sofern das Wählervertrauen sie dazu ermächtigt, in der Regierung zu bewähren. Insofern ist die Oppositionsfreiheit, einer der großen Vorteile demokratischer Verfassungen, eine unmittelbare Konsequenz der Moral dieses rechtsphilosophischen Relativismus.

Gustav Radbruch hat den engen Zusammenhang zwischen demokratischer Willensbildung, Oppositionsfreiheit und Toleranz im demokratisch-liberalen Rechtsstaat wie folgt beschrieben: »Die Entscheidung durch Gesetzgeber ist nicht ein Akt der Wahrheit, sondern ein Akt des Willens und der Autorität... Er kann zwischen den streitenden Parteien den Machtkampf beenden, nicht aber den Meinungskampf... (Dies) würde die Zuständigkeit des Gesetzgebers überschreiten... Der Relativismus, indem er dem Staate das Recht der Gesetzgebung gibt, begrenzt es zugleich, indem er es verpflichtet, bestimmte Freiheiten der Rechtsunterworfenen zu achten: die Freiheit des Denkens, die Freiheit der Wissenschaft, die Freiheit des Glaubensbekenntnisses, die Freiheit der Presse. Der Relativismus mündet aus in den Liberalismus.«[50]

Mit dieser grundlegenden Bestimmung der demokratischen Substanz einer Gesellschaft ist dreierlei gewonnen:
1. der Nachweis, daß Demokratie einen ständigen Meinungskampf nicht bloß zuläßt, sondern zu ihrer eigenen Lebensfähigkeit geradezu fordert;
2. die Einsicht, daß die aus dem politischen Machtkampf hervorgehende Exekutive und Legislative ihre rechtsstaatlichen Grenzen an den Menschenrechten, Grundrechten und -freiheiten der Bürger finden, so daß demokratische Herrschaft stets auch Selbstbindung der Herrschenden bedeutet;

49 Gustav Radbruch, Kulturlehre des Sozialismus, Berlin-Grunewald 1950, S. 108.
50 Gustav Radbruch, Der Mensch im Recht, Göttingen 1957, S. 82f.

3. der Verzicht zur Intervention in den Freiheits- und Grundrechtsbereich der Bürger als eines Kriteriums, das es erlaubt, demokratische von undemokratischen Staatswesen zu unterscheiden; dort, wo diese Freiheiten bedroht oder verletzt werden, geschieht dies nicht selten unter Berufung auf absolut gesetzte Werte, deren Geltung in der politischen Wirklichkeit gegen alle widerstrebenden Interessen behauptet werden soll, woran undemokratische Bewegungen und Systeme zu erkennen sind.

Der in der Literatur oftmals zu Unrecht gescholtene Wertrelativismus in der Rechtsphilosophie bietet so ein durchaus tragfähiges Fundament für ein demokratisches Selbstverständnis.

5.1 Neue soziale Bewegungen

Soziale Bewegungen im heutigen Sinne gibt es erst seit dem Beginn des vorigen Jahrhunderts[51]. Es bedurfte der epochemachenden Erfahrung der Französischen Revolution des Jahres 1789, um Massen in Aktion auf die öffentliche Bühne zu bringen. Von da an erst galt die Geschichte der Menschen als von Menschen selbst in Gang gesetzt, und nicht mehr, wie in früheren Jahrhunderten, als »göttliches Geschick«, schicksalhaftes Verhängnis oder als Errichtung von »Gottes Reich auf Erden«. Im Gegensatz zu religiösen bleiben soziale Bewegungen geschichtsimmanent, wenngleich utopisch. Insofern sind solche Utopien (der französischen Aufklärung oder des Liberalismus und des Sozialismus), die zum »Dampf« dieser Bewegungen gehören, eindeutig auf diese Welt und die menschliche Zukunft gerichtet. Soziale Bewegungen sind stets auch Oppositionsbewegungen. Sie können als der artikulierte Protest gegen die Welt der vorgegebenen, institutionalisierten Herrschaftsverhältnisse, gegen die etablierten Machtstrukturen gelten.

Zwar standen seit der Mitte des vorigen Jahrhunderts am Ursprung heutiger Volksparteien auch soziale Bewegungen (so die Arbeiter-, Gewerkschafts-, liberale und demokratische Bewegungen), doch haben sich in den darauffolgenden Jahrzehnten nahezu alle diese ursprünglichen Bewegungen (auch Vereine, Bünde und so weiter) zu politischen Parteien beziehungsweise Massenorganisationen mit den für sie kennzeichnenden Apparaten entwickelt. Deshalb müssen neue soziale Bewegungen nolens volens sowohl das Ziel der traditionellen Parteien anvisieren (Beteiligung an der Regierung; Ergreifung des Staatsapparates zum Zwecke der Durchsetzung ihrer Programmatik), als auch ihre Identität als »Bewegung« zu bewahren suchen, was, wie die jüngsten Erfahrungen zeigen, keine leichte Aufgabe ist.

In der Entwicklung der sozialen Bewegungen zu großen Massenorganisationen liegt eine eigentümliche Dialektik; sofern und solange sie auf strukturelle Änderungen bestehender gesellschaftlicher und politischer Systeme abzielen, stellen sie ein Ferment der Desintegration dar. Allerdings nur, so lange sie nicht durch integrative Kräfte der Gesellschaft vereinnahmt werden. Vom Geist revolutionärer Unruhe erfüllt, können sie sich – als ein Stück Morgen im Heute – im Namen des Ganzen und der Geschichte als Avantgarde begreifen. Im Vollzug der Erfüllung ihrer Mission

---

51 Vgl. zum Folgenden: Kurt Lenk/Berthold Franke, Theorie der Politik, Frankfurt/M.-New York 1987, S. 101ff.

jedoch geraten soziale Bewegungen, ob sie dies wollen oder nicht, notwendig in den Bannkreis gerade jener politischen Institutionen (Parlamente, Staatsapparate), denen sie erklärtermaßen einst den Kampf angesagt haben.

Rosa Luxemburg (1870–1919) hat diesen Widerspruch, diese Dialektik der Institutionalisierung, die aus der Spannung zwischen originärer Zielsetzung und Zielverwirklichung lebt, für ihre Zeit wie folgt formuliert: »Der weltgeschichtliche Vormarsch des Proletariats bis zu seinem Siege ist tatsächlich keine so einfache Sache. Die ganze Besonderheit dieser Bewegung liegt darin, daß hier zum erstenmal in der Geschichte die Volksmassen selbst und gegen alle herrschenden Klassen ihren Willen durchsetzen, aber ins Jenseits der heutigen Gesellschaft über sie hinaussehen müssen. Diesen Willen können sich die Massen aber wiederum nur im beständigen Kampfe mit der bestehenden Ordnung, nur in ihrem Rahmen ausbilden. Die Vereinigung der großen Volksmassen mit einem über die ganze bestehende Ordnung hinausgehenden Ziele, des alltäglichen Kampfes mit der großen Weltreform, das ist das große Problem der sozialdemokratischen Bewegung, die sich auch folgerichtig auf dem ganzen Entwicklungsgang zwischen den beiden Klippen: zwischen dem Aufgeben des Massencharakters und dem Aufgeben des Endziels, zwischen dem Rückfall in die Sekte und dem Umfall in die bürgerliche Reformbewegung, zwischen Anarchismus und Opportunismus vorwärtsarbeiten muß.«[52]

Was Rosa Luxemburg an der proletarischen Arbeiterbewegung diagnostiziert, läßt sich zwar nicht ohne weiteres auf heutige soziale Bewegungen übertragen, doch ist die damit bezeichnete Spannung zwischen Fundamentalopposition (»Basisbewegung«) und Reformpolitik (»Realpolitik«) ein aktuelles Thema geblieben, wie die innerparteilichen Diskussionen in der Partei »Die Grünen« (als »Fundis« und »Realos«) es offenbart haben.

Seit den weltweiten Studentenprotesten im Jahre 1968 spricht man oft von einer »stillen Revolution« oder »Kulturrevolution«. Gemeint ist damit der Inbegriff gewaltfreier Protestbewegungen gegen etablierte politische und kulturelle Institutionen innerhalb entwickelter westlicher Industriegesellschaften, wie sie seit den siebiger Jahren auch in der Bundesrepublik und in West-Berlin hervorgetreten sind. Eine wesentliche Differenz zwischen den klassischen sozialen Bewegungen (etwa der Arbeiterbewegung und dem Sozialismus im 19. Jahrhundert) und den heutigen Bewegungen ist darin zu sehen, daß jene noch als Ausdruck eines Klassenkonflikts vor dem Hintergrund des Antagonismus von Kapital und Arbeit, diese jedoch im Reproduktionsbereich entstanden sind und wohl auch weiter entstehen.

Um der damit in Form von Bürgerinitiativen, ökologischen Bewegungen, Frauenbewegungen, Grünen und Bunten und nicht zuletzt in der Friedensbewegung sich darstellenden Dynamik gerecht zu werden, operiert das Modell der »kulturellen Revolution« mit der Annahme einer qualitativen Veränderung der Bedürfnisse, eines »Wertewandels« der Individuen innerhalb des gesellschaftlichen Systems. Die

52 Rosa Luxemburg, Sozialreform und Revisionismus, in: Schriften zur Theorie der Spontaneität, hrsg. von Susanne Hillmann, Reinbek 1970, S. 65. Vgl. hierzu auch Otto Kallscheuer, Marxismus und Sozialismus bis zum Ersten Weltkrieg, in: Iring Fetscher/Herfried Münkler (Hrsg.), Pipers Handbuch der Politischen Ideen, Bd. 4: Neuzeit: Von der Französischen Revolution bis zum europäischen Nationalismus, München–Zürich 1986, S. 515–588, hier: S. 569–578.

Impulse hierfür werden von Gruppierungen meist jüngerer, mit qualifizierter Schulbildung ausgestatteter Bürger entwickelt, die vermöge einer neuen Sensibilität alternative Lebensformen experimentell zu praktizieren suchen – was immer das im einzelnen heißen mag. Aus der Tatsche der Verlagerung der Trägerschaft von sozialen Bewegungen auf Angehörige von Mittelschichten erklärt sich der spontane und »voluntaristische« Charakter solcher Initiativen, hierin – wenn auch unter Vorbehalten – den Jugend- und Lebensreformbewegungen der Jahrhundertwende vergleichbar. Hier wie dort gibt es eine »Akzeptanzkrise« der technisch-industriellen Zivilisation und ihrer sozialen und kulturellen Folgen; hier wie dort lautet die Devise: Erst der neue Mensch, dann der neue Staat!

Die sich unter dem Sammelbegriff der Alternativbewegungen regenden Reformversuche vollziehen sich im Bereich der »Lebenswelt« (Erziehung, Wohnung, Familie, Geschlechterrolle und so weiter). War Politik als »Interessenkonflikt« im vorigen Jahrhundert primär Ausdruck ökonomischer Widersprüche, das heißt Politik im Zeichen des »Herrschaftsparadigmas«, so wird dieser Typ der politischen Auseinandersetzung seit den fünfziger Jahren überlagert durch ein Wohlfahrts- und sozialstaatliches »Verteilungsparadigma«. Der frühere Klassenkonflikt wird zum Verteilungskampf und erscheint als solcher für gewöhnlich durch sozialpolitische Maßnahmen regulierbar. Durch die damit ermöglichten systemkonformen Entschädigungen im Sinne einer allmählichen »Professionalisierung der Reform« sind diese Verteilungskonflikte grundsätzlich zu befrieden.

Das neue Paradigma der »Lebenswelt«, das sich seit den siebziger Jahren zunehmend Geltung verschafft, bedeutet – als Reflex auf das noch am kontinuierlichen Wirtschaftswachstum orientierte Systemdenken – eine Rückbewegung auf die Bedürfnisstrukturen und Werthaltungen der Individuen selbst, die sich nunmehr als »Betroffene« aufgrund verschiedenster Beweggründe zum Protest gegen die Imperative des »Systems« herausgefordert sehen[53]. Die Kritik an einer Gesellschaftsordnung, die einer wirtschaftlichen Fortschrittseuphorie (Wachstumsfetisch) huldigt, entspringt der Erfahrung, daß Wachstum nicht automatisch vom Fortschritt humaner Lebensverhältnisse begleitet ist, sondern zunehmend selbstzerstörerische Tendenzen offenbart (Zerstörung der Umwelt und der natürlichen Ressourcen, psychische und soziale Deprivation, Entfremdungserscheinungen im zwischenmenschlichen Umgang und so weiter[54]). Im Mittelpunkt dieses Paradigmas der Lebenswelt steht die Frage nach der sozialen Identität des Menschen im ausgehenden 20. Jahrhundert.

Mit dem Aufkommen der Alternativ-, Ökologie-, Frauen-, Friedens- und anderer Protestbewegungen ist die traditionelle Links-Rechts-Skala des politischen Spektrums durch eine Querachse überlagert worden, deren Pole man als das Paradigma der Lebenswelt einerseits und das Verteilungsparadigma andererseits bezeichnen kann. Das Paradigma der Lebenswelt umschreibt die Themen der »Neuen Politik«: Selbstverwirklichung, Partizipation, moralische Probleme und nicht zuletzt die Frage

53 Zum Verhältnis von »System« und »Lebenswelt« vgl. Jürgen Habermas, Theorie des kommunikativen Handelns, 2 Bde., Frankfurt/M. 1981, Bd. 2, S. 171ff.

54 Vgl. zu diesem Problem Karl Georg Zinn, Die Selbstzerstörung der Wachstumsgesellschaft, Reinbek 1980.

nach der »Lebensqualität«, während das Verteilungsparadigma auf die sozialstaatlich garantierte materielle Versorgung und Sicherheit der Bürger abzielt.

Den Protestbewegungen ist nicht selten die Abkehr vom Rationalitätsmodell der überkommenen Formen kapitalistischer und sozialistischer Richtungen gemeinsam. Aus der Optik des Paradigmas der Lebenswelt erscheinen alle seitherigen politischen Ideen und Programme (vielleicht mit Ausnahme einiger anarchistischer) den Zielen der Wachstumsökonomie verhaftet. Liberale und sozialistische Konzepte sehen das Wesensmerkmal des gesellschaftlichen Fortschritts im Wachstum der technischen und wirtschaftlichen Instrumente, die allesamt Ergebnisse der neuzeitlichen Naturbeherrschung und des dazugehörigen Herrschaftswissens darstellen. Die Frage des *Knowhow* überlagert in der tradierten Politik eindeutig die des *Know-why*.

Eben diese kardinale Frage nach dem Sinn menschlichen Tuns, nach dem Wozu des technisch-zivilisatorischen Fortschritts wird von den neuen sozialen Bewegungen aufgeworfen, eine Herausforderung nicht allein für westlich-kapitalistische, sondern auch für heutige sozialistische Industriegesellschaften. Demgegenüber plädiert ein Teil der neuen sozialen Bewegungen für eine neue »Bestandsökonomie«, auch wenn sich vorerst nur rudimentäre Ansätze hierfür abzeichnen: »Deshalb erscheint es angemessen, die Gegenposition, die Akkumulation und Wachstum nicht mehr als das Wesen künftiger Ökonomie begreift, als neues Paradigma zu qualifizieren. Hieraus könnte sich dann auch eine neue Wirtschaftstheorie der ›Bestandsökonomie‹ – im Gegensatz zur Wachstumsökonomie – entwickeln ... Wäre es denkbar, daß zwar wirtschaftliches Wachstum technisch und auch von den natürlichen Produktionsgrundlagen her möglich wäre, aber die Art des bisherigen quantitativen Wachstums von den Menschen nicht mehr als befriedigend empfunden wird und sie deshalb ihre Nachfrage in einer Weise verändern, die sich über Wachstum nicht mehr befriedigen läßt?«[55]

Gegenüber dem »Wachstumskartell« (Staat/Mehrheitsparteien/Gewerkschaften/Industrie), das Modernisierung und Fortschritt primär als eine quantitativ meßbare Produktivkraftentfaltung definiert, fordern die neuen sozialen Bewegungen ein alternatives, qualitativ bestimmtes Rationalitätsmodell von Politik, letztlich eine ethische Lösung sozialer und ökonomischer Probleme mit globaler, weltumspannender Perspektive (zum Beispiel Nord-Süd-Problematik).

War es das Kennzeichen der bisherigen Formen organisierter Bedürfnisbefriedigung, daß die dabei angewandten Mittel regelmäßig über die Zweckbestimmung der Bedürfnisse Herrschaft gewannen, so propagiert die »Neue Politik« qualitativ höherwertige Formen der Beziehung der Menschen im Umgang miteinander, zu sich selbst und nicht zuletzt auch zur Natur als der eigentlichen Grundlage des Lebens der Menschengattung. Ist es der modernen sozialstaatlichen Organisation der Gesellschaft in Ländern der westlichen Demokratien gelungen, Klassenkonflikte systemneutral auszubalancieren, so liegen die Protestpotentiale heute gerade dort, wo man vom zentralen Konfliktverhältnis der Vergangenheit, dem zwischen Kapital und Arbeit, am weitesten entfernt ist: nämlich im sogenannten tertiären Sektor (Bildungs- und Dienstleistungsbereich). Hier findet jene kulturelle und soziale Reproduktion

55 Karl Georg Zinn, Soziale Wachstumsgrenzen – ein neues Paradigma der ökonomischen Theorie?, in: Wirtschaft und Gesellschaft, 10 (1984) 2.

statt, in der sich ein Wert- und Einstellungswandel vollzieht, der als Wende zum »Postmaterialismus« bezeichnet wird[56].

Die Frage, die sich an diesen Erklärungsansatz für das Aufkommen und die Virulenz der neuen sozialen Bewegungen anschließt, ist die nach der Bedingtheit heutiger Protestbewegungen durch eine Wohlstandsgesellschaft, die postmaterialistische Präferenzen überhaupt erst ermöglicht. Das Plädoyer für postmaterialistische Werte wäre damit eines, das sich der mittlerweile als Selbstverständlichkeit erscheinenden Sättigung der materiellen Grundbedürfnisse der Menschen verdankt.

Diese Feststellung enthält keine Wertung des Vorhabens neuer sozialer Bewegungen, doch sollte sie bei der Beurteilung ihrer künftigen Konsistenz, Stabilität beziehungsweise Instabilität berücksichtigt werden, da bei sinkenden Wachstumsraten gerade die hier als Bedingung für postmaterialistische Werthaltungen eingeführte materielle Absicherung in Gefahr geraten dürfte.

Ohne die Garantie eines gewissen Maßes an materieller Sicherheit ist die Entstehung postmaterialistischer Werthaltungen wohl kaum denkbar. Dieser Umstand wird jedoch die prinzipielle Notwendigkeit zur Umorientierung angesichts völlig neuartiger Problemlagen nicht in Frage stellen können. Das konservative Denkmuster, Forderungen nach »Neuer Politik« als »Wohlstandsneurose« der verwöhnten Nachkriegsgeneration abzutun, wird dort fadenscheinig, wo die parlamentarischen Vertreter dieser Forderungen mit sachlichem Wählerauftrag das Monopol der alten Parteien in Frage stellen.

Auch wenn die heutigen Protestbewegungen mit Vorstellungsmustern teils aus der frühsozialistischen Tradition, teils aus der Gedankenwelt des sozialdemokratischen Reformismus argumentieren, lassen sie sich doch nicht ohne weiteres als eine Fortsetzung der klassischen sozialen Bewegungen begreifen. Vielmehr bietet das offenbar werdende Unbehagen an den etablierten Institutionen (Volksparteien, Gewerkschaften, Verbänden) und politischen Systemen (gerade auch des Kommunismus und der orthodox-marxistischen Organisationen) den Hintergrund für das Aufkommen dieses Protestes. Seine vielfältigen programmatischen und strategischen Formen lassen sich daher auch als Reaktionsweisen auf die Strukturen der »verwalteten Welt« (Theodor W. Adorno) begreifen.

5.2 Demokratie oder Technokratie?

Der Topos vom »technischen Staat«, mit dem Helmut Schelsky (1912–1984) die deutsche Technokratiediskussion zu Beginn der sechziger Jahre auslöste, kann nur dann hinreichend begriffen werden, wenn die anthropologischen Prämissen in den Blick kommen, von denen her dieses Konzept entwickelt wurde. Den theoretischen Rahmen, in welchem der modellhafte Entwurf vom technischen Staat angesiedelt ist, liefert vor allem Arnold Gehlens (1904–1976) Institutionenlehre. Es ist daher gefordert, sich die anthropologischen Grundlagen zu vergegenwärtigen, von denen her dieser Topos sinnvoll erscheint.

56 Vgl. hierzu Ronald Inglehart, The Silent Revolution: Changing Values and Political Styles among Western Publics, Princeton 1977; vgl. ders., Kultureller Umbruch, Frankfurt/M.-New York 1989.

Bei Gehlen ist die Rede davon, daß »die Welt der Technik... sozusagen der ›große Mensch‹«[57] sei. Wie der Mensch sei sie *nature artificielle* (»zweite«, künstliche Natur), jene vom Menschen selbst geschaffene und fortwährend umgeschaffene Welt. Philosophiegeschichtlich lebt der Topos vom »technischen Staat« von jener antiken Kosmosmetaphysik, die als Mikrokosmos-Makrokosmos-Lehre bekannt ist. Sie behauptet eine Struktur- und Wesensgleichheit von Mensch und Weltall. Bei Gehlen freilich nimmt die »zweite Natur« zugleich die Bedeutung einer nicht bloß künstlichen, sondern darüber hinaus »gezüchteten« Natur an, eine Vorstellung, die eng mit seiner Institutionenlehre verknüpft ist. Deren Kern bildet das Begriffspaar vom »Umschlagen« und vom »Sachzwang«, womit das Phänomen der Entfremdung menschlicher Handlungsvollzüge umschrieben wird. Entfremdung meint hier das Umschlagen ehedem noch unmittelbarer sozialer Handlungsgefüge in die Eigengesetzlichkeit institutioneller Ordnungen, die nun ihrerseits eine unpersönliche, funktionelle Herrschaft über die ihnen untergeordneten Individuen ausüben: eine Herrschaft nicht von Menschen über Menschen, sondern aus dem Zwang der Sache heraus.

Die Pointe der Gehlenschen Institutionenlehre liegt gerade in dem Bemühen, nachzuweisen, daß im Umschlagen sozialer Handlungsgefüge in institutionelle Eigengesetzlichkeit ein allgemein anthropologischer Vorgang zu sehen sei, der für das Fortbestehen der einmal erreichten Zivilisationsstufe unbedingt gefordert ist.

Das an einer Sache orientierte Handeln des Menschen führt demnach notwendig zur Versachlichung auch der sozialen Beziehungen zwischen den Handlungsträgern. Der so entstehende »Sachzwang« ist für Gehlen ein ebenso notwendiges wie erwünschtes Disziplinierungsmittel, weil ohne ihn der Mensch mit seinem chaotischen Antriebsüberschuß bei mangelnder Instinktregulierung gar nicht lebensfähig wäre. Der Sachzwang der Institutionen repräsentiert sonach jene funktionale Autorität, die im Kontext der amerikanischen Soziologie als *operational authority* bekannt ist (Talcott Parsons).

»Entfremdung« im Rahmen dieser Anthropologie ist nicht mehr ein Zustand, der kritisch überwunden, sondern ein Umstand, der im Gegenteil bewußt stabilisiert werden soll. Entfremdung als Kennmarke einer positiv gemeinten empirischen Anthropologie lebt von der Vorstellung, daß allein in institutionellen Ordnungen die Entfaltung menschlicher Freiheit vor sich gehen könne. In der Entfremdung selbst, im Umschlagen sozialer Handlungsgefüge in den Eigensinn der Institutionen – nichts anderes ist ja der Sachzwang – zeige sich jene konkrete Gestalt der Freiheit, deren der Mensch überhaupt fähig ist.

In diesem Sinne heißt es bei Gehlen: »Die Institutionen sind die großen bewahrenden und verzehrenden, uns weit überdauernden Ordnungen und Verhängnisse, in die die Menschen sich sehenden Auges hineinbegeben, mit einer für den, der wagt, vielleicht höheren Art von Freiheit als der, die in ›Selbstbestätigung‹ bestände.«[58]

Eine solche »Geburt der Freiheit aus der Entfremdung« ist auch die utopische Verheißung des Modells vom »technischen Staat«. Blieb in der Vorstellung von der

---

57 Arnold Gehlen, Die Seele im technischen Zeitalter, Hamburg 1957, S. 9.
58 Arnold Gehlen, Studien zur Anthropologie und Soziologie, Neuwied 1963, S. 245.

entfremdeten industriellen Arbeit bei Marx noch die Perspektive ihrer historisch möglichen Aufhebung, so erscheint im Kontext der Technokratiethese die Vergegenständlichung des Menschen bereits als menschliche Selbstverwirklichung. Denn Technik ist Schelsky zufolge »die Form, in der der menschliche Geist sich als Weltgegenständlichkeit verkörpert und schafft«[59], worunter er nicht mehr Industriearbeit, sondern primär Verwissenschaftlichung der gesamten Zivilisation, vor allem Human- und Sozialtechniken versteht.

Der sich entäußernde Mensch wird identisch mit seinen Produkten, weil die Künstlichkeit der technischen Welt seine zweite, und das heißt: seine wahre Natur darstellt. Er löst sich vom Naturzwang, um sich einem noch härteren Produktionszwang zu unterwerfen. Das in Arbeit und Technik sich vergegenständlichende menschliche Wesen geht völlig in technisch-wissenschaftlichen Superstrukturen auf – es behält nichts von sich zurück. Die paradoxe Formel lautet daher: Die Menschen sind frei im gleichen Maße als sie sich selbst funktionalisieren. So kann der »technische Staat« als »herrschaftsfrei« gelten, gerade weil der Mensch sich an die Dinge völlig entäußert.

Dies läßt sich als ontologisierte Entfremdungsthese bezeichnen. Das Lob der neuen Stufe der Technik ist bei Gehlen und Schelsky nicht etwa ein taktisches Manöver von Konservativen, die den Anschluß an den technischen Fortschritt nicht versäumen wollen, sondern Konsequenz des anthropologischen Ansatzes.

5.2.2 *Technischer Staat und Magie der Technik*

Entsprachen nach Gehlen in der Vorzeit die magischen Künste »dem Bedürfnis, die Gleichförmigkeit des Naturverlaufes sicherzustellen und den Rhythmus der Welt zu stabilisieren, indem man gegen Unregelmäßigkeiten und Ausnahmefälle«[60] anging, so kommt in durchaus analoger Weise der »technische Staat« dem allgemeinen Bedürfnis nach Umweltstabilität, Wachstum und stetem Fortschritt entgegen. Daraus entsteht eine neue Magie, die Magie der Technik, die Politik als normativ orientiertes Handeln letztlich überflüssig machen soll.

Man kann daher sagen: Der Schein, den die Technik als autonomes, im Selbstlauf sich perfektionierendes Übersubjekt verbreitet – gerade auch in der Perzeption der Betroffenen –, wird im »technischen Staat« begrifflich hypostasiert.

Da technische Reproduktion und technische Rationalität die Überlebensbedingungen der Gesellschaft garantieren, wird die Anerkennung des technischen Universums als solche zu einem Moment konkreter Freiheitsverwirklichung. Vom Staat heißt es bei Schelsky: »Er ist ein universaler technischer Körper geworden und beweist seine staatliche Effizienz nicht zuletzt in der Perfektionierung der technischen Möglichkeiten der Gesellschaft.«[61] »In diesem technischen Staat herrscht gar niemand mehr, sondern hier läuft eine Apparatur, die sachgemäß bedient sein will.«[62]

---

59 Helmut Schelsky, Der Mensch in der wissenschaftlichen Zivilisation, in: ders., Auf der Suche nach Wirklichkeit, München 1979, S. 457.

60 A. Gehlen, Die Seele im technischen Zeitalter (Anm. 57), S. 15.

61 H. Schelsky, Der Mensch in der wissenschaftlichen Zivilisation (Anm. 59), S. 467.

62 Ebd., S. 470.

Damit entfällt auch die Kategorie politischer Legitimität, denn das Funktionieren selbst liefert bereits die Legitimation.

5.2.3 Instrumentalisierung von Politik

Mit der Formel »technischer Staat« soll demnach eine Form der herrschaftsfreien Ordnung umschrieben werden, in der nur mehr die Verwaltung von Sachen stattfindet. Was allein herrscht, ist der Sachverstand, der sich aus den Notwendigkeiten des Funktionierens der technischen Welt ergibt. Je mehr die Individuen sich von den Imperativen der Sachgesetzlichkeit leiten lassen, um so weniger bedarf es noch einer politischen Herrschaft, die ja stets – wie Schelsky zufolge auch noch im demokratischen Staat – Herrschaft von Menschen über Menschen bedeutet.

Die Kernthese dieses technokratischen Politikmodells lautet: Politische Entscheidungen nehmen heute die Form sachlogischer, das heißt von Fachleuten vorbereiteter und vom Sachverstand als notwendig erwiesener Maßnahmen an. Gegen solche sachlogischen Argumente gibt es keinen plausiblen politischen Einwand mehr. Sachentscheidungen sind selbstevident und erübrigen deshalb politische Willensbildung wie politische Herrschaft.

Diese Vorstellung einer Ablösung politischer Herrschaft durch Sachzwänge der technischen Mittel ist vor allem deshalb ein Trugschluß, weil technische Rationalität sich dazu eignet, politische Herrschaft unangreifbar zu machen. Nichts ist bequemer, als Entscheidungen damit zu rechtfertigen, daß sie als Unausweichlichkeiten einer funktionierenden technischen Apparatur ausgegeben werden. Politik erscheint dann als durch Sachgesetzlichkeiten weggeregelt. In Wirklichkeit ist die Politik den Experten zugefallen, weil nur sie alle wesentlichen Vorentscheidungen zu treffen haben, um den *best one way* herauszufinden.

5.2.4 Entideologisierung

Vom Blickwinkel der Technokratielehre her werden die politischen Repräsentanten zu Vertretern bloß partikularer Interessen, weil sie noch mit veralteten Programmen und Ideologien operieren, die allenfalls zur »Motivmanipulation taugen können für das, was unter sachlich notwendigen Gesichtspunkten sowieso geschieht«[63]. Gegenüber den Experten als den wahren Vertretern des Allgemeininteresses müssen die Politiker – sofern sie sich nicht den Sachgesetzlichkeiten fügen – zu bloßen Interessenvertretern des Partikularen werden[64].

Die Überlegenheit des technokratischen Bewußtseins gegenüber herkömmlicher Politik und Ideologie beruht vor allem darauf, daß hier nicht mehr eine Veränderungsabsicht ins Spiel gebracht wird, sondern daß der unübersehbare Gang des wissenschaftlich-technischen Fortschritts selbst – sowie die Verwissenschaftlichung auch der alltäglichen Lebenspraxis – zur Legitimation bestehender Verhältnisse dienen kann. Das immer schon vorauszusetzende Interesse am Bestehenden und am

63 Ebd., S. 473.
64 Ebd., S. 471.

kontinuierlichen Fortschritt der technischen Superstrukturen wird als Allgemeines und damit Verallgemeinerbares zum Gattungsinteresse selbst erklärt. Unter den Bedingungen der technischen Superstruktur sind die gesellschaftlichen Verhältnisse, weil allein von der Rationalität des Sachzwangs bestimmt, nicht veränderbar. Denn Veränderbarkeit behaupten hieße ja, Politik noch als eine vom freien Willen der Menschen bestimmte autonome Sphäre zu betrachten, in der noch von Menschen selbst gesetzte normative politische Ziele verfolgt werden könnten.

Da alle entscheidenden Probleme nur mehr technisch lösbar erscheinen, bedarf es diesem Modell zufolge auch keiner demokratischen Willensbildung mehr. Die Entpolitisierung der Bevölkerung gehört geradezu zu den Bestandsbedingungen der Technokratie, da im »technischen Staat« kein Konfliktpotential aufkommen darf, das den geregelten Fortgang technischer Perfektion nur behindern könnte. Technokratie bedeutet in dieser Sicht zugleich das Ende aller Ideologien, soweit Ideologien als auf Veränderung der gesellschaftlichen Wirklichkeit abzielende Bewußtseinsenergien gefaßt werden.

5.2.5 Technokratie als Gegenmodell zur Demokratie

Der »Staatsstreich der Technik« (Schelsky) in der wissenschaftlichen Zivilisation hat, so scheint es, der Demokratie ihre Substanz entzogen. Für die Demokratie hat die Inthronisierung von technisch bestimmten Sachgesetzlichkeiten die Konsequenz, daß mit dem Fortfall personaler Herrschaft auch die Notwendigkeit für irgendwelche Willensbildungsprozesse im Volk entfällt. Ist alles Handeln dem Gebot des technischen *best one way* unterworfen, wird politische Willensbildung überflüssig.

Der »technische Staat« als Gegenmodell zur Demokratie ermöglicht somit die Ausklammerung von konkreten politischen Entscheidungsprozessen. Er verspricht die Lösung aller entscheidenden Konflikte, denn er suggeriert die Idee einer alternativlos-nichtpluralistischen Welt. In einer solchen, überraschungslos gewordenen Welt bleibt den Menschen nur mehr die Chance übrig, sich in die vorhandenen Funktionszusammenhänge einzufügen, sich den Institutionen anzupassen, weil sie sozusagen das einzig Beständige darstellen. Und die mächtigste dieser Institutionen ist die Technik, da sie ihre Methoden allen übrigen Lebensbereichen auf eine eher lautlose als gewaltsame Weise aufgezwungen hat.

Alles, was die Politik im 19. Jahrhundert noch zu bieten hatte: Liberalismus, Sozialismus, Ideologien und Klassenkämpfe, liegt im »technischen Staat« aus der Sicht seiner Apologeten ein für allemal hinter uns. Deren Beschwörung könne allenfalls noch ästhetischen Bedürfnissen, nicht aber politischen Notwendigkeiten genügen.

Die Technokratiethese gipfelt in der Aussage, daß mit der zunehmenden Perfektionierung des modernen Industriesystems das humane Potential, dem es sich verdankt, zugleich fortwährend im Schwinden begriffen ist. Das vielberufene Humankapital, auf das dieses System nach wie vor angewiesen bleibt, ist eine mit beschleunigtem Tempo technischer Fortschritte schwindende Ressource. Damit gehorcht – technokratischer Logik zufolge – die europäisch-abendländische Kultur dem Entropiegesetz. Schon Jacques Ellul (1926) hat darauf verwiesen, »daß jede Anwendung einer Technik von Anfang an bestimmte unvorhersehbare Sekundäreffekte mit sich bringt, die sich verhängnisvoller auswirken, als es das Fehlen dieser Technik gewesen wäre«[65].

Damit erhält die allbekannte Tatsache der nichterneuerbaren und nicht vermehrbaren Energievorräte der Erde ihr Pendant in den knapper werdenden Ressourcen der menschlichen Psychologie. Da es keinen Weg zurück und auch keinen Ausstieg gibt, kann man mit Ellul, Gehlen und Schelsky davon ausgehen, daß es beim derzeit erreichten technisch-zivilisatorischen Kulturstand der dauernden höchsten Anstrengung bedarf, um die künftige Fortentwicklung des industriellen Gesellschaftssystems zu sichern, ohne dabei dem Gesetz der Entropie zu erliegen. Dies würde allerdings auch bedeuten, daß das stille Ende demokratischer Verfassungen, von dem Schelsky zu berichten weiß, auch eine eminente Gefährdung jeglicher freien wissenschaftlichen Forschung bedeutet. Man muß heute kein Kulturpessimist sein, um die Ambivalenz des technischen Fortschritts wahrzunehmen.

6. Schluß

»Alles spricht dafür, daß es in fortgeschrittenen Industrieländern zur parlamentarischen Demokratie und der Verbindung von freier Wirtschaft und Sozialstaat nur Varianten, aber keine vernünftige und lebenswerte Alternative prinzipieller Art gibt.«[66] Diese, durch die jüngsten Ereignisse in vielen osteuropäischen Ländern offensichtlich gewordene Alternativlosigkeit zur Verfassung der Freiheit besagt jedoch noch nichts über das in der jeweiligen Verfassungswirklichkeit demokratisch verfaßter Länder gegebene Verhältnis von Markt, Parlamentarismus, Sozialstaatlichkeit und den darin enthaltenen Chancen zu einer lebendigen Demokratie. Diese ist vielmehr von Faktoren abhängig, die über bloße Verfahrensregeln hinausweisen: von der politischen Kultur, der Öffentlichkeit und – last not least – von dem Bedürfnis der Bürger, in Freiheit unter ihresgleichen leben zu wollen. Hierzu bedarf es außer institutioneller Garantien (wie Machtkontrolle und wachsamer Öffentlichkeit) auch eines gemeinsamen Willens zur Kompromißbildung, da andernfalls ein demokratischer Grundkonsens fehlt. Demokratie ist, alles in allem, eine komplexe Form des politischen Zusammenlebens; ihr Funktionieren hängt von einer Vielzahl von Variablen ab. Daß trotz dieser Komplexitiät nicht bloß die europäischen sozialen und politischen Bewegungen, allen Rückschlägen zum Trotz, in Richtung auf demokratische Ordnungen hinzielen, läßt Raum für begründete Hoffnung.

65 Jacques Ellul, The Technological Society, New York 1964, S. 105.
66 Dieter Wellershof, Befreiung und Modernisierungsschub, in: Merkur, 44 (1990) 491.

Literaturhinweise

Adler, Max, Politische und soziale Demokratie, Berlin 1926.
Albrecht, Stephan, Hermann Hellers Staats- und Demokratieauffassung, Frankfurt/M. – New York 1983.
Bachrach, Peter, Die Theorie demokratischer Elitenherrschaft, Frankfurt/M. 1970.
Beck, Ulrich, Risikogesellschaft. Auf dem Weg in eine andere Moderne, Frankfurt/M. 1986.
Ders., Gegengifte, Die organisierte Unverantwortlichkeit, Frankfurt/M. 1988.
Becker, Werner, Elemente der Demokratie, Stuttgart 1985.
Bell, Daniel, Die nachindustrielle Gesellschaft, Reinbek 1979.
Bobbio, Norberto, Die Zukunft der Demokratie, Berlin 1988.
Bottomore, Thomas Burton, Elite und Gesellschaft, München 1966.
Brand, Karl-Werner, Neue soziale Bewegungen, Opladen 1982.
Ders./Büsser, Detlef/Rucht, Dieter, Aufbruch in eine andere Gesellschaft, Frankfurt/M. – New York 1983.
Buck, Hans-Robert (Hrsg.), Demokratie, München 1974.
Büttner, Ursula (Hrsg.), Das Unrechtsregime (Internationale Forschung über den Nationalsozialismus, Bd. 1), Hamburg 1986.
Bundeszentrale für Politische Bildung (Hrsg.), Grundlagen unserer Demokratie (Schriftenreihe Bd. 270), Bonn 1988.
Burisch, Wolfram, Ideologie und Sachzwang, Tübingen 1967.
Burnham, James, Das Regime der Manager, Stuttgart 1948.
Cremer, Will/Klein, Ansgar (Hrsg.), Umbrüche in der Industriegesellschaft. Herausforderungen für die politische Bildung, Opladen 1990.
Dahrendorf, Ralf, Gesellschaft und Demokratie in Deutschland, München 1965.
Deutsche Vereinigung für Politische Wissenschaft (Hrsg.), Probleme der Demokratie heute (Politische Vierteljahresschrift, Sonderheft 2/1970), Opladen 1971.
Duverger, Maurice, Demokratie im technischen Zeitalter, München 1973.
Ebbighausen, Rolf/Neckel, Sighard (Hrsg.), Anatomie des politischen Skandals, Frankfurt/M. 1989.
Ellul, Jacques, The Technological Society, New York 1964.
Fetscher, Iring, Rousseaus Politische Philosophie, Neuwied und Berlin 1968[2].
Ders., Die Demokratie, Stuttgart u. a. 1972[2].
Ders./Münkler, Herfried (Hrsg.), Pipers Handbuch der Politischen Ideen, Bd. 4 und Bd. 5, München–Zürich 1986 und 1987.
Finley, Moses I., Antike und moderne Demokratie, Stuttgart 1980.
Forschungsgruppe Neue Soziale Bewegungen (Hrsg.), 40 Jahre Soziale Bewegungen: Von der verordneten zur erstrittenen Demokratie, Sonderheft 1989 des Forschungsjournals Neue Soziale Bewegungen, Bonn 1989.
Fraenkel, Ernst, Die repräsentative und die plebiszitäre Komponente im demokratischen Verfassungsstaat, Tübingen 1958.
Ders., Deutschland und die westlichen Demokratien, Stuttgart 1964.
Ders., Reformismus und Pluralismus, Hamburg 1973.
Funke, Manfred/Jacobsen, Hans-Adolf/Knütter, Hans-Helmuth/Schwarz, Hans-Peter (Hrsg.), Demokratie und Diktatur, Bonn 1987.
Gehlen, Arnold, Die Seele im technischen Zeitalter, Hamburg 1957.
Ders., Studien zur Anthropologie und Soziologie, Neuwied 1963.
Geiger, Theodor, Arbeiten zur Soziologie, Neuwied 1962.
Göhler, Gerhard (Hrsg.), Grundfragen der Theorie politischer Institutionen, Opladen 1987.
Glotz, Peter (Hrsg.), Ziviler Ungehorsam im Rechtsstaat, Frankfurt/M. 1983.
Grebing, Helga, Konservative gegen die Demokratie, Frankfurt/M. 1971.
Gudrich, Hannelore/Fett, Stefan, Die pluralistische Gesellschaftstheorie, Stuttgart u. a. 1974.
Guggenberger, Bernd/Offe, Claus (Hrsg.), An den Grenzen der Mehrheitsdemokratie, Opladen 1984.

HABERMAS, JÜRGEN/FRIEDEBURG, LUDWIG VON/ÖHLER, CHRISTOPH/WELTZ, FRIEDRICH, Student und Politik, Neuwied 1961.
HABERMAS, JÜRGEN, Strukturwandel der Öffentlichkeit, Neuwied und Berlin 1971[5].
DERS., Legitimationsprobleme im Spätkapitalismus, Frankfurt/M. 1973.
DERS., Theorie des kommunikativen Handelns, 2 Bde., Frankfurt/M. 1981.
HACK, LOTHAR, Vor Vollendung der Tatsachen, Frankfurt/M. 1988.
HÄUßERMANN, HARTMUT, Die Politik der Bürokratie, Frankfurt/M. – New York 1977.
HELLER, HERMANN, Gesammelte Schriften, 3 Bde., Leiden 1971.
HENNIS, WILHELM, Die mißverstandene Demokratie, Freiburg i. Br. 1973.
DERS./KIELMANSEGG, P. GRAF/MATZ, ULRICH (Hrsg.), Regierbarkeit, 2 Bde., Stuttgart 1977.
HESSE, JENS (Hrsg.), Politikwissenschaft und Verwaltungswissenschaft (Politische Vierteljahresschrift, Sonderheft 13/1982), Opladen 1982.
HEUER, UWE-JENS, Marxismus und Demokratie, Baden-Baden 1989.
INGLEHART, RONALD, Kultureller Umbruch, Frankfurt/M. 1989.
JACOBY, HENRY, Die Bürokratisierung der Welt, Neuwied und Berlin 1969.
KELSEN, HANS, Staatsform und Weltanschauung, Tübingen 1933.
DERS., Vom Wesen und Wert der Demokratie, Aalen 1963.
DERS., Das Problem des Parlamentarismus, Darmstadt 1968[2].
DERS., Aufsätze zur Ideologiekritik, Neuwied 1964.
KIELMANSEGG, PETER GRAF, Volkssouveränität, Stuttgart 1977.
KIRCHHEIMER, OTTO, Politik und Verfassung, Frankfurt/M. 1964.
KÖNIG, RENÉ, Soziologische Orientierungen, Köln – Berlin 1965.
KREMENDAHL, HANS, Pluralismustheorie in Deutschland, Leverkusen 1977.
KROCKOW, CHRISTIAN GRAF VON/LÖSCHE, PETER, Parteien in der Krise, München 1986.
KURZ, HANS (Hrsg.), Volkssouveränität und Staatssouveränität, Darmstadt 1970.
LEIBHOLZ, GERHARD, Strukturprobleme der modernen Demokratie, Karlsruhe 1958.
LENK, HANS (Hrsg.), Technokratie als Ideologie, Stuttgart u. a. 1973.
LENK, KURT, Politische Soziologie, Stuttgart u. a. 1982.
DERS./FRANKE, BERTHOLD, Theorie der Politik. Eine Einführung, Frankfurt/M. – New York 1987.
LENK, KURT, Deutscher Konservatismus, Frankfurt/M. – New York 1989.
LEUENBERGER, THEODOR, Bürokratisierung und Modernisierung der Gesellschaft, Bern und Stuttgart 1975.
LIPSET, SEYMOUR MARTIN, Soziologie der Demokratie, Neuwied – Berlin 1962.
LUHMANN, NIKLAS, Politische Theorie im Wohlfahrtsstaat, Wien 1981.
MACPHERSON, CRAWFORD B., Demokratietheorie, München 1977.
MANNHEIM, KARL, Mensch und Gesellschaft im Zeitalter des Umbaus, Darmstadt 1958.
MARCUSE, HERBERT/POPPER, KARL, Revolution oder Reform?, München 1971.
MATZ, ULRICH (Hrsg.), Grundprobleme der Demokratie, Darmstadt 1973.
MAYNTZ, RENATE, Soziologie der öffentlichen Verwaltung, Heidelberg – Karlsruhe 1978.
MICHELS, ROBERT, Zur Soziologie des Parteiwesens in der modernen Demokratie (Neudruck der 2. Auflage), Stuttgart 1957[2].
MOSCA, GAETANO, Die herrschende Klasse, Salzburg 1950.
MÜLLER, CHRISTOPH/STAFF, ILSE (Hrsg.), Staatslehre in der Weimarer Republik, Frankfurt/M. 1985.
NARR, WOLF-DIETER/NASCHOLD, FRIEDER, Theorie der Demokratie, Stuttgart u. a. 1982.
NASCHOLD, FRIEDER, Organisation und Demokratie, Stuttgart u. a. 1969.
NEUMANN, FRANZ, Demokratischer und autoritärer Staat, Frankfurt/M. – Wien 1967.
PARETO, VILFREDO, System der allgemeinen Soziologie, Stuttgart 1962.
PRÄTORIUS, RAINER, Bürokratie und Kapitalismus, Gießen 1973.
DERS., Soziologie der politischen Organisationen, Darmstadt 1984.
PELINKA, ANTON, Dynamische Demokratie, Stuttgart u. a. 1974.
RADBRUCH, GUSTAV, Der Mensch im Recht, Göttingen 1957.
RASCHKE, JOACHIM, Soziale Bewegungen, Frankfurt/M. – New York 1985.

Rausch, Heinz (Hrsg.), Zur Theorie und Geschichte der Repräsentation und Repräsentativverfassung, Darmstadt 1968.
Riesman, David u. a., Die einsame Masse, Reinbek 1958.
Rödel, Ulrich/Frankenberg, Günter/Dubiel, Helmut, Die demokratische Frage, Frankfurt/M. 1989.
Röhrich, Wilfried, Die repräsentative Demokratie, Opladen 1981.
Ders., Politik als Wissenschaft, Opladen 1981.
Roth, Roland/Rucht, Dieter, Neue soziale Bewegungen, Bonn 1987.
Rousseau, Jean-Jacques, Der Gesellschaftsvertrag, Stuttgart 1971.
Scharpf, Fritz, Demokratietheorie zwischen Utopie und Anpassung, Konstanz 1970.
Schelsky, Helmut, Der Mensch in der wissenschaftlichen Zivilisation, in: ders., Auf der Suche nach Wirklichkeit, München 1979.
Schlangen, Walter, Demokratie und bürgerliche Gesellschaft, Stuttgart u. a. 1973.
Schluchter, Wolfgang, Aspekte bürokratischer Herrschaft, München 1972.
Ders., Rationalismus der Weltbeherrschung, Frankfurt/M. 1980.
Schmid, G./Treiber, Hubert, Bürokratie und Politik, München 1975.
Schmitt, Carl, Verfassungslehre, Berlin 1970[5].
Schubert, Klaus, Politik in der »Technokratie«, Franfurt/M. – New York 1981.
Schumpeter, Joseph A., Kapitalismus, Sozialismus und Demokratie, Bern 1950.
Schuon, Karl Theodor, Politische Theorie des demokratischen Sozialismus, Marburg 1986.
Stammer, Otto/Weingart, Peter, Politische Soziologie, München 1972.
Wassermann, Rudolf, Die Zuschauerdemokratie, München – Zürich 1989.
Weber, Max, Soziologie – Weltgeschichtliche Analysen – Politik, Stuttgart 1956.
Ders., Wirtschaft und Gesellschaft, 2. Halbbde., Köln – Berlin 1964.
Wiesendahl, Elmar, Moderne Demokratietheorie, Frankfurt/M. – Berlin – München 1981.
Zimpel, Gisela, Selbstbestimmung oder Akklamation?, Stuttgart 1972.
Zinn, Karl Georg, Die Selbstzerstörung der Wachstumsgesellschaft, Reinbek 1980.

Kurt Lenk

Methodenfragen der politischen Theorie

1. Der Beitrag Max Webers zur Methodendiskussion

1.1 Max Webers Postulat der Wertfreiheit

Die Erörterung methodischer Fragen in der politischen Theorie hat vor allem durch Max Weber (1864–1920) nachhaltige Impulse erfahren. Nicht allein der sogenannte Werturteilsstreit geht auf ihn zurück, sondern auch die Frage des Verhältnisses von sozialwissenschaftlicher Theorie und politischer Praxis. Moderne Wissenschaftslogik, Kritischer Rationalismus und die von Karl R. Popper (1902) ausgehende Wissenschaftstheorie haben den sozial- und politikwissenschaftlichen Diskurs in den sechziger und siebziger Jahren nachhaltig geprägt (»Positivismusstreit«).

Angesichts dieser umfassenden Thematik erweist sich die herkömmliche Einteilung der sozialwissenschaftlichen Einzeldisziplinen als vordergründig. Dort, wo prinzipielle Probleme des Selbstverständnisses aufgegriffen werden, stehen die Teilgebiete der Sozialwissenschaften in ständigem Austausch. So auch die politische Theorie, deren Verfahrensweisen von denen der übrigen Sozialwissenschaften in methodischer Hinsicht kaum zu trennen sind.

Ausgangspunkt der Weberschen Methode ist die Erkenntnis der Inadäquatheit von begrifflichen Vorstellungen und objektiv gegebener politischer Realität. Ihr zufolge ist keine Theorie denkbar, die dieser Wirklichkeit so angemessen wäre, daß sie etwas über deren Wesen aussagen könnte. Deshalb sind alle begrifflichen Definitionen Webers, und Weber definiert häufig, Aussagen von der Form: ›XY soll heißen . . .‹ oder: ›Ich verstehe hier unter XY dies und jenes‹. In einer solchen Art des Definierens kommt die konsequente Absage an einen sozialwissenschaftlichen Wirklichkeitsbegriff zum Ausdruck, wie er etwa auch bei Karl Marx (1818–1883) vorlag, der in den wissenschaftlichen Begriffen »Existenzbestimmungen« des gemeinten Sachverhalts sah. Mit der Abkehr von diesem realistischen Wirklichkeitsbegriff wird die sozialwissenschaftliche Methode nominalistisch in dem Sinne, daß alle begriffliche Bemühung nur mehr gedankliche Konstruktion oder Typenbildung sein kann, die das gemeinte Substrat im Medium der Sprache verdeutlicht, doch nicht mehr das Objekt selbst, seine innere Struktur, zu bestimmen vermag. Gedankliche Konstruktion, wie sie die politische Soziologie Webers unternimmt, ist sonach nur eine Verständnishilfe, eine heuristische Methode, die bewußt darauf verzichtet, die Quintessenz der Struktur der Gegenstände wiedergeben zu wollen. Aus diesem Grund eliminiert Weber alle Kollektivbegriffe und begreift Kategorien wie »Staat«, »Genossenschaft«, »Klasse« und so weiter nur mehr als Formen menschlichen Zusammenhandelns. Die oberste Wirklichkeitseinheit dieser Methode ist das sozial handelnde Individuum, das sich am Verhalten der anderen orientiert.

Die Weberschen Definitionen von »Herrschaft«, »Politik« und allen sonstigen Grundkategorien der Politischen Wissenschaft können als ein Versuch der Entzauberung tradierter naturrechtlicher Theorien verstanden werden. Da Weber den Staat als einen Herrschaftsverband definiert, der lediglich durch ein spezifisches Zusammenhandeln von Menschen zustande kommt, die sich an bestimmten, historisch variablen Wertvorstellungen orientieren, so bedeutet dies zunächst, daß der Staat für ihn nichts mit dem objektiven Geist Hegels oder irgendwelchen substantiell gefaßten Prinzipien zu tun hat und Politik primär nichts mit dem Streben nach einem humaneren Zusammenleben. Das Motiv dieser generellen Tendenz zur Entzauberung der politischen Kategorien besteht vor allem darin, daß Weber in ihr ein Mittel sieht, um die verbliebenen individuellen Freiheitschancen in einer bürokratisch durchrationalisierten Welt zu bewahren.

Das Bekenntnis zum Pluralismus der Werte und der bewußte Verzicht, als Wissenschaftler wertesetzend zu wirken, gehören zum Grundcharakter aller Weberschen Aussagen. So ist auch die rigorose Trennung von Sein und Sollen aus der Einsicht zu verstehen, daß deren Vermengung im wissenschaftlichen Denken sowohl der politischen Theorie als auch der praktischen Politik abträglich sei.

In einer Diskussionsrede während der Tagung des Vereins für Sozialpolitik im Jahre 1907 sagt Max Weber: ». . . ich müßte mich dagegen verwahren, daß ich, wenn ich hier rede, in meiner Eigenschaft als Mann der Wissenschaft spreche. Hier spricht der Mensch und weiter niemand, und was ich kraft wissenschaftlicher Arbeit weiß, ist Material, das ich lediglich verwende, um die Möglichkeit der Durchführbarkeit eines Ideals und die wahrscheinlichen Folgen seiner Durchführung abzuwägen, aus welchem eben der Wert jenes Ideals selbst nie und nimmer eduziert werden kann.«[1]

Schon die Absicht Webers, den Sozialwissenschaften als Fachwissenschaften eine empirische Grundlage zu geben, legt das Postulat der Enthaltung der Wissenschaft gegenüber bestimmten Wertentscheidungen nahe. Die Entscheidung darüber, ob ein Handeln im politischen Bereich verwerflich oder billigenswert ist, läßt sich niemals verbindlich für andere treffen, sondern allenfalls für das eigene Verhalten. Zur Klärung solcher Wertungen kann und soll Wissenschaft beitragen; – sie aber diktieren zu wollen wäre ein Anspruch, für den es keine sachlichen Begründungen gäbe, es sei denn jene, einen für richtig erkannten Willen auch anderen aufzwingen zu wollen, was aber nichts mit wissenschaftlicher Diskussion zu tun hat.

Geht man von der Tatsache aus, daß der herrschende Wissenschaftsbetrieb zur Zeit Webers darauf abgestellt war, mit der Vermittlung von Kenntnissen und Fertigkeiten zugleich jene Normen und Handlungsanweisungen in »wissenschaftlicher« Verpackung mitzuliefern, die der Aufrechterhaltung obrigkeitsstaatlicher Ordnungen zu dienen hatten, so gewinnt die Forderung nach Wertfreiheit ohne Zweifel einen anderen Akzent, als uns heute scheinen mag. Der Widerstand gegen die umstandslos geübte Vermengung von Wissenschaft und Status quo-konformen Wertungen nimmt dann einen durchaus gesellschaftskritischen Charakter an, da eben dieses Postulat wertfreier Wissenschaft es verbietet, konformes Verhalten obendrein noch mit dem guten Gewissen seiner Wissenschaftlichkeit zu versehen. Hatte der normierende Wissenschaftsbetrieb zur Zeit Webers die Aufgabe, den politischen Verhaltenskodex zum akademischen Patent gleich mitzuliefern, so ermöglicht die von

1 Max Weber, Gesammelte Aufsätze zur Soziologie und Sozialpolitik, Tübingen 1924, S. 402.

ihm geforderte Wertaskese der Wissenschaft – durch kritische Distanz zu den allgemein geltenden »Durchschnittsurteilen« der sozialwissenschaftlichen Forschung – einen von Konformitätsdruck relativ unabhängigen Spielraum. Wertfreiheit muß daher keineswegs Eskapismus bedeuten, sondern im Gegenteil: den Entzug wissenschaftlicher Affirmation für eine bis dahin unwidersprochen und willfährig gewährte »wissenschaftliche« Rechtfertigung.

Allerdings ist die mit dem Postulat der Wertfreiheit mitgesetzte »innere Arbeitsteilung« problematisch, da sie davon ausgeht, daß Wissen und Wollen in zwei voneinander völlig geschiedenen Ebenen angesiedelt seien, was nur unter den Prämissen einer neukantianischen Erkenntnistheorie – der Weber anhing – Gültigkeit beanspruchen kann.

Ein Werturteil im Sinne eines an die politische Wirklichkeit selbst appellierenden Bekenntnisses erscheint Weber noch als eine relativ leicht erkennbare Form normierender Wissenschaft. Anders dagegen stand es mit jener zweiten Form, bei der die Scheidelinie zwischen Sach- und Werturteil nicht einfach übersprungen, sondern verwischt wurde, so daß Werturteile sich den Schein von Sachaussagen geben konnten. Gegen eine solche Vermengung richtet sich die ganze Schärfe der Weberschen Kritik. Eben diese Vermengung verhindert ihm zufolge die kritische Funktion wissenschaftlichen Erkennens, die darin besteht, »daß ihr das konventionell Selbstverständliche zum Problem wird«[2]. Diese Fähigkeit des Problematisierens setzt voraus, daß die Grenzen zwischen der Reichweite wissenschaftlicher Aktivität und den in der politischen Praxis unaufhebbar gegebenen konträren Wertungen und Entscheidungsmöglichkeiten thematisiert werden. Das Wertfreiheitspostulat Webers ist somit eine Norm wissenschaftlich-methodischen Vorgehens, nicht aber eine Richtlinie für praktisch-politisches Verhalten.

Weber fordert nicht Gesinnungslosigkeit, wenn er sich mit seiner Wertfreiheitsforderung gegen die Vermischung wissenschaftlicher Aussagen mit wertenden Stellungnahmen richtet: im Gegenteil. Er will gerade durch rationale Analyse der – bestimmten politischen Entscheidungen zugrundeliegenden – Wertprämissen zu einer Klärung des praktischen Handelns beitragen. Durch die Reflexion auf die das Handeln orientierenden Wertvoraussetzungen erst wird dieses Handeln bewußtes, das heißt sich seiner möglichen Folgen versicherndes Handeln im Sinne der von Weber geforderten »Verantwortungsethik«. Zwei Motive spielen bei seiner Forderung nach Wertfreiheit in den Sozialwissenschaften eine entscheidende Rolle:

Erstens die Einsicht, daß es keine allgemein verbindlich vorgegebenen Wertrangordnungen im Selbstverständnis der bürgerlichen Gesellschaft mehr gibt, sondern nur einander ausschließende Parteinahmen für bestimmte Klassen- und Gruppeninteressen. Dieser Streit der Wertpositionen jedoch kann nicht innerwissenschaftlich geschlichtet werden. Weber möchte deshalb die Wissenschaft aus dem Sog der Parteimeinungen heraushalten. Er geht nicht mehr davon aus – wie noch die Begründer der Soziologie –, daß Sozialwissenschaften eine integrierende Funktion für die Gesamtgesellschaft haben können. Umso wichtiger ist es für den Fortgang wissenschaftlicher Erkenntnisprozesse, Wertpositionen und empirisch erhärtbare Aussagen auseinanderzuhalten, da es sonst zu einer Vielzahl nicht bloß wissenschaft-

2 Max Weber, Gesammelte Aufsätze zur Wissenschaftslehre, Tübingen 1951², S. 488.

licher Lehrmeinungen, sondern wertmäßig gebundener Wissenschaften selbst kommen müßte. Die Wertfreiheitsforderung hat insofern defensiven Charakter: Gegenüber den in der Gesellschaft herrschenden ›Durchschnittsmeinungen‹ soll die Wissenschaft einen Bereich freihalten, der dem unmittelbaren Zugriff der Praxis – und damit auch der Manipulation – entzogen bleibt.

Zweitens: In der etablierten Wissenschaft kamen und kommen nicht alle Wertstandpunkte gleichberechtigt zum Zuge. Die jeweils dominierenden erscheinen als der Ausdruck eines nicht mehr auf seine Prämissen hin kritisierbaren »gesunden Menschenverstandes«, mit dem sich die gesellschaftlich vorherrschenden Wertmuster drapieren. Nicht daß für bestimmte Werte Partei ergriffen wird, ist für Weber Gegenstand der Kritik, sondern daß dies unter dem Deckmantel allgemeingültiger Wissenschaftlichkeit geschieht und damit die Wertvoraussetzungen gegen Kritik immunisiert werden.

Die Forderung nach Wertfreiheit bedeutet somit die Trennung zweier Ebenen: der des Seins und der des Sollens, das heißt von Erkenntnis und Entscheidung. Wissenschaftliche Erkenntnis richtet sich auf die erfahrbare Wirklichkeit, während im Bereich der Wertstandpunkte, wo es um Sollensforderungen geht, Entscheidungen getroffen werden müssen. Zwar können sich diese auf wissenschaftliche Erkenntnisse stützen, doch bleibt hinsichtlich ihrer Begründbarkeit selbst stets ein Rest rational nicht auflösbarer Dezision.

Ausgangspunkt der Wertfreiheitsforderung ist für Weber die Einsicht, daß der Anspruch auf allgemeine Gültigkeit und Verbindlichkeit hinsichtlich der Entscheidung für einen bestimmten Wertekanon nicht aufrechtzuerhalten ist. Es wäre vermessen, wenn der Sozialwissenschaftler ex cathedra wertesetzend wirken wollte – zumal der im politischen Alltag vor sich gehende Konflikt einander divergierender Interessen hierdurch nicht überwunden werden könnte. Eine solche »Befriedungsaktion« wäre, selbst wenn sie im Bereich des Möglichen läge, gar nicht wünschenswert, denn sie bedeutete nur eine Einengung des Spielraums konfligierender Interessen. Der Pluralismus der Werte, notwendiges und unaufhebbares Ergebnis des fortschreitenden Prozesses der Arbeitsteiligkeit sowohl in den Wissenschaften wie in allen anderen Lebensbereichen, stellt für Weber geradezu die Voraussetzung der Möglichkeit autonomer Entscheidungen dar.

Da für Weber Politik von vornherein als Kampf um Machtpositionen bestimmt wird, teilt er nicht die Hoffnung, daß aus wissenschaftsimmanenter Wertabstinenz auch eine freie Entfaltung miteinander konkurrierender Interessen und ein daraus resultierender Kompromiß zwischen allen Beteiligten entstehen könne. Deshalb ist es ihm darum zu tun, den innerwissenschaftlichen Bereich nicht zu einer bloßen Fortsetzung des gesellschaftlichen und politischen – an einander ausschließenden Normen und Werten orientierten – Handelns werden zu lassen.

Die Verlagerung aller Wertentscheidungen in das Gewissen des einzelnen entspricht freilich einer Vorstellung, die der gesellschaftlichen Vermitteltheit von innerindividuellen Vorgängen und sozialen Prozessen zu wenig Rechnung trägt. Die bei Weber absolutgesetzte Entscheidungsinstanz »Gewissen« ist in Wirklichkeit dem Zugriff gesellschaftlicher Tendenzen weit mehr ausgesetzt, als der Liberale Weber wahrhaben konnte und wollte. Daraus entspringt der von ihm der Wissenschaft auferlegte Verzicht, über getroffene Gewissensentscheidungen wertend zu richten – es sei denn, die Wissenschaft fragt nach den im Hinblick auf die Ausgangssituation absehbaren Erfolgschancen für die Realisierung der Ziele und Zwecke, auf die sich die Gewissensentscheidung festgelegt hat.

1.2 Gesinnungsethik und Verantwortungsethik

Seitdem es Politik als Wissenschaft gibt, besteht eine unauflösliche Spannung zwischen utopischer Gesinnungs- und pragmatischer Verantwortungsethik, zwischen absoluter Ethik und kühlem Agnostizismus. Erst seitdem Politik machbar und planbar erschien, konnte sie auch als eine Angelegenheit des abwägenden Intellekts begriffen werden. Die damit eingetretene Arbeitsteilung zwischen Religion und Politik ist unumkehrbar. Absolute Ethik gilt als disfunktional, sobald es in allem politischen Tun um Sachgesetzlichkeit, Kompromißfindung und Konsensstiftung geht. Erst recht ist eine bürokratisch verwaltete politische Wirklichkeit kaum mehr der Ort für Weltanschauungskämpfe, chiliastische Propheten oder politische Erlösungslehren. Die Forderungen des Alltags gebieten demgegenüber eher kühles Understatement, weil nur durch solch bewußten Verzicht auf affektives Handeln Ordnung und Frieden gesichert scheinen.

Den Konsens zwischen Krone und Untertan stifteten in der Regel überpersönliche Kollektivwerte wie »Nation«, »Volk« und »Vaterland«. Der überkommene Nationalstaat bildete gleichsam den metapolitischen Hintergrund aller patriotischen Aktivitäten, wodurch zwischen der »Realpolitik« großer Staatsmänner und dem »sittlichen« Verhalten der Bürger vermittelt werden konnte. Erst als der säkularisierte Glaube an den sittlichen Allgemeinvertretungsanspruch des Staates nicht mehr fraglos hingenommen wurde, entstand ein Dualismus zwischen Verantwortungsethik und Gesinnungsethik, wie Weber ihn formuliert hat.

Es ist kein Geheimnis, wer für Webers Idealtyp des Gesinnungsethikers Modell stand: Es war der Schriftsteller Ernst Toller, der sich an der Münchener Räterepublik beteiligt hatte und nach deren Scheitern – des Hochverrats beschuldigt – zu fünf Jahren Festungshaft verurteilt wurde. Weber trat im Prozeß gegen Toller als Zeuge auf, wobei er dessen idealistischer Gesinnung ebenso Respekt zollte wie er ihm – unter dem Kriterium des Erfolgswertes – politische Unreife bescheinigte. Vor diesem Erfahrungshintergrund läßt sich Webers Bestimmung des Verhältnisses von Gesinnungs- und Verantwortungsethik angemessen beurteilen. Er weiß, daß alles politische Handeln letztlich auch auf irrationalen Wertentscheidungen beruht – gerade das des »Realpolitikers« – und daß Sozialwissenschaft gar nicht entscheiden kann, ob man sich in einer bestimmten Situation verantwortungsethisch oder gesinnungsethisch zu verhalten habe: »Die Politik bedeutet ein starkes langsames Bohren von harten Brettern mit Leidenschaft und Augenmaß zugleich. Es ist ja durchaus richtig, und alle geschichtliche Erfahrung bestätigt es, daß man das Mögliche nicht erreichte, wenn nicht immer wieder in der Welt nach dem Unmöglichen gegriffen worden wäre.«[3] Genau dies nun unternimmt der Gesinnungsethiker, dessen Handlungen darum auch politisch keineswegs »sinnlos« zu nennen sind, sofern sie letztlich den Zweck verfolgen, ihm selbst vor seinem eigenen Forum die Gewißheit zu geben, daß diese Gesinnung »echt ist«, das heißt die Kraft hat, sich in Handlungen zu

3 Max Weber, Gesammelte Aufsätze zur Soziologie und Sozialpolitik (Anm. 1), S. 185.

»bewähren«. Wer den Gesinnungswert einer politischen Handlung über den Erfolgswert stellt, handelt im Sinne seiner Ideale folgerichtig und kann durch äußere Tatsachen gar nicht widerlegt werden, denn »sein Reich ist nicht von dieser Welt«.

Webers Theorie des Politischen hat eine Reihe von Konsequenzen, die bis heute aktuell geblieben sind:

- Da Weber die Botschaft der Bergpredigt – ebenso wie die des anarchistischen Syndikalismus – als absolute Ethik (Gesinnungsethik) versteht, weil der Christ nur im Sinne seines Seelenheils recht tun könne, den Erfolg seines Handelns aber Gott anheimstellen müsse, ist »christliche Politik« für ihn ein Widerspruch in sich. Der Verantwortungsethiker bleibt für alle Folgen seines Handelns und Unterlassens allein voll verantwortlich – hierin eben sieht Weber die »Tragik« allen politischen Entscheidens.
- Begibt sich der Gesinnungsethiker in die Politik, so wird er unweigerlich an einen Punkt kommen, wo er sich mit dem spezifischen Mittel alles Politischen konfrontiert sieht: dem der Gewaltsamkeit. Denn hier gibt es ohne Machterwerb keine Chance, politische Ziele in die Wirklichkeit umzusetzen. Vielmehr gilt die Losung des Bettlerkönigs Peachum in Brechts »Dreigroschenoper«: »Wir wären gut – anstatt so roh, doch die Verhältnisse, die sind nicht so«. Diese unvermeidliche Diabolik prägt Weber zufolge alles politische Entscheidenmüssen. Wer dazu nicht in der Lage ist, besitzt nicht jene Sicherheit im Umgang mit der Macht, wie sie vom Beruf des Politikers gefordert wird. Dies eben ist Webers zentraler Vorbehalt gegenüber der Gesinnungsethik in der Politik: Sie wird unweigerlich – ob syndikalistisch oder von der Bergpredigt her motiviert –, so sie es ernst meint, vor die Situation gestellt, sich selbst treu zu bleiben und damit politisch zu scheitern. Denn »reine« Gesinnungsethik in der Politik führt zu mangelnder Konsequenz im Umgang mit der Macht.
- Im Gegensatz zur Ethik im religiösen Leben kann in der Politik der Eigenwert der Gesinnung des Handelnden politische Entscheidungen nicht legitimieren. Vielmehr steht hier der Erfolgswert eindeutig über dem Gesinnungswert. Dennoch ist Verantwortungsethik nicht identisch mit prinzipienlosem Opportunismus oder ziellosem Pragmatismus. Wer bei einem politischen Handeln allein nach dessen Erfolg fragt, bleibt ein Gefangener seiner Eitelkeit und entbehrt jener Sachlichkeit, die neben der kritischen Distanz zu den Merkmalen verantwortungsethischer Politik gehört. Die Alternative zur Gesinnungsethik in der Politik heißt daher nicht Gesinnungslosigkeit oder gar machtpolitischer Zynismus, sondern – im vollen Bewußtsein der möglichen Risiken – jenes der vorgegebenen Wirklichkeit entgegengesetzte »Dennoch«!, das dem einmal gewählten Ziel treu bleibt. Das heißt aber: Auch die Verantwortungsethik muß von einer Überzeugung getragen sein, da Politik sonst jeden Sinnbezug verlöre.
- Da in einer »entzauberten Welt« keine verallgemeinerungsfähigen Wertentscheidungen und letzten Sinngebungen möglich sind, sieht Weber in der Arbeitsteilung zwischen politischem Handeln und gesinnungsethischer Haltung den einzigen Weg, um in einer »ethisch irrationalen Welt« gleichwohl verantwortliches politisches Handeln zu ermöglichen. Es unterscheidet sich vom gesinnungsethischen (exemplarischen oder symbolischen) Handeln vor allem darin, daß allein der Handelnde selbst für alle absehbaren Nebenfolgen seiner Entscheidungen verantwortlich bleibt. Ein im Sinne der gesetzten Ziele und ihrer Durchführung erfolg-

loses Handeln muß sittlich keineswegs verwerflich sein. Doch hat ein Politiker ohne Fortune die Pflicht, sein Amt zur Verfügung zu stellen. Wer diesem Erfolgstest nicht gewachsen ist, sollte Weber zufolge gar nicht erst in die Arena steigen.

Der idealtypische Gegensatz von Gesinnungs- beziehungsweise Verantwortungsethik enthält für heutige politische Entscheidungen realiter keinen Wertgegensatz mehr in dem Sinne, daß die »Beweislast« allemal nur beim Gesinnungsethiker liegen müßte. Vielmehr wird, im Zeichen schwindender Souveränität nationaler Entscheidungen, die Beweisnot der »Realpolitiker« umso augenscheinlicher, je selbstsicherer sie ihre Entscheidungen der Öffentlichkeit gegenüber zu legitimieren suchen. Der Hinweis auf den »durchschlagenden Erfolg« politischen Handelns wird besonders in Zeiten weltpolitischer (militärischer, ökonomischer) Krisen prekär, wo oft gar nicht mehr absehbar ist, was getroffene – oder unterbliebene – Entscheidungen künftig bewirken können.

So gab es weder, um nur ein Beispiel aus der Debatte zur »Nachrüstung« zu nennen, eine Erfolgsgarantie für die Erhaltung des Friedens in Freiheit durch das Ja zur Stationierung neuer Raketen, noch ließ sich umgekehrt der vermutete »Erfolgswert« eines Nein – zum Zeitpunkt der Entscheidung – abschätzen.

In einer politischen Situation, die manche Akteure der »großen Politik« zur Einsicht bringen müßte, daß sie auch dann, wenn sie – etwa im Sinne einer Politik aus christlicher Verantwortung – »das Rechte tun«, für den Erfolg weniger denn je garantieren können und ihn darum letztlich Gott anheimstellen müßten, sitzen solche Verantwortungsethiker – nicht bloß politisch – mit den Gesinnungsethikern »im gleichen Boot«.

Jede Form der Selbstgerechtigkeit muß den Zweifel am »Erfolgswert« solchen Tuns nur steigern, vor allem dann, wenn routinierte Überhebung durch nichts als die Ansprüche einer medienkonformen Publicity bedingt erscheint. Die beflissene Zuversichtsmaskerade kann weder den Erfolg solcher Politik verbürgen, noch entschädigt sie für die Folgen eines möglichen Scheiterns. Zumal ein »Scheitern« heute in den wichtigsten Fragen der Weltpolitik keines der Politiker allein wäre, wie dies noch in den vergangenen Jahrhunderten der Fall war. Politik ist längst zu einer Angelegenheit geworden, die man den dazu »Berufenen« nicht länger allein überlassen kann und darf. Vielleicht ist dies ein Grund mehr für das innere Recht einer verantwortungsbewußten Gesinnungspolitik?

Wie auch sonst im wissenschaftlichen Erkennen gilt hier der Grundsatz, daß der Wert einer Methode sich nicht an irgendwelchen ihr zugeschriebenen Prädikaten, sondern allein daran bemißt, was sie zur Erkenntnis der Realität beiträgt. Hiervon ausgehend könnte man versucht sein, die Frage nach dem Verhältnis von »wertfreier« und »wertender« Sozialwissenschaft dahin zu beantworten, daß die »wertneutrale« Theorie im gleichen Maße darauf angewiesen ist, kritisch zu bleiben, wie umgekehrt die kritische Theorie darauf, sich der methodischen Prinzipien der »wertneutralen« Soziologie zu bedienen, ohne dabei den eigenen Anspruch preiszugeben.

2. Normativ-ontologische Politiktheorie

Theorien sind Stenogramme der Wirklichkeit. Deshalb kommt es darauf an, das spezifische Verhältnis dieser Stenogramme zu ihrem Objekt – den gesellschaftlichen Phänomenen, die analysiert und erklärt werden sollen – zum Gegenstand der Reflexion zu nehmen. Dabei spielen besonders jene Interessen der Forschung, die bereits in die jeweiligen Erkenntnisprozesse einfließen, eine wichtige Rolle.

Jürgen Habermas (1929) hat drei unterschiedliche Erkenntnisinteressen und Erkenntnismodelle im Verhältnis von politischer Theorie und Politik unterschieden[4]:

- das praktische Erkenntnisinteresse als den Gegenstand des pragmatischen Modells der normativ-ontologischen Theorie;
- das technische Erkenntnisinteresse als Gegenstand des dezisionistischen Modells des Kritischen Rationalismus;
- das emanzipatorische Erkenntnisinteresse als Gegenstand des Erkenntnismodells der Kritischen Theorie.

Kriterium dieser sozial- und politikwissenschaftlichen Richtungen sind bestimmte Grundfragen, die jeweils im Vordergrund des Erkenntnisinteresses stehen. In der normativ-ontologisch orientierten Politikwissenschaft lauten diese:

- Wie kann es gelingen, dem Leben (des einzelnen) in den Gesellschaften von heute einen Sinn zu geben? Gefragt wird nach einem verbindlichen Konsens.
- Reicht das Überlebensinteresse der Menschheit aus, einen derartigen Konsens zu schaffen?
- Wie und wodurch können Individuen im Staat beheimatet werden?
- Wie kann Demokratie davor bewahrt werden, aus dem staatlichen Bereich (Gleichheit der Bürger vor dem Gesetz) in den privat-gesellschaftlichen vorzudringen und damit zu einem totalen Staat zu degenerieren?

Zur Grundfunktion aller Politik gehören in der normativ-ontologischen Theorie Sicherung und Ordnung des Zusammenlebens im staatlichen Verband. Entscheidend ist die Prämisse, daß bei allen geschichtlichen Veränderungen doch ein Kernbestand sich durch alle Epochen hindurch konstant erhält, den man als das »Wesen« des Politischen bezeichnet. Deshalb kann man auch von einem essentialistischen Politikbegriff der »praktischen Philosophie« sprechen.

Nach dem Ende des Zweiten Weltkrieges und als Reaktion auf die nationalsozialistische Diktatur suchten die Kulturwissenschaften wieder festen Boden durch einen Rückgriff auf verschüttete Denktraditionen zu erlangen. Nach dem Schock der Relativierung aller scheinbaren Sicherheiten wollten viele Autoren Anschluß an die Traditionen der »praktischen Philosophie« gewinnen, wie sie seit dem griechischen Altertum – beginnend mit Aristoteles – in Deutschland bis zum Ende des 18. Jahrhunderts bestimmend gewesen waren. So entstand, befördert durch aus der amerikanischen Emigration zurückgekehrte Wissenschaftler, eine Form des Neo-Aristotelismus.

4 Vgl. Jürgen Habermas, Technik und Wissenschaft als »Ideologie«, Frankfurt/M. 1968, S. 120ff.

Der Neo-Aristotelismus versucht wiederanzuknüpfen

- an den normativen Bezug des politischen Denkens im Gegensatz zur neuzeitlich-modernen »wertfreien« Logik der Selbsterhaltung (»gutes Leben« statt »bloßes Überleben«);
- an die Ontologie des Menschenwesens und der *conditio humana* in betontem Widerspruch zur Selbstbestimmung und Emanzipation des autonomen Subjekts der Aufklärung (»Bindung« statt »Emanzipation«);
- an die These vom Primat der Polis, der erfahrenen Wirklichkeit des politischen Umfelds – gegenüber den Ambitionen des Individualismus –, in dessen Wesen die soziale und politische Existenz zielbestimmend vorgezeichnet sei (*zoon politikon*); entgegen dem neuzeitlichen Individualismus und dem subjektorientierten Utilitarismus der Vertragstheorien wird die transpersonale Autorität des Staates als Ordnungs- und Friedensgarant hervorgekehrt.

Zur Begründung für die Wiederanknüpfung an die klassische Politiktradition nach 1945 werden von Arnold Bergsträsser (1896–1964), Eric Voegelin (1901–1985) und Dolf Sternberger (1907–1989) vor allem zwei Argumente vorgebracht:

- in wissenschaftskritischer Einstellung wird vom Verfall der Politikwissenschaft in der Gegenwart aufgrund der Dominanz positivistischer Wissenschaftskonzeptionen und geschichtsphilosophisch begründeter Ideologien ausgegangen;
- in zeitkritisch-politischer Absicht erfolgt in Abwendung von totalitären Systemen die Wiederbesinnung auf naturrechtliche Prinzipien.

Die normativ-ontologische Schule ist somit als eine Gegenbewegung zum Szientismus entstanden, dem vor allem in den USA verbreiteten Glauben an die Verwissenschaftlichung und Technisierbarkeit des Politischen. Besonders die in den USA dominierende behavioristische Wissenschaftsrichtung, in der die empirischen Naturwissenschaften das methodische Vorbild für Politikwissenschaft bildeten, ist Ausgangspunkt der Kritik dieser normativen Schule.

Gegen diese Orientierung der Politikwissenschaft an Methoden der Naturwissenschaft führt die normative Schule folgende Argumente ins Feld:

- die prinzipielle Unmöglichkeit einer Verwirklichung des behavioristischen Forschungsprogramms aufgrund der besonderen Struktur der politikwissenschaftlichen Gegenstandsbereiche;
- die prinzipielle Unmeßbarkeit und Unwägbarkeit im politischen Bereich (»Alles, was sich zählen läßt, zählt nicht, und alles, was zählt, läßt sich nicht zählen.«);
- die Vernachlässigung politischer Zielsetzungen in den empirisch bestimmten Richtungen (»Wertnihilismus«);
- ein simplifizierender Reduktionismus erklärt das ontologisch »Höhere« in fragwürdiger Weise durch das ontologisch »Niedrigere«,
- der Empirismus führt trotz methodischer Exaktheit zu trivialen Fragestellungen und versäumt so die wirklich relevanten politischen Probleme.

Eric Voegelin hält es für »nötig, das Selbstverständliche festzustellen: daß die menschliche Natur sich nicht ändert«[5]. Nur unter dieser Voraussetzung ist es möglich, im Anschluß an Aristoteles das Gemeinwesen als eine makrokosmische Entspre-

---

5 Eric Voegelin, Die neue Wissenschaft der Politik, München 1959, S. 227; vgl. Peter J. Opitz, Zur Binnenstruktur eines ontologisch-normativen Ansatzes, in: Zeitschrift für Politik, 1989, S. 370-381.

chung des menschlichen Wesens und dieses als ein von Natur aus auf das Gemeinwesen angelegtes Geschöpf zu begreifen. Es ist dies ein Verfahren wechselseitig zirkulärer Bestätigung. Was man in die Natur des Menschen hineinprojiziert, wird aus dem Wesen des Staates deduziert; umgekehrt werden die hierarchischen Formen staatlicher Organisationen aus den menschlichen Seelenvermögen abgeleitet.

Die Schlüsselbegriffe der praktischen Philosophie heißen: Ordnung – Konsens – »gutes Leben«: »Ordnung ist ein vorgängiger, sinnvoller Aufgabenzusammenhang: Sein und Sollen sind zwar unterscheidbar, aber nicht zu trennen. Sie stellen wechselseitig die fundamentalen Bedingungen der Realität dar. Alles Gute (›Gesollte‹, ›Werte‹) ist zugleich wirklich . . .«[6] Dementsprechend ist Politik eine konsensorientierte Ordnungsleistung: Im Vordergrund steht die Bestimmung der Zwecke und Ziele politischen Handelns. Politik ist vorab »politisch-moralische Wissenschaft vom ›guten Leben‹ und seinen institutionellen Rahmenbedingungen«[7].

Die alles bestimmende Grundfunktion des Politischen besteht in der herrschaftlichen Ordnung des gesellschaftlichen Zusammenlebens. Sie bildet den Kernbestand des Politischen, ein mit der Natur des Menschen unauflöslich verbundenes Element der menschlichen Kultur. In dieser Definition liegt zugleich die affirmative und apologetische Funktion der praktischen Philosophie: Sie geht von einem durch die Geschichte hindurch gleichbleibenden Grundbedürfnis der menschlichen Natur nach Ordnung und Sicherheit aus. Ist Politik Ausdruck der menschlichen Natur, die auf Ordnung aus ist, so muß sie als beständiger Kampf um eine gerechte Ordnung (Gemeinwohl) erscheinen.

Der normativ-ontologische Politikbegriff behauptet eine Transzendenz gegenüber dem bloß empirischen Bereich des Lebens. Diesem Verhältnis entspricht der Vorrang, den der Bereich des Innenlebens, der Seele und des Gewissens gewinnt. Das Politische ist der Wertbezug, den die politische Ordnung für das ewige Streben des Menschen nach seinem Heil – das nur ein jenseitiges sein kann – besitzt. Politisches Handeln ist, als gemeinwohlorientiertes, stets auf das Wünschbare und Mögliche gerichtet. Kriterien hierfür liefert die Zielbestimmung der praktischen Philosophie.

Die ontologisch-normative Theorie versteht sich demnach als eine Grundlegung der politischen Ordnung. Ihre Aufgabe bleibe die »normative Bestimmung des politisch zu Fordernden und Aufgegebenen«[8]. Wilhelm Hennis (1923) fußt auf Arbeiten von Leo Strauss, Eric Voegelin, Bertrand de Jouvenel und Jean Dabin, die sämtlich ein Wissenschaftsverständnis im Sinne einer normativen Bestimmung des Politischen entwickelt haben. Sie gehen von der Annahme aus, »daß es eine objektive Wahrheit gibt, daß diese in den Strukturen des Seins enthalten ist und daß innerhalb der Seinsstrukturen Wahres und Gutes konvergieren«[9].

Der ontologisch-normativen Theorie liegen folgende Prämissen zugrunde:

1. Es gibt eine objektive Wahrheit.
2. Diese Wahrheit ist in den Strukturen des Seins, der geschichtlichen und politischen Wirklichkeit, enthalten.

---

6 Paul-Ludwig Weinacht u. a., Einführung in die politische Wissenschaft, Freiburg-München 1977, S. 56.
7 Ebd., S. 24.
8 Wilhelm Hennis, Politik und praktische Philosophie, Neuwied-Berlin 1963, S. 18f.
9 Ebd., S. 19; vgl. die Festschrift für Wilhelm Hennis zum 65. Geburtstag: Hans Maier u. a. (Hrsg.), Politik, Philosophie, Praxis, Stuttgart 1988.

3. In diesen Strukturen ist nicht nur das Wahre, sondern auch das Gute enthalten. Aus diesen Prämissen folgt einmal die erkenntnistheoretische Aussage, daß die wissenschaftliche Reflexion zu einer steten Annäherung an die Seinswahrheiten führt, zum anderen die Vorstellung, daß sich dem Forschenden bestimmte Seinswahrheiten im Sinne einer Wesensschau enthüllen.

Die antike Vorstellung von Politik hing eng mit der Verwirklichung menschlicher Tugenden zusammen. Da der Mensch von Haus aus als ein auf die Gemeinschaft hin angelegtes Wesen galt, bedeutete politisches Handeln ein kunstvolles, vernunftgeleitetes Stiften von Ordnung in einem insgesamt sinnhaft vorstrukturierten Kosmos. Dieses klassische Politikkonzept war teleologisch, auf ein Ziel hin gerichtet, weil die Polis einer gleichermaßen göttlichen und natürlichen Ordnung entsprach.

Normativ ist dieser Politikbegriff, weil er sich nicht nur auf eine gegebene Realität bezieht, sondern bestimmte Güter (Tugenden) und Zwecke im Auge hat, durch deren Realisierung sich der politisch handelnde Mensch erst verwirklicht. Es besteht demnach eine vorgängige Korrespondenz zwischen politischer Ordnung und einem bestimmten Tugendkanon, der den Menschen aufgegeben sei. Der Mensch bleibt bezogen auf die Polisordnung, die ihrerseits als ein geschlossenes Sinnganzes erscheint.

Maßstab dieser politischen Philosophie blieb bis heute die Tradition des europäischen Naturrechts: Ihr liegt eine Zielvorstellung zugrunde, die man unter dem Stichwort der guten Ordnung des Gemeinwesens subsumiert. Die Grundlage des Politischen sieht einer der Begründer der »Neuen Politischen Wissenschaft«, Leo Strauss, in der Tatsache, daß der Mensch ein einmaliges und unverwechselbares, in einer durch ihn selbst gestalteten politischen Gemeinschaft lebendes Wesen ist. Hieraus ergibt sich der personalistische Ansatz der normativ-ontologischen Theorie, der nicht zu verwechseln ist mit dem rationalistisch-individualistischen. »Person« heißt stets zugleich Bezogenheit auf die anderen im Sinne der »guten Ordnung«[10].

Es ist kaum zu übersehen, daß in diesem Welt- und Wirklichkeitsverständnis eine aus der griechischen Philosophie stammende Mikrokosmosvorstellung mitschwingt. Denn das Bewußtsein konkreter Menschen wird als der Ort bestimmt, an dem die Ordnung, also auch die Ordnung der Polis, als Makrokosmos erfahren wird. Das dem menschlichen Bewußtsein zugrundeliegende Vertrauen in eine teleologische Ordnung, die Natur, Geschichte und Menschheit umfaßt, ist mit der Moderne weithin geschwunden. Nicht zuletzt daraus ergibt sich die Problematik eines Politikverständnisses, das Normen und Werte als allgemein verbindlich setzen möchte.

3. Kritischer Rationalismus

Wie stark die Wissenschaftstraditionen in der heutigen Politikwissenschaft und insbesondere in der politischen Theorie nachwirken, zeigt der Gegensatz der ontologisch-normativen und der empirisch-positivistischen Richtung: In diesem Gegensatz lebt der alte Konflikt zwischen dem Politikverständnis des Aristoteles (und der an ihn

10 Vgl. Leo Strauss, Naturrecht und Geschichte, Frankfurt/M. 1977.

anschließenden Schulen der »praktischen Philosophie«) und den rationalistisch-empirischen Wissenschaften der Moderne wieder auf.

Die am technisch-rationalen Begriff des Politischen orientierten Theoretiker wandten sich gegen die in der neoaristotelischen Philosophie unternommene Identifikation von Ethik und Politik. Sie verwiesen mit ihrem Postulat wertfreier analytischer Wissenschaft auf die Notwendigkeit einer Trennung von politischer Praxis und Wissenschaft. Dies nicht etwa, weil ihnen die Praxis als minder wichtig erschienen wäre, sondern vor allem deshalb, weil sie an der objektiven Begründbarkeit der Maximen menschlichen Handelns in der Politik Zweifel hegten. Die daran anknüpfende Diskussion ist seit Max Weber als »Werturteilsstreit« bekannt.

Einer der Wortführer des Kritischen Rationalismus, Karl R. Popper, fragt nicht nach einer der Natur des Menschen entsprechenden Form politischer Ordnung, sondern zielt – dem Prinzip der Rationalität verpflichtet – auf eine reformorientierte Politik. Im Gegensatz zur normativen Theorie bedarf es für eine solche Politik keiner metaphysischen Letztbegründung, sondern vor allem einer institutionellen Absicherung der Wissenschaftsfreiheit und der kritischen Reflexion. Nur wenn in einer Gesellschaft die Bedingungen hierfür vorliegen, läßt sich ein Erkenntnisfortschritt erwarten. Solche Gesellschaften nennt Popper »offene«, weil in ihnen grundsätzlich keine Positionen ausgeschlossen werden, sofern sie sich als diskussionswürdig erweisen. Es erscheint daher unabdingbar, daß die Möglichkeit besteht, Ideen unzensiert vorzutragen und in allen Lebensbereichen Kritik zu üben, weil nur so die Chance gegeben ist, daß sich die jeweils zweckmäßigeren Vorschläge auch durchsetzen. »Rational« ist eine Politik Popper zufolge nur dann, wenn sie mit der Fehlbarkeit der menschlichen Vernunft rechnet (»Fallibilismus«).

Da sich die bessere Theorie nur herauskristallisiert, sofern sie aus vergangenen Fehlern lernt und sich auf dem Wege ihrer politischen Realisierung selbstkritisch verhält, ist dieses Politikmodell nicht – wie das normative – konsens-, sondern primär konfliktorientiert. Als Politik der kleinen Schritte ist es nicht revolutionär, sondern reformerisch (»Stückwerkstechnologie«). Mit ihrem prinzipiellen Revisionismus ist sie allen dogmatischen Ansprüchen politischer Programmatik entgegengesetzt und damit im Kern pluralistisch.

Als »historizistisch« lehnt Popper »jene Einstellung zu den Sozialwissenschaften (ab), die annimmt, daß historische Voraussage deren Hauptziel bildet und daß sich dieses Ziel dadurch erreichen läßt, daß man . . . ›Gesetze‹ oder ›Trends‹ entdeckt, die der geschichtlichen Entwicklung zugrunde liegen«[11]. Statt der platonischen Frage: »Wer soll regieren?« schlägt Popper als die zentrale Frage einer Politiktheorie vor: »Wie können wir die politischen Institutionen so organisieren, daß es schlechten und inkompetenten Herrschern unmöglich ist, allzu großen Schaden anzurichten?«[12] Zum entscheidenden Problem einer demokratischen Gesellschaftsordnung wird somit das der Machtkontrolle, nicht die spekulativ bleibende Frage nach dem moralischen Habitus der Politiker oder nach der Souveränität staatlicher Entscheidungen. Vielmehr liegt es einzig und allein in den Händen der Bürger selbst, wie sie sich gegen die Folgen politischer Fehlentscheidungen schützen. Hinter dieser Vorstellung steht die

---

11 Karl R. Popper, Das Elend des Historizismus, Tübingen 1969², S. 2.

12 Karl R. Popper, Die offene Gesellschaft und ihre Feinde, 2 Bde., Tübingen 1969², Bd. 1, S. 170.

Einsicht, daß das zu erwartende Maß an Beteiligung in einer arbeitsteiligen Gesellschaft – soweit es politisch-inhaltliche Entscheidungen betrifft – eher gering anzusetzen ist. Um so mehr kommt es darauf an, Sicherungen einzubauen, die den auch in Demokratien stets drohenden Machtmißbrauch verhindern. Dies kann durch eine wirksame Opposition geschehen, die als Regierung in Wartestellung angesehen werden muß, desgleichen durch spontane und wachsame Institutionen der Öffentlichkeit.

Analog hierzu schlägt Popper in seiner Wissenschaftstheorie vor, die tradierte Frage nach dem Grund unseres Wissens zu ersetzen durch die völlig andere: »Wie können wir hoffen, Irrtümer zu entdecken und auszumerzen?«[13] Dem Machtmißbrauch in der Politik entsprechen in der Wissenschaft die Irrtümer, gegen die ebenfalls Vorkehrungen getroffen werden sollen. So wenig es in der Politik um das Glück für alle gehen kann, so wenig hat es die Wissenschaft mit absoluten Wahrheiten zu tun. Vielmehr wäre viel getan, wenn die Leiden der Menschen und die Irrtümer besser erkannt würden, um beide zu verringern. Der Beseitigung unnötiger, durch Politik verursachter Leiden entspricht die Eliminierung von Irrtümern in der Erkenntnis.

Dem Kritischen Rationalismus entspricht ein methodischer Individualismus – eine wissenschaftliche Weltauffassung, die sich als konsequente Absage an alle Dogmen, begriffsrealistischen Substanzbehauptungen und geschichtsphilosophischen Spekulationen richtet. Demgegenüber wird behauptet:
- was in der Gesellschaft existiert, sind nur Individuen und deren Produkte;
- unsere wissenschaftlichen Theorien sind nur Modelle, mit denen wir uns Zusammenhänge verdeutlichen; diese haben jedoch nichts zu tun mit den »Dingen an sich« (Immanuel Kant).

Zu den Schlüsselbegriffen in Poppers Wissenschaftstheorie gehören unter anderem Kritik, Prüfung, Selbstkritik, Wachsamkeit, Fehlerkorrektur und Lernen. Kritischer Rationalismus wird geradezu als bewußtes Lernen aus Fehlern definiert. Man könnte ihn daher auch als die Methode verstehen, Kritik und Mißtrauen gegen alle vorschnellen Urteile systematisch zu organisieren, um dadurch eine verantwortungsethische Wissenschaft zu etablieren. Wissenschaft wird als eine permanente Suchbewegung nach besseren Problemlösungen verstanden, die niemals an ein Ende gelangt. Es gibt stets nur näherungsweise Einsichten, die Popper »Hypothesen« nennt. Auch diese sind möglicherweise heute noch nicht durchschaute Irrtümer. Sie ihrer Vorläufigkeit zu überführen, ist die zentrale Aufgabe einer jeden wissenschaftlichen Anstrengung. Als Voraussetzung für ein solches Unternehmen bedarf es einer »offenen Gesellschaft«, in der – vergleichbar den Mutationen in der Biologie – Menschen neue Hypothesen hervorbringen, die jeweils an die Stelle der überwundenen treten. Demokratie als offene Gesellschaft kann nach Popper als eine Gesellschaft definiert werden, in der statt leibhaftiger Menschen bloß Hypothesen sterben.

Das Adjektiv »kritisch« bezieht sich auf das Erfordernis, Erkenntnisse einer rationalen Diskussion auszusetzen, weil nur durch gegenseitige Kritik, Überprüfung und Korrektur der Erkenntnisprozeß vorankommt. Nur jene Aussagen, die überprüfbar formuliert sind, können als wissenschaftlich gelten, wohingegen metaphysische und religiöse Wahrheiten weder bewiesen noch widerlegt werden können.

---

13 Karl R. Popper, Conjectures and Refutations, New York 1963, S. 25.

Poppers Wissenschaftstheorie ist sonach vorab ein Falsifikations- oder Prüfverfahren. Deren Methode ist deduktiv, da sie von der Aufstellung allgemeiner Hypothesen ausgeht. Die Methodik Poppers hat es vor allem mit zwei Fragen zu tun:

1. Wie gelangen wir überhaupt zu Hypothesen?
2. Wie können wir den empirischen Aussagegehalt solcher Hypothesen überprüfen?

Die Frage, wie man zu Hypothesen gelangt, wird von Popper primär psychologisch beantwortet. Sie sind im wahrsten Sinne des Wortes »Einfälle«, Entdeckungen und Erfindungen: »Die Erkenntnis beginnt nicht mit Wahrnehmungen oder Beobachtungen oder der Sammlung von Daten oder von Tatsachen, sondern sie beginnt mit Problemen«, und Probleme entstehen »in der Entdeckung eines anscheinenden Widerspruchs zwischen unserem vermeintlichen Wissen und den vermeintlichen Tatsachen«[14].

Nach Popper gibt es letztlich nur zwei Arten von theoretischen Aussagen: solche, die noch nicht falsifiziert werden konnten, und solche, deren Widerlegung an der Empirie gelungen ist und die damit als unwissenschaftlich ausgeschieden werden müssen. Nur erstere sind als wissenschaftlich ausgewiesen. Widerspricht ein Theorem anerkannten Basissätzen – Kriterium der Geltung von Basissätzen ist die Intersubjektivität der Beobachtung –, so muß es durch eine neue Hypothese ersetzt werden, der allerdings das gleiche Schicksal widerfährt: daß sie falsifiziert wird. Daß sie falsifizierfähig formuliert ist, spricht solange für ihre Wissenschaftlichkeit, solange sie noch nicht falsifiziert worden ist. Geschieht dies, wird sie ausgeschieden.

Das Poppersche Kriterium der Falsifizierbarkeit enthält das Axiom, daß alle wissenschaftliche Erklärung nicht induktiv, sondern nur deduktiv erfolgen kann. Mit Hilfe wissenschaftlicher Erklärungen – die, wie gezeigt wurde, als Hypothesen stets falsifizierbar bleiben müssen – wird versucht, Sachverhalte zu verdeutlichen, die man aufgrund bloßer empirischer Beobachtung entweder nicht wissen kann oder noch nicht weiß. Eine jede Erklärung besitzt vorerst hypothetischen Charakter, weil und solange sie nicht dem Prüfverfahren der Falsifizierung ausgesetzt worden ist. Dies könnte nur so geschehen, daß man, ausgehend von einem Katalog plausibler Hypothesen, zunächst nach weiteren möglichen Erklärungen sucht und dann auf dem Wege einer Konfrontation einer jeden dieser Erklärungshypothesen diejenigen eliminiert, für die sich in der Realität falsifizierende Fakten und Daten finden lassen. Findet man solche nicht, so kann dies zweierlei Gründe haben:

– zum einen den, daß die Formulierung der Hypothesen so gebaut ist, daß sie nicht an der Beobachtung der Realität scheitern kann, oder
– zum anderen den, daß die mit dieser Hypothese verbundene Erklärung die beste aller zu einem gegebenen Zeitpunkt möglichen konkurrierenden Erklärungen ist.

Diesen Prozeß des »Erfindens« von Hypothesen und ihrer Korrektur und Ersetzung durch neue Hypothesen auf dem Wege des falsifizierenden Prüfverfahrens nennt Popper das *trial-and-error*-Prinzip. Es gleicht dem Marktmechanismus einer idealtypisch gedachten Konkurrenzgesellschaft mit autonom wirtschaftenden Subjekten. Nicht zufällig sieht Popper, Feind jeder »geschlossenen« Gesellschaft, das wesentliche Charakteristikum einer offenen Gesellschaft darin, daß in ihr ein freier Wettstreit wissenschaftlicher Meinungen stattfinden kann, die sich gegenseitig korrigieren,

14 Karl R. Popper, Die Logik der Sozialwissenschaften, in: Theodor W. Adorno u. a., Der Positivismusstreit in der deutschen Soziologie, Neuwied-Berlin 1971[3], S. 104.

falsifizieren oder ergänzen sollen. Mit Hilfe dieser »wissenschaftlichen Revolution in Permanenz« versucht er, die mit Platon in die Welt gekommenen Formen des »Essentialismus« oder »Historizismus« ihrer Scheinwissenschaftlichkeit zu überführen.

Eine wissenschaftliche Erkenntnis begreift sich nach dem Selbstverständnis des Kritischen Rationalismus nur als ein Lösungsvorschlag für eine bestimmte Fragestellung, für den sie eine rationale, das heißt überprüfbare Begründung liefert. Als vorläufig gültige Erklärung eines bestimmten Zusammenhangs in der politischen Realität steht sie anderen, konkurrierenden Erklärungsversuchen gegenüber. Dieser Theorienpluralismus verweist auf die Prämisse des Kritischen Rationalismus, daß es eine Wesenserkenntnis der Realität im wissenschaftlichen Bereich nicht gibt und daß wissenschaftliche Aussagen deshalb auch niemals mit normativem Anspruch auftreten dürfen. Lediglich Voraussetzungen und Möglichkeiten zur praktischen Lösung eines anstehenden Problems können aufgezeigt werden, nicht aber die Sinnhaftigkeit des politischen Handelns selbst.

Das Wissenschaftsethos des Kritischen Rationalismus bedeutet eine entscheidende Absage an die platonische Vorstellung eines absolut gesicherten Wissens *(episteme)* zugunsten eines versuchsweisen Prozesses der Annäherung an Erklärungsmuster für Zusammenhänge, die einer ständigen Korrektur bedürfen. So behauptet Popper: »Der Ehrgeiz, recht zu behalten, verrät ein Mißverständnis: nicht der Besitz von Wissen, von unumstößlichen Wahrheiten macht den Wissenschaftler, sondern das rücksichtslos kritische, das unablässige Suchen nach Wahrheit.«[15] Auch hierin entspricht der Kritische Rationalismus dem Wissenschaftskonzept Max Webers, wonach das Beste, was einem Wissenschaftler passieren kann, die Korrektur und Widerlegung seiner Ergebnisse ist; erweist sich doch eben darin ihre Brauchbarkeit für den Fortschritt wissenschaftlicher Erkenntnis, während alle Dogmen Denkverbote aussprechen.

Zur Lösung des – seit Max Weber – für alle Sozialwissenschaften zentralen Wertfreiheitsproblems trifft die moderne Wissenschaftslogik eine Unterscheidung zwischen:

1. der Wertbasis der Wissenschaft (das Beeinflussen ihrer Aussagen durch Wertungen) und
2. den Wertungen im Objektbereich (Werte sind Gegenstand der Reflexion und Deskription).

Nur durch intersubjektive Überprüfbarkeit läßt sich die Objektivität wissenschaftlicher Aussagen begründen. Im Gegensatz zur »deskriptiven« Wissenschaftssprache ist politische Praxis »präskriptiv«. In ihr werden Stellungnahmen und Entscheidungen expliziert, Vorschriften gemacht und Befehle erteilt, Rechte und Pflichten umschrieben und Verhaltensweisen als gerechtfertigt ausgegeben. Solche handlungsanleitenden Werte sind zwar nicht beweisbar, doch einer rationalen Diskussion zugänglich.

Die normativ-ontologische Politiktheorie und der Kritische Rationalismus sind von ihrem jeweiligen Ansatz her einander entgegengesetzte Wissenschaftsauffassungen. Dem Seinsvertrauen in die letztlich wohlgeordnete Hierarchie dort steht hier der wache Skeptizismus eines kritischen Individualismus gegenüber. Wirklichkeitsverständnis, Menschenbild und Politikkonzept unterscheiden sich prinzipiell: Ist die

15 Karl R. Popper, Logik der Forschung, Tübingen 1948[8], S. 225.

normativ-ontologische Theorie getragen von einem objektiven Vernunftbegriff (einer gegenständlichen Metaphysik), so herrscht im neuzeitlich-individualistischen Ansatz ein subjektiver Vernunftbegriff vor.

Ein entscheidender Unterschied besteht auch in den anthropologischen Ausgangsthesen. Während die normative Theorie eine Konstanz der menschlichen Natur annimmt, betont Popper den fortwährenden Wandel dieser Natur zusammen mit der Veränderung der sozialen Institutionen. Weder aus den Seelenvermögen noch aus irgendwelchen Strukturen des Menschen lassen sich die sozialen Beziehungen der Menschen ableiten, sondern allein aus der Struktur der Institutionen: »Anstatt soziologische Überlegungen auf die scheinbar feste Grundlage der Psychologie der menschlichen Natur zurückzuführen, könnten wir sagen, daß der menschliche Faktor das letztlich ungewisse und unberechenbare Element im gesellschaftlichen Leben und in allen sozialen Institutionen ist.«[16]

Freiheit und Objektivität der Wissenschaft ergeben sich daher auch nicht aus den besonderen Begabungen einzelner Individuen, sondern allein aus der institutionell geregelten Konkurrenz, die der Verschiedenartigkeit der Individuen Rechnung trägt und gleichwohl ein geordnetes Zusammenleben in Freiheit ermöglicht.

4. Systemtheorie

Aus den USA bezieht die zeitgenössische sozialwissenschaftliche Theoriediskussion einen ihrer aktuellsten Beiträge, den Funktionalismus oder die Systemtheorie[17]. Dort hatten seit den dreißiger und vierziger Jahren Sozialwissenschaftler wie Talcott Parsons (1902–1979) und Karl W. Deutsch (1912) einen neuen gesellschafts- und politikwissenschaftlichen Ansatz ins Gespräch gebracht, der auch in den Sozialwissenschaften der Bundesrepublik seit den sechziger Jahren auf fruchtbaren Boden fiel. Funktionalismus oder Systemtheorie (diese beiden Begriffe werden hier synonym gebraucht, obwohl sich unter diesen Überschriften eine Vielzahl voneinander abweichender und miteinander konkurrierender Entwürfe verbirgt) ist der Versuch, der sozialen Wirklichkeit mit der Konstruktion eines Modells auf die Spur zu kommen. Dieses Modell hat die Form eines Systems.

Analog zu den vom Funktionalismus als Vorbild genommenen Disziplinen Biologie und Kybernetik (Lehre von der Information und ihrer Verarbeitung) versteht man unter »System« einen strukturalen Funktionszusammenhang, das heißt einen in sich geschlossenen und nach außen klar abgegrenzten Regelkreis, der innerhalb eines übergeordneten Kontextes bestimmte Aufgaben zu erfüllen hat. Als Modell kann ein System gemäß seiner inneren Gesetzmäßigkeit (Systemsteuerung) und seiner Umweltbeziehungen zu anderen Systemen beschrieben werden, wobei vor allem zwei Aspekte ins Blickfeld rücken:
- die Frage der Innen/Außen-Abgrenzung, also die nach den Systemgrenzen;
- die Frage nach den Bestandsvoraussetzungen des Systems, das heißt den Bedingungen, unter denen es funktioniert.

16 Karl R. Popper, Das Elend des Historizismus (Anm. 11), S. 124.
17 Vgl. zum Folgenden: Kurt Lenk/Berthold Franke, Theorie der Politik, Fankfurt/M.-New York 1987, S. 30ff.

Die nach diesen Kriterien entworfenen Systeme können analysiert werden, wobei sich in erster Linie zwei Problemfelder ergeben: das der Systemstabilität und das der Systemleistung (als Verhältnis von »input« zu »output«).

Erscheint die Anwendung des Systemgedankens auf einfache technische oder organisch-physiologische Zusammenhänge noch relativ überschaubar und kann sie dort eine gewisse Plausibilität für sich beanspruchen (zum Beispiel eine Zentralheizung mit Thermostat, der je nach der Außentemperatur den Brenner ein- und ausschaltet; die Physiologie der Insulinausschüttung bei hohem Blutzuckerspiegel), so bringt die Übertragung auf die gesellschaftliche oder politische Ebene einige Schwierigkeiten mit sich.

Zunächst ist die Analogie naheliegend: Politik als System zu betrachten, ermöglicht den klassifizierenden Zugang zu einer Reihe von Themenkreisen: Innerhalb des Gesamtsystems Gesellschaft gibt es »Subsysteme« der Politik, der Kultur, des Rechts, der Wirtschaft und andere mehr, die sich ihrerseits wiederum je nach Perspektive aus einer großen Zahl von Subsystemen (Politik: Administration, Parteien, Parlamente, politische Öffentlichkeit und so weiter) zusammensetzen, die nun nach Bedarf – jedes ein politikwissenschaftliches Spezialthema – untersucht werden können.

Doch wie ist das Parteiensystem von dem der politischen Administration zu trennen, und wie sind diese Leistungen zu definieren, ohne zugleich ein »System der politischen Kultur« zu diskutieren? Die Antworten auf diese Frage können sich allenfalls auf die klassifizierende und hierarchisierende Deskription erstrecken. Im besten Fall werden die in einem Spezialbereich der Politik wirkenden Kräfte und ihre Wechselwirkungen deskriptiv erfaßt und bilanzmäßig registriert.

Die Plausibilität dieses auf einfacher Stufe entwickelten Systemgedankens erweist sich rasch als vordergründig: Über die Auflistung sich wechselseitig bedingender Faktoren innerhalb vage umrissener Systemzusammenhänge kommt er nicht hinaus. Sein politikwissenschaftlicher Gegenstand sind dementsprechend in erster Linie Institutionen mit ihren Leistungen und das Problem, inwieweit sie »funktionieren« oder nicht. Die Frage, welchen Sinn diese Institutionen darüber hinaus besitzen, muß der Systemtheorie als abwegig erscheinen. Es fehlt ihr ein die Gesellschaft in ihrem historisch-dynamischen Aspekt begreifendes analytisches Instrumentarium sowie ein soziologisch-handlungstheoretischer Rahmen, der über die Rollendimension sozialen Handelns hinaus – in jedem System spielt man eine systembezogene Rolle – einen Zugang zu den Beweggründen sozialen Handelns ermöglicht.

Dieser »informationstheoretische Ansatz« in der Systemtheorie kann demgemäß über den Rahmen seines jeweiligen Gegenstandes (die Systemgrenzen) nicht hinausblicken; er bewegt sich sozusagen immer im systemischen Binnenraum und bildet ihn ab. Sein wissenschaftlicher Beitrag ist bestenfalls einer zur Effizienz des untersuchten Systems.

Die neuere funktionalistische Theorie hat sich diesem Problem gestellt. Neben Parsons ist in der Bundesrepublik vor allem Niklas Luhmann (1927) um eine Fortschreibung des systemtheoretischen Konzepts bemüht, und zwar durch eine stärker gesellschaftstheoretisch und historisch begründete Argumentation. Luhmanns Programm tendiert zu einer Radikalisierung des funktionalistischen Gedankens, das heißt einer Ersetzung des auf Systembeschreibung zielenden Anspruchs der älteren Systemtheorie. Diese habe sich durch die oben erwähnte einseitige Konzentration auf die Systemfunktion immer wieder auf die – vergebliche – Suche nach Systemgrenzen begeben. Aus der strukturell-funktionalen Systemtheorie, die den Strukturgedanken dem Funktionsgedanken vorordnet, soll eine funktional-strukturelle werden.

Im Gegensatz sowohl zu der – von Luhmann unter dem Stichwort »alteuropäisches« Denken rubrizierten – ontologischen, an Seins- und Wesensaussagen orientierten normativen Theorie als auch zu den empirisch-analytischen und kritisch-dialektischen Theorien richtet sich das Interesse nun auf ein anderes Problem: Nicht mehr die Struktur gesellschaftlicher Zustände ist das Thema, sondern die Frage, wie diese sich den Menschen darstellt und von ihnen verarbeitet wird. Dieses Thema – zugleich zentrale Kategorie der modernen Systemtheorie – wird umschrieben mit dem Begriff der »Komplexität«.

Die Welt – als letztes und größtes System – entzieht sich einer abgrenzenden Bestimmung nach systemtheoretischem Muster, doch läßt sich von ihr unter dem Leitgedanken der Komplexität Zugang zu allen Systemen gewinnen: »Zum Problem wird die Welt nicht unter dem Gesichtspunkt ihres Seins, sondern unter dem Gesichtspunkt ihrer Komplexität.«[18]

Die dem Menschen zum Überleben in einer chaotischen Vielfalt (»Komplexität als die Gesamtheit möglicher Ereignisse«) aufgegebene »Reduktion von Komplexität« wird durch »Sinn« als dem Auswahlkriterium aus einer Vielfalt von Möglichkeiten und damit als Steuerungsinstanz geleistet. Die sozialen Systeme übersetzen somit das Komplexitätsproblem in eine für die Menschen handhabbare Größenordnung. Von da aus wird auch die historische Betrachtung neu angeleitet: Die Geschichte der modernen Zivilisationen kennzeichnet eine Zunahme von Komplexität, deren Bewältigung durch wachsende innere Differenzierung der sozialen Systeme geleistet wird.

Die logische Stringenz dieses Gedankens ist ebenso einfach wie bestechend: Es ist dies die umstandslose Ersetzung der kausalen Logik (Konditionalsatz: »wenn ... dann«) durch eine funktionale (»welchem Zweck dient ...«). In der Tat eröffnet diese Logik einen breiten Zugang zu sämtlichen gesellschaftstheoretischen Fragen. Die Welt ist »alles, was der Fall ist«. Sie ist komplex, und Systemtheorie begreift sich als zu einem der sinnverwendenden sozialen Systeme (Wissenschaftssystem) gehörig, das maßgeblich an der Mammutaufgabe mitwirkt, diese ungeheure Komplexität zu reduzieren, indem es die gesellschaftlichen Differenzierungsprozesse (etwa in Gestalt der Entwicklung des modernen Rechtssystems) rekonstruiert.

Damit ist jedoch noch immer nicht gezeigt, wie der aus den Postulaten der Ordnung, des Gleichgewichts, der Kontrolle und Effizienz gespeiste Systemgedanke die nötige analytische Distanz zu seinem Gegenstand herstellen kann. Das »Paradigma« System bleibt auch auf hohem Abstraktionsgrad problematisch, da, einmal ins Konkrete übersetzt, sein Aussagewert wiederum auf den einer Funktionsbeschreibung schrumpft.

In der Tat sind etwa die modernen parlamentarischen Regierungssysteme eine Antwort auf die drastisch angewachsene Schwierigkeit zur politischen Willensbildung und Entscheidungsfindung in modernen komplexen Gesellschaften – im Gegensatz zu den überschaubaren Stadtstaaten der griechischen Antike. Doch politische Theorie kann sich nicht damit begnügen, ihren Beitrag zur »Reduktion der Komplexität« zu diskutieren, sondern sie muß im Aufweis ihrer Entstehungsbedingungen und der mit

18 Niklas Luhmann, Soziologie als Theorie sozialer Systeme, in: Kölner Zeitschrift für Soziologie und Sozialpsychologie, 19(1967), S. 618.

ihnen verbundenen Interessen und Konflikte darüber hinaus einen Beitrag zur kritischen Analyse der Gesellschaft leisten. Eine Gesellschaftstheorie ohne »ontologische« Komponente mag zwar in sich widerspruchsfrei sein (in diesem Bestreben ist sie den empirisch-analytischen Ansätzen vergleichbar), der Preis dafür bestünde jedoch in ihrer Sterilität. In diesem Sinne ist sie keine Theorie, sondern ein Schema, das beständig Gefahr läuft, sich seinem Gegenstand anzupassen, anstatt dessen innere Struktur und oft auch Widersprüchlichkeit zur Sprache zu bringen.

5. Kritische Theorie

Die Kritische Theorie (»Frankfurter Schule«), zu deren Begründern Max Horkheimer (1895–1973), Theodor W. Adorno (1903–1969), Herbert Marcuse (1898–1979) und Friedrich Pollock (1894–1970) zählen, hat mit ihren Studien über *Autorität und Familie* (Paris 1936) sowie zum *autoritären Charakter* (New York 1950) über die Fachgrenzen hinaus die internationale sozialwissenschaftliche Forschung angeregt. Ihre Motive und Intentionen lassen sich als Reaktion auf die Niederlage der Arbeiterbewegungen in den autoritär und faschistisch beherrschten Ländern Europas sowie auf die Ausbreitung eines totalitären Potentials während der Zeit zwischen den beiden Weltkriegen in West und Ost interpretieren. Besonders die intensive Erforschung der Entstehungsbedingungen kollektiver Vorurteile und Aggressionen, der Anfälligkeit kleinbürgerlicher und deklassierter Massen für faschistische Propaganda geht auf die Bemühungen dieser Forschergruppe zurück. Horkheimer, Adorno und Pollock kehrten im Jahre 1949 aus dem amerikanischen Exil nach Deutschland zurück, wo sie in Frankfurt am Main das Institut für Sozialforschung wieder errichteten[19].

Das von der Kritischen Theorie entwickelte Selbstverständnis läßt sich – schon im Hinblick auf den historischen Kontext ihrer Entstehung – nicht von ihren politischen Implikationen loslösen. Von Anfang an war sie von einer der marxistischen Dogmatik fernen Tendenz bestimmt, gedankliche Motive aus der linkshegelianischen Tradition mit psychoanalytischen Forschungsansätzen zu vermitteln. Dies tritt besonders in den während der Emigration entstandenen Forschungsarbeiten zutage.

Die politikwissenschaftlich interessanten Themenfelder der Kritischen Theorie sind unter anderem:

- kritische Gesellschaftstheorie;
- die Einbeziehung der Psychoanalyse in die Sozialwissenschaft, etwa im Rahmen einer Faschismusanalyse und der Erforschung der »autoritären Persönlichkeit«;
- Medienanalyse, Kommunikationsforschung, Kritik der »Kulturindustrie«;
- Weiterentwicklung eines »westlichen Marxismus« und Kritik des Sowjetmarxismus.

Die frühe Kritik der Kulturindustrie findet sich besonders in den Beiträgen von Theodor W. Adorno und Leo Löwenthal (1900), so etwa in deren Arbeiten zur

19 Vgl. hierzu besonders Martin Jay, Dialektische Phantasie , Frankfurt/M. 1976; Rolf Wiggershaus, Die Frankfurter Schule, München-Wien 1986; Helmut Dubiel, Kritische Theorie der Gesellschaft, Weinheim-München 1988; Wolfgang Bonß/Axel Honneth (Hrsg.), Sozialforschung als Kritik, Frankfurt/M. 1982.

gesellschaftlichen Lage der Musik und Literatur, und führt über Studien zu amerikanischen Massenmedien (Radio, Fernsehen) bis zu Adornos Spätwerk, der *Ästhetische(n) Theorie* (1970).

Die typische Situation des Individuums in heutigen Massengesellschaften hat Horkheimer 1941 in den USA wie folgt gekennzeichnet: »Heute sind Personen nur noch scheinbar Personen. ›Eliten‹ wie Massen gehorchen einer Apparatur, die in jeder Situation nur eine einzige Reaktion für sie offenläßt. Jene Elemente ihres Wesens, die noch nicht kanalisiert wurden, haben keine Möglichkeit zu adäquatem Ausdruck. Unter der Oberfläche ihres organisierten bürgerlichen Lebens, ihres Optimismus und ihrer Begeisterung sind die Menschen ängstlich und verwirrt, führen sie eine kümmerliche, beinahe vorgeschichtliche Existenz... In einer Welt, ... in der die Diktatoren den Massen um so tiefer aus dem Herzen sprechen, je gigantischer ihre Lügen sind, besteht... notwendig zwischen Kunst und Kommunikation ein großer Unterschied... Seine (des Menschen, K. L.) intellektuellen Äußerungen stehen nicht mehr wirklich im Zusammenhang mit seiner menschlichen Natur; sie richten sich nach dem, was die Situation jeweils diktiert. Das populäre Urteil, ob richtig oder falsch, ist von oben gelenkt wie andere Funktionen der Gesellschaft... Es gibt Zeiten, da der Glaube an die Zukunft der Menschheit sich nur im kompromißlosen Widerstand gegen die Reaktionen der Menschen erhalten kann. Eine solche Zeit ist die Gegenwart.«[20]

Die in solchen Gesellschaften angelegte Tendenz zur Verabsolutierung des je Vorgegebenen kritisiert Horkheimer am Beispiel der Kulturindustrie. Ihre genormten Verhaltensweisen werden als »natürliche« den Menschen aufgeprägt, die hierdurch zu bloßen Gattungswesen regredieren, einander gleich durch Isolierung in der »zwanghaft gelenkten Kollektivität«. Das Schema der Massenkultur schlägt alle in seinen Bann, so daß Ideologie zur Beschaffenheit der Menschen selbst wird, die für das von oben gelenkte Kollektiv bis in ihre innersten Regungen hinein präformiert werden.

In allen Schriften der Kritischen Theorie geht es um die Begründung einer ideologie- und gesellschaftskritischen Form des Widerstands gegen blinde Anpassung und Konformismus. Die Kritik gilt dem Verlust individueller Autonomie in einer »verwalteten Welt«, in der alles bereits unter die herrschenden Schemata und Standards gefaßt zu sein scheint, bevor die vernünftige Reflexion einsetzt. Das Unterlaufen der »vorausberechneten Effekte der Massengesellschaft« durch unbeirrte Selbstkritik und die Entmachtung moderner Idole – zu denen im Westen vor allem ein hoher Konsumstandard zählt – gehören zum Programm einer Immunisierung gegen den drohenden Verlust der kritischen Ich-Funktionen.

Da Ideologie heute vorab in der Verdoppelung und Verewigung der gesellschaftlichen Verhältnisse besteht, bedürfen weniger die Gedanken, die vom Bestehenden sich entfernen, als die Tatsachen, auf die man sich beschränken will, der Enthüllung. Das schonungslose Aussprechen der Negativität, die Kritik des falschen Bewußtseins, wird damit zur einzigen Hoffnung der Theorie.

---

20 Max Horkheimer, Neue Kunst und Massenkultur, in: Dieter Prokop (Hrsg.), Kritische Kommunikationsforschung, München 1973, S. 33ff. (vgl. Max Horkheimer, Art and Mass Culture, in: Studies in Philosophy and Social Studies, Volume IX, 1941, S. 290ff.).

In der Kritik der Massenkultur tauchen Motive auf, die sich auch in der Kritik am »Positivismus« finden[21]. So der Nachweis der Verdoppelung des Bestehenden im Bewußtsein der Individuen. »Positivismus« ist Horkheimer zufolge nicht schlechthin Ideologie und falsches Bewußtsein, sondern er enthält einen Bezug zur gesellschaftlichen Realität, der ihn als richtige Widerspiegelung einer verkehrten Wirklichkeit erscheinen läßt. Richtig ist die im Positivismus vertretene Auffassung der Existenz atomisierter einzelner, die sich aus den Funktionen des ökonomischen Mechanismus ergibt. Ideologie im Positivismus als auch in der Massenkultur ist identisch mit der bloßen Wiederholung der Tatsachen- und Erscheinungswelt, die dadurch zur Norm erhoben wird: »Die neue Ideologie hat die Welt als solche zum Gegenstand. Sie macht vom Kultus der Tatsachen Gebrauch, indem sie sich darauf beschränkt, das schlechte Dasein durch möglichst genaue Darstellung ins Reich der Tatsachen zu erheben. Durch solche Übertragung wird das Dasein selber zum Surrogat von Sinn und Recht.«[22]

Daß der Positivismus das Paradigma des ideologischen Bewußtseins darstellt, erklärt sich daraus, daß der ihm eigene, bereits wieder mythische Respekt vor dem einmal Gegebenen die Welt der Tatsachen bloß verewigt: »Das Tatsächliche behält recht, die Erkenntnis beschränkt sich auf seine Wiederholung, der Gedanke macht sich zur bloßen Tautologie. Je mehr die Denkmaschinerie das Seiende sich unterwirft, um so blinder bescheidet sie sich bei dessen Reproduktion.«[23]

Horkheimers Kritik des Positivismus gipfelt in der These, daß mit der von diesem betriebenen Hypostasierung der Tatsachen die qualitativen Differenzen zwischen Erkenntnis und bloßer Ideologie verschwinden. Der vorgegebene gesellschaftliche Zustand wird damit zum falschen Absoluten. Wissenschaft begibt sich hierdurch der Chance, die Gesellschaft noch spontan zu beurteilen. Damit gerät Positivismus zur alternativlosen Bestätigung dessen, was der Fall ist: »Der Triumph der subjektiven, formalisierten Vernunft ist auch der Triumph einer Realität, die dem Subjekt als absolut, überwältigend, gegenübertritt.«[24]

So wie der Positivismus die Fakten nur verdoppelt, so dupliziert auch die Kulturindustrie die Oberfläche der Realität, wobei deren »technische Exaktheit der Reproduktion die Falschheit des ideologischen Inhalts . . . verschleiert«[25]. Beide, Positivismus wie Massenkultur, vereinen sich im Refrain: »Dies ist die Wirklichkeit, wie sie ist und sein sollte und sein wird.«[26]

Das Bewußtwerden und Bewußtmachen gesellschaftlicher Widersprüche zwischen Begriff und Realität ist das Vehikel eines jeden sozialen Fortschritts. Da sich dieser Prozeß der Bewußtseinsbildung nur in den einzelnen Individuen vollziehen kann, werden sie zum Angelpunkt der dialektischen Bewegung. Wahrheit ist nur auf dem Wege der Kritik des Falschen zu erreichen, nicht aber durch utopisches Ausmalen des

---

21 »Positivismus« gilt der Kritischen Theorie als ein Verfahren, das den stets auch kritisch-utopischen Vernunftbegriff der Aufklärung auf bloß instrumentelle Rationalität reduziert, auf die eindimensionale Richtigkeitsrationalität im Sinne technischer Zweckmäßigkeit. Vgl. vor allem Max Horkheimer, Zur Kritik der instrumentellen Vernunft, Frankfurt/M. 1967.

22 Max Horkheimer/Theodor W. Adorno, Dialektik der Aufklärung, Amsterdam 1947, S. 176.

23 Ebd., S. 40.

24 Max Horkheimer, Kritische Theorie der Gesellschaft, 3 Bde., o.O. 1968, Bd. 3, S. 201.

25 Ebd., S. 241.

26 Ebd.

Richtigen. So entwickelt sich das Denken der Kritischen Theorie nicht in der Form positiver Setzungen und methodologischer Reflexion, sondern in der Regel im Medium der Kritik anderer Positionen: der metaphysischen Lebensphilosophie, des Positivismus und des Vulgärmarxismus.

Das Paradigma solcher Ideologiekritik ist die Kritik der instrumentellen Vernunft als Kritik am bloß quantitativen Wachstum, an den Destruktivkräften der Rüstung und der ungehemmten Entfaltung der Produktivkräfte, mit der sich heute die drohende Möglichkeit der Selbstzerstörung (Umwelt, Leben) verbindet.

Das Abgrenzungskriterium der Kritischen Theorie gegenüber den bisher erörterten Politiktheorien ist ihr Ausgang von drei zentralen Kategorien:

- Totalität (Gesellschaftsbegriff),
- Vermittlung (Dialektik),
- Kritik (Verflüssigung der erstarrten Begriffe).

Während der Kritische Rationalismus keinen Begriff der Gesellschaft kennt, sondern alles aus der logisch verfahrenden subjektiven Vernunft herleiten möchte, geht die Kritische Theorie von der zwingenden Realität einer das Handeln und Denken der Menschen vom ersten Schritt an bestimmenden Gesellschaft aus. Die Stellung der Menschen im Reproduktionsprozeß ist das Maß ihrer Spielräume und Möglichkeiten. »Totalität« im Hinblick auf Gesellschaft bedeutet zugleich universelle Interdependenz: »Mit Gesellschaft ... meint man eine Art Gefüge zwischen Menschen, in dem alles und alle von allen abhängen; in dem das Ganze sich erhält nur durch die Einheit der von sämtlichen Mitgliedern erfüllten Funktionen, während zugleich jeder einzelne durch seine Zugehörigkeit zu dem totalen Gefüge in weitem Maße bestimmt wird.«[27] Erst im Stadium der totalen Vergesellschaftung der Menschen kommt dieser Begriff der Gesellschaft zu seiner Wahrheit: Er bezeichnet die Form der Reproduktion eines arbeitsteiligen Ganzen, dem der einzelne sich nicht entziehen kann. Individuum und Gesellschaft sind miteinander vermittelt, so daß die Reproduktion der Gesellschaft ebenso von den Individuen abhängt, wie diese ihrerseits von der Reproduktion des Ganzen.

Der Gesellschaftsbegriff ist nach der Kritischen Theorie »ein Begriff, von dem zwar alles einzelne abhängt, aber nicht einer, der logisch davon abstrahiert wäre, sondern der als Bedingung seiner eigenen Möglichkeit alle die konkreten Einzelmomente in sich enthält«[28]. Gesellschaft wird begriffen als »konkrete Totalität«. Die Tatsache, daß alle Individuen von einem vorgeordneten gesellschaftlichen Zusammenhang abhängen, der seinerseits sein Leben nur menschlicher Aktivität verdankt, eröffnet zugleich einen Zugang zum Begriff der Dialektik. Doch ist das Verfahren der Totalitätsanalyse nicht vor falscher Abstraktion sicher: dann nämlich, wenn die Kategorie der Totalität als eine Art Überperson begriffen wird und nicht als die durch ihre einzelnen Momente hindurch vermittelte »konkrete Totalität«. Das gesellschaftliche Ganze ist nicht die bloße Summe disparater Einzelteile, sondern ein konkretes Ganzes. Die Einheit dieses Ganzen ist dabei nicht statisch vorzustellen: Sie ist das Resultat einer Bewegung und treibt aufgrund ihrer Dynamik über sich hinaus im Sinne der Entfaltung ihrer inneren Widersprüche. Die Methode des dialektischen

---

27 Institut für Sozialforschung (Hrsg.), Soziologische Exkurse, Frankfurt/M. 1956, S. 22

28 Theodor W. Adorno, Vorlesung zur Einleitung in die Soziologie, Frankfurt/M. 1973, S. 64.

Denkens kennt daher keine strenge Trennung von Form und Inhalt im Erkenntnisprozeß.

Die konkrete Totalität der Gesellschaft ist die sich bewegende Einheit ihrer Gegensätze. Diese Einheit ist bei Hegel noch die Einheit im Begriff, bei Marx hingegen die Einheit von Subjekt und Objekt, Mensch und Natur, in der Geschichte der Gesellschaft selbst, in ihrem Produktions- und Reproduktionsprozeß. Es treten nicht isolierte Subjekte einander gegenüber, sondern diese selbst sind gesellschaftlich im Prozeß der Arbeit vermittelt.

So sind auch die Kategorien des Denkens Resultat historischer Bewegungen und nicht (willkürlich) gesetzte Klassifikationskategorien. Der wirkliche Mensch in der Gesellschaft ist das Resultat der Arbeit der Gattung, der er als gesellschaftliches Wesen zugehört. Umgekehrt ist die Gesellschaft die Resultante menschlichen Zusammenhandelns. Die Vermittlung von Subjekt (Mensch) und Gesellschaft (Objekt) geschieht über die Organisationsformen der Arbeit der Menschen.

Gemessen an den Voraussetzungen der normativen und neopositivistischen Position nimmt die Kritische Theorie eine Zwischenstellung ein: Weder teilt sie die Hoffnung, durch Rekurs auf ehrwürdige Traditionen der praktischen Philosophie und durch Besinnung auf überlieferte Werte diese substantiell werden lassen zu können, noch akzeptiert sie die in der modernen Wissenschaftslogik zur Grundlage ihrer Ableitungen gewordene Formalisierung und Subjektivierung der Vernunft, die zu deren Instrumentalisierung führen mußte. Die Kritische Theorie hat es deshalb zu ihrer Aufgabe gemacht, auf dem Wege einer Kritik der instrumentellen Vernunft eine historische Relativierung scheinbar absolut geltender Formen des Bewußtseins und sozialer Praxis zu leisten.

Mit der Betonung des faktischen Primats der Gesellschaft ist jedoch keine Abwertung der individuellen Existenzform verbunden. Vielmehr richtet sich die These vom Wirkprimat der Gesellschaft vor dem einzelnen gegen den Kritischen Rationalismus, der meint, aus einer bloßen Addition von Einzelsektoren Gesellschaft begreifen zu können.

Die Argumente Adornos gegen diese Annahme lassen sich wie folgt zusammenfassen:

1. Der Kritische Rationalismus löst das Problem der kategorialen Differenz zwischen Theorie und Empirie durch einen Gewaltstreich: durch Reduktion der Theorie auf Hypothesenbildung im Sinne der Verwertbarkeit von Aussagen.
2. Er verfällt dem Zirkel, sich selbst bereits restriktiver Methoden zu bedienen, um das verdinglichte Bewußtsein in den Griff zu bekommen (Primat der Methode).
3. Er tabuisiert die Wesenszusammenhänge (Tauschzusammenhänge) und die Totalität der Gesellschaft, weil er nur das „Unmittelbare" kennt und das Vermittelte als metaphysisches Vorurteil verwirft („falsche Konkretheit").

Die moderne Wissenschaftslogik wird getragen von einer Erkenntnishaltung, die es grundsätzlich für möglich hält, Wissen und Wollen, Tatsachenforschung und Wertung strikt auseinanderzuhalten. Demgegenüber interpretiert die Kritische Theorie die scheinbar wertneutralen Tatsachenverknüpfungen, wie sie in theoretischer Konstruktion vorliegen, als eine stets bereits durch gesellschaftliche Verhältnisse vorstrukturierte Wirklichkeit. Subjekt und Objekt der Erkenntnis sind für sie aus gleichem Holz geschnitzt, obwohl sie der Sache nach nicht identisch sind. Wenn dem so ist, dann folgt daraus notwendig die Forderung, die in der sozialen und politischen Realität geronnene Subjektivität erneut ans Licht zu bringen, um so deren Vermitteltheit mit dem Prozeß der wissenschaftlichen Abstraktion aufzuzeigen. Politische Wirklichkeit gilt in der Kritischen Theorie als eine zu verändernde Handlungswelt, die eine geschichtliche Dimension besitzt und damit – im Gegensatz zur naturwissenschaftlichen Objektwelt – im strengen Sinne keine Wiederholungen kennt, sondern nur einen unumkehrbaren Prozeß. Gesetzmäßigkeiten , die in dieser historischen Wirklichkeit Geltung besitzen, sind nicht ewige, sondern nur historische Gesetzmäßigkeiten. Einen derartigen Begriff von Geschichte kennt die Wissenschaftslogik nicht. Demgegenüber bestimmt sich die soziale und politische Funktion dialektisch-kritischer Theorie als ein Moment historischer Praxis. Ihr Ziel ist nicht immanent theoretische Widerspruchslosigkeit, sondern die gedanklich-utopische Antizipation einer Gesellschaft, die ein Optimum individueller Autonomie ermöglicht. Von der Idee einer solchen Gesellschaft her bezieht die Kritische Theorie den Maßstab ihrer Rationalität. Sie verweist auf eine allgemeine Vernunft, die sich allerdings nur historisch konstituieren kann.

Schließlich soll noch auf die von Horkheimer und Adorno gemeinsam verfaßte Schrift *Dialektik der Aufklärung* (1947) hingewiesen werden. In ihr gelangt eine neue Sicht gesellschaftlicher Krisen in der Moderne zur Geltung. Aufklärung bedeutet hier nicht etwa eine genau datierbare geistesgeschichtliche Epoche der europäischen Kultur des 18. Jahrhunderts, sondern einen universalgeschichtlichen Prozeß, dessen Kennzeichen die Selbstbehauptung der menschlichen Gattung durch immer raffiniertere Formen der Naturbeherrschung ist.

Das zentrale Problem der neuzeitlichen Kulturentwicklung ergibt sich daraus, daß die mathematisch-naturwissenschaftliche Denkform mit einer identifizierenden Logik operiert, in der das Besondere, die Mannigfaltigkeit der Naturobjekte, unter allgemeine Begriffe gefaßt wird: Darin sehen Horkheimer und Adorno das originäre Paradigma der Herrschaft. Stets wird das Abweichende, die Differenz zwischen Begriff und dem darunter Befaßten, eliminiert. Da es nicht bei logischen Operationen bleibt, diese vielmehr darauf gerichtet sind, in die Natur praktisch einzugreifen und sie zu instrumentalisieren, ist der Gestus der Herrschaft von aller Naturaneignung nicht abzulösen. Doch bei diesem Akt der Unterwerfung der Naturkräfte durch die identifizierende und daher instrumentelle Rationalität der Menschen bleibt es nicht. Im gleichen Maße, wie die Menschen sich der Natur bemächtigen, erscheinen sie selbst potentiell beherrschbar.

Um sich für die arbeitsteilig organisierte Naturbeherrschung zu konditionieren, müssen Anstalten getroffen werden, die die innere, emotional-triebhafte Natur des Menschen kontrollieren und kanalisieren. So gesehen, bedeutet die Geschichte zunehmender Naturbeherrschung zugleich auch eine Geschichte der Unterdrückung und Abwehr aller Impulse, die sich dem Diktat der kollektiven Selbsterhaltung und Naturbeherrschung nicht fügen wollen. Das Unternehmen der Aufklärung mündet somit in menschlicher Selbstverleugnung: Je mehr die Natur den Menschen gehorcht, umso weniger bleibt von den Individuen noch übrig, was ihre eigene Natur gewesen war. Schließlich verliert sich die Identität der Subjekte, und der subjektlos gewordene Betrieb triumphiert über seinen Schöpfer – den vom unmittelbaren Naturzwang zwar befreiten, gleichwohl in die Zwänge seiner eigenen unterdrückten Natur getretenen Menschen. Gescheiterte Aufklärung zeigt sich daran, daß hochdifferenzierte Technik und organisierte gesellschaftliche Barbarei koexistieren.

Die *Dialektik der Aufklärung* entfaltet den zentralen Gedanken, daß die abendländische Vernunft von Anfang an einem Prozeß der Selbstzerstörung ausgeliefert war. Aufklärung ist in Mythologie zurückgeschlagen, weil in ihr das Prinzip der blinden Herrschaft obsiegt hat, das die einzelnen in Zucht nimmt, ohne sie mit dem Ganzen zu versöhnen. Sie hat Freiheit versprochen und droht in ein neues, zwanghaft gelenktes Kollektiv auszumünden.

Die *Dialektik der Aufklärung* enthält eine radikale Selbstkritik der modernen Welt: Nur wenn es gelingt, die wachsenden Folgekosten des Fortschrittsprozesses des Scheins der Schicksalhaftigkeit zu entkleiden, besteht Hoffnung, ihrer Herr zu werden.

Literaturhinweise

Adorno, Theodor W. u.a., Der Positivismusstreit in der deutschen Soziologie, Neuwied-Berlin 1971[3].

Adorno, Theodor W., Vorlesung zur Einleitung in die Soziologie, Frankfurt/M. 1973.

Ders., Soziologische Schriften I, Frankfurt/M. 1979.

Albert, Hans, Plädoyer für kritischen Rationalismus, München 1971[2].

Alemann, Ulrich von/Forndran, Erhard, Methodik der Politikwissenschaft, Stuttgart u.a. 1974[2].

Berg-Schlosser, Dirk/Maier, Herbert/Stammen, Theo, Einführung in die Politikwissenschaft, München 1974.

Bergstraesser, Arnold, Politik in Wissenschaft und Bildung, Freiburg i.Br. 1961.

Bermbach, Udo (Hrsg.), Politische Theoriengeschichte, Opladen 1984.

Beyme, Klaus von, Die politischen Theorien der Gegenwart, München-Zürich 1984[5].

Böhret, Carl/Jann, Werner/Junkers, Marie Therese/Kronenwett, Eva, Innenpolitik und politische Theorie, Opladen 1979.

Dabin, Jean, Der Staat oder Untersuchungen über das Politische, Neuwied-Berlin 1964.

Görlitz, Axel, Politikwissenschaftliche Theorien, Stuttgart u. a. 1980.

Habermas, Jürgen, Erkenntnis und Interesse, Frankfurt/M. 1968.

Ders., Technik und Wissenschaft als Ideologie, Frankfurt/M. 1968.

Ders./Luhmann, Niklas, Theorie der Gesellschaft oder Sozialtechnologie, Frankfurt/M. 1971.

Hennis, Wilhelm, Politik und praktische Philosophie, Neuwied-Berlin, 1963.

Horkheimer, Max, Zur Kritik der instrumentellen Vernunft, Frankfurt/M. 1967.

Ders./Adorno, Theodor W., Dialektik der Aufklärung, Amsterdam 1947 (= Horkheimer, Max, Gesammelte Schriften, Bd.5, Frankfurt/M. 1987).

Institut für Sozialforschung (Hrsg.), Soziologische Exkurse, Frankfurt/M. 1956.

Jouvenel, Bertrand de, Über die Staatsgewalt, Freiburg i.Br. 1972.

Lenk, Kurt, Politische Wissenschaft. Ein Grundriß, Stuttgart u. a. 1975.

Ders./Franke, Berthold, Theorie der Politik. Eine Einführung, Frankfurt/M.-New York 1987.

Luhmann, Niklas, Legitimation durch Verfahren, Neuwied-Berlin 1969.

Maier, Hans, Politische Wissenschaft in Deutschland, München 1985.

Marcuse, Herbert, Kultur und Gesellschaft I, Frankfurt/M. 1965.

Narr, Wolf-Dieter, Theoriebegriffe und Systemtheorie, Stuttgart u. a. 1971[2].

Naschold, Frieder, Politische Wissenschaft, Freiburg-München 1972[2].

Oberndörfer, Dieter (Hrsg.), Wissenschaftliche Politik, Freiburg i.Br. 1962.

Popper, Karl R., Logik der Forschung, Tübingen 1948[8].

Ders., Die offene Gesellschaft und ihre Feinde, 2 Bde., Bern 1958.

Ders., Das Elend des Historizismus, Tübingen 1969[2].

RÖHRICH, WILFRIED, Politik als Wissenschaft, Opladen 1986.
DERS., Denker der Politik, Opladen 1989.
ROHE, KARL,Politik. Begriffe und Wirklichkeiten, Stuttgart u. a. 1978.
SEIFFERT, HELMUT/RADNITZKY, GERHARD (HRSG.), Handlexikon zur Wissenschaftstheorie, München 1989.
STERNBERGER, DOLF, Drei Wurzeln der Politik, 2 Bde., Frankfurt/M. 1978.
STRAUSS,LEO, Naturrecht und Geschichte, Frankfurt/M. 1977.
TOPITSCH, ERNST (HRSG.), Logik der Sozialwissenschaften, Köln-Berlin 1965.
VOEGELIN, ERIC, Die Neue Wissenschaft der Politik, München 1959.
WASCHKUHN, ARNO, Politische Systemtheorie, Opladen 1987.
WEBER, MAX, Gesammelte Aufsätze zur Soziologie und Sozialpolitik, Tübingen 1924.
DERS., Gesammelte Aufsätze zur Wissenschaftslehre, Tübingen 1951[2].

Personenregister

Die Gliederung der Beiträge: Ein vollständiger Überblick

Die Autoren

FENSKE, HANS, geb. 1936, Dr. phil., Professor für Neue und neueste Geschichte an der Albert-Ludwigs-Universität Freiburg. – Veröffentlichungen u. a.: Konservativismus und Rechtsradikalismus in Bayern nach 1918, Bad Homburg 1969; Wahlrecht und Parteiensystem. Ein Beitrag zur deutschen Parteiengeschichte, Frankfurt/M. 1972; Deutsche Verfassungsgeschichte. Vom Norddeutschen Bund bis heute, Berlin 1981; Der liberale Südwesten. Freiheitliche und demokratische Traditionen in Baden und Württemberg 1790–1933, Stuttgart 1981; Politisches Denken von der Französischen Revolution bis zur Gegenwart, in: Hans Fenske/Dieter Mertens/Wolfgang Reinhard/Klaus Rosen, Geschichte der politischen Ideen, Königstein/Ts. 1981 (als Taschenbuch Frankfurt/M. 1987).

GÖHLER, GERHARD, geb. 1941, Dr. phil., Professor für Politische Theorie und Wissenschaftstheorie am Fachbereich Politische Wissenschaft der Freien Universität Berlin. Sprecher der Sektion Politische Philosophie und Theoriengeschichte der Deutschen Vereinigung für Politische Wissenschaft (DVPW), Mitglied im Vorstand der DVPW, Koordinator des Schwerpunktprogramms »Theorie politischer Institutionen« der Deutschen Forschungsgemeinschaft. – Veröffentlichungen u. a.: Dialektik und Politik in Hegels frühen politischen Systemen, Frankfurt/M.–Berlin–Wien 1974; Politische Theorie, Stuttgart 1978; Die Reduktion der Dialektik durch Marx, Stuttgart 1980; (Hrsg.) Grundfragen der Theorie politischer Institutionen, Opladen 1987; (Hrsg.) Politische Institutionen im gesellschaftlichen Umbruch (zus. mit Kurt Lenk/Herfried Münkler/Manfred Walther), Opladen 1990.

KLEIN, ANSGAR, geb. 1959, Dipl.-Soz., seit 1978 Tätigkeiten in der politischen Jugendbildung, freier Lektor, seit 1988 Mitherausgeber und Redakteur des Forschungsjournals Neue Soziale Bewegungen. – Veröffentlichungen u. a.: (Hrsg., zus. mit Will Cremer) Umbrüche in der Industriegesellschaft – Herausforderungen für die politische Bildung, Bonn–Opladen 1990; Heimat in der Moderne (zus. mit Will Cremer), in: dies. (Hrsg.), Heimat. Analysen – Themen – Perspektiven, 2 Bde., Bonn–Bielefeld 1990; Das Projekt der Zivilgesellschaft. Programmatische Anmerkungen zur Renaissance der demokratischen Frage, in: Forschungsjournal Neue Soziale Bewegungen, 4 (1991) 1, S. 70–80.

LENK, KURT, geb. 1929, Dr. phil., Professor für Politische Wissenschaft und Direktor des Instituts für Politische Wissenschaft an der Rheinisch-Westfälischen Technischen Hochschule Aachen. – Veröffentlichungen u. a.: (Hrsg.) Ideologie. Ideologiekritik und Wissenschaftssoziologie, Frankfurt/M.–New York 1984[9]; Marx in der Wissenssoziologie. Studien zur Rezeption der Marxschen Ideologiekritik, Lüneburg 1986[2]; Theorien der Revolution, München 1981[2]; (zus. mit Berthold Franke), Theorie der Politik. Eine Einführung, Frankfurt/M.–New York 1987; Deutscher Konservatismus, Frankfurt/M.–New York 1989.

LIEBER, HANS-JOACHIM, geb. 1923, Dr. phil., Professor emer. für Philosophie und Soziologie, zuletzt an der Deutschen Sporthochschule Köln. – Veröffentlichungen u. a.: Die Philosophie des Bolschewismus in den Grundzügen ihrer Entwicklung, Frankfurt/M.–Berlin–Bonn 1957; (Hrsg.) Karl Marx. Werke, Schriften, Briefe in sechs Bänden, Darmstadt 1960–1971; Philosophie – Soziologie – Gesellschaft. Gesammelte Studien zum Ideologieproblem, Berlin 1965; Kulturkritik und Lebensphilosophie – Studien zur deutschen Philosophie der Jahrhundertwende, Darmstadt 1974; Ideologie. Eine historisch-systematische Einführung, Paderborn 1985; Marx-Lexikon, Darmstadt 1988.

MIETHKE, JÜRGEN, geb. 1938, Dr. phil., Professor für Mittelalterliche und Neuere Geschichte an der Universität Heidelberg. – Veröffentlichungen u. a.: Ockhams Weg zur Sozialphilosophie, Berlin 1969; Theologenprozesse in der ersten Phase ihrer institutionellen Ausbildung: Die Verfahren gegen Peter Abaelard und Gilbert von Poitiers, in: Viator, (1975) 6; Die Konzilien als Forum der öffentlichen Meinung im 15. Jahrhundert, in: Deutsches Archiv für Erforschung des Mittelalters, (1981) 37; Kaiser und Papst im Spätmittelalter. Zu den Ausgleichsbemühungen zwischen Ludwig dem Bayern und der Kurie in Avignon, in: Zeitschrift für historische Forschung, (1983) 10; Die Kirche und die Universitäten im 13. Jahrhundert, in: Schulen und Studium im sozialen Wandel des Hohen und Späten Mittelalters, hrsg. von Johannes Fried [Vorträge und Forschungen, (1986) 30].

NIPPEL, WILFRIED, geb. 1950, Dr. phil., Professor für Allgemeine Geschichte an der Universität Bielefeld. – Veröffentlichungen u. a.: Mischverfassungstheorie und Verfassungsrealität in Antike und früher Neuzeit, Stuttgart 1980; (Übersetzung) Moses I. Finley, Das politische Leben in der antiken Welt, München 1986; Aufruhr und »Polizei« in der römischen Republik, Stuttgart 1988; Griechen, Barbaren und »Wilde«. Sozialanthropologie und Alte Geschichte, Frankfurt/M. 1990.

SCHWAN, ALEXANDER, geb. 1931, Dr. phil., bis zu seinem Tode am 20. November 1989 Professor für Geschichte der politischen Theorien an der Freien Universität Berlin. – Veröffentlichungen u. a.: Politische Philosophie im Denken Heideggers, Köln – Opladen 1965 (zweite, um einen »Nachtrag 1988« erweiterte Auflage 1989); Sozialdemokratie und Marxismus (zus. mit Gesine Schwan), Hamburg 1974; Wahrheit – Pluralität – Freiheit. Studien zur philosophischen und theologischen Grundlegung freiheitlicher Politik, Hamburg 1976; Geschichtstheologische Konstitution und Destruktion der Politik. Friedrich Gogarten und Rudolf Bultmann, Berlin–New York 1976; Grundwerte der Demokratie, München 1978; Der normative Horizont moderner Politik. Funkkolleg Politik, Studienbegleitbrief 2 (zus. mit Gesine Schwan), Weinheim – Basel 1985.